AD-VI-16

DICTIONNAIRE
D'HISTOIRE ET DE GÉOGRAPHIE AGRAIRES

(2ème édition, revue et augmentée)

Français
Anglais
Allemand
Espagnol
Italien

par

PAUL FÉNELON

Professeur honoraire d'Université

CONSEIL INTERNATIONAL DE LA LANGUE FRANÇAISE
21, rue du Cardinal Lemoine - 75005 Paris

© CONSEIL INTERNATIONAL DE LA LANGUE FRANÇAISE 1991
ISBN : 2-85319-210-5

AVANT - PROPOS

Le succès rencontré par le *"Vocabulaire de Géographie agraire"*, épuisé depuis 1974, a conduit son auteur, le Pr. Paul FÉNELON, à concevoir une seconde édition et à en enrichir considérablement le contenu en l'étendant au droit et à l'histoire.

Tel qu'il est, le nouvel ouvrage ne comporte pas moins de 15 000 termes qui figurent, soit en entrées, soit dans le corps des définitions ou des commentaires.

Il ne s'agit pas d'un ouvrage pour puristes ou dogmatiques de la lexicographie, qui, contemplant le monde au travers de normes figées, ne conçoivent pas que les dictionnaires soient faits pour d'autres que des lexicographes. En publiant le *"Dictionnaire d'Histoire et de Géographie agraires"*, le propos du Conseil international a été tout autre.

C'est un ouvrage éminemment pratique et destiné aussi bien aux étudiants qu'au monde rural. Riche sans être exhaustif, ce qui eût été une prétention excessive, le présent dictionnaire s'est réalisé au fil d'une longue carrière d'enseignement et complété par de longues recherches de 1974 à 1986. Et pourtant, nous n'oserions dire qu'il est complet tant les domaines de la vie rurale et de l'agriculture ont été, et sont encore, riches de termes régionaux, d'usage limité à de petits terroirs, et de coutumes extrêmement variées.

Il ne s'agit pas d'un dictionnaire de français entièrement contemporain. Durant même la collecte de ses termes, plusieurs ont disparu de l'usage, chassés par un bouleversement du monde rural qui a privé en 40 années la France des 4/5 de ses paysans et qui n'a pas fini d'épuiser toutes ses conséquences. Enfin, pour comprendre le monde rural d'aujourd'hui, il faut aussi savoir comment il a évolué depuis que Rome a imposé sa marque au pays des Celtes. On trouvera donc un grand nombre de termes correspondant à des droits ou des usages disparus, mais dont les traces sont demeurées visibles dans nos campagnes.

La France n'est pas restée repliée sur elle-même durant deux millénaires. Elle a été colonisée et elle a colonisé. Au cours de cette longue histoire, elle a connu d'autres ruraux, d'autres systèmes politiques dont il est fait mention dans le dictionnaire, quoique de façon non-systématique.

Jusqu'où ne pas aller trop loin ? C'est ce que les utilisateurs de l'ouvrage nous diront. Ils trouveront, en plus du vocabulaire, un nombre considérable de commentaires qui donnent sa valeur et sa saveur à la nomenclature et aident à comprendre comment ce monde rural, que nous regardons parfois de nos résidences secondaires, ou au travers des glaces de nos automobiles bloquées dans les bouchons des autoroutes, avec des yeux un peu trop virgiliens, a pu évoluer jusqu'à devenir ce qu'il est aujourd'hui.

A nous citadins, qui sommes en quelque sorte "désalphabétisés" de la campagne à l'encontre de nos aïeux, ces commentaires apportent une image plus vraie et plus synthétique que les meilleures définitions. Des traductions dans les principales langues européennes favorisent la compréhension des phénomènes qui ont concerné toute l'Europe.

Le lecteur, s'il veut bien dépouiller tout esprit de système, trouvera donc, dans le *"Dictionnaire d'Histoire et de Géographie agraires"*, non seulement une mine de définitions, mais surtout et plus encore, l'occasion de faire une véritable promenade dans le monde rural dont le devenir nous paraît aujourd'hui une énigme, tout comme son passé le demeurerait si, après la monumentale *"Histoire de la France rurale"*, publiée au Seuil par le Pr. Georges DUBY, Paul FÉNELON ne nous donnait, dans son livre, quelques clés supplémentaires pour mieux le comprendre.

Hubert JOLY

INTRODUCTION

Comme le souligne dans son avant-propos le Secrétaire général du Conseil international de la langue française, Hubert JOLY, ce *Dictionnaire d'Histoire et de Géographie agraires* n'est en fait que la réédition d'un Vocabulaire de Géographie agraire publié en 1970. Toutefois, selon la formule consacrée, c'est une réédition entièrement revue et complétée ; chaque définition a été de nouveau rédigée et le nombre des "entrées" s'est élevé à 12 000. Aussi les problèmes, qui s'étaient posés à l'auteur voilà près de vingt ans, sont-ils les mêmes, tout en prenant parfois des proportions nouvelles. C'est le choix des termes à recenser, c'est leur répartition dans le temps et l'espace ; ce sont les éléments mêmes de leur objet qui ont été remis en cause.

Le choix des termes paraît assez simple ; ce sont ceux qui caractérisent les relations de l'homme et de la terre, afin d'assurer le maintien de l'espèce humaine à la surface du Globe. L'homme apporte sa force, son intelligence et sa formation professionnelle, agissant seul, ou en collaboration avec son entourage familial, régional, national et même mondial. Ainsi, il est soumis à des influences proches ou lointaines, qu'il décèle et utilise avec plus ou moins d'acuité et de succès. Quant à la terre, on peut en délimiter le rôle dans le milieu agricole en tenant compte de son relief et de son sol, sans négliger l'atmosphère, les eaux qui la baignent, le tapis végétal qui la recouvre et le règne animal dans sa diversité.

Entre la terre et l'homme se sont insérés de multiples moyens d'action qui accroissent l'efficacité du travail humain et la maîtrise du sol, depuis le bâton à fouir jusqu'aux puissantes machines à défoncer la glèbe et aux délicates cueilleuses de fruits, depuis les engrais les plus primitifs jusqu'aux préparations chimiques les plus fertilisantes, liens matériels qu'il convient de définir avec précision. Entre la main d'oeuvre et le sol labouré s'intercalent également l'animal domestique et la plante cultivée, l'un et l'autre sources de nourriture pour l'homme et de matières premières pour les industries agricoles.

Dans ce cadre, nous n'avons ajouté la chasse et la pêche que dans la mesure où elles font partie des divers élevages d'animaux plus ou moins soumis aux contraintes de la vie agricole. Par contre, nous avons cru utile d'effectuer quelques incursions dans les domaines de l'informatique et de la génétique, aujourd'hui si riches de promesses susceptibles de bouleverser les travaux et les jours du paysan français. Enfin, pour clore cette alliance de l'homme et de la terre, nous avons envisagé souvent l'utilisation de leurs produits, soit sur place, soit pour des échanges plus ou moins considérables et lointains. Chaque geste de nos paysans, chaque richesse issue des labours, mériterait d'être retenu et sauvé de l'oubli ; mais, maintes fois, pour aboutir, nous avons dû procéder à des sacrifices comme en ont fait nos prédécesseurs.

Les limites de cet ouvrage dans l'espace et dans le temps sont aussi très étendues, mais ne peuvent l'être à l'infini. Dans le cadre du territoire national, on a transcrit la plupart des termes qui s'appliquent à l'agriculture jusqu'aux zones marginales où l'on passe à l'industrie par l'intermédiaire de l'atelier. On a également cherché dans les dialectes locaux les *mots perdus* qu'utilisaient nos ancêtres ; ils sont innombrables, car, pour un seul d'entre eux, on découvre parfois une dizaine de synonymes qui ne diffèrent les uns des autres que par leur prononciation. Il faut choisir sous peine de ne pas terminer. Hors des frontières de l'hexagone, nous n'avons retenu que les mots dont nous nous servons sans hésitation comme si nous les avions nationalisés : openfield, milpa, seghia, dry farming, etc.

Ces termes du passé laissent incertain sur leurs limites temporelles, sur ce temps qui passe et qui est déjà loin de nous. Combien de définitions, qui étaient actuelles lors de la première édition de cet ouvrage et qui sont maintenant révolues ? Alors, de décennie en décennie, on remonte très loin dans le cours de l'histoire agraire de notre pays, jusqu'à la villa gallo-romaine en passant par le régime seigneurial si complexe, mais si passionnant depuis que nos historiens nous l'ont rendu présent (G. DUBY et coll.). Dans une telle perspective, où l'on passe de la faucille des Gaulois à l'ordinateur et au satellite, il y a beaucoup à glaner et beaucoup à éliminer, surtout quand on constate que pour la seule villa du Haut Moyen-Age, les documents de l'époque comptent au moins quatorze définitions différentes.

Pour donner à nos propos une assez grande précision, nous avons indiqué, chaque fois que nous le pouvions, leur étymologie, parfois issue des dialectes de nos plus anciens aïeux. Nous avons également distingué, si c'était nécessaire, les divers sens d'un même mot, soit dans le corps de la définition principale, soit en multipliant les "entrées". Et, à la suite, pour certains d'entre eux, nous avons transcrit leurs équivalents en allemand, en anglais, en espagnol et en italien. Enfin, pour ajouter un peu de variété, nous y avons inclus en album quelques cartes des plus grands vignobles français et dans le texte quelques figures d'instruments agricoles anciens, non sans parcimonie si l'on songe aux innombrables outils utilisés par les paysans durant des millénaires et qui sont maintenant relégués dans les musées.

En terminant nous avons l'agréable devoir de remercier ceux qui nous ont aidé et encouragé dans notre tâche. Hélas ! Quelques uns, ont disparu : Roger DION qui souhaitait un Darmesteter de géographie agraire, René MUSSET qui nous a fait connaître le Bas Maine, André MEYNIER qui nous a conseillé pour les termes en allemand et en breton ; Daniel FAUCHER qui fut, durant un demi-siècle, le maître de la géographie rurale en France ; Antoine PERRIER auquel nous sommes redevable de nombreux termes limousins ; l'Inspecteur général Louis JOSSERAND nous a fait apprécier le dialecte bressan et avec Pierre BOZON nous avons pénétré dans le lexique du Vivarais. Nous voudrions également pouvoir exprimer notre gratitude à l'Inspecteur général René CLOZIER qui a suivi, pendant plus de cinquante ans, avec amitié et efficacité, nos recherches géographiques. De même, de la Faculté des Lettres de Bordeaux, le Doyen Louis PAPY a bien voulu nous associer aux grandes collections qu'il a dirigées de main de maître pour l'Aquitaine (Privat) et pour le géographe régionale de la France en 14 volumes (Flammarion).

De Marcel LACHIVER du Centre de recherches démographiques de la Sorbonne, nous avons reçu plus de deux cents fiches. Le lexique de Georges PLAISANCE sur les formations végétales est indispensable aux géographes agrariens, de même le remarquable volume de René LEBEAU sur "les grands types de structures agraires dans le monde". Nous avons tiré grand profit des lettres de Robert GERARD, traducteur en espéranto de notre vocabulaire. Nous citerons aussi les précieuses communications de Michel GENEVOIS de Paris, et de LERALE du Kremlin-Bicêtre, d'Henri de BOURDELLES, au château de Chabannes, près d'Arvant en Auvergne et de Pierre DEBIEN, professeur à l'Université de Dakar. Nos collègues Jean PITIÉ et André BOUHIER de Poitiers et Fernand VERGER de Paris-Montrouge nous ont apporté une intéressante contribution ainsi que leur concours au sein des instances universitaires ; et tout récemment la thèse de Régis MAURY sur la Touraine a été pour nous une source inépuisable de termes agraires.

De l'Université de Vermont, U.S.A. le professeur Daniel GADE nous a communiqué quelques définitions de grande valeur, et le professeur ULHIG de l'université de Giessen a bien voulu nous associer à la préparation de son Encyclopédie de géographie agraire et nous adresser un lot très important d'ouvrages qui figurent dans la bibliographie. Nous mentionnerons aussi le vocabulaire-memento sur l'olivier, transmis par les soins de Hubert JOLY, Secrétaire général du C.I.L.F., ainsi que les nombreuses notes de Michel RIEU des Ollières-sur-Eyrieux. Enfin, plus récemment, Roger BLAIS, Directeur honoraire de l'Institut Agronomique National et membre de l'Académie d'Agriculture, nous a fait part de judicieuses observations sur les milieux forestiers et botaniques, et a mis à notre disposition l'édition de 1805 du "Théâtre d'Agriculture et Mesnage des Champs" d'Olivier de Serres.

Nous tenons tout particulièrement à remercier Robert DELATOUCHE, également membre de l'Académie d'Agriculture, qui a présenté, en 1972, notre première édition à cette honorable Compagnie.

Pour l'élaboration de notre ouvrage, Jean-Pierre DECOGNE d'Orléans et Pierre GINDRE de Tours nous ont apporté une aide précieuse, irremplaçable, notamment Pierre GINDRE qui a dessiné les 200 et quelques figures qui illustrent le texte. De même nous avons été très sensible à l'aimable accueil du personnel du Conseil international de la langue française. Sous la haute présidence du professeur Joseph HANSE, membre de l'Académie Royale de Belgique et grâce à l'impulsion et à la compétence de son Secrétaire général Hubert JOLY, cette institution réalise une oeuvre considérable pour le maintien et l'expansion de la langue française dans le monde. Grâce à lui et à ses collaborateurs, Madame Pauline JOURNEAU, Mme Pravina NALLATAMBY et M. Abdelouahab AYADI, ce dictionnaire de géographie et d'histoire agraires a pu être publié dans de bonnes conditions.

Tout particulièrement c'est grâce au rayonnement mondial de ce Conseil que les termes étrangers ont été vérifiés par des traducteurs : pour l'anglais et l'allemand, par M. Pierre JENTJENS et à Mlles Margo DONKERS, et Nele TIMNER ; pour l'italien, par Mme Ippolito CERASI et Mlles Paola MAGNI, Cristina NARDINI, et Elena RUSCONI ; et pour l'espagnol, par MM. Norbert KALFON et Hans JANSE.

Nous permettra-t-on enfin de citer parmi nos collaborateurs l'aide que nous a apportée pour la dactylographie du texte et la traduction de nombreux termes en allemand, notre belle-fille Danielle FÉNELON. Quant à ceux qui voudront bien s'intéresser à ce volume, nous les remercions par avance de nous signaler les éventuelles lacunes. Un dictionnaire n'est jamais terminé ; les auteurs de tels ouvrages ne nous contrediront pas.

P. FÉNELON

ABRÉVIATIONS

n.m.	nom masculin
n.f.	nom féminin
l.m.	locution masculine
l.f.	locution féminine
pl.	pluriel
adj.	adjectif
v.tr.	verbe transitif
v.intr.	verbe intransitif
v.pron.	verbe pronominal
En.	anglais
De.	allemand
Es.	espagnol
It.	italien
lat.	latin
sq.	sequentia, suivantes
et coll.	et collaborateurs
syn.	synonyme
V.	voir
ant.	antonyme

PRINCIPES ORTHOGRAPHIQUES

Le présent dictionnaire compte 12 000 termes dont seule une petite partie figure dans la huitième édition du dictionnaire de l'Académie (1935-1937) de 35000 mots. De la neuvième édition qui en comptera environ 45000, cinq fascicules seulement sont publiés à ce jour.

Pour pallier cette carence, avec le concours des linguistes des maisons éditant des dictionnaires de langue, le **CILF** a, d'une part, posé un certain nombre de principes, d'autre part réduit le nombre des variantes orthographiques et établi une hiérarchie entre elles lorsqu'elle en laissait subsister plusieurs (**"Pour l'harmonisation des dictionnaires"**, **CILF, 1988**).

Elle a également rationalisé la graphie et le pluriel des noms composés.

Le présent dictionnaire, comme les autres ouvrages du CILF, tient compte de ce que le champ de la francophonie s'étend à plus de 40 pays du Tiers-Monde, auxquels il convient de ménager les accès les plus aisés à la langue française, à son écriture et à son enseignement.

C'est pourquoi, notre institution pousse la logique des principes qu'elle a adoptés, jusque dans les conséquences les plus extrêmes et notamment elle ouvre la voie de l'usage à l'agglutination chaque fois que le trait d'union peut être supprimé.

On en trouvera ci-dessous quelques exemples :

1. Chaque fois que dans une composition les deux éléments de composition sont soudés par un o de liaison, qu'il appartienne ou non au radical du premier, l'agglutination sera pratiquées : ainsi, on écrira **oligoélément** et non oligo-élément, une exception sera faite à cette règle générale lorsqu'une séquence **o-i** ou **o-u** risquerait de provoquer une faute de lecture ainsi, on continuera à écrire **micro-informatique**. La seule exception à cette règle concerne les composés géographiques du type anglo-normand ou franco-russe.

2. Les mots composés formés sur la base d'un verbe à la troisième personne du singulier de l'indicatif suivi d'un substantif

a) comporteront un trait d'union entre les deux éléments de composition
b) prendront la marque du singulier au singulier, quel que soit le nombre des substantifs comptés dans le terme
c) prendront la marque du pluriel au pluriel, quel que soit le nombre des substantifs comptés dans le terme.

Ainsi on écrira un **coupe-asperge** et des **coupe-asperges** sans se préoccuper de savoir si l'outil est destiné à couper une ou plusieurs asperges.

3. Une agglutination systématique sera pratiquée dans les composés introduits par contre, entre, mi, quasi et semi.

Ainsi on écrira **contrespalier** sur le modèle **contrescarpe**.

4. Les emprunts aux langues étrangères seront intégrés dans les normes du vocabulaire français pour ce qui est des marques du pluriel à leur appliquer chaque fois que possible, les graphies **sh** ou **sch** héritées d'emprunts à l'anglais et à l'allemand seront transcrites par le diagramme français **ch**.

5. Dans les compositions où le second terme commence par un s prononcé s dur, précédé d'un élément de composition terminé par un e fermé, moyen ou ouvert, la forme graphique imposée sera celle qui prévaut dans **dessalement, dessication**, avec redoublement du s et désaccentuation du e, conformément à un usage largement établi et aux recommandations de René Thimonnier, confortant le principe général qu'une syllabe graphique fermée ne comporte par d'accent sur le e comme on le lit dans **des/cendre, es/sence, in/jec/tion**.

Les principes énoncés ci-dessus n'ont de valeur que s'ils sont appliqués systématiquement afin de soulager la mémoire d'une infinité d'exceptions et de libérer l'énergie des lecteurs ou des écrivains pour des tâches plus utiles.

Le système graphique du français n'est ni une religion, ni un des Beaux-Arts, ni un monument historique. Il n'est qu'un code de correspondances entre des sons et des signes.

Pour partie phonologique, il favorise un déchiffrement syllabé à haute voix, utile pour l'acquisition de la lecture ; pour partie idéographique, il favorise une lecture rapide silencieuse en faisant reconnaître des blocs graphiques entiers grâce à leurs "aspérités" orthographiques, parfois simplement du fait de leur situation contextuelle. Cette double particularité est à l'origine de la complexité de l'orthographe française. Il est hors de question de prétendre supprimer l'une d'entre elles sans "défigurer" la langue française. Toutefois, pour qu'un code soit applicable, il faut qu'il soit simple, sûr, solide. C'est pourquoi les principes adoptés par le CILF visent à réduire la biéquivocité du système partout où elle est inutile, mais en sauvegardant la graphie des racines, et à favoriser une orientation vers une plus grande biunivocité du code bien que cette dernière soit actuellement hors des perspectives... Ajoutons pour conclure que le Conseil supérieur de la langue française et l'Académie Française se sont ralliés à ces vues et que les propositions de normalisation qu'ils ont décidé de mettre en oeuvre (J.O. du 6/12/1990) vont exactement dans ce sens.

A

ABACA n.m.
En. abaca, Manila hemp
De. Abaca, Manilafaser
Es. abacá
It. abaca, canapa di Manila
Espèce de bananier cultivé aux Philippines (*Musa textilis*).
Sa tige fournit un textile appelé chanvre de Manille qui sert à fabriquer des tissus grossiers, résistant à l'action corrosive de l'eau de mer (Littré).

ABAISSER v. tr.
Couper une branche d'arbre fruitier près du tronc.

ABANCALAR v. tr.
Aménager un versant de colline en terrasses de culture.
V. Rideau. (A.Gil).
Etym. Emprunt à l'espagnol.

ABANDON n.m.
Arbre isolé ou groupe d'arbres qui doivent être abattus.

ABARET n.m.
(Gascogne). Friche, terre inculte.
(G. Plaisance).

ABASTOU n.m.
Meule de fougères et de bruyères soutenue par un bâton.
Sous le climat humide du Béarn, ce procédé favorise la dessication et évite la moisissure près du sol gorgé d'eau.
Etym. Du béarnais *bastou*, bâton.

ABÂTARDIR v.tr.
En. to cause (something) to degenerate
De. bastardieren
Es. bastardear
It. imbastardire
Déterminer la dégénérescence d'une plante, ou d'un animal, par manque de soin ou par une fécondation provenant d'une espèce de moindre qualité.
Etym. De *bât*, pour *bâtard*, engendré sur un bât.

ABAT-FOIN n.m.
De. Futterloch
Es. abertura encima del pesebre
It. abbattifieno
Ouverture pratiquée dans un fenil pour faire passer le fourrage destiné au bétail.

ABATS. n.m.p.
En. edible meat offals
De. Innereien
Es. despojos, carniza
It. frattaglie
Morceaux consommables, du cinquième quartier.

ABATS BLANCS l.m.p.
Morceaux du cinquième quartier constitués par l'estomac, les intestins, la tête et les pieds.

ABATS ROUGES l.m.p.
Es. productos de casquería
Morceaux du cinquième quartier constitués par le foie, le coeur, les rognons et la langue.

ABATTAGE n.m.
En. felling
De. Holzfällen
Es. corta, tala
It. taglio, abbattimento
Action d'abattre les arbres d'une forêt.

ABATTAGE n.m
En. slaughtering (1)
De. Abschlachten (1), Holzfällen (2)
Es. matanza (1)
It. macellazione (1)
1. Procédé pour tuer les animaux de boucherie.
2. Coupe d'arbres.

ABATTEUR n.m.
En. slaughterman, butcher
De. Holzfäller, Schlachter
Es. derribador, talador
It. abbattitore
Celui qui abat des arbres, du bétail.

ABATTEUSE n.f.
De. Bundsäge
Machine à scie circulaire pour abattre les arbres. *V. Tronçonneuse.*

ABATTIS n.m.
En. volume felled (1)
Es. corta de árboles (1), tala
It. abbattuta d'alberi (1), tagliata (2)
1. Arbres coupés et abattus les uns sur les autres.
2. Clairière pratiquée par cette coupe.
3. Sentier tracé par le passage du gibier.
4. Morceau de volaille.
Etym. Du latin *battuere*, renverser en frappant.

abattis naturel

ABATTOIR n.m.
En. slaughterhouse, abattoir
De. Schlachthaus
Es. matadero
It. mattatoio
Bâtiment où l'on abat le bétail pour le livrer à la consommation.
Par mesure d'hygiène, il ne peut être ouvert que sur autorisation préfectorale ; dans les établissements modernes la plupart des opérations d'abattage s'effectuent automatiquement, à l'aide de robots programmés.

ABATTRE v.tr.
En. to slaughter (1)
De. schlachten (1),
    abschlagen, fällen (2)
Es. matar (1)
It. abbattere (1, 2)
1. Tuer un animal domestique de grande taille, boeuf ou cheval.
2. Couper un arbre.
3. Se livrer avec rapidité à un travail.
4. Coucher un cheval sur le flanc pour une opération.
5. Essuyer le poil d'un cheval ou d'un boeuf quand ils sont mouillés, ou en sueur, afin qu'ils ne prennent pas froid.
Etym. Du latin *battuere*, renverser en frappant.

ABATTURE n.f.
En. felling
De. Abschlagen
Es. recogida, recolección
It. abbattimento
Action d'abattre les fruits d'un verger.

ABAT-VENT n.m.
En. windbreak
De. Windschutz, Windschirm
Es. abrigaño
It. frangivento
V. Abri-vent

(Fig. 1). Abat-vent ou abri-vent

ABÉLIER n.m.
(Provence). Troupeau de moutons transhumants, conduit par un bélier.

ABEILLAGE n.m.
Droit féodal perçu sur le produit des ruches d'une seigneurie.
Il réservait également au seigneur seul la capture des essaims dans les forêts de son domaine.
Syn. Aurillage.

ABEILLE n.f.
En. honeybee
De. Biene, Imme
Es. abeja
It. ape
Insecte hyménoptère qui vit en colonie composée d'une femelle, la reine, de mâles, les bourdons et d'ouvrières.
La reine assure la reproduction, les ouvrières vont recueillir le nectar des fleurs qu'elles transforment en cire et en miel dans le creux d'un tronc d'arbre quand elles vivent à l'état sauvage.
Au printemps, si la colonie est trop nombreuse, il s'en détache un essaim, ou abeillon, de même composition, et qui va chercher abri dans une autre cavité, à moins qu'il ne soit recueilli, lors d'un arrêt sous une branche, par un éleveur d'abeilles, un apiculteur, qui le place dans une ruche munie de rayons à alvéoles de cire artificielle que les ouvrières garniront de miel pour leur nourriture hivernale.

(Fig. 70). abeille

A la fin de la saison froide, l'apiculteur prélèvera le miel qui n'aura pas été consommé.
Pratiqué dans les pays à étés chauds, riches en fleurs, l'élevage des abeilles remonte à une très haute antiquité.
Au Moyen-Age, il connut une très grande faveur pour la fabrication des cierges avec la cire, pour l'utilisation du miel comme sucre et pour la production d'hydromel.
Etym. Du latin *apis, apicula*, qui a donné *apiarium* et en provençal *abelha*.

ABEILLER n.m.
Endroit où se trouvent des ruches.

ABEILLER adj.
It. apistico
Qui a trait aux abeilles.

ABEILLON n.m.
En. little swarm
De. kleiner Bienenschwarm
Es. pequeño enjambre
It. piccolo sciame
Petit essaim d'abeilles.

ABELANIER n.m.
(Provence). Verger de noisetiers.
Etym. Du latin *avellana*, noix d'Avella, ville de Campanie réputée pour ses noisettes appelées avellanes.

ABERAGE n.m.
(Savoie). Action de porter sur une civière, du bas vers le haut d'un champ, la terre de deux sillons afin d'atténuer le glissement du sol arable.

ABERGEAGE n.m.
Première concession d'un fief ou d'une tenure par le seigneur du fonds à son premier emphytéote.

ABERGEMENT n.m.
Droit féodal imposant au tenancier l'obligation d'héberger son seigneur.
Le même mot s'écrit albergement et a donné auberge, ainsi que de nombreux noms de lieux-dits, en Bourgogne et en Franche-Comté.

ABÈS n.m.
(Cévennes). Versant dans l'ombre.
Syn. Ubac.
Etym. Dérivé par abréviation de *envers*.

ABIÈS n.m.
Es. abeto
It. abete
Nom scientifique générique du sapin.
Etym. Du latin *abies*, sapin.

ABIGEAT n.m.
It. abigeato
En droit ancien, vol de bestiaux.
Etym. Du latin *abigere*, chasser devant soi.

ABLADAYE n.f.
Terre ensemencée en blé.
Syn. Emblavure (G.Plaisance).
Etym. Du languedocien *blad*, blé.

ABLAIS n.m.p.
(Picardie). Blé coupé et pas encore mis en gerbe.
Syn. Chaume.
Etym. Dérivé de *blais* ou *blé*(G.Plaisance).

ABLAQUÉATION n.f.
It. ablaqueazione
Cavité creusée autour du pied d'un arbre fruitier afin d'y verser de l'eau pour abreuver les racines.
V. Impluvium.

ABOILLAGE n.m.
V. Abeillage.

ABOITEAU n.m.
(Saintonge). Principale digue d'un polder le long du littoral.
V. Aboteau.
Etym. De *bouter*, chasser, défendre.

ABOMASSUM n.m.
En. **abomasum, abomasus**
De. **Labmagen, Käsemagen**
Es. **cuajar**
It. **abomaso**
Quatrième poche de l'estomac d'un ruminant.
Plus connue sous le nom de caillette.

ABONDANCE n.f.
1. Race bovine à robe pie-rouge.
Excellente laitière, elle tire son nom d'un chef-lieu de canton de la Haute-Savoie.
2. Vin étendu d'eau que l'on sert dans les internats.

ABONDANTE DE METZ l.f.
Variété de pomme de terre très productive, aqueuse et peu sucrée, réservée à la nourriture du bétail.

ABONNEMENT n.m.
Contrat entre un seigneur et ses tenanciers, limitant le montant de certaines redevances en espèces comme la taille, ou en nature comme la corvée, transformant parfois un versement en nature en un versement en espèces *(G. Lepointe)*.
Etym. De *bonne*, *borne*, limite.

ABONNIR v.
En. **to better** (2)
De. **verbessern**
Es. **abonar** (1)
It. **abbonire, bonificare** (1), **migliorare** (2)
1. Améliorer une terre avec des amendements.
2. S'améliorer en vieillissant, tels les vins de cru dans une cave fraîche.

ABOQUAGE n.m.
(Bresse). Alimentation des volailles à engraisser. *On leur fait avaler de force une pâtée épaisse composée de diverses farines.*

ABORIGÈNE n.m.
En. **aborigine**
De. **Ureinwohner, Eingeborener**
Es. **aborigen**
It. **aborigeno**
Autochtone d'un pays
Etym. Du latin *origo, originis*, origine.

ABORIGÈNE adj.
En. **aboriginal**
De. **heimisch, einheimisch**
Es. **aborigen**
Qualifie une plante originaire du pays où elle est cultivée.

ABORNAGE n.m.
V. Abornement.

ABORNEMENT n.m.
En. **marking out**
De. **Grenzsteinsetzung**
Es. **amojonamiento, deslinde**
It. **delimitazione di campo**
Action de placer des bornes pour fixer les limites d'une parcelle, ou de les déplacer pour procéder à un remembrement.
Syn. Abornage.

ABORNER v.tr.
En. **to mark out**
De. **abgrenzen, abstechen**
Es. **amojonar, deslindar**
It. **delimitare**
Placer des bornes pour délimiter une parcelle, une sole.

ABOT n.m.
Es. **traba**
Entrave attachée aux jambes postérieures d'un cheval pour l'empêcher de galoper.
Etym. De *bouter*, mettre hors de.

ABOTEAU n.m.
(Saintonge). Digue de terre et de pierres fermant partiellement le lit d'un cours d'eau afin d'en dériver une partie vers un canal d'irrigation.
Syn. Aboiteau.
Etym. De *bouter*, mettre hors de.

ABOUGRISSEMENT n.m.
Etat d'une plante qui cesse de pousser et qui dépérit.
V. Rabougrissement.

ABOURGEON n.m.
(Berry). Parcelle découpée dans le sens de la pente, plus large dans le bas que dans le haut.

ABOUTER v. intr.
De. **beschneiden** (2)
1. Arriver au bout d'un sillon *(R. Musset)*.
2. Tailler un rang de vigne jusqu'à son extrémité.
Etym. De *bout*.

ABOUTIR v. intr.
De. **Blüten treiben, Knospen bilden**
Es. **abotonar, apimpollarse**
Former des boutons, des bourgeons, annonçant une feuillaison prochaine.

ABOUTIS n.m.p.
(Limousin). Extrémités non labourées d'un champ où l'on mène paître les troupeaux.
C'est aller à bout.
Syn. Chaintre. Etym. De *bout*.

ABOUTISSANTS n.m.p.
En. **abuttals**
Es. **tierras lindantes**
It. **terreni confinanti di un fondo**
Parcelles limitant un domaine selon sa plus grande longueur.
Les tenants le limitent dans le sens de sa largeur, d'où l'expression en droit rural : connaître les tenants et les aboutissants d'une affaire, c'est en connaître tous les détails, et notamment les diverses limites d'un domaine.

ABOUTURE n.f.
(Saintonge). Extrémité d'un champ où tournent les tracteurs et, naguère, les attelages.
Syn. Chaintre, aboutis.

ABOUVRI n.m.
De. **Brache, Brachland**
Es. **baldío, erial, yermo**
Terre en friche.
Etym. De l'ancien français, *abouvi*, sans boeuf.

ABRÈGEMENT n.m.
Diminution, avec l'assentiment du seigneur, des rentes et des cens prélevés sur les tenures d'une seigneurie, ou cession à un tiers de la perception de ces droits féodaux *(G. Lepointe)*.
Etym. Du latin *abbreviare*, abréger.

ABRÉGEONS n.m.p.
(Anjou). Sillons de plus en plus courts sur l'un des côtés d'un champ triangulaire, ou trapézoïdal.
Etym. De *abréger*, rendre plus court.

ABREUVAGE n.m.
En. **watering**
De. **Tränken**
Es. **abrevamiento**
It. **abbeveramento**
Action de donner de l'eau aux animaux domestiques.
Syn. Abreuvement.

ABREUVER v. tr.
En. **to water, to drench** (1,2)
De. **tränken** (2)
Es. **abrevar** (1,2)
It. **abbeverare** (1,2)
1. Donner de l'eau aux animaux domestiques pour les désaltérer.
2. Verser de l'eau jusqu'à saturation du sol sur les plantes cultivées.
3. Remplir d'eau barriques et tonneaux avant les vendanges afin de les rendre étanches, par dilatation du bois des douves humidifiées.
Etym. Du latin *abbiberare*, et de *biber*, boisson.

ABREUVOIR n.m.
En. **trough** (1)
De. **Tränke, Viehtränke** (1)
Es. **abrevadero** (1)
It. **abbeveratoio** (1)
1. Bassin naturel ou artificiel, parfois automatique, pour faire boire le bétail.
2. Plaie profonde au pied d'un arbre, causée par le choc d'un pic ou d'un soc de charrue, et qui ne guérit jamais, laissant couler la sève.
Etym. Du latin *abbiberare*.

ABRI n.m.
En. **shelter**
De. **Obdach, Schutz, Zufluchtstätte**
Es. **abrigo**
It. **riparo, ricovero**
Dispositif naturel ou artificiel protégeant du soleil, du vent, de la pluie, du froid, les outils, les récoltes, le bétail d'une exploitation agricole.
Au sens large, ce sont tous les bâtiments d'une ferme ; au sens restreint, c'est, soit un phénomène naturel (bois, colline, crête, etc.), soit une construction artificielle mobile (paillasson, cloche, claie), ou fixe (mur, haie, palissade) s'opposant aux intempéries.
Etym. Du latin *apricus*, ensoleillé.

ABRICOT n.m.
En. **apricot**
De. **Aprikose**
Es. **albaricoque**
It. **albicocca**
Fruit de l'abricotier, à pulpe sucrée enveloppant un noyau, et de couleur variant du blanc doré au rouge sombre.
Consommé frais en confiture ou séché ; on en fait des liqueurs.
V. *Abricotier.*
Etym. Du latin *praecox*, précoce.

ABRICOTIER n.m.
En. **apricot-tree**
De. **Aprikosenbaum**
Es. **albaricoquero**
It. **albicocco**
Arbre fruitier de la famille des Rosacées, originaire d'Arménie.
D'où son nom savant : Prunus armeniaca. Peut-être est-il venu de Chine. Arbuste de 4 à 5 m, il se couvre de fleurs blanches avant d'avoir des feuilles. L'abricotier fructifère est obtenu sur porte-greffes à fruits à noyaux : pruniers, pêchers, etc.
Sous climat méditerranéen, ses fruits mûrissent de juin à août, mais il en existe plusieurs variétés que l'on cultive dans la région parisienne.
Etym. De l'arabe *al berkouk*, fruit précoce, issu du latin *praecox*, précoce.

ABRIER v.tr.
1. Edifier un abri pour protéger les plantes délicates des intempéries.
2. *(Bretagne).* Entourer un arbre de buissons pour le protéger du bétail.
V. *Epiner.*
Etym. Du latin *apricare*, mettre au soleil.

ABRI-VENT n.m.
En. **windbreak**
De. **Wetterdach, Windschutz, Windschirm**
Es. **abrigaño**
It. **frangivento**
Claie de roseaux, paillasson, haie de buissons, d'arbustes et même de cyprès (Comtat Venaissin) pour abriter du vent les plantes fragiles (fig 1).

(fig 1). abri-vent

ABROUTI n.m.
1. Premières pousses qui suivent la coupe d'un taillis.
2. Jeunes pousses qui ont été broutées par les troupeaux de passage, ou par les cervidés et qui, en conséquence, sont mal venues *(G. Lizerand).*
Etym. De *brouter*.

ABROUTIR v.tr.
Es. **ramonear**
Faire brouter les jeunes pousses d'un bois par les moutons.
Etym. De l'ancien français, *brost*, jeune pousse.

ABROUTISSEMENT n.m.
Es. **ramoneo**
Pacage du bétail dans les bois.
Pratique abusive les troupeaux ; se nourrissant de feuilles et de jeunes tiges, ils empêchent la forêt de se reconstituer.
Etym. De *brouter*.

ABSENTÉISME n.m.
En. **absenteeism**
De. **Absentismus**
Es. **absentismo**
It. **assenteismo**
Mise en valeur d'un domaine par un gérant, un régisseur, un intendant ou un fermier général, le propriétaire étant absent.
Ce procédé de faire-valoir est plutôt défavorable à une saine gestion : le possesseur n'investit pas et dépense ailleurs ses revenus ; le gérant prélève une part trop grande des revenus, pressure ses subordonnés, laisse la terre s'épuiser et ne renouvelle pas le matériel.
Divers pays ont pris des mesures contre l'absentéisme.
En France, la loi sur le métayage de 1946 a interdit l'emploi des fermiers généraux.
Etym. Du latin *absentare*, tenir éloigné.

ABSIE n.f.
(Saintonge). Terrain inculte, stérile, servant de pâture.

ABSINTHE n.f.
En. **wormwood**
De. **Absinth, Wermut**
Es. **ajenjo**
It. **assenzio**
Plante de la famille des Composées (*Artemisia absinthium*).
Originaire du Caucase, elle est cueillie dans les rocailles ou cultivée dans les jardins pour ses feuilles et ses racines que l'on fait macérer avec d'autres plantes (fenouil, hysope) dans une solution alcoolisée que l'on distille pour obtenir la liqueur du même nom, tonique et vermifuge.
Etym. Du grec *absinthium*.

ABSORBANT adj.
En. **absorbent**
Es. **absorbente**
It. **assorbente**
Qualifie les poils situées sur les racines au-dessus des coiffes et qui absorbent l'eau et les sels minéraux constituant la sève brute.

ABSORPTION n.f.
En. **absorption**
De. **Absorption, Aufsaugung**
Es. **absorción**
It. **assorbimento**
Passage dans les tissus des plantes, par l'intermédiaire des poils absorbants des racines, des solutions de sels minéraux contenus dans le sol et formant la sève brute.
Le phénomène se produit sous l'influence de la pression osmotique et de la tension superficielle des liquides, associés à des charges électriques de sens contraires.
Etym. Du latin *absorbitio*, action d'avaler.

ABULOTER v.tr.
(Bretagne). Mettre le foin sec en tas dans les prés *(A.Meynier).*

ACACIA n.m.
En. **acacia, locust tree**
De. **Akazie, Kameldorn**
Es. **acacia, robinia**
It. **acacia, robinia**
Arbre de la famille des Légumineuses, originaire des pays à climats chauds et semiarides.
L'acacia de nos contrées est le robinier (Robinia pseudo-acacia) apporté du Canada en 1601 par le botaniste Robin. En taillis sur terrain siliceux, il donne des tiges qui servent à fabriquer des carassonnes pour les échalas des vignes du Bordelais et des Pays de la Loire.
Etym. Du grec *akakia*, acacia.

ACADÉMIE D'AGRICULTURE l.f.
En. **Agricultural Academy**
De. **Landwirtschaftsfachhochschule**
Es. **Academia de Agricultura**
It. **Accademia d'Agricoltura**
Société savante fondée en 1771 par Henri-Léonard, comte de Bourdeilles, sous l'influence du mouvement physiocrate, et des écrits des philosophes humanitaires, soucieux d'éviter les disettes, à une époque de rénovation agricole.
Désignée tout d'abord sous le nom de Société Royale d'Agriculture de France, puis transformée en Académie le 23 février 1915, et depuis lors plusieurs fois modifiée par décrets, dont le dernier en date est du 5 décembre 1979.
Sous la présidence d'honneur du Ministre de l'Agriculture, elle compte 100 membres titulaires, 50 membres étrangers. Ils se répartissent en 9 sections consacrées aux diverses activités agricoles (cultures, élevages, forêts, sciences agronomiques, matériel, industries agroalimentaires, etc.)
Ils sont élus sur proposition de la section, ou d'un membre titulaire, adressée à une commission académique qui décide si les candidatures seront soumises à une séance secrète de l'Académie.
Le candidat, retenu et élu, est admis par décret du Premier ministre sur présentation du ministre de l'Agriculture.
La Compagnie est administrée par un bureau composé d'un Président et d'un Vice-Président, d'un Secrétaire et d'un Trésorier Perpétuels.
Son siège est à Paris, 18, rue de Bellechasse, où ont lieu les séances hebdomadaires, au cours desquelles sont présentées des communications qui peuvent être publiées dans les Comptes rendus des séances, précieuse documentation pour l'étude des problèmes agricoles.
Une Commission des fonds gère les finances de la société et son domaine forestier d'Harcourt dans l'Eure.
Elle est devenue un centre de liaison, d'information, de confrontation pour tout ce qui touche à l'économie rurale.
Elle renseigne et conseille le gouvernement qui lui demande d'étudier les questions propres à l'Agriculture, et elle donne un avis, après délibération d'une commission ad hoc.
Enfin, en séance solennelle, les Académiciens décernent des prix à des personnalités qui ont rendu des services éminents dans le domaine des activités agricoles.

ACADÉMIE VÉTÉRINAIRE l.f.
Société savante reconnue d'utilité publique en 1928 et succédant à la Société Centrale de Médecine Vétérinaire fondée en 1848.
Ses membres se consacrent aux sciences de l'élevage, à l'exploitation et aux progrès du bétail; elle veille aux rapports sanitaires entre l'homme et l'animal.
Sa publication mensuelle contient des mémoires, des notes, des comptes rendus relatifs aux animaux domestiques.

ACAPTE n.f.
Droit versé au seigneur, propriétaire éminent de la terre, par l'héritier d'une tenure afin de pouvoir la conserver.
Distraite du domaine seigneurial, la tenure devenait peu à peu la propriété de ceux qui l'exploitaient, de père en fils.
C'est l'une des origines de la petite propriété foncière (G. Lepointe).
Etym. Du provençal *acapter*, acheter.

ACARIENS n.m.p.
En. **Acaridae**
De. **Milben**
Es. **acáridos, ácaros**
It. **acaridi**
Ordre d'arachnides comprenant de nombreux insectes nuisibles aux animaux (gales ou sarcoptes), aux plantes (phytopte de la vigne), aux denrées alimentaires, etc.

ACARIFUGE n.m.
En. **acaricide**
De. **Milbenvertilgungsmittel**
Es. **acarifugo**
It. **acarifugo**
Produit qui fait fuir les acariens.
Syn. Acaricide.
Etym. Du grec *akari*, mite, et du latin *fugere*, fuir.

ACARIOSE n.f.
En. **acariasis**
De. **Milbenseuche**
Es. **acariosis**
It. **acariosi**
Maladie provoquée par un acarien, en particulier par le sarcopte de la gale.
Elle se manifeste de plusieurs façons:
1°) A la surface de la peau des animaux par des sillons qui déterminent de violents prurits, la perte des poils et la formation de croûtes; c'est la gale transmissible de l'animal à l'homme.
2°) Par des piqûres sur diverses parties des plantes, avec brunissement et dépérissement.
3°) Par la pénétration de l'acarien Acarapis woodi dans l'appareil respiratoire des abeilles, qui s'affaiblissent et meurent.
Si plus de la moitié des abeilles d'un rucher sont atteintes, on doit détruire les ruches.
Etym. Du grec *akari*, et *ose*, maladie.

ACASEMENT n.m.
Acte par lequel un suzerain inféodait l'un de ses fiefs à un vassal.
Par extension, octroi d'une censive à un roturier qui pouvait être un serf si la censive était servile. Le roturier, serf ou non, était alors casé ou chasé.

ACAULE adj.
En. **acaulous**
De. **ungestielt**
Es. **acaule**
It. **acaule**
Qualifie une plante dépourvue de tige apparente, comme le pissenlit.
Etym. De *a* privatif et du grec *kaulos*, tige.

ACCENSE n.f.
En. **contract** (1)
De. **Erbpacht** (1)
Es. **censo** (1)
It. **censo** (1)
1. Contrat passé entre le seigneur et le tenancier d'une censive pour en fixer la rente.
2. Rente versée pour la censive confiée à un tenancier.
3. Droits payés par les communautés pour exploiter les biens communaux.
4. Tenure dont on pouvait hériter en payant *l'acapte*.
5. (En *Berry*, au XIXème siècle). Supplément payé par le fermier d'une terre réputée très fertile.
Etym. Du latin *accensus*, adjoint.

ACCENSEMENT n.m.
Acte par lequel le seigneur, propriétaire éminent d'une censive, ou tenure, la concédait contre un cens à un roturier.
Celui-ci en disposait et pouvait la léguer à ses héritiers si ceux-ci continuaient à verser le cens.
La grande période des accensements s'étend du XIème au XIIIème siècle; les openfields, à champs laniérés répartis en soles, dateraient de cette période.
Mais les structures agraires seraient antérieures

si l'on s'en réfère aux textes et aux trouvailles archéologiques. L'évolution agricole actuelle fait disparaître parcelles laniérées et soles soumises à des obligations communautaires (A. Deléage).

ACCENSER v.tr.
Donner une tenure à bail emphytéotique contre un cens annuel.

ACCENSER (S') v.pr.
Donner à un suzerain, contre protection et justice, sa propriété et même sa personne et, en signe de vassalité, verser un cens annuel et porter aide et conseil à son protecteur.

ACCENSEUR n.m.
De. **Pächter** (2), **Pachteintreiber** (3)
1. Celui qui donnait une terre à cens.
2. Celui qui recevait une terre à cens.
3. Celui qui était chargé de recueillir le cens.

ACCESSION n.f.
En. accession
De. Zugang
Es. accesión
It. accessione

Extension du droit de propriété à de nouveaux bâtiments, à des plantations d'arbres fruitiers, à des atterrissements de cours d'eau.
Dans le bail à complant, le preneur a un droit d'accession aux arbres qu'il a plantés.
Par ailleurs, selon la formule "l'accessoire suit le principal", ce droit d'accession rend l'usufruitier propriétaire du croît du troupeau, ou des fruits d'un verger appartenant au domaine qu'il exploite.

ACCIN n.m.
(Bourgogne). Enclos autour d'une ferme.
V. Masure, meix, pourpris.

ACCLIMATATION n.f.
En. acclimatization
De. Akklimatisation, Gewöhnung (an das Klima)
Es. aclimatación
It. acclimatazione

Opération qui consiste à adapter à un nouveau climat une plante ou un animal.
Il s'ensuit des modifications profondes et rapides dans l'organisme de l'être vivant quand il est acclimaté.

ACCLIMATER v.tr.
En. to acclimatize
De. akklimatisieren
Es. aclimatar
It. acclimatare

Adapter ou accoutumer un animal domestique ou une plante cultivée à un climat différent de son climat d'origine.
Le dindon, la pomme de terre ont été acclimatés en France.

ACCOL n.m.
1. Lien d'osier ou de raphia servant à fixer à un tuteur une plante fragile, une tige de fleur, les pampres d'un pied de vigne.
2. *(Provence).* Murette soutenant une terrasse de culture.

ACCOLAGE n.m.
En. **tying up** (1)
De. **Hochbinden, Anpfählen** (1)
Es. **fijación a un rodrigón** (1)
It. **legatura con vinchi** (1)

1. Opération qui consiste à attacher par le cou, donc par le haut, avec des liens d'osier, ou de raphia, à un support solide, les tiges fragiles d'une plante, entre autres les pampres d'un pied de vigne.
Préservée des coups de vent, la plante reçoit lumière et chaleur, et ses fruits mûrissent plus vite.
2. Procédé de greffe qui consiste à mettre en contact étroit la tige d'un porte-greffe et celle d'un greffon, les deux tiges étant préalablement dépouillées de leur écorce dans la zone de contact.
Quand la soudure s'est opérée entre les deux libers, on coupe la base du greffon et le sommet du porte-greffe; le nouvel arbre a les qualités du premier et la vigueur du second.
Etym. De *col*. cou.

ACCOLAT n.m.
Ouvrier pratiquant l'accolage (J. Balou).

ACCOLER v.tr.
En. **to tie up**
De. **hochbinden, anpfählen**
Es. **atar las vides, rodrigar**
It. **legare con vinchi**

Pratiquer l'accolage.

ACCOLURE n.f.
En. **band, wisp**
De. **Strohband, Weidenband**
Es. **vencejo, tomiza**
It. **ritortola, ritorta**

Lien de paille, d'osier ou de raphia pour attacher à un point fixe les tiges fragiles d'une plante.

ACCOMODAT n.m.
De. **Anpassung**
Es. **acomodación**

Ensemble des modifications fonctionnelles et morphologiques qui ont permis à une plante, ou à un animal, de s'adapter à un milieu différent de celui où il a pris naissance.

ACCONVENANCEMENT n.m.
Entente entre un bailleur et un preneur pour établir un *bail à convenant*.

ACCOT n.m.
En. **wisp**
De. **Decke**
Es. **rodete**
It. **cercine**

Bourrelet de terre, ou de fumier dressé autour d'une souche ou du coffre d'un chassis, pour les protéger du froid.
Etym. De *accoster*, protéger à côté.

ACCOUER v.tr.
En. **to hitch up tail by tail**
De. **hintereinander anschirren**
Es. **reatar**
It. **accodare**

Atteler les chevaux en file, à la queue l'un de l'autre.
Etym. Du latin *cauda*, queue.

ACCOULINS n.m.
En. **accretion**
De. **Flussschlamm**
Es. **terrero**
It. **terreno alluvionale**

(Vendée). Alluvion colmatant des marais ou des étangs afin de les mettre en culture.
On favorise l'opération en ralentissant la vitesse du cours d'eau dans la zone à combler, à drainer ou à dessécher.
Les parcelles ainsi conquises sont acquises au promoteur, à la suite de la prescription trentenaire.
Etym. De *couler*, garnir.

ACCOUPLAGE n.m.
V. Appareillage.

ACCOUPLEMENT n.m.
En. **mating** (1)
De. **Paarung** (1)
Es. **acoplamiento, apareamiento** (1)
It. **accoppiamento**

1. Réunion d'un mâle et d'une femelle d'animaux domestiques pour obtenir des petits.
2. Opération qui consiste à réunir deux véhicules, notamment un tracteur et un appareil agricole, pour effectuer un certain travail.

ACCOURTILLAGE n.m.
(Thiérache). Transformation de parcelles de labour en prairies entourées de haies.
Etym. De *courtil*, enclos entouré de haies.

ACCOUTUMANCE n.f.
En. **tolerance**
De. **Gewöhnung**
Es. **habituación**
It. **assuefazione, consuetudine**

Processus par lequel une plante, ou un animal, cesse d'être sensible à une intempérie (froid, sécheresse), ou à un poison (pesticide, fongicide).

Il s'ensuit des modifications dans les tissus cellulaires et dans les produits glandulaires ; il s'effectue une adaptation, ou un accomodat.

ACCOUVAGE n.m.
En. artificial incubation
De. künstliches Bebrüten, Ausbrüten
Es. incubación artificial
It. cova artificiale
Procédé pour faire éclore des oeufs à l'aide de couveuses artificielles, sous la surveillance d'un accouveur.

ACCOUVER v.tr.
En. to brood
De. bebrüten
Es. incubar
It. incubare
Mettre des oeufs à couver soit sous une poule, soit dans une couveuse artificielle.
Etym. Du latin cubare, être couché.

ACCOUVEUR n.m.
En. brooder
Es. incubador
It. allevatore di pulcini
Personne chargée de la bonne marche d'un couvoir et de la vente des poussins d'un jour.

ACCROÎT n.m.
1. Augmentation du nombre des bêtes d'un troupeau par suite des naissances.
2. Accroissement des tiges ou des branches d'une plante cultivée.
Etym. Du latin accrescere, accroître.

ACCRU n.m.
De. Wurzelschössling (1)
Es. renuevo (1)
It. pollone, rampollo (1)
1. Rejeton produit par les racines d'un arbre, même si cet arbre a été abattu depuis un certain temps.
2. Bois ayant poussé sur une terre cultivée.

ACCRUE n.f.
En. accretion (2)
De. Neuland (1), Überwuchern (2)
Es. acrecimiento (2)
It. incremento (2)
1. Accroissement d'une pièce de terre par défrichement, déboisement, conquête d'apports fluviatiles ou marins, abandonnés par les eaux quand elles se retirent ou se déplacent.
Dans ce dernier cas, c'est un crément. Les parcelles ainsi acquises deviennent propriété privée par prescription trentenaire (G.Plaisance).
2. Empiètement des bois et des landes sur des terres cultivées.

ACCUEILLAGE n.m.
1. Assemblée où se louaient, pour les travaux de la belle saison, les ouvriers agricoles.
2. *(Centre-Ouest).* Engagement d'un ouvrier saisonnier par le gérant d'un domaine.

ACESCENCE n.f.
En. turning acid
De. Essigstich
Es. acescencia
It. acescenza
Propension des boissons fermentées à s'aigrir sous l'influence de certaines bactéries *(Mycoderma aceti)* qui transforment l'alcool en acide acétique. *Procédé utilisé pour la fabrication du vinaigre de vin.*
Etym. Du latin acescens, de acer, aigre.

ACÉTIFICATION n.f.
En. acetification
De. Sauerwerden, Versauern, Essigbildung
Es. acetificación
It. acetificazione
Fabrication du vinaigre en transformant l'alcool du vin en acide acétique, sous l'influence d'un ferment, le *Mycoderma aceti*.

ACHADE n.f.
Petite houe à deux dents, servant à biner les pieds de vigne.
Etym. Du latin ascia, pioche.

ACHAINTRER v.tr.
1. Délimiter, aux deux extrémités d'une parcelle, une surface permettant la manoeuvre du matériel et, naguère, celle des attelages.
2. Mener le bétail paître sur les chaintres sans nuire aux récoltes.
V. Chaintre.

ACHE n.f.
En. celery
De. Eppich, Sellerie
Es. apio silvestre
It. appio
Ombellifère à feuilles luisantes, vert foncé, cultivée dans l'Antiquité.
Diverses variétés de céleri en dérivent.
A ne pas confondre avec l'ache à larges feuilles ou gros persil de Macédoine, ombellifère très différente du cèleri ; c'est le Smyrnium Olusatrum, cultivé jadis autour de Smyrne ; très apprécié au temps de Charlemagne qui recommandait d'en cultiver dans ses villas ; il fut délaissé avant le XVIIIème siècle (R. Blais). Etym. Du latin apium, dérivé du celte apon, plante des marais.

ACHEB n.m.
Poussée rapide et courte d'herbe sur un sol désertique au Sahara, à la suite d'une pluie.
De très loin les nomades viennent y faire paître leurs troupeaux.

ACHEMINER v.tr.
De. zureiten
Es. amaestrar, encaminar
It. incamminare
Dans un manège, habituer un jeune cheval à marcher droit devant lui.
Etym. De chemin.

ACHENAU n.m.
1. *(Bas Poitou).* Canal draînant un marais littoral.
2. *(Pays nantais).* Emissaire du lac de Grandlieu.
Etym. De chenal, par prosthèse d'une partie de l'article la et vocalisation du l final en u.

ACHÉRONTIA n.m.
It. acheronzia
Papillon dit Sphynx à tête de mort.
Lépidoptère, ainsi nommé à cause des taches du thorax représentant une tête de mort ; à l'état adulte, il dévaste les ruches ; à l'état de chenille, il cause des dégâts dans les champs de pomme de terre.
Etym. De Achéron, qui vit sous terre.

ACIDE n.m.
En. acid
De. Säure
Es. ácido
It. acido
Corps chimique à base d'hydrogène pouvant être remplacé par un métal ou un radical organique pour donner des produits dont certains relèvent de l'agriculture.
Ex. L'acide lactique qui provient de la fermentation du sucre contenu dans le lait ; l'acide phosphorique qui entre dans la composition des phosphates, indispensables à la vie des plantes et des animaux ; l'acide tartrique, dérivé du tartrate acide de potassium, acidifie les vins.

ACIDIFICATION n.f.
En. souring
De. Säurebildung
Es. acidificación
It. acidificazione
Altération du vin qui se transforme en vinaigre sous l'influence de bactéries *(Mycoderma aceti)*, et celle du lait dont le lactose devient de l'acide lactique par fermentation.

ACIDIFICATION DU SOL l.f.
En. soil acidity
De. Säuregehalt des Bodens, PH-Wert des Bodens
Es. acidez del terreno
It. acidità del suolo
Teneur d'un sol en acides.
Elle se mesure en pH, logarithme décimal de l'inverse de la concentration d'une solution en ions $H+$.

Cette teneur varie de part et d'autre du nombre 7 ; au-dessus, le sol est alcalin ou basique ; il faut l'acidifier avec de l'humus ; au-dessous, il est acide ; il faut l'adoucir avec de la chaux ; à 7, il est neutre.

ACIDITÉ n.f.
En. **acidity, sourness**
De. **Säure, Säuregrad**
Es. **acidez**
It. **acidità**
Saveur, qualité ou défaut de ce qui contient un acide.
Elle rend les liquides capables d'attaquer et de détruire un organisme vivant lorsqu'elle est trop forte ; c'est le cas des pluies et des brouillards chargés d'acide ou d'anhydride sulfureux ; on leur attribue le dépérissement des forêts et la stérilisation des étangs.
Etym. Du latin *acidus*, aigre.

ACISELER v.tr.
Ployer un sarment de vigne dans le sol où il prend racine, puis le couper du pied-mère pour obtenir un second pied de vigne.
Syn. Marcotter.
Etym. De *ciseler*, couper au ciseau.

ACKER n.m.
(Alsace). Mesure agraire d'une vingtaine d'ares.
Etym. Du latin *ager*, champ.

ACKERBERG n.m.
Légère surélévation de terrain aux deux extrémités d'un champ.
Elle se formait par accumulation répétée de terre enlevée par nettoyage du soc et du versoir de la charrue durant l'arrêt au bout de chaque sillon. Si la terre était siliceuse, elle ne collait pas à la charrue et il n'y avait pas d'ackerberg. Les labours au tracteur ne forment pas d'ackerberg. Les remembrements ne les laissent subsister que sous forme d'ondulations aux extrémités des anciens champs disparus ; elles sont suivies parfois par des chemins de terre (E. Juillard).
Etym. De l'alsacien *crête de labour*.

ACKERWEIDE n.m.
Rotation sur une même parcelle de la prairie pendant 7 à 8 ans, et des labours pendant un an ou deux.
Equivalent du ley farming anglais.
Etym. De l'allemand *Acker*, champ et de *weide*, pâturage.

ACONIT n.m.
En. **aconite**
De. **Eisenhut**
Es. **acónito**
It. **aconito**
Plante vivace de la famille des Renonculacées.
L'espèce Aconit napel est cultivée pour ses racines d'où l'on extrait l'aconitine, analgésique à faible dose, mortelle à dose élevée.
Etym. Du grec *akoniton*.

ACOU n.m.
Murette soutenant une planche cultivée sur une pente en terrasses.
V. *Accol (2).*
Etym. Du provençal *accol*, *l* s'étant vocalisé en *ou*.

ACQUIS n.m.
(Savoie). Prairie gagnée sur des marais ou des broussailles (G.Plaisance).
Syn. Accrue.

ACRE n.m.
En. **acre**
Es. **acre**
It. **acro**
Mesure agraire britannique d'environ 40 ares.
En usage autrefois en France, elle variait d'une province à l'autre autour de 50 ares.
A l'origine, c'était, en Angleterre, une étendue de terre labourable en un jour ou deux; cette étendue servit d'unité pour les mesures agraires en divers pays, et en fonction des difficultés du labour, d'où ses dimensions différentes.
Etym. Du latin *ager*, champ.

ACRIDIENS n.m.p.
En. **acrididae**
De. **Feldheuschrecken**
Es. **acrídidos**
It. **acridoidei**
Insectes orthoptères sauteurs, comprenant les criquets et des espèces voisines.
*Par temps de sècheresse, ils se déplacent en nuées, obscurcissant la lumière du soleil et dévorant tout sur leur passage ; c'est en particulier le cas pour le criquet migrateur (**Locusta migratoria**).*

A.C.T.A. sigle
Association de coordination technique agricole.
Cette association, qui a son siège à Paris, 149 rue de Bercy, a pour but de tenir ses adhérents au courant des nouvelles techniques d'élevage et de les orienter vers les expériences et les subventions qui peuvent leur être utiles.

ACTIFS AGRICOLES l.m.p.
Personnes se livrant à des travaux agricoles.
Leur pourcentage par rapport à la population active totale caractérise, en principe, l'évolution économique d'un pays ; plus il est élevé, plus ce pays conserve une économie agricole ancienne; plus il est faible, plus son économie aurait évolué vers l'industrie et le commerce (4% en Grande Bretagne).
C'est en général lié à l'inégale évolution de la production agricole, dépendant elle-même des progrès agronomiques et industriels.

ACTINAUXISME n.m.
Action des rayons lumineux du soleil sur la croissance des plantes.
Etym. Du grec *aktis*, rayon, et *auxein*, accroître.

ACTINIDIA n.m.
En. **actinidia**
Es. **actinidia**
It. **actinidia**
Plante en forme de liane, de la famille des Actinidiacées.
Cultivée dans les pays de climat chaud et humide, elle a été récemment introduite en France pour ses fruits, les kiwis, très riches en vitamines.

ACTINOMYCOSE n.f.
En. **actinomycosis**
De. **Strahlenpilzkrankheit, Aktinomykose**
Es. **actinomicosis**
It. **attinomicosi, actinomicosi**
Maladie des bovins qui se manifeste par des lésions purulentes à l'intérieur de la bouche.
Elle est causée par un actinomycète, organisme fongoïde proche des bactéries, rappelant par sa forme le mycélium des champignons.

A.D.A.S.E.A. sigle
Association Départementale pour l'Aménagement des Structures des Exploitations Agricoles.

ADÉNINE n.f.
En. **adenine**
De. **Adenin, Vitamin B 4**
Es. **adenina**
It. **adenina**
Vitamine B4, antiagranulocitaire, dont l'organisme des animaux domestiques ne peut faire la synthèse.
Il faut la leur fournir par des oligoaliments appropriés : levure, malt, tourteau, etc. C'est une des composantes de l'ADN.

ADÉNITE n.f.
En. **adenitis**
De. **Lymph drüsenentzündung**
Es. **adenitis**
It. **adenite**
Inflammation des ganglions lymphatiques du cheval, du mouton, de la vache, caractérisée par une septicémie et des abcès multiples.
Elle est la conséquence de maladies générales infectieuses : fièvre de Malte, brucellose, etc.
Etym. Du grec *aden*, glande.

ADHÉSIVITÉ n.f.
En. **adhesiveness**
De. **Adhäsionsfähigkeit**
Es. **adhesividad**
It. **adesività**
Propriété d'un sol de coller aux pièces métal-

liques des instruments agricoles *(P.Habault)*.
Syn. Adhérence.
Etym. Du latin *adhaerere*, être fixé.

ADJUDICATAIRE n.m.
En. **successful bidder**
Es. **adjudicatario**
It. **appaltatore, aggiudicatário**
Jadis, fermier chargé de percevoir le montant des baux et les redevances en nature d'un domaine divisé en plusieurs exploitations agricoles.
Il offrait une somme globale au propriétaire et, si son offre était acceptée, il récupérait sa mise sur les métayers ou sur les autres fermiers.
Etym. Du latin *adjudicare*, adjuger.

ADN sigle
En. **DNA**
De. **DNA, DNS**
It. **DNA**
Acide désoxyribonucléique, principal constituant des chromosomes, supports des gènes, vecteurs des caractères héréditaires des plantes et des animaux.

ADOBE n.f.
Brique crue fabriquée avec de la terre mélangée de paille ou d'herbes sèches.
Exposée longtemps à l'air, elle durcit et sert à construire les murs et les maisons dans les pays dépourvus de pierres.
Etym. De l'espagnol.

ADOS n.m.
En. **ridge** (2)
De. **Böschung**
Es. **caballón**
It. **porca, controsolco**
1. Levée de terre pour protéger du vent et exposer au soleil les plantes cultivées.
2. Bande de terre soulevée par le versoir de la charrue et déversée dans le précédent sillon.
3. Série de douze à vingt sillons déversés les uns vers les autres pour former un léger dos de terrain, séparé du précédent par un creux favorisant l'écoulement des eaux.
Au labour suivant les terres sont rejetées en sens inverse.
Syn. Billon (fig.2).

(Fig. 2). Ados

4. Terrain aménagé pour l'irrigation.

De part et d'autre d'une arête commune, où est placée une canalisation, il forme deux plans inclinés vers l'extérieur afin de recevoir l'eau de ruissellement, au bas de chacun d'eux, se trouve une rigole de drainage.
Etym. De *dos*, courbure.

ADOSSER v.intr.
Es. **acaballonar**
(Jura). Labourer en formant des ados.

ADOUSSER v.tr.
(Anjou). Briser les mottes et aplanir la surface d'un labour en y passant une herse de dos.
Etym. De *adoucir*.

ADOUX n.m.
(Suisse Romande). Parcelle ou jardin exposé au soleil, à la douceur de la température.
Etym. De *doux*.

ADRESSÉE n.f.
Sentier situé entre la haie et le chaintre, dans les pays de bocage.
On l'emprunte en franchissant l'échalier quand le chemin creux, trop boueux, devient impraticable.

ADRET n.m.
En. **sunny side**
De. **Sonnenseite**
Es. **solana**
It. **versante/costone soleggiato**
(Alpes françaises). Versant exposé au midi, favorable aux cultures et particulièrement à la vigne.
Etym. Du latin *directus*, droit, endroit.

ADVENTICE adj.
En. **alien, adventitious**
De. **wildwachsend**
Es. **adventicio**
It. **infestante**
Qualifie les plantes nuisibles aux récoltes.
Les unes sont annuelles comme le coquelicot, la nielle et l'ivraie ; des labours appropriés les font disparaître.
D'autres sont vivaces comme le chiendent, l'agrostide traçante, les fougères ; il faut détruire leurs racines pour nettoyer la terre.
On peut ajouter les parasites qui vivent aux dépens des plantes cultivées : orobanche, cuscute, mélampyre, dont on peut limiter les dégâts par des récoltes hâtives, avant qu'elles aient des graines mûres.
Des traitements à base de cuivre, de soufre et d'hormones permettent de lutter contre ces plantes nuisibles qui épuisent le sol et privent les plantes cultivées d'air, d'eau et de lumière.
Etym. Du latin *adventicus*, qui vient du dehors.

ADVENTICES f.p.
It. **piante infestanti**
Plantes qui poussent sans avoir été semées, mais que favorisent les façons culturales et qui sont nuisibles aux récoltes.

ADVENTIF adj.
Es. **adventicio**
Qualifie les bourgeons ou les tiges qui ne poussent pas selon l'organisation interne d'une plante, telles les racines des stolons des fraisiers.
Etym. Du latin *adventicium*, étranger.

AEDIFICIA n.f.
Ferme ou petite villa en Gaule romaine.
Etym. Du latin.

AEGIPAN n.m.
Divinité agraire de la mythologie grecque.
Elle était représentée avec des cornes, des pieds et une queue de chèvre.
Etym. Du grec *aigos*, chèvre.

AÉRATEUR n.m.
Es. **ventilador**
It. **aeratore**
1. Dispositif permettant d'aérer un local où sont entreposées des récoltes, afin d'éviter les moisissures.
2. Variété de bêche triangulaire qui permet d'aérer le sol entre les rangs de légumes (fig.3).

(Fig. 3). Aérateur

AÉRATEUR D'ANDAINS l.m.
En. **swath lifter**
De. **Entlüfter**
Es. **aireadora de andanas**
It. **aeratore di andane**
Faneuse munie d'un axe rotatif, perpendiculaire au sens de la marche, et muni de petites fourches souples, rejetant l'herbe sèche de part et d'autre, à la surface de la prairie.

AÉROENGRANGEUR n.m.
Es. **aerotransportador**
It. **trasportatore a ventilatore per fieno**
Appareil destiné à faire passer le foin du chariot au fenil grâce à un puissant courant d'air produit par un énorme ventilateur.

AÉROFANEUR n.m.
It. **aeratore di andane**
Faneuse à dents souples montées sur deux cercles, tournant perpendiculairement aux andains qu'il faut aérer pour qu'ils se dessèchent.

AÉROMÈTRE n.m.
En. aerometer
De. Luftmesser, Aerometer
Es. aerómetro
It. aerometro
Appareil inventé par le physicien Hall, et servant à mesurer la densité de l'air, ou d'un gaz, et par conséquent leur abondance, ou leur raréfaction.
Etym. Du grec *aer, aeros*, air, et *metron*, mesure.

AÉROMOTEUR n.m.
En. wind engine
De. Windmotor
Es. aeromotor
It. aeromotore
Moteur qui puise son énergie dans le vent.
Ainsi les moulins à vent aux ailes entoilées, les éoliennes qui pompent l'eau dans les sources et les puits, et les appareils qui transforment l'énergie éolienne en énergie électrique.

AÉROSOL n.m.
En. aerosol (2)
De. künstlicher Nebel (2)
Es. aerosolución (2)
It. aerosoluzione (2)
1. En médecine vétérinaire, médicament administré en particules très fines par projection contre une paroi, afin qu'il pénètre jusqu'aux alvéoles pulmonaires et passe dans la circulation sanguine.
2. Dans le tapis végétal, masse d'air contenant en solution, ou à l'état dispersé en fines particules, des matériaux favorables à la croissance des plantes.
Ainsi se maintiennent et croissent à la surface de la terre, prairies et forêts sans autres apports que les produits des aérosols ; introduits dans la terre, ils entrent dans la composition de la sève brute puis de la sève élaborée, sous l'influence de la fonction chlorophyllienne.
Etym. Du grec *aer*, air, et *sol*, solution.

AFESTAGE n.m.
Redevance payée par le tenancier lorsqu'il restaurait la toiture de sa ferme.
Devrait s'écrire affaîtage.
Etym. De *faîte*, sommet du toit.

AFFAMER v.tr.
Priver une plante d'une partie de sa nourriture pour atténuer le développement de sa tige et de ses feuilles, ce qui serait nuisible à ses fleurs et à ses fruits.
Etym. Du latin *ad*, à, vers, et de *fames*, faim.

AFFANURE n.f.
Paiement en nature des moissonneurs et des batteurs, qui recevaient un certain nombre de gerbes, ou une certaine quantité de grains.
Etym. Du latin *fenum*, foin.

AFFARE n.m.
1. *(Provence).* Terres défrichées autour des granges qui servaient d'abri aux troupeaux transhumants.
2. *(Dauphiné).* Ensemble des tenures d'une seigneurie.

AFFÉAGE n.m.
(Droit féodal). Redevance due au seigneur par chaque foyer, ou maison, d'un village.
Etym. De *feu*, foyer.

AFFÉAGEMENT n.m.
Action d'afféager.

AFFÉAGER v.tr.
Céder en partie ou en totalité, contre une redevance, les tenures d'une seigneurie, soit à un vassal noble qui les tenait en fief (terres, bois, landes constituant des tenures) ou en sous-inféodation, soit à un roturier qui les tenait en censives (vilainage).
Etym. De *féage*, feu, foyer.

AFFENAGE n.m.
En. feeding (1)
De. Fütterung (1)
Es. forraje (1)
It. affienatura (1)
1. Action de donner du foin au bétail et, par extension, toutes sortes de pâtures.
2. Etable ou écurie servant d'abri au bétail les jours de foire.
(Terme vieilli.)
Etym. Du latin *fenum*, foin.

AFFENER v.tr.
En. to fodder
De. füttern
Es. dar forraje a las bestias
It. affienare
Donner de la pâture aux bestiaux.

AFFENOIR n.m.
De. Futterloch
Es. entrada del forraje
It. abbattifieno
(Dauphiné). Ouverture par laquelle on fait passer le foin destiné au bétail.
Etym. Du latin *fenum*, foin.

AFFERMAGE n.m.
En. leasing
De. Pachtgeld, Verpachtung, Pacht
Es. arrendamiento
It. affitto
Acte par lequel le preneur, ou fermier, se charge d'exploiter le domaine du bailleur, ou propriétaire, contre un loyer trimestriel, semestriel ou annuel, en espèces ou en nature ; moyennant quoi le preneur dispose de l'exploitation et de son revenu selon son gré.
Ces contrats varient selon les régions, selon les lois et les coutumes, ou selon les décisions particulières des deux parties.

AFFERMER v.tr.
En. to rent
De. pachten, verpachten
Es. arrendar
It. affittare, dare in affitto
Donner ou prendre une exploitation agricole à bail contre une redevance en espèces ou en nature, ou bien à la fois en espèces et en nature.

AFFEURAGE n.m.
Es. antiguo tributo
It. tassa sulle vendite in taverna
Droit versé en espèces au seigneur pour pouvoir vendre, hors de son domaine, du vin ou des denrées alimentaires récoltés sur le territoire dont il était le suzerain, notamment dans les tavernes.
D'où son autre nom de tavernerie.
Etym. De *foris*, dehors.

AFFIER v.tr.
Planter ou provigner les vignes.

AFFIÉVER v.tr.
Mettre en fief une terre, un domaine, un manoir, ou bien de grandes étendues de terre.
Dans les Pyrénées des Nestes, les comtes d'Armagnac avaient affiévé, dès le XIIIème siècle, les montagnes de leur seigneurie aux habitants de leurs vallées (H.Cavaillès).
Etym. De *fief.*

AFFINAGE n.m.
En. ripening
De. Reinigung
Es. maduración, afinación
It. stagionatura
Opération qui consiste à améliorer la saveur et le parfum d'un fromage en favorisant le développement des moisissures.
Elle se pratique dans des caves fraîches et aérées, comme à Roquefort, pour le fromage du lait de brebis.

AFFINOIR n.m.
En. hackle
De. Feinhechel
Es. sedadera
It. pettine, affinatoio
Instrument à travers lequel on faisait passer les fibres de chanvre et de lin pour les affiner.

AFFLEURAGE n.m.
En. **superfine flour**
De. **ergiebiges Mehl** (2)
Es. **harina de flor**
It. **fior di farina** (1)
1. Première farine du blé, sortie du tamis.
2. Farine qui rend beaucoup de pain.
Etym. De *fleur*.

AFFORAGE n.m.
V. Affeurage.

AFFORESTAGE n.m.
Droit d'usage exercé dans une forêt par un individu ou par une communauté.
Etym. De *forêt*.

AFFORESTATION n.f.
En. **reforestation, afforestation**
De. **Aufforstung**
Es. **repoblación forestal**
It. **rimboschimento**
Opération qui consiste à boiser ou à reboiser une parcelle de terrain dans le double but d'arrêter l'érosion du sol et d'obtenir du bois d'oeuvre ou du bois de chauffage.
Syn. Reboisement.

AFFORÊT n.f.
Es. **castañar**
(Suisse Romande). Forêt ou verger de châtaigniers.

AFFOUAGE n.m.
En. **forest right**
De. **Holzungsrechte**
Es. **fogaje, derecho de corta**
It. **legnatico**
Répartition entre les habitants d'une communauté, par tête, par feu, ou d'une manière mixte, du bois de chauffage ou de construction provenant d'une forêt communale.
Elle dépend des conseils municipaux et elle est placée sous le contrôle de l'administration des Eaux et Forêts. Les coupes sont effectuées par les affouagistes eux-mêmes, ou confiées par adjudication à des spécialistes.
Etym. Du latin *ad*, vers, et de *focus*, foyer.

AFFOUAGER v.tr.
1. Délimiter dans une forêt communale les coupes consacrées à l'affouage.
2. Dresser la liste des bénéficiaires du droit d'affouage.
3. Répartir l'impôt par feu selon la richesse supposée de chacun d'eux.
Etym. Du latin *focus*, foyer.

AFFOUAGEUR n.m.
Personne qui habite une commune possédant une forêt affouagée et qui bénéficie d'un droit d'affouage.

AFFOUAGISTE n.m.
V. Affouageur.

AFFOURRAGEMENT n.m.
En. **foddering, feeding**
De. **Viehfütterung**
Es. **distribución del forraje al ganado**
It. **affienatura, foraggiamento**
1. Appovisionnement en fourrage d'une exploitation agricole.
2. Alimentation en fourrage sec ou vert du bétail quand il est à l'étable.
Etym. Du latin *ad*, vers, et de *focus*, foyer.

AFFOURRAGER v.tr.
En. **to fodder**
De. **füttern**
Es. **dar forraje, echar pienso**
It. **affienare, foraggiare**
Alimenter en fourrage le bétail quand il est à l'étable.
Syn. Affourer.

AFFOURREMENT n.m.
Action d'approvisionner des bovins en fourrage sec.

AFFRANCHISSEMENT n.m.
En. **emancipation**
De. **Freilassung**
Es. **liberación**
It. **affrancamento**
En droit romain, décision par laquelle le maître d'une villa rendait libres, ou francs, les esclaves de son domaine.
Plus tard, le même terme fut employé quand le seigneur donnait la liberté à ses serfs en les libérant des devoirs de servitude (chevage, main-morte, etc.) moyennant finance.

AFFRANCHISSEMENT n.m.
De. **Befreiung**
Es. **liberación**
It. **affrancazione**
Procédé particulier de greffe dans lequel le greffon est partiellement enfoui dans le sol et prend racine tandis que le porte-greffe dépérit et disparaît.
Le nouvel arbre est alors affranchi, franc de pied ; mais peu vigoureux, il meurt en quelques années.

AFFRÈREMENT n.m.
(Provence). Contrat qui unissait les membres d'une communauté taisible par les liens du sang et des intérêts afin d'exploiter un vaste domaine agricole.
Ces associations, semblables aux fréresches, ont disparu au cours du XVIème siècle.
Etym. De *frère*.

AFFRICHER v.tr.
Es. **dejar baldío**
Laisser un terrain inculte, en friche.

AFFRUITER v.tr.
1. Planter un terrain en arbres fruitiers.
2. Porter des fruits.
Syn. Affruter, affrutager.

AFFRUTAT n.m.
(Béarn). Action de mettre temporairement en culture des parcelles de prairie situées autour des *granges*, en moyenne montagne.
Etym. De *fruit*.

AFOURÉE n.f.
1. Mesure agraire utilisée en Bretagne, vers Gennes-sur-Seiches.
2. Dans la région du Coglais, petit pays breton, en Ile-et-Vilaine, ration de fourrage *(A. Meynier).*

A.F.P. sigle
Association Foncière Pastorale.
Elle groupe les propriétaires des terres en zone d'économie montagnarde, et a pour but d'en surveiller l'entretien, d'en prévoir les dangers et d'en exploiter les ressources.

AFRONT n.m.
Sillons courts tracés à l'extrémité d'un champ, perpendiculairement aux sillons longs.
Ils permettent d'ameublir et de nettoyer les espaces où, jadis, tournaient les attelages et, aujourd'hui, les tracteurs. Ce sont des chaintres.

AGACHONS n.m.p.
Morceaux de tuile placés sous la borne d'un champ pour authentifier sa valeur juridique.
Ces agachons sont orientés vers les deux autres bornes de la parcelle, d'où leur nom.
Etym. Du provençal, *agachar*, regarder.

AGADIR n.m.
Grenier collectif dans les villages du Sud-marocain.
Etym. Du berbère.

AGAIROL n.m.
Pré marécageux *(G.Plaisance).*
Etym. Du languedocien, *aygo*, ou *eau*, dérivé du latin *agua*.

AGAISES n.f.p
(Saintonge). Terrains siliceux et peu fertiles, opposés aux *doucins* plus favorables à la vigne et au blé.
Ce terme a donné gaîze, roche argilosiliceuse (Argonne).

AGALACTIE n.f.
En. **agalactia, agalaxia**
Es. **agalactia**
It. **agalassia**
Absence de lait dans les mamelles des bêtes après la mise bas.
Syn. Agalaxie.
Etym. Du grec, *a*, privatif, et *lacta*, lait.

AGASSINS n.m.p.
Bourgeons et pampres les plus bas d'un sarment et qui, d'ordinaire, ne donnent pas de raisins.

AGATIS n.m.
Dommage causé par le bétail des voisins.
Il donnait le droit d'abattre la bête fautive, (droit de carnelage) ou de recevoir réparation du tort causé (Droit féodal).

AGÂTS n.m.p.
(Saintonge). Pièces de terre abandonnées et où repousse une végétation spontanée.
Même radical gât que l'on retrouve dans gâtine, dégât, et dans l'expression terre gaste, c'est-à-dire de mauvaise qualité.

AGAVE n.m.
En. **american aloe**
De. **Agave, Sisalagave**
Es. **pita, agave**
It. **agave da sisal**
Plante de la famille des Amaryllidacées, à grandes feuilles, au tissu parenchymateux épais et qui se gorge d'eau pendant la période des pluies.
Elle vit sur cette réserve pendant la période sèche. Cultivée dans les pays tropicaux à pluies d'été, sa sève fermentée, ou pulque, est très appréciée des Mexicains. Ses fibres servent à faire des cordages ou des crins. Sous climat tempéré, c'est une belle plante ornementale. Etym. Du grec, *agavé*, admirable.

AGE n.m.
En. **(plough) beam** (1)
De. **Pflugbaum, Pflugbalken** (1)
Es. **cama del arado** (1)
It. **stegola** (1)
1. Longue pièce de bois ou de métal reliant entre elles les diverses pièces de la charrue : versoir, coutre, mancherons, timon.
Le mot, qui s'écrit également hage, provient du francique hagia, long morceau de bois.
2. Défrichement entouré de haies.
Ce terme désigne toujours des noms de lieu en Périgord et en Limousin.
Etym. Du latin *agia*, haie.

AGENCE FINANCIÈRE DE BASSIN l.f.
Organisme public chargé de veiller sur les ressources en eau d'un bassin fluvial et de les aménager pour les besoins de l'industrie et de l'agriculture.

AGEONNOIS n.m.
(Poitou). Terrain planté d'ajoncs.

AGEORGETONOMIE n.f.
Science du défrichement *(G. Plaisance et A. Cailleux).*
Etym. Du grec, *ageorgéton*, friche, et *nomos*, loi.

AGER n.m.
Es. **agro**
Jadis, territoire cultivé, par opposition au territoire inculte, le saltus.
Par extension, il couvrit l'ensemble des terres mises en culture. Le rapport entre l'ager et le saltus caractérisait l'intensité du système agricole.
Dans l'Antiquité, l'ager publicus était loué par fraction moyennant une redevance en espèces, le vectigal, à des individus qui disposaient du terrain en toute propriété s'ils payaient régulièrement leur redevance.
A la longue, le mot ager s'appliqua à une terre de la réserve seigneuriale, mise à la disposition d'exploitants moyennant un cens; c'est sans doute l'une des origines des censives médiévales et de la petite propriété des temps modernes.
Etym. Du latin.

AGERNES n.f.p.
(Saintonge). Terres cultivées, par opposition aux landes et aux bois.

AGGLOMÉRATION AGRICOLE l.f.
En. **rural settlement**
De. **ländliche siedlung, Dorf**
Es. **núcleo de población rural**
It. **centro rurale**
Groupement de maisons habitées par des agriculteurs.
Quantitativement, elle peut correspondre à un nombre plus ou moins grand de fermes, de trois à quatre en France, à plusieurs centaines en Italie méridionale; qualitativement, elle permet de distinguer les villages en ordre serré, aux maisons jointives, comme jadis en Lorraine, des villages en ordre lâche comme dans le Pays de Caux.

AGITA n.f.
(Suisse). Pâturage d'étape dans la transhumance estivale.
Les troupeaux s'y arrêtent à la montée et à la descente, au printemps et en automne.
Equivalent de la montagnette des Alpes de Savoie et de la grange des Pyrénées béarnaises.
Etym. De *gita*, gîte.

AGNEAU n.m.
En. **lamb**
De. **Lamm**
Es. **cordero, corderillo**
It. **agnèllo**
Petit de la brebis.
On distingue :
1. Les agneaux de lait qui ont de 5 à 7 semaines et pèsent une dizaine de kilos.
2. Les agneaux de boucherie qui ont de 10 à 12 mois et pèsent une vingtaine de kilos.
3. Les agneaux gris qui ont été sevrés et menés au pâturage ; parmi ceux-ci, les agneaux de prés salés, nourris dans les prairies proches de l'Océan, sont particulièrement appréciés.
L'agneau femelle est une agnelle.
Etym. Du latin *agnus*.

AGNELAGE n.m.
En. **lambing**
De. **Lammen**
Es. **parto de la oveja**
It. **agnellatura**
Naissance des agneaux.
Elle se produit 150 jours après la lutte ; celle-ci a lieu de septembre à janvier pour que l'agnelage se produise au début de la belle saison, quand l'herbe abonde ; il est hâtif si l'on élève les brebis pour le lait (Grands Causses) ; il est tardif dans les pays à hiver rigoureux.

AGNELER v.intr.
En. **to lamb**
De. **lammen**
Es. **parir la oveja**
It. **figliare (detto di pecora)**
Mettre bas, pour une brebis.

AGNELLE n.f.
En. **she-lamb**
De. **Lamm**
Es. **corderilla, cordera**
It. **agnella**
Agneau femelle.

AGNELIN n.m.
Fourrure fabriquée avec la peau d'agneau tannée et à laquelle on a laissé la laine.
Utilisée naguère dans les Landes et les Pyrénées.

AGNUS-CASTUS n.m.
En. **verbena**
De. **Eisenkrautartiger**
Es. **sauzgatillo**
It. **agnocasto**
Espèce de verbénacée *(Vitex agnus-castus)*, dont le fruit passait pour être antiaphrodisiaque. *Syn. Gatilier.*

AGRA n.f.
V. Méjou.
Etym. De l'espagnol.

AGRAINAGE n.m.
(Landes, Sologne). Action de répandre des grains de céréales en bordure des bois, le long des chemins, pour alimenter le gibier dans les régions d'élevage de faisans ou de perdreaux.

AGRAINS n.m.p.
1. Criblures de céréales destinées à la nourriture des volailles.
2. Grains semés pour *l'agrainage*.
Etym. Du latin *granum*, grain.

AGRAIRE adj.
En. **agrarian**
De. **agrarisch, den Ackerbau betreffend**
Es. **agrario**
It. **agrario**
Relatif aux champs.
Synonyme d'agricole, mais non de rural qui qualifie tout ce qui est à la campagne, notamment l'habitat qui peut être rural sans être agricole (école, atelier, magasin, etc.) ; rural non farming, disent les Anglais.
Quand il s'agit de l'activité des agriculteurs, on préfère agricole à agraire.
Ce terme n'est donc utilisé que dans quelques expressions : géographie agraire, lois agraires, réformes agraires, structures agraires ; ainsi, il s'applique surtout à l'aménagement du paysage cultivé.
Etym. Du latin *ager*, champ, qui a donné *agrarius*.

AGRARIANISME n.m.
Doctrine qui envisage le partage des terres et leur exploitation selon certaines idéologies ou programmes législatifs.

AGRARIEN adj.
En. **agrarian**
De. **Bauernpartei-**
Es. **agrario**
It. **agrario**
Qualifie un parti politique allemand à la fin du XIXème siècle.
Il naquit de la mévente du blé à la suite des traités libre-échangistes de 1891, favorables aux industriels.
Il fonda les Bauernbunde, ligues paysannes, créatrices d'une agitation qui aboutit à des réformes favorisant les intérêts agricoles, en particulier grâce à l'organisation de cartels pour la vente des produits du sol, et de Kornhäuser, entrepôts permettant le stockage des céréales et leur vente au moment propice.
Les traités de commerce de 1905 donnèrent partiellement satisfaction aux agrariens.
Un parti semblable, à tendances socialisantes, vit le jour aux Etats-Unis, réclamant la nationalisation de la terre, ou bien l'attribution d'une exploitation agricole à toute famille s'engageant à pratiquer le faire-valoir direct.

AGRÉAGE n.m.
Contrat passé entre le producteur et l'utilisateur des produits d'une ferme : céréales, fruits, légumes, élevage, etc.

AGRESSION URBAINE l.f.
Es. **agresión urbana**
Extension des diverses formes du paysage urbain aux dépens du paysage rural : places, rues, constructions gagnent sur les champs, les prés, les bois.

AGRESTE adj.
En. **rustic, agrestic**
De. **ländlich, rustikal**
Es. **agreste, rústico**
It. **agreste**
Qualifie un paysage qui n'est pas cultivé, à végétation naturelle, à relief varié et à caractère pittoresque.
Au Nord-Est du Brésil, l'Agreste est une région de transition entre la forêt ou mata et la savane ou sertao; de vastes espaces y sont incultes ou répartis en pâturages entourés d'avellos, variété d'euphorbe.
Etym. Du latin *agrestis*, qui a trait à la campagne.

AGRICOLE adj.
En. **agricultural**
De. **landwirtschaftlich**
Es. **agrícola**
It. **agricolo**
Qualifie tout ce qui a trait aux travaux de l'agriculture, à leur technique et à leurs productions.
Pour la structure et le régime juridique des terroirs on a recours au terme agraire.
Ex. Activités agricoles et politique agraire.

AGRICULTEUR n.m.
En. **farmer**
De. **Landwirt**
Es. **agricultor, labrador**
It. **agricoltore**
Toute personne qui s'occupe d'agriculture, même si elle ne se livre pas aux travaux des champs.
Pour ces derniers, on peut réserver le terme de cultivateur à celui qui les assume.
Etym. Du latin *agricultor*, qui a servi à créer le terme au XVIIIème siècle.

AGRICULTEUR adj.
Es. **agricultor**
Se dit d'une personne qui s'occupe d'agriculture.

AGRICULTURE n.f.
En. **farming, agriculture**
De. **Ackerbau, Landwirtschaft**
Es. **agricultura**
It. **agricoltura**
Ensemble des travaux et des soins consacrés à la terre pour qu'elle produise des récoltes, et aux troupeaux pour qu'ils fournissent du lait, de la viande, des peaux, etc.
En d'autres termes, c'est la préparation et l'utilisation, empiriques ou scientifiques, des produits résultant, dans les plantes à chlorophylle, de la synthèse, sous l'influence de l'énergie solaire, des minéraux contenus dans le sol (nitrates, phosphates, potasse, etc.) et du gaz carbonique contenu dans l'atmosphère.
Les minéraux dissous dans l'eau souterraine constituent la sève brute qui est absorbée par les racines et véhiculée jusqu'aux feuillages sous la poussée de la pression osmotique.
Dans les feuilles, grâce à la chlorophylle, les solutions minérales sont mises en combinaisons chimiques avec le gaz carbonique contenu dans l'air, et constituent la sève élaborée qui alimente les tissus végétaux et produit des matières utiles à l'alimentation humaine (sucre, amidon, graisses, etc.).
Celles-ci sont consommées directement par l'homme (grains, racines, feuilles, etc.), ou bien indirectement, par l'intermédiaire des animaux qui s'en nourrissent et fournissent viande, lait, oeufs, etc.
En apparence inépuisables, les matières premières de l'agriculture doivent être ménagées avec soin, soit par des procédés traditionnels (jachère, fumure, labours), soit par des moyens scientifiques modernes (engrais, génétique, mécanisation). Ces deux pratiques résument l'évolution de l'agriculture, industrie de la vie, évolution pragmatique d'abord, très lente depuis le Néolithique, puis rationnelle dès les Temps Modernes, et de plus en plus accélérée depuis quelques décennies. Quoi qu'il en soit, et selon les conditions physiques et humaines des milieux envisagés, on peut toujours distinguer à la surface de la Terre plusieurs sortes d'agricultures.
Etym. Du latin *ager*, champ, et *cultura*, culture.

AGRICULTURE À TEMPS PARTIEL l.f.
Es. **agricultura a tiempo parcial**
Agriculture pratiquée par un artisan, ou un ouvrier, selon ses temps de loisir et pour accroître ses revenus.
C'est également le cas pour l'agriculture de plaisance et l'agriculture de retraite qui n'occupent qu'une partie plus ou moins grande du temps dont dispose un possesseur de résidence secondaire, ou un retraité.

AGRICULTURE BIOLOGIQUE l.f.
En. **biological agriculture**
Es. **agricultura biológica**
It. **agricoltura biologica**
Agriculture s'effectuant sans l'emploi d'engrais chimiques.
On les remplace par des fumiers d'étable, des matières organiques, des engrais et des amendements minéraux.

AGRICULTURE COLLECTIVE l.f.
Es. **agricultura colectiva**
Agriculture dirigée par une collectivité d'exploitants, en coopération.

AGRICULTURE DE MARCHÉ l.f.
Es. **agricultura de mercado**
Agriculture orientée vers la production de biens destinés au commerce et non à l'autoconsommation.
Recueilllis dans les cultures et les élevages d'une région rurale, ils sont vendus et expédiés vers des centres de consommation, villes ou régions privées d'agriculture locale.
Ils sont alors l'objet de spéculation en fonction de leur choix, de leur rendement et de l'évolution économique nationale ou mondiale.
Ex. Le vignoble languedocien, les embouches du Nivernais.

AGRICULTURE DE SUBSISTANCE l.f.
Es. **agricultura de subsistencia**
Agriculture limitée aux besoins d'une famille ou d'un groupe.

AGRICULTURE EXTENSIVE l.f.
En. **extensive agriculture**
De. **extensive Bodenbewirtschaftung, extensive Landwirtschaft**
Es. **agricultura extensiva**
Agriculture pratiquée sur des espaces étendus et superficiellement mis en culture.

AGRICULTURE FAMILIALE l.f.
Es. **agricultura familiar**
Agriculture pratiquée dans le cadre d'une famille composée des parents et des enfants.

AGRICULTURE INTENSIVE l.f.
En. **intensive agriculture**
De. **intensive Bodenbewirtschaftung, intensive Landwirtschaft**
Es. **agricultura intensiva**
Agriculture pratiquée sur des espaces restreints mais abondamment pourvus d'engrais et de soins.

AGRICULTURE ITINÉRANTE l.f.
Es. **agricultura itinerante**
Agriculture pratiquée sur des champs éloignés les uns des autres, et successivement mis en culture.

AGRICULTURE NOMADE l.f.
Es. **agricultura nómada**
Agriculture pratiquée par les nomades dans des champs temporaires.

AGRICULTURE SOUS CONTRAT l.f.
Es. **agricultura bajo contrato**
Agriculture pratiquée avec engagement d'achat pour des produits imposés par un centre industriel ou commercial.

AGRICULTURE SUBURBAINE l.f.
Agriculture pratiquée pour l'alimentation d'une ville en fruits, légumes et fleurs.

AGRICULTURE VIVRIÈRE l.f.
Es. **agricultura de subsistencia**
V. *Agriculture de subsistance.*

AGRIER n.m.
Redevance féodale prélevée en nature sur les produits des champs.
Elle était portable et non quérable, c'est-à-dire que le tenancier était tenu de la porter à l'endroit fixé par le seigneur.
Le terme s'écrit parfois au féminin agrière.
Syn. Champart.
Etym. Du latin ager, *champ.*

AGRIMENSEUR n.m.
En. **(land) surveyor**
De. **Feldmesser, Landvermesser**
Es. **agrimensor**
It. **agrimensore**
Arpenteur chargé, jadis, de relever les dimensions et les confronts des parcelles pour l'établissement d'un *compois* ou d'un *terrier*.
Etym. Du latin ager, *champ et* mensurare, *mesurer.*

AGRIMÉTRIE n.f.
En. **(land) surveying**
Es. **agrimetría**
It. **agrimensura**
Science de l'arpentage des parcelles d'un domaine.
Etym. Du latin ager, *champ et du grec,* metron, *mesure.*

AGRIOTE n.f.
En. **wireworm**
De. **Drahtwurm**
Es. **gusano**
It. **agriote**
Petit coléoptère semblable à une minuscule courtillère et dont la larve, ou *ver gris*, cause des ravages dans les champs de betteraves.
Etym. Du grec agrios, *sauvage.*

AGRIOTE n.f.
It. **agriotta, visciola**
Petite cerise à goût acide.
V. *Griotte.*

AGRIUM n.m.
Ensemble des champs consacrés aux mêmes cultures.
Etym. Du latin ager, *champ.*

AGROALIMENTAIRE adj.
En. **farm-produce**
De. **landwirtschaftliche Produkte betreffend**
Es. **agroalimentario**
It. **agroalimentare**
1. Se dit d'un système de culture et d'élevage qui a pour but de pourvoir à l'alimentation d'une population.
2. Se dit des industries qui retirent leurs matières premières de l'agriculture pour fabriquer des produits alimentaires.

AGROBIOLOGIE n.f.
En. **agrobiology**
De. **Agrarbiologie**
Es. **agrobiología**
It. **agrobiologia**
Science de la vie consacrée à l'étude des sols, des plantes cultivées, des animaux domestiques, notamment de leurs qualités et de leurs défauts dans le cycle du domaine agricole.
Etym. Du grec agros, *champ,* bios, *vie, et* logos, *science.*

AGROCHIMIE n.f.
Es. **agroquímica**
It. **agrochimica**
Science des phénomènes chimiques propres à l'agriculture : composition des sols, emploi des engrais, nature chimique des produits dérivés de la photosynthèse : sucre, amidon, huile, etc.
Etym. Du grec agros, *champ.*

AGROCLIMATOLOGIE n.f.
En. **agroclimatology**
Es. **agroclimatología**
It. **agroclimatologia, climatologia agraria**
Science des influences du climat sur les productions agricoles.

AGROFORESTERIE n.f.
Association de la culture des arbres et des plantes vivrières, notamment dans les régions tropicales humides.
Les arbres (cocotier, palmier à huile, hévéa, etc.) fournissent l'ombre, le bois, des denrées alimentaires, tout en prélevant leur alimentation en profondeur grâce à leurs longues racines.
Les cultures vivrières (cacaoyer, caféier, céréales, pâturages) poussent à l'abri du soleil tout en puisant leur nourriture près de la surface du sol ; procédé de culture pratiqué en Malaisie, Afrique Centrale, Guyane, etc. (Fr. Hallé).

AGROGÉOLOGIE n.f.
En. **agrogeology**
Es. **agrogeología**
It. **geologia applicata all'agricoltura**
Science des sols, de leur structure physique et de leur composition chimique dans leurs rapports avec les cultures.
Etym. Du grec agros, *champ,* gé, *terre, et* logos, *science.*

AGROGITONIE n.f.
1. Formes et orientations des parcelles d'une exploitation agricole par rapport à deux axes orthogonaux.
2. Répartition des cultures entre les parcelles d'une exploitation agricole.
Si c'est la même culture, il y a homogitonie ; si les cultures sont différentes, il y a hétérogitonie.
Etym. Du grec *agros*, champ, et du latin *jacere*, gésir, gîter.

AGROGOROD n.m.
Russe.
V. Agroville.

AGROGRAPHIE n.f.
Es. **agrografía**
Description et explication des choses de la terre cultivée : parcelles, cultures, aménagements agricoles, etc.
Etym. Du grec *agros*, champ et *graphein*, décrire.

AGRO-INDUSTRIE l.f.
En. **agroindustry**
De. **Agrarindustrie**
Es. **agroindustria**
It. **agroindustria**
Insertion étroite de l'agriculture dans le domaine industriel et commercial.
A cause des investissements qu'elle exige, elle est surtout réalisée par de puissantes sociétés multinationales qui comprennent, à l'amont, la fabrication de produits et de matériels utiles à l'agriculteur; à l'aval, elles recueillent les productions des champs et des étables et les transforment pour la vente et la consommation.
L'exploitation agricole n'est plus qu'un chaînon dans un ensemble économique qui va de la matière première à l'article fini ; elle n'est plus confiée parfois qu'à des pluri-actifs qui travaillent aussi bien à l'usine qu'aux champs, selon la saison et selon les produits.

AGROLOGIE n.f.
En. **agrology**
De. **Landwirtschaftskunde**
Es. **agrología**
It. **agrologia, scienza dell'agricoltura**
1. Traité d'agriculture *(Peu usité)*.
2. Science de la terre cultivée, des formes de culture et d'élevage.
Etym. Du grec *agros*, champ, et *logos*, discours, science.

AGROMANE n.m.
Celui qui a la passion de l'agriculture, un goût excessif pour les problèmes agricoles.
Au XVIIIème siècle, les disciples de Quesnay furent qualifiés d'agromanes.

AGROMANIE n.f.
Passion excessive des choses de l'agriculture, goût un peu ridicule qu'affectèrent, pour les travaux des champs, sous l'influence des physiocrates et de la mode, les nobles et les bourgeois du XVIIIème siècle.

AGROMATIQUE n.f.
Es. **agromática**
It. **agromatica**
Science des méthodes de traitement rationnel, notamment automatique, des informations relatives à l'agriculture.

AGROMÈNE n.m.
Celui, celle qui habite toujours à la campagne.
Etym. Du grec *agros*, champ, et *menein*, habiter.

AGROMÉTÉOROLOGIE n.f.
En. **agrometeorology**
Es. **agrometeorología**
It. **meteorologia agraria**
Météorologie appliquée à l'agriculture, prévoyant à l'aide d'ordinateurs et de capteurs, les gelées, les périodes de sècheresse, les variations de l'humidité de l'air, établissant, en fonction de l'état de l'atmosphère, le type de temps qui en découle.

AGROMOTIVE n.f.
Locomobile destinée aux déplacements des véhicules agricoles très lourds, telles jadis les batteuses ; ou bien qui servit à faire tourner ces batteuses pour dépiquer les céréales.
Matériel périmé.

AGRONOME n.m.
En. **agronomist**
De. **Agronom**
Es. **agrónomo**
It. **agronomo**
Spécialiste de l'étude scientifique de l'agriculture.
Etym. Du grec *agros*, et *nomos*, loi.

AGRONOMÉTRIE n.f.
Es. **agronometría**
It. **agronometria**
Science qui a pour objet la mesure quantitative et qualitative de la fertilité d'une terre.
Etym. Du grec *agros*, champ, et *metron*, mesure.

AGRONOMIE n.f.
En. **agronomy**
De. **Landwirtschaftskunde, Agronomie**
Es. **agronomía**
It. **agronomia**
Science de l'agriculture ayant pour objet :
a) L'étude des sols, des climats et des plantes en vue des cultures et des élevages éventuels ;
b) L'étude des plantes cultivées et des animaux domestiques sauf la médecine vétérinaire ;
c) L'étude des conditions économiques et sociales de la production agricole.
De l'observation et de l'expérimentation, cette science dégage des lois et des théories qui sont mises en application pratique dans des champs d'expérience, puis, s'il y a succès, dans les exploitations agricoles.

AGRONOMIQUE adj.
En. **agronomic**
De. **agronomisch**
Es. **agronómico**
It. **agronomico**
Qualifie ce qui a trait à l'étude des sciences agricoles.
Tel l'Institut National Agronomique de Paris.

AGROPASTORAL adj.
Qualifie un système agricole combinant dans un même domaine, ou dans une même région, l'élevage et la culture, ce qui fut réalisé par l'homme plusieurs millénaires avant notre ère en Europe occidentale.
Au XIXème siècle, grâce aux cultures fourragères qui permirent l'accroissement du troupeau, on put supprimer la jachère, révolution agricole qui exalta les bons effets de l'association de la culture et du bétail.

AGROPÉDOLOGIE n.f.
Science des sols en vue de leur utilisation agricole. *Etym.* Du grec *agros*, champ, *pedon*, sol, et *logos*, science.

AGROPHARMACIE n.f.
En. **agropharmacy**
Es. **agrofarmacia**
It. **agrofarmacia**
Science et préparation des substances destinées à protéger et à améliorer les produits agricoles et les animaux domestiques, hormis les engrais, les aliments et les fumures.
V. Phytopharmacie.

AGROSTIS n.m.
En. **marsh bent grass**
De. **Straussgras**
Es. **agrostis**
It. **agrostide**
Plante de la famille des Graminées, comprenant plusieurs espèces.
L'une d'elles, appelée vulgairement trainasse, s'étale aux dépens des luzernières.
Etym. Du grec *agrostis*, chiendent.

AGROSTOLOGIE n.f.
En. **agrostology**
Es. **agrostología**
It. **agrostologia**
Etude des plantes appartenant à la famille des Graminées. *Etym.* Du grec *agrostis*, chiendent, et *logos*, science.

AGROSYLVOPASTORAL adj.
Qualifie un ensemble équilibré de champs, de bois et de prairies pour l'entretien d'un troupeau et des agriculteurs d'une région.

Dans l'agriculture intensive, spécialisée, cet équilibre perd sa valeur économique et sociale d'autrefois, du fait des échanges commerciaux.

AGROSYSTÈME n.m.
Es. **agrosistema**
Combinaison évolutive des éléments du milieu naturel et des diverses interventions humaines sous forme de cultures, d'élevage et d'échanges de produits, depuis le stade de la cueillette jusqu'à celui de l'abandon en passant par un maximum d'espace cultivé.

AGROTECHNIQUE n.f.
Es. **agrotécnica**
Ensemble des procédés scientifiques destinés à faire progresser l'agriculture.
Etym. Du grec *agros*, champ, et *tekné*, art.

AGROTIS n.m.
En. **noctua**
De. **Agrotis, Erdraupe**
Es. **gusano arador**
It. **agrotide**
Insecte dont la larve, appelée *ver gris*, ronge les racines des plantes cultivées et cause de graves dégâts dans les plants de tabac, de betteraves, de choux, etc.
Etym. Du grec *agrotis*, habitant des champs.

AGROTOURISME n.m.
Es. **agroturismo**
It. **agriturismo**
Participation des touristes et des vacanciers aux travaux agricoles.

AGROVILLE n.f.
En Union Soviétique, agglomération de plusieurs centaines de fermes et de plusieurs milliers d'habitants, synthèse d'un centre agricole avec un vaste kolkhoze, et d'un centre urbain avec ses services.
C'est une tentative pour associer vie urbaine et vie rurale.
Mais les distances à parcourir et les résistances psychologiques ont freiné l'extension de ces agglomérations de vie collective mixte.

AGRUMERAIE n.f.
En. **citrus plantation/orchard**
It. **agrumeto**
Verger composé d'arbres fruitiers producteurs d'agrumes : orangers, citronniers, mandariniers, clémentiniers, etc.

AGRUMES n.m.p.
En. **citrus fruits**
De. **Agrumen, Zitrusfrüchte**
Es. **agrios, cítricos**
It. **agrumi**
1. Fruits des citronniers, des orangers, des mandariniers, des clémentiniers, etc.
2. Prune d'ente pour faire des pruneaux d'Agen (A. Chevalier).
Etym. De l'italien *agrumi*, fruits acides.

AGRUMICULTURE n.f.
En. **citriculture**
De. **Zitrusfruchtanbau**
Es. **citricultura**
It. **agrumicoltura**
Culture des agrumes : orangers, citronniers, etc.

AGUDET n.m.
Cépage à raisins noirs et à grains allongés, cultivé jadis en Bas Quercy.

AGUIER n.m.
Raclette avec un manche de bois qui sert à enlever la terre collée au soc et au versoir de la charrue.

AGULHAS n.f.p.
(*Catalogne*). Canalisations secondaires des systèmes d'irrigation.

AGUSER (S') v.pr.
Se réduire à l'état d'aiguilles comme les céréales qui, sous l'effet de températures trop élevées, ne peuvent faire des drageons et n'ont que des tiges aussi minces que des aiguilles.
Etym. Du latin *acuere*, rendre aigu.

AHANER v.intr.
Es. **jadear**
Pousser de profonds soupirs, des *ahans*, en effectuant un travail pénible, en particulier en tirant une charrue avec des cordes passées sur l'épaule.
D'après certains auteurs (Bloch et Wartburg), il dériverait du provençal. afanar, dérivé du substantif latin. afannae, situation difficile, issu lui-même du grec. aphannai, chose obscure.

AHURES n.f.p.
(*Gascogne*). Pacages de sous-bois (G. Plaisance).
Etym. Dérivé de *fourrés*, par transformation du *f* en *h* et agglutination de l'article *la* par prosthèse, cas fréquent en gascon.

AIDE n.f.
En. **aid, help** (2)
De. **Hilfe** (2)
Es. **ayuda** (2)
It. **aiuto** (2)
1. Sarment d'une treille pour soutenir le pied de vigne.
2. Soutien que le vassal devait à son suzerain en cas de guerre, de croisade, de mariage ou de rançon.
C'était l'aide aux quatre cas fournie militairement ou financièrement par le domaine tenu en hommage.
Etym. Du latin *adjutare*, aider.

AIDEAU n.m.
Es. **adral**
Barre de bois fixée aux ridelles d'une charrette pour maintenir la charge.
Etym. De *aide*.

AIDE FAMILIAL l.m.
Es. **ayuda familiar**
Fils ou proche parent du chef d'exploitation d'un domaine, qui participe aux travaux de la ferme et en retire une part du profit, ainsi que des avantages sociaux et fiscaux.

AIDES n.f.p.
Impôts prélevés sur la vente des produits agricoles pour faire face, depuis Philippe-Auguste, aux dépenses imprévues de la Monarchie sous l'Ancien Régime.

AIGAIRE n.f.
(*Provence*). Rigole séparant une série de sillons en ados et facilitant l'écoulement des eaux.
Etym. Du latin *aquaquium*, conduite d'eau.

AIGES n.f.p.
(*Bourgogne*). Parties basses et marécageuses des prés où poussent des prêles et des roseaux.
Etym. Du latin *algia*, forêt en terrain plat et humide.

AIGNELIN n.m.
(*Poitou*). Toison des agneaux de l'année.

AIGRIÈRE n.f.
Résidu de la fabrication du beurre utilisé pour la nourriture des porcelets.
Etym. De *aigre*.

AIGRINS n.m.p.
(*Bas Poitou*). Sauvageons destinés à servir de porte-greffe.
Il s'agit surtout de pommiers ou de poiriers sauvages appelés ainsi à cause de leurs fruits très acides.

AIGUADE n.f.
1. Point d'eau où vont boire les troupeaux.
2. Pâturage humide.
3. Moitié du pâturage où le troupeau broute le matin.
L'autre moitié est réservée pour l'après-midi.
V. Aiguail.
Etym. Du latin *aqua*, eau, ayant donné en provençal, *aigada*.

AIGUADIER n.m.
Personne chargée de surveiller, selon les coutumes locales, la distribution de l'eau d'irrigation dans les diverses canalisations d'un territoire irrigué.
Etym. Du latin *aqua*, qui a donné en provençal, *eyga* et *eygadier*.

AIGUAGE n.m.
Droit des riverains d'un canal d'irrigation de placer des tuyaux sur les terres de leurs voisins pour conduire l'eau sur les leurs.
Syn. Aïguerie.
Etym. Du provençal, *ayga*, eau.

AIGUAIL n.m.
En. **dew**
De. **Tau**
Es. **rocío**
It. **rugiada, guazza**
Pacage du matin dans les pâturages encore couverts de rosée.
Etym. Du latin *aqua*, eau.

AIGUILLADE n.f.
Long bâton muni à l'une de ses extrémités d'une pointe en fer pour exciter l'attelage, et à l'autre extrémité d'une raclette pour enlever la terre collée au soc et au versoir *(fig. 4)*.
Etym. Du latin *aculeus*, aiguillon.

(fig. 4). Aiguillade

AIGUILLE n.f.
En. **needle** (2)
De. **Holznagel** (2)
Es. **aguja** (2)
It. **ago, gúglia, lancetta** (3)
1. Timon d'une charrette à boeuf.
2. Cheville de bois ou de fer servant, naguère, à lier les gerbes.
3. Feuille étroite et aiguë d'un conifère.

AIGUILLETTE n.f.
Es. **aguja, agujeta (de vaca)**
Cadeau remis par un acheteur de bestiaux au domestique qui les a élevés.

AIGUILLON n.m.
En. **goad, sting**
De. **Stachel**
Es. **aguijón**
It. **pungolo, pungiglione**
Bâton de un à deux mètres de long, muni à l'une de ses extrémités d'une pointe en fer servant à faire avancer les attelages en les piquant légèrement.
Etym. Du latin *aculeus*, aiguillon.

AIL n.m.
En. **garlic**
De. **Knoblauch**
Es. **ajo**
It. **aglio**
Plante de la famille des Liliacées, cultivée dans les jardins et dont les caïeux des bulbes servent à assaisonner certains mets.
Etym. Du latin *allium*, ail.

AILAGE n.m.
Espace où est construite une ferme et où sont aménagées ses dépendances : cour, aire, jardin, chemins, etc.
C'est l'emplacement où peuvent s'étendre les "ailes" de la maison (P. de Saint-Jacob).

AILE n.f.
En. **wing**
De. **Flügel**
Es. **ala**
It. **ala**
1. Partie latérale d'un bâtiment se distinguant du corps central.
2. Verger, jardin, cour entourant un hameau ou un village.
3. Parcelle attenante à la ferme, clôturée et réservée soit aux ébats du bétail, soit à des cultures délicates : légumes, melons, fraises, etc.
Etym. Du latin *ala*, aile.

AILLADE n.f.
Cépage à raisins noirs cultivé en Provence.

AINE n.f.
Piquette faite avec du marc de raisin en Champagne, ou de la pulpe de pommes écrasées en Picardie.
S'écrit également aisne, du latin acinus, grain de raisin.

AÎNESSE (DROIT D') l.m.
En. **birthright**
De. **Erstgeburtsrecht**
Es. **primogenitura (derecho de), mayorazgo**
It. **primogenitura (diritto di)**
Dans le droit féodal, priorité accordée à l'aîné mâle de la famille dans l'héritage du domaine seigneurial.
Elle avait pour but de maintenir l'unité territoriale de ce domaine et de donner à son possesseur la capacité d'exercer ses devoirs de justice, d'administration et de défense.
Afin d'atténuer l'inégalité du partage au détriment des cadets et des filles, le droit d'aînesse se limitait parfois au préciput, c'est à dire au château, à ses dépendances et aux deux tiers des terres nobles ; à défaut de château ou de manoir, le préciput s'étendait à un arpent de terre au choix de l'aîné. Les parents ne pouvaient disposer de cette part de l'héritage, réservée au futur chef de famille. A la fin de l'Ancien Régime, ce privilège se maintenait afin de conserver la richesse de la noblesse et même de la bourgeoisie. Il en subsiste la part dont les parents peuvent disposer pour un de leurs enfants, ou pour un étranger.

AIRAGE n.m.
(Limousin). Etendue sans herbe, autour d'une ferme, pour battre les céréales.

AIRE n.f.
En. **threshing floor** (1)
De. **Tenne, Dreschtenne** (1)
Es. **era** (1)
It. **aia, area** (1)
1. Surface plane destinée au dépiquage des céréales.
Elle peut être privée, à l'usage d'une ferme, ou commune à un village, comme c'est le cas en Espagne ; en France, elle est devenue hors d'usage.
2. En Picardie, îlot cultivé en légumes dans les hortillons.
3. Au Moyen-Age, petite exploitation rurale cédée par un seigneur en tenure réservée.
4. Etendue réservée à une certaine activité.
Sens très général précisé par un complément : aire de culture, aire de traite, aire d'étable, etc.
Etym. Du latin *area*, place ouverte et libre.

AIREAU n.m.
(Blésois). Emplacement propre à la construction et, par extension, habitation, cour, jardin et dépendances.
Le terme s'écrit aussi héreau.
Etym. Du latin *arealis*, relatif à l'aire.

AIREAU n.m.
1. Petite araire en bois, à soc de fer, munie de deux *oreilles* symétriques.
Etym. Du latin *arare*, labourer.
2. *(Berry).* Petite exploitation agricole de moins de deux arpents et où la chasse était interdite.

AIRE BATRESSE l.f.
(Vendée). Surface plane où l'on battait les céréales à l'aide d'un fléau.

AIRÉE n.f.
Ensemble des gerbes déliées et étendues sur l'aire pour être dépiquées en une seule fois, soit à l'aide de fléaux, soit avec un rouleau de pierre tiré par des boeufs ou des chevaux, soit avec un traineau, muni en dessous de petits fragments de silex.
Selon le temps, on pouvait battre une ou deux airées par jour.

AIRELLE n.f.
En. **blueberry**
De. **Heidelbeere**
Es. **arándano**
It. **mirtillo**
Plante arbustive de la famille des Ericacées *(Vaccinium myrtillus)*.
On en cultive au Canada des variétés à gros fruits appelés bleuets ; on les cueille, sauvages, dans les Vosges, pour en faire des confitures, des liqueurs et de l'eau-de-vie.
Etym. De aigre.

Airelle myrtille
A, coupe de la fleur ; B, fruit

AIRETTE n.f.
(Bretagne).
1. Planche de jardin dans le Coglais.
2. Semis dans la région de Glennes-sur-Seiche.

AIRIAL n.m.
1. *(Landes).* Vaste espace planté de chênes-lièges et entourant les fermes.
L'air circule aisément autour des bâtiments, d'où son nom.
C'est le centre de la vie familiale avec la maison d'habitation, l'étable, le parc à brebis, le hangar, le poulailler, le four, le puits à balancier et l'aire à battre le blé.
2. Fermage versé en espèces, en plus des redevances en nature.
Etym. Du latin *aer*, air.

AIRIER n.m.
(Picardie). Celui qui cultivait l'aire, parcelle consacrée à la culture maraîchère.

AIRRAICHIS n.m.
Parcelle récemment défrichée et encombrée de souches *(G.Plaisance).*
Syn. Brûlis, écobuage.
Etym. Du latin *eradicare*, arracher avec les racines.

AISANCE n.f.
Es. **comodidad** (1)
It. **adiacenze** (2)
1. Ensemble des cours, aires, chemins, enclos dépendant d'une ferme et destinés à favoriser les mouvements du cheptel mort ou vif.
2. Espaces libres autour d'un village.
3. Petit domaine.
4. Dépôt temporaire de bois coupé *(H.Baulig).*
Etym. Du latin *adjacentia*, environs.

AISSADE n.f.
(Auvergne). Pioche destinée à arracher les pieds de gentiane.
Etym. Du latin *ascia*, cognée, doloire.

AISSEAUX n.m.p.
It. **assicelle**
Planchettes très minces pour couvrir les toitures.
Syn. Bardeaux, essentes, aisseules.
Etym. Du latin *axis*, qui a donné *ais*, planche, solive.

AISSELLE n.f.
En. **armpit**
De. **Blattstielwinkel**
Es. **axila**
It. **ascella**
Point d'attache d'une feuille à la tige où elle a poussé.
Etym. Du latin *axilla*.

AISSET n.m.
(Bretagne). Claie de buissons, fermant une brèche dans une haie.

AISY n.m.
Résidu fermenté du lait après cuisson; il favorise la coagulation du fromage de gruyère.

AÎTRE n.m.
(Limagne). Galerie couverte située au premier étage de la maison du vigneron.
Elle donne accès à la cuisine.
A ne pas confondre avec les aîtres d'une maison, qui devraient s'écrire êtres, car ils dérivent du latin. extera, les parties extérieures (L.Gachon).
V. Etres.
Etym. Du latin *atrium*, pièce d'entrée.

AÎTRES n.m.p.
En. **arrangement of a house**
De. **Wirtschaftsgebäude**
Es. **distribución de una casa**
It. **annessi**
Abords, dépendances extérieures, mais proches d'une maison : clôture, porte d'entrée, cour, galerie, etc.
S'écrit aussi : êtres.
Etym. Du latin *extera*, parties extérieures.

AJONC n.m.
En. **furze, gorse**
De. **Stechginster**
Es. **allaga, tojo**
It. **ginestrone**
Arbrisseau de la famille des Papilionacées *(Ulex europeus)*, dont les feuilles prennent la forme d'épines.
Cultivé en Bretagne comme fourrage vert en hiver pendant qu'il est encore tendre et qu'on peut le broyer pour permettre au bétail de le consommer. Ses grosses tiges servaient jadis de combustible pour les fours des boulangers et les fours à chaux.
L'ajonc noir (Ulex nanus) sert également en Pays Basque pour la nourriture et la litière du bétail (R.Musset).

AJONNIÈRE n.f.
Es. **tojal**
(France de l'Ouest). Parcelle consacrée à la culture des ajoncs.

AKÈNE n.m.
En. **akene, achene**
De. **Achäne**
Es. **aquenio**
It. **achenio**
Fruit sec indéhiscent, à graine unique.
Ex. La noisette.
Etym. Du grec *a* privatif et *khainein*, s'ouvrir.

AKKER n.m.
(Flandre).
1. Champ cultivé entouré de haies.
2. Groupe de parcelles ouvertes les unes sur les autres et soumises à des contraintes collectives comme dans les méjous bretons.
Etym. Du latin *ager*, ou du germanique *Acker*.

ALAGE n.m.
(Ile de France). Enclos comprenant le jardin et la cour touchant à l'aile d'une maison.

ALAISE n.f.
Lien d'osier, de paille ou de jonc, fixant une jeune branche à un tuteur pour lui faire prendre une position déterminée.
S'écrit aussi alèse.

ALAMBIC n.m.
En. **alembic**
De. **Brennkolben**
Es. **alambique**
It. **alambicco**
Appareil utilisé par les bouilleurs de cru pour distiller les boissons ou les fruits fermentés.
Il se compose essentiellement d'un gros vase ou cucurbite, où boissons ou fruits sont portés à ébullition ; les vapeurs d'alcool passent dans un réfrigérateur où elles se condensent (fig. 5).
Etym. Du grec *ambix*, vase à distiller et de l'arabe *al anbig*.

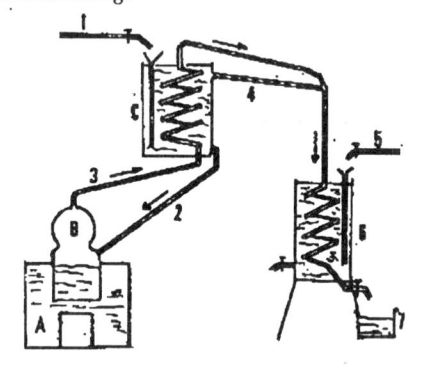

Alambic (5)
A. Chaudière. B. Chapiteau. C. Chauffe-vin.
1. Arrivée du vin froid. 2. Arrivée du vin chaud.
3. Vapeurs alcooliques. 4. Vapeurs alcooliques du chauffe-vin. 5. Eau. 6. Eau réfrigérante.
7. Alcool flegme, à rectifier.

ALAT n.m.
(Pyrénées Françaises). Cabane servant à abriter les bergers sur les pâturages.

ALATERNE n.m.
En. **buckthorn**
De. **Wegedorn**
Es. **aladierna**
It. **alaterno, ramno**
Espèce de nerprun d'Europe *(Rhamnus alaternus)*, au feuillage toujours vert, exhalant un parfum de miel et dont les fruits sont purgatifs.

ALBARÈDE n.f.
(Languedoc). Plantation de saules blancs ou *albas*, en langue d'oc.
On dit aussi une aubarède (G.Plaisance).
Etym. De l'occitan *alba*, saule blanc, dérivé du latin, *albus*, blanc.

ALBERC n.m.
(Alpes maritimes). Maison d'habitation située auprès de la grange-étable dans les montagnettes du pays niçois.
Etym. Du germanique *haribergeon*, campement, qui a donné héberger et auberge.

ALBERGATAIRE n.m.
Personne soumise au droit d'alberge.

ALBERGE n.m.
En. peach (2)
De. Herzpfirsich, Pfirsich (2)
Es. albérchigo (2)
It. pesca duracina (2)
1. Droit de gîte dont disposait le seigneur chez ses vassaux, et dans les censives de ses roturiers.
Droit souvent racheté par une redevance annuelle et perpétuelle. S'écrit aussi alberque, et a donné comme doublet auberge.
Etym. Du germanique *haribergeon*, logement.
2. Pêche, ou abricot, à pulpe blanche, légèrement aigrelette et adhérente au noyau, produite par un arbre appelé *albergier*.

ALBERGEMENT n.m.
1. Lieu où l'on héberge.
2. Bail emphytéotique, ou à temps limité, pour une tenure qui, à l'origine, devait héberger son seigneur. *Il comportait une redevance et serait encore en usage dans le ressort de la Cour d'Appel de Chambéry.*
Syn. Hostise.

ALBÉRON n.m.
Variété de froment cultivé au Moyen-Age, et signalé dans le cartulaire de Saint-Père-de-Chartres. (1140)

ALBINISME n.m.
En. albinism
De. Albinismus
Es. albinismo
It. albinismo
1. Absence ou diminution des pigments qui décolorent la peau et les poils des lapins, des cobayes.
2. Décoloration partielle des feuilles d'un végétal, sans entraîner l'étiolement.
Ces feuilles panachées sont très ornementales dans l'érable, le laurier, etc.
Etym. Du latin *albus*, blanc.

ALBUMEN n.m.
En. albumen
De. Eiweiss
Es. albumen
It. albume
Matière de réserve azotée contenue dans la graine et alimentant l'embryon au cours de son développement, riche en amidon dans les céréales, en huile dans le pavot, le tournesol, etc.
Etym. Mot latin.

ALCOOL n.m.
En. alcohol
De. Alkohol
Es. alcohol
It. alcool
Liquide incolore, volatil, inflammable, à saveur brûlante, contenant une certaine quantité d'eau.
Il est obtenu par distillation des jus sucrés ayant fermentés sous l'action d'une levure.
Les produits agricoles (vin, cidre, poiré, sucre de canne, etc.) donnent des alcools éthyliques, dits eaux-de-vie, utilisés comme liqueurs, ou comme solvants dans les industries chimiques. On retire également de l'alcool des céréales (whisky, bourbon, vodka), de la pomme de terre, du topinambour, etc.
Débarrassé de son eau, en présence de chaux ou de soude caustique, l'alcool pur, mélangé à l'essence, sert de carburant.
On extrait enfin de l'alcool, dit méthylique ou esprit de bois, de la distillation du bois.
Etym. De l'arabe, *al-kohol*.

ALCOOMÈTRE n.m.
En. alcohol meter
De. Alkoholometer
Es. alcoholímetro
It. alcolometro
Appareil pour mesurer la teneur des liquides en alcool.
Il repose sur la différence de densité entre l'alcool pur et l'eau pure, le tout à 15 °C ; plus un liquide contient d'alcool, plus l'instrument s'enfonce dans le mélange ; sa graduation, réglée de 0 à 100, permet d'apprécier la quantité d'alcool contenue dans le liquide. Naguère, on utilisait l'alcoomètre Cartier moins précis que l'alcoomètre Gay-Lussac, en usage actuellement.

ALCORNOQUE n.m.
Es. alcornoque
(Roussillon). Chêne-liège.
Etym. Origine arabe présumée.

ALDEA
(Galice). Groupe de fermes constituant un hameau. *(A. Bouhier).*

ALÉNOIS adj.
Se dit du cresson que l'on cultive dans les jardins et qui relève le goût des salades.
Etym. Du latin *aurelianum*, d'Orléans.

ALEURONE n.m.
En. aleurone
De. Aleuron
Es. aleurona
Elément azoté, constituant des réserves protidiques sous forme de grains dans les vacuoles des plantes.
Etym. Du grec, *aleuron*, farine.

ALEVIN n.m.
En. alevin, fingerling
De. Fischbrut
Es. alevín, morralla
It. avannotto
Petit poisson récemment éclos que l'on jette dans un étang ou dans un cours d'eau, pour le repeupler.

ALEZAN n.m.
En. bay, chestnut horse
De. Fuchs, fuchsrot
Es. alazán
It. sauro
Couleur rougeâtre de la robe d'un cheval.
Etym. De l'arabe, *azar*, rougeâtre.

ALFA n.m.
En. esparto grass
De. Espartogras
Es. esparto
It. alfa, sparto
Plante vivace de la famille des Graminées *(Stipa tenacissima).*
Elle croît spontanément sur les hautes plaines du Maghreb. Ses feuilles servent à la fabrication de sparteries ou de papier de luxe. La tige rouie donne des fibres pour le fil et les tissages. Etym. De l'arabe *halfa*.

ALFALFA n.m.
(Espagne). Luzerne. *Etym.* De l'arabe, *alfalfa*.

ALGIA n.m.
Endroit frais et humide, près d'un cours d'eau, avec des plantes hygrophiles, comme la molinie bleue *(G. Plaisance).*
S'est conservée pour désigner de nombreux lieux-dits en Franche-Comté.
Etym. Du latin *algia*, terrain boisé et humide.

ALGOCULTURE n.f.
Culture des algues, notamment de *Porphyra tenera*.
Elle se pratique surtout en Extrême-Orient ; des essais ont eu lieu en Occident.

ALGUE n.f.
En. alga, seaweed
De. Alge, Meergrass
Es. alga
It. alga
Végétal chlorophyllien, de l'embranchement des thalophytes, vivant dans les eaux douces ou salées ; utilisé en agriculture comme engrais sous le nom de *varech*, ou de *goémon*, recueilli sur les rochers, ou dans l'eau ; lègèrement fermenté, puis désséché, il est riche en potasse, en soude, en iode.
On en retire l'algine pour les empreintes dentaires et de l'agar agar pour les produits pharmaceutiques.
On en consomme de grandes quantités au Japon pour le saké, boisson nationale, et diverses préparations alimentaires ; aussi est-il l'objet de véritable culture le long des rivages japonais.
Etym. Du latin *alga*.

ALICANTE n.m.
Cépage à raisins noirs originaire de la province espagnole d'Alicante.
Il est cultivé dans le Midi de la France, où il est appelé aussi grenache.
Le même terme entre dans la composition de alicante-bouschet, hybride producteur direct qui sert à donner de la couleur aux vins rouges trop clairs.

ALIGOTÉ n.m.
Cépage bourguignon à raisins blancs qui donnent des vins d'appellation contrôlée.

ALIMENTATION DU BÉTAIL l.f.
En. **livestock feeding**
De. **Viehfütterung**
Es. **alimentación del ganado**
It. **alimentazione del bestiame**
1. Fourniture à un animal domestique de la nourriture nécessaire à sa croissance, à son entretien, ou à son engraissement.
Cette alimentation peut s'effectuer au pâturage ou à l'auge, manuellement ou automatiquement.
2. Phénomène par lequel les plantes puisent :
a) Dans le sol par l'intermédiaire de leurs racines et de leurs poils absorbants les sels minéraux dissous qui montent jusqu'aux feuilles par la tige sous l'influence de la pression osmotique ;
b) Dans l'air par les feuilles qui absorbent le gaz carbonique.
Grâce à l'énergie solaire et à la chlorophylle, par synthèse, sels minéraux et carbone se combinent pour donner les substances organiques qui alimentent les cellules végétales: amidon, sucre, matières grasses.

ALIOS n.m.
En. **hardpan**
De. **Ortstein**
Es. **capa impermeable**
(Gascogne). Grès composé de grains de sable et d'humus agglutinés par un oxyde de fer.
Il forme des bancs lenticulaires de 50 cm à 1 m d'épaisseur qui sont en partie cause du caractère marécageux des Landes de Gascogne, de Brenne et de Sologne.

ALISE n.f.
En. **sorb apple**
De. **Elsbeere**
Es. **cereza del aliso, aliso**
It. **sorba**
Fruit de l'alisier.
De teinte rouge, de saveur acidulée, il sert à faire une eau de vie très appréciée.
Etym. Du germanique, *aliza*.

ALISIER n.m.
En. **service tree**
De. **Elsbeerbaum**
Es. **aliso**
It. **sorbo**
Arbre de la famille des Rosacées, de 3 à 4m de haut, à feuillage abondant.
Ses trois principales espèces sont l'alisier blanc (Sorbus aria) dont le bois est utilisé en ébénisterie, l'alisier torminal (Sorbus torminalis) dont le fruit, l'alise, est consommé quand il est blet, et l'alisier noir (Sorbus aucuparia), appelé aussi sorbier des oiseleurs, à cause de ses fruits rouges qui persistent en hiver, après la chute des feuilles et qui attirent les oiseaux (R.Blais).
Etym. De l'ancien allemand, *aliza*.

ALIZARI n.m.
Racine de la garance dont le suc donnait une belle teinte rouge dont on retirait *l'alizarine*.

La culture en a été ruinée par les produits chimiques. Etym. De l'arabe, *al uçara*, suc.

ALLAITEMENT n.m.
En. **suckling, feeding**
De. **Säugen, Stillen**
Es. **lactancia**
It. **allattamento**
1. Nourriture des jeunes mammifères avec le lait de la mère.
2. Fonction des femelles de mammifères quand elles nourrissent leurs petits.

L'allaitement est artificiel quand il est assuré par du lait entier, ou reconstitué, et distribué par des appareils automatiques.

ALLAITERON n.m.
(Normandie). Jument qui allaite.

ALLÉE n.f.
En. **lane**
De. **Allee, Baumgang**
Es. **calle** (1), **alameda** (2)
It. **viale**
1. Passage ménagé entre deux planches de légumes, ou entre des arbres fruitiers, afin de circuler dans un jardin ou dans un verger.
2. Chemin bordé d'arbres et donnant accès à une riche maison rurale.

ALLEU n.m.
En. **freehold**
De. **Freigut**
Es. **alodio**
It. **allodio**
Domaine qui ne relevait d'aucun seigneur, qui n'était frappé d'aucune servitude féodale et qui pouvait être transmis par succession ou par vente sans payer de droits.
Il pouvait avoir la dimension d'une petite exploitation agricole, ou bien s'étendre à un vaste territoire.
L'alleu était noble s'il avait des vassaux et roturier s'il n'en avait pas. Une censive qui cessait de rendre des "services" à un suzerain devenait un alleu.
Dans le Midi de la France, sous l'influence du droit romain, favorable à la propriété absolue, les alleux étaient plus nombreux que dans le Nord. Ils provenaient des terres libres des propriétaires gallo-romains, des domaines acquis par les Barbares lors des invasions, de l'abandon et de l'oubli des droits de suzeraineté.
Cependant, le nombre des alleux ne cessa de diminuer, soit parce que des suzerains s'en saisissaient, soit parce que des alleutiers préféraient avoir un seigneur qui les protège, soit parce que les légistes assuraient que toute terre sans seigneur relève du roi.
A la Révolution, tous les biens fonciers devinrent des alleux roturiers par suppression des droits seigneuriaux (Nuit du 4 août).
Etym. Du francique, *al*, tout, et *od*, bien.

ALLEUTIER n.m.
Possesseur d'un alleu en toute propriété et avec tous les pouvoirs qui en découlent *(M. Bloch)*.
Toutefois, pour la justice, certains alleutiers dépendaient d'un seigneur voisin (Hainaut).

ALLIUM n.m.
Genre de plantes appartenant à la famille des Liliacées, à odeur forte, à goût âcre et servant de condiments : (ail, échalote, ciboulette, etc.)
Etym. Du latin *allium*.

ALLIVREMENT n.m.
Revenu net d'une parcelle du cadastre en fonction de son classement dans l'une des quatre catégories entre lesquelles se répartissent les terres selon leurs qualités.
C'est sur ce revenu que repose la contribution foncière levée au profit des communes et des départements.
Etym. De *livrée*, terre dont le revenu est estimé à une livre.

ALLIVREUR n.m.
Celui à qui est confié l'allivrement.

ALLOBROGIQUE n.m.
Vignoble réputé de la Gaule romaine, cultivé chez les Allobroges, "nation" celte qui occupait la Savoie et le Bas-Dauphiné.

ALLODE n.f.
Es. **alodio**
(Droit germanique.) Terre acquise par héritage et non par achat.
Se restreignit peu à peu à la terre libre de toutes charges féodales.
Syn. Alleu. *(G. Lepointe).*

ALLODIALITÉ n.f.
En. **freeland**
De. **Freilehen**
Es. **alodialidad**
It. **allodialità**
1. Juridiction régissant une terre tenue en alleu.
2. Terre jouissant de cette juridiction.

ALLOGAME adj.
It. **allogamo**
Qualifie une plante dont les éléments mâles et femelles sont situés sur des fleurs séparées, ce qui rend l'hybridation facile.
Ex. Le maïs, ou même sur des individus séparés, ce qui rend la fécondation plus aléatoire.
Etym. Du grec *allos*, autre, et *game*, mariage.

ALLOTEMENT n.m.
Groupement par lots homogènes, en vue de leur vente ou de leur répartition, de fruits, de légumes, de grains, de volailles, de veaux, etc.

ALLOTIR v.tr.
Partager un domaine en lots pour les répartir entre des exploitants.
Au Moyen-Age, on allotissait en tenures le domaine éminent d'une seigneurie.

ALLOTISSEMENT n.m.
En. allotment
Es. repartición de un terreno
It. lottizzazione
1. Partage d'un domaine seigneurial en tenures que l'on répartissait entre les tenanciers.
2. Partage et répartition d'un territoire conquis sur les eau, ou la forêt, entre plusieurs personnes qui deviennent propriétaires d'un ou de plusieurs lots.
3. Classement de produits agricoles (fruits, bétail) par lots de mêmes qualités, en vue de leur commercialisation.

ALLOU (SE METTRE EN) l.v.
(Normandie). Action de se louer à forfait pour des travaux d'été, soit directement, soit par l'intermédiaire d'un entrepreneur *(J.Sion)*.

ALLURE n.f.
En. gait
De. Gangart
Es. aire
It. andatura
1. *(Bourgogne)* Syn. Soles. *(de Saint-Jacob)*.
2. Mode de marche, particulièrement du cheval : pas, trot, galop, amble, aubin, pas relevé.
Etym. Du latin *allatus*, fait d'aller.

ALLUVIONS n.f.p.
En. alluvium
De. Anschwemmung, Flussablagerung
Es. aluviones, depósitos aluviales
It. alluvioni
Dépôts d'un cours d'eau le long de ses rives ou contre un ouvrage d'art.
Ce sont des accrues qui appartiennent au propriétaire des parcelles qui les bordent, sous réserve d'y laisser un passage pour les pêcheurs.
Etym. Du latin *ad*, vers, et *luere*, laver, arroser.

ALME n.f.
Prairie qui, dans les Alpes, ne peut être atteinte que pendant l'été.

ALOÈS n.m.
En. aloe
De. Aloe
Es. aloe
It. aloe
Plante herbacée ou arborescente, selon les espèces, de la famille des Liliacées.
Cultivée dans les pays tropicaux, ses feuilles charnues donnent un suc tonique ou purgatif, selon la dose; leurs fibres fournissent un textile grossier résistant à l'humidité.
Etym. Du grec *aloê*.

ALOUMÈRE n.f.
Es. olmeda, olmedo
(Gascogne). Terrain planté d'ormeaux, arbres fourragers dont le feuillage servait à l'alimentation du bétail en été *(G.Plaisance)*.

Une maladie cryptogamique a entraîné leur disparition.
Etym. Du latin *ulmus*, orme, qui a donné *oumère* en gascon et *aloumère* avec l'article *al*.

ALOXE-CORTON n.m.
Cru bourguignon, aux vins rouges réputés.
Son nom provient de la commune où il est récolté, au pied de la Côte d'Or et au nord-ouest de Beaune.

ALPACA n.m.
En. alpaca
De. Kamelziege, Alpaka
Es. alpaca
It. alpaca
Mammifère de la famille des Camélidés, proche parent du lama et de la vigogne.
Il est élevé pour sa laine brillante et longue, qui sert à fabriquer de belles étoffes et des tapis précieux.
Etym. Du quetchua, langue amérindienne.

ALPAGE n.m.
En. alpine pasture (1)
De. Alm
Es. pastoreo alpino, pastos de montaña
It. alpeggio
1. Prairie située sur une haute montagne, dans les Alpes, et où montent les troupeaux en été. *Pratique en déclin.*
2. Durée du séjour des troupeaux sur l'alpe.
3. Droit de pâturage en haute montagne.

ALPAGER v.tr.
It. alpeggiare
Mettre les troupeaux sur un alpage.

ALPAGER n.m.
Berger chargé de surveiller un troupeau sur un alpage.

ALPAGISTE n.m.
En. alpine farmer
De. Almer, Almbauer
Possesseur de troupeaux transhumants, utilisant des alpages.

ALPASSE n.f.
Pâturage de mauvaise qualité dans les Alpes.

ALPE n.f.
En. alp, mountain pasture
De. Alp, Alm
Es. pasto en la montaña
It. alpe, malga
Pâturage d'été en montagne.
Terme usité dès le Moyen-Age et qui, au pluriel, a servi à désigner l'ensemble montagneux où se trouvaient ces pâturages.
Selon les régions, le mot se déforme en alp, arp, aup, *et ses diminutifs deviennent* alpet, arpet, aupet *(G.Plaisance)*.

ALPÉAGE n.m.
Taxe perçue, jadis, dans les Alpes Françaises par les seigneurs sur les troupeaux allant pâturer dans leurs montagnes.

ALPICULTURE n.f.
It. alpicoltura
Aménagement des alpages et des pratiques culturales adaptées au milieu montagnard.
La vallée d'Arvieux, dans le Queyras, a servi de région pilote à l'alpiculture.

ALPIN adj.
En. alpine
De. Alpen-
Es. alpino
It. alpino
Qualifie tout ce qui provient des Alpes, notamment les récoltes et le bétail dans le domaine agricole.

ALPINE (RACE) l.f.
1. Race de chèvres à robe unie brun rouge, ou à robe pie à taches blanches.
2. Race de moutons à toison épaisse.
3. Race de bovins à robe brune, bonne laitière.

ALPS n.m.
A l'origine, pâturage montagnard concédé en censive par un seigneur à une communauté rurale contre une redevance. *Par la suite, le mot s'est étendu à toute la montagne en perdant l's au profit du e (G. Plaisance)*.

ALSACE (VINS D') l.m.p.
En. Alsace wines
De. Elsässer (Weine)
Es. Alsacia (vinos de)
It. Alsazia (vini di)
Vins blancs provenant des vignobles cultivés sur les collines sous-vosgiennes, entre 200 et 350 m d'altitude.
Ils doivent sans doute leur origine à la présence des légions romaines le long du Rhin. Le fleuve en a facilité le commerce au cours du Moyen-Age et des Temps Modernes. Les crus sont désignés par des noms de cépages : Riesling, Sylvaner, Traminer, Gewurztraminer. On cultive aussi le Chardonnay, le Pinot gris, le Tokay (Carte n°1).

ALTERNANCE n.f.
En. alternation
De. Wechselwirtschaft (2)
Es. alternación
It. alternanza, rotazione
1. Succession des saisons et de leurs travaux selon le calendrier agricole.
2. Rotation des cultures dans un même champ, selon le rythme de l'assolement.
3. Inégale production des arbres fruitiers d'une année à l'autre.
A une année d'abondance succède une année médiocre, les bourgeons à fleur ayant manqué de sève.

ALTERNARIOSE n.f.
It. alternariosi
Maladie cryptogamique des pommes de terre, des tomates, des carottes.
Elle se manifeste par des taches noires qui se creusent et détruisent la récolte.

ALTERNAT n.m.
Rotation des cultures dans une même parcelle.
Terme savant et abstrait.

ALTERNATIVE adj.
En. alternative
Es. alternativo
It. alternativo, alternanza
Se dit d'une céréale insensible au climat des saisons de transition et qui peut être semée indifféremment en automne ou au printemps.

ALTHEA n.m.
En. hollyhock
De. Eibisch
Es. altea
It. altea
Plante de la famille des Malvacées que l'on cultive pour ses fleurs.
Déssechées, elles servent à faire des infusions adoucissantes. Elle est surtout connue sous le nom de passerose.

ALTISE n.f.
En. flea beetle, louse, altica
De. Erdfloh, Laus
Es. escarabajuelo
It. altica della vite
Insecte coléoptère, appelé *puce de vigne*, car il saute d'une feuille à l'autre.
Il dévore les pampres et on le combat avec des pulvérisations de bouillie arsenicale.
Etym. Du grec, *altikos*, sauteur.

ALTRIGUE n.f.
(Pyrénées orientales). Essart ouvert par le brûlis et l'écobuage dans la forêt.
Etym. Déformation du mot *artigue*.

ALUCITE n.f.
En. Angoumois grain moth
De. Getreidemotte
Es. palomilla, alucita
It. alucita
Variété de lépidoptère appelé vulgairement *teigne des blés*.
Ses larves se nourissent de graines de céréales.
Etym. Du latin *alucita*, moucheron.

ALVÉOLE n.m.
En. alveolus
De. Wabe, Bienenzelle
Es. alveolo, alvéolo
It. alveolo
Cellule d'un rayon en cire d'une ruche où l'abeille dépose son miel.
Etym. Du latin *alveus*, cavité.

AMANDAIE n.f.
It. mandorleto
Verger d'amandiers.

AMANDE n.f.
En. almond
De. Mandel
Es. almendra
It. mandorla
1. Fruit de l'amandier.
2. Graine contenant un noyau à coque dure.
Etym. Du grec *amygdalé*.

AMANDIER n.m.
En. almond-tree
De. Mandelbaum
Es. almendro
It. mandorlo
Arbre fruitier de la famille des Rosacées, de 5 à 6 m de haut et dont le fruit, ou amande, se consomme frais ou sec.
On peut en retirer de l'huile.
L'amandier, originaire de Perse, est signalé dès le XIVème siècle dans le Comtat Venaissin.
Sa floraison, très hâtive, dès février, l'expose aux gelées ; il a rarement des fruits hors de la région méditerranéenne.
Etym. Du grec *amygdalé* et du latin *amygdala*, devenu *amandula*.

AMASSE n.f.
1. *(Landes).* Quantité de résine recueillie durant une matinée dans un seau en bois par le gemmeur qui exploite une forêt de pins.
2. Récolte de résine.

AMBLE n.m.
En. amble
De. Passgang
Es. portante, ambladura
It. ambio
Allure d'un quadrupède qui court en levant les deux jambes du même côté (chameau, girafe).
Certains chevaux courent parfois ainsi, ce qui était jadis très recherché à cause de la douceur du trot de ces bêtes appelées haquenées.
Etym. Du latin *ambulare*, marcher.

AMBRANLOIRE n.f.
Cheville de bois destinée à maintenir une charrue tourne-oreille à son avant-train (fig. 6).
S'écrit aussi ambranloir.

(fig. 6). Ambranloire

AMBULACRE n.m.
Es. ambulacro
Parc planté d'arbres régulièrement répartis.
Etym. Du latin *ambulacrum*, allée encadrée d'arbres.

AMÉLANCHIER n.m.
En. shadbush
De. Felsenbirne, Elsbeerbaum
Es. níspero
It. nespolo comune
Arbrisseau à feuilles d'un vert blanchâtre et à fruits semblables à ceux du néflier.
On les récoltait jadis en Provence pour leur saveur sucrée.

AMÉLIORANTE adj.
Qualifie une plante qui apporte au sol un élément fertilisant.
Ainsi, les légumineuses sont dites améliorantes parce qu'elles enrichissent le sol en azote.
Etym. Du latin *melior*, meilleur.

AMÉLIORATION AGRICOLE l.f.
Es. mejora agrícola
Opération ou procédé qui a pour but d'accroître la qualité et la quantité des terres cultivables, notamment leur texture, leur composition granulométrique, leur teneur en eau, en oligo-éléments, etc.
On y parvient par amendements, labours profonds, irrigation, drainage, sélection des graines et des animaux, etc. Un service des améliorations agricoles au Ministère de l'Agriculture est chargé de conseiller et d'aider dans ce sens les agriculteurs de progrès.
Dans le cadre du Commissariat au Plan, la Société centrale d'équipement du territoire comprend également une section chargée de l'amélioration agricole, ou foncière, du sol français.

AMÉLIORATION FONCIÈRE l.f.
En. land improvement
Es. mejora agrícola
1. Dans le cadre d'une exploitation agricole, travaux qui améliorent la mise en valeur et la production de la ferme : construction de bâtiments, chemins, drainage et irrigation, défrichement.
2. Dans le cadre d'un finage, nouvelle répartition des parcelles, des moyens d'action et des surfaces agricoles utiles.
Le remembrement est une amélioration foncière.

AMÉNAGEMENT AGRICOLE l.m.
En. agricultural planning
De. landwirtschaftliches Management
Es. planificación, ordenaóción agrícola
It. piano agricolo
Plan de la ferme, répartition des parcelles et des cultures, rapport entre l'élevage et les récoltes, utilisation des eaux, amendements du sol, adaptation aux formes du relief (terrasses de cultures) et à l'exploitation des forêts en vue d'un rendement maximum.
Etym. De *ménage*.

AMÉNAGEMENT RURAL l.m.
En. **country planning**
De. **Landesplanung**
Es. **planificación rural, ordenación rural**
It. **sviluppo rurale**
Ensemble des opérations ayant pour but l'harmonisation du milieu physique et du milieu humain, afin d'améliorer les conditions de vie des ruraux en modernisant et en diversifiant leurs activités.

AMÉNAGER v.tr.
De. **einrichten**
Es. **arreglar, acondicionar (1), disponer**
It. **sistemare/controllare lo sviluppo**
1. Prendre un ensemble de mesures destinées à assurer le développement harmonieux d'une exploitation agricole, d'un territoire.
2. Régler les coupes d'une forêt.

AMÉNAGISTE n.m.
Spécialiste de l'aménagement du sol et de ses produits, notamment des forêts.

AMENDEMENT n.m.
En. **enrichment**
De. **Bodenverbesserung, Düngung**
Es. **mejora del suelo, abono**
It. **emendamento del suolo**
Incorporation au sol d'un élément minéral qui lui fait défaut, ou qu'il contient en quantité insuffisante, afin de le rendre plus fertile en modifiant sa composition chimique ou physique, en particulier son acidité.
La chaux et la marne ont constitué pour les sols acides des massifs anciens et les dépôts argilosableux de leur pourtour, les amendements les plus usités au cours du XIXème siècle.
Le sable et le calcaire coquillier servent également à amender les terres argileuses.
On s'oriente actuellement vers des amendements par oligoéléments : fer, magnésie, soufre, etc. dont on entrevoit le rôle fertilisant dans le sol.
Etym. Du latin *amendare*, corriger.

AMENDER v.tr.
En. **to enrich**
De. **düngen**
Es. **mejorar, abonar**
It. **emendare**
Incorporer au sol cultivé les éléments qui lui font défaut.
Etym. Du latin *amendare*, faire défaut.

AMEUBLIR v.tr.
En. **to loosen (1)**
De. **auflockern (1)**
Es. **mullir la tierra (1)**
It. **dissodare (1), mobilizzare (2)**
1. Rendre meuble un sol à l'aide de façons culturales : labour, hersage, binage, etc. pour l'aérer, y maintenir l'humidité, favoriser les réactions chimiques et les activités bactériennes et permettre aux plantes cultivées d'y faire pénétrer aisément leurs racines.
2. Convertir juridiquement et fictivement des immeubles en biens meubles pour les faire entrer dans la dot d'une femme.
Ainsi, des parcelles de terre étaient considérées comme biens meubles, par suite du mariage d'une fille, lorsqu'elles étaient transférées du domaine de son père dans celui de son époux (anc. français).
Etym. Du latin *admobilis*, rendu mobile.

AMEULONNER v.tr.
Es. **atresnalar**
Mettre les gerbes de blé ou le foin en meules, ou en meulons, pour les protéger de la pluie et faciliter leur chargement sur les chariots.
Pratique supprimée par le matériel agricole moderne.

AMIDON n.m.
En. **starch**
De. **Stärke, Kraftmehl**
Es. **almidón**
It. **amido**
Substance blanche, hydrate de carbone qui se forme en abondance dans divers organes des végétaux : racines, tubercules, graines, où elle sert de matière de réserve ; elle gonfle dans l'eau chaude pour donner l'*empois*.
Par hydrolyse, sous l'influence des ferments de la digestion, elle se transforme en glucose ; elle joue un rôle important dans diverses industries : bière, textile, papier, etc.
Etym. Du grec *amulon*.

AMIDONNERIE n.f.
En. **starch mill (1)**
De. **Stärkefabrik**
Es. **fábrica de almidón**
It. **fabbrica d'amido (1)**
1. Industrie qui a pour but l'extraction de l'amidon.
2. Local où l'on prépare l'amidon.

AMIDONNIER n.m.
En. **emmer (wheat)**
Es. **almidonero, fabricante del almidón**
It. **grano duro**
Blé rustique, de la même variété que le blé dur (*Triticum amyleum*).
Cultivé dès la Préhistoire, il s'accommode des sols siliceux et des climats froids. On en retire un amidon très apprécié.
Etym. Du grec *amulon*, amidon.

AMIGNE n.m.
Cépage de qualité cultivé dans le Valais.
Son nom, qui dérive d'aminea, vigne cultivée en Campanie, aurait été importé en Suisse et appliqué à une autre variété de cépage pour en rehausser la réputation, comme on s'est servi du terme de falerne pour désigner des vins récoltés dans la région de Cahors (R.Dion).

AMINÉEN n.m.
Cépage de très haute qualité, cultivé dans le sud de l'Italie et qui donnait le falerne (R. Dion).
Etym. De *Aminea*, canton de Campanie.

AMMONIAQUE n.m.
En. **ammonia**
De. **Ammoniak**
Es. **amoniaco, amoníaco**
It. **ammoniaca**
Solution aqueuse de gaz ammoniac entrant dans la composition des engrais à base d'azote.
Etym. Du dieu égyptien *Ammon*, dont le temple dégageait peut-être des odeurs de sels ammoniacaux.

AMMONITRATE n.m.
En. **calcium ammonium nitrate**
De. **Ammosalpeter, Kalkammonsalpeter**
Es. **amoníaco cálcico, nitrato de amonio**
It. **nitrato di ammonio**
Engrais azoté à base de nitrate d'ammoniaque et de carbonate de chaux.
Connu sous le nom d'ammonitre.

AMODÉRATION n.f.
Diminution du taux des redevances d'une tenure, soit par accord entre seigneur et tenancier, soit par réduction des ressources du tenancier en période de crise.

AMODIATAIRE n.m.
Es. **arrendatario**
Preneur à bail de terres cultivables.
Il s'acquittait de son bail en boisseaux, d'où son nom.
Etym. Du latin *ad*, à, et *modium*, boisseau.

AMODIATEUR n.m.
En. **lessor**
De. **Pächter**
Es. **arrendador**
It. **fittavolo**
Celui qui cède une terre à bail payable en boisseaux de céréales.

AMODIATION n.f.
En. **leasing**
De. **Verpachtung**
Es. **arrendamiento**
It. **affitto**
Cession d'une terre par un amodiateur, le seigneur, à un amodiataire, le tenancier.
Celui-ci s'acquittait de ses redevances en espèces, ou en nature, avec des boisseaux de blé. Actuellement, c'est l'exploitation d'un domaine par une autre personne que le propriétaire ; c'est le faire-valoir indirect.
Communément l'amodiation est la location d'une ferme moyennant une rente périodique en nature et en espèces.
Etym. Du latin *ad*, à, et *modium*, boisseau.

AMODIER v.tr.
En. **to lease**
De. **pachten, verpachten**
Es. **arrendar**
It. **dare in affitto**
Louer une ferme moyennant une redevance en nature et en espèces.
La rente en nature était versée en boisseaux de blé.
Etym. Du latin *ad*, à, et *modium*, boisseau.

AMOISONNEMENT n.m.
Concession temporaire et de gré à gré dans un bois privé ou communal, contre un paiement immédiat, ou une rente périodique.
V. Moison.

AMONTAGNER v.tr.
(Pyrénées Françaises). Mettre les troupeaux sur les *estives*, hauts pâturages d'été.

AMORTISSEMENT n.m.
En. **amortization**
De. **Abschreibung, Tilgung**
Es. **amortización**
It. **ammortamento**
Capital à prévoir pour compenser les dépenses d'usure du matériel et du maintien en bon état d'une exploitation agricole.
Etym. Du radical, *mort*.

AMOUILLANTE adj.
Se dit d'une vache prête à vêler.

AMOUILLE n.f.
En. **colustrum, beastings**
Es. **calostro**
It. **colostro, colostra**
Premier lait d'une vache qui vient de vêler (R. Musset). Syn. Colostrum.

AMOURETTE n.f.
En. **quaking grass**
De. **Zittergras**
Es. **cedacillo, tembladera**
It. **briza, tremolina, mughetto**
Graminée des prés, (telle la *brise*) ou *muguet des jardins*.

AMPÉLOGRAPHIE n.f.
En. **ampelography**
De. **Rebsortenkunde, Ampelographie**
Es. **ampelografía**
It. **ampelografia**
Science de la vigne, de ses caractères, de ses variétés et de sa culture.
Des savants ampélographes se consacrent à cette discipline et aboutissent à des lois et à des théories dont l'ensemble constitue l'ampélologie, condensée dans des ouvrages du même nom.
Etym. Du grec *ampelos*, vigne, et *graphein*, écrire.

AMPÉLOLOGIE n.f.
Es. **ampelología**
It. **ampelologia**
1. Etude de la culture de la vigne et de la préparation du vin.
2. Ouvrage traitant de la vigne et du vin.

Etym. Du grec *ampelos*, vigne et *logos*, discours.

AMPÉLOPHAGE adj.
Es. **ampelófago**
It. **ampelofago**
Se dit d'un insecte nuisible qui attaque les feuilles ou les racines de la vigne : cochylis, endémis, phylloxera, etc.
Etym. Du grec, *ampelos*, vigne et *phagein*, manger.

AMPÉLOPSIS n.m.
Es. **ampelopsis**
It. **ampelopsis, vite americana**
Plante de la famille des Ampélidacées, dont le type est la *vigne-vierge*.
Ses tiges souples s'accrochent aux murs des maisons ; ses feuilles, vertes en été, rouges en automne, tombent en hiver.

AMPUCHOU n.m.
(Landes). Tige de bois pour fixer au joug le timon de l'araire ou de la charrue.

ANABOLISANT n.m.
Es. **anabolizante**
It. **anabolizzante**
Qui provoque l'anabolisme.

ANABOLISME n.m.
Es. **anabolismo**
It. **anabolismo**
Transformation des éléments nutritifs de l'alimentation en tissus vivants, phénomène qui se produit :
a) Dans les végétaux par utilisation de la sève élaborée dans les tissus.
b) Dans le corps de l'homme et de l'animal par l'assimilation des aliments.
C'est le contraire du catabolisme qui est la désassimilation des produits nutritifs ; anabolisme et catabolisme s'équilibrent, ou bien le premier l'emporte et l'individu croît, ou bien le second domine et l'individu décline.
Les deux constituent le métabolisme.
Etym. Du grec *ana*, en haut, et *bolos*, jet.

ANACARDIER n.m.
En. **cashew**
Es. **anacardo**
It. **anacardio**
Arbre de la famille des Anacardiacées qui pousse dans l'Amérique Tropicale et dont le fruit, *l'anacarde*, est un akène.
Le pédoncule, très pulpeux, se consomme sous le nom de cajou. Le fruit est appelé noix de cajou et fournit une huile caustique pour détruire les verrues. La sève, ou gomme de cajou, est un bon astringent.

ANALYSE AGRAIRE l.f.
En. **agrarian analysis**
De. **Betriebsanalyse, Ackeranalyse**
Es. **análisis de explotaciones**
It. **analisi agraria**
Opération qui consiste à isoler et à définir les divers éléments composant le fonctionnement des activités agraires dans un secteur délimité afin d'en déceler les points forts et les points faibles.

ANALYSE DU SOL l.f.
En. **soil analysis**
De. **Bodenanalyse**
Es. **análisis del suelo**
It. **analisi del suolo**
Opération qui consiste, en laboratoire, à déterminer l'état physique et chimique du sol (consistance, couleur, structure, teneur en silice, en calcaire, en humus ; pH., perméabilité, etc.) ; et, en conséquence, à appliquer les façons culturales, les engrais et les amendements ainsi que les cultures qui conviennent à ce sol.

ANANAS n.m.
En. **pineapple**
De. **Ananas**
Es. **piña, ananás**
It. **ananas, ananasso**
Plante de la famille des Broméliacées dont l'une des espèces (*Ananassa comosus*), cultivée en plantations dans les pays tropicaux, donne un fruit savoureux.
Etym. Du guarani, *nana* (Brésil) qui a donné *anana* en portugais.

ANANERAIE n.f.
Parcelle consacrée à la culture des ananas.

ANAS n.m.p.
En. **shive**
De. **Abfälle**
Es. **agramiza**
It. **canapule**
Déchets ligneux des tiges de lin après le teillage.
Syn. Chènevotte.

ANCELLES n.f.p.
Petites plaques de bois, ou de schiste, utilisées pour couvrir les toits et les murs exposés à la pluie.
Leur nom provient du village d'Ancelle dans le Champsaur où les toits en sont couverts.
Syn. Tavaillon.

ANCHE n.f.
Conduit en bois par où le moût s'écoule du pressoir dans le tonneau.
Etym. Du francique, *ankya*, ouverture.

ANCOEUR n.m.
Tumeur qui se forme sur le poitail d'un boeuf et que l'on guérit d'un coup de bistouri.
Etym. Contraction d'*avant-coeur*.

ANCON n.m.
Race américaine de moutons, créée à la fin du XVIIème siècle et caractérisée par la longueur du corps et la courte longueur des pattes.

A.N.D.A. sigle
Association Nationale pour le Développement Agricole, organisme créé en 1966 dans le but d'apporter aux exploitants agricoles des aides

financières (prestations, allocations) et, notamment, de fournir du personnel temporaire aux agriculteurs qui ne peuvent exercer leur métier (accidents, maladies, femmes enceintes, etc.)

ANDAIN n.m.
En. **windrow, swath**
De. **Schwaden**
Es. **andana, camba**
It. **andana**
1. Rangée d'herbe ou de paille accumulée par la faucheuse ou la moissonneuse-batteuse.
2. Herbe coupée à chaque coup de faux.
3. Espace fauché à chaque passage de la faucheuse.
4. Foin rattelé en longs tas continus.
5. Broussailles accumulées en longs tas lors du nettoyage d'un sous-bois avant une coupe.
Etym. De l'italien *andare*, aller, ou du latin *ambitus*, qui a donné *ambitanus*, espace de deux pieds et demi de large.

ANDAINAGE n.m.
En. **windrowing**
De. **Schwaden**
Es. **acordonado**
It. **andanatura**
Mise en andains de l'herbe fauchée, soit par le fauchage, soit par le ratelage.

ANDAINEUSE n.f.
En. **windrower**
De. **Schwadenrechen**
Es. **hileradora**
It. **andanatore**
Appareil qui sert à mettre en andains les herbes des prés fauchés.

ÂNE n.m.
En. **ass, donkey**
De. **Esel**
Es. **asno, burro**
It. **asino, somaro**
Mammifère de l'ordre des Solipèdes, de mêmes formes que le cheval, mais de taille plus petite, à plus longues oreilles et à pelage variant du gris clair au marron foncé et au noir.
Domestiqué dès l'Egypte antique, il a été apprécié pour sa sobriété, sa force et sa docilité. Il offrait aux petites gens un animal de trait et de bât fort précieux. L'anesse porte 364 jours et ne produit à la fois qu'un petit, adulte vers quatre ans et qui vivra quinze à vingt ans. Son élevage disparaît de nos campagnes, mais il demeure très développé en Afrique du Nord et au Proche Orient. Le croisement de l'âne du Poitou, ou baudet, et de la jument donne le mulet, celui de l'étalon et de l'anesse donne le bardot.
Etym. Du latin *asinus*, âne.

ANÈCHE n.m.
Cépage à raisins blancs, cultivé en Dauphiné.

ANÉE n.f.
Charge que peut transporter un âne, de 70 à 100 kg.

ANÉMOPHILIE n.f.
En. **anemophily**
De. **Windbefruchtung**
Es. **anemofilia**
It. **anemofilo**
Fécondation des graines d'une plante par des pollens apportés par les vents.
Etym. Du grec *anémos*, vent, et *philos*, ami.

ÂNESSE n.f.
En. **she-ass**
De. **Eselin**
Es. **asna, burra**
It. **asina**
Femelle de l'âne.

ANETH n.m.
En. **dill**
De. **Dille**
Es. **eneldo**
It. **aneto**
Plante herbacée, vivace et aromatique, de la famille des Ombellifères.
Cultivée pour la base charnue de ses pétioles (Fenouil de Florence) que l'on consomme crue ou cuite, en salade; en outre, le fenouil officinal a une racine apéritive et un fruit parfumé.
Etym. Du grec *anethon*, fenouil.

ANGANGE n.f.
1. Mesure de superficie de 14 ares environ.
2. Corvée sur la terre du seigneur.
3. Deux soles contiguës, l'une pour le blé d'hiver, l'autre pour le blé de printemps.
4. Parcelle en culture réservée dans un manse au maître de la terre.
5. Produits de cette parcelle, cultivée par le tenancier, mais dont le récoltes revenaient au maître de la terre.
Etym. Du celtique. Terme médiéval.

ANGÉLIQUE n.f.
En. **angelica**
De. **Engelwurz**
Es. **angélica**
It. **angelica**
Ombellifère dont une espèce (*Angelica archangelica*), l'angélique officinale, est cultivée en Limagne notamment pour la confiserie et la fabrication des liqueurs.
Etym. Du grec *angélikos*, angélique, cette plante ayant, comme les anges, le pouvoir de préserver des empoisonnements.

ANGELOT n.m.
Petit fossé où l'on place des boutures de vigne pour une future plantation.

ANGERDORF n.m.
En. **green village**
Village aux maisons groupées autour d'un espace couvert d'herbe et servant de pâture commune. *Equivalent de l'anglais green village (A. Meynier). Etym.* De l'allemand.

ANGLADE n.f.
Pré bordé d'arbres et découpé dans un endroit marécageux, près d'un cours d'eau.
Etym. Du gascon *enclavo*, enclave.

ANGLAIS (PUR-SANG) l.m.
Es. **inglès (pura sangre)**
Cheval issu d'une jument anglaise et d'un étalon de race arabe.

ANGLOARABE n.m. adj.
Es. **angloárabe**
Se dit d'un cheval né d'un pur-sang arabe et d'une jument anglaise.

ANGLONORMAND n.m. adj.
Es. **anglonormando**
Cheval issu d'une jument normande et d'un étalon pur-sang anglais.
Réputé pour sa vigueur et sa forme élancée.

ANGON n.m.
(Anjou). Charrue pour creuser des sillons larges et profonds afin de draîner un terrain marécageux.

ANGORA n.m. adj.
En. **angora**
De. **Angora-**
Es. **angora**
It. **angora**
Se dit de chèvres, lapins et chats à longs poils soyeux, originaires de la Turquie d'Asie dont la capitale était *Angora*, devenue *Ankara*.
Ils doivent leur fourrure à une mutation récessive.

ANGUILLIÈRE n.f.
En. **eelpond**
De. **Aalteich**
Es. **vivero de anguilas**
It. **vivaio di anguille, anguillaia**
Endroit bourbeux et ombreux où l'on élève des anguilles.

ANGUILLULE n.f.
En. **nematoda, eelworm**
De. **Fadenwurm**
Es. **anguílula**
It. **anguillula**
Nématode qui se développe dans les sols humides et dont quelques espèces sont très nuisibles pour les plantes cultivées.
Ex. L'anguillule des blés, ou nielle, qui entraîne le rachitisme de la plante ; l'anguillule de la betterave qui s'attaque aux racines, et qui se propage, par les résidus des sucreries, dans les champs où elle peut rester en vie ralentie pendant vingt ans.
Etym. Du latin *anguilla*, petit serpent.

ÂNIER n.m.
En. **donkey boy**
De. **Eseltreiber**
Es. **arriero (de burros)**
It. **asinaio**
Personne chargée d'entretenir et de conduire les ânes.

ANIGER v.tr.
(Bretagne). Prérarer un abri pour recevoir un animal : cochon, poule, lapin.
Etym. Dérivé de *nid*.

ANIJOU n.m.
(Bretagne orientale). Oeuf laissé sous une poule pour qu'elle ponde dans le même nid.
Etym. Dérivé de *nid*.

ANIMAL DOMESTIQUE l.m.
En. **domestic animal**
De. **Haustier**
Es. **animal doméstico**
It. **animale domestico**
Animal qui vit dans, ou autour, de la maison de son maître et qui lui sert pour sa nourriture, son travail, ou pour son plaisir.
V. Domestication.
Etym. Du latin *anima*, souffle, *vie*, et *domus*, maison.

ANIS ÉTOILÉ n.m.
En. **star anise**
De. **Anispflanze**
Es. **anís estrellado**
It. **anice stellato**
Plante utilisée pour ses qualités médicinales ou aromatiques.
L'anis étoilé (Illicium verum) est une ombellifère cultivée pour ses fruits qui sont des akènes à arome pénétrant et à goût particulier. On les utilise, sous le nom de badiane, en infusion contre les maux d'estomac ; ils servent également à aromatiser les pains d'épice, la confiserie et la liqueur d'anisette. Cultivé dans les pays méditerranéens, l'anis étoilé serait originaire de la Chine du Sud.
Etym. Du grec *anison*, anis.

ANJOU (VINS D') l.m.p.
En. **Anjou wines**
De. **Anjou (Weine)**
Es. **Anjou (vinos de)**
It. **Anjou (vini di)**
Vins blancs ou rosés, parfois champagnisés, récoltés dans une série de vignobles réputés de la province d'Anjou.
On peut les répartir en:
1) Vins d'ardoise, sur les schistes du Layon, de la Sèvre nantaise, et de la Coulée de Serrant, le "Château Yquem" de l'Anjou.
2) Vins de tuffeau sur la craie (coteaux du Loir, vallée du Thouet, Saumurois).
Les cépages les plus appréciés sont le Plant d'Aunis, devenu le Chenin, ou Pinot de la Loire, le Cabernet et le Gamay.

ANNEAU NASAL n.m.
En. **nose ring**
De. **Bullenring, Nasenring**
Es. **anilla nasal para toros**
It. **anello per toro**
Anneau muni d'un ressort qui permet de l'ouvrir et de le fermer, et qui, fixé au nez d'un taureau, le rend, par la douleur, inoffensif pour celui qui le conduit avec une corde attachée à l'anneau.

ANNÉE RUSTIQUE l.f.
Durée de douze mois au cours desquels s'effectuent les divers travaux des champs, de l'élevage, et de l'utilisation des produits de la terre.
Pour les fermages, l'année rustique débute le 29 septembre, à la Saint-Michel, quand les récoltes sont rentrées et qu'il est temps de procéder aux semailles d'automne.

ANNELER v.tr.
Es. **anillar**
Passer un anneau dans le groin d'un cochon pour qu'il ne puisse pas fouir.
Etym. De *anneau*.

ANNET n.m.
Petite barrière mobile en bois que l'on introduisait entre les étagères supportant les vers à soie dans les magnaneries.

ANNEXE n.f.
En. **outbuilding, outhouse**
De. **Hausanbauten**
Es. **anejo, dependencia**
It. **annessi**
Bâtiment secondaire d'une ferme : hangar, pigeonnier, étable, etc.
Parfois assez éloigné et ne servant que temporairement : cabanon des vignobles, buron, châlet des pâturages montagnards, etc.
Etym. Du latin *annexus*, attaché à.

ANNONE n.f.
Es. **anona**
It. **annona**
1. Produit d'une récolte annuelle à l'époque romaine.
2. Quantité de blé stockée dans les greniers publics de Rome et distribuée à bas prix aux pauvres, dès l'époque des Gracques (-162 à -121)
Elle était surtout fournie par les provinces de l'Afrique du Nord.
3. Administration chargée de gérer les greniers publics et d'assurer les distributions de céréales.
4. Solde en nature versée aux fournisseurs de l'Empire.
5. A partir de Dioclétien, redevance composée d'un mélange de seigle et de froment.
Le terme était encore usité au Xème siècle et s'appliquait aux denrées alimentaires en général (R. Blais).
Etym. Du latin *annona*, récolte de l'année.

ANNUAIRE DE L'AGRICULTURE l.m.
Es. **anuario de agricultura**
It. **annuario agricolo**
Publication du Ministère de l'Agriculture, rue de Varenne, à Paris, fournissant une abondante documentation, tenue à jour, du monde agricole.

ANNUEL adj.
En. **annual**
De. **jährlich**
Es. **anual, anuo**
It. **annuale**
Qualifie un végétal qui ne vit que moins d'un an, qui ne fleurit et ne porte de fruits qu'une fois.
Un végétal bisannuel croît la première année et porte graines l'année suivante (ex. la betterave) ; un végétal qui dure plusieurs années est dit vivace.

ÂNON n.m.
En. **ass's foal**
De. **Eselfüllen**
Es. **borriquillo**
It. **asinello**
Petit d'un âne.

ANONE n.f.
En. **soursop**
De. **Stachelanone, Sauerapfel**
It. **anona**
Arbrisseau de la famille des Anonacées, cultivé sur le littoral méditerranéen pour ses fleurs blanches, odorantes, et ses fruits à chair fondante, appelés *pommes cannelles*.

ANOXIE n.f.
En. **anoxia**
Es. **anoxia**
It. **anossia**
Privation d'oxygène pour une plante, soit dans une terre sans aération, soit dans une nappe d'eau.
Le riz s'en accommode au début de sa croissance.
Etym. Du grec *an*, privatif et *oksys*, acide, oxygène.

ANSAIN n.m.
(Jura). Large planche de labour encadrée de petits fossés.
Syn. Ados.

ANSANGE n.f.
(Lorraine). Lot de terre de la réserve seigneuriale, confié à un tenancier pour le cultiver pendant un an.
Il mesurait 40 perches, soit environ 1,75 ha.

ANSELLES n.f.p.
V. Ancelles.

ANSÉRINE n.f.
En. **goosefoot**
De. **Gänsefuss**
Es. **anserina**
It. **potentilla anserina**
Plante de la famille des Rosacées (*Potentilla anserina*), qui pousse souvent aux endroits où paissent les oies.
Elle est cueillie, ou cultivée, pour faire des infusions ou des fumigations contre l'asthme et la coqueluche.
Etym. Du latin *anserinus*, relatif à l'oie.

ANSÉRINICULTEUR n.m.
Eleveur d'oies.
Etym. Du latin *anserinus*, relatif à l'oie.

ANSÉRINICULTURE n.f.
Elevage des oies.

ANTENAIS n.m.
En. hog, teg
De. Jährling
Es. potro, borrego
It. ovino
Agneau ou poulain ayant entre un et deux ans.
Syn. Antenois, doublon.

ANTHONOME n.m.
En. apple-blossom weevil
De. Apfelblütenstecher
Es. antónomo del manzano
It. antonomo del melo
Espèce de charançon, du genre des Coléoptères, famille des Curculionidés (*Anthonomus pomorum*).
Sa larve cause de graves dégâts aux arbres fruitiers, en particulier aux pommiers et aux poiriers. On la détruit en badigeonnant les troncs au lait de chaux.

ANTHRACNOSE n.f.
En. anthracnose
De. Anthraknose, Brennflechenkrankheit
Es. antracnosis
It. antracnosi
Maladie de la vigne causée par un champignon, *Gloeosporium ampelophagum*.
Elle est caractérisée par des taches sombres sur les feuilles qui tombent en poussière.
Syn. Carie, charbon, rouille noire.
Etym. Du grec anthrax, charbon.

ANTHROPIQUE adj.
En. anthropic
De. anthropogen
It. antropico
Se dit de ce qui est déclenché par une intervention de l'homme.
La dégradation des versants entraînée par le déboisement est de l'érosion anthropique. De même, sont qualifiées d'anthropiques les modifications du sol par les labours, les engrais, etc. ainsi que les transformations de la flore et de la faune à la suite d'une ingérence humaine.
Etym. Du grec anthropos, homme.

ANTHYLLIDE n.f.
It. antillide, vulneraria
Légumineuse, (*Anthyllis vulneraria*), appelée vulgairement *trèfle jaune*.
On la cultive comme fourrage.

ANTICRYPTOGAMIQUE adj.
En. fungicide, anticryptogamic
De. fungizid
Es. fungicida
It. anticrittogamico
Qualifie tout produit apte à combattre les maladies des plantes provoquées par des champignons microscopiques.
La fleur de soufre et les bouillies cupriques sont utilisées pour combattre ces maladies, notamment l'oïdium et le mildiou.
Syn. Fongicide.

ANTIPARASITAIRE n.m.
Es. antiparasitario
It. antiparassitario
Produit qui détruit, soit en les tuant, soit en les repoussant, les parasites des animaux (sarcoptes, tiques), ou des végétaux (bactéries, champignons, etc.)

ANTOISER v.tr.
Mettre du fumier en tas de la hauteur d'une toise, soit 1,949 m.
Devrait s'écrire entoiser.

A.O.C. sigle.
Es. denominación de origen controlada
It. D.O.C. denominazione di origine controllata
Appelation d'origine contrôlée.
Appellation qui qualifie des vins récoltés dans l'aire de vignobles d'où sont exclus des cépages de médiocre valeur, et où sont recommandés les cépages qui donnent au cru ses qualités.
A la suite d'un contrôle strict, il porte le nom de l'aire dont il provient.

AOÛT n.m.
En. August
De. August, Erntemonat
Es. agosto
It. agosto
Mois de l'année où, dans le nord de la France, on terminait la moisson.
D'où le nom d'août, ou d'aoust, donné à la moisson elle-même.
Dans le Midi, on déchaumait, on semait le trèfle et les raves, et on battait le blé durant cette période de l'année.
Etym. Du latin augustus, Auguste, nom donné en l'honneur de l'empereur Auguste au mois appelé jusqu'alors sextilis, de sextus, sixième mois de l'année romaine qui débutait le 1er mars.

AOÛTAGE n.m.
En. mellowing (3)
De. Reifwerden, Reifen (3)
Es. sazón (3)
It. maturazione, agostamento (3)
1. Redevance féodale payée en gerbes lors de la moisson.
2. Tout travail agricole effectué au mois d'août.
3. Effet d'une bonne température au mois d'août sur la maturation des fruits et la formation du bois par la sève élaborée quand elle redescend dans le liber.
On dit aussi aoûtement.

AOÛTER v.intr.
Es. agostar (1), (2)
1. Effectuer des travaux agricoles en été, en particulier la moisson qui a lieu au mois d'août dans la France du Nord.
2. Mûrir complètement en ce qui concerne les fruits ou les rameaux d'arbres fruitiers ou de vigne.
Un pampre est aoûté quand il est parvenu à son complet développement, qu'il s'est durci en août pour supporter l'arrêt de la sève et le gel en hiver ; c'est alors un sarment.
Etym. De août.

AOÛTERON n.m.
En. seasonal labourer
De. Erntetagelöhner
Es. agostero
It. bracciante stagionale
Ouvrier agricole recruté temporairement pour effectuer des travaux, surtout au mois d'août, notamment la moisson.
On dit aussi aoûteur.

APACYNE adj.
Se dit des plantes ne portant des fruits qu'une fois par an.
Etym. Du grec apax, une fois, et guné, femme.

APAILLAGE n.m.
Es. empajamiento (2)
1. Action de répandre de la paille sous le bétail dans les étables pour faire une litière et obtenir du fumier.
2. Action d'entourer de paille les plantes délicates pour les protéger du froid.
3. Action de placer de la paille entre les pieds de fraisiers pour éviter que leurs fruits soient salis par la boue.
4. En Provence, irrigation.
Etym. De paille.

APANAGE n.m.
En. apanage
De. Erbteil, Apanage
Es. herencia
It. appannaggio
1. A l'époque franque, opération qui consistait à donner à un cadet une portion du domaine paternel pour lui permettre de vivre.
2. Plus tard, biens féodaux et territoires laissés à un prince de la famille royale.
Ces biens et ces territoires revenaient à la couronne quand il n'y avait plus de descendance mâle du prince apanagé.
Etym. Du latin panis, qui a donné dans l'ancien français apaner, donner du pain.

APARET n.m.
(Occitan.) Clôture d'un pré.
Etym. Le p dérive peut-être d'un b, et le terme aurait pour origine barré ou barri, fermeture en gascon ; et peut-être également le grec aparabatos, ce qu'on ne peut franchir.

APASTURADO n.m.
(Provence). Pacage, prairie de médiocre qualité.
Etym. Formé par prosthèse de l'article la et de pasturado, pâture.

A.P.C.A. Sigle
ASSEMBLÉE PERMANENTE DES CHAMBRES D'AGRICULTURE l.f.
Assemblée composée des délégués des diverses Chambres départementales et régionales d'Agriculture pour réaliser la synthèse de leurs vœux et de leurs avis, et les transmettre au gouvernement.

APHACA n.m.
Variété de gesse cultivée, différente des lentilles. *Etym.* Du grec *phakos*, lentille, et de *a* privatif.

APHIPPIGÈRE n.f.
Sauterelle de la famille des Orthoptères (Ephippiger cruciger).
Très vorace, elle dévore les feuilles et les grappes de vigne, notamment en Languedoc, où elle est appelée tizi ; on la détruit avec des produits à base d'arséniate.

APHTEUSE (FIÈVRE) l.f.
En. **foot-and-mouth disease, aphtous fever**
De. **Maul- und Klauenseuche**
Es. **aftosa (fiebre)**
It. **aftosa (febbre)**
Qualifie une maladie épizootique qui atteint le boeuf, le mouton et le porc, et se manifeste par une forte fièvre et des ulcérations sur les muqueuses de la bouche et entre les doigts de pied, sous forme *d'aphtes*.
Elle est rarement mortelle, mais elle diminue la valeur du bétail.
Pour la faire disparaître, on prend des mesures prophylactiques : désinfection des étables, isolement des bêtes, suppression des foires, abattage des animaux malades.
Etym. Du grec *aphtein*, brûler.

API n.m.
En. **lady-apple**
De. **Franzapfel**
Es. **api**
It. **mela appiola**
Petite pomme, colorée en rouge vif d'un seul côté.
Pourrait s'écrire appie.
Etym. Du latin *Appius*, nom du Romain qui aurait obtenu ce fruit.

APICOLE adj.
En. **apiarian**
De. **Bienenzucht-, Imker-**
Es. **apícola**
It. **apistico**
Qualifie ce qui a trait à l'élevage des abeilles.
On dit aussi : apicultural.
Etym. Du latin *apis*, abeille, et *colere*, cultiver.

APICULTURE n.f.
En. **bee-keeping**
De. **Bienenzucht**
Es. **apicultura**
It. **apicoltura**
Elevage des abeilles et utilisation de leurs produits, miel et cire.
Il entraîne la fabrication et la mise en place des ruches dans un endroit ensoleillé et abrité des vents, à proximité des plantes à fleurs.
Pour améliorer la quantité et la qualité du miel, certains apiculteurs déplacent leurs ruches sur de grandes distances, d'une région où la floraison est terminée vers une autre région en pleine floraison ; c'est l'apiculture pastorale, une sorte de transhumance.

APIER n.m.
Es. **colmenar**
Rucher.
(ancien nom).
Etym. De *apis*, abeille.

APLAIN n.m.
Lieu défriché, *mis en plaine, au sens ancien de ce mot qui s'appliquait à une étendue cultivée (G. Plaisance).*

APLATISSEUR n.m.
En. **roller mill**
De. **Quetschmühle**
Es. **trituradora de granos**
It. **frangibiade**
Appareil composé de deux rouleaux lisses, tournant en sens inverse et écrasant, sans les broyer, les graines tendres destinées à l'alimentation du bétail.
Elles sont ainsi plus faciles à mastiquer et à digérer.

APLÉTEUR n.m.
It. **sigaraio**
Insecte coléoptère qui s'attaque aux feuilles de vigne et les roule en cigare.
D'où son nom vulgaire de cigarier.
Etym. Du grec *apoderein*, écorcher.

APOGAMIE n.f.
En. **apogamy**
De. **Apogamie, ungeschlechtliche Fortpflanzung**
Es. **apogamia**
It. **apogamia**
Croissance d'une plante à partir de l'embryon non fécondé d'une cellule végétative diploïde.
C'est le cas lorsque l'un des gamètes, mâle ou femelle, est avorté, ou bien lorsque l'un et l'autre sont incomplètement développés ; phénomène assez fréquent chez les hydrides de rosiers, de potentilles, de champignons.
Etym. Du grec *apo*, loin de, et *gamos*, mariage.

APOLLO n.m.
Chenille d'un coléoptère qui cause de graves dégâts dans les cultures de manioc de l'Afrique tropicale. *Son nom provient de ce que l'on croit qu'elle a été apportée de la lune par les astronautes américains (P. Vennetier).*

APOPLEXIE n.f.
En. **apoplexy**
De. **Baumsterben (der Kirsche), Apoplexie (der Rebe)**
Es. **apoplejía**
It. **apoplessia**
Maladie des arbres fruitiers, et plus particulièrement de la vigne, caractérisée par un flétrissement rapide des feuilles et la mort de la plante.
Elle paraît due à deux causes :
- soit une évapotranspiration trop élevée entraînant une rupture dans l'alimentation en eau par les racines,
- soit à l'intrusion de certains champignons par les plaies de la taille obstruant la montée de la sève ; dans ce cas c'est une apoplexie parasitaire.
Etym. Du grec *apo*, fin, et *plessein*, frapper.

APPAREILLAGE n.m.
En. **pairing off** (1), **mating** (2)
De. **Zusammenjochen** (1)
Es. **aparejamiento** (1)
It. **appaiamento**(1), **accoppiamento** (2)
1. Choix de deux ou de plusieurs animaux, d'ordinaire de même espèce, de même force et de même taille, pour leur faire effectuer des travaux en commun, soit en file, s'il s'agit de chevaux, soit de front s'il s'agit de mulets ou de bovins.
2. Accouplement d'animaux sélectionnés de sexe différent pour améliorer la race.
Ils ne sont pas toujours de la même espèce: ainsi, on appareille une jument et un baudet pour obtenir un muleton.
On dit aussi appareillement.
Etym. Du latin *pars, paris*, égal.

APPARIER v.tr.
En. **to pair**
De. **paaren**
Es. **aparear**
It. **appaiare, accoppiare** (1)
Mettre ensemble deux animaux domestiques semblables, soit pour la reproduction s'ils sont hétérosexes, soit pour le travail, s'ils sont homosexes.
Syn. Appareiller.

APPARTENANCE n.f.
En. **annex, outbuilding**
De. **Nebengebäude**
Es. **pertenencia**
It. **pertinenza**
Dans un domaine féodal, terres, prés et bois qui entouraient le manse, et qui étaient soumis aux diverses redevances seigneuriales.
Ce qui les distinguait des dépendances et du manse.

APPÂT n.m.
En. **bait**
De. **Lockmittel, Lockspeise**
Es. **cebo**
It. **esca**
Substance alimentaire, objet ou cri, pour attirer les animaux utiles, ou nuisibles, et les détruire ou les capturer.
Etym. Du latin *pastus*, nourriture.

APPELEU (DROIT D') l.m.
Redevance due au boulanger du four banal pour le défrayer de l'avertissement qu'il adressait aux habitants de la communauté afin qu'ils apportent leurs pâtes à cuire.
V. Esluage.
Etym. De *appel*.

APPELLATION D'ORIGINE l.f.
De. **Ursprungbezeichnung**
Es. **denominación de origen**
It. **denominazione d'origine controllata**
Dénomination accordée à un produit, selon

certaines règles, certifiant son origine et ses qualités.
Telle est l'appellation V.D.Q.S., accordée à des "vins de qualité supérieure" provenant d'une région délimitée par décision administrative.
On dit aussi appellation d'origine contrôlée.
V. A.O.C.

APPELLATION D'ORIGINE CONTRÔLÉE l.f.
V. A.O.C.

APPEL-SÈVE n.m.
Rameau conservé au moment de la taille afin de favoriser la circulation de la sève au moment où s'éveillera la végétation.
V. Tire-sève.

APPENDANCES n.f.p.
Tenures récemment incorporées à une seigneurie.
Elles s'opposaient aux dépendances qui appartenaient depuis longtemps à la même seigneurie ; de là, l'expression "avec ses dépendances et appendances" quand il s'agissait de l'ensemble de la seigneurie.

APPENDARIA n.f.p.
Petites exploitations en bordure des manses, d'après les cartulaires du Xème siècle.
Traduit en français par appendices.

APPENTIS n.m.
En. penthouse
De. Schirmdach, Überdachung
Es. cobertizo, colgadizo
It. tettoia (addossata a un muro)
1. Petite toiture à une seule pente, reposant sur le haut contre un mur, et par le bas sur des piliers. (Fig.7).
2. Construction récente d'une ferme adossée à un grand bâtiment pour abriter du matériel.
Etym. De l'ancien français, *apenty*, appendice.

(Fig.7). Appentis

APPENZELL n.m.
Fromage suisse fabriqué dans le canton du même nom.

APPERTISATION n.f.
It. appertizzazione
Procédé de conservation des denrées alimentaires par leur traitement à de hautes températures en vase clos, de 80 à 100°C, afin de détruire les germes nocifs.
Etym. De *Appert*, inventeur français du procédé, 1750-1841.

APPILOTER v.tr.
Mettre en *pilots*, c'est à dire faire des tas (de foin, de paille ou de grains) en forme de petites piles.
Etym. De *pile*, amas de choses placées les unes sur les autres.

APPLATIS n.m.
Coupe massive des arbres d'une forêt, les troncs étant mis à plat.
Etym. De *aplatir*, rendre plat.

APPLEYÉE n.f.
1. Attelage de deux chevaux tirant une charrue.
2. *(Bourgogne)*. Etendue labourée en un jour.
Etym. De *ployer*, la terre étant ployée sous la charrue.

APPLI n.m.
Système servant à attacher les bêtes dans l'étable, à la crèche ou au ratelier.
Etym. De *appliquer*, mettre une chose contre une autre.

APPORTIONNAGE n.m.
Restriction ou suppression des droits d'usage sur une certaine partie des forêts communales ou domaniales.
Une portion du bien commun est ainsi distraite de l'usage collectif.

APPRENTISSAGE AGRICOLE l.m.
En. agricultural apprenticeship
De. Landwirtschaftslehre
Es. aprendizaje agrícola
It. apprendistato, tirocinio agricolo
Enseignement pratique donné à des adolescents pour leur faire acquérir une qualification professionnelle sanctionnée par un diplôme d'Etat.
Il associe à un travail effectué chez un employeur contre salaire, une formation théorique dans un établissement contrôlé par le Ministère de l'Agriculture.

APPRIVOISER v.tr.
En. to tame
De. bändigen, zähmen
Es. amansar, domesticar
It. addomesticare
Habituer un animal à vivre avec les êtres humains.
Etym. Du latin *privatus*, domestique.

APPROCHE (GREFFE PAR) l.f.
It. approssimazione (innesto per)
Greffe réalisée en mettant en contact deux rameaux préalablement écorcés sur une même longueur, le pied-mère et le pied-greffon n'étant pas séparés de leurs racines.
Quand la greffe est prise, on coupe le pied-greffon de sa souche.

APPUIE-PIED n.m.
It. staffale
V. Hausse-pied.

APRÉIER v.tr.
Ensemencer, ou coucher en herbe, un champ en graminées et en légumineuses pour obtenir un pré, une prairie.
Etym. Du latin *pratum*, pré.

APRISE n.f.
Description d'un héritage avec ses domaines, ses bâtiments, ses parcelles.
Document précieux pour la connaissance des anciens paysages agraires.
V. Prisée.

APRISION n.f.
Concession d'un domaine à titre perpétuel à condition de le mettre en valeur, utilisée dans le Midi aux VIIIème et IXème siècles au profit de tenanciers qui remettaient en culture les terres ravagées par les Sarrasins.
Charlemagne aurait ainsi installé des réfugiés espagnols dans les déserts de Septimanie, à charge de les cultiver et de les défendre contre les Maures. Dotées des pouvoirs juridiques de l'immunitas ces tenures, appelées également aprisions, prirent rang parmi les alleux. Le terme avait aussi le sens de défrichement.
Etym. Du latin *apprehension*, prise de possession.

APTITUDE n.f.
En. aptitude, ability
De. Fähigkeit, Geschick
Es. aptitud
It. attitudine
Disposition naturelle ou acquise à remplir une fonction déterminée.
Pour les animaux domestiques, une aptitude au travail, à la qualité ou à la quantité d'une certaine production, s'acquiert par hérédité, sélection, nourriture, dressage. Elle peut être unique, principale, ou associée à une autre aptitude ; ainsi, la race bovine normande est apte à la production de viande et de lait.

AQUACULTURE n.f.
Culture de végétaux dans un milieu aquatique, enrichi d'éléments nutritifs.
Syn. Culture hydroponique, effectuée uniquement dans l'eau avec alimentation en solutions nutritives. Cas de la riziculture et surtout de l'algoculture.
Ne pas confondre avec aquiculture.
Etym. Du latin *aqua*, eau, et *cultura*, culture.

AQUICULTURE n.f.
En. aquiculture
De. Aquakultur
Es. acuicultura, acuacultura
It. acquacoltura, acquicoltura
Culture des plantes et élevage des animaux aquatiques par des aquiculteurs.
C'est la mise en valeur des étangs consacrés pendant trois ans à l'élevage des poissons et pendant un an à des cultures diverses. Egalement, élevage des huîtres (ostréiculture), des moules (mytiliculture), des crustacés (astaciculture), des coquillages (conchyliculture), des sangsues (hirudiniculture).
Etym. Du latin *aqua*, eau, et *cultura*, culture.

ARABLE adj
En. tillable, arable
De. pflügbar, bestellbar
Es. arable
It. arabile
Se dit d'une terre préparée pour porter des récoltes ou bien d'une terre qui a les qualités requises pour être cultivée.
Par des amendements, des sols pauvres peuvent devenir des terres arables riches en éléments fertilisants.
Etym. Du latin *arabilis*, dérivé de arare, labourer.

ARACHI n.m.
Terrain défriché par arrachement des arbres et des arbustes.
S'écrit aussi arechi, arichi, arrachi (G. Plaisance). Etym. Du latin *eradicare*, arracher avec la racine.

ARACHIDE n.f.
En. groundnut
De. Erdnussbaum
Es. cacahuete, maní
It. arachide.
Légumineuse annuelle qui mûrit ses graines sous terre *(Arachis hypogaea)*.
Appelée aussi pistache de terre. Cultivée au Sénégal, en Inde, en Chine, ses graines donnent une huile comestible.
Etym. Du grec *arakhos*, gesse, qui a donné en latin *arachidna*.

ARADO n.f.
(Gascogne). Terre labourée à l'araire.
On dit aussi arée ou arada.

ARAIGNÉE n.f.
(Limousin). Météorisation.
On croyait jadis qu'elle était due à une araignée avalée par l'animal.

ARAIRE n.m.
En. swivel/swing plough
De. Hakenpflug, Pflug
Es. arado sin avantrén,
    arado sin soporte
It. aratro senza sostegno
Instrument agricole, utilisé jadis pour labourer et qui était composé d'un soc triangulaire en métal, de deux oreilles en bois, d'un age, d'un mancheron et d'un timon fixé à l'age. (Fig. 8).
Il se distinguait de la charrue par l'absence de versoir; l'araire écorchait la terre en la rejetant de part et d'autre de la raie. La forme rectangulaire des champs serait due à son emploi traçant des sillons droits et entrecroisés. On disait aussi areau, ariau.
Etym. Du latin *aratrum*, charrue.

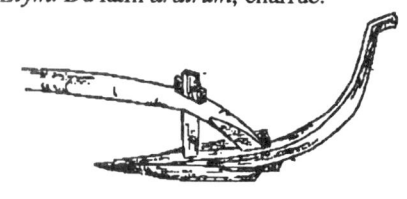

(Fig. 8). Araire

ARAIRE À TRAVERSER l.m.
Araire sans coutre pour le second labour en travers du premier.

ARAIRE CHAMBIGE l.m.
Araire au timon recourbé dans sa partie inférieure et tenant au mancheron et au soc par des coins en bois.

ARAIRE-LONGUE PERCHE l.m.
Araire dont le timon prend appui sur le joug.

ARAK n.m.
Es. arac
Alcool extrait des liqueurs fermentées et distillées, retirées de la sève des palmiers, des céréales, des raisins, des dattes, etc.
Etym. De l'arabe *araq*, liqueur de palmier.

ARAMON n.m.
Cépage cultivé en Languedoc, à gros raisins noirs, très juteux, peu savoureux, donnant du vin de qualité courante à faible teneur en alcool (7 à 9°).
Il est de meilleure qualité sur les coteaux que dans la plaine. Il tire son nom du bourg d'Aramon, dans le Gard.

ARASEMENT n.m.
En. levelling
De. Abgleichen
Es. enrase
It. agguagliamento
Opération qui consiste à enlever les mottes de terre et de gazon dans un champ, dans un pré ou dans un pâturage, pour aplanir la parcelle.

ARATOIRE adj.
En. agricultural
Es. aratorio
It. aratorio
Relatif à l'agriculture, au matériel agricole composé d'instruments destinés à travailler la terre.
Etym. Du latin *arare*, labourer.

ARBALÉTRIER n.m.
(Bas-Maine). Charrue à avant-train sans versoir.
Syn. Arbalaitier, traitoire.

ARBAN n.m.
(Marche). Pratiques d'entraide : charrois, battage, vendange.

ARBANE n.m.
Cépage à raisins blancs, cultivé durant le Moyen-Age dans les vignes de l'abbaye de Clairvaux, et qui donnait, si l'année s'y prêtait, l'un des meilleurs vins blancs de Bourgogne.

ARBE n.m.
1. *(Bresse).* Pâturage.
2. *(Vercors).* Châlet d'estive dans la vallée des Villards.
On dit aussi abert en Grande Chartreuse.

ARBOIS (VINS D') l.m.p.
Cru réputé du vignoble jurassien, à base de cépages choisis, Savagnin ou Traminer, Poulsard ou Plant d'Arbois.
Les meilleurs produits, vins blancs, vins rouges et vins pelure d'oignon, viennent sur les marnes du Lias.

ARBORÉ adj.
De. Baum-
Es. enarbolo, arbolado
It. arborato, alberato
Se dit d'une association végétale qui comporte des arbres.
Ex. Savane arborée.

ARBORESCENT adj.
En. arborescent
De. baumartig
Es. arborescente
It. arborescente
Qualifie les végétaux qui ont l'aspect d'un arbre.

ARBORETUM n.m.
Collection systématique et scientifique d'arbres exotiques ; jardin botanique d'espèces arborescentes.
Etym. Du latin *arbor*.

ARBORICOLE adj.
En. arboreal
De. Baum-
Es. arborícola
It. arboricolo
Qui vit dans les arbres.
Etym. Du latin *arbor*, arbre, et *colere*, habiter.

ARBORICULTEUR n.m.
En. arboriculturist
De. Baumzüchter
Es. arboricultor
It. arboricoltore
Personne qui cultive les arbres, notamment les arbres fruitiers.

ARBORICULTURE n.f.
En. arboriculture
De. Baumzucht
Es. arboricultura
It. arboricoltura
Culture des arbres et, plus particulièrement, des arbres fruitiers et des arbres d'ornement qu'il faut traiter un par un.
Tandis que la sylviculture est l'exploitation des arbres en masse forestière pour leur bois.

ARBORISER v.intr.
Es. arborizar
Cultiver les arbres, les étudier.

ARBOUSIER n.m.
En. strawberry tree, Irish strawberry
De. Erdbeerpflanze
Es. madroño
It. corbezzolo
Arbuste aux fruits semblables à des fraises et à saveur acide, de la famille des Ericacées.
L'arbousier commun (Arbustus unedo)

pousse dans les pays de climat méditerranéen ; ses fruits servent à fabriquer des liqueurs, des confitures, des gelées.

ARBRE n.m.
En. **tree**
De. **Baum**
Es. **árbol**
It. **albero**
Plante vivace à tronc, à rameaux et à branchages ligneux et de grande taille (plus de 5 m).
Etym. Du latin *arbor*.

ARBRE À HURE l.m.
(Anjou). Arbre souvent ébranché à grosse tête, comme la hure d'un sanglier.
Syn. Arbre têtard.

ARBRE À PAIN l.m.
En. **breadfruit tree**
De. **Brotfruchtbaum, Brotbaum**
Es. **árbol del pan**
It. **albero del pane, artocarpo**
Arbre des pays tropicaux *(Artocarpus altilis)* à gros fruits comestibles.
Syn. Jacquier.

ARBRE AURIER l.m.
(Gascogne). Arbre planté le long des haies et destiné à fournir du fourrage vert ou sec.
Etym. De *orière* et du latin *ora*, bord.

ARBRE DE JUDÉE l.m.
En. **Judas tree**
De. **Judasbaum**
Es. **árbol del amor, árbol de Judas, ciclamor**
It. **albero di Giuda**
Gainier, de la famille des Cisalpinoïdées *(Cercis siliquastrum)*, à belles fleurs roses en avril.
Il aurait été importé de Judée au temps des Croisades.

ARBRE DE LAYE l.m.
Es. **árbol señero**
Arbre qu'on laisse pour repeupler la forêt, ou pour encadrer un passage à travers un bois, une *laye*.

ARBRE DE LISIÈRE l.m.
Arbre qu'on laisse aux limites d'une coupe.

ARBRE D'ÉMONDE l.m.
Arbre utilisé pour fournir des branches pour la fabrication d'outils, de paniers, de tiges pour les clôtures et de fagots pour le chauffage.
Peupliers, ormeaux, saules, frênes, aulnes se prêtent bien à l'émondage et prennent la forme d'arbres têtards, leurs rameaux du bas ayant été coupés.
Etym. Du latin, *emundare*, nettoyer.

ARBRE DE PLEIN VENT l.m.
De. **Hochstamm**
It. **albero a pieno vento**
Arbre qui pousse sans tuteur, taillé en haute tige et exposé seul à tous les vents.

ARBRE DE RÉSERVE l.m.
Arbre que l'on conserve parce qu'il indique une limite, ou parce qu'il fournira un gros tronc pour le bois d'oeuvre.
C'est au moins un baliveau.

ARBRE D'ORNEMENT l.m.
Es. **árbol ornamental**
It. **albero ornamentale**
Arbre planté pour la décoration d'un lieu habité, réparti en parc, en bosquet ou le long d'une allée.
On le recherche pour son port, son feuillage, ses fleurs, son parfum, etc.

ARBRE ENRACINÉ l.m.
Arbre bien enraciné que l'on ne doit pas couper.

ARBRE FORESTIER l.m.
Arbre qui pousse bien en forêt.

ARBRE FOURRAGER l.m.
Arbre dont le feuillage, vert ou sec, peut servir à la nourriture du bétail.
L'orme, le frêne, l'aulne, le bouleau, entre autres, ont des feuilles à grande valeur nutritive. En été sec, ils peuvent suppléer l'absence de fourrage vert. Parmi les arbres fourragers, on peut citer le mûrier dont les feuilles servent à nourrir les vers à soie et l'arganier du Sud marocain qui est brouté par les chèvres. En Italie, les arbres qui servent de support à la vigne sont ébranchés et leur feuillage est donné en pâture au bétail.

ARBRE FRUITIER l.m.
En. **fruit tree**
De. **Olestbaum**
Es. **árbol frutal**
It. **albero da frutta**
Arbre cultivé pour ses fruits comestibles.
Il est cultivé en plein vent, en espalier, en serre, ou bien groupé en vergers, en haies fruitières, ou dispersé à travers champs.

ARBRÈDE n.f.
Plantation d'arbres et, particulièrement d'arbres fruitiers. *(Vieilli)*
Syn. Verger.

ARBRISSEAU n.m.
En. **shrub**
De. **Strauch, Staude**
Es. **arbolito**
It. **arboscello, alberello**
Plante vivace, à tiges ligneuses, ramifiées, dès le collet, en buisson (lentisque, groseiller, etc.) de 1m à 1,5m de hauteur.
Si la taille est plus petite, c'est une plante frutescente ou sous-frutescente (du latin frutex, arbrisseau)
Ex. Lavande, myrtille.

ARBROIE n.f.
Lieu planté d'arbres.
On disait également, jadis, arbrède, arbrière.

ARBUSTE n.m.
En. **bush, shrub**
De. **Strauch**
Es. **arbusto**
It. **arbusto**
1. Plante vivace, à tige simple, ligneuse, de moins de 7m de haut.
2. Jeune arbre.

ARBUSTUM n.m.
1. Association d'arbres fruitiers dont la pousse est surveillée scientifiquement.
2. Arbres fruitiers soutenant des pieds de vigne en Italie, ou jalonnant des rangs de vigne, entre lesquels on cultive du blé, du tabac, des pommes de terre.
Ce sont alors les jouailles du Bassin Aquitain.
Etym. Du latin *arbustum*.

ARCA n.f.
(Quercy). Coffre de bois où l'on plaçait le blé après le dépiquage.
Etym. Du latin *arca*, arche.

ARCANDIER n.m.
Petit propriétaire ne disposant que d'une exploitation insuffisante pour la subsistance de sa famille, et obligé de trouver des ressources hors de chez lui, comme bricolier.
C'est l'haricandier de l'Ile de France et l'haricotier du Beauvaisis.

ARCELETS n.m.p.
Fragments d'écorce servant de couverture à des huttes de bûcherons, ou de feuillardiers.

ARCENANT n.m.
Cépage bourguignon qui est le gamay commun.

ARCHE n.f.
En. **kneading trough** (1)
De. **Backtrog** (1)
Es. **artesa** (1)
It. **arca, madia** (1)
1. Meuble rustique où l'on pétrissait le pain *(V. maie et fig.9)*.
2. Coffre où le meunier plaçait la farine de son moulin.
Syn. Maie.
Etym. Du latin *arca*, coffre.

(fig.9). Arche ou maie)

ARCHE D'ÉLEVAGE l.f.
Vaste construction en bois, ou en grillage, pour abriter le gibier d'élevage (perdreaux, cailles, lièvres, etc.).

ARCHET n.m.
Long sarment destiné à produire des raisins.
Selon les régions : aste, flèche, pleyon, vergue, tinet, etc.

ARÇON n.m.
1. Tige de vigne recourbée comme un arc.
2. Armature arquée d'une selle.
Etym. Du latin arcus, arc.

ARCURE n.f.
En. arcuation
De. Biegung
Es. arqueo, arqueado de ramas
It. curvatura dei rami
Courbe en forme d'arc donnée aux rameaux des arbres fruitiers, en vue de favoriser la production de plus beaux fruits par la modération de la circulation de la sève élaborée.
Etym. Du latin arcus, arc.

ARDENNAISE adj.
Se dit d'une race de chevaux lourds, robustes, élevés autrefois pour le trait et pour l'armée.

ARDENTS n.m.p.
Parties d'un champ où les plantes cultivées sont sujettes à se brûler quand le soleil est très chaud, sans doute à cause d'un sol trop peu épais et trop perméable.

ARDOISE n.f.
En. slate
De. Schieferstein
Es: pizarra
It. ardesia
Fragment de schiste aminci et taillé en rectangle, ou en écaille, pour couvrir les toits des fermes dans les régions des massifs anciens : Bretagne, Limousin.
Etym. Du latin ardesia, dérivé de ard, haut, élevé.

ARDYON n.m.
(Jura). Petit champ de formes géométriques irrégulières, avec une ou plusieurs pointes assez prononcées.

ARDRIE n.f.
(Bretagne). Terre gréseuse; peu fertile, dure à travailler.

ARE n.m.
En. are
De. Ar
Es. área
It. ara
Mesure agraire créée en 1795 par la Convention, d'une superficie de 100 m.
Elle correspond à un carré de 10 m de côté; elle a un seul multiple, l'hectare, (10 000 m^2) et un seul sous-multiple, le centiare (1 m^2) ; elle peut ainsi s'incorporer au système décimal.
Etym. Du latin area, surface.

ARÉAGE n.m.
It. misurazione in are
Calcul de la superficie d'une parcelle avec l'are comme unité de surface.

AREAU n.m.
Araire qui se composait d'un soc à bords symétriques.
Il était muni d'une longue tige encadrée de deux oreillettes en bois qui écartaient la terre ; le tout était relié par l'age au timon et au mancheron (Fig.8).

ARÉE n.f.
(Ile de France). Terre qui vient d'être labourée à l'araire. *(Désuet).*

ARÈNE n.f.
En. sand
De. Arena, Sand
Es. arena
It. arena, sabbia
Sol siliceux, meuble, dérivé de la décomposition de roches cristallines, tel le granite.
Perméables et pauvres en éléments fertilisants, les sols d'arène donnent des terres arables de médiocre valeur, et qu'il faut amender abondamment.
Etym. Du latin arena, sable.

ARÉOMÈTRE n.m.
En. areometer
De. Aräometer, Senkwaage
Es. areómetro
It. areometro
Instrument qui sert à mesurer la densité des liquides et leur composition.
Plus leur densité est élevée, moins il s'enfonce.
V. Glucomètre, pèse-moût, lactomètre.
Etym. Du grec araios, peu dense, et métron, mesure.

ARÉQUIER n.m.
En. areca palm
De. Arekapalme
Es. areca
It. arèca
Type de palmier de l'Asie Tropicale, à fruits formés d'une drupe enveloppant un mince noyau.
La principale espèce produit la noix d'arec qui entre dans la fabrication d'une variété de cachou ; l'amande est utilisée dans la composition du bétel et l'on consomme le bourgeon appelé chou-palmiste. L'écorce sert à faire des cordages.
Etym. Origine malaise.

ARER v.intr.
En. to plough
De. pflügen
Es. arar
It. arare
Travailler la terre, l'ameublir.
Remplacé depuis le XVIème siècle par labourer. Usité encore comme cri lorsqu'on labourait avec des boeufs pour les stimuler (Bassin Aquitain) ; il survivrait avec son sens primitif dans l'est de la France.
Etym. Du latin arare, labourer.

A.R.E.R. Sigle.
ASSOCIATION RÉGIONALE D'ÉCONOMIE RURALE.
Association régie par la loi de 1901 et comprenant dans chaque région, des représentants des diverses organisations agricoles.
Elle a pour but la recherche et la documentation dans divers domaines de l'agriculture régionale. Les A.R.E.R. sont fédérées en Institut National de Gestion et d'Economies Rurales (I.G.E.R.).

AREYE n.f.
Es. surco
(Lorraine). Raie que traçait l'araire dans la terre à labourer.
Etym. Déformation de raye ou roye, sillon.

ARGANERAIE n.f.
Peuplement d'arganiers.

ARGANIER n.m.
En. argan tree
De. Arganbaum
Es. argán
It. argania
Arbre de 7 à 8 m de haut, de la famille des Sapotacées. (Argania sideroxylon).
Il ne pousse que dans le sud du Maroc ; son fruit, la noix d'argan, et ses feuilles servent à nourrir les chèvres.

ARGANT n.m.
Cépage à raisins noirs, cultivé dans le Jura où il est appelé *Gros Margillien*.

ARGILEUX adj.
En. clayey
De. tonartig, tönern
Es. arcilloso
It. argilloso
Qualifie les sols et les terres contenant une certaine proportion d'argile, c'est-à-dire des silicates hydratés d'alumine dont les éléments sont inférieurs à 2 microns.
Ils rendent le sol compact et peu perméable, mais non stérile si leur teneur ne dépasse pas 40%. Selon cette teneur, ils sont favorables à l'herbe (33 à40%), au blé (22 à33%) ou au seigle (moins de 22%). Les terres trop argileuses sont amendées avec du sable, qui les rend moins compactes, et avec de la chaux qui atténue leur acidité en accroissant leur pH.
Etym. Du latin argilla, argile.

ARICANDIER n.m.
(Beauce). Petit propriétaire terrien.

ARIDE adj.
En. arid, dry
De. dürr, trocken, arid
Es. árido
It. arido
Qualifie une terre, ou une région, où le manque d'eau compromet les cultures si l'on n'a pas recours à l'irrigation.
Etym. Du latin aridus, sec.

ARIDOCULTURE n.f.
En. **dry-farming**
De. **Trockenwirtschaft**
Es. **aridocultura**
It. **aridocoltura**
Culture pratiquée dans une région aride, soit par des façons culturales répétées *(dry-farming)*, soit en ayant recours à l'irrigation.

ARIEAU n.m.
(Montmorillon). Araire.
S'écrit aussi ariot, d'où le verbe arioter, c'est-à-dire labourer en Bourbonnais (vieilli).

ARMAGNAC n.m.
Eau-de-vie tirée des vins blancs d'Armagnac produits surtout par le cépage *Picquepoul* ou *Folle Blanche*.
La meilleure qualité provient du Bas Armagnac, autour d'Eauze ; puis viennent les armagnacs de la Ténarèze et du Haut Armagnac autour d'Auch. L'armagnac vieillit dans des fûts de chêne où il prend une couleur ambrée. C'est au XVIIIème siècle que les vignerons de Gascogne valorisèrent leurs vins en les distillant afin de répondre à la demande hollandaise qui leur parvenait par le port de Bayonne.

ARMAILLIS n.m.
En. **alpine herdsman**
De. **Ochsentreiber**
It. **bovaro**
Bouvier suisse de la vallée de la Sarine dont le chant local était le *Ranz des vaches*.

ARMENTAIRE adj.
It. **armentario**
Qualifie une région riche en bétail.
Syn. Armenteux. Peu usité.
Etym. Du latin *armentum*, troupeau.

ARMILLAIRE n.m.
En. **armillaria**
It. **armillaria**
Cryptogame de la famille des Agaricacées.
L'armillaire de miel se développe autour des racines des arbres fruitiers, elle les enveloppe d'une sorte de mousse qui entraîne la mort de ces arbres par le pourridié.
Etym. Du latin *armilla*, bracelet.

ARMOISE n.f.
En. **mugwort, artemisia**
De. **Beifuss**
Es. **artemisa vulgar**
It. **artemisia**
Plante de la famille des Composées qui en compte de nombreuses espèces.
Quelques unes sont utilisées en médecine, pour en extraire un vermifuge, le semencontra. L'armoise-estragon est un condiment.
Les fleurs de l'armoise aurone (Artemisioa abrotanum) dégagent un parfum agréable rappelant celui du citron; des variétés sont également recueillies pour aromatiser les liqueurs.
Etym. Du latin *artemisie*, dérivé de *Artémis*, déesse grecque qui secourait les femmes malades.

ARMORICAINE adj.
Es. **armoricana**
Se dit d'une race de bovins à robe de couleur pie-rouge, originaire de Bretagne.

ARMUGAS n.m.p.
(Béarn). Tas de pierres édifiés à l'extrémité d'un champ épierré.
Ces tas deviennent propriété collective et les Ponts-et-Chaussées les achètent pour empierrer les routes avant de les asphalter.

ARMURE n.f.
En. **armour** (1)
De. **Schutzgitter** (2)
It. **armatura** (1)
1. Monture à claire-voie adaptée à la *faux armée* et destinée à coucher les tiges coupées à gauche du faucheur.
2. Cadre en bois ou en fer entourant les tiges des jeunes arbres pour les protéger des mutilations.
Etym. Du latin *armatura*.

Armure

ARNICA n.m.
En. **arnica**
De. **Arnika**
Es. **árnica**
It. **arnica**
Plante vivace de la famille des Composées.
L'arnica des montagnes (Arnica montana) ou tabac des Vosges, est cueilli et cultivé pour ses racines et ses fleurs qui contiennent un stimulant du système nerveux.
Etym. Du grec *ptarmiké* et *ptarein*, éternuer.

AROLAIE n.f.
Peuplement de pins cembros, ou *aroles*.

AROLE n.m.
Pin cembro.

AROMATIQUE adj.
En. **aromatic**
De. **aromatisch, würzig**
Es. **aromático**
It. **aromatico**
Qui dégage des arômes.

ARÔME n.m.
En. **aroma**
De. **Wohlgeruch, Aroma**
Es. **aroma**
It. **aroma**
Substances volatiles composées d'éthers, d'alcools ou d'aldéhydes, qui se dégagent des fleurs, des fruits ou de certains liquides comme le vin, et qui affectent agréablement les centres nerveux de l'odorat.
Etym. Du grec *aromata*, parfum.

ARP n.m.
(Alpes maritimes). Alpage.

ARPENT n.m.
En. **arpent**
De. **Morgen**
Es. **arpende**
It. **arpento**
Mesure agraire des Gaulois, signalée par Columelle sous le nom *d'arpinnis*.
Elle se divisait en cent perches carrées ; sa surface variait d'une région à l'autre : en Ile de France, elle valait 34 ares, 19 centiares ; en Berry, 50 ares ; en Aquitaine, elle dépassait un hectare et équivalait à deux sétérées, c'est-à-dire à l'étendue qui pouvait être ensemencée avec deux setiers de blé, soit environ deux hectolitres. L'arpent commun avait 200 pieds, soit 42 ares et 21 centiares, et celui des Eaux et Forêts atteignait 51 ares et 7 centiares.
Etym. Du latin *arpennis*.

ARPENTAGE n.m.
En. **(land) surveying**
De. **Feldmessung**
Es. **agrimensura**
It. **agrimensura**
1. Calcul de la surface d'une certaine étendue de terre à l'aide de mesures agraires.
2. Art de l'arpenteur.
Etym. De *arpent*.

ARPENTEUR n.m.
En. **(land) surveyor**
De. **Landvermesser, Feldmesser**
Es. **agrimensor**
It. **agrimensore**
Géomètre qui mesure une terre avec une chaîne d'arpenteur.

ARPET n.m.
1. Petit alpage dans les Alpes maritimes.
2. Petit champ de médiocre qualité dans le Jura.

ARQUET n.m.
(Auvergne). Long sarment de vigne conservé et recourbé en demi-cercle, pour obtenir beaucoup de raisins.

ARRABAT n.m.
Champ de navets ou de raves.
Etym. Du gascon *rabat*, rave, avec agglutination de l'article *la*.

ARRACACHA n.m.
Ombellifère de l'Amérique du Sud tropicale *(Arracacia esculenta)* cultivée pour ses tubercules disposés autour du bulbe, et qui ont la saveur de la pomme de terre.
On n'a pas pu l'acclimater en zone tempérée.

ARRACHAGE n.m.
En. **pulling** (1), **uprooting** (2)
De. **Ausreissen**
Es. **cosecha, recolección** (1), **desarraigo** (2)
It. **sradicamento**
1. En agriculture, récolte de plantes pourvues de grosses racines ou de tubercules : betteraves, pommes de terre.
2. Action d'arracher des vignes.
Des primes sont accordées pour l'arrachage des vignes de médiocre qualité quand il y a surproduction.
Etym. Du latin ex, hors de, et radix, racine.

ARRACHEUSE n.f.
En. **sugar beet lifter, potato digger**
De. **Kartoffelerntemaschine**
Es: **arrancadora**
It. **estirpatore, estirpatrice**
Machine agricole servant à arracher les betteraves ou les pommes de terre. (Fig. 10)
Elle comprend soit un soc à longues lames pour soulever la racine, soit une série de fourches en métal montées sur un axe et tournant perpendiculairement aux sillons afin de projeter les racines sur le côté. L'arracheuse peut comprendre aussi un dispositif qui charge et même ensache la récolte : c'est alors une arracheuse-chargeuse-ensacheuse.

(Fig. 10). Arracheuse ou arrachoir

ARRACHIS n.m.
Es. **roza** (2), (3)
1. Arrachage et enlèvement des arbres d'une forêt afin de mettre le sol en culture.
2. Espace débarrassé de ses arbres.
Syn. Essart
3. Etat d'un plant arraché à la bêche et débarrassé de la terre retenue par ses racines.
Il est alors en arrachis.
Etym. Du latin eradicare, déraciner.

ARRACHOIR n.m.
Outil agricole destiné à arracher les plantes avec leurs racines. (Fig. 10).
En Alsace, on l'utilise pour enlever les perches des houblonnières.

ARRAGA n.m.
Es. **fresal**
(Béarn). Fraisière, planche de jardin cultivée en fraisiers.

ARRAJADE n.f.
Versant de colline exposé au soleil, notamment en Armagnac.
Equivalent de soulane et d'adret.
Etym. Du latin radius, rayon, qui a donné raia en provençal.

ARRENTEMENT n.m.
De. **Pacht**
Es. **arriendo, arrendamiento**
It. **rendita vitalizia**
Cession par contrat d'un fief, ou d'une tenure, à temps ou à perpétuité, contre une rente en espèces ou en nature.
Cette rente, de valeur fixe et modeste, diminuait avec le temps et conférait à celui qui la versait une certaine notoriété et un rang dans la hiérarchie féodale.

ARRENTER v.tr.
En. **to rent**
De. **verpachten**
Es. **arrendar**
It. **dare in vitalizio**
Donner un fief, un domaine, ou une terre, en viager ou à perpétuité, contre une rente.
Dans l'ancien droit féodal, le vassal pouvait arrenter son fief, le bailler à arrentement avec l'autorisation de son suzerain.

ARRÊT DE CORDE l.m.
Pièce de bois, percée de deux trous, ou d'un trou et d'une encoche, pour tendre une corde maintenant le chargement d'une charrette de foin ou de gerbes.

ARRÊTE-BOEUF n.m.
It. **restabue, ononide**
Plante de la famille des Papilionacées (*Ononis spinosa*).
Elle pousse dans les terres cultivées ; ses racines sont si développées que, jadis, elles gênaient les labours, freinant et même arrêtant les attelages de boeufs ; son vrai nom est bugrane commune.

ARRIAU n.m.
(Poitou). Araire primitive à deux oreilles en bois et à soc en métal, avec un seul mancheron et un timon.

ARRIÉE n.f.
(Bourbonnais). Série de huit planches de labour côte à côte.

ARRIÈRE-CENSIVE n.f.
Censive roturière mouvant d'une autre censive située dans la mouvance médiate d'un seigneur ou d'un roi.

ARRIÈRE-FIEF n.m.
En. **back-fief**
De. **Afterlehen**
Es. **retrofeudo**
It. **retrofeudo**
Fief mouvant en seconde main d'un autre fief.

ARRIÈRE-FLEUR n.f.
It. **seconda floritura**
Seconde floraison de l'année.

ARRIÈRE-FOIN n.m.
Foin d'arrière-saison.
Syn. Regain.

ARRIÈRE-GRAISSE n.f.
Résidu de l'engrais qui reste dans une terre quand la récolte, pour laquelle on l'avait répandu, a été enlevée.

ARRIÈRE-MAIN n.f.
En. **hindquarters**
De. **Hinterteil, Hinterhand**
Es. **cuarto trasero**
It. **treno posteriore del cavallo**
Moitié postérieure d'un animal de trait.
Elle comprend la croupe et les deux jambes arrière.

ARRIÈRE-MOUVANCE n.f.
Censive frappée d'un droit seigneurial médiat ou *surcens*, après accord du seigneur principal à qui l'on devait toujours le cens.

ARRIÈRE-PANAGE n.m.
Période où les bestiaux pouvaient aller paître dans les bois après le paiement du *panage*, redevance versée au seigneur de la forêt pour avoir droit au pacage, à la nourriture.
Le terme évoque l'aliment par excellence, le pain.
V. Panage.

ARRIÈRE-SAISON n.f.
En. **late season**
De. **Spätherbst, Spätsommer**
Es. **final del otoño**
It. **autunno avanzato**
Période de l'année qui suit les vendanges et les semailles d'automne, ou qui coïncide avec elles.

ARRIÈRE-TRAIN n.m.
En. **hindcarriage** (1), **hindquarters** (2)
De. **Hinterräder**(1)
Es. **trasera** (1)
It. **retrotreno** (1)
1. Dans un char à quatre roues, les deux roues arrière.
2. Partie postérieure d'un animal domestique de grande taille.
On dit aussi arrière-main.

ARRIÈRE-VASSAL n.m.
Es. **segundo vasallo**
It. **valvassore**
Vassal d'un seigneur déjà vassal d'un autre seigneur éminent.
Syn. Vavasseur.

ARROCHE n.f.
En. **orach**
De. **Melde**
Es. **armuelle**
It. **atreplice**
Plante de la famille des Chénopodiacées (*Atriplex hortensis*), originaire de Sibérie.
Une variété, l'arroche bonne-dame, cultivée dans les jardins, donne des feuilles qui ont le goût de celles de l'épinard.

ARROI n.m.
Araire sans versoir.
Dans les dialectes médiévaux, s'écrit parfois arroy.

ARROSAGE n.m.
En. watering
De. Bewässerung
Es. riego, regadío, aspersión
It. annaffiamento
Apport d'eau sur les plantes cultivées sous forme de gouttelettes à l'aide d'un arrosoir ou d'un appareil projetant le liquide sous forme de pluie. *Ce procédé a pour but :*
1) de combattre la sécheresse : c'est un procédé d'irrigation.
2) de combattre la gelée matinale au printemps, l'eau d'arrosage ayant une température supérieure à 0°C.
Etym. Du latin *rorare*, tomber en rosée.

ARROSER v.tr.
En. to water
De. begiessen, besprengen
Es. regar
It. annaffiare
Répandre de l'eau sur les plantes pour combattre la sécheresse et favoriser leur croissance.

ARROSEUR n.m.
En. sprinkler (2)
De. Regensprüher (2)
Es. regador (2)
It. annaffiatore, annaffiatoio (1), irrigatore (2)
1. Personne chargée d'arroser.
2. Instrument pour arroser.
S'il est tenu à la main, c'est un arrosoir ; si c'est un appareil d'assez grande dimension, il peut avoir plusieurs noms selon son rôle ; c'est le tourniquet des jardiniers, le canon des planteurs de tabac, lançant l'eau à 20m ; la rampe pivotante autour d'un axe central sous la poussée du liquide, pour de vastes étendues.

ARROSOIR n.m.
En. watering pot
De. Giesskanne
Es. regadera
It. annaffiatoio
Récipient d'une dizaine de litres, muni d'une poignée, d'un tube et d'une pomme percée de trous.
L'eau qu'il contient, lorsqu'on l'incline, s'écoule par le tube et la pomme, et tombe en pluie sur les plantes.
Etym. Du latin *arrosare*, de *ros, rosis*, rosée.

Arrosoir.

ARROTURER v.tr.
En droit féodal, retirer une terre d'un alleu ou d'un franc-fief, pour la placer en état de roture, c'est-à-dire soumise aux devoirs roturiers : redevances, banalités, etc.

ARROW-ROOT n.m.
En. arrow-root
De. Pfeilwurz
Es. arrurruz
It. arrowroot, maranta
Plante de la famille des Scitaminées, cultivée en Amérique tropicale et en Océanie pour retirer de ses rhizomes, appelés parfois taros, soit une fécule semblable à celle de la pomme de terre, soit des produits pour la préparation de colle et de vernis.
Etym. De l'anglais *arrow*, flèche, et *root*, racine, car la fécule extraite des rhizomes de cette plante passait, jadis, pour guérir les blessures causées par les flèches.

ARSE n.f.
(Auvergne). Terre défrichée par le feu.
Syn. Arce, arselle, arsine, arsis, etc. que l'on retrouve dans Peyre-Arse, lieu-dit d'Auvergne, rochers basaltiques aux teintes vives, comme s'ils portaient la trace d'un feu intérieur.
Etym. Du latin *ardere*, brûler, ou du pré-indoeuropéen *ars*, feu.

ARTEL n.m.
En Russie, kolkhoze où chaque membre de la coopérative dispose librement d'une part des céréales, des plantes industrielles et de l'élevage, en plus de sa maison, de son jardin et du petit bétail.

ARTHOMAYRO n.m.
Maïs.
Etym. Du basque.

ARTICHAUT n.m.
En. artichoke
De. Artischocke
Es. alcachofa
It. carciofo
Plante vivace de la famille des Composées *(Cynara scolymus)*, cultivée comme légume à cause de son capitule concave et très épais, qui est consommé cru ou cuit.
Etym. De l'arabe *al-karchouf*.

ARTICHAUTIÈRE n.f.
En. artichoke field
De. Artischockenfeld
Es. alcachofal, alcachofar
It. carciofaia
Plantation d'artichauts.

ARTIFICIALISATION n.f.
Modification de la texture et de la composition chimique du sol à la suite de fumures, d'amendements et d'apports d'engrais.

ARTIFICIEL adj.
En. artificial
De. künstlich
Es. artificial
It. artificiale
Qualifie les prairies temporaires composées de légumineuses et qui prennent place dans la rotation des cultures.

ARTIGAU n.m.
1. Clairière obtenue par le feu (artigue) dans les montagnes moyennes du Lavedan.
2. Grange située dans cette clairière et servant à entreposer le foin. *(H. Cavaillès)*.
Etym. Du pré-indo-européen *ars*, feu.

ARTIGUE n.f.
Défrichement obtenu par le feu.
Le terme désigne également des noms de lieux situés dans des zones de brûlis. Il apparaît également déformé en artigau, ortigo, ou dans la formation de noms composés : artigadoune, artiguelongue.
Etym. De *ars*, feu en pré-indo-européen.

ARTISANAT RURAL l.m.
En. rural crafts, handicraft
De. Handwerk, Kunsthandwerk
Es. artesanía rural
It. artigianato rurale
1. Ensemble des artisans vivant dans les campagnes et destinés à pourvoir aux besoins techniques élémentaires du monde rural.
2. Pratiques, techniques et produits de ces artisans.
Jadis, il comprenait : forgerons, tisserands, maçons, menuisiers, charpentiers, charrons, bourreliers, etc. Actuellement, ces métiers ont disparu ou bien ils se sont reconvertis en garages et en petits ateliers de confection, de conserves, etc.

ARVALES n.m.p.
It. arvali
Membres d'un collège, dit des frères arvales, consacré au culte d'une divinité agricole *Déadia*, dont la fête se célébrait en mai.
Constituée par Romulus, cette confrérie dura jusqu'à la fin de l'empire romain.
Etym. Du latin *arvum*, champ.

ARVICOLE adj.
En. arvicole
De. Feld-, Acker-
Es. arvense, arvícola
It. arvense
Qualifie une plante, ou un animal, qui vit exclusivement dans les champs.
Etym. Du latin *arvum*, champ, et *colere*, habiter.

ASCARIDE n.m.
En. ascarid
De. Spulwurm
Es. ascáride
It. ascaride
Ver nématode qui vit en parasites dans l'intestin des animaux, pouvant causer des obstructions et la mort.
On les détruit avec les grains de semen-contra.
Syn. Ascaris.

ASCARIDIOSE n.f.
En. ascariasis
Es. enfermedad ascárida, ascaridosis
It. ascaridiosi, ascaridiasi
Trouble causé dans un troupeau par la présence d'ascaris dans les intestins des bêtes.

ASINAIRE adj.
En. **asinine**
De. **Esel-, Esels-**
Es. **asnal**
It. **asinino**
Relatif à l'âne.

ASINERIE n.f.
1. Etable où sont logés les ânes.
2. Troupeau d'ânes d'une ferme d'élevage.

ASINE adj.
En. **asinine**
Es. **asnal**
It. **asinino**
Qualifie tout ce qui a trait aux ânes, notamment la race.
Etym. Du latin *asinus*, âne.

ASNÉE n.f.
1. Etendue de terre labourable en un jour par un araire tiré par un âne.
2. Mesure de capacité pour les grains, contenant, selon les régions, 190 à 250 litres et correspondant à la charge que pouvait porter un âne.
3. Charge que pouvait porter un âne.

ASPARAGICULTEUR n.m.
It. **asparagicoltore**
Cultivateur spécialisé dans la culture des asperges.

ASPARAGICULTURE n.f.
It. **asparagicoltura**
Culture des asperges.
Etym. Du grec *asparagos*, jeune tige.

ASPERGE n.f.
En. **asparagus**
De. **Spargel**
Es. **espárrago**
It. **asparago**
Plante de la famille des Liliacées (*Asparagus officinalis*), cultivée pour ses tiges tendres, charnues et savoureuses.
Elle serait originaire de l'Asie occidentale.
Etym. Du grec *asparagos*, jeune tige, qui a donné en latin *asparagus* et *asparage* au XIVème siècle.

ASPERGIÈRE n.f.
De. **Spargelpflanzung**
Es. **esparragal**
It. **asparageto**
Parcelle plantée en asperges.
Syn. Aspergerie.

ASPERSION n.f.
En. **sprinkling, sprinkler irrigation** (1)
De. **Beregnung, Besprengung**
Es. **aspersión**
It. **aspersione**
1. Irrigation d'une terre ou d'une planche de jardin, en projetant de l'eau sous forme de gouttelettes semblables à celles de la pluie.
2. Procédé semblable ayant pour objet d'éviter la gelée durant les nuits d'hiver.
Etym. Du latin *aspersio*, action de répandre.

ASPIC n.m.
Es. **espliego**
(Provence). Grande lavande (*Lavandula latifolia*), plante de la famille des Labiées.
Cultivée sur les sols calcaires et rocailleux du Midi, elle donne par distillation de ses fleurs une essence huileuse, volatile, très parfumée : l'essence d'aspic.

ASPIRAN n.m.
Cépage à raisins blancs ou noirs, cultivé dans le Midi languedocien.
Syn. Spiran.

ASPRES n.m.p.
(Roussillon). Collines et fragments de plaines non irrigués.
Formés de cailloutis et de sols maigres, ils ne portent que des broussailles, des vergers ou des céréales. Leur âpreté s'oppose à la molle opulence du regatiu, la terre irriguée. Usité dès le Moyen-Age.

ASSAINISSEMENT n.m.
En. **cleansing**
De. **Desinfektion**
Es. **saneamiento, desinfección**
It. **bonifica, risanamento**
1. Action d'assainir une étable en la désinfectant après une épidémie.
2. Action d'assainir une terre en la drainant, en la rendant salubre par l'élimination des anophèles vecteurs du paludisme, et en fournissant aux racines l'oxygène qui leur manque.

ASSAISONNÉE adj. f.
Se dit d'une terre propre à être labourée, ni trop dure, ni trop molle, ni trop sèche, ni trop humide.
Elle est en saison favorable.
Etym. Du latin *satio*, semailles.

ASSAISONNER v.tr.
Pratiquer les cultures selon les saisons de l'année et selon le rythme des soles, des assolements, dans les régions à openfields.
Rompre ce rythme, c'est dessaisonner, ce qui était interdit autrefois dans les contrats de fermage.
Etym. Du latin *satio*, semailles.

ASSALÉES n.f.p.
(Dauphiné). Distributions de sel faites au bétail durant son séjour sur les pâturages dans les montagnes.

ASSARMENTER v.tr.
Enlever les sarments d'une vigne après la taille.

ASSART n.m.
V. Essart.

ASSAUVAGIR v.tr.
It. **inselvatichire**
Rendre sauvage.
Une terre abandonnée, envahie par les plantes sauvages, s'assauvagit. (Peu usité.)

ASSEC n.m.
Etat d'un étang vidé temporairement de son eau pour être mis en culture.
Il s'agit d'une rotation de culture et d'élevage dans une parcelle de forme particulière ; durant l'assec, les façons culturales favorisent la libération des sels nourriciers et l'action bactérienne ; pendant l'ennoyage, ou évolage, le fond de l'étang s'enrichit d'éléments fertilisants apportés par les eaux courantes.

ASSÈCHEMENT n.m.
En. **draining**
De. **Austrocknung, Trockenlegung**
Es. **desaguado, desecación**
It. **prosciugamento**
1. Opération qui consiste à favoriser la disparition des eaux dans une terre à l'aide des procédés du drainage afin de la livrer à la culture.
2. Action de vider un étang de son eau pour le mettre en culture.

ASSÉEURS n.m.p.
Délégués des communautés villageoises chargés de répartir la taille, de veiller au versement des redevances dues au seigneur et à la mise à jour des *censiers* ou *terriers*.
Syn. Asséieurs.

ASSEMBLAGE n.m.
Mélange de vins de qualités différentes, afin d'obtenir un vin de saveur toujours suivie.

ASSERTER v.tr.
(Berry). Nettoyer les haies.
Syn. Essarter

ASSIAGE n.m.
Partie de l'avant-train d'une charrue qui permettait, en réglant l'inclinaison de l'age, de labourer plus ou moins profondément.

ASSIETTE n.f.
En. **assessement basis** (4)
It. **imponibile** (4)
1. Coupe de bois réglée et assise sur une partie de la forêt communale ou domaniale.
2. Partie de la forêt à couper.
3. Ordre de procéder à une coupe de bois sur une parcelle de forêt.
4. Eléments choisis par l'administration des finances pour être soumis à l'impôt et résultats obtenus.

ASSIGNAL n.m.
(Bourgogne). Ensemble des biens sur lesquels reposait solidairement une redevance en espèces ou en nature. *(Vieilli.) Syn. Tènement.*

ASSIMILABILITÉ n.f.
Aptitude d'un élément fertilisant à être absorbé par les radicelles d'une plante cultivée.

ASSIMILATION n.f.
En. assimilation
De. Assimilation, Angleichung
Es. asimilación
It. assimilazione, sintesi
Processus qui permet aux plantes cultivées d'absorber les éléments nutritifs contenus dans le sol.
Il s'effectue sous la forme de migration d'ions dans une proportion équilibrée selon les espèces. Transportés par la sève montante, ils sont transformés dans le feuillage et vont, avec la sève élaborée, vers les diverses parties de la plante pour y favoriser l'accroissement.
Etym. Du latin *ad*, et *similis*, semblable.

ASSISELAGE n.m.
(Champagne). Labour de printemps effectué dans les vignes.

ASSOCIATION AGRICOLE n.f.
En. agricultural association, trade-union
De. Bauernverband
Es. asociación agrícola
It. associazione agricola
Organisme, dénommé association, et consacré à l'agriculture.
V. Association de coordination technique agricole ; association départementale pour l'aménagement des structures des exploitations agricoles ; association foncière ; association nationale pour le développement agricole.

ASSOCIATION DE COORDINATION TECHNIQUE AGRICOLE l.f (A.C.T.A.)
Association qui a pour but l'harmonisation des objectifs et des travaux des Instituts techniques agricoles.

ASSOCIATION DÉPARTEMENTALE POUR L'AMÉNAGEMENT DES STRUCTURES DES EXPLOITATIONS AGRICOLES l.f.
Association qui veille en particulier à la mise en place de ce qui est décidé par le C.N.A.S.E.A. : Centre National pour l'Aménagement des Structures des Exploitations Agricoles.

ASSOCIATION FONCIÈRE l.f.
Organisme géré selon la loi de 1901 sur les associations, et groupant des agriculteurs pour la réalisation de travaux communs (chemins, drainage, remembrement), ou pour la défense de leurs intérêts sur le marché des produits agricoles.
Elle prend le titre d'ASSOCIATION PASTORALE, si elle gère des pâturages.

ASSOCIATION NATIONALE POUR LE DÉVELOPPEMENT AGRICOLE l.f.
(A.N.D.A) Association qui oriente la politique agricole et indique les moyens de la financer.

ASSOCIATION CULTURALE l.f.
Groupement équilibré de cultures où domine cependant une production essentielle : blé, maïs, riz, vigne, élevage, etc.
V. Civilisations agricoles.

ASSOCIÉ D'EXPLOITATION l.m.
Personne âgée de plus de 18 ans, parente du chef d'exploitation, qui ne reçoit pas de salaire, mais participe à la mise en valeur de la ferme et perçoit un pourcentage des bénéfices, moyennant quoi, elle profite d'avantages fiscaux et sociaux.

ASSOLEMENT n.m.
En. crop rotation
De. Koppelwirtschaft
Es. alternativa de cosecha, rotación
It. rotazione delle colture
Répartition des cultures entre les parcelles d'une exploitation agricole, ou entre les soles d'un finage de communauté rurale.
Cette répartition, variant d'une année sur l'autre afin de ne pas épuiser la terre avec la même plante, constitue la rotation des cultures, avec une année de répit, ou de jachère, tous les deux ou trois ans. Dans une exploitation agricole, cette rotation s'effectue au gré du possesseur ; dans un finage, elle a lieu par sole, c'est-à-dire par groupe de parcelles ouvertes les unes sur les autres, et soumises à la même culture afin de faciliter les façons culturales.
Jadis, on distinguait l'assolement biennal, ou petite culture, dans la France du Midi (céréales, jachère), et l'assolement triennal, ou grande culture, (blé, céréales de printemps, jachère) dans la France du Nord ; cette différence de rythme était due au fait que les céréales de printemps ne pouvaient mûrir sous le climat du Midi aux étés trop hâtifs et trop secs. Par la suite, la jachère a disparu, au Nord comme au Sud, devant les plantes légumineuses (trèfle, lupin) qui enrichissent le sol en azote et permettent d'accroître les troupeaux et les fumures. Actuellement, les contraintes d'assolement par finage, ont disparu par suite d'exode rural et de remembrement. Dans les exploitations agricoles d'un seul tenant on répartit les champs en 2, 3, 4, ou 5 sections, selon un programme établi en fonction des récoltes à obtenir et de la terre à maintenir en bon état. De là, des alternances de plantes qui, par des sarclages, nettoient le sol (betteraves) et de légumineuses porteuses de nitrates, de céréales d'hiver et de céréales de printemps selon la région. L'assolement tend même à disparaître dans les fermes modernes sans bétail, grâce aux engrais, et aux amendements qui permettent d'éviter les fumures et l'épuisement de la terre arable (Berry, Champagne).
Etym. Du latin *solus*, sol, et *solea*, planche de culture.

ASSOLER v.tr.
En. to rotate crops
De. in Schläge einteilen
Es. alternar los cosechas, rotar
It. coltivare a rotazione
Faire alterner les cultures, soit dans une même parcelle close si c'est à l'échelle d'un domaine, soit dans un ensemble de parcelles sans clôtures entre elles si c'est à l'échelle d'un finage de village.
Jadis, deux ou trois villages disposaient de soles communes où l'on faisait alterner les cultures selon une rotation obligatoire. Cette pratique, en Europe occidentale, est en voie de disparition à cause du machinisme agricole et au profit des grands domaines.

ASSURANCES SOCIALES AGRICOLES l. f. p.
Système de garantie pour les agriculteurs et leur famille contre les risques d'accident, de maladie, de maternité, d'invalidité, de vieillesse, de décès prématuré.
Ces assurances comprennent quatre régimes, celui des salariés, celui des exploitants, celui des retraités et celui des accidentés agricoles.

ASTACICULTEUR n.m.
Es. astacicultor
Eleveur d'écrevisses.
Etym. Du latin *astacus*, écrevisse.

ASTACICULTURE n.f.
En. crayfish-farming
De. Krebszucht
Es. cría del cangrejo
It. astacicoltura, allevamento di gamberi
Elevage des écrevisses.
Etym. Du latin *astuacus*, écrevisse, et *colere*, cultiver.

ASTE n.m.
Fragment de sarment qui portera les fruits.
Syn. (Selon les régions), vinée, pleyon, archet, flèche, etc.
Etym. Du latin *hasta*, lance.

ASTI n.m.
Vin blanc doux et mousseux, récolté dans la région d'Asti, près de Turin.

ATE n.f.
Pointe d'un champ ou d'une prairie.

ATELIER n.m.
En. workshop (1)
De. Werkstätte (1)
Es. taller (1)
It. bottega (1), laboratorio
1. Immeuble où travaillent des artisans ruraux.
2. Local où l'on élève des vers à soie.
Syn. Magnanerie.
3. (Poitou). Etable où a lieu la monte des juments mulassières par les baudets.
4. Centre d'élevage de porcs, ou de volailles, sans sol, ni culture, exclusivement avec des aliments préfabriqués.

5. Réunion de plusieurs exploitations agricoles afin d'effectuer en commun des travaux qui dépassent la capacité d'un seul exploitant.
Etym. Du latin *attelle,* éclat de bois.

ATIFIE n.f.
(Suisse Romande). Défrichement, lieu défriché.

ATMOSPHÈRE CONTRÔLÉE l.f.
Es. atmósfera controlada
It. atmosfera controllata
Atmosphère modifiée par l'introduction d'azote et de gaz carbonique, et maintenue constante dans un local clos, afin d'y conserver inaltérés, pendant plusieurs mois, des légumes et des fruits, leur métabolisme étant ainsi réduit.

ATOMISEUR n.m.
En. **spray, atomizer**
De. **Zerstäuber**
Es. **atomizador**
It. **atomizzatore, nebulizzatore**
Appareil destiné à répandre en fines gouttelettes les bouillies cupriques sur les feuilles des plantes à protéger contre les maladies cryptogamiques.
Etym. Du grec *atomos,* qu'on ne peut couper.

ATTACHE (À L') l.f.
Procédé utilisé pour garder le bétail dans un pâturage, attaché à un point fixe, évitant ainsi le gaspillage de l'herbe.

ATTACHE (À L') l.adj.
Qualifie des veaux que l'on garde pour renouveler le troupeau, et qui sont *attachés* à la ferme et non détachés vers la boucherie.

ATTELAGE n.m.
En. **team** (1), **harness** (3)
De. **Pferdegespann, Gespann** (1)
Es. **yunta** (1), **tiro** (2)
It. **attacco, tiro** (1)
1. Bêtes de somme liées ensemble pour effectuer un travail.
2. Animal domestique harnaché, parfois entre deux brancards, pour véhiculer un instrument agricole.
3. Matériel destiné à attacher un animal de trait ou un tracteur à un char, une charrue, une faucheuse, etc.
4. Dispositif de liaison entre le tracteur et l'outil à tracter.
Ce dispositif comprend trois points d'attache : deux sont situés aux extrémités de la barre inférieure, le troisième est fixé à la barre supérieure ; des systèmes de réélévation automatique permettent de relier, ou de séparer, l'outil du tracteur ; c'est l'attelage trois points.
Dans le passé, l'attelage s'est modifié ; on a employé d'abord un collier de gorge gênant la respiration de l'animal, puis un collier d'épaule appuyant sur les omoplates du cheval, ou un joug prenant appui sur le front des boeufs ; le dispositif en file et le ferrage à clous ont permis de mieux utiliser les forces de l'animal, jusqu'à ce que celui-ci soit remplacé par le tracteur.

Etym. Du latin *attelare,* dérivé de *protelum,* attelage de boeufs.

ATTELÉE n.f.
Es. **yunta, tiro** (1)
1. Couple de boeufs, ou de chevaux, liés entre eux pour effectuer ensemble un travail.
2. Temps qui s'écoule entre le début et la fin du travail ainsi effectué.

ATTELER v.tr.
En. **to harness**
De. **anspannen**
Es. **enganchar, uncir**
It. **attaccare, aggiogare**
Placer des animaux de trait sous un joug, sous une selle, ou dans les harnais pour leur faire accomplir un travail de traction, de transport.
Etym. Du latin *attelare,* atteler.

ATTELLE n.f.
Es. **horcate** (1)
1. Chacun des côtés d'un collier pour une bête de somme.
2. Contrat par lequel un marchand confie, pour un certain temps, des bêtes à un éleveur.
A la fin du séjour, on calcule l'augmentation de poids, et le bénéfice qu'on en retire est partagé entre le marchand et l'éleveur.
Etym. Du latin *attelare,* attelage.

ATTELOIRE n.f.
Cheville fixant le joug des boeufs, ou le harnais d'un cheval, au timon d'un araire, ou aux brancards d'une charrette.
(Matériel périmé).

ATTERRISSEMENT n.m.
En. **accretion**
Es. **terrero**
It. **interrimento**
Dépôt de sable ou d'argile d'origine fluviale ou marine, sur les rives d'un cours d'eau, ou le rivage d'une mer, et qui peut être mis en culture à l'abri d'une digue, telles les *prises* de l'Anse de l'Aiguillon.
Etym. De *atterrir,* remplir de terre.

AUBAIN n.m.
En. **foreigner**
De. **Ausländer, Fremder**
Es. **extranjero**
It. **forestiero**
Etranger établi dans une seigneurie et qui devait, après un an et un jour de séjour, se déclarer l'homme du seigneur qui lui avait confié une tenure.
En vertu du droit d'aubaine, il pouvait transmettre ses biens à ligne directe mâle ; s'il n'avait pas de fils, sa tenure revenait au seigneur.
Etym. Du latin *alibi,* ailleurs, qui a donné *alibanus, albain, aubain.*

AUBAINE
1. Blé poulard blanc de Touraine, ou *aubaine blanche.*
2. Blé dur du Languedoc ou *aubaine rouge.*
Etym. Du latin *albus,* blanc.

AUBARDE n.f.
En. **escheat** (1)
De. **Heimfallsrecht** (1)
Es. **maniero** (1)
It. **devoluzione per mancanza di erede maschio** (1)
1. Droit seigneurial qui permettait au maître éminent d'une tenure de la reprendre si l'aubain, à qui il l'avait confiée, ne laissait pas d'héritier mâle.
2. *(Lavedan).* Bâton en bois, ou en osier tressé, pour le transport du fumier à dos d'âne.

AUBARÈDE n.f.
Plantation de saules.
Etym. Du latin *albus,* blanc, qui a donné *alba,* nom du saule en occitan, le saule étant par excellence l'arbre au bois blanc et aux fleurs blanches ; le *l* s'étant transformé en *u,* on a obtenu les noms d'*aubière, aubraie, aubergée,* dans l'ancien français.

AUBÉPINE n.f.
En. **hawthorn, maybush**
De. **Weissdorn**
Es. **majuelo, espino blanco**
It. **biancospino**
Arbrisseau épineux de la famille des Rosacées (*Crataegus oxyacantha*).
Cultivé pour ses fleurs roses, ou pour former des haies ; desséchées et en infusion, ses feuilles sont un tonicardiaque.
Etym. Du latin *alba,* blanc, et épine.

AUBÈRE adj.
Es. **overo**
It. **ubero**
Qualifie la robe d'un cheval quand elle est mélangée de poils blancs et alezans ou rougeâtres.
Syn. Aubert.
Etym. De l'espagnol *hobero.*

AUBERGINE n.f.
En. **aubergine, eggplant**
De. **Aubergine**
Es. **berenjena**
It. **melanzana**
Plante annuelle de la famille des Solanacées (*Solanum melongena*).
Elle serait originaire de l'Asie des Moussons. Elle aurait été introduite en Europe au XVIIème siècle. Son fruit, grosse baie ovoïde de 20 à 30 cm de long et d'un violet brillant, est consommé frit.
Etym. De l'arabe *al badindjan* qui a donné *alberginia* en catalan.

AUBIER n.m.
En. **sapwood**
De. **Splintholz**
Es. **albura**
It. **alburno**
Zone périphérique d'un tronc d'arbre, tendre et de couleur claire, qui s'intercale entre le bois de coeur et l'écorce.
La sève brute et la sève élaborée y circulent, la première à l'extérieur, la seconde à l'intérieur. Tandis qu'à l'extérieur les cellules du paren-

chyme sont vivantes et contiennent des réserves alimentaires, celles de l'intérieur cessent peu à peu d'évoluer et s'agglomèrent aux cellules mortes du bois dur, bois de coeur, ou bois parfait. *Chaque année, l'aubier abandonne ainsi, à l'intérieur du tronc, un anneau, ou cerne, qui, par sa couleur et son nombre, permet de découvrir l'âge de l'arbre. Pour la bonne utilisation du bois, l'aubier doit être éliminé, car il est trop peu résistant et il est souvent attaqué par les insectes et les champignons.*
Etym. Du latin *albus*, blanc.

AUBIN n.m.
It. **traino**
Allure d'un cheval qui galope avec les jambes de devant et qui trotte avec les jambes de derrière, signe de fatigue.
Etym. De l'anglais *hobby*, bidet.

AUBINAGE n.m.
Opération consistant à placer dans le terreau des fragments de sarments pour qu'ils prennent racine afin de les transplanter ensuite dans la parcelle destinée à devenir une vigne.
Etym. Du latin *bini*, deux fois ; le radical du mot serait *biner*, répéter deux fois la même opération.

AUBINER v.tr.
Pratiquer l'aubinage.

AUBRAC n.m.
Race bovine de petite taille, à la robe froment fumé, aux muqueuses noires et aux cornes relevées en lyre.
Sa domestication remonterait au Néolithique. Assez bonne laitière et de bon rendement en boucherie, elle est cependant en déclin depuis la motorisation, car elle ne sert plus aux travaux des champs en Aubrac et dans les Causses du Gévaudan.

AUBRON n.m.
Variété de froment cultivé jadis dans le Maine.
Signalé dès 1140 sous le nom d'alberon.

AUBUE n.f.
Terre blanche, argilocalcaire, très fertile, dérivée de la craie turonnienne.
En Poitou, on distingue les aubues grasses, *de la craie marneuse du Turonnien inférieur, des* aubues sèches *de la craie tuffeau du Turonnien supérieur. Les terres d'aubue s'opposent par leur richesse en fer, en magnésie, en potasse et en azote aux* groies *et aux* doucins *plus pauvres (J.P.Moreau).*
Syn. (Touraine) albue, arbue, aubuis, (Saintonge) aubugo.
Etym. Du latin *albuca*, blanc mat.

AUBUGUES n.f.p.
(Gévaudan méridional). Riches terres à blé, provenant des marnes et des calcaires du Lias reposant sur le socle cristallin.
Etym. Du latin *albus*, blanc mat.

AUCHE n.f.
(Bourgogne, Poitou, Normandie). Même origine que le mot *ouche*, dérivé du germanique *auen*, plaine fertile.
V. Ouche.

AUCHEUSE adj.
Qualifie une terre de bonne qualité, susceptible de former une *auche*, ou, autrement dit, une *ouche*.

AUGAR n.m.
(Béarn). Prairie marécageuse.
Etym. Dérivé de *auge*.

AUGE n.f.
En. **trough**
De. **Trog, Futtertrog**
Es. **comedero, pila, gamella, gamellón**
It. **trogolo**
Récipient en bois, en fer, ou en pierre, où l'on verse les aliments liquides pour l'alimentation des animaux domestiques, plus particulièrement les porcs.
Le terme entre dans l'expression engraissement à l'auge *pour désigner le procédé d'élevage qui consiste à engraisser le bétail avec une abondante nourriture donnée dans une auge.*
Etym. Du latin *alveus*, bassin.

AUGE n.f.
(Franche-Comté). Prairie située près d'un cours d'eau, et très abondante en herbe.
Le terme entre en composition dans "Pays d'Auge", région normande réputée pour ses herbages.
Etym. Du latin *algia*, prairie humide et fertile.

AUGELOT n.m.
Trou carré pour y planter un pied de vigne.

AUGEOLAGE n.m.
1. *(Bretagne).* Préparation d'une terre en vue d'y cultiver de l'orge.
On y trace de petits sillons, des raies, qui reçoivent la semence, puis on les recouvre de terre à l'aide d'une herse.
2. Traçage d'une raie assez profonde pour séparer des planches de labour et favoriser le drainage. *(A. Meynier).*

AUGÈRE n.f.
(Berry). Pâturage à moutons, situé en bordure de terrains cultivés.

AUGIBI n.m.
(Languedoc). Cépage à raisins blancs.

AUJESZKY (MALADIE D') l.f.
En. **Aujeszky's disease**
De. **Pseudowut, Aujezkysche Krankheit**
Es. **Aujeszky (enfermedade de)**
Maladie virale décrite par le Hongrois dont elle porte le nom.
Chez les bovins, elle se manifeste par du prurit, de la paralysie et la mort ; chez les porcins, elle atteint les porcelets qui meurent sans signe apparent en 8 à 10 jours ; les adultes résistent et peuvent être protégés par la vaccination.
Depuis 1977, cette affection grave doit être déclarée.

AUJOLER v.intr.
Exécuter à la charrue la raie qui sépare deux planches de labour, deux *ados*.

AUJOUX n.m.
(Bourgueil). Amendement avec des bruyères et des ajoncs provenant des landes voisines, et enfouis dans le sol d'une vigne.

AULNAIE n.f.
En. **alder plantation**
De. **Erlenwald, Erlenhain**
Es. **alisar, aliseda**
It. **ontaneto**
Plantation d'aulnes dans un terrain humide.
Syn. Aunaie, aunoie.
Etym. Du latin *alnus*, aune.

AULNE n.m.
En. **alder**
De. **Erle**
Es. **aliso**
It. **ontano, alno**
Arbre de la famille des Bétulacées *(Alnus glutinosa)*, dont le bois à grains très fins est apprécié en ébénisterie et, naguère, pour la fabrication des outils agricoles.
Ses racines traçantes et drageonnantes le rendent précieux pour retenir les sols sur les versants des montagnes.
Syn. (Occitan) vergne, (gaulois) verna.
Etym. Du latin *alnus*, aune.

AULX n.m.p.
Es. **ajos**
Pluriel de *ail*.

AUMAILLES n.f.p.
En. **beast sheep**
De. **Hornvieh** (4)
Es. **ganado vacuno, ganado mayor**
It. **bestie con corna** (4)
1. *(Provence).* Troupeau de moutons transhumants.
2. *(XVIIIème siècle).* Bêtes qui viennent manger dans la main *(manualia pecora).*
3. *(XVIIIème siècle).* Quadrupèdes domestiques qui servent à nourrir les hommes.
4. *(XVIème siècle).* Bêtes à corne.
Etym. Du latin *animalia*, bêtes.

AUME n.m.
Jeune taureau qui a subi la castration pour être engraissé et livré à la boucherie.

AUMEAUX n.m.p.
Bêtes à viande.
Etym. Du latin *almus*, nourrissant.

AUNE n.f.
En. **ell**
De. **Elle**
Es. **ana, vara**
It. **auna**
Ancienne mesure de longueur, d'environ 1,20m.
Etym. Du francique *alina*, avant-bras.

AUNNEAU n.m.
Sarment de l'année précédente, plié en forme d'anneau (d'où son nom), ce qui, en affaiblissant son feuillage, favorise la formation des grappes.

AURALHO n.f.
(Alpes du Sud). Champ de médiocre qualité, laissé en friche.
Etym. Terme désuet, se prononçant autrefois *sourayo* en occitan, et signifiant "mis hors de la *rayo*" : hors de la raie tracée par l'araire, donc terrain sans labour.

AURIÈRE n.f.
(Gascogne). Côté du champ qui borde la haie, la murette, ou le fossé.
(Devrait s'écrire *orière*.)
Etym. Du latin *ora*, bord.

AURILLAGE n.m.
Droit perçu, par les agents du roi, sur le revenu des ruches. *(XVIème siècle, d'après O. de Serre).*

AURIOLS n.m.p.
(Vivarais). Marrons écorcés, bouillis et cuits à l'étouffée dans un pot de fonte tapissé de feuilles de figuier.

AUSSEDAT n.m.
(Gascogne). Terrain en friche.

AUTARCIE n.f.
En. **autarchy**
De. **Autarkie, Selbstverwaltung**
Es. **autarquía, autonomía**
It. **autarchia**
Régime économique, et notamment agricole, qui consiste, pour un Etat, à vivre des produits de son sol, sans acheter ni vendre.
Etym. Du grec *autos*, soi-même, et *arkein*, suffire.

AUTOAPPROVISIONNEMENT n.m.
Utilisation des produits de l'exploitation agricole pour obtenir une autre production de même nature dans le même lieu.
Ex. Semence de blé prélevée sur la récolte de l'exploitation.

AUTOCHARGEUSE n.f.
En. **auto-loading**
De. **Selbstauflader**
Es. **autocargadora**
It. **caricatore semovente**
Appareil muni de crochets fixés à des courroies montées sur poulies.
Un moteur fournit l'énergie nécessaire à un mouvement de rotation, et fourrages ou fumures sont portés sur des chariots et conduits soit dans les étables, soit dans les champs.

AUTOCONSOMMATION n.f.
En. **home consumption**
De. **Eigenverbrauch**
Es. **autoconsumación**
It. **autoconsumo**
Consommation par la famille, ou par la contrée, des produits locaux des champs et des étables.
Elle a été très développée, par souci d'autarcie, lorsque les moyens de transport étaient réduits. Grâce aux progrès agricoles, et à l'urbanisation des campagnes, elle a diminué sans disparaître complètement ; elle se maintient par tradition, par routine, par pauvreté. C'est un signe d'archaïsme économique si elle est trop développée.

AUTOFÉCONDATION n.f.
En. **self-fertilization**
De. **Selbstbefruchtung**
Es. **autofecundación**
It. **autofecondazione**
Fécondation réalisée par l'union de deux gamètes (cellules sexuelles) de sexe différent, mais appartenant à la même plante, ou, ce qui est rare, au même animal.
Ex. Escargot.

AUTOGAME adj.
En. **self-fertilized**
De. **selbstbefruchtend**
Es. **autogama**
It. **autogamo**
Se dit des plantes qui portent dans la même fleur pollens des stigmates et ovules du pistil, ce qui rend l'hybridation difficile.
Ex. Blé.
Syn. *Autofécondation, autopollinisation.*
Etym. Du grec *auto*, soi-même, et *gamos*, union.

AUTOGESTION n.f.
En. **joint worker-management control**
De. **Selbstverwaltung** (2)
Es. **autogestión**
It. **autogestione**
1. Gestion d'une exploitation agricole par son propriétaire qui peut, à la rigueur, ne pas résider, ou ne pas participer aux travaux de la ferme.
2. Organisation et fonctionnement d'une exploitation agricole par ses propres salariés.
Ex. Kolkhose.

AUTOMATISATION n.f.
En. **automatisation**
De. **Automation**
Es. **automatización**
It. **automatizzazione, automazione**
Substitution d'une machine, qui se meut automatiquement, à un homme, pour effectuer un travail déterminé.
Dans le domaine agricole ce moyen est déjà utilisé dans les étables pour distribuer la nourriture et évacuer le fumier ; il tend à s'introduire dans les divers matériels agricoles grâce à des capteurs qui sont programmés pour une tâche particulière, soit directement, soit par des informations d'origine électrique que traduisent des comparateurs commandant les moteurs des machines ; applicable en irrigation, cueillette, triage, etc.
Etym. Du grec *automatos*, qui se meut soi-même.

AUTOSUBSISTANCE n.f.
En. **self-sufficiency**
De. **Selbstversorgung**
Es. **autosubsistencia**
It. **autosufficienza**
Situation économique d'une communauté qui subvient à ses besoins sans recourir à des échanges commerciaux.

AUTOTROPHE n.m.et adj.
En. **autotrophic** (2)
De. **autotroph** (2)
Es. **autótrofo** (2)
It. **autotrofo** (2)
1. Végétal qui réalise directement la synthèse du carbone contenu dans l'air et des minéraux apportés par la sève brute, pour en faire des tissus et des produits alimentaires.
Les plantes à chlorophylle y parviennent par la photosynthèse et fournissent aux êtres vivants les matières qui les nourrissent.
2. Qualifie ce même végétal.
Etym. Du grec *auto*, soi-même, et *trophé*, nourriture.

AUTUREAU n.m.
(Morvan). Partie la plus élevée d'un ados, ou d'un billon.
Etym. Dérivé de *hauteur*, le mot devrait s'écrire *hautureau*.

AUVENT n.m.
En. **awning** (1)
De. **Wetterdach** (1)
Es. **sobradillo** (1)
It. **tettoia** (1)
1. Avancée du toit au-dessus d'un perron pour le protéger du vent, du soleil et de la pluie (fig.11)
2. Paillassons ou planches fixés au mur d'un espalier pour protéger des intempéries les plantes délicates.
Etym. De *au* et de *vent*, exposé au vent.

(fig.11) Auvent

AUVERNAT n.m.
Cépage apporté d'Auvergne en Orléannais, où il était cultivé pour ravitailler Paris en vin rouge.

AUXINES n.f.p.
It. auxine
Substances végétales produites par les plantes et qui favorisent leur croissance en longueur et en grosseur.
Découvertes en 1927 par le Hollandais Went, elles se forment dans les jeunes cellules qui composent le méristème et se répandent dans les divers tissus du végétal, déterminant la multiplication des cellules et par conséquent le développement des feuilles et des tiges. Actuellement on fabrique des auxines de synthèse qui permettent d'accroître les récoltes et de détruire les mauvaises herbes.
Etym. Du latin *augere*, faire croître, soutenir.

AVALAGE n.m.
En. cellaring
Es. bajada del vino a la bodega
Descente d'une barrique de vin dans une cave ou dans un bateau.

AVALLONE n.m.
Parcelle plantée en pommiers. *(A.Meynier)*.
Syn. Pommeraie.
Etym. Du nom celte du pommier.

AVALOIRE n.f.
En. breeching
Es. retranca
It. imbraca
Partie du harnais qui entoure la croupe du cheval et lui permet de retenir la voiture quand il descend une route en pente.

AVANT-MAIN n.f.
En. foreleg
De. Vorderhand, Vorderteil
Es. pata delantera, cuarto delantero
It. treno anteriore del cavallo
Moitié antérieure d'un animal domestique utilisé pour le trait.
Le terme s'emploie surtout pour le cheval.

AVANT-PIEU n.m.
Pieu de fer qui sert à creuser des trous où l'on fixe des piquets en bois pour soutenir une tonnelle.
En occitan, se dit pal-fer.

AVANT-SOC n.m.
It. avanvomere
Petit soc placé en avant du soc principal.
Légèrement surélevé, il favorise la pénétration de la charrue dans la terre arable.

AVANT-TOIT n.m.
En. eave
De. Vordach
Es. alero
It. gronda
Partie du toit qui dépasse les *murs goutteraux*.
Syn. Battellement.

AVANT-TRAIN n.m.
En. foreleg (1), forecarriage (2)
De. Vordergestell (2)
Es. juego delantero, avantrén, armón (2)
It. parte anteriore (1), avantreno (2)
1. Moitié antérieure d'un animal de trait, notamment du cheval.
2. Petit chariot à deux roues, tournant sur lui-même, et fixé à l'avant d'un char, ou d'une charrue, pour les stabiliser et leur permettre de tourner aisément. *Syn.* Avant-main.

AVANT-VIN n.m.
Vin dont la fermentation a été arrêtée et qui conserve un certain goût sucré.

AVELANEDO n.f.
Verger de noisetiers.
Terme du dialecte catalan qui se déforme en avalaniero.
Etym. De *Avella*, ville de Campanie où l'on récolte des noisettes très appréciées.

AVELINIER n.m.
Es. avellano
It. avellano
Variété de noisetier produisant de grosses noisettes, ou *avelines*, et dont l'huile était très appréciée. *Il était cultivé autrefois dans les vignes, en Provence et dans le Dauphiné (Th. Sclafert).*

AVENAGE n.m.
1. Redevance en avoine versée au seigneur par les tenanciers de censives, ou de *chezals*.
2. Ration, ou picotin, d'avoine.
Etym. Du latin *avena*, avoine.

AVENÉE n.f.
1. Champ d'avoine.
2. Ration d'avoine moulue pour les animaux malades, ou que l'on veut engraisser.
Syn. (Autrefois) avena, avoinée.
Etym. Du latin *avena*, avoine.

AVENIÈRE n.f.
Parcelle semée en avoine.
Nom de lieu assez fréquent en pays de langue d'oïl.

AVERAGE n.m.
(Pays niçois). Bétail de moyenne taille, entre les bovins et les volailles (porcs, chèvres, moutons).

AVERRIE n.f.
Es. barbecho
(Perche). Jachère.

AVERS n.m.
Es. umbría
Versant orienté au Nord.
Froid, humide, il est plus favorable à l'arbre et à l'herbe qu'aux cultures et aux vergers.
Syn. Ubac.

AVERTIN n.m.
Maladie des moutons.
V. Tournis.

AVERTISSEMENT AGRICOLE l.m.
Es. advertencia agrícola
It. avvertimento agricolo
Signal chargé d'avertir les agriculteurs inscrits à une organisation spécialisée, du danger couru par leurs récoltes : prédateurs, maladies cryptogamiques, calamités diverses.
Il indique en plus le traitement préventif, ou curatif. Réparti en 16 régions et dirigé par des ingénieurs compétents, ce système de protection prévient par bulletin, par courrier rapide, ou par radio, les exploitants agricoles menacés.

AVERTISSEUR n.m.
En. warning
De. Melder, Warnanlage
Es. avisador
It. segnalatore
Appareil qui fonctionne automatiquement quand la sècheresse atteint un seuil dangereux pour la plante cultivée et que l'irrigation devient nécessaire, ou bien quand la température baisse et qu'il faut mettre en oeuvre des procédés de lutte contre le gel.

AVETTE n.f.
Es. abeja
(Ile-de-France). Ancien nom de l'abeille.
Etym. Du latin *apis*, abeille, qui a donné *abelha* en provençal, et *avette* au XVIème siècle, en Ile-de-France.

AVEU n.m.
Dénombrement des biens meubles et immeubles d'une seigneurie, et contrat par lequel un vassal reconnaissait un autre seigneur comme son suzerain.
A partir du XIème siècle, le contrat fut suivi de la liste des droits et possessions du fief. Les roturiers furent également obligés, pour leurs censives, à des aveux appelés reconnaissances censuelles, énumérant les fermes et les parcelles pour lesquelles ils devaient un cens. Faute d'aveu, en temps voulu, le suzerain reprenait le fief. Les aveux constituent une riche documentation pour l'histoire agraire.
Etym. De *vue*, voir.

AVIAIRE adj.
En. bird-
De. Vogel-, Geflügel-
Es. avícola
It. aviario
Qualifie ce qui est relatif aux oiseaux et, particulièrement, aux oiseaux de basse-cour qui constituent un élevage *aviaire*.
Etym. Du latin *avis*, oiseau.

AVICOLE adj.
En. avicultural, bird-
Es. avícola
It. avicolo
Qualifie ce qui a trait à l'élevage des volailles.
Ex. Des parasites avicoles.
Etym. Du latin *avis*, oiseau, et *colere*, cultiver.

AVICULTEUR n.m.
En. **poultryman**
De. **Vogelzüchter**
Es. **avicultor**
It. **avicoltore**
Eleveur de volailles.
Par extension, tout éleveur d'oiseaux.

AVICULTURE n.f.
En. **poultry breeding**
De. **Vogelzucht, Geflügelzucht**
Es. **avicultura**
It. **avicoltura, pollicoltura**
Elevage des oiseaux en général, et plus particulièrement des volailles.

AVINAGE n.m.
Action d'imprégner de vin chaud le bois d'un fût neuf afin d'éviter les fuites et les goûts désagréables qu'il communiquerait au vin.

AVINER v.tr.
It. **avvinare**
Pratiquer l'avinage.

AVIRON n.m.
(Bretagne). Bande de terrain au bout d'un champ où tournaient, où *viraient*, les attelages.
Syn. *Chaintre*.

AVIZE n.f.
Chef-lieu de canton du département de la Marne. Premier grand cru au centre d'un vignoble à raisins blancs, dit *Côte des blancs*.
Partout ailleurs le vin de champagne est fabriqué à partir de raisins noirs, leur jus étant blanc ; toutefois, on leur ajoute un peu de jus de raisins blancs pour acidifier et affiner le produit des raisins noirs.

AVOCATIER n.m.
En. **avocado**
De. **Avocadobaum**
Es. **aguacate**
It. **avocado (pianta)**
Arbre fruitier, de la famille des Lauracées (*Persea gratissima*).
Originaire des pays chauds d'Amérique, c'est un arbre de 12 à 15 m de haut, dont les fruits, qui ont la forme de grosses poires, contiennent une pulpe assez parfumée et que l'on aromatise de rhum, de kirsch ou de porto.
Etym. Du caraïbe *aouicate*.

AVOINE n.f.
En. **oat**
De. **Hafer**
Es. **avena**
It. **avena**
Graminée qui produit un grain utilisé pour la nourriture des chevaux et la fabrication du *gruau*.
On distingue l'avoine d'automne et l'avoine de printemps. La paille d'avoine est un excellent fourrage sec pour les bovins. En langue d'oc, on dit cibado pour avoine ; le terme dérive du latin cibare, nourrir le bétail.
Etym. Du latin *avena*.

AVOINERIE n.f.
Champ d'avoine.
Syn. *Avenière*.

AVORTER v.intr.
En. **to abort**
De. **verkalben**
Es. **abortar**
It. **abortire**
Mettre bas avant terme pour un mammifère domestique, la cause pouvant être un traumatisme, une maladie infectieuse, une épizootie (brucellose, salmonellose, etc.)
Etym. Du latin, *ab*, non et *oriri*, naître.

AVOUERIE n.f.
1. Charge d'un avoué agent seigneurial chargé de gérer le domaine d'une seigneurie ou d'une abbaye.
2. Lieu où les avoués d'un seigneur, ou d'un abbé, prélevaient les rentes foncières dues par les tenanciers du domaine.
Leurs registres sont de précieux documents pour la compréhension de la vie rurale au Moyen Age.
Etym. Du latin *advocare*, prendre pour défenseur.

AVRANCHINE (RACE) l.f.
Ovins issus de béliers anglais et de brebis de la région d'Avranches.
Ce sont des bêtes rustiques, à la toison blanche, et sans cornes.

AVRIL n.m.
En. **April**
De. **April**
Es. **abril**
It. **aprile**
Quatrième mois de l'année grégorienne, au cours duquel on sème les betteraves, le maïs, les légumineuses pour engrais vert, on bine les pommes de terre, on nettoie les prés, on termine les labours dans les vignes, on prend des précautions contre les gelées printanières (paillassons, fumées, etc.).
Etym. Du latin *aprilis*.

AVRILLET n.m.
Blé de printemps semé en avril.

AVULSION n.f.
En. **avulsion**
Es. **avulsión**
It. **avulsione**
Fragment d'une parcelle cultivée, enlevé par la crue d'un cours d'eau et transporté vers l'aval où il peut constituer un *atterrissement*, ou une *accrue*, au profit de la propriété du riverain.
Toutefois, le propriétaire d'amont a le droit, pendant un an, de récupérer sa terre, ou de réclamer une compensation (Art. 559 du Code civil).
Etym. Du latin *avulsio*, arrachement.

AY n.m.
Chef lieu de canton du département de la Marne.
Premier grand cru de vin de champagne.
Les vignerons procèdent soit à la fabrication directe du champagne, soit à la vente de leurs raisins aux grandes maisons de Reims ou d'Epernay. Le prix est fixé chaque année par le Comité interprofessionnel du vin de champagne ; il varie selon les localités ; celui d'Ay est le prix maximum pour tout le vignoble.

AYBREDE n.f.
(Provence). Lieu planté d'arbres fruitiers.
Syn. *Verger*.

AYGADE n.f.
1. Endroit où vont boire les troupeaux dans un pâturage d'Aubrac, dans une montagne d'Auvergne.
2. Prairie soumise à l'irrigation.
Etym. Du latin *aqua*, eau, devenu *aygo* en occitan.

AYGAUX n.m.p.
Dépressions où séjourne l'eau des inondations dans les prés, ou dans les champs.

AYRIAL n.m.
V. *Airial*

AYSSART n.m.
V. *Essart*.
Se prononce eïssart en occitan (G.Plaisance).

AZEROLIER n.m.
De. **Azarolbaum**
Es. **acerolo**
It. **lazzeruolo, azzeruolo**
Arbre sauvage et épineux (*Crataegus azarolus*), cultivé jadis en Provence pour ses fruits, les *azeroles*, de la grosseur d'une cerise, et dont on faisait des confitures.

AZOTATE n.m.
En. **nitrate**
De. **Nitrat**
Es. **nitrato**
It. **nitrato**
V. *Nitrate*

AZOTE n.m.
En. **nitrogen**
De. **Stickstoff**
Es. **nitrógeno**
It. **azotato**
Gaz incolore, inodore, constituant 79 % de l'air que nous respirons.
Il se combine avec l'oxygène pour donner entre autre de l'acide azotique et avec l'hydrogène pour donner de l'ammoniac. Sous ces deux formes il entre dans la composition de nombreux engrais, nitrates, sulfates d'ammoniac, etc. et contribue ainsi à la formation des tissus des êtres vivants, plante ou

animal ; en particulier par la sève et le sang, il accomplit le cycle, dit de l'azote, base de toute vie à la surface de la terre. L'O.N.I.A. de Toulouse utilise l'azote de l'air pour la fabrication de ses dérivés, notamment des engrais chimiques. Dans le sol, les nodosités des racines de certaines plantes, les légumineuses, comportent des bactéries qui captent l'azote souterrain et le restituent, quand la plante meurt, sous forme assimilable par d'autres plantes. Etym. Du grec *a*, privatif et *zoé*, vie.

AZOTOBACTER n.m.
Es. **nitrobacteria**
It. **azotobatterio**
Bactérie qui se développe sur les racines des légumineuses et qui a la propriété de fixer l'azote de l'air dans des nodosités.

Cycle de l'azote

- *Cycle de l'azote*

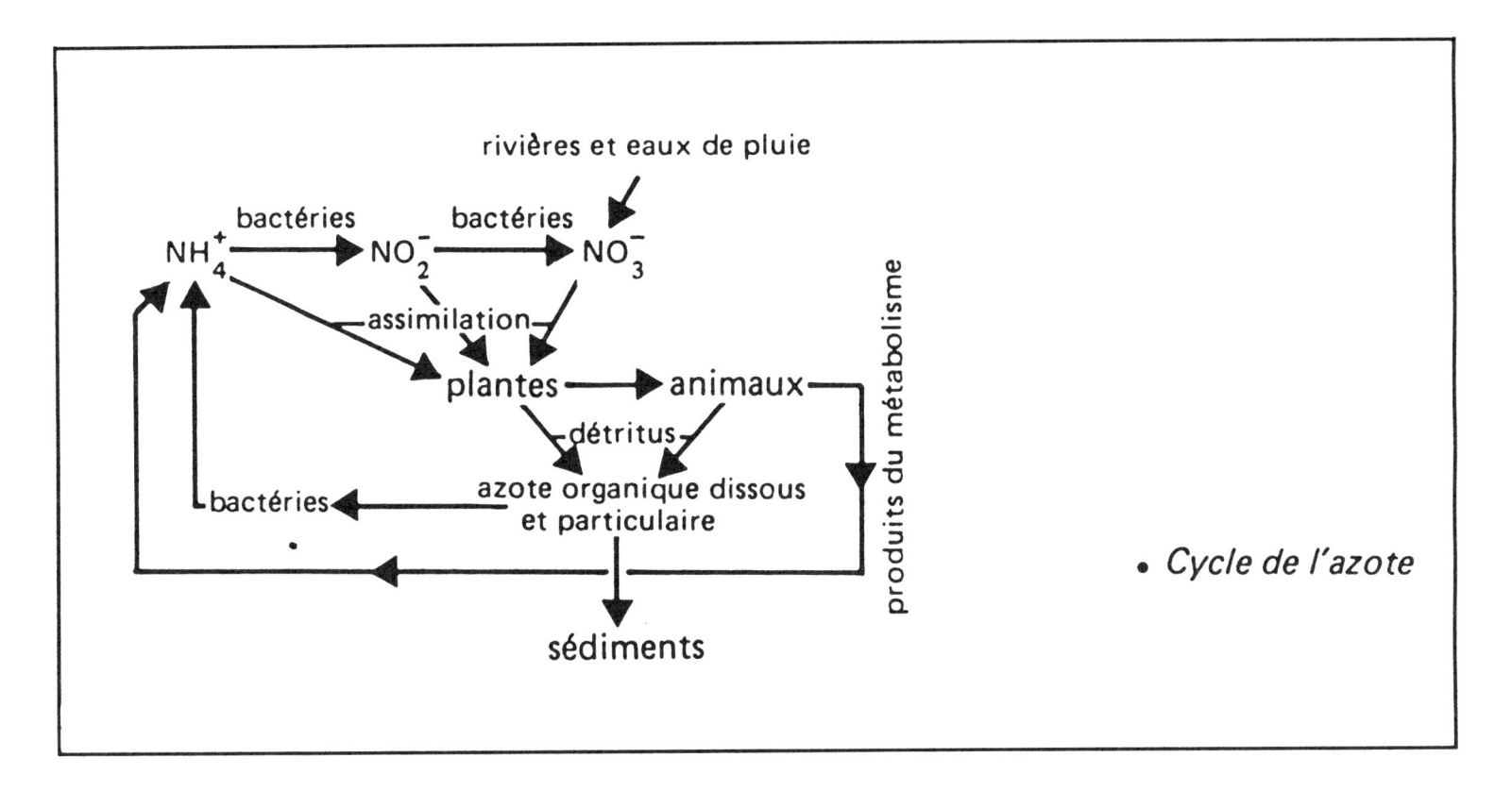

B

BABEURRE n.m.
En. **buttermilk** (1)
De. **Buttermilch** (1)
Es. **suero de leche** (1)
It. **siero del latte, latticello** (1)
1. Résidu du barattage de la crème dans la fabrication du beurre.
Il sert à la nourriture des porcelets.
2. Fromage fabriqué avec le babeurre.
3. Bâton servant jadis à battre la crème pour obtenir du beurre.
4. Pompe pour transvaser le vin.
Etym. De *battre*, et *beurre*.

BABOUVISME n.m.
Doctrine de Gracchus Babeuf (1760-1797) prônant le partage ou la mise en commun des terres et le travail obligatoire pour tous.

BACADE n.f.
1. Unité de bétail servant de base au dénombrement des troupeaux pouvant aller paître sur les estives pyrénéennes.
Cette unité correspondait à une tête de gros bétail (vache, jument) ou à 10 têtes de menu bétail (10 brebis) ; on disait également une pégulhade.
2. Pâturage où l'on mène paître les vaches
3. Redevance payée aux communautés des vallées béarnaises par les étrangers pour faire paître sur les pâturages appartenant à ces communautés. (H.Cavaillès).
4. Pâtée de raves et de pommes de terre cuites, servie aux porcs et aux boeufs en hiver.
Etym. De *baca*, ou *vaca*, vache en occitan.

BACCHANALES n.f.p.
En. **Bacchanalia**
De. **Bacchanal, Bacchusfest**
Es. **Bacanales**
It. **Baccanali**
Fêtes religieuses que l'on célébrait à Rome deux fois par an, en l'honneur de Bacchus, et qui dérivaient de rites antiques relatifs au culte de la Terre et de la Vie.
Etym. Du grec *Bakkhos*, Bacchus, dieu du vin.

BACHASSE n.f
(Champagne humide).
1. Chaussée d'un étang.
2. Barrage retenant les eaux d'un bief à moulin.

BACHAT n.m.
(Pays de la Loire). Auge à cochons.
(Equivalent du bocat, baquet, en occitan.)

BÂCHE n.f.
En. **cover** (1)
De. **Wagenplane** (1), **Gewächshaus** (2)
Es. **toldo, lona** (1)
It. **copertone, telone** (1)
1. Grosse toile servant à protéger de la pluie le chargement d'un camion.
2. Petite serre à toiture vitrée, d'une seule pente, sur une caisse en bois sans fond, pour favoriser la culture des plantes délicates.
On y met du fumier en fermentation pour hâter la germination des graines ; parfois la toiture est fixée à un mur au dessus des arbres fruitiers.
Etym. Du latin *bascauda*, couverture.

BACHELLERIE n.f.
1. Lieu où se réunissaient de jeunes hommes qui avaient le titre de bacheliers, titre inférieur à celui de chevalier et supérieur à celui d'écuyer.
2. Redevance versée par les jeunes mariés au fermier général chargé de percevoir les rentes d'une seigneurie.
3. Petite exploitation agricole comprenant des vaches comme animaux de trait.
Dans ce cas, le terme pourrait dériver de vaccula, petite vache.
4. Petit fief comprenant quelques manses et dont les revenus servaient à l'entretien d'un homme d'armes et de ses servants.
On disait aussi un bachèle, ou bachelle. (R. Blais)
Etym. Du latin *baccalarius*, qui a donné en ancien français *bacheler, bachelier*, jeune homme.

BACHÈRE n.f.
(Limousin). Ouverture ménagée dans le *cornadis* des crèches afin de permettre aux bovins de passer la tête pour aller manger les fourrages dans la partie creuse de la crèche.
Etym. De *vache*.

BACHOLLE n.f.
1. Vase en bois, de forme tronconique, où l'on place le lait caillé pour la fabrication de la fourme de Cantal.
2. *(Auvergne).* Baquet destiné à recevoir la vendange dans les vignes et à la transporter au cellier.

BACHOU n.m.
(Ile-de-France). Hotte composée d'un petit tonneau ouvert par le haut, maintenue sur le dos par des courroies et servant à transporter des raisins.
Etym. De *bac*, baquet.

BACLAN n.m.
Cépage à raisins noirs, donnant un vin de bonne qualité, dans le Jura.
Connu aussi sous le nom de Duret.

BACO n.m.
Cépage d'origine américaine, à raisins noirs, précoces et abondants, donnant un vin peu alcoolisé.

BACTÉRIE n.f.
En. **bacteria**
De. **Bakterie, Bakterium**
Es. **bacteria**
It. **batterio**
Etre unicellulaire, à structure indifférenciée, apparaissant comme un bâtonnet au microscope électronique et qui se classe entre le règne végétal et le règne animal.
Les bactéries jouent un grand rôle en agriculture: fermentation et putréfaction restituant au monde minéral le matériel organique du monde vivant ; enrichissement du sol en azote par les nodosités qu'elles forment sur les racines des

légumineuses ; déclenchement des maladies infectieuses de l'homme et de l'animal : variole, rage, tétanos, typhoïde, etc. On s'en défend par la vaccination, créatrice d'anticorps détruisant les bactéries nocives, et par des bactéricides curatifs.
Etym. Du grec baktéria, bâton.

BACTÉRICIDE n.m.
En. bactericide
De. Bakterizid
Es. bactericida
It. battericida
Substance qui a la propriété de tuer les bactéries, notamment celles qui sont nuisibles aux récoltes et au bétail.

BACTÉRIOSE n.f.
En. bacterial disease
De. Bakteriose
Es. bacteriosis
It. malattia batterica, batteriosi
Maladie affectant une plante ou un animal, et provoquée par des bactéries.
Etym. Du grec baktéria, bâton, et ose, maladie.

BACUL n.m.
En. crupper
De. Schwanzriemen
Es. baticola, grupera
It. groppiera
Pièce du harnais qui entoure l'arrière-train des bêtes de trait, et leur permet de faire reculer le véhicule.
Syn. Croupière.
Etym. Abréviation de battecul.

BADIANE n.f.
En. badian
De. Sternanis
Es. badiana
Fruit du badianier.

BADIANIER n.m.
En. Chinese anise, star anise
Es. badián
It. anice stellato
Arbuste originaire de Chine, de la famille des Magnoliacées *(Illicium verum)*.
Ses fruits, composés de six ou huit follicules et appelés anis étoilé, contiennent des graines au goût anisé, utilisées comme stimulant des fonctions digestives.

BADIÈRE n.f.
(Savoie) V. Bardeau

BADIGEONNAGE n.m.
En. painting
De. Anstreichen
Es. enlucimiento, enjabelgadura
It. imbiancatura
Opération qui consiste à répandre avec un pinceau, sur les murs d'une étable ou sur le tronc d'un arbre, un produit destiné à détruire microbes, parasites et insectes nuisibles à la croissance du bétail ou du verger.

BAGASSE n.f.
En. bagasse, megass (2)
De. Bagasse (2)
Es. bagazo (2)
It. bagassa (2)
1. Marc d'olives ou de raisin après la sortie du pressoir.
2. Résidu de la canne à sucre lorsque les tiges, ayant été écrasées par le moulin, on a recueilli le suc destiné à préparer le sucre.
Ce résidu sert à chauffer les chaudières où se dépose le sucre brut, ou rapadura (Brésil) ; on l'emploie aussi pour fabriquer du papier.
Etym. De l'espagnol bagazo.

BAGAUDES n.m.p.
Paysans gaulois révoltés contre les agents du fisc romain qui prélevaient de trop lourdes redevances sur les produits de la terre.
Ils furent massacrés sur ordre de Dioclétien, par Maximin en 280, près de Lutèce, et en 407 par les soldats d'Aétius, général romain d'origine barbare.
V. Jacquerie, croquants.
Etym. Du celte baga, errant.

BAGUAGE n.m.
En. girdling
De. Kränzen
Es. incisión anular
It. anellatura, anellazione, cercinatura
Incision annulaire en forme de bague, pratiquée sur les branches des arbres au dessous des fruits, ou sur les rameaux de vigne au dessous des grappes, pour arrêter la sève descendante et empêcher le fruit de couler, tout en accroissant sa grosseur. (Fig.111).
L'opération est pratiquée par un bagueur. La même opération, pratiquée sur l'écorce d'un tronc d'arbre, entraîne la mort de celui-ci.
V. Cernage.

BAGUENAUDIER n.m.
En. bladder-senna
De. Blasenstrauch
Es. espantalobos
It. vescicaria, colutea
Arbuste de la famille des Papilionacées *(Coronilla emerus)*, parfois cultivé dans l'Est de la France pour ses fleurs rouges et ses fruits qui claquent quand on les presse dans les doigts.
Ils entrent dans la fabrication du séné, puissant purgatif.

BAGUER v.tr.
En. to girdle
De. kränzen
Es. hacer incisiones anulares
It. cercinare
Pratiquer une incision circulaire autour d'un rameau ou d'un tronc d'arbre afin d'arrêter la descente de la sève élaborée, ce qui entraîne la mort de l'arbre.
C'est un procédé utilisé dans les essartages des régions forestières.
V. Cerner.

BAGUETTE n.f.
(Bourgogne). Long sarment destiné à porter des raisins.

BAGUEUR n.m.
Instrument tranchant permettant d'enlever un fragment d'écorce en forme de bague autour d'une tige ou d'une branche d'arbre fruitier, afin d'arrêter la circulation de la sève élaborée et de favoriser la fructification. (Fig.12).

(Fig. 12). Bagueur

BAI adj.
En. bay
De. rotbraun
Es. bayo
It. baio
Se dit d'un cheval dont la robe est d'un brun rouge et les crins noirs.
Selon la nuance, on distingue les bais clairs, foncés, acajou, etc.
Etym. Du latin badius, brun.

BAIASSIÈRE n.f.
(Provence). Parcelle consacrée à la culture de la lavande.
Syn. Lavandaie. (G.Plaisance).

BAIE n.f.
En. berry
De. Beere
Es. baya
It. bacca
Fruit formé d'une pulpe contenant les grains et enveloppée d'une membrane souple et brillante (groseille, cassis, raisin, myrtille, etc.).
Etym. Du latin bacca, baie.

BAIGNADE n.f.
(Normandie). Irrigation des prés sous une mince nappe d'eau.

BAIGNANTE adj.
(Normandie). Se dit d'une prairie abondamment irriguée, ou d'une culture qui pousse dans l'eau comme le riz.

BAIL n.m.
En. lease
De. Pachtvertrag
Es. arrendamiento, arriendo
It. contratto d'affitto
Contrat par lequel une exploitation agricole est confiée pour un temps limité à un fermier ou à un métayer.
Le fermier s'acquitte le plus souvent avec une rente fixe et annuelle en espèces ; en revanche, le métayer verse au propriétaire une part des produits en nature, soit le tiers ou la moitié.
Etym. Du latin bajulare, avoir à sa charge.

BAIL À BLADAGE l.m.
Bail selon lequel le preneur pouvait faire travailler le bétail qui lui était confié moyennant une redevance versée en blé.
Etym. De blé, bled, blad en occitan.

BAIL À CHEPTEL l.m.
De. **Viehpacht**
Es. **aparcería pecuaria**
Bail par lequel le bailleur confie au preneur des animaux domestiques dont on a estimé la valeur.
A la sortie, le profit ou la perte sont partagés entre le propriétaire et le fermier. Si le bail est à cheptel de fer, le troupeau appartient au bailleur, mais pertes et profits reviennent en entier au preneur, qui doit rendre le bétail dans le même état qu'à son entrée ; ce cheptel ne comprenait en effet primitivement que des animaux destinés au travail avec du matériel en fer.

BAIL À COLONNAGE l.m.
Location pour une durée déterminée d'une exploitation agricole contre une partie des bénéfices (le tiers ou la moitié).
Le bailleur conserve la direction de son domaine ; c'est en fait un contrat de métayage qui a disparu des campagnes françaises.
Etym. De colon, métayer.

BAIL À COMMENDE l.m.
Bail qui réserve à chaque partie la moitié du croît du cheptel vif.
Etym. Du latin commendare, confier.

BAIL À COMPLANT l.m.
Bail par lequel le bailleur confie une, ou plusieurs parcelles, au preneur à charge pour celui-ci de les planter en vergers ou en vignes.
Il dispose des cultures intercalaires. Quand la vigne ou les arbres entrent en rapport, les deux parties partagent leurs produits, ou bien le preneur devient propriétaire d'une partie des arbres ou de la vigne.

BAIL À CONVENANT l.m.
Bail au bout duquel le propriétaire pouvait congédier le tenancier ou fermier, moyennant une indemnité fixée par des experts.

BAIL À CROÎT ET DÉCROÎT l.m.
Bail semblable au bail à cheptel : à l'entrée, on estime la valeur du bétail confié au preneur ; en cours de bail, bailleur et preneur partagent profit ou perte en cas de vente.
A la fin du bail, on procède à une nouvelle estimation et l'on partage gains ou pertes. Parfois, on inclut dans ce bail le matériel et on partage la valeur de l'usure, des pertes ou des destructions de ce matériel.

BAIL À DOMAINE CONGÉABLE l.m
Bail par lequel le preneur pouvait être congédié à volonté moyennant une indemnité pour les améliorations apportées au fonds.
C'était le sort du tenant at will d'Irlande au XIXème siècle. (G. Lepointe).

BAIL À FERME l.m.
En. **farm tenancy, farm lease**
De. **Verpachtung, Pachtvertrag**
Es. **arrendamiento**
It. **locazione**
Bail par lequel le propriétaire d'une exploitation agricole la confie à un preneur pour une durée de 3, 6 ou 9 ans, contre une redevance annuelle en espèces, complétée parfois par des dons en nature.
C'est la forme la plus courante du faire-valoir indirect. Jadis, fixée selon les coutumes locales, elle est réglementée par la loi depuis 1946. Les droits et les devoirs de chaque partie sont fixés afin de maintenir en bon état l'entreprise affermée ; s'il y a conflit, il est porté devant des tribunaux paritaires et réglé selon les dispositions arrêtées par le législateur.

BAIL À FIEF l.m.
Contrat entre un seigneur et un tenancier, celui-ci s'engageant contre des redevances modérées à construire une maison sur la tenure qui lui était confiée, à la remettre en culture, à y résider, mais en homme libre.
Parfois ce bail était passé avec une famille de type patriarcal, et parfois avec une frèresche.

BAIL À MOISON l.m.
Bail qui oblige le fermier à donner au propriétaire une part des fruits de son exploitation.

BAIL À NOURRITURE l.m.
Bail par lequel le preneur s'engage à fournir au bailleur, sa vie durant, le logement, l'alimentation, l'entretien et les soins.

BAIL À PART FRUIT l.m.
Bail par lequel le preneur s'engage à verser au bailleur une redevance fixe, prélevée exclusivement sur les "fruits" de la ferme, c'est-à-dire sur les récoltes et les bénéfices réalisés sur le bétail.

BAIL À RENTE FONCIÈRE l.m.
Bail par lequel le possesseur d'un fief, d'une tenure ou d'un alleu, aliène son bien contre une rente annuelle servie par le preneur et par ses descendants.
Le bail ne prenait fin que par déguerpissement ; équivalent du bail emphytéotique.

BAIL À TERRAGE l.m.
Bail selon lequel le preneur s'engage à verser une partie des récoltes au bailleur, entre le septième et le neuvième des produits des cultures et de l'élevage.
Procédé souple et pratique qui permit, au XVème et XVIème siècles, la remise en état de friches et de brandes, terres abandonnées pendant la Guerre de Cent Ans.

BAIL À TROIS TÊTES l.m.
Bail conclu pour la durée de la vie du preneur, de son conjoint et de l'un de ses enfants.

BAIL EMPHYTÉOTIQUE l.m.
En. **perpetual lease**
De. **Erbpachtvertrag**
Es. **contrato enfitéutico**
It. **canone enfiteutico**
Contrat en usage dès les temps galloromains et par lequel le possesseur d'un domaine le concédait pour une durée indéterminée à un preneur, à charge pour celui-ci de le défricher, de le tenir en bon état et de verser annuellement une redevance.
Moyennant le respect de ces obligations le preneur pouvait transmettre ce domaine à ses descendants, et même le céder à condition que ses successeurs assument les mêmes charges. Assez rare aux temps mérovingiens, l'emphytéose se répandit de nouveau aux IXème et Xème siècles et devint le bail à cens. Supprimé en 1790, il s'est maintenu en fait dans quelques régions de France jusqu'au milieu du XIXème siècle.
Etym. Du grec emphuteuein, action de planter, le planteur ayant la certitude de profiter des arbres qu'il plantera.

BAILE n.m.
1. Maître-valet dirigeant la main d'oeuvre d'un domaine.
2. (Provence). Berger conduisant les troupeaux transhumants.
Certains d'entre eux composaient la robe chargée d'administrer les troupeaux, fixant les étapes, pourvoyant aux subsistances, payant les dégâts causés par le passage de milliers de têtes de bétail, tenant les comptes ; ces derniers étaient appelés écrivains.
Etym. Du celte vasso, qui a donné vassal et vasselitus, ce dernier terme évoluant vers valet, baile. Se prononce baïlé en gascon.

BAILE n.f.
(Irlande). Agglomération d'une dizaine de fermes.
Equivalent du hameau français (A. Meynier).

BAILIE n.f.
Ensemble de troupeaux transhumants, comprenant jusqu'à huit ou dix troupeaux, de 2000 à 3000 têtes chacun.
Placés sous la garde de plusieurs dizaines de bergers dirigés par un baïle et administrés par une robe, état-major composé des principaux pâtres chargés de préparer les itinéraires afin d'éviter les encombrements.

BAILLARD n.m.
1. Variété d'orge. *Elle doit son nom, soit au fait qu'elle produit beaucoup, qu'elle baille beaucoup, soit qu'elle représentait jadis la part qui restait au tenancier quand il avait baillé en froment ses redevances au maître de sa terre.*
2. Pain grossier fabriqué avec de la farine d'orge.

BAILLARGE n.m.
(Berry). Orge de printemps aux épis à deux rangs de grains.
S'écrit aussi baillorge ; ce serait l'orge du bail.

BAILLE n.f.
En. **tub, bucket**
De. **Bütte**
Es. **cubo, balde**
It. **piccolo mastello, tinozza, baia, mastelletto**
(Flandre). Grand baquet tronconique pour laver le linge.
Etym. De l'italien baglia, baquet.

BAILLE n.f.
En. **chief of shepherds** (3)
De. **Hirtenführer** (3)
Es. **balde** (1), **majoral** (3)
It. **capo di pastori** (3)
1. Récipient en bois pour transporter les liquides
2. *(Flandre).* Perches servant à entourer les pâturages.
3. *(Provence).* Chef des bergers conduisant un troupeau de moutons.
Syn. Bayle.
Etym. Du latin bajulus, porteur.

BAILLÉE n.f.
Acte par lequel un bailleur abandonne une partie des redevances en nature dues par le preneur de son domaine.

BAILLEMENT n.m.
Maladie des Gallinacés causée par un ver minuscule *(Syngame trachéal),* d'où son nom savant de *syngamose.*
Logé dans la gorge de l'animal, le ver lui fait ouvrir le bec comme s'il baillait.

BAILLETTE n.f.
1. Contrat rédigé sur papier libre et indiquant les droits et les devoirs du propriétaire et de son métayer, ou de son fermier.
2. *(Guyenne).* Tenure cédée en emphytéose contre des redevances en espèces et en nature.
Etym. Petit bail.

BAILLEUR n.m.
En. **leasor**
De. **Verpächter, Vermieter**
Es. **arrendador**
It. **locatore**
Celui qui baille, contre une redevance en espèces ou en nature, une exploitation agricole, une ferme ou une parcelle.
Fém. Bailleresse.

BAISSAGE n.m.
Action de rabaisser et de fixer, après les gelées printanières, les sarments de vigne relevés lors de la taille.
Etym. Du latin bassus, bas.

BAISSE n.f.
1. Partie basse des marais poitevins.
Protégée par des levées de terre, elle est divisée en parcelles de prés.
2. Région basse et cultivée au pied de montagnes incultes.
3. *(Cantal).* Endroit bas et marécageux.

4. *(Périgord).* Petit bois, taillis.
Etym. Du latin bassa, terre basse.

BAISSER v.tr.
Attacher les sarments aux *paisseaux* après la taille.

BAISSIÈRE n.f.
De. **Regengrube** (1)
Es. **heces, asientos (del vino)** (2)
1. Dépression où l'eau séjourne longtemps dans une terre humide.
2. Vin mêlé de lie au fond d'une barrique.

BALAI DE SORCIÈRE l.m.
It. **scopazzo**
Tumeur d'une branche d'arbre produisant de nombreux petits rameaux, dus à des champignons ou à un virus.
Ils stimulent les cellules des bourgeons dormants qui reprennent une activité désordonnée.

BALASTE n.f.
(Bourgogne). Récipient en bois pour transporter les raisins coupés.

BALET n.m.
1. *(Agenais).* Espace couvert d'un toit et bordé d'une galerie devant la porte d'entrée d'une maison.
S'il est situé au premier étage, on y accède par un escalier extérieur.
2. *(Bretagne).* Toiture dans la région de Pléchatel. (A.Meynier).

BALIVAGE n.m.
En. **staddling**
Es. **resalvia**
It. **matricinatura**
Choix dans un taillis des arbres qui seront conservés comme baliveaux et serviront de points de repère pour les futures coupes.
Etym. De l'ancien français, baif, qui a donné bailli, celui qui regarde avec attention.

BALIVEAU n.m.
En. **staddle** (1)
De. **Lassholz** (1)
Es. **resalvo** (1)
It. **albero da crescita, matricina** (1)
1. Arbre que l'on conserve dans une forêt pour avoir du bois d'oeuvre.
De 20 à 40 ans, ils sont dits de l'âge ; de 40 à 60 ans, ils sont dits modernes, de 60 à 80 ans et plus, ils sont dits anciens.
2. En horticulture, jeune arbre fruitier non taillé.

BALLES n.f.p.
En. **husks, chaff**
De. **Spreuen**
Es. **cascabillos**
It. **lolle, loppe, pule**
Glumes et glumelles qui enveloppent les grains de céréales.
Détachées de l'épillet par le dépiquage, elles sont séparées des grains par le vannage et servent à la nourriture du bétail, ou à la fumure des champs.
Les balles du riz restent attachées aux grains qui constituent le riz paddy, jusqu'à ce que, par décorticage, on les ait complètement nettoyées.
Etym. De baller, vanner en ancien français.

BALLE DE TABAC l.f.
En. **bundle of tobacco leaves**
Es. **bala de tabaco**
It. **balla di foglie di tabacco**
Gros paquet composé de cinquante manoques, chacune de cinquante feuilles sèches, et le tout solidement ficelé pour être transporté et livré à l'entrepôt voisin où sont recueillies les récoltes de l'herbe à Nicot.

BALLIER n.m.
Endroit où l'on entasse, dans une grange, les balles et les menus débris de paille provenant du dépiquage et du vannage.

BALLON n.m.
Charge de foin de forme cylindrique, entourée de trois cordes munies d'un anneau où l'on passe un bâton, dit bâton de foin, pour la soulever et la fixer sur le côté d'un bât, muni à cet effet de deux petits bâtons pointus.
Un mulet peut ainsi porter deux ballons de 50 à 60 à kg chacun. Technique encore utilisée pour transporter le foin sur des chariots et le monter sur des fenils surélevés, opérations qui sont effectuées maintenant mécaniquement.

BALLOTIN n.m.
En. **little bundle of tobacco leaves**
De. **kleiner Ballen**
It. **piccola balla di foglie di tabacco**
Paquet de feuilles de tabac sèches, attachées par une corde et légèrement humectées en vue de l'opération de hachage.
Etym. De balle, paquet, et de l'italien palla, pelote.

BALONGE n.f.
1. *(Bourgogne).* Petite cuve de forme ovale, servant à transporter la vendange de la vigne à la cave.
2. *(Lorraine).* Récipient de forme ovale où l'on met à saler les quartiers de cochon durant deux à trois semaines.

BALUZE n.f.
(Limousin, Auvergne). Sol dérivé des schistes cristallins.
Riche en argile, il exige, pour devenir fertile, un gros apport de chaux ; il retient l'eau en hiver et se fendille en été. (P. Perrier).

BALZAC n.m.
Cépage à raisins blancs et noirs cultivé en Charente.
Syn. Mourvèdre.

BAMBOU n.m.
En. **bamboo-tree**
De. **Bambus**
Es. **bambú**
It. **bambù**
Graminée arborescente aux innombrables espèces.
L'une d'elles (Arundinaria phyllostachis) cultivée en Europe, sert à faire des clôtures, des cannes, des meubles, etc.
Etym. Du malais.

BAN n.m.
En. **proclamation**
De. **Bekanntmachung**
Es. **pregón, bando**
It. **bando** (1), (2), (4)
1. Ordre seigneurial permettant à une communauté rurale de se livrer à une récolte.
Pour les vendanges, on employait le terme de banvin. Cet ordre facilitait les travaux agricoles dans les pays de champs ouverts et permettait de recueillir la dîme et le champart. Abolie sous la Révolution, cette pratique, laissée à la libre décision des conseils municipaux, est tombée en désuétude.
2. A l'époque franque, ordre du roi sanctionné par une amende en cas de désobéissance.
3. Sous la féodalité, ensemble des vassaux qui devaient l'aide militaire à un suzerain.
4. Décision seigneuriale condamnant un individu à l'exil du ban du seigneur, au *bannissement*.
5. Ensemble des prés situés dans un même quartier, et destinés à être fauchés en même temps pour être livrés ensuite à la *vaine pâture*.
6. Règlement pour maintenir à l'intérieur d'un vignoble la qualité de l'appellation contrôlée.
7. *(Alsace, Lorraine).* Territoire d'une paroisse régie par des coutumes appelées *bannies*.
Etym. Du germanique *ban*, ou *band*, territoire où s'exerce un droit de commandement.

BANAGE n.m.
V. *Banalités*.

BANAL adj.
En. **communal, common**
De. **gemeinnützig, banal**
Es. **comunal**
It. **comunale, del feudatario**
Se disait de tout ce qui était imposé par le seigneur à ses tenanciers : moulin, four, puits, etc, dont l'usage entraînait le paiement de redevances appelées *banalités*.

BANALITÉS n.f.p.
En. **banalities**
Es. **derecho feudal**
It. **bannalità**
Coutumes et obligations permettant à une communauté rurale de se livrer, sous l'égide d'un seigneur, à certains travaux, plus faciles à réaliser collectivement qu'individuellement : moudre le grain, cuire le pain, etc.
Le seigneur entretenait le four, le moulin, le pressoir ; en retour, ses sujets étaient tenus d'en user à l'exclusion de tous autres et en payant des droits appelés banalités.
Par extension, le terme s'étendait au territoire sur lequel s'exerçaient ces coutumes ainsi qu'aux forêts et terrains de chasse réservés au seigneur.
Syn. Banage.

BANANERAIE n.f.
En. **banana plantation**
De. **Bananenplantage**
Es. **platanal, platanar, platanera**
It. **bananeto**
Verger de bananiers.

BANANERIE n.f.
Dépôt où on emballe des bananes.

BANANIER n.m.
En. **banana**
De. **Bananenbaum**
Es. **banano, plátano**
It. **banano**
Plante herbacée vivace de grande taille à larges feuilles de la famille des Musacées (*Musa sapientum*).
Originaire de l'Asie des Moussons, appelée par les Arabes mouz, *d'où son nom scientifique, et cultivée dans les régions tropicales où l'on en compte une vingtaine d'espèces, elle est appréciée pour ses régimes qui comprennent chacun une centaine de fruits, consommés crus ou cuits.*
Etym. Origine guinéenne.

BANASTE n.f.
Es. **banasta**
(Bourgogne). Corbeille en osier pour transporter des fruits ou des raisins.

BANBOIS n.m.
Parcelle de forêt communautaire interdite pendant un certain temps aux usagers.
Il était défendu d'y essarter et d'y faire pâturer ; elle était mise au ban de la communauté afin de la laisser se reconstituer.

BANC n.m.
Es. **banco**
1. Partie d'un champ qui n'a pas été labourée.
2. *(Languedoc).* Murette d'une terrasse de culture.

BANCAGE n.m.
1. Défrichage d'un bois ou d'une lande.
2. *(Touraine).* Syn. Banvin.

BANCEL n.m.
Parcelle cultivée, horizontale ou légèrement inclinée, au dessus d'un talus ou d'une murette, sur le versant d'une colline.
Equivalent du rideau *picard*.
Syn. *(Provençal).* Bancal.
Etym. De *banc*.

BANDE n.f.
1. *(Bretagne).* Champs ouverts appartenant à divers propriétaires.
Ce sont des méjous.
2. *(Bretagne).* Grand champ d'un seul tenant.
3. Lisière le long d'un champ à l'abri des vents et réservée aux cultures délicates.
4. Extrémité d'un champ où tournaient les attelages.
C'est une tournière.
5. Portion de terre arable découpée par le coutre et le soc de la charrue et que détourne le versoir.
6. Troupeau de volailles.
Etym. Du germanique *binda*, bande.

BANDE ALTERNANTE l.f.
Bande de terre arable, large de 20 à 40 m, et limitée selon les courbes de niveau.
Elle est consacrée, par alternance avec les bandes voisines, tantôt à la culture, tantôt à la jachère, afin d'éviter l'épuisement et le glissement du sol (Etats-Unis, Algérie). On dit aussi bande de culture.

BANDE ANTIÉROSIVE l.f.
Parcelle longue et étroite, tracée selon les courbes de niveau d'un versant et couverte d'herbe afin d'atténuer l'érosion du ruissellement dans les parcelles cultivées qui l'encadrent.

BANDE D'ÉPIERREMENT l.f.
(Quercy). Tas de pierre très long et disposé selon la ligne de plus grande pente d'un versant.
Il provient de l'épierrement des champs et en marque les limites, protégeant les récoltes de la dent des troupeaux.
V. Murger.

BANDÉE n.f.
Décision seigneuriale ou communautaire fixant le début d'une récolte.
V. Ban.

BANDE FORESTIÈRE l.f.
Bande de terrain longue et étroite (20 m), plantée d'arbres destinés à briser le vent dans les vastes plaines de l'Union Soviétique et des Etats-Unis, ou à maintenir le sol sur les versants des collines. (P.George).

BANDIE n.f.
Territoire sur lequel un seigneur exerçait son droit de ban, en particulier son droit de vendre sa récolte avant celle de ses tenanciers.

BANDINE n.f.
(Limousin). Sarrasin.

BANDIOTES n.m.p.
Propriétaires des terrains de bandite.

BANDITE n.f.
Servitude s'appliquant à une terre ou à un pâturage pendant une partie de l'année, tel le droit de libre parcours après l'enlèvement des récoltes.
Le même terme s'applique également à la terre soumise à cette servitude. Dans le pays niçois,

des bois communaux sont grevés du droit de bandite, droit de copropriété cédé à prix d'argent en faveur d'acquéreurs déterminés. Ce droit est parfois acquis contre redevance par des bergers étrangers qui font paître, pendant l'hiver, leurs moutons dans les bandites ainsi louées.
Etym. De l'allemand band, lien, qui a donné en italien bandita, endroit clos et réservé.

BANDON n.m.
(Canada). Pâturage collectif.
Etym. De bande de terrain.

BANG (MALADIE DE) l.f.
En. **brucellosis**
De. **Verkalben**
Es. **brucelosis, Bang (enfermedad de)**
It. **brucellosi**
Brucellose.
Son bacille a été découvert par Bang, vétérinaire danois (1848-1932)

BANG n.m.
(Normandie). Place située au centre d'un village, parfois plantée d'arbres.
Équivalent du placitre breton.

BANGARD n.m.
(Flandre). Territoire dépendant d'une communauté rurale.
Syn. Finage communal.

BANLIEUE n.f.
En. **outskirts**
De. **Bannmeile**
It. **contado**
Terroir agricole situé autour d'une ville et soumis, de ce fait, à des contraintes fixées par des bans. *(L. Champier).*
Etym. De l'allemand ban, territoire sous commandement et du celte leuga, lieue de 2400 m environ, d'où l'expression banum leugae, ban large d'une lieue environ autour d'une agglomération et soumis à des servitudes.

BANLIEUSARDISATION n.f.
En. **urbanization**
De. **Urbanisation, Verstädterung**
Es. **urbanización**
It. **urbanizzazione**
Gains des constructions et des espaces vides autour d'une ville aux dépens des terrains cultivés.
On dit aussi urbanisation.

BANNARD n.m.
Garde chargé de veiller, jadis, sur les récoltes et les vaines pâtures.
Etym. De l'allemand ban, commandement.

BANNE n.f.
En. **large basket, hamper**
De. **grosser Korb, Wagenkorb**
Es. **cuévano**
It. **cestone**
Panier d'osier ou de roseaux, destiné à l'emballage des fleurs, des légumes et des fruits.
On dit aussi bannette s'il est de petites dimensions.
Etym. Du celte benna, hotte à porter le raisin sur le dos.

BANNEAU n.m.
1. Récipient en bois servant à mesurer et à transporter les grains, les fruits, la vendange.
2. *(Saintonge).* Tombereau pour le transport du sel.

BANNÉE n.f.
Redevance en nature, ou en espèces, versée par les tenanciers d'un seigneur quand ils utilisaient le four, le moulin ou le pressoir banal.

BANNERIE n.f.
1. Garde des vignes d'un seigneur par un bannier.
2. Office tenu par un bannier.

BANNETTE n.f.
En. **little basket**
De. **kleiner Korb**
It. **cestino**
Banne de petites dimensions.

BANNIE n.f.
Autorisation de vendre une récolte à partir d'une date fixée par un ban.

BANNIER n.m.
1. Agent seigneurial chargé de publier et de faire exécuter les bans.
2. Ensemble des tenanciers devant user des banalités d'une seigneurie : four, moulin, pressoir.
Etym. De ban, charge, décision.

BANNIÈRE n.f.
Fragment de pièce de terre dont les limites sont perpendiculaires à celles de la parcelle attenante.
V. Hache.

BANNUS n.m.
Droit de promulguer des règlements, de les faire observer et de punir les contrevenants.
A partir du IXème siècle, ce droit servit à règlementer la vie rurale d'une seigneurie : assolements, dates des récoltes, dépaissance, banalités.
Etym. Mot latin, dérivé du germanique ban, commandement, décision.

BANON n.m.
1. Terroir soumis au droit de vaine pâture.
2. Fromage fabriqué dans la région de Banon, près de Forcalquier.

BANQUE n.f.
Levée de terre de 2 à 3 m de large et de 1 m environ de haut, consolidée avec du gazon.
Plantée d'arbres, elle borde les enclos des masures du Pays de Caux, où on l'appelle aussi fossé.

BANQUE DE SEMENCES l.f.
Es. **banco de semillas, banco de simientes**
Magasin où sont stockées des graines provenant de fermes semencières.
Sélectionnées, elles sont fournies à la demande des agriculteurs qui souhaitent renouveler leurs semences, en particulier celles des maïs hybrides qui sont stériles.

BANQUE DE TRAVAIL l.f.
Es. **banco de trabajo**
Groupe d'agriculteurs qui s'engagent à fournir au moment voulu, la main d'oeuvre et le matériel nécessaires à un travail déterminé, contre d'autres services dont ils ne disposent pas.

BANQUETTE n.f.
En. **benchterrace**
De. **Erdwall, Polsterbank**
Es. **terraza**
It. **banchina erbosa**
Partie plate ou faiblement inclinée d'une terrasse de culture.
Étroite et longue, parallèle aux courbes de niveau, elle est limitée par un bourrelet de terre destiné à retenir les eaux de ruissellement. Elle est maintenue par une murette ou par un talus herbeux. C'est un moyen de lutter contre l'érosion des sols sur les pentes. Elle est le plus souvent consacrée à des cultures riches : arbres fruitiers, vignobles de qualité ; mais en Galice et au Portugal, elle porte fréquemment des prairies temporaires.

BANVIN n.m.
Droit par lequel le seigneur d'un territoire interdisait à ses tenanciers de vendanger et de vendre leur vin avant lui.
Il évitait ainsi la baisse des prix si le vin de ses vassaux avait afflué sur les marchés en même temps que le sien. (G. Lepointe).
Etym. De ban et vin.

BANYULS (VINS DE) l.m.p.
Vins récoltés sur les pentes des Albères jusqu'à 550 m d'altitude.
Les ceps, plantés dans les cailloutis schisteux que retiennent des murettes ; appartiennent aux cépages Carignan, Muscat et Grenache. Les rendements ne dépassent pas 30 hl à l'ha. et donnent des vins rouges de 15 à 17°, et des vins doux titrant 14°, que l'on mute avec des alcools de choix pour arrêter la fermentation et les porter à 20° environ. En vieillissant, ils prennent un ton ambré. (P.Marres).

BAOZ n.m.
(Bretagne). Fumier.
Il entre dans l'expression an or baoz qui, à Ouessant, désigne la petite porte par laquelle on sort le fumier.

B.A.P.S.A. sigle.
Budget annexe des prestations sociales agricoles.
Rattaché à celui de l'Etat, ce budget est géré par le Ministère de l'Agriculture.Il assure les risques sociaux et familiaux des agriculteurs (maladie, maternité, accidents, prestations vieillesse, etc.).

BAQUET n.m.
En. **bucket**
De. **Handzuber, Kübel**
Es. **cubeta, herrada**
It. **mastello**
Petit récipient en bois pour transporter les liquides.
Etym. Du hollandais, *bak,* petite auge.

BAQUETURES n.f.p.
Es. **escurriduras**
It. **scolatura**
Gouttes de vin recueillies dans un baquet lors de la mise en bouteille.

BAR n.m.
1. *(Bretagne)* V. *Méjou.*
2. *(Limousin).* Mélange de paille et d'argile pour garnir les intervalles dans l'armature en bois des murs et des cloisons d'une ferme.
V. *Torchis.*

BARADEAU n.m.
Petit fossé creusé en oblique par rapport aux sillons et destiné à l'écoulement des eaux.
Syn. Baradine.
Etym. De *barrer,* fermer, et *eau.*

BARADIS n.m.
(Guyenne). Pièce de terre entourée d'un treillis, d'une haie ou d'une murette et située près de la ferme.

BARAGNON n.m.
(Bourgogne). Fossé creusé sur les versants couverts de vignes afin d'assurer l'évacuation des eaux de pluie sans provoquer l'érosion des sols. *(A.Cailleux).*

BARAIL n.m.
(Midi aquitain). Prairie humide entourée d'une palissade.

BARAT n.m.
(Landes). Fossé creusé autour d'un champ pour en assurer le drainage. *(H.Enjalbert).*
Etym. De *barrer,* fermer, et *eau.*

BARATTAGE n.m.
En. **churning**
De. **Buttern**
Es. **batido de la manteca**
It. **zangolatura**
Opération qui consiste à battre la crème (émulsion de matière grasse dans l'eau) du lait, pour la transformer en beurre.

BARATTE n.f.
En. **churn**
De. **Butterfass**
Es. **mantequera**
It. **zangola**
Récipient en bois ou en métal, de formes diverses, dans lequel on bat la crème de lait pour la transformer en beurre.*(Fig.13).*
Dans les modèles modernes, la fabrication du beurre est continue et mécanique.
Etym. Du breton *baraz,* baquet.

(Fig. 13). Baratte

BARATTE n.f.
(Vendée). Charrette à deux roues, à *timon-aiguille* et à ridelles pleines et incurvées.

BARATTERIE n.f.
Local dans lequel se pratique le barattage de la crème, en vue de faire du beurre.

BARBAN n.m.
Insecte qui se nourrit de feuilles d'olivier et cause des dégâts dans les oliveraies de Provence.

BARBANTANE n.f.
Tonneau d'une contenance de 563 litres, en usage dans le Midi méditerranéen.

BARBARIE (CANARD DE) l.m.
Canard originaire d'Amérique et appelé aussi *canard d'Inde.*
Croisé avec des canes européennes, il donne le canard mulard réputé pour la préparation du foie gras.

BARBAT n.m.
(Languedoc). Fragment de sarment, mis dans une *bastardière* où il prend racine et que l'on transplante ensuite dans une vigne.
C'est un clone.
Etym. De l'ancien français *barber,* mettre des racines.

BARBE n.m.
En. **Arab, Arabian horse**
De. **Araber**
Es. **caballo árabe**
It. **cavallo arabo**
Cheval originaire d'Afrique du Nord, de Berbérie, d'où son nom.
Sa race se distingue par la finesse des formes et la rapidité du galop. Un poulain né d'une jument barbe s'appelle échappé de barbe.

BARBE n.f.
En. **awn, beard**
De. **Granne**
Es. **barba, arista, raspa**
It. **resta, arista**
Prolongement des enveloppes de certaines variétés de blé et d'autres céréales, constitué par une fine pointe bordée d'arêtes.

BARBE DE CAPUCIN l.f.
Feuilles longues et blanchies dans l'obscurité, de la chicorée sauvage et de la chicorée frisée.
(Chicorum intybus).

BARBE DE MOINE l.f.
V. *Cuscute.*

BARBELÉ n.m.
En. **barbed wire**
De. **Stacheldraht**
Es. **alambre arpado, alambre de espino**
It. **filo spinato**
Fil de fer composé de deux brins enserrant de petites pointes.
Utilisé pour clore une parcelle destinée au pâturage ou pour fermer un passage. On dit aussi fil de fer barbelé *ou* ronce artificielle.
Etym. De l'ancien français *barbel,* petite pointe.

BARBIN n.m.
Cépage cultivé en Dauphiné.
Appelé également Roussane.

BARBOTAGE n.m.
Breuvage composé d'eau tiède versée dans un seau et dans laquelle on délaie de la farine pour la donner ensuite aux bêtes à l'engrais, ou malades.

BARBOTE n.f.
Es. **arveja** (1)
1. *(Berry).* Vesce.
2. Eumolpe.

BARBOTEAU n.m.
Têtière en forme de filet que l'on mettait sur le nez des boeufs pour les garantir des mouches et des taons.

BARBOTIÈRE n.f.
Pépinière de plants de vigne.
Etym. De *barbot,* ou *barbat,* morceau de sarment planté en terre où il prendra racine.

BARBOULER v.tr.
(Auvergne). Effectuer un premier labour sur une terre en jachère.
Les grosses mottes soulevées par la charrue étaient ensuite brisées à la bêche.

BARBU adj.
En. **comose**
De. **holzig**
Qualifie un épi de céréales dont les glumes sont prolongées par de longs poils raides, acérés et munis de petits crochets.

BARBULE n.f.
Petit crochet situé à l'extrémité des glumes de certaines céréales.

BARCOUS n.m.
Fosse creusée dans le sol de la forêt landaise pour stocker la résine.
Etym. De barque.

BARD n.m.
En. **barrow**
De. **Bahre**
Es. **angarillas**
It. **barella (per trasporto)**
Brouette sans roue, pour transporter à deux toutes sortes de fardeaux : paille, fumier, pierres.
On dit aussi : bavart, bayard, béard. (Fig.14)

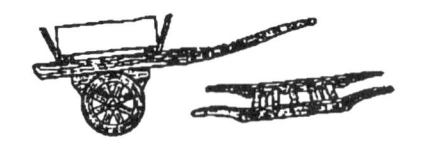

(Fig.14). Bard : Sur roue   A bras

BARDANE n.f.
En. **common burdock**
De. **Klette**
Es. **bardana, lampazo**
It. **bardana, lappa**
Herbe vivace de la famille des Composées.
Les bractées de ses fleurs, munies de crochets, s'accrochent aux poils du bétail : ce sont des gratterons ; *feuilles et fleurs sont utilisées en infusion contre l'arthrite.*

BARDEAU n.m.
En. **shingle**
De. **Schindel**
Es. **ripia, chilla**
It. **corrente, scandola, assicella**
Plaque mince de bois, en forme de tuile plate, servant à couvrir les toits des maisons dans les régions où le bois abonde.
On la fixe également à la paroi d'un mur pour le protéger du vent et de la pluie.(Fig.15).
V. Ancelle, tavaillon.

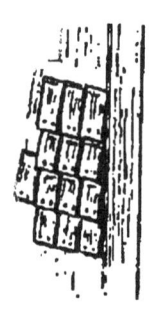

(Fig.15). Bardeau

BARDOT n.m.
En. **hinny**
De. **Maulesel**
Es. **burdégano, mulo**
It. **bardotto**
Mulet issu d'un étalon et d'une ânesse.
Etym. De l'italien bardotto, qui porte le bât.

BARÉGEOISE (RACE) l.f.
Race ovine de la région de Barèges (Pyrénées centrales), rustique et apte à la transhumance.

BAREILLE n.f.
(Rhône). Futaille de 228 litres.
Syn. Pièce.

BARETONNE (RACE) l.f.
Race bovine, issue de la vallée de Barétous, dans le Béarn occidental.
Réputée pour sa vigueur, sa vivacité et l'élégance de ses formes ; de poil rouge et luisant.

BARGE n.f.
En. **haystack**
De. **Heumiete, Heuschober**
Es. **almiar**
It. **barca, bica**
Meule de foin, longue et étroite, afin de rendre plus facile et plus rapide son chargement sur le chariot.

BARGUILLES n.f.p.
Es. **agramiza**
(Maine). Chènevotte.

BARIL n.m.
En. **barrel**
De. **Fass**
Es. **barril**
It. **barile**
Petite barrique, ou son contenu.

BARILLAGE n.m.
En. **barrel manufacture** (1)
De. **Fassherstellung** (1)
Es. **barrilería** (1)
It. **costruzione dei barili** (1)
1. Fabrication de barils.
2. Mise en baril d'un liquide.

BARJELADE n.f.
1. Vesce noire à petits grains, cultivée comme fourrage.
2. Fourrage composé de blé, d'avoine, de pois, de fèves et de vesces.
3. Semis comprenant des graines de ces cinq plantes.

BARLE n.f.
(Morvan). Parc à bestiaux.

BARMAT n.m.
(Morvan). Rangée de gros arbres formant clôture entre deux parcelles.

BARONNIE n.f.
En. **baronage**
De. **Baronie**
Es. **baronía**
It. **baronia**
Terre qui conférait à celui qui la possédait le titre de baron.

BARNAGE n.m.
(Droit féodal). Redevance en grains levée dans une baronnie.
Etym. De baronnage.

BAROTTE n.f.
Petit tonneau cerclé de fer et servant à porter la vendange.

BARRA n.m.
Clôture formée de branches sèches entrecroisées et soutenues par des piquets.
Etym. De l'occitan borra, fermé.

BARRADEAU n.m.
V. Baradeau.

BARRADI n.m.
Parcelle de pré, ou de terre, située près d'une ferme et entourée d'un mur, d'une haie, ou d'un plessis.
Elle est fermée, barrado *en Périgord.*
Etym. De l'occitan borra, fermé.

BARRAGE n.m.
En. **dam**
De. **Sperrung, Stauwehr, Stauwerk**
Es. **presa, barrera**
It. **diga**
Ouvrage en terre, en maçonnerie ou en métal, destiné à retenir l'eau d'un cours d'eau et à l'orienter vers des canalisations pour l'irrigation des terres.
Il a aussi pour but, dans les régions argileuses et humides, de retenir l'eau d'un étang pour la pisciculture.
Etym. Du latin barra, ou du celte, barro, barra, limite, sommet.

BARRAIL n.m.
(Auvergne). Pièce de terre entourée de haies ou de fossés.
Elle est barrée, fermée.

BARRAL n.m.
Tonneau de 55 à 66 litres utilisé en Bourgogne et en Provence.

BARRANDURO n.m.
(Gascogne). Tout ce qui sert à fermer une parcelle. *(G.Plaisance).*
Etym. De l'occitan.

BARRAS n.m.
Résine qui adhère à l'incision, ou *carre,* pratiquée le long du tronc d'un pin gemmé.
On la recueille à la fin de l'été à l'aide d'un grattoir, appelé barrasquite *ou* galipot.

BARRASQUITE n.f.
Outil composé d'une lame recourbée en forme de bêche, fixée à un manche de 1, 50 m de long et servant à détacher le *barras* de la carre. *(Fig. 16)*.

(Fig. 16). Barrasquite

BARRE n.f.
En. **semi-detached houses**
It. **case a schiera**
Série de maisons jointives et situées sur une même ligne.
Procédé de construction utilisé jadis dans les villages groupés de Lorraine et d'ailleurs, pour n'avoir qu'un seul mur mitoyen et faire face vers l'extérieur à une attaque de pillards.
Syn. Barrade, barriade.

BARRE D'ATTELAGE l.f.
En. **tractor drawbar**
De. **Kuppelstange**
Es. **barra de enganche**
It. **stanga, asta, barra di attacco**
Barre de fer fixée horizontalement au châssis d'un tracteur et à laquelle on attache les instruments agricoles.
On dit aussi barre de traction.

BARRE DE COUPE l.f.
En. **cutter bar**
De. **Messerbalken, Mähbalken**
Es. **barra de corte**
It. **barra falciante/di tagliato**
Organe métallique d'une faucheuse ou d'une moissonneuse, formé d'une lame à dents triangulaires affûtées, et animées d'un mouvement de va-et-vient dans un porte-lame.
Sa hauteur au-dessus du sol, variable selon la plante à couper, est réglée par un levier.

BARRÉE n.f.
(Jura). Haie ou clôture de bois ou de treillis servant à fermer, à *barrer* une parcelle.

BARRENC n.m.
(Provence). Marais desséché et mis en culture.

BARRI n.m.
1. *(Pyrénées).* Parc à moutons.
2. *(Périgord).* Groupe de maisons à l'entrée d'un bourg fortifié, et constituant un premier obstacle en face de l'assaillant. *(Moyen Age)*
Etym. De *barrer*, fermé.

BARRIADE n.f.
(Auvergne). V. Barre.

BARRICAGE n.m.
(Berry). Bois merrain de petite dimension pour la fabrication des petits tonneaux.

BARRICOT n.m.
Petite barrique. *(R.Blais)*

BARRIÈRE n.f.
En. **fence, paling, barrier**
De. **Schlagbaum**
Es. **cercado, barrera**
It. **barriera**
Fermeture mobile, formée de barres de bois ou de fer, à claire-voie, créant un obstacle mobile à l'entrée d'une parcelle, d'une cour, d'un chemin.
Etym. De *barre*.

BARRIL n.m.
V. Baril. (R.Blais).

BARRIQUE n.f.
En. **barrel**
De. **Fass**
Es. **barrica**
It. **caratello, botte**
Futaille formée de *douelles*, planches incurvées et maintenues par des cercles de fer ou de bois.
Les Gaulois en seraient les inventeurs. D'une capacité de 200 à 250 litres selon les régions, elle sert à transporter du vin.
Etym. Du provençal *barrica*.

BARROTTAGE n.m.
(Normandie). Treillis destiné à empêcher les volailles et les lapins de quitter leur enclos.

BARROY n.m.
(Lorraine). Bois ou fragment de forêt réservé au seigneur et, par conséquent, soustrait aux droits d'affouage, de glandée, etc.

BARSAC n.m.
Vin blanc liquoreux réputé tirant son nom d'une commune du département de la Gironde, sur la rive gauche de la Garonne.

BARTHE n.f.
Prairie située près d'un cours d'eau et fréquemment inondée, si elle n'est pas protégée par des digues, telles les barthes de l'Adour.
Etym. Du béarnais qui se dit en occitan *bartho* ou *bartha*.

BARTISSADO
(Provence). Haie, clôture constituée par des broussailles ou des ronces.

BARYMÉTRIE n.f.
De. **Barymetrik**
It. **barimetria**
Procédé pour apprécier le poids vif d'un animal sans recourir à une bascule.
On effectue des mesures sur la bête et, à l'aide de formules ou d'abaques, on en déduit son poids.
Etym. Du grec *barus*, lourd, et *métron*, mesure.

BAS-CHAMPS n.m.p.
(Pas-de Calais). Région basse et cultivée mais marécageuse.
Partie la plus basse du Marquenterre, au niveau de la mer.

BAS-CHEMIN n.m.
(Bretagne). Chemin creux. *(A.Meynier).*

BASCOBÉARNAISE (RACE) l.f.
Race ovine, caractérisée par sa laine à longs poils.
Elle est issue de la race manenche.

BASELLE n.f.
En. **malabar nightshade**
It. **basella**
Plante potagère de la famille des Basellacées.
D'origine tropicale, elle est cultivée dans le Midi sous le nom d'épinard de Malabar, pour ses grandes feuilles comestibles.

BASILIC n.m.
En. **basil**
De. **Königskraut, Basilikum**
Es. **albahaca**
It. **basilico**
Plante de la famille des Labiées, cultivée dans les jardins pour son parfum et comme condiment.
Etym. Du grec *basiliskos*, petit roi.

BASIPHILE adj.
It. **basofilo**
Qualifie les plantes qui aiment les sols alcalins, à pH supérieur à 7 (céréales, betterave).
Etym. Du latin *basis*, alcalin, et du grec *philein*, aimer.

BAS-PAYS n.m.p.
En. **lowland**
De. **Tiefland**
Es. **tierras bajas**
It. **bassa, bassopiano**
Partie d'une région située à la plus basse altitude.
On dit communément le Pays Bas pour désigner une contrée privilégiée située vers l'aval, sous un climat plus doux, plus favorable aux récoltes de qualité que le Pays Haut; ainsi en est-il du Bassin de Brive par rapport au Limousin d'Uzerche, du Bordelais par rapport au Périgord.

BAS-PRÉ n.m.
(Normandie). Prairie que l'on fauche pour obtenir du foin et qui n'est pas pâturée.

BASQUET n.m.
Es. **banasta, caja**
Caisse en bois pour emballer et expédier les fruits.

BASSE-COUR n.f.
En. **farmyard** (2)
De. **Geflügelhof, Hühnerhof** (2)
Es. **corral** (2)
It. **cortile, bassacorte, pollaio** (2)
1. Autrefois, cour sur laquelle s'ouvraient les communs du château.
2. Actuellement, espace vide à l'intérieur d'une ferme, parfois nanti d'une mare où s'ébattent volailles et porcs.
3. Bétail de la ferme comprenant les volailles et les porcs.

BASSE-COURRIER n.m.
En. **poultryboy**
De. **Hühnerhalter**
Es. **corralero**
It. **addetto agli animali da cortile**
Ouvrier agricole chargé de veiller sur le petit bétail de la basse-cour.
Ce soin était le plus souvent laissé à une femme, la basse-courrière.

BASSES-TERRES n.f.p.
Régions plus basses que celles qui les entourent, de sol et de climat plus favorables, mais parfois marécageuses.
Par extension, jardins situés près d'un cours d'eau, tels les hortillons d'Amiens.

BASSE-TIGE n.f.
En. **low tree**
De. **Strauchholz, Niederstamm**
Es. **árbol de tronco bajo**
It. **potatura ad alberello**
Taille d'un arbre fruitier consistant à lui donner des dimensions réduites, moins de 1 m, et une forme en gobelet.

BASSIN LAITIER l.m.
Territoire qui alimente en lait une ville, ou une coopérative.

BASSIN DE SUBMERSION l.m.
En. **basin of submersion**
De. **Sickergrube**
Es. **estanque, bancal**
It. **bacino di sommersione**
Parcelle aménagée pour l'irrigation par submersion.
Parfaitement horizontale, elle est entourée de bourrelets de terre pour retenir l'eau.

BASSINAGE n.m.
En. **spraying**
De. **Besprengen**
Es. **riego ligero, rociado**
It. **annaffiamento a pioggia**
Arrosage en fines gouttelettes sur de jeunes plantes que l'on vient de repiquer, ou bien sur les feuilles des plantes en serre pour enlever la poussière qui ralentit les échanges gazeux.
Peu avant la maturité, le bassinage donne aux poires et aux pommes une couleur plus vive.

BASSURE n.f.
Partie d'un terroir située au-dessous d'un canal d'irrigation et consacrée à des cultures intensives.

BASTARDIÈRE n.f.
Terrain où l'on transplantait les jeunes arbres après leur sortie de pépinière.
On disait aussi au XVIIIème siècle bâtardière. *On pouvait donner à ces arbres une taille particulière, on les* abâtardissait.
Etym. De *bâtard.*

BASTARDO n.m.
Raisin noir cultivé au Portugal et dont on retirait un vin liquoreux appelé *bastard* en France.
C'est l'ancêtre du Porto.

BASTE n.f.
En. **basket**
De. **Korb**
Es. **serón** (1)
1. Panier en osier que l'on attache au bât d'une bête de somme, d'où son nom.
Il y en a deux, de part et d'autre du dos, afin de faire équilibre.
2. Récipient en bois qui sert à transporter la vendange du panier des vendangeurs jusqu'à la *balonge* ou *tine.*

BASTERNE n.f.
En. **ox-cart**
De. **Ochsenwagen**
Es. **basterna**
It. **basterna**
Char attelé de boeufs, en usage chez les anciens peuples de l'Europe du Nord.

BASTIDE n.f.
En. **shooting-box** (1), **fortified city** (2)
De. **Landhaus** (1), **Festung** (2)
Es. **quinta**
It. **bastia, bastida, bastita, villetta**
1. En Provence, petite maison de campagne.
2. Agglomération fortifiée créée au cours des XIIème et XIIIème siècles, surtout dans le Midi de la France, pour servir de refuge, de centre commercial, administratif et agricole.
Les bastides comportent un plan quadrillé avec place centrale carrée, des couverts et, au pourtour, une muraille flanquée de tours et percée de deux ou de quatre portes. Divers privilèges y attiraient les populations des environs. Certaines bastides ont échoué et se réduisent à de simples villages (la bastide de Monestier près de Bergerac), d'autres sont devenues des chefs-lieux de canton (Monpazier en Périgord) et même des chefs-lieux d'arrondissement (Villeneuve-sur-Lot). *Etym.* Du provençal *bastida,* construction bâtie en pierre.

BASTIDON n.m.
Habitant d'une bastide.
S'écrit aussi bastidan.

BASTRINGUE n.m.
Grand pied à coulisse en bois pour mesurer le diamètre des troncs d'arbre.

BÂT n.m.
En. **packsaddle**
De. **Saumsattel**
Es. **basto, albarda**
It. **basto**
Selle d'assez grande dimension pour monter un âne, un mulet ou un cheval. (Fig. 17).
Etym. Du latin *bastum,* qui a donné *bast* et *bât.*

(Fig. 17). Bât

BATAIGNE n.f.
(Bretagne). Râteau à fenaison.

BATAILLÉE n.f.
V. Tavaillon.

BÂTARD adj.
En. **bastard**
De. **Bastard-**
Es. **bastardo**
It. **bastardo** (1,2)
1. Animal domestique dont les ascendants sont mal connus.
2. Plante obtenue par des croisements quelconques.
3. Vache qui donne moins de lait après le premier vélage.
4. Laine de seconde tonte.
Etym. De *bât,* engendré sur un bât.

BÂTARDIÈRE n.f.
Fossé où l'on met en attente de jeunes arbres fruitiers récemment greffés, afin d'attendre le moment de les planter à demeure.
Ils peuvent y rester plusieurs années. Placés à un ou deux mètres de distance, les arbres à fruits à noyaux doivent être séparés de ceux à pépins.

BATATE n.f.
V. Patate.

BATAVIA n.f.
En. **iceberg lettuce** (2)
De. **Eisbergsalat** (2)
It. **batavia, lattuga crespa** (2)
1. *(Midi).* Méteil composé de blé et d'orge.
2. Laitue d'été à feuilles frisées.

BATEAU n.m.
Taille d'un arbre fruitier composé d'une tige courte d'où partent deux branches mères faiblement arquées en forme de bateau et sur lesquelles s'insèrent les branches secondaires verticales.

BÂTER v.tr.
En. **to put a packsaddle on**
De. **mit einem Packsattel satteln**
Es. **enalbardar**
It. **mettere il basto, imbastare**
Placer un bât sur le dos d'une bête de somme.

BAT-FLANC n.m.
En. **bail**
De. **Latierbaum, Standbaum**
Es. **tabla de separación**
It. **battifianco**
Cloison en planches, suspendue dans les écuries entre deux chevaux pour éviter les coups de pied.

BÂTIER n.m.
(Cantal). Berger qui transporte les fromages de la montagne à la ville dans des bâts, à dos d'âne ou de mulet.

BÂTIÈRE n.f.
1. Sac rembourré de paille ou de poils, que les meuniers plaçaient sur le dos de leurs mulets avant de les charger de sacs de blé ou de farine.
2. *(Normandie).* Bât.

BÂTIMENT n.m.
En. **farm building**
De. **Gebäude**
Es. **edificio, granja, construcción agrícola**
It. **edifizio, edificio**
Construction en pierre, en bois, en torchis pour abriter le personnel, le bétail et les récoltes d'une exploitation agricole.
C'est soit une habitation, des étables, des hangars et divers abris, le tout en ordre serré (maison-bloc), ou dispersé, soit autour d'une cour, soit parmi les pelouses (masures du Pays de Caux).
Etym. Du francique *bastjan*, tresser, dresser.

BÂTON À ANDAINS l.m.
De. **Schwadstock**
Es. **varilla de andanas**
It. **asta-andana, asta andanatrice**
Bâton fixé sur la planche à andains d'une faucheuse pour écarter le fourrage coupé du fourrage encore sur pied.

BÂTON À FOUIR l.m.
Outil rudimentaire composé d'une tige d'arbuste avec une pointe durcie au feu, utilisé par les populations primitives pour ameublir la terre avant de l'ensemencer.

BATTAGE n.m.
En. **threshing**
De. **Dreschen**
Es. **trilla**
It. **trebbiatura**
Opération qui consiste à séparer les grains des épis de céréales, les graines des légumineuses de leurs gousses, celles des oléagineux de leurs siliques.
Jadis, elle s'effectuait en frappant les épis contre une planche ; c'était le chaubage. Ou bien on les battait sur l'aire avec une latte, ou un fléau ; on les faisait également piétiner par des boeufs ou des chevaux, on les écrasait avec un rouleau de pierre : c'était le dépiquage.
Selon les régions, le battage avait lieu après la moisson, en août, sur l'aire (Bassin Aquitain), ou bien durant l'hiver, dans les granges (Bassin Parisien).
La batteuse à bras, à cheval, puis à locomobile ou à tracteur, a remplacé le battage au fléau. La moissonneuse-batteuse l'a, à son tour, rendu inutile.

Battage

BATTAISON n.f.
Es. **trilla** (1), (2)
It. **battitura**
1. Action de battre le blé
2. Saison où l'on bat le blé
3. Repas qui suit le battage du blé.

BATTANCE n.f.
Formation à la surface d'un sol meuble, récemment labouré, sous l'influence de la pluie, puis de la sècheresse, d'une mince croûte superficielle, continue et consistante.

BATTANT adj.
Se dit d'un sol argileux tassé sous l'action de la pluie et du piétinement, ce qui diminue sa fertilité, ses interstices étant réduits et l'action bactérienne annihilée faute d'oxygène.
Les racines des plantes y pénètrent difficilement et, comme la terre se craquèle en se desséchant, elle brise ces mêmes racines si elles ont réussi à s'y développer.

BATTE n.f.
Es. **pala** (2)
It. **battola, parte del correggiato**
1. Outil servant à écraser et à aplanir des mottes de terre *(Fig. 18)*.
2. Partie du fléau qui frappe les tiges de céréales pour extraire les grains des épis. *(Fig.91).*
Etym. Du latin *batuere*, battre.

(Fig. 18). Batte

BATTERIE (EN) l.adj.
En. **battery (in)**
De. **(in einer) Legebatterie**
Es. **batería de cría**
It. **batteria (in)**
Se dit d'un procédé d'élevage des animaux domestiques (veaux, volailles) dans une ferme moderne où chaque bête est logée dans un espace réduit dont elle ne peut sortir, où sa nourriture est dosée et fournie automatiquement à des heures précises.
Des canalisations, un tapis roulant évacuent les déjections ; une musique favorise la lactation, un éclairage approprié accroît le nombre des oeufs recueillis. Des batteries informatisées permettent à la bête de déplacer les parois et d'agrandir sa cage.

BATTEUR n.m.
En. **thresher** (1)
De. **Drescher** (2)
Es. **trillador** (1), **cilindro desgranador, trillador** (2)
It. **trebbiatore, battitore** (2)
1. Ouvrier agricole chargé de battre les céréales sur l'aire ou dans les granges, avec des lattes ou des fléaux.
2. Organe cylindrique d'une batteuse, animé d'un mouvement rotatif rapide, pour égrener les épis qui lui sont présentés.

BATTEUSE n.f.
En. **threshing machine**
De. **Dreschmaschine**
Es. **trilladora**
It. **trebbiatrice**
Machine agricole destinée à battre les céréales pour retirer les grains des épis.
Sa pièce maîtresse est un cylindre qui, en tournant, projette les épis contre un plan fixe où les épillets, en se brisant, laissent tomber les grains. Divers systèmes mécaniques permettent d'éliminer la paille et les balles ; les grains nettoyés tombent dans des sacs. Les premières batteuses étaient mises en mouvement à bras d'homme, puis avec des chevaux marchant sur un tambour, enfin avec des locomobiles à vapeur, des moteurs électriques ou à explosion. A la fin du XIXème siècle, et durant la première moitié du XXème siècle, dans les grandes propriétés, les batteuses faisaient partie du matériel de la ferme ; on les utilisait dans les granges durant la mauvaise saison.
Dans les pays de petite propriété, elles appartenaient à des entrepreneurs de battage qui allaient de ferme en ferme, durant le mois d'août.
Comme il fallait de 15 à 20 personnes pour servir la batteuse, ces travaux mettaient à l'épreuve l'entraide rurale.
Depuis la seconde guerre mondiale, les anciennes batteuses sont remplacées par des combinés, ou moissonneuses-batteuses qui moissonnent et battent la récolte sur le champ.

BATTOIR n.m.
1. Partie mobile du fléau qui frappait les épis pour en faire sortir les grains.
Syn. Batte. *(Fig.91)*.
2. Plateau ou bloc de bois, muni d'un long manche, pour écraser les mottes de terre.
Syn. Brise-motte, batte. *(Fig.18)*

BATTRE v.tr.
En. **to thresh**
De. **dreschen**
Es. **trillar**
It. **trebbiare, battere**
Frapper contre un mur, ou avec un fléau, des tiges de céréales ou de fourrages secs pour faire sortir les grains de leurs enveloppes et les recueillir sur l'aire après nettoyage.

BATTUE n.f.
Dans l'élevage des vers à soie, quantité de cocons que l'on bat ensemble dans un récipient d'eau très chaude afin de dégager les bouts de fil et procéder au dévidage.

BATTURE n.f.
(Québec). Prairie temporairement inondée par la rivière qui la borde.
Par extension, zone du rivage battue par les vagues.

BAUCHE n.f.
1. *(Charente).* Coupe de bois.
2. *(Bresse).* Haie.

BAUCHÉE n.f.
(Anjou). Parcelle ou groupe de parcelles destinées à être défrichées.

BAUCHÈRE n.f.
(Grésivaudan). Prairie marécageuse envahie par les roseaux.
Etym. De *bauches*, roseaux.

BAUCHES n.f.p.
(Grésivaudan). Roseaux secs servant de litière.

BAUDE n.f.
Cépage cultivé dans la Drôme, à raisins noirs et à gros grains sucrés et juteux, apprécié comme raisin de table.

BAUDET n.m.
En. **ass, donkey** (1)
De. **Zuchtesel, Esel** (1)
Es. **garañón** (2)
It. **asino** (1)
1. Âne.
2. En Poitou, âne mâle destiné à la production d'ânons avec une ânesse et de muletons avec une jument.
Syn. Bouraillou.
Etym. Du vieux français *baud*, gai et hardi.

BAUFE n.f.
(Centre). Balles de céréales : glumes et glumelles détachées de l'épi par le battage.

BAUGE n.f.
En. **pigsty** (3)
De. **Schweinestall** (3)
Es. **porgueriza, pocila** (3), **porquera** (4)
It. **impasto di argilla e paglia** (1), **porcile** (3), **covo** (4)
1. *(Normandie).* Mélange de terre argileuse et de paille hachée servant à garnir les cadres d'un colombage.
V. Torchis.
2. Tas d'échalas placés côte à côte et légèrement inclinés contre une murette.
3. Etable à cochons.
4. Gîte du sanglier.

BAULESSE n.f.
(Lorraine). Zone détériorée dans un pré par des animaux qui s'y sont couchés.

BAUME n.m.
En. **balsam**
De. **Balsam**
Es. **bálsamo**
It. **balsamo**
Sève élaborée, secrétée par certains arbres, tel le sapin baumier du Canada (*Abies balsaminifera*), le styrax d'Arabie, le copayer du Brésil.
Cette substance dégage des parfums suaves et contient des acides benzoïque et cinnamique utilisés en pharmacie pour les onguents et les inhalations.
Etym. Du grec *balsamen*, baume.

BAVEUR n.m.
Tuyau poreux utilisé pour l'irrigation goutte à goutte.
Il est relié à un tuyau principal et peut être enterré, suspendu ou posé sur le sol.
Syn. Goutteur, juteur.

BAYART n.m.
En. **handbarrow**
De. **Tragbahre**
Es. **angarillas**
It. **barella, carretta**
(Vendée). Petit tombereau à deux brancards servant à transporter des produits agricoles.

BAYASSE n.f.
(Dauphiné). Lavande aspic récoltée et prête à être distillée.

BAYLÉ n.m.
(Provence). V. Baïle (2).

BAYOT adj.
Se dit d'un bovin à robe blanche et à taches de teinte acajou rayées de noir, couleurs de la race normande.

BAYOLET n.m.
Veau bayot.

BAZADAISE (RACE) l.f.
Race bovine de la région de Bazas en Gironde, de robe grise, bien conformée, réputée pour la boucherie.

BÉAL n.m.
Es. **acequia**
(Provence). Petit cours d'eau servant à l'irrigation, ou bien canal conduisant l'eau vers les dérivations des champs.

BÉALIÈRE n.f.
(Vivarais). V. Béal.

BEAUCE n.f.
1. A l'origine, clairière obtenue par déboisement.
2. *(Berry).* Terre fertile, limoneuse.
3. Région plate et fertile, à l'ouest du Gâtinais et comprise entre le Hurepoix et la Forêt d'Orléans.

BEAUCUIT n.m.
Es. **alforfón, alforjón**
(Dauphiné). Sarrasin.

BEAUFORT n.m.
(Savoie). Fromage fabriqué dans le Beaufortain avec du lait de vache.
Il a le goût du gruyère, mais il est sans trous.

BEAUJOLAIS n.m.
Vignoble qui s'étend sur les versants granitiques et schisteux du Beaujolais.
A base de cépage Gammay, ses crus les plus appréciés sont ceux de Fleurie, Chénas, Chiroube, Juliénas, Morgon, Moulin à Vent, Brouilly et Saint Amour.

BEAUNE (VINS DE) l.m.p.
En. **Beaune wines**
De. **Beaune (Weine aus)**
Es. **Beaune (vinos de)**
It. **Beaune (vini di)**
Vins de Bourgogne provenant de la Côte de Beaune, sur des sols formés aux dépens des calcaires bajociens et bathoniens.
Les meilleurs proviennent du bas de la Côte : Pommard, Volnay. Des produits très appréciés sont issus des Hauts de Corton, et même des sommets de la Côte, où les cépages blancs, Aligoté et Chardonnet, donnent les meilleurs crus. Mais chaque climat, *synthèse du sol, de l'exposition et du cépage, est si différent de son voisin qu'il est difficile d'établir une liste complète des crus de la Côte de Beaune.*

BÉCAT n.m.
Bêche à deux dents dans le prolongement du manche et dont on se servait dans les terres dures et pierreuses en l'enfonçant avec le pied. *(Fig.19)*

(Fig.19). Bécat

BEC CUEILLEUR l.m.
En. **corn-picker**
Es. **cabezal de recogida**
It. **becco spannocchiatore**
Appareil composé de diviseurs coupeurs et de rouleaux preneurs.
Il peut être adapté à une moissonneuse-batteuse, à la place de la barre de coupe, et, saisissant les épis de maïs sur leur tige, il les projette dans une trémie.

BEC D'OISEAU l.m.
Variété de poire à extrémité pointue et recourbée en forme de bec.
Syn. Beurrée d'Angleterre

BÊCHAGE n.m.
En. **digging, trenching**
De. **Umgraben**
Es. **cava, cavazón, cavadura**
It. **vangatura**
1. Action d'ameublir la terre à l'aide d'une bêche.
2. Résultat de ce travail.

BÊCHARD n.m.
Es. **horca**
Bêche, houe à deux dents, longues et pointues.

BÊCHE n.f.
En. spade
De. Spaten, Schippe
Es. laya, pala de jardinero
It. vanga
Outil agricole composé d'une lame de fer tranchante et munie d'une douille où est fixé un manche de 1,20 m de long.
On l'utilise pour retourner et briser la terre en appuyant du pied sur un côté de la lame pour l'enfoncer et, ensuite, on soulève et on brise le bloc de terre ainsi détaché. On dit aussi pelle-bêche. (Fig.20).
Etym. Du latin *bissa*, houe à deux dents.

(Fig. 20). Bêche

BÊCHE D'ANCRAGE l.f.
En. sprang anchor
De. Ankerspaten, Ankergeld
Es. tentemozo
It. sperone di ancoraggio, puntone di amarraggio
Pièce située sous le tracteur.
On l'abat sur le sol pour immobiliser l'appareil pendant le fonctionnement du treuil à tirer les fardeaux.

BÊCHE À ÉCORCER l.f.
Es. descortezadora, desbastadora
It. scortecciatoio
Variété de hache pour enlever l'écorce des troncs abattus.

BÊCHER v.tr.
En. to dig
De. umgraben
Es. cavar, layar
It. vangare
Utiliser une bêche pour fendre et retourner la terre.

BÊCHERIE n.f.
Façon culturale pour ameublir le sol à l'aide d'une bêche, jadis dans les vignes plantées en foule.

BÉCHET n.m.
(Anjou). Orge d'hiver.

BÊCHETON n.m.
En. small spade
De. kleine Schippe
Es. binador, azadilla
It. vanghetta
Petite bêche, ou binette.
On dit aussi bêchette, bêchot, bêchet.

BÊCHEVETER v.tr.
Es. gualdrapear
Empiler des gerbes, ou des fagots, tête-bêche.

BÊCHOIR n.m.
En. hoe
De. Hacke
Es. azadón
It. marra
Houe à large fer carré.

BÊCHOT n.m.
Es. azadilla, escardillo
Petite bêche.

BÉDALIER n.m.
Garde appointé par les communautés pyrénéennes pour surveiller les troupeaux dans les forêts et les pâturages en *bédat*.
Etym. De *bédal, bédel*, veau.

BÉDAT n.m.
(Pyrénées, Gascogne). Bois ou pâturage mis en défens, où l'on ne peut conduire les troupeaux.
Ce droit, qui appartenait peut-être aux seigneurs, leur fut enlevé par les communautés des vallées pyrénéennes. Il est exercé aujourd'hui par les syndicats communaux. On distinguait le bédat permanent qui mettait en défens pour un temps illimité, une forêt afin qu'elle se reconstitue, du bédat saisonnier qui interdisait au bétail certains quartiers de pâturage, durant l'été dans la montagne, durant l'hiver dans la plaine, afin de permettre à l'herbe de repousser. (H.Cavaillès).

BÉDELIER n.m.
(Cantal). Berger chargé de surveiller les veaux.
Etym. De l'occitan *bédel*, veau.

BÉDOCHER v.intr.
(Saintonge). Sarcler à l'aide d'une serfouette ou bédochon.

BÉDOCHON n.m.
V. Serfouette.

BÉDON n.m.
(Picardie). Veau mis à l'engrais dans une *embouche*.

BÉGADE n.f.
(Pyrénées). Période des estives où, faute de bergers, chaque membre d'une communauté devait assurer la garde des troupeaux dans la montagne, selon un nombre de jours proportionnel aux têtes de bétail qu'il possédait.

BÉGONIA n.m.
En. begonia
De. Begonie
Es. begonia
It. begonia
Plante ornementale, aux multiples espèces, originaire de l'Amérique tropicale, à rhizomes, à feuilles luisantes, à fleurs blanches ou rouges, craignant le gel.
Etym. De Michel Bégon, gouverneur de Saint Domingue en 1690.

BÉGUDE n.f.
1. *(Midi provençal).* Faubourg d'un village de crête, situé près d'une route de plaine où les passants trouvaient une buvette pour se désaltérer.
2. *(Vivarais).* Branche maîtresse d'un réseau d'irrigation.
Etym. De *bégu*, boire.

BÉGUÈTEMENT n.m.
En. bleating
De. Meckern
It. belato
Cri de la chèvre.

BÉLERON n.m.
(Normandie). Cuveau de 600 à 750 litres, placé sous le pressoir pour recueillir le cidre.

BÉLIER n.m.
En. ram
De. Widder, Schafbock
Es. morueco
It. montone, ariete
Mâle de la brebis.
Il tire son nom de la clochette qu'il porte à son cou pour servir de ralliement au troupeau, lors de la transhumance.
Etym. Du flamand *bell*, cloche.

BÉLIER HYDRAULIQUE l.m.
Appareil inventé par Montgolfier.
Il utilise la force cinétique d'une chute d'eau pour porter, à un niveau plus élevé que la chute, une certaine quantité d'eau grâce au jeu de deux soupapes.

BÉLIÈRE n.f.
En. sheep-bell
De. Halsglocke
Es. cencerro, esquila
It. campanaccio
Clochette attachée au cou d'un bélier chargé de conduire le troupeau transhumant.

BÉLINAL n.m.
(Centre). Ensemble des moutons d'une ferme.

BELLADONE n.f.
En. belladonna
De. Tollkirsche, Belladonna
Es. belladona
It. belladonna
Plante de la famille des Solanacées (*Atropa belladonna*).
Importée en Gaule à l'époque romaine, ses baies, rouges comme des cerises, contiennent un alcaloïde, l'atropine, qui, à dose faible, accélère le rythme cardiaque et donne de l'éclat aux yeux, et à dose élevée provoque le délire atropinique et la mort.
Etym. De l'italien *bella donna*, belle dame.

BELLEGARDE n.f.
1. Variété de pêche.
2. Variété de laitue.

BELLE DE VITRY l.f.
Variété de pêche très réputée.

BELLET n.m.
Petit vignoble d'une localité des Alpes maritimes.

BELLOCHIN n.m.
Cépage à raisins noirs, cultivé dans le vignoble de Montmélian, près de Chambéry.

BELLON n.m.
1. Cuvier où l'on fait macérer des pommes broyées et pressées pour obtenir un cidre de médiocre qualité.
2. Chariot pour transporter une cuve destinée à recevoir des raisins coupés.

BELNEAU n.m.
(Poitou). Tombereau encadré de montants pleins pour transporter du fumier ou des racines fourragères.

BÉLUSSARD n.m.
Cépage à raisins noirs, cultivé dans le Jura.

BÉNACE n.f.
(Touraine).
1. Variété de charrue qui n'est plus employée.
2. Surface de terrain labourée en un jour avec la charrue du même nom.

BÉNAR n.m.
(Berry). Chariot à quatre roues pour transporter les récoltes.

BÉNATON n.m.
(Côte d'Or). Grand panier d'osier pour transporter raisins ou légumes.
Etym. Du celte *benn*, récipient.

BENCUT n.m.
(Bassin aquitain). Bêche à deux dents servant à défoncer le sol dans les recoins d'une parcelle, inaccessibles à la charrue.
V. Bident.

BÉNÉFICE n.m.
En. **benefice**
De. **Lehnsgut** (1), **Pfründe** (2)
Es. **beneficio**
It. **benefizio, beneficio**
1. Concession de terres faite à des vétérans de l'armée romaine, au IIIème siècle, à charge de service militaire.
Puis terres données à des fidèles par les rois francs en récompense de leurs services.
Sous les Carolingiens, le bénéficiaire avait les droits et les devoirs d'un vassal ; au XIème siècle, le mot fief remplaça le mot bénéfice.
2. Au cours du haut Moyen-Age, terres et revenus consacrés par des laïques à l'entretien des églises et de leurs curés.
C'étaient des bénéfices qui étaient concédés temporairement au clerc chargé des rites de la vie religieuse ; il était investi au cours d'une cérémonie dite d'investiture.
3. Par la suite, obligations sacerdotales et revenus de la dotation avec le droit d'en disposer sans exercer les fonctions qui étaient données en *commende*.
Il s'ensuivit des abus, notamment entre le laïque, propriétaire éminent du bénéfice, et le clerc, possesseur de l'usufruit du domaine réservé à l'entretien du culte, ou bien entre le titulaire du bénéfice et le clergé chargé des fonctions religieuses et réduit à la portion congrue.
Etym. Du latin *bene*, bien, et *facere*, faire.

BÉNETTE n.m.
(Bretagne). Récipient de paille en forme de gourde pour conserver de la graine de lin.

BÉNINCASE n.f.
Plante de la famille des Cucurbitacées (*Benincasa hispida*) cultivée en Asie des Moussons pour son fruit semblable à un concombre et apprécié pour sa saveur musquée.
Elle ne peut être cultivée en France à cause du climat.

BENNE n.m.
En. **basket** (2), **flat hamper**
Es. **canasta, cuévano** (2)
It. **panière da vendemmiatore** (2)
1. Chariot d'osier en usage chez les Gaulois.
2. En Bourgogne, récipient en bois, de forme tronconique, avec deux poignées sous lesquelles on passe deux barres en bois pour le transporter à deux sur les épaules, quand il est plein de raisins.
3. Camion comportant un fond, trois côtés et, parfois, un hayon arrière amovible.
4. Panier en planches pour transporter des légumes.
Etym. Du celte *benna*, hotte à porter les raisins sur le dos.

BÉQUILLE n.f.
De. **Krückhaue**
Es. **escardillo, azadilla**
It. **gruccia**
1. Araire de forme primitive servant à donner de légers labours.
Le soc a la forme d'un bec.
2. Petite bêche à deux dents d'un côté et à lame pleine de l'autre.
Elle sert à briser la croûte superficielle du sol dans les jardins.

BER n.m.
(Berry). Ensemble de ridelles, de toiles ou de bâches, placées sur un chariot pour protéger les récoltes des intempéries.
Etym. Du vieux français *ber*, berceau.

BERBÉRIS n.m.
En. **barberry**
De. **Berberitze, Sauerdorn**
Es. **bérbero, agracejo**
It. **berberio, crespino**
Arbrisseau sauvage, de la famille des Berbéridacées, aux fruits rouges, cueillis pour faire des confitures.
L'espèce plus commune (Berberis vulgaris) est connue sous le nom d'épine-vinette ; fréquente dans les haies, elle favorise la propagation de la rouille linéaire dans les céréales.

BERBIALLE n.f.
(Berry). Troupeau de moutons.
Etym. Du latin *berbex*, brebis.

BERCAIL n.m.
En. **sheepfold**
De. **Schafstall**
Es. **aprisco**
It. **ovile, pecorile**
Parc à moutons, bergerie.
Sens noble et général.

BERCEAU n.m.
En. **bower** (1)
De. **Bogenlaube** (1)
Es. **cenador, pérgola** (1)
It. **berceau, bersò, pergolato a cupola** (1)
1. Légère charpente en treillis, construite en demi-cintre, et sur laquelle on fait monter des plantes grimpantes pour former une tonnelle.
2. Région où une race d'animaux domestiques a pris naissance.

BERGAMOTE n.f.
En. **bergamot** (2)
De. **Bergamotte** (2)
Es. **bergamota** (2)
It. **bergamotto** (2)
1. Variété de poire à chair fondante et sucrée.
2. Fruit du cédratier, ou bergamotier, servant à préparer l'essence de bergamote pour la parfumerie.

BERGAMOTIER n.m.
En. **bergamot tree**
De. **Bergamottenbaum**
Es. **bergamoto**
It. **bergamotto (pianta)**
Arbre fruitier de la catégorie des agrumes (*Citrus bergamia*).
Plus connu sous le nom de cédratier, ses fleurs blanches dégagent un parfum suave et servent à préparer l'eau de fleur d'oranger. Ses fruits, d'une saveur un peu acide, donnent l'essence de bergamote pour la parfumerie et entrent dans la préparation de l'eau de Cologne.

BERGE n.f.
(Picardie). V. Chaintre.
On dit aussi crinière.

BERGELADE n.f.
(Provence). Semis composé d'un mélange d'avoine et de vesce.
Syn. Bernage.

BERGELLE n.f.
Tablier en peau de mouton, porté par les vignerons bourguignons dans les caves.
Syn. Bréseille.

BERGEON n.m.
1. *(Charente)*. Parcelle triangulaire.
2. *(Anjou)*. Champ de forme trapézoïdale et dont les sillons vont en se raccourcissant vers la limite la plus courte.
Syn. Berjon.

BERGER n.m.
En. **shepherd**
De. **Schäfer**
Es. **pastor**
It. **pastore**
Gardien d'un troupeau de moutons, ou de chèvres, ou de tout autre bétail.
Le mot pâtre est plutôt réservé, avec un sens noble, à celui qui surveille des bovins.
Etym. Du latin berbex, brebis, et berbicarius, berger.

BERGERS (CHIENS DE) l.m.p.
En. **sheepdogs**
De. **Schäferhunde**
Es. **pastor (perros de)**
It. **pastore (cani da)**
Races de chiens ayant des aptitudes à la garde des troupeaux, tels le *berger de Brie* ou *briard*, le *berger de Beauce* ou *labrit*, le *berger allemand*, le *berger écossais*, les *bouviers* ou *bergers des Flandres*, etc.

BERGERAC (VIN DE) l.m.
Vin rouge récolté sur les coteaux situés au nord de la ville, à Pécharmant entre autres.
La proximité de la rivière permettait de les expédier vers le Bordelais et l'Angleterre. Les vins blancs liquoreux de Monbazillac se récoltent au contraire sur les coteaux situés au sud de la Dordogne.

BERGERIE n.f.
En. **flock (1), sheepfold (2)**
De. **Herde (1), Schafstall (2)**
Es. **ovil, majada, aprisco, redil (2)**
It. **ovile (2)**
1. Troupeau de moutons.
2. Etable où on loge les moutons.
Elles doivent être aérées, éclairées, pourvues de cloisons séparant les diverses catégories d'animaux, et comprendre des crèches et des auges. Il existe des bergeries nationales, telle celle de Rambouillet où s'effectue la sélection des races.
Le terme s'applique alors à l'ensemble du bâtiment et à ses dépendances. La bergerie nationale de Rambouillet a eu 200 ans le 1er mai 1986.

BERLANDIERI n.m.
Vigne sauvage importée d'Amérique pour servir de porte-greffe aux cépages français, lors de la crise du phylloxera, à la fin du XIXème siècle.

BERNAGE n.m.
1. *(Gascogne)*. Parcelle plantée en aulnes.
2. *(Provence)* V. Bergelade.
Etym. De verne, vergne, aulne en gascon, le v s'étant transformé en b dans le dialecte.

BEROT n.m.
(Bresse). Petite charrette sans ressort, destinée au transport du menu bétail : porc, mouton, veau.

BERRE n.m.
Région mal cultivée.
Ce serait l'origine de Berre dans l'étang de Berre.
On le prononce aussi béro, bérie.
Etym. De l'ancien français.

BERRICHONNES (RACES) l.f.p.
Races ovines réputées du Berry.
Celle du Cher est rustique, celle de l'Indre s'engraisse facilement.

BERTAUCHE n.f.
(Champagne). Charrue toute en fer.

BERTHE n.f.
(Lyonnais). Récipient en cuivre rouge ou en fer blanc, avec couvercle et poignées, d'une contenance de 40 à 50 litres, pour le transport du lait.

BESANCY n.m.
1. *(Médoc)*. Espace vide autour d'une vigne pour permettre le mouvement des attelages.
2. Tout espace libre destiné à donner de l'aisance aux déplacements des attelages ou des tracteurs tirant des instruments aratoires.
Syn. Bessenier.
Etym. De esancy, aisance.

BESEAU n.m.
(Provence). Canalisation destinée à distribuer dans les prés l'eau d'irrigation.

BESIN n.m.
(Bourgogne). Eumolpe, insecte nuisible de la vigne.
Syn. Ecrivain.

BESOCHE n.f.
Bêche ou hoyau servant à creuser des trous pour planter des arbres.

BESOIN EN EAU l.m.
En. **water requirements**
De. **Wasserbedarf**
Es. **necesidad de agua**
It. **fabbisogno idrico**
Quantité d'eau nécessaire à la croissance d'une plante.
Elle varie selon les espèces, les sols, le climat et les périodes végétatives; elle est mesurée en hauteur (millimètres) ou en volume (m³/ha). Elle est fournie par la pluviosité ou par l'irrigation. Des appareils électroniques avertissent, de ces besoins des plantes en eaux pluviales ou canalisées, les agriculteurs de pointe.

BESSE n.m.
1. *(Périgord)*. Plantation de bouleaux ou *bessède*.
2. *(Auvergne)*. Pâturage bas, chemin creux, endroit bas et marécageux.

BESSO n.m.
(Vivarais). Hotte destinée à porter les récoltes.

BESSON n.m.
(Aunis). Ouvrier chargé de nettoyer les fossés.

BESSON n.m.
Etre vivant venu au monde en même temps et de la même mère qu'un autre être qui est son jumeau, ou sa jumelle.
Etym. Du latin bissus et bis, deux fois.

BESSONNIÈRE n.f.
Brebis qui met bas deux agneaux (bessons), à la fois.

BÉTAIL n.m.
En. **livestock, cattle**
De. **Vieh**
Es. **ganado**
It. **bestiame**
Tous les animaux de la ferme, sauf les volailles.
Le gros bétail comprend les bovins, les ânes, les chevaux et les mulets. Le petit bétail englobe moutons chèvres et porcs. L'association de l'élevage aux cultures vivrières a posé de nombreux problèmes aux agriculteurs qui les ont résolus par les champs ouverts et le libre parcours, ou la vaine pâture, par le bocage et la transhumance, solutions qui se reflètent dans l'habitat, les structures agraires et les paysages.
Etym. Du latin bestia, bête.

BÉTAIL ARATOIRE l.m.
En. **draught animals**
De. **Ackervieh**
Es. **ganado agrícola**
It. **bestie da tiro**
Bétail indispensable aux travaux des champs et qui ne peut être saisi pour une dette impayée.

BÉTAIL FORAIN l.m.
Bétail qui vient paître sur des pâturages éloignés de son point d'attache, et qui n'appartient pas au possesseur des pâturages.
Etym. Du latin foris, dehors.

BÉTAILLER adj.
Se dit de ce qui est à l'usage du bétail.
Ex. Une route bétaillère.

BÉTAILLÈRE n.f.
En. **cattle-trailer, livestock vehicle**
De. **Viehtransportanhänger**
Es. **vehículo para ganado**
It. **veicolo par bestiame**
Camion ou remorque, aménagés pour le transport du bétail.

BÊTE n.f.
En. **cattle**
De. **Tier, Vieh**
Es. **bestia, animal**
It. **bestia**
Animal, notamment celui de la ferme.
Etym. Du latin bestia, bête.

BÊTES ARATOIRES l.f.p.
Bêtes qui servaient jadis aux labours des champs avec un araire.

BÊTES BLANCHES l.f.p.
Porcs, moutons, chèvres.

BÊTES D'AUGE l.f.p.
Bêtes nourries à l'étable avec de la pulpe de betterave, des tourteaux de soja et des céréales (orge, maïs).

BÊTES DE SOMME l.f.p.
En. beasts of burden
De. Lasttiere
Es. acémilas, animales de carga, bestia de carga
It. bestie da soma
Bêtes aptes à porter une charge, ou *somme* en ancien français.

BÊTES DE TRAIT l.f.p.
En. draught animals
De. Zugtiere
Es. animales de tiro
It. bestie da tiro
Bêtes utilisées pour tirer les chars (cheval, mulet, âne).

BÊTES ROUGES l.f.p.
Es. ganado mayor
Chevaux, ânes, mulets, boeufs.

BÊTES ROUSSES l.f.p.
Es. ganado menor
Lièvres, chevreuils, sangliers...

BETTE n.f.
En. beet
De. Schnittmangold
Es. acelga
It. bietola, bieta
Plante de la famille des Chénopodiacées *(Beta vulgaris)* cultivée pour ses feuilles que l'on consomme cuites et assaisonnées de diverses sauces.
Syn. Blette, joute, poirée.
Etym. Du latin beta, blette.

BETTERAVE n.f.
En. beetroot
De. Rübe, Runkelrübe
Es. remolacha, betarraga
It. barbabietola
Plante de la famille des Chénopodiacées, cultivée soit pour la nourriture du bétail (betterave fourragère), soit pour l'alimentation humaine (betterave maraîchère ou potagère), soit pour la production du sucre (betterave sucrière).
Exigeante en fumure et en qualité du sol, c'est une culture nettoyante qui entre en assolement avec le blé, culture salissante. Semée en avril, la betterave est récoltée en septembre pour sa racine après de nombreuses façons. Plante bisannuelle, elle ne donnerait de fleurs et de graines que l'année suivante.
Etym. De bette et rave.

BETTERAVIER adj.
Es. remolachero
Qui a trait à la betterave.
Ex. Industrie betteravière

BETTERAVIERS n.m.p.
En. beetgrowers
De. Rübenbauern
Es. remolacheros
It. bieticoltori
Exploitants agricoles du nord de la France, gros producteurs de betteraves à sucre.
Fortement groupés pour dominer la fabrication du sucre et de l'alcool, leurs associations défendent vigoureusement leurs intérêts.

BETULAIE n.f.
Bois composé de bouleaux.
Syn. Bouloie, bouleraie.
Etym. Du latin betula, bouleau.

BEUILLOT n.m.
(Vendée). Chaume après la moisson.

BEUQUIN n.m.
(Bourgogne). Bouc ou taureau.

BEURHEU n.m.
(Vosges). Parcelle entourée de murettes de pierres sèches.

BEURLÉE n.f.
(Bourgogne). Espace entre deux sillons.

BEURLIN n.m.
1. *(Saintonge).* Bélier.
2. *(Charente).* Petites buttes qui se forment dans les prés des marais, appelées aussi *mottureaux. (F.Verger).*

BEURRAGE n.m.
(Bretagne). Placement chez un agriculteur d'une vache achetée par un citadin.
L'éleveur garde les produits laitiers et verse au propriétaire le produit de la vente du veau. (A.Meynier).

BEURRE n.m.
En. butter
De. Butter
Es. mantequilla, manteca
It. burro
Matière grasse, jaune clair, fabriquée à partir de la crème du lait de vache.
Traitée dans une baratte, cette crème change de type d'émulsion et devient du beurre.
Etym. Du grec bouturon et du latin butyrum.

BEURRE DE CACAO l.m.
En. cocoa butter, cacao butter
De. Kakaobutter
Es. manteca de cacao
It. burro di cacao
Matière grasse extraite des amandes de cacao.

BEURRE DE COCO l.m.
En. coconut butter
De. Kokosbutter
Es. manteca de coco
It. burro di cocco
Matière grasse provenant des fruits du cocotier.

BEURRE DE KARITÉ l.m.
Matière grasse extraite des graines du karité, arbre de l'Afrique tropicale. *(R.Blais).*

BEURRE FERMIER l.m.
En. farm butter
De. Bauernbutter
Es. mantequilla de vaquería
It. burro campagnolo
Beurre fabriqué à la ferme.

BEURRÉ-HARDY n.f.
Variété de poire, à chair fine, sucrée et fondante.

BEURRE LAITIER l.m.
Es. mantequilla de central lechera
It. burro di latteria
Beurre fabriqué dans des laiteries spécialisées.

BEURRE NOIR l.m.
It. burro nero
Fumier très décomposé, de consistance grasse et de couleur noire.

BEURRÉ PASTEURISÉ l.m.
En. pasteurized butter
De. pasteurisierte Butter
Es. mantequilla pasteurizada
It. burro pastorizzato
Beurre provenant de lait pasteurisé dont les germes nocifs ont été détruits par de hautes températures (80°).

BEURRERIE n.m.
En. butter-dairy
De. Butterkammer
Es. mantequería
It. burrificio
Etablissement où l'on prépare et où l'on conserve le beurre.
Seules les beurreries dites fermières entrent dans le cadre de la géographie agraire, car elles s'intègrent au paysage rural. Les grandes beurreries coopératives relèvent de l'industrie agroalimentaire.

BEURRIER adj.
Es. mantequero
Qui a trait au beurre.

BEURRIER n.m.
En. butter dealer (1), butter dish (2)
De. Butterhändler (1), Butterdose (2)
Es. mantequero (1), mantequera (2)
It. burraio (1), burriera (2)
1. Marchand de beurre.
2. Récipient pour conserver du beurre.

BEURRIÈRE n.f.
Es. mantequera
Variété de baratte pour fabriquer du beurre.

BEYES n.f.p.
(Provence). Troupeau transhumant en cours de déplacement.

BÉZÈRE n.f.
(Lorraine). Parcelle cultivée en petits pois.
Etym. De *pézéous, bézéous*, petits pois.

BÉZOARD n.m.
En. **bezoar**
De. **Bezoar**
Es. **bezoar**
Concrétion qui se forme parfois dans l'estomac des animaux domestiques et à laquelle on attribuait, jadis, des influences magiques.

BÉZOCHE n.f.
Bêche servant à couper les racines des arbres d'une pépinière.

BI n.m.
(Dombes). Fossé creusé au centre d'un étang, le long de la ligne de plus grande pente afin de favoriser l'écoulement des eaux pendant la période d'assec.
Des canalisations secondaires, ou chaintres, convergent vers lui.
Etym. Abréviation de *bief*.

BIARD n.m.
Cépage à raisins noirs cultivé dans le Jura

BIAIS n.m.
(Alpes du Sud). Réseau de canalisations pour l'irrigation.

BIBALE n.f.
Fourche à deux dents.

BIBASSIER n.m.
En. **Japanese medlar, loquat**
De. **japanischer Mispelbaum, Wollmispel**
Es. **níspero japonés**
It. **nespolo del Giappone**
Arbre de la famille des Rosacées (*Eriobotrysa japonica*).
Originaire de l'Asie des moussons, cultivé dans les pays méditerranéens, il donne des fruits de la grosseur d'un abricot à un ou deux pépins et à pulpe sucrée. C'est la nèfle du Japon.

BICANE n.m.
Cépage à raisins blancs et à gros grains, cultivé dans le Vaucluse et en Touraine.

BICHENAGE n.m.
Droit seigneurial prélevé sur les ventes de grains effectuées au *bichet*.
Syn. Bichetage.

BICHERÉE n.f.
(Bourgogne). Surface que l'on pouvait ensemencer avec le contenu d'un bichet. *Elle variait d'une région à l'autre selon la contenance du bichet ; en moyenne, elle mesurait environ 40 ares.*
Etym. De *bichet*.

BICHET n.m.
Mesure des grains d'une contenance de 20 à 40 litres.

BICOT n.m.
En. **little goat**
De. **Zicklein**
Es. **chivo**
It. **capretto**
Petit chevreau.
Etym. De *bique*, chèvre.

BIDENT n.m.
De. **Heugabel** (2)
Es. **bidente**
It. **bidente**
1. Bêche à deux dents servant à arracher les pommes de terre. *(Fig. 21)*.
2. Fourche à deux dents pour transporter les gerbes, les fourrages.

(Fig. 21). Bident

BIDET n.m.
En. **pony** (1), **nag** (2)
De. **Shetlandpony** (1), **Klepper, Gaul** (2)
Es. **jaca**
It. **bidetto**
1. Cheval de selle utilisé, jadis, par les estafettes pour porter des ordres.
2. Cheval de trait de race bretonne, utilisé, naguère, dans les fermes de l'Ouest et du Nord.

BIDON n.m.
En. **milk can**
De. **Milchkanne, Krug, Feldflasche**
Es. **cántara para la leche**
It. **bidone**
Récipient en bois ou en métal, pour transporter des liquides, notamment du lait.

BIEF n.m.
En. **course, flow**
De. **Mühlgerinne, Wasserkanal**
Es. **saetín** (2)
It. **doccia, canale, gora**
1. Canal d'irrigation.
2. Canal de dérivation amenant l'eau d'un ruisseau sur la roue à aubes d'un moulin.
Etym. De l'allemand, *Bed*, lit.

BIEF À SILEX l.m.
(Picardie, Normandie). Sol dérivé de l'argile à silex, avec des sables, des cailloutis, des limons, etc.
Selon sa composition, il est plus ou moins fertile que l'argile à silex d'origine.

BIÉFEUSE adj.
(Picardie). Terre arable dérivée soit du bief à silex, soit de l'ergeron, et réputée pour sa fertilité.
C'est une terre franche bien composée.

BIEN n.m.
En. **holding, estate**
De. **Landgut**
Es. **bienes, posesiones**
It. **proprietà, podere**
Ensemble des parcelles et des bâtiments appartenant à une personne, ou à une communauté.
On y ajoute également les récoltes, les fruits, les racines comestibles et même le bétail et le matériel indispensables à l'exploitation de la ferme.
Syn. Domaine.
Etym. Du latin *bene*.

BIEN COMMUNAL l.m.
En. **village property**
De. **Gemeindegut**
Es. **propiedad del municipio, bienes comunales**
It. **proprietà comunale**
Bois, pré, lande appartenant à une communauté villageoise.
Indispensables, jadis, aux petites gens qui allaient y chercher du bois, ou y mener paître le bétail, les biens communaux sont devenus moins utiles par suite de l'exode rural. Délaissés, ils sont accaparés ou vendus dans beaucoup de régions.

BIEN DE FAMILLE l.m.
Es. **bienes de familia**
Bien insaisissable qui, d'après la loi, peut être constitué, au profit d'une famille, d'une maison et des terres attenantes, dans une limite à définir par jugement en cas de saisie.

BIENS-FONDS n.m.p.
En. **real estate**
De. **Liegenschaften, Grundstück**
Es. **bienes raíces**
It. **fondo, bene immobile**
Immeubles qui appartiennent à une personne et qui constituent un domaine : bâtiments, parcelles, chemins privés, arbres des bois et des vergers.
Les récoltes et les taillis ne constituent pas des biens-fonds.

BIENS NATIONAUX l.m.p.
Propriétés, et plus particulièrement, domaines et fermes qui furent confisqués sous la Révolution.
Les premiers, par les décrets du 14 mai et du 16 juillet 1790, appartenaient à l'Eglise ; les seconds, par des décrets postérieurs, appartenaient à des émigrés ou à des condamnés par les tribunaux révolutionnaires. Ils ont été achetés par les riches agriculteurs, et les citadins, ou rendus à leurs anciens possesseurs à la suite du sénatus-consulte du 6 floréal an X, qui les leur restituait s'ils n'avaient pas été déjà vendus. Les actes de vente constituent une documentation précieuse pour l'histoire agraire du XVIIIème siècle.

BIENS SECTIONNAUX l.m.p.
Biens gérés par les habitants d'une section de commune.
Assez fréquents dans les communes étendues des régions montagneuses, où l'isolement crée des responsabilités locales.

BIENNAL adj.
En. **biannual**
Es. **bienal**
It. **biennale**
Se dit de l'assolement qui comporte deux cultures principales alternant d'une année à l'autre sur la même parcelle.

BIENTENANT n.m.
Fils ainé d'une famille pyrénéenne.
Il conservait le nom et la terre des parents ; les cadets recevaient une somme en argent et une partie du troupeau de la ferme ; ils vivaient en pratiquant la transhumance, ou bien en conduisant des chèvres à travers la France. (H.Cavaillès)

BIENVENUE (DROIT DE) l.m.
Droit payé au seigneur par celui qui venait s'installer dans sa seigneurie et s'y marier.

BIÈRE n.f.
En. **beer**
De. **Bier**
Es. **cerveza**
It. **birra**
Boisson fermentée obtenue à partir de l'orge germée ou *malt*, et dont les matières amylacées sont transformées en sucre, avant l'introduction des fleurs de houblon.
On procède ensuite à la fermentation du moût.
Etym. Du néerlandais *bier*.

BIGARADIER n.m.
En. **bitter orange-tree**
De. **Pomeranzenbaum**
Es. **toronjo**
It. **aràncio amaro**
Variété d'oranger *(Citrus bigaradia)* qui donne des fruits à peau rugueuse et à pulpe amère : les *bigarades*.
Leur écorce sert à fabriquer des parfums et des produits pharmaceutiques. Les fleurs donnent par distillation l'essence de néroli, du nom de la princesse italienne qui l'aurait inventée, mais elle est plus connue sous le nom d'eau de fleur d'oranger. Le bigaradier est cultivé dans quelques pays de climat méditerranéen.

BIGARD
(Provence). Bêche à manche court et à lame large, utilisée pour ameublir le sol dans les vignobles et les champs sur les versants des collines, aménagées en terrasses.

BIGARREAU n.m.
En. **hard cherry, bigarreau cherry**
De. **Herzkirsche**
Es. **cereza gordal, cereza garrafal**
It. **ciliegia, duracina, durona**
Cerise rose, à chair ferme et sucrée.
Elle mûrit tardivement et attire trop souvent les insectes qui la piquent pour déposer leurs oeufs.
Syn. Coeur de pigeon.

BIGARREAUTIER n.m.
De. **Herzkirschenbaum**
Es. **cerezo garrafal**
Variété de cerisier qui produit les bigarreaux.

BIGNA n.f.
(Occitan du nord du Périgord.) Vigne.

BIGNO n.m.
(Occitan du sud du Périgord.) Vigne.

BIGOCHÉE n.f.
(Périgord). Etendue de terre travaillée avec un *bigot*.

BIGOT n.m.
(Périgord). Bêche à deux dents et à manche court, semblable au bident, mais de plus grandes dimensions.
Elle servait à défoncer les parcelles à planter en vigne.

BIGRE n.m.
1. Cueilleur de cire et de miel, et parfois d'essaims d'abeilles sauvages dans les bois.
2. Agent seigneurial chargé de lever les redevances sur les abeilles.
Etym. De *bougre*, issu de *bulgare* et de *barbare*.

BILAN n.m.
En. **balance-sheet**
De. **Bilanz**
Es. **balance**
It. **bilàncio**
1. Présentation sur un registre à deux colonnes des recettes et des dépenses d'une exploitation agricole ; dans la colonne de gauche figure l'actif (biens, matériel, ventes, etc.) dans celle de droite, c'est le passif (achats, dettes, entretien, etc.).
2. Résultat d'ensemble de l'exploitation : rentable si l'actif dépasse le passif, ruineux dans le cas contraire.
Etym. Du latin *bilanx*, balance.

BILLE n.f.
En. **billet, log**
De. **Holzblock, Klotz**
Es. **rollo**
It. **pezzo di legname**
Tronçon découpé à la scie dans une grume.
Etym. Du celte *bill*, tronc d'arbre.

BILLETTE n.f.
En. **firewood**
De. **Holzscheit**
Es. **leño, tarugo**
It. **ceppo, ciocco**
Bûche fendue pour le chauffage.

BILLON n.m.
En. **ridge** (3)
De. **Bett, Hochfurche** (3)
Es. **caballón** (3)
It. **porca** (3)
1. Sarment taillé très court.
2. Vesce.
3. Série de 4, 6 ou 8 sillons, déversés en sens contraire, et formant un léger dos de terrain ou *ados*, séparé du suivant par un petit fossé ou *dérayure*, ce qui facilitait l'écoulement de l'eau dans une région humide.
Rendant difficile l'emploi du matériel moderne, ce procédé est abandonné, sauf en pays tropicaux humides.
Etym. Dériverait de *bille*, tronc d'arbre dont la forme évoque un ados.

BILLONNAGE n.m.
En. **ridging** (1)
De. **Furchen** (2)
Es. **acaballonado, acaballonamiento** (1)
It. **aratura a ciglioni, assolcatura**
1. Labour en billons.
2. Sciage d'un tronc d'arbre en *billes* ou *troncs*.

BILLONNEUSE n.f.
En. **ridger**
De. **Furchenzieher**
Es. **abresurcos, acaballonador**
It. **aratro per rialzo**
Charrue à un versoir, propre à tracer des *billons*.

BILLOT n.m.
En. **log**
De. **Knüppel**
Es. **trangallo**
It. **ceppo**
Bâton engagé dans la *longe* de la bête.
Il forme un cran d'arrêt dans l'anneau de la crèche, ou bien, suspendu au cou de l'animal au pacage, il l'empêche de courir.

BILOQUER v.tr.
Labourer profondément une terre avant l'hiver pour l'aérer et procéder aux emblavures.
Etym. De l'ancien français *binoquer*, dérivé de *biner*.

BINAGE n.m.
En. **hoeing**
De. **Zwiebrachen, Hacken**
Es. **bina**
It. **sarchiatura**
Opération qui consiste à ameublir le sol, à le nettoyer des mauvaises herbes, à favoriser l'activité bactérienne et à maintenir l'humidité.
Elle s'effectue à l'aide d'une binette ou d'une houe tractée appelée sarcleuse ou bineuse.
Syn. Binement.
Ne pas confondre avec sarclage.
Etym. De *biner*, procéder à une seconde façon après le labour.

BINAILLE n.f.
(Saintonge). Action de biner les vignes.

BINCU n.m.
(Périgord). Bêche à deux dents.
Syn. Bécu.

BINE n.f.
Petite charrue pour le binage.

BINÉE n.f.
Petite auge qui sert à donner à manger aux bêtes à cornes.

BINER v.tr.
En. **to hoe, to harrow**
De. **zwiebrachen, hacken**
Es. **binar**
It. **zappare, sarchiare**
Ameublir pour la seconde fois le sol d'une parcelle en culture, en accumulant la terre autour des plantes, en les *chaussant*, afin de favoriser la prolifération des racines.
Etym. Du latin bini, deux fois.

BINET n.m.
En. **hoe**
Es. **binador**
It. **bruciamoccoli**
Petite charrue à versoir fortement relevé pour effectuer des binages dans les cultures maraîchères.
Elle est dotée d'un double versoir s'il s'agit de chausser les plantes en rejetant la terre de part et d'autre du sillon.
Syn. Binot, binoir, bineuse, bineur.

BINETTE n.f.
En. **hoe, weeder**
De. **Stooshacke, Handhacke, Blatthacke**
Es. **binadora, azadilla, escardillo**
It. **zappetta, rincalzatore**
Petite bêche comprenant d'un côté une lame et de l'autre deux dents, réunis par une douille où passe un manche de 1,50 m.
Elle sert à biner et c'est l'équivalent de la serfouette. (Fig.189). Le même instrument peut n'avoir qu'une lame. (Fig. 22).

(Fig. 22). Binette

BINEUR n.m.
En. **hoer** (1)
De. **Grubber, Kultivator** (2)
Es. **binador** (1), **binadora** (2)
It. **rincalzatore** (2)
1. Personne qui bine.
2. Instrument agricole qui sert à biner et se compose de plusieurs petits socs fixés à un chassis.
Tiré par un cheval ou un tracteur, il permet de traiter de grands champs de plantes sarclées.
Syn. Bineuse, houe à cheval.

BINOCHE n.f.
Bêche à deux dents pointues, larges et longues, destinées à arracher les pommes de terre.
(Equivalent du bident.)

BINOCHON n.m.
(Lorraine). Petite binoche pour désherber et biner les légumes délicats.

BINOT n.m.
Araire simple, sans coutre ni oreille, pour pratiquer le *binotage* dans la jachère avant les labours des semailles.
Cette façon culturale accroissait la fertilité du sol en l'aérant.

BINOTAGE n.m.
Labour à billons très étroits, de deux raies, pour aérer le sol, détruire les plantes adventices et préparer les grands labours d'automne.

BINOTS n.m.p.
(Normandie). Javelles de blé dressées et réunies par le sommet afin de permettre la dessication des tiges et des herbes avant de les mettre en gerbes.
Le sarrasin était également mis en binots. Les binots de foin s'appelaient des veillottes.

BINTJE n.f.
Variété de pomme de terre précoce, à pulpe savoureuse, de couleur jaune et de forme allongée.

BIOCÉNOSE n.f.
En. **biocenose, biocenosis**
De. **Biokenose**
Es. **biocenosis**
It. **biocenosi**
Ensemble d'êtres vivants, végétaux et animaux placés sous la dépendance du milieu naturel ou *biotope*, mais réagissant les uns sur les autres au cours de leur évolution, selon un individu dominant : forêt de chênes, champ de blé, associant flore et faune.
Etym. Du grec bios, vie, et koinos, commun.

BIOCLIMATOLOGIE n.f.
En. **bioclimatology**
De. **Bioklimatologie**
Es. **bioclimatología**
It. **bioclimatologia**
Climatologie appliquée à l'étude des influences du climat sur la vie végétale et la vie animale.

BIO-INDUSTRIE n.f.
En. **agribusiness**
Es. **bioindustria**
It. **bioindustria**
Industrie étroitement associée aux produits du monde vivant et en particulier de l'agriculture. A l'amont, elle fournit semences, plants et bétail sélectionnés dans ses laboratoires ; elle prépare aliments, engrais, herbicides, insecticides pour favoriser et protéger récoltes et bétail (médecine, pharmacie vétérinaires). A l'aval, elle utilise et améliore les produits des champs et des étables et les rend assimilables pour le commerce et l'alimentation humaine (boulangerie, brasserie, vinification, etc.).
Etym. Du grec bios, vie.

BIOLOGIE n.f.
En. **biology**
De. **Biologie**
Es. **biología**
It. **biologia**
Science de la vie, des êtres vivants, selon ses deux branches maîtresses : la botanique et la zoologie.
La première est l'étude des plantes cultivées ou sauvages, la seconde est celle des animaux, domestiques ou non. L'une et l'autre débutent par l'étude de la cellule et de ses constituants, entre autres les gènes facteurs de l'hérédité, et elles se poursuivent par l'étude de la graine, de l'oeuf et de ses développements en plante ou en animal. C'est la reproduction sexuée.
Mais il y a également en agriculture la reproduction asexuée par bourgeon, par bouture, par greffe, etc. C'est en agissant sur les divers phénomènes étudiés par la biologie que l'on améliore l'élevage et les cultures.
Etym. Du grec bios, vie, et logos, science.

BIOMASSE n.f.
En. **biomass**
De. **Biomasse**
Es. **biomasa**
It. **biomassa**
Masse de matière organique formée par un ou plusieurs végétaux, ou par un ensemble de végétaux et d'animaux issu d'un même milieu, caractérisé par ses composantes naturelles (sol, relief, climat, etc.) et limité dans l'espace.
En fait, c'est le résultat de la transformation de l'énergie solaire en énergie chimique, sous forme végétale ou animale.

BION n.m.
En. **shoot** (1)
De. **Schössling** (1)
Es. **retoño, renuevo** (1)
It. **germóglio, carduccio** (1), **pollone**
1. Rejet d'une plante vivace, tels ceux de l'artichaut que l'on peut planter pour obtenir un sujet de même qualité.
C'est bionner ; le terme est alors synonyme d'oeilleton.
2. Extrémité des sarments de vigne ou des rameaux d'arbre fruitier que l'on coupe pour favoriser la formation des fruits.
C'est ébionner. (R.Blais).
Etym. Du grec bios, vie.

BIOTECHNOLOGIE n.f.
En. **biotechnology**
De. **Biotechnologie**
Es. **biotecnología**
It. **biotecnologia**
Science des fonctions végétales, et plus particulièrement, étude des modifications apportées

aux cellules vivantes cultivées pour obtenir des produits agricoles nouveaux en modifiant la composition moléculaire des végétaux.
Ex. Manipulations génétiques pour la production d'hybrides.
Etym. Du grec *bios*, vie, *tekhnè*, métier, et *logos*, discours.

BIOTOPE n.m.
En. biotope
De. Biotop
Es. biótopo
It. biotopo
Espace occupé par une biocénose (prairie, verger, etc.).
Etym. Du grec *bios*, vie, et *topos*, lieu.

BIQUE n.f.
En. she-goat (1)
De. Ziege (1)
Es. cabra (1)
It. capra (1)
1. *(Berry)*. Chèvre.
Son petit est un biquet ou un biquiou.
2. Chevalet pour soutenir les rondins de bois que l'on veut scier.
Etym. Du francique *buk*, bouc.

BIQUERIE n.f.
Etable où l'on garde les chèvres ou *biques*.

BIQUETAGE n.m.
(Sancerrois). Mise bas d'une chèvre.

BIRAT n.m.
1. Bande de terre à l'extrémité des rangs de vigne où les attelages peuvent tourner.
2. Rang de vigne entre deux bandes de cultures.
Syn. Jouaille.
Etym. Du gascon *birer*, tourner.

BISAILLE n.f.
Es. moyuelo
1. Mélange de pois et de vesce semés dans un même champ.
2. *(Beauvaisis)*. Farine très bise, de couleur grise.

BISANNUEL adj.
En. biennial
Es. bisanuo, bisanual
It. che vive due anni, biennale
Se dit des plantes dont le cycle végétatif se déroule sur deux ans.
La première année, elles ont des tiges et des feuilles et, la seconde année, des fleurs et des graines ; c'est le cas de la betterave.

BISER v.intr.
Devenir noir.
C'est le cas des graines de céréales qui, sous l'effet de moisissures, deviennent noirâtres.

BISET n.m.
De. Holztaube
Es. paloma torcaz
It. colombo selvatico
Pigeon sauvage apprivoisé, au plumage blanc argenté.
Il s'éloigne des colombiers pour chercher sa nourriture.

BISQUIÈRE n.f.
Es. cabrera
(Bourgogne). Gardeuse de chèvres.

BISSE n.f.
(Valais). Canal d'irrrigation entre les sources de la montagne et les cultures des versants et des vallées.

BISSEXUEL adj.
En. androgynous
De. doppelgeschlechtig, bisexuell
Es. hermafrodita, bisexual
It. bisessuale
Se dit d'une plante qui a les étamines et le pistil sur le même pied (maïs), ou sur la même fleur (pomme de terre).

BISSOC n.m.
Charrue munie de deux socs, deux coutres et deux versoirs.

BISTOURNAGE n.m.
En. castration
De. Kastration
Es. castración
It. castratura, castrazione
Castration par torsion sous-cutanée du cordon testiculaire chez les taureaux et les béliers.

BISULFITAGE n.m.
Es. bisulfitado
It. solfitazione
Traitement du vin avec du bisulfite qui dégage de l'anhydride sulfureux.
Celui-ci arrête les fermentations, dissout la matière colorante et favorise le débourbage. Le vin est plus limpide et de couleur plus vive.

BITURIQUE n.m.
Cru de la Gaule romaine, situé dans le Bordelais.
Son nom proviendrait de la nation celte qui occupait le Bordelais, les Bituriges Vivisci, et aurait donné plus tard le mot biture, *excessive consommation de vin.*

BIVOLTIN n.m.
It. bivoltino
Insecte qui produit deux générations par an.
Etym. Du latin *bis*, deux fois, et *volvere*, évoluer.

BIVOLTINISME n.m.
It. bivoltinismo
Caractéristique des insectes qui ont deux générations par an.
Cas des vers à soie de qualité.

BIZET n.m.
1. Race rustique de moutons d'Auvergne.
2. Race de bovins du Velay septentrional, de petite taille, mais de viande savoureuse.

BLACHE n.f.
1. Bois de chênes pubescents.
2. Clairière cultivée par intermittence, au sol pauvre.
3. *(Cévennes)*. Châtaigneraie labourée.
4. *(Dombes)*. Herbes coupées dans un marais pour la litière.

BLACHÈRE n.f.
1. *(Savoie)*. Prairie humide parsemée de joncs et de carex utilisés pour la litière.
2. *(Franche-Comté)*. Terre plantée de châtaigniers assez distants les uns des autres pour qu'on puisse y procéder à des labours.
Etym. De *blache*.

BLACK-ROT n.m.
En. black-rot
De. Schwarzfäule, Trockenfäule des Weins
Es. black-rot
It. black-rot
Maladie cryptogamique qui se développe sur la graine verte du raisin et la rend noire.
On la combat avec des bouillies cupriques.
Etym. De l'anglais *black*, noir, et *rot*, pourriture.

BLADADE n.f.
Redevance fixe prélevée sur la récolte de céréales par le propriétaire d'un domaine.
Elle équivalait à la quantité de semences réservées pour les prochaines semailles ; elle compensait le paiement des impôts ou correspondait à la location du bétail utilisé par le preneur.
Etym. De *blad*, blé en occitan.

BLADAGE n.m.
Redevance en grains due par le tenancier d'une censive à bail emphytéotique pour chaque tête de bétail composant le *cheptel de fer* du domaine.
Etym. De *blad*, blé en occitan.

BLADETTE n.f.
Blé dur cultivé dans le Midi de la France.
Ses grains, plus petits que ceux des autres variétés, lui ont valu son diminutif.
Etym. De *blad*, blé en occitan.

BLADIÈRE n.f.
(Provence). Champ de blé.
Syn. Blatière, emblavure.

BLAIE n.f.
(Guernesey). Parcelle où l'on cultive du blé pour la communauté villageoise.

BLAIREAU n.m.
En. badger
De. Dachs
Es. tejón
It. tasso
Mammifère carnassier de l'hémisphère Nord, plantigrade, aux formes trapues, long de 70 à

75 cm, à la robe grise, blanche sur la tête et rayée de deux bandes noires.
Il vit dans des terriers et s'endort pendant l'hiver. Il est omnivore, mais cause des dégâts dans les champs de maïs et dans les vignes. On le chasse avec des chiens jusque dans son trou, facile à repérer par l'odeur nauséabonde qui s'en dégage. Ses poils raides servent à faire des brosses et des pinceaux.
Etym. De l'ancien français *bler*, taché de blanc.

BLAIRIE n.f.
1. Redevance payée au seigneur pour avoir le droit de faire paître sur les chaumes, après la moisson.
2. Droit de *vaine pâture* dans les prés et les chaumes.
3. *(Centre).* Pays à céréales.
La redevance servait à payer les surveillants de la récolte, les blayers.
Etym. De *blaid*, blé.

BLANC n.m.
En. **grape mildew** (1)
De. **Rebenmehltau** (1)
Es. **ceniza de la vid, oídio** (1)
It. **peronospora della vite** (1), **plasmopara viticola**
1. Maladie cryptogamique due à un champignon de la famille des Erysiphées, genre oïdium, qui atteint les feuilles de la vigne, des rosiers, des arbres fruitiers, les rendant blanches.
2. Variété de blé à grains clairs, presque blancs.
Etym. Du germanique *blanch.*

BLANC n.m.
En. **white wine**
De. **Weisswein**
It. **vitigno bianco**
Variétés de cépages à raisins blancs : Blanc-Madame, Blanc-fumé, Blanc-manse, Blanc-ramé, etc.

BLANC DE BLANC l.m.
Vin champagnisé à partir de raisins blancs : Chardonnet, Sauvignon, Semillon, etc.

BLANC-BOIS n.m.
Bois dont la production est d'un faible rapport.

BLANC-BOURGEOIS n.m.
Farine de première qualité.

BLANC DE CHAMPIGNON l.m.
En. **mycelium**
Es. **micelio**
It. **micelio**
Mycélium de l'agaric champêtre.
Mêlé à du fumier de cheval, il produit des champignons de couche dits de Paris.

BLANC-ESTOC ou BLANC-ÉTOC l.m.
De. **Kahlschlag**
Es. **a ras de tierra, sin dejar resaluos**
It. **taglio rasente a terra**
Coupe d'une futaie en totalité, sans réserver de baliveaux.
A l'obscurité du sous-bois succède la lumière blanche de la clairière, sous les coups d'estoc, signifiant épée, souche.

BLANCHE (RACE) l.f.
1. *(Grands Causses).* Race ovine rustique à toison blanche.
2. Race bovine du Charolais à robe blanche.

BLANCHE-FERME n.f.
(Normandie). Ferme dont le loyer est presque entièrement payé en argent.

BLANCHIMENT n.m.
En. **whitening**
De. **Bleichen**
Es. **blanqueo** (1)
It. **imbiancamento**
1. Procédé permettant d'obtenir, en les privant de lumière, des tiges et des feuilles de légumes récoltées vertes et vendues blanches (endives, céleri).
2. Elimination mécanique, à l'aide d'un *blanchisseur*, du péricarpe des grains de riz, afin de leur donner une couleur blanche.

BLANCHIS n.m.
Coup de serpe pratiqué dans l'écorce d'un arbre destiné à être abattu.

BLANDONNÉE n.f.
(Jura). Méteil.

BLANMANSAIS n.m.
(Poitou). Cépage à raisins blancs, appelé aussi *Chenin* et *Pinot*.

BLANQUETTE n.f.
1. Petite poire hâtive à peau blanche.
2. Variété de raisin blanc, appelé *Chasselas doré*.
3. Vin blanc mousseux de la région de Limoux.
4. Première eau-de-vie sortant de l'alambic.
5. Variété d'olives, petites et abondantes.
6. Bière blanche très mousseuse.
Etym. De *blanchette.*

BLANZE n.f.
Variété de blé cultivé dans le nord de la France.

BLATIER n.m.
En. **corn dealer**
De. **Getreidehändler**
Es. **tratante en granos**
It. **biadaiolo**
Marchand de blé, de céréales.
Etym. Du latin *bladum*, blé.

BLATIÈRE n.f.
Es. **trigal, sembrado** (2)
1. *(Picardie).* Bât pour transporter le blé.
2. Terre semée en blé.

BLATTE n.f.
En. **cockroach**
De. **Schabe, Küchenschabe**
Es. **cucaracha, curiana, blata**
It. **piattola, blatta, scarafaggio**
Insecte orthoptère de la famille des Blattidés, vivant dans les greniers de céréales et de farine, rongeant le cuir, le papier, les étoffes et répandant une odeur désagréable.
On le chasse avec de la poudre de pyrèthre.
Syn. Cafard, cancrelat.
Etym. Du latin *blatta.*

BLAYER n.m.
(Nord de la France). Personne chargée de surveiller les récoltes de blé, de vin, de fruits afin d'éviter le maraudage.
Etym. De *blad*, *blai*, ou *bled*.

BLÉ n.m.
En. **corn, wheat**
De. **Korn, Weizen**
Es. **trigo**
It. **frumento, grano**
Céréale riche, désignée jadis sous le nom de froment, et s'opposant aux céréales pauvres : seigle, orge, avoine.
Avant le XIXème siècle, le mot blé *ou* bled, *désignait toutes les céréales panifiables. On distinguait les* gros blés, *semés en automne, des* menus blés, *semés au printemps. Les variétés de blé sont innombrables : on peut distinguer les* blés durs *des* blés tendres, *ceux-ci d'un meilleur rendement, mais moins riches en gluten ; on distingue également, selon la saison des semailles, les* blés d'hiver *des* blés de printemps.
De récentes créations de blés hybrides permettent d'adapter cette culture aux divers climats. Le mot blé *entre dans les expressions* blé de Turquie, *ou* blé d'Espagne *pour désigner le maïs, qui était parvenu dans la France du Midi par l'Espagne ou par la Turquie. Le* blé noir *désigne le sarrasin à cause de ses grains noirs. Les* grands blés *étaient, jadis, le froment et le seigle et, les* petits blés, *l'orge et l'avoine.*
Etym. Du francique *blad*, du celte *blat* et du latin *bladum*.

BLED n.m.
1. *(Afrique du Nord).* Région éloignée des villes, et mal desservie par les communications.
On distingue le bled bour *consacré aux cultures sèches, et le* bled seguia *aux cultures irriguées.*
2. Par extension, endroit écarté, loin des centres urbains.
Etym. De l'arabe dialectal.

BLED-LENT n.m.
Mélange de seigle et de lentilles que l'on semait en automne pour servir de fourrage vert aux chevaux pendant l'hiver.

BLEDZ n.m.p.
Tous les grains : céréales, vesces, pois, fèves, base essentielle de la subsistance dans l'ancienne France.

BLÉER v.tr.
Semer du blé.
On dit plutôt emblaver.

BLEIME n.m.
Meurtrissure du sabot du cheval, due à un choc, ce qui entraîne un traitement à base de sulfate de cuivre.
Etym. Du néerlandais *blein*, ampoule.

BLET adj.
En. **overripe**
De. **überreif**
Es. **pasado, modorro**
It. **mezzo, vizzo**
Se dit de l'état avancé d'un fruit.
Une poire blette est de très médiocre valeur ; une sorbe et une nèfle ne sont consommables que blettes.

BLETTE n.f.
1. Cheville de bois dont on se servait pour nouer les liens en paille de seigle autour des gerbes de blé.
2. *Bette* ou *poirée* que l'on cultive pour ses feuilles à pétioles épais.
3. Fumier de mouton que l'on brûlait pour se chauffer, dans les Alpes françaises.

BLETTISSEMENT n.m.
En. **bletting**
De. **Überreife**
Es. **pasado, madurez excesiva**
It. **ammezzimento**
Commencement de décomposition endogène de la pulpe de certains fruits, ce qui la rend molle, douce et sapide.
Etym. Du germanique.

BLEU n.m.
Es. **azul (queso azul)**
Fromage fabriqué avec du lait de vache coagulé avec de la présure et ensemencé de *Penicilium glaucum*, champignon qui se développe en moisissure de teinte bleuâtre.
Bleu des Causses, bleu de Bresse, bleu de Gex, etc.
Le Roquefort est un fromage bleu fabriqué avec du lait de brebis.

BLEUET n.m.
En. **bluebottle** (1), **blueberry** (2)
De. **Kornblume** (1), **Waldbeere, Heidelbeere, Blaubeere** (2)
Es. **aciano** (1)
It. **fiordaliso** (1)
1. Plante herbacée de la famille des Composées (*Centaurea cyanus*).
Elle se développe dans les blés dont elle ralentit la floraison et doit son nom à la couleur bleue de ses fleurs.
2. *(Canada).* Myrtille ou airelle que l'on cultive au Québec dans les *bleuétières* pour leurs baies d'un bleu sombre et de la grosseur d'un petit pois.
Cueillies de plus en plus mécaniquement, elles sont sensibles aux variations de température et d'humidité que l'on surveille par télédétection. La majeure partie de la récolte, transformée en confitures, en liqueurs ou en eau-de-vie, est exportée aux Etats-Unis et en Europe occidentale.

BLOC À TERRE l.m.
Ferme composée d'une maison d'habitation et de dépendances jointives, toutes à un simple rez-de-chaussée.

BLOC DE CULTURE l.m.
Pièce de terre d'un seul tenant, consacrée à une même culture, quoique pouvant être composée de parcelles appartenant à plusieurs propriétaires.
Si elle n'est formée que d'une partie de parcelle cadastrale, c'est une parcelle d'exploitation.

BLOC À LÉCHER l.m.
Aggloméré de divers minéraux (chlorure de sodium, sulfate de magnésium, phosphate de chaux), de vitamines et de produits antiparasitaires que l'on place dans un pâturage, à l'abri de la pluie et que les bêtes viennent lécher.
Ainsi, elles absorbent des produits que ne leur fournirait pas l'herbe.

BLOCKFLUR n.m.
Parcelle massive, aux formes rectangulaires et située dans un *openfield*.
Etym. De l'allemand, signifiant quartier.

BLOCKGEWANNFLUR n.m.
Groupe de parcelles jointives, aux côtés parallèles, mais de courte longueur, moins de 300 m. *(A. Meynier).*
Etym. De l'allemand, équivalent de quartier.

BLONDE D'AQUITAINE (RACE) l.f.
Es. **rubia de aquitania (raza)**
Race bovine, à robe marron clair, de grande taille, appréciée comme bête de travail et de boucherie.

BLOTES n.f.p.
(Centre). Bloc de terre renversé par la charrue et que l'on brisait avec un râteau.
Syn. Blostre, bloustre, blaistre, selon les régions.

BLUE GRASS n.f.
Graminée du genre *pâturin*, très nourrissante, qui recouvre les prairies naturelles du Kentucky et du Tennessee.
Etym. De l'anglais *blue*, bleu et *grass*, herbe.

BLUTAGE n.m.
En. **bolting**
De. **Beuteln, Sieben**
Es. **cernido, tamizado**
It. **abburattamento**
Opération qui consiste à tamiser de la farine à l'aide d'un bluteau.
Etym. De l'allemand *beuteln* qui a donné *beutel*, bluteau.

BLUTEAU n.m.
Appareil composé d'un cylindre tournant entouré de toile fine, ou étamine, qui tourne en même temps que des blocs de bois perforés glissant sur des bâtons.
Ces blocs frappent le châssis pour faire passer la farine à travers les mailles de la toile, tandis que le son reste à l'intérieur du cylindre. Les blocs de bois sont parfois remplacés par une roue dentée qui imprime des secousses au cylindre enfermé dans un coffre hermétiquement clos. Cet instrument est remplacé aujourd'hui par des bluteries animées d'un mouvement latéral avec des étamines de soie, aux mailles plus ou moins fines, selon la qualité de la farine que l'on veut obtenir.

BLUTER v.tr.
En. **to bolt**
De. **beuteln, sieben**
Es. **cerner, tamizar**
It. **abburattare**
Passer la farine issue des meules dans un tamis en toile, ou en bure, pour en séparer le son.
Etym. De *buleter* et *bureter*, dérivé de *bure*.

BLUTERIE n.f.
Es. **cernedor** (1), **cernedero** (2)
1. Dispositif mécanique animé d'un mouvement latéral pour bluter la farine issue des meules.
2. Local où l'on blute la farine.

BLUTOIR n.m.
En. **bolting-machine**
De. **Mehlsieb**
Es. **cernedor**
It. **buratto, frullone**
Appareil servant à bluter la farine pour en séparer le son. *Il peut être actionné à la main, ou mécaniquement.*

BOALA n.m.
(Vallée d'Ossau). Pâturage réservé aux boeufs de travail.
Syn. Bugala.
Etym. Du gascon *bio*, boeuf, issu du latin *bos*.

BOCAGE n.m.
En. **grove, coppice**
De. **Gehölz, Wäldchen** (1)
Es. **boscaje, bosquecillo** (1)
It. **boschetto, bocage**
1. Petit bois touffu et agréable.
2. Paysage composé de parcelles massives entourées de haies jalonnées d'arbres, parfois étêtés.

D'ordinaire, les parcelles d'une même exploitation agricole sont groupées autour des fermes, de sorte que l'habitat rural est dispersé et les villages ne comprennent que les services et les bâtiments publics, des ateliers, des commerces et de rares résidences privées.
Dans un bocage complet, chaque parcelle est entourée d'une haie, parfois plantée sur un talus et ouverte sur un côté par une brèche de quelques mètres que ferme une barrière en bois. Dans les bocages lâches, plusieurs parcelles peuvent être encadrées par une seule haie.
Ils comportent aussi de vastes zones sans haie à champs laniérés, les méjous bretons.
Dans les bocages dégradés, les haies sont incomplètes ou chétives. Le bocage domine dans la France de l'Ouest, sur les terrains argileux et sous climat humide. Il favorise la garde des troupeaux et la protection des récoltes. On retrouve des paysages bocagers en de nombreuses régions de France (Bourbonnais, Thiérache, etc.), en Galice, en Cornouaille, jusque chez les Bamilékés du Cameroun. Les haies des bocages, qui affirmaient les droits de propriété, gênant l'évolution du matériel moderne, tendent à disparaître. V. Débocagisation.
Etym. De l'ancien français *bosc*, bois.

BOCAGER adj.
En. **woody**
De. **waldreich**
Es. **boscoso**
It. **boschivo**
Relatif au bocage.

BOCAGEON n.m.
V. Bocain.

BOCAGNON n.m.
V. Bocain.

BOCAIN n.m.
(Vendée). Habitant du bocage.
Utilisé avec un sens péjoratif par les plainauds, *habitants de la plaine, pour désigner leurs voisins du bocage.*

BOËL n.m.
Longue parcelle en lanière, débouchant sur un chemin et se terminant par une ferme avec ses dépendances.
Plusieurs boëls jointifs constituent le meix *d'un village normand, issu d'un défrichement.*
Syn. Bol.

BOER n.m.
Gardien préposé à la garde du gros bétail par les communautés de la vallée d'Ossau.

BOEUF n.m.
En. **ox, bullock**
De. **Ochse, Rind**
Es. **buey**
It. **bove, bue**
1. Mâle de la race bovine qui a été châtré pour permettre son dressage, son emploi pour le travail et son engraissement.

Jadis, c'était un animal de trait et de labour au sud d'une ligne joignant la Vendée au Jura. Il avait déjà perdu du terrain devant le cheval, utilisé au nord de la France ; il est maintenant remplacé par le tracteur, sauf dans les péninsules méditerranéennes.
2. Viande de l'espèce bovine.
Etym. Du latin *bovem*, accusatif de *bos*, boeuf.

BOEUFS (RACES DE) l.f.p.
Es. **bueyes (razas de)**
Races bovines, très nombreuses et très variées qui paraissent descendre de l'auroch (*Bos primigenius*), disparu vers le milieu du XVIIème siècle.
Par sélection, l'homme a créé le boeuf domestique qui, actuellement, comprend, de multiples variétés par la taille, la robe, la tête, l'aptitude au travail, les qualités laitières et bouchères. On pourrait distinguer plusieurs dizaines de races signalées sous des noms de lieux : Aubrac, Maine, Abondance, etc.

BOEUTIER n.m.
(Picardie). Valet chargé de soigner les boeufs.

BOEUVONNE n.f.
Vache qui a subi l'ablation des ovaires afin de faciliter son engraissement.

BOEUVONNAGE n.m.
Ablation des ovaires d'une vache afin de faciliter son engraissement.

BOGUE n.f.
En. **chestnut shell** (2)
De. **Kastanienschale** (2)
Es. **erizo** (2)
It. **riccio** (2)
1. Ecorce des graines de chanvre.
2. Enveloppe épineuse de la châtaigne.
3. Mésocarpe de la noix.

BOGUER v.tr.
Faire mûrir sur de la paille des nèfles, des pommes, des raisins. *Ces raisins écrasés donnent un vin très apprécié, appelé vin de paille.*

BOGUETTE n.f.
V. Sarrasin.

BOHADE n.f.
Corvée effectuée pour le compte d'un seigneur par un bouvier avec deux boeufs et un chariot.
Syn. Boage.

BOHAIN n.m.
Bois défriché.
Etym. De l'ancien français *houé* ou *foué*, détruit par le feu.

BOIS n.m.
En. **wood, forest, grove**
De. **Wald**
Es. **bosque**
It. **bosco**
Lieu planté d'arbres en futaie ou en taillis, de dimensions réduites et entouré de parcelles défrichées.

C'est d'ordinaire un fragment de forêt non défriché. Il entre dans de nombreuses expressions qui en précisent le sens.
Etym. Du latin *boscus*, bois.

BOIS n.m.
En. **wood, timber**
De. **Holz**
Es. **madera**
It. **legno, legname**
Matière ligneuse et dure qui constitue la partie solide des racines, du tronc et des branches d'un arbre, d'un arbuste, d'un arbrisseau ou d'un buisson.
Il peut être irrigué par la sève et c'est du bois vif, *ou être sec et c'est du* bois mort.
Etym. Du germanique *bosk*, buisson.

BOIS AURIER l.m.
Bois composé d'arbres à feuillage abondant et servant de fourrage vert en été (ormeaux, frênes, chênes).

BOIS DE BAN l.m.
Bois réservé, soumis au ban seigneurial.
Syn. Bois banni.

BOIS BARRÉ l.m.
Bois fermé et mis en réserve.
Syn. Bois vêté.

BOIS BARRIÈRE l.m.
Bois servant de limite entre deux finages.

BOIS BLANC l.m.
Es. **madera blanca, madera de pino**
Bois de qualité médiocre, se prêtant en revanche assez bien au déroulage (peuplier, tremble, sapin).

BOIS CHABLIS l.m.
Bois dont les arbres ont été abattus par les vents ou la neige.

BOIS CHARMÉ l.m.
Bois dont les arbres sont atteints de gélivures.

BOIS COMMUNAL l.m.
Es. **madera comunal**
Bois appartenant aux habitants d'une commune.

BOIS D'AFFOUAGE l.m.
Bois soumis à des coupes régulières au profit des feux d'une communauté.

BOIS DE BRIN l.m.
Bois composé d'arbres venus par semis.

BOIS DE COEUR l.m.
En. **heartwood, duramen**
De. **Kernholz**
Es. **madera de corazón**
It. **durame, duramen, massello, cuore del legno**
Zone centrale d'un tronc d'arbre.
Formée de cernes annuels, aux teintes claires et sombres, c'est du bois mort où la sève ne circule plus, mais qui peut servir pour la construction. Syn. Bois parfait, duramen, xylème

BOIS DE CORDE l.m.
Bois bon à brûler pour le chauffage.

BOIS DE FENTE l.m.
Bois obtenu par fendage dans le sens du fil et non par sciage.

BOIS DE FERME l.m.
Bois réservé pour les besoins d'une ferme pour le chauffage et la construction.

BOIS DE FUTAIE l.m.
Es. **madera de bosque alto**
Bois composé d'arbres ayant plus d'un demi-siècle et même de cent vingt ans dans les *hautes futaies*.

BOIS D'ENTRÉE l.m.
Bois qui commence à dépérir.

BOIS DE TAILLIS l.m.
Bois poussés sur souche et que l'on coupe tous les vingt ou trente ans.

BOIS DE TRITURATION l.m.
Bois servant à la fabrication de panneaux.

BOIS D'INDUSTRIE l.m.
Bois destiné à la fabrication de poteaux de mine et de traverses de voies ferrées.

BOIS DOMANIAL l.m.
Bois appartenant à l'Etat.

BOIS DUR l.m.
Bois des chênes, châtaigniers et de beaucoup d'arbres tropicaux.

BOIS EN DÉFENS l.m.
Bois qui ne peut être coupé ni pacagé.

BOIS EN GRUERIE l.m.
Bois qui peut être pacagé par les troupeaux d'une communauté.

BOIS FEUILLARD l.m.
Bois débité en lamelles pour fabriquer des cercles de barrique.

BOIS MARMENTEAU l.m.
Bois composé d'arbres qu'on ne peut couper.

BOIS PARFAIT l.m.
Bois issu du coeur de l'arbre et de qualité supérieure.

BOIS TANNANT l.m.
Bois contenant du tanin.

BOIS TENDRE l.m.
Bois des résineux et des peupliers.

BOIS VIF l.m.
Bois qui conserve ses branches et ses feuilles.

BOIS DE RÉSERVE l.m.
Bois qu'on ne peut exploiter qu'en cas d'urgence.

BOIS MORT l.m.
Bois composé d'arbres morts et de branches brisées.

BOIS (FINS, BONS, ORDINAIRES, À TERROIR) l.m.p.
Appellations des diverses qualités de cognac, selon des territoires bien délimités, autour de la Champagne charentaise.
Les fins bois *sont les plus appréciés.*

BOISAGE n.m.
V. Boisement.

BOISEMENT n.m.
En. **afforestation** (1)
De. **Bewaldung** (1)
Es. **plantación de árboles** (1), **repoblación** (2)
It. **imboschimento**(1)
1. Plantation ou semis d'arbres dans une parcelle pour obtenir un bois.
2. Conquête par les arbres d'un terrain abandonné.

BOISER v.tr.
En. **to afforest**
De. **bewalden**
Es. **poblar de árboles, repoblar**
It. **imboschire**
Planter ou semer des arbres.

BOISILLAGE n.m.
Activité s'effectuant en forêt.

BOISILLEURS n.m.p.
Jadis, habitants des forêts où ils bâtissaient des huttes, chassant, cueillant du miel et de la cire, fabriquant du charbon, écorçant les arbres à tanin, etc.

BOISSEAU n.m.
En. **bushel**
De. **Scheffel**
Es. **celemín**
It. **moggio, staio**
Mesure de capacité pour les grains utilisée avant l'apparition du système métrique et dont la contenance, variant d'une région à l'autre et en fonction des céréales mesurées, correspondait en moyenne à 13 litres.
Etym. Du latin buxida, *boîte.*

BOISSELÉE n.f.
Es. **celeminada** (1)
It. **staiata**
1. Contenu d'un boisseau.
2. Etendue de terre ensemencée avec un boisseau de grain, soit environ 10 ares avec 13 litres de blé.
Ces mesures étaient variables dans l'espace et dans le temps.

BOISSELIER n.m.
En. **cooper**
De. **Holzwarenfabrikant, Böttcher**
Es. **fabricante de celemines**
It. **fabbricante di utensili in legno**
Fabricant de mesures de capacité et d'ustensiles de ménage en bois.

BOISSELLERIE n.f.
Atelier de fabrique de mesures de capacité en bois.

BOISSELON n.m.
Petite bêche à lame très étroite pour sarcler les plantes des jardins maraîchers.

BOISSIÈRE n.f.
Terrain situé près des bois, ou conquis par les bois.

BOIS-TOUT n.m.
Puisard destiné à absorber les eaux des toitures ou d'un champ bien drainé.

BOÎTE n.f.
Piquette obtenue en versant de l'eau sur du marc quand le vin a été écoulé.
L'expression vin en boite *indique que ce vin est bon à boire.*

BOITEL n.m.
Grain prélevé par le meunier pour son salaire.
En Beauvaisis, c'était le seizième de la quantité écrasée par les meules.

BOITERIE n.f.
En. **lameness**
De. **Lahmen, Hinken**
Es. **cojera**
It. **zoppaggine, zoppia**
Démarche irrégulière d'un cheval due à une blessure, à une inflammation ou à un défaut des articulations.
Elle est accidentelle, intermittente ou chronique ; elle constitue alors un vice rédhibitoire.

BOL n.m.
Enclos autour de la ferme.
Il n'était pas soumis aux contraintes communautaires et aux redevances seigneuriales.
Syn. Meix, boël.
Etym. Du gaëlique.

BOLET n.m.
En. **boletus**
De. **Bolet, Steinpilz**
Es. **boleto**
It. **boleto, porcino**
Type de champignon basidomycète.
On en compte environ deux cents espèces, les unes comestibles, les autres vénéneuses.
Etym. Du latin boletus, *bolet.*

BOLLE n.f.
(Provence). Terroir soustrait à la dépaissance et composé de parcelles au sol fertile et bien cultivé.
Délimité par des bornes ou bolles.

BOLOTTE n.f.
(Morvan). Plaine cultivée.

BOMBYX n.m.
De. Seidenspinner
Es. gusano de seda, bómbice
It. bombice
Lépidoptère à gros papillon et à chenille poilue dont les diverses variétés causent des dégâts aux arbres, notamment aux arbres fruitiers. *V. Bombyx du murier.*
Etym. Du grec *bombux*, ver à soie.

BOMBYX DU MÛRIER l.m.
En. silkworm
De. Maulbeerspinner
Es. bómbice, gusano de seda
It. bombice, baco da seta
Papillon du ver à soie, *Bombyx mori.*
Etym. Du grec *bombux*, ver à soie.

BONBONNE n.f.
En. carboy
De. Korbflasche
Es. alcolla, bombona, damajuana
It. damigiana
Récipient à large ventre, en verre ou en grès, pour contenir des liquides.

BON-CHRÉTIEN n.m.
It. buoncristiana
Variété de poire, assez grosse, à peau jaune quand elle est mûre et à pulpe blanche, fondante et légèrement musquée.

BONDE n.f.
En. culvert (1), bunghole (2), bung (3)
De. Spundloch (2), Pfropfen (3)
Es. desaguadero, vaciadero (1), piquera (2)
It. saracinesca (1), cocchiume (2), zipolo, zaffo (3)
1. Fermeture à écluse d'un étang.
2. Trou circulaire de 6 à 7 cm de diamètre au milieu de la partie supérieure d'un tonneau.
3. Bouchon de bois ou de liège servant à boucher ce trou.
Etym. Du latin *bunda*, bonde.

BONDON n.m.
En. bung, plug (1)
De. Spund (1)
Es. tapón, botana (1)
It. zipolo, zaffo del cocchiume (1)
1. Bouchon de bois ou de verre qui sert à fermer, à *bondonner*, la bonde d'un tonneau.
2. Fromage fabriqué dans le pays de Bray, en Normandie et ayant la forme d'un *bondon*.

BON FERMIER l.m.
Variété de blé très appréciée à cause de ses grains ronds et lourds et de sa maturité précoce.

BONIFICATION n.f.
En. improvement
De. Badenverbesserung, Amelioration
Es. bonificación
It. bonifica, bonificamento
Amélioration de la terre par les façons culturales et les engrais et, par extension, terroirs conquis par le drainage ou l'irrigation et livrés à la culture.
L'opération s'effectue par initiative individuelle ou par une communauté. Elle entraîne une nouvelle structure agraire avec parcelles, chemins et habitations selon un plan préétabli.
Etym. Du latin *bonificare*, rendre meilleur.

BONJEAU n.m.
(Flandre). Botte de tiges de lin liées ensemble pour être rouies.
Etym. De l'ancien français *bonje* ou *bonjeau*, botte.

BONNET n.m.
En. reticulum
De. Netzmagen
Es. redecilla
It. reticolo
Chez les bovins et les ovins, seconde cavité de l'estomac d'où les aliments ramollis remontent par l'oesophage dans la bouche pour être mâchés avant de redescendre dans le feuillet où ils sont digérés avant de passer dans la caillette.
Etym. Origine germanique, signifiant étoffe souple.

BONNIER n.m.
1. Personne qui a obtenu du seigneur quelques parcelles de terre, ou *bonniers*, pour y pratiquer de petites cultures vivrières personnelles.
2. Mesure de surface agraire d'environ 140 ares, utilisée dès le IXème siècle.
Etym. Du latin *bunatarius*, celui qui a obtenu une concession.

BONSAI n.m.
En. bonsai
De. Bonsai
Es. bonsai
It. bonsai
Arbre ornemental, atteignant normalement plusieurs mètres de haut, rendu minuscule (quelques dizaines de cm) par des techniques spéciales de l'agronomie japonaise faisant intervenir des modifications mécaniques ou génétiques des plantes.
Etym. Du japonais.

BONTEMPS n.m.
(Médoc). Récipient en bois où sont battus les blancs d'oeuf montés en neige, et versés dans le vin d'un fût pour le rendre limpide.
V. Collage.

BOQUETEAU n.m.
En. spinney, grove
De. Wäldchen
Es. bosquete
It. boschetto
Petit bouquet d'arbres, de 15 à 20 a, au milieu de terrains cultivés.

BOQUILLON n.m.
Ouvrier abattant des arbres de futaie.
Syn. Bûcheron.
Etym. De *bosc*, bois, en occitan.

BORASSE n.m.
Genre de palmier à feuilles en éventail et produisant le *vin de palme* avec sa sève fermentée.

BORD n.m.
En. boundary, board
De. Rand
Es. borde, lindero
It. bordo, orlo
Lisière, orée d'un bois, extrémité d'un champ ou *chaintre*, limite d'un verger, d'une vigne.

BORDAGE n.m.
De. Bauernhof (kleiner)
Es. alquiera, cortijo
It. bordatura
(Anjou, Bas Maine). Tenure féodale limitée à une petite exploitation nommée *borde*.
Le tenancier, ou bordager, devait acquitter un cens et ne pouvait disposer de la tenure. Parfois, le terme se limitait à une maison et à quelques lopins de terre, parfois à une seule parcelle enclose.
Syn. Borderie, closerie.
Etym. Du latin *bordagium*, domaine issu d'un récent défrichement.

BORDE n.f.
En. farm (1)
De. Bauernhof (1)
Es. granja (1)
It. masseria (1), podere a mezzadria (3)
1. *(Aquitaine).* Bâtiments d'une exploitation agricole.
2. Exploitation agricole située en bordure des grands domaines.
3. Métairie d'un grand domaine.
4. *(Pyrénées françaises).* Grange-étable située à mi-pente, entre le village de la vallée et les pâturages des estives.
C'est une étape pour le bétail transhumant.
Etym. Du francique *borda*, cabane en planches.

BORDEAUX (VINS DE) l.m.p.
En. Bordeaux wines
De. Bordeaux (Weine aus)
Es. Burdeos (vinos de)
It. Bordeaux (vini di)
Vins récoltés dans les environs de Bordeaux.
Le vignoble qui les produit remonte à l'époque romaine ; ses premiers cépages appelés biturica auraient été apportés de Galice. Sa réputation s'accrut au Moyen-Age quand les Anglais possédaient la Guyenne. Ses crus et ses qualités se sont affirmés et différenciés au cours des trois derniers siècles. On peut distinguer trois régions de crus classés, se divisant en sous-régions et en châteaux, selon la classification de 1855 :
a) Au nord de la Dordogne, de Castillon à Blaye, les vins rouges de Saint-Emilion, de

Pomerol, de Fronsac, de Saint-André-de-Cubzac, de Bourg et de Blaye.
b) Entre la Dordogne et la Garonne, les vins de l'Entre-Deux-Mers, blancs et rouges, parmi lesquels se distinguent ceux des Premières Côtes de Bordeaux et de Bordeaux-Saint Macaire.
c) A l'ouest de la Garonne, les vins de Bordeaux se divisent en deux groupes, ceux du Médoc et des Graves ; les premiers, surtout des vins rouges, proviennent des "châteaux" : Laffitte, Mouton-Rotschild, Margaux, Palmer, d'Estournel, et de "bourgs" : Saint-Estèphe, Listrac, Pauillac ; les seconds, surtout des vins blancs, vins blancs secs des Graves de Pessac, Léognan, Labrède ; vins blancs doux de Sauternes, avec Château-Yquem, Château Guiraud, Barsac, sur la rive gauche de la Garonne, Loupiac, Sainte-Croix-du-Mont sur la rive droite (carte N°2).

BORD DE CHAMP l.m.
Bordure de labour où tournaient les attelages et, aujourd'hui les tracteurs, et qui, par conséquent, est mal entretenue.
Elle porte de nombreux noms locaux: aboutis, chaintre, fourière, talvere, tournailles, etc.

BORDELAGE n.m.
1. Droit seigneurial perçu sur les revenus des tenures, ou bordes.
Il était perçu en argent pour les bois, les prés et les vignes, en blé pour les champs, en volailles et plumes pour le bétail.
Syn. Bourdelage.
2. Contrat qui fixait les redevances du tenancier.
3. Censive chargée d'une redevance en "deniers, grains et plusmes, ou des trois les deux".
Si le preneur ne la cultivait pas pendant trois années consécutives, il s'exposait à la commise. Pour en hériter, il fallait être en commun avec le tenancier au moment de son décès et acquitter un droit, le tiers-denier.

BORDELAISE adj.
Es. bordelesa (1)
1. Se dit d'une barrique en chêne ou en châtaignier d'une contenance de 225 litres.
2. Qualifie une bouillie, mélange de sulfate de cuivre et de chaux avec de l'eau.
Projetée sur les feuilles de vigne à l'aide de sulfateuses portées à dos d'homme ou tirées par des tracteurs, elle combat le mildiou et l'oïdium.

BORDELAISE n.f.
En. Bordeaux bottle (1)
De. Bordeauxweinflasche (1)
Es. bordelesa, botella bordelesa (1), (2)
1. Bouteille de 75 centilitres, de forme classique, pour les vins de Bordeaux.
2. Race bovine à robe pie noire.

BORDELIER n.m.
1. Preneur qui tenait une terre en bordelage.
2. Seigneur qui a concédé une terre en bordelage.
3. Héritage composé de terres en bordelage.
Syn. Bourdelier.
Etym. Du vieux français *bordel*, maisonnette dans les champs.

BORDERIE n.f.
De. Pachthof (3), Meierei (4)
Es. alquería (4)
It. piccola masseria (4)
1. *(Poitou).* Quantité de terre que l'on peut cultiver avec deux boeufs.
2. Région située au nord de la Charente et produisant des cognacs réputés.
3. Exploitation agricole qui, dans l'ancien droit féodal, était concédée à un bordier.
Celui-ci pouvait la transmettre à ses héritiers, sous condition de résidence, de mise en culture et de paiement d'une redevance ; c'était une censive.
4. Exploitation agricole moins importante qu'une métairie, mais plus étendue que les terres volantes.
Ordinairement de 9 à 10 ha, elle se situait souvent en bordure des grands domaines. En général, une borderie avait recours à des boeufs ou à des vaches, empruntés au dehors. Comme elle ne possédait pas de bêtes de somme, son possesseur devait tout porter lui-même, doù le nom de porte-à-col *donné parfois aux borderies. Depuis un siècle, les borderies ont disparu par suite de l'exode rural ou bien se sont agrandies aux dépens des terres abandonnées.*

BORDIER n.m.
En. tenant (2)
De. Pächter (2)
Es. granjero (1)
It. mezzadro (2)
1. Exploitant d'une borde.
2. Tenancier qui devait verser une redevance au seigneur de sa terre, moyennant quoi il en disposait comme s'il en était le propriétaire.
3. Personne qui exploite une ferme à mi-fruit.
C'est un métayer.
4. Maître-valet qui exploite, pour le compte du propriétaire, une *cabane* du Marais Poitevin avec l'aide d'ouvriers agricoles qu'il nourrit.

BORDIER adj.
Qualifie les terrains qui bordent un chemin de grande circulation, ou qui isolent un champ d'une route.

BORDURE n.f.
En. border, edge
De. Einfassung
Es. arriate
It. bordura
Bande étroite de terrain délimitant une planche de culture, un pourtour de parterre, et matérialisée sur le terrain par des pierres, des arceaux ou des plantes vivaces.
Etym. Du francique *bord*, planche, bordure.

BORGNE adj.
En. without leaf bud
De. einäugig
It. privo di occhio
Se dit d'une plante privée de son bourgeon terminal, ce qui l'empêche de pommer, en particulier le pied de salade, le chou, etc.

BORIE n.f.
1. *(Bassin aquitain).* Exploitation agricole.
2. *(Provence).* Cabane en pierres sèches, de forme ronde ou carrée, à toit conique, pour abriter les bergers ou les outils des vignerons.
Syn. Gariote.
Etym. Du francique *borda*, cabane en planches située en bordure d'un domaine, ce qui a donné *borderie, borie, borio* en occitan.

BORNAGE n.m.
En. marking out (1)
De. Abgrenzung, Abmarkung (1)
Es. amojonamiento, deslinde (1)
It. picchettazione, picchettamento, delimitazione dei confini (1)
1. Action de borner une parcelle après l'avoir limitée.
Les conditions que doit remplir légalement un bornage sont fixées par l'article 646 du Code Civil.
2. Tassement de la terre autour d'un plant pour en favoriser la reprise.
Etym. Du latin *bordina*, borne frontière.

BORNAIS n.m.
Sol siliceux, pauvre en calcaire, plus favorable aux brandes qu'aux cultures.
Il se forme en Poitou sur les dépôts descendus du Limousin. En Berry, le même terme s'applique à des terres argilosiliceuses, appelées aussi bournais.

BORNAL adj.
Qualifie ce qui sert à borner, à limiter.
En particulier les pierres bornales *ou* bornaires, *qui fixent les limites des parcelles.*

BORNE n.f.
En. boundary stone (1), cornerstone (3)
De. Grenzstein, Feldstein (1), Randstein (3)
Es. mojón, hito (1)
It. termine, cippo di confine (1), confine (2), paracarro, scansaruote (3)
1. Pierre servant à indiquer la limite de deux parcelles contiguës et n'appartenant pas au même propriétaire.
Haute de quarante à cinquante centimètres, elle est enfouie dans la terre et repose sur des témoins, soit deux fragments cassés d'une tuile.
2. Fossé, ligne d'arbres, haie limitant un champ.
3. Pierre dressée contre les murs des fermes pour les préserver du choc des roues.
C'est une boute-roue.
Etym. Du latin *bordina*, borne frontière.

BORNER v.tr.
En. **to border, to mark out** (1)
De. **abgrenzen, begrenzen** (1)
Es. **limitar, amojonar, deslindar** (1)
It. **delimitare** (1)
1. Fixer les limites d'une parcelle à l'aide de bornes
2. Enlever une plante avec la terre qui entoure ses racines pour la repiquer et lui éviter ainsi d'être desséchée.

BORNOYER v.tr.
De. **visieren**
Es. **alinear**
It. **picchettare**
Planter des jalons pour établir une ligne droite le long de laquelle on plantera une rangée d'arbres, des pieds de vigne, etc.

BOSQUET n.m.
En. **grove**
De. **Lustwäldchen, Hain**
Es. **bosquete**
It. **boschetto**
1. Groupe d'arbres, de petites dimensions, destinés à servir d'abri et d'ombrage au bétail et aux animaux sauvages mais utiles.
2. Petit bois d'agrément, planté d'essences rares, auprès d'un château.
Etym. Du celtique bosc, qui a donné bosco et boschetto en italien.

BOSSE n.f.
En. **bump** (1)
De. **Buckel, Beute** (1)
Es. **relieve** (1)
It. **gobba** (1)
1. Surface élevée et cultivée au milieu des marais d'Aunis.
2. Diguette séparant les bassins des marais salants.
3. Surface plane déterminée dans une grume par le premier coup de scie effectué dans le sens de la longueur.

BOSSIS n.m.
Levée de terre, parfois cultivée, séparant les bassins dans les marais salants et les marais à poissons de Vendée. *(F.Verger).*

BOSTRYCHE n.m.
En. **powder-post beetle**
De. **Holzbohrer**
Es. **barrenillo, bóstrico**
It. **bostrico**
Insecte coléoptère de petite taille dont la larve creuse des galeries dans et sous l'écorce des arbres.
Parfois confondu avec le scolyte.
Etym. Du grec bostrukhos, boucle de cheveux, à cause de l'aspect des élytres.

BOT n.m.
(Aunis). Levée de terre entre deux canaux.

BOTOYER n.m.
Jadis, tenancier de ferme installé dans la vallée d'Ossau et n'ayant aucun droit sur les pâturages communaux.
Pour les utiliser il devait payer une redevance. (H.Cavaillès).

BOTRYTIS n.m.
It. **botrite**
Champignon discomycète parasite du ver à soie auquel il cause la maladie de la *muscardine*, variété de moisissure.

BOTRYTIS CINEREA n.m.
Champignon microscopique qui cause une moisissure sur les graines de raisin.
C'est la pourriture noble sur les raisins blancs de Sauternes et de Monbazillac et la pourriture grise sur les raisins noirs. La première, en réduisant le suc de la pulpe et en accroissant par contre-coup la teneur en sucre, améliore la qualité du vin ; au contraire, la seconde le gâte en lui communiquant un goût de moisi.
Etym. Du grec botrus, grappe, l'appareil spirifère du champignon ayant l'aspect d'une grappe, et du latin cineris, qui a l'aspect de la cendre.

BOTTE n.f.
En. **bundle** (4)
De. **Bündel, Heubündel** (4)
Es. **gorgojo** (1), **manojo, gavilla** (2), **haz** (4)
It. **calandra del grano, punteruolo** (1), **mazzo** (2)
1. Charançon du blé.
2. Groupe de tiges liées ensemble, telle une botte d'asperges.
3. Echalas réunis pour soutenir une treille.
4 Masse de végétaux, verts ou secs, fortement pressés et liés. *Ex. Une botte de foin.*
Etym. Du néerlandais bote, touffe de lin.

BOTTELAGE n.m.
En. **bundling, trussing**
De. **Binden**
Es. **agavillamiento**
It. **legatura in fasci, fastelli**
Travail qui consiste à rassembler, à serrer et à lier des tiges coupées de céréales, de radis, d'asperges, etc., soit à la main, soit avec une *botteleuse.*
Etym. De l'ancien français botel, petite boîte.

BOTTELEUSE n.f.
En. **trusser, straw binder**
De **Bindemaschine, Strohbinder**
Es. **agavilladora, enfardadora**
It. **legatrice**
Machine agricole servant à mettre en bottes les fourrages secs, la paille des céréales et les asperges.
Syn. Botteloir.

BOUARAILLE n.f.
(Vendée). Champ marécageux.

BOUASE n.f.
(Limousin). Terre inculte en voie de boisement.
Etym. De bois, boisé.

BOUC n.m.
En. **male goat, billy goat**
De. **Bock, Ziegenbock**
Es. **cabrón**
It. **capro, becco**
Mâle de la chèvre.
Etym. Du celte bucco, bouc.

BOUCAGE n.m.
V. Badianier.

BOUCAISE n.f.
Redevance due pour une vigne qui n'était pas tenue en censive ou en fief.

BOUCAN n.m.
(Antilles françaises). Brûlis.

BOUCHAGE n.m.
En. **corkage**
De. **Verkorken, Verschliessung**
Es. **tapadura, taponamiento**
It. **chiusura con tappo**
Opération qui consiste à fermer un trou à l'aide d'un bouchon.
Le bouchage des bouteilles de vin se fait à la main ou mécaniquement à l'aide d'un bouche-bouteille.

BOUCHALES n.m.
Cépage à raisins noirs cultivé dans l'Ariège.

BOUCHAUD n.m.
Vanne placée à l'écluse du canal d'un moulin pour retenir ou laisser passer l'eau.
Etym. Du latin bucca, bouche.

BOUCHER n.m.
En. **butcher**
De. **Fleischer, Metzger**
Es. **carnicero**
It. **macellaio**
Personne qui abat le bétail et qui en vend la viande au détail, crue ou cuite, dans une boucherie.
Etym. Du français, bouc.

BOUCHERIE n.f.
En. **butcher's shop** (2)
De. **Schlachthof** (1), **Fleischerei** (2)
Es. **carnicería** (2)
It. **macelleria** (2)
1. Industrie de la viande.
2. Local où l'on prépare et où l'on vend la viande du bétail abattu.

BOUCHETURE n.f.
(Vendée). Clôture autour d'un pré ou d'un champ.

BOUCHON n.m.
En. **cork** (1)
De. **Kork, Korkpfropfen** (1)
Es. **tapón, corcho,** (1), **cepillo** (2)
It. **tappo** (1)
1. Morceau de liège cylindique servant à fermer les bouteilles.
2. Brins de paille liés et serrés, servant à nettoyer la peau d'un animal domestique, notamment d'un cheval.

Etym. Du vieux français *bousche*, faisceau de branchages.

BOUCHONNAGE n.m.
Es. cepillado
Action de bouchonner.

BOUCHONNER v.tr.
En. to wisp down
De. abreiben
Es. cepillar un caballo
It. strofinare
Frotter un cheval avec un bouchon de paille pour le nettoyer et le soigner.
Etym. Du vieux français *bousche*, brassée de branches fermant une ouverture.

BOUCHOT n.m.
De. Muschelsaatbank (1,2)
Es. mejillonera (1), (2), vivero (3)
1. Pieu en bois, planté dans la vase des marais vendéens et où se fixent les jeunes moules.
2. Ensemble des pieux d'un parc à moules.
3. Ensemble de clayonnages et de filets verticaux ouverts sur les marais, mais non sur l'Océan, afin de retenir les poissons à marée descendante. *Etym.* De l'ancien français *bousche*, faisceau de branches.

BOUCHURE n.f.
En. quickset hedge
De. Hecke
Es. seto vivo
It. siepe viva
Haie qui entoure les prés et borde les chemins pour canaliser les troupeaux ou fournir de l'ombre et du fourrage.
La parcelle enclose est une embouchure *ou pré* d'embouche.

BOUCLAGE n.m.
Es. anillado
Action de boucler.
On dit aussi bouclement.
V. Boucler.

BOUCLEMENT n.m.
V. Bouclage.

BOUCLER v.tr.
En. to ring
De. beringen
Es. anillar
It. inanellare
Placer un anneau dans le nez d'un taureau ou sur le groin d'un porc.
Dans le premier cas, c'est pour rendre l'animal docile ; dans le second, c'est pour l'empêcher de fouir le sol de son étable.

BOUDONNIÈRE n.f.
Instrument pour percer la bonde d'une barrique.

BOUDRIÈRE n.f.
Es. tizón del trigo
Carie du froment.
Etym. Déformation de *poudrière*, le grain étant réduit en poudre noire.

BOUEIRE n.f.
(Ariège). Attelage de vaches pour les labours.

BOUELLE n.f.
(Saintonge). Bêche à large lame pour travailler la vigne.

BOUE n.f.
En. mud
De. Schlamm, Kot
Es. fango, limo
It. fango
Détritus divers, enrobés dans de la terre et imbibés d'eau.
Recueillie dans les basses cours et les chemins, c'est un excellent engrais. La boue des villes, ou gadoue, *sert également de fertilisant.*

BOUGE n.f.
1. *(Bourgogne)*. Petite cuve servant à porter le raisin au pressoir.
2. Partie renflée d'un tonneau.

BOUHIER n.m.
(Anjou, Périgord). Laboureur, ouvrier agricole qui utilisait des boeufs pour le travail des champs.
Etym. Déformation de *bouvier*.

BOUHITE n.f.
Maladie des moutons landais caractérisée par un essoufflement et un amaigrissement qui entraînent la mort.
Elle paraît due à l'eau de pluie qu'ils boivent dans les godets suspendus aux troncs des pins et contenant de la résine qui irrite les voies respiratoires.
Etym. Du gascon *bouha*, souffler.

BOUIGE n.f.
1. Parcelle en friche.
2. *(Poitou)*. Terre en jachère. *(A. Perrier)*.
Syn. Bouygo, boygue, *etc., selon les divers dialectes.*
Etym. Du celte, *bodica*, friche.

BOUILLE n.f.
(Jura). Récipient dans lequel on transporte le raisin.

BOUILLÉE n.f.
Pied d'osier planté à l'extrémité d'un rang de vigne afin de fournir des *accols*.

BOUILLEAU n.m.
Cépage à raisins blancs cultivé dans les Charentes.

BOUILLEUR DE CRU l.m.
En. farmer distiller
De. Branntweinbrenner, Eigenbrenner
Es. cosechero destilador
It. distillatore in proprio
Agriculteur qui distille ou fait distiller sa propre récolte à l'aide d'un alambic ambulant.
Le produit distillé peut être du vin, du marc, du cidre, du poiré, des mélasses, etc. Jusqu'en 1959 les bouilleurs de cru privés avaient le privilège de distiller jusqu'à 50 litres d'alcool pur sans déclaration, ni impôt ; ils pouvaient vendre jusqu'à 10 litres sans payer de droits. Une loi de 1960 ne maintient ce privilège qu'à ceux qui le possédaient déjà ; ils ne peuvent le transmettre à leurs enfants ; en outre, on ne peut distiller que dans un lieu public. Ainsi s'atténuera un abus qui a favorisé l'alcoolisme dans les campagnes.

BOUILLIE CUPRIQUE l.f.
En. Bordeaux mixture
De. Schwefelsäure
Es. sulfato de cobre
It. poltiglia bordolese, miscela cuprocalcica
Préparation à base de sel de cuivre et de chaux réduits en poudre, que l'on délaie dans l'eau et que l'on projette sur les végétaux à l'aide d'une *sulfateuse*, tirée par un cheval ou un tracteur.
Jadis, elle était portée à dos d'homme. On distingue, selon leur composition, la bouillie bourguignone *et la* bouillie bordelaise ; *elles sont utilisées pour combattre les maladies cryptogamiques des plantes cultivées et notamment le mildiou de la vigne.*

BOUILLIR v.tr.
En. to ferment (1)
De. garen, kochen (1),
    destillieren, brennen (2)
Es. fermentar (1), destilar (2)
It. fermentare, bollire (1)
1. Dégager des bulles de gaz carbonique, sous l'influence de la chaleur et de la décomposition du glucose, dans un moût, lors de sa fermentation.
2. Dégager, sous l'influence de la chaleur, dans un alambic, l'alcool contenu dans un liquide qui a fermenté (vin, cidre, mélasse).
C'est l'oeuvre d'un bouilleur de cru.
Etym. Du latin *bouillire*, faire des bulles.

BOUILLON n.m.
1. Source d'où l'eau sort en bouillonnant.
2. Endroit très argileux d'une terre où l'eau séjourne longtemps.

BOUILLON-BLANC n.m.
En. Aaron's rod
De. Königskerze
Es. gordolobo
It. tasso-barbasso
Plante de la famille des Scrofulariacées à grosses feuilles poilues, de teinte blanche, à inflorescence en forme de hampe.
Ce sont ses fleurs qui sont utilisées en pharmacie contre les inflammations des voies respiratoires.

BOUILLOT n.m.
(Bourgogne). Bât que l'on place sur le dos d'un âne ou d'un mulet, pour transporter des récoltes, ou du fumier.

BOUJILADE n.f.
Culture dans un même champ d'une céréale et d'une légumineuse pour servir de fourrage vert.
V. Dravée.

BOULAGE n.m.
Es. embolado
Opération qui consiste à placer des boules au bout des cornes, spécialement quand il s'agit de taureaux, pour les rendre moins dangereuses.

BOULAIE n.f.
En. birch plantation
De. Birkenwäldchen
Es. abedular
It. piantagione di betulle
Bois de bouleaux.

BOULANGERIE n.f.
En. bakery, bread-making
De. Bäckerei
Es. panadería
It. panificio (1), panificazione (2)
1. Local où l'on fabrique du pain.
2. Fabrication du pain avec des farines de céréales, de l'eau, du levain, du sel et cuisson au four.

BOULBÈNES n.f.p.
Sols composés de sable fin, de limon et d'argile, en Gascogne et en Quercy.
Les boulbènes d'Armagnac proviendraient d'éléments siliceux très fins, prélevés sur les sables des Landes par les vents d'ouest, sous climat sec. Les boulbènes du Quercy dériveraient des marnes et des calcaires du Lias : elles sont très fertiles ; il ne faut pas les confondre avec celles de Gascogne.
Etym. Du latin *pulvis*, poussière, et du provençal *bolbo*, grain de poussière.

BOULBÈNES BLANCHES l.f.p.
(Gascogne). Boulbènes des hautes terrasses, très podzolisées, avec des croûtes, ou *greeps*, imperméables et très infertiles.

BOULBÈNES FRANCHES l.f.p.
Boulbènes des basses terrasses des vallées d'Armagnac, peu fertiles.

BOULBÈNES LÉGÈRES l.f.p.
Boulbènes des versants occidentaux des vallées de l'Armagnac.
Les unes et les autres peu fertiles, sont cependant faciles à travailler.

BOULEAU n.m.
En. birch-tree
De. Birke
Es. abedul
It. betulla
Arbre de la famille des Bétulacées (*Betula verucosa*).
Originaire des régions froides de l'hémisphère Nord, il pousse dans les terrains les plus pauvres. Son écorce, d'abord brune jusqu'à l'âge de quatre ans, devient d'un blanc argenté qui fait, avec la légèreté du feuillage, le charme de cet arbre. Sa sève peut fournir du sucre et une boisson alcoolisée.

BOULET n.m.
En. fetlock
De. Fessel, Köte
It. nodello
Articulation du pied du cheval, de l'âne et du mulet, entre le canon et le paturon.
Elle doit son nom au léger renflement sphérique que forment les deux extrémités des os jointifs.

BOULEUX adj.
Es. percherón
Qualifie un cheval au corps trapu, propre aux gros travaux.

BOULIN n.m.
En. pigeonhole
De. Taubenloch
Es. hornilla
It. nido di colombaia
Petite niche ronde ou carrée, aménagée sous la toiture d'un pigeonnier, ou le long d'un mur de colombier, pour abriter des couples de pigeons.

BOULINGRIN n.m.
En. lawn
De. Rasenplatz, Rasen
Es. cuadro de césped
It. spiazzo erboso
Pelouse souvent tondue pour les jeux de boules.
Etym. De l'anglais *bowling green*.

BOULOISE n.f.
(Berry). Se dit d'une terre argilocalcaire dérivée des calcaires jurassiques sous-jacents.
Très fertile, elle s'oppose aux sols argilosiliceux des brandes provenant des dépôts tertiaires descendus du Massif Central.

BOULONNAISE (RACE) l.f.
1. Race de chevaux aux formes larges et trapues, utilisée pour le trait et le labour et originaire du Boulonnais.
2. Race de moutons de l'Artois.

BOULURE n.f.
En. sprout
De. Wurzelspross, Schössling
Es. retoño
It. rimessiticcio
Tige poussée sur la racine d'un arbre et que l'on coupe pour qu'elle n'épuise pas le pied principal.

BOUQUET n.m.
En. flavour, aroma (1)
De. Wohlgeruch, Bukett (1)
Es. aroma, perfume (1)
It. bouquet, profumo, aroma (1)
1. Qualité d'un vin qui, en vieillissant, dégage un parfum agréable.
2. Qualité d'un cheval qui a un beau port de tête.
Il a du bouquet.

BOUQUET n.m.
En. bunch of trees, of flowers (1)
De. Strauss (1), Strohwisch (2)
Es. bosquecillo (1)
It. mazzo (1), boschetto
1. Groupe d'arbres, ou de fleurs, groupés en touffes ornementales.
2. Poignée de paille tressée et ornée que l'on attache à la queue d'un cheval quand on veut le vendre.
Etym. De *bosquet*.

BOUQUET DE MAI l.m.
De. Maiblumen
Es. ramillete de mayo
It. fior di maggio
Rameau qui porte, autour d'un bourgeon, un groupe de boutons à fleurs, puis un groupe de fruits, sur les arbres fruitiers à noyaux (cerisiers).

BOUQUIN n.m.
En. old hare (2)
De. Hase (1), Rammler (2)
Es. conejo macho, liebre macho (1)
It. lepre o coniglio maschio (1)
1. Lièvre ou lapin.
2. Vieux lièvre.
3. Satyre à queue de bouc de la mythologie grecque.

BOURAILLOU n.m.
(Poitou). Ane mâle, ainsi nommé à cause de ses longs poils tombant en mèches sous le ventre et autour des jambes.
V. *Baudet*.

BOURDACHES n.f.p.
Premières tiges qui poussent autour des souches quand on a coupé les baliveaux d'un bois.

BOURDAINE n.f.
En. alder buckthorn
De. Faulbaum
Es. arraclán
It. ramno, frangola
Arbrisseau du genre Nerprun (*Rhamnus fangula*).
Son bois sert à fabriquer du charbon pour la poudre de chasse et son écorce contient un principe légèrement purgatif et un colorant rouge.
Syn. *Bourgène*.

BOURDEIRAGE n.m.
(Provence). Petite exploitation agricole, métairie.
Etym. Dérivé de *borde*.

BOURDELAGE n.m.
(Bourgogne). Bail à rente avec aliénation perpétuelle d'une exploitation agricole moyennant une redevance annuelle et fixe, soit en espèces, soit en nature.

BOURDILIER n.m.
(Bourgogne). Preneur d'un bourdelage.

BOURDILLON n.m.
Bois de chêne débité pour servir à la fabrication des douves de barriques.

BOURDON n.m.
En. **humble-bee** (1)
De. **Hummel** (1)
Es. **abejorro** (1)
It. **calabrone** (1)
1. Insecte hyménoptère, vivant en colonie comme les abeilles et butinant, pour sa récolte de miel, diverses fleurs favorisant ainsi leur fécondation.
A distinguer des faux-bourdons, *mâles des abeilles.*
2. Bande de terrain inutilisée entre deux parcelles de labour.
Etym. Du latin *burdo*, mulet.

BOURG n.m.
En. **borough** (1)
De. **Marktflecken**
Es. **burgo, pueblo**
It. **borgo**
1. Au Moyen Age, agglomération importante entourée de remparts.
Résidence du seigneur, elle s'opposait à la cité, *résidence de l'évêque.*
Par la suite, le terme s'est étendu à de petites localités qui, en se fortifiant, furent aussi qualifiées de bourgs, épithète qu'elles conservent, même si leurs murailles ont disparu.
2. *(Bassin Aquitain).* Agglomération de 1 000 à 4 000 habitants, où les habitants des villages voisins viennent vendre, ou acheter, le jour du marché hebdomadaire, ou de la foire mensuelle.
Etym. Du germanique *burg*, lieu fortifié.

BOURGADE n.f.
En. **bourgade, market town**
De. **kleiner Marktflecken**
Es. **aldea, pueblo, lugar**
It. **borgata**
Agglomération mi-rurale, mi-citadine, habitée à la fois par des agriculteurs, des commerçants, des artisans et des fonctionnaires, aux maisons plus ou moins jointives, séparées par des rues et comportant une place où se tient le marché hebdomadaire.

BOURGAGE n.m.
Tenure consistant en une maison située dans un bourg et payant un cens très faible, appelé *franc-bourgage.*

BOURGEAIS n.m.
Région du vignoble bordelais, située entre Fronsac et Blaye, autour de Bourg-sur-Gironde.

BOURGELAS n.m.
Cépage à raisins blancs, dorés, avec des grains ovales.

BOURGEOIS n.m.
(Marais poitevin).
1. Propriétaire d'une cabane où il ne réside que rarement.
2. Cru des vignobles bordelais classé entre les grands crus et les crus paysans.

BOURGEON n.m
En. **bud**
De. **Knospe**
Es. **botón, yema, brote**
It. **gemma, germoglio**
Organe végétatif situé à l'aisselle des branches des arbres, ou à l'aisselle des feuilles des plantes herbacées.
Protégés par de petites écailles foliaires et des filaments, ils contiennent en germe les tiges, les feuilles, les fleurs et les fruits des futures productions végétales. Ils peuvent s'épanouir à la belle saison, ou rester dormants.
Syn. Gourmand, oeil, dard.
Etym. Du latin *burra*, bure, étoffe à longs poils.

BOURGEONNEMENT n.m.
En. **budding**
De. **Knospentrieb**
Es. **desarrollo de los botones, brote**
It. **germogliazione, gemmazione**
Multiplication asexuée des plantes par le développement des bourgeons.

BOURGEONNER v.intr.
En. **to sprout, to bud**
De. **spriessen, austreiben**
Es. **brotar**
It. **germogliare**
Pousser des bourgeons à des branches, à des sarments, à des pommes de terre, etc.

BOURGÈS n.m.p.
(Midi Aquitain). Habitants des agglomérations rurales mais ne possédant que quelques parcelles de terre.
Ils devaient ajouter des ressources complémentaires par le commerce, par l'artisanat, ou par des journées de travail chez les pagès, *riches propriétaires fonciers du voisinage.*

BOURGOGNE (VINS DE) l.m.p.
En. **Burgundy wines**
De. **Burgunder (Weine)**
Es. **Borgoña (vinos de)**
It. **Borgogna (vini di)**
Vins produits par les vignobles de Bourgogne.
Les plus estimés sont ceux de la Côte d'Or. Ils se répartissent en plusieurs secteurs : Côte de Nuits (Chambolle-Musigny, Vougeot, Vosne-Romanée, Nuits-Saint-Georges), Côte de Beaune (Aloxe-Corton, Beaune, Pommard, Meursault, Pouligny-Montrachet), Côte chalonnaise (Mercurey, Rully, Buxy), Côte maconnaise (Puissé, Pouilly, Vergisson, Solutré), Basse Bourgogne (Chablis, Cravant), Beaujolais (Moulin à Vent, Fleurie, Juliénas, Quincié) etc. La plupart des bourgognes sont des vins rouges, mais quelques vins blancs sont très appréciés (Meursault, Fleurie).

BOURGUEIL (VINS DE) l.m.p.
Vins récoltés autour de Bourgueil, dans la vallée de la Loire, aux confins de la Touraine et de l'Anjou.
Ce sont des vins rouges, de belle couleur et assez corsés.

BOURGUIGNON n.m.
Cépage d'Auvergne à raisins noirs, appelé *auvernat* dans la région d'Orléans.
Il dérive du pinot noir *cultivé en Bourgogne.*

BOURIAGE n.m.
(Limousin). Parcelle récemment défrichée.
Syn. Burjas, ou, en terme ancien, novale.

BOURLE n.f.
(Briançonnais). Tas de gerbes sur un champ, après la moisson.

BOURRACHE n.f.
En. **borage**
De. **Gurkenkraut, Borretsch**
Es. **borraja**
It. **borrana, borragine**
Plante annuelle de la famille des Borraginacées, à feuilles velues et à fleurs bleues.
La bourrache officinale (Borrago officinalis) est cultivée comme plante potagère, ou médicinale, sudorifique, et diurétique.
Etym. Du latin *borrago*, dérivé de l'arabe *abu rach*, père de la sueur.

BOURRAILLOUX n.m.
Baudet poitevin.
Appelé aussi guenillou à cause de ses longues mèches de poils qui tombent autour de lui, comme des guenilles.

BOURRAT n.m.
It. **lanugine** (1), **borra** (4)
(Briançonnais). Fardeau de paille ou de foin, enveloppé d'une toile nouée par les quatre coins, et porté sur le dos.

BOURRE n.f.
1. *(Languedoc).* Bourgeon de vigne couvert de poils.
2. *(Côte du Rhône).* Taille de la vigne en gobelet.
3. *(Normandie).* Femelle du canard.
4. Poils très fins, duveteux.

BOURRÉE n.f.
1. *(Périgord).* Tas de litière coupée à la *daillette* dans les sous-bois.
2. Fagot de menues branches liées par un brin d'osier.
3. *(Vendée).* Ruche primitive sciée dans un tronc d'arbre creux.

BOURRELET n.m.
En. **border level**
De. **kleiner Deich**
Es. **bocel, pequeño dique**
It. **dighetta, arginello, ciglio**
Diguette, ou petite levée de terre destinée à limiter et à régler l'écoulement de l'eau d'irrigation.

BOURRELIER n.m.
En. **saddler**
De. **Sattler**
Es. **guarnicionero, talabartero**
It. **sellaio**
Artisan rural qui préparait, vendait et réparait les harnais des bêtes de trait : boeufs, chevaux, mulets. *Ces harnais en cuir devaient être adaptés à la forme de l'animal et au travail à effectuer. Aux endroits où ils appuyaient fortement sur la peau, ils étaient bourrés de poils afin d'éviter les blessures.*
Etym. Du latin *burra*, poils.

BOURRET n.m.
1. *(Limousin).* Boeuf à muqueuses noires.
2. Jeune boeuf de deux ans, de la race Salers, au poil frisé, bourru.
3. *(Auvergne).* Boeuf ou vache de la race Salers.
4. *(Auvergne).* Jeune boeuf d'un an.

BOURRETTE n.f.
En. **bourette**
De. **Bouretteseide**
Es. **adúcar, cadarzo**
It. **ragna, spelaia**
Bourre de soie avec laquelle on fabrique un tissu du même nom.

BOURRICOT n.m.
En. **donkey**
De. **Eselchen**
Es. **borrico, pollino** (2)
It. **asinello, somarello**
1. Jadis, petit cheval pour porter des fardeaux.
2. Âne.
Péjoratif.
Au féminin, bourrique.
Etym. Du latin *burricus*, petit cheval.

BOURRIER n.m.
Débris de toutes sortes, et, plus particulièrement, balles et pailles mélangées pour l'alimentation des bovins.

BOURRIN n.m.
En. **donkey** (1)
De. **Esel** (1), **Schindmähre** (2)
Es. **penco, jamelgo**
It. **cavallo di scarto, ronzino**
1. Âne. 2. Par extension, mauvais cheval.

BOURRINE n.f.
Maison du maraîchin des marais vendéens.
Ses murs sont en torchis et passés au lait de chaux ; sa toiture est couverte de roseaux, ou rouches. L'intérieur comporte un foyer à étage pour pouvoir, si l'eau pénètre dans la cuisine en temps d'inondation, surélever les marmites et allumer du feu au-dessus de l'eau. Ces constructions sont de plus en plus rares.
Etym. De *bourrée*, fagot de branches.

BOURRIQUE n.f.
Petit cheval utilisé jadis pour porter les légumes et les fruits de la campagne à la ville.
Péjoratif. Âne robuste, mais de médiocre valeur. Etym. Du latin *burricus*, petit cheval.

BOURRU n.m.
Agneau de 10 mois, élevé au pacage en été et livré à la boucherie en automne.
Etym. De *bourre*, poils frisés.

BOURRU adj.
It. **nuovo (di vino bianco)** (1), **appena munto (di latte)** (2)
1. Qualifie un vin qui n'a pas encore suffisamment fermenté, qui contient de la lie.
2. Se dit d'un lait qui vient d'être tiré du pis de la vache.

BOUSATS n.m.p.
En. **cow droppings**
De. **Kuhfladen, Kuhmist**
Es. **boñigas**
It. **sterco bovino**
Déjections solides des bovins, formées de bouses, dans les marais vendéens.
Jadis desséchés, ils servaient à alimenter le feu dans l'âtre. Ils étaient laissés aux ouvriers agricoles comme complément de salaires. Toujours précieusement recueillis dans une région sans bois, ils empestaient les fermes et manquaient à la fertilité des champs.

BOUSCANT n.m.
(Alpes du Sud). Berger chargé des menues besognes durant la garde des troupeaux sur l'alpage.

BOUSCARRES n.f.p.
(Ariège). Broussailles difficiles à défricher.

BOUSCHET n.m.
(Languedoc). Cépage à raisins noirs et à gros grains, cultivé dans le Languedoc pour donner de la couleur aux vins d'aramon.

BOUSES n.f.p.
En. **cow dungs**
De. **Kuhfladen, Kuhmist**
Es. **boñigas**
It. **sterco bovino, bovina**
Déjections des boeufs et des vaches.
Elles servent à recouvrir les plaies des arbres, à pratiquer le pralinage, à durcir le sol des aires à battre le blé. Les bouses, dites de faitis, mêlées à de la paille, sont utilisées comme combustible dans le Marais poitevin. (F.Verger).
Etym. Du celte.

BOUSER v.tr.
Consolider le sol d'une aire à battre avec des bouses de bovins mêlées de terre.

BOUSIGUE n.f.
Terre inculte, médiocre pâturage.
On dit aussi bouigo, bouzique, selon les lieux de dialecte occitan.
Etym. Du celte *bodica*, friche.

BOUSILLAGE n.m.
Es. **adobe**
Torchis composé de terre et de paille hachée pour clore les colombages des chaumières.
Parfois on y introduisait de la bouse de vache, d'où son nom.

BOUSSANE n.f.
(Poitou).
1. Prairie.
2. Nom de lieux dans la région de La Roche-Posay. (G.Debien).

BOUSSÉE n.f.
(Poitou). Touffe d'arbustes en plein champ.

BOUSSET n.m.
(Auvergne). Petit tonneau où l'on conserve de l'eau-de-vie ou du vin de qualité.

BOUTADE n.f.
(Cévennes). Réservoir où l'on accumule de l'eau pour irriguer une prairie.

BOUTAGE n.m.
(Romorantin). Redevance en pintes de vin, versée aux agents seigneuriaux pour chaque tonneau vendu au détail.
Etym. De *boute*, outre en peau de chèvre.

BOUTE n.f.
(Velay). Outre en peau de chèvre pour le transport du vin à dos de mulet.
C'était également un tonneau cerclé de fer pour le vin et l'eau douce à bord des navires, d'une capacité d'environ 550 litres.
Etym. Du latin *buttis*, tonneau.

BOUTE-EN-TRAIN n.m.
En. **teaser**
Es. **incitador**
Mâle d'une espèce animale domestique que l'on met en présence d'une femelle pour savoir si celle-ci est en chaleur.

BOUTEILLAN n.m.
(Provence). Cépage à raisins noirs ou blancs, cultivé en Provence.

BOUTEILLE n.f.
En. **bottle** (1)
De. **Flasche** (1)
Es. **botella** (1)
It. **bottiglia** (1)
1. Récipient en verre de forme allongée, s'ouvrant par un goulot étroit, et servant à contenir un liquide (vin, eau, lait, eau-de-vie, etc).
2. Oedème se formant sous la gorge des bovins atteints de cachexie.
3. Forme particulière du pis de la vache, très détaché du corps et aux trayons rapprochés.
Etym. Du latin *buttis*, tonneau, qui a donné le diminutif *butticula*.

BOUTEILLER n.m.
De. **Oberkellermeister**
Es. **botellero**
It. **coppiere, bottigliere**
Agent royal, seigneurial ou monastique, chargé d'administrer les vignobles et le commerce des vins.
Sous Charles VII, sa fonction fut confiée au Grand Echanson.
Etym. Du latin *buticularius*.

BOUTE-ROUE n.m.
De. **Radabweiser**
Es. **guardacantón, guardarruedas**
It. **scansaruote**
Borne de pierre située de part et d'autre d'une porte cochère pour éviter que les roues des chars effleurent les murs.

BOUTEUR n.m.
En. **bulldozer**
De. **Bulldozer**
Es. **buldozer**
It. **bulldozer, ruspa**
Tracteur muni d'une large pelle métallique à l'avant et permettant de niveler le sol, de supprimer une haie, de déraciner un arbre.
Etym. De l'ancien français *bouter*, mettre hors de.

BOUTIÈRES n.f.p.
1. Routes unissant la vallée du Rhône aux Cévennes, et par où s'effectuait le transport du vin dans des outres, ou *boutes*, portées à dos de mulet.
2. Région du Vivarais où avait lieu ce transport.
Ce sont les Boutières.
Etym. De *boute*, outre en peau de chèvre.

BOUTON n.m.
En. **bud**
De. **Knospe, Knopf**
Es. **yema**
It. **bocciolo, boccio**
Organe végétatif situé sur une branche d'arbre, sur un sarment de vigne, ou à l'extrémité d'une plante herbacée, et qui doit mettre, hors de ses enveloppes dures qui les protègent, les tiges, les feuilles, et les fleurs qui s'épanouiront au printemps.
On dit bourgeon *pour les pousses des branches et* bouton *pour les fleurs non écloses. Les boutons de vigne s'appellent aussi des* yeux.
Etym. Du francique *botan*, qui a donné *bouter*, mettre hors de.

BOUTONNER v.intr.
En. **to bud**
De. **Knospen treiben, knospen**
Es. **abotonar**
It. **germogliare, germinare**
Pousser des *boutons*.

BOUTURAGE n.m.
En. **propagation by cutting**
De. **Stecklinge Setzen**
Es. **desqueje, reproducción por estacas**
It. **moltiplicazione per talea**
Opération qui consiste à multiplier les plantes cultivées par *boutures*. *(Fig. 23).*
Les plantations de tubercules de pommes de terre, de bulbes de dahlia constituent des bouturages.
V. Clonage.

BOUTURE n.f.
En. **cutting, slip**
De. **Steckreis, Ableger**
Es. **estaca, esqueje**
It. **talea, piantone**
Rameau qui, placé en terre dès qu'il est détaché de l'arbre, prend racine et alimente de nouveau son feuillage.
C'est un clone. On peut prendre comme boutures des fragments de racine, des bourgeons avec un morceau d'écorce et, même, pour les bégonias et les épiphyllums, une simple feuille. (Fig. 23).
Etym. Du vieux français *bouter*, mettre hors de.

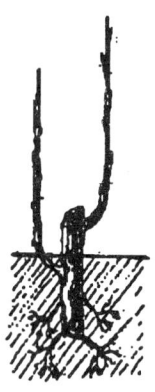

(Fig. 23). Bouturage

BOUTURE-GREFFE n.f.
Procédé de microgreffage à partir de minuscules fragments de méristème purs de tout virus et cultivés in-vitro dans un milieu nutritif adapté.
Quand ils ont atteint la dimension de quelques dizaines de millimètres, ils sont assemblés pour donner des plantes complètes avec feuilles et racines, exemptes d'éléments pathogènes et capables de résister aux épidémies et même, semble-t-il, au gel. Ces greffons permettraient en particulier de composer des vignobles de qualité.

BOUTURER v.tr.
En. **to propagate by cutting**
De. **Stecklinge setzen**
Es. **desquejar, reproducir por esquejes**
It. **propagare per talea**
Multiplier les plantes cultivées par boutures.

BOUVAINE n.f.
Sol argilosiliceux dérivant des dépôts tertiaires descendus du Limousin en Saintonge.
Il donne des terres pauvres, couvertes de bois et de landes, dans la Double Saintongeaise.
Etym. Du latin *pulvis*, poussière, et du provençal *bolbo*, grain de poussière.

BOUVART n.m.
En. **bullock**
De. **Junger Stier**
Es. **novillo**
It. **giovane bue, manzo**
Jeune taureau fournissant un cuir très apprécié.

BOUVEAU n.m.
En. **steer**
De. **junger Ochse**
Es. **novillo**
It. **giovenco, manzo**
Jeune boeuf, appellé aussi *bouvillon*, ou *bouvet*.

BOUVERADE n.f.
(Auvergne). Attelage de plusieurs paires de boeufs pour accomplir des travaux très pénibles : transport de matériaux, labours profonds

BOUVERIE n.f.
En. **cowshed** (2)
De. **Ochsenstall** (2)
Es. **boyera, boyeriza** (2)
It. **stalla, bovile** (2)
(Normandie).
1. Ensemble des bovins composant le cheptel d'une ferme.
2. Etable où l'on met les boeufs.
3. Pâturage où l'on mène paître les boeufs.
4. Tenure pourvue d'une étable à boeufs et consacrée, jadis, à l'élevage.*(G. Lizerand)*
Etym. Du latin *bos, bovis*, boeuf.

BOUVET n.m.
En. **steer**
De. **junger Ochse**
It. **giovenco**
Jeune boeuf.
On dit aussi bouveau, bouvillon.

BOUVIER n.m.
En. **cattleman, drover, cowherd**
De. **Ochsenknecht, Ochsentreiber, Ochsenhirt**
Es. **boyero**
It. **bovaro**
Celui qui conduit et qui soigne les boeufs.
On dit aussi bouyer.

BOUVIER adj.
Se dit de ce qui a trait au travail des boeufs.
Ex. Une charrette bouvière. La mécanisation a remplacé boeufs et bouviers.

BOUVILLON n.m.
En. **bullock**
De. **junger Ochse**
Es. **boyezuelo**
It. **manzo**
Jeune boeuf, depuis le moment où il a été châtré jusqu'à ce qu'il perde sa première dent de lait, une incisive à la mâchoire inférieure.
Syn. Chatron.

BOUYGUE n.f.
(Bassin Aquitain). Terre inculte, qui n'a pas été *débouygado*, c'est-à-dire défrichée à la charrue.
Etym. De l'ancien français *bouge*, ou *boygue*.

BOUYERADE n.f.
Es. **vacada** (1)
1. Troupeau de bovins.
2. Labour effectué en un jour avec des boeufs.

BOUZAT n.m.
Combustible composé d'herbes sèches et de bouses.
Trituré par les pas des chevaux et aggloméré en mottes, on le fait sécher pour entretenir le feu dans les cheminées des bourines vendéennes durant l'hiver.
Syn. *Bousat*

BOUZIGUE n.f.
(Vendée).
1. Parcelle en friche où poussent des herbes sauvages servant de médiocre pâture.
2. Terre herme dans les anciens terriers.

BOUZY n.f.
Commune du département de la Marne qui produit des vins de champagne compris dans l'appellation *Montagne de Reims*, et exceptionnellement, des champagnes rosés.

BOVÉE n.f.
1. *(France du Nord).* Surface pouvant être labourée en un jour par une paire de boeufs.
2. *(France du Midi).* Etendue servant à apprécier l'étendue d'une métairie.
Elle était de une, de deux, ou de trois bovées selon qu'il fallait une, deux, ou trois paires de boeufs pour effectuer ses labours.
Etym. Du latin *bos, bovis,* boeuf.

BOVIDÉ n.m.
En. **bovine**
De. **Horntiere, Hornvieh**
Es. **bóvido**
It. **bovide**
Mammifère qui se classe dans l'ordre des ruminants, caractérisés par l'absence d'incisives et de canines à la mâchoire supérieure, par des cornes creuses et persistantes, et par un estomac à plusieurs poches, ce qui permet de ruminer.
Cette classe comprend quelques animaux domestiques (boeufs, moutons) et des espèces sauvages (antilopes, etc.)

BOVIN adj.
Qualifie tout ce qui concerne les boeufs, leurs races et leur élevage.

BOVINS n.m.p.
En. **cattle, bovine**
De. **Rind, Rinder**
Es. **bovinos**
It. **bovini**
Animaux de l'espèce boeuf.
Issues des influences du milieu physique et de la sélection naturelle ou artificielle, les races de bovins étaient jadis très nombreuses ; il y en avaient presque autant que de pays en France. Principale source d'énergie, puisée au soleil par l'intermédiaire de la végétation, elles étaient surtout réputées pour leur aptitude au travail (limousine, garonnaise). Aujourd'hui, reléguées à l'étable et à la prairie par le tracteur, on les recherche pour leur aptitude à l'engraissement (charolaise, durham), et la production du lait (normande, pie noire). Elles se distinguent les unes des autres par la couleur de la robe, la forme des cornes, et le volume du corps.

BOVINÉS n.m.p.
It. **bovini**
Sous-famille des bovidés dont le principal représentant est le boeuf domestique.

BOVIRES n.m.p.
(Bourgogne). Pâtures réservées, jadis, le long des routes, pour y laisser brouter les boeufs, chargés de tirer les chars de roulage.
Etym. Du latin *bos,* boeuf.

BOX n.m.
En. **box stall, horse box**
De. **Pferdebox**
Es. **división de una cuadra, cubículo**
It. **stallo, comparto, box**
Compartiment limité par des planches ou des murs, permettant d'isoler, dans une étable, une ou plusieurs bêtes.

BOYART n.m.
Civière à bras, portée par deux hommes, l'un à l'avant, l'autre à l'arrière.
Syn. *Bard.* (Fig. 14).

(Fig. 14). Boyart

BOYGUE n.f.
(Limousin). Parcelle où poussent des plantes sauvages, mais que l'on peut mettre en culture en la *déboyguant*.
Etym. Du latin *boyga* et de l'ancien français *bouygue,* terre inculte.

BRABANT n.m.
En. **brabant plough**
De. **Brabantpflug**
Es. **arado brabant, arado brabante**
It. **aratro brabantino**
Charrue métallique qui tire son nom de la province belge où elle fut, sans doute, utilisée pour la première fois.
Elle comprend un avant-train à roues et un age autour duquel tournent des doubles versoirs et des doubles socs, situés les uns au-dessus des autres ; de sorte que lorsqu'on est au bout du sillon, il suffit de faire basculer l'ensemble pour pouvoir tracer un autre sillon qui se déverse sur le précédent. Le système a été adapté aux charrues à tracteur.

BRACAGE n.m.
(Nord). Sarclage des blés et des avoines à la herse.

BRACHE n.f.
(Vosges). Jachère nue.
On dit aussi bruche.

BRACONNAGE n.m.
En. **poaching**
De. **Wilddieberei**
Es. **caza en vedado, caza furtiva**
It. **bracconaggio**
Action de chasser en temps défendu, avec des engins prohibés, sur des terres interdites à la chasse.
C'est le fait de braconner *; le délinquant est un* braconnier, *passible d'amende, de privation de permis et même de prison s'il chasse la nuit.*
Etym. De *braque,* espèce de la race canine.

BRAI n.m.
En. **pitch** (3), **grist, bruised barley** (2), **tar** (1)
De. **Schiffsteer, Pech** (1), **Malzmehl** (2)
Es. **brea** (3)
It. **pece** (1), **resina di pino** (3)
1. Mélange d'argile et de paille, pétri pour faire du torchis dans les régions dépourvues de pierres à bâtir.
2. Orge broyée pour faire de la bière.
3. Suc résineux que l'on extrait du pin et du sapin et dont on fait du goudron.
Etym. Du celte *bracu,* boue.

BRAIRE v.t.
En. **to bray**
De. **iahen, schreien**
Es. **rebuznar**
It. **ragliare**
Pour l'âne, pousser son cri.
Etym. Du latin *bragere,* crier.

BRANCARDS n.m.p.
En. **shaft**
De. **Sattelbäume**
Es. **varas**
It. **stanga**
Deux longs morceaux de bois disposés parallèlement et fixés à la partie antérieure de la charrette pour y atteler une bête de trait.
Etym. Du normand *branque,* branche.

BRANCHAGE n.m.
En. **branches, boughs**
De. **Astwerk**
Es. **ramaje**
It. **ramatura, ramaglia**
Branches d'un arbre, soit fixées au tronc, soit coupées.
Etym. Du latin *branca.*

BRANCHE n.f.
En. **branch**
De. **Ast, Zweig** (1), **Branche** (3)
Es. **rama** (1), **ramo** (3)
It. **ramo**
1. Ramification d'un arbre comprenant des rameaux et des ramilles, ou scions.

Les branches charpentières *donnent à l'arbre sa forme. Les* branches fruitières *portent fleurs et fruits.*
2. Asperge d'une assez grande longueur.
C'est une asperge en branches *par opposition aux* pointes d'asperges, *plus courtes.*
3. Groupe d'unités de production de biens, ou de services.
Ex. La branche des céréales.
4. Elément d'un colombage, garni de torchis.
Etym. Du latin *branca*.

BRANCHÉE n.f.
Quantité de fleurs, ou de fruits, que porte une branche d'arbre fruitier.

BRANCHES (LES QUATRE) l.f.p.
Expression consacrée aux quatre séries de connaissances que doit acquérir un jardinier : la culture maraîchère, la culture florale, l'arboriculture fruitière et l'art des pépinières.

BRANCHU adj.
En. branchy
Es. ramoso
It. ramoso
Qualifie un arbre à grosses branches, ou un canard de forte taille.

BRANDE n.f.
En. heather
De. Heide, Brandfleck
Es. matorral, maleza, brezal
It. scopeto, landa
(Poitou). Lande où domine la bruyère *(Erica scoparia)* associée aux fougères, aux genêts, aux ajoncs.
Le même terme est usité dans les Pyrénées pour les fougeraies. Cette formation végétale correspond à des sols argilosiliceux dérivés des dépôts tertiaires. Jadis, elle fournissait la litière pour les fumures indispensables aux parcelles cultivées. L'extension des cultures fourragères et l'emploi de la charrue Dombasle firent reculer les brandes *devenues moins indispensables à la fertilité des sols, notamment en Poitou durant la seconde moitié du XIXème siècle. Elles s'étendent de nouveau à cause de l'exode rural et de la médiocrité de leurs sols.*
Etym. Du germanique *brand,* tison, qui a donné le latin *branda,* bruyère, la bruyère servant à allumer le feu.

BRANDES ARSES l.f.p.
(Auvergne). Brandes obtenues par le feu et livrées à la culture ou à la pâture.
Etym. L'adjectif *arse* dérive de l'indo-européen *ar*, évoquant l'action du feu, et du latin *ardere,* brûler.

BRANDEVIN n.m.
En. brandy
De. Branntwein
Es. aguardiente de vino
It. acquavite di vino, grappa
Eau-de-vie fabriquée par un *brandevinier*, qui allait de ferme en ferme, avec un alambic, distiller du vin, ou du marc de raisin en faisant du feu dans son appareil avec des tisons.
Etym. Du germanique *brand,* tison, feu et *vin*.

BRANDEVINIER n.m.
En. canteen-keeper
De. Branntweinbrenner
Es. cantinero
It. acquavitario
Jadis, marchand d'eau-de-vie suivant les troupes en campagne.
Syn. Cantinier.
Etym. Du germanique *brand,* tison, feu et *vin*.

BRANDINS n.m.p.
Chevaux élevés dans le Val de Germigny.

BRANDOIS n.m.
(Poitou). Terrain couvert de landes.
Etym. Dérivé de *brandes*.

BRANDON n.m.
De. Strohfackel (1)
Es. blandón, hachón (1)
It. fiaccola di pàglia (1)
1. Bâton garni de paille et planté à l'extrémité d'une parcelle pour indiquer qu'elle est soustraite à la vaine pâture, ou bien qu'elle est saisie et mise en vente pour dettes.
2. Bouchon de paille fixé au bout d'un bâton et que l'on fait brûler sous les arbres fruitiers afin d'éloigner les parasites.
Etym. Du germanique *brand,* tison.

BRANÉE n.f.
Son grossier, délayé dans de l'eau tiède et donné aux porcs que l'on veut engraisser.
Etym. Du celte *bren*, son.

BRANNT n.m.
Vin d'Alsace récolté autour de Thann.

BRANLANT n.m.
Partie d'un taillis destiné à être brûlé à bref délai.

BRANTE n.f.
(Suisse Romande). Hotte qui sert à transporter la vendange.

BRANTÉE n.f.
(Suisse romande). Contenu d'une brante.

BRAOU n.m.
(Gascogne). Veau de 5 à 12 mois.

BRAS n.m.
Sarment conservé pour la taille et qui donnera, l'année suivante, des pampres producteurs de raisins.
Appelé aussi aste *ou* vergue.

BRAS DE RELEVAGE n.m.
En. lifting arm
De. Hebelarm
Es. palanca elevadora
It. braccio di sollevamento
Longue pièce pivotant sur un axe et assurant, manuellement ou mécaniquement, l'abaissement ou le relevage du dispositif de liaison entre le tracteur et l'outil utilisé.

BRASSAGE n.m.
En. brewing
De. Brauen
Es. mezcla
It. ammostamento (per la fabbricazione della birra)
Préparation de la bière en mélangeant, avec de l'eau, du malt et du houblon pour obtenir un moût qui fermente.
Etym. Du celte *braca,* orge et malt, et du latin *brace,* orge broyée.

BRASSE n.m.
(Périgord). Mesure de volume de 4 m³ pour les bois coupés en rondins de 1 m de long.

BRASSÉE n.f.
En. armful
Es. brazado, brazada
It. bracciata
Quantité de branches, d'herbes ou de tiges que l'on peut porter dans les bras.

BRASSER v.tr.
En. to brew
De. brauen
Es. fabricar cerveza
It. fabbricare la birra
Préparer le moût de la bière en brassant les grains d'orge, préalablement germés et broyés.
Etym. Du latin *brace,* orge broyé.

BRASSERIE n.f.
En. brewery
De. Brauerei
Es. fábrica de cerveza, cervecería
It. birreria
Etablissement où l'on fabrique de la bière avec des fleurs de houblon, et de l'orge riche en amidon et transformé en *malt*.

BRASSERIE n.f.
1. *(Armagnac).* Hameau habité par des paysans pauvres, qui louaient leurs *bras* pour compléter leurs ressources.
2. *(Berry).* Parcelle appartenant à un homme qui la cultivait exclusivement à la houe, avec ses *bras*.
Etym. Dérivé de *bras*.

BRASSEUR n.m.
En. brewer
De. Brauer, Bierbrauer
Es. cervecero
It. birraio
Fabricant de bière, avec de l'orge et du houblon, dans une *brasserie*.

BRASSIER n.m.
Es. bracero
It. bracciante
Ouvrier agricole qui ne possédait ni terre, ni cheptel, et qui n'avait que ses bras à louer pour gagner sa vie et celle des siens.
Etym. Dérivé de *bras*.

BRASSIN n.m.
En. mash tub (2)
De. Braukessel (2)
Es. barril (2)
It. tino per birra (2)
1. Moût de vin ou de bière, soumis au brassage.
2. Tonneau de bière.

BRASSOIR n.m.
Instrument pour rompre, diviser et rassembler le caillé au cours de la fabrication du fromage.
On dit aussi un moussoir.

BRAVARIA n.f.
(Gascogne).
1. Troupeau de bovins, ou de bétail quelconque, en liberté.
2. Par extension, haras.
Etym. Dérivé de brava, génisse et de braou, veau. (R. Delatouche).

BRAYE n.f.
(Vosges). Passage ménagé entre les arbres d'une forêt, sur le versant d'une montagne, afin d'y faire glisser les troncs abattus.

BRÉBIAGE n.m.
Redevance qui se percevait sur les brebis et qui s'élevait d'ordinaire à un agneau sur dix à douze par an.
Etym. Dérivé de brebis.

BREBIAL n.m.
(Morvan). Ensemble des moutons d'une ferme.

BREBIS n.f.
En. sheep, ewe
De. Schaf
Es. oveja
It. pecora
Femelle du bélier.
Elle est élevée pour sa laine, ses agneaux et son lait. Elle porte environ 150 jours, et met bas un ou deux agneaux par an.
L'agnelage a lieu soit à la fin de l'hiver pour avoir des agneaux de boucherie en été, soit en automne pour avoir du lait de février à juillet. En France, on distingue selon les régions de nombreuses races de brebis. Ainsi, dans les Pyrénées centrales et occidentales, on trouve la race béarnaise, *de forte taille, à laine brune, à lait abondant ; très rustique, elle se prête bien à la transhumance ;* la race de Campan *est issue d'un croisement de la race indigène avec le mérinos ; elle est de taille petite ;* la race de Lannemezan *est aussi très petite et de laine courte ;* la race lourdaise *est assez grande, de laine fine et donne en moyenne trois agneaux en deux ans ;* la race basque, *ou* manench, *est bonne laitière, mais sa laine à longs brins est assez grossière. On peut ajouter* la race de Lacaune, *excellente laitière, qui fournit la plus grande partie du lait pour le fromage de Roquefort ;* la race charmoise *obtenue par le croisement d'un bélier anglais des Southdowns et d'une brebis mérinos;* la race mancelle *à muqueuses bleues...*
Etym. Du latin brebix, brebis.

BRÉGEONS n.m.p.
(Berry). Sillons les plus courts d'un champ aux contours irréguliers.
Etym. Du latin brevis, court, bref.

BREGIN n.m.
(Jura). Cépage à raisins noirs, cultivé dans le Jura.

BRÉHAIGNE adj.
En. barren (1)
De. unfruchtbar (1)
Es. machorra, estéril (1)
It. sterile (1)
1. Se dit de la femelle stérile d'un animal domestique.
2. Se dit d'une jument ayant un maxillaire avec des dents en crochets.

BRELA n.m.
(Morvan). Terrain écobué.
Etym. Déformation de brulis.

BRÊLE n.f.
Corde attachée à l'une des pattes antérieures d'une vache ou d'un boeuf, et à l'une de ses cornes, pour l'empêcher de courir trop vite et de lever la tête pour manger les pousses des jeunes arbres.
Etym. De brêler, lier.

BRELÉE n.f.
Fourrage d'hiver destiné aux brebis.

BRÉMAILLES n.f.
(Sologne). Landes de bruyères, d'ajoncs et de genêts que l'on coupe pour faire de la litière, ou bien pour les brûler quand elles sont sèches afin d'en fertiliser le sol.

BRENÉE n.f.
(Saintonge). Mélange de son et d'orties coupées que l'on donne aux volailles, et même au gros bétail, en y ajoutant des racines crues ou cuites.
Syn. Brénade.
Etym. De l'occitan bren, son.

BRENNE n.m.
1. *(Berry).* Terres argilosiliceuses, semblables à celles de la *Brenne.*
2. *(Poitou).* Trayon d'une vache ou d'une truie.

BRENNER v.tr.
(Poitou). Téter.

BRÉSIL n.m.
(Sologne). Déversoir d'un étang, composé de lames minces écartées de un centimètre.
Il empêche la fuite des poissons et limite la hauteur de l'eau.

BRESINGUE n.m.
Variété de fraisier à grosses fraises blanches.

BRESSAN adj.
(Bresse). Qualifie plusieurs races d'animaux domestiques, de Bresse : une race bovine aux formes lourdes, une race porcine à la peau blanche, une race de poules à pattes bleues, une race d'oies à plumes blanches.
Toutes ces races donnent des bêtes à chair fine et appréciée.

BRETON n.m.
Cépage à raisins noirs cultivé en Anjou.
Il tirerait son nom de l'abbé Breton qui administrait le bourg de Richelieu pour le compte du Cardinal. En fait, c'est une variété du pinot noir de Bourgogne qui a donné l'auvernat dans la région d'Orléans (R. Dion).

BRETONNES (RACES) l.f.p.
Es. bretonas (razas)
1. Race de chevaux aux formes lourdes, pour le trait ou la cavalerie.
2. Race de vaches de petite taille, à la robe pie noire, excellente laitière.
3. Race ovine à toison noire, à chair délicate.

BRETTES n.f.p.
Vaches élevées exclusivement pour leur lait et leurs veaux.
Ainsi appelées dans le Sud-Ouest par analogie avec les vaches bretonnes que l'on ne peut utiliser pour le labour, mais seulement pour la production laitière.
Etym. De bretonne, race bovine.

BREUIL n.m.
En. brake (1)
De. Brühl (1)
Es. tallar (1)
It. brolo
1. Bois coupé en taillis.
2. Prairies résultant d'un déboisement.
3. Prés de la réserve seigneuriale fauchés par corvées.
4. Excellentes prairies d'embouche en Auxois.
Le terme varie selon les régions et devient breil, brel, broil, etc. Il désigne de nombreux lieux-dits.
Etym. Du celte broialum, brolium, fourré.

BREULE n.f.
(Normandie). Variété de collier que l'on met aux bovins quand ils paissent dans une prairie complantée de pommiers, afin de les empêcher de lever la tête et de brouter les feuilles, ou de manger les fruits des arbres.

BRÉZEGAUD n.m.
Fromage savoyard, semblable au *reblochon,* mais de goût plus fin.

BRI n.m.
(Vendée, Saintonge). Terre argileuse, humide, riche en matières organiques et que l'on amende avec du sable pour obtenir des sols légers et fertiles ; apportée par les eaux des marées.
Etym. Du gaulois bracu, qui a donné brai, boue, terre grasse.

BRIARD n.m.
Chien de berger, originaire de la Brie, où il a été dressé à garder les troupeaux.

BRICOLE n.f.
En. breast collar
De. Siele, Tragriemen
Es. petral
It. pettorale
Partie du harnais placée devant le poitrail du cheval, et qui remplace parfois le collier.
Etym. Origine germanique, de *brihl*, bréchet.

BRICOLIER n.m.
De. Tagelöhner, Saisonarbeiter (1)
Es. caballo de varas, de bolea (2)
It. cavallo da lato, trapelo (2)
1. Ouvrier agricole qui travaille dans les domaines du voisinage au moment des travaux les plus importants de l'année.
On dit aussi bricolin.
2. Cheval qui porte la bricole.
Etym. De l'italien *bricola*, d'origine germanique.

BRIDAIL n.m.
(Saintonge). Seigle ou orge coupé en vert pour la nourriture du bétail.

BRIDE n.f.
En. bridle
De. Zügel
Es. brida
It. briglia
Pièce du harnais que l'on place sur la tête du cheval et qui se compose de plusieurs parties : le frontal, la gourmette, le mors.
Etym. De l'allemand *bridel*, rêne.

BRIDEAU n.m.
(Poitou). Orge semée en automne pour être consommée comme fourrage vert au printemps.

BRIDER v.tr.
En. to bridle (1)
De. aufzäumen (1)
Es. embridar (1)
It. imbrigliare (1)
1. Mettre la bride à une bête de trait.
2. Ficeler une volaille pour la cuisson.

BRIE n.f.
En. brie (2)
De. Brie (2)
Es. Brie (queso de) (2)
It. brie (2)
1. Terre argileuse, grasse, marécageuse.
V. Brai.
2. Fromage au lait de vache, de pâte molle, fabriqué en Brie et ailleurs.
3. Race de chien de berger à longs poils noirs.
V. Briard.

BRIER v.tr.
Es. agramar
Briser, après rouissage et séchage, les tiges de lin, ou de chanvre, pour séparer la filasse de la chènevotte.
V. Brioir.
Etym. Du germanique *brekan*, broyer.

BRIÈRE n.f.
Lande composée d'un certain nombre d'espèces végétales : ajonc *(Ulex europaeus)*, bruyère jaune *(Ulex nanus)*, genêt à balais *(Sarothamnus scoparius)*, associés à l'airelle, au canopode, à la digitale, etc.
L'homme favorise la pousse des plantes utiles: l'ajonc jeune comme fourrage vert, la fougère pour la litière, tandis que la bruyère, d'où vient le mot brière, *est délaissée. Dans le Pays Nantais les brières sont des prairies tourbeuses, en particulier dans la Grande Brière (R. Musset).*

BRIFE n.f.
Voracité qui saisit le ver à soie au moment où il va s'envelopper dans son cocon pour muer.

BRIGNOLE n.f.
Prune récoltée en Provence et desséchée pour être vendue comme *pruneau de Brignole.*

BRILLANCE n.f.
Qualité d'un vin clair, réfléchissant la lumière.

BRIMBALE n.f.
Levier qui sert à maneuvrer une pompe.
Il remplaça la poulie des puits vers 1500.

BRIMÉ adj.
Qualifie un raisin dont les graines sont couvertes de taches.

BRIN n.m.
En. shoot
De. Spross, Schössling
Es. plantón
Jeune pousse d'arbre, provenant d'une souche ou d'un semis.

BRINDILLE n.f.
En. sprig, twig, shoot (2)
De. Schössling (2)
Es. ramilla, ramita (2)
It. brindillo (1),
    rametto, ramoscello (2)
1. Branche d'un arbre fruitier, courte et grêle et se terminant par un bouton.
2. Petite branche courte et mince.
Etym. De *brin*.

BRINGÉE adj.
Qualifie la robe des vaches de race normande, composée d'un fond acajou à rayures noires et verticales avec de larges taches blanches.
Les rayures sont appelées bringeures *et les vaches à robe pie noire sont des* bringues.

BRINGEURES n.f.p.
Raies brunes ou noires, verticales et irrégulières, caractéristiques de la robe acajou de la race bovine normande.

BRIOIR n.m.
Es. agramadera
Appareil à brier, comprenant deux lames en bois et un levier montés sur chevalet
V. Broie.

BRIOLAGE n.m.
Chant à cadence lente, se terminant par des vocalises, et avec lequel le laboureur accompagnait ses boeufs.

BRIOLET n.m.
Vin de mauvaise qualité.
Piquette.

BRION n.m.
V. Dental.

BRIOULEUR n.m.
(Argonne). Ouvrier chargé du transport du bois coupé, avec l'aide d'une bête de somme jadis, d'un camion actuellement.

BRIQUIÈRE n.f.
(Quercy). Enclos prés d'une ferme et consacré aux ébats du bétail, ou à des cultures délicates.
On dit également berquière, bolquiere *ou* verquière.

BRISADOU n.m.
(Limousin). Instrument en bois, formé de deux morceaux réunis en croix.
Avec des entailles sur les côtés opposés à ceux que l'on tient pour utiliser l'outil, il sert à enlever la seconde enveloppe des châtaignes quand celles-ci ont été débarrassées de la première, après une légère cuisson.

BRISÉES n.f.p.
En. broken boughs (2)
De. abgehauene Zweige (2)
Es. huellas (2)
It. rami spezzati (2)
1. Etroite coupure de moins de un mètre de large, dans une forêt, pour permettre le passage des gardes, des bûcherons, etc.
2. Branches cassées sur les arbres pour indiquer les limites d'une coupe, le balisage d'un chemin, ou bien le passage d'un cerf.
Etym. Du latin *brisare*, fouler, écraser.

BRISE-MOTTE n.m.
En. clod breaker
De. Ackerwalze, Erdschollenbrecher
Es. rodillo croskill
It. rullo frangizolle, erpice
Rouleau ou herse que l'on utilise pour briser les mottes laissées par la charrue dans un sillon.
On dit aussi brisoire.

BRISE-TOURTEAU l.m.
Es. desmenuzadora, trituradora
It. tritapanelli, frantoio per panelli
Appareil comprenant 2 ou 4 rouleaux munis de dents pour briser plus ou moins finement les tourteaux destinés à l'alimentation du bétail.

BRISE-VENT n.m.
En. **windbreak, shelterbelt**
De. **Windschirm**
Es. **abrigaño, paravientos, abrigo**
It. **frangivento, riparo contro il vento**
Rideau d'arbres, haie d'arbrisseaux, barrière de planches, de plastique, etc, destinés à atténuer la violence du vent, soit pour protéger les cultures délicates (haies de cyprès du Comtat-Venaissin.), soit pour arrêter l'érosion éolienne dans les steppes de Russie et les plaines des Etats-Unis, soit pour abriter les troupeaux au pacage.

BRISURES n.f.p.
En. **broken grains**
De. **Bruchkörner**
Es. **granos rotos**
It. **grano rotto**
Grains de céréales, ou de légumes secs, brisés lors du battage.
Devenus impropres à la nourriture des hommes, ils sont réservés à l'alimentation du bétail.

BRIZARD n.m.
(Saintonge). Sol dérivé des dépôts tertiaires et composé d'argile.

BRIZEAU n.m.
1. *(Poitou).* Orge semée très drue pour être consommée comme fourrage vert.
2. Plante cultivée pour être pâturée, ou coupée en vert.
3. Mélange par tiers d'avoine, de seigle et de blé *(G. Debien).*

BRO ou BROUO n.m.
1. *(Provence).* Talus inculte soutenant une terrasse de culture
V. Rideau.
2. Bordure inculte d'un champ.

BROC n.m.
En. **jug** (1)
De. **Wasserkanne** (1), **Kanne** (3)
Es. **jarro** (1)
It. **brocca, cerchiata** (1)
1. Récipient doté d'une anse et d'un bec évasé, pour tirer, porter, verser ou transvaser un liquide.
2. Contenu de ce vase.
3. Mesure de capacité qui, à Paris, valait deux pintes, soit 1,86 l.
4. *(Bassin Parisien).* Fourche à trois dents.
Etym. Du grec *brokhis,* pot.

BROCHE n.f.
1. Fragment de sarment que l'on plante pour obtenir un nouveau pied de vigne.
2. Tige de fer qui sert à maintenir les tuyaux de drainage dans le fond de la tranchée.
3. Cheville de bois pour boucher le trou d'un tonneau en perce.
Syn. Bonde.

BROCHUSTUCK n.m.
(Alsace). Friche ou jachère.
Etym. De l'allemand *Brache*, terre en friche.

BROCILLES n.f.p.
(Sologne). Landes qui ont été cultivées puis abandonnées.

BROCOLI n.m.
En. **brocoli**
De. **Brokkoli**
Es. **bróculi, brécul** (1), **brecolera** (2)
It. **broccolo**
1. Chou-fleur importé d'Italie et dont on distingue plusieurs variétés.
2. Rejetons d'une souche de chou, consommés en salade.
Etym. De l'italien *broccolo.*

BROIE n.f.
En. **brake**
De. **Flachsbreche**
Es. **agramadera**
It. **gramola, maciulla**
Instrument dont on se servait pour broyer et teiller le chanvre, afin de séparer la fibre des chènevottes.
C'était, sur des chassis, un énorme couteau en bois que l'on soulevait et que l'on abaissait pour briser les tiges qui avaient subi, au préalable, l'opération du roussissage.
V. Brioir, sérançoir.

Broie

BROQUARD n.m.
(Vendée, Périgord). Jeune boeuf de 8 à 12 mois.

BROQUE n.m.
Rejet d'un chou.
Syn. Brocoli.

BROQUELIN n.m.
(Flandre). Poignée de feuilles sèches de tabac.
Syn. Broqueline, manoque.

BROS n.m.
Grand char tiré par deux mules, et que l'on utilise pour transporter du bois de pin dans les Landes de Gascogne.

BROSSE n.f.
Es. **matorral** (1)
1. Taillis très serré.
2. Haie d'épineux à la limite d'une forêt pour empêcher le bétail d'y pénétrer.
3. *(Brionnais).* Parcelle couverte de broussailles, avec quelques arbres très espacés.

BROTTEAUX n.m.p.
(Savoie). Prairie marécageuse.
Le même terme sert à désigner un quartier de Lyon, dans une île, jadis marécageuse, couverte de roseaux.

BROU n.m.
En. **husk**
De. **Fruchthülle**
Es. **cáscara**
It. **mallo**
Enveloppe verte extérieure des noix et des amandes.
Elle sert à fabriquer une liqueur, le brou de noix.
Etym. Du germanique *brustjan,* bourgeonner.

BROUASSE n.f.
Talus gazonné et partiellement boisé.
Etym. Dériverait de *brouas* qui désignait en Provence une haie vive.

BROUÉE n.f.
1. Rouille du blé, en Berry, qui serait transmise par *l'épine-vinette.*
2. Espace inculte entre deux parcelles de labour.
3. Talus en Provence.

BROUEIL n.m.
(Lavedan). Pâturage soustrait à la dent du bétail.
Syn. Bédat.
Etym. Du celte *broialum, brolium,* fourré.

BROUETTE n.f.
En. **wheelbarrow**
De. **Schubkarre**
Es. **carretilla**
It. **carriola**
Petit véhicule qui, au Moyen Age, était une caisse montée sur deux roues, et poussée à l'aide de deux paires de mancherons, à l'avant et à l'arrière.
Elle a été perfectionnée en lui appliquant le principe du levier du deuxième genre, qui consiste à la doter seulement de deux mancherons à l'arrière et d'une seule roue à l'avant. En soulevant les mancherons on fait rouler la brouette, soit en la poussant, soit en la tirant. Elle repose sur la roue à l'avant et sur deux pieds à l'arrière. Pascal ne l'a pas inventée ; il a simplement simplifié la vinaigrette qui était une chaise à porteur. La brouette sert au transport de petites charges, notamment pour les jardins et les vergers.
Etym. De *bis,* deux fois, et de *rouette,* petite roue.

Brouette

BROUETTÉE n.f.
Es. carretillada
Quantité transportée par une brouette.

BROUETTER v.tr.
En. to wheel
De. karren
Es. acarrear
It. carriolare
Transporter des matérieaux, ou des produits agricoles, à l'aide d'une *brouette*.

BROUILLARD n.m.
Panique qui s'emparait du bétail sur les champs de foire et que l'on attribuait à des sortilèges pratiqués par des marchands, afin d'avoir les bêtes à meilleur prix.
On attribuait aussi ce vertige à la poudre de foie de loup, séchée au four et répandue sur le foirail pour sauter les boeufs, selon une expression de jadis.
Etym. De *brouiller*, causer du désordre.

BROUILLIS n.m.
(Cognac). Première eau-de-vie qui coule de l'alambic quand on distille le vin.

BROUIR v.tr.
(Champagne). Brûler les feuilles et les jeunes tiges des plantes atteintes par la gelée blanche.

BROUISSURE n.f.
En. nip (caused by frost)
De. Frostschaden
Es. ahornagamiento
It. bruciacchiatura
(France du nord). Dégât causé aux cultures maraîchères par les gelées tardives.
Etym. De l'ancien français *bruir*, brûler.

BROUO n.m.
(Provence). Lisière d'un champ.
Syn. Chaintre.

BROUSSAILLES n.f.p.
En. brushwoods
De. Gestrüpp
Es. maleza, broza
It. roveto, rovi
Arbustes épineux, ronces et herbes sauvages entremêlés, difficiles à traverser et que l'on ne peut détruire qu'à la débroussailleuse et par le feu.
Etym. Du latin *bruscia*, groupe de rejetons.

BROUSSAILLEMENT n.m.
Action de faire pousser des broussailles sur un terrain nu.
Parfois premier stade du reboisement.

BROUSSE n.f.
En. brush, bush (1)
De. Wildnis, Steppe (1)
Es. maleza (1)
It. sterpaia, brousse (1)
1. Contrée inculte, déserte, couverte de broussailles.
2. Champs et cultures obtenus par brûlis, loin des villages.
3. *(Provence).* Fromage frais de lait de chèvre.
Etym. De *brosse*.

BROUSSEAU n.m.
(Poitou).
V. Brousse.

BROUSSIN n.m.
En. knot
De. Knorren
Es. verruga
It. nocchio
Tumeur végétale qui fait grossir la tige d'une plante et plus particulièrement le collet.
Elle est due à une bactérie appelée Agrobacterium tumefaciens, dont l'activité paraît favorisée par les lésions consécutives au gel pendant un hiver rigoureux. Elle se traduit par une multiplication anarchique des cellules et la formation de grosseurs qui arrêtent la sève et entraînent le dépérissement de la plante ; c'est en quelque sorte un cancer végétal.

BROUSSURE n.f.
Es. tizón del trigo
Carie des grains de blé.

BROUT n.m.
En. tender shoot (1)
De. Trieb, Spross (1),
   Darmkrankheit (2)
Es. brote (1)
It. pollone, germoglio (1)
1. Pousses printanières que broute le bétail le long des chemins.
2. Maladie du jeune bétail, caractérisée par une inflammation des intestins et contractée en mangeant les jeunes pousses des haies.
Etym. Du grec *bruttein*, brouter.

BROUTAGE n.m.
En. grazing
De. Abgrasen
Es. ramoneo, pasto
It. brucatura
1. Action de brouter, de manger des *brouts*.
2. Par extension, herbe à brouter.

BROUTARD n.m.
(Sancerrois). Veau, ou chevreau, sevré et qui se nourrit de jeunes herbes, ou *broutes*.

BROUTER v.tr.
En. to graze
De. abgrasen, weiden
Es. pacer, ramonear
It. brucare, pascolare
Manger directement avec les dents l'herbe des prés, ou les jeunes pousses des arbustes, ou les feuilles des arbres.

BROUTES n.f.p.
Es. brotes
Extrémités de certains légumes (choux, carottes, asperges) que l'on consomme parfois crues, comme si on les broutait.

BROYEUR n.m.
En. crusher, pulverizer
De. Brecher, Reiber
Es. trituradora
It. frantoio, trituratore
Instrument pour réduire en petits fragments divers produits pour les rendre plus assimilables par le bétail, ou pour les utiliser plus complètement : broyeurs de sarments, d'ajoncs, de pommes de terre, de tourteaux, etc. *Leur forme varie selon le produit à écraser ; ils sont mis en mouvement à la main, ou avec un moteur.*

BROYEUSE n.f.
En. braker
De. Reiber, Reibmaschine, Mühle
Es. trituradora
It. trituratrice
Appareil qui broie un produit agricole.

BROYEUSE DE SARMENTS l.f.
Es. trituradora de sarmientos
It. taglia-marze
Appareil qui réduit les sarments en petits fragments faciles à transporter.

BROYEUSE-TEILLEUSE n.f.
Es. trituradora-agramadora
It. gramola-stigliatrice
Appareil qui broie les tiges de lin et de chanvre entre deux rouleaux cannelés, et qui sépare la chènevotte dans les tambours rotatifs à ailettes frappant les tiges broyées.
On citerait aussi les broyeuses d'engrais, les broyeuses de paille, les broyeuses de pommes de terre, les broyeuses de raisins, etc.

BRUC n.m.
Litière retirée des sous-bois de pins dans les Landes.
Syn. Soutrage.
Etym. Du latin *brucaria*, bruyère.

BRUCELLOSE n.f.
En. brucellosis
De. Verkalben
Es. brucelosis
It. brucellosi
Affection causée aux animaux domestiques par une bactérie découverte en 1887 par un médecin, David Bruce, d'où son nom.
Elle est caractérisée par des accès de fièvre, par l'avortement chez les bovins ; elle sévit dans les pays méditerranéens sous le nom de fièvre de Malte. *Transmise à l'homme, elle fait partie des maladies professionnelles de tous ceux qui se consacrent à l'élevage.*

BRUCHE n.f.
De. Erbsenkäfer
Es. gorgojo del guisante, brugo
It. tonchio
Insecte coléoptère de la famille des Bruchidés.
Sa larve cause des dégât dans les graines des légumineuses (Bruchus pisorum, B.lentis, etc.)

BRUGNON n.m.
En. **nectarine**
De. **Nektarine**
Es. **griñón, nectarina**
It. **pesca noce**
Variété de pêche à peau lisse.
On en connaît au moins deux espèces, l'une à peau blanche et à pulpe rosée adhérant au noyau, l'autre à peau rouge et à pulpe jaune, se détachant du noyau.
Etym. Du bas latin, brunea, brunji.

BRUGNONIER n.m.
Variété de pêcher qui produit les brugnons.

BRUGO n.m.
(Périgord). Bruyère dont on se sert pour la litière des bovins.
Elle contient des genêts, des ajoncs nains et diverses graminées.

BRUINE n.f.
(France du Nord). Variété de carie du blé.

BRÛLADOU n.m.
Es. **artiga** (2)
1. Champ aride.
2. Champ nettoyé par le feu de ses plantes sauvages pour être mis en culture.
3. *(Provence).* Chaume dont on fait brûler la paille après la moisson.
Etym. De brûler.

BRÛLEMENT n.m.
En. **burning**
De. **Verbrennen**
Es. **roza, desbroce**
It. **bruciamento**
(Alpes du Dauphiné). Essartage.

BRÛLERIE n.f.
En. **distillery** (1), **roasting plant** (2)
De. **Brennerei** (1), **Rösterei** (2)
Es. **destilería** (1), **tostadero** (2)
It. **distilleria d'acquavite** (1), **torrefazione di caffè** (2)
1. Local où l'on distille le vin.
2. Etablissement où l'on torréfie le café.

BRÛLEUR n.m.
Distillateur d'eau de vie.

BRÛLEUR n.m.
En. **burner**
De. **Gasbrenner**
Es. **quemador, mechero**
It. **bruciatore**
Appareil placé dans un verger et rempli de mazout.
On l'allume, parfois automatiquement, quand le gel matinal risque de détruire les jeunes fleurs. Le feu maintient la température au-dessus de 0°C et la fumée réduit le rayonnement et le froid.

BRÛLIS n.m.
En. **burnt land** (2), **burning** (1)
De. **verbrannte Erde** (2)
Es. **artiga** (1), **chamicera** (2)
It. **debbio, campo incendiato**
1. Opération qui consiste à supprimer par le feu les plantes sauvages d'une parcelle pour la livrer, temporairement, à la culture dite *sur brulis*.
2. Terrain nettoyé par le feu.
Ce procédé primitif est encore utilisé dans les régions tropicales et dans quelques régions montagneuses d'Europe, soit pour obtenir de maigres récoltes (Reutberge de la Forêt Noire), soit pour favoriser la pousse des herbes dans une lande à pâturage ; c'était le cas dans les touyas du Béarn. Dans les monts du Lyonnais, le brûlis alternait tous les 15 ou 20 ans avec la lande. On dit parfois écobuage *pour brûlis. Selon les pays, ce procédé a divers noms:*ray au Laos, ladang *en Indonésie*, tavy *à Madagascar*, milpa *au Mexique*, lougan *en Afrique centrale.*
Les paysages agraires ainsi créés reflètent un grand désordre, avec des champs irréguliers ; de vastes surfaces sont nécessaires pour l'entretien d'une population à faible densité qui est ainsi maintenue dans un état social et économique de faible valeur. Cependant le procédé du brûlis recule devant les cultures continues et ne se maintient que dans les régions tropicales, éloignées des grands centres.

BRÛLURE n.f.
En. **blight, frost-nip**
De. **Verdorren, Erfrieren** (1)
Es. **quemadura**
It. **alidore, bruciatura**
1. Détérioration d'une plante sous l'action d'un soleil trop chaud ou d'un gel printanier sur les jeunes pousses.
Les feuilles et les fruits flétrissent et tombent ; on dit qu'ils sont grillés.
2. Action trop forte de la bouillie cuprique sur les feuilles de vigne.
3. Maladie cryptogamique du lin.
La plante attaquée paraît comme brûlée.
Etym. Du latin brustulare, brûler.

BRUMAILLE n.f.
Es. **llovizna, cernidillo** (1)
It. **acquerugiola** (1)
1. Petite bruine.
2. Maladie cryptogamique qui atteint les feuilles de vigne ou de pomme de terre et les rend grisâtres.
3. Bruyère qui sert à fabriquer des balais pour les fermes.

BRUMAIRE n.m.
En. **Brumaire**
De. **Brumaire**
Es. **brumario**
It. **brumaio**
Deuxième mois de l'année révolutionnaire, du 22 octobre au 22 novembre, période où les brumes et les brouillards sont fréquents, et où l'on termine les semailles. *Etym. De brume.*

BRUMISATION n.f.
En. **nebulisation**
De. **Befeuchten**
Es. **nebulización**
It. **nebulizzazione**
Procédé consistant à répandre de fines gouttelettes d'eau dans l'air d'un local contenant des boutures ou des semis, afin d'éviter leur dessication et de hâter leur reprise dans le sol définitif.

BRUNE n.f.
Race bovine des Alpes à robe marron sombre, se prêtant bien à la transhumance.

BRUNISSURE n.f.
En. **browning**
De. **Bräunung**
It. **brunitura**
1. Maladie de la vigne, due à l'épuisement d'un feuillage trop abondant.
Elle se manifeste par des taches brunes qui altèrent tout le limbe.
2. Maladie de la pomme de terre due à une bactérie qui attaque le tubercule marqué de taches noires.

BRUSC n.m.
(Languedoc). Bruyère cendrée (Erica cinerea).

BRUYÈRE n.f.
En. **heather, heath**
De. **Heidekraut**
Es. **brezo**
It. **erica**
Sous-arbrisseau de la famille des Ericacées.
On en compte plusieurs espèces dont la plus commune est la bruyère cendrée (Erica cinerea). Comme son nom l'indique, la bruyère à balais (Erica scoparia) sert à fabriquer des balais rustiques. La bruyère pousse sur des landes siliceuses ; on l'utilise comme litière et comme engrais, mélangée à du sable et à de l'argile pour former la terre de bruyère, *afin d'acidifier les sols.*
Les brindilles sont recueillies dans les magnaneries afin que les vers à soie y fixent leurs cocons. Avec les racines de la plante, on fabrique des fourneaux de pipe.
Etym. Du celte bruko, qui a donné brucus en latin.

B.T.S.A. sigle.
Brevet de Technicien Supérieur Agricole, diplôme délivré aux élèves qui ont suivi avec succès l'enseignement donné dans les lycées techniques agricoles jusqu'à la classe terminale.

BUAILLE n.f.
1. Champ de blé après la moisson.
2. *(Auvergne).* Branches sèches dont on se servait autrefois pour chauffer les fours à cuire le pain.
C'étaient parfois des tiges de bruyère.

BUCAILLE n.f.
Es. alforfón, trigo sarraceno (1)
1. Blé noir ou sarrasin.
Péjoratif.
2. En Ile-de-France, broussaille ou bois médiocre.

BÛCHE n.f.
En. log, billet
De. Klotz
Es. leño
It. ceppo, ciocco
Section d'un rameau ou d'un tronc d'arbre, sciée pour servir de bois de feu.
Etym. De l'allemand *busk*, baguette.

BÛCHE PERDUE l.f.
Bûche transportée par flottage et qui ne parvient pas à destination.

BÛCHE DE NOËL l.f.
Bûche choisie parmi les plus gros rondins pour être brûlée dans l'âtre durant la veillée de Noël.
On attribuait jadis à ses cendres des propriétés merveilleuses, selon une tradition d'origine celte.

BÛCHE n.f.
Fragment de côte de tabac dans un paquet de tabac à fumer.

BÛCHEMENT n.m.
Mise en tas de dimensions déterminées des bûches pour le bois de chauffage.
Etym. Du germanique *busk*, baguette.

BÛCHER n.m.
En. woodshed
De. Holzverschlag Holzschuppen
Es. leñera, hoguera
It. legnaia
Dépendance d'une ferme où l'on entreposait le bois de chauffage sous forme de bûches et de fagots.

BÛCHERAGE n.m.
Droit féodal permettant aux habitants d'une communauté de se ravitailler en bois de chauffage dans les forêts seigneuriales du lieu.
Syn. Lignerage.

BÛCHERON n.m.
En. woodcutter, woodman
De. Holzfäller
Es. leñador
It. taglialegna, boscaiolo
Ouvrier chargé d'abattre les arbres d'une forêt et de les préparer comme bois de chauffage ou bois d'oeuvre.

BÛCHERONNAGE n.m.
Travail du bûcheron.

BUCHETRON n.m.
(Berry). Récipient où l'on met le lait.

BUCOLIQUE adj.
En. bucolic
De. bukolisch
Es. bucólico
It. bucolico
Qualifie la vie des bergers dans ce qu'elle a de poétique.
Etym. Du grec *boukolos*, bouvier.

BUCOLIQUES n.f.p.
En. eclogues
De. Hirtengedichte, Schäfergedichte
Es. bucólicas, poesía pastoril
It. bucoliche
Poésies pastorales.

BUÉE n.f.
Jadis, dans les fermes, grande lessive annuelle ou bisannuelle.
En occitan, lo bugado.
Etym. Du francique *bukon*, lessiver.

BUFFETAGE n.m.
1. Droit féodal levé sur la vente des vins dans les tavernes.
2. Opération qui consiste à tirer du vin d'un tonneau et à le remplacer par de l'eau.
Etym. De l'ancien français *buffe*, gifle.

BUFFLE n.m.
En. buffalo
De. Büffel
Es. búfalo
It. bufalo
Ruminant de la famille des Bovidés dont une seule espèce, *Bubalus arni*, a été domestiquée dans l'Inde et s'est répandue de la Malaisie à l'Andalousie.
Elle sert aux labours des rizières. La bufflesse ou bufflonne donne un lait très riche en matières grasses.
Etym. Du latin *bubalus*.

BUGE n.f.
1. Parcelle qui n'a pas été cultivée depuis plusieurs années.
2. *(Auvergne).* Lande à genêts et fougères.

BUGOS n.m.
(Bresse). Endroit où l'on entasse le foin.
Syn. Fenil

BUGRANE n.f.
En. restharrow
De. Hauhechel
Es. detienebuey, gatuña
It. ononide, bonaga, arrestabue
Plante de la famille des Papilionacées *(Ononsi spinosa)* plus connue sous le nom d'arrête-boeuf car ses racines sont si développées et si dures qu'elles freinaient la marche des attelages dans les labours.

BUIGE n.f.
(Auvergne). Parcelle où alternent la culture et le pacage.

BUIRETTE n.f.
Petit tas de foin.
Syn. Moyette.

BUIS n.m.
En. box-tree
De. Buchsbaum
Es. boj
It. bosso, bossolo
Arbrisseau de la famille des Buxacées *(Buxus sempervirens)*, à bois très dur poussant sur les garrigues calcaires.
En Vivarais, ses feuilles étaient très appréciées comme litière car leur fumier était un excellent engrais ; aussi les baux limitaient-ils la surface à couper chaque année par le preneur: elle ne devait pas dépasser le quart de l'étendue totale du domaine.
Etym. Du latin *buxus*, buis.

BUISSAIE n.f.
Es. bojedal
Garrigue peuplée de buis, excellent terrain de pacage.

BUISSIÈRE n.f.
V. Buissaie.

BUISSON n.m.
En. bushes (1)
De. Busch, Strauch (1)
Es. zarza (1)
It. cespuglio (1)
1. Touffe d'arbrisseaux plus ou moins épineux.
2. Bouquet d'arbres en ancien français.
3. Taille d'un arbre fruitier pour qu'il reste très court et qu'il s'étale.
Etym. Du germanique.

BULBE n.m.
En. bulb, corm
De. Zwiebel
Es. bulbo
It. bulbo, cipolla
Organe souterrain qui contient des réserves de nourriture pour donner naissance à une nouvelle plante et l'alimenter jusqu'à ce qu'elle ait assez de racines.
Etym. Du latin *bulbus*.

BULBICULTEUR n.m.
Horticulteur spécialisé dans la production des plantes à bulbes : tulipe, lis, safran, etc.

BULBICULTURE n.f.
It. bulbicoltura
Culture des plantes à bulbes.
Très pratiquée en Hollande, à cause des tulipes.

BULBILLE n.m.
It. bulbillo
1. Petit bulbe.
2. Fragment d'une gousse d'ail.

BULL-DOZER n.m.
V. Bouteur

BUPRESTE n.m.
En. **wood borer**
Es. **bupresto, escarabajo**
It. **buprèste**
Insecte coléoptère aux brillantes colorations, de la famille des Buprestidés.
On l'accusait autrefois de faire enfler le bétail s'il était avalé avec de l'herbe verte. Sa larve se développe dans le tronc des arbres où elle creuse des galeries.
Syn. Capnode.
Etym. Du grec *bous*, boeuf, et *prethein*, gonfler.

BURET n.m.
(Normandie). Porcherie.

BURLADO n.m.
(Gascogne). Champ conquis par le feu sur la lande ou la forêt.

BURLAIE n.f.
(Suisse). Champ ou pacage obtenu par brûlis.
Au Canada, c'est un brûlé.

BURLAT n.m.
Variété de cerises d'excellente qualité.

BURLEY n.m.
Variété de tabac blond.

BURON n.m.
En. **alpine herdsman's cottage**
De. **Sennhütte**
Es. **choza de pastor, cabaña**
It. **capanna, malga**
Habitat temporaire sur les pâturages des massifs volcaniques d'Auvergne.
Il se composait d'une cuisine pour la préparation du fromage, d'une cave pour sa conservation, d'un dortoir sous le toit et d'une porcherie. Il était situé près d'une source, abrité par deux ou trois arbres et entouré d'une petite cour close de murs ; il était habité de juin à septembre par les buronniers. Le fromage se fabriquant actuellement dans les laiteries des villages, les burons sont de plus en plus abandonnés. Syn. Massue.
Etym. Du latin *bur*, cabane.

BUROT n.m.
(Bourgogne). Cépage à raisins noirs, proche du *pinot gris*.

BUSE n.f.
En. **nozzle** (1)
De. **Sprengdüse** (1)
Es. **tubo, conducto** (1)
It. **gorello** (1), **ugello** (2)
1. Section d'un tuyau en ciment destiné à canaliser l'eau d'irrigation ou de drainage.
2. Petite pièce d'un appareil d'irrigation, percée d'un trou de faible diamètre pour projeter au loin l'eau sous pression.
Etym. Du flamand *buis*, conduit.

BUSSARD n.m.
(Région parisienne). Ancienne mesure de capacité d'une contenance d'environ 240 litres.

BUTIER n.m.
(Normandie). V. Tournière.

BUTINER v.tr.
De. **Honig sammeln**
Es. **libar**
It. **bottinare**
Pour les abeilles ouvrières, récolter le pollen et le nectar des fleurs.

BUTINEUSE n.f.
En. **worker**
De. **Flugbiene, Futterbiene, Arbeitsbiene**
Es. **pecoreadora**
It. **bottinatrice**
Abeille qui récolte du miel de fleur en fleur, en prélevant un *butin* de leur suc et en favorisant la fécondation par le transport des pollens sur les pistils.
Etym. De l'allemand *Beute*, proie.

BUTTAGE n.m.
En. **earthing up**
De. **Anhäufen, Aufhäufeln**
Es. **aporcadura, aporcado, acollado**
It. **rincalzamento, rincalzatura**
Façon culturale qui consiste à accumuler de la terre autour du pied d'une plante à l'aide d'un buttoir, ou d'une houe.
Elle se pratique surtout en automne et au printemps. Elle a pour but de favoriser la croissance par l'émission de nouvelles racines, de provoquer le blanchiment des endives, du céléri, de la chicorée, de protéger du froid en hiver les jeunes racines des arbres fruitiers et de pieds de vigne.
Elle se pratique avec une houe ou une petite charrue appelée buttoir. *(Fig. 24) (R.Blais).*

BUTTE n.f.
Tas de terre, de forme hémisphérique, accumulé au dessus des tubercules ou des rhizomes de plantes cultivées pour favoriser leur développement.
Pratiqué surtout en région tropicale.

BUTTER v.tr.
En. **to earth up**
De. **häufeln**
Es. **acollar, aporcar**
It. **rincalzare**
Procéder au buttage avec un *butteur* ou un *buttoir*.

BUTTEUR n.m.
En. **hiller**
De. **Kartoffelhäufler**
Es. **aporcador**
It. **rincalzatore**
Organe d'une planteuse de pommes de terre, qui comble sur les tubercules le sillon qu'a ouvert le *rayonneur*.
Etym. Du francique *bût*, billot, cible.

BUTTOIR n.m.
En. **lister**
De. **Häufelpflug**
Es. **aporcador, arado aporcador**
It. **tacchetto**
Petite charrue à double versoir pour rejeter la terre de part et d'autre et butter les rangées de plantes. (Fig. 24).
Elle comporte un avant-train à roue et deux mancherons. Pour butter les vignes, elle n'a qu'un seul versoir, mais l'age est coudé sur la gauche pour passer plus près des ceps.
Syn. Butteuse.

(Fig. 24). Buttoir

BUTYREUX (TAUX) l.m.
En. **fat (content)**
De. **Fettgehalt**
Es. **butirosos (índice de)**
It. **butirroso (tasso)**
Nombre de grammes de matière grasse dans un litre de lait.

BUTYRIFICATEUR n.m.
En. **churn**
De. **Buttermaschine**
Es. **butirificador**
It. **butirrificatore, zangola**
Baratte.
Etym. Du latin *butyrum*, beurre.

BUTYRIFICATION n.f.
Es. **butirificación**
It. **butirrificazione**
Transformation physique de la crème en beurre.

BUTYROMÈTRE n.m.
En. **butyrometer**
De. **Butyrometer**
Es. **butirómetro**
It. **butirrometro**
Appareil permettant de mesurer la teneur d'un lait en matières grasses.
Etym. Du latin *butyrum*, beurre, et du grec *metron*, mesure.

BUVANDE n.f.
(Gascogne). Boisson faite avec de l'eau et du marc de raisin.
Etym. De *buva*, boire.

BUVANTE n.f.
V. Buvande.

BUVÉE n.f.
Breuvage composé de son, de farine, ou de tourteau, délayé dans l'eau tiède et destiné aux bestiaux mis à l'engrais pendant l'hiver.

BUXAIE n.f.
V. Buissaie

C

CABAL n.m
Jadis, dans un bail, prix des bovins, des ovins, des porcins, des chevaux, des ânes et des mulets élevés dans une exploitation agricole.
Etym. Du latin *capitalis,* bien, propriété, qui a donné également capital et cheptel. En dialecte occitan, *cheptel vif,* le gros et le moyen bétail d'un domaine.

CABALIÈRE n.f.
1. Parcelle de terre cultivable, soutenue par un mur, sur le versant aménagé en terrasses d'une colline.
2. Surface que peut labourer un cheval en une journée.
3. Canalisation qui recueille les eaux de ruissellement sur les pentes d'une colline cultivée.
Etym. De l'occitan *cabal,* cheval.

CABANAGE n.m.
V. Encabaner.

CABANAT n.m.
Dépendance d'une ferme composée d'une toiture de chaume à forte pente, posée sur des murs trés bas (0,50 m), avec deux portails placés sous le pignon.
Il servait à abriter le matériel agricole, les céréales et, en cas d'orage, l'attelage et son chargement. Il a été aussi utilisé comme séchoir à tabac.
Etym. Du dialecte occitan, *cabane.*

CABANE n.f.
En. **hut** (1)
De. **Hütte** (1)
Es. **cabaña, chabola** (1)
It. **capanna** (1)
1. Construction de petites dimensions, édifiée avec des matériaux médiocres, et isolée dans un verger ou un vignoble.
Elle sert à abriter les bergers, les chasseurs, les vignerons, les animaux domestiques et le matériel agricole.
2. Nid de brindilles de bruyère où les sériciculteurs placent les vers à soie pour qu'ils y filent leurs cocons.
3. Exploitation agricole de 30 à 40 ha, composée de bâtiments et de parcelles conquises sur l'eau, grâce à des canaux de drainage, dans les marais de Charente et de Vendée.
Etym. Du latin *capanna,* petit abri.

CABANER v.intr.
Es. **embojar**
Placer des brindilles de bruyère sur les claies des vers à soie pour qu'ils y fixent leurs cocons.

CABANIER n.m.
Agriculteur exploitant une cabane dans le Marais poitevin.

CABANIS n.m.
Type de greffe qui consiste à pratiquer des entailles semblables sur deux branches d'arbres d'espèces différentes et à les rapprocher jusqu'à ce que les entailles coïncident et soient solidement maintenues l'une contre l'autre.
Les écorces et les libers se soudent et l'on sépare ensuite l'arbre à greffer en coupant sa tige au dessous de l'entaille. Ce procédé porte le nom de son inventeur, l'agronome Cabanis de Salagnac (1723-1786).

CABANON n.m.
En. **shed**
De **Hüttchen**
Es. **cabañuela**
It. **capanno**
Petite construction dans les champs, dans les vignes ou dans les vergers, pour abriter le matériel, pour prendre les repas lors des journées de travail, loin du village.
Syn: Campement de culture.

CABANOT n.m
Petite construction attenante à la grange des pâturages pyrénéens de moyenne altitude, dans les vallées des Gaves et des Nestes.
Au cours du séjour des transhumants, au printemps et en automne, elle sert à abriter le matériel, le lait et le fromage (H. Cavaillès).

CABECOU n.m.
Fromage de chèvre fabriqué en Quercy.

CABERNELLE n.f.
Cépage à raisins noirs des vignobles bordelais.
Etym. Dérivé du *cabernet* franc.

CABERNET n.m.
Cépage à raisins noirs, cultivé en Bordelais et dans les Pays de Loire, à Bourgueil et à Chinon.
On distingue le Gros Cabernet, ou Cabernet Franc, et le Petit Cabernet, ou Sauvignon. Le premier s'appelle aussi Petit-Fer, Cabernet et Grosse Vidure ; le second est connu en Périgord sous le nom de Navarre, et en Médoc sous le nom de Petite Vidure. L'un et l'autre donnent d'excellents vins qui s'améliorent en vieillissant.

CABESSAU n.m.
Talus délimitant des champs plus ou moins abandonnés sur les versants des vallées pyrénéennes des Gaves.
Equivalent des rideaux *picards.*

CÂBLAGE n.m.
En. **cableway**
De. **Ausladen**
Es. **saca con cable**
It. **trasporto dei tronchi mediante cavi**
Débardage des troncs d'arbres à l'aide de câbles en métal, de la coupe à la voie d'accès par les camions.

CABOCLE n.m.
(Brésil).
1. Métis d'Indien et d'Européen.
2. Par extension, paysan qui vit sur un petit lopin de terre, en marge d'un grand domaine, où il effectue des travaux salariés lors des principales récoltes.

CABOSSE n.f.
En. **cacao bean, cocoa bean** (1)
De. **Kakaobohne** (1)
Es. **mazorca** (1), (3)
It. **frutto del cacao** (1)
1. Fruit du cacaoyer, contenant les graines, ou *fèves*, qui servent à fabriquer le cacao.
2. Fragment d'une touffe d'artichaut susceptible de prendre racine si elle est mise en terre.
3. *(Aquitaine).* Epi de maïs.

CABOT n.m.
1. Chef d'équipe des ouvriers vignerons en Champagne.
2. Bouture de vigne dans le Bordelais.

CABOTE n.f.
(Alpes du Dauphiné). Fenil édifié dans les prés.

CABOUSSON n.m.
Touffe d'herbe délaissée par le bétail dans un pâturage.
V. Refus

CABRI n.m.
En. **kid**
De. **Zicklein**
Es. **cabrito, chivo**
It. **capretto**
1. *(Provence).* Petit de la chèvre ou *chevreau*.
2. *(Iles Mascareignes).* Race de chèvres sans cornes et à poils ras.

CABRILLOU n.m.
(Dialecte occitan.) Fromage au lait de chèvre. Equivalent du cabécou en Quercy, et du chabrichou en Poitou.
Etym. Du latin *capra*, chèvre.

CABROUET n.m.
(Antilles). Petit char à deux roues pour transporter les tiges de canne à sucre.
Etym. De *cabriolet*.

CABUCHAGE n.m.
(Midi languedocien). Cépage à raisins noirs, appelé aussi *Roncet*.

CABUS n.m.
En. **headed cabbage**
De. **Kopfkohl**
Es. **repollo**
It. **cappuccio**
Chou pommé, (*Brassica oleracea*), à grosse tête ronde formée par les feuilles repliées en boule.
Etym. Du latin *caput*, tête.

CACAHOUÈTE n.f.
En. **groundnut, peanut**
De. **Erdnuss**
Es. **cacahuete**
It. **arachide, nocciolina americana**
Fruit de l'arachide.
Il se compose d'une gousse contenant deux ou trois graines qui mûrissent dans le sol, pendant la saison sèche, au Sénégal.
Etym. De l'aztèque *tlacacahuatl*.

CACAOYER ou **CACAOTIER** n.m.
En. **cacao-tree**
De. **Kakaobaum**
Es. **cacao (árbol)**
It. **cacao (pianta)**
Arbre de quatre à dix mètres de haut, de la famille des Sterculiacées.
Son nom scientifique, Theobroma cacao, signifie nourriture des dieux, à cause de la saveur délicieuse de la poudre extraite de ses graines. Il pousse dans les pays à climat chaud et humide, sous de grands arbres, à l'abri du vent et du soleil ; il est cultivé en plantations. Il fleurit en toute saison et donne des baies, ou cabosses, de la forme d'un concombre, garnies de 30 à 40 graines, ou fèves, enrobées d'une pulpe molle. Avec ces graines, on obtient une poudre utilisée pour la fabrication du chocolat ; riche en matière grasse, 50 à 56 %, cette poudre donne par débeurrage, le beurre de cacao qui est utilisé pour les cosmétiques et les suppositoires. Le tourteau résiduel broyé, ou poudre de cacao, sert à la nourriture du bétail. Le cacao contient un alcaloïde, la théobromine, qui est un puissant diurétique.
Etym. De l'aztèque *cahuatl*.

CACAOYÈRE n.f.
En. **cacao plantation**
De. **Kakaopflanzung, Kakaoplantage**
Es. **cacahual, cacaotal**
It. **piantagione di cacao**
Parcelle plantée en cacaoyers.
Syn: Cacaotière.

CACARDER v.intr.
En. **to gaggle**
De. **schnattern**
Es. **graznar**
It. **schiamazzare**
(Onomatopée.)
Imiter le cri de l'oie.

CACÉE adj.
(Anjou). Qualifie une terre de jardin tassée par les arrosages, privée d'oxygène et de bactéries.
On lui rend sa fertilité en lui incorporant du fumier de paille.

CACHAT n.m.
(Provence). Fromage cuit à goût très fort.

CACHEXIE AQUEUSE l.f.
En. **liver rot, sheep rot**
De. **Leberegelkrankheit, Leberfäule, Fasziolose**
Es. **caquexia acuosa**
It. **cachessia acquosa**
Maladie du mouton causée par un parasite, la *douve*, absorbée en mangeant des herbes dans les terrains humides, où se conservent les oeufs du parasite.
L'animal s'affaiblit et meurt si on ne le soigne pas avec des extraits de fougère mâle et du sel marin.

CADASTRATION n.f.
En. **registration of property (in the cadastre)** (2)
De. **Katastrierung**
Es. **catastrar**
It. **accatastamento**
1. Opération qui consiste à découper et à délimiter, dans une zone à mettre en valeur, des parcelles qui sont ensuite réparties entre les exploitants du sol.
C'est ce qui fut fait en plusieurs régions de la Gaule, sous l'occupation romaine.
2. Résultat de cette opération consignée dans les documents cadastraux.
Syn: Cadastrage.

CADASTRE n.m.
En. **cadastre**
De. **Kataster**
Es. **catastro**
It. **catasto**
Document où sont enregistrés les biens fonciers composé d'un plan, de matrices et de l'état des sections.
Etym. Du grec *katastikon*, liste.

CADIÈRE n.f.
1. Endroit où poussent les genévriers appelés *cades* en Provence.
De la distillation de leur bois, on retire de l'huile de cade utilisée pour cautériser les plaies des animaux domestiques.
2. Variété de noisette récoltée principalement à la Cadière, près de Toulon.
Etym. De *cade*, genévrier oxycèdre.

CADILLAC n.m.
Vin blanc liquoreux récolté sur les coteaux de la rive droite de la Garonne, autour de la localité du même nom, en amont de Bordeaux.

CADILLAC (GREFFE) l.f.
Type de greffe pratiqué à la fin de l'été sur des plants de vigne racinés de l'hiver précédent.
C'est la plus utilisée des greffes d'été. Elle tire son nom de Cadillac, en Gironde.

CADOLES n.f.p.
(Bresse). Huttes où s'abritaient les défricheurs au milieu de leurs nouvelles terres.

CADOULE n.f.
(Périgord). Abri en pierres sèches où s'abritaient les vignerons en temps de pluie.

CADRANURES n.f.p.
Es. **atronaduras**
Fentes radiales qui se produisent dans les troncs des vieux arbres et les rendent impropres comme bois d'oeuvre.
Etym. De *cadran* par allusion aux aiguilles d'un cadran d'horloge.

CADRE n.m.
En. **frame**
De. **Rahmen**
Es. **marco**
It. **telaio**
Châssis en bois, garni de cire gaufrée en forme d'alvéoles.
Placé dans les ruches, les abeilles y déposent leur miel sans avoir à préparer elles-mêmes leurs propres rayons, le rendement mellifère en est amélioré.

CADUC adj.
En. **deciduous**
De. **abfallend**
Es. **caduco**
It. **caduco**
Se dit d'un feuillage qui ne dure qu'une saison.
Etym. Du latin *caducus*, tombé.

CADUCIFOLIÉ adj.
En. **deciduous**
De. **Laubaum**
Es. **caducifolio**
It. **caducifoglia**
Qualifie un arbre qui perd ses feuilles en automne, et qui en a de nouvelles au printemps.
Etym. Du latin *caducus*, tombé et *folius*, feuille.

C.A.F.
Conseil de l'agriculture française.
Créé en 1966, ce conseil a pour but de favoriser la concertation entre les divers représentants des organismes officiels de l'agriculture.

CAFARD n.m.
En. **cockroach**
De. **Schabe, Motte**
Es. **cucaracha, curiana**
It. **piattola, blatta, scarafaggio**
V. *Blatte*.

CAFÉ n.m.
En. **coffee**
De. **Kaffee**
Es. **café**
It. **caffè**
Graine du caféier.
Torréfiée et moulue, elle sert à préparer une boisson appelée également café.
Etym. De l'arabe *cahoua*, et du turc *kahvé*, café.

CAFÉIER n.m.
En. **coffee tree**
De. **Kaffeebaum**
Es. **cafeto**
It. **pianta del caffè**
Arbuste de la famille des Rubiacées (*Coffea arabica*), originaire de l'Ethiopie.
On en distingue deux principales variétés : le Coffea arabica, à grains plats et larges, qui croît surtout en Amérique du Sud et en Ethiopie, le meilleur ; et le Coffea Robusta, à grains ronds et petits, plus amer, cultivé en Côte d'Ivoire.

CAFÉTÉRIA n.f.
En. **coffee plantation**
De. **Kaffeeplantage, Kaffeepflanzung**
Es. **cafetal**
It. **piantagione di caffè**
(Brésil). Domaine consacré à la culture du café. Syn. *Caféière*.

CAFEZAL n.m.
(Brésil). Terrain consacré à la culture du café.
Le cafezal est préparé soit selon les méthodes traditionnelles par des sitiantes qui pratiquent des défrichements sommaires, soit par des entrepreneurs spécialisés, les fazendeiros, munis d'un matériel moderne. Pour satisfaire les besoins vivriers de la main d'oeuvre, une place est laissée dans le fazendal à des cultures alimentaires (B.Kayser).
V. *Fazendal*.

CAFIGNON n.m.
(Provence). Petite dépendance d'une ferme pour loger les outils.
V. *Détrame*.

CAGE n.f.
En. **cage**
De. **Käfig, Vogelhaus, Vogelbauer**
Es. **pollera**
It. **gabbia**
Loge grillagée où l'on enferme les volailles quand on veut les engraisser.
Les parois en sont parfois mobiles, au gré de l'animal.
Etym. Du latin *cavea*, cavité.

CAGE DE POULE l.f.
(Midi de la France). Taille particulière de la vigne donnant aux rameaux la forme d'une petite cage.

CAGEROTTE n.f.
En. **wicker tray**
De. **Käsehürde**
Es. **encella**
It. **fiscella**
Claie tressée en osier et sur laquelle on place les fromages frais afin qu'ils s'égouttent.
V. *Clayon*.

CAGET n.m.
Etagère en brins d'osier tressés sur laquelle on fait égoutter et fermenter les fromages (brie, camembert, etc.).

CAGNOTE n.f.
Petite cuve où l'on écrase les raisins à l'aide d'un pilon de bois.

CAHORS (VIN DE) l.m.
Vin rouge qui doit sa réputation, dès le Moyen Age, tant à l'intérêt que lui portèrent les évêques du diocèse qu'aux influences des sols, du relief et du climat.
Il s'exportait par le Lot et la Garonne vers Bordeaux et les pays d'Outre Mer.

CAÏEU n.m.
En. **clove**
De. **Knolle**
Es. **ajete**
It. **bulbillo**
Petit bulbe dû à la transformation d'un bourgeon axillaire situé à l'aisselle de l'écaille d'un autre bulbe.
Chez l'ail plusieurs bourgeons axillaires se transforment en gousses, tandis que les enveloppes du bulbe originel se dessèchent, ainsi se forme une tête d'ail (P.Habault). Pour la reproduction, les caïeux sont préférés aux graines car les pieds obtenus fleurissent plus tôt et conservent mieux les caractères de la plante d'origine.
Etym. D'un terme de l'ancien français signifiant *rejeton*.

CAILLAGE n.m.
En. **curdling, coagulation**
De. **Gerinnen**
Es. **cuajadura, cuajamiento**
It. **accagliatura**
Opération qui consiste à faire coaguler la caséine du lait en lui ajoutant de la présure.
Sous son action, le lait se sépare en deux parties : le caillé qui servira à faire du fromage, et le petit lait, ou lactosérum, qui alimente les porcs.
Etym. Du latin *coagulare*, pousser ensemble.

CAILLÉ n.m.
En. **curd**
De. **saure Milch, Dickmilch**
Es. **cuajada**
It. **cagliata**
Gel de caséine du lait obtenu par l'introduction de présure dans le lait frais.
Séparé du petit lait, le lait caillé sert à faire du fromage ; il peut être consommé frais, ou après diverses opérations qui modifient son goût et sa consistance, et qui en font la base des fromages à pâte cuite.

CAILLEBOTIS n.m.
En. **slatted floor**
De. **Lattenrost**
Es. **enjaretado, enrejado**
It. **graticcio**
Plancher à claire-voie placé sur le sol d'une étable, pour favoriser l'écoulement du purin, ou dans un fenil pour isoler du sol humide les récoltes sèches.

CAILLEBOTTE n.f.
En. **curd** (1)
De. **Dickmilch** (1)
Es. **requesón** (1)
It. **cagliata** (1)
1. Masse de lait caillé.
2. Claie, ou éclisse, à faire sécher le fromage.
Etym. De *cailler* et de *bouter*, mettre en caillé.

CAILLÈRE n.f.
Récipient en bois pour faire cailler du lait en y versant de la présure.

CAILLETTE n.f.
En. **abomasum, fourth/true stomach, rennet stomach**
De. **Labmagen**
Es. **abomaso, cuajar**
It. **abomaso**
Quatrième poche de l'estomac des ruminants.
Celle des jeunes veaux est découpée et mise à macérer dans de l'eau salée, additionnée d'acide borique ; elle libère alors la présure, enzyme qui provoque le caillage du lait.
Syn. Abomasum.

CAILLOUTEUX adj.
En. **pebbly**
De. **kieselreich**
Es. **guijarroso, pedregoso**
It. **sassoso**
Qualifie un sol qui contient des galets de roches dures et émoussées, ce qui le distingue d'un sol pierreux, parsemé de débris de pierre anguleux.
Pauvre en chaux, un sol caillouteux se prête mal aux cultures. Cependant, il assure à certains vignobles des produits de haute qualité (Graves du Bordelais, Châteauneuf-du-Pape).

CAÏNITE n.f.
Sulfate hydraté naturel de magnésium et de potassium, parfois mêlé de chlorure de sodium, ce qui oblige à l'épurer.
On trouve ce minéral en Thuringe, en particulier à Stassfurt où il est traité pour donner un engrais potassique.
Equivalent de la sylvinite de Mulhouse.
(S'écrit aussi *kaïnite*.)

CAINGIN n.m.
(Philippines). Brûlis ; défrichement par le feu.

CAIROU n.m.
(Périgord, Quercy). Tas de pierres accumulé par l'épierrement à l'extrêmité d'un champ.
Equivalent de cheyre *(Auvergne).*
Etym. Du radical indo-européen *car*, pierre.

CAISSES DE MUTUALITÉ SOCIALE AGRICOLE l.f.p.
Organismes créés par des agriculteurs qui veulent prendre en charge les risques de leur métier : grêle, incendie, accidents.
Les caisses locales sont alimentées par des cotisations et des subventions ; elles sont réassurées par les caisses régionales qui établissent les polices d'assurances. Elles sont sous la tutelle du Ministère de l'Agriculture (P.Habault).

CAISSE RÉGIONALE DU CRÉDIT AGRICOLE l.f.
Etablissement chargé d'effectuer, dans le cadre régional et départemental, les opérations financières incombant au Crédit Agricole National.

CAISSE RURALE l.f.
De. **Landsparkasse**
Es. **caja rural**
It. **cassa rurale**
Type d'établissement de crédit créé à l'initiative de moines capucins en 1893.
Ils prospérèrent jusqu'à la première guerre mondiale, grâce aux curés des campagnes qui faisaient fonction de secrétaires ; ils prêtaient à faible intérêt et contribuèrent au maintien de nombreuses petites exploitations agricoles.

CAJAN n.m.
Plante de la famille des légumineuses (*Cajanus indicus*), cultivée dans les pays chauds et secs pour ses graines consommées comme des petits pois.
Originaire d'Afrique Centrale, elle a été introduite en Egypte au XIVème siècle, et dès le XVIème siècle, aux Antilles et en Asie.

CAL n.m.
En. **callosity, callus**
De. **Schwiele, Kallus**
Es. **callo, callosidad**
It. **callo, callosità**
1. Prolifération osseuse autour d'une fracture réparée.
2. Dépôt qui obstrue pendant l'hiver les tubes criblés du liber et arrête la circulation de la sève élaborée.
Etym. Du latin *callus*, callosité.

CALABERT n.m.
(Vivarais). Petit hangar composé de piquets en bois et d'une couverture de paille ou de genêts, pour abriter le matériel agricole.

CALABRE n.f.
1. *(Provence).* Brebis âgée, qui a perdu ses dents et qui n'est plus bonne qu'à la boucherie.
2. *(Languedoc).* Mélange de moût de raisin et d'alcool pour obtenir un vin liquoreux, analogue au *pineau des Charentes*.

CALAMITÉ AGRICOLE l.f.
En. **calamity**
Es. **calamidad**
It. **calamità**
Perturbation qui affecte l'évolution normale des cultures et du bétail.
Pour le bétail ce sont surtout les épizooties ; pour les cultures, ce sont les ouragans, la grêle, les gelés tardives et même, en forêts de résineux, les incendies. Des mesures sont prises pour prévenir ces calamités (vaccination, produits fumigènes, pare-feux...), et, pour en atténuer les dégâts, assurances, coopératives, etc.

CALANDRE n.f.
En. **grain weevil**
De. **Kornwurm**
Es. **gorgojo del trigo**
It. **calandra, punteruolo**
Charançon du blé, insecte rhynchophore de la famille des *Curculionidés*.
Il cause de grands ravages dans les grains de céréales. On le combat avec des vapeurs de sulfure de carbone et de chloropicrine dans les greniers infectés.

CALANT n.m.
(Vendée). Parcelle plate et horizontale, entourée de diguettes, et mesurant 1m à 1,5m de large, et 7 à 8m de long.
On peut ainsi y pratiquer l'irrigation par submersion.

CALCAIRE adj. et n.m.
En. **limestone** (n.), **calcareous** (adj.)
De. **Kalkstein** (n.)
Es. **calizo, calcáreo** (adj.)
It. **calcareo** (adj.), **calcare** (n.)
Qualifie des sols riches en carbonate de calcium.
Ce sont des rendzines, peu profondes, peu évoluées, mais faciles à travailler, perméables, levant bien à la gelée et donnant des terres chaudes, au contraire des terres froides provenant des roches-mères cristallines. Réputées pour la culture du blé, elles constituent des fromentals, qui s'opposent aux ségalas des terrains cristallins. Cependant, sensibles à la sécheresse et à l'érosion, les sols calcaires ont été parfois abandonnés plus tôt que les sols argilo-siliceux, et sont devenus des friches (Causses du Périgord, du Quercy, des Grands Causses).
Etym. Du latin *calcis*, chaux.

CALCICOLE adj.
It. **calcicolo**
Qualifie les plantes qui s'accommodent des sols calcaires, qu'elles soient spontanées (buis, lavande, chêne-vert), ou bien cultivées (noyer, luzerne, sainfoin).

CALCIFÈRE adj.
De. **kalkhaltig**
Es. **calífero**
It. **calcifero**
Qualifie un sol qui contient du calcaire, soit par apports latéraux, soit par des remontées dues à des phénomènes de capillarité.

CALCIFUGE adj.
It. **calcifugo**
Qualifie une plante qui se développe mal sur un sol calcaire, le carbonate de calcium lui étant nuisible.
Elle se réfugie sur les sols siliceux, c'est une plante silicicole ; *les châtaigniers, les pins maritimes, le sarrasin sont des plantes* calcifuges, *ou* calciphobes ; *celles qui donnent de très bons rendements sur les sols siliceux sont dites également* siliciphiles. *Par contre les plantes* calciphiles *prospèrent sur les sols calcaires et y donnent de bons rendements : froment, légumineuses, etc.*

CALCIMÈTRE n.m.
Es. **calcímetro**
It. **calcimetro**
Appareil servant à mesurer la teneur en calcaire d'un sol, à l'aide d'un tube gradué recueillant le CO_2 dégagé par un acide versé sur l'échantillon choisi.
Le rapport entre le volume du gaz carbonique et le poids de cet échantillon donne un pourcentage assez exact du calcaire contenu dans le terrain à analyser.

CALCINATION n.f.
En. **calcination**
De. **Kalzin**
Es. **calcinación**
It. **calcinazione**
Phénomène qui se produit dans le sol sous l'action du feu, au cours d'un brûlis, et par lequel le calcaire est transformé en chaux, l'eau des argiles s'évapore, l'humus superficiel est brûlé, et les bactéries sont détruites.
Mais les cendres et les débris de végétation constituent un apport de potasse qui compense les pertes dues au feu, et la fertilité de la terre en est accrue.

CALCIPHILE adj.
Qualifie une plante qui se plaît sur un sol calcaire.
A distinguer de calcicole.
Etym. Du latin *calcis*, chaux et du grec *philos*, ami.

CALCIQUE adj.
Es. **cálcico**
It. **calcico**
Qualifie un amendement à base de chaux, ou de marne.

Le carbonate de calcium, incorporé au sol, en réduit l'acidité, s'associe aux colloïdes argileux, ou bien reste à l'état pur et favorise l'action du gel et l'aération de la terre.

CALE n.f.
Fruit de la noix dépouillé de sa coque.

CALEBASSE n.f
En. **calabash** (1)
De. **Flaschenkürbis** (1)
Es. **calabaza** (1)
It. **zucca africana** (1)
1. Fruit du calebassier.
2. Variété de poire.
3. Insecte diptère, appelé cécydomie noire.
Il s'attaque aux poires qui sont calebassées.
Etym. De l'espagnol *calabaça*.

CALEBASSE n.f.
En. **calabash, gourd**
De. **Kürbisflasche**
Es. **calabaza, cucúrbita**
It. **calabassa**
Récipient formé avec le fruit sec et vide du calebassier.
Ces fruits, de la taille d'une citrouille, sont déformés à l'aide de liens par les Indiens et prennent des configurations diverses. Secs et vides, ils servent de récipients sous le nom de calebasses.
V. (Fig. 25.)

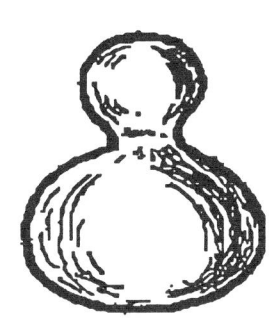

(Fig. 25). Calebasse

CALEBASSIER n.m.
En. **calabash**
De. **Kalebassenbaum**
Es. **güira**
Arbre de la famille des Bignoniacées (*Crescentia cujete*), originaire d'Indonésie.
De la taille d'un pommier, il croît en Amérique tropicale.

CALENDRIER AGRICOLE l.m.
En. **farming year**
De. **Landwirtschaftskalender**
Es. **año agrícola, calendario agrícola**
It. **calendario agricolo**
Répartition, mois par mois, des divers travaux agricoles, l'année rustique débutant en octobre, avec les dernières récoltes et les premières semailles, et se terminant en septembre de l'année suivante.

CALENDRIER BIOCLIMATIQUE l.m.
It. **calendario bioclimático**
Calendrier qui fixe la date, ou le moment, d'une fécondation, d'une plantation, ou des semailles, selon la position ou la conjonction des astres.
En particulier la lune montante favorise la production du feuillage et la lune descendante, celle des grains.

CALIBRAGE n.m.
En. **sizing**
De. **Ausmessung, Ausmessen**
Es. **calibración, calibrado**
It. **calibratura**
Classement de produits végétaux aux formes déterminées (fruits, pommes de terre,...).
Il s'effectue selon une dimension choisie : longueur, diamètre, poids.
Etym. De l'italien *calibro*, moule.

CALIBREUSE n.f.
En. **fruit grader**
De. **Obstsortierer**
Es. **calibradora**
It. **calibratrice**
Appareil destiné à trier des fruits, des grains, des œufs, selon leur grosseur ou leur poids.
Syn. Calibreur, trieur.

CALICE n.m.
En. **calyx**
De. **Kelch, Blumenkelch**
Es. **cáliz**
It. **calice**
Enveloppe florale composée des sépales et protégeant l'androcée (étamines) et le gynécée (pistil).
Etym. Du grec *kalux*.

CALICULE n.m.
En. **calyculus, calycle**
De. **Nabenkelch**
Es. **calículo**
It. **calicetto**
Second calice extérieur, enveloppant la base des pétales du calice, chez les fraisiers, l'oeillet,...
Etym. Du latin *caliculus*, petite coupe.

CALIDOR n.m.
Cépage à raisins blancs, cultivé jadis dans le Midi où il donnait un vin blanc sec.
Connu parfois sous le nom de Fouvial blanc.

CALITOR n.m.
Cépage à raisins noirs et à grains allongés, cultivé dans le Midi.

CALLUNE n.f.
It. **scopa**
Plante arbustive, de la famille des Ericacées (*Erica scoparia*).
Elle pousse dans des landes appelées callunaies ; *ses tiges servent à faire des balais.*
V. Bruyère.
Etym. Du grec *kallunein*, nettoyer.

CALMS n.m.p.
(*Roussillon*). Pâturages appartenant à la communauté rurale, et où l'on mène paître les bestiaux rassemblés en un seul troupeau, sous la garde d'un berger commun.

CALOGE n.f.
(*Quercy*). Petit abri qui peut servir de niche à chien, de clapier à lapins, de cage à poulet, ou de cabane pour berger.

CALPULLI n.m.p.
Biens collectifs des villages en Amérique centrale.

CALUS n.m.
Tissu cicatriciel qui forme une renflure autour d'une blessure, ou d'une cassure, dans les branches, ou sur le tronc des arbres.
Syn. : cal.

CALVADOS n.m.
En. **calvados**
De. **Calvados**
Es. **calvados**
It. **calvados**
Eau-de-vie obtenue par la distillation du cidre, notamment dans la région du Calvados, en Normandie.

CALVANIER n.m.
(*Beauce*). Manouvrier engagé jadis pour les foins et la moisson.

CALVILLE n.f.
Pomme à peau rouge et blanche, un peu côtelée et savoureuse, qui tire son nom d'un village de Normandie.

C.A.M.
Crédit Agricole Mutuel. Organisme financier qui a pour but de recevoir de l'argent en dépôt et de consentir des prêts aux jeunes agriculteurs.

CAM n.m.
Pâturages maigres, landes dans le Massif Central.
Le terme prend diverses formes : calm, chalm, chambs, etc.
Etym. De l'ibère *calma* ?

CAMARGA n.f.
(*Provence*). Champ de médiocre qualité, parsemé de pierres, et qui serait à l'origine du nom de la Camargue, dans le delta du Rhône. (*Plaisance et Cailleux*).

CAMBIUM n.m.
En. **cambium**
De. **Kambium**
Es. **cambio**
It. **cambio**
Assise continue de cellules des plantes à fibres ligneuses, et située entre le *bois*, le *liber* et l'*écorce*.
Vers l'intérieur circule surtout la sève brute, et vers l'extérieur la sève élaborée. Chaque année une nouvelle couche de bois extérieure cesse d'être suivie par la sève et forme un cerne, *ce qui entraîne l'accroissement en diamètre des branches, des rameaux, des troncs et des racines.*
Etym. Du latin *cambiere*, changer.

CAMBROUSARD n.m.
Celui qui habite une campagne isolée.
Péjoratif.

CAMBROUSE n.f.
Campagne éloignée des centres urbains et dont les habitants vivent grossièrement.

CAME n.f.
(*Normandie*). Pot de cuivre, étamé à l'intérieur et servant à transporter le lait de l'herbage à la ferme.

CAMÉLIA n.m.
En. **camellia**
De. **Kamelie**
Es. **camelia**
It. **camelia**
Arbrisseau ornemental de la famille des Caméliacées, importé d'Asie orientale, aux larges fleurs blanches ou rouges.
Etym. Du botaniste Kamel, 1661-1709.

CAMELINE n.f.
En. **gold of pleasure**
De. **Leindotter**
Es. **camelina**
It. **camelina**
Plante de la famille des Crucifères (*Camelina sativa*).
Elle était cultivée autrefois dans le nord de la France pour ses graines, d'où l'on tirait une huile siccative utilisée en peinture ; les résidus servaient de nourriture pour le bétail, ou d'engrais ; avec les tiges on fabriquait des balais. A l'état sauvage, elle fleurit dans les blés en longues grappes droites, à fleurs jaunes au sommet de la tige.
Syn. Renoncule, pissenlit.

CAMEMBERT n.m.
En. **camembert**
De. **Camembert**
Es. **camembert**
It. **camembert**
Fromage au lait de vache, à pâte molle et fermentée.
De forme ronde et plate, il est présenté dans des boites en bois déroulé. Fabriqué d'abord dans le village normand dont il porte le nom, selon un procédé mis au point par une certaine dame Harel, il est maintenant fabriqué, ou imité, dans la plupart des pays où l'on élève des vaches laitières.

CAMIS RAMADERS n.m.p.
(*Catalogne*). Larges chemins suivis par les troupeaux transhumants, tracés de préférence sur les crêtes afin que les bêtes ne causent pas de dommages aux cultures des vallées.

CAMMAS n.m.p.
(*Toulousain*). Hameaux habités par de petites gens.
Etym. Du radical *mas*, maison.

CAMOMILLE n.f.
En. **camomile**
De. **Kamille**
Es. **manzanilla, camomila**
It. **camomilla**
Plante de la famille des Composées.
La camomille romaine (Anthemis nobilis) est cultivée pour ses fleurs qui, une fois desséchées et en infusion, favorisent la digestion.
Etym. Du latin *camomilla*.

CAMOU n.m.
(*Béarn*). Terre alluviale, fertile, située dans le méandre, ou le coude, d'un cours d'eau.
Syn. Chambon (*Pays de langue d'oil*).
Etym. De *cambo*, courbe, coude.

CAMPAGNARD n.m.
En. **countryman**
De. **Landmann**
Es. **campesino, rústico**
It. **campagnolo**
Habitant de la campagne, même s'il n'est pas agriculteur.

CAMPAGNARD adj.
En. **rustic** (2)
De. **rustikal** (2)
Es. **rústico, paleto** (2)
It. **campagnolo, rustico, agreste**
1. Qualifie ce qui concerne la vie à la campagne : alimentation, vêtements, habitat, vie sociale, etc.
2. Qualifie, avec un sens légèrement péjoratif, gestes, langage, façon d'être, d'une personne ayant toujours vécu à la campagne, où elle a pris certaines habitudes locales.

CAMPAGNE n.f.
En. **country**
De. **Land**
Es. **campiña, campaña**
It. **campagna**
1. Région vaste, plate, ou peu ondulée, et consacrée aux cultures.
2. Région de champs ouverts, en lanières, et soumis jadis à des contraintes collectives.
3. Petit domaine avec résidence secondaire que le propriétaire citadin habite les jours de week-end, ou de congé.
4. Période qui s'écoule entre le début et la fin d'une récolte.
Ex. Campagne agricole, céréalière, sucrière, etc.

CAMPAGNES DE HAUT ET DE BAS l.f.p.
(*Béarn*). Division d'un finage en deux soles.
Quand la campagne de haut, ou campagne supérieure, était cultivée en blé, celle de bas, ou campagne inférieure, était cultivée en maïs, et l'on alternait.

Aucune clôture n'était tolérée ; les parcelles étaient délimitées par des bornes. Il fallait cependant protéger les récoltes quand les fruits étaient pendants. Tantôt on édifiait une clôture à frais communs, et en proportion de ce que l'on possédait ; tantôt on interdisait au bétail l'accès de la campagne cultivée au moyen d'une claie. *Après la récolte on livrait les campagnes à la vaine pâture (J.Caput).*

CAMPAGNOL n.m.
En. **field mouse**
De. **Feldmaus**
Es. **campañol, ratón de campo**
It. **arvicola, topo campagnolo**
Petit rongeur, à pattes et à queue courtes, semblable à une souris.
Il peut causer des dégâts dans les champs de céréales.

CAMPAGNOTTES n.f.p.
Dans les vallons des Grands Causses, maisonnettes construites dans les vignes pour abriter les vignerons et leurs outils.

CAMPANELLE n.f.
Es. **campanilla, cascabel** (2)
1. Sonnailles fixées aux harnais des chevaux.
2. Variété de liseron.
Etym. Du latin *campanella*.

CAMPANETTE n.f.
(Provence). Petite parcelle bien cultivée, près de la maison d'habitation.

CAMPARIS n.m.p.
Prairies étagées sur les versants de la montagne.
Au sol plat, bien nivelé, elles servent de pâturages intermédiaires entre les prés des vallées et les pâturages des estives (Vallée de Barèges).
Syn Granges d'Ossau (H.Cavaillès).

CAMPAS n.m.
(Gascogne). Terrain en friche, abandonné à la lande.

CAMPAY n.m.
(Provence). Espace plat cultivé.
C'est un campmaou *s'il est mauvais, ou un* campeiron *s'il est pierreux.*

CAMPEIGNE n.f.
(Touraine).V. Campagne.

CAMPEMENT DE CULTURE l.m.
Abri provisoire en région tropicale, établi dans un champ éloigné de la maison d'habitation, et où l'on peut s'abriter en cas de mauvais temps, ou bien passer la nuit si le trajet à parcourir entre le champ et la maison est trop long.
On y loge les instruments de travail ; équivalent des bories *et des* gariotes *dans les anciennes vignes des causses du Quercy et du Rouergue.*

CAMPESTRE n.m.
(En ancien français). Parcelle de labour.
Etym. Du latin *campestris*, champêtre.

CAMPET n.m.
Ados de 6 à 8 m de large, édifié dans les terres argileuses afin de maintenir, au dessus du sol marécageux, une couche de terre sèche, de 10 à 20 cm d'épaisseur.
De petits fossés entre les campets *favorisent le drainage.*

CAMPHRIER n.m.
En. **camphor tree**
De. **Kampferbaum**
Es. **alcanforero**
It. **canforo**
Arbre au feuillage d'un vert luisant, appelé *laurier du Japon*, de la famille des Lauracées, cultivé en Provence pour son bois et son écorce qui renferment une certaine quantité de camphre, extrait par distillation.
Etym. De l'arabe *kafour*.

CAMPINE n.f.
Terrain plat, siliceux, peu fertile, couvert de landes et de broussailles.
On retrouve ce mot dans la Campine belgo-hollandaise.
Etym. Du latin *campus*, plaine découverte.

CAMPINES n.f.p.
Grosses cloches portées au cou par les vaches dans le Jura.
Etym. Du latin *campana*, cloche.

CAMPING À LA FERME l.m.
De. **Ferien auf dem Bauernhof**
It. **agriturismo**
Mode d'hébergement offert aux touristes par les exploitants agricoles.
Il permet de garer sa voiture, de savourer une cuisine locale et de passer la nuit dans une chambre d'hôte avec le calme et l'air pur de la campagne ; il ajoute des ressources à celles de la culture et de l'élevage. Il doit être déclaré à la préfecture et soumis au contrôle du fisc.

CAMPIPART n.m.
Partie d'une récolte prélevée sur un champ pour s'acquitter d'une redevance.
Etym. Du latin *campi pars*, part des champs, de la récolte.

CAMPOS n.m.p.
Vastes plateaux qui s'étendent en Vieille Castille, de Burgos à Léon, et des sierras centrales aux Monts Cantabriques et Celtibériques.
Les openfields et les landes y alternent en immenses étendues sans arbres et sans habitations visibles, les villages étant blottis dans les vallons.

CAMPOT n.m.
(Gascogne). Petit champ.

CAMS n.m.p.
(Auvergne). Maigres pâturages au sommet d'une montagne.
Syn. Cam (Provence), calm (Pyrénées).

CANABAL n.m.
(Aquitaine). Parcelle consacrée à la culture du chanvre.
Syn. Canébal, canebière, chanvrière, chènevière ; *à ne pas confondre avec* canavero *qui, en Aquitaine, s'applique à une variété de roseaux.*
Etym. Du latin *cannabis*, chanvre.

CANABARIA n.f.
(Provence). Parcelle consacrée à la culture du chanvre.
Etym. Du latin *canabis*, chanvre.

CANADA n.f.
Pomme reinette de très bonne qualité, qui a été sélectionnée au Canada.

CANADAS n.f.p.
Autrefois, en Espagne, voies suivies par les troupeaux transhumants.
Tracées à l'écart des cultures, elles avaient jusqu'à 75 m de large. Les canadas *Léonesa, Segoviaana et Soriana étaient les plus importantes ; elles tiraient leur nom des villes près desquelles elles passaient, Léon, Ségovie et Soria. Elles étaient gazonnées de sorte que les moutons pouvaient brouter en marchant.*
V. Draille.

CANADIENNE n.f.
Es. **canadiense, arado canadiense**
Herse composée de nombreux petits socs fixés à des tiges courbes et flexibles.
Elle sert à ameublir le sol en surface.

CANAL n.m.
En. **canal**
De. **Kanal**
Es. **acequia, canal**
It. **canale**
Conduit artificiel, à ciel ouvert, ou en tuyau enterré, établi pour le passage de l'eau d'un lieu à un autre.
Fréquemment utilisé en agriculture pour divers usages de l'eau.
Etym. De l'hébreu *ganeh*, roseau, tube, par le latin *canalis*.

CANAL D'ASSÈCHEMENT l.m.
En. **drainage canal/channel**
Es. **canal de desecación**
It. **canale di bonifica**
Canal pour drainer un terrain bas, marécageux, et le rendre propre à la culture.

CANAL DE DÉRIVATION l.m.
En. **side canal/channel**
Es. **canal de derivación**
It. **canale di scolo**
Canal pour dériver les eaux de pluie qui détruiraient, par ruissellement, les terres récemment labourées.

CANAL DE DRAINAGE l.m.
En. drainage canal/channel
De. Entwässerungskanal
Es. canal de drenaje
It. canale di drenaggio
Canal pour drainer un terrain bas, humide et marécageux, et le rendre propre à la culture.
Syn. Canal d'assèchement.

CANAL D'ÉCOULEMENT l.m.
Es. canal de desagüe
V. Canal de dérivation.

CANAL D'IRRIGATION l.m.
En. irrigation canal/channel
De. Bewässerungskanal
Es. acequia, canal de riego
It. canale di irrigazione
Canal qui conduit les eaux captées à travers les champs et les prairies afin d'atténuer la sècheresse et d'accroître dans les tiges la montée de la sève brute.
Trés utilisé dans les pays semi-arides autour de la Méditerranée.

CANALISATION n.f.
En. canalization
De. Kanalisation
Es. canalización
It. canalizzazione
1. Tuyau utilisé pour conduire l'eau d'une réserve (étang, lac, ruisseau,...) jusqu'aux plantes à irriguer.
2. Ensemble des fossés et des tuyauteries destinés à l'irrigation.

CANARD n.m.
En. duck
De. Ente
Es. pato, ánade
It. anatra
Oiseau domestique de la famille des Anatidés, aux pattes courtes et palmées, au bec long et large.
Sa démarche est gauche et lourde, mais il nage avec célérité et plonge l'avant du corps pour happer dans l'eau vers, insectes, mollusques, etc. dont il se nourrit. On distingue plusieurs variétés de canards domestiques : le canard de Rouen, de petite taille, qui s'engraisse aisément, le canard mulard, issu du croisement du canard de Barbarie, originaire d'Amérique et de la canne de Rouen . Gavé au maïs, il donne un foie presqu'aussi apprécié que le foie d'oie : le canard de Duclair réputé pour la finesse de sa chair ; le canard nantais, de grande taille, très vorace.
Etym. De l'ancien français caner, caqueter.

CANARDIÈRE n.f.
En. (duck) decoy (3)
De. Entenfang (3)
Es. puesto (3)
It. stagno per anatre (1)
1. Mare où l'on élève les canards.
2. Etangs, marais fréquentés par les canards sauvages.
3. Cachette pour tirer de loin les canards sauvages.

CANARI n.m.
Cépage de raisins noirs, cultivé en Vivarais.

CANCE n.m.
1. Bordure non labourée à l'extrêmité d'un champ.
Syn. Chaintre, tournière.
2. Espace cultivé entre deux rangs de vigne.
3. Champ allongé entre deux rangs d'arbres fruitiers. *(D.Faucher).*
Etym. Du vieux français cancetum ou calcetum, passage, chaussée.

CANCOILLOTTE n.f.
Fromage très mou, de lait de vache, fabriqué en Franche-Comté.

CANCRELAT n.m.
En. cockroach
De. Schabe, Motte
Es. cucaracha, curiana
It. piattola, blatta, scarafaggio
V. Blatte.

CANDÉLABRE n.m.
Es. candelabro
Forme particulière donnée aux arbres fruitiers.
A un ou deux mètres du sol, on étend horizontalement les deux branches-mères ; sur chacune d'elles, tous les 20 ou 30 cm, on laisse pousser des branches verticales à fleurs et à fruits, ce sont les branches sous-mères. Cette taille convient aux pommiers et aux poiriers.

CANDOLLE (Augustin, Pyrame, de)
Botaniste suisse, né à Genève (1778-1841.)
Célèbre par ses *Rapports sur ses voyages botaniques et agronomiques* (1813), étude très complète de la géographie et de l'histoire botaniques et agricoles de la France.
Professeur à Genève, son fils Alphonse lui succéda en 1824 et publia un ouvrage sur l'*Origine des plantes cultivées* (1883).

CANE n.f.
En. duck
De. weibliche Ente
Es. pata
It. anatra femmina
Femelle du canard.
Etym. De l'ancien français caner, caqueter.

CANEBAL n.m.
V. Canabal.

CANES n.f.p.
(Morvan). Prés marécageux où poussent des joncs.
Syn. Cannes.

CANETTE n.f.
Petite cane.

CANETON n.m.
En. duckling
De. Entenküken
It. anatroccolo
Petit du canard.

CANISSES n.f.p.
(Provence). Claies de roseaux, ou de cannes, sur lesquelles vivent les vers à soie avant de faire leurs cocons.
Syn. Cannisses, canis.

CANNAIE n.f.
Terrain humide où poussent des roseaux, appelés cannes, ou *cannevères*, en Aquitaine.
Etym. De l'hébreu ganeh, roseau, tube, par le latin canalis..

CANNAMELLE n.f.
Es. cañamiel
(Antilles). Canne à sucre.
Appelée aussi canne à miel.

CANNE n.f.
(Normandie,Thiérache). Récipient en cuivre, étamé à l'intérieur, pour transporter le lait de l'herbage à la ferme. *(Fig. 26)*

(Fig. 26) Canne

CANNE À SUCRE l.f.
En. sugar cane
De. Zuckerrohr
Es. caña de azúcar
It. canna da zucchero
Plante de la famille des Graminées (*Saccharum officinarum*).
Sa tige contient une moëlle gorgée d'une sève sucrée. Avec ses longues et larges feuilles elle ressemble au maïs. Son origine est incertaine ; peut-être vient-elle de l'Indochine. Elle ne pousse bien que sous les climats chauds et humides. Les Arabes l'ont introduite dans le sud des péninsules méditerranéennes. Dès 1520, elle apparaît à Saint-Domingue et se répand dans toute l'Amérique tropicale. Plantées en boutures, les cannes se renouvellent par bourgeons après chaque récolte, qui a lieu trois mois après la floraison. Coupées au ras du sol, les tiges sont dépouillées de leurs feuilles et envoyées à la sucrerie. Elles sont broyées et leur sève, recueillie dans des bacs, passe dans diverses chaudières pour être concentrée et donner un sucre roux, la rapadura, qu'il faudra raffiner. Les débris de canne, ou bagasse, servent comme combustible, ou comme fumier ; le feuillage est un excellent fourrage vert.

CANNEBERGE n.f.
En. cranberry
De. Moosbeere
Es. arándano americano
It. mirtillo
Airelle des marais, de la famille des Ericacées (*Vaccinum myrtillus*).
Elle pousse dans les bois clairs ; ses baies, de teinte noire, et d'un goût agréable, sont

connues sous le nom de myrtilles, ou de brimbelles ; on les cueille en été pour en faire des confitures, des liqueurs, ou de l'eau-de-vie (R.Blais).
Syn. Bleuet (Canada).

CANNEBIÈRE n.f.
Es. cañamar
Champ de petites dimensions, très fertile et bien cultivé, réservé à la culture du chanvre.
Le terme a servi à désigner des lieux-dits, et, en particulier, la célèbre rue de Marseille, établie sans doute dans un vallon où l'on cultivait le chanvre.
Etym. Du provençal *canébé*, chanvre.

CANNELIER n.f.
En. cinnamon tree
De. Zimtbaum
Es. canelo
It. cannella (pianta)
Arbre de la famille des Lauracées (*Cinnamomum zeylanicum*).
L'écorce de ses jeunes branches fournit une cannelle très appréciée ; il est connu sous le nom de cinnamome. Originaire de l'Inde, il a donné lieu à des plantations, surtout à Ceylan.

CANNELLE n.f.
En. cinnamon (1)
De. Zimt (1)
Es. canela (1), canilla (2)
It. cannella (1)
1. Ecorce du cannelier.
Elle est utilisée comme épice, aromate, stimulant.
2. Robinet en bois placé au bas d'une cuve, d'un tonneau ou d'un pressoir.
Syn. Cannette.

CANON n.m.
En. hail control gun (3)
De. Regenkanone, Regensprüher (3)
Es. cañón (3), caña (4)
It. canone (1), irrigatore (2), cannone antigrandine (3)
1. Redevance versée, en Orient, avant la conquête romaine, par les preneurs d'une terre à bail emphytéotique.
La terre étant souvent inculte, le canon, ou règle, était très modique.
2. Appareil d'arrosage composé d'une lance mobile projetant par intermittence l'eau sous pression à 20 ou 30 m. *(Fig. 27.)*
3. Tube permettant de lancer, à quelques centaines de mètres de haut, des fusées qui, en éclatant, créent, dans les nuages orageux, des perturbations susceptibles, croit-on, d'empêcher la formation de grêlons.
C'est un canon paragrêle.
4. Partie de la jambe du cheval comprise entre le genou et le boulet.
L'os métacarpien, qui en compose la majeure partie, a la forme d'un tube de canon.
5. Ancienne mesure de capacité d'un litre environ.

CANON EFFAROUCHEUR l.m.
De. Knallkanone
Es. detonador
It. detonatore
Appareil alimenté au gaz ou à l'acétylène, sous pression et dans lequel une étincelle fait éclater, à intervalles réguliers, le produit détonant, ce qui effraie les oiseaux et les éloigne du champ, ainsi protégé.

CANTAL n.m.
Fromage à pâte ferme, fabriqué en Auvergne.
De forme cylindrique et pesant de 20 à 40 kg, c'est une des diverses fourmes préparées, naguère, dans les burons durant l'été. Ce sont maintenant des laiteries coopératives qui produisent ce fromage ; situées dans les vallées, on leur apporte chaque jour, en camion, le lait recueilli dans les pâturages.

CANTALÈS n.m.
Un des pâtres chargés de la garde des troupeaux durant l'été, sur les montagnes d'Aubrac, du Cantal, du Cézallier et du Mont Dore.
Il était le chef des autres gardiens ; il logeait au rez-de-chaussée du buron, tandis que ses compagnons couchaient au grenier, sur des lits rudimentaires.

CANTALOUP n.m.
Melon réputé pour sa saveur, à peau rugueuse, divisée par de profonds sillons longitudinaux.
Etym. De *Cantalupo*, villa pontificale près de Rome.

CANTERANE n.f.
Terrain bas et marécageux, où chantent les grenouilles, les *ranes* en dialecte d'oc.
En dialecte d'oil, chantereine.

CANTON n.m.
En. district (1)
De. Bezirk, Kreis (1)
Es. cantón (1)
It. cantone (1)
1. Ensemble de parcelles équivalent à une section de plan cadastral.
Elles sont divisées en quartiers portant des noms de lieux-dits.
2. Par extension, vaste étendue de terre cultivée.
3. Ensemble de vignes composant un vignoble de qualité.
Equivalent du "climat" bourguignon.

CANTONNEMENT n.m.
1. Part que le seigneur se réservait sur les terrains collectifs d'une communauté rurale.
Elle pouvait s'élever aux deux tiers, si l'autre tiers suffisait aux besoins des usagers.
2. Suppression des droits d'usage communautaires dans une forêt et attribution à chaque usager, en toute propriété, d'une parcelle de celle-ci.

CANTONNIER n.m.
En. roadmender
De. Bahnwärter, Strassenwärter
Es. peón caminero
It. cantoniere, stradino
Agent communal chargé de l'entretien des routes, des chemins, des rues et de la place publique d'un village.

CANUT n.m.
Cépage à raisins noirs, cultivé en Agenais.
Appelé aussi Oeil de Tours.

CAOUTCHOUC n.m.
En. rubber
De. Gummi, Kautschuk
Es. goma, caucho
It. gomma, caucciú
Produit d'une grande élasticité, obtenu avec la sève de diverses plantes et notamment avec l'*Hevea brasiliensis*.
Originaire de la forêt amazonienne, où sa sève était recueillie par les seringueiros, il a été transplanté en Malaisie vers 1876. Il y est cultivé en plantations, ainsi qu'en Thaïlande et à Ceylan. Certaines plantations atteignent 10 000 ha, avec des villages pour les ouvriers et des usines pour la préparation du caoutchouc. Fort prospères durant la première moitié du siècle, les plantations se sont trouvées menacées par la concurrence des caoutchoucs synthétiques ; leur production a été volontairement réduite.

C.A.P.A. sigle.
Certificat d'aptitude aux professions agricoles.
Diplôme obtenu dans les fermes-écoles où l'enseignement est à la fois théorique et pratique.
Selon la région et ses productions, il comporte des options : vinification, oléagineux, élevages spécialisés, etc.

CAPACITÉ AU CHAMP l.f.
Quantité d'eau retenue par un sol quand, après avoir été abreuvé par les pluies, il a subi l'évaporation par les vents et l'écoulement de l'eau par gravité.
C'est sa capacité de rétention, *exprimée en grammes d'eau pour 100 g de terre sèche.*

CAP D'OUSTAU l.m.
Autrefois, dans les vallées des Pyrénées centrales, aîné d'une famille.
Il gardait la terre, le nom et l'exploitation du bien, tandis que les cadets, nantis d'un troupeau, ou d'une dot, allaient chercher fortune ailleurs (H. Cavaillès).

(Fig. 27.) Canon d'arrosage

CAPE n.f.
En. **wrapper**
De. **Deckblatt**
Es. **capa**
Feuille de tabac fine et de couleur dorée, servant à enrober les cigares.

CAPELADE n.f.
(Languedoc). Hangar situé au milieu de la cour d'une ferme et destiné à abriter les instruments agricoles.
Etym. De *capel*, chapeau en langue d'oc.

CAPELAN n.m.
Ver à soie mort avant d'avoir filé son cocon.

CAPITAL n.m.
En. **capital**
De. **Kapital**
Es. **capital**
It. **capitale**
Ensemble des biens appartenant à une personne ou à une communauté, et destinés à assurer le maintien et le développement d'une entreprise agricole, ce qui permet de distinguer le *capital foncier* (terres, bâtiments, bois, vergers, etc.) du *capital de réserve* destiné à assurer domaine et propriétaire contre les risques éventuels.
Etym. Du latin *caput, capitis*, tête.

CAPITALISTE n.m.
(Provence). Propriétaire d'un grand troupeau de moutons transhumants.

CAPITATION n.f.
En. **capitation, poll tax**
De. **Kopfsteuer**
Es. **capitación**
It. **capitazione**
Redevance en nature levée au cours du Haut Moyen Age sur les serfs des grands domaines (*capitatio humana*), sur les petits paysans libres (*capitatio plebeia*), et sur le bétail (*capitatio animalium*).
Il s'y ajouta la capitatio terrena *sur les biens fonciers. Confondue avec les redevances seigneuriales, la capitation devint un impôt royal levé en espèces sous le règne de Louis XIV ; il dura jusqu'à la Révolution.*
Etym. Du latin *caput, caputites*, tête.

CAPITELLE n.f.
Cabane de plan circulaire, à murs et à coupole en pierres sèches.
Elles ont servi d'abri aux bergers sur les pâturages et aux vignerons dans les vignes.
Syn.:gariottes (Causses du Quercy et du Périgord).
Etym. Du latin *capitulum*, petit abri.

CAPITULAIRE n.f.
En. **order**
De. **Kapitularien**
Es. **capitular**
It. **capitolare**
Ordonnance de Charlemagne et de ses successeurs, réglant l'administration de l'empire carolingien, et les domaines seigneuriaux.
La plus célèbre est le Capitulare de villis *qui contient une série de conseils relatifs à l'exploitation d'une villa ; elle date des environs de l'an 800.*
Etym. Du latin *capitulus*, chapitre.

CAPMANSE n.m.
(Rouergue). Maison et jardin d'un manse.
Terme usité dans les textes du Haut Moyen Age.

CAPNODE n.m.
It. **coridalo**
Insecte d'origine américaine, de couleur grise, à grandes ailes, du genre *Corydalie*.
Il dévore les feuillages et ses larves causent des dégâts dans les cultures.
Etym. Du grec *kapnos*, fumée.

CAPOT n.m.
Couche de fumier recouverte de terre et sur laquelle on sème des légumes dont on veut hâter la maturité, grâce à la chaleur du sous-sol.

CÂPRIER n.m.
En. **caper**
De. **Kapernstrauch**
Es. **alcaparra**
It. **cappero**
Sous-arbrisseau de la famille des Capparidacées dont une espèce, le caprier épineux (*Capparis spinosa*), donne des boutons à fleur appelés *câpres*.
Confits dans du vinaigre, ils constituent un condiment agréable, excitant et favorisant la digestion.

CÂPRIÈRE n.f.
Es. **alcaparral**
Plantation de capriers.

CAPRIFICATION n.f.
En. **caprification**
De. **Kapernstrauchbefruchtung**
Es. **caprificación, caprihigadura**
It. **caprificazione**
Fécondation des fleurs femelles d'un figuier cultivé, par les insectes nés dans les fleurs d'un figuier sauvage, dit *caprifiguier*.
Le pollen qu'ils apportent accélère la fructification du figuier cultivé.
Etym. Du latin *capra*, chèvre, et *ficus*, figuier sauvage où montent les chèvres.

CAPRIN adj.
En. **goat-like, caprine**
De. **Ziegen-**
Es. **caprino**
It. **caprino**
Qualifie ce qui a trait aux chèvres, à la race caprine.

CAPSALER n.m.
V. *Cap d'oustau*.

CAPTEUR n.m.
En. **sensor**
De. **Sonde, Meßfühler**
Es. **captor**
It. **captatore**
Appareil qui subit une influence physique : lumière, pression, débit, température, vitesse du vent, etc., et qui la transforme en énergie électrique utilisable sur des cadrans, sur des commandes automatiques, ou qui la traduit en informations numériques.
Ainsi un agriculteur peut prévoir une variation de température, l'arrivée d'une tempête, l'invasion d'une nappe d'insectes, ou une attaque cryptogamique. C'est de la télédétection spatiale.
Le plus connu des capteurs est le capteur solaire qui, grâce à des verres spéciaux sur les toits, transforme l'énergie solaire en énergie thermique, et permet ainsi d'élever la température d'une maison, ou d'une serre. Muni d'un avertisseur sensible aux rayons du soleil, il indique le moment où l'irrigation est nécessaire pour préserver les plantes délicates d'une trop grande chaleur et de la sécheresse ; il peut régler également la quantité d'eau à dispenser aux cultures.
Etym. Du latin *captor*, celui qui prend.

CAPUCIN (BARBE DE) l.f.
Variété de chicorée que l'on cultive en cave pour qu'elle reste blanche, tout en formant de longs filaments qui lui valent son nom.

CAPUCINE n.f.
En. **nasturtium**
De. **Kapuzine**
Es. **capuchina**
It. **nasturzio, cappuccina**
Plante annuelle herbacée de la famille des Géraniacées (*Tropoelum majus*).
Originaire du Pérou, elle est cultivée dans les jardins pour ses fleurs qui servent à assaisonner la salade et à faire des condiments semblables aux câpres.
Etym. De l'italien *cappucio*, capuce, à cause de la forme de ses fleurs.

CAPVIRADO n.m.
(Provence). Extrémité d'un champ où tournaient les attelages, et aujourd'hui les tracteurs.
Syn. Tournière.
Etym. De l'occitan *cap*, tête, et *vira*, tourner.

CAQUE n.f.
1. Mesure de poids champenoise d'environ 75 kg.
2. *(Champagne)*. Panier en forme de pyramide renversée pour transporter les grappes de raisin.
Syn. Panier-mannequin.

CAQUETOIRE n.f.
Petite barre de bois ou de fer, placée entre les mancherons d'une charrue pour les tenir écartés.
Terme vieilli.

CARABE DORÉ l.m.
En. ground beetle
De. goldener Laufkäfer
Es. cárabo dorado
It. carabo dorato
Insecte coléoptère, à élytres à reflets métalliques et qui se nourrit de chenilles et de limaces.
Très utile à l'agriculture.
Syn. Jardinière.

CARABIN n.m.
(Maine, Anjou). Sarrasin.

CARACUL n.m.
Variété de moutons élevés en Asie centrale et occidentale.
La peau des agneaux, sacrifiés dès leur naissance, sert à fabriquer l'astrakan, fourrure noire et ondulée.

CARASSE n.f.
Entassement des fûts les uns sur les autres dans un chai.

CARASSONNES n.f.p.
Bois d'acacias coupés et fendus pour fabriquer des piquets de vigne, ou *échalas*.
Etym. Du grec *kharax*, qui a donné en latin *carratium*, roseau servant d'échalas.

CARBENAL n.m.
Terre où l'on cultive le chanvre.
Syn. Cannebière, chènevière.
Etym. De l'occitan *carbe*, chanvre.

CARBONISATION n.f.
En. carbonization
De. Verkohlung, Inkohlung
Es. carbonización
It. carbonizzazione
Transformation des rondins de bois en charbon, soit dans des meules en métal dans les forêts, soit dans des fours d'usine par distillation.

CARBOUILLE n.f.
Carie du blé.

CARBET n.m.
(Béarn). Cadre de bois pour faire sécher, ou pour transporter du foin.

CARCAN n.m.
De. Halskette, Halseisen (1)
Es. horca (1), rocín (3)
It. collare (1), bilanciere (2)
1. Cadre en bois que l'on met au cou des bestiaux, en particulier aux chèvres, pour les empêcher de passer à travers les clôtures des prairies.
2. Cadre en bois placé sur les épaules, et auquel on suspend les seaux de lait pour les transporter de la prairie à la laiterie.
3. Mauvais cheval.

CARCASSE n.f.
En. carcass
De. Schachtel, Knochengerüst
Es. canal
It. carcassa
Corps d'un animal abattu, vidé, prêt à être découpé pour sa mise en vente dans les boucheries.
Etym. De l'italien *carcassa*, issu peut-être de *char*, chair.

CARCOTTIER n.m.
Petit propriétaire foncier, possesseur d'une maison, d'un jardin et de quelques parcelles dispersées dans les diverses soles d'un terroir.
En Beauce, au XIXème siècle, il complétait ses ressources en effectuant des journées chez les fermiers des environs. Les mutations agricoles ont fait disparaître les carcottiers.

CARDAGE n.m.
En. carding
De. Karden, Kardieren
Es. carda
It. cardatura
Préparation des matières textiles (laine, chanvre, coton, lin, ou textiles artificiels) pour la fabrication des fils.
Elle consiste à nettoyer les fibres, à les démêler et à les paralléliser, soit à la main comme jadis, soit par des moyens mécaniques actuellement.
Etym. De *carde*, chardon épineux pour le peignage des draps.

CARDAMINE n.f.
En. lady's smock, cockooflower
De. Wiesenschaumkraut
Es. cardamina de los prados, mastuerzo
It. cardamina
Plante de la famille des Crucifères.
La plus connue est la cardamine des prés (Cardamine pratensis) dont les feuilles ont la saveur de celles du cresson.

CARDAMOME n.f.
En. cardamom
De. Kardamom
Es. cardamomo
It. cardamomo
Plante de la famille des Zingibéracées *(Elettaria cardamomum)*.
Cultivée à Ceylan, ses graines, au goût poivré, sont utilisées en cuisine et en pharmacie.

CARDE n.f.
En. cardingbrush (2)
De. Karde (2)
Es. carda (2), (3)
It. cardo (2)
1. Côte médiane comestible du cardon et de la bette.
2. Tête épineuse du cardon à foulon.
Fixée à un cadre appelé également carde, *elle servait à peigner la laine et le drap.*
3. Brosse à dents métalliques servant au même usage.
Etym. Du latin *carduus*.

CARDÈDE n.f.
(Béarn). Prairie entourée de haies, ou de rideaux d'arbres *(S.Lerat)*.

CARDÈRE n.f.
En. teasel
De. Kardendistel
Es. cardencha
It. cardo dei lanaioli
Plante bisannuelle appelée *chardon à foulon (Dipsacus fullonum)*.
Etym. De *carde*, tête épineuse d'un chardon utilisée pour le peignage des draps.

CARDINAL n.m.
Variété de pêche très appréciée et cépage à raisins noirs, de bonne qualité.

CARDON n.m.
En. cardoon
De. spanische Artischocke, Kardone
Es. cardo
It. cardo
Plante bisannuelle de la famille des composées *(Cynara cardunculus)* originaire des Canaries.
Cultivée dans les jardins, ses feuilles atteignent plus de 1 m. Leurs nervures médianes, blanchies à l'abri de paillassons, constituent un légume apprécié.
Etym. Du latin *cardum*, chardon.

CARÉMAGES n.m.p.
1. Sole consacrée aux cultures de printemps, dites les *mars* ou *marsages*.
2. *(Bourgogne).* Céréales semées au printemps à l'époque du Carême.
Etym. De *carême*.

CARENCE n.f.
En. deficiency
De. Mangel
Es. carencia
It. carenza
Absence ou insuffisance d'un élément dans l'alimentation d'une plante ou d'un animal.
Chez la plante elle se manifeste par des taches ou des nécroses du feuillage, chez l'animal par faiblesse musculaire, apathie. Des traitements appropriés, à base d'oligoéléments pour les plantes, de vitamines pour les animaux, permettent de combattre ces affections.
Etym. Du latin *carere*, manquer.

CARÉSIS n.m.
(Normandie). Poire de médiocre qualité, utilisée pour la fabrication du *poiré*.

CARIBOULIÈRE n.f.
(Jura). Champ de pommes de terre.

CARIE n.f.
En. blunt, stinking smut
De. Fäule, Knochenfrass
Es. caries, tizón
It. carie, golpe del grano
Maladie des céréales, causée par un champignon de la famille des Tillétiacées *(Tilletia caries)*.
Elle se manifeste par un gonflement des grains

qui éclatent, répandant une poussière noire et nauséabonde, pleine de spores qui donneront de nouveaux champignons.
Etym. Du latin *caries*, carie.

CARIGNAN n.m.
Cépage de qualité, cultivé dans le Midi de la France.
Il en existe une variété à raisins noirs et une autre à raisins roses.
Etym. De *Carignano*, ville du Piémont.

CARIN n.m.
(Berry). Loge où l'on élève des lapins, ou de la volaille.

CARION n.m.
Salaire en nature prélevé sur la dîme des récoltes pour défrayer le charretier chargé de la transporter chez le décimateur.
Etym. Dérivé de *car*, char.

CARLINE n.f.
En. carline thistle, carlina
De. Eberwurz, Carlina
Es. carlina
It. carlina
Nom général de plusieurs espèces de chardons, de la famille des Composées.
L'une d'elles (Carlina acanthifolia) peut être cultivée pour son réceptacle qui est comestible.

CARMENET n.m.
Groupe de cépages d'où dériveraient *les Cabernets, les Sauvignons, le Merlot*.
Le Lambrusquet ou Petit Verdot, qui pousse à l'état sauvage dans la vallée d'Aspe, serait peut-être à l'origine de ces divers plants de vigne.

CARNARÉ n.m.
Cépage à raisins noirs, cultivé dans les Pays de la Loire.

CARNAU n.m.
(Pyrénées centrales de l'Ouest). Droit seigneurial de saisir le bétail aventuré sur des pâturages où leurs propriétaires n'avaient pas accès au libre parcours.
Etym. De *car*, chair en occitan.

CARNE n.f.
It. ronzino
Cheval de très médiocre qualité.

CARNEAU n.m.
Variété de pigeon, à plumage brun et blanc, élevé dans le nord de la France.

CARNELAGE n.m.
1. Redevance due au seigneur par les bouchers établis sur ses fiefs quand ils abattaient une bête.
2. Droit qui permettait aux agents du seigneur, ou des communautés rurales, et même aux individus privés, de s'approprier le bétail étranger trouvé sur leurs pâturages et de l'abattre en réparation du dommage causé.
Ce droit de carnelage, aboli durant la nuit du 4 août, fut maintenu dans les Pyrénées françaises jusqu'à la fin du XIXème siècle.
Syn. Carnalage, carnalat, carnau.
Etym. Du latin *carne*, chair.

CARNIURE n.f.
Développement excessif d'un bourgeon de vigne sous l'effet probable d'un virus.

CARODIS n.m.
(Aspe). Plancher à claire-voie, dans le haut d'un fenil, et destiné à hâter la dessication des fourrages.

CAROLAISE n.f. et adj.
Race bovine, rustique, à robe grise, de la vallée de Carol, en Cerdagne.

CAROLINS n.m.p.
(E.U.). Variété de peupliers à larges feuilles et à croissance rapide, originaire de la Caroline.

CARON n.m.
Mélange de blé et d'orge semés ensemble pour obtenir un fourrage vert très apprécié du bétail.

CARONCULE n.f.
En. wattle (2)
De. Fleischauswuchs (2)
Es. carúncula (2)
It. caruncola (2)
1. Accroissement végétal des graines de ricin, par développement des tissus de l'ovule.
2. Excroissance charnue, de couleur rouge sur la tête et le cou de certains gallinacés (*dindon, coq*, etc.).
Etym. Du latin *caroncula*, petit morceau de chair.

CAROTÈNE n.m.
En. carotene
De. Karotin
Es. caroteno
It. carotene
Pigment de couleur rouge ou orangée qui se forme dans certains végétaux (carotte, tomate) par synthèse d'hydrogène et de carbone, équivalent de la chlorophylle dans le vert des feuillages.
Syn. Carotine.
Etym. Du latin *carota*, carotte.

CAROTTE n.f.
En. carrot
De. Möhre, Mohrrübe
Es. zanahoria
It. carota
Plante de la famille des Ombellifères (*Daucus caurota*), à racine comestible, originaire d'Asie Mineure où elle croît à l'état sauvage.
On peut distinguer la carotte potagère, *aux nombreuses variétés, et la* carotte fourragère, *l'une et l'autre à feuilles très découpées et dégageant un parfum violent quand on les écrase. Certaines variétés, riches en sucre, servent à fabriquer un sirop appelé* poiré *dans le nord de la France.*
Etym. Du grec *karoton*, carota, en latin.

CAROUBIER n.m.
En. carob, Saint John's bread
De. Johannisbrotbaum
Es. algarrobo
It. carrubo (pianta)
Arbre de la famille des Légumineuses (*Ceratonia silica*).
A feuilles persistantes d'un vert sombre, il pousse dans les vallées des pays méditerranéens, où il est parfois cultivé en vergers après avoir été greffé. Son fruit est une gousse garnie d'une pulpe sucrée et de trois ou quatre graines très dures. La pulpe est consommée sous forme de confiture, de liqueur, ou à l'état naturel. Les graines donnent une huile de qualité. Le bois du caroubier sert en ébénisterie. Il serait originaire de Syrie ; les Grecs et les Arabes l'auraient répandu à travers les péninsules méditerranéennes.

CAROUSSE n.f.
Gesse.
En Provence, une garoubière *est un champ cultivé en gesses.*
Syn. Garousse.

CARPOCAPSE n.m.
En. codling moth
De. Apfelwickler, Raupe
Es. carpocapsa
It. carpocapsa
Insecte lépidoptère, de l'espèce des *tordeuses*, vivant à l'abri dans des feuilles roulées, tordues.
Ses larves se développent dans les fruits : pommes, pêches, prunes, etc.
Syn. Pyrale
Etym. Du grec *karpos*, fruit, et *captein*, manger.

CARPOT n.m.
Redevance prélevée sur le vin s'élevant parfois au quart de la récolte, d'où son nom de *quart-pot*, un pot sur quatre.

CARRAIRE n.f.
1. Ruelle réservée dans un village au passage des troupeaux et des charrois.
2. Chemin de desserte d'un champ, d'un pacage.
3. *(Alpes du Sud).* Piste pour les troupeaux transhumants, imposant des servitudes de passage aux domaines traversés.
Syn. Draye, draille.
Etym. De *car, carro*, char.

CARRALHAS n.m.
(Provence). Champ pierreux.

CARRE n.f.
Entaille faite dans l'écorce d'un tronc de pin maritime avec un *hapchot* durant la belle saison pour permettre à la résine de s'écouler dans un petit pot de terre (Fig. 96).
Syn. Quarre, care.

CARRÉ n.m.
It. **aiuola**
Planche de légumes dans un jardin, même si elle n'est pas de forme carrée.
On dit un carré de choux, de laitues, etc.

CARREAU n.m.
Es. **cuadro** (2)
1. Centre administratif et économique dans les régions à habitat dispersé de Normandie ; église, école, mairie, magasins, ateliers s'y ouvrent sur une place, parfois dotée d'une mare.
On dit aussi la boutique.
2. Parcelle de jardin entre quatre allées, de forme carrée ou rectangulaire, et pouvant être divisée en plusieurs planches pour des légumes différents.
3. Mesure agraire de Bourgogne équivalent à la perche carrée de 34 m² environ.

CARRELET n.m.
Soc de charrue, mobile dans une rainure du sep et pouvant être avancé au fur et à mesure de son usure.
Syn. Reille (Bassin Aquitain).

CARREROTS n.m.p.
Chemins de desserte dans un openfield du Bassin Aquitain.
Parallèles, ils encadrent deux séries de parcelles adossées et suppriment ainsi les droits de passage et de servitude (F. Taillefer).

CARRIBOT n.m.
(Saintonge). Petite parcelle cultivée et entourée d'une clôture.

CARRIÈRE n.f.
En. **stone pit, quarry**
De. **Steinbruch**
Es. **cantera**
It. **cava**
Site à ciel ouvert d'où l'on extrait des pierres de taille pour construire les fermes, des ardoises pour les toitures, des matériaux d'amendement pour la culture des terres, plâtre, chaux, etc.
Etym. Du latin quadria, dérivé de quadrus, carré.

CARRIOLE n.f.
En. **light cart**
De. **leichter zweirädriger Wagen**
Es. **carretela**
It. **carretta**
Voiture à deux roues, couverte ou non d'une bâche en forme de capote et suspendue sur des ressorts. (Fig. 28).
Syn. Brouette (Périgord).
Etym. De carro, char en italien.

CARROIR n.m.
(Berry). Carrefour de chemins volontairement très élargi, pour permettre aux *petites gens* d'y faire paître leur bétail.
Pratique très répandue dans les régions de grands domaines où le libre parcours était fort réduit (Fr.Gay.).

CARRONS n.m.p.
Briques pour remplir les pans et les croisillons de bois d'une ferme bressane.

CARROSSE n.m.
Poignée de sarments liés ensemble et attachés à un échalas, comme le cheval aux brancards.
Etym. De l'italien carro, char.

CARROSSIER n.m.
En. **coachbuilder** (2)
De. **Kutschpferd** (1), **Wagner, Wagenbauer** (2)
Es. **carrocero** (2)
It. **carrozziere** (2)
1. Cheval choisi pour ses qualités de bon trotteur et l'élégance de ses formes afin de trainer les carrosses, jadis, et, actuellement, les voitures de luxe.
2. Fabricant de carrosseries.
Etym. De l'italien, carro, char.

CARRUTAGE n.m.
Redevance perçue sur les charrues par les agents seigneuriaux.
Etym. De carrue, charrue.

CARTAGER v.tr.
Donner un quatrième labour à la vigne.
Etym. Du latin quartus, quatrième.

CARTE n.f.
1. Mesure de capacité équivalant approximativement à un double décalitre, ou 15 kg de blé.
2. *(Cévennes).* Surface de 10 ares environ et que l'on peut ensemencer avec le contenu d'une *carte*.
3. Mesure pour le vin, d'une contenance d'environ 15 litres.

CARTE AGROLOGIQUE l.f.
En. **agrological map**
De. **Bodenkarte**
Es. **mapa agrológico**
It. **carta agrologica**
Carte indiquant les qualités ou les défauts des sols susceptibles d'être mis en culture.
On dit aussi carte agronomique, mais celle-ci a des buts plus divers et peut comprendre les cultures, l'élevage, etc.

(Fig. 28). Carriole

CARTES AGRONOMIQUES l.f.p.
En. **agronomical maps**
De. **agronomische Karten**
Es. **mapas agronómicos**
It. **carte agrarie**
Documents en forme de carte représentant, par la couleur et le dessin, un ou plusieurs caractères de la répartition des activités agricoles à la surface d'une région, notamment à partir des statistiques.
Parmi ces cartes, les plus connues sont celles d'Aimé Perpillou et de Pierre Brunet (V. bibliographie).

CARTEAU n.m.
Mesure de capacité pour les grains, variant selon les régions : égale en moyenne au quart ou au tiers d'un sac de blé.
Syn. Carton.

CARTEL n.m.
(Marais poitevin). Mesure agraire de 25 ares environ.

CARTELAGE n.m.
Redevance seigneuriale sur la vente du blé.
Elle s'élevait parfois au quart du prix de la vente ; jugée excessive, elle donna lieu à des oppositions farouches de la part des vendeurs, jusqu'à la Jacquerie.

CARTERÉE n.f.
Ancienne mesure agraire, de surface très variable, selon les régions.
La carterée d'Aiguillon, en Agenais, mesurait environ 2789 m², et se divisait en 6 cartonnats, ou cartonnées.

CARTHAME n.m.
En. **safflower, carthamus**
De. **Saflor, Safran**
Es. **alazor, cártamo**
It. **cartamo, zafferano bastardo**
Plante de la famille des Composées (*Carthamus tinctorius*).
L'une des espèces, le carthame des teinturiers, ou safran bâtard, donne des fleurs qui contiennent deux matières colorantes : l'une jaune, l'autre rouge. Très cultivée jadis en Egypte et en Chaldée, elle n'est plus appréciée que comme plante d'ornement.

CARTON n.m.
(Bassin Aquitain). Ancienne mesure de capacité pour les grains.
Dérivé de quart. Elle valait à peu près le sixième d'un hectolitre, soit 17 litres.

CARTONNÉE n.f.
Surface agraire de 17 ares environ.
Elle peut être ensemencée avec un carton, ou carteau, de blé, soit le quart d'un sac de blé de 80 kilos.

CARTOUFLE n.f.
Pomme de terre.
C'était aussi le nom donné au topinambour.
Etym. De l'allemand Kartoffel, dérivé de l'italien tartuffola, truffe.

CARTULAIRE n.m.
En. **charter**
De. **Archiv, Urkundenbuch**
Es. **cartulario**
It. **cartulario**
Rouleau en parchemin contenant la transcription des actes de propriété d'une seigneurie laïque, ou ecclésiastique.
Inventaires des domaines d'une abbaye ou d'une seigneurie, primitivement inscrits sur des rouleaux de parchemin, les cartulaires *des abbayes, ou* polyptiques, *parfois conservés sous forme de copies postérieures aux actes primitifs, constituent une source de renseignements sur l'activité agricole et les paysages agraires du Moyen Age. Plusieurs d'entre eux (Beaulieu-sur-Dordogne, Saint-Victor-de-Marseille, Cadouin, etc.) ont donné lieu à des publications commentées.*
Etym. Du latin chartularium.

CARUCA n.f.
Nom celte de la charrue.
Elle est pourvue d'un versoir et d'un train de roues qui l'assimile à un char, d'où son nom.

CARVI n.m.
En. **caraway**
De. **Wiesenkümmel**
Es. **alcaravea**
It. **carvi, cumino dei prati**
Ombellifère aromatique, bisannuelle, que l'on cultive pour ses graines qui rappellent celles de l'anis étoilé, et pour ses racines d'agréable saveur.
Syn. *Cumin des prés.*
Etym. Du grec Karon.

CARYOPSE n.m.
En. **caryopsis**
De. **Karyopse, Schalfrucht**
Es. **cariópside**
It. **cariosside**
Fruit sec indéhiscent des graminées (blé, avoine), avec une enveloppe parfois soudée au tégument de la graine (riz, orge).
Ex. Le riz paddy.
Etym. Du grec karuon, *noyau et* opsis, *apparence.*

CASADURE n.f.
(Lavedan). Droit qui permettait au seigneur de faire prélever par son *coch*, ou chef-cuisinier, deux ou trois fromages, et une certaine quantité de beurre, dans les fromageries de ses montagnes.

CASAL n.m.
Es. **casal**
1. Jardin, parcelle proche de la maison d'habitation, close et consacrée à des cultures délicates, bien protégées.
2. Parcelle réservée à la construction des bâtiments et à la délimitation des cours et jardin quand on organise une exploitation rurale.
3. Petite tenure.
4. Pièce de terre attribuée à l'habitant d'une bastide.
5. Jardins et enclos bordant une bastide.
6. Nom de nombreux lieux-dits dans le Midi de la France où il se prononce casaou et chazal *(R. Brunet).*
Etym. De casé, *serf ayant reçu en emphytéose une petite tenure.*

CASALER n.m.
(Pyrénées). Héritier de la maison et du domaine paternels.
D'ordinaire c'était l'aîné des enfants, les cadets étaient défrayés en moutons et les cadettes par des dots en linge et en argent. Les casalers *héritaient aussi des privilèges attachés à leur rang social : introduire sur les estives un plus grand nombre de têtes de bétail que leurs voisins ; participer à l'administration de la communauté. En Ossau, on distinguait les* casalers naturaux, *descendants directs des fondateurs de la* vésiau *(V. ce mot), des* casalers ceysaux, *ou* censitaires, *qui versaient à la communauté une redevance en nature, ou en argent, pour les terres qui ne leur appartenaient pas. On disait aussi un* capsaler, *de* caput, *tête.*
Etym. Du latin capitaneus, *chef, et de* casal, *la maison d'habitation.*

CASALÈRE adj.
(Béarn). Se dit de la maison et du domaine appartenant à une famille ayant participé à la fondation de la communauté, ou *vésiau*, et participant à l'administration des pâturages communs.
La maison casalère *revenait à l'aîné des enfants, même si c'était une fille ; son mari exerçait en son nom le droit de* capsaler, *dans la communauté. (H. Cavaillès).*

CASCINA n.f.
Ferme comprenant les bâtiments : maison, étable, remise, hangar, etc.
Etym. De l'italien.

CASE n.f.
En. **hut, small dwelling** (1)
De. **Hütte** (1)
Es. **choza** (1)
It. **capanna** (1)
1. Habitation primitive, réduite à une ou deux pièces.
Construite en matériaux grossiers, elle n'est plus en usage que dans les régions éloignées des moyens de communication.
2. Loge étroite, réservée à un animal domestique que l'on veut priver de mouvement pour l'engraisser.
Etym. Du latin cassa, *chaumière.*

CASÉINE n.f.
En. **casein**
De. **Käsestoff, Kasein**
Es. **caseína**
It. **caseina**
Matière azotée du lait, riche en protéines et qui caille sous l'influence de la présure.
Etym. Du latin caseus, *fromage.*

CASELAGE n.m.
Coutume du Midi de la France, imposant à un tenancier les devoirs de servage du fait de sa résidence sur des terres soumises à la servitude.

CASELLE n.f.
(Quercy, Rouergue). Hutte ronde ou carrée, bâtie en pierres plates pour servir d'abri aux bergers, ou aux vignerons.

CASEMENT n.m.
1. Acte par lequel un seigneur établissait, sur l'une de ses terres, des esclaves au temps du Bas Empire, et plus tard des serfs, afin qu'ils la cultivent moyennant certaines obligations.
Ces serfs ne pouvaient plus être chassés ; ils étaient casés, *ou* chasés.
2. *(Gascogne).* Par extension, exploitation agricole ainsi cédée pour un long bail.
Syn. *Chasement.*

CASERET n.m.
En. **cheese vat**
De. **Käseform**
Es. **encella**
It. **fiscella, scolaformaggio**
Récipient en bois, ou en métal, percé de trous et où l'on met le fromage pour qu'il s'égoutte.
Syn. *Caserel.*
Etym. Du latin caseus, *fromage.*

CASETTE n.f.
(Provence). Petite case, chaumière.

CASIER n.m.
De. **Gemüseschrank** (1)
Es. **casilla, parcela** (2)
It. **scaffale** (1)
1. Case de bois, ou de fer, où l'on conserve fruits et légumes.
2. Parcelles très plates des rizières, entourées de diguettes pour permettre la submersion du sol.
Etym. Du latin casa, *case.*

CASSAILLES n.f.p.
1. Labours de printemps ou d'automne pour briser, pour *casser*, la croûte du sol durci par les pluies et le froid de l'hiver, ou par les fortes chaleurs de l'été.
2. *(Berry).* Préparation des terres en jachère pour les emblavures.

CASSAVE n.f.
En. **cassave** (1)
De. **Kassawa** (1)
Es. **cazabe** (2)
It. **cassava** (1)
(Amérique du Sud).
1. Pulpe de la racine du manioc.
2. Galette de fécule de manioc.

CASSE n.f.
En. **cassia, senna**
De. **Cassia**
Es. **casia**
It. **cassia**
Plante de la famille des Légumineuses qui comprend plus de quatre cents espèces, arbustives ou herbacées, des régions chaudes et humides du globe.

Leurs fruits sont de longues gousses contenant des graines aux propriétés purgatives. Les plus connues sont la casse d'Italie ou séné, et la casse officinale, ou canéficier, originaire de l'Inde et cultivé aux Antilles ; ses gousses sont utilisées en médecine sous le nom de casses en bâton.
Etym. Du grec *kassia,* canelle.

CASSE n.f.
En. **change of colour**
Es. **quiebra del color**
It. **casse**
Maladie des vins.
Dans les vins blancs elle est due à un excès de sels ferriques provenant du matériel vinaire, et elle se manifeste par une teinte bleuâtre.
Dans les vins rouges elle provient d'une diastase (oenodiase) qui oxyde les éléments riches en tanin ; le vin devient trouble et prend un goût fade et répugnant.

CASSE n.f.
(Vendée).V. Conche.

CASSEAU n.m.
Souche d'arbre, appelée aussi *coussat,* ou *coussade.*
Etym. Du celte *coss,* bois.

CASSE-COU n.m.
(Normandie). Echelle verticale donnant accès aux greniers situés au-dessus des écuries et renfermant le fourrage sec.

CASSE-MOTTE n.m.
Es. **desterronadora**
Instrument agricole destiné à casser les mottes d'un champ après les labours.
V. Croskill.

CASSE-NOIX n.m.
En. **nutcracker**
De. **Nussknacker**
Es. **cascanueces**
It. **schiaccianoci**
Instrument à deux leviers pour briser la coque des noix et des noisettes.
Syn. Casse-noisette.

CASSER v.tr.
(Normandie). Pratiquer un premier labour après la jachère pour casser la terre rendue compacte par un long repos.

CASSERON n.m.
(Saintonge). Vigne arrachée, *cassée.*

CASSI n.m.
(Morvan). Terre argileuse, desséchée et divisée en petites mottes.
Syn. Casson.

CASSINE n.f.
(Provence).
1. Petite ferme isolée, borderie.
2. Par extension, résidence secondaire.
Etym. De l'italien *cassina,* petite maison.

CASSIS n.m.
En. **black-currant**
De. **schwarze Johannisbeere**
Es. **grosella negra**
It. **ribes nero**
Fruit d'un arbrisseau de la famille des Ribésiacées, le cassis, en grappes noires.

CASSIS n.m.
En. **black-currant bush** (1)
De. **Johannisbeerstrauch** (1)
Es. **grosellero negro** (1)
It. **ribes nero** (1)
1. Arbrisseau de la famille des Saxifragacées, ou Ribésiacées, *(Ribes nigrum),* dit *groseiller noir, ou cassissier.*
2. Fruits de cet arbrisseau, noirs, ronds, en grappes et à pulpe aigrelette.
3. Liqueur fabriquée avec ces fruits, dite parfois *ratafia,* et dont la ville de Dijon s'est fait une spécialité.
Le cassis serait originaire de Scandinavie.

CASSIS (VINS DE) n.m.p.
Vins blancs moelleux et vins rosés secs récoltés dans la commune de Cassis, à 15 km S.E. de Marseille.

CASSISSIER n.m.
En. **black-currant bush**
De. **Johannisbeerstrauch**
Es. **cassia, grosellero negro**
It. **ribes nero (pianta)**
V. Cassis.

CASSURE n.f.
Opération qui consiste, pour les arbres fruitiers, à casser les rameaux de l'année afin de favoriser la formation des fleurs et des fruits.
On dit de préférence pincement.

CASTAGNAIRE n.m.
(Auvergne). Habitant de la châtaigneraie, mangeur de châtaignes.
Etym. De l'occitan *costanio,* châtaigne.

CASTAGNAL n.m.
Région où l'on cultive les châtaigniers.
En Quercy, région qui s'étend sur les terrains cristallins du Massif Central.
Syn. châtaigneraie, (Provence) castagnadero, (Corse) castagniccia.

CASTELNAUD n.m.
Nom donné dans le Midi de la France à plusieurs localités, créées au XIIème et au XIIIème siècles, par un seigneur, autour d'un château fort, afin d'y attirer les paysans et de mettre en valeur des terres désertes.
Contre diverses redevances, il leur assurait justice et protection (V. bastides et sauvetés).
Etym. En langue d'oc, *chateau neuf.*

CASTRATION n.f.
En. **castration** (1)
De. **Kastration, Kastrierung** (1)
Es. **castración** (1)
It. **castrazione** (1)
1. Ablation des testicules ou des ovaires d'un animal domestique afin qu'il soit plus facile à dresser et qu'il s'engraisse mieux.
L'opération est pratiquée par un castreux ou châtreur ; s'il s'agit de volailles c'est le chaponnage.
2. Privation des fleurs de leurs anthères avant leur déhiscence, afin de supprimer la pollinisation des stigmates.

CATABOLISME n.m.
En. **catabolism**
De. **Katabolismus**
Es. **catabolismo** (1)
It. **catabolismo**
1. Ensemble des réactions chimiques qui transforment en énergie les éléments organiques assimilés dans les tissus.
2. Phase du métabolisme opposée à l'anabolisme.
Etym. Du grec *katabolé,* fondation.

CATALOGUE DES SEMENCES l.m.
Es. **catálogo de semillas**
1. Catalogue officiel français, institué par décret le 16 novembre 1932 indiquant les variétés de plantes cultivées à commercialiser et il inscrit les variétés nouvelles susceptibles d'améliorer la production.
2. Catalogue créé par la Communauté Européenne en 1970 et formé par la somme des catalogues nationaux de l'Europe des Douze.
Il suppose la libre circulation des grains (P.Habault).

CATEL n.m.
(France du Nord au Moyen Age). Biens d'une personne : maison, champs, bétail, etc.
Etym. Du latin *cheptel,* biens.

CATON L'ANCIEN n.m.
En. **Cato**
De. **Cato**
Es. **Catón**
It. **Catone**
Romain célèbre par son austérité et sa lutte contre les moeurs dissolues (232-149 avant J.C.).
Il a laissé un traité d'agronomie (De re rustica) qui éclaire la vie agricole en Italie au second siècle avant notre ère.

CAUDALIES n.f.p.
1. *(Languedoc).* Derniers rangs de vigne plus courts que les autres dans une parcelle irrégulière.
2. *(Bourgogne).* Vin restant dans une barrique après une mise en bouteilles.
Etym. De l'occitan *couo, caou,* queue.

CAULET n.m.
(Nord). Chou fourrager.

CAUSSANELLE n.f.
Terre provenant de la décalcification des calcaires jurassiques dans les Causses du Massif Central, du Quercy et du Périgord.

CAUSSE n.m.
1. Roche calcaire donnant par décomposition

des sols favorables aux céréales et aux légumineuses.
2. Régions de France où dominent les roches calcaires : Grands Causses du Massif Central, Causses du Quercy, du Périgord, etc.
3. Marne qui sert à amender les terres argileuses dans le Midi de la France.
Le terme a donné par dérivation : caussenard en Quercy, habitant du Causse ; causserque en Provence, sol d'argile rouge et de pierrailles ; cauzia en Savoie, terre calcaire.
Etym. Du latin *calx, calcis*, chaux.

CAUSSENARDE DU LOT l.f.
Race ovine, originaire des Causses du Quercy.

CAUX n.m.
(Centre). Mélange de choux, de navets, de pommes de terre que l'on donne crus, ou cuits, aux vaches et aux cochons.

CAVAGE.n.m.
1. Dressage de chiens *caveurs* pour la recherche des truffes.
2. Recherche, cueillette des truffes, en creusant le sol pour les déterrer.
V. *Caveur*.
3. Action de mettre du vin dans une cave.
4. Salaire versé pour rémunérer cette opération.
5. Somme versée par le locataire d'une cave.
Etym. Du latin *cavus*, creux.

CAVAILLON n.m.
Es. **camellón** (1)
1. Bande de terre de 30 cm de large, que laisse la charrue vigneronne entre les ceps et qu'il faut ensuite ameublir à la bêche.
2. Variété de melon qui tire son nom de la ville de Cavaillon dans le Vaucluse.

CAVAILLONNEUSE n.f.
Charrue servant à enlever les *cavaillons*, à déchausser les pieds de vigne.

CAVALCADE n.f.
(Provence). Impôt seigneurial, puis royal, parfois levé par feu, pour fournir l'armée en chevaux.

CAVALIN n.m.
(Savoie). Champ ensemencé d'un mélange d'orge, d'avoine et de vesce. *(G. Plaisance).*

CAVALE n.f.
(Périgord). Jument.

CAVE n.f.
En. **wine cellar**
De. **Weinkeller**
Es. **bodega**
It. **cantina, cellaio**
Pièce d'une maison d'habitation où l'on place les barriques et les bouteilles de vin.
Pour celles-ci on ménage parfois un petit réduit appelé caveau. Une cave doit être partiellement creusée dans le sol, éclairée par des soupiraux orientés vers le nord, et ne laissant circuler l'air que très lentement afin de maintenir une température régulière. La cave doit être éloignée des étables ; il faut même éviter d'y effectuer des travaux de longue durée qui modifieraient sa température; c'est pour cela qu'elle se double souvent d'un cellier où ont lieu les opérations de vinification.
V. *Chai*.
Etym. Du latin *cavus*, creux.

CAVE n.f.
Chalet des alpages savoyards, avec une cave en sous-sol pour les fromages, un rez-de-chaussée pour leur préparation et un grenier pour le dortoir.

CAVE COOPÉRATIVE l.f.
En. **wine co-operative**
De. **Genossenschaftskeller**
Es. **bodega cooperativa, cooperativa vinícola**
It. **cantina sociale**
Association vinicole qui groupe, autour de la cave proprement dite, le matériel et les bâtiments destinés à recueillir les vendanges des membres de la coopérative.
On y procède à la préparation du vin, à son stockage et à sa commercialisation.

CAVETS n.m.p.
Vignerons du Revermont qui complétaient leurs ressources en allant faire moissons et battages dans la plaine bressane.
(R.Lebeau).

CAVEUR n.m.
(Périgord). Prospecteur de truffes enfouies dans le sol.
Etym. Du latin *cavare*, creuser.

CAVISTE n.m.
En. **cellarman** (1)
De. **Kellermeister** (1)
Es. **bodeguero** (1)
It. **cantiniere** (1)
1. Ouvrier chargé de soigner les vins dans une cave.
2. Garçon de restaurant préposé au service des vins.
3. Ouvrier chargé de surveiller l'affinage des fromages dans les caves de Roquefort.

CAYOLAR n.m.
Enclos où l'on parque le bétail durant la nuit sur les estives pyrénéennes.
Syn. (Vallée d'Ossau) cujala, (Alpes de Provence) cayola.

CAYROU n.m.
(Aquitaine). Tas de pierres retirées d'un champ.
Etym. Diminutif de *cayré*, gros rocher.

CAZAL n.m.
Lieu habité par des serfs casés, c'est-à-dire placés dans des tenures serviles, contre redevance au seigneur, propriétaire éminent de ces tenures.
Etym. De *casé*, mettre en case, en maison.

CAZELLE n.f.
(Rouergue). Cabane de pierres sèches ayant servi d'abri aux bergers, ou aux vignerons.

C.E.A.
Confédération Européenne de l'Agriculture, composée d'une vingtaine de pays européens, unis pour le maintien et le progrès de l'exploitation agricole familiale.

CEBIERO n.f.
(Provence). Parcelle cultivée en oignons, ou ceboulos.
Syn. Oignonière, céboulat. (G.Plaisance).

CÉCIDIE n.f.
En. **gall**
De. **Galle, Krätze**
Es. **cecidia**
It. **cecidio, galla**
Tumeur végétale qui se forme sur les troncs et les rameaux des arbres, sous l'influence d'insectes, de champignons, de bactéries, de virus, etc.
Syn. Galles.
Etym. Du grec *kekidos*, noix de galle.

CÉCIDOMYIE n.f.
En. **gall midge**
De. **Gallmücke**
Es. **cecidómido**
It. **cecidomia**
Insecte diptère dont les piqûres sur les végétaux provoquent des *galles*.

CÉCUBE n.m.
It. **cecubo**
Vin célèbre de l'Italie ancienne, récolté aux confins du Latium et de la Campanie.
Evoqué par les poètes comme le vin de qualité supérieure.

CÉDRATIER n.m.
En. **citron-tree**
De. **Zedratbaum, Zitronatzitronenbaum**
Es. **cidro**
It. **cedro (pianta)**
Arbre de la famille des Rutacées (*Citrus medica*).
Ses fruits, ou cédrats, plus gros qu'un citron, à surface protubéreuse, sont d'un goût délicat. Originaire de l'Inde, il est cultivé de l'Indonésie à la péninsule ibérique.
Etym. De l'italien *cedrato*, citron.

CÈDRE n.m.
En. **cedar (tree)**
De. **Zeder**
Es. **cedro**
It. **cedro (pianta)**
Arbre du groupe des Gymnospermes.
Son espèce la plus célèbre est le cèdre du Liban (Cedrus libanotica), ornement des parcs et des avenues. Une espèce voisine (Cedrus atlantica) croît au Maroc et une troisième, aux rameaux pleureurs, en

Himalaya (Cedrus deodora). Ses longues aiguilles toujours vertes, ses grandes dimensions (30 à 40 m) et son port majestueux en font l'ornement des parcs et des allées. Son bois sert en menuiserie et en ébénisterie. Un peuplement de cèdres est une cédraie (R. Blais).
Etym. Du latin *cedrus*, cèdre.

CÈDRE BLANC l.m.
En. **white cedar**
De. **weisse Zeder**
It. **tuia occidentale, albero della vita**
Variété de thuya, dit *thuya d'Occident*.
Il pousse au Canada en peuplements appelés cédrières. La variété de thuya géant (Thuya gigantea) peut atteindre 50 m de haut. Introduit en Europe, c'est un trés bel arbre d'ornement ; son bois est utilisé en ébénisterie.

C.E.E.
En. **E.E.C.**
    European Economic Community
De. **E.W.G.**
    Europäische Wirtschaftsgemeinschaft
Es. **C.E.E.**
    Comuñidad Económica Europea
It. **C.E.E.**
    Comunità Economica Europea
Communauté Economique Européenne, ou Marché Commun.
Créée par le traité de Rome le 25 mars 1957, elle comprend la France, l'Allemagne fédérale, l'Italie, la Grande-Bretagne, l'Irlande, la Belgique, le Luxembourg, les Pays-Bas, le Danemark, la Grèce, l'Espagne et le Portugal. Entre ces Etats, les droits de douane ont été supprimés, ainsi que les contraintes relatives à l'exercice d'un métier ; en 1992 ils ne formeront plus qu'une unité économique et sociale.

CEINTURAGE n.m.
Opération qui consiste à enlever autour du tronc d'un arbre une couronne d'écorce afin de le faire périr, la sève élaborée ne pouvant plus alimenter les parties vitales du végétal.
Syn. Cernage.

CÉLERI n.m.
En. **celery**
De. **Sellerie**
Es. **apio**
It. **sedano**
Plante herbacée de la famille des Ombellifères (*Apium graveolens*).
Plusieurs variétés sont cultivées pour leurs feuilles et l'une d'entre elles, le céleri-rave, pour sa racine. D'origine inconnue, le céleri était déjà apprécié à l'époque d'Homère sous le nom de sélinon.
Etym. Du latin *selinum*, persil, ache.

CELLE n.f.
1. Tenure d'une personne de condition servile.
2. Petit monastère exploité par des moines loin de l'abbaye dont ils dépendaient.
Le terme se retrouve dans l'expression "enfant en celle", c'est-à-dire vivant en communauté de biens avec son père et sa mère et, par conséquent, n'étant pas soumis au droit de mainmorte de son seigneur.
Etym. Du latin *cella*, loge.

CELLERAGE n.m.
Droit prélevé par le seigneur sur le vin logé dans les celliers de son fief.

CELLÉRIER n.m.
En. **cellarer** (1)
De. **Kellermeister** (1)
Es. **cillerero** (1)
It. **cellerario, dispensiere** (1)
1. Personnage d'un couvent chargé de veiller à la nourriture des moines.
2. Personnage qui engrangeait les récoltes d'un seigneur.
Etym. De *cellier*.

CELLIER n.m.
En. **wine cellar, storeroom**
De. **Weinkeller**
Es. **bodega**
It. **celliere, cantina**
Dépendance d'une ferme où l'on prépare la vinification.
D'ordinaire c'est un abri voûté placé sous la maison, mais on y accède de plain-pied avec les chars de vendange. Il communique avec la cave où le vin se conserve dans des fûts ou des bouteilles. Selon les régions, il porte divers noms : cuvier en Bordelais, vendangeoir en Bourgogne. Par extension, c'est un endroit frais et obscur où l'on conserve les légumes, les pommes de terre, le bois, etc. Le terme s'est appliqué à une grange cistercienne en pays de vignoble.
Etym. Du latin *cella, cellarium*, magasin, pièce voûtée.

CELLIERS n.m.p.
Petites constructions édifiées au milieu des vignes dans le Valais.
Elles servent d'abris aux vignerons, à leur matériel, à leur bétail.

CELLULE n.f.
En. **cell**
De. **Zelle**
Es. **célula**
It. **cellula**
Plus petite unité élémentaire de la matière vivante qui puisse vivre indépendante et se reproduire, parfois indéfiniment, dans une culture appropriée.
Elle contient en particulier les chromosomes, porteurs des gènes, facteurs de l'hérédité.
Etym. Du latin *cella*, chambre.

CELLULOSE n.f.
En. **cellulose**
De. **Zellulose, Holzfaser**
Es. **celulosa**
It. **cellulosa**
Matière fondamentale de la paroi des cellules végétales, composée de carbone, d'hydrogène et d'oxygène.
Elle se présente sous forme de fibres et de fibrilles, substance de base des textiles végétaux; insoluble dans la plupart des solvants ; elle peut être utilisée pour la fabrication du papier, des tissus, des matières plastiques, etc. Le tube digestif humain ne peut digérer la cellulose des aliments végétaux, mais elle favorise la digestion. Par contre, chez les bovins, elle est transformée en sucre et incorporée au lait et à la viande que l'homme peut digérer ; aussi a-t-il fallu toujours associer l'élevage à la culture, la chasse à la cueillette pour maintenir et équilibrer l'alimentation humaine.
Etym. Du latin *cella*, chambre.

C.E.M.A.G.R.E.F. sigle
Centre National du Machinisme Agricole du Génie Rural et des Eaux et Forêts.
Organisme chargé des activités relevant surtout de l'hydraulique, du machinisme, et des bâtiments agricoles, des productions agricoles et forestières, des sources d'énergie pour l'agriculture, de l'agro-industrie, etc.

CEMBRAIE n.f.
Plantation de pins pignons, dits *pins cembros* (*Pinus pinea*).

CENDRES n.f.p.
En. **wood ashes**
De. **Holzasche**
Es. **ceniza de madera**
It. **ceneri**
Résidu pulvérulent des végétaux brûlés.
Riche en potasse, c'est un exellent engrais, notamment les cendres de lignite, ou cendres rouges, et celles de varech. Les cendres de bois portent le nom de charrée.
Etym. Du latin *cinis, cineris*.

CENDROUSE adj.
Qualifie une terre légère, qui a la consistance de la cendre quand elle est sèche.

C.E.N.E.C.A. sigle
Centre National des Expositions et des Concours Agricoles.
Créée en 1963, et située à Paris, bd Henri IV, cette société organise le Salon international de l'agriculture à Paris, des expositions et des colloques en province: elle informe et stimule les milieux agricoles.

CENS n.m.
En. **quit-rent**
De. **Grundzins**
Es. **censo**
It. **censo**
Redevance due par le tenancier d'une *censive*, et versée en espèces et en nature.
Les origines du cens sont nombreuses: impôt perçu par le seigneur à la place d'un souverain incapable, concession d'une exploitation agricole dans le cadre d'une villa carolingienne ou galloromaine, etc. Quoi qu'il en soit, on distinguait le cens qui frappait la terre roturière

de celui qui s'appliquait au fief, le premier correspondait à un but économique et financier, le second traduisait un droit régalien, militaire et judiciaire, au profit du seigneur (G. Lepointe).
Il s'y ajoutait parfois le surcens, sorte de fermage s'ajoutant au cens proprement dit. Le tenancier étant roturier ne pouvait accenser sa censive selon l'adage "Cens sur cens ne vaut".
Etym. Du latin census.

CENS ABONNÉ l.m.
Cens fixé par contrat de longue durée.

CENS ACCORDABLE l.m.
Cens permettant au seigneur de prélever les droits de lods et ventes si le tenancier vendait sa censive.

CENS PERSONNEL l.m.
It. censo personale
Cens dû par le censitaire à son seigneur.
Syn. Chevage.

CENS RÉEL l.m.
It. censo reale
Cens dû par la censive quel que soit son propriétaire.

CENS REQUÉRABLE l.m. ou À QUESTE l.m.
Cens demandé par le seigneur.
Il devait le requérir par ses agents.

CENS (BAIL À) l.m.
Contrat par lequel le preneur s'engageait à verser le cens au seigneur à la place du bailleur.
S'il ne s'en acquittait pas le seigneur pouvait se saisir d'une partie de la censive.
Le censitaire pouvait s'affranchir du cens en déguerpissant ; dans ce cas, la censive revenait en entier au propriétaire éminent, le seigneur, qui d'ordinaire la redonnait à un autre tenancier en réclamant les droits de lods et ventes si le cens était accordable.

CENSALE n.f.
Tenure provenant d'un lotissement de la réserve seigneuriale, et frappée d'un cens que devait verser le tenancier.

CENSE n.f.
1. Au Moyen Age, terre, tenure, demeure, soumises au cens seigneurial ou royal.
2. *(Wallonie).* Actuellement, ferme aux bâtiments en carré, à cour intérieure où l'on pénètre par un porche à deux battants.
Un pigeonnier s'élève parfois au-dessus de cette entrée. Autour de la cour sont disposés les bâtiments d'habitation, les étables, l'abreuvoir, le tas de fumier. Une seconde porte, à l'opposé de la principale, mais plus petite, donne accès aux champs. Cette disposition est fréquente en Belgique wallonne, mais elle se retrouve ailleurs et serait due à la colonisation monastique du Moyen Age.
Par extension, exploitation agricole qui dépend de la ferme.
C'est l'équivalent d'une censive, d'où son nom.

CENSÉABLE adj.
Qualifiait jadis toute terre, ou tout tenancier, soumis au cens.

CENSEL n.m.
(Belgique et France du Nord). Exploitation agricole correspondant à une censive.
Syn. Cense.

CENSIER n.m.
De. Zinsbuch (1)
Es. censualista (1)
It. censuario (1)
1. Registre seigneurial où étaient consignées les cessions de tenures avec obligations incombant aux tenanciers d'après le nombre, l'étendue et la nature des terres qui leur étaient concédées.
Ils apparaissent au IXème siècle et se multiplient jusqu'à la Révolution.
2. Se dit du seigneur qui concède la censive et à qui les droits sont dus.
3. Agent chargé de prélever le cens.
Si le cens n'était pas payé, le seigneur-censier, en vertu du droit de saisie-gagerie, pouvait récupérer son bien et le remettre à un autre censitaire.
Etym. Du latin census, cens.

CENSITAIRE n.m.
En. censored man
De. Zinsbauer, Zinsener
Es. censatario
It. censuario
Personne soumise au cens ; tenancier d'une censive.

CENSIVE n.f.
De. Grundzins, Zinsgut
Es. censo
It. terra censuaria
Exploitation rurale soumise à un cens en espèce ou en nature, qu'elle fût noble, libre ou serve.
A l'origine, domaine affermé par les propriétaires des villas galloromaines, puis précaires des temps mérovingiens, et hostises du XIIème siècle. D'abord temporaire, la censive devint peu à peu perpétuelle, vers le XIème siècle. En cas de changement de tenancier, elle était soumise, comme les fiefs, à un droit de relief. Elle devint héréditaire et même elle pouvait être vendue moyennant le paiement des droits de lods et vente. Elle ne devait pas supporter un second cens selon la formule "cens sur cens ne vaut", de sorte qu'à la longue le cens en espèces diminua beaucoup de valeur par suite de la dévaluation de la monnaie. L'albergement, le bordelage, l'emphytéose étaient des variétés de censive, c'est-à-dire des fermes détachées du domaine éminent d'un maître de la terre. C'est l'une des origines de la propriété foncière qui fut délivrée des charges financières et matérielles du cens lors de la nuit du 4 août 1789.

CENTAURÉE n.f.
En. cornflower, centaury
De. Kornblume
Es. centaurea
It. centaurea
Plante vivace, ou annuelle, de la famille des Composées comprenant de nombreuses espèces dont la plus connue est le bleuet des champs.
On cultive la centaurée officinale pour les propriétés apéritives et vulnéraires de ses racines.
Etym. Du centaure Chiron qui la cueillait pour guérir les maux des humains.

CENTIARE n.m.
En. centiare
De. Zentiar
Es. centiárea
It. centiara
Centième partie de l'are.
C'est le seul sous-multiple de l'are ; il vaut un mètre carré (abréviation : ca).

CENTRE D'ALLOTEMENT l.m.
Installation commerciale où l'on groupe par lots homogènes, en vue de leur vente ou de leur répartition en divers points de vente, les produits des cultures et de l'élevage (fruits, légumes, grains, volailles, veaux, etc.)

CENTRE D'APPRENTISSAGE AGRICOLE l.m.
Exploitation agricole dirigée par un employeur agréé pour accueillir de jeunes agriculteurs qui reçoivent une formation professionnelle pratique et théorique afin d'obtenir le C.A.P.A. (Certificat d'aptitude aux professions agricoles.), avec diverses options selon la région (élevage, viticulture, maraîchèrie, etc.

CENTRE D'ÉTUDES TECHNIQUES FORESTIÈRES (C.E.T.F.) l.m.
Organisme départemental, fonctionnant comme un C.E.T.A. et favorisant la gestion du patrimoine forestier.

CENTRE DE GESTION ET D'ÉCONOMIE RURALE (C.G.E.R.)
Centre départemental aidant de ses conseils les membres adhérents et participant au développement agricole local, créé en 1963.
Financé par ses membres, par le Conseil général et la Chambre d'agriculture, son rôle est primordial dans un cadre bien délimité:investissements, gestion, fiscalité, assistance, etc.

CENTRE RÉGIONAL DE LA PROPRIÉTÉ FORESTIÈRE (C.R.P.F.) l.m.
Organisme régional, créé en 1963, pour favoriser la gestion des forêts privées, accroître la production et le reboisement.

CENTRES RURAUX l.m.p.
Organismes créés pour lutter contre la désertion des campagnes.
Ils comprennent un local avec salle de réunion, bibliothèque, bar, etc. Des animateurs y réunissent leurs voisins, et y invitent des conférenciers, prennent des initiatives pour développer l'esprit de coopération.

CENTRE TECHNIQUE DU GÉNIE RURAL, DES EAUX ET DES FORÊTS (C.T.G.R.E.F.) l.m.
Organisme régional créé pour fournir une information et un appui technique aux propriétaires de forêts privées.

CENTRE TECHNIQUE INTERPROFFESSIONNEL DES FRUITS ET LÉGUMES (C.T.I.F.L.) l.m.
Organisme créé en 1952, pour effectuer des recherches et des expériences, pour fournir des informations et pour améliorer la culture des fruits et des légumes.

CENTRIFUGATION n.f.
En. **centrifugation**
De. **Zentrifugierung**
Es. **centrifugación**
It. **centrifugazione**
Séparation de substances de densités différentes en suspension dans les liquides, grâce à la force déployée par un mouvement rotatif des appareils utilisés, appelés *centrifugeuses*.
Ainsi on sépare la crème du petit lait, on retire le miel de ses alvéoles, on dépouille le vin de ses ferments, on retire le sucre de la mélasse.
Etym. Du latin *centrum*, centre et *fugere*, fuir.

CENTRIFUGEUSE n.f.
En. **centrifugal machine**
De. **Zentrifuge**
Es. **centrifugadora**
It. **centrifuga**
Appareil permettant de séparer deux produits de densité différente grâce à une force centrifuge créée par un mouvement de rotation rapide qui projette le plus lourd vers la périphérie.
Etym. Du latin *centrum*, centre, et *fugere*, fuir.

CENTURIATION n.f.
En. **centuriation**
Es. **formación del catastro**
     por centuriones
It. **centuriazione**
Division de la terre d'un *ager publicus*, confisqué par l'Etat romain, afin de le répartir entre les vétérans d'une légion.
L'opération consistait à tracer deux axes, un cardo maximus du nord au sud et un decumanus maximus de l'est à l'ouest, à l'aide d'un instrument permettant de tracer des angles, le groma.
A partir de ces deux axes, le terrain était divisé en carrés de 50 hectares environ, et chaque carré était morcelé en 200 jugera, ou 100 heredia, attribuées ensuite aux légionnaires; on estimait que c'était la surface que pouvaient cultiver 100 hommes. Des traces de centuriations ont été relevées dans le Midi méditerranéen, en particulier dans la région d'Orange, et sur les débris d'un cadastre en marbre.
Etym. De *centuria*, groupe de cent légionnaires dans l'armée romaine.

CEP n.m.
En. **vinestock**
De. **Weinrebe**
Es. **cepa**
It. **ceppo**
Pied de vigne. *(V. Fig. 29)*
Etym. Du latin *cippus*, pieu, poteau, qui a donné *ceppe* et *cep*.

(Fig. 29). Cep

CÉPAGE n.m.
En. **vine**
De. **Weinstock, Rebenart**
Es. **viduño, vidueño**
It. **vitigno**
Variété de vigne cultivée, caractérisée par un ensemble de données physiologiques et culturales.
Les nombreux cépages des divers vignobles mondiaux proviendraient du genre vitis, *après sélection et mutation, chaque région ayant adopté le cépage qui convenait le mieux aux sols, au climat et aux traditions du milieu. Le même cépage se retrouve sous des noms différents dans divers vignobles. En France, la crise du phylloxera a modifié l'encépagement. Il a fallu sacrifier les anciennes souches et les remplacer par des plants américains capables de résister au puceron, mais ne donnant que des vins exécrables ; en greffant sur ces plants des boutures d'anciens cépages on est parvenu à obtenir, de ces pieds greffés, des vins comparables à ceux d'autrefois. Toutefois, par des cultures in vitro de germes provenant directement de souches clonées des anciennes plantations, on évite l'influence des systèmes racinaires américains sur les vins de très haute qualité.*

CÈPE n.m.
En. **cepe** (1)
De. **Steinpilz** (1)
Es. **seta** (1)
It. **porcino, ceppatello** (1)
1. Champignon, appelé aussi *bolet* comestible.
2. Chêne têtard jalonnant les haies dans le bocage vendéen.
Lorsque leur tronc est évidé par la vieillesse, ils prennent le nom de cèpes cracotes.

CÉPÉE n.f.
De. **Schösslingsbusch**
Es. **renuevo, macolla, tocón**
It. **ceppaia**
Ensemble des rejets issus des souches des arbres coupés.
Début d'un taillis en voie de reconstitution. Les tiges des cépées de châtaigniers servent à faire du feuillard *dès la 6ème année. Les conifères ne rejettent pas et ne forment donc pas de cépées (R.Blais).*
Etym. Du latin *cippus*, souche.

CERCLE n.m.
En. **hoop** (1)
De. **Fassreifen, Band** (1)
Es. **fleje** (1)
It. **cerchio** (1)
1. Lame de bois, ou de fer, recourbée en cercle et fixée pour maintenir les douves d'une barrique ou d'un tonneau.
Jadis, les cercles en bois se fabriquaient dans les forêts avec du bois feuillard.
2. Lame de bois repliée sur elle-même et qui sert de moule pour le fromage de gruyère.
Etym. Du latin *circulus*.

CERCLE DE FÉE l.m.
It. **anello delle streghe**
Couronne d'herbe vigoureuse, d'un vert foncé, dans une prairie.
Le centre est desséché. Elle est attribuée à un champignon souterrain dont les filaments se développent comme les rayons d'une circonférence, puis meurent en laissant à leur extrémité une matière organique qui favorise la pousse de l'herbe.

CERCLIÈRE n.f.
(Poitou, Saintonge). Taillis de châtaigniers dont les jeunes tiges servent à fabriquer des cercles de barrique.
Syn. (Provence) *cercliero*.

CÉRÉALES n.f.p.
En. **cereals**
De. **Getreide**
Es. **cereales**
It. **cereali**
Graminées cultivées, donnant des grains pour la nourriture des hommes et des animaux domestiques : blé, seigle, orge, maïs, avoine, riz, mil, sorgho, etc.
Originaires pour la plupart de l'Asie antérieure, elles sont faciles à cultiver ; entre les semailles et la moisson elles n'exigent guère de soins, mais alors leur rendement est faible : 5 à 10 qx à l'ha . Par le choix des semences, par des assolements, par des labours profonds et des engrais, on obtient, avec peu de main d'oeuvre et un puissant matériel, des rendements de 50 à 80 qx à l'ha, et plus

encore pour le blé. Chaque céréale est adaptée à un climat ; néanmoins, grâce à des hybrides, on obtient des riz cultivables en Mandchourie, et des blés jusque sous le cercle polaire. Sous nos latitudes, on distingue les variétés d'automne et de printemps pour le blé, l'orge et l'avoine. Les variétés d'automne sont plus productives, mais risquent de geler en hiver et occupent le sol plus longtemps. Les céréales, que l'on a pu désigner comme plantes de civilisation, ont joué et jouent un rôle considérable dans la vie des peuples. De leur abondance dépendent la prospérité ou la disette, la famine ou la mévente. Aussi les gouvernements ont-ils toujours eu une politique des céréales panifiables. Actuellement, en France, le marché des céréales est régi par l'O.N.I.C. (Office National Interprofessionnel des Céréales).
Etym. De Cérès, déesse des moissons.

CÉRÉALICULTEUR n.m.
En. **grain farmer**
De. **Getreidebauer**
Es. **cerealista**
It. **cerealicoltore**
Agriculteur qui se consacre surtout à la culture des céréales, ou céréaliculture.

CÉRÉALIER adj.
De. **Getreide-**
Es. **cerealista**
It. **cerealicolo**
Qualifie tout ce qui concerne les céréales.

CÉRÉALISATION n.f.
Spécialisation d'une exploitation, ou d'une région agricoles, dans la culture des céréales.

CÉRÉALISTE n.m.
Es. **cerealista**
Personne qui s'occupe des céréales, de leur production et de leur commercialisation.

CÉRÈS n.f.
De. **Ceres**
Es. **Ceres**
It. **Cerere**
Déesse des moissons à Rome, identifiée à Déméter, déesse de la terre, dans la mythologie grecque.
Son nom serait d'origine pré-indoeuropéenne, de créare, créer. Il désigne par extension les moissons, présents de Cérès.

CERESA n.f.
(Gascogne). Parcelle cultivée en petits pois.
En dialecte périgourdin les petits pois sont des chèzès, déformation de ceresa.

CERFEUIL n.m.
En. **chervil**
De. **Kerbel**
Es. **perifollo, cerafolio**
It. **cerfoglio**
Plante de la famille des Ombellifères (Anthriscus cerefolium).
Ses feuilles vertes, frisées et aromatiques, servent à parfumer les sauces. Il fait partie des fines herbes : persil, thym, ciboulette, etc. Originaire du Caucase, les Romains ne l'utilisèrent qu'à partir de 200 ans environ avant notre ère.
Etym. Du grec khairephullon.

CERFOIR v.tr.
Fouir, labourer légèrement la terre.

CÉRIFICATEUR n.m.
Appareil pour extraire le miel des rayons après désoperculation.
C'est une centrifugeuse.
Etym. Du latin cera, cire, et facere, faire.

CERISAIE n.f.
En. **cherry orchard**
De. **Kirschgarten**
Es. **cerezal, cereceda**
It. **ciliegeto**
Verger de cerisiers.

CERISE n.f.
En. **cherry**
De. **Kirsche**
Es. **cereza**
It. **ciliegia**
Fruit du cerisier, composé d'une pulpe entourant un noyau.
On distingue selon leur saveur, les cerises acidulées (montmorency, griottes, etc.), les cerises douces (coeur de boeuf, reverchon, etc.), et les cerises à chair molle (guigne).
Etym. Du latin cerasus.

CERISETTE n.f.
1. Cerise conservée desséchée.
2. Boisson fabriquée avec des cerises.
3. Espèce de prune rouge (Flammarion).
Etym. De cerise.

CERISIER n.m.
En. **cherry tree**
De. **Kirschbaum**
Es. **cerezo**
It. **ciliegio**
Arbre de la famille des Rosacées (Prunus cerasus).
Il porte des fleurs blanches avant les feuilles. Ses fruits sont des drupes à chair plus ou moins savoureuse, autour d'un noyau globuleux. Son bois est apprécié en ébénisterie. Il serait originaire de Perse. Lucullus l'aurait introduit à Rome sous l'espèce du Bigareautier. Actuellement, une centaine de variétés de cerisiers sont cultivées en vergers. Le cerisier des bois, ou merisier, sert à la fabrication du kirsch. De ce merisier descendent les Guiniers et les Varrets à fruits doux. Du cerisier commun (Cerasus vulgaris) sont issues les variétés à fruits acides et les Griottiers. Comme plantes d'ornement on cultive le cerisier de Virginie, le cerisier des oiseleurs, le cerisier à grappes, le laurier-cerise. Son nom proviendrait de Cerasos, ville du Pont-Euxin.
Etym. Du latin cerasum.

CERNAGE n.m.
1. Défrichement plus ou moins circulaire.
2. Action de faire une incision annulaire autour du tronc pour enlever un anneau d'écorce et entraîner la mort de l'arbre. (Fig.30).
Etym. Du grec kirkos, cercle et du latin circinare, former un cercle.

(Fig. 30). Cernage

CERNAZ n.m.
(Suisse Romande). Défrichement circulaire par le fer ou par le feu, parfois en cernant les arbres.
Syn. (Jura) cernois, (Ile-de-France) cernay.
V. Essart.
Etym. Du français cerneux, défrichement.

CERNE n.m.
En. **age-ring**
De. **Jahresring**
Es. **cerco, anillo**
It. **cerchio, anello annuale**
Anneau de bois formé au cours d'une année par la sève élaborée dans l'aubier, le tissu en est clair au printemps, brun en automne.
On peut ainsi dater l'âge d'un arbre en comptant les cernes sur la coupe du tronc.

CERNEAU n.m.
En. **green walnut** (2)
Es. **escuezno** (2)
It. **gheriglio fresco** (2)
1. Moitié d'une noix encore verte, extraite de sa coque avec la pointe d'un couteau, en la cernant, puis en l'épluchant.
2. Noix avant leur complète maturité.
3. Fruits de la noix mûre.
On les extrait en les débarrassant de la coque sèche brisée d'un coup de maillet ; c'est le travail des énoiseuses en Périgord ; Ces cerneaux sont très appréciés en pâtisserie et pour fabriquer l'huile de noix ; le même terme désigne les graines des plantes à huile avant leur complète maturité: tournesol, soja, etc. Le vin de cerneaux est un rosé que l'on boit en mangeant des cerneaux, en automne.
Etym. De cerner, entourer d'un cercle.

CERNER v.tr.
1. Creuser un fossé autour d'un arbre, soit pour l'arracher avec ses racines, soit pour substituer de la bonne terre à celle que l'on a enlevée.
2. Pratiquer une incision autour d'un tronc, ou d'une branche, en enlevant un anneau d'écorce, afin d'arrêter la sève descendante, d'entraîner la mort de l'arbre, ou de favoriser la formation des fruits en amont de l'incision.
Etym. De *circus*, cercle.

CERNOIR n.m.
Serpe qui sert à *cerner* les arbres.

CERTEAU n.m.
Poire d'été à goût musqué.

CERTIFICATION DES SEMENCES l.f.
En. **authentificacion**
De. **Saatgutanerkennung**
Es. **certificación de semillas**
It. **certificazione delle sementi**
Décision écrite, après enquête du service officiel de contrôle, entérinant l'homologation des semences, ou des plants, conformes à des qualités requises.
Des certificats, des vignettes ou des scellés sur les sacs confirment la décision prise.

CERVOISE n.f.
En. **barley beer**
De. **Gerstenbier**
It. **cervogia**
Bière des Anciens, fabriquée avec de l'orge fermentée.
Très appréciée des Gaulois et des Germains ; les Romains lui préféraient le vin. Au Moyen Age, le terme désigna aussi le lieu où on la buvait.
Etym. Du latin *cervisia*, cervoise, terme d'origine celte.

CÉSAR n.m.
Cépage cultivé en Basse Bourgogne, sous les noms de *Picarniau* et de *Romain*.

CÉSERON n.m.
(Berry). Pois chiche.
Etym. Du latin *cicer*, pois chiche et de *chésé*, petits pois en occitan.

C.E.T.A. sigle
Centres d'Etudes Techniques Agricoles.
Créés en 1944 et placés sous le régime de la loi de 1901, ces centres groupent un petit nombre d'agriculteurs qui mettent leurs connaissances en commun. Ils établissent un programme de travail, et font appel à des techniciens et pratiquent la coopération.
Ils sont groupés en Fédérations départementales et nationale, la F.N.C.E.T.A. et disposent d'une abondante documentation pour la géographie agraire.

CÉVADE n.f.
Avoine.
Syn. (Quercy) chibado.

CÉVENNE n.f.
(Quercy, Rouergue). Versant à forte pente, humide et boisé.
Syn. Ubac.

C.G.A. sigle
Confédération Générale de l'Agriculture.
Association qui groupe les représentants des syndicats, des coopératives, des établissements de crédit relevant de l'agriculture.
Elle a pour but d'harmoniser les initiatives et de favoriser l'exécution des projets, issus de ces divers organismes.

C.G.V. sigle
Confédération Générale des Vignerons.
Créée en 1907, à la suite des troubles du Midi languedocien, elle groupe les organisations syndicales pour la défense des intérêts viticoles.

CHAB n.m.
(Bretagne). Grande herse à dents espacées.

CHABANNAGE n.m.
(Limagne). Torsion des pampres de vigne pour leur faire contourner les échalas, ou des fils de fer, et les contraindre à s'aligner.

CHABICHOU n.m.
(Poitou). Fromage au lait de chèvre.
On lui donne la forme d'un tronc de pyramide (Valençay), ou d'un petit cylindre plat de 6 à 7cm de diamètre.

CHABIN n.m.
1. Mouton rustique à longue laine grossière et à grandes cornes en spirale.
2. Métis issu du croisement d'un bouc et d'une brebis.
Longtemps mis en doute, il a cependant été obtenu à l'école vétérinaire de Nantes le 10 février 1986. Il était déjà connu au Chili sous le nom de Cornevos linudos.
Etym. Dérivé de *chabre*, chèvre en provençal.

CHABLE n.m.
1. *Chablis* en sylviculture.
2. *(Jura).* Herse.
3. Dévaloir, pente aménagée pour faire glisser vers le bas les troncs d'arbre.
Etym. De *chable*, câble.

CHABLER v.tr.
En. **to bring down, to shake down**
De. **knüppeln**
Es. **varear**
It. **bacchiare**
Abattre les noix à l'aide d'une gaule.
On dit plutôt gauler les noix, opération qui s'effectue aujourd'hui mécaniquement.
Etym. Du latin *catabolare*, action de lancer.

CHABLIS n.m.
1. Arbres renversés par le vent, ou brisés sous le poids de la neige.
2. *(Yonne).* Vignobles des environs de Chablis.
Ses vins blancs, secs et légers, font partie des crus de Basse Bourgogne.
Etym. Dérivé de *chabler*.

CHABRAK n.m.
(Bretagne). Hangar où l'on fait sécher les feuilles de tabac dans la région de Dol.

CHABRILLOU n.m.
Fromage de lait de chèvre fabriqué en Auvergne.
Syn. (Poitou) chabichou.
Etym. Dérivé de *chabre*, chèvre.

CHABROUTIE n.m.
(Limousin). Pâturage réservé aux chèvres.
Syn. Chabroulie, (de l'occitan chabro, chèvre).

CHACRA n.m.
(Bolivie). Culture sur brûlis.
Syn. Ladang, ray, milpa, etc.

CHADAIGNE n.f.
Cordon de vigne formé par une série de pampres étendus sur un fil de fer.
Syn. Chabannage.

CHADAN n.m.
1. *(Limousin).* Petit openfield à parcelles allongées, groupées en quartiers, au milieu d'un paysage bocager.
2. Soles d'une ferme ou d'un hameau, l'une pour les céréales, l'autre pour les plantes sarclées, ou la jachère.
Souvent de superficie inégale, l'une est le petit chadan, l'autre le grand chadan.
V. Méjou.
Etym. Du Limousin *cha dan*, chaque an.

CHADOUF n.m.
En. **shadoof**
De. **Pumpenschwengel**
Es. **cigoñal**
It. **mazzacavallo**
Appareil d'irrigation composé d'un bras pivotant sur un axe.
Aux extrémités du bras sont suspendus une outre et un poids légèrement plus lourd que l'outre pleine ; celle-ci est descendue dans le puits en tirant sur la corde qui l'attache au bras ; quand elle est pleine on lâche la corde,

113

et le poids de l'autre extrémité suffit à la faire remonter à la surface ; procédé utilisé de l'Inde à l'Espagne (fig. 31).

(Fig. 31). Chadouf

CHADRON n.m.
(Normandie). Petit panier rond, en osier, pour la fabrication du fromage.

CHAFAUD n.m.
1. *(Berry).* Vigne fixée sur des perches horizontales pour former une treille.
2. *(Bourgogne).* Grenier à foin.

CHAGNASSE n.f.
(Poitou). Médiocre taillis de petits chênes.
V. *Chagne.*

CHAGNE n.f.
(Poitou). Chêne rouvre.

CHAGNÉE n.f.
(Poitou). Bois de chênes.
V. *Chagne.*

CHAI n.m.
En. **wine store**
De. **Weinlager**
Es. **bodega**
It. **cantina**
Dépendance d'une ferme de vigneron où sont logés les cuves et les fûts.
On y conserve le vin et les eaux-de-vie. Il doit être à demi creusé dans le sol, et ouvert au nord afin d'y maintenir une température fraîche.
Syn. *Cave.*
Etym. Du celte *çai*, levée de terre donnant accès aux chars pour le transport des fûts.

CHAILLANT n.m.
Cépage cultivé dans les Hautes Alpes.

CHAILLÉE n.f.
(Sancerrois). Panier à fond en claire-voie, couvert de paille et dans lequel les fromages se dessèchent et s'affinent.

CHAILLES n.f.p.
Pierres dures, ou silex, dans les calcaires de l'ère secondaire, et que l'on trouve en abondance dans certaines terres du Poitou et de la Saintonge.
Ce sont des terres à chailles peu fertiles, abandonnées aux bois de châtaigniers, ou à la brande ; elles sont cependant favorables à la vigne.

CHAILLEUX adj.
(Jura). Qualifie un fromage à pâte molle, contenant des grumeaux durs comme des *chailles.*

CHAILLOT n.m.
1. *(Bordelais).* Petit chai.
2. *(Aisne).* Terre argileuse mêlée de cailloux.

CHAÎNE n.f.
Long tas d'herbe verte ou sèche, coupée à la faux, ou à la faucheuse, qui la disposent en longue trainée dans le pré.
Syn. *Andain.*

CHAÎNE ALIMENTAIRE l.f.
En. **food chain**
De. **Nahrungskette**
Es. **cadena alimentaria**
It. **catena alimentare**
Suite de phénomènes chimiques naturels qui aboutissent à l'alimentation des hommes.
Elle débute dans le sol par l'absorption des sels minéraux par les poils absorbants des racines ; c'est la sève brute qui atteint les feuillages où, sous l'influence de la lumière solaire et de la chlorophylle, elle forme la sève élaborée qui donne des produits nutritifs : sucre, graisse, huile, amidon, etc. Ceux-ci sont consommés directement par l'homme, ou indirectement par les animaux dont il utilise la viande, le lait ; puis il restitue au sol les déchets de son alimentation et finalement son corps lui-même. Le même processus peut être appliqué à tous les êtres vivants.

CHAÎNE D'ARPENTEUR l.f.
En. **chain**
De. **Messkette**
Es. **cadena de agrimensor**
It. **catena di agrimensore**
Chaîne spéciale, longue de 10 ou 20 mètres, composée de chaînons reliés par des boucles, utilisée par deux arpenteurs pour mesurer les dimensions d'une parcelle.
Le premier est muni de 11 fiches qu'il fixe dans le sol et que le second relève à chaque étape ; au total, ils ont mesuré 100 ou 200 mètres quand ils ont utilisé toutes les fiches.

CHAÎNE DE PÂTURAGES l.f.
Série de pâturages dans un domaine, ou dans le territoire d'une communauté, et dont la pousse est établie de telle sorte qu'ils puissent être pâturés successivement, selon un programme saisonnier.
Syn. *Chaîne d'affouragement.*

CHAÎNER v.tr.
Mesurer les dimensions d'une parcelle avec une chaîne d'arpenteur.

CHAINTRAGE n.m.
1. Ce que l'on récolte sur un *chaintre.*
2. *(Bretagne).* Droit pour les pauvres de faire paître leurs troupeaux sur les chaintres de leurs voisins.

CHAINTRE n.m.
1. Bande de terre au bout des sillons où tournaient les attelages et, aujourd'hui, les tracteurs.
Syn. *Tournière, aboutis, forière, talvero, etc.*
2. Chemins à la lisière d'un bois.
3. Creux à l'extrémité d'un champ pour recueillir les eaux.
4. Pâturage entouré d'une clôture.
5. Bande de pré en bordure d'une haie, où le bétail pâture et se repose à l'ombre des arbres.
6. Procédé de culture de la vigne dans le Blésois : les vergues, soutenues par de petits échalas, laissent s'étaler les pampres porteurs de raisins, ce qui donne une récolte abondante, mais de médiocre qualité.
Etym. De *cintre*, forme circulaire.

CHAIRE n.f.
Bottes de chanvre placées les unes contre les autres, la tête en haut, formant un cône appelé *binot.*
Ce qui facilite la circulation de l'air et le dessèchement des tiges pour le rouissage ; les bottes sont également appelées peignées.

CHALAINE n.f.
(Lorraine). Terre riche en calcaire.

CHALANDAGE n.m.
(Bourgogne). Droit annuel et alternatif, d'exploiter une même parcelle par deux ou trois copropriétaires.
Syn. *Colloyage.*

CHALET n.m.
En. **chalet**
De. **Sennhütte, Chalet**
Es. **cabaña alpina**
It. **pascolo alpino, malga**
Habitation temporaire, sur les pâturages des montagnes, pour abriter les bergers et fabriquer les fromages.
Selon les régions, elle prend des noms différents : buron, masuc, cayolar, orrhy, etc. Dans les Pyrénées du Béarn, le chalet peut être une étape de la transhumance, à mi-pente dans la montagnette ; il est alors entouré de prés de fauche et de quelques cultures. (Fig. 32).
Etym. Terme d'origine préceltique.

(Fig. 32). Chalet

CHALEUR n.f.
En. **heat**
De. **Brunst, Brunstzeit**
Es. **celo**
It. **calore**
En parlant des femelles des animaux domestiques, ardeur génitale qui se manifeste par de l'agitation et la tuméfaction des organes génitaux externes.

CHALEZAN n.m.
(Tarentaise). Principal berger des gardiens d'un troupeau transhumant.
Etym. De *chalet*.

CHALMINER v.tr.
(Berry). Briser et ameublir la terre sous l'action du gel.
Ainsi ameublie, elle est plus favorable à la culture.

CHALOSSAISE n.f.
Fût de 300 litres, utilisé en Chalosse.

CHALOSSE n.f.
1. Région fertile située au sud des Landes de Gascogne. *(L. Papy)*.
2. Terre plus fertile que celle des Landes qui l'entourent, par analogie avec la région ci-dessus.
3. Tiges de fourrage sec qui servent de nouriture au bétail durant l'hiver.
4. Cépage de qualité moyenne.

CHALOSSE (VIN DE) l.m.
Vin blanc récolté sur les coteaux qui bordent l'Adour et le Gave de Pau.
Très recherché jadis par les Hollandais.

CHALP n.f.
(Ubaye). Parc où l'on fait reposer les troupeaux transhumants.
Etym. Dérivé de *alpe*.

CHAM n.m.
(Cévennes). Surface plane et élevée où l'on se livrait à des cultures sur brûlis.
Syn. Calm et cam.

CHAMBAS n.m.p.
(Vivarais). Champs en terrasses étagées sur le versant d'une montagne.

CHAMBEAU n.m.
(Auvergne). Champ fertile et bien cultivé, situé près de la maison d'habitation.
Syn. Ouche, et chambon.

CHAMBERTIN n.m.
(Bourgogne). Un des meilleurs vins de Bourgogne, de la commune de Gevrey.
Son nom provient du terrain où on l'a récolté au début, et qui appartenait à un certain Bertin. Il provient du pinot noir.

CHAMBIGE n.f.
Morceau de bois fourchu auquel étaient attelés les boeufs placés les plus près de la charrue, quand on labourait avec deux attelages.
V. Araire.

CHAMBOLLE-MUSIGNY l.m.
Célèbre cru des vins de Bourgogne, dans la commune du même nom.

CHAMBON n.m.
(Auvergne, Orléanais). Terre noire, fertile, d'origine alluviale.
Syn. Chambonnage.
Etym. Du celte *cambo*, dépôt alluvial dans la courbe d'un méandre, et le méandre lui-même. Le mot est devenu *cambone*, puis *campo bone*, d'où l'on a fait *champ bon*, champ fertile.

CHAMBONNIN n.m.
Cépage à raisins noirs, cultivé en Berry.

CHAMBORD n.m.
1. *(Poitou, Charentes)*. Bordure non cultivée d'un champ.
2. Dunes cultivées en légumes dans l'île de Ré.
3. Amas de terre extrait d'un fossé qu'il borde.
Etym. Formé avec *champ* et *bord*.

CHAMBRE D'AGRICULTURE l.f.
En. **chamber of agriculture**
De. **Landwirtschaftskammer**
Es. **cámara agrícola**
It. **camera di agricoltura**
Organisme public créé en 1924 sur le modèle des Chambres de commerce dans chaque département.
Elle représente les intérêts agricoles dans chaque département. Ses membres sont élus au scrutin de liste départemental, en nombre proportionnel aux divers collèges qu'ils représentent : chefs d'exploitation, salariés, coopératives, assurances, syndicats. Il s'y ajoute des membres associés, non agriculteurs, mais dont les activités touchent au domaine de la terre ; industriels, commerçants. Ces Chambres ont voix consultative auprès des Conseils Généraux et du Gouvernement. Elles prennent des initiatives pour favoriser le progrès agricole ; elles accordent des subventions et offrent des services divers aux agriculteurs. Leurs finances sont alimentées par des taxes et des versements de l'Etat, des départements, etc. Elles délèguent quelques uns de leurs membres pour former les Chambres d'Agriculture régionales, et leurs Présidents constituent, à Paris, une Assemblée Permanente des Chambres d'Agriculture.

CHAMBRE D'HÔTE l.f.
Pièce située dans la maison d'un agriculteur et mise à la disposition d'un voyageur qui passe et qui l'occupe un, deux ou plusieurs jours.
Elle doit être signalée à l'office du tourisme départemental et répondre à certaines normes de confort : ouvertures, éclairage, eau courante, cuisine, W.C., etc. Son prix journalier doit correspondre à un tarif fixé d'avance et être déclaré avec les revenus de la ferme. Cette forme de tourisme favorise les liens ville-campagne et permet à des ruraux de maintenir leurs ressources.
V. Camping à la ferme.

CHAMBRE À LAIT l.f.
Local des *fruitières* où le lait est ensemencé de presure pour qu'il caille.

CHAMBRE D'INCUBATION l.f.
En. **incubation room**
De. **Brutkammer**
Es. **cámara de incubación**
It. **camera di incubazione**
Local aménagé pour favoriser l'incubation naturelle des oeufs par les mères couveuses, ou bien chambre pour recourir à l'incubation artificielle en y maintenant une température constante de 38 à 40 degrés pendant 21 jours s'il s'agit de poussins, pendant 28 jours pour les canetons et 30 jours pour des dindons.

CHAMBRE DE VIGNE l.f.
(Beaujolais). Minuscule parcelle de vigne contenant 3 ou 4 rangées de ceps.

CHAMBRÉE n.f.
Pièce réservée dans une magnanerie à l'éclosion des vers à soie et au dévidage des cocons.

CHAMBRE FROIDE l.f.
En. **cold storage**
De. **Kühlkammer, Gefrierkammer**
Es. **cámara frigorífica**
It. **camera fredda**
Local étanche où l'on entrepose les fruits, soit pour terminer leur maturité, soit pour les conserver durant plusieurs mois.
On y parvient en maintenant des températures assez basses, variables selon les espèces (généralement +4°C dans une atmosphère enrichie en gaz carbonique), et en y introduisant, par à-coups, du gaz carbonique qui ralentit le métabolisme. Des appareils indiquent à chaque instant la position et la nature de l'atmosphère programmée de ces chambres. Des locaux analogues sont disposés près des abattoirs pour conserver la viande des bêtes abattues.

CHAMBRIÈRES n.f.p.
Pièces en bois, longues et cylindriques, fixées horizontalement à l'avant et à l'arrière des charrettes, et qu'on laisse pivoter autour de leur support pour qu'elles soutiennent les véhicules quand ils sont à l'arrêt.
Syn. Chambarières (fig. 33).

(fig. 33). Chambrière de charrette = A

CHAMBRIOLLE n.f.
Ramassage des châtaignes dans les Cévennes.

CHAMBRULE n.f.
(Berry). Maladie cryptogamique qui attaque les épillets de céréales et les transforme en une poussière noirâtre : c'est le *charbon* des graminées cultivées.
Les spores, dispersées par le vent, propagent la maladie. Il existe autant de chambrules *que de variétés de céréales. On prévient leurs dégâts en immergeant les graines de semence dans une solution de sulfate de cuivre et, ensuite, dans un lait de chaux, ou dans une bouillie bordelaise diluée.*

CHAMBRUNS n.m.p.
En. **ley-farming**
(Centre). Parcelles alternativement en pré et en labour.

CHAMIÈRE n.f.
(Centre de la France). Jadis, chênevière.

CHAMEAU n.m.
En. **camel**
De. **Kamel**
Es. **camello**
It. **cammello**
Mammifère de la famille des Camélidés, originaire de l'Asie centrale, cet animal n'est plus connu qu'à l'état domestique.
De grande taille (2,50 m de haut), il comprend deux espèces : le chameau à deux bosses de l'Asie centrale et le chameau à une bosse, ou dromadaire *(du grec dromas, coureur), utilisé de l'Inde à la Mauritanie. Le* méhari *est un dromadaire dressé pour la course au Sahara. Sa robustesse et son aptitude à supporter le manque d'eau, le rendent irremplaçable dans les régions arides.*
Etym. De l'hébreu *gamal* et du latin *camelus*, chameau.

CHAMINATS n.m.p.
(Auvergne). Terres argilocalcaires lourdes, entourant les varennes aux sols sableux, plus légères.
Selon leur composition, les chaminats peuvent être plus pauvres, ou plus fertiles, que les varennes.
Syn. Chaninats.

CHAMOISE n.f.
Race caprine, dite aussi *race des Alpes*, à robe marron foncé.

CHAMON n.m.
V. Chambon et friche.

CHAMP n.m.
En. **field** (1)
De. **Acker, Feld** (1)
Es. **labrado, campo** (1)
It. **campo, fondo** (1)
1. En général, pièce de terre consacrée à une seule culture herbacée et, d'ordinaire, annuelle.
Un tel champ peut coïncider avec une parcelle du cadastre, n'en être qu'une partie, ou bien en comprendre plusieurs ; il peut être permanent ou temporaire selon la durée de sa mise en culture.
2. *(Anjou).* Terre élevée, non inondable, par opposition aux terres basses des vallées et des îles.
Etym. Du latin *campus*.

CHAMP COMPLANTÉ l.m.
Champ qui contient des arbres fruitiers au milieu des labours.

CHAMP COURBE l.m.
Champ qui a une forme curviligne, soit pour se modeler sur les courbes de niveau du versant qu'il occupe, soit à cause de façons culturales mal identifiées, dans le tracé des sillons.
Fréquent en Limagne, en Alsace, en Souabe.

CHAMP DE COURSE l.m.
En. **racecourse**
De. **Hippodrom, Rennbahn**
Es. **picadero, hipódromo**
It. **ippodromo**
Espace où les chevaux et les jockeys prennent part à des compétitions.
Syn. Hippodrome.

CHAMP DE FOIRE l.m.
Espace vide dans un bourg, ou à proximité, où l'on groupe le bétail les jours de foire.
D'ordinaire, il y a plusieurs champs de foire par agglomération, pour les bovins, pour les ovins, les porcs, les moutons, les volailles.

CHAMP DE MAI l.m.
Même signification que *champ de mars*, mais la réunion se tenait deux mois plus tard quand l'emploi massif de la cavalerie obligea les armées à attendre la poussée de l'herbe pour nourrir les chevaux avant d'entrer en campagne, sous les Carolingiens.

CHAMP DE MARS l.m.
Lieu où se réunissait l'*ost*, c'est à dire l'armée royale, ou seigneuriale, avant de partir en guerre durant la belle saison, qui suivait le mois de mars.

CHAMP D'ÉPANDAGE l.m.
En. **sewage field**
De. **Rieselfeld**
Es. **campo de fecalización**
It. **terreno di decantazione**
Champ que l'on irrigue avec l'eau des égoûts d'une ville, tels les champs d'épandage d'Achères, près de Paris.

CHAMP D'EXPÉRIENCE l.m.
Es. **campo experimental**
Champ servant à sélectionner les plantes cultivables, à tester les engrais, les façons culturales, etc.

CHAMP FRANC l.m.
Es. **campo franco**
Au Moyen Age, alleu roturier, exempt de toute redevance.
Syn. Terres franches.

CHAMP MIGNON l.m.
Petite parcelle située près de la maison et cultivée avec soin pour donner des récoltes de qualité.
Syn. Aile du meix.

CHAMP MOLLARD l.m.
Champ composé d'un sol argileux et humide.

CHAMP OUVERT l.m.
En. **open field**
De. **freies Feld**
Es. **campo abierto**
It. **campo aperto**
Champ composé d'un ensemble de parcelles labourées et que ne séparent ni haies, ni murettes, mais que délimitent des bornes.
C'est l'openfield anglais, aux parcelles longues et étroites ; laniérées dans les openfields classiques ; massives dans les domaines. Le remembrement et la mécanisation favorisent l'extension des champs ouverts et massifs.

CHAMP TERRAGEAU l.m.
Champ soumis au droit de terrage, c'est-à-dire qu'une partie de ses récoltes, du 1/7ème au 1/9ème, était versée par le preneur, au propriétaire éminent du sol.

CHAMPAGE n.m.
1. Droit de pâturage ou de pacage.
2. Prairie où s'exerçait ce droit.
3. *(Forez).* Terre fertile, composée d'alluvions.
4. *(Poitou).* Médiocre pacage de landes à bruyères, et de terres incultes.
Syn. Champéage, champais.

CHAMPAGNE n.f.
Es. **campos, campaña**
Région faiblement ondulée, à sols argilo-calcaires perméables, et en général, fertiles.
Elle est divisée en champs ouverts et répartis en soles, soit à l'intérieur d'une exploitation agricole, soit dans le terroir d'une communauté rurale. Plusieurs pays portent en France le nom de champagne *: l'ancienne province englobant la Champagne sèche et la Champagne humide ; la Champagne berrichonne, la Champagne mancelle, la Champagne charentaise, la Champeigne tourangelle, etc.*
Etym. Du latin *campus*, terrain plat et vaste, et de *campana* qui s'applique à un ensemble de champs.

CHAMPAGNE (FINE) l.f.
Eau-de-vie extraite des vins du Pays charentais.
Ces vins de qualité supérieure donnent le meilleur cognac.

CHAMPAGNE (VINS DE) l.m.p.
En. **champagne**
De. **Champagner**
Es. **champaña, champán**
It. **champagne**
Vins mousseux récoltés et préparés en Champagne, dans un vignoble qui s'étend sur les pentes moyennes et inférieures de la Côte de

l'Ile-de-France, de Vertus au sud à la Montagne de Reims au nord.
Avec un prolongement vers l'Ouest, le long de la Rivière de Marne, jusqu'aux environs de Dormans. La culture de la vigne, dans cette région, remonte à l'époque du Haut Moyen Age, grâce aux communautés ecclésiastiques ; mais la réputation du champagne ne date que de la Régence, lorsque les moines, et en particulier Dom Pérignon, eurent mis au point les procédés de champagnisation. *Le droit à l'appellation* champagne *s'étend de la Côte d'Avize (Vertus, Avize, Cramant, etc.), à la Côte d'Epernay (Vinay, Moussy, Epernay, etc.), à la Rivière de Marne (Damery, Cumière, Ay, etc.), et à quelques communes de l'arrondissement de Bar-sur-Aube. Composé de cépages fins, avec diverses variétés de Pinot, le vignoble pousse sur un sous-sol de craie couvert de dépôts soliflués, descendus du front de la Côte. Les raisins cueillis, on sépare le moût de la rape, et on le met à* débourber *pendant 24 heures, puis il fermente dans des tonneaux. Au cours des soutirages, durant l'hiver et jusqu'en été, on procède à des mélanges, puis le vin est mis en bouteilles et placé dans des caves creusées dans la craie. Durant l'hiver qui suit, les bouteilles mises sur pointe, on purifie le vin par le* dégorgement, *et on en modifie le goût en y ajoutant une liqueur à base de sucre de canne et de vins de haute qualité. Enfin, on bouche définitivement les bouteilles et on les* habille. *Ces opérations sont effectuées soit par des sociétés spécialisées (Mumm, Mercier, Veuve Cliquot, Taittinger, de Castellane, etc.), soit par des coopératives, soit par les producteurs eux-même (Carte 4).*

CHAMPAGNE (GRANDE ou PETITE) l.f.
Divisions régionales du vignoble charentais.
Ce sont les vins de ces deux régions qui donnent les eaux-de-vie de Cognac les plus appréciées.

CHAMPAGNISATION n.f.
Es. **champanización**
Procédé utilisé pour rendre un vin blanc mousseux.
Après la fermentation et la mise en bouteille, on ajoute du sucre de canne, d'où nouvelle fermentation, dégorgement et addition d'une liqueur composée de sucre candi et de vin de haute qualité ; mise en bouteille définitive et bouchons armés d'un capsulet.

CHAMPART n.m.
Quote part de la récolte versée au seigneur d'une terre.
Variant du tiers au vingtième, selon les clauses du contrat, il était plus avantageux pour le seigneur que le cens qui était fixé en espèces. Le champart était temporaire, viager ou définitif, selon les coutumes. Il s'appliquait aux terres labourables et aux grains plutôt qu'aux vignes et aux fruits. Le seigneur chargeait un champarteur *de prélever le champart, c'est-à-dire, de* champarter. *Si le champart n'était pas versé pendant trois années consécutives, le seigneur pouvait reprendre sa terre. Cette redevance était aussi ancienne que le régime seigneurial, mais vers la fin du XIIIème siècle il recula devant le procédé du cens. Selon les régions, il portait différents noms : (Marche) agrier, (Bourbonnais) carpot, (Provence) tasque, (Berry) terrage, etc.*
Etym. Du latin *campi pars*, part des champs, de la récolte.

CHAMPART n.m.
(Berry). Mélange de grains de blé, de seigle et d'orge semés ensemble pour servir de fourrage vert au bétail.

CHAMPARTAGE n.m.
Redevance levée en sus du champart sur les récoltes d'une exploitation agricole appelée *champartelle*.
Celui qui la possédait était un champartier *; il devait confier cette redevance à un* champarteur *qui l'entreposait dans une grange qualifiée de* champarteresse.

CHAMPAYER v.tr.
Faire paître le bétail dans les champs après l'enlèvement des récoltes.

CHAMPÉAGE n.m.
1. Redevance féodale versée au seigneur pour avoir le droit de faire paître un troupeau sur son domaine.
2. Destruction d'arbres et d'arbustes par les bestiaux qui ont mangé leurs feuilles et leurs bourgeons.
3. Terre inculte où pousse la bruyère.
Syn. Champage.

CHAMPEAUX n.m.p.
1. A l'origine, petites parcelles à Paris, où fut établi un marché sous le règne de Louis VI, d'où le nom de rue des Petits Champs.
2. Prairies établies sur d'anciens champs, par opposition aux prairies naturelles de fond de vallées.
C'étaient des prés champals, *ou* champeaux, *par rapport à des prés de rivière.*
3. Prés dont on ne retire que le premier foin, et où l'on pratique ensuite le libre parcours.
Etym. Du latin *campelli*, petits champs.

CHAMPEIGNE n.f.
(France de l'Ouest). Réunion de plusieurs parcelles ouvertes dans un même enclos.
Syn. gaignerie, méjou.
Ce nom a été appliqué à une région de la Touraine, située entre le Cher et l'Indre ; les champs ouverts y sont fréquents et permettent de voir, dans le nom du pays, l'équivalent de la Champagne berrichonne.

CHAMPELLE n.f.
(France de l'Est). Petit champ.
Syn. Champel, champeau.

CHAMPELURE n.f.
V. Champlure et chantepleure.

CHAMPENOIS adj.
Qui a trait à la Champagne.

CHAMPENOIS n.m.
Bouteille épaisse de 75 cl, propre à contenir des vins mousseux, ou du champagne, sans éclater sous la pression du gaz carbonique.

CHAMPÊTRE adj.
En. **rural** (1)
De. **ländlich** (1)
Es. **campestre** (1)
It. **campestre** (1)
1. Qui est situé, ou qui vit, au milieu des champs.
2. Se dit d'un terrain qui est livré à la vaine pâture.
3. Qualifiait jadis une parcelle en friche, éloignée du village.
Syn. Champestre.
Etym. Du latin *campestris*, de la plaine.

CHAMPIGNON n.m.
En. **mushroom, fungus**
De. **Pilz**
Es. **hongo, champiñón**
It. **fungo**
Végétal thallophyte dont il existe environ 100 000 espèces.
Dépourvu de chlorophylle, il ne se développe qu'en parasite sur les êtres vivants, ou en saprophyte sur les matières organiques en décomposition.
1) Les champignons *proprement dits, qui poussent à l'état sauvage, ne relèvent pas de la géographie agraire.*
Néanmoins ils ont servi largement à l'alimentation des populations rurales. Par contre, les champignons blancs, dits champignons de Paris, ou de couche (Agaricus campestris), sont cultivés dans des grottes naturelles, ou artificielles, en Touraine, dans le Bordelais, dans le Nord. On introduit des lamelles de blanc de champignon dans des tas allongés, ou meules, de fumier de cheval que l'on recouvre, un mois plus tard, de sable calcaire. Pendant cinq ou six mois, en arrosant les meules, on obtient de petits champignons ronds et blancs. Les meules sont de plus en plus remplacées par des caisses remplies de fumier. De même, la truffe est devenue une culture sur les Causses du Quercy et du Périgord, dans les plantations de chênes-truffiers, mais elle est encore très aléatoire.
2) Les champignons *microscopiques jouent un grand rôle en agriculture ; ils sont cause de nombreuses maladies des plantes cultivées, ce sont des maladies cryptogamiques comme le mildiou, l'oïdium, le black-rot, etc.*
Etym. Du latin *campaniolus*, qui vit dans les champs.

CHAMPIGNONNIÈRE n.f.
It. **fungaia**
1. Grotte creusée dans la craie ou le calcaire, soit naturellement, soit artificiellement, et aménagée pour la production du champignon blanc, dit champignon de Paris.
Ces cavités sont nombreuses dans le calcaire du Soissonnais, ce sont des creutes. Les carrières de Meudon, creusées dans la craie, ont été, elles aussi, aménagées en champignonnières. La Touraine et le Bordelais en comptent également beaucoup.
2. Parcelle de terreau et de fumier pour la culture en plein air des champignons.

CHAMPIGNONNISTE n.m.
It. **funghicoltore**
Personne qui cultive les champignons.

CHAMPINE adj.
Qualifie une vigne sauvage servant de porte-greffe, tels les divers *Rupestris*.

CHAMPLURE n.f.
V. *Chantepleure*.

CHAMPOIS (DROIT DE) l.m.
1. Terre livrée à la pâture.
2. Droit de faire paître les troupeaux d'une communauté dans les bois d'une seigneurie, ou d'une abbaye.

CHAMPOLO n.m.
(Pays de Comminges). Champ situé sur une pente.

CHAMPOUÉE n.f.
(Morvan). Prairie pacagée et non fauchée.
Syn. (Bresse) champoye.

CHAMPOYAGE n.m.
Pacage des troupeaux sur des jachères, ou bien sur des chaumes et des prairies, après l'enlèvement des récoltes.

CHAMPTIER n.m.
(Ile-de-France). Ensemble de parcelles constituant une section du plan cadastral.

CHAMPTOURNE n.f.
Canal de drainage en Bas Dauphiné.

CHANABIER n.m.
Chènevière en Vivarais.
Etym. Du latin *cannabis,* chanvre.

CHANCIÈRE n.f.
(Bas Maine). Lisière d'un champ, labourée avec des sillons perpendiculaires à ceux de la parcelle.
Syn. Chepsau.

CHANCRE n.m.
En. **cancer**
De. **Krebs**
Es. **cancro**
It. **cancro**
Grosseur produite sur le tronc ou les rameaux d'un arbre par une blessure mal cicatrisée, et où se sont développés des parasites, notamment une variété de champignon *(Nectria galligena).*
Les poussées successives de l'écorce se sont superposées sans jamais parvenir à se rejoindre de part et d'autre de la lésion. On dit que l'arbre est chancreux.
Etym. Du latin *cancer.*

CHANCRE COLORÉ l.m.
Maladie cryptogamique *(Ceratocystis fimbriata)* du platane.
Depuis près d'un demi-siècle, le platane est, comme l'ormeau, victime du chancre coloré. Importé d'Amérique, sous la Seconde Guerre Mondiale, avec des caisses en bois de platane, ce champignon se propage par des spores emportées par le vent. Les arbres qui en sont atteints, ont une écorce colorée en violet et orange, leur feuillage jaunit et tombe, et ils meurent. Le seul remède actuel est l'abattage des arbres malades pour réduire les risques de contagion.

CHANCREUX adj.
En. **cancerous**
De. **krebsartig**
Es. **chancroso**
It. **canceroso**
1. Qualifie un végétal atteint d'un chancre.
2. Se dit d'une maladie ou d'une lésion causant un chancre.

CHANDELER v.tr.
Subir l'action du gel dans une terre récemment labourée.
En hiver il s'y forme des aiguilles de glace verticales, semblables à des chandelles ; ce sont les pipkrakes de la cryergie ; si elles ameublissent le sol, elles brisent les racines des plantes cultivées, les déchaussent et rendent nécessaire, au mois de mars, le passage du rouleau afin de permettre un nouvel enracinement.

CHANDELIER n.m.
Partie restée debout d'un arbre brisé par les vents.
Etym. Du latin *candelarium.*

CHANDELLE n.f.
Long sarment de vigne à plusieurs yeux, laissé par la taille afin d'avoir beaucoup de raisins.
Syn. Pissevin.

CHANDELLES n.f.p.
Petites aiguilles de glace qui surgissent en hiver, par temps très froid, dans une terre argileuse.
V. *Chandeler.*

CHANFREIN n.m.
En. **face** (1)
De. **Stirnpanzer** (2), **Vorderkopf** (1)
Es. **testuz** (1), **testera** (2)
It. **frontale, frontino, testiera del cavallo** (2), **smusso** (3)
1. Partie de la tête du cheval comprise entre le front et les naseaux.
2. Plaque de cuir, ou de métal, protégeant le nez du cheval.
3. Suppression de l'arête d'un morceau de bois carré.
Etym. Dérivé de *chent,* côté, et du latin *frangerer,* briser.

CHANGI n.m.
(Anjou). Fumier de cheval sur lequel se développe le blanc des champignons de couche.

CHANIS n.m.
Cépage à raisins noirs, cultivé jadis en Limagne.

CHANQUE n.f.
Echelle composée d'un seul montant, avec des encoches, ou des barreaux, et dont se sert le résinier landais pour pratiquer et rafraîchir les *cares* les plus élevées.

CHANTEAU n.m.
Petite douve maintenant la traverse d'un fond de tonneau.

CHANTECLER n.m.
Variété de pomme très savoureuse obtenue à la station agronomique d'Angers à partir de la *Golden* américaine et de la *Reinette clochard* française.
Etym. De *Chantecler,* pièce en vers d'Edmond Rostand.

CHANTEFLEUR n.f.
Es. **venencia, catavino**
Pipette en verre, ou en métal, pour puiser du vin dans les tonneaux afin de le déguster.
Syn. Tâte-vin, goûte-vin.

CHANTELAGE n.m.
Droit seigneurial perçu sur la vente du vin tiré des caves de la seigneurie.
Etym. De *chantier,* poutre sur laquelle reposent les barriques.

CHANTELLE n.f.
Gros bouchon de bois, enveloppé de toile pour boucher les tonneaux.
(Ile-de-France) De chantelle on a fait le verbe eschanteler, c'est-à-dire, soutirer le vin.
Syn. Bonde.

CHANTEPLEURE n.f.
En. **wine funnel** (1)
De. **Seihtrichter** (1), **Entwässerungsschlitz** (2)
Es. **cantimplora** (1), **espita** (3)
It. **cantimplora** (1) **imbottavino, pevera, cannella** (3)
1. Entonnoir à tuyau percé de trous latéraux,

pour introduire du vin dans un tonneau sans briser la lie qui recouvre la surface du liquide.
Syn. Champlure, champleure. (Fig.34).
2. Trou ménagé dans un mur de clôture pour le passage de l'eau.
3. Robinet d'une barrique.
4. Tonneau dans lequel on foule le raisin avant de le verser dans la cuve.
5. Sarment de vigne qui, brisé par le gel, laisse s'écouler la sève, et dépérit.
6. Arrosoir de jardinier à long tuyau.
7. Saignée pratiquée dans la bordure d'un canal, ou d'une rivière, pour permettre à l'eau de s'écouler vers les parcelles à irriguer.
Syn. Champleure, échamplure.
(Onomatopée, bruit que fait un liquide quand il coule et tombe sur un *chantier* de cave.)

(Fig.34). Chantepleure

CHANTERELLE n.f.
De. **Lockvogel**
Es. **reclamo**
It. **uccello da richiamo**
Oiseau femelle, mis en cage et transporté sur un terrain de chasse pour qu'il attire par son chant des oiseaux de même espèce.

CHANTIER n.m.
En. **gantry** (1)
Es. **combo, poíno** (1)
It. **calastra** (1), **cantiere** (3)
1. Madrier placé sous les tonneaux, dans les caves, pour les isoler du sol humide et permettre de les écouler.
2. Zone alluviale comprise entre la levée et la rive du fleuve, le long de la Loire et restant soumise aux inondations.
3. Réunion temporaire de plusieurs exploitations agricoles pour effectuer un travail qui dépasserait les possibilités d'un seul exploitant, telles la fenaison, les vendanges, la construction d'un bâtiment.
Etym. Du latin canterius, chevron.

CHANTURGUE n.m.
Vignoble d'Auvergne, situé au nord de Clermont-Ferrand, sur des coulées de lave.

CHANTIÈRE n.f.
(Bas-Maine). Extrémité d'un champ où tournent les tracteurs.

CHANTOURNES n.m.p.
Canaux de drainage dans le Grésivaudan.

CHANVRE n.m.
En. **hemp**
De. **Hanf**
Es. **cáñamo**
It. **canapa**
Plante textile de la famille des Cannabinacées *(Cannabis sativa).*
Elle a une tige droite de 1 à 2 m, et de larges feuilles très découpées. Elle paraît originaire de Sibérie où elle était cultivée plusieurs siècles avant notre ère. Elle ne s'introduisit que lentement en Occident, à partir de l'époque romaine. Au Moyen Age, on lui préférait le lin. Le développement de la marine à voile, et l'usage des draps de lit en toile, favorisèrent sa culture au cours des Temps Modernes. Les plus gros producteurs sont l'Inde, la Yougoslavie et l'Italie. Le chanvre est une plante exigeante ; jadis, on lui réservait une parcelle d'excellente terre, près de la maison d'habitation ; c'était la chènevrière, ou chanvrière bien fumée et bien travaillée, surveillée de près lors des semailles, car les oiseaux sont friands de la graine de chanvre, le chènevis ; on semait en ligne afin de faciliter les sarclages. De mai à juillet la plante prend tout son développement. On arrache les pieds mâles, puis trois semaines plus tard, les pieds femelles. On les lie en bottes que l'on fait sécher en les dressant les unes contre les autres, sous forme de moyettes. Puis on égrène les pieds femelles et on procède à l'extraction de la filasse. Pour cela on fait croupir les tiges dans l'eau, c'est le rouissage qui détache les fibres de leur gomme et permet d'enlever la chènevotte qu'elles entourent. Dans ce but, jadis, on brisait les tiges desséchées avec une broie ; aujourd'hui, le broyage s'effectue mécaniquement. Le teillage nettoie les fibres des débris de chènevotte. On peut alors procéder au filage. L'emploi des textiles artificiels a réduit la culture du chanvre.

CHANVRIER n.m.
En. **hempman** (2)
De. **Hanfverkäufer** (2)
Es. **cañamero** (1), **agramador** (2)
It. **canapaio** (2)
1. Agriculteur qui cultive le chanvre.
2. Ouvrier qui prépare la filasse de chanvre.

CHANY n.m.
Cépage à raisins blancs ou noirs, cultivé dans le Grésivaudan.

CHAOUCH n.m.
Cépage d'origine orientale, aux grappes énormes à grains dorés, cultivé comme raisin de table.

CHAOURCE n.m.
Fromage fabriqué dans la région de Chaource, commune du département de l'Aube.

CHAPE n.f.
(Normandie). Maladie virale des volailles au cours de laquelle le volatile qui en est atteint laisse tomber les ailes, comme les bords d'une chape.

CHAPEAU n.m.
En. **crest** (3)
Es. **cabeza, cima** (3)
It. **cima** (3)
1. Croûte formée par la rafle et les enveloppes des graines de raisin, à la surface du moût, pendant la fermentation.
2. Résidu laissé au fond de l'alambic après la distillation du vin.
3. Sommet d'un arbre qui ne conserve que les branches et les feuilles du haut.

CHAPERON n.m.
Fragment d'épi qui avait conservé ses grains au cours du battage et que l'on recueillait pendant le vannage.

CHAPERON n.m.
En. **shelter**
De. **Schutzdach**
Es. **abrigo**
It. **tettoia**
Petit toit couvert de tuiles, en saillie au long d'un mur d'espalier pour protéger les arbres fruitiers des intempéries.
V. Abri.

CHAPITRE n.m.
(Bresse). Hangar où l'on abrite les chars.

CHAPON n.m.
En. **capon** (1)
De. **Kapaun, Kapphahn** (1)
Es. **capón** (1)
It. **cappone** (1)
1. Poulet que l'on a châtré pour qu'il s'engraisse mieux, et qu'il ait la chair plus tendre.
2. Jeune pied de vigne qui ne produit pas encore de raisins.
3. Branche de sarment que l'on coupe sur le cep et dont l'extrémité inférieure a la forme d'un derrière de chapon.
Etym. Du latin capo.

CHAPON (VOL DU) l.m.
Préciput donné à l'aîné d'une famille noble afin de conserver l'essentiel de l'héritage.
Il comprenait, avec le château familial, une petite étendue de terre tout autour, celle que pouvait franchir d'un vol un jeune chapon ; c'est-à-dire une faible distance.

CHAPONNAGE n.m.
En. **caponizing**
De. **Kapaunen, Kastrieren (eines Hahnes)**
Es. **caponización**
It. **accapponatura**
Castration des jeunes coqs avec extraction des testicules par une incision près de la cuisse.

CHAPPÉ adj.
Qualifie les grains de blé qui, après avoir été battus au fléau, conservent encore leur enveloppe, la *balle*.

CHAPRE n.m.
Es. **esparceta, pipirigallo**
(Auvergne). Sainfoin.

CHAPRIÈRE n.f.
(Auvergne). Parcelle consacrée à la culture du sainfoin.

CHAPT n.m.
(Berry). Ensemble des bâtiments d'une ferme.

CHAPTALISATION n.f.
En. **sugaring**
De. **Trockenzuckerung**
Es. **azucarado**
It. **zuccheraggio**
Procédé mis au point par Chaptal et qui consiste à ajouter du sucre au moût de raisin avant la fermentation, afin d'accroître le degré d'alcool d'un vin trop léger.
Procédé placé sous la surveillance du service des fraudes.
Etym. De Chaptal, chimiste français (1756-1832).

CHAPUSER v.intr.
(Vendée). Fabriquer des outils agricoles en bois.

CHAR n.m.
En. **waggon**
De. **Wagen**
Es. **carro**
It. **carro**
Véhicule lourd pour le transport des récoltes pesantes : pommes de terre, betteraves, etc.

CHARAL n.m.
(Auvergne). Chemin communal suivi par les chars.

CHARANÇON n.m.
En. **grain weevil**
De. **Kornkäfer, Kornwurm**
Es. **gorgojo del trigo**
It. **punteruolo**
Nom collectif de coléoptères qui se développent dans les greniers et les silos où ils se nourrissent de grains.
Le charançon du blé et du riz s'appelle couramment calandre.

CHARBON n.m.
En. **smut, blight**
De. **Milzbrand, Schafräude, Getreidebrand**
Es. **carbón, carbunco**
It. **carbone, carbonchio**
Nom de diverses maladies qui atteignent, soit les plantes cultivées, soit les animaux domestiques.
Dans le premier cas, il s'agit d'une maladie d'origine cryptogamique atteignant surtout les céréales et se manifestant dans les graines par des amas de spores pulvérulentes noires. Dans le second cas, il s'agit d'une maladie infectieuse causée par des bactéries, le charbon bactéridien (Bacillus anthracis), ou le charbon symptomatique (Clostridium chauvei) ; l'une et l'autre se manifestent par de la fièvre et un appauvrissement du sang. Elles se transmettent par des spores qui subsistent très longtemps dans le sol, et que le bétail absorbe en broutant. Le mal se propage dans le sang par les ulcérations des muqueuses, le long du tube digestif. On le combat par des sérums antibiotiques très efficaces (R. Blais).
Etym. Du latin *carbo, carbonis*, charbon.

CHARBON ANIMAL l.m.
V. *Noir animal*.

CHARBON DE BOIS l.m.
En. **charcoal**
De. **Holzkohle**
Es. **carbón vegetal**
It. **carbone di legna**
Résidu solide et noir, obtenu par carbonisation lente des bois abattus, débités en bûches et disposés en meule où ils sont soumis à une combustion lente et incomplète.
Les meules de bois sont de plus en plus remplacées par des chaudières munies d'évents et dont on peut régler le feu intérieur.

CHARBONNETTE n.f.
It. **legna da carbonella**
Petits morceaux de bois recueillis sur les chantiers de déboisement pour chauffer les fours des boulangers, ou fabriquer du charbon.

CHARBONNIER n.m.
En. **coal merchant**
De. **Köhler**
Es. **carbonero**
It. **carbonaio**
1. Fabriquant de charbon de bois dans les forêts domaniales, ou privées.
2. Marchand de charbon de bois.

CHARBONNIÈRE n.f.
(Vivarais)
Syn. Comporte.

CHARBOUILLE n.f.
It. **carie, golpe del grano**
Maladie du froment qui donne aux grains un aspect charbonneux.
C'est la nielle dite des blés, ou charbucle, et qu'il ne faut pas confondre avec la véritable nielle qui est une plante de la famille des Caryophyllacées, plante nuisible dans les champs de blé. La nielle, maladie, est causée par des anguillules (Tylenchus tritici) qui déterminent sur les grains des globules noirs, assez semblables à des grains de nielle végétale, d'où le nom vulgaire de cette altération de la céréale. Ces anguillules ont la forme de vers minuscules pelotonnés dans des globules qui détruisent les grains, le blé charbouille. Pour éviter la contamination, il faut plonger les graines de semence dans de l'eau légèrement acidifiée avec $SO_4 H_2$ (O5%). La betterave charbouille également et reste rachitique.
Etym. Du latin *carbunculus*, petit charbon.

CHARBUCLE n.f.
(Flandre). Nielle des blés. *(Agrostemma githago.)*
V. *Nielle*.

CHARDA n.f.
(Savoie). Partie la plus élevée d'un vignoble situé sur un versant en pente raide.

CHARDENET n.m.
Cépage, plus connu sous les noms de *Chardonnay* ou de *Pinot blanc*.
Cultivé en Bourgogne et en Champagne, dans la Côte des Blancs de blanc, il constitue parfois, à lui seul, des vignobles entiers. Il est également appelé Aubaine et Noirien blanc.

CHARDON n.m.
En. **thistle**
De. **Distel, Weberkante**
Es. **cardo**
It. **cardo**
Plante vivace de la famille des Composées, à feuilles piquantes et à fleurs en capitules.
La plupart sont nuisibles aux récoltes, en particulier le chardon des champs (Circeum arvense).
Le chardon à foulon, ou cardère (Dipsacus fullonum), a été cultivé pour son fruit qui, hérissé de piquants, servait à carder la laine.
Etym. Du latin *carduus*.

CHARDONNAY n.m.
Cépage à raisins blancs, cultivé en Bourgogne où il donne les grands vins blancs de Meursault, Chassagne-Montrachet, etc.

CHARDONNIÈRE n.f.
1. Terrain en friche où poussent les chardons.
2. Parcelle où l'on cultivait les chardons à foulon (XVI, XVIIème siècles) ; cardounièro *en dialecte occitan*.

CHARGE n.f.
En. **carrier** (1), **burden** (7)
De. **Bürde, Last** (1)
Es. **carga** (1), (4)
It. **carico** (1)
1. Quantité en volume et en poids que porte, ou que peut porter, une bête de somme.
2. Nombre de boutons fructifères sur un sarment de vigne après la taille.
Dans les vignobles de qualité, il est règlementé.
3. Nombre de têtes de bétail que l'on peut introduire sur un pâturage sans le dégrader. *Il se calcule par hectare.*

4. Dépenses que supporte une exploitation agricole.
5. Quantité de terre, de terreau ou de sable que l'on peut mettre au-dessus d'une couche de fumier, ou d'une surface chauffante, pour permettre la culture de plantes délicates.
6. Masse de vendange déversée dans le pressoir.
7. Redevance féodale pour un manse ou un fief.

CHARGE-FOIN n.m.
It. **caricafieno**
Instrument agricole servant à charger le foin sur les chars, ou à l'entasser dans les fenils.

CHARGE-MULET n.m.
Cépage à raisins noirs, cultivé dans le Midi.
C'est un cépage de raisins si abondants qu'ils lui ont valu son nom.

CHARGEOIR n.m.
Sorte de trépied sur lequel on place une hotte afin de la fixer plus aisément sur le dos.
(Fig. 35).

(Fig. 35). Chargeoir

CHARGEON n.m.
Sarment de vigne taillé à un, deux ou trois yeux, qui donneront des pampres à grappes.
Le sarment est ainsi chargé. Pour éviter l'épuisement du pied de vigne, il y a intérêt à ne laisser qu'un ou deux yeux à fruits par sarment.

CHARGER v.tr.
1. Incorporer à une terre du sable, de la chaux, ou de la marne pour l'amender, ou l'ameublir.
Ainsi, à un sol trop lourd, on ajoutera pour le rendre plus léger, du brisé, débris de schistes lustrés.
2. Tailler un arbre fruitier ou un pied de vigne pour en obtenir une aussi grande quantité que possible de fruits ou de raisins.
3. Introduire sur un pâturage, pendant l'estive, un certain nombre de têtes de bétail correspondant à la quantité d'herbes qu'il peut fournir pour leur alimentation, sans être dégradé.

CHARGES n.f.p.
En. **burdens**
De. **Last, Auflage**
Es. **cargas**
It. **oneri**
Prestations en nature (transport de marchandises, travaux publics) qu'effectuaient les plébéiens romains pour le compte de l'Etat et que l'on qualifiait de *sordides* (pénibles, réservées aux individus de rang inférieur).
D'abord exceptionnelles, elles devinrent permanentes et prirent le nom de corvées. *Le terme entre encore dans l'expression* bêtes de charges *pour désigner les animaux domestiques employés au transport des fardeaux.*

CHARGES GLOBALES l.f.p.
It. **costi globali**
Ensemble des dépenses qu'il faut déduire du produit brut d'une exploitation agricole (salaires, semences, frais de gestion, de sécurité sociale, de fermage, d'amortissement, de matériel, d'engrais, de pertes, etc.) pour connaître son profit réel. Il faudrait aussi tenir compte des charges supplétives établies forfaitairement (rémunération du gérant, des membres de sa famille, autoconsommation, etc.).

CHARGEUR n.m.
En. **loader**
De. **Stücklader**
Es. **cargador**
It. **caricatore**
Appareil fixe ou mobile, servant à charger du fumier, du fourrage, des céréales, ou des racines ; muni de griffes animées par un moteur.
Il est utilisé dans les moyennes et les grandes exploitations agricoles.

CHARIOT n.m.
En. **waggon**
De. **Wagen**
Es. **carro**
It. **carro**
Voiture à quatre roues, avec des *ridelles*, pour le transport des récoltes.
Parfois, les deux roues avant, plus petites que les roues arrière, peuvent pivoter selon la direction des brancards.
Etym. De *char* et de *charrier*.

CHARMAIE n.f.
It. **carpineto**
Peuplement de charmes.
Syn. Charmoie.

CHARME n.m.
En. **hornbeam**
De. **Weissbuche**
Es. **carpe**
It. **carpine**
Arbre de nos forêts *(Carpinus betulus)*, d'une vingtaine de mètres de haut.
Son bois très dur a beaucoup servi pour la fabrication des instruments aratoires. On en connaît une douzaine d'espèces formant des boisements appelés charmois. Le charme d'Amérique (Carpinus america) est propre à toutes sortes d'usages ; c'est le bois d'or des Canadiens.

CHARME n.m.
1. *(Bourgogne)*. Ancien champ appartenant à une communauté et abandonné à la friche.
2. *(Lorraine)*. Sole après la moisson.
3. Lésion pratiquée par malveillance à la base d'un arbre pour le faire périr.
4. *(Limagne)*. Friche longue et étroite.
Etym. Du latin *carmen*, enchantement.

CHARMILLE n.f.
En. **tree-covered walk**(1)
De. **Weissbuchenallee** (1), **Weissbuchenhain** (2)
Es. **alameda** (1)
It. **pergala di carpini** (1)
1. Allée limitée par deux haies de charmes, ou d'autres espèces végétales, formant berceau.
2. Plantation de petits charmes.

CHARMOISE n.f.
Race de brebis élevée dans l'ouest de la France.
Issue de béliers anglais du Kent et de brebis mérinos, elle donne des bêtes de taille moyenne, assez fécondes, médiocres laitières, mais se prêtant bien à la vie en plein air, et à la production de viande de boucherie. Son nom provient du domaine de la Charmoise, en Loir-et-Cher, où furent obtenus les premiers produits de la race.

CHARMOTTE n.f.
Champ en friche.
Etym. Du terme lorrain *charme*, lande, bruyère, friche.

CHARNAGE n.m.
Dîme qui consistait à prélever une part de la viande de boucherie, ou un certain nombre de têtes de bétail, parmi les animaux vendus dans une paroisse.
Elle s'élevait d'ordinaire au 13ème du total. Le desservant ne conservait que la menue dîme, *le prébendier recevant la* grosse dîme.
Etym. Du latin *carnis*, chair.

CHARNIER n.m.
1. Récipient en grès où l'on conservait le porc salé.
2. *(Ile-de-France)*. Echalas refendu, ou bien fagot d'échalas.
Syn. (Orléanais) charniot.
Etym. Du vieux français *chernier*.

CHARNU adj.
En. **fleshy, pulpy**
De. **fleischig, breiig**
Es. **pulposo**
It. **polposo**
Qualifie des fruits dont le péricarpe est une pulpe plus ou moins savoureuse, riche en substances nutritives (lipides, glucides).
C'est une drupe pour les fruits à noyau (prune), c'est une baie pour les fruits à pépins (groseille).
Etym. Du latin *caro, carnis*, chair.

CHAROLAISE n.f.
Race de bovidés, issue du Morvan, améliorée par sélection au XVIIIème et au XIXème siècles.
Elle s'est formée dans les pays du pourtour, notamment en Charolais, d'où elle tire son

nom. De robe blanche, de muqueuses roses, elle est apte à l'engraissement, et sa précocité en fait par excellence une race de boucherie. Elle peuple les prairies d'embouche sur les terrains du Lias, autour du Morvan, et de là, elle s'est étendue au Jura, aux Pays de la Loire et jusqu'en Limousin, où, race blanche, elle se mêle à la race normande pie noire, meilleure laitière.

CHARPAGNE n.f.
(Lorraine). Variété de hotte fabriquée en bois de charme.
Etym. De charpe, bois de charme.

CHARPENTIER n.m.
En. **carpenter**
De. **Zimmermann**
Es. **carpintero**
It. **carpentiere**
Artisan capable de réaliser une charpente en bois sur la maison d'un agriculteur.
Etym. Du latin carpentarum.

CHARPENTIÈRES n.f.p.
Principales branches d'un arbre, notamment d'un arbre fruitier.
Elles en constituent la charpente.

CHARRAS n.m.p.
(Poitou). Fanes de fèves et de pois.

CHARRAUX n.m.p.
Chemins situés sur les digues et les levées du Marais poitevin, et qui servent au passage des chars, d'où leur nom.

CHARRE n.f.
(Vendée). Ouverture ménagée dans une haie pour le passage des gens, du bétail, des instruments agricoles, notamment des chars.

CHARREAU n.m.
1. Chemin d'accès aux vignes.
2. Lisière non cultivée d'un champ.
Syn. (Pays nantais) chaintre.

CHARRÉE n.f.
En. **lye-ashes**
De. **ausgelaugte Asche**
Es. **cernada**
It. **ceneraccio**
Résidu des cendres de bois ayant servi à faire la lessive.
Leur teneur en carbonate, en phosphate de chaux et en potasse, les rendaient favorables à la production des grains. On les utilisait donc comme engrais. La charrée blanche désignait les cendres de goêmon.
Etym. Du grec katharos, pur, et du latin cathara, eau pure pour nettoyer.

CHARRETIER n.m.
En. **carter, carrier**
De. **Fuhrmann, Kärrner**
Es. **carretero**
It. **carrettiere, barrocciaio**
Celui qui conduit une charrette.

CHARRETIER adj.
It. **carraio**
Qualifie l'endroit par où passent les charrettes.
Ex. Porte charretière.

CHARRETIN n.m.
Es. **carreta**
Petite charrette pourvue de ridelles.

CHARRETON n.m.
En. **handcart**
De. **Handkarre**
Es. **carretilla**
It. **carrettino**
Petite charrette, sans ridelles, pour le transport de fardeaux légers.
Syn. Charretou.

CHARRETTE n.f.
En. **cart**
De. **Karren**
Es. **carreta**
It. **carretta, barroccio**
Voiture à deux roues, munie de brancards si elle est tirée par un cheval dit *limonier*, d'un timon si c'est par des boeufs, dits *charretiers*.
Plus légère que le chariot à quatre roues, elle tourne plus aisément dans les chemins étroits et tortueux.
Etym. De char, véhicule à roues.

CHARRIÈRE n.f.
(Vendée). Chemin suivi par les charrettes.

CHARRIÈRE adj.f.
S'applique aux portes de ferme assez larges pour laisser passer un attelage, ou un tracteur, tirant un char avec son chargement de foin.

CHARROI n.m.
En. **carriage** (1)
De. **Fahren** (1)
Es. **acarreo** (1)
It. **carreggio** (1), (2)
1. Transport à l'aide d'un char, ou d'un tracteur.
2. Servitude féodale dont on s'acquittait par le transport d'une récolte.
3. Petite banquette destinée à détourner l'eau de pluie des lignes de plus grande pente d'un versant afin d'atténuer l'érosion due au ruissellement.
Syn. Baragnon, traversière.

CHARRON n.m.
En. **cartwright**
De. **Stellmacher**
Es. **carretero**
It. **carradore**
Artisan qui, dans les villages, fabriquait les outils et les véhicules en bois : age des charrues, roues des chariots, etc.
Il pratiquait le charronnage, ou la charronnerie.
Etym. Du latin carrus, char.

CHARROTTE n.f.
Petite charrette à deux roues.

CHARROYÈRE n.f.
Chemin pour charrettes, non bordé de haies, tracé le long, ou au travers des champs.

CHARRUAGE n.m.
En. **ploughing** (1)
De. **Umpflügen** (1,2)
Es. **arada** (2)
It. **aratura** (1)
1. Labourage à la charrue.
2. Etendue de terre que l'on pouvait labourer en un jour avec une charrue tirée par des boeufs.
3. Matériel agricole d'une ferme en Poitou.
On disait aussi un charruaige.
4. Droit seigneurial prélevé sur les charrues en Champagne.

CHARRUE n.f.
En. **plough**
De. **Pflug**
Es. **arado**
It. **aratro**
Instrument agricole qui sert à labourer.
Elle se distingue de l'araire par les deux roues de l'avant-train qui constituent comme un petit char, d'où son nom, et par le versoir à une seule oreille, tandis que l'araire primitive en avait deux (fig. 36 et 37).
Les éléments essentiels d'une charrue sont le coutre qui coupe la terre verticalement, le soc qui la coupe horizontalement et le versoir qui la renverse sur le précédent sillon. Les types de charrue se sont multipliés depuis un siècle : charrue dombasle *du nom de son inventeur,* charrue-brabant, *ou* tourne-oreille, *à deux versoirs pivotant sur l'axe de l'instrument, au bout du sillon, et labourant en sens inverse sans avoir à contourner le champ par le* chaintre *; la* charrue polysocs *traçant 3 ou 4 sillons à la fois et tirée par un tracteur, comme toutes les autres charrues actuellement ; la* charrue-balance *à deux corps de travail, de part et d'autre d'un axe central ; la* charrue décavaillonneuse *(V. décavaillon), la* charrue sous-soleuse *(V. sous soleuse) ; la* charrue billonneuse, *à un soc et deux versoirs pour butter les plantes ; la* charrue vigneronne *à plusieurs socs pour labourer d'un seul trait l'espace compris entre deux rangs de vigne ; la* charrue défonceuse *à versoir spécial pour effectuer les labour profonds, 40 à 80 cm de profondeur ; la* charrue-taupe *pour creuser des fossés de drainage ; etc.*
Etym. Du latin carruca, char.

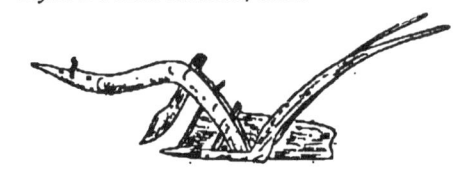

(Fig. 36). Charrue

CHARRUE n.f.
Surface de terre qui pouvait être labourée convenablement chaque année avec une charrue tirée par deux chevaux, ou deux boeufs.

Equivalent d'une exploitation agricole de 60 journaux, soit 20 ha, la moitié étant en jachère ; c'était donc une sole entrant dans la rotation des cultures (Bourgogne, Ile-de-France).

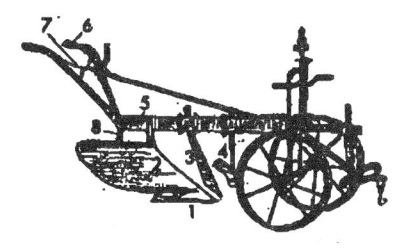

(Fig. 37). Charrue à avant-train :
1. soc
2. versoir
3. coutre
4. rasette
5. age
6. mancherons
7. entretoises
8. étançon

CHARRUE DE PETITE CULTURE l.f.
Type de charrue utilisée jadis en Sologne et en Berry.
Elle nécessitait la traction de six boeufs et d'un cheval. Au cours du XIXème siècle on lui substitua la charrue de type beauceron, plus légère, que deux chevaux suffisaient à tirer. Dans les petites exploitations on utilisait l'areau trainé par un cheval, ou même par un âne.

CHARRUÉE n.f.
1. Labour dont tous les sillons sont déversés du même côté.
2. Surface labourée en une journée.
3. Surface labourée au cours d'une année avec une charrue tirée par une paire de boeufs ou de chevaux.
(Berry). Elle valait 12 arpents, soit environ 10 ha.
Syn. Carruée, charrée.

CHARRUER v.intr.
(Ancienne France). Labourer, conduire une charrue.

CHARRUERIE n.f.
1. Prêt d'un cheval par un grand exploitant à un petit cultivateur moyennant finance, ou journées de travail.
2. Bâtiment pour loger les charrues.

CHARRUIS n.m.
(Anjou). Terrain labouré.

CHARRUYER n.m.
(Bassin Parisien). Ouvrier agricole chargé de labourer.

CHARTE n.f.
En. **charter**
Es. **carta**
It. **carta**
Titre concernant les biens-fonds d'une abbaye, ou d'une seigneurie.

Ils permettent de reconstituer le paysage rural et, parfois, les activités agricoles d'une région au temps passé. Un recueil de chartes est un cartulaire plutôt qu'un chartier. Aux Archives nationales le Trésor des Chartes comprend les actes relatifs au domaine royal.
Une charte était également un contrat entre le seigneur et ses tenanciers ; elle fixait par écrit les redevances en nature, la taille en espèces, les corvées, le tarif des amendes ; ainsi le droit du seigneur était limité, on disait qu'il était aborné, ou abonné. Si la charte était établie au profit de serfs, c'était une charte de franchise ; ses bénéficiaires devenaient des hommes francs ; ils pouvaient quitter le domaine et se marier hors de la seigneurie.
Etym. Du grec *kartès*, feuille de papyrus.

CHARTIL n.m.
1. Appentis servant à abriter les charrettes.
2. *(Berry).* Longue charrette avec de hautes *ranges* ou *ridelles*, pour le transport des gerbes, ou du foin.

CHARTRERIE n.f.
Bâtiment pour abriter les chars.
Terme vieilli.

CHARTREUSE n.f.
En. **carthusian house, monastery**
De. **Kartause**
Es. **cartuja**
It. **villetta isolata**
Par analogie avec le célèbre couvent, maison rurale comprenant un corps de bâtiment à simple rez-de-chaussée et deux ailes carrées, le tout à toiture mansardée et à ouvertures encadrées de sculptures.
Elle abrite d'ordinaire une famille de riches propriétaires fonciers.

CHARTRIER n.m.
En. **charter book** (1)
Es. **cartulario** (1)
It. **archivio** (1)
1. Recueil de chartes, d'archives, concernant parfois les biens-fonds d'une seigneurie ou d'une abbaye.
2. Lieu où l'on conserve des archives, et, en particulier, des chartes.
Syn. Chartier.

CHASAUX n.m.p.
(Sologne). Exploitations agricoles tenues par des hôtes qui étaient ainsi *chasés*, ou *casés*.
Syn. *(occitan) casalé*.

CHASÉ adj.
Qualifie un serf, ou un esclave, pourvu d'une maison *(casa)*, avec les parcelles attenantes, constituant une *tenure servile*, c'est-à-dire une exploitation agricole susceptible de subvenir à l'entretien de la famille du serf.
Celui-ci ne pouvait être chassé de sa tenure, mais il ne devait pas déguerpir sous peine d'être poursuivi et privé, s'il était repris, d'une partie de ses droits.

CHASEMENT n.m.
Acte par lequel, aux temps carolingiens, le possesseur d'un alleu pouvait en disposer partiellement pour y établir un vassal qui le servirait en temps de guerre.
Origine de l'inféodation et d'une noblesse fondée sur l'octroi d'une terre dont elle porterait le nom.

CHASSE n.f.
En. **hunting**
De. **Jagd**
Es. **caza**
It. **caccia**
Poursuite, capture, ou mise à mort du gibier.
Elle est régie par des lois et des règlements qui dépendent du ministère de l'Agriculture, et qui sont mis en application par des gardes-chasse. Elle entre dans le domaine des activités rurales, soit par l'utilisation de terrains qui portent le nom de réserves de chasse, soit par l'élevage du gibier dans des enclos spécialement aménagés.
Etym. Du latin *captare*, s'emparer de.

CHASSELAS n.m.
En. **chasselas**
De. **Gutedeltraube**
Es. **albillo**
It. **uva bianca da tavola**
Cépage qui tire son nom du village de Chasselas en Saône-et-Loire, et qui est cultivé comme raisin de table.
La variété la plus réputée est celle du chasselas doré, aux grains fermes et sucrés, cultivé surtout dans l'Agenais et le Bas Quercy (Moissac). Sa culture est également florissante dans le Vaucluse et à Thomery, près de Fontainebleau. Dans cette bourgade les ceps sont en espalier, orientés vers le Sud pour favoriser la maturité du fruit. Le célèbre chasselas de la treille du roi à Fontainebleau proviendrait de plants envoyés du Kurdistan à François Ier par Soliman le Magnifique. La cueillette du chasselas s'effectue du début d'août à la fin de septembre; pour conserver les grappes durant l'hiver on les coupe avec un bout de sarment et on les suspend dans un endroit frais.

CHASSE-ROUE n.f.
Es. **guardacantón, guardarruedas**
It. **scansaruote**
Pierre fixée à l'angle d'une maison pour éviter les rayures causées par les chars le long des murs.

CHÂSSIS n.m.
En. **frame**
De. **Mistbeetfenster, Rahmen**
Es. **bastidor**
It. **telaio vetrato**
Panneau vitré à plan incliné, et destiné à protéger les jeunes plantes, à hâter la maturité des fruits et la production des légumes.
Le verre laisse passer, durant le jour, les rayons du soleil, et arrête la déperdition de

chaleur de la terre durant la nuit, ainsi se crée sous le chassis une atmosphère de serre (V. bâche).

CHÂTAIGNAL n.m.
Nom de certaines régions de France, aux roches cristallines et aux dépôts argilosiliceux favorables au châtaignier, arbre acidophile.
Ainsi en est-il du châtaignal du Quercy, à l'est de Saint-Céré.

CHÂTAIGNE n.f.
En. **chestnut**
De. **Kastanie**
Es. **castaña**
It. **castagna**
Fruit du châtaignier.
On en distingue plusieurs variétés.
1. Le marron, sphérique, savoureux et doux.
2. L'exalade, un peu moins grosse que le marron.
3. La verte, très productive et très appréciée.
4. La bonno-branco, assez grosse.
5. La dauphinoise, grosse, ronde, confondue parfois avec le marron.
6. La malespine, tardive et productive.
7. L'olivone, de grosseur moyenne, précoce.
8. La paradone, petite, mais de bon goût.
9. La pélyrine, de grosseur moyenne, très productive.
10. La pialonne, grosse et très productive.
11. La rabeyrisque, grosse, de maturité moyenne, etc.
Etym. Du latin *castanea*.

CHÂTAIGNERAIE n.f.
En. **chestnut forest**
De. **Kastanienwald**
Es. **castañal, castañar** (1)
It. **castagneto** (1)
1. Verger de châtaigniers.
2. Région située à l'est du Quercy, sur le socle cristallin.
Syn. *(Corse) castaniccia*, et ailleurs *châtaignère*.

CHÂTAIGNIER n.m.
En. **chestnut tree**
De. **Kastanienbaum**
Es. **castaño**
It. **castagno**
Arbre de la famille des Fagacées (*Castanea vulgaris*).
Il est sans doute originaire d'Asie Mineure quant aux espèces eurasiatiques ; mais d'autres espèces sont originaires du Japon et d'Amérique. En taillis, il donne des tiges droites et souples qui servent à fabriquer du feuillard, *mince bande de bois pour la confection des cercles de barrique. En futaie, il produit des fruits dont les plus appréciés, ne comprenant qu'une seule graine, sont appelés* marrons ; *cette variété est obtenue en greffant une branche de* marronnier *sur un châtaignier sauvage. Le châtaignier ne donne de bons fruits que dans les pays à étés chauds et longs. Dans le nord de la France il n'est cultivé que pour son bois, souple et dur, et qui se conserve bien ; il sert à fabriquer des charpentes, des cadres de portes et de fenêtres, des futailles et des échalas. Des extraits tannants sont obtenus à partir de son bois transformé en copeaux. Arbre calcifuge, il a trouvé son terrain d'élection dans les régions de roches cristallines (Cévennes, Limousin, Pyrénées orientales, Alpes du Dauphiné). Actuellement, la châtaigne étant moins recherchée pour l'alimentation, la culture en verger est abandonnée en France. Elle subsiste en Italie.*

CHÂTAIGNIEURS n.m.p.
It. **castagnai**
(Bas Vivarais). Ouvriers saisonniers qui descendaient de la montagne vivaraise, pour procéder à la récolte des châtaignes.

CHÂTAIGNON n.m.
(Limousin).
1. Petite châtaigne.
2. Châtaigne desséchée en vue de sa conservation durant l'hiver.

CHÂTEAU n.m.
En. **chateau wine**
It. **castello, vino locale**
Vin du Bordelais qui ne comporte aucun mélange, qui provient exclusivement du vignoble dépendant d'un château, demeure qui n'est le plus souvent qu'une grande maison.
La liste hiérarchique des châteaux fut établie en 1855, lors de l'Exposition universelle, selon la notoriété et le prix de vente de l'époque. Elle sert toujours de base à l'établissement des cours et des transactions. (Ph. Roudié).

CHÂTEAU-CHÂLON n.m.
Cru du vignoble jurassien, aux vins couleur d'ambre, capiteux, produits par du Gamay et du Savagnin aux grains dorés.

CHÂTEAUGAY n.m.
Cru d'Auvergne, situé sur des collines d'origine volcanique, au nord de Clermont-Ferrand.

CHÂTEAU-HAUT-BRION n.m.
Vignoble d'une soixantaine d'hectares, sur la commune de Pessac, banlieue ouest de Bordeaux.
Ses vins rouges sont classés parmi les meilleurs crus des Graves.

CHÂTEAU-LAFITE n.m.
L'un des grands crus du Médoc.

CHÂTEAU-LAGRANGE n.m.
Très bon cru de vin rouge du Médoc provenant de 120 ha, plantés en Cabernet et en Sauvignon, près de Pauillac.

CHÂTEAU-LATOUR n.m.
Vignoble d'une quarantaine d'hectares sur la commune de Pauillac, l'un des meilleurs vins rouges du Médoc.

CHÂTEAU-MARGAUX n.m.
Vignoble situé à Margaux, à 22 km au nord de Bordeaux, cru réputé du Médoc.

CHÂTEAU MOUTON-ROTHSCHILD n.m.
Excellent cru de vin rouge en Médoc.

CHÂTEAU PALMER n.m.
Vignoble réputé du Haut Médoc.

CHÂTEAUNEUF-DU-PAPE n.m.
Grand cru de vin rouge qui doit son nom à la bourgade auprès de laquelle s'étend son vignoble.
Son origine et sa réputation remonteraient aux papes d'Avignon.

CHÂTEAU YQUEM n.m.
Cru le plus réputé de la région de Sauternes.
C'est un vin liquoreux, fruité et parfumé, "Le roi des vins et le vin des rois". (XIIIème siècle).

CHÂTELLÉNIE n.f.
En. **castellany**
De. **Burgbann, Burgvogtei**
Es. **castellanía**
It. **castellania**
Seigneurie comportant un château, des fiefs et des tenures dont les revenus étaient utilisés à l'entretien et à la défense dudit château.
Son possesseur avait droit de justice et prélevait le cens par l'intermédiaire d'un prévôt ou d'un notaire.

CHATENASE n.m.
(Jura). Pâturage enclos de haies, ou de barbelés, et où l'on mène paître le bétail quand le temps est beau.

CHÂTON n.m.
En. **catkin**
De. **Kätzchen**
Es. **candelilla, amento**
It. **amento, gattino**
Ensemble de petites fleurs sans pédoncule, groupées sur un axe pendant au bout d'une tige, le tout ayant la forme d'une petite queue de chat.
Ex. Les châtons mâles du noisetier.

CHÂTRER v.tr.
En. **to castrate**
De. **kastrieren**
Es. **castrar**
It. **castrare**
Pratiquer la castration, afin de favoriser le dressage pour les bêtes de trait, ou de labour, et l'engraissement du bétail, ou des volailles, dans les étables.
C'est également enlever les rayons de miel dans une ruche fixe, supprimer les étamines d'une fleur, ou couper certains bourgeons

d'une plante pour hâter la floraison et la maturité des fruits.
Etym. Du latin *castrare*.

CHÂTRON n.m.
Jeune boeuf qui a été châtré.
Etym. Du latin *castrare*, châtrer.

CHAU n.m.
(Cévennes). Sommet élevé et déboisé.
Il est chauve.
Syn. Chave.

CHAUBAGE n.m.
1. Dépiquage effectué en prenant une poignée de tiges et en frappant violemment les épis contre une planche, ou un mur, pour faire tomber les grains.
2. *(Nord de la France).* Opération qui consiste à humecter des brins de paille de seigle pour les amollir afin d'en faire des liens.

CHAUCHE n.m.
Cépage à raisins noirs, cultivé en Saintonge au XVIIIème siècle, et qui paraît être une variété de *Pinot*.

CHAUDANNES n.f.p.
(Savoie). Terres d'adret, bien exposées au soleil.

CHAUDER v.tr.
It. calcinare
Répandre de la chaux sur un terrain pour l'amender.
Syn. Chauler.

CHAUDERAGE n.m.
(Savoie). Droit perçu sur les troupeaux d'un alpage pour utiliser le *chaudron* collectif réservé à la fabrication du fromage.

CHAUDIÈRE n.f.
En. boiler
De. Kessel
Es. caldera
It. caldaia
Récipient à couvercle, situé sur un foyer où brûle du bois, ou du charbon.
Rempli d'eau en ébullition et de produits alimentaires qui cuisent et servent à l'alimentation du bétail, surtout en hiver.
Etym. Du latin *caldaria*.

CHAUDRÉE n.f.
(Saintonge). Terre de groie.
Syn. Chodrée.

CHAUDRON n.m.
En. cauldron
De. Kochkessel
Es. caldero
It. caldaina
Récipient où l'on fait cuire la nourriture du bétail chauffé au bois ou à l'aide d'une résistance électrique.
Syn. Chaudière.

CHAUFFERETTE n.f.
Appareil destiné à éviter les dégâts causés dans les vergers par les gelées tardives de printemps.
Dispersées entre les arbres fruitiers les chaufferettes, garnies de mazout, sont allumées à la main, ou automatiquement, lorsque la température descend à 2 ou 3 degrés au-dessous de zéro. On tend à les remplacer par des bougies chimiques plus faciles à transporter, plus propres et plus efficaces, tout en étant moins dangereuses à manier. (D'après Pierre Gindre. "Les vergers royaux de la Loire". Mémoire de D.E.S.).

CHAUFFOIR n.m.
Réservoir de marais salant où l'eau de mer, sous faible épaisseur, s'échauffe, s'évapore et laisse en dépôt du sel marin.

CHAUFOUR n.m.
En. limekiln
De. Kalkofen
Es. calera
It. calcara, fornace da calce
Four à chaux destiné à transformer par déshydratation les calcaires en chaux vive, susceptible de se déliter et de s'incorporer aux sols acides.
Les chaufours, particulièrement nombreux au milieu du XIXème siècle, se situaient surtout dans les régions calcaires, à proximité des massifs hercyniens où dominaient les terres argilosiliceuses. On en comptait une dizaine dans le bassin jurassique de Chantonnay, en Vendée.

CHAUFOURNIER n.m.
En. lime burner
De. Kalkbrenner
Es. calero
It. fornaciaio
Ouvrier servant un four à chaux.
Au XIXème siècle, les chaufourniers étaient en général de pauvres gens, mal logés, fabriquant de la chaux pour amender les terres de brande du Poitou, ou les sols argileux de Basse Normandie.

CHAULAGE n.m.
En. liming (3)
De. Einkalken (3)
Es. encaladura (3)
It. calcinazione, calcinatura (3)
1. Opération qui consiste à détruire les insectes et les végétaux parasites sur les troncs des arbres fruitiers en les badigeonnant avec du lait de chaux.
2. Immersion des graines de semence dans de l'eau de chaux, avant de les mettre en terre, pour favoriser leur germination.
3. Action d'amender une terre avec de la chaux vive.
Ainsi, on diminue son acidité et on lui permet d'avoir des éléments fertilisants: humate de chaux qui rend plus légères les terres argileuses, carbonate de chaux, silicate de chaux libérant de la potasse assimilable. Cette action de la chaux doit être modérée, sinon elle épuise la terre en substances utiles aux plantes cultivées ; "elle enrichit le père et ruine le fils." Il faut chauler seulement tous les 4 ou 5 ans et combiner le chaulage avec des apports de superphosphate dans les terres froides des massifs hercyniens, car elles manquent à la fois de carbonate de calcium et d'acide phosphorique. Le chaulage a permis la culture des plantes fourragères, notamment les légumineuses, dans les régions argilosiliceuses des massifs anciens.
Etym. Du latin *calx*, pierre, chaux.

CHAULER v.tr.
En. to lime
De. einkalken
Es. encalar
It. calcinare
Opérer le chaulage des arbres fruitiers, des graines de semence, ou des terres à amender.

CHAUMADIS n.m.
(Périgord). Pâture maigre, terre à demi abandonnée.
Etym. Dérivé de *chaume*.

CHAUMAGE n.m.
It. mondatura dei campi dalle stoppie
(Berry). Action de couper le chaume qui restait sur le sol après la moisson.
Epoque où l'on procède à ce travail.
V. Déchaumage.

CHAUMART n.m.
(Poitou). Jachère.
Sens péjoratif.
Syn. Sommard.

CHAUMAT n.m.
1. Prés situés sur les versants ou sur le sommet des collines et que l'on ne peut irriguer.
Ils prennent en été l'aspect d'un chaume.
2. *(Bourbonnais).* Pré voisin de la ferme, élément du meix.
Syn. Coudert.

CHAUME n.m.
En. stubble field (3)
De. Stoppelfeld (3)
Es. rastrojo (2), (3)
It. stoppia (2), paglia (4), tetto di paglia (5)
1. Tige creuse de graminées.
2. Partie inférieure desséchée de la tige des céréales, restant enracinée après la moisson.
3. Champ de blé moissonné.
Syn. (Selon les régions) éteule, essouble, frachisso, rastoul, restouble, trescamp, etc.
4. Paille de seigle servant à couvrir les toitures des fermes.
5. Couverture en paille d'une toiture.
6. *(Aquitaine, Berry).* Friche, terrain peu propre à la culture.
7. *(Bourgogne).* Clairière cultivée, entourée de bois, ou de landes.
8. *(Vosges).* Pâturage de sommet.
Etym. Du latin *calamus*, tige de céréales.

CHAUME (DROIT DE) l.m.
Droit pour les pauvres gens d'aller, après la moisson, recueillir la paille qui restait encore sur le sol.
Ce droit se distinguait mal du glanage.

CHAUMER v.tr.
En. **to clear the stubble from** (2)
De. **Stoppeln stürzen, abstoppeln** (2)
Es. **rastrojar** (2)
It. **mondare dalle stoppie** (2)
1. Brûler le chaume après la moisson.
2. Enfouir le chaume d'un champ à l'aide d'un extirpateur.

CHAUMET n.m.
1. *(Vendée)*. Instrument comprenant un couteau recourbé monté sur un long manche, afin de couper les branches que l'on effeuille pour servir de fourrage.
2. *(Berry)*. Charrue adaptée au *déchaumage*.
Syn. Chaumette.

CHAUMIER n.m.
1. Ouvrier agricole chargé de déchaumer un champ après la moisson.
2. Ouvrier qui recouvre de paille les toits des chaumières.

CHAUMIÈRE n.f.
En. **thatched cottage**
De. **Strohhütte**
Es. **choza, chamizo**
It. **casa con tetto di paglia**
Maison rurale couverte de *chaume*, couche de paille épaisse de 20 cm environ, et de pente assez forte pour favoriser l'écoulement des eaux de pluie.
Ce mode de toiture est encore pratiqué en Angleterre, par mode et à cause de ses propriétés isothermiques. Il a été peu à peu abandonné en France depuis le Second Empire à cause du taux élevé des assurances contre l'incendie appliqué aux maisons ainsi couvertes. Toutefois, reprise folkloriquement dans les résidences secondaires.

CHAUMIS ou **CHAUMOIS** n.m.
(Berry). Champ de blé après la moisson.

CHAUNAND n.m.
Cépage à raisins noirs, cultivé dans le Jura.

CHAUSSAGE n.m.
En. **earthing**
De. **Anhäufeln**
Es. **aporcado, aporcadura**
It. **rincalzatura**
Accumulation de terre sur le pied d'une plante pour la protéger du froid, ou de la sécheresse, ou pour favoriser la pousse de nouvelles racines.
Syn. Buttage.

CHAUSSÉE n.f.
En. **causeway** (1)
De. **Fahrdamm** (1)
Es. **calzada** (1)
It. **carreggiata** (1), **argine** (2)
1. Route maçonnée à la chaux.
2. Levée de terre longue de plusieurs kilomètres, isolant les marais, et parfois cultivée en céréales, en fèves, ou suivie par une route.
3. Barrage de retenue d'un étang artificiel, bâti en terre et en moellons, dans le fond d'une étroite vallée, perpendiculairement au courant d'un ruisseau, et qui porte presque toujours à son sommet un chemin.
Au milieu, une écluse, ou bonde, *permet de fermer ou d'ouvrir le chenal, et un sas empêche le poisson de s'enfuir. La chaussée s'appelle parfois* tête de l'étang, *par opposition à la* queue *qui correspond à la pointe amont de la nappe d'eau, dite* nauve *en Double périgourdine.*
Etym. Du latin calx, calcis, *chaux.*

CHAUSSER v.tr.
En. **to earth**
De. **aufhäufen**
Es. **aporcar**
It. **rincalzare**
Accumuler de la terre autour du pied d'une plante cultivée, vigne, pomme de terre, etc., afin de favoriser le développement des racines.
Syn. Butter

CHAUSSUMIER n.m.
(Maine). Fabricant de chaux.

CHAUVEAU n.m.
(Jura). Mesure de capacité pour le vin.
Diminutif : chauvette.

CHAUVIR v.intr.
Dresser les oreilles comme le font les chevaux, les ânes et les mulets quand ils entendent un bruit insolite.
Etym. Du francique kawa, *qui a donné* chouette *et* chaouvir, chauvir.

CHAUX n.f.
En. **lime**
De. **Kalk**
Es. **cal**
It. **calce**
Oxyde de calcium qui entre dans la composition d'un grand nombre de roches sédimentaires (craie, calcaire, etc.).
La chaux agricole s'obtient par cuisson dans des fours, à 1000°C. Il y a décarbonisation et formation de chaux vive (oxyde de calcium anhydre), puis de chaux hydratée qui sert à amender les terres compactes et acides des régions à roches cristallines (Vendée, Limousin, Morvan, etc.).
Etym. Du latin calx, calcis, *chaux.*

CHAVAILLON n.m.
(Limousin). Bande de terre qui reste entre les ceps de vigne après un labour entre les rangs.
Il faut l'enlever à la bêche.
Syn. (Bordelais) cavaillon.

CHAVANAGE n.m.
(Alpes). Redevance qui donnait le droit de construire sur un alpage un abri, un chalet, pour traiter le lait.

CHAVANNE n.f.
1. Petite maison, cabane en langue d'oïl.
2. Par extension, parcelles entourant la maison d'habitation et composant une exploitation agricole d'un seul tenant, dans une région d'habitat dispersé.

CHAVORNÉE n.f.
(Jura). Bande de terre inculte, entre deux parcelles labourées.

CHAVREAU n.m.
(Vendée). Bêche de forme triangulaire et courbe.

CHAYOTTE n.f.
Es. **chayotera**
Plante de la famille des Cucurbitacées *(Sechium edulis)*.
Ses tiges sont grimpantes, ou rampent sur le sol. Ses fruits, de couleur crème et de la grosseur des deux poings, ressemblent à des courges ; ils constituent un met très apprécié dans les pays tropicaux. Sa tige donne une paille très fine, la paille de chouchoute, avec laquelle on fabrique des chapeaux légers.

CHAZAL n.m.
(Dauphiné). Petite grange et parcelle attenante et enclose. *Syn. (Languedoc) cazal.*

CHÉBATE n.m.
Bordure d'un champ, labourée en travers quand le labour principal est terminé.
Syn. Chaintre.

CHEF n.m.
Es. **jefe**
Personne qui commande, qui dirige.
Le terme entre en combinaison dans l'expression chef d'exploitation, *celui qui a la responsabilité d'une ferme comme propriétaire, gérant ou fermier.*
Etym. Du latin capus, *tête.*

CHEF-CENS n.m.
Cens d'origine pesant sur la tenure et s'opposant au *surcens*, ou *croît de cens*, redevance plus lourde, en nature et en espèces, et se rapprochant du *fermage*.
Si le premier, appelé aussi rente fons de terre, *remontait à la création de la tenure, le second, dit* après fons de terre, *avait été établi par la suite pour tenir compte, soit d'une diminution du revenu, soit d'une dévaluation du cens primitif, soit d'une décision du maître éminent de la terre.*

CHEF DE CHANTEAU l.m.
Administrateur d'une communauté taisible.
A l'origine c'était lui qui, à la table commune, coupait pour les convives le pain sur le chanteau, *entamure déjà faite sur la tourte, ou gros pain.*
Syn. de chanteau, lou contel, en langue d'oc.

CHEF DE MAISON n.m.
L'aîné d'une famille d'agriculteurs, notamment dans les vallées pyrénéennes de Béarn.
Il gardait le domaine familial, tandis que les cadets, indemnisés en troupeaux pour les garçons en dot pour les filles, quittaient le logis familial pour aller s'établir dans une autre famille, ou mener l'existence de bergers transhumants.

CHEFFAUD n.m.
(Berry). Plancher du grenier.
On y accède par une échelle extérieure.

CHEFFERIE DE VILLAGE l.f.
Institution établissant un chef à la tête d'une communauté rurale dès les premiers temps du Haut Moyen Age.
C'est peut-être l'origine de la seigneurie féodale.

CHEF-LIEU n.m.
En. **chief town**
De. **Haupttort**
Es. **cabeza de distrito, cabeza de partido**
It. **capoluogo**
Agglomération où réside l'administration d'un finage.
Simple village ou bourgade, on y trouve la mairie, l'église, l'école, les ateliers, les commerces (épicerie, boucherie, etc.) nécessaires pour le maintien des activités des campagnes voisines.

CHEF-MANSE n.m.
Manse, ou tenure, situé autour du château, ou de l'abbaye, et exploité directement par le seigneur, ou par l'abbé, à l'aide d'un personnel permanent et de corvées temporaires.
Syn. Chef-mois.

CHEIMATOBIE n.f.
De. **Nachtfalter**
Es. **queimatobia**
It. **cheimatobia**
Nom scientifique du *phalène*, papillon dont les chenilles dévorent les feuilles des arbres fruitiers.

CHEINTRE n.m.
1. Bande de terrain au pourtour d'un champ et à l'intérieur d'une haie, laissé sans culture, où l'on peut manoeuvrer les instruments agricoles.
2. Léger creux aux extrémités des champs pour égoutter les eaux de pluie.
3. Lieu mis en réserve pour le pâturage et défendu par une clôture.
4. Sillon tracé autour d'un champ pour en fixer les limites, et en interdire l'accès aux troupeaux étrangers.
V. Chaintre.
Etym. De *cintre*, courbure.

CHEMAGE n.m.
(France du Nord). Droit perçu par les agents seigneuriaux sur le transport des bois et des récoltes, le long de certains chemins.

CHEMÈRE ou CHENIÈRE n.f.
Cépage à raisins blancs, cultivé en Saintonge à la fin du Moyen Age, et qui était peut-être le *Pinot blanc* d'Anjou, ou *Chenin*.

CHEMIN n.m.
En. **track, lane, path**
De. **Feldweg, Weg**
Es. **camino**
It. **viottolo/stradina (di campagna)**
Voie de communication rudimentaire, intermédiaire entre le sentier et la route.
Le sol est tassé par le passage des hommes, des bêtes et des chars ; bordé de haies et de talus dans les pays de bocage ; c'est le chemin creux de Bretagne, en contrebas des terres traversées ; à ne pas confondre avec le chemin clos, encadré de clôtures des deux côtés.
Etym. Du celte *cam*, pas, et du latin *caminus*, chemin.

CHEMIN CONFORME l.m.
Chemin parallèle, ou perpendiculaire aux côtés des parcelles.
Il est antérieur ou contemporain du parcellaire; s'il coupe les parcelles en oblique, il leur est postérieur. Le remembrement des parcelles simplifie le dessin des chemins ruraux.

CHEMIN D'EAU l.m.
Chemin permettant de circuler en barque le long des hortillons de Picardie, ou des parcelles du Marais Poitevin.

CHEMIN DE DESSERTE l.m.
Chemin permettant d'atteindre une parcelle enclavée.

CHEMIN DE HALAGE l.m.
It. **alzaia**
Chemin, le long des voies navigables, servant à haler les bateaux.

CHEMIN DE MESSE l.m.
Chemin que l'on suit pour atteindre l'église les jours d'offices.

CHEMIN DE SERVITUDE l.m.
Es. **camino de servidumbre**
Chemin obligeant le propriétaire des terres qu'il traverse, à en laisser l'usage à certains voisins.

CHEMIN DE TRAVERSE l.m.
Es. **atajo**
Chemin traversant les parcelles au lieu d'en suivre les bordures, pour racourcir le trajet.

CHEMIN FERRÉ l.m.
Chemin au revêtement composé de laitier des forges.

CHEMIN MORT l.m.
Es. **camino muerto**
Chemin dont le tracé subsiste, mais qui n'est plus utilisé.

CHEMIN VERT l.m.
Es. **cañado**
Chemin réservé au passage des troupeaux.

CHEMINS AUX BOEUFS l.m.
Chemins par lesquels on acheminait le bétail aux grands marchés de Sceaux et de Poissy pour le ravitaillement en viande de Paris.

CHEMIN DE DÉFRUITEMENT l.m.
Chemin utilisé pour retirer des champs leurs récoltes, ou "fruits".

CHEMIN DE FERME l.m.
Chemin joignant une ferme aux autres fermes du village.

CHEMINS DE TERRE ou D'EXPLOITATION l.m.p.
Chemins qui joignent la ferme aux parcelles où ils se terminent en cul-de-sac.

CHEMINS FINAGERS ou FINEROTS l.m
Chemins tracés aux limites d'un finage ou d'une sole.

CHEMIN VICINAL l.m.
En. **local road**
De. **Feldweg, Landstrasse**
Es. **camino vecinale**
It. **strada vicinale**
Chemin qui joint les villages entre eux et aux bourgs voisins.
Depuis la loi du 21 mai 1831, ils sont subventionnés comme des routes ordinaires, à l'aide des centimes additionnels des communes, des subventions des usagers, et des taxes vicinales.
Etym. Du latin *vicinus*, voisin.

CHEMISE n.f.
Couverture de litière, de 8 à 10 cm d'épaisseur, pour protéger contre les variations de température les meules de fumier où l'on cultive les champignons de couche.

CHENAGE n.m.
Redevance payée par les serfs du Limousin pour l'entretien de la meute du seigneur.
Il se justifiait dans la mesure où la meute contribuait à détruire les bêtes sauvages, en particulier les loups et les renards.
Etym. Dérivé de *chien*.
Syn. Droit de canage (de *canis*, chien).

CHÊNAIE n.f.
En. **oak wood**
De. **Eichenwald**
Es. **encinar, robledal**
It. **querceto**
Bois de chênes.

CHENARD n.m.
(Touraine). Chènevis, graines de chanvre.

CHÊNE n.m.
En. oak
De. Eiche
Es. roble, encina
It. quercia
Bel arbre de nos forêts, de la famille des Cupulifères.
On en connaît plusieurs centaines d'espèces, de tailles différentes et adaptées à des sols et à des climats variés :
1) L'yeuse ou chêne vert (Quercus ilex), le chêne kermés (Q.coccifera), le chêne-liège (Q.suber), sont fréquents dans les régions de climat méditerranéen.
2) Le chêne tauzin (Q.tozza) se plait sous climat océanique.
3) Le chêne rouvre (Q. robur) comprend trois sous-espèces : le chêne pédonculé (Q. pedunculata), le chêne à feuilles sessiles (Q. sessiliflora) et le chêne pubescent (Q. lanuginosa).
Le chêne est exploité en taillis de 25 ans et en futaie de 120 à 180 ans. Selon l'espèce son écorce donne du tanin ou du liège. Les glands servaient jadis à la nourriture des porcs et même des hommes. Son bois est réputé pour sa solidité, sa durée et ses flammes, fibres de couleur claire dans l'épaisseur des planches.
Etym. Du latin *caxanum*, qui a donné en langue d'oc *caché*, chêne.

CHÈNEVIÈRE n.f.
En. hemp field
De. Hanffeld, Hanfacker
Es. cañamar
It. canapaia
Parcelle consacrée au chanvre, située à proximité de la ferme, de sol fertile, abondamment fumée, profondément labourée et attentivement surveillée lorsque les graines étaient mûres et qu'il fallait en écarter les oiseaux.
Selon la région, on lui donnait des noms locaux: chanabal (Limousin), chanébo (Poitou), chanvrée (Saintonge), chanvrière (Vendée) charboudièra (Ubaye), chemière (Berry), chernière (Maconnais), carbenal (Toulouse).
Etym. Du latin *cannaparia*, lieu planté en chanvre.

CHÈNEVIS n.m.
En. hempseed
De. Hanfsamen
Es. cañamón
It. canapuccia
Graine de chanvre.
Elle a servi à fabriquer de l'huile et, actuellement, elle est sert de nourriture aux oiseaux en cage.

CHÈNEVOTTE n.f.
En. hempstem, hempstalk
De. Hanfstengel
Es. arista, agramiza
It. canapule
Partie ligneuse de la tige du chanvre que le *rouissage*, suivi du *teillage*, permettent d'éliminer sous forme de fragments séparés des fibres que l'on peut dès lors filer et tisser.
Pour teiller on se servait jadis d'une broie, énorme ciseau en bois dont on soulevait, puis abaissait, la partie centrale pour briser, entre les deux planches des côtés, les tiges sèches, les chènevottes.
Etym. Du grec *kannabis*, chanvre.

CHÈNEVOTTER v.intr.
Se dit d'une vieille vigne qui ne donne plus que des sarments de médiocre venue, cassants comme des chènevottes.

CHENIL n.m.
En. kennel
De. Hundehütte
Es. perrera
It. canile
Elément de l'habitation rurale dans les châteaux et les grandes fermes de certaines régions de France.
On y loge les chiens de garde et les chiens de chasse. D'ordinaire, il comprend une cour cimentée entourée d'une grille, et des niches s'ouvrant vers l'Est. Des bacs contiennent de l'eau pure où les chiens peuvent s'abreuver à volonté.

CHENILLE n.f.
En. caterpillar (1)
De. Raupe (1)
Es. oruga (1), (2)
It. bruco (1), cingolo (2)
1. Larve des papillons lépidoptères.
Molle et velue, elle compte plusieurs paires de pattes, sa tête ressemble à celle d'un petit chien, d'où son nom ; très vorace, elle cause de graves dégats aux cultures et aux arbres fruitiers.
2. Patins reliés les uns aux autres et formant une chaîne sans fin autour des roues d'un char pour lui permettre de circuler en tout terrain.
Etym. Du latin *canicula*, petite chienne.

CHENIN n.m.
1. Forme ancienne de chenil.
2. Cépage à raisins blancs, dit aussi *Pinot de la Loire*.
Il proviendrait de sélections opérées par un abbé de Cormery, Denis Briçonnet, au XVIème siècle, dans son manoir du Mont Chenin. Après plusieurs échecs, un plant survécut, le plant d'Anjou qui s'appela dès lors Chenin Blanc.

CHEPSAU n.m.
Extrémité d'un champ ; bande de terre où tournaient les attelages.
Dans les sols argileux, le chepsau dessine parfois une ondulation au bout du sillon, par suite des apports de terre par les instruments de labour ; ainsi se constitue une crête de labour, ou ackerberge, parfois surmontée d'un sentier, ou d'une clôture en fil de fer, afin de séparer deux parcelles cultivées.
Etym. De *chef*, tête, en dialecte poitevin.

CHEPTEL n.m.
En. livestock, cattle
De. Viehbestand
Es. aparcería de ganados, cabaña
It. soccio, scorte vive, scorte morte
Bétail d'une ferme et, par extension, d'une région : boeufs, vaches, chevaux, ânes et mulets.
Dans un contrat de fermage, ou de métayage, le bétail fourni par le bailleur prend le nom de cheptel vif, tandis que le cheptel mort est composé du matériel agricole, et parfois, de bâtiments. Dans le bail à cheptel de fer le bailleur ne prête que le matériel agricole (V. bail). Le cheptel aratoire comprend les animaux domestiques utilisés pour les travaux agricoles.
Etym. Du latin *capitale*, propriété du maître.

CHEPTÉLIER n.m.
Es. aparcero
It. socciadario
Fermier qui prend un bail à cheptel.

CHÉRA n.m.
(France de l'Ouest). Chemin d'exploitation.
Syn. *(Maine) charroyère, charreau.*

CHÉRAINE n.f.
(Savoie). Récipient en grès pour recueillir la crème du lait.

CHERBOTTAGE n.m.
(Berry). Léger labour sur une jachère pour détruire les herbes et préparer la terre à un labour plus profond.

CHERFOUIR v.tr.
Es. aricar
Labourer légèrement.

CHERNOZEM n.m.
(Nouvelle orthographe de *tchernoziom*.)
Sol de couleur noire, de structure grenue et homogène, riche en humus, avec quelques concrétions calcaires.
Il s'est formé sous climat continental assez sec (400 mm de précipitations en moyenne par an), en Russie et en Sibérie, entre les sols bruns forestiers du Nord et les sols châtains du Sud. Il se prête aisément à la culture, notamment à celle des céréales ; mais l'arbre s'y développe mal, faute, sans doute, de pluies assez abondantes et de solides appuis pour ses racines contre le vent. Le chernozem a quelques analogies avec le sol des prairies américaines.

CHÉROLLE n.f.
(Berry). Vesce cultivée comme fourrage vert.

CHERPILLE n.f.
Ancien privilège accordé aux habitants de la banlieue de Villefranche-sur-Saône.
Il leur permettait de procéder à la moisson sur les terres de leurs voisins quand ils jugeaient que les blés étaient mûrs. Ils prélevaient, pour leur rétribution, une gerbe sur dix.
Etym. Du latin *carpere*, qui a donné charpie, mettre en charpie.

CHERVE n.m.
Fil de chanvre obtenu lors du premier peignage de l'étoupe.
On en fabriquait des cordages et des tissus grossiers, des étoupeux.

CHERVIS n.m.
En. **skirret**
De. **Zuckerwurzel**
Es. **chirivía**
It. **sisaro**
Plante potagère, de la famille des Ombellifères (*Sium sisarum*).
Originaire de Germanie, l'empereur Tibère en fit transporter en Italie pour la cultiver ; ses racines comestibles la font apprécier comme légume.

CHÉSALE n.m.
(Berry). Ferme, dépendances et parcelles d'une exploitation agricole, où un tenancier était *casé*, au XVème siècle.
Syn. Chésau.
Etym. De *casale*, case ou maison.

CHESSERAIE n.f.
(Lorraine). Labour en billons pour drainer le sol.
Etym. Dérivé de sécheresse.

CHESTER n.m.
En. **chester cheese**
De. **Chesterkäse**
Es. **Chester (queso de)**
(Angleterre). Fromage fabriqué à partir du lait de vache dans la région de Chester, sur la Dee, à pâte dure, à goût et à odeur prononcés.

CHESTRE n.m.
(Languedoc). Terrain inculte.

CHÉTOUI n.m.
(Egypte). Culture effectuée de novembre à avril pendant la décrue du Nil.

CHÉTUAN n.m.
(Jura). Cépage à raisins noirs.

CHEVAGE n.m.
Redevance que le serf devait payer chaque année à son seigneur en signe de dépendance.
Ayant succédé à la capitatio romaine, le chevage se raréfia au cours du Moyen Age. Ce droit s'acquittait parfois sous forme de cire dans les domaines relevant d'une église ou d'un monastère ; elle était utilisée pour le luminaire de l'autel. Dans les seigneuries laïques on s'acquittait du chevage en donnant un agneau sur douze, ou treize, durant l'été. En Champagne et en Vermandois les bâtards et les aubains (étrangers dans une seigneurie) étaient soumis au chevage, de sorte que leur condition différait peu de celle des serfs.
Etym. Du latin *caput, capitis*, tête.

CHEVAGER v.tr.
Payer le chevage.
Se placer dans la condition du serf payant le chevage au seigneur.

CHEVAL n.m.
En. **horse**
De. **Pferd**
Es. **caballo**
It. **cavallo**
Animal domestique de la famille des Solipèdes, comme l'âne et le zèbre.
Domestiqué en Asie Mineure, il a été introduit en Egypte, sous la XVIIème dynastie, par les Hyksos. Les indigènes d'Amérique ne l'ont connu qu'après la découverte de ce continent. Le jeune cheval est le poulain, ou la pouliche. Le mâle est un étalon ; s'il a été castré c'est un hongre. La femelle est une jument, qualifiée de poulinière si elle sert à la reproduction. En France, on compte de nombreuses races de chevaux : boulonnais, flamands, ardennais, bretons, vendéens, percherons, normands, camarguais, tarbais, landais, etc. Les demi-sang sont obtenus par croisement avec des races étrangères ; par exemple, un demi-sang normand provient d'un pur sang anglais et d'une jument normande. Parmi les races étrangères on peut retenir les chevaux barbes d'Afrique du Nord, les poneys écossais, les chevaux tatars etc. Ces diverses races se classent en deux catégories : les chevaux de selle et les chevaux de trait. Parmi les chevaux de trait on peut distinguer les chevaux de gros trait, ou de labours (percherons), et les chevaux de trait léger pour les voitures (ardennais). Jadis, le cheval était utilisé pour les labours au nord d'une ligne allant de La Rochelle à Genève. Pour le roulage et les façons culturales, il était préféré au boeuf plus lent. Son emploi en agriculture, au cours du Moyen Age, peut être considéré comme une valorisation de la terre, surtout lorsque le collier eut remplacé la sangle de garrot. Les sols profonds et meubles de la France du Nord se prêtaient à la rapidité de ses mouvements, tandis que les sols cailloutoux de la France du Midi exigeaient la lenteur du boeuf. Au cours de notre siècle la motorisation a considérablement réduit l'emploi du cheval pour les travaux des champs.
Etym. Du latin *caballus*.

CHEVALAGER v.tr.
Ameublir la terre autour des pieds de vigne à l'aide d'un pic.
Le chevalage était pratique courante, jadis, dans les vignes en terrasse, sur des versants de colline. Il est encore en usage dans le vignoble de Banyuls.

CHEVALET n.m.
En. **sawhorse, sawbuck** (2)
De. **Staffelei** (2)
Es. **tijera** (2), **caballette**
It. **cavalletto** (2) **bancone**
1. Bâti en bois sur lequel on broyait le chanvre roui pour en extraire la filasse.
2. Appareil en bois pour soutenir les bûches que l'on veut scier. *(V. Fig. 38)*.

CHEVALIN adj.
En. **equine**
De. **Pferde-**
Es. **caballar, equino**
It. **equino**
Qualifie ce qui a trait au cheval.

CHEVALIN n.m.
Cépage du Jura cultivé pour ses raisins de table.

CHEVANCE n.f.
1. *(Terme vieilli)* Bien que l'on possédait : terre, troupeau, récoltes.
2. *(Centre)*. Indemnité due par le mari à sa femme quand il avait mal géré les biens qu'elle possédait par dot.
Etym. De *chef* qui a donné *chevir*, être maître de...

CHEVASSINE n.f.
(Picardie). Terre entraînée par le ruissellement au bas d'un champ labouré.

CHEVAUCHER v.intr.
En. **to ride** (2)
De. **reiten** (2)
Es. **cabalgar, montar** (2)
It. **cavalcare** (2)
1. Etre à cheval.
2. Aller à cheval.

CHEVELU n.m.
Ensemble ramifié des racines secondaires d'une plante.
C'est le chevelu racinaire.

CHEVESSE n.f.
1. *(Bresse)*. Champ enclavé.
2. *(Bretagne)*. Terre enclavée dans un domaine.

CHEVÊTRAGE n.m.
Redevance versée aux agents royaux pour le foin que l'on apportait à Paris par voie d'eau.

CHEVIÈRE n.f.
En. **headland**
De. **Ackerberg**
Es. **cabezada**
It. **testata**
Ondulation édifiée à l'extrémité d'un champ par le nettoyage de la charrue au cours des labours, et par l'amoncellement des déchets de culture.
Syn. Ackerberge.
Etym. De *chef*, tête.

Chevalet

CHEVILLARD n.m.
Commerçant qui achète et vend de la viande à la cheville, c'est-à-dire en gros et en demi-gros, par morceaux suspendus à des chevilles, crochets des salles d'abattage.

CHEVILLE n.f.
Ligne supplémentaire et incomplète d'arbres dans une plantation, s'insérant entre deux lignes complètes, mais non parallèles, et laissant entre elles un trop grand écart sur une partie de leur tracé.

CHEVIOT n.m.
Es. cheviot
Race de moutons originaire des Monts Cheviot en Ecosse.
Elle est réputée pour sa laine qui a servi à tisser la cheviotte, étoffe raide et solide.

CHEVIREAU n.m.
(Suisse Romande). Grande étendue jadis cultivée en vignes, en prés, ou en champs, puis laissée inculte.

CHEVOLÉES n.f.p.
(Anjou). Boutures de vigne, prélevées dans les provins de l'année.
On les plante pour combler les vides dans les rangées de ceps, après les avoir laissées un certain temps dans un terreau où elles se couvrent, à l'une de leurs extrémités, d'un chevelu de racines, d'où leur nom.
Etym. Du latin *capillus*, cheveux.

CHÈVRE n.f.
Es. cabria
Appareil pour arracher les pieds de vigne par traction, ou pour soulever de lourds fardeaux.

CHÈVRE n.f.
En. she-goat
De. Ziege
Es. cabra
It. capra
Mammifère ruminant, capricorne, du groupe des Ovinés.
Animal de taille moyenne (1m de haut), fort agile, avec des cornes dont la forme varie, selon les races; c'est une excellente laitière; son petit est le chevreau ou la chevrette et son mâle est un bouc. La chèvre domestique (Capra hircus) paraît dériver de la chèvre sauvage (Capra algagrus) des montagnes d'Asie occidentale. On distingue plusieurs races de chèvres: chèvres des Alpes, chèvres du Poitou, chèvres d'Angora, de Cachemire, etc. Les chèvres d'Europe sont réputées pour leur sobriété, leur lait et la chair de leurs chevreaux; jadis, c'était la vache du pauvre. Des bergers, ou chevriers, allaient des Pyrénées jusqu'à Paris, avec 30 ou 40 têtes de bétail pour vendre ou acheter, pour donner à boire du lait réputé pour sa pureté. Ces va-et-vient dataient, paraît-il, du règne de Henri IV. En Poitou, le lait de chèvre entre dans la fabrication d'un fromage local, le chabrichou, et en Sancerrois dans celle du crottin de Chavignol. La peau de chèvre est utilisée dans la mégisserie ; avec ses poils, elle peut fournir une fourrure grossière. La toison à longs poils des chèvres de Cachemire et d'Angora sert à la fabrication de tissus soyeux. La chèvre, laissée en liberté, cause beaucoup de dégâts dans les bois et les pâturages ; on la rend responsable du déboisement catastrophique des montagnes dans les régions méditerranéennes. Aussi a-t-il fallu en réglementer l'élevage.
Etym. Du latin *capra*, chèvre.

CHÈVRE n.f.
It. capra
Grand chevalet à trois pieds comprenant deux branches en triangle et une jambe de force sur laquelle repose le tronc d'un arbre que deux *scieurs de long*, l'un au sommet du triangle, l'autre en bas, équarrissent avec une scie à cadre rectangulaire.

CHÈVREFEUILLE n.m.
En. honeysuckle
De. Geissblatt
Es. madreselva
It. caprifoglio
Plante sarmenteuse grimpante de la famille des Caprifoliacées.
L'espèce chèvrefeuille des Jardins (Lonicera caprifolia) est cultivée pour la beauté et le parfum de ses fleurs.
Etym. Du latin *caprifolium*.

CHÈVRERIE n.f.
Es. cabreriza
It. caprareccia
Etable à chèvres.

CHEVRÉTER v.intr.
En. to kid
De. werfen (Ziege), gebären (Ziege)
It. figliare (detto di capra)
Mettre bas pour une chèvre.

CHEVRIER n.m.
En. goatherd (1)
De. Ziegenhirt (1)
Es. cabrero (1)
It. capraio (1)
1. Berger d'un troupeau de chèvres.
2. Cépage *Sémillon*.

CHEVROTIN n.m.
(Savoie). Fromage de lait de chèvre.

CHEVROTTAGE n.m.
Redevance versée au seigneur par ses tenanciers pour leur permettre d'élever des chèvres.
Elle s'élevait en moyenne par an au cinquième du prix d'un chevreau.

CHEVROTTE n.f.
(Morvan). Petite meule, ou moyette, formée avec des gerbes de blé, ou de sarrasin.

CHEYES n.f.p.
(Vallée du Rhône). Murettes destinées à soutenir les terrasses sur lesquelles on cultive la vigne du cru de Côte-Rôtie.

CHEZ adv.
Dans la toponymie du Limousin et de l'Angoumois, il est suivi d'un nom de personne, sans doute celui du premier propriétaire du bien, dérivé de *casa*, demeure.

CHÉZAL n.m.
V. *Cazal.*

CHÉZOLLAGE n.m.
(Berry). Dépendance d'une ferme et, en particulier, emplacement du jardin.
Etym. De *cazal*, ou *chézal*.

CHIANTI n.m.
Vin italien produit en Toscane, et obtenu en ajoutant, au vin soutiré de la cuve, une certaine quantité de vin provenant du moût obtenu avec des raisins de qualité, séchés sur des grilles spéciales.

CHIBOTTE n.f.
(Velay). Cabane construite dans les vignes.

CHICHE adj.
Qualifie une variété de pois *(Cicer arietinum)* que l'on cultive dans les régions méditerranéennes pour ses grains, et dans les pays du Nord comme fourrage vert ou sec.
Etym. Du latin *cicer*, pois chiche.

CHICLE n.m.
En. chicle
Es. chicle
Sève du *sapotillier*, arbre de l'Amérique Centrale.
Recueillie le long du tronc, comme la résine du pin maritime, elle sert à fabriquer le chewing-gum.

CHICON n.m.
Es. lechuga romana
It. lattuga romana
1. Variété de laitue, dite romaine, à feuilles croquantes.
2. Feuilles d'endives, blanches et fermes, poussées dans l'obscurité.

CHICORÉE n.f.
En. chicory
De. Zichorie, Chicorée
Es. achicoria
It. cicoria
Plante de la famille des Composées et de la sous-famille des Chicoracées *(Cichorium endivia).*
Originaire des îles de la mer Egée, les Grecs et les Romains en répandirent la culture en Europe occidentale. On cultive actuellement plusieurs variétés de chicorée : , chicorée à grosses racines, chicorée frisée, chicorée sauvage, chicorée scarole.
Etym. Du latin *cichoreum*.

CHICORÉE À GROSSES RACINES l.f.
Es. **achicoria**
Variété de chicorée dont les racines torréfiées et moulues donnent la chicorée à café.

CHICORÉE FRISÉE l.f.
Variété de chicorée utilisée comme salade.

CHICORÉE SAUVAGE l.f.
Es. **endibia**
Variété de chicorée à feuilles longues et étroites qui, poussée dans l'obscurité, constitue l'endive de Bruxelles.

CHICORÉE SCAROLE l.f.
Es. **escarola**
Variété de chicorée utilisée comme salade.

CHICOT n.m.
En. **stump** (1)
De. **Holzsplitter, Stumpf**
Es. **tocón**
It. **toppo, ceppo**
1. Fragment d'arbre, ou de racine, faisant saillie au-dessus du sol.
2. Court fragment de branche resté sur l'arbre, à la suite de la taille, ou par cassure accidentelle.
Etym. Du latin *ciccus,* fétu, zeste.

CHIEN n.m.
En. **dog**
De. **Hund**
Es. **perro**
It. **cane**
Quadrupède digitigrade, mammifère carnivore, comptant d'innombrables variétés.
En agriculture les trois espèces les plus appréciées sont le chien de garde, le chien de berger, ou de Brie, et le chien de chasse, chacune d'elles comportant plusieurs variétés.
Etym. Du latin *canis.*

CHIENDENT n.m.
En. **couch-grass**
De. **Queckengras**
Es. **grama, agropiro**
It. **gramigna, malerba**
Diverses espèces de plantes de la famille des Graminées.
Le nom vulgaire provient de ce que les chiens en mâchent les feuilles pour se purger. On distingue en particulier le chiendent ordinaire (Agropyrium repens) et le chiendent pied-de-poule (Cynodon dactylon). L'un et l'autre présentent de graves inconvénients dans les champs cultivés, car ils se reproduisent par des rhizomes que brisent et répandent les façons culturales. C'est la "Mauvaise Herbe" des agriculteurs. Les désherbants sont peu efficaces à cause de la profondeur qu'atteignent les rhizomes. On utilise cependant le chiendent pour préparer des tisanes diurétiques avec ses racines, ou pour fabriquer des brosses avec celles du chiendent à balai cultivé en Romagne.

CHIFFONNE n.f.
Petite branche, mince et de faible longueur, chargée de boutons chez les arbres à noyau, comme le pêcher *(P.Hunault).*

CHIMEN n.m.
(Bretagne). Bordure non cultivée d'une parcelle de labour.
Syn. Chrimen, gurimen, chrinien.

CHIMÈRE n.f.
En. **chimaera**
De. **Schimäre, Hirngespinst**
Es. **quimera**
It. **chimera**
1. Etre étrange formé d'éléments disparates, mal associés.
2. En biologie végétale, rameau issu d'une greffe, mais avec des tissus provenant du porte-greffe.
Ex. Une branche de cerisier sauvage porte-greffe d'un prunier cultivé.
3. En biologie animale, résultat de l'introduction d'un gène d'une espèce assez différente dans l'ADN d'une autre espèce pour obtenir un individu associant des caractères des deux espèces : des souris mâtinées de musaraignes, un agneau métissé de chevreau, etc., êtres bizarres et stériles.
Etym. Du latin *chimaera,* chèvre.

CHIMIURGIE n.f.
It. **chemiurgia**
Industrie chimique qui utilise comme matières premières les végétaux issus des produits agricoles : paille, résidus cellulosiques, etc.
Etym. Du latin *chimia,* et du grec *ergon,* ouvrage.

CHINCHILLA n.m.
En. **chinchilla**
De. **Chinchilla**
Es. **chinchilla**
It. **cincillà**
Petit mammifère, originaire du Pérou, élevé en batterie pour sa fourrure fine et soyeuse.

CHINON (VINS DE) n.m.p.
Vins rouges estimés, produits par les vignobles situés sur la rive droite de la Vienne.

CHINTRAGE n.m.
(Vendée). Droit de mener paître le bétail sur les cheintres et le long des haies.

CHIRAZ n.m.
Cépage, plus connu sous le nom de *syrah.*
Vin récolté avec les raisins noirs de ce cépage.
Etym. De *Chiraz,* ville iranienne.

CHIRON n.m.
Tas de pierres en bordure d'un champ, par suite de l'épierrement.
Désigné en Berry sous le nom de chinon *et dans le sud du Massif Central sous celui de* chirat. *Même origine que* cheire, *et* cayre.

CHIROUBLE n.m.
Cru estimé de vin rouge produit sur les plus hauts versants des collines du Beaujolais, dans la commune du même nom.

CHIROUSE n.f.
(Auvergne). Parcelle de terre encombrée de pierres.

CHISEL n.m.
Instrument agricole puissant, à grandes dents en forme de petits socs montés sur une tige, ou *étançon,* flexible ou rigide.
Variété de cultivateur, *utilisé pour un travail en profondeur.*

CHITIMÉNÉ n.m.
Système de culture pratiquée au Burundi, et qui consiste à faire brûler des herbes et des branches sur un champ pour en accroître la fertilité.

CHLET n.m.
(Bretagne). Barrière permettant l'accès d'un champ enclos.
Syn. Gleut.

CHLEUN n.m.
(Bretagne). Talus qui porte la haie autour d'un champ en pays de bocage.
Syn. (Normandie) fossé.

CHLOROPHYLLE n.f.
En. **chlorophyl**
De. **Chlorophyll**
Es. **clorofila**
It. **clorofilla**
Pigment, substance chimique, au rôle semblable à celui de l'hémoglobine du sang, qui se forme dans les feuilles sous l'action de la lumière et qui synthétise, sous l'influence de l'énergie solaire, les minéraux contenus dans la sève brute (fer, soufre, magnésium, etc.) avec le carbone de l'air.
Il y a absorption de gaz carbonique et rejet d'oxygène, avec formation, dans la sève élaborée, de produits nourriciers des plantes alimentaires(sucre, huile, graisse, etc.).
Etym. Du grec *khloros,* vert, et *phullon,* feuille.

CHLOROPLASTE n.m.
En. **chloroplast**
De. **Chloroplast**
Es. **cloroplasto**
It. **cloroplasto**
Organite des cellules végétales, renfermant des pigments chlorophylliens et réalisant la photosynthèse du carbone de l'air et des minéraux de la sève brute.
Etym. Du grec *khloros,* vert, et *plassein,* former.

CHLOROSE n.f.
En. chlorosis
De. Bleichsucht, Chlorose
Es. clorosis
It. clorosi
Déficience de chlorophylle dans les feuilles d'une plante.
Elles jaunissent et le végétal reste chétif ; c'est dû, dans les sols calcaires, à une carence en certains oligoéléments (fer, magnésium), ou à un virus.
Etym. Du grec *khloros*, vert.

CHLORURE DE POTASSIUM l. m.
En. potassium chloride
De. Kaliumchlorid
Es. cloruro de potasio
It. cloruro di potassio
Engrais à base de potasse, obtenu à partir de la sylvinite d'Alsace par élimination du chlorure de sodium.

CHOLÉRA n. m.
En. fowl cholera
De. Geflügelcholera
Es. cólera aviar
It. colera dei polli
Maladie qui atteint les volailles.
D'origine virale, elle se manifeste par l'abattement et par la mort. Très contagieuse, elle peut atteindre tout un poulailler ; on la combat avec des vaccins et la désinfection à l'acide sulfurique largement étendu d'eau : 5 gr. par litre d'eau.
Etym. Du grec *cholera*.

CHÔMAGE SAISONNIER l.m.
En. seasonal employment
De. saisonale Arbeitslosigkeit
Es. paro estacional
It. disoccupazione stagionale
Arrêt de travail pour un ouvrier agricole lors des périodes de l'année où cessent les travaux des champs.
C'est généralement en hiver, de la fin des semailles aux façons culturales de printemps. Mais il y a également chômage saisonnier dans les régions à cultures ou à élevages spécialisés (vignobles, céréalicultures, embouches).

CHOPINE n.f.
En. pint (1)
De. Pinte (1)
Es. cuartillo (1,2)
It. pinta (1)
1. Mesure de capacité pour les boissons.
Celle de Paris mesurait 0,45 l et se divisait en deux demi-setiers. Actuellement on fabrique des chopines en étain d'un demi-litre.
2. Mesure de capacité pour les grains d'une demi-pinte.
Etym. Du néerlandais *schopen*.

CHOQUETAGE n. m.
1. Désignation, à l'aide d'une marque, des arbres à abattre dans une forêt.
2. Visite effectuée pour compter les arbres d'une coupe forestière.
Syn. Souchetage.

CHOU n. m.
En. cabbage
De. Kohl
Es. col
It. cavolo
Légume de la famille des Crucifères (*Brassica oleracea*), cultivé pour ses feuilles qui servent à la préparation des potages et de divers plats cuisinés.
Il pousse à l'état sauvage de la Scandinavie à la Saintonge. Il est cultivé en Europe occidentale depuis les temps préhistoriques, comme en font foi ses divers noms celtes ou germaniques. Outre le chou ordinaire, on cultive le chou-fleur pour son inflorescence, le chou de Bruxelles pour ses bourgeons aux aisselles des feuilles, le chou quintal pour la choucroute. Le chou fourrager à grandes feuilles, le chou-rave à grosse racine et le chou collet servent à nourir le bétail. Les choux sont des plantes qui laissent la terre propre, à cause des binages qu'elles exigent ; par cela même elles constituent une excellente tête d'assolement. Elles donnent les meilleurs résultats sur les sols frais, légers et siliceux du Limousin et du Massif armoricain. On en fait des semis, puis on les repique en ligne et on les arrose fréquemment. Les variétés maraîchères sont assez nombreuses pour pouvoir en récolter en toute saison, et sous toutes les latitudes.
Etym. Du latin *caulis*.

CHOUBE n.f.
Paille de seigle servant à fabriquer des liens pour attacher les pampres de vigne.

CHOUIÈRE n.f.
(*Jura*). Petite parcelle découpée dans un pâturage pour y cultiver des choux.
Syn. (*Alpes du Queyras*) choulière.

CHOU PALMISTE l.m.
Es. palmito
It. cavolo palmizio
Bourgeon terminal des palmiers.
Certains sont comestibles.

CHRIMEN n.m.
(*Bretagne*). V. Chaintre.

CHROMOSOME n.m.
En. chromosome
De. Chromosom
Es. cromosoma
It. cromosoma
Un des éléments du noyau de la cellule animale, ou végétale, porteur des gènes, donc des facteurs de l'hérédité, visible au microscope sous la forme de bâtonnets.
Pour chaque espèce animale ou végétale, leur nombre est pair et constant dans chaque cellule : 28 pour le blé dur, 42 pour le blé tendre, 60 pour le boeuf et le cheval, 46 pour l'homme.
Etym. Du grec *khroma*, couleur, et *soma*, corps, corps attractif des colorants.

CHRYSALIDE n.m.
En. chrysalis, pupa
De. Puppe
Es. crisálida
It. crisalide
Stade d'évolution d'un insecte qui, après son état de larve, s'est transformé en nymphe dans une enveloppe parfois couleur d'or, avant d'éclore et de devenir un insecte parfait.
Dans son cocon, le ver à soie est à l'état de chrysalide.
Etym. Du grec *khrusos*, or.

CHRYSANTHÈME n. m.
En. chrysanthemum
De. Chrysantheme
Es. crisantemo
It. crisantemo
Plante du genre des Composées, comprenant de nombreuses variétés, cultivée pour ses magnifiques fleurs d'arrière-saison, utilisée pour orner les tombes à la Toussaint.
Elle se propage surtout par boutures.
Etym. Du grec *khrusos*, or, et *anthemon*, fleur.

CHUGUETTE n. f.
Petite laitue, ou mache.
Etym. Du provençal *chugo*, laitue.

CIBOULE n. f.
De. kleine Zwiebel
Es. cebollino
It. erba cipollina
Plante vivace de la famille des Liliacées, cultivée pour ses longues feuilles fistuleuses, à saveur d'oignon, comme condiment.
Etym. Du latin *expula* et du provençal, *cebola*.

CIBOULETTE n. f.
En. welsh onion
De. Schnittlauch
Es. cebolleta
It. cipolletta, cipolla d'inverno
Plante de la famille des Liliacées (*Allium fistulosum*), cultivée dans les jardins pour ses feuilles rondes, charnues et épicées comme l'ail. *Elle sert à agrémenter le goût de certains plats : salade, omelette, etc. Originaire de Sibérie, elle n'a été appréciée qu'à la fin du Moyen Age.*

CICEROLE n. f.
(*Languedoc*). Pois chiche.
Syn. Ciseron.
Etym. Du latin *cicer*, pois chiche.

CICINDÈLE n.f.
En. glowworm
De. Sandkäfer
Es. cicindela
It. cicindela
Insecte coléoptère de la famille des Cicindélidés, aux élytres d'un vert bronze taché de noir.

Une espèce assez commune, la cicindèle champêtre, est verte tachée de jaune. Très carnassière, elle chasse par temps chaud ; sa larve vit dans des terriers d'où elle saute pour happer sa proie composée d'insectes nuisibles, ce qui la rend très utile à l'agriculture.
Etym. Du latin *cicindela*, ver luisant.

CIDRE n.m.
En. **cider**
De. **Apfelwein**
Es. **sidra**
It. **sidro**
Boisson fermentée à base de jus de pommes, souvent impropres à la consommation à cause de leur goût amer.
Récoltées en septembre et octobre, les pommes sont réduites en pulpe par un broyeur, puis pressées en couches séparées par des lits de paille, à l'aide d'un pressoir à vis centrale en bois, ou en métal. Fermenté et plusieurs fois soutiré, le jus est mis en bouteille et livré à la consommation. Le marc sert à la nourriture du bétail, ou à la fumure des terres. Par distillation, le cidre donne une eau-de-vie nommée calvados. Les meilleurs cidres français viennent des cidreries de Normandie et de Bretagne.
Etym. Du grec *sikera*, issu de l'hébreu, donc d'une très haute antiquité.

CIGARIER n.m.
En. **grape leaf folder,**
     vine leaf folder/roller
De. **Zigarrenwickler, Zigarrenmacher**
Es. **cigarrero**
It. **sigaraio, rinchite**
Rynchite, insecte coléoptère qui roule les feuilles de vigne comme des cigares pour y pondre ses oeufs.
Les feuilles se dessèchent et tombent.

CIME n.f.
En. **top, crown**
De. **Gipfel, Wipfel**
Es. **copa, cima**
It. **cima**
Sommet d'un arbre, d'un pied de tabac.
Etym. Du latin *cyma*.

CINÉRAIRE n. f.
En. **cineraria**
De. **Aschenpflanze**
Es. **cineraria**
It. **cineraria**
Plante herbacée, de la famille des Composées.
La plus connue (Senecio cruentus) est cultivée pour ses fleurs roses, violettes ou bleues, et sert à fleurir les tombes.
Etym. Du latin *cinis, cineris*, cendre.

CINNAMOME n. f.
En. **cinnamon**
De. **Zimtbaum, Zinnamon**
Es. **cinamomo**
It. **cinnamomo**
Arbrisseau aromatique, de la famille des Lauracées, originaire de l'Asie des Moussons. *Cultivé dès l'Antiquité pour en extraire des aromates. Actuellement on distingue le camphrier (Cinnamomum camphora), et diverses espèces de canneliers qui donnent une écorce, la cannelle, servant à parfumer les liqueurs et les gâteaux.*
Etym. Du grec *kinnamomon*, cannelier.

CINQUANTENIER n.m.
(Haute-Provence). Troupeau de cinquante brebis laitières soumises à une redevance, dite de pasquerium, de 5 sols pour entrer sur un pâturage d'été.

CINQUIÈME QUARTIER l.m.
V. *Quartier.*

CINQUIEN n.m.
Cépage à raisin blancs, cultivé dans le Jura.

CINSAUT n. m.
Cépage précoce, à raisins de table, blancs ou noirs, cultivé sur les Côtes du Rhône.

CIOUTAT n. m.
(Provence). Raisin assez semblable au chasselas.
Il était cultivé autrefois pour donner un vin muscat blanc fort réputé autour de la Ciotat. Il peut servir de raisin de table.

CIRE n. f.
En. **wax**
De. **Wachs**
Es. **cera**
It. **cera**
Substance jaunâtre solide que l'abeille sécrète pour fabriquer les alvéoles des rayons de miel.
Pour favoriser son travail on place parfois dans les cadres des feuilles de cire gaufrée où sont moulées les bases hexagonales des futurs alvéoles. Certaines plantes, tels que les palmiers ciriers, produisent une cire végétale qui peut servir, comme celle des abeilles, à cirer (encaustiquer) les planchers, ou à fabriquer des cierges.

C.I.R.E.A. sigle
Centre Interrégional d'Exploitation Arboricole. Etablissement groupant plusieurs départements pour réaliser sélection et acclimatation d'arbres fruitiers.

C.I.R.E.F. sigle
Centre International de Recherche et d'Expérimentation de la Fraise.

CISAILLE n. f.
En. **shears**
De. **Heckenschere**
Es. **cizalla**
It. **cesoie**
Paire de ciseaux de grande taille pour tondre les haies.

CISELAGE n. m.
De. **Meisseln**
Es. **aclareo del racimo**
It. **mondatura**
Opération qui consiste à enlever avec des ciseaux les graines gâtées dans une grappe de chasselas avant de la mettre en vente, ou de la placer dans une chambre froide pour la conserver.
Le ciselage s'effectue en automne, à l'abri des balets, dans les fermes agenaises.

CITEAU n. m.
(Vendée). Moyette.

CITERNE n. f.
En. **cistern**
De. **Zisterne**
Es. **cisterna**
It. **cisterna**
Réservoir destiné à recueillir l'eau de pluie dans les régions exposées aux longues sécheresses, et à nappes phréatiques trop profondes (Causses, régions de climat méditerranéen).
Alimentées par des dalles, tuyaux de descente des pluies tombées sur les toitures, elles constituent une réserve d'eau pour irriguer les plates-bandes de légumes et fournir de la boisson aux bêtes et aux hommes.
Etym. Du latin *cista*, coffre, et *cisterna*, citerne.

CITERNEAU n.m.
De. **Zisternenfilter**
It. **filtro della cisterna**
Filtre composé de sable et de charbon de bois, et, à travers lequel passent les eaux des toitures pour être purifiées avant de couler vers la citerne.

CITRON n.m.
En. **lemon, citron**
De. **Zitrone**
Es. **limón**
It. **limone**
Fruit du citronnier.
Etym. Du latin *citrus*.

CITRONNADE n.f.
Es. **limonada**
Boisson préparée avec de l'eau, du sucre et du jus de citron.

CITRONNELLE n.f.
En. **lemon balm** (1)
De. **Zitronenkraut** (1),
    Zitronenlikör (2)
Es. **melisa, toronjil, cidronela** (1)
It. **cedrina** (1), **limonina** (2)
1 Arbrisseau à petites grappes et à feuillage odorant, distillé comme parfum.
2. Liqueur préparée avec des écorces de citron.
3. Cépage à raisins blancs, de saveur agréable, réservé pour la table.

CITRONNIER n. m.
En. **lemon (tree)**
De. **Zitronenbaum**
Es. **limonero**
It. **limone (pianta)**
Arbrisseau de la famille des Aurantiacées *(Citrus limonum)* de 3 à 5 m de haut, à feuilles épaisses, toujours vertes, à fleurs blanches.
Son fruit, le citron, de forme ovoïde, jaune pâle, contient une pulpe divisée en quartiers, et donnant un liquide clair et acide utilisé pour relever le goût des boissons et des aliments. Son bois est recherché en ébénisterie. Il serait originaire de l'Iran.
Syn. Limonier.

CITROUILLE n.f.
En. **pumpkin**
De. **Kürbis**
Es. **calabaza**
It. **zucca**
Fruit de diverses variétés de plantes appartenant à la famille des Cucurbitacées *(Cucurbita maxima)*.
Gros, ronds, jaunes ou rougeâtres, à pulpe comestible, ils sont connus le plus souvent sous le nom de potirons ; ils seraient originaires de l'Afrique tropicale. Les Européens les auraient introduits en Amérique.
Etym. De l'italien *citruolo*.

CIVADIERO n. f.
Parcelle semée en avoine.
Syn. Civadal.
Etym. De l'occitan *civado*, avoine.

C.I.V.A.M. sigle
Centre d'Information et de Vulgarisation Agricole et Ménagère.
Créés vers 1954, ces groupements d'agriculteurs ont surtout pour but de mettre des animateurs au service des milieux ruraux ; en 1985, on en compte plus de 500, unis en fédération nationale.

CIVELET n. m.
(Bordelais). Bouture d'osier qui prend racine dans un sol humide.

CIVERAGE n. m.
Redevance seigneuriale dont on s'acquittait en avoine pour avoir l'usage d'une terre, ou pour disposer d'un droit de passage.
Etym. De l'occitan *civado*, avoine.

CIVIÈRE n. f.
En. **handbarrow**
De. **Tragbahre**
Es. **parihuelas**
It. **barella**
Instrument de transport comprenant un cadre et quatre bras, deux à l'avant, deux à l'arrière, de sorte que deux hommes peuvent ainsi porter 50 à 60 kilo de grains, ou de fumier. *(Fig. 39)*.
Etym. Du latin *cibaria*, nourriture et, par extension, véhicule pour la transporter.

CIVILISATION AGRAIRE l.f.
Ensemble des comportements d'une population sous l'influence d'une culture, d'un élevage, d'une activité agro-industrielle.
Ex. La civilisation du riz en Extrême-Orient, la civilisation du maïs en Amérique précolombiènne, la civilisation du chameau au Sahara.

CLACHAN n. m.
(Pays de Galles). Groupe de fermes composant un hameau.
Etym. Emprunt au gallois.

CLAIE n. f.
En. **hurdle** (1)
De. **Weidenkorb**
Es. **zarzo, cañizo** (1)
It. **graticcio** (1), **canniccio**
1. Treillis de fil de fer, d'osier, ou de minces tiges de châtaignier, tendu sur un support en bois, pour faire sécher au soleil les fruits à pulpe : prunes, abricots, figues, etc.
2. Porte en claire-voie d'un pâturage enclos.
3. Roseaux secs liés en longue bande pour briser le vent.
4. Crible en bois pour tamiser la terre des jardins.
5. Tapis de paille dont on recouvre les serres pour les protéger du froid. *(Fig. 40)*.
Etym. Du celte *cleta*, claie.

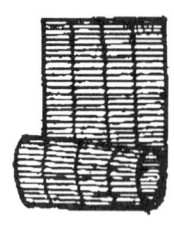

(Fig. 40). Claie

CLAIR adj.
Qualifie en Normandie un herbage sans pommiers, ou bien la qualité d'un champ dépourvu de toute végétation sauvage.

CLAIRANCE n.f.
(Canada). Clairière obtenue par défrichement dans une forêt.

CLAIRET n.m.
1. Pain fabriqué avec de la farine de méteil.
Il était également appelé bis-blanc.
2. Appellation donnée jadis par les Anglais aux vins de Bordeaux, à cause sans doute de leur limpidité.

(Fig. 39). Civière

CLAIRETTE n.f.
1. Cépage blanc cultivé dans le Midi autour de Limoux, dans l'Aude, et de Die, dans la Drôme.
2. Vin blanc mousseux préparé avec ce cépage pour obtenir la blanquette de Limoux et la clairette de Die.
3. Mâche.
4. Maladie qui rend transparente la peau des vers à soie.

CLAIRIÈRE n.f.
En. **clearing, glade**
De. **Lichtung**
Es. **calva, calvero**
It. **radura**
Espace sans arbres au milieu d'une forêt.
La clairière peut être naturelle ou d'origine anthropique ; elle a été parfois créée pour étendre les cultures.
Syn. (Selon leur origine et les régions) *cabourle, cerneux, esclar, essart, novale, rupt, etc.*
Etym. Du latin *clarus*, clair.

CLAN n.m.
Courbure de l'extrémité des douves afin d'assurer leur montage parfait lors de la fabrication des tonneaux.
Etym. Du nordique *klamp*, crampon.

CLAOU n.m.
(Béarn). Redents situés aux extrémités des parcelles de labour.
Ils correspondent aux pièces de terre éloignées des chemins publics et enclavées dans les autres parcelles, d'où leur nom qui signifie en occitan clos, fermé. Les services du Génie rural les désignent sous le nom de haches; elles gênent les travaux agricoles et le remembrement les fait disparaître.

CLAPARÈDE n.f.
(Languedoc). Parcelle d'essart qu'il faut épierrer avant de la mettre en culture.
Etym. Du pré-indoeuropéen *clap*, pierres entassées.

CLAPAS n.m.
1. *(Languedoc)*. Enorme tas de pierres provenant de l'épierrement des champs.
2. *(Rouergue)*. Petits murs en pierres sèches qui entourent les champs.
Syn. (selon les régions) *claparedo, clapassino, clapar, etc.*

CLAPIER n.m.
En. **rabbit hutch** (2)
De. **Kaninchenstall** (2)
Es. **conejera** (2)
It. **conigliera** (2)
1. Lieu couvert de pierres.
2. Enclos où l'on élève des lapins, et où l'on a creusé des souterrains pour abriter les nichées de lapereaux.
Les clapiers perfectionnés comportent des grillages pour séparer les mâles, les lapines et

les petits ; le sol est couvert de chaux pour désinfecter les cases ; des auges et des râteliers assurent une nourriture propre et bien répartie, selon les procédés modernes de la cuniculiculture.

CLAQUAGE n.m.
Es. **distensión**
Rupture plus ou moins complète du tendon de la jambe d'un cheval, à la suite d'un effort violent.

CLARET n.m.
V. *Clairet*

CLARIFICATION n. f.
En. **clearance**
De. **Abklärung**
Es. **clarificación**
It. **chiarificazione**
Opération qui consiste à rendre plus claire une boisson, particulièrement le vin, par filtration, ou par collage.
Etym. Du latin *clarus*, clair.

CLARINE n.f.
En. **cattle bell**
De. **Glöckchen**
Es. **esquila**
It. **campanaccio, bronza**
Clochette suspendue par un collier de cuir au cou des boucs et des béliers (v. menons) chargés de guider sur les pâturages les troupeaux transhumants. *(Fig. 41)*.

(Fig. 41). Clarine

CLASSIFICATION DE 1855 l. f.
V. *Château*.

CLAUNE n.f.
(Saintonge). Terrain entouré de haies, ou de fossés.
Syn. *Clos, enclos*.

CLAUSETS n.m.p.
(Quercy). Parcelles situées près des maisons, non soumises à l'assolement et encloses.
Bien entretenues, elles sont consacrées à la culture des légumes.

CLAUSTRATION n.f.
En. **cloistering**
De. **Einschliessung**
Es. **encierro**
It. **allevamento in batteria**
Procédé d'élevage du poulet de chair consistant à le placer dans une cage sombre dès les premiers mois et jusqu'à l'abattage.
Etym. Du latin *claudere*, fermer.

CLAUX n.m.
1. Talus planté de buissons et clôturant une parcelle sur une pente.
Syn. *Rideau*.
2. Champ enclos.
Un petit claux est un clauset (G. Plaisance).
Syn. *(occitan) Claus, claou*.

CLAVELÉE n.f.
En. **sheep pox**
De. **Schafpocken**
Es. **morriña, comalia**
It. **chiavello, schiavina, vaiolo ovino**
Epidémie qui se manifeste par des éruptions appelées clous sur les muqueuses et sur la peau des moutons.
Elle sévit à l'état endémique, mais peu grave, en Afrique du Nord et en Espagne. On prévient le mal par la vaccination, c'est la clavellisation ; si la bête est atteinte, on la guérit par la séro-clavellisation.
Syn. *Clavelade, claveau, clavin*.
Etym. Du latin *clavus*, clou.

CLAVERIE n.f.
Cépage à raisins blancs, cultivé jadis sur les collines de la Chalosse.

CLAYÈRE n.f.
Parc à huîtres divisé en claies que remplit la mer à marée haute.
Etym. Dérivé de *claie*.

CLAYON n. m.
En. **wicker tray** (1)
De. **Käsehürde** (1)
Es. **encella** (1)
It. **graticcio** (1)
1. Petite claie en paille pour faire égouter les fromages, ou conserver les fruits.
(Fig. 42).
2. Petite claie servant de clôture autour d'une planche de légumes.

(Fig. 42). Clayon

CLAYONNAGE n.m.
En. **wattle**
De. **Flechtwerk**
Es. **encañado**
It. **graticciata**
Claie formée de pieux et de branchages entrelacés, et destinée à retenir le sol sur une pente, ou à préserver une prairie des ravages des crues.

CLAYONNER v.tr.
Es. **encañar**
Préparer un clayonnage, ou bien garnir de clayonnages le talus d'un canal, d'un fossé, d'une route, d'un carreau de jardin, etc.

CLÉDAL n.m.
(Suisse romande)
1. Verger clos de murettes
2. Murettes qui entourent le verger.
Syn. *Clédard, clédert*.
Etym. Du celte *cleta*, claie.

CLÉDAT n.m.
(Pyrénées béarnaises). Bercail où l'on enferme les ovins et que l'on déplace à la surface du pâturage jusqu'à ce que toutes les parties aient reçu leur part des déjections du troupeau.
Etym. Du celte *cleta*, claie.

CLÉDIER n.m.
1. *(Limousin)*. Barrière mobile à claire-voie pour clôturer les prés.
2. Local où l'on plaçait les *clèdes*, ou claies, pour faire sécher les fruits et, notamment les prunes et les grappes de raisins à conserver pendant l'hiver.
D'ordinaire, il était situé près du four. Dans les Cévennes c'était le clédo qui comportait des poutres à 3 m de hauteur et sur lesquelles on plaçait les claies chargées de châtaignes ; au-dessous on allumait un feu de bois vert pour sécher les fruits en trois semaines.
Etym. Dérivé de *claie*.

CLÉE n.f.
(Béarn). Barrière mobile dont la fermeture, décidée par la communauté villageoise, interdisait l'entrée du bétail sur une sole à mettre en culture.

CLÉMENTINE n. f.
En. **clementine**
De. **Klementine**
Es. **clementina**
It. **clementina, mandarancio**
Fruit du clémentinier.
On distingue les clémentines à pépins et les clémentines sans pépin, ou clémentines corses.

CLÉMENTINIER n. m.
Arbre de la famille des Aurantiacées, hybride obtenu vers 1900, à la trappe de Misserghin, en Oranie, par le R.P.Clément, en fécondant les fleurs d'un mandarinier *(Citrus reticula)* avec le pollen d'un bigaradier *(Citrus aurantium)*.

CLICHE n.f.
Moule en fer étamé, percé de trous et dans lequel on met le caillé à égouter pour fabriquer des fromages à pâte molle (camembert, livarot, etc.).
Syn. *Clisse*.

CLIE n.f.
1. *(Saintonge)*. Clôture mobile placée à l'entrée d'une cour, ou d'un champ entouré de haies.
2. *(Poitou)*. Treillis sur lequel on faisait sécher au soleil les fruits à pulpe.

CLIMAT n.m.
1. Dans une forêt domaniale, canton délimité par des allées et comportant des arbres de même essence et de même âge.
2. Sole.
3. Qualité d'une pièce de terre en fonction du nombre d'heures de soleil qu'elle reçoit durant le plus long jour de l'année.
Notion utilisée en montagne pour apprécier un champ, un pâturage.
4. Qualité d'un quartier en fonction de la fertilité de son sol, par comparaison avec les quartiers voisins.
5. *(Bourgogne)*. Ensemble de vignes qui, par leur exposition et la qualité de leur sol, donnent des vins d'une saveur particulière.

CLIMATISATION n.f.
En. **climatization**
De. **Klimatisierung**
Es. **climatización**
It. **climatizzazione, condizionamento**
Ensemble des techniques régularisant les conditions climatiques (lumière, température, ventilation) à l'intérieur d'un bâtiment, d'une serre, soit pour améliorer l'élevage, soit pour hâter et conserver les récoltes.

CLIMAX n.m.
En. **climax**
De. **Klimax**
Es. **clímax**
It. **climax**
Equilibre harmonieux entre le milieu physique (relief, climat, hydrologie) et le milieu végétal et même animal, équilibre qui se maintient durant des siècles.
Ex. Une forêt de chênes verts sur un terrain calcaire et sous un climat méditerranéen.
Etym. Du grec klimax, échelle.

CLINTON n.m.
Cépage d'origine américaine, hybride de Riparia et de Labrusca.
Acclimaté en France après la crise du phylloxera, il peut donner plus de 100 hl/ha d'un vin d'assez bonne qualité.

CLIOS n.m.
(Perche). Terre fertile et enclose pour la protéger du bétail.
C'était d'ordinaire une chènevière.
Etym. Déformation de clos.

CLISSE n. f.
En. **wicker covering** (1)
De. **Korbgeflecht** (1)
Es. **funda de mimbres** (1), **encella** (2)
It. **impagliatura** (1)
1. Enveloppe d'osier ou de raphia destinée à protéger les bouteilles de vin. (Fig. 43).
2. Claie d'osier, ou de châtaignier, utilisée pour faire sécher les fruits, ou égoutter les fromages.

CLITRE n.f.
(Bourbonnais). Terre argileuse, compacte, difficile à labourer et peu fertile.
C'est une terre clitreuse.

CLOCHAGE n.m.
1. Opération qui consiste à placer sous des cloches en verre des plantes fragiles, pour les protéger des intempéries.
2. Destruction des insectes parasites de la vigne en coiffant les ceps sous des cloches où l'on brûle du soufre.

CLOCHE n.f.
It. **campana di vetro**
Ustensile en verre et en forme de cloche, pour coiffer les plantes fragiles, les protéger du froid et hâter leur croissance. *(Fig. 44)*.

(Fig. 44). Cloche

CLOCHER (TROISIÈME) l. m.
Droit attribué aux possesseurs de troupeaux, de deux ou trois paroisses limitrophes, de pratiquer le libre parcours, après la fenaison ou la moisson, sur les prés, ou les chaumes, sans tenir compte des limites des finages.
L'expression provient sans doute de ce que les bergers, au cours de leurs déplacements, pouvaient apercevoir deux ou trois clochers.

CLOISONNEMENT n.m.
Procédé d'exploitation d'un pâturage qui consiste à le diviser en plusieurs enclos où le bétail accède par des couloirs encadrés de haies, ou de fils de fer, ce qui permet de pratiquer un pâturage tournant.

CLONAGE n.m.
En. **cloning**
De. **Klonen**
Es. **clonación**
It. **clonazione** (3)
1. Multiplication par bouture, bulbe, ou tubercule, d'une espèce végétale, sans l'intermédiaire des fleurs et des graines.
Tel est le cas pour la pomme de terre, le topinembour et la vigne.
2. Opération qui consiste à modifier la structure d'une cellule végétale en supprimant un gène afin d'obtenir une nouvelle variété de la même plante.
3. Ensemble de cellules obtenues par divisions successives d'une cellule initiale.

(Fig. 43). Clisse à bouteille

CLONE n. m.
En. **clone**
De. **Klon**
Es. **clon**
It. **clone**
Individu d'une espèce végétale, obtenu sans passer par le stade de la fécondation, mais par greffe, bouturage, etc.

CLOQUE n. f.
En. **curl**
De. **Brandblase, Kräuselkrankheit**
Es. **granizo, abolladura**
It. **mal della bolla**
Maladie qui affecte les feuilles de pêcher et y détermine des sortes d'ampoules à peau dure et rose. *Elle serait causée par un cryptogame : Taphrina deformans.*

CLOS n. m.
En. **enclosure** (1)
De. **Gehege**
It. **campo recintato** (1), **vigneto** (2)
1. Parcelle cultivée et entourée de murs, de haies ou de fossés.
2. Vignoble d'un domaine au cru classé, tel le Clos Vougeot.
Appellation réservée jadis aux vignes d'un seigneur ou d'un abbé. Le terme et ses dérivés: closeau, clouzeau, clouzés, étaient d'autant plus répandus autrefois dans les pays d'openfield, qu'ils étaient exempts de la vaine pâture et n'étaient pas soumis aux contraintes collectives, tel le ban des vendanges. Situés près des fermes, les clos étaient souvent consacrés à des cultures précieuses : chanvre, légumes, protégés par des murs ou des haies.
Etym. Du latin claudere, clore.

CLOSAGE n.m.
(Vendée). Verger entouré de haies.

CLOSAGIA n.f.
(Bas Maine). Champ enclos de haies, vers Conlie. *(R. Musset).*

CLOSALET n.m.
Petit clos.
Syn. Closet.

CLOSEAU n.m.
Petit clos ; jardin entouré de haies, ou de treillis, abondamment fumé et consacré aux légumes, aux fruits et, jadis, au chanvre.
Syn. Cluzeau.

CLOSERIE n. f.
En. **small farm** (1)
De. **kleine Meierei** (1)
Es. **alquería** (1)
It. **piccola fattoria** (1)
1 Petite métairie dans le centre de la France.
2. Propriété foncière entourée de murs et nantie d'une maison d'habitation.
3. *(Bretagne)*. Exploitation rurale qui ne possède pas de boeufs.
4. Parcelle de vigne de 2 à 3 ha, entretenue moyennant rétribution par un closier.
Etym. Dérivé de clos.

CLOSIER n. m.
Au XIIIème siècle, vigneron logé et rétribué pour entretenir une vigne.
Ce mode d'exploitation s'est maintenu jusqu'à nos jours en Touraine. En 1914, des closiers entretenaient des parcelles de 2 à 3 ha de vigne moyennant le logement, un jardin potager et un salaire en espèces et en nature, variable selon l'étendue à cultiver. Si elle était trop considérable pour eux et pour leur famille, ils pouvaient recruter une main d'oeuvre temporaire qu'ils rétribuaient. Dans l'abbaye de Bellême le titre de closier était héréditaire au XIIIème siècle.
Etym. Du latin *clausarius*, personne chargée de veiller sur les biens d'une abbaye.

CLOS VOUGEOT n.m.
(Côte d'Or). Vignoble de la Côte de Nuits, arrondissement de Beaune.
Il donne un vin rouge de réputation universelle.

CLÔT n.m.
(Provence). Espace plat et cultivé, encadré de pentes, c'est donc une terrasse de culture.
Etym. Du latin *cultus*, cultivé.

CLOTEAU n.m.
(Anjou). Parcelle close, située près de la ferme et placée hors des contraintes collectives dans les régions d'openfield.
Consacrée à des cultures exigeantes : lin, chanvre, légumes.

CLOTTE n.f.
(Occitan). Mare.

CLÔTURE n.f.
En. **fence**
De. **Einfriedigung, Zaun**
Es. **cercado, cerca**
It. **recinto, recinzione**
Tout ce qui sert à clore une cour, un jardin, un verger, un pré, un champ,...
Elle peut être formée d'une haie, d'un mur, d'un plessis, de fils de fer barbelés, électrisés ou non, d'une palissade, d'un talus. Le droit de clôture, proscrit dans les openfields, fut reconnu avant la Révolution par édits supprimant la vaine pâture, et sous la Constituante par la loi du 28 septembre 1791. Mais dans les campagnes ouvertes, édits et loi ne furent guère appliqués tant qu'il y eut de pauvres gens qui avaient besoin du libre parcours pour faire paître leur petit troupeau.
Etym. Du latin *claudere*, clore.

CLOUAGE n. m.
En. **nailing**
De. **Nageln**
Es. **clavadura**
It. **inchiodatura**
Opération qui consiste à passer un fil de fer courbe dans le groin d'un porc pour l'empêcher de fouiller le sol.

CLOU DE GIROFLE l. m.
En. **clove**
De. **Gewürznelke**
Es. **clavo de olor**
It. **chiodo di garofano**
Calice de la fleur du giroflier *(Caryophyllus aromaticus)*.
Cueilli avant floraison, on en retire de l'essence de girofle. Confit, il est utilisé sous le nom de clou de girofle pour aromatiser les aliments. Originaire des Moluques, les Portugais auraient apporté le giroflier en Europe.

CLOVEL n.m.
(Auvergne). Petite pièce de terre située près d'une maison, entourée d'une clôture et réservée aux plantes exigeantes.

CLUBS AGRICOLES AUX ARMÉES l.m.p.
Clubs créés en 1958 dans les régiments pour permettre aux incorporés d'origine agricole de rester en contact avec leur profession et même de parfaire leurs connaissances en culture et en élevage.

CLUQUET n.m.
Abri du berger landais, où il se repose en dormant. *(L.Papy)*.
Etym. De l'occitan *cluca*, dormir assis, en baissant la tête par accoups.

CLUZEL n.m.
Pièce de terre entourée d'une clôture.
Syn. (occitan) closeau.

C.N.A.S.E.A. sigle
Centre National pour l'Aménagement des Structures des Exploitations Agricoles. Etablissement public créé en 1966, comprenant des représentants du Ministère de l'Agriculture, des Pouvoirs publics et des Organisations professionnelles agricoles.
Il a pour but de favoriser les jeunes agriculteurs, dans leur formation et dans leurs initiatives, par l'amélioration des exploitations et l'aménagement des structures foncières.

C.N.C.A. sigle
Caisse Nationale de Crédit Agricole.
V. Crédit agricole.

C.N.E. sigle
Confédération Nationale de l'Elevage.
Organisme formé, sur le plan national par les diverses associations qui se consacrent à la protection et à l'amélioration des animaux domestiques.

C.N.E.E.M.A. sigle
Centre National d'Etudes et d'Exploitation de Machines Agricoles, à Antony. (Hauts de Seine)

C.N.J.A. sigle
Centre National des Jeunes Agriculteurs.
Organisme syndical créé en 1954 et rattaché à la F.N.S.E.A. Il groupe de jeunes agriculteurs, de 18 ans au moins et 35 ans au plus ; fils, filles, femmes d'agriculteurs et participant aux travaux d'une exploitation agricole. Ils prennent part aux activités des instances agraires et sont consultés pour la mise en oeuvre de la politique agricole nationale.

C.N.R.Z. sigle
Centre National de Recherches Zootechniques. Créé en mai 1950 dans le cadre de l'I.N.R.A. ; il a pour but des recherches dans le domaine de l'élevage, afin d'améliorer les races et d'accroître leurs produits ; situé à Jouy-en-Josas dans le département des Yvelines *(P. Habault)*.

COAGULATION n.f.
En. **coagulation**
De. **Gerinnung**
Es. **coagulación**
It. **coagulazione**
Passage irréversible de l'état liquide à l'état de caillot.
Cas de la caséine du lait qui se coagule sous l'influence de l'acide lactique produit par la fermentation du lait, et de la présure.

COAILLE n. f.
En. **bad wool**
De. **schlechte Wolle**
Es. **lana churra**
It. **lana della coda**
Laine provenant de la queue des moutons, salie par les déjections et de médiocre qualité.
Etym. Du latin *cauda*, queue.

COALTAR n. m.
En. **coaltar**
De. **Steinkohlenteer**
Es. **alquitrán de hulla**
It. **catrame di carbone**
Goudron de houille liquide dont on badigeonne les troncs des arbres pour les protéger des insectes et favoriser la cicatrisation de leurs plaies.
Il sert également à désinfecter les blessures des animaux domestiques et à rendre imputrescibles les bois des clôtures et des bâtiments.

COB n.m.
(Normandie). Cheval demi-sang, de taille harmonieuse, de bonne constitution et servant aussi bien pour le trait que pour la selle.
Terme anglais mis pour *bidet* en français.

COBAYE n.m.
En. **guinea pig**
De. **Meerschweinchen**
Es. **conejillo de Indias, cobayo**
It. **cavia, porcellino d'India**
Petit rongeur de l'Amérique du Sud, dont une espèce, le cochon d'Inde *(Cavia cobaya)*, a été domestiqué pour servir aux essais des nouveaux médicaments, ses réactions étant assez semblables à celles de l'homme.
Etym. Du terme amérindien *cabiai*.

COBUER v.tr.
Es. **artigar, rozar**
Déformation du mot *écobuer*.

COCA, COCAYER n. m.
En. **coca**
De. **Koka, Kokabaum**
Es. **coca**
It. **coca**
(Inde). Arbuste de la famille des Erythoxylacées (*Erythroxylum coca*).
Il est cultivé pour ses feuilles qui contiennent un alcaloïde, la cocaïne, anesthésiant qui atténue les souffrances de la faim chez les peuples sousalimentés.

COCCIDIE n.f.
En. **coccid**
De. **Kokzidie**
Es. **coccidio**
It. **coccide**
Protozoaire, parasite des cellules épithéliales de l'appareil digestif des espèces animales domestiques.

COCCIDIOSE n.f.
En. **coccidiosis**
De. **Kokzidienruhr**
Es. **coccidiosis**
It. **coccidiosi**
Maladie causée par un parasite protozoaire du genre Eimeria, appelé coccidie.
Elle se développe dans les cellules épithéliales de l'appareil digestif des espèces animales domestiques, causant des entérites et des hémorragies entraînant la mort ; on la combat avec des sulfamides et une bonne hygiène des étables.
Etym. Du grec *Kokkos*, graine.

COCCINELLE n.f.
En. **coccinella**
De. **Blattlauskäfer**
Es. **mariquita**
It. **coccinella**
Insecte coléoptère, appelé vulgairement bête à bon Dieu.
Très utile car ses larves dévorent les pucerons nuisibles, en particulier les cochenilles qui vivent de la sève des plantes et les épuisent.
Etym. Du latin *coccinus*, de couleur écarlate.

COCHE n.f.
Jeune truie qui n'a pas eu encore de porcelets, ou qui a été châtrée.

COCHENILLE n. f.
En. **cochineal**
De. **Koschenille**
Es. **cochinilla**
It. **cocciniglia**
Insecte de la famille des Coccidés, comprenant de nombreuses espèces.
*L'une d'elles vit sur les rameaux du chêne-vert et du chêne-kermès, qui doit son nom à l'insecte (***Kermes ilicis***). Il y détermine des galles, dites graines écarlates, qui servent à préparer une teinture rouge. La cochenille du nopal (***Coccus cacti***), originaire du Mexique, a été acclimatée en Espagne ; les femelles, aptères et globuleuses, fournissent le carmin, teinture rouge vif. Les autres espèces causent des ravages dans les vergers en aspirant le suc des fruits à pulpe (R. Blais).*
Etym. De l'espagnol *cochenilla*, insecte qui vit sur le cactus nopal au Mexique.

COCHER v.tr.
1. Marquer d'une entaille un arbre à abattre.
2. Accoupler des oiseaux de basse-cour pour la reproduction.

COCHER n.m.
Es. **cochero**
Conducteur d'attelage de chevaux.

COCHET n.m.
Noix sèche extraite de sa coque par des énoiseuses.
C'est le cerneau du Périgord, obtenu en cassant la coque d'un coup de marteau sur un plateau de bois ou de pierre.

COCHETTE n.f.
Jeune truie élevée pour renouveler le troupeau.

COCHON n.m.
En. **pig, hog**
De. **Schwein**
Es. **cerdo**
It. **maiale**
1. Porc mâle castré que l'on engraisse pour les salaisons et la charcuterie.
2. Viande de cet animal.
Le cochon de lait, nourri de lait, a une chair tendre et succulente.

COCHONNER v.tr.
It. **figliare (detto di suino)**
Pour une truie, mettre bas.
Sa portée est une cochonnée.

COCHONNIÈRE n.f.
Charrette en forme de cage pour transporter les porcs au marché.

COCHYLIS n.f.
En. **vine moth**
De. **Weinschädling, Traubenwickler**
Es. **cochilis**
It. **cocilide, tignola dell'uva**
Insecte lépidoptère à ailes bordées de brun.
*Une des espèces, la teigne de la vigne (***Cochylis ambiguella***), produit des chenilles qui, lors d'une première génération, vivent sous un voile soyeux enveloppant les grains de raisin dont elles se nourrissent ; une seconde génération donne des vers qui pénètrent dans les graines mûres ; ce sont les vers rouges, ou vers des vendanges.*
Etym. Du grec *kokhulion*, coquille.

COCO n. m.
En. **coconut**
De. **Kokosnuss**
Es. **coco**
It. **cocco**
1. Fruit du cocotier.
De la grosseur d'une tête d'homme, il contient un liquide blanc, sucré, appelé lait de coco, et qui se transforme en amande ayant un goût de noisette ; on en retire une matière grasse dite huile ou beurre de coco.
On dit plutôt noix de coco.
2. Haricot à petits grains très savoureux.

COCON n.m.
En. **cocoon**
De. **Gespinst, Kokon**
Es. **capullo**
It. **bozzolo**
Enveloppe soyeuse dans laquelle s'enferment certaines chenilles, notamment le ver à soie, ou bombyx.
Formés de couches successives, appelées vestes, les cocons du bombyx se répartissent en plusieurs catégories selon leur forme et leur couleur : cocon parfait, cocon céladon de teinte verte, cocon ouvert à épaisseurs variables, cocon faible, filé par un ver à soie débile, etc. Le ver à soie file son cocon pendant les trois jours de son coconage.

COCOTERAIE n.f.
En. **coconut palm plantation**
De. **Kokospalmenpflanzung**
Es. **cocotal**
It. **piantagione di palme da cocco**
Plantation de cocotiers.

COCOTIER n. m.
En. **coconut palm**
De. **Kokospalme, Kokosnussbaum**
Es. **cocotero**
It. **palma da cocco**
Espèce de palmier originaire de Malaisie. (*Cocos nucifera*).
Le cocotier commun peut atteindre 20 à 25 m. de haut, avec un panache de palmes de 4 à 5 m. de diamètre, sur un tronc grêle et cylindrique. Il pousse au voisinage de la mer, où souffle l'alizé, si la moyenne annuelle des pluies est suffisante. Son fruit, la noix de coco, contient une graine qui fournit le coprah, riche en huile ; son tronc sert à édifier des charpentes ; le bourgeon terminal est consommé sous le nom de chou palmiste ; la sève, qui s'écoule des bourgeons à fleur, donne, en fermentant, du vin de palme.

CODE FORESTIER l.m.
Code du 31 juillet 1827, inspiré de l'édit de Colbert de 1669 et du décret de la Constituante du 29 septembre 1791.
Divisé en 15 titres, il règle les droits de l'Etat, des communes et des particuliers sur les forêts, le maintien des coutumes et la poursuite des délits commis par les pâtres et les bûcherons. Modifié à plusieurs reprises, il a réduit la dépaissance sauvage et favorisé le reboisement.

CODE GÉNÉTIQUE l.m.
En. **genetic code**
De. **genetischer Kode**
Es. **código genético**
It. **codice genetico**
Ensemble des gènes dans les chromosomes d'une cellule végétale ou animale, et contenant des messages qui déterminent les caractéristiques héréditaires de la plante ou de l'animal envisagés, par suite de la combinaison de quatre éléments : adénine, cytosine, guanine et thymine, plus vitamine B4 et bases azotées de l'acide désoxyribonucléique (A.D.N.).

CODE RURAL l. m.
En. **farm laws/code**
De. **Flurgesetzbuch**
Es. **leyes agrarias**
It. **leggi agrarie**
Ensemble des lois, décrets et arrêtés qui régissent le monde rural, ses diverses activités et les relations des personnes qui vivent à la campagne.
Sa troisième édition en 1958 se répartit en huit rubriques : régime du sol, produits agricoles, chasse et pêche en eaux douces, institutions agricoles, crédit agricole, baux ruraux, protection sociale, mutualité sociale, apprentissage, enseignement et recherche (P. Habault).

CODRE n.f.
(Périgord, Limousin). Tige de châtaignier, mince, fine et souple, que l'on fend pour obtenir du feuillard.

COEFFICIENT D'ALLONGEMENT l.m.
Rapport entre la longueur et la largeur d'une pièce de terre.
Si elles sont égales la pièce est massive ; si la largeur est le quart de la longueur la pièce est allongée ; si la largeur est le vingtième de la longueur la pièce est dite en lanière, ou en lame de parquet.

COEFFICIENT DE DISPERSION l.m.
Degré de dispersion des fermes à l'intérieur d'un finage communal.
Il peut être calculé selon la formule :
$K = E : N$.
K est le coefficient cherché, E la population des écarts, moins celle du chef-lieu de la commune, et N le nombre d'écarts ; ainsi le coefficient varie de 1 à l'infini ; en fait il est très élevé dans les régions d'habitat dispersé et très faible dans les régions d'habitat aggloméré. On peut le parfaire en ajoutant la surface en hectares au dénominateur (Demangeon).

COENUROSE n.f.
En. **coenurosis**
De. **Drehkrankheit**
Es. **cenurosis**
It. **cenurosi**
Maladie parasitaire causée par la présence chez un animal de larves de ténia, appelées coenures.
Chez le mouton, elles provoquent le tournis.

COEUR n.m.
En. **heartwood** (3)
De. **Herz, Kernholz** (3)
Es. **corazón, duramen** (3)
It. **cuore** (3)
1. Qualité essentielle d'une pièce de terre. *Terme usité au XIIIème siècle.*
2. Partie centrale de certains légumes : chou, laitue, artichaut.
3. Zone centrale d'un tronc d'arbre (bois de coeur).
Etym. Du latin cor, coeur.

COEUR DE BOEUF l.m.
Espèce de cerise rose à pulpe ferme et épaisse.
Une autre variété semblable est appelée coeur de pigeon.

COEURET n.m.
1. Cépage à raisins blancs, très sucrés.
2. Cerisier à fruits en forme de coeur.

COFERMIERS n.m.p.
Fermiers qui ont pris à bail, conjointement, une exploitation agricole.

COFFIN n. m.
It. **astuccio della cote**
Etui en cuir, en corne, en bois ou en métal contenant de l'eau, ou de l'herbe mouillée, que le faucheur porte à la ceinture, et où il met sa pierre à aiguiser.
Etym. Du latin cophinus, panier.

COFFRE n.m.
Cadre de bois ou de fer, carré ou rectangulaire, que l'on place sur une planche de légumes pour soutenir des toiles, ou des panneaux de verre.

COGNAC n.m.
En. **cognac**
De. **Kognak, Weinbrand**
Es. **coñac**
It. **cognac**
Eau-de-vie obtenue par distillation des vins récoltés autour de la ville de Cognac, sur la Charente, d'où son nom.
Selon des terroirs bien délimités (Grande et Petite Champagne, Borderies, Fins Bois, Bon Bois, etc.) les diverses catégories de cognac ont une réputation plus ou moins grande. L'alcool ainsi obtenu est mis à vieillir dans des fûts en chêne, par les soins de maisons célèbres ; et selon son âge et ses qualités, il porte trois étoiles, ou le sigle V.S.O.P. (Very superior old pale) ; ou bien il est dit carte bleue, éminence, etc.

COGNASSE n.f.
Es. **membrillo** (2)
(Charente) 1. Verger de cognassiers.
2. Fruit du cognassier non greffé.

COGNASSIER n. m.
En. **quince**
De. **Quittenbaum**
Es. **membrillero**
It. **melo cotogno**
Arbrisseau de la famille des Rosacées.
Il serait originaire de Cydon, en Crête. L'espèce la plus connue est le cognassier commun (Cydonia vulgaris). Il est cultivé en France pour ses fruits, les coings. Le cognassier du Portugal se reproduit aisément et donne des fruits à peau jaune, de la grosseur d'une poire, utilisés en médecine (agglutinatif) et en cuisine (confiture). Les cognassiers de Chine et du Japon sont cultivés comme plantes d'ornement.
Etym. Du latin cotoneum, coing.

COGNÉE n.f.
En. **axe, hatchet**
De. **Beil, Fällaxt**
Es. **hacha, destral**
It. **scure, ascia**
1. Hache à fer étroit, épais et long, pour abattre les arbres et dégrossir les troncs. *(Fig. 45).*
2. *(Berry).* Parcelle comportant une section la prolongeant sur une fraction de l'un de ses côtés.
Etym. Du latin cuneatus, en forme de coin.

(Fig. 45). Cognée

COHERBASSIERS n.m.p.
Paysans auvergnats qui peuvent, contre redevances, utiliser en commun l'herbe des montagnes communautaires du Cantal, ou du Mont Dore.

COHOBER v.tr.
Es. **cohobar**
It. **coobare**
Distiller à plusieurs reprises un alcool pour obtenir une plus grande pureté.
Etym. Du latin cohobare, couleur foncée

COIFFE RADICULAIRE l.f.
Es. **cofia, pilorriza**
It. **cuffia radicale, caliptra, pileoriza**
Membrane qui recouvre l'extrémité de la racine souterraine des végétaux et qui, dynamique, progresse dans l'intérieur du sol par division cellulaire.
C'est du méristème.

COING n.m.
En. **quince**
De. **Quitte**
Es. **membrillo**
It. **mela cotogna**
Fruit du cognassier, de la forme d'une poire, à peau jaune veloutée, à pulpe dure et de goût âpre.
Il sert à faire des compotes, de la gelée et un excellent ratafia.
Etym. Du latin cotoneum, coing.

COISSER v.tr.
(Lorraine). Enlever les chènevottes de la filasse du chanvre.

COLATURE n.f.
En. discharge/outflow/return water
De. Durchseihen
Es. coladura, desagüe
It. acque di scolo
Excédents des eaux de pluie, ou d'irrigation, qui s'écoulent au bas d'une parcelle et qui sont recueillies par des fossés appelés *colateurs*.

COLCHIQUE n.f.
En. meadow saffron
De. Herbstzeitlose (colchique d'automne)
Es. cólquico
It. colchico
Plante herbacée de la famille des Liliacées.
L'espèce colchique d'automne (Colchicum autumnale), aux belles fleurs bleues, est cueillie pour ses fleurs et ses bulbes qui contiennent un alcaloïde, la colchicine, utilisée contre les rhumatismes.
Etym. Du latin *colchicum*, plante de Colchide.

COLÉOPTÈRE n.m.
En. coleopter
De. Hartflügler
Es. coleóptero
It. coleottero
Ordre d'insectes munis de quatre ailes, les deux supérieures ou élytres, sont dures, les deux autres sont souples et propres au vol.
On en connaît plus de cent mille espèces remarquables par leurs formes et leurs couleurs ; la plupart sont nuisibles aux récoltes, soit comme insectes parfaits, soit comme larves, se nourrissant de feuilles ou de racines (doryphore, hanneton) ; mais certains sont utiles, comme les coccinelles, les carabes dorés, les cicindèles qui détruisent les espèces nuisibles, ou bien qui contribuent à la fécondation des fleurs en transportant du pollen dans leurs pattes.
Etym. Du grec *koleos*, étui, et *pteron*, aile.

COLIBACILLE n.m.
En. coli, colibacillus
De. Kolibakterie
Es. colibacilo
It. colibacillo
Bactérie en forme de batonnet.
L'une de ses variétés, découverte en 1884 par Escherich, porte le nom d'Escherichia coli ; elle vit dans le tube digestif des animaux où elle peut devenir pathogène, déterminant de la diarrhée et parfois la mort. En culture in vitro, elle se prête particulièrement bien au transfert des gènes et par conséquent à la production de cellules à matériel génétique susceptible d'aboutir à des variétés améliorées d'animaux domestiques.

COLIBACILLOSE n.f.
En. colibacillosis
Es. colibacilosis
It. colibacillosi
Maladie infectieuse des animaux domestiques causée par un bacille *(Escherichia coli)* et provoquant une entérite parfois mortelle.

COLLAGE n.m.
En. clarifying, clarification
De. Klärung, Klären
Es. clarificación, encolado
It. chiarificazione, collatura
Opération qui consiste à clarifier une boisson alcoolique en précipitant les matières qu'elle contient en suspension.
Pour le vin on se sert de blancs d'oeuf que l'on étend d'un peu d'eau salée, et que l'on verse dans le tonneau par la bonde ; puis l'on agite et on soutire. Pour la bière on utilise de l'albumine et, pour le cidre, on emploie le cachou, produit astringent de l'acacia catechu.

COLLE n.f.
Equipe de deux à cinquante ouvriers saisonniers, groupés pour effectuer ensemble le trajet entre leur lieu d'origine et celui de leur travail.
Cette association favorisait l'entr'aide et la répartition des tâches. En Quercy, c'était une équipe de cinq à six ouvriers chargés de bêcher les champs, après une année de jachère.

COLLECTE n.f.
En. gathering
De. Geldsammlung
Es. colecta
It. colletta
1. Opération qui a pour but, en économie agricole, de réunir la part des récoltes, ou des troupeaux, fixée par la décision de la loi, ou des décrets.
Ex. La collecte des céréales par l'O.N.I.C.
2. Unité administrative pour la levée de la taille, avant 1789.
Elle coincidait avec une paroisse, un hameau, ou une ferme isolée. La levée était effectuée par un collecteur de taille.
Etym. Du latin *colligere*, réunir.

COLLECTEUR DE DRAINAGE l.m.
En. drainage ditch
De. Hauptentwässerungsgraben
Es. canal de desagüe, colector
It. collettore
Fossé creusé selon la ligne de plus grande pente pour recevoir les eaux des fossés établis parallèlement aux courbes de niveau.

COLLECTEUR DE TAILLE l.m.
En. collector of tax
De. Steuereintreiber
Es. colector
It. collettore
Agent du fisc chargé sous l'Ancien Régime de percevoir la taille. *Afin d'éviter les erreurs, il pratiquait une entaille sur deux lamelles de bois parallèles et jointives, l'une d'entre elles restant chez le taillable ; de là le nom de taille donné à cet impôt qui pesait sur les roturiers.*

COLLECTIVISATION n.f.
En. collectivisation
De. Kollektivierung
Es. colectivización
It. collettivizzazione
Mise en commun de la gérance d'une ou de plusieurs exploitations agricoles.
Sous la direction d'un comité élu, les travaux s'effectuent selon les saisons et en fonction des aptitudes de chaque individu. La part réservée à l'autoconsommation étant prélevée, les surplus sont livrés au commerce et les rentrées d'argent sont réparties d'après des règlements établis.
V. Kolkhose, zadrouga, kibboutz.

COLLÉE n.f.
(Auvergne). Tranche de terre découpée et soulevée par la charrue, et renversée sur la précédente.

COLLÈGES AGRICOLES l.m.p.
Etablissements publics ou privés, au nombre d'une centaine, où l'on donne aux futurs agriculteurs une instruction générale de base et une formation théorique et pratique.
La durée des études est de trois ans ; le régime est l'internat. Etablis sur des domaines en location, ou appartenant à l'Etat, ils délivrent un baccalauréat d'études agricoles du second degré.

COLLERAGE n.m.
Redevance seigneuriale versée pour avoir le droit d'écouler le vin, ou de mettre les tonneaux en perce.

COLLET n.m.
En. collar
De. Wurzelhals
Es. cuello
It. colletto
Partie d'une plante où la tige fait suite à la racine. *Etym.* Du latin *collum*, cou.

COLLIBERTS n.m.p.
Catégorie de serfs antérieure au XIIIème siècle.
Leur état de servitude est mal défini ; peut-être se situait-il à mi-chemin de la servitude et de la liberté, d'où une étymologie probable de leur nom : cum libertus ; on disait aussi des culverts et même des conliberts, mis pour conserfs, peut-être parce qu'il s'agissait de serfs exploitant en commun des tenures serviles appartenant à plusieurs seigneurs.
Syn. (Marais Poitevin) huttiers (J. Balou).

COLLICOUR n.m.
Cépage blanc, à longues grappes, donnant des vins blancs de bonne qualité.
Syn. Blanquette, malvoisie.

COLLIER n.m.
En. collar
De. Halsband, Kummet
Es. collera
It. collare
Partie principale du harnais d'un cheval de trait.

Il se compose essentiellement de deux attelles reposant sur les épaules ; ce collier d'épaule remplaça vers le XIème siècle la sangle de garrot et accrut la force de traction de la bête.
Etym. Du latin *collarium*.

COLLIER PROGRAMMATEUR l.m.
Collier à dispositif électronique que les bovins, élevés à l'étable, portent au cou.
Quand ils s'approchent de la mangeoire, l'appareil programmé déclenche des distributions de nourriture et d'eau en quantité et en qualité suffisantes pour l'entretien rationnel de la bête, et de son rendement en lait, ou en viande.

COLLINAIRE adj.
Se dit d'une réserve d'eau d'irrigation, constituée derrière une petite digue en terre dans une région de collines. V. *Lac collinaire*.

COLLOYAGE n.m.
(Bourgogne). Contrainte agraire appliquée à des parcelles appartenant à plusieurs personnes et qui, alternativement, chaque année, étaient attribuées à une seule d'entre elles pour être exploitées.

COLMAR n.m.
Variété de poire originaire de la région de Colmar et réputée pour sa saveur et son parfum.

COLMATAGE n.m.
En. **warpage**
De. **Erhöhung**
Es. **colmatación, entarquinamiento**
It. **colmata, colmatura**
Opération qui consiste à combler une dépression avec des dépôts fluviatiles, ou marins, pour la mettre en culture.
Pour cela elle est divisée en plusieurs casiers et l'on y écoule l'eau d'une rivière, ou l'eau de la mer, chargées de limon. Les eaux sont arrêtées, tantôt dans un casier, tantôt dans l'autre, afin d'y laisser se déposer leurs alluvions. Pour assurer l'homogénéité des dépôts il faut changer de temps à autre le casier de tête, sinon il serait comblé par des dépôts moins fins que ceux des autres casiers. Cette opération, effectuée artificiellement dans les entreprises de bonification, se réalise spontanément dans certaines baies : Mont-Saint-Michel, Bourgneuf, l'Aiguillon, etc. Quand elle est suffisamment avancée, on entoure la zone colmatée d'une digue pour la soustraire aux cours d'eau, ou à la mer ; c'est alors une prise.

COLO n.m.
(Rouergue). Fossé d'écoulement dans une terre drainée.

COLOMBAGE n.m.
En. **half-timbering**
De. **Fachwerk**
Es. **entramado**
It. **costruzione a intelaiatura lignea tamponata**
Armature de bois composée de piliers, ou colombes, maintenus par des pièces de bois obliques, les écharpes.
Les colombes reposent sur des poutres de bois horizontales, les sablières, s'appuyant sur d'autres poutres à l'étage, ou sur un solin comprenant de grosses pierres installées dans les fossés des fondations. Les intervalles sont parfois peints en couleurs vives. Ce mode de construction, très pittoresque, est utilisé dans les pays dépourvus de pierre à bâtir. (Bresse, Alsace).
Etym. Du latin *colomba*, colombe, pigeon.

COLOMBAN n.m.
Cépage à raisins blancs, très productif.
Il donne un vin médiocre connu sous les noms de Chalosse, Mellerie, Aubier.

COLOMBARD n.m.
Cépage à raisins blancs.
En Saintonge, il a donné, jusqu'à la fin du XVIIIème siècle, des vins blancs très appréciés des Hollandais.

COLOMBE n.f.
En. **dove** (1)
De. **Taube** (1)
Es. **paloma** (1)
It. **colomba** (1)
1. Variété de pigeon ramier *(Columba palumbus)* à plumage gris taché de blanc, et qui se prête à l'élevage.
V. *Ramier.*
2. Pigeon. (Nom poétique).
3. Grand rabot à l'usage des tonneliers.
4. Pilier de bois soutenant les armatures des murs bâtis en torchis.
Etym. Du latin *columba*, pigeon.

COLOMBICULTURE n.f.
Es. **colombicultura**
Elevage de pigeons.

COLOMBIDÉS n.m.p.
Es. **colúmbidos**
It. **columbiformi, colombiformi**
Famille d'oiseaux sauvages, ou domestiques : pigeons, tourterelles.
Au singulier, c'est un substantif : un colombidé, qui s'applique à chacun de ces oiseaux.

COLOMBIER n.m.
En. **dovecote, pigeon-house**
De. **Taubenhaus, Taubenschlag**
Es. **palomar**
It. **colombaia**
Construction ronde ou carrée, montée sur murs, ou sur piliers, et dont la partie haute abrite des pigeons.
Une corniche au-dessous des cases empêche les rongeurs d'atteindre les nids. Avant 1789, le colombier était un des droits du seigneur haut-justicier ; le seigneur non justicier ne pouvait posséder un colombier que s'il disposait, autour, d'une certaine étendue de terre. La construction des colombiers à piliers et à fuie (voir ce mot), dressés aux angles des maisons, était soumise à des restrictions ; celle des pigeonniers, isolés au milieu des terres, était plus libérale ; de là, une grande variété dans l'architecture de ces petits bâtiments qui se sont multipliés dans les campagnes après la Révolution qui les libéra de toute contrainte (V. bouling).

COLOMBIN adj.
Es. **columbino**
It. **colombino**
Qui a trait aux pigeons.

COLOMBINE n.f.
En. **pigeon dung**
De. **Taubenmist, Vogelmist**
Es. **palomina**
It. **colombina**
Excréments des pigeons recueillis dans les colombiers et utilisés comme engrais, très riche en éléments fertilisants.

COLOMBOPHILE n.m.
En. **pigeon fancier**
De. **Taubenfreund, Taubenzüchter**
Es. **colombófilo**
It. **colombofilo**
Celui qui aime les pigeons et qui les élève en pratiquant la colombophilie, science de l'élevage des pigeons-voyageurs.
Etym. Du latin *columba*, pigeon, et du grec *philos*, ami.

COLON n.m.
En. **settler, colon**
De. **Siedler**
Es. **colono**
It. **colono**
Au temps de l'empire romain, légionnaire cultivateur le long du limes, frontière de l'empire.
Plus tard ce fut un individu à qui un propriétaire foncier confiait, moyennant redevance, une exploitation agricole qu'il ne devait pas abandonner, mais d'où il ne pouvait être congédié à volonté ; peut-être est-ce l'origine du servage. Le terme s'est conservé pour désigner une personne qui va diriger, dans une colonie, une exploitation agricole. Il se maintient aussi pour désigner un métayer, dans les baillettes.
Etym. Du latin *colere*, cultiver.

COLONAGE n.m.
En. **agricultural lease**
De. **Erbpacht**
Es. **aparcería**
It. **colonia, contratto agrario**
Contrat, dit bail à colonage, pour la mise en valeur d'une exploitation agricole.
Le bailleur la confie pour un temps déterminé à un preneur qui en assure l'entretien. Les bénéfices et les pertes sont partagés à moitié et le preneur prend alors le nom de métayer. Le bailleur conserve la direction générale de l'exploitation, reste propriétaire du cheptel vif et mort, et fait face aux dépenses de son renou-

vellement; le preneur ne fournit que son travail et celui de sa famille. Selon la loi du 18 juillet 1889, et les coutumes locales, le bailleur pouvait résilier le contrat à volonté. La loi de 1946 sur le métayage ne permet plus de renvoyer le preneur que s'il néglige son travail, à moins que le bailleur décide de cultiver lui-même son bien ; la résiliation doit être précédée d'un préavis de six mois. Ce mode de faire-valoir a presque disparu, remplacé par le contrat de fermage basé sur une redevance fixée en espèces.

COLONAT n.m.
En. **husbandland**
De. **Erbpachtgut**
Es. **colonato**
It. **colonato**

Institution remontant au IIIème siècle de notre ère, et par laquelle un roturier recevait, contre une redevance, ou canon, une exploitation agricole qu'il ne pouvait abandonner, mais d'où, en général, il ne pouvait être chassé.
Quand on la vendait il figurait donc sur l'acte de vente avec sa famille, au même titre que le cheptel, ce qui a laissé croire à des ventes d'hommes. D'ordinaire le colonat était héréditaire ; il disparut des chartes au cours du IXème siècle. Il a reparu sous une autre forme en Amérique latine. Le propriétaire d'un grand domaine cède quelques lopins de terre à un colon qui le paie en journées de travail agricole, ou en gardes de troupeaux. Parfois, le colon reçoit une exploitation complète qu'il met en valeur avec sa famille en cultivant une plante commercialisable (caféier, canne à sucre, cacaoyer, etc.). Le propriétaire vend la récolte et prélève son loyer, soit le quart ou le cinquième du montant de la vente ; c'est le régime du colonat partiaire, en faveur dans les pays de l'Amérique du Sud. En Europe occidentale, c'était le métayage, en grand déclin de nos jours.

COLONGE n.f.
1. Au Moyen Age tenure confiée à des colons.
2. *(Bourgogne)*. Métairie du colon par opposition à la réserve ou *condamine*, du maître.
3. Domaine isolé, ou terres cultivées au milieu des landes.
4. En Alsace, au Moyen Age, communauté de tenanciers solidaires et qui, moyennant un cens et des prestations, exploitaient des fermes et des terres selon les règles contenues dans les *rôles colongers*.
De ces colonges dépendaient des communaux soumis à des règlements d'usage. La colonge avait des agents : maire, garde-champêtre, etc., des tribunaux, les cours colongères, ou selhofs, qui jugeaient les différends et les délits. Cette organisation dura jusqu'à la Révolution (E.Juillard).
Etym. Du latin *colonica*, maison du colon.

COLONGER n.m.
(Alsace). Membre d'une colonge, composée de tenures libres.

COLONIE n.f.
En. **bee colony** (2)
De. **Bienenvolk, Bienenkolonie** (2)
Es. **colonia de abejas** (2)
It. **colonia di api** (2)

1. Au Moyen Age, terre confiée à un fermier, elle différait du manse car elle n'avait pas de maison d'habitation.
2. Abeilles d'une ruche comprenant une reine, quelques centaines de bourdons et des milliers d'abeilles ouvrières.
Si la reine meurt, la colonie est orpheline et meurt, ne pouvant se reproduire.

COLONIE BOURDONNEUSE l.f.
Colonie d'abeilles qui, ayant perdu sa reine, ne compte plus que des bourdons et des ouvrières stériles.
Elle ne peut donc se perpétuer, elle est appelée à disparaître.
Syn. *Colonie orpheline.*

COLONIQUE adj.
It. **colonico**

Qualifie ce qui a trait au colonat, au métayage.
Syn. *Colonaire* (V. impôt colonaire).

COLONISATION AGRICOLE l.f.
En. **colonization, settling**
De. **Ansiedlung, Gründung**
Es. **colonización agrícola**
It. **colonizzazione agricola**

Mise en valeur de terres incultes par des colons venus de pays évolués.
Elle peut s'effectuer sur des territoires presque déserts (Australie, Argentine), ou parmi des populations primitives. Ainsi se cotoient deux paysages ruraux :les petites exploitations archaïques des indigènes et les grands domaines des colons. La même expression peut être employée, dans les régions à agriculture intensive, pour l'extension des terres cultivées aux dépens des marais, des forêt, des landes. C'est le cas de la Hollande avec ses polders "colonisés" sur la mer, ou de l'Italie avec ses bonifications gagnées sur les Marais Pontins. La colonisation peut être spontanée, ou dirigée; elle est due, en général, soit à la pression démographique, soit aux progrès techniques, soit à la spéculation financière ou politique.

COLOQUINTE n.f.
En. **colocynth, bitter apple** (2)
De. **Koloquinte, Bittergurke** (2)
Es. **coloquíntida** (2)
It. **colloquintide** (2)

1. Variété de concombre à pulpe très amère.
2. Variété de courges de petite taille, à peau très dure, de couleurs variées, ou couverte de verrues.
Leur pulpe très amère contient un purgatif utilisé en pharmacopée.
Etym. Du grec *kolokunthis*.

COLORANT n.m.
En. **dye colouring, colorant**
De. **Farbstoff**
Es. **colorante**
It. **colorante**

Produit naturel ou industriel, utilisé pour donner à un produit, surtout alimentaire, une couleur agréable à l'oeil, appétissante au goût ; parfois ils sont toxiques et la loi en limite le nombre et l'usage.
Etym. Du latin *colorare*, donner une couleur.

COLOSTRUM n.m.
En. **colostrum**
De. **Kolostrum**
Es. **calostro**
It. **colostro**

Secrétion des mamelles des femelles des mammifères domestiques, trois ou quatre jours après la mise bas.
Liquide jaunâtre et visqueux, riche en sels minéraux et doué de propriétés laxatives qui favorisent l'évacuation des déchets accumulés dans l'intestin du jeune animal pendant la gestation. Impropre à la consommation, le colostrum est interdit à la vente.
Etym. Mot latin.

COLTAGE n.m.
(Bordelais). Opération qui consiste à fixer les sarments d'un pied de vigne à un échalas, avec un lien d'osier.

COLTURA PROMISCUA l.f.
(Italie). Culture simultanée de plusieurs plantes dans le même champ, les unes servant de supports aux autres ou se succédant selon un rythme incessant et complexe.
Parfois, les plantes, étant de taille inégale, s'étagent les unes au dessus des autres : légumes, céréales, vigne, arbres fruitiers. Mode de culture, fréquent en Toscane, il se retrouve au Portugal, aux Antilles, etc.
Syn. *Culture intercalaire, joualles.*

COLUMELLE n.pr.
Es. **Columela**
It. **Columella**

Ecrivain latin, originaire de Cadix, au Ier siècle après J.C.
Il a laissé un traité d'agronomie en 12 livres (De re rustica), source de documentation agricole sur l'empire romain.

COLVERT n.m.
It. **colloverde**

Canard souchet du genre des palmipèdes lamellirostres, au bec long et très aplati, à tête verte, commun sur les côtes basses.

COLZA n.m.
En. **rape, colza**
De. **Raps**
Es. **colza**
It. **colza**

Plante de la famille des Crucifères (*Brassica oleracea*), cultivée pour ses feuilles comme fourrage, et ses graines riches en huile.

Récolté en juillet, séché en moyettes, il est dépiqué en août : les tiges servent de litière, les graines pressées donnent de l'huile ; le tourteau résiduel sert à l'alimentation du bétail. On peut distinguer le colza d'hiver et le colza de printemps. Le premier, le plus abondant, se sème fin août et se récolte au milieu de l'été suivant ; le second a une période végétative plus courte, de mars à septembre, mais il est moins productif.
Etym. Du hollandais *koolzaad*, semence de chou.

COMBALE n.f.
Châtaigne d'excellente qualité, récoltée en Vivarais.

COMBE n.f.
En. **combe** (1), **anticlinal valley** (2)
De. **Schlucht**
Es. **cañada**
It. **comba**
1. Longue et étroite dépression parallèle aux crêtes de la montagne.
2. Vallée creusée au sommet d'un anticlinal et orientée selon son axe.
3. (*Quercy*). Vallée sèche, partiellement remblayée et cultivée.
Etym. Du celte *comba*, vallée.

COMBINAT n.m.
(*Yougoslavie*). Ensemble agro-industriel autogéré associant, dans des domaines de plusieurs milliers d'hectares, cultures, élevage, transformation industrielle des produits et commercialisation.

COMBINE n.m
En. **combine harvester**
De. **Mähdrescher, Mähmaschine**
Es. **segadora-trilladora**
It. **mietitrebbiatrice**
(*Amérique du Nord*). Moissonneuse-batteuse, combinant la moisson et le dépiquage.
D'où son nom anglosaxon.

COMBINED-DRILL n.m.
En. **combined-drill**
Es. **sembradora-abonadora**
It. **semina-spandiconcime**
(*Australie*). Machine agricole permettant d'ensemencer, de désherber, de répandre des engrais, etc

COMBO n.m.
Plante de la famille des Malvacées (*Hibiscus esculentus*) de 60 à 70 cm de haut, il est cultivé dans les régions tropicales et dans le Midi de la France pour son fruit, capsule de 8 à 10 cm de long et de goût savoureux, et pour ses graines qui, grillées, rappellent celles du café.

COMBRI n.m.
(*Guyenne*). Essart, abattis d'arbres.
Vieilli.

COMBUGER v.tr.
(*Lorraine*). Lessiver un fût à l'eau bouillante pour gonfler les douves et le rendre étanche.
Etym. Du préfixe *co*, avec, et du germanique *bukon*, lessive.

COMESTIBLE adj.
En. **eatable**
De. **essbar**
Es. **comestible**
It. **commestibile**
Qualifie tout ce qui peut être mangé.
Etym. Du latin *comedere*, manger.

COMESTIBLES n.m.p.
Es. **comestibles**
Produits de la culture et de l'élevage destinés à la nourriture de l'homme.
Etym. Du latin *comedere*, manger.

COMICE AGRICOLE l.m.
En. **agricultural meeting**
De. **landwirtschaftlicher Verein**
Es. **comicio de labradores**
It. **comizio agricolo**
Assemblée d'agriculteurs et association destinée à favoriser l'agriculture.
Créées au XVIIIème siècle, ces associations se sont manifestées à partir de 1824, sous l'impulsion de Bugeaud, futur maréchal de France, par des réunions annuelles dans les chefs-lieux de canton. Au cours de ces assemblées on organisait des concours et on distribuait des récompenses. Leurs responsables pouvaient gérer des fonds et donner des conseils aux exploitants agricoles. Après une période de faveur au cours du XIXème siècle, ces comices ont subi un grand déclin par suite de l'exode rural, de la rapidité des moyens de communication et de l'évolution sociale des ruraux.
Etym. Du latin *cum*, avec, et *ire*, aller, qui a donné *comicium*, assemblée du peuple romain.

COMITÉS ÉCONOMIQUES AGRICOLES l.m.p.
Associations créées en 1962 pour grouper les producteurs d'un même produit dans une région déterminée, et leur permettre d'harmoniser leurs activités pour présenter des propositions aux pouvoirs publics.

COMMANDE n.f.
Acte par lequel un homme libre se plaçait sous la protection d'un seigneur, en lui confiant sa terre, c'est-à-dire son manse s'il en possédait un, sinon le seigneur le *chasait*, en lui confiant une exploitation agricole de sa seigneurie.

COMMANDERIE n.f.
De. **Ordenspfründe**
Es. **encomienda**
It. **commenda**
Etablissement rural d'une communauté monastique comme en créèrent, au XIIIème siècle, les Hospitaliers et les Templiers.
Il comprenait des réserves, des mouvances sur des censives, et parfois, des droits de justice.
Etym. Du latin *commendare*, donner en main, dominer.

COMMENDE n.f.
En. **Commendam** (2)
De. **Pfründe** (2)
Es. **encomienda** (2)
It. **commenda** (2)
1. Attribution à un dignitaire ecclésiastique, ou laïc, d'une abbaye, d'un prieuré, ou de bénéfices soumis à des redevances.
2. Le bien, ou le bénéfice lui-même.
3. Par extension, usufruit, exploitation agricole de grande étendue.
Etym. Du latin *commendare*, confier.

COMMENDISE n.f.
Acte par lequel le seigneur octroie un fief à un vassal, ou une censive à un roturier.
Syn. Commendation.

COMMERÇANT FORAIN l.m.
Commerçant qui fréquente des marchés et des foires éloignés de son magasin.

COMMISE n.f.
De. **Einziehung, Gewinn**
Es. **comiso**
It. **confisca di feudo**
Droit du seigneur de reprendre les tenures pour lesquelles les redevances n'avaient pas été versées depuis trois ans, ou qui avaient été vendues sans son autorisation.
Cette commise, dite emphytéotique, c'est-à-dire perpétuelle, avait cependant cessé d'être appliquée au XIIème siècle.
Etym. Du latin *commitere*, mettre ensemble.

COMMISSAIRE À TERRIER l.m.
Agent royal, ou seigneurial, chargé, avant la Révolution, de l'établissement et de la révision des terriers.
D'ordinaire c'était un notaire.

COMMODITÉS n.f.p.
Dépendances et espaces libres autour des maisons, pour favoriser les déplacements des hommes, du matériel et des troupeaux.
Syn. (Midi Aquitain) aisances.

COMMODO ET INCOMODO (ENQUÊTE DE) l.f.
Recherche d'informations et d'opinions relatives aux avantages et aux inconvénients de l'implantation d'un élevage dans un site donné, d'une culture ou d'une construction.

COMMUN n.m.
Es. **común** (2)
1. Ensemble des habitants d'une communauté, ayant des devoirs envers leur seigneur.
2. Pâturage, ou bois, exploité en commun par les habitants d'un village.
Des lieux-dits, en Lorraine, en Champagne, s'appellent le Grand Commun, le Petit Commun.
V. Communs.
Etym. Du latin *communis*, qui appartient à tous.

COMMUNAL n.m.
En. **common land**
De. **Gemeindeweide**
Es. **pasto comunal**
It. **fondo comunale**
Bien foncier laissé à la jouissance collective d'une communauté rurale, soit pour la vaine pâture, soit pour le bois.
Selon les lieux, il porte des noms très divers : couder, devèze, erme, frau, pâtureau, vacant, etc. Il faut distinguer les communaux de la vaine pâture : sur les communaux chacun peut envoyer autant de têtes de bétail qu'il le souhaite, et que peut en supporter le pâturage sans surcharge ; la vaine pâture au contraire, n'est permise que proportionnellement à l'étendue de terre que possède celui qui en a l'usage, de sorte que ceux qui n'ont pas de terre ne peuvent faire paître sur les terres mises en vaine pâture par leurs voisins.

COMMUNAUTÉ n.f.
En. **community**
De. **Gemeinschaft**
Es. **comunidad**
It. **comunità**
Ensemble des habitants d'un village.
Jadis, ils étaient soumis à des règlements de justice et de police fixés par la coutume et destinés à assurer la pérennité de l'association. On pouvait distinguer plusieurs sortes de communautés :
1. La communauté à feu et à pot, dont les membres vivaient sous le même toit et mangeaient à la même table ; locution appliquée en Nivernais, et dans de nombreuses régions du centre de la France, pour désigner des paysans d'une même parenté, vivant ensemble et exploitant en commun un grand domaine.
Syn. Frérèche.
2. La communauté lignagère, dont les biens fonciers revenaient par héritage à l'ensemble de ses membres ; c'était l'équivalent des biens de main-morte.
3. La communauté taisible, semblable à la communauté à feu et à pot ; ses membres, vivant sur la même exploitation agricole de plusieurs centaines d'hectares, héritaient en commun de l'ensemble de leurs biens et, leur union ne s'éteignant jamais, ils ne payaient jamais les droits d'héritage, les lods et les ventes. Aussi les seigneurs s'efforcèrent-ils de limiter le nombre de ces communautés, dites taisibles, du latin tacere, taire; elles faisaient en effet le silence sur les droits seigneuriaux qui auraient pu les frapper. Administrées par un chef de chanteau, elles se multiplièrent au cours du Moyen Age. Mais au XVIème siècle, on exigeait un acte écrit pour leur formation, et le départ de l'un de ses membres suffisait à la dissoudre.
4. La communauté de village, ensemble de la population d'une agglomération rurale, et territoire sur lequel elle vivait et où elle était astreinte à des contraintes collectives : rotation des cultures sur les soles des champs ouverts et laniérés, droit de passage et de vaine pâture, responsabilité de l'impôt ; mais, en retour, mise en commun de landes et de bois, d'édifices publics et de chemins, etc. Régies par des coutumes ancestrales, ces communautés, nombreuses surtout en Lorraine, ont décliné depuis un siècle devant les progrès agricoles l'individualisme et l'exode rural (G.Lepointe).

COMMUNAUTÉ FAMILIALE l.f.
Régime d'association d'après lequel sont mis en commun les biens appartenant aux deux époux et à un, ou plusieurs enfants, parfois avec salaire différé.
Des collatéraux peuvent être intéressés ; les travaux sont exécutés en commun ; bénéfices et pertes sont répartis selon des ententes communes ; des avantages fiscaux sont attribués à ces communautés d'intérêt et de sentiment.

COMMUNAUX n.m.p.
En. **common land**
De. **Gemeindeland, Gemeindeweide**
Es. **comunales**
It. **beni comunali**
(Savoie). Biens appartenant à l'ensemble des habitants d'une communauté rurale : bois, pâture, édifices, etc.
Parmi ces biens, les communaux, dits cultifs, étaient attribués, moyennant une faible redevance, à des particuliers, pour un temps indéfini, et même en jouissance héréditaire.

COMMUNE n.f.
En. **town**
De. **Stadtgemeinde, Dorfgemeinde**
Es. **municipio**
It. **municipio, comune**
La plus petite division administrative de la France ; on en compte plus de 37 000.
La plupart sont rurales et presque entièrement consacrées à l'agriculture. En général, leur surface est petite (moins de 500 ha) sur les sols riches ; elle est grande sur les sols pauvres (Arles, 707 km^2, en partie sur la Camargue) ; la moyenne s'établit autour de 1400 ha. La plupart sont composées de terroirs variés : plaine, plateau, colline, afin de disposer de ressources complémentaires. Elles ont comme origine la paroisse médiévale qui était, elle-même, l'héritière de la villa galloromaine, issue des grands domaines celtes ; la toponymie, en de nombreux cas, confirme cette filiation. Actuellement, les communes trop peu peuplées, (moins de 200 habitants), se groupent pour ne plus former qu'une seule unité administrative.
Etym. Du latin *communis*.

COMMUNE POPULAIRE l.f.
Es. **comuna popular**
Organisation territoriale, administrative et économique, imitée des pays de l'Est : kolkhose, sovkhose. *Sauf quelques lopins de terres et de jardins auprès des maisons familiales, l'ensemble du territoire est exploité en commun selon les décisions d'un conseil local élu et les directives du pouvoir central. Bénéfices et pertes sont partagés au prorata des heures ou des jours de travail.*
Syn. Ejido, zadruga.

COMMUNIER l.f.
(Bourgogne). Premier seigneur de plusieurs communautés rurales.

COMMUN PARSONNIER l.m.
Communauté taisible du Nivernais.
Certaines se sont maintenues jusqu'au milieu du XIXème siècle.

COMMUNS n.m.p.
En. **offices**
De. **Nebengebäude**
Es. **dependencias**
It. **locali di servizio**
Dépendances de service d'une grande maison rurale : cuisine, écurie, habitation du personnel de service.

COMMUN USAGE l.m.
(Val de Loire). Terrain de pacage créé aux dépens des anciennes forêts, et dispensant d'avoir recours à la vaine pâture.

COMPACITÉ n.f.
En. **compactness of soil** (1), **density** (2)
De. **Dichte, Bodendichte** (1)
Es. **tenacidad del terreno** (1), **compacidad**
It. **compattezza** (1)
1. Force d'adhérence des éléments d'un sol, faible dans les sables, forte dans l'argile.
2. Nombre de pieds de tabac, ou de betteraves, à l'hectare.
Le premier est fixé par les règlements de la S.E.I.T.A.
Syn. Densité.
Etym. Du latin *compactus*, compact.

COMPANAGE n.m.
Salaire versé à un berger pour le dédommager de ses frais de nourriture.
Etym. Du latin *cum*, avec, et *panis*, pain.

COMPAS FORESTIER l.m.
Pied à coulisse qui sert à mesurer le diamètre des troncs d'arbre à hauteur d'homme.

COMPASCUITÉ n.f.
It. **compascolo**
Droit de pacage accordé à plusieurs communautés sur un même terrain.
Ce droit des pays coutumiers correspondait à la vaine pâture des pays de droit écrit. Il s'est maintenu jusqu'au début du XXème siècle.
Etym. Du latin *compascuum*, pâturage commun.

COMPITALIA n.f.p.
Fêtes religieuses des temps romains au cours desquelles les paysans déposaient, au pied des autels des lares compitales, des jougs brisés, symboles des travaux terminés.

COMPLANT n.m.
En. **planting** (1)
De. **Rebenpflanzung** (1)
Es. **plantación** (1)
It. **piantagione** (1)
1. Vigne, ou verger, s'étendant sur plusieurs hectares.

2. Dans l'expression *bail à complant*, contrat où le bailleur cède un terrain à un preneur, dit complanteur, moyennant deux obligations :
a) Planter et entretenir des arbres fruitiers ou des vignes, avec possibilité de cultures intercalaires.
b) Verser chaque année une partie de la récolte des fruits, ou des raisins, quand la plantation sera devenue productrice.
Ce mode de colonage, en usage dès les temps galloromains, l'est encore dans la France de l'Ouest. Ce bail cesse d'être valable si les arbres, ou la vigne, disparaissent, ce qui posa des problèmes juridiques lors de la crise du phylloxera ; ils furent résolus par la loi du 11 mars 1898 : le colon d'une vigne détruite pouvait la conserver s'il s'engageait à la reconstituer.

COMPLANTER v.tr.
Es. **plantar**
Mettre en application un bail à complant.

COMPLANTERIE n.f.
Tenure qui, par complant, devenait à moitié indépendante de l'indominicatus seigneurial.
Coutume datant de l'époque carolingienne et qui s'est maintenue jusque dans les temps modernes ; ce serait l'origine de la petite propriété allodiale, libre de toute servitude seigneuriale, après la nuit de 4 août 1789.

COMPLEXE ABSORBANT l.m.
It. **complesso assorbente**
Ensemble des éléments d'un sol, de charges électronégatives et à propriétés colloïdales (humus, argiles), capables de fixer les cations des solutions électropositives pour les restituer aux solutions du sol quand leur concentration en acide diminue.
Ainsi tend à se maintenir l'ensemble chimique de la terre arable au profit de plantes cultivées ; l'intervention de l'homme, par fumures, amendements, engrais et façons culturales, favorise ces échanges.

COMPOIX n.m.p.
Registres fiscaux où sont consignées, pour chaque propriétaire foncier d'un village, les parcelles qui lui appartiennent avec leur localisation, leurs confronts, leur superficie, leur utilisation et leur valeur.
Ce furent les précurseurs de nos matrices cadastrales (Languedoc, Guyenne). D'après ces évaluations on établissait la taille réelle des propriétaires des parcelles. On distinguait plusieurs sortes de compoix:
a) les compoix terriens qui comprenaient les parcelles et les fermes sur lesquelles était levée la taille réelle.
b) les compoix cabalistes qui étaient établis sur les biens pour lesquels on devait la taille personnelle.
c) les compoix à clausade, ou à cercles, pour lesquels la taille était fixée, non d'après la valeur des parcelles, mais d'après leur éloignement de la ferme. Ces précieux documents ne furent accompagnés d'un plan qu'à partir du XVIIIème siècle.
Etym. Du latin *cum*, avec, et *ponderare*, soupeser, estimer.

COMPORTE n.f.
En. **container**
De. **Traubenbottich**
It. **bigoncia**
Récipient en forme de demi-barrique pour transporter les raisins jusqu'à la tine placée sur une charrette, ou sur un camion, au bout des rangs, lors des vendanges.
Il est muni de deux poignées latérales sous lesquelles deux porteurs, ou comporteurs, passent deux longues barres qu'ils soulèvent et placent sur leurs épaules.
Etymologiquement le terme signifie qu'il ne peut être transporté que par deux personnes (fig.46).

(Fig. 46). Comporte

COMPOSANTE DE RENDEMENT l.f.
Elément d'une culture permettant de calculer la qualité et la quantité d'une récolte:rendement en huile de colza par hectare ; nombre de pieds de tabac par are, ou poids de leurs feuilles; nombre de grains par pied de maïs et nombre de pieds de maïs par are, etc.

COMPOST n.m.
En. **compost**
De. **Kompost, Mischdünger**
Es. **abono compuesto, compost**
It. **composta, terricciato**
Mélange de terre, de débris végétaux et d'autres résidus dans une fosse où il est arrosé, aéré et remué fréquemment afin de favoriser les réactions chimiques et bactériennes qui le transforment en terreau.
Il est bon de lui incorporer un peu de chaux qui favorise la nitrification, rendant plus assimilables par les plantes les substances organiques et minérales.
Etym. Du latin *compositus*, composé.

COMPOSTAGE n.m.
En. **composting**
De. **Kompostieren, Düngen**
Es. **elaboración de compost**
It. **concimazione con composta**
Fabrication de compost par fermentation de matières organiques.

COMPOSTER v.tr.
Es. **abonar con compost**
Accroître la fertilité d'un sol en lui incorporant du compost.

COMPTABILITÉ AGRICOLE l.f.
En. **farm accounting**
De. **landwirtschaftliche Buchführung**
Es. **contabilidad agrícola**
It. **contabilità agricola**
Consignation par écrit des entrées et des sorties d'argent dans une exploitation agricole.
Elle comporte, à partir d'un bilan répertorié dans un livre des inventaires (mobilier de ménage, matériel agricole, têtes de bétail, stocks de produits, avances d'argent et valeurs en caisse), un livre de caisse (achats et ventes au jour le jour) et même un carnet de poche. Il s'y ajoute, si nécessaire, la comptabilité de la ménagère et celle tenue avec le fermier ou le métayer.

COMTÉ n.m.
Variété de fromage analogue au gruyère.

COMTOISE n.f.
Race de bovins de Franche-Comté.
Petite et rustique, elle a donné par sélection les races actuelles du Jura : la montbéliarde et la race de Gex ; les vaches comtoises étaient désignées, jadis, sous le nom de tourachès. C'est aussi une race de chevaux de trait, utilisés pour la traction des grumes, dans les forêts du Jura.

CONCASSER v.tr.
En. **crush**
De. **zerstampfen**
Es. **triturar**
It. **frantumare, macinare**
Casser avec un instrument.

CONCASSEUR n.m.
En. **crusher**
De. **Schrotmühle**
Es. **trituradora**
It. **frantoio**
Machine agricole destinée à briser en menus fragments les grains et les tourteaux pour la nourriture du bétail.
Elle se compose de deux cylindres parallèles et tournant en sens inverse l'un de l'autre ; munis de stries ou de cannelures, ils happent les matières dures et les brisent. Parfois, il n'y a qu'un cylindre muni de dents et tournant face à un plateau fixe. Le concasseur peut être mû à la main, ou par l'intermédiaire d'une poulie et d'une courroie reliée à un moteur. Un volant plus ou moins lourd, fixé sur l'axe de rotation, régularise la marche de la machine (fig. 47).

(Fig. 47). Concasseur

CONCEAU n.m.
(Berry). Mélange de blé et de seigle.
Syn. Méteil.

CONCENTRÉ n.m.
En. **concentrated**
De. **Viehfutterkonzentrat**
Es. **concentrado**
It. **concentrato**
Aliment préparé industriellement pour la nourriture du bétail (farines, tourteaux, granulés, etc.), riches en glucides, en protéines, en vitamines, spécialement combinés pour favoriser la production en viande, en oeufs, en lait des animaux domestiques.

CONCHES n.f.p.
(Vendée). Parcelles de culture, découpées dans les dunes de Vendée en déblayant le sable le long du versant intérieur, à l'abri des vents et des embruns, jusqu'aux couches argileuses du bri, dépôt des anciennes marées.
Sur des sols légers, sous un climat doux et humide, et grâce à un travail minutieux et incessant, avec de fréquents apports d'engrais, les conches produisent des légumes précoces et savoureux. Ces cultures ont reculé devant celle des bulbes à tulipe, introduite par les Hollandais. On trouve des conches dans les dunes du Portugal ; ce sont des prairies entourées de peupliers.

CONCHYLICULTURE n.f.
Elevage des mollusques marins par un conchyliculteur.
Etym. Du grec *konkhulion*, petit coquillage.

CONCOMBRE n.m.
En. **cucumber**
De. **Gurke**
Es. **cohombro, pepino**
It. **cetriolo**
Plante de la famille des Cucurbitacées (*Cucumis sativus*).
Elle produit des fruits longs, à pulpe blanche que l'on consomme en salade. Certaines espèces à fruits plus petits fournissent le cornichon. Le concombre serait originaire de l'Inde ; il était connu des Grecs. C'est une plante annuelle que l'on sème sur couche au printemps, et qui fructifie en été.

CONCOURS AGRICOLE l.m.
En. **agricultural show**
De. **Leistungsschau**
Es. **concurso agrícola**
It. **concorso agricolo**
Manifestation ayant pour but de primer les meilleurs agriculteurs et les meilleurs produits de la culture et de l'élevage, de faire des démonstrations d'emploi de matériel et d'engrais.
Ils sont organisés par les directions départementales de l'agriculture et les centres nationaux des expositions et des concours agricoles.

CONCREUX n.m.
(Centre). Fruits d'une parcelle cultivée.
Terme vieilli.

CONDAMINE n.f.
En. **freehold** (3)
De. **Freigut** (3)
Es. **alodio** (3)
It. **allodio** (3)
1. Etymologiquement, terre dépendant de plusieurs seigneurs, une cosseigneurie.
2. *(Dauphiné)*. Réserve seigneuriale exploitée directement par le maître du domaine.
3. Terre exempte de redevances seigneuriales, champs et tenures entièrement libres de cens. C'était un alleu.
4. *(Midi)*. Terre fertile.

CONDÉ n.m.
Maison fortifiée et isolée au milieu des champs.
Syn. (Moyen Age) villa.
Etym. Du latin *condita*, fondation.

CONDIMENTS n.m.p.
En. **seasonings, spices**
De. **Gewürzstoffe, Gewürz**
Es. **condimentos**
It. **condimento**
Plantes, ou produits, qui servent à assaisonner les aliments : persil, ciboulette, poivre, etc.
Etym. Du latin *condimentum*, assaisonner.

CONDITIONNER v.tr.
En. **to pack** (2)
De. **verpacken** (2)
Es. **acondicionar** (1), **embalar** (2)
It. **climatizzare** (2), **confezionare** (2)
1. Maintenir dans un local un air et une température qui rendent son utilisation favorable à la conservation d'une denrée périssable, fruit, légume ou viande.
2. Présenter une marchandise dans un emballage qui en facilite le transport et qui en favorise la vente.
V. Conditionnement.
Etym. Du latin *condere*, établir.

CONDITIONNEMENT n.m.
En. **packing**
De. **Verpackung**
Es. **embalaje**
It. **condizionamento, confezionamento**
Opération qui consiste à placer un produit dans un récipient assurant sa conservation, son transport et sa commercialisation.
Elle s'effectue à l'aide d'un conditionneur.

CONDITIONNEUR n.m.
De. **Klimaanlage**
Es. **acondicionador**
It. **condizionatrice**
Appareil variant selon les denrées à conditionner.
Le conditionneur de fourrage est une machine composée de rouleaux tournant en sens inverse et écrasant, après la coupe, les tiges de fourrage pour favoriser leur dessication.

CONDOS n.m.
(Val de Loire). Partie élevée d'un billon.

CONDRIEU (VIN DE) l.m.
Vin rouge récolté sur les collines de Condrieu, rive gauche du Rhône, en aval de Vienne.
Il a acquis sa réputation dès le XVIIème siècle, dans la région parisienne, grâce aux voies navigables de la Saône et de la Seine.

CONDUITE n.f.
1. En arboriculture, procédés utilisés pour diriger la pousse et la taille des arbres fruitiers, ou des pieds de vigne.
2. En élevage, manière de favoriser la croissance du bétail.
3. Tuyau fixe pour écouler de l'eau, du vin, etc.

CÔNE n.m.
En. **cone** (2)
De. **Tannenzapfen** (2)
Es. **piña** (2), **cono**
It. **pigna, strobilo** (2)
1. Fleur du houblon.
2. Fruit des conifères.
Etym. Du grec *konos*, pomme de pin.

CONFIRMATION n.f.
En. **confirmation**
Es. **confirmación**
It. **conferma**
Acte par lequel le suzerain maintenait à l'héritier d'un vassal, ou d'un tenancier, le bien qu'il avait accordé en fief, en précaire, ou en tenure, au défunt.
Etym. Du latin *confirmatio*, rendre ferme.

CONFISERIE n.f.
De. **Zuckerbäckerei** (1)
Es. **confitería** (1), **conserva** (2), (3)
It. **confettureria** (1)
1. Lieu où l'on fabrique et où l'on vend des produits conservés dans du sirop.
2. Procédé pour conserver des fruits dans un sirop de sucre.
3. Les produits eux-mêmes mis en conserve et vendus.
Etym. Du latin *conficere*, achever, conserver.

CONFITURES n.f.p.
En. **jam, marmalade**
De. **Konfitüren**
Es. **confituras**
It. **marmellata di frutta**
Fruits cuits avec un poids égal de sucre en vue de les conserver.
Selon le degré de cuisson, la préparation et la nature des fruits, on distingue les gelées, les marmelades, les compotes, les fruits au sirop, les fruits confits.
Etym. Du latin *conficere*, digérer, conserver.

CONFORMATION n.f.
Es. **conformación**
Agencement des diverses partie du corps d'un animal, ou des rameaux d'un arbre.

CONFRONTS n.m.p.
Ensemble des parcelles limitant une autre parcelle, ou un domaine.

CONGÉ n.m.
En. **clearance certificate** (1)
De. **Urlaubsschein** (1), **Kündigung** (2)
Es. **despido** (1)
It. **licenza** (1), **disdetta** (2)
1. Pièce administrative, délivrée par les Contributions Indirectes, permettant, moyennant un droit à verser, de transporter, temporairement, des boissons alcoolisées.
2. Notification écrite adressée par le bailleur à son preneur, métayer ou fermier, et mettant fin à son bail.
C'est donner congé.
Etym. Du latin *commeatus*, circulation.

CONGÉABLE adj.
Qualifiait autrefois une tenure dont le bail était résiliable au gré du propriétaire.
Il en reste l'expression bail à domaine congéable, ou convenant, où le bailleur cède au preneur une exploitation rurale contre une redevance annuelle, ou rente convenancière. Le preneur dispose entièrement du bien, des édifices et superficies, selon les termes consacrés. Le bailleur pourra reprendre son bien moyennant un congé d'un an et une indemnité.
Etym. De l'ancien français *congéer*, congédier.

CONGÉLATEUR n.m.
En. **freezer**
De. **Gefrierapparat**
Es. **congelador**
It. **congelatore**
Appareil qui transforme à l'état solide de glace, sous l'influence de froid atteignant -35°, des viandes, des légumes, ou des fruits, afin de les conserver longtemps.
Les ferments nocifs sont éliminés, ou stoppés, dans leur évolution.
Etym. Du latin *congelatio*.

CONGÉLATION n.f.
En. **deep freezing**
De. **Gefrieren, Tiefkühlen**
Es. **congelación**
It. **congelazione**
Procédé qui permet de conserver par le froid, les denrées périssables et chères : viandes, poissons, fruits et légumes.
La température doit être inférieure au point cryoscopique de ces denrées, c'est-à-dire que l'eau qu'elles contiennent doit être réduite en glace, de sorte que toute fermentation soit arrêtée dans le congélateur. On utilise également la congélation jusqu'à des températures de -170 °C pour conserver des embryons de mammifère, avant de les placer dans l'utérus d'une mère porteuse.
Etym. Du latin *congelatio*.

CONIFÈRE n.m.
En. **conifer**
De. **Nadelbaum**
Es. **conífera**
It. **conifera**
Arbre de l'embranchement des Phanérogames, caractérisé par ses fruits en forme de cônes, d'où son nom.
Ces arbres comprennent plus de trois cents espèces réparties, selon leurs aptitudes respectives, sous tous les climats, mais plus particulièrement sous les climats tempérés et froids. Leurs feuilles sont en général étroites, en forme d'aiguilles, et persistantes, sauf celles du mélèze qui tombent en hiver. Le pin maritime des Landes donne lieu à une véritable culture et crée un paysage rural très original. Sa sève élaborée constitue la résine que l'on recueille sur son trônc.
Syn. Résineux.
Etym. Du latin *conus*, cône, et *fere*, porter.

CONIL n.m.
Ancien nom du lapin d'étable.
On disait aussi connin.
Etym. Du latin *cuniculus*, lapin.

CONILLOT n.m.
(Morvan). Tas de chaux vive, en forme de cône, d'où son nom.
Répartis à travers le champ, les conillots sont recouverts de terre afin d'éteindre la chaux avant de la répandre pour amender une terre trop acide.

CONINIÈRE n.f.
Ancien terme désignant une garenne, ou un élevage de lapins.
Etym. De *conil*, lapin, dérivé du latin *cuniculus*.

CONNEMARA (RACE DE) l.f.
(Irlande). Race de poneys, originaire des monts du Connemara.

CONNÉTABLE n.m.
En. **constable**
De. **Konnetabel**
Es. **condestable**
It. **conestabile**
Sous les Mérovingiens et les Carolingiens, agent chargé de veiller sur l'écurie du roi et de l'empereur.
Il devint sous les Capétiens l'un des grands officiers de la couronne.
Etym. Du latin *comes stabuli*.

CONNOEUVRE n.f.
(Poitou). Blé qui ne talle pas suffisament au printemps et qui s'étiole au moment de la floraison.
On dit qu'il a mangé son connoeuvre, c'est-à-dire sa part d'alimentation.

CONROY n.m.
(Centre de la France). Terre argileuse qui garde longtemps en surface l'eau de pluie.

CONSANGUINITÉ n.f.
En. **inbreeding**
De. **Inzucht**
Es. **consanguinidad**
It. **consanguineità**
Procédé de sélection qui consiste à accoupler deux individus de la même famille, de parenté parfois très proche.
C'est un moyen d'associer des hérédités de très haute qualité, mais aussi d'obtenir des bêtes fragiles.
La consanguinité peut être étroite si la parenté est proche, elle est large si la parenté est éloignée ; on peut ainsi établir un coefficient de consanguinité pour l'individu issu de l'accouplement.
Etym. Du latin *cum*, avec et *sanguis*, sang.

CONSCRITS n.m.p.
(Bourgogne). Raisins poussés tardivement et ne donnant que du verjus.

CONSEIGLE n.m.
(Berry). Mélange en parties égales de blé et de seigle, ou d'avoine et de seigle, que l'on sème ensemble pour obtenir du méteil.

CONSEILLER AGRICOLE l.m.
En. **agricultural adviser**
De. **Landwirtschaftsberater**
Es. **asesor agrícola**
It. **consulente agricolo**
Spécialiste des problèmes agricoles pour une région déterminée.
Il est chargé par les Services agricoles d'un département de conseiller les agriculteurs de sa circonscription. Il peut être polyvalent, ou spécialisé dans un domaine déterminé.

CONSEILLER DE GESTION l.m.
It. **consulente di gestione**
Technicien chargé de conseiller les agriculteurs dans la gestion de leur exploitation agricole.

CONSERVATEURS n.m.p.
En. **preservatives**
De. **Konservierungsstoffe**
Es. **conservantes**
It. **conservanti**
Produits et procédés qui permettent de conserver les produits alimentaires périssables, tels le sel, le sucre, la graisse, la fumée, la cuisson, le froid, ou des additifs antibiotiques.

CONSERVATION DES HYPOTHÈQUES l.f.
It. **conservatoria**
Administration, et local, où les hypothèques, grevant les biens fonciers, sont régies par un fonctionnaire qui porte le titre de conservateur.
Précieuse source de documentation pour la géographie agraire.

CONSERVATION DES SOLS l.f.
En. **soil conservation**
De. **Bodenschutz**
Es. **conservaci ón del suelo**
It. **conservazione del terreno**
Procédés divers pour protéger les sols rendus fragiles par les façons culturales, et exposés au ruissellement et au vent, notamment sur les pentes et dans les régions à longue saison sèche (Afrique du Nord, ouest des U.S.A., U.R.S.S., etc.).
Pour conserver ces sols, il faut :
a) Sur les pentes, édifier des talus et des murettes, labourer selon les courbes de niveau.

b) Dans les plaines, constituer un couvert végétal convenable : haies, lignes d'arbres, gazonnement.
c) Pratiquer la jachère, les amendements, la rotation des cultures et apporter au sol du fumier et des engrais organiques.

CONSERVE n.f.
De. Konserve
Es. conserva
It. conserva

Procédé pour maintenir en bon état les produits agricoles qui ne peuvent être consommés immédiatement.
Pour la viande et les volailles, ces procédés doivent être mis en oeuvre rapidement : salaisons, congélation, cuisson en boites closes, maintien en milieu aseptisé. Pour les fruits et les légumes, les délais et les procédés varient selon la nature des produits : plusieurs mois à l'air libre pour les pommes de terre; de quelques heures avant la stérilisation, ou la cuisson, pour les fruits fragiles comme les fraises. On parvient à des conserves de plusieurs mois pour la pomme et la poire, grâce au stockage en chambres froides, et au maintien dans une atmosphère contrôlée, pauvre en oxygène, riche en CO_2, afin de diminuer, de ralentir ou de supprimer le métabolisme de ces fruits ; on parvient au même résultat avec des plastiques, des enduits superficiels, etc.
Etym. Du latin *conservare*.

CONSERVERIE n.f.
En. packinghouse, cannery (2)
De. Konservenfabrik (2)
Es. conservería
It. industria conserviera (2)

1. Industrie de la conserve.
2. Fabrique de conserves.

CONSORT n.m.
De. Genosse
En. consorte
It. consortile

1. A l'époque carolingienne, paysan établi par une communauté religieuse sur une partie de sa réserve domaniale.
2. *(Suisse)*. Actuellement, membre d'un consortage, association collective pour fabriquer du fromage.

CONSORTIE n.f.
En. consortium
De. Konsortium
Es. consorcio
It. consorteria

1. *(Saintonge)*. Groupement dont les membres partagent le même sort.
2. Communauté exploitant un terroir.
3. Groupe d'éleveurs utilisant le même pâturage montagnard pendant l'estivage et organisant, d'un commun accord, la vie pastorale dans la vallée où ils résident *(Valais, val d'Aoste)*.
Syn. Consortage, consorterie.
Etym. Du latin *cum*, avec, et *sors, sortis*, sort.

CONSUMÉ n.f.
Partie du vin perdu dans une futaille par évaporation, ou par absorbtion dans le bois.

CONTADINS n.m.p.
Dans la région de Nice, habitants de la campagne travaillant la terre.
Etym. De l'italien *contadino*, paysan.

CONTAGE n.m.
En. contagion
De. Ansteckungsstoff
Es. contagio
It. veicolo di contagio

Cause de la contagion : émanations, virus, parasites, crachats, etc.
Etym. Du latin *cum*, avec et *tangere*, toucher.

CONTAGION n.f.
En. contagion
De. Ansteckung
Es. contagio
It. contagio

Transmission d'un animal malade à un animal sain d'une maladie d'origine virale, microbienne.
Elle est directe s'il y a passage du mal sans intermédiaire ; elle est indirecte si elle a lieu par un vecteur, tel le moustique dans la transmission de l'hématozoaire provenant du sang d'un paludéen ; elle peut être mixte dans les maladies bactériennes.

CONTAISON n.f.
Ordre suivi dans la succession des cultures sur une même parcelle, c'est-à-dire l'assolement.
Syn. Rotation.

CONTAMINATION n.f.
En. contamination
De. Ansteckung
Es. contaminación
It. contaminazione

Transmission d'un agent infectieux (virus, bactérie, microbe, cryptogame), par un végétal ou un animal déjà contaminé, à un végétal ou à un animal encore sains.
Si ce passage s'effectue dans un grand nombre de cas, c'est une épidémie, ou une épizootie.

CONTENEUR n.m.
En. container

Caisse en plastique percée de trous, garnie de terreau, et dans laquelle est placée une plante de petites dimensions que l'on peut mettre en terre en toute saison.
Syn. Tontine.

CONTENTION n.f.
Es. traba

Opération qui consiste à maîtriser un animal domestique, soit avec les mains, soit à l'aide d'une corde, ou de divers instruments, ou appareils appelés *travails*.

CONTINGENTEMENT n.m.
En. quota, quota restrictions (1)
De. Kontingentierung (1)
Es. reparto (1)
It. contingentamento (1)

1. Répartition de la production, ou de la vente, en quantité limitée, d'un produit agricole afin d'éviter la surproduction et la baisse des cours.
2. Terres cultivables dont une partie doit être laissée en jachère pour réduire la production des plantes cultivées (Décision de la C.E.E.)
Syn. Gel des terres.

CONTORNERA n.f.
(Gascogne). Extrémité du champ que l'on contourne quand on laboure.
Syn. Tournière.

CONTOU n.m.
(Gascogne). Bande de terrain entre les extrémités de deux champs contigus, et où l'on fait tourner les charrues.
Syn. Chaintre.

CONTOUR n.m.
En. outline (1)
De. Umriss (1)
Es. contorno, límite (1)
It. contorno (1)

1. Bande de terrain à l'extrémité d'un champ où tournent les attelages.
Syn. Chaintre
2. Champ où aboutissent d'autres parcelles labourées.
3. Pièce de terre triangulaire.
Etym. Du latin *contournare*, contourner.

CONTOURTILLAGE n.m.
(Afrique du Nord, Brésil du Nord-Est).
Labour effectué selon les courbes de niveau, avec alternance de bandes cultivées et de bandes en jachère.
Ce procédé évite l'érosion des sols en réduisant le ruissellement par les sillons perpendiculaires à l'écoulement des eaux, et par des bandes d'herbes sauvages qui retiennent la terre grâce à leurs racines. Usité dans les pays semi-arides.

CONTRAINTE n.f.
En. obligation
De. Zwang
Es. obligación
It. vincolo

Obligation imposée aux habitants d'une communauté rurale dans leurs activités agricoles : assolement, charrois, passages, banalités, solidarité fiscale, etc.
On dit ordinairement contraintes collectives.

CONTRAT n.m.
En. contract
De. Vertrag
Es. contrato
It. contratto

Entente entre plusieurs personnes pour effectuer une tâche commune, notamment en agriculture. *Actuellement le régime du contrat* tend à s'étendre dans le régime des exploitations rurales ; ainsi l'agriculture sous contrat est associée à une entreprise agro-industrielle qui, selon des ententes précises, utilise dans ses usines les produits de cette agriculture. Il peut en être de même entre producteur et commerçant.

CONTRAT DE FOURNITURE l.m.
It. **contratto di fornitura**
Engagement pris par un fournisseur (agriculteurs ou artisan) de produire et de fournir une certaine quantité d'un produit déterminé dans un temps limité.
Ex. Fourniture d'aliments concentrés à un éleveur, fourniture de fruits à un fabricant de confiture, de volailles à un regratier, etc.

CONTRAT D'ÉLEVAGE l.m.
It. **contratto di allevamento**
Contrat par lequel un éleveur prend en charge un ou plusieurs animaux domestiques et s'engage à les rendre dans un temps déterminé en partageant avec le fournisseur les gains en valeur des bêtes.

CONTRAT DE PAYS l.m.
Programme de travaux basé sur un bilan géographique, démographique, agricole et industriel d'une région de l'étendue d'un canton.
Il souligne les insuffisances du milieu (vieillissement, structures agraires archaïques, aménagements incomplets). Il indique les objectifs à atteindre, les travaux à exécuter et les subventions à obtenir, en particulier pour améliorer les cultures et l'élevage, l'enseignement agricole, la commercialisation des produits de la terre, etc.

CONTRAT DE PARÉAGE l.m.
Entente entre deux seigneurs d'inégale puissance domaniale, l'un d'eux pouvant être ecclésiastique, le plus faible se plaçant sous la protection du plus fort, en recevant aide et justice et le lui rendant en redevances et en assistance.
Etym. Du latin pariare, parier.

CONTRAT DE PRÉCAIRE l.m.
It. **contratto in precario**
Cession pour un temps limité, à titre provisoire, par le seigneur, d'une exploitation agricole à une famille de paysans, dans l'exploitation féodale d'un même domaine.

CONTRAT DE TRAVAIL l.m.
De. **Arbeitsvertrag**
Es. **contrato de trabajo**
It. **contratto di lavoro**
Entente entre un salarié (ouvrier agricole, fermier) et un exploitant agricole pour effectuer un travail déterminé moyennant rémunération.
Il est dit à salaire différé lorsque le salarié est fils ou fille de l'exploitant, travaillant dans la ferme sans salaire, mais bénéficiant d'une rémunération correspondante à son temps de travail en cas de succession ou de vente.

CONTRAT DE TRAVAIL À SALAIRE DIFFÉRÉ l.m.
Contrat qui permet au fils, ou à la fille d'un exploitant agricole de travailler sur l'exploitation familiales sans être rémunéré, mais de bénéficier au moment de la succession d'un avantage financier, ou foncier, correspondant au travail effectué au cours des années écoulées. *(P. Habault).*

CONTRAT D'INTÉGRATION l.m.
Contrat entre un producteur agricole et une entreprise commerciale ou industrielle, comportant l'obligation réciproque de fournitures de produits ou de services.
C'est l'agriculture sous contrat régie par les lois des 6 et 30 juillet 1964. (P. Habault).

CONTRALLÉE l.f.
It. **controviale**
Allée secondaire qui borde une allée principale, et qui en est séparée par un fossé, une rangée d'arbres. *Moins large que la principale, elle est utilisée par les piétons et les cavaliers afin d'éviter voitures et tracteurs.*

CONTREBATTEUR l.m.
It. **controbattitore**
Elément fixe du dispositif d'égrenage d'une batteuse, et contre lequel viennent frapper les épis.

CONTREBOURGEON l.m.
Bourgeon tardif qui pousse sur le cep quand la gelée a détruit le bourgeon primitif.
Il peut donner des raisins et du bois pour la taille, mais de qualité médiocre.

CONTREDAME l.m.
(Berry). Versoir mobile d'une charrue.

CONTRÉE n.f.
1. Partie d'une forêt où les usagers pouvaient mener paître leurs troupeaux.
2. *(Lorraine).* Syn. Sole.

CONTRESPALIER l.m.
Procédé qui consiste à fixer les arbres fruitiers à un treillage vertical, en plein air, et non contre un mur.

CONTREFEU n.m.
Es. **contrafuego**
It. **controfuoco**
Feu allumé volontairement, au cours de l'incendie d'une forêt, sur le proche parcours du feu principal afin que celui-ci s'éteigne, faute de combustible, dans la zone brûlée préventivement.

CONTREGREFFE n.f.
Greffe effectuée sur une branche déjà greffée sur le porte-greffe, mais en vue d'améliorer encore la qualité des fruits.

CONTREHUS l.m.
1. Partie basse d'une porte qui peut rester fermée quand la partie haute est ouverte (fig. 104).
2. Petite porte qui peut rester fermée quand la porte principale, située en arrière, est ouverte.
V. Hec.

CONTREPLANTER v.tr.
Repiquer des plantes parmi des espèces différentes.
Pratique fréquente dans les jardins maraîchers et la coltura promiscua italienne.

CONTRESAISON n.f.
Fleur, fruit produits hors de la saison normale.

CONTRESAISON (EN) l.adv.
De. **asaisonal**
Es. **fuera de la época**
It. **fuori stagione**
Se dit d'un travail effectué hors de sa saison normale.

CONTRESEP n.m.
En. **landside**
De. **Landseite, Anlage**
Es. **costanera**
It. **suola laterale, controdentale**
Pièce en métal placée contre le sep de la charrue et glissant le long de la muraille du sillon.

CONTRESOL l.m.
Vase où l'on cultive les plantes qui craignent le soleil.
On peut ainsi les mettre à l'abri des rayons solaires, en déplaçant le vase.

CONTROLAGE n.m.
Incision annulaire pratiquée autour d'un sarment de vigne pour favoriser la formation des raisins, au-dessus de l'incision.

CONTRÔLE n.m.
En. **growth check**
De. **Kontrolle**
Es. **verificación**
It. **controllo**
Procédé destiné à se rendre compte de l'évolution d'une plante ou d'un animal.

CONTRÔLE LAITIER l.m.
En. **milk control**
De. **Milchprüfung**
Es. **inspección de la leche, control de la leche**
It. **controllo del latte**
Utilisation de moyens et d'appareils pour apprécier la qualité du lait que donne une vache, une brebis, ou une chèvre, et la quantité de matière grasse qu'il contient.

CONTRÔLE DE PERFORMANCE l.m.
It. **controllo di prestazione**
Ensemble de procédés destinés à apprécier la valeur d'un animal ou d'un végétal selon l'utilisation que l'on veut en faire : croissance, force, docilité, viande, ponte, lait, grains, bois, etc.

CONTRÔLE PHYTOSANITAIRE l.m.
En. **phytosanitary control**
De. **Pflanzenschutzkontrolle**
Es. **control fitosanitario**
It. **controllo fitosanitario**
Procédé qui permet d'apprécier la qualité sanitaire d'une plante, ou d'une partie d'une plante (graine, bouture, etc.) quant aux maladies qu'elle pourrait propager.
Ce contrôle est assuré par le service de la protection des végétaux (P. Habault).

CONUCO n.m.
(Vénézuela). Terrain défriché par le feu pour être mis en culture.
Syn. Lougan.

CONVENANCIER n.m.
Tenancier qui recevait d'un seigneur une tenure contre un bail à convenant.

CONVENANT n.m.
Contrat qui attribuait à titre précaire, à un rôturier, un domaine contre une redevance en espèces et en nature.
Le bailleur conservait la propriété du fonds ; le preneur, colon, convenancier, domainier ou superficiaire, obtenait la jouissance des récoltes et la propriété des bâtiments. Il ne pouvait être congédié que contre indemnité pour améliorations. Il pouvait déguerpir en usant du droit d'exponce. Le même terme de convenant servait à désigner le domaine mis ainsi en fermage.
Etym. Du latin *cum*, avec, et *venire*, venir.

CONVERSIN n.m.
1. Extrémité d'un champ où tournent les attelages, ou les tracteurs.
Syn. Chaintre.
2. Bande de terre soulevée et déversée par la charrue.
Etym. Du latin *cum*, avec, et *vertare*, tourner, verser.

CONVERSION n.f.
En. **conversion**
De. **Konvertierung**
Es. **conversión**
It. **conversione**
1. Changement de régime apporté à un assolement, aux coupes d'une forêt, à un bail de fermage.
2. Droit d'un métayer de demander la transformation de son bail de métayage en bail à ferme à la fin de chaque période triennale, ou en fin de contrat (loi de 1946).
Etym. Du latin *conversio,* retour.

COOPÉRATION n.f.
En. **cooperation**
De. **Kooperation**
Es. **cooperación**
It. **cooperazione**
Entente d'individus, notamment d'exploitants agricoles ayant les mêmes intérêts, pour effectuer une opération en commun, qu'il serait difficile, ou impossible, de réaliser séparément.

Etym. Du latin *cum*, avec et *operare*, travailler.

COOPÉRATIVE AGRICOLE l.f.
En. **farmers'cooperative**
De. **landwirtschaftliche Genossenschaft, landwirtschaftliche Kooperative**
Es. **cooperativa agrícola**
It. **cooperativa agricola**
Association d'agriculteurs pour l'achat d'engrais, de semences, de matériel et pour la préparation et la commercialisation des récoltes.
Ainsi, se sont créées les coopératives vinicoles, céréalières, fruitières, laitières, etc. Les fruitières du Jura, pour la préparation et la vente du fromage, sont les coopératives les plus anciennes. Les coopératives laitières du Poitou-Charentes se sont multipliées depuis 1888. Gérées par des agriculteurs, elles permettent d'éviter les variations excessives des cours des denrées, et les abus des intermédiaires. On peut distinguer les coopératives de production, associant plusieurs exploitations agricoles ; les coopératives de transformation et de ventes, telles les coopératives laitières ; les coopératives d'achat en commun ; les coopératives de service pour l'exécution de gros travaux ; les coopératives d'utilisation de matériel en commun (CUMA); les sociétés d'intérêt collectif agricole. Ces diverses coopératives sont groupées en fédérations départementales, régionales et nationales. A l'étranger, les coopératives collectivistes entraînent la suppression plus ou moins complète de la propriété privée ; dans le kolkhose russe, le petit élevage, la maison et un enclos n'entrent pas dans la coopérative ; le kibboutz israélien, et la commune populaire chinoise, sont parfois complètement collectivisés, le travail communautaire étant la seule base des ressources de chaque individu.
Etym. Du latin *cum*, avec, et *operare*, travailler.

COPALIER n.m.
En. **copal tree**
De. **Kopalbaum**
Es. **copal**
It. **copale**
Arbre de la famille des Césalpiniacées *(Himenopa copaifera),* originaire de l'Amérique centrale.
Sa sève élaborée, ou copal, sert à la préparation des vernis. Elle est recueillie, soit dans les gousses de ses fruits, soit par des incisions le long du tronc.

COPARSONNIERS n.m.
Membres d'une communauté taisible, d'une fréresche.
Ils appartenaient à une même famille ; ils habitaient sous le même toit et vivaient ensemble, à pot et à feu ; disparus.

COPEAU n.m.
En. **shaving** (1)
De. **Span** (1)
Es. **viruta** (1)
It. **truciolo** (1)
1. Eclat de bois obtenu avec un instrument tranchant.
2. *(Bretagne).* Parcelle d'un domaine.
3. Vin de copeau : vin trouble clarifié en le filtrant à travers de fins copeaux de bois.
Etym. Du latin *colaphus,* coup.

COPONAGE n.m.
Redevance perçue sur la vente des blés.
Syn. droit de minage.
Peut-être était-elle perçue dans les auberges, ou bien servait-elle à entretenir des auberges-refuges (Ile-de-France).
Etym. Du latin *copone,* auberge.

COPRAH n.m.
En. **copra**
De. **Kopra**
Es. **copra**
It. **copra**
Fruit du cocotier, récolté surtout dans les îles du Pacifique et de l'Ocean Indien.
Amande desséchée de la noix de coco ; elle donne une huile fine et appréciée entrant dans la fabrication des gâteaux pour la pâtisserie, et des tourteaux pour la nourriture des animaux domestiques.
Etym. D'origine malabar.

COPULATION n.f.
En. **coupling**
De. **Begattung**
Es. **copula**
It. **copulazione**
Acte sexuel entre un mâle et une femelle de même espèce et au cours duquel les spermatozoïdes du premier sont transportés par les voies génitales de la seconde jusqu'à l'ovule qu'ils féconderont.
Syn. Accouplement, coït, lutte (ovins), monte (bovins), saillie, (canins).
Etym. Du latin *copulatio,* union.

COQ n.m.
En. **cock, rooster**
De. **Hahn**
Es. **gallo**
It. **gallo**
Mâle de la poule.
Etym. Du latin *coco,* cri du coq, onomatopée.

COQ D'INDE l.m.
Dindon.

COQ DE VILLAGE l.m.
Jadis riche laboureur.
Syn. Coq de paroisse.

COQUARD n.m.
Poulet obtenu par le croisement d'un coq et d'une faisanne, ou d'un faisan et d'une poule.
La femelle est féconde, mais le mâle est stérile.

COQUE n.f.
En. **shell** (1)
De. **Eierschale** (1)
Es. **cascarón** (1)
It. **guscio** (1), (2)
1. Enveloppe extérieure dure de l'oeuf.
2. Enveloppe dure, ligneuse, de certains fruits (amande, noix).
Etym. Du grec *konkhos*, coquille.

COQUELET n.m.
En. **cockerel**
De. **junger Hahn**
Es. **gallito**
It. **galletto**
Jeune coq qui n'est pas encore apte à la reproduction.

COQUELICOT n.m.
En. **corn poppy, field poppy**
De. **Klatschrose**
Es. **amapola**
It. **rosolaccio, papavero**
Plante de la famille des Papavéracées *(Papaver Rhoeas)*. Par la rapidité de sa multiplication *(50 000 graines par pied)*, elle peut être très nuisible dans les champs de céréales où elle fleurit en juin. Ses pétales ont la belle couleur rouge d'une crête de coq. Mais elle est devenue rare à cause des herbicides.

COQUERELLE n.f.
Groupe de trois noisettes à l'extrémité d'un même pédoncule.

COQUERON n.m.
(France de l'Ouest). Petite meule de foin ou de blé.

COQUETIER n.m.
En. **egg merchant**
De. **Geflügelhändler**
Es. **recovero, hueuero**
It. **ovaio, ovaiolo, pollivendolo**
Commerçant faisant le commerce en gros des oeufs et des volailles.

CORBEAU n.m.
Cépage à raisins noirs, cultivé dans le sud-est de la France.
Syn. Noir de Vaucluse, picot rouge, etc.

CORBEILLE n.f.
1. Parcelle de parc ronde, ovale ou carrée, plus ou moins bombée par apport de terre, et plantée en fleurs selon un dessin artistique.
2. *(France du Nord)*. Ancienne mesure de capacité pour les céréales.
Elle équivalait à 12 muids et le muid valait une trentaine d'hectolitres.
Etym. Du latin *corbis*, panier.

CORBEL n.m.
(Languedoc). Cépage à raisins noirs, à grains ronds en grappes compactes, cultivé en Languedoc. *Syn. Vert-chenut.*

CORBIÈRE n.f.
1. Terrain en friche.
2. Pays pauvre.
3. Vignoble réputé des Pyrénées orientales.
4. Région montagneuse du Midi Méditerranéen.
5. Race de moutons du Roussillon.

CORCIER n.m.
Chêne qui fournit un liège de mauvaise qualité.
(Pour *écorcier*.)

CORDE n.f.
(Bretagne)
1. Mesure agraire, d'une superficie de 60 m^2.
2. Mesure pour le bois de chauffage.
Celle des Eaux et Forêts valait 3,839 stères.

CORDEAU n.m.
En. **string**
De. **Messchnur**
Es. **cordel**
It. **cordicella**
Corde dont on se sert pour tracer des sillons rectilignes dans les planches d'un jardin.
Pour planter le tabac on se sert d'un cordeau en fil de fer, avec des anneaux tous les 33 cm, distance qui doit séparer un pied de l'autre.

CORDÈLES n.f.p.
Drayes doublant, ou reliant, les canadas espagnoles.
Les cordèles unissaient les villages aux canadas principales.
Syn. Veredas.

CORDIÈRE adj.
Qualifie une vache grasse, qui a été élevée attachée à une corde, dans une prairie à l'herbe abondante.

CORDIRE n.f.
(Savoie). Parcelle plantée en citrouilles.

CORDON n.m.
De. **Schnurbaum**
Es. **cordón** (2)
It. **cordone** (1), (2)
1. Taille des arbres fruitiers qui ne laisse à chaque sujet qu'une seule tige, maintenue courbée, ou horizontale.
2. Vergue d'un pied de vigne, maintenue courbée ou horizontale sur le fil de fer, afin de rejoindre la vergue suivante.
3. Rangée d'arbres de réserve plantés en bordure d'un taillis, ou bien en rangs serrés, pour protéger contre le vent des plantes fragiles.

CORENT n.m.
Cru de vin rouge, récolté dans le Puy-de-Dôme, autour du village du même nom.
Syn. Corrent.

CORÉE n.f.
Variété de poire à cidre, récoltée en Normandie.

CORIANDRE n.f.
En. **coriander**
De. **Koriander**
Es. **cilantro**
It. **coriandolo**
Plante de la famille des Ombellifères, cultivée dans les pays méditerranéens pour ses fruits utilisés comme condiment.

CORINTHE n.m.
Es. **corinto**
It. **corinto**
Raisin blanc, à grains petits et sans pépins, originaire de Corinthe.
Cultivé en treilles, séché sur des clayonnages, il est utilisé en pâtisserie.

CORME n.m.
Boisson fermentée, fabriquée avec des sorbes, ou cormes.

CORMIER n.m.
En. **service tree**
De. **Spierling, Vogelbeerbaum**
Es. **serbal**
It. **sorbo**
Alisier ou sorbier, dont le fruit est une corme.

CORNAC n.m.
En. **mahout, elephant keeper**
De. **Kornak, Elefantenführer**
Es. **cornaca, cornac**
It. **cornac**
Personne qui soigne et qui conduit les éléphants.
Etym. Du portugais emprunté à un dialecte de l'Inde.

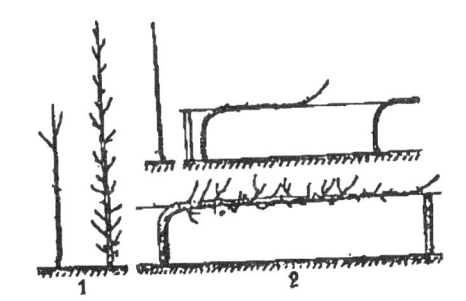

Cordons : 1. Verticaux
2. Horizontaux

CORNADIS n.m.
(Limousin). Cloison en bois qui divise l'étable des boeufs en deux parties : l'une pour les bêtes, l'autre pour les provisions alimentaires.
Elle est percée d'ouvertures assez larges pour que les bêtes puissent passer la tête et atteindre leur nourriture, placée dans la crèche.
Syn. Collières, bachères. (Fig.48).

(Fig. 48). Cornadis

CORNAGE n.m.
En. **wind-sucking, wheezing** (3)
De. **Keuchen** (3), **Gehörn** (2)
Es **huélfago** (3)
It. **cornatura** (2), **bolsaggine, corneggio** (3)
1. Droit prélevé par le seigneur, ou par l'abbé, sur la vente des bêtes à cornes du domaine.
2. Forme et dimensions des cornes d'un bovins.
Les boeufs lusitaniens ont un immense cornage ; certaines races scandinaves sont dépourvues de cornage.
3. Respiration sifflante du cheval atteint d'affection pulmonaire.

CORNARD n.m.
It. **bolso**
Cheval dont la respiration est anormalement bruyante.
Il est atteint de cornage, et il est dit aussi corneur.

CORNAS n.m.
Vin rouge de qualité récolté dans le vignoble du même nom, entre Saint-Péray et Tournon, le long du Rhône.

CORN-BELT n.f.
(Etats-Unis). Région centrale où, grâce à la chaleur et à l'humidité, le maïs atteint ses plus hauts rendements.
Pour l'étendre vers l'Ouest, les Américains ont créé des hybrides qui résistent bien à des climats frais et encore assez humides.

CORNE n.f.
En. **horn** (1)
De. **Horn** (1)
Es. **cuerno** (1)
It. **corno** (1)
1. Protubérance conique, droite ou courbe, pointue et dure, qui pousse de part et d'autre du front des ruminants.
2. Parcelle de forme pointue et s'avançant entre deux autres parcelles de nature différente.
Ex. Une corne de pré, une corne de bois, etc.
3. Variété de noix à corne dure, très estimée pour sa grosseur et son goût.
Etym. Du latin cornua, corne.

CORNERIE n.f.
(Bourgogne). Redevance payée jadis dans les pays d'élevage sur le bétail.
Syn. (selon les régions) corneboeuf, cornage, échet.

CORNET n.m.
1. Trompe faite d'une corne de boeuf, et dont les bergers se servent pour rassembler leurs troupeaux.
2. Cépage à raisins noirs, cultivé dans la région de Valence.

CORNICHON n.m.
En. **gherkin** (1)
De. **Pfeffergurke, Hörnchen** (1)
Es. **pepinillo** (1)
It. **cetriolino** (1)
1. Variété de concombre de petite taille, en forme de corne et qui, confit dans le vinaigre, sert de condiment.
2. Cépage à raisins blancs, à gros grains recourbés.
Syn. Rognon de coq, doigt de donzelle.

CORNIER n.m.
De. **Eckbaum**
Es. **árbol de mojón**
It. **albero d'angelo**
Gros arbre qui borne la corne d'un bois, qui délimite la surface d'une forêt.
Etym. Du latin cornu, corne.

CORNIÈRES n.f.p.
Galeries couvertes et s'ouvrant par des arcades sur la place centrale d'une bastide, ou d'une sauveté.
La jonction de deux galeries forme un angle, un coin, ou une corne.
Syn. Couverts.
V. Bastide.
Etym. De corne, coin.

CORNOUILLER n.m.
En. **cornel-tree**
De. **Kornelkirschbaum**
Es. **cornejo amarillo**
It. **corniolo**
Arbre de la famille des Cornacées *(Cornus mas).*
Son bois très dur, comme de la corne, d'où son nom, servait jadis à fabriquer des outils agricoles, son fruit, la cornouille, était utilisé comme confiture, ou salé comme les olives.

CORN-PICKER n.m.
(De l'anglais *corn*, grain et *to pick up*, ramasser.)
Machine qui cueille les épis de maïs, les sépare de leurs *spathes* et les jette dans une remorque.

CORNUE n.f.
(Vivarais). Récipient pour transporter, à l'aide de deux perches passées sous les poignées, les raisins des paniers des vendangeurs à la tine placée sur un char, au bout d'une rangée de ceps.
Syn. (Ardèche) balaste, (Bordelais) comporte.

CORNUET n.m.
(Champagne). Variété de bêche à deux dents.
Syn. Bident.

COROSSOL n.m.
En. **soursop, corossol**
De. **Sauerapfel, Stachelanone**
Es. **corojo**
It. **anona**
Arbre des régions tropicales, cultivé pour ses fruits, les *corossols*, qui pèsent 3 à 4 kg et que l'on mange crus ou cuits.
Son bois est recherché en ébénisterie sous le nom d'annonier.
Syn. Anone, corossolier.

CORPS n.m.
En. **full-bodied (wine)** (1)
De. **Körper (des Weines)** (1)
Es. **cuerpo** (1)
It. **corpo** (1)
1. Qualité d'un vin qui donne une sensation de force, de plénitude due à sa teneur en alcool et en tanin.
"Il a du corps."
2. Qualité d'une terre riche en humus.
Etym. Du latin corpus.

CORPS DE CHARRUE l.m.
It. **corpo di aratro**
Ensemble des pièces travaillantes d'une charrue : coutre, sep, soc et versoir. *(Fig.37).*

CORPS DE LOGIS l.m.
It. **corpo principale**
Partie principale d'une maison de maître, d'un château, encadrée de tours, ou de pavillons, dits les *ailes du logis.*

CORRAL n.m.
1. *(Amérique du Sud).* Enclos où les *gauchos* enferment leurs troupeaux pour les compter, les marquer, les tondre et les trier.
Syn.*(Amérique du Nord) ranch.*
2. *(Gascogne).* Enclos dans un bois où l'on enferme le bétail durant la nuit

CORRESPONSABILITÉ n.f.
Participation des producteurs de lait, de sucre, de colza et de céréales à l'écoulement de leur récolte.
Elle ne s'applique qu'au dessus du seuil de garantie afin de maintenir la production dans une limite évitant les surplus.

CORROILLAS n.m.
(Rouergue). Champ parsemé de pierres ; de médiocre valeur.

CORRONDAGE n.m.
(Aquitaine méridionale). Colombage.

CORRUGATION n.f.
Répartition de l'eau d'irrigation entre les sillons d'une surface à abreuver.
Les sillons ressemblent ainsi à des rides, d'où le terme usité.
Etym. Du latin cum, avec et ruga, ride.

CORSE n.f.
1. Races de bovins, d'ovins, de caprins et de porcins, d'origine corse, rustiques, mais de petite taille.
2. Vignoble s'étendant le long de la zone côtière corse et donnant des vins viellissant bien.

CORSÉ adj.
En. **full-bodied**
De. **schwer, stark**
Es. **de cuerpo**
It. **corposo, gagliardo**
Qualifie un vin qui a du corps, du goût, de la force.

CORTAL n.m.
1. *(Pyrénées orientales)*. Enceinte limitée par une haie, ou une murette, et où l'on réunit le bétail pour la nuit, ou lors de la traite.
Au centre s'élève la cabane du berger.
Syn. *(Pyrénées occidentales) germ, cayolar.*
2. Unité de territoire pastoral et d'habitation temporaire des bergers, de la Barousse à la Méditerranée.
Syn. *(selon les régions) cortail, orry, jasse, buron.*

CORTON n.m.
1. *(Flandre)*. Valet de ferme.
2. *(Bourgogne)*. Vin réputé d'un "climat" bourguignon, dans la commune d'Aloxe.
Plus connu sous le nom d'Aloxe-Corton, c'est l'un des rares grands vins blancs du vignoble bourguignon. Le nom seul de Corton ne s'applique qu'aux vins rouges, du lieu-dit les Renardes, d'où le nom quelquefois employé des Renardes-Corton pour le désigner.

CORVÉE n.f.
En. **forced labour, statute labour**
De. **Frondienst**
Es. **trabajo obligatorio**
It. **corvé**
Services dus par les tenanciers des censives concédées par le seigneur.
Ils consistaient en travaux à effectuer, durant quelques jours par an, sur le domaine direct du seigneur ; par extension le terme s'est appliqué aux parcelles ainsi cultivées. Les serfs, d'abord corvéables à merci, obtinrent peu à peu, comme les vilains, des limites précises à leurs services. La corvée royale, instituée après la Guerre de Cent Ans, obligeait les possesseurs de terres roturières à entretenir routes et chemins. Supprimée durant la nuit du 4 août 1789, elle reparut sous la forme de prestations en nature pour l'entretien des chemins vicinaux, pendant le règne de Louis-Philippe. Elle a duré jusqu'à nos jours où elle a été remplacée par une taxe vicinale.
Etym. Du latin *corrogate*, provenant de *cum*, avec et de *rogare*, demander.

CORVICIDE n.m.
Produit utilisé pour détruire les passereaux corvidés (corbeaux, geais, pies) nuisibles aux cultures.
Le corvifuge ne fait que les faire fuir.

Etym. Du latin *corvus*, corbeau, et *caedare*, tuer.

COSEIGNEURS n.m.p.
Seigneurs qui possédaient un fief conjointement et en assuraient l'administration et la perception des cens et des rentes.
De cette institution seigneuriale subsiste encore la coseigneurie d'Andorre exercée par l'évêque espagnol d'Urgel et le Président de la République Française, représenté par le Préfet de l'Ariège. Ainsi, le terme n'a plus d'intérêt agraire.
Etym. Du préfixe *co*, avec et de seigneur.

COSSATS n.m.p.
Débris de cosses, après en avoir écossé les grains de pois, de fèves, ou de haricots.

COSSE n.f.
En. **pod, hull** (1)
De. **Hülse, Schote** (1)
Es. **vaina** (1)
It. **baccello** (1)
1. Enveloppe à deux valves des graines légumineuses tels que pois, fèves, haricots, lentilles,...
2. *(Quercy)*. Parcelle de sol maigre sur des roches calcaires, consacrée jadis à la vigne.
C'est une graphie fautive de causse.

COSSETTES n.f.p.
En. **sugar beet chips**
De. **Rübenschnitzel** (2)
It. **fettucce**
1. Morceaux de racines, ou de tubercules, coupés à la main, ou à la machine, d'assez petites dimensions pour être avalés par le bétail sans risque de strangulation.
2. Fines lamelles de betterave sucrière pour en extraire par diffusion le suc chargé de sucre.
3. Fragments de racines de chicorée découpés avant la torréfaction.

COSSOULS n.m.p.
(Provence). Terres incultes, incultivables.
Garrigues ou landes, c'étaient des enclos attribués temporairement à certaines personnes pour y faire paître leurs bêtes.

COSTIÈRES n.f.p.
1. Plates-bandes de jardin adossées à un abri.
2. Plateaux et collines du Languedoc, couverts de graviers et de cailloux, pauvres et arides, mais susceptibles de donner des vins généreux.
Ancienne forme de côtière.

COSTUREL n.m.
(Rouergue). Champ labouré et mis en culture.
Ancienne forme du mot couture.

COSTWOLD n.m.
Race de moutons originaires des Costwolds, comté de Gloucester, importée dans l'ouest de la France, et donnant des sujets robustes, d'un poids élevé, mais pauvres en laine.

COT n.m.
1. *(Touraine)*. Cépage à raisins noirs, donnant des vins de bonne qualité.
Cultivé en Touraine, associé à d'autres cépages.
Syn. *Malbec, plant du Roi.*
2. Sarment taillé court, à deux bourgeons.
Syn. *Courson.*

COTAISON n.f.
Ensemble de parcelles soumises aux mêmes cultures.
Le terme s'est conservé dans cote des impôts, du latin quota, sous-entendu part, ou parts, d'où l'expression quote-part, *part des impôts proportionnelle à l'étendue cultivée.*
Syn. *assolement.*

COTA n.f.
(Touraine). Petite vigne entourée de murs et située sur un coteau.

COTEAU n.m.
En. **slope, hillside** (1)
De. **Hügel** (1), **Anhang**
Es. **ladera, collado** (1)
It. **collinetta, poggio** (1)
1. Versant d'une colline.
Bien exposé au soleil et bien aménagé, il se prête à la culture de la vigne. Son nom entre dans l'appellation de certains crus : Côte-Rotie.
2. *(Béarn)*. Bocage qui s'étend sur les collines par opposition aux champs ouverts (openfields) des vallées.
Etym. Du latin *costa*.

CÔTE D'OR n.f.
Vignoble bourguignon qui se divise en trois secteurs :
a) La *Côte de Dijon* avec le Clos du Roi.
b) La *Côte de Nuits*, la plus réputée (Musigny, Chambertin, Clos-Vougeot, Romanée-Conti).
c) La *Côte de Beaune* (Poligny-Montrachet, Meursault, Volnay, Beaune, Pommard).

CÔTE FONCIÈRE l.f.
Impôt versé pour l'ensemble des biens d'un même propriétaire, dans une même commune.

COTENTIN n.m.
Race ovine obtenue par croisement des brebis rustiques du Cotentin, et des béliers anglais.

COTENURE n.f.
Tenure cédée par un seigneur à plusieurs tenanciers qui l'exploitaient en commun.
Etym. De *co*, avec, et de *tenure*, exploitation agricole.

COTERIE n.f.
Communauté paysanne responsable des censives relevant d'un même seigneur.
Etym. De l'ancien français *cote*, cabane.

CÔTE-RÔTIE l.f.
Vignoble situé sur la rive droite du Rhône, près de Condrieu.

Il s'étend sur 38 ha seulement ; les deux crus les plus réputés sont ceux de Côte Blonde et de Côte Brune ; ce sont des vins rouges fins et capiteux, qui s'améliorent en vieillissant et qui proviennent surtout de deux cépages : le Vionnier et la Sérine Noire.

CÔTES PREMIÈRES l.f.p.
Vignobles situés sur les collines de la rive droite de la Garonne, de Langon à Bordeaux, producteurs de vins blancs et rouges réputés (Loupiac, Sainte-Croix-du-Mont).

CÔTES DU RHÔNE l.f.p.
Série de vignobles qui s'étendent le long du Rhône, de Vienne à la Costière du Languedoc.
Sur la rive droite on peut signaler les crus de Côte-Rôtie, de Cornas, de Roquemaure, de Tavel et de la Costière ; sur la rive gauche, on relève Tain-l'Hermitage, Châteauneuf-du-Pape, et, en marge de la vallée, le vignoble du Diois.

CÔTIÈRE n.f.
Bande de terre exposée au midi et soutenue par un mur de pierres sèches. *Faiblement inclinée, elle peut être labourée à la charrue.*

COTIGNAC n.m.
En. quince marmalade
De. Quittenbrot
Es. carne de membrillo, codoñate
It. cotognata
1. Pâte de coing qui se fabrique, surtout à Orléans.
2. Conserve de coing au vin blanc, ou à l'eau-de-vie.
Etym. Du latin *cotoneum*, coing.

CÔTIL n.m.
1. (*Normandie*). Versant de colline de faible altitude.
2. (*Auvergne*). Sol pierreux, assez fertile.
Syn. Cotille.

COTIR v.tr.
En. to bruise
De. Druckstellen verursachen
Es. machucar
It. ammaccare (frutta)
Meurtrir des fruits mûrs en les laissant tomber, ou bien en les frappant à coups de gaule.
La grêle cotit les fruits qui, ensuite, se gâtent.
Etym. Du grec *koptein*, frapper.

COTISSURE n.f.
Es. machucadura
It. ammaccatura
Mâchure produite sur un fruit par un choc, par un grêlon.
Etym. De *cotir*, frapper.

COTON n.m.
En. cotton
De. Baumwolle
Es. algodón
It. cotone
Textile végétal constitué par le duvet qui enveloppe les graines du cotonnier.
Il n'a été utilisé pleinement qu'à partir du XVIIIème siècle grâce à la machine à filer.
Etym. De l'arabe *koton*.

COTONÉASTER n.m.
Es. cotoneaster
Arbrisseau épineux de la famille des Rosacées. *Originaire de l'Himalaya, il est cultivé comme plante d'ornement à cause de son feuillage très fin et de ses baies rouges.*

COTONNER v.intr.
It. ricoprirsi di peluria
Se couvrir d'un fin duvet pour certains fruits : pêche, coing.
C'est un signe de maturité et de bonne qualité.

COTONNERIE n.f.
En. cotton plantation (2)
De. Baumwollanbau (2)
Es. algodonal (2)
It. cotonicoltura (1), cotonificio (3)
1. Culture du coton.
2. Parcelle plantée en cotonniers.
3. Local où l'on travaille le coton.

COTONNIER n.m.
En. cotton plant
De. Baumwollstaude
Es. algodón
It. cotone (pianta)
Plante de la famille des Malvacées.
Son fruit, capsule déhiscente, s'ouvre à maturité et laisse échapper des graines enveloppées de bourre ; ces graines donnent de l'huile et servent à la nourriture du bétail ; la bourre est filée pour donner du coton.
Certaines espèces sont arborescentes et vivaces (Gossypium arboreum) et proviendraient du Soudan ; elles auraient été connues des Pharaons. Les autres sont herbacées et annuelles (Gossypium herbaceum) et seraient originaires de Birmanie ; elles auraient été connues des Perses.
Les Espagnols découvrirent aux Antilles le coton des Barbades (Gossypium barbadense) qui aurait donné le Sea Island à longues fibres. Les Etats-Unis et l'U.R.S.S. sont les plus grands producteurs de coton actuellement.

COTRET n.m.
It. fagotto, piccola fascina
Fagôt de bois à brûler.
Cotret de taillis s'il ne contient que des branches ; cotret de quartiers s'il contient des bûchettes, représentant les quartiers d'une bûche.

COTTAISON n.f.
Succession des cultures dans un même champ.
Syn. Rotation.
S'écrit aussi cotaison.

COTTIER n.m.
Paysan possédant quelques parcelles dont il doit compléter le revenu par des journées sur le domaine seigneurial.
Etym. De *haricotier*.

COTTIS n.m.
En. chlorosis
De. Chlorose
Es. clorosis
It. clorosi
Maladie de la vigne dont les feuilles jaunissent et tombent faute d'oligoéléments ferreux dans le sol.
Syn. Chlorose.

COTTON BELT l.f.
Région des Etats-Unis où domine la culture du coton.
Situé au sud du pays, elle a un climat chaud et humide qui convient à cette plante.
Etym. De l'anglais, ceinture de coton.

COTYLÉDON n.m.
En. cotyledon
De. Kotyledon, Keimblatt
Es. cotiledón
It. cotiledone
Un des lobes contenus dans la graine de certaines espèces de plantes et qui permet de distinguer les monocotylédones (un seul lobe), les dicotylédones (deux lobes) et les gymnospermes (plus de deux cotylédones).
Encadrant la plantule de la graine, les cotylédones constituent des réserves de nourriture pour la plante pendant la germination.
Etym. Du grec *kotuledon*, cavité.

COUARD n.m.
(*Centre*).
1. Petit jardin attenant à une ferme.
2. Espace inculte.
3. Extrémité de la faux, découpée pour être fixée au manche.
4. Partie du boeuf située à la naissance de la queue.
Etym. Dérivé de *queue*.

COUCH n.m.
(*Landes*). Petit pot pour recueillir la résine des pins.

COUCHADE n.f.
(*Médoc*). Marcotte d'un pied de vigne.

COUCHAGE n.m.
1. Marcottage d'un pied de vigne.
2. Opération qui consiste à mettre des graines en couches pour les faire germer.

COUCHE n.f.
En. hotbed
De. Mistbeet
Es. estrato de estiércol
It. strato di concime
Matières organiques composées de fumier, de feuilles, de débris végétaux, largement étalés sur les planches de légumes.
Légèrement arrosées d'eau, elles se mettent à fermenter et à dégager une chaleur qui favorise la germination et la croissance des plantes cultivées.
Etym. Du latin *collocare*, placer.

COUCHER v.tr.
Consacrer un champ à une nouvelle culture.
Ex : coucher un champ en herbe, c'est-à-dire l'ensemencer en graminées et en légumineuses pour obtenir une prairie, opération qui connut un grand succès en Normandie, en Auxois et en de nombreuses régions à sols argileux, au cours du XIXème siècle, quand les avantages de l'élevage primaient sur ceux des cultures. Actuellement, on assiste à une opération inverse ; grâce à la motorisation on remet en culture des prairies épuisées, et on les consacre à des fourrages, ou à des céréales, de plus grande valeur alimentaire que l'herbe des prés.
Etym. Du latin *collocare*, placer.

COUCHIS n.m.
(Normandie). Terre de labour transformée en prairie.

COUCHURE n.f.
Es. **acodo**
It. **margotta di vite**
Sarment de vigne couché en terre avec l'extrémité hors du sol.
Quand la partie souterraine a pris racine on la sépare du pied-mère, et on obtient un nouveau pied de vigne.
Syn. Marcotte, provins.

COUCOURELLE n.f.
Variété de figue à pulpe rouge.

COUDÈNE n.f.
(Périgord). Mauvais pâturage couvert de chiendent, de graminées de médiocre qualité.
Etym. De l'occitan *couda*, brouter.

COUDERC n.m.
Cépage hybride ayant à la fois les qualités des producteurs directs américains et des plants français greffés.
Il fut mis au point par un Ardéchois d'Aubenac, Couderc, vers 1880.

COUDERT n.m.
1. Petit pré enclos, près de la ferme, où l'on mène paître le bétail.
2. Enclos collectif réservé au pâturage, à l'orée d'un village.
3. Pelouse de médiocre qualité sur une colline.
4. Parcelle cultivée en grains au XVIIIème siècle, en Poitou.
Etym. De l'occitan *couda*, brouter.

COUDOU n.m.
(Massif Central). Place couverte d'herbe au centre d'un village.
Syn. Placitre.

COUDOUNIÈRE n.f.
Verger de cognassiers.
Etym. De l'occitan *coudoun*, coing.

COUDRAIE n.f.
En. **hazel orchard**
De. **Haselgebüsch**
Es. **avellaneda**
It. **noccioleto**
Verger de coudriers, ou de noisetiers.
Selon les régions ces vergers portent trois sortes de noms :
a) Courdraie, coudrais, coudrée, coudrière, corlée, courlay, coudrette, corylée, coudrière, coudrel, coudrille, couldroye.
b) Noisillière, neusillère, neusière, neisetier, nosetier, nousillère, nosilhèro.
c) Avellanière, aglanièro, aulanière, alanier, avelot, avelanedo, albelanieiro, aglanieiro, auglaniairo, algalnierro ; pour ces derniers termes voir avelanedo. (G. Plaisance).

COUDRÉE n.f.
1. Terre desséchée.
2. Verger de noisetiers.

COUDRIER n.m.
En. **hazel**
De. **Haselstrauch**
Es. **avellano**
It. **corilo, nocciolo**
Noisetier dans les dialectes de la *France du Nord*.
Etym. Du celte *coslo, collo*, par le latin *corylus*, ou *colurus*.

COUÉE n.f.
(Bourgogne). Extrémité d'un champ en pointe, souvent inculte.

COUENNE adj.
(Berry). Qualifie un pré dont la sole résistante favorise la fauchaison et le passage des instruments agricoles.

COUET n.m.
Sarment de vigne à plusieurs boutons.
Courbé et attaché au fil de fer, il donne beaucoup de raisins.
Aussi, en Anjou, l'appelle-t-on vinée.

COUFFIN n.m.
En. **basket**
De. **Gemüsekorb**
Es. **sera, serón**
It. **cesta, canestro**
1. Sac en vannerie pour transporter des marchandises.
2. Son contenu.
Etym. Du latin *cophinus*, panier.

COUGOURDE n.f.
(Provence). Citrouille, potiron.

COULAGE n.m.
En. **leakage** (1), **must waste** (2)
De. **Auslaufen** (1), **Schaden** (2)
Es. **derroche, diminución** (2)
It. **perdita** (1), **sperpero** (2)
1. Perte de vin s'écoulant des tonneaux.
2. Gaspillage.

COULAISON n.f.
Dégât causé dans les vignes par les intempéries printanières.
Les pluies froides empêchent la fécondation des fleurs du raisin ; la grappe n'est pas fournie, elle a coulé.
Syn. Coulure.

COULANT n.m.
En. **runner**
De. **Wurzelausläufer**
Es. **estolón, latiguillo**
It. **stolone**
Tige fine et grêle qui pousse à l'aisselle d'une feuille ou d'une racine, et qui porte, de place en place, de petites feuilles et des bouquets de racines, tels les *stolons* des fraisiers.

COULANT adj.
It. **leggero e gradevole (vino)**
Qualifie un vin agréable à boire.

COULARD n.m.
Raisin dont les grappes sont sujettes à la *coulure*.

COULASSOU n.m.
(Cévennes). Coussinet de toile bourré de paille ou de foin, en forme de U.
Placé sur les épaules, il servait à porter des charges sur le dos.

COULÉ adj.
Qualifie un fruit qui n'a pas succédé à la floraison, car il n'a pas été fécondé.

COULÉE n.f.
1. Dans un champ dépression où s'écoule l'eau.
2. Vigne plantée sur le versant d'un coteau, et dont les rangées de ceps sont placées selon les lignes de plus grande pente.

COULER v.tr.
En. **to decant**
De. **durchseihen**
Es. **colar**
It. **travasare**
Faire passer le vin de la cuve dans les tonneaux.
Syn. Ecouler.
Etym. Du latin *colare*, filtrer.

COULINAGE n.m.
Destruction des lichens et des insectes le long du tronc et des branches d'un arbre fruitier à l'aide d'une torche de paille enflammée, appelée couline.

COULOIRE n.f.
En. **whey drainer**
De. **Durchschlag, Sieb**
Es. **colador**
It. **colatoio**
1. Récipient à fond percé de trous pour égoutter les fromages frais. *(Fig. 49)*.
2. Passoire en osier destinée à empêcher le passage des pépins et des peaux de raisin à la sortie du pressoir.

(Fig. 49). Couloire

COULOMMIERS n.m.
Fromage de lait de vache.
Syn. Brie de Coulommiers (Seine et Marne).

COULOUMINE n.f.
1. Terre de très bonne qualité.
2. Terre qui reçoit comme fumier la *colombine*, tirée des colombiers.

COULURE n.f.
De. **Vertrocknen der Blüten, Blütenfall**
Es. **corrimiento**
It. **colatura, cascola**
Accident ou maladie qui empêche les fleurs des arbres fruitiers, ou de la vigne, de donner des fruits, parce qu'elles n'ont pas été fécondées.
C'est dû au froid, au vent, à la pluie, à la sécheresse ou bien à l'épuisement de la plante par vieillesse, ou par feuillage trop abondant.
Etym. Du latin *colare*, filtrer.

COUMADE n.f.
(Provence). Abri en pierres sèches, pour loger les bergers des troupeaux transhumants.

COUMBAL n.m.
(Languedoc). Vallée sèche, de petites dimensions, en partie remblayée par un sol fertile et bien cultivé.
Syn. Combe.

COUME n.f.
1. *(Bassin Aquitain).* Vallon cultivé.
Syn. Combe.
2. *(Pyrénées centrales).* Replats entre les sommets, couverts de pelouses et servant de pâturages aux troupeaux durant l'été.

COUMENAILLE n.f.
Pâturage collectif dans le Midi de la France.
Etym. Du roman *comeno*, commun.

COUPAGE n.m.
En. **blending** (1)
De. **Verschneiden** (1)
Es. **mezcla** (1)
It. **taglio** (1)
1. Action de mêler des vins, ou des boissons, de qualités différentes.
2. Mélange, dans un même champ, d'une céréale et d'une légumineuse pour obtenir un fourrage que l'on donne à manger en vert aux bestiaux, après l'avoir découpé.
Syn. (Centre) coupange.

COUPANGES n.f.p.
Fourrages composés de céréales et de légumineuses, que l'on fauche au printemps pour être consommés verts.

COUP DE CHALEUR l.m.
En. **heat stroke** (1)
De. **Hitzschlag** (1)
Es. **insolación** (1)
It. **colpo di calore** (1)
1. Troubles physiologiques provoqués chez un animal domestique par une température trop élevée, soit à la suite d'une exposition trop prolongée à un soleil ardent, soit dans une étable trop petite et mal aérée par temps chaud.
2. Déséquilibre entre l'évaporation et l'alimentation en eau d'une plante.
Il se produit en été, par hautes températures, quand les racines et la pression osmotique ne peuvent plus assurer assez d'eau au feuillage ; la plante se dessèche.

COUP DE FOUET l.m.
Poussée végétative d'une récolte sous l'influence d'un engrais qui convient à sa croissance.
Même expression pour le croît rapide d'un animal domestique grâce à une alimentation appropriée.

COUPE n.f.
En. **cutting, felling** (1)
De. **Holzschlag** (1)
Es. **corta** (1)
It. **taglio** (1)
1. Action de couper les arbres d'une forêt.
2. Partie d'une forêt dont on a coupé les arbres.
3. Instrument agricole pour couper les aliments du bétail.
4. Récolte de fourrages, de céréales et résultat de la coupe.
Etym. Du latin *colaphus*, coup.

COUPE À BLANC-ÉTOC l.f.
En. **clear-cutting**
De. **Kahlschlag**
Es. **corta a ras de suelo**
It. **taglio raso**
Coupe rase, laissant le sol complètement dépouillé d'arbres, exposé à la lumière du soleil.

COUPE AFFOUAGÈRE l.f.
Coupe effectuée par les usagers d'une communauté, selon le nombre de ses feux.

COUPE-ASPERGE n.m.
En. **asparagus tongs**
De. **Spargelstecher**
Es. **cortaespárragos**
It. **sgorbia**
Outil de jardinier composé d'un manche prolongé par une lame courbe avec laquelle on coupe les asperges au ras des racines, au niveau du collet.

COUPE-BORDURE n.m.
En. **common vine-grub**
Es. **cortaorillas**
It. **tagliabordo**
Outil à lame tranchante pour régulariser les bordures des pelouses ou des parterres.

COUPE-BOURGEON n.m.
En. **bud, twig cutter**
De. **Knospenschneider**
It. **punteruolo, calandra**
Insecte coléoptère qui pond un oeuf dans un bourgeon et qui l'incise partiellement, ce qui entraîne un ralentissement de la sève et un flétrissement du tissu végétal dont se nourrira la larve. *Syn. Charançon.*

COUPE-COLLET l.m.
Instrument tranchant coupant les feuilles de betterave au niveau du collet avant la récolte.

COUPE D'ABRI l.f.
Es. **corta de abrigo**
It. **taglio per riparare/proteggere**
Coupe incomplète d'une futaie, ou d'un taillis sous futaie, maintenant des baliveaux en nombre suffisant pour la protection des jeunes plants que l'on veut y introduire, notamment de jeunes conifères parmi des feuillus conservés pour les protéger.

COUPE D'ÉCLAIRCIE l.f.
En. **thinning**
De. **Vereinzeln**
Es. **corta de aclareo**
It. **taglio di diradamento/di dirado**
Coupe qui consiste à supprimer, dans un peuplement de gaulis trop épais, les sujets chétifs afin de favoriser la croissance des arbres les plus vigoureux.

COUPE DE RÉGÉNÉRATION l.f.
En. **regeneration cutting**
De. **Verjüngungshieb**
Es. **corta de regeneración**
It. **taglio di rigenerazione**
Coupe d'une futaie ayant atteint l'âge d'être exploitée et que l'on remplace par des semis naturels.

COUPE DE RÉNOVATION l.f.
De. **Erneuerungsschlag**
Es. **corta de renovación**
It. **taglio di rinnovazione**
Coupe partielle dans un taillis sous futaie, afin d'y ménager des clairières où l'on pratiquera des semis d'essences précieuses pour accroître la valeur de la forêt.

COUPE-FEU l.m.
En. **fire lane**
De. **Brandschneise**
Es. **cortafuego**
It. **tagliafuoco**
Espace déboisé, labouré périodiquement et souvent bordé d'arbres à feuilles caduques résistantes au feu.
Le tout constitue un obstacle à la propagation des incendies dans les forêts de résineux.

COUPE-FEUILLE n.m.
Instrument utilisé dans les magnaneries pour couper les feuilles de mûrier.

COUPE-FOIN n.m.
Es. **cortadora de heno**
It. **trinciafieno**
Instrument tranchant avec lequel on coupe le foin pressé au fur et à mesure des besoins. *(Fig. 50).*

(Fig. 50). Coupe-foin

COUPE-LANDE n.m.
Houe en fer, à large tranchant, pour soulever des fragments de lande en vue de l'écobuage.

COUPE-RACINE n.m.
En. **root cutter**
De. **Wurzelschneider, Rübenschnitzelmaschine**
Es. **cortarraíces**
It. **trinciaradici, trinciatuberi**
Instrument servant à découper les racines, ou les tubercules, destinés à la nourriture des animaux domestiques, ou à la fermentation et à la distillation.
Il se compose de lames tranchantes fixées sur un disque que l'on fait tourner à la main, ou à l'aide d'un moteur, et d'une trémie pour recevoir les racines et les pousser vers les lames. Selon le but recherché les racines sont coupées en tranches, en cossettes, ou en fines lamelles.

Coupe-racine

COUPE RÉGLÉE l.f.
Es. **corta regulada** (1)
It. **taglio periodico**
1. Coupe effectuée dans un bois selon les règles de l'aménagement, afin de ménager l'avenir de la forêt.
2. Prélèvement abusif, illicite, dans un bois, dans une récolte ou dans un troupeau, "mis en coupe réglée".

COUPE SOMBRE l.f.
En. **thinning (out)**
De. **Lichtunghieb, Lichten**
Es. **corta de aclareo**
It. **taglio di semina**
Coupe partielle laissant dans un bois de grands arbres pour qu'ils protègent de leur ombre les jeunes pousses qui souffriraient d'un soleil trop ardent.

COUPE-TIGE n.m.
Outil de jardinier à double lame pour couper les tiges des plantes.

COUPE-VENT l.m.
En. **shelterbelt, windbreak**
De. **Leitvogel**
It. **tagliavento**
Haie d'arbres, ou d'arbustes, protégeant le sol et les plantes délicates contre les ouragans.

COUPEUR n.m.
Vendangeur chargé de couper les raisins.

COUPEUSE-ÉCIMEUSE-ANDAINEUSE l.f.
De. **Zuckerrohvschneidemaschine**
Es. **cortadora-desmochadora-hileradora**
It. **falce-svetta-andanatrice**
Machine pour récolter la canne à sucre.
Elle coupe les tiges à la base et au sommet, et range les parties centrales en andains pour faciliter le ramassage.

COUPILLES n.f.p.
Petites branches enlevées aux arbres que l'on élague.

COUPIS n.m.
Prairie dont on coupe l'herbe au lieu de la faire pâturer.

COUR n.f.
En. **court**
De. **Hof, grosser Schlosshof**
Es. **patio**
It. **cortile**
Lieu situé près du château, au centre de la réserve seigneuriale.
Il comprenait des espaces libres et des bâtiments. C'était le lieu où résidait le personnel exploitant la réserve, où se rendaient les corvéables lors des grands travaux et où l'on déposait les redevances en nature. Il devint basse-cour lorsque s'édifia le château-fort avec sa cour intérieure réservée au seigneur et à ses visiteurs.
Syn. Manoir médiéval.

COUR n.f.
En. **farmyard**
De. **Hof**
Es. **patio, corral**
It. **corte, cortile**
Espace libre, plus ou moins entouré par les bâtiments d'une ferme, et servant aux déplacements des hommes, du bétail et du matériel.
La cour se distingue de la basse-cour parce que le petit bétail n'y séjourne pas et qu'il n'y a ni mare, ni fumier. Au Moyen Age, c'était un domaine rural et le terme s'écrivait avec un t.
Le mot cour entre dans les expressions suivantes: cour-masure et cour-plantée qui désignent le pourtour de la ferme cauchoise, prairie plantée d'arbres et entourée d'un talus où croissent des hêtres.
Etym. Du latin *curtis*, cour.

COURADOU n.f.
(Vivarais). Terrasse, couverte ou non, située au premier étage devant la porte d'entrée d'une maison d'habitation.
On y accède par un escalier extérieur.
Syn. (Quercy) balet.

COURARD n.m.
(Bas-Maine). Porc élevé dans une cour, ou bien laissé libre de courir dans les prés et les bois.

COURAU n.m.
(Pyrénées béarnaises). Etable rudimentaire, pour abriter les agneaux et les brebis malades, dans les *cujalas*.

COURBATURE n.f.
En. **heaves, broken wind**
Es. **cansancio**
It. **bolsaggine**
Maladie du cheval qui se manifeste par une extrême lassitude et qui est due à un excès de travail, notamment chez les chevaux de course mal entraînés. *Etym.* De *court* et de *battu*, battre à bras racourci.

COURBE n.f.
1. Charrue dotée d'un *age* incurvé afin de chausser les pieds de vigne sans érafler les ceps.
2. Jeune pousse de vigne sur un sarment de l'année précédente.
3. Masse osseuse et dure qui se développe sur le bord interne du jarret du cheval, à la suite d'un effort excessif.

COURBET n.m.
Instrument agricole à lame concave tranchante, d'assez grande dimension, parfois fixée à l'extrémité d'un long manche et servant à élaguer les arbres

COURBETON n.m.
Cheville en bois ou en fer, de forme légèrement incurvée, et qui servait à fixer le timon d'un char au joug d'un attelage de boeufs.
A cet effet, le joug était muni de deux anneaux en fer, ou en cuir, où passait la pointe du timon, percée d'un trou. Le courbeton, placé dans le trou, dépassait vers le bas et servait ainsi de point de traction aux anneaux fixés au joug, relié lui-même aux cornes des boeufs.

COURBU n.m.
Cépage du vignoble de Jurançon.

COURBURE n.f.
Forme donnée aux branches d'un arbre fruitier, ou aux sarments d'un pied de vigne, et que l'on maintient avec des liens d'osier, ou de raphia.

COURCE n.f.
Sarment de courte longueur que laisse un vigneron en taillant la vigne.
Syn. Courson

COURCELLE n.f.
1. A l'époque carolingienne, petite tenure paysanne, ou *curticelle*.
2. Plus tard, jardin, ou petite cour.
Etym. Du latin curia, lieu de réunion.

COURCOUR n.m.
(Auvergne). Auvent protégeant le balcon, ou *l'estre*, d'une maison, dans la Limagne viticole.
Syn. Lapin (dérivé d'appentis).

COURÉE n.f.
(Saintonge). Etroite bande de terrain entre deux champs de forme massive.

COUREUR n.m.
(Limousin). Porcelet de 30 à 40 kilos, élevé dans une cour, ou nourri dans les bois, à la glandée.

COURGE n.f.
En. **gourd, pumpkin**
De. **Kürbis**
Es. **calabaza**
It. **zucca**
Plante de la famille des Cucurbitacées, d'origine obscure.
La variété Cucurbita maxima proviendrait du Nigéria, et la variété Cucurbita pepo aurait été importée d'Amérique. Quelques espèces sont comestibles, telle la C.maxima ; d'autres, moins savoureuses, sont réservées à la nourriture des animaux. Enfin quelques-unes servent de plantes d'ornement à cause de leurs fleurs, ou de leurs fruits, aux teintes et aux formes étranges. Autrefois, les graines des courges, ou citrouilles, servaient à faire de l'huile pour la cuisine, ou pour l'éclairage.

COURGE n.f.
(Poitou). Bâton muni de deux entailles aux deux bouts et servant à porter sur l'épaule deux seaux d'eau suspendus aux extrémités.

COURGÉE n.f.
(Anjou). Sarment de vigne comptant six ou sept yeux, ou bourgeons, tandis que le courson n'en compte que deux.
Syn. Aste.

COURGETTE n.f.
En. **courgette**
De. **Zucchini**
Es. **calabacín**
It. **zucchina**
Petite courge de la famille des Cucurbitacées (*Cucurbita minima*) dont les fruits très longs sont consommés frits.

COURONNE n.f.
En. **top, whorl**
De. **Kranz, Krone**
Es. **corona**
It. **corona**
1. Greffage sur la tige coupée du porte-greffe, les greffons étant disposés en couronne entre l'écorce et le bois, au niveau du *cambium*.
2. Zone du fût d'un arbre d'où partent les premières grosses branches.
Etym. Du latin corona, guirlande de fleurs autour de la tête.

COURONNÉ adj.
1. Qualifie un cheval qui a fait une chute sur les genoux des jambes antérieures, ce qui lui a fait perdre une grande partie de sa valeur.
2. Qualifie une graine, ou un fruit, qui a conservé un fragment du calice.
3. Qualifie une brindille qui se termine par un surgeon à fruit.

COURONNEMENT n.m.
It. **coronatura** (1)
1. Accident survenu à un cheval qui s'est éraflé les genoux antérieurs en tombant.
2. Maladie des arbres dont les feuilles du haut jaunissent, faute de sève.
Symptôme de dépérissement.

COURRAI n.m.
(Anjou). Fond du sillon tassé par le passage de la charrue.

COURRÈGE n.m.
1. Champ envahi par une variété de liseron, appelée *courrézade* en occitan.
2. *(Béarn).* Champs en lanière s'opposant aux parcelles massives et encloses des *artigues*.
Etym. De courroie, lanière de cuir.

COURRUE n.f.
1. Temps durant lequel on ouvrait les étangs pour permettre le flottage des troncs d'arbres sur les cours d'eau.
2. Ensemble des opérations effectuées pour obtenir ce mode de transport du bois.

COURS n.m.
Ensemble des parcelles soumises au même cours, c'est-à-dire consacrées aux mêmes cultures.
Syn. Sole.

COURSE n.f.
(Région de Ploermel). Champ allongé et incurvé.

COURSIÈRE n.f.
It. **scorciatoia**
Chemin qui coupe à travers champs pour éviter les longs trajets routiers.

COURSOIRE n.f.
(Vendée). Espace vide autour des bâtiments d'une ferme.

COURSON n.m.
En. **fruit bearing shoot**
De. **Rebzapfen, kleiner Nebenast**
Es. **ramo de frutos**
It. **tralcio tagliato corto**
Partie du sarment de vigne laissée sur la branche mère, et qui ne porte que deux yeux, ou bourgeons.
Il est appelé également bois de retour, car, l'année suivante, lors de la taille, les deux sarments, auxquels il a donné naissance, serviront l'un pour la vergue, l'autre pour un nouveau courson (fig. 51). Le même terme désigne les branches d'arbres fruitiers taillées courtes, par opposition aux branches taillées longues ; ces branches coursonnes sont destinées, sur les pêchers, à porter les fruits de l'année.

(fig. 51). Courson

COURSONNE n.f.
En. **fruit bearing shoot** (2)
De. **kleiner Nebenast**
Es. **ramo de frutos**
It. **ramo tagliato corto**
1. Branche de faible longueur.
2. Sarment taillé sur la branche mère et qui compte deux ou trois yeux.
3. Branche issue de la branche charpentière et portant la branche à fruits de l'année.

COURTAGE n.m.
Achat des animaux de boucherie directement dans l'étable. *Favorisée par les transports routiers, cette pratique a réduit les foires et ne permet pas toujours à l'éleveur de bien défendre ses intérêts, en face du marchand.*

COURTANELLE n.f.
Variété de raisin.

COURTAOUX n.m.p.
(Vallée de Campan). Pâturages, ou estives, fréquentés par les moutons transhumants, de juin à septembre.

COURTAUDER v.tr.
En. **to crop**
De. **Stutzen (von Schwanz und Ohren)**
Es. **desorejar**
It. **mozzare le orecchie e la coda**
Couper les oreilles et la queue d'un animal.

COURTEAU n.m.
Enclos où l'on parque, le soir, les moutons transhumants, sur les estives des montagnes pyrénéennes des Gaves.
Syn. Cujalas.

COURTE-GRAISSE n.f.
(Flandre). Engrais provenant des fosses d'aisance.

COURTEROLLE n.f.
Courtilière.

COURTIAL n.m.
(Languedoc). Petite cour, intervalle entre les bâtiments où passe le bétail d'une ferme.

COURTIER n.m.
1. Charrue sans avant train.
2. Forte charrue permettant de défoncer les terres de brande du Poitou.

COURTIL n.m.
En. **croft** (2)
De. **Gärtchen**
Es. **huerto**
1. Première forme de la tenure seigneuriale et de l'exploitation agricole.
2. Parcelle enclose pour servir aux ébats du bétail, ou de dépôt au matériel agricole, près des bâtiments.
Elle peut être réservée à une ferme, ou commune aux habitants d'un village.
3. *(Marais Vernier).* Petits champs consacrés aux cultures maraîchères dans l'estuaire de la Seine, rive gauche.
4. Le même terme s'applique à une chénevière.
Etym. De l'ancien français court, dérivé du latin curtil, jardin attenant à une ferme.

COURTILLAGE n.m.
(Saintonge). Petite prairie enclose pour les ébats du bétail, près de la ferme.
Syn. Ouche.

COURTILIÈRE n.f.
En. **mole cricket**
De. **Maulwurfsgrille**
Es. **cortón, grillo real, alacrán cebollero**
It. **grillotalpa**
Gros insecte à ailes courtes, appelé aussi taupe-grillon (*Gryllotalpa vulgaris*).
Ce fouisseur est très nuisible, car il coupe les racines des plantes cultivées en creusant des galeries pour se nourrir de larves. On le détruit en répandant du soufre, ou du pétrole, sur le sol.
Etym. De courtil, jardin.

COURTILLE n.f.
Jardin proche de la maison d'habitation.
(Ancien).

COURT-NOUÉ n.m.
Maladie de la vigne causée par des virus, et favorisée par un excès d'humidité.
Elle se manifeste par une dégénérescence de la plante et une coulure des raisins ; le pied paraît noué, arrêté dans sa croissance. On y remédie par le drainage. Le friset, la gommose bacillaire, le noir ou néro, le roncet sont des variétés de court-noué.

COURTON n.m.
Troisième matière fournie par une récolte de chanvre, la première étant le chénevis, la seconde, la filasse, et la troisième, l'étoupe.
Le courton n'a que des fibres très courtes, d'où son nom.

COURT-PENDU n.m.
Pomme reinette à queue courte.
Syn. Capendue.

COUSIN n.m.
En. **midge, gnat**
De. **Mücke, Stechmücke**
Es. **mosquito**
It. **zanzara**
Insecte diptère à piqûre cuisante et susceptible de transmettre une maladie virale.
Etym. Du latin culex.

COUSSEAU n.m.
(Auvergne, Bassin Parisien). "Hachis" de paille que l'on donne en hiver aux bovins, dans les régions montagneuses d'Auvergne, et dans les plaines à blé, pauvres en prairies, du Bassin Parisien, quand le foin vient à manquer dans le fenil.
C'est une médiocre nourriture.

COUSSON n.m.
(Bassin Aquitain). Vent chaud et sec qui dessèche les bourgeons de vigne au printemps.
Syn. (local) autan.

COUSSOU n.m.
1. *(Provence).* Chemin de parcours des transhumants.
2. *(Aquitaine).* Médiocre pâturage sur des sols calcaires de causse.
Etym. Du latin cursorium, chemin de parcours, et de l'occitan caoussou, petit causse, c'est un foehn.

COUSSOUL n.m.
(Crau). Lande de thym, de romarin, de chardon, d'asphodèles et de graminées, où paissent les troupeaux de la Crau.

COUSSURE n.f.
Part de la récolte de blé donnée aux moissonneurs et aux batteurs comme salaire de leur travail.
(Beauce) Elle s'élevait environ au dixième du produit quand tout le grain était dépiqué.

COUSTIÉRO n.f.
1. Haie d'arbres pour protéger une parcelle contre le vent.
2. Bande de terre inculte au bout d'un champ.
Syn. Chaintre.
3. *(Languedoc).* Versant d'une colline.

COUSTURE n.f.
(Auxois). Sole.

COUTE n.f.
1. Courson coupé à deux ou trois yeux, afin de fournir du bois pour la taille de l'année suivante.
2. Serpe munie d'un long manche, et dont on se sert pour couper les branches difficiles à atteindre.
Son diminutif coutel a donné couteau.

COUTELÉE n.f.
1. *(Bourgogne).* Quantité d'herbe que l'on coupe d'un coup de faux.
2. Masse de terre soulevée par la bêche, quand on déchausse une vigne.

COUTEURE n.f.
(France du centre et du nord). Grand champ, ou parcelle, mis en culture.
(Déformation du mot culture.)

COUTILLO n.m.
(Bresse). Jardin proche de la maison d'habitation.
(Déformation du mot courtil, petit courtil.)

COUTIVAGE n.m.
Action de mettre une terre en culture.
Terme archaïque dérivé de cultivage.

COUTRE n.m.
En. **coulter**
De. **Pflugeisen**
Es. **cuchilla**
It. **coltro**
Pièce en fer de la charrue, en forme de couteau.
Fixée à l'age, elle s'allonge en avant du versoir, jusqu'à la pointe du soc, afin de fendre verticalement la terre, tandis que le soc la fend horizontalement ; le versoir soulève et renverse le parallélépipède ainsi découpé (fig. 52).
Etym. Du latin culter, couteau.

(Fig. 52). Coutre

COUTRIÈRE n.f.
De. **Klemmbügel**
Es. **pescuño**
It. **staffa**
Pièce de la charrue servant à fixer le coutre sur l'age.

COUTUMES n.f.p.
En. **custom**
De. **Bräuche, Sitten**
Es. **costumbre**
It. **usanze, costumi, consuetudini**
Usages anciens et locaux, établis au cours du morcellement féodal de la France, et s'appliquant surtout au monde rural.
Selon une ligne sinueuse, allant de la

Rochelle à Genève, on distinguait au nord les pays de droit coutumier oral, issu en partie des usages germaniques ; et au sud les pays de droit coutumier écrit, issu du droit romain. Mais ces pratiques, ayant force de loi par suite de l'assentiment de tous, manquaient de précision et, à plusieurs reprises, on tenta de les codifier en les réformant, surtout au cours du XVIème siècle. Sous Louis XIV, on en comptait plus de soixante, applicables à l'ensemble d'un vaste territoire, baillage ou sénéchaussée, et plus de trois cents limités à quelques localités. Ce furent les auteurs du Code civil qui mirent fin à ce désordre législatif.
Etym. Du latin *consuetudo*, qui a donné *coustume* et coutume.

COUTUMIER n.m.
En. **customary**
It. **raccolta di norme consuetudinarie**
Registre où sont consignés les usages anciens et locaux ayant force de loi par suite de l'assentiment de tous.
On disait aussi charte de coutume quand elle avait été accordée par le seigneur ou par le roi, à une communauté, le plus souvent rurale.
Etym. Du latin *consuetudo*, qui a donné *coustume* et coutume.

COUTURE n.f.
1. Parcelles cultivées en céréales par opposition aux herbages, aux vergers, aux bois.
2. Terres du manse seigneurial par opposition aux tenures roturières.
Ces terres seigneuriales étaient exploitées collectivement par des serfs, ou bien par corvées ; sur les domaines monastiques on avait recours à des hôtes ou à des colons.
3. (*Bourgogne*). Sole où l'on distinguait la couture des blés, celle des carémages et celle des sombres.
4. (*Saintonge*). Terre de bonne qualité.
5. Nom de lieux-dits, avec des variantes : couturau, coustureau, etc.
Syn. Culture.

COUVAIN n.m.
En. **brood**
De. **Brut, Brutwabe**
Es. **cresa**
It. **covata delle api**
Rayon de cire, façonné par les abeilles, et dont les alvéoles sont garnis d'oeufs, de larves et de nymphes.
La reine dépose ses oeufs, d'abord au centre du rayon, puis, poursuit sa ponte en s'éloignant vers la périphérie. Quand les oeufs ont donné des larves et que les ouvrières ont nettoyé les alvéoles du centre, la reine revient vers le centre et reprend son chemin vers le pourtour. Il faut 15 jours à un couvain femelle pour éclore, 21 jours à un couvain d'ouvrières et 24 jours à un couvain de mâles. Si le couvain est compact à partir du centre, la reine est de bonne qualité et la ruche est saine. Si l'on apperçoit des vides, la ruche est atteinte de diverses maladies, en particulier, de la loque. Par extension, le mot couvain est appliqué aux oeufs des insectes vivant en société.

COUVAISON n.f.
En. **brooding time** (4)
De. **Brutzeit** (4)
Es. **incubación**
It. **cova**
1. Oeufs qu'une poule peut couver.
2. Poussins qu'une poule élève.
3. Opération qui consiste à mettre couver des oeufs.
4. Durée pendant laquelle doit couver une poule pour faire éclore ses oeufs.
Syn. Couvage.
Etym. Du latin *cubare*, être couché.

COUVE n.f.
(*Provence*). Poule qui couve.

COUVÉE n.f.
1. Ensemble des oeufs couvés par une volaille.
2. Poussins éclos de ces oeufs.

COUVER
En. **to brood**
De. **brüten**
Es. **incubar, empollar**
It. **covare**
Se dit des volailles qui se tiennent sur leurs oeufs pour les faire éclore.
Etym. Du latin *cubare*, être couché.

COUVERT n.m.
1. Bâtiments et toitures d'une ferme.
2. Cultures servant de refuge au gibier.

COUVERT n.m.
En. **covering, foliage**
De. **Blätterdach**
Es. **refugio, abrigo**
It. **coperto**
Abri constitué par les branches et les feuilles des arbres d'une forêt.

COUVERT adj.
En. **shady walk** (2)
De. **schattiger Ort** (2)
Es. **cubierto** (2)
It. **ombroso** (1), **ombreggiato** (2)
1. Qualifie un pays très boisé.
2. Se dit d'une allée placée sous un berceau de branches feuillues.
3. Qualifie un fruit enveloppé par le calice de sa fleur.
4. Qualifie un vin de couleur rouge foncé.

COUVERTURE n.f.
Es. **cobertura**
Paille, feuilles, ou fumier que l'on répand sur un semis pour le protéger du froid, ou du soleil, et pour maintenir l'humidité.
L'expression engrais en couverture désigne les engrais que l'on répand à la surface du sol sans les enfouir. Dans les forêts, une couverture vivante est composée de petites plantes qui poussent ; une couverture morte est composée de débris végétaux.

COUVEUSE n.f.
En. **broodhen**
De. **Bruthenne**
Es. **clueca**
It. **chioccia**
Poule qui couve.

COUVEUSE n.f.
En. **incubator**
De. **Brutmaschine, Brutkäfig**
Es. **incubadora**
It. **incubatrice**
1. Appareil qui sert à faire éclore les oeufs.
C'est un incubateur.
2. Four utilisé pour l'éclosion des oeufs de vers à soie.
3. Caisse aérée où l'on place les porcelets que leur mère ne peut nourrir, ou dont la croissance est trop lente.
Un microordinateur signale les déficiences de l'animal et les moyens d'y parer.

COUVI adj.
En. **rotten**
De. **bebrütet**
Es. **huero**
It. **barlaccio**
Qualifie un oeuf gâté pour avoir été à demi couvé.

COUVOIR n.m.
Nid où couve une poule.

COUVOIR n.m.
En. **hatchery**
De. **Brutanstalt**
Es. **establo de incubación**
It. **incubatrice**
Bâtiment où se pratique l'incubation artificielle des oeufs, et l'élevage des poussins avec salle de stockage des oeufs, salle d'incubation, salle d'éclosion et poussinière.

COUVRAILLES n.f.p.
(*Pays de la Loire*). Semailles d'automne suivies d'une légère façon culturale à la herse, pour couvrir les grains.
Syn. Couvraines.

COUYALA n.m.
(*Pyrénées*).
1. Abri pour le berger sur les pâturages d'été.
2. Enclos où l'on parque le bétail, le soir.
3. Partie du pâturage attribuée à un berger.
Abri, enclos et partie du pâturage coincident.
Syn. Cujala.
Etym. Du basque *caiolar*, abri en pierres.

COW-BOY n.m.
En. **cowboy**
De. **Cowboy**
Es. **vaquero**
It. **cowboy**
Gardien de bétail dans les prairies du Far West américain.
Etym. Emprunt à l'anglais, littéralement garçon vacher.

COW-POX n.m.
En. **cowpox**
Es. **vacuna**
Eruption qui se produit sur les trayons des vaches et qui contient le vaccin qui immunise les hommes contre la variole.
C'est l'Anglais Jenner, qui, ayant remarqué que les bergers, qui trayaient les vaches, n'avaient jamais la variole, eut l'idée d'utiliser la sécrétion des cow-poxes pour immuniser à leur tour les êtres humains contre la terrible maladie qui décimait la population blanche au XVIIIème siècle. Dès lors, la mortalité par la variole tomba à un taux insignifiant.
Etym. De l'anglais *cow*, vache et *pox*, variole.

COYAUX n.m.p.
1. Chevrons prolongeant le comble d'une toiture jusqu'au delà du pignon.
2. Les deux ailes de l'araire fixées en forme de V au-dessus du dentale.
Etym. Dérivé de *queue*.

COYER n.m.
Etui en métal, ou en corne, fixé à la ceinture du faucheur, et contenant de l'eau.
Le faucheur y plaçait la pierre à aiguiser sa faux.
Etym. Dérivé de *queue*, pierre à aiguiser.

CRA n.m.
(Bourgogne). Champ où affleurent des pierres calcaires.
Le terme s'oppose à aubue réservé aux terrains crayeux.
Etym. Du pré-indoeuropéen, *car*, rocher.

CRACHON n.m.
Petit vase où l'on rejette le vin après l'avoir goûté.

CRACK n.m.
En. **crack**
De. **Crack**
Es. **favorito**
Cheval de course d'une qualité exceptionnelle.

CRAIE n.f.
En. **chalk**
De. **Kreide**
Es. **creta**
It. **creta**
Calcaire tendre, à 50% ou 60% de CaO, utilisé pour amendement.

CRAMBE n.m.
It. **crambe, cavolo di mare** (2)
1. Papillon de la famille des Pyralidés dont la chenille se nourrit des feuilles de vigne.
2. Plante de la famille des Crucifères *(Crambe maritima)*, appelé *chou marin*.
Cultivé pour ses jeunes pousses qui rappellent le goût du chou-fleur.

CRAONNAISE n.f.
(Mayenne). Race de porcs originaire de Craon. *D'engraissement facile et de chair abondante et savoureuse.*

CRAPAUD n.m.
Es. **galápago** (2)
1. Récipient pour transporter la boisson des ouvriers agricoles dans les champs.
2. Inflammation du tégument sous-ongulé du pied du cheval.

CRAPAUDES adj.p.
Qualifie les écorces des arbres quand elles sont ridées comme la peau des crapauds.

CRAQUELINS n.m.p.
(Haute Provence). Adjudicataires des coupes de bois dans les forêts communales, ou domaniales.

CRASSANE n.f.
Variété de poire, à maturité tardive, à peau épaisse, mais à pulpe sucrée et fondante.
Syn. *Passe-crassane*.

CRASSE n.f.
En. **keratosis of pig**
De. **Schmutzkrankheit**
Es. **queratosis del cerdo**
Maladie parasitaire du porcelet.
Elle se manifeste par des grattages, des plaies suintantes et des croûtes sur la peau. C'est une variété de gale.

CRASTE n.f.
(Gascogne). Fossé creusé pour l'écoulement des eaux retenues en surface par l'alios, grès ferrugineux imperméable des Landes.

CRAU n.f.
Terrain parsemé de pierres et de cailloux, comme la Crau de Provence.
Etym. Du pré-latin *cra*, rocher.

CRAVENS n.f.p.
(Bas-Rhône). Pâturages des plaines, loués en hiver aux bergers des troupeaux transhumants.
Etym. Du pré-latin *cra*, rocher.

CRAYÈRE n.f.
(Champagne). Galerie creusée pour extraire la craie à convertir en chaux.
Les crayères de la Côte de l'Ile-de-France sont utilisées comme caves ; celles de Touraine comme champignonnières.

CRAYON n.m.
1. *(Champagne).* Terre où affleure la craie.
2. *(Bourgogne).* Sol dérivé des marnes liasiques, favorable à la vigne.
Syn. (selon les régions) *crayot, créouse, crèse,* etc.

CRÉAU n.m.
(Puisaye, Berry). Sol sec et aride, dérivé des calcaires sous-jascents.

CRÈCHE n.f.
En. **manger**
De. **Krippe**
Es. **pesebre**
It. **mangiatoia**
Cloison en bois, entre l'espace réservé aux bêtes et celui où circulent les hommes.
Elle se compose d'un bâti vertical en planches percé d'ouvertures, les cornadis, où les boeufs passent la tête, et de cases, les mangeoires, où l'on met les aliments du bétail (fig.53).
Etym. Du francique *kripja*, crèche.

(fig. 53). Crèche

CRÉDIT AGRICOLE MUTUEL l.m.
De. **Agrarkreditbank**
Es. **crédito agrícola**
It. **credito agricolo**
Banque recevant des dépôts et accordant des crédits, le plus souvent en milieu agricole.
Il comprend des caisses locales, régionales et nationale. Naguère banque d'Etat, il a été privatisé en février 1988 et, par la suite, géré sous forme de mutuelle.

CRÉMADE n.f.
1. Parcelle défrichée par le feu.
2. *(Midi méditerranéen).* Nom de lieu assez fréquent.
Etym. Du provençal, *cramé*, brûlé.

CRÉMANT n.m.
(Champagne). Vin de Champagne à faible teneur en gaz carbonique, de sorte qu'il ne se couvre que d'une mousse peu abondante.

CRÈME n.f.
En. **cream**
De. **Rahm, Sahne, Speise**
Es. **nata**
It. **panna**
Substance obtenue à partir du lait entier, par une écremeuse, ou centrifugeuse.
Les éléments qui composent cette substance étant plus légers que le lait, celui-ci est projeté hors de l'appareil, le résidu est enrichi en matières grasses (30 à 40%) et, après barattage, donnera du beurre.
Le terme entre dans plusieurs expressions:

crème de gruyère, fromage mou à tartiner ; crème de cassis, de cacao, liqueurs sirupeuses à base de grains de cassis, de fèves de cacao, crème de tartre, dépôt qui se forme dans le vin et qui est un bitartrate de potassium.
Etym. Du latin cremum.

CRÉMENT n.m.
Alluvions abandonnées par les eaux, et mises en valeur le long des rivières et des rivages.
Etym. Du latin crementum, accroîssement.

CRÈME DE TÊTE l.f.
(Sauternes). Premier moût obtenu au début des vendanges avec des raisins atteints de pourriture noble.

CRÈMERIE n.f.
En. **creamery**
De. **Milchgeschäft**
Es. **lechería**
It. **latteria**
Boutique où l'on vend des produits laitiers, des oeufs, etc.

CRÉMET n.m.
(Anjou). Petit fromage riche en crème.

CRÉMIÈRE n.f.
Es. **lechera** (1)
1. Femme qui vend des produits laitiers.
2. *(Vendée).* Vase en grés où l'on recueille la crème du lait.

CRENAU n.m.
Cage ronde en osier, où l'on enferme les volailles.

CRÉPELAGE n.m.
Autrefois, travail du moissonneur saisissant une poignée de blé de la main gauche et la coupant d'un coup de faucille tenue de la main droite, comme s'il tondait par touffe une chevelure frisée et crêpelée.
Etym. Du latin crispus, onduleux, crêpé.

CRESSON n.m.
En. **water-cress**
De. **Kresse, Brunnenkresse**
Es. **berro**
It. **crescione**
Plante herbacée de la famille des Crucifères.
Le cresson de fontaine (Nasturtium officinale) serait originaire de Sibérie. Il se développe dans les lieux très humides, et même dans les eaux courantes où il se reproduit spontanément par ses racines. Des cressonnières jalonnent certains cours d'eau à écoulement lent, dans la région parisienne. Elles se composent de bassins à fond plat que l'on ensemence et fertilise avec des engrais minéraux ; l'eau s'y déverse lentement, et, après six semaines, on procède à des récoltes tous les quinze jours ; c'est la cressiculture. On donne le nom de cresson à diverses plantes qui peuvent servir à préparer des salades, tels
le cresson des prés (Cardamine pratensis) ; le cresson de cheval (Veronica beccabunga) ; le cresson alénois, ou à la noix (Lepidum sativum), cultivé pour servir de condiment ; le cresson du Brésil (Spilanthes acmella) utilisé en pharmacie.
Etym. Du germanique chresso.

CRESSONNIÈRE n.f.
En. **water-cress pond**
De. **Kressenbeet**
Es. **berrizal**
It. **piantagione di crescione**
Terrain où l'on cultive le cresson.
Divisé en fossés de 40 cm de profondeur, il est rempli d'eaux courantes.

CRESTADOU n.m.
(Vallée d'Ossau). Châtreur et hongreur de bétail.
Celui qui coupe la *crête.*

CRÊTE DE LABOUR l.f.
Légère ondulation du sol à l'extrémité d'une parcelle labourée.
Elle provient de l'accumulation des débris de terre que le laboureur détachait du soc et du versoir de la charrue, en les nettoyant à l'aide d'une raclette fixée à son aiguillade. Ces débris ne sont abondants que si le sol est argileux et colle à la charrue.
(V. ackerberg).

CRÉTELLE n.f.
En. **crested dogstail, dogstail**
De. **Kammgras**
Es. **cola de zorra**
It. **covetta dei prati**
Plante vivace de la famille des Graminées (*Cynosorus cristatus*), excellente comme fourrage.

CRÉTION n.m.
(Anjou). Bande de chaume, ou éteule, de 15 à 20 cm de large laissée entre deux sillons.
Le terme dérive de crête.

CREUCHE n.m.
(Vosges). Bêche à deux dents.
Syn. Bident.

CREUTE n.f.
1. *(Saintonge).* Trou, dépression, doline dans une parcelle en labour.
Syn. Creuge, creux.
2. *(Soissonnais).* Trou creusé dans le calcaire et utilisé parfois comme champignonnière.

CREUX n.m.
Emplacement circulaire où broute une vache attachée à un piquet, dans un pâturage.

CRÈVECOEUR n.m.
(Normandie). Race de volaille qui doit son nom à la ville de Crèvecoeur.
Bonne pondeuse, elle s'engraisse rapidement. Elle porte une houppe de plumes au sommet de la tête.

CRIB n.m.
Séchoir à maïs, édifié fréquemment en plein champ et formé d'un treillis tendu sur une charpente légère de 2 m de haut, de 60 cm de large et parfois de plusieurs dizaines de mètres de long.
Divisé en compartiments, il met les épis à l'abri des rongeurs et les expose à l'air et au soleil (fig. 54) pour le séchage naturel.

(Fig. 54) Crib

CRIBLAGE n.m.
En. **sifting**
De. **Sieben**
Es. **criba, cernido, cribado**
It. **crivellatura**
Opération qui a pour but de faire passer des grains dans un crible afin d'éliminer les criblures et de trier les grains par grosseur.

CRIBLE n.m.
En. **sieve, sifter**
De. **Sieb**
Es. **criba**
It. **crivello**
Instrument manuel composé d'un bâti soutenant une toile, un treillis, ou une planche percée de trous.
Par un mouvement de va-et-vient et de saltation, les grains qu'il contient sont nettoyés des débris qui les salissent, et qui passent par les trous ; ou bien, ces débris s'accumulent sur les grains à cause de leur légèreté et on les enlève à la main (fig. 55). C'est aussi un appareil mécanique qui, par rotation et variétés de trous, permet de calibrer, de trier, de classer et de nettoyer les graines de céréales ; il est mis en mouvement à la main, ou par un moteur (V. tarare).
Etym. Du latin criblum, tamis.

(Fig. 55) Crible

CRIBLURE n.f.
En. **siftings** (1)
De. **Abfall** (1)
Es. **ahechadura** (1)
It. **mondiglia, scarti** (1), **gommosi parassitaria, impallinatura** (2)
1. Résidu du criblage des céréales.
2. Maladie des arbres fruitiers à noyaux.
Due à un champignon (Coryneum beyerinckii), elle se manifeste par des plaques indurées sur les feuilles, les fruits et

les rameaux; ces plaques desséchées tombent et les feuilles paraissent criblées de trous.
Etym. Dérivé de *crible*.

CRIC-TENSEUR n.m.
Petite poulie à crans servant à tendre les fils de fer (*fig. 56*).
Syn. Tendeur

(Fig. 56). Cric-tenseur ; tendeur

CRINS n.m.p.
En. **horsehair**
De. **Pferdehaar**
Es. **crines**
It. **crine**
Poils rudes de la queue et de l'encolure des chevaux.
Etym. Du latin *crinis*, cheveu.

CRINIÈRE n.f.
En. **mane** (1)
De. **Mähne** (1)
Es. **crines** (1)
It. **criniera** (1)
1. Poils longs et souples sur le front et l'encolure du cheval.
2. Extrémité d'un champ où aboutissent les sillons.
Mal labourée, les herbes et les buissons y poussent comme des crins.
Syn. Chaintre.
Etym. Du latin *crinis*, cheveu.

CRIOT n.m.
(*Bourgogne*). Terrain sec et pierreux, situé à flanc de coteau, favorable à la vigne.

CRIQUET n.m.
En. **locust, cricket**
De. **Wanderheuschrecke**
Es. **langosta, saltamontes**
It. **cavalletta**
Insecte orthoptère de la famille des Acridiens dont il existe plusieurs espèces.
Les criquets pèlerins (Schistocerca gregaria) et les criquets migrateurs (Locusta migratoria) vivent en Afrique, en Amérique, en Asie, aux limites des zones arides et des zones humides. Ils se déplacent en gigantesques essaims dévorant toute végétation sur leur passage. On les combat au lance-flamme, ou en les aspergeant d'insecticides par avions ou hélicoptères. A ne pas confondre avec les sauterelles qui sont inoffensives pour les cultures.

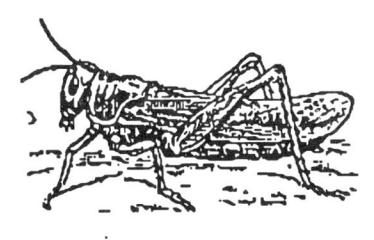

Criquet

CRISE CLIMATÉRIQUE l.f.
Période au cours de laquelle s'intensifie le rythme métabolique d'un fruit, d'une graine, durant son évolution vers la maturation.
Pour de bons résultats, la plante doit disposer à ce moment-là d'une lumière, d'une humidité, d'une atmosphère et d'oligoéléments qui peuvent être programmés par ordinateur ; ces conditions physiques varient selon que le murissement est plus ou moins rapide : lent pour les pommes, il est bref pour les bananes.

CROBIT n.m.
(*Gascogne*). Champ qui vient d'être ensemencé.

CROC n.m.
En. **hook**
De. **Haken**
Es. **azado, garfio, garabato**
It. **zappa a due o più denti**
Instrument aratoire composé d'un manche et de deux, ou plusieurs dents en fer recourbées.
Il sert à arracher les racines, à atteindre et à courber les branches des arbres fruitiers pour la récolte, à retirer le fumier des étables, à pratiquer un binage appelé crochetage.
(*fig. 57*).

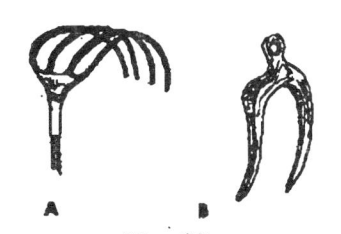

(Fig. 57).
Crocs : A, à fumier ;   B, à pommes de terre.

CROC n.m.
(*Vendée*). Haie sur talus bordant un champ.

CROCHETAGE n.m.
De. **Jäten**
Es. **bina**
It. **scasso**
Façon culturale superficielle effectuée avec un croc, à la main ou mécaniquement, dans les sous-bois, afin de favoriser la germination des faînes ou des glands.
Etym. Du latin *croccus*, croc.

CROFTS n.m.p.
Petites exploitations agricoles du littoral occidental de l'Ecosse, séparées de la lande par un mur de pierre. S'étendant jusqu'au rivage, leur superficie est d'environ 2 acres (80 ares).
C'est aussi, dans un sens plus large, une parcelle entourée d'une murette, proche des étables, où va paître le bétail.

CROISEMENT n.m.
En. **hybridization, interbreeding**
De. **Kreuzen**
Es. **hibridación, cruzamiento**
It. **incrocio**
Procédé de reproduction d'un individu, animal (ou végétal), par fécondation d'une femelle par un mâle appartenant à la même espèce, mais non à la même race (ou à la même variété).
Ex. Jument fécondée par un baudet, maïs hybride et maïs simple, brugnonnier et mandarinier, etc.
Etym. Du latin *crux*, croix.

CROISEMENT ALTERNATIF l.m.
Croisement de la même femelle tantôt avec un mâle A, tantôt avec un mâle B, et réciproquement, ce qui permet de comparer les produits, ou bien de croiser une femelle de ces produits avec l'un ou l'autre mâle.
On a obtenu ainsi de nouvelles races bovines (Maine-Anjou), ou chevalines (Anglo-normand).

CROISEMENT CONTINU l.m.
Procédé d'accouplement qui a pour but d'obtenir une race améliorée et qui consiste à croiser une femelle de race rustique avec un mâle de race déjà sélectionnée et l'on répète avec les femelles obtenues et les mâles de la race choisie.
Après trois ou quatre générations on obtient la race espérée ; c'est plus ou moins rapide selon le cycle de reproduction de l'animal, de un an (volailles), à quatre ou cinq ans (bovins).
Syn. Croisement d'absorbtion.

CROISEMENT INDUSTRIEL l.m.
Croisement ayant pour but la production de la viande.
Le métis obtenu n'est pas utilisé comme reproducteur, mais seulement pour la boucherie.

CROISEMENT VÉGÉTAL l.m.
It. **incrocio vegetale**
Fécondation naturelle ou artificielle des ovules d'une plante par les pollens d'une autre plante, de la même espèce, mais de variété différente.
Ce croisement est dit diatèle si les plantes fécondantes et les plantes fécondées sont combinées 2 à 2 ; il est dit en retour s'il a lieu entre une plante spontanée et une plante hybride ; il est réciproque s'il a lieu entre deux plantes de variétés différentes, mais en faisant alterner pollens et ovules de l'une à l'autre selon les saisons.

CROISSANCE n.f.
En. **growth**
De. **Wachstum**
Es. **crecimiento**
It. **crescenza, crescita**
Augmentation de la taille et du poids d'un animal ou d'un végétal.
Elle peut être due à l'alimentation, à la pluie, à la température ou à l'introduction d'une hormone de croissance dans le matériel génétique ; elle est ralentie ou arrêtée par le froid, la sécheresse, la faim ou la déficience d'un ou de plusieurs gènes.

CROISSANT D'ÉLAGAGE l.f.
En. brush hook, pruning hook
De. Hippe, Sichel
Es. podadera
It. specie di falce

Serpe en forme de croissant, fixée à l'extrémité d'un long manche, et servant à élaguer les arbres. *(Fig. 58)*.

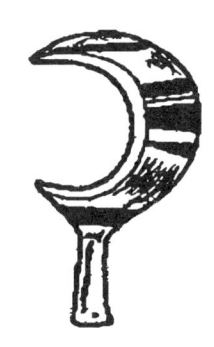

(Fig. 58). Croissant d'élagage

CROÎT n.m.
En. growing
De. Zuwachs, Vermehrung, Nachwuchs
Es. crecero
It. accrescimento del bestiame, aumento di peso

Profit en têtes, en poids et en argent, d'un troupeau durant une période déterminée.
Etym. Du latin crescere, croître.

CROÎT DE CENS l.m.
Augmentation du cens primitif versé pour une tenure.

CROIX DE CARREFOUR l.f.
Croix plantée sur le chemin entourant le village, et au point de départ des routes importantes.

CROQUANT n.m.
Surnom donné aux paysans révoltés sous le règne d'Henri IV et de Louis XIII.
Par extension, paysan, rustre, propre à rien.
Etym. Du village de Crocq, dans la Creuse, ou de croc, outil agricole.

CROSKILL n.m.
En. grubber
De. Schollenbrecher
Es. rodillo croskill
It. rullo frangizolle

Instrument agricole composé d'un rouleau à disques inégaux, un grand alternant avec un petit, qui, munis d'aspérités, coincent les mottes et les écrasent quand ils tournent, par croskillage.
Du nom de son inventeur.
Terme français : brise-mottes.

CROSNE n.m.
En. Japanese artichoke
De. Knollenziest
Es. crosne del Japon
It. stachys tuberina

Plante vivace de la famille des Labiées (Stachys tuberifera).

Importée du Japon vers 1900, et cultivée d'abord à Crosne, près de Corbeil, elle s'est répandue dans les cultures maraîchères, car elle donne des tubercules très appréciés comme légumes.

CROSSE n.f.
Arbre vert, ou sec, auquel on attache les sarments d'un pied de vigne cultivé en hautain.
Diminutifs : crosson, crossette.

CROSSE À FAGOT l.f.
Instrument composé de deux pièces de bois parallèles, légèrement cintrées à l'une de leurs extrémités, et réunies par une chaîne à la base de la partie cintrée.
Elles servent à serrer les fagots avant de les lier.

CROSSETTE n.f.
Es. injerto

Fragment d'un sarment de vigne poussé durant l'année, et que l'on coupe avec un peu de vieux bois de l'année précédente pour l'utiliser en bouture.
On fait aussi des crossettes de figuier, de poirier, etc.

CROT n.m.
1. Récipient formé de minces copeaux, réunis en corbeille, pour recueillir, au bas des cares, des pins maritimes des Landes, la résine qui le rend étanche.
Auparavant, c'était au pied de l'arbre un trou, un cro, tapissé de copeaux où coulait la résine; par suite, le crot a été remplacé par un petit vase en terre cuite, seul utilisé actuellement.
2. Petite fosse de forme carrée où l'on place les boutures de vigne pour une future plantation.
Syn. Angelot.

CROTON n.m.
(Centre). Partie la plus haute du billon.
Recrotoner c'est labourer en billon, en renversant les sillons les uns vers les autres.

CROTTIN n.m.
Es. cagajón
1. Excrément formé de petites parcelles arrondies, telles les déjections du cheval, du mouton, de la chèvre.
2. Fromage de chèvre.

CROTTIN DE CHAVIGNOL l.m.
Fromage de chèvre ayant la forme d'une lampe à huile.
Il a été commercialisé vers 1924 par M. Dubois, du village de Chavignol, près de Sancerre, d'où son nom.

CROUE n.f.
(Bourgogne). Parcelle laissée par un vigneron à ses ouvriers pour y cultiver des légumes.
Dérivé sans doute de crouée, terre enclose et réservée aux plantes fragiles.

CROULIÈRE n.f.
(Landes). Terre sablonneuse et mouvante, impropre à la culture.
Etym. De s'écrouler.

CROUPE n.f.
En. rump, hindquarters
De. Kruppe, Hinterteil
Es. grupa
It. groppa

Partie du corps d'un cheval, ou d'un boeuf, des reins à l'origine de la queue.
Etym. Du francique kruppa, bosse.

CROUPIÈRE n.f.
En. crupper
De. Schwanzriemen
Es. grupera
It. groppiera

Partie du harnais d'un cheval de trait ou de labour.
Composée de lanières de cuir, elle se pose sur la croupe du cheval et maintient l'ensemble du harnais (fig. 59).
Etym. Du francique kruppa, croupe.

(Fig. 59). Croupière

CROYE n.f.
Terre contenant de nombreux fragments de calcaire.
C'est la groie poitevine.

C.R.P.F. sigle
Centre Régional de la Propriété Forestière.
Etablissement public régional, créé en 1963 pour améliorer la productiion et les structures des forêts.
Il est administré par des propriétaires fonciers qui vulgarisent les méthodes de sylviculture intensive et la commercialisation des produits.

CRU n.m.
1. Quantité dont un troupeau ou une plante se sont accrus durant un certain temps.
2. Récolte provenant d'un endroit bien déterminé, où elle a crû. *(archaïque)*.
Etym. Du latin crescere, croître.

CRU n.m.
En. vintage wine (2)
De. Landwein, heimatlicher Wein
Es. terruño, viñedo
It. regione viticola rinomata

1. Région qui donne à un produit des qualités spéciales, surtout s'il s'agit de vignobles.
2. Par extension, vins qui proviennent de cette région.

CRUCHADE n.f.
(Aquitaine). Bouillie de farine de maïs, jadis très appréciée en Aquitaine.
V. Rimotte.

CRUCIFÈRES n.f.p.
En. Cruciferae
De. Kreuzblütler
Es. crucíferas
It. crocifere
Très importante famille de Dicotylédones, comptant 4 000 espèces, à fleurs en quatre pétales formant une croix, et dont le fruit est une silique ou une silicule.
Elle comprend des plantes adventices (sanve, bourse à pasteur), des plantes ornementales (giroflée, monnaie du pape), des plantes alimentaires (navet, chou, radis), des plantes industrielles (colza, moutarde).
Etym. Du latin *crucem ferre*, porter une croix.

CRYPTOGAME n.m.
En. cryptogam
De. Kryptogame, Sporenpflanze
Es. criptógama
It. crittogama
Plante qui a ses organes de reproduction cachés, qui n'a pas de fleur.
S'applique surtout aux champignons en agriculture ; s'oppose aux phanérogames, plantes qui ont des fleurs.
Etym. Du grec *kruptos*, caché et *gamos*, mariage.

CRYPTOGAMIQUE adj.
En. cryptogamic
De. kryptogamisch
Es. criptogámica
It. crittogamico
Qualifie de nombreuses maladies des plantes cultivées, dues à des champignons, ou cryptogames.
Etym. Du grec *kruptos*, caché et *gamos*, mariage.

C.T.G.R.E.F. sigle
Centre Technique du Génie Rural, des Eaux et Forêts.

CUBAGE n.m.
En. cubic content
De. Ausmessung, Kubierung
Es. cubicación
It. cubatura
Calcul du volume d'un arbre debout, ou abattu, d'une coupe à effectuer, ou d'un lot de bois façonné.
Pour une grume d'arbre, on l'identifie à un cylindre de même longueur, et de diamètre égal à la moyenne des diamètres des deux extrémités.

CUCHE n.f.
(Savoie). Meule de foin en plein air pour la nourriture du bétail en hiver.

CUCHON n.m.
(Savoie). Petit tas de foin à demi-sec, fait le soir et défait le lendemain matin pour terminer sa dessication.

CUCURBITACÉES n.f.p.
En. Cucurbitaceae
De. Kürbisgewächse, Kürbispflanzen
Es. cucurbitáceas
It. cucurbitacee
Plantes herbacées à tige souple, à fleurs unisexuées, à fruits riches en pulpe souvent comestible : melon, concombre, etc.

CUEILLAISON n.f.
Récolte des fruits obtenus par culture et, par extension, saison où on cueille ces fruits.
Au sens large, récolte de tous les produits utiles de la terre.
Syn. Cueille, cueillage, cueillette.

CUEILLERETS n.m.p.
Registres où étaient consignés les versements en espèces des cens, droitures, lods et ventes, etc. avec les dates et les retards de leur perception.

CUEILLETTE n.f.
En. food gathering
De. Ernten
Es. cosecha
It. raccolta
1. Récolte de certains fruits de petit volume : fraises, olives.
2. Moment de cette récolte.
Première étape de l'utilisation des fruits de la terre par l'homme ; elle a été pratiquée dès la Préhistoire et elle l'est encore par des populations primitives, et même évoluées, pour se procurer des produits végétaux non obtenus par la culture : baies, champignons. S'applique également à la récolte de certains fruits (pommes, poires, agrumes, fraises, etc.), et de quelques matières premières (latex, gomme arabique, etc.). Des appareils spéciaux permettent de plus en plus de recourir par secouage à des cueillettes automatiques (machine à vendanger) ; celle des fruits fragiles (fraises, pêches, etc.) exige des machines aspirantes, spécialement conçues pour éviter les chocs et procéder au triage.
Etym. Du latin *coligere*, cueillir.

CUEILLEUSE n.f.
En. picker, harvester
De. Obstpflückmaschine
Es. cosechadora
It. raccoglitrice
Machine servant à cueillir les fruits, ou les épis : cueilleuse de noix, ou de châtaignes, de maïs ou de tournesol.

CUEILLIR v.tr.
En. to gather, to pick
De. pflücken, ernten
Es. cosechar, coger
It. cogliere
Prendre à la main, ou avec un instrument, une plante, une fleur ou un fruit, pour l'utiliser selon un but précis.
Etym. Du latin *colligere*, rassembler.

CUEILLOIR n.m.
De. Obstkorb (2)
Es. cogedero (2)
It. canestro (2), ingolla (3)
1. Instrument destiné à cueillir les fruits et les fleurs.
2. Corbeille où l'on recueille les fruits.
3. Panier suspendu à un long bâton et muni d'une cisaille pour la cueillette des fruits haut perchés.
4. Registre où figuraient les cens payés par les tenanciers d'une seigneurie.
Syn. Cueilleret.

CUIDER n.m.
(Champagne). Panier en osier pour cueillir des fruits.

CUIDER v.intr.
(Champagne). Pour une récolte, dépasser les prévisions.

CUIR n.m.
En. leather
De. Haut, Fell, Leder
Es. cuero
It. cuoio
Peau épaisse de certains animaux, préparée par tannage pour devenir imperméable et imputrescible, et être assouplie par corroyage.
Le terme cuir vert s'applique à la peau avant tannage.
Etym. Du latin *corium*, peau.

CUISEUR n.m.
En. fodder steamer
De. Brennmeister
Es. caldera
It. caldaia, calderone
Grosse marmite fixée dans une maçonnerie et sur un fourneau.
On y fait cuire les produits pour l'alimentation du bétail.
Syn. (communément) chaudière.

CUISSE n.m.
De. Schenkel
Es. muslo
It. coscia
1. Petit tubercule qui se développe sur la racine d'une plante.
2. Grosse branche d'un feuillu prise au départ du tronc.
Etym. Du latin *coxa*, hanche.

CUISSE-MADAME n.f.
It. coscia di donna
Poire de forme allongée, de couleur rose clair.

CUJALA n.m.
1. *(Béarn).* Abri pour le berger sur les pâturages d'été.
2. Enclos où l'on parque le bétail, le soir.

3. Partie du pâturage attribuée à un berger.
Abri, enclos et part du pâturage coïncident fréquemment.
Etym. Du basque caiolar, abri de pierre.

CULARD adj.
Qualifie un animal domestique qui présente un grand développement de la croupe et des fesses.

CULERON n.m.
En. **crupper**
De. **Schweifriemen**
Es. **baticola, ataharre**
It. **sottocoda**
Courroie rembourrée et arrondie de la croupière d'un harnais de cheval, ou de mulet.
On la fait passer sous la queue de l'animal pour maintenir le harnais à sa juste place.
Syn. Culière.

CULTELLATION n.f.
Arpentage d'un terrain en pente, qui s'effectue à l'aide d'une chaîne d'arpenteur tendue horizontalement, et au bout de laquelle on laisse tomber une fiche plombée, ou un petit couteau.
Etym. Du latin cultellus, petit couteau.

CULTIGÈNE adj.
Qualifie une plante que l'on ne connaît qu'à l'état cultivé et non à l'état sauvage.
Ex. Le chou dont on ne connaît pas l'ancêtre sauvage.

CULTIPACKER n.m.
Double rouleau à disques aux arêtes tranchantes, tassant le sol et y traçant de fins sillons où il laisse tomber de petites graines qui ensemencent une prairie.
V. Croskill.

CULTIVABLE adj.
En. **cultivable, arable**
De. **kultivierbar**
Es. **cultivable**
It. **coltivabile**
1. Qualifie une terre qui peut être cultivée, même si elle est temporairement inculte.
2. Se dit d'une plante que l'on cultive, ou qui peut être cultivée.

CULTIVAR n.m.
It. **cultivar**
1. Variété de plante sauvage qui a servi à obtenir des plantes cultivées par greffe, par clonage, ou par manipulation génétique.
Le Lambrusca, pied de vigne sauvage, ou spontané, est le cultivar de plusieurs cépages cultivés.
2. Ensemble des plantes cultivées obtenues par amélioration d'une plante restée sauvage.
(Mis pour variété cultivée).

CULTIVATEUR n.m.
En. **farmer, peasant** (1)
De. **Bauer, Landwirt, Ackermann** (1)
Es. **cultivador, labrador** (1)
It. **coltivatore** (1), (2)
1. Personne qui s'adonne à la culture et à l'élevage.
2. Instrument de culture destiné aux façons superficielles.
Il comprend un bâti monté sur deux roues unies par un axe qui porte des dents courbes, et plus ou moins longues. Des engrenages, liés aux roues, impriment aux dents un mouvement rotatif. En remplaçant les dents du cultivateur par des dents plus longues, on a un scarificateur, et par des dents plus larges et moins courbes, on a un extirpateur.
Etym. Du latin colere, cultus, cultivus, qui a donné cultivare au Moyen Age.

CULTIVER v.tr.
En. **to cultivate**
De. **bebauen, kultivieren**
Es. **cultivar**
It. **coltivare**
Améliorer, rendre fertile la terre arable par des façons culturales, des engrais et des amendements.

CULTURA AL TERCIO l.f.
(Vieille Castille). Assolement comportant deux ans de jachère et un an de culture, sur les terres très pauvres de la Vieille Castille.

CULTURE n.f.
En. **cultivation** (1)
De. **Ackerbau, Bebauung** (1)
Es. **cultivo** (1)
It. **coltura, coltivazione** (1)
1. Opérations diverses exercées sur la terre arable pour en obtenir des récoltes.
2. Terrain aménagé et traité pour obtenir un produit agricole.
3. Plante cultivée.
Le mot entre comme suffixe dans de nombreux termes pour désigner une culture particulière : agriculture, arboriculture, polyculture, monoculture, viticulture, etc. et par extension, il se retrouve dans des termes d'élevage : apiculture, culture des abeilles, culture des vers à soie, etc. A ces cultures et à ces élevages terriens on pourrait ajouter des cultures et des élevages marins : algoculture, culture des algues, conchyliculture, pisciculture, pénéciculture, ou élevage de crevettes, etc. Il entre également dans un très grand nombre de locutions exprimant des procédés divers de mise en valeur de la terre, dont certaines n'ont pas besoin d'être définies : culture arbustive, culture maraîchère, céréalière, fruitière, etc. D'autres ont des sens plus complexes : la grande culture s'applique à des exploitations de plus de 50 ha avec des plantes qui exigent peu de soins. La petite culture est limitée à des productions délicates, sur de petites surfaces.
Etym. Du latin cultivare, cultiver.

CULTURE (GRANDE) l.f.
En. **large-scale cutivation**
Es. **gran cultivo**
Procédés d'exploitation agricole, jadis, dans les plaines et sur les plateaux de la France du Nord et de l'Est, et comprenant deux aspects :
1). Autour de gros villages des champs ouverts, laniérés (openfield), répartis en trois soles et en faire-valoir direct ; travaux effectués avec des charrues tirées par des chevaux ; assolement triennal obligatoire (céréales d'hiver, fourrages ou céréales de printemps, jachère à vaine pâture) ;
2). Dans de grands domaines autour de fermes isolées ; en faire valoir direct ou fermage ; grandes parcelles ouvertes en puzzle, assolement triennal ; charrue et chevaux pour les labours. *Prônée par les physiocrates.*

CULTURE (PETITE) l.f.
Procédés d'exploitation agricole, jadis, dans la France du Midi et de l'Ouest, de relief coupé :
- petites exploitations (10-20 ha) autour de fermes dispersées ;
- faire-valoir direct ou métayage, parcelles massives, parfois entourées de haies, ou de murettes, encadrées de vignes, de vergers, de prés, de bois.
- Assolement biennal (céréales, jachère), la sècheresse de l'été ne permettant pas les céréales de printemps ;
- travaux effectués à l'araire tirée par des boeufs.
Critiquée par les physiocrates en raison de son désordre et de ses faibles rendements.

CULTURE AMÉLIORANTE l.f.
It. **coltura miglioratrice**
Culture qui enrichit le sol en azote.
C'est le cas des légumineuses qui fixent l'azote de l'air sur leurs racines et celles-ci, en se décomposant, apportent à la terre arable azotates et matières organiques.

CULTURE ARBUSTIVE l.f.
It. **coltura arborea**
Culture des arbres fruitiers et des arbres d'ornement, ou reconstitution et entretien d'un bois, d'une forêt.

CULTURE DE CASE l.f.
Mode de culture de certains pays tropicaux (Afrique occidentale, Madagascar, etc.) au terme duquel, autour des cases, à quelques dizaines de mètres les unes des autres, chaque famille se livre à la production de plantes vivrières : manioc, patates douces, etc. pour sa propre consommation.

CULTURE EN BANDES ALTERNANTES, ou EN COURBES DE NIVEAU l.f.
En. **strip-croping**
De. **Streifenkultur**
Culture qui laisse en friche des bandes incultes entre les labours, afin d'éviter l'érosion des sols. *Les limites en sont parallèles aux courbes de niveau.*

CULTURE BIOLOGIQUE l.f.
Es. cultivo biológico
Culture qui n'utilise que des engrais organiques.

CULTURE DÉROBÉE l.f.
En. catch crop
De. Zwischenfruchtbau
Es. cultivo intermedio
Culture qui s'effectue entre la moisson et les semailles de printemps, avec une plante fourragère que l'on récolte durant l'hiver.

CULTURE EXTENSIVE l.f.
En. extensive cultivation
De. extensiver Ackerbau
Es. cultivo extensivo
Culture qui admet la jachère de plus ou moins longue durée.

CULTURE FORCÉE l.f.
En. forced crop
De. Treibhauskultur
Es. cultivo forzado
Culture faite sur une couche et sous verre pour hâter le cycle végétatif.

CULTURE HORS SOL l.f.
Culture qui se pratique sur un milieu inerte de sable, ou de graviers, avec des apports de solutions nutritives.

CULTURE HYDROPONIQUE l.f.
Es. cultivo hidropónico
It. coltura idroponica
Culture effectuée uniquement dans de l'eau contenant, dissous, des sels fertilisants.
Etym. Du grec *hudor*, eau.

CULTURE INTENSIVE, ou
CONTINUE l.f.
En. intensive cultivation
De. intensiver Ackerbau
Es. cultivo intensivo
It. coltura intensiva
Culture qui ne laisse aucun repos à la terre.

CULTURE INTERCALAIRE l.f.
De. Unterpflanzung
It. coltura intercalare/secondaria
Culture qui se place entre d'autres plantes cultivées en même temps, dans la même parcelle.

CULTURE ITINÉRANTE, ou
CULTURE NOMADE l.f.
Culture qui se déplace sur de vastes espaces, où, à chaque labour, on reconstitue la forme des champs.

CULTURE MARAÎCHÈRE l.f.
En. horticulture
De. Gemüsebau
Es. cultivos de hortalizas
It. orticoltura, coltura orticola
Culture qui s'effectuait d'abord dans des terrains marécageux près de certaines villes (Paris, Bourges, Amiens), d'où son nom.
L'expression s'est étendue aux cultures proches des villes pour leur alimentation en légumes et qui comprend même des cultures en pleine campagne quand elles sont consacrées à des produits alimentaires, réservés d'ordinaire à des villes proches ou lointaines.

CULTURE NETTOYANTE l.f.
En. cleaning crop
De. Gesundungsfrucht
It. coltura preparatrice
Culture qui entraîne la disparition des mauvaises herbes à cause des sarclages nombreux qu'elle exige.

CULTURE SÈCHE l.f.
En. dry farming
Culture qui ne comporte pas d'irrigation, mais des labours légers et répétés, réduisant l'évaporation.

CULTURE SOUS CONTRAT l.f.
Culture où, par engagement écrit, le commerçant, ou l'industriel, prend livraison de la récolte que l'agriculteur doit préparer sous peine d'amende.

CULTURE SUR BRÛLIS l.f.
Culture qui a lieu sur un fragment de forêt nettoyé par le feu.

CULTURE SUR TERRASSE l.f.
De. Terrassenkultur
Es. cultivo en terrazas
Culture qui exige l'aménagement d'un versant avec talus, ou murettes, pour retenir le sol des planches cultivées.

CULTURES INDUSTRIELLES l.f.
Es. cultivos industriales
Cultures ayant pour objet la fourniture de matières premières aux industries.

CULTURES DE PLEINE TERRE, ou
DE PLEIN VENT l.f.
De. Freilandanbau, Feldkultur
Es. cultivos al air libre
Cultures qui s'opposent aux cultures sous verre ou sous châssis.

CULTURES VIVRIÈRES l.f.
It. colture alimentari
Cultures destinées à fournir des aliments à ceux qui les pratiquent.

CULTURE et ÉLEVAGE IN VITRO l.f.
Es. cultivo y cría in vitro
1. Culture végétale de tissus, de cellules, de protoplastes, de cytoplasme, ou de noyaux sélectionnés, et purs de tout élément pathogène.
Placés dans un bassin fermé, ou dans un tube à essai, en milieu nutritif et sous température constante, afin d'obtenir des plants nombreux et de parfaite qualité.
2. Elevage par fécondation dans un tube à essai d'ovules par des spermatozoïdes pour obtenir des ovocytes, puis des embryons de parfaite qualité et qui, placés dans l'utérus d'une femelle, deviennent des foetus jusqu'à la mise bas.
Par injection de gènes dans le noyau des cellules embryonnaires des mammifères, on peut obtenir de nouvelles variétés d'une espèce animale ; si l'on injecte des gènes produisant des hormones de croissance, on obtient parfois des individus géants, ou bien des chimères avec des gènes de variétés, ou d'espèces nouvelles ; ainsi, on élève des poules pondant 250 oeufs par an au lieu de 80, ou bien des lapins deux fois plus gros que les lapins ordinaires.
Etym. Du latin *in vitro*, dans le verre.

CULVERT n.m.
V. *Collibert*.

C.U.M.A. sigle
Coopérative d'Utilisation de Matériel Agricole.
Association d'agriculteurs pour disposer, en commun, de matériel agricole moderne et de techniciens, chacun d'eux n'ayant pas les moyens d'acquérir et de manoeuvrer ce matériel.

CUMIN n.m.
En. kummel
De. Kümmel
Es. comino
It. cumino
Plante annuelle de la famille des Ombellifères (*Cuminum cyminum*), originaire d'Orient.
Cultivée pour ses fruits également appelés cumins ; savoureux et parfumés, ils servent à aromatiser le pain, les fromages et à fabriquer le kummel, liqueur appréciée.
Etym. Du grec *kuminon*.

CUNICULTURE n.f.
En. rabbit breeding
De. Kaninchenzucht
Es. cunicultura
It. coniglicoltura, cunicoltura
Elevage du lapin.
Syn. Cuniculiculture.
Etym. Du latin *cuniculus*, lapin.

CUNICULTEUR n.m.
En. rabbit breeder
De. Kaninchenzüchter
Es. cunicultor
It. coniglicoltore, conicoltore
Eleveur de lapins domestiques.
Etym. Du latin *cuniculus*, lapin, et *colere* élever.

CUNIFUGE n.m.
Produit qui fait fuir lièvres et lapins dévoreurs de récoltes.
Etym. Du latin *cuniculus*, lapin et *fugere*, fuir.

CURADE n.f.
(Limousin). Intervalle creusé entre deux sillons tracés côte à côte, mais en sens inverse.
Ce petit fossé sert à évacuer les eaux de pluie.
Etym. De *curer*, enlever.

CURAGE n.m.
En. **ditch cleaning**
De. **Grabenreinigung**
Es. **limpieza de zanjas**
It. **pulitura, spurgo**
Nettoyage des canaux et des fossés d'irrigation.
Syn. Faucardage.
Etym. Du latin curare, *prendre soin.*

CURANCHE n.f.
Cépage noir, cultivé jadis en bordure du Limousin.

CURBIR v.intr.
(Ubaye). Pratiquer un léger labour pour recouvrir le blé semé.
Parfois, on s'en tient à un simple hersage, dans les régions à hiver doux.

CURÉ n.m.
It. **curato** (1)
1. Poire longue et verte, que l'on consomme cuite.
2. Fromage de lait de vache, fabriqué en Vendée, mis au point par un curé vendéen.

CURÉE n.f.
Canal de drainage dans les marais de l'Ouest, obtenu par curage de la terre.

CURER EN PIED v.intr.
(Basse Bourgogne). Enlever sur un cep de vigne, par la taille d'épluchage, les sarments qui ne seront pas utilisés pour la prochaine pousse.
Syn. Ebouiner.

CURETTE n.f.
Instrument dont se servait le laboureur pour nettoyer le soc de sa charrue.
Il se composait d'un manche muni d'une spatule à l'une de ses extrémités (fig. 60), et parfois d'un aiguillon à l'autre bout (V. aiguillade).

(fig. 60). Curette

CUREUSE n.f.
En. **ditch cleaner**
De. **Ausräumer**
Es. **limpiazanjas**
It. **nettafossi**
Machine servant au curage des ruisseaux et des canaux.

CUROIR n.m.
Outil servant à enlever la vase des canaux.

CURTIL n.m.
V.Courtil

CURTILE n.f.
Tenure consacrée à la culture de la vigne (Xème siècle).

CURTIS n.m.
Cour délimitée par une haie, ou un mur de pierre, et autour de laquelle étaient répartis les bâtiments de la villa (époque carolingienne).

CURURE n.f.
Dépôt retiré des étangs, des canaux, des mares et que l'on utilise comme amendement.

CUSCUTE n.f.
En. **clover dodder**
De. **Filzkraut**
Es. **cuscuta**
It. **cuscuta**
Plante de la famille des Convolvulacées, qui vit en parasite par ses tiges filiformes s'enroulant autour de certains végétaux cultivés (luzerne, houblon, chanvre) et les épuisant à l'aide de suçoirs.
On distingue la cuscute d'Europe (Cuscuta major) et la cuscute d'Amérique (Cuscuta gronovu), importée des U.S.A. avec des graines de luzerne. On détruit les îlots de cuscute à la charrue, avec du sulfate de fer dilué et l'on utilise des semences garanties décuscutées.
Etym. De l'arabe kouchouth.

CUSTILLE n.f.
En. **cytisus** (1)
De. **Goldregen** (1)
Es. **cítiso, codeso** (1)
It. **citiso** (1)
1. Arbrisseau de la famille des Papilionacées que l'on cultive comme plante d'ornement pour la couleur et le parfum de ses fleurs épanouies au mois de mars.
Etym. Du grec kustisos, *cytise.*
2. Fourrage vert, ou sec, utilisé en Italie.
3. *(Bourgogne).* Prairie située près d'une ferme.
Dériverait de courtil.

CUVAGE n.m.
En. **fermentation** (3)
De. **Gärenlassen, Gärung** (3)
Es. **maceración de la casca** (3)
It. **fermentazione con vinacce** (3)
1. Ensemble des cuves appartenant à un domaine.
2. Local où sont installées les cuves.
3. Transformation du moût des raisins noirs en vin par fermentation.
Celle-ci se manifeste par une élévation de la température, par un dégagement de gaz carbonique et par un bouillonnement sourd du moût. Elle dure de 8 à 10 jours ; il faut maintenir immergé le chapeau constitué par la rafle et les enveloppes des raisins, sinon le vin serait aigre. Il faut maintenir une température de 30 à 35°, soit en refroidissant le moût dans des serpentins entourés d'eau froide, soit en le réchauffant à l'aide de tuyaux où circule de l'eau chaude. Durant la fermentation, les levures transforment le sucre en alcool, et la peau des grains abandonne son tannin.
Syn. Cuvaison.
Etym. Du latin cupa, *tonneau.*

CUVE n.f.
En. **vat, tun**
De. **Kufe, Bottich**
Es. **cuba**
It. **tino**
Récipient de grandes dimensions, en bois ou en ciment, et dans lequel on met à fermenter le moût de la vendange.
Les cuves en ciment sont parallélépipédiques et peuvent contenir jusqu'à 1000 hl ; elles sont revêtues intérieurement de céramique ou de verre. Les vins de qualité se font dans des cuves en bois de chêne, les douves étant maintenues par des cercles de fer. Elles sont placées sur les tains. Pour les rendre étanches, on les abreuve avec de l'eau très chaude.
Etym. Du latin cupa, *tonneau.*

Cuve

CUVEAU n.m.
Es. **cubeta**
Petite cuve où l'on recueille le vin, ou le cidre, au moment du soutirage.

CUVÉE n.f.
Es. **cuba** (1)
It. **contenuto di un tino** (1)
1. Quantité de vendange que l'on met dans une cuve pour y subir la fermentation.
2. Vin que l'on retire de cette vendange.
Dans les vignobles de grand cru, on distingue les cuvées selon l'origine de la vendange : en Bourgogne, les cuvées hors ligne proviennent des cépages les plus fins, tel le Pinot ; la dernière catégorie est dite "cuvée passe-tout-grain", mélange de divers cépages provenant de diverses parties du vignoble.
3. *(Champagne).* Premier moût obtenu par le pressoir.
Viennent ensuite la taille et la rebêche.

CUVER v.intr.
En. **to ferment**
De. **gären**
Es. **macerar**
It. **fermentare**
Mettre de la vendange dans une cuve pour qu'elle y fermente et donne du vin.

CUVERIE n.f.
En. **wine-cellar** (1)
De. **Weinkeller** (1)
Es. **bodega** (1)
It. **tinaia** (1)
1. Local où sont placées les cuves pour la fermentation du moût de raisin.
Syn. Cellier.
2. Ensemble des futailles où l'on conserve le vin.

CUVETTE n.f.
En. wash-basin
Es. alcorque
It. tornello
Trou creusé au pied des arbres pour recueillir l'eau d'irrigation.

CUVIER n.m.
En. trough (1)
De. Laugenfass, Waschfass (1)
It. tinaia (2)
1. Grand baquet pour recueillir et transporter le vin.
2. Local où se trouvent la cuve et le pressoir pour la préparation du vin.

CUYE n.m.
Parcelle plantée en citrouilles qui, dans les Landes, se disent couzos, ou couyos.

CYANAMIDE n.m.
En. cyanamide
De. Zyanamid
Es. cianamida
It. cianamide
Engrais chimique obtenu au four électrique à partir du carbure de calcium et de l'azote.
Excellent pour la poussée rapide des feuilles et des fleurs des plantes cultivées.

CYCLE n.m.
En. cycle
De. Zyklus
Es. ciclo
It. ciclo
Suite de transformations d'un végétal, d'un animal, ou d'une suite d'évènements, qui aboutissent au point de départ, tels le cycle des saisons, le cycle d'une culture, le cycle d'un troupeau, le cycle biologique d'une espèce animale qui, pour les insectes, passe par le stade de la métamorphose : les cycles économiques qui passent par des états de crise et de prospérité.
Etym. Du grec *kuklos*, cercle.

CYCLE DU CARBONE l.m.
Es. ciclo del carbono
It. ciclo del carbonio
Ensemble des étapes par lesquelles passe le carbone, de la photosynthèse à la respiration.
Au point de départ le dioxyde de carbonne (CO_2) de l'air est utilisé par la chlorophylle pour former, grâce à l'énergie solaire, des substances organiques (sucre, huile, etc.) qui entretiennent la vie sur le globe ; c'est la synthèse ; puis le dioxyde de carbone est restitué à l'atmosphère par la respiration des êtres vivants (animaux) et la décomposition de la matière organique.

CYGNE n.m.
En. swan
De. Schwan
Es. cisne
It. cigno
Oiseau palmipède de la famille des Anatidés.
Remarquable par ses longues ailes blanches et son cou doublement arqué ; le cygne commun (Cygnus olor) est élevé comme élément décorateur des étangs.
Etym. Du latin *cienus*.

CYMETTE n.f.
It. cima (1)
1. Sorte d'inflorescence à pédicelle terminé par une fleur.
2. Rejeton poussant à l'aisselle des feuilles des choux de Bruxelles.
Etym. Du latin *cyma*, cyme, rejeton de chou.

CYNIPS n.m.
Es. cínife
It. cinipe
Hyménoptère causant, par ses piqures, des galles, ou cécidies, sur les plantes.
Ex. Galles sur les feuilles du chêne.

CYPRÈS n.m.
En. cypress
De. Zypresse
Es. ciprés
It. cipresso
Arbre du genre des conifères, famille des Cupressinées.
La variété commune (Cupressus sempervirens) serait originaire de Chine. D'un vert sombre, longs et minces, les cyprès sont plantés dans les cimetières comme symbole de l'éternité, et auprès des mas provençaux comme ornements caractéristiques du paysage. En ligne dans les plaines du Bas-Rhône, ils servent de brise-vent contre le mistral. Dans le même but on a utilisé des cyprès de Lambert (Cupressus macrocarpa) sur le littoral breton.
Etym. Du grec *kyparissos*.

CYPRIÈRE n.f.
En. cypress grove
Es. cipresal
It. cipresseto
Plantation de cyprès.

CYPRINICULTURE n.f.
En. cyprinid culture
Es. ciprinicultura
It. ciprinicoltura
Elevage des poissons de la famille des cyprinidés (carpes, tanches), dans des étangs que l'on assèche de temps à autre pour les livrer à la culture (Dombes, Sologne, Brenne, Double).
Etym. Du grec *kuprinos*, carpe.

CYSTICERCOSE n.f.
En. cysticercosis
Es. cisticercosis
It. cisticercosi
Présence à l'intérieur des muscles de certains animaux domestiques, (porcs, boeufs), de larves de taenia.
C'est l'infection dite de la ladrerie.

CYSTICERQUE n.m.
En. cysticercus
Es. cisticerco
It. cisticerco
Forme larvaire du ténia.
Elle se localise en différents tissus (muscles, cerveau), et y provoque la cysticercose, avec lésions, inflammation, de gravité allant jusqu'à la mort ; elle a été observée chez le porc et les ruminants.
Etym. Du grec *kustis*, vessie et *kerkos*, queue.

CYTISE n.m.
En. cytisus
De. Bohnenbaum, Goldregen
Es. cítiso, codeso
It. citiso
Arbrisseau de la famille des Papilionacées, cultivé dans les parcs pour ses fleurs jaunes, en grappes et très parfumées, toxiques.
Etym. Du grec *kutisos*.

CZARNOSIEM n.m.
Orthographe polonaise du mot russe chernozem.

D

DABA n.f.
(Afrique occidentale). Petite houe à large tranche et à manche court pour ameublir le sol à ensemencer.

D.A.C. sigle
Distributeur Automatique de Concentrés.
Appareil programmé par l'éleveur pour la distribution automatique d'aliments au bétail en stabulation.
Grâce à un collier électronique, la bête reçoit la quantité de concentrés qui doit lui convenir et un signal, en fin de journée, indique, le cas échéant, la quantité qu'elle n'a pas consommée.

DACTYLE n.m.
En. **orchard grass, cockfoot**
De. **Knäuelgras**
Es. **dáctilo**
It. **dactylis, erba mazzolina**
Plante de la famille des Graminées *(Dactylis glomerata)*, fréquente dans les prairies de la zone tempérée.
Ce serait un bon fourrage s'il ne mûrissait pas trop tôt ; dans le foin il n'en reste que les tiges dures.
Etym. Du latin *dactylus*, issu du grec *daktulos*, doigt, inflorescence du dactyle ayant la forme d'un doigt.

DAGORNE n.f.
Vache ayant perdu une corne.
Etym. De *dague* et de *corne,* la corne ayant la forme d'une dague.

DAGUET n.m.
(Pays nantais). Sarment d'un pied de vigne en taille longue, de sept ou huit yeux.
*Syn.*Vergue.

DAHLIA n.m.
En. **dahlia**
De. **Dahlie**
Es. **dalia**
It. **dalia**
Plante de la famille des Composées *(Dahlia variabilis)*, à fleurs variées.
Importée du Mexique, elle fut connue en France sous le Premier Empire et elle eut une très grande vogue sous la Monarchie de Juillet. Elle se reproduit par semis, par bouture et surtout par les tubercules de ses racines que l'on place en terre au mois de mai.
Etym. De Dahl, botaniste suédois.

DAIGNES n.f.p.
(Bourgogne). Tiges de chanvre.

DAÏKON n.m.
Plante fourragère et potagère de la famille des Crucifères, *(Raphanus sativa)*, connue sous le nom de *radis du Japon*.
Cultivée en France pour sa grosse racine, de 5 à 10 kg, de saveur agréable, et consommée crue ou cuite.

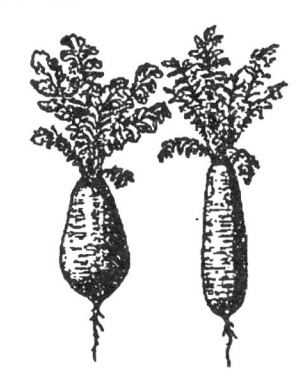

Daïkon

DAILLE n.f.
(Bassin Aquitain)
1. Faux à couper le foin.
Son diminutif, la daillette, servait à couper les bruyères pour la litière du bétail.
2. Pierre à aiguiser la faux.
Syn. (dialecte occitan) dal.
Etym. Du latin *daculum*, dague.

DAILLER v.tr.
(Bassin Aquitain). Faucher l'herbe d'un pré avec une *daille*.

DAIM n.m.
Jeune bouc non châtré.
Etym. Du latin *dama*.

DAIRY BELT l.m.
Zone des Etats-Unis où domine la production du lait ; située au nord-est du pays, elle a un climat tempéré et humide qui favorise l'herbe et l'élevage des bovins.
Etym. De l'anglais, *ceinture laitière*.

DALES n.m.p.
Parcelles d'un openfield qui, chaque année, étaient distribuées par tirage au sort entre les habitants de la communauté, d'où leur nom.
(Normandie) Devenu delle, *le terme s'appliquait à un ensemble de champs ouverts appartenant à un même propriétaire ; il désigne encore des lieux-dits.*
Etym. De l'anglosaxon *dealt out*, distribué.

DALGRON n.m.
Sol récupéré dans les tourbières abandonnées.
Mélangé à de la tourbe superficielle et à du sable, il donne une terre légère et très fertile, favorable à l'horticulture.
Etym. Du néerlandais *grond*, sol et *dal*, vallée, sol de vallée.

DALLE n.f.
En. **eaves** (1)
De. **Rinne** (1)
Es. **canalón** (1)
It. **grondaia** (1)
1. *(Bassin Aquitain).* Canalisation en zinc qui recueille l'eau des toitures et l'évacue par une gouttière.
2. *(Anjou).* Saignée dans une diguette.
Etym. Du scandinave *deala*, gouttière.

DAMAGE n.m.
De. **Feststampfen**
It. **costipamento**
Tassement, à l'aide d'une lourde planche, appelée *dame*, de la terre récemment ameublie par le labour, ou par la bêche.

DAME-JEANNE n.f.
En. **demijohn**
De. **Demijohn**
Es. **damajuana**
It. **damigiana**
Grande bouteille d'une contenance de 2 à 5 litres.
Si elle est clissée, c'est une bonbonne de 5 à 30 litres pour le cidre, le vin ou l'eau-de-vie.
Etym. Du provençal *damajano*, soit Dame-Jeanne.

DAMELOT n.m.
Variété de pomme douce pour la fabrication du cidre.

DAMER v.tr.
En. **to ram**
De. **rammen, feststampfen**
Es. **apisonar**
It. **costipare, pillare**
Tasser la terre d'une plate-bande de jardin à l'aide d'une *dame*, lourde planche munie d'un manche.

DAMERET n.m.
(Bassin de Brive). Cépage à raisins noirs.

DANDRELIN n.m.
(Champagne). Panier en osier pour porter la vendange.
Syn. (Jura) Danderlin.

DANEZY n.m.
(Saint-Pourçain). Cépage à raisins blancs cultivé vers Saint-Pourçain-sur-Sioule (Puy-de-Dôme).

DANGER n.m.
Droit versé au suzerain pour la vente d'une terre tenue en fief.
Ce droit, qui évitait toute menace d'expulsion au vassal, s'élevait au dixième de la valeur de la terre (R. Blais).
V. Tiers et danger, fief de danger.
Etym. Du latin *dominarium*, puissance, menace.

DANRÉE n.f.
(Champagne). Ancienne mesure agraire valant environ 5, 6 ares.

DANUGUE n.m.
Cépage à grosses grappes et gros grains, donnant beaucoup de vin, mais pauvre en alcool.

DARAISE n.f.
(Dombes). Déversoir d'un étang.

DARBON n.m.
Ados édifié entre deux rangées de vignes quand on pratique, au printemps, le labour de déchaussage des pieds.
L'ados est comparé à une longue taupinière.
Etym. Du provençal *darbo*, taupe, et *darbounie*, taupinière.

Dame-Jeanne

DARBONNAGE n.m.
(Beaujolais). Accumulation de terre entre les rangs de ceps, et en petits tas appelés *darbons*, pour favoriser la nitrification sous l'action de l'air et rendre le sol plus fertile.

DARD n.m.
En. **stinger** (3)
De. **Baumkopf** (2), **Stachel** (3)
Es. **rama** (2), **aguijón** (3)
It. **dardo** (2), **pungiglione** (3)
1. *(Bresse).* Faux.
2. Rameau court et pointu d'un arbre, destiné à devenir un bouton à fleur et à fruit.
3. Organe pointu avec lequel un insecte (abeille, guêpe, frelon, etc.) pique l'homme, ou l'animal, pour se défendre tout en lui injectant du venin.
Etym. Origine germanique.

DARI n.m.
Variété de sorgho cultivé en Egypte, sous le nom de *doura*, et connu aussi sous le nom de *sorgho des Indes*.

DARNETTE n.f.
(Nord de la France). Ivraie, ou folle-avoine.

DARRIGADE n.f.
(Gascogne). Zone défrichée.

DATISQUE n.f.
Plante textile et tinctoriale appelée chanvre de Grèce *(Datisca cannabina).*
Très rustique, elle donne une assez bonne filasse et, en décoction, ses feuilles fournissent une couleur jaune.

DATTE n.f.
En. **date**
De. **Dattel**
Es. **dátil**
It. **dattero**
Fruit du dattier, lisse, brillant et savoureux, à noyau allongé et fendu en son milieu, poussant en grappes, ou régimes.
Etym. Du grec, *daktulos*, doigt.

DATTIER n.m.
En. **date palm**
De. **Dattelpalme**
Es. **datilera**
It. **palma dattilifera**
Espèce de palmier *(Phoenix dactylifera)* qui serait d'origine phénicienne *(phoenix)* et peut-être hébraïque *(dactylus*, dériverait du grec *daktulos*, datte, par l'hébreu *dachel*, doigt). *Il pousse dans les déserts chauds, mais à sous sol humide :"les pieds dans l'eau et la tête au soleil". Cultivé dès les premières dynasties égyptiennes, il est l'arbre providentiel des oasis sahariennes ; on le trouve, aujourd'hui, du Sénégal à l'Inde, de l'Espagne au Soudan. Ses fruits savoureux murissent en automne ; sa tige sert de bois de charpente ; ses feuilles sont utilisées comme nattes et couffins ; sa sève fermentée donne un vin de palme.*

DAVID n.m.
Instrument du tonnelier pour saisir et rapprocher les douves.

D.D.A. sigle
Direction Départementale de l'Agriculture.
Organisme chargé, auprès de chaque préfecture,

de gérer les intérêts généraux de l'Agriculture : harmonisation des initiatives, examen des projets, préparation des P.A.R. (Plans d'Aménagement Régional) et contrats de pays, enseignement agricole, expérimentations et études de nouvelles cultures et de nouveaux élevages. *Le directeur d'une D.D.A. est, en quelque sorte, par l'intermédiaire du Préfet, le délégué du Ministre de l'Agriculture dans un département.*

D.D.T. sigle
Dichloro-Diphényl-Trichlorétane.
Insecticide et fongicide puissant, utilisé sous forme de poudre.

DÉBARBAGE n.m.
Opération qui consiste à enlever, avec un *débarbeur*, les barbes ou arêtes des grains d'orge.
Etym. De *dé*, privatif et du latin *barba*, barbe.

DÉBARDAGE n.m.
En. **hauling** (2)
De. **Ausladen, Fortschaffen** (2)
Es. **transporte** (2)
It. **trasporto del legname** (2)
1. Enlèvement des récoltes d'un champ, notamment des racines de betteraves.
2. Transport hors des forêts du bois de chauffage et de construction, par des chemins forestiers, par des câbles aériens et, jadis, en montagne, particulièrement dans les Vosges, par des schlittes.
Dans les pays nordiques, on a encore recours au flottage ; on utilise même de petits trains et des funiculaires.
3. Déchargement des troncs d'arbres et démolition des radeaux aux points d'arrivée, c'est débarder.
Etym. De *dé*, privatif et de l'ancien français *bart*, planche.

DÉBARDER v.tr.
Enlever les racines superficielles d'un pied de vigne, ou d'un arbre fruitier, afin d'éviter les pousses adventives qui épuiseraient la plante.

DÉBÂTER v.tr.
En. **to unsaddle**
De. **absatteln**
Es. **desalbardar, desenalbardar**
It. **liberare dal basto, sbardare**
Enlever le bât du dos d'une bête de somme.

DÉBATTRE v.tr.
(Anjou). Briser les mottes d'un labour à l'aide d'un râteau, ou d'une herse.

DÉBAVER v.tr.
Détacher les cocons de soie des filaments qui les retiennent, grâce à la bave des vers.

DÉBERNER v.tr.
(Anjou). Enlever la terre qui adhère à la charrue à l'aide de la *curette*, ou *dégoulère*, petite raclette fixée à l'extrémité de *l'aiguillade*.

DEBÈS n.m.
V. Devèze.

DÉBEURRER (SE) v.pr.
(France de l'Ouest). Pour un sol, perdre sa fertilité par le départ, sous l'influence de l'eau, de ses éléments solubles.

DEBÈZES n.f.p.
(Ariège). Zones boisées situées entre les pâturages de la haute montagne et les labours des vallées.
Elles sont coupées de clairières aménagées en pâturage ; ce sont des jasses.

DÉBITAGE n.m.
En. **cutting up**
De. **Zurichten, Zersägen**
Es. **serrado**
It. **taglio del legno**
Action qui consiste à fendre ou à scier longitudinalement une grume pour obtenir des poutres, des planches, des lattes.
Les dimensions et les formes varient selon les essences, et la demande.

DÉBITER v.tr.
En. **to cut up**
De. **zurichten, zersägen**
Es. **serrar**
It. **segare a pezzi**
Scier une grume et la réduire en *plateaux*, en planches, en lattes, etc.

DÉBLAVER v.tr.
(Berry). Couper et enlever les blés d'un champ.
Contraire : Emblaver.
Syn. Moissonner.
Etym. Du préfixe *dé*, et du latin *bladum*, blé.

DÉBLEURE n.m.
1. Blé moissonné, mais encore étendu sur le chaume. *(Vieilli).*
2. *(Basse Bourgogne).* Récolte annuelle du vin.

DÉBOCAGISATION n.f.
Suppression récente du bocage, sous l'influence de la mécanisation et des progrès de la culture.
Les haies diminuent la surface cultivable, entretiennent l'ombre et l'humidité, les mauvaises herbes et les animaux nuisibles ; elles gênent les mouvements du matériel moderne qui exige de vastes parcelles sans obstacle : haies, talus, fossé ; aussi le remembrement est-il en cours dans les pays de bocage (Massif Armoricain, Flandre, Thiérache, Bresse, etc.) et les haies disparaissent.

DÉBOISEMENT n.m.
En. **deforestation**
De. **Entwaldung, Rodung, Abholzen**
Es. **desmonte**
It. **deforestazione, diboscamento**
1. Action de supprimer des bois pour y créer des terrains de culture, ou pour des opérations de voirie ou d'urbanisation.
Au cours des siècles le déboisement a fait disparaître de vastes forêts en Europe occidentale, notamment pour alimenter les forges en charbon de bois. La suppression sous la Révolution des ordonnances royales qui obligeaient les propriétaires de forêts à échelonner les coupes, aurait déterminé un déboisement intense, modifiant le climat, favorisant l'érosion des versants. Diverses lois, la création du Fonds National des Forêts, et l'exode rural ont atténué ces dégâts et favorisé le reboisement.
2. Terrain déboisé.

DÉBOISER v.tr.
En. **to deforest**
De. **abholzen** (1), **entwalden** (2)
Es. **desmontar**
It. **disboscare**
1. Couper les arbres d'une forêt en laissant les souches pour le reboisement.
2. Supprimer les arbres d'une forêt, y compris les souches, pour procéder à sa mise en culture.
Au Canada, c'est faire de la terre.

DÉBONDER v.tr.
En. **to unbung**
De. **aufspünden**
Es. **destapar**
It. **togliere lo zaffo**
Enlever la bonde d'un tonneau.
Syn. Débondonner.

DÉBOSQUAGE n.m.
Es. **acarreo de madera**
It. **trasporto fuori dal bosco**
Action d'enlever les grumes de la coupe pour les déposer au bord d'une route carrossable.
Syn. Débardage (R. Blais), débuscage.
Etym. De *dé*, privatif et du latin *boscum*, bois.

DÉBOUCHOIR n.m.
Es. **aguijada**
It. **strumento per sturare**
Instrument composé d'une petite pelle et d'un long bâton et qui sert à débarasser le soc et le versoir d'une charrue de la terre qu'ils transportent au bout du sillon.

DÉBOURADOUR n.m.
(Périgord). Ustensile de ménage composé de deux morceaux de bois réunis en croix, et utilisés pour enlever la seconde enveloppe de la châtaigne quand celle-ci, à demi-cuite, a été débarrassée, au couteau, de sa première enveloppe, dure et de teinte marron foncé.

DÉBOURBAGE n.m.
En. **clearing**
De. **Ausschlämmen**
Es. **trasiego**
It. **defecazione**
Opération qui consiste à placer le moût des vins de Champagne dans des tonneaux où il laisse tomber sa *bourbe*, débris de grain et de râpe.
Ainsi, il s'épure partiellement avant d'être mis en bouteille.

DÉBOURBEUR n.m.
Appareil à débourber le moût, composé d'un crible en forme de cylindre et animé d'un mouvement rotatif et saccadé.
Le moût passe à travers les mailles, tandis que les impuretés restent dans le cylindre.

DÉBOURREMENT n.m.
Dans l'évolution des bourgeons de vigne au printemps, développement des jeunes feuilles, ce qui entraîne la chute des enveloppes *bourrues* qui les protègeaient durant l'hiver.

DÉBOURRER v.tr.
Pour les bourgeons de vigne, ou d'arbre fruitier, éclater et sortir de l'enveloppe écailleuse, de la *bourre*, qui les protégeait durant l'hiver *(R. Blais)*.

DÉBROUSSAILLANT n.m.
En. **brush killer**
De. **Gestrüppsäuberung**
Es. **herbicida contra leñosas**
It. **sfrondamento, decespugliamento**
Produit destiné à détruire les plantes ligneuses des sous bois et des friches.
C'est un herbicide violent, à base d'acides et d'hormones.

DÉBROUSSAILLER v.tr.
En. **to clear**
De. **kultivieren**
Es. **desbrozar**
It. **decespugliare, sfrondare**
Enlever les broussailles d'un terrain inculte, d'un sous-bois, afin de rendre plus facile la coupe des arbres, et favoriser la pousse des jeunes tiges.
Dans les Landes, on débroussaille pour activer l'écoulement de la résine sous l'influence du soleil, le long des carres, et pour éviter la propagation des incendies.

DÉBROUSSAILLEUSE n.f.
En. **scrub clearing machine**
De. **Rodemaschine**
Es. **desbrozadora**
It. **decespugliatrice**
Instrument agricole à lames tranchantes, pour débroussailler en coupant herbes et broussailles.

DÉBUSCAGE n.m.
Opération qui consiste transporter les troncs d'arbre, ou les bûches, de la coupe jusqu'au chemin où ils seront pris en charge par un moyen normal de transport.
Syn. Déboscage.

DÉBUTTAGE n.m.
En. **unearthing**
De. **Auflockern**
Es. **descalce**
It. **scalzatura**
Action qui consiste à enlever la terre du pied d'une plante cultivée pour désherber et favoriser l'action du soleil sur les racines.
Syn. Déchaussage.

DÉCALCIFICATION n.f.
En. **decalcification**
De. **Entkalkung**
Es. **descalcificación**
It. **decalcificazione**
1. Appauvrissement d'un sol en calcium par dissolution du calcaire dans les eaux chargées de gaz carbonique.
2. Diminution de la quantité de calcium dans les os et le sang des animaux domestiques par suite d'un métabolisme insuffisant, ce qui entraîne divers troubles et, en particulier, des fractures de membres.
Etym. Du préfixe *dé*, suppression, et de *calcium*.

DÉCANTER v.tr.
En. **to decant**
De. **abklären**
Es. **decantar**
It. **decantare**
Transvaser doucement un liquide en laissant au fond du récipient le dépôt qui le gâtait.
C'est procéder à une décantation.
Etym. Du latin *canthus*, bec de cruche.

DÉCARTILLER v.tr.
(Poitou). Enlever à la herse les plantes adventices dans un pré, ou dans un champ.
Etym. Du latin *carpere*, cueillir.

DÉCAVAILLONNAGE n.m.
Action de décavaillonner.

DÉCAVAILLONNER v.tr.
Enlever à la bêche, ou à la charrue *décavaillonneuse*, les *cavaillons*.

DÉCAVAILLONNEUSE n.f.
It. **aratro scavallatore**
Charrue spéciale, avec un age coudé vers la droite afin d'enlever le *cavaillon* laissé par le déchaussage sans érafler les souches de vigne.

DÉCEMBRE n.m.
En. **December**
De. **Dezember**
Es. **diciembre**
It. **dicembre**
Douzième mois de l'année grégorienne, ou dixième mois de l'année julienne, d'où son nom du latin *decem*, dix.
C'est le mois où l'on termine les semailles d'automne, où l'on effeuille le tabac. On répare les clôtures et l'on répand les fumures et les amendements. Jadis, on se livrait, dans les granges, au dépiquage des céréales. On engraisse les oies et les canards. Dans les vergers, on nettoie le tronc des arbres fruitiers et on procède à des plantations. Dans les vignes on remplace les échalas défectueux, et on écorce les ceps pour les badigeonner contre les insectes nuisibles.

DÉCHALASSER v.tr.
(Bordelais). Enlever les échalas d'une vigne.

DÉCHARGER v.tr.
Alléger un arbre fruitier des branches, des fleurs et des fruits qui le chargent inutilement.

DÉCHARGEUR n.m.
En. **unloader**
De. **Entlader**
Es. **descargador**
It. **scaricatore**
Appareil muni de griffes pour décharger les chars garnis de foin en vrac.

DÉCHARNER v.tr.
Enlever trop de bois à un arbre fruitier en le taillant trop abondamment, et en supprimant ainsi de futurs bourgeons à fruits.

DÉCHAULER v.tr.
Enlever de la chaux, ou plutôt réduire la basicité d'une terre en lui incorporant de l'humus.

DÉCHAUMAGE n.m.
En. **stubble ploughing**
De. **Stoppelstürzen, Umpflügen**
Es. **arado del rastrojo**
It. **aratura leggera, rottura delle stoppie**
Léger labour exécuté avec une *déchaumeuse* à disques, ou à multisocs, pour arracher les chaumes et les mauvaises herbes que l'on entasse, avec une herse, pour les faire brûler.
Suivi d'un second labour, après germination des graines de plantes nuisibles, il contribue au nettoyage du champ.

DÉCHAUMEUSE n.f.
En. **stubble plough**
De. **Stoppelpflug**
Es. **arado rastrojero, rastrojadora**
It. **aratro stoppiatore**
Charrue qui sert à déchaumer.
Muni de plusieurs disques, ou socs, l'ensemble tourne autour d'un axe comme une charrue-brabant.

DÉCHAUS n.m.
Ados.
Etym. Dérivé de *déchaussage*. "Anjou".

DÉCHAUSSAGE n.m.
En. **unearthing**
De. **Blosslegen (1), Auflockern (2)**
Es. **descalce**
It. **scalzatura**
1. Mise à nu du collet d'une plante sous l'effet du gel et du dégel qui la soulèvent et brisent les racines.
Il est bon de recourir à un roulage, ou à un labour, pour favoriser la pousse de nouvelles racines.
2. Opération résultant d'un labour à l'aide d'une *déchausseuse* pour détruire les mauvaises herbes, et permettre au soleil de pénétrer jusqu'aux racines. *Dans les rangées de vigne, la déchausseuse laisse, entre les ceps, une étroite bande de terre, le cavaillon, que l'on enlève à la houe, ou à la décavaillonneuse.*
Syn. Déchaussement.
Etym. De *dé*, privatif, et de *calcem*, pied.

DÉCHAUSSER v.tr.
En. **to unearth**
De. **blosslegen**
It. **scalzare**
Pratiquer le déchaussage.

DÉCHAUSSEUSE n.f.
En. **baring machine**
De. **Weinbergpflug**
Es. **arado de viñador**
It. **aratro da vigna**
Petite charrue à age courbe, dont on se sert pour déchausser les pieds de vigne *(fig. 62)*.

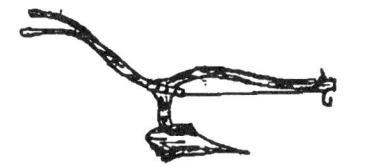

(Fig. 62). Déchausseuse

DÉCHIFFRE n.m.
(Bourbonnais). Défrichement.

DÉCHIGNOTER v.tr.
(Jura). Arracher le chiendent avec une herse.

DÉCIARE n.m.
Dixième partie d'un are, soit 10 m².
Terme peu usité.

DÉCIMABLE adj.
Assujetti à la dîme.

DÉCIMATEUR n.m.
En. **collector**
Es. **diezmero**
It. **decimatore, esattore delle decime**
1. Agent seigneurial chargé de prélever la dîme et de l'utiliser à l'entretien de l'église, du château, et des constructions communes.
2. Bénéficiaire de la dîme, abbé, évêque, et même laïque, ayant reçu cette redevance en bénéfice, et ne laissant au desservant de la paroisse que la *portion congrue*.
Les relevés de la dîme permettent de dresser le tableau des cultures à diverses époques du passé.
Etym. Du latin *decima*, dîme.

DÉCLARATION n.f.
Acte par lequel un vassal, ou un tenancier de censive, déclare ce qu'il détient à titre précaire du maître éminent de la terre, et ce qu'il doit verser comme cens, ou rente, à son suzerain, seigneur ou abbé.
Les déclarations de la fin du Moyen Age et du début des Temps Modernes constituent ainsi une abondante source de documentation pour l'histoire et la géographie agraires.
Etym. Du latin *clarus*, clair.

DÉCLOCHER v.tr.
Enlever les cloches qui protègent, dans un jardin, les plantes délicates contre le vent et le froid.

DÉCLÔTURER v.tr.
1. Enlever les clôtures d'un bois ou d'un champ.
2. Transformer un bocage en openfield.

DÉCOCONNER v.intr.
Détacher les cocons des brindilles sur lesquelles les ont fixés les vers à soie.
Cette pratique s'appelle le décoconnage, ou déramage.

DÉCOLLATION n.f.
Chute d'un bourgeon, ou d'un greffon, d'une branche d'arbre fruitier, soit accidentellement, soit spontanément.

DÉCOLLER v.intr.
De. **losmachen**
Es. **arrancar**
It. **scollare**
Se séparer du porte-greffe.
C'est le résultat d'un raccord défectueux entre le cambium du porte-greffe et celui du greffon.

DÉCOLLETAGE n.m.
En. **topping**
De. **Rübenköpfen**
Es. **desmoche**
It. **scollettatura**
Action de couper le collet et les feuilles de certaines racines cultivées (betterave, carotte, etc.), soit pour pratiquer l'arrachage mécanique, soit pour prévenir la pousse ultérieure des bourgeons, à l'intérieur du silo.

DÉCOLLETEUSE-ARRACHEUSE n.f.
It. **scollettatrice-estirpatrice**
Machine agricole qui arrache les betteraves après les avoir décolletées.
Certaines sont également chargeuses.

DÉCOLORATION n.f.
En. **discoloration**
De. **Entfärbung**
Es. **descoloramiento**
It. **scolorimento**
Opération qui consiste à décolorer les moûts rouges pour avoir des vins rosés par aération oxydant la matière colorante, par du noir animal ou végétal bien mélangé au moût, ou par du gaz sulfureux.

DÉCOMPACTER v.tr.
Aérer le sol arable après une période de pluie qui l'a rendu compact, notamment s'il est argileux.
Le décompactage s'effectue à l'aide d'instruments à grosses dents vibrantes, genre chisel ou à dents rigides, pénétrant à 40-50 cm de profondeur.

DÉCOMPOTER v.tr.
Epuiser une terre en lui faisant produire du grain de façon répétée, sans respecter l'assolement.
Syn. (terme vieilli) Desssoler.

DÉCORNAGE n.m.
En. **dehorning**
Es. **descorne**
It. **decornazione**
Suppression d'une corne d'un bovidé, soit par accident, soit pour faciliter son emploi dans les labours.

DÉCORNER v.tr.
It. **decornare**
Arracher les cornes d'un boeuf ou d'un bélier.

DÉCORTICAGE n.m.
Action d'enlever l'enveloppe de certaines graines.

DÉCORTIQUER v.tr.
En. **to decorticate, to husk, to shell** (2)
De. **schälen, abschälen**
Es. **descortezar**
It. **scortecciare, decorticare**
1. Gratter l'écorce des arbres fruitiers, ou des ceps de vigne, pour détruire les mousses, les lichens, les insectes nuisibles.
Cette opération s'effectue à la main avec une raclette, ou à l'aide d'une décortiqueuse, *ou par un badigeonnage avec une solution de sulfate de fer.*
2. Enlever l'enveloppe de certaines graines : riz, arachide, café, etc.
Etym. Dérivé de *écorce*.

DÉCORTIQUEUSE n.f.
De. **Schälmaschine**
Es. **descortezadora**
It. **decorticatrice**
1. Machine pour décortiquer certaines graines comme le riz paddy.
Elle se compose d'un organe rotatif qui projette les grains contre un organe fixe ; par suite du choc, les enveloppes inutiles se détachent.
2. Raclette en fer qui sert à nettoyer les souches de vigne en hiver.

DÉCOUPE n.f.
Sur un tronc d'arbre, opération qui consiste à séparer, par une coupe, le bois d'oeuvre de celui qui n'est bon qu'au chauffage.

DÉCOUVERT n.m.
1. Clairière dans un bois pour prévenir les feux de forêts.
2. *(Canada)*. Abattis d'arbres sans haies.

DÉCROÎT n.m.
Diminution en poids, ou en têtes, d'un troupeau composant le cheptel vif d'une ferme.
En principe le décroît, comme le croît, doivent être subis équitablement par le preneur comme par le bailleur.

DÉCROÛTAGE n.m.
Dans les pays chauds et secs, préparation d'une parcelle de labour en brisant d'abord la croûte qui s'est formée à sa surface, puis à en enlever les débris avant de procéder aux façons culturales.
Syn. (ancien) Décruster.

DÉCRUSER v.tr.
Rendre les cocons plus souples et leurs fils moins cassants en les plongeant dans l'eau avant de les dévider.
Syn. Décruer.

DÉCUSCUTAGE n.m.
Action de séparer les graines fourragères des graines de cuscute à l'aide d'une *décuscuteuse*.
On pratique aussi le décuscutage en fauchant et enfouissant les fourrages contaminés, et en semant de bonnes graminées.

DÉCUSCUTER v.tr.
It. **decuscutare**
Pratiquer le *décuscutage* à l'aide d'une *décuscuteuse*.
V. Cuscute.

DÉCUSCUTEUSE n.f.
Appareil qui sert à pratiquer le *décuscutage*.

DÉCUVAGE n.m.
En. **racking off**
De. **Abziehen**
Es. **trasiego**
It. **svinatura**
Soutirage du vin contenu dans une cuve après fermentation.
Le vin s'écoule par un robinet placé au bas de la cuve. C'est le vin de goutte. Quand il cesse de couler, on passe le marc au pressoir pour obtenir du vin de presse, ou bien de l'eau-de-vie de marc en le distillant. Le marc, étendu d'eau, donne de la piquette.
Syn. Décuvaison.

DÉCUVER v.tr.
En. **to rack off**
De. **abziehen**
It. **svinare**
Pratiquer le décuvage.

DÉDOSSER v.tr.
(Pays de Loire). Diviser une touffe de racines en plusieurs petites touffes pour les repiquer séparément.

DEFAIX n.m.p.
Dans un fief divisé en tenures, lieux réservés au seigneur : étangs, ruisseaux, garennes, etc.

DÉFANAGE n.m.
It. **defogliazione, defoliazione**
Destruction des fanes par pulvérisation de *défanants* à base de produits chimiques.

DÉFANANT n.m.
It. **defoliante**
Produit destiné à détruire les fanes de pommes de terre, ou de betteraves.
Il est à base d'acide sulfurique.

DÉFENDUAS n.m.
(Ubaye). Pâturage soustrait aux troupeaux afin d'éviter sa dégradation par l'érosion.
Il est mis en défens.

DÉFENDURE n.f.
Bâton muni d'un chiffon, ou d'une poignée de paille, et planté à l'extrémité d'un champ pour indiquer qu'il est soustrait au *libre parcours*.

DÉFENS, ou **DÉFENDS (MISE EN)** l.f.
En. **tree-felling ban** (3)
De. **Durchfahrtsverbot, Weideverbot** (2), **Schonung, Fällverbot** (3,4)
It. **divieto di taglio o di pascolo** (3)
1. Affectation d'une parcelle à un usage particulier (garenne, étang, pâture).
2. Interdiction de la vaine pâture, ou du libre parcours, dans un terrain déterminé, sauf autorisation du seigneur, ou de la communauté.
3. Interdiction permanente des droits d'usage dans une forêt afin de sauvegarder les arbres.
4. Interdiction temporaire des droits d'usage pour permettre la repousse d'un taillis.
Elle peut n'être que saisonnière, si elle ne s'applique qu'à la période de la pousse des feuilles, au temps du broust.
5. Interdiction variable en altitude dans les Pyrénées des Gaves : elle s'applique à la haute montagne jusqu'à la Saint-Jean, puis à la basse montagne ; en automne règne le libre parcours.
C'est la pratique du bédat, terme dérivé de bos, boeuf.
Etym. Du latin defendere, écarter.

DÉFENSABILITÉ n.f.
Etat d'une forêt qui ne peut être soumise aux droits des usagers à cause de l'âge trop jeune de ses arbres.

DÉFENSABLE adj.
It. **difendibile**
Qualifie une parcelle cultivée et soustraite à la vaine pâture jusqu'à la récolte.
En Berry, une prairie était défensable de Pâques à la récolte du foin, ou à celle du regain. Une terre en labour n'est défensable que si elle est entourée d'une clôture. Après une coupe, un canton de forêt est soustrait au pacage jusqu'à ce qu'il ait acquis un âge suffisant pour résister, pour se défendre contre le pacage (R. Blais). Il est alors défensable par lui-même.

DÉFÉROUER v.tr.
(Anjou). Défricher.
Un défrou est une terre récemment défrichée.

DÉFERRAGE n.m.
It. **sferratura**
Perte d'un fer par un cheval ou par un boeuf.

DÉFERTILISANT n.m.
It. **dilavante**
Produit qui enlève à un sol sa fertilité.
Les eaux de pluie, ou d'irrigation, peuvent être des défertilisants en entraînant en profondeur les sels fertilisants, et en podzolisant le sol.

DÉFEUILLAGE n.m.
En. **defoliation**
De. **Abfallen des Laubes**
Es. **deshojado**
It. **sfogliatura**
1. Action de supprimer en partie les feuilles de la vigne, ou d'un arbre fruitier, pour favoriser la maturité des fruits. *Syn. Défoliation.*
2. Chute des feuilles en automne.
Syn. Défeuillaison.

DÉFIBRER v.tr.
It. **sfibrare**
Ôter les fibres de la tige d'une plante, soit pour en faire de la filasse si c'est une plante textile, soit pour faciliter la sortie de la sève s'il s'agit de la canne à sucre.

DÉFICHAGE n.m.
Suppression des fiches, ou échalas, de la vigne. *Syn. Déchalasser.*

DÉFICIT PLUVIOMÉTRIQUE l.m.
En. **pluviometric deficit**
De. **Niederschlagsdefizit**
Es. **déficit pluviométrico**
It. **carenza pluviometrica**
Insuffisance, calculée en millimètres de pluie, entre l'évapotranspiration potentielle et la quantité d'eau fournie par la pluviosité.
Le déficit doit être comblé par l'arrosage ou l'irrigation, sinon c'est la sécheresse.

DÉFILEMENT n.m.
En. **taper**
De. **Abnahme**
It. **svasatura**
Diminution de la circonférence du fût d'un arbre, ou d'une grume, du bas vers le haut, du gros bout vers le petit bout.

DÉFINAIGER v.tr.
(Jura). Arracher les chardons d'un champ.

DÉFLEURAISON ou
DÉFLORAISON n.f.
En. **falling of blossoms**
De. **Abblühen**
Es. **defloración**
It. **sfioritura**
Chute des fleurs.

DÉFOLIANT n.m.
En. **defoliant**
De. **Entlaubungsmittel**
Es. **defoliante**
It. **defoliante**
Produit chimique qui provoque la chute des feuilles d'une plante.

DÉFOLIATION n.f.
En. **defoliation** (1)
De. **Entlaubung** (1)
Es. **defoliación** (1)
It. **defoliazione**
1. Destruction des herbes et des feuilles à l'aide de produits chimiques.
2. Maladie entraînant la chute hors saison des feuilles d'un arbre.

DÉFONÇAGE n.m.
En. **digging up**
De. **Tiefpflügen**
Es. **desfonde**
It. **aratura profonda, scasso**
Labour profond, de 40 à 60 cm, avec une *défonceuse*, dans un sol meuble et de même nature jusqu'au fond du sillon.
Ce procédé assainit la terre, l'enrichit par le mélange des diverses parties de la couche défoncée ; les plantes parasites sont détruites et le sol peut recevoir les plantes à longues racines (luzerne, chicorée, arbres fruitiers, etc.).

DÉFONCE n.f.
Défrichement en profondeur, jusqu'à 60 cm.
Jadis, ce travail, très pénible, était confié à des équipes d'ouvriers, les colles, *que l'on payait à la tâche. Actuellement, on utilise de puissantes charrues défonceuses.*

DÉFONCER v.tr.
En. **to trench**(1)
De. **tiefpflügen** (1)
Es. **desfondar** (1)
It. **scassare** (1)
1. Labourer une terre inculte jusqu'à 60 cm de profondeur pour la convertir en vignoble, ou en verger.
2. Enlever l'un des fonds d'un tonneau pour y mettre de la vendange.

DÉFONCEUSE n.f.
En. **trench plough**
De. **Tiefkulturpflug, Umbruchpflug**
Es. **arado de desfonde, desfondadora**
It. **aratro da scasso**
Puissante charrue employée pour défoncer un terrain.
Elle est souvent montée en charrue-balance comme la charrue-brabant.

DÉFORESTATION n.f.
En. **deforestation**
De. **Abholzung, Entwaldung**
Es. **deforestación**
It. **diboscamento**
Suppression partielle de la forêt d'une région par la hache, ou par le feu, tout en laissant subsister des boqueteaux, des arbres isolés.
Si toute végétation arbustive disparaissait, il faudrait dire déboisement.

DÉFOUL n.m.
(Normandie). Verger de pommiers.

DÉFOURRER v.tr.
1. Oter la fourrure.
2. Faire sortir les grains de leurs épis à coups de fléau.

DÉFOURRURE n.f.
Gerbe de céréales dont on a ôté les grains des épis par le battage au fléau.
Jadis, on la donnait aux moutons qui en extrayaient les derniers grains laissés dans les balles, *ou* glumes.

DÉFOXER v.tr.
Faire disparaître par collage, ou filtration, le goût désagréable, qui évoque l'odeur du renard, dans certains vins provenant des hybrides américains, tel le *noah*.
Etym. De l'anglais *fox*, renard.

DÉFRAICHIS n.m.p.
1. *(Saintonge)*. Terrains nettoyés de leurs broussailles.
2. Friches remises en cultures.

DÉFRAUT n.m.
(Centre). Défrichement.
Etym. De *dé*, suppression, et *fraut*, terre inculte, déserte.

DÉFRICHAGE ou **DÉFRICHEMENT** n.m.
En. **land clearing**
De. **Urbarmachung, Roden**
Es. **roturación, desmonte**
It. **dissodamento**
Le premier terme s'applique à l'action de défricher, le second indique le résultat de cette action.
Suppression d'une friche pour la mettre en culture, qu'elle ait été un ancien terrain cultivé, ou bien qu'elle n'ait jamais été mise en culture. *Au Moyen Age, sous la poussée démographique, de grands défrichements eurent lieu à partir du XIème siècle, et surtout au XIIème, soit par extension des cultures autour des anciens villages, soit par implantation de colons isolés dans des clairières. Des reculs de l'espace défriché se produisirent au XIVème siècle, au XVIIème siècle, puis des gains reprirent au XIXème siècle. Actuellement, la forêt gagne de nouveau par suite du dépeuplement des campagnes. Cependant le défrichage et le déboisement restent soumis à l'autorisation des pouvoirs publics, car la forêt assure l'équilibre du climat et du régime des sources et des cours d'eau ; elle ralentit l'érosion le long des versants.*
Etym. Du latin *dis*, suppression et du flamand *vrisch*, terre fraîche.

DÉFRICHER v.tr.
En. **to clear**
De. **urbar machen, kultivieren**
Es. **desmontar, roturar**
It. **dissodare**
Transformer une terre inculte en terre cultivable.

DÉFRICHEUSE n.f.
It. **dissodatore**
Charrue à soc très tranchant pour effectuer les défrichages.

DÉFROU n.m.
(Quercy). Terre récemment défrichée.

DÉFRUITEMENT (CHEMIN DE) l.m.
Chemin joignant les parcelles cultivées aux bâtiments de la ferme. *Il permet le transport des récoltes, des* fruits *des champs* défruités, *jusqu'aux abris de l'exploitation agricole.*

DÉFRUITER v.tr.
1. Cueillir les fruits d'un arbre.
2. Supprimer le goût de fruit de l'huile d'olive en l'épurant.

DÉGAZONNER v.tr.
De. **Rasen abstechen**
Es. **desherbar**
It. **scoticare**
Enlever le gazon, détruire un pré en le dégazonnant, niveler une pelouse en enlevant provisoirement des plaques de gazon à l'aide d'une *dégazonneuse* et en les remettant en place avec tassement et arrosage afin que les racines reprennent leur activité.
Etym. De *dé*, privatif et du francique *waso* qui a donné en allemand *Wasen*, terme qui a passé en français à cause de l'usage juridique qui consistait à remettre au vassal une motte de gazon afin de symboliser la cession d'une terre.

DÉGÉNÉRESCENCE n.f.
En. **degeneration disease**
De. **Ausarten, Ausartung**
Es. **degeneración**
It. **degenerazione**
Altération cellulaire d'une plante, due à un virus qui détruit le cytoplasme et le noyau.
La vigne et la pomme de terre en sont les plus atteintes et le mal, s'accroissant d'une génération à l'autre, entraîne la mort des plantes infectées.
Etym. Du latin *de*, suppression, et *generis*, race.

DÉGERMER v.tr.
En. **to degerm**
De. **entkeimen**
Es. **desgerminar** (1)
1. Enlever les germes d'une plante, en particulier ceux de la pomme de terre afin qu'ils n'épuisent pas sa pulpe nutritive avant la mise en terre des tubercules.
2. Enlever le germe des grains d'orge pour la brasserie.

DÉGORGEAGE n.m.
Opération suivant la mise en bouteille du champagne et des mousseux.
Elle consiste à expulser le dépôt qui se forme dans le goulot tourné vers le bas.

DÉGOÛTANT n.m.
(Bas Poitou). Cépage à raisins noirs, très abondants, mais donnant un vin médiocre.

DÉGRAIS (CHAMP EN) l.m.
(Gascogne). Parcelle située sur une pente assez forte pour que les engrais soient entraînés par le ruissellement, ou le lessivage.
Il y a ainsi dégraissement *du sol.*

DÉGRAMER v.tr.
Enlever le chiendent d'un champ, après labour et hersage, afin de le brûler et de nettoyer la terre.
Etym. Du latin *gramen*, gazon.

DÉGRAPPER v.tr.
Enlever les grains d'une grappe de raisin, ou de groseille.
Syn. Egrapper.

DÉGRATTER v.tr.
(Jura). Herser très vigoureusement un labour afin de briser les mottes.

DEGRÉ ALCOOLIQUE l.m.
En. **alcohol content**
De. **Alkoholgehalt**
Es. **grado alcohólico**
It. **gradazione alcolica**
Pourcentage d'alcool pur qui entre dans un mélange alcoolisé, telle l'eau-de-vie à 50°, mesurée à l'alcoomètre.

DÉGRIMOTTER v.tr.
(Jura). Arracher le chiendent avec une herse.

DÉGUERPISSEMENT n.m.
En. **abandonment (of property)**
De. **Aufgeben**
Es. **dejación de un fondo**
It. **derelizione**
Droit d'abandonner une terre trop lourdement chargée de redevances (droit féodal).
Ce droit s'étendait du roturier libre au serf d'héritage qui n'était serf que parce que la tenure qu'il exploitait était seule grevée de servitude. Le déguerpissement entraînait le retour de la tenure au domaine seigneurial, même s'il s'agissait d'un alleu qui perdait ainsi sa qualité juridique (G. Lepointe).
Etym. Du vieux français *guerpir*, abandonner, issu du francique *werpjan*, par l'allemand *werfen*.

DÉGUSTATION n.f.
En. **wine tasting**
De. **Weinprobe**
Es. **degustación**
It. **degustazione**
Appréciation de la qualité d'un vin, d'une liqueur ou d'un aliment, en utilisant les papilles gustatives de la bouche.
C'est le rôle du dégustateur.

DEHÈS n.m.
(Gascogne). Pâturage mis en défens.

DEHESA n.f.
(Espagne). Grand domaine espagnol où domine la *montanera*, forêt claire de chênes-verts, ou de chênes-lièges à sous bois en jachère herbeuse, soustraite aux troupeaux de la Mesta, et réservée à ceux du village.

DÉHISCENT adj.
En. **dehiscent**
De. **aufspringend**
Es. **dehiscente**
It. **deiscènte**
Qualifie les anthères des fleurs, ou les noyaux des fruits qui laissent échapper naturellement, lors de leur maturité, leurs pollens ou leurs graines.
Etym. Du latin *dehiscere*, s'ouvrir.

Déhiscence d'iris

DÉJECTIONS ANIMALES l.f.p.
En. **excretions**
De. **Ausscheidungen, Auswurf**
Es. **excrementos, deyecciones animales**
It. **deiezioni animali**
Excréments solides ou liquides du bétail.

DÉLAITAGE n.m.
En. **buttermilk drainage** (2)
De. **Melken** (1), **Trennung der Butter von der Molke** (2)
Es. **desuero** (2)
It. **eliminazione del latticello** (2)
1. Traite, travail manuel ou mécanique qui consiste à extraire le lait de la mamelle d'une femelle d'animal domestique. (Maine).
2. Élimination totale du petit lait dans le beurre en cours de fabrication.
Syn. Délaitement.
Etym. Dérivé de *lait*.

DÉLAITER v.tr.
En. **to milk, to whey** (1)
De. **melken** (1), **Butter von der Molke trennen** (2)
Es. **quitar el suero** (2)
It. **eliminare il latticello** (2)
1. *(Maine).* Traire.
2. Séparer le beurre du petit lait.

DÉLINTAGE n.m.
Suppression des fibres très courtes, ou *linters*, qui adhèrent encore aux graines de coton après l'égrenage et qui n'ont guère de valeur pour le filage.
Etym. De l'anglais *linters*.

DÉLITAGE n.m.
Nettoyage des cages, ou lits, des vers à soie, en enlevant la litière salie et les débris des feuilles de mûrier.
Etym. Du latin *dis*, dispersion et de *lit*.

DÉLIVRANCE n.f.
It. **secondamento** (2)
1. Autorisation accordée par les agents forestiers, ou par le propriétaire d'une forêt, à un usager pour qu'il puisse y exercer ses droits.
2. Expulsion du placenta après la parturition des femelles des mammifères.

DELLE n.f.
(Normandie). Ensemble de parcelles allongées, jointives et de même orientation, issues peut-être de vastes champs massifs découpés en lanières.

DELLE n.f.
Vallée.
Etym. Du scandinave *dal*, vallée.

DÉMARIAGE n.m.
En. **thinning**
De. **Ausdünnen, Verziehen**
Es. **aclareo**
It. **diradamento**
Dans la culture des betterave à sucre, action de ne laisser qu'un plant par bouquet issu de la germination des graines incluses dans un *glomérule. Cette opération est aujourd'hui supprimée par suite de l'utilisation de semences monogermes et de semis effectués avec des semoirs de précision (R. Blais).*

DÉMASCLAGE n.m.
En. **barking**
De. **Abrinden**
Es. **descortezado**
It. **demaschiatura**
Enlèvement de la première écorce d'un chêne-liège âgé d'au moins trente ans.
Crevassée, rugueuse, elle est improprement, mais communément, appelée liège mâle ; elle laisse intacte la mère du futur liège, c'est-à-dire le liber, qui formera au cours d'une dizaine d'années une nouvelle écorce, fine et épaisse de 3 cm environ, ce sera le liège femelle (R. Blais).
Etym. Du provençal *desmascle*, émasculer, issu du latin *dé*, privatif et *masculus*, mâle.

DÉMÉTER n.f.
De. **Demeter**
It. **Demetra**
Déesse-mère des moissons et de la terre cultivée. *Identifiée à Cérès, déesse des céréales chez les Romains. On retrouve son culte chez tous les peuples aryens. Sa fille, Perséphone, fut enlevée par Hadès, dieu des enfers. Elle obtint de Zeus qu'elle lui fut rendue chaque année, durant six mois pendant lesquels la terre fleurit, porte des fruits et des moissons ; tandis que, durant les six autres mois, où Perséphone est chez Hadès, la terre dépouillée subit la désolation de l'hiver. Les temples de Déméter s'élevaient dans les forêts, peut-être parce que son culte avait pris naissance dans les clairières de défrichement.*

DEMI-BOIS n.m.
Arbre fruitier dont la taille est comprise entre la demi-tige et la taille naine.

DEMI-CHARRUE n.f.
(Bourgogne). Mesure agraire qui équivalait à la moitié d'une exploitation agricole ordinaire et qu'un paysan pouvait exploiter avec une seule bête de labour. *Elle était de 28 ou 30 journaux, soit une dizaine d'hectares divisés en trois soles. Mais cette mesure variait beaucoup d'une région à l'autre ; elle pouvait atteindre une vingtaine d'hectares avec un cheptel de 4 boeufs ou chevaux.*

DEMI-FUTAIE n.f.
Forêt dont les arbres ont entre 40 et 60 ans d'âge.

DEMI-SANG n.m.
En. **half-bred horse**
De. **Halbblut (Pferd)**
Es. **media sangre**
It. **mezzosangue**
Cheval issu d'un étalon anglais et d'une jument normande, bretonne, vendéenne, charentaise, etc.
Les demi-sangs les plus réputés sont les anglonormands.

DEMI-SEL n.m.
Es. **queso un poco salado**
Fromage double-crème, légèrement salé pour retarder son altération et permettre son expédition vers les marchés.

DEMI-TIGE n.f.
De. **Halbstamm**
Es. **árbol de media forma**
Arbre fruitier maintenu à mi-hauteur de sa taille normale.

DEMOISELLE n.f.
1. Tas de gerbes recouvert d'une brassée de paille.
2. Grappe de raisin dont les grains ont mûri sans grossir.
3. Variété de poire.
4. Instrument servant à damer la terre des allées, d'une aire à battre le blé, d'une parcelle de jardin.
Etym. Du latin *dominicella*, petite dame.

DENDROCHRONOLOGIE n.f.
En. **dendrochronology**
De. **Dendrochronologie**
Es. **dendrocronología**
It. **dendrocronologia**
Chronologie établie à l'aide des anneaux annuels d'accroissement des arbres.
Elle permet de connaître leur âge et de repérer des variations de climat.

DENDROLOGIE n.f.
En. **dendrology**
De. **Baumkunde, Dendrologie**
Es. **dendrología**
It. **dendrologia**
1. Science des arbres.
2. Ouvrage traitant des arbres et écrit par un *dendrologue*.
Etym. Du grec *dendron*, arbre et *logos*, discours, science.

DENDROMÈTRE n.m.
En. **dendrometer**
De. **Dendrometer, Baummesser**
Es. **dendrómetro**
It. **dendrometro**
Instrument pour mesurer les dimensions d'un arbre.

DENDROMÉTRIE n.f.
En. **dendrometry**
De. **Baummessung**
Es. **dendrometría**
It. **dendrometria**
Moyen de mesurer avec un dendromètre, les dimensions des arbres, la croissance d'un peuplement forestier, le volume des troncs, le nombre d'arbres par unité de surface.
Etym. Du grec *dendron*, arbre et de *metron*, mesure.

DÉNITRIFICATION n.f.
Es. **desnitrificación**
It. **denitrificazione**
Décomposition des nitrates en nitrites, puis en azote par absorption de l'oxygène dans un milieu riche en bactéries dénitrifiantes : tourbières, rizières, terres humifères, sol très tassé, etc.

DÉNOMBREMENT n.m.
En. **enumeration, census**
De. **Aufzählung**
Es. **enumeración, censo**
It. **censimento**
Enumération des biens d'un vassal qui en fait hommage à son suzerain.
C'est une source précieuse pour l'étude des paysages agraires au Moyen Age. On confond parfois le dénombrement avec l'aveu. En fait, l'aveu est la reconnaissance par le vassal de sa dépendance à l'égard de son suzerain et se place en tête du contrat ; vient ensuite le dénombrement où figure le détail des terres remises en fief au vassal. Il remplaça peu à peu, au cours du XIème siècle, la montrée de terre de l'ancien droit féodal. Faute de cet inventaire, le vassal ne pouvait lever les cens et les rentes, sinon il était frappé d'une amende dite de main brisée. Le même terme s'applique au recensement d'une population par tête ou par feu.

DENRÉE n.f.
(Auxerrois). Surface cultivée en vigne et soumise à une redevance d'un denier.
Elle valait un sixième d'arpent, soit 8,51 ares.

DENSITÉ AGRICOLE l.f.
En. **agricultural population**
Es. **densidad agrícola**
It. **densità agricola**
Nombre d'agriculteurs par km², ou bien rapport, en pourcentage, du nombre des agriculteurs au nombre total des personnes actives.
A distinguer de l'expression densité rurale *qui prend en compte tous ceux qui vivent en milieu rural, de sorte que l'on obtient parfois 10 à 15 agriculteurs pour 40 ou 50 ruraux au km² dans une commune du Bassin Aquitain. Sous les Tropiques ces écarts sont encore plus grands : ils passent de quelques individus au km², dans les régions de longue saison sèche, à plus de 1 000 dans les rizières de l'Asie des Moussons. Ces variations de densités conditionnent les formes d'appropriation de la terre, les structures agraires et les procédés agricoles.*

DENSITÉ D'ASPERSION l.f.
Es. **densidad de aspersión**
Quantité d'eau distribuée sous forme de pluie en une heure, sur un hectare.

DENSITÉ DE LEVÉE l.f.
Pourcentage de graines ayant germé par unité de surface ensemencée.
Syn. Densité de semis.

DENSITÉ DE PEUPLEMENT l.f.
En. **population density**
De. **Pflanzendichte**
Es. **densidad de población**
It. **densità di popolazione**
Nombre de plantes cultivées par unité de surface.
Syn. Densité de plantation.

DENSITÉ DE SEMIS l.f.
En. **seed density**
De. **Keimdichte, Saatdichte**
Es. **densidad de siembra**
It. **densità di semina**
Nombre de graines ayant germé, ou nombre de plants par unité de surface.

DENT DE BREBIS l.f.
It. **veccia**
Gesse.

DENT-DE-LION l.f.
En. **dandelion**
De. **Löwenzahn**
Es. **diente de léon**
It. **dente di leone, tarassaco**
Pissenlit.

DENTALE n.m.
Pièce de bois qui reliait le soc de la charrue aux mancherons, et qui supportait les deux oreilles également en bois (araire romaine).
Le terme se retrouve, à peine altéré sous la forme dentau *dans la plupart des dialectes français. Cette pièce a été remplacée par l'age et le sep (fig. 63).*

(fig. 63). Dentale

DENTELÉE n.f.
Fièvre aphteuse des porcs.

DÉPAILLER v.tr.
Epuiser une terre par des façons culturales, ou des cultures mal comprises, de sorte qu'elle ne produit plus de céréales avec leur paille.
Elle est dépaillée.

DÉPAISSANCE n.f.
En. **grazing** (1)
De. **Weiden, Grasen** (2)
Es. **pasto**
It. **pasturamento**
1. Mise au pâturage des troupeaux.
2. Parcelle, dite de dépaissance, située près de la ferme et où l'on mène les troupeaux au printemps quand la provision de foin est épuisée et que la montagne est encore couverte de neige.

DÉPAISSELAGE n.m.
Suppression des échalas d'une vigne.
Etym. De *paisseau*, échalas.

DÉPAISSIR v.tr.
(Nivernais). Eclaircir un semis afin que les légumes qui restent puissent mieux grossir.

DÉPALISSER v.tr.
Enlever les supports, ou *palissades* qui soutenaient les branches d'un arbre fruitier.

DÉPANOUILLAGE n.m.
De. **Entlieschen**
Es. **deshojado de mazorcas, eliminación de las espatas**
It. **spannocchiatura**
Opération qui consiste à débarrasser les épis de maïs de leurs spathes, c'est-à-dire des grandes bractées qui les enveloppent, soit à la main, soit avec une *dépanouilleuse*.
Etym. De *panouille*, épi de maïs, en occitan.

DÉPANOUILLER v.tr.
Pratiquer le dépanouillage.

DÉPANOUILLEUSE n.f.
En. **husker**
De. **Maiskolbenentferner, Entliescher**
Es. **deshojadora de maíz**
It. **sfogliatrice per granoturco**
Machine à dépanouiller.

DÉPARQUER v.tr.
It. **fare uscire un gregge dal recinto**
Faire sortir les moutons de leur parc.

DÉPARTAGE n.m.
Préparation des douves d'un tonneau en découpant par fendage, selon les rayons, une bille de chêne ou de châtaignier.
On divise les pièces ainsi obtenues, toujours selon leur fil, afin d'avoir des planches appropriées au façonnement des douves. L'opération s'effectue avec un départoir.
Syn. Quarteronnage.

DÉPARTOIR n.m.
Sorte de hache qui sert au tonnelier pour diviser les pièces de bois obtenues par le *quarteronnage*.

DÉPÉCORATION n.f.
Diminution du nombre de têtes de bétail sur un pâturage.

Syn. Dépécorisation.
Etym. Du latin *pecus, pecoris*, troupeau.

DÉPELOUNER v.tr.
(Anjou). Enlever la couche de gazon d'un pré pour le préparer à l'ensemencement d'une nouvelle pelouse.

DÉPENCE n.f.
Boisson faite avec de l'eau jetée sur le marc après avoir écoulé le vin.
Syn. Piquette.

DÉPENDANCE n.f.
Terre soumise, en droit seigneurial, à une autre terre.

DÉPENDANCES n.f.p.
En. **outbuildings, outhouses**
De. **Nebengebäude**
Es. **dependencias**
It. **annessi, attinenze**
Bâtiments, espaces vides et jardins qui dépendent de l'habitation principale.
Jadis ils n'étaient pas soumis aux redevances seigneuriales et aux contraintes communautaires ; ils constituaient l'essen-tiel du manse.

DÉPENTE n.f.
Opération qui consiste à descendre les pieds de tabac suspendus aux guirlandes et à enlever de la tige les feuilles sèches.

DÉPEUPLEMENT n.m.
En. **depopulation**
De. **Entvölkerung**
Es. **despoblación**
It. **spopolamento**
Diminution des densités humaines.
Rare dans la plupart des pays du Monde, elle est la règle dans les campagnes de l'Occident. Elle provient de la diminution de la natalité et de l'émigration vers les villes ; c'est l'effet d'une distorsion entre la nature des activités rurales et des activités urbaines ; celles-ci étant moins pénibles et rémunérées plus régulièrement que les précédentes.

DÉPIERRAGE n.m.
Enlèvement des pierres contenues dans la terre arable d'un champ, ou dans le gazon d'une prairie, pour rendre plus faciles les façons culturales.

DÉPIQUAGE n.m.
En. **threshing** (1)
De. **Dreschen** (1)
Es. **trilla**
It. **battitura, trebbiatura**
1. *(Pays du Nord).* Action de faire sortir le grain de l'épi d'une céréale, en le frappant à l'aide d'une latte, ou d'un fléau *(fig. 91)*.
Syn. Battage.
2. *(Pays du Midi).* Travail qui consiste à faire passer des boeufs tirant un rouleau sur les gerbes étendues sur l'aire ; sous le poids de l'appareil les grains sortent des épis.
3. Opération réalisée par la batteuse mécanique, puis par la moissonneuse-batteuse.
Etym. Du préfixe *dé*, séparation, et du latin *spica*, épi.

DÉPIQUER v.tr.
En. **to thresh** (1), **to transplant** (2)
De. **dreschen** (1), **verpflanzen** (2)
1. Séparer les graines des épis par le dépiquage.
2. Enlever une plante d'un semis avec les racines pour la replanter ailleurs.
3. Nettoyer, au bout du sillon, le soc et le versoir de la charrue avec une raclette, ou *pique*.
Ainsi se forment à l'extrémité des parcelles des crêtes de labour.
(V. Ackerberge).
Etym. De *pique*, petite pelle.

DÉPLANTATION n.f.
En. **transplantation**
De. **Verpflanzung**
Es. **trasplante, desplantación**
It. **trapianto**
Opération qui consiste à enlever de l'endroit où elle a poussé une jeune plante avec ses racines entourées de terre pour la replanter ailleurs.
La déplantation s'effectue surtout en hiver, quand la plante est en dormance.
Syn. Déplantage.

DÉPLANTINAGE n.m.
Opération qui consiste à débarrasser les graines des plantes fourragères de celles du plantain, nuisibles dans les fourrages.
Sur une toile humide les graines de plantain se couvrent d'un mucilage, tandis que celles de la luzerne restent sèches. Sur une déplantineuse *munie d'une toile sans fin légèrement humectée, les graines de luzerne tombent dans un sac, et celles de plantain sont enlevées par un racloir.*
Etym. De *dé*, privatif et *plantain*, herbe parasite.

DÉPLANTOIR n.m.
En. **garden trowel**
De. **Hohlspatel**
Es. **hocino, desplantador**
It. **trapiantatoio**
Outil de jardinier muni d'un manche et d'une lame incurvée, à extrémité arrondie, et avec laquelle on déplante les légumes et les fleurs, voire même les petits arbustes (fig.64).

(Fig. 64). Déplantoir

DÉPLUMER v.tr.
En. **to pluck**
De. **rupfen**
Es. **desplumar**
It. **spennare**
Enlever, arracher les plumes d'une volaille.

DÉPOINTEUR n.m.
Personne qui accepte de remplacer un fermier évincé par le propriétaire de son exploitation agricole, au XVIIème siècle.
Terme péjoratif.

DÉPOMMOIR n.m.
Souple baguette d'osier ou de plastique que l'on enfonce dans l'oesophage d'un bovin quand il a avalé une pomme entière. *Le fruit, poussé dans la panse, ne l'étouffe plus.*

DÉPOPULATION RURALE l.f.
En. **rural depopulation**
De. **Entvölkerung** (ländlicher Gegenden)
Es. **despoblación rural**
It. **spopolamento rurale**
Diminution de la population des campagnes.
Elle se manifeste depuis la fin du XIXème siècle et peut aller jusqu'à la désertification ; elle est en partie compensée par le retour des retraités et des pluriactifs. Elle est due au milieu naturel (montagne, sol pauvre), à la dénatalité, aux conditions de vie, à la motorisation, aux mutations agricoles, aux départs vers les villes.

DÉPORT n.m.
1. Parcelle attenante à une maison rurale et servant de lieu de dépôt, de remise, pour les instruments agricoles.
2. Droit qu'avait le seigneur de prélever le revenu d'une censive, ou d'un fief, durant l'année qui suivait la mort du tenancier, ou du vassal.
Syn. Patus.

DÉPOTER v.tr.
En. **to unpot**
De. **umpflanzen**
Es. **trasplantar**
It. **travasare**
Enlever du pot, où on la mise à germer, une plante que l'on place en pleine terre.
Cette opération, ou dépotage, bien conduite, favorise la première pousse.

DÉPOUILLES n.f.p.
Fruits récoltés d'un verger, produits d'un champ.

DÉPOURRISSAGE n.m.
Action d'enlever d'un raisin les grains avariés afin d'éviter la pourriture de la grappe.

DÉPRÉDATEUR n.m.
En. **depredator**
De. **Plünderer**
Es. **depredador**
It. **depredatore**
Personne ou animal qui cause des dégats dans les cultures, et dans les récoltes engrangées dans les fermes.
Etym. Du latin praeda, proie, butin.

DÉPRÉDATION n.f.
En. **depredation**
De. **Plünderung**
Es. **depredación**
It. **depredazione**
Dégâts causés dans un champ ou dans un bâtiment, suivis de vol, de pillage, par des déprédateurs.
Etym. Du latin praeda, proie, butin.

DÉPRESSAGE n.m.
1. Suppression dans un bois des arbres mal venus, ou en surnombre, afin de favoriser la croissance des autres.
2. Suppression d'un certain nombre de plants dans un semis de trop forte densité.

DÉPRIMER v.tr.
Faire sortir les troupeaux des étables à la fin de l'hiver pour leur faire pâturer, dans les prairies proches de la ferme, les premières pousses de l'herbe des prés.
D'où l'étymologie de ce verbe. C'est ainsi retarder la croissance du gazon, mais favoriser le bon état du bétail et le tallage des graminées.
Etym. De pré, privatif et prime, première, utiliser, manger la première pousse.

DÉPRISE n.f.
1. Abandon d'une terre conquise sur les eaux et qui redevient marécageuse.
2. Abandon d'une terre aux broussailles.
3. Diminution de prix pour une marchandise en vente.
Etym. De dé, privatif et prise, prendre.

DÉPULPER v.tr.
It. **depolpare**
Enlever la pulpe d'un fruit, d'une cerise de café, ou bien réduire en pulpe, à l'aide d'un *dépulpeur*, les racines destinées à l'alimentation du bétail.

DÉRACINER v.tr.
En. **to uproot**
De. **entwurzeln**
Es. **desarraigar**
It. **sradicare**
Ôter de terre une plante avec ses racines.

DÉRAFLAGE n.m.
Séparation de la rafle et des graines de raisin.
Syn. Égrappage.

DÉRAMER v.tr.
En sériciculture, ôter les cocons des rameaux auxquels ils adhèrent.

DÉRAPER v.tr.
Enlever les graines de raisin de la rape, ou rafle.
Etym. De dé, privatif et de l'allemand raspon, rafler, qui a donné en latin médiéval raspa, grappe de raisin.

DÉRATISATION n.f.
En. **rat extermination**
De. **Rattenvertilgung, Entrattung**
Es. **desratización**
It. **derattizzazione**
Suppression des rats des bâtiments de ferme où ils causent des dégâts.
On y parvient avec du poison à base de cyanure, appelé mort aux rats.
Etym. De dé, privatif, et de rat.

DÉRAYER v.tr.
Es. **trazar el surco divisorio**
Tracer le dernier sillon d'un labour, et enlever la charrue de la *raye*, ou sillon, appelée *dérayure* ou *déroyure*.

DÉRAYURE n.f.
En. **dead furrow** (2)
De. **Mittelfurche**
Es. **surco** (2)
It. **solco divisorio** (2)
1. Dernier sillon d'un labour, tracé aussi droit que possible afin de bien marquer la limite avec le champ voisin.
2. Large raie séparant deux planches de labour, ou billons.

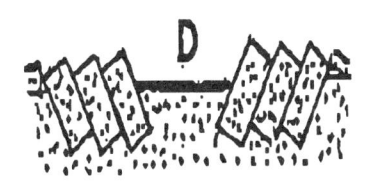

Dérayure = D

DERÉQUISAGE n.m.
(Lorraine). Défrichement.

DÉRINSER v.tr.
(Anjou). Ôter la terre autour d'un arbre fruitier, ou d'un pied de vigne, afin de laisser les racines s'ensoleiller.
V. Décavaillonner.

DÉRIVATION n.f.
De. **Ableitung**
Es. **derivación**
It. **derivazione**
1. Action de dériver l'eau d'une rivière dans un canal d'irrigation.
2. Ensemble des aménagements réalisés pour écouler l'eau d'un cours d'eau vers les champs à irriguer.
3. Travail effectué pour écarter de la rive les troncs d'arbres flottants.
Etym. De dé, privatif, et rivatio, rive.

DERMATOSE n.f.
En. **dermatosis**
De. **Dermatose**
Es. **dermatosis**
It. **dermatosi**
Maladie de certains animaux domestiques, caractérisée par des démangeaisons d'origine

mécanique ou parasitaire, ou par des virus déterminant des troubles divers : chute des poils, apparition de boutons et de pustules.
A guérir par des bains et des pommades à base de soufre.
Etym. Du grec, *derma*, peau.

DÉROBÉE adj.
Qualifie une culture de courte durée, intercalée entre deux cultures principales.
Culture des navets sur les chaumes en août ; on les récolte en hiver, avant les semailles de printemps, pour leurs racines, ou comme fourrage vert.

DÉROCHEMENT n.m.
En. scouring
De. Abbeizen
Es. arrancamiento de las rocas
It. spietratura
Action d'enlever les roches qui affleurent dans un champ, ou dans un pâturage, afin de favoriser les façons culturales.
Syn. Dérochage.

DÉROCHOIR n.m.
Tas de pierres à l'extrémité d'un champ, obtenu par l'accumulation des débris de roche, enlevés à l'intérieur de la parcelle, pour faciliter les façons culturales.

DÉRODER v.tr.
(Nord de la France). Défricher.
Etym. Du latin *rodere*, ronger et du francique *rod*, broussaille.

DÉROMPRE v.tr.
Labourer une prairie, la *rompre*, pour la mettre en cultures annuelles.

DÉROQUER v.tr.
Enlever les roches et les broussailles d'un terrain pour le rendre labourable.

DÉROULEUR n.m.
De. Entroller
Es. desenrollador
It. sfogliatrice
Appareil qui permet de découper en minces lames, dans le sens de la longueur, le tronc d'un arbre, notamment d'un peuplier.
Ces lames serviront à fabriquer des contreplaqués, ou des panneaux plastifiés ; c'est pratiquer le déroulage.

DÉRUELLAGE n.m.
Labour qui consiste à dégarnir les souches des pieds de vigne de la terre qui les entoure afin que la chaleur et la lumière pénètrent jusqu'aux racines.
V. Cavaillonner.

DÉRURALISATION n.f.
Es. desruralización
Modification du paysage rural sous l'influence de l'extension urbaine.
Les parcelles les plus proches de la ville atteignent des prix élevés en devenant des espaces constructibles ; leurs propriétaires ont intérêt à les vendre à des agents immobiliers, plutôt que de continuer à les cultiver ; rues et immeubles, jardins et parcs remplacent labours et vergers.
Etym. De *dé*, privatif et de *ruralisation*.

DÉSAIRER v.tr.
(Jura). Tracer le premier sillon d'un labour dans une parcelle à mettre en culture.
Etym. D'*aireau*, terre médiocre.

DÉSATTELER v.tr.
V. Dételer.

DÉSAVEU (DROIT DE) l.m.
En. disavowal right
De. Widerruf, Ableugnungrecht
Es. retractación
It. ritrattazione
Droit d'un vassal de ne plus reconnaître comme suzerain un seigneur qui lui avait refusé aide et justice, et de prêter hommage à un autre seigneur.
Si le désaveu était mal fondé, s'il y avait fausse avouerie, le fief du vassal félon était confisqué, par commise.

DESCHALER v.tr.
(Ancien français). Défricher une terre, la mettre en culture.

DÉSENCLAVEMENT n.m.
Action de désenclaver.

DÉSENCLAVER v.tr.
Donner à une parcelle l'accès à un chemin, ou à une route.
Etym. Du latin *clavis*, clé et du privatif *dé*.

DÉSERGOTAGE n.m.
Suppression des ergots d'un coq.
Par extension, suppression, après la chute des feuilles, des sarments inutiles, poussés à l'aisselle des feuilles de la vergue *à fruits de l'année suivante.*

DÉSERT n.m.
En. wilderness (1)
De. Wüste, Wüstenei (1)
Es. desierto (1)
It. desèrto (1)
1. Terre abandonnée depuis un temps immémorial.
2. Région dévastée par le feu ou l'ouragan.
3. Terrain communal mal entretenu.

DÉSERTIFICATION n.f.
Es. desertización
It. desertificazione
Transformation d'un paysage par la disparition des champs, des prés, des habitations et de la voirie, avec retour à l'état primitif : landes, forêts ou sol nu.
La cause principale en est la dépopulation des campagnes.
Etym. Du latin *desertus*, abandonné.

DESHERBAGE n.m.
En. weeding
De. Jäten, Unkrautvertilgung
Es. escardadura, deshierbo
It. diserbo
Suppression des herbes inutiles ou nuisibles.
L'opération s'effectue à la main, ou bien au moyen d'une binette, dans les allées d'un jardin. On a cependant de plus en plus recours à des desherbants chimiques, comme le chlorate de potasse, et à des desherbants sélectifs qui détruisent toute végétation, sauf les plantes cultivées. Ils sont répandus automatiquement.

DESHERBANT
En. weed-killer
De. Unkrautvertilgungsmittel, Herbizid
Es. herbicida
It. diserbante, erbicida
Produit destiné à détruire, dans les cultures, les plantes nuisibles sans porter atteinte aux plantes cultivées.
C'est le cas pour l'acide sulfurique dilué et répandu dans les champs de blé ; on emploie surtout les desherbants à base d'hormones. V. Herbicide.

DESHERBER v.tr.
En. to weed
De. Unkraut vertilgenjäten
Es. desherbar, escardar, quitar la hierba
It. diserbare
Enlever les plantes nuisibles dans un champ, ou dans un jardin, à la main, à la houe, ou à l'aide de *desherbants*.

DESHERBEUR n.m.
En. weeding machine
De. Entkrauter
Es. escardadora, desherbadora
It. diserbatrice
Appareil monté sur roues et contenant un herbicide qu'il répand sur les récoltes à desherber.

DESHYDRATATION n.f.
En. dehydration
De. Trocknen, Austrocknen
Es. deshidratación
It. disidratazione
Suppression de l'eau contenue dans un végétal, tels la pulpe de betterave, ou les fourrages verts par des procédés mécaniques.
Cette dessication, presque totale, permet une très longue conservation de la récolte ainsi traitée (R. Blais).
Etym. De *dé*, privatif et du grec *hudor*, eau.

DESHYDRATEUSE n.f.
En. dehydrator
De. Trocknungsanlage
Es. deshidratadora
It. disidratatore
Appareil pour deshydrater les récoltes.
Il se compose d'un tambour rotatif où souffle un air chaud issu d'un radiateur.

DÉSILEUSE n.f.
En. **silo unloader**
De. **Silagefräse, Entnahmefräse**
Es. **desensiladora**
It. **scaricatore per silo**
Appareil pour extraire les fourrages des silos.

DÉSINFECTION n.f.
En. **disinfection**
De. **Desinfektion**
Es. **desinfección**
It. **disinfezione**
Destruction, par des produits appropriés, des agents pathogènes dans les locaux où ont vécu des animaux atteints de maladies contagieuses, notamment de la fièvre aphteuse et du charbon.
Suppression également, par des sulfures, des toxines, secrétées par des plantes, ou des moisissures, et qui ont rendu un sol stérile.

DÉSINSECTISEUR n.m.
1. Produit qui permet de détruire les larves des insectes dans le sol.
2. Appareil électrique, doté d'une source lumineuse qui attire les insectes, et d'une zone électrique à haute tension qui les électrocute.
On peut ainsi assainir les locaux où vivent les animaux domestiques.

DÉSOMBRER v.tr.
Couper les arbres qui font de l'ombre aux cultures.

DÉSOPERCULATEUR n.m.
Es. **desoperculator**
It. **disoperculatore**
Couteau dont se sert l'apiculteur pour pratiquer la *désoperculation (Fig. 66)*.

(Fig. 66). Désoperculateur

DÉSOPERCULATION n.f.
De. **Entdeckeln (der Waben)**
Action d'enlever les opercules, minces couvercles de cire qui ferment les alvéoles des rayons de miel.

DESPELUNQUÈRE n.f.
(Languedoc). Veillée où en compagnie de voisins, on dépouillait de leurs glumes les épis de maïs, et on les égrenait en les frottant contre une barre de fer.
Il ne restait que l'axe de l'inflorescence, appelé coloffe, ou pelo un qui est le radical de despelunquero.
Etym. En langue d'oc, *dépanouillage*.

DESROYER v.tr.
Changer de culture dans une parcelle en labour, sans tenir compte de l'assolement régulier.
Etym. De roye, sole, ou rotation.

DESSAISINE n.f.
Acte par lequel le vendeur se dessaisissait d'un bien contre argent.
L'acheteur s'en saisissait, d'où le terme de saisine qui suivait toujours celui de dessaisine. Cette clause de style fut supprimée dans le Code civil.
Etym. De *saisir*.

DESSAISONNER v.tr.
(France du Nord et du Centre). Rompre le rythme de l'assolement, de la *saison* en modifiant l'ordre de rotation des cultures dans un champ, ou dans une sole.
Dans les baux à ferme, il était interdit de dessaisonner.

DESSALAGE n.m.
En. **desalinization**
De. **Entsalzung**
Es. **desaladura**
It. **dissalamento, desalinazione**
Enlèvement, par drainage ou par irrigation à l'eau douce, des sels de sodium contenus dans un sol, afin de le rendre propre à la culture.
La culture du riz, par l'irrigation qu'elle nécessite et par la tolérance de la plante à une certaine quantité de sel, se prête particulièrement bien à cette conquête des marais littoraux.
Etym. Du radical *sel*.

DESSARMENTER v.tr.
Enlever les sarments d'une vigne.

DESSÈCHEMENT n.m.
En. **draining, drying up** (1)
De. **Trockenlegen, Austrocknung** (1)
Es. **desaguado, desecación** (1)
It. **drenaggio** (1),
disseccazione, essiccazione (2)
1. Drainage d'un terrain trop humide pour le mettre en culture.
2. Dessication d'un fruit, d'une tige, d'une graine, pour permettre leur conservation.

DESSERTE n.f.
Chemin permettant de desservir un champ, ou une ferme, entourés de parcelles appartenant à d'autres propriétaires.

DESSICCATION n.f.
En. **drying, desiccation**
De. **Trocknen** (2), **Austrocknung** (1)
Es. **desecación**
It. **disseccazione**
1. Dessèchement du sol par évaporation de l'eau qu'il contient sous l'influence de hautes températures et du vent.
2. Action de dessécher l'herbe des prairies pour en faire du foin.
3. Action de dresser en moyettes des gerbes de céréales pour qu'elles perdent leur humidité.
4. *V. Deshydratation.*

DESSILEUSE n.f.
Appareil permettant d'enlever le fourrage d'un silo en le coupant en tranches.

DESSOLER v.tr.
It. **disolare** (2)
1. Rompre, dans un champ, l'assolement régulier, en introduisant, par exemple, une plante sarclée à la place d'une céréale.
Une telle parcelle est dite dessolée par rapport aux parcelles qui l'entourent.
2. Enlever la sole du pied d'un cheval, ou d'un boeuf, c'est-à-dire le dessous de la partie cornée du pied.
Etym. Du préfixe *dé*, privatif et du radical *sole*.

DESSOLIS n.m.
(Saintonge). Défrichement, ou dessolement.

DESSOUCHAGE n.m.
De. **Ausrodung**
It. **estirpazione**
Suppression des souches après l'abattage des arbres d'un bois, à l'aide de chaînes tirées par un tracteur ce qui permet de mettre en culture la parcelle ainsi nettoyée.

DESSOUCHER v.tr.
En. **to unstocker**
De. **ausroden**
Es. **descepar**
It. **estirpare**
Enlever les souches d'une vigne, ou d'un bois quand on a coupé les troncs.
On y procède à la houe, à la hache, à la dynamite, aux acides, à l'aide du feu, et de plus en plus avec des dessoucheuses à moteur et munies de chaînes. Cette opération a pour but, d'ordinaire, la préparation d'une parcelle de culture.

DESTROIT n.m.
(Bretagne). Obligation de faire moudre son grain au moulin du seigneur.

DÉSULFITER v.tr.
It. **desolforare**
Enlever la partie superflue de l'anhydride sulfureux utilisé pour arrêter la fermentation des vins blancs doux.

DÉTALLER v.tr.
Enlever les talles d'une plante.

DÉTARTRANT n.m.
Produit qui enlève le tartre des tonneaux.
C'est de l'eau bouillante acidifiée.

DÉTELAGE n.m.
Action d'enlever les harnais qui liaient les chevaux ou les boeufs au joug, ou aux brancards.

DÉTELER v.tr.
En. **to unharness**
De. **abspannen**
Es. **desenganchar**
It. **staccare i cavalli**
Séparer les animaux de trait, ou de labour, de l'instrument auquel ils sont reliés par des harnais, ou des jougs, et leur enlever ces appareils de liaison.

DÉTERRAGE n.m.
En. **digging up**
De. **Ausgrabung**
Es. **desentierro**
It. **sollevamento** (1), **sterramento** (2)
1. Opération qui consiste à enlever de terre un soc de charrue, une borne, un échalas, etc.
2. Action de retirer de terre, à l'aide d'un *déterreur*, les récoltes qui y sont enfouies : betteraves, pommes de terre, topinambours, etc.
Syn. Déterrassage.
Etym. De dé, privatif et de terre.

DÉTERRER v.tr.
En. **to dig up, to unearth**
De. **Ausgraben**
It. **dissotterrare**
Sortir de terre.

DÉTOUPER v.tr.
(Anjou). Enlever les buissons qui couvrent une terre.
Syn. Débroussailler.

DÉTOURER v.tr.
(France du Nord). Couper à la faux, ou à la faucheuse, autour d'un champ de céréales, la largeur nécessaire au passage de la moissonneuse-batteuse.

DÉTRAME n.f.
(Auvergne). Petite dépendance de la ferme, où l'on range les outils, les vieux vêtements, les sacs.

DÉTRITAGE n.m.
Action de briser, dans un *détritoir*, les cerneaux de noix, ou les olives, pour en extraire l'huile.
Etym. Du latin detritus, broyé.

DÉTRITOIR n.m.
En. **crusher**
De. **Olivenpresse**
Es. **molino de aceite**
It. **frantoio**
Appareil pour écraser les olives afin d'en extraire l'huile, pour *détriter*.
Etym. Du latin detritus, broyé.

DÉTROIT n.m.
Territoire où le seigneur avait le droit de justice, de gîte, de réquisition et de mise en défens.
Syn. Ban.

DÉTUFER v.tr.
Façon culturale qui consiste à briser la croûte calcaire qui se forme dans les sols riches en carbonate de calcium, sous les climats chauds et secs.
Elle s'effectue à l'aide d'une sous-soleuse qui ne remonte pas le sous-sol à la surface. Les fragments de croûte enlevés, on procède à la mise en culture.
Etym. De tuf, formation calcaire.

DEUVE n.f.
(Picardie). Talus broussailleux au bas d'une parcelle.
Syn. Rideau.

DÉVALAGE n.m.
(Suisse romande). Evacuation des troncs d'arbre sur le versant d'une montagne en les faisant glisser vers le bas par un couloir appelé *dévaloir,* ou *chable.*

DEVANLU n.m.
(Bresse). Petit enclos situé devant la maison, c'est-à-dire devant l'*huis.*

DÉVERSOIR n.m.
En. **overflow**
De. **Wasserabfluss, Wasserablass**
Es. **desaguadero, vertedero**
It. **stramazzo, scaricatore di fondo** (1), **sfioratore** (2)
1. Vanne qui sert à vider un étang.
2. Mur d'un barrage par dessus lequel se déverse le trop plein des eaux d'un étang, ou d'une rivière, durant la saison des pluies

Déversoir

DEVEST n.m.
Première partie de la cérémonie de l'investiture.
L'ancien vassal, ou l'ancien tenancier, remettait à son seigneur le fief, ou la censive, qui lui avait été attribué jadis, et, comme symbole de cet abandon, il lui jetait la festuca, un simple brin de paille. Il était alors dégagé de toute redevance, rente, ou service. Au devest suivait normalement le vest. On disait aussi la dessaisine qui était suivie de la saisine. A la longue, ces termes n'étaient plus que clauses de style.
Etym. De dé, privatif et vest, vêtir.

DEVESTIR v.tr.
Remettre un domaine au seigneur suzerain.
Ant. Investir.

DEVÈTE n.f.
(Régions montagneuses des Pyrénées). Suppression, pendant une partie de l'été, de la mise en défens des pâturages et des forêts dans les montagnes pyrénéennes.
Tantôt la date en était fixée, une fois pour toutes, par les règlements, tantôt elle variait chaque année selon les décisions de la communauté, et suivant l'état des neiges et de la végétation. Cette coutume régit encore l'entrée des pâturages de haute montagne dans les vallées béarnaises (H. Cavaillès).

DEVÈZE n.f.
1. Parcelle soustraite à la vaine pâture et mise en défens.
Syn. Dévézo, dévès, etc.
2. Pâturage de médiocre qualité.
3. Parcelle cultivée dans une lande.
4. *(Languedoc).* Jachère laissée en pâturage.

DÉVIDAGE n.m.
Opération qui consiste, après la *battue*, à dérouler le fil du cocon du ver à soie.

DEVISES n.f.p.
(Saintonge). Grosses pierres enfouies aux angles d'une parcelle pour en indiquer les limites.
Syn. Bornes.

DEVOIRS n.m.p.
(Vendée, Aquitaine, Bourbonnais). Petits dons en nature apportés, lors de certaines occasions, par le métayer à son patron.

DEVOIS n.m.
(Languedoc). Parcelle de bois servant à la fabrication du charbon.

DEVON n.m.
Race bovine originaire du Devonshire.
De taille petite, à robe rouge et à muqueuses roses, sa viande est très appréciée.

DIABLE n.m.
En. **boxcart, trolley, handtruck**
De. **Stechkarre**
Es. **carretón**
It. **carriola**
Variété de brouette à deux roues dont on se sert pour transporter les fûts dans les caves.

DIAGNOSTIQUE FOLIAIRE l.m.
It. **diagnosi fogliare**
Procédé permettant de déceler dans le sol les carences minérales par l'analyse chimique des feuilles.
Leur teneur en azote, potasse, phosphate, etc. permet de doser plus exactement les amendements et engrais utiles à l'amélioration d'un verger, d'une vigne.

DIAPAUSE n.f.
Arrêt de l'activité des vers à soie et de la plupart des insectes durant l'hiver.
Etym. Du grec dia, à travers et pause.

DIASPORE n.f.
En. **diaspore**
De. **Diaspore**
Es. **diaspora**
It. **diasporo**
Organe d'un végétal assurant sa dissémination, selon son mode de reproduction : graines, spores, fruits, bouture, etc.
Etym. Du grec dia, à travers et speirein, semer.

DIASTASE n.f.
En. diastase
De. Diastase
Es. diastasa
It. diastasi
Ferment soluble, secrété par des cellules végétales ou animales, et qui transforme en matières alimentaires les substances fournies par la sève élaborée des plantes, ou le sang des animaux.
Il existe diverses diastases, chacune d'elles ayant la propriété de fournir un produit particulier: sucre de la betterave, amidon des graines de céréale, etc.
Etym. Du grec *diastasis*, séparation.

DIBBLE n.m.
Appareil composé d'une planche, dont le dessous est muni de pointes de bois régulièrement espacées et, à sa partie supérieure d'un manche pour le soulever et l'enfoncer. *On pratique ainsi des trous réguliers pour planter des légumes.*
Etym. De l'anglais *dibble*, plantoir.

DICOTYLÉDONE n.m.
En. Dicotyledoneae
De. Dikotyledone
Es. dicotiledóneo
It. dicotiledone
Une des deux divisions des Angiospermes, comprenant les plantes dont l'embryon dispose de deux cotylédons dans la graine pour assurer sa nourriture durant la germination.
Le haricot, la fève, le lupin, le ricin, etc.
Etym. De *di*, deux et du grec *kotuledon*, cavité.

DICTAME n.m.
En. Cretan dittany
De. Eschenwurz
Es. díctamo
It. dittamo, frassinella
Plante de la famille des Rutacées *(Origanum dictamus).*
Cultivée dans les pays méditerranéens pour son écorce tonique et emménagogue, et son essence qui s'enflamme par temps chaud, ce qui lui conférait dans l'Antiquité un caractère mystérieux.
Syn. Fraxinelle.
Etym. Du grec *diktamnos*, de Dikta, montagne de Crète.

DIE n.f.
(Drôme). Ville, au centre d'un vignoble qui produit des vins blancs mousseux, dits *clairette de Die.*

DIGITALE n.f.
En. digitalis
De. Fingerhut
Es. digital
It. digitale
Plante de la famille des Scrofulariacées *(Digitalis purpurea)*, cultivée comme plante ornementale et pharmaceutique, à cause de ses fleurs rouges en forme de doigt de gant, et de ses propriétés tonicardiaques.

DIGUE n.f.
En. dam, dike
De. Damm
Es. dique
It. diga, argine
Levée de terre ou muraille, protégeant de l'inondation une certaine étendue de terre, ou bien entourant une région marécageuse pour la drainer et l'assécher.
Syn. Polder.
On dresse également des diguettes *autour des parcelles à irriguer, notamment dans les rizières.*
Etym. Du néerlandais *dijk*.

DIGUET n.m.
(Normandie). Petit aiguillon à faire avancer les ânes.

DÎMABLE adj.
Qualifie celui qui peut être soumis à la dîme.

DÎME n.f.
En. tithe
De. Zehnte
Es. diezmo
It. decima
Impôt en nature payé par les habitants d'une paroisse rurale à leur *décimateur*, curé, abbé, bénéficier laïque.
Il s'élevait en général au dixième de la récolte, ainsi que l'indique son nom dérivé du latin décima, féminin de decimis, dixième. Mais il variait du 8ème au 12ème et au 13ème; de là le nombre de gerbes par tas sur les chaumes : 8,10 (dizeau), 12 ou 13 (treizeau) ; la perception se faisant sur le champ il suffisait de prendre une gerbe par tas. Conseillé dès l'origine du christianisme, appliqué régulièrement dès le IXème siècle pour répondre aux frais des centres religieux, cet impôt dura jusqu'à la Révolution. Déclaré rachetable après la nuit du 4 aout 1789, il fut supprimé sans indemnité par le décret du 17 juillet 1793. Auparavant, on distinguait plusieurs sortes de dîmes : les grosses dîmes, ou dîmes grasses frappaient les céréales (sauf le maïs introduit au XVIIème siècle), le vin et le gros bétail ; les menues dîmes, ou dîmes vertes, étaient établies sur les légumes et le petit bétail ; les dîmes novales étaient perçues sur les terres récemment mises en cultures ; les dîmes personnelles étaient levées sur les artisans et les commerçants ; elles étaient moins élevées que les dîmes réelles ou prédiales portant sur les récoltes, et qui nous renseignent sur l'état des cultures et de l'élevage avant 1789.

DÎME MOUTALE l.f.
Dîme perçue sur la mouture effectuée au moulin banal.

DÎMERIE n.f.
Manse attribué par un seigneur à un dîmier chargé de prélever les dîmes sur le domaine allodial (époque carolingienne).

DÎMIER n.m.
1. Agent chargé par le décimateur de lever la dîme.
Syn. Dimeur.
2. *(Provence).* Ouvrier agricole qui travaille à la tâche, moyennant le dixième de ce qu'il récolte.

DIMORPHISME SEXUEL l.m.
En. sexual dimorphism
De. geschlechtlicher Dimorphismus
It. dimorfismo sessuale
Différences notables qui distinguent le mâle de la femelle d'une même espèce : plumage chez les volailles, celui du coq est plus coloré.
La musculature chez les bovins, celle de l'avant-train du taureau est plus lourde que celle de la vache, etc.

DINADE n.f.
(Languedoc). Etendue de vigne qu'un homme peut labourer depuis le matin jusqu'à l'heure du diner.

DINDE n.f.
En. turkey hen
De. Truthenne, Pute
Es. pava
It. tacchina
(Indes occidentales). Gallinacé originaire des Indes occidentales, d'où son nom, introduit en Espagne vers 1520 et en France dès 1532.
Il est élevé surtout en Berry, en Quercy et dans les Ardennes. La dinde couve avec tant d'ardeur ses dix-huit oeufs qu'il faut l'alimenter de force durant les 30 jours d'incubation. Ses petits, dindonneaux ou dindons, sont sujets à de nombreuses maladies. Engraissés à l'étable selon des procédés industriels, ils sont l'objet d'une forte demande aux environs de Noël.

DINDON n.m.
En. turkey-cock
De. Truthahn, Puter
It. tacchino
Mâle de la dinde.

DINDONNERIE n.f.
En. turkey-house
De. Truthahnzucht (1),
Truthahngehege (2)
Es. establo de los pavos
It. pollaio di tacchini
1. Elevage de dindons.
2. Poulailler où l'on élève des dindons.

DINDONNIER n.m.
Gardien, éleveur ou marchand de dindons.

DIOÏQUE adj.
En. dioecious
De. zweihäusig
Es. dioico
It. dioico
Qualifie les plantes qui ont les fleurs mâles sur un pied et les fleurs femelles sur un autre.
Ex. Peuplier, houblon.
Etym. De *di*, deux, et du grec *oikos*, maison.

DIPLOÏDE adj.
En. **diploid**
De. **diploid**
Es. **diploide**
It. **diploide**
Qualifie une cellulle somatique qui, s'opposant aux gamètes, cellules sexuelles ne possédant qu'un seul jeu de chromosomes, en possède un double jeu.
Issue de l'oeuf, ou du foetus, provenant de la fusion des gamètes, elle peut contribuer à la formation des divers tissus de l'individu ; chez l'homme, les cellules somatiques comptent 23 x 2 = 46 chromosomes.
Etym. Du grec *diplo*, double et *eidos*, aspect.

DIR n.m.
(Afrique du Nord). Zone de villages et de cultures au pied des montagnes, grâce aux pluies dues au relief, notamment au Maroc.
Etym. En berbère, poitrail.

DIRECTE n.f.
Partie du domaine seigneurial que se réservait le suzerain sans l'intermédiaire d'un vassal.
Elle comprenait une réserve exploitée directement et des tenures accensées à perpétuité par bail emphytéotique.
Etym. Du latin *directus*, qui est droit.

DIRECTION DÉPARTEMENTALE DE L'AGRICULTURE l.f.
D.D.A. sigle
Organisme départemental chargé de l'administration des intérêts agricoles dans le cadre de son ressort:régime des eaux et entretien des forêts, règlementation de la chasse et de la pêche ; aménagement des exploitations agricoles ; habitat et travaux publics ruraux ; orientation des productions ; champs d'expériences et enseignement agricole ; services vétérinaires ; surveillance du marché des céréales et répression des fraudes ; application des lois sociales aux agriculteurs ; enquêtes et statistiques ; *contrats de pays* pour la préparation de l'avenir, etc.

DISHLEY n.m.
Race de moutons d'origine anglaise.
Le dishley actuel, ou leicester, est un animal robuste, adapté à l'élevage en plein air, apprécié pour sa laine et sa viande. Croisé avec le mérinos, il a donné la race de l'Ile-de-France qui domine dans le centre et l'ouest du pays.

DISPERSION n.f.
Mode de répartition de l'habitat rural à la surface d'une commune.
Cette dispersion est absolue s'il n'y a pas plus de 4 à 5 maisons groupées. Elle est mixte lorsqu'elle comprend en plus des fermes isolées, un, deux, ou trois groupes d'habitations, proches les unes des autres, formant des hameaux ou des villages. Elle est nulle si le territoire ne comprend qu'une seule agglomération. Certaines formes de dispersion sont organisées, tel le rang *canadien. Mais le plus souvent elles ne dépendent que des contingences locales, physiques, historiques, économiques.*
On calcule le coefficient de dispersion à l'aide de la formule :

$$D = \frac{PE}{P'S},$$

P étant la population des écarts,
E le nombre des écarts,
P' la population totale de la commune,
S la surface de la commune en km^2
(Fr. Gay.).

DISQUE n.m.
En. **disc, disk**
De. **Wurfscheibe**
Es. **disco**
It. **disco**
1. Organe d'un râteau-faneur-andaineur.
Il se compose d'un grand cercle vertical muni de dents souples, tournant sur un axe disposé obliquement par rapport à la marche de l'appareil.
2. Pièce tranchante en métal, de forme circulaire et équipant de nombreux instruments servant à ameublir le sol : charrue, déchausseuse, etc.
3. Partie centrale du capitule des fleurs de tournesol.
Etym. Du grec *diskos*, palet.

DISSÉMINER v.tr.
En. **to sow, to scatter**
De. **aussäen**
It. **seminare a spaglio**
Disperser çà et là des graines de semence.

DISTANCE D'ISOLEMENT n.f.
It. **sesto d'impianto**
1. Distance à établir entre deux plantes pour éviter que les pollens de l'une ne fécondent les ovules de l'autre, et conserver ainsi la pureté d'une lignée.
2. Distance prescrite par la médecine vétérinaire pour éviter tout risque d'infection en cas d'épizootie.
3. Pour une ferme, 100 m de séparation

DISTILLATION n.f.
En. **distillation**
De. **Destillieren, Destillation**
Es. **destilación**
It. **distillazione**
Opération qui consiste à séparer, en le chauffant, les éléments inégalement volatils d'un mélange.
En agriculture, on distille les produits susceptibles de donner de l'alcool : vin, cidre, et après fermentation, la pulpe de betterave, ainsi que les grains, avec un distillateur, ou un alambic.
Etym. Du latin *stilla*, goutte.

DISTILLERIE n.f.
En. **distillery**
De. **Brennerei**
Es. **destilatorio**
It. **distilleria**
1. Bâtiment et appareils consacrés à la distillation industrielle de produits fermentés : vin, cidre, mélasse, jus de betterave, etc.
2. Activités diverses liées à la distillation.

DISTOMATOSE n.f.
It. **distomatosi**
Maladie des ruminants due à la présence, dans leur foie et leurs canaux biliaires, de parasites, sortes de vers plats, appelés *douves*, ou *distomes*.

DISTRIBUTEUR n.m.
En. **manure spreader** (1)
De. **Düngerstreuer, Kunstdüngerstreuer** (1)
Es. **repartidora de abonos, distribuidor** (1)
It. **spanditrice di concime, spandiconcime** (1), **distributore di mangime** (2)
1. Appareil permettant de répandre les semences et les engrais en nappe sur le sol, grâce à une centrifugeuse.
2. Equipement assurant la distribution automatique des aliments dans les auges et les crèches des étables.

DISTRIBUTION D'EAU l.f.
Procédé de distribution d'eau dans les régions d'irrigation, soit à la demande de l'utilisateur pendant la période d'arrosage, soit par rotation, selon le débit et une durée fixés par les règlements, en fonction de la culture à irriguer.

DIVAGATION n.f.
En. **wandering**
De. **Umherziehen, Streunen**
Es. **divagación**
It. **divagazione**
Parcours d'un animal en liberté sans surveillance.
Les accidents qu'il peut causer sont sous la responsabilité de son propriétaire, sauf dans les montagnes à pâturage durant l'estive ; l'automobiliste doit alors le laisser passer.

DIVOLTAIN n.m.
Ver à soie produisant des oeufs deux fois par an.
Cette espèce aurait été importée du Japon.

DIZAINIER n.m.
(Bourgogne). Agent chargé de surveiller les coupes de bois communautaires.
Il recevait comme rétribution le dixième de la valeur des bois abattus.

DIZEAU n.m.
(Ile-de-France, Berry). Tas de dix gerbes placées de sorte que les épis soient protégés de la pluie et des oiseaux.
Leur nombre favorisait le prélèvement de la dîme sur le champ moissonné.
Syn. Diziau.
Etym. Dérivé de *dix*.

D.J.A. sigle
Dotation d'installation aux Jeunes Agriculteurs.
Aide financière accordée aux jeunes agriculteurs qui s'engagent à mettre en valeur une exploitation agricole d'une étendue égale au moins à la surface minimum d'installation (S.M.I.) et qui l'amélioreront selon des normes établies pour la région. (Décret du 4 février 1976 et du 2 février 1978) (P.Habault).

DJON n.m.
(Jura). Bande de terre non cultivée, entre deux exploitations agricoles.

DOGUIN n.m.
(Berry). Porc trapu, à museau écrasé et à oreilles droites comme celles d'un dogue.

DOIGTIER n.m.
Gant en bois, ou en roseau, pour protéger de la faucille les doigts de la main gauche.

DOLABRE n.f.
It. **dolabra**
Instrument composé d'un long manche et d'un fer en forme de hache d'un côté, et de pic de l'autre.
Elle sert à couper les branches et à déraciner les arbres (fig. 68).
Etym. Du latin *dolabra*, hache de charpentier.

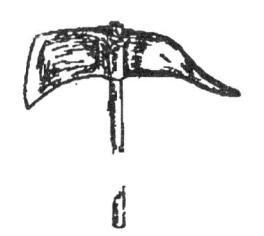

(Fig. 68). Dolabre

DOLIC ou **DOLIQUE** n.m.
En. **cow pea**
De. **Spargelbohne, Helmbohne**
Es. **dólico**
It. **dolico**
Plante de la famille des Papilionacées et dont les graines sont consommées comme celles du haricot.
Cultivée surtout aux Antilles, sous le nom de dolic asperge, ou de dolic d'Egypte, une variété est connue en France, c'est le dolic mongette, ou à onglet, à cause de la forme de ses gousses.

DOLINE n.f.
En. **sink, doline**
De. **Doline**
Es. **dolina**
It. **dolina, foiba**
Dépression plus ou moins circulaire, à fond plat, dans les pays de relief karstique.
Partiellement remblayées de sol argilocalcaire fertile, les dolines sont recherchées pour les cultures dans les régions de causse. En Quercy on les appelle des cloups.
Etym. Du slave *dole*, vallée.

DOLIUM n.m.
It. **doglio**
Enorme amphore de 500 à 2 000 litres, de 2 à 3 m de haut, pesant au moins une tonne, fabriquée sur place en terre cuite, l'intérieur étant revêtu de poix et l'ouverture fermée par un gros couvercle de terre cuite également.
Partiellement enterrés dans le sol du chai, ces récipients servaient dès l'époque d'Homère, à contenir le vin nouveau avant de le répartir entre les amphores et les outres pour le transporter au loin, par bateau, ou par bête de somme. On y mettait aussi de l'huile, du blé, et quand ils étaient hors de service, on y plantait des arbustes d'ornement. Le tonneau de Diogène était un de ces récipients.
Etym. Emprunt au latin.

DOLOIRE n.f.
En. **cooper's adze, chip-axe**
De. **Böttcherhobel, Schneidemesser**
Es. **doladera**
It. **ascia del bottaio**
Outil de tonnelier, à large lame très affûtée, servant à parer les douves des tonneaux *(fig. 69)*.

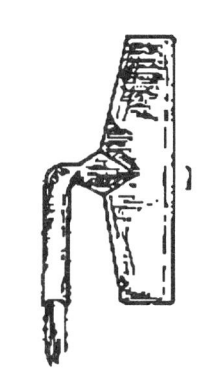

(Fig. 69). Doloire de tonnelier

DOMAINE n.m.
En. **farmstead, estate, property**
De. **Bauernhof, Gut, Landgut**
Es. **granja, finca, hacienda, dominio**
It. **proprietà fondiaria, tenuta, podere**
Ensemble de parcelles et de bâtiments, groupés ou dispersés, exploités en bloc, ou divisés en fermes et métairies, mais appartenant à un seul et même propriétaire, ou à une association.
Au cours du Haut Moyen Age, le même terme a désigné, par opposition aux tenures, la partie exploitée directement par le seigneur; c'était le mansus indominicatus. *Par extension, il a pu s'étendre à toute la seigneurie foncière, aux biens et aux droits seigneuriaux de toutes sortes, de là une confusion entre la terre directement exploitée et les droits pesant sur les concessions en tenures. Au XVIIIème siècle on distinguait, pour la même terre, le* domaine direct *qui était au seigneur et le* domaine utile *qui était au tenancier. En fait celui-ci était le vrai propriétaire, le seigneur n'ayant plus droit qu'au cens. On disait également* domaine retenu *et* domaine concédé *pour la même tenure, selon qu'il s'agissait des droits féodaux, ou des revenus en nature. C'était la théorie du* double domaine *qui permettait d'expliquer la double condition juridique d'une même tenure, sur laquelle pesaient deux droits : l'un médiat et lointain, au profit du seigneur primitif et de ses successeurs, c'était le droit du* domaine direct *ou* éminent, *traduit par le cens ; l'autre, immédiat ou utile, était au profit du tenancier, c'était en fait le droit de propriété au sens actuel du terme. Domaine éminent et domaine utile coïncidèrent dans les mêmes biens-fonds jusqu'à la Révolution qui n'admit dans le Code civil que le domaine utile.*
Etym. Du latin *dominium*, terre exploitée directement par son propriétaire.

DOMANIAL adj.
It. **demaniale**
Qualifie ce qui est relatif à un domaine.
Le terme s'emploie pour tout ce qui est du domaine de l'Etat.

DOMANIER n.m.
1. Agent chargé, jadis, de l'administration des domaines seigneuriaux, ou royaux.
2. Tenancier d'un domaine congéable.

DOMANIER adj.
En. **property**
Es. **patrimonial**
It. **demaniale**
Qualifie ce qui a trait au domaine considéré comme bien-fonds.
C'est le caractère de la domanialité.

DOMBASLE n.m.
Charrue qui porte le nom de son inventeur, Mathieu de Dombasle, né et mort à Nancy (1777-1843).
Dépourvue d'avant-train, mais munie de deux mancherons, elle est plus puissante que l'araire et plus maniable que la charrue à roues.

DOMESDAY BOOK n.m.
Sorte de cadastre dressé en 1080 par ordre de Guillaume le Conquérant, pour établir l'assiette de l'impôt foncier, ou *Dandgeld*, et l'aide militaire due par les féodaux.
Il doit son nom au fait que ses termes parurent avoir un caractère définitif comme ceux du Jugement Dernier. C'est une source considérable de renseignements sur l'état de l'agriculture anglaise au XIème siècle.
Etym. En anglais, livre du jour du Jugement dernier.

DOMESTICATION n.f.
En. **domestication**
De. **Zähmung**
Es. **domesticación**
It. **addomesticamento**
1. Procédés employés pour rendre un animal docile, soit par contrainte, soit par douceur, soit dès la naissance, soit par un goût inné de sociabilité.
Parmi les milliers d'espèces animales, l'homme n'est parvenu à en domestiquer qu'un tout petit nombre : l'âne, le boeuf, le cheval, le mouton, la chèvre, le porc, le chat, le chien, la poule, le dindon, le canard, l'autruche, le chameau, l'éléphant, le buffle, le renne, le yack, le lama, le zèbre, l'ours ; et même le ver à soie et l'abeille. La domestication de ces animaux se perd dans la nuit des temps, sans doute dès le Néolithique, quand l'homme eut appris à cultiver la terre et à produire des grains et des fourrages ; peut-être dès la fin du Paléolithique pour le chien et le chat. La Mésopotamie et le Tibet en Asie, l'Egypte en Afrique, les Andes en Amérique furent sans doute les premières régions d'élevage. Depuis l'aurore de l'histoire, l'homme n'est plus parvenu à domestiquer une seule espèce animale. Cependant le bétail, grand ou petit, joue un rôle considérable dans la vie humaine comme source d'énergie pour les travaux pénibles, comme fournisseur de matières premières pour l'industrie ; enfin il est l'intermédiaire principal entre le monde végétal et l'homme en transformant les tissus des plantes en produits alimentaires assimilables par l'appareil digestif humain (sucre, amidon, huile, etc.).
2. Procédés de sélection, hybridation et utilisation des mutations appliqués aux plantes jadis sauvages pour les transformer en plantes cultivées, à partir de centres où subsistent encore parfois les espèces primitives non traitées.
Ex. Le téosinte du Mexique, ancêtre du maïs.
Etym. Du latin *domesticus*, qui vit avec l'homme, sous le même toit.

DOMESTIQUE n.m.
En. **farm servant** (1)
De. **Bediensteter, Dienstbote**
Es. **doméstico** (1)
It. **domestico** (1)
1. Personne attachée à la maison d'un seigneur.
2. Serviteur à gage.
Etym. Du latin *domus*, maison.

DOMESTIQUÉ adj.
En. **domestic**
De. **Haus-, gezähmt**
Es. **domado, domesticado**
It. **addomesticato**
Qualifie les animaux qui vivent dans la dépendance de leurs propriétaires pour les travaux ou l'alimentation.

DOMINANCE n.f.
En. **dominance**
De. **Dominanz**
Es. **dominancia, calidad de dominante**
It. **dominanza**
Propriété d'un gène, porteur d'un caractère, de s'imposer par rapport aux autres dans l'évolution d'une plante, ou d'un animal.

DOMINATIONS n.f.p.
Ensemble des droits du seigneur ou de l'abbé : cens, albergue, queste, main-morte, péages, etc. *Syn. Honneurs.*

DOMPTAIRE n.m.
Boeuf déjà dressé et que l'on place sous un joug avec un autre boeuf non encore dompté, afin d'habituer ce dernier à la discipline du travail.

DOMPTER v.tr.
En. **to break in, to tame**
De. **zähmen**
Es. **domar**
It. **domare**
Habituer les animaux domestiques, par des procédés plus ou moins rudes, à accomplir un certain travail.
On dompte les boeufs, les chevaux, les ânes, mais non les moutons, les porcs, ou les chiens, sauf exception.

DONCHIRE n.f.
(Suisse romande). Terre fertile.

DONNE n.f.
(Centre). Redevance en espèces due par certains alleux, exempts de cens et de corvées.

DONNÉE n.f.
Quantité de feuilles de mûrier qu'il faut donner aux vers à soie pour l'un de leurs repas.

DÖRFER n.m.
(Allemagne). Villages très agglomérés.
Etym. De *Dorf*, village.

DORMANCE n.m.
En. **dormancy**
De. **Schlaf**
Es. **dormición**
It. **dormienza**
Etat d'un organe végétatif en vie ralentie, par suite d'inhibitions chimiques, telle une solution de bicarbonate de soude pour les graines, ou sous l'influence d'une baisse de la température ou d'une sécheresse accentuée, pour diverses plantes, comme le yucca et la plupart des végétaux de la zone tempérée.
Etym. Du latin *dormire*, dormir.

DORMANT adj.
En. **dormant**
De. **schlafend**
Es. **latente**
It. **dormiente**
Qualifie un organe végétatif de reproduction qui ne se développe pas, même si les conditions extérieures sont favorables à sa croissance : bourgeon, oeil dormant.

DORMIL n.m.
(Briançonnais). Enclos servant à parquer les moutons transhumants durant la nuit.

DORMILLE n.f.
Mue des vers à soie qui paraissent dormir avant de se transformer en chrysalides.

DORMOIR n.m.
En. **sleeping place**
De. **schattiger Ruheplatz**
Es. **dormidero**
It. **luogo di riposo per il bestiame**
Dans un pâturage, endroit planté d'arbres, avec une mare où les troupeaux vont boire et dormir à l'ombre.

DORSET DOWN l.f.
Race ovine originaire des collines du Dorset.
Les brebis, pourvues de cornes comme les béliers, sont très prolifiques.

DORYPHORE n.m.
En. **colorado beetle**
De. **Kartoffelkäfer**
Es. **doriforo**
It. **doriforo**
Insecte coléoptère de la famille des Chrysomélidés (*Chrysomela decemlineata*), et dont les élytres ressemblent à la cuirasse d'un soldat grec, avec sur chacune, cinq lignes noires sur fond d'or.
Originaire des Etats-Unis, il a été introduit en Europe vers 1925, causant, depuis lors, de grands ravages dans les champs de pommes de terre dont il dévore les feuilles. On a limité ses dégâts par des insecticides à base d'arséniates et en lui suscitant des ennemis (fig. 70).
Etym. Du grec *dora*, lance et *phoros*, qui porte : soldat porteur de lance.

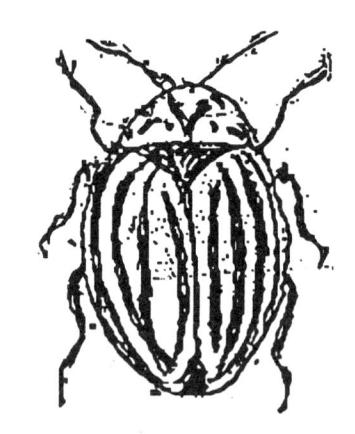

(Fig. 70). Doryphore

DOSE n.f.
En. **dose**
De. **Dosis**
Es. **dosis**
It. **dose**
Quantité d'un produit à utiliser pour obtenir un bon résultat.
Etym. Du grec *dosis*, action de donner.

DOSE D'ARROSAGE l.f.
Quantité d'eau nécessaire pour combattre la sécheresse.
Elle varie selon les plantes, la nature du sol et le climat.

DOSE D'EMPLOI l.f.
Quantité d'engrais, de désherbants, d'insecticides et de fongicides à répandre pour maintenir une récolte en bon état.

DOSE LÉTALE l.f.
It. dose letale
Quantité d'un toxique qui assure la disparition de plus de la moitié des nuisibles dont on veut se débarrasser.
Etym. Du latin letalis, mortel.

DOSSE n.f.
De. Schwarte
Es. costero
It. sciavero
Première et dernière planches d'un tronc d'arbre scié dans le sens de la longueur.
Une de leurs faces a conservé son écorce.

DOSSÉE n.f.
(Centre de la France). Sillons déversés dos à dos pour former un ados.

DOUBLE-CRÈME n.m.
Fromage non fermenté, à pâte molle et à laquelle on ajoute de la crème après l'égoûttage.

DOUBLIER n.m.
It. doppia greppia
Râtelier, sur support peu élevé, que l'on place dans un pâturage, ou dans une bergerie, dans le sens de la longueur, pour alimenter en fourrage sec les troupeaux de moutons.
Syn. Doubleau.
Etym. Du latin duplus, double, car les bêtes peuvent atteindre leur nourriture des deux côtés du râtelier.

DOUBLIÈRE n.f.
1. Brebis âgée de deux ans.
2. Chèvre, ou brebis, qui donne deux petits à la fois.

DOUBLON et DOUBLONNE n.m et n.f.
Mulet de un à deux ans.
Terme également usité pour les boeufs, les vaches, les brebis, les poulains et les ânons qui ont doublé leur première année.

DOUBLURE n.f.
Brebis donnant deux agneaux par portée.
Syn. Bessonnière, doublière.

DOUCET n.m.
It. dolcetto
1. Variété de raisin à goût sucré.
2. Variété de poire, appelée parfois *muscadet*, et donnant un poiré de qualité.

DOUCETTE n.f.
En. lamb's lettuce, corn salad
De. Feldsalat
Mâche.

DOUCIN n.m.
1. *(Saintonge, Poitou).* Terre argilosableuse, douce au toucher, proche des *bornais* poitevins et s'opposant aux *terres de groie*, pierreuses, mais plus fertiles.
Le même terme s'écrit également doussin et désigne, en Champagne, une terre argilocrayeuse.
2. Goût douceâtre d'un vin pauvre en alcool, et qui a mal vieilli.
3. Pommier sauvage servant de porte-greffe.

DOUELLE n.f.
It. piccola doga
Petite douve ; morceau de bois incurvé pour fabriquer des barriques.
Etym. Du grec dokhé, récipient, par le latin doga, tonneau.

DOUELLIÈRE n.f.
Taillis de châtaigniers d'assez longue durée pour donner des troncs destinés à la fabrication des *douelles*.

DOUGLAS n.m.
Résineux de grande taille, de la famille des Pinacées *(Pseudotsuga douglassi)*.
Originaire des Montagnes Rocheuses d'Amérique, il a été introduit en Europe au début du XIXème siècle. C'est un bel arbre d'ornement, de croissance rapide, utilisé en menuiserie et pour la pâte à papier ; ses peuplements forment des douglasaies.

DOUGUE n.f.
(Landes). Talus planté d'arbres, édifié autour d'une prairie, avec le sable du fossé qui la borde, et qui est destiné à son drainage.

DOUIL n.m.
1. *(Bergeracois).* Grand récipient en bois pour transporter le raisin au pressoir.
2. Cuve d'une contenance de 650 kg de vendange, donnant deux barriques de vin.
Syn. Douille.
Etym. Du latin dolium, tonneau.

DOURAH n.m.
Sorgho en Afrique du Nord et plus particulièrement, en Egypte.
Syn. Gros mil.

DOURINE n.f.
En. dourine
De. Dourine
Es. durina
It. durina
Maladie contagieuse des chevaux, due à un trypanosome, et qui se transmet par les étalons dans les haras mal surveillés.
Elle se traduit par des tumeurs et des paralysies locales ; c'est l'équivalent de la syphilis chez l'homme. Sa déclaration est obligatoire.

DOUVAIN n.m.
Bois de chêne, ou de châtaignier, préparé pour la fabrication des douves et douelles des tonneaux, et de toute vaisselle vinaire.

DOUVE n.f.
En. moat, trench (2)
De. grosser Leberegel (1), Wassergraben (2)
Es. foso (2), duela (3)
It. fasciola, distoma (1), fossato (2)
1. Parasite du mouton. *C'est un* distome, *ver plat vivant dans le foie des ruminants et pouvant se transmettre à l'homme.*
2. Fossé plein d'eau, autour des murs d'une forteresse, et, par extension, *(Bretagne)* fossé longeant le talus d'une haie, *(Normandie)* terrain baigné d'eaux stagnantes en hiver, *(Aquitaine)* ou fossé d'assèchement entre deux parcelles.
3. Planche de chêne, ou de châtaignier, façonnée pour la fabrication des tonneaux. *Elle est appelée douelle, ou douvelle, si elle est de petite taille, et fonçaille s'il s'agit des planches plates destinées à fermer les fonds de barrique.*
Etym. (2) et (3). Du latin doga, vase, issu du grec dokhé, récipient.

DOUVE (FAIRE DE LA) l.v.
(Tarentaise). Remonter dans un champ la terre entraînée vers le bas par le ruissellement.

DOUZIL n.m.
(Bordelais). Morceau de bois tronconique qui sert à boucher le trou pratiqué dans le fond d'une barrique quand on la met en perce.
Etym. Du latin ducere, conduire, qui a donné duciculum, petit tuyau.

DOYENNÉ n.m.
En. doyenne
De. Butterbirne
It. decana
Poire dite du *Doyenné*, ou bien *Doyenné du Comice*, à pulpe fondante et sucrée.
C'est également le nom du poirier qui porte ces poires.

DRACHE n.f.
V. Drèche.

DRAGAGE n.m.
En. dragging (2)
De. Baggern (2)
Es. dragado (2)
It. draggaggio (2)
1. Creusement d'un canal dans une région marécageuse pour la drainer et la mettre en culture.
2. Enlèvement de la vase et des débris obstruant un canal de drainage.
Dans ce second cas, on dit aussi curage.

DRAGÉE n.f.
Es. arveja cultivada con centeno
It. ferrana, erbaio
Culture simultanée, dans un même champ, d'une céréale et d'une légumineuse à tige volubile : avoine et vesce par exemple,

escourgeon d'hiver et fève.
La tige de la céréale sert de tuteur à la légumineuse dont les racines vont puiser leur nourriture plus profondément que celles de la céréale. Ainsi, les deux plantes se complètent et même, après la moisson, la légumineuse, reprenant sa croissance, donne une récolte de fourrage.
Syn. (Selon les régions : Flandre, Bourgogne) *Dravée, coupage, verdure, hivernage, etc.*
Etym. Du celte *dravoca,* ivraie.

DRAGEONS n.m.p.
En. **suckers**
De. **Wurzelschösslinge**
Es. **gamonitos**
It. **polloni**
Jeunes pousses qui naissent sur les racines d'un arbre.
D'ordinaire, on les coupe pour qu'elles n'épuisent pas le pied-mère. Parfois, on les conserve pour renouveler l'arbre fruitier dont elles proviennent, ou bien elles servent à consolider un talus grâce à leur abondance ; c'est le cas avec le robinier, ou faux acacia, aux racines traçantes. Détachés et replantés, les drageons permettent de reproduire une plantation d'arbres fruitiers, de rajeunir une vigne.
Etym. Du francique *draibjo,* pousse.

DRAGUE À CLAIE l.f.
Instrument aratoire pour approfondir les labours sans ramener à la surface la terre du fond.
Sorte de sous-soleuse.

DRAI n.m.
(Cévennes). Crible en peau de mouton percée de trous pour nettoyer les céréales.

DRAILLE n.f.
De. **Viehtrift**
Es. **cañada**
It. **trattuto**
(Languedoc). Large chemin destiné aux troupeaux transhumants.
Ils suivaient les crêtes désertes où le bétail pouvait se repaître sans causer de dégâts aux récoltes. Les bergers ayant, depuis la Révolution, le droit d'emprunter les routes, les drailles sont à peu près abandonnées.

DRAIN n.m.
En. **drain pipe**
De. **Dränrohr, Entwässerungsrohr**
Es. **desaguadero, encatrado**
It. **dreno, tubo per drenaggio**
Tuyau poreux, tube plastique perforé, ou fossé garni de pierrailles.
Enfouis sous 50 cm à 1 m de profondeur ils servent à évacuer l'eau des régions marécageuses. Ce dispositif n'interrompt pas les labours, mais a l'inconvénient de s'obstruer.
Etym. De l'anglais *to drain,* dessécher.

DRAINAGE n.m.
En. **draining, drainage**
De. **Drainage**
Es. **drenaje, avenamiento**
It. **drenaggio**
1. Evacuation naturelle, ou artificielle, de l'eau contenue en excès dans un terrain mis en culture.
2. Ensemble du dispositif mis en place pour évacuer les eaux (tuyaux, canaux, écluse, etc.).
Il peut être superficiel ou profond, longitudinal ou transversal.

DRAINAGE-TAUPE l.m.
It. **drenaggio a fogna**
Drainage effectué au moyen de fossés creusés et consolidés dans le sol à l'aide d'une *charrue-taupe.*
C'est le drainage en galerie.

DRAINER v.tr.
En. **to drain**
De. **dränieren, dränen**
Es. **drenar, desecar**
It. **drenare, fognare**
Assécher une terre par drainage.

DRAINEUSE n.f.
En. **dredge**
De. **Rohrleger**
Es. **arvenadora, encañadora**
It. **macchina per drenaggio con dispositivo posatubi**
Engin qui permet de creuser des tranchées de drainage, et de mettre en place immédiatement les drains en poterie, ou en plastique.

DRAVÉE n.f.
V. *Dragée.*

DRAVIÈRE n.f.
Parcelle où l'on cultive des *dravées,* ou *dragées,* mélange de fèves et de seigle.

DRAYE n.f.
1. *(Haute Auvergne).* Droit de péage versé pour les troupeaux allant à l'estivage en Haute Auvergne.
2. Draille.

DRÈCHE n.f.
En. **draff**
De. **Biertreber, Malzschrot**
Es. **orujo de cerveza, residuos de cervecería**
It. **residui di malto**
Résidu de certaines industries agroalimentaires : amidonneries, distilleries, brasseries.
Celle qui résulte de la fabrication de la bière, après filtration du moût, sert à la nourriture du bétail (R. Blais).
Etym. Du celte *drasca.*

DRÈGE n.f.
Instrument à dents de fer ou de bois utilisé pour peigner le chanvre.
Syn. Seran.

DRESSAGE n.m.
En. **breaking in** (2)
De. **Abrichten** (2)
Es. **domesticación** (2)
It. **ammaestramento** (2)
1. Préparation des moules destinés à recevoir le lait caillé pour la fabrication du fromage.
2. Procédé destiné à obtenir des animaux domestiques, au cours de leur jeune âge, qu'ils se soumettent docilement aux travaux que l'on attend d'eux: transport d'une charge sur le dos, ou effort de traction sur un véhicule.
Etym. Du latin *directus,* droit.

DRILL n.m.
Appareil agricole qui sert à la fois de charrue et de semoir.
Etym. De l'anglais qui signifie semoir.

DRILLE n.m.
Chêne rouvre.

DROC n.m.
(Centre). Ivraie.

DROGAIL n.m.
Froment semé dans un champ qui a produit du blé l'année précédente.
Ce procédé de blé sur blé épuise le sol ; la seconde récolte est inférieure en qualité et en quantité à la précédente.

DROIT D'AÎNESSE l.m.
En. **birthright**
De. **Erstgeburtsrecht**
Es. **derecho de primogenitura**
It. **diritto di primogenitura**
Avantage accordé par les parents au fils aîné de la famille, notamment en ce qui concerne l'exploitation agricole. *Moyennant des dédommagements accordés aux cadets, il gardait l'intégralité de la ferme, privilège qui évitait le morcellement des domaines, favorisé cependant par le Code civil de Napoléon.*

DROIT DE BATTERIE l.m.
Rétribution de l'ouvrier agricole, ou *batteur,* que l'on prenait pour battre le blé après la moisson. *Elle atteignait le dixième de la récolte et était à la charge du métayer. Si celui-ci n'avait pas recours à ce batteur, il retenait pour lui-même ce* droit de batterie, *si ce droit était de tradition dans sa métairie.*

DROIT DE COUTUME l.m.
Redevance prélevée par le seigneur, ou ses agents, sur les ventes de bétail, de vin, de blé, effectuées dans son domaine.
Selon le tarif, ce droit était de grande, *ou de* petite coutume.

DROIT DE DESHÉRENCE l.m.
En. **escheat**
De. **Heimfallsrecht**
Es. **derecho de desherencia**
Droit pour un seigneur suzerain de reprendre les biens d'un vassal, ou d'un tenancier, mort sans héritier. *En Normandie l'absence d'héritier n'était acquise en ligne directe qu'au septième degré.*

DROIT DE PRÉEMPTION l.m.
Droit reconnu par le Code rural et qui permet au fermier, au métayer ou au gérant d'une exploitation agricole de l'acquérir s'il le souhaite lorsque le propriétaire du fonds décide de le vendre, et cela au prix du plus offrant.

DROIT DE RAT
(Poitou). Droit de *batterie*.
Peut-être ainsi désigné à cause des rats que les batteurs faisaient fuir lors du battage des céréales.

DROIT RURAL l.m.
En. **agricultural law**
De. **Landrecht, Agrarrecht**
Es. **derecho rural**
It. **diritto rurale**
Ensemble des lois et règlements auxquels doivent se conformer les habitants de la campagne.
Leur réunion constitue le Code rural interprété par des jurisconsultes et fréquemment modifié au cours des deux derniers siècles. Les dernières en date de ces modifications résultent d'une loi de 1953 (R. Blais).
Etym. Du latin *directus*, droit.

DROITS SEIGNEURIAUX l.m.p.
Droits divers que le possesseur d'une seigneurie pouvait exercer sur les roturiers qui exploitaient les tenures de son domaine éminent, et sur les artisans et commerçants de ses terres en réserve : cens, dîme, péages, banalités, etc.

DROITS D'USAGES l.m.p.
V. Usages.

DROITURE n.f.
Ensemble des redevances, ou des droits, qu'une seigneurie prélevait sur ses censives : grains, volailles, argent, etc.

DROMADAIRE n.m.
En. **dromedary**
De. **Dromedar**
Es. **dromedario**
It. **dromedario**
Mammifère camélidé à une bosse.
Il est utilisé pour le transport des bagages dans les caravanes des nomades, et comme animal de course quand il a été sélectionné dans la variété des méharis.
Etym. Du grec *dromos*, course.

DRONCHIRE n.f.
(Savoie). Récolte réalisée sur une jachère.

DROSCE n.f.
(Centre). Rebut des grains de céréales après le vannage.

DROSOPHILE n.f.
En. **drosophila**
De. **Taufliege, Drosophila**
Es. **drosófila**
It **drosofila**
Insecte diptère qui prolifère dans les lieux humides, sur les fruits altérés et sur la vaisselle vinaire mal nettoyée, en particulier la *D. ampelophila*, ou mouche du vinaigre.
*L'espèce **D. melanogaster** a permis l'étude approfondie des chromosomes et des gènes, bases des phénomènes d'hérédité, grâce à la rapidité de ses mutations.*
Etym. Du grec *drosos*, rosée, et *philos*, ami.

DRUBBEL n.m.
(Hollande). Terroir à openfield.

DRUDZE n.m.
(Savoie). Pré bien fumé, près d'un châlet.

DRUGE n.f.
(Savoie). Parcelle de prairie située sur les pâturages de montagne, que l'on fume au printemps et que l'on fauche en juillet, pour avoir du foin dans les chalets en cas de mauvais temps.
Le surplus est descendu en hiver, sur des traineaux, dans la vallée.

DRUGEON n.m.
(Dauphiné). Pousse excessive des plantes volubiles, en particulier des pois.

DRUPE n.f.
En. **drupe, stone fruit**
De. **Steinfrucht**
Es. **drupa**
It. **drupa**
Fruit à noyau et à pulpe extérieure : abricot, cerise, pêche, prune...
La drupe du café contient deux noyaux.
Etym. Du latin *drupa*, pulpe.

DRUSE n.f.
Pêche à peau jaune, à pulpe légèrement teintée de rouge.
Très parfumée et juteuse. Une variété plus petite porte le nom de druselle.

DRY FARMING l.m.
En. **dry-farming**
De. **Trockenfeldbau**
Es. **cultivo de secano**
It. **aridocoltura**
Façons culturales en usage dans les régions à saison sèche, notamment dans les pays méditerranéens à étés chauds et secs.
Par ces façons, on retient les eaux infiltrées et l'humidité dans le sol en brisant fréquemment la surface de la terre par des labours légers, des binages, des hersages.
Les rares pluies s'infiltrent plus aisément dans le sol et, la capillarité étant réduite, l'eau du sous-sol s'évapore plus lentement. Ce procédé donne de bons résultats, surtout dans les cultures des céréales en Afrique du Nord, dans les plaines de l'Ouest des Etats-Unis, dans la Pampa argentine. Il est connu depuis une très haute Antiquité, puisque Hésiode le recommandait déjà aux laboureurs grecs (VIIIème siècle avant J.C.). En outre, ces façons culturales répétées favorisent la nitrification dans le sol ameubli et entraînent la disparition des mauvaises herbes.
Etym. De l'anglais *culture sèche*.

DUC DE BORDEAUX l.m.
Variété de poire, de bonne qualité, mûre en novembre.
Syn. Epine du Mas.

DUCHESSE n.f.
Poire réputée pour sa pulpe parfumée, fondante et juteuse.
Elle doit son nom à la fille de Louis XVI, la duchesse d'Angoulême. A peau jaune clair, elle mûrit lentement dans les fruitiers, de novembre à février.

DUNE n.f.
En. **dune, sand hill**
De. **Düne**
Es. **duna**
It. **duna**
Colline de sable édifiée par le vent au bord de la mer, ou dans l'intérieur des déserts.
Les dunes littorales sont l'objet d'une culture pour les fixer et en tirer profit. Ainsi les dunes de Gascogne ont été plantées en oyats, puis quand le tapis herbacé a été assez dense, on a procédé à des plantations de pins maritimes exploités pour leur résine et leur bois.
Etym. Du néerlandais *dunen* et du latin *dunum*, hauteur.

DUNGLAND n.m.
(Rhénanie). Parcelle proche du village, abondamment fumée et cultivée en permanence.
Etym. De l'allemand *Dung*, fumier et *Land*, terre.

DURAMEN n.m.
En. **wood, timber**
De. **Kernholz**
Es. **duramen**
It. **durame**
Partie centrale d'un tronc d'arbre, différent de l'aubier par sa couleur plus sombre, par sa dureté et par l'absence de sève.
C'est la meilleure partie de l'arbre pour l'utilisation industrielle.
Syn. Bois de coeur.

DURAMINISATION n.f.
It. **duramificazione**
Processus au cours duquel les tissus de l'aubier se transforment en bois de coeur, en bois mort, ou duramen, par cessation de la circulation de la sève.
Ce processus est rapide chez le châtaignier (3 à 4 ans), plus lent chez le chêne (20 ans).

DURAS n.m.
Cépage à raisins blancs, cultivé dans le vignoble de Gaillac.
On le retrouve, avec des noms presque semblables, autour d'Annonay (Duret), de Saint-Péray (Durazaine), de Pamiers (Duraze). Il proviendrait d'un cépage cultivé déjà à l'époque romaine, la duracine *que signale Caton, et qui devait peut-être son nom à la peau dure de ses grains.*

DURELIN n.m.
Chêne rouvre.

DURET n.m.
(Alpes). Erable à feuilles semblables à celles de l'osier.

DURHAM n.m.
(Angleterre). Race bovine du comté de Durham.
Excellente pour la boucherie, elle s'est adaptée aux divers climats tempérés des deux hémisphères. Désignée sous le nom de short horn *(courtes cornes) elle a été croisée en France avec la race mancelle, et a donné de si bons résultats, qu'on ne la connaît plus sous son nom d'origine.*

DURIF n.m.
Cépage à raisins noirs très savoureux.
Cultivé dans la vallée du Rhône sous le nom de Nérin.

DVOR n.m.
En. **settlement**
Es. **unidad de población**
It. **nucleo abitativo**
(Russie). Enclos de 50 à 100 ares comprenant la maison d'habitation, le jardin, le verger et quelques petites parcelles dont dispose en toute propriété le membre d'un kolkhoze russe.
Il en retire des produits pour l'alimentation de sa famille et pour la vente libre sur le marché du village. Actuellement le dvor a tendance à s'intégrer à l'ensemble du kolkhoze.

D.V.S. sigle
Direction des Services Vétérinaires.
Organisme du Ministère de l'Agriculture chargé de veiller à l'application des règlements relatifs à l'élevage.

DYNAMIQUE DES SOLS l.m.
Ensemble des sources d'énergie qui forment les sols et qui en assurent l'évolution : acides, températures, animaux fouisseurs, racines, et façons aratoires.

EAU-DE-VIE l.f.
En. **brandy**
De. **Branntwein**
Es. **aguardiente**
It. **acquavite**
Alcool obtenu par la distillation du vin.
Le second terme vie est peut-être dérivé du latin vitis, *vigne ; ou bien il est la traduction du latin* aqua vitae, *expression des alchimistes qui, ayant recueilli de l'alcool en distillant du vin, crurent avoir découvert l'élixir de longue vie, but de leurs recherches. L'eau-de-vie peut être également le résultat de la distillation du marc de raisin quand on a écoulé le vin. Elle est aussi retirée de toute boisson fermentée, à partir de divers fruits, et porte alors des noms particuliers ; calvados avec le cidre, kirsch avec le moût de cerises, quetsche avec celui de prunes, rhum avec les mélasses du sucre de canne. Le gin d'Angleterre, le wisky d'Ecosse, le bourbon des Etats-Unis, la vodka de Russie, l'arach du Moyen Orient proviennent des graines de céréales. En France, chaque chef de famille vigneronne avait droit à faire distiller 25 litres d'alcool par an ; c'était le privilège des bouilleurs de cru. Il a été supprimé en 1959, sauf pour ceux qui l'avaient déjà et qu'ils ne peuvent plus transmettre.*

EAUX-ET-FORÊTS l.f.
Administration créée au XIIIème siècle et gérée, depuis 1791, par les *Conservateurs* des Eaux et Forêts, chargés, en particulier, d'appliquer le *Code forestier* de 1827.
Elle comprend des ingénieurs des Eaux et Forêts issus de l'Ecole Nationale des Eaux et Forêts de Nancy, des ingénieurs des travaux des Eaux et Forêts, provenant de l'Ecole forestière secondaire des Barres (Loiret) et des agents techniques, pour la plupart anciens élèves de l'école primaire de sylviculture. Cette administration, qui gérait les forêts domaniales et communales sous le contrôle du Ministère de l'Agriculture, a été remplacée partiellement par l'Office National des Forêts. Une Direction des Forêts demeure toutefois au Ministère de l'Agriculture ; elle est compétente pour l'ensemble des problèmes généraux intéressant le bois ; elle contrôle les forêts privées. La chasse et la pêche relèvent maintenant du Ministère de l'Environnement (R. Blais).

E.A.R.L. sigle
Exploitation Agricole à Responsabilité Limitée.
Groupement de plusieurs exploitations agricoles, régies selon les dispositions d'un sous-seing privé, ou d'un acte notarié, sur le modèle des S.A.R.L. de 1925.
V. S.A.R.L.
Chaque adhérent n'est responsable des finances de la société que dans la mesure des biens qu'il apporte. Il suffit de deux exploitations pour former une E.A.R.L. Cette association présente des avantages fiscaux, techniques et commerciaux. Elle peut emprunter et accueillir de nouveaux membres ; le décès de l'un d'eux n'entraîne pas la disparition de l'association ; ce sont ses héritiers qui lui succèdent. Néamoins, les avantages sociaux étant réduits, ce genre de société agricole ne connaît pas grand succès.

EARLY n.f.
Variété de pomme de terre à peau rose, à pulpe blanche, très précoce.
Etym. De l'anglais, qui signifie *hâtif*.

ÉBARBAGE n.m.
En. **clipping**
De. **Entfernen der Wurzelhaare, Beschneiden**
Es. **desbarbadura**
It. **sbarbatura**
Action d'ébarber.
On dit aussi ébarbement.

ÉBARBER v.tr.
1. Préparer une plante pour la mettre en terre en lui coupant une partie de ses racines et de ses feuilles.
2. Tailler une haie, ou une charmille.
3. Enlever, à l'aide d'une *ébarbeuse*, les *barbes*, c'est-à-dire les arêtes prolongeant les glumelles adhérentes aux grains d'orge ; ce sont des *ébarbures*.

ÉBARBEUR n.m.
En. **awner**
De. **Entgranner**
Es. **desbarbador**
It. **sbarbatore**
Appareil qui enlève les *barbes* des grains d'orge.

ÉBARBEUSE n.f.
En. **awner**
De. **Entgranner**
Es. **desbarbadora**
It. **sbarbatore**
Appareil à trémie et à rouleaux cannelés, mis en mouvement rotatif à la main ou au moteur, pour enlever les barbes, ou prolongements filiformes, à l'extrémité des grains d'orge et qui restent malgré le dépiquage.

ÉBÉNIER n.m.
En. **ebony (tree)**
De. **Ebenholzbaum**
Es. **ébano**
It. **ebano**
Nom vulgaire du plaqueminier *(Diospyros virginiana)*, arbre des régions chaudes, recherché en ébénisterie pour son bois noir.
Etym. Du grec ebenos, ébène.

ÉBIONNER v.tr.
(Bourgogne). Opération qui consiste à couper les bouts des sarments de vigne, ou des rameaux d'un arbre fruitier, pour favoriser la formation des fruits.

ÉBOGUEUSE n.f.
Appareil dans lequel on fait passer les châtaignes pour leur enlever la première enveloppe, hérissée de piquants et appelée *bogue*.

ÉBORGNAGE n.m.
En. **disbudding**
De. **Ausschneiden der Augen (der Obstbäume)**
Es. **desyemadura**
It. **accecamento**
Suppression sur les arbres fruitiers de quelques "yeux", ou jeunes bourgeons, afin de favoriser le développement des autres.
Ne pas confondre avec ébourgeonnage.

ÉBORGNER v.tr.
En. **to disbud**
It. **accecare**
Enlever d'une branche d'arbre fruitier quelques bourgeons, avant qu'ils ne soient gonflés, tant qu'ils ne sont que des *yeux*.
D'où l'étymologie du terme éborgner, rendre borgne. Cette opération a pour but de favoriser les bourgeons restant sur la branche, car ils reçoivent une plus grande quantité de sève. On pratique l'éborgnage sur les arbres fruitiers à pépins, mais non sur ceux à noyaux.

ÉBOSSAGE n.m.
Opération qui a pour but d'enlever l'enveloppe ligneuse des légumineuses afin d'obtenir les graines qui y sont contenues.

ÉBOUINER v.tr.
(Champagne). Enlever les sarments qui ne serviraient pas à la taille l'année suivante.

ÉBOUQUETER v.tr.
Couper le bout d'un bourgeon, ou d'un rameau, afin de favoriser la croissance des fruits.

ÉBOURGEONNAGE n.m.
En. **disbudding**
De. **Entknospen**
Es. **desyemado**
It. **scacchiatura**
Action de couper les bourgeons d'une plante : tabac, vigne, légume, arbre fruitier, afin de donner à la plante une forme harmonieuse, et de favoriser un meilleur rendement en feuillage, en fleurs et en fruits.
Quand les bourgeons sont trop hauts, l'ébourgeonneur utilise un long ébourgeonnoir. Pour le tabac, on se sert d'huile de colza pour étouffer et brûler les jeunes bourgeons aux aisselles des feuilles. Quand il s'agit de la vigne, on dit épamprage.

ÉBOURGEONNER v.tr.
En. **to disbud**
De. **ausbrechen, entgeizen, entknospen**
Es. **desyemar**
It. **scacchiare**
Supprimer les bourgeons d'un arbre fruitier avec un ébourgeonnoir.
Ne pas confondre avec éborgner.

ÉBOURGEONNEUR n.m.
De. **Entgeizer**
Es. **desyemador**
It. **addetto alla scacchiatura**
Ouvrier chargé de couper les bourgeons superflus d'un arbre fruitier avec un ébourgeonnoir.

ÉBOURGEONNOIR n.m.
En. **disbudding tool**
De. **Entgeizwerkzeug**
Es. **desyemadera**
It. **ronchetto per scacchiare**
Sorte de serpe munie d'un long manche, avec laquelle on coupe les bourgeons situés trop haut pour être supprimés avec un sécateur tenu à la main.

ÉBOURRAGE nm.
1. Opération qui consiste à couper les racines et les fanes des oignons, que l'on classe par grosseur pour la vente.
2. Enlèvement des bourgeons adventifs qui ont poussé sur un cep de vigne.

ÉBOUSAGE n.m.
De. **Fladenverteilen**
Es. **esparciliento de las deyecciones**
Epandage des déjections, ou *bouses*, des bovins sur les prairies, pour fertiliser le sol et accroître la pousse de l'herbe.

ÉBOUTURER v.tr.
Enlever à une plante des boutures, des drageons, des bourgeons pour les greffer, ou les planter ailleurs.

ÉBRANCHAGE n.m.
En. **lopping**
De. **Stutzen, Ausästen**
Es. **escamonda, poda**
It. **sbrancamento**
Action de dépouiller un arbre de ses branches plus ou moins complètement, et sur une hauteur plus ou moins grande.

ÉBRANCHER v.tr.
En. **to lop, to trim**
De. **stutzen, ausästen**
Es. **escamondar, podar**
It. **sbrancare**
Dépouiller un arbre de ses branches, en partie ou en totalité, à l'aide d'un outil appelé *ébranchoir*.
Ne pas confondre avec élaguer et émonder.

ÉBRANCHOIR n.m.
En. **lopping shears**
De. **Hippe**
Es. **podadera**
It. **roncola, ronca, potatoio**
Sécateurs munis de longs manches pour tailler, pour ébrancher les arbres *(Fig. 71)*.

(Fig. 71). Ébranchoir

ÉBROUEUSE n.f.
(Centre de la France). Femme qui enlève le *brou* des noix, c'est-à-dire leur enveloppe verte, avant de les casser.
Syn. Enoiseuse.

ÉBROUSSER v.tr.
1. Enlever la *brousse* qui est inutile.
2. Effeuiller un arbre.
3. Ôter les bourgeons d'une vigne pour concentrer la sève dans les rameaux à fruits.

ÉBROUTER v.tr.
Cueillir les *brouts*, c'est-à-dire les pousses des jeunes arbres au printemps et, en particulier, les brindilles des feuilles de mûrier, afin qu'elles ne blessent pas les jeunes vers à soie.

ÉBRUN n.m.
(Centre). Blé atteint de la maladie de *l'ergot* qui rend les grains bruns et noirs.

ÉBUISSONNAGE n.m.
Opération qui consiste à couper les branches mortes, les pousses inutiles et les brindilles d'un arbre fruitier, afin de favoriser les rameaux à fruits en leur réservant la sève, l'air et la lumière.

ÉCALE n.f.
En. **husk** (2), **shell** (1)
De. **Schale**
Es. **cáscara, vaina**
It. **guscio**
1. Enveloppe dure des noix, des noisettes, des amandes.
2. Gousse des graines de légumineuses (fève, pois).
3. Pellicule qui se détache des pois, ou des fèves, après cuisson.
Syn. Ecalure.
Etym. Du francique skalja, écaille.

ÉCALÉE adj.f.
(Lorraine). Qualifie une parcelle isolée et qui, n'entrant pas dans le cycle d'assolement d'une exploitation agricole, peut se louer séparément.

ÉCALER v.tr.
En. **to shell**
De. **schälen**
Es. **descascarar, pelar**
It. **sgusciare**
(Velay). Enlever l'enveloppe verte qui couvre la coque des noix et qui s'appelle le *brou*.
La noix ainsi préparée constitue un écalot, *ou une* échaille. *L'opération s'effectue avec une* écaleuse.
Etym. Du francique skalja, écaille.

ÉCALOT n.m.
Noix dépouillée de son brou.

ÉCALURE n.f.
En. **hull**
De. **Schale**
Es. **cáscara, cascarilla**
It. **pellicola**
Pellicule dure et fine autour de certains fruits, telles les graines de café, les glands, les noix, qui en sont enveloppés.

ÉCAMETS n.m.p.
(Normandie). Barrières légères qui limitent les pièces de terre.

ÉCAMOUSSURE n.f.
Logement réservé, dans l'avant-train d'une charrue, à l'age qui peut, fixé par une cheville, pivoter dans le sens horizontal.

ÉCANGUER v.tr.
En. **to brake, to skutch**
De. **brechen, schwingen**
Es. **agramar**
It. **gramolare**
Broyer du chanvre, ou du lin, pour en détacher la partie non ligneuse, la *chénevotte*.
L'opération s'effectue à l'aide d'une écangue, *appareil composé d'une plaque de bois présentant une arête vive avec laquelle l'écangueur frappe longitudinalement les tiges placées sur une* planche à écanguer. *Cette opération suit le* rouissage, *et s'effectue aussi à l'aide d'une* broie.
Etym. De dé, privatif et de cangue, sortir de la cangue, de l'entrave.

ÉCART n.m.
En. **aside, secluded house** (1)
De. **abgelegenes Haus** (1)
Es. **aparte, lugar apartado** (1)
It. **frazione** (1)
1. Maison, ou petite agglomération isolée sur le territoire d'une commune, et dépendant du chef-lieu.
2. Détritus des feuilles de mûrier incomplètement dévorées par les vers à soie.
Etym. Du latin quartus, quart.

ÉCARTEUR n.m.
(Berry). Agent chargé de prélever sur le champ moissonné les gerbes de la redevance seigneuriale.
Il procédait à l'écartage.

ÉCASSONNER v.tr.
(Centre de la France). Casser les mottes de terre, après un labour, à l'aide d'une bêche, ou d'un râteau.
(Procédé anciennement appelé encassonnage).

ÉCAUDE n.f.
(Normandie). Petite barque étroite qui sert à parcourir fossés et ruisseaux pour pêcher, couper les joncs, ou se rendre dans une parcelle cultivée.

ÉCÉPER v.tr.
Arracher les ceps d'une vigne quand ils sont trop vieux, et que l'on veut redonner de la fertilité au sol d'un vignoble en le consacrant aux labours pendant 4 à 5 ans.

ÉCHAILLOCHER v.tr.
Enlever les *chailles* (silex, rognons de quartz) d'un pré ou d'un champ.

ÉCHALAS n.m.
En. **vine prop**
De. **Pfahl, Weinpfahl**
Es. **rodrigón, estaca**
It. **palo da vite, tutore**
Piquet de 1,50 m de long, auquel on fixe les fils de fer destinés à soutenir les sarments et les pampres d'un pied de vigne.
Il est en chêne, en châtaignier, ou en acacia, bois qui résistent bien à l'humidité. Il est de plus en plus remplacé par des palissages composés de fils de fer fixés à des piquets en métal, distants les uns des autres de 5 à 6 m ; ils peuvent ainsi soutenir 5 ou 6 ceps, entre chaque piquet (R. Blais).
Etym. Du grec karax, qui a donné en latin carratium, d'où découle carrasson, syn. d'échalas.

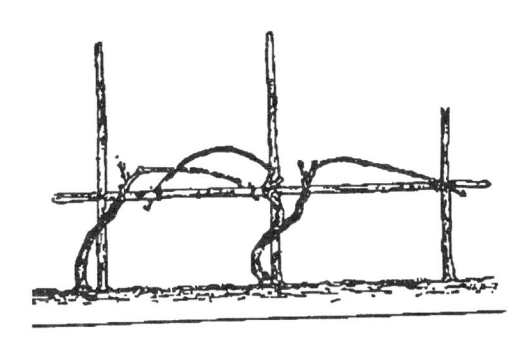

Échalassage

ÉCHALASSER v.tr.
En. **to prop**
De. **verpfählen**
Es. **arrodrigonar, rodrigar**
It. **palare**
Planter des échalas pour soutenir les fils de fer auxquels seront attachés les sarments et les pampres des pieds de vigne.
C'est procéder à l'échalassage.

ÉCHALETTE n.f.
Petite échelle à montants très rapprochés l'un de l'autre et qui, fixée au timon ou à l'arrière d'une charrette, sert à retenir le chargement de paille ou de foin.

ÉCHALIER n.m.
Es. **seto, vallado**
1. Echancrure étroite et basse, pratiquée dans une haie, que l'on enjambe pour passer d'une parcelle à l'autre, mais qui ne supprime pas complètement la clôture.
2. Echelle double en bois, chevauchant une haie.
3. Clôture en bois qui ouvre, ou ferme, l'entrée d'une parcelle.
Ces trois procédés permettent de circuler à travers les haies d'un bocage.
Syn. Echalis.
Etym. Du latin scalaria, escalier.

ÉCHALOTE n.f.
En. **shallot**
De. **Schalotte**
Es. **chalote**
It. **scalogno**
Plante de la famille des Liliacées et du genre ail *(Allium ascalonicum)*, originaire d'Orient.
Elle a été introduite en Occident à l'époque des Croisades, sans doute à partir du port d'Ascalon, d'où son nom. Elle est cultivée pour ses bulbes qui servent d'assaisonnement et que l'on utilise pour la reproduire.

ÉCHAMOUCHER v.tr.
Epamprer.

ÉCHAMP n.m.
1. Terrasse de culture sur le versant d'une colline.
Syn. Rideau.
2. *(Vivarais).* Intervalle cultivé entre deux rangs de vigne.
Syn. Echent.

ÉCHAMPELÉE adj.
(Bourgogne). Qualifie une vigne qui n'a de bourgeons bien épanouis qu'au mois de mai.
Ce retard, dit l'échamplure, est causé par des froids rigoureux et tardifs qui ont empêché la montée de la sève.

ÉCHAMPLURE n.f.
Retard ou arrêt du développement des bourgeons de la vigne, causés par les froids printaniers.

ÉCHANDOLE n.f.
(Suisse Romande). Planchette de sapin pour couvrir les toits des maisons.
Syn. Essendole.
Etym. Du latin scindula, tuile en bois.

ÉCHANGE n.m.
Pratique fréquente autrefois, qui consistait à échanger, avec un boulanger, un sac de blé contre un certain nombre de pains de 5 ou 10 livres.
D'ordinaire, le boulanger donnait 14 pains, ou tourtes de 10 livres, contre un sac de blé de 160 livres, ou 80 kilos.

ÉCHANGE AMIABLE l.m.
Procédé qui consiste, entre deux propriétaires de domaines ayant des parcelles dispersées, à échanger d'un commun accord celles qui leur permettent d'avoir des pièces de terre plus grandes, plus proches de leurs fermes, plus faciles à exploiter.
Ces échanges, entérinés par le service du cadastre, remplacent ou précèdent le remembrement officiel.

ÉCHANSON n.m.
En. **cupbearer**
De. **Mundschenk**
Es. **copero, escanciador**
It. **coppiere**
Dignitaire des cours royales et seigneuriales, des origines au règne de Charles VII, chargé de procurer du vin et de le verser à boire.
Il percevait le hauban, redevance sur les récoltes de vin.
Etym. Du francique skankjo.

ÉCHANT n.m.
Intervalle entre deux rangées de vigne, assez large pour que l'on puisse l'ensemencer, ou y planter des arbres fruitiers.
Syn. Joualle.
(A donné le verbe *échanter,* ou *échamper,* dérivé de champ).

ÉCHANTELER v.tr.
Tirer hors de la *chantelle,* bouchon qui ferme la barrique.
C'est donc soutirer du vin.
Syn. Eschanteler.

ÉCHANTILLON n.m.
En. **sample**
De. **Probe, Muster**
Es. **muestra**
It. **campione**
Petite quantité d'un produit, ou bien plante, ou animal, choisis pour en faire connaître les qualités sans entraîner de grandes difficultés de transport.
Tel est le but des foires d'échantillons.
Etym. Du latin scandalium, mesure de capacité.

ÉCHANVRER v.tr.
(Maine). Enlever les plus grosses chénevottes de la filasse du chanvre à l'aide d'une sorte de peigne, ou *échanvroir.*

ÉCHARDONNER v.tr.
En. **to clear (ground) of thistles** (1)
De. **distelnstechen, unkrautstechen** (1), **entkletten** (2)
Es. **escardar, cardar la lana** (1)
It. **svellere i cardi** (1)
1. Arracher les chardons d'un champ, soit avec la main enveloppée d'un gant, soit avec une petite houe, appelée *échardonnoir,* et que maniait l'*échardonneur.*
2. Enlever des toisons de laine les *graterons,* petites graines munies d'épines, ainsi que les débris de chardon.
3. Redresser le duvet d'un drap, jadis à l'aide de chardons, aujourd'hui avec des machines appelées *échardonneuses.*

ÉCHARDONNOIR n.m.
En. **weeder**
De. **Distelhacke, Unkrautstecher**
Es. **escardillo**
It. **estirpatore di cardi**
Petit crochet en fer, attaché au bout d'un bâton, pour arracher les chardons qui poussaient dans les blés.
Syn. Echardonnet.

ÉCHAU n.m.
(Centre). Petite canalisation servant à irriguer, ou à drainer les blés et les prairies.

ÉCHAUBOULURE n.f.
En. **nettle rash**
De. **Hitzblatter**
Es. **barros**
It. **orticaria**
Maladie du cheval et du boeuf, qui se manifeste par une éruption de boutons, semblable à l'urticaire.
Elle paraît due à la consommation abondante de fourrages verts, chauds et humides. On la guérit par des barbotages contenant du bicarbonate de soude et par des injections de pilocarpine.

ÉCHAUDAGE n.m.
En. **scalding** (2)
De. **Versengen** (1)
Es. **escaldado, escaldadura** (1)
It. **riscaldamento, stretta** (1), **sbollentatura** (2)
1. Altération des grains de raisin, ou de blé, causée par un excès de chaleur solaire, et un manque d'eau.
Dans les pays méditerranéens, pour éviter l'échaudage, on laissait les pieds de vigne s'étaler sur le sol afin que les feuilles protègent les grappes. Les grains de blé échaudés se flétrissent et ne donnent pas de farine ; ils ont subi un échaudement.
2. Opération qui consiste à plonger les cocons de ver à soie dans de l'eau chaude afin de tuer la chrysalide et de faciliter le dévidage du fil.
Etym. Du latin escaldare, baigner dans l'eau chaude.

ÉCHAUDER v.tr.
En. **to scald** (1)
De. **verbrühen, ausbrühen** (1)
Es. **escaldar** (1)
It. **sbollentare** (2)
1. Laver des tonneaux à l'eau chaude pour les nettoyer et les rendre étanches en faisant gonfler leurs douves.
2. Plonger les bêtes abattues dans l'eau bouillante pour enlever leurs poils.
Etym. Du latin caldus, chaud.

ÉCHAUDURE n.f.
En. **scald**
De. **Schalenbäune, Hautbräune**
Es. **scald, escaldadura**
It. **brusone**
Maladie physiologique qui affecte les pommes et les poires dans les chambres froides où elles sont conservées pendant l'hiver.

ÉCHAUFFURE n.f.
It. **fermentazione**
Dégât causé aux graines de céréales stockées en silo par de trop hautes températures : elles dégagent une odeur qui décèle l'*échauffé.*

ÉCHAULER v.tr.
Chauler.

ÉCHAUMER v.tr.
Supprimer les chaumes par un léger labour après la moisson.
Syn. Déchaumer.

ÉCHELETTE n.f.
En. **rack**
Es. **albardilla de carga**
It. **sponda di carro**
Cadre que l'on fixe sur le devant ou l'arrière d'une charrette pour hausser et maintenir le chargement.

ÉCHENILLAGE n.m.
En. **clearing of caterpillars**
De. **Raupenvertilgung, Abraupen**
Es. **descocamiento**
It. **disinfestazione dai bruchi**
Destruction des chenilles sur les arbres, soit à l'aide d'un *échenilloir* qui coupe les feuillages couverts de chenilles *(Fig. 72)*, soit avec un *enfumoir* qui répand des fumées de soufre pour asphyxier les petites larves.
Cette opération est prescrite parfois dans les baux ; elle est rendue obligatoire par la loi du 24 décembre 1888, et applicable sur tout un territoire par arrêté préfectoral. Celui qui ne s'y conforme pas est passible d'une amende, et même de prison en cas de récidive, et l'échenillage est effectué à ses frais.

ÉCHENILLOIR n.m.
En. **caterpillars cut**
De. **Raupenschere**
Es. **descocador, desorugador**
It. **roncola per disinfestare le piante**
Instrument qui sert à couper les branches élevées des arbres fruitiers, soit parce qu'elles contiennent des nids de chenilles, soit pour améliorer la taille des hautes branches.
Il se compose d'un sécateur sur un long manche, l'une des lames, tranchante, est manœuvrée du bas à l'aide d'une ficelle (Fig. 72).

(Fig. 72). Échenilloir

ÉCHENOZ n.m.
(Jura). Terrasse de culture sur les versants des collines du Jura, du nom de la commune d'Echenoz-la-Méline près de Vesoul.

ÉCHEVEAU n.m.
Parcelles étroites, longues, et parfois curvilignes d'un openfield.
Sur les plans cadastraux leur dessin filiforme évoque celui d'un écheveau de laine.

ÉCHINON n.m.
Boite cylindrique à fond percé, dans laquelle on met le lait caillé pour qu'il s'égoutte.
Syn. Faisselle.

ÉCHIQUIER n.m.
Dessin d'un parcellaire rural composé de parcelles presqu'aussi larges que longues, comme les cases d'un jeu d'échec.

ÉCHOISELER v.tr.
(Centre de la France). Labourer les vignes en hiver.

ÉCHOITE n.f.
Terre d'un serf mainmortable décédé sans héritier.
Sa tenure revenait au seigneur, propriétaire éminent du sol, et non aux collatéraux du défunt. On disait aussi échute. Ce droit fut supprimé au XVIIIème siècle.
Syn. Echute.
Etym. De échoir.

ÉCHONELER v.tr.
(Centre de la France). Rassembler avec des râteaux les tiges d'avoine coupées.

ÉCHOPPE n.f.
(Bordeaux). Petite maison rurale des vignerons bordelais.

ÉCHUTE n.f.
V. Echoite.

ÉCIMAGE n.m.
En. **topping**
De. **Abköpfen**
Es. **desmoche, descope**
It. **svettatura, cimatura**
Opération qui consiste à couper la cime d'un arbre ou d'une plante cultivée, afin de ralentir sa croissance en hauteur et de favoriser l'épaississement des feuilles et la grosseur des fruits.
On écime le tabac, le maïs, les melons, les fèves. Pour la vigne, l'écimage consiste à couper les pampres à la hauteur des échalas. On écime également les jeunes blés en utilisant une machine spéciale : l'écimeuse.
Etym. Du latin ex, privation et cyma, pousse.

ÉCLAIRCIE n.f.
En. **thinning** (2)
De. **Lichtung** (1)
Es. **aclareo** (1)
It. **diradamento** (1), **sfoltimento** (2)
1. Marquage, coupe et enlèvement d'un certain nombre d'arbres dans une forêt traitée en futaie afin de favoriser le développement des sujets restants.
2. Opération qui consiste à supprimer les fleurs, les fruits ou les feuilles mal venus d'une plante cultivée afin de favoriser la croissance des autres.
Etym. Du latin clarus, clair.

ÉCLAIRCISSAGE n.f.
En. **thinning** (1)
De. **Auslichten, Vereinzelung** (1), **Ausholzung** (2)
Es. **entresaca, aclareo** (1)
It. **diradamento** (3)
1. Arrachage, dans un semis, des plants les moins bien venus, pour laisser plus de place aux autres.
Pour les carottes on se sert d'un éclaircisseur, variété de houe.
Syn. Démariage pour les betteraves.
2. En arboriculture, fait de provoquer la chute des fruits les plus petits, afin de permettre aux autres de mieux se développer sans épuiser l'arbre, tout en préservant la récolte de l'année suivante.
3. Dans une futaie, suppression des arbres les plus chétifs, ou des rejets les plus petits d'une souche.
C'est pratiquer une éclaircie.
Etym. Du latin clarirare, rendre clair.

ÉCLAT n.m.
En. **cutting, slip**
De. **Splitter, Holzsplitter**
Es. **retoño**
It. **barbatella**
Fragment d'une plante composé de racines et de petites tiges.
Il permet d'obtenir un nouveau sujet ; cas de l'artichaut et du cacaoyer.
Syn. Oeilleton.
Etym. Du francique slaitan, rompre.

ÉCLATEMENT n.m.
Suppression des tiges trop vigoureuses des arbres fruitiers, afin de favoriser la formation des fruits.

ÉCLATER v.tr.
1. Détacher une pousse du pied-mère.
2. Diviser une touffe d'herbe avec ses racines.

ÉCLATEUR n.m.
En. **forage crimper**
De. **Stengelquetscher, Stengelknicker**
Es. **acondicionador de forraje**
It. **schiacciaforaggi**
Machine agricole servant à écraser le fourrage, récemment fauché, entre deux rouleaux afin de favoriser sa dessication.
En faisant éclater les tiges on favorise l'écoulement de la sève, et par conséquent le dessèchement des plantes.

ÉCLETTES n.m.p.
Petites échelles que l'on fixe de chaque côté du bât d'une bête de somme, afin d'y attacher des bottes de foin, ou de paille.

ÉCLISSE n.f.
En. **cheese tray** (2)
De. **Binsenkörbchen** (2)
Es. **encella** (2)
It. **canniccio** (2)
1. Lamelle de bois utilisée pour la boissellerie.

2. Tige d'osier, ou de rotin, coupée dans le sens de la longueur pour fabriquer de petits plateaux ronds où l'on met à égoutter les fromages, tel celui de Brie (fig. 42).
Etym. Du francique *slizzan*, fendre.

ÉCLOSION n.f.
En. hatching (1)
De. Auskriechen, Aufblühen (1)
Es. salida del huevo (1)
It. schiudimento (1)
1. Sortie de l'oeuf pour les poussins.
2. Sortie du ver à soie de sa graine.
3. Epanouissement d'une fleur ou d'un fruit.
Etym. De *ex*, hors de, et du latin *claudere*, clore.

ÉCLOSOIR n.m.
En. hatcher
De. Schlupfbrüter
Es. incubadora para nacimientos
It. incubatrice, pulcinaio
Couveuse artificielle qui fait suite à l'incubateur, et où les poussins brisent leur coquille.
Syn. Ecloserie.

ÉCOBUAGE n.m.
En. burning
De. Abschwenden, Brandrodung
Es. artiga, roza
It. debbiatura, debbio
Défrichement d'une lande à l'aide d'un instrument tranchant appelé *écobue*.
La lande défrichée est également appelée écobue. Les mottes découpées, mises en tas, appelés fourneaux, sont brûlées pour enrichir le sol de leurs cendres. Abandonné en Europe, ce procédé se pratique dans les pays tropicaux.
Etym. Origine celte.

ÉCOBUE n.f.
1. Lourde houe, ou charrue légère, servant à soulever la couche superficielle du sol avec les herbes pour brûler le tout mis en tas (Fig. 73).
2. Parcelle de terre écobuée.

(Fig. 73). Écobue

ÉCOBUER v.tr.
En. to burn-beat
De. abschwenden, roden
Es. rozar, artigar
It. debbiare, abbruciare
Défricher une lande à l'aide d'une *écobue*, soit pour la mettre en culture, soit pour faire brûler les mottes enlevées et mêler leurs cendres à un fumier destiné à enrichir les terres de labour du voisinage.
Etym. Du celte *golbo*, motte de terre.

ÉCOCHELER v.tr
(Berry). Ramasser, à l'aide d'un râteau, les tiges de céréales que la faux avait coupées.
Syn. Ecocheter, écheneler.

ÉCOLES D'AGRICULTURE l.f.
V. Enseignement agricole.

ÉCOLER v.tr.
V. Accoler.

ÉCOLOGIE n.f.
En. ecology
De. Ökologie
Es. ecología
It. ecologia
Etude des conditions physiques et biologiques favorables, ou défavorables, au développement d'une espèce végétale ou animale, voire encore d'une race humaine.
Etym. Du grec *oïkos*, demeure et *logos*, discours.

ÉCONOMIE AGRICOLE l.f.
En. agricultural economics
De. Agrarwirtschaft, Landwirtschaft
Es. economía agrícola
It. economia agricola
Ensemble de la production agricole et de sa gestion, soit en vue de la consommation sur place, et c'est une *économie fermée*, soit pour la vente et c'est une *économie ouverte*.
En pratique, elle n'est jamais complètement ouverte ou fermée. La part de l'autoconsommation varie en général selon le degré de spécialisation : très élevée dans les pays de polyculture traditionnelle, elle est très faible dans les pays de monoculture.
Etym. Du grec *oïkos*, demeure et *nomos*, administration.

ÉCONOMIE RURALE l.f.
En. rural economics
De. Agrarwirtschaft, Landbau
Es. economía rural
It. economia rurale
Economie politique appliquée à l'agriculture pour en définir les lois qui régissent l'exploitation du sol et l'utilisation de ses produits.
Ces lois reposent sur des données physiques (climat, relief, sols, eau, tapis végétal), sur les éléments dérivés de la flore et de la faune (plante cultivées, animaux domestiques), et sur des influences économiques et humaines (capitaux, régime de la propriété, faire-valoir, main d'oeuvre, technique, régime fiscal et bancaire, qualité intellectuelle des exploitants, débouchés, offre et demande, etc.). Le tout aboutit à un prix de revient qui, s'il est inférieur au prix de vente, favorise le développement du milieu rural ; dans le cas contraire, il entraîne son déclin. Dans un sens plus large, l'économie rurale peut englober tout ce qui a trait à la vie dans les campagnes : industrie, commerce, résidences d'été, tourisme, etc.

ÉCONOMISTES n.m.p.
Au XVIIIème siècle, disciples de Quesnay, tels Bertin, Turgot, Dupont de Nemours, spécialisés dans les études financières.
Ils formèrent une section des physiocrates.

ÉCOPE n.f.
En. ladle
De. Wasserschaufel
Es. achicador
It. cucchiaia a bilanciere
Sorte de pelle en bois, creuse, suspendue à un trépier au dessus d'un puits ou d'un cours d'eau, et qui permet, par un mouvement de balancier, d'irriguer des planches de légumes situées à proximité, en puisant de l'eau et en la déversant dans les canalisations.
Le même appareil inversé sert à drainer un marécage (R. Blais).

ÉCORÇAGE n.m.
En. barking, peeling
De. Abrinden
Es. descortezamiento, descorche
It. scortecciamento
Enlèvement de l'écorce d'un arbre.
L'écorçage du chêne-liège s'appelle démasclage. Dans les usines à pulpe de bois, on écorce les troncs d'arbres à l'aide de la vapeur, qui distend l'écorce et permet de la détacher par des ouvriers appelés écorceurs, notamment si elle contient du tannin.
Etym. Du latin *cortex*, altéré de *scortea*, manteau de peau.

ÉCORCE n.f.
En. bark
De. Rinde, Schale
Es. corteza
It. corteccia, scorza
Couche ligneuse qui recouvre les troncs, les rameaux, les tiges de certaines plantes.
Elle est formée par les cellules vivantes ou mortes, issues du cambium. L'expression vieille écorce désigne une réserve d'arbres ayant cinq ou six fois l'âge normal d'un taillis (25 ans environ). Par extension, s'applique à la peau de certains fruits (orange, melon, citron). *Etym.* Du latin *scortea*, dérivé de *scortum*, peau.

ÉCORCHELER v.tr.
Mettre en tas, dans un champ, des javelles d'avoine.

ÉCORÇOIR .m.
En. barker
Es. descortezador
It. scortecciatoio
Hache spéciale pour détacher l'écorce d'un arbre. *Jadis, elle était composée d'un tibia de cheval, l'une des extrémités était taillée en biseau, et l'autre était munie d'une lame d'acier. Actuellement on se sert d'une spatule en métal, d'un ciseau arrondi, ou bien on a recours à la vapeur qui distend l'écorce et facilite le travail des écorceurs.*

ÉCORNAGE n.m.
En. dehorning
De. Abstossen der Hörner
Es. descuerne
It. scornatura
Accident qui entraîne la perte de l'une des deux cornes d'un bovin et le rend impropre, pour un temps, aux travaux des champs. *Cet accident se produit le plus souvent lorsque, par suite d'une frayeur, l'animal recule la tête trop vite à travers le cornadis des crèches.*

ÉCOSSAIN n.m.
(Normandie). Grain de blé auquel reste attachée la balle après battage.

ÉCOSSER v.tr.
En. **to shell**
De. **enthülsen**
Es. **desvainar, desgranar**
It. **sgranare, sbucciare**
Enlever de leur cosse les grains de pois, de fèves, etc.
L'opération s'effectue à la main par un écosseur, ou par une machine appelée écosseuse.

ÉCOSSETTE n.f.
Petite botte de betteraves récemment arrachées.

ÉCOSSOIR n.m.
Bâton avec lequel on frappait les épis des céréales, les cosses des légumes, pour en extraire les grains.
Etym. Dérivé de *cosse*.

ÉCOSYSTÈME n.m.
En. ecosystem
De. Ökosystem
Es. ecosistema
It. ecosistema
Groupement structuré de végétaux et d'animaux, de toutes catégories, ayant entre eux des relations étroites, dans le milieu naturel où ils sont en équilibre variable dans l'espace et le temps.
Tel est le cas pour le monde agricole.
Etym. Du grec *oïkos*, habitat et *sustema*, ensemble.

ÉCOT n.m.
De. **Baumstumpf**
Es. **rama rota**
It. **tronco/ramo potato male**
Tronc d'arbre qui conserve quelques unes de ses branches.
Etym. Du francique *skot*, pousse.

ÉCÔTER v.tr.
1. Enlever à la main, ou mécaniquement, la côte centrale du parenchyme des *feuilles de cape du tabac* destinées à envelopper les cigares.
2. Couper les branches d'un rameau, ou d'un tronc d'arbre *(R. Blais).*
Etym. Dérivé de *côte*.

ÉCOUAILLES n.f.p.
(Berry, Champagne). Laine de médiocre qualité, coupée sous la queue et la cuisse des moutons.

ÉCOUCHE n.f.
(Normandie). Outil en bois, utilisé jadis pour préparer les brins de lin et de chanvre en séparant, après rouissage et séchage, les chénevotes de la filasse. *(Fig. 74).*

(Fig. 74). Écouche

ÉCOUCHURES n.f.p.
Tiges de lin, ou de chanvre, dépouillées de leurs chénevottes à l'aide d'une *écouche* et prêtes à être transformées en filasse.

ÉCOUER v.tr.
Couper la queue d'un animal domestique, chien, chat ou cheval.

ÉCOULAGE n.m.
Opération qui consiste à faire passer, après fermentation, le vin des grosses cuves dans les barriques.

ÉCOULARD n.m.
(Saintonge). Cep de vigne dont les fleurs coulent, car elles n'ont pas été fécondées, et les grains de raisin ne se forment pas.

ÉCOULER v.tr.
Pratiquer l'*écoulage*.

ÉCOUPE n.f
Large pelle de fer dont on se sert pour remuer le terreau, et pour nettoyer le sol des étables.
Etym. Du latin *scopa*, balai.

ÉCOUSSURES n.f.p.
(Centre). Grains donnés jadis aux ouvriers agricoles après la moisson et le dépiquage, en guise de paiement partiel.

ÉCRAI n.m.
(Picardie). Milieu de la raie tracée par la charrue.

ÉCRAIGNE n.f.
(Bourgogne).
1. Chaumière de paysan couverte de paille.
2. Veillée d'hiver dans l'une de ces chaumières.
Etym. Dérivé de *crin*.

ÉCRÉMER v.tr.
En. **to cream, to skim**
De. **absahnen, abrahmen**
Es. **desnatar**
It. **scremare**
Séparer la crème du lait.
1. Spontanément, en laissant le lait entier dans un vase pendant 24 heures ; les globules gras, plus légers que le petit lait, montent et se concentrent à la surface du liquide ; on les enlève à l'aide d'une écrémeuse ou d'un écrémoir.
2. Mécaniquement, en utilisant une centrifugeuse, ou écrémeuse, la crème reste à l'intérieur tandis que le petit lait, plus lourd, est rejeté vers l'extérieur.

ÉCRÉMEUSE n.f.
En. **creamer**
De. **Milchschleuder**
Es. **desnatadora**
It. **scrematrice**
Appareil destiné à séparer, par la force centrifuge, les globules gras de la crème et le petit lait, la crème ayant une densité inférieure à celle du lait écrémé, reste dans la machine.

ÉCRÉMILLON n.m.
(Normandie). Lait écrémé qui, mélangé à des farines, est donné aux jeunes veaux.

ÉCRÉMOIR n.m.
Cuiller perforée pour écrémer le lait.
A distinguer d'une écrémeuse qui est une machine animée d'un mouvement rotatif très rapide (fig. 75).

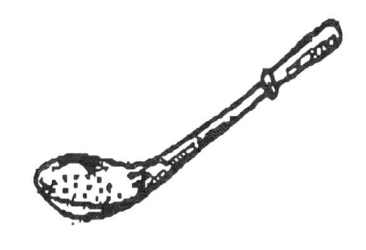

(Fig. 75). Écremoir

ÉCRÊTAGE n.m.
1. Opération qui consiste à couper les fleurs mâles du maïs.
2. Labour qui laisse en place la partie centrale d'un ancien sillon, ou *écrêt*, en déversant, à droite et à gauche, la terre qui l'entoure.
Syn. Récurage.
3. Suppression de la crête des coqs pour éviter qu'elle se gèle.

ÉCRÊTEMENT n.m.
1. Action de nettoyer les côtés d'un fossé, d'un canal d'irrigation, ou gratter le pourtour des trous, creusés en hiver, pour y planter des arbres au printemps.
2. Suppression des panicules mâles du maïs.

ÉCRÊTER v.tr.
1. Couper les panicules mâles du maïs.
2. Remettre en bon état les parois d'un fossé.
3. Gratter les côtés des trous pratiqués en hiver pour y planter des arbres au printemps.
4. Labourer la partie centrale d'un ancien sillon, ou *écrêt*, en déversant, à droite et à gauche, la terre qui l'entoure.
Syn. Récurer.

ÉCREVISSE n.f.
En. crayfish
De. Krebs
Es. cangrejo
It. gambero, astaco
Crustacé qui vit dans l'eau douce et dont la carapace prend à la cuisson une couleur rouge.
Très appréciée des gourmets, elle donne lieu à un élevage, l'astaciculture, du latin astacus, écrevisse.
Etym. De l'ancien français, *krebis*.

ÉCRIVAIN n.m.
En. western grape rootworm (1)
De. Rebenfallkäfer (1), Schreiber (2)
Es. escribano de la vid (1)
It. scrivano delle viti (1)
1. Eumolpe de la vigne, appelé aussi gribouri, insecte coléoptère ravageant les pampres.
2. Berger chargé de tenir les comptes d'un troupeau transhumant.

ÉCROÛTER v.tr.
Labourer superficiellement une ancienne friche, en détachant des croûtes de terre pour ralentir l'évaporation par capillarité.
C'est l'opération du décroûtage qui s'effectue à l'aide d'une sorte de herse munie de disques et de pointes pour pulvériser la surface du sol. On la pratique également dans une prairie pour détruire les mousses et les taupinières.

ÉCROÛTEUSE n.f.
En. scarifier
De. Scheibenegge
Es. descortezadora
It. macchina per dissodare
Variété de herse comportant un châssis où sont fixés des disques en oblique pour effectuer un labour superficiel.

ÉCRUE n.f.
V. Accrue.

ECTHYMA CONTAGIEUX l.m.
En. ecthyma
De. Geschwürbildung
Es. ectomatitis ulcerosa, ecrema
It. ectima contagioso
Maladie contagieuse, due à un ultravirus, un streptocoque, affectant surtout les ovins et les caprins, et se manifestant par des éruptions autour des lèvres, avec formation de croûtes.
Plus connu sous le nom de becqueriau. Il peut entraîner la mort surtout chez les jeunes agneaux. On le prévient par vaccin à virus atténué favorisant la formation d'anticorps.
Etym. Du grec *ekthuma*.

ÉCUIAGE n.m.
Jouissance d'une terre seigneuriale à condition de servir d'écuyer au suzerain.
Syn. Ecuyage.

ÉCUISSER v.tr.
1. Jadis, estropier un individu en lui coupant la cuisse, ou le jarret.
2. Par analogie, couper un tronc d'arbre à la hache, en le faisant éclater dans le sens de la longueur.
C'est l'écuissage qui enlève de la valeur au bois.
Etym. De *é*, privatif et de *cuisse*.

ÉCUME DE DÉFÉCATION l.f.
De Abklärungsschaum
Es. hez, residuo
It. schiuma di zucchero di barbabietola
Résidu de la clarification du jus de betterave à sucre par du carbonate de calcium, utilisé comme amendement calcaire.

ÉCURE n.f.
(Limousin). Petit domaine ou grange-étable *(A. Perrier).*
Etym. Du latin *ecura*, grange ou écurie.

ÉCUREMENT n.m.
Sillons profonds tracés en divers sens pour faciliter l'écoulement des eaux de pluie.

ÉCURER v.tr.
En. to clean out
De. scheuern
Es. mondar, limpiar
It. pulire, nettare
Nettoyer à fond un fossé, un puits, un silo.
Etym. Du grec *ek*, hors de, et du latin *cura*, soin.

ÉCURIE n.f.
En. stable (1)
De. Pferdestall (1)
Es. caballeriza, cuadra (1)
It. scuderia (1)
1. Aujourd'hui, étable réservée aux chevaux, aux ânes et aux mulets.
Haute de plafond et bien aérée, cimentée, elle doit être munie de râteliers suspendus aux murs, et de bats-flancs séparant les animaux les uns des autres.
2. Ensemble des chevaux d'une même ferme.
Etym. Du latin *scutarius*, celui qui porte l'écu, l'écuyer, qui s'occupait des chevaux, de sorte que son nom a été donné à l'étable où ils sont logés.

ÉCUSSON n.m.
De. Okulierrinde
It. occhio
Fragment d'écorce muni d'un *oeil*, ou bourgeon, taillé en forme d'écu, et prélevé sur un arbre fruitier à l'aide d'un petit couteau tranchant, *l'écussonnoir*, ou *entoir*.
On l'insère entre l'écorce et l'aubier par une fente en T sur le porte-greffe (fig. 76).
Etym. De *écu*, bouclier en pointe.

ÉCUSSON n.m.
De. Milchspiegel (1)
Es. escudete (1)
It. scudo (1)
1. Zone du postérieur d'une vache s'étendant en triangle des mamelles au périné, et dont les poils s'inclinent du bas vers le haut ; selon son étendue on en déduit les qualités laitières de la bête.
2. Tache brune sur un grain de céréale.
Etym. Du latin *scutum*, bouclier.

ÉCUSSONNER v.tr.
En. to bud
De. okulieren
Es. injertar en escudete
It. innestare a occhio
Greffer en écusson, soit à *oeil poussant* quand le greffon se développe au cours de l'été qui suit la greffe de printemps, soit à *l'oeil dormant* lorsqu'il est pratiqué en été et que le bourgeon ne se développe que l'année suivante.
Le porte-greffe doit être étêté progressivement, au fur et à mesure que le greffon croît et porte des feuilles.
V. Greffe.

ÉCUSSONNOIR n.m.
En. grafting tool
De. Okuliermesser
Es. navaja de injertar
It. innestatoio
Petit instrument tranchant servant à pratiquer une coupure dans l'écorce d'un porte-greffe.
Il est muni d'une spatule pour séparer l'écorce du bois.

ÉCUYER n.m.
Faux bourgeon qui pousse au pied d'un cep de vigne, et l'épuise sans donner de raisin.

ÉDAM n.m.
(Port des Pays-Bas). Fromage de Hollande, connu sous le nom de *mimolette*.

ÉDAPHIQUE adj.
It. edafico
Qualifie l'ensemble des conditions pédologiques qui régissent le développement des végétaux dans un sol déterminé.
Etym. Du grec *édaphos*, sol.

(Fig. 76). Écusson (greffe)

ÉDAPHOLOGIE n.f.
En. **edaphology**
De. **Bodengraphologie**
Es. **edafología**
It. **edafologia**
Science des relations entre le sol et les organismes vivants qu'il contient.
Etym. Du grec edaphos, sol.

E.D.E. sigle
Etablissement Départemental de l'Elevage. Créée en mars 1967, cette institution a pour but de contrôler les origines et les qualités des animaux domestiques, de mettre en oeuvre des programmes de recherche et de coordonner les initiatives relatives à l'élevage dans le cadre départemental.

ÉDIFICIER n.m.
(Bretagne). En droit féodal, propriétaire d'une tenure libre, ou *édificia*.

ÉDIFIER v.tr.
(Basse Bourgogne). Planter une vigne.

ÉDITS DES CLOS l.m.p.
Edits royaux, ou seigneuriaux, fixant les droits de clore pour les propriétaires fonciers.
Rares dans les pays de bocage, où chacun pouvait enclore ses parcelles de haies, ils étaient fréquents dans les pays de champs ouverts, où les clôtures auraient empêché la vaine pâture, indispensable aux pauvres gens.

ÉDOSSER v.tr.
Enlever la partie superficielle d'une pelouse avec les plantes et leurs racines pour les transporter ailleurs, afin de reconstituer un gazon sans procéder à un semis.

EFFAGES n.m.p.
(Limousin). Associations herbacées de bonne qualité, situées au milieu des brandes et que recherchent les troupeaux.

EFFANAGE n.m.
Action de couper et d'enlever les fanes de betteraves, ou de pommes de terre, ce qui favorise la formation des racines ou des tubercules.
Etym. De ef, privatif et du latin fanum, foin.

EFFANER v.tr.
Enlever les *fanes*, ou feuilles, de certaines plantes, comme les pommes de terre.
Cette opération de l'effanage est effectuée par une effaneuse.

EFFANEUSE n.f.
En. **haulm cutter**
De. **Heuwender**
Es. **desvahadora**
It. **trinciasteli**
Appareil servant à supprimer les fanes de betterave, ou de pomme de terre, avant l'arrachage, ou à couper les pointes des tiges de blé si leur végétation est excessive.

EFFANURES n.f.p.
(Jura). Tiges et feuilles provenant des plantes effanées (pommes de terre, betteraves, etc.).
C'était parfois la rétribution des moissonneurs et des batteurs ; elle pouvait s'élever au cinquième de la récolte.

EFFAROUCHEUR ACOUSTIQUE l.m
Appareil à système électronique où sont enregistrés les cris de détresse d'oiseaux prédateurs, tels les corbeaux.
Quand l'appareil est en marche, une bande magnétique diffuse ces cris de temps à autre et fait fuir les oiseaux.

EFFAUCHETER v.tr.
Rassembler les avoines avec un *fauchet*, sorte de rateau à dents de bois *(fig. 85)*.

EFFEMELLER v.tr.
Enlever dans une forêt le bois superflu, celui qui ne produit pas, pour favoriser la croissance des sujets féconds, ceux qui peuvent produire.
Etym. Du suffixe *é*, privatif et *femelle*, du latin *femina*, celle qui produit, donc arrêter la production.

EFFET DE BORDURE l.m.
Vigueur plus considérable des plantes (arbres, arbustes et herbes) en bordure des bois, à cause de l'ensoleillement, de l'aération et d'un plus grand espace pour étaler les racines qu'à l'intérieur même de la forêt.

EFFEUILLAISON n.f.
En. **fall of the leaves**
De. **Ablauben**
Es. **deshoje**
It. **caduta delle foglie**
1. Chute naturelle des feuilles caduques en automne.
2. Pratique qui consiste à enlever les feuilles sur les arbres fruitiers afin de hâter la mâturité et de donner au produit un coloris qui en accroît la valeur commerciale.

EFFEUILLER v.tr.
En. **to thin out the leaves**
De. **ablauben**
Es. **deshojar, aclarar**
It. **sfogliare**
Enlever les feuilles d'une plante, en particulier celles du tabac, soit sur pied *(Alsace)*, soit après dessication dans les séchoirs *(Périgord)*.
L'opération est effectuée à la main par un effeuilleur. Le produit de l'effeuillage de certains arbres (ormeaux, frênes, etc.) sert de nourriture au bétail en été. On effeuille également la vigne pour favoriser la maturation et la coloration des raisins par le soleil.

EFFEUILLEUSE n.f.
It. **defogliatrice**
Machine coupant les feuilles de betterave au dessus du collet, avant de procéder à la récolte.
L'effeuilleuse-scalpeuse nettoie également les collets des débris de feuilles, et on peut procéder à l'arrachage avec une arracheuse.

EFFEUILLURES n.f.p.
Feuilles arrachées aux branches d'un arbre pour être données au bétail comme fourrage vert, telles les effeuillures de l'ormeau.

EFFIOLER v.tr.
Enlever une partie des pousses de blé avant l'hiver lorsqu'elles croissent trop vite, risquant la gelée.

EFFLEURER v.tr.
1. Couper les fleurs d'une plante.
2. Labourer la terre très superficiellement.

EFFLORAISON n.f.
En. **flowering,**
De. **Blühen** (1), **Blüte** (2)
It. **fioritura**
1. Action de fleurir.
2. Période où les plantes fleurissent.
Syn. Efflorescence.

EFFONDRER v.tr.
It. **scassare** (1)
1. Remuer la terre d'une lande avec un *effondreur* à une assez grande profondeur, en y incorporant des engrais, pour la mettre en culture.
2. Pratiquer l'effondrement d'une terre afin d'y créer une prairie temporaire.
3. Aménager un marais par drainage.

EFFONDREUR n.m.
It. **aratro da scasso**
Puissante charrue qui permet de labourer profondément un sol pierreux stérile, et de le rendre fertile en y ajoutant des engrais.

EFFOUEIL n.m.
(Brie). Bénéfice réalisé par l'élevage du bétail.
Terme du droit coutumier, qui se disait aussi effouil *et* effoel.

EFFRUITER v.tr.
1. Enlever les fruits d'un arbre ou d'un verger.
2. Epuiser une terre en ne lui fournissant plus d'engrais, et en lui imposant plusieurs fois la même culture.
On la prive de son fruit *par épuisement.*
Syn. Effriter par effritement, corruption de effruiter.

ÉGANDILLAGE n.m.
(Bourgogne). Vérification des mesures de poids et de capacité par les agents du seigneur.
Syn. Escandelage.

ÉGAULER v.tr.
1. *(Saintonge)*. Fabrication des *gaules*, longs bâtons pour faire tomber les noix.
2. Couper les jeunes pousses, ou *gaules*, d'un arbre, d'un gaulis.
3. Faire tomber des fruits avec une gaule.

ÉGAYOIR n.m.
(Lorraine). Mare où l'on conduit les chevaux pour les abreuver et les baigner.
Etym. Du latin aqua, par le provençal ayga, eau.

ÉGÉES n.f.p.
(Sénonais). Redevances en nature, dues jadis pour les chénevières.

ÉGÈLE n.f.
(Aubrac). Sorbier des oiseleurs.
V. Sorbier.

ÉGÉRER v.tr.
Donner le premier labour après une période de jachère.
Syn. Guerter, jachérer, mouvoir, somorer.

ÉGERMAGE n.m.
Suppression des germes d'une plante, en particulier ceux des pommes de terre pour éviter une flétrissure trop rapide du tubercule, par épuisement de ses sucs mourriciers.

ÉGERMER v.tr.
Enlever le germe des grains d'orge destinés à la fabrication de la bière.

ÉGLANTIER n.m.
En. **wild rose**
De. **Hundsrose**
Es. **escaramujo, agavanzo**
It. **rosa selvatica, rosa canina**
Rosier sauvage, dit *rosier des chiens*, très épineux, cultivé par les rosiéristes pour servir de porte-greffe.
Jadis, ses racines passaient pour guérir de la rage.

ÉGOBELAGE n.m.
1. Façonnement en gobelet du pied d'un arbre que l'on veut abattre.
L'opération s'effectue à la hache avant de donner le coup de scie.
2. Enlèvement des branches d'un arbre qui vient d'être abattu. *(R.Blais).*

ÉGOHINE n.f.
En. **backsaw, handsaw**
De. **Baumsäge**
Es. **serrucho**
It. **saracco**
Scie à main et à petites dents.
Sa lame très rigide est fixée à une poignée. Elle sert à scier les branches des arbres fruitiers.
Syn. Egoïne. (Fig. 77).
Etym. Du latin scobina, rapoir.

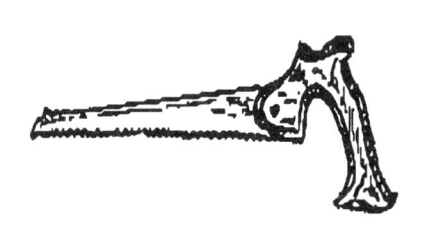

(Fig. 77). Égohine

ÉGOURMANDAGE n.m.
Suppression des gourmands d'un pied de vigne ou d'un arbre fruitier.

ÉGOUTTAGE n.m.
En. **whey drainage** (2)
De. **Abtröpfeln** (1)
Es. **desuerado, desecación** (2)
It. **sgrondatura** (2)
1. Action d'enlever, par des drains et des fossés, l'eau surabondante d'un terrain.
Syn. Egouttement.
2. Opération qui consiste à éliminer le petit lait dans la préparation du fromage.

ÉGRAIN n.m.
Jeune poirier, ou pommier, venu par semis et réservé pour la greffe, ses fruits trop acides n'ayant pas de valeur.
Syn. Aigrin, sauvageon.
Etym. Du latin acromonia, aigreur.

ÉGRAINER v.tr.
V. Egrener.

ÉGRAPPAGE n.m.
En. **stalking (of grapes)**
De. **Abbeeren**
Es. **desgrane**
It. **sgranellatura**
Opération qui consiste à enlever les grains de raisin de la rafle avant la fermentation, qui peut être alors plus longue sans communiquer au vin un goût d'âpreté.
Cette opération est effectuée par des égrappeuses unies au fouloir, que l'on appelle aussi des égrappoirs.

ÉGRAPPOIR n.m.
En. **stemmer**
De. **Raspel**
Es. **desgranadora**
It. **sgrappolatoio**
Appareil servant à séparer les grains de raisin de la rafle qui communiquerait au vin un goût âpre.
Il se compose d'une trémie et d'un arbre à palettes en hélice ; par un mouvement rotatif les grains, séparés des rafles, tombent dans la cuve.

ÉGRAVILLONNER v.tr.
Enlever la terre et les gravillons collés aux racines d'un arbuste en container quand on veut le transplanter.

ÉGRENAGE n.m.
En. **shelling** (2)
De. **Auskörnen** (2)
Es. **desgrane, desgranamiento** (2)
It. **sgranatura** (2)
1. Chute prématurée des grains avant la récolte, soit par maturité accélérée, soit par intempérie.
2. Dépiquage des céréales en frappant les épis contre un mur.
Pour le maïs, on procède à la main, ou bien avec des égrenoirs spéciaux.
Le même terme s'applique aux graines de coton, de lin et de fourrage égrenées par des machines dites égreneuses.

ÉGRÉNÉ adj.
Qualifie un boeuf qui refuse de changer de compagnon dans un attelage.
Il est comme un grain séparé de l'épi, il est égréné.

ÉGRENER v.tr.
En. **to shell**
De. **auskörnen**
Es. **desgranar**
It. **sgranare**
Séparer les grains d'un épi, ou d'une grappe, avec une *égreneuse*.
Pratiquer l'égrenage.

ÉGRENOIR n.m.
En. **sheller**
De. **Dreschmaschine**
Es. **desgranadora, rascador**
It. **sgranatoio, sgranatrice**
Instrument qui sert à égrener le blé, le maïs, etc.
Syn. Egrainoir, égraineuse, ces deux termes s'appliquent surtout aux appareils destinés à recueillir les graines de chanvre ou de lin, ou bien les fibres duveteuses du coton.

ÉGRETIER n.m.
En. **sheller**
De. **Ribbler, Entkörner**
Es. **desgranador**
It. **sgranatoio**
Elément de la machine à vendanger.
Par sa forme et ses mouvements, il contribue à égrener les grappes de raisin.

ÉGRUGEOIR n.m.
1. Machine à écraser les grappes de raisin.
2. Instrument pour enlever les graines de lin et de chanvre, ou *chènevis*, de l'extrémité des tiges.
Etym. Du néerlandais gruizen, écraser, issu de gruis, grain.

ÉGUIÈRES n.f.p.
(Vendée). Sillons transversaux, tracés après les labours, pour favoriser l'écoulement des eaux de pluie dans les champs de céréales.
Etym. Dérivé du provençal ayga, eau.

ÉHERBER v.tr.
Oter les herbes dans une allée, ou dans un semis, soit à la main, soit avec une bêche, soit avec un désherbant sélectif.
Syn. Désherber.

ÉHOUPPER v.tr.
En. **to top**
De. **kappen**
Es. **desmochar**
It. **cimare**
Couper le *houppier* d'un arbre de futaie avant de l'abattre.
On réduit ainsi les dégâts et les dangers de sa chute ; travail difficile et dangereux effectué par un bûcheron éhoupeur (R.Blais).
Etym. Dérivé de houppe.

EIGNE n.f.
(Champagne). Marc de raisin.

ÉJAMBER v.tr.
Supprimer la nervure principale d'une feuille de tabac afin de la rendre plus fine et plus souple pour enrober un cigare.

EJIDO n.m.
1. *(Espagne)*. Biens communaux d'un village, situés sur le pourtour des finages, ils servent surtout de pâturage.
2. Au Mexique, communauté rurale qui possède la terre, mais celle-ci est répartie entre les habitants qui l'exploitent à titre individuel et même héréditaire.
Ils en ont l'usufruit.

ÉJOINTAGE n.m.
En. **clipping of the wings**
De. **Beschneiden der Flügel**
It. **tarpare le ali**
Couper les plumes situées à l'extrémité d'une aile, afin d'empêcher une volaille de prendre son vol.
On coupe parfois la première phalange d'une aile, opération douloureuse et irrémédiable.
Etym. Du latin *jungere*, tailler.

ÉLAEIS n.m.
It. **elaide**
(Guinée). Palmier originaire de la côte de Guinée.
L'espèce dite Elaeis guineensis, est exploitée à des fins alimentaires, dans les zones forestières tropicales où elle se développe en palmeraies naturelles, ou bien en plantations cultivées. Elle produit des fruits à double fin : le péricarpe donne de l'huile de palme, et les graines de l'huile de palmiste, ou du beurre végétal.

ÉLAGAGE NATUREL l.m.
En. **natural pruning**
Es. **poda natural**
It. **sfrondatura naturale**
Dessèchement et destruction des basses branches du tronc d'un arbre sous l'effet de l'ombre dans la forêt réduisant la fonction chlorophyllienne, et de la diminution de la sève élaborée descendante absorbée par les branches du haut.

ÉLAGUER v.tr.
En. **to prune, to lop**
De. **auslichten, beschneiden**
Es. **podar, escamondar, desramar, mondar**
It. **diramare, sfrondare**
Couper les branches inutiles ou nuisibles d'un arbre, pour lui redonner vigueur.
La loi oblige à élaguer les arbres qui s'étendent chez le voisin, ou qui sont trop proches des fils électriques. On élague les haies pour qu'elles n'obstruent pas les chemins ; c'est l'oeuvre de l'élagueur qui pratique l'élagage.
Etym. Du scandinave *laga*, mettre en ordre.

ÉLECTRONIQUE AGRICOLE n.f.
En. **agricultural electronics**
De. **Agrarelektronik**
Es. **electrónico agrícola**
It. **elettronica agricola**
Etude et utilisation par l'agriculture des phénomènes créant des variations énergétiques dans les courants, les tensions, les charges électriques, etc.
Ces variations sont captées, transmises et exploitées par ordinateur ; elles sont relatives à l'état de l'atmosphère, aux récoltes et à l'exécution des plans de culture et d'élevage ; elles assurent une meilleure efficacité de la gestion technique et commerciale d'une exploitation agricole.

ÉLÉMENTS CATALYPTIQUES l.m.p.
It. **elementi catalitici**
Substances contenues dans le sol et qui, à faible dose, favorisent la croissance des plantes en leur permettant d'assimiler les éléments nutritifs et d'éviter des carences en vitamines.
Ainsi, le fer active la formation de la chlorophylle, le soufre atténue les maladies microbiennes, le chlorure de sodium est recommandé pour les betteraves.
V. Oligoéléments.
Etym. Du grec *catalysis*, dissolution.

ÉLÉPHANT n.m.
En. **elephant**
De. **Elefant**
Es. **elefante**
It. **elefante**
Mammifère proboscidien.
Tandis que l'éléphant d'Afrique est resté à l'état sauvage, l'éléphant d'Asie, plus docile et plus intelligent, a été domestiqué, et sert aux travaux des champs, au débardage des bois et aux charrois.

ÉLEUSINE n.f.
It. **eleusina**
(Inde). Céréale très cultivée au Soudan, associée au maïs et au sésame dans les champs dits *Baawandes*.
En France, on en cultive une espèce (Eleusina indica) comme fourrage et pour ses grains (B. Kayser).

ÉLEVAGE n.m.
En. **stock farming** (1)
De. **Viehzucht, Viehhaltung** (1), **Zucht** (2)
Es. **ganadería, cría de ganado** (1)
It. **allevamento** (1)
1. Ensemble des opérations qui ont pour but la reproduction, la croissance, le dressage et l'utilisation des animaux domestiques.
2. Troupeau d'une ferme.
On distingue de nombreuses formes d'élevage.

ÉLEVAGE n.m.
Art de faire vieillir les vins, pratiqué par un vigneron *éleveur*.

ÉLEVAGE D'EMBOUCHE l.m.
Elevage qui ressemble à l'élevage en plein air, et s'effectue en été dans des *prés d'embouche*.

ÉLEVAGE ENGRAISSEUR l.m.
De. **Mästerei**
Es. **ganadería de carne**
It. **allevamento da ingrasso**
Elevage pour la viande.

ÉLEVAGE EXTENSIF l.m.
Es. **ganadería extensiva**
Elevage en plein air, sur de vastes pâturages sans entretien.

ÉLEVAGE HORS SOL l.m.
Elevage sans pâturage, avec des nourritures purement industrielles, consommées dans les étables.

ÉLEVAGE INDUSTRIEL l.m.
Es. **ganadería industrial**
Elevage qui s'effectue avec un matériel facilitant la distribution des aliments, la propreté des étables et servant de matière première à une industrie : boucherie, conserves, etc.

ÉLEVAGE INTÉGRÉ l.m.
Elevage nourri avec les produits et les sous-produits des cultures, de la même ferme.

ÉLEVAGE INTENSIF l.m.
Es. **ganadería intensiva**
It. **allevamento intensivo**
Elevage qui a lieu sur des prairies bien entretenues et pourvues d'abris.
Syn. *Elevage de plein air, élevage à stabulation libre.*

ÉLEVAGE LAITIER l.m.
En. **dairy farming**
De. **Milchwirtschaft**
Es. **ganadería lechera**
Elevage pour la production de lait.

ÉLEVAGE NAISSEUR l.m.
Elevage qui fournit de jeunes bêtes à des élevages *engraisseurs*.

ÉLEVAGE NOMADE l.m.
Es. **ganadería transhumante**
Elevage où le troupeau se déplace avec les bergers.
Syn. *Elevage pastoral, élevage transhumant.*

ÉLEVAGE SENTIMENTAL l.m.
Elevage conservé pour l'entretien de liens affectifs et prestigieux entre le troupeau et son maître.

ÉLEVAGE SOUS CONTRAT l.m.
Elevage où l'éleveur est lié par un contrat d'entretien et de vente à un utilisateur du troupeau.

ÉLÉVATEUR n.m.
En. **elevator**
De. **Aufzug** (1), **Getreidesilo** (2)
Es. **elevador**
It. **sollevatore**
1. Engin ou équipement destiné à porter un produit à un niveau supérieur.
2. Batiment où l'on loge et où l'on trie les céréales.
En Amérique c'est un elevator. En France, c'est un silo à céréales, où le grain est agité et aéré afin qu'il ne fermente pas. Un ensemble d'appareils permet de remplir, ou de vider l'élévateur (V. Silo).

ÉLÈVE n.f.
Plante ou animal dont on veut obtenir de bons résultats grâce à des soins appropriés.
Parfois employé pour élevage.

ÉLEVEUR n.m.
En. **breeder**
De. **Viehzüchter**
Es. **ganadero, criador de ganado**
It. **allevatore**
Personne qui pratique l'élevage des animaux domestiques.
*En Flandre, on distingue l'*herbager, *éleveur de bestiaux, du* coqueleur, *éleveur de coqs de combat.*

ÉLEVEUSE n.f.
En. **battery**
De. **Batterie**
Es. **criadora**
It. **pulcinaio**
Boîte ou salle qui fait suite à *l'éclosoir*, et où l'on rassemble les poussins.

ELGUES n.m.p.
(Pays basque). Openfields sur les alluvions des vallées.
Composés de petites parcelles allongées, ils étaient obligatoirement cultivés en blé et en maïs, et soumis au libre parcours. Aujourd'hui, ces openfields disparaissent et deviennent des semibocages, grâce au progrès des cultures fourragères qui permettent de nourrir le bétail à l'étable.
Etym. Du basque *alguia,* champ.

ÉLIAGE n.m.
V. *Soutirage.*
Etym. Dérivé de *lie.*

ÉLOCHER v.tr.
(Touraine). Ebranler une plante, ou un arbre, pour en préparer l'arrachage.
Etym. De *é,* privatif et de l'allemand *locker, locher,* qui bouge.

ÉLYME n.m.
It. **elimo**
Plante de la famille des Graminacées, dont une espèce *(Elymus arenarius),* mieux connue sous le nom d'*oyat,* sert à consolider les dunes, à protéger les cultures situées à leur pied, et à préparer des plantations de pins maritimes.

ÉMANDRONAGE n.m.
(Auvergne). Ebourgeonnement de la vigne.
Syn. Epamprage.

EMBANNIE n.f.
Pâture privilégiée qui, dans certaines communautés de la France du Nord, était réservée aux bêtes de labour et, par conséquent, mise en ban, en défens.

EMBÂTER v.tr.
It. **imbastare**
Placer un bât sur le dos d'une bête de somme pour transporter des récoltes.

EMBAUCHE n.f.
(Bazois). Embouche.

EMBÊCHAGE n.m.
1. Labour effectué à la bêche.
2. Profondeur du sol remué par la bêche.

EMBÈGUES n.f.p.
(Roussillon). Canaux secondaires d'irrigation.
Syn. Rech.

EMBLAVAISON n.f.
En. **corn field** (3)
De. **Aussaatfläche, Kornfeld** (3)
Es. **siembra, sembrado** (3)
It. **l'imbiadare** (3)
1. Action de semer des céréales, au sens large du terme.
2. Saison des semailles.
3. Champ ensemencé en blé.
Syn. Emblavure.
Etym. Du latin *bladum,* blé.

EMBLAVER v.tr.
Ensemencer une terre en blé.
C'est l'emblavage.

EMBLAVURE n.f.
V. *Emblavaison.*

EMBLURE n.f.
V. *Emblavaison.*

EMBOCAGEMENT n.m.
Transformation d'un paysage agraire d'openfield en un paysage de bocage.
Opérations qui aboutissent à la création d'un bocage ; équivalent du terme anglais enclosure.

EMBOQUAGE n.m.
(Bresse). Gavage des poulardes avec une pâtée épaisse de farine et de lait, divisée en pâtons, et que l'on enfonce avec les doigts dans le gosier de la volaille.
C'est emboquer, *procédé de suralimentation analogue au* gavage.
Etym. Du latin *bucca,* bouche.

EMBOTTELER v.tr.
Mettre en bottes du foin, du fourrage sec ou du chanvre.

EMBOTTEUR n.m.
Ouvrier qui met en bottes du foin, de la paille.
Syn. Embotteleur.

EMBOUCHAGE n.m.
Opération qui consiste à ouvrir la bouche d'un boeuf, ou d'un cheval, pour examiner sa dentition afin d'évaluer son âge.

EMBOUCHE n.f.
De. **fette Weide** (1)
Es. **pastizal, dehesa** (1)
It. **ingrasso** (1)
1. Prairie entourée d'une clôture, et comportant un abreuvoir avec quelques arbres.
Elle est consacrée à l'engraissement des bovins, notamment des boeufs de race charolaise, à robe blanche.
Syn. embauche.
2. Bétail parqué dans une embouche.
3. Système d'élevage spéculatif, le commerçant fournit le bétail, l'éleveur le nourrit et l'on partage le profit.
Etym. Du vieux français *bouscher,* fermer une ouverture.

EMBOUCHEUR n.m.
1. Commerçant qui met du bétail en embouche, avant de le vendre.
2. Eleveur qui engraisse du bétail sur une embouche.

EMBOUTEILLER v.tr.
En. **to bottle**
De. **in Flaschen abfüllen**
Es. **embotellar**
It. **imbottigliare**
Mettre en bouteilles.

EMBREVADE n.f.
Plante de la famille des Légumineuses, cultivée à la Réunion.
Elle donne des graines semblables à des fèves, mais plus abondantes.

EMBRUGUER v.tr.
(Languedoc). Disposer des tiges de bruyère dans les cages des vers à soie pour qu'ils puissent y fixer leurs cocons.
On dit alors qu'ils sont embrugués, *o u* enchambrés.
Syn. Embruyèrer.
Etym. De *brugue,* bruyère en langue d'oc.

EMBRUINÉ adj.
Qualifie un fruit, un légume, gâté par la bruine, c'est-à-dire par une pluie fine et insidieuse.

EMBRYON n.m.
En. **embryo**
De. **Embryo**
Es. **embrión**
It. **embrione**
Ensemble de cellules se développant à partir de l'ovule des graines, fécondé par le pollen, et comprenant une radicelle, une tigelle et une gemmule, avec un ou deux cotylédons chez les angiospermes et les phanérogames.
En biologie animale, ovule fécondé par le spermatozoïde, mais non encore différencié en divers tissus, sinon ce serait un foetus.
Etym. Du grec *en,* dans et *brein,* germer.

EMBÛCHER v.intr.
Commencer la coupe d'un bois.

EMBUT n.m.
1. Puisard destiné à absorber les eaux de pluie, au bas des labours.
2. Entonnoir pour gaver les oies et les canards.

ÉMIETTEUR DE FUMIER l.m.
En. **manure cutter**
De. **Stallmistzerreisser, Zerreisstrommel**
Es. **desmenuzadora de estiércol**
It. **sminuzzaletame**
Appareil destiné à émietter le fumier de ferme.
Un appareil semblable sert à briser le marc de pomme et de raisin.

ÉMINÉE n.f.
(*Provence*). Ancienne mesure agraire valant de 5 à 8 ares.
C'est l'étendue que l'on pouvait ensemencer avec le huitième d'une salmée, charge de blé pour une ânesse, saumo en langue d'oc.
Syn. Eminé.

ÉMISSAIRE n.m.
En. **drainage ditch**
De. **Ableitungskanal**
Es. **acequia de avenamiento, canal de desagüe**
It. **emissario**
Canal, ou ruisseau, évacuant les eaux recueillies par un réseau de drainage et les rejetant dans une rivière ou dans un lac.

EMMENTHAL n.m.
(*Suisse*). Fromage de lait de vache, fabriqué dans la vallée de l'Emme, et atteignant près de 100 kg.

EMMEULER v.tr.
Mettre le foin en meules dans le pré avant de l'engranger.
C'est pratiquer l'emmeulage, qui s'effectue également pour les gerbes de céréales.

EMMOTTÉ adj.
Qualifie un jeune plant dont les racines restent entourées d'une motte de terre, afin de favoriser la repousse.
Il est emmotté.

ÉMONDAGE n.m.
En. **pruning**
De. **Ausputzen**
Es. **escamonda, poda de árboles**
It. **ripulitura, sfrondamento**
Entretien d'un bois, d'une forêt, en état de propreté, en coupant les branches mortes, ou superflues, des arbres pour en faire des fagots, ou des échalas, pour supprimer les rejets et les bourgeons autour des troncs et des coupures, les récupérer comme fourrages s'ils sont jeunes et feuillus.
Associé à la suppression des broussailles, l'émondage permet d'avoir des troncs sans branchages, sauf à la cime, ce qui entretient de l'ombre et empêche la pousse d'une végétation inutile. L'émondage se pratique surtout en hiver, avec un émondoir.
Etym. Du latin *emundare*, de *munsus*, propre.

ÉMONDE n.f.
(*Normandie*). Chêne têtard dont on a coupé les branches jusqu'à la cime pour fabriquer des manches d'outils.

ÉMONDER v.tr.
En. **to prune** (1)
De. **ausputzen**
Es. **escamondar, podar un árbol**
It. **diramare, ripulire**
1. Couper les gourmands au ras du tronc afin d'obtenir des billes de bois sans noeuds.
2. Nettoyer des grains en les débarrassant de leur peau et de leurs impuretés.
Etym. Du latin *emundare*, nettoyer.

ÉMONDES n.f.p.
De. **Abfallholz**
Es. **escamondaduras, ramas cortada**
It. **rami potati**
1. Branches que l'on coupe pour nettoyer un arbre.
2. Rameaux coupés et que l'on effeuille.
Leurs feuilles servent de nourriture au bétail.
3. Gourmands des arbres d'émonde pour le chauffage, pour la vannerie ou pour les clôtures.

ÉMONDEUR n.m.
En. **pruner** (1)
De. **Baumputzer** (1)
Es. **escamondador, podador** (1)
It. **potatore, rimondatore** (1)
1. Ouvrier qui émonde les arbres à l'aide d'un émondoir.
2. Crible pour nettoyer les céréales.
3. Appareil muni d'engrenages pour *monder* les grains, c'est-à-dire, les débarrasser de leur peau et des impuretés.

ÉMONDOIR n.m.
En. **pruning hook**
De. **Baumputzer**
Es. **podadera**
It. **potatoio**
Grosse serpe en forme de spatule et fixée à l'extrémité d'un long manche, pour émonder les arbres (*fig. 78*).

(Fig. 78). Émondoir

ÉMOTTER v.tr.
En. **to break clods**
De. **Schollen zerkleinen, Schollen brechen**
Es. **desterronar**
Briser les mottes de terre qui sont restées compactes après les labours.
C'est pratiquer l'émottage.

ÉMOTTER (S') v.pr.
Pour une terre, se briser quand elle est sèche.

ÉMOTTEUSE n.f.
De. **Schollenbrecher**
Es. **desterrona, grada**
It. **frangizolle**
Herse pour écraser les mottes après un labour.
C'est d'ordinaire un rouleau à disques munis de dents, un croskill, qui émiette et pulvérise les petits blocs de terre.

ÉMOTTOIR n.m.
En. **clod smasher**
De. **Schollenschlegel**
Es. **azada**
It. **frangizolle**
Plateau en bois dont on se servait après les hersages pour aplanir la terre.
Il était confié à un émotteur.

ÉMOUCHAGE n.m.
(*Bordelais*). Emondage de la vigne.

ÉMOUCHER v.tr.
De. **Fliegen abwehren**
Es. **mosquear**
It. **scacciare le mosche**
Débarrasser un cheval de ses mouches.
C'est faire pratiquer l'émouchetage par un émoucheur avec un émouchoir ou une émouchette.
Syn. Emoucheter.

ÉMOUCHETER v.tr.
Enlever les débris, les émouchures, retenus dans les fibres de lin ou de chanvre.

ÉMOUCHETTE n.f.
En. **fly net**
De. **Fliegennetz**
Es. **mosquero**
It. **scacciamosche**
Filet de petites cordes et dont on recouvre les boeufs, les chevaux, les mules pour éloigner les mouches, les moustiques et les taons.

ÉMOUCHURES n.f.p.
Fils grossiers que l'on retire des tiges de lin pour fabriquer des émouchettes.

ÉMOUSSAGE n.m.
De. **Abstumpfung**
Es. **eliminación de musgos con la grada**
It. **eliminazione della borraccina**
Destruction des mousses nuisibles sur le tronc des arbres avec un *émoussoir* (*fig. 79*).
On pratique aussi l'émoussage des terrains envahis par les mousses en les saupoudrant de

sulfate de fer, et en les amendant avec de la chaux et des phosphates afin d'élever leur pH vers 7.

ÉMOUSSE n.f.
(Vendée). Vieil arbre creux, sans coeur et sans aubier.

ÉMOUSSER v.tr.
De. **abstumpfen**
Es. **eliminar el musgo**
It. **togliere la borraccina**
Enlever les mousses d'une prairie ou du tronc d'un arbre.

ÉMOUSSOIR n.m.
De. **Rindenabschaber**
Es. **raspador**
It. **erpice demuschiante**
Brosse en métal, ou serpette, servant à enlever la mousse qui recouvre le tronc des arbres fruitiers.
On a plutôt recours à des produits à base de sulfate de fer (fig. 79).

(Fig. 79). Émoussoir

EMPAILLAGE n.m.
En. **matting up** (2)
De. **Umwickeln mit Stroh** (2)
Es. **empajamiento** (2)
It. **impagliatura** (2)
1. Litière faite avec de la paille.
2. Opération qui consiste à entourer de paille les plantes que l'on veut protéger des intempéries.
Syn. Empaillement.
3. Pailles qui proviennent de la récolte des céréales.
4. Couverture de paille sur les légumes que l'on veut faire blanchir.

EMPAISSELAGE n.m.
Action de planter des échalas, ou paisseaux, pour soutenir les fils de fer d'une vigne.
Syn. Echalassage.
Etym. De paisseau, échalas de vigne.

EMPAMPRER v.tr.
Envelopper de pampres en cours de végétation un mur, ou un abri, pour lui donner un caractère ornemental.

EMPANSEMENT n.m.
V. Météorisation.
Etym. De panse, estomac de ruminant.

EMPAS n.m.
Maladie des gencives des chevaux, caractérisée par des plaques purulentes et douloureuses qui les empêchent de manger.

EMPÂTEMENT n.m.
It. **ingrasso del pollame**
Gavage des volailles avec des boulettes de pâte composées de farine et de pomme de terre.
C'est empâteler.

EMPATTEMENT n.m.
De. **Grundmauer** (1)
Es. **asiento** (1)
It. **imbasamento** (1)
1. Largeur de la base d'un tronc d'arbre au ras du sol, grossie par le point de départ des racines et parfois par des contreforts naturels.
2. Elargissement d'un rameau à son point de départ du tronc, ou d'un rameau inférieur.

EMPEAU n.m.
(Normandie). Ecorce, ou peau d'un arbre lorsqu'il s'agit de le greffer.

EMPELLEMENT n.m.
Vanne d'un étang où se trouve la pelle que l'on soulève pour laisser couler l'eau.

EMPÊTRE n.f.
Entrave destinée à gêner, à empêtrer, les animaux qui sont à la pâture, ou à l'abreuvoir, afin de limiter leurs mouvements.
Etym. Du latin *pastus*, pâturage, et *impastoriare*, entraver.

EMPHYTÉOSE n.f.
En. **heritable lease**
De. **Erbpacht**
Es. **enfiteusis**
It. **enfiteusi**
Convention par laquelle un propriétaire cède la jouissance d'une terre, ou d'une exploitation agricole, pour un temps très long, ou même à perpétuité, moyennant redevance.
Le preneur est un emphytéote doté d'un bail emphytéotique. Ce genre de contrat était déjà de règle en Orient avant la conquête de la Gaule par les Romains. Il se généralisa sous le Bas Empire et se maintint au début du Moyen Age pour permettre la remise en état des terres abandonnées. L'emphytéote devait mettre le sol en culture, le planter d'arbres contre une redevance modique, appelée parfois canon ; moyennant quoi il pouvait vendre l'exploitation, ou la transmettre par héritage, à condition que le nouveau preneur s'acquitte de ses devoirs, sinon le propriétaire éminent reprenait son bien en versant au preneur précédent le prix qu'il en aurait reçu de son successeur insolvable .En fait, le premier possesseur du bien usait rarement de son droit de propriété qui prit fin de 1789 à 1793, avec l'abolition des redevances seigneuriales.
Etym. Du grec *emphuteuein*, défricher, planter.

EMPIERRER v.tr.
Garnir un puisard de pierres pour faciliter l'écoulement des eaux.
C'est pratiquer l'empierrement dans une terre marécageuse ; c'est également garnir de pierres un chemin.

EMPLANTER v.tr.
Créer une plantation, transformer une parcelle en verger.
C'est pratiquer une emplanture.

EMPLASTRATION n.f.
Greffe en écusson avec un emplâtre au mastic sur la coupure du porte-greffe.
On a recours au même procédé pour favoriser la cicatrisation d'une déchirure dans l'écorce d'un arbre.
Etym. Du grec *emplassein*, qui a donné *emplastron*, emplâtre.

EMPLÂTRE n.m.
De. **Baumwachs**
Es. **emplasto**
It. **impiastro**
Mastic étendu sur l'écorce d'un arbre que l'on vient de greffer, ou bien sur une déchirure du tronc, afin d'en favoriser la cicatrisation.
Etym. Du grec *emplastron, amplassein*, appliquer sur.

EMPOMMER (S') v.pr.
S'étouffer en avalant une pomme qui s'arrête dans le gosier du ruminant.
C'est l'empommage dont on libère l'animal en poussant la pomme jusque dans l'estomac.

EMPOTER v.tr.
En. **to pot**
De. **eintopfen**
Es. **poner en un tiesto**
It. **mettere in vaso**
Mettre une plante en pot.
C'est pratiquer l'empotage.

EMPOUILLER v.tr.
(Flandre). Ensemencer une terre en blé.

EMPOUILLES n.f.p.
(France du Nord). Récoltes encore sur pied, par opposition aux dépouilles, récoltes coupées, ou moissonnées.
Etym. Du latin *in*, dans, et *despoliare*, enlever la peau.

EMPRAYER v.tr.
Transformer en prairies des terres de labour.
C'est les coucher en herbe.

EMPRÉSURER v.tr.
En. **to rennet**
De. **gerinnen**
Es. **cuajar, añadir**
It. **aggiungere caglio**
Ajouter de la présure au lait pour le faire cailler rapidement et obtenir du fromage.
C'est pratiquer l'emprésurage.

EMPRISE n.f.
It. **esproprio**
Occupation légale, ou abusive, d'un terrain appartenant à une communauté pour l'englober dans une propriété privée.

206

ENCABALER (S') v.pr.
Accroître un troupeau, un cheptel vivant.
Etym. De l'occitan *cabal*, cheptel, cheval.

ENCABANER v.tr.
Dresser sur des claies de petites cabanes avec des rameaux sur lesquels les vers à soie monteront pour fixer leurs cocons.
*C'est l'*encabanage.

ENCADASTRER v.tr.
It. **catastare, mettere a catasto**
Inscrire dans un cadastre des parcelles avec, en regard, leur numéro dans la section, leur superficie, leur catégorie et leur qualité.
Etym. Du grec *katastikhon*, registre, et du préfixe *en*, mettre dedans.

ENCARRASSER v.tr.
(Bordelais). Placer les fûts les uns au-dessus des autres jusqu'au plafond de la cave pour qu'ils occupent moins d'espace dans le chai.

ENCART n.m.
(Sancerrois). Parc pour les chevrettes destinées à l'élevage, en stabulation libre.

ENCAVER v.tr.
En. **to cellar**
De. **einkellern**
Es. **embodegar**
It. **mettere in cantina**
Mettre en cave des barriques de vin.
*C'est l'*encaveur *qui procède à* l'encavement.

ENCÉPAGEMENT n.m.
1. Calcul du pourcentage des divers cépages à planter dans un vignoble pour qu'il donne un vin de cru.
2. Ensemble des cépages qui constituent un vignoble.
3. Total des surfaces encépagées dans une région déterminée.

ENCÉPAGER v.tr.
En. **to plant a vineyard**
De. **einen Weinberg bepflanzen**
Es. **encepar**
It. **piantare dei vitigni**
Planter, en proportions déterminées, une série de cépages pour constituer un vignoble de bonne qualité.

ENCHAULAGE n.m.
(Nord de la France). Chaulage.

ENCHAUSSER v.tr.
Couvrir de paille, de fumier, ou de terreau, les plantes que l'on veut protéger des intempéries, ou dont on veut faire blanchir les feuilles.

ENCHAYER v.tr.
Mettre une récolte de vin dans une cave, dans un chai.
Etym. Dérivé de *chai*.

ENCHUCHEMENT n.m.
(Bourgogne). Produit que le fermier sortant doit laisser, selon la coutume, à son successeur pour lui permettre de faire face aux premiers besoins de son exploitation.

ENCLAVE n.f.
En. **enclave**
De. **Enklave**
Es. **enclave, territorio**
It. **enclave, terreno intercluso**
Parcelle de terre entourée de tous côtés par d'autres parcelles, et privée d'un chemin de desserte.
Celui qui l'exploite ne peut y atteindre qu'en traversant les parcelles de ses voisins, ce qui les contraint à pratiquer la même culture pour éviter les dégâts.
Syn. Enclavure.
Etym. Du latin *clavis*, clé et du préfixe *en*, dans.

ENCLAVER v.tr.
It. **intercludere**
1. Entourer une parcelle avec d'autres parcelles, sans chemin d'accès.
2. Délimiter une parcelle au milieu de champs et de prés qui la séparent d'un chemin de desserte.

ENCLAVURE n.f.
V. Enclave.

ENCLORE v.tr.
En. **to fence, to hedge**
De. **einfrieden, einzäunen**
Es. **cercar, vallar**
It. **recintare, cingere**
Entourer une parcelle de murs, de haies ou de treillis pour la soustraire aux déprédations des passants et des troupeaux.

ENCLOS n.m.
En. **enclosure, paddock**
De. **Einfriedigung**
Es. **cercado, vallado**
It. **recinto**
Parcelle entourée de murs, de haies, de fossés ou de clayonnages.
Située près d'une ferme, elle est consacrée à la garde du bétail, ou bien à des cultures délicates, à des arbres fruitiers ; c'est aussi une parcelle soustraite à la vaine pâture. Le terme entre comme déterminatif dans l'expression paysage d'enclos, préférable à bocage, car il est plus général. Il peut être parfait si chaque parcelle est enclose, *ou imparfait si des groupes de parcelles ne comportent pas de haies, ou de murettes entre elles. L'enclos peut être entouré d'un végétal vif (haies), ou bien d'un végétal mort (palissades). Actuellement sous l'influence de la motorisation, les haies disparaissent à l'intérieur des domaines.*

ENCLOSURE n.f.
En. **enclosure** (2)
De. **Umzäunung** (2)
Es. **cerramiento** (2)
It. **recinzione** (2)
1. *(Angleterre)*. Action d'enclore les parcelles avec des haies pour affirmer le droit de propriété et favoriser la garde du bétail.
2. Ensemble des parcelles ainsi entourées.
Du XVIème au XVIIIème siècle, la campagne anglaise, composée auparavant d'openfields, fut accaparée par de riches propriétaires fonciers qui la divisèrent en domaines et en parcelles entourées de haies ; les maisons d'habitation se dispersèrent, les paysans devinrent tenanciers, les contraintes agraires disparurent et les prairies, avec l'élevage, progressèrent ; le paysage rural britannique devint un bocage. Des enclosures limitées eurent lieu en France dans le Boulonnais, la Thiérache, les Pyrénées occidentales.

ENCLÔTURE n.f.
Traduction française de *enclosure*.

ENCLOUSE n.f.
(Vendée). Ensemble de terres labourables de 1 à 2 ha, entourées d'une haie, ou d'un talus planté d'arbres ; divisées en petits champs ouverts et délimités par des bornes, elles constituent un minuscule openfield dans un bocage.
Syn. Gaignerie, méjou.

ENCLOUURE n.f.
It. **inchiodatura**
Blessure causée au pied d'un boeuf, ou d'un cheval, par un clou qui a dévié quand on a posé la ferrure.

ENCLUMETTE n.f.
It. **incudinetta**
Petite enclume portative dont se servent les faucheurs pour aiguiser leur faux en frappant avec un marteau sur le fil de la lame posée sur ce petit outil. *Elle comporte parfois une* panne *et un* talon *pour la consolider dans le sol ou dans un tronc d'arbre.*

ENCOCONNER v.tr.
Placer des vers à soie sur des tiges de bruyère pour qu'ils y fixent leurs cocons.

ENCOLLAGE n.m.
De. **Leimen**
Es. **encolado, engomado**
It. **incollatura**
Pratique qui consiste à ajouter au vin que l'on filtre des produits, comme le blanc d'oeuf, le noir animal, qui se fixent dans les filtres et les rendent plus efficaces.

ENCOLURE n.f.
En. **neck and withers**
De. **Halslänge**
Es. **cuello**
It. **incollatura**
Partie du corps d'un animal domestique, notamment du cheval, comprise entre la tête et le garrot.
Etym. De *en*, dans et de *col*, cou.

ENCORNURE n.f.
En. **horns**
De. **Gehörn**
Es. **encornadura**
It. **cornatura**
1. Cornes des ruminants.

2. Forme de ces cornes et de leur implantation sur le front.
La forme de l'encornure joue un rôle important dans l'utilisation des bêtes de labour ; ainsi recherchait-on dans le Bordelais les boeufs à cornes très recourbées, car ils ne pouvaient, au passage, accrocher les pampres.

ENCOUDER v.tr.
(Bourgogne). Coucher, en les *coudant*, les sarments des jeunes vignes.

ENCOURGÉE n.f.
Taille de la vigne obtenue en recourbant les vergues en arc de cercle, et en les attachant au fil de fer pour qu'elles concervent cette forme.

ENCRE (MALADIE DE L') l.f.
It. **mal dell'inchiostro**
Maladie du châtaignier, et parfois du noyer, causée par un champignon du genre *phytophthora*.
Les filaments du cryptogame provoquent la pourriture des racines qui prennent une teinte noire. L'arbre meurt en 3 ou 4 ans.

ENCROUÉ adj.
Se dit d'un arbre qui, en s'abattant, a mêlé ses branches à celles d'un autre arbre resté debout.

ENCUVER v.tr.
Pratiquer *l'encuvage* en versant la vendange dans une cuve.

ENDÉMIE n.f.
En. **endemic disease**
De. **Endemie**
Es. **endemia**
It. **endemia**
Présence dans une région déterminée des germes d'une maladie infectieuse.
Tantôt ils sont virulents, et c'est une épidémie, et tantôt ils sont en sommeil et sans effet sur les organismes porteurs. Plusieurs endémies peuvent être délimitées à la surface du Globe, telles la fièvre jaune, le choléra, la trypanosomiase, etc.
Etym. Du grec *endemos nosema*, maladie relative à un pays.

ENDÉMIQUE adj.
En. **endemic**
De. **endemisch**
It. **endemico**
1. Qualifie une plante qui occupe une aire restreinte, soit parce qu'elle est en voie de disparition, soit parce qu'elle va se développer.
2. S'applique à une maladie qui se manifeste dans l'élevage d'une région déterminée par des périodes de poussées séparées par des périodes de repos.
3. Le même terme désigne un déprédateur occasionnel.
Etym. Du grec *endemos nosema*, maladie d'un pays.

ENDIGUEMENT n.m
En. **damming** (1)
De. **Eindeichung** (1), **Marschland** (2)
Es. **acción de poner un dique** (1)
It. **arginatura** (1)
1. Construction de digues pour protéger un terrain des dangers d'inondation, ou de grande marée.
2. Terrain gagné à l'aide de digues sur le bord d'un fleuve, ou le long d'un littoral.
Syn. Endigage, polder.

ENDIVE n.f.
En. **endive, witloof, witloof chicory**
De. **Chicorée**
Es. **endibia**
It. **indivia**
Espèce de chicorée, connue des Romains sous le nom d'*intubum*.
Elle pousse à l'état sauvage dans les pays méditerrannéens. Ce légume, bien connu des ménagères, est obtenu à partir d'une variété améliorée de la plante sauvage (Cichorium intybus) ; c'est la witloof, ou endive belge. Ses racines sont obtenues en plein champ, puis arrachées et soumises à un forçage ; notamment, enrobées de paille, elles sont placées à l'abri de la lumière. Chaque racine donne alors une pomme de feuilles serrées et blanches, c'est l'endive de nos menus. Avec des variétés de cette plante on obtient la chicorée frisée, la scarole, la barbe de capucin, etc. (R.Blais).

ENDIZELER v.tr.
(Champagne). Disposer les gerbes, ou les bottes de foin, en tas de dix, en *dizeaux*, pour faciliter le prélèvement de la dîme.

ENDOGAMIE n.f.
De. **Endogamie**
Es. **endogamia**
It. **endogamia**
1. Reproduction d'une race d'animaux domestiques par consanguinité.
2. Multiplication d'une plante par autofécondation.
Etym. Du grec *endon*, au dedans et *gamos*, mariage.

ENDOPHYTE n.m.
En. **endophyte** (2)
De. **Schmarotzerpilz** (2)
Es. **endofito** (2)
It. **endofita** (2)
1. Champignon vivant en parasite à l'intérieur d'une plante.
2. Larve qui se développe à l'intérieur des tiges d'un végétal herbacé en y creusant des galeries.
Etym. Du grec *endon*, en dedans et *phuton*, plante.

ENDOSSER v.tr.
Relever la terre du sillon et la déposer, grâce au versoir de la charrue, sur le dos du sillon précédent.
Syn. Adosser.

ENDOTHIA n.m.
It. **cancro del castagno**
Champignon qui attaque le châtaignier, y provoquant des chancres le long du tronc et entraînant la mort de l'arbre en quelques années.
Il a sévi en Amérique du Nord, puis en Italie et même en France. On a créé en laboratoire des plants résistant à ce cryptogame.

ENDOTROPHIE n.f.
Maladie des racines des plantes causée par le développement d'un parasite qui est d'ordinaire un champignon.
Etym. Du grec *endon*, au dedans et *trophé*, nourriture.

ENDROIT n.m.
(Alpes). Versant orienté vers le sud et ensoleillé.
Site de choix pour les cultures et les villages.
Syn. Adret.

ÉNERGIE GERMINATIVE l.f.
Pourcentage des graines semées qui ont germé au bout d'un temps déterminé.

ÉNERGIE MÉTABOLISABLE l.f.
Partie des aliments assimilée par l'animal, mais diminuée des matières fécales, urinaires et gazeuses.

ENFARINÉ n.m.
(Jura). Cépage à raisins noirs et courts, à grains couverts d'un duvet fin.
Il donne en abondance un vin âpre.

ENFÉRONNER v.tr.
Passer un anneau, ou un fil de fer recourbé, dans le groin des porcs pour les empêcher de fouiller la terre, ou de disperser la litière de leur étable. *Syn. Boucler un porc (à cause de la forme en boucle donnée au fil de fer).*
Etym. Du radical *fer*.

ENFONCE-ÉCHALAS l.m.
It. **battipalo**
Appareil pour fixer les échalas dans le sol.
Il varie selon la manière de l'utiliser:au pied où on le fixe avec des courroies ; sous l'aisselle avec un long manche ; et, de plus en plus, avec une machine qui lui imprime un mouvement du haut vers le bas.

ENFONCER v.tr.
Enlever l'un des deux fonds d'un tonneau pour y mettre de la vendange.

ENFONÇURES n.f.p.
Pièces du fond d'un tonneau par opposition aux douves latérales.
Syn. Fonçailles.

ENFOUISSAGE n.m.
En. **hiding**
De. **Vergraben**
Es. **enterramiento**
It. **sotterramento**
Opération qui consiste à mettre sous terre soit

des semences, soit des fourrages verts ou du fumier.
Les premières germeront sous l'influence de l'humidité et de la chaleur, les seconds se décomposeront grâce à l'activité bactérienne et serviront à alimenter la sève brute.
Syn. Enfouissement.
Etym. Du latin *infodire*, creuser dans.

ENFOUISSEUR n.m.
En. **fertilizer attachment**
De. **Düngerverscharrer**
Es. **enterrador de estiércol**
It. **spanditore, spanditrice**
Instrument agricole composé de petites fourches animées d'un mouvement rotatif.
On l'adapte à une charrue pour répandre les fanes, les fumures, d'une manière régulière à la surface d'un labour, ou au fond des sillons.
Etym. Du latin *fodere*, creuser.

ENFOURCHER v.tr.
En. **to bestride** (1)
De. **rittlings besteigen** (1)
Es. **montar a caballo** (1), **atravesar con la horca** (2)
It. **inforcare** (1)
1. Sauter à cheval.
2. Prendre avec une fourche un tas de foin, un fagot de bois, une gerbe de blé.
Etym. Dérivé de *fourche*.

ENFOURCHURE n.f.
En. **fork, crotch**
De. **Gabelung**
Es. **horcadura**
It. **biforcatura**
Point où le tronc d'un arbre se divise en deux rameaux.

ENFOURNER v.tr.
En. **to put in the oven**
De. **in den Ofen schieben**
Es. **enhornar**
It. **infornare**
Mettre le pain en pâte, dans un four, c'est pratiquer l'enfournement.

ENFUMAGE n.m.
En. **smoking out**
De. **Räuchern**
Es. **ahumado**
It. **affumicatura**
Opération qui consiste à projeter dans une ruche, avec un soufflet-enfumoir, de la fumée qui engourdit les abeilles et qui permet ainsi d'extraire les rayons de miel sans être piqué.

ENFUMOIR n.m.
En. **smoker** (1)
De. **Bienenpfeife** (1)
Es. **ahumador** (1)
It. **affumicatore** (1)
1. Appareil en forme de soufflet produisant de la fumée qui endort, pendant un certain temps, les abeilles d'une ruche dont on veut retirer du miel.

2. Engin produisant un nuage de fumée destiné à atténuer le rayonnement nocturne et par conséquent l'effet des gelées tardives dans les vergers au printemps.

ENFÛTAGE n.m.
Es. **entonelado, embarrilado**
Mise du vin en fût.

ENFÛTER ou **ENFÛTAILLER** v.tr.
Pratiquer l'enfûtage.

ENGANE n.f.
(Camargue). Prairie à sol salé, où dominent les salicornes.
Elle sert de terrain de parcours aux manades de taureaux et de chevaux à demi-sauvages de Camargue.

ENGAGAIRE n.m.
Paysan soumis à une corvée destinée au transport des récoltes du seigneur.
Etym. De *angaria*, corvée de charroi.

ENGARDE n.f.
1. Sarment de vigne très long.
2. Echalas sur lequel on attache une branche de vigne.

ENGAZONNEMENT n.m.
Action d'*engazonner* (2).

ENGAZONNER v.tr.
En. **to turf**
De. **mit Rasen belegen**
Es. **encespedar**
It. **piotare, impiotare**
1. Ensemencer une parcelle en gazon.
2. Placer côte à côte des mottes de gazon découpées dans une autre parcelle, depuis longtemps engazonnée.
Le gazon est ainsi plus vigoureux.

ENGES DE MARS l.m.p.
(Pyrénées). Troupeaux que les usagers d'un droit de pacage, ou de passage, pouvaient envoyer paître dans les pâturages communaux parce qu'ils possédaient ces troupeaux avant l'ouverture de la saison de pacage, c'est-à-dire avant la fin de l'hiver, au mois de mars.
Etym. Du latin *ingenuus*, né libre, ce qui signifie *races* en vieux français.

ENGERAIS n.m.p.
Baguettes disposées en forme de râteau sur la lame d'une faux et destinées à rabattre les tiges de blé vers la gauche du moissonneur.
Syn. Fauchon.

ENGERBAGE n.m.
Action d'*engerber*.

ENGERBER v.tr.
De. **Garben binden**
Es. **agavillar**
It. **accovonare**
Mettre en gerbes les céréales moissonnées.

ENGRAIN n.m.
En. **einkorn**
De. **Einkorn**
Es. **escanda**
It. **farro, spelta**
Froment très rustique, connu aussi sous les noms de *Locular*, ou *petit Epeautre (Triticum monococcum)*.
Il est caractérisé en effet par une seule graine dans l'épillet. Il serait originaire d'Asie Mineure.

ENGRAIS n.m.
En. **manure, fertilizer** (2)
De. **Mastfutter, Dünger** (2)
Es. **fertilizante, abono, estiércol** (2)
It. **ingrasso, concime** (2)
1. Nourriture que l'on donne aux volailles pour les engraisser.
D'où l'expression "mettre un bovin à l'engrais", c'est le mettre dans un herbage appelé engrais, *pour l'engraisser; ou bien pratiquer artificiellement cet engraissement à l'étable.*
2. Ce qui est mêlé à la terre arable pour accroître sa fertilité.
On distingue les engrais naturels ou organiques, (fumier, gadoues, guano, terreau, etc.) des engrais chimiques à base d'azote, de potasse ou d'acide phosphorique. Un engrais composé contient en général ces trois éléments en proportions variables. L'incorporation à la terre arable de chaux, ou de plâtre, constitue un amendement et non un engrais. Le terme "engrais" entre dans plusieurs expressions: engrais humain *fabriqué avec du terreau et des excréments humains ;* engrais flamand *retiré des fosses d'aisance ;* engrais vert *composé de légumineuses cultivées sur place et enfouies vertes dans le sol ;* engrais azoté, *ou* nitrate, *favorisant le feuillage des plantes ;* engrais phosphorique, *ou* phosphaté, *provenant des phosphates naturels favorisant les fruits et les grains ;* engrais potassique *des mines d'Alsace ; etc. Les uns et les autres apportent aux plantes, par incorporation et dissolution dans le sol, des éléments nutritifs majeurs (azote, potasse, phosphore), ou secondaires (calcium, magnésium, soufre, etc.) et notament des oligoéléments (chlore, bore, fer, etc.).*
Etym. Du latin *incrassare*, rendre gras.

ENGRAIS VERT l.m.
En. **green manure**
De. **Gründüngung**
Es. **abono verde**
It. **ingrasso/concime verde**
Engrais composé de plantes vertes enfouies dans le sol par labour.
C'est le cas du trèfle, du lupin, de la luzerne sous nos climats, de la sebania, de l'azola sous les climats tropicaux. Ces plantes, pour la plupart de la famille des légumineuses, ont la propriété de fixer sur leurs racines et même sur leurs tiges, des nodules riches en azote, grâce à la présence de bactéries du genre Rhizobium vivant en symbiose avec ces plantes. Elles

apportent ainsi aux cultures, riz, maïs, tabac, etc. une abondante alimentation en produits azotés et les rendements en sont accrus. A la faveur de ce mode d'engrais, qui avait permis de supprimer la jachère en Europe occidentale au cours du XIXème siècle, la famine est en voie de disparition dans plusieurs régions tropicales où se déroule une véritable révolution verte.

ENGRAISSAGE n.m.
En. fattening
De. Mästen
Es. engorde, ceba
It. ingrassamento, concimazione
Action d'engraisser du bétail par suralimentation, soit à l'étable, soit dans des prairies d'embouche, soit en laissant l'animal libre de manger, soit en le gavant de force.
Syn. Engraissement.

ENGRANGER v.tr.
En. to store up
De. einfahren
Es. entrojar
It. riporre nel granaio
Mettre les récoltes à l'abri, dans une grange, construction les protégeant des intempéries.

E.N.G.R.E.F. sigle
Ecole Nationale du Génie Rural, des Eaux et Forêts.
Etablissement d'enseignement supérieur qui sert d'école d'application aux ingénieurs de l'Institut National Agronomique et de l'Ecole Polytechnique.
Ils s'orientent ensuite vers les fonctions administratives, vers l'Office National des Forêts et les centres techniques du Génie Rural, des Eaux et Forêts ; ou bien ils deviennent officiers des Haras, ou Directeurs départementaux de l'Agriculture.

ENGRÈNEMENT n.m.
Action d'engréner (1).

ENGRÉNER v.tr.
En. to feed/fill with grain (4)
De. aufschütten (3)
Es. engranar (3)
It. ingrassare (1),
riempire di grano (4)
1. Engraisser une volaille avec des grains.
2. Mettre un animal au grain.
3. Faire passer, dans l'engrenoir des anciennes batteuses mobiles, les gerbes de blé.
C'était le travail de l'engreneur.
4. Introduire du grain dans la trémie d'un moulin.

ENGRENEUSE n.f.
It. alimentatore di trebbiatrice
Appareil composé d'un tapis roulant pour transporter les céréales jusqu'aux rouleaux engreneurs des batteuses de jadis, et des moissonneuses-batteuses de nos jours.

ENGUIRLANDAGE n.m.
Action d'enguirlander.

ENGUIRLANDER v.tr.
1. Suspendre les pieds de tabac le long d'une ficelle que l'on accroche aux charpentes, dans les séchoirs.
2. (Alsace). Enfiler les feuilles de tabac sur une ficelle que l'on suspend sur des poutres.

ENHACHÉES adj.p.
Qualifient les parcelles de terrain, ou les bâtiments, qui s'enchâssent dans les propriétés voisines, en dessinant des angles, ou haches.

ENHARNACHER v.tr.
It. bardare, munire di finimenti
Mettre un harnais à une monture.

ENHARREURS n.m.p.
(Bourgogne). Accapareurs de grains en période de disette.
Terme vieilli.

ENHAYER v.tr.
Planter des haies autour d'un champ.

ENHERBER v.tr.
En. to turf
De. mit Gras besäen
Es. enyerbar, sembrar de hierba
It. inerbire
Semer de l'herbe dans un terrain pour en faire un pré.

ÉNIELLAGE n.m.
Action d'énieller.

ÉNIELLER v.tr.
Arracher, dans un champ de céréales, les nielles, plantes nuisibles dont les graines noirâtres sont vénéneuses.

ENJABLER v.tr.
Mettre un fond à une fûtaille en plaçant les pièces de bois dans la feuillure, ou jable, des douves latérales.

ENJABLURE n.m.
Action d'enjabler.

ENJAMBEUSE n.f.
Tracteur agricole surélevé sur roues et permettant de circuler en passant au dessus des rangs de vigne.

ENJAVELER v.tr.
It. ammannare
Mettre le blé moissonné en javelles.

ENJONQUAGE n.m.
(Landes). Façon culturale qui consiste à enrayer l'érosion éolienne en implantant, avec un rouleau à disques, des joncs, ou de la paille, dans les vignes récemment labourées.

ENJUGUER v.tr.
Es. uncir
It. aggiogare
Attacher les boeufs sous le joug.
Etym. De en, dans et du latin jugum, joug.

ÉNOISER v.tr.
1. Cueillir des noix.
2. Casser la coque des noix pour en extraire les cerneaux.

ÉNOISEUSE n.f.
1. Personne qui casse les coques des noix pour en extraire les cerneaux.
2. Machine qui effectue le même travail.

ÉNOYAUTER v.tr.
It. denocciolare
Enlever le noyau des fruits à mettre en confiture.

ENRACINABLE adj.
Qualité d'une plante dont les tiges, ou les branches, placées en terre, prennent racine et se prêtent ainsi au provignage.
C'est le cas de la vigne, du peuplier.

ENRACINEMENT n.m.
En. taking root (1)
De. Einwurzelung (1)
Es. arraigamiento (1)
It. radicamento (1),
apparato radicale (2)
1. Action de prendre racine.
2. Ensemble des racines d'une plante.
L'enracinement est pivotant si une plante n'a qu'une racine (carotte, navet, etc.) ; il est fasciculé quand il se compose de multiples racines s'enfonçant dans le sol en s'écartant les unes des autres.
Syn. Enracination.

ENRAGEAT n.m.
Cépage à raisins blancs, très abondant en grappes. Syn. (Saintonge) Folle blanche, (Gascogne) picpoul.

ENRAMER v.tr.
Mettre les vers à soie sur des rames, ou tiges de bruyère, pour qu'ils y fixent leurs cocons.

ENRAYURE n.f.
En. first furrow
De. Hemmvorrichtung
Es. surco de cabecera
It. primo solco
Premier sillon tracé par la charrue au début d'un labour.
C'est enrayer. On enraye également quand on déverse la terre d'un sillon contre le sillon précédent, pour dresser un ados. Syn. Enroyer.

ENREGISTREMENT n.m.
De. Eintragen
Es. registro
It. registrazione
Action de consigner par écrit, ou de traduire par une courbe sur un enregistreur, les variations des productions végétales ou animales, celles des prix, ou bien celles des phénomènes atmosphériques.
Ces variations, ainsi rendues tangibles, permettent dans une certaine mesure de prévoir l'évolution des activités agricoles durant une période plus ou moins longue.

ENRÉSINEMENT n.m.
Plantation de résineux dans un taillis sous futaie.
Il peut être partiel si l'on veut un mélange de feuillus et de conifères. Il peut être total si l'on envisage la suppression des feuillus quand les résineux seront assez vigoureux.

ENRÉSINER v.tr.
En. **to plant conifers**
De. **Nadelbäume pflanzen**
Es. **repoblar con coníferas**
It. **piantare conifere**
Semer, ou planter, des résineux dans une forêt d'essences à feuilles caduques.

ENROULEMENT n.m.
En. **curl**
De. **Blattrollkrankheit**
It. **accartocciamento**
Maladie à virus, ou à mycoplasme, provoquant l'enroulement des feuilles et une diminution de rendement des plantes attaquées, tel l'enroulement de la pomme de terre.

ENRUE n.f.
(Berry). Groupe de sillons très larges composés de plusieurs rayures de terre soulevées par la charrue.

ENSACHEMENT n.m.
It. **insaccamento**
1. Action d'ensacher, de mettre en sacs, les céréales.
*Opération pratiquée par l'*ensacheuse, *appareil muni d'un* ensachoir, *tenant le sac ouvert.*
2. Mettre des sachets de papier autour des fruits pour les soustraire aux insectes pendant leur maturation.
Syn. Ensachage.

ENSACHER v.tr.
En. **to sack**
De. **einsacken**
Es. **ensacar**
It. **insaccare**
Mettre en sac.

ENSAISINEMENT n.m.
It. **immissione nel possesso**
1. Acte juridique par lequel un nouveau tenancier est mis en possession d'un domaine.
Il s'en saisit.
2. Droit pour un héritier de prendre possession immédiatement de son héritage si la personne dont il hérite est morte *ab intestat*.
En matière rurale ce droit évite l'abandon provisoire d'un domaine.
Etym. De *saisine*, saisir.

ENSEIGNEMENT AGRICOLE l.m.
Ensemble des institutions et des établissements qui ont pour but la formation professionnelle, associée à la formation générale, des futurs exécutants, cadres, techniciens et chercheurs des milieux agricoles.
Il repose sur les sciences biologiques et naturelles. Organisé par la loi du 2 août 1960, il comprend des établissements publics placés sous la tutelle du Ministère de l'Agriculture, et des établissements privés reconnus et agréés par le même ministère. Selon le degré de leur enseignement, on distingue l'enseignement technique agricole et l'enseignement supérieur agricole.
A. *L'enseignement technique agricole forme des techniciens et des économistes ; il comprend un cycle court et un cycle long :*
1. *Le cycle court est enseigné dans les collèges agricoles publics et privés, centres de formation professionnelle agricole (C.F.P.A.) ; il comprend trois années d'études, à l'issue de la cinquième d'enseignement général, pour obtenir le Certificat d'Aptitude Professionnelle Agricole (C.A.P.A.), et deux années d'études, à l'issue de la troisième, pour le Brevet d'Etudes Professionnelles Agricoles (B.E.P.A.) ; c'est un minimum pour pouvoir prendre en main avec compétence et efficacité, une entreprise vouée à l'agriculture ;*
2. *Le cycle long est enseigné dans les lycées agricoles publics et privés ; on s'y engage à l'issue de la classe de troisième pour préparer en trois ans le Brevet de Technicien Agricole (B.T.A.) ; avec deux options : l'une vers la vie active de l'exploitant, ou vers l'enseignement technique élémentaire, l'autre vers le baccalauréat qui ouvre l'accès à l'enseignement supérieur. En 1978, 279 lycées et collèges publics, et 940 lycées et collèges privés, assuraient le cycle court pour 87 000 élèves et le cycle long pour 29 000 élèves.*
B. *L'enseignement agricole supérieur s'ouvre sur l'ingéniérie, l'administration, l'enseignement et l'art vétérinaire :*
Il comprend un cycle court qui, en deux ans, prépare au Brevet de Technicien Supérieur agricole (B.T.S.A.), et une formation longue qui exige, dans un lycée spécialisé, un ou deux ans de préparation aux concours d'entrée dans les Ecoles d'Enseignement Supérieur Agricole, suivis de trois ou quatre ans d'enseignement supérieur pour l'obtention des divers diplômes des disciplines agricoles. On distingue ainsi deux catégories successives de centres ou de classes :
A'. *Les classes préparatoires aux concours d'entrée dans les établissements publics d'enseignement supérieur se répartissant en trois groupes :*
1. *Les classes préparatoires aux Ecoles Nationales des Travaux Agricoles et Forestiers dans une dizaine d'établissements, à Bordeaux, Dijon, Strasbourg, Paris, Nogent-sur Vernisson (Loiret), Blanquefort (Gironde).*
2. *Les classes préparatoires aux Ecoles Nationales Supérieures Agronomiques ; trois d'entre elles sont à Montargis, la quatrième à Toulouse.*
3. *Les classes préparatoires aux Ecoles Nationales Vétérinaires avec un établissement à Lempdes, près de Clermont-Ferrand.*
B'. *Les Grandes Ecoles de l'Enseignement Supérieur Agricole Public préparent aux diplômes suivants :*
1. *Ingénieurs agronomes et ingénieurs des industries agroalimentaires à l'Institut National Agronomique de Paris-Grignon et aux Ecoles Nationales Supérieures Agronomiques de Grignon, Rennes, Marseille, Montpellier, Nancy et Toulouse, ainsi qu'à l'Ecole Normale Supérieure des Industries Agroalimentaires de Paris, à Massy (3 ans d'étude).*
2. *Ingénieurs agronomes, fonctionnaires du Ministère de l'Agriculture, à l'Ecole du Génie Rural des Eaux et Forêts de Nancy et à l'Ecole Nationale Supérieure des Sciences Agronomiques Appliquées de Paris (2 ans d'études).*
3. *Ingénieurs Agronomes Spécialisés à l'Ecole Nationale Supérieure d'Horticulture de Versailles, à l'Ecole Supérieure d'Agronomie Tropicale à Paris, au Centre National d'Etude et d'Expérimentation du Machinisme Agricole à Antony, et, avec le grade d'officier, aux haras du Pin (Orne).*
4. *Ingénieurs des Travaux Agricoles aux Ecoles Nationales Supérieures des Travaux Agricoles de Bordeaux, Dijon, Angers et Nantes, à l'Ecole Nationale des Travaux Ruraux et des Techniques Agricoles de Strasbourg, et à l'Ecole Nationale des Ingénieurs des Travaux des Eaux-et-Forêts des Barres (Loiret) avec 3 ans d'études.*
5. *Docteurs Vétérinaires aux Ecoles Nationales Vétérinaires d'Alfortville, de Lyon, Toulouse et Nantes, et à l'Ecole d'Application de l'Ecole Nationale des Services Vétérinaires (4 ans d'études),*
6. *Professeurs de l'Enseignement Agricole à l'Institut de Formation des Professeurs de Collèges Agricoles à Toulouse (5 ans d'études) et de l'Institut National de Formation des Professeurs Certifiés de l'Enseignement Agricole, à Toulouse également.*
7. *Ingénieurs de l'Ecole Nationale Supérieure Féminine d'agronomie de Rennes (4 ans d'études).*
L'Enseignement Supérieur Agricole Privé forme des Ingénieurs en agriculture aux Instituts Supérieurs agricoles de Beauvais, Lyon, et Lille, aux Ecoles Supérieures agricoles de Purpan (Toulouse), Angers et Labeuvrière (Pas-de-Calais), et à l'Ecole Supérieure du Bois à Paris.
Enfin, au cours de ces divers cycles d'études, les élèves peuvent changer d'option et préparer des licences, et des doctorats de 3° cycle et d'Etat, tous orientés vers les activités agricoles.

ENSEIGNEMENT AGRICOLE (SECOND DEGRÉ) l.m.
En. **agricultural teaching**
Es. **enseñanza agrícola**
It. **insegnamento agricolo**
Enseignement théorique et pratique assuré par de nombreux établissements dispersés à travers la France.
A côté de l'Enseignement agricole classique, calqué sur l'Enseignement général de l'Education Nationale, avec collèges, lycées, classes préparatoires et Grandes Ecoles de

l'Enseignement Supérieur, s'est créé un enseignement agricole dit de second degré, pour former des agriculteurs instruits, en associant études en salle et travaux pratiques sur le terrain. Il se donne dans des domaines publics ou privés, et, d'ordinaire, il est très spécialisé : Ecole forestière de Meymac (Corrèze), d'osiériculture à Fayl-Billot (Haute-Marne), d'élevage ovin et d'aviculture à Rambouillet, etc. On compte ainsi une vingtaine d'établissements de même genre à Rethel, au Neubourg (Eure), à l'Oisellerie (Charente), à Carcassonne, à Valobre (Bouches-du-Rhône), Beaune et Châtillon-sur-Seine (Côte d'or), Ahun (Corrèze) Bréhoulou-en-Fouesnant (Finistère), Beaulieu (Gers), Pixérécourt (Meurthe-et Moselle), Wagnonville (Nord), Contamine-sur-Arve (Haute Savoie), Paraclet (Somme), Pétré (Vendée), La Brosse (Yonne). Il existe également des Ecoles saisonnières d'agriculture, ouvertes en hiver, fixes ou ambulantes. L'enseignement agricole du second degré est dispensé aux jeunes filles dans des écoles départementales. Des maisons familiales d'apprentissage rural font alterner la théorie et la pratique. L'enseignement agricole privé du second degré est assuré également par plusieurs centres, à La Mothe-Achard (Vendée), à Sainte-Maure (Indre-et-Loire, à Mamers, etc.*

ENSE ET ARATRO l.m.
Par l'épée et la charrue.
Devise du général Bugeaud pendant ses campagnes d'Algérie, pacifiant le pays par l'épée et le mettant en culture par la charrue.

ENSELLER v.tr.
En. **to saddle**
De. **satteln**
Es. **ensillar**
It. **sellare**
Mettre une selle sur un cheval qui se trouve ainsi ensellé.

ENSEMENCER v.tr.
En. **to sow**
De. **aussäen, besäen**
Es. **sembrar**
It. **seminare**
Répandre la semence sur une terre fraîchement labourée, et l'enfouir en vue de produire des récoltes nouvelles.
C'est pratiquer l'ensemencement d'un champ.

ENSÈQUE n.f.
(Landes de Gascogne). Maladie des bovins attribuée à la nature des eaux, et qui se traduit par l'épuisement des bêtes contaminées.
Elle coïncide avec les basses eaux des périodes de sécheresse, d'où son nom.
Etym. De *séquayo*, sécheresse en occitan.

ENSERRER v.tr.
En. **to put in a greenhouse**
Es. **encerrar**
It. **mettere in serra**
Mettre en serre.

ENSILAGE ou ENSILOTAGE n.m.
En. **ensilage**
De. **Aufspeichern**
Es. **ensilado**
It. **insilamento**
1. Mise en silo des fourrages verts et des racines en vue de leur conservation pendant l'hiver, grâce à des fermentations appropriées qui conservent aux produits ensilés leur valeur alimentaire. *(fig.80).*
2. Mise en silo des grains de céréales.
Ils y sont nettoyés et aérés mécaniquement, puis stockés jusqu'au moment de la vente ; le silo à grains est plutôt un élévateur.

(Fig. 80). Ensilage

ENSILEUR n.m.
En. **silo filler**
De. **Siliermaschine, Silohäcksler**
Es. **ensiladora**
It. **insilatrice**
Appareil utilisé pour remplir les silos.
Il est composé d'une souffleuse à grand débit.
Syn. Ensileuse.

ENSOCHURE n.f.
Douille, ou vis, fixant le soc au versoir et au sep de la charrue.
Etym. Dérivé de *soc*.

ENTAILLE n.f.
1. Premier coup de faux donné dans un pré, ou dans un champ de céréales que l'on veut faucher.
2. La partie des herbes, ou des tiges, coupées par ce coup de faux.
3. Incision de 2 à 3 mm au dessus d'un bourgeon pour en favoriser la croissance.

ENTE n.f.
En. **graft**
De. **Pfropfreis**
Es. **injerto**
It. **marza**
Variété de greffe qui consiste à insérer un greffon, ou *scion*, sous l'écorce d'un autre arbre.
Ce greffon est également appelé ente, et l'arbre greffé est dit enté. On ne peut enter un arbre à noyaux sur un arbre à pépins, et réciproquement. Le terme entre aussi dans l'expression prune d'ente, *ou* prune d'Agen, *car elle n'est obtenue que sur des pruniers entés qui ont subi l'entement.*
Terme ancien et poétique.

ENTER v.tr
En. **to graft**
De. **pfropfen**
Es. **injertar**
It. **innestare**
Greffer en insérant un scion sous l'écorce du porte-greffe.
Etym. Du latin *imputare*, de *putare*, émonder.

ENTÉROTOXÉMIE n.f.
En. **enterotoxemia**
De. **Enterotoxämie**
Es. **Enterotoxemia**
Maladie provoquée au niveau des intestins d'un animal par des toxines provenant de bactéries, en particulier de *Clostridium perfringens*.
Ces bactéries se développent surtout à partir d'une alimentation à base de fourrages verts ; elles fermentent et la mort survient en deux ou trois jours.
Etym. Du grec *enteron* intestin et de *toxikon*, poison.

ENTERRER v.tr.
Mettre en terre une plante cultivée.

ENTEURLINS n.m.p.
(Bourgogne). Ligatures en cuir unissant le manche à la batte du fléau.
Syn. Escourgeons.

ENTIER adj.
Qualifie un mâle non castré, notamment un étalon de la race chevaline.

ENTIÉRAGE n.m.
(Normandie). Procédé de pacage qui tire son nom des *tières*, piquets alignés auxquels sont attachées les vaches qui broutent une prairie.
Ainsi, les bêtes ne peuvent brouter qu'une bande de la prairie. Toutes les deux ou trois heures, on déplace les tières de un à deux mètres, et une nouvelle bande est broutée. Ce procédé évite la fauche de l'herbe et son transport à l'étable, ainsi que la fumure de la parcelle ; mais il expose les bêtes aux intempéries.

ENTOIR n.m.
De. **Pfropfmesser**
It. **innestatoio**
Couteau à lame courte et tranchante pour *enter* les arbres.

ENTOISER v.tr.
Mesurer une hauteur avec une *toise*, notamment celle d'un tas de fumier.

ENTOMOLOGIE n.f.
En. **entomology**
De. **Entomologie**
Es. **entomología**
It. **entomologia**
Science qui a pour but l'étude des insectes et dont les applications sont nombreuses en agriculture, en particulier en distinguant les insectes utiles des insectes nuisibles.
Etym. Du grec *entomos*, insecte, et *logos*, discours.

ENTON n.m.
(Saintonge). Morceau de bois pour obturer un trou dans une *douelle* de barrique.

ENTONNAGE n.m.
Action d'*entonner*.

ENTONNER v.tr.
En. **to barrel**
De. **in Fässer abfüllen, eintrichtern**
Es. **entonelar, embarrilar**
It. **imbottare**
Mettre du vin dans un tonneau avec un entonnoir.

ENTONNOIR n.m.
En. **funnel**
De. **Trichter**
Es. **embudo**
It. **imbuto**
Appareil composé d'un tube surmonté d'un récipient en forme de cône renversé, pour écouler un liquide dans un vase à étroite ouverture, barrique ou tonneau.
Etym. Dérivé de *tonne*, mettre en tonne.

ENTRAGE n.m.
Redevance versée au seigneur quand on prenait possession d'une tenure de son domaine éminent.

ENTRAIDE n.f.
En. **mutual aid**
De. **gegenseitige Hilfe**
Es. **ayuda mutua**
It. **mutua assistenza, aiuto reciproco**
Aide mutuelle, entre voisins.
Fréquente dans les campagnes, où certains travaux, par leur importance et leur rapidité, exigent le concours des amis du voisinage:moisson, dépiquage jadis, vendanges, garde du bétail. Il s'effectue d'ordinaire gratuitement, et sous forme de réciprocité par des échanges de travaux et de matériel.

ENTRAITAGE n.m.
(Pays de Caux). Dressage des jeunes chevaux pour les labours.

ENTRAVE n.f.
En. **hobble**
De. **Spannkette**
Es. **traba**
It. **pastoia**
Objets pour empêcher un animal de courir, ou de donner des coups de pied. Ils sont de deux sortes :
1. Lanière de cuir munie d'une boucle et d'un ardillon que l'on fixe aux pattes antérieures d'une vache.
2. Bâton que l'on attache entre les pattes antérieures d'une chèvre ou d'un bélier.
Syn. Entravon.
Etym. Du latin *trabs*, poutre qui pend entre les jambes d'un animal.

ENTRECOEUR l.m.
En. **side shoot**
De. **Nebentrieb**
Es. **falso brote**
It. **falsa gemma**
Rameau dû au développement hâtif d'un bourgeon situé à l'aisselle d'une feuille, près du bourgeon principal et qui ne se développera que l'année suivante.
Syn. Prompt-bourgeon.

ENTRECOURS l.f.
1. Convention entre les tenanciers de deux seigneurs pour aller des domaines des uns dans les domaines des autres, sans tomber dans le servage, même si certains de ces domaines étaient de condition servile.
2. Possibilité pour les serfs d'un seigneur d'épouser les serves d'un autre seigneur sans payer les droits de formariage.
3. Droit des habitants de deux ou plusieurs paroisses, de faire paître leurs troupeaux, lors de la vaine pâture, indifféremment sur les territoires des unes ou des autres.

ENTRECUEILLIR v.tr.
De. **zwischenpflücken**
Es. **florear, entrecoger**
It. **scegliere i frutti**
Procéder à une récolte partielle des fruits, en particulier des raisins blancs (chasselas, chardonnet), avant la maturité complète de l'ensemble, afin de permettre une meilleure qualité de la récolte restante.

ENTRE-DEUX-MERS l.m.
Région du vignoble bordelais comprise entre la Dordogne et la Garonne.
Elle produit des vins blancs et des vins rouges de haute qualité, notamment ceux de Loupiac et de Sainte-Croix-du-Mont qui s'apparentent aux Sauternes.

ENTREGREFFER (S') v.pr.
Se greffer l'un sur l'autre.
C'est ce qui se produit lorsque deux arbres se touchent et que, leurs écorces s'usant, leurs cambiums entrent en contact ; cette greffe peut être naturelle ou artificielle.

ENTRENOEUD n.m.
En. **articulation**
De. **Gelenk**
Es. **internodio**
It. **internodo**
Section d'une tige comprise entre deux noeuds.
Syn. Mérithalle.

ENTREPLANT n.m.
Jeune cep planté dans une vigne, entre deux autres ceps, pour remplacer les pieds vieillis, ou morts.

ENTRHIVER n.m.
Labour effectué en hiver, entre deux périodes de gel, ou aussitôt après le dégel.

ENTREPÔT n.m.
En. **warehouse**
De. **Tabaklager**
Es. **almacén, depósito**
It. **magazzino, deposito**
Etablissement où les planteurs de tabac livrent leur récolte quand elle a été préparée par leurs soins.

ENTRURE n.f.
1. Profondeur où le soc de la charrue pénètre dans le sol.
2. Réglage de la charrue fixant cette profondeur.

ENTURE n.f.
It. **spacco dell'innesto**
Fente pratiquée entre l'écorce et l'aubier d'un sauvageon pour y placer un greffon, ou *ente*, prélevé sur un arbre fruitier de bonne qualité.

ENVEILLOTAGE n.m.
Action d'*enveilloter*.

ENVEILLOTER v.tr.
Mettre en meulons, ou *veillottes*, du foin coupé et séché.

ENVERS n.m.
(Alpes). Versant orienté vers le Nord, défavorable aux cultures et à l'habitat.
Syn. Ubac.

ENVILLAGEMENT n.m.
Entrée de *forains* dans une communauté villageoise, après avoir accepté les droits et les devoirs de tous les membres du groupe.

ENZOOTIE n.f.
En. **enzootic disease**
De. **Enzootie**
Es. **enzootia**
It. **enzoozia**
Maladie épidémique qui atteint les animaux d'une contrée limitée, tandis que l'*épizootie* s'étend à tout un territoire.
L'enzootie peut être constante ou épisodique.
Etym. Du grec *en*, dans et *zôon*, animal.

ÉOLIENNE n.f.
En. **wind-mill**
De. **Windmotor, Windrad, Windkraftmaschine**
Es. **eolia**
It. **motore eolico, aeromotore**
Machine qui capte l'énergie du vent à l'aide d'hélices aux pales plus ou moins nombreuses, et la transforme en énergie mécanique, soit pour écraser des grains (moulins à vent), soit pour monter l'eau d'un puits, ou d'une rivière, pour l'irrigation, soit pour assécher un polder, soit enfin pour animer un moteur électrique.
Etym. De *Eole*, dieu du vent chez les Grecs.

ÉOUVE n.m.
(Roussillon). Chêne-vert, ou yeuse *(Quercus ilex)*.

ÉPAMPRAGE n.m.
En. **pinching out** (1)
De. **Entgeizen** (1)
Es. **despampanamiento** (1)
It. **spampanatura** (1)
1. Suppression, en cours de végétation, des pampres malvenus pour favoriser la croissance des autres mieux développés.
2. Suppression des feuilles les plus basses d'un pied de tabac.
Etym. Du *e* privatif et du latin *pampinus,* pampre.

ÉPAMPRER v.tr.
En. **to pinch out** (1)
De. **entgeizen** (1)
Es. **despampanar, desfollonar** (1)
It. **spampanare** (1)
1. Supprimer les pampres inutiles des pieds de vigne.
2. Couper les feuilles les plus basses d'un pied de tabac.

ÉPANDAGE n.m.
En. **manuring**
De. **Ausstreuen**
Es. **estercoladura**
It. **spargimento, spandimento**
Opération qui consiste à répandre sur les champs, ou les prés, du fumier, du purin, des engrais, des amendements.
Elle s'effectue à la main, ou bien avec des machines appelées épandeurs ou épandeuses, *ou encore avec des distributeurs d'engrais. L'épandage est* localisé *lorsque l'engrais est déposé au pied de la plante et enfoui par la suite. Il est* en couverture *quand l'engrais est répandu à la surface des champs, ou des prairies ; il est* en enfouissement *quand le fumier, ou l'engrais, est déposé dans les sillons. Le terme entre dans l'expression* champ d'épandage *(V. Champ).*

ÉPANDEUR n.m.
En. **manure spreader**
De. **Miststreuer**
Es. **espanrcidora de estiércol**
It. **spanditore, spanditrice**
Instrument pour répandre, en le dispersant à la surface du champ, du fumier, du purin, ou un engrais.
Syn. Eparpilleur.

ÉPANOUILLEUSE n.f.
En. **corn husker**
De. **Entliescher**
Es. **deshojadora de maíz**
It. **scartocciatrice**
Machine enlevant les spathes des épis de maïs.
Syn. Dépanouilleuse.
Etym. De l'occitan *panouille,* épi de maïs.

ÉPARGNE n.f.
(Centre).
1. Variété de poire précoce.
2. Surface distraite d'une sole pour la consacrer pendant un an à des fourrages verts.
Elle était limitée à deux arpents pour quatre chevaux, et ne pouvait être dépassée sous peine d'amende infligée par les décimateurs, car elle réduisait le montant de la dîme.

ÉPARPILLEUR n.m.
En. **field heap spreader**
De. **Düngerstreuer, Mistzetter**
Es. **esparcidora de estiércol**
It. **spandiletame, spargipaglia**
Appareil servant à éparpiller le fumier, ou les engrais, sous l'action de la force centrifuge développée par le mouvement rapide et circulaire du bas de son réservoir.
Un appareil du même genre éparpille la paille à la sortie de la moissonneuse-batteuse.

ÉPARS n.m.
Pièce de bois qui maintient écartés les brancards d'une voiture, ou les bras d'une civière à porter les récoltes.

ÉPARVIN n.m.
It. **spavenio**
Maladie des chevaux qui se manifeste par une tumeur de la grosseur d'une noix sous le jarret des bêtes.
Due à la fatigue, elle fait boiter le cheval.

ÉPAULEMENT n.m.
It. **muro di sostegno**
Mur qui sert à soutenir la terre le long d'un talus.

ÉPEAUTRE n.m.
En. **spelt**
De. **Dinkel, Spelz**
Es. **escanda, espelta**
It. **farro, spelta**
Variété de blé très rustique, à grains se séparant difficilement de la balle.
On distingue le grand épeautre (Triticum spelta), du petit épeautre (Triticum monococcum), ou engrain. Ils s'accommodent des hivers longs et rudes des régions montagneuses.
Etym. Du latin *spelta.*

ÉPÉPINER v.tr.
En. **to stone, to seed**
De. **entkernen, entsteinen**
It. **togliere i semi**
Enlever les pépins d'un fruit.

ÉPERON n.m.
1. Grain de seigle qui ne peut être extrait des glumes.
2. Branche d'arbre fruitier courte, droite et horizontale.
3. Ergot du coq, du chien.

ÉPERVIÈRE n.f.
En. **hawkweed**
De. **Habichtskraut**
Es. **candelaria de los jardines, vellosila**
It. **ieracia**
Plante herbacée et vivace, de la famille des Composées.
On lui attribuait jadis la propriété d'éclaircir la vue, de la rendre comme celle de l'épervier. On la cultive dans les jardins pour ses fleurs pourpres.
Syn. Piloselle.
Etym. Du francique *sparwari,* épervier, oiseau.

E.P.E.X.A. sigle
Echantillon Permanent d'Exploitations Agricoles.
Nombre déterminé d'exploitations agricoles choisies pour permettre un sondage sur échantillon.

ÉPHIPPIGÈRE n.m.
Insecte orthoptère *(Ephippiger vitium)* qui cause des dégâts dans les vignes en se nourrissant de la pulpe des grains de raisin.

ÉPI n.m.
En. **spike, ear** (1)
De. **Ähre** (1)
Es. **espiga** (1)
It. **spiga** (1)
1. Extrémité des tiges de céréale portant les fleurs, puis les grains.
L'épi se forme au moment de l'épiage.
2. *(Bourgogne).* Ensemble des parcelles d'un openfield.
Syn. Sole.
Etym. Du latin *spica,* pointe.

ÉPIAISON n.f.
En. **earing** (1)
De. **Ährenbildung** (1)
Es. **granazón, formación de la espiga** (1)
It. **spigatura** (1)
1. Formation des épis, notamment dans les céréales.
2. Saison où se dégagent les épis.
Syn. Epiage, épiation.

ÉPICÉA n.m.
En. **spruce**
De. **Weisstanne**
Es. **abeto del Norte, picea**
It. **picea, abete**
Arbre de l'ordre des Conifères, aux aiguilles épaisses, aux cônes formés d'écailles fines.
Sous nos climats, il pousse à des altitudes plus élevées que celles du sapin. Il donne un bois dur, utilisé pour les caisses à résonance des instruments de musique. Ses peuplements constituent des pessières.
Etym. Du latin *pix,* résine, poix, qui a donné *piceus,* de poix.

ÉPICES n.f.p.
En. **spices**
De. **Gewürze**
Es. **especias**
It. **spezie**
Produits végétaux servant à assaisonner les aliments.
Au Moyen Age, c'était aussi bien de la confiserie, dite épices de chambre, *que de l'assaisonnement, dit* épices de cuisine. *Ces dernières comprenaient et comprennent*

toujours le poivre, la cannelle, la muscade, le clou de girofle, la cardamome, le safran, le cumin, la vanille, le gingembre, le genièvre, etc. La plupart proviennent de l'Orient où elles sont cultivées depuis une très haute Antiquité ; plusieurs sont également récoltées en Occident: thym, laurier, safran, ou bien poussent à l'état sauvage: genièvre, fenouil. Considérable au Moyen Age et très coûteuse, la consommation d'épices a beaucoup diminué au cours des derniers siècles, à cause des modifications des goûts culinaires et de l'emploi du beurre.
Etym. Du latin species, espèce, substance.

ÉPIER v.tr.
En. to ear
De. in Ähren schiessen
Es. espigar
It. spigare
Former des épis.

ÉPIERRAGE n.m.
En. clearing of stone
De. Entfernen (von Steinen)
Es. desempedramiento
It. spietratura
1. Opération qui consiste à enlever les pierres d'un champ pour rendre plus faciles les façons culturales.
L'opération se fait à la main, ou à la machine. Les pierres enlevées sont entassées en cayrous, en murgers, ou forment des bandes, ou des lignes d'épierrement. Dans les régions calcaires, elles ont servi à édifier des murettes autour des parcelles, ou sur les versants en terrasses.
Syn. Epierrement, dépierrage.
2. Opération qui consiste à enlever les petites pierres contenues dans les grains après le vannage.

ÉPIERRER v.tr.
En. to clear (a field) of stones
De. entfernen (von Steinen)
Es. desempedrar
It. spietrare
Enlever les pierres d'un champ afin de rendre plus faciles les façons culturales et la récolte des produits.

ÉPIERREUR n.m.
It. spietratore
Appareil muni d'un dispositif électronique qui lui permet d'enlever du sol les pierres arrachées par des griffes disposées sous le bâti, et de les transporter à l'extrémité du champ.

ÉPIGÉ adj.
En. epigeous
De. oberirdisch
Es. epigeo
It. epigeo
Qualifie les plantes dont les graines se développent au-dessus du sol, tels les haricots.
Ant. Hypogé.
Etym. Du grec epi, sur et gé, terre.

ÉPILLET n.m.
En. spikelet
De. Ährchen, Grasährchen
Es. espiguilla
It. spighetta
Petit épi secondaire qui, dans l'épi composé des graminées, porte à sa base les glumes et au sommet les fleurs. Les épillets sont régulièrement fixés sur l'axe central de l'épi.

ÉPINARD n.m.
En. spinach
De. Spinat
Es. espinaca
It. spinacio
Légume de la famille des Chénopodiacées, à larges feuilles d'un vert sombre (Spinacia oleracea).
Originaire d'Orient, il a été introduit en Andalousie au XVème siècle, à cause de ses qualités dues à sa teneur en fer, en iode, en oxalate, permettant de combattre l'anémie, la constipation, etc. L'épinard de Chine est la baselle blanche (Basella virgatum).
Etym. Du persan, isfanadich, épinard.

ÉPINCER v.tr.
It. accecare
Couper avec une pince les bourgeons qui poussent sur le tronc d'un arbre fruitier.

ÉPINE n.f.
En. thorn (1)
De. Dornbusch, Dornstrauch (1)
Es. espina (1)
It. spina, spino (1)
1. Organe végétal dur et pointu poussant sur les rameaux, les feuilles ou les stipules de certains végétaux (ronce, rosier, etc.).
2. Plantes à épines, telles l'épine blanche, ou aubépine, l'épine noire ou prunellier, l'épine vinette, nom vulgaire du Berberis vulgaris.
3. Variétés de poires : l'une dite Epine d'été ou Fondante d'été ; l'autre mure en novembre, est appelée Epine du mas, ou Duc de Bordeaux.
4. Variété de châtaignes en Périgord.
Etym. Du latin spina, pointe.

ÉPINE DU MAS l.f.
Poire qui arrive à maturité en novembre.
Syn. Duc de Bordeaux.

ÉPINER n.f.
It. proteggere con rami spinosi
Placer autour des arbres fruitiers, ou des planches de légumes, des branchages épineux pour en écarter les troupeaux.

ÉPINETTE n.f.
En. spruce (1)
De. Fichte (1)
Es. espineta caponera (1)
It. larice americano (1)
1. (Canada). Plusieurs espèces d'épicéas.
2. Cépage à raisins blancs.
Nom donné en Basse-Bourgogne au chardonnay, ou pinot blanc.

3. Cage en osier où l'on enferme les volailles que l'on veut engraisser.
4. Appareil pour gaver électriquement les oies et les canards.
Etym. Du latin spina, pointe, épine.

ÉPINE-VINETTE n.f.
It. crespino
Plante dicotylédone de la famille des Berbéridées (Berberis vulgaris), appelée aussi vinetier à cause de ses baies rouges comme des grains de raisin.
C'est par l'épine-vinette que se propage son parasite, le champignon puccinie qui provoque la rouille du blé.

ÉPIPHYTES n.m.p.
En. epiphytes
De. Epiphyten
Es. epifito
It. epifiti
Végétal vivant sur une autre plante qui lui sert de support, telles les mousses, les lichens.
Etym. Du grec epi, sur et phuton, plante.

ÉPIPHYTIES n.f.p.
Maladies épidémiques qui ravagent les arbres des bois, ou des vergers, telle la maladie de l'encre pour le châtaignier, tel le phylloxéra pour la vigne (Terme vieilli).
Etym. Du grec epi, sur et phuton, plante.

ÉPITHÉLIUM n.m.
En. epithelium
De. Epithel
Es. epitelio
It. epitelio
Tissu composé de cellules stratifiées, partiellement kératinisées et formant l'épiderme des hommes et des animaux.
Très énervé, il transmet à la moelle épinière et aux cerveaux les excitations dues à la chaleur, au froid, à la lumière, à la saveur, aux odeurs, etc.
Etym. Du grec epi, sur, et thélé, mamelon.

ÉPIZOOTIE n.f.
En. epizootic disease
De. Epizootie
Es. epizootia
It. epizoozia
Maladie contagieuse qui atteint les animaux domestiques dans un vaste territoire.
Se distingue des épidémies qui sont des maladies contagieuses atteignant les hommes. Ne pas confondre avec enzootie, ni endémie caractérisée par une maladie infectieuse peu virulente, mais attaquant sans arrêt les animaux d'une même région.
Etym. Du grec epi, sur et zoon, animal.

ÉPLUCHAGE n.m.
Es. monda
Taille qui enlève sur le cep les sarments qui ne serviront pas à la taille suivante.
Syn. Ebouiner, curer en pied.

ÉPOINTAGE n.m.
Es. **despuntadura**
It. **spuntatura**
1. Opération qui consiste à couper la pointe d'une plante, tige de maïs ou tronc d'arbre.
2. Taille en pointe d'un piquet.

ÉPOISSE n.f.
1. Fromage fabriqué dans la région d'Epoisse, en Côte d'Or.
2. Jachère laissée à la vaine pâture.
3. Epaisse futaie.

ÉPONTAGE n.m.
Destruction sur un arbre fruitier des oeufs des insectes nuisibles.

ÉPOULARDER v.tr.
Nettoyer les pieds de tabac en supprimant les feuilles sèches ou gâtées.
On pratique l'époulardage également sur les manoques de tabac en les secouant pour faire tomber le sable et la poussière ; c'est le rôle des ouvrières époulardeuses.

ÉPOUVANTAIL n.m.
En. **scarecrow**
De. **Vogelscheuche**
Es. **espantapájaros**
It. **spaventapasseri, spaurracchio**
Mannequin couvert de guenilles, ayant vaguement l'aspect d'un homme, et fixé dans un champ, ou sur un arbre fruitier, pour effrayer les oiseaux.
Etym. Du latin *expavere*, avoir peur.

ÉPRAULT n.m.
(Vendée). Céleri.

ÉPREINTE n.f.
(Ile-de-France). Droit seigneurial perçu en vin ou en cidre à la sortie du pressoir banal.

EPS n.m.
(Nord de la France). Jadis, abeilles, dans les coutumes du Nord de la France.
Etym. Du latin *apis*, abeille.

ÉPUISANTE adj.f.
It. **che isterilisce/esaurisce (il terreno)**
Qualifie une plante qui exige beaucoup d'éléments fertilisants dans une terre qu'elle épuise.

ÉPULPEUR n.m.
It. **depolpatore**
Appareil qui permet d'enlever la pulpe d'un fruit, ou bien de séparer de la pulpe le jus des betteraves à sucre.

ÉQUARRISSAGE n.m.
De. **Abdecken** (2)
Es. **descuartizamiento** (2)
It. **squadratura** (1), **squartatura** (2)
1. Façonnage d'une bille de bois en lui donnant une forme parallélépipédique à section carrée, ou rectangulaire.
2. Récupération et dépeçage des cadavres des bêtes impropres à la boucherie.
Travail effectué par un équarrisseur dans un équarrissoir.
Etym. Dérivé de *carré*.

ÉQUARRISSEUR n.m.
En. **knacker**
De. **Schinder, Abdecker**
Es. **destazador, descuartizador**
It. **squartatore**
Boucher dont le rôle est d'abattre les animaux malades pour en prélever la peau, les os, et la graisse. *La viande réduite en poudre sert d'engrais ou, après stérilisation, de nourriture pour les chiens, les chats.*

ÉQUEUTAGE n.m.
Action d'*équeuter*.

ÉQUEUTER v.tr.
It. **depicciolare**
Enlever le pédoncule d'un fruit pour une meilleur présentation.

ÉQUIDÉS n.m.p.
En. **equidae**
De. **Pferdefuss, Spitzfuss**
Es. **equinos, équidos**
It. **equidi, equini**
Mammifères périssodactyles ongulés, ne prenant appui que sur un seul doigt, armé d'un gros ongle, comme les chevaux, les ânes, les mulets, les zèbres.
Etym. Du latin *equus*, cheval.

ÉQUIENNE adj.
It. **coetanco**
Qualifie un peuplement forestier dont tous les arbres ont à peu près le même âge.
Etym. Du latin *aequus*, égal et *annus*, année.

ÉQUILIBRE AGROSYLVOPASTORAL n.m.
Dans un domaine, ou dans une région, répartition harmonieuse des cultures, des bois et de l'élevage, avec une large part d'autoconsommation. *C'est un modèle de polyagriculture qui permet l'entretien des habitants, des ventes à l'extérieur, l'achat et l'amortissement du matériel. Il est de moins en moins réalisé de nos jours ; dans chaque exploitation agricole, dans chaque région, presque dans chaque pays, les agriculteurs éclairés cherchent à se spécialiser dans la production la mieux adaptée au milieu physique et aux conditions économiques.*

ÉQUIN adj.
It. **equino**
Qualifie tout ce qui a trait au cheval.
Etym. Du latin *equus*, cheval.

ÉQUIPAGE n.m.
En. **equipment** (1)
De. **Equipage** (1), **Ausrüstung**
It. **equipaggiamento** (1)
1. Ensemble du matériel servant à équiper des animaux domestiques pour leur permettre d'effectuer un certain travail.
2. Animaux équipés pour un travail défini.
Etym. Du latin *equus*, cheval.

ÉQUIVALENT FOURRAGER l.m.
It. **unità foraggera**
Valeur alimentaire d'un produit égale à celle que fournirait un kilogramme d'orge.

ÉRABLE n.m.
En. **maple**
De. **Ahorn**
Es. **arce**
It. **acero**
Arbre de la famille des Acéracées, à feuilles caduques, à graines en samares.
On en connaît cinq variétés en France, entre autres l'érable sycomore au bois apprécié en ébénisterie pour sa couleur rose et la finesse de son grain : l'érable de Montpellier, de taille assez petite, ainsi que l'érable champêtre, ou aceraille. Au Canada, l'érable à sucre est exploité pour sa sève riche en glucides.
Etym. Du latin *acer*, érable et du celte *abolos*, sorbier.

ÉRABLET n.m.
1. Petit érable.
2. Variété d'ormeau que l'on cultive en Flandre pour son feuillage.

ÉRABLIÈRE n.f.
En. **maple tree wood**
De. **Ahornwald**
Es. **arcear**
It. **acereto, acereta**
Bois composé d'érables.
Au Canada, l'érable à sucre (Acer saccharinum) est entretenu pour recueillir, à partir de sa sève élaborée, un sucre très apprécié.

ÉRADICATION n.f.
En. **eradication**
De. **Ausrottung**
Es. **erradicación**
It. **sradicamento**
1. Action d'arracher une plante avec une partie de ses racines.
2. Suppression, par des moyens appropriés, d'une maladie contagieuse, d'une coutume archaïque, etc., jusqu'à ses plus profondes racines.
Etym. Du latin *radix*, racine.

ÉRAIGNE n.f.
(Normandie). Renonculacée aux fleurs bleues qui pousse dans les champs de blé.
Syn. Nigelle.

ÉRALLOIR n.m.
(Bourgogne). Gros bâton terminé en fourche à quatre ou cinq pointes, et qui sert à détacher les grains de raisin de la rape.

ÉRANT n.m.
(Poitou). Petite charrue à deux mancherons, à soc mince et effilé, mais sans coutre, ni versoir.
Elle sert à biner les plantes sarclées (fig.81).
Etym. Du latin *arare*, labourer.

ÉRAYER v.tr.
Tracer un sillon en déversant la terre vers l'extérieur, de manière à creuser un petit fossé au centre du billon.
Ainsi la terre peut s'égoutter plus aisément.

ERGERON n.m.
Limon jaunâtre, argileux, siliceux et calcaire.
Paraît dériver d'un loess d'origine éolienne. Donne des sols très fertiles en Picardie.

ERGONOMIE AGRICOLE l.f.
En. **agricultural ergonomics**
De. **landwirtschaftliche Ergonomie**
Es. **ergonomía agrícola**
It. **ergonomia agricola**
Etude des conditions dans lesquelles s'effectue le travail des agriculteurs, et recherche des moyens de l'améliorer, de le rendre moins pénible et plus efficace.
Etym. Du grec *argon*, travail et *nomos*, étude.

ERGOT n.m.
En. **ergot** (2)
De. **Mutterkorn** (2)
Es. **cornezuelo del centeno** (2)
It. **sprone** (2)
1. Pointe de branche morte restant sur les rameaux d'un arbre fruitier.
2. Maladie des grains de seigle, due à un champignon de l'ordre des Tuberculariées (*Claviceps purpurea*).
Le grain est détruit et remplacé par une pointe noirâtre, semble à un ergot de coq, et très vénéneuse. Cependant, on retire de ces ergots une substance très utile en pharmacie, l'ergotine, qui arrête les hémorragies.
3. Ongle pointu à la partie postérieure de la patte d'un coq.
Etym. Du préroman, *arg*, pointe.

ERGOTISME n.m.
En. **ergotism**
De. **Ergotismus**
Es. **ergotismo**
It. **ergotismo**
Empoisonnement causé par la consommation de graines ou de farine de céréales ergotées.

ÉRICE n.m.
Cépage à raisins noirs.
Syn. Petit Gamay de Lorraine.

ÉRINOSE n.f.
En. **erinose**
De. **Pockenkrankheit der Rebe**
Es. **erinosis**
It. **erinosi**
Maladie de la vigne causée par un acarien (*Phytoptus vitis*) qui dépose ses oeufs sous les feuilles. *Des boursoufflures se forment et la feuille dépérit ; elle est érincée.*

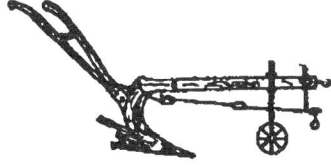

(Fig. 81). Érant

ERMAILLE n.m.
(*Jura*). Ouvrier qui dirige la préparation du fromage de gruyère dans les fruitières.
Syn. Armaillé.

ERME n.m.
(*Languedoc*). Lande des garrigues languedociennes, parsemée de buissons et de plantes odoriférantes.
Elle résulte parfois d'un pacage excessif des troupeaux de moutons.
Etym. Du latin *eremus*, solitude.

ERMITAGE (CÔTE DE L') l.f.
(*Vallée du Rhône*). Vignoble situé sur le versant d'une colline exposée au Midi, le long de la vallée du Rhône, au nord de Valence, dans la commune de Tain.
Il donne les meilleurs vins des Côtes du Rhône.

ERNOTE n.f.
1. (*Normandie*). Raiponce (*Campanula rapunculus*) dont on consomme les feuilles en salade.
2. Mâche.

ERS n.m.
En. **ers, ervil**
De. **Erve**
Es. **yero**
It. **ervo**
Plante de la famille des Légumineuses (*Ervum ervilla*).
La principale variété est l'ers lentille, ou lentillon ; on cultive aussi, surtout en Italie, d'où la plante serait originaire, l'ers ervilie, ou arobe, comme fourrage. On a retrouvé des graines d'ers dans les ruines de Troie !

ÉRUBESCENT adj.
It. **erubescente**
Se dit d'un fruit qui devient rouge en mûrissant.
Etym. Du latin *erubescere*, devenir rouge.

ÉRURER v.tr.
(*Bourgogne*). Changer le rythme des assolements.

ÉRUSSAGE n.m.
Action d'*érusser* (3).

ÉRUSSER v.tr.
1. Passer au peigne les pieds femelles du chanvre pour en détacher les graines.
2. Enlever les feuilles des tiges de lin.
3. Effeuiller les jeunes pousses des ormes et des frênes pour alimenter le bétail en fourrage vert durant l'été.

ÉRYTHÈME n.m.
En. **erythema**
De. **Erythem**
Es. **eritema**
It. **eritema**
Affection de la peau chez le porc.
Elle se manifeste par des rougeurs qui disparaissent momentanément sous la pression du doigt ; elle peut provenir d'une intoxication alimentaire, de chocs ou de frottements, et même de coups de soleil ; il s'agit alors d'un érythème solaire.
Etym. Du grec *eruthema*, rougeur de la peau.

ESCA n.m.
En. **black measles**
De. **Apoplexie der Rebe**
Es. **apoplejía parasitaria**
Maladie de la vigne, causée par un champignon (*Stereum hirsutum*) qui se développe sur les plaies causées par la taille et attaque la cellulose.
Son temps d'infection est très long, mais brusquement cep et rameaux flétrissent par temps chaud et sec, aussi l'a-t-on attribué à un coup de soleil, d'où son nom vulgaire d'apoplexie de la vigne. On le combat avec de l'arseniate de soude.

ESCANDE n.f.
Variété de blé rustique dont le grain se sépare mal de ses enveloppes, ou glumelles.
Cultivé jadis à cause de sa faible exigence quant à la qualité des terres ; c'est le Triticale.

ESCARGOT n.m.
En. **snail**
De. **Schnecke**
Es. **caracol**
It. **lumaca, chiocciola**
Animal de la famille des Elicidés.
Il peut causer de graves dégâts dans les jardins et les vignes. Plusieurs espèces sont comestibles, notamment l'escargot gris (Helix aspersa), qui est l'objet d'un élevage, dans les escargotières.
Etym. Du latin *scarabaeus*.

ESCAROLE n.f.
En. **endive**
De. **Endivie**
Es. **escarola**
It. **scarola**
Variété de chicorée à larges feuilles peu dentées (*Cichorium escariolum*).
Elle se consomme en salade.
Syn. Scarole.
Etym. Du latin *scariola*, endive.

ESCH n.m.
(*Germanie*). Groupe de parcelles en lanière et sans clôture.
*C'est un fragment d'openfield. Situé au-delà des jardins et des vergers du village, il s'étend jusqu'aux landes irrégulièrement cultivées. Dans le terroir des finages, c'est la zone la plus anciennement et la plus complètement cultivée ; elle correspond à l'*infield *britannique.*

ESCHANTELER v.tr.
Soutirer, écouler le vin de la cuve où il a fermenté, et le verser dans les barriques.
Etym. Dérivé de *chantelle*, bonde d'une barrique.

ESCLAVE n.m.
En. slave
De. Sklave
Es. esclavo
It. schiavo
Celui qui vit dans la dépendance d'un seigneur.
Etym. Du latin *slavus*, slave, les prisonniers slaves étant souvent réduits en esclavage. En bas latin, traduction de *servus* ; par la suite on préféra la rendre par serf.

ESCOURGÉE n.f.
(Jura). Long sarment de vigne, laissé par la taille pour produire des raisins.
Syn. Vergue.

ESCOURGEON n.m.
En. winter barley (1)
De. Frühgerste (1)
Es. cebada de invierno, alcacel (1)
It. orzo precoce (1)
1. L'enveloppe des grains d'une orge ayant la forme d'une courroie.
2. Orge d'hiver *(Hordeum hexasticum)*, cultivée dès la Préhistoire et ne poussant plus à l'état sauvage.
Ses origines restent inconnues. On l'appelle parfois orge carrée *à cause de la forme de ses grains disposés sur six rangs ; c'est également l'*orge de prime*, car, plus précoce que l'orge de printemps, elle peut servir de fourrage vert avant que ne pousse l'herbe des prés.*
3. Lanière en cuir, ou en tendon, reliant les deux bras d'un fléau à dépiquer les céréales *(fig. 91)* et pouvant pivoter sur l'extrémité de l'un des deux bras.
Etym. Du latin *corrigia*, courroie.

ESCOUSSER v.tr.
(Picardie). Battre le chanvre, poignée par poignée, contre une planche, après l'avoir broyé, pour faire tomber les chènevottes, et ne conserver que la filasse.

ESCOUARTE n.f.
(Landes). Récipient en bois dans lequel est versée la résine recueillie dans les pots.

ESHERBER v.tr.
Supprimer les herbes inutiles d'un semis, d'une parcelle de blé, soit à la main, soit à l'aide d'herbicides.
Syn. Desherber.

ESKARATZ n.m.
(Pays Basque). Grande pièce, très haute de plafond, au rez-de-chaussée d'une maison basque.
Elle servait à dépiquer le blé au fléau quand le mauvais temps ne permettait pas d'utiliser l'aire en plein air. Elle était précédée par le lorioa.

ESLUAGE n.m.
(Bourgogne). Redevance due au boulanger du four banal pour le défrayer de l'appel qu'il lançait aux habitants lorsqu'ils pouvaient apporter leurs pâtes à cuire, le four étant assez chaud.
Syn. Droit d'appel, appel.

ESPACE AGRICOLE l.m.
Es. zona agrícola
Espace occupé par les activités agricoles à l'exclusion des autres fonctions économiques.

ESPACE RURAL l.m.
Es. zona rural
Etendue de territoire limitée à une région administrative, historique ou naturelle, et à l'intérieur de laquelle se manifestent diverses activités humaines, agricoles, industrielles, commerciales, etc.
A l'aide de l'informatique et de la carte, on peut y mettre en évidence de multiples nuances, en prenant en compte, quelques dizaines de variables groupées en cinq ou six rubriques: démographie, activités agricoles et non agricoles, niveau de vie, mentalité, attraction urbaine, services, milieu naturel, etc. en évitant toutefois d'y inclure des agglomérations de plus de 2000 habitants, de caractère urbain.

ESPACEMENT n.m.
En. spacing
De. Abstand, Zwischenraum
Es. espacio
It. distanza
Distance qui sépare deux rangées de culture, deux arbres fruitiers d'un verger, deux plantes de la même espèce dans un champ.

ESPADER v.tr.
Battre le chanvre roui sur un chevalet avec *l'espade*, sorte de latte en bois, pour nettoyer et parer la filasse.
L'espadeur pratiquait l'espadage.

ESPADON n.m.
Pièce de bois mince et munie d'un manche, avec laquelle on frappe les poignées de lin placées sur un chevalet pour briser les tiges et en détacher la filasse.

ESPAGNIN n.m.
1. Variété d'olivier importée d'Espagne.
2. Cépage à raisins blancs ou noirs, à pulpe juteuse et sucrée, cultivé en Provence.
Syn. Espanenc.

ESPALIER n.m.
En. espalier
De. Spalier
Es. espaldera
It. spalliera
Position donnée à des arbres fruitiers contre un mur sur lequel on fixe les branches pour favoriser l'ensoleillement et hâter la production des fleurs et des fruits.
Le mur, qui porte aussi le nom d'espalier, doit être, sous nos climats, orienté vers le sud, ou le sud-ouest. Dans un contrespalier*, le mur est remplacé par un treillis (fig. 82).*
Etym. De l'italien *spalliera*, dérivé de *spalla*, épaule, appui.

ESPAR n.m.
Cépage à raisins noirs.
Syn. Mourvèdre.

ESPARCETTE n.f.
En. sainfoin
De. Esparsette
Es. esparceta
It. lupinella
(Provence). Variété de sainfoin *(Onobrychis sativa)*, sa graine était semée au hasard, et non soigneusement, comme celle du blé, d'où son nom.
Etym. Du latin *spargere*, répandre au hasard.

ESPARCIER n.m.
Petite vanne mobile en bois ou en métal, glissant dans deux rainures verticales, et munie d'un manche pour la soulever, ou la descendre, selon que l'on veut irriguer, ou bien arrêter l'écoulement de l'eau.

ESPARINE n.f.
Cépage cultivé en haute Provence, le long de la vallée de la Durance.

ESPART n.m.
Alfa.
V. Spart.

ESPÈCE n.f.
En. species
De. Art, Gattung
Es. especie
It. specie
Dans le règne végétal ou animal, groupe d'individus ayant des aspects semblables, pouvant se reproduire entre eux et ayant des descendants féconds.
Il se divise en variétés, mais se groupe en genres dans la classification des êtres vivants : par exemple, le blé, le maïs, le mouton, la chèvre, etc.
Etym. Du latin *species*, aspect.

ESPIER n.m.
1. Droit seigneurial acquitté en céréales, et parfois en volailles.
2. *(Flandre).* Agent seigneurial chargé de percevoir ce droit.

ESPIGAÏRE n.m.
(Provence). Ouvrier chargé de cueillir le thym et la lavande. *Son nom provenait de ce qu'il ne récoltait que les épis (espigs) floraux de ces plantes pour en distiller le parfum.*

(Fig. 82). Espalier

ESPIOTE n.f.
(Languedoc). Epautre.

ESPLÈCHE (DROIT D'). l.m.
1. *(Provence)*. Droit des pauvres gens de faire paître encore leurs troupeaux après la moisson sur des terres devenues propriétés privées, mais qui avaient été autrefois biens communautaires.
2. Droit de couper du bois dans les forêts seigneuriales ; droit de chasser et de pêcher sur les terres domaniales.

ESPOUDASSAGE n.m.
(Gascogne). Suppression des sarments qui, après les vendanges, gêneraient les façons culturales, et la taille du printemps.
Etym. Du gascon *pouda*, tailler la vigne.

ESPRIT n.m.
En. **spirits**
De. **Weingeist**
Es. **aguardiente**
It. **spirito**
Produit liquide, volatil, extrait par distillation de produits végétaux fermentés.
Le plus connu est l'esprit-de-vin ou eau-de-vie ; l'esprit-de-bois est l'alcool méthylique. On obtient des esprits de parfum en distillant les pétales de certaines fleurs, comme les roses. Etym. Du latin *spiritus*, souffle.

ESQUERME n.f.
(Région parisienne). Plante potagère, analogue aux épinards et que l'on sème fin août pour la récolter avant l'hiver.

ESQUIVELAGE n.m.
Premier des trois labours destinés à préparer, pour les semailles d'automne, ou de printemps, une terre en jachère.

ESSAI n.m.
En. **test**
De. **Versuch, Experiment**
Es. **ensayo, prueba**
It. **prova, esperimento**
Tentative, expérience, ayant pour but de mettre en valeur un procédé de culture, une plante, un animal, un produit ou un personnel.

ESSAI (CHAMP D') l.m.
Parcelle où l'on compare une nouvelle culture à une culture traditionnelle, où l'on utilise un nouvel engrais, ou un nouvel appareil agricole.

ESSAI DE RENDEMENT l.m.
En. **yield test**
De. **Rentabilitätsprobe**
Es. **ensayo de rendimiento**
It. **prova di produttività**
Expérience réalisée selon un programme au cours duquel on évalue, par des mesures de production tant sur la quantité que sur la qualité, les résultats obtenus grâce à l'utilisation d'un engrais, d'une semence, ou bien par un nouveau procédé de culture.
Syn. *Essai de comportement*.

ESSAI FACTORIEL l.m.
It. **analisi fattoriale**
Expérience mettant en jeu un ou plusieurs facteurs pour déterminer les avantages, ou les inconvénients, de ces facteurs sur une culture ou sur un élevage : lumière, température, nourriture, engrais, etc.

ESSAIM n.m.
En. **swarm**
De. **Schwarm, Bienenschwarm**
Es. **enjambre**
It. **sciame**
Colonie de jeunes abeilles quittant la ruche-mère pour aller chercher un autre abri.
En cours de route, elle se fixe aux branches des arbres ; c'est là qu'on la recueille dans un sac pour la placer dans une ruche encore inutilisée. C'est l'essaimage qui a lieu surtout au mois de juin, au moment de la grande récolte du nectar.
Etym. Du latin *exigere*, emmener hors de, qui a donné en provençal *eissam*, groupe d'abeilles.

ESSAIMAGE n.m.
En. **swarming**
De. **Ausschwärmen, Schwarmbildung**
Es. **enjambrazón**
It. **sciamatura**
1. Départ d'une colonie d'abeilles quittant une ruche surpeuplée pour trouver un autre abri.
2. Saison pendant laquelle les abeilles essaiment.
C'est surtout au mois de juin au moment de la grande abondance du nectar dans les fleurs.

ESSAIN n.m.
(Vendée). Petites parcelles dans les abords des villages.

ESSAINTES n.f.p.
(Pays de Caux). Minces plaquettes de bois fixées aux murs orientés vers l'ouest pour les protéger de la pluie.

ESSANDOLE n.f.
It. **scandole**
Syn. *Essainte*.
Etym. Du latin *scandula*, bardeau.

ESSANVAGE n.m.
Destruction de la moutarde des prés, la *sanve*, dans les champs de céréales.
Pour cela on utilise une essanveuse qui coupe les feuilles des sanves, ou d'une sulfateuse qui répand un herbicide pour brûler les sanves tout en épargnant le jeune blé.
Syn. *Ecimage*.

ESSARIADES n.f.p.
(Haute-Provence). Défrichements ravagés par le ruissellement et devenus incultivables.
Etym. De *essart*.

ESSARMENTER v.tr.
En. **to remove side shoots**
De. **ausgeizen, ausranken**
Es. **despampanar, despimpollar**
It. **spogliare dei sarmenti**
Enlever les sarments après la taille des pieds de vigne.

ESSART n.m.
En. **cleared land**
De. **Reutland**
Es. **roza**
It. **terreno dissodato**
Parcelle déboisée, défrichée et mise en culture.
Pour pratiquer ce défrichage on avait recours au feu. Le même terme s'appliquait à des terres ameublies à la houe pour être mises en culture, et à des taillis où on faisait quelques labours entre deux coupes.
Syn. *(Dauphiné) Eyssart, (Provence) essartado* (G. Plaisance).
Etym. Du latin *exsartum*, issu du verbe *sarire*, sarcler, où l'on retrouve le radical *art*, racine pré-indoeuropéenne relative au feu.

ESSARTAGE n.m.
En. **assartment, essartment, clearing of the ground**
De. **Feuerschutzstreifen, Rodung**
Es. **desbroco, rozamiento**
It. **dissodamento con estirpazione di ceppi e radici**
Culture semiforestière d'une parcelle, ou d'une région boisées.
Après avoir coupé et enlevé les arbres, on nettoie le sol, on brûle les broussailles et les branches, et l'on ensemence la terre, ainsi fumée, de céréales pauvres : avoine, seigle. Après quelques récoltes on laisse les bois reconquérir le terrain. Ce procédé de conquête temporaire du sol fut pratiqué sans doute dès le Néolithique, 5000 à 6000 ans avant notre ère. Les périodes d'essartage succédèrent à des périodes de progrès des friches, selon les époques de prospérité ou de misère. Parfois, des intérêts politiques favorisèrent l'essartage ; ainsi l'union de la Normandie à la France entraîna le démantèlement des forêts qui, auparavant servaient de frontières au duché. De chaque côté des routes des intendants, au XVIIIème siècle, on ménageait des bandes d'essartement d'une cinquantaine de mètres de largeur par souci de sécurité. Jusqu'au début du XXème siècle, dans les Vosges et la Forêt Noire, on essartait les taillis en écobuant et en pratiquant des cultures pendant deux ou trois ans, puis on livrait les parcelles à la forêt pendant 20 à 30 ans.
Etym. Du latin *exarire*, défricher.

ESSARTER v.tr.
En. **to assart**
De. **ausroden**
Es. **rozar, desbrozar**
It. **dissodare estirpando ceppi e radici**
Eclaircir un bois en le nettoyant des buissons et des jeunes arbres pour favoriser la crois-

sance des plus beaux sujets, ou pour pratiquer une culture temporaire.
V. Essartage.

ESSARTIS n.m.
(Ancien français). Terrain où l'on a pratiqué l'*essartage*.

ESSAULE n.f.
V. Essendoles.

ESSAVER v.tr.
Epuiser avec un seau l'eau d'un ruisseau ou d'un canal, préalablement fermé, afin de le nettoyer.
Etym. Du latin *ex*, hors de, et *aqua*, eau.

ESSEAU n.m.
(Normandie). Prise d'eau sur une rivière pour irriguer les prés.

ESSÉE n.f.
(Saintonge). Large pioche pour défoncer les parcelles destinées à la plantation de vignes.

ESSEIGLAGE n.m.
(Vendée). Action de couper ou d'arracher les tiges de seigle qui ont poussé dans un champ de blé. *Etym.* Dérivé de *seigle*.

ESSELLE n.f.
Bât placé sur le dos des bêtes de somme pour le transport des récoltes.
Etym. Déformation d'*aisselle*, le bât étant fixé à l'aisselle des jambes antérieures de l'animal.

ESSEMÉE adj.
Qualifie la manière dont une terre a été ensemencée.
Syn. Esséminée.

ESSENCE n.f.
En. **species**
De. **Baumart**
Es. **especie**
It. **essenza**
Caractère particulier d'un arbre forestier, de sorte que l'on distingue de nombreuses essences d'arbres parmi lesquelles on peut citer :
1. Les feuillus, *ou à feuilles caduques, qui perdent leurs feuilles en hiver.*
2. Les résineux *ou à feuilles persistantes, qui conservent leurs feuilles en hiver, comme le chêne-vert, le chêne liège.*
3. Les essences de lumière, *qui exigent le découvert, tel le pin.*
4. Les essences d'ombre, *qui se développent sous un couvert, tel le hêtre.*
5. Les essences sociales, *qui s'accommodent d'une forte densité d'individus, etc.*
Etym. Du latin *essensia*, dérivé de *esse*, être.

ESSENDOLES n.f.p.
(Savoie, Suisse, Forêt Noire). Minces planches de bois destinées à couvrir la toiture d'une maison, ou à protéger un mur contre les intempéries, dans les régions forestières.
Syn. Essaule, bardeau.

ESSENTER v.tr.
(Normandie). Couvrir d'ardoises, ou de bardeaux, les murs à colombage afin de les protéger des intempéries.

ESSÉVÉ adj.
(Normandie). Qualifie un lait écrémé, la crème étant curieusement considérée comme la sève du lait.

ESSIMPLAGE n.m.
Opération qui consiste à supprimer, dans une planche de fleurs, les bourgeons qui ne donneraient qu'une fleur simple. *Elle s'effectue avant la floraison et exige une certaine habileté pour distinguer la qualité d'un bourgeon.*

ESSOMMAGE n.m.
(Bourgogne). Opération qui consiste à enlever la cime des pampres de vignes.
Etym. Dérivé de *sommet*.

ESSOUCHAGE ou **DESSOUCHEMENT** n.m.
Action d'*essoucher* à l'aide de grues, d'acides, du feu. *Il s'effectue de plus en plus avec des tracteurs et des chaînes attachées aux souches pour les déraciner.*

ESSOUCHER v.tr.
En. **to stub up**
De. **ausstocken**
Es. **descepar, descuajar, artigar**
It. **estirpare i ceppi**
Arracher les souches d'un bois abattu afin de le mettre en culture.

ESSOUMASSAGE n.m.
(Bourgogne). Suppression des bourgeons inutiles des pieds de vigne.

ESTACHANTS n.m.p.
(Gascogne). Tenanciers tenus d'effectuer, par contrat, un certain nombre de journées de travail par an sur le domaine du grand propriétaire foncier de la paroisse.
Si l'obligation par contrat a disparu au XIXème siècle, de pauvres gens, les brassiers, ont continué à aller en journées dans les grandes exploitations au moment des travaux de la belle saison.

ESTAGIER n.m.
Vassal, noble ou roturier, qui devait fournir 40 jours de garde par an au château de son seigneur. *Service gratuit, cet* estage *pouvait être effectué en une seule fois, ou à la demande du seigneur.*
Etym. Du latin *estagium*, séjour.

ESTAGNON n.m.
En. **can**
De. **Blechkanne**
Es. **lata, bidón**
It. **latta per olio/benzina**
Récipient cylindrique en métal pour transporter des liquides : huile, vin, essence, etc., d'une contenance de 5 litres.
Etym. Du provençal *estanh*, étain.

ESTALON ou **ETALON** n.m.
It. **matricina** (1)
1. Baliveau du même âge que la coupe dont il fait partie.
Choisi pour apprécier la valeur des autres arbres, d'où son nom.
2. Réserve d'arbres destinés à régénérer la future coupe *(R. Blais).*

ESTANCIA DE GANADO l.f.
Littéralement *domaine de bétail.*
(Amérique latine). Grande ferme consacrée à l'élevage du bétail.
Son propriétaire est un estanciero.

ESTANGERIE n.f.
Hutte couverte de chaume, aux murs de torchis, réduite à une ou deux pièces, où vivaient l'*estachant* et sa famille, et pour laquelle il devait une redevance au propriétaire du domaine.

ESTANQUE n.f.
(Provence). Terrasse de culture.

ESTATES n.f.p.
(Asie du Sud-Est). Grandes plantations d'hévéas.
Elles appartiennent à de puissantes sociétés financières. Le même nom s'applique à de petites plantations appartenant à des Chinois enrichis. L'estate possède son usine à caoutchouc, ce qui lui évite de passer par l'intermédiaire des grossistes et lui procure de gros bénéfices. Mais, concurrencées par le caoutchouc synthétique, les estates sont en déclin.

ESTERLING n.m.
Variété de pomme de terre précoce et de bonne qualité.
Etym. Terme germanique, réduit en français à *esterlin*.

ESTERPE n.f.
(Dauphiné). Large pioche pour extirper les racines.

ESTÈVE n.f.
Extrémité postérieure de l'araire, formée d'une tige recourbée que tenait par une poignée le laboureur pour diriger l'instrument, pour l'enfoncer, ou le soulever.
Etym. Du latin *estiva*, manche de charrue.

ESTEY n.m.
(Landes). Ravin creusé dans les Landes par le ruissellement et qui, aménagé, sert à drainer les régions marécageuses.
Syn. Jalle, berle.

ESTIADOS n.m.p.
(Limousin). Parcelles longues, étroites et ouvertes, appartenant à différents propriétaires.
Groupées en quartiers, elles sont toutes cultivées en blé une année, en fourrage l'année suivante. Situées dans le bocage limousin.
Syn. (Bretagne) Méjou.

ESTIBADE n.f.
1. Partie de la récolte de fourrage revenant à l'ouvrier qui l'a fauchée et l'a rentrée.
2. *(Auvergne)*. Période durant laquelle les troupeaux séjournent sur les pâturages de la montagne, de la mi-mai à la mi-octobre.
Syn. Estivage.
Etym. Du latin *aestis*, été.

ESTIMES n.f.p.
(Cévennes). Actes où étaient énumérées et évaluées les parcelles d'une communauté rurale pour la fixation des cens et des rentes dus par les tenanciers au seigneur.
Syn. Compois, terrier.

ESTIVAGE n.m.
En. **summering**
De. **Übersommern, Sömmerung**
Es. **veranada**
It. **monticazione, estivazione, alpeggio**
Séjour, pendant l'été, des troupeaux de la vallée, sur les pâturages de la montagne.
Syn. Estivade, estivaille.

ESTIVANDIER n.m.
Ouvrier agricole qui effectuait les travaux de la moisson et le battage des céréales.
Syn. Solatier.
Etym. De *estive*, été.

ESTIVATION n.f.
Travail consistant à suspendre les "graines" de ver à soie dans une salle bien aérée, pendant trois semaines, avec une température de 25° environ, afin de favoriser leur éclosion (C.Seltenperger).

ESTIVE n.f.
1. *(Languedoc)*. Saison des moissons.
2. *(Poitou)*. Céréales de printemps.
3. *(Aubrac)*. Unité qui sert de base pour calculer le droit de faire paître une bête sur un pâturage communal durant l'été.
4. *(Pyrénées)*. Pâturages situés entre 1800 et 2400 m, et entretenus par la communauté villageoise, qui en est propriétaire.
Leur utilisation est soumise à des réglements très anciens.
5. *(Béarn)*. Saison où a lieu le séjour des troupeaux sur les hauts pâturages et leur déplacement consécutif, ou estivage, qu'il faut distinguer de la transhumance.
Tandis que celle-ci comprend un séjour en plaine durant l'hiver, effectuant ainsi un double mouvement, l'estive consiste seulement à aller de la vallée à la montagne, les troupeaux restant dans l'étable durant l'hiver (H. Cavaillès).
Etym. Du latin *oestivus*, relatif à l'été.

ESTIVER v.intr.
(Pyrénées). Garder des troupeaux sur les pâturages de la haute montagne en été.

ESTOC n.m
Dans l'expression couper à blanc estoc, *ou* étoc, *c'est* couper un bois sans laisser de réserves, ou bien abattre un arbre en le coupant au ras du sol, en ne laissant que la souche.
Etym. Du francique *stok*, souche d'arbre.

ESTOMAC n.m.
En. **stomach**
De. **Magen**
Es. **estómago**
It. **stomaco**
Partie du tube digestif en forme de poche où commence la digestion.
Il est simple chez le cheval et le porc, il est quadruple chez les ruminants avec quatre poches distinctes : la panse, ou rumen, le bonnet, ou réseau, le feuillet et la caillette.
Etym. Du latin *stomachus*.

ESTOMAC n.m.
It. **bordo frontale del versoio**
Dans un versoir de charrue, section qui fait suite au soc.

ESTOUBLAGE n.m.
En droit coutumier, redevance perçue sur les blés, ou *esteubles*.
Etym. Dérivé de *esteule* ou *éteule*, chaume.

ESTOUBLE n.f.
1. Droit d'aller faire paître porcs et volailles sur le chaume, ou *éteule*, après la moisson.
2. *(Gascogne)*. Paille laissée sur le chaume.
3. Le chaume lui-même.

ESTRADA n.f.
(Amazonie). Parcelle d'un *seringa* comptant 100 à 200 hévéas, et confiée à un *seringueiro* pour la récolte du latex.
Etym. Du latin *strata*, chemin.

ESTRAGON n.m.
En. **tarragon**
De. **Estragon**
Es. **estragón**
It. **dragoncello, targone**
(Europe du Nord). Plante aromatique de la famille des Composées (*Artemisia dracunculus*).
Ses feuilles servent à assaisonner salades et ragoûts. Elle se propage par division des touffes.
Syn. Dragone, serpentine, fargon.
Etym. Du grec *dracontion*, serpentaire, son suc étant réputé pour guérir les morsures des serpents.

ESTRÉPER v.tr.
Extraire du sol, pour le livrer à la culture, les souches et les racines qui l'encombrent.
Nombreuses variations dialectales : extarper, étraper, étréver, destrapa, etc.
Etym. Du latin *exstirpare*, arracher les souches, *stirps*.

ESTREPEURE n.f.
(Jura). Défrichement d'un bois, ou d'une lande.
Syn. (Provence) Estrado, essartage (G. Plaisance).
Etym. Du latin *exstirpare*.

ESTREPOIRE n.f.
It. **stallaggio**
(Vendée). Petite faux à long manche dont on se servait pour couper le blé, ou le seigle, quand on voulait utiliser la paille pour couvrir les maisons.

E.T.A. sigle
Entreprise de Travaux Agricoles.

ÉTABLAGE n.m.
1. Redevance que l'on paie pour le séjour de courte durée d'un boeuf dans une étable, ou d'un cheval dans une écurie, avant ou après une foire.
2. Intervalle qui sépare les deux brancards d'une voiture à cheval.

ÉTABLE n.f.
En. **stable**
De. **Viehstall**
Es. **boyera, establo, corral**
It. **stalla**
Bâtiment destiné à loger du bétail.
Selon l'espèce, c'est une écurie, une porcherie, une bergerie, un poulailler. Pour les bovins c'est une bouverie ; si elle contient du foin, c'est une grange-étable. L'architecture d'une étable varie donc selon le lieu, selon l'époque et selon le bétail à loger.
Etym. Du latin *stabulum*, lieu où l'on habite.

ÉTABLER v.tr.
En. **to house, to stable**
It. **stallare, mettere nella stalla**
Loger un animal domestique dans une étable.

ÉTAGE n.m.
En. **storey**
De. **Stockwerk**
Es. **piso, estrato**
It. **piano**
Ensemble de végétaux, notamment des arbres, ayant la même hauteur.
S'ils sont dominés par des végétaux de plus haute taille, ils forment un sous-étage.

ÉTAGE DE VÉGÉTATION l.m.
De. **Vegetationsstufe, Vegetationszone**
Es. **estado de vegetación**
It. **piano di vegetazione**
Association végétale caractérisant un climat déterminé, notamment en fonction de l'altitude et de l'orientation : étage subalpin, alpin, montagnard, etc.

ÉTAILLISSAGE n.m.
Action de couper les petites branches des arbres d'un taillis afin de favoriser la pousse des plus grosses.
Etym. Dérivé de *taillis*.

ÉTALIER n.m.
(Normandie). Clôture destinée à empêcher le bétail de pénétrer dans les champs de culture.

ÉTALON n.m.
En. **stallion** (1)
De. **Beschäler, Hengst** (1)
Es. **semental** (1)
It. **stallone** (1), (2),
   matricina, riserva (3), (4)
1. Cheval non castré, destiné à la reproduction.
2. Reproducteur mâle d'une espèce domestique.
Ex. Ane étalon, coq étalon, etc.
3. Baliveau. *(Désuet)*.
4. Arbre sélectionné pour sa pureté d'origine et son bon état sanitaire.
Réservé pour la régénération naturelle d'une forêt, ou pour fournir des greffons (V. Estalon).
5. Mesure modèle pour estimer la quantité et la qualité d'un produit.
Etym. Du germanique *Stall, stallum*, écurie, l'étalon étant le cheval restant à l'écurie.

ÉTALONNAGE n.m.
En. **covering of mare** (1)
De. **Beschälung** (1)
Es. **cubierta, salto** (1)
It. **monta** (1)
1. Monte chez les équidés.
2. Revenu retiré par les *étalonniers* de la monte par les étalons.

ÉTAMINE n.f.
En. **stamen**
De. **Staubfaden**
Es. **estambre**
It. **stame**
Organe mâle des phanérogames, composé du filet et des anthères qui renferment les grains de pollen contenus dans des sacs polliniques.
Le tout constitue l'androcée.
Etym. Du latin *stamen*, filament.

ÉTANCHE n.f.
1. *(Briançonnais)*. Lame de tôle semicirculaire que l'on plante en travers d'une rigole d'irrigation pour la faire déborder en nappe sur la prairie voisine.
2. *(Limousin)*. Petite mare creusée à la partie supérieure des prairies et où l'eau se décante avant de servir à l'irrigation.
Si la mare est assez grande, elle peut servir de pêcherie.
3. *(Poitou)*. Bâtardeau qui empêche l'eau de s'écouler.
Etym. Du latin *stanchia*, lieu de pêche.

ÉTANÇONS n.m.p.
Pièces de bois, ou de fer, qui réunissaient l'age au sep et au versoir d'une araire, ou d'une charrue.

ÉTANG n.m.
En. **pond, pool**
De. **Teich, Weiher**
Es. **estanque, albufera**
It. **stagno**
Retenue d'eau, le long d'un ruisseau, réalisée artificiellement à l'aide d'un barrage, ou chaussée, construit en travers de la vallée pour que l'eau s'accumule en amont.
Une vanne permet soit d'évacuer le trop-plein, soit de vider l'étang pour recueillir le poisson et cultiver le fond durant deux ou trois ans avant de le remettre en eau et de le repeupler en poissons d'eau douce. Les étangs servent à l'irrigation, à l'alimentation du bétail en eau. Autrefois, en ménageant une chute à leur sortie, ils faisaient tourner les roues des moulins. Les régions à sols argileux sont riches en étangs : Double, Sologne, Brenne, Dombes. Beaucoup d'étangs seraient l'oeuvre des moines du Moyen Age.
Etym. Du latin *stagnum*, qui stagne.

ÉTAT DES TERRES l.m.
Sous l'Ancien Régime, situation juridique des terres divisées en censives libres ou serves.
Cet état s'appliquait parfois aux individus qui les mettaient en valeur ; ainsi le tenancier d'une censive serve avait les droits et les devoirs d'un serf, même si d'origine il était né sur une censive libre.

ÉTAUPINER v.tr.
1. Détruire les taupes à la taupicine.
C'est le travail du taupier.
2. Faire disparaître les taupinières avec un râteau.
C'est l'étaupinage.

ÉTAUPINOIR n.f.
Appareil tracté, armé de lames tranchantes, pour étendre les taupinières et aplanir le sol.

ETCHÉ n.f.
Ferme du pays basque composée d'un rez-de-chaussée pour le bétail et les récoltes, d'un premier étage pour la famille, d'un grenier pour les fruits et les grains.

ÉTELLES n.f.p.
(Morvan). Eclats de bois détachés à la hache du tronc d'un arbre.
Etym. Du celte *etev*, bûche.

ÉTÊTAGE n.m.
En. **topping, polling, heading**
De. **Köpfen**
Es. **descope**
It. **cimatura, svettatura**
Action d'étêter.

ÉTÊTER v.tr.
En. **to top, to pollard, to head**
De. **köpfen**
Es. **descopar, desmochar**
It. **svettare, cimare, spuntare**
Couper la cime d'un arbre pour réduire sa taille, pour le transformer en *têtard*, pour le faire croître en largeur, ou bien pour ménager de la lumière au sous bois.
On étête parfois les arbres que l'on veut abattre pour limiter les dégâts causés par leur chute.

ÉTEULE n.f.
En. **stubble** (1)
De. **Stoppel** (1)
Es. **rastrojo** (1)
It. **stoppia** (1)
1. Chaume qui reste sur le champ après la moisson.
2. Terrain laissé au libre parcours des troupeaux après la récolte des céréales.
Syn. Esteule, éteuble.
Etym. Du latin *stipula*, tige de céréale qui a donné en ancien français *estuble*.

ÉTEULIÈRE n.f.
(Ardennes). Paille de céréale, ou chaume après la moisson.

ÉTÈVE n.f.
Mancherons et queue d'une charrue.

ÉTHANOL n.m.
It. **etanolo**
Alcool éthylique obtenu par distillation de divers jus fermentés, provenant de produits agricoles et que l'on utilise parfois pour suppléer l'essence, ou le fioul, dans les moteurs à explosion.

ÉTIER n.m.
De. **Seitenkanal, Stichkanal**
Es. **canal de salida**
(Ouest de la France). Canal d'évacuation des eaux dans les marais.
Situé en aval des écluses, il est soumis à la marée. Le long des étiers, les ostréiculteurs édifient des huttes, amarrent leurs barques et préparent les huîtres pour la vente.
Etym. Du latin *destuarium*, estuaire.

ÉTIOLEMENT n.m.
En. **etiolation**
De. **Verkümmern, Vergeilen, Etiolieren**
Es. **debilitamiento, ahilamiento**
It. **eziolamento**
Etat d'une plante privée de lumière et d'alimentation.
Elle cesse de se développer, ses feuilles blanchissent, sa tige s'allonge et faiblit. Dans certains cas, cet état est recherché pour obtenir des légumes tendres et au feuillage sans chlorophylle ; c'est le blanchiment des scaroles enfouies dans la terre, ou mises en cave.

ÉTOC n.m.
V. Estoc.

ÉTOILE DE CHOISY l.f.
Variété de blé de qualité supérieure.

ÉTOUFFAGE n.m.
It. **stufatura**
Opération qui a pour but d'étouffer les chrysalides dans les cocons pour les empêcher de les percer au moment de l'éclosion, ce qui rendrait les fils inutilisables.
On y parvient en faisant circuler rapidement un air chaud et sec, à 80° C dans la magnanerie, ou en plongeant les cocons dans une étuve à jet de vapeur d'eau.
Etym. Du latin *stuffare*, étouffer.

ÉTOUPE n.f.
En. **tow**
De. **Werg, Putzfäden**
Es. **estopa**
It. **stoppa**
Résidu des fibres de lin et de chanvre après le teillage et le peignage.
Il est formé de filaments rompus qu'il faut débarrasser de leurs débris de chènevotte par le cardage, avant de les mettre en ruban continu, de les peigner et de les filer. Les fils d'étoupe donnent des tissus plus grossiers que ceux obtenus avec des fils peignés directement après le teillage.
Etym. Du latin *stuppa*, étoupe.

ÉTOURDEAU n.m.
(Bresse). Jeune chapon.

ÉTRA n.m.
(Jura). Galerie couverte au premier étage de la maison, et sur laquelle s'ouvrent la cuisine et une ou deux chambres *(V. Être).*

ÉTRAIN n.m.
(Poitou). Jadis, litière du bétail.
Etym. Du latin *stramen*, paille étendue sur le sol.

ÉTRAMPAGE n.m.
Pénétration plus ou moins profonde de la charrue dans la terre.
Pour cela, on perce sur l'age une série de trous qui permettent de faire varier l'angle de l'age et du soc, et de réduire, ou d'accroître ainsi la pénétration du soc dans le sillon.

ÉTRAPE n.f.
Petite faucille qui servait à couper le blé ou le chaume.
Elle permettait d'étraper un champ de blé.
Etym. Du latin *exstirpare*, arracher.

ÊTRE n.m.
(Beaujolais). Galerie couverte au premier étage de la maison du vigneron, commandée par un escalier extérieur, et sur laquelle s'ouvrent les principales pièces de l'habitation.
On y accède par un escalier extérieur.
Syn. Balet.
Etym. Du latin *extera*, choses extérieures.

ÉTRÉPAGE n.m.
(France de l'Ouest). Action d'enlever les broussailles d'un terrain à défricher.
Plus particulièrement, travail qui consiste à découper, à l'aide d'une étrèpe, des fragments de lande pour les faire brûler après dessèchement ; on enrichit ainsi la terre avec les cendres, et on la livre temporairement à la culture.
Syn. Essart.
Etym. Du latin *exstirpare*, arracher.

ÉTRÈPE n.f.
Bêche à deux lames opposées, l'une tranchant verticalement et l'autre horizontalement.
Elle sert à arracher la partie superficielle de la lande.
Le même instrument sert également à débroussailler en coupant les tiges et les racines des arbustes et des buissons (fig. 83).

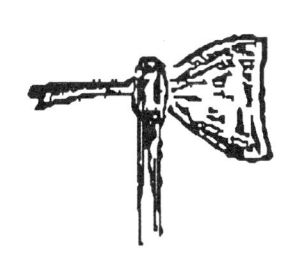

(Fig. 83). Érèpe

ÉTRÉPER v.tr.
Procéder à *l'étrépage.*

ÊTRES n.m.p.
En. **design, layout**
Es. **disposición de una casa**
It. **le diverse parti di una casa**
Répartition des principales pièces d'une maison ou des principaux bâtiments d'une ferme.
(V. aîtres).

ÉTRICHE n.f.
Morceau de bois en forme de cheville plate et allongée, fixé au manche de la faux, mais amovible.
Enduit de sable, il servait à enlever le morfil de la lame.

ÉTRIER n.m.
En. **stirrup**
De. **Steigbügel**
Es. **estribo**
It. **staffa**
1. Anneaux de fer suspendus de chaque côté de la selle et servant de points d'appui aux pieds du cavalier.
2. Pièce qui fixe le coutre à l'age de la charrue.
Etym. Du francique *streup*, courroie.

ÉTRILLE n.f.
En. **curry-comb**
De. **Striegel, Rosskamm**
Es. **rascadera, almohaza**
It. **striglia**
Instrument muni d'un manche très court et d'une série de lames en dent de scie soudées à une plaque de métal *(fig. 84).*
Tenu à la main, il sert à nettoyer les poils des chevaux, à pratiquer l'étrillage.

(Fig. 84). Étrille

ÉTROGNES n.m.p.
(Bourgogne). Arbres que l'on laisse croître, de distance en distance, dans les haies à haute tige et que l'on ébranche tous les quatre ou cinq ans.

ÉTRONÇONNER v.tr.
Couper les branches le long du tronc d'un arbre en ne lui laissant que celles du sommet, afin d'éviter la formation de gros noeuds dans l'intérieur du tronc.

ÉTROUBLES n.f.p.
V. Eteule.

ÉTROUSSE n.f.
1. Redevance féodale due par les serfs pour l'élevage des bovins et la récolte de foin.
2. *(Forez)* Adjudication d'un bien foncier, ou de son revenu.

ÉTUVAGE n.m.
En. **oven drying**
De. **Bähung, Dämpfung**
Es. **secado**
It. **trattamento in stufa, autoclave**
Opération qui consiste à humidifier, puis à sécher dans une étuve un produit que l'on veut purifier des germes infectieux, ou bien que l'on souhaite débarrasser de ses éléments inutiles.
C'est le cas pour le riz paddy que l'on trempe dans l'eau, que l'on chauffe et que l'on sèche, dans une étuve, pour enlever son enveloppe.

EUCALYPTUS n.m.
En. **eucalyptus**
De. **Eukalyptusbaum**
Es. **eucalipto**
It. **eucalipto**
Grand arbre de la famille des Myrtacées *(Eucalyptus globulus).*
Originaire d'Australie, aux minces feuilles bleuâtres, il assainit les régions marécageuses des pays de climat méditerranéen à cause de sa croissance rapide qui détermine une forte évapotranspiration. Son bois, dur et résineux, est recherché pour la construction et la fabrication du papier. Ses feuilles fournissent l'eucalyptol qui est un désinfectant.

Etym. Du grec *eu*, bien et *kaluptos*, couvert, car le limbe du calice reste clos jusqu'à la floraison.

EUDÉMIS n.m.
En. **vine moth**
De. **Traubenwickler**
Es. **arañuelo**
It. **tignola**
Lépidoptère, de la famille des Tortricidés *(Polychoris botrana)*.
Sa chenille cause parfois des ravages dans les vignobles.

EUMOLPE n.m.
It. **eumolpo**
1. Personnage mythologique, recueilli en mer par son père Poséidon et réfugié en Thrace où il aurait appris aux hommes à faire le vin.
2. Coléoptère de la famille des Chrysomélidés, qui ronge les feuilles de vigne en découpant des sillons qui paraissent figurer les lettres de l'alphabet, d'où le nom d'*eumolpe écrivain* donné à cet insecte.

EUROPE VERTE l.f.
En. **Green Europe**
Es. **Europa verde**
It. **Europa verde**
Ensemble des Etats membres de la C.E.E. en ce qui concerne la production agricole, sa commercialisation et la situation des agriculteurs.
L'Europe verte doit pratiquer une politique agricole commune (Art. 39 du Traité de Rome).

EUTROPHISATION n.f.
En. **eutrophisation**
De. **Eutrophisation**
Es. **eutrofización**
It. **eutrofizzazione**
Enrichissement d'un milieu en éléments nutritifs.
Dans la culture hors-sol, c'est par l'eutrophisation de l'eau, où baignent les racines des plantes cultivées, que celles-ci peuvent se développer.

EUTYPIOSE n.f.
Maladie de la vigne, causée par un champignon *(Eutypa armeniaceae).*
Il dessèche les jeunes pousses ; on le combat par des fongicides pendant la taille.

ÉVACUATEUR DE FUMIER l.m.
En. **dung clearer**
De. **Stalldungräumer**
Es. **evacuador de estiércol**
It. **asportatore di letame**
1. Tapis roulant placé derrière les animaux en stabulation, et évacuant vers l'extérieur le fumier composé de litière et de déjections.
2. Système de raclettes passant dans un caniveau situé à l'arrière du bétail.

ÉVAPORATEUR n.m.
En. **evaporator**
De. **Verdunstungsapparat**
Es. **evaporador**
It. **evaporatore**
Appareil à feu continu servant à enlever aux fruits une certaine quantité d'eau afin de les conserver et de les commercialiser.

ÉVAPOTRANSPIRATION n.f.
En. **evapotranspiration**
De. **Gesamt- Wasserverbrauch durch Transpiration und Bodenverdunstung, Potentialwasser**
Es. **evapotranspiración**
It. **evapotraspirazione**
Quantité d'eau évaporée par une plante en un temps déterminé.
Elle est dite potentielle quand il s'agit de la quantité d'eau maximale qu'une plante peut évaporer en un temps déterminé.
Cette quantité, mesurée avec un évapotranspiromètre, *permet de calculer le volume de l'alimentation en eau qu'il faut fournir par irrigation, ou arrosage, à une culture afin qu'elle ne se dessèche pas au cours d'une journée de soleil, ou d'une saison particulièrement sèche.*

ÉVARRONNAGE n.m.
Destruction des varrons et de leurs larves.
On y parvient à l'aide d'insecticides qui empoisonnent l'insecte ou le font fuir.
V. Varron.
Etym. De *varron*.

ÉVASIVAGE n.m.
Opération qui consiste à ôter les gourmands poussant aux pieds des ceps de vigne greffés.

ÉVENT n.m.
Maladie du vin, due à une exposition trop longue à l'air, avec oxydation et perte d'alcool.
Le bouquet disparaît, et le vin prend un goût de rancio, *ou bien il se* madérise.
Etym. Du latin *ventus*, vent.

ÉVENTAGE n.m.
Opération qui consiste à couper les mauvaises herbes d'une friche, et à les étendre sur le sol.
Quand le vent les a desséchées, on les fait brûler.

ÉVENTÉ adj.
En. **flat, musty**
De. **gelüftet**
Es. **picado**
It. **alterato dall'aria**
Qualifie un produit, notamment du vin, qui, exposé longtemps à l'air, a perdu son bouquet et sa saveur.

ÉVICTION n.f.
En. **eviction**
De. **Zwangsräumung**
Es. **evicción**
It. **evizione**
Expulsion, par décision de justice et intervention des forces de l'ordre, d'un métayer, ou d'un fermier, qui ne s'est pas acquité de ses redevances, ou qui n'entretient pas son exploitation agricole.

ÉVIÈRE n.f.
Féminin d'évier.
(Val d'Orléans).
1. Bassin creusé dans le mur d'une cuisine pour l'évacuation des eaux usées.
2. Fossé creusé à travers un champ pour favoriser l'écoulement de l'eau de pluie.

ÉVISCÉRATION n.f.
En. **evisceration**
De. **Ausweiden**
Es. **vaciamiento**
It. **eviscerazione**
Extraction du corps d'un animal, préparé pour la boucherie, de ses viscères thoraciques et abdominaux.
Etym. Du latin *excretio*, action de séparer.

ÉVOLAGE n.m.
Période pendant laquelle un étang est plein d'eau avec des poissons.
Le droit de mettre un étang en évolage était donné à un évolagiste moyennant redevance.
Par extension, le terme devint synonyme d'assolement, un étang étant successivement en eau, en culture, puis en prairie.
Ant. Assec.

ÉVREUX adj.
(Normandie). Qualifie une terre marécageuse.
Etym. De *ève*, ancien nom de l'eau.

ÉVRILLAGE n.m.
En. **pinching off**
De. **Entranken**
Es. **deszarcillado**
It. **taglio dei viticci**
Suppression des vrilles de la vigne.

EXCÉDENTS AGRICOLES l.m.p.
En. **agricultural surplus**
De. **landwirtschaftliche Überschüsse**
Es. **excedentes agrícolas**
It. **eccedenze agricole**
Partie invendue des récoltes et de l'élevage.
Elle se produit quand la récolte et l'abattage dépassent la consommation. On y remédie par le stockage, par la restriction des cultures et des troupeaux, par la destruction des produits, ou par la recherche de débouchés.

EXCORIOSE n.f.
Maladie cryptogamique de la vigne, détruisant l'écorce des sarments.
D'où son nom.

EXCRU n.m.
Arbre qui a poussé isolé au milieu d'un terrain forestier déboisé.

EXCRUE n.f.
Jeune tige inutile qui a poussé sur les racines de la souche mère.

EXFOLIATION n.f.
En. exfoliation
De. Abblätterung
Es. exfoliación
It. esfoliazione
Séparation et chute de l'écorce d'un tronc d'arbre, spécialement d'un platane, ou d'un cep de vigne. *Etym.* Du latin *ex*, hors de, et *folium*, feuille.

EXHIBERNAGE n.m.
(Pyrénées). V. Estivage.

EXODE AGRICOLE l.m.
En. **rural exodus**
De. **Landflucht**
Es. **éxodo agrícola**
It. **esodo agricolo**
Abandon par les agriculteurs des travaux de la terre pour se consacrer aux activités du secteur secondaire (artisanat, industrie) ou du secteur tertiaire (commerce, services).
Il s'effectue soit dans les campagnes, soit surtout vers les villes (V. Exode rural).

EXODE RURAL l.m.
En. **rural exodus**
De. **Landflucht**
Es. **éxodo rural**
It. **esodo rurale**
Départ des habitants des campagnes pour aller habiter dans les villes.
C'est surtout un exode agricole. Ce mouvement s'est produit plus ou moins tôt dans les pays évolués de l'Europe occidentale ; en Grande Bretagne, puis en Allemagne, en France, et plus tard dans les pays du Tiers Monde. Il s'est accentué à la fin du XIXème siècle et au XXème siècle. Il est dû surtout à la distorsion entre le taux d'industrialisation des centres urbains et celui des bourgs et villages, beaucoup plus faible. Les campagnes et, plus particulièrement les régions pauvres, montagneuses, se sont dépeuplées au profit des villes. Déploré par les uns, accepté par les autres, cet exode ne présente pas que des inconvénients : la vie des citadins est globalement plus agréable que celle de la plupart des campagnards. Les régions agricoles dépeuplées peuvent être réaménagées rationnellement ; de sorte que la production agricole s'est accrue et même améliorée, sur des surfaces réduites, mais mieux cultivées et avec moins de peine (J. Pitié).

EXOGAMIE n.f.
En. **exogamy**
De. **Exogamie**
Es. **exogamia**
It. **esogamia**
Reproduction d'une population d'animaux et d'êtres humains hors des liens de la consanguinité.
Etym. Du grec *exo*, en dehors et *gamos*, mariage.

EXPLOITABILITÉ n.f.
En. **exploitability**
De. **Nutzbarkeit, Verwertbarkeit**
Es. **explotabilidad**
It. **coltivabilità**
Etat d'un terroir, d'un pâturage, d'une forêt parvenus à un degré d'évolution tel qu'il y a intérêt à les exploiter, à les mettre en exploitation.
Cette exploitabilité est structurelle lorsqu'elle atteint la limite au delà de laquelle il n'y a plus d'intérêt financier à la prolonger, sinon par souci artistique ou protection du milieu.

EXPLOITABLE adj.
En. **exploitable**
De. **kultivierbar**
It. **coltivabile**
Qualifie un terrain qui peut être mis en exploitation, en culture.

EXPLOITANT AGRICOLE l.m.
En. **farmer**
De. **Landwirt**
Es. **agricultor, explotador agrícola**
It. **coltivatore**
Personne qui met en valeur, par la culture et l'élevage, une exploitation agricole.
Il est exploitant direct s'il met lui même en valeur son domaine, seul ou avec une main-d'oeuvre familiale ou salariée; exploitant indirect s'il a recours à un métayer, à un fermier, ou à un régisseur dirigeant des ouvriers agricoles.

EXPLOITANT FORESTIER l.m.
Entrepreneur spécialisé dans l'exploitation des forêts, de l'abattage à la vente des grumes.

EXPLOITATION AGRICOLE l.f.
En. **farmstead**
De. **Landwirtschaftsbetrieb**
Es. **explotación agrícola**
It. **azienda agricola**
Ensemble de bâtiments, de parcelles et de chemins, mis en valeur par une famille de cultivateurs si elle est familiale, par un groupe de travailleurs si elle est collective.
Sa mise en valeur est directe si elle est effectuée par le propriétaire, indirecte si elle est confiée à un métayer, un fermier ou un groupe d'ouvriers agricoles dirigés par un régisseur; elle est parfois mixte, directe et indirecte. Elle est à temps plein, à temps partiel, ou à temps perdu selon la durée du travail qu'on lui consacre. Elle peut constituer un seul domaine ou n'être qu'une seule partie d'un domaine plus vaste, appartenir à un seul propriétaire ou bien être la réunion de plusieurs propriétés en une seule exploitation. Jadis, son but était principalement la subsistance d'un groupe familial et devait comporter des ressources complémentaires, divers élevages et diverses récoltes. Aujourd'hui, elle est souvent orientée vers une activité spéculative avec spécialisation selon le climat, les données commerciales et les qualités de son exploitant. Elle est considérée comme grande si elle mesure plus de 50 ha, et petite si elle en mesure moins de dix. Mais cette notion d'étendue est toute relative ; elle dépend beaucoup de l'utilisation du sol : l'exploitation peut être céréalière, viticole, horticole, fruitière, herbivore, maraîchère, forestière et le plus souvent elle est mixte, combinant plusieurs activités. Parfois, elle ne fournit pas à son exploitant la totalité de ses ressources, il les complète par une occupation artisanale, industrielle, commerciale ; il est alors pluriactif. *L'unité de base de la vie agricole varie donc beaucoup en qualité et en quantité d'une région à l'autre et selon ses occupants.*

EXPLOITATION FORESTIÈRE l.f.
En. **logging** (1)
De. **Abholzung** (1)
Es. **explotación forestal** (1)
It. **impresa forestale, sfruttamento forestale** (1)
1. Forêt entretenue pour fournir du bois d'oeuvre.
2. Entreprise chargée d'exploiter les forêts.
3. Ensemble des travaux nécessaires pour procéder à une coupe, façonnage et transport des bois d'une forêt.
Ces travaux sont dits en régie quand ils sont réalisés soit par le propriétaire, ou le régisseur de la forêt, si elle est privée, soit par l'Office National des Forêts, si elle est domaniale.

EXPLOITER v.tr.
En. **to cultivate**
De. **bewirtschaften, ausbeuten**
Es. **explotar la tierra**
It. **coltivare**
Mettre en valeur une parcelle, un domaine, pour en retirer un profit, soit par des cultures, soit par l'élevage.
Ou bien en prélevant une part du revenu par fermage ou métayage.

EXPOLIATION n.f.
Suppression des branches mortes d'un arbre fruitier.

EXPONTION n.f.
Abandon par un tenancier d'une tenure, ou d'une métairie, à cause des charges trop lourdes:cens, rentes, corvées, etc.
Le bien-fonds, ainsi abandonné, revenait au seigneur, propriétaire éminent, qui pouvait en disposer pour un autre tenancier. Les cas d'exponsion devinrent plus rares à partir de 1790, et ils se firent alors au profit des domaines publics.
Etym. Du latin *ex*, hors de, et *sponsium*, chose promise.

EXPROPRIATION n.f.
En. **expropriation**
De. **Enteignung**
Es. **expropiación**
It. **espropriazione, esproprio**
Saisie d'une exploitation agricole privée au profit d'une collectivité urbaine ou rurale.
Les diverses réformes agraires sont presque toujours suivies d'une expropriation des terres,

parfois sans indemnité. L'utilité publique peut également justifier des expropriations foncières, partielles ou totales.

EXPURGADE n.f.
Suppression des petits arbres qui gênent le développement des autres.
Syn. Expurgation : terme ancien signifiant éclaircie.
Etym. Du latin *ex*, hors de, et *purgare*, purger.

EXTENSIVE adj.
En. **extensive**
De. **extensiv**
Es. **extensivo**
It. **estensivo**
Qualifie une agriculture à bas rendement, occupant inégalement de vastes espaces, avec cultures temporaires, jachères, friches.
C'est l'effet d'une civilisation agricole primitive, d'un manque de personnel ou de capitaux, d'un sol peu fertile, d'un certain isolement, d'une emprise récente sur les fronts pionniers.

EXTERPE n.f.
(Côtes-du-Rhône). Pioche qui sert à déchausser la vigne.

EXTIRPATEUR n.m.
En. **harrow**
De. **Messeregge, Grubber**
Es. **extirpador**
It. **estirpatore, sorta di erpice**
Instrument agricole qui sert à arracher, à extirper, du chiendent, de l'orobanche, etc.
Il comprend un châssis et de petits socs propres à déraciner, à extirper les herbes nuisibles ; il est appelé également déchaumeur, *car il sert à arracher le chaume après la moisson.*
Etym. Du latin *ex*, hors de, et *stirps*, racine.

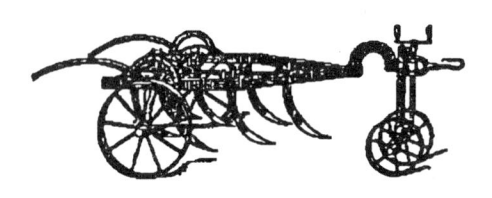

Extirpateur

EXTRACTEUR n.m.
En. **drawer**
De. **Schleuder**
Es. **extractor**
It. **estrattore**
1. Instrument agricole pour extraire du sol les betteraves, les navets et les raves.
2. Appareil pour séparer le miel de la cire, grâce à la force centrifuge.

EXTRACTION (TAUX D') l.f.
En. **extraction rate**
De. **Extraktionsrate**
Es. **extracción (tasa de)**
It. **estrazione (tasso di)**
Rapport en pourcentage obtenu entre un produit de qualité et la masse totale du produit dont il provient par extraction mécanique, par distillation, etc. : le tout exprimé dans la même unité de poids ou de volume.
Ex. poids de la farine extraite d'un quintal de blé, volume en litres de l'huile extraite de 100 litres d'olives, etc.

EXTRAIT SEC l.m.
It. **estratto secco**
Résidu d'un produit quand il a été privé de toute humidité par évaporation des substances volatiles et liquides qu'il contenait, tel le marc de raisin, le lait réduit en poudre.

EXTRÊMES n.m.p.
(Pyrénées). Vallons longitudinaux, situés entre les chaînes calcaires des Pyrénées.
Unis par des cols de faible altitude, ils sont de simples dépendances des grandes vallées transversales. Ainsi, entre le col d'Aubisque et le col de Soulor, le pays de l'Ouzon supérieur ne communique avec l'extérieur que par une gorge étroite, en aval de Ferrière ; c'est un exemple typique d'extrême. La route des Pyrénées, de Biarritz à Perpignan, les emprunte parfois entre deux cols (H. Cavaillés).

EYSINES n.f.p.
Espaces vides autour d'une ferme : cour, basse-cour, aire, intervalles entre les bâtiments pour permettre une circulation aisée du personnel, du bétail et du matériel agricole.
Syn. Meix.
Etym. De l'occitan *eyza*, aisé.

EYSSADE n.f.
(Provence). Variété de pioche.

EYSSART n.m.
V. *Essart*.

F

FABAGELLE n.f.
En. **bean caper**
Es. **morsana**
It. **favaggine**
Plante vivace de la famille des Zygophyllacées (*Zygophyllum fabago*), à feuilles épaisses et à fleurs rouges ou blanches.
Cultivée pour ses qualités médicales : astringente, vermifuge et vulnéraire.

FABRECOULIER n.m.
(*Midi méditerranéen*). V. Micocoulier.

FACHERIE n.f..
(*Provence*). Contrat de métayage pour la remise en état de friches au Moyen Age.

FACHIER n.m.
(*Provence*). Exploitant agricole qui, au Moyen Age, prenait en charge une ferme en friche, s'engageait à la mettre en valeur, puis à partager ses revenus avec le propriétaire.
C'était une forme de métayage.

FAÇONS CULTURALES l.f.p.
En. **ploughing, tilling**
De. **Pflügen, Eggen**
Es. **modos de labor**
It. **pratiche colturali**
Travaux qui ont pour but de préparer la terre arable à recevoir des semences et à donner de belles récoltes : labour, hersage, sarclage, etc.
Etym. Du latin *factio*, action de faire.

FAÇON DE SERPE l.f.p.
Suppression sur les ceps de vigne, avec une serpette, des sarments inutiles.

FAÇONNAGE DU BOIS l.m.
En. **processing**
De. **Holzbearbeitung**
Es. **elaboración de la madera**
It. **lavorazione del legname**
Préparation, sur les coupes, des fûts d'arbres abattus, après ébranchage, équarrissage, débitage en planches, en lattes etc., dans un espace déboisé où est installée une scierie et où peuvent accéder les camions transporteurs de troncs à l'état brut et du bois façonné.

FACULTÉ GERMINATIVE l.f.
En. **germination power**
De. **Keimfähigkeit**
Es. **poder germinativo**
It. **capacità germinativa**
Pourcentage des graines d'un lot qui germent dans des conditions normales et en un temps donné.

F.A.F.E.A. sigle
Fonds d'Assurance de Formation des Exploitants Agricoles. Organisme créé par les organisations agricoles (F.N.S.E.A., C.N.J.A., etc) pour favoriser la formation professionnelle des exploitants agricoles et des aides familiales à la faveur d'emplois de courte durée.

FAGE n.m.
(*Bassin Aquitain*). Ancien nom du hêtre donné à de nombreux lieux-dits.
Etym. Du latin *fagus*, hêtre.

FAGNE n.f.
En. **high moor, peat moor** (2)
De. **Hochmoor** (2)
Es. **pantano en lugar elevado** (2)
It. **palude torbosa, torbiera** (2)
1. *(Bassin Aquitain)*. Bois de hêtres.
2. Boue presque liquide, qui colle aux roues des charrettes sur les collines de l'Ardenne.
Syn. Fange, bourbier.
Etym. Du latin *fagus*, hêtre.

FAGOPIRISME n.m.
En. **fagoprism, buckwheat eczema**
De. **Fagopyrismus, Kleekrankheit**
Es. **fagopirismo**
It. **fagopirismo**
Affection cutanée chez les ovins ayant consommé du sarrasin, et qui sont exposés au soleil.
Elle cesse si on supprime le sarrasin dans l'alimentation du troupeau.
Etym. Du latin *fagopyrum*, sarrasin.

FAGOT n.m.
En. **faggot**
De. **Reisigbündel**
Es. **haz de leña, gavilla**
It. **fastello, fascina**
Branches d'arbre liées ensemble pour être transportées de la forêt à la ferme où elles seront brûlées.
Un bon fagot doit contenir, outre des branches, trois ou quatre rameaux de 3 à 4 cm, de diamètre.
Etym. Du latin *phacellus*, devenu *phacus*.

FAGOTAGE n.m.
Action de mettre en fagot des branches d'arbre destinées, jadis, à alimenter le feu dans la cheminée.

FAGOTAILLE n.f.
Consolidation d'une chaussée d'étang renforcée par des fagots.

FAGOTER v.tr.
En. **to faggot**
De. **bündeln**
Es. **hacinar**
It. **affastellare, fascinare**
Mettre des branches en fagots.

FAGOTEUR n.m.
V. *Fagotier*.

FAGOTIER n.m.
Es. **hacinador**
Fabricant de fagots.

FAGOTIN n.m.
En. **little faggot**
De. **kleines Reisigbündel**
Es. **hacecillo, haz pequeño**
It. **fascinotto**
Petit fagot confectionné avec de menus morceaux de bois, pour allumer le feu, tels ceux des Landes, formés de copeaux détachés du tronc des pins quand on pratique le gemmage.

FAGOTINE n.f.
Petit écheveau de soie préparé dans les magnaneries familiales.

FAILLETTE n.f.
(Saintonge). Petit espace dans un champ où les semences n'ont pas germé.
Elles ont failli.

FAIM DE TERRE l.f.
Souhait des paysans d'acquérir des parcelles de labour ou de pré, pour agrandir leur exploitation agricole, accroître leurs revenus et accéder à une plus grande notoriété.
L'exode rural a apaisé cette faim de terre.

FAÎNE n.f.
En. **beech-nut**
De. **Buchecker**
Es. **hayuco, fabuco**
It. **faggiola, faggina**
Fruit du hêtre.
Comestible, la faîne a la forme d'une châtaigne triangulaire, avec une amande blanche; riche en corps gras, elle sert à la nourriture du petit bétail durant l'hiver. Mûre en octobre, on la recueillait autrefois pour en extraire une huile de bonne qualité.
Etym. Du latin *fagina*, dérivé de *fagus*, hêtre.

FAÎNÉE n.f.
Production et récolte des faînes.

FAIRE v.tr.
Procéder à une culture.
Ex. Faire du blé.

FAIRE-VALOIR l.m.
En. **development of an exploitation**
De. **Nutzbarmachung**
Es. **aprovechamiento**
It. **sfruttamento**
Régime juridique et procédés culturaux de l'exploitation d'une ferme.
On distingue plusieurs types de faire-valoir: le faire-valoir direct *si la ferme est exploitée par son propriétaire, le* faire-valoir indirect *si elle l'est par un fermier,* le faire-valoir mixte, *si une partie des terres est en location,* et le faire-valoir collectif *dans les fermes d'Etat de l'U.R.S.S. et dans les fermes exploitées en coopération par plusieurs agriculteurs.*

FAIRE-VALOIR COLLECTIF l.m.
Mise en valeur d'une exploitation agricole, d'ordinaire de grande taille par une communauté d'agriculteurs groupés en coopératives pour la répartition des travaux, des frais et des bénéfices.
Ex. Zadruga yougoslave, kibboutz israélien, etc.

FAIRE-VALOIR DIRECT l.m.
Exploitation d'une ferme par son propriétaire, avec l'aide de la main-d'oeuvre familiale.

FAIRE-VALOIR INDIRECT l.m.
Mise en valeur d'une exploitation agricole avec le concours d'une main-d'oeuvre salariée, ou bien par métayage ou par location.

FAIRE-VALOIR MIXTE l.m.
Mise en valeur d'une exploitation agricole comprenant des parcelles en toute propriété et des parcelles en location.

FAISAN n.m.
En. **pheasant**
De. **Fasan**
Es. **faisán**
It. **fagiano**
Oiseau de la famille des Gallinacés *(Phasianus colchicus)*, au plumage orné de belles couleurs chez le mâle.
La femelle appelée faisane, peut être fécondée par un coq et donner des faisans bâtards; si elle a cessé de pondre, c'est un faisan coquard.
Etym. Du grec *phasiamos*, de Phase, fleuve de Colchide, d'où serait originaire cet oiseau, introduit en Grèce par les compagnons de Jason, à leur retour de la conquête de la Toison d'Or.

FAISANCES n.f.p.
Es. **adehalas**
Suppléments de redevance qu'un fermier paie en plus de la rente fixée par son bail.
Ils sont souvent versés en nature, et sont illicites d'après la loi sur le fermage.

FAISANCE-VALOIR l.f.
Domaine que l'on faisait valoir jadis sans l'intermédiaire de salariés, de fermiers ou de métayers.

FAISANDEAU n.m
En. **young pheasant**
De. **junger Fasan**
Es. **pollo de faisán**
It. **fagianotto**
Jeune faisan.

FAISANDIER n.m.
En. **pheasant breeder**
De. **Fasanenzüchter**
Es. **faisanero** (1)
It. **allevatore di fagiani** (1)
1. Eleveur de faisans, dans une faisanderie.
2. Métayer qui ne restait pas longtemps dans la même métairie *(péjoratif)*.
3. *(Bordelais).* Métayer vigneron qui donnait les deux tiers de sa récolte au propriétaire.

FAISANE n.f.
Es. **faisana**
It. **fagiana**
Femelle du faisan.
Syn. Faisande, poule faisane.

FAISCEAUX n.m.p.
Groupe de parcelles laniérées, dessinant un carré, ou un rectangle plus ou moins long, et formant un quartier.

FAISSE n.f.
1. *(Provence)*. Partie plate, horizontale, ou faiblement inclinée, d'une terrasse de culture à flanc de colline, et soutenue par une murette.
2. *(Languedoc)*. Parcelle travaillée à la houe, qui a été *faïssa* ou *foïcha*, terme désignant l'action de bêcher à la houe, en dialecte local.
Etym. Du latin *fascia*, bande, bandelette.

FAISSELLE n.f.
It. **fiscella** (1)
1. Vase percé de trous, où l'on place le fromage frais pour laisser le petit lait s'égoutter *(Fig. 89)*.
Syn. Fécine.
2. *(Chavignol)*. Moule pour le fromage de chèvre, dit *Crottin de Chavignol, en Sancerrois*.
3. *(Normandie)*. Table percée de trous sur laquelle on presse le marc de pomme pour qu'il s'égoutte.

FAISSONNAT n.m.
Fagot de bois à brûler, composé soit de branches fines à l'intérieur, grosses à l'extérieur, soit de sarments de vigne.
Etym. De l'occitan *faïssounat*, fagot.

FAÎTAGE n.m.
En. **ridge** (1)
De. **Dachstuhl** (1)
Es. **parhilera** (1)
It. **colmareccio, trave di colmo** (1)
1. Poutre qui supporte la partie supérieure des chevrons d'une charpente et, par extension, sommet d'une toiture.
Syn. Faîtière.
2. Redevance payée par les tenanciers à leur seigneur quand ils posaient le faîte de leur chaumière.
3. Droit de prélever dans les bois seigneuriaux des troncs d'arbre pour façonner le faîte des maisons roturières.
Etym. Du francique *first*, qui a donné, au XVIème siècle, *faîte*.

FAÎTIÈRE n.f.
En. **ridge tile** (1)
De. **Firstziegel** (1)
Es. **cobija** (1)
It. **embrice** (1)
1. Tuile courbe qui sert à recouvrir l'arête supérieure d'un toit de ferme.
2. Poutre qui soutient les tuiles faîtières.

FALABRÉGUIER n.m.
(Roussillon). V. *Micocoulier*.

FALCULAIRE adj.
Qualifie les outils en forme de faux.
Etym. Du latin *falx, falcis*, faux.

FALÈRE n.f.
1. Météorisation des moutons.
2. *(Roussillon).* Variété de paludisme atteignant les ovins pâturant près de la mer.
Ils sont atteints de vertige et meurent rapidement.
Etym. Du catalan.

FALERNE n.m.
Es. **falerno**
It. **falerno**
Vin récolté autour de Falerne en Campanie.
Dans l'Antiquité, il était riche en alcool et se bonifiait beaucoup en vieillissant ; on en distinguait plusieurs crus : le massique, le faustin, etc. Actuellement, c'est un vin de couleur peau d'oignon, parfumé et fruité.

FALOURDE n.f.
It. **fascio di grossi rami**
Fagot composé de quatre ou cinq petites bûches, fines et longues, liées par deux liens aux extrémités, et cachant parfois des brindilles sans valeur.
Etym. Du vieux français *falourde*, tromperie.

FALOURDE DE HART l.f.
Fagot composé d'une douzaine de morceaux de bois retenus par des *harts*, ou liens d'osier.

FALUNAGE n.m.
Amendement des terres acides à l'aide de faluns qui contiennent jusqu'à 70% de carbonate de chaux.

FALUNIÈRE n.f.
Gisement de faluns.

FALUNS n.m.p.
De. **Muschelerde**
Es. **margal**
It. **lumachella**
(Touraine, Provence). Dépôt assez meuble d'origine marine, composé de sable et de coquillages, de diverses époques géologiques.
Les plus connus sont ceux de Touraine qui datent du Miocène. Ils sont extraits des falunières pour amender les terres acides.

FAN n.m.
(Suisse). Hêtre.
Etym. Dérivé du latin *fagus*.

FANAGE n.m.
En. **tedding, hay drying** (2)
De. **Heumachen** (2)
Es. **secado del heno, henificación** (2)
It. **fienagione** (2)
1. Feuillage d'une plante fourragère lorsqu'il est destiné à être desséché.
2. Opération consistant à faire sécher l'herbe des prés après la fauchaison, lors de la fenaison.
Elle se pratique d'ordinaire dans la prairie même, à l'aide de fourches, de râteaux, de faneuses, de râteaux-faneurs, ou à la ferme, à l'aide de conditionneurs qui hâtent le fanage par ventilation. Sous climat humide (Pyrénées occidentales) le fourrage vert est placé sur des supports appelés siccateurs ou perroquets ; il est ainsi protégé de l'humidité du sol et constamment aéré.
Etym. Du latin *fenum*, foin.

FANAISON n.f.
En. **withering** (1)
De. **Heuerntezeit, Verwelken** (1)
Es. **siega del heno** (1)
It. **appassimento** (1)
1. Ramollissement des feuilles et des tiges d'une plante par suite du manque d'eau.
La turgescence des tissus diminue car la pression osmotique devient insuffisante pous provoquer l'ascension de la sève brute.
2. Saison des foins.

FANER v.tr.
En. **to ted**
De. **heuen, heuwenden**
Es. **henificar**
It. **voltare l'erba falciata**
Tourner et retourner, à l'aide d'une fourche, ou d'une faneuse mécanique, l'herbe fauchée d'un pré pour qu'elle se dessèche rapidement.
Faneurs et faneuses s'y emploient en juin, sous nos latitudes.
Etym. Du latin *fenum*, foin.

FANES n.f.p.
En. **haulm** (1)
De. **abgefallenes Blätter, welkes Laub**
Es. **hojas secas, hojarasca** (1)
It. **foglie secche** (1)
1. Tiges et feuilles de plantes herbacées, coupées, puis desséchées, en particulier quand il s'agit de la pomme de terre, du colza.
Par extension, toute herbe que l'on recueille comme litière dans les fermes.
2. Calicules des fleurs d'anémones et de renoncules.
Etym. Du latin *fenum*, foin, qui a donné *faner*.

FANEUSE n.f.
En. **tedder** (2)
De. **Heuwender** (2), **Heumacherin** (1)
Es. **forrajera** (1), **henificadora, secadora de hierba** (2)
It. **macchina per far seccare il fieno, voltafieno** (2)
1. Femme qui fane.
2. Machine à faner.
Elle se compose de fourches animées d'un mouvement circulaire et alternatif, de haut en bas et de bas en haut, et projetant le foin vers l'arrière.

FANEUSE-ANDAINEUSE n.f.
Appareil muni de roues avec des fourches tournant en sens inverse, sur deux axes relevés vers l'extérieur, de sorte que le foin est accumulé au centre, en un gros *andain*.

FANOIR n.m.
De. **Trockengestell**
Es. **secadora**
It. **arnese per seccare il fieno**
Système de perches et de fils de fer où l'on suspend l'herbe des prairies pour la faire sécher.

FANON n.m.
En. **fetlock, dewlap** (1)
De. **Wamme** (1)
Es. **marmella** (1), **cerneja** (2)
It. **giogaia** (1), **barbetta** (2)
1. Repli de la peau qui pend sous le cou des boeufs.
2. Touffe de poils autour de l'ergot du pied d'un cheval.
Etym. Du francique fano, morceau d'étoffe.

FANU adj.
Qualifie une plante qui a beaucoup de feuilles, et, par extension, un blé qui a trop de feuilles et peu de grains.

FANURE n.f.
De. **Blässe**
Es. **marchitez**
Tiges et feuilles ayant subi le fanage.

F.A.O. sigle anglais
Food and Agriculture Organization.
En français, Organisation pour l'Agriculture et l'Alimentation (O.A.A.).
Institution internationale créée en 1945 et placée sous l'égide de l'O.N.U.
Son siège est à Rome, mais elle est représentée dans la plupart des Etats membres par des succursales chargées d'appliquer ses directives. Comme son titre l'indique, elle cherche à résoudre les problèmes agricoles et piscicoles à travers le Monde, en favorisant la production, la commercialisation et la répartition des produits de la terre et des eaux. Pour cela elle publie des études sur la situation mondiale de l'agriculture et de l'alimentation. Son principal rôle s'exerce dans les pays sous-développés où elle s'efforce d'atténuer la sous-alimentation en favorisant les cultures vivrières et les échanges commerciaux.

FARCIN n.m.
En. **farcy**
Es. **muermo crónico**
It. **farcino, morva**
Maladie qui atteint les chevaux, les ânes, et les mulets.
Elle se manifeste par une inflammation des ganglions et des vaisseaux lymphatiques, ce qui entraîne leur ramollissement et la formation d'ulcères dont l'animal paraît comme farci. Le farcin dit des rivières était fréquent, jadis, chez les chevaux de halage. Il existe un farcin des boeufs qui se traduit aussi par des abcès sous-cutanés. L'homme peut également contracter cette maladie par une écorchure. Elle est presque toujours mortelle.
Syn. Morve cutanée.
Etym. Du latin farcinem, farce, qui a donné farci, qui est plein.

FARCINEUX adj.
Se dit d'un cheval de halage atteint de morve cutanée ou farcin.

FARDAGE n.m.
Es. **engaño, fraude**
It. **adulterazione**
Présentation frauduleuse d'un produit, entre autres des fruits, pour cacher leurs défauts.
Etym. Du francique farwjan, teindre.

FARDIER n.m.
En. **trolley**
De. **Blockwagen**
Es. **narria, carro fuerte**
It. **carro per il trasporto di carichi pesanti**
Chariot aménagé pour le transport des lourdes charges, en particulier des troncs d'arbres.
Syn. Triqueballe.

FARE n.f.
(Vendée). Réservoir situé au pourtour d'un marais salant dans la zone des *chauffoirs*.

FARINAGE n.m.
Es. **maquila**
Redevance due, jadis, au meunier pour le blé qu'il avait moulu.

FARINE n.f.
En. **flour, meal**
De. **Mehl**
Es. **harina**
It. **farina**
Produit obtenu en écrasant des grains de céréales et des graines de diverses plantes : sarrasin, fève, pois, etc., sans leurs enveloppes.
La fleur de farine est fournie par la partie centrale des grains de froment.
Etym. Du latin farina.

FARINEUX adj.
Es. **harinoso**
Se dit d'un blé de bonne qualité donnant de 75 à 80% de son poids en farine.

FARINIER n.m.
Es. **harinero**
Jadis, commerçant faisant le trafic de la farine.

FARINIÈRE n.f.
Jadis, coffre pour conserver la farine.

FAROUCHE n.m.
En. **crimson clover**
De. **Blutklee, roter Alpenklee**
Es. **trébol encarnado**
It. **trifoglio incarnato**
Nom vulgaire du trèfle incarnat, aux longues fleurs rouges.
On le sème en août sur les chaumes ameublis ; on le fait consommer au printemps.
Etym. De l'arabe férouch, foin rouge.

FARRAGE n.m.
Mélange de diverses espèces de grains destinés à l'alimentation du bétail, ou à la production d'herbes fourragères.
Etym. Du latin farrago, qui a donné fourrage.

FARRÉAGE n.m.
Redevance en blé versée chaque année au forgeron pour ses menus services.
En Bourgogne, elle s'élevait à 4 mesures de blé, la mesure représentant environ le sixième d'un sac de blé de un hectolitre.
Etym. Du latin far, blé.

F.A.S.A.S.A. sigle
Fonds d'Action Sociale pour l'Amélioration des Structures Agricoles.
Administration qui a pour but de favoriser la création de domaines rentables en incitant les agriculteurs âgés à céder leurs parcelles pour des remembrements.
V. S.A.F.E.R.

FASCIATION n.f.
It. **fasciazione**
Anomalie morphologique de certaines plantes dont les tiges, et les feuilles prennent une forme aplatie, en éventail, ce qui les rend parfois ornementales, tel le dahlia, l'amarante passe-velours, etc.
Etym. Du latin fascia, bandelette.

FASCINE n.f.
En. **fascine**
De. **Faschine**
Es. **fajina**
It. **fascina**
1. Fagot de menus bois utilisé pour combler un fossé en vue de le franchir.
2. Tiges de bois longues et minces pour clôturer un jardin, ou former un abri provisoire *(R. Blais)*.
Etym. Du latin fascina, fagot.

Fascine

FASCIOLOSE n.f.
It. **fasciolosi, distomatosi**
Maladie parasitaire des ruminants, due à de grandes douves adultes *(Fasciola hepatica)* logées dans les canaux biliaires.
Elle est contractée en mangeant de l'herbe où se trouvent des oeufs de douve rejetés dans les déjections, des animaux précédents.

FASÉOLE n.f.
En. **haricot bean**
De. **Bohne**
Es. **fríjol, judía**
It. **fagiolo selvatico**
Haricot, flageolet.
Etym. Du latin faseolus, issu du grec phaselos, fève du Phase, fleuve de Colchide.

FASQUE n.f.
(Berry). Tas de gerbes, ou *moyettes*.

FASTIGIÉ adj.
En. fastigiate(d)
De. aufgerichtet
Es. fastigiado
It. fastigiato
Qualifie un rameau qui se rapproche du tronc, au lieu de s'en éloigner, tels ceux du cyprès sempervirens.

FATIGUE DES SOLS l.f.
Diminution de la fertilité des sols malgré les apports d'engrais, les amendements et la sélection des plantes cultivées.
Elle paraît due à la disparition des microorganismes utiles à la croissance des cultures (bactéries fixatrices de l'azote, mycorhizes favorisant l'assimilation de l'azote). Elle proviendrait peut-être du développement de parasites provoquant la dégénérescence des plantes, comme les piétains, *champignons qui pourrissent les racines des céréales. Enfin divers éléments peu connus peuvent contrarier le cycle de l'azote, ou du phosphore, à l'intérieur des sols et les rendre stériles.*

FAUCARD n.m.
En. scythe
De. Unterwassersense
Es. guadaña de mango largo
It. falce a manico lungo
Faux à long manche, ou à barre de coupe à l'avant d'un bâteau pour faucher les herbes d'un étang, ou d'un cours d'eau.
Etym. Du latin falx, *faux.*

FAUCARDAGE n.m.
En. mowing on banks
De. Unterwassermähen,
   Mähen an Uferböschungen
Es. guadañado de hierbas acuáticas
It. falciatura delle piante in acque adibite alla piscicoltura
Fauchage, à l'aide d'un *faucard*, parfois monté sur un bâteau *faucardeur*, des herbes d'un étang ou d'un cours d'eau afin de les assainir et de supprimer les refuges des oiseaux et des reptiles, prédateurs de poissons d'eau douce.

FAUCARDEUR n.m.
Bâteau équipé d'un faucard pour nettoyer les étangs et les cours d'eau des joncs et des buissons.

FAUCARDER v.tr.
En. to mow
De. unterwassermähen
Es. guadañar
It. falciare le piante acquatiche con l'apposita falce
Couper les herbes d'un étang ou d'un fossés d'irrigation à l'aide d'un *faucard*, faux à lame courte et renforcée.
Etym. Du latin falx, *faux.*

FAUCHAGE n.m.
En. mowing
De. Mähen
Es. siega
It. falciatura
Opération qui consiste à couper les tiges des fourrages et des céréales avec une faux, ou une faucheuse.
Etym. Du latin falcare, *dérivé de* falx, *faux.*

FAUCHAILLES n.f.p.
1. *(Berry).* Saison où l'on fauche les prés.
2. Action de faucher.
Syn. Fauchaison.

FAUCHAISON n.f.
En. mowing time (2)
De. Mähen (1), Mähzeit, Heuernte (2)
Es. siega (2)
It. sfalcio, tempo della falciatura (2)
1. Action de couper les herbes des prés à l'aide d'une faux ou d'une faucheuse.
2. Saison où l'on fauche.
Elle varie selon les plantes. Pour les plantes fourragères elle a lieu au moment de la floraison afin de conserver le maximum de matières nutritives.
Syn. Fauchage, fauchailles.

FAUCHARD n.m.
De. Sense (mit langem Stiel)
Es. hocino, honcejo
It. manarese, roncola a doppio taglio
Serpe à deux tranchants courbes.
Munie d'un long manche, elle sert à couper les hautes branches des arbres.

FAUCHE n.f.
En. mowing (2)
Es. siega (2)
It. sfalcio, falciatura (2)
1. Période où l'on fauche.
2. Résultat du fauchage.
3. *Prairie de fauche*, par opposition au pâturage livré seulement au pacage.
4. Quantité d'herbe qu'un *faucheur* peut couper soit sans aiguiser sa faux, soit durant une journée.
Syn. Fauchée.

FAUCHÉE n.f.
It. sfalcio
1. Herbe coupée à chaque coup de faux.
2. Herbe coupée par un faucheur en une journée.
3. Mesure de surface pour les prairies : 33 ares.
Syn. Journal (pour les terres de labour).

FAUCHER v.tr.
En. to mow
De. mähen
Es. segar
It. falciare
Couper un fourrage, ou une céréale, à l'aide d'une faux.
Etym. Du latin falcare, *faucher.*

FAUCHET n.m.
En. hay rake (2)
De. Heurechen, Holzharke (2)
Es. rastrillo de segador (2)
It. rastrello (2)
1. *(Maine).* Serpe en forme de croissant pour tailler les haies.
Syn. Fauchette.
2. Râteau en bois à deux rangées de dents pour rassembler l'herbe des prés quand elle est sèche *(Fig. 85).*

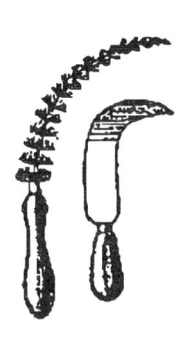

(Fig. 85). Fauchet

FAUCHEUR n.m.
En. mower
De. Mäher
Es. segador
It. falciatore
Personne qui fauche.

FAUCHEUSE n.f.
En. mowing machine, mower (2)
De. Mähmaschine (2)
Es. segadora (2)
It. falciatrice (2)
1. Femme qui fauche.
2. Machine agricole destinée à couper l'herbe des prés.
Elle peut comprendre une barre de coupe animée d'un mouvement de va-et-vient, ou bien des lames rotatives, autour d'un axe vertical (faucheuse à disques) ou autour d'un axe horizontal (faucheuse à fléaux).

FAUCHEUSE CONDITIONNEUSE n.f.
It. falce-schiacciatrice
Machine agricole composée d'une faucheuse et d'un appareil pour conditionner le fourrage coupé, en le mettant en bottes.

FAUCHEUSE-ESSOREUSE n.f.
It. falce-schiattra
Faucheuse munie de rouleaux d'acier qui écrasent le fourrage vert afin de favoriser sa dessication.
Elle peut être aussi dotée d'un rouleau à griffes, qui charge les herbes fauchées pour les transporter au silo ; c'est alors une faucheuse-hacheuse-chargeuse.

FAUCHON n.m.
It. **falce armata**
1. Petite faux à lame courte et dure.
Syn. Sape.
2. Faux munie d'une sorte de râteau destiné à rabattre les tiges coupées vers la gauche du faucheur ou du moissonneur.
Syn. Faux armée (fig. 86).

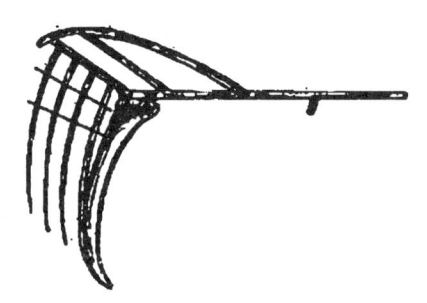

(Fig. 86). Fauchon

FAUCHURE n.f.
1. Herbe fauchée sur le pré.
2. *V. Fauchaison.*
(Terme vieilli).

FAUCILLAGE n.m.
Action de couper de l'herbe ou des céréales avec une faucille.

FAUCILLE n.f.
En. **sickle**
De. **Sichel**
Es. **hoz**
It. **roncola, falce messoria, falciola**
Petite faux tenue à la main par un manche de bois, à lame courbe, légèrement dentelée *(fig. 87).*
Elle servait à couper le blé et le seigle, poignée par poignée.
Etym. Du latin falcicula, petite faux.

(Fig. 87). Faucille

FAUCILLEUR n.m.
Ouvrier agricole utilisant une faucille.

FAUCILLON n.m.
En. **small sickle**
De. **Hippe**
Es. **rozón**
It. **falcetto**
Instrument à lame tranchante et recourbée, comme celle d'une faucille, et servant à couper du bois, ou des broussailles.

FAULDES n.f.p.
Fosses creusées dans les forêts pour fabriquer du charbon de bois.

FAULTRAGE n.m.
Redevance due au seigneur pour faucher des prés.
Elle était payable en nature, ou en espèces.
Syn. Droit de préage.
Etym. Dérivé de faux.

FAUNE n.m.
En. **faunus**
De. **Faun, Waldgott**
Es. **fauno**
It. **fauno**
Divinité champêtre chez les Romains.
Représentée avec des pieds et des cornes de chèvre, elle protégeait les cultures et défendait les troupeaux contre les loups.

FAUSSET n.m.
(Périgord). Cheville de bois servant à boucher le trou pratiqué dans un tonneau. *Syn. Douzil.*
Etym. De l'ancien français fausser, percer.

FAUVÉ n.m.
1. Sol peu épais, parsemé de pierres, et de teinte jaune.
2. *(Normandie).* Loess, de teinte fauve qui s'oppose au loehm de teinte rougeâtre et appelé *rougeaut.*

FAUVEAUX n.m.p.
Boeufs ayant une robe de teinte fauve.

FAUX n.f.
En. **scythe**
De. **Sense**
Es. **guadaña**
It. **falce**
Outil agricole composé d'une lame légèrement courbe, longue de 60 cm et large de 6 à 7 cm.
Elle est fixée à un long manche par un tenon coincé dans un anneau par un morceau de bois. Le manche, long de 1,50 m, comprend deux poignées, au centre et à l'extrémité. (fig. 88). Aiguisée par un léger martelage sur une enclumette, la faux servait à couper les fourrages et les céréales, en effectuant un mouvement en arc de cercle imprimé à l'outil par le faucheur, sur un mètre environ de large. Une faux armée était dotée d'une armature en bois, ou en métal, destinée à coucher vers la gauche, les tiges de céréales coupées.
V. Fauchon.
Etym. Du latin falx, faux.

(Fig. 88). Faux

FAUX-BOURDON n.m.
En. **drone**
De. **Drohne**
Es. **zángano, abejón**
It. **fuco**
Abeille mâle, velue et plus grosse que l'abeille ouvrière.
Elle disparait à la fin de la belle saison, après la période de fécondation.
V. Bourdon.

FAVÉE n.f.
(Berry). Gesse tubéreuse *(Lathyrus tuberosus).*
Syn. Favasse, favonnette.

FAVEROLE n.f.
En. **field bean** (1)
De. **Feldbohne** (1)
Es. **haba panosa** (1)
It. **favetta, favino, fava da foraggio** (1)
1. Féverole, ou plutôt *gesse tubéreuse* en Lorraine.
2. Race de poules obtenue dans la région de Faverolles *(Eure-et-Loir).*
Réputée pour sa précocité et son poids, elle résulte d'un croisement de la race de Houdan avec des races d'Extrême Orient.

F.A.V.F. sigle
Fédération des Associations Viticoles Françaises.
Créée en 1913, elle a pour but de coordonner les activités des associations viticoles régionales.

FAVIÈRE n.f.
It. **faveto**
Parcelle consacrée à la culture des fèves.
Etym. Du latin faba, fève.

FAVOUETTE n.f.
Gesse tubéreuse.

FAYARD n.m.
En. **beech-tree**
De. **Buche**
Es. **haya**
It. **faggio**
(Auvergne et Midi méditerranéen).
Hêtre.
Nom ancien encore usité.
Syn. Foyard.
Etym. Du latin fagus, hêtre.

FAYOT n.m.
En. **haricot bean, kidney-bean**
De. **Bohne**
Es. **habichuela, judía**
It. **fagiolo secco**
Graine de haricot. *(vulgaire)*
Etym. Du latin faseolus, qui a donné faïon en provençal.

FAYSSES n.f.p.
(Cévennes). Bandes de terre étroites et longues, soutenues par des murettes, sur les versants des Cévennes aménagés en terrasses de culture.

FAZENDA n.f.
(Brésil). Grand domaine consacré en majeure partie à une culture, ou à un élevage de spéculation : café à Sao Paulo, cacao à Bahia, canne à sucre à Pernambouc, troupeau de bovins du Nordeste.
Elle s'étend parfois sur plusieurs milliers d'hectares et appartient à une famille, ou à une Société. Elle comprend la résidence du planteur, des colonies pour abriter les ouvriers, une usine, ou des locaux pour la préparation des récoltes, un centre administratif. Découpée selon le relief, et le réseau hydrographique, elle s'étend des sommets (espigaô) à la rivière, ou à la gare, s'il y a une voie ferrée, ou à une route. Les fazendas tendent à se morceler et à diversifier leurs activités : élevage vers la vallée, plantations sur les versants, forêts sur les hauteurs. Quelques lopins de terre, ou sitio, sont parfois confiés aux ouvriers, les sitientes, pour des cultures vivrières (P.George).
Equivalent de la hacienda de l'Amérique du Sud espagnole.

FAZENDEIRO n.m.
Possesseur d'une fazenda.

F.D.S.E.A. sigle
Fédérations Départementales des Syndicats des Exploitants Agricoles.
(V. F.N.S.E.A.).

FÉA n.f.
(Pyrénées occidentales). Prairie à foin.
Syn. Féar, hea.

FÉAGE n.m.
En. feoffment
De. Lehnsvertrag
Es. feudo
It. feudo, appodiazione
Contrat d'inféodation d'une terre et, par extension, héritage tenu en fief.
Etym. De féi, ancienne forme de foi.

FÉCINE n.f.
V. Faisselle.

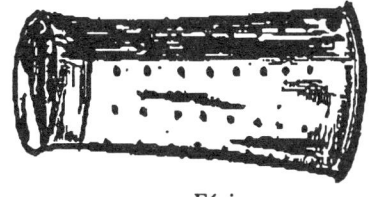

Fécine

FÉCONDATION n.f.
En. fecundating, fertilization (1), pollination (2)
De. Befruchtung (1), Bestäubung (2)
Es. fecundación
It. fecondazione
1. Chez l'animal, processus de fusion d'un gamète mâle, ou spermatozoïde, et d'un gamète femelle, ou ovule, pour former un oeuf, ou zygote, qui, par multiplication et différenciation cellulaires donne un nouvel individu.
2. Chez la plante, germination du grain de pollen issu des étamines sur le stigmate d'où il atteint l'ovule pour former la graine ou le fruit.
Etym. Du latin fecundus.

FÉCONDITÉ (TAUX DE) l.m.
It. fecondità (tasso di)
Pourcentage des femelles d'un troupeau ayant mis bas en un temps déterminé.

FÉCULE n.f.
En. starch
De. **Bodensatz, Stärkemehl**
Es. fécula
It. fecola
Substance de réserve accumulée dans les tubercules et les racines de certaines plantes (pomme de terre, manioc, igname, patate douce, etc.).
De même composition chimique que l'amidon, elle est obtenue industriellement sous forme pulvérulente, et elle est utilisée dans l'alimentation, dans les colles et en pharmacie.
Etym. Du lat faecula.

FÉCULENCE n.f.
En. starchiness
De. **Stärkegehalt**
Es. feculencia
It. feculenza, l'essere feccioso
Qualité des produits qui contiennent de la fécule : pomme de terre, haricots, manioc, etc. et résidu des liquides chargés de lie.
Etym. Du latin faeculentia, dérivé de faex, lie.

FÉCULENT adj.
En. starchy
De. **stärkemehlhaltig**
Es. feculento
It. feculento
Qualifie ce qui contient de la fécule.

FÉCULENT n.m.
Légume qui contient de la fécule : haricot, pomme de terre, etc.

FÉCULERIE n.f.
En. starch mill
De. **Stärkemehlfabrik**
Es. fábrica de fécula
It. fabbrica di fecola
Etablissement industriel où l'on fabrique de la fécule à partir de la pomme de terre ou du manioc.

FÉDON n.m.
(Poitou). Jeune baudet.

FEINIER n.m.
1. *(Gascogne).* Tas de foin.
2. *(Normandie).* Marchand de foin.
Etym. De fanum, foin.

FELDER n.m.
(Germanie). Ensemble de champs consacrés à la même culture.
Syn. Sole.

FELDGRASWIRTSCHAFT n.f.
(Allemagne). Culture temporaire après essartage et brûlis.

FELLAH n.m.
Paysan de la vallée du Nil et, par extension, travailleur de la terre en Afrique du Nord, et dans le monde arabe en général.
Etym. De l'arabe fellah, cultivateur.

FEMBRER v.tr.
(Bourgogne). Couvrir de fumier une terre.
Etym. Du latin fimus, fumier, qui a donné fiem et fiente.

FEMBROYER v.tr.
(Bretagne). Enlever le fumier de l'étable.
(A. Cailleux).

FÉMELINE n.f.
Race de boeufs du Jura.
La vache est bonne laitière ; le boeuf est peu vigoureux. La race de Montbéliard tend à la remplacer.

FEMELLE n.f.
En. female
De. **Weibchen**
Es. hembra
It. femmina
Animal de sexe féminin.

FEMELLE adj.
En. female
De. **Weiblich**
Es. hembra
It. femmina
Qualifie ce qui est du sexe féminin, animal ou plante.
Ex. Cygne femelle ; fleur femelle à pistil sans étamine.

FENAGE n.m.
Redevance perçue par le seigneur sur les foins.

FENAISON n.f.
En. **haymaking (1), hay harvest**
De. **Heubereitung, Heuernte (1)**
Es. henificación, siega del heno (1)
It. fienagione (2)
1. Coupe, séchage et mise au fenil des foins.
2. Saison où l'on coupe les foins.
Syn. Fanage.
Etym. Du latin fenum, foin.

FENASSE n.f.
De. **Kleefutter (4)**
It. foraggio di trifoglio (4)
1. Graines provenant des hautes graminées coupées dans les prés avant les foins, telle l'avoine fromentale.
2. Débris laissés par le foin dans les fenils et que l'on emploie pour ensemencer les prairies.
3. Sainfoin.
4. Mélange d'herbe et de paille recueilli sur les chaumes après la moisson.

FENASSIER n.m.
Ouvrier chargé de préparer les rations de fourrage et de les porter dans les écuries.

FENAU n.m.
(Bourbonnais). Grenier à foin.
Même origine que fenil.

FENDANT n.m.
1. Cépage à raisins blancs, ou roses, à grains très serrés.
2. (Suisse). Variété de chasselas cultivé en Suisse.

FENDEUR n.m.
En. river
De. Holzhacker
Es. hendedor
It. spaccalegna
Ouvrier qui fend les billes de bois de chêne, ou de châtaignier, pour fabriquer le merrain des barriques.
Etym. Du latin fendera, fendre.

FENDOIR D'OSIER l.m.
It. fenditoio per vimine
Instrument tranchant servant à diviser les tiges d'osier, ou de rotin, afin de les utiliser en vannerie ou en mobilier.

FENDOIR A PAILLE l.m.
(Limousin). Instrument qui servait à fendre la paille de seigle en brins très fins et résistants, pour fabriquer des tresses utilisées pour la confection des paniers et des chapeaux.

FENER n.m.
V. Faner (vieilli).

FÉNESTROU n.m.
(Gascogne). Petite fenêtre dans une étable, à volet de bois, destinée à favoriser l'aération et à permettre l'entrée des litières et la sortie du fumier.

FÉNIER n.m.
(Bassin Aquitain). Meule de foin.
Si elle est très grosse, c'est une fénière.
Etym. Du latin fenile, issu de fenum, foin.

FENIL n.m.
En. hayloft, barn
De. Heuboden
Es. henil
It. fienile
Bâtiment où l'on abrite le foin et les fourrages secs.
Il est souvent situé sous la haute toiture de l'étable à boeufs. Parfois, il en est séparé, notamment dans les régions montagneuses, où il sert de réserve de foin que l'on descend en hiver dans les vallées, parfois à l'aide de traîneaux, jusqu'aux étables (Pyrénées béarnaises).
Etym. Du latin fenile, issu de fenum, foin.

FENOUIL n.m.
En. fennel
De. Fenchel
Es. hinojo
It. finocchio
Plante herbacée vivace, de la famille des Ombellifères.
Les deux principales variétés sont le fenouil commun (Faeniculum officinale) et le fenouil de Florence (Faeniculum dulce). Le premier, haut de 1m à 1,50m, est cultivé comme plante médicinale pour sa racine aux propriétés diurétiques, et pour ses graines qui servent à la fabrication de liqueur à goût d'anis. Le second, plus court, a des pétioles charnus que l'on consomme cuits, pour aromatiser les sauces, en particulier la bouillabaisse, ou crus et en salade, comme le céleri.
Etym. Du latin feniculum, petit foin.

FENOUILLÈDE n.f.
Lieu où poussent des fenouils.

FENOUILLETTE n.f.
1. Eau-de-vie aromatisée avec des graines de fenouil.
2. Petite pomme grise à goût de fenouil.

FENTE n.f.
En. crack, fissure, cleft
De. Spalte, Sprung
Es. hendedura
It. fessura
Défaut d'un bois d'oeuvre dû à une fente dans le sens du fil.
C'est peut-être une gélivure.

FENTE (BOIS DE) l.m.
Es. madera de raja
It. tavole, legna de segare in assi
Bois de chêne, ou de châtaignier, découpé en rondins susceptibles d'être fendus dans le sens du fil pour former des marquants, des échalas, ou des merrains.

FENUGREC n.m.
En. fenugreek
De. griechisches Heu
Es. fenogreco
It. fieno greco
Plante herbacée de la famille des Légumineuses (Trigonella feonum graecum).
Ses graines, d'une odeur désagréable, servent à engraisser le bétail et, parfois, on les utilise dans l'alimentation humaine pour donner de l'embonpoint. Cultivée en Grèce et en Italie durant l'Antiquité, elle s'est maintenue en Afrique du Nord et dans le Proche Orient comme fourrage vert, ou légume. Elle serait originaire d'Iran.
(Etymologiquement foin grec).

FÉODALITÉ n.f.
En. feudal system, feudality
De. Lehnspflicht, Lehenswesen
Es. feudalismo
It. feudalesimo, feudalità
Régime politique et social qui régna en Europe occidentale du VIIème au XIVème siècle, et dont il subsista des traces jusqu'en 1789.
Issu de compromis entre l'administration romaine et les coutumes germaniques, il reposa essentiellement sur la terre et son revenu quand l'autorité royale eut décliné au IXème et au Xème siècles. Selon une hiérarchie complexe, la terre appartient au seigneur qui la divise en fiefs pour ses vassaux qui lui apportent aide financière et militaire ; ceux-ci répartissent leurs fiefs en domaine éminent, ou réserve, et en tenures confiées à des roturiers, vilains francs, et serfs. Ces derniers fournissent des redevances et des corvées qui permettent à leurs supérieurs de vivre noblement ; en retour, ceux-ci doivent protection et justice aux paysans de leurs fiefs.

F.E.O.G.A. sigle
Fonds Européen d'Orientation et de Garantie Agricole.
Créé en 1962, il a pour but de faire prévaloir la préférence communautaire dans le cadre de la Communauté Économique Européenne (C.E.E.), qu'il finance ; il pratique une politique de soutien des prix et de solidarité financière entre tous ses membres.

FER n.m.
(Gascogne). Cépage à gros raisins noirs, très productif.
Cultivé en Gascogne où il porte aussi le nom de her, le "f" évoluant vers le "h".

FÉRAGE n.m
Droit seigneurial permettant de chasser les bêtes sauvages.
Etym. Du latin fera, bête fauve.

FER À CHEVAL l.m.
En. horseshoe
De. Hufeisen
Es. herradura
It. ferro da cavallo
Lame de fer recourbée qui protège l'onglon de la bête contre les aspérités de la route.
Elle est fixée avec des clous chez un maréchal-ferrant. Le fer des bovins est une plaque avec un pinçon, dont on serre l'un ou les deux onglons des pieds.

Fér à cheval

FERMAGE n.m.
En. (tenant) farming, tenancy, rent (of a farm)
De. Pachtgeld
Es. arrendamiento rústico
It. affitto di fondo rustico

Mode de faire-valoir indirect aux termes duquel le possesseur d'une exploitation agricole la concède à un preneur pour une durée de 3, 6, ou 9 ans, ou pour une durée indéterminée, contre un loyer en espèces, et parfois, partiellement en nature.
Moyennant cette redevance, le fermier a toute liberté pour mettre en valeur le domaine qui lui est loué. Ce procédé de faire-valoir, qui connut un grand succès dans les pays d'agriculture riche, a remplacé presque partout le métayage. Actuellement, on assiste à des faire-valoirs mixtes : les fermiers achètent des parcelles pour agrandir leur exploitation ; de petits propriétaires louent des parcelles pour accroître la superficie de leur domaine. Les loyers sont indexés contractuellement sur le cours de certains produits.

FERME n.f.
En. farm house (1)
De. Bauernhof, Pachthof (1)
Es. alquería, finca, granja (1)
It. fattoria, cascina, cascinale, masseria (1,2), contratto d'affitto di fondo rustico (4)

1. Ensemble des bâtiments d'une exploitation agricole.
2. L'exploitation agricole elle-même, parfois donnée en *fermage*.
3. Les espaces vides, cour, jardins, vergers, autour des bâtiments *(Fig. 90)*.
4. Contrat par lequel le propriétaire d'un bien foncier loue ce bien à un fermier pour un temps limité.
Etym. Du latin *firmus*, solide, qui doit tenir.

FERME AQUACOLE l.f.
Etablissement où l'on élève les poissons de mer dans des bassins en utilisant les eaux chaudes rejetées par les centrales nucléaires, et en les enrichissant de produits alimentaires pour les alevins.
Elle comprend une écloserie pour le frai et une nurserie pour les jeunes poissons qui grossissent deux fois plus vite qu'en mer libre. Celle de Gravelines fournit 10% de la production aquacole française et élève également des mollusques et des crustacés.

FERME-ÉCOLE n.f.
En. training farm
Es. granja modelo
It. fattoria scuola

Etablissement d'enseignement agricole dans lequel on formait, au XIXème siècle, de jeunes agriculteurs et qui servait de modèle aux fermes des environs.
Syn. Ferme pilote.

FERME D'ÉTAT l.f.
Es. granja del Estado

(Pays de l'Est). Ferme gérée par l'Assemblée des ouvriers qui la mettent en valeur.
Syn. Sovkhose.

FERME SEMENCIÈRE l.f.
Ferme choisie par les services de l'I.N.R.A. pour fournir des semences de qualité, pures de germes infectieux et même contenant un matériel génétique susceptible de s'opposer aux invasions virales, et microbiennes.

FIG. 90. — Ferme (Plan de).

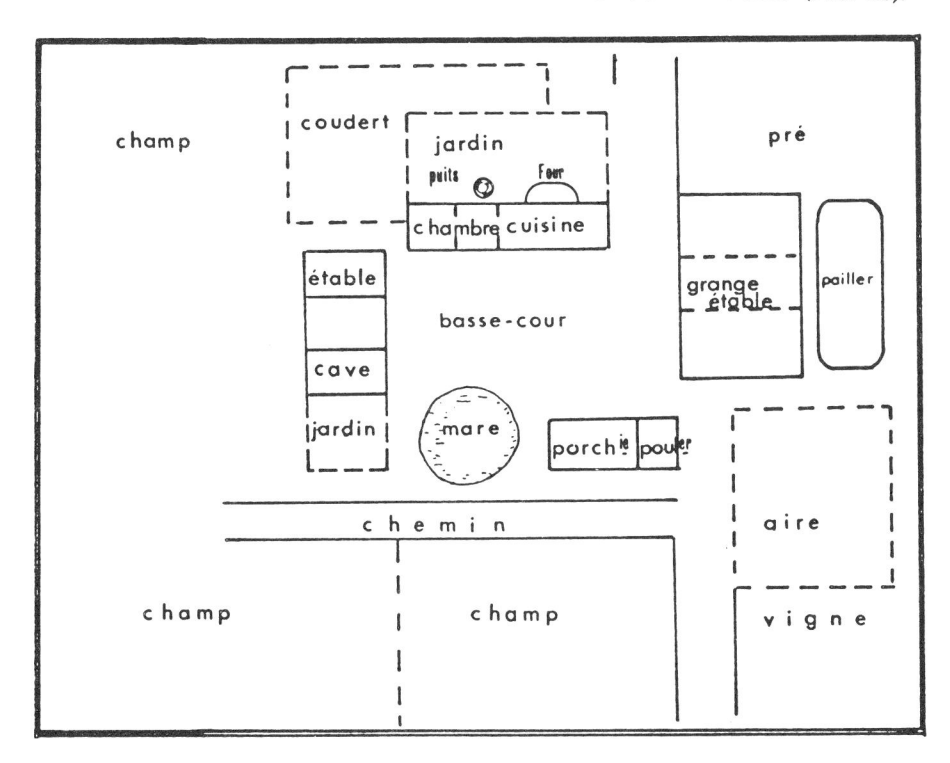

FERMENT n.m.
En. ferment
De. Ferment
Es. fermento
It. fermento

Agent qui provoque la fermentation dans un produit contenant du glucose : bactérie, champignon (ferment figuré), ou produit secrété par une cellule vivante, diastase ou enzyme (ferment soluble). *Il s'ensuit une décomposition putride, ou bien une oxydation en alcool, puis en acide acétique ou nitrique, une hydratation en ammoniac, et des dédoublements par les sucs digestifs dans l'estomac des animaux domestiques. Etym.* Du latin *fervere*, bouillir.

FERMENTATION n.f.
En. fermentation
De. Gärung
Es. fermentación
It. fermentazione

Réaction chimique qui se produit dans le moût des raisins, ou dans la pulpe des fruits sucrés.
A une température de 25 à 35°C, les sucres se transforment en alcool sous l'influence d'enzymes sécrétées par des microorganismes, les levures, selon la formule $C_6H_2O_5 = 2C_2H_5 + 2CO_2 + 22$ calories, avec élévation de la température et dégagement de gaz carbonique. La fermentation dure une huitaine de jours dans les cuves, et peut se poursuivre dans les fûts, à moins qu'on ne détruise les levures avec des injections de gaz sulfureux. Si la fermentation se prolonge, l'alcool se transforme en acide acétique sous l'influence de bactéries dites acétobacters. La fermentation s'applique également à la nourriture du bétail; les aliments, riches en hydrates de carbone (racines, pulpes, pailles, etc.), arrosés d'un peu d'eau salée, sont laissés en repos à 15°C pendant 24 heures et consommés plus facilement et avec plus d'appétit par les ruminants, à cause de la faible quantité d'alcool qui s'y est développée. Enfin la fermentation est à la base de nombreuses industries agricoles : distilleries, cidreries, brasseries, boulangeries, rouissage, etc.

FERMENTEUR n.m.
Es. fermentador
It. fermentatore

Appareil à faire fermenter.

FERMETTE n.f.
En. little farm
De. kleiner Bauernhof
Es. pequeña granja
It. piccola masseria

Petit bâtiment rural.

FERMIER n.m.
En. tenant farmer
De. Pächter
Es. arrendatario
It. fattore, fittavolo

Exploitant d'une ferme qui lui a été concédée pour un temps limité, moyennant une redevance en argent, ou en nature, appelée *fermage* ou *rente*.

FERMIER adj.
It. **di fattoria**
Caractérise ce qui a trait à une ferme : beurre fermier, garçon fermier, etc.

FERMIÈRE n.f.
En. **farm-mistress**
De. **Pächterin**
Es. **arrendataria**
It. **fattora, fattoressa**
Femme qui dirige seule, ou en collaboration avec son mari, une exploitation agricole.

FERMIER GÉNÉRAl l.m.
Es. **recandador de impuestos**
Personne chargée, par les possesseurs de grands domaines, divisés en nombreuses fermes et métairies, de veiller à l'exécution des baux, de rechercher fermiers et métayers et d'imposer les contrats de bail.
Leur rôle fut bénéfique, ou abusif, selon leurs qualités morales et professionnelles. La loi de 1946 sur le métayage a supprimé les fermiers généraux, appelés parfois fermiers partiaires.

FERRADE n.f.
En. **bull-branding**
De. **Brandmarken**
Es. **herradero**
It. **marchiatura del bestiame**
Opération qui consiste à marquer au fer rouge les bêtes appartenant au même propriétaire, ou désignées pour la boucherie.

FERRAGE n.m.
En. **shoeing** (1)
De. **Beschlagen** (1)
Es. **herraje** (1)
It. **ferratura** (1)
1. Fixation de fers sous les pieds des chevaux, des ânes, des mulets, des boeufs.
Le procédé daterait du XIIIème siècle.
2. Cerclage en fer d'une roue de charrette.
Syn. Ferrure.

FERRAGES n.m.p.
1. *(Haute Provence).* Terres très fertiles que l'on peut cultiver tous les ans sans recourir à la jachère.
Etym. Dérivé de ferax, fertile.
2. Mélange de graines pour le bétail.
Etym. Dérivé du latin ferrago.
3. Champ consacré à la production du fourrage.
Etym. Peut-être une déformation de farrage, fourrage.

FERRANDAISE n.m.
Race bovine issue de Montferrand, en Auvergne.
Robuste, rustique, excellente race de travail, elle était médiocre laitière. Elle a reculé devant les races pie noire et charolaise.

FERRANDIER n.m.
Ouvrier qui brise les tiges de chanvre à l'aide de broies afin de séparer la filasse de la chénevotte.

FERRANDIL n.m.
Cépage à raisins noirs, à maturité tardive, cultivé en Ariège.

FERREUR n.m.
En. **shoeingsmith, farrier**
De. **Beschlagschmied, Hufschmied**
Es. **herrador**
It. **ferratore, maniscalco**
V. Maréchal-ferrant.

FERTÉ n.f.
(Pays de l'Ouest). Longue perche dont on se sert dans les pays de l'Ouest pour franchir d'un bond les haies et les canaux.

FERTILE adj.
En. **fertile, fruitful**
De. **fruchtbar**
Es. **fértil, feraz**
It. **fertile**
Qualifie une terre qui donne d'abondantes récoltes.
Si la fertilité d'une parcelle n'est pas suffisante, on peut l'accroître à l'aide de fertilisants, fumier, engrais, amendements.
Etym. Du latin fertilis, dérivé de ferax, fertile.

FERTILISABLE adj.
Se dit d'une terre qui peut être fertilisée.

FERTILISANT n.m.
En. **fertilizer**
De. **Kunstdünger**
Es. **fertilizante**
It. **fertilizzante, che fertilizza**
Tout produit, fumier, engrais vert, produit chimique ou organique, amendement, qui tend à rendre un sol plus fertile.
Syn. Engrais.

FERTILISATION n.f.
En. **fertilization** (1)
De. **Fruchtbarmachung** (1)
Es. **fertilización** (1)
It. **fertilizzazione** (1)
1. Opération qui a pour but de conserver et d'accroître la productivité d'une terre à l'aide d'engrais, ou d'amendements.
2. Technique utilisée pour répandre les fertilisants.

FERTILITÉ n.f.
En. **fertility**
De. **Fruchtbarkeit**
Es. **fertilidad**
It. **fertilità**
Qualité d'une terre qui contient, sous forme assimilable, les divers éléments minéraux nécessaires à l'alimentation des plantes:azote, potasse, phosphate, chaux, et plus particulièrement des *oligoéléments* : fer, soufre, zinc, etc.
En outre, elle doit être perméable à l'air et à l'eau, contenir de l'humus et diverses espèces de bactéries assurant la transformation des substances diverses en éléments assimilables. Ces conditions générales varient avec les climats.

FERTILITÉ (TAUX DE) l.m.
Pourcentage de femelles ayant mis bas, au cours d'un temps déterminé, dans un troupeau.

FESSOU n.m.
1. *(Berry).* Houe triangulaire, pointue, et utilisée pour la culture de la vigne.
2. *(Auvergne).* Large bêche pour creuser et entretenir les rigoles dans les prés.

FESSOUR n.m.
1. *(Bourgogne).* Pioche à manche recourbé et à large taillant (18 à 20 cm) pour *décavaillonner*.
2. *(Vendée).* Pelle, ou bêche servant aux sauniers à entretenir leurs marais salants.

FESTAGE n.m.
Redevance due au seigneur par les roturiers qui faisaient construire une maison.
Elle était versée quand on avait placé la poutre du faîtage.

FÉTUQUE n.f.
En. **fescue grass**
De. **Schwingel, Rispengras**
Es. **cañuela**
It. **festuca**
Plante herbacée de la famille des Graminées *(Festuca pratensis).*
A longue tige et à feuilles fines, elle se prête à la création de prairies artificielles, et donne un foin de qualité.
Etym. Du latin festuca, brin de paille.

FEU n.m.
En. **household** 1)
De. **Heim, Familie** (1)
Es. **hogar** (1)
It. **focolare** (1)
1. Jadis, famille, qui pouvait compter 4 à 5 personnes.
Quoique très approximatifs, ces chiffres permettent d'établir des statistiques et des densités humaines pour des périodes dépourvues de recensement.
2. Unité locale pour la répartition des impôts entre les membres d'une communauté ; établis une fois pour toutes, ces feux fiscaux n'avaient pas de valeur démographique.
Etym. Du latin focus, feu, foyer.

FEU (BOIS DE) l.m.
It. **legna da fuoco**
Branches, rameaux et rondins réservés pour le feu, lors de la coupe.

FEU (POINTES DE) l.f.p.
Thérapeutique consistant à provoquer, avec une pointe métallique, rougie au feu, des brûlures sur la peau d'un animal domestique, à l'endroit où il souffre ; par suppuration les toxines du mal sont éliminées.

FEU BACTÉRIEN n.m.
En. wildfire
De. Feuerbrand
Es. bacteriosis del árbol frutal
It. fuoco batterico
Maladie des arbres fruitiers (poiriers, pommiers) et autres rosacées (aubépines, pyracanthas).
D'origine bactérienne (Erwinia amylavora), elle se manifeste par le dessèchement du feuillage. Connue aux Etats-Unis depuis le XVIIIème siècle, elle a fait son apparition en Europe vers 1966 (Pologne) et 1972 (France). On essaie de la combattre avec des produits à base de sel de cuivre.

FEUDATAIRE n.m.
En. feudal lord
De. Lehensmann
Es. feudatario
It. feudatario
Dépositaire d'un fief.
En retour, il devait à son suzerain l'aide aux quatre cas (mariage, adoubement, croisade, rançon). Avec les revenus de son domaine et de ses tenures, il assurait justice et protection à ses tenanciers.
Etym. Du latin feodum, fief.

FEUDISTE n.m.
Homme de loi chargé de dresser les terriers et les arpentements pour fixer les cens et les rentes des feudataires et des tenanciers.
Au XVIème siècle, ils contribuèrent à l'extension du droit coutumier dans la France du Midi. Au XVIIIème siècle, ils furent très occupés par les inventaires des droits seigneuriaux (Limousin, Auvergne et Périgord).

FEUILLAGE n.f.
En. foliage
De. Laub
Es. follaje
It. fogliame
Ensemble des feuilles d'une plante.
Quelques unes, consommées par l'homme, sont l'objet d'une culture:laitue, céleri, chou, etc. Certains feuillages servent de nourriture au bétail : orme, frêne, etc., ou bien sont utilisés comme litière:érable, chêne, hêtre, etc. Le feuillage des arbres à feuilles caduques se renouvelle au moment de la feuillaison printanière. Les feuillages à feuilles persistantes (conifères) sont toujours verts, leurs feuilles mortes sont à l'intérieur du branchage.

FEUILLAISON n.f.
En. foliation, leafing (1)
De. Belaubung (1)
Es. foliación (1)
It. fogliazione (1)
1. Phénomène végétal au cours duquel un végétal à feuilles caduques se couvre de son feuillage.
2. Epoque où a lieu ce phénomène qui varie selon les plantes et qui est soumis aux facteurs climatiques de chaque hémisphère, les saisons y étant inversées.

FEUILLARDS n.m.p.
De. Reifholz (1)
Es. varas de castaño (1)
It. rami di castagno per fare cerchi di botte (1)
1. Fines tiges de châtaignier fendues en deux pour fabriquer des cercles de barriques.
2. Branches d'arbre coupées avec leur feuillage pour être données en pâture aux animaux.
Syn. Feuillerin.
3. Au Moyen Age, brigands vivant dans les bois, cachés par les feuilles des arbres.

FEUILLARDIER n.m.
En Périgord, ouvrier préparant durant l'hiver des feuillards de châtaignier pour les vignerons du Bordelais.

FEUILLE n.f.
En. leaf
De. Blatt
Es. hoja
It. foglia
Elément d'un végétal, rattaché à la tige par un *pétiole*, s'élargissant vers l'extérieur en forme aplatie, ou *limbe*, de dimensions définies et de durée limitée pour chaque plante.
Siège de la fonction chlorophyllienne qui transforme la sève brute en sève élaborée. Les feuilles de certains arbres (orme, noisetier) servent de nourriture aux animaux domestiques ; celles du mûrier constituent l'alimentation essentielle des vers à soie.
Etym. Du latin folium.

FEUILLÉE n.f.
En. foliage
De. Laubesammeln
Es. enramada
It. frascato
Récolte des feuilles et des herbes des sous-bois pour la litière des étables et la fumure des champs.

FEUILLERIN n.m.
Branches pourvues de feuilles sèches dont on nourrit le bétail à l'étable, durant l'hiver des régions montagneuses, des pays méditerranéens.

FEUILLET n.m.
En. omasum
De. Blättermagen
Es. libro
It. centopelle, foglietto, omaso
Troisième poche de l'estomac des ruminants, située entre le *bonnet* et la *caillette*:sa paroi très feuilletée favorise la division des aliments solides.
Etym. De feuille.

FEUILLETTE n.f.
It. foglietta (1)
1. Mesure de capacité pour les boissons, d'une contenance d'un demi-litre environ.
Syn. Fillette.
2. Petit tonneau de 130 à 140 litres.

FEUILLIR v.intr.
En. to leaf, to leave
It. fogliare, produrre foglie
Se couvrir de feuilles.

FEUILLUS n.m.p.
Espèces arbustives à feuilles larges et caduques, par opposition aux résineux à feuilles étroites et persistantes.

FEU NOIR l.m.
It. latifoglie
Maladie du tabac causée par une bactérie, *Pseudomona angulata*.
Les feuilles noircissent et durcissent.

FEUR n.m.
Redevance versée par le tenancier d'un manse pour avoir le droit de vendre ses récoltes et son bétail hors de la seigneurie (IXème siècle).
Etym. Du latin foris, au dehors.

FEURRE n.m.
En. straw, thatch (2)
De. Futterstroh (2)
Es. paja larga (2)
It. paglia (2)
1. Sous-officier chargé de trouver du fourrage pour les chevaux.
Syn. Fourrageurs.
Etym. De l'allemand futter, dérivé du gothique fodr, fourrage, que l'on retrouve dans fourrier.
2. Dans le Bassin Parisien, pailles de céréales servant à couvrir les toits des chaumières.
Syn. Fouarre.
"Faire la barbe de feurre à l'abbé, ou à Dieu", c'était glisser une gerbe de paille dépiquée parmi les gerbes destinées à la dîme.

FEU ROUGE l.m.
1. Maladie virale des moutons dont la peau devient rouge.
2. Maladie cryptogamique du tabac dont les feuilles roussissent, se dessèchent et se brisent.

FEU SAINT ANTOINE l.m.
Epizootie causée probablement par des intoxications dues à l'ergot de seigle.
Elle se manifeste par des gangrènes.

FEUTRAGE n.m.
Dégradation des pelouses qui se couvrent de mousses à cause de l'acidité de leur sol.
On y remédie par du sulfate de fer.

FEU VOLANT l.m.
Maladie du mûrier provoquée par un champignon, *Verticillium mori*, qui se manifeste par la chute des feuilles.

FEU DE BROUSSE l.m.p.
Dans les régions tropicales, incendie volontaire des savanes pour mettre en valeur agricole des terres incultes, pour favoriser la pousse de l'herbe dans les pâturages, pour détruire les animaux nuisibles.
Ces feux empêchent les arbres de pousser et contribuent à maintenir les savanes.

FEUX CROISSANTS l.m.p.
Droit d'usage dans les bois seigneuriaux.
Les prélèvements croissaient avec le nombre des usagers, des feux, de la communauté.

FEUX LIQUIDES l.m.p.
Médicaments à usage externe, composés de révulsifs (euphorbe, poudre de cantharide, etc.), et dont on frotte la peau pour atténuer, ou faire disparaître la souffrance.

FÈVE n.m.
En. **broad bean**
De. **Saubohne, Bohne**
Es. **haba**
It. **fava**
Plante herbacée de la famille des Légumineuses (*Faba vulgaris*).
Originaire peut-être de l'Iran, elle était cultivée pour ses graines, que l'on appelle aussi des fèves, dès les temps préhistoriques, en Egypte et en Mésopotamie. On distingue la fève des marais à grosses graines (Faba major), et la petite fève, ou féverolle (Faba minor). Plusieurs graines portent aussi le nom de fève, tel le fruit du lotus en Egypte, celui du cacao en pays tropical, et même les haricots sont dits des fèves en Normandie et en Lorraine.

FÈVEROLE n.f.
En. **field bean**
De. **kleine Saubohne**
Es. **haba panosa, haba menor**
It. **fava da foraggio, favetta**
Petite fève à feuillage abondant, consommée comme fourrage vert.
On distingue la fèverole de printemps qui se sème en mars, de la fèverole d'hiver qui se sème fin septembre. Si on laisse mûrir les fèveroles on les coupe à la faucheuse en août, quand les cosses noircissent et on les bat pour en extraire les graines, qui servent à alimenter le bétail (R. Blais).

FÉVIÈRE n.f.
It. **faveto**
Champ consacré à la culture des fèves.
Syn. (Albigeois) Fabarail, (Valais) favaire, (Berry) faviero, (Saintonge) feuvrée.

FÉVILLÉE n.f.
Arbuste de la famille des Cucurbitacées (*Fevillea cordifolia*), cultivé en Amérique tropicale pour ses fruits riches en huile contenant un médicament contre les morsures de serpent.
Aussi sont-ils appelés noix de serpent.

FÉVRIER n.m.
En. **February**
De. **Februar**
Es. **febrero**
It. **febbraio**
Douzième mois du calendrier romain, deuxième mois du calendrier moderne.
C'est le mois où l'on nettoie les haies et les bois, où l'on procède aux premiers labours.
Etym. Du latin *februatio*, purification, le mois de l'expiation.

F.F.A. sigle
Fédération Française de l'Agriculture.
Créée en 1969, avec, pour but, de maintenir le niveau de vie des agriculteurs en surveillant les marchés intérieurs et en orientant les centres régionaux qu'elle fédère vers les problèmes d'exportation.

F.F.N. sigle
Fonds Forestier National.
Créé en 1946, il valorise la forêt française, domaniale, communale ou privée, par des subventions, des contrats d'exploitation, des prêts et des primes.
Ses ressources financières proviennent d'une taxe sur la vente des produits forestiers.

FIA n.m.
(*Bourgogne*). Fléau dont on se servait pour battre les céréales.

FIBRES n.f.
En. **fibre**
De. **Holzfaser, Fiber**
Es. **fibra leñosa**
It. **fibra**
Elément filamenteux qui constitue les matériaux solides des plantes.
Les fibres peuvent jouer diverses fonctions, selon leur place dans le tronc, ou dans la tige, soit comme conducteurs de la sève, soit comme organes de soutien, soit les deux à la fois. Certaines fibres (lin, chanvre) servent à fabriquer des textiles. Les fibres torses, inclinées par rapport à l'axe du fût, rendent le bois impropre à la menuiserie.

FICELLE n.f.
En. **string**
De. **Bindfaden, Kordel**
Es. **bramante, guita**
It. **spago, funicella, cordicella**
Petite corde en chanvre, en lin, et surtout en sisal pour lier les gerbes et les balles de paille ou de foin, avec les presses à fourrage.
Etym. Du latin *filum*, fil.

FICHE-ÉCHALAS n.m.
Appareil muni de courroies pour le fixer au pied, et avec lequel on enfonce les échalas dans le sol.
Syn. Enfonce-échalas.

FICHET n.m.
Appareil que l'on adapte au pied afin de préparer le trou où l'on enfoncera un échalas.
Syn. Fiche-échalas, enfonce-échalas.

F.I.D.A. sigle
Fonds International de Développement Agricole. *Organisme, créé en 1977, dépendant de l'O.N.U. et qui a surtout pour but de promouvoir l'autosuffisance des populations sous-développées ; il favorise l'établissement des infrastructures, l'utilisation des techniques appropriées au milieu naturel et social. Il prend des mesures économiques pour accroître les productions vivrières et soutenir leur commercialisation.*

FIEF n.m.
En. **fief, feoff**
De. **Lehen**
Es. **feudo**
It. **feudo**
Terre, domaine, mis en culture par des serfs et concédé par le propriétaire éminent, le suzerain, à une personne appelée vassal, à charge par celui-ci de services personnels et nobles, tel le service militaire.
Le domaine concédé devait lui permettre de s'équiper et de combattre à cheval, comme cela se produisit après les invasions arabes. Si le fief était concédé à une abbaye, l'abbé devait désigner un noble pour servir auprès du suzerain ; s'il était concédé à un roturier, c'était un fief cottier, ou roturier, et son possesseur devait acquitter un droit de francfief pour équiper un noble à sa place. Le plein fief était un fief direct, par opposition à un arrière-fief qui supposait une hiérarchie de deux vassaux. A partir du XIème siècle le fief se distingue de la censive ; il devient héréditaire, inaliénable, sous réserve de droits à verser au suzerain : quint, lods et ventes, relief. Dans certains cas le suzerain pouvait reprendre le fief par retrait féodal.
Etym. Du francique *fehu*, bétail, qui a donné *fevum*, *fedeum* et *feodum*, termes qui désignaient un alleu à l'époque carolingienne ; les Allemands en ont tiré *vieh*, bétail, et les Français *fief*, bien foncier, chargé de redevances.

FIEF DE DANGER l.m.
(*Droit féodal*). Fief dont le vassal ne pouvait prendre possession avant d'avoir rendu hommage à son seigneur, sinon il était frappé de *commise*.
V. Commise et danger.

FIEFFAL adj.
De. **Lehns-**
Es. **enfeudado**
It. **del feudo**
Qualifie ce qui concerne un fief.

FIEFFÉ n.f.
(*Normandie*). Vente qui entraîne le versement d'une rente annuelle de plus ou moins longue durée, parfois perpétuelle, au seigneur, propriétaire éminent de la terre cédée.

FIEFFER v.tr.
En. **to enfeoff**
Es. **enfeudar**
It. **investire di un feudo**
Céder une terre contre une rente foncière et perpétuelle.

FIEFFERME n.f.
Concession à perpétuité, moyennant une rente fixe, de terre non fieffée, ou ayant fait retour à la réserve seigneuriale.
Cette coutume apparaît en Normandie, à partir du XIIème siècle.

FIELD n.m.
(Angleterre). Ensemble de parcelles soumises à des contraintes collectives : mêmes cultures, droit de passage et de pacage, etc.
Syn. Sole, en France.

FIENTE n.f.
En. **dung, droppings**
De. **Taubenmist, Hühnermist, Kot**
Es. **estiércol**
It. **pollina**
Excréments des poules et des pigeons.
C'est un engrais très actif pour les cultures maraîchères.
Etym. Du latin *fimus, femita* fumier.

FIÈVRE APHTEUSE n.f.
En. **foot and mouth disease**
De. **Maul- und Klauenseuche**
Es. **fiebre aftosa, glosopeda**
It. **febbre aftosa**
Maladie d'origine virale, très contagieuse, et atteignant surtout les bovins et les porcins.
Elle se manifeste par des aphtes sur la muqueuse buccale et entre les doigts de pied (V. Aphteuse).

FIÈVRE VITULAIRE n.f.
En. **milk fever**
De. **Milchfieber**
Es. **fiebre láctica**
It. **febbre puerperale**
Affection qui atteint parfois les vaches après la parturition. *Elle se traduit par des paralysies ; elle est plutôt appelée* fièvre du lait.
Etym. Vitulaire *dérive du latin* vitulus, veau.

FIGÈRE n.f.
Maladie virale des dindonneaux.

FIGUE n.f.
En. **fig**
De. **Feige**
Es. **higo**
It. **fico**
Fruit du figuier. *Etym.* Du latin, *ficus.*

FIGUERAIE n.f.
En. **fig tree orchard**
De. **Feigenpflanzung, Feigengarten**
Es. **higueral**
It. **ficheto**
Plantation de figuiers.

FIGUIER n.m.
En. **fig tree**
De. **Feigenbaum**
Es. **higuera**
It. **fico**
Arbre fruitier de la famille des Urticacées.
(Ficus carica). Son fruit, la figue, qui est un réceptacle contenant les graines, a une pulpe molle, délicate et sucrée. Originaire des Canaries, ou du Proche Orient, le climat méditerranéen et un sol caillouteux lui conviennent particulièrement. Il est cultivé dans des vergers appelés figueries *ou* figueraies ; *ses fruits récoltés en automne, sont consommés frais ou secs.*

FIGUIER DE BARBARIE l.m.
En. **Indian fig tree, prickly pear**
De. **Feigenkaktus**
Es. **higuera chumba**
It. **fico d'India**
Plante grasse *(Opuntia vulgaris)* à grosses feuilles épaisses, en forme de raquettes, hérissées de piquants.
Importé du Mexique, il s'est très vite répandu en Afrique du Nord, pour former des haies, et à cause de ses fruits, de couleur orange quand ils sont mûrs, à pulpe sucrée et très appréciée malgré leur peau parsemée de fines épines.

FIL n.m.
En. **thread**
De. **Faser, Faden**
Es. **hilo**
It. **filo**
Fibre séparée d'une plante textile (lin, chanvre, coton), d'une laine, ou d'un cocon de ver à soie.

FILAGE n.m
Transformation des inflorescences de la vigne en vrilles par excès de vigueur.

FILANDIÈRE n.f.
En. **spinner**
De. **Spinnerin**
Es. **hilandera**
It. **filatrice, filandaia**
Chacune des trois Parques qui filaient la trame de nos jours.
Jadis, femme qui filait la laine, le chanvre ou le lin, ou bien qui dévidait les cocons de soie, travaux qui ont disparu de nos jours, du fait de la mécanisation.
Syn. Fileuse.

FILARDEAU n.m.
Jeune arbre, fin, droit et élancé comme un fil.

FILARI n.m.p.
(Italie). Rangée d'arbres soutenant les pieds de vigne dans les campagnes de Toscane et de Campanie.
Forme de coltura promiscua.
(Equivalent de *file*, rangée).

FILASSE n.f.
En. **bast, tow**
De. **Flachs, Hanf, Bast**
Es. **estopa, hilaza**
It. **filaccia**
Fibres solides tirées de la tige du chanvre, ou du lin, après rouissage et teillage.
Mise en quenouille, la filasse était jadis filée à la main, à l'aide d'un fuseau. Aujourd'hui, l'opération s'effectue mécaniquement dans les filatures.
Etym. Du latin *filum*, fil, qui a donné *filacea* au Moyen Age.

FIL DU BOIS l.m.
En. **grain**
De. **Holzdraht**
Es. **hilo de la madera**
It. **verso del legno**
Répartition dans le tronc d'un arbre des fibres allongées qui, selon leur résistance, soutiennent la plante, ou servent à la circulation de la sève.
Elles peuvent être séparées à coup de hache, ou spontanément par vieillissement.

FIL DE FER l.m.
En. **iron wire**
De. **Eisendraht**
Es. **alambre**
It. **fil di ferro**
Attache souple en métal galvanisé, de 1 à 3 mm de diamètre pour servir de clôture, de support d'espalier.

FILET n.m.
V. Stolon.

FILETOUPIER n.m.
Ouvrier chargé de peigner la filasse de chanvre après rouissage.

FILEUSE n.f.
En. **spinner**
De. **Spinnerin**
Es. **hilandera, hiladora**
It. **filatrice**
Femme qui file un textile, ou qui dévide les cocons de vers à soie, soit à la main, soit à l'aide d'un *filoir*.

FILIÈRE n.f.
1. Suite de recherches et d'expériences liées entre elles pour obtenir une nouvelle plante cultivée, ou un nouvel animal domestique, dotés de qualités particulières.
2. Travaux successifs de laboratoire pour découvrir un remède contre une maladie atteignant les cultures, ou l'élevage.
Etym. Du latin *filum*, fil.

FILIOLE n.f.
(Provence). Canalisation secondaire dans les systèmes d'irrigation.
Etym. Dérivé de *fille.*

FILLETTE n.f.
(Anjou). Bouteille de vin d'une contenance de 35 centilitres environ.

FILOSELLE n.f.
En. **floss silk**
De. **Florettseide**
Es. **filadiz, filoseda**
It. **filaticcio di seta**
Bourre de soie, mêlée à du coton.
Elle sert à fabriquer des tissus résistants, notamment des gants.
Etym. Du latin *folliculus*, cocon, qui a donné en italien *filosello*, cocon, et *filugello*, ver à soie.

FILOSITÉ n.f.
Maladie de la pomme de terre.
Ses bourgeons forment des pousses filiformes et sans vigueur.

FIMBREAUX n.m.p.
(Sologne). Fumiers de diverses sortes utilisés naguère pour les céréales.

FIMICOLE adj.
It. **fimicolo**
Qualifie tout être, animal ou végétal, qui vit dans le fumier.
Etym. Du latin *fimus*, fumier, et *colere*, habiter.

FIN n.m.
(Berry, Lorraine). Ensemble de parcelles soigneusement délimitées et soumises au même assolement.
Syn. Sole, finage, *(Bourgogne) fin de pie.*

FINAGE n.m.
En. **parish**
De. **Feldmark, Flurmark**
Es. **término municipal**
It. **circoscrizione comunale**
Territoire dépendant d'un village et soigneusement délimité.
Issu parfois d'une villagalloromaine, devenue par la suite paroisse, puis commune, le finage se répartissait en trois parties :
a. Les meix, *en bordure des maisons, et libres de toutes contraintes.*
b. La partie composée de parcelles cultivées, mais soumises aux obligations d'assolement.
c. Le communal *composé de landes, de bois, de champs temporaires et laissé à la libre disposition des habitants du village.*
On retrouve encore la trace de cette antique structure agraire, dont l'origine est de beaucoup antérieure à l'aurore de l'histoire, dans l'organisation du territoire de beaucoup de nos communes. Le même terme s'appliquait également au territoire sur lequel un seigneur exerçait un droit de juridiction ; c'était alors l'équivalent du mot ban. *Il convient de ne pas confondre finage et terroir. Actuellement, selon les régions, on peut distinguer les finages simples à habitats dispersés (Bretagne), ou agglomérés (Lorraine), et les finages complexes et organisés, tels le rang (Canada), le Strassendorf (Allemagne), le territoire en étoile des bourgs médiévaux, ou l'espace quadrillé des bastides méridionales (P. de Saint-Jacob); mais il ne peut être composé de plusieurs aires agricoles et administratives séparées, comme c'est le cas pour un terroir, composé de plusieurs aires de même qualité.*
Etym. Du latin *fines*, limite.

FINE n.f.
Eau-de-vie de vin de bonne qualité.
Elle porte parfois le nom de la région d'où elle provient, ainsi la fine champagne *comprend les cognacs de la grande et de la petite Champagne des Charentes ; on dit aussi une* fine Béziers, *et même une* fine Calvados *si elle est issue du cidre de Normandie.*

FINEROTS (CHEMINS) l.m.p.
Chemins qui suivent les limites d'un finage, ou bien ceux qui séparent une sole de l'autre, dans un territoire à contraintes collectives.
Ils sont souvent bordés de haies, ou de clôtures, pour favoriser le passage des troupeaux sans nuire aux récoltes.

FINES HERBES l.f.p.
En. **garden herbs**
De. **Küchenkräuter, Gewürze**
Es. **finas hierbas**
It. **erbe aromatiche**
Plantes herbacées, à suc et à tissus riches de saveurs et de parfums excitant le goût ; hachées menues, elles servent à assaisonner les mets (persil, cerfeuil, estragon,etc.).

FINIÈRES (VOIES) l.f.p.
Chemins ruraux reliant le village aux limites *(fines* en latin) du territoire communal, tout en séparant les soles les unes des autres.
C'était également les chemins séparant deux finages.
Syn. Chemins finerots.

FISC n.m.
Unité d'exploitation, correspondant à un domaine à l'époque carolingienne.
Etym. Du latin *fiscus,* corbeille pour recueillir de l'argent.

FISSELLE n.f.
It. **fiscella**
Corbeille perforée, en bois, en métal, ou en vannerie, pour égoutter le fromage.
Syn. Fesselle, foisselle.

FISSIPÈDE adj.
En. **fissiped, cloven-footed**
It. **fissipede**
Qualifie un mammifère qui a quatre ou cinq doigts à chaque patte (chien, chat, belette, ours, etc.).
Etym. Du latin *fissus,* fendu, et *pes, pedis,* pied.

FIVÈLE n.f.
Anneau de bois, ou de fer, fixé au bout d'une corde destinée à lier des branches, de la paille ou du foin.
Grâce à cet anneau on parvient à arrêter le noeud coulant qui serre la brassée de bois, ou d'herbe.

FIXE-LONGE n.f.
Anneau destiné à empêcher que la corde, tenant un animal, s'allonge, ou se raccourcisse, au delà de la longueur fixée.

FLACHE n.f.
De. **Loch, Wasserlache** (3)
Es. **charca** (3)
It. **intaccatura** (2), **pozzanghera** (3)
1. Partie d'aubier tendre dans une pièce de bois mal équarrie.
2. Entaille faite sur un tronc d'arbre pour y poser la marque d'une griffe.
3. Creux dans un champ où l'eau de pluie se maintient longtemps.
Etym. Du latin *flaccus*, flasque.

FLACHERIE n.f.
It. **flaccidezza**
Maladie des vers à soie, due à un bacille qui se développe dans le corps du ver et entraîne sa mort.
Très contagieuse, elle peut détruire rapidement tout un élevage. Les vers atteints, languissent, meurent et noircissent ; ils sont dits morts-flats. *On combat la flacherie en élevant la température du local à 27°C et en privant les vers de nourriture.*

FLACHIS n.m.
V. Blanchis.

FLAGEL n.m.
(Aquitaine). Fléau à battre les céréales et se composant de deux bâtons reliés par une courroie en cuir *(Fig. 91).*
Etym. Du latin *flagellum.*

FLAGELLÉE n.f.
Laitue pommée que l'on qualifie de *sanguine* à cause de sa couleur rouge.

FLAGEOLET n.m.
En. **kidney bean**
Es. **habichuela verdosa, frijol**
It. **fagiolino**
Espèce de haricot très appréciée.
Le terme actuel n'apparaît que vers 1835 dans les cultures maraîchères de l'Ile-de-France.
Etym. Du grec *phaseolus*, qui vient du Phase, fleuve de Colchide, et qui a donné *faseolus* en latin, *faguilo* en italien, *faséole* au XVème siècle, *flageolle* en Poitou, *faïou*, puis *fayot* en Provence.

FLAMANDE adj.
Qualifie
1. une race bovine, de robe acajou, excellente laitière.
2. une race ovine, de grande taille et très féconde.
3. une race chevaline, utilisée pour le trait.
4. une race porcine, à forte musculature.

FLAQUIÈRE n.f.
En. **crupper**
De. **Schwanzriemen**
Es. **grupera**
It. **groppiera**
Partie du harnais posée sur la croupe et passant sous la queue du cheval.
Syn. Croupière *(fig.59).*

FLANDRINE adj.
Se dit d'une race ovine originaire des Indes et sélectionnée en Flandre.
Les brebis donnent deux agneaux par an, et leur toison fournit une laine fine et abondante.

FLAVESCENCE n.f.
It. **giallume**
Maladie de la vigne dont les feuilles jaunissent et s'enroulent, sous l'influence d'un excès d'eau, ou de l'étranglement d'un rameau.
Etym. Du latin flavescens, devenant jaune.

FLÉAU n.m.
En. **flail**
De. **Dreschflegel**
Es. **mayal**
It. **coreggiato**
Outil agricole qui servait à battre les céréales et qui se composait de deux bâtons reliés l'un à l'autre par des courroies, ou *escourgeons*.
Elles permettaient au bâton le plus court de pivoter autour de l'extrémité du plus long ; celui-ci servait de manche, tandis que l'autre, appelé batte, battoir, ou verge, allait frapper de toute sa longueur, les épis étalés sur l'aire (fig. 91).
Etym. Du latin flagello, fouet.

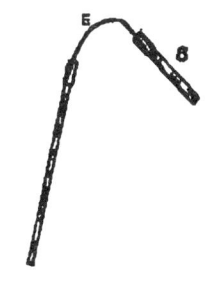

(Fig. 91). Fléau : E. escourgeon
B. batte

FLÈCHE n.f.
En. **beam** (1), **pole** (4)
De. **Plugbaum** (1)
Es. **lanza**, **cama** (1)
It. **bure** (1), **stelo** (3), **stanga** (4)
1. Pièce la plus longue d'une charrue, unissant les diverses parties de l'instrument.
Syn. Age.
2. Branche d'arbre, très droite et verticale.
3. Tige de canne à sucre.
4. Timon unique d'une charrette à deux chevaux.
Etym. Du francique fliugika.

FLÈCHE (EN) l.adj.
Se dit d'un attelage dont les chevaux sont placés les uns devant les autres.

FLÉCHÉE adj.
Qualifie une haie bien taillée.
Les branches des arbustes qui la composent ont la forme de flèches.

FLÉER v.tr.
Battre les épis de céréales avec un fléau pour en extraire les grains.

FLEGME n.m.
En. **phlegm**
De. **Phlegma**
Es. **flema**
It. **flemma**
Premier alcool qui sort de l'alambic au cours de la distillation.
Chargé de nombreuses impuretés plus ou moins volatiles, il doit être rectifié par une seconde distillation.
Etym. Du grec flegma, humeur.

FLEIN n.m.
Corbeille ovale ou rectangulaire, munie d'une anse, pour emballer et transporter les primeurs.

FLÉOLE n.f.
En. **timothy**
De. **Lieschgras**
Es. **fleo**
It. **fleo**
Graminée fourragère (*Phleum pratense*).
Très fréquente, et appréciée, dans les prairies de la zone tempérée.
Syn. Phléole.

FLÉTRIR v.tr.
En. **to wilt**
De. **welken**
Es. **marchitar, ajar**
It. **appassire, avvizzire**
Pour une plante, perdre sa fraîcheur, l'éclat de ses couleurs, s'infléchir vers le sol et laisser tomber ses feuilles par manque de sève, due à la sécheresse ou à une maladie bactérienne, virale, à la morsure d'un insecte, à un manque de fertilisants dans le sol.
Etym. Du latin flaccidus, languissant.

FLÉTRISSAGE n.m.
En. **withering, fading** (1)
De. **Verwelken** (1)
Es. **marchitez, ajamiento** (1)
It. **avvizzimento** (1)
1. Etat d'une plante qui, privée d'eau ou atteinte d'une maladie virale, ou cryptogamique, cesse de croître, perd ses feuilles, s'infléchit vers le sol si c'est une plante herbacée, et meurt.
Syn. Flétrissure, flétrissement.
2. Maladie bactérienne du bananier et de l'hévéa, caractérisée par le dessèchement des feuilles et la mort de la plante.
3. Opération qui consiste à faire flétrir les feuilles de thé fraîches avant de les rouler.

FLÉTRISSEMENT n.m.
Syn. Flétrissage (1).

FLÉTRISSURE n.f.
Syn. Flétrissage (1).

FLEUR n.f.
En. **mould**
De. **Mehl**
It. **fiore, fioretta**
Produit pulvérulent de couleur blanche, qui se forme par exsudation à la surface des fromages et des fruits très mûrs.

FLEUR n.f.
En. **flower**
De. **Blume**
Es. **flor**
It. **fiore**
Organe de la reproduction chez les phanérogames.
Il comprend généralement les étamines pour le pollen et le pistil pour les ovules, et le plus fréquemment il est entouré d'un périanthe aux pétales de couleurs brillantes et de parfum agréable.
Etym. Du latin flos, floris fleur.

FLEUR DE MAI l.f.
(Normandie). Pomme très précoce.

FLEUR DE SOUFRE l.f.
It. **fiore di zolfo**
Soufre en poudre, obtenu par sublimation, et utilisé pour combattre l'oïdium.

FLEUR D'HERVE l.f.
Variété de séneçon (*Senecio hervenianus*).
Originaire d'Australie, elle s'est répandue dans le Midi méditerranéen avec une grande rapidité. Inconsommable par les moutons, elle pourrit dans le foin et résiste aux herbicides.

FLEUR (PASSER) l.v.intr.
Laisser tomber ses fleurs pour faire place aux fruits.

FLEURET n.m.
Soie tirée de la bourre qui est autour du cocon, et qui est comme une fleur que le ver a filé pour embellir son ouvrage.
On en tire des fils de grosseur inégale.
Syn. Shappe.

FLEURIE n.f.
Un des crus du Beaujolais, de la commune de Fleurie.

FLEURINES n.f.p.
Interstices entre les rochers éboulés de Roquefort, et sous lesquels sont installées des fromageries utilisant le lait de brebis.
Par ces interstices passent de légers souffles d'air favorables au mûrissement des fromages.

FLEURIR v.intr.
En. **to flower, to blossm**
De. **blühen**
Es. **florecer, florear**
It. **fiorire**
Produire des fleurs.

FLEURIR v.tr.
It. **infiorare**
Décorer de fleurs.

FLEURISTE n.m.
En. **florist** (2)
De. **Blumengärtner** (1), **Blumenhändler, Blumengeschäft** (2)
Es. **floricultor** (1)
It. **floricoltore** (1), **fioraio, fiorista** (2)
1. Horticulteur spécialisé dans la culture des fleurs et des feuillages colorés.
2. Marchand de fleurs et de plantes vertes.

FLOCK-BOOK n.m.
En. **flock-book**
De. **Herdbuch**
Es. **registro pecuario**
It. **registro di montoni**
Livre généalogique des béliers sélectionnés.

FLOQUETS n.m.p.
(Provence). Béliers sélectionnés que l'on reconnaissait aux touffes de laine en forme de flocons qu'on leur laissait sur le dos.

FLORAISON n.f.
En. **blossoming, flowering** (1)
De. **Blühen** (1)
Es. **florescencia, floración** (1)
It. **fioritura** (2)
1. Epoque où les fleurs des plantes s'épanouissent.
2. Etat d'une plante couverte de ses fleurs

FLORAL adj.
En. **floral**
De. **Blumen-**
Es. **floral**
It. **florale**
Qualifie ce qui a trait aux fleurs, à leur épanouissement, à leurs organes, à leur rôle ornemental.
Etym. Du latin *floralis*.

FLORALIES n.f.p.
It. **feste florali**
Fêtes champêtres qui avaient lieu au printemps, en l'honneur de Flore, et pour célébrer l'éclosion des fleurs.
Par extension, exposition de fleurs.

FLORE n.f.
En. **flora** (3)
De. **Flora** (3)
Es. **flora** (3)
It. **flora** (3)
1. Déesse des fleurs et de la végétation dans la mythologie romaine.
2. Espèces végétales d'un pays.
3. Ouvrage contenant la liste des espèces végétales d'une région.

FLORÉAL n.m.
De. **Floreal (Blütenmonat)**
Es. **floreal**
It. **fiorile**
Huitième mois de l'année républicaine, coïncidant avec la fin d'avril et le début de mai (21 avril - 20 mai), époque où fleurissent de nombreuses plantes.

FLORICULTURE n.f.
En. **floriculture, flower growing**
De. **Blumenzucht**
Es. **floricultura**
It. **floricoltura**
Culture des fleurs et des plantes d'ornement par des horticulteurs et des amateurs.

FLORIFÈRE adj.
En. **floriferous**
De. **blütentragend**
Es. **florifero**
It. **fiorifero**
Qui produit beaucoup de fleurs.

FLORISTIQUE n.f.
En. **floristic**
De. **Floristik, floristische Geobotanik**
Es. **estudio de las flores**
It. **floristica**
Etude des fleurs, et plus généralement de la flore d'une région.
Syn. Taxinomie.
Etym. Du latin *fiore*, fleur.

FLORULE n.f.
It. **flosculo**
Chacune des petites fleurs d'une inflorescence.

FLOTITS n.m.
(Agenais). Plantation de peupliers.

FLOTTAGE n.m.
En. **foating (of wood)** (2)
De. **Flossholz** (2)
Es. **flotación** (2)
It. **fluitazione** (2)
1. Irrigation d'un pré par une mince nappe d'eau sur toute sa surface.
2. Transport des troncs d'arbre par flottage sur les cours d'eau.
On distingue le flottage à buches perdues *et le flottage par* trains *ou* radeaux.
Syn. Drave, en franco-canadien.

FLOUVE n.f.
En. **sweet vernal grass**
De. **Ruchgras, Rauchergras**
Es. **grama de olor, cerrillo**
It. **paleo**
Plante de la famille des Graminées (*Anthoxanthum odoratum*).
Elle communique au foin un parfum délicat.

FLUR n.m.
(Germanie). Terres cultivées.
Blockflur parcellaire à champs massifs ; *Gewannflur,* parcelles groupées en quartiers ; *Streifenflur,* openfield à longues et étroites parcelles.
Etym. De l'allemand.

F.N.C.A. sigle
Fédération Nationale du Crédit Agricole.
Organisme supervisant les activités financières des diverses succursales du Crédit Agricole en France et dans les Territoires d'Outre-Mer.

F.N.D.A. sigle
Fonds National de Développement Agricole.
Créé en 1984, il a pour but l'animation et le développement de la vie rurale par l'intermédiaire de techniciens qui enseignent aux jeunes agriculteurs les récents procédés des activités agricoles.

F.N.P.L. sigle
Fédération Nationale des Producteurs de Lait.

F.N.P.T. sigle
Fédération Nationale des Planteurs de Tabac.
Association de divers syndicats de planteurs de tabac pour la défense de leurs intérêts et pour l'amélioration des conditions de culture, en accord avec la S.E.I.T.A.

F.N.S.E.A. sigle
Fédération Nationale des Syndicats des Exploitants Agricoles.
Elle groupe les syndicats locaux, départementaux et régionaux, et elle favorise les progrès agricoles par ses démarches auprès des pouvoirs publics, par son aide financière, par ses sections spécialisées et ses services d'études, répartis en 93 fédérations départementales.

F.N.S.P. sigle
Fédération Nationale des Syndicats Paysans.
Groupement, pour la défense de leurs intérêts, des ouvriers agricoles et des petits paysans.

FOARRE n.f.
Pailles de céréales, fourrages pour le bétail.
(Terme vieilli.)
Etym. Du francique *fodar*, qui a donné *feurre*, paille.

FOGER v.intr.
Enfouir les herbes des champs à l'aide d'une charrue.
Etym. Du latin *fodicare*, issu de *fodere*, fouir.

FOGGARA n.f.
Canalisation souterraine pour capter l'eau d'irrigation au pied des massifs montagneux des régions arides, du Maroc à l'Iran.
Pour les établir on creuse des puits de dix mètres en dix mètres, jusqu'à la profondeur voulue, et on les réunit par un tunnel dont la pente est plus faible que celle de la surface du sol, de sorte que vers l'amont il pénètre dans la nappe phréatique; suintements et ruisselets créent un écoulement vers l'aval, jusqu'à l'air libre.
Syn. (Maroc) Khettara.

FOIE GRAS n.m.
Foie hypertrophié d'oie, ou de canard, par suite d'un gavage intensif.
C'est l'une des matières premières les plus appréciées des industries agroalimentaires.

FOIN n.m.
En. **hay**
De. **Heu**
Es. **heno**
It. **fieno**
Herbe des prairies naturelles, coupée, séchée au soleil en juin-juillet, et entrée au fenil.
Etym. Du latin *fenum*, herbe sèche.

FOINE n.f.
Fourche en fer à trois dents servant à remuer le foin.

FOINETTE n.f.
Fourche à deux dents, ou petite foïne pour remuer le foin ou le fumier.

FOINIER n.m.
Vendeur de foin.
Peu usité.

FOIRAIL n.m.
En. **fairground**
De. **Marktplatz**
Es. **ferial**
It. **foro boario**
Champ de foire où l'on vend le bétail.
Dans les localités à foires importantes on distingue le foirail aux boeufs du foirail aux moutons.

FOIRE n.f.
En. **fair**
De. **Jahrmarkt, Messe**
Es. **feria**
It. **fiera**
Rassemblement dans une ville, un village, et rarement en pleine campagne, d'un grand nombre de personnes et de bêtes, en vue de l'achat et de la vente du bétail.
On y trafique également de tous les produits de la terre. Certaines foires sont spécialisées dans le commerce d'un animal domestique (foire aux chevaux), ou d'une récolte (foire aux haricots d'Arpajon). A cause de la rapidité et de la capacité des moyens de transport, les foires des campagnes tendent à disparaître. Elles se renouvellent partiellement avec les foires d'exposition, où achats et ventes s'effectuent sur échantillons.
Etym. Du latin *feriae*, jour de fête, qui a donné *fiera*, marché.

FOIREAU n.m.
(Poitou). Cépage à raisins blancs.

FOLIATION n.f.
En. **foliation** (2)
De. **Blätterstand** (2)
Es. **foliación** (2)
It. **fogliazione** (2)
1. Apparition des feuilles sur un arbre caducifolié, au cours du printemps, durant la période de *feuillaison*.
2. Répartition des feuilles sur les tiges.
Etym. Du latin *folium*, feuille.

FOLLE AVOINE n.m.
En. **wild oat**
De. **Flughafer, Avena fatua**
Es. **avena loca, ballueca**
It. **avena selvatica**
Plante adventive messicole de la famille des Graminées *(Avena fatua)*, à maturité précoce, de sorte que ses graines tombent avant la moisson, et qu'elles germent et poussent aux dépens des plantes cultivées.
Très nuisible aux céréales.

FOLLE BLANCHE n.f.
Cépage à raisins blancs.
Il dominait jadis en Charente pour la production du cognac, et en Gascogne pour l'armagnac. Il a reculé devant le saint-émilion.
Syn. Enrageat.

FOLLE NOIRE n.f.
Cépage à raisins noirs de table, cultivé en Dordogne, Lot-et-Garonne, Var et Alpes Maritimes.

FOLLETAGE n.m.
Maladie qui frappe la vigne durant les chaudes journées de juillet.
Les feuilles et les sarments dépérissent. On attribue ce mal à un déséquilibre entre l'évapotranspiration et la montée de la sève ; celle-ci ne peut plus alimenter la première ; on appelle parfois apoplexie, *ce déséquilibre causé par un coup de vent chaud.*

FOLLICULE n.m.
En. **follicle** (1)
Es. **folículo** (1)
It. **follicolo** (1)
1. Fruit à péricarpe sec et déhiscent, à un seul carpelle et s'ouvrant par une seule fente entre les deux rangs de graines.
2. Cocon de ver à soie.
Etym. Du latin *foliculus*, petit sac.

FOMBRONS n.m.p.
(Bourbonnais). Petits tas de fumier répartis régulièrement dans un champ avant l'épandage.
Syn. Fimbraux.

FONÇAGE n.m.
Assemblage des *traversins* qui forment le fond d'une futaille.
Selon la grosseur du fût, le fond qui reçoit le robinet compte trois ou cinq traversins, c'est le bout-moule *; l'autre fond en comprend quatre ou six, c'est le* bout-faux.

FONÇAILLES n.f.p.
En. **barrel head**
De. **Bodenbretter**
Es. **tablas del fondo de un tonel**
It. **doghe del fondo di una botte**
Planches de chêne, ou de châtaignier, aux extrémités curvilignes qui forment le fond des tonneaux.
S'opposent aux longeailles *qui désignent les douves incurvées des côtés.*

FONCER v.tr.
Remettre le fond d'un tonneau pour permettre de le garnir de vin.

FONCIALITÉ n.f.
(Bretagne). Domaine d'un propriétaire.
(Ancien terme de droit).

FONCIER n.m.
En. **land**
De. **Grund**
Es. **bienes raíces**
It. **fondiario**
Ensemble des terres et des bâtiments d'un propriétaire rural, ou d'une région agricole.
Etym. Du latin *fundus*, domaine agricole.

FONCIER adj.
Qualifie ce qui a trait à un domaine agricole : revenus, impôts, droits et devoirs, etc. par opposition à *mobilier*.
Etym. Du latin *fundus*, domaine agricole.

FONCIS n.m.
(Anjou). Terre récemment défrichée, défoncée.
Syn. Novale.

FONCTION CHLOROPHYLLIENNE l.f.
V. Chlorophylle.

FONDOS n.m.
(Brésil). Domaine de quelques centaines d'hectares découpés dans une fazenda de plusieurs milliers d'hectares.
Etym. Du latin *fondus*, domaine.

FONDRÉE n.f.
Légère dépression dans un champ.
La terre y est plus humide qu'au pourtour.

FONDRIÈRE n.f.
En. **hollow**
De. **Schlammloch, Höhlung**
Es. **bache, hoyo**
It. **fosso, pantano**
Dépression où s'accumulent les eaux et la boue, sur une épaisseur assez considérable pour que les attelages s'y enlisent.

FONDS n.m
En. **estate, land**
De. **Grund, Grundstück**
Es. **fondo, heredad**
It. **fondo, podere**
Exploitation agricole, domaine entier, héritage.

Dans le vocabulaire forestier, c'est ce qui reste d'une étendue boisée quand on a coupé tous les arbres, c'est-à-dire, qu'il comprend les chemins, les routes, les fossés, les souches et les constructions.
Etym. Du latin *fundus*, terre que l'on cultive.

FONDS FORESTIER NATIONAL l.m.
Compte spécial du Trésor créé en 1946, géré par le Service des Eaux et Forêts, et financé par une taxe sur les produits forestiers.
Ce fonds favorise le reboisement et l'entretien des forêts privées par des subventions, des prêts et le financement des entreprises forestières.

FONDSURE n.f.
(Midi Aquitain). Partie basse d'une parcelle.

FONDS DE TERRE l.m.
1. *(Droit féodal).* Terre sans les récoltes.
Sur elle pesait le cens, et sur les récoltes, le surcens, ou croît de cens. C'est vers le XIIème siècle que l'on commença à distinguer le cens du surcens, celui-ci annonçant le fermage et le métayage.
2. Actuellement, terre considérée comme moyen de production.
Pour le propriétaire c'est le fonds dominant, pour le fermier c'est le fonds dominé.

FONGIBLE adj.
En. **consumable**
De. **fungibel**
Es. **fungible**
It. **fungibile**
Qualifie les produits qui se consomment par leur simple usage : récoltes, vins, etc.
Etym. Du latin *fungis*, à consommer.

FONGICIDE n.m.
En. **fungicide**
De. **Fungizid**
Es. **fungicida**
It. **fungicida**
Produit destiné à combattre les maladies cryptogamiques : mildiou, oïdium, moisissures.
A base de sulfures de cuivre ou de zinc, leur action est superficielle et doit être répétée plusieurs fois au cours d'une saison, sur une même plante.
Etym. Du latin *fongus*, champignon, et *caedere*, tuer.

FONGIQUE adj.
Relatif aux champignons.
Etym. Du latin *fongus*, champignon.

FONIO n.m.
En. **fonio**
It. **fonio**
Plante de la famille des Graminées (*Digitaria exilis*), cultivée en Afrique occidentale pour ses graines.
Sa semoule sert à fabriquer le couscous.

FONTAINE n.f.
En. **fountain, spring**
De. **Brunnen, Quelle**
Es. **fuente**
It. **fontana, fonte**
Source aménagée pour pouvoir y puiser facilement de l'eau, grâce à des robinets, des tuyaux, et des maçonneries. *Elle est souvent à l'origine d'un hameau ou d'un village.*
Etym. Du latin *fons, fontis*, source.

FONTAINEBLEAU n.m.
1. Chasselas que l'on cultive autour de Fontainebleau, et vers Thomery.
2. Fromage fabriqué dans la région de Fontainebleau.

FONTE DES SEMIS l.f.
Diminution du volume des semis, due à une maladie cryptogamique.

FOR GÉNÉRAL n.m.
(Béarn). Coutume béarnaise qui obligeait ceux qui avaient coupé des arbres dans les bois communaux à les remplacer *(V. Fors).*

FORAGE n.m.
It. **perforazione, sondaggio** (2)
1. Redevance seigneuriale prélevée sur les boissons vendues au détail.
2. Action de creuser un puits, ou d'effectuer un sondage avec une foreuse.

FORAIN n.m.
En. **peddler, packman** (1)
De. **Schausteller,**
  herumziehender Kaufmann (1)
Es. **feriante, marchante** (1)
It. **venditore ambulante** (1)
1. Marchand, qui, n'ayant pas de magasin à demeure, se transporte avec ses marchandises d'une ville à l'autre le jour de la foire ou du marché.
2. Artisan qui exerce son métier sur les places de village les jours de marché.
A distinguer de l'ambulant qui a un lieu fixe d'où il rayonne et du nomade qui va au hasard des circonstances, exercer son métier.
Etym. Du latin *foranus*, étranger.

FORAIN adj.
En. **foreign**
De. **auswärtig**
Es. **foráneo**
It. **foraneo**
Qualifie ce qui est venu de l'étranger.
Etym. Du latin *forensis*, étranger, issu de *foris*, dehors.

FORÇAGE n.m.
En. **forcing**
De. **Treiben**
Es. **activación**
It. **forzatura**
Procédé par lequel on force un fruit, ou un légume, à se développer plus rapidement qu'il ne le ferait naturellement, ou à croître à contre-saison. *Il se pratique dans les serres à climat artificiel.*

FORCE n.f.
Opération qui consiste à gâter une terre par trop de fumier.

FORCE ou VIEILLE FORCE n.f.
Fumure non encore assimilée dans le sol et qui constitue une réserve (de force) en matières fertilisantes pour les futures récoltes.

FORCE BOULANGÈRE l.f.
De. **Backfähigkeit**
Es. **valor panificable**
Qualité d'une farine due à sa richesse en gluten et qui donne à sa pâte et à son pain de la légèreté et du volume.

FORCER v.tr.
1. Déterminer, par diverses techniques, les plantes cultivées à se développer, à fleurir, à fructifier en dehors des périodes normales.
2. Labourer trop profondément et ramener à la surface une terre compacte qui gâte la bonne terre arable.
3. Obliger un animal domestique à accomplir un travail très pénible.
4. Refuser d'obéir à un cavalier ; c'est pour un cheval *forcer la main*.
Etym. Du latin *fortia*, force.

FORCERIE n.f.
En. **forcing house**
De. **Treibhaus**
Es. **estufa caliente**
It. **serra di forzatura**
Serre chauffée, humidifiée et éclairée pour favoriser le *forçage* des fruits et légumes.
Avant de l'ensemencer, on a soumis les graines à un traitement au froid pour hâter leur germination ; c'est la vernalisation.

FORCES n.f.p.
En. **shears**
It. **cesoia**
Ciseau à tondre les moutons, fonctionnant comme un sécateur, avec un ressort en demi-cercle entre les deux manches.

FORCINE n.f.
(Vendée). Renflement du tronc d'un arbre à l'endroit où se fixe une grosse branche.
Plusieurs forcines, réunies à la partie supérieure des chênes et des ormes, leur donnent la forme de têtards quand on les ébranche.

FOREST n.m.
(Gapençais). Lieu sauvage ; abri temporaire situé hors des agglomérations.
Etym. Du latin *foris*, dehors.

FORESTAGE n.m.
Droit versé au seigneur d'une forêt pour avoir l'autorisation d'y circuler, d'y mener paître le bétail et d'y prélever du bois mort.

FORESTERIE n.f.
En. **forestry** (2)
De. **Forstwirtschaft,**
  Forstwissenschaft (2)
Es. **ciencia forestal** (2)
It. **scienza della foresta** (2)

1. Communauté fondée dans une forêt pour l'exploiter sous la direction d'un *forestier* représentant le seigneur.
2. Ensemble des sciences et des techniques relatives aux forêts.

FORESTIER n.m.
En. **forester** (2), **forest ranger** (3)
De. **Förster** (3)
Es. **guardabosque, guarda forestal** (3)
It. **guardia forestale** (3)
1. Agent seigneurial chargé d'administrer une communauté disposant de forêts.
2. Habitant d'une forêt.
3. Fonctionnaire des services des eaux et forêts.

FORESTIER adj.
Qualifie ce qui a trait à la forêt.
Ex. Code forestier.

FORÊT n.f.
En. **forest** (1), **wood**
De. **Wald** (1)
Es. **bosque** (1)
It. **foresta, selva** (1)
1. Primitivement, bois situé loin des centres habités, puis bois de très grande étendue.
2. Par extension, grande région où domine une végétation arborescente : *la forêt amazonienne, la forêt sibérienne, etc.*
Selon les essences qui la composent on distingue la forêt caducifoliée *à feuilles caduques, la forêt* sempervirente *à feuilles toujours vertes et la forêt* mixte. *La forêt est* dense *si les fûts sont proches les uns des autres, elle est* claire *si les arbres sont espacés ; c'est une* forêt-parc, *ou une* forêt prés-bois, *si, entre les bouquets d'arbres, s'étendent des prairies. Elle est dite* primaire, *si l'homme n'y est jamais intervenu : c'est la* forêt-vierge ; *elle est* secondaire *si elle a poussé après une ou plusieurs coupes. Jadis le terme de forêt entrait dans plusieurs expressions :*
- **Forêt banale** *qui était exploitée en commun par les membres d'une communauté.*
- **Droit de forêt** *qui donnait au seigneur la possibilité d'interdire l'abattage des bois dans son domaine, par opposition à tout autre utilisateur.*
- **Concession de forêt** *qui permettait aux riverains d'abattre des arbres dans les bois seigneuriaux.*
- **Forêts soumises** *actuellement gérées par l'Office National des Forêts, selon des procédés qui constituent la* sylviculture *et qui permettent de distinguer le* taillis *et la* fûtaie ; *le* taillis *est* simple *s'il est formé d'arbres que l'on coupe à intervalles réguliers et relativement courts (20 à 30 ans) ; il est dit* sous-fûtaie *s'il est entremêlé de grands arbres, dits* de réserve, *et que l'on ne coupe que tous les 200 ans. Si ces arbres sont seuls, ils constituent une* fûtaie, *qui est dite* jardinée *lorsque les coupes ne s'effectuent que pour les sujets parvenus à maturité. Selon son aspect, la forêt porte différents noms : hallier, fourré, gaulis, perchis, et fûtaie. La forêt se maintient indéfiniment sur le même sol si le climat ne se modifie pas, et si l'homme n'intervient pas. Cette pérennité est due aux sels minéraux absorbés par les racines, à l'humus provenant des débris des herbes et des arbres, et aux aérosols apportant de loin des matériaux nouveaux ; le tout, véhiculé par la sève brute et composant un équilibre écologique, est transformé par la photosynthèse des feuillages en* sève élaborée *alimentant les divers tissus végétaux.*
Etym. Du latin forestis, *dérivé de* foris, *ce qui est dehors.*

FORÊTIN n.m.p.
(Berry). Habitant du Berry cultivant, dans une région appelée "la Forêt", des arbres fruitiers : pommiers, poiriers.

FORFAIT n.m.
En. **contract**
De. **Akkordpreis**
Es. **destajo**
It. **prezzo forfettario**
Somme que l'on s'engage à verser pour un travail à exécuter, ou un produit à livrer, quelles que soient les variations de prix qui peuvent survenir à la suite de l'entente.
Etym. Du latin forum factum, *marché conclu.*

FORFAITE adj.
Qualifiait au Moyen Age, une terre confisquée par le seigneur quand le tenancier n'avait pas tenu ses engagements, ou avait commis une félonie, une forfaiture.
Etym. Du latin fors, *hors de, et* faire.

FORGE n.f.
Petite enclume portative sur laquelle le faucheur amincit, à coups de marteau, le fil de sa faux pour lui rendre son tranchant.

FORGERON n.m.
En. **blacksmith**
De. **Schmied**
Es. **herrero**
It. **fabbro**
Artisan qui était chargé de fabriquer et d'entretenir les outils agricoles, de ferrer les chevaux et les boeufs, et d'effectuer les menues réparations dans les fermes.
Etym. Du latin fabricare, *fabriquer.*

FORIÈRE n.f.
Bande de terrain en bordure d'un champ, où tournaient les attelages lors des labours et qui, mal ameublie, ne donnait que de médiocres récoltes.
Syn. Chaintre, fouarière.

FORIRE n.f.
Terre en friche, d'où l'on retire du foin.
(G.Plaisance).

F.O.R.M.A. sigle
Fonds d'Orientation et de Régularisation des Marchés Agricoles.
Créé en 1961, il a pour but de favoriser l'action de l'Etat sur les marchés agricoles par l'intermédiaire des associations interprofessionnelles, à l'exception toutefois des céréales, du sucre et de la viande.

FORMARIAGE n.m.
Mariage effectué hors du domaine seigneurial entre deux serfs de deux seigneuries différentes, ou bien entre une serve et un homme libre.
Pour éviter cette perte de personnel, la coutume voulait que, "le pire emportant le bon", la personne franche devienne serve, ou bien que le serf, qui épousait une serve d'un domaine voisin, payât un droit dit de formariage. Ces coutumes durèrent dans le Jura jusqu'à la Révolution.
Etym. Du latin foris, *dehors.*

FORMATION VÉGÉTALE n.f.
Groupement de végétaux divers, mais ayant un aspect déterminé à cause de la prépondérance d'une ou de plusieurs plantes.
Si ce sont des arbres, c'est une forêt ; *si ce sont des herbes c'est une* prairie. *La formation peut être dense, ou claire, naturelle, ou créée par l'homme.*

FORME ARBUSTIVE l.f.
En. **tree form**
De. **Baumform**
Es. **forma arbustiva**
It. **forma arbustiva**
Relation entre un tronc d'arbre et un volume géométrique : cône, cylindre, etc.
Cette relation s'exprime par le coefficient entre le volume réel et le volume géométrique mesuré à hauteur d'homme.
Etym. Du latin forma.

FORMES FRUITIÈRES n.f.p.
Formes que l'on donne, par la taille, aux arbres fruitiers, par exemple en *haute tige*, en *gobelet*, en *fuseau*, en *cordon*, etc.

FORMENTAL adj.
Qualifiait jadis, un vin blanc d'assez bonne qualité pour pouvoir servir de rente à la place du blé *froment*.
Etym. Dérivé de froment.

FORMENTIÈRE n.f.
Nom local du sarrasin.
Etym. Dérivé sans doute, par dérision, de froment.

FORMULAIRE n.m.
En. **formulary**
De. **Vordruck, Formular**
Es. **formulario**
It. **formulario**
Recueil de formules rédigées pour pallier l'incompétence des tabellions locaux.
Source et maintien du droit romain à l'époque franque, ces recueils, comme celui du moine Marculf, recèlent d'utiles indications sur la garde des troupeaux et la vaine pâture.

FORMULE D'ENGRAIS l.f.
Pourcentages en kilos par quintal, des éléments fertilisants contenus dans un engrais, notamment en azote, acide phosphorique et potasse.
Ainsi la formule 10.20.20 signifie 10 unités d'azote pour 20 d'acide phosphorique et 20 de potasse par quintal.

FORMULE DE FUMURE l.f.
En. **manuring formula**
Es. **fórmula del fertilizante**
It. **formula di concimazione**
Quantité de fumier, ou d'engrais, à répandre sur un are, ou un hectare, pour obtenir d'une récolte le meilleur résultat.

FORNAGE n.m.
Droit payé au seigneur par les tenanciers qui faisaient cuire leur pain au four banal.
Etym. Du latin *furnus*, four.

FORPAISSON n.f.
Pacage sans droit des porcs dans une forêt défendue. *Délit commis par les paysans d'une communauté qui laissaient entrer leurs troupeaux dans des bois en défens, ou situés sur le territoire d'une autre communauté.*
V. *Forpaître.*

FORPAISSER v. intr.
V. *Forpaître.*

FORPAÎTRE v.intr.
Faire paître des porcs sans droit dans une forêt défendue.

FORS n.m.p.
De. **Gericht, Vorrecht**
Es. **fueros, privilegios**
It. **fueri**
Droits consignés sur des registres et relatifs aux privilèges d'une communauté en ce qui concernait l'utilisation de ses biens : forêts, pâturages, chemins, etc.
Ce serait aussi les droits accordés à ceux qui venaient de l'extérieur pour mettre en valeur un fragment du territoire d'une seigneurie. (Vallées pyrénéennes du Béarn).
Etym. Du latin *forum*, tribunal sur la place publique.

FORSYTHIA n.m.
En. **forsythia**
It. **forsythia**
Arbrisseau à rameaux roussâtres, originaire de l'Extrême Orient, à fleurs jaune d'or, qui s'épanouissent dès la fin de l'hiver.
Les deux espèces les plus cultivées sont Forsythia suspensa et Forsythia viridissima.
Etym. De *Forsyth*, l'Anglais qui l'introduisit en Europe occidentale.

FORT adj.
Qualifie un terrain argileux qui colle aux outils, qui les retient fortement.
En Berry, le Pays Fort du N.E. s'oppose par ses terres fortes aux sols plus légers de la Sologne, Pays Faible.

FORTICULTURER v.tr.
Briser le rythme des soles. *(P. de Saint-Jacob).*

FORTRAIT adj.
En. **foundered**
De. **abgetrieben**
Es. **extenuado, cansado**
It. **spossato**
Qualifie un cheval épuisé par un excès de travail.

FOSSAT n.m.
(Morvan). Clôture faite de branches entrelacées.

FOSSE n.f.
It. **fossa, buca** (1), (2)
1. Creux pratiqué pour loger des racines, ou du fumier.
2. Creux profond de 60 cm pour planter des griffes d'asperge.
3. Petit fossé autour des vignes pour couper les racines des arbres qui affaibliraient les ceps.
4. Canal de drainage dans le Marais Poitevin.
Syn. Besse, esleau.
Etym. Du latin *fossare*, creuser.

FOSSÉ n.m.
En. **ditch** (1)
De. **Graben, Gracht** (1)
Es. **zanja** (1)
It. **fossato, canale** (1)
1. Petite tranchée creusée pour limiter un champ, un pré, afin de faciliter l'écoulement de l'eau.
2. Talus planté d'arbres et de buissons, autour d'un champ, dans les pays de bocage, ou bien autour de la cour d'une masure cauchoise.
Syn. (Bretagne) C'hleum.
Etym. Du latin *fossatum*, fossé.

FOSSE À FUMIER l.f.
En. **dung pit**
De. **Dunggrube**
Es. **fosa de estiércol**
It. **concimaia**
Fosse rectangulaire à deux plans inclinés convergeant vers une canalisation centrale par où s'écoule le purin. *Un petit mur encadre la cavité, évite les accidents et permet d'élever le tas de fumier au dessus du sol.*

FOSSE À PURIN l.f.
En. **liquid manure pit**
De. **Jauchegrube**
Es. **zanja de estiércol**
It. **pozzo per liquame**
Fosse de plusieurs dizaines de mètres cubes, cimentée et couverte, où s'accumule, par des canalisations, le purin des étables.
Elle est munie d'une pompe aspirante et foulante qui permet de verser le purin dans le purinoir afin d'aller le répandre sur les prairies et les labours.

FOSSERAGE n.m.
(Savoie). Premier labour donné à la vigne, dès qu'elle a été taillée. *Syn. Fossure.*

FOSSERAISON n.f.
(Préalpes de Savoie). Piochage de la vigne.

FOSSERÉE n.f.
Parcelle de vigne limitée par un fossé, en bordure d'un bois, afin de couper les racines des arbres qui épuiseraient celles de la vigne.

FOSSOIR n.m.
De. **Weinberghacke**
Es. **azada**
It. **marra per vigneto**
Sorte de houe qui sert à remuer la terre des vignes, à creuser des fossés autour des ceps.
Si elle est montée sur age, avec mancheron et timon, elle devient une charrue vigneronne.

FOSSOYAGE n.m.
Action de creuser un fossé.

FOSSOYER v.tr.
En. **to trench**
Es. **cavador**
It. **scavare**
Creuser des fossés pour clore un champ ou une prairie.

FOUAGE n.m.
En. **hearth-tax**
De. **Herdsteuer**
Es. **fogaje**
It. **focatico**
Redevance seigneuriale due par chaque feu, selon les biens possédés par une famille roturière.
Perçue dès l'époque mérovingienne, elle se confondit avec la taille sous Charles VII. Son assiette, connue dès le règne de Louis XI, permet d'apprécier la structure des sociétés rurales à la fin du Moyen Age.
Etym. Du latin *focus*, foyer.

FOUARRE n.f.
Paille retirée du dépiquage des céréales.
Vieux mot que l'on retrouve dans la rue du Fouarre à Paris, peut-être parce que les étudiants y trouvaient les gerbes de paille sur lesquelles ils s'asseyaient pour suivre les cours.
Etym. Du francique *fodare*, paille.

FOUARIÈRE n.f.
Abri où l'on recueille la *fouarre*, la paille retirée du dépiquage des céréales.

FOUDRE n.m.
En. **large cask**
De. **Fuderfass**
Es. **tonel grande, cuba**
It. **grande botte**
Grand tonneau de plusieurs dizaines d'hectolitres, pour le vin ou la bière.
On peut y pénétrer par une porte afin de le nettoyer, et de le calfater. On fabrique des foudres dans une foudrerie, avec des ouvriers appelés foudriers.
Etym. De l'allemand, *fuder*, tonnerre.

FOUDRÉ adj.
Qualifie le blé aux tiges renversées, comme frappées par la foudre.

FOUÉE n.f.
1. *(Languedoc)*. Gros fagot.
2. *(Sologne)*. Surface qu'un homme pouvait bêcher, ou fouir, dans sa journée.

FOUET n.m.
En. **whip, birch-rod** (2)
De. **Peitsche** (2)
Es. **látigo** (2)
It. **frusta** (2)
1. Instrument de peine pour les esclaves et les serfs ayant manqué à leurs devoirs, dans l'Antiquité et aux premiers siècles du Moyen Age.
Il servait à frapper le coupable avec un bâton de hêtre, d'où son nom.
2. Instrument composé d'une lanière en corde, ou en cuir, et d'un manche que manie le cocher pour frapper le cheval à coups de lanière afin qu'il avance.
2. Coulant, ou stolon, du fraisier.
Etym. De fou, ancien nom du hêtre.

FOUGERAIE n.f.
En. **fernbrake, fern patch**
De. **Farnkrautfeld**
Es. **helechal**
It. **piantagione di felci**
Lieu où poussent des fougères.
Dans le Maine et dans les Pyrénées occidentales, les fougeraies sont entretenues pour fournir du fourrage et de la litière. On les fauche en hiver et, au printemps, les jeunes pousses sont livrées aux moutons et aux vaches. En Gascogne, c'est une heugiero, ou une houga, en Rouergue une falguière, en Limousin une fougiero.
Etym. Du latin filicaria, fougère.

FOUGÈRE n.f.
En. **fern, bracken**
De. **Farnkraut**
Es. **helecho**
It. **felce**
Plante herbacée, de la famille des Filicinées, dont l'espèce la plus répandue sous nos climats est la fougère grand aigle (*Pteridium aquilinum*).
C'est un cryptogame vasculaire, sans fleurs ni graines, mais portant des sporanges à la face inférieure du feuillage ; il forme dans nos sous-bois de belles touffes vertes et, desséché, il sert à faire de la litière. Sous climat tropical, certaines espèces sont arborescentes.

FOUGUEUX adj.
Qualifie les arbres fruitiers qui ont beaucoup de feuilles et peu de fruits.
Ils sont atteints de fougue, d'impétuosité.

FOUILLAGE n.m.
Ameublissement du sous-sol sans le remonter à la surface, afin de ne pas altérer la terre arable en lui incorporant des éléments de médiocre valeur.
Ce travail s'effectue avec une sous-soleuse, ou un fouilleur.

FOUILLEUR ou **FOUILLEUSE** n.m. ou f.
De. **Untergrundpflug**
Es. **arado sin orejeras**
It. **aratro a solco profondo**
Charrue qui passe au fond des sillons pour soulever la terre, la briser, sans la déverser à droite et à gauche.
Elle se compose d'un ou deux socs en fer de lance qui pénètrent à quarante ou cinquante centimètres dans le sol, tandis qu'au-dessus, le versoir ne retourne que la partie superficielle du champ.

FOUINE n.f.
En. **pitchfork** (2)
It. **forcone** (2)
1. Tache qui se forme sur les feuilles de la vigne par suite de brûlures solaires.
2. Fourche en fer pour soulever les gerbes de blé.
Etym. Du latin fuscina, trident.

FOUINE n.f.
En. **stone marten**
De. **Hausmarder, Steinmarder**
Es. **garduña**
It. **faina**
Petit mammifère carnivore, du genre martre (*Mustella foina*), vivant près des fermes et ravageant les poulaillers et les pigeonniers.
Etym. Du latin fagus, hêtre, la fouine passant pour être la martre du hêtre.

FOUINETTE n.f.
Petite fourche en fer.
Syn. Foinette.

FOUIR v.tr.
En. **to dig**
De. **umgraben, aufgraben**
Es. **cavar, excavar**
It. **scavare**
1. *(Auxerrois)*. Première façon donnée à la vigne, au printemps.
2. Creuser la terre pour y planter des arbustes, des fleurs, etc.
Dans les pays tropicaux on utilise le bâton à fouir pour planter les ignames.
Etym. Du latin fodire, creuser.

FOUISSAT n.m.
Bêche à deux dents pour remuer la terre.

FOUISSER v.tr.
Remuer la terre en profondeur avec un *fouissat*, bêche à deux dents.

FOULAGE n.m.
En. **treading, pressing**
De. **Walken, Auskeltern**
Es. **pisa**
It. **pigiatura, follatura**
Ecrasement des grappes de raisins avant de procéder à la fermentation.
Jadis, on foulait les raisins avec les pieds, dans la foulerie ; les fouleurs se tenant par les mains à une barre d'appui, piétinaient les grappes que l'on déverssait sous eux. Actuellement, on a recours à un fouloir mû à la main, ou par un moteur, et muni de roues cannelées, tournant en sens inverse, sous une trémie. En Bordelais et en Languedoc on écrase les raisins dans les comportes à l'aide d'un pilon en bois, appelé lui aussi fouloir (fig.93) ; le vendangeur chargé de ce travail s'appelle guicheur, de guicher, écraser. Le même terme était employé, naguère, pour désigner le dépiquage des céréales à l'aide d'un rouleau en pierre traîné par des boeufs ou des chevaux.

FOULE (PLANTATION EN) l.f.
Vigne plantée sans ordre, chaque cep étant, ou non, soutenu par un échalas.
Ce procédé se prêtait jadis aux façons culturales à la houe, et au déplacement des souches par marcotage, dans toute l'étendue de la parcelle, afin d'en épuiser le sol. L'emploi du matériel moderne ne permet plus ce procédé de plantation.

FOULERIE n.f.
De. **Kelter, Kelterei**
Es. **lagar**
It. **gualchiera**
Bâtiment où l'on foule le raisin.

FOULOIR n.m.
En. **winepress** (1)
De. **Kelter, Walkstock** (1)
Es. **trituradora, estrujadora, pisadora** (1)
It. **pigiatore, follatore** (1)
1. Appareil viticole composé d'une trémie, caisse aux parois inclinées vers deux roues cannelées tournant en sens inverse, et happant le raisin pour l'écraser.
Le moût et la rafle, ou râpe, tombent dans une petite cuve où l'on peut les séparer avant la fermentation qui donnera le vin.
2. Outil à main qui sert à écraser la nourriture du bétail (*fig. 92*).

(Fig. 92). Fouloir à main)

FOULONNAGE n.m.
It. **follatura**
Opération effectuée dans des moulins, où des maillets, entraînés par des rouages mûs par une chute d'eau, frappaient tour à tour les cuirs ou les draps à assouplir.

FOUR n.m.
En. **oven**
De. **Ofen, Backofen**
Es. **horno**
It. **forno**
Bâtiment où l'on faisait cuire le pain.
Il se composait d'une cavité hémisphérique qui s'ouvrait sur une banquette où l'on posait les paniers pleins de pâte, et les pains quand ils étaient cuits. Au-dessus s'ouvrait la cheminée. La cavité était portée à haute température par un feu de bois dont on retirait braises et cendres avant de mettre les pains en pâte ; ceux-ci cuisaient en deux ou trois heures. Le four banal était réservé, moyennant redevance, aux habitants de la communauté rurale ; ils ne pouvaient en utiliser un autre, à moins de payer un droit de fournage.
Etym. Du latin *furnus*, four.

FOUR À CARBONISER l.m.
Appareil métallique, en forme de cloche, qui permet de carboniser le bois sans recourir, comme jadis, à la formation de meules couvertes de terre.

FOUR À TABAC l.m.
Appareil destiné à hâter la dessication des tabacs blonds grâce à une ventilation à air chaud fournie par un moteur électrique.

FOURBURE n.f.
En. **laminitis, founder**
De. **Verschlagenheit**
Es. **despeadura, infosura**
It. **rifondimento, podoflemmatite**
Inflammation des téguments du pied chez le cheval et parfois chez le boeuf, due à une fatigue excessive et à une infection.

FOURCADEL n.m.
Cep de vigne auquel on a conservé, au moment de la taille, deux montants en forme de fourche.
Etym. Du latin *furca*, fourche.

FOURCAT n.m.
(Gascogne). Brancards fixés à la charrue quand elle était tirée par un seul animal.

FOURCHE n.f.
En. **hayfork, pitchfork**
De. **(Heu)gabel**
Es. **horca**
It. **forca, forcone**
Instrument agricole composé d'une partie métallique divisée en deux, trois, ou quatre dents longues et légèrement incurvées vers l'avant, et d'un manche en bois, long de 1,50 m environ *(fig.93)*.
Dans les pays pauvres et boisés, la fourche était entièrement en bois.
Etym. Du latin *furca*, fourche.

FOURCHÉE n.f.
It. **forcata**
Quantité de matière soulevée à l'aide d'une fourche.

FOURCHE-FIÈRE n.f.
Es. **horca pajera, bieldo**
Fourche à deux dents longues, fines, légèrement courbes et assez solides pour soulever, sans fléchir, de lourdes gerbes de blé.
Elle pouvait comporter un ergot pour mieux retenir la gerbe transportée.
Syn. Fourfière.

FOURCHE-PAILLÈRE n.f.
Longue fourche en bois dont l'une des deux dents était plus courte que l'autre, et qui servait à ramasser la paille sur l'aire et à la porter sur le pailler.

FOURCHER v.intr.
It. **muovere con la forca**
1. Ameublir la terre à l'aide d'une fourche.
2. Nettoyer un champ des mauvaises herbes desséchées.

FOURCHET n.m.
En. **fork** (1), **foot rot** (3)
De. **Geschwür, Klauenseuche** (3)
Es. **ranilla** (3)
1. Longue fourche de bois pour hisser la paille sur le pailler.
Syn. Fourche-paillère.
2. Division d'un arbre fruitier, ou d'un rameau, en deux branches.
3. Maladie du mouton.
Elle atteint le pied qui se couvre de replis de la peau, avec développement de follicules sébacés ; due en général à une lésion située à la fourche des deux doigts, d'où son nom.

FOURCHETTE n.f.
Petite crémaillère qui sert à soulever les cloches de verre dans les jardins, afin d'aérer les plantes qui sont dessous.

FOURCHEUR n.m.
Ouvrier agricole qui travaillait avec une fourche lors de la fenaison, et que l'on distinguait du *faucheur*.

FOURCHON n.m.
It. **rebbio** (1), **forcella**
1. Pointe d'une fourche.
2. Endroit du tronc d'un arbre d'où sort une branche.

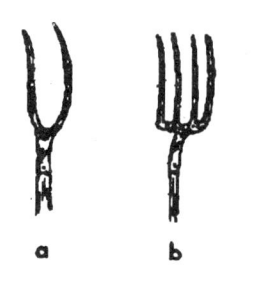

(Fig.93). Fourches a : à foin ; b : à fumier

FOURCHU adj.
En. **cloven hoof** (2)
De. **gabelförmig** (2)
Es. **ahorquillado** (1)
It. **forcuto** (1), **biforcuto** (2)
1. Qualifie ce qui se divise en branches.
2. Qualifie le sabot divisé en deux des ruminants.

FOURDRAINE n.f.
1. Pomme d'espèce sauvage.
2. *(Picardie).* Fruit du prunellier.

FOURÈRE ou **FOURIÈRE** n.f.
(Lorraine). Extrémité d'un champ, parfois laissée en herbe.
Syn. Chaintre.

FOURGON n.m.
Longue perche en fer pour remuer et retirer la braise dans le four du boulanger.

FOURME n.f.
(Cantal). Fromage fabriqué avec du lait de vache, à pâte blanche, et gardant la forme de son moule, d'où son nom.
La fourme de Saint-Nectaire a 20 cm de diamètre et 4 ou 5 cm d'épaisseur. La fourme d'Ambert est un bleu d'Auvergne, semblable au Roquefort.

FOURMI n.f.
(Normandie). Poire à cidre, de goût désagréable.

FOURNACHE n.f.
Tas d'herbes, de racines et de feuilles, avec des blocs de landes enlevés par étrépage au cours de l'écobuage.
On y met le feu, et quand il est consumé on répand les cendres pour fertiliser le sol à cultiver.
Etym. Dérivé de *fourneau*.

FOURNAGE n.m.
Droit payé pour utiliser le four banal, ou pour être autorisé à cuire le pain chez soi.

FOURNELAGE n.m.
Bois défriché à l'aide du feu.
Syn. Essartage.
Etym. Dérivé de *fourneau*.

FOURNIER n.m.
En. **ovenman**
De. **Bäcker, Backofenbesitzer**
Es. **hornero**
It. **fornaio**
1. Personne chargée du four banal.
2. Boulanger rural.

FOURNIL n.m.
En. **bakery** (1)
It. **forno** (1)
1. Local où était situé le four et où l'on pétrissait la pâte.
2. Pièce chauffée par le four et où se tenaient les veillées en hiver.
3. Abri où l'on faisait la lessive avec les cendres retirées du four.

FOURNILLES n.f.p.
Débris de branches recueillis lors de la fabrication des fagots pour chauffer les fours à cuire le pain.

FOURNOYER v.tr.
Exposer les cocons des vers à soie à la chaleur d'un four afin de tuer la chrysalide avant le dévidage.

FOURRAGE n.m.
En. **forage, fodder**
De. **Viehfutter, Futter**
Es. **forraje**
It. **foraggio**
Feuilles, tiges, racines que l'on donne au bétail pour l'alimenter, soit en verdure, soit desséchées, soit après ensilage.
Il s'agit des plantes fourragères : herbes des prés, légumineuses, choux, betteraves, pommes de terre, et même graines de céréales, le tout annuel, temporaire, ou vivace. Dans l'armée aller au fourrage, c'est-à-dire fourrager, c'était le rôle des soldats fourrageurs, conduits par un fourrier, le sergent fourrier. Pour une alimentation rationnelle, l'unité fourragère est égale à un kilogramme d'orge.
Etym. Du francique *fodar*, paille, qui a donné *fouarre* et fourrage.

FOURRAGER adj.
It. **foraggiero**
1. Qualifie ce qui peut servir de fourrage.
Ex. Chou fourrager.
2. Qualifie ce qui est relatif au fourrage.
Ex. Revenu fourrager.
3. Qualifie ce qui produit beaucoup de fourrage.
Ex. Canton fourrager.
4. Qualifie les arbres dont les feuillages sont consommés par le bétail.
Ex. Orme fourrager.

FOURRAGER v.intr.
En. **to forage**
Es. **forrajear**
It. **foraggiare**
Faucher et entasser le fourrage.

FOURRAGÈRE adj.
Qualifie une plante, ou une culture destinée à la nourriture du bétail.

FOURRAGÈRE n.f.
En. **hay cart, forage waggon** (2)
De. **Heuwagen** (2), **Futterwagen** (2)
Es. **carro para el forraje** (2)
It. **carretta per il foraggio** (2)
1. Parcelle de pré située près de la ferme. Bien entretenue pour donner plusieurs récoltes de foin par an, ou bien servir de pâture au bétail et de fourrage vert.
2. Charrette munie de quatre cadres en bois et servant au transport du fourrage.

FOURRAGEUR n.m.
En. **forager**
De. **Furagierer**
Es. **forrajeador**
It. **foraggiere**
Soldat chargé d'aller en avant d'une armée en marche pour trouver et entreposer la nourriture des chevaux en fourrage vert et sec.
Les excès commis par de tels militaires ont donné à ce terme un sens péjoratif de maraudeurs.

FOURRASSE n.f.
(Lorraine). Bois affouagé, traité en taillis.

FOURRÉ n.m.
Forêt de 8 à 9 ans d'âge, composée de jeunes arbres de 1 à 2 m, difficile à traverser.
Nettoyée tous les 3 ou 4 ans, pendant une vingtaine d'années, elle devient alors un gaulis.

FOURRIÈRE n.f.
1. Bande de terre où tourne, à l'extrémité d'un champ, le matériel de labour.
Syn. Chaintre.
2. Assolement de longue durée, pratiqué dans les vallées vosgiennes.
Pendant 10 à 12 ans la parcelle est en prairie, puis, pendant 4 ou 5 ans, on la consacre au labour, procédé pratiqué également dans le Limousin ; c'est le ley-farming anglais.
3. Local où l'on recueille les animaux perdus.
Etym. Dérivé de *feurre*, fourrage.

FOURRURE n.f.
En. **fur**
De. **Pelz**
Es. **piel**
It. **pelliccia**
Peau d'animal garnie de poils, et préparée pour protéger du froid.
Par extension, c'est l'enveloppe des graines de céréales (V. Défourrer).
Etym. De l'ancien français *fuerre*, fourreau.

FOUSSEUX n.m.
Houe triangulaire pour sarcler la vigne.
Syn. Fesson.

FOUTEAU n.m.
(Vivarais). Futaie composée de hêtres.
Le mot hêtre dériverait plutôt du francique haistre.
Etym. Du latin *fagus*, hêtre.

FOUYÉE n.f.
Terrain défriché en enlevant le gazon et en le faisant brûler avant de procéder à la mise en culture.
Syn. Ecobuage (G. Plaisance).

FOXÉ adj.
Goût des graines de cassis et de certains vins médiocres, provenant de cépages américains, tel le *Vitis labrusca*.
Ce goût évoque l'odeur du renard.
Etym. De l'anglais *fox*, renard.

FOYARD n.m.
Hêtre, appelé parfois *fayard*.

FOYER RURAL n.m.
1. Association de jeunes agriculteurs avec pour but une amélioration de leurs conditions de travail et de leurs loisirs.
2. Local où ils se réunissent pour discuter et se distraire.

FRACHE n.f.
1. *(Normandie).* Terre qui n'est plus labourée et qui s'est transformée en médiocre prairie.
2. Friche remise en culture.
Syn. Freste.

FRACHOIR n.m.
Petit râteau à dents minces et serrées pour égrapper les raisins.
Etym. Du latin *fractum*, brisé.

FRAGARIÉ adj.
Relatif à la fraise.

FRAGIFORME adj.
En forme de fraise.

FRAGNÉE n.f.
Bois planté de frênes.
Syn. Frênaie, fresnée.
Etym. Du latin *fraxinus*, frêne.

FRAI n.m.
En. **spawning** (1)
De. **Laich** (3)
Es. **freza, desove** (3)
It. **deposizione delle uova di pesce** (3)
1. Action de *frayer*, de pondre pour les poissons élevés en étang.
Ils se frottent aux herbes pour déposer leurs oeufs.
2. Epoque de la ponte pour les poissons et les grenouilles.
3. Oeufs de poissons.
4. Petits poissons utilisés pour repeupler un étang.
Etym. Du latin *fricare*, frotter.

FRAÎCHE n.f.
1. Prairie traversée par un cours d'eau qui la maintient humide, favorisant la pousse d'une herbe fraîche et abondante.
2. *(Bretagne).* Pré situé derrière les étables et qui, recevant le purin et l'eau des cours, est toujours vert, et peut être fauché plusieurs fois par an.

FRAIE n.f.
(Ouest de la France). Pelle à long manche et à fer étroit et recourbé, pour nettoyer les fossés et les canaux de drainage.

FRAIRIE n.f.
En. **jollification** (2)
De. **Gelage** (2)
Es. **fiesta patronal** (2)
It. **festa patronale** (2)
1. *(Loire Atlantique).* Communauté dotée de la personnalité civile, possédant un four banal,

des terres communes et provenant, soit d'une colonisation collective, soit d'un grand domaine mis en valeur par les descendants d'un tenancier primitif.
Cette variété de fréresche *disparut avec l'Ancien Régime.*
2. (Limousin, Périgord) .Fête rurale qui se déroule une fois par an dans chaque chef-lieu de commune, d'ordinaire le dimanche le plus proche du jour où l'on célèbre le Saint protecteur de la paroisse.
Etym. Du latin *fratia*, réunion de frères.

FRAISE n.f.
En. strawberry (1)
De. Erdbeere (1)
Es. fresa (1)
It. fragola (1)
1. Fruit du fraisier.
2. Fruit de l'arbousier, appelé *arbre à fraises*.
3. Instrument agricole qui sert à remuer la terre à l'aide de griffes animées d'un mouvement rotatif.
Etym. Du latin *frassa*, fraise.

FRAISERIE n.f.
En Périgord, champ planté de fraisiers.
Syn. Fraiseraie.

FRAISICULTEUR n.m.
En. strawberry grower
De. Erdbeerzüchter
Es. cultivador de fresas
It. coltivatore di fragole
Cultivateur qui s'adonne à la culture de la fraise.

FRAISIER n.m.
En. strawberry
De. Erdbeerstaude
Es. fresera
It. fragola (pianta)
Plante de la famille des Rosacées, caractérisée par des feuilles à trois folioles dentelées et par un fruit succulent à la maturité et enchassant les graines *(akènes)* disséminées à sa surface.
Les différentes espèces sont vivaces et plusieurs émettent des stolons, dits coulants, ou filets, utilisés pour la multiplication. Une espèce d'origine française, le Fraisier des bois **(Fragaria vesca)** *est connue sous le nom de fraisier des quatre saisons. Les espèces à gros fruits proviennent de Chine, ou d'Amérique du Sud. C'est du Chili que les premiers pieds* (Fragaria chiloensis) *furent apportés en 1714 à Plougastel-Daoulas par un ingénieur maritime, au nom prédestiné, Amédée Frézier. A la suite d'hybridations, les espèces actuelles sont très nombreuses : fraisier des collines, ou craquelin, fraisier des bois ou perpétuel :fraises Madame Moutot, Surprise des Halles, Marie-France, Gorella, Red Gaunlet, etc. Leur culture a pris une grande extension en Périgord.*
Etym. Du latin *fragum*, qui a donné *fraga*, pour évoluer vers *fraise*, peut être sous l'influence du terme *framboise*.

FRAISIER REMONTANT l.m.
Fraisier qui fleurit et qui porte fruits plusieurs fois durant la belle saison.

FRAISIÈRE n.f.
En. strawberry field
De. Erdbeerbeet
Es. fresal
It. fragolaia
Plantation de fraisiers.
Cultivée par un fraisiériste, *ou un* fraisiculteur.
Syn. Fraiseraie, fraiserie.

FRAISIÉRISTE n.m.
Agriculteur qui cultive des fraises.

FRAISSE n.m.
(Bassin Aquitain). Frêne, qui se prononce *fraïsse* en occitan. (Ancien).

FRAISSINE n.f.
(Canada). Parcelle plantée en frênes.

FRAITE n.f.
Talus couvert d'herbes et de buissons, le long d'une planche de culture, ou *rideau*.

FRAITIS n.m.
Terre défrichée, qui n'a reçu qu'un premier labour.
Syn. Fraiture, dérivé de frais, fraîchement labourée.

FRAMBAIS n.m.
(Vendée). Mélange de goémon et de fumier pour fertiliser les terres.

FRAMBOIS n.m.
1. Bois abandonné aux usagers.
Syn. Bois franc.
2. (Vendée). Fumier, dans l'expression *port à frambois*, endroit où l'on met le fumier.

FRAMBOISE n.f.
En. raspberry
De. Himbeere
Es. frambuesa
It. lampone
Fruit blanc ou rouge, du framboisier.
Composé de petites drupes, il sert de dessert, ou pour faire des liqueurs.

FRAMBOISIER n.m.
En. raspberry
De. Himbeerstrauch
Es. frambueso
It. lampone (pianta)
Arbrisseau de la famille des Rosacées *(Rubus Idaeus)*, issu de la sélection des ronces du mont Ida, en Crète.
La souche seule est vivace ; les pousses sont bisannuelles et ne donnent de fruits que la deuxième année.
Etym. Du francique *frambasia*, mûre sauvage.

FRAMBOISIÈRE n.f.
En. raspberry field
De. Himbeerstrauch
Es. huerto de frambuesos
It. campo di lamponi
Parcelle plantée en framboisiers *(Rubus Idaeus)*, plantes épineuses de la famille des Rosacées.
Leur fruit, la framboise, *semblable à une mûre, sucrée et parfumée, sert à faire des liqueurs et des confitures.*
Etym. Du francique *frambasia*, mûre sauvage.

FRANC n.m.
En. free
De. Franke, Freier
Es. libre
It. franco, libero
Individu libre de toute obligation féodale, sauf des redevances dues par la terre, ou par le fief qu'il détenait de son seigneur.
Il pouvait se marier hors de la seigneurie et quitter sa censive sans avoir à rendre compte à qui que ce soit. Son statut social s'opposait à celui du serf.
Etym. De *franc*, nom d'un peuple germanique.

FRANC adj.
En. seedling
De. frei
Es. franco
It. albero che dà buoni frutti, albero non innestato
Qualifie un arbre qui donne des fruits de qualité sans avoir été greffé.
Il provient d'un semis de graines obtenues sur un arbre sélectionné ; il se distingue ainsi d'un sauvageon qui ne donne de bons fruits que s'il est greffé. On dit aussi un arbre franc de pied, et ses fruits sont qualifiés de francs : par exemple une pêche franche. On peut greffer un arbre franc avec un greffon provenant d'un autre arbre franc ; c'est la greffe franc sur franc. Au Moyen Age la même épithète s'appliquait aux tenures exemptes des charges roturières.

FRANCS-ABONNÉS n.m.p.
Serfs qui ont passé avec leur seigneur un contrat, dit *abonnement*, qui fixe une fois pour toutes leurs obligations.

FRANC-ALLEU n.m.
En. freehold
De. Freigut
Es. alodio, heredad exenta de tributo
It. allodio
Terre, domaine, établissement qui ne devaient ni cens ni rente, ni droit de lods et de vente.
On distinguait le franc-alleu noble donnant droit de justice et le franc-alleu roturier qui ne donnait pas ce droit.

FRANCATU n.m.
Variété de pommes, à peau jaune et rouge, et qui se conservent bien en hiver.

FRANC-BÂTIR n.m.
Droit de certaines communautés de prendre du bois dans des forêts seigneuriales pour construire des maisons.

FRANC-BORD n.m.
En. **freeboard** (1)
Es. **terreno libre** (1)
It. **terreno franco di coltivazione** (2)
1. Espace de terrain qui borde une rivière et qui n'appartient pas aux riverains.
2. Bande de terre, de quelques décimètres de largeur, séparant la clôture d'un champ de sa limite cadastrale, notamment quand cette clôture est une murette élevée par le propriétaire du terrain *(A. Meynier)*.

FRANC-BOURGADE n.m.
Redevance portant sur une tenure roturière, libre de toute charge seigneuriale, mais dont le tenancier était obligé, de par la coutume des bourgs, de verser cette redevance à la communauté villageoise dont il faisait partie *(G. Lapointe)*.

FRANCHISE n.f.
Es. **franquicia**
It. **franchigia**
Accord tacite, ou écrit, entre le seigneur et les habitants de son domaine propre et de son domaine éminent.
Les droits et les devoirs des tenanciers n'étaient plus arbitraires, mais conformes aux coutumes et aux intérêts de tous (XIIème-XIIIème siècles).

FRANC-FIEF n.m.
En. **freehold**
De. **Freilehen**
Es. **feudo alodial**
It. **feudo franco**
Fief possédé par un roturier, mais dispensé des redevances seigneuriales.
C'était un alleu. Toutefois, son possesseur devait, de temps à autre, verser une redevance, appelée taxe de franc-fief, à un suzerain, qui fut le roi de France à partir de Philippe le Hardi (1270 - 1285).

FRANCHE adj.
Qualifie une terre contenant une proportion bien équilibrée d'argile, de silice, de calcaire et d'humus.
C'est une terre fertile comme le sont les terres rouges à châtaigniers du Poitou.

FRANCHE AUMONE n.f.
Terre donnée à l'Eglise à charge de services religieux.
Elle n'était plus grevée de droits seigneuriaux et devenait presque un alleu. Son don constituait un abrégement, c'est-à-dire la diminution d'un fief. Aussi ne pouvait-il être effectué qu'avec le consentement du suzerain.

FRANC NOIR n.m.
Cépage à raisins noirs.
Syn. Morillon noir, noirin.

FRANÇOIS n.m.
Cépage à raisins blancs, cultivé dès le Moyen Age dans la région de Bar-sur-Aube.
Syn. François Blanc, Co de France (Co signifiant cep.).

FRANC DE PIED l.m.
Arbre fruitier vivant de ses propres racines, sans l'intermédiaire d'un porte-greffe.
Ainsi, avant la crise du phylloxera, les cépages français étaient francs de pied. Depuis lors, ils ont, comme porte-greffes, des cépages d'origine américaine à système racinaire si vigoureux qu'ils résistent aux ravages du terrible puceron.

FRANC PINEAU n.m.
(Bourgogne). Cépage bourguignon qui porte aussi les noms de *Noirien* et de *Pineau Noir*.

FRANC RÉAL n.m.
Variété de poire qui comprend des espèces d'été et des espèces d'hiver.

FRANC TENANCIER n.m.
En. **freeholder**
Es. **colono libre, terrazguero libre**
It. **livellario libero**
Possesseur d'une censive roturière, mais qui s'est acquitté une fois pour toutes des redevances seigneuriales, ou bien qui a acquis une terre exempte de cens et de rentes.

FRANKENTHAL n.m.
(Rhénanie). Cépage à raisins noirs, dont les grains, à peau épaisse, permettent sa commercialisation lointaine comme raisin de table.

FRANQUETTE n.f.
Variété de noix appréciée pour sa grosseur et pour la petite taille des noyers qui la produisent, ce qui la rend facile à cueillir.

FRARACHAUX n.m.p.
(Nivernais). Membres d'une communauté qui, unis par les liens du sang, mettaient en valeur une vaste exploitation rurale appelée *frareuseté*, ou *fréresche*.
Etym. Dérivé de *frère*.

FRASCATI n.m.
(Italie). Vin blanc, ou rouge, très réputé, récolté près de Rome, au pied des Monts Albains.

FRAU n.m.
(Périgord-Quercy). Lieu d'accès difficile, couvert de bruyères et d'ajoncs, refuge des bêtes sauvages.
Etym. Du terme médiéval *frausta,* champs froids.

FRAUDE n.f.
En. **fraud**
De. **Betrug**
Es. **fraude, contrabando**
It. **frode**
Opération qui a pour but un meilleur bénéfice en dégradant la qualité d'un produit agricole, sa nature, son origine, son poids, sa quantité, etc. lorsqu'on le livre au commerce.
Etym. Du latin *fraus*, tromperie.

FRAUDES (SERVICE DE LA RÉPRESSION DES) l.m.
Service relevant des ministères de l'Agriculture et de la Consommation et ayant pour but la mise en application des lois et des règlements relatifs à la qualité des produits surtout agricoles, à la protection de la santé publique et à la loyauté des opérations commerciales.
Il veille sur l'honnêteté des appellations d'origine, sur les marques et les labels, et informe les consommateurs (Habault).

FRAULER v.tr.
Frotter les graines de céréales, ou de légumineuses, entre les mains, pour enlever les derniers débris de fleurs, ou de glumelles, qui y adhèrent encore.

FRAYÈRE n.f.
Lieu où vont pondre (frayer) les poissons.

FRÉAU n.m.
Variété de Gamay. Cépage à raisins noirs donnant un jus très coloré.
Cultivé jadis dans le Brionnais pour accentuer la couleur des vins.
Syn. Teinturier.

FREINDRE v.intr.
Diminuer de volume quand il s'agit de céréales, de fourrages secs, de légumes ou de fruits.
Etym. Du latin *frangere*, se briser, se tasser.

FREINTE n.f.
It. **sfrido**
Perte de poids subie par un fruit, ou un légume, depuis sa cueillette jusqu'au moment de sa vente.
Elle peut atteindre 15% du poids initial. Pour éviter cette perte on place le produit sous atmosphère contrôlée, dans une chambre froide, dans des appareils qui absorbent le CO_2, ou dans des catalyseurs qui brûlent l'oxygène. Ainsi, le métabolisme est arrêté, les risques de pourriture sont réduits et la durée de conservation est de 5 à 6 mois (P. Gindre).
Etym. Du latin *frangere*, qui a donné *fraindre*, briser.

FREINTIS n.m.
(Bresse). Gerbes de blé déliées et répandues sur l'aire pour être battues.

FRELON n.m.
En. **hornet**
De. **Hornisse**
Es. **abejón**
It. **calabrone**
Insecte hyménoptère de la famille des Vespidés *(Vespa cabro)*, plus gros que la guêpe et l'abeille.
Il vit en communauté dans les creux du sol,

des murs et des vieux arbres ; ses piqûres très douloureuses sont dangereuses pour le bétail qu'il rend fou ; on le détruit avec du mazout enflammé.
Etym. Du francique *hurslo*.

FRÊNAIE n.f.
En. **ash-plantation**
De. **Eschenwald**
Es. **fresneda**
It. **frassineto**
(Saintonge). Lieu planté de frênes.
Syn. (Saintonge) Fraignée, (Provence) fraissineto, (Bretagne) fraynier, fréneau, etc.

FRÊNE n.m.
En. **ash-tree**
De. **Esche**
Es. **fresno**
It. **frassino**
Arbre de la famille des Oléacées (*Fraxinus excelsior*).
Son feuillage, abondant et tendre, sert de fourrage vert en été, et de fourrage sec en hiver. Son bois blanc, sans noeud, résistant, était précieux pour la fabrication d'outils agricoles, pour la boissellerie, et les échelles. Aussi le frêne jalonnait-il les haies, dans les pays de bocage. Il reste très estimé pour l'ameublement.
Etym. Du latin *fraxinus*, qui a donné *fraisne*, puis *frêne*.

FRÉRAGE n.m.
1. Partie du fief enlevée à la part de l'aîné et partagée entre les cadets.
L'aîné conservait sur cette terre, séparée du domaine principal, un droit de mouvance de même nom, et seul il rendait hommage au suzerain pour la totalité du fief. Cette coutume fut abolie en 1204 par Philippe-Auguste.
2. Communauté de biens entre plusieurs cohéritiers qui restaient dans l'indivision, et exploitaient le tout en commun, vivant "à pot et à feu" sous le même toit, et sous la direction d'un aîné.
C'était une fréresche, synonyme de communauté taisible, ce terme s'appliquant également au domaine ainsi exploité. Ces groupements consanguins ont disparu du Poitou et du Nivernais vers le milieu du XIXème siècle.
Etym. Dérivé de *frère*.

FRÉRESCHE n.f.
Communauté familiale composée de nombreuses personnes, unies par les liens du sang, et par des intérêts matériels et moraux.
Elles habitaient une très grande maison, ou bien un hameau. (V. Frérage).
Etym. Dérivé de *frère*.

FRÉSANGE n.f.
Redevance de un ou de plusieurs cochons de lait, prélevés sur un troupeau lors de sa vente.
Cette charge était rachetable en argent.
Etym. Du latin *friscinga*, issu de *frigere*, faire rôtir.

FRESCHE n.f.
(Val de Loire). Champ aux contours irréguliers et enclos de haies.

FRESSURE n.f.
En. **pluck**
De. **Geschlinge**
Es. **asadura**
It. **coratella, frattaglia**
Ensemble des viscères du thorax et du ventre d'un animal et qui tiennent les uns aux autres (poumons, coeur, tube digestif, foie, etc.).
Etym. Du latin *frixura*, friture.

FRÊTE n.f.
(Bresse). Friche.
Syn. Frêtis, freuche.

FRÊTER v.tr.
Arracher avec un râteau les mauvaises herbes qui gênent la croissance du blé.

FRETIN n.m.
1. Petite prune d'ente séchée.
Il en faut 120 pour peser un kilo.
2. Fruits et légumes mal venus que l'on donne au bétail.
3. Branches d'un arbre fruitier qui ne peuvent donner de fruits.

FRÈZE n.f.
Es. **freza**
Période de la vie du ver à soie où son appétit augmente.
La petite frèze se produit 20 jours environ après son éclosion et la grande frèze une dizaine de jours plus tard.

FRIBOURGEOISE (RACE) n.f.
(Suisse). Race de bovins, issue du croisement de la variété de Simmenthal avec une espèce rustique de Fribourg.
Elle a une robe rouge tachée de blanc ; très fréquente dans le Jura franco-suisse.

FRICHE n.f.
En. **fallow land**
De. **Brachfeld**
Es. **terreno no cultivado, baldío**
It. **terreno incolto**
Terre inculte, mais qui a été cultivée, ce qui la distingue de la lande qui ne peut être mise en culture que partiellement et temporairement.
Le même terme s'applique au chiendent dont les longues racines sont difficiles à extirper.
Syn. Abaret, abouvri, ahurés, bousique, charmotte, erm, frasche, frouste, garet, gastine, graousso, poujo, ravoire, veire, etc.
Le terme entre dans l'expression friche sociale *qui s'applique à un terrain laissé inculte, soit par le départ de son propriétaire devenu citadin, soit par souci de spéculation dans une région susceptible d'être lotie, près d'une ville (G. Plaisance).*
Etym. Du néerlandais *wrisch*, terre fraîche, ou du latin *frocus*, terre sans culture.

FRIMAIRE n.m.
De. **Frimaire (Reifmonat)**
Es. **Frimario**
It. **frimaio**
Troisième mois de l'année du calendrier républicain.
Il durait du 23 novembre au 22 décembre, époque de l'année où règnent les frimas.
Etym. Du francique *hrim*, brouillard froid.

FRIGORIFIQUE adj.
En. **refrigerating, cold**
De. **Gefrier-, Kühl-**
Es. **frigorífico**
It. **frigorifico**
Qualifie ce qui produit du froid : machine, wagon, armoire frigorifiques.
Etym. Du latin *frigus*, froid.

FRIGORIFIQUE n.m.
En. **cold room, cold store**
De. **Kühlanlage, Kälteraum**
Es. **frigorífico**
It. **frigorifero**
Meuble ou local, maintenu à une température au dessous de 0 degré afin d'arrêter l'activité des ferments qui corrompraient les denrées alimentaires que l'on y dépose.
Le froid est obtenu par l'évaporation d'un liquide, ou par un moteur électrique produisant du vide par aspiration et dégageant des frigories.
Syn. Glacière.
Etym. Du latin *frigus*, froid.

FRIOLET n.m.
Variété de poire d'automne.

FRION n.m.
(Berry). Lame de fer placée latéralement, et en arrière du soc, pour fendre la terre au moment du labour.
Elle sert aussi à maintenir le versoir en place.

FRISOLLÉE n.f.
En. **potato crinkle**
Es. **enfermedad de las patatas**
It. **malattia delle patate**
Maladie à virus de la pomme de terre, de la betterave, des fraises.
Elle se manifeste par des taches brunes sur les feuilles de la plante ; celles-ci se recroquevillent, d'où le nom du mal, et elles finissent par tomber ; la plante se dessèche et meurt. On combat la frisollée par une sélection sanitaire des plants.
Etym. De *fris, friser*, formes médiévales de *frire*.

FRISONNES (RACES) n.f.p.
En. **Frisian (races)**
De. **friesische (Rassen)**
Es. **frisonas (razas)**
It. **frisone (razze)**
Plusieurs races d'animaux domestiques, originaires de la Frise (chevaux, moutons, bovins).
La plus connue est la race bovine frisonne à robe noire, tachée de blanc, réputée pour ses qualités laitières.

FROCS n.m.p.
Espaces vides et publics autour d'un village :
rues, places, foirail.
Etym. Du latin frocus, *lieu inculte.*

FROID n.m.
En. **cold storage**
De. **Kälte**
Es. **frío**
It. **freddo**
Procédé industriel qui a recours à de basses
températures, inférieures à zéro degré centigrade pour conserver intacts des produits agricoles qui se détérioreraient à hautes températures par prolifération des éléments fermentescibles.
Etym. Du latin frigidus.

FROID-FEU n.m.
(Flandre). Maladie du lin qui paraît comme
brûlé.
Elle se produit en pleine feuillaison, sans cause apparente.

FROIDES adj.p.
Qualifient les terres argileuses, siliceuses, peu
perméables, très humides.
L'évaporation superficielle les maintient fraîches, les récoltes y sont plus tardives que sur les terres chaudes dérivées des calcaires.

FROISSIS n.m.
(Normandie). Champ où l'on introduit, entre
deux récoltes de blé, une culture dérobée.

FROLER v.tr.
V. Frauler.

FROMAGE n.m.
En. **cheese**
De. **Käse**
Es. **queso**
It. **cacio, formaggio**
Aliment préparé avec du lait de vache, de brebis, ou de chèvre que l'on a fait cailler.
Les variétés de fromages se comptent par centaines. On peut distinguer les fromages frais (gervais, demi-sels, petits suisses), les fromages à pâte molle (camembert, brie, pont-l'évêque), les fromages à pâte cuite (cantal, hollande), les fromages à pâte pressée (gruyère, parmesan), les fromages bleus à pâte persillée (roquefort, bleu des Causses), etc.
Etym. Du latin forma, *éclisse où le fromage prend sa forme.*

FROMAGÉE n.f.
(Orléanais). Premier repas des ouvriers agricoles.
Le fromage en était l'aliment essentiel.

FROMAGEON n.m.
Fromage fabriqué dans la région de Montpellier avec du lait de brebis.

FROMAGER adj.
It. **caseario**
Qualifie ce qui a trait au fromage : industrie
fromagère, magasin fromager, etc.

FROMAGER n.m.
En. **cheese maker**
De. **Käsemacher**
Es. **quesero**
It. **formaggiaio**
Fabricant et marchand de fromage.

FROMAGÈRE n.f.
1. Femme qui fabrique ou vend du fromage.
2. Petit récipient percé de trous où s'écoule le
lait caillé.
3. *(Auvergne).* Petite table à pétrir le lait
caillé.

FROMAGERIE n.f.
En. **dairy**
De. **Käsehütte, Käserei**
Es. **quesería**
It. **caciaia, caseificio**
Local où l'on fabrique et où l'on vend des fromages.

FROMENT n.m.
En. **wheat**
De. **Korn, Weizen**
Es. **trigo candeal**
It. **frumento**
Blé par rapport à l'ensemble des céréales.
Il s'applique en particulier aux blés les meilleurs pour la production des farines de qualité. On distingue plusieurs variétés de froments :
1. Le froment locular, ou petit épeautre ;
2. Le froment amidonnier qui sert à fabriquer de la semoule ;
3. Le froment d'automne, ou de saison, qui se sème en hiver ;
4. Le froment de mars, ou de printemps, qui se sème à la fin de l'hiver. Le froment d'Espagne, ou blé de Turquie, a désigné le maïs au XVIIIème siècle. Le faux froment a été l'un des noms de l'avoine élevée, appelée aussi fromental.
Etym. Du latin frumentum, *blé en grains.*

FROMENTACÉES n.f.p.
Plantes ayant pour type le froment.

FROMENTAGE n.m.
Redevances que le seigneur prélevait sur les
terres cultivées en froment.

FROMENTAL n.m.
It. **avena altissima** (2)
1. *(Berry, Charente, Bassin Aquitain).* Terre
fertile, favorable au froment.
D'ordinaire, elle dépend des roches sous-jacentes, marnes et calcaires. Il s'agit de terres chaudes s'opposant aux terres froides, ou ségalas, formées sur les roches cristalines et sur les dépôts siliceux et argileux du Massif Central.

2. Plante fourragère vivace, de la famille des
Graminées *(Avena elatior)* appelée aussi
avoine élevée ; haute de 1 mètre à 1,50 mètre, c'est un très bon fourrage.

FROMENTEAU n.m.
Cépage à raisins blancs, variété de *Pinot.*
Ses graines ont la couleur de la farine, d'où son nom. Il est surtout cultivé en Champagne et en Bourgogne, parfois sous le nom de fourmenté (R. Dion).

FROMENTÉE adj.
1. Qualifie la robe des bovins couleur fauve
alesan.
2. Qualifie une bouillie faite avec de la farine
de froment.

FROMENTIER adj.
Qualifie un sol favorable au froment.
Syn. Fromenteux.

FROMENTIÈRE n.f.
En. **wheat field**
De. **Weizenfeld**
Es. **trigal**
It. **campo di frumento**
(Lorraine). Parcelle cultivée en froment.

FRONDAISON n.f.
En. **foliage, foliation** (1)
De. **Laub, Laubwerk** (1)
Es. **frondosidad** (1)
It. **fronda** (1)
1. Ensemble des feuillages abondants d'un
arbre, d'un bois.
2. Epoque où les arbres mettent leurs feuilles.
Etym. Du latin frons, *feuillage.*

FRONDE n.f.
Première pousse des feuilles au printemps et,
par extension, branches garnies de feuilles.
L'ensemble des feuillages d'un bois constitue une frondaison.
Etym. Du latin frons, frondis, *feuillage.*

FRONSAC n.m.
(Bordelais). Vignoble des environs de Fronsac,
près de Libourne.
Vins rouges réputés.

FRONTEAU n.m.
En. **browband**
De. **Stirnriemen**
It. **frontale, frontino**
Partie du harnachement du cheval, placée sur
le front, au dessus des yeux.

FRONTIGNAN n.m.
1. Vignoble situé autour de la localité de
Frontignan, près de Sète.
Producteur de vins rouges et blancs, et de raisins muscats portant son nom.
2. Bouteille de 75 centilitres pour les vins de
qualité destinés au vieillissement.

FRONTIS n.m.
(Marais poitevin). Friche.
Syn. Fraudis.

FRONT PIONNIER n.m.
Zone mise en valeur récemment dans les pays neufs d'Amérique, d'Afrique, d'Asie et d'Océanie, face à des régions encore à l'état naturel, mais vers lesquelles cultures et élevage peuvent progresser.

FROSTE n.f.
(Berry). Terre inculte, de mauvaise qualité, en bordure des terroirs cultivés.

FROU n.m.
(Quercy). Bois, landes, marais, appartenant à une communauté rurale.
Déformation de frau *qui se prononce* fraou *en occitan.*

FRUCTICULTURE n.f.
En. fruit growing, fruit culture
De. Obstbau
Es. fruticultura
It. frutticoltura
Opérations culturales qui favorisent la production des fruits.
Elles sont l'oeuvre des fructiculteurs.

FRUCTIDOR n.m.
De. Fruktidor (Fruchtmonat)
Es. fructidor
It. fruttidoro
Douzième mois du calendrier républicain, du 18 août au 17 septembre.
Il coïncidait avec la période de récolte des fruits.
Etym. Du latin *fructus*, fruit, et du grec *dôron*, don.

FRUCTIFÈRE adj.
En. fruitful, fructiferous
De. fruchtbringend
Es. fructífero
It. fruttifero
Qui donne des fruits.

FRUCTIFICATION n.f.
En. fructification
De. Fruchtbildung
Es. fructificación
It. fruttificazione
1. Formation des fruits.
2. Epoque où se forment les fruits.

FRUCTIFIER v.intr.
En. to fructify, to bear fruit
De. Früchte tragen
Es. fructificar
It. fruttificare
1. Produire des fruits.
2. Faire prospérer ses récoltes, et par extension ses biens.
Etym. Du latin *fructus*, fruit, et *facere*, faire.

FRUCTOSE n.m.
En. fructose (US), leavulose (GB)
De. Fructose
Es. fructosa
It. fruttosio
Sucre de fruit.
Du groupe des cétoses aux molécules comprenant six atomes de carbone.

FRUIT n.m.
En. fruit
De. Frucht, Obst
Es. fruto
It. frutto, frutta
Organe végétal qui succède à la fleur et qui contient la graine.
a. En général, produit de la terre, parmi lesquels on distingue les *fruits naturels* (bois, fourrage, élevage...), les *fruits civils* (loyer, fermage...), les *fruits par racine* (récolte sur pied) et *par branches* (fruits non encore récoltés).
Le partage à mifruit *caractérisait jadis le métayage.*
b. Produits de certains arbres et de certaines plantes.
Les fruits rouges (fraises, framboises, groseilles, pêches, abricots,...), *les fruits jaunes, ou agrumes* (oranges, citrons, cédrats, mandarines, ...), *les fruits-légumes* (tomates, aubergines, melons, courges, pastèques, ...). On distingue également les *fruits frais* et les *fruits secs*, les *fruits à pépins* (pommes, poires, coings, ...) et les *fruits à noyaux* (prunes, pêches, cerises,...), les *fruits à osselets* (nèfles, cornouille, azerole,...), les *fruits à baies* (raisins, fraises, groseilles,...), et les *fruits complexes* dérivant de toute une inflorescence (figue, ananas,...).
Etym. Du latin *fructus*, profit.

FRUITAGE n.m.
1. Ensemble des fruits bons à manger.
2. Production d'un verger composé d'arbres fruitiers divers.

FRUIT COMMUN n.m.
Lait et dérivés traités dans les *fruitières* du Jura.

FRUITÉ adj.
En. fruited, fruity
De. fruchtig
Es. con sabor de fruta
It. fruttato
Qualifie une boisson, un aliment, qui ont conservé le goût des fruits dont ils sont extraits.

FRUITERIE n.f.
En. fruit store (1)
Es. frutería (2)
1. Local où l'on conserve les fruits d'un verger.
2. Boutique où l'on vend des fruits.
Syn. Fruitier.

FRUITIER n.m.
En. orchard (1), fruit store (4)
De. Obstgarten (1), Obstbaum
Es. frutal (1)
It. frutticolo (1)
1. Terrain planté d'arbres fruitiers.
Syn. Verger.
2. Arbres produisant des fruits comestibles et que l'on plante le long des routes.
Ce sont des fruitiers.
3. Meuble avec des étagères à claire-voie et sur lesquelles on place les fruits à consommer.
4. Local où l'on conserve des fruits durant l'hiver.

FRUITIER adj.
En. fruit-bearing (1)
De. obsttragend (1)
Es. frutal (1)
It. fruttaiolo (1)
1. Qualifie les arbres qui portent des fruits comestibles : poirier, olivier, grenadier, etc.
2. Qualifie le bois de ces mêmes arbres et des vergers où ils poussent.

FRUITIÈRE n.f.
En. fruit store (2)
Es. frutería (2)
1. *(Vendée)*. Parcelle consacrée à la culture des arbres fruitiers.
2. Local où l'on conserve les fruits.
Syn. Fruitier.

FRUITIÈRE n.f.
En. dairy
De. Käserei, Käsefabrik
Es. quesería cooperativa
It. caseificio, caciaia
Association d'éleveurs de vaches laitières du Jura.
Ils se groupent pour recueillir du lait, fabriquer du fromage, notamment le gruyère, et se partager les bénéfices, le fruit de leur travail. Citées dès le XVIème siècle, ces coopératives ont été créées également dans les Alpes du Nord, mais elles ont échoué dans les Pyrénées. Certaines fruitières, assez récentes, ont été fondées par des sociétés privées et n'ont plus rien de coopératif. Le terme de fruitière *désigne aussi le local où se conserve le gruyère, le fruit du lait ; et l'ouvrier qui fait le fromage est un* fruitier.

FRULEUX n.m.
Cépage cultivé jadis en Picardie.

FRUMENTAGE adj.
Qualifie les plantes qui donnent des graines à farine.

FRUMENTAIRE adj.
En. wheaten (1)
De. Getreide- (1)
Es. frumentario (1)
It. frumentario (1)
1. Relatif aux céréales.
2. Se dit, des lois qui, depuis Caïus Gracchus

(123 av. J.-C.), réglaient les distributions gratuites, ou à prix réduit, du blé de l'annone aux citoyens romains.
Etym. Du latin *frumentum,* froment.

FRUMENTAIRE n.m.
It. frumentario
Agent public chargé, dans la Rome antique, des distributions de céréales au peuple.

FRUMENTAL adj.
It. frumentario
Qualifie ce qui se rapporte au blé.
Etym. Du latin *frumentum,* froment.

FRUMENTATION n.f.
It. frumentazione
Distribution de céréales au peuple romain, en vertu des lois frumentaires.

FRUTESCENCE n.f.
Epoque de l'année où les fruits mûrissent.
Etym. Du latin *fructus,* fruit.

FRUTICÉE n.f.
En. shrubbery
De. Gestrüpp, Buschwerk
Es. formación de arbustos
It. sterpeto
Formation végétale composée d'arbustes (genèvriers), et d'arbrisseaux (ronces) à baies.

FRUTICETUM n.m.
Collection d'arbustes et d'arbrisseaux rares et d'origine étrangère.
Syn. Arboretum, sylvestrum.

FRUTILLER n.m.
Fraisier originaire du Chili et qui donne de grosses fraises appelées *frutilles.*

FUIE n.f.
V. Fuye.

FUMADE n.f.
1. *(Auvergne).* Parc où sont encloses les bêtes durant la nuit dans les montagnes d'Auvergne.
Il s'ensuit une intense fumure de l'endroit.
2. La fumure elle-même.
3. Epoque où a lieu la fumure.
4. Prairie arrosée avec l'eau de lavage des étables.

FUMAGE n.m.
En. manuring (2)
De. Räuchern (1), Düngen (2)
Es. ahumado (1), abono (2),
    estercoladura (3),
It. affumicamento (1),
    concimazione (2)
1. Opération qui a pour but de conserver et de parfumer les viandes en les exposant longuement à la fumée d'un feu de bois.
2. Action de fumer les terres.
3. Période où l'on fume les terres.
Syn. Fumaison.
Etym. Du latin *fumus,* fumier.

FUMAGINE n.f.
En. sooty mold
De. Russtau
Es. fumagina
It. fumaggine, nero
Feutrage noirâtre qui se forme sur les feuilles des plantes après une période de sècheresse.
Il provient d'un champignon ascomycète (Agiosporum salicium) qui se développe sur les exsudations provoquées par des piqures de pucerons. Pour le prévenir il faut combattre les pucerons avec un produit à base de nicotine, et le champignon avec un fongicide.

FUMAISON n.f.
En. manuring
De. Düngen der Felder
Es. estercoladura
It. concimazione
Incorporation de fumier à une terre à labourer, ou à une prairie que l'on veut améliorer.
Syn. Fumage.

FUMATURE n.f.
Opération qui consiste à fumer une parcelle en y parquant du bétail, en particulier des moutons.

FUMÉE n.f.
(Auvergne). Prairie de montagne, irriguée avec les eaux de lavage des étables, ou des burons.

FUMELER v.tr.
(Poitou). Enlever d'une chènevière le chanvre mâle et ne laisser que le chanvre femelle.
Etym. Altération de *femeler.*

FUMER v.tr.
En. to dung, to manure
De. düngen
Es. estercolar
It. concimare
Répandre du fumier sur une terre pour en accroître, ou en restaurer, la fertilité.
Etym. Du latin *fumus,* fumier.

FUMEROLLE n.f.
(Charente). Courtillère, ou taupe-grillon.

FUMERONS n.m.p.
(Berry). Petits tas de fumier, répartis à la surface d'un champ que l'on veut fumer.
Syn. Fumètereaux.

FUMETERRE n.m.
En. fumitory
De. Erdrauch
Es. fumaria
It. fumaria
Plante de la famille des Fumariacées ; sa variété, la fumeterre officinale (*Fumaria officinalis*), contient un alcaloïde, la *fumarine,* qui sert à fabriquer des dépuratifs.
Etym. Du latin *fumus terrae,* fumée de la terre, cette plante faisant pleurer comme la fumée.

FUMIER n.m.
En. manure, dung
De. Mist, Strohmist, Stalldünger
Es. estiércol
It. concime, letame
Produit obtenu avec des litières (paille, bruyère, feuilles sèches), placées sous le bétail dans les étables et imprégnées de leurs déjections.
Retiré des étables, fermenté dans les fumières et incorporé aux terres labourées, le fumier les enrichit en éléments fertilisants, les aère et favorise l'action des bactéries. Ses qualités dépendent des litières employées et des animaux dont il provient ; ainsi le fumier de pigeon, ou colombine, est plus apprécié que celui de mouton, et celui-ci est plus riche que le fumier de boeuf. Un fumier grossier convient aux terres argileuses qu'il aère ; un fumier très décomposé, dit beurre noir, doit être réservé aux terres siliceuses. Le fumier artificiel est obtenu avec de la paille humide imprégnée d'engrais chimiques.
Etym. Du latin *fimus,* fumier.

FUMIÈRE n.f.
En. dung yard (2)
De. Misthaufen (1)
Es. estercolero (1)
It. concimaia (1)
1. *(Normandie).* Tas de fumier édifié dans la cour d'une ferme.
2. Fosse à fumier.

FUMIGATEUR n.m.
En. fumigator
De. Räucherer
Es. fumigador
It. fumigatore
Appareil utilisé pour projeter des *fumigants,* fumées destinées à détruire les insectes nuisibles aux plantes cultivées.
Etym. Du latin *fumigatio.*

FUMIGATION n.f.
En. fumigation
De. Räuchern, Räucherung
Es. fumigación
It. fumigazione
Opération qui consiste à répandre à l'état de vapeur un produit destiné à favoriser la croissance des plantes, ou à combattre des insectes, des cryptogames nuisibles aux récoltes.

FUMURE n.f.
En. manuring (2)
De. Düngen, Düngung (2)
Es. estercoladura, abono (2)
It. concime, concimazione (2)
1. Quantité de fumier répandue dans un champ pour le fumer.
2. Action de répandre le fumier sur une pièce de terre et de l'enfouir dans le sol.
3. Déjections d'un troupeau de moutons, de vaches, dans un parc que l'on déplace à la surface d'une prairie.
4. Epandage d'engrais chimiques.

FUMURE DE FOND l.f.
De. **Grunddüngung**
Es. **abonado de fondo**
It. **concimazione profonda, di fondo**
Fumure abondante, composée de matières organiques et d'engrais minéraux, enfouie profondément pour être efficace plusieurs années dans les vignes, les vergers, les parterres, etc.

FUMURE D'ENTRETIEN l.f.
Es. **abonado de conservación**
Fumure composée de fumier et d'engrais minéraux, répandue chaque année, avant le labour, en quantité correspondant aux récoltes enlevées et aux pertes du sol en matières fertiles.

FUMURE DE REDRESSEMENT l.f.
Es. **abonado de enderezamiento**
Apport d'engrais chimiques, ou de fumier pour atténuer et faire disparaître la carence d'un sol en fertilisants indispensables mais insuffisants (potasse, phosphate, etc.).

FUMURE DE RESTITUTION l.f.
Es. **abonado de restitución**
Fumure qui correspond aux éléments enlevés par la récente récolte, mais en tenant compte de ce qui a été restitué au sol (fanes, paille...).

FUMURE DE SURFACE l.f.
Es. **abonado superficial**
It. **concimazione superficiale**
Fumure composée d'engrais chimiques complémentaires du fumier d'étable, et répandue à la surface du sol.

FUMURE ÉQUILIBRÉE l.f.
Fumure apportant aux cultures la quantité de fertilisants nécessaires à leur croissance, en fonction de la qualité du sol, et de la nature des plantes cultivées.

FUMURE FOLIAIRE l.f.
Fumure composée d'engrais dissous, liquides, et projetés en pulvérisation sur les feuillages.

FUMURE MINÉRALE l.f.
En. **mineral manure**
De. **Mineraldüngung**
Es. **abonado mineral**
It. **concime minerale**
Fumure composée d'engrais minéraux (nitrates, phosphates) et, à la rigueur, amendements à la chaux, au plâtre.

FUMURE ORGANIQUE l.f.
En. **organic manure**
De. **organische Düngung**
Es. **abonado organico**
It. **concime organico**
Fumure composée uniquement de produits végétaux et de déjections animales ou humaines.

FUMURE VERTE l.f.
It. **concime verde**
Fumure formée de fourrages verts enfouis avant la floraison.

FUNDUS n.m.
Domaine dépendant d'une villa et appartenant à un *honestior*, prédécesseur d'un seigneur.

FUR n.m.
(Vendée). Bouillie préparée avec de la farine de sarrasin.

FURETAGE n.m.
1. Eclaircie d'un taillis à intervalles réguliers, afin de permettre aux belles tiges de se développer.
2. Coupe d'arbres isolés, choisis parmi les plus beaux d'une futaie, et marqués au marteau pour être abattus.
Etym. Du latin *furittum*, petit voleur ; car, à l'origine, le furetage était sans doute considéré comme un vol de bois.

FUREYE n.f.
(Gascogne). Bêche très légère, pour jardiner.

FURLONG n.m.
Mesure agraire anglaise de 220 yards (201 m).
Longueur de beaucoup de parcelles étroites dans les anciens openfields britanniques, avant les enclosures.

FURMINT n.m.
(Hongrie). Cépage à raisins blancs des célèbres vignobles de Tokay.

FUSAIN n.m.
En. **spindle tree**
De. **Spindelbaum**
Es. **bonetero**
It. **fusaggine**
Arbuste de la famille des Célastracées.
L'une de ses variétés, le fusain d'Europe (Evonymus vulgaris), au bois très dur, servait à fabriquer les fuseaux des fileuses. Le fusain du Japon (Evonymus japonicus), au feuillage toujours vert, sert de plante d'ornement.
Etym. Du latin *fusus*, fuseau.

FUSARIOSE n.f.
En. **dry rot**
De. **Fusariose**
Es. **fusariosis**
It. **fusariosi**
Maladie d'origine cryptogamique, causée par le champignon *Fusarium coeruleum*.
Elle attaque surtout les pommes de terre qui se dessèchent et deviennent impropres à la consommation.
Etym. Du latin *fusarium*, champignon à spores fusiformes.

FUSEAU n.m.
En. **spindle** (1)
De. **Spindel** (1)
Es. **huso** (1)
It. **fuso** (1)
1. Petit instrument en bois, allongé, pointu à un bout, muni d'un anneau à l'autre, renflé en son milieu et servant aux fileuses à tordre et à enrouler le fil de la quenouille.
2. Forme en pyramide, étroite, donnée par la taille à certains arbres fruitiers, notamment au poirier.
Etym. Du latin *fusellus*, fuseau.

FUSÉE PARAGRÊLE l.f.
De. **Hagelrakete**
Es. **cohete granífugo**
It. **razzo antigrandine**
Pièce d'artifice, contenant une certaine quantité de poudre et munie d'une mèche.
Lancée par un canon paragrêle, elle éclate dans un nuage orageux, où elle empêche, en principe, par explosion, la formation de la grêle et les cultures sont protégées.

FUSION DE COMMUNES l.f.
Opération administrative et juridique autorisée par la loi du 16 Juillet 1971.
Il s'agit de communes rurales faiblement peuplées et dont les habitants décident de fusionner pour composer une commune de plus grande étendue et comptant un assez grand nombre d'habitants. Cette solution permet d'avoir un personnel administratif moins nombreux et mieux rémunéré ; on peut procéder à des rectifications de limites et on améliore les équipements et les aménagements collectifs. Ainsi, quelques milliers de communes, de moins de 200 habitants chacune, se sont groupées et conservent, dans un nom composé, leurs anciennes appellations si évocatrices d'un passé millénaire.

FUSTAGE n.m.
Droit de prélever du bois dans les forêts seigneuriales.

FÛT n.m.
En. **barrel, cask**
De. **Fass, Weinfass**
Es. **barril, pipa, tonel**
It. **botte, barile**
Tonneau de capacité variée selon les pays et destiné à contenir du vin, du cidre, de la bière, etc.
Chaque région a ses fûts avec des noms locaux, barrique de 225 l et tonneau de 900 l en Bordelais et Languedoc, pipe de 420 l en Charente, tierçon de 375 l en Armagnac, quartaut de 57 l et feuillette de 114 l en Bourgogne, pièce de 250 l en Anjou, de 225 l en Orléanais, de 200 l en Bourbonnais, de 2281 l en Haute Bourgogne, de 210 l en Basse Bourgogne, de 215 l en Chalonnais, Beaujolais, boute de 500 à 600 l en Vivarais, muid de 800 l et charge de 118 l en Roussillon, etc.
Etym. Du latin *fustis*, tige, qui a donné en provençal *fust*, tonneau, origine de *fûtaille* aussi bien que de *fûtaie*.

Fût

FUTAIE n.f.
En. **high forest**
De. **Hochwald**
Es. **monte alto, oquedal**
It. **fustaia**
Bois, ou forêt, dont on exploite les arbres quand ils ont atteint des dimensions suffisantes pour donner du bois d'oeuvre.
C'est une ordonnance de 1573 qui est à l'origine des futaies domaniales ; elle imposait dans les forêts seigneuriales, monastiques et royales, une réserve du quart à laisser croître en futaie. Une futaie passe par divers stades au cours de sa croissance:semis naissant, un fourré, un gaulis, un perchis, une futaie sur taillis de 20 à 40 ans, une demi-futaie de 40 à 60 ans, une jeune futaie de 80 ans, une haute futaie de 120 à 200 ans, au dela de 200 ans c'est une futaie sur le retour, ou une vieille futaie. Une futaie est pleine ou équienne quand elle est composée d'arbres du même âge, elle est dite jardinée quand elle comprend des arbres de tous âges.

FUTAIE AFFOUAGÈRE n.f.
Futaie sur taillis, appartenant à une communauté villageoise.
Les arbres commercialisables de la futaie sont vendus au profit des finances communales, tandis que le taillis est réparti, comme bois de feu, entre les habitants (V. affouage).

FUTAILLE n.f.
En. **cask**
De. **Gefäss**
Es. **pipa, tonel**
It. **fusto, botte**
Variété de tonneaux destinées à contenir de la boisson.
Les futailles sont fabriquées par le futailler, ou le tonnelier avec de la futaillerie, bois propre à ces formes de récipients.

FUVELLE n.f.
Forêt composée d'épicéas, appelés *fuves* en Suisse.

FUYARD n.m.
Pigeon enfermé dans une *fuye* quand on veut l'engraisser.

FUYE n.m.
En. **dove-cot** (1)
De. **kleiner Taubenschlag** (1)
Es. **pequeño palomar** (1)
It. **piccola colombaia** (1)
1. Cage, ou volière, où l'on enferme les pigeons pour les empêcher de fuir.
Avant la Révolution les petites gens, qui ne pouvaient posséder un colombier, disposaient d'une fuye ; s'écrit aussi fuie.
2. Mesure agraire utilisée en Sologne pour les jardins et les vignes, et qui désignait la surface qu'un homme pouvait *fouir* en un jour.
Etym. Du latin fuga, fuite.

3615 ORTHOTEL

**Banque de données orthographiques et grammaticales
du Conseil international de la langue française**

1— Mode d'emploi, conseils.

2— Le lexique : dépannage immédiat.

3— Orthotel répond à vos questions et accueille vos messages.

4— Orthotel corrige vos textes.

5— ORTHOTEL-JEUX : Recyclez-vous.

6— Nos informations.

7— Les orthographes nouvelles.

Programme géré par le CILF, 142 bis rue de Grenelle 75007 Paris

ORTHOFAX

Le CILF gère depuis plusieurs années le service Orthotel, qui a déjà rendu service à de nombreuses entreprises en vérifiant et en corrigeant les textes qui lui sont communiqués par Minitel 3615.

L'expérience ainsi acquise nous incite à créer un service plus performant, qui sera ouvert à un nombre limité d'abonnés disposant d'un Fax. La vérification et une correction attentive des pages reçues par cette voie seront assurées par un personnel qualifié, dans des délais très brefs, de l'ordre de la demi-journée, voire de l'heure.

Nous vous proposons, à titre gratuit de participer à cette expérience, sans engagement de votre part, dans la limite de trois vacations.

Bien entendu, le secret professionnel garantit la stricte confidentialité des textes que vous nous soumettrez.

Ne signez plus de courrier ou de publicité avec des fautes d'orthographe, de grammaire ou de vocabulaire...

Faites vérifier vos textes par le Conseil international de la langue française.

Comment ?

Adressez vos textes à ORTHOFAX 45 55 41 16

Vous recevrez en retour et en moins de 24 heures votre texte corrigé.

Combien ?

- Abonnez-vous à Orthofax pour 1991 au prix de 1500 F HT pour 15 vacations ;

- ou versez votre cotisation de personne morale d'un montant de 1950 F, déductible du chiffre d'affaires (association reconnue d'utilité publique par décret du 20 décembre 1972).

G

GAAING n.m.
Produit des terres gagnées à la culture par les moines dans le nord-ouest de la France.
Se retrouve dans gaagnier, *ou* gagnerie, gaagnable, *ou* gagnable, pré gagneau.
Etym. Du francique *waidanian,* se nourrir.

GABÉE adj.
(Anjou). Qualifie une terre à surface durcie par la pluie et se détachant comme une croûte.

GABIN n.m.
(Provence). Terrain marécageux où les plantes cultivées poussent mal.

GABION n.m.
De. **Tragekorb**
Es. **espuerta**
It. **gabbione**
(Italie). Grand panier en osier à deux anses, servant à transporter la terre, ou le fumier, dans les régions montagneuses.
Equivalent de la manne de la région parisienne (fig. 94).
Etym. De l'italien *gabione,* grande cage.

(Fig. 94). Gabion

GACHER v.tr.
1. *(Ile-de-France).* Recouvrir d'argile les meules de paille pour les protéger des infiltrations.
2. Herser les jeunes blés au printemps avant de les rouler pour favoriser le *tallage.*

GADELIER n.m.
(Centre Ouest). Groseillier à fruits rouges, disposés en grappes et de goût acide.

GADELLE n.f.
En. **red currant**
De. **rote Johannisbeere**
Es. **grosella**
It. **ribes rosso**
(Centre Ouest). Fruit du *gadelier,* ou groseillier, disposé en grappes, de goût acide et de couleur rouge.

GADOUE n.f.
En. **household rubbish** (2)
De. **Kot, Abfalldünger** (2)
Es. **basura** (2), **estiércol** (1)
It. **letame** (1)
1. Engrais composé avec les matières tirées des fosses d'aisance.
2. Ordures ménagères et débris divers provenant des villes, et partiellement décomposés pour servir de fumure.

G.A.E.C. sigle
Groupement Agricole d'Exploitation en Commun. Association d'agriculteurs ayant mis en commun leurs exploitations agricoles afin d'en améliorer la mise en valeur. *Homologuée par une loi, une G.A.E.C. ne peut grouper plus d'une dizaine de membres.*

GAFA n.f.
(Portugal). Maladie des olives, causée par un champignon, le *Gloeosporium olivarum.*

GAGERIE n.f.
En. **distress**
De. **Pfändung, Beschlagnahme**
Es. **embargo**
It. **pignoramento preventivo**
Saisie opérée naguère avant tout jugement sur le bien d'un fermier qui n'avait pas honoré ses engagements.
Le terme s'est conservé dans la locution saisie-gagnerie.

GAGÉS n.m.p.
(Bordelais). Ouvriers permanents, logés et partiellement payés en nature, dans les vignobles du Bordelais.

GAGNABLES n.f.p.
(Ancien français). Pâtures gagnées par des *prises* sur les bords des cours d'eau et des étangs, ou bien sur des marais littoraux bien drainés.

GAGNAGE n.m.
En. **pasture** (2)
De. **Viehweide** (2)
Es. **rastrojo, herbazal** (2)
It. **pascolo** (2)
1. *(Picardie).* Part prélevée par l'ouvrier moissonneur sur les gerbes de blé.
Elle s'élevait d'ordinaire à une gerbe sur six.

2. *(Sologne)*. Champs et prairies où se rendent les lièvres et le gros gibiers pour y trouver leur nourriture.
3. Sole consacrée aux céréales d'hiver.
Syn. (Gaëlique) Wayn.
4. Dans l'ancien droit féodal, terre dont on percevait les revenus.
5. Ces mêmes revenus considérés comme fruits de la terre dont on avait la jouissance.
6. *(Provence)*. Métairie.
7. *(Forez)*. Jacherie, d'après G. Plaisance.
Etym. De *gagner*, gain.

GAGNEAU adj.
(Saintonge). Qualifie un pré qui donne deux récoltes par an, l'une de foin, l'autre de regain et, qui, entre temps, est livré au libre parcours.
Syn. Gaigneau.

GAGNERIE n.f.
1. *(Berry)*. Lande infertile, livrée au pacage.
2. *(Vendée)*. Métairie de bon rapport.
3. *(Bocages de l'Ouest)*. Parcelles ouvertes au milieu des bocages.
Elles sont associées à de gros hameaux et, presque toujours, situées sur une légère pente, entre les prés des vallées et les landes des sommets ; elles portent parfois des traces d'anciennes contraintes collectives. Ce sont de petits openfields.
Syn. (Bretagne) Méjou, (Pays Nantais) quarteron, (Vendée) gaignerie (A.M. Charaud).

GAIGNABLE adj.
(Vendée). Qualifie une terre de qualité qui permet une culture rentable.
Les terres gaignables sont souvent groupées en champs ouverts, entourés d'une haie; elles forment une gaignerie, où chaque propriétaire d'une communauté villageoise possède une ou plusieurs parcelles.

GAILLAC n.m.
Chef-lieu de canton du Tarn, au centre d'un vignoble réputé pour ses vins rouges tirés du cépage *Malbec* et pour ses vins blancs qui doivent leur qualité au cépage *Mauzac*, dont les grappes sont cueillies tardivement et surmûries.

GAILLARD n.m.
Hybride à feuillage vigoureux et à raisins abondants.
Etym. Du celte *gal*, force.

GAILLARD adj.
It. **a rapida fruttificazione**
Qualifie les arbres fruitiers à croissance rapide.

GAILLET n.m.
En. **yellow bedstraw**
De. **Labkraut**
Es. **amor de hortelano, galio, cuajaleche**
It. **caglio**
Mauvaise herbe de la famille des Rubiacées *(Gailium aparine)* dont les fleurs, munies d'aiguillons renversés, s'accrochent à la laine des moutons.
Les capitules de l'une de ses variétés, le gailum jaune, contiennent un ferment qui fait cailler le lait.
Syn. Gratteron, caille-lait.

GAILLOTTE n.f.
(Champagne). Brouette métallique étanche pour le transport des raisins pendant les vendanges.

GAINE n.f.
En. **leaf sheath** (1)
De. **Blattscheide** (1)
Es. **vaina** (1)
It. **guaina** (1)
1. Partie élargie à la base d'une feuille et enveloppant la tige sur une partie de sa longueur ; caractérise les graminées.
2. Canalisation perforée, ou poreuse, pour distribuer l'eau d'irrigation.
Etym. Du latin *vagina*.

GAIROTA n.f.
Champ parsemé de pierres, assez favorable à la culture des gesses, ou *gaïroutes*.
Etym. Du pré-indoeuropéen *Kar*, roche, qui a donné *caïre*, *cairn* et *caïrota* en Gascogne.

GAIVE n.f.
(France du Nord). Terre en friche.

GALACTOMÈTRE n.m.
En. **galactometer**
De. **Galaktometer**
Es. **galactómetro**
It. **galattometro**
Appareil pour mesurer la densité du lait, sa teneur en matière grasse, en caséine et en lactose.
Etym. Du grec *galaktos*, lait, et *metron*, mesure.

GALACTOLOGIE n.m.
En. **galactology**
De. **Galaktologie**
Es. **galactología**
It. **galattologia**
1. Discipline ayant pour objet l'étude du lait et de ses dérivés.
2. Ouvrage consacré à l'étude du lait.

GALAMAGNE n.f.
(Béarn). Méteil.
Syn. Gallemagne.

GALANDE n.f.
1. Variété de pêche.
2. Variété d'amande.

GALE n.f.
En. **scab** (1), **scurf** (2)
De. **Krätze** (1)
Es. **roña, sarna** (1),
  sarna de la patata (2)
It. **rogna, scabbia** (1),
  rogna della patata (2)
1. Maladie contagieuse causée par un sarcopte qui s'attaque aussi bien à l'homme qu'à l'animal et qui se manifeste par des démangeaisons, par des sillons sous-cutanés et la perte des poils.
On s'en débarrasse par des pommades à base de soufre et par la désinfection des étables.
2. Maladie de la pomme de terre et des légumes causée par des bactéries et des champignons, d'aspect semblable à la gale des animaux.
Etym. Du latin *galla*, excroissance.

GALÈRE n.f.
1. Petite herse qui sert à ratisser les planches de jardin quand elles sont ensemencées.
2. Large pelle avec deux planches latérales et deux mancherons.
Tirée par un cheval elle sert à déplacer une assez grosse quantité de terre pour aplanir un champ ; utilisée dans le Nord, on lui donne le nom de ravale, ou de mollebart en Flandre.

GALIPES n.m.p.
Copeaux de pin détachés de la carre par des coups de *hapchot*.

GALIPOT n.m.
1. Grattoir qui sert à racler la carre d'un pin en cours de gemmage.
2. Résine recueillie le long de la carre.
(V. Barras).

GALLE n.f.
En. **gall(nut)**
De. **Gallapfel**
Es. **agalla, cecidio**
It. **galla**
Tumeur qui se forme sur une plante par suite de la piqure d'un insecte.
Cette petite plaie provoque une réaction cellulaire de défense contre le suc irritant déposé dans les tissus du végétal ; l'insecte y pond ses oeufs. La plus connue de ces grosseurs porte le nom de noix de galle (fig. 95) ; elle se développe sur les feuilles et les rameaux de diverses espèces de chênes ; elle est provoquée par un parasite de la famille des Cynipidés (Cynips tinctoria). Très riche en tanin, on la recueille pour la préparation du cuir.
Syn. Cécidie.
Etym. Du latin *galla*, excroissance.

(Fig.95). Galle (Noix de)

GALLE DU COLLET l.f.
Prolifération de cellules végétales localisées à la jonction de la tige et de la racine de la betterave, sous l'influence d'une bactérie, *Agrobacter tumefaciens*.

GALLE VERRUQUEUSE l.f.
En. **potato wart**
Es. **sarna verrugosa, sarna nera**
It. **rogna nera o verrucosa**
Maladie de la pomme de terre due à un champignon, *Synchytrium endobioticum*.
Le tubercule se couvre de verrues, verdit et pourrit.

GALLEMAGNE n.f.
(Aquitaine). Mélange d'orge et de blé.

GALLIFORMES n.m.p.
En. **Galliformes**
De. **Hühnervögel**
Es. **gallináceas**
It. **galliformi, gallinacei**
Ordre d'oiseaux comprenant de nombreux genres, parmi lesquels des espèces domestiques caractérisées par un gros bec et un vol lourd : coq, faisan, pintade, et, également, perdrix, caille, etc.
Jadis, c'étaient des gallinacés.
Etym. Du latin *gallina*, poule.

GALLINACÉ n.m.
V. *Galliforme*.

GALLINACÉ adj.
En. **gallinaceous**
De. **hühnerartig**
Es. **gallináceo**
It. **gallinaceo**
Qualifie ce qui se rapporte aux poules et aux dindons.
Etym. Du latin *gallina*, poule.

GALLINE adj.
Qualifie l'espèce coq et poule.
Etym. De *gallus*, coq.

GALLISAGE n.m.
Adjonction d'eau et de sucre au marc de raisins, laissé dans la cuve après le soutirage du vin, afin d'obtenir, après une nouvelle fermentation, un vin de seconde cuvée, ou *piquette*.
Syn. Gallisation, du nom de Gall, inventeur du procédé.

GALOCHE n.f.
En. **clog**
De. **Überschuh**
Es. **galocha**
It. **caloscia,**
   zoccolo con tomoaia di cuoio
Chaussure à semelle de bois et à dessus de cuir.
Utilisée dans l'Antiquité et encore de nos jours dans les campagnes, elle protège contre la boue et l'humidité.
Etym. Du gaulois ou du grec *kalopous*, chaussure en bois.

GALOIS n.m.p.
(Bretagne). Landes communes où pouvaient paître les troupeaux des villages bretons (XVIII ème siècle).

GALOP n.m.
En. **gallop**
De. **Galopp**
Es. **galope**
It. **galoppo**
La plus rapide des marches du cheval, celle qui lui permet de sauter le plus haut et de faire 400 m à la minute.
Etym. Du francique *wala hlaupan*, bien sauter.

GALUCHE n.f.
(Poitou). Terre parsemée de débris de roche calcaire.
C'est une variété de groie.

GALUCHO n.m.
(Provence). Petite levée de terre destinée à conduire l'eau d'irrigation dans un pré.

GALVACHER n.m.
(Berry). Valet de ferme chargé de conduire les chars traînés par des boeufs, ou des chevaux.

GAMANDIER n.m.
(Dauphiné). Variété de châtaignier cultivé en Dauphiné.
Son fruit est une gamande.

GAMAY n.m.
Cépage à raisins noirs, cultivé en Bourgogne et Beaujolais.
Une fâcheuse réputation entraîna, sous Charles IX, l'interdiction de le planter. Actuellement, il donne des vins de qualité en Beaujolais. Le Gamay blanc produit aussi des vins blancs assez appréciés.
Etym. Du nom du village de Gamay. (Côte d'Or).

GAMÈTE n.m.
En. **gamete**
De. **Geschlechtszelle, Gamet**
Es. **gameto**
It. **gamete**
Cellule sexuelle, mâle ou femelle, parvenue à maturité.
Elle est haploïde avant la fécondation, c'est-à-dire qu'elle ne possède que la moitié des chromosomes qui constitueront la cellule fécondée, soit 30 chromosomes pour le cheval, 24 pour la pomme de terre, 23 pour l'homme, etc. De la fusion d'un gamète mâle avec un gamète femelle naît l'individu ; dans la biologie animale, c'est l'union d'un ovule et d'un spermatozoïde d'où proviennent l'oeuf des ovipares, ou le foetus des vivipares ; dans la biologie végétale c'est, chez les phanérogames, plantes à fleurs, l'union d'un antérozoïde mâle et d'un oosphère femelle qui donne le fruit.
Etym. Du grec *gamos*, mariage.

GANADERIA n.f.
Es. **ganadería**
1. Pâturage où l'on élève les taureaux de course.
2. Troupeau de taureaux destinés aux courses.
3. Domaine où l'on élève ces taureaux.
De tels domaines, situés surtout en Andalousie, comprennent de vastes étendues où, sous la garde des ganaderos, les jeunes taureaux (novillos) vivent à l'état quasi sauvage. Chaque ganaderia a sa devise et sa couleur que le taureau porte sur une banderille, fichée dans l'épaule, quand il pénètre dans l'arène.
Etym. De l'espagnol *ganado*, troupeau.

GANDIN n.m.
(Berry). Agneau de quinze à dix-huit mois.

GANE n.f.
(Limousin) Terre humide ; petite mare.
Syn. Gano.

GANEBELLONNE n.f.
(Périgord). Variété de châtaigne à peau brune, de forme plate et pointue, et qui se conserve bien en hiver.

GANERBIAT n.m.
Equivalent allemand du français *fréresche*.

GANGRÈNE n.f.
En. **gangrene**
De. **Brand, Gangrän**
Es. **gangrena**
It. **cancrena**
Destruction de la vie organique dans un tissu animal, ou végétal, par arrêt de la circulation du sang, ou de la sève.
Elle est due à un traumatisme, à une maladie infectieuse, à la vieillesse.
Etym. Du grec *gaggraina*, pourriture.

GANIVELLE n.f.
(Berry). Bois *merrain* et douves pour les petits tonneaux.

GANNE n.f.
(Landes). Molinie bleue, graminée qui prolifère aux dépens des pignadas incendiées.

GAPAN n.m.
(Orléanais). Compost composé de sable, d'argile et de matières végétales pour servir d'engrais dans les jardins des fleuristes.

GAPERON n.m.
(Normandie). Fromage obtenu avec le caillé que l'on retire du petit lait.

GAQUÈRE n.f.
(Picardie). Terre en jachère.
Syn. Gaquière (G.Plaisance et A. Cailleux).

GARACHAR n.m.
(Provence). Premier labour après la jachère.

GARAITE n.f.
(Saintonge). Jachère.
Etym. Déformation du mot *guéret*.

GARANCE n.f.
En. **madder**
De. **Krapp**
Es. **rubia, granza**
It. **garanza, robbia**
Plante de la famille des Rubiacées (*Rubia tinctorum*).

Originaire d'Asie occidentale, la garance était cultivée dès l'Antiquité en Grèce et en Italie. Elle fut introduite dans le Comtat Venaissin au milieu du XVIIIème siècle, par le Persan Althen ; par gratitude, les habitants du comtat donnèrent son nom à l'un des villages de la région : Althen-des-Paluds. Les racines de la plante, desséchées et pulvérisées, fournissaient une couleur rouge, l'alizarine. Les couleurs d'aniline l'auraient fait disparaître dès la seconde moitié du XIXème siècle, si le gouvernement français n'en avait maintenu la culture en exigeant que les pantalons des fantassins fussent teints en rouge garance.
Etym. Du francique, *wratja*, d'où découlerait *warentia*, usité dans les Capitulaires de Charlemagne.

GARANCIÈRE n.f.
En. **madder field** (1)
De. **Krappfeld** (1)
Es. **rubial, granzal** (1)
It. **robbiaia** (1)
1. Parcelle consacrée à la culture de la garance.
2. Atelier où l'on teignait les tissus couleur garance, par l'opération du *garançage*.

GARANDES n.f.p.
(Bourgogne). Prairies où les communautés villageoises ont le droit de faire paître leurs bêtes de trait pendant un certain temps.

GARANT n.m.
Morceau de pierre, de brique, de vase, ou pièce de monnaie que l'on place sous les bornes limitant des parcelles ou des propriétés en vue d'authentifier ces marques dans le cas où un litige exigerait leur extraction *(R. Blais)*.
Syn. *Filleul, perdriaux, agachon*.

GARAUDE n.f..
(Bresse). Guêtre se boutonnant sur le côté, et que portaient encore, au XIXème siècle, les paysans de la France de l'Est.
Etym. De *gare*, jambe en ancien français.

GARAVEAU n.m.
(France du Midi). Mesure de capacité pour les grains d'une contenance de deux litres.

GARCHES n.f.p.
(Grands Causses). Brebis trop âgées, qui donnent peu de lait, et que l'on engraisse pour la boucherie.

GARCINE n.f.
(Alpes du Sud). Terrain inculte.
Syn. *Garcinière*.

GARDE-BLEDS n.m.
V. *Garde-messier*.

GARDE-BOEUF n.m.
En. **cattle egret**
De. **Kuhreiher**
Es. **picabuey**
It. **guardabuoi**
Petit héron de la famille des Ardéidés *(Bubulus ibis)*.
Originaire d'Afrique, il se nourrit d'insectes qu'il pique sur le bétail au labour, ou dans les pâturages.

GARDE-BOIS n.m.
En. **forest warden**
De. **Förster**
Es. **guardabosque**
It. **guardaboschi**
Garde chargé de veiller sur les forêts et sur la chasse dans les domaines publics ou privés.

GARDE-CHAMPÊTRE n.m.
En. **field-guard, field-keeper**
De. **Feldhüter, Flurschütz**
Es. **guarda de campo**
It. **guardia campestre**
Agent communal chargé d'assurer la police rurale.
Il est nommé par le maire et agréé par le préfet, commissaire de la République.

GARDE-CHARRUE n.m.
Es. **moscareta**
Oiseau appelé *traquet* et qui doit son surnom au fait qu'il suit le sillon, derrière la charrue, pour se nourrir de larves et d'insectes mis à jour par le soc et le versoir.

GARDE-CHASSE n.m.
En. **gamekeeper**
De. **Wildhüter, Jagdaufseher, Wildmeister**
Es. **guarda de caza**
It. **guardacaccia, guardiacaccia**
Agent assermenté, chargé, par un propriétaire de terrains de chasse, de veiller sur le gibier et de poursuivre les braconniers.

GARDE-ÉTALON n.m.
Es. **mamporrero**
Employé des haras nationaux chargé de surveiller les étalons et la monte.

GARDE-FEU n.m.
En. **firebreak, fire lane**
Es. **cortafuego**
It. **parafuoco**
Large bande de terrain dépourvue d'arbres dans une forêt, et destinée à arrêter la progression des incendies.
Syn. *Pare-feu*.

GARDE-FORESTIER n.m.
En. **forester, forest warden forest ranger**
De. **Waldhüter, Förster**
Es. **guardabosque, guarda forestal**
It. **guardia forestale**
Agent chargé de la police des forêts domaniales.
S'il est au service d'une personne privée, on dit un garde-bois.

GARDE-MANÈGE n.m.
Personne chargée de la garde et de l'entretien d'un manège, où l'on se livre à l'équitation.

GARDE-MARTEAU n.m.
En. **hammer keeper**
De. **Hammerwärter**
Es. **guarda martillo**
Employé du service des Eaux et Forêts, chargé jadis de surveiller une certaine étendue de forêt domaniale ou seigneuriale, et de garder le marteau qui servait à marquer les arbres à abattre.

GARDE-MESSIER n.m.
(Lorraine). Agent communal chargé de surveiller les blés au moment de la moisson, d'en écarter les maraudeurs, et d'éviter les fraudes au cours du prélèvement des redevances.
Syn. *Messier*.
Etym. De *messier*, moisson.

GARDEN-CENTER n.m.
(Angleterre). Centre de jardinage. Etablissement commercial agricole, situé à proximité d'une ville, sur une grande voie de passage et souvent associé à une entreprise horticole.
Son but est de fournir, aux citadins et aux possesseurs de résidences secondaires à la campagne, les plantes, le matériel et les divers produits nécessaires à la création et à l'entretien des parcs et des jardins d'agrément.
Syn. *(France) Jardinerie*.

GARDE-NOBLE n.m.
Suzerain qui utilisait les biens d'un jeune vassal orphelin jusqu'à sa majorité, à charge de lui assurer justice et protection.

GARDE-PILE n.m.
Bâtiment de la ferme où l'on abritait chaque soir, après le battage du blé au fléau et son vannage, le tas, *(la pile)*, de grains recueillis au cours de la journée.
Le garde-pile devait être sec et protégé des rongeurs et des insectes nuisibles.

GARDERIE n.f.
En. **forestry, forest land**
De. **Waldbezirk**
Es. **bosque vigilado**
It. **zona boschiva sorvegliata**
Etendue de forêt confiée à la garde d'un agent forestier.

GARDEUR n.m.
En. **keeper, herdsman**
De. **Viehhüter**
Es. **guardador**
It. **guardiano**
Personne chargée de la garde d'un troupeau, ou d'une récolte.
Au féminin, gardeuse.

GARDE-VENDANGE n.m.
Personne chargée de surveiller les vignes d'une communauté à l'approche des vendanges.
Elle devait en écarter les maraudeurs et les déprédateurs. Il en existe encore en Alsace.

GARDE-VENTE l.m.
Agent chargé de surveiller un chantier d'exploitation forestière, d'une vente d'arbres effectuée sur pied, pour le compte d'un marchand de bois acquéreur *(R. Blais)*.

GARDE-VIGNE n.m.
(Bourgogne). Sauterelle grosse et ventrue que l'on découvre dans les vignes, au moment de la feuillaison.

GARDIAN n.m.
(Camargue). Berger à cheval, chargé de garder les troupeaux de taureaux.

GARENNE n.f.
En. **warren** (1,2)
De. **Wildpark, Kaninchengehege** (1)
Es. **vivar** (1)
It. **garenna** (1)
1. Lande boisée, entourée de murs, réservée à la reproduction et à la chasse du lapin.
2. Lieu aménagé pour la protection d'un animal, gibier ou poisson.
3. *(Saintonge)*. Prairie plantée d'arbres, ou parc attenant à une maison bourgeoise.
4. Section de rivière où il était défendu de pêcher.
5. Environs d'un château où il était défendu de circuler sans autorisation.
Le garennier était chargé de faire respecter toutes ces prescriptions. Le terme garenne, qui signifie lapin en Sologne, entre en composition dans plusieurs locutions :
a). Le droit de garenne, privilège seigneurial, supprimé au cours de la nuit du 4 août 1789.
b). Les garennes jurées étaient réservées à la production du gibier et les garennes ouvertes à la chasse du seigneur et de ses invités.
c). Les garennes libres sont réservées au gibier sauvage et les garennes forcées au lapin domestique.
Etym. Du francique wardon, veiller, qui a donné en germanique waren, défendu, et en latin warenna.

GARET n.m.
(Alpes du Sud). Terre en jachère.
Etym. Déformation de guéret.

GARGOUILLE n.f.
(Languedoc). Tonneau défoncé, ou grand cuvier, dans lequel on déverse les récipients pleins de raisins avant de les porter à la cuve.

GARIES n.m.
(Midi méditerranéen). Chêne rouvre.
Etym. D'origine préceltique, que l'on retrouve dans carra et caire, rochers, dans l'allemand karren, dans le gascon carroc, roche, ainsi que dans le provençal garric, le chêne, qui a donné garrissade, bois clair sur un sol rocheux.

GARIOTTE ou **GARRIOTTE** n.f.
(Quercy). Petite cabane ronde, bâtie en pierres plates et servant d'abri aux bergers et aux vignerons.
Etym. De même origine que garric, et carroc, rocheux.

GARNE n.f.
(Vivarais). Fagot de branches de pin.

GAROBE n.f.
(Provence). Gesse noire utilisée pour la nourriture de la volaille.
On se servait jadis de sa farine pour accroître la quantité du pain à consommer. Une garoubière *est une parcelle cultivée en gesses.*
Syn. Garoube, garousse.

GARONNAISE adj.
(Vallée de la Garonne). Qualifie une race bovine élevée dans la vallée de la Garonne.
De grande taille, de robe froment, aux cornes recourbées vers le bas, ce qui facilite le labour dans les vignes. Race de travail, mais non de boucherie et de laiterie.

GAROUIL n.m.
(Charente). Maïs.
Son diminutif, la garouillette, s'applique au maïs semé à la volée pour servir de fourrage vert.

GARRIGUE n.f.
En. **garrigue**
De. **Heide, Steppe**
Es. **tomillar, carrascal**
It. **gariga, garriga**
Lande rocheuse parsemée de petits chênes kermès, ou *garrics*, parmi une végétation de myrtes, de lentisques, d'oléastres, de lavande, de thym, etc.
L'habitant des garrigues est un garrigaud, *et un défricheur de garrigue un* garrigaïre.
Etym. Du pré-indoeuropéen car, gar, roche, que l'on retrouve dans caire, caireux, carroe, gari, ce dernier terme s'appliquant au chêne qui pousse dans les terrains rocailleux.

GARRISSADE n.f.
(Languedoc). Taillis de chênes.
Syn. (Auvergne) Garrissal.

GARROT n.m.
En. **withers**
De. **Widerrist**
Es. **cruz**
It. **garrese**
Partie du corps des grands quadrupèdes, situé au-dessus des épaules, entre l'encolure et le dos.
Sa hauteur au-dessus du sol sert à mesurer la taille d'un boeuf ou d'un cheval.
Etym. Du provençal garrat, jarret.

GARROUILLE n.f.
1. Futaie de chênes têtards.
Syn. (Agenais) Garroulhado, (Provence) garroussière.
2. Ecorce de la racine de chêne kermès, utilisée jadis comme produit tannant.
3. *(Berry)*. Maïs-fourrage.
Etym. De garri, chêne.

GASCON n.m.
Cépage à raisins noirs, cultivé en Gascogne, mais aussi en Orléanais.

GASCONNE adj.
Qualifie une race bovine, à robe grise, très appréciée pour le labour, mais médiocre laitière.

GASQUÉRER v.intr.
(Gascogne). Donner un premier labour à une terre en jachère.

GAST n.m.
Terrain de médiocre valeur, au sol humide et froid, ne favorisant pas la croissance des céréales.
Etym. Du latin vastum, ravagé, simplifié en gât.

GAST adj.
(Vendée). Se dit d'un marais gâté par l'invasion de l'eau et de la vase.

GASTINE n.f.
V. *Gâtine*.

GAT n.m.
1. *(Vendée)*. Marais salant abandonné et devenu une prairie marécageuse.
2. *(Orléanais)*. Landes qui séparent les champs cultivés des bois voisins.
Dériverait de gâter, dévaster ; ces landes proviendraient en effet de forêts détruites.

GÂTINE n.f.
1. Forêt d'arbres mal venus et mal entretenus.
2. Terre inculte, de sol médiocre.
3. *(Vendée, Touraine)*. Région pauvre, sur des sols acides dérivés de roches siliceuses.
4. *(Nivernais)*. Clairière dans une forêt, endroit désert.
Etym. De l'indoeuropéen wa, vide, qui a donné en latin vastus et en français gasté et dévasté.

GÂTINEAUX n.m.p.
Habitants de la Gâtine vendéenne.

GÂTIS n.m.
1. *(Saintonge)*. Vignes en friche.
2. Dégât causé dans les cultures par le passage des troupeaux.
Etym. Dérivé de gâter.

GATTILLIER n.m.
En. **verbena**
Es. **sauzgatillo**
It. **agnocasto**
Arbuste du genre des Verbénacées *(V.Verveine)* et poussant à l'état sauvage sous des climats secs et chauds du Midi de l'Europe.
Son fruit, une drupe appelée petit poivre, était, paraît-il, un antiaphrodisiaque ; on le cultivait dans les couvents sous le nom savant d'agnus castus.

GÂTTINE n.f.
It. **gattina, macilenza**
Maladie du ver à soie causée par un streptocoque.
Le ver malade s'atrophie, prend une teinte grise et meurt.

GAUCHÊNE n.m.
(Normandie). Erable.

GAUCHO n.m.
(Argentine). Gardien de bétail, à cheval dans la *pampa.*

GAUD n.m.
(France du Nord). Bois, petite forêt.
Un petit gaud est un gaudet, *ou une* gaudine.
Etym. Paraît dériver de *gualdus,* que l'on retrouve dans le français *gault* et dans l'allemand *Wald,* bois, région boisée.

GAUDE n.f.
En. **maize porridge**
De. **Maisbrei, Wau**
Es. **gachas de maíz**
It. **polenta**
Bouillie de farine de maïs cuite dans de l'eau, ou dans du lait, et consommée après friture, en Aquitaine et Pays de la Saône.
Syn. (Aquitaine) Cruchade, rimotte.
Etym. Dériverait du celte *goadenn,* pâtée.

GAUDE n.f.
En. **yellowweed, dyer's rocket**
De. **Wau**
Es. **gualda, retama de olor**
It. **guado**
Espèce de réséda *(Reseda luteola)* qui pousse dans les lieux en friche.
Mais que l'on cultivait autrefois dans le Midi pour en retirer une couleur jaune.

GAUGUIER n.m.
Variété de noyer qui donne de grosses noix appelées *gaugues.*

GAULAGE n.m.
En. **beating**
De. **Abschlagen**
Es. **vareo, vareado**
It. **abbacchiatura**
Action de faire tomber les noix, ou tout autre fruit, avec un long bâton appelé *gaule.*

GAULE n.f.
En. **pole (for beating down fruit)** (1)
De. **lange Stange** (1)
Es. **vara** (1)
It. **bàcchio** (1)
1. Long bâton pour faire tomber les fruits d'un arbre aux branches trop hautes.
2. Perche monoxyle pour battre les céréales.
3. *Taille,* dans le droit coutumier.
Etym. Du francique *walu,* bâton.

GAULER v.tr.
En. **to beat**
De. **abschlagen**
Es. **varear**
It. **bacchiare**
Faire tomber des fruits en frappant les branches avec une gaule.
Pratiquer une gaulée.

GAULEURS n.m.p.
(Bretagne). Arpenteurs royaux chargés de mesurer les dimensions des parcelles.
On les appelait également cordeurs, *sans doute parce qu'ils mesuraient avec une corde étalonnée.*

GAULIER n.m.
Petit marécage où l'on ne peut pénétrer sans risquer de garnir d'eau ses chaussures.
Syn. (Occitan) Gaoulia.

GAULIS n.m.
En. **brush wood**
De. **Reiser**
Es. **vardasca**
1. Taillis dont les *brins* sont assez longs pour faire des *gaules.*
2. Branches assez longues pour faire des liens pour fagots.
3. Tiges de châtaignier découpées en lamelles pour fabriquer des paniers.
4. Dans une forêt traitée en futaie, le gaulis succède au *fouré* et précède le *perchis.*
Il a donc entre 8 et 20 ans d'âge (R. Blais).

GAUTIERS n.m.
1. Au Moyen Age, brigands réfugiés dans les bois.
2. *(Bourgogne).* Vanne de déchargeoir dans un étang.
Etym. De l'allemand *Wald,* bois, qui a donné *galdus* et *gaudier.*

GAUVESCE n.f.
(Normandie). Variété de vesce, de médiocre qualité.

GAVAGE n.m.
En. **cramming**
De. **Nudeln**
Es. **cebadura, ceba**
It. **ingozzamento**
Opération qui consiste à remplir de maïs, deux fois par jours, le jabot d'une oie ou d'un canard à l'aide d'un entonnoir muni d'un pas de vis sans fin. *Au bout de cinq à six semaines, les bêtes très grasses ont des foies hypertrophiés, avec lesquels on fabrique les pâtés de foie gras si réputés, d'Alsace, du Périgord et des Landes. Par extension, nourrir abondamment un animal domestique pour l'engraisser.*
Etym. Du celte *gaba,* gosier, devenu *gava* en provençal.

GAVER v.tr.
En. **to cram**
De. **mästen, fettfüttern**
Es. **cebar**
It. **ingozzare**
Nourrir abondamment un animal domestique pour l'engraisser.

GAVEUSE n.f.
En. **crammer**
De. **Nudelvorrichtung**
Es. **cebadora**
It. **ingozzatrice**
Appareil pour gaver les volailles.

GAVOT n.m.
(Alpes). Fromage fabriqué dans les hautes vallées des Alpes.
Persillé de farine moisie, il rappelle le bleu des Causses.

GAYÈRE n.f.
Bois humide à l'état de taillis.
Etym. Du latin *vadum,* gué, qui a donné *vadaria,* rivière guéable.

GAZ DE FUMIER l.m.
En. **manure gaz**
De. **Mistgas**
Es. **gas de estiércol**
It. **gas di letame,**
    gas di fermentazione
Gaz composé de gaz carbonique et de méthane, combustible et servant à chauffer les étables.
Recueilli par cornue au-dessus des fosses à fumier en fermentation, parfaitement closes et dans lesquelles on peut ajouter, pour accroître le rendement, des matières organiques à base de cellulose.
Syn. Biogaz, biométhane.

GAZAILH n.m.
Dans la bordure pyrénéenne du Béarn, contrat par lequel un éleveur prend en charge du bétail afin d'accroître ses revenus en retenant une partie du profit au moment de la vente.
Sa part varie du tiers à la moitié du bénéfice. Jadis, de tels contrats étaient fréquents, soit au début de l'été à la montée des estives, soit au début de l'hiver, lors de la descente des troupeaux transhumants dans les plaines ; dans le premier cas le partage du profit s'effectuait lors des ventes d'automne ; dans le second cas, il avait lieu au moment des foires de printemps.

GAZON n.m.
En. **fine grass** (1)
De. **Rasen** (1)
Es. **césped** (1)
It. **erbetta** (1)
1. Herbe composée de légumineuses et de graminées à tiges fines.
Elle recouvre les pelouses des parcs.
2. Herbe des prés et des pâturages.
3. *(Jura).* Fumier très décomposé.
Etym. Du germanique, *waso,* motte de terre couverte d'herbes.

GAZONNAGE n.m.
Es. **encespedado**
Action de gazonner.
Syn. Gazonnement.

GAZONNER v.tr.
Es. **encespedar**
Ensemencer une parcelle finement labourée avec des graminées à feuillage fin (flouve, ray-grass, pâturin, etc.) dont on tond les tiges quand elles ont suffisamment poussé.
Etym. De l'allemand *waso.*

GÉANTE n.f.
En. **giant**
De. **Riesin**
Es. **gigante**
It. **gigante**
Nom donné à diverses variétés de plantes cultivées, surtout à cause de leurs racines ou de leurs tubercules : la *géante rose*, et la *géante jaune*, betteraves fourragères très productives ; la *géante bleue* et la *géante sans pareil*, pommes de terre de haut rendement, etc.

GEL DES TERRES l.m.
Mise hors culture d'une certaine étendue de sol cultivé afin de réduire la quantité des produits agricoles, et d'éviter la surproduction et la chute des prix.
Décision prise par les instances internationales de la C.E.E. en juin 1986.

GELÉE n.f.
En. **frost**
De. **Frost, Reif**
Es. **helada**
It. **freddo intenso, gelata**
Abaissement de la température au dessous de 0° C.
A l'intérieur des tissus végétaux, la sève se transforme en glace, augmente de volume et brise les tiges et les feuilles des plantes. Ce phénomène se produit notamment au printemps, durant les nuits claires, par rayonnement des calories contenues dans le sol ; quand la végétation commence à croître c'est la gelée printanière. Les premiers bourgeons de la vigne et les premières pousses des arbres fruitiers sont détruits. On protège vignes et vergers par des produits fumigènes ralentissant le rayonnement du sol et réchauffant l'air, ou bien en aspergeant les arbres d'une eau à température supérieure à 0°C.
Etym. Du latin *gelare*, geler.

GELÉE BLANCHE l.f.
En **hoarfrost, white frost**
De. **Reif**
Es. **escarcha**
It. **brina**
Dépôt matinal de fin cristaux de glace, dû à la condensation solide par sublimation de la vapeur d'eau contenue dans l'air, au contact de la surface froide des feuillages situés près du sol.

GELÉE ROYALE l.f.
En. **royal jelly**
De. **Gelée royale**
Es. **jalea real, helada real**
It. **pappa reale**
Sécrétion produite par les jeunes abeilles agées de 5 à 14 jours, et qui sert à nourrir les larves des futures reines, dans une ruche bien structurée.
Utilisée en pharmacie et en cosmétologie comme antiasthénique et pour l'entretien de la beauté du visage.

GELEURS n.m.p.
Surnom des *saints de glace*, dont la fête coïncide parfois avec des jours de gelées tardives de printemps ; ce sont Saint Marc (25 Avril) Saint Mamers (11 Mai) Saint Pancrace (12 Mai) Saint Servais (13 Mai) et Saint Yves (19 Mai).

GÉLIF adj.
De. **eisklüftig**
Es. **que se agrieta con el hielo**
It. **gelivo**
Qualifie un végétal sensible aux froids inférieurs à 0° C.

GÉLINAGE n.m.
Redevance féodale perçue sur les ventes de volailles, au moment de Noël.

GÉLINE n.f.
En. **hen**
De. **Huhn**
Es. **gallina ponedora, ponedora**
It. **gallina**
Poule pondeuse.
Par dérivation, a donné gélinier, *poulailler, et* gelinotte, *petite poule. Une* géline affranchie *est une poule qui ne pond plus.*
Etym. Du latin *gallina*, poule.

GÉLINIER n.m.
En. **henhouse**
De. **Hühnerstall**
Es. **gallinero**
It. **pollaio, pollaiolo**
Etable à gélines, à poules.
Syn. Poulailler.

GÉLINOTTE n.f.
En. **hazelhen, hazel grouse** (2)
De. **Birkhuhn** (1), **Masthuhn**
Es. **ganga** (1)
It. **pollastra ingrassata** (1)
1. Jeune poule engraissée dans les cours de ferme avec du maïs et des farines.
2. Gallinacé de la famille des Tétraonidés *(Tetrates bonasia)* qui vit dans les forêts nordiques.
Pourchassé à cause de sa chair au goût délicat.
Etym. Du vieux français *géline*, poule.

GÉLIVURES n.f.p.
En. **frost crack**
De. **Eiskluft, Wetterkluft**
Es. **grieta**
It. **screpolature da gelo**
Fissures ou fentes causées par de fortes gelées dans le tronc des arbres, et qui rendent le bois impropre à la menuiserie.

GEMMAGE n.m.
En. **tapping**
De. **Anschneiden, Anzapfen**
Es. **resinación, sangradura**
It. **resinazione**
Extraction de la résine, le long d'un fût de pin maritime, en pratiquant des carres jusqu'à l'aubier avec un *hapchot*.
La sève descendante jaillit sous forme de gouttelettes brillantes comme des pierres précieuses (des gemmes). On la recueille dans un pot de terre cuite, appelé crot, *soutenu par une pointe, et placé sous une lamelle courbe de zinc par où s'écoule la résine (fig. 96). Le gemmage s'effectue de mai en octobre par des gemmeurs. On gemme les pins à partir de 20 ans et durant une trentaine d'années, en déplaçant les carres autour du tronc. Puis on les gemme à mort en rafraîchissant toutes les carres ; l'arbre se dessèche et son tronc est utilisé comme poteau de mine, planches ou pâte à papier.*
Etym. Du latin *gemma*, pierre précieuse.

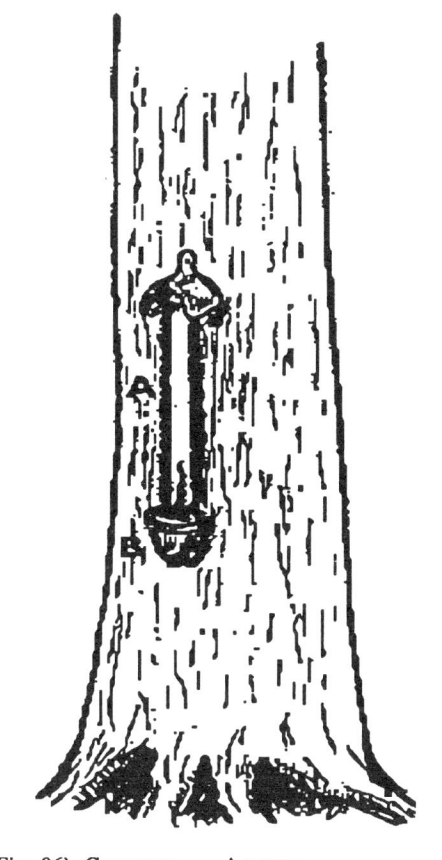

(Fig. 96). Gemmage A : carre
B : crot

GEMME n.f.
En. **pine resin**
De. **Fichtenharz**
Es. **resina de pino**
It. **gemma**
Résine de certains conifères, notamment du pin maritime.
Elle sort de la carre *comme une gouttelette brillante, d'où son nom. C'est la sève élaborée que l'on traite pour en retirer de l'essence de térébenthine et de la colophane (R. Blais).*
Etym. Du latin *gemma*, pierre précieuse.

GEMME n.f.
En. bud
De. Knospe
Es. yema
It. gemma
Elément d'un végétal susceptible de le reproduire : bourgeon, bulbe, bouture, tubercule, etc.
Plus rarement, c'est un élément d'un animal pouvant remplir la même fonction ; tel est le cas chez les spongiaires.

GEMMOFÈRE adj.
It. gemmifero
Qualifie une plante qui produit de la gemme, ou résine, avec sa sève élaborée.

GEMMULE n.f.
En. gemmule
De. Knöspchen
Es. gémula
It. gemmula
Tige de la plantule, entre les cotylédons d'un Angiosperme et l'extrémité du bourgeon, dans l'embryon de la future plante.
Etym. Du latin *gemmula*, petite gemme.

GÈNE n.m.
En. gene
De. Gen
Es. gen
It. gene
Particule biologique située sur un chromosome, et dont la fonction est de transmettre et de contrôler un ou plusieurs caractères héréditaires de l'individu auquel elle appartient.
Un gène est dit marqueur quand on a identifié le caractère morphologique qu'il commande : couleur du pelage, des yeux, etc. Il est dit cloné ou adopté quand il est intégré aux cellules sexuelles d'un animal (ovules ou spermatozoïdes) ou d'une plante (pollens ou ovules) et qu'il transmet son message au descendant de l'individu en question.
Etym. Du grec *genos*, origine.

GÉNÉALOGIQUE adj.
En. genealogical
De. genealogisch
Es. genealógico
It. genealogico
Qualifie un livre, ou un registre, qui mentionne les ascendants d'une race déterminée.
Le stud book pour les chevaux, le herd book pour les bovins, le flock boock pour les ovins enregistrent leur généalogie.
Etym. Du grec *genea*, génération, et *logos*, discours.

GÉNÉRATION n.f.
En. generation
De. Generation, Zeugung
Es. generación
It. generazione
1. Reproduction animale, ou végétale, des êtres vivants.
Elle peut être asexuée et c'est la parthénogénèse ; elle peut être sexuée et c'est la fécondation de l'oeuf femelle par le gamète mâle.
2. Descendance d'un père à un fils.
3. Ensemble des êtres vivants dans une même époque.
Etym. Du latin *generare*, engendrer.

GENESTADE n.f.
1. Parcelle semée en ajoncs et genêts.
2. Maladie du mouton, attribuée à la consommation du genêt.
Elle se manifeste par des aphtes.

GENESTROLLE n.f.
En. dyer's furze, dyer's genista, dyer's greenweed
De. Färberginster
Es. retama
It. ginestrella
Espèce de genêt *(Genista tinctoria)* que l'on cueillait pour extraire de ses racines une teinture jaune.
Syn. Génistelle.

GENÊT n.m.
Cheval barbe de petite taille, élevé en Espagne et au Portugal.
Le terme a disparu au cours du XVIIIème siècle.
Etym. De l'espagnol *jinete*.

GENÊT n.m.
En. genista, dyer's broom, broom
De. Ginster
Es. retama, hiniesta
It. ginestra
Plante de la famille des Papilionacées, de la taille d'un arbrisseau et à fleurs jaunes.
Le genêt proprement dit (Sarothamnus scoparia) a de longues tiges qui servent à fabriquer des balais de ferme, d'où son nom de genêt à balais. Le genêt d'Espagne (Spartium junceum) a été cultivé pour ses fibres textiles obtenues par rouissage et utilisées dans la confection des sparteries. Le genêt des teinturiers, ou genestrolle, fournissait, par traitement des racines, une couleur végétale jaune.
Etym. Du latin *genista*.

GÉNÉTICIEN n.m.
En. geneticist
De. Genetiker
Es. genetista
It. genetista
Savant spécialisé dans l'étude de la génétique.

GÉNÉTIÈRE n.f.
En. broomfield
De. Ginsterplatz
Es. retamal, retamar
It. ginestreto
Terrain couvert de genêts utilisés comme litière, pâturage, et, naguère, comme plante tinctoriale.
Syn. Genétaie, génistière.

GENÉTIN n.m.
Pommier donnant une variété de pommes très appréciées.

GÉNÉTIQUE n.f.
En. genetics
De. Genetik
Es. genética
It. genetica
Science des transformations, ou de la transmission du patrimoine contenu dans les gènes localisés sur les chromosomes.
Ce patrimoine, transmis par l'A.D.N. (Voir ce sigle), constitue l'hérédité. En extrayant et en manipulant les gènes on peut obtenir de nouvelles variétés d'un végétal, ou d'un animal, plus productives, plus résistantes et de meilleure qualité que celles dont elles proviennent.
Etym. Du grec *gennetikos*, relatif à la génération.

GENÉVRETTE n.f.
It. gineprella
Boisson fermentée obtenue avec de l'eau, du sucre et des fruits sauvages, en particulier des baies de genévrier, des mûres et des nèfles.

GENÉVRIER n.m.
En. juniper tree
De. Wacholderbaum, Juniperus
Es. enebro
It. ginepro
Arbuste de la famille des Cupressacées, à feuilles persistantes et piquantes, et à baies noires.
Une espèce, le genévrier oxycèdre (Juniperus oxycedrus), fournissait de l'huile de cade que l'on utilisait pour guérir les bestiaux atteints de dermatites ; c'est en effet un violent parasicide. Les graines du genévrier commun (Juniperus communis) servent à fabriquer une liqueur appelée genièvre. *Un peuplement de genévriers est une* genévrière.

GENÉVRIÈRE n.f.
Es. enebral
It. ginepreto
Lieu planté de genévriers.
Etym. Du latin *juniperus*.

GÉNIE GÉNÉTIQUE l.m.
En. genetic engineering
De. Gentechnik, Gentechnologie
It. ingegneria genetica (1)
1. Ensemble des connaissances et des techniques concernant la conception, la mise en oeuvre et les applications permettant de modifier le programme héréditaire des gènes contenus dans les cellules végétales ou animales.
On peut ainsi produire des substances complexes telle que l'hormone de croissance qui atténue le nanisme, ou bien des espèces dotées d'anticorps, ou d'antigènes, contre les attaques des virus et des bactéries. C'est sur ces principes qu'est basée la préparation des vaccins.
2. Ensemble des gènes d'un individu, plante, animal, ou être humain.
Contenus dans les hormones des cellules, ils comportent dès leur origine, des messages qui règlent l'aspect physique et le développement de cet individu ; si on ne modifie pas leur

équilibre, ils fixent les limites de son existence ; en biologie végétale ou animale, on parvient à modifier cet équilibre pour obtenir des variétés différentes des géniteurs qui leur ont donné naissance.

GÉNIE RURAL l.m.
En. **rural engineering**
Es. **ingeniería agrícola**
It. **ingegneria rurale**
Service dépendant du Ministère de l'Agriculture, créé en décembre 1918 et remanié par décrets à plusieurs reprises.
Il comprend des ingénieurs recrutés parmi les anciens élèves diplômés de l'Institut Agronomique National et de l'Ecole Polytechnique ; des ingénieurs des Travaux Ruraux et des adjoints techniques recrutés par concours. Ils s'occupent de tout ce qui concerne les problèmes techniques, économiques et administratifs de l'agriculture et de l'aménagement de la vie rurale. Une section du Génie Rural est spécialisée dans l'exploitation des Eaux et Forêts. Le terme s'applique aussi à l'ensemble des techniques pour la mise en valeur agricole des sols.

GENIÈVRE n.m.
En. **juniper** (1), **juniper fruit** (2)
De. **Wacholderbeere** (2)
Es. **enebro** (1), **enebrina** (2), **ginebra** (3)
It. **coccola del ginepro** (2)
1. Genévrier.
2. Fruit du genévrier.
Baie employée comme condiment pour assaisonner certains mets et, en particulier, des grives rôties et des choucroutes.
3. Liqueur obtenue avec des baies de genièvre.

GENIÈVRERIE n.f.
It. **distilleria di ginepro**
Local où l'on fabrique du genièvre.

GÉNIPAYER n.m.
En. **genipap**
It. **genipa**
Arbre fruitier cultivé aux Antilles, de la famille des Rubiacées *(Genipa americana)*.
Son fruit, le génipape, de la grosseur d'une orange, a une pulpe légèrement acide qui sert à préparer des boissons rafraîchissantes.

GÉNISSE n.f.
En. **heifer**
De. **Färse, junge Kuh**
Es. **novilla, ternera**
It. **giovenca, manza, vitella**
Jeune vache qui n'a pas eu encore de veau.
Etym. De genesis, naissance, qui a donné en bas latin genicia.

GÉNISSON n.m.
(Normandie). Jeune taureau.
Etym. De génisse.

GÉNISTIÈRE n.f.
Es. **retamal, retamar**
Parcelle consacrée, ou abandonnée, aux genêts.

GÉNITEUR n.m.
En. **sire**
De. **Erzeuger**
Es. **genitor**
It. **riproduttore**
Taureau, étalon, bélier, etc, réservé à la reproduction et dont les qualités se révèlent par l'aptitude qu'il a à transmettre son patrimoine génétique à ses descendants.
Par sélection et croisement, ces qualités peuvent être modifiées.

GENOILLERÉ n.m.
Cépage à raisins noirs, cultivé en Berry.
Syn. Genouillet.

GÉNOISE n.f.
En. **genoese**
Es. **genovesa**
It. **fregio provenzale**
Construction composée de deux ou trois rangs de tuiles romaines fixées par du mortier entre le haut des murs et le toit pour assurer le raccord et servir de larmier.
Utilisée surtout dans le Midi de la France, où elle reflète l'influence romaine.
Etym. De Gênes, ville italienne.

GÉNOME n.m.
En. **genom**
De. **Genom**
Es. **genoma**
It. **genoma**
Ensemble des chromosomes d'une cellule sexuelle, ou gamète.
Son noyau ne possède que la moitié des chromosomes de l'espèce considérée, à la suite de la méiose, division de la cellule originelle normale, soit 24 pour la pomme de terre, 23 pour l'homme, 30 pour le cheval.
Etym. Du grec genos, naissance.

GENOUILLÈRE n.f.
En. **knee-cap**
De. **Kniestück, Knieleder**
Es. **rodillera**
It. **ginocchiera**
Pièce de cuir avec courroies dont on enveloppe le genou du cheval afin qu'il ne se couronne pas.

GENRE DE VIE l.m.
Ensemble des moyens d'existence d'une communauté rurale, reposant en général sur une économie prépondérante: nomadisme, transhumance, riziculture, céréaliculture, etc.

GENTIANE n.f.
En. **gentian**
De. **Enzian**
Es. **genciana**
It. **genziana**
Plante de la famille des Gentianacées.
L'une de ses espèces, la gentiane jaune **(Gentiana lutea)** *pousse sur les pelouses de haute altitude. Sa racine contient un suc amer qui entre dans la composition de boissons apéritives.*
Etym. De Gentius, roi d'Illyrie.

GENTLEMAN FARMER l.m.
(Angleterre). Propriétaire fermier riche et de bonne compagnie.
Syn. Gentilhomme campagnard, hobereau.

GENTRY n.f.
Petite noblesse anglaise, par opposition à la haute noblesse, la *nobility*.
La gentry, vivant surtout à la campagne du revenu de ses terres, a joué un grand rôle dans l'évolution agricole de la Grande Bretagne au cours des quatre derniers siècles.

GÉOGRAPHIE AGRAIRE l.f.
En. **agrarian geography**
De. **Agrargeographie**
Es. **geografía agraria**
It. **geografia agraria**
Section de la Géographie humaine, dont l'objet est l'étude de l'exploitation du sol par les procédés de la culture et de l'élevage sous toutes les latitudes.
On peut la distinguer de la Géographie agricole qui s'applique plutôt aux techniques et aux résultats des travaux des champs, tandis que la Géographie agraire englobe l'aménagement des terroirs en fonction des conditions physiques et humaines du contexte régional.

GÉOGRAPHIE RURALE n.f.
En. **rural geography**
Es. **geografía rural**
It. **geografia rurale**
Science des activités humaines à la surface du Globe, dans les régions mises en valeur par l'agriculture et ses compléments artisanaux, commerciaux, administratifs, ...
Elle intègre dans l'espace les influences du milieu physique (distances, relief, climat, hydrologie, flore et faune), des interactions entre les individus et les groupes, proches ou éloignés, visibles ou invisibles ; elle tient compte également des influences du passé, des traditions et des habitudes ; et elle projette dans l'avenir les évolutions du milieu rural avec toutes ses composantes.

GÉOMORPHOLOGIE AGRAIRE l.f.
En. **agrarian geomorphology**
De. **Agrargeomorphologie**
Es. **geomorfología agraria**
It. **geomorfologia agraria**
Forme et science des accidents de relief créés par la mise en valeur agricole du sol: talus et terrasse de culture, chemins creux, étang et barrage de retenue, canalisation, tas d'épierrement, forme et dimension des parcelles, etc.
Syn. Morphologie agraire.

GÉONOMIE n.f.
En. **geonomy**
De. **Geonomie**
Es. **geonomía**
It. **geonomia**
Etude des changements opérés spontanément, ou par suite de l'intervention humaine, à la

surface de la terre, en particulier dans l'équilibre agrosylvo-pastoral.
Etym. Du grec *gé*, terre, et *nomos*, science.

GÉOPONIE n.f.
Es. geoponía
Travail de la terre, fruit du travail.
Etym. Du grec, *gê*, terre, et *ponos*, fruit du travail.

GÉOPONIQUES n.m.p.
Es. geopónicos
It. geoponici
Ecrivains anciens qui ont traité de l'agriculture : Hésiode, Caton l'Ancien, Varron, Columelle, etc. *(R. Blais)*.

GÉORGIQUES n.f.p.
En. Georgics (1)
De. Georgica (1)
Es. Geórgicas (1)
It. Georgiche (1)
1. Recueil de poèmes consacrés par Virgile aux travaux champêtres.
2. Ouvrages traitant des choses de l'agriculture.
3. Se dit de tout ce qui a trait en littérature à l'agriculture *(Peu usité). (adj.)*
Etym. Du grec *gê*, terre, et *ergon*, travail.

GÉOTHERMIQUE adj.
En. geothermal, geothermic
De. geothermisch
Es. geotérmico
It. geotermico
Qui a trait à la chaleur issue du centre de la Terre.
Dans les régions volcaniques, on utilise cette chaleur pour hâter la croissance des plantes cultivées.

GÉOTROPISME n.m.
En. geotropism
De. Geotropismus
Es. geotropismo
It. geotropismo
Propriété de divers organes d'un végétal de prendre, au cours de leur croissance, des directions déterminées par l'influence de la pesanteur.
Ainsi, quelle que soit la pente du relief, les racines d'une plante descendent selon la verticale du lieu, tandis que les tiges s'élèvent de la même manière par rapport à l'horizontale.
Etym. Du grec *gê*, terre, *trepein*, tourner.

GÉRANIUM n.m.
En. geranium
De. Storchschnabel, Geranium
Es. geranio
It. gerànio
Plante ornementale de la famille des Géraniacées.
La variété géranium rosat (Geranium odorantissimum) est cultivée pour son huile essentielle utilisée comme antidiabétique, antiseptique, etc.
Etym. Du grec *geranos*, en bec de grue, forme du fruit de la plante.

GERBAGE n.m.
En. sheaving, binding (2)
De. Garbenbinden, Aufschichten (2)
Es. engavillado, estiba (2)
It. l'accovonare (2)
1. Droit de prélever, selon les coutumes féodales, des gerbes dans les champs.
On disait autrefois : lever la gerbe.
2. Mise en gerbes des javelles de céréales et enlèvement de ces gerbes pour les entasser en *gerbier*, près de la ferme.

GERBAGE n.m.
Opération qui consiste à entasser les fûts vides les uns sur les autres, en plusieurs rangs superposés, le rang le plus bas reposant sur deux poutres parallèles, les *tins*.

GERBAUDE n.f.
(Occitanie). Rite qui consistait à charger, en chantant, sur le dernier char, la dernière gerbe de la moisson, puis à célébrer la fin de la moisson par un plantureux repas.
Etym. En occitan, *gerbebaude*, belle gerbe.

GERBAULS n.m.p.
(Lorraine). Quartiers de terre qui acquittaient le *gerbage*, mais qui étaient exempts du droit d'*avouerie*.

GERBE n.f.
En. sheaf
De. Garbe
Es. gavilla
It. covone
Tiges de céréales liées ensemble.
Jadis, le blé, coupé à la faux, à la faucille, ou à la moissonneuse, était couché sur le chaume en brassées appelées javelles. Trois ou quatre javelles liées ensemble formaient une gerbe de 40 à 50 cm de diamètre. L'emploi de la moissonneuse-batteuse a supprimé javelles et gerbes ; la paille, laissée sur le champ, est brûlée, ou pressée en bottes rondes de 20 à 50 kilos et emportées à la ferme.
Etym. Du germanique *garba*.

GERBEBAUDE n.f.
V. Gerbaude.

GERBÉE n.f.
1. Paille de seigle mouillée et préparée pour fabriquer des liens, des chapeaux, des rempaillages de chaise, etc.
2. Grosse gerbe, ou botte de plantes sèches, liées avec de la paille de seigle.
3. Fourrage vert comprenant des légumineuses et des céréales.
4. Botte de paille de froment où il reste encore des grains.

GERBER (MÉTHODE DE) l.f.
Es. Gerber (método de)
Procédé qui permet de déterminer la teneur d'un lait en matière grasse.
On libère celle-ci en dissolvant la caséine avec de l'acide sulfurique.
Etym. Du nom de son inventeur.

GERBERIE n.f.
1. Local où l'on met les gerbes à l'abri des intempéries.
2. *(Bourgogne)*. Redevance qui se levait sur le champ de blé moissonné, à raison de deux gerbes par *journal*.

GERBEUR n.m.
De. Garbenförderer, Schichtmaschine (2)
Es. cargadora de gavillas, carretilla (2)
It. elevatore per covoni (2)
1. Ouvrier moissonneur qui fait des gerbes.
2. Appareil élévateur, à bande sans fin, pour transporter les gerbes sur le gerbier.
3. Matériel qui sert à empiler les fûts les uns sur les autres.
Etym. Du francique *garba*, gerbe.

GERBEUSE n.f.
Appareil mécanique à levier pour gerber, *encarrasser* les fûts dans le cellier. *(V.Gerbage)*.

GERBIER n.m.
En. stack (1)
De. Garbenhaufen (1)
Es. hacina, almiar (1)
It. bica (1)
1. Gros tas de gerbes élevé en plein champ, ou près de la ferme, avant le dépiquage.
2. Claire-voie disposée autour des gerbes pour les protéger des volailles et des rongeurs.

GERBIÈRE n.f.
Charrette à transporter les gerbes.

GERBILLON n.m.
Petite gerbe.

GERSURE n.f.
En. flaw (1)
De. Riss, Sprung, Schrunde (1)
Es. grieta (1)
It. screpolatura (1)
1. Fente dans l'écorce d'un arbre sous l'influence du froid, ou de la sécheresse.
2. Maladie cryptogamique de la vigne dont les feuilles paraissent comme brûlées.
3; Petite fente très douloureuse le long du trayon de la vache.

GERLE n.f.
1. *(Savoie)*. Ustensile vinaire en bois, où l'on foule le raisin avant de le verser dans la cuve.
2. *(Bourgogne)*. Comporte qui sert à tranporter le raisin, de la vigne à la *tine*.
3. *(Rouergue)*. Baquet en bois dans lequel on recueille le lait d'une traite.
Syn. Gearle.

GERM n.m.
1. *(Béarn)*. Pâturage situé dans la moyenne montagne.
2. Endroit désert, aride.
Syn. Herm.

GERME n.m.
En. germ
De. Keim, Fruchtknoten
Es. germen
It. germe
1. Embryon qui se développe à partir d'une graine.
2. Bourgeon qui prend naissance sur un tubercule.
3. Microbe ou virus à l'origine d'une maladie.
Etym. Du latin *germen*.

GERMER v.tr.
En. to germinate, to sprout
De. keimen
Es. germinar, brotar
It. germinare, germogliare
Commencer à se développer pour une graine qui va donner une nouvelle plante, en faisant apparaitre sa radicule.

GERMINAL n.m.
De. Germinal (Keimmonat)
Es. germinal
It. germinale
Septième mois de l'année républicaine qui coïncidait avec l'éclosion des feuilles et des fleurs, du 21 mars au 19 avril, c'est-à-dire avec la germination des plantes, d'où son nom.

GERMINAL adj.
En. germinal
De. Keim- (1)
Es. germinal
It. germinale
1. Relatif au germe.
2. Se dit des feuilles qui poussent à l'emplacement des graines.

GERMINATIF adj.
En. germinative
De. keimfähig
Es. germinativo
It. germinativo
Qualifie ce qui se rapporte à la germination.
Un essai germinatif consiste à mettre dans un germoir un nombre déterminé de graines et de calculer le pourcentage de graines qui ont germé pendant un temps déterminé ; l'énergie germinative du lot est ainsi mise en évidence.

GERMINATION n.f.
En. germination
De. Keimen
Es. germinación
It. germinazione
1. Evolution des graines qui, placées dans un sol humide, grossissent, brisent leur enveloppe et nourrissent pendant un certain temps l'embryon, jusqu'à ce que celui-ci, ayant des racines et des feuilles, puisse se développer par lui-même.
2. Pousse des germes d'une pomme de terre.
Etym. Du latin *germinatio*, action de germer.

GERMOIR n.m.
En. seedbed
De. Malzkeller
Es. germinadora
It. germinatoio
1. Caisse garnie de terre où l'on place des graines qui ne seront semées qu'après un début de germination.
2. Local réservé à cette opération.

GÉROMÉ n.m.
Fromage fabriqué dans les Vosges, et dont le nom provient de *Gérardmer*.

GERZEAU n.m.
En. corn cockle
De. Kornrade
Es. neguilla, añublo
It. gettaione, mazzettone
Variété de nielle, ou de gesse tubéreuse *(Agrostema githago)* qui croît dans les blés, en y causant de graves dégâts.
Etym. De *jargerie*, ivraie, en Poitou.

GÉSIER n.m.
En. gizzard
De. Kropf der Vögel
Es. molleja
It. ventriglio
Partie du tube digestif des volailles, situé après le *ventricule succenturié*, ou *jabot*.
C'est une poche musculeuse, à parois dures et épaisses destinée à broyer les aliments, parfois à l'aide de petits graviers ingurgités par l'animal.
Etym. Du latin *gigerium*, entrailles des volailles.

GESSE n.f.
En. vetch
De. Platterbse
Es. almorta, guija, muela
It. veccione
Légumineuse papilionacée *(Lathyrus sativa)*, à longues tiges souples, et à folioles se terminant en vrilles.
Elle serait originaire du Turkestan et a été cultivée dès l'Antiquité, en Egypte et en Grèce. C'est un excellent fourrage vert à condition d'être consommé avant la maturité des graines qui sont toxiques ; elles provoquent le lathyrisme. *On distingue en outre plusieurs autres espèces de gesses:la gesse chiche, ou jarousse, (Cicer arietinum) ; la gesse tubéreuse (Lathyrus tuberosus) qui a été utilisée pour ses grosses racines comme nourriture par les hommes ; la gesse ochrus pousse à l'état sauvage en Provence (R. Blais).*
Etym. Du latin *aegyptius* qui aurait donné *geissa* en provençal.

GESTATION n.f.
En. gestation
De. Trächtigkeit (1), Tragezeit (2)
Es. gestación
It. gestazione
1. Etat des femelles vivipares portant leurs foetus.
2. Durée de cet état entre la fécondation et la mise bas ; elle est de 30 jours pour les lapins, de 147 jours pour la brebis, de 286 jours pour la vache.
Etym. Du latin *gestare*, porter.

GESTION FORESTIÈRE l.f.
Art de mettre en pratique les méthodes et les moyens, par un propriétaire forestier, ou par les délégués de l'O.N.F. (Office National des Forêts), pour assurer l'équilibre biologique et la production d'un massif forestier.
Un plan correspondant à cet art doit être agréé par un centre régional de la propriété foncière.
Etym. Du latin *gestio* et *forestis*.

GEULE n.f.
(Bourgogne). Déformation virale des bourgeons de vigne qui deviennent énormes sans s'ouvrir et tombent en poussière.

GEUTBÉE n.f.
(Ile-de-France). Cuveau qui servait à mesurer et à porter la vendange.

GEVREY-CHAMBERTIN l.m.
Cru réputé des vins rouges de Bourgogne.
Il tire son nom du village de Gevrey, près de Dijon, et d'une terre qu'un certain Bertin planta en Pinot. Les produits de ce champ de Bertin furent si appréciés qu'on les dénomma à la longue, vins de Chambertin. Pour valoriser ses propres vignobles, la commune de Gevrey obtint, sans doute sous le Second Empire, d'ajouter son nom à celui du clos Chambertin.

GEWANN n.m.
Ensemble de champs en lanières, de mêmes dimensions quant à la longueur, contigus et aux côtés parallèles, ouverts les uns sur les autres, leurs limites étant fixées par des bornes enterrées, ce qui donne un paysage agraire d'openfield.
Syn. Gewanflur.
Etym. Terme germanique qui équivaut au mot français *quartier*.

GEWURTZTRAMINER n.m.
Cépage à raisins blancs du vignoble alsacien, originaire d'Italie et donnant son nom au vin blanc sec et fruité qu'il produit.

GÈZE n.m.
(Grands Causses). Pacage de peu de valeur.

G.F.A. sigle
Groupement Foncier Agricole.
Réunion de plusieurs petites exploitations agricoles sous une même gestion afin d'obtenir des parcelles de meilleures dimensions, des investissements plus rentables et des allègements de charges ; créée depuis 1970.

GHETTARA n.f.
V. Foggara.

GIBELET n.m.
It. spillo, succhiello
Petit foret à poignée de bois, à tige de métal terminée en vrille pour percer les barriques afin d'en retirer du vin dont on veut apprécier la qualité.
Etym. Déformation de *guimbelet*, issu de l'anglais *winble*, vilebrequin.

GIBIER n.m.
En. game (1)
De. Wild, Wildbret (1)
Es. caza (1)
It. selvaggina (1)
1. Animaux sauvages que l'on capture, et que l'on tue pour les manger, ou pour les détruire s'ils sont nuisibles.
2. Animaux d'élevage, à poils (lapins, chevreuil) ou à plumes (caille, perdrix) que l'on élève en volière pour les lâcher dans les terrains de chasse.
Etym. Du francique *gabaiti*, chasse au faucon.

GIBOUDOT n.m.
Cépage à raisins noirs cultivé dans les vignobles de la Loire et sur la Côte chalonnaise.
Ce serait une variété de Pinot.

GIBOULÉE n.f.
En. downpour
De. Platzregen, Graupelschauer
Es. aguacero
It. acquazzone, piovasco
Averse de pluie et de grêle, accompagnée de vent froid et violent, et qui se produit au printemps, causant des dégâts aux arbres fruitiers en floraison.

GIDELLE n.f.
Petit récipient en bois que l'on place sous un fût ayant une fuite, pour recueillir le vin qui se perdrait dans la cave. *(Fig. 97)*.

(Fig. 97). Gidelle

GIGONDAS n.m.
Localité du Vaucluse, sur l'Ouvèze, réputée pour ses vins rosés secs.

GIGUE n.m.
(Jura). Ouvrier d'une *fruitière*.

GILBE n.m.
Genêt des teinturiers dont on retirait une teinture jaune.
Etym. De l'allemand *gelb*, jaune.

GINGEMBRE n.m.
En. ginger
De. Ingwer
Es. jengibre
It. zenzero
Plante vivace de la famille des Zingibéracées.
L'une de ses espèces, le gingembre officinal (Zingiber officinale), cultivé dans les régions tropicales, sert à fabriquer des condiments. Les Grecs et les Romains le connaissaient sous le nom de zinziberi.

GINGLARD n.m.
De. saurer Wein
Es. vinillo áspero
It. vinetto asprigno
Vin acide, pauvre en alcool.
Syn. Reginglard, ginglet.

GINGUET adj.
En. sourish, thin
De. herb
Es. algo agrio
It. asprigno, aspretto
Qualifiait jadis, à Paris, un vin médiocre, âpre et vert.
Le terme est peut-être à l'origine de guinguette, *baraque où l'on vendait du vin au XVIIIème siècle.*

GIOL n.m.
(Jura). Ivraie.

GIRASOL n.m.
Es. girasol
(Perche).V. Tournesol.

GIRAUMON n.m.
En. turban squash
De. Gartenkürbis
Es. calabaza
It. zucca a turbante
Espèce de Cucurbitacée à fruits de peau assez lisse et de teinte jaune *(Pepo citrulus)*.
Atteignant 40 à 50 cm de diamètre, il est plus connu sous le nom de citrouille. Une variété, le pastisson, *de dimensions plus réduites, donne la* cougourde, *la poire à poudre, etc.*

GIROBROYEUR n.m.
Faucheuse munie à l'arrière d'un tambour où tournent à très grande vitesse des lames qui coupent l'herbe et la broient en menus débris.
Utilisée pour les grandes surfaces de gazon.

GIROFLIER n.m.
En. clove tree
De. Gewürznelkenbaum
Es. clavero
It. eugenia
Arbuste de la famille des Myrtacées *(Caryophyllus aromaticus)*.
Originaire des Moluques, les Portugais le transportèrent en Inde.
Cultivé dans les régions tropicales, son calice et ses pétales non épanouis constituent le clou de girofle, épice aromatique ; on en retire une essence à base d'eugénol, huile à forte odeur de girofle qui sert à fabriquer la vanilline. On a trouvé en Allemagne des clous de girofle dans une boîte datant du VIème siècle de notre ère.

GIROUILLE n.f.
(Centre). Carotte.

GÎTE n.m.
De. Nachtlager (2)
Es. albergue (2)
It. diritto di albergheria (2)
1. Abri pour les bergers dans les Alpes.
2. Obligation du tenancier d'un manse.
Elle consistait à loger et à nourrir, quand il passait, le maître de la terre. Sur les terres ecclésiastiaues, c'était le droit d'ostal. On pouvait s'en acquitter en numéraire.
Etym. De *gésir*, du latin *facere*, être couché.

GÎTE RURAL l.m.
Maison rurale, pourvue du confort moderne, et dont les habitants hébergent des touristes, ou des vacanciers, leur offrant le vivre et le couvert, et retirant quelques bénéfices de leur passage et de leur séjour.

GITHAGINE n.f.
Alcaloïde contenu dans la nielle des blés *(Agrostemma githago)*.
V. Githagisme.

GITHAGISME n.m.
Empoisonnement des animaux domestiques ayant mangé des graines de nielle des blés.
Etym. De *githago*, nielle des blés.

GITON n.m.
(Poitou). Petit mulet qui n'a pas encore un an.
Une jeune mule est une gitonne.

GLAÇAGE n.m.
En. polishing (2)
De. Glasieren (2)
Es. glaseado (2)
It. brillatura (2)
1. Etat d'une terre argileuse qui, sous l'effet d'une averse, s'est durcie en surface, ce qui gêne la pousse des plantes.
C'est une terre battante.
2. Brassage des grains de riz dans une solution de glucose contenant du talc afin de leur donner un aspect brillant.
Etym. Du latin *glacia*.

GLACE n.f.
V. Pomme-glace.

GLAIEUL n.m.
En. gladiolus
De. Schwertlilie, Gladiole
Es. gladiolo
It. gladiolo
Plante ornementale de la famille des Iridacées.
De nombreuses espèces sont cultivées à cause de leurs fleurs disposées en longs épis latéraux.
Etym. Du latin *gladiolus*, petite épée, à cause de ses feuilles en forme d'épée.

GLAISE n.f.
En. clay, loam
De. Tonerde
Es. greda
It. argilla, creta
Terre argileuse, peu favorable aux cultures, boueuse sous la pluie, très dure sous le soleil.

Elle est fréquente sur les roches cristallines et sur les argiles du Lias, du Jurassique et du Crétacé.
Etym. Du latin *glis*, terre tenace.

GLANAGE n.m.
En. **gleaning**
De. **Ährenlesen**
Es. **rebusca, espigueo**
It. **spigolatura**
Droit reconnu aux pauvres gens de ramasser les épis laissés sur le chaume après l'enlèvement des gerbes de blé, ou de seigle, et avant le passage des troupeaux.
Par extension les propriétaires des grands domaines du Berry accordaient ce droit aux femmes de leurs ouvriers. En pays d'enclos le glanage était interdit.
Etym. Du celte *glenn*, ramasser.

GLAND n.m.
En. **acorn**
De. **Eichel**
Es. **bellota**
It. **ghianda**
Fruit du chêne *(fig. 98).* Akène contenu dans une cupule à fines aspérités.
Les glands doux sont comestibles. Les fruits de la gesse tubéreuse sont dits parfois, par extension, glands de terre.
Etym. Du latin *glandis*, gland.

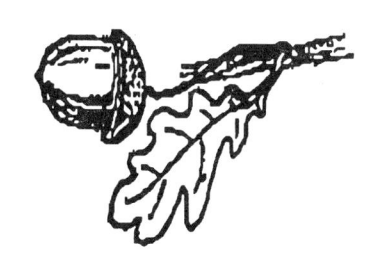

(Fig. 98). Gland

GLANDAGE n.m.
En. **pannage**
De. **Eichellese**
Es. **bellotera**
It. **ghiandatico, escatico**
Droit d'aller cueillir des glands dans les forêts seigneuriales, ou paroissiales, ce qui permettait aux pauvres gens de nourrir des porcs, et de se nourrir eux-mêmes avec de la farine de gland.
Syn. Glandée.
Etym. Du latin *glandem*, accusatif de *glans*.

GLAND DE TERRE l.m.
Fruit de diverses plantes qui se développent et mûrissent dans la terre : gesse tubéreuse, carum ou noix de terre, canapode, arachide, etc.

GLANDÉE n.f.
Es. **montanera, bellotera** (2)
1. Maladie du cheval caractérisée par l'hypertrophie des ganglions des sous-maxillaires, ganglions qui prennent la forme d'un gland.
2. Récolte de glands.
3. Consommation de glands dans les bois de chênes par les porcs.

GLANE n.f.
En. **gleaning**
De. **Ährenbüschel**
Es. **rebusca**
It. **spigolatura** (1)
1. Poignée d'épis ramassés sur les chaumes après la moisson.
2. Levée de la dîme sur les céréales.
3. Oignons, épis de maïs attachés autour d'une torche de paille.

GLANER v.tr.
En. **to glean**
De. **Ähren lesen**
Es. **rebuscar, espigar**
It. **spigolare**
Ramasser sur les chaumes les épis laissés par les moissonneurs, travail effectué par les pauvres gens, *glaneurs et glaneuses*, pour fournir du grain au meunier en échange d'un peu de farine.
Syn. Glener (ancien du nord de la France).
Etym. Du celte *glenn*, transmis par le latin *glenare* au provençal *glenar*.

GLANURE n.f.
En. **gleanings**
De. **Ährenlese**
Es. **rebusca**
It. **spigolatura** (1)
Epis ramassés dans un champ de blé par les glaneuses.

GLAVIAU n.m.
(Centre). V. Clavelée.

GLÈBE n.f.
En. **glebe**
De. **Scholle, Erdscholle**
Es. **gleba**
It. **gleba**
Jadis, fonds de terre avec ses serfs et les droits seigneuriaux qui y étaient attachés.
En terme poétique, champ travaillé. En Rouergue, motte de gazon, en Quercy, pelouse parsemée de génévriers.
Etym. Du latin *gleba*, terre labourée.

GLÈBE adj.
Qualifiait jadis ce qui appartenait à la glèbe, ce qui pouvait être revendiqué par le seigneur à titre de suzerain.

GLEU n.m.
1. Couverture en paille de seigle.
2. *(Lorraine).* Chanvre roui.
3. Roseaux du ruisseau où le chanvre a roui.
4. Tiges de céréales restées sur le champ après la moissson.
5. Bottes de paille de seigle en Combraille.
Etym. Dérivé de *seigle*.

GLIÈRES n.f.p.
(Grésivaudan). Prairies marécageuses, envahies de joncs, d'osiers et de saules. *En contrebas de l'Isère, elles sont en partie drainées.*

GLISSAGE n.m.
De. **Holzrutschen**
Es. **resbalón**
It. **trasporto a valle dei tronchi**
Opération qui consiste à faire glisser des troncs d'arbre par des couloirs, ou *glissoirs*, sur les versants des montagnes.

GLISSOIR n.m.
En. **log slip**
De. **Holzrutsche**
Es. **resbaladero**
It. **scivolo**
Couloir établi en forêt montagneuse pour y pratiquer la vidange des troncs.
Syn. Glissoire.

GLOTON n.m.
(Sologne, vallée de la Grande Sauldre). Terre forte, très argileuse, peu perméable, favorable à la prairie.

GLOUTERON n.m.
En. **bedstraw**
De. **Klette**
Es. **bardana, lampazo**
It. **lappola**
Petite bardane *(Xanthium strumarium)*, ou herbe aux écrouelles, plante du genre des Composées, utilisée dans les maladies de la peau.
Etym. De l'ancien allemand *chletto*.

GLUCOMÈTRE n.m.
En. **glucometer**
De. **Mostwaage, Mostmesser**
Es. **glucómetro**
It. **glucometro**
Instrument servant à mesurer la densité, la proportion de sucre et la quantité d'alcool que produira un moût de raisin.
Par des mesures successives dans le temps, il permet de déterminer la meilleure époque des vendanges.
Syn. Saccharimètre.

GLUCOSE n.m.
En. **glucose**
De. **Traubenzucker, Stärkezucker**
Es. **glucosa**
It. **glucosio**
Substance à six atomes de carbone, hydrolysée, et qui se trouve particulièrement dans le sucre de raisin et dans la fécule de pomme de terre.
On l'obtient aussi par saccharification de l'amidon. On le trouve à la surface des fruits secs (figues, pruneaux). Les secrétions du foie, de la rate, du sang des animaux domestiques peuvent en contenir jusqu'à 100 g par litre en cas de diabète. Il sert à sucrer le vin et il fermente sous l'influence des levures de bière.
V. Amidon, saccharose.
Etym. Du grec *glukus*, doux.

GLUI n.m.
En. **rye straw** (1)
De. **grobes Roggenstroh** (1)
Es. **bálago** (1)
It. **pàglia di segale** (1)
1. Grosse paille de seigle dont on couvre les toits.
2. Liens fabriqués avec de la paille de seigle pour attacher les sarments de vigne, ou les gerbes de blé.
3. Brassée de fourrage vert.
4. *(Berry, Bourgogne)*. Redevance seigneuriale à titre de menus suffrages et consistant en paille de seigle.

GLUMES n.f.p.
En. **glumes**
De. **Kelchspelzen**
Es. **glumas**
It. **gluma, glumetta**
Bractées verdâtres qui entourent les épillets des graminées, tandis que les *glumelles* entourent les fleurs, notamment celles des céréales.
Après dépiquage et vannage, les unes et les autres forment des tas de balles sur l'aire.
Etym. Du latin *gluma*, balle.

GLUTEN n.m.
En. **gluten**
De. **Gluten**
Es. **gluten**
It. **glutine**
Matière albuminoïde de la farine de blé.
Elle forme la trame élastique de la pâte, puis du pain, en emprisonnant des bulles de gaz carbonique ; la cuisson durcit leur enveloppe et, selon leur nombre et leur volume, le pain est plus ou moins bien levé.
Etym. Du latin *gluten*, colle.

GLYCINE n.f.
En. **wistaria**
De. **Glyzine**
Es. **glicina**
It. **glicine**
Arbrisseau à tige grimpante et à fleurs en grappes violettes ou blanches.
Originaire de Chine et cultivée depuis 1825 pour la décoration des jardins, c'est une plante très vigoureuse, qui peut atteindre 20 à 30 m de long, tordre les barres de fer autour desquelles elle s'enroule, et vivre plus de 80 ans.
Etym. Du grec *glucus*, doux.

GOBE n.f.
1. Boulette de farine pour engraisser la volaille, ou pour empoisonner les animaux nuisibles.
2. Motte de terre avec de l'herbe que soulève la bêche d'un seul coup.
Etym. De *gober* avaler.

GOBE-MOUCHE n.m.
En. **flytrap**
De. **Fliegenfalle**
Es. **mosquero**
It. **pigliamosche, acchiappamosche**
Récipient ouvert par le bas et contenant dans une cuvette un liquide insecticide.
Suspendu à une poutre, ou à une branche, il attire les insectes qui ne peuvent ressortir et meurent dans le liquide.

GOBELET (TAILLE EN) l.f.
It. **vaso (potatura a)**
Taille d'un arbre fruitier pour lui donner, par l'écartement de ses rameaux, la forme d'un gobelet.

GOBELET TRAYEUR l.m.
En. **teat cup**
De. **Zitzenbecher**
Es. **vaina de la pezonera**
It. **unità mungitrice**
Vase situé sur le tuyau métallique d'une machine à traire, et où se produit une alternance de pression et de vide pour attirer le lait.
Syn. Trayon.

GOBET n.m.
Variété de cerises à queue courte.

GOBETAGE n.m.
Opération qui consiste à recouvrir les meules de champignons de couche, faites de fumier de cheval, d'une couche de 2 cm d'épaisseur composée de terre, de sable, de poussière de pierre.
Effectué à l'aide d'un gabarit, le gobetage exige un habile tour de main. Pour le simplifier, on remplace les meules par des plates-bandes, ou des caisses de fumier.

GOBUIS n.m.
(Poitou). Terre dont on a arraché le gazon pour la cultiver.

GODELLE n.f.
(Lyonnais). Froment à épis barbus et à gros grains.

GOÉMON n.m.
En. **wrack**
De. **Tang, Seegras**
Es. **fuco**
It. **fuco, alga**
Algues de couleur brune, appelées *varechs* en Bretagne et en Normandie.
On en recueille les débris par marée basse, sur les rivages. Mis en tas, il devient un amendement organique de qualité. On peut aussi l'incinérer et répandre ses cendres, riches en potasse, sur la terre à fertiliser.
Etym. Du breton *givemon*.

GOÉMONIER n.m.
Récolteur de goémon sur les bateaux spécialisés.

GOGUE n.f.
(Aunis). Grosse cerise blanche.

GOHER n.m.
Cépage à raisins noirs, originaire de Hongrie, mûrissant tardivement.

GOIZE n.f.
(Poitou). Froment à tige haute et à épi plat.

GOLDEN DELICIOUS l.f.
En. **golden delicious**
De. **Golden delicious**
Es. **golden**
It. **golden**
Variété de pommes qui tire son nom anglais de la couleur dorée de sa peau et de son goût sucré.

GOLETTE n.f.
(Vaucluse). Soie de médiocre qualité, obtenue avec les bouts de filaments tirés des cocons percés par la chrysalide devenue papillon.

GOMBO n.m.
En. **okra**
De. **Gombo**
It. **gombo, abelmosco**
Arbre à fruits comestibles de la famille des Malvacées. *(Hibiscus esculentus)*.
Originaire de l'Inde, il est cultivé pour ses graines qui servent de condiment. On a tenté avec quelques succès de l'introduire dans le Midi de la France.

GOMME n.f.
En. **gum**
De. **Gummiharz**
Es. **goma**
It. **gomma**
Matière molle et transparente qui exsude des blessures faites aux écorces de certains arbres fruitiers : cerisiers, pêchers, pruniers, abricotiers. *Cet écoulement, appelé gommose, nuit à la pousse de l'arbre.*

GOMMIER n.m.
En. **gum tree** (2)
De. **Gummibaum** (2)
Es. **gomero** (2)
It. **acacia gommifera** (2)
1. Espèce d'eucalyptus *(Eucalyptus resinifera)*, qui, planté dans les zones trop humides des régions méditerranéennes, contribue à les assainir par sa forte évapotranspiration.
2. Variété d'acacia des pays chauds *(Acacia vera)*. Sa sève donne la gomme arabique.

GOMMOSE n.f.
En. **gommosis, gumming**
De. **Gummikrankheit**
Es. **gomosis**
It. **gommosi**
Exsudation, sous forme de gomme, de la sève élaborée sur l'écorce des arbres fruitiers.
Elle est due à une blessure, ou à une piqûre d'insecte.
Etym. Du latin *gummis*.

GONADE n.f.
En. **gonad**
De. **Gonade**
Es. **gónada**
It. **gonade**
Glande génitale produisant les spermatozoïdes (testicules), ou les ovules (ovaire) dont les hormones déterminent les caractères sexuels des individus.
Etym. Du grec *goné*, semence.

GONELLE n.f.
(Aunis). Fossé qui longe une digue.

GONET n.m.
Cépage à raisins noirs, cultivé jadis en Picardie.

GONNE n.f.
Ancienne fûtaille du Bordelais.

GORBE n.f.
(Bourbonnais). Meule composée de gerbes de paille.
Etym. Dérivé de *gerbe*.

GORCE n.f.
1. *(Aquitaine)*. Friche parsemée de pierres.
2. *(Limousin)*. Haie touffue, mal entretenue.
3. *(Berry)*. Châtaigneraie abandonnée.

GORE n.f.
1. Terre provenant de la décomposition des roches cristallines.
Employée comme toponyme en Limousin.
2. Femelle du verrat.
C'est une truie.

GORELLA n.f.
Variété de fraises à grand rendement.

GORET n.m.
En. **piglet, little pig**
De. **Schweinchen, Spanferkel**
Es. **gorrino**
It. **porcellino, maialino**
Petit cochon.
Syn. Gorin.
Etym. De l'ancien français *gore*, onomatopée tirée du grognement de la truie.

GORGE n.f.
(Ile-de-France). Grains de blé restés dans les épis quand on a enlevé les grains les plus gros par un léger battage.

GORGONZOLA n.m.
En. **gorgonzola**
De. **Gorgonzola**
Es. **gorgonzola**
It. **gorgonzola**
(Italie). Fromage à pâte dure et piquante, analogue au bleu d'Auvergne, fabriqué autour de Gorgonzola, en Lombardie.

GOUAIS, ou GOUET n.m.
Es. **hocino** (1)
1. Grosse serpe des vignerons de Bourgogne *(fig. 99)*.
2. Cépage à raisins noirs, cultivé en Savoie et dans le Sénonais.
Etym. Du latin *gubia*, gouge.

GOUDRON n.m.
En. **wood tar**
De. **Teer, Holzteer**
Es. **alquitrán, brea**
It. **catrame**
Résidu de la distillation du bois de pin, ou de la carbonisation de diverses espèces de bois.
C'est le goudron végétal ; le goudron minéral provient de la distillation des gaz d'éclairage et de chauffage. Le goudron est utilisé en badigeonnage pour conserver les échalas, pour recouvrir les greffes, pour lutter contre les insectes et les maladies de peau.
Etym. De l'arabe *gatran*.

GOUET n.m.
En. **wild arum**
De. **Aronstab**
Es. **yaro, aro**
It. **aro, gigaro**
Variété d'arum poussant dans les lieux humides.
Son rhizome contient un suc très caustique

GOUET n.m.
V. *Gouais*.
Etym. Du latin *gabia*, gouge.

GOUGE n.f.
It. **sgorbia**
Outil de jardinier en forme de gouttière, à extrémité tranchante, pour *gouger*, couper, les asperges. *Etym.* Du latin *gubia*, burin.

GOUGE n.f.
(Provence). Servante de ferme.
Etym. Du provençal *goujo*, fille, qui a donné *goujat*.

GOUINCHE n.m.
Cépage à raisins noirs, cultivé dans l'Isère.

GOUJAT n.m.
V. *Goyard*.

GOULÉE n.f.
(Touraine). Etendue de terre susceptible d'assurer les moyens d'existence d'une personne. *Cette étendue pouvait être composée de plusieurs parcelles dispersées.*
Etym. Dérivé de *goule*, gueule.

GOUNEDOU n.m.
(Bretagne). Méjou.

(Fig. 99). Gouet

GOURBET n.m.
En. **beach-grass**
De. **Sandrohr**
Es. **rompesacos**
It. **arundo della sabbia, cannuccia**
Roseau des sables, plante de la famille des Graminées *(Arundo arenaria)*.
Plus connu sous le nom d'oyat, planté dans les dunes, il les fixe à l'aide de ses racines traçantes. Jadis, il a servi à couvrir les toitures dans les Landes de Gascogne.

GOURDS n.m.p.
Grains de blé gonflés par l'humidité.

GOURDE n.f.
En. **squash (plant); gourd, calabash (bottle)**
De. **Flaschenkürbis**
Es. **calabaza seca, calabacino**
It. **zucca da farina/da vino/da fiasco**
Plante annuelle, de la famille des Cucurbitacées *(Lagenaria vulgaris)*.
Sa tige molle, couverte de poils raides, porte de larges feuilles et des vrilles. Originaire de l'Inde, connue dès avant l'ère chrétienne, elle s'est répandue dans le Nouveau Monde où ses fruits servent à fabriquer des récipients : calebasses, gourdes, cougourdes, aux formes diverses.
Voir dessins page suivante.

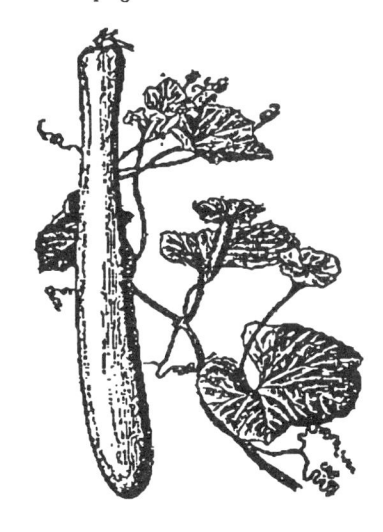

Gourde

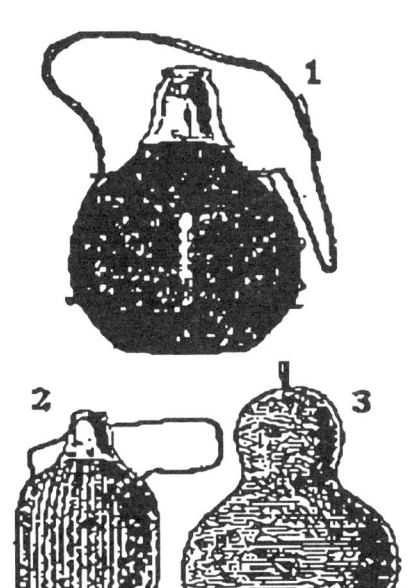

Gourdes 1 : Garnie de cuir
2 : Clissée
3 : Naturelle

GOUREAU n.m.
Variété de figues très grosses.

GOURGUE n.f.
(Cévennes, Aquitaine). Réservoir d'eau, petite mare, dépression pleine d'eau pour l'irrigation d'une pairie.
Syn. Gourgo.

GOURIN n.m.
Jeune cochon.

GOURMAND n.m.
En. **sucker** (2)
De. **Geiztrieb, Seitentrieb** (2)
Es. **chupón** (2)
It. **succhione** (2)
1. Rejet du porte-greffe d'un pied de vigne, qui pousse sans produire de raisins, mais en privant de sève les pampres porteurs de fruits.
Aussi faut-il le supprimer très tôt.
2. Par extension, toute branche poussant en dehors des rameaux à fleurs et à fruits, et par conséquent, nuisible à l'arbre.
3. En sylviculture, rameaux naissant tardivement sur les troncs des arbres.
Ils peuvent déterminer des noeuds et exigent donc un émondage (R. Blais).

GOURMANDINE n.f.
Variété de poire.

GOURME n.f.
En. **strangles**
De. **Druse**
Es. **muermo**
It. **stranguglione**
Maladie infectieuse des jeunes chevaux, causée par des streptocoques.
Elle se manifeste par des pustules cutanées et des troubles respiratoires. D'ordinaire, elle guérit en quelques jours, mais devient parfois mortelle si elle détermine une septicémie.
Etym. Du francique worm, qui goutte.

GOURMET n.m.
En. **gourmet** (1)
De. **Weinkenner, Feinschmecker** (1)
Es. **catador, gastrónomo** (3)
It. **buongustaio** (1)
1. Personne qui apprécie les vins fins et la bonne chère.
2. Jadis, valet d'un marchand de vin.
3. Expert chargé de distinguer les vins.
4. Courtier en vin.
5. *(Alsace).* Agent chargé de surveiller le commerce des vins.
Etym. Du francique worm, qui goutte.

GOURNAY n.m.
1. Fromage fermenté à pâte molle, fabriqué en Normandie, vers Gournay.
2. Race de poules rustiques et bonnes pondeuses.

GOUSSAUT n.m.
1. Cheval vigoureux, mais court de reins.
2. Par extension, chien de formes lourdes.

GOUSSE n.f.
En. **pod**
De. **Hülse, Schote**
Es. **vaina**
It. **baccello** (1), **guscio** (2)
1. Fruit déhiscent des légumineuses, à deux valves et à plusieurs graines.
2. Caïeux de l'ail, de l'échalotte.
3. Fruit du vanillier, utilisé comme condiment.

GOUTAVE n.m.
(Dauphiné). Fossé de drainage.

GOÛTEUR n.m.
En. **taster**
De. **Weinkoster**
Es. **catador**
It. **assaggiatore**
Personne chargée d'apprécier les qualités organoleptiques d'une boisson, d'une liqueur, d'une conserve.
Syn. Dégustateur.
Etym. Du latin gustare.

GOÛTE-VIN n.m.
Pipette composée d'un cylindre creux percé à ses deux extrémités.
On la plonge dans la barrique pleine et elle se remplit par le trou du bas. Avec le doigt on ferme le trou du haut et on retire l'instrument pour recueillir le liquide dans un verre afin de le goûter (Fig. 100).
Syn. Sonde.

(Fig. 100). Goute-vin

GOUTTE À GOUTTE l.m.
En. **drop by drop**
De. **Tropfinfusion**
Es. **gota a gota**
It. **irrigazione a goccia/ a sgocciolamento**
Procédé d'irrigation mis au point en Israël, consistant en un apport, fréquent ou continu, d'eau sous faible volume.
Celle-ci, distribuée au pied de chaque plante par des goutteurs, ou baveurs, fixés à une rampe et autoréglables par capteur hydrique, se déversent par 2 à 10 litres par heure, selon l'état hygrométrique du sol. Les façons culturales ne sont pas interrompues sur un sol non saturé, mais il faut surveiller les dépôts de calcaire dans les canalisations et les goutteurs.

GOUTTEUX adj.
Es. **gustoso** (2)
1. Qualifie un terrain qui s'égoutte mal, après la pluie, à cause de sa faible perméabilité.
2. Qualifie un fruit, ou une boisson, qui a beaucoup de goût.

GOUTTIÈRE n.f.
Es. **gotera**
Déchirure dans le tronc d'un arbre, causée par le gel et laissant s'écouler la sève.
Elle entraîne une pourriture partielle du bois.

GOUVEDOU n.m.
(Bretagne). V. Gaignerie.

GOUVERNER v.tr.
En. **to manage, to administer** (3)
De. **steuern, regieren** (3)
Es. **gobernar** (3)
It. **gestire** (3)
1. Prendre soin d'un produit.
Ex. Gouverner un vin, une cave.
2. Soigner, élever des animaux domestiques.
Ex. Gouverner des chevaux, une basse-cour, une ruche.
3. Administrer une fonction rurale.
Ex. Gouverner une exploitation agricole, un ménage.
Etym. Du latin gubernare.

GOUYARD n.m.
(Vendée). Sorte de gaine que les faucheurs portent à la ceinture et où ils mettent de l'eau et leur pierre à aiguiser leur faux.
L'eau empêche la pierre d'échauffer le métal et de le détremper.

GOUZEUTE n.f.
(Bourgogne). Serpette qui sert à couper les raisins.

GOYART n.f.
Serpe fixée à un long manche et servant à tailler les haies et les arbres *(fig. 101)*.
Syn. Gouyat, goyarde, selon les régions (Bresse, Limousin).

(Fig. 101). Goujat ou Goyart

GOYAVIER n.m.
En. **guava**
De. **Guajavenbaum**
Es. **guayabo**
It. **guaiava**
Arbre de la famille des Myrtacées *(Psidium pyriferum)*.
Originaire de l'Amérique centrale, il est cultivé dans les pays tropicaux pour ses fruits, les goyaves, qui ont la forme d'une poire, avec une pulpe sucrée et parfumée, consommée fraîche, ou en confiture.
Etym. De l'arawak, langue amérindienne.

GRACHE n.f
1. *(Dauphiné).* Jachère labourée et non encore ensemencée.
2. *(Lorraine, Normandie).* Fumier très décomposé.
Etym. Du latin crassus, gras.

GRADIN FORESTIER l.m.
Talus soutenant une banquette dans un massif forestier en pente de plus de 40 %, afin d'éviter les éboulements.
Equivalent aux rideaux de culture.

GRAGE n.f.
Râpe pour mettre le manioc en farine.

GRAILLE n.f.
Es. **grajo**
Corbeau, oiseau déprédateur redouté des céréaliculteurs.
Syn. Graillot.

GRAIN n.m.
En. **grain**
De. **Korn**
Es. **grano**
It. **grano**
Semences et produit des céréales et de quelques légumineuses (haricot, pois, lentilles, fèverolles, etc.).
Jadis, on distinguait les gros grains que l'on semait en octobre (froment, seigle, méteil), des menus grains que l'on semait en mars (millet, sorgho, sarrasin). Tard venu, le maïs ne figura pas dans ces catégories. Par crainte de famine, le commerce des grains était sévèrement règlementé. L'édit des grains établissant la liberté de ce commerce en 1774, suscita la guerre des farines en 1775. Par extension on dit aussi des grains de raisin ; les oranges tombées avant d'être mûres sont dites le petit grain de l'oranger, le pollen se divise en grains.
Etym. Du latin granum, grain.

GRAINAGE n.m.
Production et commercialisation des oeufs de vers à soie.

GRAINAISON n.f.
Es. **granazón**
Formation des grains dans l'épi ou dans la gousse.

GRAINE n.f.
En. **seed** (1)
De. **Samen** (1)
Es. **semilla, grano** (1)
It. **seme, semenza** (1)
1. Organe végétatif résultant, chez les phanérogames, de la fécondation de l'ovule par le pollen, du développement et de la maturation de l'ovule, renfermant l'embryon qui est apte à reproduire le même sujet que la plante mère. *(R. Blais).*
2. Oeufs du ver à soie, semblables à des graines potagères.
Etym. Du latin grana, graine.

GRAINER (TEMPS DE) l.v.
Période du 1er octobre au 30 novembre pendant laquelle on avait le droit de mener paître les troupeaux de porcs dans les bois pour consommer faînes et glands.

GRAINERIE n.f.
Es. **silo**
Local pour abriter les graines.

GRAINETERIE n.f.
En. **seed-trade**
De. **Samenhandlung**
Es. **almacén de granos**
It. **negozio di granaglie**
Etablissement spécialisé dans la vente des graines.

GRAINETIER n.m.
En. **seedsman**
De. **Samenhändler, Kornhändler**
Es. **comerciante en granos**
It. **commerciante di granaglie**
Marchand de grains, dans une *graineterie*.
Syn. Grènetier, grainier.
Etym. Du latin granum, grain.

GRAINIER n.m.
1. Personne qui vend des graines.
V. Grainetier.
2. Local où l'on conserve des graines.
3. Collection de graines.
Etym. Du latin granum, grain.

GRAINS (COMMERCE DES) l.m.
De. **Getreidehandel**
Es. **granos (comercio de los)**
Commerce soumis, sous l'Ancien Régime, par crainte de famine et spéculation, à une étroite surveillance et à des restrictions.
La moisson ne pouvait être faite sans autorisation, et la circulation des grains d'une province à l'autre était interdite, sauf autorisation

GRAIRIE n.f.
V. Gruerie.

GRAISSAGE n.m.
Opération qui consiste à remuer des céréales avec une pelle enduite d'huile afin de rendre les grains plus brillants et plus glissants.

GRAISSE n.f.
En. **grease, fat** (1)
De. **Fett** (1)
Es. **grasa** (1)
It. **filante, grassume** (1)
1. Maladie d'origine microbienne qui donne aux vins un aspect huileux et un goût fade.
On la prévient en pasteurisant le liquide et en lui ajoutant du tanin. Les cidres peuvent aussi devenir gras.
2. Fumier incomplètement décomposé dans le sol et susceptible de fournir un apport de matière fertilisante à une nouvelle récolte.
Syn. Vieille force, vieille graisse.
Etym. Du latin crassus, gras, épais.

GRAISSER v.tr.
1. *(Bas-Maine).* Fumer, répandre du fumier.
2. Remuer des céréales avec une pelle enduite d'huile. *C'est le graissage.*

GRAISSIER n.f.
(Anjou). Fumier, ou compost, très décomposé.

Etym. De même origine que *grache,* du latin *crassus, gras.*

GRAMIER n.m.
Variété de raisin cultivé dans le Midi méditerranéen.

GRAMINÉES n.f.p.
En. **Graminaeae, Graminaceae**
De. **Gräser**
Es. **gramíneas, gramináceas**
It. **graminacee**
Famille de plantes à laquelle appartiennent un grand nombre d'herbes des prés, la plupart des céréales, la canne à sucre et plus de 3 000 espèces végétales.
Etym. Du latin gramen, gazon.

GRAMMONT (LOI DE) l.f.
Loi votée le 2 juillet 1850, qui a pour but de protéger les animaux domestiques des mauvais traitements et punit d'amende, et même de prison, ceux qui ne la respectent pas.

GRANDE CULTURE l.f.
Jadis, culture intensive.
Au XVIIIème siècle, les physiocrates la distinguaient de la petite culture. Elle était pratiquée, surtout dans le Bassin Parisien, par des propriétaires fonciers groupés en communautés rurales et utilisant des attelages de chevaux. La presque totalité du territoire qu'ils mettaient en valeur était divisée en trois soles et soumise à l'assolement triennal, une sole en céréales d'hiver, une sole en céréales de printemps et la troisième en jachère ; celle-ci était pâturée par les troupeaux de la communauté sous la garde d'un berger. L'évolution récente de l'agriculture a mis fin à ce système agricole (R. Dion).

GRANDE LANDE l.f.
(Bas-Maine). La meilleure partie d'une lande.
Elle est située sur un sol épais où poussent l'ajonc, le genêt et la bruyère. On la fauche pour alimenter le bétail, ou pour faire de la litière.

GRANDVALLIERS n.m.p.
(Haut Jura). Paysans du Haut Jura qui pratiquaient, comme rouliers, pendant l'hiver, le transport, à travers la France, des produits de leur pays.

GRANGE n.f.
En. **barn**
De. **Scheune**
Es. **granero, troje, hórreo**
It. **fienile, granaio**
Exploitation agricole appartenant à certains ordres monastiques du Moyen Age, (Templiers, Hospitaliers) avec les tenures qui en dépendaient.
Etym. Du latin granum, grain.

GRANGE-AIRE n.f.
Grange qui sert à dépiquer les céréales au fléau, en Picardie, en Béarn, avec un plafond de 3,50 m, et plus, afin que le bras du fléau puisse tourner.

GRANGE DÎMERESSE ou **DÎMIÈRE** l.f.
Abri pour les produits de la dîme, au Moyen Age.
V. Grange-étable et granges foraines.

GRANGE-ÉTABLE n.f.
Bâtiment d'une ferme où l'on abrite le bétail, et où l'on conserve le foin.
Elle est divisée en deux, ou trois parties, par les crèches. En arrière, se trouvent les bêtes et, devant, la provision de nourriture. Une grande porte permet d'y entrer avec une charrette chargée de foin ; des portes latérales permettent au bétail de rentrer et de sortir, d'introduire la litière et d'enlever le fumier. Dans les régions montagneuses, l'arrière de la grange est parfois doté d'un plan incliné en terre, ou en maçonnerie, c'est le montoir par lequel on peut déverser le foin dans le fenil, au-dessus du bétail ; la grange est dite alors sur le tirant.

GRANGE-ÉTAPE n.f.
Grand bâtiment, dans les Pyrénées centrales, situé à mi-pente, entre le village et l'*estive* pour servir d'abri aux troupeaux et de réserve pour le foin recueilli dans les prairies du pourtour.

GRANGE FENIÈRE l.f.
Grange qui sert à abriter les gerbes de céréales et les provisions de fourrage sec pour l'hiver.
Syn. Fenil.

GRANGES FORAINES l.f.p.
(Vallée d'Aure). Groupes de granges, avec des prairies étagées sur les pentes, entre les villages de la vallée et les estives des sommets.
Le bétail transhumant s'y arrête au printemps et à l'automne.

GRANGEAGE n.m.
(Lyonnais). Bail par lequel on concédait une terre à mi-fruit.
Syn. Grangeaje.

GRANGÉE n.f.
Contenu d'une grange en bétail, en fourrage, en grains.

GRANGEON n.m.
(Bugey). Cabane pour abriter les vignerons et leurs outils.

GRANGER n.m.
En. **barnman** (1)
De. **Pächter** (2)
Es. **aparcero** (2)
It. **mezzadro** (2)
1. Ouvrier agricole chargé de rentrer les céréales et de soigner les bêtes.
2. *(Lyonnais)*. Exploitant d'une ferme qui donne la moitié du revenu au propriétaire.
Syn. Métayer.
3. Tenancier d'une exploitation agricole appartenant à une communauté religieuse, et appelée *grange*.

GRANGERIE n.f.
1. Profession de *granger*.
2. *(Combe de Savoie)*. Habitat temporaire pour abriter du bétail en été, et loger du foin comme réserve de nourriture pour l'hiver.
Equivalent de la grange pyrénéenne.
3. Domaine confié à un granger moyennant moitié fruit.
4. *(Lyonnais)*. Contrat qui liait ce granger au propriétaire du domaine.
Au XVIIIème siècle, forme de métayage.

GRANGETTE n.f.
Châlet individuel avec un pâturage, où le propriétaire fait estiver son bétail sans l'envoyer à la grande montagne avec le troupeau collectif.
Il y loge des provisions de foin pour l'hiver.

GRANGIER n.m.
V. Granger.

GRANULÉ n.m.
En. **granule**
De. **Hagelzucker**
Es. **gránulo, granulado**
It. **granulo**
Aliment qui se présente sous forme de petits grains solubles pour la nourriture du bétail.
Etym. De grain.

GRAPE-FRUIT n.m.
En. **grapefruit**
De. **Grapefruit, Pampelmuse**
Es. **pomelo**
It. **pompelmo**
(Angleterre). Pamplemousse.

GRAPHIOSE n.f.
It. **grafiosi**
Maladie cryptogamique causée par le champignon *Ceratostomella ulmis* qui vit en parasite dans les vaisseaux des troncs d'arbre, notamment l'orme et, depuis peu, dans ceux des platanes.
Il provoque des vésicules, ou thylles, qui ralentissent la circulation de la sève, les feuilles se fanent et l'arbre dépérit ; ainsi ont disparu les ormes de nos parcs ; peut-être en sera-t-il ainsi de nos platanes si l'on ne trouve pas un fongicide efficace.

GRAPHOMÈTRE n.m.
En. **graphometer**
De. **Winkelmesser**
Es. **grafómetro**
It. **grafometro**
Instrument d'arpenteur pour mesurer ou tracer les angles sur le terrain.
Etym. Du grec *graphé*, trace ,et *metron*, mesure.

GRAPPE n.f.
En. **cluster, raceme**
De. **Traube, Weintraube**
Es. **racimo**
It. **gràppolo**
Fruits, ou fleurs, groupés autour d'un pédoncule commun, tels les raisins, les baies de sureau.

GRAPPERIE n.f.
Serre où mûrissent les grappes de raisin.

GRAPPIER adj.
Qualifie ce qui correspond aux grappes, ce qui sert à la formation des grappes, tels les bourgeons à fruit appelés *yeux grappiers*.

GRAPPILLER v.tr.
En. **to glean**
De. **Nachlese halten**
Es. **racimar, rebuscar**
It. **racimolare**
Cueillir, après les vendanges, les petites grappes laissées par les vendangeurs.
C'est au moment des vendanges, l'équivalent de glaner après les moissons. Cette cueillette des grappillons *est effectuée par les* grappilleurs *et constitue le* grappillage, *ou le* grappage.

GRAPPIN n.m.
It. **rampino** (2)
1. Petit râteau qui sert à séparer la rafle et les graines de raisin afin d'éviter au vin un goût d'amertume, causé par la rafle.
2. Instrument muni de plusieurs crochets et destiné à retirer les seaux tombés au fond d'un puits.

GRAPPINAGE n.m.
(Languedoc). Labour superficiel dans les vignes, au début de l'été, avec une binette et un petit tracteur afin de ne pas briser les jeunes pampres.

GRAPPU adj.
En. **heavy clustered**
De. **traubenreich**
Es. **racimoso, racimudo**
It. **ricco di gràppoli**
Qualifie ce qui porte beaucoup de grappes.
Ex. Une vigne grappue.

GRAPPUT n.m.
Cépage aux grappes abondantes, appelé *Grosmarty*, ou *Prolongeau* en Blayais, *Boucharès* dans le Bazadais...

GRAS n.m.
En. **fat meat** (1)
De. **fettes Fleisch** (1)
Es. **gordo** (1)
It. **grasso** (1)
1. Partie grasse de la viande, d'où *manger du gras, faire gras*.
2. Journée consacrée à la vente des viandes grasses d'oies, de canards, de porcs.
C'est un marché au gras.
Etym. Du latin *crassus*, épais.

GRAS adj.
En. **fat**
De. **fett**
Es. **graso**
It. **grasso**
1. Qualifie ce qui a beaucoup de graisse : une oie grasse, le boeuf gras.
2. Fertile : terre grasse, de gras pâturages.
3. Qualifie une plante aux feuilles épaisses,

où s'accumulent des réserves d'eau et de nourriture : yucca, aloès, etc. ; dites aussi *plantes succulentes*.
4. Qualifie un vin qui a "tourné", qui coule comme de l'huile, son acide tartrique étant transformé en acide lactique par des bactéries anaérobies ; maladie favorisée par des raisins trop mûrs.
5. Qualifie un bois de conifère contenant beaucoup de résine et qu'on utilise comme torche, ou allume-feu *(R. Blais)*.

GRASSES (PLANTES) l.f.p.
En. succulent (plants)
De. Sukkulenten, Fettpflanze
Es. grasas (plantas)
It. grasse (piante)
Se dit des plantes à feuilles épaisses et charnues, où se constituent des réserves d'eau pendant la saison des pluies, et qui s'épuisent pendant la saison sèche : yucca, figuier de Barbarie, etc.

GRASSERIE n.f.
En. polyedrosis
De. Seidenwurmkrankheit
Es. poliedrosis
It. giallume, invacchimento
Maladie des vers à soie causée par un virus *(Borrellina bombycis)*.
Elle se manifeste par un gonflement des anneaux qui deviennent transparents comme s'ils étaient de la graisse. Très contagieuse, elle disparaît si on désinfecte la magnanerie.

GRATAIRON n.m.
(Savoie). Fromage fabriqué avec un mélange de lait de vache et de lait de brebis.
Il mûrit dans une enveloppe d'écorce de sapin, de forme cylindrique.

GRATERON n.m.
En. goose grass
De. Klebekraut, Labkraut
Es. galio, amor de hortelano
It. attaccamani, asperella
Nom vulgaire du *gaillet*, plante de la famille des Rubiacées *(Galium aparine)*, ainsi appelé à cause de ses fruits garnis de piquants s'accrochant aux vêtements, à la laine des moutons.

GRATIOLE n.f.
En. gratiola (2)
De. Gnadenkraut (2)
Es. graciola (2)
It. graziola (2)
1. Variété de poire qui comprend une espèce d'été et une espèce d'hiver.
Elle est aussi appelée Bon Chrétien.
2. Plante, dite herbe du pauvre homme.
L'espèce gratiole officinale est un puissant purgatif ; de la famille des Scrofulariacées.

GRATTER v.tr.
Es. raspar
Labourer superficiellement à l'aide d'un *grattoir*, petite charrue légère.

GRAUSSE n.f.
(Bassin Aquitain). Sol composé de sable et de gravier, peu fertile.
Il convient cependant assez bien à la vigne.
Syn. (occitan) Graousso.

GRAVELADE n.f.
V. Clavelée.

GRAVELÉE adj.
Qualifie la cendre provenant du marc de raisin calciné, et la cendre elle même.

GRAVELEUX adj.
En. gravelly
De. kieshaltig
Es. guijoso
It. ghiaioso
Qualifie un sol contenant du sable et du gravier.
Très perméable, il retient mal les engrais ; il n'est guère propice qu'à la vigne.

GRAVELIN n.m.
Chêne pédonculé.

GRAVELLE n.f.
1. Petits fragments indurés dans la pulpe d'une poire.
Ils proviendraient soit d'un virus, soit d'une piqûre d'insecte ; les poires qui en sont atteintes sont dites pierreuses.
2. Maladie des agneaux mâles mis à l'engrais.
Elle est due à la formation dans la vessie de cristaux d'urate de soude. La bête souffre d'anurie et en meurt si elle n'est pas traitée avec des boissons alcalines (bicarbonate de soude).
Etym. Du latin *gravis*, lourd.

GRAVES n.m.p.
Terrains de sables et de graviers, d'origine alluviale, situés sur la rive gauche de la Garonne en Bordelais.
Ils donnent des vins de qualité, notamment des vins blancs, secs et doux.

GRAVIDITÉ n.f.
Es. gravidez
Etat d'une femelle de mammifère qui porte un foetus : elle est gravide.
Etym. Du latin *gravidus*.

GRAVIÈRE n.f.
Mélange de graines de lentilles et de vesces que l'on sème en automne pour avoir du fourrage vert au printemps.

GRAVINCHON n.m.
Variété de prune récoltée dans la région d'Amiens.

GRAVON n.m.
Sol parsemé de graviers.

GREC n.m.
Cépage cultivé en Provence.
Le grec rose, à très grandes grappes, est très recherché pour la table ; le grec rouge, très productif, donne un vin clair, de goût agréable.

GREEN VILLAGE l.m.
En Grande Bretagne, village aux maisons groupées autour d'une place couverte de gazon.
Syn. *(Bretagne)* Placitre.

GRÉERIE n.f.
V. Gruerie.

G.R.E.F. sigle
Génie Rural Eaux et Forêts.
Corps d'ingénieurs agronomes fonctionnaires.
Réorganisé en 1965, il a pour but de participer à l'administration et à la recherche, dans le cadre du Ministère de l'Agriculture, auprès des services publics agricoles et des organismes privés qui le sollicitent.

GREFFAGE n.m.
En. grafting
De. Pfropfen
Es. injerto
It. innestatura
Opération qui consiste à fixer un *greffon*, prélevé sur un arbre fruitier de bonne qualité, sur un *porte-greffe*, arbre fruitier de médiocre qualité, mais vivace.
Pour le succès de l'opération, il faut faire coïncider le liber du greffon avec celui du porte-greffe afin que les vaisseaux de la sève élaborée entrent en jonction les uns avec les autres, et maintiennent le greffon en état végétatif. Par ailleurs, on ne peut greffer les arbres à fruits à noyaux sur les arbres à fruits à pépins, et réciproquement. Enfin, le greffage a surtout pour but de donner au produit de la greffe la vigueur du porte-greffe et les qualités du fournisseur de greffons.
Etym. Du latin *graphium*, stylet, canif à greffer.

GREFFE n.f.
En. graft
De. Pfropfreis, Pfropfen
Es. injerto
It. innesto, marza
Résultat du greffage, ou préparation et fixation du greffon sur le porte-greffe, également préparé.
On distingue de très nombreux procédés de greffes parmi lesquels les plus connus sont les suivants :
1. Greffe par approche : les deux rameaux entaillés sur la même longueur, sont accolés et liés l'un à l'autre ; quand le greffon est pris, on le sépare de son pied-mère.
2. Greffe en fente simple ou double : la tige du porte-greffe est sectionnée horizontalement, puis fendue et on introduit le greffon, taillé en biseau, dans la fente ; on attache et on mastique.
3. Greffe en couronne : on coupe la tige du

porte greffe à une certaine hauteur au-dessus du sol, et on rabat quelques fines lamelles de son écorce vers le sol ; le greffon, qui a la forme d'un petit cylindre, est enfoncé sur le sommet de la tige écorcée, et on relève les lamelles vers le haut, autour du greffon, puis on ficelle le tout avec du raphia. On pourrait encore signaler la greffe en écusson (V. Ecusson), la greffe anglaise, ou en sifflet, etc.

Greffes :
1 : Par approche
   (a. préparation des deux rameaux)
2 : En fente
3 : En écusson

GREFFER v.tr.
En. **to graft**
De. **pfropfen**
Es. **injertar**
It. **innestare**
Faire une greffe.
Etym. Du grec *grapheion* et du latin *graphium*, poinçon à écrire et, par analogie, petit couteau pour inciser l'écorce de l'arbre à greffer.

GREFFEUR n.m.
En. **grafter**
Es. **injertador**
It. **innestatore**
Personne qui effectue une greffe.

GREFFOIR n.m.
En. **grafting tool**
De. **Pfropfmesser**
Es. **navaja de injertar**
It. **innestatoio**
Instrument qui sert à greffer.
Il se compose d'un manche muni d'une lame pour fendre l'écorce, et d'une spatule pour la soulever et glisser le greffon.
Syn. Entoir : de enter, ancien syn. de greffer.

GREFFON n.m.
En. **graft**
De. **Pfropfreis**
Es. **injerto**
It. **innesto, marza**
Oeil, bourgeon, avec un fragment de rameau prélevé sur un arbre fruitier de qualité, pour être enté sur un *sauvageon*, dit porte-greffe.

GREFFOU n.m.
(Savoie). Cépage à raisins blancs de table.

GRÉGAIRE adj.
En **gregarious**
De. **Herden-, Herdentrieb-**
Es. **gregario**
It. **gregario**
Se dit d'un instinct qui pousse certains insectes (criquets, abeilles) à se grouper et à se déplacer en grand nombre sous forme d'essaims, de nuées, parfois dévastateurs, en dévorant feuillages et fruits au passage.

GRÈGE adj.
En. **raw**
De. **roh**
Es. **cruda**
It. **greggio**
Qualifie une soie brute provenant directement du cocon, ainsi que les fils obtenus avec cette soie.

GRÊLE n.f.
En. **hail**
De. **Hagel**
Es. **granizo**
It. **grandine**
Précipitation atmosphérique composée de grains de glace, ou *grêlons,* qui se sont formés dans les nuages sous l'effet d'un brusque abaissement de la température provoqué par décharge électrique, et mouvements convectifs de masses d'air à températures différentes.
La grêle cause dans les régions dites grêlantes, *de graves dégâts.*
V. Canon, fusée paragrêles.
Etym. Du francique *grisilon*, avant le XIIéme siècle que l'on a conservé dans grésil.

GRELEAU n.m.
Baliveau qui mesure moins d'un mètre de circonférence.

GRELET n.m.
(Jura). Vase en bois pour recueillir le lait de vache.

GRÊLIFUGE adj.
It. **antigrandine**
Qualifie les appareils, canons et fusées, destinés à écarter la grêle en lançant vers les nuages un explosif destiné à les diviser en éclatant.

GRÊLON n.m.
En. **hailstone**
De. **Hagelkorn**
Es. **granizo**
It. **chicco di grandine**
Petit fragment de glace, fréquemment sphérique, tombant en grand nombre par temps d'orage et provenant de la consolidation en glace de gouttes d'eau, ou de vapeur d'eau, sous l'influence d'un brusque refroidissement dans un courant d'air ascendant, avec, peut-être, de fortes décharges électriques.
Leur chute cause de grands dégâts parmi les cultures fragiles.
Etym. De grêle.

GRÈME n.m.
(Auvergne). Chiendent.

GRÉMILLONS n.m.p.
1. Petits grumeaux de terre qui se forment dans un labour après une gelée, ou une sécheresse.
2. *(Poitou).* Petit champ.

GRENACHE n.m.
Cépage importé d'Espagne et cultivé en Roussillon.
Ses raisins, blancs ou noirs, donnent un vin de liqueur appelé aussi grenache, ou alicante.

GRENADIER n.m.
En. **pomegranate**
De. **Granatbaum**
Es. **granado**
It. **melograno**
Arbre de la famille des Myrtacées (*Punica granatum*) qui produit des fruits sphériques, ou grenades, de la grosseur du poing et comprenant une enveloppe rose et dure, autour de très nombreux petits grains rouges, à pulpe légèrement acide.
Originaire de Perse, il est cité dans la Bible et dans l'Odyssée, comme symbole de la fécondité.
Etym. Du latin *granatus*, abondant en grains.

GRENAILLE n.f.
1. *(Berry).* Terre légère, friable, parsemée de petites pierres.
2. Graines de médiocre qualité, réservées pour la volaille.

GRENAISON n.f.
En. **seeding**
De. **Körnerbildung**
Es. **granazón**
It. **granitura**
Formation des grains dans les épis de céréales.

GRENER v.tr.
En. **to seed, to corn** (2)
De. **Körner bilden, Körner tragen** (1)
Es. **granar** (1), (2)
It. **granire** (1)
1. Porter des graines.
2. Produire des graines.
3. Pondre des oeufs, ou *graines*, en ce qui concerne les vers à soie.
Etym. Dérivé de grain.

GRÈNERIE n.f.
V. Grainerie.

GRÉNÈTERIE n.f.
Service chargé de recevoir, dans un monastère, les redevances en céréales et de les répartir entre les divers réfectoires du couvent.

GRENIER n.m.
En. **cornloft, granary**
De. **Kornboden, Speicher**
Es. **granero**
It. **granaio**
Partie d'une ferme destinée à recevoir les grains.

Situé d'ordinaire sous la toiture, il doit être bien aéré pour éviter la moisissure des grains. Dans certaines régions (Maroc) les greniers sont fortifiés (Agadir). Par extension, on appelle grenier d'un pays, une région riche en céréales ; ainsi l'Egypte fut le grenier de Rome.

GRÈSE n.f.
(Périgord). Lande pierreuse, à petite végétation herbacée, réservée au pâturage à moutons.

GREVETTE n.f.
(France du Midi). Terre de médiocre qualité, composée de sable et de graviers.

GREVIÈRE n.f.
Peau de mouton que l'on enroule autour des jambes quand on veut se hisser sur un arbre pour l'élaguer.

GRIBOURI n.m.
(Bresse). Variété de herse aux dents en lames recourbées et flexibles, et qui sert à ameublir superficiellement la terre.

GRIES n.m.
Vin d'Alsace récolté vers Ammerschwihr (Haut-Rhin).

GRIFFAGE n.m.
Action de marquer les baliveaux d'une forêt quand on les choisit pour la coupe, ou pour la réserve.
Elle s'effectue à l'aide d'une griffe, instrument tranchant qui ressemble à la rouanne du tonnelier.

GRIFFE n.f.
En. **claw** (1)
De. **Knolle** (1)
Es. **raíz** (1)
It. **zampa** (1)
1. Souche composée de nombreuses racines (asperge).
2. Outil muni de quatre ou cinq dents recourbées pour émietter la terre bêchée, ou labourée.
3. Appareil muni de dents pointues et opposées, mis en mouvement pour réduire en petits débris les aliments compacts du bétail.
4. Fourche à dents recourbées pour retirer le fumier de l'étable ou le foin du fenil *(fig. 102)*.
5. Instrument du garde forestier pour marquer, en enlevant un fragment d'écorce, les arbres à abattre.
Etym. Du francique *grif*.

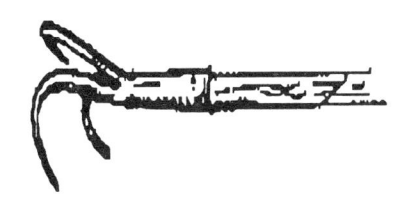

(Fig. 102). Griffe

GRIFFE À LAIT l.f.
En. **clawpiece**
De. **Milchsammler**
Es. **colector**
It. **collettore**
Elément de la machine à traire.
Il reçoit les quatre tubes venus des gobelets et des manchons trayeurs, ainsi que le tube à vide, et il renvoie le lait dans le pot trayeur.

GRIFFES A TIGE l.f.p.
Paire d'instruments métalliques munis de dents.
Fixés aux pieds, ils servent à monter aux arbres.

GRIFORIN n.m.
Cépage à raisins noirs, cultivé en Charente.

GRIGNE adj.
(Berry). Qualifie une terre très argileuse, qui se laboure difficilement, soit parce qu'elle est trop humide, soit parce qu'elle est trop sèche.

GRIGNON n.m.
Abréviation de Thiverval-Grignon, localité de Seine-et-Oise, où se trouve la plus ancienne école nationale d'agriculture de France, fondée en 1826 dans un château du temps de Louis XIII, école qui a fusionné avec l'Institut Agronomique de Paris.

GRIGNON n.m.
Es. **orujo**
Résidu des olives après l'extraction de l'huile.
Séparé des noyaux par lavages à l'eau, c'est un tourteau pour les porcs.

GRILLAGE n.m.
En. **wire netting** (1)
De. **Drahtgitter** (1)
Es. **alambrada** (1)
It. **reticolato** (1)
1. Treillis de fils de fer entrecroisés, soutenu par des piquets, pour enclore un jardin, un parc.
2. Accident qui survient sur les raisins par trop fortes chaleurs.
Le grain se ride et se dessèche.
Etym. Du latin *craticula*, grille.

GRILLE À OTONS l.f.
Grille qui sépare, dans une machine à battre, les otons, grains encore enveloppés de leurs balles, des grains bien dépouillés.

GRIMON n.m.
(Bourgogne). V. Chiendent.

GRIMPANT adj. et n.m.
En. **climbing**
De. **Schlingpflanze, Kletterpflanze**
Es. **trepador**
It. **rampicante**
Qualifie des plantes qui ne peuvent s'élever qu'à l'aide de plantes voisines à tiges dures; elles y parviennent en s'enroulant autour de leur tuteur (houblon), à l'aide de racines adventives (lierre), ou d'organes préhensibles appelés vrilles (vigne).

GRINCE-DENT n.m.
(Vendée). Vin local, vert et âpre.

GRIOT n.m.
Seconde coupe du blé, lorsque, avec la faucille, on avait déjà coupé les épis les plus mûrs.

GRIOTTE n.f.
En. **sour cherry, morello, amarelle**
De. **Sauerkirsche, Schattenmorelle**
Es. **guinda garrafal**
It. **visciola, agriotta, amarena**
Cerise à queue courte, à pulpe piquante, bonne à conserver dans une eau-de-vie sucrée et parfumée.
Elle est fournie par le cerisier griottier, le Prunus cerasus; originaire de la Perse, ou de la Caucasie, il était cultivé, dès les Temps Préhistoriques, dans les pays méditerranéens.

GRISE-BONNE n.f.
Variété de poire, dite aussi *Louise-Bonne*.

GRIS-MEUNIER n.m.
Cépage à raisins noirs, cultivé dans l'Orléannais.
Il donne des vins légers, bouquetés et se conservant assez bien. Son débourrement tardif, et sa maturation précoce, le rendent précieux sous un climat soumis aux gelées printanières et automnales (R. Dion).

GROAILLE n.m.
(Berry). Terrain parsemé de pierrailles, mêlées à une faible quantité d'argile de décalcification.

GROBON n.m.
(Vendée). Crottin de mouton que l'on faisait sécher pour servir de combustible pendant l'hiver.

GROGE n.f.
(Poitou). Terrain caillouteux.

GROIE n.f.
Terre rougeâtre, argilo-calcaire, mêlée de pierrailles dérivées du sous-sol rocheux.
C'est le résultat de la gélifraction et de la décalcification. Terre favorable à la vigne, aux céréales et aux légumineuses, en Saintonge et Poitou. Selon leur teneur en humus, on distingue les groies blanches, grise, ou rouges. Les groies chailleuses contiennent des chailles, silex issus des calcaires sous-jacents.

GROIN n.m.
En. **snout**
De. **Rüssel, Schweineschnauze**
Es. **hocico, jeta**
It. **grugno**
Museau du porc avec lequel il déterre les racines et démolit les murs de son étable.
Pour l'empêcher de nuire, on lui perce l'extrémité du groin d'une pointe en fer que l'on recourbe en forme d'anneau pour qu'elle ne puisse tomber.
Etym. Du latin *grunnire*, grogner.

GROLLOT n.m.
(Pays de Loire). Cépage à raisins noirs.

GROS n.m.
Partie de la récolte versée pour la dîme, prélevée sur le tas de blé après les battaisons.

GROSEILLE n.f.
En. **red currant**
De. **Johannisbeere, Stachelbeere**
  (groseille à maquereau)
Es. **grosella**
It. **ribes**
Fruit du groseillier.

GROSEILLIER n.m.
En. **gooseberry bush, currant bush**
De. **Stachelbeerstrauch,**
  Johannisbeerstrauch
Es. **grosellero**
It. **ribes (pianta)**
Arbrisseau de la famille des Saxifragacées à fruits ronds en grappes.
Poussant à l'état sauvage, de l'Irlande à la Sibérie, le groseillier aurait été introduit en Gaule par les Vikings. Il est cultivé en Lorraine et le long de la vallée du Rhône depuis la fin de l'Antiquité. On peut en distinguer plusieurs espèces :
1. Le groseillier à grappes noires, ou cassis (Ribes nigrum) qui sert à fabriquer des liqueurs.
2. Le groseillier à grappes rouges (Ribes rubrum) très cultivé en Bourgogne.
3. Le groseillier épineux à gros fruits sucrés, ou maquereaux (Ribes grossularia), très apprécié en Angleterre pour la préparation de sauces avec des poissons maquereaux (R. Blais)
Etym. De l'allemand Kraus, frisé, et Bere, baie, d'où Krausbere qui a donné grosselbere et groseille.

GROS JAUNE l.m.
Variété de maïs que l'on cultive dans le Béarn.

GROSLOT n.m.
V. Grollot.

GROS MARGUILLIER l.m.
(Jura). Cépage à raisins noirs, de gros rendement.

GROS MUSC l.m.
Variété de poire à goût muscat, mûre en hiver.

GROS NOIR l.m.
Cépage à raisins noirs et à gros grains.

GROS PLANT l.m.
(Pays Nantais). Cépage à raisins noirs ou blancs, donnant un vin de médiocre qualité.

GROSSAIGNE n.m.
1. Seigle à gros grains.
2. *(Bassin Aquitain).* Blé d'automne, à épis barbus, très rustique.

GROSSANE n.f.
Variété d'olive à pulpe volumineuse.

GROS VENTRE l.m.
Es. **coccidiosis**
It. **grosso ventre**
Maladie des lapins caractérisée par un gros foie.
Elle est causée par une coccidie, protozoaire parasite, d'où le nom de coccidiose donnée à cette maladie, du latin coccus petit grain, forme du protozoaire.

GROS VERT l.m.
Cépage à raisins de table blancs, de qualité inférieure à celle du chasselas, mais de maturité plus tardive et d'un prix moins élevé.

GROS VIN l.m.
Es. **vino peleón, pirriaque**
Vin rouge retiré d'une vendange abondante de raisins noirs, mais de qualité médiocre.

GROU n.m.
(France de l'Ouest). Terre rocailleuse et argileuse, mais favorable à la vigne.
Etym. Du radical pré-indo-européen cr, que l'on retrouve dans groie, groue, et grouette.

GROUETTE n.f.
Petite charrue utilisée en Anjou.

GROUINE n.f.
(Vosges). Terre composée de cailloutis calcaires et d'argile.
Elle forme des grouinières.

GROUPEMENT n.m.
Es. **agrupación**
Réunion à faible distance de plusieurs éléments du paysage rural : maisons (hameau, village, bourg), parcelles, ou exploitations agricoles (quartier, sole, G.A.E.C.).
Etym. Du germanique kruppa, masse arrondie.

GROUPEMENT FONCIER AGRICOLE l.m.
1. Société civile créée selon la loi de 1901 et permettant d'acquérir des parts de terres que la société peut louer à bail, vendre ou céder en héritage.
2. Association d'exploitants agricoles ayant mis en commun leurs moyens de travail.

GROUPEMENT FORESTIER l.m.
Association de possesseurs de forêts voisines, indivises et mises en valeur comme étant une seule unité de gestion.

GROUPEMENT MIXTE l.m.
Réunion, à faible distance, de maisons, de pièces de terres, de bois et de landes unis par des chemins et constituant un ensemble organisé : section cadastrale, G.A.E.C., commune à une seule agglomération, etc.

GROUPEMENT PASTORAL l.m.
Association d'éleveurs pour l'exploitation en commun de pâturages montagnards.

GROUPES DE PARCELLES l.m.p.
Réunion d'un certain nombre de parcelles, parallèles entre elles et formant un *quartier*.
Plusieurs quartiers constituent une sole *consacrée à la même culture, ce qui fait disparaître, sur les photos aériennes, les limites du dessin agraire.*
Syn. (Allemagne) Gewann, (Angleterre) furlong.

GROUPEUR DE BALLES l.m.
En. **bale collector**
De. **Ballensammler**
Es. **agrupador de pacas**
It. **raggruppaballe**
Appareil qui permet de grouper les balles de foin, ou de paille, à la sortie de la presse-rameuse, soit par un traineau, soit par une trémie à roues.

GROUSSAN n.m.
(Provence). Grains de céréales grossières : orge, avoine.

GROYE n.f.
(Berry). Parcelle entourée de haies.

GRUAGE n.m.
Droit d'usage dans la forêt, selon les anciennes coutumes.
Etym. Du francique gru, vert, fruit de la forêt.

GRUASSE n.f.
(Poitou). Terre de groie de médiocre qualité.

GRUAU n.m.
En. **groats** (1)
De. **Hafergrütze**
Es. **sémola** (1),
pan de harina de flor (3), **gachas** (4)
1. Graines de céréales dépouillées de leur première enveloppe.
2. Farine d'orge, ou d'avoine.
3. Pain fabriqué avec la farine de froment de première qualité.
4. Bouillie faite avec cette farine.
Etym. Du francique grût, grain, et du vieux français gruel.

GRUAU D'AVOINE l.m.
En. **(oat) groats**
De. **Grützehafer**
Es. **cebada perlada, harina de avena**
It. **semola di avena**
1. Farine d'orge ou d'avoine séchée au four.
2. Bouillie faite avec de l'avoine écrasée.

GRUERIE n.f.
(Ancien régime)
1. Juridiction des Eaux et Forêts, présidée par un *gruyer*, pour rendre en première instance, les jugements concernant les délits commis dans les bois.

2. Droit perçu par le roi, ou par un seigneur, sur les ventes de bois.
Le seigneur était qualifié de gruyer.
3. Avantages et droits relatifs aux coupes, à la chasse, à la pêche, au passage dans les forêts.
Ces avantages et ces droits portaient le nom de tiers et danger.
4. Autorisation royale de laisser croître un bois en haute futaie.
5. Droits royaux sur le charbon de bois provenant des forêts domaniales.
6. Ensemble des organismes chargés d'administrer les forêts royales.
Etym. Du francique *grôdi,* ce qui est vert, ce que produit la forêt.

GRUGEOIR n.m.
Es. **mortero**
Vase en bois dans lequel on écrase des fruits avec un pilon.
Syn. Egrugeoir.

GRUME n.f.
En. **log** (1)
De. **Holz (mit Rinde)** (1)
Es. **madera en rollo** (1)
It. **legname con corteccia** (1)
1. Tronc d'arbre coupé selon une certaine longueur, pour être débité en planches et en poutres, mais qui n'est pas écorcé.
2. Graines de raisin tombées des grappes pendant la vendange.
Etym. Du latin *gruma,* écorce laissée dans le bois coupé.

GRUMIER n.m.
Camion aménagé pour transporter les grumes.
Syn. Fardier, triqueballe.

GRURIN n.m.
V. Gruyer.
Syn. (Normandie) Verdier.

GRUYER n.m.
En. **forest's judge**
De. **Forstmeister**
Es. **gruero**
It. **giudice in forestale**
Officier, président d'un tribunal de gruerie.
Etym. Origine germanique.

GRUYER adj.
Se dit d'un seigneur jouissant d'un droit de gruerie, c'est à dire de prélever des droits sur les ventes de bois dans sa seigneurie et de présider un tribunal de gruerie.

GRUYÈRE n.m.
En. **Gruyère cheese**
De. **Gruyère**
Es. **queso de Gruyère**
It. **groviera**
Fromage à pâte cuite, dure et perforée.
Il tire son nom de la localité de Gruyère, ou Griers, en Suisse. Il forme d'énormes pains de 50 kilos environ, à croûte mince et grise. Il faut en moyenne 500 litres de lait par fromage.

GUANACO n.m.
En. **guanaco**
Es. **guanaco**
It. **guanaco**
Animal de la famille des Camélidés, *(Lama huanacus)* vivant dans les Andes à haute altitude.
Il est à l'origine du lama domestique. De la taille d'un cerf, il est pourchassé pour sa chair et sa laine ; il peut être domestiqué.
Etym. Du péruvien *huanaco.*

GUANO n.m.
En. **guano**
De. **Guano, Vogelmist**
Es. **guano**
It. **guano**
Engrais composé de fiente et de débris de poissons accumulés par les oiseaux sur quelques îles du Pérou, dites *îles guanières.*
La sécheresse du climat en a permis la conservation. Très riche en phosphore et en azote, le guano connut une grande faveur sous le Second Empire. Il peut être considéré comme la transition entre le fumier de ferme et les engrais chimiques. Des contrefaçons malhonnêtes et la concurrence du nitrate du Chili ont sensiblement réduit la consommation du guano dès la fin du XIXème siècle. On en fabrique en traitant des poissons desséchés à la vapeur d'eau et à l'acide sulfurique. De certaines grottes des pays méditerranéens on retire des excréments d'oiseaux, appelés guano de chauve-souris.
Etym. D'origine quéchua.

GUARDIAN n.m.
V. Gardian.

GUÈDE n.f.
En. **woad, pastel**
De. **Färberwaid**
Es. **glasto**
It. **guado, isatis**
Plante de la famille des Crucifères *(Isatis tinctoria).*
Elle fut cultivée du XVIème au XIXème siècle, en particulier autour de Montauban, pour ses feuilles qui donnaient une teinte bleu foncé. Le père de Montaigne en faisait le commerce.
Etym. Du germanique *waid,* pastel.

GUÉDELLE n.f.
(Vexin). Groseille rouge.

GUENILLOU n.m.
(Poitou). Baudet pour la remonte.
Il doit son nom aux longs poils laineux et brunâtres qui lui tombent autour des jambes comme des guenilles.

GUÊPE n.f.
En. **wasp**
De. **Wespe**
Es. **avispa**
It. **vespa**
Insecte hyménoptère, aux nombreuses espèces répandues sur tout le Globe, et aux moeurs analogues à celles des abeilles.
La femelle, munie d'un aiguillon à venin, inflige des piqûres parfois mortelles aux bêtes et aux hommes qui la menacent.
Etym. Du latin *vespa.*

GUERB n.m.
(Nord de la France). Liberté de laisser paître ses troupeaux sur les terres des voisins, quand les récoltes sont enlevées.
C'est le droit de vaine pâture.

GUÉRÉCHER v.intr.
(Berry). Labourer une jachère pour la transformer en guéret.
Syn. Guéréter.

GUÉRET n.m.
En. **ploughed land** (1)
De. **Brachfeld, Flur** (1)
Es. **barbecho** (1)
It. **maggese** (1)
1. Terre labourée pour être ensemencée en céréales.
2. *(Centre de la France).* Premier labour donné à une jachère.
3. *(Béarn).* La jachère elle-même.
Etym. Du latin *vervactum,* jachère.

GUÉRÉTTURE n.f.
(Berry). Culture des jardins.

GUÉRINS n.m.p.
(Beauce). Agneaux nés l'année précédente.
Syn. Vassiveaux.

GUÉROUETTE n.f.
(Beauce). Terre légère et parsemée de pierres.
Etym. Dérivée de groie.

GUÉRUETTE n.f.
Charrue à deux versoirs, pour tracer des sillons très ouverts, et couvrir de terre les basses tiges des plantes cultivées.
C'est ainsi procéder au chaussage.

GUÉTINES n.f.p.
(Normandie). Pommes tombées avant la pleine maturité par suite de la piqure d'un insecte, et du développement de sa larve.

GUEUCHE n.f.
(Jura). Cépage à raisins noirs.
Syn. Gros Plant.

GUÉVOIR n.m.
(Alsace). Abreuvoir pour les chevaux.

GUI n.m.
En. **mistletoe**
De. **Mistel**
Es. **muérdago**
It. **vischio**
Plante semiparasite, arboricole, à feuilles persistantes, de la famille des Loranthacées *(Viscum album).*

Il vit en symbiose avec les branches du pommier et du chêne. S'il est trop abondant il parvient à épuiser l'arbre. Il peut être utilisé comme fourrage. Toujours vert, même en hiver, il était, chez les druides, symbole de la vie éternelle.
Etym. Du latin viscum, associé à glu, à colle, ses graines ayant une pulpe visqueuse.

GUI n.m.
(Bretagne). Petite agglomération rurale groupée autour de l'église, des bâtiments publics, des boutiques et des ateliers.

GUIDONNAGE n.m.
(Béarn). Droit perçu par les seigneurs du Béarn sur le passage des transhumants.
Etym. De l'ancien français guier, guider, conduire.

GUIERLES n.f.p.
(Bassin Aquitain). Pacages situés en bordure des cours d'eau et assez humides.

GUIGNE n.f.
En. **heart cherry**
De. **Süsskirsche, Herzkirsche**
Es. **guinda**
It. **ciliegia selvatica**
Petite cerise à pulpe sucrée, de couleur rouge noir, produite par une variété de cerisier appelé *guignier*.
Elle sert à fabriquer le guignolet d'Angers.
Etym. De l'ancien allemand whisila qui a donné Weichsel.

GUIGNETTE n.f.
Es. **almocafre, escardillo**
It. **roncoletta**
Variété de houe pour sarcler et nettoyer les céréales.
C'était le guignetage que précédait un hersage.

GUILAN n.m.
Variété de raisin blanc, de goût musqué.

GUILLE n.f.
Es. **bitoque**
Morceau de bois conique qui sert à boucher le trou fait aux barriques pour soutirer le vin.
Syn. Fausset.

GUIMAUVE n.f.
En. **marshmallow**
De. **Eibisch**
Es. **malvavisco**
It. **bismalva, altea**
Plante herbacée de la famille des Malvacées (*Althaea officinalis*).
Cultivée dans les terres humides du nord de la France comme plante médicinale, elle possède des propriétés adoucissantes et émollientes. Ses tiges, sous forme de hochets, servent aux petits enfants pour atténuer, en les mâchant, la douleur causée par la poussée des dents de lait.

GUINDOLIER n.m.
(Aquitaine). Variété de cerisier de haute taille, à fruits doux et légèrement rosés, appelés *guindons*.

GUINGUET adj.
Qualifie un vin aigrelet et qui a donné *guinguette*, auberge où l'on boit du vin vert, et où l'on danse.
Etym. De l'ancien français guinguet, étroit, de travers.

GUY n.m.
(Savoie). Cépage à raisins noirs ou blancs.
Syn. Gouche.

GUYOT n.m.
1. Taille de la vigne, du nom du Dr Guyot qui la mit en pratique sous le Second Empire.
Elle laisse sur le cep un courson *et une* vergue. *Si le pied est vigoureux elle peut être doublée.*
2. Variété de poire.

G.V.A. sigle
Groupement de Vulgarisation Agricole.
Créés par les syndicats, on en compte près de 3000 en France.
Guidés par des conseillers agricoles, ils recueillent de la documentation, effectuent des voyages, des visites de fermes, etc.

GYMNOSPERMES n.m.p.
En. **Gymnospermae**
De. **nacktsamige Pflanzen**
Es. **gimnospermas**
It. **gimnosperme**
Plantes de l'une des deux grandes divisions de l'embranchement des phanérogames dont les ovules et les graines sont portés à nu par des supports nourriciers : pin, sapin, ginkgo, etc.
Etym. Du grec gumnos, nu, et spermos, semence.

GYROBROYEUR n.m.
De. **Reibmaschine**
Es. **cortadora rotativa**
It. **trituratrice rotativa**
Appareil à rotor horizontal, mis en mouvement par une prise de force, muni de couteaux tournant à grande vitesse, pour couper et broyer les tiges de céréales, ou les herbes des pelouses.

H

HAAGE n.m.
(Sologne). Ensemble de parcelles cultivées et entourées de haies.
Etym. Dérivé de haie.

HABA n.m.
(Vosges). Parcelle cultivée en fèves.
Etym. Du latin *fabas*.

HABCHOT n.m.
Petite hache pour pratiquer des entailles, ou *carres*, dans l'écorce et l'aubier des pins à gemmer.
Syn. Hachot, hapchot.

HABERGEAGE n.m.
Redevance pour l'entretien des hommes d'armes.
Elle était acquittée en argent, en nature, ou en corvée pour une tenure, ou une hostise, à l'époque médiévale.
Syn. Habergement, hébergement.
Etym. Du germanique *hare*, armée, et *bergan*, protection.

HABERT n.m.
(Grande Chartreuse). Chalet d'alpage.

HABILLAGE n.m.
En. **trimming**
De. **Zurichten**
Es. **rebaje**
It. **potatura di formazione**
Opération qui consiste à couper les feuillages et l'extrémité des racines d'une plante que l'on veut transplanter, afin d'en favoriser la reprise en réduisant son évapotranspiration.
Etym. De l'ancien français *abillier*, préparer.

HABILLER v.tr.
Couper les branches d'une plante et en rafraîchir les racines avant de la transplanter.
Etym. De l'ancien français *abillier*, préparer.

HABITANDAGE n.m.
(Bourgogne). Somme que devait payer une personne pour entrer dans une communauté villageoise.

HABITAT RURAL l.m.
En. **rural housing**
De. **ländliche Siedlung**
Es. **hábitat rural**
It. **habitat rurale**
Ensemble des conditions physiques, économiques et humaines qui régissent dans les campagnes l'habitation des hommes et les constructions qui en dérivent.
L'habitat rural se distingue de l'habitat agricole, ce dernier seul étant soumis aux nécessités créées par l'activité des agriculteurs, tandis que le premier peut être composé d'immeubles habités par des personnes sans occupation agricole : commerçants, artisans, instituteurs, etc. Le site, l'aménagement en fonction de l'abri et des travaux, les matériaux de construction, les espaces couverts et les espaces vides, l'isolement ou la concentration, les traditions et les contingences individuelles entrent en ligne de compte dans la description explicative de la maison des agriculteurs ; mais la plupart de ces problèmes dépendent aussi d'autres influences plus vastes : structure agraire, système de culture et d'élevage, organisation

sociale, politique, administrative et foncière. De sorte que l'on peut distinguer :
1. L'habitat permanent où l'on réside continuellement.
2. L'habitat temporaire où l'on ne réside que pendant l'exercice de la profession, et qui peut être fixe (buron, ou chalet), ou mobile (tente).
3. L'habitat double, ou complémentaire, comportant une résidence permanente et une annexe temporaire (village de la vallée, et abri de berger dans la montagne).
4. L'habitat dispersé dans les finages à exploitations agricoles massives (bocages bretons, campagnes berrichonnes) et, dans ce cas, les fermes peuvent être isolées, ou bien être réunies en petit nombre dans des hameaux sans fonction administrative.
5. L'habitat aggloméré dans les finages aux exploitations agricoles composées de parcelles dispersées ; les fermes se groupent en gros hameaux, ou bien en villages, chefs-lieux de commune.
6. L'habitat mixte comporte des fermes isolées entre des agglomérations de hameau, ou de village.
7. L'habitat rural est également mixte s'il comprend des fermes, des boutiques, des ateliers et des résidences de fonctionnaires, ou de retraités. Pour la répartition des éléments de l'habitat agricole voir la maison rurale.

HABITATION n.f.
En. **dwelling, home, residence**
De. **Wohnen, Wohnung**
It. **abitazione, residenza**
Abris et intervalles composant le lieu habité d'une exploitation agricole.
Ils comprennent la maison ainsi que les dépendances : grange, étables, hangar, pigeonnier, avec les espaces qui les séparent : basse-cour, aire, chemins. Tantôt les dépendances et la maison sont jointives et c'est la maison-bloc*; tantôt elles sont séparées pour favoriser les mouvements du bétail et du matériel. Chaque habitation reflète les principales activités de ceux qui l'occupent:élevage, céréales, vignes, etc. Elle se distingue également par les matériaux locaux qui ont servi à la construire:pierre, briques, torchis, tuiles, ardoises, de sorte qu'elle s'incorpore en partie au paysage. Elle traduit aussi le niveau social de ceux qui l'habitent, des humbles manouvriers aux riches propriétaires fonciers. Enfin, selon les régions, elle porte des noms évocateurs : mas, masure, métairie, borde, etc.*
Etym. Du latin *habere,* se tenir.

HABITATION n.f.
En. **habitation, dwelling**
De. **Pflanzung, Wohnung**
Es. **hacienda**
Domaine mis en valeur par des Européens, ou des Créoles, dans les régions tropicales, et consacré à des cultures spéculatives.

HABOUS n.m.p.
Biens fonciers donnés à des fondations religieuses, en Afrique du Nord, pour la création, la construction et l'entretien d'établissements affectés à la religion musulmane.
Ils sont dits habous privés quand les héritiers en ont l'usufruit leur vie durant. Après leur décès, ces biens reviennent à la fondation désignée par le testamentaire.

HACHAGE n.m.
En. **chopping of stalks**
De. **Schraffierung, Zerhacken**
Es. **picadura, picado**
It. **trinciatura**
Opération qui consiste à couper des tiges longues (céréales, fourrages) en petits brins pour les rendre plus digestibles, plus faciles à enfouir dans le sol, ou pour les réduire en faible volume dans les silos.

HACHE n.f.
En. **axe**
De. **Axt, Beil**
Es. **hacha**
It. **accetta, ascia, scure**
Outil composé d'un fer tranchant et d'un manche de un mètre de long environ.
Selon ses formes et son usage on distingue la hache du bûcheron ou cognée *(fig. 45), la hache de l'élagueur, la hache du charpentier.*
Etym. Du francique *happja,* en allemand *happa, hacke,* pioche.

HACHE n.f.
En. **gore**
Es. **dependencia**
Irrégularité dans une parcelle se traduisant par sa pénétration dans une parcelle voisine.
On dit que la première parcelle fait la hache dans la seconde (R. Blais).

HACHE-FOURRAGE n.f.
En. **straw cutter**
De. **Häckselmaschine**
Es. **picadora de forraje**
It. **trinciaforaggi**
V. Hache-paille.

HACHE-LÉGUMES n.f.
V. Hache-paille.

HACHE-PAILLE n.f.
En. **straw cutter**
De. **Häckselmaschine**
Es. **cortaforrajes**
It. **trinciapaglia**
Instrument agricole destiné à hacher du fourrage, des légumes, de la paille, etc., afin de faciliter leur consommation par le bétail.
On dit aussi hache-légumes, et hache-fourrage.

HACHE À MARTEAU l.f.
Hachette servant à marquer les arbres destinés à l'abattage.
Le marteau porte la marque du propriétaire (lettre ou blason).

HACHEREAU n.m.
En. **hatchet**
De. **Küferdechsel, kleine Axt**
Es. **hacho, hachuela**
It. **accetta**
1. Petite hache à double utilisation : tranchante d'un côté, hacheuse de l'autre.
2. Petite cognée d'un bûcheron.

HACHOIR n.m.
En. **chopper, cutter, chopping knife**
De. **Häckselmaschine, Hackmesser**
Es. **picador** (1), **tajo** (2)
It. **tagliere** (2)
1. Instrument pour hacher les viandes.
2. Table sur laquelle on hache les viandes.
3. Outil pour couper feuilles et racines à faire cuire pour le bétail en hiver.
Etym. De l'allemand *Hacke.*

HACIENDA n.f.
Grand domaine créé par les Espagnols en Amérique centrale et méridionale au cours du XVIème siècle.
Comprenant plusieurs milliers d'hectares, c'était également un centre administratif que gérait le propriétaire, l'haciendado, et ses agents, le gouvernement central étant trop éloigné pour exercer son autorité. On y pratiquait surtout une agriculture extensive à l'aide d'une main d'oeuvre misérable. Au XIXème siècle ces domaines se fragmentèrent faiblement, et parfois se spécialisèrent dans l'élevage, ou dans des cultures spéculatives. Les réformes politiques du XXème siècle ont abouti au morcellement de beaucoup d'haciendas, ou à leur organisation en grandes fermes collectives.
Sym. Ferme en espagnol.

HACOTIER n.m.
V. Haricotier.

HAGUE n.f.
(France du Nord). Clôture séparant deux parcelles.
Etym. Du germanique *haga,* haie.

HAIE n.f.
En. **hedge**
De. **Hecke**
Es. **seto**
It. **siepe**
Clôture formée de plantes buissonneuses, d'arbustes et parfois de quelques arbres (haie arborée).
Elle entoure les parcelles dans les pays d'enclos et les chemins dans les pays de champs ouverts. On distingue plusieurs sortes de haies :
1. Les haies vives composées de plantes vivaces et les haies sèches formées de branches entrelacées, soutenues par des piquets.
2. Les haies sur talus et les haies à plat.
3. Les haies d'abri pour protéger du vent les cultures délicates et les haies à arbres fourragers.

Le même terme a désigné jadis une forêt seigneuriale, ou communautaire, et s'écrivait haye *que l'on retrouve dans la forêt de Haye, à l'ouest de Nancy. Il a servi également à désigner un arbre servant de limite à un bois, et faisant partie d'une* haie *forestière. Pour l'entretien des haies, des tenanciers, libres ou serviles, étaient astreints à la corvée de haie.*
Syn. (Normandie) Fossé, (Périgord) rondal, (Limousin) gorde, (Quercy) lisse, (Béarn) sépé.
Mais quelle que soit sa structure, la haie marque une limite, matérialise un droit de propriété et favorise l'individualisme ; l'exploitant n'est soumis à aucune contrainte, ni assolement imposé, ni ban pour les récoltes, et pas de vaine pâture. Après avoir connu une grande expansion au XVIIIème siècle, la haie, qui servit d'ombrage, de fourrage et de bois de feu, est en cours de régression ; elle gêne les déplacements du matériel, retarde le remembrement et occupe une trop grande surface de terre cultivable ; aussi la voit-on disparaître partiellement pour se réduire à un bocage à mailles larges autour de vastes parcelles, ou bien disparaître dans les broussailles dues à l'exode rural et à la désertification.
Etym. Du francique hagje, *haie, devenu* haga *en allemand,* hadje *dans le Jura et* age *dans le Poitou.*

HAIE n.f.
En. **beam**
De. **Pflugbaum**
Es. **cama**
It. **bure**
Pièce de la charrue.
Elle réunit l'avant-train aux étançons du sep.
Le terme s'est conservé en dialecte berrichon.
Syn. *(et de même origine)*, Age.

HAIE FRUITIÈRE l.f.
En. **fruithedge**
Es. **árboles frutales en hilera**
It. **siepe fruttifera**
Verger où les arbres fruitiers sont plantés en ligne, mais très inclinés dans le même sens afin de favoriser la taille, la fructification et la cueillette des fruits.

HALBI n.m.
Variété de cidre fabriqué en Normandie avec des pommes et des poires ayant fermenté.

HÂLE n.m.
En. **northern wind** (1)
De. **Nordwind** (1)
Es. **viento del norte** (1)
It. **vento del nord** (1)
1. Vent du Nord, sec et froid, qui souffle au début du printemps, durcissant le sol et ralentissant la croissance des cultures.
2. Effets nocifs de ce vent, sur les plantes cultivées.
Etym. Du latin assulare, *faire rôtir.*

HALÉ adj.
1. Brûni par le hâle.
2. Desséché par le vent du Nord.

HALLATRE n.m.
Es. **emparrado**
Ensemble des échalas et des fils de fer soutenant les pieds de vigne d'un vignoble.

HALLE n.f.
(Normandie). Abri pour loger le matériel agricole et le bois de chauffage, et pour faire sécher le linge.
Une petite halle est une hallette.

HALLEBOTAGE n.m.
Es. **racimeo, rebusca**
Cueillette, par les pauvres gens, des grappes de raisin laissées par les vendangeurs.
Permise 24 heures après les vendanges, elle était tolérée en Bourgogne ; c'était l'équivalent du glanage après les moissons.
Syn. *Grappillage.*

HALLES n.f.p.
(Alpes occidentales). Bâtiments pour abriter les troupeaux transhumants.

HALLIER n.m.
En. **thicket, brake** (1)
De. **Dickicht** (1)
Es. **monte bajo**
It. **macchia** (1)
1. Formation végétale composée de buissons épais et de petits arbres.
Si les arbres sont grands c'est un hallier *forestier, refuge du gros gibier.*
2. Haie sèche.
Etym. Du germanique hessler, *devenu* hallot, *buisson, dans l'ancien français.*

HÂLOIR n.m.
En. **hemp kiln, drying shed** (1)
De. **Hanfdarre** (1)
Es. **secadero de cañamo** (1), **secadero** (2)
It. **essiccatoio per canapa o per formaggi molli**
1. Abri où l'on fait sécher le chanvre après le rouissage.
2. Séchoir où l'on place les fromages à pâte molle pour les faire égoutter.
Etym. De hâler, *prendre la couleur du hâle.*

HALOPHILE adj.
En. **halophilic**
Es. **halófilo**
It. **alofilo**
Qualifie une plante qui supporte une certaine quantité de sel dans le sol où elle pousse, tel le riz.
Etym. Du grec hals, halos, *sel, et* philos, *ami.*

HALOPHYTE n.m.
En. **halophyte**
De. **Salzpflanze, Halophyt**
Es. **halófito**
It. **alofita**
Plante qui se développe dans un milieu contenant du chlorure de sodium.
Etym. Du grec halos, *sel et* phuton, *plante.*

HALOT n.m.
(Pays de la Loire). Trou où se retirent les lapins de garenne.

HAMBOURG (MUSCAT DE) l.m.
Cépage à raisins noirs, à gros grains, de saveur musquée, très agréables comme raisins de table.

HAMEAU n.m.
En. **hamlet**
De. **Weiler, Dörfchen**
Es. **aldea, caserío**
It. **frazione**
Groupe de fermes en nombre variable, de trois ou quatre à plusieurs dizaines, plus ou moins agglomérées, mais dépourvues de fonctions administratives, et, le plus souvent, de fonction religieuse, ou scolaire.
C'est ce qui distingue le hameau du village. Mais il se prête à l'entr'aide pour les travaux des champs, à des pratiques communautaires dans le cadre de la section cadastrale où il s'inscrit. Il compte parfois des artisans et des commerçants. Par suite de l'exode rural, il peut évoluer vers la ferme unique par remembrement.
Etym. Du germanique haim, *que l'on retrouve dans l'allemand* heim, *ferme.*

HAMLET n.m.
(Angleterre). Groupe de fermes.
Syn. *(France)* Hameau, *(Allemagne)* weiler.

HAMPE n.f.
En. **scape, stem**
De. **Stiel, Schaft**
It. **stelo**
Tige d'une plante, sans tenir compte des feuilles et des fleurs.
Ex. La hampe *d'un pied de maïs.*
Etym. Du latin hasta, *lance, et du francique* hant, *main.*

HAMSTER n.m.
En. **hamster**
De. **Hamster**
Es. **hámster**
It. **criceto**
(Allemagne). Mammifère de l'ordre des Rongeurs, de 20 à 30 cm de long, à fourrure grise et noire, gros consommateur de céréales qu'il accumule dans son terrier.
Il cause de graves dégâts dans les champs de l'Europe centrale et orientale.

HANE n.f.
(Provence). Petite claie en branches de bruyère pour permettre aux vers à soie d'y fixer leurs cocons.

HANGAR n.m.
En. **shed**
De. **Schuppen, Scheune**
Es. **cobertizo, almacén**
It. **tettoia, capannone**
Bâtiment de ferme composé d'une toiture sur piliers, ouvert sur un, ou plusieurs côtés, pour abriter récoltes et matériel agricole.

HANNETON n.m.
En. **cockchafer**
De. **Maikäfer**
Es. **abejorro**
It. **maggiolino**
Insecte coléoptère de 1 à 2 cm de long *(Melolontha melolontha)*, qui se nourrit de feuilles et cause beaucoup de dégâts aux arbres.
Ses larves, appelées vers blancs, *dévorent les racines des plantes. On se débarrasse des insectes par le* hannetonnage *qui consiste à secouer les arbres pour les faire tomber et les écraser, et l'on combat les larves par des labours profonds et le concours des oiseaux derrière la charrue au moment des labours.*
Etym. Du francique *hano*, coq, une variété de hanneton à tête rouge.

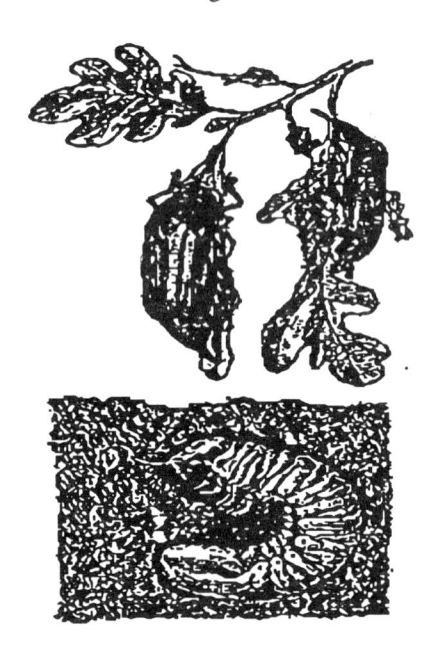

Hanneton et sa larve

HAPCHOT n.m.
V. Habchot.

HAPLOÏDE adj.
En. **haploid**
De. **haploid**
Es. **haploide**
It. **aploide**
Se dit d'une cellule sexuelle, ou gamète, qui n'a encore qu'une moitié des chromosomes qui constitueront la cellule complète après fécondation.
Etym. Du grec *haploos*, simple.

HAQUE n.f.
1. *(Lorraine)*. Sorte de houe pour *haquer*, c'est-à-dire pour pratiquer des labours légers en tirant l'instrument par le manche.
2. Bêche à deux pointes pour planter les pieds de vigne.

HAQUENÉE n.f.
En. **palfrey**
De. **Zelter**
Es. **hacanea**
It. **chinea**
Jument qui marche à l'amble, d'où la douceur de son pas.
C'était jadis la monture des dames.
Etym. De *Hackney*, village anglais dont les chevaux étaient réputés.

HAQUET n.m.
En. **handcart**
De. **Rollwagen, Kippwagen**
Es. **carromato**
It. **barroccio**
Chariot destiné aux transport des fûts.
Il est composé de deux longerons et d'un treuil à l'avant pour monter et descendre les tonneaux quand il est incliné vers l'arrière.

Haquet d'emballeur

HAQUETIER n.m.
It. **barrocciaio**
Conducteur d'un haquet.

HARAS n.m.
En. **stud**
De. **Gestüt**
Es. **acaballadero**
It. **stazione di monta equina**
Etablissement où l'on élève des étalons pour la reproduction et l'amélioration de la race chevaline, et parfois de la race ovine.
Fondés sous le règne de Louis XIV, ils comprennent des haras privés pour les chevaux de course, et des haras d'Etat pour toutes les races de chevaux. Ces haras d'Etat, au nombre de deux douzaines, sont administrés par un conseil supérieur, un directeur général, des inspecteurs généraux, des directeurs de dépôt, etc. sortis de l'Ecole Nationale des Haras, située aux haras du Pin, dans l'Orne. Le même terme s'applique également à l'établissement, au troupeau des étalons et des juments et à l'administration du Service des Haras *qui gère le tout sous la direction du Ministère de l'Agriculture. Divisé en 23 circonscriptions ce service sélectionne les races, assure la tutelle des courses et du pari mutuel et favorise les loisirs de l'équitation.*
Etym. De l'arabe *haris*, gardien d'écurie.

HARCOTTE n.f.
(Jura). Rateau en fer pour briser les mottes et affiner la surface d'un champ après un labour.
Le même instrument sert aussi à râteler l'herbe.

HARCOTTER v.intr.
Briser les mottes et affiner la surface d'un champ après un labour à l'aide d'une harcotte.

HARDE n.f.
1. *(Lorraine)*. Troupeau de moutons ou d'autres animaux domestiques.
2. Groupement de cervidés ou de caprins sauvages conduit par un ou plusieurs mâles.

HARDE adj.
Qualifie un oeuf dont la coque inachevée est remplacée par une membrane.

HARDIER n.m.
(Lorraine). Berger chargé de garder un troupeau, une *harde*, d'animaux domestiques.

HARDINE n.f.
Jardin.
Syn. Hortillonnage.

HARICANDIER n.m.
V. Haricotier.

HARICOT n.m.
En. **bean**
De. **Bohne**
Es. **judía, habichuela**
It. **fagiolo**
Plante de la famille des Légumineuses *(Phaseolus vulgaris)*.
Cultivée en Amérique avant l'arrivée des Espagnols, elle aurait été introduite en Europe au XVIème siècle. On distingue le haricot de Lima *à grosses graines, qui dure plusieurs années, et le* haricot commun *qui est annuel. Ce dernier comprend deux groupes : les variétés à ramer et les variétés naines, parmis lesquelles les plus cultivées sont le* haricot de Soissons *à gros grains blancs, le* haricot dolique *à grains tachetés de noir, c'est la* mongette *de Saintonge ; le* haricot nain d'Amérique *à grains petits, blancs et allongés. Les gousses du* haricot vert *et du* haricot beurre *sont consommables avant maturité.*
Etym. De l'italien *araco*, nom d'une variété de gesse, ou de *ayocotl*, nom mexicain d'une espèce de haricot cultivé dans les régions tropicales.

HARICOTER v.intr.
(Normandie). Labourer avec de médiocres chevaux, des *haridelles*, utilisés par un *haricotier*, qui n'a que de faibles moyens de travail.

HARICOTIER n.m.
Paysan qui se classe entre le laboureur et le manouvrier.
Il possède quelques petites parcelles et en af-

ferme d'autres. Il élève un petit troupeau de trois ou quatre bovins, d'une dizaine de moutons, des volailles, ainsi qu'un âne, ou un mulet. Il possède en propre sa maison et ses dépendances et, ainsi, il vit petitement avec sa famille (Beauvaisis).
Syn. *Haricandier.*

HARIDELLE n.f.
En. **jade, nag**
De. **Schindmähre, Klepper**
Es. **matalón, penco**
It. **ronzino, rozza**
Cheval maigre et efflanqué, ayant peine à traîner un fardeau.
Etym. Du norrois *har*, cheval, ou troupeau.

HARIDONS n.m.p.
(Normandie). Tiges de lin et de chanvre dépouillées de leur écorce.

HARIVELLIERS n.m.p.
(Normandie du XIXème siècle).
Maquignons qui achetaient et revendaient des chevaux tarés, des *haridelles*, du radical norrois *har*, cheval.

HARNACHEMENT n.m.
En. **harness (1), harnessing (2)**
De. **Anschirren (2)**
Es. **arneses, arreos (1)**
It. **bardatura**
1. Ensemble des pièces qui constituent le harnais d'un cheval et qui permettent de l'attacher au véhicule qu'il doit tirer.
2. Action de placer le harnais sur le dos du cheval.

HARNACHER v.tr.
En. **to harness**
De. **anschirren**
Es. **aparejar, arrear**
It. **bardare**
Mettre le harnais à une bête de somme, ou de trait.

HARNAIS n.m.
En. **harness**
De. **Geschirr, Sattelzeug**
Es. **arreos, arneses**
It. **bardatura**
Ensemble des sangles de cuir que l'on met sur les chevaux, les ânes et les mulets pour leur permettre de tirer une charrue, ou une voiture, ou de transporter un fardeau.
On distingue le harnais de boeuf *pour le labour, le* harnais de bât *pour le transport des marchandises, et le* harnais agricole *réduit à quelques courroies pour les labours légers.*
Syn. *Harnachement.*
Etym. Du radical norrois *har*, cheval, qui a donné en scandinave *harnest*, matériel pour l'armée, et que l'on retrouve dans *haras*.

HARPIN n.m.
(Languedoc). Maladie du charbon qui se développe sur les pattes des bêtes à cornes.

HARPION n.m.
Maladie du ver à soie, après sa seconde mue. *C'est une variété de* flacherie. *Le ver qui en est atteint est dit également* harpion.
Syn. *Gattine.*

HARQUE n.m.
(Vosges). Grand râteau pour la fenaison.

HART n.m.
En. **binder**
De. **Weidenband**
Es. **cuerda de mimbre**
It. **ritorta**
(Germanie). Liens en tiges d'osier, ou de châtaignier, pour attacher des fagots de branches, des paquets d'écorce, des balles de tabac.

HASE n.f.
En. **doe**
De. **Häsin**
Es. **liebre hembra**
It. **femmina della lepre/ del coniglio**
(Allemagne). Femelle du lapin de garenne, ou du lièvre.
Etym. De l'allemand *Hase*, lièvre.

HASTE n.f.
(Vosges). Largeur de labour couverte par les grains que lance le semeur.
Elle a servi à définir une mesure agraire contenue huit fois dans un journal, surface qui correspondait donc à huit allées et venues d'un semeur ; mais sa longueur restait indéterminée.

HATE n.f.
1. *(Bourgogne).* Espace compris entre deux billons, petit fossé qui favorise l'écoulement des eaux.
2. *(Champagne).* Petit champ, ou parcelle de vigne très étroite et longue.

HÂTER v.tr.
En. **to force**
De. **treiben**
Es. **forzar**
It. **forzare**
Faire violence à la nature. Avancer la floraison d'une plante, ou la mâturité d'un fruit par des moyens artificiels.
Etym. Du francique *haifst*, violence.

HÂTIF adj.
En. **early (1)**
De. **frühreif, frühzeitig (1)**
Es. **temprano (1)**
It. **primaticcio, precoce (1)**
1. Qualifie une plante, une fleur, un fruit qui sont en avance sur le temps normal de leur développement.
2. Qualifie une terre fertile, légère, absorbant vite la chaleur solaire et favorisant ainsi la croissance des plantes cultivées.

HÂTIVEAU n.m.
En. **early vegetable, early fruit**
De. **Frühobst**
It. **primizia**
Fruit ou légume précoce.
Se dit surtout des petits pois, des poires et des pêches.
Etym. Dérivé de *hâtif*.

HATTES n.f.p.
(Guadeloupe). Terrains incultes.

HAUBAN n.m.
Redevance perçue en vin par les échansons au temps des Mérovingiens.

HAUFENDORF n.m.
(Allemagne). Village aggloméré, avec des bâtiments disposés sans ordre, irrégulièrement.

HAUSSE-PIED l.m.
It. **staffale**
Tige de fer fixée perpendiculairement au manche d'une bêche et qui permet, avec le pied, une pénétration plus profonde de l'outil dans le sol.

HAUSSE DE RUCHE l.f.
En. **beehive**
Es. **alza de colmena, almacén**
It. **melario**
Caisse en bois superposée à une ruche pour que les abeilles y déposent un surplus de miel.

HAUSSES n.f.p.
Buttes artificielles dans le Marais Poitevin, sur lesquelles sont construits les bâtiments des fermes, à l'abri des inondations.

HAUSSIÈRES n.f.p.
Es. **adrales**
Ridelles des charrettes.
Etym. Dérivé de *hausser*.

HAUTAINS n.m.p.
Vignes à longues tiges, attachées à un arbre fruitier, ou à un échalas de 2 m de haut.
Le même terme désigne l'arbre, ou l'échalas, qui soutient le pied de vigne. Ce mode de culture éloigne les bourgeons du sol, les protégeant des gelées printanières, et favorise l'abondance des raisins ; mais si la production de vin est accrue, la qualité est souvent médiocre. Connus dès l'Antiquité, les vignobles en hautains subsistent encore en Italie, au Portugal, en Grésivaudan, en Ariège.
Syn. *Hautin.*
Etym. Dérivé de *haut*.

HAUTE-BONTE l.f.
Variété de pomme qui mûrit tardivement.

HAUTE TERRE l.f.
Parcelle de terrain située hors des inondations dans les vallées tourbeuses du nord de la France.
On peut s'y livrer à des cultures maraîchères, même en hiver.

HAUTE TIGE l.f.
Taille d'un arbre fruitier auquel on laisse une tige sans branche d'au moins deux mètres, afin d'éloigner du sol ses fleurs et ses fruits pour les protéger des gelées printanières.

HAUTEUR DE COUPE l.f.
En. **cutting height**
De. **Schneidehöhe**
Es. **altura de corta**
It. **altezza di taglio**
Espace séparant du sol la barre de coupe d'une faucheuse, ou d'une moissonneuse.

HAUTEUR D'HOMME l.f.
En. **breast height**
De. **Mannshöhe**
It. **altezza d'uomo**
Mesure conventionnelle et verticale de 1,30 m environ, prise à partir du pied d'un arbre et au niveau de laquelle on calcule le diamètre, ou la circonférence du tronc à abattre.

HAUTINÉE n.f.
Parcelle de bois entretenue pour donner des hautains.

HAUTURE n.f.
1. *(Vallée de la Garonne)*. Terrasse fluviale soustraite aux inondations.
2. Terrain situé au-dessus d'un canal d'irrigation et voué à la culture sèche.

HAVAGE n.m.
Redevance qui consistait à prélever, dans un sac de blé apporté par les paysans pour la vente, autant de grains que pouvaient en contenir les deux mains réunies.
Cette quantité de grains était appelée une havée, et avait pour objet l'entretien et la police des marchés de céréales. Ce prélèvement, parfois remplacé par un versement en espèces, était encore en vigueur dans la France du Nord en 1790, date à laquelle il fut supprimé.

HAVANE n.m.
En. **Havana** (2)
De. **Havannazigarre** (2)
Es. **habano** (2)
It. **avana** (1), (2)
1. Tabac très parfumé, originaire de Cuba.
2. Cigare fabriqué avec les feuilles sèches de ce tabac.
3. Lapin à robe couleur de ce tabac, lorsqu'il est sec.

HAVANE adj.
En. **Havana**
De. **Havanna-**
Es. **habano**
It. **avana**
Qualifie la couleur d'un tabac sec, originaire de La Havane.

HAVERON n.m.
Variété d'avoine sauvage qui pousse au milieu des blés.

HAVET n.m.
Fourche, ou pelle, pour recueillir la tangue destinée à amender les terres *(fig. 103)*.
Etym. De l'ancien français haf, *soulever.*

(Fig. 103). Havet

HAYE n.f.
Es. **lanza** (1)
1. Flèche de la charrue *(fig. 37)*.
Syn. Age.
2. Futaie protégée, appartenant au domaine réservé du seigneur.
Les tenanciers y disposaient en commun de certains droits : glandage, bois mort, coupes par affouagement.

HAYER v.tr.
(France de l'Ouest). Planter des haies, les tailler et les entretenir à l'aide d'une petite bêche, la *hayette*.
Le travail était effectué par un hayeur qui binait et supprimait les plantes inutiles.
Etym. Du germanique hagia, *haie.*

HAYETTE n.f.
Petite bêche dont on se sert, dans les bocages de l'Ouest de la France, pour nettoyer les haies.

HAYLAGE n.m.
Ensilage d'un fourrage à haute teneur en matière sèche, longuement préfané, conservé en silo hermétique et faiblement acidifié.

HAYON n.m.
1. Chassis en bois pour fermer l'avant et l'arrière d'une charrette *(Fig. 115)*.
2. *(France de l'Ouest)*. Chassis en bois, garni de paille, ou de roseaux, que les bergers et les ouvriers agricoles dressaient face au vent pour se mettre à l'abri.

(Fig. 115). Hayon

HAYRAUT n.m.
1. *(Saintonge)*. Verger.
2. *(Périgord)*. Espace vide, ou planté d'arbres, et destiné à faciliter les déplacements des troupeaux et à donner de l'air aux bâtiments d'une ferme.
De là son nom qui s'écrit aussi ayrial, *endroit aéré.*

HEAD-DYKE n.m.
(Angleterre). Mur de pierres sèches qui, en Ecosse, sépare les terres cultivées de la lande, ou *moor*.

HEAUMIER n.m.
Es. **guindo**
Variété de cerisier.
Syn. Guignier.

HÉBERGEAGE n.m.
1. Action d'héberger un troupeau, ou un cortège seigneurial.
2. *(Bresse)*. Bâtiment réservé au bétail dans une ferme.
Etym. Du germanique hari, *troupe armée, et* bergan, *protéger.*

HÉBERGEMENT n.m.
En. **dwelling** (2)
De. **Beherbergung** (2)
Es. **albergue** (2)
It. **alloggio** (2)
1. *(Centre Ouest)*. Au Moyen Age, ferme ou hameau, confié par le seigneur à des colons, avec des terres, des prés et des bois pour former une exploitation agricole.
2. *(Bas Maine)*. Maison d'habitation d'une exploitation agricole, avec un *courtil*, ou jardin.

HEC n.m.
1. Planche placée entre la vendange et le plateau du pressoir.
2. Partie inférieure d'une porte qui peut rester fermée, tandis que la partie supérieure est ouverte *(Fig. 104)*.
L'air et la lumière pénètrent dans la pièce, mais non les volailles.

(Fig. 104). Hec

HÈCHES n.f.p.
(Normandie). Chassis en bois qui garnissent les deux côtés d'une charrette.
Syn. Ridelles.

HECTARE n.m.
En. hectare
De. Hektar
Es. hectárea
It. ettaro

Mesure agraire de surface, égale à un carré de 100 m de côté et contenant, par conséquent, 10 000 m² ou *centiares,* et 100 *ares,* ou un hectomètre carré.
Etym. Du grec *hékaton,* cent et du latin *area,* surface.

HECTARER v.tr.
Mesurer une terre en hectares.

HECTOLITRE n.m.
En. hectolitre
De. Hektoliter
Es. hectolitro
It. ettolitro

Mesure de capacité de 100 litres pour les liquides, ou pour les grains.
Etym. Du grec *hekaton,* cent.

HÉDIN n.m.
(Bas Maine). Ajonc, qui contribue à former les haies.

HÉDINGE n.m.
Drageon qui pousse sur les racines des pois quand ils sont cultivés en pleine terre.

HÉDIS n.m.
(Lorraine). Berger communal.

HÉLIANTHE n.f.
En. helianthus
De. Sonnenblume
Es. girasol
It. elianto

Plante herbacée, à fleurs jaunes, dont les espèces les plus connues sont le topinambour et le tournesol.
Etym. Du grec *helios,* soleil et *anthos,* fleur.

HÉLICICULTURE n.f.
En. snailery
De. Schneckenzucht
Es. cría de caracoles
It. elicicoltura, allevamento di chiocciole

Elevage d'escargots par un héliciculteur.
Etym. Du grec *hélikos,* hélice, escargot, et du latin *colere,* cultiver.

HÉLICIDE n.m. et adj.
En. helicide
De. Schneckengift
Es. helicida
It. elicida

Préparation chimique pour tuer les escargots sauvages qui dévorent les feuilles de légumes.
Etym. Du latin *helix,* escargot et *caedere,* tuer.

HÉLICULTEUR n.m.
Es. helicicultor
Eleveur d'escargots.
Syn. Héliciculteur.
Etym. Du latin *helix,* escargot et *coltore,* cultiver.

HÉLIOGRAPHE n.m.
En. heliograph
De. Heliograph
Es. heliógrafo
It. eliografo

Appareil permettant de mesurer l'intensité et la durée d'insolation en un lieu et en un jour déterminés.
Etym. Du grec *helios,* soleil, et *graphein,* écrire.

HÉLIOPHILE adj.
En. heliophilous
De. heliophil
Es. heliófila
It. eliofilo

Qualifie une plante qui ne se développe bien qu'en pleine lumière.
Etym. Du grec *helios,* soleil et *philos,* ami.

HÉLIOTROPE adj.
En. heliotrope
De. heliotrop
Es. heliotropio, heliotrópico
It. eliotropico

Qualifie une plante qui oriente ses fleurs vers le soleil tant qu'il est au dessus de l'horizon, tel le tournesol.

HÉLIOTROPE n.m.
En. heliotrope
De. Heliotrop
Es. heliotropo
It. eliotropio

Plante de la famille des Borraginacées, cultivée pour ses fleurs blanches ou bleues, à parfum de vanille très marqué vers le soir, après une journée de soleil.

HÉLIOTROPISME n.m.
En. heliotropism
De. Phototropismus
Es. heliotropismo
It. eliotropismo

Orientation des feuilles et des fleurs d'un végétal vers le soleil et, par extension, vers la lumière.
Elle est due à l'inégal développement des génératrices des tiges d'une plante par inégale répartition des auxines, ou hormones végétales, sous l'influence de la lumière solaire.
Etym. Du grec *helios,* soleil et *tropos,* tour.

HELMINTHE n.m.
En. helminthes
De. Eingeweidewurm, Helminth
Es. helminto
It. elminti

Ver parasite de l'homme et de l'animal.
Absorbés avec les aliments, ils vivent dans les organes digestifs, dans les muscles et jusque dans le cerveau, causant de graves désordres ; les principaux sont le ténia, la douve, la trichine, les oxyures, les ascarides. On les combat avec des substances à base de semen-contra.
Etym. Du grec *helminthos,* intestinal.

HELMINTHIASE n.f.
En. helminthiasis
De. Helminthiase, Wurmkrankheit
Es. helmantiasis
It. elmintiasi

Maladie causée par des vers qui appartiennent à la classe des *plathelminthes* (vers plats) et qui s'introduisent dans les canaux biliaires, provoquant la distomatose, la filariose, etc.

HEM n.m.
(Gascogne). Fumier.
Se prononce fem *en langue d'oc.*

HÉMINAGE n.m.
Redevance en grains perçue, jadis, sur chaque *hémine* vendue.
L'hémine servait à mesurer les grains et, dans le Midi, elle contenait environ un demi-hectolitre ; cette contenance permettait d'ensemencer une superficie d'une héminée, soit environ huit ares (Provence).
Etym. Du grec *hemi,* demi.

HÉNEQUEN n.m.
En. sisal
De. Sisalagave, Henequen
Es. henequén
It. henequén

Variété d'aloès (*Agave rigida*), appelée également *sisal.*
Cultivée au Mexique par les Précolombiens qui lui donnèrent son nom, elle fournit des fibres textiles grossières pour la fabrication des cordes, des câbles, des sacs.

HENNÉ n.m.
En. henna plant
De. Hennastrauch
Es. alheña
It. henné

Arbre de la famille des Lythracées (*Lawsonnia alba*), originaire de Perse et cultivé dès la plus haute Antiquité pour ses feuilles dont le suc sert à teindre les ongles et les cheveux des femmes et des enfants.
Etym. De l'arabe *hinna,* qui a donné *alchanna,* puis *arcanne* et *orcanette,* plante tinctoriale.

HENNISSEMENT n.m.
En. whinny, neigh
De. Wiehern
Es. relincho
It. nitrito

Cri du cheval.
Etym. Du latin *hinnire.*

HEQUETS n.m.p.
(Normandie). Chassis à claire-voie, placés sur les côtés d'une charrette.
Syn. Ridelles.

HERBACÉE adj.
En. herbaceous
De. krautartig, grasartig
Es. herbácea
It. erbacea

Qualifie une plante qui n'a pas de tissu ligneux, et qui meurt après la fructification.

HERBAGE n.m.
En. grassland
De. Futtergras, Weideplatz
Es. pastizal, herbazal
It. pascolo
Prairie à l'herbe abondante, réservée au pâturage et non à la fauchaison.
Elle se distingue du pâturage de montagne par son altitude plus basse, par les herbes qui la composent, et où dominent les graminées et les légumineuses de qualité, par l'entretien et les apports d'eau et de fumure. Aussi permet-elle d'engraisser les bovins, telles les embouches du Nivernais. Les pâturages sont fréquemment plantés de pommiers en Normandie et en Bretagne, mais s'ils n'en comportent pas, ce sont des herbages clairs. Un pays riche en herbages est dit herbageux. Jadis, le terme d'herbage désignait le droit seigneurial de prélever un mouton sur dix ou douze, et, par extension, c'était également la redevance d'un domaine tenu en censive.

HERBAGEMENT n.m.
Es. herbajeo
Action de mettre le bétail à l'herbage.

HERBAGER n.m.
En. grassland farmer (1)
De. Viehmäster (1)
Es. herbajero (1)
It. chi ingrassa il bestiame (1)
1. Possesseur d'herbage.
2. Personne chargée de mettre les troupeaux à l'herbage.

HERBAGER adj.
Qualifie les plantes qui servent à nourrir les animaux domestiques.

HERBAGER v.tr.
Es. herbajar
Mettre à l'herbage.

HERBASSIER n.m.
(Languedoc). Propriétaire, ou berger, d'un troupeau de moutons, qui loue des prairies pour la pâture, sans récolter le foin.

HERBATICUM n.m.
A l'époque carolingienne, droit de vaine pâture, ou bien redevance exigée pour faire paître du bétail sur les pâturages d'une communauté, ou d'une seigneurie *(G. Lapointe).*
Etym. Mot latin.

HERBE n.f.
En. grass
De. Gras, Kraut
Es. hierba, yerba
It. erba
Plante à tige verte et molle, se reproduisant chaque année soit par ses graines, soit par ses talles, ou par ses rhizomes.
Au sens général, l'herbe est formée de toutes les plantes des prés qui servent à nourrir le bétail. Les mauvaises herbes gênent la pousse des récoltes ; on les détruit par les labours répétés et par des herbicides. Les herbes potagères désignent les légumes cultivés dans les jardins potagers. Les fines herbes (persil, estragon, etc.) sont utilisées pour assaisonner les aliments. L'expression "en herbe" se dit des céréales encore vertes, quand l'épi n'est pas formé. Les herbes médicinales sont utilisées en pharmacie pour guérir les malades.
Etym. Du latin *herba.*

HERBE À LA REINE l.f.
Ancien nom du tabac, par allusion à la reine Catherine de Médicis qui, la première, usa du tabac à priser pour atténuer ses crises d'asthme.

HERBELINE n.f.
Brebis qui a beaucoup maigri durant l'hiver, et que l'on *met au vert* dès le printemps venu.

HERBEMONT n.m.
Cépage à raisins noirs, d'origine américaine.
Sa culture est interdite en France, sauf comme porte-greffe.

HERBE MORTE l.f.
(Béarn). Herbe qui croît pendant l'hiver.
C'était aussi l'arrière-herbe, celle qui pousse sur les jachères. Dans les baux à cens, les seigneurs se la réservaient, mais les coutumes ne les y autorisaient pas. Elle était parfois attribuée à certains membres éminents d'une communauté ; ou bien elle servait à alimenter une catégorie de bétail (J. Caput).

HERBERIE n.f.
En. grass market (1)
De. Krautmarkt (1)
It. mercato delle erbe (1)
1. Marché aux herbes.
2. Endroit où l'on conserve les herbes.

HERBEUX adj.
En. grassy
De. grasreich
Es. herboso
It. erboso
1. Qualifie un pré où abondent les bonnes herbes.
2. Qualifie un pays riche en prairies.

HERBICIDE n.m.
En. herbicide
De. Unkrautvertilgungsmittel, Herbizid
Es. herbicida
It. erbicida
Produit chimique détruisant les mauvaises herbes.
Il est sélectif s'il n'atteint pas la plante cultivée dans la parcelle où il est employé ; il est total si, pour un temps plus ou moins long, il détruit toute végétation.
Etym. De *herbe* et de *caedere,* tuer.

HERBIER n.m.
En. herbarium
De. Heuschuppen, Grasschuppen
Es. herbario
It. erbario
Endroit où l'on conserve l'herbe fraîche destinée à la nourriture du bétail.
Syn. Silo.

HERBIER n.m.
En. rumen, paunch
De. Pansen
Es. panza, herbero
It. rumine, pancione
Première poche de l'estomac des ruminants, où s'accumule l'herbe avant la rumination.
Syn. Panse.

HERBIER n.m.
Es. herbario
Ensemble de planches où l'on conserve, desséchées, les plantes étudiées.

HERBIÈRE n.f.
En. herb woman
De. Kräuterfrau
It. raccoglitrice di erbe
Femme qui va cueillir de l'herbe dans les champs.

HERBIVORE n.m.
En. herbivorous
De. Kräuterfresser, Pflanzenfresser
Es. herbívoro
It. erbivoro
Animal qui se nourrit d'herbes et de grains.

HERBORISATEUR n.m.
En. herborizator
De. Pflanzensammler, Botanisierer
Es. herborizador
It. erborizzatore
Personne qui recueille des plantes pour les étudier.

HERBORISER v.intr.
En. to herborize
De. Pflanzen sammeln
Es. herborizar
It. erborizzare
Cueillir des plantes, pour les étudier et les conserver dans un herbier.

HERBORISTE n.m.
En. herbalist
De. Kräuterhändler
Es. herbolario, herborista
It. erborista
Personne pratiquant le commerce des plantes médicinales.
Elle devait posséder jadis un diplôme des facultés de pharmacie pour pouvoir vendre des plantes vertes ou sèches. Ce diplôme a été supprimé en 1941. Seuls les pharmaciens conservent le droit de vendre ces plantes, sauf la camomille, le tilleul, la menthe, la verveine et l'oranger qui ne sont soumis à aucune réglementation.

HERBORISTERIE n.f.
En. **herbalist's shop** (2)
De. **Kräuterhandlung** (2)
Es. **herbolario, herboristería** (2)
It. **erboristeria**
1. Partie des préparations pharmaceutiques relative à la fabrication des remèdes à base de plantes médicinales.
2. Local où un *herboriste* vend des plantes médicinales.

HERBOULER v.tr.
Enlever les mauvaises herbes des céréales.
Autrefois, l'opération s'effectuait à la main. Actuellement, on a recours à des produits chimiques, à des herbicides qui détruisent les plantes nuisibles, sans nuire aux plantes cultivées.
Etym. Du poitevin qui se prononce aussi "harbouler".

HERBUE n.f.
It. **terriccio magro** (1), (2)
1. Fragment du sol d'une prairie détaché pour amender une vigne pauvre en humus.
2. Terre légère, peu profonde, où seule l'herbe donne des rendements satisfaisants.
En Bresse, une herbue froide *est argileuse et exige des amendements.*
3. Prairie qui s'est formée spontanément sur les apports fluviaux, ou marins, le long du littoral, de la Vendée à la Normandie.
Syn. Arbue.

HERD-BOOK l.m.
En. **herd book**
De. **Herdbuch**
Es. **registro pecuario**
It. **libro genealogico dei bovini**
Livre généalogique des races bovines sélectionnées.
Etym. De l'anglais *herd*, troupeau et *book*, livre.

HERDIER n.m.
(Lorraine). Berger communal.
Il apparaît au XIIème siècle, lorsque l'accroissement du bétail rendit nécessaire pour sa nourriture l'organisation du finage paroissial en trois soles, dont une en jachère pour la vaine pâture.
Etym. De l'allemand *Herde*, troupeau.

HÉREAU n.m.
V. Aireau.

HÉRÉDITÉ n.f.
En. **heredity**
De. **Erblichkeit**
Es. **herencia**
It. **ereditarietà**
Transmission et transformation du patrimoine contenu dans les gènes localisés sur les chromosomes des cellules.
Ce patrimoine, ainsi transféré d'un ascendant à un descendant par l'A.D.N., constitue l'hérédité.
V. A.D.N.
Etym. Du latin *heres*, héritier.

HEREFORD n.m.
Race bovine de l'ouest de l'Angleterre, à robe rouge foncé et à taches blanches.
Rustique et appréciée pour sa viande.

HÉRICART n.m.
Variété de fraisier à gros fruits, sélectionné au XVIIIème siècle par l'agronome Héricart de Thury.

HÉRISSON n.m.
En. **rototiller, rotary tiller** (1), **hedgehog** (3)
De. **Stachelwalze** (1)
Es. **erizo** (1)
It. **disintegratore** (1), **riccio** (3)
1. Instrument agricole comprenant un rouleau garni de disques hérissés de pointes pour briser les mottes d'un champ.
2. Bogue de châtaigne.
3. Mammifère de petite taille couvert de piquants, destructeur de petits rongeurs et d'insectes.
Etym. Du latin *héricius*, hérisson.

HÉRITAGE n.m.
En. **inheritance** (1)
De. **Erbschaft** (1)
Es. **herencia** (1)
It. **eredità** (1)
1. Ce dont on hérite.
2. Ferme avec parcelles (exploitation agricole).
3. Champs assolés depuis longtemps, auprès de champs récemment défrichés.
4. *(Beauvaisis).* Pâture enclose, plantée de pommiers.
Etym. Du latin *heres*, héritier.

HERM n.m.
1. Région incultivable à cause de la nature de son sol.
Terme réservé aux bois et aux buissons. Parfois nom de lieu (château de l'Herm en Périgord, Saint-Michel-en-l'Herm en Vendée).
2. *(Lavedan).* Prairie avec grange concédée, à fief et à cens, à une communauté par son propriétaire éminent.
Etym. Du grec *heremos*, inculte.

HERMAPHRODISME n.m.
En. **hermaphrodisme**
De. **Hermaphrodismus, Zwittrigkeit**
Es. **hermafroditismo**
It. **ermafroditismo**
1. En biologie animale, particularité des êtres qui sont mâles et femelles, et produisent à la fois (vers, mollusques), ou alternativement, des gamètes (ovules et spermatozoïdes).
2. En biologie végétale, caractère des plantes à fleurs portant à la fois des étamines à pollens et des pistils à ovules.
Syn. Hermaphroditisme.
Etym. Du grec *Hermaphroditos*, fils d'Hermès et d'Aphrodite.
La nymphe Salmacis, amoureuse du jeune dieu, demanda à Zeus de confondre leurs corps, ce qui lui fut accordé ; le nouveau dieu fut ainsi à la fois homme et femme.

HERMAPHRODITE adj.
En. **hermaphrodite**
De. **hermaphroditisch**
Es. **hermafrodita**
It. **ermafrodito**
Qualifie tout être vivant, à la fois mâle et femelle.

HERMAS n.m.
(Languedoc). Terres incultes.

HERMINETTE n.f.
En. **adze**
De. **Dachsbeil**
Es. **azuela**
It. **piccola ascia ricurva**
Variété de hache dont la lame recourbée est perpendiculaire à l'axe du manche.
Elle est utilisée par les tonneliers (fig. 105).
Etym. De *hermine*, animal au museau semblable à la partie tranchante de l'outil.

(Fig. 105). Herminette

HERMITAGE (L') n.m.
Vignoble réputé des Côtes du Rhône, produisant surtout des vins rouges.

HERPÈS n.m.
En. **herpes**
De. **Flechte**
Es. **herpes**
It. **erpete, herpes**
Maladie cutanée des animaux domestiques, causée par un champignon et susceptible de se transmettre à l'homme.
*La teigne est une variété d'herpès. A ne pas confondre avec l'*herpès viral, *propre à l'homme.*
Etym. Du grec *herpès*, dartre.

HERSAGE n.m.
En. **harrowing**
De. **Eggen**
Es. **rastrillaje, gradeo**
It. **erpicatura**
Façon culturale qui consiste à ameublir et à aplanir la surface d'un champ à l'aide d'une herse.
Ainsi on brise les mottes, on recouvre les graines et les engrais, et on arrache les mauvaises herbes, tout en favorisant le tallage du blé. L'instrument est traîné par des boeufs, ou par un tracteur.

HERSE n.f.
En. **harrow**
De. **Egge**
Es. **rastra, grada**
It. **erpice**
Instrument agricole composé d'un chassis muni de dents en bois, ou en fer, destiné à ameublir et à aplanir la surface d'un champ labouré (fig. 106).
Il existe de nombreuses variétés de herses selon que le chassis ou les dents sont rigides ou mobiles. Les émotteurs *sont des herses rotatives dont le bâti tourne autour d'un axe horizontal tandis qu'il avance, tiré par des attelages, naguère, par un tracteur, aujourd'hui. La* herse *canadienne est un scarificateur muni de lames souples effectuant un binage superficiel.*
Syn. (Belgique) Harse, (Jura) hirche, (Dauphiné) hearpe, (Ardennes) ipré.
Etym. Du latin *hirpese*.

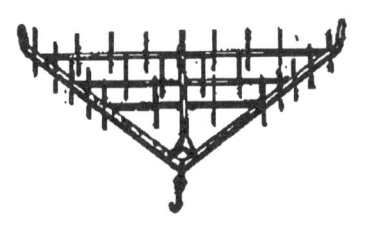

(Fig. 106). Herse

HÉRUPE n.f.
(Auvergne). Terroir qui n'est ni un bocage parfait, ni un openfield très ouvert.
C'est une transition entre les deux principaux types de paysages agraires (M. Derruau).

HÉTÉROGITONE adj.
Qualifie les parcelles contigües d'un même quartier quand elles ne sont pas consacrées à la même culture.
Etym. Du grec *heteros*, autre, et *zugotos*, union.

HÉTÉROSIS n.f.
En. **heterosis**
De. **Heterosis**
Es. **heterosis**
It. **eterosi**
Accroissement de la vigueur d'une espèce animale, ou végétale, obtenu par croisement, ou hybridation, de deux sujets de variétés différentes, mais plus faibles, moins résistants que leur hybride.
Ainsi la mule est plus robuste que la jument et le baudet qui lui ont donné naissance ; les maïs hybrides sont plus vigoureux que les maïs européens et les maïs américains qui ont servi au croisement.
Etym. Du grec *heteros*, autre.

HÉTÉROSOME n.m.
En. **heterosome**
De. **Heterosom**
Es. **heterosoma**
It. **eterosoma**
Caractère distinctif des chromosomes qui, dans le règne animal, détermine le sexe ; chez les mammifères et les poissons, ce sont les chromosomes semblables : XX pour les femelles et dissemblables XY pour les mâles ; chez lez oiseaux et les volailles, c'est le contraire : XX, ou ZZ pour les mâles, et XY, ou ZM pour les femelles (P. Habault).
Etym. Du grec *heteros*, autre, et *some*, chromosome.

HÉTÉROTROPHE adj.
En. **heterotrophic**
De. **heterotroph**
Es. **heterótrofo**
It. **eterotrofo**
Se dit d'un animal, ou d'un végétal, qui ne peut réaliser lui-même la synthèse du carbone et des minéraux de ses constituants.
Les plantes à chlorophylle y parviennent par la photosynthèse qui unit au carbonne de l'air les sels minéraux de la sève brute et les transforme en éléments assimilables par les êtres vivants : sucre, huile, carbonate de calcium, etc. ces plantes sont autotrophes, *associant élevage et culture indissolublement liés pour assurer la vie sur terre.*
Etym. Du grec *heteros*, autre, et *trophé*, nourriture.

HÉTOURDEAU n.m.
Jadis, cadet de la famille, et par extension, célibataire qui n'avait pas droit à l'héritage principal.
Par dérision, le terme s'est appliqué aux jeunes poulets prêts à être chaponnés, et il est devenu hestourdeau, étourdeau, étourdi.
Etym. De l'allemand *Hagustalt*, possesseur de haies.

HÊTRAIE n.f.
En. **beech grove, beech forest**
De. **Buchenwald, Buchenhain**
Es. **hayal, hayedo**
It. **faggeta**
Forêt de hêtres.
Fagus en latin, la hêtraie est appelée, en dialecte roman : faye, fay, fau et en gascon hage, hagide.

HÊTRE n.m.
En. **beech**
De. **Buche**
Es. **haya**
It. **faggio**
Très bel arbre à tronc droit, à écorce lisse et grise, à feuilles glabres et ovales, dentelées. (*Fagus sylvatica*).
Son bois, dur et peu souple, est utilisé dans le charronnage, la boissellerie et le meuble. Ses fruits, ou faines, *servent à divers usages : nourriture du bétail, huile, etc.*
Etym. Du francique *haistr* qui a désigné d'abord les jeunes tiges, le latin *fagus* s'appliquant aux grands arbres, les *fayes* ; puis, le mot hêtre a tout représenté.

HEUGA n.m.
Fougeraie utilisée en Béarn pour la litière, ou le pâturage.
Syn. Feuga.

HEUGUENON n.f.
(Normandie). Variété de poire pour fabriquer du poiré.

HEURT n.m.
Taillis couvert de buissons et de petits arbres, sur un talus situé à la limite inférieure d'une parcelle cultivée.
Syn. Rideau.

HÉVÉA n.m.
En. **hevea**
De. **Kautschukbaum**
Es. **hevea**
It. **hevea, albero del caucciù**
Arbre de la famille des Euphorbiacées, dont la sève, ou *latex*, sert à fabriquer le caoutchouc naturel.
Le plus connu est l'hevea brasiliensis, cultivé de l'Amazonie, dont il est originaire, à l'Indonésie en passant par l'Afrique équatoriale et le Sri-Lanka.
Etym. Du quétchua *hévée*.

HÉVÉACULTURE n.f.
Es. **heveacultura**
Culture de *l'hevea brasiliensis* afin d'en obtenir le latex qui sert à préparer le caoutchouc naturel.
Elle est pratiquée dans les pays tropicaux humides, semblables par leur climat à l'Amazonie d'où l'hévéa est originaire. Les plantations les plus vastes se trouvent dans l'Asie des Moussons. Cette culture s'effectue soit dans de grandes exploitations de 2 000 à 6 000 ha, tenues par de puissantes sociétés financières, soit dans de petits domaines tenus par des small holders. Seules, les premières disposent d'usines pour la coagulation. Le caoutchouc de cueillette du Brésil a disparu devant la concurrence du caoutchouc naturel de plantation ; celui-ci, à son tour, serait ruiné par le caoutchouc synthétique si une législation protectrice n'intervenait pas.

HIBERNACULER v.tr.
En. **to hibernate**
De. **Winterschlaf halten**
Es. **hibernacular**
It. **ibernare**
S'envelopper dans un cocon après l'avoir tissé pour y passer l'hiver en état de *diapause*, avant de passer à l'état de nymphe le printemps venu.
C'est le cas du carpocapse, insecte de la famille des Tortricidés, dont la chenille peut causer de grands ravages dans les fruits.

HIBERNATION n.f.
En. **wintering, hibernation**
De. **Winterschlaf**
Es. **hibernación**
It. **ibernazione, letargo invernale**
Ensemble des phénomènes qui se produisent chez les plantes pour passer la saison froide sans dommage.
la circulation de la sève est arrêtée, les arbres à feuilles caduques se dépouillent, et leurs bourgeons ne se conservent que sous forme de

graines, ou de spores. Certains animaux domestiques, comme les abeilles, n'ont plus qu'un rythme vital ralenti.
Etym. Du latin *hibernus*, hiver.

HIBERNER v.intr.
En. **to hibernate**
De. **Winterschlaf halten**
Es. **hibernar**
It. **ibernare**
1. Passer l'hiver à l'état de vie ralentie.
C'est le cas de la marmotte, des animaux à sang froid, des abeilles, etc.
2. Pour la plupart des insectes, c'est passer de l'état de larve, ou de chenille, à celui de nymphe ou de chrysalide, après avoir filé le cocon dans lequel ils s'enferment durant la saison froide.
Ils en sortent au printemps sous forme de papillon qui pondra des oeufs, d'où naîtront des chenilles, parfois utiles comme celles du ver à soie, parfois nuisibles comme celles du carpocapse, causant de graves dégâts dans les vergers.
A distinguer de hiverner.

HIBERNIE n.f.
It. **ibernia**
Chenille née d'un phalène d'hiver (*Hibernia defoliaria*).
Elle dévore les feuilles des arbres fruitiers.
Etym. Du latin *hibernus*, hivernal.

HIBOU n.m.
(Savoie). Cépage à raisins noirs, cultivé en hautains.

HIDAGE n.m.
Impôt foncier établi sur les terres divisées en *hides*, ou *charruées*, en Normandie, par Richard Coeur de Lion.
Syn. Charruage.

HIDE n.f.
(Angleterre). Maison rurale britannique avec son pourtour de cultures, de prés et de bois.
Syn. Meix, manse.

HIÈBLE n.m.
En. **dwarf elder**
De. **Zwergholunder**
Es. **yezgo**
It. **ebbio**
Plante herbacée annuelle, de la famille des Caprifoliacées (*Sambucus ebulus*).
Appelée petit sureau, à baies noires et à odeur amère, elle caractérise les terres franches ; ses fruits servaient jadis à colorer les vins, et les tissus.
Etym. Du latin *hebulus*.

HIÉMAL adj.
En. **hiemal**
De. **Winter-, winterlich**
Es. **hiemal**
It. **vernino, iemale**
Qualifie les plantes qui poussent, et que l'on récolte, en hiver.
Etym. Du latin *hiems*, hiver.

HILL FARMING n.m.
(Angleterre). Mise en valeur des collines et des montagnes anglaises par l'extension des pâturages et la pratique de l'élevage.
Politique agricole du gouvernement à la suite de la Seconde Guerre mondiale pour accroître les ressources alimentaires de la Grande Bretagne.

HIPPIQUE adj.
En. **equine**
De. **Pferde-**
Es. **hípico**
It. **ippico**
Qualifie tout ce qui concerne les chevaux.
Etym. Du grec *hippos*, cheval.

HIPPOLOGIE n.f.
En. **hippology**
De. **Pferdekunde**
Es. **hipología**
It. **ippologia**
Etude scientifique de tout ce qui concerne le cheval.
Etym. Du grec *hippos*, cheval et *logos*, science.

HIPPOTECHNIE n.f.
De. **Pferdezucht**
Es. **hipotecnia**
It. **ippotecnica**
Science de l'élevage et du dressage du cheval.
Etym. Du grec *hippos*, cheval et *technos*, science.

HIRCIN adj.
En. **hircine, goatish**
De. **bockartig**
Es. **hircino, cabruno**
It. **ircino**
Qualifie tout ce qui a trait aux boucs.
En particulier leur odeur hircine, âcre.
Etym. Du latin *hircus*, bouc.

HIRUDINICULTEUR n.m.
It. **irudinicultore**
Eleveur de sangsues.
Il pratique l'hirudiniculture.
Etym. Du latin *hirudo*, sangsue et *coltura*, culture, élevage.

HISTOGENÈSE n.f.
En. **histogenesis**
De. **Histogenese**
Es. **histogénesis**
It. **istogenesi**
Formation, développement et différenciation des tissus végétaux et animaux à partir des cellules homogènes de l'embryon.
Etym. Du grec *histo*, tissu, et *genesis*, naissance.

HISTOIRE RURALE l.f.
En. **agricultural history**
De. **Agrargeschichte**
Es. **historia agraria**
It. **storia agraria**
Description et explication des faits et des évènements relatifs à l'évolution de la vie à la campagne, et plus particulièrement de la vie agricole et de ses techniques, depuis ses origines, jusqu'à nos jours.
Née autour de quelques zones nucléaires, particulièrement favorables par le climat et par le sol, comme le Croissant Fertile du Proche Orient, ou l'Insulinde de l'Extrême Orient, l'agriculture apparut vers la fin du IXème millénaire. Au VIème millénaire, la culture et l'élevage étaient pratiqués de la Mésopotamie à l'Europe occidentale sous un ciel chaud et humide. Autour des villages en huttes de bois et de roseaux, les finages se répartissaient en meix, ager et saltus. Au cours du IIIème millénaire, l'outil en métal (bronze) remplaça l'outil de pierre ; on utilisait l'araire et l'on tissait la laine. La roue et le charriot déterminèrent le tracé des chemins. Avec les Celtes, c'est l'usage du fer (faux, charrue, fléau) et l'essor des céréales et des arbres fruitiers. Les Gaulois chaulaient, amendaient, assolaient leurs terres sous la direction des cavaliers, les maîtres de la terre. Sous les Gallo-Romains la villa fut la cellule de base de nos campagnes et le resta jusqu'aux Temps Modernes, sous le nom de paroisse, de seigneurie, de commune. Ses habitants passèrent du servage au fermage, du cens au métayage, jusqu'à la pleine propriété du sol lors de l'abolition des droits féodaux. Des périodes de progrès succédaient à des périodes de déclin ; l'essor du XIIIème siècle fut suivi des malheurs de la Guerre de Cent Ans ; florissante sous la Renaissance au début du XVIe siècle, la France souffrit des troubles des Guerres de Religions et plus tard de la Fronde. La révolution agraire du XIXe siècle, par suppression de la jachère, fut suivie de l'ère du machinisme et de la motorisation qui dominent de nos jours, de plus en plus placés sous le contrôle de l'informatique, de la robotique, de la génétique et de la virologie.

HISTOMONOSE n.f.
Es. **histomonosis**
Maladie des volailles causée par un parasite protozoaire flagellé (*Histomonas meleagridis*).
Chez le dindon, elle se manifeste par une inflammation du foie et par une coloration rougeâtre, puis noirâtre du cou, d'où ses deux noms vulgaires:crise de rouge, et black-head (tête noire).

HIVERNAGE n.m.
En. **wintering** (1), **rainy season** (9)
De. **Überwinterungs, Winterzeits** (1)
Es. **invernada** (1),
    estación de las lluvias (9)
It. **svernamento** (1)
1. Séjour des troupeaux transhumants dans les basses plaines durant l'hiver.
2. Stabulation des animaux domestiques durant la mauvaise saison.
3. Labour effectué avant l'hiver dans les vignes et les jachères.
4. Culture, dans un même champ, d'une céréale et d'une légumineuse qui seront

consommées en vert durant l'hiver.
Syn. (Nord de la France) Hivernache. (V. Dravée).
5. Séjour des abeilles dans les ruches durant le froid.
6. Opérations pratiquées pour protéger les ruches contre le froid.
7. Procédé pour retarder l'éclosion des vers à soie afin de disposer d'abondantes feuilles de mûrier.
Pour cela, on soumet les oeufs à une température assez basse de 5 à 6°C.
8. Ensemble des opérations destinées à retarder la croissance des végétaux.
9. Saison des pluies dans les régions tropicales.

HIVERNAL adj.
En. **wintry**
De. **winterlich**
Es. **invernal**
It. **invernale**
Qualifie les grains que l'on sème à la fin de l'automne, ou en hiver.

HIVERNATION n.f.
Es. **hibernación**
Période pendant laquelle les oeufs de vers à soie sont soumis au froid afin de retarder le développement des embryons.
Elle est de trois mois à la température de 5 à 6°C.

HIVERNE n.f.
1. Pâture où les troupeaux transhumants passent l'hiver.
2. Action de mener ces troupeaux dans les régions basses pour y passer la mauvaise saison.
3. Brebis que les bergers élèvent pour eux et qu'ils joignent au troupeau de leur patron.
(Contraire de l'estive).

HIVERNÉE n.m.
Séjour et nourriture des troupeaux transhumants dans la plaine durant l'hiver.

HIVERNÉE adj.f.
Qualifie une terre préparée par des labours d'automne pour passer l'hiver.

HIVERNER v.intr.
En. **to winter** (1)
De. **überwintern** (1)
Es. **invernar** (1)
It. **svernare** (1)
1. Passer l'hiver à l'abri.
2. Labourer un champ avant l'hiver pour favoriser l'aération de la terre durant la mauvaise saison.
3. Mettre les plantes fragiles en serre, ou dans une orangerie.

HIVERNOIS n.m.
Céréales d'hiver.

HOBEREAU n.m.
En. **squireen** (1)
De. **Hobereau** (2)
Es. **tagarote** (1)
It. **signorotto di campagna** (1)
1. *(France).* Petit gentilhomme campagnard.
2. *(Allemagne).* Grand propriétaire terrien.
Etym. Du germanique hobel, petit faucon.

HOBIN n.m.
(Ecosse). Race de chevaux d'origine écossaise.
Ils vont l'amble *naturellement.*

HOCHACKER n.m.
(Alsace). Groupe de sillons séparés par des fossés pour favoriser l'écoulement des eaux.
Syn. Ados.
Trad. Sillons surélevés.

HOCHAGE n.m.
(Normandie). Opération qui consiste à secouer les pommiers pour faire tomber les pommes.
C'est le travail du hocheur.

HOCHE n.f.
1. Labour pratiqué à la fin de l'automne pour nettoyer les champs des mauvaises herbes et aérer le sol.
2. Semis de graminées pour obtenir un pâturage d'hiver.

HOCHER v.tr.
Pratiquer le *hochage* sur un pommier.

HOCHET n.m.
Bêche à large fer pour sarcler et biner dans les terres légères.

HOFE n.f.
(Allemagne). Ferme isolée.
Syn. Hufe.

HOLÉE n.f.
(Champagne). Mesure agraire de surface mal définie.
D'après son étymologie, elle serait déterminée par la distance à laquelle peut porter l'appel d'un être humain.

HOLLANDAISE n.f.
En. **Dutch**
De. **Holländer**
Es. **holandesa**
It. **olandese**
Ancien nom d'une race bovine d'origine néerlandaise, plus connue actuellement sous le nom de *race frisonne pie noir*, à robe noire et à larges taches blanches.
Elle est réputée comme excellente laitière. Le même terme s'emploie comme adjectif pour désigner le cheval hollandais, *croisement d'étalon anglais et de jument frisonne, le* lapin hollandais *très productif, le* pigeon hollandais *facile à élever, la* pomme de terre hollandaise *de chair jaune et savoureuse.*

HOLLANDE n.f.
En. **Dutch cheese** (1)
De. **Holländer, Käse aus Holland**
Es. **queso de bola, queso de Holanda** (1), **patata holandesa** (2)
It. **formaggio olandese** (1)
1. Fromage à pâte dure et jaune, de forme ronde et à croûte rouge.
2. Pomme de terre assez grosse, à pulpe farineuse et jaunâtre.

HOLSTEIN n.m.
1. Race bovine importée du Danemark, croisée avec la race frisonne afin d'obtenir de meilleurs rendements en viande et en lait.
2. Race chevaline réputée pour sa belle conformation et pour son aptitude au labour et à la selle.
Etym. Du nom d'un ancien Etat de la Confédération germanique.

HOMÉOTHERME adj.
En. **homeotherm**
De. **homöotherm**
Es. **homeotermo**
It. **omeotermo**
Qualifie les oiseaux et les mammifères dont la température moyenne est stable, quelles que soient les variations de la température ambiante, sauf en cas de maladie fébrile.
Etym. Du grec homoios, semblable, et thermos, chaud.

HOMESTEAD n.m.
(Angleterre). Domaine de famille ne pouvant être cédé, ni saisi, ni partagé.
Ainsi se maintient un régime stable de la propriété du sol en Grande Bretagne.

HOMMAGE n.m.
En. **homage**
De. **Lehenspflicht, Huldigung**
Es. **feudo, homenaje**
It. **omaggio**
Acte par lequel le vassal, qui avait reçu un domaine en fief, se reconnaissait l'*homme* de son suzerain.
*Il lui devait l'aide aux quatre cas (croisade, rançon, mariage, adoubement du fils aîné). Il retirait ses revenus des terres et des villages qui lui étaient confiés ; il y assurait la police et y rendait la justice. Toutefois, on distinguait l'*hommage simple *de l'*hommage lige*: le premier n'imposait au vassal que des devoir limités par contrat ; le second, dérivé de l'allemand* ledig, pur, libre, *ne fixait aucune limite aux obligations du vassal envers son suzerain.*

HOMME n.m.
A l'époque féodale, individu lié à un supérieur, ou suzerain, par des devoirs d'aide et des redevances, mais qui recevait, en compensation, justice et protection.
C'était un état de dépendance et de sécurité.

HOMMÉE n.f.
En. **daywork**
De. **Tagewerk**
Es. **obrada**
It. **giornata lavorativa di un aratore** (1), **terreno lavorato in una giornata** (2)
1. Travail effectué en un jour par un ouvrier agricole.
2. Etendue de terre qu'un homme peut travailler en un jour.
Syn. Journal.

HOMOGITONE adj.
Qualifie les parcelles mitoyennes d'un quartier quand elles sont consacrées à la même culture.
Etym. Du grec *homoios*, semblable et du latin *facere*, faire, ou du grec *zugotos*, union.

HOMOLOGATION n.f.
En. **homologation**
De. **gerichtliche Bestätigung**
Es. **homologación**
It. **omologazione**
Acte administratif permettant la vente d'un produit après confirmation des qualités requises, et inscrites au catalogue officiel des plantes cultivées, ou des animaux élevés.
Etym. Du grec *homoios*, semblable, et *logos*, parole.

HONGRE n.m.
En. **gelding**
De. **Wallach**
Es. **caballo castrado**
It. **cavallo castrato, castrone**
Cheval châtré.
Dérivé de Hongrois, *le peuple hongrois ayant l'habitude de châtrer les chevaux. L'opération est effectuée par un* hongreur.

HONNEURS n.m.p.
Au XIème siècle, possessions et revenus d'un seigneur ou d'un abbé.
Il s'agissait de tenures, de droits d'albergue, de banalités, de péages, parfois de châteaux titrés, etc.

HORDON n.m.
(*Champagne*). Equipe de deux, ou trois ouvriers permanents, chargés d'entretenir les vignes.

HORIZON n.m.
En. **horizon**
De. **Horizont**
Es. **horizonte**
It. **orizzonte**
1. Couche géologique bien caractérisée par son épaisseur, ou puissance, par sa composition, son aspect, ses fossiles.
2. Couche pédologique issue d'une roche-mère sous l'influence du climat, de la végétation, du milieu animal, etc. ; en constante évolution on peut y distinguer en gros trois couches : la *couche C* en contact avec la couche-mère, la *couche B* ou d'accumulation, et la *couche A* en surface, humifère ou lessivée, la plus favorable à la culture.
Etym. Du grec, *horizein*, borner.

HORMONE n.f.
En. **hormone** (1)
De. **Hormon** (1)
Es. **hormona** (1)
It. **ormone** (1)
1. Substance sécrétée par les glandes endocrines d'un animal domestique et déversées dans le sang ; elle excite les fonctions spécifiques des divers organes.
2. Substance préparée en laboratoire, et injectée, ou ajoutée aux rations alimentaires du bétail pour accroître le poids, notamment celui des veaux, dits *veaux aux hormones*.
Pratique interdite.
3. Produit herbicide qui serait à base d'hormones végétales pour détruire sélectivement les plantes nuisibles.
Etym. Du grec *horman*, exciter.

HORMONE DE CROISSANCE l.f.
Es. **hormona del crecimiento**
Protéine produite par l'hypophyse qui joue un rôle essentiel dans la taille et dans les divers tissus de l'homme et de l'animal.
Si elle est insuffisante, elle entraîne le nanisme. Pour atténuer le mal, on l'extrayait jadis du cerveau des cadavres et on l'injectait à l'enfant mal développé. On l'obtient aujourd'hui par des cultures dans la bactérie Escherichia coli et en l'utilisant sous forme de médicament.

HORREOS n.m.p.
(*Asturies, Galice*). Petites constructions sur pilotis, avec quatre cloisons très ouvertes, et une toiture à quatre pans, pour mettre les céréales à l'abri des rats et de l'humidité.

HORRY n.m.
(*Ariège*). Bâtiment destiné à abriter les bergers et les troupeaux transhumants.

HORSAIN n.m.
(*Maine, Normandie*). Etranger qui vient s'établir temporairement au milieu des habitants du Bocage.
A l'origine, celui qui possédait à titre permanent une terre dans une paroisse qu'il n'habitait pas ; sur le rôle des tailles on le distinguait des taillables qui résidaient. Le même terme s'applique à un bétail acheté à l'extérieur de la région où il est élevé et commercialisé.
Etym. Du latin *fors, foris*, hors de.

HORS-LIGNE l.m.
Parcelle d'un champ séparée de la partie principale par une voie de communication, et qui n'est plus cultivée.

HORS-SOL l.m.
Expression qui s'applique à un procédé de culture ou d'élevage.
1. CULTURE HORS-SOL
Culture réalisée sur un support stérile, sable, argile, mais alimentée en liquides chargés de matières fertiles, le tout dans des containers en bois, en métal ou en plastique.

2. ELEVAGE HORS-SOL
Elevage nourri exclusivement avec des produits apportés de l'extérieur.

HORT n.m.
(*Gascogne*). Jardin enclos et situé près d'une ferme.
Etym. Du latin *hortus*, jardin.

HORTA n.f.
(*Catalogne*). Huerta.

HORTENSIA n.m.
En. **hydrangea**
De. **Hortensie**
Es. **hortensia**
It. **ortensia**
Plante de la famille des Saxifragacées (*Hydrangea saxifraga*).
Son nom latinisé lui fut donné par les botanistes au XVIIIème siècle, en l'honneur d'Hortense Lepaute (1723-1788) qui s'était rendue célèbre par ses travaux en astronomie et en horlogerie. Importée du Japon, cette plante est cultivée pour ses fleurs, aux corolles roses ou bleues, mais sans parfum.

HORTICOLE adj.
En. **horticultural**
De. **Gartenbau-**
Es. **hortícola**
It. **orticolo**
Qualifie tout ce qui a trait aux jardins : ouvriers, outils, cultures.

HORTICULTURE n.f.
En. **horticulture**
De. **Gartenbau**
Es. **horticultura**
It. **orticoltura**
Culture des fruits, des fleurs et des légumes.
Ces cultures, désignées couramment sous le nom de branches, *sont au nombre de quatre : maraîchère, florale, fruitière, pépinière. Elles sont pratiquées par des* horticulteurs *selon les influences du milieu physique, de la tradition, de la mécanisation, des transports, de la spéculation, de la science agronomique pour aboutir parfois à des cultures hors sol.*
On peut ainsi distinguer plusieurs formes d'horticulture, depuis le jardin qui fournit fleurs et légumes à la ménagère, en passant par les cultures maraîchères des banlieues et jusqu'aux productions massives des cultures légumières en plein champ.
Etym. Du latin *hortus*, jardin.

HORTILLE n.m.
Ancien nom de la parcelle de terre située à proximité de la maison et réservée aux cultures légumières et fruitières.
Elle était exempte des droits de terrage, d'agrier, et ses produits n'étaient pas soumis à la dîme.
Etym. Du latin *hortus*, jardin.

HORTILLON n.m.
Parcelle des marais de la Somme, autour d'Amiens, consacrée aux cultures maraîchères.
On y circule en bateau. Par extension, c'est le nom des jardins aménagés près des villes, dans les régions marécageuses (Bourges). A l'origine, c'était le nom des jardiniers qui entretenaient ces parcelles ; il y a eu transposition du terme et, actuellement, ces jardiniers sont appelés hortillonneurs.

HORTILLONNAGE n.m.
Procédés de culture pratiqués dans les *hortillons* de la Somme.

HORTOLAGE n.m.
En. **greens, vegetables** (1)
De. **Gemüse** (1)
Es. **hortaliza** (1)
It. **ortaggio** (1)
1. Produits des cultures maraîchères:laitue, petits pois, radis, etc.
2. Partie d'un jardin potager réservé aux légumes cultivés sur couche.

HORTOLANS n.m.p.
Propriétaires des jardins Saint-Jacques à Perpignan, durant le Moyen Age.
Ils en retiraient fruits et légumes et jouissaient du privilège d'être jugés par leurs délégués élus, les sobreposats *(P.Arqué).*
Etym. Du latin *hortus*, jardin.

HORTUS n.m.
Dans la nomenclature latine des paysages agraires, ensemble des parcelles d'un domaine consacrées à la culture des fruits, des légumes, et des fleurs, à proximité de la ferme.

HOSCHE n.m.
V. *Houche*.

HOSTAU n.m.
Résidence campagnarde des riches propriétaires fonciers.
*C'était, jadis, la maison où l'*hôte *hébergeait sa famille et ses visiteurs.*
Etym. De l'occitan *oustal*, maison.

HOSTEL n.m.
Bâtiment d'habitation d'une ferme, au Moyen Age.

HOSTELAGE n.m.
Redevance versée à un seigneur pour pouvoir résider sur ses terres.
Syn. *Hôtelage*.

HOSTICES n.f.p.
Tenures concédées par un seigneur à des étrangers, à des *hôtes*, afin de les remettre en valeur, surtout après la Guerre de Cent Ans *(R.Boutruche)*.

HOSTIERS n.m.p.
(Bourgogne). Porteurs de hottes pendant les vendanges.

HÔTE n.m.
En. **host plant, host insect**
De. **Parasit** (2), **Wirtstier, Wirtpflanze** (1)
Es. **huésped**
It. **ospite**
1. Plante ou animal qui héberge une autre plante.
2. Plante ou animal qui vit en parasite d'une autre plante ou d'un autre animal.

HÔTES n.m.p.
En. **dwellers**
Nouveaux habitants d'un domaine concédé par un seigneur pour être mis en valeur.
Ces hôtes, organisés en communauté, étaient attirés par les conditions libérales qui leur étaient offertes ; ils ne versaient que de faibles redevances et jouissaient de la liberté individuelle. Leur nombre s'accrut durant les périodes de défrichement, au XIème siècle par exemple. Ils s'établissaient en bordure des tenures déjà cultivées ; selon un plan établi, ils déboisaient une certaine étendue de forêt divisée en petites exploitations à peu près égales, c'étaient des hostices, *ou des* masures. *Peu à peu, elles se confondaient avec les anciennes censives de la seigneurie.*
Etym. Du latin *hostis*, étranger.

HÔTISE n.f.
Exploitation rurale confiée par un seigneur à un hôte contre un cens.
Elle comprenait des bâtiments d'exploitation et un certain nombre d'arpents de terre nécessaires à l'entretien d'une famille.
Syn. *Tenure, hostice*.

HOTTAGE n.m.
(Anjou). Ce que l'on transporte dans une hotte, notamment le fumier destiné aux vignes des coteaux.

HOTTE n.f.
En. **basket, dosser** (1)
De. **Kiepe, Rückenkorb** (1)
Es. **banasta, cuévano** (1)
It. **gerla** (1)
1. Récipient muni de bretelles que l'on met sur le dos pour porter les produits des champs, entre autres les raisins à l'époque des vendanges *(fig. 107)*.
2. *(Normandie)*. Petit tombereau pour transporter le fumier.
Syn. *Hottia*. Etym. Du francique *hotta*.

(Fig. 107). Hotte

HOTTÉE n.f.
En. **basketful**
Es. **contenido de un cuévano**
It. **contenuto di una gerla**
Quantité de produits contenus dans une hotte.

HOTTEREAU n.m.
Petite hotte.
Syn. *Hotteret*.

HOTTEUR n.m.
Transporteur de hotte.
Syn. *Hottier*.

HOUAGE n.m.
En. **hoeing**
De. **Hacken**
Es. **cava**
It. **zappatura**
Travail de la terre avec une houe.

HOUBLON n.m.
En. **hop**
De. **Hopfen**
Es. **lúpulo**
It. **luppolo**
Plante vivace grimpante, de la famille des Urticacées *(Humulus lupulus)*.
Signalée dès le temps de Pépin le Bref (768), elle pousse à l'état spontané de la France à la Sibérie. Elle est cultivée sur de hautes perches, dans les houblonnières. *Ses fleurs femelles, en forme de cônes, contiennent la* lupuline, *poudre granuleuse qui donne son goût amer à la bière grâce à l'opération du* houblonnage, *effectué par un* houblonneur.
Etym. Du francique *humilo*, qui a donné *homlon* en ancien français.

HOUCHE n.f.
V. *Ouche*.

HOUDAN (RACE DE) l.f.
(Seine-et-Oise). Race de poules, bonnes pondeuses, et au plumage blanc et noir, avec une houppe sur la tête.
Elle a été obtenue par sélection dans la région de Houdan.

HOUE n.f.
En. **hoe**
De. **Hacke, Haue**
Es. **azada**
It. **marra, zappa**
Instrument agricole pour ameublir le sol.
Les houes à main, à lame carrée ou triangulaire (fig. 108), sont appelées tranques *dans le Midi*, marres *dans le Bordelais*, feissons *en Bourgogne*, bêchards *en Provence*, trenchos *en Périgord*, hoyau *en Picardie, etc. Les jardiniers se servent de petites houes appelées* houettes, serfouettes, *ou* binettes. *La houe à deux pointes, pour défoncer le sol, se dit* bigot, *ou* bincu. *Les houes à cheval, ou à*

tracteur, appelées sarcleuses, *comportent un châssis avec de petits socs, deux mancherons à l'arrière et une tringle à l'avant pour atteler l'animal de trait.*
V. Bineuse, scarificateur, cultivateur.
Etym. Du francique *hauwa*.

(Fig. 108). Houe carrée

HOUE ROTATIVE l.f.
En. **rotary hoe**
De. **Rotationshacke**
Es. **cultivador rotativo, azada rotativa**
It. **zappa rotativa**
Machine agricole composée de petits socs fixés par des étançons souples sur des axes qui tournent, quand le tracteur avance.
Ainsi le sol est émietté et les mauvaises herbes sont arrachées.
Syn. Malaxeur.

HOUEMENT n.m.
Ameublissement du sol à la houe.

HOUER v.tr.
En. **to hoe**
De. **hacken**
Es. **azadonar, cavar**
It. **zappare**
Travailler avec une houe.
Pratiquer une houerie, ou un houage.

HOULETTE n.f.
En. **crock** (1)
De. **Hirtenstab, kleine Hacke** (1)
Es. **cayado** (1), **almocafre** (2)
It. **vincastro** (1), **vanghetto** (2)
1. Bâton de berger dont une extrémité, munie d'une petite pelle, permettait d'arracher un peu de terre et de la jeter sur une brebis récalcitrante.
L'autre extrémité comportait un crochet servant à arrêter un mouton par la patte (fig. 109).
2. Petit instrument de jardinage composé d'une lame en fer et d'un manche très court, pour arracher des plantes avec la terre qui entoure leurs racines et les replanter.
Etym. Du picard *houler,* jeter.

(Fig. 109). Houlette

HOUMEAU n.m.
(Limousin). V. *Ormeau.*

HOUPPIER n.m.
En. **crown** (1)
De. **Wipfel** (1)
Es. **cima** (1)
It. **corona degli alberi, chioma** (1)
1. Branches supérieures d'un arbre.
2. Arbre ébranché auquel on n'a laissé que les branches du sommet.
3. Maladie virale qui atteint les branches de la cime des arbres.
Etym. Du néerlandais *hoop,* tas.

HOURDIS n.m.
En. **nogging**
De. **Lattenwerk**
Es. **relleno de cascajo**
It. **muratura grossolana**
Mortier de terre et de chaux placé dans l'armature en bois d'une chaumière, dans les pays dépourvus de pierre à bâtir.
Etym. Du francique *hurd,* claie.

HOURMIÈRE n.f.
Es. **olmeda, olmedo**
Parcelle plantée d'ormeaux.

HOURNIÈRE n.f.
(Gascogne). Salle commune des maisons de Gascogne.
C'est la fournière avec le four à pain, réunissant dans la même pièce la cuisine, le fournil, et comprenant même des lits à baldaquin.

HOUSCHE n.f.
Es. **huerto**
Parcelle située près de la maison d'habitation, et réservée aux cultures délicates, les plus utiles à la ménagère et à l'alimentation du bétail.
Etym. Déformation de *ouche.*

HOUSE n.f.
Enclos situé sur les alpages et servant à parquer les moutons transhumants durant la nuit.

HOUX n.m.
En. **holly**
De. **Stechpalme**
Es. **acebo**
It. **agrifoglio**
Arbre, ou arbrisseau, à feuilles piquantes toujours vertes, de la famille des Ilicacées.
Cultivé comme plante d'ornement et comme bordure ; son bois est utilisé en ébénisterie.
Etym. Du haut allemand *huls.*

HOYAU n.m.
En. **mattock**
De. **Erdhaue, Karst**
Es. **almocafre**
It. **marra, zappone**
Houe munie d'un manche en bois et d'une tranche en métal, légèrement recourbée vers l'arrière.
Si elle est de grande taille elle sert à défoncer les terrains incultes ; si elle est de petite taille on l'utilise pour des façons culturales dans les jardins (fig. 110).

HUAU n.m.
(Anjou). Charrue à deux versoirs.

HUBERT n.m.
Coléoptère qui dévore les feuilles de vigne.

HUBESTATT n.m.
(Allemagne). Parcelle enclose de la ferme.
Syn. Meix

HUCHE n.f.
En. **dough tray**
De. **Backtrog, Mehltrog**
Es. **artesa**
It. **madia**
Meuble des fermes d'autrefois, composé d'un coffre où l'on pétrissait le pain et fermé par un couvercle qui servait de table *(fig. 122).*
Etym. Du germanique *hutica,* huche.

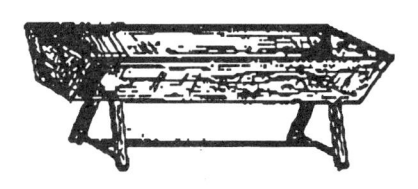

(Fig. 122). Huche (122)

HUERTA n.f.
Plaine irriguée d'Espagne, presque toujours située entre la montagne et le rivage.
L'eau y est distribuée par de multiples canaux et selon des règlements anciens et rigoureux. Divisée en petites parcelles, les cultures s'y étagent en deux niveaux: les légumes et les arbres fruitiers. La plus célèbre est celle de Valence, mais il y en a dans tous les pays méditerranéens. En France, le Comtat Venaissin est une variété de huerta, cloisonnée par des haies de cyprès, ou de peupliers. A ne pas confondre avec la vega, productrice de céréales.
Etym. Du latin *hortus,* jardin.

HUFE n.f.
(Allemagne).
1. Charrue.
2. Maison rurale avec son enclos.
Syn. Mas, meix.
3. Exploitation agricole composée d'une maison en bordure d'une route et, en arrière d'une longue et étroite parcelle.
Syn. *(Canada)* Rang.
4. L'ensemble des hufen d'un village constitue un *Waldhufendorf,* ou village en forêt, créé jadis par une communauté rurale, ou par un maître de la terre, selon un plan préétabli, sans clôture entre les parcelles.
C'est un openfield sans contraintes agraires (R. Lebeau).

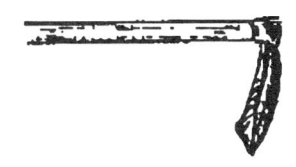

(Fig. 110). Hoyau

HUILAGE n.m.
En. **oiling, greasing**
De. **Einölen**
Es. **aceitar**
It. **lucidatura**
Opération qui consiste à donner à un grain un aspect luisant en le brassant dans une huile de cameline, ou de paraffine.
Procédé utilisé en particulier pour les grains de riz blanc.

HUILE n.f.
En. **oil**
De. **Öl**
Es. **aceite**
It. **olio**
Substance de réserve, appartenant à la catégorie des lipides.
Liquide, grasse, onctueuse, elle est susceptible de brûler.
On distingue les huiles minérales, les huiles végétales et les huiles animales. Les premières, extraites par distillation du pétrole, servent à l'entretien du matériel agricole. Les autres, composées de glycérides mixtes, entrent dans l'alimentation des hommes et des animaux domestiques. Elles proviennent de certains végétaux (olives, arachides, noix, graines de tournesol, de colza, de sésame, de maïs, etc.) et de quelques animaux sauvages (morses, baleines, etc.). D'ordinaire on les obtient par broyage, chauffage et pression. Les résidus, ou tourteaux, sont consommés par le bétail. Selon l'origine, le terme entre dans plusieurs expressions :
1. Huile de colza, de maïs, d'arachide, de tournesol, d'olive
2. Huile de palme, extraite de la pulpe du fruit du palmier à huile.
3. Huile de palmiste, extraite du noyau du fruit du palmier à huile.
4. Huile vierge, retirée de la première pression à froid, de fruits sains bien conservés.
5. Huile de rose, parfum obtenu en faisant macérer des pétales de rose dans de l'alcool.
6. Huiles essentielles provenant du camphre, du soufre, d'amandes amères etc. Utilisées en parfumerie et en pharmacie.
Etym. Du latin oleum, huile d'olive.

HUILERIE n.f.
En. **oil mill**
De. **Ölhandel, Ölmühle, Ölfabrik**
Es. **almazara**
It. **oleificio, frantoio**
Etablissement où l'on extrait et où l'on vend de l'huile.

HUILURE n.f.
Maladie des arbres fruitiers, en particulier des poiriers, dont les feuilles deviennent luisantes, comme si elles étaient couvertes d'huile.

HUIS n.m.
1. Porte d'entrée d'une maison.
2. *(Morvan).* Petit hameau de trois ou quatre maisons.
Etym. Du latin ostium, porte d'entrée.

HUITELÉE n.f.
(Brie). Ancienne mesure agraire de 80 à 100 verges, de 20 pieds chacune, le pied étant de 33 cm ; soit un carré de 660 m environ de côté et d'une surface d'environ 43,5 ha.

HUÎTRE n.f.
En. **oyster**
De. **Auster**
Es. **ostra**
It. **ostrica**
Mollusque marin bivalve.
Cueillie parfois à l'état sauvage sur les rochers du littoral, elle est surtout l'objet d'un élevage, l'ostréiculture, dans le bassin d'Arcachon, dans les "claires" de Saintonge et en divers points du littoral breton.
Etym. Du latin ostrea.

HUMASNE n.m.
Cépage à raisins blancs du Valais.

HUMEUX adj.
Es. **húmico**
It. **umifero**
Qualifie un sol riche en humus, ou bien un engrais qui a les qualités de l'humus.

HUMIDIFIER v.tr.
En. **to moisten**
De. **anfeuchten**
Es. **humedecer, humidificar**
It. **umidificare**
Augmenter la teneur en eau d'un sol afin de favoriser la germination des graines, ou l'absorbtion de la sève brute par les poils absorbants des racines.

HUMIDITÉ n.f.
En. **humidity, moisture**
De. **Nässe, Feuchtigkeit**
Es. **humedad**
It. **umidità**
Quantité d'eau, ou de vapeur d'eau, en poids (humidité pondérale), en volume (humidité volumique) ou en pourcentage, contenue dans l'air ou dans le sol. *Etym. Du latin humiditas.*

HUMIFÈRE adj.
Es. **humífero**
It. **umifero, ricco di humus**
Qualifie une terre riche en humus.

HUMIFICATION n.f.
En. **humification**
De. **Humusbildung**
Es. **humificación**
It. **umificazione**
Transformation des matières organiques en humus, sous l'effet de processus chimiques et microbiens.

HUMIGÈNE adj.
It. **producente humus**
Qualifie ce qui produit de l'humus.

HUMINE n.f.
En. **humin**
It. **umina**
Partie fertilisante de l'humus.

HUMIQUE adj.
En. **humic**
De. **Humus-**
Es. **húmico**
It. **umico**
Qualifie ce qui a trait à l'humus, ce qui en contient, ou ce qui en provient.

HUMUS n.m.
En. **humus**
De. **Dungerde, Humus**
Es. **humus**
It. **umo, humus**
Produit de la décomposition et de la fermentation de la matière organique dans le sol qu'elle aère tout en lui fournissant des nitrates.
C'est l'humus doux, ou mull. Mais s'il est trop abondant, il rend le sol acide et il est nuisible aux plantes, c'est l'humus dur, le mor trop riche en acides fulvique et humique. C'est cependant grâce à l'humus qu'elles produisent elles-mêmes, avec leurs racines mortes, leurs tiges et leurs feuilles desséchées et les herbes des sous bois, que les forêts et les prairies naturelles entretiennent indéfiniment leur propre vie végétale (V. Sève). Il s'y ajouterait des aérosols apportés par le vent.
Etym. Du latin humus, sol, terme pré-indoeuropéen qui aurait donné homme.

HUPPE n.f.
Défaut dans le tronc d'un arbre, causé par le gel, et entraînant la décomposition du bois qui devient mou.

HUREBEC n.m.
Chenille qui cause des dégâts dans les vignes.

HURTEBILLER v.tr.
Procéder à la fécondation des brebis.

HUTAU n.m.
(Bresse). Partie de la ferme réservée à l'habitation.
Etym. Dérivé de hutte.

HUTTE n.f.
En. **hut**
De. **Hütte**
Es. **choza, cabaña**
It. **capanna**
1. Abri temporaire, en bois, en terre, ou en pierre, pour abriter des bergers, des vignerons, etc. éloignés de leur ferme.
2. *(Vendée).* Chaumière.
Jadis, en bois et en roseaux, elle est aujourd'hui en pierres et briques, avec des dépendances. Elle n'en conserve pas moins son nom de hutte.
Etym. Origine germanique.

HUTTIER n.m.
(Vendée). Habitant d'une hutte dans les marais mouillés de Vendée.

HYACINTHE n.f.
Ancien nom de la jacinthe.

HYBERNIE n.f.
V. Hivernie.

HYBON n.m.
(Savoie). Cépage à raisins noirs, cultivé sur hautains en Savoie.

HYBRIDATION n.f.
En. **hybridization**
De. **Hybridisierung, Bastardierung**
Es. **hibridación**
It. **ibridazione**
1. Dans le domaine végétal, chez les phanérogames, fécondation de l'ovule d'une fleur par un grain de pollen parvenu d'une fleur d'espèce différente, mais appartenant au même genre.
Elle donne un individu aux caractéristiques associant celles des fleurs d'origine, avec, parfois, une ou deux qualités nouvelles ; c'est le cas du maïs hybride plus abondant en grains que le maïs commun d'origine. L'hybridation est parfois naturelle, le vent ou les insectes transportant les pollens sur les pistils ; elle peut être artificielle si l'on supprime les étamines d'une fleur et si l'on transporte sur son pistil les pollens d'une fleur du même genre, mais d'une espèce différente. On obtient ainsi des variétés de plantes plus productives. En viticulture, les hybrides sont appréciés soit pour l'abondance de leurs raisins, soit comme porte-greffes résistant au phylloxera et donnant avec le greffon des vins de haute qualité. Des expériences en cours laissent entrevoir la production de cellules hybrides contenant la moitié du matériel moléculaire de la plante à hybrider et la moitié du même matériel de la plante hybridante. On a ainsi hybridé du colza avec du radis et on a obtenu du colza résistant à certains herbicides, comme l'atrazine.
2. Dans le domaine animal, fécondation d'un ovule, issu de l'ovaire d'une espèce, par le spermatozoïde d'une autre espèce.
L'hybridation, qu'il ne faut pas confondre avec le métissage, peut alors produire des espèces stériles (mulets, bardots, zébrules), des espèces dont la femelle seule est féconde (cane mulard, poule faisanne), ou bien des espèces dont tous les hybrides sont féconds, quel que soit le sexe (loup et chienne, sanglier et truie). Le chabin, issu d'un bouc et d'une brebis, a été obtenu pour la première fois en 1986 à la bergerie de Grignon.
Etym. Du grec, *hubris*, viol, outrage.

HYBRIDE n.m.
En. **hybrid**
De. **Bastard, Hybride**
Es. **híbrido**
It. **ibrido**
Plante, ou animal provenant du croisement de deux espèces différentes, très rarement de deux genres, et a fortiori, de deux familles différentes.
Le jumart, issu du cheval et de la vache, reste purement légendaire. En phytotechnie, un hybride double provient de deux hybrides simples ; un hybride porte-greffe est destiné à recevoir un greffon et non à produire des fruits ; un hybride producteur direct n'est planté que pour la production de fruits.

HYBRIDISME n.m.
En. **hybridism**
De. **Hybridismus**
Es. **hibridismo**
It. **ibridismo**
Nombre de couples de caractères allélomorphes semblables *(monohybridisme)*, ou doubles *(dihybridisme)* ayant produit un hybride.

HYDRAULIQUE n.f.
En. **hydraulics**
De. **Hydraulik**
Es. **hidráulica**
It. **idraulica**
Science qui a pour but l'aménagement des eaux pour le bien de l'agriculture, soit par drainage, soit par irrigation.
On distingue la petite hydraulique *limitée à de petits aménagements d'initiative individuelle, de la* grande hydraulique *sous le contrôle des Services Publics, avec captages des sources, dérivations, réservoirs, barrages, canaux, colmatages, bonifications. Les ingénieurs qui en sont chargés sont des* hydrauliciens, *qui appartiennent au Service de l'Hydraulique Agricole.*
Etym. Du grec *hudor*, eau et *aulos*, tuyau.

HYDROCULTURE n.f.
En. **hydrocultivation**
De. **Hydrokultur**
Es. **hidrocultivo**
It. **idrocoltura**
Culture effectuée dans un support stérile (sable, argile, etc.), avec un apport liquide de produits chimiques fertilisants ; elle est surtout consacrée aux plantes ornementales.
Syn. Culture hors sol, hydroponique.
Etym. Du grec *hudor*, eau et du latin *coltore*, cultiver.

HYDROGÉOLOGIE n.f.
En. **hydrogeology**
De. **Hydrogeologie**
Es. **hidrogeología**
It. **idrogeologia**
Etude des eaux continentales.
Utile aux sciences de l'agriculture grâce à une connaissance approfondie des ressources en eaux du sol et du sous-sol.

HYDROMEL n.m.
En. **mead**
De. **Honigwasser**
Es. **aguamiel, hidromiel**
It. **idromele**
Boisson alcoolique fermentée composée d'eau et de miel.
Etym. Du grec *hudor*, eau et *meli*, miel.

HYDROPHILE n.m.
Insecte coléoptère, de la famille des hydrophilidés et qui fréquente les régions marécageuses.
Ses larves sont carnassières, mais les insectes parfaits sont surtout végétariens ; ils peuvent causer des dégâts dans les vergers.

HYDROPHILE adj.
En. **hydrophilous**
De. **hydrophil**
Es. **hidrófilo**
It. **idrofilo**
Qualifie une plante qui s'adapte à l'humidité, ou qui a un grand besoin d'eau pour se développer.
Ex. Riz, cresson.
Etym. Du grec *hudor*, eau, et *philos*, ami.

HYDROPHYTES n.f.p.
En. **aquatic plants**
De. **Wasserpflanzen**
Es. **plantas acuáticas, hidrófitos**
It. **idrofite**
Plantes qui poussent dans l'eau.
Ex. Algues.
Etym. Du grec *hudor*, eau et *phuton*, plante.

HYDROPONIQUE adj.
En. **hydroponic**
Es. **hidropónico**
It. **idroponico**
Qualifie la culture des plantes sur un support parfaitement stérile : sable, verre pilé, mais avec une alimentation composée de solutions nutritives.
Syn. Hors sol.

HYGIÈNE VÉTÉRINAIRE l.f.
De. **Tierhygiene**
Es. **higiene veterinaria**
It. **igiene veterinaria**
Etude et application des moyens de maintenir en bon état le bétail d'une ferme, soit par des mesures de prophylaxie contre d'éventuelles maladies, soit par l'amélioration des étables, de l'alimentation et des pâturages.

HYGROPHILE adj.
En. **hygrophilous**
De. **hygrophil**
Es. **higrófilo**
It. **igrofilo**
Se dit d'une plante ou d'une culture qui s'adapte à l'humidité du sol.
Etym. Du grec *hugros*, humide et *philos*, ami.

HYGROPHILE n.f.
En. **hygrophila**
De. **Sumpfpflanze**
Es. **higrófilo**
It. **igrofilo**
Plante des régions chaudes vivant dans les marécages.
Etym. Du grec *hugros*, humide et *philos*, ami.

HYGROPHILE adj.
V. Hydrophile.

HYLOBE n.m.
It. **ilobio**
Insecte coléoptère qui se nourrit du bois de pin.
Syn. Charançon du pin.
Etym. Du grec *hulé*, bois et *bios*, vie.

HYPERPARASITE n.m.
It. **iperparassita**
Insecte qui détruit les insectes prédateurs des récoltes, telle la coccinelle qui pourchasse la cochenille d'origine australienne.
Etym. Du grec *huper*, au-dessus, *para*, à côté de, et *sitos*, nourriture.

HYPODERMOSE n.f.
En. **hypodermosis**
De. **Dasselbefall, Dassellarvenkrankheit**
Es. **hipodermosis**
It. **ipodermosi**
Maladie des bovins due à une larve de mouche *(Hypoderma bovis)*.
A la suite d'une injestion, ou d'une piqûre, cette larve va se fixer sous la peau du dos et la perfore pour terminer sa métamorphose ; la bête souffre de prurit et maigrit ; son cuir est déprécié.
Syn. Varron.

HYPOGÉ adj.
It. **ipogeo**
Qualifie l'organe germinatif d'une plante qui se développe au-dessous du niveau du sol, soit pendant la germination (cotylédons du pois), soit à la maturation (gousses de l'arachide).
Ant. Epigé (R. Blais).
Etym. Du grec *hupo*, sous, et *gé*, terre.

HYSOPE n.f.
En. **hyssop**
De. **Ysop**
Es. **hisopo**
It. **issopo**
Plante de la famille des Labiacées, cultivée pour ses fleurs qui servent en infusion de stimulant et de sudorifique.

I

I.A.A. sigle. (Industrie agroalimantaire)
Sigle correspondant à deux industries dépendant de l'agriculture.
1. Industrie agroalimentaire traitant des produits agricoles pour les rendre consommables par l'homme.
2. Industrie préparant des produits pour l'alimentation du bétail.

I.A.D. sigle
V. Indemnité Annuelle de Départ.

ICAQUIER n.m.
En. **coco plum tree**
De. **Ikakopflaumenbaum**
Es. **icaco**
It. **prugno icaco**
Arbrisseau de la famille des Rosacées, cultivé dans les régions chaudes de l'Amérique.
La meilleure espèce, l'icaquier chrysobalane (Chrysobalanus icaco) produit un fruit coloré, appelé prune icaque, ou prune des anses, dont on consomme la pulpe et l'amande. L'écorce fournit du tanin.

ICHART n.m.
(Quercy). Essart.

ICHERRE n.m.
(Pays basque, Vallée d'Aspe). Plateau en bois sur lequel on place le fromage.

I.C.R. sigle
Indemnité Complémentaire de Restructuration. Indemnité qui s'ajoute à l'I.V.D. (Indemnité Viagère de Départ) quand il s'agit d'exploitation agricole de plus de 5 ha et qui, en favorisant le départ des propiétaires âgés, contribue à la création de domaines plus vastes et plus rentables, pour de jeunes agriculteurs.

I.D.E.E.A. sigle
Inspection des Domaines des Etablissements d'Enseignement Agricole.
Rue de Varenne, Paris VIIème.

IDENTIFICATION n.f.
En. **identification**
De. **Identifizierung, Identifikation**
Es. **identificación**
It. **identificazione**
Opération précédant les diverses utilisations relatives à un animal domestique pour s'assurer de sa généalogie, de ses performances, grâce à un signe particulier (marquage) consigné dans un registre et accompagné de déclarations écrites de l'éleveur sur le père, sur la mère, sur la naissance, sur les premiers temps de la bête, etc.
Etym. Du latin *idem*, le même et *facere*, faire.

IF n.m.
En. **yew (tree)**
De. **Eibe**
Es. **tejo**
It. **tasso**
1. Conifère de la famille des Taxacées.
A croissance très lente, son bois est très apprécié des ébénistes et des tourneurs. L'if commun (Taxus baccata) a des feuilles pointues, d'un vert sombre ; ses fruits rouges contiennent un poison, l'ifine ; il est parfois planté dans les cimetières comme symbole de l'éternité à cause de son feuillage toujours persistant.
2. Support à bouteilles pour les faire égoutter.
Etym. Du celte *ivin*.

I.G.A.E.A. sigle
Inspection Générale de l'Administration de l'Enseignement Agricole.
Rue de Varenne, Paris VIIème.

I.G.E.R. sigle
Institut national de Gestion et d'Economie Rurale.
Organisme créé en 1964, sous le régime de la loi de 1901, avec pour but la coordination des activités des centres de gestion et des associations régionales d'économie rurale, l'étude des problèmes économiques des exploitations agricoles, la recherche sur l'organisation et la gestion de ces exploitations et la diffusion des résultats obtenus par ses propres travaux.

IGHREM n.m.
(Haut Atlas marocain). Grenier à céréales et par extension, village fortifié.
Syn. Agadir. (pluriel)
Etym. Du berbère.

IGNAME n.f.
En. **yam**
De. **Yamswurzel, Jamswurzel**
Es. **ñame**
It. **igname**
(Afrique). Plante de la famille des Dioscoracées *(Dioscorea batatas).*
On en compte plus de deux cents espèces. Cultivée dans les pays tropicaux humides, son cycle végétatif est de sept à douze mois. Ce sont des rhizomes qui grossissent quand la partie aérienne va se flétrir ; ils pèsent jusqu'à 20 kg et le rendement moyen est de 150 à 200 quintaux à l'hectare. L'igname est consommée, comme la pomme de terre, cuite à l'eau ou frite. On en extrait une fécule, l'arrow-root de la Guyane. En Europe méridionale, on cultive l'igname de Chine.

IGNOBLE adj.
Qui n'est pas noble, au sens médiéval.
Ainsi le labour était une activité noble pour le paysan, ignoble pour le seigneur.
Etym. Du latin *ignobilis*, inconnu.

I.G.R.E.F. sigle
Ingénieur du Génie Rural, des Eaux et Forêts.
Spécialiste diplômé de l'Ecole Nationale du Génie rural, des Eaux et Forêts (E.N.G.R.E.F.) après deux ans d'études à l'école, 19 Avenue du Maine à Paris.

I.H.E.D.R.E.A. sigle
Institut des Hautes Etudes de Droit Rural et d'Economie Agricole, 11, rue Renée Lacoste. Paris.
Il a un double but :
1. Former des spécialistes en droit rural et gestion agricole.
2. Formuler des recommandations auprès des pouvoirs publics pour tenir compte de l'évolution des relations juridiques dans le domaine agricole.

ILANG-ILANG n.m.
V. Ylang-Ylang.

ÎLETS n.m.p.
(La Réunion)
1. Villages bâtis au centre des terroirs montagneux de l'île.
2. Petites parcelles découpées sur les versants des montagnes par les créoles, qui n'ont pas voulu se mêler aux Noirs des plantations, et qui vivent pauvrement sur les hauteurs de l'île.
Etym. En réunionnais, *petite île.*

ILEX n.m.
(Ilex aquifolium). Linné l'applique au Houx de la famille des Aquifoliacées, et dont une espèce sud-américaine est le maté *(Ilex paraguayensis).*
Toutefois, par déférence au latin, Linné conserve le terme d'ilex pour le chêne-vert, ou yeuse.
Etym. Du latin *ylex*, chêne vert.

ÎLOT n.m.
It. **isolato**
1. Parcelle bâtie dans un village, et entourée de rues.
2. Ensemble de parcelles bâties et appartenant à une même personne, dans un village.
3. Groupe de *quartiers* dans une sole, desservis par le même chemin.
C'est un îlot d'exploitation.
4. Ensemble de parcelles contigües exploitées par la même personne.
C'est un îlot de propriété.
Un îlot d'exploitation peut-être un îlot de propriété, ou bien être divisé entre plusieurs propriétaires. Un îlot de propriété peut être consacré à la même culture, ou être divisé en parcelles de cultures différentes.

IMBIBITION n.f.
En. **absorption**
De. **Durchfeuchtung, Durchtränkung**
Es. **imbibición**
It. **imbibizione**
Procédé d'irrigation qui consiste à faire parvenir l'eau aux racines des plantes cultivées à travers une masse perméable, ou par un tuyau poreux placé à l'intérieur du sol.
Cette eau est retenue par la terre d'autant plus longtemps que les particules du sol sont plus fines, et que leur attraction moléculaire est plus forte que l'action de la pesanteur ; c'est le pouvoir d'imbibition des sols qui est accru par l'argile et l'humus, et diminué par le sable et les cailloutis.
Etym. Du latin *imbibere*, absorber.

IMMATURITÉ n.f.
En. **unripeness, immaturity**
De. **Unreife**
Es. **inmadurez**
It. **immaturità**
Défaut de maturité ; état des récoltes, ou des fruits, qui n'ont pas atteint leur pleine maturité.
Ils sont immatures ; de même que les animaux encore jeunes.

IMMEUBLES n.m.p.
En. **real estate**
De. **Grundstücke, Gebäude, Immobilien**
Es. **finca, inmueble**
It. **immobili**
Fonds de terre et bâtiments, plantations et matériel agricole, *immeubles* par nature, selon le Code Napoléon (Art. 518) ;
on y inclut le bétail.
C'est contestable (Art. 524).

IMMUNITÉ n.f.
En. **immunity** (2)
De. **Steuerfreiheit** (1), **Immunität**(2)
Es. **inmunidad** (2)
It. **immunità** (2)
1. Privilège accordé à une terre, à un territoire, à un bâtiment, les dispensant de tous droits seigneuriaux et où, par conséquent, ne pouvaient pénétrer les agents du fisc et de la police.
2. Résistance d'un organisme aux substances nocives par suite de ses anticorps d'origine humorale, ou cellulaire, de ses lymphocytes, ou de sa vaccination contre une invasion virale, ou microbienne.

IMMUNOLOGIE n.f.
En. **immunology**
De. **Immunologie**
Es. **inmunología**
It. **immunologia**
Science consacrée à l'étude des moyens de défense des organismes contre les maladies.
Etym. Du latin *immunis*, exempt et du grec *logos*, science.

IMPARTIBLES adj.p.
Qualifie deux fiefs appartenant à deux suzerains différents, mais qui ne pouvaient être concédés qu'à un seul vassal.
Etym. Du latin *impartiri*, qui ne peut être partagé.

IMPATIENS n.f.
En. **balsamie**
De. **Balsamine**
Es. **balsamina**
It. **balsamina, begliuomini**
Plante à fleurs ornementales, du genre des balsaminacées, dite *plante de verre, ou bien ne-me-touche-pas*, car son fruit, dès qu'il est mûr, s'ouvre au moindre contact et projette ses graines au loin.
Syn. Balsamine.

IMPÉRIALE FLEUR l.f.
Qualité supérieure de la prune d'ente.
A cause de leur grosseur, une quarantaine de prunes suffisent pour peser un kilo après dessication.

IMPLANTATION n.f.
En. **implantation**
De. **Implantation**
Es. **implantación**
It. **disposizione** (1), **insediamento** (2)
1. Emplacement d'un bâtiment dans le site d'une ferme.
2. Fixation d'un végétal, ou d'un parasite, en un lieu déterminé.
Etym. Du latin *implantare*, placer.

IMPLANTER v.tr.
En. **to plant** (1)
De. **einpflanzen, implantieren**
Es. **implantar**
It. **impiantare**
1. Placer et fixer en terre une plante à cultiver.
2. Fixer, délimiter et construire un ouvrage sur le sol préalablement aplani.
3. Introduire un parasite dans un être vivant.
Etym. De l'italien *implantare*.

IMPÔT COLONIQUE l.m.
Redevance en argent versée par le métayer au propriétaire pour payer une part des impôts pesant sur sa métairie.
Supprimée à la fin du XIXème siècle.

IMPRODUCTIF adj.
En. **unproductive**
De. **unfruchtbar, unergiebig**
Es. **improductivo**
It. **improduttivo**
Qualifie les terrains, les plantes et les animaux domestiques, qui, malgré les soins dont ils sont l'objet, ne donnent pas de produits.

INALPAGE n.m.
(Savoie). Période où les troupeaux sont sur les pâturages d'été, de mai à octobre.

INALPER v.tr.
Mettre le bétail sur l'alpe.

I.N.A.O. sigle
Institut National des Appellations d'Origine des vins et des eaux-de-vie. Organisme créé en 1935 pour veiller à la délimitation des crus et au maintien des qualités requises, selon les règlements relatifs à chaque vignoble.

I.N.A.P.G. sigle
Institut National Agronomique Paris-Grignon. Etablissement d'Enseignement Supérieur qui prépare, en trois ans, au diplôme d'ingénieur agronome.

INCARNAT adj.
En. **flesh-coloured, trefoil coloured**
De. **hochrosenrot, hochrot**
Es. **encarnado**
It. **rosso, incarnato**
Qualifie un trèfle aux fleurs rouge sang, appelé vulgairement *farouch*.
Etym. Du latin *in*, dans et *carnis*, chair.

INCISEUR n.m.
Variété de sécateur, à lames incurvées, utilisée par les arboriculteurs pour pratiquer des incisions annulaires *(fig. 111)*.

INCISION n.f.
En. **incision**
De. **Einschnitt**
Es. **incisión**
It. **incisione**
Opération qui consiste à pratiquer une entaille dans l'écorce d'un arbre.
Quand elle est circulaire autour d'une branche c'est le baguage qui empêche la sève élaborée d'aller dans les autres branches ; au contraire, elle s'accumule dans la partie du rameau située au dessus de l'incision ; cette partie grossit, porte moins de feuilles ; la fonction chlorophyllienne étant moins active fleurs et fruits se développent plus rapidement. Ce procédé, appliqué sur les arbres fruitiers à pulpe, l'est également sur les rameaux de vigne où il empêche la coulure et favorise la formation des grappes (fig.111).
Etym. Du latin *inciso*, couper.

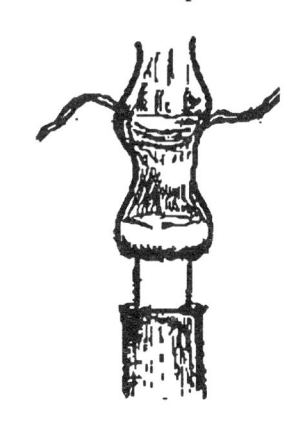

(Fig. 111). Incision

INCISIVE n.f.
En. **incisor**
De. **Schneidezahn**
Es. **incisivo**
It. **incisivo**
Dent à couronne tranchante, située sur la partie antérieure de la mâchoire.
Chez les bovins et les ovins, ces dents manquent à la mâchoire supérieure. L'examen des incisives permet de déterminer l'âge d'un boeuf, d'un cheval, ou d'une brebis.
Etym. Du latin *incidere*, trancher.

INCORPORATION n.f.
En. **incorporation**
De. **Einarbeiten (von Dünger)**
Es. **incorporación**
It. **incorporazione**
Opération qui consiste à mélanger à la couche arable du sol, des fumures, des amendements et, en particulier, des pesticides susceptibles de faire fuir les ennemis des cultures et des produits récoltés.

INCUBATEUR n.m.
En. **incubator**
De. **Brutmaschine**
Es. **incubadora**
It. **incubatrice**
Appareil pour faire couver les oeufs artificiellement en y maintenant une température d'environ 38°C durant un certain nombre de jours : 21 pour des poussins, 30 pour des dindonneaux.
Syn. Couveuse, chambre à incubation.
Etym. Du latin *in*, sur et *cubare*, être couché.

INCUBATION n.f.
En. **incubation**
De. **Brüten, Ausbrütung**
Es. **incubación**
It. **incubazione**
1. Temps nécessaire à l'éclosion des oeufs de volaille dans les fermes lorsqu'ils sont soumis à une température constante de 39 à 40 degrés. *L'incubation est dite naturelle lorsqu'elle est assurée par la poule couveuse qui reste 20 à 30 jours accroupie sur 15 à 18 oeufs ; elle est artificielle lorsqu'on a recours à un incubateur, où l'on maintient la température requise un nombre de jours suffisants. Grâce à ce procédé mécanique, on peut assurer l'éclosion de plusieurs milliers de poussins à la fois. Les oeufs mis à couver doivent avoir moins de dix jours, et être mirés le cinquième et le quinzième jour de l'incubation, afin d'éliminer ceux qui ne sont pas fécondés.*
2. Temps qui s'écoule entre le moment où des éléments pathogènes ou bien des parasites pénètrent dans un organisme et celui où apparaissent les symptômes de la maladie déclenchée par ces éléments.
Etym. Du latin *in*, dans et *cubare*, être couché.

INCUBER v.tr.
En. **to brood, to incubate**
De. **bebrüten**
Es. **incubar**
It. **incubare, covare**
Procéder à l'incubation.

INCULTE adj.
En. **waste, uncultivated**
De. **unbebaut, ungenutzt, unbestellt**
Es. **inculto**
It. **incolto**
Qualifie une terre qui n'est pas cultivée, mais qui n'est pas nécessairement incultivable.

INCULTIVABLE adj.
En. **untillable**
De. **unbebauer, unbestellbar**
Es. **incultivable**
It. **incoltivabile**
Qualifie une terre qui ne peut être cultivée à cause de son relief, de son climat, ou de la médiocrité de son sol.

INCULTURE n.f.
En. **uncultivation**
Es. **falta de cultivo**
It. **incoltezza**
Absence de culture. Etat de ce qui n'est pas cultivé.

INDÉFRICHABLE adj.
En. **unploughable, unsuitable for ploughing**
De. **unkultivierbar**
Es. **incultivable**
It. **inarabile**
Qualifie une terre qui ne peut être défrichée, un sol qui ne peut être mis en culture à cause de sa pauvreté, de sa végétation trop abondante, ou de l'excès d'eau.

INDÉHISCENT adj.
En. **indehiscent**
Es. **indehiscente**
It. **indeiscente**
Qualifie une gousse, ou un fruit qui ne s'ouvrent pas spontanément quand ils sont mûrs : haricots, pois, fève, etc.
Etym. Du latin *in*, non et *dehiscere*, s'ouvrir.

INDEMNITÉ ANNUELLE DE DÉPART (I.A.D.) l.f.
Créée en 1963, cette indemnité est accordée, à partir de 60 ans, à un chef d'exploitation qui laisse sa ferme en priorité à un jeune agriculteur dont c'est la première installation ; à défaut l'exploitation peut être confiée à un chef d'exploitation voisin, à une S.A.F.E.R., ou affectée au reboisement. L'indemnité de départ varie de 12 000 à 24 000 francs, selon la situation de la famille et la durée de l'activité agricole du chef d'exploitation.

INDEMNITÉ VIAGÈRE DE DÉPART (I.V.D.) l.f.
Créée en 1980, cette indemnité est versée aux chefs d'exploitation titulaires de la retraite vieillesse agricole, ayant au moins 65 ans, et exploitant, depuis au moins 15 ans, une surface cultivable d'au moins 3 ha.
La cession doit être faite en priorité au profit d'un jeune agriculteur procédant à sa première installation. Le cédant peut conserver au maximum 1 ha pour les besoins de sa famille ; son indemnité annuelle varie de 1500 à 3500 francs par an.

INDÉRACINABLE adj.
En. **ineradicable**
De. **unausreissbar**
Es. **indesarraigable**
It. **inestirpabile**
Qualifie une plante dont les racines ne peuvent être arrachées à la terre.

INDEX n.m.
En. **index**
De. **Index**
Es. **índice**
It. **indice**
Mesure de la valeur génétique d'un animal en vue d'une production donnée.

Ex. Index des taureaux laitiers (P. Habault).
Etym. Du latin *index*, indicateur.

INDEXAGE n.m.
En. **indexing** (3)
De. **Anzeige, Indexierung** (3)
Es. **características** (3)
It. **registrazione** (1), **marchiatura** (2), **indice** (3)
1. Inscription sur un registre des caractéristiques d'un animal afin de pouvoir l'identifier rapidement et avec certitude.
2. Marque matérielle sur le corps d'un animal afin de le reconnaître aisément.
3. Moyen de déceler l'état sanitaire d'un animal ou d'une plante, de révéler la présence d'un virus.
Etym. Du latin *index*, qui indique.

INDICATEUR n.m.
Appareil qui permet, dans une machine à traire, de signaler le moment où la mamelle est épuisée.
Syn. Indicateur de fin de traite.

INDICE n.m.
En. **index**
De. **Index**
Es. **índice**
It. **indice**
Relations entre deux, ou plusieurs valeurs, ou éléments.
En géographie agraire on utilise surtout deux indices :
1. L'indice d'allongement des parcelles L/l, L étant la longueur, et l la largeur ; si le rapport est supérieur à 5, la parcelle est laniérée, s'il est inférieur, elle est massive.
2. L'indice de dispersion de l'habitat :

$$\frac{PxE}{P} \quad \text{(formule Demangeon)},$$

P étant la population totale de la commune et E le nombre des écarts ; si le rapport est égal à 1, l'habitat est concentré ; s'il est supérieur à 5, il est dispersé. D'autres indices font intervenir la surface de la commune, S :

$$\frac{PxE}{PxS} \quad \text{(Fr. Gay),}$$

$$\frac{PxS}{Sx100} \quad \text{(E. Solle)}$$

Etym. Du latin *indicium*.

INDICE ACTINOMÉTRIQUE l.m.
En. **actinothermal index**
De. **Strahlenmessungsindex**
Es. **índice actinométrico**
It. **indice attinometrico**
Minimum nocturne de la température, qui est indiqué par un thermomètre installé à l'air libre et qui, doté d'un appareil sonore, avertit des menaces de gel.

INDICE D'ARIDITÉ l.m.
En. **aridity index**
De. **Trockenheitsindex**
Es. **índice de aridez**
It. **indice di aridità**
Valeur numérique caractérisant le degré de sécheresse d'un climat.
Il est fonction de la quantité d'eau reçue et de la température ; leurs courbes sont inversement proportionnelles et ont été établies pour nos climats par F. Gaussen.

INDICE CLIMATIQUE l.m.
En. **climatic index**
De. **klimatischer Index**
Es. **índice climático**
It. **indice climatico**
Ensemble des éléments du climat en un lieu et en un temps donnés.
Figurant sur un graphique, ils permettent d'en déduire les conditions favorables ou défavorables à une culture ou à un élevage déterminés.

INDICE DE CONSOMMATION l.m.
It. **indice di consumo**
Quantité de produits alimentaires, calculés en fonction de leur valeur énergétique, pour obtenir d'un animal déterminé une augmentation de poids d'un kilogramme.
Elle est exprimée en unités fourragères, calculées en fonction de la valeur énergétique d'un kilogramme d'orge.

INDIGO n.m.
En. **indigo**
De. **Indigo**
Es. **índigo, añil**
It. **indaco**
Matière colorante extraite de l'indigotier et qui servait à teindre en bleu les tissus avant la découverte des couleurs d'aniline.
Etym. Du latin *indicus*, de l'Inde.

INDIGOTERIE n.f.
En. **indigo plantation** (1)
De **Indigopflanzung** (1)
Es. **añilería** (1)
It. **terreno piantato a indigofere** (1)
1. Parcelle, ou ferme, où l'on cultive l'indigo.
Syn. Indigotière.
2. Atelier où l'on prépare *l'indigo*.

INDIGOTIER n.m.
En. **indigo plant**
De. **Indigopflanze, Indigostrauch**
Es. **índigo, añil**
It. **indigofera**
(Inde, Ethiopie). Arbuste de la famille des Légumineuses *(Indigofera tinctoria)*, d'origine asiatique *(Inde)*, ou africaine *(Ethiopie)*.
Appelé anil par les Arabes, il a donné ce nom à l'aniline, couleur bleue d'origine chimique, synthèse industrielle réalisée par Bayer en 1882. Jusqu'alors, l'indigotier était cultivé pour ses feuilles qui donnaient par fermentation des précipités de couleur bleue.

L'Insulinde et l'Amérique centrale en étaient les principaux producteurs ; ruinés par la production industrielle.

INDIVISION n.f.
En. **coparcenary, joint possession**
Es. **indivisión**
It. **indivisione**
Etat juridique d'une exploitation agricole appartenant à deux ou plusieurs propriétaires, sans séparation matérielle sur le terrain des divers éléments du domaine.
Etym. Du latin *indivisus,* non partagé.

INDOMANIATION n.f.
Incorporation d'une parcelle à un domaine, ou de biens fonciers au domaine de l'Etat.

INDOMINICUM n.m.
Partie du domaine que se réservait le seigneur au cours du Haut Moyen-Age, et dont il assurait l'entretien à l'aide de serfs personnels et de corvées que lui devaient les tenanciers du reste du domaine.

INDUSTRIELLE (AGRICULTURE) l.f.
En. **industrial (agriculture)**
De. **industrielle (Landwirtschaft)**
Es. **industrial (agricultura)**
It. **industriale (agricoltura)**
Agriculture s'étendant sur un grand domaine, exigeant de grands capitaux, utilisant un matériel abondant et moderne, se spécialisant dans des cultures spéculatives et gérée par un conseil d'administration.

INDUSTRIELLES (PLANTES) l.f.p.
En. **industrial (plants)**
Es. **industriales (plantas)**
It. **industriali (piante)**
Plantes qui constituent la matière première de l'industrie:chanvre, betterave à sucre, etc.

INDUSTRIES AGRICOLES l.f.p.
Es. **industrias agrícolas**
1. Industries qui fabriquent matériel, engrais, bâtiments pour l'agriculture, à l'amont.
2. Industries qui traitent les produits agricoles pour la commercialisation et l'alimentation, à l'aval.
Syn. Industries agroalimentaires.

INDUSTRIES AGROALIMENTAIRES l.f.p.
En. **food industries**
De. **Lebensmittelindustrie**
Es. **industria alimenticia, industrias agroalimentarias**
It. **industria agroalimentare**
Ensemble d'industries qui ont pour but la transformation des produits agricoles, issus des cultures et de l'élevage, en aliments destinés à la nourriture de l'homme ou du bétail.
En abrégé c'est l'agroalimentaire.

INDUSTRIE RURALE l.f.
En. **rural industry**
De. **ländliche Industrie**
Es. **industria rural**
It. **industria rurale**
Industrie établie à la campagne, soit pour traiter les produits de l'agriculture, soit pour fournir aux agriculteurs le matériel agricole et les aliments du bétail, soit pour trouver dans le milieu rural une main d'oeuvre et une demande favorables à une création industrielle.

INERME adj.
En. **inermous**
De. **dornenlas** (1), **ungehörnt** (2)
Es. **inerme**
It. **inerme**
1. Se dit d'une tige qui n'a pas d'épines.
2. Qualifie un animal qui n'a pas d'aiguillon.
Etym. Du latin *inermis,* sans arme.

INERTE adj.
It. **inerte**
Qualifie le sol situé immédiatement au-dessous de la terre arable.
Il n'est pas atteint par les façons culturales, mais les racines des plantes cultivées y pénètrent et y puisent une partie de la sève nourricière, brute.
Etym. Du latin *in,* privatif, et *arare,* cultiver.

INFÉCOND adj.
Es. **infecundo**
Qualifie ce qui n'est pas fécond, ce qui ne peut pas se reproduire, ou donner des récoltes, faute de fécondité.
Etym. Du latin *in,* non, et *fecundus,* fécond.

INFECTION n.f.
En. **infection**
De. **Ansteckung, Infektion**
Es. **infección**
It. **infezione**
Expansion de germes pathogènes dans un milieu végétal, et particulièrement parmi des plantes cultivées, ou bien dans un troupeau où se répandent des germes morbides, *infectieux.*
Elle comporte deux phases distinctes : l'incubation invisible et la manifestation des symptômes du mal.
Etym. Du latin *infecere,* mélanger.

INFÉODATION n.f.
En. **enfeoffment**
De. **Belehnung**
Es. **enfeudación**
It. **infeudazione, infeudamento**
Contrat par lequel le suzerain cédait à son vassal une terre, ou un droit, contre certains devoirs seigneuriaux, en particulier l'aide aux quatre cas : guerre, rançon, mariage, décès.
Il est indispensable de distinguer ces devoirs féodaux, qui ne s'appliquaient qu'aux nobles, des redevances prélevées sur les tenures et qui n'étaient dues que par les roturiers. Mais les interférences étaient nombreuses. L'inféodation entraînait la cérémonie de l'hommage.
Etym. De *feodum,* fief.

INFÉODER v.tr.
En. **to enfeoff**
De. **belehnen**
Es. **enfeudar**
It. **infeudare**
Donner une terre, ou un droit, à titre de fief.

INFÉODER (S') v.pr.
It. **infeudarsi**
Se placer volontairement sous la suzeraineté d'un seigneur.

INFERTILE adj.
En. **unfruitful**
De. **unfruchtbar**
Es. **esterilidad**
It. **infertile**
Qualifie une terre, une plante ou un animal qui ne peuvent rien produire, qui sont *infertilisables* et dans un état d'*infertilité.*

INFESTATION n.f.
En. **infestation**
De. **Verwüstung, Befall**
Es. **infestación**
It. **infestazione**
Invasion d'une culture, ou d'une plantation, par des agents nuisibles : insectes, virus, plantes parasites.
Etym. Du latin *infestare,* harceler, attaquer.

INFESTUCATION n.f.
Cérémonie symbolique au cours de laquelle, en signe de prise de possession d'une terre selon les coutumes féodales, le vassal offrait à son suzerain un bâton, une gousse de fève, un brin de paille, etc.
Etym. Du latin *in,* dans et *festuca,* brin de paille.

INFIELD n.m.
(Grande Bretagne). Parcelles ouvertes les unes sur les autres, mais au pourtour encloses de murs, ou de haies.
Elles sont cultivées et appropriées, tandis que l'outfield est la partie commune et pâturée du finage (V. Esch et Kampen, inmark et utmark).
Syn. (Bretagne) *Méjou.*
Ant. Outfield.

INFLORESCENCE n.f.
En. **inflorescence**
De. **Floreszens**
Es. **inflorescencia**
It. **infiorescenza**
Fleurs groupées autour d'un même axe floral, et selon un mode qui varie selon les plantes:en capitule, en chaton, en épi, en grappe, en ombelle, en panicule.
L'artichaut, le chou-fleur sont des inflorescences.

INFORMATIQUE AGRICOLE l.f.
It. **informatica agraria**
Science du traitement rationnel, par des machines automatiques, des informations considérées comme le support des connaissances humaines et des communications dans le do-

maine technique, économique et social de l'agriculture.
Les opérations se déroulent en trois temps :
1. Capter les informations sur des lecteurs de cartes perforées, ou des disques, etc.
2. Mémoriser ces informations selon un logiciel.
3. Exploiter ces informations par des générateurs de signaux, notamment par des écrans de visualisation répondant aux commandes d'un ordinateur.

INFRASTRUCTURE n.f.
En. **infrastructure**
De. **Infrastruktur**
Es. **infraestructura**
It. **infrastruttura**
Ensemble des éléments et des travaux qui permettent et favorisent une forme d'activité, en particulier les activités agricoles : bâtiments, parcellaires, chemins et routes, etc.
Etym. Du latin *infra,* au-dessous et *struere,* construire.

INFRASTRUCTURE FOURRAGÈRE l.f.
Pacages, prairies permanentes, cultures fourragères servant à l'alimentation du troupeau dans une ferme d'élevage.

INFRUTESCENCE n.f.
En. **infructescence**
De. **Fruchtstand**
Es. **infrutescencia**
It. **infruttescenza**
Ensemble des fruits qui succèdent à l'inflorescence sur un arbre fruitier.

INGÉNIEUR AGRICOLE l.m.
Titre décerné à leurs élèves, lors de la fin de leurs études, par les Ecoles Nationales d'Agriculture de Grignon, de Montpellier et de Rennes avant qu'elles ne fussent Ecoles Nationales d'Agronomie.

INGÉNIEUR AGRONOME l.m.
En. **agricultural graduate, agronomist**
De. **Agraringenieur**
Es. **ingeniero agrónomo**
It. **ingegnere agrario**
Titre donné aux étudiants des divers établissements de l'Enseignement Supérieur agricole, avec le diplôme correspondant à l'établissement fréquenté *(V. Enseignement agricole).*

I.N.G.E.R. sigle
Institut National de Gestion et d'Economie Rurale.
Créé en 1964, pour fédérer les Centres départementaux et régionaux de gestion et d'économie rurales.
Organisme chargé d'étudier les problèmes agricoles, d'en indiquer la position actuelle et d'en envisager l'évolution et les perspectives d'avenir. Des ingénieurs spécialisés initient les milieux agricoles aux moyens de production et *aux méthodes de gestion, par l'intermédiaire des centres locaux.*

INGRAIN n.m.
Blé d'hiver rustique, réservé jadis à la consommation des paysans et, actuellement, à celle du bétail.
Syn. Epeautre.

INHIBITEUR n.m.
En. **inhibitor**
De. **Hemmsubstanz**
Es. **inhibidor**
It. **inibitore**
Substance arrêtant la croissance, ou le fonctionnement, d'un organisme sans le tuer.
Etym. Du latin *inhibitio,* défense.

INHIBITION n.f.
En. **inhibition**
De. **Hemmung**
Es. **inhibición**
It. **inibizione**
Action d'un agent, dit *inhibiteur,* sur une activité biologique dont il arrête l'évolution. *Ainsi un gène, un virus, une bactérie peuvent contrarier la croissance d'une plante.*
Etym. Du latin *inhibitio,* défense.

INMARK n.m.
(Norvège). Partie cultivée et enclose, située à proximité du village, et divisée en parcelles ouvertes, parfois soumises aux contraintes communautaires.
Équivalent de l'infield britanique.

INOCULATION n.f.
En. **inoculation**
De. **Einimpfung, Inokulation**
Es. **inoculación**
It. **inoculazione**
1. Introduction dans un organisme végétal, ou animal, des germes d'une maladie contagieuse.
2. Vaccination, c'est-à-dire introduction dans un organisme de germes à virulence atténuée, mais susceptibles de favoriser la multiplication des anticorps résistant à la maladie contagieuse à prévenir.
Etym. Du latin *in,* en, et *oculus,* oeil, bourgeon ; *inoculare,* greffer en écusson.

INONDATION n.f.
En. **flood, inundation**
De. **Überschwemmung**
Es. **inundación**
It. **inondazione**
Débordement des eaux d'un cours d'eau sur le territoire de son lit majeur.
L'inondation est bénéfique quand elle est lente et apporte des limons fertilisants ; elle est désastreuse si elle est violente, si elle ravine le sol et dépose des matériaux grossiers et stériles. L'inondation pour irrigation est appelée submersion.
Etym. Du latin *in,* dans et *unda,* eau.

INQUILINO n.m.
(Sicile et Chili). Petite exploitation agricole en marge d'un grand domaine.
C'est l'inquilinage. L'exploitation a été confiée à la famille d'un ouvrier agricole pour qu'elle s'y livre à des cultures alimentaires ; en retour, l'ouvrier s'acquitte par des travaux, durant toute l'année, sur le domaine du maître de la terre. Syn. Sitiente.

I.N.R.A. sigle
Institut National de la Recherche Agronomique.
Institution créée en 1946 et disposant d'une vingtaine de centres, ou de laboratoires, pour préparer, exécuter, et publier des travaux de recherche dans le domaine agricole.
Ils sont financés par l'Etat, par des subventions publiques et privées, et par les ventes de leurs produits et de leurs brevets. On leur doit la création d'hybrides de maïs, de tournesol et d'une poule-vedette remarquable par la grosseur de ses poulets. Ses chercheurs ne sont pas moins actifs et efficaces dans le domaine de la génétique, de la physiologie, de la pathologie et de la nutrition, tant végétales qu'animales.

INSECTE n.m.
En. **insect**
De. **Insekt**
Es. **insecto**
It. **insetto**
Animal articulé, à six pattes, de la classe des arthropodes, respirant à l'air libre et se reproduisant par métamorphose, avec des larves issues des oeufs et qui deviendront des insectes parfaits après avoir passé par le stade de la chrysalide. *Larves et insectes sont pour la plupart nuisibles à l'agriculture : phylloxéra, hanneton, criquets, etc. On les combat avec des insecticides et en protégeant leurs ennemis : oiseaux, coccinelles, etc. Cependant, certains insectes sont très utiles à l'homme : abeilles, vers à soie, lépidoptères véhiculeurs de pollen.*
Etym. Du latin *insectum,* qui peut être coupé.

INSECTICIDE n.m.
En. **insecticide**
De. **Insektizid**
Es. **insecticida**
It. **insetticida**
Produit destiné à détruire les insectes nuisibles aux plantes cultivées et aux animaux domestiques.
Ce sont des poudres, des gaz, ou des liquides qui agissent soit en attaquant l'insecte par l'extérieur (D.D.T., cyanure), soit par ingestion, en empoisonnant l'animal (arséniates). On peut également recourir à des feuilles sèches de plantes insecticides, incorporées au sol, comme celles de certaines graminées d'Afrique qui empoisonnent les insectes. Par ailleurs, en modifiant le génie génétique de plantes comme le tabac, on leur fait produire des protéines toxiques pour les insectes ; ce sont en quelque sorte des plantes tue-mouches.

INSECTIFUGE n.m.
En. **insectifuge**
De. **Insektenmittel**
Es. **insectífugo**
It. **insettifugo**
Produit qui fait fuir les insectes, telle la poudre de pyrèthre.

INSECTIVORE adj.
En. **insectivorous**
De. **Insekten fressend**
Es. **insectívoro**
It. **insettivoro**
Qualifie l'animal qui mange des insectes.
Etym. Du latin *insectum*, divisé en sections, et *vorare*, manger.

INSECTIVORE n.m.
En. **insectivorous**
De. **Insektenfresser**
Es. **insectívoro**
It. **insettivoro**
Ordre de la famille des mammifères qui se nourrissent d'insectes (taupes, hérissons, etc.).
Etym. Du latin *insectum*, insecte, et *vorare*, manger.

INSÉMINATEUR n.m.
En. **inseminator**
De. **Befruchter**
Es. **inseminador**
It. **inseminatore**
Spécialiste chargé de l'insémination artificielle.
Etym. Du latin *in*, dans, et *semen*, semence.

INSÉMINATION ARTIFICIELLE l.f.
En. **artificial insemination**
De. **künstliche Befruchtung,
  künstliche Besammung,
  künstliche Insemination**
Es. **inseminación artificial**
It. **inseminazione artificiale**
Procédé pour féconder artificiellement une femelle en lui injectant dans l'utérus, au moment de l'ovulation, des spermatozoïdes prélevés sur des mâles.
Pratique mise au point par le Russe Ivanow, elle est de plus en plus en usage, car elle permet, avec un moins grand nombre de mâles, donc avec un moindre capital immobilisé, de produire un grand nombre d'élèves normaux, sains et même sélectionnés, en fonction de certaines qualités du donneur de sperme.
Etym. Du latin *in*, dans, et *semen*, semence.

INSOLATION n.f.
En. **sunstroke, heliosis** (3)
De. **Sonnenstich** (3)
Es. **insolación** (3)
It. **insolazione** (1), (2), 3)
1. Action directe des rayons solaires sur un être vivant.
2. Durée et intensité de cette action.
3. Troubles causés par une exposition prolongée à des rayons de soleil trop vifs.
Coup de chaleur, ou érythème solaire qui se manifeste en surface par des rougeurs, en profondeur par la dilatation des vaisseaux sanguins et, parfois, par leur rupture, entraînant la mort.
Etym. Du latin *in*, dans, et *sol*, soleil.

INSTALLATION n.f.
En. **setting up**
De. **Installation, Einrichtung**
Es. **instalación**
It. **installazione**
Répartition des objets nécessaires au fonctionnement d'une exploitation agricole, en particulier l'*installation mobile de traite*, plateau tournant sur lequel prennent place les vaches à traire afin qu'elles passent successivement devant les trayeuses mécaniques.

INSTITUT AGRICOLE DE BEAUVAIS l.m.
Etablissement d'enseignement supérieur agricole privé, fondé en 1854 par les frères des Ecoles Chrétiennes.
Il forme des ingénieurs agricoles susceptibles, après trois années d'études, de diriger, scientifiquement et pratiquement, un grand domaine, ou une industrie agricole.

INSTITUT NATIONAL AGRONOMIQUE l.m.
Etablissement d'enseignement supérieur agricole, fondé en 1876, rue Claude-Bernard à Paris.
Il forme des chercheurs spécialisés, des professeurs, des administrateurs pourvus du titre d'ingénieurs agronomes, après deux ans d'études. A la sortie, les élèves peuvent se spécialiser dans le Génie rural, dans les Eaux et Forêts, dans les industries agricoles, dans l'enseignement, etc.

INSTITUT RURAL l.m.
Etablissement universitaire où, après la classe de Seconde des lycées techniques, des élèves reçoivent un enseignement théorique et pratique qui leur permet d'obtenir le Brevet de Technicien Supérieur Agricole (B.T.S.A.).

INSTITUTS TECHNIQUES l.m.p.
Etablissement, au nombre d'une quinzaine, répartis à travers la France, et placés sous le régime de la loi de 1901 sur les associations, assurant la liaison entre les recherches et leurs applications dans le domaine agricole.
Chacun de ces centres est spécialisé selon l'environnement où il s'est développé, notamment l'Institut technique du Vin (I.T.V.), l'Institut technique de l'aviculture (I.T.A.V.I.), de l'élevage bovin (I.T.E.B.), etc.

INSTITUTEUR AGRICOLE l.m.
Es. **instructor agrícola**
It. **istruttore rurale**
Instituteur ayant reçu une formation agricole afin de conseiller les jeunes agriculteurs, de leur enseigner les procédés modernes de la culture et de l'élevage.
Il donne également des conférences et des cours du soir dans un secteur rural précis.

INSTRUMENT ARATOIRE l.m.
Es. **apero de labranza**
It. **strumento aratorio**
Outil, ou machine, servant au travail de la terre : bêche, charrue, herse, etc.

INTÉGRATION AGRO-INDUSTRIELLE l.f.
Association étroite de la production agricole et de la production industrielle, la première fournissant, avec l'aide de la seconde (matériel, engrais), les produits de la culture et de l'élevage qui sont traités par la seconde pour devenir consommables (aliments, tissus, bois, etc.).
L'association se fait parfois sous contrat entre agriculteurs et industriels.

INTENDANT n.m.
En. **intendant**
De. **Oberaufseher**
Es. **intendente**
It. **intendente**
Personne qui était chargée de suppléer le seigneur dans l'administration de son domaine, réserves et tenures comprises (Xème siècle).
Etym. Du latin *intendens*, qui surveille.

INTENSIF adj.
En. **intensive**
De. **heftig, intensiv, stark**
Es. **intensivo**
It. **intensivo**
Qualifie des procédés de culture et d'élevage destinés à obtenir de hauts rendements par l'utilisation totale du sol cultivable, soit à l'aide d'une main d'oeuvre nombreuse, soit par l'apport de capitaux permettant l'achat d'un abondant matériel et d'une utilisation scientifique des procédés agricoles.

INTERCALAIRE adj.
En. **intercalary**
Es. **intercalar**
It. **intercalare**
Qualifie une culture qui est introduite entre des plantes cultivées.

INTERPOLLINISATION n.f.
Es. **interpolinización**
It. **interimpollinazione**
Pollinisation obtenue par un pollen d'une variété de plante autre que celle des fleurs femelles.

INTERRANE adj.
Qualifie les plantes cultivées qui croissent et végètent dans la terre.
Peu usité.
Etym. Du latin *in*, dans et *terra*, terre.

INTRADE n.f.
(Picardie). Somme versée au propriétaire d'une parcelle, ou d'un domaine, par le fermier qui prenait en main l'exploitation du bien.
Etym. Du latin *intrare*, entrer.

INTROGE n.m.
(Alpes). Redevance versée au seigneur d'un alpage pour y *alberger* un troupeau.

INTROGRESSION n.f.
En. **introgression**
Es. **introgresión**
It. **introgressione**
Introduction progressive des gènes d'une certaine espèce dans les gènes des cellules sexuelles d'une autre espèce pour en modifier les caractères spécifiques.
C'est le phénomène de l'hybridation qui peut être naturelle ou artificielle.
Etym. Du latin *introgressio*.

INVASION n.f.
En. **invasion**
De. **Plage**
Es. **invasión**
It. **invasione**
Irruption plus ou moins rapide d'une population, nuisible ou utile, dans une zone et sur une culture, ou sur un élevage, jusqu'alors parfaitement sains.
Etym. Du latin *in*, dans et *vadere*, aller.

INVENTAIRE n.m.
En. **inventory**
De. **Verzeichnis, Inventar**
Es. **inventario**
It. **inventario**
Liste des biens mobiliers et immobiliers appartenant à une personne, ou à une communauté.
C'est un document précieux pour connaître la composition des domaines agricoles depuis le Haut Moyen Age, tel le polyptique d'Irminon, abbé de Saint-Germain-des-Prés en 811 ; état des domaines, réserves et tenures de la célèbre abbaye.
Etym. Du latin *inventarium*.

INVENTAIRE FORESTIER n.m.
Opération qui consiste à compter les arbres d'une forêt et à mesurer leur volume en fonction de leur circonférence à hauteur d'homme, afin de calculer les prélèvements à effectuer et leur volume en bois utilisable.
Procédé réservé aux forêts isolées. L'inventaire forestier national vise au contraire à déterminer le capital ligneux du pays et met en oeuvre des techniques statistiques et cartographiques.

INVERSABLE adj.
Es. **que no puede encamarse**
It. **resistente all'allettamento**
Qualifie une céréale à tiges courtes et dures que le vent et la pluie ne peuvent *verser*.

INVERSET n.m.
(Vivarais). Versant orienté au Nord.
Syn.Ubac.

INVERSION n.f.
En. **inversion**
De. **Umkehrung, Inversion**
Es. **inversión**
It. **inversione**
Opération du sucrage des vins, dont on veut élever le degré d'alcool.
On ajoute à la vendange en cours de fermentation du sucre cristallisable, non fermentescible, ou saccharose, (sucre de canne ou de betterave). Sous l'influence de la chaleur de la fermentation et de l'acidité du moût, le saccharose se dédouble, c'est à dire s'invertit en glucose et en lévulose fermentescibles et entrant dans la composition alcoolique du vin.
Syn. Chaptalisation, sucrage.

INVESTIR v.tr.
En. **to invest**
De. **belehnen, bekleiden**
Es. **investir**
It. **investire**
1. Mettre une personne en possession d'un droit, ou d'un domaine.
Ainsi le suzerain investissait ses vassaux de terres sur lesquelles ils exerçaient, à sa place, des droits souverains.
2. Placer un capital dans une entreprise agricole pour en accroître la production.
C'est procéder à un investissement.
Etym. Du latin *in*, dans et *vestire*, vêtir.

INVESTISON n.f.
(France du Nord). Espace de terrain où le propriétaire d'une ferme contiguë avait la permission de dresser une échelle pour effectuer des réparations.
Syn. Droit d'échelage, tour d'échelle.

INVESTISSEMENT AGRICOLE l.m.
En. **agricultural investment**
De. **Agrarinvestition**
Es. **inversión agrícola**
It. **investimento agricolo**
1. Affectation de ressources financières à une exploitation agricole, ou capitaux obtenus par emprunt et consacrés à l'amélioration des biens mobiliers et immobiliers de cette exploitation, entre autres achat de matériel, ravalement et construction de bâtiments, acquisition de parcelles, etc.
2. Mise à la disposition des individus, ou des communautés, par les soins de l'Etat, de capitaux destinés à améliorer la viabilité, les moyens de transport, la commercialisation des produits de la terre, etc.

INVESTITURE n.f.
En. **investiture**
De. **Einsetzung, Belehnung**
Es. **investidura, toma de posesión**
It. **investitura**
Cérémonie au cours de laquelle le suzerain confiait à un vassal une terre avec les revenus féodaux provenant des tenures accensées et les ressources en nature provenant du domaine direct non accensé.
L'investiture s'accompagnait de la rédaction d'un acte, très utile pour l'histoire agraire au cours du Moyen Age, et elle se terminait par la remise au vassal d'un objet symbolique, bâton, brin de paille, motte de terre représentant la terre inféodée.

I.N.V.U.F.L.E.C. sigle
Institut National de Vulgarisation pour les Fruits, Légumes et Champignons.
Créé en 1961, il a pour but l'étude des variétés de plantes cultivées, et celle des techniques culturales les mieux adaptées à chaque région agricole *(P. Habault)*.

IONISATION n.f.
En. **ionization**
De. **Ionisierung, Ionisation**
Es. **ionización**
It. **ionizzazione**
Procédé de stérilisation et de conservation des produits agricoles, les ferments nuisibles étant détruits par des rayons radioactifs gamma, dans des *ionisateurs*, ou chambres d'ionisation.
Etym. Du grec *ion*, particule.

IRIS n.m.
En. **iris**
De. **Schwertlilie**
Es. **lirio**
It. **iris, iride, giaggiolo**
Plante vivace à bulbes, de la famille des Iridacées *(Iris florentina)*.
Cultivée pour ses fleurs et pour son rhizome d'où l'on retire un parfum, l'essence d'iris, et l'ionomo, cétone qui a une forte odeur de violette.
Etym. De la déesse *Iris*, aux sept couleurs de l'arc-en-ciel.

IRRIGANT n.m.
En. **hoseman**
Es. **regante**
It. **utente di un impianto di irrigazione**
Usager d'un réseau d'irrigation.

IRRIGATEUR n.m.
En. **irrigator** (1,2)
De. **Bewässerungspumpe** (2)
Es. **irrigador** (2)
It. **irrigatore** (2)
1. Personne qui irrigue.
Syn. Irrigant.
2. Appareil servant à irriguer, à arroser.
Etym. Du latin *irrigare*, arroser.

IRRIGATEUR adj.
Qualifie un canal conduisant l'eau dans les parcelles à irriguer.

IRRIGATION n.f.
En. **irrigation, flooding**
De. **Bewässerung, Berieselung**
Es. **riego, irrigación**
It. **irrigazione**
Fourniture artificielle d'eau aux plantes cultivées.
Elle a pour but de suppléer l'insuffisance des pluies et des nappes d'eau naturelles, d'enrichir le sol en éléments fertiles, d'éliminer les sels nuisibles aux plantes et de détruire des insectes, comme le phylloxera. Les eaux nécessaires sont obtenues par dérivation, rétention, élévation, ruissellement, submersion, infiltration, arrosage (fig. 112). Ces eaux doivent être aérées, de la même température que le sol et ne pas trop comporter de calcaire. Les procédés d'irrigation modifient les paysages où l'opulente verdure côtoie l'aridité désertique, et imposent aux sociétés qui s'y livrent des problèmes d'entente et des règlements très stricts, mais c'est une solution à la faim et à la misère dans les pays à longue saison sèche. On peut distinguer plusieurs procédés d'irrigation :
1. Irrigation par aspersion, l'eau étant dispersée par un appareil sur les plantes.
2. Irrigation goutte à goutte, irrigation sous faible pression par des tubes posés sur le sol, ou bien enterrés, ou suspendus et répartis à intervalles réguliers autour des plantes. L'eau est distribuée lentement par des microtubes appelés baveurs, ou tricklers ; procédé précis qui évite les pertes par évaporation et qui peut être automatisé, selon les besoins.
3. Irrigation par infiltration, le long des sillons tracés dans la terre meuble.
4. Irrigation souterraine, par des tuyaux poreux d'où l'eau s'écoule dans le sol perméable, avec répartition par infiltration.

(Fig. 112). Irrigation :
1. Rigole de distribution
2. Rigole versante

5. Irrigation par submersion, irrigation des planches de culture complètement couvertes d'eau, pendant le temps nécessaire à l'absorbtion de l'eau utile.
6. Irrigation de complément, rendue nécessaire par une insuffisance passagère des pluies.
7. Irrigation fertilisante, par une eau enrichie de produits fertilisants.
8. Irrigation pérenne, c'est-à-dire continue, sous climat plus ou moins aride, et sans laquelle aucune culture ne serait possible.
9. Irrigation à la raie, le long d'un sillon bordant les cultures maraîchères.
10. Irrigation à la cuvette, par des cuvettes creusées au pied des arbres fruitiers.
Etym. Du latin *irrigare*, arroser.

IRRIGUER v.tr.
En. **to irrigate**
De. **bewässern**
Es. **regar, irrigar**
It. **irrigare**
Asperger, ou baigner les plantes cultivées d'une eau appropriée à leur croissance.
Etym. Du latin *irrigare*, arroser.

IRRORATION n.f.
En. **sprinkler irrigation**
De. **Besprengung**
Es. **aspersión**
It. **irrorazione**
Procédé d'irrigation qui consiste à répandre l'eau par aspersion, sous forme de fines gouttelettes, comme de la rosée.
C'est irrorer ; technique plus connue sous le nom d'irrigation par aspersion.
Etym. Du latin *in*, dans et *ros, roris*, rosée.

IRROULÉGUY n.m.
(Pays Basque). Vignoble situé autour de la commune d'Irrouléguy.
Ses vins rosés, secs et fruités, sont très appréciés.

ISABELLE n.f.
It. **isabella**
1. Cépage à raisins noirs d'origine américaine.
Sa culture est interdite en France à cause de la nocivité de ses produits.
2. Couleur d'un cheval à la robe café au lait et aux crins noirs.

ISATIS n.m.
En. **woad**
De. **Färberwaid**
Es. **isatis**
It. **isatis, guado**
Plante de la famille des Crucifères (*Isatis tinctoria*), cultivée naguère pour en extraire le pastel.

ISBA n.f.
Es. **isba**
Maison rurale des pays slaves, et plus particulièrement chaumière russe.
Par l'introduction d'influences germaniques dans le monde slave, ce terme désigna d'abord une pièce chauffée, réservée au bain, puis une chambre munie d'un poêle et, enfin, l'ensemble de l'habitation construite en bois dans la zone de la forêt, en torchis ou en briques dans la zone de la steppe.
Etym. Du latin *extufa*, étuve, par le germanique *Stuba*.

ISCLES n.f.p.
(Gascogne). Dépôt de sable et de gravier apporté par les torrents et les crues des rivières, et couvert de broussailles.

I.S.M. sigle
Indemnité Sociale de Montagne.
Subvention annuelle attribuée aux exploitants agricoles situés en région montagneuse pour compenser les difficultés du milieu naturel.
Elle a été remplacée par une indemnité compensatoire des handicaps naturels, de caractère moins restrictif.

ISOAGRE n.m.
Créée par Marc Bloch, ligne joignant les points limitant une région où règne la même structure agraire.
Etym. Du grec *isos*, égal et *agros*, champ.

ISOLEMENT (DISTANCE D') l.f.
En. **isolation distance**
De. **Isolierung (sabstand)**
Es. **aislamiento (distancia de)**
It. **impianto (sesto d')**
1. Distance à respecter entre la limite d'une parcelle et celle d'une plantation d'arbres afin que les racines ne nuisent pas aux cultures du voisin ; elle est d'environ 2 m.
2. Distance indiquée par des règlements techniques entre des *lignées*, ou des familles de plantes, pour qu'il n'y ait pas entre elles altération génétique par apport de pollens étrangers, ou danger d'infection par apport d'éléments pathogènes.

ISSART n.m.
1. *(Languedoc)*. Terrain défriché par écobuage.
2. *(Morvan)*. Lande, terrain vague.
Déformation d'essart.

ISSUES n.f.p.
En. **grain offal** (1,2)
De. **Kleie, Abfälle** (1)
Es. **echaduras** (1), **despojos** (2)
It. **cruschello** (1),
    scarti della macellazione (2)
1. Résidus de mouture après prélèvement de la farine des céréales.
Ces issues comprennent le son, la repasse, le remoulage, etc. Mélangées à de la paille, ou à des racines, elles servent à nourrir le bétail.
2. Parties non consommables d'une bête de boucherie (peau, corne, poils, etc.).
Etym. Du latin *exire*, sortir.

I.T.A.P.I. sigle
Institut Technique des Céréales et des Fourrages.

ITINÉRAIRE TECHNIQUE n.m.
Succession logique, et établie scientifiquement, des diverses opérations pratiquées pour obtenir le meilleur rendement d'une culture ou d'un élevage.

ITINÉRANTE adj.f.
En. **itinerant**
De. **reisend**
Es. **itinerante**
It. **nomade**
Qualifie une culture effectuée par des nomades autour des étapes de leurs troupeaux, ou par

des paysans de la brousse mettant en valeur une parcelle de terre, puis l'abandonnant, récolte faite, pour défricher un autre îlot de lande ou de forêt.
Etym. Du latin *itinerare,* voyager.

I.T.V. sigle
Institut Technique des Vignes et du Vin.
3, rue de Pigny, Paris 8e.

IVAIE n.f.
(Bretagne). Bois composé d'ifs.
Etym. Du nom breton de l'arbre, *ivin.*

I.V.C.C. sigle
Institut des Vins de Consommation Courante.
Créé en 1953, pour améliorer la qualité des vins ordinaires.

I.V.D. sigle
Indemnité versée annuellement à un agriculteur s'il quitte son exploitation à l'âge de 60 ans, s'il fait de la publicité à propos de son intention de la céder à un jeune agriculteur, et à la rigueur à un voisin, avec promesse de résiliation de bail.
V. *Indemnité Viagère de Départ.*

IVRAIE n.f.
En. **darnel**
De. **Taumellolch, Raygrass**
Es. **cizaña**
It. **loglio**
Plante de la famille des Graminées.
L'espèce Lolium temulentum *est une mauvaise herbe des champs de céréales ; elle est très toxique, notamment par ses graines. Mais elle est devenue très rare par suite des progrès techniques (pureté des semences, herbicides). La fausse ivraie, ou ray-grass (Lolium perenne), est utilisée comme gazon de pelouse et comme fourrage abondant et de bonne qualité (R.Blais).*
Etym. Du latin *ebrius,* ivre, les graines de l'ivraie causeraient une certaine ivresse.

IXODE n.m.
En. **tick**
De. **Zecke**
Es. **garrapata**
It. **zecca**
Acarien dont le plus connu est la tique *(Ixodes hexagonus).*
Inoffensif sur l'homme, il peut se fixer sur un animal, entre autres le chien, pour s'y gorger de sang ; on en dégage la bête en versant sur l'insecte une goutte de benzine, qui lui fait lâcher prise et permet de l'écraser.
Etym. Du grec *ixodes,* visqueux.

J

JABLE n.m.
En. **croze**
De. **Kimme**
Es. **jable**
It. **capruggine**
Rainure creusée près de l'extrémité des douves pour y emboiter le bord circulaire du fond d'un tonneau.

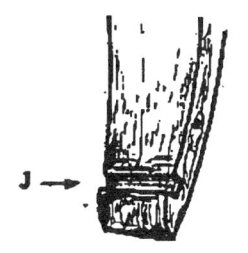

(Fig. 113). Jable

Cette rainure ne doit pas dépasser le tiers de l'épaisseur de la douve, afin de ne pas en compromettre la résistance (fig. 113). On creuse les jables à l'aide d'un jabloir, *ou* verdondaine ; *c'est* jabler.

Etym. Du gaulois *gabulum*, gibet, qui a donné *gable, et jable,* avancée d'un toit en saillie comme un gibet.

JABOT n.m.
En. **crop**
De. **Kropf**
Es. **buche**
It. **ingluvie, gozzo**
Poche membraneuse située dans l'oesophage des volailles et où se produit un premier ramollissement des aliments avant de passer dans l'estomac, ou *ventricule succenturié*, puis dans le gésier.
Chez les ruminants et le chien le jabot oesophagien est une dilatation accidentelle de l'oesophage, causée par un traumatisme et que l'on guérit par une opération.

J.A.C. sigle
Jeunesse Agricole Chrétienne.
Association de jeunes gens se destinant aux professions agricoles, sous la direction d'un clergé catholique, notamment dans la France de l'Ouest ; créée en 1929.

JACARANDA n.m.
(Brésil). Arbre de la famille des Légumineuses *(Jacaranda mimosaefolia).*
Il donne un bois d'ébénisterie et un fruit comestible. Cultivé dans le sud de la France, comme plante d'ornement, ses feuilles ressemblent à celles du mimosa.

JACHÈRE n.f.
En. **fallow land**
De. **Brachefeld, Brachland**
Es. **barbecho**
It. **maggese**
Champ laissé inculte pendant une, ou plusieurs années, afin de permettre au sol de récupérer les éléments fertilisants enlevés par les récoltes.
On distingue plusieurs sortes de jachères simples :
1. La jachère morte, *laissée à l'abandon.*
2. La jachère vive, *cultivée en fourrages.*
3. La jachère verte, *ou herbeuse, où poussent les fourrages consommés sur place par les troupeaux.*
4. La jachère labourée *avec divers instruments*

*aratoires afin d'aérer le sol et de favoriser l'action des bactéries, sans ensemencer.
C'est le dry farming.
5. La jachère d'été et la jachère d'hiver, selon la saison durant laquelle la terre se reposait.
6. La jachère en eau consistait à transformer en étang la terre que l'on voulait régénérer.
La jachère était indispensable lorsqu'on n'utilisait ni les légumineuses fixant l'azote, ni les engrais chimiques. Elle permettait surtout, lorsqu'elle était labourée, de détruire les mauvaises herbes, de favoriser l'activité bactérienne transformant les matières végétales en humus et enrichissant le sol en nitrates. Actuellement, elle a presque complètement disparu des pays de cultures intensives. Mais elle subsiste encore dans de nombreuses régions du Globe, en particulier autour de la Méditerranée où elle entre dans le cycle du dry-farming durant lequel de légères façons culturales réduisent l'évaporation du sol et favorisent le développement du milieu bactérien fertilisant.*
Etym. Du gaulois *ganskaria*, charrue.

JACHÈRE ARBUSTIVE l.f.
Pratique culturale qui consiste à laisser un champ en repos pendant 15 ou 20 ans, durant lesquels il se reboise, puis à le remettre en culture un an ou deux, après essartage et brûlis.
Encore appliquée dans la zone tropicale, où elle est appelée aussi jachère forestière.

JACHÈRE CLIMATIQUE l.f.
Jachère qui suit une année de culture du blé dans les hautes vallées des Alpes.
Semé tôt à la fin de l'été, il ne peut être moissonné que tardivement, après avoir occupé le sol douze ou treize mois. Il est alors trop tard pour procéder à des semailles ; il faut les remettre à l'année suivante, en laissant les chaumes incultes, en jachère.

JACHÈRE DÉROBÉE l.f.
Pratique agricole qui consistait à utiliser une jachère, après la moisson, pour y semer du fourrage, ou des raves, à récolter à la fin de l'hiver.
Ainsi, on dérobe au sol une partie de son repos en y prélevant une culture de quelques mois.

JACHÈRE ÉCONOMIQUE l.f.
Suppression des cultures sur une certaine surface agricole, décidée par les responsables des gouvernements afin de réduire les productions agricoles pour éviter les excédents et la chute des prix.

JACHÉRÉE n.f.
(Berry). Déchaumage d'une terre en jachère.

JACHÉRER v.tr.
En. **to plough up**
De. **brachen**
Es. **barbechar**
It. **maggesare**
Effectuer un premier labour sur une jachère morte, ou verte, pour la préparer à recevoir une nouvelle récolte.

JACINTHE n.f.
En. **hyacinth**
De. **Hyazinthe**
Es. **jacinto**
It. **giacinto**
Plante à bulbe, à fleurs en grappe, très parfumée, de la famille des Liliacées, dont la variété jacinthe d'Orient *(Hyacinthus orientalis)*, est souvent cultivée en pots et ses bulbes sont conservés d'une année à l'autre.
Cette plante est parfois appelée hyacinthe.
Etym. Du grec *huakinthos*.

JACQUÈRE n.f.
(Alpes). Cépage à raisins blancs, cultivé dans les Alpes.
*Rustique et abondant, il donne un vin léger qui se conserve mal.
Syn. Buisserate, cugnette, ribinet, etc.*

JACQUERIE n.f.
En. **Jacquerie, peasant revolt**
De. **Bauernaufstand**
Es. **levantamiento de campesinas**
It. **rivolta contadina**
Révolte de paysans, telle celle de 1358 dans le Val d'Oise que réprima Charles de Navarre, beau-frère de Charles V.
Etym. De *Jacques Bonhomme*, nom donné par dérision aux paysans du Moyen Age.

JACQUEROTTE n.f.
(Pays de langue d'oil). Nom vulgaire de la gesse tubéreuse.
Syn. Favée.

JACQUES n.m.
En. **French peasant**
De. **französischer Bauer**
Es. **campesino sublevado**
It. **soprannome del contadino francese**
Sobriquet du paysan français.
Il servit surtout à désigner les paysans révoltés au XIVème et XVème siècles.

JACQUEZ n.m.
Cépage d'origine américaine, produisant en abondance des raisins noirs, mais de médiocre qualité.
Lors du phylloxera il fut employé pour la reconstitution du vignoble français, comme porte-greffe et producteur direct, il est délaissé car peu résistant au mildiou et au phylloxera.

JACQUIER n.m.
V. *Jaquier*.

JAFFET n.m.
Crochet fixé à un long manche pour abaisser les branches des arbres fruitiers lors de la cueillette.
Syn. en langue d'oc, goffet (Agenais).

JALAGE n.m.
De. **Weinsteuer**
Es. **impuesto sobre el vino**
It. **imposta sul vino**
Droit seigneurial perçu en nature sur chaque pièce de vin vendue au détail dans la seigneurie.
Etym. De *jale*, récipient pour transporter la vendange.

JALE n.f.
Es. **lebrillo** (2)
It. **tinozza** (2)
1. Mesure en bois pour transporter les grains, la farine, les boissons.
2. *(Anjou).* Baquet servant à transporter les raisins écrasés.

JALEUSE n.f.
Une des 40 femmes chargées, avant la Révolution, de mesurer les grains et les farines qui se vendaient à Paris.
Pour cette opération, elles se servaient d'une grande jatte appelée jale.

JALONNER v.tr.
En. **to mark out**
De. **mit Pfählen abstecken**
Es. **jalonar**
It. **biffare, picchettare**
Matérialiser sur le terrain une ligne, un axe, une plantation, en vue d'un travail à effectuer, tels la délimitation d'une parcelle et l'emplacement des arbres à y planter.
Ce travail est réalisé par un jalonneur à l'aide de piquets appelés jalons.

Jalon

JAMBE PENDANTE l.f.
(Picardie). Partie supérieure d'un talus, ou *rideau*, séparant deux parcelles situées sur le versant d'une colline.
Ainsi désignée parce qu'en principe elle a comme dimension la longueur de la jambe d'un homme assis au sommet du talus ; cette section du rideau relève du propriétaire de la parcelle supérieure, et doit être maintenue par des pelouses, ou des buissons, afin d'éviter les éboulements.

JAMBETTE n.f.
En. brace
De. Beichen
Es. gambota
It. stanga
Pièce de bois, ou de fer, qui reliait, dans une charrue, le *sep* à la *haie*.

JAMBOSIER n.m.
En. Malay apple
De. Jambusenbaum
Es. yambo
It. iambosa
Plante de la famille des Myrtacées (*Eugenia malaccensis*).
Originaire de l'archipel malais, cet arbuste de quelques mètres est cultivé dans les îles tropicales pour son fruit de la grosseur d'un oeuf, parfumé et succulent, appelé jamerose. On peut le cultiver en Provence.
Syn. Jamalac, jambosier, prunier de Malacca.

JAMBON n.m.
En. ham
De. Schinken
Es. jamón
It. prosciutto
Membre postérieur du porc, mis en conserve en l'imprégnant de sel.
Etym. Du latin gamba, jarret.

JANNIÈRE n.f.
En. furze field
De. Stechginsterfeld
Es. aulaga
It. giuncaia
(Bretagne). Parcelle plantée en ajoncs.
Syn. Janvie.
Etym. De jans, ajonc.

JANRINETTE n.f.
Variété de poire.

JANVIER n.m.
En. January
De. Januar
Es. enero
It. gennaio
Premier mois de l'année grégorienne.
A cause des gelées et des pluies, les travaux sont presque complètement suspendus dans les champs. On nettoie le matériel, on remet en état les chemins, clôtures et fossés. Jadis, on achevait le battage des céréales dans les granges. On effectue des transports d'engrais et de fumier, et on commence la taille des vignes et des arbres fruitiers. Dans les vignes, on se livre au provignage et à l'épandage des composts. Dans les vergers, on nettoie les troncs de leurs mousses et de leurs lichens. Au jardin, débutent les semis de radis, d'aubergines, de céleri et de choux ; on déchausse les asperges. On récolte mâches, épinards, poireaux, endives, choux de Bruxelles, etc. La surveillance de la température dans les serres est un souci constant. On termine le gavage des oies et canards, et dans les étables
on suralimente les bêtes à l'engrais.
Etym. Du latin januarius, dérivé de Janus, le dieu du premier mois de l'année julienne.

JAOUMET n.m.
(Roussillon). Cépage à raisins blancs, cultivé en Roussillon.
Plus précoce que le chasselas, il apparaît sur les tables dès la fin juillet.

JAPHET n.m.
Variété de blé, à paille dure et courte, à gros grains rouges et à farine de bonne qualité.

JAQUE n.m.
1. Fruit du jaquier.
2. Fromage blanc fabriqué en Bourgogne.

JAQUIER n.m.
En. breadfruit tree
De. Brotbaum
Es. árbol del pan
It. artocarpo, albero del pane
Arbre de la famille des Moracées (*Artocarpus interifolia*).
Originaire du nord-ouest de l'Inde, il est cultivé dans la plupart des pays tropicaux pour ses fruits pesant jusqu'à 20 kilos. Leur pulpe sert à fabriquer une pâte fermentée que l'on fait cuire au four, d'où le nom d'arbre à pain donné au jaquier.
Syn. Jacquier, artocarpe

JARAT
(Vendée). Gesce, ou jarosse.

JARDIN n.m.
En. garden, kitchen garden
De. Gemüsegarten, Garten
Es. huerto
It. orto, giardino
Parcelle enclose, située près de la maison et consacrée à la production de légumes, de petits fruits et de fleurs.
Objets de soins de la part de la ménagère, les jardins auraient été à l'origine des plantes cultivées, des sortes de terrains d'essai. Par extension, région très fertile. La Touraine a été appelée le jardin de la France. Selon leur utilisation on distingue de nombreuses variétés de jardins : jardins maraîchers, ou potagers, jardins fruitiers, jardins d'agréments, jardins botaniques, jardins d'essais, jardins anglais de plan irrégulier pour l'agrément des yeux, jardins à la française aux lignes géométriques, jardins suspendus sur une terrasse, etc. Dans beaucoup de cas jardin devient synonyme de parc. En Afrique tropicale, les jardins de case correspondent à de petites parcelles adossées aux maisons, abondamment fumées et consacrées aux cultures délicates pour le ménage et, le cas échéant, pour la soudure des récoltes.
Etym. Du francique gart, enclos, latinisé dans hortus gardinus, jardin enclos ; seul l'adjectif s'est conservé dans l'usage courant.

JARDINAGE n.m.
En. gardening (1)
De. Gartenbau, Gartenkultur (1)
Es. horticultura (1)
1. Façons culturales et cultures effectuées dans un jardin.
2. Mode d'exploitation d'une forêt traitée en fûtaies d'âges variés et qui consiste à enlever les arbres les plus vieux et les bois qui dépérissent.
Ce procédé s'impose dans les régions montagneuses ; les cimes formant plusieurs étages, la végétation est plus active, le sol reste plus frais, mais des branches adventives croissent et rendent les troncs noueux (R. Blais).

JARDINATOIRE adj.
1. Qualifie les façons agricoles aussi minutieuses que celles effectuées dans les jardins.
2. Qualifie une coupe dans une forêt selon les procédés du *jardinage*.

JARDINER v.tr.
En. to garden (1)
De. Gartenbau betreiben (1)
Es. hortelano (1)
It. coltivare il giardino (1)
1. Travailler dans un jardin.
2. Couper dans une forêt les arbres chétifs.
3. Ne laisser qu'une seule tige par souche d'arbre, pour une future futaie.

JARDINERIE n.f.
En. garden center (2)
De. Gartenlager (1), Gartencenter (2)
Es. jardinería (2)
It. giardinaria (2)
1. Ensemble du matériel et des produits nécessaires à l'équipement et à la culture des jardins.
2. Magasin où l'on vend ces articles.
Néologisme destiné à remplacer l'anglais garden-center.

JARDINET n.m.
En. small garden
De. Gärtchen
Es. jardincillo
It. giardinetto
Petit jardin situé à l'abri du vent, pour les plantes délicates.

JARDINIER n.m.
En. gardener
De. Gärtner
Es. jardinero
It. giardiniere
Personne qui fait profession de cultiver les jardins.
On distingue les maraîchers qui produisent des légumes, les pépiniéristes qui élèvent de jeunes arbres destinés à être transplantés, les floriculteurs qui cultivent les fleurs.

JARDINIÈRE n.f.
Voiture à deux ou quatre roues, utilisée pour le transport des produits des jardins.

JARDINISTE n.f.
En. **landscape gardener**
De. **Gartenzeichner**
Es. **jardinista**
It. **disegnatore di giardini**
Technicien qui dessine et prépare les jardins.

JARDINOMANIE n.f.
Manie des jardins.
Au XVIIIème siècle, sous l'influence de l'Angleterre, les propriétaires fonciers voulurent avoir, auprès de leur résidence, un jardin anglais, où, dans un désordre voulu, sur un terrain onduleux, poussaient des arbres d'ornement, des massifs de fleurs et des carrés de légumes.

JARET n.m.
Variété de prune.

JAROUSSE n.f.
En. **vetch**
De. **Futtererbse**
Es. **galgana**
It. **veccione, cicerchia**
(Poitou). Gesse, plante annuelle de la famille des Légumineuses (*Lathyrus cicera*).
Excellent fourrage vert, originaire des pays méditerranéens.
Syn. *Jarosse, jarouge, garousse, gessette*, etc.

JAROVISATION n.f.
It. **iarovizzazione**
Opération qui réduit les différentes phases de la croissance d'une plante.
Ainsi des blés d'hiver jarovisés et semés au printemps mûrissent en août.
Syn. *Printanisation, vernalisation.*
Etym. Du russe *jarove*, blé de printemps.

JARRE n.f.
En. **kemp** (1)
De. **hartes Haar** (1)
Es. **lana churra** (1)
It. **pelo ruvido e rigido** (1)
1. Poils grossiers se développant dans la toison des moutons et enlevant à la laine qui les contient une partie de sa valeur.
2. Débris d'herbe et de bois dans la toison des ovins *(R. Blais)*.
Etym. Du francique *gard*, baguette.

JARRE n.f.
En. **jar**
It. **giara, orcio**
Grand récipient en grès, à large goulot, pour conserver les salaisons, l'huile, et, jadis, le vin.
Etym. De l'arabe *djarra*, vase de terre.

JARRET n.m.
Branche d'arbre dépouillée de ses ramilles sauf celles de l'extrémité.

JARRI n.m.
(Périgord). Chêne.
On distingue le jarri blanc, *ou chêne pédonculé, et le* jarri noir, *ou chêne rouvre.*

JARRIGE n.f.
(Berry). Friche, jachère, terrain inculte où poussent de jeunes chênes, ou *jarris*.
Syn. *Jarrique*, déformation de *garrigue*.

JARRISSADE n.f.
Taillis de chênes.
Etym. Déformation de *garrissade*.

JARS n.m.
En. **gander**
De. **Gänserich**
Es. **ganso, ánsar**
It. **maschio dell'oca**
Mâle de l'oie, piquant celle-ci de sa verge comme avec un aiguillon, d'où son nom.
Etym. Du francique *gart*, piquant, qui a donné en bourguignon *jar*, ou *jarre*, aiguillon de guêpe.

JAS n.m.
En. **sheepfold** (1)
De. **Schafstall** (1)
Es. **aprisco** (1)
It. **ovile** (1)
1. *(Provence)*. Etable où sont logés les moutons.
2. *(Vendée, Aunis)*. Abri pour les bestiaux.
Etym. Du latin *jassium*, bergerie.

JASMIN n.m.
En. **jasmine**
De. **Jasmin**
Es. **jazmín**
It. **gelsomino**
Arbuste à fleurs odorantes de la famille des Oléacées (*Jasminum grandiflorum*), cultivé dans les régions méditerranéennes pour la parfumerie.
Etym. De l'arabe *yasmin*.

JASSADE n.f.
(Provence). Tas de fumier retiré d'un *jas*.

JASSE n.f.
1. *(Velay)*. Hangar ouvert à tous les vents et où les troupeaux se reposent pendant les chaudes journées d'été.
2. *(Pyrénées occidentales)*. Cabane avec son parc où chaque soir on enferme le troupeau.
3. *(Provence)*. Bergerie.

JASSERIE n.f.
En. **sheepfold**
De. **Sennhütte**
Es. **aprisco**
It. **ovile**
(Haut Forez). Hameau composé de plusieurs chalets, ou *loges*, avec leur enclos, ou *fumée*.
C'était un quartier d'alpage. Les jasseries étaient habitées en été par les bergers et leurs familles ; on gardait les troupeaux, on s'y livrait à quelques cultures et l'on y fabriquait la fourme d'Ambert. Actuellement, les jasseries sont abandonnées.

JATTE n.f.
En. **bowl**
De. **Mulde, Napf, Satte**
Es. **cuenco**
It. **scodella**
Récipient rond, en terre cuite, sans rebord.
Etym. Du latin *gabata*, assiette creuse.

JAUGE n.m.
En. **gauge** (1)
De. **Eichmass** (1)
Es. **varilla graduada** (1), **zanja para renuevos** (2)
It. **asta graduata** (1)
1. Instrument servant à mesurer une dimension, ou un volume, telle la dimension d'un arbre, ou la quantité de liquide contenu dans un récipient.
2. Large sillon où l'on enterre provisoirement de jeunes plantes en attendant de les placer définitivement dans un verger.
3. Ecart entre la terre déplacée par la charrue et celle qui va l'être.
4. Cheville en fer placée dans le trou du timon d'une charrue, ou d'une charrette, pour assujettir ce timon aux anneaux suspendus au joug liant l'attelage des deux boeufs.
5. Série de tranchées creusées pour détruire les mauvaises herbes, couper les racines des arbres.
6. *Vive jauge* : fossé mettant à nu les racines d'un jeune arbre et rempli ensuite de fumier, d'où l'expression *fumer à vive jauge*, c'est-à-dire, fumer abondamment.
Etym. Du francique *galga*, perche.

JAUGUE n.m.
(Landes). Ajonc.

JAUNISSE n.f.
En. **jaundice** (1)
De. **Gelbsucht** (1)
Es. **alimonadura, amarillez** (1)
It. **giallume** (1) (2), (3)
1. Maladie virale ou cryptogamique des feuilles de châtaignier qui deviennent jaunes.
2. Maladie des vers à soie qui ont consommé des feuilles de mûrier humides.
3. Maladie virale de la betterave, dont les feuilles jaunissent et tombent.

JAUNISSEMENT n.m.
En. **yellowing**
De. **Gelbwerden**
Es. **amarilleo**
It. **ingiallimento**
Teinte jaune que prennent les feuilles de tabac au début de leur dessication.
Elle proviendrait de l'autoconsommation des réserves d'amidon.

JAVART n.m.
De. **Fesselgeschwür**
Es. **gabarro**
It. **chiovardo**
Affection qui atteint la partie inférieure des membres des bovins et des chevaux.

Elle se traduit par la gangrène de la peau (javart cutané), par l'inflammation des tendons (javart tendineux), ou par la nécrose des cartilages du pied (javart cartilagineux).

JAVELAGE n.m.
En. **laying in swaths** (1)
De. **Schwadenlegen** (1)
Es. **agavillamiento** (1)
It. **l'ammannare** (1)
1. Action de mettre le blé moissonné en *javelles*.
2. Salaire des javeleurs.
3. Dessication d'une plante à l'air libre, dans les champs.
Le javelage se pratiquait quand on coupait les blés à la faux, ou à la moissonneuse ; il favorisait la formation des gerbes.

JAVELÉ adj.
1. Qualifie le blé mis en javelles avant d'être lié en gerbes.
Opération supprimée par l'emploi de la moissonneuse-batteuse.
2. Qualifie une avoine dont le grain a été gâté par l'humidité tandis qu'elle était en javelles.

JAVELER v.tr.
En. **to lay in swaths**
De. **schwadenlegen**
Es. **agavillar**
It. **ammannare, accovonare**
Mettre du blé en javelles.

JAVELEUR n.m.
De. **Schwadenmacher** (1)
Es. **agavillador** (1)
It. **accovonatore** (1)
1. Moissonneur qui met le blé en javelles.
2. Râteau à longues dents, en bois ou en métal, adapté aux anciennes moissonneuses pour rabattre les tiges de blé en brassées lorsque le moissonneur abaissait un levier avec le pied.

JAVELEUSE n.f.
De. **Schwadleger** (2)
Es. **agavilladora** (2)
It. **accovonatrice** (2)
1. Femme qui met le blé en javelles.
2. Dispositif d'une moissonneuse-batteuse qui rejette automatiquement sur le chaume de petits tas de tiges de céréales.
Etym. Du celte.

JAVELINE n.f.
En. **small swath**
De. **kleiner Wurfspiess**
Es. **gavilla pequeña**
It. **piccolo fastello**
Petite javelle de céréales.

JAVELLE n.f.
En. **swath**
De. **Schwaden**
Es. **gavilla**
It. **fastello**
1. Brassée de céréales coupée et couchée en petits tas sur le chaume.
2. Poignée de branchages, ou bottes de brins de bois réunies en un gros paquet.
Etym. Du celte *gabal,* petit tas.

JAVOULS n.m.p.
Canaux de drainage portant le nom de l'ingénieur qui les fit exécuter pour assécher les marais de la Limagne, pendant la Révolution *(M. Derruau).*

JECTISSES adj. f.p.
De. **aufgeschüttete Erde**
Es. **cavadiza**
It. **terre smosse**
Qualifie des terres qui ont été remuées, ou apportées, pour accroître la fertilité d'un champ.
Syn. Jestisses, jettisses.
Etym. Du latin *jectare,* jeter.

JENNER (Edouard) 1749-1823
Médecin anglais, né et mort à Berkeley.
Il découvrit la vaccine contre la variole en constatant que les paysans qui trayaient les vaches n'avaient jamais cette terrible maladie ; ils étaient vaccinés en manipulant les trayons où se trouvaient des pustules contenant, à faible dose, des microbes de la variole, ce qui entraînait chez ces hommes la formation d'anticorps éliminant les causes du mal.

JENNÉRIEN adj.
It. **jenneriano**
Qualifie le vaccin utilisé pour la première fois par Jenner, et, par extension, toute vaccination.

JEREZ n.m.
(Espagne). Vin blanc récolté dans la région de Jerez.
Sec et riche en alcool, c'est le scherry des Anglais. Doux et parfumé, après avoir été muté avec de l'alcool, et maintenu riche en glucose par injection d'anhydride sulfureux, c'est le manzanilla. Avec des raisins très mûrs et légèrement desséchés sur la paille, on obtient un vin liquoreux, capiteux, de teinte ambrée qui, vieilli, devient l'amontillado. On dit aussi le Xérès.

JÉROBOAM n.m.
Grosse bouteille contenant 4 litres de vin champagnisé.
Roi d'Israël (Xe siècle av. J.C.).

JERSIAISE n.f.
(Angleterre). Race bovine originaire de Jersey, caractérisée par sa petite taille, sa robe froment et la richesse de son lait en beurre.

JESTISSE adj.
Qualifie une terre qui a été transportée dans une parcelle pour en accroître la fertilité.
Syn. Jettisse, jectisses.
Etym. Dérivé de *jactare,* jeter.

JET n.m.
En. **gush, jet** (1)
De. **Strahl** (1), **Trieb, Schössling** (2)
Es. **chorro** (1)
It. **getto** (1), (2)
1. Liquide, ou poudre, projeté violemme.. hors d'un récipient, d'une canalisation.
2. Première pousse d'une plante vivace.
3. Sortie d'un essaim de la ruche.
Etym. Du latin *jectare,* jeter.

JETAGE n.m.
En. **snuffles, nasal discharge** (2)
Es. **moquillo, muermo** (2)
It. **scolo nasale** (2)
1. Travail qui consiste à jeter, dans un cours d'eau, du bois, bûches ou troncs, destinés à être transportés par flottage.
2. Ecoulement mucopurulent par les naseaux des animaux domestiques atteints de maladies infectieuses des voies respiratoires : anasarque, gourme, morve, corriza, etc.
Etym. Du latin *jectare,* jeter.

JETONE n.f.
V. Gitonne.

JEUSSIR v.tr.
(Vosges). Javeler, le blé javelé étant couché.
Etym. Du latin *jacere,* être couché.

JHUMG n.m.
(Inde). Culture itinérante.
Syn. (Indochine) Ray.

JOALLE n.f.
V. Jouailles.

JOANNEN n.m.
Variété de raisin blanc, à grains ovales, mûr dès la mi-juillet.

JOCKEY n.m.
En. **jockey** (1)
De. **Rennreiter, Jockei** (1)
Es. **jockey** (1)
It. **fantino, jockey** (1), **postiglione** (2)
1. Cavalier qui monte et dresse les chevaux de course.
2. Cocher conduisant en postillon une voiture à cheval.
3. Petite selle pour attacher les rênes au cours du dressage.
Etym. Diminutif de l'écossais *jock.*

JOHANNISBERG n.m.
Vin du Rhin, très réputé, récolté autour de la localité dont il porte le nom.

JOINDRAGE n.m.
1. Redevance payée pour faire pâturer des bestiaux, pour les joindre au pâturage.
2. Seconde coupe de l'herbe d'un pré.
Terme qui n'est plus usité.
Syn. Regain.
Etym. Dérivé de *joindre.*

JOMARIN n.m.
(Bretagne). Ajonc. *Syn. Jogue.*

JOMARON n.m.
(Suisse). Membre d'une société chargée de gérer un alpage.

JONC n.m.
En. **rush**
De. **Binse**
Es. **junco**
It. **giunco**
Plante herbacée à tige droite et flexible, de la famille des Joncacées *(Juncus glaucus).*
Elle sert à faire des liens et des corbeilles, mais elle est nuisible aux prairies ; on la détruit en drainant et en desséchant les sols où elle pousse.
Etym. Du latin *juncus,* jonc.

JONCHAIE n.f.
En. **bed of rushes**
De. **Binsengebüsch**
Es. **juncal**
It. **giuncaia**
Lieu où poussent les joncs.

JONCHÉE n.f.
En. **soft white cheese** (3)
De. **Rahmkäse** (3)
Es. **quesito fresco** (3)
It. **giuncata** (3)
1. Tapis de joncs placé sur le passage d'un cortège de mariage.
2. Panier de joncs utilisé pour égoutter les fromages.
3. Petit fromage fait dans des paniers de joncs, et riche en matières grasses.

JONCHÈRE n.f.
1. Marécage envahi par les joncs.
2. Touffe de joncs sur pied.

JONCIER n.m.
(Bassin Aquitain). Genêt d'Espagne.

JONQUIÈRE n.f.
Terre couverte d'ajoncs.
Syn. Jonçaie, joncar, jonchaie, jonchère, joncière, jonchoi.

JOTTE n.f.
(Limousin). Légume à larges feuilles dont on consomme les épais pédoncules.
Syn. Bette, blette, poirée.

JOUALLES n.f.p.
Parcelles comprenant des rangs de vigne espacés de deux à trois de mètres, et entre lesquels on cultive des céréales, des pommes de terre, du tabac, etc.
Procédé de multiculture aquitanienne et de coltura promiscua italienne. Le terme dérive de joug, car de telles vignes pouvaient être labourées par des boeufs liés au joug, et non travaillées seulement à la houe ; de même les rangs de vigne étaient appelés des birats, de l'occitan birer, tourner, car on pouvait tourner au bout de chaque rang avec un attelage.
Etym. Du latin *jugum,* joug.

JOUANCLES n.m.p.
(Vendée). Jeunes boeufs en cours de dressage.

JOUATTE n.f.
(Midi de la France). Variété de joug très long, utilisé dans le Midi pour labourer les vignes.
Les boeufs, écartés l'un de l'autre, pouvaient être placés de part et d'autre des rangées de ceps.

JOUE n.f.
(Val d'Orléans). Bouture de vigne prélevée sur le bois de l'année précédente.

JOUELLE n.f.
1. Sorte de joug très long.
2. Barre transversale sur laquelle on attache les pampres de vigne.
3. Vigne disposée en tonnelle à 2 mètres du sol.

JOUG n.m.
En. **yoke**
De. **Joch**
Es. **yugo**
It. **giogo**
Pièce de bois que l'on attachait sur la tête des boeufs pour les atteler.
Les jougs étaient simples pour un seul boeuf, ou doubles pour une paire de boeufs. On distinguait le joug de garrot qui prenait appui sur le garrot de l'animal, du joug de cornes qui était attaché aux cornes par des liens de cuir (fig. 114).
Etym. Du grec *zugon* qui a donné *jugum* en latin et *jungere,* joindre.

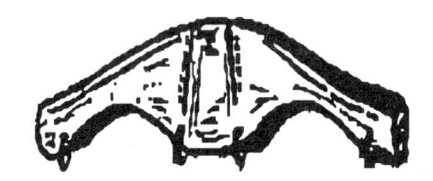

(Fig. 114). Joug

JOUG n.m.
(Lorraine). Mesure de surface agraire équivalent à deux *journaux,* soit 80 ares environ.

JOUGUET n.m.
Petit joug simple servant, soit à habituer un jeune boeuf à l'attelage, soit à atteler un boeuf seul.

JOUILLES n.f.p.
(Périgord). Courroies de cuir servant à attacher le joug aux cornes des boeufs.
Syn. Juilles, courdils.

JOUILLÈRE n.f.
Montant d'un licol, ou d'une bride de cheval.
Elle s'applique sur la joue de l'animal.
Etym. Dérivé de *joue.*

JOUR n.m.
Mesure de surface agraire qui correspondait, en Lorraine, à l'étendue d'une parcelle que l'on pouvait labourer en un jour, soit environ 26 ares.
En Picardie, sur des sols plus légers, elle atteignait 40 ares.
Syn. Journal.
Etym. Du latin *diurnus,* de jour, journalier.

JOURNADE n.f.
(Béarn). Mesure de surface agraire d'environ 38 ares.

JOURNAL n.m.
Mesure de surface agraire qu'un ouvrier avec un attelage pouvait labourer en un jour.
Très variable, de 35 à 45 ares selon les lieux et les techniques.
Syn. Journaux, journée, etc.

JOURNALIER n.m.
En. **day labourer**
De. **Tagelöhner**
Es. **jornalero**
It. **giornaliero**
Salarié agricole à titre temporaire, payé à la journée de travail, d'où son nom.
Il participe aux grands travaux saisonniers sur le domaine du patron ; à la morte saison, et selon ses loisirs, il s'emploie sur quelques parcelles qu'il loue, ou qui lui appartiennent. Les journaliers, qui ont disparu de nos campagnes, vivaient dans des hameaux, en marge des grandes exploitations agricoles aux fermes dispersées, de là certains aspects des paysages agraires du Valois, de la Brie, du Berry.

JOURNAU n.m.
1. Surface labourable en un jour.
2. Corvée d'un jour de travail due au seigneur par un tenancier d'après son contrat.
Etym. Du latin *diurnus,* journalier.

JOURNÉE n.f.
En. **day's wage** (3)
De. **Tagelohn** (3), **Arbeitstag** (3)
Es. **jornada** (1), **jornal** (3)
It. **giornata** (3)
1. Durée du travail durant un jour.
2. Travail effectué pendant cette durée.
3. Salaire versé pour le travail d'un jour.
Il était deux fois plus élevé pour une journée d'été que pour une journée d'hiver, car le travail commençait avec le lever du soleil et se terminait avec son coucher, obligation souvent notifiée dans les actes notariés anciens.

JOUTES n.f.p.
(Bourgogne). Limites d'une parcelle fixées par d'autres parcelles, par des chemins, par des obstacles naturels.
Etym. Du latin *juxtare,* toucher à.

JOUX n.f.
1. *(Jura)*. Montagne couverte de résineux, c'est une *joux noire* ; montagne couverte de feuillus, c'est une *joux blanche*.
2. Au Moyen Age, terre inculte.
Etym. Du celte *juris*, montagne boisée.

JOUXTER v.tr.
En. **to border (on)**
De. **anstossen**
Es. **lindar con**
It. **essere contiguo**
Avoisiner, être près de, ou être contigu.
Ex.. "Un champ qui jouxte un pré."
Etym. Du latin *juxtare*, toucher à.

JUBIS n.m.
(Provence). Cépage à raisins noirs que l'on conserve durant l'hiver.

JUC n.m.
Perche qui permet aux poules d'atteindre leur nid, ou de se *jucher* pour dormir.
Terme vieilli.
Etym. Du francique *juc*, lieu élevé.

JUCHOIR n.m.
En. **henroost** (2)
De. **Hühnersteige** (2)
Es. **percha** (2)
It. **posatoio** (2)
1. Dépendance d'une ferme où loge la volaille.
2. Bâton suspendu où se perchent les poules.
3. Planche située à une assez grande hauteur dans un clapier, mais proche de la nourriture, où l'on place les lapins à engraisser.
Ils peuvent manger, mais pas sauter.
Etym. Du francique *juc*, lieu élevé.

JUGEMENT n.m.
1. Examen d'un animal à l'oeil, afin d'en apprécier la valeur en vue de son achat et de son utilisation.
2. Examen des carcasses des animaux de boucherie pour évaluer leur valeur.
Dans le premier cas c'est le jugement à l'oeil, dans le second c'est un examen sur carcasse (P.Habault).
Etym. Du latin *judicare*.

JUGÉOLINE n.f.
Nom vulgaire du sésame.

JUGÈRE n.f.
It. **iugero**
Mesure de surface agraire empruntée aux Romains.
Elle avait environ 80 m. de long et 40 de large, et son étendue variait de 30 à 35 ares, selon les régions.
Etym. Du latin *jugerum*, arpent.

JUGIE n.f.
Manse attribué par un seigneur à un juge chargé de veiller sur les intérêts de l'ensemble du domaine allodial (IXème siècle).

JUGLANS n.m.
Famille de plantes dont le noyer *(Juglans regia)* est le type.
Ces plantes sont des juglones.
Etym. Mot latin.

JUGUM n.m.
1. Exploitation agricole au IVème siècle de notre ère.
2. Unité fiscale correspondant à cette exploitation.
Etym. Mot latin.

JUILLET n.m.
En. **July**
De. **Juli**
Es. **julio**
It. **luglio**
En l'honneur de Jules César, et après avoir réformé le calendrier de Romulus et de Numa Pompilius (VIIème siècle), Antoine et les Romains (1er siècle avant J.-C.) donnèrent son prénom au mois devenu plus tard, au XIIIème siècle, le septième mois de l'année grégorienne.
Epoque des moissons, des binages, des sulfatages et de l'irrigation.
Etym. Du latin *Julius*, prénom de César, né ce mois-là.

JUIN n.m.
En. **June**
De. **Juni**
Es. **junio**
It. **giugno**
Sixième mois de l'année grégorienne.
On fait la fenaison, on plante le tabac, on sulfate la vigne et on récolte les fraises et les cerises.
Etym. De *Junius Brutus*, l'un des fondateurs de la République romaine (509 avant J.-C.).

JUJUBIER n.m.
En. **jujube tree**
De. **Brustbeerbaum**
Es. **azufaifo**
It. **giuggiolo**
Plante de la famille des Rhamnacées *(Zizyphus vulgaris)*.
Originaire de la Chine du Nord, sa culture s'étend de l'Asie des Moussons à l'Afrique occidentale. L'espèce Jujubier de l'Inde (Zizyphus jujuba) donne des fruits sucrés qui servent à la fabrication d'une liqueur fermentée. Son bois dur, compact et rouge, est employé en ébénisterie sous le nom d'Acajou d'Afrique. Le jujubier commun (Zizyphus sativa), arbuste de 4 à 6 m de haut, produit de petites drupes rouges comestibles, les jujubes, qui servent à faire une pâte pectorale. Le jujubier d'Afrique du Nord, (Zizyphus spina-christi) aurait fourni les rameaux qui servirent de couronne d'épines au Christ.
Etym. Du grec *zizyphon*, qui a donné *zizuphus* en latin et finalement *jujubier*.

JULIENAS n.f.
(Beaujolais). Cru de vin rouge, aux environs de la commune de Juliénas.

JULIENNE n.f.
En. **dame's violet**
De. **Nachtviole**
Es. **juliana**
It. **viola matronale, antoniana**
Plante de la famille des Crucifères *(Hesperis matronalis)*.
Cultivée pour ses fleurs et ses graines qui donnent 18% de leur poids en huile.

JUMART n.m.
(Provence). Animal bâtard qui serait, selon la légende, le produit du taureau et de la jument, ou du cheval et de la vache.
Syn. Jumare.

JUMEAUX n.m.p.
En. **twins**
De. **Zwillinge**
Es. **gemelos**
It. **gemelli**
Deux ou plusieurs petits provenant de la même gestation.
S'ils proviennent d'ovules distincts, fécondés par des spermatozoïdes différents, ce sont de faux jumeaux, ou jumeaux bivitellins ; s'ils proviennent d'ovules dus à la division d'un zygote, ou oeuf unique, ce sont de vrais jumeaux ou jumeaux univitellins.
Etym. Du latin *jamellus*, jumeau.

JUMEL n.m.
Es. **júmel**
Variété de coton à longues fibres, cultivé en Egypte.
Etym. Du nom du Belge Jumel qui introduisit sa culture dans la vallée du Nil, au début du XIXème siècle.

JUMENT n.f.
En. **mare**
De. **Stute**
Es. **yegua** (2)
It. **giumenta**
1. A l'origine, toute bête de somme.
2. Aujourd'hui, femelle du cheval.
Etym. Du latin *jumentum*, bête de somme.

JUMENTERIE n.f.
Haras où l'on élève des juments poulinières et des étalons pour la sélection des meilleures races de chevaux.

JUNKER n.m.
Noble des provinces prussiennes à l'est de l'Elbe, possesseur jadis de grands domaines.
Syn. Hobereau.
Etym. De l'allemand *Jungherr*, jeune noble.

JURABLES adj.p.
Qualifiaient, dans l'ancien droit féodal, les fiefs qui devaient faire retour au suzerain à toute réquisition.
Ils étaient dits aussi rendables.

JURANÇON n.m.
Localité des Basses Pyrénées, au sud de Pau. Centre d'un vignoble réputé.
Le vin qu'il donne, rouge et blanc, corsé, riche en alcool, se madérise en vieillissant. Il provient de plusieurs cépages à noms locaux : Bouchi, Petit Mansec, Tannat.

JURÉS adj.p.
Qualifient certains chemins ruraux, ou passages, soumis à une juridiction et à des usages collectifs, ou placés en défens durant certaines périodes de l'année.

JUS n.m.
En. **juice**
De. **Saft, Rebensaft**
Es. **zumo** (1), **jugo** (2)
It. **succo** (1), **sugo** (2)
1. Substance liquide que l'on retire d'un fruit, d'une tige et, plus particulièrement du raisin, ou *jus de la treille*.
2. Suc de viande, d'où *jus de rôti*.
Etym. Du latin *jus*, bouillon, sauce.

JUSCLAINE n.f.
(Dauphiné). Courroie de cuir qui sert à lier le joug aux cornes des boeufs.
Syn. Jouille.

JUS DE FRUITS l.m.
En. **fruit juice**
De. **Fruchtsaft**
Es. **zumo de fruta**
It. **succo di frutta**
Boisson obtenue sans fermentation, en pressant des pulpes de fruits sains et mûrs.

JUS DE GOUTTE l.m.
Moût qui s'écoule du pressoir avant toute opération de pressage.
Après fermentation, il donne les vins de première qualité.

JUSQUIAME n.f.
En. **henbane**
De. **Bilsenkraut**
Es. **beleño**
It. **giusquiamo**
Plante herbacée de la famille des Solanacées *(Hyosciamus niger).*
Cultivée en Flandre pour ses feuilles et ses graines d'où l'on extrait l'hyoscyamine, alcaloïde utilisé comme tranquillisant en sirop, en baume, en poudre.
Etym. Du grec *huoskuamos*, fève de porc.

JUTE n.m.
En. **jute**
De. **Jute, indischer Hauf**
Es. **yute**
It. **iuta**
Plante annuelle appartenant au genre *Corchorus*, de la famille des Tiliacées.
Deux espèces sont cultivées : ***Corchorus olitorius*** *et* ***Corchorus capsularis****. La première est produite en Tunisie pour ses feuilles qui, desséchées, servent à fabriquer un fard très apprécié. La seconde est cultivée dans le Bengale pour la production de fibres que l'on utilise pour faire des cordes, des toiles grossières, des tapis bon marché.*
Etym. Du bengali *jhuto*, transmis par l'anglais.

JUTEUR n.m.
De. **Rasensprenger**
Es. **echador**
It. **irrigatore**
Tube capillaire, laissant filtrer l'eau à travers sa cloison.
Posé à même le sol, suspendu ou enterré, il est utilisé pour l'irrigation goutte à goutte ; il est d'ordinaire fixé sur un tuyau à intervalles réguliers variant de 0,5 m. à 1,5 m.

JUVEIGNERIE n.f.
1. Coutume bretonne qui permettait de disposer en faveur des cadets d'un tiers du fief sous forme de tenures dites en juveigneries.
Les tenanciers étaient appelés juveigneurs.
2. En d'autres régions, dernier-né de la famille qui recevait une tenure en juveignerie.
On disait également en maineté, de mainé, antithèse d'aîné. Les juveigneurs devaient l'hommage à l'aîné et à son suzerain (G. Lepointe).
Etym. Du latin *juvenior*, plus jeune.

K

KAÏNGIN n.m.
(Philippines). Culture temporaire dans la forêt.
Syn. Kougan, kaingining.

KAÏNITE n.f.
En. **kanite**
De. **Kainit**
Es. **kainita**
It. **kainite**
Minéral à base de potasse.
Déposée dans les sédiments tertiaires de la bordure nord de l'Allemagne centrale, en particulier en Thuringe, autour de Stassfurth, la kaïnite est utilisée comme engrais potassique, après élimination des chlorures de sodium et de magnésium.

KAKI n.m.
En. **kaki, persimmon**
De. **Khakifrucht**
Es. **caqui**
It. **kaki, cachi, loto del Giappone**
Fruit du *plaqueminier.*
De la grosseur d'une mandarine et de couleur orange, sa pulpe molle et sucrée, sert à faire des confitures. Une espèce américaine (Diospyros virginiana), est appelée persimmon, *ou* plaqueminier de Virginie *; elle donne des fruits comestibles et un bois très apprécié en ébénisterie.*
Etym. De l'hindoustani *khaki,* couleur de poussière.

KAKI-KAMBEL (RACE DE) l.f.
Race de canards obtenue par croisement du canard sauvage, du canard de Rouen et du canard indien.
Réputée pour sa fécondité, la cane donne jusqu'à 300 oeufs par an.
Etym. Du nom de l'avicultrice anglaise *Miss Kambel* qui créa cette espèce.

KAMPEN n.m.p.
Champs situés au pourtour des finages.
Ce sont les plus éloignés et parfois les moins bien entretenus.
Ils s'opposent à ceux de l'Esch par leurs dimensions plus vastes et leurs formes moins régulières. Ils peuvent comporter des bois et des landes qui n'ont jamais été défrichés.
Etym. Origine germanique.

KANABEG n.m.
(Bretagne). Chènevière.
Etym. Du latin *canabis,* chanvre.

KANASTER *n.m.*
(Amérique). Corbeille tressée en jonc pour le transport du tabac en Amérique.
Etym. Du latin *canistra,* panier.

KAO LIANG n.m.
(Chine). Mil de haute taille, espèce de sorgho cultivé en Chine du Nord.
Etym. De *kao,* élevé, et de *liang,* mil.

KAPOK n.m.
En. **kapok tree**
De. **Kapokbaum**
Es. **capoc, miraguano**
It. **capoc, kapok**
(Malaisie). Textile formé par les fibres qui remplissent les fruits d'un certain nombre d'arbres de la famille des Bombacées, et appelés *kapokiers.*

Le meilleur kapoc est fourni par Eriodendron anfractuosum, *arbre de grande taille des régions tropicales. Il entre dans la fabrication des appareils de sauvetage à cause de sa faible densité, près de 20 fois inférieure à celle de l'eau, due à la structure de ses filaments qui comportent une "lumière" intérieure étanche.*

KAPOK (TOURTEAU DE) l.m.
Résidu des graines oléagineuses du kapokier d'Australie, après prélèvement de la bourre qui entoure les fruits, et extraction des amandes et de l'huile qu'elles contiennent.
Il constitue un aliment de qualité pour le bétail.

KARACUL n.m.
En. karacul
De. Karakul
Es. caracul
It. karakul

Race de moutons originaire du Turkestan et caractérisée par la toison noire et bouclée des agneaux nouveaux-nés.
Si cette toison n'est pas prélevée dès les premiers jours qui suivent la naissance, les boucles se déroulent et la fourrure perd sa valeur. En France, cette fourrure s'appelle astrakan *du nom de la ville russe d'où elle provenait jadis.*

KARITÉ n.m.
It. karite

Arbre de la famille des Sapotacées (Butyrospermum Parkii).
A l'état spontané en Afrique occidentale, il est protégé à cause de ses fruits de forme ovoïde à pulpe sucrée ; l'amande donne une matière grasse appelé beurre de karité, *ou de* Galam. *Un arbre adulte peut donner 3,5 kg de beurre par an. Le bois du tronc, très dur et rose, est utilisé en ébénisterie.*

KARTOUFLE n.f.
(Allemagne). Pomme de terre.

KÉFIR n.m.
En. kefir
De. Kefir
Es. kéfir

(Caucase). Boisson légèrement mousseuse, obtenue après fermentation du lait de vache, de chèvre ou de jument.

KÉNAFF n.m.
En. kenaf
De. Kennaf
Es. cañamo de Gambo
It. ibisco

Plante annuelle herbacée de la famille des Malvacées (Hibiscus cannabinus).
Cultivée en zone tropicale, elle donne, après rouissage et teillage, une filasse analogue à celle du jute. Elle est connue aussi sous le nom de dah *et de* ketmie.

KENNA n.m.
It. alcanna spuria

Plante de la famille des Boraginées (Alkanna tinctoria).
*Connue sous le nom d'*orcanette, *ou de* buglosse tinctoriale, *elle pousse dans les rocailles des pays de climat méditerranéen. Ses racines contiennent une substance rouge, l'*orcanettine, *dont on se sert pour colorer parfums, bonbons, etc.*

KER n.m.
(Bretagne). Hameau de 10 à 20 maisons.
Sept ou huit d'entre eux forment une paroisse ou plou.

KÉRATINE n.f.
En. keratin
De. Hornsubstanz, Keratin
Es. queratina
It. cheratina

Tégument biologique qui constitue les cornes, les plumes, les sabots, les poils de la plupart des animaux domestiques.
Il provient du noyau et de la cellule solidifiés des tissus épithéliaux.

KERMÈS n.m.
En. kermes oak
De. Schildlaus, Kermes
Es. quermes
It. chermes, cocciniglia

Insecte hémiptère de la famille des Coccidés, c'est une cochenille qui se fixe sur les petites branches du chêne qui porte son nom de kermès (Quercus kermès).
Elle se couvre d'une pellicule dure pour protéger ses oeufs, appelés graines de kermès, *ou* graines d'écarlate, *car, jadis, elles étaient recueillies pour fabriquer une teinture rouge.*
Etym. Du persan *Kormiz.*

KETMIE n.f.
(Régions tropicales). Kénaff.

KHAMMÈS n.m.
(Tunisie). Métayer tenu de laisser à son maître les quatre cinquièmes des récoltes, et même de travailler, en certaines circonstances, sur son domaine particulier.
C'était le statut du khammessat, *en usage en Afrique du Nord, atténué par les relations de patron à client, entre donneur et preneur, et pratiquement disparu des Etats indépendants.*
Etym. De l'arabe *Khamès,* cinquième.

KIBBOUTZ n.m.
En. kibbutz
De. Kibbuz
It. kibbutz

(Israël). Communauté rurale exploitant une certaine étendue de terre collective avec des activités industrielles qui en dépendent.
Implantés en plein territoire arabe, à proximité des frontières, et d'inspiration biblique, les kibboutzim ont un rôle à la fois agricole et militaire. La vie communautaire des Kibboutzim y est plus ou moins effective, mais la gestion d'ensemble est celle d'une économie libérale tempérée par des oeuvres de solidarité.

KIFTE n.m.
Partage très régulier de la campagne suédoise, en villages à plan géométrique, entourés de parcelles en lanières orientées selon le soleil, et où régnait une vie agricole communautaire.
Depuis la fin du XVIIIème siècle cet ordre a disparu sous l'effet du remembrement des terres, le storskifte ; *le paysage agraire suédois porte toujours les traces de ce passé et de ce renouveau, que l'on décèle aussi au Danemark : fermes dispersées et parcelles massives.*
Etym. Du suédois qui signifie partage du sol. A l'origine ce terme entrait dans l'expression *solskifte,* partage selon le soleil levant.

KILIARE n.m.
Mesure agraire valant 1000 ares, ou 10 ha.
Peu usitée, elle s'écrit en abrégé Ka.
Etym. Du grec *khilioi,* mille et *are.*

KIRSCH n.m.
(Allemagne). Eau-de-vie de cerise, obtenue par la distillation du suc fermenté des cerises et des merises.
Syn. Kirsch-wasser.
Etym. De l'allemand *Kirsche,* cerise.

KIWI n.m.
En. kiwi
De. Kiwi
Es. kiwi
It. kiwi

Fruit de l'*actinidia*, arbuste grimpant à feuilles caduques, de la famille des Dilléniacées, ou Actidiniacées.
Originaire d'Asie, l'espèce Actidinia sinensis, *a été introduite dans le Bassin Aquitain ; elle fournit déjà la moitié des kiwis consommés en France, fruits savoureux et riches en vitamines.*

KLEIN RAUSCHLING l.m.
(Alsace). Cépage à raisins blancs, cultivé en Alsace, et donnant des vins blancs de bonne qualité. Syn. Petit Riesling, petit Mielleux, Knipperlé.

KNICK n.m.
(Bretagne). Rupture de pente entre le fossé et le talus entourant une parcelle et dessinant comme un coude, un genou plié.
Par extension, haie qui surmonte le talus et, enfin, toute clôture en pays breton.
Etym. De l'allemand *Knick,* coude, genou.

KOLATIER n.m.
Arbre de la famille des Sterculiacées (Cola nitida).
D'une vingtaine de mètres de haut, il produit un fruit appelé noix de Kola. *Les meilleures espèces de* kolatiers *sont obtenues par greffage de prélèvements effectués sur des pieds ayant le plus de fleurs femelles.*

KOLA (NOIX DE) l.f.
En. **kola nut**
De. **Kolanuss**
Es. **kola (nuez de), cola (nuez de)**
It. **cola (noce di)**
Fruit du kolatier, riche en caféïne, théobromine et kolatine, et dont les cotylédons constituent un stimulant pour le coeur.
Aussi est-il très recherché par les habitants de l'Afrique tropicale.

KOLKHOZE n.m.
En. **kolkhoz**
De. **Kolchose**
Es. **koljoz**
It. **kolchos, colcos**
Abréviation de *Kollektivnoie hoziaistvo*, exploitation collective, ou coopérative agricole. Vaste étendue de terres, de prés et de bois exploités collectivement par une communauté rurale ayant à sa tête un administrateur assisté d'un bureau élu.
Le kolkhoze peut correspondre à un ancien village avec son finage, ou bien en comprendre plusieurs ; certains ont plus de 12 000 ha. Le travail est effectué par des équipes chargées de réaliser le plan de culture, ou d'élevage, imposé par les services publics. Les produits sont cédés à l'Etat, et les bénéfices répartis selon les qualités personnelles et le nombre d'heures de travail. Chaque famille de kolkhoziens dispose d'une maison, d'un jardin, d'un enclos, d'un petit troupeau de porcs, de volaillis et d'une vache ; les produits de l'enclos et de l'élevage sont vendus librement. L'Etat s'efforce de grouper les kolkhozes en sovkhozes, immenses fermes plus rentables et plus conformes au véritable communisme...

KOULAK n.m.
It. **kulak**
(Russie). Paysan libre et enrichi.
Après 1905, le régime tsariste soutint les koulaki contre les révolutionnaires. Après la famine de 1921, le régime communiste les favorisa afin d'accroître la production agricole et assurer le ravitaillement des villes. Mais à cause de leur opposition aux kolkhozes, ils furent liquidés à partir de 1930.
Etym. Origine tartare.

KOUPPA n.m.
(Iran septentrional). Grenier édifié dans les paysages à champs ouverts, afin d'y entasser les gerbes après la moisson.
Syn. Agadir, ksour.

KRAAL n.m.
(Afrique australe). Agglomération de huttes entourées de murettes et de haies buissonneuses, où les Khoïn, nomades plus connus sous le nom péjoratif de Hottentots (sauvages de la brousse), enferment leurs troupeaux durant la nuit pour les protéger des fauves.
Le terme a été étendu aux villages permanents des Bantous sédentaires.
Syn. Corral.

KSAR n.m.
(Sud marocain, Algérien). Village fortifié du sud marocain et algérien.
Situé au pied de la montagne, il en reçoit l'eau des torrents et, à l'abri de ses murs, il contient des jardins, des vergers, des palmeraies abondamment irrigués, autour de maisons construites en pisé.
Au pluriel, ksours.

KUSSEMET n.m.
Céréale mentionnée dans la Bible et qui paraît être l'*épeautre*.
Etym. De l'hébreu.

KYSTE n.m.
En. **cyst**
Es. **quiste**
It. **cisti**
Formation fibreuse et dure, enveloppant un corps étranger, introduit dans un organisme où il pourrait causer des dégâts s'il n'était pas mis hors d'état de nuire par cette enveloppe protectrice.
On distingue les kystes parasitaires contenant des larves de ténia des kystes non parasitaires enveloppant des masses gélatineuses.
Etym. Du grec *kistis*, vessie.

L

LABEL n.m.
De. **Qualitätsmarke,
  Ursprungszeichen**
Es. **etiqueta, marca**
It. **marchio**
Marque choisie par un syndicat de producteurs agricoles et délivrée à ses adhérents pour certifier que leurs produits sont bien conformes aux qualités requises.
Etym. Du francique *labba*, morceau d'étoffe suspendu.

LABEUR n.m.
En. **labour, hard work**
De. **Pflügen, Feldarbeit**
Es. **trabajo, labor**
It. **lavoro faticoso**
Synonyme de labour, mais avec un certain sens poétique.
Usité dans quelques expressions agraires.
Terre en labeur, *terre qui a été labourée, ensemencée et qui va produire.*
Bêtes de labeur, *bêtes employées au labourage, au travail des champs.*
Etym. Du latin *labor*, travail pénible.

LABIÉE n.f.
En. **labiate**
De. **Lippenblütler**
Es. **labiada**
It. **Labiate**
Plante dicotylédone à fleurs composées de 5 pétales opposés, évoquant la forme des lèvres d'une bouche.
On en connaît de nombreuses espèces parmi lesquelles certaines sont recherchées pour leur parfum (lavande, germandrée) et d'autres cueillies pour servir de condiments (romarin, thym).
Etym. Du latin *labium*, lèvre.

LABLAB n.f.
It. **lablab**
(Inde). Plante de la famille des légumineuses *(Dolichos lablab).*
Originaire de l'Inde et cultivée de la Chine à l'Afrique ; en Egypte on consomme ses graines ; en Europe, elle est recherchée comme plante d'ornement.

LABORATOIRES D'ANALYSE AGRONOMIQUE l.m.p.
(L.A.A.)
Etablissements scientifiques placés sous l'autorité du Ministère de l'Agriculture.
Ils sont chargés de l'analyse des sols afin de déterminer les amendements appropriés, ou de déceler les fraudes dans les produits agricoles mis en vente. Certains sont spécialisés dans la sélection des graines de semence ; d'autres dans les essais de machines agricoles.

LABOUR n.m.
En. **ploughing**
De. **Pflügen, Feldarbeit, Bestellung**
Es. **labor, labranza**
It. **aratura**
Actuellement :
1. Travail effectué à la charrue et ayant pour but de défricher, de détruire les mauvaises herbes, d'aérer le sol, d'enfouir les fumures, de préparer les semailles.
2. Résultat de ce travail.
Etym. Du latin *laborare*, travailler.
A remplacé le vieux mot arer, du latin arare, encore usité au XVIème siècle et qui s'appliquait aux travaux destinés à ameublir le sol à la houe, à l'araire, puis à la charrue.

LABOUR EN BILLONS l.m.
En. **bedding, ridging**
Es. **arado en caballones**
It. **aratura a porche**
Labour comprenant six à huit tranches de terre déversées les unes vers les autres afin de former un léger dos de terrain pour favoriser l'écoulement des eaux.

LABOUR EN COURBES DE NIVEAU l.m.
En. **contour ploughing**
It. **aratura a girapoggio**
Labour effectué en suivant les courbes de niveau afin de conserver des sillons horizontaux.

LABOUR EN PLANCHE l.m.
En. **conventional ploughing**
De. **Beetpflügen**
Es. **labor común**
It. **aratura comune**
Labour où les tranches de terre soulevées par la charrue sont déversées dans le même sens, trente ou quarante fois, ce qui permet l'emploi d'un matériel moderne, tout en favorisant l'écoulement des eaux par de profonds sillons séparant les planches les unes des autres.

LABOUR À PLAT l.m.
En. **reversible ploughing**
De. **Ebenpflügen**
Es. **labor plana**
It. **aratura impari**
Labour effectué en déversant toutes les tranches de terre dans le même sens.

LABOURABLE adj.
En. **tillable, arable**
De. **bestellbar**
Es. **arable, labrantío**
It. **arabile**
Qualifie une terre qui peut être labourée.

LABOURAGE n.m.
En. **tilling, ploughing**
De. **Pflügen, Bestellung**
Es. **labranza**
It. **aratura**
Action de labourer la terre, et, par extension, toute culture qui exige des labours pour produire.
D'où la fameuse phrase de Sully : "Labourage et pâturage sont les deux mamelles de la France".

LABOURER v.tr.
En. **to plough, to till**
De. **pflügen, bestellen**
Es. **labrar, arar**
It. **arare**
Ouvrir et retourner la terre avec une houe, un araire, ou une charrue pour l'aérer, l'ameublir et la préparer à recevoir les semences.
Etym. Du latin laborare, travailler.

LABOUREUR n.m.
En. **ploughman**
De. **Ackersmann**
Es. **arador, labrador**
It. **aratore**
Celui qui laboure.
Sous l'Ancien Régime, le terme s'appliquait au possesseur d'une exploitation agricole assez étendue, qu'il mettait en valeur directement à l'aide de sa famille, de ses domestiques et de ses boeufs ; c'était un pagès, ou un coq de village, d'une catégorie sociale plus élevée que celle du paysan qui n'avait que ses bras pour travailler.

LABOUREUSE n.f.
Puissante charrue mue à la vapeur ; en faveur vers 1900.

LABOURIEUX adj.
(Ariège). Qualifie un terrain susceptible d'ête labouré.

LABRUSCA n.m.
Cépage américain, utilisé comme porte-greffe lors de la reconstitution du vignoble français, après la crise du phylloxera.

LABRY n.m.
Chien de berger, originaire de la Brie, et qui sert à conduire les troupeaux.
De la taille d'un lévrier, il a le poil demi-long comme un épagneul.

LACASSOU n.m.
(Limousin). Petit lac ; retenue d'eau ménagée dans le haut d'une prairie pour son irrigation durant l'été.

LAC COLLINAIRE l.m.
De. **kleiner See, Hügelsee**
Es. **pantano**
It. **lago collinare**
Réserve d'eau d'irrigation, constituée derrière une petite digue en terre dans une région de collines.
Important facteur de développement agricole en Gascogne avec l'eau du canal de Sarrancolin (R. Blais).

LACAUNE n.f.
(Tarn). Race ovine obtenue dans la région de Lacaune, dans le Tarn, par croisement de plusieurs races locales.
C'est une race caractérisée par l'absence de cornes chez les béliers ; excellente laitière.

LACE n.f.
(Saintonge). Etendue de terre cultivée.

LACÉRATION n.f.
En. **laceration**
De. **Herunterreissen**
Es. **laceración**
It. **sminuzzatura**
Opération qui consiste à hacher mécaniquement le fourrage avant de l'ensiler, ce qui facilite le tassement et la fermentation *(Larousse).*
Etym. Du latin lacerare.

LACRIMA-CHRISTI n.m.
1. Vin liquoreux, exquis, récolté sur les vignes cultivées autour du Vésuve.
2. Cépage qui le produit.
Etym. Du latin, larme du Christ.

LACRYMA DI MARIA n.f.
Cépage à raisins blancs, cultivé en Sicile et produisant un vin de très haute qualité.
Syn. Larmes de Marie, lacryma di madona

LACTATION n.f.
En. **lactation**
De. **Säugen, Milchbildung**
Es. **lactancia**
It. **lattazione**
1. Formation et excrétion du lait chez les mammifères femelles, notamment chez les espèces domestiques.
2. Quantité de lait fournie par une femelle entre deux parturitions.
Etym. Du latin lac, lactis, lait.

LACTÉ adj.
En. **lacteous**
De. **milchartig**
Es. **lácteo**
It. **latteo**
1. Qualifie ce qui est à base de lait.
Ex. Régime lacté.
2. Qualifie ce qui a rapport au lait.
Ex. Sécrétion lactée.

LACTESCENT adj.
En. **lactescent**
De. **milchig**
Es. **lactescente**
It. **lattescente**
Qualifie les plantes dont les tissus contiennent des canaux *lactifères*, et une sève laiteuse.
Ex. Laitue, pissenlit, figuier.
Etym. Du latin lactescere, se transformer en lait.

LACTIFÈRE adj.
En. **lactiferous**
De. **milchhaltig** (2), **Milch-** (1)
Es. **lactífero**
It. **lattifero**
1. Qualifie un organe, ou un animal, producteur de lait.
Syn. Galactophore.
2. Qualifie des plantes qui contiennent des cellules allongées où s'élabore et s'accumule le *latex*, sève d'aspect laiteux.
Syn. Lacticifère (pour le pavot, la laitue, l'hevea, etc.).
Etym. Du latin lac, lactis, lait.

LACTIQUE (ACIDE) l.m.
En. **lactic (acid)**
De. **Milch (säure)**
Es. **láctico (ácido)**
It. **lattico (acido)**
Acide organique incolore, soluble dans l'eau, et qui se forme dans le lait et le vin.
Dans le lait, il provient de la décomposition du lactose, sucre du lait, par l'action des ferments lactiques entrainant la formation du caillé et du petit lait ; dans le vin, il provient de la décomposition des sucres par ses levures et forme du vinaigre.

LACTODUC n.m.
Canalisation, ou tuyauterie, pour conduire le lait du pis de la vache au réservoir à lait dans la traite mécanique, ou du pâturage montagnard à la coopérative laitière située dans la vallée.
Etym. Du latin lac, lactis, lait et dux, duco, conduire.

LACTOMÈTRE n.m.
En. **lactometer**
De. **Laktometer**
Es. **lactómetro, lactodensímetro, galactómetro**
It. **galattometro**
Appareil servant à apprécier la densité du lait et sa teneur en matières grasses.
Syn. Lactodensimètre, galactomètre.

LACTOSE n.m.
En. lactose
De. Laktose, Milchzucker
Es. lactosa
It. lattosio
Glucide du groupe des saccharoses.
Contenu dans le lait, il est hydrolysable en glucose, en galactose et devient fermentescible.

LACTOSÉRUM n.m.
En. whey
De. Milchserum
Es. suero lácteo
It. siero latteo
Sous-produit de la fabrication du beurre et du fromage.
Riche en lactose et en protéines, c'est un diurétique et un antiseptique pour l'intestin.
Syn. Petit lait.

LAD n.m.
En. stableboy
De. Pferdeknecht, Ackerknecht
Es. mozo de cuadra
It. garzone di scuderia
(Angleterre). Garçon d'écurie qui soigne et qui entraine les chevaux de course.

LADANG n.m.
(Indonésie). Défrichement par le feu d'une parcelle boisée, ou bien fertilisation d'une terre à l'aide des cendres provenant des branchages qu'on y a fait brûler.

LADRE n.m.
De. Aussätziger
Es. triquinoso
It. affetto da panicatura
Personne atteinte de ladrerie.

LADRE adj.
En. measly
Qualifie celui qui est atteint de ladrerie.

LADRERIE n.f.
En. measles, cysticercosis
De. Aussatz
Es. triquinosis, cisticercosis muscular
It. panicatura, cisticercosi
Maladie des porcs et des bovins, due au développement des larves du tenia : *Toenia solium* chez le porc, *Toenia saginasta* chez le boeuf.
Elle se manifeste par la présence dans les tissus, devenus insensibles, de vésicules contenant des larves appelées cysticerques, *d'où le nom savant de la ladrerie, la* cysticercose.
Etym. De *Lazare,* nom du pauvre couvert d'ulcères, assis à la porte du mauvais riche (Saint Luc, XVI, 19-31).

LAFREDY n.f.
(Préalpes du Nord). Petit bâtiment situé au nord de la ferme, sur une source, ou un ruisseau.
On y conserve au frais le lait et le fromage.
Etym. Dérivé de froid, par *frédy.*

LAGERSTROEMIA n.m.
(Asie tropicale). Arbre, ou arbrisseau originaire de l'Asie tropicale.
L'espèce L. indica est cultivée dans le Midi de la France pour ses fleurs de différentes couleurs qui s'épanouissent en août.

LAGUIOLE n.m.
1. Race bovine rustique, appelée aussi race d'Aubrac.
2. *(Aveyron)*. Variété de fromage fabriqué dans la région de Laguiole.

LAGUNAGE n.m.
En. lagooning
De. Selbstreinigung von Gewässern
Es. lagunosa
It. lagunaggio
Autoépuration des eaux usées, du lisier, par digestion bactérienne des matières organiques.
Celles-ci, par oxydation à l'air libre, se transforment en eau, en gaz carbonique et en sels minéraux ; l'opération est favorisée par des tamis retenant les matières solides et par des turboagitateurs accroissant l'aération.
Etym. Du latin *laguna.*

LAGUNE n.f.
En. lagoon (1)
De. Lagune (1), Klärbecken (2)
Es. laguna (2)
It. laguna (1)
1. Etendue d'eau saumâtre située près de la mer dont la sépare une flèche de sable, ou cordon littoral. *Ex. La lagune de Venise.*
2. Bassin cimenté où l'on recueille les déjections liquides et solides des étables sans litière, afin qu'elles se décantent naturellement. *C'est la pratique du* lagunage.
Etym. Du latin *lacus,* lac.

LAICHE n.f.
En. sedge
De. Lieschgras, Riedgras
Es. carrizo
It. carice
Herbe vivace de la famille des Cypéracées, à feuilles dures, tranchantes et à longs rhizomes.
La laiche des sables (Carex arenaria) sert à fixer le sable des dunes; la laiche raide (Cerex stricta) est employée pour rempailler les chaises ; elle croît dans les lieux humides.
Etym. De l'allemand *lisca.*

LAIDE (DROIT DE) n.f.
Droit coutumier qui était levé sur les marchandises vendues dans les foires et les marchés.

LAIE n.f.
En. ride (1)
De. Holzweg, Wildbahn (1)
Es. vereda, trocha (1)
It. viottola (1)
1. Chemin de terre non empierré, mais enherbé, et tassé par le passage des chars dans une forêt aménagée.
2. Arbre qui sert à fixer une limite dans un bois.
Etym. Du francique *laida,* sentier de forêt.

LAIE n.f.
En. sow
De. Bache
Es. jabalina
It. cinghiale femmina
Femelle du sanglier.

LAIE SOMMIÈRE l.f.
Laie sur laquelle débouchent à angle droit des laies et des layons d'un massif forestier.

LAINAGE (DROIT DE) l.m.
Dîme portant sur la tonte des moutons, à raison d'une toison sur dix, ou douze, ou treize.
En usage au XIIIème siècle dans le centre de la France.

LAINE n.f.
En. wool
De. Wolle
Es. lana
It. lana
Poil doux, épais, frisé, et plus ou moins long, qui pousse sur la peau de certains mammifères, en particulier sur celle du mouton.
Elle constitue leur toison et sert de matière textile. Sous l'influence des climats la laine se change en poils (brebis du Sénégal), ou bien le poil devient laineux et touffu en hiver (bisons du Canada).
Etym. Du latin *lana,* laine.

LAINIER n.m.
En. wool worker (1), wool merchant (2)
De. Wollarbeiter
Es. lanero
It. lanaiolo, laniere
1. Ouvrier qui travaille dans la laine.
2. Commerçant en laine et en tissus de laine.

LAINIER adj.
It. laniero
Qualifie ce qui a trait à la laine.
Ex. L'industrie lainière.

LAIS n.m.
En. staddle (1)
De. Lassreis (1)
Es. resalvo (1)
It. albero novello (1)
1. Jeune arbre de belle venue, épargné quand on coupe un taillis pour qu'il devienne un arbre de haute futaie.
2. Atterrissement, ancien lit, abandonné par une rivière.
3. Jadis, terre à bail.
Etym. Dérivé de *laisser.*

LAISSE n.f.
1. *(Guadeloupe)*. Parcelle de 2 à 3 ha dans une exploitation de canne à sucre d'une trentaine d'hectares.
2. *(Poitou)*. Bande de terre occupée par quelques rangées de vigne.
D'après G. Lasserre et G. Debien.

LAISSEZ-PASSER n.m.
En. **pass**
De. **Passierschein**
Es. **permiso de circulación**
It. **lasciapassare**
Autorisation écrite accordée par un service public à une personne pour lui permettre, moyennant un droit à verser, de transporter d'un lieu déterminé à un autre lieu une marchandise contrôlée, comme le vin, le tabac, etc.

LAISSINE n.f.
Au Moyen Age, terre conquise par défrichement en bordure d'un manse, et qui n'était que tardivement soumise aux redevances et aux services.

LAIT n.m.
En. **milk**
De. **Milch**
Es. **leche**
It. **latte**
Liquide blanc, légèrement plus dense que l'eau, de saveur douce, et secrété par les mamelles des mammifères.
Il comprend en général 90% d'eau, des matières grasses en suspension, de la caséine, des protéines, un glucide, le lactose, et des vitamines. On consomme celui de la vache, de la brebis, de la chèvre, de la chamelle et des femelles du renne et du lama. Selon une préparation adéquate, le lait de la vache est vendu standardisé quant à sa matière grasse (34 gr par litre), ou bien pasteurisé après avoir été porté à 70°C et brusquement refroidi. Il est stérilisé à 110°C pendant 10 minutes, ou réduit à 50% de son volume en eau et conservé en boite stérilisée (lait condensé), et parfois il est réduit en poudre quand on a enlevé toute sa teneur en eau. Pour un lait qui ne provient pas d'une vache, il faut indiquer la bête qui l'a fourni.
Etym. Du latin *lac*, *lactem* à l'accusatif, lait.

LAITAGES n.m.l.
En. **dairy products**
De. **Milchspeisen**
Es. **productos lácteos, lacticinios**
It. **latticini**
Produits fabriqués avec du lait.

LAITAR n.m.
(Dauphiné). Mélange de lait de brebis bouillant et de beurre pour servir de nourriture aux bergers.
Syn. Laitat.

LAITERIE n.f.
En. **dairy, dairy industry**
De. **Milchkeller, Molkerei**
Es. **lechería**
It. **cascina, latteria** (1)
1. Bâtiment où l'on recueille le lait et où l'on fabrique du beurre et du fromage.
2. Coopérative laitière.
3. Techniques diverses pour le traitement du lait.

LAITERON n.m.
En. **milk thistle, sow thistle**
De. **Gänsedistel**
Es. **cerraja**
It. **cicerbita, crespigno**
Plante annuelle, de la famille des Composées *(Sonchus oleraceus)*, aux tiges et aux feuilles légèrement épineuses et laissant écouler un latex blanc quand on les coupe.
Les lapins en sont friands et les jeunes feuilles peuvent être accommodées en salade.
Etym. Dérivé de *lait*.

LAITEUX adj.
En. **milky**
De. **milchig, milchfarbig**
Es. **lechoso**
It. **latteo, lattiginoso**
1. Qualifie ce qui a les qualités du lait.
2. Qualifie les grains de blé avant leur maturité, quand ils ont encore une consistance pâteuse.

LAITIAT n.m.
(Jura). Boisson composée de petit lait aigre où l'on fait macérer des fruits sauvages.

LAITIER n.m.
En. **milkman, dairyman** (2)
De. **Milchmann, Milchhändler** (2)
Es. **lechero** (2)
It. **lattaio** (2)
1. Ouvrier d'une laiterie.
2. Marchand de lait.

LAITIER adj.
En. **dairy**
De. **Milch-**
It. **lattiero**
Qualifie un fromage, ou un beurre, fabriqué dans un établissement industriel et par extension tout ce qui a trait au lait.

LAITIÈRE n.f.
En. **dairy cow**
De. **Melkkuh, Milchkuh**
Es. **vaca lechera**
It. **vacca da latte**
Vache élevée pour sa production en lait.

LAITON n.m.
Es. **lechón** (1)
1. Porcelet en sevrage, trop tendre pour la charcuterie.
2. *(Limousin)*. Porcelet de 20 à 25 kg récemment sevré et recherché pour la charcuterie.
3. Agneau en cours de sevrage.
4. *(Boulonnais)*. Poulain de six mois.
Syn. Laitron.

LAITRON n.m.
(Boulonnais). Poulain de six à huit mois.

LAITUE n.f.
En. **lettuce**
De. **Lattich, Kopfsalat**
Es. **lechuga**
It. **lattuga**
Plante lactescente de la famille des Composées *(Lactuca scariola)*.
Elle pousse à l'état sauvage en Asie centrale ; appréciée dès l'époque romaine pour les salades ; ses nombreuses variétés sont cultivées dans les jardins maraîchers et en plein champ.
Etym. Du latin *lac*, lait.

LAMA n.m.
En. **llama**
De. **Schafkamel, Lama**
Es. **llama**
It. **lama**
Mammifère ruminant à long cou et hautes pattes qui vit dans les Andes à des altitudes élevées.
Dressé comme bête de somme pour porter des charges ne dépassant pas une vingtaine de kilos, il perd ses qualités aux basses altitudes. On tire parti de sa toison laineuse pour fabriquer un tissu apprécié, l'alpaca ; on utilise également sa viande et le lait des femelles ; c'était la seule bête domestique de haute taille en Amérique du Sud avant l'arrivée des Européens.
Etym. Du quetchua *llama*.

LAMBOURDE n.f.
En. **fruit shoot** (1), **fruit spur**
De. **Stützbalken** (1)
Es. **dardo, lombardo** (1)
It. **lamburda** (1)
1. Petit rameau portant un bouton à fruit à son extrémité.
2. Rameau à écorce lisse produit par le vieux bois d'un arbre, mais ne pouvant porter de fruit qu'après plusieurs années *(P. Habault)*.
Etym. Du francique *laon*, planche, et *bourde*, poutre portant des planches.

LAMBROTTE n.f.
Grappe de raisins à grains rares à cause de la *coulure*.

LAMBRUSQUE n.f.
En. **wild wine** (1)
De. **wilder Weinstock** (1)
Es. **labrusca** (1)
It. **lambrusca, lambrusco** (1)
1. Vigne poussant à l'état sauvage dans les bois du Midi de la France.
Elle produit des grappes de petits grains acides ; les bois où elle abonde sont des lambrusquières.
2. Cépage direct issu de l'Amérique du Nord.
Il a servi de porte-greffe pour la reconstitution du vignoble français après la crise du phylloxera.

LAME n.f.
(Touraine). Grappe de raisin en cours de formation.

LAME DE COUPE l.f.
En. **mower knife**
De. **Klinge**
Es. **sierra**
It. **tagliente**
Organe essentiel d'une faucheuse, ou d'une moissonneuse, composé de sections triangulaires à deux côtés tranchants, rivées sur une

tringle animée d'un mouvement de va-et-vient, dans un porte-lame à dents pointues qui divisent les brins d'herbe et les tiges de blé en petites touffes à couper.

LAME DE PARQUET (EN) l.adj.
Qualifie une structure agraire composée de longues et étroites parcelles, jointives, orientées dans la même direction et sans séparation visible.
Elle sont groupées en quartiers et se terminent parfois en bordure d'un chemin. Leur dessin, sur les plans cadastraux, évoque celui d'un parquet aux lames de bois étroites et longues.

LAMELLIROSTRE n.m.
Oiseau palmipède : oie, canard, au bec bordé de lamelles.

LAMELLIROSTRE adj.
Se dit du canard, de l'oie qui ont le bord du bec pourvu de peaux fines ou lamelles pour filtrer l'eau.

LAMPOURDE n.f.
En. **cocklebur** (1)
De. **gemeine Spitzklette** (1)
Es. **bardana** (1)
It. **lappola** (1)
1. Plante de la famille des Composées (*Xanthium strumarium*).
Assez fréquente dans le Midi et dont les fruits, hérissés d'épines, s'accrochent à la toison des moutons.
2. Petite masse de suint se formant au bout des mèches d'une toison de laine.

LANÇAGE n.m.
En. **slipping, drive**
De. **Stapellauf**
Es. **lanzamiento**
It. **far scendere il lagname a valle**
Opération qui consiste à lancer les tronc d'arbre soit dans un cours d'eau qui les emporte vers l'aval par flottaison, soit à les placer au sommet d'un lançoir d'où ils glissent vers le fond de la vallée par la pesanteur.
Syn. Déboscage.
Etym. Du latin *lancea*, lance.

LANCE D'ARROSAGE n.f.
It. **lancia d'irrigazione**
Appareil composé d'un arroseur sur trépied, alimenté par un tuyau et lançant un jet d'eau à 50 m grâce à une pompe à forte pression.
L'arroseur peut être fixe, ou rotatif.

LANCHE n.f.
(Savoie). Parcelle longue et étroite.

LANCIÈRE n.f.
En. **gate (of waterwheel)**
De. **Freigerinne**
Es. **compuerta principal**
It. **cateratta principale**
Dans les moulins à eau, vanne que l'on ouvrait lorsque l'on voulait lancer l'eau de l'étang sur les aubes de la roue motrice.

LANÇOIR n.m.
1. Passage où l'on lance les troncs d'arbre pour les faire glisser jusqu'au bas de la montagne.
2. Planche que l'on soulève, ou que l'on abaisse, pour ouvrir ou fermer la *lancière* d'un moulin à eau.

LAND n.m.
Terre, pays.
Le terme s'est maintenu avec ce sens dans le nom des pays ayant des langues d'origine germanique : Irlande, Islande.
On le retrouve dans le terme de landage, nom de l'ajonc en Normandie.
Etym. De l'ancien allemand *lant*, terre, patrie.

LANDAISE (RACE) l.f.
1. Race bovine, au sud du bassin d'Arcachon.
De petite taille, à robe froment, à muqueuses roses ; les vaches servent aux courses landaises.
2. Race ovine de petite taille, à toison de médiocre qualité.

LANDE n.f.
En. **heath, moor**
De. **Heide**
Es. **landa**
It. **landa**
Formation végétale inculte, couverte de bruyères, de genêts et d'ajoncs.
Elle dérive parfois du défrichement des forêts et n'a pas été mise en culture. Mais elle peut servir de pâturage et fournir un engrais par l'écobuage. Certaines plantes acidiphiles, comme la fougère et le genêt, y sont exploitées pour servir de litière. L'ajonc vert, broyé, est un excellent fourrage d'hiver ; autrefois, il a même été inclus dans une rotation culturale de longue durée. Les grosses tiges de certains ajoncs étaient, jadis, coupées pour chauffer les fours à cuire le pain. On distingue les landes par le nom de la plante dominante : lande à callunes, landes à genêts, landes à molinie, etc. Il y a des landes à plantes calcicoles (landes à spartes, à genêts d'Espagne). Selon les régions, la lande porte des noms divers : brande en Poitou, bouyade en Limousin, pâtis en Vendée, touya en Béarn. Enfin, en Chalosse, le terme est synonyme de sole (R. Musset).
Etym. Du celte *landa*, qui a donné *lann*, en breton.

LANDE ARCE n.f.
(Auvergne). Lande défrichée par le feu, ou bien lande soumise à l'écobuage pour être livrée à la culture.
Etym. Du latin *ardere*, brûler.

LANDELLE n.f.
(Ouest de la France). Mauvaise terre, petite lande.

LANDEUX adj.
Qualifie tout ce qui se rapporte à la lande.
Notamment un pays où dominent les landes est un pays landeux.

LANDIER n.m.
It. **ginestrone**
Nom vulgaire de l'ajonc, plante essentielle des landes.

LANDIN n.m.
(Bas Maine). L'un des noms du genêt, plante qui abonde dans les landes.
Syn. Landier.

LANDLORD n.m.
Possesseur de domaines occupés par des tenanciers payant redevances.
Etym. De l'anglais *land*, terre et *lord*, seigneur, maître.

LANE n.m.
(Angleterre). Etroit chemin entre deux haies, afin d'accéder aux parcelles encloses.

LANFEUIL n.m.
(Bas Maine). Enclos voisin de la maison d'habitation, où l'on cultivait le lin et le chanvre.

LANGÉE n.f.
(Saintonge). Parcelle située près de la maison, et cultivée en jardin.

LANGOBERT n.m.
Variété de poire.

LANGOIRAN n.m.
Vin blanc liquoreux récolté sur les coteaux de la rive droite de la Garonne, en amont de Bordeaux, autour de la localité de Langoiran.

LANGUEYAGE n.m.
Examen de la langue des porcs pour savoir s'ils sont *ladres*.
Opération effectuée sur les marchés par un langueyeur, *et donnant lieu à une redevance seigneuriale.*

LANIÉRAGE n.m.
1. Découpage d'un terroir en parcelles allongées comme des lanières.
2. Etat d'une sole, ou d'un openfield, divisés en champs étroits et très longs.

LANIÈRE n.f.
Par comparaison avec une étroite et longue bande de cuir, parcelle de terre également étroite et longue (7 à 10 m sur 200) groupée avec d'autres parcelles de mêmes dimensions pour former un *quartier* ; elle dominait dans les régions d'openfield.
Un tel découpage avait été réalisé, soit pour une meilleure utilisation de la charrue, soit pour partager des champs massifs entre plusieurs héritiers, soit pour répartir les terres selon leurs qualités entre les habitants d'une communauté. Les remembrements actuels font disparaître cette division géométrique des labours, dont la largeur minimale était la volée du semeur, insuffisante pour le matériel moderne.

LANSAC n.m.
1. Vin rouge corsé du Blayais.
2. Variété de poire tardive.

LAPEREAU n.m.
Lapin de 4 à 5 mois, à la chair tendre, mais fade.

LAPIN n.m.
En. **rabbit**
De. **Kaninchen**
Es. **conejo**
It. **coniglio**
Petit quadrupède de l'ordre des rongeurs, vivant à l'état sauvage dans des terriers, ou des clapiers.
C'est le lapin de garenne (Oryctolagus cuniculus). Il est élevé également à l'état domestique dans des étables appelées lapinières ; *certaines races sont appréciées pour leur poids, pour leur peau (fourrure), pour leur poil (angora).*
Etym. Du pré-roman lappa, *pierre plate, terrier. L'animal a pris le nom de son habitat et a perdu son nom primitif* conil, *dérivé de* cuniculus *qui se prêtait à des allusions obscènes dès le XIIème siècle.*

LAPINIÈRE n.f.
En. **rabbit hutch** (1), **warren** (2)
De. **Kaninchengehege**
Es. **conejera**
It. **conigliera**
1. Cage à lapin.
2. Endroit peuplé de lapins.

LAPINIÈRE adj.
Qualifie une lapine élevée pour produire des petits lapins.

LARDAGE n.m.
De. **Spicken** (2)
Es. **mechado** (2)
It. **lardatura** (2)
1. Mélange de fumier de cheval et de mycelium de *psalliote*, champignon à tête blanche et à lamelles roses, dit *champignon de couche*, ou *champignon de Paris*.
2. Introduction de fragments de ce champignon dans une meule de fumier de cheval pour en obtenir une récolte en vue de la vente et de la consommation.
Cette culture s'effectue surtout dans les grottes artificielles creusées dans la craie d'Anjou et de Touraine, et dans les calcaires grossiers du Bassin Parisien.
Etym. De lard, *par analogie avec le lard de cochon, découpé en tranches.*

LARDEAU n.m.
Cépage à raisins blancs, cultivé dans la vallée du Rhône.
Syn. Lardat, lardot, lourdeau.

LARGE WHITE l.f.
Race porcine d'origine anglaise, à peau blanche, d'engraissement rapide et très prolifique, jusqu'à 20 porcelets par an et par truie.
Introduite en France vers 1920.

LARGER v.tr.
Sortir les bêtes des étables pour les faire pâturer.

LARMES n.f.p.
En. **tears**
De. **Tränen**
Es. **lágrimas**
It. **lacrime**
Sucs qui coulent de certains végétaux après la taille printanière, au moment de la montée de la sève.
Tel est le cas pour la vigne, dont les larmes perlent de la coupe des sarments et pour le pin maritime dont les gouttes de résine, ou gemmes, *suintent le long des carres.*

LARRE n.m.
(Bourgogne). Terrain stérile, sur le versant d'une colline.

LARRIS n.m.
(Ile-de-France). Terrain inutilisable pour les cultures.

LARRON n.m.
Tuyau souple permettant de servir de siphon pour vider un fût.
Le terme provient de l'usage que l'on pouvait en faire pour voler le vin contenu dans les tonneaux.

LARVE n.f.
En. **larva, grub**
De. **Larve**
Es. **larva**
It. **larva**
Une des formes des insectes au cours de leur métamorphose.
Elle ressemble d'ordinaire à un ver et se nourrit de matière végétale vivante, causant de graves dégâts dans les cultures.
Etym. Du latin larva, *masque, fantôme.*

LARZAC (RACE DU) l.f.
Race de moutons originaire du Causse du Larzac.
Sélectionnée et diversifiée, elle se divise en quatre espèces : race de Lacaune, race du Ségala, race de Camarès et race du Larzac proprement dite. Elles sont appréciées pour leur lait qui sert à fabriquer le fromage de Roquefort.

LAS n.m.
1. Endroit d'une grange où l'on stocke les grains.
Syn. Garde-pile.
2. Champ en lanière, étroit et long.
Syn. Lassière.

LASCAT n.m.
(Styrie). Cépage à raisins noirs, introduit en Alsace au XVIIIème siècle.

LASSIES n.f.p.
(Berry, Nivernais). Espaces ménagés entre le plafond et le toit des étables pour abriter le foin destiné à l'alimentation du bétail pendant l'hiver.
Par des ouvertures pratiquées dans le plafond, ils communiquent avec les crèches des bovins.

LATAKIEH n.m.
(Syrie). Du nom de la ville de Syrie, variété de tabac d'Orient, de couleur foncée.

LATENCE n.f.
En. **latency**
De. **Latenz**
Es. **período de incubación, estado latente**
It. **latenza**
Période de l'évolution d'une maladie, caractérisée par l'absence de symptômes, mais non de virus ou de bactéries à l'état latent, et qui, à un moment favorable, déclancheraient le mal.

LATENT adj.
En. **latent**
De. **latent**
Es. **latente**
It. **latente**
1. Qualifie un mal qui est dans un organisme et qui ne se manifestera qu'après une période d'incubation.
2. Qualifie un bourgeon encore dormant.
3. Qualifie les champignons, parasites des fruits, qui ne se développent que lorsque les fruits sont mûrs.
Etym. Du latin latere, *être caché.*

LATEX n.m.
En. **latex**
De. **Kautschukmilch, Latex**
Es. **látex**
It. **lattice, latice**
Sève élaborée de certains végétaux, ayant souvent l'aspect du lait, et circulant, par des canaux lactifères, dans l'aubier de la plante.
Le plus connu des latex est celui de l'Hevea brasiliensis qui, par coagulation, donne le caoutchouc naturel.
Etym. Du latin latex, *liquide.*

LATHYRISME n.m.
En. **lathyrism**
De. **Platterbsenkrankheit, Lathyrismus**
Es. **latirismo**
It. **latirismo**
Intoxication due à la consommation excessive de gesses *(Lathyrus sativus)*.
Elle se manifeste par une paralygie spasmodique.

LATHYRUS n.m.
En. lathyrus
De. Lathyrus
It. latiro
Générique de plusieurs plantes cultivées qui sont des variétés de gesses, en particulier le *Lathyrus sativus*.

LATICIFÈRE adj.
En. lactiferous
Es. laticífero
It. laticifero
Qualifie une longue cellule des tissus de certaines plantes résinifères pour la circulation du latex.
Etym. Du latin *latex*, lait et *ferre*, porter.

LATIFUNDIAIRE n.m.
En. landlord (1)
De. Grossgrundbesitzer (1)
Es. latifundista (1)
It. latifondista (1)
1. Possesseur d'un latifundium, en général d'une étendue excessive et exploité extensivement à l'aide d'une main-d'oeuvre pauvre et mal payée.
2. Centre d'innovations agricoles et de progrès pour la région, situé en Amérique du Sud.

LATIFUNDIUM n.m.
En. large estate
De. Grossgrundbesitz
Es. latifundio
It. latifondo
1. A l'époque romaine, grand domaine de plusieurs milliers d'hectares.
2. Aujourd'hui, régime de la grande propriété qui sévit dans certaines régions du Monde et qui est parfois une cause de stagnation agricole et de misère paysanne, les propriétaires pratiquant l'absentéisme, et la mise en valeur étant laissée à de pauvres gens sans moyens.
Parfois, au contraire, ce régime favorise la spécialisation des cultures, ou de l'élevage, et l'enrichissement des latifundiaires par la spéculation.
Etym. Du latin *latus*, grand et *fundus*, fonds, terre.

LATTE n.f.
De. Latte (1)
Es. lata (1)
It. asse, panconcello (1)
1. Perche souple, fendue en plusieurs brins et munie d'un *bâton batteur*, plus facile à manier et plus efficace que le fléau pour battre les céréales.
2. Ouvrier *solatier*, avec son fils, ou sa femme, engagé pour la période des moissons.
Etym. Du germanique *lata*, gaule.

LAUCHE n.f.
(Bourgogne). Bande de terre parfois si étroite qu'elle pouvait être labourée par un seul trait de charrue.

LAUDISME (DROIT DE) l.m.
V. *Lauzine*.

LAUFFET n.m.
(Vendée). Redevance, ou suffrage, que le tenancier d'une borderie de la Gâtine vendéenne donnait en plus du loyer du bail.

LAUME n.m.
1. *(Bourgogne).* Parcelle de terre basse, humide, où poussent des roseaux.
2. Terre fertile, favorable aux cultures (Plaisance et Cailleux).
Etym. Du latin *lama*, fondrière.

LAURAGUAIS (RACE DU) l.f.
Race ovine, originaire du Lauraguais. Appréciée dans le Bassin Aquitain pour sa laine et sa viande.

LAURIER n.m.
En. laurel, bay tree
De. Lorbeerbaum
Es. laurel
It. lauro, alloro
Arbuste aux feuilles toujours vertes, du genre Lauriées.
Le plus commun est le laurier d'Apollon, ou laurier-sauce (Laurus nobilis) de la famille des Lauracées. Cultivé comme plante d'ornement dans les laurières, *et pour ses feuilles qui servent de condiment.*

LAURIER-CERISE n.m.
En. cherry-laurel
De. Kirschlorbeer
Es. laurocerasо
It. laurocerasо
Arbrisseau à feuilles persistantes, de la famille des Rosacées.
Originaire d'Arménie, il est cultivé pour ses fleurs et ses feuilles qui contiennent une essence aromatique et antispasmodique.

LAURIER-ROSE n.m.
En. oleander
De. Oleander
Es. adelfa
It. oleandro
Arbuste ornemental à fleurs blanches ou roses, de la famille des Apocynacées (*Nerium oleander*), plus connu sous le nom d'*oléandre*.

LAURIER-TULIPIER n.m.
En. magnolia
De. Magnolie
Es. magnolio
It. magnolia
Un des noms du magnolia à grandes fleurs blanches (*Magnolia grandiflora*).

LAUZE n.f.
Pierre plate et mince, taillée dans les schistes cristallins, ou dans les calcaires en plaquettes, pour couvrir les toitures des maisons dans le Massif Central, le Sarladais, la Maurienne.
Le terme aurait même origine que lave, pierre plate, et s'écrit aussi lose, louse et lause.

LAUZINE (DROIT DE) l.m.
1. *(Provence).* Redevance payée au seigneur par l'emphytéote quand celui-ci vendait sa tenure.
Son montant était d'ordinaire de douze un, soit le treizième du prix de la vente, d'où l'expression payer le droit de lauzine et le treizain ; équivalent du droit de lods et vente.
2. *(Quercy).* Autorisation donnée par le seigneur à son tenancier quand celui-ci voulait vendre sa tenure.
Syn. Droit de lauzène, ou de laudisme.
Etym. Du latin *laudare*, consentir.

LAVANDE n.f.
En. lavender
De. Lavendel
Es. espliego, alhucema, lavanda
It. lavanda
Sous-arbrisseau de la famille des Labiacées.
Deux espèces sont cultivées dans le Midi de la France :
1. La lavande officinale, dite à tort lavande femelle (Lavandula vera) qui pousse à l'état sauvage sur les collines calcaires ; cultivée en lignes régulières, chaque pied forme une touffe arrondie ; les fleurs sont cueillies de juillet à septembre et distillées seules, ou avec toute la plante.
2. La lavande aspic, dite aussi à tort lavande mâle (Lavandula spica) fournit une essence moins parfumée, mais elle est utilisée en peinture. De plus en plus on cultive des lavandins, hybrides des deux précédentes espèces. Les fleurs en sachets servent à parfumer les armoires à linge et à faire des infusions stimulantes pour l'appareil digestif.
Etym. Du latin *lavandaria*, qui doit être lavé.

LAVANDERAIE n.f.
Parcelle plantée en lavande.
Syn. Lavandaie, lavandière.

LAVES n.f.p.
(Bourgogne). Pierres plates servant à couvrir les toitures.

LAVOGNE n.f.
Mare qui occupe le fond argileux d'une dépression fermée, appelée *cloup* en Quercy, *sotch* en Rouergue.
Elle sert d'abreuvoir aux troupeaux ; on l'améliore en la cimentant.

LAYE n.f.
En. ride (1)
De. Holzweg (1)
Es. vereda (1)
It. sentiero, viottolo (1)
1. Ouverture à travers les arbres d'une forêt pour la circulation des chars.
2. Forêt aménagée par le Service des Eaux et Forêts. Coupe de bois.
Si la laye est étroite c'est un layon *; si elle est longue, c'est une* sommière *(G. Plaisance).*
Etym. Du francique *laida*, sentier de forêt, ou du latin *laia*, chemin dans les bois.

LAYER v.tr.
1. Tracer une laye dans une forêt.
2. Marquer les arbres que l'on veut conserver dans un taillis, ou dans une futaie, lors d'une coupe.

LAYON n.m.
En. **ride** (2)
De. **Jägersteig, Schneise** (2)
Es. **sendero** (2)
It. **sentiero** (2)
1. Assemblage de planches et de traverses pour fermer le devant et l'arrière d'une charrette, ou d'un tombereau *(fig. 115)*.
Etym. Dérivé de *hayon*.
2. Petit sentier, ligne ouverte dans une forêt pour donner passage aux chasseurs, ou pour séparer une coupe de l'autre ; de 80 à 100 m de large.

(Fig. 115). Layon

LAYON (VINS DU) l.m.p.
(Anjou). Vins doux et parfumés des coteaux qui encadrent la vallée du Layon, sous affluent de la Loire, en Anjou.

LÉARD n.m.
(Anjou). Peuplier noir.

LÉCANIE n.f.
En. **brown scale**
De. **Schildlausbefall** (1)
Es. **lecanino de los frutales** (1)
It. **lecanio** (1)
1. Maladie des plantes cultivées (poiriers, vigne), causée par une cochenille.
Elle se manifeste par l'exsudation d'un miellat qui permet le développement à la surface des feuilles, ou des fruits, d'un champignon couleur noir de fumée, appelé fumagine *(R. Blais).*
2. Insecte hémiptère, du genre cochenille.
V. Lecanium.

LÉCANIUM n.f.
En. **scale insect, scale bug**
De. **Eulecanium**
It. **lecanio**
Variété de cochenille, de la famille des Coccidés, appelée *pou des écorces* sur lesquelles elle se fixe en faisant s'écouler un liquide mielleux qui favorise une moisissure appelée *fumagine*.
On en compte de nombreuses espèces répandues dans le monde entier ; les unes attaquent les pêchers (Lucanium percicae), les autres les orangers (Lucanium hesperidum) ; les diverses essences d'arbres fruitiers peuvent en être atteintes. On les combat avec des pulvérisations de lait de chaux.

LÈDES n.m.
Dépressions allongées séparant les dunes landaises les unes des autres.
Elles sont souvent marécageuses ; on les assainit en y plantant des pins.
Syn. Lettes.

LÉGER adj.
En. **light**
De. **leicht**
Es. **ligero**
It. **leggero**
Qualifie un sol composé de particules sans cohésion.
Il est facile à labourer, mais il craint la sécheresse.

LEGHORN n.m.
(Angleterre). Race de poules bonnes pondeuses, à chair tendre de couleur jaune.
Etym. Du nom anglais de Livourne.

LÉGISLATION RURALE n.f.
En. **rural legislation**
De. **Landgesetzgebung**
Es. **legislación rural**
It. **legislazione rurale**
Ensemble des lois relatives aux activités rurales et plus particulièrement agricoles.
Elles sont réunies dans un Code rural.

LÈGRE n.f.
Petite parcelle en culture, entourée de canaux de drainage, dans la région de Saint-Omer.
Syn. Polder.

LÉGUME n.m.
En. **vegetable**
De. **Gemüse**
Es. **verdura, hortaliza, legumbre**
It. **legume** (1), **ortaggio, verdura** (2)
1. Autrefois, plante à gousses (fève, pois, gesse).
2. Aujourd'hui, désigne tout végétal utilisé pour la nourriture humaine : plantes herbacées (oseille, épinards, laitues, choux), graines (fèves, lentilles, haricots, pois), racines (carottes, radis, salsifis), bulbes (topinambours), involucres (artichauts), fruits (cornichons, potirons), tiges (asperges).
Leurs origines sont très diverses, dans le temps comme dans l'espace.
En botanique, le terme reste limité aux plantes à fruits secs, déhiscents, contenant plusieurs graines, et caractéristiques de la famille des légumineuses.
Syn. Gousse.
Etym. Du latin *legumen, lesgume* au XVIème siècle.

LÉGUME DE PLEIN CHAMP l.m.
Légume cultivé dans des parcelles situées en pleine campagne et vouées tantôt aux céréales et aux fourrages verts, tantôt aux légumes.
Ceux-ci sont l'objet de façons culturales moins soignées que dans les jardins maraîchers.

LÉGUMICULTURE n.f.
Culture des légumes.

LÉGUMIER adj.
En. **vegetable**
De. **Gemüse-**
Es. **leguminoso**
It. **di ortaggi**
Qualifie ce qui a trait aux légumes : parcelle consacrée aux légumes, ouvrier agricole cultivant les légumes, culture s'appliquant aux légumes.

LÉGUMIER n.m.
It. **legumiera**
Récipient contenant des légumes.

LÉGUMINEUSES n.f.p.
En. **Leguminosae**
De. **Hülsenfrüchte**
Es. **leguminosas**
It. **leguminose**
Ensemble de trois familles : Mimosacées, Cesalpiniacées et Papilionacées, composées de dicotylédones dialypétales à ovaire supère et dont le fruit est une *gousse*.
La plus importante est celle des papilionacées (pois, haricot, lentilles, fèves, luzerne, etc.) qui jouent un rôle fertilisant grâce aux nodosités de leurs racines contenant des bactéries fixatrices de l'azote de l'air (Rhizobium). Cette propriété a permis, grâce à la culture des légumineuses à fourrage (trèfle, luzerne), de supprimer la jachère, d'accroître le troupeau et de fumer plus abondamment les terres à labour.
Etym. Du latin *legumen.*

LÉGUMISTE n.m.
En. **vegetable gardener**
De. **Gemüsegärtner**
Es. **hortelano**
It. **ortolano**
Jardinier, ou agriculteur, qui se consacre à la culture des légumes.

LEHM n.m.
En. **loam**
De. **Lehm**
Es. **barro, lehm**
It. **lehm**
Dépôt argilosableux provenant de la décalcification superficielle du loess.
Riche en particules fines de moins de 50 microns, il est peu perméable et donne des sols humides, froids et peu fertiles. Le terme proviendrait de l'indoeuropéen ley, *gluant, visqueux.*
Etym. De l'allemand *lehm,* limon.

LENTICELLE n.f.
It. lenticella
Petite saillie située sur l'écorce des rameaux et des jeunes tiges des végétaux ligneux.
Formée de cellules de liège laissant entre elles des méats pouvant assurer des échanges gazeux entre les divers tissus, échanges essentiellement réalisés au niveau des stomates des feuilles (R. Blais).

LENTILLE n.f.
En. lentil
De. Linse
Es. lenteja
It. lente, lenticchia
Plante de la famille des Légumineuses (*Ervum lens* et *Lens esculenta*).
Originaire des pays du Moyen Orient, sa culture s'est étendue de l'Inde à l'Europe Occidentale par l'Egypte. Plante grimpante à vrilles foliaires, ses gousses contiennent chacune deux graines de couleur blonde. C'est à la fois un excellent fourrage vert, un bon engrais par ses racines qui fixent l'azote, et un aliment de choix par ses graines très nutritives.
Etym. Du latin *lens*, dont le diminutif est *lenticula*.

LENTILLÈRE n.f.
Parcelle consacrée à la culture des lentilles.

LENTILLON n.m.
Variété de lentille aux grains épais et de petit diamètre.
Appelée parfois lentille à la reine car Marie-Antoinette en appréciait le goût.

LENTISQUE n.m.
En. mastic tree, lentiscus
De. Mastixbaum
Es. lentisco
It. lentischio
Variété de *pistachier*, à feuilles persistantes et recherché pour ses fruits, petites baies noires dont on extrait une huile astringente et une substance résineuse, appelée *mastic*.
Etym. Du latin *lentiscus*.

LÉPIDIER n.m.
En. whitlow grass, cress
De. Pfeilkresse
Es. lepidio
It. lepidio
Plante de la famille des Crucifères.
Deux espèces principales :
1. Le lépidier champêtre (Lepidium campestre), mauvaise herbe des prés, connue sous le nom de passerage.
2. Le lépidier commun (Lepidium sativum) appelé cresson alénois, parfois cultivé dans les jardins.

LÉPORIDE n.m.
En. leporide
De. Bastardhase
Es. lepóride
It. leporide
Métis du lièvre mâle et de la femelle du lapin, ou lapine.

Etym. Du latin *lepus*, lièvre et du grec *eidos*, forme.

LESCHÈRES n.f.p.
(Dombes). Dépressions marécageuses, où poussent les carex.
Elles ne produisent qu'un foin grossier, mais on peut les transformer en étangs, en les fermant vers l'aval, par une chaussée.
Etym. De *lèches*, nom local des carex.

LESQUE n.f.
1. *(Landes).* Terre inculte que l'on plante en pins.
2. *(Flandre).* Terre abandonnée.

LESSE n.f.
(Bocage normand). Haie composée de jeunes tiges courbées et entrelacées afin de former une barrière infranchissable au passage des bestiaux.

LESSIVAGE n.m.
En. leaching
De. Auslaugen
Es. colada, lixiviación
It. dilavamento
Dissolution et migration en profondeur par les eaux d'infiltration des éléments solubles et colloïdaux contenus dans le sol.
Cette action est d'autant plus intense que la pluviosité est plus abondante, que le sol est plus perméable et se trouve ainsi appauvri en produits fertilisants.
Etym. Du latin *lixiva*.

LEST n.m.
En. bulk
De. Ballast
Es. fibra
It. zavorra di fibra
Aliment de faible valeur nutritive, destiné à occuper dans l'estomac de l'animal un volume convenable après l'absorption d'aliments très concentrés et de faible encombrement.

LESTAGE (DROIT DE) l.m.
Droit payé, jadis, pour les denrées agricoles transportées sur des routes à péage, ou introduites sur un marché pour la vente.
Etym. Dérivé de *lest*, poids.

LÉTAL adj.
En. lethal
De. tödlich, letal
Es. letal
It. letale
Qualifie un gène qui entraine la mort de l'individu porteur quand, dans son patrimoine héréditaire, il est homozygote, avec deux allèles dans le même *locus*.
V. *Homozygote*.
Etym. Du latin *letum*, mort.

LÈTE n.m.
Vétéran romain, ou soldat barbare, pourvu d'une terre qu'il doit cultiver et défendre contre les envahisseurs, notamment dans la région rhénane, au IIIème siècle de notre ère.
Il ne devait pas quitter son exploitation agricole, mais on ne pouvait l'en chasser : il avait la capacité juridique et il possédait un patrimoine hérité parfois de son père ; sa condition était donc supérieure à celle d'un serf.
Etym. Du latin *laetus*, favorisé.

LETS n.f.
(Bretagne). Bande de terre très étroite, qui subsiste entre deux planches de labour, et que le laboureur supprime d'un trait de charrue pour créer un fossé entre les deux planches.

LEUCOSE n.f.
En. leucosis
De. Leukämie
Es. leucosis
It. leucosi
Maladie semblable à la leucémie et qui se manifeste par l'affaiblissement dû à l'augmentation pathologique des globules blancs du sang et à l'insuffisance des fonctions glandulaires, foie, rate, ganglions.
La mort survient au bout d'un an ou deux si la bête, qui en est atteinte, n'a pas été abattue auparavant ; le bétail dépisté doit être éliminé de la boucherie ; des subventions sont prévues par les pouvoirs publics pour les éleveurs qui sacrifient leurs bêtes malades.
Etym. Du grec *leucos*, blanc

LEURQUES n.f.
(Bretagne). V. *Placitre*.

LEURRE n.m.
En. lure
De. Porzellanei (Köder)
Es. añagaza
It. logoro
Oeuf factice en porcelaine que l'on place dans le nid des poules pour les inciter à revenir y pondre.
Etym. Du germanique *luoder*, tromperie.

LEVADE n.f.
1. *(Languedoc).* Digue qui entoure un étang.
2. *(Auvergne).* Prairie située sur des hauteurs dominant un bassin.
3. *(Limousin).* Rigole qui permet d'irriguer les prairies à partir d'un petit lac, dit *lacassou*, ou *serve*.

LEVAGE n.m.
1. *(Saintonge).* Façon culturale donnée à une terre, à une vigne, pour aérer le sol.
Syn. *Levaille*.
2. *(Anjou)* Grosses mottes de terre qui se forment après un léger labour.
3. Action de relever les pampres de vigne et de les attacher aux échalas.
Etym. Du latin *levare*, rendre léger.

LEVAIN n.m.
En. lactic leaven (2)
De. Bärme, Sauerteig (2)
Es. levadura láctica,
   fermento láctico (2)
It. lievito (2)
1. Fragment de vieille pâte riche en levure.
Mélangé en petite quantité à la nouvelle pâte

lors du pétrissage, il s'en dégage du gaz carbonique qui fait gonfler les pains avant la mise au four.
2. Ferment lactique que l'on incorpore au lait avant d'y ajouter la présure pour favoriser la formation du *caillé (R. Blais).*
Etym. Du latin *levare*, rendre léger.

LÈVE n.f.
(Lorraine). Sole.
Un finage pouvait être divisé en trois, quatre, cinq ou six soles, ou lèves, consacrées tantôt aux céréales, tantôt à la jachère, tantôt à des guérets, c'est-à-dire à des labours préparatoires.

LEVÉE n.f.
En. **gathering** (5)
De. **Einsammeln** (5)
Es. **cosecha** (5)
It. **argine, alzata** (1), **raccolta** (5)
1. Barrage en terre et en maçonnerie pour former un étang artificiel.
2. Talus de pierres et de terre protégeant les champs contre les inondations de la Loire, ou en Vendée, contre les hautes marées.
3. Bourrelet d'alluvions se formant lentement le long des berges des cours d'eau lors des crues.
4. Germination et sortie de terre des graines.
5. Enlèvement d'une récolte de grains, de fruits, de liège, etc.
6. *(Saintonge).* Culture de la vigne.
Etym. Du latin *levare*, déplacer vers le haut.

LÈVE-GAZON n.m.
Outil pour enlever du sol les bandes de gazon coupées latéralement.

LÈVE-PALETTE n.m.
En. **forklift truck**
De. **Gabelmechanik**
Es. **horquilla para paletas**
It. **forca meccanica**
Elément d'un appareil servant à élever des balles de foin.
Il se compose de fourches animées d'un mouvement rotatif du bas vers le haut.

LEVER v.tr.
1. Premier labour donné à une terre en jachère.
2. Retirer de terre des bulbes, des racines que l'on veut mettre en réserve pendant l'hiver.
3. Percevoir une redevance en nature sur une terre en location.
Ainsi on disait lever la dîme des grains.
4. Attacher les pampres de vigne aux échalas.
Etym. Du latin *levare*, alléger.

LEVROUX n.m.
(Berry). Fromage fabriqué avec du lait de chèvre dans la région de Levroux.
De forme pyramidale tronquée, il est également appelé fromage de Valençay.

LEVURAGE n.m.
En. **yeast addition**
De. **Reinhefezusatz**
Es. **aditamento de levadura**
It. **aggiunta di lievito**
Addition de levure dans un produit dont on veut obtenir la fermentation : pâte, fromage, boissons, etc. *V. Pied de cuve.*
Etym. Du latin *levare*, lever.

LEVURE n.f.
En. **yeast**
De. **Hefe, Bierhefe**
Es. **levadura**
It. **lievito**
1. Cryptogame unicellulaire, microscopique, appartenant à plusieurs familles de champignons.
La plus importante, celle des saccharomyces, crée des enzymes qui déterminent la fermentation des matières organiques, animales ou végétales, par la décomposition de leurs sucres (lactose, fructose, etc.) en alcool et en gaz carbonique ; c'est ce gaz qui provoque les trous dans la mie de pain. Conservées dans des souches, les levures se distinguent selon leur utilisation en levures de bière, de vin, de pain, etc. Pour les vins fins, on conserve des souches sélectionnées ayant été appréciées pour la saveur qu'elles donnent à des produits de qualité.
2. Certaines levures sont pathogènes, telle la *Candida albicans*, qui cause le muguet sur les muqueuses des petits enfants.
Par conséquent, les levures peuvent être source de protéines et de vitamines et être utilisées comme aliment pour l'homme et pour l'animal, ou bien causer des maladies épidermiques.
3. *(Suisse Romande).* Opération qui consiste à relever les pampres de la vigne quand ils sont couverts de feuilles, pour favoriser l'action du soleil.

LEY-FARMING l.m.
En. **ley-farming**
De. **Feldgraswirtschaft**
Es. **rotación**
It. **pascolo temporaneo in rotazione**
(Angleterre). Rotation de l'herbe et des cultures dans une parcelle consacrée surtout à la prairie, mais qui est labourée tous les huit ou dix ans pour produire une ou deux récoltes de céréales, ou de fourrages, afin de lui restituer sa fertilité.
Cette pratique a fait partie des facteurs de la révolution fourragère du milieu du XIXème siècle.

LÈZE n.f.
1. *(Limousin).* Planche de labour.
2. Petite bande de terre, longue et étroite, que l'on réserve à la culture des légumes.

LIADA n.f.
(Russie). Clairière défrichée dans la forêt et mise en culture temporairement.
Au pluriel, *liady*.
Syn. Ladang, ray.

LIADOU n.m.
Instrument pointu en bois pour attacher les liens des gerbes.
Un plateau, au tiers de sa longueur, permet d'égaliser le bas de la gerbe.
Etym. De l'occitan *lia*, lier.

LIAGE n.f.
En. **binding** (1)
De. **Binden** (1)
Es. **ligadura** (1)
It. **legatura** (1)
1. Action d'attacher des javelles en gerbes, ou de fixer le joug sur la tête des boeufs de labour.
Etym. Dérivé de *lien*.
2. Droit perçu par le seigneur sur la lie de vin.
En fait, c'était sur les vins vendus dans le ressort de sa seigneurie qu'était prélevée cette imposition.
Etym. Du latin *liagum*, lie de vin.

LIAGNER v.tr.
(Aquitaine). Glaner.
Etym. Dérivé de *lien*.

LIAN n.m.
(Ile-de-France). Poignée de paille de seigle qui servait à attacher les gerbes de blé.
Etym. Déformation de *lien*.

LIANE n.f.
En. **liana**
De. **Liane**
Es. **bejuco, liana**
It. **liana**
Plante à tige flexible, qui ne peut s'élever qu'en s'accrochant par des vrilles à un tuteur ou à un arbre, telles la vigne, l'igname, le lizeron, etc.
Etym. Du latin *ligare*, lier.

LIARDIER n.m.
It. **pioppo nero** (1)
1. Peuplier noir, appelé *liard*.
2. Variété de poire à peau grise, dite *poire du liard*.
3. Nom vulgaire de l'osier.
Etym. De l'irlandais *liath*, grisâtre.

LIBER n.m.
En. **phloem, bast, sieve tissue**
De. **Bast**
Es. **líber**
It. **libro**
Tissu végétal entourant les racines, les tiges et les feuilles des plantes, composé de tubes criblés.
Il conduit la sève élaborée dans toutes les parties des plantes ; en hiver les tubes sont obstrués et la sève cesse de circuler (R.Blais). Les fils de chanvre et de lin sont du liber.
Etym. Du latin *liber*, écorce d'arbre.

LIBOURNAIS n.m.p.
Vins rouges et blancs des environs de Libourne.
Quelques-uns sont de grands crus, tels ceux

des coteaux de Saint-Emilion et des graves de Pomerol ; des crus plus ordinaires proviennent des terrasses de l'Isle et de la Dordogne.

LIBRE-PARCOURS n.m.
Droit, dont disposaient les habitants d'une communauté rurale, de faire paître par leurs troupeaux les prairies et les chaumes après la fenaison et la moisson, sans tenir compte des limites de propriété et de parcelles.
Cette pratique exigeait l'absence de haies, ou de murettes, entre les champs, ou entre les prés, c'est-à-dire l'openfield.

LICHEN n.m.
En. **lichen**
De. **Flechte**
Es. **liquen**
It. **lichene**
Végétal formé par un *thalle*, association en symbiose d'une algue et d'un champignon.
On en compte de nombreuses variétés ; les plus connues se développent sur les branches des arbres fruitiers et ont un aspect foliacé. Elles se multiplient par des sorédies, petites masses globuleuses contenant des filaments de champignons et des cellules d'algues que transportent le vent ou les oiseaux.
Etym. Du grec *leikhein*, lécher.

LICHER v.intr.
(Lorraine). Pour une terre, se découper en grosses mottes quand on la laboure.

LICHET n.m.
(Cévennes). Bêche plate pour ameublir la terre des planches de culture, ou *faysses*.

LICOU n.m.
En. **halter**
De. **Halfter**
Es. **cabestro**
It. **cavezza**
1. Anneau en cuir muni d'une corde, passé au cou du cheval pour l'attacher à la mangeoire *(fig. 116)*.
2. Partie du harnais qui se place sur la tête du cheval pour le conduire.
Il comprend un frontal, une sous-gorge et des montants ; il s'y ajoute des oeillères et un mors.
Syn. *Licol.*

(Fig. 116). Licou

LIDES n.m.p.
Paysans qui, durant le Haut Moyen Age, eurent un statut intermédiaire entre celui du servage et celui de l'homme libre.
En particulier, ils payaient le chevage. C'étaient des affranchis, ou bien les fils d'un homme libre et d'une serve.

LIE n.f.
En. **lees, dregs** (2)
De. **Weinhefe** (2)
Es. **hez** (2)
It. **feccia** (2)
1. Pierre plate pour couvrir les toitures.
Syn. *Lauze.*
2. Dépôt formé dans les boissons fermentées par des levures et des tartrates, sels de calcium et de potassium.
Dans ce sens, le terme serait peut-être d'origine celte.
Etym. De l'indoeuropéen *legh*, couche, strate, qui a donné *lias*, et *liais*.

LIÉE n.f.
Temps durant lequel une paire de boeufs était liée au joug pour accomplir un certain travail.

LIÈGE n.m.
En. **cork**
De. **Kork**
Es. **corcho**
It. **sughero**
Partie externe de l'écorce du chêne-liège, formée de cellules mortes, vides, au tissu imprégné de *subérine*, substance imperméable qui entraîne la nécrose de la zone vivante.
On distingue le liège mâle de première formation, dur et crevassé, du liège femelle, dit souple, qui est produit, après le démasclage initial, par la couche profonde de l'écorce mise à nu.
Etym. Du latin *levis*, léger.

LIEN n.m.
En. **bond, tie**
De. **Binde, Band**
Es. **ligadura**
It. **legame, vincolo**
1. Paille de seigle pour lier les gerbes de blé.
2. Tige flexible de clématite servant aux mêmes usages.
3. Brin d'osier pour attacher les balles de tabac avant de les transporter aux entrepôts de la S.E.I.T.A.
Syn. *Harts.*
Etym. Du latin *ligamen*, lien.

LIER v.tr.
En. **to bind** (1)
De. **binden** (1)
Es. **agavillar** (1)
It. **legare** (1)
1. Attacher une gerbe avec un lien.
2. Attacher le joug sur la tête d'un attelage de boeufs.
Etym. Du latin *ligare*.

LIERRE n.m.
En. **ivy**
De. **Efeu**
Es. **yedra, hiedra**
It. **edera**
Plante grimpante, à feuilles persistantes de la famille des Ombellifères.
Elle sert à couvrir les vieux murs et à faire des tonnelles ; en mythologie, elle symbolise Bacchus.
Etym. Du latin *hedera*.

LIÈS ET PASSERIÈS l.f.p.
Traités donnant à des troupeaux transhumants venus d'Espagne, le droit de séjourner en été sur les estives du versant français des Pyrénées, où les pâturages sont plus abondants.
Ces ententes très anciennes, et de moins en moins utilisées, ont été conclues entre des communautés villageoises des vallées situées de part et d'autre d'un même col.

LIEUDIT n.m.
It. **località**
Site, ou endroit déterminé d'une commune, affecté d'un nom issu du milieu physique, ou d'une intervention humaine.
Dans les campagnes désertées, beaucoup de noms de ces lieux-dits, ou lieusdits, se perdent dans la mémoire des jeunes générations.

LIEUR n.m.
En. **binder** (2)
De. **Strohbinder, Garbenbinder** (1)
Es. **agavillador, gavillero** (1)
It. **accovonatore** (1)
1. Ouvrier chargé de lier les gerbes de blé, ou des bottes de foin.
Dans ce dernier cas, on dit plutôt un botteleur.
2. Appareil servant à lier les gerbes dans une moissonneuse-batteuse.

LIEURE n.f.
Lien fabriqué avec de la paille de seigle, ou des fils de chanvre et de jute, pour attacher les rameaux de vigne.

LIEUSE n.f.
En. **binder** (2)
De. **Garbenbinder** (2)
Es. **agavilladora** (2)
It. **legatrice** (2)
1. Ouvrière qui lie les gerbes de blé.
2. Organe d'une ramasseuse-presse, ou d'une moissonneuse-lieuse, permettant de lier, avec de la ficelle, ou du fil de fer, les bottes de foin, ou de paille.
Elle est couplée avec une faucheuse, ou une moissonneuse.

LIÈVES n.f.p.
1. Recueil de droits et de baux seigneuriaux sous l'Ancien Régime.
2. Extrait de terrier indiquant les parcelles d'un héritage et la nature des redevances auxquelles était astreint leur tenancier *(G.Lepointe).*
Etym. De *lever*.

LIÈVRE n.m.
En. **hare** (1)
De. **Hase** (1)
Es. **liebre** (1)
It. **lepre** (1)
1. Mammifère rongeur dont l'élevage s'est développé dans les régions de chasse.
2. Déviation de la charrue quand elle est mal dirigée en traçant un sillon.
Etym. Du latin *lepus, leporis*, lièvre.

LIGATURE n.f.
En. **tying**
De. **Binden, Unterbinden**
Es. **ligadura**
It. **fasciatura**
Opération qui consiste à entourer le porte-greffe et le greffon, avec du raphia, du jonc, de la paille, ou de l'osier, et à couvrir ce lien de mastic.

LIGE adj.
En. **liege**
De. **lehenspflichtig**
Es. **ligio**
It. **ligio**
Jadis, terre qui astreignait celui qui la tenait en fief aux obligations de l'hommage envers le propriétaire éminent.
C'était le devoir de ligeauté.

LIGNAGE n.m.
En. **lineage** (1)
De. **Nachkommenschaft** (1)
Es. **linaje** (1)
1. Ensemble des descendants d'un individu.
C'est une lignée *pure si l'individu autofécondé est homozygote, c'est-à-dire s'il a des caractères rigoureusement fixes.*
Etym. Du latin *linea*, ligne, race, famille.
2. Droit permettant aux habitants d'une communauté de prendre du bois de chauffage et du bois d'oeuvre dans les forêts seigneuriales de leur territoire.
Syn. droit de lignerage, de bûcherage.
Etym. Du latin *lignum*, bois.
3. Vin rouge de médiocre qualité, récolté dans l'Orléanais.
Décrié par Boileau dans sa troisième satire.

LIGNAGER adj.
Es. **linajero**
It. **lignaggio**
Qualifiait jadis un bien que les parents d'un défunt pouvaient reprendre si ce bien avait été vendu à un étranger.
Ce droit s'exerçait jusqu'à un an et un jour après le décès ; il fut supprimé en 1790.

LIGNE n.f.
En. **line**
De. **Linie**
Es. **línea**
It. **linea**
Ancienne mesure de longueur, douzième partie du pouce, soit environ 2,25 mm ; encore utilisée au Canada comme huitième partie du pouce, soit 3,175 mm, par les ouvriers des bâtiments ruraux.

Etym. Du latin *linea*, fil de lin.

LIGNÉE n.f.
En. **lineage**
De. **Nachkommenschaft**
Es. **casta, descendencia**
It. **discendenza, stirpe, progenie**
Descendants, sauf exception, d'un couple *autogame* pour les végétaux, *allogame* pour les animaux.
La lignée est fixée si les descendants ne diffèrent plus de leurs ascendants ; elle est pure si les descendants d'un couple d'ancêtres communs homozygotes n'ont subi aucune mutation.
Etym. Du latin *linea*, fil de lin.

LIGNÉE AUTOFÉCONDÉE l.f.
Es. **casta autofencundada**
It. **discendenza autofecondata**
Individu produit par la fécondation de deux gamètes appartenant à la même plante.

LIGNEUX adj.
En. **ligneous**
De. **holzartig, holzig**
Es. **leñoso**
It. **legnoso, ligneo**
Qualifie un végétal qui a la consistance du bois.
Il est à base de lignine, *substance fortement polymérisée et rendant plus dures les fibres composées de cellules, vivantes ou mortes, des tiges et des troncs.*

LIGNICULTURE n.f.
Entretien d'une forêt pour la production du bois.

LIGNIFICATION n.f.
En. **lignification**
De. **Verholzung, Holzbildung**
Es. **lignificación**
It. **lignificazione**
Evolution au cours de laquelle les fibres tendres et souples d'une tige se chargent de lignine qui les rend dures et cassantes.
Etym. Du latin *lignum*, bois, et *ferre*, porter.

LIGNINE n.f.
En. **lignin**
De. **Holzbildung**
Es. **lignina**
It. **lignina**
Substance chimique essentielle du bois, fortement polymérisée, à base de glucosides, et de consistance dure.
Elle rend plus résistantes les fibres composées de cellules vivantes et mortes. Elle sert à la circulation de la sève brute et joue un rôle de soutien dans les troncs des arbres et des arbustes, en imprégnant les parois des cellules.
Etym. Du latin *lignum*, bois.

LIGNOULOTS n.m.p.
(Provence). Perches fixées horizontalement sur des pieux, et où l'on attache les rameaux de vigne pour former des treilles.

LILAS adj. et n.m.
En. **lilac**
De. **lilablau, fliederfarben** (adj.)
Flieder (n.)
Es. **lila**
It. **lilla**
(Perse). Arbuste de la famille des Oléacées *(Syringa persica, S. vulgaris)*.
C'est une plante d'ornement, aux fleurs violettes, en thyrses lâches. Importé en France en 1597, il réussit très bien en serres forcées, de sorte qu'il alimente les marchés floraux tout l'hiver.
Etym. Du persan *lilak*.

LIMACE n.f.
En. **slug**
De. **Schnecke, Nacktschnecke**
Es. **babosa, limaco**
It. **lumaca, limaccia**
Genre de mollusque gastéropode causant de graves dégâts aux cultures en dévorant feuilles et fruits.
On les détruit avec des matières pulvérulentes où elles s'engluent.
Etym. Du latin *limax*.

LIMAGNE n.f.
(Auvergne)
1. *(Massif central).* Plaine réputée pour sa fertilité.
2. *(Velay).* Terre de bonne qualité.
Etym. Du latin *limus*, limon.

LIMBE n.m.
En. **lamina**
De. **Blatt**
Es. **limbo**
It. **lembo, lamina**
Partie plate, plus ou moins large, de la feuille, à l'extrémité des branches, verte par sa richesse en chlorophylle et siège de la fonction chlorophyllienne.
Etym. Du latin *limbus*, frange.

LIME n.f.
En. **lime** (2)
Es. **lima**
It. **limetta** (2)
1. Variété de citron, de petite taille, mais savoureux et appelé également *liniette*.
2. Fruit d'une variété de citronnier, ou limonier *(Citrus aurantifolia)*.
Etym. De l'arabe *lima* et *limum*, limon.

LIMETTIER n.m.
Variété de citronnier *(Citrus limetta)*, dont l'une des espèces donne la *bergamote*.

LIMITANES n.m.p.
Vétérans auxquels l'Empire romain concédait des terres à proximité des frontières, à condition de les cultiver et de les défendre contre les invasions barbares.
Etym. Du latin *limes*, frontière.

LIMITES DES PARCELLES l.f.p.
En. **parcel borders**
De. **Parzellgrenzen**
Es. **límites de las parcelas**
It. **confini, limiti**
Dans les pays de structure agraire évoluée, bornes, creux, raies, légers fossés, bandes étroites de terre non labourées, murettes, haies, talus de rideaux, limitant les parcelles.

LIMITEUR DE DÉBIT l.m.
En. **flow limiter**
De. **Mengenregler**
Es. **limitador de irrigación**
It. **limitatore di portata**
Appareil situé dans un réseau d'irrigation pour limiter la quantité d'eau allouée à un utilisateur par les règlements.

LIMON n.m.
En. **silt** (1)
De. **Schlamm, Morast** (1)
Es. **barro, cieno, limo** (1)
It. **limo, fango** (1)
1. Dépôt argilosableux des cours d'eau, de granulométrie située entre les poussières et les argiles (de 2 à 10 microns).
La présence de carbonate de chaux et de quelques sels minéraux le rend parfois très fertile.
2. Dépôt superficiel sur les plateaux de l'Ile-de-France, appelé *loess, ergeron,* ou tout simplement *limon des plateaux*.
Meuble et très fertile il serait d'origine éolienne, transporté par les vents au cours des périodes glaciaires, sous climat froid et sec.
3. Brancards d'une charrette à cheval.
4. Variété de citron introduite en Europe à l'époque des Croisades avec son nom persan de limun.
C'est le Citrus limonum des botanistes avec deux variétés, le sucré et le balotin.
Etym. Du francique *limun*, qui a donné *limus* en latin et *lhem* en allemand.

LIMONAGE n.m.
It. **concimazione mediante limo**
Opération qui consiste à apporter du limon sur des terres de labour pour les amender.
Elle s'effectue par épandage, irrigation, ou submersion.

LIMONIER n.m.
En. **lemon (tree)** (1)
De. **Limonenbaum** (1), **Gabelpferd** (2)
Es. **limero** (1), **limonero** (2)
It. **limone (pianta)** (1)
1. Citronnier dont les principales variétés sont le *Citrus medica* et le *Citrus medica var. limetta,* ce dernier étant le véritable limonier originaire de l'Inde.
2. Cheval de trait attelé aux brancards (limons) d'une charrette.

LIMONIÈRE n.f.
En. **shaft**
De. **Gabeldeichsel**
Es. **limonera**
It. **stanga**
Voiture à deux, ou quatre roues, et dont les brancards sont formés de deux longues pièces de bois, ou *limons,* au lieu d'un seul timon central (*fig. 117*).
Syn. Brancard.

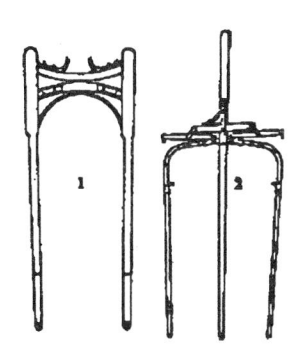

(Fig. 117). Limonières : 1. Simple ; 2. Double

LIMOTIER n.m.
Arbre fruitier de la variété des citronniers, à fleurs blanches, à fruits d'un goût un peu amer.

LIMOUSIN (RACE DU) l.f.
Boeufs, porcs et moutons provenant de races originaires de cette province.
La race bovine limousine, de taille moyenne, à robe acajou, est réputée pour le travail et la boucherie, mais non pour le lait.

LIMOUX n.m.
Chef-lieu d'arrondissement du département de l'Aude, au centre d'un vignoble réputé pour ses vins blancs mousseux, dits *blanquette de Limoux*.

LIN n.m.
En. **flax**
De. **Flachs, Lein**
Es. **lino**
It. **lino**
Plante herbacée de la famille des Linacées.
*L'espèce la plus connue est le lin commun (**Linus usitatissimum**). Cultivé dès le Néolithique, et plus tard par les Egyptiens, il est en grand déclin dans les pays d'Occident. On distingue le lin textile, utilisé pour sa fibre, et le lin oléagineux pour sa graine, la culture de ce dernier étant assez récente (Blais).*
Etym. Du latin *linum*, lin.

LINC n.m.
Limite d'un champ indiquée par une bande de terre non labourée et dont la largeur est de deux ou trois sillons.
V. Chaintre.
Etym. De l'anglais, avec comme synonyme : *balc* en gaélique, *synach* en Pays de Galle, *rey* en haut allemand.

LINGAINE n.f.
(*Jura*). Parcelle longue et étroite, en forme de lanière.

LINICULTURE n.f.
Culture de lin effectuée par un *liniculteur,* dans une *linière*.

LINIÈRE n.f.
En. **flax field**
De. **Flachsfeld**
Es. **linar**
It. **lineto**
Champ consacré à la culture du lin.

LINTS n.m.p.
En. **lint**
De. **Rohbaumwolle, Scharpie, Wollhaar**
Es. **borra de algodón**
It. **cascami di cotone**
Fibres adhérentes aux graines de coton après l'égrainage, et difficiles à filer.
On dit aussi des linters *qui servent à fabriquer des vernis.*
Etym. De l'angl. *lint*, charpie.

LIPIDE n.m.
Ester, ou corps composé, dérivant de l'action des acides gras sur la glycérine pour donner des réserves en corps gras : huile, beurre, graisses, issus des produits de la culture ou de l'élevage.
Etym. Du grec, *lipos*, graisse.

LIQUET n.m.
Petite poire, dite poire de la vallée, dure et amère, qui n'est bonne qu'après cuisson.

LIQUETTE n.f.
(*Jura*). Espace non labouré en bordure d'un champ.
Syn. Chaintre.

LIQUEUR DE TIRAGE l.f.
Es. **licor de expedición**
It. **liquore di rifermentazione**
Solution de sucre de canne dans du vin vieux d'excellente qualité.
Versée en petite quantité dans le vin à champagniser, elle détermine une reprise de la fermentation et le dégagement de gaz carbonique.

LIQUIDAMBAR n.m.
En. **liquidambar**
De. **Amberbaum**
Es. **ocozol**
It. **liquidambar**
Arbre de la famille des Hamamélidacées (*Liquidambar orientalis*), cultivé en Asie et en Amérique du Sud pour son écorce qui donne un suc de couleur ambrée, le *styrax liquide,* résine parfumée appelée aussi *liquidambar,* ou *ambre liquide*.
Elle sert au traitement des voies respiratoires et en parfumerie.

LIS n.m.
En. lily
De. Lilie
Es. azucena
It. giglio
Genre de Liliacées à fleurs en grappes, de couleurs vives.
La plus cultivée est celle à fleurs blanches (Lilium candidum) ; ses pétales, macérés dans l'alcool, et appliqués sur les plaies, sont un puissant microbicide.
Syn. Lys.

LISE n.f.
Terre argilosiliceuse, de la granulométrie des limons et, d'ordinaire, très fertile.
Dépôt des inondations sur les basses terrasses de la vallée garonnaise.

LISERON n.m.
En. bindweed
De. Winde
Es. enredadera
It. convolvolo
Plante grimpante vivace, ou annuelle, selon les espèces, de la famille des Convolvulacées.
Certaines espèces ne sont que de mauvaises herbes dans les champs (Convolvulus arvensis), d'autres sont cultivées pour leurs belles fleurs en forme de corolle (Pharbitis purpurea) : c'est le volubilis de nos jardins.

LISIER n.m.
En. semiliquid manure, slurry
De. Mistjauche
Es. abono similíquido
It. bottino, colaticcio
(Normandie). Mélange de purin et de fumier recueilli dans une fosse près des étables, et répandu comme engrais dans les prés et dans les champs.
On utilise également le gaz méthane qui s'en dégage pour le chauffage ; le terme s'écrit aussi lizier.

LISIÈRE n.f.
En. edge, skirting
De. Rand, Grenze
Es. lindero, linde
It. bordo, margine
Bordure d'une parcelle cultivée, d'un bois, matérialisée par des arbres dits *arbres de lisière.*
Etym. Dérivé peut-être de *listière*, issu de liste.

LISSE n.f.
Haie plantée d'arbres, dans le bocage de l'Ouest.

LISSE BLANCHE l.f.
Barrière en bois, peinte en blanc, pour limiter les parcs et les pistes d'un haras, ou d'un hippodrome.

LISTAU n.m.
Cépage à raisins noirs, cultivé en Andalousie et en Languedoc.

LISTRAC-MÉDOC l.m.
(Gironde). Cru bordelais de vin rouge et de vin blanc, récolté dans la commune de Listrac.

LISTRE n.m.
(Poitou). Bande de terre étroite et longue, occupée par quelques rangs de vigne.

LITHIASE n.f.
En. lithiasis
De. Steinfrüchtigkeit, Lithiasis
Es. litiasis
It. litiasi
Indurations qui se produisent dans la pulpe d'une poire, ou d'une pomme, et qui sont dues, semble-t-il, à des piqûres d'insectes.
Etym. Du grec *lithos,* pierre.

LITIÈRE n.f.
En. litter (1)
De. Streu, Einstreu (1)
Es. cama de paja (1)
It. strame, lettime, lettiera (1)
1. Lit de paille, de genêts, de feuilles mortes répandus sous le bétail dans les étables afin qu'il ne couche pas directement sur le sol.
La litière doit absorber facilement les déjections et se décomposer rapidement pour donner un fumier facile à incorporer au sol.
Etym. Du latin *lectus,* lit.
2. Déchets organiques non encore décomposés, couvrant le sol des forêts.
3. Résidu des feuilles non consommées par les vers à soie.

LITIÈRE (DROIT DE) l.m.
Possibilité de prélever de la litière dans les forêts seigneuriales.

LITS DE PALISSE l.m.p.
Moyens destinés à consolider une haies : pieux de bois ou de fer, barres horizontales, fils de fer, afin de plier et de fixer les tiges des arbustes qui jalonnent la haie et d'établir une *palissade.*

LITRE n.m.
En. litre
De. Liter
Es. litro
It. litro
1. Mesure de capacité pour les liquides, les grains, les matières pulvérulentes, équivalent à un décimètre cube.
2. Bouteille d'un litre et son contenu.
Etym. Du grec *litra.*

LITRÉE n.f.
Bande de terre, ou de bois, étroite et longue.
Syn. Listre.
Etym. Du germ. *listra,* bande.

LITRON n.m.
Ancienne mesure de capacité de 36 pouces-cubes, soit environ 0,684 litre, ou un seizième du boisseau.
Utilisée pour les céréales, son nom a servi pour créer le mot litre.
Etym. Du grec *litra.*

LIURE n.f.
Grosse corde dont on se servait pour assujettir, sur une charrette, les charges de bruyère, de foin, ou de gerbes.

LIVAROT n.m.
(Normandie). Fromage maigre, de forme cylindrique, fait avec du lait de vache écrémé, caillé et comprimé.
Fabriqué principalement à Livarot, chef-lieu de canton du Calvados.

LIVERDUN n.m.
Cépage à raisins noirs et à grains allongés, cultivé en Lorraine et en Berry.
Il donne avec abondance des vins peu corsés. Il est appelé aussi Héricey noir.

LIVRAISON n.f.
En. delivery
De. Sachlieferung, Lieferung, Ablieferung
Es. entrega
It. consegna
Action de livrer à une entreprise commerciale, privée ou nationale, une certaine quantité de marchandises, selon un contrat entre le livreur et le preneur.
C'est notamment le cas pour les récoltes de tabac, livrées aux entrepôts de la S.E.I.T.A.
Etym. Du latin *liberare,* délivrer.

LIVRÉE n.f.
Procédé par lequel le seigneur, au lieu de laisser l'usager d'une forêt se servir lui-même, lui faisait donner sa part de bois par l'un de ses agents, le *forestier.*
Syn. Délivrance (G. Lizerand).

LIVRE GÉNÉALOGIQUE l.m.
En. pedigree (flockbook, herdbook, studbook)
De. Zuchtbuch
Es. árbol genealógico, registro genealógico
It. libro genealogico
Registre sur lequel sont inscrits, dans l'ordre des naissances, les ascendants des deux sexes d'un animal domestique : flockbook *pour les moutons et les chèvres,* herdbook *pour les bovins et les porcs,* studbook *pour les chevaux.*

LOAM n.m.
Sol fertile qui contient les principaux éléments utiles aux plantes.
Syn. Loess.

LOCALITÉ RURALE l.f.
It. centro/località rurale
Agglomération située à la campagne.
Elle peut être purement agricole *si tous ses habitants vivent de l'agriculture ; à* dominante agricole *si plus de 50% de sa population s'adonnent aux travaux des champs ; à* minorité agricole *si moins de 50% de ses résidents travaillent la terre.*

LOCAR n.m.
(Berry). Froment monocoque.
Syn. Locular, petite épeautre (à ne pas confondre avec l'épeautre).

LOCATAIRERIE n.f.
(Provence). Mode de tenure sans limite de temps et portant sur des alleux, des fiefs, ou des censives.
Elle conférait au locatier une quasipropriété du sol. En Languedoc, elle ne donnait au preneur que l'usufruit. En Bourbonnais, on disait plutôt une locaterie, *petit domaine de quelques hectares, loué selon un contrat appelé* louagerie.
Etym. Du latin *locare,* louer.

LOCATIER n.m.
1. Paysan sans terre qui louait un misérable logis et vivait en faisant des journées dans les domaines voisins.
2. Propriétaire d'une petite exploitation de 3 à 4 hectares, en Limagne, au cours du XIXème siècle *(M. Derruau)*.

LOCATURE n.f.
(Sologne, Berry). Petite tenure louée par le maître d'un grand domaine à ses domestiques, ou à ses métayers, ou bien confiée à de petits artisans, ou locaturiers, attachés au service du maître de la terre.

LOCHER v.tr.
(Normandie). Secouer un arbre pour faire tomber ses fruits.

LOCHETER v.tr.
Ameublir la terre avec un *lochet,* ou *louchet.*

LOCQS n.m.p.
(Pyrénées). Communautés des vallées pyrénéennes, se groupant en *vicqs,* et formant une *vésiau,* association des voisins d'une même vallée.

LOCULAR n.m.
(Asie Mineure). Plante de la famille des Graminées *(Triticum monococcum)*.
N'ayant qu'un grain par épillet, elle serait l'un des plus anciens blés cultivés.
Syn. Petit épeautre.

LOCUS n.m.
En. **locus**
De. **Stätte, Stelle**
Es. **lugar**
It. **locus**
Emplacement occupé par un gène déterminé dans une chaîne de chromosomes.
Etym. Du latin *locus,* lieu.

LOCUSTE n.f.
En. **migratory locust** (2)
De. **Heuschrecke** (2)
Es. **langosta** (2)
It. **locusta** (2)
1. Ensemble de fleurs de céréales contenues dans les glumes, synonyme d'épillet.
Terme utilisé par B. de Palissy, mais tombé en désuétude.
2. Nom savant du criquet pèlerin *(Locusta migratoria),* de la famille des Acrididiés.
En période de sécheresse, il se multiplie, migre et dévore toute végétation sur son passage.
Etym. Du latin *Locusta,* empoisonneuse sous Néron.

LODS ET VENTES (DROITS DE) l.m.p.
En. **sale rights**
De. **Verkaufsgebühren**
Es. **laudemio**
It. **laudemio**
Droits versés au seigneur lors de la vente d'une tenure pour qu'il en accorde l'autorisation.
Ils s'élevaient d'ordinaire au douzième du prix de vente ; les lods étaient versés par l'acheteur et les ventes *par le vendeur.*
Etym. Du latin *laus, laudis,* louanges dont le sens a dévié vers autorisation.

LOESS n.m.
En. **loess**
De. **Löss**
Es. **loess**
It. **loess**
(Pays slaves). Limon fin, de granulométrie comprise entre 2 et 20 microns.
Riche en carbonates et en substances fertilisantes, il donne des sols féconds. Il recouvre de grandes étendues en Europe, en Amérique du Nord, en Argentine et en Chine. Doté partout des mêmes qualités agricoles, on l'attribue à des apports éoliens durant la période finale de la dernière glaciation, quand régnait un climat sec et froid.

LOGE n.f.
1. Petite dépendance de la *bourrine* vendéenne : étables, atelier, hangar.
2. Hangar sous lequel on abrite le matériel agricole en Normandie.
3. Chalet pastoral comprenant une étable et une habitation dans les *jasseries* du Forez.
4. Hutte de feuillardier dans les taillis de chataigniers en Limousin.
5. Clairière dans la forêt d'Orléans.
Etym. Du germanique *loabja.*

LOGETTE n.f.
En. **shed**
De. **kleine Hütte**
Es. **casilla de reposo**
It. **piccola capanna**
Petit abri ouvert où se réfugie chaque bête, en cas de mauvais temps, dans le système à stabulation libre.

LOIR (CÔTEAUX DU) l.m.p.
Vignobles estimés poussant sur la craie tuffeau, en aval de Vendôme.

LOIRE n.f.
Partie basse et parfois marécageuse dans les prés entourés de digues et de canaux des marais d'Aunis et de Vendée.

LOI AGRAIRE l.f.
En. **agricultural law**
De. **Landwirtschaftsgesetz**
Es. **ley agraria**
It. **legge agraria**
Loi qui s'applique à l'agriculture.
Les lois agraires, imposées par les Gracques pour reconstituer la paysannerie romaine, sont restées justement célèbres. En général, mesures législatives prises pour améliorer la situation sociale des paysans : remembrement, partage des terres, etc.

LOI DU MINIMUM l.f.
Utilisation par les plantes cultivées des divers éléments fertilisants du sol proportionnellement à la substance assimilable la plus réduite en quantité.
Les proportions supérieures des autres substances restent inutilisées par les cultures de l'année en cours.

LOMBARD n.m.
Cépage à raisins noirs, cultivé en Basse Bourgogne.

LOMBRIC n.m.
En. **earthworm**
De. **Regenwurm**
Es. **lombriz**
It. **lombrico**
Annélide de la famille des Lombricidés *(Lombricus terrestris)*.
Ce ver, qui vit sous terre, creuse des galeries et ingurgite une partie de la terre qu'il remue et qu'il rejette avec les autres excréments de la digestion ; il contribue ainsi à aérer le sol et à le fertiliser.

LOMBRICIDE n.m.
En. **earthworm killer**
De. **Regenwurmvertilgungsmittel**
Es. **lombricida**
It. **lombricida**
Préparation contenant une substance mortelle pour les lombrics qui l'ingèrent.
Etym. De *lombric,* ver de terre et *caedere,* tuer.

LONE n.f.
Creux rempli d'eau par les inondations dans les prairies bordant les rivières.

LONGAILLES n.f.p.
Douves des tonneaux dans le sens de la longueur.
Elles s'opposent aux douves des extrémités appelées fonçailles.

LONG BOIS l.m.
De. **Trieb, Ranke**
Es. **sarmiento**
It. **sarmento per la produzione di uva**
Sarment comptant cinq à six yeux et conservé, lors de la taille, pour la production des raisins.

LONGE n.f.
En. **halter**
De. **Leine, Halfterriemen**
Es. **ronzal**
It. **cavezza**
Courroie de cuir ou de corde qui sert à conduire et à attacher un cheval non monté *(fig. 118)*.
Etym. Du latin *longus*, long.

(Fig. 118). Longe

LONGÉE n.f.
Bordure d'une parcelle en culture.

LONGÈRE n.f.
(Poitou). Bande de terre, ou de pré, longue et étroite, en bordure d'un chemin, ou d'un bois.

LONGÉVITÉ n.f.
En. **longevity**
De. **Langlebigkeit**
Es. **longevidad**
It. **longevità**
Durée de vie plus ou moins longue d'un animal domestique : 40 ans pour le cheval, 20 ans pour le chien, 7 ans pour le porc *(P. Habault)*.
Etym. Du latin *longus*, long, et *aevum*, âge.

LONGUEROLLE n.f.
(Berry). Parcelle de terre beaucoup plus longue que large, et bordant des champs massifs.

LOPIN DE TERRE l.m.
En. **patch**
De. **Stück Land, Parzelle**
Es. **rodal, parcela, haza**
It. **piccolo pezzo di terra**
Petite parcelle de champ appartenant à un artisan, à un petit propriétaire terrien.
Etym. Du francique *luppa*, qui a donné *loupe*, masse ajoutée à la partie essentielle du fonds.

LOQUE n.f.
En. **foulbrood**
De. **Faulbrut, Bienenkrankheit**
Es. **enfermedad de las abejas**
It. **peste dell'ape**
Maladie des abeilles due à diverses bactéries, et affectant le couvain dont les larves deviennent visqueuses, avec une odeur de pourriture.
Elles meurent et la population de la ruche ne se renouvelant plus, disparaît.
On distingue la loque américaine (Bacillus larvea) la plus virulente, et la loque européenne (Bacillus eurydicae) plus bénigne.
Syn. Pourriture du couvain.

LOQUE n.f.
Chiffon qui sert à attacher les branches d'un arbre fruitier contre un espalier.

LOQUETTE n.f.
(Basse Bourgogne). Petite parcelle longue et étroite.

LORIOA n.f.
(Pays Basque). Vaste pièce à l'entrée du rez de chaussée, dans une maison basque.
Elle s'ouvre sur la cour par un large portail à linteau arrondi, de sorte qu'elle peut servir à abriter, en cas de pluie, un attelage et son chargement de gerbes, ou de foin.

LOSES n.f.p.
En. **slates**
Es. **lata**
It. **lastre**
Pierres plates que les *loserons* placent sur les toitures pour couvrir les maisons.
V. Lauze.

LOSSON n.m.
Charançon du blé.
Syn. Ossan

LOT n.m.
En. **plot (of land)**
De. **Los**
Es. **lote**
It. **lotto**
Ensemble des parcelles attribuées à un individu, ou à une communauté, lors du partage d'un territoire en cours d'aménagement agricole par bonification, ou d'un domaine à la suite d'un héritage.

LOTIER n.m.
En. **bird's-foot trefoil**
De. **Schotenklee**
Es. **loto**
It. **ginestrina**
Plante de la famille des Légumineuses papilionacées *(Lotus corniculatus)*.
Elle croît spontanément dans les régions tempérées. En France, on cultive le lotier vela, excellent fourrage vert. Une prairie en lotiers est une lotière.
Etym. Du latin *lotus*.

LOUABRER v.tr.
(Anjou). Labourer une terre qui se soulève en grosses mottes sous le soc de la charrue.
C'est une terre louabreuse.
Syn. Licher.

LOUADE (DROIT DE) l.m.
(Berry). Droit prélevé par les agents seigneuriaux sur les ventes de bétail et de récoltes, les jours de foire.

LOUAGE n.m.
En. **hire**
De. **Miete**
Es. **alquiler**
It. **affitto, locazione**
Prise en charge, moyennant un certain prix, d'une parcelle de terre, d'une maison et, même, d'un ouvrier agricole pour un temps déterminé.

LOUBAL n.m.
Cépage à raisins blancs, cultivé dans la région de Gaillac, chef-lieu de canton du Tarn.

LOUCHE n.f.
Grande écuelle en bois, fixée à un long bâton, qui servait à répandre les engrais liquides.

LOUCHET n.m.
En. **peat spade**
De. **Spaten**
Es. **laya, pala**
It. **vanga per estrarre la torba**
Variété de bêche pour extraire la tourbe.
Le petit louchet, *pour les tourbières sèches, a une lame longue et étroite, et un manche terminé par une poignée (fig. 120). Le grand louchet, pour les tourbières inondées, a un manche qui peut atteindre 5 mètres. Le louchet flamand est muni d'une palette sur laquelle on peut appuyer avec le pied pour creuser des fossés de drainage. Dans le Pays de Caux, c'est tout simplement une bêche.*

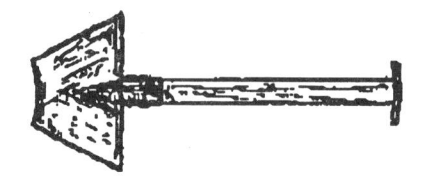

(Fig. 120). Louchet

LOUÉE n.f.
De. **Börse**
It. **riunione per l'ingaggio dei braccianti**
Assemblée où se rendent les ouvriers agricoles saisonniers en quête d'un engagement, et les fermiers et propriétaires fonciers à la recherche d'une main-d'oeuvre pour les grands travaux d'été : fenaison, moisson, vendanges, semailles.
Les ententes entre salariés et patrons se font de vive voix et sont maintenues tacitement pour un temps déterminé.
Etym. Du grec *locare*, louer.

LOUGAN n.m.
(Côte d'Ivoire). Parcelle de forêt défrichée et brûlée pour être mise temporairement en culture.

LOUISE-BONNE n.f.
It. **buona luigia**
Variété de poire réputée pour sa saveur.
Son nom viendrait d'une certaine dame Louise, propriétaire des Essarts en Poitou, au XVIIème siècle ; comme elle appréciait particulièrement ce fruit, on lui a attribué son nom.

LOUISETTE n.f.
(Berry). Gesse tubéreuse *(Lathyrus tuberosus)*.

LOUPE n.f.
En. gnarl
De. Knorren, Auswuchs
Es. nudo
It. nodosità
Excroissance ligneuse dans le tronc d'un arbre.
Provoquée par des piqûres d'insectes, elle entraîne des sinuosités désordonnées des fibres, parfois d'un beau dessin pour l'ébénisterie, après rabotage et polissage de planches.
Etym. Du francique luppa, masse informe.

LOUPIAC n.m.
Vin blanc liquoreux récolté sur les coteaux de la rive droite de la Garonne, face au vignoble de Sauternes.

LOURDAISE n.f.
(Béarn). Race ovine originaire des environs de Lourdes, à toison blanche ou marron, adaptée à la transhumance.

LOURDE adj.f.
En. heavy
De. schwer
Es. fuerte
It. pesante
Qualifie une terre compacte, difficile à labourer à cause de l'adhérence de ses particules entre elles et à la charrue.

LOUVE n.f.
Appareil comprenant un réservoir, où le lait est maintenu à 30° C, et des conduites en caoutchouc se terminant par des trayons, afin de permettre à des veaux, élevés en batterie, de s'alimenter à tout moment.

LOUVET adj.
It. lupino
Qui a la couleur des poils du loup, en ce qui concerne ceux du cheval.
Par extension, nom de la robe.

LOUVETIER n.m.
En. master of wolfhounds
De. Jägermeister, Wolfsjäger
Es. cazador de lobos, jefe de loberos
It. capo equipaggio per la caccia al lupo
Sergent royal chargé d'organiser des battues aux loups et aux renards quand leur nombre devenait dangereux pour les troupeaux.

LOYER n.m.
En. rent
De. Mietzins, Miete, Hauszins
Es. alquiler
It. affitto
Paiement en espèces ou en nature, du prix de location d'une exploitation agricole.
Syn. Fermage.
Etym. Du latin locarium, prix du gîte.

LUBITE n.f.
Petite maison à deux pièces, dans les vignes de Touraine.
Syn. Loubite.

LUCETTE n.f.
(Anjou). Parcelle plantée en osiers.

LUCINE n.f.
Variété de poire, appelée parfois *citron vert*.

LUET n.m.
(Berry). Redevance d'un boisseau de seigle due par tout ménage possédant une maison et des terres de labour dans la paroisse où le seigneur prélevait ce droit.
Le ménage y tenait en effet feu et lumière.
Etym. De lux, lumière.

LUISETTE n.f.
It. macilenza
Maladie des vers à soie, qui leur donne une couleur blanchâtre.
Syn. Luzette, clairette.

LUMIE n.f.
Variété d'oranger donnant des fruits très sucrés.

LUNEL n.m.
(Hérault). Vin doux à goût muscat, que l'on récolte aux environs de Lunel, chef-lieu de canton de l'Hérault.

LUNETTE n.f.
It. lunetta
Cercle de pierres posées autour d'un arbre, ou d'un massif de fleurs, pour retenir la terre.

LUPIN n.m.
En. lupine
De. Wolfsbohne, Lupine
Es. altramuz, lupino
It. lupino
Plante de la famille des Légumineuses papilionacées.
Le lupin jaune (L.Luteus) est déconseillé à cause de la lupuline, substance toxique qu'il contient en trop grande quantité. Le lupin blanc (Lupinus albus) est cultivé comme fourrage. Semé au printemps, comme tête d'assolement, il s'accommode de sols pauvres et peut être consommé sec ou vert. Comme les autres légumineuses, il a la propriété de fixer l'azote de l'air sur ses racines, ce qui le rend précieux comme engrais vert. Ses graines, riches en protéines, permettraient de remplacer le soja (Fig. 120).
Etym. Du latin lupinus, pois de loup.

LUPINASTRE n.m.
Variété de trèfle, dit faux lupin (*Trifolium lupinaster*).
Il n'est plus guère cultivé.

LUPINELLE n.f.
En. clover
De. Klee, Süssklee, Futterklee
Es. esparceta, pipirigallo
It. lupinella
Trèfle incarnat ou sainfoin.

LUPINOSE n.f.
It. lupinosi
Intoxication causée au bétail par une consommation exagérée de lupin, en fourrage, ou en graine.

LUPULINE n.f.
En. black medic, hoptrefoil
De. Hopfen, Gelbklee, Hopfenklee
Es. lupulina
It. luppolina
Plante de la famille des Légumineuses (*Medicago lupulina*).
Originaire sans doute du Proche Orient, elle est cultivée dans les prairies artificielles de la France de l'Ouest. Elle est parfois appelée luzerne-houblon, ou trèfle noir ; mais son nom le plus courant est minette.

LUTTE n.f.
En. service
De. Sprung
Es. monta
It. monta
Accouplement du bélier et de la brebis.
La lutte est libre, lorsque les béliers sont laissés dans le troupeau pendant une quarantaine de jours, à l'époque de la reproduction ; elle est dite en mains quand les brebis en chaleur sont présentées une à une au bélier vivant à l'écart du troupeau.
Etym. Du latin luctari, lutter.

LUTTE n.f.
En. control
De. Kampf, Ringkampf
Es. lucha
It. lotta
Destruction des ennemis des plantes et des insectes nuisibles :
1. Selon le mal à combattre : lutte antiacridienne, anticryptogamique, antiparasitaire, herbicide.
2. Selon les moyens employés : lutte autocide *(destruction des insectes nuisibles par des insectes hostiles, ou porteurs de germes pathogènes)*, lutte chimique *(produits fongicides, herbicides)*, lutte culturale *(façons culturales destructrices des plantes nuisibles par rotation, date des semis, porte-greffes résistants, plantes nettoyantes)*, lutte génétique *(introduction d'insectes porteurs de gènes mortels pour les insectes indésirables)*, lutte mécanique *(pièges à bandes engluantes, vases à liquides empoisonnés)*, lutte physique *(destruction par le froid, la chaleur, le courant électrique, les ultra-sons)*, lutte physiologique *(substances stérilisantes, répulsives)*, lutte psychique *(lumière attirante vers électrisatio, attractifs sexuels, etc.)* (R. Blais).
Etym. Du latin luctari.

LUZERNE n.f.
En. lucerne, alfalfa
De. Luzerne, Schneckenklee
Es. alfalfa, mielga
It. erba medica
Plante de la famille des Légumineuses

(*Medicago sativa*), originaire du Moyen Orient, de l'Oural.
Elle était connue des Grecs ; les Arabes l'appellent alfalfa. *Excellent fourrage vert que l'on peut aussi conserver par ensilage et déshydratation.*
Etym. Du catalan *userdas*, qui aurait donné en occitan *aouzerdo* et par la suite *luzerne* ; ou bien du latin *lucere*, luire, qui a donné *lucerna*, lampe, *luzerno*, ver luisant, et *luzerne* à cause de l'aspect brillant de ses graines.

LUZERNIÈRE n.f.
En. **lucerne field**
De. **Luzernenfeld**
Es. **alfalfal, melgar**
It. **campo di erba medica**
Parcelle cultivée en luzerne.
Syn. (Gascogne) Luzernal.

LUZETTE n.f.
(Saintonge). Variété de vesce.
Syn. Louisette.

LUZULE n.f.
En. **field woodrush**
De. **Hainsimse**
Es. **luzala campestre**
It. **luzula**
Plante de la famille des Joncacées, à feuilles épaisses et velues, à racines traçantes, et qui sert de fourrage vert quand elle est jeune et tendre, ou utilisée pour consolider les talus.

LYCÉES AGRICOLES l.m.p.
V. Enseignement agricole.

LYDE n.f.
De. **Birnengespinstblattwespe**
Es. **mosca del peral**
It. **mosca della frutta**
Mouche à scie qui s'attaque aux arbres fruitiers et aux conifères des forêts, causant de gros dégâts en pénétrant à l'intérieur des tissus.

LYNCHET n.m.
(Angleterre). Terrasse de culture sur talus, ou *rideau.*

LYONNAIS n.m.
Cépage à raisins noirs cultivé dans les vignobles d'Auvergne *(M. Derruau).*

LYOPHILISATION n.f.
En. **lyophilisation**
De. **Gefriertrocknung**
Es. **liofilización**
It. **liofilizzazione**
Procédé qui permet d'extraire l'eau des denrées alimentaires végétales, sous le vide et à basse température ($-60°C$), tout en conservant intactes leurs propriétés initiales, leur eau ayant passé de l'état de glace à l'état de vapeur sans passer par l'état liquide.
Syn. Cryodessication, sublimation.
Etym. Du grec *luein*, dissoudre, et *philos*, ami, soutien.

LYSIMÈTRE n.m.
En. **lysimeter**
De. **Lysimeter**
Es. **lisímetro**
It. **lisimetro**
Appareil permettant de mesurer l'eau qui filtre à travers le sol et celle qui s'évapore directement (évaporation), ou par l'intermédiaire des plantes (évapotranspiration).
Etym. Du grec *lisis*, dissolution, et *metron*, mesure.

M

MACCABEO n.m.
Cépage à raisins muscats, d'origine espagnole, cultivé dans le Roussillon, en particulier autour de Banyuls.
Il donne un vin doux, titrant de 14 à 18° C quand le moût a été chauffé, puis écumé et refroidi avant d'être muté.

MACÉRATION n.f.
En. **maceration** (2)
De. **Einweichung** (2)
Es. **maceración** (2)
It. **macerazione** (2)
1. Maintien pendant quelques heures dans l'eau chaude pour les ramollir des produits trop durs (graines de maïs, de pois, de fève), ou trop secs (tourteaux), afin qu'ils soient plus digestibles.
2. Conservation, dans un liquide préparé, de produits alimentaires (cornichons, oignons dans le vinaigre).
3. Extraction par diffusion du jus sucré, notamment des betteraves, découpées en *cossettes*, dans un *macérateur-diffuseur* à eau chaude.
Etym. Du latin *macerare*, amollir par immersion.

MACERON n.m.
En. **cornsalad**
De. **grosse Petersilie**
Es. **apio caballar**
It. **macerone**
Plante de la famille des Ombellifères *(Smyrnium olusatrum)*.
Espèce d'ache que l'on consommait jadis en salade. Une variété était appelée gros persil à cause de ses feuilles dentelées.

MACHACOIRE n.m.
1. *(Ecosse)*. Champs ouverts et contigus, entourés de clôtures.
Syn. (Bretagne) Méjou.
2. Masse de bois dont on se servait pour écraser les tiges de lin et de chanvre.
V. Macque.

MÂCHE n.f.
En. **cornsalad**
De. **Feldsalat, Rapunzel**
Es. **milamores**
It. **erba dolcetta, valerianella**
Plante potagère de la famille des Valérianées *(Valerianella olitoria)*, appelée aussi *doucette*, cultivée comme salade depuis le XVIIIème siècle.
Elle pousse à l'état sauvage du Caucase à Madère.
Etym. Du latin *pomasca*, fruit qui aurait donné *pomâche* et *mâche*.

MACHETTE n.f.
En. **machete**
De. **Buschmesser**
Es. **machete**
It. **machete**
(Espagne). Instrument composé d'une poignée courte et d'une grande lame pour couper, à la volée, maïs, canne à sucre, lianes, etc.

MACHINE À DRAINER l.f.
It. **macchina per drenaggio**
Puissante machine qui creuse les fossés et y dépose les drains dans un terrain à drainer.

MACHINE À TRAIRE l.f.
En. **milking machine**
De. **Melkmaschine**
Es. **ordeñadora, máquina para ordeñar**
It. **mungitrice meccanica**
Appareil à traire les vaches et les brebis.
Comprenant quatre gobelets trayeurs réunis par une griffe, des canalisations convergeant vers un réservoir à lait et, dans l'intervalle, une pompe à pression, un régulateur et un indicateur de pression avec un pulsateur, le tout mû par un moteur électrique.

MACHINE À VENDANGER l.f.
En. **grape harvesting machine**
De. **Traubenerntemaschine**
Es. **vendimiadora**
It. **vendemmiatrice**
Instrument agricole encadrant un rang de vigne et cueillant les raisins grâce à des mouvements de choc et d'aspiration. *Il est motorisé et muni de bacs pour recueillir les grappes.*
Syn. Enjambeur.

MACHINES AGRICOLES l.f.p.
Es. **maquinaria agrícola**
Matériels mécaniques fixés ou mobiles, utilisés pour les divers travaux agricoles : *source de rapidité, de quantité, de moindre effort, mais aussi d'endettement, et de chômage.*

MACHINISME AGRICOLE l.m.
En. **agricultural machinery**
De. **Landbaumaschinenwesen**
Es. **maquinismo agrícola**
It. **macchinario agricolo**
Ensemble des outils et des machines destinés aux travaux des champs.
Les plus anciens furent le bâton à fouir, la faucille et la hache en silex vers 12 000 avant notre ère (Magdalénien) ; puis vinrent les pioches et les houes du Néolithique. Avec l'araire apparaît vers 5000, la traction animale la roue permet le transport des récoltes vers 2500. La charrue fut utilisée au cours du Moyen Age sans supplanter l'araire dont on se servait encore au début du XXème siècle (Périgord). Les progrès de la métallurgie et de la mécanique en général, avec le moteur à explosion, ont entraîné depuis un siècle la multiplication et la complication du matériel agricole ; motoculture et machinisme sont allés de pair jusqu'à l'heure actuelle où la robotique et l'informatique libèrent l'homme de la machine, tout en accroissant le rendement des cultures et de l'élevage et les moyens de conserver leurs produits. Un service du Génie Rural est consacré à l'étude et à l'utilisation du machinisme agricole, à Antony (Hauts-de Seine).

MACLON n.m.
Cépage à raisins blancs, cultivé sur les Côtes du Rhône.
Il donne un vin de qualité ordinaire et des raisins de table très appréciés à cause de leur goût sucré.
Syn. Maclou, Roussette.

MÂCON n.m.
Vin s'apparentant aux bourgognes et récolté dans la région dont il porte le nom.
Ses principaux cépages sont le Gamay noir qui donne des vins rouges ordinaires et le Chardonnet blanc qui donne des vins blancs fins.

MACOUBA n.m.
(Martinique). Tabac cultivé dans le canton de Macouba, à la Martinique, réputé pour son parfum de violette.

MACQUAGE n.m.
It. **gramolatura, maciullatura**
Opération qui consiste à briser les tiges de chanvre et de lin avec une *macque*, après le rouissage.

MACQUE n.f.
En. **brake**
De. **Hanfbreche**
Es. **agramadera**
It. **gramola, maciulla**
Instrument pour broyer les tiges de lin et de chanvre afin d'en séparer les fibres.
Il était composé d'une masse cannelée avec laquelle on frappait les tiges après le rouissage. La macque a été remplacée par la broie (fig. 121).
Syn. Macquoir.
Etym. De mâcher, écraser.

(Fig. 121). Macque

MACQUER v.tr.
En. **to brake**
De. **Hanf brechen**
Es. **espadar, agramar**
It. **gramolare, maciullare**
Briser les tiges de chanvre et de lin, après le rouissage, avec une macque, ou *macquoir*, afin de séparer la filasse de la chénevotte.

MACUSSON n.m.
(Bresse). Gesse tubéreuse.

MADAME n.f.
(Artois). Meule formée de gerbes de blé, d'orge ou de seigle.

MADELEINE n.f.
1. Cépage à raisins blancs, très précoces, cultivés pour la table en Anjou.
Syn. Lignan.
2. Fruit frais, mûr à la Sainte-Madeleine (22 juillet).
Ex. Pêches, prunes, pommes, poires, etc.

MADÈRE n.m.
En. **madeira**
De. **Maderawein**
Es. **vino de Madera**
It. **Madera**
Vin récolté dans l'île de Madère avec des cépages à raisins noirs et muscats, tels le *Moscatel*, le *Tinto*, etc.
La fermentation est arrêtée à l'aide du gaz sulfureux tuant les levures avant que tout le sucre du moût ne soit transformé en alcool.

MADÉRISATION n.f.
En. **oxidizing (of wine)**
De. **Braunwerden**
Es. **maderización**
It. **maderizzazione**
Oxydation des aldéhydes contenus dans les vins blancs liquoreux, ce qui leur donne un goût semblable à celui du madère.

MADÉRISER (SE) v.
En. **to oxidize**
Es. **maderizar (se)**
Pour un vin, prendre en vieillissant le goût et la couleur du madère.

MADIA n.f.
(Chili). Plante de la famille des Composées *(Madia sativa).*
Cultivée au Chili pour l'huile de ses graines. Introduite en France sous le nom de madi elle a fourni de l'huile pour la fabrication du savon jusqu'au début du XXème siècle.

MADIÈRE n.f.
Bois coupé pour la fabrication de tonneaux.
Syn. Merrain.

MADOTE n.f.
Variété de poire qui tire son nom de la personne qui, la première, l'obtint par greffage.
Elle s'appelait Mme Damoudot.
Syn. Amadote.

MADRÉ adj.
En. **curly**
De. **gemasert**
Es. **veteado**
It. **marezzato (legno)**
Qualifie l'aspect d'un bois dont les fibres sont sinueuses et enchevêtrées, d'où résulte une diversité de couleurs *(R. Blais).*
Etym. De l'allemand Maser, veine du bois, qui a donné madré, désignant le coeur d'un arbre, partie propre à la fabrication des vases à boire appelés madrins.

MAERL n.m.
Amendement constitué par les squelettes calcaires de certaines algues du genre *Lithothamnium* et dont les débris entrent pour 80% dans la composition d'un sable recueilli sur les rivages bretons.
Ce sable accroît la fertilité des terres argileuses et une légende veut qu'il soit si efficace qu'il change le seigle en froment.

MAGNAN n.m.
En. **silkworm**
De. **Seidenwurm**
Es. **gusano de seda**
It. **baco da seta, bigatto**
(Midi de la France). Ver à soie.
Syn. (Provence, Languedoc) Magnaud.
Etym. Du celte min, doux, que l'on retrouve dans minet, petit chat, la tête du ver à soie ressemblant vaguement à celle d'un chat.

MAGNANAGE n.m.
Elevage du ver à soie.
Syn. Magnandage.

MAGNANARELLE n.f.
It. **bachicoltrice**
Femme qui s'occupe de l'élevage des vers à soie.
Syn. Magnanière.

MAGNANERIE n.f.
De. **Seidenraupenkammer, Brutkasten** (1), **Seidenraupenzucht** (2)
Es. **criadero de gusanos de seda** (1)
It. **bigattiera** (1), **bachicoltura** (2)
1. Grande pièce renfermant des claies étagées sur lesquelles on dispose les vers à soie.
2. Art d'élever les vers à soie.
Etym. Du provençal magnan, ver à soie.

MAGNANIER n.m.
En. **silkgrower** (1)
De. **Seidenzüchter** (1)
Es. **criador de gusanos de seda** (1)
It. **allevatore di bachi da seta** (1)
1. Ouvrier qui élève les vers à soie.
2. Propriétaire d'une magnanerie.

MAGNAUDIER n.m.
(Vivarais)
1. Ouvrier du haut Vivarais qui va, au mois de mai, cueillir les feuilles de mûrier dans le bas Vivarais pour nourrir des vers à soie.
2. Celui qui prend soin des magnans, les vers à soie *(P. Bozon)*.
Syn. Magnadeur.

MAGNEY n.m.
(Mexique). Plante grasse à fibres ligneuses de la famille des Amaryllidées *(Agave americana)*.
Sa tige florale donne un suc très sucré que l'on fait fermenter pour obtenir le pulque. Se multipliant par rejets et bulbilles, elle s'est répandue rapidement dans le monde méditerranéen depuis la découverte de l'Amérique. De ses feuilles on retire une filasse grossière pour toiles et cordages, le sisal.
Syn. Maguey, metil.

MAGNOLIA n.m.
En. **magnolia**
De. **Magnolie, Biberbaum**
Es. **magnolia**
It. **magnolia**
Arbre de la famille des Magnoliacées *(Magnolia glauca)*.
Cette variété, dite du castor, originaire d'Amérique, est remarquable par son feuillage vert cuivré et ses grosses fleurs blanches et parfumées.
Syn. Magnolier.

MAGNIN n.m.
(Jura). Châtreur de bêtes destinées à l'engraissement.

MAGNUM n.m.
Bouteille de champagne d'une contenance de deux litres.

MAHALEB n.m.
En. **mahaleb cherry**
De. **Mahalebkirschbaum**
Es. **mahaleb, ciruelo**
It. **ciliegio canino**
Cerisier mahaleb *(Cerasus mahaleb)*, qui donne un bois apprécié en ébénisterie, dit *bois de Sainte-Lucie,* parce qu'il provenait, jadis, d'une forêt située près du monastère de Sainte-Lucie, en Lorraine.
Comme arbuste sauvage, il sert de porte-greffe pour les cerisiers à fruits de qualité.

MAHON n.m.
(Normandie). Récipient de grès, de forme cylindrique, dans lequel on place des mottes de beurre.

MAI n.m.
En. **May** (1)
De. **Mai** (1)
Es. **mayo** (1)
It. **maggio** (1)
1. Cinquième mois de l'année grégorienne.
2. Arbre que l'on plante, avec rubans et drapeau, devant la maison d'un nouvel élu.
3. Bouquet de fleurs déposé, durant la nuit du 30 avril au 1er mai, devant la porte des jeunes filles.
4. Epoque de l'année en polyculture où l'on sème encore le maïs, le sorgho, les betteraves et divers fourrages qui seront consommés en automne.
On transplante les choux, le tabac. On herse et on roule les céréales de printemps et on commence à faucher les prairies. C'est aussi l'époque des premiers traitements contre les maladies de la vigne. Cependant, on doit prendre encore des précautions contre les gelées tardives.
Etym. Du latin maius, mois de mai.

MAIE n.f.
En. **kneading trough** (1)
De. **Backtrog, Mulde** (1)
Es. **artesa** (1)
It. **madia** (1)
1. Coffre en bois, monté sur quatre pieds et dans lequel on préparait la pâte pour faire le pain *(fig.122)*.

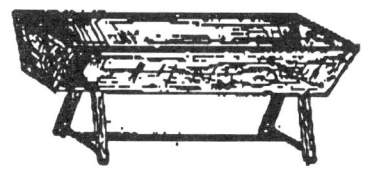

(Fig. 122). Maie

Etym. Du latin magis, maie.
2. Huche où l'on mettait le pain quand il était cuit.
3. Table, ou planche, que l'on place sur les raisins pour les écraser.
4. Dans un pressoir, table sur laquelle on dépose le marc à écraser.
Syn. Mée.

MAIE DES MESSEURS l.f.
(Lorraine). Tas formé par les gerbes réservées aux ouvriers moissonneurs, ou *messeurs*.
D'ordinaire il leur revenait une gerbe sur dix ou douze.

MAIGLE n.m.
(Normandie). Petit lait et lait caillé.

MAIGRAGE n.m.
(Nivernais). Prairie naturelle de bonne qualité où l'on fait paître le bétail maigre que l'on veut engraisser.
Syn. Embouche.

MAIGRE adj.
It. **magro** (1), (2)
1. Qualifie une terre peu fertile, où dominent les éléments siliceux.
2. Qualifie un fromage préparé avec du lait écrémé.
3. Qualifie un jeune bovin de 18 mois, vendu avant d'être engraissé.
4. Qualifie un vin sans agrément ni onctuosité, qui ne peut vieillir.

MAILLAGE n.m.
1. Opération qui consiste à briser, avec un maillet, les tiges de lin ou de chanvre, préalablement rouies, avant de passer au teillage, ou *écantage,* afin de séparer les chénevottes des brins de filasse.
2. Répartition sur le terrain des limites des parcelles, en particulier dans les pays bocagers où elles sont matérialisées par des haies, et dessinent un *maillage bocager* plus ou moins ouvert.
Syn. Trame bocagère.
Etym. De maille, réseau de fils entrecroisés.

MAILLE n.f.
En. **mesh** (2)
De. **Masche** (2)
It. **maglia** (2)
1. Dessin des fibres de bois de couleurs différentes, sur une planche rabotée et vernie.
2. Fleurs femelles des melons et des citrouilles, et taches qu'elles laissent sur leur peau après leur chute.
3. *(Franche-Comté)*. Instrument pour bêcher dans les vignes, composé d'une lame en forme de pointe et d'un manche recourbé et qui permet de défoncer le sol jusqu'à 25 cm de profondeur.
Etym. Du latin macula, tache, boucle.

MAILLÉE adj.
(Champagne). Qualifie une terre très argileuse.

MAILLER v.tr.
1. Disposer les échalas et les fils de fer d'un treillage en forme régulière.
2. *(Bourgogne)*. Fleurir en parlant des fleurs femelles des cucurbitacées.

MAILLERIE n.f.
Moulin destiné à briser les tiges de chanvre et de lin.

MAILLETON n.m.
It. **talea di vite** (1), **legaccio** (2)
1. Bouture de vigne dont on se sert pour provigner.
2. *(Champagne).* Lien d'osier, ou de raphia, avec lequel on attache la vigne.

MAILLIÈRE n.f.
(Alpes). Parcelle cultivée en maïs.
Peu usité.
Syn. Maière, mayére.

MAILLOCHAGE n.m.
1. Travail qui consiste à briser, avec un gros maillet, ou *mailloche,* les tiges de lin et de chanvre.
Syn. Maillage.
2. Opération qui a pour but de favoriser la sortie des racines d'une bouture, placée en terre, en écrasant préalablement l'une de ses extrémités.

MAILLOCHE n.f.
En. **beetle**
De. **Holzschlegel**
Es. **machote**
It. **mazza**
Gros maillet qui sert à briser les tiges de lin ou de chanvre.

MAILLON n.m.
Lien d'osier servant à attacher les rameaux de vigne.
Syn. Mailleton.

MAILLOT n.m.
Sarment de vigne que l'on coupe pour faire un nouveau plant.

MAILLOTIN n.m.
It. **torchio per olive**
Pressoir destiné à extraire l'huile des olives.

MAILLURE n.f.
It. **screziatura del legno** (2)
1. Vrilles de la vigne et des plantes grimpantes.
2. Dessein que forment les rayons ligneux d'un tronc de chêne quand on le scie dans le sens de sa longueur.

MAIN n.f.
1. Vrille de la vigne.
2. Instrument composé de deux pièces de bois parallèles, ou légèrement cintrées, réunies à leur base par une chaine et servant à serrer les fagots avant de les lier.
Syn. *main à fagot, crosse à fagot.*
3. *(Bourgogne).* Sole.

MAINBOUR n.m.
Tenancier dépendant d'une seigneurie ecclésiastique.
Etym. De l'allemand *muntboro,* droit de tutelle.

MAINBOURNIE n.f.
Tutelle seigneuriale sous laquelle se plaçait une communauté rurale pour être à l'abri des exactions (VIIème-IXème siècles). *(M. Bloch).*

MAINE n.f.
(Normandie). Mesure en bois qui servait à mesurer les pommes.
La grande maine contenait huit boisseaux et la petite six.

MAINE-ANJOU (RACE) l.f.
Race bovine à robe brun rouge, tachée de blanc.
Elle provient du croisement de taureaux Durham et de vaches angevines. Ses caractères furent fixés au cours du XIXème siècle ; elle est surtout propre à l'engraissement.
Syn. *Durham-Mancelle.*

MAINETÉ (DROIT DE) l.f.
1. Coutume successorale qui avantageait le plus jeune enfant d'une famille, le *mainé,* en lui donnant une large part des meubles, immeubles et terres laissés par ses parents.
2. *(France du Nord).* Droit coutumier assez proche du droit de *juveignerie* en Bretagne, et qui avait pour but d'éviter le morcellement des seigneuries.
Ant. Droit d'aînesse.
Etym. Dérivé de manoir.

MAIN D'OEUVRE l.f.
En. **manpower, labour**
De. **Arbeitskräfte**
Es. **mano de obra**
It. **manodopera**
Ensemble du personnel participant aux travaux agricoles et comprenant, dans les grands domaines spécialisés : *laboureur, bouvier, berger, etc., et de nos jours, de plus en plus, des tractoristes et des machinistes.*

MAIN D'OEUVRE SAISONNIÈRE l.f.
En. **seasonal labour**
De. **Saisonarbeiter**
Es. **mano de obra temporera**
It. **manodopera stagionale**
Main d'oeuvre agricole composée d'ouvriers plus ou moins spécialisés (moissonneurs, vendangeurs, etc.) qui se livrent à un travail salarié lorsqu'une récolte saisonnière exige un personnel supplémentaire, en sus de la main d'oeuvre permanente (moisson, vendange, etc.).
Elle peut entraîner des migrations saisonnières si les travaux à exécuter n'ont pas lieu dans les mêmes régions que celles où vivent les salariés : entre montagne et plaine, entre pays chauds et pays tempérés, etc.

MAINEMENT n.m.
Jadis, maison habitée avec ses dépendances et ses parcelles, le tout formant une unité d'exploitation et une unité fiscale.
Etym. Du latin *manere,* rester.

MAINFERME n.f.
Variété de cens frappant une tenure selon une coutume de la France du Nord.
Le tenancier disposait, par un bail à vie, et parfois héréditaire, de la terre concédée moyennant une rente en espèces et des redevances en nature.

MAINMORTABLE n.m. et adj.
En. **mortmain**
Es. **sujeto a caer en manos muertas**
It. **soggetto a manomorta**
Qualifie ce qui est soumis au droit de mainmorte.

MAINMORTE (DROIT DE) l.f.
En. **mortmain (right of)**
Es. **manos muertas**
It. **manomorta**
Droit par lequel le seigneur pouvait reprendre la tenure d'un serf si celui-ci n'avait pas d'héritier direct.
Mais, même ses enfants, pour conserver les biens paternels, versaient une certaine somme. Une taxe plus élevée frappait les collatéraux s'ils souhaitaient garder la terre de leur parent défunt ; le plus souvent le seigneur prenait quelque chose à titre symbolique, une bête, un lopin, des arbres, afin de bien montrer qu'il était le propriétaire éminent. On distinguait parfois le droit de mainmorte territoriale qui reposait sur la tenure, de la mainmorte personnelle qui atteignait le vassal pourvu d'un fief. Ces mesures avaient pour but le maintien de la seigneurie dans son intégralité. Pour éviter la rigueur de ces coutumes féodales, les serfs avaient recours au rachat du droit de mainmorte une fois pour toutes, ou bien ils se constituaient en communautés taisibles, les communautés ayant toujours des possesseurs vivants. Il en était de même pour les communautés religieuses, leurs biens n'étant jamais soumis à des droits de succession, ou de mutation, puisque leur propriétaire était une collectivité ne disparaissant jamais. La situation serait la même aujourd'hui, pour les biens appartenant à une association quelconque si ces biens n'étaient pas frappés, chaque année, par un impôt équivalent au vingtième, ou au trentième, des droits qui seraient versés en cas d'héritage normal.
Etym. Du latin *manus mortua,* main morte, c'est à dire *bien* qui n'a plus de vie fiscale.

MAINMUABLE adj.
Qualifiait jadis un serf qui ne pouvait quitter sa seigneurie sans être poursuivi s'il n'avait pas d'autorisation.

MAINTENANCE n.f.
Es. **mantenimiento**
It. **manutenzione**
Série d'opérations matérielles et juridiques, destinées à maintenir un domaine en bon état d'exploitation.

MAIRE n.m.
1. Tenancier qui assurait, en même temps que l'entretien de sa tenure, l'intendance d'un domaine carolingien.
2. Actuellement, dans la France du Nord, celui qui a la responsabilité d'une ferme qui ne lui appartient pas.

MAIRIE n.f.
(Lorraine). Communauté créée pour le défrichement d'une clairière et l'exploitation du sol défriché.

MAÏS n.m.
En. **maize**
De. **Mais, türkischer Weizen, Kukuruz**
Es. **maíz**
It. **mais, granourco, granturco**
Céréale de la famille des Graminées (Zea mays). Plante monoïque, les étamines étant groupées en panicules au sommet des tiges, les pistils et les épis se développant plus bas, à l'aisselle des feuilles.
Certains botanistes lui ont attribué une origine asiatique ; on aurait même trouvé des grains de maïs dans le cercueil d'une momie à Thèbes ! En fait, le maïs a été importé en Europe après la découverte de l'Amérique où il était cultivé au moins dès le début de l'ère chrétienne ; il serait originaire de Colombie, mais on n'en a jamais découvert à l'état sauvage ; c'est une plante cultigène. Sa première mention en Europe date de 1536 ; on l'appelait le blé turc ; son nom de maïs proviendrait du dialecte arawake de Haïti. Son introduction dans les assolements européens contribua à faire disparaître la jachère, car, semé en mars, il était mûr en septembre, avant les semailles d'automne. Les nombreuses façons culturales qu'il exige avaient entraîné le déclin de sa culture au début du XXème siècle ; mais la mécanisation et l'emploi des maïs hybrides, résistant bien au climat à étés frais, ont permis l'extension de sa culture dans toute la France ; de 300 000 tonnes la production annuelle est passée à 1 500 000 tonnes, et son utilisation s'est diversifiée, non seulement il sert à l'alimentation animale comme maïs-fourrage, mais également par ses grains cuits, ou réduits en farine, pour le bétail et même pour les hommes ; il a enfin servi aux usages industriels (huile, fécule, amidon, sucre) dans les maïseries.

MAÏS DOUX l.m.
En. **sweet corn**
It. **mais dolce, mais zuccherino**
Variété de maïs, aux grains riches en saccharose et que l'on consomme comme dessert, crus ou légèrement torréfiés.
Syn. Maïs sucré.

MAÏS GRAIN l.m.
Maïs semé en mars et récolté en septembre quand les grains sont mûrs.
Coupés à la moissonneuse, ses épis sont mis à l'abri dans les cribs (fig. 54) et livrés aux coopératives durant l'hiver ; ses grains, entiers, moulus, ou préparés, servent à l'alimentation du bétail et des hommes (corn flakes).

MAÏSERIE n.f.
1. Local où l'on traite le maïs.
2. Industrie agroalimentaire traitant le maïs.

MAÏSICULTURE n.f.
Culture du maïs par un maïsiculteur.

MAÏSINE n.f.
Drèche de maïs que l'on donne en nourriture au bétail.
Variété de tourteau.

MAISON À CHAMPIGNONS l.f.
Construction équipée et aménagée pour la culture des champignons de couche.
Inutile en France où l'on utilise des caves et des carrières creusées dans le calcaire (Touraine), elle a été innovée aux Etats-Unis, soit avec une seule pièce dont on modifie les conditions climatiques, soit avec plusieurs pièces spécialisées et où l'on déplace la récolte au cours de son évolution, selon ses besoins en chaleur et en humidité.

MAISON-BLOC l.f.
De. **Blockhaus**
Es. **casa**
It. **casa unitaria**
Maison rurale qui unit sous le même toit l'habitation, l'étable et la grange.
On distingue :
1. (Agenais) La maison-bloc à terre en longueur sur le chemin, avec 3 portes s'ouvrant sur l'habitation, sur l'étable et sur la grange.
2. (Lorraine) La maison-bloc à terre en profondeur avec un couloir entre habitation et étable.
3. (Bordelais) La maison-bloc en hauteur des vignobles, l'étable et la cave au rez-de-chaussée, l'habitation à l'étage avec un escalier extérieur jusqu'au balet ouvrant sur la cuisine.
4. (Alpes du Dauphiné) La maison-bloc en hauteur des montagnes, l'étable au rez-de-chaussée, l'habitation à l'étage, et la grange, vaste grenier, sous le toit, ce qui concilie les contraintes du relief et les rigueurs de l'hiver.

MAISON CASALÈRE l.f.
(Pyrénées béarnaises). Maison dont les occupants disposent de droits sur les pâturages, ou estives, de la communauté rurale.
Une telle maison se transmettait par ordre de primogéniture, les cadets devant partir à la recherche d'autres ressources que celles du père.

MAISON DISSOCIÉE l.f.
En. **farmyard type house**
De. **Hofhaus**
Es. **casa de patio**
It. **casa a corte**
Maison rurale avec des bâtiments séparés.
On distingue trois types :
1. (Pays de Caux) Maison dissociée à bâtiments séparés dans une prairie : masure.
2. (Limousin) Maison dissociée à cour ouverte pour le déplacement du bétail.
3. (Beauce) Maison dissociée à cour fermée dans les pays à céréales, avec large portail sur le quatrième côté pour le passage des chars.

MAISON FAMILIALE RURALE l.f.
Etablissement d'enseignement agricole pour jeunes débutants et où l'on pratique l'alternance : 15 jours d'études dans un institut rural, 15 jours de travaux pratiques dans une exploitation agricole dépendant de la maison familiale.
On y prépare le Certificat d'Aptitude Professionnelle Agricole (C.A.P.A.), ou bien l'entrée dans un institut rural d'éducation et d'orientation (I.R.E.O.) pour obtenir le Brevet d'Etudes Professionnelles Agricoles (B.E.P.A.), ou bien le Brevet de Technicien Agricole (B.T.A.). On en compte environ 500 groupées en une Union Nationale d'Education et d'Orientation (U.N.M.F.R.E.D.).

MAISON FORESTIÈRE l.f.
En. **forest house**
De. **Waldhaus**
Es. **casa forestal**
It. **casa forestale**
Maison construite à l'intérieur d'un massif forestier et mise à la disposition d'un garde et de sa famille.

MAISON RURALE l.f.
En. **farmhouse, rural house**
De. **Landhaus**
Es. **casa rural**
It. **casa rurale**
Construction édifiée à la campagne pour abriter une famille, du bétail, des récoltes, du matériel et favoriser les déplacements et la mise en oeuvre des produits de la ferme.
Elle comprend donc l'habitation des gens, les étables des animaux domestiques, des granges et des hangars pour les récoltes et l'outillage ; des dépendances, ou aisances, l'entourent : cour, jardins, aire, puits ou citerne, issues. Selon le milieu physique, les bâtiments sont en pierres, en bois, en briques, en pisé avec colombages, ou en matériaux importés ; ils sont plus ou moins bien orientés vers le soleil de 10 heures du matin, et plus ou moins accessibles d'après la pente. Les influences historiques et sociales se reflètent dans l'architecture, et dans le toit de tuiles romaines (Midi) ou de tuiles plates (Nord). Les dimensions et la décoration varient selon le rang social et les ressources de l'occupant, depuis l'humble chaumière de l'ouvrier

agricole jusqu'au château du propriétaire d'un grand domaine. Parfois même se révèlent des rites magiques dans l'emplacement du foyer. Instrument de travail et de repos, la maison rurale, peut être à usage purement agricole, ou bien à usage artisanal, commercial, administratif, résidentiel, ou mixte. Si elle est consacrée exclusivement aux fonctions agricoles, elle comprend selon Albert Demangeon deux types : la maison-bloc et la maison dissociée.
V. Ci-dessous.
Etym. Du latin *mansio,* demeure.

MAISON RURALE MODERNE l.f.
En. **modern rural house**
De. **Landwirtschaftsbetrieb**
Es. **casa rural moderna**
It. **casa rurale moderna**
Maison adaptée aux procédés agricoles actuels.
Coûteuse à bâtir et à entretenir la maison rurale traditionnelle est également difficile à rénover. Trop petite, mal adaptée, elle ne se prête guère à la culture et à l'élevage en continuel progrès. Délaissée, elle tombe en ruine (Grands Causses), ou devient résidence secondaire (Périgord). Par contre, dans les régions de grande culture, on voit apparaître, soit dans les anciens bâtiments, soit dans les nouveaux, soit à l'écart dans les dépendances, l'atelier pour l'entretien du matériel, le silo pour le fourrage, l'élévateur pour les grains, une longue étable pour les élevages en batterie. Dans l'habitation, un bureau, une salle de séjour, reflètent une modification considérable du mode de vie des agriculteurs de pointe (D'après A. Demangeon et R. Lebeau).

MAISONNAGE n.m.
1. Bois obtenu en abattant des arbres de haute futaie pour la construction des maisons roturières.
2. Redevance féodale versée au seigneur afin d'avoir le droit d'utiliser du bois d'oeuvre provenant des forêts seigneuriales pour la construction des maisons roturières

MAISONNÉE n.f.
En. **household, family**
De. **Hausbewohner**
Es. **casa, familia**
It. **insieme degli abitanti di una stessa casa**
Ensemble des personnes vivant dans la même maison.

MAÎTRE n.m.
En. **master, landlord**
De. **Meister**
Es. **propietario**
It. **padrone**
Possesseur d'un domaine agricole, ou bien celui qui commande à des ouvriers.
C'est par cette apostrophe "Maître" que, jadis, le métayer s'adressait à son patron.
Etym. Du latin *magister,* celui qui est au-dessus.

MAÎTRE DE CHAI l.m.
En. **cellarman**
De. **Kellermeister, Weinlagermeister**
Es. **bodeguero**
It. **padrone di cantina, canevaio**
Ouvrier vigneron spécialisé dans la préparation du vin de qualité dans les vignobles réputés, notamment dans le Bordelais.
Selon des moyens empiriques, ou scientifiques, il surveille la vinification après les vendanges, et procède aux diverses opérations (soutirage, mise en bouteille, etc.) qui favoriseront le vieillissement du vin.

MAÎTRE-VALET n.m.
Ouvrier chargé d'effectuer les travaux d'une exploitation agricole à l'aide de sa famille et de domestiques qu'il dirige, mais qui sont payés par le propriétaire.
Pour ses services, qui se haussent parfois à ceux d'un régisseur, il reçoit un salaire fixe en espèces et en nature, et dispose de quelques parcelles de terre. Ce moyen de faire-valoir indirect a connu une grande vogue au cours du XIXème siècle dans le Midi de la France.

MAÎTRISE n.f.
En. **mastership**
De. **Meisterschaft, Meisterwürde**
Es. **maestría**
Juridiction du service des Eaux et Forêts qui jugeait en première instance, au civil comme au criminel, ce qui avait trait aux bois, à la chasse et à la pêche.

MAÎTRISE DE L'EAU l.f.
Moyens mis en oeuvre pour utiliser l'eau des sources, des cours d'eau, de la pluviosité, et des rivages.
On y parvient par des captages, des réservoirs, des digues et des citernes, et par des réseaux de canalisations distribuant le précieux liquide parmi les cultures et dans les étables ; des appareils, plus ou moins sophistiqués, réglés parfois par ordinateur, disciplinent les débits selon la demande. Toutefois l'excès d'eau (marécages, inondations), ou l'insuffisance (sècheresse, pertes), ne peuvent être toujours maîtrisés.

MAÎTRISE DE LA REPRODUCTION l.f.
Moyens mis en oeuvre pour régler les naissances des animaux domestiques selon la saison la plus favorable et selon la demande.
On y parvient en provoquant le cycle oestral des femelles et en tenant compte de la durée de la gestation, ou par l'insémination artificielle; ainsi on obtient des naissances, parfois gemellées, d'agneaux au début de la belle saison.

MAJORAL n.m.
Es. **mayoral**
It. **capo pastore di un gregge**
Au temps de la mesta espagnole, berger responsable d'un troupeau et des pâturages où il transhumait. *Il tenait les comptes et présidait la réunion des bergers placés sous ses ordres.*

MAJORALIE n.f.
Fonction d'un *majoral,* c'est-à-dire, d'un chef de bergers en Provence, ou d'un loueur de pâturage dans les Pyrénées centrales.
Etym. Du latin *major,* plus grand.

MAJORAT n.m.
En. **entailed property**
De. **Majoratsgut**
Es. **mayorazgo**
It. **maggiorasco**
Dotation en terres et en maisons accordée le plus souvent à l'aîné d'une famille noble afin qu'il maintienne la dignité de son titre de noblesse, privilège aboli en 1852.

MAJOURAL n.m.
Es. **mayoral**
Propriétaire qui loue une montagne, et y conduit ses troupeaux et ceux de ses voisins moyennant redevance.
Il garde l'initiative de l'exploitation, et tranche sans appel les contestations qui peuvent surgir entre les bergers. En Provence, chef des bergers d'un grand troupeau transhumant.
Syn. Majourau.

MAL n.m.
En. **malady, disease**
De. **Krankheit**
Es. **mal**
It. **male**
Contraire de bien ; ce qui fait souffrir.
Etym. Du latin *malum.*

MALADIE CRIBLÉE l.f.
En. **shot hole**
De. **Schrotschusskrankheit**
Es. **enfermedad de cribado**
It. **vaiolatura, impallinatura**
Maladie due à un cryptogame *(Coryneum beijerinckii)* qui s'attaque aux feuilles de pêcher.
Elles sont tachées de rouge, puis ces taches tombent et la feuille est criblée de trous.

MALADIE CRYPTOGAMIQUE l.f.
En. **mycosis**
De. **Pilzkrankheit**
Es. **enfermedad criptogámica**
It. **malattia crittogamica**
Maladie causée par un champignon, parasite d'une plante ; si c'est un animal qui en est atteint on dit plutôt *mycose.*
La plante attaquée dépérit et meurt, sa sève élaborée étant absorbée par le mycélium du champignon ; on la protège avec des fongicides.

MAL D'AILE l.m.
It. **mal dell'ala**
Mal qui atteint l'aile des jeunes pigeons et les empêche de voler, et qui paraît dû à une atrophie des muscles.

MAL DE MAI l.m.
It. **mal di maggio**
Maladie virale qui atteint le couvain après l'ouverture des opercules des rayons de miel.

MAL DE CHIEN l.m.
Mal qui rend chancelants les poulains, dû à une inflammation virale de la moelle épinière.

MAL DE GARROT l.m.
Mal provenant d'une nécrose des vertèbres cervicales du cheval.

MAL DE BROUT l.m.
Mal causé par la consommation de jeunes pousses, d'où fièvre, dépérissement.

MALADIE DE CONSERVATION l.f.
Maladie végétale d'origines diverses, contractée pendant la période végétative et qui se manifeste par la pourriture quand la plante, ou le fruit, est mis en conservation.

MALADIE PHYSIOLOGIQUE l.f.
En. **physiological disease**
De. **Mangelkrankheit, Fehlernährung**
Es. **enfermedad fisiológica**
It. **malattia fisiologica**
Maladie causée par une mauvaise alimentation, déficiente en éléments indispensables à la croissance et à l'entretien de l'organisme, soit par l'absence d'un oligoélément (bore, soufre, etc) soit par la surabondance d'un composant du sol (chlorose des terrains calcaires).

MALADIES PROFESSIONNELLES AGRICOLES l.f.p.
Es. **enfermedades profesionales agrícolas**
Maladies et infirmités, provenant du travail agricole et donnant droit, depuis 1955, à des compensations financières.
Telles sont les affections dues à des contagions (charbon, fièvre de Malte), à des intoxications provenant de produits utilisés, et à des accidents causés par le maniement du matériel.

MALAGA n.m.
En. **malaga**
De. **Malaga**
Es. **málaga**
It. **malaga**
1. Vin de liqueur, originaire de Malaga en Espagne.
2. Cépage à raisins noirs et à gros grains, ovoïdes, de goût muscat, que l'on fait sécher pour les consommer comme dessert.

MALANDRE n.f.
En. **malanders** (2)
De. **Mauke** (2)
Es. **grapa** (2)
It. **malandra** (2)
1. Défectuosités dans le bois de chêne.
Elles se traduisent par des zones grises, ou rougeâtres, altérées et sans résistance.
2. Gerçures qui coupent le cuir des chevaux à l'articulation du genou.

MALANS n.m.
(Suisse). Vignoble réputé du canton des Grisons.

MAL À PIED l.adj.inv.
Qualifie des bovins chétifs que l'on a du mal à faire marcher.

MALARD n.m.
(Normandie). Mâle de certaines espèces de canards domestiques.
Etym. Déformation de *mulard*.

MALAUSSE n.f.
Sol dérivé des marnes tertiaires en Provence.
Très argileux, il se prend en masse quand il est humide, et se fendille quand il est desséché ; abandonné à la friche, il s'y développe fréquemment des bad-lands (R.Livet).

MALAXAGE n.m.
En. **kneading, working (of butter)** (1)
De. **Erweichung** (1)
Es. **amasado** (1)
It. **impastatura, malassazione** (1)
1. Opération destinée à extraire du beurre les dernières traces d'eau du lavage et à mélanger diverses qualités de beurre en une seule masse homogène.
2. Phase de la fabrication de l'huile d'olive.
3. Brassage de la masse de sucre en cours de préparation pour éviter la décantation des cristaux en cours de formation.
4. Mélange de terre et d'humus à l'aide d'un appareil à petits socs rotatifs qui émiettent le sol.
Ces diverses opérations s'effectuent à l'aide de malaxeurs appropriés.
Etym. Du latin *malaxare*, pétrir.

MALAXEUR n.m.
En. **butter churner, mixer** (1)
De. **Butterknetapparat** (1)
Es. **amasador, batidora** (1)
It. **impastatrice, malassatrice** (1)
1. Appareil qui permet de mélanger diverses sortes de beurre en une seule masse.
2. Variété de houe munie de petits socs rotatifs qui émiettent le sol.
Etym. Du latin *malaxare*, pétrir.

MALBEC n.m.
Cépage à grosses grappes donnant un vin de qualité, qui se conserve bien.
Associé à d'autres cépages, ce Malbec, ou Cot, compose la plupart des vignobles tourangeaux et charentais.

MALDOUX n.m.
Cépage à raisins noirs, cultivé dans le Jura.

MALETROUSSE n.f.
Droit seigneurial perçu sur les bestiaux et le foin des censives domaniales.

MALHERBOLOGIE n.f.
De. **Unkrautkunde**
Es. **malherbología**
It. **malerbologia**
Etude des herbes nuisibles aux plantes cultivées.
Etym. De *malherbo*, mauvaise herbe et du grec *logos*, science.

MALIFORME adj.
Qualifie les fruits qui ont la forme d'une pomme.
Etym. Du latin *malum*, pomme.

MALIQUE (ACIDE) l.m.
En. **malic (acid)**
De. **Apfelsäure**
Es. **málico (ácido)**
It. **malico (acido)**
Acide très répandu dans les fruits au moment de leur maturité, notamment dans les pommes, les sorbes, etc.
Il leur donne un goût âpre, plus ou moins agréable.
Etym. Du latin *malum*, pomme.

MALLET n.m.
(Limousin). Jeune verrat d'un an environ.

MALT n.m.
En. **malt**
De. **Malz**
Es. **malta**
It. **malto**
(Angleterre). Grains d'orge germés, desséchés et légèrement torréfiés.
Ils servent à la préparation de la bière et à la fabrication de farines très nutritives, leur amidon ayant été transformé en maltose assimilable.

MALTAGE n.m.
En. **malting**
De. **Malzen**
Es. **malteado**
It. **maltaggio**
Opération qui transforme les grains d'orge en malt par leur germination à l'humidité et une légère torréfaction, suivie de l'élimination des germes.
Cette opération s'effectue dans une malterie.
Syn. Touraillage.

MALTASE n.m.
En. **maltase**
De. **Maltase**
Es. **maltasa**
It. **maltasi**
Ferment soluble, ou diastase, qui dédouble en l'hydrolisant le maltose des céréales, de la betterave, pour le transformer en glucose assimilable par l'alimentation humaine.
Etym. De *malt*.

MALTE (FIÈVRE DE) l.f.
En. **Malta fever**
Es. **malta (fiebre de), brucelosis**
It. **febbre maltese**
V. Brucellose.

MALTER v.tr.
En. **to malt**
Es. **maltear**
Transformer les grains d'orge en malt, dans une *malterie*, par des ouvriers appelés *malteurs*.

MALTERIE n.f.
En. malthouse
De. Malzerei
Es. fábrica de malta
It. malteria
Lieu où l'on transforme les grains d'orge en malt.

MALTHUSIANISME AGRICOLE l.m.
En. agricultural Malthusianism
De. Malthusianismus
Es. maltusianismo agrícola
It. maltusianismo
Réduction de la production agricole (lait, viande, grains, fruits, etc.) par crainte d'une surproduction entraînant la chute des prix qui ne seraient plus rentables.
A ne pas confondre avec la théorie de Malthus sur la réduction de l'écart entre la population à croissance géométrique et les subsistances à progression arithmétique.

MALTINE n.f.
It. maltina
Tourteau résultant de la distillation des céréales, en particulier du maïs.
C'est un excellent aliment du bétail.

MALTOSE n.m.
En. maltose, malt sugar
De. Malzzucker, Maltose
Es. maltosa
It. zucchero di malto, maltosio
Sucre obtenu par saccharification de l'amidon contenu dans les grains d'orge.
Il donne à la bière son goût spécial.

MALVAT n.m.
(Midi). Maladie du charbon.

MALVOISIE n.m.
It. Malvasia
1. Cépage à raisins dorés, cultivé dans la région de Monenvasia, ou Malvoisie, en Grèce.
2. Vin produit par ce cépage.

MAMELLE n.f.
En. udder
De. Brust, Zitze
Es. teta, mama
It. mammella
Ensemble de glandes sécrétrices de lait, propres aux mammifères et destinées à alimenter les jeunes.
Elle comprend 4 glandes indépendantes chez les bovins, 2 chez les ovins et 2 rangées de 6 à 7 glandes mammaires chez les porcins. Le terme de pis est donné aux mamelles des vaches, des brebis, des chèvres et des truies.
Etym. Du latin *mamilla*.

MAMERTIN n.m.
It. Mamertino
Vin récolté autrefois dans la région de Mamertium, au nord de la Sicile.

MAMMAIRE adj.
En. nipple
De. Brust-
Es. mamario
It. mammario
Relatif aux mamelles.

MAMMEI-SAPOTE n.m.
Arbre fruitier de la famille des Sapotacées *(Lucuma mammosa).*
Haut d'une vingtaine de mètres, originaire du Vénézuela, il est cultivé aux Antilles sous le nom d'Abricotier de Saint-Dominique. Ses fruits, qui ont une forme de mamelle, d'où son nom de mammée, sont consommés en compote.

MAMMIFÈRES n.m.p.
En. mammalians
De. Säugetiere
Es. mamíferos
It. mammiferi
Une des cinq classes des vertébrés, répartis à travers le monde selon leur adaptation aux divers climats.
Ils sont caractérisés par leur sang chaud, leur peau couverte de poils, leur oxygénation par la respiration à l'aide de poumons; la plupart marchent avec quatre pattes, d'autres volent (chauve-souris) ou nagent (baleine); certains sont carnassiers, d'autres herbivores, mais tous sont vivipares, les femelles mettant au monde des petits vivants, après un certain nombre de jours de gestation ; pendant quelques mois elles les allaitent avant de les sevrer. Les plus intéressants, domestiqués, sont utiles à l'homme en lui fournissant soit leur énergie (labour, transport), soit des produits consommables (lait, viande, laine, peau, etc.) soit enfin une compagnie et une défense (chien, chat).
Etym. Du latin *mamma*, mamelle, et *ferre*, porter.

MAMMITE n.f.
En. bovine mastitis
De. Brustwarzenentzündung, Mastitis
Es. mamitis
It. mastite
Inflammation de la mamelle des vaches, et plus rarement des brebis.
Elle se manifeste par de la fièvre et par des abcès purulents. Elle se produit surtout après le vélage ; l'intérieur du canal des trayons est infecté par des microbes (staphylocoques), et il s'ensuit une diminution de la quantité et de la qualité du lait ; on la prévient par la désinfection de la machine à traire et des trayons.
Etym. Du latin *mamma*, mamelle.

MANABLE adj.
Qualifie la maison d'habitation d'une ferme, par opposition aux dépendances (grange, écurie, étable, etc.), de l'exploitation agricole.
Etym. Du latin *manere*, demeurer.

MANADE n.f.
1. *(Camargue).* Troupeau de chevaux, de taureaux, de vaches conduits par un *gardian*.
2. *(Rouergue).* Troupeau de vaches non soumises à la traite.
3. *(Aubrac).* Montagne où la traite est abandonnée.
Etym. De l'espagnol *manada*, troupeau.

MANANT n.m.
En. peasant
De. Dorfbewohner, Bauer
Es. villano
It. manente
Au Moyen Age, habitant d'une paroisse où il restait d'ordinaire toute sa vie.
Syn. roturier; s'oppose à vassal, qui était appelé au contraire à se déplacer pour remplir ses devoirs militaires à l'égard de son suzerain. En outre, les manants relevaient de la justice du seigneur du lieu, étant levants et couchants dans le ressort de la juridiction où ils demeuraient, ce qui explique également leur nom.
Etym. Du latin *manere*, rester.

MANCELLES (RACES) l.f.p.
Races de bovins et de porcins originaires du Maine et de l'Anjou.
Les bovins ont été améliorés par des croisements avec les taureaux Durham, et sont appréciés en boucherie. Les porcins constituent une variété de la race craonnaise réputée pour la rapidité de sa croissance.

MANCENILLIER n.m.
En. manchineel
De. Manzanillabaum
Es. manzanillo, olivo manzanillo
It. mancinella
Arbre des Antilles, de la famille des Euphorbiacées *(Hippomane mancenilla).*
De 5 à 7 m de hauteur, il donne des fruits de saveur agréable, et secrète un suc très vénéneux qui sert à empoisonner des flèches.

MANCHE (MOUTONS DE LA) l.m.p.
Race d'ovins élevés dans le Cotentin et qui produit les agneaux de *pré-salé*.

MANCHE n.m.
En. stilt
De. Pflugsterz, Sterz
Es. mancera
It. stegola
Partie de la charrue que tenait le laboureur, et sur laquelle il agissait pour déterminer la profondeur et la régularité du sillon.

MANCHERONS n.m.p.
En. stilt (1)
De. kleine Pflugsterze (1)
Es. manceras (1)
It. stegola (1)
1. Petits manches situés à l'arrière d'une charrue et qui servaient à la maintenir en direction et en profondeur.

L'araire n'en avait qu'un ; la charrue en avait deux (fig. 123).
2. Laboureur qui tenait les mancherons au cours du labour.

(Fig. 123). Mancherons

MANCHEVAL n.m.
Cheval destiné aux travaux agricoles.
Son nom provient sans doute d'une contraction de mancheron et de cheval.

MANCHON-TRAYEUR n.m.
En. **teat cup liner**
De. **Melkmuff**
Es. **chupón**
It. **manicotto dell'elemento mungitore**
Tube en caoutchouc qui s'adapte au trayon durant la traite, et qui communique avec le gobelet trayeur par où s'écoule le lait.

MANDARINIER n.m.
En. **mandarin tree**
De. **Mandarinenbaum**
Es. **mandarino**
It. **mandarino (pianta)**
Arbre fruitier de la famille des Citrées aurantiacées *(Citrus nobilis).*
Importé de Chine par la Réunion, il doit son nom à la faveur dont il jouissait parmi les mandarins chinois. Cultivé dans les pays de climat méditerranéen, il produit des fruits semblables aux oranges, mais plus petits et plus parfumés, les mandarines.

MANDEMENT n.m.
(Savoie).
1. Circonscription territoriale groupant plusieurs paroisses ayant des alpages et des forêts en commun.
2. Ensemble des pâturages appartenant à plusieurs paroisses.

MANDORRE n.f.
(Vallée d'Aure). Pomme de terre.

MANDRAGORE n.f.
En. **mandragora**
De. **Alraun**
Es. **mandrágora**
It. **mandràgora**
Herbe de la famille des Solanacées, fort commune en Italie du Sud.
Sa grosse racine bifurquée rappelle la forme du corps humain, de là son rôle dans la sorcellerie; on lui prêtait le don de faire naître l'amour, de procurer la richesse, de guérir des maladies, ou de provoquer des désordres. L'espèce médicinale est cultivée pour son alcaloïde, la mandragorine, qui a la propriété de dilater l'iris quand on veut examiner le fond de l'oeil. Etym. Du latin mandragora.

MANECHAL n.m.
Cépage à raisins noirs, cultivé dans le Bas Vivarais.

MANÈGE n.m.
En. **chainpump** (1)
De. **Göpelwerk** (1)
Es. **noria** (1)
It. **noria** (1), **maneggio** (3)
1. Appareil hydraulique composé d'une roue à godets et d'un axe, réunis par des engrenages à une poutre et à des brancards.
Une bête de trait lui imprime, en marchant, un mouvement circulaire ; les godets qui plongent dans un puits, se remplissent d'eau et la déversent vers le haut dans une canalisation destinée à l'irrigation.
2. Machine mise en mouvement par un cheval attelé et tournant sur une piste circulaire pour mettre en action un moulin à huile, une machine à battre, etc.
3. Au sens primitif de manège, dérivé du latin *maneggiare*, art de dresser les chevaux.
Local où l'on dresse les chevaux *(R. Blais).*
Etym. Du latin maneggiare, manier.

MANÈGE DE TRAITE l.m.
It. **giostra di mungitura**
Plate-forme circulaire sur laquelle sont placées les vaches à traire.
Mue par un moteur, elle fait passer chaque bête à tour de rôle devant la machine à traire.

MANENCH (RACE) l.f.
Race de moutons élevés dans le Pays Basque.
Elle est caractérisée par sa laine à longs brins et par sa taille médiocre. Ses brebis, bonnes laitières, servent à alimenter les fromageries locales où débute la préparation du Roquefort.

MANETTE n.f.
De. **Stecheisen**
Es. **manecilla, palanca**
Instrument agricole qui permet d'arracher les jeunes plants avec une motte de terre autour de leurs racines, puis de creuser un trou pour les recevoir.
Grâce à cet outil, le végétal transplanté reprend rapidement sa croissance (fig. 124). Il sert également à cueillir les asperges.
Etym. Dérivé de main.

(Fig. 124). Manette

MANGEAILLE n.f.
En. **feed, fodder**
De. **Futter**
Es. **comida, pienso**
It. **mangime**
Nourriture des animaux de basse-cour.
Elle se compose de feuilles et de racines coupées en menus morceaux, et enrichies de son, de repasse et de farines diverses.

MANGEOIRE n.f.
En. **trough**
De. **Viehkrippe, Futterkrippe**
Es. **comedero, pesebre**
It. **mangiatoia, greppia**
Auge, ou baquet, où l'on verse les grains, les racines, ou les fourrages pour la nourriture du bétail, en particulier celle des bêtes de somme (chevaux, mulets, ânes), mais aussi celle de la volaille (poules, oies, canards, etc.) *(fig.125).*
Pour les chevaux la mangeoire est placée sous le râtelier, à 1,5m environ du sol, afin que la bête puisse mieux saisir les débris de foin qu'elle y laisse tomber, ou les grains d'avoine que l'on y verse.

(Fig. 125). Mangeoire

MANGE-TOUT n.m.
En. **stringbean**
Es. **guisante mollar, chicharo** (2)
It. **mangiatutto** (1), (2)
1. Variété de haricots à larges et longues cosses, très tendres, que l'on consomme avec les grains à peine formés.
2. Pois de même qualité, obtenu par sélection.
C'est un cultivar (V. Ce mot).

MANGOUSTANIER n.m.
En. **mangosteen**
De. **Mangostanbaum**
Es. **mangostán**
It. **mangostano**
(Inde, Malaisie). Arbuste de la famille des Gutifères *(Garcinie mangostana).*
Cultivé pour ses fruits, les mangoustes, de la grosseur d'une orange, à pulpe fondante, sucrée et acidulée, au parfum de framboise ; de ses graines on extrait de l'huile.
Syn. Mangoustan.

MANGUIER n.m.
En. **mango**
De. **Mangobaum**
Es. **mango**
It. **mango (pianta)**
(Asie du Sud-Est). Arbre fruitier de la famille des Térébinthacées *(Mangifera indica).*
Il s'est répandu jusqu'aux Antilles, où il forme, à la Jamaïque, de véritables forêts ; ses fruits, les mangues, sont des drupes à pulpe assez appréciée.

MANICOTIER n.m.
1. Paysan qui ne dispose que de ses mains pour travailler.
2. *(Berry)*. Habitant d'un village qui, possédant quelques parcelles et n'ayant pas de bêtes de travail, doit emprunter des attelages à la grande ferme voisine, à charge de fournir en échange un certain nombre de *journées*, au moment des semailles et des moissons.
Etym. Du latin *manus*, main et *colere*, cultiver.

MANIEMENT n.m.
De. **Betasten** (2)
Es. **manejo, aprecios, tanteo** (2)
It. **maneggio, maneggiamento** (2)
1. Dépôts graisseux qui se forment en divers points du corps d'un bovin, selon son degré d'engraissement.
2. Opération qui consiste à reconnaître ces dépôts à la main pour apprécier la valeur de la bête.
Ils se situent autour de la base de la queue.
Etym. Du latin *manus*, main.

MANILLE n.m.
En. **Manila hemp** (1)
De. **Manilahanf** (1)
Es. **paja de Manila, jipijapa** (1)
It. **canapa di Manila** (1)
1. Chanvre de qualité supérieure, récolté dans les îles Philippines, autour de Manille.
2. Paille très fine dont on fait des chapeaux très légers.

MANIOC n.m.
En. **cassava, manioc**
De. **Maniok, Kassavestrauch**
Es. **mandioca, yuca**
It. **manioca**
(Brésil). Arbuste de la famille des Euphorbiacées *(Manihot utilissima)*.
Cultivé dans les régions tropicales pour ses racines bulbeuses dont on extrait une farine qui sert à fabriquer le tapioca. Cette plante, très exigeante en eau, a un cycle végétatif très long, jusqu'à 24 mois, et ses rendements varient beaucoup, de 50 à 250 qx à l'hectare. Bien préparées pour éliminer les toxines, ses racines sont une précieuse réserve de nourriture, consommée aux Antilles sous le nom de cassave.
Etym. D'origine tupie, tribu du Brésil.

MANIPOLE n.m.
(Saintonge). Mélange de seigle et de froment.
Syn. Méteil.

MANIPULATION GÉNÉTIQUE l.f.
It. **manipolazione genetica**
Procédé qui consiste à insérer un gène étranger dans le patrimoine génétique d'une espèce vivante.
Ce gène sélectionné cloné peut contribuer à créer une nouvelle variété de l'espèce, et devenir héréditaire ; ainsi des plantes traitées produisent des insecticides et deviennent résistantes aux maladies ; des hormones de croissance, injectées à des porcs, augmentent leur taille par rapport à leurs ascendants ; cependant l'injection d'un gène dans les gamètes présente encore des difficultés pour les manipulations relatives aux animaux supérieurs.

MANITOBA n.m.
Variété de blé résistant au froid rigoureux de la prairie canadienne, notamment dans l'Etat de Manitoba.

MANNE n.f.
En. **manna** (1)
De. **Manna** (1)
Es. **maná** (1)
It. **manna** (1)
1. A l'origine, nourriture miraculeuse dont s'alimentèrent les Hébreux dans le désert.
Il s'agissait, probablement, de la sève du Tamarix gallica, *qui jaillit sur l'écorce de l'arbre à la suite des piqures d'insectes.*
2. Lichens comestibles *(Lacanora esculenta)*.
3. *(Pologne)*. Fêtuque dont on consomme les graines.
4. Exsudations amères, ou sucrées, que l'on recueille sur les feuilles de mélèze, ou d'eucalyptus, pour leur valeur thérapeutique.
5. *(Bordelais)*. Grappe de raisins encore duveteuse, avant sa floraison.
6. Manne de frêne, produite par une incision des tiges à fleurs *(Fraxinus ornus)* et utilisée jadis pour ses propriétés antiinflammatoires dans le tube digestif.
7. Vache vieillie et mise à l'engrais pour la boucherie *(R. Blais)*.
Etym. De l'hébreu *man hu*, qu'est ceci? qui a donné *manna* en latin.

MANNE n.f.
En. **basket, hamper**
De. **Korb**
Es. **canasta**
It. **paniere**
(Flandre). Panier d'osier plus long que large, à deux anses, pour transporter les fruits et les légumes.
Son contenu est une mannée.
Etym. Terme néerlandais.

MANNEQUIN n.m.
1. Panier d'osier rempli de terre et dans lequel on plante de jeunes arbres afin de pouvoir les transporter sans dommage jusqu'à l'endroit où l'on veut les replanter.
Ce sont des arbres en mannequin.
2. *(Champagne)*. Panier d'osier à mailles serrées, où l'on recueille les raisins coupés par les vendangeurs.

MANNITE n.f.
En. **must sugar**
De. **Mannazucker**
Es. **manita**
It. **mannite**
Transformation du sucre du moût, au cours de la fermentation, en acides acétique et lactique sous l'influence de températures trop élevées (36 à 38°C).
Le vin obtenu est trouble, aigre-doux. On prévient le mal par la réfrigération.

MANOCAGE n.m.
En. **stripping (of tobacco)** (1)
De. **Tabakpflücken** (1)
Es. **ponerar** (1)
It. **impaccatura, formazione delle ballette** (1)
1. Opération consistant à placer régulièrement dans la main gauche 24 ou 49 feuilles de tabac tenues par leurs pétioles et à les attacher avec la 25ème ou la 50ème feuille.
2. Mise en bottes de l'alfa avec les mains.
Etym. Du latin *manus*, main.

MANOEUVRERIE n.f.
Petite maison avec un jardin et une parcelle de pré, ou de champ, habitée par un ouvrier agricole, ou *manoeuvre*, qui ne dispose que de ses mains pour oeuvrer.
Il complète ses faibles ressources avec les journées qu'il effectue sur le grand domaine voisin.

MANOIR n.m.
En. **manor, countryhouse**
De. **Ritterburg, Herrenhaus**
Es. **casa solariega** (1)
It. **maniero**
1. A l'origine, habitation d'un vassal qui n'avait pas le droit de construire un château avec tour et donjon.
2. Par extension, toute demeure de quelque importance entourée de terres cultivées.
3. *(Grande Bretagne)*. Le domaine et la résidence.
4. D'ordinaire, habitation assez vaste, mais sévère et solidement bâtie à la campagne.
Elle peut être dotée d'une tour, d'un pigeonnier, de décors rappelant les éléments fortifiés d'un château.
5. Dans la vallée de la Loire, simple maison d'agrément.
Etym. Du latin *manere*, habiter.

MANOQUE n.f.
En. **hand** (1)
De. **Tabakblätterbündel** (1)
Es. **manojo** (1)
It. **pachetto di foglie di tabacco** (1)
1. Poignée de 24 ou de 49 feuilles sèches de tabac, régulièrement réunies par l'onglet de la base et liées à l'aide de la 25ème ou de la 50ème feuille, enroulée autour des autres.
2. Botte d'alfa.
Etym. Dérivé de *main*.

MANOSQUIN n.m.
(Provence). Cépage à raisins noirs, produisant des vins qui se conservent bien.
Cultivé dans la région de Manosque. (Basses Alpes).

MANOUVRIER n.m.
En. **day labourer, casual labourer**
De. **Handarbeiter**
Es. **jornalero, peón, bracero**
It. **manovale, bracciante**
Paysan dépourvu d'attelage et qui travaillait ses champs avec des outils à main : houe, bêche, râteau.
Il complétait ses ressources par des journées dans les grands domaines voisins ou par des activités artisanales. Très nombreux jusqu'au XIXème siècle, les manouvriers ont disparu des campagnes françaises sous l'influence de l'exode rural, de la motorisation et de l'élévation du niveau de vie.
Etym. Du latin *manus*, main, et *operarius*, ouvrier.

MANOEUVRIER-SERGER n.m.
Paysan du Beauvaisis qui était *manouvrier* en été et *serger* en hiver, et qui s'occupait de jardinage toute l'année.
Comme serger, ou sergeur, il tissait des étoffes de laine appelées serges, de Sères, peuple de l'Antiquité identifié aux Chinois.

MANQUE n.m.
Partie d'un champ qui n'a pas été labourée.

MANS n.m.
Larve du hanneton, très nuisible aux plantes cultivées dont il dévore les racines.

MANS (VOLAILLE DU) l.f.
Race de poules à crête plate, très appréciée pour sa rusticité et la qualité de sa chair, qui a fait la réputation des *poulardes du Mans*.

MANSE n.m.
En. **messuage**
De. **Landgut**
Es. **manso**
It. **manso**
Au sens étroit, emplacement de la maison et de ses dépendances directes : cours, jardin, pré enclos, le tout formant le *meix* bourguignon à la fin du Moyen Age.
Les champs, les prairies et les bois de l'exploitation agricole n'étant que les appartenances du manse. Tandis que celui-ci restait stable dans ses limites et exempt de contraintes communautaires, les appartenances étaient soumises aux diverses charges seigneuriales. Elles pouvaient être vendues, partagées, échangées, si leur manse était ingénuile, *c'est-à-dire occupé par des hommes libres ; elles ne pouvaient être modifiées sans l'assentiment du seigneur, propriétaire éminent, si leur manse était* servile, *c'est-à-dire occupé par un serf. A la longue, ces caractères juridiques s'atténuèrent et les appartenances formèrent les bases des exploitations agricoles libérées de toute trace de droits féodaux par les décisions de la nuit du 4 août 1789. Le manse correspondit donc longtemps au* manoir *celte, au* tomt *scandinave, à la* hufe *allemande, à la* hide *anglaise, au* dvor *russe, à l'*accin *de Champagne, au* boel *et à la* masure *de Normandie, au* ran *breton. Même inhabité, le manse conservait son nom ; il devenait vacant, ou en* toppe, *et s'il avait des ruines, c'était une* mazière, *un* mezeau, *une* masure, *un* mazi. *Quel que fut son état, il restait exempt de dîmes, mais il imposait, à celui qui venait l'occuper, les corvées, les tailles, les cens, les redevances fixés par la coutume et par les textes juridiques de la seigneurie dont il dépendait. Au sens large, le manse devint l'exploitation agricole tout entière avec ses* appendicia : *parcelles groupées et dispersées, droits sur les biens communautaires (pâture, bois, glandée, etc.). Certains manses comptèrent jusqu'à plusieurs centaines d'hectares et, même divisés entre plusieurs exploitants, ils furent considérés comme une unité fiscale dont les tenanciers devaient assumer les charges, en proportion de l'étendue de leurs tenures respectives (A. Deléage).*
Etym. Du latin *mansus*, lieu où l'on réside.

MANSE DOMANIAL l.m.
A l'époque carolingienne, domaine exploité directement par le seigneur, à l'aide de corvées, et dont il recueillait tout le revenu.
Le reste de la seigneurie était divisé en manses serviles, censiles, ou ingénuiles, selon le rang social de ceux qui, au début de leur mise en valeur, étaient serfs, vilains, ou colons libres. Par la suite, les manses conservèrent leur caractère social et fiscal, mais quoique certains fussent serviles, ils pouvaient être occupés par des roturiers libres, et réciproquement. Quant aux manses censiles, attribués d'abord à temps, ils finirent par ne plus être repris par leurs propriétaires éminents et devinrent propriété entière de ceux qui les exploitaient (M. Bloch).
Etym. Du latin *Mansus indominicatus*.

MANSE LIDILE l.m.
Manse attribué à un *lite*, ou *lide*, affranchi selon le droit germanique du Haut Moyen Age, et dont le rang social se situait entre celui du serf et celui de l'*ingénu*, ou homme libre.

MANSEG n.m.
Cépage à raisins blancs, cultivé dans le Pays Basque, où il est également appelé *Mensenc*.
Il est proche du chasselas et de la blanquette par son goût agréable.

MANSIER n.m.
Personnage élu par les *pariers*, ou usagers d'un canal d'irrigation, afin de veiller à la répartition de l'eau selon les règlements.
Dans le Dauphiné on dit encore un péréquateur, *ou un* régistrateur *(R. Grand et R. Delatouche).*

MANSIÈRE n.f.
(*Briançonnais*). Ménagère qui va, chaque jour, du village à l'alpe pour traire les vaches de sa *petite montagne*.

MANSUS INDOMINICATUS l.m.
V. *Manse domanial*.

MANTIEUX n.m.p.
(*Faucigny*). Fenils situés dans les prés.

MANUEL n.m.
Extrait du terrier d'une seigneurie pour une exploitation rurale.
Le censitaire devait le tenir à jour, y indiquer ses versements, ou solvits, et le remettre à son successeur en cas de vente, ou de départ.

MANUELLE n.f.
Seau en bois muni d'une poignée tenue à la main, et qui sert à puiser dans un baquet le moût sorti du pressoir, et à le verser dans les cuves, ou dans les tonneaux.

MANUMISSION n.f.
En. **freeing, manumission**
De. **Freilassung**
Es. **manumisión**
It. **manomissione**
Affranchissement d'un serf, ou d'un esclave, selon les règles du droit romain.
Etym. Du latin *manumissio*.

MANZANILLA n.m.
Variété de vin de Jerez, aromatique et légèrement amer.

MAOUREN n.m.
(*Ariège*). Tas de pierres en bordure des champs.
Syn. *Maourien, murger (F. Taillefer).*

MAQUE n.f.
Gros marteau en bois avec lequel on écrasait, on *maquait* le chanvre après le rouissage.
Etym. Dérivé de *maque, mâcher, écraser*.

MAQUIGNON n.m.
En. **horse dealer**
De. **Pferdehändler, Rosstäuscher**
Es. **tratante de caballos**
It. **sensale, commerciante in cavalli**
Péjoratif, marchand de bestiaux et, plus particulièrement, celui qui fait le commerce des chevaux.
Etym. Du néerlandais *makelaer*, qui a donné également *maquereau*, courtier, entremetteur.

MAQUIGNONNAGE n.m.
En. **horsedealing**
De. **Rosstäuscherei, Betrügerei**
Es. **chalanería**
It. **senseria**
Procédés utilisés par les maquignons pour dissimuler les défauts des chevaux à vendre.

MAQUIS n.m.
En. **scrub**
De. **Gebüsch**
Es. **monte bajo, matorral**
It. **macchia**
Formation végétale fermée, difficilement pénétrable, composée d'arbustes, parfois épineux, et xérophiles.

Limitée aux pays montagneux de climat méditerranéen et de sol où domine le calcaire.
Etym. Du corse macchia.

MARAÎCHAGE n.m.
En. **horticulture**
De. **Gemüsebau**
It. **orticoltura**
Cultures effectuées dans les régions marécageuses.
Comme il s'agit surtout de cultures de légumes, le terme est synonyme de jardinage.
Syn. Cultures maraîchères.

MARAÎCHER adj.
De. **Gemüse-**
It. **orticolo**
S'applique aux cultures effectuées, jadis, surtout dans les marais, et plus particulièrement à la production de légumes autour des villes, l'expression *"cultures légumières"* étant réservée aux cultures de légumes en plein champ.
Etym. Du francique marisk, mare, qui a donné en latin mariscus, relatif aux marais.

MARAÎCHER n.m.
En. **horticulturist**
De. **Gemüsegärtner**
Es. **hortelano, horticultor**
It. **orticoltore, ortolano**
Horticulteur qui pratique la culture des légumes pour la vente.

MARAÎCHERIE n.f.
Ensemble des parcelles et des cultures consacrées autour d'une ville, ou dans la région, aux productions maraîchères.

MARAÎCHIN n.m.
Habitant des marais qui bordent la Vendée littorale.

MARAÎCHIN adj.
Qualifie ce qui a trait à ces marais, tels les *boeufs maraîchins*, élevés dans cette région.

MARAIS n.m.
En. **marshland, fen**
De. **Morast, Sumpf**
Es. **pantano**
It. **palude, pantano**
Terrain naturellement gorgé d'eau, mais qui, bien drainé, peut se prêter à la culture et à l'élevage.
Dans les pays méditerranéens, grâce aux bonifications, les marais deviennent salubres, l'anophèle, porteur de la malaria, ne pouvant plus se développer faute d'eaux stagnantes. Dans l'Europe du Nord-Ouest de nombreux marais ont été conquis sur la mer et sur les fleuves, par le procédé des polders. En Vendée, on distingue le marais mouillé en bordure, où se déversent les cours d'eau descendus du plateau, et le marais desséché situé au centre et livré à la culture.
Etym. Du norois marr, mare, qui a donné marsch en allemand.

MARASQUE n.f.
It. **marasca**
Variété de cerise à goût acide, fruit du griottier, elle sert à fabriquer une eau-de-vie, le *marasquin*.

MARAUDAGE n.m.
En. **maraunding**
De. **Plündern**
Es. **merodeo**
It. **razzia, furto di frutti**
Vol des produits de la terre, soit des fruits encore attachés aux branches, soit des racines encore enfouies dans le sol.
Syn. Maraude, marauderie pratiquée par un maraudeur.
Etym. De maraud, nom local du chat mâle, ou matou, qui rôde la nuit.

MARAUDER v.tr.
En. **to maraud**
De. **ausplündern**
Es. **merodear**
It. **far razzia di frutta/ortaggi, pollame**
Voler, dans les champs, ou dans les fermes, des fruits, des légumes, du bétail, des instruments agricoles.

MARBRURE n.m.
En. **marbling, leaf mottle**
De. **Mosaikkrankheit**
It. **marmorizzatura**
Maladie à virus de la vigne et du tabac.
Elle se manifeste par des colorations diverses sur les feuilles de la plante, rappelant celles du marbre.
Syn. Mosaïque.
Etym. De marbre.

MARC n.m.
En. **marc** (1)
De. **Treber, Weintreber, Frester** (1,2)
Es. **orujo** (1)
It. **residui, vinaccia** (1), **acquavite di vinaccia** (2)
1. Résidu de raisin et, par extension, de divers fruits écrasés, fermentés et réduits à leurs éléments solides.
2. Eau-de-vie obtenue par la distillation de ce résidu.
Etym. De marcher, signifiant fouler, le raisin étant, autrefois, foulé aux pieds avant de devenir du marc après fermentation et soutirage.

MARCAIRE n.m.
(Lorraine). Propriétaire d'un troupeau de bovins qui vont pâturer sur les chaumes des Vosges en été.
En Alsace melker, dérivé de l'allemand milch, lait.

MARCAIRERIE n.f.
En. **dairy** (2)
De. **Käsehütte** (2)
Es. **quesería** (2)
1. Pâturage entouré de haies, ou de murettes, dans les Vosges.
2. Abri où l'on fabrique le fromage.
Equivalent de la montagne des Pyrénées et du buron d'Auvergne.

MARC DE CUVE l.m.
Grillage placé devant l'orifice interne d'une cuve pleine de moût en fermentation, pour retenir les peaux et les rafles, lors du soutirage *(fig.126)*.

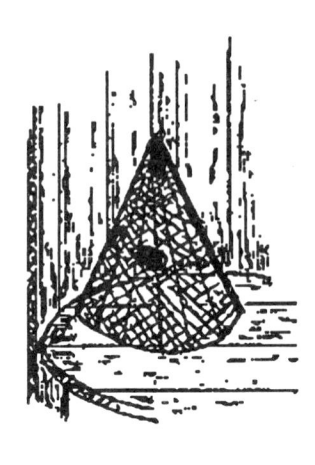

(Fig. 126). Marc de cuve

MARCESCENT adj.
En. **marcescent**
De. **welkend**
Es. **marcescente**
It. **marcescente**
Qualifie les feuilles mortes qui restent attachées aux branches des arbres pendant l'hiver.
C'est le cas du chêne.
Etym. Du latin marcescere, flétrir.

MARCHAGE n.m.
Association des habitants de plusieurs paroisses voisines pour faire paître en commun leurs troupeaux sur leurs territoires, notamment sur les prés après la fenaison et sur les chaumes après la moisson.
En Lorraine, correspond à l'expression de troisième clocher.

MARCHAIS n.m.
1. *(Sologne).* Pré marécageux où poussent des joncs.
2. *(Puisaye).* Mare dans la cour d'une ferme.

MARCHÉ n.m.
En. **market** (2)
De. **Markt** (2)
Es. **mercado** (2)
It. **mercato** (2)
1. Ventes ou achats de produits issus de la culture et de l'élevage.
2. Lieu où se déroulent ces ventes, ou achats.
3. Jour où ont lieu ces transactions.
Les jours, les lieux et les places des marchands sont fixés par le conseil municipal de la commune, et, de même, il décide de la création, ou de la suppression, de ces échanges. Les règlements des marchés ont

pour but la surveillance de la bonne qualité des denrées et le libre jeu de la concurrence. On distingue parfois les marchés par les produits qu'on y vend: marché aux fleurs, aux fruits, etc.
Etym. Du latin marcatus, dérivé de merx, marchandise.

MARCHÉ EN BOURSE l.m.
Vente et achat d'un produit s'effectuant hors de la marchandise, variant selon son abondance ou sa rareté, par entente entre commerçants, ou par l'intermédiaire d'agents de change.
C'est le cas du café, du sucre, du coton, etc.
Syn. marché à terme.

MARCHÉ AU CADRAN l.m.
Marché où les producteurs de fruits et de légumes fixent le prix maximum pour la vente de leurs denrées, réparties en lots.
Ces prix, inscrits sur un cadran, sont progressivement abaissés et quand l'acheteur les juge équitables, ou rémunérateurs, il fait le signal de l'arrêt.

MARCHÉ COMMUN l.m.
En. Common Market
De. Gemeinsamer Markt
Es. Mercado Común
It. Mercato Comune
Nom courant de la C.E.E. (Communauté Economique Européenne).
Créé en 1957 pour favoriser les échanges de produits agricoles, dits de l'Europe verte, il comprend douze Etats : Allemagne fédérale, Belgique, Danemark, Espagne, France, Grèce, Grande Bretagne, Portugal, Irlande, Italie, Luxembourg, Pays-Bas. Entre eux les formalités et les taxes douanières sont atténuées ou supprimées.

MARCHÉ AU PANIER l.m.
Prix de vente offert par l'acheteur quand il a examiné et soupesé le panier dans lequel le vendeur a placé le produit qu'il veut céder.
Il s'ensuit une discussion selon le cours du jour, et un accord, ou un refus.

MARCHÉ À TERME l.m.
En. time bargain
De. Terminhandelmarkt
Es. operación a plazo
It. contratto a termine
Marché qui se réglera selon le prix qu'atteindront les produits au moment de leur livraison.

MARCHEMENT n.m.
(Normandie). Catalogue énumérant les parcelles d'un domaine.

MARCHEPIED DE RIVIÈRE l.m.
Zone délimitée de quelques mètres de large le long d'un cours d'eau et appartenant à une communauté.
Ses riverains peuvent y prélever de l'herbe, mais non s'y livrer à des cultures, ou y construire des bâtiments ; elle a pour but de favoriser la circulation en bordure de la rivière ; un chemin de halage y est tracé.

MARCIAGE n.m.
(Centre). Droit par lequel le seigneur pouvait prendre, une année sur trois, la moitié de la récolte, ou la totalité des fruits obtenus sur une terre relevant du domaine éminent.

MARCITE n.f.
It. marcita
Prairie irriguée de Lombardie.
L'eau est distribuée à époques fixes par des canalisations surélevées ; c'est parfois de l'eau d'égout, ce qui accroît la récolte de foin. Les marcites qui reçoivent les eaux tièdes des fontanili ont de l'herbe en abondance, même en hiver.

MARCOTTAGE n.m.
En. layering (2)
De. Absenken (2)
Es. acodadura (2)
It. margottamento (2)
1. Multiplication naturelle d'une plante par contact avec le sol, et production de racines adventives et de bourgeons devenant des plantes.
Cas du fraisier avec ses stolons.
2. Procédé artificiel de multiplication des végétaux, en particulier des pieds de vigne.
V. Marcotte et fig. 127.
Etym. Du latin mergere, plonger.

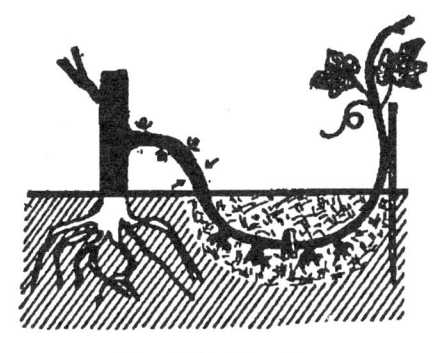

(Fig. 127). Marcottage

MARCOTTE n.f.
En. layer
De. Absenker
Es. acodo
It. margotta, propaggine
Branche, ou sarment, que l'on courbe, pour l'enfouir sous la terre en laissant dépasser son extrémité hors du sol.
Les yeux enfouis donnent des racines ; des feuilles poussent sur les bourgeons aériens. On coupe alors la marcotte du côté du pied-mère et l'on obtient une nouvelle plante indépendante. La marcotte de la vigne est un provin.
Etym. Du latin mergus, provin, et mergere, plonger.

MARDELLE n.f.
(Lorraine). Cavité circulaire de 10 à 40 m de diamètre, de 2 à 10 m de profondeur, souvent transformée en mare.
Tantôt isolées, tantôt groupées, leur origine n'est pas clairement définie. Elles se révèlent par des îlots de broussailles au milieu des champs cultivés. On a voulu y voir des fonds de huttes rondes, du Néolithique, ou bien des silos souterrains, ou des fonds de maisons enfoncées en terre. Certains karstologues les ont décrites comme de petites dolines (G. Lizerand).

MARE n.f.
En. pool, pond (1)
De. Pfuhl, Pfütze (1)
Es. charca (1)
It. pozza, stagno
1. Petite dépression garnie d'eau stagnante.
Elle sert d'abreuvoir au bétail et de lieux d'ébats pour les oies et les canards.
2. Jadis, vase où l'on écrasait, avec une meule, les olives, les pommes, etc.
Etym. Du norois maar, lac, mer, qui a donné merre en anglosaxon.

MARÉCAGE n.m.
En. fen, marshland
De. Moor, Bruch, Sumpf
Es. pantano, ciénaga
It. palude, maremma, pantano
Au sens général, terrain où l'eau est en trop grande quantité et qu'il faut drainer si l'on veut le cultiver.
Etym. Du francique marisk, marais, conservé dans l'adjectif maresque qui sert parfois à qualifier les terres trop humides.

MARÉCHAL-FERRANT n.m.
En. farrier, shoeingsmith
De. Hufschmied, Beschlagschmied
Es. herrador
It. maniscalco
Artisan rural spécialisé dans le ferrage des bêtes de trait et de labour, afin de rendre leurs onglons plus résistants à l'usure sur le revêtement des routes et des chemins.
Opération pratiquée dès le XIIème siècle pour les chevaux, dans les maréchaleries.

MAREK (Maladie de) l.f.
Maladie des volailles.
C'est une leucose.

MAREMME n.f.
En. maremma
De. Maremmen
Es. marisma
It. maremma
Plaines marécageuses et insalubres de Toscane.
Drainées, asséchées et aménagées par les bonifications, elles sont livrées à la culture et à l'élevage.

MARESCENTES adj.f.p.
Qualifient les feuilles des arbres qui se dessèchent à l'automne, mais qui restent sur les branches tout l'hiver, sans se détacher.
Cas du chêne rouvre.

MARESQUE adj.
(France du Nord). Qualifie une terre marécageuse.

MARGAL n.m.
(Languedoc). Ivraie vivace, ou ray-grass, cultivée dans les *margalières* comme fourrage.

MARGELLE n.f.
En. **brim**
De. **Brunnenkranz, Randstein**
Es. **brocal**
It. **vera, ghiera**
Couronne de pierre, ou de béton, autour de l'ouverture d'un puits.

MARGHERIAS n.f.p.
(Alpes niçoises). Montagnes à pâturages et à cultures temporaires sur des parcelles appelées *vasteria*.

MARGUIER n.m.
Eleveur qui afferme une *montagne*, soit pour y conduire ses troupeaux, soit pour la louer à des bergers selon des contrats qui réservent les droits du propriétaire, ou de la communauté, possesseur du pâturage.

MARGON n.m.
(Lyonnais). Terre arable provenant de roches schisteuses, et très favorable à la vigne.

MARGOTINS n.m.p.
Petits fagots composés de menues branches, ayant la forme d'une poupée, et dont on se servait pour allumer le feu dans les appartements de villes, en particulier à Paris.
Etym. De *Margot*, diminutif de Marguerite, signifiant sans doute poupée.

MARGUERITE n.f.
En. **daisy, marguerite**
De. **Gänseblümchen, Margerite**
Es. **margarita**
It. **margherita**
Plante de la famille des Composées, comprenant plusieurs genres : pâquerette, marguerite des prés, ou leucanthème, divers chrysanthèmes, etc.
Cultivée comme plante ornementale.
Etym. Du latin *margaritas*, perle.

MARIER v.tr.
1. Marier la vigne : la cultiver en hautains.
2. Marier les ruches : passer les abeilles d'une ruche à l'autre.

MARIÈRE n.f.
Terre fertile, située sur l'emplacement d'habitations préhistoriques et enrichie en phosphate et en potasse par les débris de cuisine et les cendres des foyers.

MARION n.f.
Gesse tubéreuse, d'après Littré.

MARISQUE n.f.
Variété de grosses figues, produites jadis dans le Midi méditerranéen.
Etym. Du latin *marisca*, figue.

MARJOLAINE n.f.
En. **marjoram**
De. **Majoran**
Es. **mejorana**
It. **maggiorana**
Plante vivace, de la famille des Labiées (*Origanum majorana*), utilisée pour ses feuilles aromatiques et condimentaires.
Etym. Du latin *majorana*.

MARJOLIN n.m.
Variété de pomme de terre réputée pour sa précocité et sa chair jaune et savoureuse.

MARK n.m.
Dans les chartes médiévales, base territoriale d'une communauté rurale.
Etym. Du germanique francisé *marche*.

MARK GERMANIQUE l.m.
Communauté rurale à qui appartenait collectivement la terre mise en valeur par ses soins, aux premiers siècles de notre ère.

MARLE n.f.
Marne que l'on incorpore aux terres pour les rendre moins acides.

MARLENCHE n.f.
Chasselas doré.

MARMENTEAUX (BOIS) l.m.p.
En. **timber**
De. **hohe Zierbäume**
Es. **arboleda reservada**
It. **bosco di alberi ad alto fusto**
Arbres de haute futaie, entourant un manoir, ou un château, pour en assurer l'ornement et, le cas échéant, pour en fournir les charpentes.
Jadis, pour deshonorer un seigneur, on coupait les bois marmentaux de son château. Aujourd'hui encore, dans les contrats d'usufruit, figure l'interdiction de couper les marmenteaux d'un parc.
Etym. Du latin *materia, materiamem*, qui a donné *materiamentum*, bois de construction et, par la suite, *marmental* et *mairrement* d'où provient aussi le terme *mairain*, ou *marrain* et *bois de marman*.

MARMOT n.m.
Cépage à raisins blancs.

MARMOTTIER n.m.
It. **marmotta**
Espèce de prunier, dit prunier de Briançon (*Prunus brigantiaca*).
Se rencontre dans la vallée de la Durance, ses fruits, dont la pulpe a un goût désagréable, contiennent une amande riche en huile comestible et médicinale, fabriquée autrefois sous le nom, donné à tort, d'huile de marmotte. C'est également un cerisier à gros fruits noirs et sucrés, appelés aussi marmottes (R. Blais).

MARNAGE n.m.
En. **marling**
De. **Mergeldüngung**
Es. **enmargado, abono con marga**
It. **marnatura**
Amendement d'une terre trop acide avec de la *marne*.
Il se pratique surtout dans les terrains dérivés des roches cristallines, et situés à proximité d'un bassin sédimentaire riche en calcaire, ou en marne. Au début de l'hiver, la marne est disposée en petits tas sur la parcelle à améliorer ; durant l'hiver le froid facilite son délitage, et au printemps, elle est répandue sur le sol. Cet amendement doit être effectué avec modération afin de ne pas épuiser une terre pauvre en éléments fertilisants, tel le carbonate de calcium. Il était déjà pratiqué par les Gaulois.

MARNE n.f.
En. **marl**
De. **Mergel**
Es. **marga**
It. **marna**
Roche tendre composée de 50 à 60% de CO_3Ca et de divers minéraux siliceux.
Elle sert à amender les terres trop siliceuses, ou trop argileuses. Les lieux d'extraction sont appelés marnières.
Etym. Du latin *marga*, marne.

MARNER v.tr.
En. **to marl**
De. **mergeln**
Es. **margar**
It. **marnare**
Incorporer de la marne à un sol trop acide.

MARNETTE n.f.
(France du Nord). Terre argilocalcaire, facile à travailler.

MARNEUR n.m.
1. Ouvrier chargé d'extraire la marne des marnière.
Syn. Marneron.
2. Ouvrier agricole chargé de répandre la marne sur les terres à amender.

MARNIÈRE n.f.
En. **marl pit**
De. **Mergelgrube**
Es. **margal**
It. **cava di marna**
Carrière d'où l'on extrait la marne.

MARNON n.m.
Petit tas de marne dans un champ.

MAROCAIN n.m.
Raisin de table à gros grains durs, avec une légère poussière blanche sur la peau.
Cultivé jadis en Provence.

MAROILLES n.m.
Fromage gras, de forme carrée, à croûte jaunâtre, et d'odeur et de goût prononcés, fabriqué avec du lait de vache en Thièrache, vers Maroilles.

MARONAGE n.m.
Droit de prélever, dans des bois affouagés, des arbres pour la construction et la réparation des bâtiments d'une ferme.

MAROQUIN n.m.
Cépage à raisins noirs, cultivé en Aunis et Saintonge.

MAROTTE n.f.
1. Chevalet sur lequel le tonnelier fixe la planche qu'il veut transformer en douve *(fig. 128)*.
Syn. Bastringue.
2. Longue gaule dont on se sert pour faire tomber les pommes et les poires, et même les chenilles et les hannetons qui sont sur les feuillages des arbres.

(Fig. 128). Marotte

MAROUCHIN n.m.
Pastel de qualité inférieure, obtenu avec les dernières feuilles d'un pied de *guède*, lorsque cette plante était encore cultivée en Normandie.

MARQUAGE n.m.
En. **marking (1,2), branding (1)**
De. **Brandmarken, Markieren**
Es. **marcado, marquero (2)**
It. **marcatura, marchiatura**
1. Opération qui consiste à *marquer* les animaux domestiques vivant en troupeaux collectifs, soit en leur coupant les poils, ou un bout d'oreille, soit en traçant un signe à la peinture sur leur robe, soit en brûlant leur cuir, ou la corne de leur pied, au fer rouge.
On peut ainsi identifier les bêtes, connaître leur propriétaire et savoir à quel but on les destine.
2. Apposition d'une marque sur le tronc d'un arbre à abattre.
Syn. Martelage.

MARQUANT n.m.
Es. **marcado**
Petit échalas placé à côté d'un jeune plant de vigne afin de le signaler au cours des façons culturales qui pourraient le détruire.

MARQUER v.intr.
En. **to blaze**
De. **markieren**
Es. **marcar, señalar**
It. **marcare**
1. Faire une marque au pied d'un arbre à l'aide d'un marteau forestier pour indiquer qu'il doit être abattu, ou bien qu'il doit être conservé.
2. Apposer des marques particulières sur des troncs abattus pour signaler à qui ils appartiennent.
Etym. Du germanique *marke*.

MARQUEUR n.m.
En. **marker**
De. **Farbstoff, radioaktive Markiersubstanz**
Es. **marcador**
It. **marcatore**
Substance, ou objet, qui permet de suivre le transit des aliments dans le tube digestif d'une bête ; on utilise des marqueurs colorés ou radioactifs.
Ils permettent d'évaluer l'état nutritionnel de l'animal, son état de santé, etc.

MARQUISE n.f.
Variété de poire très savoureuse.

MARRAQUET n.m.
Cépage à raisins noirs, cultivé en Roussillon.

MARRE n.f.
It. **marra**
Un des plus anciens outils des travailleurs de la terre, encore utilisé sous le même nom par les vignerons d'Anjou.
Jadis, faute de non-paiement du cens, les agents du seigneur pouvaient procéder à une prise de marre, c'est-à-dire saisir les outils du tenancier insolvable. En Orléanais, les ouvriers vignerons frappaient sur leurs marres pour avertir leurs compagnons éloignés que l'heure de cesser le travail avait sonné, d'où le terme de tintamarre, synonyme de grand bruit.
Syn. Houe.
Etym. Du latin *marra*, terme que l'on a retrouvé dans le sumérien, et qui aurait passé dans le grec, puis dans le latin sans profonde altération.

MARRENEUR n.m.
Ouvrier agricole qui travaillait avec une marre, et dont on disait qu'il *marrait*.

MARRON n.m.
En. **runaway negro slave (1)**
De. **entlaufener Negersklave (1)**
Es. **cimarrón (1,2)**
It. **fuggiasco (1)**
1. Esclave noir d'Amérique qui s'était enfui pour vivre en liberté dans les fourrés.
2. Animal domestique redevenu sauvage.
Etym. De l'espagnol *cimarron*, fourré.

MARRON n.m.
En. **chestnut**
De. **Marone**
Es. **castaña**
It. **marrone, castagna**
Fruit très dur de certaines variétés de châtaigniers. *Dans l'involucre du marron il n'y a qu'un seul fruit, tandis qu'il y en a plusieurs dans celui de la châtaigne.*
Etym. Du préroman *marr* que l'on retrouve dans *marelle* et qui équivaut à pierre.

MARRONNAGE n.m.
1. Bois d'oeuvre, dit *bois de marnage*.
2. Droit de prélever des arbres dans une forêt seigneuriale, ou domaniale, pour fabriquer des meubles, des charpentes, des outils agricoles.
Etym. Du latin *materia*, bois de construction, qui a donné *materiamen*, puis *merrien, mairain* et *marénage*.

MARRONNER v.tr.
Planter en quinconces des légumes sur une plate-bande de jardin.

MARRONNIER n.m.
En. **chestnut tree (1)**
De. **Kastanienbaum (1)**
Es. **castaño (1)**
It. **castagno (1), ippocastano, castagno d'India (2)**
1. Variété de châtaignier qui produit une châtaigne ronde, appelée *marron* et qui ne comporte qu'un fruit dans l'involucre fructifère.
2. Arbre de la famille des Hippocastanées (*Aesculus hippocastanum*), dont le fruit à peau brillante et de teinte acajou, appelé aussi marron, est de goût très amer.
Il aurait été importé des Indes Orientales vers 1615 ; sans rapport avec le châtaignier, c'est surtout un arbre d'ornement.

MARS n.m.
En. **March**
De. **März**
Es. **marzo**
It. **marzo**
Troisième mois du calendrier grégorien.
Dans les pays méditerranéens, époque de l'année où les armées pouvaient se préparer à combattre, leur ravitaillement étant favorisé en fourrage et en diverses denrées alimentaires par la belle saison. C'était aussi le moment où l'on remettait en culture la sole laissée libre par la moisson de l'année précédente, et où avaient pâturé les troupeaux depuis le mois d'août. Actuellement, c'est le moment où l'on sème les céréales de printemps, ainsi que les betteraves, les pommes de terre, etc. L'activité agricole reprend avec intensité. Etym. Du latin martius, dérivé de Mars, dieu de la guerre.

MARSAGES n.m.p.
Semailles que l'on effectue au mois de mars, et qui consistent en céréales de printemps (blé, orge, avoine, maïs), ou en plantes sarclées (pommes de terre, betteraves). *Le terme, usité dans la France de l'Est, est synonyme de carémage.*

MARSALA n.m.
Vin blanc doux, ou sec, récolté en Sicile, dans les environs de Marsala.
Il s'apparente au madère et au porto.

MARSANNE n.f.
Cépage à raisins blancs, cultivé dans le Roussillon et dans la vallée du Rhône, il donne en particulier le vin blanc de l'Ermitage.

MARSAULT n.m.
Espèce de saule *(Salix caprea)* appréciée pour son écorce riche en tanin, et pour son bois résistant aux intempéries.
Jadis, on en retirait un alcaloïde qui atténuait les fièvres. Le mot s'écrit également Marceau, Marceux *et* Marseau.
Etym. Du latin *mars, maris*, mâle, et *salix*, saule.

MARSCHEN n.f.p.
(Allemagne). Régions conquises sur la mer, en particulier aux dépens des *watten*, à l'aide de digues, de canaux et de pompes, selon la technique des *polders* hollandais.

MARSCHUFENDORF n.m.
(Allemagne). Village linéaire de polder.
Construit lors de la mise en valeur du polder, ses maisons s'alignent le long d'une route surélevée au dessus des parcelles en lanières d'openfield.
Etym. De l'allemand *Marsch*, polder, *Hufe*, enclos et *Dorf*, village.

MARSEAUX adj.p.
Qualifie les grains semés au mois de mars.
Etym. Dérivé de *mars*.

MARSEICHE n.f.
(Berry). Orge de printemps semée en mars et récoltée fin juillet.
Elle entrait, jadis, dans l'assolement triennal, en rotation avec le blé et la jachère ; s'écrit aussi marsèche.

MARSETTE n.f.
(Centre). Phléole des prés.
Syn. Fléau.

MARSEUC n.m.
(Pays niçois). Avoine de printemps.
Syn. Marsage.

MARSOIS n.m.p.
(Berry). Céréales et fourrages que l'on sème au printemps, et que l'on récolte en été.

MARTEAU n.m.
En. **marking hammer** (1)
De. **Hammer** (1)
Es. **martillo marcador** (1)
It. **marchiatore, martello** (1)
1. Instrument composé d'une hachette pour faire une entaille sur un tronc d'arbre, et d'une partie plate pour indiquer, sur un tronc, la marque du propriétaire.
Syn. Marteau forestier.

2. *(Bourgogne).* Compartiment délimité dans une vigne par un fossé perpendiculaire aux lignes de plus grande pente, il est destiné à éviter le ruissellement et le glissement de la terre vers le bas.
Etym. Du latin *martellus*.

MARTELAGE n.m.
En. **tree marking** (1)
Es. **señalamiento de árboles** (1)
It. **marchiatura** (1)
1. Marque apposée avec un marteau forestier sur un arbre, en un point où l'on a détaché un morceau d'écorce.
2. Castration des taureaux effectuée en obturant les cordons testiculaires par des coups de marteau, les cordons étant appuyés sur un bâton.

MARTELET n.m.
Cépage à raisins noirs, cultivé dans l'Isère.

MARTELEUR n.m.
Technicien forestier effectuant l'opération du *martelage*, notammment dans les Landes de Gascogne où il marque les arbres à gemmer, et indique même l'endroit où doit être pratiquée la première carre selon l'orientation et la vitalité de l'arbre.

MARTELIÈRE n.f.
1. Ouvrage de pierre placé dans un canal d'irrigation, et comportant deux rainures où l'on fait monter et descendre une vanne en planche, selon que l'on veut ouvrir ou fermer l'eau.
2. *(Vaucluse).* Vanne placée sur un canal d'irrigation.

MARTINGALE n.f.
En. **martingale**
De. **Martingal**
Es. **amarra**
It. **martingala**
Courroie qui tient à la sangle sous le ventre et à la bride du nez d'un cheval pour l'empêcher de trop lever la tête.
Etym. De Martigues *(Bouches du Rhône).*

MARTIN-SEC n.m.
Poire assez dure, de saveur médiocre, mais qui est très bonne cuite, ou en confiture.

MARTIN-SIRE n.f.
Poire d'hiver, à pulpe ferme et sucrée, très proche de la *martin-sucrée*, également fort savoureuse.

MARVOISIN n.m.
Variété de raisin de table.

MARXOUAGE n.m.
(Lorraine). Jardin maraîcher.

MARYLAND n.m.
(Etats-Unis). Tabac à fumer, originaire de l'Etat du Maryland et très apprécié des fumeurs.

MAS n.m.
De. **kleiner Hof** (1)
Es. **masía, masada** (1)
It. **fattoria tipica della Provenza** (1)
1. *(Provence, Languedoc, Limousin).* Ferme, ou hameau, entourés de parcelles cultivées, de bois et de landes.
2. *(Bourgogne).* Equivalent du *meix*.
3. Terme appliqué à de nombreux lieux-dits : le Mas-d'Azil, le Mas d'Agenais, etc.
Un petit mas est un maseau.
Etym. Du latin *mansus*, maison, et par extension, domaine exploité par une famille.

MASADE n.f.
(Languedoc). Hameau composé de plusieurs mas, ou maisons.
Syn. *(Provence)* Masage, *(Auvergne)* mazade.

MASCARILLE n.m.
Champignon de couche, car, comme le héros de la comédie italienne, il est tout blanc.

MASIÈRE n.f.
(Cévennes). Exploitation agricole englobant les bâtiments et leurs dépendances.

MASOYER n.m.
(Rouergue). Possesseur d'un manse, ou d'un mas.
Etym. Du latin *mansuarius*.

MASSERIE n.f.
(Pouilles). Grand domaine de plusieurs centaines d'hectares.
Il est mis en valeur par des ouvriers agricoles résidant dans de gros villages de 10 à 20 000 habitants.

MASSETTE n.f.
Tige de bois fourchue qui sert à extraire les châtaignes de leurs bogues.

MASSIF n.m.
En. **clump of trees, clump of bushes** (2)
De. **grosser Wald, Gehölz** (2)
Es. **macizo** (2)
It. **cespuglio** (1),
    macchia, boschetto (2)
1. Dans un jardin, dans un parc, ensemble de fleurs composant un dessin coloré.
2. Dans une zone boisée, grand ensemble d'arbres et d'arbrisseaux.
Etym. Du latin *massa*, bloc.

MASSIQUE n.m.
It. **Massico**
Vin de très grande qualité, récolté autour du Mont Massique, en Campanie.
Il était l'un des crus les plus réputés des vignobles de Falerne.

MASTEL n.f.
1. Ancienne mesure de capacité.
2. Redevance payée par le preneur d'une tenure.
Syn. *(Pays niçois)* Mastello.

MASTIC n.m.
En. **mastic** (2)
De. **Mastix** (2)
Es. **almáciga** (2)
It. **màstice** (2)
1. Sève élaborée du lentisque, que l'on mâche à cause de son bon goût.
2. Matière composée de cire, de suif, de colophane, d'essence et qui a la propriété de s'amollir en la pétrissant, puis de durcir par refroidissement.
Elle sert à cicatriser les plaies causées par la greffe; elle évite les pertes de sève et arrête les parasites.
Etym. Du grec *mastikké*.

MASUC n.m.
Cabane construite en bois, avec une toiture de terre et de gazon, pour abriter des bergers et leur permettre de fabriquer sur place les fromages d'Auvergne.
Syn. Buron.

MASURE n.f.
De. **altes Gemäuer, Obsthof**
(Pays de Caux). Ensemble des bâtiments d'une ferme.
A l'origine, tenure qui correspondait au travail et aux besoins d'une famille normale ; elle valait le double du bordage *et le quadruple du* quarteron. *Le terme ne s'applique plus qu'à des habitations rurales en mauvais état, sauf en Normandie où il désigne toujours la cour plantée d'arbres autour d'une maison en bon état. En pays cauchois, les villages se composent le plus souvent de plusieurs masures jointives (R. Musset).*
Etym. Du latin *mansura*, demeure.

MASUREAU n.m.
(Puisaye). Petite tenure pourvue d'une maison.

MASURE MANABLE l.f.
Centre de toute exploitation agricole dans le Pays de Caux.
Elle comprend un herbage d'une centaine de mètres de côté, entouré d'un talus appelé banque *ou* fossé, *et planté de chênes ou de hêtres ; elle comporte une mare pour le menu bétail. On y accède par une porte à claire-voie et, au centre, se trouvent la maison d'habitation et les dépendances (J.Sion).*
Etym. Du latin *manere*, demeurer.

MATADOR n.m.
(Espagne). Aux courses de taureaux, celui qui tue la bête.
Par extension ce nom a été donné, au cours du XIXème siècle, à des propriétaires terriens français qui cherchaient à en imposer à leurs domestiques par leur tenue et leurs propos.
Etym. De *matar*, tuer.

MATARO n.m.
Cépage à raisins noirs, d'origine espagnole, cultivé en Roussillon.
Syn. Mourvèdre.

MATE n.f.
(Mâconnais). Meule hémisphérique de fourrage sec, ou de fagots de bois.

MATÉ n.m.
En. **maté**
De. **Matebaum, Matetee**
Es. **hierba mate**
It. **mate**
Arbuste originaire de l'Amérique du Sud où il pousse à l'état spontané *(Ilex paraguayensis)*.
Ses feuilles desséchées, préparées en infusion, constituent une boisson agréable, tonique et diurétique. Les plantations de maté sont rares, car la cueillette suffit à la demande.
Etym. Terme d'origine quechua (langue péruvienne).

MATÉRIEL AGRICOLE l.m.
En. **agricultural implements**
De. **landwirtschaftliche Produktionsmittel**
Es. **material agrícola**
It. **attrezzatura agricola**
Ensemble des outils, des instruments, des appareils et des machines, fixes ou mobiles, destinés à permettre les travaux exigés par la culture et l'élevage.
Son achat, son utilisation et sa rentabilité posent de graves problèmes aux exploitants agricoles.

MATEY n.m.
(Médoc). Tas de gazon mélangé à du terreau pour servir d'engrais dans les vignes.

MATHÉE n.f.
(Vercors, XVème siècle). Troupeau de 3 000 moutons répartis en groupes de 30 têtes chacun.

MATIÈRE ACTIVE l.f.
En. **active matter**
Es. **materia activa**
It. **materia attiva**
Substance d'une préparation pharmaceutique qui la rend efficace.

MATIÈRES FERTILISANTES l.f.p.
En. **fertilizing substances**
De. **Kunstdünger**
Es. **materias fertilizantes**
It. **materie fertilizzanti**
Produits d'origine naturelle, ou artificielle, que l'on introduit dans le sol, ou que l'on dissout dans l'eau pour favoriser la croissance des plantes cultivées.
Ils peuvent aussi amender le terrain s'ils contiennent du calcium, du phosphore, etc.

MATIÈRE GRASSE l.f.
En. **milkfat**
De. **Milchfett, Fettstoff**
Es. **materia grasa**
It. **grasso**
Substance à base de proteines, contenue dans divers aliments.
En particulier, la teneur du lait en matières grasses, mesurée à l'aide d'un densimètre ou d'un butyromètre, est un élément pour la fixation des prix de vente à la ferme ; elle varie de 32 à 45 g par litre.

MATIÈRES ORGANIQUES l.f.p.
En. **organic matter**
De. **organische Stoffe**
Es. **materias orgánicas**
It. **materie organiche**
Substances à base de carbone provenant des végétaux, des tissus animaux, des déjections.
Elles se décomposent dans le sol plus ou moins rapidement en modifiant sa structure et en stimulant la croissance des végétaux ; mais elles peuvent aussi favoriser les parasites et diminuer l'efficacité des herbicides, des fongicides.

MATIÈRE PREMIÈRE l.f.
En. **raw material**
De. **Rohstoff, Grundstoff**
Es. **materia prima**
It. **materia prima**
Production du sol et des étables qui n'a pas encore été consommée ou transformée par l'agroindustrie.
Ex. betterave à sucre extraite du sol, matière première des sucreries.

MATIÈRE SÈCHE l.f.
It. **materia secca**
Substance végétale, ou animale, solide, qui subsiste quand on a prélevé tout le liquide qu'elle contenait à l'état naturel.
Ainsi le lait contient en moyenne 125 g de matière sèche par litre, et 100 kg d'herbe fraîche peuvent donner 12 kg de foin sec.

MATON n.m.
It. **latte cagliato** (1)
1. *(Lorraine, Alsace)*. Lait caillé.
2. *(Normandie)*. Petits grumeaux qui se forment dans le lait caillé. *Syn. Mattes.*
3. Petit amas de bourre de laine qui se forme au cours du cardage.
4. *(Sénégal)*. Tourteau d'arachide.
Etym. De l'allemand dialectal *matte*, caillebotte.

MATRICAIRE n.f.
En. **wild camomile, dog daisy**
De. **Kamille, Mutterkraut**
Es. **matricaria**
It. **matricaria**
Plante à souche vivace, de la famille des Composées, à fleurs balsamiques.
Les fleurs de la matricaire officinale, ou petite camomille, servent à faire des infusions digestives.
Syn. Camomille.

MATRICE CADASTRALE l.f.
En. **register**
De. **Matrikel, Kataster**
Es. **registro catastral**
It. **ruolo catastale**
Registre qui complète le plan cadastral en indiquant l'étendue des diverses masses de

cultures et d'incultures d'une commune; puis par ordre alphabétique, les noms des propriétaires fonciers avec la liste des parcelles composant leurs domaines.
Document indispensable à la géographie agraire.

MATTE n.f.
1. *(Garonne, Gironde).* Alluvions fertiles, coupées de zones marécageuses à drainer et de zones plus élévées, réservées à la culture et à l'établissement des fermes, le long de la Garonne et de la Gironde.
2. *(Bourgogne).* Petit carré de jardin.
3. *(Plaine de la Saône).* Petite meule composée de tiges de maïs.
Syn. Moyette.

MATTOIS n.m.p.
Veaux nés en Limousin et engraissés dans les Charentes.

MATURATION n.f.
En. **ripening** (1)
De. **Reifen** (1)
Es. **maduracíon** (1)
It. **maturazione** (1)
1. Transformations morphologiques et biochimiques subies par un fruit ou une graine jusqu'à leur complète maturité.
2. Lentes modifications qui améliorent les qualités d'un produit.
Ex. le miel qui effectue sa maturation dans un maturateur où il abandonne ses impuretés ; le lait, destiné à faire du fromage, subit une maturation sous l'influence de microbes acidifiants qui le font cailler ; la crème accomplit sa maturation avant de se transformer en beurre, sous l'influence de ferments producteurs d'arômes, etc.
Etym. Du latin maturare, faire mûrir.

MATURER v.tr.
En. **to ripen**
De. **zubereiten**
It. **maturare**
Préparer les feuilles de tabac sèches pour les mettre en manoques et en balles, en leur incorporant une certaine quantité d'eau qui les assouplit.
Etym. Du latin maturare, faire mûrir.

MATURITÉ n.f.
En. **ripeness** (1)
De. **Reife** (1)
Es. **madurez** (1)
It. **maturità** (1)
1. Etat des grains et des fruits qui sont parvenus au terme du développement maximum qu'ils doivent acquérir, soit sur la plante mère, soit au fruitier, soit au séchoir.
2. Etat des arbres qui ont atteint leur pleine croissance et que l'on peut couper.
Etym. Du latin maturitas, issu de maturus, mûr.

MAUCHAMP n.m.
(Aisne). Race de moutons mérinos obtenue au XIXème siècle par sélection dans une ferme appelée Mauchamp.
Peu appréciée, elle a disparu.

MAUDURIN n.m.
(Berry). Mélange de seigle et d'orge.

MAUGIRON n.m.
(Espagne). Variété de lin à longues fibres.

MAURELLE n.f.
(Provence). Plante tinctoriale des garrigues provençales, de la famille des Euphorbiacées (*Crozophora tinctoria*).
Elle produit une couleur végétale appelée teinture de tournesol, terme sans rapport avec la plante oléagineuse de même nom.

MAUSENG n.m.
Cépage à raisins noirs des vignobles de Jurançon.
On en distingue deux variétés, le Petit et le Gros Mauseng.

MAUVE n.f.
En. **mallow**
De. **Malve**
Es. **malva**
It. **malva**
Plante de la famille des Malvacées, comportant diverses variétés (*Malva sylvestris, Malva vulgaris*) cultivées pour leurs fleurs qui servent à préparer des infusions pectorales et émollientes.
Etym. Du latin malva.

MAUVÉE n.f.
(Bourgogne). Poignée de tiges de blé que l'on peut couper d'un coup de faucille, et placer ensuite sur la javelle.

MAUZAC n.m.
(Vignobles de Gaillac et d'Armagnac). Cépage à raisins noirs.

MAYEN n.m.
(Valais). Maison rustique, en bois où les habitants du Valais vont passer la belle saison.
Par extension, c'est le pâturage autour de la maison ; situé entre le fond de la vallée et les alpages, les troupeaux y font une halte au mois de mai, de là son nom.

MAYNES n.m.p.
(Agenais, Bas Quercy). Hameaux de 15 à 20 maisons, juchés sur les sommets des collines.
Etym. Du latin mansio, demeure, qui a donné mas.

MAYORAL n.m.
1. *(Espagne).* Conducteur de troupeaux transhumants.
2. *(Bassin Aquitain).* Président de sociétés folkloriques.
Etym. Du latin major, premier.

MAYORQUIN n.m.
(Midi de la France). Cépage à raisins blancs, récoltés pour obtenir des raisins secs.
Syn. Damas blanc, bormenc.

MAZADE n.f.
(Languedoc). Hameau composé d'une dizaine de maisons.
Etym. Dérivé de mas et de manse.

MAZAR n.m.
(Bourgogne). Larve d'insecte dévorant les bourgeons des arbres fruitiers.

MAZATGES n.m.p.
(Région de Castres). Petits hameaux au centre des terres qui en dépendent.
Ils ont été fondés à la fin du XVème siècle, par les habitants des gros villages voisins, sans doute surpeuplés.

MAZET n.m.
De. **Landhäuschen**
Es. **choza**
Petite construction en pierres sèches pour abriter hommes et bêtes en cas d'orage, et pour ranger les outils.
Elles sont nombreuses dans les vignes des coteaux calcaires du Languedoc.

MAZIÈRE n.f.
(Cévennes). Parcelle cultivée en seigle, parfois sous des châtaigniers.

MAZOT n.m.
(Valais). Petite construction sur piliers, à toiture à deux pans, pour abriter les récoltes, notamment du foin.

MAZUC n.m.
(Aubrac). Construction sur les pâturages de l'Aubrac où logeaient les bergers et où l'on préparait le beurre et le fromage.
Jadis, en planches et à couverture de mottes de terre, on les a récemment construits en pierres et en ciment, et couverts de tuiles, ou de plaquettes de lave.
Syn. (Mont Dore) Burons.
Mais mazucs et burons sont de plus en plus abandonnés.

MAZUREAU n.m.
(Vendée). Petit bâtiment d'une exploitation agricole vendéenne.
Etym. Diminutif de mazure.

M.C.M. sigle
V. Montants compensatoires monétaires.

MEAU n.m.
Dans un pressoir à pommes, ou à raisins, lamelles de bois verticales, en cercle autour de l'appareil et, à l'intérieur desquelles on place les fruits à écraser.

MÉCANICULTURE n.f.
Culture de la terre à l'aide de machines (faucheuses, moissonneuses, trayeuses), et non d'outils à mains (bêche, râteau, etc.).

MÉCANISATION AGRICOLE l.f.
En. **agricultural mechanisation**
De. **Mechanisierung**
Es. **mecanización agrícola**
It. **meccanizzazione agricola**
Utilisation d'appareils et de machines diverses pour la réalisation des travaux agricoles.

MÉCHAGE n.m.
It. **solforazione delle botti**
Opération qui a pour but de désinfecter les futailles à l'aide d'anhydride sulfureux, produit par la combustion d'une mèche de soufre, suspendue à l'intérieur du tonneau.
Les microorganismes sont détruits, mais le vin peut avoir un goût de mèche pendant plusieurs mois (P. Habault).

MÉCHOIR n.m.
Pince qui soutient dans les tonneaux les mèches soufrées en cours de combustion.

MÉCHOU n.m.
(Bretagne). Etendue de terre cultivée, divisée en parcelles de formes régulières et allongées, sans clôture entre elles, et appartenant à plusieurs propriétaires.
Syn. *Méjou.*

MÈCLE n.m.
(Vallée du Rhône). Cépage à raisins noirs, cultivés dans la vallée du Rhône, comme raisins de table.

MÉDICINALES (PLANTES) l.f.p.
En. **medicinal plants**
De. **Heilpflanzen**
Es. **medicinales (plantas)**
It. **medicinali (piante)**
Plantes auxquelles on a reconnu des vertus préventives, ou curatives, contre certaines maladies.
Connues en Chine dès 5 000 avant J.-C., elles sont tantôt cueillies à l'état sauvage, tantôt cultivées, telle la camomille dans la région des Mauges en Anjou.

MÉDECINE VÉTÉRINAIRE l.f.
En. **veterinary medicine**
De. **Veterinärmedizin**
Es. **veterinaria**
It. **medicina veterinaria**
Ensemble de soins préventifs ou curatifs donnés aux animaux domestiques pour combattre leurs maladies.

MEDICAGO n.m.
It. **erba medica**
Générique de diverses espèces de luzerne.
Etym. Du grec *médiké*, dérivé en latin, *medicago*, luzerne.

MÉDOC n.m.
En. **Médoc**
De. **Medocwein**
Es. **vino de Medoc**
It. **Medoc**
(Bordelais). Vignobles de vins blancs, et surtout de vins rouges, cultivés dans la région de Médoc, au nord de Bordeaux, entre la Gironde et la forêt landaise.
Les plus appréciés sont ceux des châteaux et des bourgs du Haut Médoc (Margaux, Palmer, Lafite, Saint-Estèphe, Listrac etc.).

MÉGASON n.m.
Nom vulgaire de la gesse tubéreuse *(Lathyrus tuberosus).*

MÉGER n.m.
En. **farmer**
De. **Pächter**
Es. **arrendatario**
It. **mezzadro**
Tenancier d'une *mégerie.*
Syn. *Mégier, mégeur.*
Etym. Même origine que *métayer.*

MÉGÈRE n.f.
(Provence). Partage par moitié des produits de la basse-cour entre le métayer et le propriétaire.
Etym. Déformation de *meigère*, moitié.

MÉGERIE n.f.
(Dauphiné, Provence). Bail à mi-croît, usité dès le XIIIème siècle.
Le bailleur confiait un troupeau au preneur, ou méger, *pour deux ou trois ans, au bout desquels le croît était partagé en parts égales, et le bailleur récupérait son capital. Par la suite, au XVème siècle, le bail fut prolongé jusqu'à sept ans et le méger recevait, à la fin, la moitié du croît et la moitié du capital. Ces avantages permirent de repeupler les terres désertes à la fin de la Guerre de Cent Ans.*

MÉGEYEUR n.m.
(Maine, Normandie). Hongreur de chevaux.

MÈGUE n.m.
(Jura). Petit lait.

MEIGLE n.f.
(France de l'Est). Bêche à fer recourbé et large, avec laquelle on donnait à la vigne la première façon culturale au printemps.
Syn. *Mègle, meille, maille.*

MÉIOSE n.f.
En. **meiosis**
De. **Meiose**
Es. **meiosis**
It. **meiosi**
Division du noyau d'une cellule sexuelle en deux gamètes se partageant à égalité les chromosomes de la cellule mère.
Etym. Du grec *meiosis*, division.

MEISSONNIERS n.m.p.
Emigrants saisonniers, faucheurs ou moissonneurs, originaires des Cévennes.
Partis de chez eux au début de la belle saison, ils profitaient du décalage de la date des récoltes selon l'altitude, pour aller lentement de la plaine à la montagne. Ainsi, des ouvriers migrants commençaient la moisson au début de juillet dans les départements chauds du Midi, et la terminaient à la fin du mois d'août, dans la Lozère et le Cantal (J. Blache).

MEITIER n.m.
Mesure de capacité pour les grains.

MEIX n.m.
1. *(Bourgogne).* Exploitation agricole comprenant la maison d'habitation, ses dépendances et les terres nécessaires à l'entretien d'une famille de tenancier, selon les coutumes médiévales.
2. Héritage d'un mainmortable.
3. L'ensemble des parcelles cultivées en jardins, ou plantées en vergers, entourant un village et à régime fiscal plus libéral que celui du manse.
4. Mas, pourpris, eyzines, d'une maison rurale.
Etym. Du latin *mansus*, participe passé de manere, rester.

MEIX (LES AILES DU) l.f.p.
(Bourgogne). Petites parcelles proches de la ferme, et réservées aux cultures délicates.

MÉJOU n.m.
Enclos plus ou moins vaste, de quelques centaines de mètres à plusieurs kilomètres carrés de dimension.
De relief assez plat, de sol profond et fertile, il est divisé en parcelles étroites et longues, sans obstacle entre elles, et soumises à des contraintes collectives. D'ordinaire, une haie entoure l'ensemble. Le méjou, terme breton qui a de nombreux synonymes, constitue ainsi un openfield en pays de bocage.

MÉLAMPYRE n.m.
It. **melampiro**
Plante de la famille des Scrofulariacées *(Melampyrum arvense)*, appelé aussi *queue de renard, blé de vache, rougeite.*
Elle vit en partie aux dépens des céréales. Ses graines sont vénéneuses.
Etym. Du grec *melas*, noir, et *puros*, blé.

MÉLANGE n.m.
En. **mixture, blend**
De. **Mischung**
Es. **mezcla**
It. **miscela**
Etat de ce qui est mélangé, mis ensemble afin d'obtenir de meilleurs résultats.
Ex.
1. Blé et seigle (meteil) donnent plus de grains que semés séparément.
2. Céréales et légumineuses semées ensemble fournissent un très bon fourrage vert ; les tiges des premières servent de tuteurs aux

secondes ; les racines des céréales allant moins profond que celles des légumineuses, le sol est mieux utilisé. On mélange également les engrais en évitant de mettre ensemble les engrais organiques et les engrais à base de chaux. Cependant les engrais des trois quinze (15% d'azote, 15 % de phosphate et 15% de potasse) sont très recommandés.
Etym. Du latin *miscere*, mélanger.

MÉLANGEUSE n.f.
En. mixing machine
De. Mischer
Es. mezclador
It. miscelatore
Appareil à mélanger mécaniquement les aliments du bétail.

MÉLANOSE n.f.
En. melanism
De. Melanosis
Es. melanosis
It. melanosi
1. Maladie qui atteint particulièrement les chevaux blancs et qui se manifeste par des tumeurs noires, surtout autour de l'anus et rendent la défécation difficile.
Elle est incurable.
2. Maladie cryptogamique de la vigne, causée par un champignon microscopique *(Septoria ampelina)* qui envahit le parenchyme des feuilles et les rend noires.
3. Maladie des céréales dûe au champignon, *Dilophia graminis*, atrophiant les épis et les rendant noirâtres.
Etym. Du grec *melas*, noir, et *nosos*, maladie.

MÉLARDE n.f.
(Centre). Avoine et orge semées en mélange pour être consommées en fourrage vert.

MÉLASSE n.f.
En. molasses, treacle
De. Melasse
Es. melaza
It. melassa
Résidu sirupeux et onctueux de la fabrication du sucre.
Il est utilisé pour alimenter le bétail, en mélange avec du son, ou de la paille.
Etym. Dérivé de *miel* par l'espagnol *melaso*.

MÉLASSÉ adj.
En. molassed
De. Melasse-
It. melassato
Qualifie un mélange de mélasse avec une matière solide : tourteau, pulpe, son, drêches, etc., ce qui donne de la consistance au produit en lui conservant sa valeur alimentaire pour le bétail.

MÉLÉAGRICULTURE n.f.
De. Perlhühnerzucht
Es. cría de melagras
It. allevamento di faraone e tacchini
Elevage de pintades et de dindes.
Etym. De *meleagris*, nom savant du dindon.

MÉLÈZE n.m.
En. larch
De. Lärche
Es. alerce
It. larice
Arbre de l'ordre des Conifères *(Larix decidua).* C'est presque le seul arbre de cet ordre à avoir des feuilles caduques. Son nom dérive de l'indoeuropéen par le latin melicem qui a donné, en dauphinois, *melse* et *mélèze*. Les forestiers en ont tiré *mélézin, forêt de mélèzes.*

MÉLÉZIN n.m.
En. larch forest (1)
De. Lärchenwald (1)
Es. bosque de alerces (1)
It. lariceto (1)
1. Forêt de mélèzes à sous-bois pâturé.
2. Foin recueilli dans le sous-bois du mélézin *(P. George).*

MÉLIER n.m.
(Basse Bourgogne). Cépage à raisins noirs.

MÉLILOT n.m.
En. white sweet clover, white melilot
De Steinklee
Es. meliloto
It. meliloto
Herbe de la famille des Papilionacées *(Melilotus alba).*
Appréciée comme fourrage, elle est parfois cultivée comme le trèfle ou la luzerne.
Etym. Du grec *meli*, miel, et *lotos*, lotus, qui a donné *melilotus* en latin

MÉLINE (Jules) n.p.
1838-1925, Ministre de l'Agriculture de 1883 à 1885 et chef du gouvernement en 1896.
Il défendit une politique protectionniste, avec des tarifs douaniers élevés sur les sucres et les blés étrangers (1881 et 1892). Il créa le Mérite agricole. Il redevint ministre de l'Agriculture en 1915-1916. Ses décisions favorisaient sans doute les agriculteurs français, mais à l'abri des frontières douanières et de la concurrence mondiale, ils s'en tinrent trop aux procédés agricoles traditionnels.

MÉLISSE n.f.
En. melissa
De. Melisse
Es. toronjil, melisa
It. melissa
Herbacée de la famille des Labiacées *(Melissa officinalis). Elle est cultivée pour ses feuilles qui, desséchées, sont utilisées pour la fabrication de liqueurs et d'infusions favorables aux fonctions digestives.* Etym. Du grec *malissa*, abeille, cette plante étant aimée des abeilles.

MÉLISSE n.f.
(Aunis). Vigne composée de plusieurs cépages, en particulier de *chenère.*
C'est une variété de pinot.

MÉLITE n.f.
Variété de figue de couleur jaune, à pulpe abondante et sucrée.

MELK n.m.
(Arabie). Selon le droit coranique, terres privées, appartenant au chef de la tribu, ou de la famille, par opposition aux *terres habous*, possédées par les communautés religieuses.
Ces terres privées proviennent soit du démembrement de biens collectifs, soit de défrichements, ou d'extension de périmètre irrigable, soit enfin de plantations, qui font acquérir la terre à celui qui l'a mise en valeur par un verger. Toutefois, les divers éléments d'un melk peuvent appartenir à différents propriétaires, l'un ayant la terre, un autre l'eau; un arbre même est parfois partagé entre plusieurs personnes (P.George).

MELKEREI n.m.
(Vosges alsaciennes). Bâtiment utilisé par les bergers des troupeaux transhumants pour traire les vaches.
Syn. Marcairerie.
Etym. De l'allemand *milch*, lait.

MELLE n.f.
1. Nèfle de Normandie.
2. Ancienne mesure de capacité pour les grains.

MELLET n.m.
(Provence). Variété de figue, sucrée comme le miel.

MELLIFÈRE adj.
En. melliferous (1)
De. honigtragend (1)
Es. melifera (1)
It. mellifero (1)
1. Qualifie les plantes qui secrètent dans leurs fleurs un suc que les abeilles prélèvent pour faire du miel.
2. Qualifie l'ensemble des insectes qui, comme les abeilles, font du miel.
Etym. Dérivé de *miel.*

MELLIFICATION n.f.
En. honeymaking
De. Honigbereitung
Es. melificación
It. mellificazione
Opération biochimique effectuée par les abeilles pour transformer en miel le nectar des fleurs.

MELOISE n.f.
(Morvan). Prairie humide *(G. Plaisance).*
Etym. Du latin *mollis*, mou.

MELON n.m.
En. melon (1)
De. Melone (1)
Es. melón (1)
It. melone, popone (1)
1. Plante de la famille des Cucurbitacées *(Cucumis melo).*
Originaire de l'Inde elle est cultivée dans les pays méditerranéens depuis le début de l'ère

chrétienne, pour son fruit, appelé aussi melon, à pulpe sucrée. La facilité de croisement entre espèces voisines a permis d'en obtenir jusque sous des climats assez frais. Les variétés cantaloup *et* sucrin *sont les plus appréciées.*
2. Cépage à raisins blancs cultivé en Charente pour la production du cognac et en Bourgogne comme variété du Gamay.
3. *(Alpes du Nord)*. Bovin pris en pension pendant l'hiver.
Etym. Du grec *melopepon*, pomme jaune.

MELONNÉE n.f.
Variété de courge.
Syn. Pépon musqué.

MELONNIÈRE n.f.
En. **melon bed**
De. **Melonenbeet**
Es. **melonar**
It. **melonaio, poponaia**
Parcelle consacrée à la culture du melon.

MÉNAGE n.m.
En. **housework**
De. **Haushaltung**
Es. **hogar familiar**
It. **faccende di casa**
Entretien de l'intérieur de la maison par la ménagère.
Par extension, c'est l'entretien rationnel d'une exploitation agricole, et la mise en culture des terres. A l'origine, gouverner, mettre en valeur avec sagesse, avec ménagement, l'ensemble d'un domaine, d'un territoire.
Etym. Du latin *mansio*, maison.

MENDEL (LOIS DE) l.f.
De. **Mendelsche Gesetze**
Es. **Mendel (leyes de)**
Du nom du moine et botaniste autrichien Gregor Mendel (1822-1884) qui mit en évidence, dès 1866, les règles de la transmission héréditaire des caractères d'une plante, ou d'un animal, à ses descendants.
On distingue :
1. la loi de dominance d'un caractère.
2. la loi de la disjonction dépendante des caractères.
3. la loi de la disjonction indépendante des caractères.
Mises en valeur expérimentalement chez les végétaux avec des cultures croisées de petits pois à graines jaunes et vertes, et chez les animaux par le croisements de souris blanches et de souris grises, ces règles ont été confirmées et expliquées par les études génétiques. Ce sont les gènes, contenus dans les couples de chromosomes des cellules vivantes, qui constituent, d'une génération à l'autre, les vecteurs des caractères fondamentaux des ascendants : vigueur physique, couleur des poils, teinte et forme des fleurs, abondance ou pauvreté des rendements, etc. La mise en application, empirique ou scientifique, de ces phénomènes physiologiques, restés mystérieux jusqu'à Mendel, a permis de réaliser de grands progrès en agriculture, aussi bien par la sélection des plantes cultivées que dans le choix des animaux domestiques.

MÉNAGER n.m.
(Languedoc, Gascogne). Possesseur d'une petite exploitation agricole, insuffisante pour nourrir sa famille et dont il complète les ressources par des travaux salariés hors de chez lui.

MENER v.tr.
En. **to herd, to drive**
De. **treiben**
Es. **llevar a pastar**
It. **portare al pascolo, guidare**
Conduire un ou plusieurs animaux domestiques, soit au pâturage, soit au marché.
Etym. Du latin *minare*, pousser devant soi.

MENHIR n.m.
En. **menhir**
De. **Menhir**
Es. **menhir**
It. **menhir**
(Bretagne).
1. Pierre levée.
2. Borne délimitant le territoire d'une communauté rurale.
Les alignements de menhirs de Carnac auraient eu une signification agraire ; leurs orientations auraient servi de base à celles des parcelles et des chemins bretons (A. Meynier).

MENIL n.m.
V. Mesnil.
Etym. Du latin *manere*, rester.

MENILLETTE n.f.
Javelle de blé ou de seigle, maintenue debout après avoir été coupée, afin de hâter la dessication de ses grains.

MENOLE n.f.
(Auvergne). Planche perforée, fixée au bout d'un bâton, pour battre le lait caillé destiné à la fabrication du fromage de Cantal, dans les burons d'Auvergne.

MENON n.m.
(Provence). Bouc ou bélier choisi pour conduire un troupeau transhumant en Provence.
Ce sont surtout des boucs vigoureux qui marchent en tête du troupeau, ou sur ses flancs, pour maintenir en bon ordre brebis, agneaux et moutons. Ils portent au cou d'énormes clochettes rondes, appelées roundouns *à cause de leur forme.*
Etym. Du verbe *mener*.

MENSE n.f.
En. **revenue/income (of an abbot)**
Es. **renta eclesiástica, mesa**
It. **mensa**
Partie des biens d'une abbaye dont les revenus étaient réservés à l'entretien de ses membres.
On distinguait la mense abbatiale *réservée à l'abbé*, la mense conventuelle *réservée aux moines et aux officierss claustraux, et le tiers lot affecté au paiement des portions congrues des desservants des paroisses dépendant de l'abbaye. Dans un diocèse on distinguait également* la mense capitulaire *pour les membres du chapitre. Ce partage des revenus remontait à l'époque franque ; ils étaient répartis annuellement. La mense capitulaire fut plus tard répartie en lots variables appelés* prébendes *quand les membres du chapitre, les chanoines, ne furent plus astreints à la vie monastique (G. Lepointe).*
Etym. De *mansa*, table.

MENSURATION n.f.
En. **measurement**
De. **Vermessung**
Es. **mensuración**
It. **misurazione**
Ensemble de mesures effectuées, selon certaines règles, sur un animal domestique afin de préciser ses formes, d'évaluer sa croissance, et de le situer parmi les diverses races animales.

MENTHE n.f.
En. **mint**
De. **Minze**
Es. **menta, hierbabuena**
It. **menta**
Plante de la famille des Labiées.
On en connait plusieurs espèces (Mentha piperita, sativa, viridis, crispa, gentilis, etc.). Elle est cultivée comme plante médicinale, à cause de ses feuilles odoriférantes dont on extrait le menthol.
Etym. Du grec *mintha*.

MENUISES n.f.p.
Bûches trop petites pour être comptées comme *bois de corde, ou d'oeuvre*.
Ayant moins de 1,13 m de long et de 16 cm de circonférence, elles ne pouvaient être taxées comme bois dur *quand elles passaient à l'octroi, mais plutôt comme bois de feu..*
Etym. Du latin *minuatum*, réduit, plus petit.

MENU BÉTAIL l.m.
En. **small livestock**
De. **Kleinvieh**
Es. **ganado menor**
It. **bestiame minuto**
Par opposition à *gros bétail* (boeuf, vache, cheval), bétail de taille moyenne, ou petite (porc, mouton, poule, canard).

MENUS-GRAINS l.m.p.
Céréales semées sur la sole du maïs.
C'était le blé et l'orge de printemps, dont le rendement était plus faible que celui des céréales d'hiver. Ce sont encore les lentilles, les pois, le mil, par opposition aux gros grains *(blé, maïs, etc.).*

MENUS PRODUITS l.m.p.
Produits de la forêt, hors le bois d'oeuvre et le bois de feu.
Très recherchés autrefois par les pauvres gens : menues branches, mort-bois, pacage, fruits, truffes, etc.

MÉPLANT n.m.
Contrat de complant pratiqué durant la fin du Moyen-Age.
Il contraignait le preneur à planter une parcelle en arbres fruitiers, et à céder ensuite la moitié des fruits au bailleur, propriétaire du fonds.
Etym. Du latin *medium plantum*, planté à moitié.

MÉRANDIER adj.
Qualifie un bois de chêne, ou de châtaignier, propre à la fabrication des barriques.
Syn. Bois merrain.

MÉRANDIER n.m.
Ouvrier préparant le merrain pour la tonnellerie.

MERC n.m.
1. Droit que l'on paye pour faire borner ses terres.
2. Par sens restrictif, les bornes elles-mêmes, c'est à dire les marques de séparation des domaines.
Etym. De même origine que *marque*.

MERCARERIE n.f.
(Vosges). Exploitation rurale donnée à ferme et dont la principale ressource provient du bétail mis à l'engrais dans les gras pâturages.
Syn. Marcairerie.

MERCUREY n.m.
(Bourgogne). Vin de Bourgogne, récolté autour de la commune de Mercurey, en Saône-et-Loire.
Très fin, bouqueté, ce vin rouge vieillit très bien.

MERCURIALE n.f.
En. **market price list** (1), **mercury** (2)
De. **Bingelkraut** (2)
Es. **mercurial** (2)
It. **mercuriale** (1), (2), **marcorella** (2)
1. Registre où sont consignés les prix des denrées à l'issue d'une foire ou d'un marché.
2. Mauvaise herbe (*Mercurialis annua*) qui croît abondamment dans les champs cultivés.
Syn. Foiroe, ortie.
Etym. Du latin *mercurialis*, relatif à Mercure, dieu des marchands.

MÈRE n.f.
En. **mother of vinegar** (1)
De. **Essigmutter** (1)
Es. **madre del vinagre** (1)
It. **madre dell'aceto** (1)
1. Masse gélatineuse de bactéries qui se forme dans le vinaigre et qui, prélevée et mise dans le vin, en favorise l'acidification.
2. Partie profonde de l'écorce d'un chêne-liège et à partir de laquelle se forme de nouveau du liège.
Il ne faut donc pas l'endommager lors du démasclage.
3. Végétal cultivé pour la reproduction.
Syn. Pied-mère.
4. En apiculture, reine de la ruche, de l'essaim.
Etym. Du latin *mater*.

MÈRE-BRANCHE l.f.
Grosse branche qui donne naissance à plusieurs autres.

MÈRE-GOUTTE l.f.
De. **Vorlauf**
Es. **vino de lágrima**
It. **vino fiore**
Jus s'écoulant sans foulage, ni pressurage, de la cuve, ou du pressoir, où l'on a versé les raisins.
Le vin provenant de la mère-goutte est très apprécié ; il était choisi pour acquitter les redevances seigneuriales.

MÈRE-LAINE l.f.
De. **Rückenwolle**
Es. **lana de primera calidad**
It. **lana migliore del dorso**
Laine du dos des brebis.
Elle est très appréciée car elle est plus longue et plus propre que celle du ventre, ou du cou.

MERGER n.m.
(Bourgogne). Tas de pierres édifié par épierrage à l'extrémité d'une parcelle.
Syn. Meurger, murger, meurzère, mourzy.

MÉRILLE n.f.
(Bassin Aquitain). Cépage à raisins noirs, connu dans le Bassin Aquitain sous les noms de *Grand Noir, Malbec, Périgord, Picat*, etc.

MÉRINDA n.m.
(Languedoc). Repas principal du milieu de la journée.
Etym. Du celte *merex*, déjeuner.

MÉRINE n.f.
L'une des races ovines issues des mérinos.

MÉRINOS n.m.
En. **merino (sheep)**
De. **Merinoschaf**
Es. **merino**
It. **merino**
Signalée dès 1307 à Gênes, cette race de moutons a acquis ses qualités en Espagne, surtout en ce qui concerne l'abondance et la finesse de la laine.
Elle fut importée en France dès le XIVème siècle. Le traité des Pyrénées (1659) obligeait l'Espagne à nous livrer un lot de ces mérinos, et c'est sous Louis XVI que l'on créa pour eux les bergeries de Montbard et de Rambouillet. Par de nombreux croisements, on a obtenu plusieurs variétés de mérinos qui, tout en fournissant des toisons de 4 à 5 kg, donnent aussi une viande abondante et de bon goût, tels le mérinos d'Arles, le mérinos de l'Ile-de-France, etc. La race charmoise, qui se prête à l'élevage en plein air, est partiellement issue de mérinos.
Etym. De *Mérinides*, dynastie marocaine.

MERISE n.f.
En. **sweet cherry**
De. **Vogelkirsche**
Es. **cereza silvestre**
It. **marasca, ciliegia selvatica**
Cerise sauvage, fruit du *merisier*, d'un goût un peu acide, d'où son nom composé avec *amer* et *cerise*.
Elle sert à faire des confitures.

MERISIER n.m.
En. **sweet cherry**
De. **Vogelkirschbaum**
Es. **cerezo silvestre**
It. **visciolo, marasco, ciliegio selvatico**
Bel arbre à fleurs blanches, dit parfois cerisier des oiseaux *(Prunus avium)*.
Son bois sert en ébénisterie et en lutherie ; ses fruits sont utilisés en confitures et en liqueurs.

MÉRISTÈME n.m.
En. **meristem**
De. **Meristem**
Es. **meristema**
It. **meristema**
Zone végétative d'une plante, où en été, les jeunes cellules prolifèrent rapidement, à la pointe d'un bourgeon, à la pointe d'une tige, d'une racine, ou le long d'un tronc.
Selon deux assises génératrices, l'une interne donne du bois, l'autre externe donne du liber ; de teintes différentes elles sont pures de virus et déterminent des cernes annuels qui permettent de calculer l'âge d'un arbre (R. Blais).
La culture in vitro des cellules du méristème permet de multiplier à l'infini les plants de légumes ou de fleurs.
Etym. Du grec *moris*, partie et *tema*, ensemble.

MÉRITE AGRICOLE l.m.
Ordre fondé en 1883 pour récompenser les personnalités qui ont rendu des services à l'Agriculture.
Il comprend des chevaliers, des officiers et des commandeurs. La décoration comprend une étoile à six branches, autour de l'effigie de la République, et un ruban moiré vert à liserés rouges ; surnommé poireau.

MERL n.m.
Engrais, ou amendement, composé de concrétions calcaires et de débris de coquilles.
Il provient en partie de polypiers lithophytes, tels le Millepora calcarea *; il est très utilisé en Bretagne, auprès des rivages, à cause de sa teneur en calcaire (60 à 80 %).*
Syn. Maerl.
Etym. Du latin *marga* qui a donné *marle* et *marne*.

MERLE n.f.
(Gascogne). Variété de marne avec laquelle on amende les champs trop argileux.

MERLIN n.m.
En. **poleaxe**
De. **schwerer Hammer**
Es. **maza de jifero**
It. **mazzapicchio**
Gros marteau à long manche pour assommer les bovins dans les abattoirs.

MERLIN À LAME l.m.
En. **felling axe**
De. **Holzaxt**
Es. **hacha**
It. **scure da legna**
Outil composé d'un marteau et, en sens opposé, d'une hache.
Monté sur un manche de bois, il sert à fendre les bûches (fig. 129).
Etym. Du latin *marculus*, petit marteau.

(Fig. 129). Merlin

MERLOT n.m.
Cépage à raisins noirs, cultivé dans le Sud-Ouest, parfois sous le nom de *Vitraille*.
Très productif, associé au Malbec et au Cabernet il produit des vins très agréables.

MERRAIN n.m.
En. **cask wood, stave wood**
De. **Daubenholz**
Es. **tabla de roble para duelas**
It. **legname di quercia per doghe**
Partie noble du bois de chêne ou de châtaignier, qui, débité en planches, sert à fabriquer les douves des tonneaux.
Etym. Du latin *materia*, bois de construction, qui a donné *materiamen*, puis *merrien* et *mairain*.

MERRANDIER n.m.
Ouvrier qui prépare les planches de chêne ou de châtaignier, pour la fabrication des merrains et des douves de tonneau.

MÉRYCIQUE adj.
Qualifie la seconde mastication des aliments par les ruminants.
C'est le merycisme.
Etym. Du grec *merukismo*, ruminer.

MÉRYCISME n.m.
En. **rumination**
De. **Wiederkäuen**
It. **mericismo**
Rumination.

MÉRYCOLOGIE n.f.
Etude scientifique des ruminants, bovins et ovins, et plus particulièrement des mécanismes de la rumination *(P. Habault)*.
Etym. Du grec *merukismos*, ruminer, action de ruminer, et *logos*, discours, science.

MESADON n.m.
(Normandie). Lamelle de bois qui sert à agglomérer les caillots de fromage en les séparant du petit lait.

MESLIER n.m.
(Normandie, Orléannais). Cépage à raisins blancs, cultivé jadis en Normandie et en Orléannais.
Il donne des vins ordinaires, mais il est apprécié pour sa précocité.
Syn. Gros Meslier, Blanc ramé.

MESNAGE n.m.
1. Maison entourée de parcelles cultivées.
2. Travaux destinés à mettre la terre en culture.
Etym. De l'ancien français, utilisé par Olivier de Serres dans son ouvrage : "Théâtre de l'Agriculture et mesnage des champs".

MESNIE n.f.
1. Petite maison de campagne.
2. Famille qui habite cette maison.
3. Famille du Moyen Age, au sens large, avec ses ascendants et ses descendants directs.
Etym. Du latin *mansio*, maison, par son dérivé *mansionile*.

MESNIL n.m.
En. **small countryhouse** (1)
De. **Haus** (1)
Es. **casa** (1)
It. **casetta di campagna** (1)
1. Petite habitation de campagne.
2. Petite exploitation agricole avec maison d'habitation.
Etym. Du latin *mansio*, maison, par son dérivé *mansionile*.

MESOYAGE n.m.
Petite culture, jardinage, effectué à la bêche.

MESSAGE n.m.
(Auvergne). Petit pâtre chargé de surveiller le troupeau durant le jour, sur les pâturages d'Auvergne en été.
Sa mission l'obligeait parfois à s'éloigner du buron, à la recherche du bétail.
Etym. Du latin *missus*, envoyé.

MESSAIGES n.f.p.
Redevances féodales qui pesaient sur les bâtiments d'une ferme et ses dépendances.
Elles étaient payables en espèces ou en nature.
Syn. Mésaiges, maisaiges.

MESSERIE (DROIT DE) n.f.
Redevance versée au seigneur par les habitants d'une communauté pour avoir le droit de nommer des *messiers*, gardes des moissons.
Etym. Du latin *messis*, moisson.

MESSEURES n.m.p.
(France du Nord). Ouvriers moissonneurs.

MESSICOLE adj.
Qualifie diverses plantes qui croissent dans les champs de blé.
Etym. Du latin *messis*, moisson, et *colere*, cultiver.

MESSIDOR n.m.
De. **Messidor (Erntmonat)**
Es. **Mesidor**
It. **messidoro**
Dixième mois de l'année révolutionnaire, du 19 juin au 18 juillet.
Il correspond par conséquent à l'époque des moissons.
Etym. Terme créé par Fabre d'Eglantine, en 1793, avec le latin *messis*, moisson, et le grec *dôron*, présent, cadeau.

MESSIER n.m.
De. **Feldhüter**
Es. **meseguero**
It. **guardiano di messi**
(Normandie, Lorraine). Sous l'Ancien Régime, officier de police chargé de veiller sur les moissons et sur les fruits d'une seigneurie, ou d'une communauté rurale, de réprimer le *maraudage*.
Les fonctions des messiers étaient temporaires, et coïncidaient avec l'époque des récoltes qu'ils devaient surveiller. C'était, en quelque sorte, les prédécesseurs de nos garde-champêtres.
Syn. garde-messier.
Etym. Du latin *messis*, moisson.

MESTA n.f.
(Espagne). Association de possesseurs de troupeaux de moutons en Espagne, dotée de privilèges et reconnue en 1273 par Alphonse X afin de se passer des laines venues d'Afrique du Nord par l'intermédiaire des commerçants catalans.
Ses privilèges s'accrurent au cours des siècles, aux dépens des cultures, créant des paysages dénudés le long des cañadas, larges voies de passage entre le Sud et le Nord de la péninsule. Sous l'influence des physiocrates et du despotisme éclairé, ses privilèges furent réduits au cours du XVIIIème siècle et finalement elle fut supprimée en 1837.

MESTEIL n.m.
V. Méteil.

MESTIVAGE n.m.
Redevance prélevée par le seigneur sur les moissons de son domaine éminent.
Elle consistait en une gerbe sur 10 ou 12.
Syn. Métivage.

MESUAGE n.m.
Manoir, ou maison seigneuriale, situé à la campagne.
Etym. Du latin *mansio*, maison, par l'intermédiaire de meix.

MESURAGE n.m.
Droit féodal levé sur toute mesure de produit agricole, en particulier sur le blé.

MESURES AGRAIRES l.f.p.
Mesures destinées à apprécier la surface d'une terre, ou le volume d'un produit.
On peut en distinguer deux catégories : celles d'avant la Révolution, déterminées en général par la capacité de travail d'un homme, ou d'un attelage ; tels le journal, *l'*acre, *l'*oeuvre, *voisins de 17 ares, surface que l'on pouvait labourer en un jour, ou bien ensemencer avec une quantité de grains déterminée. Après la Révolution, le mètre étant la base du système métrique, les surfaces se mesurèrent en mètres carrés et les volumes en décimètres cubes, y compris multiples et sous-multiples.*

MÉSUS n.m.
Abus commis dans les bois et les pâturages.
On en mésusait.
Etym. Dérivé de *mauvais usage*.

MÉTABOLIQUES (MALADIES) l.f.p.
En. **metabolic diseases**
De. **Stoffwechselstörungen**
Es. **enfermedad del metabolismo**
It. **malattie metaboliche**
Troubles qui détruisent l'équilibre entre les échanges d'un organisme vivant et le milieu où il vit.
C'est le *métabolisme*.
Ils peuvent être provoqués par un déficit des enzymes, par l'action défavorable de l'environnement : habitat défectueux, climat trop sec, alimentation mal composée, trop grande fatigue, etc. Ces troubles se manifestent par l'amaigrissement, la fièvre, la congestion pulmonaire de la bête qui en est affectée.

MÉTABOLISME n.m.
En. **metabolism**
De. **Metabolismus**
Es. **metabolismo**
It. **metabolismo**
Echange d'énergie et de matières entre un être vivant, plante ou animal, et le milieu qui l'entoure.
Si cet échange est calculé en calories et en surface exprimée en mètres carrés de l'être vivant au repos et à jeun dans un milieu à 16°C, on obtient son métabolisme *basal ou minimum ; si l'on ne tient compte que des phénomènes d'assimilation, on obtient son* anabolisme, *du grec* anabolé, *jeter en haut, et s'il ne s'agit que des phénomènes de désassimilation, on obtient son* catabolisme, *du grec* katabolé, *jeter en bas.*
Etym. Du grec *metabollein*, transformer.

MÉTABOLITES n.f.p.
En. **metabolites**
De. **Metaboliten**
Es. **metabolitos**
It. **metaboliti**
Transformation chimique sous l'influence de l'énergie solaire, et au sein des cellules d'un tissu végétal ou animal, des éléments apportés par la sève brute, ou par le sang.
On distingue les métabolites *simples, ou primaires : sucre, huile, amidon, cellulose, des* métabolites *secondaires issues des primaires : colorants, essences, parfums, glucoses, etc.*
On parvient à obtenir, par des cultures in vitro de cellules végétales en milieu nutritif, des métabolites *primaires ; la synthèse des* métabolites *secondaires est plus difficile à réaliser ; cependant des tissus de palmier à huile ont donné des embryoïdes qui sont devenus des plantules, puis des plants et finalement des arbres.*
Etym. Du grec *metaballein*, transformer.

MÉTAIRIE n.f.
En. **tenant farm** (1)
De. **Meierhof, Teilpachtgut** (1)
Es. **alquería, cortijo** (1), **finca en aparcería**
It. **podere, mezzeria** (2)
1. Exploitation agricole confiée par contrat à un métayer qui la met en valeur et partage les produits et les bénéfices avec un bailleur.
2. Domaine bien équipé et bien exploité par son propriétaire, ou un fermier.
3. Logement de l'exploitant, avec les bâtiments qui l'entourent.
Syn. (Midi Aquitain) *Borde*.
Etym. Du latin *medietas*, moitié, les produits de la métairie étant partagés par moitié entre le métayer et le maître de la terre.

MÉTAPHOSPHATE n.m.
En. **metaphosphate**
De. **Metaphosphat**
Es. **metafosfato**
It. **metafosfato**
Engrais composé de phosphates dont l'acide phosphorique, soluble dans l'eau, est facilement assimilable par les plantes.

MÉTAYAGE n.m.
En. **métayage, sharecropping**
De. **Halbpacht, Verpachtung**
Es. **aparcería**
It. **mezzeria, mezzadria**
Faire valoir indirect d'une exploitation agricole, selon un contrat écrit, ou tacite, et par lequel le propriétaire fournit la terre, le cheptel vif et mort, et l'habitation, tandis que le métayer fournit le travail.
En retour, ce dernier verse la moitié des récoltes, et la moitié des bénéfices sur l'élevage, au maître de la terre. Cette redevance a varié selon les coutumes locales ; la loi de 1946 laisse au métayer les deux tiers des récoltes et des bénéfices, et lui permet de transformer son métayage en fermage, ce qui lui assure une indépendance absolue en ce qui concerne les travaux à effectuer. Ce mode de faire valoir n'incitait ni le maître, ni le métayer à innover ; actuellement il a pratiquement disparu en France. Il se maintient en Afrique et en Amérique du Sud.
Syn. Colonage.

MÉTAYER n.m.
En. **métayers, harecropper**
De. **Pächter, Meier, Halbpächter**
Es. **aparcero**
It. **mezzadro**
Personne qui exploite, contre une moitié du revenu, un domaine appartenant à un maître de la terre.
Etym. Du terme en langue d'oc *meïta*, moitié.

MÉTEIL n.m.
En. **maslin**
De. **Mengkorn, Gemenge**
Es. **tranquillón**
It. **miscela di grano e segale**
Mélange de grains de blé et de seigle, parfois d'orge, en vue de leur semence.
Le passe-méteil comprenait deux tiers de froment et un tiers de seigle.
Syn. Blanc-méteil.
Etym. Du latin *miscerer*, mêler, qui a donné *mistus, mistilium*, mélange.

MÉTÉORISATION n.f.
En. **bloat**
De. **Aufblähung**
Es. **meteorización, meteorismo**
It. **meteorismo**
Affection accidentelle chez les ruminants qui mangent des légumineuses vertes.
Celles-ci fermentent, dégagent des gaz qui gonflent l'estomac de l'animal ; s'il tombe ses viscères éclatent et il meurt. On prévient cette perte en introduisant dans la bouche de l'animal une sonde oesophagienne jusqu'à l'estomac afin de favoriser le dégagement des gaz, ou bien en perçant le flanc de la bête avec un troquart, poignard à lame creuse par où s'échappent les gaz.
Etym. Du grec *meteorizein*, gonfler.

MÉTÉOROLOGIE AGRICOLE l.f.
En. **agrometeorology**
De. **Agrarmeteorologie**
Es. **meteorología agrícola**
It. **meteorologia agricola**
Etude scientifique des phénomènes atmosphériques au profit des activités agricoles : températures, pressions atmosphériques et vents, humidité, précipitations liquides et solides, le tout reposant sur les observations des postes météorologiques et sur leur diffusion parmi le monde agricole, soit par radio et par la presse, soit par un système d'*avertisseurs*, parfois automatiquement pour les gelées nocturnes, les orages à cyclones, etc.

MÉTHYLIQUE adj.
En. **methylic**
De. **Methyl-**
Es. **metílico**
It. **metilico**
Qualifie un alcool obtenu par la distillation des goudrons de bois, ou par l'action de l'oxyde de carbone sur l'hydrogène.
Il sert ensuite à la fabrication du formol et entre comme solvant dans la préparation de sulfate, d'iodure, etc.
V. Alcool méthylique.
Etym. Du grec *methu*, vin.

MÉTIS n.m.
En. **half-bred** (1)
De. **Mestize, Mischling** (1)
Es. **mestizo** (1), **bastardo**
It. **meticcio** (1)
1. Animal issu de races différentes mais dans la même espèce.
Ex. La race bovine Maine-Anjou.
2. Plante issue de deux variétés différentes, mais de la même espèce.
Ex. Abricotier et pêcher.
Etym. Du latin *mixticius*, mêlé.

MÉTISATION n.f.
It. **meticciamento**
Production de métis par croisement de deux races ovines, ou bovines, différentes.

MÉTISSAGE n.m.
En. **crossbreeding**
De. **Kreuzung**
Es. **mestizaje, cruce**
It. **meticciamento, incrocio**
Croisement de deux races d'animaux de même espèce, mais de qualités différentes, pour obtenir des individus doués des meilleures qualités de leurs géniteurs.
Syn. Croisement.
Etym. Du latin *mixtus*, mêlé qui a donné *mixticius*, puis *métif* et *métis*, être né de l'union de deux individus de sexes et de races différentes.

MÉTIVE n.f.
(France de l'Ouest).
1. Période des moissons.
Terme vieilli.
2. Terme désignant les moissons elles-mêmes.
Etym. Du latin *messis aestiva*.

MÉTIVIER n.m.
1. Ouvrier moissonneur.
2. Représentant du propriétaire d'une métairie, lors du partage des récoltes.

MÉTROLOGIE n.f.
En. **metrology**
De. **Metrologie**
Es. **metrología**
It. **metrologia**
Science qui a pour objet la mesure des dimensions d'une parcelle, du volume des récoltes, du nombre et du poids des animaux domestiques.
Etym. Du grec *metron*, mesure et *logos*, science.

METTIE n.f.
Cépage à raisins noirs.
Syn. (Jura) Poulsard.

METTON n.m.
(Franche-Comté). Lait caillé sans présure et qui sert à fabriquer la *conquoillotte*, ou *canquoillotte*.

MÉTURE n.f.
1. *(Vendée).* Mélange de froment et de seigle, ou d'orge.
Syn. Champart.
2. Pain fait avec de la farine de maïs.
3. Méteil.

MEUBLE adj.
En. **light**
De. **locker**
Es. **mueble**
It. **friabile**
Qualifie un sol arable qui se divise aisément en fines particules et qui est, par conséquent, facile à travailler par le matériel agricole.

MEUGLEMENT n.m.
En. **lowing**
De. **Brüllen**
Es. **mugido, bramido**
It. **muggito**
Cri des bovins.
Etym. Altération de *beuglement*.

MEULE n.f.
En. **millstone** (1)
De. **Mühlstein, Mahlstein** (1)
Es. **muela, rueda** (1)
It. **mola** (1)
1. Pierre très dure, massive, taillée circulairement, percée en son centre et tournant selon un axe sur une autre pierre de même forme, mais immobile.
L'appareil ainsi composé, mû par une chute d'eau, ou par le vent, dans les anciens moulins, servait à écraser, à broyer les grains et les fruits à huile.
2. Pierre en grès, ronde, montée sur un axe horizontal et animée d'un mouvement circulaire.
Elle servait à aiguiser les lames en métal.
3. Fromage en forme de meule (Gruyère, Cantal).
Etym. Du grec *mylé* et du latin *mola*.

MEULE n.f.
En. **hay stack** (1)
De. **Heuschober** (1)
Es. **almiar** (1)
It. **covone** (1)
1. Tas de paille, de gerbes, de fourrage, etc. empilés dans un champ *(fig. 130)*.
2. Tas de fumier de cheval, long d'une dizaine de mètres, placé dans une ancienne carrière pour la culture des champignons de couche.
3. Tas de bûchettes en forme de cône, couvert de terre, avec un vide au centre, où l'on met le feu afin que le bois se consume lentement en charbon.
4. Couche de champignons.
Etym. Du latin *metula*, petite pyramide.

(Fig. 130). Meule de céréales

MEULON n.m.
En. **haycock**
De. **kleiner Heuschober**
Es. **montón de paja**
It. **piccolo covone**
Petit tas de foin, de paille ou de fourrage.
Etym. Diminutif de meule.

MEUNERIE n.f.
En. **flour industry** (1)
De. **Mühlenindustrie** (1), **Müllerhandwerk**
Es. **molinería** (1)
It. **industria molitoria** (1)
1. Industrie agroalimentaire des farines.
2. Produits de cette industrie.
3. Ensemble des ouvriers employés dans les moulins.
Etym. Du latin *molinarius*, meunier.

MEUNIER n.m.
En. **miller** (1)
De. **Müller** (1)
Es. **molinero** (1)
It. **mugnaio** (1)
1. Propriétaire d'un moulin, ou bien ouvrier travaillant dans un moulin.
2. Moisissure qui recouvre les feuilles des plantes, leur donnant un aspect farineux.
Elle est causée par un champignon, le Peronospora gangliiformis.
3. Cépage à raisins noirs, cultivé dans l'Est de la France.
Dans le vignoble champenois le même cépage donne de bons vins blancs.
Syn. Carpinet, Fernaise, Pineau, Morillon, etc.

MEUNIER adj.
It. molitorio
Qualifie ce qui a trait à la meunerie, et ce qui a des qualités propres à un bon rendement en meunerie.
Ex. Un blé meunier.

MEURGER n.m.
V. Merger.

MEURSAULT n.m.
Localité de la Côte d'Or.
Elle a donné son nom à un vin blanc sec, clair, bouqueté et riche en alcool, récolté dans le vignoble qui entoure le village.

MEUSSE n.f.
Ovin qui n'a pas de corne.

MÉYAGE n.m.
(Picardie). Méteil.

MEYRE n.f.
1. Fossé creusé dans un champ afin de l'assècher.
Syn. Mayre, mère.
2. Chalet dans les montagnes de l'Ubaye, où logent les habitants des vallées pendant la fenaison.
3. Pâturage autour du chalet.

MEYTADARIA n.f.
(Limousin). Tenure formant un domaine complet placé sous le régime du métayage.
Dans ces métairies, au XVème siècle, le métayer ne conservait que le tiers, ou le quart des récoltes.
Etym. De medietas, moitié, usité dès le XIIIème siècle, en langue d'oc.

MÉZAD n.m.
(Bretagne). Etendue cultivée, divisée en parcelles sans clôture.
Syn. Méjou.

MÉZELLADE n.f.
(Toulousain). Ancienne mesure agraire.
Syn. Mézaillade.

MÉZENC (RACE DE) l.f.
(Vivarais). Race bovine élevée dans la région du Mont Mézenc.
De robe blonde, de taille moyenne, elle est rustique et, naguère, elle était utilisée pour les travaux des champs.
Syn. Race mézine.

M.F.R. sigle
Mouvement Familial Rural.
Association qui a pour but le maintien des jeunes agriculteurs dans le domaine des parents, et qui favorise les conditions de vie familiale.

MGHARSA n.m.
(Afrique du Nord). Contrat d'association entre le propriétaire d'un terrain et le métayer, ou *mgharsi*.
Celui-ci doit défricher le terrain et le planter en arbres fruitiers (oliviers). Quand les arbres sont en pleine production, le terrain est partagé par moitié entre le mgharsi et le propriétaire. Ce genre de métayage a été mis en application par les colons dans la région de Sfax en 1892, mais il était déjà en vigueur dans la plupart des pays méditerranéens.

MICHE n.f.
(Faucigny). Fenil édifié dans les prés.

MICHOTTE n.f.
Petite miche de pain d'un kilo que l'on donnait aux vendangeurs pour leur alimentation durant la journée de travail.

MICOCOULIER n.m.
En. nettle tree
De. südlicher Zürgelbaum, Nesselbaum
Es. almecino, almez
It. bagolaro
Arbre de la famille des Ulmacées (*Celtis australis*).
Son bois, imputrescible et flexible, est utilisé en ébénisterie et pour la fabrication des manches de fouet. Il pousse dans le Roussillon où on l'appelle fabrecoulier, ou fanabrigou.
Etym. Du grec moderne mikrokoukouli.

MICROBE n.m.
En. microbe
De. Spaltpilz, Mikrobe
Es. microbio
It. microbio, microbo
Ensemble d'organismes très petits, unicellulaires, visibles seulement au microscope et qui englobent levures, bactéries et moisissures.
Ils jouent un grand rôle en agriculture : fermentation, décomposition de matière organique, nitrification, maturation, maladies contagieuses, etc.
Etym. Du grec mikrobios, dont la vie est courte.

MICROBIOLOGIE n.f.
En. microbiology
De. Mikrobiologie
Es. microbiología
It. microbiologia
Science consacrée à l'étude des microorganismes : bactéries, virus, parasites, cryptogames, etc.
Etym. Du grec micro, petit et logos, étude.

MICROBISME n.m.
En. microbism
Es. microbismo
It. microbismo
Présence dans un local d'élevage d'une flore microbienne pathogène, mais contre laquelle les animaux, qui y vivent, sont immunisés (R. Blais).

MICROCLIMAT n.m.
En. microclimate
De. Mikroklima
Es. microclima
It. microclima
Température, hydrométrie, ensoleillement, vent régnant sur un petit espace de terrain par suite de conditions locales : relief, orientation, végétation, abri, etc., dans le cadre d'un vaste ensemble climatique.
Ces conditions particulières favorisent des élevages et surtout des cultures délicates, fragiles : les abri-vent et les serres sont créateurs de microclimats artificiels.

MICROFUNDIA n.m.p.
(Pays méditerranéens, Antilles, Asie du Sud-Est). Petites exploitations agricoles, souvent insuffisantes pour assurer l'aisance à celui qui les possède.
Etym. Du grec mikros, petit et du latin fondium, fonds, terre.

MICROFUNDIAIRE n.m.
Possesseur de microfundia.
Ils sont nombreux dans les péninsules méditerranéennes.

MICROTRACTEUR n.m.
Petit tracteur qui sert à tondre les pelouses, à ameublir très superficiellement les planches de jardin.

MIDI (VIGNOBLES DU) l.m.p.
Vignobles s'étendant du Roussillon au comté de Nice.
Ils comprennent une zone de grande production en Languedoc, et de nombreux crus réputés : Banyuls, Rivesaltes, Limoux, Lésignan, Frontignan, Tavel, Lunel, Châteauneuf-du-Pape, La Ciotat, Bandol, les coteaux d'Aix-en-Provence, etc.

MIEL n.m.
En. honey
De. Honig
Es. miel
It. miele
Substance sirupeuse et sucrée que les abeilles recueillent dans les fleurs, qu'elles préparent avec divers sucs de plantes et qu'elles digèrent et déposent dans les alvéoles de cire bâtis par les ouvrières dans les ruches.
Etym. Du latin mel, mellis.

MIEL DE GOUTTE l.m.
It. miele vergine
Miel qui coule des rayons sans intervention mécanique.

MIEL DE SUCRE l.m.
De. Zuckerhonig
Es. miel de azúcar
Miel qui provient du sucre butiné par les abeilles.

MIEL UNIFLORAL l.m.
Es. **miel unifloral**
Miel qui provient d'une seule espèce de fleurs.

MIEL INDIEN l.m.
Ancien nom du sucre de canne.

MIELLAISON n.f.
Saison pendant laquelle les abeilles recueillent le nectar des fleurs, le transforment en miel et le déposent dans les alvéoles des rayons de la ruche.

MIELLAT n.m.
En. **honeydew**
De. **Honigtau**
Es. **melaza, zumo dulce, mielato**
It. **melata**
1. Excrétion sucrée de certains parasites des plantes.
Les abeilles la recueillent pour leurs ruches.
2. Miel provenant de ces excrétions, et de moins bonne qualité que le miel de nectar provenant du suc des fleurs.

MIELLATURE n.f.
Production de *miellat* par les plantes, favorisant la récolte du miel par les abeilles ouvrières.
A distinguer de la miellée qui est la production du nectar par les nectaires des plantes.

MIELLÉE n.f.
En. **honeydew** (1)
It. **melata** (2)
1. Quantité de miel produit par une plante à fleurs nectifères.
2. Période pendant laquelle les abeilles recueillent du miel.
Syn. Mielaison.

MIELLEUX adj.
En. **honeyed**
De. **honigsüss**
Es. **meloso**
It. **melato**
Qui a le goût sucré du miel.

MIETTÉE n.f.
(Orléannais). Casse-croûte des ouvriers agricoles.
Il était composé de pain et de fromage blanc.

MIEUR n.m.
Eleveur, à moitié bénéfice, des vers à soie.
Le propriétaire des vers fournit les oeufs et les feuilles de mûrier ; le mieur se charge de l'éclosion et de l'élevage jusqu'à la fabrication des cocons que l'on partage ; c'est un élevage à mi-fruit, comme l'indique l'étymologie du terme dérivé de demi, comme mi-nuit, mi-fruit.

MI-FRUIT n.m.
Faire valoir indirect d'une parcelle, ou d'un domaine, par un fermier qui partage par moitié les récoltes et les bénéfices avec le propriétaire.
C'est une forme de métayage.

MIGNONNE n.f.
1. Grosse poire à peau rouge.
2. Prune longue et à peau jaune.
3. Pêche assez grosse et à pulpe rouge.

MIGNONNETTE n.f.
1. Luzerne lupuline.
Syn. Minette.
2. Variété de poire de petite taille et de couleur rouge.

MIGOU n.m.
(Languedoc). Fumier de mouton.

MIGRANET n.m.
(Tarn). Cépage à raisins noirs, très productif.

MIGRANIER n.m.
Fruit du grenadier.
Etym. Diminutif de millegranier.

MIGRANT n.m.
En. **migrant**
De. **Auswanderer**
Es. **emigrante**
It. **migratore**
Personne qui quitte son lieu d'origine pour aller vivre ailleurs.
Paysan qui a quitté une région agricole pour une autre région.

MIGRANT QUOTIDIEN l.m.
En. **commuter**
De. **Pendler**
Es. **temporero**
It. **pendolare**
Ouvrier agricole qui est obligé, à certaines saisons, d'effectuer chaque jour d'assez longs parcours pour se rendre sur son lieu de travail : garde des troupeaux, récolte des fruits, etc.

MIGRATIONS SAISONNIÈRES l.f.p.
En. **seasonal migrations**
De. **Saisonwanderungen**
Es. **emigraciones estacionales**
It. **pendolarismo**
Déplacements entre le lieu de travail et celui de résidence.
Elles peuvent être quotidiennes pour les ouvriers agricoles qui vont de leur village vers le grand domaine où ils sont employés. Elles peuvent être saisonnières quand les ouvriers agricoles se déplacent selon le rythme des saisons pour effectuer des travaux qui exigent beaucoup de main-d'oeuvre pendant un temps très court : vendanges, récoltes de fruits, ou de légumes. Les bergers transhumants accomplissent des migrations saisonnières.

MIGRATIONS RURALES l.f.p.
Déplacements et installations de jeunes agriculteurs de leur région d'origine, peu favorable à leurs projets, vers une région plus riche, moins peuplée, dite région d'accueil.
Pour faciliter ces migrations, les pouvoirs publics accordent des subventions ; en France, c'est en particulier le rôle de la F.A.S.A.S.A. (V. ce sigle).

MIGRATIONS DE SÈCHERESSE l.f.p.
Mouvements des troupeaux contraints de se déplacer par suite d'une sécheresse inattendue.
Ils doivent alors pratiquer, comme au Sahel du Soudan, une transhumance inhabituelle, mais saisonnière.

MIL n.m.
En. **sorghum, millet**
De. **Hirse**
Es. **mijo**
It. **miglio**
Millet, sorgho, ou autres espèces de graminées.
Plantes herbacées de 2 à 4 m de haut, caractérisées par la petitesse de leurs grains réunis en épis, ou en panicules, et pouvant servir à l'alimentation des hommes comme des animaux. Leur farine n'étant pas panifiable, elle est consommée sous forme de bouillies, et de la sorte s'est créée une civilisation du mil dans les pays tropicaux où cette céréale est cultivée. Parmi les diverses espèces, on peut citer les gros mils et le mil à chandelles dont l'inflorescence ressemble effectivement à une chandelle ; sa farine sert à faire le couscous ; il est cultivé en Inde et en Afrique tropicale (R. Blais).
Syn. Millet, sorgho.
Etym. Du latin millium.

MILDIOU n.m.
En. **mildew**
De. **Mehltau**
Es. **mildiu, mildeu**
It. **peronospora**
Nom général donné à des maladies causées par des champignons à thalle non cloisonné : mildiou de la pomme de terre *(Phytophtora infestans)*, mildiou de la betterave *(Peronospora Schachtii)*, mildiou, ou maladie de l'encre, du châtaignier *(Phytophtora cambivora).*
Le plus connu est le mildiou de la vigne (Plasmopora viticola). Venu d'Amérique vers 1897, il fit son apparition dans le département du Vaucluse, puis il gagna le Languedoc, le Bassin Aquitain, la Bourgogne et, enfin, les Pays de la Loire. Son mycelium épuise les feuilles, les fleurs et les grappes en y prélevant sa nourriture à l'aide de suçoirs, ce qui entraîne la chute des feuilles, la coulure des grappes et le déssèchement des grains, soit avant la véraison, et c'est le rot gris, soit après, et c'est le rot brun. On combat le mildiou préventivement avec les bouillies cupriques répandues à l'aide de sulfateuses.
Etym. De l'anglais mildew, tache d'humidité sur les feuilles des plantes.

MILHASO n.f.
(Béarn). Parcelle consacrée à la culture du maïs.
On dit aussi milhoco pour un champ de maïs, le maïs étant appelé parfois milhoc dans les pays aquitains.

MILICOTON n.m.
Variété de pêche originaire d'Espagne, à la peau duveteuse.
Etym. De l'espagnol *mellocoton,* melon à peau cotonneuse.

MILIEU BIOTIQUE l.m.
Es. **medio biótico**
Espace qui entoure les organismes vivants, en particulier les racines des plantes, et avec lesquelles il échange sans cesse des matières et des sources d'énergie, de sorte qu'elles sont sous sa dépendance.
Si le terrain s'enrichit en matières nutritives, ces plantes croissent, s'il s'appauvrit, elles peuvent disparaître ; s'il se modifie, elles doivent s'adapter, ou périr.

MILLADE n.f.
1. Petit mil que l'on cultivait en Béarn.
2. Bouillie fabriquée avec de la farine de ce mil, ou avec des grains de mil décortiqués, et cuits dans du lait.
C'est un plat béarnais.

MILLARGOU n.m.
(Toulouse). Ancien nom du maïs.

MILLAS n.m.
(Bassin Aquitain). Gâteau à base de farine de maïs.

MILLEFEUILLE n.f.
En. **milfoil**
De. **Schafgarbe**
Es. **milenrama**
It. **millefoglio, achillea**
Plante herbacée de la famille des Composées (*Achillea millefolium*), aux feuilles longues et étroites.
Recueillie et séchée, elle est utilisée comme hémostatique contre les hémorroïdes.

MILLE-GRAINES l.f.
Es. **granada**
Fruit du grenadier, aux nombreuses graines roses, symbole de fécondité.

MILLE-PERTUIS n.m.
En. **St-John's-wort**
De. **Johanniskraut**
Es. **corazoncillo**
It. **erba di San Giovanni, ipericon**
Plante herbacée de la famille des Hypéricacées, à feuilles petites et percées de nombreux trous, d'où son nom (*Hipericum perforatum*).
Elle servait jadis à préparer, avec ses fleurs plongées dans l'huile bouillante, un remède contre les brûlures, ou des baumes pour les maux de tête.

MILLERAND adj.
Qualifie des raisins à grains très petits, dépourvus de pépins et que l'on utilise pour obtenir des raisins secs.
Etym. Du latin *mille,* mille et *granum,* grain.

MILLERANDAGE n.m.
De. **Verkümmern**
Es. **falta de granazón de la uva**
It. **acinellatura**
Développement insuffisant des grappes de raisins, caractérisé par l'atrophie de certains grains fécondés, due aux intempéries à l'époque de la floraison, ou à l'épuisement des pieds de vigne trop vieux.
Syn. Coulure.

MILLERIE n.f.
(Gascogne). Parcelle consacrée à la culture du millet.
Syn. Millière.

MILLÉSIME n.m.
En. **vintage**
De. **Jahrgang, Jahreszahl**
Es. **año de la cosecha**
It. **millesimo, annata**
Date correspondant à une production abondante, ou de qualité ; s'emploie surtout pour les vins de cru.
Ex. Le millésime 1983 sera un grand cru.
Etym. Du latin *millesimus,* millième.

MILLET n.m.
En. **millet**
De. **Hirse**
Es. **mijo**
It. **miglio**
Plante herbacée, d'espèces et même de genres différents dans la famille des Graminées.
Les plus connues sont le millet à grappes (Panicum italicum), et le millet des oiseleurs (Panicum miliaceum) ; ce dernier vient bien sur les sols siliceux des Landes et il est utilisé pour ses graines et comme fourrage.

MILLETTE n.f.
(Aquitaine). Variété de maïs à petits grains et faiblement productif, délaissé aujourd'hui.

MILLIARE n.m.
Mesure agraire qui est la millième partie de l'are, soit 10 dm².
Peu usité.

MILLICOCO n.m.
Sorgho.
Nommé ainsi à cause de ses très nombreux grains en grappes.

MILLOCQ n.m.
(Bassin Aquitain). Sorgho, ou gros mil.
Syn. Milloque.

MILPA n.m.
(Mexique). Culture sur brûlis.
Syn. Ray, lougang.

MIMOLETTE n.f.
(Hollande). Variété de fromage, à pâte dure et de gros volume.

MIMOSA n.m.
En. **mimosa**
De. **Mimose**
Es. **mimosa**
It. **mimosa**
Espèce d'acacia de la famille des Mimosacées.
Cultivé dans le Midi méditerranéen pour ses fleurs en inflorescences d'un beau jaune d'or.
Etym. Du latin *mimosus,* qui fait des grimaces comme un mime, les fleurs du mimosa se contractant si on les touche.

M.I.N. sigle
Marché d'Intérêt National.
Etablissement créé en 1953, géré par une société d'économie mixte et qui a pour but de concentrer sur les lieux de production les produits agricoles et alimentaires, mais également de les grouper près des centres de consommation, afin de réduire les frais de transport et de favoriser leur commercialisation.

MINAGE n.m.
1. Droit seigneurial levé sur chaque mine de grains mesurée.
2. *(Valais).* Façon culturale qui consiste à creuser des trous de 60 à 80 cm entre deux rangs de vigne afin de favoriser la croissance des ceps, en y déversant de l'engrais.

MINE n.f.
Ancienne mesure de capacité pour les grains.
D'une contenance d'environ 78 litres dans la région parisienne ; c'était la moitié d'un setier. Dans le Midi on disait une éminée. Elle se divisait en deux minots, ou quatre quarterons, ou six boisseaux. Huit mines constituaient une saumée, c'est-à-dire, la charge d'une ânesse, de forte taille, dite saoumée en occitan, ou bête de somme.

MINÉE n.f.
(Berry). Mesure de surface agraire correspondant à l'étendue que l'on pouvait ensemencer avec une mine de blé.

MINEL n.m.
Cerisier d'origine canadienne, appelé aussi *ragouminier* et, au Canada, *nega.*

MINERVOIS n.m.
Ancien pays du Languedoc, au pied de la Montagne Noire et des Cévennes, délimité selon la carte des crus du Midi, comme vignoble produisant des vins rouges de table.

MINETTE n.f.
En. **hop trefoil, hop clover**
De. **Gelbklee, Hopfenluzerne**
Es. **lupulina, alfalfa**
It. **luppolina**
(Normandie). Petite luzerne, ou lupuline (*Medicago lupulina*).
Excellent fourrage rustique.

MINEUSE n.f.
En. **deathwatch** (1)
De. **Klopfkäfer** (1)
Es. **carcoma** (1), **minadora**
It. **tarlo** (1)
1. Chenille, larve ou insecte qui creuse pour se nourrir des galeries dans le bois des arbres, dans les poutres des charpentes, tels les termites, les vrillettes, les xylocopes.
Redoutables également pour les livres de bibliothèque, on les combat avec des produits à base de camphre.
2. Insecte lépidoptère, du groupe des teignes, dont les chenilles attaquent les feuilles et les fruits des oliviers, ou bien le parenchyme des feuilles de vigne, en y perçant de petits trous.
Etym. Du latin *minare*, creuser.

MINIFUNDIUM n.f.
Es. **minifundio**
Très petite exploitation agricole, inférieure à 1 ha.
Ant. Latifundium.
Syn. Microfundium.

MINIMUM (LOI DU) l.m.
En. **minimum law**
De. **Minimumgesetz**
Es. **minimum (ley del)**
It. **minimum (legge del)**
Loi énoncée par le chimiste allemand Liebig et qui s'énonce ainsi : "Le rendement d'une culture est fonction de l'élément fertilisant qui se trouve en plus faible quantité relativement aux besoins de la plante" *(P. Habault).*

MINISTÈRE DE L'AGRICULTURE l.m.
En. **ministry of Agriculture**
De. **Landwirtschaftsministerium**
Es. **ministerio de Agricultura**
It. **ministero dell'Agricoltura**
Organisme créé à l'échelon national en 1881, et réorganisé en 1965.
Il comprend une administration centrale, rue de Varenne, à Paris, de nombreuses directions et des services dispersés dans la capitale et en banlieue : une direction générale de l'enseignement et de la recherche ; une direction des techniques agricoles ; une direction de l'aménagement de l'espace rural ; une direction des industries agroalimentaires ; une direction qui s'occupe de la qualité du bétail, des plantes, et des fraudes éventuelles ; une direction est réservée à l'art vétérinaire. Des services des Eaux et Forêts, des haras, des enquêtes et des statistiques, de la protection des végétaux complètent une nombreuse panoplie administrative, l'une des plus importantes du Gouvernement. Pour exercer ses diverses missions, le Ministère dispose de Directions Régionales et de Directions départementales de l'Agriculture (D.D.A.). L'enseignement technique agricole et les Ecoles d'Enseignement Supérieur agricole sont sous sa tutelle, ainsi que les Laboratoires de recherches de l'I.N.R.A.

MINOT n.m.
En. **minot** (1)
De. **feinstes Weizenmehl** (4)
Es: **excelente harina** (4)
It. **mezza mina** (1)
1. Mesure de capacité utilisée jadis pour les grains et les farines : c'était la moitié d'une mine, environ 39 litres.
2. Récipient pouvant contenir cette quantité de grains, ou de farine.
3. Surface que l'on pouvait ensemencer avec cette quantité de grains.
4. Farine de grande qualité que l'on expédiait aux Antilles dans des barils.
Etym. Du latin *hemina*, mesure de capacité.

MINOTERIE n.f.
En. **(flour-)mill** (2)
De. **Grossmühle, Mehlfabrik** (2)
Es. **fábrica de harina** (2)
It. **mulino, industria molitoria** (2)
1. Commerce des farines, ou des minots.
2. Etablissement où l'on prépare les farines.

MINOTIER n.m.
En. **miller** (2)
De. **Mehlfabrikant, Müller** (2)
Es. **harinero** (2)
It. **mugnaio** (2),
    negoziante all'ingrosso di farine (1)
1. Commerçant qui vend et achète des farines.
2. Personne qui dirige une minoterie.

MINSI n.m.
(Poitou). Nourriture pour les volailles, oies, canards et dindons.
Elle est composée de son et d'orties.

MINUTES NOTARIALES l.f.p.
Actes notariés conservés chez les notaires, ou versés aux archives départementales quand elles ont 125 ans d'âge.
A Paris, les minutes notariales sont déposées au minutier central des notaires, aux archives nationales. Elles contiennent une abondante documentation sur la vie agricole d'autrefois.

MIR n.m.
(Russie).
1. A l'origine, paix, univers.
2. Au XIXème siècle, communauté rurale de la Grande Russie ; elle était basée sur la distribution périodique des terres afin d'atténuer les inégalités dues aux diverses qualités du terroir.
3. Assemblée chargée de cette distribution.
4. Village où vivaient les habitants de la communauté. Après l'abolition du servage (1861), le mir eut la tâche de racheter les terres aux barines et de les répartir entre les anciens serfs. Peu à peu l'institution du mir a disparu, et il n'en reste guère de traces dans l'organisation actuelle des kolkhozes.

MIRABELLE n.f.
En. **mirabelle plum**
De. **Mirabelle**
Es. **ciruela amarilla**
It. **mirabella**
Variété de petite prune ronde, à peau jaune et de goût sucré, et dont on retire une eau-de-vie, dite *mirabelle*. *Etym.* Du grec *myron*, parfum et *balanos*, gland, qui a donné *myrobalanus* en latin Au XVIIème siècle on disait encore *mirobalanier* pour mirabellier.

MIRABELLIER n.m.
Arbre fruitier de la famille des Rosacées *(Prunus domestica).*
Cultivé dans la région de l'Est, il produit des fruits appelés mirabelles, *dont le nom proviendrait du village de Mirabel, dans la Drôme. En fait, le nom du village et celui du fruit ont même origine étymologique (V. Mirabelle).*

MIRAGE n.m.
En. **candling**
De. **Eierprüfen**
Es. **espejismo**
It. **speratura**
Vérification de l'état d'un oeuf, en l'examinant par transparence à la lumière d'une lampe, soit en le tenant à la main, soit à l'aide d'un *mire-oeuf* composé d'une lampe électrique coiffée d'un capuchon métallique percé d'un trou, contre lequel on applique les oeufs.
Cette opération permet de déceler les oeufs impropres à la consommation, ou bien non fécondés et à éliminer des couveuses.
Etym. Du latin *mirari*, contempler.

MIRE n.f.
De. **Messlatte**
Es. **mira**
It. **mira**
Règle graduée, de grande taille.
Placée verticalement, elle sert à mesurer, au cours de l'arpentage, les dimensions d'une parcelle ou d'une exploitation, et la pente du terrain. Etym. Du latin *mirari*, contempler.

MIRE-OEUF n.m.
Es. **ovoscopio**
It. **sperauovo**
Appareil lumineux à l'aide duquel on examine les oeufs pour savoir s'ils sont frais et s'ils sont fécondés. *La netteté de la teinte du jaune, le volume de la chambre à air et la forme du germe renseignent le spécialiste.*
Syn. Ovoscope.

MIRER v.tr.
En. **to candle**
De. **Eier prüfen**
Es. **mirar al trasluz**
It. **sperare le uova**
Examiner un oeuf à la lumière du soleil, ou d'une lampe électrique, pour se rendre compte de son état de fraîcheur d'après le volume de sa chambre à air, qui s'agrandit de jour en jour.
L'opération s'effectue à l'aide d'une mireuse.
Etym. Du latin *mirare*, regarder.

MIRLICOTON n.m.
Variété de pêche, grosse, à pulpe jaune et ferme.
Syn. Pavie jaune.

MISE-BAS l.f.
En. **delivery (of animals)**
De. **Gebären (Tiere)**
Es. **parto**
It. **parto (di animali)**
Naissance d'un animal.
Agnelage pour la brebis, poulinage pour la jument, vêlage pour la vache.

MISE À L'HERBE l.f.
En. **grazing**
De. **Weidegang**
Es. **apacentar**
It. **mettere al pascolo**
Lâchage du bétail herbivore dans les prés, au printemps.

MISE EN HERBE l.f.
Es. **empradizamiento**
It. **diffusione degli erbai**
Conversion d'une parcelle de labour en une parcelle de prairie par suite d'un abandon des cultures pour s'orienter vers l'élevage, consommateur d'herbe verte ou sèche.

MISE EN VALEUR AGRICOLE l.f.
Travaux exécutés dans une région jusqu'alors inculte pour y permettre la culture, l'élevage et les échanges agricoles : délimitation des parcelles, défrichements, labours, spécialisation des terres, habitat pour l'homme, les troupeaux et les récoltes.
Syn. Front pionnier.

MISON n.m.
(Alpes maritimes). Fumier de moutons.

MISOTTE n.f.
(Saintonge). Pré salé, exploité comme prairie de fauche en juin, et pâturage à moutons durant l'été, grâce à une variété de graminée.
L'herbe qu'on y recueille porte aussi le nom de misotte. Son nom savant est Poa maritima.

MISTELLE n.f.
En. **mistelle**
De. **Mistelle**
Es. **mistela**
It. **mistello, mosto muto**
Moût de raisins frais, noirs ou blancs, auxquels on ajoute 10% à 15% d'alcool pour arrêter la fermentation.
Il sert ensuite à fabriquer des vins de liqueur : madère, malaga, etc.
Etym. Du latin mustus, moût de raisin.

MITADINAGE n.m.
Altération des grains de blé dur sous l'effet d'une maladie cryptogamique.
Ils perdent leur transparence et leur valeur alimentaire ; ils prennent un aspect farineux, semblable à celui d'une mite.

MITAGE n.m.
Par analogie, dans une campagne cultivée, découpage et vente à haut prix, de petites parcelles où des non-cultivateurs font édifier des résidences secondaires, compromettant ainsi des remembrements qui seraient favorables aux progrès agricoles.
C'est le mitage du paysage.
Etym. De mite, larve d'un insecte qui fait des trous dans les tissus de laine.

MITE n.f.
En. **mite** (2)
De. **Motte** (2)
Es. **ácaro del queso** (2)
It. **acaro** (1), **tarma, tignola** (2)
1. Acarien qui se nourrit de farine, ou de fromage.
2. Petit lépidoptère dont les larves vivent dans les tissus de laine qu'elles dévorent.
Syn. Teigne
Etym. Du néerlandais mite.

MITOSE n.f.
En. **mitosis**
De. **Mitose**
Es. **mitosis**
It. **mitosi**
Phénomène fondamental qui est à la base de la croissance des végétaux et des animaux.
Il se traduit par la division de tous les éléments d'une cellule pour former deux cellules identiques, qui, elles mêmes, en formeront quatre, et ainsi de suite en se diversifiant selon les tissus.
Etym. Du grec mitos, filament.

MITOYENNETÉ n.f.
En. **common ownership**
De. **Grenzgemeinschaft**
Es. **medianería**
It. **comproprietà di un elemento divisorio**
Etat, situation, de ce qui sépare deux bien-fonds, ou deux terrains appartenant à deux propriétaires différents.
Il s'agit d'une clôture, d'un mur, d'une haie ; il s'ensuit des obligations incombant aux deux parties : entretien, hauteur, modification, abandon de droits, etc. ; contraintes réglées par bonne entente, ou par la loi.
Etym. Du latin medietas, moitié.

MITROPHE n.f.
(Haute Provence). Bordure d'un champ, d'un bois, ou d'un pré.
Le terme entre dans la composition du mot limitrophe, formé du latin limes, frontière, et du grec tréphein, nourrir ; c'était en effet aux bordures des frontières que l'on délimitait les terres propres à nourrir les soldats chargés de les garder, à la fin de l'empire romain.

MITROUILLET n.m.
(Bourgogne). Gesse tubéreuse.

MITTE n.f.
(Saintonge). Mesure de capacité dont on se servait pour les grains, ou le sel.

MI-VENT n.m.
Arbre fruitier que l'on a maintenu d'une taille peu élevée, afin qu'il ne subisse pas les méfaits des grands vents.

MIVILLE n.m.
Cépage à raisins noirs, très productif, mais donnant des vins médiocres, sur les bords de la Garonne, où il est appelé *Bordelais*.

MIXED-FARMING l.m.
(Angleterre). Mode d'exploitation d'un domaine en vue de l'élevage et de la production des céréales.
Tout n'est pas en prairies et fourrages, tout n'est pas en céréales ; il y a un certain équilibre, un mélange, avec rotation dans les parcelles qui sont tantôt en pré, tantôt en culture.

MIZOTTE n.f.
V. Misotte.

MOBILISME n.m.
Es. **movilismo**
It. **apicoltura con arnie a favo mobile**
Système d'apiculture utilisant des ruches à cadres mobiles.
Etym. Du latin mobilis.

MOCHAM n.m.
(Etat d'Israël). Exploitation agricole collective.
On distingue le mocham chitoufi qui se limite à la consommation familiale, et le mocham ovdim qui est un village collectiviste groupant des exploitations familiales avec coopération pour les travaux, les achats et les ventes.

MODÉE n.f.
(Saintonge).
1. Elevage d'une cinquantaine de chèvres.
2. Durée de leur pacage, fixée à une sortie de trois heures par jour, dans les prées.

M.O.D.E.F. sigle
Mouvement Ouvrier de Défense des Exploitations Familiales.
Organisation syndicale, créée en 1959 et qui a pour but la défense des agriculteurs contre les industriels intégrateurs qui feraient des paysans des ouvriers à domicile.

MODE DE TENURE l.f.
En. **land tenure**
De. **Nutzungsart**
Es. **modo de explotación, de feudo**
It. **modo di gestione**
Forme d'exploitation d'une entreprise agricole.
Elle peut être directe par le propriétaire, indirecte par métayage, ou fermage, et mixte par association du faire-valoir direct et du fermage. Actuellement, l'exploitation d'une, ou de plusieurs fermes, peut être coopérative, ou collective.
Syn. Mode d'exploitation.

MODER n.m.
Humus noirâtre, fibreux, peu décomposé, acide et évoluant peu, faute d'oxygène dans un milieu compact.

MODERNE n.m.
Arbre qui compte trois ou quatre révolutions d'âge, la *révolution* étant la durée d'un taillis, soit 20 ans.
A ce titre, l'arbre est dit moderne, *s'il a de 70 à 80 ans ; ensuite c'est un arbre dit ancien.*

MODICHONNE n.f.
(Périgord, Limousin). Châtaigne de bonne qualité.

MODULE n.m.
En. **module**
De. **Modul, Model**
Es. **módulo**
It. **modulo**
1. Débit que peut fournir un canal d'irrigation à son entrée dans la parcelle à irriguer.
2. Dispositif rendant le débit d'une canalisation indépendant des variations de niveau du bassin d'alimentation.

MOERE n.f.
(Flandre). Marais côtier drainé, asséché et cultivé.
Dont on extrait parfois de la tourbe de même nom.
Syn. Polder.

MOETTE n.f.
Pince en bois munie d'un long manche, dont on se servait pour arracher les chardons dans les blés *(fig. 131)*.

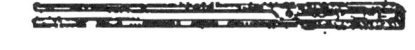

(Fig. 131). Moette

MOGRE n.f.
(Vendée). Bas-fond humide dans un champ.

MOHA n.m.
(Hongrie). Espèce de millet *(Panicum germanicum).*
Cultivé comme fourrage, c'est une variété de panic.

MOHAIR n.m.
En. **mohair** (1)
De. **Mohair, Angorawolle** (1)
Es. **pelo de cabra, angora** (1)
It. **mohair** (1)
(Pays arabes)
1. Poil long et fin de la chèvre angora.
2. Tissu léger et chaud fabriqué avec ce poil.

MOILIÉE n.f.
(Bourgogne). Cépage à raisins noirs.

MOISI adj.
En. **mould**
De. **schimmelig**
Es. **enmohecido**
It. **muffa**
Qualifie le goût désagréable d'un vin altéré par des raisins couverts de moisissure, ou par des fûts mal entretenus où se sont développés des champignons.
On le fait disparaître en traitant le vin à l'huile d'arachide (500 gr par hl). Pour les vins blancs on utilise du charbon végétal (80 gr par hl.) (R. Blais).
Etym. Du latin *mucire*.

MOISIR v.tr.
En. **to mildew**
De. **schimmelig machen**
Es. **enmohecer**
It. **ammuffire**
Altérer un vin en utilisant des raisins moisis, ou en employant des fûts mal nettoyés.

MOISISSURE n.f.
En. **mould**
De. **Schimmel**
Es. **moho**
It. **muffa**
Champignons microscopiques de diverses familles, se développant sur les produits agricoles à la faveur de la chaleur et de l'humidité.
La plupart gâtent les produits dont ils se nourrissent : moisissures du pain, des fruits, ou bien rendent inutilisables des matériaux d'origine organique (cuir, papier, bois). Cependant ce sont les moisissures de la farine de seigle, incorporées à la pâte, qui donnent aux fromages de Roquefort et aux "bleus" une saveur spéciale, très appréciée des gourmets. Elles peuvent même agir comme levures et transformer en alcool le glucose des grains et du marc de raisin. Mais le mildiou, l'oïdium, la rouille des céréales sont des moisissures redoutables.
Etym. Du latin *mucire*, moisir.

MOISON n.f.
(Berry). Redevance payée en nature après la moisson par les tenanciers des censives.
Elle s'élevait à environ le treizième de la récolte en grains.
Etym. Du latin *messis*, moisson.

MOISONNIER n.m.
Agent seigneurial chargé de collecter la moison.

MOISSINE n.f.
1. Poignée de pampres avec feuilles et grappes que l'on suspendait au plafond de la cuisine pour favoriser les vendanges.
2. Morceau de sarment que l'on coupe avec la grappe pour prolonger la conservation de celle-ci durant l'hiver.

MOISSON n.f.
En. **harvest**
De. **Ernte, Getreideernte**
Es. **siega, cosecha**
It. **messe, mietitura**
Récolte des céréales. Saison où l'on rentre les céréales.
Jadis, la loi de moisson, ou loi d'août, fixait la date où s'ouvrait la moisson.
Etym. Du latin *messis*, qui a donné *messio, messionem*.

MOISSONNAGE n.m.
En. **harvesting** (1)
De. **Ernten** (1)
Es. **siega** (1)
It. **mietitura** (1)
1. Action de moissonner.
2. Mode d'exécution de ce même travail.

MOISSONNE n.f.
Figue précoce, mûre à l'époque des moissons d'août.

MOISSONNER v.tr.
En. **to harvest**
De. **ernten**
Es. **segar**
It. **mietere**
Récolter des céréales.

MOISSONNEUR n.m.
En. **harvester**
De. **Mäher, Schnitter**
Es. **segador**
It. **mietitore**
1. Ouvrier agricole qui récolte les céréales.
2. Personne qui se livre à la moisson.

MOISSONNEUSE-ANDAINEUSE l.f.
En. **pea harvester, pea swather**
De. **Schwadenmähmaschine**
Es. **segadora hileradora de guisantes**
It. **mietiandanatrice**
Moissonneuse spécialement équipée pour moissonner les pois et les accumuler en *andains* sur le champ avant d'être repris par une moissonneuse-batteuse spéciale.
(R.Blais).

MOISSONNEUSE-BATTEUSE n.f.
En. **combine, reaper, harvester**
De. **Mähdrescher**
Es. **segadora-trilladora**
It. **mietitrice, mietitrebbiatrice**
Machine qui sert à moissonner.
Vers 1900, on utilisait les moissonneuses-javeleuses, puis vinrent les moissonneuses-lieuses qui mettaient les blés coupés en gerbes ; actuellement on a recours aux moissonneuses-batteuses qui séparent le grain de la paille. Dès avant notre ère, les Gaulois utilisaient une moissonneuse, dite vallus, munie à l'avant de fines pointes séparant les

épis de leurs tiges ; à l'arrière, ils tombaient dans une caisse et le tout, monté sur roues, était poussé par des hommes, ou des boeufs, vers le hangar.

MOISSONNIER n.m.
Jeune animal domestique, encore nourri exclusivement du lait de sa mère.

MOITTOYEN n.m.
(Beauvaisis). Méteil.

MOJETTES n.f.p.
(Saintonge, Poitou). Haricots secs.
Etym. Mounzetto (Occitanie).

MOKS n.m.
En. **jaw**
De. **Backen**
Es. **boca**
Une des deux mâchoires d'un sécateur.
Elle s'oppose à la lame qui coupe.

MOLARD n.m.
1. Amas de terre en forme de dôme, dans un champ ou dans un pré.
2. *(Jura).* Tas de pierres, ou *murger.*
3. Terrain mou, marécageux, dans un pré, autour d'une source.
Syn. Mollard.
4. *(Dauphiné).* Cépage à raisins noirs.

MOLETTE n.f.
En. **windgall** (1)
De. **Fussgalle** (1)
It. **molletta** (1)
1. Maladie du cheval, caractérisée par un gonflement des capsules synoviales autour des tendons du pied.
Elle est causée par la fatigue, ou le vieillissement.
2. Melon mal formé.
3. Bêche pour couper le gazon.

MOLIÈRE n.f.
(Limousin). Terre marécageuse où les roues des chars s'enfoncent jusqu'au moyeu.

MOLINIE n.f.
En. **moor grass**
De. **Besenried**
Es. **molinia azul**
It. **molinia**
Plante de la famille des Graminées *(Molinia caerulea),* qui pousse dans les sols acides, alternativement secs et humides.
Elle prend la place des bonnes herbes dans les prairies mal drainées.
Un peuplement de molinies est une moliniaie.
Syn. Canche, canne, palerne.

MOLLARD n.m.
V. *Molard.*

MOLLIÈRE n.f.
(Bas Champs de Picardie). Prise de terre effectuée par endiguement.

MOLLUSCIDE n.m.
En. **mollusc killer**
De. **Schneckengift, Molluskizid**
Es. **moluscocido, helicida**
It. **molluscocida**
Produit destiné à détruire les limaces, les escargots, etc.
Etym. Du latin mollusca, noix à écorce tendre, et caedere, tuer.

MOLTE n.f.
Somme payée par les tenanciers d'une seigneurie pour avoir le droit de mouture, c'est-à-dire, le droit de se servir du moulin banal.
Par extension, toute redevance dont on s'acquittait en nature.
Etym. Dérivé de mouture, par molture.

MOMASSER v.tr.
Ebourgeonner.
Terme vieilli.

MOMIE n.f.
En. **mummy** (1)
De. **Mumie** (1)
Es. **momia** (1)
It. **mummia** (1)
1. Fruit arrêté dans son développement par la *moniliose.*
Il reste desséché sur l'arbre.
2. Insecte desséché par des mycoses parasitaires.
Etym. De l'arabe, mumiya, bitume enrobant les momies égyptiennes.

MONASTÈRE n.m.
En. **monastery**
De. **Kloster**
Es. **monasterio**
It. **monastero**
Etablissement tenu par des moines.
Il entre dans le cadre de l'hisoire et de la géographie agraires, en ce sens qu'il s'agissait très souvent d'un domaine exploité par les moines, avec un habitat approprié et des terrains aménagés pour la culture et l'élevage.
Certains monastères ont donné naissance à des paroisses, puis à des communes rurales, portant le nom de moutiers, *dérivé de monastère.*
Etym. Du latin monasterium, dérivé de monachus, solitaire.

MONBAZILLAC n.m.
Vin liquoreux récolté dans un vignoble situé autour de Monbazillac, au sud de Bergerac.

MONCEAU n.m.
Greffe pratiquée en introduisant le greffon, taillé en biseau, dans une entaille de l'arbre à greffer.

MONCORNE n.f.
(Normandie). Mélange d'orge, d'avoine, de vesce et de pois, que l'on sème au printemps pour servir de fourrage vert en été.

MONDAGE n.m.
Action de mondager.

MONDAGER v.tr.
Nettoyer les grains de céréales à l'aide d'un van.
Etym. De mondare, nettoyer.

MONDER v.tr.
En. **to stone** (2)
De. **stutzen** (1), **entkernen** (2)
Es. **mondar**
It. **scacchiare**
1. Couper les extrémités des pampres quand ils poussent trop vite en été, et qu'ils empêchent le raisin de mûrir.
2. Par extension, étêter, ou ébourgeonner une plante, un arbre, enlever les noyaux des fruits.
Syn. Emonder.
Etym. Du latin mondare, nettoyer.

MONDEUX n.f.
(Dauphiné, Savoie). Cépage à raisins noirs, cultivé pour donner un vin âpre, mais de bonne conservation.
Syn. Mondeuse noire.

MONDILLES n.f.p.
Débris de grains de céréales recueillis après criblage, ou *mondage,* sur l'aire et que l'on utilise pour la nourriture du bétail.

MONETTES n.f.
(Normandie). Pinces en bois pour extirper les chardons qui poussent dans les prés, ou dans les herbages.
L'emploi des herbicides les a rendues inutiles.

MONGANE adj.
(Italie). Qualifie un veau qui tête encore sa mère.

MONGETTE n.f.
(France de l'Ouest). Haricot sec.

MONIEZIOSE n.f.
Maladie des ruminants, provoquée par une variété de toenia *(Moniezia expansa),* caractérisée par un amaigrissement mortel, et traitée au sulfate de cuivre.

MONILIOSE n.f.
En. **brown rot**
De. **Moniliakrankheit, Fruchtfäule**
Es. **moho de la fruta**
It. **moniliosi, marciume a circoli**
Maladie d'origine cryptogamique *(Monilia cinerea).*
Les fruits atteints se couvrent d'une moisissure blanchâtre, répartie en cercles concentriques ; ils brunissent et pourrissent.
Etym. Du latin monile, collier.

MONJOIE n.m.
Tas de cailloux, ou de mottes de terre, à

l'extrémité d'une parcelle pour montrer qu'elle est interdite au libre parcours.
Syn. Montjoie.
Etym. Du francique *mundgavo*, protection d'un pays.

MONNAGE n.m.
Redevance versée pour avoir le droit à l'usage du moulin banal.

MONOCOTYLÉDONE n.f.
En. **Monocotyledoneae**
De. **Einkeimblättrige Pflanzen**
Es. **monocotiledónea**
It. **monocotiledoni**
Classe de phanérogames caractérisée par un embryon à un seul cotylédon.
Plantes herbacées à feuilles allongées, presque toujours sans pétiole. Cette classe comprend les graminées, donc les céréales, les fourrages, les orchidées et quelques mauvaises herbes (chiendent).
Etym. De *mono*, un seul, et de *cotylédon*, du grec *kotulédon*, cavité.

MONOCOTYLÉDONE adj.
En. **monocotyledonous**
De. **einkeimblättrig**
Es. **monocotiledóneo**
It. **monocotiledone**
Qualifie les plantes dont les graines ont un seul cotylédon.

MONOCULTURE n.f.
En. **monoculture**
De. **Monokultur**
Es. **monocultivo**
It. **monocoltura**
(Bas Languedoc). Système de culture qui consiste à consacrer toutes les parcelles d'un domaine, et même toutes les exploitations agricoles d'une région, à une seule culture, sans recourir à l'assolement et à la rotation.
Ex. :
1. Pratique de la monoculture dans les vignes du Bas Languedoc.
2. Plantations tropicales consacrées à une seule production : bananes, café, cacao, etc.
3. La riziculture de l'Asie des Moussons est presque une monoculture, toutefois, il s'y ajoute des cultures d'appoint : fruits, légumes, fourrage, céréales.
Par ailleurs, la monoculture épuise le sol, reste soumise aux variations climatiques et commerciales, et suscite des troubles sociaux. Cependant de petits propriétaires spéculent sur une seule culture, ou un seul élevage, ce qui réduit leurs contraintes. En fait, la monoculture est rare ; il s'agit plutôt de cultures prépondérantes pour la vente, associées à des cultures vivrières pour éviter la disette, ou à des plantations protégeant les sols contre l'érosion.
Etym. Du latin *mono*, seul et *coltore*, cultiver.

MONOÏQUE adj.
En. **monecious, monoecious**
De. **einhäusig**
Es. **monoico**
It. **monoico**
Qualifie des plantes à fleurs mâles et femelles séparées, mais situées sur le même pied. (*maïs, noix,* etc.).
Etym. Du grec *monos*, seul, et *oikia*, maison.

MONOSOC n.m.
It. **monovomere**
Charrue qui n'a qu'un soc.

MONSIEUR n.m.
1. Variété de prunier qui donne des fruits ronds et violets appelés aussi *monsieurs*.
2. Variété de poire, dite *poire monsieur*.

MONSTRÉE n.f.
Enumération des biens qu'un vassal tenait en fief de son suzerain, et dont il ne pouvait disposer de son propre gré.
Parfois détail d'un héritage dit Montrée *d'héritage. Précieuse source de documents pour l'histoire rurale de l'ancienne France.*
Syn. Aveu de dénombrement.
Etym. Du vieux français *monstrer*, montrer.

MONT n.m.
(Jura, Savoie).
1. Forme de relief assez doux.
2. Pâturage, alpe.

MONTADOUR n.m.
V. Montoir.

MONTAGNAGE n.m.
Pâturage d'alpage privé, par opposition aux pâturages communautaires.
Distinct également des prés de fauche appartenant à un seul individu. Les montagnages étaient, en effet, le plus souvent en indivision entre plusieurs propriétaires qui en usaient au moyen du système de l'égance, règlement qui attribuait à chaque alpagiste le nombre de bêtes qu'il pouvait placer sur le pâturage indivis.

MONTAGNARD n.m.
(Savoie). Entrepreneur pastoral qui loue une montagne appartenant à un particulier, ou à une collectivité, pour y faire paître ses troupeaux et ceux de ses voisins, moyennant redevance.

MONTAGNE n.f.
En. **alp, mountain pasture**
De. **Alpen, Hochalm**
Es. **pasto de alta montaña**
It. **alpe, pascolo alpino**
Pâturage de plusieurs dizaines d'hectares, délimité par des bornes, des haies ou des murettes, appartenant à un particulier, ou à une communauté de hameau, ou de village.
Il est susceptible de nourrir pendant l'été un troupeau déterminé à raison de 2 ou 3 bêtes par hectare. La montagne est exploitée par ses propriétaires, ou par des locataires. On distingue les montagnes à lait ou à fromage pour les vaches laitières, et les montagnes à viande pour les bêtes vieillies et mises à l'engrais pour la vente (Cantal). On distingue également, dans les Alpes Centrales, le régime de la grande montagne, de celui de la petite montagne. La grande montagne est exploitée en commun par un groupe de propriétaires, formant parfois une consortie, avec un berger commun et une préparation collective du lait et du fromage. Dans le régime de la petite montagne, chaque famille a son pâturage, son troupeau, son berger, et son chalet où elle prépare elle même son propre fromage. Malgré cette opposition, ces deux régimes ne dépendent pas de la propriété du sol ; ils peuvent dominer, l'un ou l'autre, aussi bien sur des pâturages privés que sur des pâturages communautaires. Le régime de la grande montagne, domine de la Savoie aux Alpes orientales ; tandis que celui de la petite montagne l'emporte dans les Préalpes suisses et le Jura (J. Blache).
Syn. Aiguade, fumade, buron.

MONTAGNES GÉNÉRALES l.f.p.
Pâturages exploités en commun, selon le procédé des estives, par les habitants des vallées béarnaises.

MONTAGNE DE REIMS l.f.
Extrémité septentrionale de la Côte de l'Ile-de-France, et autour de laquelle se trouvent des vignobles qui donnent les vins de Champagne portant son nom.

MONTAGNETTE n.f.
En. **lower alp**
De. **Berglein, Voralm**
Es. **pasto de media montaña**
It. **prato/pascolo di media, montagna**
(Savoie). Etape entre les prairies de fauche de la vallée et les alpages des hautes pelouses.
Elle comprend des parcelles de fauche et des parcelles de pacage, avec un fenil et un abri pour les bergers et le jeune bétail. Equivalent du mayen suisse et de la grange pyrénéenne.

MONTAISON n.f.
En. **shooting**
Es. **subida** (3)
It. **crescenza** (3)
1. Période qui succède à la floraison et pendant laquelle se forment les graines, d'où l'expression *monter en graines*.
2. La formation même des graines.
3. Phase de l'allongement des tiges de céréales quand l'épi monte dans la gaine des graminées.
Il était dit, jadis, en tuyau.
Etym. De *monter*.

MONTANTS COMPENSATOIRES MONÉTAIRES (M.C.M.) l.m.p.
It. **importi compensativi monetari**
Système de prélèvements et de subventions, réglé par le F.E.O.G.A., pour établir un prix unique des céréales dans les pays de la C.E.E.

Créé en 1968, ce prix avait été fixé selon le poids d'or fin de l'écu européen, soit 0,888 gr valant à l'époque 4,96 francs. En fonction de cette valeur, si le prix du blé français parvient sur le marché de la C.E.E. à un prix supérieur, il est taxé en conséquence ; si, au contraire il atteignait sur le marché national un prix inférieur, il serait subventionné pour défrayer les céréaliculteurs lorsqu'ils le vendraient sur le marché européen. Le système cessa de bien fonctionner à partir de 1973, à cause des dévaluations, ou des surévaluations, des diverses monnaies nationales. Il s'est maintenu tant bien que mal, en dépit des protestations des Britanniques et des agriculteurs français. Il devrait être modifié dans un sens plus souple, et même certains demandent sa suppression et l'établissement de la libre concurrence ; mais ce serait affaiblir l'Europe verte.

MONTBÉLIARDE n.f.
Race bovine, à robe blanche et à grosses taches rouges.
Elevées dans la région de Montbéliard, ce sont de bonnes laitières, issues d'une race locale, la comtoise.

MONTE n.f.
En. **covering, serving** (1),
    mounting (3)
De. **Decken, Beschälen** (1),
    Aufsteigen (2)
Es. **cubrición, acoplamiento** (1)
It. **monta** (1)
1. Saillie d'une jument par un étalon, ou d'une vache par un taureau.
2. Déplacement des vers à soie le long des brindilles du cabanage, où ils montent pour fixer leur cocon.
Syn. Montée.
3. Action de monter à cheval.

MONTE n.m.
(Espagne)
1. Terres incultes au pourtour ou à l'intérieur des paroisses, utilisées seulement comme pâturages.
Elles appartiennent parfois à de grands propriétaires, mais, le plus souvent, à des communautés villageoises. On distingue le monte alto *couvert de forêts claires, et le* monte bajo *occupé par de maigres broussailles.*
2. Grande ferme avec ses ouvriers agricoles, avec leurs maisons et même leur chapelle.
Syn. Tontado.

MONTÉE n.f.
De. **Steigen** (1)
Es. **subida** (1)
It. **monta** (1)
1. Déplacement des vers à soie qui montent le long des rameaux de bruyère pour y fixer leurs cocons.
2. Epoque où a lieu ce déplacement, quand diminue l'appétit des vers.
Syn. Monte.

MONTÉE EN GRAINE l.f.
De. **in Samen schiessen**
Es. **granazón**
Accident dans la croissance d'une plante bisannuelle qui, dès la première année, développe une tige à fleurs, mais à graines médiocres.
Pour la betterave à sucre, cet incident entraîne, au cours de la deuxième année, une diminution de la teneur en sucre.

MONTELAURE n.f.
(Jura). Cépage à raisins blancs.
Variété de Roussette blanche.

MONTER v.intr.
En. **to seed**
De. **in Samen schiessen**
Es. **granar**
It. **semenzire, sementire**
Pour une plante herbacée, parvenir à sa période de plus grande croissance.
Certains légumes, quand ils montent en graines, *comme la laitue, perdent alors de leur saveur.*

MONTILLES n.f.p.
1. *(Camargue).* Petites dunes sur lesquelles poussent des herbes grossières.
2. *(Vallée de la Loire).* Petites éminences de la basse terrasse.
Elles proviennent, semble-t-il, du démantèlement de la terrasse würmienne, auquel a succédé un remblaiement holocène ; hors de portée des plus hautes crues, elles ont servi de sites privilégiés aux fermes et aux villages.
Syn. Montils.

MONTLOUIS n.m.
(Indre-et-Loire). Commune et centre d'un vignoble très estimé pour ses vins blancs secs.

MONTMÉLIAN n.m.
Cépage à raisins noirs, cultivé dans le Jura et dans la Combe de Savoie, autour de Montmélian.

MONTMORENCY n.f.
Cerise à queue courte et de goût acide.
Récoltée jadis dans la région de Montmorency au nord de Paris, d'où son nom, on la conserve dans l'eau-de-vie, ou bien on l'utilise en confiserie et en pâtisserie.

MONTOIR n.m.
En. **mounting block** (2),
De. **Auftritt** (1)
Es. **apeadero** (1), **montadero** (4)
It. **montatoio** (2)
1. Plan incliné en terre et en pierres, qui permet d'atteindre au fenil avec une charrette chargée de foin.
Si la grange est située sur une pente, on construit le montoir à l'arrière du bâtiment (fig. 132).
2. Piédestal permettant de monter à cheval.
3. Dispositif facilitant la saillie d'une jument, l'étalon prenant appui sur des supports latéraux.

(Fig. 132). Montoirs

MONTRACHET n.m.
(Bourgogne). Vignoble réputé s'étendant sur les communes de Puligny, Montrachet et de Chassagne-Montrachet.
Ses vins blancs sont particulièrement appréciés pour leur finesse et leur léger goût d'amande.

MONTRÉE n.f.
Visite de l'état des lieux lors d'une vente, ou d'une prise en fermage, d'une exploitation agricole.
Syn. Prisée.

MONTURAL n.m.
(Pays niçois). Mesure de surface équivalent à un are, ou 100m².

MONTURE n.f.
En. **mount** (1)
De. **Reitpferd** (1)
Es. **cabalgadura** (1)
It. **cavalcatura** (1)
1. Bête de somme servant à transporter un cavalier.
2. Cheval de selle.
3. *(Orléanais).* Tonneau de 220 litres utilisé pour la fabrication du vinaigre.

MONZAC n.m.
1. Variété de pêche.
2. Variété de raisin.
Peut-être une déformation de Mauzac.

MOR n.m.
En. **mor**
De. **Rohhumus**
Es. **mantillo ácido**
It. **concime acido**
Humus de couleur noire, acide ou acidifiant.
Se décomposant lentement, car formé de débris végétaux dans un milieu privé d'oxygène ; utilisable en milieu calcaire.

MORADORES n.m.p.
(Brésil). Tenanciers d'une fazenda.
Moyennant un certain nombre de jours de travail par an sur les terres du propriétaire, ils exploitent pour leur compte quelques parcelles autour de leur hutte.

MORAILLES n.f.p.
It. **mordacchia**
Pinces que l'on fixe aux naseaux d'un cheval difficile à dresser, ou à panser.
S'il bouge, on serre et la douleur le fait tenir tranquille. L'instrument est également utilisé pour tenir les taureaux en laisse (Fig. 133).
Etym. Du provençal *mor,* museau, qui a donné *moralha.*

(Fig. 133). Morailles

MORASTEL n.m.
(Languedoc). Cépage à raisins noirs, donnant un vin âpre, mais très coloré et qui vieillit bien.

MORCELLEMENT n.m.
En. **fragmentation, parcelling out**
De. **Arealzersplitterung**
Es. **parcelación, partición**
It. **frazionamento, spezzettamento**
Division d'un terroir en un plus ou moins grand nombre d'exploitations agricoles.
Il s'oppose au parcellement, ou au morcellement parcellaire : partage du sol en parcelles consacrées à diverses cultures.
Le morcellement peut consister en fermes dispersées aux parcelles groupées, comme dans un pays de bocage, ou bien en fermes groupées à parcelles très dispersées comme dans les régions d'openfield.

MORDETTE n.f.
En. **grub**
De. **Maikäferlarve**
Es. **gusano blanco**
It. **larva di maggiolino**
Larve de hanneton.
Syn. Ver blanc.

MORELLE n.f.
Pomme à cidre, petite, dure et amère.

MORELLE n.f.
En. **nightshade**
De. **Nachtschattengewächs**
Es. **hierba mora**
It. **erba mora, morella**
Plante de la famille des Solanacées.
Elle comprend plus de 1000 espèces, réparties surtout dans les régions chaudes. La plus connue est la morelle tubéreuse, ou pomme de terre ; au même genre appartiennent la tomate, l'aubergine. La morelle noire, par son suc, la solanine, entre dans la composition de l'onguent populeum contre les hémorroïdes.

MOREY-ST-DENIS n.m.
Commune de la Côte d'Or, produisant d'excellents vins, à proximité de Gevrey-Chambertin.

MORFIL n.m.
It. **filo morto**
Particules d'acier qui restent au tranchant d'une faux, ou d'un instrument tranchant, après affûtage, et qu'il faut enlever à la pierre douce si on veut obtenir une coupe facile des herbes et des tiges de céréales.

MORFLAT n.m.
Maladie des vers à soie causée par un empoisonnement dû à l'air vicié des salles d'élevage, ou à la mauvaise qualité des feuilles de mûrier.
Les vers atteints deviennent noirs ; on les appelle des capelans, des curés en provençal.
Syn. Morts-flats, morts-blancs.
Etym. De *mort,* et de *flache,* mou.

MORGEN n.m.
(Allemagne). Mesure agraire de superficie, de 20 à 25 ares.

MORGON n.m.
(Beaujolais). Vignoble réputé, situé autour de la bourgade dont il porte le nom.
Ses vins rouges sont comparables à ceux du Bourgogne.

MORILLON BLANC n.m.
Cépage à grains légèrement bruns, variété de Pinot.
Il entre dans la fabrication du champagne.
Syn. Epinette blanche, gamay blanc, blanc de Champagne, meslier, etc.
Etym. Du latin *maurus,* brun foncé.

MORINE n.f.
En. **dead wool**
De. **Sterblingswolle**
It. **moria, lana morticina**
Epizootie entraînant la mort d'un grand nombre de bêtes.
Par extension, laine des moutons morts de cette maladie.
Etym. Du latin *morior,* mourir.

MORNANT n.m.
(Jura). Cépage à raisins blancs.

MORNIER n.m.
(Vallée du Rhône). Cépage à raisins noirs.

MORPHOLOGIE AGRAIRE l.f.
En. **agrarian morphology**
De. **Agrarmorphologie**
Es. **morfología agraria**
It. **morfologia agraria**
Formes géométriques des parcelles de terre, de pré ou de bois, leur agencement dans les exploitations rurales, leurs limites et leur cadre, leur cohésion et leur relief.
C'est également la forme, les dimensions et la cohésion des exploitations agricoles, et le dessin des chemins qui les desservent.
Syn. Structure agraire.
Elément essentiel du paysage cultivé, qui peut se répartir en Europe occidentale en trois types : l'openfield, ou campagne aux parcelles ouvertes, et à l'habitat groupé ; le bocage, aux parcelles encloses de haies et à l'habitat dispersé ; les hérupes (R. Dion), ou paysages mixtes, où alternent campagnes ouvertes et paysages d'enclos.

MORS n.m.
En. **bit**
De. **Gebiss**
Es. **bocado**
It. **morso**
Pièce de métal introduite dans la bouche du cheval et reliée à la bride et aux rênes par des chaînettes et des lanières de cuir.
Par le jeu du cavalier, ou du charretier, sur les rênes, elle exerce une pression sur la bouche de la bête et l'incite à changer de direction, à varier le pas, ou à s'arrêter.
Etym. Du latin *mordere,* mordre, qui a donné *morsus,* morsure.

MORTAILLABLES n.m.p.
En. **inalienable, in mortmain**
De. **Leibeigene**
It. **manomortabili, senza eredi**
Serfs qui ne pouvaient transmettre leur tenure après leur décès s'ils n'avaient pas d'héritier direct.
Le seigneur, maître éminent de la terre, reprenait son bien. Toutefois, les collatéraux conservaient la tenure en payant une taxe dite de mainmorte ; parfois, le seigneur se contentait de prélever une partie de l'héritage (meubles, têtes de bétail). Une exception était faite si le serf léguait sa tenure à une personne morale, société charitable, congrégation, mais c'était moyennant une taxe, sorte de rachat de la main-morte. Ce régime juridique s'est maintenu jusqu'à nos jours pour éviter l'accaparement des biens par des communautés sans mutation. Dans ce même but, pour éviter leur servitude de mortaillables, les serfs s'organisèrent en communautés taisibles.

MORTAILLE n.f.
En. **mortmain**
De. **Leibeigenschaft**
Es. **manos muertas**
It. **manomorta**
Servitude pesant sur les tenures serviles et permettant au seigneur de les reprendre si leur tenancier mourait sans laisser de fils.

MORT-BLANC n.m.
Maladie des vers à soie.
Syn. Flacherie.

MORT-BOIS n.m.
En. **underwood** (1)
Es. **monte bajo** (1)
It. **legna di sottobosco** (1)
1. Arbrisseau de moins de 1 m. de haut, et sans valeur marchande, que les pauvres gens pouvaient couper et emporter comme bois mort.

2. Arbres d'essence inférieure tels le saule, l'aulne, le peuplier, le sureau qui ne portent aucun fruit comestible et dont le bois a peu de valeur en menuiserie.
Ils ne sont bons qu'à faire du feu ; et ils ont été définis en 1315 par la Charte aux Normands de Louis X le Hutin, comme morts-bois.

MORTERILLE n.f.
(Pyrénées). Cépage à raisins blancs.
Variété de Cinsaut.

MORTE-SAISON n.f.
En. **dead season, slack season**
Es. **mala estación,
    época de menos trabajo**
It. **stagione morta, bassa stagione**
Période de l'année agricole où les travaux des champs n'exigent pas beaucoup de temps.
Dans les régions de l'hémisphère boréal ce sont les mois de décembre et de janvier ; dans l'hémisphère austral ce sont plutôt les mois de juin et de juillet.

MORTS-FLATS n.m.
V. *Morflats.*

MORVAN n.m.
(Auxois). Terre arable dérivée des roches du massif cristallin, argileuse et peu fertile.

MORVANDIAUX n.m.p.
(Morvan). Races d'animaux domestiques dont l'origine est le Morvan.
Féminin : morvandelles.

MORVE n.f.
En. **glanders, farcy** (1)
De. **Rotz** (1)
Es. **muermo** (1)
It. **morva, cimurro** (1)
1. Maladie des chevaux qui commence par une inflammation de la pituite, d'où elle gagne les naseaux ; très douloureuse, elle est mortelle.
Très contagieuse, même pour l'homme, elle paraît due à un bacille spécifique et se manifeste parfois par des ulcères sur la peau, comme une variété de farcin, *ou bien, le plus souvent, par des pustules sur les muqueuses de la bouche.*
2. Pourriture qui atteint les laitues et les chicorées.
Leurs feuilles pourrissent, on dit qu'elles sont morveuses.

MOSAÏQUE n.f.
En. **mosaic disease**
De. **Mosaikkrankheit**
Es. **enfermedad del mosaico**
It. **mosaico**
Maladie causée aux feuilles des plantes cultivées (tabac, haricot, canne à sucre), par un virus filtrant qui se manifeste par des taches jaunes.
Les dessins, formés par ces taches évoquent les oeuvres d'art de même nom.

MOSCATEL n.m.
It. **moscatello**
(Espagne). Cépage aux raisins noirs, d'un goût muscat et donnant un vin du même nom.

MOSHAV n.m.
(Israël). Village coopératif, de deux types :
1. Les moshav chitoufi *où l'exploitation est collective, mais où la vie familiale reste privée.*
2. Les moshav ovdim *où l'exploitation de la terre reste individuelle, mais où les ventes et les achats se font en commun.*

MOTAGE (DROIT DE) n.m.
Droit de prendre de la terre dans les prés voisins, appartenant à d'autres propriétaires, pour réparer les berges d'un ruisseau, d'un canal, ou d'une chaussée d'étang.
Syn. Droit de glébage, terme dérivé de glèbe, terre cultivée (I. Guérin).
Etym. Dérivé de *motte de terre.*

MOTÉE n.f.
(Aunis). Petite parcelle marécageuse.
Syn. Motte.

MOTOBATTEUSE n.f.
It. **mototrebbiatrice**
Instrument agricole composé d'une batteuse et d'un moteur réunis en un seul corps pour dépiquer les céréales.

MOTOBINEUR n.m.
En. **motorhoe**
De. **Motorhackmaschine**
Es. **motobinador**
It. **motozappatrice**
Appareil composé d'une bineuse et d'un tracteur.

MOTOCULTEUR n.m.
De. **Motorpflug**
Es. **motocultor, motocultivadora**
It. **motoaratrice**
Matériel agricole composé d'un tracteur et d'une charrue, le tout réuni en un seul appareil monté sur roues, et que l'on dirige à l'aide de deux mancherons.

MOTOCULTURE n.f.
En. **mechanized farming**
De. **Motokultur**
Es. **motocultivo**
It. **motocoltura**
Culture effectuée à l'aide de machines à moteur.

MOTOFAUCHEUSE n.f.
En. **motor mower**
De. **Motormäher**
Es. **motosegadora**
It. **motofalciatrice**
Faucheuse munie d'un moteur à fuel, et que l'on conduit à l'aide de deux mancherons.

MOTOPOMPE n.f.
En. **motor-driven pump**
De. **Motorspritze**
Es. **motobomba, bomba de motor**
It. **motopompa**
Pompe composée d'un moteur électrique, ou thermique, qui met en mouvement, le long des canalisations, des systèmes d'aspirations et de refoulement de liquides, soit du vin dans les celliers, soit de l'eau dans les zones irriguées.

MOTORISATION n.f.
En. **motorization**
De. **Motorisierung**
Es. **motorización**
It. **motorizzazione**
Remplacement, dans les travaux des champs, de l'énergie animale ou humaine, par la force motrice d'un tracteur, d'une locomotive, ou d'un moteur électrique.
Son importance varie selon la nature et l'étendue des cultures, et elle est très différente d'un pays à l'autre. Elle a compensé, dans le domaine de la productivité, le déclin démographique des campagnes.

MOTOTRACTEUR n.m.
En. **tractor**
De. **Motorschlepper**
Es. **mototractor**
It. **motocoltivatore**
Machine à deux roues associant le motoculteur et le tracteur ; le conducteur assure la direction par des mancherons, ou par un volant.

MOTTE n.f.
En. **clod** (3)
De. **Erdscholle** (3)
Es. **terrón** (3)
It. **zolla** (3), **pane** (7)
1. Butte naturelle, ou artificielle, sur laquelle était édifié un château-fort.
2. Château-fort édifié sur une motte et le fief qui en dépendait.
3. Bloc de terre détaché du sol par les bêches, ou par la charrue, et qu'il faut briser en utilisant le râteau, ou la herse, pour rendre plate la surface de la parcelle labourée.
4. Petite masse de terre qu'on laisse autour des racines d'une plante à repiquer.
5. Chènevière, ou petit jardin, situés près d'un cours d'eau.
6. *(Provence).* Quantité d'olives que peut contenir un moulin.
7. Petit bloc de beurre.
Etym. Du pré-indoeuropéen *mutta*, motte.

MOTTÉE n.f.
(Vendée). Légère surélévation de terrain à l'abri de la plupart des inondations, dans les marais mouillés.
Elle se prête à quelques cultures et se divise en minuscules parcelles de labour, d'un prix très élevé. Certaines mottées sont d'origine artificielle, entourées de fossés ; c'est la terre de ces fossés qui, rejetée vers l'intérieur, a déterminé leur surélévation. Les mottées sont parfois d'anciennes terrées *du marais ; déboisées, elles ont été utilisées comme sites*

de fermes, ou livrées à la culture.
Syn. *Mottais, haussée, motée.*

MOTTER v.tr.
1. *(Normandie)*. Répandre du fumier, ou du terreau, à la fin de l'hiver, sur les prairies de fauche.
Syn. *Terreauter.*
2. Butter.
3. Lancer des mottes de terre aux moutons qui s'écartent du troupeau, à l'aide de la *houlette*.

MOTTET n.m.
(Jura). Variété de blé barbu, à tige dure, résistant bien au froid.

MOTTOISE n.f.
(Cantal). Race de bovins, dite également de *haut-cru*.

MOTTUREAUX n.m.p.
(Marais Poitevin). Buttes de 40 à 80 cm de haut qui se forment dans les prairies marécageuses.
Elles gênent les façons culturales. Détruites, elles se reforment. Elles paraissent dues à des foisonnements du sol sous l'influence de solutions liquides salées (F. Verger).

MOUCHAA n.m.
(Maroc, Moyen Orient). Openfield aux champs en lanières très longues et très étroites, soumis à des contraintes collectives.
En particulier les terres mouchaa sont redistribuées en principe tous les trois ans entre les habitants du village, fortement aggloméré au centre du finage. Parfois, ces parcelles sont accaparées par des possesseurs de grands domaines qui laissent subsister le système dans le cadre d'un latifundium.
Etym. Du berbère.

MOUCHE n.f.
En. **fly**
De. **Fliege**
Es. **mosca**
It. **mosca**
Insecte diptère de la famille des Muscidés.
Elle pullule dans les campagnes où elle se nourrit de matières en décomposition et où elle se multiplie par millions, causant par ses piqûres des mouvements intempestifs des attelages et propageant des germes d'infection parmi le bétail comme parmi les êtres humains. On la combat par des moyens physiques (papier collant) ou chimiques, avec des insecticides et en tenant très propres étables et maison, où l'insecte dépose ses oeufs.
Etym. Du latin *musca*.

MOUCHE n.f.
Panique brusque qui jette le désordre dans un troupeau de bêtes à cornes réunies sur un champ de foire.
On la croyait jadis due à des essaims de mouches attirées par l'odeur du bétail.

MOUCHE (ÉPI EN) l.m.
Epi qui ne peut se développer, qui n'est pas plus gros qu'une mouche.

MOUCHE MINEUSE l.f.
De. **Fliege**
Es. **mosca del tomatera**
It. **mosca minatrice**
Insecte diptère, de la famille des Muscidés, propagateur de divers germes de maladies.
Sa larve vit dans les tomates qu'elle altère ; devenue résistante aux insecticides, elle serait un fléau si les guêpes ne s'en nourrissaient pas.
Syn. *Mineuse de la tomate.*
Etym. Du latin *musca*, mouche.

MOUCHE À SCIE l.f.
En. **sawfly**
De. **Blattwespe**
Es. **tentredo**
It. **tentredine**
Insecte hyménoptère dont les larves s'attaquent aux feuilles des arbres : pin, bouleau, groseiller, etc.
La mouche à scie charbonneuse pique les bêtes domestiques et leur transmet des maladies contagieuses.

MOUCHET n.m.
(Orléanais). Sarment qui pousse à la partie supérieure d'un cep de vigne.

MOUCHETÉ adj.
It. **maculato**
Qualifie un grain de blé atteint de nielle, ou de charbon.
L'une de ses extrémités, garnie de poils, devient noire.

MOUCHETTE n.f.
En. **twitch**
De. **Nüsterklemme**
It. **mordacchia**
Appareil en forme de pince pour maintenir les chevaux en l'appliquant aux naseaux.

MOUCHETURE n.f.
Maladie du blé qui rend noires ses graines.
Syn. *Nielle, charbon.*

MOUDRE v.tr.
En. **to mill**
De. **mahlen**
Es. **moler**
It. **macinare**
Réduire en poudre, ou en farine, des grains de céréales, de café, de poivre.
Travail qui s'effectuait jadis dans des mortiers à pilon, ou entre les meules de pierre d'un moulin, et actuellement, dans des appareils mécaniques, à moteur électrique, qui écrasent les grains.
Etym. Du latin *mola*, meule.

MOUDURE n.f.
Mélange de graines de céréales concassées pour la nourriture des chèvres.

MOUÉE n.f.
1. *(Lorraine)*. Mesure agraire valant environ 440 mètres carrés.
2. Soupe donnée aux chiens de chasse après la mort du cerf et à laquelle on a ajouté le sang de la bête.

MOUFLETTE n.f.
Ferrure fixée à l'extrémité d'un brancard pour le consolider et l'attacher aux traits de l'attelage *(fig. 134)*.
Syn. *Moufflette.*

(Fig. 134). Mouflette

MOUILLADE n.f.
Action de mouiller les feuilles sèches de tabac, afin de les assouplir pour pouvoir les grouper en manoques, puis en balles, avant de les livrer à l'entrepôt.

MOUILLAGE n.m.
En. **watering**
De. **Wasserzusatz**
Es. **aguado, adición de agua**
It. **annacquamento**
Addition frauduleuse d'eau à du lait, ou à du vin mis en vente.

MOUILLE n.f.
1. Source de faible débit.
2. Suintements qui favorisent la pousse de l'herbe au printemps.
3. Endroit humide dans un champ, ou dans un pré.

MOUILLÉ adj.
En. **moist** (1)
De. **feucht** (1)
Es. **mojado** (1), **aguado** (2)
It. **umido** (1), **annacquato** (2)
1. Qualifie un terrain imbibé d'eau et rendu mou comme de la vase.
2. Qualifie un lait ou un vin auxquels on a ajouté de l'eau.
V. *Périmètre mouillé, section mouillée.*
Etym. Du latin *mollis*, mou.

MOUILLE-BOUCHE l.f.
Variété de poire mûre fin juillet, et très fondante.

MOUILLÈRE n.f.
En. **wet patch** (1)
De. **feuchtes Grünland** (1)
Es. **prado enchardado, marjal** (1)
It. **terreno umido** (1)
1. Terre marécageuse, où l'eau gêne la culture.

2. Etablissement situé près de la mer, divisé en compartiments appelés *bouchots*, et où l'on élève des moules.
Syn. Moulière.

MOUILLEUX adj.
It. **bagnato**
Qualifie un terrain humide, où l'eau affleure quand on presse le sol avec le pied.

MOUILLURE n.f.
Léger arrosage d'un semis, ou d'une planche de légumes.

MOUJIK n.m.
It. **mugic**
(Russie). Paysan russe.
Au pluriel, moujiki.

MOULAJE n.m.
1. Redevance payée au seigneur pour faire usage du moulin banal.
2. Farine prélevée par le meunier pour son travail.
Etym. Dérivé de moudre et de moulin.

MOULAN n.m.
Cépage à raisins noirs, à grains oblongs.
Très productif, il s'accommode de sols secs et en pente.

MOULEUR n.m.
1. Agent chargé de visiter les taillis dont le bois se vendait au *moule*, mesure locale pour le bois de chauffage.
Le mouleur vérifiait également la quantité de bois ainsi vendue.
2. Serf ou vilain qui devait faire moudre son grain au moulin seigneurial.

MOULIN n.m.
En. **mill**
De. **Mühle**
Es. **molino**
It. **mulino**
Appareil destiné principalement à moudre les grains.
Dès le VIème siècle, il se composait de deux meules en pierre très dure, et placées horizontalement, celle du dessus étant animée d'un mouvement de rotation que lui communiquait, par une série de roues dentées, soit un système d'ailes entoilées, mues par le vent, soit une roue à aube, mue par une chute d'eau provenant d'un cours d'eau, d'un étang ou de la marée. Certains moulins servaient à moudre les olives, ou les noix, pour en extraire de l'huile ; mais ils servaient aussi à scier du bois, à fabriquer du papier, à écraser la canne à sucre dans les pays tropicaux, ou à élever l'eau dans les polders. Ce fut jadis, la principale utilisation des énergies hydraulique et éolienne. Le seigneur d'une communauté rurale devait installer et entretenir un moulin dans son domaine, et pour cela il prélevait une redevance sur le grain moulu. En retour, les habitants de la seigneurie étaient tenus d'utiliser ce moulin à l'exclusion de tous autres. C'était le moulin banal. Ces anciens moulins, sur les collines pour capter le vent, ou le long des ruisseaux pour utiliser une chute d'eau, ont cessé de tourner. Les moulins actuels forment des minoteries appartenant le plus souvent à des entreprises industrielles, et utilisant l'énergie électrique, ou les hydrocarbures.
Etym. Du latin *mola*, meule.

MOULIN-À-VENT n.m.
En. **windmill**
De. **Windmühle**
It. **mulino a vento**
Construction comprenant deux ailes pour capter la force du vent et la transmettre, par une série d'engrenages, à une pompe qui aspire l'eau d'un marécage et la rejette dans un canal, ou un cours d'eau.
Procédé de drainage le long des marais littoraux, remplacé par des pompes mues par le courant électrique, ou par des moteurs à fuel.

MOULIN-À-VENT n.m.
(Beaujolais). Cru d'un vignoble situé au nord du Beaujolais, dans la commune de Romanèche-Thorins *(Saône et Loire)*.
Il produit des vins rouges, légers et bouquetés.

MOULINAGE n.m.
En. **milling** (1)
De. **Mahlen** (1)
Es. **molienda** (1), **torcedura** (3)
It. **macinatura** (1), **torcitura** (2)
1. Réduction des grains de céréales en farine.
2. Mouture des noix, ou des olives, pour en extraire l'huile.
3. Torsion des fils de soie ou de coton, pour les rendre plus résistants.

MOULINÉE n.f.
1. Quantité de blé portée au moulin pour être réduite en son et en farine.
2. Quantité de farine et de son obtenue par un meunier dans un temps déterminé.

MOULINEUR n.m.
En. **spinner** (1)
De. **Seidenzwirner** (1)
Es. **obrero, torcedor** (1)
It. **torcitore** (1)
1. Ouvrier employé au moulinage de la soie.
2. Propriétaire d'un atelier de moulinage.

MOULLES n.f.p.
(Auxois). Terres marécageuses où poussent des joncs.
Syn. Molans, moloises.

MOUNÉE n.f.
(Berry). Quantité de blé à moudre que le paysan portait au moulin.
Etym. Déformation de *moulinée*.

MOURAGNE n.f.
(Jura). Talus séparant deux parcelles cultivées sur le versant d'une colline.
Syn. Rideau.

MOURASTEL n.m.
(Midi). Cépage à raisins noirs.
Syn. Bauchalès.

MOUREAU n.m.
Variété d'olives récoltées en Languedoc.

MOURONNET n.m.
Variété de pommes à peau grisâtre.

MOURVÈDRE n.m.
(Pays de climat méditerranéen). Cépage à raisins noirs.
Syn. Mataro, Balzac, Catalan, Tinto, etc.

MOUSARTS n.m.p.
(Vendée). Chênes têtards jalonnant les haies des bocages, et dont on coupe les branches en été afin de donner leurs feuilles comme fourrage vert au bétail.
Ils servent également à fixer les limites des parcelles.

MOUSSEIGNE n.m.
(Roussillon). Chef de culture dans une grande exploitation agricole.
Il dirige des équipes d'ouvriers appelées colles.

MOUSSERON n.m.
En. **edible mushroom**
De. **Pilz**
Es. **mojardón**
It. **prugnolo**
Nom général de plusieurs espèces de champignons comestibles caractérisés par des lamelles sous le chapeau.

MOUSSEUX adj.
En. **sparkling**
De. **Schaum-, moussierend**
Es. **espumoso**
It. **spumante**
Qualifie les boissons, vin ou cidre, qui moussent quand on débouche les bouteilles qui les contiennent.
Ce résultat est obtenu soit en pratiquant la mise en bouteille avant la fin de la fermentation, soit par addition de gaz carbonique. Pour la fabrication du champagne on lui ajoute, au moment de la mise en bouteille, de la liqueur de tirage (solution de sucre de canne), et des levures sélectionnées ; puis, après dégorgement, on l'additionne d'une liqueur composée de sucre de canne, de vins de grande qualité et, parfois, d'eau-de-vie. Il est alors bouché définitivement, avec un bouchon maintenu par un muselet, et la bouteille est parée d'étiquettes pour la vente (R. Blais).

MOUSSOIR n.m.
Appareil composé d'une poignée, de deux roues à engrenage qui animent d'un rapide mouvement de rotation deux tiges de fil de fer recourbées.
Plongées dans un liquide, elles le font mousser ; elles servent aussi à la fabrication du fromage dans les Vosges.
Etym. Dérivé de *mousse*.

MOUSTAIGE n.m.
Jus de raisin non fermenté.

MOUSTILLE n.f.
Vin blanc qui mousse légèrement, comme le champagne.

MOÛT n.m.
En. **must** (2)
De. **Most, Traubenmost** (2)
Es. **mosto** (2)
It. **mosto** (2)
1. Solution liquide obtenue en jetant de l'eau bouillante sur le malt pour fabriquer la bière.
2. Jus qui s'écoule du pressoir rempli de vendange.
On distingue le moût de cuvée, *le moût de* taille *et le moût de* rebèche. *Pour lui conserver son goût sucré, on peut l'additionner d'alcool afin de tuer les levures de la fermentation. On obtient ainsi le* Pineau des Charentes.
Etym. Du latin *mustum*, moût.

MOUTAGE n.m.
Redevance perçue par le meunier du four banal au profit de son seigneur.
Etym. De *moudre*.

MOUTARDE n.f.
En. **mustard, charlock**
De. **Senf, Senfkorn**
Es. **mostaza**
It. **senape**
Plante herbacée de la famille des Crucifères.
L'espèce cultivée, ou moutarde noire (Brassica nigra), produit des graines aromatisant des pâtes utilisées comme condiments. Les graines de la moutarde blanche (Sinapis alba), réduites en farine et pétries dans l'eau bouillante, servent de révulsifs dans les affections pulmonaires. La moutarde sauvage (Sinapis arvensis) envahit les champs de céréales ; c'est une adventice nuisible.
Etym. Du latin *mustum*, moût.

MOUTARDELLE n.f.
1. Instrument agricole destiné à arracher les mauvaises herbes dans les blés, et en particulier, la moutarde.
2. Variété de *raifort* que l'on râpe pour le manger en hors-d'oeuvre.

MOUTE (DROIT DE) l.f.
Droit perçu par le seigneur d'un moulin banal.
Destiné à l'entretien du moulin et au salaire du meunier, il consistait en une certain quantité de grains ; on disait aussi moutage, *à distinguer du droit de* moulage, *qui était perçu en farine. En Normandie, la moute verte était une redevance qu'il fallait verser pour avoir le droit d'engranger du blé hors de la seigneurie où il avait été récolté.*

MOUTON n.m.
En. **sheep** (1)
De. **Schaf** (1)
Es. **carnero, ovino** (1)
It. **castrato, montone** (1)
1. Ovin mâle, châtré et destiné à la boucherie.
2. Troupeau d'agneaux, de brebis, de béliers et de moutons confondus.
3. Viande d'ovins livrée à la consommation.
Etym. Du celte *multo* qui a donné en breton *maout*.

MOUTONNAGE n.m.
Droit prélevé sur les marchands qui achetaient du bétail, et plus particulièrement des moutons, sur le territoire d'une seigneurie.

MOUTONNER v.tr.
(Normandie). Introduire des moutons dans une prairie.

MOUTONNIER n.m.
En. **sheepman** (2)
De. **Schafhalter** (2)
Es. **marchante de ovejas** (2)
It. **pecoraio** (2)
1. *(Alpes).* Berger qui garde et soigne des moutons transhumants.
2. Marchand qui achète et vend des moutons.

MOUTONNIER adj.
It. **pecoresco**
Qualifie tout ce qui a trait aux moutons, ou qui en a le caractère.

MOUTURE n.f.
En. **grinding** (1)
De. **Mahlen** (1)
Es. **molienda, molturación** (1)
It. **macinatura** (1), **molenda** (3)
1. Opération qui consiste à écraser des grains de céréales entre des meules de pierre, ou entre des cylindres de fer.
2. Résultat de cette opération, farine, son et repasse mêlés.
3. Droit versé pour pouvoir utiliser le moulin banal.
4) Mélange de froment, de seigle et d'orge.
Etym. Du latin *molitura*, farine.

MOUVAISON n.f.
Premier labour de printemps donné à la vigne après la taille et l'échalassement, et avant le décavaillonnage des pieds, afin que les racines superficielles prolifèrent dans un sol aéré.

MOUVANCE n.f.
En. **tenure**
De. **Lehen**
Es. **dependencia de un feudo**
It. **dipendenza di un feudo**
Fief, censive, tenure dépendant d'un fief principal.
La mouvance noble, celle d'un fief, imposait l'aide aux quatre cas : guerre, rançon, mariage, décès ; la mouvance roturière entraînait le versement de redevances.
Etym. Du latin *movere*, mouvoir.

MOUVER v.tr.
En. **to turn over**
De. **auflockern**
Es. **remover la tierra**
It. **muovere la terra**
1. Labourer légèrement pour détruire les mauvaises herbes et maintenir le sous-sol humide.
2. Remuer superficiellement la terre d'un pot ou d'une caisse, avec une petite bêche, pour aérer le sol et favoriser l'activité bactérienne.
Etym. Du latin *movere*, remuer.

MOUVOIR v.tr.
(Languedoc). Donner le premier labour de la saison.

MOUZÈNE n.f.
(Bigorre). Variété de millet cultivé autrefois.

MOUZIÈRE n.f.
Endroit humide, marécageux *(Boischaut de la Marche).*

MOYAU n.m.
Poutre du pressoir qui repose directement sur le marc de raisin ou de pomme.

MOYEN-FILE n.m.
(Vallée de la Garonne). Variété de tabac, cultivé jadis.
Il était réputé pour la finesse de ses feuilles, sans grosses nervures.

MOYENNEUR n.m.
1. *(Poitou).* Prêteur d'argent pour donner à un paysan le moyen de se libérer d'un impôt, ou d'une dette.
En retour, il prenait une sorte d'hypothèque sur le bien de l'emprunteur.
2. Intermédiaire entre le vendeur et l'acheteur d'un bien-fonds.
Il joue le rôle d'un médiateur.

MOYÈRE n.f.
1. *(Champagne).* Tas d'échalas.
2. Marécage encombré de roseaux.
Etym. Déformation de *mouillère*.

MOYETTE n.f.
En. **haystack, hayrick**
De. **Garbenschober, Heuhaufen**
Es. **almiar pequeño, hacina**
It. **mucchio di fieno**
Tas de gerbes sur le champ moissonné.
Il était disposé en pyramide de sorte que la pluie, glissant sur la paille, n'y pénétrait pas et que les grains achevaient de mûrir (fig. 135).
Etym. Du latin *meia*, meule.

(Fig. 135). Moyette normande

MOYETTER v.tr.
Mettre les gerbes en moyettes pour les préserver de la pluie et terminer leur maturation.

MOYTON n.m.
(Berry). Mesure de capacité utilisée, jadis, pour les grains.

M.S.A. sigle
Mutualité Sociale Agricole.
Organisme qui, grâce à une cotisation trimestrielle, assure les relations entre ses membres et la Sécurité sociale, rembourse la presque totalité du ticket modérateur et entretient des maisons de repos, de santé et de convalescence.

MUAISON n.f.
Redevance, ou *terrage*, payé pour avoir le droit de planter une vigne.

MUANDE n.f.
1. *(Dauphiné)*. Pâturage à mi-pente où l'on fait paître les vaches quand elles montent à l'alpage.
2. Châlet où l'on s'arrête en montant à l'alpage.
Etym. Du latin *mutare*, déplacer, qui a donné *mutando* en languedocien.

MUE n.f.
En. **moulting** (1)
De. **Mauser** (1), **Haarwechsel** (1)
Es. **muda** (1)
It. **muta** (1), **muda (per gli uccelli)** (2), **stia** (3)
1. Perte périodique, partielle ou totale, des plumes et des poils chez certains animaux.
2. Changement de peau d'un ver à soie.

Il se produit quatre fois pendant la période larvaire.
3. Cage en osier de forme tronconique, avec une étroite ouverture dans le haut, et une large ouverture dans le bas *(fig.136)*.
On la place à plat sur le sol pour y enfermer les volailles de basse-cour que l'on veut engraisser.
Syn. (Occitan) Desco.
Etym. Du latin *mutare*, changer.

(Fig. 136). Mue

MUER v.intr.
En. **to moult**
De. **mausern**
Es. **mudar**
It. **mutare, far la muta**
Changer de poils ou de plumes.

MUFLE n.m.
En. **muzzle, antirrhinum**
De. **Muffel, Schnauze**
Es. **morro**
It. **musello, muffolo, muso, grugno**
(Allemagne). Extrémité du museau des ruminants, des rongeurs, des carnassiers.
Il comprend le nez et les lèvres, dégarnis de poils, mais sensibles à la température et à la saveur des aliments ; appelé rhinarium *chez les ruminants, du grec* rhinos, *nez*.

MUFLIÈRE n.f.
It. **museruola**
Garniture de treillis en toile emboîtant le mufle du veau, ou du boeuf, pour le protéger des mouches.
Elle empêche également le veau de têter, et le boeuf de brouter l'herbe quand il travaille (fig. 137).

(Fig. 137). Muflière

MUGE n.f.
(Béarn). Tas de cailloux provenant de l'épierrement des champs.
De forme allongée, les paysans les relèguent aux limites des parcelles où ils se couvrent de buissons. On les emploie à l'empierrement des routes (J. Caput).

MUGOT n.m.
(Normandie). Provision de fruits que l'on place sur des claires-voies, dans un endroit frais, pour les conserver et les consommer en hiver.

MUGUET n.m.
En. **lily of the valley** (1), **thrush** (2)
De. **Maiglöckchen** (2)
Es. **muguete** (2)
It. **mughetto** (1),(2)
1. Plante herbacée vivace à rhizomes, à feuilles lancéolées, à petites fleurs blanches en forme de clochettes, et à parfum délicat, de la famille des Liliacées, utilisée comme cardiotonique.
2. *Mycose buccale* causée par des levures (*Candida albicans*) et des champignons (*Saccharomyces albicans*).
Elle se manifeste par des plaques blanches sur les muqueuses ; très contagieuse, elle atteint surtout les jeunes veaux, les agneaux, les poulains ; elle se transmet aussi à l'enfant et plus rarement à l'adulte.
Etym. Altération de *muguette*, noix muscade.

MUID n.m.
En. **hogshead** (1)
De. **Fass** (1)
Es. **moyo** (1)
It. **moggio** (1)
1. Mesure de capacité pour les vins.
Elle variait selon les régions : 442 litres en Languedoc, 296 litres en Quercy, 268 litres en Bourgogne, 274 litres à Paris.
2. Futaille d'une capacité égale à un muid, soit environ un tiers de tonneau.
3. Mesure de capacité pour les grains.
Elle valait 12 setiers de 156 litres chacun.
4. Surface que l'on pouvait ensemencer avec un muid de grains.
Syn. *Muid de terre*.
Etym. Du latin *modius*, boisseau.

MUISON n.m.
(Beauvaisis). Mélange de semences de céréales, dont un tiers en seigle et deux tiers en froment.

MULARD n.m.
De. **Bastardente**
Es. **pata cruzado**
It. **anatra bastarda**
Canard issu d'un canard de Barbarie et d'une cane commune.
Les femelles mulardes sont seules fécondes.

MULASSE n.f.
Jeune mule.

MULASSERIE n.f.
1. Ecurie à mulets.
2. Elevage des mulets.

MULASSIER n.m.
En. **muleteer**(1)
De. **Maultiertreiber** (1)
Es. **mulero**
It. **mulattiere** (2)
1. Eleveur de mulets, qui se livre à la *mulasserie*.
2. Conducteur de mulets.
Syn. Muletier.

MULASSIER adj.
It. **mulattiero**
Qualifie ce qui est relatif au mulet.

MULCHING n.m.
En. **mulching**
De. **Mulchen**
Es. **cobertura del suelo**
It. **pacciamatura**
(Angleterre). Action de répandre à la surface du sol de la paille, des herbes sèches, des feuilles, et de les enfouir légèrement afin de favoriser l'infiltration des eaux, de ralentir l'évaporation et d'enrichir la terre en humus.
Pratique des régions tropicales.

MULE n.f.
En. **mule**
De. **Mauleselin**
Es. **mula**
It. **mula**
Animal de la famille des Équidés, hybride femelle stérile, issu du croisement d'un baudet et d'une jument.
Etym. Du latin *mula*.

MULET n.m.
En. **mule**
De. **Maultier**
Es. **mulo**
It. **mulo, bardotto**
Animal domestique issu d'une jument et d'un âne appelé baudet.
Stérile, mais rustique et vigoureux, le mulet rend de grands services dans les pays ibériques d'Europe et d'Amérique du Sud. Le Poitou est réputé pour ses mules et ses mulets qu'il vendait, jadis, à l'Espagne.
Syn. Bardot.
Etym. Du latin *mulus*, mulet.

MULETAILLE n.f.
Ensemble des mulets d'un troupeau, ou d'une région.

MULETIER n.m.
En. **muleteer**
De. **Maultiertreiber**
Es. **muletero, arriero, mulero**
It. **mulattiere**
Personne chargée de soigner et de conduire les mulets.

MULETIER adj.
En. **mule track** (n.)
De. **Maultier-, Maultiere betreffend**
Es. **muletero** (n.m.)
It. **mulattiera** (n.f.)
Qualifie le chemin étroit où passent les caravanes de mulets.

MULETON n.m.
Jeune mulet, de moins d'un an.

MULETTE n.f.
Petite meule de paille, ou de gerbes de blé.

MULL n.m.
En. **mull**
De. **Dungerde, Humus**
Es. **mantillo suave**
It. **humus, terriccio vegetale**
Humus formé de résidus végétaux en cours d'évolution et se décomposant jusqu'à la minéralisation complète dans la terre arable.

MULLE n.f.
Garance de médiocre qualité.

MULON n.m.
Meulon.

MULOT n.m.
En. **field mouse**
De. **Feldmaus**
Es. **ratón campesino**
It. **topo campagnolo, arvicola**
Petit mammifère rongeur, de la famille des Muridés, ressemblant au rat, ou à la souris.
La variété Mus silvaticus vit dans les bois et dans les champs, se nourrissant de fruits, de grains, d'oeufs, et de poussins ; c'est un grand prédateur de l'agriculture.
Etym. De l'allemand *mul*, taupe.

MULSION n.f.
En. **milking**
De. **Melken**
Es. **ordeño**
It. **mungitura**
Traite d'un animal domestique.
Etym. Du latin mulsio, issu de *mulegere*, traire.

MULTICULTURE n.f.
En. **mixed farming**
De. **Mischkultur**
Es. **multicultivo**
It. **multicoltura**
Culture de diverses plantes entre des arbres fruitiers, ou des rangs de vigne.
Les plantes cultivées peuvent être côte à côte, ou dans des parcelles séparées ; ces procédés ont été pratiqués dans le Bassin Aquitain sous le nom de jouailles.

MULTIFÈRE adj.
Qualifie les arbres fruitiers qui donnent plusieurs récoltes par an.
Ils sont dits remontants.
Etym. De *multi*, plusieurs et *ferre*, porter.

MULTIPARE adj.
En. **multiparous**
De. **mehrgebährend, multipaar**
Es. **multípara**
It. **multipara, pluripara**
Qualifie une femelle qui donne naissance à plusieurs petits à la fois.
Ex. Truie (P. Habault).
Etym. Du latin *multus*, beaucoup.

MULTIPLICATEUR DE SEMENCES l.m.
En. **seedsman**
De. **Saatgutvermehrer**
Es. **comerciante de semillas**
It. **commerciante di sementi**
Commerçant qui a reçu d'un sélectionneur l'autorisation de mettre en vente, sous son contrôle, la semence qu'il a obtenue dans son champ d'expérience.

MULTIPLICATION SEXUÉE l.f.
En. **sexual multiplication**
De. **geschlechtliche Vermehrung**
Es. **multiplicación sexual**
It. **moltiplicazione sessuale**
Multiplication d'une plante par ses spores, ou par ses graines, quand elles ont été fécondées, parfois avec hybridation par les pollens d'une autre plante, mais de même variété.

MULTIPLICATION VÉGÉTATIVE l.f.
En. **vegetative reproduction**
De. **ungeschlechtliche Vermehrung**
Es. **multplicación vegetativa**
It. **moltiplicazione vegetativa**
Multiplication des plantes cultivées, non par les graines ou les spores, mais par des organes végétaux : boutures, drageon, éclat, greffe, marcotte, tubercule, caïeux, etc.
Les sujets obtenus sont identiques au pied-mère, ce qui n'est pas toujours le cas avec la multiplication sexuée, par graines ou spores fécondés et parfois hybridés.

MULTISOCS n.m.
It. **multivomere**
Instrument de labour muni de plusieurs socs.

MUMBLE n.m.
Redevance versée au seigneur pour les bêtes tuées dans son domaine.

MUNSTER n.m.
(Alsace). Fromage fabriqué dans la vallée de Munster.
De goût et d'odeur prononcés.

MUQUEUSE adj.
Qualifie une fermentation incomplète du vin.

MÛR adj.
En. **ripe**
De. **reif**
Es. **maduro**
It. **maturo**
Qualifie soit les fruits qui ont atteint leur

pleine maturation, soit les vins quand ils sont bons à boire, ayant perdu leur verdeur au cours de l'hiver.
Etym. Du latin *maturus,* mûr.

MUR n.m.
En. enclosing wall (1)
De. Mauer, Wand (1)
Es. cerca (1), pared (2), muro
It. muro (1)
1. Clôture en pierres, ou en ciment, servant à limiter une parcelle, ou à soutenir une planche de culture sur un versant.
2. Partie verticale d'une construction.
Etym. Du latin *murus.*

MÛRAIE n.f.
En. mulberry plantation
De. Maulbeerpflanzung
Es. moreral, campo de moreras
It. gelseto
Plantation de mûriers.
Syn. Mureraie.

MURAILLE n.f.
En. wall (1)
De. Mauer (2)
Es. surco (2)
It. muro (1)
1. Clôture en pierres pour fermer une parcelle, ou pour soutenir, sur un versant, une planche de culture.
Syn. Mur.
2. Partie verticale du sillon quand elle a été tranchée par le coutre et le soc.

MÛRE n.f.
En. mulberry, blackberry
De. Maulbeere
Es. mora
It. mora
Fruit du mûrier et de certaines espèces de ronces.
Il est très bon à consommer.
Syn. Muron.
Etym. Du latin *morum,* mûre.

MURERAIE n.f.
Parcelle plantée de mûriers.
Syn. Murière.

MURETTE n.f.
En. low wall
De. kleine Mauer
Es. murete
It. muretto
Petit mur.
D'ordinaire, il est construit en pierres sèches, sans mortier, dans les régions où abondent les pierres plates, ou bien dans les pays où les dépôts fluviaux, ou glaciaires, contiennent des galets de grande taille. Les murettes servent à séparer les parcelles les unes des autres, comme les haies dans un bocage ; elles encadrent les chemins où circulent les troupeaux ; sur les pentes aménagées en terrasses, elles soutiennent la terre des planches, des faisses et des bancels.
Syn. Muret, muretin.

MURGER n.m.
Tas de pierres accumulées en bordure d'un champ, à la suite d'épierrements successifs, notamment dans les régions à sous-sol calcaire.
Syn. Meurger, merger.

MURGEYES n.f.
(Vallée du Rhône). Murettes destinées à soutenir les terrasses sur lesquelles s'étend le vignoble de Côte Rôtie.

MÛRIER n.m.
En. mulberry tree
De. Maulbeerbaum
Es. morera
It. gelso
Arbre de la famille des Moracées.
Il comprend deux espèces : le mûrier blanc (Morus alba) et le mûrier noir (Morus nigra), tous deux originaires du Caucase, semble-t-il. Le premier fut cultivé en Italie dès le milieu du Moyen Age, et en France, à partir du règne de Charles VIII, quand on commença à se livrer à la sériciculture ; ses feuilles servent en effet à la nourriture des vers à soie. Ses fruits, de couleur blanche, sont recherchés par les oiseaux, ce qui lui assure une large diffusion, de la Chine à l'Europe occidentale. Les fruits du mûrier noir sont comestibles.

MÛRIR v.tr.
En. to ripen (1)
De. reifen (1)
Es. madurar (1)
It. maturare (1)
1. Pour les fruits, perdre leur âcreté et devenir juteux et sucrés sous l'action du soleil et de la sève élaborée.
2. Pour la terre, être exposée au soleil par un labour profond, aérant le sol et le livrant à l'action bienfaisante du soleil et des bactéries en été, au gel et au dégel en hiver.

MÛRISSAGE n.m.
En. ripening
De. Reifen
Es. maduración
It. maturazione
Préparation d'un fruit, d'une graine, à la maturité.
Syn. Mûrissement.

MÛRISSANT adj.
It. in via di maturazione
1. Qualifie tout ce qui favorise la maturation.
2. Qualifie ce qui est en cours de mûrissage.

MÛRISSERIE n.f.
It. cella di maturazione
Local où l'on fait mûrir les fruits, notamment les bananes.

MUSARAIGNE n.f.
En. shrewmouse
De. Spitzmaus
Es. musaraña
It. toporagno
Petit mammifère carnassier, de la grosseur d'une souris, vivant près des fermes et se nourrissant, la nuit, de vers de terre, d'insectes, de petits rats et se rendant ainsi utile à l'agriculture.
Etym. Du latin *mus,* rat et *aranes,* araignée.

MUSC n.m.
Variété de poire, longue et verte, parfumée, mais grenue.
Syn. Gros musc.

MUSCADE n.f.
En. nutmeg
De. Muskatnuss
Es. nuez moscada
It. noce moscata
Fruit du muscadier, riche en huile essentielle, et utilisé comme condiment.
Syn. Noix de muscade.

MUSCADELLE n.f.
En. muscadel (1)
De. Muskatellerbirne (2)
Es. pera mosqueruela (2)
It. pera moscatella (2)
1. Cépage à raisins blancs, cultivé en Périgord (Monbazillac) et en Bordelais, et donnant un vin bouqueté, à goût légèrement musqué.
2. Variété de poire qui a un goût un peu musqué.
Etym. Dérivé de *muscat.*

MUSCADET n.m.
En. muscadet1)
De. Muscadet (1)
Es. muscadet (1)
It. muscadet (1)
1. Vin blanc récolté dans la région de Nantes, à partir de raisins au goût un peu musqué qu'ils communiquent au vin.
2. Petite pomme à pulpe sucrée, qui donne un excellent cidre.

MUSCADIER n.m.
En. nutmeg tree
De. Muskatnussbaum
Es. mirística
It. albero della noce moscata, miristica
Arbuste de la famille des Myristicacées *(Myristica fragans).*
A l'état sauvage dans les îles de la Sonde, il est cultivé à Madagascar et en Amérique centrale. Mais son fruit, une noix dite muscade, ne donne tout son parfum que si elle provient des plantations de l'archipel des Moluques.

MUSCARDIN n.m.
It. moscardino
Petit rongeur, semblable au rat, ou au mulot.
Il vit dans les vergers de noyers et de

noisetiers, en cassant et en mangeant noix et noisettes.

MUSCADINE n.f.
(Canada). Cépage à raisins noirs, qui donne un vin de même nom.

MUSCARDINE n.f.
It. **moscardina**
Maladie du ver à soie provoquée par un champignon, le *Beauveria bassiana*.
Le ver devient rose et se couvre de moisissure ; on traite cette maladie au formol.

MUSCAT n.m.
En. **muscat** (1)
De. **Muskatellerwein** (2)
Es. **moscatel** (1)
It. **moscato** (1)
1. Groupe de cépages dont les raisins ont un goût particulier.
Les principaux sont le muscat de Frontignan aux raisins blancs, le muscat d'Alexandrie aux gros grains sucrés et parfumés et le muscat de Hambourg à raisins noirs, de goût très agréable.
2. Vins que l'on extrait de ces cépages.
3. Variétés de poires.
Etym. Du latin muscus.

MUSELET n.m.
It. **gabbietta (per tappi di spumante)**
Armature en fil de fer placée autour des bouchons de bouteilles contenant du champagne, ou des vins mousseux, et qui est attachée au goulot afin que la poussée du gaz carbonique ne fasse sauter le bouchon *(fig. 138).*

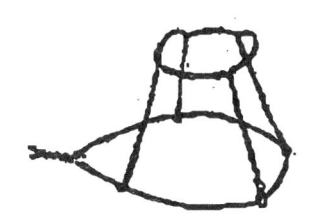

(Fig. 138). Muselet

MUSELIÈRE n.f.
En. **muzzle**
De. **Maulkorb**
Es. **bozal**
It. **museruola**
Appareil en fil tressé, fixé au museau des animaux domestiques, pour les empêcher de brouter, ou de mordre.

MUSEROLLE n.f.
En. **noseband**
De. **Nasenriemen**
Es. **muserola**
It. **museruola**
Courroie d'une bride qui passe au-dessus du nez d'un cheval pour l'empêcher d'ouvrir la bouche.

MUSETTE-MANGEOIRE n.f.
En. **nose bag**
De. **Fressbeutel**
Es. **morral, cebadera**
It. **musetta**
Sac en toile suspendu à la tête du cheval, et où l'on met l'avoine pour l'alimenter quand il est au travail.

MUSQUETTE n.f.
(Périgord). Cépage à raisins blancs dorés.
Syn. Muscadet, Angelico, Guilan musqué.

MUSSE n.f.
1. Etable à toiture basse pour les oies et les canards.
2. Passage dans une haie du bocage vendéen, et que l'on franchit en sautant par dessus à l'aide d'un long bâton.
Syn. Sautouère.

MUSTIMÈTRE n.m.
It. **mostimetro, glucometro**
Appareil destiné à mesurer la teneur en sucre du moût des vendanges.
Il permet, en particulier dans les coopératives, de déterminer la valeur respective des diverses récoltes apportées par les vignerons.
Etym. Du latin mustum, moût et du grec metron, mesure.

MUTAGE n.m.
En. **mutage**
De. **Schwefelung**
It. **arresto della fermentazione del mosto**
Opération qui consiste à arrêter la fermentation du moût en détruisant les levures à l'aide d'injections d'anhydride sulfureux, ou d'alcool.
On recourt également au sulfite de chaux. On conserve ainsi au vin une partie de son sucre tout en l'enrichissant en alcool. L'opération s'effectue avec une muteuse.

MUTAGÈNE adj.
En. **mutagen**
De. **mutagen**
Es. **mutagénico**
It. **mutageno**
Qualifie un produit qui a la propriété de provoquer sur une plante une mutation créatrice d'une variété nouvelle.

MUTANT n.m.
En. **mutant**
De. **Mutant**
Es. **mutante**
It. **mutante**
Plante ou animal, qui a subit, dans son matériel génétique, une modification qui en fait une nouvelle variété de l'espèce.

MUTATION n.f.
En. **mutation**
De. **Mutation**
Es. **mutación**
It. **mutazione** (1)
1. En biologie, changement brusque dans les caractéristiques d'une plante, ou d'un animal, et provenant d'un ou de plusieurs gènes plus ou moins identifiables et héréditaires, introduits spontanément ou artificiellement dans les chromosomes des cellules sexuelles par chocs électriques, rayons X, chocs thermiques, etc.
A distinguer des hybridations qui proviennent des manipulations des gamètes.
2. En droit rural, c'est le transfert d'un bien agricole par héritage, par contrat, par vente ou par don, entre l'ancien possesseur et le nouveau.
Ce genre de mutation est soumis au contrôle du bureau des hypothèques et de l'enregistrement et entraîne le versement de droits fiscaux.
Etym. Du latin mutare, changer.

MUTER v.tr.
De. **mutieren**
Es. **detener la fermentación**
It. **arrestare la fermentazione**
Pratiquer le *mutage.*

MUTEUSE n.f.
Appareil composé d'un récipient plein de gaz sulfureux où circule le moût dont on veut arrêter la fermentation, le gaz détruisant les levures.

MUTUALITÉ AGRICOLE l.f.
Système d'assurance créé en 1900, géré par des professionnels, et assurant les agriculteurs cotisant contre les risques matériels (grêle, incendie, etc.) et les accidents professionnels.

MUTUALITÉ SOCIALE AGRICOLE l.f.
Organisation créée en 1945, et modifiée en 1960, selon la loi de 1900 sur les mutuelles et qui couvre les risques de maladies et d'accidents des agriculteurs en servant d'intermédiaire entre eux et la Sécurité Sociale.
Elle gère en outre les allocations familiales, les assurances-vieillesse et les assurances diverses du monde agricole. Elle est financée par les cotisations de ses adhérents, par les taxes sur la vente des produits agricoles, et par des subventions de l'Etat. Elle est administrée par des élus aux divers échelons de l'organisation administrative, et par une Assemblée générale à Paris. Ainsi, les agriculteurs jouissent de la même sécurité que les autres catégories sociales.

MYAGRE n.m.
Plante de la famille des Crucifères, à fleurs en grappes jaunes.
Elle croît dans les champs de céréales en été.

MYCÉLIUM n.m.
En. **mycelium**
De. **Miselium**
Es. **micelio**
It. **micelio**
Filaments issus d'une spore de champignon, et formant du *blanc de champignon* qui se développe dans le sol, ou bien, pour le champignon de Paris, dans du fumier de cheval.
Il sert de réseau alimentaire au champignon qui émerge au dessus du sol.
Etym. Du grec *mykes*, champignon.

MYCICULTURE n.f.
En. **mushroom growing**
De. **Pilzkultur**
Es. **micicultura**
It. **funghicoltura, fungicoltura**
Culture des champignons, entre autres des champignons de couche, dits *champignons de Paris*.
Etym. Du grec *mykes*, champignon, et *colere*, cultiver.

MYCODERMA ACETI l.m.
Bactérie formant un voile sur le vin exposé à l'air, et transformant l'alcool en acide acétique.
Procédé chimique pour la fabrication du vinaigre.
Etym. Du grec *mukes*, champignons *derma*, peau, et du latin *acetum*, acide.

MYCOLOGIE n.f.
En. **mycology**
De. **Mykologie**
Es. **micología**
It. **micologia**
1. Science de la production et de la culture des champignons.
2. Ouvrage consacré à cette science, domaine des *mycologues*.
Etym. Du grec *mukès, mukètos*, champignon, et *logos*, discours.

MYCOPLASMOSE n.f.
En. **mycoplasmosis, air-sac disease**
Es. **micoplasmosis**
It. **micoplasmosi**
Maladie cryptogamique des gallinacés.
Elle se manifeste par une inflammation des sacs aériens et des cavités nasales.
Etym. Du grec *mukès*, champignon, et *osos*, maladie.

MYCORHIZE n.f.
It. **micorrizza**
Association d'un mycelium de champignon et des racines d'une plante.
En particulier celles du chêne noir avec le mycelium de la truffe, procédé en cours de réalisation pour la reconstitution des truffières en Périgord. C'est une mycorhize ectotrophe, c'est-à-dire que le champignon entoure les radicelles comme un manchon.
Etym. Du grec *mukès*, champignon, et *rhidzia*, racine.

MYCOSE n.f.
En. **mycosis**
De. **Mykose**
Es. **micosis**
It. **micosi**
Maladie des plantes, ou des animaux, causée par un champignon.
Ex. Encre du châtaignier, mildiou de la vigne, rouille du blé, muguet des agneaux, etc.
Etym. Du grec *mukès, mukètos*, champignon.

MYÉES n.f.p.
(Vivarais). Contrats concernant les terres louées à mi-fruit.

MYRTE n.m.
En. **myrtle**
De. **Myrte**
Es. **mirto, arrayán**
It. **mirto**
Arbuste de la famille des Myrtacées, que l'on plante et que l'on taille pour en faire des haies.
Ses feuilles et ses fleurs exhalent des parfums ; avec ses fruits, on fait une boisson appelée myrtidane.
Etym. De l'indoeuropéen *muron*, qui a donné en grec *murtos*, parfum.

MYRTILLE n.f.
En. **bilberry**
De. **Heidelbeere, Blaubeere**
Es. **mirtillo, arándano**
It. **mirtillo**
Arbrisseau de la famille des Ericacées (*Vaccinium myrtillus*).
Ses fruits, cueillis avec des peignes de bois, servent à faire des liqueurs, de l'eau-de-vie et des confitures. Appelée aussi brimbellier *dans les Vosges et* bleuet *au Québec.*
Syn. Airelle.

MYTILICULTURE n.f.
En. **mussel culture**
De. **Miesmuschelzucht**
Es. **mitilicultura**
It. **mitilicoltura**
Elevage des moules communes (*Mytilus edulis*), pratiqué depuis le XIIIème siècle, dans l'Anse d'Aiguillon, au nord de la Rochelle.
Ce serait un Hollandais naufragé, Patrice Wallon, qui aurait appris aux habitants de ce rivage à pratiquer cet élevage en utilisant des bouchots, *pieux enfoncés dans la vase et où se fixent et grossissent les jeunes moules. Il leur apprit aussi à se servir d'un* acon, *bateau à fond plat, pour aller d'un bouchot à l'autre afin de cueillir les molusques.*
Etym. Du latin *mytilus*, moule, et *coltore*, cultiver.

MYXOMATOSE n.f.
En. **myxomatosis**
De. **Mixomatose**
Es. **mixomatose**
It. **mixomatosi**
Maladie infectieuse du lapin provoquée par un ultra virus.
Très contagieuse, elle se répand surtout par les piqûres de moustiques. Les paupières sont enflammées ; des oedèmes purulents se produisent en diverses parties du corps et l'animal meurt en quelques jours. Importée d'Australie, la myxomatose a causé de grands ravages parmi les lapins de garenne et les lapins d'étable.
Etym. Du grec *muxa*, mucus.

N

NABUCHODONOSOR n.m.
Es. **Nabucodonosor**
Roi de Ninive (667-647 av. J.-C.).
Très grosse bouteille d'une contenance de 12 litres.
Utilisée pour le champagne ; elle équivaut à deux Jéroboams.

NABUSSEAU n.m.
(Pays Nantais). Plante fourragère semée à la volée en août sur les chaumes légèrement labourés, et récoltée en hiver pour la nourriture du bétail.
Etym. Du latin *napus*, navet.

NAIN n.m.
Oeuf sans jaune.
Etym. Du grec *nanos*, très petit.

NAIN adj.
En. **dwarf**
De. **Zwerg-**
Es. **enano**
It. **nano**
Qualifie une plante cultivée dont la taille reste petite. *Ex. Haricots nains.*
Etym. Du grec *nanos*, très petit.

NAISAGE n.m.
(Bresse). Droit payé pour faire rouir le chanvre dans les ruisseaux du domaine seigneurial.

NAISSAIN n.m.
En. **spat**
De. **junge Muscheln**
Es. **ostra nueva**
It. **mollusco giovane**
Jeunes mollusques, huîtres ou moules, qui viennent de naître, et qui se fixent à des rochers, ou à des pieux, dans les *bouchots*, au cours de leur élevage.
Etym. Du latin *nascentia*, naissance.

NAISSEUR adj.
Qualifie un pays où l'élevage consiste à obtenir de jeunes bêtes et à les vendre aux régions d'alentour.
Ex. Le Morvan est un pays naisseur pour les régions qui l'entourent : Auxois, Bazois, Terre Plaine.

NAISSEUR n.m.
En. **stockbreeder**
De. **Züchter**
Es. **nacero**
Eleveur qualifié pour le choix des reproducteurs et chargé d'élever les jeunes.
Il est dit naisseur-engraisseur s'il s'occupe également d'engraisser le bétail dont il a assuré la naissance.

NALEUDE n.f.
(Périgord). Variété de châtaigne de très bonne qualité.

385

NANISME n.m.
En. dwarfness
De. Zwergwuchs
Es. enanismo
It. nanismo
Etat d'un animal ou d'une plante, dont la croissance a été arrêtée par accident, maladie, manque de nourriture, ou trouble génétique.
Accident qui peut être provoqué: on peut naniser un animal ou une plante, tels les bonsaïs japonais.
Etym. Du grec *nanos*, nain.

NANTAISE n.f.
Race bovine proche de la race parthenaise, et race de canards originaires des environs de Nantes.

NAPÉE n.f.
It. Napea
Nymphe des prairies et des bocages (mythol. grecque).
Etym. Du grec *napé*, vallée.

NAPPE n.f.
(Lorraine). Vaste surface ensemencée en blé, et comprenant plusieurs parcelles.
C'est une sole entièrement consacrée aux céréales.

NAPPE AQUIFÈRE l.f.
En. groundwater, water bed
De. Grundwasser
Es. nivel hidrostático
It. falda acquifera
Eau d'infiltration stockée dans des terrains poreux, sur couche imperméable.
Elle est libre si elle n'est pas surmontée ou encadrée de terrains imperméables ; elle est captive, ou artésienne, si elle est sous pression entre des strates argileuses, imperméables ; par un sondage elle jaillit à la surface du sol.

NAPPE PHRÉATIQUE n.f.
En. aquifer, water-bearing stratum
De. Grundwasserspiegel
Es. capa freática
It. falda freatica
Nappe d'eau qui s'écoule à l'intérieur d'un sol et que l'on peut atteindre par des puits, ressource appréciable en temps de sécheresse pour l'irrigation.
Etym. Du grec *phrear*, puits.

NARBONNE n.f.
1. Variété de pêche.
2. Natte de paille, ou de joncs, pour protéger les plantes délicates contre le froid.

NARCISSE n.m.
En. narcissus
De. Narzisse
Es. narciso
It. narciso
Plante du genre des Amaryllidacées.
L'espèce la plus connue est la jonquille à fleurs jaunes ; cultivée dans les jardins ; son bulbe en infusion est un vomitif.
Etym. Du latin *narcissus*.

NARD n.m.
En. nard, spikenard
De. Narde
Es. nardo
It. nardo
Plante herbacée, à feuilles dures et piquantes de la famille des Cypéracées (*Nardus stricta*).
Il croît dans les landes humides des hautes montagnes, où il rend les pentes glissantes pour les promeneurs. Son diminutif nardet désigne une espèce de chiendent. Le nard, que l'on cultivait durant l'Antiquité pour ses rhizomes dont on extrayait une huile parfumée, correspondait sans doute au spicanard, ou nard indien (Nardostachys jatamansis), de la famille des Valérianacées ; c'est avec de l'huile de nard que Marie-Madeleine oignit les pieds de Jesus.
Etym. Du grec *nardos*.

NARSES n.f.p.
1. Prés de fauche autour des jasses du Forez.
2. *(Massif Central)*. Bas-fonds marécageux.
Syn. Nauve, goutte, moulière.

NASEAU n.m.
En. nostril
De. Nüster
Es. nariz, ollar
It. narice, frogia
Narine d'un animal, particulièrement du cheval.
Etym. Du latin *nasus*, nez.

NASIÈRE n.f.
It. nasiera, nasello
Pince, ou anneau, fixé aux naseaux des taureaux pour les conduire sans danger.
Utilisée également pour les chevaux difficiles à dresser.
Syn. Moraille (fig. 139).

(Fig. 139). Nasière = N

NASHI n.m.
1. Arbre fruitier, hybride du pommier et du poirier.
2. Fruit de cet arbre, de forme sphérique et de 7 à 8 centimètres de diamètre, à peau lisse, de couleur marron et à pulpe savoureuse, obtenu par nashiculture dans des vergers par des nashiculteurs.
Etym. Terme japonais : pomme-poire.

NASITOR n.m.
It. crescione inglese/degli orti, agretto
Plante annuelle de la famille des Crucifères (*Lepidum sativum*).
Cultivé comme condiment sous les noms de passerage, ou de cresson alénois.
Etym. Du latin *nasus*, nez et *tortus*, tordu.

NASOIR n.m.
(Bourgogne). Mare où l'on fait rouir le chanvre.
Syn. Nasou (G. Plaisance, A. Cailleux).

NASSE n.f.
(Languedoc). Pré marécageux.
Syn. *(Provence)* Nesso.

NATURALISATION n.f.
En. naturalization
De. Naturalisierung
Es. naturalización
It. acclimatazione
Action d'adapter un animal ou un végétal à un milieu, nouveau par le climat, par le relief, par le sol.
Etym. Du latin *natura*, nature.

NATURALISÉ adj.
En. naturalized
De. akklimatisiert
Es. aclimatado
It. acclimatato
Qualifie une plante, ou un animal, issu d'ailleurs, et qui s'est complètement adapté à son nouveau milieu, au point de pouvoir s'y reproduire.
Tel le robinier faux acacia, importé du Canada par le botaniste Jean Robin en 1601.

NATURE DE CULTURE l.f.
1. Culture particulière affectée pendant une longue durée à une parcelle déterminée
2. Distinction, dans les cadastres, des parcelles d'un finage selon leur utilisation : labours, prés, bois, vignes, landes, etc.

NAUCADE n.f.
(Bassin Aquitain). Pâtée composée de racines et d'herbes cuites, de son et d'eau, que l'on donne aux porcs pour les engraisser.
Syn. Bacade.

NAURAYE n.f.
(Gascogne).
1. Campagne parsemée de noyers.
2. Verger planté de noyers.
Etym. Déformation de *noyeraie*.

NAUVE n.f.
Es. nava
(Double périgourdine). Extrémité amont d'un étang, emcombrée de roseaux.
Vallon marécageux.
Syn. Naude, noue.
Etym. Du latin *nava*, prairie marécageuse.

NAUZE n.f.
(Gascogne). Fossé de drainage dans les prairies des fonds de vallée.

NAVARI n.m.
(Plaine vendéenne). Cabane en bois montée sur roues pour servir d'abri aux bergers.

NAVARRINE n.f.
(Pyrénées de Navarre). Race de chevaux.

NAVEAU n.m.
(Vendée). Navet.

NAVET n.m.
En. **turnip**
De. **weisse Rübe**
Es. **nabo**
It. **rapa, navone**
Plante cultivée pour ses grosses racines qui servent à l'alimentation humaine et animale (*Brassica napus, Br. oleracea, Br. rapa, Br. campestris*).
C'est la rave, le chou-rave, le rutabaga, le turnep. Originaires de l'Europe orientale et de Sibérie, ces plantes fourragères, semées en août sur les chaumes superficiellement labourés, sont récoltées en hiver pour être consommées par le bétail immédiatement, ou stockées en silo.
Etym. Du latin napus, *nave ou navet.*

NAVÉTANES n.m.p.
Ouvriers agricoles saisonniers qui se rendent du Mali au Sénégal pour la récolte des arachides.

NAVETIÈRE n.f.
Parcelle cultivée en navets.
Syn. Naviere.

NAVETTE n.f.
En. **rape**
De. **Raps**
Es. **nabina**
It. **ravizzone**
Plante de la famille des Crucifères (*Brassica rapa oleifera*).
La variété d'hiver est cultivée comme fourrage vert, la variété d'été, semée en avril, donne des graines riches en huile pour la saponification.
Etym. Du latin napus.

NAVIÈRE n.f.
En. **turnip field**
De. **Rübenfeld**
Es. **campo de nabos**
It. **piantagione di rape**
Parcelle cultivée en navets.
Citée dans la loi salique, au VIème siècle.
Etym. Du latin napinaria, *champ de navets.*

NAVILLE n.f.
En. **canal**
De. **Bewässerungskanal**
Es. **acequia**
It. **canale, naviglio**
Canal d'irrigation dans les prairies de Lombardie.
A l'origine, canal pour bateaux.
Syn. Naviglio.
Etym. Du latin navis, *navire.*

NAYE n.f.
(Hautes-Alpes). Prairie marécageuse.
Syn. Naide.

NAZOIR n.m.
Bassin où s'effectuait le rouissage du chanvre.
Syn. Rutoir.

NÈBLE n.m.
It. **nebbia** (1)
1. Maladie du blé causée par un brouillard qui favorise la rouille au début de l'été.
2. Maladie des moutons caractérisée par la pourriture de la peau.
Syn. Neuble, néblature.
Etym. Du latin nebula, *brouillard.*

NÉBULEUSE adj.
Qualifie une agglomération rurale dont les bâtiments se sont implantés progressivement sans ordre, autour de chemins sans dessin régulier.
Etym. Du latin nebula, *brouillard.*

NÉBULISATEUR n.m.
En. **sprayer**
De. **Zerstäuber, Spray**
Es. **nebulizador**
It. **nebulizzatore**
Appareil qui permet de répandre, sous forme de fines gouttelettes, comme un brouillard, un produit liquide : pesticide, herbicide, ou sulfate.

NÉBULISATION n.f.
En. **atomizing, fogging**
De. **Besprühen, Zerstäuben**
Es. **nebulización**
It. **nebulizzazione**
Opération qui consiste à répandre en fines gouttelettes, en brouillard, un liquide préparé à cet effet et destiné à prévenir, ou à combattre, une maladie, surtout cryptogamique.
Etym. Du latin nebula, *brouillard.*

NÉCROSE n.f.
En. **necrosis** (3)
De. **Nekrose** (3)
Es. **necrosis** (3)
It. **necrosi** (3)
1. Maladie des graines de céréales qui deviennent noirâtres.
Syn. Nielle des blés.
2. Maladie de la vigne et des arbres fruitiers, caractérisée par la mort des tissus.
V. Nectrie ou maladie d'Oleron.
3. Toute modification d'ordre biochimique se produisant dans les tissus après la mort des cellules *(P. Habault).*
Etym. Du grec necros, *mort.*

NECTAIRE n.m.
En. **nectary**
De. **Honiggefäss**
Es. **nectario**
It. **nettario**
Petite glande située sous les étamines des fleurs et secrétant un suc particulièrement sucré, dont les abeilles font leur miel.

NECTAR n.m.
En. **nectar**
De. **Nektar**
Es. **néctar**
It. **nettare**
1. Produit aqueux secrété par les organes nectaires de certaines fleurs.
2. Dans l'Antiquité, breuvage des dieux.

NECTARINE n.f.
En. **nectarine**
De. **Nektarine**
Es. **nectarina**
It. **pesca noce**
Variété de pêche à peau lisse et à pulpe se détachant du noyau.
Etym. Nom anglais du brugnon.

NECTRIA n.f.
It. **nectria**
Champignon ascomycète qui détermine les chancres, ou des coussinets rouges sur les troncs des arbres fruitiers, entraînant la mort des rameaux et même des arbres.
Les blessures de l'écorce favorisent le développement de ce parasite.

NECTRIE n.f.
It. **cancro**
Maladie cryptogamique des arbres fruitiers, notamment du pommier.
Connue sous le nom de chancre du pommier, (Nectria galligena) et maladie du rouge sur d'autres arbres (Nectria cinnabarina).

NÉE n.f.
(Charente). Prairie marécageuse.
Syn. Noue.

NÉFLIER n.m.
En. **medlar**
De. **Mispelbaum**
Es. **níspero**
It. **nespolo**
Arbre de 3 à 4 m de haut, à feuilles caduques, de la famille des Rosacées (*Mespilus germanica*).
Il donne des fruits, ou nèfles, *à peau grise, comestibles quand ils sont blets. Ce sont des* nuculaines, *car ils comprennent deux gros noyaux distincts, ou* nucules, *du latin* nucula, *petite graine. Le néflier se greffe sur aubépine blanche.*
Etym. Du grec mespilon *qui a donné* mespilum *et* mespila *en latin, puis* mespoula *et* misplo *en langue d'oc, et* méplier *en langue d'oil, soit en français* nèfle *et* néflier.

NÉGADIS n.m.
(Rouergue). Parcelle sujette à la submersion en temps de crue, et où l'eau séjourne après la décrue.
Etym. Du latin necare, *faire périr, qui a donné* négar *en langue d'oc, d'où* négadis, *endroit où l'on peut se noyer.*

NÉGRAN n.m.
(Bourbonnais). Cépage à raisins noirs, cultivé jadis en Bourbonnais où il donnait des vins réputés.
De faible production, d'où son nom de petit Négran, *il a été abandonné.*
Syn. Gouget.

NÉGRETTE n.f.
(Sud du Bassin Aquitain). Cépage à raisins noirs.
Syn. Négret, chalosse noire.

NÉGRIL n.m.
Insecte parasite dont la larve cause des dégâts dans les luzernières.
Les plantes qui en sont atteintes noircissent, d'où le nom du mal.

NÉGRITE n.m.
Insecte parasite qui causait, jadis, des ravages dans les champs de pastel.

NÉGRON n.m.
Ver à soie atteint d'une maladie appelée *nigrone*.
Elle provient des troubles de la mue et donne à la larve une teinte noirâtre.

NEILLE n.f.
(Saintonge). Bourre de chanvre, brute, ou prélevée sur un vieux sac, pour boucher les interstices des douves d'une barrique.

NÉMATHELMINTHES n.m.p.
Es. **nematelmintos**
Vers de forme cylindrique et allongée, parasites des animaux et des plantes: ascaris, strongles, trichine, filaire, etc.

NÉMATICIDE n.m.
En. **nematocide**
De. **Nematizid**
Es. **nematocida, nematicida**
It. **nematocida**
Substance chimique à base de bromure de méthyle pour tuer les *nématodes*, parasites des plantes.
Les nématicides pour les animaux sont appelés anthelminthiques.
Etym. Du grec *nema*, fil, du latin *caedere*, tuer.

NÉMATODES n.m.p.
En. **nematodes**
De. **Nematoden, Fadenwürmer**
Es. **nematodos**
It. **nematodi**
Ensemble de petits êtres vivants, vermiformes et comprenant des espèces libres *(anguillule du vinaigre)*, des espèces parasites *(bactéries)*, des espèces animales *(oxyures)* ou végétales *(anguillule du blé)*.
Nuisibles aux cultures et à l'élevage, et que l'on combat avec des nématicides.
Etym. Du grec *nematos*, fil.

NÉOLITHIQUE n.m.
En. **neolithic**
De. **Neolithikum**
Es. **neolítico**
It. **neolitico**
Age préhistorique, dit de la *pierre polie*.
De 8000 à 5000 avant notre ère, c'est une période capitale pour l'agriculture.
Sous un climat peu différent de celui de nos jours, c'est l'époque où les hommes défrichent et se livrent à la culture des céréales (Triticale), des arbres fruitiers (sorbier), des racines comestibles (rave) et aussi à l'élevage (chien, porc, mouton) ; le cheval ne sera domestiqué qu'à l'époque du bronze (-4000 à -1500). Les hommes se groupent en villages composés de huttes en bois couvertes de chaume ; les sites de peuplement se déplacent le long des vallées, en fonction des essartages et des sols favorables à l'agriculture.
Etym. Du grec *neos*, nouveau et *lithos*, pierre.

NÉRIN n.m.
Cépage à raisins noirs, cultivé dans la vallée du Rhône.
Syn. Pinot de l'Ermitage.

NERPRUN n.m.
En. **buckthorn**
De. **Wegedorn**
Es. **aladierna**
It. **ramno**
Arbrisseau de la famille des Rhamnacées.
La variété nerprun purgatif (Rhamnus cathartica) donne des baies à quatre ou cinq graines utilisées comme purgatif et pour la fabrication du sirop de nerprun, médicament employé en thérapeutique ; on en retire également une matière colorante jaune.
Etym. Du latin *niger prunus*, prunier noir.

NERRE n.m.
Cépage à raisins noirs, cultivé dans le Jura.
Syn. Chineau, gaillard, lombard, etc.

NESDE n.f.
(Vendée). Point le plus bas d'une prairie humide, où l'eau séjourne en hiver, et où poussent joncs et carex.
La prairie est dite naideuse.

NESFLIÈRE n.f.
En. **medlar orchard**
De. **Mispelbaumgarten**
Es. **vergel de nísperos**
It. **piantagione di nespoli**
Plantation de néfliers.
Syn. Nesplière.

NETTOYANTE adj.
Se dit d'une culture qui, exigeant beaucoup de façons culturales, entraîne la disparition des plantes nuisibles.
C'est le cas des plantes sarclées.

NETTOYEUR n.m.
En. **cleaner**
De. **Reiniger**
Es. **limpiador**
It. **pulitrice**
Appareil qui nettoie, à l'aide d'un jet d'air, ou d'un jet d'eau, le matériel agricole, ou les récoltes (racines, fruits, légumes, grains).

NETTOYEUR D'ÉTABLE l.m.
En. **cowshed cleaner**
De. **Stallreiniger**
Es. **evacuador de estiércol**
It. **asportatore di letame**
Appareil composé d'une sorte de tapis roulant installé à l'arrière des bêtes et qui, mis en mouvement par un moteur électrique, entraîne les déjections hors de l'étable.

NEUFCHÂTEL n.m.
Fromage fabriqué avec du lait de vache dans la région de Neufchâtel-en-Bray, canton de la Seine-Maritime. Syn. *Bonde, bondon, à cause de sa forme cylindrique.*

NEUSILLÈRE n.f.
Verger de noisetiers.
Syn. Coudraie.

NEUTRALISATION n.f.
En. **neutralization** (1)
De. **Neutralisierung** (1)
Es. **neutralización** (1)
It. **neutralizzazione** (1)
1. Augmentation du pH d'un sol acide en lui incorporant des amendements basiques : marne, chaux, jusqu'à un pH supérieur à 7.
2. Castration d'un animal, mâle ou femelle ; sexuellement, il devient *neutre*.
Etym. Du latin *neuter*, ni l'un, ni l'autre.

NEUTRE adj.
En. **neuter**
De. **neutral**
Es. **neutro**
It. **neutro**
1. Qualifie un sol qui a un pH égal à 7 ni acride ni alcalin.
2. Qualifie une plante indifférente à la longueur du jour (pomme de terre, petits pois, etc.).
3. Qualifie l'état d'un animal castré.
Etym. Du latin *neuter*, ni l'un, ni l'autre.

NEUVA n.f.
Pièce de terre gagnée sur la forêt, ou sur la lande, par défrichement.
Etym. Du latin *novus*, nouveau.

NEVEAU n.m.
(Jura vaudois). Aire couverte, dallée, située devant la grange, et qui sert à abriter les bidons de lait et les petits instruments aratoires.

NEYRAN n.m.
Cépage à raisins noirs, comprenant deux variétés : le *petit Neyran* peu productif, et le *grand Neyran*, plus abondant.
Cultivé jadis en Limagne.

NIAOULI n.m.
(Nouvelle Calédonie). Arbre de la famille des Myrtacées *(Melaleuca viridiflora).*
Le tronc a une écorce blanche. De ses feuilles on extrait des parfums (essence de niaouli) et des produits pharmaceutiques (goménol).

NICHÉE n.f.
En. **brood**
Es. **nidada**
It. **nidiata**
Tous les petits d'un oiseau, ou d'une volaille, encore dans le nid.

NICHET n.m.
En. **nest egg**
De. **Nestei**
Es. **nidal**
It. **nidiandolo**
Oeuf en plâtre, leurre que l'on place dans un nid où l'on veut que les poules pondent.
Le nid ainsi préparé est qualifié de nicheux.

NICHOIR n.m.
En. **breeding cage**
De. **Vogelhecke**
Es. **nidal**
It. **gabbia per la cova**
Panier en forme de nid, garni de paille ou de foin, qui sert à faire pondre, ou couver, les volailles *(fig. 140).*

(Fig. 140). Nichoir

NICOT (Jean)
1530-1600.
Erudit et diplomate français, né à Nîmes. ambassadeur au Portugal, il y remarqua la culture et l'utilisation du tabac importé d'Amérique centrale vers 1560.
Il en introduisit l'usage en France et se rendit célèbre en le donnant sous forme de poudre à Catherine de Médicis pour calmer ses crises d'asthme ; d'où le nom d'herbe à la reine qui fut donné au tabac.

NICOTIANA n.f.
Nom scientifique des diverses variétés de tabac de la famille des Solanacées.

NICOTINE n.f.
En. **nicotine**
De. **Nikotin**
Es. **nicotina**
It. **nicotina**
Alcaloïde contenu dans le tabac.
Produit très toxique, utilisé en agriculture comme insecticide, sous forme de jus de tabac, à 10 g par litre.
Tabac=herbe à Nicot.

NICOTINISME n.m.
En. **nicotinism**
De. **Nikotinvergiftung**
Es. **nicotinismo**
It. **nicotinismo**
Intoxication due à l'abus du tabac et de son alcaloïde, la nicotine.

NID n.m.
En. **nest**
De. **Nest, Niststatte**
Es. **ponedor, nido**
It. **nido**
Petite caisse garnie de paille où vont pondre poules et canards, oies et dindes.
Parfois armée d'un dispositif spécial qui retient la volaille quand elle a pondu, le nid-trappe permet de contrôler le nombre d'oeufs que pond une poule.
Etym. Du latin nidus.

NIDIFICATION n.f.
En. **nesting**
De. **Nestbau**
Es. **nidificación**
It. **nidificazione**
1. Construction de son nid par un oiseau.
2. Période pendant laquelle un oiseau utilise son nid pour couver.
Etym. Du latin nidus, nid.

NIELLE n.f.
En. **corn cockle**
De. **Getreidebrand**
Es. **neguilla**
It. **niello**
Plante herbacée de la famille des Caryophyllacées *(Agrostemma githago).*
Elle pousse à l'état sauvage dans les blés. Ses graines, noires et vénéneuses, altèrent la qualité de la farine si elles sont moulues avec celles du froment ; elles provoquent le githagisme qui agit sur les muscles et les paralyse, avec un arrêt du coeur.
Etym. Du latin nigellus, noirâtre, qui a donné niella en provençal.

NIELLE n.f.
It. **anguillula del grano**
Maladie due à un nématode, *l'anguillule du blé,* qui attaque les graines de céréales et les réduit en une poussière noirâtre *(R.Blais).*
Syn. Nigelle.

NIELLÉ adj.
En. **blighted**
De. **brandig**
It. **golpato**
1. Qualifie un grain de céréale gâté par la nielle.
2. Qualifie un fruit qui croît difficilement et dont la peau est tavelée.

NIELLURE n.f.
Trace de maladie de la nielle sur les grains de céréales.

NIGELLE n.f.
En. **nigella**
De. **Schwarzkümmel**
Es. **arañuela**
It. **nigella, damigella, fanciullaccia**
Plante herbacée de la famille des Renonculacées.
La nigelle cultivée (Nigella sativa), dite herbe aux épices, a des graines qui servent à fabriquer des apéritifs, tel le kummel.
Syn. cheveux de Vénus, à cause des feuilles découpées en fines lanières.

NIGOUSSE n.m.
(Beauce). Ouvrier agricole breton recruté pour la moisson.

NILI adj.
Qualifie les cultures effectuées en période de crue, le long de la vallée du Nil, grâce aux mesures prises contre les eaux d'inondation.
Etym. Dérivé de Nil.

NINGLE n.m.
(Vendée). Perche dont on s'aide pour franchir d'un saut les canaux des marais vendéens.

NIOLE n.f.
(Marais poitevin). Embarcation à fond plat, de 3 à 4 mètres de long sur 1 mètre de large, utilisée pour transporter récoltes, bétail et gens.
Elle avance à la pigouille.

NITRATE n.m.
En. **nitrate**
De. **Nitratdünger**
Es. **nitrato**
It. **nitrato**
Sel de l'acide nitrique entrant dans la composition des engrais azotés et se présentant sous forme naturelle ou industrielle.
Etym. De l'hébreu noter, substantif du verbe nectar, qui fait effervescence et qui a donné en grec nitron et en latin nitrum.

NITRATES NATURELS l.m.p.
En. **natural nitrates**
De. **natürliches Nitrat**
Es. **nitratos naturales**
It. **nitrati naturali**
(Chili septentrional). Sels de sodium (NO$_3$Na) qui se sont conservés grâce à la sécheresse du climat.
Ils proviennent de précipités de sel marin contenu dans les eaux océaniques et de déchets organiques provenants des oiseaux

NITRATES INDUSTRIELS l.m.p.
En. **industrial nitrates**
De. **industrielles Nitrat**
It. **nitrati industriali**
Nitrates fabriqués notamment à Toulouse, à partir de l'azote de l'air, en combinaison avec le calcium, le sodium, le magnésium ou le potassium.
Facilement solubles dans les terres humides,

les nitrates sont rapidement assimilables par les plantes cultivées, ils sont fréquemment associés à de la chaux, ou à de la potasse, pour former un engrais plus complet, n'acidifiant pas trop le sol.

NITRIFICATION n.f.
En. **nitrification**
De. **Nitrifizierung**
Es. **nitrificación**
It. **nitrificazione**
Transformation par voie microbienne de l'azote organique du sol, notamment de l'humus, en azote nitrique assimilable par les plantes sous la forme de nitrates solubles.
Accumulés dans les nodosités racinaires des légumineuses, ils enrichissent les sols des prairies artificielles à base de luzerne, de trèfle, ou de sainfoin. Leur formation est favorisée par la présence d'oxygène, d'humidité et d'une température d'environ 20°C (R. Blais).

NITRIQUE adj.
En. **nitric**
De. **Salpeter-**
Es. **nítrico**
It. **nitrico**
Qualifie l'azote en combinaison avec l'eau pour donner de l'acide nitrique, d'où dérivent des sels ammoniacaux qui s'oxydent en nitrates assimilables par les plantes.
C'est la base d'engrais azotés favorables surtout à la feuillaison des plantes. L'adjectif nitrique, *qui avait remplacé* azotique, *est, à son tour, éliminé de la nomenclature systématique par* trioxonitrique, *qui contient trois atomes d'oxygène par molécule.*

NITROBACTÉRIE n.f.
En. **nitrobacteria**
De. **Nitrobakterie**
Es. **nitrobacteria**
It. **nitrobatterio**
Bactérie aérobie qui oxyde les sels de l'acide nitrique et les transforme en nitrates assimilables par les plantes en les combinant à une base: chaux, potasse.

NITROPHOSPHATE n.m.
En. **nitrophosphate**
De. **Nitrophosphat**
Es. **nitrofosfato**
It. **nitrofosfato**
Engrais complexe, combinant l'azote et le phosphate bicalcique, celui-ci étant soluble dans l'eau, et dans le citrate d'ammoniaque issu de l'azote transformée par l'humus en azote nitrique.
V. *Nitrosation.*

NITROSATION n.f.
En. **nitrosation**
Es. **nitrosación, nitratación**
It. **nitrosazione**
Transformation dans le sol, sous l'action des bactéries nitreuses, des sels ammoniacaux en acide nitreux qui forme, avec des bases, les nitrites assimilables par les plantes.
Syn. *Nitratation.*
Etym. Du latin *nitrum*, nitre.

NIVELAGE n.m.
En. **levelling**
De. **Nivellierung**
Es. **nivelación**
It. **livellazione**
Opération qui consiste à mettre, avec la herse et le rouleau, la surface du sol récemment labouré au même niveau, afin que les semences soient recouvertes d'une couche de terre d'épaisseur régulière.
Etym. Du latin *libellus*, aplani, aplanir.

NIVELEUSE n.f.
En. **leveller**
De. **Ackerschleife, Planiergerät**
Es. **niveladora**
It. **livellatora**
Herse sans pointes, faite de traverses métalliques et munie de mancherons, utilisée pour aplanir le sol, notamment dans les rizières qui doivent être parfaitement horizontales pour leur irrigation *(fig. 141).*

(Fig. 141). Niveleur

NIVELLEMENT n.m.
En. **levelling**
De. **Einwägen, Ausgleichen, Nivellierung**
Es. **nivelación**
It. **livellamento**
1. Opération qui a pour but de rendre parfaitement horizontale la surface d'un champ, en particulier celle des rizières.
2. Opération effectuée par un géomètre en vue de déterminer les cotes d'altitude des divers points d'une parcelle, préalablement indispensable à la réalisation d'un projet de drainage.
Des courbes de niveau figurent le relief du terrain (R. Blais).

NIVERNAIS adj.
1. Qualifie une race de bovins proche de la race charolaise et originaire du Nivernais.
2. Qualifie une race de chevaux courts et trapus, robustes et de robe grise ou noire.

NIVETTE n.f.
Variété de pêche.

NIVÔSE n.m.
De. **Nivôse (Schneemonat)**
Es. **nivoso**
It. **nevoso**
Quatrième mois d'après le calendrier républicain, du 22 décembre au 21 janvier, période où la neige recouvre la campagne et arrête les travaux des champs.
Etym. Du latin *nix, nivis*, neige.

NOAH n.m.
Cépage américain à raisins blancs, donnant un vin riche en alcool, mais d'un goût foxé, nocif pour l'organisme.
Les plants se prêtent bien au greffage.

NOBLE adj.
Qualifiait jadis une terre tenue en fief, exemptée de redevances, mais assujettie à l'aide aux quatre cas : guerre, rançon, mariage, héritage ou décès.

NOC n.m.
Canalisation placée sous la digue séparant deux étangs étagés, et permettant de vider l'étang supérieur quand on veut le mettre en culture.

NOCTUELLE n.f.
En. **moth**
De. **Weizeneule, Nachtfalter**
Es. **noctua**
It. **nottua**
Papillon de nuit, lépidoptère appartenant à la famille des Noctuidés *(Euxoa segetum)*
Ses larves, ou vers gris, causent des ravages dans les champs de blé et dévorent les légumes des jardins.
Etym. Du latin *nox*, nuit.

NODOSITÉ n.f.
En. **nodosity**
De. **Knotigkeit**
Es. **nudosidad**
It. **nodosità**
Petite excroissance qui apparaît sur les racines de certaines plantes, en particulier sur celles des légumineuses herbacées.
Elle est due à des bactéries symbiotiques (Rhizobium) qui fixent l'azote de l'air, contribuant ainsi à la croissance de la plante qui leur sert d'hôte, quand les racines porteuses meurent.
Etym. Du latin *nodus*, noeud.

NODULES n.m.p.
En. **nodules**
De. **Knötchen**
Es. **nódulos**
It. **noduli**
Concrétions calcaires riches en phosphate de chaux.
Assez fréquentes sur les terrains primaires et secondaires du nord de la France ; on les a utilisées comme engrais et amendements phosphatés après les avoir pulvérisées.
Etym. Du latin *nodulus*, petit noeud.

NOEUD n.m.
En. **knot** (1)
De. **Knoten** (1)
Es. **nudo** (1)
It. **nodo** (1)
1. Point situé sur la tige d'une plante où s'insère une feuille, ou le départ d'une autre tige.
2. Dans un tronc d'arbre, endroit où une branche a son point d'attache, englobé dans le bois du tronc.
Etym. Du latin nodus, noeud.

NOËL n.m.
(Gatinais). Instrument destiné à préparer la terre en vue d'une future récolte.

NOGARÈDE n.f.
(Périgord). Verger de noyers.
Syn. Noyeraie, nougarède.

NOGUET n.m.
Panier d'osier très plat pour porter sur la tête des fruits, ou des fromages.

NOIR n.m.
1. Cépages à raisins noirs, en particulier le *Grand Noir*, à grosses grappes.
2. Maladie cryptogamique qui atteint les feuilles des plantes cultivées, les rameaux des arbres et les graines de céréales.
Les parties atteintes noircissent, d'où le nom du mal dû au Cladosporium herbarum pour les céréales et à Herpotrichia nigra pour les arbres.

NOIR ANIMAL l.m.
En. **bone black**
De. **Knochenkohle**
Es. **negro animal**
It. **nero animale**
Engrais composé obtenu en calcinant des os en vase clos.
Très riche en phosphate et en carbonate de chaux, il convient aux terres acides où il joue le rôle du chaulage, tout en apportant du phosphore assimilable. Utilisé également en raffinerie pour clarifier les jus des betteraves à sucre.

NOIRCISSURE ou
NOIRCISSEMENT n.m.
De. **Schwärzen**
Es. **ennegrecimiento**
It. **annerimento**
Maladie des boissons alcoolisées, vin, cidre, attribuée à une oxydase qui détruit le tanin et donne une teinte brune et un goût fade à la boisson.
On dit qu'elle se tue.

NOIRE DU VELAY l.f.
Race ovine, rustique, à toison noire.

NOIREAU n.m.
(Beaujolais). Cépage à raisins noirs.

NOIRIN n.m.
(Bourgogne, Languedoc). Cépage à raisins noirs.
Variété de Pinot.

NOISERAIE n.f.
En. **hazel orchard**
De. **Nussbaumgarten**
Es. **avellanal, avellaneda**
It. **noccioleto**
Verger de noisetiers.
Syn. Noisillière, avellanière, coudraie.
Etym. De noisier, mis pour noisetier.

NOISETIER n.m.
En. **hazel**
De. **Haselnusstrauch**
Es. **avellano**
It. **avellano, nocciolo**
Arbre fruitier de la famille des Corylacées *(Corylus avellana).*
Le noisetier sauvage pousse en bordure des bois. Le noisetier cultivé, ou avelanier, doit son nom à la ville d'Avella, en Campanie, réputée pour la grosseur de ses noisettes. Dans le nord de la France, noisetier est entré en concurrence avec coudrier, qui dérive du celte colla, par le latin corulus, mais qui est de moins en moins usité. Les noisetiers cultivés donnent plusieurs variétés de noisettes qui se récoltent en août et septembre.
Etym. Du latin nux, noix, noisette.

NOISETTE n.f.
En. **hazelnut**
De. **Haselnuss**
Es. **avellana**
It. **nocciola, avellana**
Fruit du noisetier, nucule à deux cotylédons.
Syn. (Aquitaine) Nousille ; (Belgique) neuje.

NOISETTERIE n.f.
Es. **avellaneda** (1)
1. Verger de noisetiers.
Syn. Coudraie.
2. Local où l'on prépare les noisettes pour la vente.

NOIX n.f.
En. **walnut**
De. **Walnuss**
Es. **nuez**
It. **noce**
Fruit du noyer.
Cueillie en automne, la noix est dépouillée de son enveloppe verte, le brou ; puis les énoiseuses cassent sa coquille à coups de marteau pour dégager la pulpe, ou cerneau, très appréciée, jadis comme dessert, puis pour son huile et aujourd'hui en pâtisserie. Plusieurs fruits portent aussi le nom de noix: noix de pistache, noix d'arec (fruit de l'aréquier), noix de coco (fruit du cocotier, qui donne du lait de coco et de l'huile), noix de kola (fruit du kolatier), noix de muscade (qui sert de condiment), etc.
Etym. Du latin nux, noix, noyer.

NOIX DE GALLE l.f.
V. Galle.

NOMADE n.m.
En. **nomad**
De. **Nomade**
Es. **nómada**
It. **nomade**
Personne sans demeure fixe, qui vit sous la tente pour suivre ses troupeaux au cours de leurs déplacements saisonniers.
Les peuples nomades vivent en marge des régions désertiques, dans les zones où l'alternance des saisons sèches et humides, et les différences d'altitude, ménagent, sur d'assez courtes distances, des pâturages temporaires pour la nourriture du bétail durant les diverses périodes de l'année. Parfois, les pâturages se prêtent à quelques cultures, ce qui permet d'ajouter aux produits du troupeau ceux d'une agriculture nomade.
Etym. Du grec nomas, qui est au pâturage, et ados, satiété, terme qui a désigné les Numides à l'époque romaine.

NOMADISME n.m.
En. **nomadisme**
De. **Nomadisierung** (1),
Nomadenleben (2)
Es. **nomadismo**
It. **nomadismo**
1. Déplacement effectué par les nomades.
2. Genre de vie des nomades.

NOMADISME AGRICOLE l.m.
Es. **nomadismo agrícola**
(Afrique). Déplacement périodique des champs et des villages avec toute la population, selon la situation des saisons sèches et des saisons de pluie.
Peu répandu en Afrique.

NOMADISME PASTORAL l.m.
(Aux limites des zones désertiques du Sahara et de l'Asie centrale, en Laponie). Procédé d'élevage pratiqué dans les pays à pâturages éphémères et saisonniers.
Il consiste en déplacements réguliers ou irréguliers du troupeau et du groupe humain qui en vit.

NOMADISME DE CHASSE, DE CUEILLETTE l.m.
Nomadisme pratiqué par des populations primitives vivant de gibier et de fruits sauvages (Pygmées, aborigènes d'Australie).

NOMADISME DE PÊCHE l.m.
Nomadisme pratiqué par des populations nordiques : Lapons, Esquimaux, Yakoutes, etc.

NOMBRAGE n.m.
1. Office de l'agent seigneurial chargé de compter les gerbes de blé, ou de mesurer les récoltes relevant du champart.
2. Salaire de cet agent.

NOMMÉE n.f.
1. Dénombrement d'un fief effectué par un vassal, selon les instructions de son suzerain.
2. *(Berry)*. Aujourd'hui, document riche en renseignements sur la vie rurale médiévale.

NONAIN n.m.
Pigeon de volière qui doit son second nom de *capucin* à la disposition de ses plumes autour de son cou.

NONAY n.m.
Cépage à raisins roses et à grains ovales, de saveur agréable, cultivé comme raisins de table dans le Midi méditerranéen.
Syn. Olivet, servant.

NONCHAIN n.m.
Espèce de poire d'automne.

NONNETTE n.f.
Variété de froment.

NOPAL n.m.
En. **nopal**
De. **Nopal**
Es. **nopal**
It. **nopale**
Plante succulente de la famille des Cactacées, à larges et épaisses feuilles en forme de raquette, avec des fleurs sur leurs tranches.
Connue sous le nom de figuier de Barbarie ; ses fruits sont des figues de Barbarie à nombreux piquants, mais à pulpe savoureuse. Cultivé au Mexique pour l'élevage des cochenilles, c'est la variété Opuntia coccinellifera. Cette plante grasse s'est propagée à l'Afrique du Sud et à l'Afrique du Nord où elle forme des haies autour des villages.

NORBERTE n.f.
Espèce de petite prune noire.

NORIA n.f
En. **noria, bucket wheel**
De. **Schöpfrad**
Es. **noria**
It. **noria**
Appareil destiné à élever de l'eau puisée dans un canal, ou dans un puits, à l'aide de seaux, de godets, fixés à une roue, ou à une chaîne sans fin.
Un animal, ou un moteur, met en marche, par un système d'engrenages, la roue ou la chaîne ; les godets se remplissent d'eau dans le fond du puits, ou dans le canal, et la déversent au sommet dans un bassin d'où elle s'écoule par des tuyaux vers les zones à irriguer (fig. 142).
Etym. De l'arabe *na'oura*, qui a donné *noria* en espagnol.

NORMALISATION n.f.
En. **standardization**
De. **Normierung**
Es. **normalización**
It. **normalizzazione**
Méthode qui a pour objet de déterminer, pour un produit du règne animal, ou du règne végétal, les caractères qui conviennent le mieux à l'utilisation que l'on veut en faire.
En conséquence on peut proposer des modifications permettant d'atteindre ce but.

NORMANDE adj.
Qualifie une charrue légère, utilisée jadis de la Normandie aux Flandres.

NORMANDER v.tr.
Nettoyer le grain battu de ses balles et de ses poussières à l'aide d'un van ou d'un tarare.

NORMANDES (RACES) l.f.p.
Es. **normandas (razas)**
1. Chevaux demi-sang anglonormands, obtenus par croisement de purs-sangs anglais et de juments de race germanique. *De robe alezane, ils sont réputés pour l'élégance de leurs formes et la rapidité de leur course.*
2. Bovins normands à robe blanche et acajou, avec des rayures noires verticales, appelées *brinjures*.
Les vaches sont d'excellentes laitières.
3. Porcs normands recherchés pour la charcuterie.
4. Lapins normands, rustiques.
Leur chair est de bonne qualité.
5. Chiens anglonormands recherchés pour les meutes de chasse à courre.

NORMANDIE n.f.
(France du nord). Verger, ou prairie, plantée de pommiers.
Syn. Masure.

NORME n.f.
En. **standard**
De. **Norm**
Es. **norma**
It. **norma**
Règlement fixant les dimensions, les formes, le poids, la couleur des produits agricoles quand ils doivent être commercialisés.
Etym. Du latin *norma*, équerre, règle.

(Fig. 142). Noria

NORME ALIMENTAIRE l.f.
En. **alimentary standard**
De. **Nahrungsmittelnorm**
Es. **norma alimenticia**
It. **norma alimentare**
Nature et quantité de matières alimentaires à fournir à un animal domestique calculées scientifiquement, selon son âge, sa taille, son utilisation et les diverses périodes du jour et de l'an.

NORMES FRANÇAISES l.f.p.
Qualités qu'un produit des champs, ou des étables, doit réunir pour qu'on puisse lui donner la marque NF qui confirme la réalité de ces qualités.
Leur contrôle en est assuré par un organisme indépendant créé en 1938 ; plus de cinquante catégories de produits postulent chaque année pour cette marque.

NORTIER n.m.
Marchand-éleveur de bestiaux.
Syn. Norestier.

NOSÉMOSE n.f.
En. **nosema disease**
De. **Nosemaseuche**
Es. **nosemiosis, nosemiasis**
It. **nosemiasi**
Maladie des abeilles causée par un parasite protozoaire *(Nosema apis)*.
Elle se manifeste par des troubles digestifs mortels. On la combat par des mesures de prophylaxie. Très contagieuse, elle impose à l'apiculteur l'obligation légale de détruire son élevage. Elle affecte aussi le ver à soie (V. Pébrine).
Etym. Du grec *nosema*, maladie.

NOU n.f.
(Flandre). Auge de pierre où se déverse l'eau tirée du puits par les *bricolins*, ou bricoliers.

NOUAISON n.f.
En. **setting**
De. **Knüpfen**
Es. **cuajado**
It. **allegamento**
Stade du cycle végétatif d'un fruit qui se situe après la fécondation de l'ovule et la consolidation du pédoncule, et avant le développement du fruit.

NOUAL n.m.
(Limousin). Petit monticule de terre au milieu d'un champ.

NOUE n.f.
En. **marshland (1), channel, drain (2)**
De. **Sumpfgrund (1), Wassergraben (2)**
Es. **prado pantanoso (1)**
It. **pascolo acquitrinoso, marcita (1)**
1. Prairie marécageuse, ne donnant que du mauvais foin.
Si elle est située à l'extrémité amont d'un étang, c'est une nauve (Double) ; si elle est petite, c'est une nouelle.

2. Intervalle entre deux sillons, où les eaux de pluie stagnent.
Etym. Du latin *noda, noia,* cours d'eau.

NOUER v.intr.
En. **to set fruit**
De. **ansetzen**
Es. **cuajar**
It. **allegare**
Former ses fruits.
C'est le moment où les fruits d'un arbre, après la floraison, commencent à grossir. Le même terme s'applique à un fruit qui a été fécondé avant la chute de la fleur qui lui donne naissance ; c'est l'époque de la nouaison, de la nouure.

NOUEUR n.m.
It. **legatore**
Pièce d'une moissonneuse-lieuse effectuant automatiquement, avec des cordelettes grossières, des noeuds pour ficeler les bottes de paille.

NOUGAT n.m.
En. **nut oil**
De. **Ölkuchen**
It. **panello**
Résidu obtenu après l'extraction de l'huile contenue dans les noix.
Il sert de nourriture pour les porcelets.
Etym. Du latin *nucatum,* mets préparé avec des noix.

NOURRAIN n.m.
Petit cochon que l'on alimente avec des produits de qualité pour le faire engraisser.

NOURRAIN n.m.
En. **fry**
De. **Fischbrut, Setzling**
Es. **morralla**
It. **avannotto**
Alevin que l'on jette dans un étang pour le peupler.

NOURRICE (METTRE EN) l.v.
Mettre des plantes dans un terreau humide avant de leur donner une place définitive.
Ainsi la pression osmotique se conserve, et ces plantes prennent rapidement racine quand on les transplante.
Etym. Du latin *nutricia,* celle qui nourrit.

NOURRICERIE n.f.
De. **Viehmästerei** (1)
Es. **engordadero** (1)
It. **luogo destinato al bestiame da ingrasso** (1)
1. Etablissement où l'on engraisse le bétail.
2. Bâtiment où l'on élève les vers à soie.
Syn. Magnanerie.

NOURRIGUIER n.m.
1. Berger chargé de veiller à la nourriture d'un troupeau de moutons.
2. *(Provence).* Propriétaire d'un troupeau de moutons transhumants.

NOURRISSAGE n.m.
En. **feeding**
De. **Viehzucht**
Es. **cría de ganado**
It. **allevamento**
Procédé qui s'applique à l'élevage et à l'engraissement des animaux domestiques.

NOURRISSEMENT n.m.
En. **feeding**
De. **Ernährung**
Es. **alimentación**
It. **nutrimento**
Complément de nourriture fourni aux abeilles sous forme de préparations sucrées pour stimuler la ponte et sauver la colonie.

NOURRISSEUR n.m.
En. **cow keeper** (1)
De. **Züchter** (1)
Es. **ganadero** (1)
It. **allevatore** (1)
1. Eleveur de vaches, de chèvres ou d'anesses, dans une étable située en ville, afin d'offrir du lait frais aux citadins.
Cette profession paraît avoir disparu en Europe occidentale.
2. Personne qui élève des bestiaux pour la viande ou pour le lait.
3. Appareil consacré à l'alimentation du bétail.
4. Récipient contenant un liquide sucré, fixé à la ruche, pour alimenter les abeilles quand elles sont privées de fleurs.

NOURRISSON n.m.
En. **baby beef** (1)
De. **Säugling** (1)
Es. **recental** (1)
It. **vitello** (1), **puledro**
1. Jeune veau de huit jours que l'on achète pour le faire nourrir par une vache dont on a sevré le petit.
2. Poulain que l'on élève ; *nourrissonne* pour une pouliche.

NOUSILLIÈRE n.f.
Verger de noisetiers.
Syn. Nousilier.

NOUURE n.f.
En. **setting**
De. **Ansetzen**
Es. **cuajado**
It. **allegagione, allegamento**
Action de nouer. Période de la fructification qui se situe après la chute des fleurs, au moment où les fruits commencent à grossir.
Pour favoriser la nouure on a recours à la taille, à l'effeuillaison partielle, à la ligature des branches entre elles, procédés qui rendent plus rapide la croissance des fruits.
Syn. Nouaison.

NOUVALI n.m.
(Vosges). Parcelle récemment défrichée et mise en culture.
Syn. Novale.

NOUVEAU POUBLANT l.m.
(Béarn). Montagnard qui n'avait aucun droit à la jouissance des biens communaux.

NOUVEAUTÉ n.f.
1. Primeurs.
Terme vieilli.
2. *(Anjou).* Terre récemment défrichée.
Syn. Novale.

NOVALE n.f.
En. **newly-tilled land** (1)
De. **Neubruch** (1)
Es. **terreno nuevo** (1)
It. **novale** (1)
1. Jusqu'au XVIIIème siècle, terre nouvellement défrichée.
2. Par extension, dîme levée sur cette terre par le desservant de la paroisse.
Syn. Nouaille.
Etym. Du latin *novalis,* terre récemment défrichée.

NOVELETTE n.f.
Jeune brebis qui n'a pas encore eu d'agneau.

NOVEMBRE n.m.
En. **November**
De. **November**
Es. **noviembre**
It. **novembre**
Neuvième mois de l'année julienne qui débutait en mars, et onzième du calendrier grégorien qui débutait en janvier.
C'est le mois où l'on termine les semailles et la récolte des betteraves et des châtaignes ; on commence celle des olives, des topinambours. On engraisse les oies et les canards, ainsi que les boeufs et les moutons. Dans les bois, on prépare les semis d'arbres à feuilles caduques, on plante des conifères et on marque les coupes à effectuer en hiver.
Etym. Du latin *novem,* neuf.

NOYALIÈRE n.f.
Pépinière où l'on sème des fruits à noyaux (pêche, cerise, etc.), afin d'obtenir les plants des arbres fruitiers correspondants.

NOYAU n.m.
En. **stone** (1), **nucleus** (2)
De. **Kern, Stein** (1), **Nukleus** (2)
Es. **hueso, cuesco** (1)
It. **nocciolo** (1), **nucleo** (2)
1. Seconde enveloppe d'un fruit, devenue dure et protégeant l'amande plus tendre qui fournira la semence d'un nouvel arbre. *En général, chaque fruit ne contient qu'un noyau.*
2. Elément essentiel de la cellule végétale ou animale, contenant les chromosomes avec leurs gènes assurant la transmission des caractères héréditaires. *Il est séparé du cytoplasme par la membrane nucléaire.*
Etym. Du latin *nux, nucale,* noix, noyau.

NOYER n.m.
En. walnut
De. Walnussbaum
Es. nogal
It. noce
Arbre à feuilles caduques, de la famille des Juglandacées.
A fleurs mâles et à fleurs femelles séparées ; son fruit, la noix, était apprécié dès les temps gaulois, et son bois de coeur est recherché en ébénisterie.
Etym. Du latin *nux*, noix.

NOYER n.m.
En. walnut
De. Nussbaum, Walnussbaum
Es. nogal
It. noce (pianta)
Arbre fruitier de la famille des Juglandacées (*Juglans regia*), originaire d'Arménie.
Il était connu en Italie dès le VIIIème siècle avant notre ère. Il est cultivé en verger, ou en plein champ, dans le Dauphiné, en Quercy, en Périgord, dans les Charentes. C'est une espèce calcicole. On en distingue plusieurs variétés, entre autre le noyer sauvageon *aux noix petites, resserrées dans les lobes de la coquille, le* noyer commun *très productif, le* noyer mésange *à fruits allongés, le* noyer à gros fruits, longs, très productif (*Juglans maxima*) et le* noyer tardif *pour les pays à hivers longs. On choisit de plus en plus les noyers à courtes tiges, comme la variété* Franquette, *facile à gauler et productive au bout de cinq à six ans.*
Etym. Du latin *nux*, noix et *nucarium*, arbre qui donne des noix.

NOYERAIE n.f.
Verger planté de noyers.
Syn. *Selon les régions : Nougeraie, nougaride, noiseraie.*

NUCELLE n.f.
En. nucellus
De. Kern einer Samenanlage
Es. nucela
It. nocella
Partie centrale de l'ovule d'une plante phanérogame.
Etym. Du latin *nucis*, noix.

NUCICULTEUR n.m.
Pépiniériste qui cultive les noyers.

NUCIFÈRE adj.
It. nocifero
Qualifie les arbres qui donnent des fruits en forme de noix.
Ex. Les ifs.

NUCLÉAIRE n.f.
Fruit charnu contenant deux ou plusieurs noyaux.
Ex. Les nèfles.
Etym. Du lat *nucleus*, noyau

NUCULE n.f.
It. nucula
Noyau des nucléaires, ou fruit sec, à péricarpe coriace, comme la noisette, le gland.
Etym. Du latin *nucula*, petite graine.

NUE-PROPRIÉTÉ n.f.
En. bare ownership
De. rechtliches Eigentum
Es. nuda propiedad
It. nuda proprietà
Possession d'un domaine dont le *nu-propriétaire* ne dispose pas des revenus réservés à un usufruitier.

NUILLE n.f.
De. Brennfleckenkrankheit (Gurkengewächse)
Es. micosis
It. cladosporiosi
Maladie cryptogamique des melons et des concombres.
La nuille rouge *est causée par le champignon* Glomerella lagenarium, *la* nuille noire *est due au champignon* Cladosporium cucumerinum *; combattues par des fongicides qui empêchent les fruits de prendre une consistance huileuse.*
Etym. De *nuire* et de *huile*.

NUISIBLES n.m.p.
En. pests, vermin
De. Schädlinge
Es. nocivos
It. insetti/animali/uccelli nocivi
Nom générique qui s'applique particulièrement aux mammifères, aux insectes et aux oiseaux qui dévorent les récoltes, et tuent le petit bétail.
Etym. Du latin *nocere*.

NUITÉE n.f.
De. Nachtlager
Es. noche
It. pernottamento
Etape d'une nuit pour les troupeaux transhumants.

NUITS n.f.p.
Corvées qui imposaient au tenancier d'un manse un service de plusieurs jours continus, sans pouvoir rentrer chaque soir au logis familial.

NUITS (CÔTE DE) l.f.
Une des plus célèbres divisions oenologiques des vignobles bourguignons, qui s'étend sur un versant de la Côte d'Or, de Comblanchien à Gevrey-Chambertin.
Elle englobe quelques-uns des crus les plus prestigieux de France : Vosne-Romanée, Romanée-Conti, Clos Vougeot, Chambolle-Musigny. Les crus de l'arrière-côte sont également très appréciés.

NUITS-SAINT-GEORGES
Chef-lieu de canton de la Côte d'Or.
Son vignoble produit l'un des vins rouges de Bourgogne les plus réputés, par sa finesse et son corps. Il est au centre de la Côte de Nuits.

NUITS DE FUMATURE l.f.p.
Nuits durant lesquelles un troupeau transhumant fait étape dans un champ, dans un pré, ou dans une vigne pour contribuer à fumer le sol.

NUTRIMENT n.m.
En. nutriment
De. Nährstoff
Es. nutriente
It. nutrimento
Substance organique, ou inorganique, contenue dans un aliment et qui peut être absorbée par l'organisme sans subir l'action des sucs digestifs, soit par le tube digestif (eau, acide gras, vitamines), soit par voie intraveineuse (glucose, glutamine).
Etym. Du latin *nutrimentum*, aliment.

NUTRITIF adj.
En. nutritious
De. nahrhaft, ernährend
Es. nutritivo
It. nutritivo
Qualifie ce qui est nourrissant, ce qui constitue un aliment de qualité.

NUTRITION n.f.
En. nutrition
De. Ernährung
Es. nutrición
It. nutrizione
Assimilation par l'organisme des ressources alimentaires dont dispose l'animal ou la plante, et selon divers phénomènes biologiques : digestion, respiration, circulation, métabolisme, excrétion, etc.
Etym. Du latin *nutritio*, action de nourrir.

NYMPHOSE n.f.
En. nymphosis
Es. ninfosis
It. ninfosi
Etape d'un insecte qui était une larve, qui est devenu une chrysalide, avant de passer à l'état de nymphe, puis d'insecte parfait.
Etym. Du grec *numphé*, jeune fille, et du suffixe *ose*, état.

O

OASIEN n.m.
En. **oasis dweller**
De. **Oasenbewohner**
Es. **habitante de un oasis**
It. **abitante di un'oasi**
Habitant des oasis du Sahara et par extension, des diverses oasis réparties dans les déserts du monde.

OASIS n.f.
En. **oasis**
De. **Oase**
Es. **oasis**
It. **oasi**
Centre habité et cultivé au milieu d'un désert, grâce à la présence de l'eau d'une source, d'un puits artésien, d'un oued.
L'eau est prélevée par des canalisations, parfois souterraines (foggaras), par des barrages et par des appareils tels que les chadoufs, ou les norias. De sévères règlements s'imposent aux utilisateurs d'une eau dont dépend toute vie.
Terme usité en France depuis l'expédition de Bonaparte en 1799 en Egypte.

OBERLIN n.m.
(Alsace). Cépage hybride, très vigoureux, produisant un vin riche en alcool, mais de médiocre qualité.

OBLATION n.f.
En. **oblation, offering**
De. **Opferung**
Es. **oblación**
It. **oblazione**
Don en nature que les fidèles faisaient à leurs prêtres.
Etym. Du latin *oblatus*, offert.

OBLIAL n.m.
1. Rente féodale payée chaque année en volailles.
2. Redevance versée par le tenancier à son seigneur quand celui-ci s'était réservé un droit de priorité au moment de la vente d'une partie, ou de la totalité de la tenure.
Le tenancier astreint à cette redevance était un obliau.
Etym. Du latin *oblata*, offrande.

OBLIES n.f.p.
(Région toulousaine). Cens versé pour une tenure au XIIème siècle.

OBSOLESCENCE n.f.
It. **obsolescenza**
Vieillissement d'un matériel, concurrencé par un matériel plus moderne.
Il faut en tenir compte dans l'amortissement des frais d'investissement.
Etym. Du latin *ob*, opposition, et *solere* ; avoir coutume.

OBSOLÈTE adj.
En. **obsolete**
De. **obsolet**
Es: **obsoleto**
It. **obsoleto**
Qualifie un appareil qui n'est plus en usage.

OBUE n.f.
(Yonne). Terre dérivée des calcaires crétacés.
Etym. Déformation d'*aubue*, sol blanc issu de la craie en Poitou.

OCELLE n.m.
(Provence). Sac dont on se sert pour cueillir les feuilles de mûrier afin de nourrir les vers à soie.
Il est maintenu ouvert par un cercle en osier ; un crochet sert à le suspendre aux branches de l'arbre.

OCHÉAGE n.m.
Cens annuel levé sur les montagnes albergées de Savoie sous forme de fromages produits en un, ou en plusieurs jours, par un troupeau.

OCTAVAGE n.m.
Redevance exceptionnelle qui s'élevait au huitième de la taille.

OCTOBRE n.m.
En. **October**
De. **Oktober**
Es. **octubre**
It. **ottobre**
Dixième mois de l'année grégorienne et huitième de l'année julienne, d'où son nom dérivé du latin *octo*, huit.
Mois des labours et des semailles des céréales d'hiver (seigle, blé, avoine), de certaines légumineuses (vesces, pois gris). On arrache et on met en silo les navets, les carottes fourragères et les betteraves. Dans les prés, on ouvre les rigoles de drainage. C'est le moment de castrer les poulains, veaux et taureaux de réforme pour les mettre à l'engrais, ainsi que les porcs pour qu'ils soient gras et prêts à vendre durant l'hiver et au printemps. On termine les vendanges, sauf dans quelques vignobles à cépages blancs (Sauternes) ; on récolte pommes, châtaignes, noix et graines des arbres forestiers (érables, frênes, chênes). Dans le jardin potager, on nettoie les planches d'artichauts, d'asperges ; on plante poireaux, griffes d'asperges et laitues d'hiver, et, dans le Midi, on sème pois et fèves précoces, et on plante les pommes de terre hâtives.

OCTOMAGE n.m.
Redevance d'un huitième des récoltes.
En particulier dîme qui atteignait au huitième, et non au dixième, des produits de la terre.
Etym. Du latin *octo*, huit.

OCULATION n.f.
En. **shield graft**
De. **Okulieren**
Es. **oculación**
It. **innesto a occhio**
Greffe en écusson.
Peu usité.
Etym. Du latin *oculus*, oeil.

O.E.C.E. sigle
En. **Organisation for European Economic Cooperation (OEEC)**
De. **Organisation für europäische wirtschaftliche Zusammenarbeit (OEEC)**
Es. **Organización Europea de Cooperación Económica (OECE)**
It. **Organizzazione Europea per la Cooperazione Economica (OECE)**
Organisation européenne de coopération économique, créée en 1947 pour favoriser les relations commerciales mondiales ; remplacée en 1961 par l'O.C.D.E. (Organisation de coopération et de développement économiques).

OCULER v.tr.
It. **innestare a ochio**
Pratiquer la greffe en écusson, par *oculation*, en insérant le bourgeon, prélevé sur l'arbre fruitier, sous l'écorce du porte greffe *(fig. 76)*.
Etym. Du latin *oculus*, oeil, bourgeon.

OEIL n.m.
En. **leaf bud** (1)
De. **Auge, Blattknospe** (1)
Es. **botón, yema** (1)
It. **occhio, gemma** (1)
1. Organe végétatif en forme de pointe, ou de bouton, situé à l'aisselle d'une feuille, ou à l'extrémité d'un rameau, et qui donnera naissance à une autre tige, soit rapidement *(oeil poussant)*, soit après une période de repos hivernal *(oeil dormant)*.
Syn. bourgeon, bouton.
2. Reste du calice, à l'extrémité d'une poire ou d'une pomme.
Etym. Du latin *oculus*.

OEIL-DE-PERDRIX l.m.
Vin de Bourgogne, léger et de teinte claire, appelé également *Rubis orientalis* par Olivier de Serres.

OEILLADE n.f.
(Languedoc). Cépage à raisins blancs de table.
Syn. Cinsaut, artagnan.

OEILLÈRES n.f.p.
En. **blinkers**
De. **Scheuklappen, Scheuleder**
Es. **anteojeras**
It. **paraocchi**
Plaques de cuir placées de chaque côté de la tête d'un cheval, et attachées à la têtière.
Elles empêchent la bête de voir, sur les côtés, des objets qui pourraient l'effrayer, et elles la protègent des coups de fouets dans les yeux (fig. 143).

(Fig. 143). œillères

OEILLÈRE adj.
Qualifie les feuilles des arbres fruitiers quand elles ont un oeil, c'est-à-dire, un bourgeon à l'aisselle.

OEILLET n.m.
En. **carnation**
De. **Nelke**
Es. **clavel**
It. **garofano**
Plante annuelle, ou vivace, du genre des Caryophyllées, facile à reproduire, originaire des pays méditerranéens et cultivée pour ses fleurs et son parfum.
On en connait plus de soixante espèces : oeillet mignardise, oeillet des poêtes, etc.
Etym. De oeil, du latin *oculum*.

OEILLETON n.m.
En. **cutting, slip**
De. **Steckling, Steckreis**
Es. **renuevo, retoño**
It. **barbatella, talea**
Bourgeon d'une plante que l'on met en terre pour qu'il prenne racine.
Ainsi, l'artichaut se reproduit par oeilletons.

OEILLETONNAGE n.m.
It. **propagginazione**
Multiplication d'une plante par l'utilisation de ses oeilletons.
Syn. Clonage.

OEILLETONNER v.tr.
En. **to slip** (2)
De. **Stecklinge setzen** (2)
Es. **quitar los renuevos inútiles** (1)
It. **togliere le barbatelle** (1), **propagginare** (2)
1. Couper les oeilletons d'une plante pour favoriser sa croissance.
2. Multiplier une plante en plantant ses oeilletons.

OEILLETTE n.f.
En. **opium poppy**
De. **Schlafmohn**
Es. **adormidera**
It. **papavero coltivato**
Plante herbacée, annuelle, de la famille des Papavéracées *(Papaver inapertum)*.
Variété horticole du pavot à opium, elle est cultivée pour ses graines d'où l'on extrait de l'huile et aussi de la morphine (R. BLais).
Etym. De l'ancien français *olie*, huile, qui a donné olive.

OENANTHIQUE adj.
It. **enantico**
Qualifie ce qui a le goût et le parfum d'un bon vin.
Etym. Du grec *oînos*, vin, et *anthos*, fleur.

OENICOLE adj.
It. **vinicolo**
Qualifie ce qui est relatif à la production et à la vente du vin.
Etym. Du grec *oînos*, vin, et du latin *colere*, cultiver.

OENINE n.f.
It. **enocianina, enina**
Matière colorante des raisins noirs.
Elle se compose d'une molécule de glucose et d'une molécule d'oenidine.

OENOBAROMÈTRE n.m.
Es. **enobarómetro**
Variété de densimètre pour mesurer le titre d'un vin, ou la quantité d'extrait sec qu'il contient. *Etym.* Du grec *oïnos*, vin, *baros*, pesanteur et *metron*, mesure.

OENOGRAPHIE n.m.
En. **oenography**
De. **Önografie**
Es. **enografía**
It. **enografia**
Science qui étudie les qualités alimentaires, hygiéniques, médicinales, commerciales des vins.

OENOLOGIE n.f.
En. **oenology**
De. **Önologie, Weinbaukunde**
Es. **enología**
It. **enologia**
1. Science de la vinification.
2. Ouvrage relatif à cette science.
Etym. Du grec *oïnos*, vin, et *logos*, science.

OENOLOGIQUE adj.
En. **oenological, wine-**
De. **önologisch, Weinbau-**
Es. **enológico**
It. **enologico**
Qualifie ce qui provient du vin.

OENOLOGUE n.m.
En. **oenologist**
Es. **enólogo**
It. **enologo**
Spécialiste des sciences du vin, qui effectue des recherches et qui les enseigne.

OENOMÉTRIE n.f.
En. **oenometry**
De. **Weinanalyse**
Es. **enometría**
It. **enometria**
Analyse des vins, de leur teneur en alcool et en tannin, de leur densité.
Elle s'effectue avec un oenoscope, *ou un* oenomètre.

OENOPHILE adj.
En. **oenophile, oenophilist**
De. **weinliebend, Weintrinker-**
Es. **enófilo**
It. **enofilo**
1. Qualifie une personne qui aime le vin, par opposition à un *oenophobe*, qui déteste cette boisson.
2. Qualifie les individus, ou les sociétés, qui font de la publicité en faveur du vin.
Etym. Du grec *oïnos*, vin, et *philos*, ami.

OENOPHORE n.m.
It. **enoforo** (1)
1. Amphore dans laquelle on transportait du vin chez les Grecs.
2. Agent seigneurial chargé de veiller sur le vin.
Etym. Du grec *oïnos*, vin et *phoros*, qui porte.

OENOSCOPE n.m.
Es. **enoscopio**
Alcoomètre permettant de voir directement sur un tube gradué la teneur d'un vin en alcool.
Etym. Du grec *oïnos*, vin et *scopein*, voir.

OENOTECHNIE n.f.
Es. **enotecnia**
It. **enotecnica**
Ensemble des opérations nécessaires à la vinification et à la conservation du vin.

OENOXYDASE n.f.
Es. **enoxidasa**
Oxydase, ou ferment soluble qui fixe l'oxygène de l'air et le cède au vin, ce qui entraîne la décoloration du liquide et la maladie de la *casse brune*.

OESTRE n.m.
En. **oestrus**
De. **Bremse**
Es. **moscardón**
It. **estro**
Grosse mouche velue qui dépose ses oeufs sur la peau et sur les muqueuses des animaux domestiques. *Ses larves causent des démangeaisons, percent le cuir qui est déprécié, et prolifèrent dans le tube digestif jusqu'à causer la mort de la bête.*
On les combat avec du sulfure de carbone.
Etym. Du grec *oistros*, taon.

OESTROGÈNE adj.
En. **oestrogen**
De. **Östrogen** (n.m.)
Es. **estrógeno**
It. **estrogeno**
Qualifie une hormone secrétée naturellement par l'ovaire, ou synthétisée en pharmacie, et qui a une action féminisante sur les mammifères, en particulier sur le développement des mamelles et le déroulement du cycle oestral.

OESTRUS n.m.
En. **oestrus, oestrum**
De. **Brunst, Östrus**
Es. **celo, estro**
It. **estro**
Phénomène fonctionnel qui se manifeste chez les femelles des mammifères par de l'agitation et la recherche du mâle.
Il est dû à l'ovulation, c'est-à-dire à la transformation d'un gamète, cellule sexuelle, en un ovule apte à être fécondé ; l'ovulation est elle-même commandée par des hormones secrétées par l'hypophyse sous la commande de l'hypothalamus ; celui-ci agit sous l'influence de la lumière, de la température, de l'alimentation, facteurs naturels, ou artificiels, permettant de prévoir ou de régler la reproduction des animaux domestiques.
Etym. Du grec *oistros*, fureur.

OEUF n.m.
En. **egg**
De. **Ei**
Es. **huevo**
It. **uovo**
1. Corps qui se forme dans les ovaires des volailles par fécondation d'un ovule par un gamète mâle. Après un temps de gestation de courte durée, il est expulsé par la ponte.
Il comprend alors un embryon, des réserves alimentaires (le jaune et le blanc) et une coquille protectrice. Après une période d'incubation plus ou moins longue, l'embryon, devenu un être vivant de même espèce que les parents, brise sa coquille, et c'est un poussin.
2. Fusion, à l'intérieur de l'utérus d'un animal femelle, d'un gamète mâle (spermatozoïde) et d'un gamète femelle (ovule) ; cet oeuf devient alors un *foetus*.
Syn. Zygote.
Etym. Du latin *ovum*.

OEUVRE n.f.
Es. **obrada**
1. Façon culturale donnée à une pièce de terre, ou à une récolte.
2. Mesure agraire d'une superficie de 6 ares, utilisée en Auvergne, surtout pour évaluer l'étendue d'un vignoble.
C'était l'étendue susceptible d'être entretenue, à la bêche, par un ouvrier.
Syn. Ouvrée.
Etym. Du latin *opera*, travail.

OFFICES CLAUSTRAUX l.m.p.
Fonctions administratives exercées par certains moines dans un couvent, notamment celles qui consistent à gérer les domaines de la communauté.

OFFICE INTERNATIONAL DES VINS (O.I.V.) l.m.
En. **International Wine Office**
De. **internationales Weinamt**
Es. **Oficina Internacional del Vino**
It. **Ente internazionale del vino**
Organisme groupant un certain nombre de pays possédant des vignobles.
Il a pour but de règlementer, selon des accords internationaux, la production et la commercialisation du vin.

OFFICE NATIONAL DES FORÊTS (O.N.F.) l.m.
Organisme public créé en 1964, à caractère administratif, industriel et commercial ; chargé de gérer le domaine forestier public (4 millions d'hectares), d'en assurer l'équipement, de favoriser le reboisement, de pratiquer des coupes, d'utiliser et de vendre les produits du bois.
Il est dirigé par un directeur général, et un conseil d'administration ; il comporte une direction centrale et 18 directions régionales. Ses dépenses sont couvertes par les recettes des ventes, ce qui lui confère l'autonomie financière.

OFFICE NATIONAL INDUSTRIEL DE L'AZOTE (O.N.I.A.) l.m.
Situé à Toulouse, il fabrique avec la synthèse de l'azote de l'air, de nombreux engrais, en particulier des nitrates et des sulfates d'ammoniaque, précieux pour les cultures, notamment pour les fourrages verts.

OFFICE NATIONAL INTERPROFESSIONNEL DES CÉRÉALES (O.N.I.C.) l.m.
Etablissement public, étendu à toutes les céréales, il est chargé de préparer et de faire exécuter le plan qui, chaque année, régit le marché des grains.
Créé en 1936, l'Office National Interprofessionnel du Blé, (O.N.I.B.), a été réorganisé en 1940 sous son nom actuel. Il a surtout pour but d'éviter la spéculation sur les variations de prix, en stockant blé et maïs, en permettant leur warrantage, et en ne les livrant sur le marché qu'au fur et à mesure des besoins.

OFFICE NATIONAL INTERPROFESSIONNEL DES VINS DE TABLE (O.N.I.V.T.) l.m.
Etablissement créé en 1976 pour faire respecter les réglements relatifs à l'aménagement des vignobles de qualité et à l'amélioration des crus.
Il recherche des débouchés, en accord avec les décisions de la C.E.E.

OFFICE NATIONAL INTERPROFESSIONNEL DU BETAIL ET DE LA VIANDE (O.N.I.B.E.V.) l.m.
Organisme d'Etat, créé en 1982.
Il est doté de la personnalité civile et de l'autonomie financière pour rationaliser le marché de la viande en mettant en application les décisions gouvernementales relatives au commerce des bêtes et des viandes, des races bovines et porcines ; il met également en oeuvre, dans son domaine, les décisions de la C.E.E.

O.G.A.F. sigle
V. Opérations Groupées d'Aménagement Foncier.

OGNON n.f.
Es. **cebolla**
Oignon.

OGOISE n.f.
(Saintonge). Sol argilosiliceux, de médiocre valeur agricole.

OICTIVIÈRE n.f.
Redevance féodale qui s'élevait à une gerbe sur huit.
Etym. Du latin *octavus*, huitième.

OÏDIUM n.m.
En. **oidium**
De. **Mehltau, Oidium**
Es. **oídio**
It. **oidio**
Maladie cryptogamique de la vigne et de quelques autres plantes cultivées (pommier, rosier, céréales).
Causée par Oïdium tuckeri, *d'origine américaine, elle se développe surtout sur les grappes de raisin qui prennent l'aspect blanchâtre d'un oeuf, d'où le nom de* blanc *donné parfois à ce fléau. Epuisés par les suçoirs du mycelium, les grains éclatent avant de mûrir. On combat l'oïdium avec de la fleur de soufre, projetée en fine poussière.*
Etym. Du grec *oon*, oeuf.

OIE n.f.
En. **goose**
De. **Gans**
Es. **oca, ganso**
It. **oca**
Volaille à plumes grises et blanches, à long cou et du groupe des palmipèdes.
Le mâle, appelé jars, *a le plumage blanc. Herbivore et carnivore jusqu'à son complet développement, l'oie est soumise au gavage intensif avec du maïs cuit durant 4 à 5 semaines. Elle engraisse considérablement et son foie atteint jusqu'au poids de 1 kg ; c'est le foie* gras *qui sert à préparer des conserves très appréciées (Landes, Périgord).*
Etym. Du latin *auca*, dérivé de *avis*, oiseau.

OIGNON n.m.
En. **onion**
De. **Zwiebel**
Es. **cebolla**
It. **cipolla**
Plante potagère de la famille des Liliacées *(Allium cepa).*
Originaire du Moyen Orient, elle était connue des Egyptiens qui en consommaient beaucoup. Son bulbe contient un suc à odeur forte et à saveur piquante ; il est très apprécié en cuisine.
Etym. Du latin *unio*, ognon et oignon.

OIGNONET n.m.
Es. **cebolleta** (1)
It. **pera d'estate** (2)
1. Petit oignon.
2. Poire précoce en forme d'oignon.

OIGNONETTE n.f.
Graine d'oignon.
Peu usité.

OIGNONIÈRE n.f.
En. **onion bed**
De. **Zwiebelbeet**
Es. **cebollar**
It. **cipollaio**
Parcelle cultivée en oignons.

OISEAU n.m.
En. **fowl, bird**
De. **Vogel, Geflügel**
Es. **ave, pájaro**
It. **uccello**
Vertébré ovipare couvert de plumes, à bec corné.
Plusieurs espèces sont favorables à l'agriculture en détruisant des prédateurs (insectes, rongeurs), ou bien en servant à peupler les terrains de chasse (perdreaux, cailles etc.). Mais la plupart sont nuisibles aux récoltes (corbeaux, geais, étourneaux, moineaux, etc.).
Etym. Du latin *avicellus*, avis, oiseau.

OISELIER n.m.
It. **uccellaio**
Personne qui élève et vend des oiseaux et plus particulièrement, des oiseaux de basse-cour.
Syn. Oiseleur.
Etym. Du latin *avis, avicellus.*

OISELLERIE n.f.
Local où l'on élève des oiseaux, soit pour la chasse (faisans, perdreaux), soit pour la basse-cour (pintades, canards, poules).

OISON n.m.
En. **gosling**
De. **Gänschen**
Es. **ansarón**
It. **papero**
1. Petit de l'oie.
2. Par extension, jars, mâle de l'oie.

O.I.V. sigle
V. Office International des Vins.

OLAGNIÈRE n.f.
Parcelle plantée de coudriers, ou de noisetiers.
Le terme devrait s'écrire aulagnière.
Syn. Aulagniers, aveniniero.

OLEA n.m.
V. Olivier.

OLÉAGINEUX n.m.p.
En. **Oleaceae**
De. **Ölpflanzen**
Es. **oleaginosos**
It. **oleacee**
Plantes dont on retire de l'huile, soit de leurs graines (colza, tournesol, navette, arachide, sésame, lin, chanvre), soit de leurs fruits (noyer, olivier, amandier, hêtre).

OLÉAGINEUX adj.
En. **oleaginous**
De. **ölhaltig**
Es. **oleaginoso**
It. **oleaginoso, oleoso**
Qualifie ce qui fournit de l'huile.

OLÉANDRE n.m.
En. oleander
De. Oleander
Es. adelfa
It. oleandro
Laurier-rose. *(Linné.)*
Etym. Du latin oleaster, olivier.

OLÉASTRE n.m.
It. oleastro, olivastro
Olivier sauvage.
Il peut servir de porte-greffe pour les oliviers de bonne qualité.
Syn. Olivastre.

OLÉICOLE adj.
En. olive-, oil-
De. Ölbau-
Es. oleícolo
It. olivicolo, oleicolo
Qualifie ce qui a trait à l'oléiculture.
Etym. Du latin oleum, huile, et colere, cultiver.

OLÉICULTEUR n.m.
En. olive grower
De. Ölbaumzüchter, Olivenzüchter
Es. oleicultor
It. olivicoltore, oleicoltore
Personne qui cultive les oliviers.

OLÉICULTURE n.f.
En. olive growing
De. Olivenanbau, Ölbaumpflanzung
Es. oleicultura
It. olivicoltura, oleicoltura
Culture de l'olivier, pratiquée par un oléiculteur.
Etym. Du latin oleum, huile, et coltura, culture.

OLÉIFÈRE adj.
En. oleiferous
De. Öl-
Es. oleífero
It. oleifero
Qualifie ce qui fournit de l'huile.

OLÉINE n.f.
En. olein
De. Olein
Es. oleína
It. oleina
Ester triglycérique de l'acide oléique, principal élément des huiles d'origine végétale.

OLÉIQUE adj.
En. oleic
De. Öl-, Ölein-
Es. oleico
It. oleico
1. Qualifie un acide gras, très commun dans les corps gras d'origine végétale ou animale, liquide au-dessus de 14°C.
2. Résidu de la fabrication des bougies.

OLÉOPROTÉAGINEUX n.m.
It. pianta oleaginosa
Plante cultivée pour la richesse de ses graines en huile et en protéines.
Ce sont surtout l'arachide, le colza, le soja, et le tournesol.

OLÉRACÉE n.f.
Es. oleracea
Plante cultivée comme légume.
Etym. Du latin olus, oleris, légume.

OLHA n.f.
(Pays Basque). Cabane et enclos situés sur les estives des Pyrénées occidentales.
Syn. Cayolar.

OLIET n.m.
Variété de luzerne à grosses feuilles, comme celles des lupins.
Syn. Luzerne lupuline.

OLIGOÉLÉMENTS n.m.p.
En. oligoelements
De. Spurenelemente
Es. oligoelementos
It. oligoelementi
Eléments chimiques qui interviennent, à une concentration très faible, dans la composition des tissus des êtres vivants, tant végétaux qu'animaux.
Citons pour les végétaux le bore, le cuivre, le fer, le manganèse, le molybdène, le zinc. Certaines carences de croissance et de développement sont imputables à leur insuffisance, ou à leur absence dans le sol ; d'où l'emploi de produits fertilisants correspondants (R. Blais).
Etym. Du grec oligos, petit, peu nombreux.

OLIVADE n.f.
V. Olivaison

OLIVAIE n.f.
En. olive grove
De. Ölbaumpflanzung
Es. olivar
It. uliveto, oliveto
Verger d'oliviers.
Syn. Oliveraie, olivette, olivarède.

OLIVAISON n.f.
En. olive harvest (1,2)
De. Olivenernte (1), Olivenerntezeit (2)
Es. cosecha de la aceituna
It. raccolta delle olive
1. Récolte des olives.
2. Période où l'on récolte les olives.
3. Quantité d'olives produites.

OLIVE n.f.
En. olive
De. Olive
Es. aceituna, oliva
It. oliva
Fruit de l'olivier.
Il se compose d'une pulpe verte, peu épaisse et amère, et d'un noyau oblong. Les olives vertes sont cueillies en septembre et mises à macérer dans une saumure pour être consommées par la suite. Les olives noires sont cueillies en hiver ; c'est de leur pulpe extérieure que l'on extrait l'huile.

OLIVER v.tr.
Débarrasser un champ d'oliviers de ses olives.

OLIVER v.intr.
Procéder à la cueillette des olives.

OLIVERAIE n.f.
En. olive grove
De. Ölbaumpflanzung, Olivenhain
Es. almazara, molino de aceite
It. piantagione d'ulivi, uliveto
Verger planté d'oliviers en culture exclusive.
C'est une olivette si les oliviers sont séparés par des cultures herbacées: fourrage, céréales.
Syn. Olivaie, olivette, olivarède.

OLIVERIE n.f.
En. olive oil factory (1)
De. Olivenölfabrik (1)
Es. alfarje (1)
It. fabbrica d'olio d'oliva (1)
1. Local où l'on extrait l'huile des olives.
2. Appareil, moulin, qui sert à extraire cette huile.

OLIVET n.m.
Fromage au lait de vache fabriqué à Olivet, près d'Orléans.
Affiné dans des cendres de sarments de vigne, il est vendu enveloppé de feuilles de noyer.

OLIVÈTE n.f.
Pavot que l'on cultive pour obtenir de l'huile.
Variété d'oeillette.

OLIVETTE n.f.
1. Terre complantée d'oliviers entre des cultures herbacées.
2. Cépage à raisins de table, dont les grains, noirs ou blancs, sont allongés comme des olives.
On le cultive dans le Midi Méditérranéen.
3. Petite olive.
4. Petite tomate oblongue.

OLIVEUR n.m.
It. raccoglitore di olive
Personne qui cueille les olives.

OLIVIER n.m.
En. olive tree
De. Ölbaum, Olivenbaum
Es. olivo
It. olivo, ulivo
Plante de la famille des Oléacées *(Olea europaea).*
Arbre fruitier de 3 à 4 m de haut, originaire du Moyen Orient et cultivé depuis la plus haute Antiquité, puisque les plus anciens passages

de la Bible font allusion à ses produits. Toujours vert, il s'accommode des étés chauds et secs, mais il ne supporte pas de trop grands froids ; il est par excellence l'arbre des pays méditerranéens.
Etym. Du latin *oliva*.

OLONIER n.m.
Variété d'arbousier.

OMASUM n.m.
En. **omasum**
De. **Blättermagen**
Es. **omaso**
It. **omaso**
Troisième poche de l'estomac des ruminants, dit *feuillet*.

OMBELLIFÈRES n.f.p.
En. **Umbelliferae**
De. **Doldengewächse**
Es. **umbelíferas**
It. **ombrellifere**
Famille de dicotylédones à fleurs aux pétales séparés et aux inflorescences disposées en *ombelles* : cerfeuil, persil, carottes, etc.

OMBRAGEUX adj.
En. **shy, skittish**
De. **scheu**
Es. **espantadizo**
It. **ombroso**
Qualifie un cheval qui a peur de son ombre.

OMBRÉE n.f.
(Pyrénées occidentales). Versant de montagne orienté vers le Nord.
A l'ombre du soleil, il est frais et humide et se prête mieux à l'herbe et à l'arbre qu'aux cultures.
Syn. Ubac.

OMBROPHILE adj.
En. **rain**
De. **Regen-, Feucht-**
It. **ombrofilo**
Qualifie les végétaux et les formations végétales qui se développent mieux sous un climat pluvieux, que sous un climat sec.
Ex. Bois des ubacs montagneux, forêt amazonienne.
Etym. Du grec *ombros*, pluie, et *philein*, aimer.

ONDAIN n.m.
(Région parisienne). Droit qu'avait le seigneur, ou le roi, de prélever le foin, en bordure des prés, sur une largeur de trois andains.
Etym. Déformation de *andain*.

ONDENC n.m.
(Région de Gaillac). Cépage à raisins blancs.

O.N.F. sigle
V. Office National des Forêts.

ONGLET n.m.
En. **snag** (1)
De. **Fingerhut** (1)
Es. **uña** (1), **base de pétalo**
It. **unghia** (1)
1. Partie du rameau d'un arbre fruitier comprise entre l'oeil et la coupe du sécateur.
Elle permet d'attacher le rameau au tuteur sans gêner la future pousse, ou bien elle peut servir de porte greffe par accolage.
2. Partie du porte-greffe conservée provisoirement au-dessus du point de la greffe afin de fixer la plante à un tuteur.

ONGLON n.m.
En. **little claw**
De. **kleiner Nagel**
Es. **carnicol**
It. **zoccolo**
Corne qui enveloppe le bout du pied des ongulés.
Le cheval a un seul onglon appelé sabot ; les ovins en ont deux, les porcs quatre ; la partie verticale de l'onglon s'appelle la muraille.

ONGULÉS n.m.p.
En. **Ungulata**
De. **Huftiere**
Es. **ungulados**
It. **ungulati**
Mammifères caractérisés par des pieds dont un ou plusieurs doigts sont protégés par de la corne.
C'est un sabot chez les périssodactyles *(cheval, âne, etc.), deux doigts également enveloppés de cornes, chez les* artiodactyles *(boeuf, chameau, etc.).*
Etym. Du latin *unguis*, ongle.

O.N.I.A. sigle
V. Office national industriel de l'Azote.

O.N.I.B.E.V. sigle
V. Office International Interprofessionnel du Bétail et des Viandes.

O.N.I.C. sigle
V. Office National Interprofessionnel des Céréales.

O.N.I.V.T. sigle
V. Office National Interprofessionnel des Vins de Table.

ONTOGÉNÈSE n.f.
En. **ontogenesis**
De. **Ontogenese**
Es. **ontogenia**
It. **ontogenesi**
Transformations subies par un organisme animal ou végétal, depuis la fécondation jusqu'à l'âge adulte.
Etym. Du grec *ontos*, être, et *genesis*, formation.

ONZAIN n.m.
(Normandie). Tas de onze gerbes de blé, de seigle, d'orge, ou d'avoine.
Peut-être ce procédé avait-il pour but de faciliter le prélèvement de la dîme.

OOLOGIE n.f.
En. **oology**
De. **Oologie**
Es. **oología**
It. **oologia**
Etude scientifique des oeufs.
Etym. Du grec *oon*, oeuf et *logos*, science.

OOSPHÈRE n.f.
En. **oospherous**
De. **Oosphäre**
Es. **oosfera**
It. **oosfera, gemmula**
Elément femelle des plantes qui, fécondé par le pollen, donne le fruit.
Equivalent de l'ovule des mammifères.
Etym. Du grec *oon*, oeuf et *sphaira*, boule.

OPCINAS n.m.
(Yougoslavie). Biens appartenant à l'ensemble des *zadrugas* d'un village communautaire.

OPENFIELD n.m.
En. **openfield**
De. **offenes Feld**
Es. **campo raso, campo abierto**
It. **campi aperti**
Campagne composée de champs ouverts les uns sur les autres.
Elle correspond d'ordinaire au finage d'une commune comprenant un village aggloméré, entouré de jardins (meix) *; puis au loin d'innombrables parcelles très longues, en lanières, sans clôture, groupées en quartiers répartis en trois soles ; au-delà, quelques landes ou des bois. Pour associer cultures et élevage, des contraintes communautaires pèsent sur les habitants du village ; chaque exploitant dispose de 10 à 15 parcelles dispersées sur les trois soles, ce qui exige de longs déplacements. Chaque année une sole est consacrée au blé, une autre aux plantes sarclées et la troisième est laissée aux fourrages ou à la jachère ; l'année suivante on procède à la rotation d'un tiers de l'ensemble. Après la moisson, et les autres récoltes, une partie du finage peut-être mis à la disposition du troupeau communal, sous la garde d'un berger commun. Ainsi, sont associés harmonieusement élevage et culture, à condition que chacun utilise ses parcelles comme le fait son voisin et respecte en particulier le ban des moissons. Cette organisation rationnelle, qui a dominé au cours des siècles en Lorraine et en Europe centrale, a été attribuée à une initiative seigneuriale, ou villageoise, selon un plan préétabli, pour la mise en valeur d'un finage conquis sur les bois ; certains ont même opposé l'openfield germanique au bocage celte, reflets de deux civilisations agraires. Quoiqu'il en soit ces restrictions à la propriété du sol et*

du troupeau, et la forme même des parcelles, ne se prêtent plus à la motorisation et à l'individualisme. Par suite de remembrements, d'héritages ou d'exode rural, les lanières disparaissent dans les quartiers et l'on aboutit à l'openfield mosaïque *à grands champs propres à l'utilisation du matériel moderne, en Berry, en Brie, en Picardie.*
Ant. Bocage.
Etym. De l'anglais *open*, ouvert, et *field*, champ.

OPENFIELD MOSAÏQUE l.m.
Campagne cultivée et divisée en grandes parcelles (+de 100 m de côté), ouvertes les unes sur les autres, sans haie ni clôtures, et bien desservies par de rares chemins. *Des fermes isolées au milieu des champs, des villages réduits à l'église et à quelques maisons, l'ensemble se prête bien à la culture moderne (P. Brunet).*

OPÉRATIONS GROUPÉES D'AMÉNAGEMENT FONCIER (O.G.A.F.) l.f.p.
Organismes créés le 8 Juin 1970, ayant pour but d'apporter une aide aux agriculteurs situés dans des zones défavorisées, de leur permettre des améliorations, des structures foncières et agraires en suscitant, et en soutenant, les initiatives publiques et privées.
Ces initiatives peuvent provenir des organisations locales ou de l'administration. Un programme, étendu à une dizaine de communes, fixe les décisions qui sont soumises au Ministère de l'Agriculture. Il peut favoriser le départ des exploitants âgés par des primes à l'I.V.D. et inciter les jeunes à remembrer; mais il peut aussi entreprendre des opérations de remembrement public et des travaux collectifs (irrigation, voirie, défrichage, etc.).

OPERCULE n.m.
En. **capping, cover**
De. **Deckel**
Es. **opérculo**
It. **opercolo**
Couvercle qui bouche les alvéoles des rayons de cire quand ils sont pleins de miel.

OPIUM n.m.
En. **opium**
De. **Opium, Mohnsaft**
Es. **opio**
It. **oppio**
Suc extrait des graines du pavot blanc (*Papaver somniferum*).
Cultivé en Inde, en Turquie, en Bulgarie, cette plante fournit un narcotique et un convulsivant utile à faible dose, très nocif en doses répétées.

OPORTO n.m.
Cépage américain à raisins noirs, hybride de *Vitis riparia* et de *Vitis labrusca*.
Une autre variété, très abondante, est cultivée dans les jardins, sous le nom de Portugais bleu.

ORANGE n.f.
En. **orange**
De. **Apfelsine**
Es. **naranja**
It. **arancia**
Fruit de l'oranger (appelé aussi *bigarade*, quand il s'agit de l'orange amère, fruit du *bigaradier*.).
Etym. De l'arabe *naranja*.

ORANGER n.m.
En. **orange (tree)**
De. **Apfelsinenbaum**
Es. **naranjo**
It. **arancio**
Arbre fruitier de la famille des Aurantiacées (*Citrus aurantium*).
Originaire, semble-t-il, de l'Asie des Moussons, il se distingua, dès l'Antiquité, par la douceur de ses fruits. Sa culture se serait répandue de l'Inde vers l'Occident au début de l'ère chrétienne. Ses feuilles sont persistantes et il porte à la fois des fleurs et des fruits.
Etym. De l'arabe *narandj* qui a donné *naranjo* en espagnol ; le O français provenant de la ville d'Orange par où l'on importait ce fruit au Moyen Age.

ORANGERAIE n.f.
En. **orange grove** (1)
De. **Orangenhain, Apfelsinenpflanzung**
Es. **naranjal** (1)
It. **aranceto** (1), **aranciera** (2)
1. Verger d'orangers.
2. Bâtiment couvert et fermé où sont abrités du froid les orangers d'ornement pendant l'hiver.
Syn. Orangerie.

ORANGERIE n.f.
En. **orangery**
De. **Orangerie**
Es. **invernadero de naranjos**
It. **aranciera**
Local chauffé où l'on transporte en hiver les orangers plantés dans des caisses pour les protéger du froid.

ORANGIN n.m.
Fruit d'une variété de *coloquinte*.
Syn. *Fausse orange*.
Etym. Dérivé d'orange.

ORANGISTE n.m.
Spécialiste de la culture des orangers.

ORBIÈRES n.f.p.
Plaques de cuir rondes, percées en leur centre, et que l'on applique sur les yeux d'une bête de somme pour qu'elle ne puisse voir que devant elle, et qu'elle ne soit pas effrayée par ce qui se passe à ses côtés. *(Fig. 144).*
Etym. Du latin *orbita*, orbite.

ORBOIS n.m.
Cépage à raisins blancs, cultivé en Touraine et en Alsace.
Variété de Meslier.

ORCANETTE n.f.
En. **Ochsenwurzel, Alkanna, Anchusa**
Es. **orcaneta**
It. **orcanetto**
Plante de la famille des Boraginées (*Anchusa tinctoria*).
De ses racines on retirait un colorant rouge foncé qui servait à rendre mystérieux les locaux où l'on pratiquait la magie. Soluble dans les corps gras, il a été utilisé pour imprégner la craie employée par les charpentiers pour tracer des traits sur des pièces de bois.
Syn. arcanette, buglosse des teinturiers, grémil tinctorial.
Etym. Du latin *orcanum*, mystère.

ORCHIDÉE n.f.
En. **orchid, Orchidaceae**
De. **Orchidee**
Es. **orquídea**
It. **orchidea**
Famille de plantes herbacées et vivaces, cultivées pour leurs fleurs d'une grande variété de formes et de couleurs.
On en compte plus de 5000 espèces. D'origine tropicale, elles sont élevées en serre sous nos climats, comme plantes d'ornement. La vanille en est une.

ORDINATEUR n.m.
En. **computer**
De. **Computer**
Es. **ordenador**
It. **computer**
Appareil qui traite automatiquement une suite d'opérations programmées.
Il se compose de circuits électroniques intégrés.
Les programmes, adaptés à un but déterminé, sont mis en mémoire selon un logiciel rédigé en langage spécial basé sur la numération binaire (1, 2 et 0) ; l'opération peut être enregistrée par un disque, par des cartes perforées, par des bandes magnétiques, etc. Elle peut également recevoir des informations par radio, par satellite, par télécommunication. Par la suite, ces données sont exploitées par l'agriculteur pour établir un programme d'étable, une succession de façons culturales, un choix de semences ou de bétail. Alimenté en données nouvelles l'appareil apporte des retouches au programme s'il y a des contradictions, ou des phénomènes nouveaux dans les conditions atmosphériques. L'ordinateur devient ainsi le conseiller de l'éleveur, du céréaliculteur, ou du maraîcher.
Etym. Du latin *ordinare*, mettre en ordre.

(Fig. 144). Orbières

ORDON n.m.
1. Bande de terre surélevée entre deux champs.
2. Rangée de pieds de vigne, ou intervalle entre deux rangs de pieds de vigne.
3. Parcelle de bois exploitée par un bûcheron.
4. Portion d'un pré qu'un faucheur coupe d'un seul coup de faux.
5. Planche de jardin.
Etym. Du latin *ordo*, ordre.

ORDONNANCE DES EAUX ET FORÊTS l.f.
Célèbre ordonnance de Louis XIV, préparée par Colbert et ses services et publiée le 13 août 1669.
Elle organise un corps d'agents forestiers pour la défense, la réglementation et l'entretien des forêts françaises.

ORÉE n.f.
En. **edge**
De. **Waldesrand**
Es. **lindero**
It. **limitare**
Bord, lisière d'un bois.
Etym. Du latin *ora*, bord.

OREILLES n.f.p.
Morceaux de bois plats, situés de part et d'autre du soc de l'araire et qui, écartés, rejetaient la terre de chaque côté du sillon.
Ce dispositif caractérisait l'araire et le distinguait de la charrue qui n'avait qu'une seule oreille, le versoir.

ORGANIQUE adj.
En. **organic**
De. **organisch**
Es. **orgánico**
It. **organico**
1. Qualifie ce qui est issu d'un organisme vivant, telle la fumure organique par opposition à la fumure minérale des engrais chimiques.
2. Qualifie les corps qui contiennent du carbone et qui relèvent de la chimie organique : glucides, protéines.
3. Caractérise une pathologie qui altère un organe.
Etym. Du grec *organon*, instrument.

ORGANISATION POUR L'ALIMENTATION ET L'AGRICULTURE l.f.
En. **Food and Agriculture Organisation**
De. **Organisation für Ernährung und Landwirtschaft**
Es. **Organización para la Alimentación y la Agricultura**
It. **Organizzazione per l'Alimentazione e l'Agricoltura**
Institution spécialisée de l'O.N.U., créée en 1945, dont le siège est à Rome. Sigle anglais : F.A.O. (*Food and Agricultural Organisation*).
Elle a pour but d'examiner les problèmes relatifs à l'alimentation et à l'agriculture, et de proposer des solutions propres à les résoudre. En particulier, elle apporte une aide financière aux Etats qui ont besoin d'élever le niveau de vie de leurs habitants, en accroissant les productions de la culture, de l'élevage et de la pêche. Une centaine de nations y participent.

ORGANITE n.f.
It. **organite**
Elément de la cellule, ou du noyau, nettement différencié et ayant un rôle physiologique précis.
Ex. Mitochondrie, chromosome, etc.
Etym. Du grec *organon*, outil.

ORGANOGÈNE adj.
En. **organogenetic**
De. **organbildend**
Es. **organógeno**
It. **organogeno**
1. Qualifie ce qui a une origine organique.
2. Qualifie ce qui favorise la formation et le développement des organes des animaux.
3. Qualifie les quatre éléments qui entrent dans toute substance organique : oxygène, hydrogène, azote et carbone.

ORGANOGÉNIE n.f.
En. **organogeny**
De. **Organbildung**
Es. **organogenia**
It. **organogenesi**
Science qui traite de la formation et du développement des organes des animaux.
Syn. Organogenèse.
Etym. Du grec *organon*, organe, et *genan*, engendrer.

ORGE n.f.
En. **barley**
De. **Gerste**
Es. **cebada**
It. **orzo**
Céréale qui fait partie des menus grains.
Originaire d'Asie Mineure, elle est cultivée depuis le Néolithique. Par sélection, et par utilisation, on distingue plusieurs espèces d'orge.
1. L'orge d'automne avec des épis à six rangs de grains, appelé orge de prime, ou escourgeon (Hordeum hexastichum).
2. L'orge commune (Hordeum vulgare) à grains disposés irrégulièrement ; elle est semée au printemps.
3. L'orge-éventail (Hordeum zeocriton) à deux rangs de grains.
4. L'orge paumelle (Hordeum distichum) à deux rangs de grains ; elle pousse à l'état sauvage de la Mer Rouge à la Mer Caspienne ; mais elle est très productive.
5. L'orge céleste avec six rangs de grains qui n'adhèrent pas aux balles.
Ces diverses espèces d'orge donnent des farines médiocres ; mais elles entrent dans la fabrication de la bière. Si on enlève la première enveloppe du grain on obtient l'orge mondée qui sert à faire des tisanes ; si l'on enlève la seconde enveloppe qui constitue le son, on obtient l'orge perlée qui sert à faire des potages. En alimentation animale l'orge est la céréale de référence : 1 kg. d'orge constitue une unité fourragère, soit 75 g de matières digestibles et assimilables.
Etym. Du latin *hordeum*, orge.

ORGEOT n.m.
(Landes). Orge de printemps.

ORGE-PEZAT n.m.
Mélange d'orge et de petits pois.
Syn. (Occitan) Pézettes.
Etym. Du latin *pisum*.

ORGERAN n.m.
Variété de pomme.

ORGERIE n.f.
(Normandie). Parcelle consacrée à la culture de l'orge.
Syn. Orgière.

ORGNE n.f.
Rangée de javelles dans un champ récemment moissonné.

ORIEL n.m.
(Alsace). Pan de toiture entre deux étages pour protéger les murs, en torchis et en colombage, des intempéries.

ORIÈRE n.f.
(Flandre). Bande de terre inculte en bordure d'un champ entouré de haies.
Syn. Chaintre.

ORIGAN n.m.
En. **oregano**
De. **Oreganum**
Es. **orégano**
It. **origano, regamo**
Plante herbacée de la famille des Labiacées, plus connue sous le nom de *marjolaine*.
Très aromatique, elle est cultivée en Provence pour obtenir, par distillation, une huile essentielle utilisée en parfumerie, dans les industries agroalimentaires et en pharmacie comme vulnéraire.

ORILLONS n.m.p.
Les deux morceaux de bois qui, de part et d'autre de l'araire, écartaient la terre et formaient le sillon.
Etym. Diminutif d'oreille.

ORION n.m.
(Bourgogne). Bande de terre en bordure d'une vigne.

ORLE n.f.
(Auvergne). Bande de terre mal cultivée, en bordure d'un champ.
Syn. Chaintre.
Etym. Du latin *ora*, bord, qui a donné *orulus* et *ourlet*.

ORLÉANER n.m.
Cépage à raisins blancs, cultivé dans la région du Rheingau, au pied du Taunus.

ORMAIE n.f.
En. elmgrove
De. Ulmenwäldchen
Es. olmeda
It. olmaia, olmeto
Plantation d'ormes.
Syn. Ormoie, ormeraye, olmade, ourmiero et en breton, oulmeg (G. Plaisance).

ORME ou **ORMEAU** n.m.
En. elm (tree)
De. Ulme
Es. olmo
It. olmo
Grand arbre à feuilles caduques, de la famille des Ulmacées.
On distingue de nombreuses espèces d'ormes dont l'orme champêtre à petites feuilles (Ulmus campestris) et l'orme commun à larges feuilles (Ulmus montana). Toutes sont atteintes d'une maladie cryptogamique qui entraîne leur disparition de nos parcs ; c'est la terrible graphiose qui s'attaque aussi aux platanes. Des chercheurs auraient cependant obtenu, par manipulation génétique, de jeunes brins d'orme que dédaigneraient, ou fuiraient les insectes vecteurs de la maladie.
Etym. Du latin *ulmus*, qui a donné *olme* et *olmel*.

ORMILLE n.f.
En. elm sapling
De. Ulmenpflanzung
Es. olmo pequeño
It. siepe di piccoli olmi
Plantation de petits ormes, serrés et enchevêtrés, pour former une tonnelle, ou une haie.

ORNE n.m.
En. manna ash (1)
De. Blumenesche (1), Esche
Es. fresno del maná (1)
It. orniello, ornello (1)
1. Variété de frêne, appelé frêne-orne, ou ornier.
2. Intervalle entre deux ceps, ou entre deux rangs de vigne.
Syn. (Suisse) Orna.
3. Coupe effectuée régulièrement en partant de la lisière d'un bois.
4. Ados formé par deux sillons déversés l'un vers l'autre.
5. Petit fossé séparant, les unes des autres, les rangées de ceps.
Le mot se retrouve dans ornière.
Etym. Du latin *ordo*, ligne, rangée.

ORNES DE CHAINTRE l.m.p.
Sillons très courts, tracés perpendiculairement aux sillons plus longs, et formant l'*afront du labour*.

ORNIÈRE n.f.
En. car rut
De. Geleise
Es. carril
It. carreggiata, solco
Trace en creux laissée par les roues des voitures et du matétiel agricole dans les chemins de terre.
Etym. Du latin *orbitaria* qui a donné *ordière*, puis *ornière*.

ORNITHOLOGIE n.f.
En. ornithology
De. Vogelkunde, Ornithologie
Es. ornitología
It. ornitologia
Etude des oiseaux, y compris les oiseaux de basse cour et le gibier à plumes d'élevage.
Etym. Du grec *ornithos*, oiseau, *logos*, étude.

OROBANCHE n.f.
En. broom rape
De. Sommerwurz
Es. orobanca
It. orobanche
Plante de la famille des Orobanchées, sans chlorophylle, à tige grasse, de couleur jaune, et qui vit en parasite sur les racines de nombreuses plantes, notamment le tabac *(R. Blais)*.
Etym. Du grec *orobos*, orobe et *agkhein*, étouffer, qui étouffe l'orobe.

OROBE n.f.
En. bitter vetch
De. Erve
Es. algarroba
It. orobus
Plante de famille des Légumineuses *(Orobus tuberosus)*.
Elle produit des tubercules comestibles, voisine des gesses.
Syn. Ers, d'après O. de Serres.

ORPHELINE adj.
En. orphan
De. verwaist
Es. huérfana
It. orfana
Qualifie une colonie d'abeilles qui n'a plus de reine et qui va disparaître.

ORPHELINER v.tr.
En. to dequeen
De. verwaisen
Es. orfanizar
It. orfanizzare
Rendre une ruche orpheline en tuant la reine de la colonie.
Celle-ci ne peut plus se reproduire faute d'oeufs et de couvain.

ORPIN n.m.
En. orpine
De. Fettpflanze
Es. telefio
It. sedo
Espèce de *sedum* qui croît dans les lieux incultes, et qui est très recherché par les porcs, en particulier le *grand Orpin*, ou *Orpin reprise*.

ORRIS n.m.p.
(Pyrénées Orientales). Cabanes en pierres sèches sur les pâturages d'été.
Elles servent à abriter les bergers.
Syn. Orrhys.

ORT n.m.
(Auvergne). Petite parcelle située près de la ferme, et consacrée à la culture des légumes, ou à celle du chanvre.
Etym. Du latin *hortus*, jardin.

ORTIAGE n.m.
Maladie de la vigne, due, sans doute, à un virus qui fait jaunir les feuilles.

ORTIE n.f.
En. nettle
De. Nessel
Es. ortiga
It. ortica
Plante herbacée vivace, de la famille des Urticacées *(Urtica dicica)*, à feuilles velues, recouvertes de poils imprégnés d'acide formique.
Elles causent de vives irritations. Jeunes et tendres, mêlées à de la farine, elles servent de nourriture pour les oies et les canards.

ORVALE n.f.
En. clary
De. Salbei
Es. orvalle
It. sclarea, chiarella maggiore
Grande plante bisannuelle, à fleurs odoriférantes, de la famille des Labiées.
Jadis, on lui attribuait des propriétés médicales merveilleuses, d'où son nom vulgaire de "toute bonne". Elle est tonique et apéritive ; on mange ses jeunes pousses en salade et elle sert parfois de condiment.

ORVALES n.f.p.
1. *(Bourgogne).* Calamités naturelles qui s'abattent sur les récoltes et les troupeaux.
2. Déprédations commises, jadis, dans les campagnes par les soldats, par les brigands, ou par les seigneurs.

OSCLAGE n.m.
(La Rochelle). En droit coutumier, part de l'usufruit que le mari réservait à sa femme, sur ses propres domaines, si elle lui survivait.
Syn. Douaire.

OSEBUJNAK n.m.
(Yougoslavie). Jardins et vergers qui appartiennent individuellement aux membres d'une *zadruga*.

OSEILLE n.f.
En. **garden sorrel**
De. **Sauerampfer, Sauerklee**
Es. **acedera**
It. **acetosa, erba brusca**
Plante vivace de la famille des Polygonacées (Rumex acetosa).
Originaire de l'Asie septentrionale, elle est cultivée pour ses feuilles qui sont consommées cuites et abondamment assaisonnées. On distingue au moins trois variétés d'oseilles : l'oseille de Belleville, à larges feuilles, peu acide, l'oseille épinard, et l'oseille vierge.
Etym. Du latin *oxys*, aigre, qui a donné *oxalis*, oseille.

OSERAIE n.f.
En. **osiery**
De. **Weidengebüsch**
Es. **mimbral**
It. **vincheto**
Parcelle plantée en osiers.
Syn. oisilière, bédissière, (Midi de la France) vimière, de vimé, tige d'osier en occitan.

OSERI n.m.
(Tarn). Cépage à raisins blancs.

OSIER n.m.
En. **osier, waterwillow**
De. **Korbweide**
Es. **mimbre**
It. **vinco, vimine**
Arbrisseau de la famille des Salicinées (Salix viminalis) qui donne de nombreuses tiges souples pouvant servir à la vannerie, ou comme liens.
Etym. Du latin *auseria*.

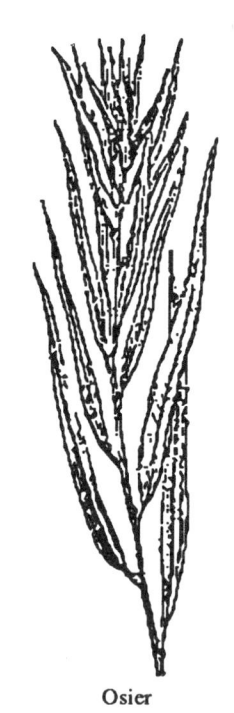

Osier

OSIÉRICOLE adj.
Qualifie ce qui a trait à la culture des osiers.

OSIÉRICULTEUR n.m.
Personne qui cultive les osiers.

OSIÉRICULTURE n.f.
Es. **cultivo del mimbre**
It. **coltura del vimine**
Culture de diverses variétés d'osiers, dont on utilise les tiges et les branches comme liens, ou pour la fabrication d'objets en vannerie.

OSMOSE n.f.
En. **osmosis**
De. **Osmose**
Es. **ósmosis**
It. **osmosi**
Phénomène physique qui se produit entre deux liquides de concentrations différentes en produits dissous, et séparés par une membrane semiperméable, l'un de ces liquides s'écoule vers l'autre.
Le premier est alimenté par le bas, le second s'évapore par le haut ; c'est le cas pour la sève. Au cours de ce circuit, une partie des produits dissous s'incorpore aux cellules traversées ; c'est grâce à ce phénomène que les plantes cultivées croissent et portent fleurs et fruits jusqu'à ce que leurs tissus âgés deviennent imperméables à la circulation de la sève.

OS PELEUX l.m.
Instrument en os de cheval, ou de mulet, long, aminci latéralement en forme de lame, et servant à enlever le *pelard* (écorce) du chêne, pour les tanneries.
Syn. Os à pelard.

OSTAU n.m.
1. *(Guyenne)*. Maison d'un paysan propriétaire.
2. Communauté familiale vivant dans la maison du paysan propriétaire.
Syn. Ostal, oustal (le u ayant palatalisé en l).

OSTICE n.f.
Redevance que l'on devait au seigneur pour la maison que l'on tenait de lui.
Elle consistait le plus souvent en volailles.
Etym. Du latin *hospes*, hôte, qui a donné *hôtel* et *ost*, maison.

OSTOSE n.f.
(Blois au XVIème siècle). Impôt en argent, en volailles et parfois en corvée, qui s'ajoutait au cens et au terrage.

OSTRÉICULTURE n.f.
En. **ostreiculture, oyster culture**
De. **Austernzucht**
Es. **ostricultura**
It. **ostricoltura**
Production et élevage des huîtres par des *ostréiculteurs* dans des parcs artificiels, en communication avec la mer et appelés *claires* dans la région de Marennes.
Etym. Du latin *oster*, huître et *colere*, cultiver.

OTHELLO n.m.
Cépage à raisins noirs, issu d'un hybride franco-américain, et donnant des vins de médiocre qualité.

OTONS n.m.p.
En. **tailings**
De. **kleine Ähren**
Es. **granzas**
It. **residui di spiga**
Fragments d'épi de blé contenant des grains que le battage n'a pas séparés de leurs balles.
Les moissonneuses-batteuses sont munies d'une grille à otons pour les retenir au passage.

OUAILLES n.f.p.
En. **flock of sheep** (1)
De. **Schafherde** (1)
Es. **ovejas** (1), **rebaño, fieles** (2)
It. **branco di pecore** (1), **parrocchiani** (2)
1. Troupeau de moutons.
2. Ensemble des fidèles que conduisent les membres du clergé, considérés comme des pasteurs d'âmes.
Etym. Du latin *ovis*, mouton, qui a donné *ovicula*, puis *ovelha* en provençal.

OUBLAGE n.m.
V. Parcage.

OUBLIAGE n.m.
Amende due par le vassal qui avait négligé son devoir annuel, à la date prescrite.
Elle consistait en un chapon ayant au bec un douzain, pièce de monnaie de valeur variable.
Syn. Oublie, obliage.
Etym. Du latin *oblata*, choses offertes.

OUBLIES n.f.p.
Redevances acquittées en pains ronds et plats, appelés oublies, et qui furent remplacés par un versement en espèces du même nom.
Etym. Du latin *oblata*, offrande.

OUBRADU n.m.
(Livradois). Atelier familial du tisserand d'un village.

OUCHE n.f.
En. **kitchen garden, orchard**
De. **Obstgarten**
Es. **huerto**
It. **orto, frutteto**
(Normandie). Parcelle enclose, consacrée aux cultures de légumes et aux arbres fruitiers, et plus éloignée de la maison que ne l'est le jardin.
Dans le Marais Poitevin, elle est attenante à l'habitation ; c'est un pré planté de pommiers, arrosé de purin et réservé aux bovins à l'engrais.
Etym. Du gaulois qui aurait donné *olca* en latin

OUDRIR (S') v.pr.
Se rider, se flétrir.
S'applique surtout aux bourgeons.

OUETTE n.f.
Petite oie, oison.

OUIE DE LA COGNEE l.f.
Zone située autour d'une coupe de bois et où l'on ne doit faire aucun dégât.
En principe, elle s'étend jusqu'à la limite du bruit que fait la cognée en coupant un tronc.

OUILLADE n.f.
1. *(Provence)*. Cépage.
2. Action d'ouiller.
Syn. Ouillage.

OUILLAGE n.m.
En. **filling**
De. **Nachfüllen**
Es. **relleno, atestadura**
It. **abboccatura, colmatura delle botti**
Opération qui consiste à verser du vin dans une barrique afin de la tenir complètement pleine en comblant le vide causé par l'évaporation et l'imprégnation des douelles.
On évite ainsi la formation de moisissures à la surface du liquide et l'altération de la saveur du vin.
Etym. De *oeil*, syn. de bonde.

OUILLER v.tr.
En. **to fill**
De. **nachfüllen**
Es. **atestar**
It. **abboccare**
Maintenir une barrique pleine en ajoutant du vin pour remplacer celui qui s'est évaporé.
C'est remplir le fût jusqu'à l'oeil, c'est-à-dire, la bonde.
Etym. Du latin *oculus*, oeil.

OUILLÈRES n.f.p.
(Provence). Parcelles étroites et longues, encadrées de rangs de vigne appelés *outins*.
Elles sont consacrées à diverses cultures.
Syn. Orne, joualle.

OUILLETTE n.f.
Petit entonnoir pour remplir les fûts.

OULMIÈRE n.f.
(Bordelais). Parcelle plantée d'ormes.
Syn. Ourmière.

OURDON n.m.
(Ile-de-France).
1. Bande de terrain qu'un ouvrier agricole peut travailler au cours d'une année.
2. Bordure inculte et légèrement surélevée, entre deux parcelles appartenant à des propriétaires différents.

OURT n.m.
(Bourgogne). Jardin.
Syn. Hort.
Etym. Du latin *hortus*.

OUSTAL n.m.
(Rouergue). Maison d'habitation rurale.
Syn. Ostal, doublet de hôtel et d'hôpital.
Etym. Du latin *hospitem*, accusatif de *hospes*, hôte.

OUSTALET n.m.
(Grands Causses). Petite maison rurale, souvent située à mi-pente entre les villages de la vallée et les pâturages du haut.

OUSTALOUS n.m.p.
(Grands Causses). Maisonnettes dans les vignes.
Elles servent à abriter l'outillage et les vignerons.

OUSTAU n.m.
(Béarn). Bâtiments et terres d'un domaine qui se transmettaient de génération en génération, dans une même famille.
Etym. Même origine que *oustal*, le l s'étant transformé en u.

OUT-FIELD n.m.
(Angleterre). Partie du finage située au pourtour du territoire paroissial, ou communal.
Consacré au bois, à la lande et aux pâtures ; l'out-field appartient en général à la communauté, et non à des particuliers.

OUTIL n.m.
En. **tool, implement**
De. **Werkzeug**
Es. **herramienta, útil**
It. **arnese, attrezzo, utensile, strumento**
Instrument fabriqué pour effectuer un travail à la main.
Se dit notamment des instruments du jardinier (bêche, houe, serfouette, râteau, etc.) ; ce sont également ceux qui n'exigent pas, de l'agriculteur, l'emploi d'une énergie autre que celle de l'homme et de l'animal (charrue, faucheuse, etc.). Cependant, on ne saurait appeler outil, une moissonneuse-batteuse, ou un élevator, tous deux utilisant une énergie secondaire.
Syn. Instrument aratoire.
Etym. Du latin *usitilia*, outil.

OUTINS n.m.p.
(Vaucluse). Rangées de vigne assez écartées pour permettre des cultures intercalaires.
Syn. Joualles, hautins.

OUTRE n.f.
En. **goatskin bottle**
De. **Weinschlauch**
Es. **odre**
It. **otre**
Peau de bouc cousue en forme de sac, utilisée, jadis, pour le transport du vin à dos de mulet.
Syn. Boute.
Etym. Du latin *uter*.

OUVERT adj.
En. **open**
De. **offen**
Es. **abierto**
It. **aperto**
1. Qualifie un paysage que ne borne pas un relief.
2. Qualifie une formation végétale qui ne recouvre pas tout le terrain.
Etym. Du latin *aperire*, ouvert.

OUVRAIE n.f.
(Bourgogne). Ancienne mesure agraire d'environ 4,28 ares, correspondant à la tâche quotidienne que pouvait accomplir un ouvrier travaillant à la bêche.

OUVRÉE n.f.
Surface qui peut être labourée par un homme en une journée, avec une paire de boeufs ou de chevaux.
Le terme dériverait d'ouverture ; il s'agit en effet d'ouvrir la terre. Mais on peut également le rapprocher de oeuvre, travail.

OUVRER v.
En. **to work** (1)
De. **arbeiten, verarbeiten** (1)
Es. **labrar** (1)
It. **lavorare** (1)
1. Se livrer à un travail agricole.
2. Préparer les bois coupés d'une forêt pour leur mise en oeuvre.
Etym. Du latin *opus, operis*, oeuvre.

OUVRIER n.m.
En. **worker** (1)
De. **Arbeiter** (1)
Es. **obrero** (1)
It. **operaio** (1)
1. Personne qui *oeuvre*, qui travaille.
2. Arbre fruitier de bonne venue et de bonne qualité sur lequel on prélève des greffons.
3. *(Lorraine)*. Ancienne mesure agraire employée dans les vignes et valant environ 3,5 ares.
Etym. Du latin *operarius*.

OUVRIER AGRICOLE l.m.
En. **farm labourer, farm worker**
De. **Landarbeiter**
Es. **bracero, jornalero**
It. **bracciante**
Ouvrier qui effectue, contre un salaire quotidien, ou mensuel, à temps complet, ou temporairement, un travail dans une exploitation agricole qui ne lui appartient pas.

OUVRIÈRE n.f.
En. **worker**
De. **Arbeitsbiene**
Es. **obrera**
It. **operaia**
Abeille femelle, sans appareil génital, allant cueillir le suc des fleurs pour en faire du miel.

OUVRIERS RURAUX l.m.p.
Ouvriers travaillant dans une usine, mais habitant à la campagne où ils entretiennent quelques parcelles de terre, et élèvent quelques volailles.
Cas fréquent en Lorraine, et en Belgique.
Syn. Ouvriers paysans.

OVAILLE n.f.
(Suisse romande). Dégât causé par la grêle, les grêlons étant parfois aussi gros que des oeufs de pigeon.
Etym. De oeuf.

OVAIRE n.m.
En. **ovary** (1), (2)
De. **Eierstock, Ovarium** (1),
   Fruchtansatz (2)
Es. **ovario** (1), (2)
It. **ovaia** (1), **ovario** (2)
1. Organe femelle de la reproduction animale, où se forment les ovules ou gamètes femelles, c'est une *gonade* secrétant les hormones qui déterminent les caractères féminins du corps.
2. Partie inférieure du pistil où se forment les ovules de la plante, et qui se transforme en fruit après la fécondation.
Etym. Du latin ovum, oeuf.

OVELLE n.f.
Fruit qui commence à grossir.
Etym. Du latin ovum, oeuf.

OVIAU n.m.
Petit tas de pommes de terre, de pois ou de vesces que l'on forme dans les champs au moment de la récolte.

OVICAPRE n.m.
Produit du croisement d'un bélier et d'une chèvre, ou d'une brebis et d'un bouc.
Syn. Chabin (animal stérile).
Etym. Du latin ovis, mouton et caper, bouc.

OVICIDE n.m.
En. **ovicide**
De. **Ovizid**
Es. **ovicida**
It. **ovicida**
Produit pharmaceutique pour détruire les oeufs des insectes nuisibles.
Etym. Du latin ovum, oeuf et caedere, tuer.

OVIDÉS n.m.p.
En. **ovines**
Es. **óvidos**
It. **ovidi**
Famille de mammifères ruminants à cornes creuses, rejetées en arrière, tels les moutons et les chèvres.

OVINS adj.
En. **sheep, ovine**
De. **Schaf-**
Es. **ovinos**
It. **ovini**
Qualifie les mammifères qui appartiennent au genre des moutons.
Etym. Du latin ovis, brebis.

OVIPARE adj.
En. **oviparous**
De. **eierlegend**
Es. **ovíparo**
It. **oviparo**
Qualifie une espèce animale dont la femelle expulse l'ovule fécondé sous forme d'oeuf, l'embryon se développant après la ponte, dans des conditions particulières de chaleur et de durée, durant la *couvaison.*

OVOCYTE n.m.
En. **oocyte**
De. **Eizelle**
Es. **ovocito**
It. **oocita, ovocita**
Cellule sexuelle à 2 n chromosomes, résultant de l'*ovogonie*.
n *étant le nombre de chromosomes de l'espèce, plante ou animal (23 pour l'homme, 30 pour le cheval).*
Etym. Du latin ovum, oeuf, et du grec kutos, cellule.

OVOGÉNÈSE n.f.
En. **oogenesis**
Es. **ovogénesis**
It. **ovogenesi**
Processus donnant naissance aux cellules sexuelles, gamètes mâles ou femelles.

OVOGONIE n.f.
It. **ovogonio, oogonio**
Production des cellules sexuelles qui s'individualisent pour donner, à la fin de l'ovogénèse, des gamètes mâles et des gamètes femelles.
Etym. Du latin ovum, oeuf et du grec geneia, production.

OVOSCOPE n.m.
De. **Eierprüfer**
Es. **ovoscopio**
It. **ovoscopio**
Mire-oeuf.
Etym. Du latin ovum, oeuf et du grec skopein, examiner.

OVULATION n.f.
En. **ovulation**
De. **Ovulation**
Es. **ovulación**
It. **ovulazione**
Phénomène physiologique au cours duquel l'ovule, parvenu à maturité, se détache de l'ovaire et, par l'oviducte, passe dans l'utérus où il peut être fécondé (P. Habault).

OVULE n.m.
En. **ovum**
De. **Ovum, Eizelle**
Es. **óvulo**
It. **ovulo**
1. Cellule sexuelle animale appelée *gamète*, formée au cours de l'ovogénèse et comprenant la moitié des chromosomes de l'espèce, soit 22 pour le lapin, 30 chez le cheval.
Arrivée à maturité, elle se détache de l'ovaire et par l'oviducte passe dans l'utérus où elle se fixe si elle a été fécondée par un spermatozoïde; elle devient alors un foetus, ou un oeuf.
2. Corpuscule se formant dans l'ovaire d'une plante.
Entouré de téguments, il comprend plusieurs cellules, dont l'une d'elles, l'oosphère, est un gamète femelle qui peut être fécondé par un pollen venu des étamines ; elle donne alors une graine.
Etym. Du latin ovum, oeuf.

OXALIDE n.f.
En. **oxalis**
De. **Sauerampfer, Sauerklee**
Es. **oxálida**
It. **ossalide**
Plante herbacée de la famille des Oxalidées.
On en distingue plusieurs espèces, notamment l'oxalide de Deppe (Oxalis Depper), d'origine mexicaine, qui a été cultivée comme salade ; l'oxalide surelle (Oxalis acetosella) qui était jadis utilisée pour obtenir de l'acide oxalique, ou sel d'oseille.

OXYDASE n.m.
Es. **oxidasa**
It. **ossidasi**
Diastase qui oxyde l'alcool du vin et provoque la *casse.*
Syn. Oenoxydase.

OXYURE n.m.
En. **oxyuris**
De. **Madenwurm**
Es. **oxiuro, lombriz**
It. **ossiuro**
Genre de ver nématode, parasite de l'intestin, provoquant de l'*oxyurose*, avec amaigrissement, blocage digestif, etc.
On le combat avec des lavements et des breuvages à base de semen contra.
Etym. Du grec oxus, acide, agissant comme un acide.

OYAT n.m.
It. **sparto pungente**
Plante de la famille des Graminées, notamment le *Psamma arenaria* aux longues racines traçantes et qui sert à maintenir en place, malgré le vent, le sable des dunes.
Connu sous les noms de gourbet *dans les Landes et de* hoyard *en Boulonnais, au XVIème siècle.*

OYEN n.m.
(Lorraine). Semailles d'automne.

P

P.A.C. sigle
En. **C.A.P.**
It. **P.A.C.**
Politique Agricole Commune.
Dispositions adoptées par la C.E.E. pour favoriser l'agriculture des pays de l'Europe occidentale, notamment en accordant des tarifs douaniers préférentiels aux produits agricoles de la Communauté, et en frappant de taxes appropriées les mêmes produits s'ils proviennent d'ailleurs.

PACAGE n.m.
En. **pasturing, pasturage** (1)
De. **Weideplatz** (2)
Es. **pasto, prado** (2)
It. **pascolo** (2)
1. Action de paître, ou de faire paître.
2. Par extension, prairie médiocre.
Jadis, le droit de pacage était limité à certains lieux et à certaines périodes de l'année, non seulement dans les prés fauchés, mais aussi sur les champs moissonnés ; c'était durant la saison du libre parcours, d'ordinaire en été.
Etym. Du latin *pascuum*, pâturage.

PACAGE TOURNANT l.m.
Pacage divisé en plusieurs lots, entourés de clôtures, et de superficies égales.
Chaque lot, d'une étendue suffisante pour recevoir un nombre déterminé de têtes de bétail, à raison d'une tête pour 5 ou 6 ares, est pâturé le temps nécessaire à l'épuisement de l'herbe, et le troupeau passe dans un autre lot jusqu'à ce que tous les lots aient été utilisés.

PACAGER v.intr.
En. **to graze**
De. **weiden**
Es. **pastorear, apacentar**
It. **pascolare**
Faire paître un troupeau dans un pré, dans un champ, dans un pâturage.
Comme verbe pronominal, on admet l'expression se pacager ; ainsi les seigles verts se pacagent dès le mois de mars.

PACARET n.m.
Vin de Xérès, récolté autour de Paxarete (Andalousie), d'où son nom.
Syn. *Pajarete*.

PACHE n.f.
Claque sonore que se donnent dans la main le vendeur et l'acheteur quand le marché est conclu, après de longues discussions.
C'est "le retour à la paix". (P. Bozon).
Etym. Du latin *pax, pacis*, paix.

PACHONS n.m.p.
Piquets où sont attachées les vaches, durant la nuit, sur les pâturages.
C'est le pachonnier qui est chargé de les déplacer et d'étaler le fumier laissé par les bêtes.

PACHYDERMIE n.f.
En. **pachydermia**
De. **Pachydermie, Dickhäutigkeit**
Es. **paquidermia**
It. **pachidermia**
Epaississement de la peau d'un animal domestique à la suite d'un eczéma, ou de frottements répétés.
Etym. Du grec *pakhus*, épais, et *derma*, peau.

PACO n.m.
Es. **alpaca**
Animal domestique de l'Amérique andine *(Alpaca paco)*, fournissant des toisons laineuses pour la fabrication de draps souples et légers.

PACQUIERS n.m.p.
(Auvergne). Conducteurs de troupeaux se rendant sur les pâturages des montagnes.

PACTE PASTORAL n.m.
De. **Hirtenpakt**
Es. **pacto de pastoreo**
It. **patto pastorale**
Entente orale, ou écrite, entre des possesseurs de troupeaux pour utiliser, selon certaines règles, des pâturages appartenant à leur communauté.

PADANG n.m.
(Malaisie). Champ temporaire conquis sur la forêt après l'incendie des arbres et du sous-bois.
Syn. Ray (annamite).

PADDOCK n.m.
1. Enclos pour la garde des juments et de leurs poulains dans une prairie.
2. Dans un champ de course, enceinte réservée au public et où sont présentés les chevaux de compétition.
Etym. De l'anglais *pearroc*, parc, par déformation du *r* en *d*.

PADDY n.m.
En. **paddy rice**
De. **Naturreis**
Es. **arroz con cáscara**
It. **riso con loppa**
(Angleterre). Grains de riz non débarrassés de leurs glumes adhérentes.
Il reste à les décortiquer.

PADOUEN n.m.
(Gascogne). En ancien français, terrain affecté, dans un village, à des usages communs : chemins, aires, pâturages.
Dans un sens restrictif, terre cultivée, ou pâture médiocre, située dans les dépendances immédiates d'une ferme.
Etym. Du latin *paduentia*, ouvert à tous.

PADOUENTAGE n.m.
Droit de mener un certain nombre de têtes de bétail dans les *padouens*, ou pacages communaux.

P.A.F. sigle
V. Périmètre d'action forestière.

PAGENS n.m.
A l'époque carolingienne, habitant d'un *pagus*, ou pays, pourvu qu'il fut nanti d'une terre plus ou moins étendue, que ce fût une simple masure, ou bien un territoire comprenant de nombreux manses divisés en tenures.
Etym. Du latin *paganus*, paysan.

PAGÈS n.m.
(Midi aquitain). Possesseur d'une exploitation agricole réduite, mais suffisante pour l'entretien de sa famille.
Cette tenure roturière s'appelait une pagésie.
Etym. Du latin *paganus*, paysan.

PAGNOLÉE n.f.
(Normandie). Variété de trèfle commun.

PAGNOLLE n.f.
(Saintonge). Boisson préparée avec des rafles de raisins macérées dans l'eau.

PAGOSCOPE n.m.
Appareil destiné à signaler les gelées matinales.
Fondé sur le principe du psychromètre, il est muni d'un système avertisseur, de sorte que les arboriculteurs sont prévenus à temps du danger couru par leurs arbres fruitiers.
Etym. Du grec *pagos*, glace, et *skopein*, examiner.

PAGUÈRES n.f.p.
(Aquitaine). Versants de collines orientés vers le Nord.
Syn. Hiversencqs (R. Brunet).

PAGUS n.m.
A l'époque mérovingienne et carolingienne, ce terme s'est substitué à l'appellation de *civitas*, la cité galloromaine, et il coïncidait avec le territoire d'un comté féodal. Il s'est maintenu en s'appliquant à des régions naturelles boisées, et c'est dans ce sens qu'il nous est parvenu sous l'expression de "pays de".
Ex. Pays de Bray.
Etym. Du latin, village ou bourg.

PAILLADE n.f.
Paille que l'on place sous les bêtes pour qu'elles couchent sur une litière sèche et non dans leurs excréments.
A la longue la paillade se transforme en fumier.

PAILLAGE n.m.
En. **mulching** (1)
De. **mit Stroh Bedecken, Mulchen** (1)
Es. **empajado, cobertura** (1)
It. **impagliatura** (1), **pacciamatura** (2)
1. Opération qui consiste à placer de la paille, ou un plastic, sous les plantes à fruits afin de les protéger des éclaboussures de terre, ou bien pour les protéger du froid et de l'humidité.
Ex. Le paillage des fraises.
2. Labour qui enfouit la paille des chaumes pour diminuer l'évapotranspiration et accroître la fertilité du sol.

PAILLASSON n.m.
En. **straw matting**
De. **Strohmatte**
Es. **limpiabarros**
It. **stuoia**
Matériel agricole composé de pailles à longs brins attachés ensemble par des ficelles, ou du fil de fer, et que l'on suspend sur des perches pour protéger de la gelée matinale les plantes délicates *(fig. 145)*.
C'est paillassonner, *ou pratiquer le* paillassonnage.

PAILLAT n.m.
Vigne taillée en berceau bas, obligeant le vigneron à travailler accroupi.
Cette taille a été abandonnée au XIXème siècle (M. Derruau).

PAILLE n.f.
En. **straw**
De. **Stroh**
Es. **paja**
It. **paglia**
Tiges desséchées des céréales après le dépiquage.
On les utilise comme litière, et même comme nourriture pour les bovins. Jadis, hachées et mélangées à de la terre argileuse, elles servaient à fabriquer du torchis, ou bien, conservées intactes, sous le nom de chaume, on les employait à couvrir les toitures des maisons paysannes. Actuellement, la paille des champs de blé est recueillie pour faire du papier. Les fanes desséchées des légumineuses sont également des pailles.
Etym. Du latin *palea*, balle de blé, et, plus tard, en bas latin, *pailla*.

PAILLÉ adj. (1,2) n.m. (3)
1. Qualifie un grain encore dans l'épi.
2. S'applique à un fumier encore mal imprégné de déjections.
3. Planche de jardin couverte de paille pour protéger ses jeunes plants contre les gelées matinales.

PAILLE BART n.m.
(Normandie). Torchis composé d'argile et de paille hachée pour bâtir les murs de ferme.

PAILLÉE n.f.
1. Quantité de céréales étendues sur l'aire pour être dépiquées dans le cours d'un après-midi.
2. Couche de paille placée sous le bétail pour servir de litière.

PAILLEMENT n.m.
Opération qui consiste à couvrir de paille une planche de légumes. *Syn. Paillage.*

PAILLER n.m.
En. **strawstack** (1)
De. **Heuscheuer, Heustadel** (2)
Es. **pajar** (1)
It. **pagliaio** (1)
1. *(Aquitaine)*. Meule de paille dans la cour d'une ferme.
2. Hangar qui sert à abriter la paille.
3. *(Normandie)*. Pailles réservées pour la litière et dont le fermier ne peut disposer à son gré.
Etym. Du latin *palearium*, grenier à paille.

(Fig. 145). Paillasson de serre

PAILLER v.tr.
En. **to mulch**
De. **mit Stroh bedecken**
Es. **cubrir de paja, empajar**
It. **impagliare,
eseguire la pacciamatura**
Couvrir de paille.
Ex.
1. Pailler des fraises : placer de la paille sous les pieds pour préserver les fruits du contact du sol.
2. Pailler un arbre : entourer son tronc de paille pour le protéger du gel.
3. Pailler une terre : la couvrir de paille pour la protéger du soleil et de l'évaporation.
4. Pailler une basse-cour : y étaler de la paille pour qu'elle pourrisse et forme du fumier.

PAILLERIS n.m.
(Jura). Fumier de paille, récemment répandu dans les prés.

PAILLES BLANCHES l.f.p.
Pailles de céréales dont on avait enlevé les grains, et qui pouvaient servir de litière, ou de couverture de chaumière.

PAILLE SUR PAILLE (CULTIVER) l.v.
Cultiver blé sur blé dans la même parcelle d'une année à l'autre, pratique qui épuisait la terre, de sorte que la seconde récolte était médiocre ; il valait mieux recourir à la jachère.
L'abondance du fumier, grâce aux progrès de l'élevage et aux cultures de légumineuses, permit de recourir à ce procédé de froment sur froment.
Actuellement, la disparition du troupeau et des fourrages dans certaines fermes entraîne la suppression du fumier et devrait déterminer le retour à la jachère ; néanmoins, par l'emploi abondant de divers engrais, les rendements en blé sont maintenus d'une année à l'autre.

PAILLET adj.
It. **chiaretto**
Qualifie un vin léger, de couleur claire, obtenu avec des raisins qui ont achevé de mûrir sur la paille.
C'est un vin de paille.

PAILLETTE n.f.
Petit tube pour conserver la semence de taureau en la congélant, afin de l'utiliser plus tard en insémination artificielle.

PAILLEULE n.f.
1. Litière faite de paille.
2. Algue marine qui croît sur les côtes de Normandie, et qui sert d'engrais vert.

PAILLEUR n.m.
Marchand de paille.

PAILLEUSE adj.f.
Qualifie une litière faite avec de la paille mal décomposée.

PAILLIS n.m.
En. **mulch** (1)
De. **Strohwisch** (2)
Es. **capa de paja, pajote** (1)
It. **strato di strame** (1)
1. Couche de paille ou de fumier, étendue sur une planche de jardin, et que l'on enfouit à la bêche.
Elle atténue l'évaporation, elle fertilise et ameublit le sol.
2. Couche de paille étendue sous les pieds de fraises pour protéger les fruits des éclaboussures de terre.
3. Bandes de plastique placées sous les tiges proches du sol pour les maintenir à l'écart de la boue.

PAILLON n.m.
En. **wisp** (2)
De. **Strohhülle** (2)
Es. **tapón de paja** (2)
It. **filtro di paglia** (2)
1. Garniture de paille de forme conique, placée autour des bouteilles pour éviter qu'elles ne se cassent en se heurtant *(fig.146)*.
2. Poignée de paille placée derrière l'orifice du robinet d'une cuve ; maintenue par une grosse pierre, elle retient les résidus des grappes, tout en laissant le vin s'écouler.
Fig.146 : Paillon de bouteille (P. Gindre)

(Fig.146). Paillon de bouteille

PAILLOT n.m.
1. Ados dressé à la charrue, entre deux rangs de vigne, par le premier labour de printemps.
2. Cépage à raisins noirs, cultivé en Berry.

PAIL-MEL n.m.
Mélange dans la proportion d'un tiers de paille hachée et de deux tiers de mélasse de betterave pour la nourriture du bétail.

PAIN n.m.
En. **bread**
De. **Brot**
Es. **pan**
It. **pane**
Aliment fait avec de la farine de céréale additionnée d'eau, de levain et de sel, pétrie et cuite au four.
Le meilleur pain, le pain blanc, est fait avec de la farine de froment blutée ; on fait également du pain médiocre avec des farines peu panifiables de seigle, d'orge, ou de maïs, pauvres en gluten.
Etym. Du latin *panis*, pain.

PAIRE n.f.
En. **brace, yoke**
De. **Joch, Ochsengespann**
Es. **yunta**
It. **coppia di buoi**
Abréviation de paire de boeufs.
Jadis elle servait à apprécier l'étendue d'une métairie qui pouvait être de une, de deux ou de trois paires, c'est-à-dire qu'il fallait une, deux, ou trois paires de boeufs de travail pour effectuer tous ses labours.
En Aquitaine, une paire correspondait à une métairie d'une douzaine d'hectares.

PAIRIE n.f.
En. **peerage**
De. **Pairschaft, Peerschaft**
Es. **dignidad, título de par**
It. **paria**
Domaine ou fief qui conférait la dignité de pair, d'égal au roi, à celui qui en était investi.
Etym. Du latin *par*, égal.

PAISSANCE n.f.
1. Droit de faire paître les troupeaux dans une forêt seigneuriale.
2. Exercice de ce droit.

PAISSE n.f.
1. Parcelle de pâturage où les troupeaux vont paître.
2. *(Berry, Auvergne).* Pré médiocre livré au pacage en toute saison.
Syn. Paissis, paissiau.

PAISSEAU n.m.
En. **vineprop**
De. **Pfahl, Weinpfahl**
Es. **rodrigón**
It. **calocchio**
(Bourgogne). Petit échalas de 50 à 60 cm de long auquel on attache les rameaux de la vigne avec des brins d'osier.
Etym. Du latin *paxillus*, pieu.

PAISSELAGE n.m.
Action de paisseler.

PAISSELER v.tr.
Planter des échalas, ou *paisseaux* dans une vigne.

PAISSELIS n.m.
1. Plantation des échalas dans une vigne.
2. Ensemble des échalas, ou paisseaux, d'une vigne.

PAISSELURE n.f.
Fragments de chanvre dont on se servait jadis pour attacher les rameaux de vigne aux échalas, ou paisseaux.

PAISSON n.f.
De. **Eichelmast** (2), **Viehweide**
Es. **pasto** (2)
It. **pastura delle ghiande** (2)
1. *(Berry)*. Droit accordé aux petites gens, par les possesseurs de grands domaines, de faire paître leurs troupeaux sur les champs libérés des récoltes.
2. Séjour des porcs dans les forêts pour la glandée.
Syn. Panage.
Etym. Du latin *pastio*, pacage.

PAISSONNIER n.m.
(Berry). Berger qui mène paître les troupeaux au moment de la paisson.

PAÎTRE v.tr.
En. **to graze** (1)
De. **weiden** (1)
Es. **pastar, pacer** (1)
It. **pascolare** (1)
1. Brouter l'herbe sur pied.
2. Conduire un troupeau sur un pâturage, le mener paître.
3. *V.pron.* se paître, troupeau qui pâture (vieilli).
Expr. Paître la meule, c'est pousser avec une pelle, sous la meule d'un moulin, les olives à écraser.
Etym. Du latin *pascere*, brouter.

PAJARET n.m.
V. Picaret.

PAK-CHOI n.m.
Légume de la famille des Crucifères, originaire de Chine, cultivé dans le Midi méditerranéen où il remplace la blette.

PAL n.m.
En. **soil fertilizer/injector** (2)
De. **Düngelanze** (2)
Es. **inyector de abono** (2)
It. **palo iniettore** (2)
1. Instrument en fer, pointu, dont les vignerons se servent comme plantoir.
2. Tube muni d'un appareil à pression pour injecter des engrais ou des insecticides dans le sol sans briser les racines.
C'est un pal injecteur.
Etym. Du latin *palus*, pieu.

PALAIRE n.m.
(Bas-Dauphiné). Intervalle entre deux rangs de vigne, assez large pour que l'on puisse y pratiquer diverses cultures.
Syn. Joualle.

PALANCHE n.m.
Long morceau de bois, avec des entailles aux deux bouts pour transporter sur les épaules deux fardeaux à la fois *(Fig.147)*.
Etym. Du latin *palanca*, issu du grec *phalanx*, bâton de portefaix.

PALE n.f.
En. **vane** (2), **water gate** (3)
De. **Schutzbrett** (3)
Es. **compuerta de molino** (3)
It. **paratoia, saracinesca** (3)
1. Lame de bois taillée en pointe pour faire des palissades destinées à clôturer les champs ou les jardins.
2. Aube d'une roue de moulin.
3. Vanne d'étang *(fig.148)*.
Etym. Du latin *pala*, pelle.

(Fig. 148). Pale d'étang

PALEFRENIER n.m.
En. **groom** (2)
De. **Stallknecht** (2)
Es. **palafrenero** (2)
It. **palafreniere** (2)
1. Cheval de renfort le long des routes où furent établis, après les édits du IVème siècle, les services de poste.
2. Par la suite, domestique chargé de soigner les chevaux.
Etym. Du grec *para*, auprès de, et du celte *veredu*, coursier, ce qui a donné *palefroi* et *palefrenier*.

PAL-FER n.m.
Barre en fer, pointue et lourde, pour creuser des trous dans le sol afin d'y fixer des pieux, des tuteurs, pour soutenir les jeunes arbres fruitiers.

PALIS n.m.
En. **stake** (1)
De. **Pfahl** (1)
Es. **estaca** (1), **empalizada** (2)
It. **stecca** (1), **steccato** (2)
1. Petit pieu pointu.
2. Clôture composée d'une série de pieux autour d'une parcelle.
Etym. Du latin *palus*, poteau.

(Fig.147). Palanche

PALISSADE n.f.
En. **palisade** (1), **fence**
De. **Pfahlwerk** (1)
Es. **empalizada** (1)
It. **palizzata** (1)
1. Clôture autour d'une parcelle pour la protéger contre les prédateurs et l'érosion éolienne.
Elle peut-être composée de perches, de planches, de buissons, d'arbustes formant une haie (Fig.149).
2. Série d'arbres fruitiers taillés pour former une suite ininterrompue de branches.

(Fig.149). Palissade de pieux

PALISSAGE n.m.
En. **tying** (1)
De. **an einer Palisade befestigen** (1)
Es. **empalizamiento** (1)
It. **palizzamento** (1)
1. Opération qui consiste à étendre et à fixer les branches d'un arbre fruitier contre un mur afin de lui donner une forme régulière, et de favoriser la maturation de ses fruits grâce au rayonnement calorifique de son soutien.
2. Procédé pour attacher les rameaux d'une vigne aux fils de fer des échalas.
Syn. Palissadement.

PALISSE n.f.
Haute et épaisse haie entourant les champs et les prés dans la région du Haut Poitou méridional.

PALISSER v.tr.
En. **to tie** (2)
De. **anbinden** (2)
Es. **poner en espaldera** (2)
It. **palizzare** (2)
1. Poser des palis.
2. Etendre, ou fixer contre un mur, ou un treillage, les branches d'un arbre ou les rameaux d'une vigne.

PALISSEUR n.m.
Ouvrier agricole qui entretient les haies et les palissades.

PALLIÈRE n.f.
(Jura). Rang de vigne.

PALMA n.f.
Es. **palma**
Cactée aux feuilles épaisses en forme de raquette.
Sans épines quand elles sont jeunes, ces feuilles servent de fourrage dans les régions semi-arides du Nordest brésilien.

PALME n.f.
En. **palm**
De. **Palme**
Es. **palma**
It. **palma**
Branche de palmier, aux lobes s'écartant comme les doigts de la main.
Etym. Du latin *palma*, paume de la main.

PALMERAIE n.f.
En. **palm plantation**
De. **Palmgarten**
Es. **palmito**
It. **palmeto**
Plantation en régions tropicales de palmiers-dattiers, de palmiers à huile, ou de palmiers à noix de coco, dits cocotiers.
Syn. Palmérier.

PALMETTE n.f.
En. **palmette**
De. **Palmette**
Es. **árbol frutal en espaldar**
It. **palmetta**
Forme donnée par les procédés de taille aux arbres fruitiers.
Les rameaux latéraux sont étalés obliquement de part et d'autre de la tige centrale, et ils sont fixés soit à des fils de fer, soit à un mur en espalier (fig.150).

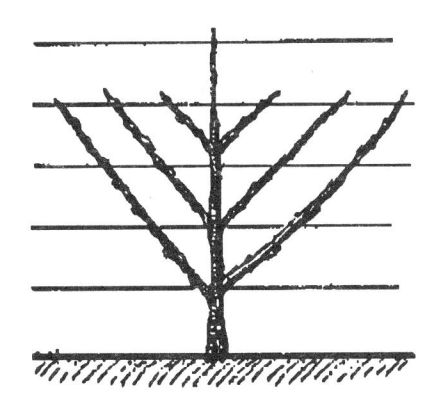

(Fig.150). Palmette simple

PALMIER-DATTIER n.m.
En. **date palm**
De. **Dattelpalme**
Es. **palma datilera, palmera**
It. **palma da datteri**
Arbre de la famille des Palmacées (*Phoenix dactylifera*) dont le tronc, ou stipe porte un panache de longues feuilles très dentelées.
Ses fruits, ou dattes, groupées en régimes, ne mûrissent que sous un climat chaud et sec, mais sur un sol irrigué ; ainsi il pousse "les pieds dans l'eau et la tête au soleil ", notamment au Sahara.

PALMIER À HUILE l.m.
En. **oil palm**
De. **Ölpalme**
Es. **palmera de aceite**
It. **palma da olio**
Arbre de la famille des Palmacées (*Elaeis guineensis*), cultivé en Afrique équatoriale et en Indonésie.
Ses fruits donnent deux huiles différentes : l'huile de palme extraite de la pulpe, et l'huile de palmiste extraite de l'amande.

PALMIPÈDE n.m.
En. **palmiped**
De. **Schwimmvogel**
Es. **palmípedo**
It. **palmipede**
Oiseau, volaille, ayant les doigts de pied réunis par une membrane, ce qui favorise la natation.
Terme surtout usité pour les oies et les canards.

PALMISTE n.m.
En. **cabbage palm**
De. **Zwergpalme**
Es. **palma real, palmito**
It. **palmisti**
Espèce de palmier dont le bourgeon terminal, tendre et comestible, est appelé chou-palmiste.
Sa sève, recueillie dans des calebasses, donne par fermentation le vin de palme.
Plusieurs espèces de palmiers sont cultivées pour leurs bourgeons consommés sous le nom de coeur de palmier.
Etym. De l'espagnol *palmito*, petit palmier.

PALMOULE n.f.
Orge à deux rangs de grains.
Rustique et très productive, elle était cultivée sur les terrains pauvres du Languedoc.
Syn. Paumelle.

PALOMBE n.f.
En. **woodpigeon, ringdove**
De. **Ringeltaube**
Es. **paloma torcaz**
It. **colombaccio**
Pigeon ramier, le plus gros des columbidés, ou pigeon sauvage.
Ancêtre du pigeon domestique.
Etym. Du latin *palumbus*.

PALON n.m.
Petite pelle en bois servant à ramasser les grains.
Etym. Du latin *pala*, pelle.

PALONNIER n.m.
En. **whiffletree**
De. **Ortscheit**
Es. **balancín**
It. **bilancino**
Pièce de bois destinée à tenir écartés et parallèles les traits d'une charrette, ou d'une herse, pour permettre un attelage en file.
Syn. Palonneau. (fig.151).

(Fig.151). Palonnier

PALOT n.m.
Petit pal ; plantoir dont se sert le vigneron pour faire des trous dans le sol.

PALOTAGE n.m.
(Normandie). Creusement de sillons profonds pour y planter du colza.
Cette opération était effectuée, jadis, par un ouvrier agricole appelé paloteur, à l'aide d'une pale, ou d'une pelle.

PALPEUR n.m.
En. **feeler**
De. **Fühler**
Es. **palpador**
It. **tastatore**
Appareil électronique posé sur des fruits ou des arbres fruitiers, qui décèle en temps de sécheresse le *seuil de la soif* et déclenche le système d'irrigation du verger jusqu'à ce que la sécheresse soit atténuée.
Etym. Du latin *palpare*, palper.

PALUD n.m.
En. **swamp** (1)
De. **Sumpf** (1)
Es. **pantano** (1)
It. **palude** (1)
1. Marais bordant les rives de la Garonne et de la Gironde, drainés et livrés aux cultures maraîchères.
2. Légère ondulation séparant un cours d'eau des zones marécageuses voisines et servant de site aux fermes.
3. Terre prélevée dans un marais.
Le terme s'écrit parfois palus comme dans Palus Méotide : ancien nom de la Mer d'Azov.
4. Vin de médiocre qualité, récolté dans les paluds.
5. Variété de garance.
Etym. Du latin *palus*, marais.

PALUDIER n.m.
En. salter
De. Salinenarbeiter
Es. salinero
It. salinaio
Paysan marin ayant aménagé les terres amphibies entre la Gironde et le Morbihan pour y établir des marais salants.
En Languedoc, ce sont des Cévenols qui vont sur le littoral méditerranéen faire la récolte du sel, en été.

PALUN n.m.
(Provence). Plaine marécageuse, drainée, asséchée et aménagée comme un polder, en longues parcelles groupées en quartiers *(G.Livet).*
Etym. Déformation du mot *palud*.

PALUS n.m.
V. *Palud*.

PALYNOLOGIE n.f.
En. palynology
De. Palynologie
Es. palinología
It. palinologia
Etude des pollens,(notamment quand ils sont découverts dans les tourbières et les vases lacustres).
A cause de leur longue durée, ils permettent de reconstituer le tapis végétal des périodes géologiques passées, et, depuis la mise en culture des sols, la succession des productions agricoles depuis cinq ou six millénaires.
Etym. Du grec *palynein*, saupoudrer, et *logos*, science, les pollens étant comparés à de la poudre.

PAMELLE n.f.
(Picardie). Orge de printemps.

PAMOUILLE n.f.
(Auvergne). Orge.

PAMPE n.m.
Feuilles et tiges desséchées des céréales.
Peut-être est-ce une déformation du mot pampre.

PAMPLEMOUSSIER n.m.
En. grapefruit tree
De. Pampelmusenbaum
Es. pomelo
It. pompelmo (pianta)
Arbre de la famille des Aurantiacées *(Citrus decumana ou paradisii).*
Originaire des archipels malais, il est cultivé dans les pays de climat méditerranéen pour ses fruits semblables à de grosses oranges, et de couleur jaune pâle, appelés pamplemousses.
Etym. Du malais *pompel*, gros, et *limoes*, limon, devenu en hollandais *pompelmoes*, ou *pompelmouse*.

PAMPRE n.m.
En. vine branch
De. Weinranke
Es. pámpano
It. pampino, pampano
Rameau de vigne avec ses feuilles vertes, et non encore aoûté.
Etym. Du latin *pamprinus*, pampre.

PAMPRÉE adj.
Qualifie une grappe de raisin encore attachée à un fragment de pampre.

PANACHE n.f.
Nom vulgaire de la femelle du paon. *(Larousse).*

PANACHÉ adj.
En. variegated (1)
De. buntgestreift (1)
Es. empenachado (1)
It. screziato (1), misto (2)
1. Se dit d'une plante dont les feuilles sont tachées de couleurs variées.
Ex. Lierre panaché.
2. Qualifie un mélange de fruits, de graines, de salades, etc.
Etym. De l'italien *pennaccio*.

PANACHURES n.f.p.
En. variegation
De. bunte Färbung
Es. manchas
It. screziatura
Taches de couleurs variées sur les feuilles des plantes, dues à des virus ou à des champignons.
Etym. De l'italien *pennacchio*.

PANADES n.m.
(Catalogne). Vin liquoreux, récolté dans la région du Panadès.

PANAGE n.m.
En. pannage (2)
De. Eichelmast (2)
Es. derecho de montanera (2)
It. pascolo dei suini nei boschi (2)
1. Consommation par les porcs des glands et des faînes dans les forêts, les porcs étant préférés à toute autre bête car ils ne causent pas de dégâts, et leurs dents leur permettent de briser les graines.
2. Droit payé au seigneur d'une forêt pour pouvoir y faire paître des troupeaux de porcs.
Etym. Du latin *pastio*, paisson.

PANAIS n.m.
En. parsnip
De. Pastinake
Es. pastinaca, chirivía
It. pastinaca
Plante de la famille des Ombellifères, originaire de l'Europe centrale et cultivée pour sa racine depuis le Haut Moyen Age, pour l'alimentation des hommes et des animaux.
Etym. Du latin *pastinaca*, qui a donné *pastenage* en langue d'oc, puis *pasnaie*, et enfin *panais*.
Le terme *pastenago* désigne encore une rave en dialecte occitan.

PANARD adj.
En. knock-kneed
De. x-beinig
Es. patizambo
It. mancino
Qualifie un cheval dont les membres antérieurs, et parfois les membres postérieurs, divergent vers l'extérieur.

PANCALIER n.m.
Variété de chou à feuilles frisées.

PANDADOUIRE n.f.
(Aquitaine). Couteau, ou serpette, servant à tailler la vigne.
Etym. De l'occitan *pouda*, tailler.

PANDOULEAU n.m.
Cépage à raisins noirs, cultivé dans le Jura.

PANEA n.m.
Cépage à raisins noirs, cultivé dans le Pays niçois.

PANEL n.m.
Echantillon d'agriculteurs assez nombreux et ayant accepté de répondre, à un moment déterminé, sur un problème relatif à leurs activités : travaux, achats, ventes, quantités, etc.
Syn. Sondage.
Etym. De l'anglais *panel*, liste de jury.

PANETIÈRE n.f.
En. scrip (2)
De. Brotsack (2)
Es. zurrón (2)
It. armadietto per il pane (1), tascapane (2)
1. Meuble, ou support, où l'on place le pain.
2. Sac dans lequel les bergers mettaient leur pain.

PANIC n.m.
En. panic grass
De. Waldhirse
Es. panizo
It. panico
Millet à grappes, dit aussi Panic d'Italie *(Panicum italicum).*
Cultivée pendant la Préhistoire dans toutes les régions tempérées de l'Ancien Continent, cette graminée, aux graines fixées le long des filaments de l'inflorescence, a été longtemps la base de l'alimentation humaine.
Peut-être est-elle originaire de Chine.
Syn. Panis, panisse.
Etym. Du latin *panitium*, panis, pain.

PANICULE n.f.
En. **panicle**
De. **Rispe**
Es. **panícula**
It. **pannocchia**
Inflorescence des graminées, comportant un axe principal où sont fixées les graines par un pédoncule plus ou moins long.

PANIER n.m.
En. **basket** (1)
De. **Korb** (1)
Es. **cesta** (1)
It. **cesto, paniere** (1)
1. Récipient en jonc, ou en osier, à une ou deux anses, servant à transporter des denrées agricoles, ou des volailles.
2. Parfois, désigne une ruche.
Syn. Panière.
Etym. Du latin *panarium*, corbeille à pain.

Panier

PANIFIABLE adj.
Es. **panificable**
It. **panificabile**
Qualifie une farine qui se prête à la fabrication du pain, à la panification, à la suite de trois opérations : pétrissage, fermentation et cuisson.
Toutes les farines ne sont pas également panifiables, cela dépend de leur réaction à l'égard des levures qu'on leur incorpore et qui produisent plus ou moins de gaz carbonique en présence des sucres et du gluten contenus dans la pâte ; la farine de blé est en général très panifiable, sa pâte lève bien ; celles de seigle, d'orge, d'avoine, de maïs le sont moins et donnent du pain massif; celles du mil et du sorgho, trop pauvres en gluten ne le sont pas et ne peuvent être consommées qu'en bouillies, ou en galettes.

PANIFICATION n.f.
En. **bread-making**
De. **Brotbereitung**
Es. **panificación**
It. **panificazione**
Fabrication du pain avec de la farine, de l'eau, du levain et du sel que l'on mêle et que l'on brasse dans un pétrin, manuellement ou mécaniquement, afin d'obtenir de la pâte qui sera cuite au four.

PANMIXIE n.f.
En. **panmixia**
De. **Panmixie**
Es. **panmixa, panmixis**
It. **panmissia, panmissi**
Etat d'un groupe important de bêtes où les croisements se font au hasard, sans qu'il y ait d'interventions étrangères, de sélection, ni de migration.
Etym. Du grec *pantos*, tout, et *mixia*, mélange.

PANNEAU n.m.
Châssis vitré servant à protéger les plantes cultivées sur couche.

PANNES n.f.p.
(Flandre). Très grandes tuiles pour couvrir de vastes toitures.

PANOUILLE n.f.
En. **maize cob, ear, corn cob**
De. **Maiskolben**
Es. **mazorca, panocha, panoja**
It. **spiga di granturco, pannocchia**
(Occitan). Epi de maïs recouvert de ses spathes.

PANOUILLON n.m.
(Bresse). Petite panouille.

PANSAGE n.m.
En. **grooming**
De. **Striegeln, Putzen**
Es. **limpieza de un animal**
It. **strigliatura**
Nettoyage de la peau et des poils des animaux domestiques, et plus particulièrement du cheval, avec une brosse en chiendent et une étrille en fer.
Syn. Toilettage.

PANSE n.f.
En. **rumen, paunch**
De. **Pansen, Wanst**
Es. **panza**
It. **rumine, pancione**
Premier estomac des ruminants.
Appelé aussi herbier, car il reçoit l'herbe verte, et rumen, car il restitue cette herbe pour qu'elle soit soumise à la rumination.
Etym. Du latin *pantex*, ventre.

PANSE n.f.
Cépage vigoureux, cultivé en Provence pour ses raisins blancs de table.
Il comprend plusieurs variétés : la panse commune pour la table et le séchage, la panse précoce à grains jaunes, la panse musquée à grains olivoïdes, tardifs, à consommer frais ou secs.

PANSER v.tr.
En. **to groom** (1)
De. **striegeln** (1)
Es. **curar** (1)
It. **strigliare** (1)
1. Faire la toilette d'un cheval avec une brosse et une étrille.
2. Nourrir le bétail.
3. Donner des soins à une blessure d'animal.

PANTÈNE n.f.
1. Panier à bords peu élevés, dont on se sert pour transporter les vers à soie.
2. Plateau sur lequel on fait sécher les fruits à pulpe *(fig.152)*.

(Fig. 152). Pantènne

PANURGE n.f.
1. Petite abeille de la famille des Apidés, vivant en colonie dans le sol.
2. Partie du harnais du cheval reliant la têtière aux fausses rênes.
Etym. Du grec *panourgos*, apte à tout faire.

PANZOOTIE n.f.
Maladie microbienne ou virale que peuvent contracter tous les animaux, sous toutes les latitudes *(P. Habault).*
Ex. Tuberculose.
Etym. Du grec *pantos*, tout, et *zoom*, animal.

PAON n.m.
En. **peacock**
De. **Pfau**
Es. **pavo real**
It. **pavone**
Volatile de l'ordre des Gallinacés, domestiqué pour son beau plumage qui comprend une aigrette sur la tête et une longue queue aux plumes de brillantes couleurs.
La femelle est une paonne *et le petit un* paonneau.
Etym. Du latin *pavo*, paon.

PAPAS n.m.p.
Topinambour.
(Littré).

PAPAYER n.m.
En. **papaya, papaw**
De. **Papayabaum, Melonenbaum**
Es. **papayo**
It. **papaia (pianta)**
Arbre de la famille des Passifloracées *(Carica papaya)*, au tronc cylindrique couronné d'un panache de feuilles larges et touffues.
Originaire d'Amérique centrale, il est cultivé dans les régions tropicales pour ses fruits : les papayes, semblables à de petits melons, contiennent une pulpe comestible très appréciée.
Etym. Du malais *papaya*.

PAPETON n.m.
Tige cylindrique, ou conique, servant de support aux grains de maïs.

PAPIER-TERRIER l.m.
V. Terrier.

PAPILIONACÉES n.f.p.
En. **Papilionaceae**
De. **Schmetterlingsblumen**
Es. **papilionácea**
It. **papilionacee**
Sous-famille des légumineuses, caractérisée par ses fleurs en forme de papillon et par ses fruits, ou gousses.et comptant 10 000 espèces environ.
Elle comprend des plantes pour l'alimentation humaine (arachide, haricot, etc.), pour l'alimentation animale (luzerne, sainfoin, trèfle, etc.), pour les engrais verts (lupin), pour les parcs (cytise, glycine).
Etym. Du latin *papilio*, papillon.

PAPRIKA n.m.
En. **paprika**
De. **Paprika**
Es. **paprika, pimentón, húngaro**
It. **paprica**
Variété de piment doux.
Origine hongroise

PÂQUERAGE n.m.
V. Pacage.

PÂQUIER n.m.
1. Pâturage de médiocre valeur.
2. Surface de pâturage nécessaire à la nourriture d'une vache pendant l'estivage.
Jadis, on disait un pasquier.
Etym. Du latin *pascere*, paître.

PÂQUIS n.m.
1. *(Jura).* Pâturage médiocre pour moutons.
2. Pâture garnie d'arbres et appartenant à une communauté villageoise *(G. Plaisance).*
Etym. Du latin *pascere*, qui a donné *pascuarium* et par la suite, *pasquier* et *pacage*.

P.A.R. sigle
Plan d'Aménagement Rural.
Institution créée le 8 Juin 1970 pour développer, dans un secteur déterminé, les initiatives individuelles et collectives favorables à l'amélioration de l'espace rural, notamment en zone de montagne.
Près de 150 plans ont été ainsi mis en application sur 4 millions d'ha.

PARADIS n.m.
En. **paradise, apple tree** (1)
De. **Paradies** (1)
Es. **paraíso** (1)
It. **paradiso** (1)
1. Variété de petits pommiers servant de porte-greffes, afin d'avoir des pommiers nains, mais de bonne qualité.
2. Jus de raisin s'écoulant du pressoir sans qu'il y ait eu de compression, ou bien premier vin s'écoulant de la cuve, encore tout chaud de fermentation.
Etym. Du latin *paradeisos*, jardin.

PARAGE n.m.
Dernier labour de l'année avant l'hiver.
Etym. Du latin *parare*, préparer, parer.

PARAGELÉE n.m.
Abri servant à protéger les plants de vigne contre les gelées matinales.
Il se compose d'un support de quatre pieds, sur lequel on étend des paillassons, ou des papiers épais.

PARAGER n.m.
Possesseur d'un bois sur lequel pèse un droit de *gruerie* à payer, jadis, au seigneur ou au roi, aujourd'hui aux Domaines de l'Etat, ou aux communautés ayant conservé ce droit.
Il a disparu presque complètement.

PARAGRÊLE n.m. ou adj.
En. **anti-hail** (2)
De. **Hagelableiter** (1)
Es. **paragranizo** (1)
It. **antigrandine** (1)
1. Appareil destiné à protéger les récoltes de la grêle en attirant les charges d'électricité contenues dans les nuages.
Il se compose d'une demi-sphère hérissée de pointes en métal, placée sur un pylône et reliée au sol par un câble d'acier.
2. Qualifie les canons dont les projectiles, ou fusées para-grêles, servent à dissocier par une violente explosion les nuages où la grêle est en formation.

PARAGUAY n.m.
Variété de tabac brun, importée d'Amérique du Sud et cultivée dans le Bassin Aquitain.
Elle est appréciée pour la dimension de ses feuilles et sa richesse en nicotine.

PARALYSIE n.f.
En. **paralysis**
De. **Lähmung**
Es. **parálisis**
It. **paralisi**
Accident qui atteint les chevaux et les bovins, et qui se manifeste par l'arrêt partiel, ou total, de certains muscles.
Il provient de lésions dans le cerveau, ou dans la moelle épinière.
Etym. Du grec *para*, le long de, et *lusis*, dissolution.

PARAMOS n.m.p.
1. Pâturages situés sur les hauts plateaux de la Puna, dans les Andes centrales.
2. Vastes plateaux des Castilles, cultivés en openfields avec un assolement comportant une jachère.
Etym. Origine espagnole.

PARASITE n.m.
En. **parasite**
De. **Schmarotzer, Parasit**
Es. **parásito**
It. **parassita**
Plante, ou animal, vivant aux dépens d'une plante cultivée, ou d'un animal domestique.
En conséquence, il pratique le parasitisme, soit en pénétrant dans les tissus du sujet parasité pour en retirer sa nourriture, soit en vivant en symbiose avec le végétal, ou avec l'animal dans lequel il s'est introduit.
Le parasite de blessure utilise une altération accidentelle (monilla des pommes et des poires) ; le parasite facultatif ne se nourrit qu'à partir de substances végétales, ou animales, mortes (champignons des bois) ; le parasite obligatoire ne se développe que sur une plante déterminée (rouille du blé) (P. Habault).
Etym. Du grec *para*, à côté, et *sitos*, aliment, qui se nourrit hors du cycle normal de l'alimentation.

PARASITOLOGIE n.f.
En. **parasitology**
De. **Parasitologie**
Es. **parasitología**
It. **parassitologia**
Science ayant pour objet l'étude des plantes et des animaux qui vivent en parasites, virus et bactéries inclus, relevant de la microbiologie.

PARAYSON n.m.
Bail à moitié fruits (Droit coutumier du Nord).

PARC n.m.
En. **paddock** (1)
De. **Pferch, Hürde** (1)
Es. **majada, aprisco** (1)
It. **parco, chiuso** (1)
1. Parcelle de prairie entourée d'une clôture composée de haies, de murettes, ou de claies, où l'on enferme le bétail pour qu'il puisse paître sans surveillance.
Si la clôture est mobile, on la déplace de temps à autre pour assurer une pâture et une fumure régulières.
2. Jadis, vaste enclos boisé et réservé aux animaux de chasse d'un seigneur, ou d'un roi.
3. Terrain d'agrément planté d'arbres d'ornement et réservé à la promenade.
4. Ensemble du matériel agricole d'une ferme.
Etym. Du latin *parra*, perche.

PARC NATIONAL l.m.
En. **national park**
De. **Naturschutzpark, Naturschutzgebiet**
Es. **parque nacional**
It. **parco nazionale**
Vaste espace de plusieurs centaines, ou milliers de km^2, créé selon les dispositions de la loi du 22 Juillet 1960, avec pour but de protéger le milieu naturel et de promouvoir l'activité touristique.
Délimité par les services publics, il comprend une zone centrale où sont conservés les éléments les plus caractéristiques de la région (rochers, sources, bois, points de vue), et le pourtour où sont subventionnées des activités susceptibles d'animer le milieu rural.
Quelques réserves sont parfois destinées à la recherche scientifique (Barre des Ecrins, Vanoise, Cévennes, etc.).

PARC NATUREL RÉGIONAL l.m.
En. **natural park** (of a region)
Es. **parque natural**
It. **parco naturale regionale**
Parc institué par décrets en 1967 et 1975, et délimitant des régions où l'on améliore les conditions normales du travail agricole, tout en stimulant le tourisme et en protégeant le milieu naturel.
On en compte une vingtaine en France (le Pilat, dans la Loire, des refuges en Morvan, des centres récréatifs dans le Nord, etc.).
Placés sous l'autorité des pouvoirs publics locaux, ils sont néanmoins subventionnés par l'Etat.

PARCAGE n.m.
En. **folding, enclosing** (1)
De. **Pferchgeld** (2), **Einpferchen** (1)
Es. **redileo** (1,2)
It. **stabbiatura** (1)
1. Opération qui consiste à enfermer un troupeau dans un parc, d'ordinaire pendant la nuit, pour qu'il ne se disperse pas et qu'il fume l'enclos où il est rassemblé.
2. Redevance versée au seigneur par les tenanciers qui avaient un parc à bestiaux, ou qui pouvaient parquer leurs troupeaux chez leur suzerain.

PARCELLER v.tr.
En. **to parcel**
De. **in Stücke teilen**
Es. **parcelar**
It. **frazionare una proprietà**
Diviser un finage, une sole, une exploitation agricole, en parcelles.
Etym. Du latin *particula*, de *pars*, partie.

PARCELLAIRE n.m.
En. **parcel book** (3)
De. **Grundsteuerregister** (3)
Es. **parcelario** (3)
It. **parcellario** (3)
1. Ensemble des parcelles d'un terroir.
2. Procédé ayant servi à diviser le sol cultivable.
3. Plan ou cadastre où sont représentées les parcelles de terre.

PARCELLE n.f.
En. **parcel, patch, plot**
De. **Gewann, Grundstück, Flurstück, Parzelle**
Es. **parcela, tramo**
It. **appezzamento, parcella**
Division élémentaire d'un terroir, ou d'un domaine, de forme très variable, soit massive, rectangulaire, soit très allongée, en lanière.
D'ordinaire, délimitée par des bornes visibles, ou cachées, et consacrée à une seule utilisation : bois, pré, lande, labour, vigne, etc.
Elle est ouverte sans obstacle sur les parcelles voisines dans les régions d'openfield, ou bien elle est fermée, enclose, entourée de murettes, ou de haies, dans les pays de bocage.
Selon sa situation juridique et la nature de ses cultures, on distingue :
1. La parcelle cadastrale, unité fiscale numérotée, désignée par un nom de lieu-dit et appartenant à un seul propriétaire ; c'est également une parcelle de propriété ou une parcelle foncière.
2. La parcelle de culture est exploitée par le même propriétaire et soumise à une même nature de culture ; elle peut correspondre à une parcelle cadastrale, ou en englober plusieurs.
3. La parcelle complantée comprend des arbres fruitiers en ligne, ou dispersés parmi les cultures ; s'ils sont en espalier, ils ne divisent pas la pièce de terre en deux parcelles si les cultures sont les mêmes de part et d'autre.
4. Parcelle de forêt aménagée, s'il s'agit d'une surface délimitée, numérotée, servant de cadre aux activités des forestiers.
Etym. Du latin *particella*.

PARCELLE VOLANTE l.f.
Parcelle isolée qui peut être vendue sans porter préjudice à l'économie d'une exploitation agricole.

PARCELLEMENT n.m.
En. **allotment, parcelling**
De. **Parzellierung, Güterteilung**
Es. **parcelación**
It. **frazionamento di una proprietà**
Division d'un domaine, ou d'une exploitation agricole, en un certain nombre de parcelles de bois, de cultures, de prés, de landes, etc.
A distinguer de morcellement.
Le parcellement, jadis très poussé dans les régions d'openfield, était la conséquence d'une main-d'oeuvre abondante, effectuant manuellement la plupart des travaux agricoles.
Actuellement, c'est un obstacle à la mécanisation ; il entraîne des pertes de temps, gêne les façons culturales et la récolte des produits agricoles.
On y remédie par le remembrement.

PARCELLISATION n.f.
En. **dividing into parcels** (1)
De. **Parzellierung** (1)
Es. **división en parcelas** (1)
It. **divisione in parcelle** (1)
1. Opération qui consiste à diviser en parcelles de culture un domaine, ou un territoire.
2. Résultat de cette opération.
Syn. Parcellement.

PARCHÉE n.f.
Parcelle mise en défens.
Jadis, en cas de dommage causé par le bétail, une amende du même nom était infligée au propriétaire du troupeau.
Etym. Du latin *parcere*, épargner.

PARCIER n.m.
Part des récoltes que gardait le métayer.
Le terme entre dans l'expression terre à parcière, c'est-à-dire louée à tiers fruit par le preneur.
Etym. Du latin *pars*, partie.

PARCON n.m.
(Poitou). Case où est logé le baudet destiné à la reproduction des mulets.

PARÇONNIERS n.m.p.
Petits seigneurs vivant pauvrement, en communauté, des portions de leurs revenus, provenant soit de leur réserve, soit des redevances de leurs tenanciers.
Bertrand de Born était un parçonnier.

PARCOURS (LIBRE) l.m.
En. **common pasture** (2)
De. **Triftrecht** (2), **Weiderecht**
Es. **libre tránsito** (2)
It. **compascolo** (2)
1. Vastes espaces réservés au pâturage des troupeaux en bordure des terrains de culture.
2. Droit d'envoyer paître les troupeaux sur les terres, ou dans les prés, après l'enlèvement des récoltes.
Ce droit, appelé également vaine pâture, s'étendait parfois à plusieurs communautés rurales ; il obligeait à laisser prairies et terres de labour sans clôture ; il était donc créateur d'openfields.
Il s'exerçait également dans les landes et les forêts.
Défendu par les petites gens, ce droit était contesté par les grands propriétaires fonciers.
Il fut supprimé en Champagne dès 1768 ; après la Révolution il fut peu à peu réduit, sans disparaître toutefois complètement jusqu'à nos jours, en Saintonge et en Bas-Poitou.

PARCYE n.f.
(Berry). Repas copieux servi aux moissonneurs après la moisson.

PARÉ adj.
1. Qualifie un cidre qui a fermenté.
2. S'applique à un produit agricole présenté à la vente en plaçant en évidence les plus beaux fruits, ou les plus beaux grains.
Ce procédé, souvent frauduleux, semblable au fardage, expose à des amendes.

PARÉAGE n.m.
Possession, ou usufruit, d'une terre entre deux seigneurs, ou deux communautés.
Au cours du Moyen Age, ces associations furent fréquentes entre un seigneur puissant et une abbaye qui avait besoin d'un défenseur.
On disait aussi un pariage.
Etym. Du latin *parare*, faire aller de pair.

PARÈDE n.f.
(Roussillon). Murette soutenant une planche de culture sur le versant d'une colline.
Etym. De l'espagnol *pared*, mur.

PARÉE n.f.
1. Etendue de terre où un seigneur pouvait exercer son droit de poursuite à l'égard d'un serf qui s'était enfui.
2. *(Anjou).* Groupe de sillons dans une parcelle laniérée.

PARE-FEU n.m.
En. **firebreak, fire lane**
De. **Brandschneise**
Es. **cortafuego**
It. **tagliafuoco**
Obstacle créé dans une forêt, pour limiter l'extension des incendies.
Il peut être constitué par des rangées d'arbres à feuilles caduques, qui brûlent difficilement, par une coupure déboisée et parfois cultivée à travers les bois.
Pour être plus efficace, il est parfois bordé de fossés. Pl :des pare-feux.

PARENCHYME n.m.
En. **parenchyma**
De. **Parenchym**
Es. **parénquima**
It. **parenchima**
Tissu végétal composé de cellules vivantes et adaptées à diverses fonctions biologiques : contenir des réserves alimentaires, retenir de l'eau, favoriser l'assimilation du carbone par la chlorophylle, servir par ses vaisseaux à la circulation de la sève élaborée, composer la moelle des tiges et des racines, etc.
Etym. Du grec para, à côté de, et egkhuma, effusion.

PARENTÉ n.f.
En. **lineage, kinship, consanguinity**
De. **Verwandtschaft**
Es. **parentesco**
It. **parentela**
Lien unissant plusieurs individus ayant un ou plusieurs ancêtres communs.
Le degré de parenté est le nombre de générations qui précèdent les individus apparentés.
Etym. Du latin parere, enfanter.

PARER v.tr.
Couper l'extrémité des racines et des branches d'un jeune plant avant de le mettre en terre, afin de réduire sa vitalité jusqu'au moment où il aura pris racine.

PARFUM n.m.
En. **fragrance, perfume**
De. **Wohlgeruch, Duft**
Es. **perfume**
It. **profumo**
Odeur agréable qui provient des huiles essentielles dégagées des fleurs, des fruits, des écorces, des résines, des baumes de diverses plantes.
Elle peut être extraite industriellement par distillation, dissolution, macération, etc.
D'origine animale, le musc provient d'une glande de chevreuil.
Les parfums naturels sont souvent remplacés par des parfums synthétiques extraits des goudrons de houille.

PARGE n.m.
Large trottoir entre la rue et la maison lorraine.

On y entassait le fumier et on y rangeait le matériel agricole.
Syn. Usoir.

PARGÉE n.f.
(Lorraine). Amende versée pour les dégâts causés par le bétail dans les récoltes d'autrui.
On disait aussi pargie et parchée.

PARGER v.tr.
(Lorraine). Parquer du bétail, notamment des moutons, dans un champ enclos afin de le fumer.
Terme vieilli.

PARIA n.f.
En Provence, trente troupeaux de trente moutons chacun, soit neuf cent bêtes (Th. Sclafer).

PARIADE n.f.
(Vivarais). Troupeaux transhumants d'une communauté villageoise.

PARIAGE n.m.
En. **feudal property**
De. **Rechtsgemeinschaft**
Es. **condominio**
It. **feudo in comune**
Domaine indivis entre le roi et un seigneur qui s'en partageaient les revenus.
Il s'agissait surtout de forêts situées dans le centre de la France.
Syn. Paréage.

PARIER n.m.
1. *(Suisse Romande).* Membre d'un consortage, société chargée de gérer un alpage.
2. *(Dombes).* Propriétaire d'un évolage, c'est-à-dire d'un étang plein d'eau et peuplé de poissons.

PARIES n.m.p.
(Conserans). Terme qui désigne les trois auxiliaires du *majourau* qui conduit un troupeau de transhumants sur un pâturage.
C'est le bassiné qui s'occupe des vaches ; le bédéré qui soigne les veaux et le bribou qui vient ravitailler les pâtres et, au besoin, leur porter assistance (P. Arqué).

PARMENTIER (Antoine-Augustin)
1737-1813
Agronome et physiocrate français, membre de l'Académie des Sciences.
Il favorisa l'introduction de la culture de la pomme de terre en France grâce à Louis XVI et à une habile publicité.

PARMENTIÈRE n.f.
Nom donné à la pomme de terre, sous le règne de Louis XVI, en l'honneur de Parmentier qui en avait favorisé la culture et la consommation.

PARMESAN n.m.
En. **Parmesan cheese**
De. **Parmesankäse**
Es. **queso parmesano**
It. **parmigiano**
Variété de fromage, originaire de la région de Parme, et que fit connaître en France une duchesse de Parme, mariée à un petit-fils de Louis XV.

PARNAGE n.m.
1. Redevance versée au seigneur d'un pâturage pour avoir l'autorisation d'y faire paître du bétail.
2. Droit qu'avait le seigneur de prélever cette redevance.

PAROIR n.m.
1. Outil de tonnelier comprenant un marteau et une lame à l'extrémité d'un manche de 35 cm de long ; il sert à parer l'intérieur des fûts *(fig.153)*.
2. Outil de sabotier pour parer l'extérieur des sabots de bois.
Etym. Du latin parare, préparer.

(Fig.153). Paroir de tonnelier

PAROISSE n.f.
En. **parish**
De. **Pfarrgemeinde**
Es. **parroquia**
It. **parrocchia**
Circonscription territoriale de l'ancienne France.
On en comptait plus de 40 000 à la veille de la Révolution et plus de 80% d'entre elles étaient purement rurales.
Issues pour la plupart des villas gallo-romaines et franques, elles étaient administrées par un curé au point de vue écclésiastique.
Au point de vue civil, elles étaient dirigées par un syndic, ou un prévôt, désigné pour un an par l'assemblée des paroissiens qui se réunissaient sur la place publique, le dimanche, à la sortie de la messe, ou des vêpres.
Elle nommait non seulement le syndic, mais également les collecteurs de la taille, les pauliers (collecteurs de la dîme), les garde-finages ou garde-messiers, le maître d'école et le pâtre public.
On fixait le ban des récoltes, et on décidait des travaux d'intérêt commun à effectuer, problèmes qui incombent aujourd'hui aux conseils municipaux et aux maires ; ces unités territoriales de l'Ancien Régime ont en effet servi de cadre aux communes actuelles.
Etym. Du grec paroikia, voisinage.

PARONNE n.f.
1. *(Normandie)*. Collier en paille, ou en joncs, pour les chevaux.
2. Joncs, ou laiches, qui servent à la fabrication de ces colliers.
3. Partie de la charrue où l'on attelle les boeufs, ou les chevaux.

PARPORIO n.m.
Cépage à raisins noirs, cultivé en Piémont et en Provence.
Syn. Parpeuri.

PARQUER v.tr.
En. **to pen** (1)
De. **pferchen** (1)
Es. **encerrar, acorralar** (1)
It. **mettere nel parco** (1)
1. Mettre un troupeau dans un parc.
2. Diviser un pâturage en parcs fermés.
3. Etre dans un parc.

PARQUET n.m.
1. Petit parc.
2. Enclos de dimensions réduites pour parquer le bétail, et pour diviser en compartiments un vaste pâturage.

PARQUET D'ÉLEVAGE l.m.
Dépendance d'une ferme, comprenant un enclos avec un poulailler, des cages, des bacs à sable, à eau et à grains.
Elle rend plus facile et plus lucratif l'élevage des volailles.

PARQUIER n.m.
1. Gardien de bestiaux dans un parc.
2. Régisseur d'un parc royal où les agents du roi enfermaient le bétail saisi en pleine forfaiture dans les forêts domaniales (M. Devéze).

PARRAN n.m.
(Languedoc). Petit jardin situé derrière la maison, avec une treille pour s'abriter du soleil.
Etym. De parer, protéger.

PARREUX n.m.p.
Personnes qui possédaient des tenures en copropriété.

PARSEMER v.tr.
En. **to sprinkle, to strew**
De. **bestreuen**
Es. **sembrar**
It. **spargere**
Semer çà et là.

PARSONNIER n.m.
1. *(Terme normand)*. Propriétaire, ou usager, d'une parcelle située dans une *delle*.
2. Membre d'une communauté taisible.
Le mot s'écrit également parçonnier.
3. Paysan qui cultivait à mi-fruit des lopins de terre épars autour des domaines.
On l'appelait aussi un parcellier. (Albigeois).

Selon le contrat, dit à parsion, le bailleur fournissait le matériel et la moitié des semences ; le parsonnier couvrait les autres frais et travaillait la terre.
Si le bailleur effectuait les labours, il prélevait les deux tiers de la récolte (R.Brunet).

PART n.f.
En. **parturition**
De. **Geburt**
Es. **parto**
It. **parto**
Mise bas d'un petit à la fin de la gestation, chez les mammifères.
Syn. Parturition.
Etym. Du latin parere, accoucher.

PART DES ANGES l.f.
Quantité d'eau-de-vie qui s'évapore des fûts avant la mise en bouteille du cognac.

PARTERRE n.m.
En. **flower-bed**
De. **Gartenanlage, Gartenbeet**
Es. **parterre**
It. **parterre, aiuola**
Parcelle de jardin réservée aux fleurs et aux pelouses, avec des allées bordées de plantes ornementales, d'ordinaire située face au bâtiment principal de la résidence.

PARTHENAISE n.f. ou adj.
Race bovine de Vendée, à robe marron et à muqueuses noires.
La haute teneur de son lait en matière grasse la fait apprécier dans les coopératives laitières de la région de Parthenay.

PARTHÉNOCARPIE n.f.
It. **partenocarpia**
Production de fruits sans graines, due à une absence de fécondation des fleurs, ou à une pollinisation sans fécondation.
On obtient ainsi des oranges, des poires sans pépins.
Etym. Du grec parthénos, vierge.

PARTHÉNOGÉNÈSE n.f.
En. **parthenogenesis**
De. **Parthenogenese**
Es. **partenogénesis**
It. **partenogenesi**
Mode de reproduction d'un être vivant, animal ou végétal, à partir d'un ovule, ou d'un gamète femelle, qui n'a pas été fécondé.
C'est le cas pour les pucerons, le houblon, etc.
Etym. Du grec parthenos, vierge et génésis, génération.

PARTIAIRE adj.
Qualifie une redevance qui consiste en une part de la récolte, tels le champart, la dîme et les rentes de fermage.
Un tenancier partiaire doit une part des produits de sa ferme à son propriétaire.
Si cette part s'élève à la moitié de ses revenus, c'est un métayer.

PARTICULIER n.m.
(Marais Poitevin). Habitant d'un village qui a reçu une partie d'une *prise* située parfois à plusieurs kilomètres de son domicile.
Vers 1900, il y allait à pied et la cultivait à la main.
Depuis lors, le nombre des particuliers a diminué et ceux qui restent exploitent des prises couvrant jusqu'à 20 ha.

PARTISON n.f.
(Berry). Somme d'argent, objets mobiliers, ou immeubles peu importants, que l'on donnait jadis à celui qui se séparait d'une communauté taisible.

PARTITEUR n.m.
En. **diverter**
De. **Verteiler**
Es. **partidor**
It. **partitore**
Ouvrage permettant de répartir équitablement l'eau d'irrigation entre les usagers.
Il comprend, soit un appareil à volets mobiles placés dans le canal d'écoulement, soit un barrage à vannes multiples et indépendantes, ouvertes ou fermées selon le règlement des eaux, et correspondant à divers canaux qui divergent vers les parcelles à irriguer.

PARTURIENTE n.f.
En. **parturient**
De. **gebährend**
Es. **parturienta**
It. **partoriente**
Femelle qui met bas, qui est en état de *parturition*.
Etym. Du latin parturitio, accouchement.

PARTURITION n.f.
En. **parturition**
De. **Geburt, Niederkunft**
Es. **parto**
It. **parto, atto del figliare**
Syn. Mise-bas, part, particulièrement chez les gros mammifères domestiques : vache, jument.
Etym. Du latin parturitio, expulsion du foetus au terme de la gestation.

PASCAL n.m.
Cépage à raisins noirs, ou blancs, cultivé en Provence.
Peu répandu.

PAS-D'ÂNE n.m.
En. **nag**
De. **Gebiss, Huflattich**
It. **apribocca**
Appareil maintenant ouverte la bouche des grands animaux domestiques afin d'y pratiquer une opération.

PASNAGE n.m.
1. Redevance versée au propriétaire d'une forêt pour avoir le droit d'y mener les porcs à la *glandée*.

2. Droit pour un seigneur, disposant des pouvoirs de *garenne* et de *gruerie*, d'accorder à une communauté, ou à des particuliers, le droit de conduire des porcs dans ses forêts, les porcs étant les seuls animaux ne causant pas de dégâts aux arbres.
Etym. Du latin *pastionaticum*, pacage.

PASPALE n.m.
Plante herbacée, vivace, de la famille des Graminées, du groupe des millets, utilisée comme fourrage dans les régions humides. (R.Blais)

PAS-DE-PORTE l.m.
En. **key money**
De. **Übernahmesumme**
Es. **traspaso**
It. **buonuscita**
Somme versée par un preneur à son prédécesseur pour pouvoir prendre en charge une exploitation agricole.
C'est un usage prohibé par la loi.

PASQUERAGE n.m.
Redevance versée par les habitants d'une communauté rurale pour leurs bovins, utilisés lors des labours, afin de compenser les dégâts éventuels causés par le passage des attelages dans les pâturages d'un seigneur exerçant ce droit de pasquerage.
Etym. Du latin *pascua*, pâturage.

PASQUERIUM n.m.
(Haute Provence.)
1. Pâturage.
2. Redevance versée par les éleveurs de troupeaux *(Th. Sclafer)*.
Etym. Terme latin

PASQUIER n.m.
(Bourgogne, Roussillon). Pâturage de médiocre qualité, composé de maigres pelouses à plantes de mauvaise qualité.
Etym. Du latin *pascua*, pâturage.

PASSAGE n.m.
En. **passing right** (3)
De. **Durchgangrecht, Futterrecht** (3)
Es. **servidumbre de paso** (3)
It. **diritto di passaggio/di transito** (3)
1. Barrière dans une haie, ou dans une clôture, encadrée de marchepieds permettant de franchir l'obstacle afin de passer d'un pré à l'autre.
2. Sentier dans un champ, ou dans un bois, pour circuler à pied, ou avec une seule bête de somme.
3. Droit de passer dans une cour, ou dans une parcelle n'appartenant pas à celui qui doit les traverser.
Droit confirmé par l'usage, ou par un contrat.
Il permet notamment d'atteindre une pièce de terre enclavée.
4. Redevance versée au seigneur d'un domaine pour avoir le droit de faire paître des porcs dans ses bois.
Etym. Du latin *passare*, dérivé de *passus*, pas.

PASSAGE D'AFFOURRAGEMENT l.m.
En. **feed alley, feeding passage**
De. **Futtergang**
Es. **paso de servicio, pasillo de alimentación**
It. **corsia di alimentazione**
Intervalle, ou couloir, situé devant les crèches et où l'on passe le fourrage destiné au bétail.

PASSAGE À LA FUTAIE l.m.
De. **Einwuchs, Zuwachs in höhere Klassen**
État d'une forêt dont les arbres, par leur nombre et leur volume, atteignent la grosseur nécessaire pour être recensés comme futaie, et non plus comme taillis.
Le diamètre des troncs à hauteur d'homme, doit être de 17,5 cm.

PASSARETTA n.f.
Cépage à raisins blancs, noirs, ou roses, cultivé en Italie.

PASSAU n.m.
Petit araire susceptible de passer partout.

PASSAVANT n.m.
En. **permit**
De. **Passierschein**
Es. **pase**
It. **bolla di trasporto**
Document autorisant un transporteur à véhiculer une denrée soumise à des droits de circulation.

PASSE-COLMAR n.m.
Poire d'hiver à pulpe dure et granuleuse.

PASSE-CRASSANE n.f.
It. **passacrassana**
Poire d'hiver à peau épaisse et à pulpe souvent grumeleuse.
Elle mûrit tardivement dans les fruitiers.

PASSÉE n.f.
1. Période de l'année où passent les oiseaux migrateurs.
2. Fête que l'on célébrait en Normandie et en Ile-de-France après la moisson : c'était la *passée d'août*.

PASSE-LAIT n.m.
En. **strainer**
De. **Milchsieb**
Es. **colador**
It. **passino, colino**
Passoire pour recueillir la crème du lait bouilli.

PASSE-MÉTEIL n.m.
Mélange de semences comprenant un tiers de seigle et deux tiers de blé.

PASSE-MUSCAT n.m.
Variété de raisins à goût muscat.

PASSE-PARTOUT n.m.
1. Longue scie à deux poignées pour tronçonner les arbres.
2. Petite pioche pour sarcler des plantes délicates.
3. Crible à trous ronds.

PASSE-POMME n.f.
Variété de pomme très précoce et bonne pour la table.

PASSE-RAGE n.m.
En. **cress**
De. **Pfeilkresse, Kresse**
Es. **lepidio**
It. **lepidio, crescione**
Plante de la famille des Crucifères dont l'une de ses variétés est cultivée et consommée sous le nom de *cresson alénois*, et une autre variété *(Lepidium campestris)* passait, croyait-on, pour guérir la rage.

PASSERILLAGE n.m.
Dessèchement, partiel ou complet, naturel ou artificiel, des graines de raisins du cépage appelé *Passerille*, ou *Passarillé*.

PASSERILLE n.m.
Cépage à raisins blancs, à grains petits, que l'on cultive dans le Midi pour obtenir des raisins secs, ou bien pour faire un vin blanc liquoreux après dessèchement partiel.
Etym. Du latin *passus*, desséché par le soleil.

PASSE-ROSE n.f.
En. **hollyhock**
De. **Stockrose**
Es. **malva rósea, malvarrosa**
It. **malvarosa**
L'un des noms de la *rose trémière (Althaea rosea).*

PASSE-TOUT-GRAINS l.m.
Vin de Bourgogne obtenu en faisant fermenter ensemble les moûts de plusieurs variétés de raisins provenant de cépages fins, mêlés à du *Gamay*, cépage à vin ordinaire.

PASSIÈRES n.f.p.
1. Espaces assez larges entre deux rangs de vigne.
2. Cultures effectuées dans ces espaces *(Gévaudan)*, équivalent des *joualles* du Bassin Aquitain.
3. Forêt d'épicéas, genre de conifères.
On dit aussi une *pessière*.
Etym. Du latin *picea*, pin.

PASSIFLORE n.f.
En. **passiflora, passionflower**
De. **Passionsblume**
Es. **pasionaria**
It. **passiflora**
Plante à fleurs de la famille des Passifloracées, ainsi nommée parce que ses fleurs rappellent les instruments de la Passion : clous, marteau, couronne d'épines.
Préparées dans l'alcool, elles donnent un extrait sédatif.

PASSIS n.m.
Ver à soie atteint d'une maladie appelée *gâttine*, dérivée de gâter.
Le ver prend une teinte grise sous l'effet des toxines sécrétées par les streptocoques.

PASTEL n.m.
En. **woad, pastel**
De. **Färberwaid, Farbstift**
Es. **hierba pastel**
It. **glasto comune, guado**
Plante de la famille des Crucifères (*Isatis tinctoria*).
De ses tiges hachées et réduites en pâte, on retirait une matière colorante bleue, l'indigotine.
Sa culture, très répandue jadis en Languedoc, a disparu à cause de la concurrence des couleurs d'aniline.
Syn. Guède.
Etym. Du latin *pastillus*, pastel.

PASTELIER n.m.
Moulin où l'on écrasait les feuilles de pastel pour en extraire une couleur bleue.

PASTENADE n.f.
(*Bassin Aquitain*). Ancien nom du panais et de la rave et, par extension, de la carotte et de la betterave.

PASTÈQUE n.f.
En. **watermelon**
De. **Wassermelone**
Es. **sandía**
It. **cocomero, anguria**
Plante annuelle de la famille des Cucurbitacées (*Citrullus vulgaris*).
Elle est originaire de l'Afrique Centrale; on la cultive pour son fruit de forme sphérique, de vingt à trente centimètres de diamètre, à pulpe rouge, appelé parfois melon d'eau.
Etym. De l'arabe *al-battikha*, déformé par les Portugais en *patèque*.

PASTEUR n.m.
En. **herdsman, shepherd**
De. **Hirt**
Es. **pastor**
It. **pastore, mandriano**
Berger, gardien de troupeaux sédentaires, transhumants ou nomades.
Par dérivation, on a tiré de ce mot l'adjectif pastoral qui qualifie tout ce qui a trait à l'élevage, y compris les peuples qui vivent de l'élevage.
Etym. Du latin *pastor*, berger. (poétique).

PASTEURELLOSE n.f.
En. **pasteurellosis**
De. **Geflügelcholera**
Es. **cólera aviar**
It. **pasteurellosi**
Maladie d'origine bactérienne, due à un *pasteurella* qui, en général, succède à un virus.
L'infection prend des aspects cliniques variables selon l'animal ; c'est le choléra aviaire des volailles, la pneumonie du porc etc.

PASTEURISATION n.f.
En. **pasteurization**
De. **Pasteurisieren**
Es. **pasteurización**
It. **pastorizzazione**
Traitement découvert par Pasteur et appliqué d'abord au vin, puis au lait et à d'autres boissons pour les empêcher de fermenter en détruisant les germes nocifs.
Pour cela, on porte ces liquides à 70°-80°C, puis on les refroidit brusquement ; les qualités et le goût ne sont pas altérés.

PASTEURISER v.tr.
En. **to pasteurize**
De. **pasteurisieren**
Es. **pasteurizar**
It. **pastorizzare**
Conserver certains liquides (lait, vin, bière, etc.) en les chauffant à une température assez élevée afin de détruire les ferments qui les altèreraient.
C'est un procédé mis au point par Louis Pasteur vers 1880.

PASTEURISEUR n.m.
En. **pasteurizer**
De. **Pasteurisierer**
Es. **pasteurizador**
It. **pastorizzatore**
Appareil avec lequel on stérilise le vin et les diverses boissons en les portant à une température assez élevée pour détruire les ferments nocifs.

PASTIÈRE n.f.
(*Languedoc*). Charrette servant à transporter la vendange. *Elle est munie d'une toile imperméable tendue sur les ridelles.*

PASTORAL adj.
En. **pastoral**
De. **pastoral**
Es. **pastoral**
It. **pastorale**
Qualifie ce qui a trait à la garde et à l'entretien des troupeaux et dont le nomadisme est la forme la plus pure.
Par extension, se dit de ce qui se rapporte à la vie champêtre.
Toutefois, on peut restreindre le terme aux procédés de l'élevage du bétail à la montagne, et en distinguer deux variétés :
1. Celui qui est limité à la montée aux pâturages durant l'été : estive pyrénéenne, ou alpage savoyard, avec stabulation hivernale.
2. Celui qui consiste à aller et venir entre la montagne en été et la plaine en hiver, sans arrêt dans les villages : transhumance pure.
Ce va-et-vient saisonnier est également pratiqué en régions tropicales, par les Peuls en Afrique occidentale, par les Massaïs en Afrique orientale ; il est lié aux déplacements des zones de pluie.
Etym. Du latin *pastoralis*, pastoral.

PASTOS n.m.p.
(*Espagne*). Pâturages du *monte* ; on distingue le *pasto dulce* à herbes vertes et tendres, du *pasto duro* à herbes sèches et piquantes.

PASTOUREAU n.m.
En. **shepherd boy**
De. **junger Hirt**
Es. **pastorcillo**
It. **pastorello**
Petit berger. *Au féminin pastourelle.*

PASTOUREAUX n.m.p.
Pâtres flamands révoltés contre les seigneurs (1251) et massacrés en France qu'ils avaient envahie.

PASTURAULT n.m.
(*Vendée*). Prairie temporaire qui, tous les 7 ou 8 ans, est remise en labour.

PATATE n.f.
En. **sweet potato, batata**
De. **Batate, Süsskartoffel**
Es. **batata, boniato**
It. **patata dolce, patata americana, batata**
Plante de la famille des Convolvulacées (*Convolvulus batatas*), originaire d'Amérique Centrale, mais connue des indigènes d'Océanie et même de Malaisie bien avant 1492.
La variété patate douce est cultivée dans les pays tropicaux, et même en France sous chassis, pour ses racines sucrées et farineuses.
Etym. De l'arawak (*Haïti*), importé par les Espagnols et prononcé parfois *batate*.

PÂTE n.f.
En. **cheese, paste** (1)
De. **Käseteig** (1)
Es. **pasta de queso** (1), **masa** (2)
It. **pasta** (1)
1. Matière composant un fromage et qui, selon la qualité de ce fromage, est qualifiée de pâte molle, dure, persillée, cuite.
2. Mélange cohérent et mou de farine et d'eau.

PÂTÉE n.f.
En. **mash**
De. **Futter**
Es. **cebo**
It. **pastone**
Mélange de farine et d'herbes pour la volaille, ou bien aliment composé de pomme de terre cuite, de viande hachée et de mie de pain, ayant la consistance d'une pâte, pour la nourriture des porcelets, ou d'autres espèces animales.

PATHOGÈNE adj.
En. **pathogenic**
De. **pathogen, krankheitserregend**
Es. **patógeno**
It. **patogeno**
Qui provoque une maladie.
Ex. Virus, bactéries pathogènes.
Etym. Du grec *pathos*, maladie, et *genos*, origine.

PATHOLOGIE n.f.
En. **pathology**
De. **Pathologie**
Es. **patología**
It. **patologia**
Etude des maladies.
Elle en décrit les symptômes, elle en cherche les causes et elle en indique les remèdes, soit pour les animaux domestiques (pathologie animale) soit pour les végétaux cultivés (pathologie végétale).
Etym. Du grec *pathos*, maladie, et *logos*, science.

PATIENCE n.f.
En. **patience dock**
De. **Ampfer**
Es. **romaza**
It. **romice, erba pazienza**
Plante de la famille des Polygonacées *(Rumex patientia)*, cultivée pour ses feuilles qui ressemblent à celles de l'épinard, et qui sont légèrement laxatives.
C'est l'épinard-oseille des maraîchers.
Du grec *lapathon*, oseille, qui a donné *lapathium* en latin et *patich* en allemand.

PÂTIS n.m.
En. **pasture** (1)
De. **Viehweide, Heide** (1)
Es. **dehesa, pasto** (1)
It. **pascolo** (1)
1. Pâturage de médiocre qualité.
2. Parcelle en jachère pour une longue durée.
3. *(Vendée).* Friches permanentes.
Synonyme de pâtureau en Nivernais et Sologne, de brandes en Poitou, de lande en Anjou (R. Dion).
Etym. Du latin *pascere*, paître, d'où *pastus*, pâture et *pasticium*, pâtis.

PÂTISSON n.m.
En. **gourd**
De. **Melonenkürbis**
Es. **calabaza**
It. **zucca**
Variété de courge *(Cucurbita melopepo)* ayant la forme d'un pâté, ou d'un *bonnet de prêtre*, nom qu'on lui donne parfois.
Sa pulpe a le goût du coeur d'artichaut, d'où son autre appellation d'artichaut de Jérusalem.

PÂTON n.m.
Petit morceau de pâte faite avec de la farine, du son et du lait, et dont on gave les volailles pour les engraisser.

PÂTOUR n.m.
(Dialecte berrichon). Pâtre.

PÂTOUREAU n.m.
Pièce de terre soustraite à la culture dans les pays d'assolement triennal pour la consacrer aux fourrages verts.
Son étendue ne devait pas dépasser deux arpents pour 4 chevaux, ou pour 8 boeufs, car elle réduisait le revenu de la dîme ; les décimateurs s'opposaient à son extension.
Etym. Origine auvergnate.

PÂTRE n.m.
En. **shepherd, herdsman**
De. **Hirt**
Es. **pastor**
It. **pastore**
Gardien d'un troupeau.
Sur les burons d'Auvergne, le pâtre était chargé de surveiller les bovins, tandis que le berger conduisait les ovins.
Etym. Du latin *pastor*, qui a donné *pasteur* en terme poétique ou religieux, et *pâtre*.

PÂTRE-MAGE n.m.
(Provence). Maître-berger chargé de la responsabilité d'un troupeau transhumant.

PATRIMOINE n.m.
En. **patrimony**
De. **Erbe, Erbteil**
Es. **patrimonio**
It. **patrimonio**
Biens matériels provenant du père ou de la mère, par héritage ou par donation.
Jadis, seigneurie, fief, tenure.
Aujourd'hui, domaine, ferme, métairie.
Etym. Du latin *patrimonium*, de *pater*, père.

PATRIMOINE GÉNÉTIQUE n.m.
En. **germ plasm**
De. **Erbmasse**
Es. **patrimonio genético**
It. **patrimonio genetico**
Ensemble des gênes contenus dans les chromosomes d'une cellule végétale, ou animale.
Au nombre de plusieurs milliers, ils transmettent à la génération suivante les caractères de la génération précédente.
Syn. *Patrimoine héréditaire, potentiel génétique.*

PATTE n.f.
En. **paw, foot** (4)
De. **Pfote, Kralle** (4)
Es. **pata** (4)
It. **balsa** (1), **rizoma** (3), **zampa** (4)
1. Arbre de la famille des Bombacacées *(Ochroma lagopus)*, fournissant un textile analogue au kapok et un bois particulièrement léger, le *balsa*.
2. Pied d'un arbre.
Syn Empattement.
3. Souche tubéreuse de certaines plantes (anémone, asperge).
4. Organe de soutien et de locomotion de la plupart des animaux.

PATTE DE LOUP l.f.
Variété de pomme, originaire du Maine et dont la saveur rappelle celle des reinettes grises.

PÂTURABLE adj.
It. **pascolativo**
Qualifie ce qui peut être pâturé.

PÂTURAGE n.m.
En. **pasture** (2)
De. **Weideland, Grasland** (2)
Es. **pasto, pastizal, dehesa** (2)
It. **pascolo** (2)
1. Action et droit de faire paître les troupeaux.
2. Espace réservé à l'alimentation en plein air du bétail.
Il se distingue, par son manque d'entretien, de la prairie qui est entretenue, fauchée et parfois enclose.
Les bons pâturages prennent le nom d'herbages et sont parfois rationalisés à l'aide de clôtures mobiles, électrisées, que l'on déplace au fur et à mesure de la consommation de l'herbe ; ils prennent alors le nom de pâturages tournants.
Ils comprennent parfois des buissons et des arbres ; ce sont les prés-bois du Jura.
Selon les régions, ils portent des noms divers : alpes en Savoie, estives en Béarn, montagnes en Auvergne, pastis en Gascogne, pastègues en Provence.
Jadis, un droit de pâturage entraînait le paiement d'une redevance au seigneur, notamment pour les pâturages coutumiers qui appartenaient au propriétaire éminent, mais où pouvaient pâturer les troupeaux du village.
Etym. Du latin *pascere*, paître.

PÂTURAGE AU TIÈRE l.m.
En. **tethering**
De. **Tüdern**
Es. **dehesa a la estaca**
It. **pascolo alla catena**
V. *Pâturage au piquet*, tiere *équivalent à partie, portion.*

PÂTURER AU PIQUET l.v.
En. **to tether**
De. **tüdern**
Es. **apacentar a la estaca**
It. **pascolare alla corda**
Faire paître le bétail en attachant avec une corde chaque bête à un piquet afin qu'elle ne puisse manger l'herbe que dans un rayon de 2 à 3 m.

PÂTURAL n.m.
(Gascogne). Pâturage médiocre, où l'on conduit le bétail au printemps, quand on doit le retirer des bons prés pour y laisser croître l'herbe.

PÂTURE n.f.
En. **pasture** (1)
De. **Weide, Viehfutter** (1)
Es. **pasto, dehesa** (1)
It. **pascolo, pastura** (1)
1. Parcelle en herbe consacrée au pâturage.
2. Herbe recueillie sur cette parcelle et servant à l'alimentation du bétail, verte ou sèche.
3. Entrave que l'on met à un cheval au pâturage.
Le terme entre dans plusieurs expressions : la vaine pâture était le droit, pour les habitants d'un hameau, ou d'un village, de faire paître

leurs troupeaux sur les terres et les prés des divers propriétaires de la communauté après l'enlèvement des récoltes ; la pâture dite de libre parcours s'étendait aux terres, aux prés et aux bois de plusieurs paroisses, à titre de réciprocité.
En Belgique, la grasse pâture s'applique aux prairies artificielles.
La vive pâture s'exerçait dans les bois à l'époque où tombaient les glands et les faînes.
Etym. Du latin *pascere*, paître, qui a donné *pastura*.

PÂTUREAU n.m.
Petit pré où l'on fait pâturer le bétail.

PÂTURER v.tr.
En. **to graze, to pasture**
De. **abfressen, weiden, gressen**
Es. **pacer, pastorear**
It. **pasturare, pascolare**
Broûter l'herbe d'une pâture, d'une prairie, ou bien les feuilles des arbres fourragers.

PÂTURE-SART n.f.
Pâture obtenue par *essartage*.
Syn. Bouygo en Limousin.

PÂTURIN n.m.
En. **meadow grass**
De. **Rispengras**
Es. **poa**
It. **poa, fienarola**
Herbe des prés *(Poa trivialis et Poa pratensis).*
Il en existe plusieurs espèces qui appartiennent à la famille des Graminées et qui entrent dans la composition du foin et du regain.

PÂTURON ou **PATURON** n.m.
En. **pastern** (2)
De. **Fessel** (2)
Es. **cuartilla** (2)
It. **pastorale** (1), **pastoia** (1), (2)
1. Partie de la jambe d'un cheval comprise entre le *boulet* et la *couronne*.
2. Entrave que l'on met au cheval quand il est au pâturage, quand il est *empâturé*.

PATUS n.m.
(Gascogne). Basse-cour où pataugent les volailles et les porcs.
Syn. Déport.

PAU n.m.
Grand échalas pour vigne haute.
Etym. Du vieux français *pal*, pieu.

PAUGAYEN n.m.
Cépage à raisins noirs, cultivé dans la vallée du Rhône.
Syn. Pougayen.

PAUILLAC n.m.
Chef-lieu de canton au centre du vignoble du Médoc, sur les bords de la Gironde.
Il compte plusieurs crûs réputés : Château-Lafite, Château-Latour, Mouton-Rothschild, etc.

PAULÉE n.f.
(Bourgogne). Festin qui marque la fin des vendanges.
Etym. Du grec *paula*, repos.

PAULIER n.m.
Agent seigneurial chargé de lever la dîme, ou le champart.

PAUME n.f.
Ancienne mesure pour apprécier la longueur des tiges de lin ou de chanvre.
En principe elle devait avoir la dimension d'une paumée, c'est-à-dire de la paume de la main.

PAUMELLE n.f.
En. **barley**
De. **Gerste**
Es. **ladilla**
It. **orzola**
Variété d'orge de la famille des Graminées *(Hordeum distichum).*
Les grains de son épi sont disposés sur deux rangs, s'opposant les uns aux autres, comme les lobes d'une feuille de palmier, d'où son nom ; céréale rustique cultivée en montagne.
Etym. Du latin *palmula*, petite palme.

PAUMER v.tr.
Mesurer une tige de chanvre, ou un tronc d'arbre, avec la paume d'une main.

PAUMOYER v.tr.
Mesurer avec une *paume* une récolte de lin ou de chanvre.

PAUX n.m.p.
(Bourgogne). Pluriel de *pal*, échalas, ou *paisseaux*.

PAVEILLE n.f.
Collier de cheval fabriqué avec de la paille et des joncs, et consolidé avec deux morceaux de bois, ou *attelles*, auxquelles on attache les traits, ou *longes*, qui servent à tirer le véhicule.

PAVIE n.f.
Es. **pavía**
Variété de pêche à pulpe ferme, rouge et blanche, adhérente au noyau.
On dit aussi une pêche pavis.

PAVOT n.m.
En. **poppy**
De. **Mohn**
Es. **adormidera**
It. **papavero**
Plante de la famille des Papavéracées *(Papaver somniferum).*
Elle pousse à l'état sauvage dans les péninsules méditerranéennes.
On la cultive pour ses graines qui donnent l'huile d'oeillette, et, pour le suc de ses capsules qui fournissent l'opium, calmant apprécié des Chinois.
Le coquelicot des champs est une espèce de pavot.
V. Coquelicot.
Etym. Du latin *papaver*, qui a donné *papavus*, et, par aphérèse, *pavo*.

PAYS n.m.
En. **country, land**
De. **Land, Landstrich**
Es. **campo, país**
It. **paese**
Terme qui a remplacé *villa* au cours du Haut Moyen Age.
Ex. Le Pays de Bray.
L'expression le plat pays désignait jadis la campagne, par opposition à la ville ; son administration civile par paroisse ne fut organisée que durant les derniers siècles de l'Ancien Régime.
Etym. Du latin *pagus*, canton, *contrée*, région naturelle.

PAYS DE LA LOIRE l.m.p.
Pays qui se succèdent du Nivernais au Pays Nantais, et qui sont réputés pour leurs produits maraîchers et pour leurs vins produits par des vignobles réputés : Sancerre et Pouilly-sur-Loire, Quincy et Reuilly en Berry, Vouvray, Montlouis, Chinon et Bourgueil en Touraine, Saumur, Layon et Savonnières en Anjou, les coteaux du Loir, les coteaux de la Loire et le muscadet, vers le Maine et la région de Nantes.

PAYSAGE n.m.
En. **landscape**
De. **Landschaft**
Es. **paisaje**
It. **paesaggio**
Fraction de la surface terrestre que l'on peut apercevoir du regard et qui est donc plus ou moins étendue selon le lieu, l'heure et l'acuité visuelle.
Il comprend ce qui est naturel (relief, végétation, eaux, etc.) et ce qui est aménagé par l'homme (parcelles, habitations, villages, bourgs et villes, voies de communication, etc.).

PAYSAGE RURAL l.m.
En. **rural landscape**
De. **Kulturlandschaft**
Es. **paisaje rural**
It. **paesaggio rurale**
Paysage naturel aménagé par l'homme pour y exercer son activité et y assurer son existence.
Il englobe tout ce qui est campagnard et "a contrario" tout ce qui n'est pas urbain ; ainsi les monuments, les habitations, les installations industrielles peuvent faire partie d'un paysage rural.
Par contre, on peut distinguer dans le paysage rural, le paysage agraire et le paysage agricole :
1. Le paysage agraire comprend les aménagements créés en vue d'une production agricole : parcelles, chemins, fermes et villages.

C'est un openfield classique si les parcelles sont ouvertes les unes sur les autres et si l'habitat y est groupé ; c'est un openfield mosaïque s'il est composé de grandes parcelles sans clôture autour de fermes dispersées.
Par contre un paysage de bocage comprend des parcelles entourées de haies et un habitat dispersé.
Le paysage agraire est dit arboré si les champs sont plantés d'arbres, notamment de noyers.
Il prend des aspects très variés en fonction du relief (terrassettes, bandes alternantes), de l'eau (polders, oasis), du matériel agricole, du système de culture, du statut de la propriété du sol, du milieu social, des facteurs économiques et politiques, etc.
2. Le paysage agricole s'applique aux parcelles avec les plantes que l'on y cultive : selon le cas, c'est un paysage à prairies, à labours, à vergers, à vignes, etc.
Il est continu s'il est entièrement cultivé ; il est discontinu s'il comporte des terres incultes ou boisées.
Il est récent dans les fronts pionniers ; il est ancien, et comprend même des reliques, s'il est exploité depuis longtemps.
Le paysage est nu et ouvert, s'il est constitué de parcelles de labour, ou de prairies ; il est complanté s'il est parsemé d'arbres fruitiers, de rangs de vigne en jouailles, ou de haies jalonnées d'arbres.
C'est un paysage d'enclos si les parcelles sont entourées de haies, de murettes, de palissades, ou de fils de fer et de treillis.

PAYSAGER adj.
Qualifie un jardin où le *paysagiste* s'est efforcé de conserver un aspect naturel, spontané, avec des parterres, des pelouses, des arbres et des allées, disposés sans ordre apparent.
C'est le cas des jardins ou des parcs anglais.

PAYSAGISTE n.m.
En. landscape gardener
De. Landschaftsgärtner, Gartenbauarchiteckt
Es. paisajista
It. architetto di giardini/del paesaggio
Spécialiste des paysages.
D'ordinaire c'est un ancien élève des écoles supérieures d'horticulture, chargé d'aménager un jardin, un parc, une place publique, selon des règles esthétiques et légales.

PAYSAN n.m.
En. peasant (1)
De. Bauer (1)
Es. campesino (1)
It. contadino (1)
1. Celui qui cultive la terre et qui vit de ses produits.
Par son travail et son mode d'existence, il se distingue des autres membres de la société qui l'entoure ; toutefois, le paysan de jadis, utilisant sa force et celle de ses bêtes de somme pour obtenir de la terre, selon les coutumes locales, l'essentiel de ses ressources, disparaît devant l'agriculteur mécanisé utilisant scientifiquement un matériel puissant pour atteindre une production plus élevée avec un moindre effort.
2. Avec un sens légèrement péjoratif, habitant d'un pays.
Etym. Du latin *pagus*, pays ; le *an* provient d'un suffixe germanique *enc*, qui a donné *paisenc*, puis *paisan*.

PAYSANNAT n.m.
En. peasantry
De. Bauerntum, Bauernschaft
Es. labradores
It. classe contadina
Ensemble de la population rurale traditionnelle qui vivait, ou qui vit, du travail de la terre.
Dans les pays industrialisés du monde occidental, le paysannat décline par exode rural et acquisition d'un niveau de vie comparable à celui des citadins.
Dans les pays du Tiers Monde, il se maintient avec ses misères matérielles, juridiques et morales, malgré quelques tentatives d'amélioration.

PAYSANNERIE n.f.
En. peasantry (2)
De. Bauernstand, Bauerntum (2)
Es. labradores (2)
It. l'insieme dei contadini (2)
1. Conditions d'existence des populations vivant du travail de la terre.
2. L'ensemble de ces populations, avec leurs manières d'être.

PAYS-BAS l.m.p.
1. Pour les paysans du Limousin et du Périgord, vallées et collines du Bordelais, de basse altitude, où l'on descend pour les vendanges, évocatrices d'une campagne plantureuse.
2. En Normandie, fragments de marais intercalés dans les falaises du Pays de Caux.
Celui-ci plus riche domine ces bas pays très pauvres.

PAYS COUPÉ l.m.
Région de hautes collines et de profondes vallées à relief vigoureux s'opposant à celui des plaines et des plateaux *(L. Gachon)*.

PAYS HAUT l.m.
Pour les habitants du Languedoc et du Bassin Aquitain, vivant en bordure du Massif Central, hautes terres qui s'étendent du Limousin aux Cévennes, évocatrices de sol pauvre et de climat froid, d'où descendaient naguère des émigrants en quête de bonnes terres et de salaires décents.

PAYS NAISSEUR l.m.
Pays où naissent de jeunes bêtes que l'on vend aux plaines du pourtour.
Ainsi le Limousin envoie ses veaux dans les pays bas du Bassin Aquitain.

PAYSSELS n.m.p.
(Vivarais). Murs de soutènement des terrasses de culture.

PÉAGE n.m.
En. toll
De. Maut, Zoll
Es. peaje
It. pedaggio
Droit seigneurial levé sur les troupeaux, les récoltes et les marchandises qui passaient sur certaines routes, sur certains ponts, ou le long des cours d'eau.
Les sommes recueillies servaient à entretenir les voies de communication.
Etym. Du latin *pedaticum*, issu de *pes*, pied.

PEAU n.f.
En. skin (1)
De. Haut (1)
Es. piel (1)
It. pelle (1), buccia (2)
1. Revêtement du corps d'un animal domestique. *Les peaux des bovins et des lapins peuvent être tannées et donner du cuir, et des fourrures si elles conservent leurs poils ; la peau des oies est également tannée pour faire des houppes.*
2. Enveloppe des fruits à pulpe (pomme, pêche, etc.).
Etym. Du latin *pellis*.

PEAUSSERIE n.f.
En. skin trade (1)
De. Lederhandel (2), Lederherstellung (1)
Es. pellejería (1)
It. concia, commercio delle pelli
1. Fabrique de peaux tannées.
2. Commerce des peaux.

PEAUSSIER n.m.
En. leather worker, leather dealer
De. Lederhersteller, Lederhändler
Es. pellejero
It. conciatore, pellaio
Personne qui fabrique des peaux, ou qui les vend.

PEAU VERTE l.f.
En. fresh skin
De. Rohhaut, Rohfell
Es. piel fresca
It. pelle fresca/verde
Enveloppe du corps d'un animal lorsqu'elle vient d'être enlevée de la carcasse et qu'elle n'a pas été encore soumise au tannage.

PÉBRINE n.f.
It. pebrina, nosematosi
Maladie des vers à soie, causée par un protozoaire, du genre Nosema, dit *Corpuscule de Cornalia*, du nom de celui qui le découvrit le premier.
Les vers, qui en sont atteints portent des taches semblables à des grains de poivre, d'où le nom du mal, dérivé de pébré, poivre en occitan.
Après de grands ravages en Vivarais, sous le

Second Empire, la pébrine fut guérie grâce aux découvertes de Pasteur.

PECCANCE n.f.
(Anjou). Instrument agricole destiné à briser la croûte superficielle des labours après la pluie et la dessication.
C'est une variété de scarificateur.

PÉCHARMANT n.m.
Cru réputé de vin rouge, du vignoble de Bergerac.

PÊCHE n.f.
En. **peach** (1), **fishing** (2)
De. **Pfirsich** (1),
    Flussfischerei, Fischen (2)
Es. **pesca** (2)
It. **pesca** (2)
1. Fruit à noyau du pêcher *(V. Ce mot).*
2. Action de prendre du poisson dans les cours d'eau, les lacs, les étangs et la mer.
La pêche en mer est hors de la géographie agraire, mais celle qui s'effectue dans les eaux douces est un complément de la vie agricole, notamment celle des étangs qui exige l'élevage du poisson et des périodes de culture pendant l'assec (V. Ce mot).

PÊCHER n.m.
En. **peach**
De. **Pfirsichbaum**
Es. **melocotonero**
It. **pesco**
Arbre de la famille des Rosacées *(Prunus persica).*
Originaire de Chine, il fut importé en Perse avant le début de l'ère chrétienne, d'où son nom de persica arbor.
Ses variétés se sont multipliées par sélection et hybridation.
On peut distinguer les pêchers donnant des fruits à noyau libre et les pêchers à noyau adhérant à la pulpe ; dans ce second cas les pêches s'appellent des pavies si elles ont la chair blanche, et des persèques, ou perchées si elles ont la chair jaune.
Etym. Du latin *persica*, originaire de Perse.

PÊCHERIE n.f.
En. **fishery**
De. **Fischerei**
Es. **pesquería**
It. **peschiera**
Etang où l'on élève du poisson et qui, parfois situé au sommet d'une prairie, sert à l'irriguer.
Syn. Serve en Limousin.

PÉCUAIRE n.m. et adj.
Es. **pecuario** (2)
It. **zootecnico** (2)
1. n.m. Agent chargé de lever les redevances pesant sur les pâturages paroissiaux et seigneuriaux.
2. adj. Ce qui a trait aux troupeaux.
Etym. Du latin *pecus*, bétail.

PÉDICELLE n.m.
En. **pedicel**
De. **Blumenstielchen**
Es. **pedunculillo**
It. **peduncolo, pedicello**
Dans une inflorescence composée, ou dans une grappe, petite tige supportant une fleur, ou une graine.
Etym. Du latin *pediculus*, petit pied.

PÉDIGREE n.m.
En. **pedigree**
De. **Genealogie, Stammbaum**
Es. **genealogía, pedigrí**
It. **pedigree, genealogia**
Liste des ascendants d'un animal de race pure, et certificat où est consignée cette généalogie.
Etym. Terme anglais pour généalogie, peut-être issu du français *pied de grue*.

PÉDILUVE n.m.
En. **footbath**
De. **Fussbad**
Es. **pediluvio**
It. **pediluvio**
Bassin en forme de canal, contenant une solution désinfectante, et où l'on fait passer les bêtes que l'on veut débarrasser de leurs parasites, et les préserver des épizooties, notamment du piétin.

PÉDOGÉNÈSE n.f.
En. **pedogenesis**
De. **Bodenbildung**
Es. **formación del terreno, pedogénesis**
It. **pedogenesi**
Ensemble de phénomènes physiques et chimiques qui donnent naissance à un sol, à partir de la roche-mère.
Etym. Du grec *pedon*, sol, et *genesis*, naissance.

PÉDOLOGIE n.f.
En. **pedology**
De. **Pedologie**
Es. **pedología**
It. **pedologia**
Connaissance scientifique des sols au point de vue physique, chimique, et biologique afin d'en déterminer la valeur agricole *(R. Blais).*
V. Agrologie.
Etym. Du grec *pedon*, sol, *et logos*, science.

PÉDONCULE n.m.
En. **peduncle**
De. **Blumenstiel**
Es. **pedúnculo**
It. **peduncolo**
Tige supportant une fleur, une inflorescence, puis un fruit.

PÉGULHADE n.f.
Unité de bétail admise à paître sur une estive.
Elle correspondait à une tête de gros bétail (vache, cheval), ou à dix têtes de brebis ou de chèvres (Béarn). En Lavedan, c'était le Vicomte qui fixait le nombre de pégulhades à admettre sur les estives.
Syn. Bacade.
Etym. Dérivé sans doute de *aiguillade*.

PÉGULLIÈRE n.f.
(Landes). Large sentier entre les pins pour le passage des troupeaux.

PEIGNAGE n.m.
En. **combing**
De. **Kämmen, Krempeln**
Es. **cardadura**
It. **pettinatura**
Nettoyage et parallélisation des fibres de lin et de chanvre après le teillage, et de la laine après le lavage.
Les fils longs sont utilisés directement ; les fils courts, blousses pour la laine, étoupes pour le lin et le chanvre, sont soumis à un traitement qui les rend utilisables.

PEIGNE n.m.
En. **comb** (3)
De. **Kamm** (3)
Es. **carda** (3)
It. **pettine** (3)
1. Herse munie de plusieurs rangées de dents dont on peut régler l'*entrure* dans la terre labourée.
Elle sert surtout à nettoyer les prairies envahies par la mousse.
2. Pointes des échalas qui, dans une treille, dépassent vers le haut et vers le bas, les lattes horizontales.
3. Instrument à dents de fer longues et acérées pour démêler les fils de laine, de chanvre, de lin.
Etym. Du latin *pecten*, peigne.

PEIGNÉE n.f.
En. **cardful**
Es. **cardada**
Quantité de fibres que l'on prend avec un coup de peigne.

PEIGNER v.tr.
En. **to hackle**
De. **bürsten, krempeln**
Es. **rastrillar**
It. **pettinare**
Démêler et brosser les poils d'un cheval, la laine d'un mouton, les fibres de chanvre, de lin.
Etym. Du latin *pectere*.

PEIGNERIE n.f.
1. Atelier où l'on peigne les textiles.
2. Opération qui consiste à faire peigner les textiles par des ouvriers appelés *peigneurs*.

PELADE n.f.
En. **alopecia** (1)
De. **Haarausfall** (1), **Alopezia**
Es. **alopecia** (1)
It. **alopecia** (1)
1. Affection due à un champignon, ou à une carence alimentaire.
Elle se manifeste par la chute des plumes,

généralement sur la tête pour les volailles, et par la chute des poils par plaques chez les mammifères ; des lavages à base de soufre et des reconstituants paraissent efficaces.
2. *(Périgord). Friche envahie peu à peu par des genévriers, des ronces et parfois des chênes truffiers.*
Etym. Du latin *pilis*, poil.

PELAGE n.m.
En. **coat, fur**
De. **Fell**
Es. **pelo, pelaje**
It. **pelame**
Ensemble des poils d'un animal sauvage.
On réserve plutôt le nom de robe, *ou de* toison, *au pelage d'un animal domestique.*
Etym. Du latin *pilus*, poil.

PELARD adj.
It. **scortecciato**
Qualifie un tronc de chêne dont on enlève l'écorce, la peau, pour en extraire du tannin.

PELÉE n.f.
(Marais Poitevin). Aire communale, à l'entrée du village, où s'élèvent les *barges* de foin et de paille, les tas de bouses séchées, et où l'on bat les céréales et les légumineuses, sur le sol *pelé* de son herbe.

PELER v.tr.
En. **to peel**
De. **abschälen**
Es. **pelar**
It. **pelare, sbucciare**
Enlever la peau d'un fruit, l'écorce d'un arbre.

PELETTES n.f.p.
Débris des cocons de vers à soie, dans les magnaneries, après le dévidage.

PELEUR n.m.
Laboureur qui n'enfonçait pas assez sa charrue dans la terre arable, pour éviter la fatigue.
Il se contentait de la peler.
Syn. Peleux.

PELEUR n.m.
Petite lame placée en avant du soc de la charrue afin de *peler*, d'écroûter le sol que vont couper le coutre et soulever le versoir.

PELLE n.f.
En. **shovel**
De. **Schaufel**
Es. **pala**
It. **pala, badile**
Outil composé d'un fer plat, et parfois tranchant, fixé à l'extrémité d'un long manche et destiné à déplacer des grains, du fumier, ou bien à ameublir le sol *(fig.154, 1 et 2).*
Etym. Du latin *pala*, pelle.

PELLE-BÊCHE n.f.
De. **Schippe, Schaufel**
Es. **laya**
It. **pala-vanga**
Pelle à fer tranchant, fixée à l'extrémité d'un manche et que l'on enfonce dans le sol en appuyant avec le pied sur le rebord du fer.
On soulève ensuite la terre en appuyant sur le manche qui fait levier.

PELLETAGE n.m.
Opération qui a pour but d'aérer le blé afin qu'il ne fermente pas.
Jadis, elle s'effectuait avec une pelle, aujourd'hui elle est réalisée mécaniquement dans les silos à grains.

PELLETÉE n.f.
En. **spadeful**
Es. **paletada**
It. **palata**
Quantité de terre, ou de grains, que l'on soulève en une fois avec une pelle.

PELLETEUSE n.f.
En. **excavator**
De. **Schaufelbagger, Löffelbagger**
Es. **excavadora**
It. **spalatrice**
Machine qui sert à remuer la terre à l'aide d'une ou de plusieurs pelles mobiles autour d'un axe.

PELLEVERSAGE n.m.
Ameublissement de la terre arable à l'aide d'un *pelleversoir*, fourche à deux dents qui pénètre aisément dans le sol *(fig.155).*
On s'en sert pour les façons culturales dans les jardins.

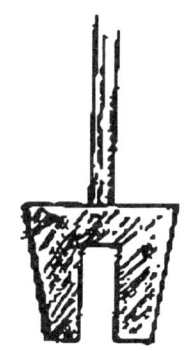

(Fig.155). Pelle versoir

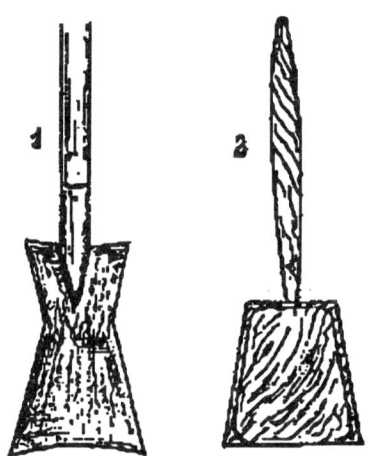

1. Pelle de jardinier 2. Pelle d'écurie
(Fig.154, 1 et 2).

PELLICULE n.f.
En. **pellicle**
De. **Häutchen**
Es. **pellejo, película**
It. **pellicola**
Petite enveloppe cutinisée, entourant les graines d'arachide, de café, d'amandes, etc.
Etym. Du latin *pellicula*, petite peau.

PELOIR n.m.
(Auvergne). Instrument utilisé pour pratiquer l'écobuage.
Il permettait d'enlever le gazon avec un peu de terre, de le peler, et de réaliser ainsi une pelée.

PELON n.m.
(Aunis). Epi de maïs dépouillé de ses grains et recueilli pour allumer le feu dans la cheminée.
(Périgord) Caloffe.

PELOURSIN n.m.
Cépage à raisins noirs, cultivé en Savoie, en Dauphiné et dans la vallée du Rhône.
(Périgord) Caloffe

PELOUSE n.f.
En. **lawn, field**
De. **Rasenplatz, Grasplatz, Rasen**
Es. **césped**
It. **prato, tappeto erboso**
Formation végétale composée de plantes courtes, à racines rampantes, susceptibles de résister à la violence du vent sur les sommets élevés.
Les pelouses artificielles des parcs, à base de graminées fines, tondues fréquemment, servent d'ornement aux résidences secondaires.
Selon les régions, les pelouses naturelles sont appelées pelounières (Limousin), pelouzières (Charente), pelous (Provence).
Etym. Du latin *pilus*, poil, qui a donné pelouse, la pelouse à gazon fin étant comparée à un corps couvert de poils.

PELURE n.f.
En. **skin, peel**
De. **Schale**
Es. **piel**
It. **buccia**
Peau de certains fruits, ou légumes : poire, oignon.
Pelure d'oignon : variété de vin rosé.

PENAUD n.m.
(Limousin). Fourré de genêts, sur d'anciens labours devenus des friches.

PENAUT n.m.
(Barrois). Mesure de capacité pour les céréales.

PENCHET n.m.
Es. **amapola**
(Picardie). Coquelicot.

PENDANT adj.
It. **pendente** (2), (3)
1. Jadis, bois mort recueilli dans les forêts seigneuriales.

2. Rameau d'arbre incliné vers le sol, tels les rameaux du saule pleureur.
3. Fruits et racines non encore récoltés et réputés *immeubles* aux termes de l'article 520 du Code Civil *(R. Blais)*

PENDILLARD n.m.
Raisin noir, à longues grappes, cultivé jadis dans la région de Laon.

PENDILLIERS n.m.p.
(Livradois). Versants de collines mis en culture à l'aide de terrasses.

PÉNÉICULTURE n.f.
Culture ou élevage des crevettes, notamment au Japon.
Etym. De *penaeus*, genre de crustacé.

PÉNICILLAIRE n.m.
Plante de la famille des Graminées, dite *petit mil*, ou *mil à chandelle*.
Originaire de l'Inde, elle est cultivée dans les régions chaudes, semiarides, à cause de son cycle végétatif très court, moins de trois mois. Son rendement est faible, 5 à 8 quintaux à l'hectare, mais sa farine est d'un goût délicat.

PÉNICILLIUM n.m.
En. penicillium
Es. penicillium
It. penicillio
Champignon ascomycète dont la forme rappelle celle d'un pinceau.
C'est un agent de moisissures parfois utiles dans le roquefort et le camembert, mais le plus souvent nuisibles et causant de graves dégâts dans les fruits mis en conserve et dans les raisins qui ne donnent plus qu'un vin âpre, ou fade.
Etym. Du latin *penicillum*, pinceau.

PENNAIGE n.m.
(France du Nord). Redevance versée au seigneur pour avoir le droit de mener paître du bétail sur ses prairies.

PENNARD n.m.
Canard à longue queue, ornée de grandes plumes, ou *pennes*.

PENSÉE n.f.
En. pansy
De. Pensee
Es. trinitaria, pensamiento
It. viola del pensiero
Plante herbacée, aux fleurs multicolores, de la famille des Violaricées.
Ses nombreuses variétés, issues de la pensée des champs, ou pensée sauvage, servent de plantes d'ornement.
Etym. Du latin *pensare*, peser.

PENTE n.f.
En. fall, slope
De. Abhang
Es. pendiente
It. pendenza
Niveau d'un séchoir à tabac à plusieurs étages.

D'où l'expression "mise à la pente", opération qui consiste à suspendre les pieds de tabac pour qu'ils sèchent.

PENTY n.m.
1. Maison rurale avec un lopin de terre concédé temporairement par le maître d'un domaine à son principal domestique *(P. Flatrès).*
2. Par évolution, très petite exploitation agricole en Bretagne.
Insuffisante pour assurer assez de travail et l'aisance à la famille du pentier, celui-ci doit recourir à des journées dans les grands domaines des environs, ou bien se livrer à une occupation de complément (artisanat, petit commerce, travail d'usine.)

PÉNUSIAU n.m.
(Brionnais). Hotte à porter le raisin.

PÉON n.m.
Ouvrier agricole de l'Amérique Centrale et de l'Amérique du Sud soumis aux lois du *péonage*.
Il va à pied, tandis que le descendant des conquérants espagnols, le caballero, va à cheval.
Etym. Du latin *pedes*, piéton ; qui a donné péon en espagnol.

PÉONAGE n.m.
Es. peonaje
Condition des *péons* d'Amérique Centrale et qui est assez semblable à celle des serfs médiévaux.

PÉPIE n.f.
En. pip
De. Pips
Es. pepita
It. pipita
Pellicule assez épaisse et dure recouvrant la langue du poussin atteint de *stomatite*, inflammation des muqueuses buccales.
Etym. Du latin *pituita*, pituite.

PÉPIN n.m.
En. pip
De. Kern
Es. pepita, pipa
It. seme, vinacciolo
Graine qui se trouve dans certains fruits (poires, pommes, raisins), par groupe de deux ou trois à l'intérieur de la pulpe.
Elles sont en général beaucoup plus petites que les noyaux.
Par extension, ce sont de jeunes arbres encore en pépinière.
Etym. Du roman *pip*, petit.

PÉPINIÈRE n.f.
En. nursery
De. Baumschule
Es. almáciga, vivero
It. vivaio
Parcelle consacrée à la production de jeunes plants d'arbres fruitiers, d'arbres d'ornement, ou d'arbres forestiers, obtenus par noyaux, ou par pépins.
Elle est tenue par un pépiniériste.
Etym. De *pépin* ; la répétition du *p* exprimant la petitesse.

PERA n.m.
Cépage à raisins blancs, cultivé en Berry.

PERALDON n.m.
Fromage de chèvre, fabriqué en Lozère.

PERCE n.f.
En. borer, drill (1)
De. Bohrer, Anstich (1)
Es. taladro (1)
1. Outil pour faire des trous.
Syn. Perçoir.
2. "En perce" : loc. adj., se dit d'un tonneau où l'on a pratiqué un trou pour soutirer son vin.
Etym. Du latin *pertusiare*, percer.

PERCE-BOIS n.m.
Insecte xylophage qui se nourrit de bois, et qui perce les poutres des charpentes pour y déposer ses oeufs.
Syn. Termite.

PERCE-MURAILLE n.m.
Herbe annuelle ou vivace, de la famille des Urticacées *(Parietaria officinalis).*
Elle pousse sur les vieux murs ; ses fleurs desséchées sont utilisées en infusion comme diurétiques.
Nom vulgaire de la pariétaire.
Etym. Du latin *paries*, mur.

PERCÉE n.f.
Trouée effectuée dans une forêt pour établir un layon, ouvrir un point de vue, créer un pare-feu.

PERCHE n.f.
En. hop pole (2)
De. Stange (2)
Es. pértiga (2)
It. pertica (1), (2)
1. Ancienne mesure agraire qui valait environ 34 m^2 dans la région parisienne, 51 m^2 dans les Eaux et Forêts, une centaine de perches formait un arpent.
2. Tige de bois longue de 6 à 8 m et de 5 à 6 cm de diamètre, destinée à soutenir les rameaux du houblon.
3. Baguette de 2 à 3 m liée à deux pieux pour faire des palissades.
4. Piquet de 3 à 4 m, servant de tuteur aux jeunes arbres.
Etym. Du latin *pertica*, perche.

PERCHÉE n.f.
Petite tranchée creusée à la charrue, ou à la houe, pour des plants d'asperge, ou de jeunes ceps de vigne.

PERCHERON n.m.
Es. **percherón**
Cheval d'une race sélectionnée dans le Perche, réputée pour sa force et sa rapidité.
Jadis, utilisée pour les labours et la traction.

PERCHETTE n.f.
Petite perche servant de tuteur à un jeune arbre, ou à une plante à tige molle.

PERCHIS n.m.
En. **brushwood** (2)
De. **Stangenwald, Stangenzaun** (2)
Es. **bosque de árboles jóvenes** (2)
It. **steccato** (1), **bosco giovane** (2)
1. Clôture faite avec des perches.
2. Jeune forêt où les troncs ne peuvent encore servir qu'à faire des perches.
On distingue le bas perchis qui succède au gaulis ; les troncs de 10 à 15 ans ont un diamètre de 10 cm environ ; le haut perchis de 15 à 25 ans avec des troncs de 20 cm environ de diamètre, il précède la jeune futaie de plus de 25 ans d'âge.
Etym. Du latin *pertica*, perche, longue pièce de bois.

PERCHOIR n.m.
En. **henroost** (1)
De. **Hühnerstange, Vogelstange** (1)
Es. **percha** (1)
It. **posatoio, trespolo** (1)
1. Assemblage de bâtons sur lesquels perchent les volailles.
2. Local qui les abrite.

PERCIÈRE n.f.
(Auvergne). Redevance en nature, analogue au champart, perçue par les seigneurs sur les tènements dépendant de leurs domaines éminents, notamment sur les terres défrichées et sur les arbres à *fruits pendants.*

PERÇOIR n.m.
En. **drill**
De. **Spundbohrer**
Es. **taladro**
It. **succhiello**
Outil qui sert à faire des trous avec une lame circulaire mise en mouvement à la main, avec une corde, ou avec un moteur.
V. Perce.

PERDRIGON n.m.
Variété de prunes ayant une couleur semblable à celle du plumage d'un perdreau.
Etym. Du provençal *perdigon*, perdreau.

PÉRÉGUEMENT n.m.
(Centre) Document où étaient consignés les dimensions et les confronts d'un parcellaire.
Ancien nom des arpentements.
Etym. Du latin *peraequare*, rendre égal.

PÉRENNE adj.
En. **perennial**
De. **perennierend**
Es. **perenne**
It. **perenne**
Qualifie les cultures et les plantes qui durent plusieurs années : vigne, arbres fruitiers.
Etym. Du latin *perennis*, éternel.

PERFORMANCE n.f.
En. **performance**
De. **Leistung**
Es. **resultado**
It. **prestazioni, resa**
Résultat chiffré obtenu par une récolte, un élevage, une commercialisation : quintaux de blé par ha, nombre de naissances par an, bénéfice d'une vente etc., avec un sens d'ordinaire élogieux.
Etym. De l'ancien français *parformance*, achèvement.

PERGOLA n.f.
En. **pergola**
De. **Pergola**
Es. **pérgola**
It. **pergola**
Construction en bois, ou en métal, formant galerie adossée à une maison et couverte de plantes grimpantes.
Etym. Du latin *pergula*, construction adjacente.

PÉRIGNON (DOM) n.m.
Moine bénédictin de l'abbaye d'Hautvilliers, près d'Epernay, qui mit au point, à la fin du XVIIème siècle, un procédé de fabrication de vin mousseux avec les raisins du vignoble champenois.

PÉRIGORD n.m.
1. Cépage à raisins noirs cultivé dans le Bassin Aquitain.
Appelé également *Mérille* et *Cot.*
2. Race de porcs à peau blanche avec des taches noires, dressés à la recherche des truffes.

PÉRIMÈTRE n.m.
En. **perimeter**
De. **Perimeter**
Es. **perímetro**
It. **perimetro**
Limite entourant une surface spécialisée.
On distingue :
1. Périmètre d'irrigation ou périmètre mouillé, limite d'une surface irriguée.
2. Périmètre sensible, limite des terrains où s'exerce un droit de préemption au profit des communautés locales, ou nationales, afin de protéger des paysages contre des agressions vénales ; les travaux d'aménagement ne s'y effectuent que sous contrôle des services publics.
3. Périmètre d'action forestière (P.A.F.), défini par une loi du 22 Mai 1971, il délimite les territoires à vocation forestière, notamment en moyenne montagne où l'exode rural tend à créer un déséquilibre entre les forêts et les espaces cultivés.
Les pouvoirs publics y favorisent le reboisement, établissant des plans complets d'aménagement et créant dans les Alpes des périmètres de restauration (R.Blais).
4. Périmètre terrier : total, sur un hectare, des circonférences des troncs d'arbres mesurées à hauteur d'homme.
Syn. Surface terrière.
Etym. Du latin *peri*, autour, et *metron*, mesure.

PÉRINE n.f.
(Landes). Résine la plus pure qui coule de la carre, dès que celle-ci est ouverte.

PÉRIODE n.f.
En. **planting time** (4)
De. **Periode** (4)
Es. **época de plantación** (4)
It. **periodo**
1. Moment plus ou moins long où s'effectue un travail agricole.
Ex. La période des moissons.
2. Temps où une plante subit une évolution qui peut être décisive, telle la *période critique* en cas de sècheresse.
Sans appoint d'eau la plante périra.
3. Etape du cycle végétatif où, grâce à la température et à l'humidité, une plante peut se développer, c'est sa *période végétative.*
4. En sylviculture, temps qui s'écoule entre deux traitements d'une forêt en futaie.
5. Période de plantation, temps favorable à une plantation.
Etym. Du grec *periodos*, circuit.

PÉRIURBAINE (CULTURE) l.f.
Culture qui se développe autour d'une ville et qui, influencée par la proximité d'un important marché, est orientée vers la production de fleurs, de fruits et de légumes.

PERLE n.f.
Cépage à raisins blancs, de goût muscat, cultivé comme raisin de table en Touraine et dans le Midi méditerranéen.

PERLÉ adj.
It. **perlato**
Qualifie les grains d'orge dépouillés de leur tégument.

PERMAINE n.f.
Variété de pomme récoltée en Normandie.

PERMÉABILITÉ n.f.
En. **permeability**
De. **Durchlässigkeit, Permeabilität**
Es. **permeabilidad**
It. **permeabilità**
Propriété du sol de se laisser pénétrer en profondeur par l'eau, ou par l'air.
Pour l'eau, la perméabilité se mesure en centimètres de profondeur par heure selon la nature du sol : sol sableux, 50 cm par heure ; sol argileux, 10 cm par heure.

PÉROSE n.f.
En. **perosis**
Es. **perosis**
It. **perosi**
Déformation des os chez les volailles.
Elle se manifeste chez les poussins éclos en incubateur et paraît provoquée par une insuffisance alimentaire en soufre, en manganèse, etc. (R. Blais).

PÉROT n.m.
Arbre qui a deux fois l'âge de la futaie dont il fait partie.
Etym. Dérivé de *pair*.

PÉROTTE n.f.
(Maine). Oie, ou jeune dindon.
Etym. Dérivé de *pierrot*.

PERPÉTUEL adj.
Qualifie les plantes cultivées qui fleurissent et fructifient deux ou trois fois par an, tels les fraisiers, les rosiers, et qui durent plusieurs années.
Syn. Remontant.

PERPIGNAN n.m.
(Région de Perpignan). Manche de fouet fabriqué avec les gaules du *micocoulier* qui pousse en Roussillon.
Le terme s'est étendu à toute la France pour désigner un fouet.

PERPRISE n.f.
1. *(Gascogne).* Annexion et mise en culture de fragments de lande.
2. Accaparement, par usurpation, de terres appartenant à une communauté.
C'était les perprendre.

PERRÉ n.m.
(Saintonge). Talus de terre et de pierres encadrant les marais.
Syn. Perrier.
Etym. Dérivé de *pierre*.

PERRIER n.m.
(Périgord). Tas de pierres à l'intérieur, ou en bordure, d'un champ.
On dit aussi un pierrier.

PERROQUET n.m.
En. **tripod**
De. **Dreibockreuter**
Es. **caballete**
It. **cavalletto per seccare l'erba**
Support composé de trois ou quatre perches, entrecroisées et fixées entre elles pour soutenir un tas d'herbe récemment fauchée, afin qu'elle se dessèche sans toucher le sol humide, où elle se gâterait.
V. Siccateur.

PERRUCHE n.f.
(Touraine). Sol formé de cailloutis, de calcaire et d'argile.

PERSAIGNE n.f.
Cépage à raisins noirs, donnant un vin médiocre, dans les monts du Lyonnais.
V. Persagne et Mondeux.

PERSAN n.m.
Cépage à raisins noirs, cultivé dans la vallée de l'Isère, et donnant un vin coloré.
Syn. Aguzelle, Bâtard, Bécu, Etraire, Guzelle, etc.

PERSICAIRE n.f.
En. **Persicaria, lady's thumb**
De. **Flohkraut**
Es. **persicaria, duraznillo**
It. **persicaria**
Plante de l'espèce des Renouées, cultivée comme fourrage, ou comme plante d'ornement, dont une variété, à belles fleurs rouges, est appelée *bâton de Jacob*.
Etym. De Perse.

PERSIL n.m.
En. **parsley**
De. **Petersilie**
Es. **perejil**
It. **prezzemolo**
Plante bisannuelle de la famille des Ombellifères *(Petroselinum sativum),* originaire des pays méditerranéens.
Elle est cultivée pour assaisonner divers aliments ; ses feuilles desséchées servent de fébrifuge.
Etym. Du grec *petroselinon*.

PERSILLAGE n.m.
Action de persiller.

PERSILLÉ adj.
En. **blue-moulded** (2)
De. **grünfleckig** (2)
Es. **salpicado de manchas verdes** (2), **entreverada** (1)
It. **venato di grasso** (1), **erborinato** (2)
1. Se dit d'une viande à filaments blancs de graisse, signe de bonne qualité.
2. Qualifie les fromages à pâte affinée avec une moisissure (farine moisie de seigle) et comportant des taches vertes filiformes semblables à du persil (roquefort, bleu des Causses, de Bresse, de Bavière, etc.)
Etym. De persil.

PERSILLÉ n.m.
Fromage fermier à moisissures filamenteuses, dit *persillé des Aravis*, s'il est au lait de chèvre, *persillé du Mont Cenis*, s'il est au lait de vache.

PERSILLER v.tr.
Passer dans une machine appropriée les graines de persil, ou de carottes, pour leur enlever les épines et rendre plus facile leur mise en semis.
C'est un persillage.
Etym. De persil.

PERSISTANT adj.
En. **perennial, evergreen**
De. **persistent, immergrün**
Es. **perenne**
It. **persistente (foglia)**
Qualifie les feuilles vertes qui restent sur les arbres plusieurs années, de sorte que ces arbres sont toujours verts.
C'est le cas de la plupart des Conifères.

PERSONNERIE n.f.
(Centre). Association familiale pour l'exploitation d'un domaine.
Syn. Freresche.

PERTURBATION n.f.
En. **perturbation**
De. **Perturbation**
Es. **perturbación**
It. **perturbazione**
Phénomène qui trouble une évolution normale et cause du désordre, en particulier dans les couches atmosphériques lors du passage d'une dépression barométrique, ou dans le tapis végétal par suite d'une maladie cryptogamique, d'un brûlis, ou d'une succession anormale de cultures.
Par des manipulations de gènes, on peut également créer des perturbations parmi les plantes et les animaux.
Ex. La pomate ; le chabin ; métis du bouc et de la brebis.
Etym. Du latin *perturbatrix*.

PERTUIS n.m.
En. **opening**
De. **Öffnung, Loch**
Es. **abertura**
It. **apertura**
Ouverture dans une haie du bocage (P. de Saint-Jacob).
Etym. Du latin *pertusus*, percé, roué.

PESADE n.f.
En. **rearing** (1)
De. **Bäumen** (2), **Aufbäumen** (1)
Es. **encabritamiento** (1)
It. **posata** (1)
1. Parade au cours de laquelle le cheval s'élève sur ses deux jambes de derrière.
2. Arrêt brusque du cheval à la fin d'un galop.
Etym. De l'italien *posata*, action de se poser.

PESAT n.m.
(Picardie). Tiges de pois desséchées, utilisées comme litière, ou pour protéger les jeunes arbres contre le froid.
Etym. Du latin *pisum*, pois.

PESCHIÈRE n.f.
(Quercy). Verger de pêchers.
Etym. De *peschier*, pêcher en occitan.

PÈSE-ALCOOL n.m.
It. **alcolometro, alcolimetro**
Instrument indiquant immédiatement sur une graduation la richesse en alcool d'un liquide fermenté.
Syn. Alcoomètre.

PESÉE GÉOMÉTRIQUE l.f.
Mode de réception des betteraves à sucre dans une distillerie.
Une pesée est effectuée dans un lot et on détermine le rendement et le degré saccharimétrique, puis on étend ces qualités à l'ensemble de la récolte.

PÈSE-LAIT n.m.
En. lactometer
De. Milchwaage, Milchmesser
Es. galactómetro
It. galattometro, lattometro
Appareil pour mesurer la quantité de matière grasse contenue dans le lait.
Il se compose d'une cuvette garnie de mercure et d'un tube gradué ; il s'enfonce plus ou moins dans le lait à examiner selon que celui-ci est plus ou moins riche en crème.
Syn. Aéromètre.

PÈSE-MOÛT n.m.
En. saccharometer, mustmeter
De. Mostwaage
Es. glucómetro
It. pesamosto, mostimetro
Appareil pour calculer la teneur d'un moût de vendange en glucose, et apprécier la qualité du vin qui résultera de la fermentation.
Il permet d'estimer la valeur des raisins livrés à une coopérative vinicole par ses adhérents.
C'est un aréomètre lesté d'un poids constant et d'un tube gradué. Il s'enfonce d'autant plus dans le moût que celui-ci est plus riche en sucre. Syn. Mustimètre.

PÉSETTE n.f.
(Bassin Aquitain).
1. Vesce.
2. Parcelle semée en petits pois.
On dit aussi peziero, peseau.
Etym. De l'occitan *péséou*, petit pois.

PESEUSE-ENSACHEUSE n.f.
It. insaccatrice-pesatrice
Appareil muni d'une trémie et d'un récipient reposant sur une bascule.
Lorsque le poids du produit introduit dans l'appareil et parvenu à la bascule, atteint un certain seuil, automatiquement il est fermé dans un sac.

PÈSE-VIN n.m.
En. alcoholometer
De. Weinwaage
Es. alcoholímetro
It. enometro
Appareil pour mesurer le degré d'alcool d'un vin, ou d'une eau-de-vie, composé d'une cuvette à mercure et d'un tube étalonné qui s'enfonce plus ou moins dans le liquide selon sa teneur en alcool.
Syn. Oenomètre, ou alcoomètre.

PESQUIER n.m.
Réservoir contenant de l'eau pour alimenter les rigoles d'irrigation dans les prairies cévenoles. *Sans doute y élève-t-on du poisson comme dans les pêcheries limousines.*
Etym. Dérivé de *pêcherie*.

PESSE n.f.
It. picea
(Lorraine). Epicea élevé, ou sapin de Norvège *(Picea excelsa)*. Il atteint 30 à 40 m de haut.
Etym. Du latin *picea*, faux sapin.

PESSEVEL n.m.
Exploitation agricole, domaine, entouré d'une clôture.
Etym. De *pesson*, pieu, clôture.

PESSIÈRE n.f.
1. Forêt d'épicéas, dits *pesses*.
Etym. Du latin *picea*.
2. *(Canada).* Forêt de sapinettes, ou d'épinettes.
3. Bassin situé en aval de la bonde d'un étang et où s'accumule le poisson lors d'une mise en assec.
Etym. Du latin *piscis*, poisson.
4. *(Bassin Aquitain).* Parcelle plantée en pêchers, on dit aussi une *pescère*.

PESSOIR n.m.
(Bourgogne). Instrument agricole du vigneron pour enfoncer les échalas en paisseaux.

PESTE n.f.
En. plague
De. Pest
Es. peste
It. peste
Maladie fébrile, contagieuse et mortelle, due à des ultravirus.
Elle atteint divers animaux domestiques :
1. la peste aviaire décime les volailles d'une ferme ; elle se manifeste par des troubles digestifs et nerveux ; on la prévient par la vaccination.
2. la peste bovine sévit en Asie et en Afrique ; elle a été refoulée de la France depuis un siècle.
3. la peste horse, du cheval, est inconnue en Europe.
4. la peste porcine se manifeste par des troubles digestifs et respiratoires ; il faut abattre les bêtes qui en sont atteintes.
Etym. Du latin *pestis*, fléau.

PESTICIDE n.m.
En. pesticide
De. Pestizid, Schädlingsbekämpfungsmittel
Es. pesticida
It. pesticida
Produit chimique destiné à détruire les parasites des animaux domestiques (poux, puces, tiques, etc.) et des végétaux cultivés (limaces, insectes, rongeurs, champignons, plantes adventices, etc.).
V. Fongicide, herbicide, insecticide, rodenticide.
Etym. Du latin *pestis*, peste, fléau.

PÉTANIELLE n.f.
Froment appelé aussi blé *Poulard, (Triticum turgidum)* profondément modifié par la culture.
On ne connaît plus cette espèce de céréale à l'état spontané.

PETIT adj.
Qualifie de nombreux cépages : le *petit Blanchou* à raisins blancs, cultivé en Bas Vivarais, le *petit Bouschet* à raisins noirs, cultivé en Provence, le *petit Blanc*, ou *Clairette* de Die, le *petit Bourguignon*, synonyme de *Pinot*, la *petite Vidure* qui est le Cabernet Sauvignon, le *petit Vérot*, etc.
Etym. Du celte *pitt*, petit.

PETIT BÉTAIL l.m.
En. small livestock
De. Kleinvieh
Es. ganado menor
It. bestiame piccolo
Bétail de petite taille : volaille, lapins, et, à la rigueur, ovins et porcins, par opposition au gros bétail (boeuf, cheval, mulet).

PETIT-LAIT l.m.
En. whey
De. Molke
Es. suero
It. latticello
Résidu liquide obtenu après avoir incorporé de la présure au lait pour qu'il caille en fromage.
Après filtrage, le fromage reste dans le récipient, tandis que le petit lait s'écoule et sert à alimenter les porcs.
Syn. Lactosérum.

PETITS BLEDS l.m.p.
Orge, avoine et fourrages qui, semés au printemps, sont mûrs en été. *(vieilli)*

PETITE CULTURE (PAYS DE) l.f.
It. piccola coltura (regione di)
Se disait des régions où la culture était pratiquée surtout par les métayers au moyen d'attelages de boeufs.
Elles s'opposaient aux pays de grande culture où presque la totalité du sol était mise en valeur par des attelages de chevaux, et selon des assolements réguliers.
Dans les métairies de petite culture, l'assolement n'était pas régulier, et de grandes étendues de terrain restaient en friche durant six ou sept ans ; elles servaient de pâture aux bovins, et aux ovins.
Les terres ensemencées étaient fréquemment encloses pour être interdites au libre parcours.
Une partie des fumures se perdait sur les landes pâturées.
La faible quantité de fumier recueillie dans les étables entraînait la médiocrité des rendements.
La récolte des céréales suffisait à peine à la nourriture de l'exploitant et de sa famille.
Le seul bénéfice résidait dans la vente du bétail nourri sur les pacages, encore fallait-il parfois le partager avec le "maître", si l'on était métayer.

Ce système agraire, qui dominait de la Bretagne à la Provence, fut vivement combattu par les physiocrates au XVIIIème siècle (R. Dion).

PETITE HYDRAULIQUE l.f.
Ensemble de moyens techniques, de petites dimensions et de faible débit, pour irriguer à peu de frais.
C'est le fait d'initiatives individuelles, ou de collectivités, qui ne cherchent à atteindre que des buts limités, sur des parcelles de dimensions réduites.

PETIT-SUISSE l.m.
Fromage frais, de forme cylindrique, enrichi en crème.

PÉTRACINE n.f.
Cépage à raisins blancs, cultivé en Alsace.
C'est une variété de Riesling.

PETREAUX n.m.p.
Sauvageons qui poussent au pied d'un arbre greffé. *(vieilli)*

PÉTRIN n.m.
En. **kneading trough**
De. **Backtrog**
Es. **artesa**
It. **madia**
1. Coffre où l'on pétrissait à la main la farine, la levure et l'eau jusqu'à obtenir une pâte pour la cuisson au four.
2. Mécanique comportant une cuve tournante où se prépare la pâte grâce à des palettes fixées à un axe horizontal, ou vertical, mis en mouvement par un moteur électrique et brassant le mélange panifiable.
Syn. Pétrisseur.
Etym. Du latin pistrinum, lieu où l'on fait le pain.

PÉTUN n.m.
En. **tobacco**
De. **Tabak**
Es. **tabaco**
It. **tabacco**
Tabac.
Terme tombé en désuétude, sauf dans le verbe pétuner, fumer.
Etym. Du Tupi petyma, précolombien.

PEUPLEMENT n.m.
En. **population** (3)
De. **Bepflanzen** (1), **Bepflanzung** (2), **Besiedlung**, **Bevölkerungsdichte** (4)
Es. **repoblación** (1), (2), **población** (3), (4)
It. **popolamento** (4)
1. Opération qui consiste à peupler un certain espace de plantes, ou de bétail.
2. Résultat de cette opération.
3. Ensemble des végétaux ou des animaux occupant une aire délimitée.
4. Nombre d'agriculteurs par km², afin de traduire en chiffres la densité du peuplement agricole. *Etym. Du latin populus.*

PEUPLERAIE n.f.
En. **poplar plantation**
De. **Pappelwald**
Es. **alameda**
It. **pioppeto, pioppaia**
Parcelle plantée en peupliers.
Selon les lieux, on dit une pigoulade, de pigoul, peuplier en Aquitaine ; une bioulade en Provence.

PEUPLIER n.m.
En. **poplar**
De. **Pappel**
Es. **álamo**
It. **pioppo**
Arbre de la famille des Salicinées, à bois blanc, à pousse rapide, apprécié pour le déroulage.
On en cultive plusieurs espèces : peupliers d'Italie, de Caroline et surtout des hybrides euro-américains.
Etym. Du latin populus, qui a donné le doublet, peuple et peuplier.

PEUPLIER BLANC l.m.
En. **white poplar**
De. **Weisspappel**
Es. **álamo blanco**
It. **pioppo bianco, gattice**
Peuplier ainsi nommé à cause de son feuillage argenté, de ses fleurs et de son bois blanc.
En occitan il a conservé son nom latin d'alba, d'où le terme d'aubarède pour désigner une plantation de peupliers blancs, ses bourgeons sont balsamiques.

PEYRASSOU n.m.
(Languedoc). Collier du bélier placé en tête d'un troupeau transhumant.
Ce collier porte des pierres fétiches, ou peyrasses, destinées à préserver le troupeau des maladies.

PEZADE n.f.
1. Redevance due selon son poids pour le bétail allant paître sur les pâturages communaux.
2. Impôt destiné à verser une indemnité aux paysans qui avaient souffert du pillage des soldats.
Créé au XIIème siècle, il fut supprimé au XVème, et rétabli en 1667, par les fermiers généraux sous le nom de droit de pézade, mais dans un but purement fiscal.
Etym. De l'occitan peza, peser.

PÉZAT n.m.
Tiges de pois desséchées dont on entoure le tronc des jeunes arbres pour les protéger du gel.
Etym. Du latin pisum, pois.

P.H. sigle
Abréviation pour *Potentiel d'Hydrogène*.
Logarithme décimal, changé de signe, de la concentration d'une solution en ions hydrogène ; s'il est inférieur à 7 la solution est acide ; s'il est supérieur à 7 la solution est basique ; s'il est égal à 7 la solution est neutre.
Un sol humifère a un pH de 4 ou 5 ; un sol calcaire a un pH de 8 ou 9.

PHANÈRE n.m.
Formation épidermique apparente : poils, bec, corne, sabot, plume, écaille *(Habault)*.
Etym. Du grec phaneros, visible.

PHANÉROGAMES adj.p.
En. **phanerogamous**
De. **Phanerogamen**
Es. **fanerógamas**
It. **fanerogame**
Se dit des plantes pourvues de fleurs à étamines et pistil visibles, et qui forment un embranchement du monde végétal.
Etym. Du grec phaneros, visible, et gamos, mariage.

PHASÉOLUS n.m.
Nom générique du haricot, originaire, dit-on, du Phase, en Géorgie.

PHELLODERME n.m.
It. **felloderma**
Dans le tronc d'un arbre, assise qui produit vers l'extérieur du liège par arrêt de la sève élaborée.

PHELLOGÈNE adj.
It. **fellogeno**
Qui produit du liège, écorce du chêne liège.
Etym. Du grec phellos, écorce, et genos, origine.

PHÉNOLOGIE n.f.
En. **phenology**
De. **Phänologie**
Es. **fenología**
It. **fenologia**
Science des influences climatiques sur le développement saisonnier des plantes (feuillaison, floraison, fructification) et des animaux (hibernation, migration, nidification).
Etym. Du grec phainein, paraître, et logos, étude.

PHÉNOPHASE n.f.
En. **phenophase**
De. **Phänophase**
Es. **fenofase**
It. **fenofase**
Période de l'évolution d'une plante, caractérisée par un stade phénologique déterminé : floraison, fructification, etc.

PHÉNOTYPE n.m.
En. **phenotype**
De. **Phänotyp**
Es. **fenotipo**
It. **fenotipo**
Ensemble des caractères apparents d'un individu, compte tenu du potentiel de ses gènes et de l'influence du milieu ambiant.
Etym. Du grec phainein, paraître et tupos, empreinte.

PHÉROMONES n.m.p.
Es. ferormonas
It. feromoni, ferormoni
Molécules odorantes émises par un animal en chaleur pour attirer un individu de même espèce, mais de sexe opposé.
Cette propriété est utilisée en agronomie pour attirer des insectes nuisibles sur un arbre préalablement traité, et piégé avec un insecticide.
S'écrit à tort phérormone.

PHLEUM n.m.
It. codolina, fleo
Fléole, graminée des prairies de qualité.

PHLOÊME n.m.
It. floema
Tissu végétal qui contient les canaux de la sève descendante, ou élaborée, destinée à l'alimentation de la plante.
Syn. Liber.

PHOENICICULTURE n.m.
Culture du palmier-dattier.
Etym. Du grec phoenix, palmier, et du latin. coltore, cultiver.

PHORMIUM n.m.
En. phormium
It. formio, lino della Nuova Zelanda
Plante vivace de la famille des Liliacées (*Phormium tenax*).
Originaire de Nouvelle-Zélande, elle a été cultivée pour ses feuilles longues de 1 à 2 m, et fournissant des fibres que l'on pouvait filer pour fabriquer des tissus très fins, mais de peu d'usage.
Le phormium n'est plus utilisé que comme plante d'ornement.

PHOSAMO n.m.
Engrais à base de phosphate, obtenu en traitant des phosphates naturels avec de l'ammoniaque.
Répandu sous forme de poudre, il est recommandé pour les céréales.

PHOSPHATAGE n.m.
En. treatement with phosphates (2)
De. Phosphatdüngung (2)
Es. fosfatado
It. fosfataggio
1. Addition à la vendange de phosphate de chaux ou d'ammoniaque afin d'augmenter l'acidité du moût et du vin.
2. Addition de phosphate de chaux à du fumier, avec formation d'*humophosphates* très solubles et assimilables par les plantes.

PHOSPHATES n.m.p.
En. phosphates
De. Phosphate
Es. fosfatos
It. fosfati
Sels obtenus par une combinaison chimique de l'acide phosphorique avec une base.
1. A l'état naturel, les gisements de phosphates, issus de fossiles riches en phosphore, se situent en divers points du monde (Maroc, Tunisie) et servent d'engrais, soit directement, soit après traitement à l'acide sulfurique pour les transformer en superphosphates.
2. A l'état industriel, les phosphates métallurgiques, ou scories de déphosphoration, proviennent des hauts fourneaux où l'on traite du minerai de fer riche en phosphore, dans le bassin lorrain.

PHOSPHORITE n.f.
En. phosphorite
De. Phosphorit
Es. fosforita
It. fosforite
Phosphate naturel, de structure terreuse, provenant de la décomposition des os d'animaux enfouis dans les cavités karstiques du Quercy, ou recélé dans les géodes calcaires de Picardie.
Utilisées comme amendement et engrais après pulvérisation, ces matières d'origine organique accroissent les rendements des céréales et des fourrages, et par conséquent la valeur du bétail.
Etym. Du grec phos, lumière, et phoros, qui porte, corps qui porte la lumière.

PHOTOAUTOTROPHE adj.
Se dit d'une plante qui réalise la synthèse des glucides et d'autres substances organiques à partir des éléments minéraux contenus dans la sève brute (gaz carbonique, eau, sels, etc.) et cela à la faveur de l'énergie solaire.
Syn. Fonction chlorophyllienne.
Etym. Du grec photos, lumière, auto, soi-même et tropos, retour.

PHOTOPÉRIODE n.f.
En. photoperiod
De. Photoperiode
Es. fotoperíodo
It. fotoperiodo
Durée d'ensoleillement selon le cycle saisonnier du jour et de la nuit, compte tenu de la latitude, avec son influence sur la croissance et le développement des êtres vivants, plante ou animal.
Etym. Du grec photos, lumière et periodos, circuit.

PHOTOPÉRIODISME n.m.
En. photoperiodism
It. fotoperiodismo
Réaction d'une plante dans sa croissance, sa floraison et sa fructification à la durée d'éclairement du jour.
Les jours courts entraînent le nanisme, les jours longs des tiges longues ; en ce qui concerne la floraison, certaines plantes ne fleurissent que si les jours raccourcissent (chrysanthèmes), d'autres ne peuvent fleurir qu'avec des jours longs ; enfin certaines plantes sont indifférentes à la durée d'éclairement du jour (rosiers).
Etym. Du grec photos, lumière et periodos, chemin autour.

PHOTOSYNTHÈSE n.f.
En. photosynthesis
De. Photosynthese
Es. fotosíntesis
It. fotosintesi
Phénomène fondamental de l'activité végétale chez les plantes pourvues de chlorophylle.
Sous l'influence combinée de cette substance et de l'énergie solaire dans les feuillages, les minéraux solubles de la sève brute entrent en synthèse avec le carbone du gaz carbonique contenu dans l'air, tout en rejetant un supplément d'oxygène.
Cette réaction chimique aboutit à la formation de molécules organiques que la sève élaborée répartit dans l'ensemble de la plante, soit pour former du tissu végétal, soit pour constituer des réserves (sucre, amidon, alcool, graisses, etc.) base de la nourriture des hommes et des animaux et de la formation de leurs tissus.
Etym. Du grec photos, lumière, et sunthesis, mettre ensemble.

PHOTOTROPISME n.m.
En. phototropism
Es. fototropismo
It. fototropismo
Orientation d'une plante vers la lumière du soleil par suite de réactions chimiques inverses sur les deux côtés de la tige, inégalement éclairées. *Ex. Les tournesols aux fleurs orientées vers le soleil.*

PHRÉATIQUE (NAPPE) l.f.
En. ground water table
De. Grundwasserspiegel
Es. freática (capa)
It. freatica (falda)
Nappe d'eau souterraine, située sur une strate de terrain imperméable et que l'on peut atteindre en creusant un puits ou un canal souterrain (fogarras du Maroc).
Etym. Du grec phreatos, puits.

PHTIRIOSE n.f.
Maladie de la vigne causée par un insecte homoptère, de la famille des Coccidés, appelé aussi *cochenille blanche*, ou *kermès de la vigne*. Il pique le collet des racines.
On a parfois donné ce nom au phylloxéra.

PHYLLOXÉRA n.m.
En. phylloxera
De. Reblaus
Es. filoxera
It. filossera
Insecte hémiptère (*Phylloxera vastatrix*) qui attaque les racines des souches de vigne.
Probablement originaire d'Amérique, il fut introduit en France sous le Second Empire ; il fit disparaître l'ancien vignoble français composé de plants directs.
On le reconstitua avec, comme porte-greffes, des plants américains aux systèmes radiculaires si vivaces qu'ils se renouvellent aussi vite qu'ils sont dévorés.

Etym. Du grec *phullon*, feuille, et *xéros*, sec, les premières atteintes du mal se manifestant par le dessèchement des feuilles, terme créé en 1865 par Planchon, professeur à Montpellier.

PHYLLOXÉRIQUE (RÉSISTANCE) l.f.
It. **fillosserica (resistenza)**
Résistance plus ou moins grande des cépages aux attaques du phylloxéra.
Les racines des plants français résistent mal aux lésions causées par les piqûres de l'insecte ; les tissus des cépages américains sont plus résistants, avec des variations d'un cépage à l'autre et selon le climat ; toutefois, ils peuvent presque tous servir de porte-greffes avec succès.

PHYSALIS n.m.
It. **alchechengi**
Plante de la famille des Solanacées *(Physalis peruviana)*.
Originaire de l'Amérique tropicale, elle est cultivée dans les régions chaudes et même en France, pour son fruit couleur d'ambre, de la grosseur d'une cerise et d'une saveur sucrée et acidulée.

PHYSIOCRATES n.m.p.
En. **physiocrates**
De. **Physiokraten**
Es. **fisiocratas**
It. **fisiocrati**
Philosophes du XVIIIème siècle qui, à l'exemple de Quesnay, s'efforcèrent de déterminer les lois qui régissent l'économie politique.
Leur doctrine porte le nom de physiocratie et fut à l'origine d'un engouement pour la vie rurale et de progrès pour l'agriculture.
Etym. Du grec *phusis*, nature et *kratos*, gouvernement.

PHYSIOCRATIE n.f.
En. **physiocracy**
De. **Physiokratismus**
Es. **fisiocracia**
It. **fisiocrazia**
Doctrine économique et philosophique, dont l'un des fondateurs fut Quesnay (1694-1774) ; elle faisait de l'agriculture l'unique source de la richesse et reposait sur *le laisser faire, laisser passer, base du libéralisme..*

PHYSIOPATHOLOGIE n.f.
En. **physiopathology**
De. **Pathophysiologie**
Es. **fisiopatología**
It. **fisiopatologia**
Etude des réactions de l'être vivant en fonction des conditions physiologiques, physiques et chimiques des maladies.
Selon le cas c'est la physiopathologie animale qui étudie les maladies des bêtes ; ou bien c'est la physiopathologie végétale qui étudie les maladies des plantes.
Etym. Du grec *phusis*, nature, *pathos*, souffrance et *logos*, étude, science.

PHYTIATRIE n.f.
En. **phytotherapy**
Es. **fitiatría**
It. **fitoiatria**
Science des états pathologiques des plantes et des moyens d'y porter remède, ou de prévenir le mal en favorisant la croissance des végétaux et en les nantissant de gènes antiparasites *(R. Blais).*
Etym. Du grec *phuton*, plante et *iatros*, médecin.

PHYTOGÉOGRAPHIE n.f.
En. **phytogeography**
De. **Phytogeographie, Geobotanik**
Es. **fitogeografía**
It. **fitogeografia**
Etude de la répartition des plantes à la surface de la terre.
Etym. Du grec *phuton*, plante, *gé*, terre et *graphein*, décrire.

PHYTOHORMONE n.f.
En. **phytohormone**
De. **Pflanzenwuchsstoff, Auxin**
Es. **sustancia de crecimiento, fitohormona**
It. **fitormone**
Substance spécifique secrétée par des cellules spécialisées des plantes et agissant sur les tissus végétaux, provoquant la croissance par la multiplication des cellules normales.
V. *Auxine.*
Etym. Du grec *phuton*, plante, et *hormon*, exciter.

PHYTOLOGIE n.m.
En. **phytology**
De. **(Nutz)Pflanzenkunde**
Es. **fitología**
It. **fitologia**
Science de la végétation et, tout particulièrement, des plantes cultivées.
Etym. Du grec *phuton*, plante et *logos*, science.

PHYTOPATHOGÈNE adj.
En. **phytopathogenic**
De. **phytopathogen**
Es. **fitopatógeno**
It. **fitopatogeno**
Se dit d'un agent, ou d'un élément, qui provoque une maladie des plantes.
Etym. Du grec *phuton*, plante, *pathos*, souffrance et *genos*, origine.

PHYTOPATHOLOGIE n.f.
En. **phytopathology**
De. **Phytopathologie**
Es. **fitopatología**
It. **fitopatologia**
Science relative aux maladies des plantes, et plus particulièrement, des plantes cultivées.
Etym. Du grec *phuton*, plante, *pathos*, souffrance, et *logos*, science.

PHYTOPHARMACIE n.f.
En. **phytopharmacy**
De. **Phytopharmazie**
Es. **fitofarmacia**
It. **fitofarmacia**
Branche de la pharmacie consacrée à la recherche et à la vente des médicaments susceptibles d'enrayer les maladies des plantes, de favoriser le rendement des cultures, et de combattre parasites et animaux nuisibles.
Etym. Du grec *phuton*, plante, et *pharmacon*, remède.

PHYTOPHTORA n.m.
Genre de champignon parasite, de la famille des Péronosporacées incluant de nombreuses espèces parasites des plantes cultivées.
On leur doit le mildiou de la pomme de terre (Phytophtora infestans), l'encre du châtaignier (Ph.cambivora), la nécrose des racines du fraisier (Ph.fragariae), etc. (R.Blais).

PHYTOSANITAIRE adj.
En. **phytosanitary**
De. **Pflanzenschutz-**
Es. **fitosanitario**
It. **fitosanitario**
Qualifie tous les procédés destinés à protéger les plantes et les récoltes des maladies qui peuvent les atteindre.
Etym. Du grec *phuton*, plante et du latin *sanus*, sain.

PHYTOSOCIOLOGIE n.f.
En. **phytosociology**
De. **Pflanzensoziologie, Phytosoziologie**
Es. **fitosociología**
It. **fitosociologia**
Science des rapports des plantes entre elles, de leur association bénéfique, de leur répulsion les unes à l'égard des autres, ou de leur indifférence entre elles.
Etym. Du grec *phuton*, plante du latin *societas* et *logos*, étude.

PHYTOTECHNIE n.f.
En. **plant breeding**
De. **Pflanzenzucht**
Es. **fitotecnia**
It. **fitotecnia**
Science appliquée à l'étude des plantes, à leur croissance et à leur classement.
Etym. Du grec *phuton*, plante et *tekhne*, métier.

PHYTOTHÉRAPIE n.f.
En. **phytotherapy**
De. **Phytotherapie**
Es. **fitoterapia**
It. **fitoterapia**
Traitement des maladies par les plantes.
Etym. Du grec *phuton*, plante et *therapeuein*, soigner.

PHYTOTRON n.m.
It. **fitotrone**
Laboratoire où l'on étudie et où l'on expérimente les conditions climatiques du développement des plantes, notamment des plantes cultivées.
Etym. Du grec *phuton*, plante, et *electron*, ambre.

PIAFFER v.intr.
En. **to stamp**
De. **stampfen**
Es. **piafar**
It. **zampare, scalpitare**
Frapper le sol de ses pieds de devant pour un cheval.
Etym. Du vieux mot *piaffe*, ostentation.

PIARDE n.f.
(Poitou). Instrument agricole qui se composait d'un fer courbe, pointu d'un côté, tranchant de l'autre, et fixé au bout d'un long manche.
Il servait à creuser des rigoles d'irrigation dans les prés.

PIAZZILO n.m.
Cabane où s'abritaient les bergers corses pour préparer leurs fromages quand leurs troupeaux hivernaient sur le littoral de l'île.
Etym. Du corse *piazza*, plage.

PIC n.m.
En. **mattock, pick**
De. **Picke, Hacke**
Es. **pico**
It. **piccone**
Instrument agricole comprenant un fer pointu fixé à un manche en bois très court et utilisé pour briser les sols les plus durs.

PICA n.m.
En. **pica, allotriophagy**
Es. **pica, alotriofagia**
It. **picacismo, pica**
Altération du goût chez les animaux.
Due à des carences alimentaires, elle les pousse à manger de tout, même des denrées non comestibles.
Etym. Du latin *pica*, pie, la pie ayant la réputation de manger de tout.

PICAGE n.m.
1. Vice des volailles qui se donnent des coups de bec entre elles et s'arrachent les plumes.
2. Chute des plumes due à une carence en azote.

PIC À PIOCHER l.m.
Outil agricole comprenant un fer courbe, avec une extrêmité pointue et l'autre tranchante.

PICANDE n.f.
Pioche munie de deux parties tranchantes, l'une pour creuser la terre est perpendiculaire à l'axe du manche, l'autre est parallèle et sert à couper les racines.
Syn. Piarde.

PICANE n.m.
Pré de médiocre qualité sur les versants crayeux des collines du Pays d'Auge.
Il sert à nourrir les jeunes bovins.

PICARDAN n.m.
(Languedoc, Agenais).
1. Vin blanc ou vin rouge provenant du cépage du même nom, à raisins blancs ou rouges, à goût muscat.
Mêlé à du malvoisie, il assure leur réputation aux vins de Florensac et de Marseillan dans l'Hérault.
2. Jadis, raisins secs, dits raisins de caisse, en grappes, récoltés en Provence.

PICAT n.m.
Cépage à raisins noirs, très abondant il donne des vins ordinaires dans le Bassin Aquitain.
Syn. Grand Noir, Mérille.

PICAUDE n.f.
Sarment plié à partir du cep, et piqué en terre pour y prendre racine.
C'est une variété de marcotte.

PICAUT n.m.
(Normandie). Dindonneau.

PICEA n.m.
Genre de Conifères des montagnes et des hautes latitudes.
La principale espèce est l'épicéa (Picea excelsa) appelée pesse dans le Jura.
L'épicéa pungens est recherché comme arbre d'ornement, à cause de ses variétés bleues (R. Blais).

PICHEVI n.m.
Sarment de 50 cm de long, comptant 7 à 8 bourgeons, et produisant beaucoup de raisins, d'où son nom.
Etym. De l'occitan qui veut dire *pisse-vin*.

PICHOLIN n.m.
Variété d'olivier cultivé pour ses olives, de forme allongée, de couleur noir verdâtre, à consommer, après préparation au vinaigre, crues et en hors-d'oeuvre.
Etym. Du provençal *pichoulino*, petite olive.

PICK-UP-BALER l.m.
Appareil à dents métalliques tournant autour d'une barre transversale pour ramasser la paille, le fourrage et le foin, et les mettre en andains.
S'il est muni d'une presse, il les met en balles ; c'est alors une ramasseuse-presse.
Etym. De l'anglais *to pick up*, ramasser.

PICODON n.m.
(Drôme). Fromage salé, fabriqué avec du lait de chèvre.

PICOIS n.m.
(Normandie). Instrument agricole en forme de pioche-bêche pour défricher les terres rocailleuses.
Etym. De *pic*.

PICOLE n.f.
(Provence). Petite pioche qui sert à déchausser les pieds de vigne dans les terrains à galets, comme ceux de Châteauneuf-du-Pape.

PICOLINES n.f.p.
Variété d'olives très appréciées, produites par une espèce d'olivier appelé *picholin*, du nom de l'Italien qui mit au point un procédé pour conserver ces olives.
Cueillies assez mûres, d'un brun rougeâtre, elles sont mises à macérer dans une saumure et consommées en hors d'oeuvre.

PICOLO n.m.
Vin de médiocre saveur.
Etym. De l'italien.

PICORÉE n.f.
Vol de fruits dans un verger, ou de bois dans une forêt.
Le voleur est un picoreur, un maraudeur.

PICOTIN n.m.
En. **peck** (3)
De. **Metze** (3)
Es. **picotín, pienso** (3)
It. **profenda** (3)
1. Mesure de capacité pour les grains ; elle correspondait, à Paris, à 2,5 litres, à peu près le volume d'une ration d'avoine pour un cheval.
2. Récipient destiné à donner de l'avoine à un cheval *(fig. 156).*
3. Quantité d'avoine contenue dans ce récipient.
Etym. Dérivé de *picoter*, becqueter ou de *picoler*, boire du vin.

(Fig. 156). Picotin

PICOTTES n.m.p.
(Bas-Maine). Moyettes composées de javelles d'avoine, non liées et dressées les unes contre les autres pour qu'elles sèchent avant le dépiquage.

PICPOULE n.m.
1. *(Languedoc).* Cépage à raisins noirs, blancs ou roses, appelé aussi *Picpouille*.
2. Vin donné par ce cépage.

PICRATE n.m.
Vin de mauvaise qualité.

PIE n.f.
1. *(Franche-Comté)*. Sole.
On distinguait la pie noble des blés d'hiver, la pie de mars des cultures de printemps, ou pie de trèfle, et la pie des sommards ou des jachères.
2. Par extension, division d'un territoire communal.
3. Couleur de la robe d'un bovin ou d'un cheval, par comparaison avec le plumage de la pie qui est noir et blanc.

PIE NOIRE l.f.
Race bovine à robe noire avec des taches blanches comme le plumage de la *pie*, d'où son nom.
Très répandue de la Bretagne au Danemark, cette race comprend plusieurs variétés : la Frisonne des Pays-Bas, la Française Frisonne Pie Noire (F.F.P.N.) qui s'adapte très bien à divers types d'élevage ; la Pie Noire-Holstein-Friesian qui donne de bons résultats dans tout le nord-ouest de l'Europe ; les unes et les autres sont d'excellentes laitières.

PIE ROUGE l.f.
Race de vaches à robe rouge avec des taches blanches.
On distingue la Pie rouge de l'Est, *qui domine de la Bourgogne à la Lorraine, et la* Pie rouge des plaines *élevée en Bretagne et dans les Pays-Bas.*
L'une et l'autre sont bonnes laitières et de conformation excellente.

PIÈCE n.f.
En. **head** (2)
It. **capo di bestiame** (2)
1. Fût de vin.
2. Bête dans un troupeau.

PIÈCE DE TERRE l.f.
En. **plot** (1)
De. **Feldgeschütz, Feldstück** (1)
Es. **haza** (1)
It. **appezzamento** (1)
1. Parcelle de sol constituant une unité agricole selon son utilisation : pièce de pré, pièce de bois, pièce de labour, etc.
2. Au sens restreint, parcelle labourée par opposition aux prés et aux bois qui l'entourent (Périgord, Limousin).
D'après sa forme, une pièce de terre est massive, ou laniérée, droite, incurvée, ou sinueuse, selon le relief et les pratiques du labour.
3. En Limousin, petite exploitation agricole dans la banlieue d'une ville.
Etym. Du latin petia, *parcelle.*

PIED n.m.
En. **footstalk, stem** (2)
De. **Baumstamm, Baumstock** (2)
Es. **pie** (2)
It. **piede** (2)
1. Ancienne mesure de longueur, de 32,5 cm environ.
C'était le *pied de roi* qui se divisait en 12 pouces, et dont le multiple était la *toise* de 6 pieds.
2. Base d'une plante (le pied d'un chêne), ou bien la plante toute entière (un pied de vigne).
3. Partie inférieure de la jambe d'un animal domestique.
Etym. Du latin pes, pedis, *pied.*

PIED CHAUD l.m.
Goût que prend le moût de la vendange en état de fermentation quand il atteint 30°C.

PIED CORNIER l.m.
Arbre qui sert à indiquer les limites d'une coupe dans une forêt.

PIED DE CUVE l.m.
It. **piè di tino**
Débris de pulpe et de rape que l'on détache du fond de la cuve et que l'on met dans le moût nouveau avec des levures pour favoriser le début de la fermentation.

PIED DE FIEF l.m.
Propriété d'une terre fieffée, entraînant avec elle, selon le droit féodal, la propriété des bâtiments édifiés sur elle.

PIED FOURCHU l.m.
Droit perçu à l'entrée des villes sur le bétail à pieds fourchus (boeufs, porcs, moutons), par opposition aux animaux à pieds ronds (chevaux, ânes, mulets).

PIED MÈRE l.m.
En. **stock plant**
De. **Mutterrebe**
Es. **pie madre**
It. **soggetto, portainnesto**
Arbuste, ou vigne, destiné à servir de porte-greffe.

PIED NOIR l.m.
It. **marciume**
Maladie cryptogamique qui atteint les plantes cultivées comme la betterave, et notamment le châtaignier dont les racines et le collet noircissent.
C'est la maladie de l'encre.

PIED D'OISEAU l.m.
En. **serradella**
De. **Rittersporn**
Es. **serradella**
It. **serradella**
Ornithope ; plante fourragère de la famille des Papilionacées (*Ornithopus purpusillus*).
Les graines de chaque pied sont dans 3 gousses jointives ressemblant à un pied d'oiseau.
Syn. *Pied d'alouette.*

PIED DE PERDRIX l.m.
Ancien cépage français, à raisins noirs, aux sarments de couleur rouge comme les pattes d'une perdrix.
Il donnait des vins rouges de bonne qualité ; le phylloxéra l'a fait disparaître.

PIED DE VACHE l.m.
Petit sentier tracé selon les courbes de niveau sur le versant d'une prairie en pente ; attribué soit au passage répété des vaches, soit à des glissements de terrain, soit à des aménagements du versant pour faciliter la fauche.

PIÈGE n.m.
En. **trap**
De. **Falle**
Es. **trampa**
It. **trappola**
Appareil destiné à capturer ou à tuer un animal nuisible, ou un gibier ; on y ajoute parfois un appât, un produit qui attire la bête.
On peut distinguer ainsi le piège-appât, le piège lumineux, le piège sexuel à phéronomes, le piège à ressort, la trappe, etc.
Etym. Du latin pedica, *entrave.*

PIÉGEAGE n.m.
En. **trapping**
De. **Abschwarten**
Es. **armar una trampa**
It. **cattura con trappole**
Capture et, éventuellement, destruction du gibier et des animaux nuisibles, à l'aide de pièges.
Etym. Du latin pedica, *entrave.*

PIENC n.m.
Cépage à raisins noirs, cultivé en Gascogne, et donnant un vin corsé, utilisé pour les coupages.

PIÉRIDE n.f.
En. **green-veined white butterfly**
De. **Rapsweissling**
Es. **piéride**
It. **pieride, cavolaia, rapaia**
Papillon de la famille des Piérididés, à ailes blanches.
Sa chenille est nuisible aux plantes potagères, telle la piéride du chou (Pieris brassicae), ou bien d'un gris verdâtre, telle celle du navet (Pieris napi).

PIERRE À AIGUISER l.f.
En. **whetstone**
De. **Wetzstein**
Es. **piedra de afilar, piedra de amolar**
It. **pietra per affilare**
Variété de schiste à grains fins de silice, servant à affûter les faux, les lames des appareils agricoles, soit sous forme de meule mécanique, soit sous forme d'une longue pierre taillée en losange et tenue à la main.

PIERRE À LÉCHER l.f.
It. **sale in pietra**
Bloc solide de sel et de minéraux favorables à la croissance du bétail.
Placé dans les pâturages pour que vaches et brebis puissent le lécher, par goût, et pour leur bon état.
Syn. *Pierre à sel.*

PIERRÉE n.f.
It. chiassaiola
Canal garni de pierres pour l'écoulement amorti des eaux de drainage et d'irrigation.

PIERRIER n.m.
1. Tas de pierres édifié à l'extrémité d'un champ que l'on vient d'épierrer.
2. Trou profond creusé dans un sol imperméable et que l'on remplit de pierres pour absorber les eaux.
C'est un procédé de drainage, dit à puits perdu.

PIÉTIN n.m.
En. foot rot (2)
De. Moderhinke, Fussfäule (2)
Es. reblandecimiento (2), despeadura (1)
It. zoppina (1), mal del piede (2)
1. Maladie du mouton caractérisée par une inflammation de la partie interne de l'onglon, ce qui entraîne sa chute.
2. Maladie cryptogamique du blé qui se développe à la base des tiges et entraîne la *verse*, ou dessèche les épis.
Etym. Dérivé de *pied*.

PIÈVES n.f.p.
(Corse). Communautés rurales, correspondant chacune à une vallée montagnarde, et sur lesquelles ont été calqués plus ou moins les cantons actuels.

PIGAU n.m.
Olive de forme ronde, tachée de rouge et de noir.

PIG BOOK l.m.
Registre où sont consignées les généalogies des espèces porcines sélectionnées.
Etym. De l'anglais *pig*, porc, et *book*, livre.

PIGE n.f.
En. rod
Es. medida
It. asta
Tige d'une certaine longueur utilisée pour placer les jeunes plants à espace régulier.
Etym. Du latin *pedis*, pied.

PIGEON n.m.
En. pigeon
De. Taube
Es. paloma
It. piccione, colombo
Oiseau domestique, de la famille des Columbidés, que l'on élève dans un colombier, ou pigeonnier.
Parmi les diverses espèces, celle du pigeon voyageur a la propriété de regagner son nid quelle qu'en soit la distance.
Les petits des pigeons sont des pigeonneaux.
Etym. Du latin *pipio*, onomatopée imitant le cri de l'oiseau ; l'accusatif *pipionem* a donné pigeon, évinçant *coulon*, usité jusqu'au XVIème siècle.

PIGEONNADE (DROIT DE) l.m.
Privilège réservé à une terre, ou à une personne, et qui lui conférait le droit d'édifier un pigeonnier et d'élever des pigeons.

PIGEONNET n.m.
Pomme de très bonne qualité.
Syn. Pomme de pigeon.

PIGEONNIER n.m.
En. dovecot, pigeon house
De. Taubenhaus, Taubenschlag
Es. palomar
It. colombaia, piccionaia
Bâtiment aménagé pour l'élevage des pigeons.
Avant la Révolution, le droit d'avoir un pigeonnier relevait des privilèges seigneuriaux : c'était un signe de noblesse et, à ce titre, les pigeonniers étaient construits avec un certain art, de sorte que de nos jours encore leur architecture varie selon les régions et, dans une même région, elle présente parfois de curieuses fantaisies.

PIGMENT n.m.
En. pigment
De. Pigment
Es. pigmento
It. pigmento
Substance colorée, qui se trouve à l'état de grains infiniment petits dans les tissus végétaux, notamment dans les feuilles des plantes cultivées qu'elle colore en vert.
Elle constitue la chlorophylle au rôle si important dans la chimie des sels minéraux de la sève brute qu'elle transforme, sous l'influence de l'énergie solaire, en éléments carbonés nutritifs.
La carotène est également un pigment qui colore en jaune, orangé, ou rouge, la carotte, la tomate.
Les tissus des animaux sont aussi colorés par des pigments (peau noire ou blanche, jaunisse, etc).
Etym. Du latin *pigmentum*, matière colorante.

PIGNADA n.f.
En. pinewood
De. Fichtenwald
Es. pinar
It. pineta
Forêt de pins maritimes.
Dans les Landes de Gascogne, on dit pinède, ou pinière.
En Auvergne, pinatelle, ou pignadar.
Etym. Du latin *pinetum*, qui a donné en français *pin* et *pineraie* et en landais *pigne*, le fruit du pin.

PIGNADAS n.m.p.
Piquets arrondis auxquels sont attachés les ceps de vigne dans le Médoc, afin d'empêcher les sarments de s'écorcer, ou de se casser, sous l'effet du vent, ou le choc de la charrue.

PIGNAOU n.m.
(Quercy). Résidu des noix après l'extraction de l'huile.
On l'utilisait jadis pour l'alimentation du bétail.

PIGNARDS n.m.p.
Peigneurs de chanvre qui, jusqu'à la fin du XIXème siècle, allaient exercer leur métier, durant l'hiver, dans les plaines du pourtour du Jura, jusqu'en Lorraine et en Alsace.

PIGNE n.m.
En. pinecone
De. Kiefernzapfen, Kienapfel
Es. piña
It. pigna
Fruit du pin en forme de cône et entouré d'écailles dures qui s'ouvrent pour laisser sortir les graines, appelées également *pignes*.
Syn. Pignon, pomme de pin.

PIGNEROL n.m.
Cépage à raisins blancs, cultivé dans la région de Nice, et dans le Piémont, autour de la ville de Pignerol.

PIGNON n.m. et adj.
En. pine nut
De. Pinienkern
Es. piñón (1)
It. pigna
1. Graine comestible du pin pignon.
2. Qualifie le pin parasol.
Etym. De *pinea*, pomme de pin.

PIGNORE n.f.
Saisie du bétail introduit frauduleusement sur un pâturage.
On disait aussi un carnau, dans les Pyrénées du Lavedan (H. Cavaillès).

PIGOULIADE n.f.
(Agenais). Plantation de peupliers.
Etym. Dérivé de *pigoul*, peuplier en occitan.

PIGOUILLE n.f.
Long bâton dont se servent les habitants du Marais Poitevin pour faire avancer leurs bateaux, ou *yoles*, en appuyant la pointe sur le fond du canal.

PIGOUILLIER n.m.
Ramasseur et brûleur de goémon en Bretagne Occidentale *(A. Guilcher).*

PILAGE n.m.
(Normandie). Opération qui consiste à piler les pommes avec un pilon, dans un *grugeoir*, pour en extraire du cidre.

PILAN n.m.
Cépage à raisins noirs, cultivé dans le Velay.

PILLAGE n.m.
Introduction en masse, dans une ruche, d'abeilles étrangères.

Il s'ensuit une bataille qui entraîne la perte de la ruche ; accident dû à une manipulation maladroite des rayons de miel.

PILIET n.m.
Variété d'orge rustique, avec des épis à deux rangs de grains.

PILLETTE n.f.
(Bresse). Poule de trois mois.
Etym. Déformation de *poulette*.

PILONNAGE n.m.
En. **pounding**
De. **Stampfen**
Es. **machacado**
It. **pestatura**
Opération qui consiste à écraser avec un pilon, dans un mortier, des grains ou des fruits, ou bien à décortiquer le riz paddy.

PILOTE n.m.
En. **pilot farm**
De. **Versuchsfarm, Testgebiet**
Es. **granja piloto, zona piloto**
It. **azienda/zona pilota**
Exploitation agricole, village, ou zone, choisis par les services agricoles comme terrain d'expérience pour des investissements en matériel, ou de nouvelles méthodes de culture, le tout devant servir d'exemple, en cas de succès, aux autres communautés rurales.

PILOTTES n.f.
(Limousin). Petits tas de foin dans les prés quand la fenaison va se terminer.
On dit aussi des vilottes par déformation dialectale, le radical étant pilot, tas.

PIMENT n.m.
En. **pimento, Jamaica pepper** (1)
De. **Piment** (1)
Es. **pimiento** (1)
It. **peperone** (1)
1. Arbrisseau de la famille des Solanées *(Capsicum frutescens)*.
Originaire du Pérou, il est cultivé pour ses fruits rouges qui donnent le *poivre de Cayenne*.
2. Plante annuelle *(Capsicum annuum)* qui donne le *poivre de Guinée* et dont la culture s'est répandue dans l'Ancien Monde, depuis le XVIème siècle.
Ses fruits verts, puis rouges, sont consommés en sauce.
Etym. Du catalan *pimen*, épice.

PIMPRENELLE n.f.
En. **pimpernel, burnet**
De. **Pimpernell, Pimpinelle**
Es. **pimpinela**
It. **pimpinella**
Plante de la famille des Rosacées *(Poterium sanguisorba)*.
Ses feuilles peuvent servir de salade, ou de condiment.

PIN n.m.
En. **pine tree**
De. **Kiefer**
Es. **pino**
It. **pino**
Arbre du groupe des Conifères et de la famille des Pinacées dont les feuilles sont toujours vertes et en forme d'aiguilles.
On en distingue de nombreuses espèces : le pin commun (P. sylvestris), le pin de Corse (P. laricio), le pin maritime (P. maritima), que l'on exploite pour la résine, le pin pignon (P. pinea), le pin d'Alep (P. alepensis), le pin à crochets (P. montana), le pin cembro (P. cembro), etc.
Leur fruit, la pomme de pin en forme de cône plus ou moins volumineux, est vulgairement appelé pigne.
Etym. Du latin *pinus*, pin.

PINARD n.m.
Nom populaire du vin de consommation courante.
Déjà utilisé au XVIIème siècle, son extension date de la guerre de 1914-1918, où il servit de boisson à des millions de soldats, dans les tranchées.
Etym. De *pinot*, cépage ayant des grappes en forme de cônes de pin.

PINARDIER n.m.
It. **vinacciera**
Bateau aménagé pour transporter du vin en vrac.

PINASTRE n.m.
En. **cluster pine, pinaster**
De. **Strandkiefer**
Es. **pinastro**
It. **pinastro, pino marittimo**
Pin maritime.
Etym. Du latin *pinaster*, pin sauvage.

PINATELLE n.f.
En. **pinetum**
De. **Kieferngehölz, Kiefernpflanzung**
Es. **pinar**
It. **pineta**
Forêt de pins.
Syn. Pinède, pineraie, pignada, etc.

PINÇAGE n.m.
En. **nipping off, pinching out**
De. **Abkneifen, Pinzieren**
Es. **despuntamiento, desmoche**
It. **cimatura**
Action de couper les extrémités des sarments de vigne, ou bien les pousses d'un arbre fruitier, en les pinçant avec les ongles, ou avec des ciseaux, afin de concentrer la sève dans les fruits.
Equivalent de l'écimage du tabac.
Syn. Pincement.

PINCE-SÈVE n.m.
Instrument à l'aide duquel on coupe l'extrémité des branches des arbres fruitiers, afin de faire refluer la sève vers les fruits *(fig. 157)*.

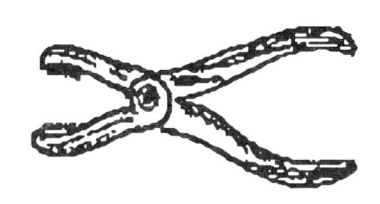

(Fig. 157). Pince-sève

PINÇON n.m.
De. **Kneifmal**
Es. **pellizco**
It. **orlo anteriore del ferro di bove**
Petite languette de fer sur la bordure d'un fer à bovin et qui, recourbée sur la corne au moment du ferrage, fixe solidement le métal autour du doigt de l'animal.
"Un pinçon vaut deux clous" dit le maréchal-ferrant.

PINEAU n.m.
1. Vin de qualité produit par des cépages du même nom.
2. *(Aunis et Saintonge)*. Vin blanc doux et muté pour servir d'apéritif.
3. Variété de raisin noir, dont la grappe a la forme d'un cône de pin, d'où son nom dérivé du conifère de nos forêts, le *pin*.
Avec le suffixe péjoratif *ard*, il aurait donné aussi le mot *pinard*, popularisé durant la guerre de 1914-1918 pour désigner un vin rouge très ordinaire.
V. Pinot.

PINÈDE n.m.
En. **pineland**
De. **Fichtenwald**
Es. **pinar, pineda**
It. **pineta**
Forêt de pins maritimes.
Syn. Pignada.

PINERAIE n.f.
En. **pinewood, pinetum**
De. **Kiefernpflanzung**
Es. **pinar**
It. **pineta**
V. Pinatelle.
Etym. Du latin *pinetum*, parcelle plantée en pins.

PINICOLE n.m.
Qui vit sous les pins.
Etym. Du latin *pinus*, pin, et *colere*, habiter.

PINIER n.m.
Es. **pino piñonero**
Pin pignon *(Pinus pinea)*.
Il produit des pignons doux, comestibles.

PINIÈRE n.f.
En. **pinewood**
De. **Fichtenwald**
Es. **pinar**
It. **pineta**
Bois de pins.

PINOT n.m.
Variété de cépages à raisins noirs, ou blancs.
On distingue :
1. Le Pinot Noir, ou Noirin qui donne un vin délicat.
2. Le Pinot Rougin, ou Auvernat rouge, qui donne un vin léger et parfumé.
3. Le Pinot Mouret, à grains très noirs, donnant un vin très rouge et médiocre.
4. Le Pinot Blanc, ou Chardonnet, à grains dorés, donnant des vins fins ; c'est la base des vignobles de Chassagne-Montrachet (Côte-d'Or).
5. Le Pinot Meunier, ou Gris Meunier, qui constitue les 9/10e du vignoble orléanais.
6. Le Pinot Gris, à grains fragiles, produisant des vins très cotés sur la Côte de Champagne, et connu également sous les noms d'Auvernat gris, de Malvoisie, de Savignon gris, etc.
7. Le Pinot Crépet, à raisins noirs, abondants, mais de qualité moyenne.

PINTADE n.f.
En. **guinea fowl**
De. **Perlhuhn**
Es. **pintada**
It. **faraona**
Volaille de la famille des Gallinacés.
Elle était connue dès l'Antiquité sous le nom de poule de Numidie, et, plus tard, de poule de Turquie.
Très fragile sous nos climats, elle ne peut vivre qu'à l'état de semiliberté. L'incubation de ses oeufs est de 30 jours. Sa chair, plus savoureuse que celle du poulet, a le goût du gibier.
Ses petits sont des pintadeaux.
Etym. Du portugais *pintar,* peindre, à cause des taches blanches *(pinta)* de son plumage.

PINTE n.f.
En. **pint**
De. **Pinte**
Es. **pinta**
It. **pinta**
Mesure pour les boissons, ou pour les grains, et contenu de la mesure.
Pour les boissons, la pinte de Paris mesurait 0,931 litre ; pour les grains 25 pintes faisaient un minot et 100 pintes un setier.
Ces capacités variaient d'une région à l'autre.
Etym. Du latin *pincta,* participe passé de *pingere,* marquer, qui a été étalonné.

PINS DE PLACE l.m.p.
Pins les plus vigoureux et les plus droits, composant la pignada définitive après la suppression des arbres de médiocre venue.
Equivalent des baliveaux dans les bois de chênes.

PIOCHE n.f.
En. **pick, pickaxe, mattock**
De. **Hacke, Spitzhacke**
Es. **pico, zapapico**
It. **zappa, gravina**
Outil agricole utilisé à la main pour creuser et défricher.
Il se compose d'un manche de 90 cm et d'un fer pointu d'un côté et tranchant de l'autre, associant ainsi le pic et la bêche (fig. 158).
Le travail effectué à la pioche est le piochage, il est pratiqué par un piocheur.
Une petite pioche est un piochon.

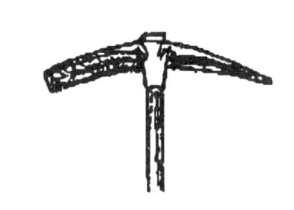

(Fig. 158). Pioche

PIOCHER v.tr.
En. **to dig up (with a pick)**
De. **umhacken**
Es. **cavar**
It. **zappare**
Creuser et remuer la terre avec un pic, ou une pioche.
Etym. De *pic,* dérivé du francique *pikk,* piquer.

PIOCHEUR n.m.
En. **pickman** (1)
De. **Hackmaschine** (2)
Es. **excavadora, cavador** (2)
It. **zappatore** (1), **zappatrice** (2)
1. Ouvrier qui pioche.
2. Machine à piocher.

PIOCHON n.m.
En. **small pick**
De. **kleine Hacke**
Es. **piqueta**
It. **zappettina**
Petite pioche.

PIONNIER n.m.
En. **pioneer** (1)
De. **Pionnier**
It. **pioniere** (1), (2)
1. Individu qui met en valeur une région restée toujours inculte.
Le terme entre dans l'expression front pionnier, *zone qui sépare la région mise en culture de celle qui est encore à l'état primitif.*
2. Plante qui croît sur un terrain encore dépourvu de végétation, tels les lichens.
C'est une plante pionnière.
Etym. Du latin *pedo,* qui marche à pied, qui a de grands pieds.

PIPE n.f.
En. **large cask**
De. **grosses Fass**
Es. **pipa**
It. **pipa**
Fûtaille d'une contenance d'un demi-tonneau, soit environ 450 litres.
La pipe de Saumur contenait 420 litres.
Syn. Queue.
Diminutif : pipon.

PIPEAU n.m.
En. **shepherd's pipe**
De. **Hirtenflöte, Schalmei**
Es. **caramillo**
It. **zufolo**
Instrument de musique champêtre, composé de plusieurs tuyaux sonores, et dont jouent les pâtres.
Etym. Du latin *pipa,* roseau, tuyau.

PIPE-LAIT n.m.
It. **lattodotto**
(Savoie, Suisse). Par analogie avec les pipelines, transporteurs de pétrole, tube utilisé en montagne pour faire couler le lait des troupeaux, situés sur les hauts pâturages, jusqu'aux laiteries de la vallée.
Syn. Lactoduc.

PIQUAGE n.m.
En. **staking** (3)
De. **Verpfahlung, Stechen** (3)
Es. **trazado de un campo** (3)
It. **picchettatura** (3)
1. Opération qui consiste à entailler l'écorce d'un pin en vue de la récolte de sa résine.
2. Pénétration du soc de la charrue dans la terre arable.
3. Action de piquer dans le sol des gaules, ou des échalas, pour soutenir des plantes, ou enclore une parcelle.
On dit plutôt piquetage.

PIQUÉ adj.
En. **foxed, sour** (2)
De. **sauer** (2)
Es. **picado** (2)
It. **punto** (1), **acido** (2)
1. Troué par un insecte, par un champignon (rouille des blés).
2. Qui a pris une saveur aigre.
Du *vin piqué,* dû au *Mycoderma aceti,* ferment du vinaigre.

PIQUE-BOEUF n.m.
It. **guardabuoi** (3)
1. Bâton pourvu d'une pointe en fer à l'une de ses extrémités, et qui sert à piquer les boeufs pour les faire avancer.
2. Bouvier chargé de conduire des attelages de boeufs.
3. Oiseau se nourrissant d'insectes vivant sur la peau des boeufs.

PIQUE-BROC n.m.
Eumolpe de la vigne, appelé aussi *coupe-bourgeon.*

PIQUE-POUILLE n.m.
Cépage à raisins noirs, donnant des vins dits pique-pouls.
Cultivé dans le Midi, son nom viendrait de ce que les poules picorent ses grains.
Syn. *Pique-poule.*

PIQUET n.m.
En. **stake, picket** (1)
De. **Absteckpfahl** (1)
Es. **estaca** (1)
It. **picchetto, palo, paletto** (1)
1. Pieu que l'on enfonce dans le sol, pour soutenir de jeunes plantes.
2. Outil agricole, variété de *sape*, pour couper le blé.
Syn. *Piquot.*
3. *(Picardie).* Mesure de capacité pour les grains.
Les quatre faisaient un setier.

PIQUETAGE n.m.
It. **picchettatura** (1)
1. Action de planter des piquets.
2. *(Picardie).* Moisson des blés avec un *piquet*, sorte de sape.

PIQUETTE n.f.
En. **piquette**
De. **Tresterwein** (1)
Es. **aguapié** (1)
It. **vinello** (1)
1. Boisson piquante, fabriquée avec du marc de raisins que l'on fait macérer dans l'eau.
2. Mauvais vin qui pique.

PIQUEUR n.m.
En. **huntsman** (4)
De. **Weinkoster, Weinprüfer** (5)
Es. **catador** (5)
1. *(Picardie).* Ouvrier agricole qui moissonnait avec un *piquet*, sorte de sape.
2. Cavalier qui dresse les chevaux.
3. Domestique à cheval qui précédait les carrosses des seigneurs.
4. Chasseur à cheval chargé de diriger une meute de chiens.
5. Dégustateur qui identifie les vins et juge de leur qualité.

PIQUOT n.m.
Crochet dont on se servait pour grouper en javelles les tiges de blé mur coupées à la sape.

PIQÛRE n.f.
En. **bite, sting** (1)
De. **Essigstich** (1)
Es. **picadura** (1), (2), (3)
It. **spunto, acescenza** (1), **puntura** (2)
1. Maladie des vins due au ferment du vinaigre, le *Mycoderma aceti.*
2. Lésion due à des insectes (abeille, guêpe, etc.) et produisant une inflammation locale, ou une maladie contagieuse.
3. Blessure d'insecte sur une feuille ou une tige, provoquant une nodosité, ou *noix de galle*.

PIRAN n.m.
Cépage à raisins noirs, cultivé en Languedoc.
Syn. *Aspiran.*

PIRICULARIOSE n.f.
Maladie cryptogamique du riz, due à un cryptogame *Piricularia oryzae.*
Elle se manifeste par des taches noires sur les feuilles qui dépérissent ; on la prévient avec des traitements à base de sulfate de cuivre.

PIRON n.m.
1. *(Vendée).* Jeune ouvrier novice, chargé de battre le blé dans les granges.
2. *(Saintonge).* Jeune oie.

PIROPLASMOSE n.f.
En. **piroplasmosis**
De. **Piroplasmose**
Es. **piroplasmosis**
It. **piroplasmosi**
Maladie due à un parasite du sang, un *piroplasme*, protozoaire qui se transmet par les tiques.
Provoquant une dissociation des globules rouges, il détermine un ictère.
Etym. Du latin *pirum*, poire, et du grec *plasma*, formation.

PIROTTE n.f.
(Normandie). Oie femelle.

PIS n.m.
En. **udder**
De. **Euter**
Es. **ubre, teta**
It. **mammella**
Mamelle d'une vache, et par extension, de toute femelle de mammifère.
Etym. Du latin *pectus*, poitrine.

PISAGE n.m.
(Cévennes). Epluchage des châtaignes desséchées à feu doux dans la *clédo*.
Ce travail était pratiqué avec un instrument en forme de fléau.

PISAILLE n.m.
Petits pois secs, très durs, qui servent de nourriture aux pigeons.
Etym. Du latin *pisum*, pois.

PISCICOLE adj.
En. **piscicultural**
De. **Fischzucht-**
Es. **piscícola**
It. **piscicolo**
Ce qui a trait à la pisciculture.

PISCICULTEUR n.m.
En. **pisciculturist**
De. **Fischzüchter**
Es. **piscicultor**
It. **piscicoltore**
Eleveur de poissons.

PISCICULTURE n.f.
En. **pisciculture**
De. **Fischzucht**
Es. **piscicultura**
It. **pescicoltura**
Elevage des poissons de mer et d'eau douce dans des bassins appropriés où l'on procède à la fécondation des oeufs et à l'alimentation des alevins sortis des oeufs.
Syn. *Aquaculture.*
Etym. Du latin *piscis*, poisson, et *colere*, cultiver.

PISÉ n.m.
En. **pisé**
De. **Stampferde**
Es. **adobe**
Mortier fait de terre argileuse, de chaux, de paille et de foin.
Placé entre deux planches espacées d'environ cinquante centimètres, il constitue par assises successives les murs porteurs d'une maison, ou bien il sert à garnir les intervalles d'un colombage.
Il est utilisé dans les régions où la pierre à bâtir est rare. (Landes, Sologne).
Etym. Du latin *pisare*, piser.

PISER v.tr.
Fabriquer du pisé.

PISEUR n.m.
Celui qui fabrique du pisé.

PISON n.m.
Outil pour tasser le pisé dans les colombages des maisons en torchis *(fig. 159).*

(Fig. 156). Pison

PISSANG n.m.
(Pays tropicaux). Bananier.

PISSENLIT n.m.
En. **dandelion**
De. **Löwenzahn**
Es. **diente de león**
It. **tarassaco, dente di leone, piscialletto, soffione**
Plante de la famille des Composées *(Taraxacum dens leonis).*
Ses feuilles se mangent en salade et c'est un diurétique, d'où son nom.

PISSE-VIN n.m.
Longue vergue laissée sur le pied de vigne lors de la taille, afin d'obtenir beaucoup de grappes de raisins.

PISSODE n.m.
Insecte coléoptère de la famille des Curculionidés, comprenant le *charançon du pin sylvestre* qu'il crible de blessures pour en puiser la sève.

PISTACHE n.f.
En. **pistachio** (1)
De. **Pistazie** (1)
Es. **pistacho** (1)
It. **pistacchio** (1)
1. Fruit du *pistachier*, arbre de la famille des Anacardiacées *(Pistacia vera)*.
Originaire de Syrie, il pousse dans les pays de climat semiaride méditerranéen ; on consomme ses graines grillées avec les apéritifs.
2. Fruit de l'arachide, appelé *pistache de terre*, car elle mûrit sous la terre.

PISTE n.f.
En. **track**
De. **Fährte**
Es. **pista**
It. **pista**
Voie de passage non aménagée, tracée et maintenue par les piétons, le bétail et les véhicules tout terrain, parfois inutilisable par mauvais temps.
Si elle aboutit à un pâturage, ou à un champ de foire, c'est une voie bétalière.
Etym. Du latin *pistare*, piler, le sol étant pilé sous les pas.

PISTIL n.m.
En. **pistil**
Es. **pistilo**
It. **pistillo**
Partie femelle d'une fleur, composée d'un ovaire, d'un style et de stigmates qui retiennent le pollen.

PISTOLE n.f.
1. Monnaie de compte ancienne, d'une valeur fixée à 10 livres, puis à 10 francs.
2. Pruneau d'un jaune doré, privé de son noyau, aplati et séché, récolté dans la région de Brignoles, département du Var.

PITCHPIN n.m.
En. **pitch pine**
De. **Besenkiefer, Sumpfkiefer**
Es. **pino de Virginia**
It. **pitch-pine**
Pin d'Amérique dont les planches, de teinte jaune veinée de rouge, servent à faire des plafonds et des meubles.

PITEY n.m.
Echelle à un seul montant coupé d'encoches, et dont se sert le résinier landais pour atteindre une haute carre.

PIVE n.f.
(Poitou). Première herbe qui pousse au printemps. *(vieilli).*

PIVETTE n.f.
(Marais Poitevin). Regain d'automne composé de luzerne et de graminées et qui alimente le bétail à l'arrière saison.

PIVOINE n.f.
En. **peony**
De. **Pfingstrose**
Es. **peonía, saltaojos**
It. **peonia**
Plante herbacée, ou arbustive, de la famille des Renonculacées.
Cultivée comme plante ornementale pour ses fleurs, sa variété officinale (Paennia officinalis) servait autrefois à guérir les blessures avec ses pétales en compresses alcoolisées.
Etym. Du grec *paionia*.

PIVOT n.m.
En. **taproot**
De. **Pfahlwurzel**
Es. **nabo**
It. **fittone**
Principale racine d'une plante qui d'ordinaire, par géotropisme, s'enfonce verticalement dans le sol.
Etym. Origine celte.

PLAS n.m.p.
Origine catalane.
1. Vastes replats situés vers 1800-2200 m d'altitude dans les Pyrénées Orientales.
2. Pâturages s'étendant sur ces replats et où vont paître les troupeaux durant l'estivage.

PLACAGE n.m.
En. **grafting** (1)
De. **Pfropfen** (1)
Es. **injerto** (1)
It. **innesto a occhio, impiallacciatura** (1)
1. Greffe qui consiste à insérer, sous l'écorce du porte-greffe, un fragment d'écorce pourvu d'un oeil et prélevé sur le greffon.
2. Action de plaquer des mottes de gazon sur la surface d'une pelouse.
3. Prélèvement d'une parcelle d'écorce sur le tronc d'un arbre afin d'y appliquer une marque.

PLACE n.f.
1. Pâturage communal dans la vallée de la Loire.
2. Terrain vacant, livré à la vaine pâture.
3. Espace vide dans un village, pour servir aux activités collectives.

PLACEAU n.m.
Petite clairière qui sert de pépinière dans une forêt.

PLACENTA n.m.
En. **placenta** (1)
De. **Mutterkuchen, Plazenta** (1)
Es. **placenta** (1)
It. **placenta** (1)
1. Organe enveloppant le foetus et assurant les échanges alimentaires et hormonaux entre le petit et la mère, chez les mammifères.
2. Partie des carpelles d'une fleur où sont insérés les ovules.
Etym. Du grec *plakous*, gâteau.

PLACITRE n.m.
En. **green**
De. **Anger**
Es. **plaza**
It. **spiazzo per mercato**
(Bretagne). Espace vide, couvert de gazon, parfois planté d'arbres, et situé, soit en bordure, soit au centre d'un village.
Il sert aux ébats des animaux domestiques, ou bien aux foires et aux marchés.

PLAIN (RÉDUIRE A) l.v.
Essarter totalement un bois pour le transformer en plaine, en champs ouverts, comme dans une champagne, ou dans un openfield.

PLAINAUD n.m.
Habitant de la plaine de Fontenay-le-Comte, en Vendée, par opposition à son voisin le *Bocain*, habitant du Bocage.

PLAINE n.f.
En. **plain** (1)
De. **Ebene** (1)
Es. **llano** (1)
It. **pianura, piana** (1)
1. Relief plat, ou légèrement onduleux, et non entaillé par les vallées des cours d'eau. Sinon ce serait un plateau.
2. Région de faible relief et aménagée en champs ouverts, sans haies ni murettes, et s'opposant aux bocages du pourtour : Plaine d'Alençon en Normandie, Plaine de la Woëvre en Lorraine.
Syn. Campagne, champagne, gaignerie, méjou, etc.
3. En Bassin Aquitain, large fond de vallée.
Ex. Plaine de Marmande.
4. En Bretagne, lande commune, sans clôture.

PLAINE n.f.
Variété de petite charrue, mis pour plane, outil qui aplanit.

PLAISSE n.f.
1. Maison de plaisance avec un parc; on disait aussi un *plessis* à la fin du Moyen Age.
2. Parcelle entourée de haies.
3. Clôture d'arbustes épineux, ou de branches sèches, soutenues par des piquets et des fils de fer.
Syn. Plesse, plaissée.

PLAN n.m.
En. **plan** (1)
De. **Bauplan** (2)
Es. **proyecto** (1), **plano** (2)
It. **progetto** (1), **planimetria, pianta** (2)
1. Organisation plus ou moins logique d'un programme à réaliser.
2. Répartition sur une surface plane des divers éléments d'un ouvrage, d'une ferme, d'une exploitation agricole, etc. à une échelle choisie.
Etym. Du latin *planus*.

PLAN D'AMÉNAGEMENT RURAL (P.A.R.) l.m.

Document orientant les décisions administratives dans une zone à vocation rurale, mais susceptible d'être vouée à l'urbanisation si des mesures conservatoires ne sont pas prises.
Dans le cadre d'un schéma directeur d'aménagement et d'urbanisation (S.D.A.U.) préparé par les Directions Départementales d'Agriculture (D.D.A.), il faut limiter les dégâts qui seraient causés par les lotissements, les implantations anarchiques de résidences, les extensions des autoroutes, etc. à une échelle choisie.

PLAN CADASTRAL l.m.
It. **pianta catastale**

Recueil de planches où figurent les *plans parcellaires* des diverses sections d'une commune rurale, avec les voies de communication, les constructions et les parcelles.
Chaque parcelle porte un numéro qui, avec la lettre de la section, permet de connaître, sur les matrices et l'état des sections, son nom, son utilisation, sa superficie et sa valeur foncière.
Les premiers plans cadastraux ordonnés par le Directoire, furent publiés sous le Premier Empire.
Leur confection se prolongea pour les diverses communes de France jusque sous la Monarchie de Juillet.
Depuis 1930, ils sont en cours de réfection.
Plans, matrices et états des sections sont les héritiers des compoix du XIVème siècle et des terriers du XVIIIème siècle.

PLANS COMPTABLES AGRICOLES l.m.p.

Principes et règles recommandés aux agriculteurs pour la tenue d'une comptabilité de leurs exploitations agricoles. *Élaborés en 1970, ces conseils permettent d'établir un bilan en fonction des recettes et des dépenses.*

PLAN DE DÉVELOPPEMENT AGRICOLE l.m.

Plan mis en oeuvre depuis 1974. Il conseille à l'exploitant agricole de calculer ses revenus par unité de main-d'oeuvre agricole, et de les comparer à ceux d'une main d'oeuvre non agricole.
Il fait entrer en ligne de compte les bâtiments, le matériel, le crédit, les aides diverses, et c'est à la fois un guide et un encouragement pour celui qui l'établit rigoureusement. Il est fourni par les D.D.A.

PLAN D'ÉTABLE l.m.

Programme pour l'entretien d'un troupeau.
En tenant compte du nombre, de l'âge des bêtes, on établit la quantité et la qualité de l'alimentation ; on dresse un emploi du temps pour l'éleveur et on note les incidents, les accidents, les maladies et les cas imprévus afin d'obtenir un élevage rationnel.

PLAN DE FINANCEMENT AGRICOLE l.m.

Moyen de se procurer des capitaux pour la mise en valeur d'une exploitation agricole, soit par auto-financement, soit par emprunt, tout en prévoyant les délais à courir entre les dépenses à envisager et les recettes à espérer.

PLAN GÉOMÉTRAL l.m.

Représentation graphique, à une échelle déterminée, et par les soins d'un géomètre, des parcelles d'un tènement.
Antérieurs à la Révolution, les plans géométraux précédèrent les plans cadastraux ; leurs planches étaient jointes aux terriers descriptifs des parcelles.

PLAN DE MASSE l.m.

Représentation en une seule masse de toutes les parcelles consacrées à la même culture.
Réalisés à la veille de la Révolution pour la Corse et la Généralité de Paris, étendus à plus de 2000 communes sous le Consulat, ces plans de masse sont d'un grand intérêt pour la Géographie Agraire.

PLAN D'OCCUPATION DES SOLS (P.O.S.) l.m.

Plan mis en oeuvre depuis 1967, préparé à la demande d'un Conseil Municipal pour indiquer l'affectation future des parcelles d'une commune, soit aux cultures et aux bois, soit aux loisirs, ou aux constructions.
Il empêche l'anarchie des ventes et des usages, mais il crée des tensions financières entre terrains agricoles et terrains constructibles.

PLAN PARCELLAIRE l.m.
Es. **plano parcelario**

Plan cadastral limité d'ordinaire à un ensemble de parcelles offrant un intérêt commun : plans circulaires, soles, quartiers, etc. *(M. Gautier).*

PLAN TERRIER n.m.
En. **cadastre**
De. **Flurkarte**
Es. **registro de tierras**
It. **catasto, registro delle terre**

Plan résultant de l'arpentage des terres d'une seigneurie.
Entrepris après 1661 et jusqu'à la Révolution, à la demande surtout des établissements ecclésiastiques, ils comprennent généralement un plan parcellaire et un répertoire de parcelles.
Très utiles, ils permettent parfois de connaître la répartition de la propriété terrienne dans une paroisse entière.

PLAN DE VILLAGE l.m.

Répartition des maisons d'un village, le long des rues et des chemins : les cas différents sont très nombreux en fonction du milieu physique et du milieu social :
1. Plan spontané, les maisons ont été bâties sans plan d'ensemble, selon le choix arbitraire de chaque propriétaire.
2. Plan linéaire simple, double, ou village-rue et village-carrefour : les maisons, proches les unes des autres, ou jointives, bordent un côté, ou deux côtés, ou bien le carrefour de deux ou de plusieurs chemins.
3. Plan compact, aggloméré : les maisons sont jointives ou très proches les unes des autres, autour de la place et de l'église ; c'est le cas dans les pays d'openfield.
4. Plan en ordre lâche : les maisons sont séparées par des cours, ou des jardins, c'est le cas des villages du Pays de Caux.
5. Plan en nébuleuse : les maisons sont séparées les unes des autres, mais sans ordre apparent, et les nouvelles constructions empiètent sur les terrains extérieurs, au hasard des achats.
6. Plan polynucléaire : on distingue plusieurs centres autour desquels se groupent les maisons des villages.
7. Plan géométrique : le village a été construit selon un plan pré-établi, autour de rues se coupant à angle droit, c'est le cas des bastides du Sud-Ouest.

PLANCHE n.f.
En. **land** (1)
De. **Brett** (1)
Es. **amelga, arriate** (1)
It. **ripiano, gradone** (1), **aiuola** (2)

1. Partie plane, ou faiblement inclinée d'une terrasse consacrée aux cultures, à la vigne, ou aux arbres fruitiers.
2. Parcelle d'un jardin maraîcher.
3. Fraction labourée d'une parcelle de culture.
Si les sillons sont déversés dans le même sens, c'est un labour à plat.
4. Dans le Sud Vendéen, fraction d'un champ en lanière.
Etym. Du latin *planca.*

PLANCHE À ANDAINS l.f.
En. **swather**
Es. **tablero desviador exterior**
It. **asse-andana**

Planche perpendiculaire au bord extérieur de la lame de coupe, dans une faucheuse, et ramenant l'herbe coupée vers l'intérieur des roues.

PLANCHE D'ARROSAGE l.f.
En. **border strip, watering board**
Es. **tabla de riego**
It. **porca, prosa**

Parcelle presque parfaitement plane, et encadrée d'une rigole d'arrosage vers le haut, et d'une rigole de collature vers le bas.
Elle est limitée par des bourrelets de terre afin de permettre une irrigation par arrosage, ou par submersion.

PLANCHON n.m.

1. Betteraves ayant poussé sur des semis et que l'on laisse croître pour obtenir des graines, après repiquage au cours de leur deuxième année.
2. *(Flandre).* Jeunes plants qui doivent être repiqués.

PLANÇON n.m.
En. **sapling** (1)
De. **Steckreis** (2)
Es. **estaca, vara** (2)
It. **piantone** (2), **giovane pianta** (1)
1. Jeune plant.
2. Branche taillée en pointe, que l'on enfonce en terre pour servir de bouture.
Le peuplier se multiplie par plançons.
Etym. Du latin *planta*, plante.

PLANIFICATION n.f.
En. **planification**
De. **Planung**
Es. **planificación**
It. **pianificazione**
Organisation d'un élevage, d'une culture, d'un domaine selon un plan logique favorable à des rendements élevés.

PLANT n.m.
En. **seedling** (1)
De. **Setzling, Pflanzreis** (1)
Es. **plantón, planta** (1)
It. **piantina, pianticella** (1)
1. Jeune plante cultivée obtenue par semis, et que l'on repique en terre avec un plantoir.
2. Arbres, ou pieds de vigne, récemment plantés.
3. Terrain où l'on a obtenu de jeunes plants.
Syn. Plantier.
4. Cépage d'un vignoble localisé : plant de Cahors, plant d'Arbois, etc.
5. Bâtiments et parcelles d'une ferme en Roumois.
Syn. Masure cauchoise.
Etym. Du latin *plantare*, planter.

PLANT FRANÇAIS l.m.
Plant de vigne issu d'un ancien cépage antérieur à la crise du phylloxéra et obtenu sur un porte-greffe américain.

PLAN MANSHOLT l.m.
It. **Piano Mansholt**
Adopté en 1972 par les membres de la C.E.E., ce plan, qui porte le nom de son promoteur, a pour but de fournir aux exploitants agricoles une aide financière inversement proportionnelle à leur dynamisme et à leurs revenus, de sorte qu'ils soient à parité entre eux et avec les autres secteurs de production.

PLANT EN MOTTE l.m.
It. **pianta con zolla/con piota**
Jeune plant enlevé du semis avec la terre qui entoure ses racines afin de favoriser sa reprise dans la plantation.

PLANT PASCAL n.m.
Cépages à grosses grappes, à grains ronds, blanc verdâtre, très abondant, et cultivé en Provence.

PLANT EN POT l.m.
Jeune plant obtenu dans un pot en grès qu'il suffit de casser pour avoir un plant en motte.

PLANT DE PERNAUT, OU D'ABRAHAM l.m.
Cépage à raisins noirs, très abondant, donnant un vin de qualité moyenne.

PLANTADE n.f.
Terrain planté en vignes, ou en arbres fruitiers.

PLANTAGE n.m.
En. **plantation, planting**
De. **Pflanzung**
Es. **plantación**
It. **piantatura, piantumazione**
Action de planter.
Dans les pays tropicaux, il a précédé le terme de plantation.

PLANTAIN n.m.
It. **piantaggine**
Genre comportant des espèces sauvages, vivaces, de la famille des Plantaginées.
L'une d'elles, le grand plantain (Plantago major) porte des épis qui sont cueillis pour la nourriture des oiseaux d'appartement, et vendus en petites bottes sur les marchés.
Une espèce annuelle, le plantain des sables (Plantago psyllium), donne des graines aux propriétés laxatives (R.Blais).
Etym. Du latin *plantago, plantaginis*.

PLANTATION n.f.
En. **planting** (1), **plantation** (1,2)
De. **Pflanzen, Pflanzung** (2)
Es. **plantío, plantación** (2)
It. **piantagione** (2)
1. Action de planter un pied de tabac, un jeune arbre.
2. Parcelle où on les a plantés.
3. Ensemble des arbres d'un verger.
4. Exploitation agricole des régions tropicales, réalisée avec de la main d'œuvre indigène, par des colons d'origine européenne et dans un but lucratif.
Il s'agit d'une spéculation sur une plante en accord avec le climat, le sol, les salaires et la demande des industries et des consommateurs des pays évolués des zones tempérées (Amérique du Nord, Europe Occidentale, Japon, U.R.S.S.).
La plante choisie (canne à sucre, caféier, coton, etc.) est cultivée sur de vastes parcelles, avec un matériel perfectionné et selon des techniques scientifiques pour obtenir des qualités et des rendements sans cesse améliorés.
La spécialisation est telle que les cultures vivrières des salariés sont parfois négligées.
Très coûteuses à mettre en œuvre, les plantations tropicales dépendent le plus souvent de sociétés multinationales, telle l'United Fruits d'Amérique Centrale.
Leur prospérité ou leur déclin dépendent du marché mondial.
En période de crise, elles sont parfois relayées par les petites plantations des indigènes qui se limitent à de faibles profits.
Etym. Du latin *plantare*.

PLANTATION DE FRANCS-BORDS l.f.
V. Francs-bords.

PLANTATION EN FOULE l.f.
V. Foule.

PLANTE n.f.
En. **plant**
De. **Pflanze**
Es. **planta**
It. **pianta**
Terme général s'appliquant à tous les végétaux et particulièrement aux espèces cultivées, véritables usines chimiques qui, sous l'influence des rayons du soleil et de la chlorophylle, transforment les éléments minéraux de la sève montante (nitrates, phosphates, carbonates) en produits biochimiques (sucre, graisse) assimilables par l'homme et les animaux.
Une plante est annuelle lorsqu'il faut en renouveler le plant, ou la semence, tous les ans (blé, pomme de terre) ; elle est bisannuelle lorsqu'elle ne donne de graines que la deuxième année de sa croissance avant de disparaître (betterave) ; elle est vivace lorsqu'elle dure plusieurs années (luzerne, arbres).
Etym. Du latin *planta*, bouture.

PLANTE ADVENTICE l.f.
En. **weed**
De. **Unkraut**
Es. **planta adventicia**
It. **pianta infestante**
Plante inutile et même nuisible parmi les plantes cultivées.
Ex. Nielle, orobanche.

PLANTE ALIMENTAIRE l.f.
It. **pianta alimentare**
Plante qui sert à l'alimentation des êtres humains.
Ex. Céréales, fruits.

PLANTE AROMATIQUE l.f.
En. **aromatic plant**
De. **aromatische Pflanze**
Es. **planta aromática**
It. **pianta aromatica**
Plante cultivée pour l'arôme qu'elle communique aux aliments.
Ex. Persil, thym, etc.

PLANTE CONDIMENTAIRE l.f.
Plante qui donne du goût aux aliments et favorise leur digestion.
Ex. Ail, oignon, etc.

PLANTE FOURRAGÈRE l.f.
En. **forage plant**
De. **Futterpflanze**
Es. **planta forrajera**
It. **pianta foraggera**
Plante cultivée pour servir de fourrage, et alimenter le bétail : céréales ou légumineuses.
La distinction entre ces deux catégories ne peut être très nette.

PLANTES DE COUVERTURE l.f.p.
Plantes qui protègent le sol contre l'érosion et qui peuvent servir de fourrage.
Ex. Oyat, luzerne.

PLANTES D'OMBRE l.f.p.
Plantes qui s'accommodent, au cours de leur croissance, de l'ombre que leur font les autres plantes plus grandes et plus feuillues, ou bien qui poussent dans les serres et les appartements peu éclairés, tels le thuya, les fougères, le troène, le cornouiller, etc.
Etym. Du latin *umbra*, ombre.

PLANTES INDUSTRIELLES l.f.p.
En. **industrial plants**
Es. **plantas industriales**
It. **piante industriali**
Plantes qui sont transformées par l'industrie en produits utilisables.
Ex. Betteraves à sucre, chanvre, etc.

PLANTES INSECTICIDES l.f.p.
Es. **plantas insecticidas**
It. **piante insetticide**
Plantes qui dégagent des sucs mortels pour les insectes.

PLANTES MÉDICINALES l.f.p.
En. **medicinal plants**
De. **Heilpflanzen**
Es. **plantas medicinales**
It. **piante officinali**
Plantes dont on utilise les essences comme remèdes.
Leur nombre est très grand.
Ex. Camomille, chiendent, guimauve, mélisse, tilleul, etc.

PLANTES MELLIFÈRES l.f.p.
En. **melliferous plants**
De. **Honigpflanzen**
Es. **plantas melíferas**
It. **piante mellifere**
Plantes dont les fleurs secrètent des sucs que recueillent les abeilles pour faire leur miel.

PLANTES NETTOYANTES l.f.p.
It. **piante disinfestanti**
Plantes qui exigent plusieurs façons culturales supprimant les plantes adventices.
Ex. Betterave, tabac.

PLANTES OLÉAGINEUSES l.f.p.
En. **oleaginous plants**
De. **Ölpflanzen**
Es. **plantas oleaginosas**
It. **piante oleaginose**
Plantes dont les fruits fournissent de l'huile.
Ex. Noyer, olivier, arachide, etc.

PLANTES ORNEMENTALES l.f.p.
En. **ornamental plants**
De. **Zierpflanzen**
Es. **plantas ornamentales**
It. **piante ornamentali**
Plantes, annuelles (bégonia, oeillet), ou vivaces (lilas, rosiers), dont les feuilles, les fleurs ou les rameaux servent à orner parcs et maisons.

PLANTES POTAGÈRES l.f.p.
En. **vegetables**
De. **Gemüsepflanzen**
Es. **hortalizas**
It. **ortaggi**
Plantes cultivées dans les jardins potagers pour l'alimentation (carotte, pois, asperge), ou comme condiments (oignon, persil).

PLANTES PROTÉAGINEUSES l.f.p.
Plantes riches en protéines.
Ex. Soja, fèves, etc.
V. *Protéines.*

PLANTES SACCHARIFÈRES l.f.p.
It. **piante saccarifere**
Plantes riches en sucre.
Ex. Canne à sucre, betterave à sucre.

PLANTES SARCLÉES l.f.p.
En. **row plants**
De. **Hackfrüchte**
Es. **plantas de escarda**
It. **piante sarchiate**
Plantes situées à une certaine distance les unes des autres pour pouvoir être sarclées à la bêche, ou à l'aide de sarcloirs (pomme de terre, tabac).
Ce sont aussi des plantes nettoyantes, car elles permettent de faire disparaître les plantes nuisibles.

PLANTES TEXTILES l.f.p.
En. **textile plants**
De. **Textilpflanzen**
Es. **plantas textiles**
It. **piante tessili**
Plantes dont les tiges fournissent des fibres qui, traitées, deviennent des fils que l'on peut tisser.
Ex. Lin, chanvre.

PLANTES TINCTORIALES l.f.p.
En. **dye plants**
De. **Färberpflanzen**
Es. **plantas tintóreas**
It. **piante tintorie**
Plantes qui, après avoir subi un traitement, fournissent une couleur végétale.
Ex. Bleu (pastel), rouge (garance), jaune (gaude).
Leur culture a été abandonnée devant la concurrence des couleurs d'aniline de l'industrie.

PLANTES VIVRIÈRES l.f.p.
V. *Plantes alimentaires.*

PLANTÉE n.f.
1. *(Jura).* Vigne récemment plantée.
2. Résultat d'une plantation.

PLANTE-ÉCHALAS n.m.
Instrument servant à planter les échalas.
Il est de forme différente selon qu'on l'enfonce à la main, au pied, avec l'aisselle, ou à l'aide d'un appareil mécanique.
Syn. Enfonce-échalas.

PLANTER v.tr.
En. **to plant**
De. **pflanzen**
Es. **plantar**
It. **piantare**
Mettre un végétal en terre afin qu'il se développe.
Etym. Du latin *plantare*, planter.

PLANTEUR n.m.
En. **planter** (2)
De. **Pflanzer** (2)
Es. **plantador** (2)
It. **piantatore** (2)
1. Personne qui plante.
2. Au sens restreint, agriculteur spécialisé dans une culture de plantation de la zone tempérée ou tropicale.
Ex. Un planteur de tabac ; plus spécialement, c'est un maître de plantation en Amérique, Afrique ou Asie, qui se livre à des productions de caractère spéculatif : café, cacao, caoutchouc, etc. (B. Kayser).

PLANTEUSE n.f.
En. **planter**
De. **Pflanzmaschine**
Es. **plantadora**
It. **piantatrice**
Appareil destiné à planter mécaniquement des pommes de terre, du tabac, des betteraves, des choux fourragers et même des pieds de vigne, grâce à une charrue montée sur roues et pourvue de mécanismes perfectionnés, réduisant de 1000 à 56 heures la plantation d'un hectare de ceps.

PLANTIER n.m.
1. Parcelle consacrée aux jeunes plants de vigne, d'arbres fruitiers, ou de légumes.
2. Semis de tabac.

PLANTIS n.m.
Es. **plantío** (2)
1. *(Saintonge).* Récente plantation de vigne.
2. Toute parcelle plantée en arbres.

PLANTIVE n.f.
(Poitou). Terre plantureuse.

PLANTOIR n.m.
En. **dibble, planting stick**
De. **Pflanzholz, Pflanzstock**
Es. **plantador**
It. **piantatoio**
Outil agricole composé d'une poignée et d'une pointe de 20 cm de long, utilisé pour repiquer

à la main les plants de légumes ou de tabac *(fig. 160)*.
Des plantoirs mécaniques sont de plus en plus utilisés dans les grandes plantations.

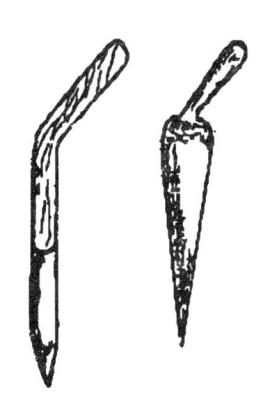

(Fig. 160). Plantoirs

PLANT-THERMO n.m.
Plant de fraisiers, ou de plantes similaires, soumis à une certaine chaleur qui en détruit les virus.
C'est un traitement thermothérapeutique.

PLANTULE n.f.
En. **embryo, germ**
De. **Keimling**
Es. **plántula**
It. **embrione**
Embryon contenu dans une graine et commençant à germer en se nourrissant des réserves contenues dans les cotylédons.

PLAQUEMINIER n.m.
En. **persimmon, ebony tree**
De. **Dattelpflaumenbaum**
Es. **caqui**
It. **cachi (pianta)**
Arbre de la famille des Ebénacées, qui fournit le bois d'ébène.
Une de ses espèces (Diospiros kaki), originaire du Japon, est cultivée en France et en Afrique du Nord, pour ses fruits plaquemines ou kakis, qui sont consommés frais ou en confiture.

PLAQUIS n.m.
Entaille dans l'écorce d'un arbre afin d'y apposer une empreinte le distinguant de ses voisins.

PLASTICULTURE n.f.
Technique utilisant des plastiques dans la culture des plantes délicates, pour les préserver des intempéries et favoriser leur croissance.
Ce sont des serres-tunnels, des paillages, des filets de protection, etc., en plastique (R.Blais).

PLATAIN n.m.
Planche de labour.

PLATANAIE n.f.
En. **plane grove**
It. **plataneto**
Parcelle plantée en platanes.

PLATANE n.m.
En. **plane (tree)**
De. **Platane**
Es. **plátano**
It. **platano**
Arbre à larges feuilles de la famille des Platanacées.
On en distingue plusieurs espèces :
1. Le platane commun (Platanus vulgaris), grand arbre à tronc droit, à écorce verdâtre, se desquamant par plaques, laissant sur le fût de grandes taches blanches.
2. Le platane d'Orient, originaire d'Asie Mineure, à croissance rapide.
3. Le platane d'Occident, d'origine américaine.
Les uns et les autres servent à orner les paysages et fournissent un excellent bois de menuiserie.
Etym. Du grec *platanos*, large.

PLATEAU n.m.
1. Partie d'un tronc d'arbre, scié longitudinalement, et d'une épaisseur supérieure à 25 mm.
2. Planche épaisse et lourde, munie d'un manche et dont on se sert pour tasser la terre d'une plate-bande de jardin, ou d'un semis.
Etym. Du grec *platus*, longe.

PLATE-BANDE n.f.
En. **flower bed** (1)
De. **schmales Gartenbeet** (1)
Es. **platabanda, arriate** (1)
It. **aiuola** (1)
1. Bordure étroite, limitant une parcelle de jardin.
2. Bande de terrain rectangulaire, délimitée par des allées, travaillée à la houe, ou au rotavator, pour y semer des légumes ou des fleurs.
On obtient ainsi, une plate-bande de laitues, ou d'oeillets, etc., elle peut être bombée, ou plane.

PLAT. n.m.
(Saintonge). Vigne qui n'a pas reçu encore le premier labour de l'année.

PLAT-PAYS n.m.
Locution archaïque, de caractère militaire, s'appliquant à la campagne, avec ses villages ouverts, par opposition aux bourgs et aux villes entourés de fortifications.

PLÂTRAGE n.m.
En. **plastering** (1)
De. **Gipsen, Gipsarbeit** (1)
Es. **enyesado** (1)
It. **gessatura** (1), (2)
1. Amendement consistant en *plâtre* que l'on répand sur une parcelle de pré pour accroître la poussée de l'herbe.
2. Opération qui a pour but de clarifier et d'acidifier le vin en lui incorporant du plâtre qui est transformé en tartrate de calcium.

PLÂTRE n.m.
En. **land plaster**
De. **Gips**
Es. **yeso**
It. **gesso**
Gypse, sulfate de calcium bihydraté, soumis à une cuisson modérée pour obtenir un matériau que l'on réduit en poussière et qui sert à amender les sols trop acides.
Etym. Du grec *emplatteim*, modeler.

PLÂTRER v.tr.
En. **to plaster** (1,2)
De. **gipsen** (1)
Es. **enyesar** (1)
It. **gessare** (1)
1. Répandre du plâtre sur une prairie pour l'amender.
2. Incorporer du plâtre à un vin pour le clarifier et l'acidifier.

PLAYON n.m.
De. **Weidenband** (3)
Es. **vencejo** (3)
It. **legatura** (3)
1. *(Normandie).* Perche de bois souple pour soutenir une tonnelle, ou la couverture de chaume d'une maison.
2. Sarment taillé et ployé pour être fixé aux supports d'un pied de vigne (échalas, fil de fer) par des liens d'osier, de raphia, ou de paille.
Synonyme de *pique*, ou de *aste*.
3. Brin d'osier, de paille, ou de raphia, pour attacher les sarments d'un pied de vigne à leurs supports.
C'est dans ce sens qu'Olivier de Serres écrit dans son "Théâtre d'Agriculture et Mesnage des champs" "On relève le premier jet de vigne contrement le charnier (échalas) ; là, attachant avec de la paille longue, mouillée, qu'on appelle à Paris pleion".
4. Branche d'arbre fruitier que l'on plie pour qu'elle donne une récolte plus abondante.
Syn. *Ployon, pleyon et pleion.*
Etym. Du latin *plicare*, plier.

PLÈCHES n.f.p.
Lamelles de bois obtenues en fendant, dans le sens de la longueur, de jeunes tiges de châtaignier utilisées pour fabriquer des cercles de barrique.
Syn. *Pléchon, équivalent de feuillard en Limousin.*

PLEINE adj.
En. **pregnant**
De. **trächtig**
Es. **preñada, embarazada, gestante**
It. **gravida, pregna**
Se dit d'une femelle de mammifère en état de gestation.

PLEIN-AIR n.m.
En. **open-air**
Es. **a pleno aire**
It. **all'aperto**
Procédé d'élevage qui consiste à laisser le bétail continuellement dehors, dans des pâturages dont on complète l'herbe par des fourrages secs.
De légers abris permettent aux bêtes de se protéger du mauvais temps.

PLEIN-CHAMP n.m.
It. **pieno campo**
Se dit de la culture en grand de plantes légumières, généralement cultivées dans des jardins, mais que l'on introduit dans des champs où elles sont intégrées dans l'assolement de l'exploitation. *(R. Blais)*

PLEINE-TERRE n.f.
It. **a dimora**
Procédé de culture des plantes à même le sol, et en plein air, par opposition à celui des plantes en pot, en bac, ou à l'abri des serres.

PLEIN-VENT n.m.
It. **a pieno vento**
1. Taille d'un arbre destiné à pousser sans tuteur, sans espalier et sans abri.
2. Arbre fruitier taillé en haute, ou moyenne tige, et exposé à tous les vents.

PLESSES n.f.p.
1. *(France de l'Ouest)*. Branches entrelacées entre des piquets pour former clôture autour d'un champ, ou d'un pré.
2. Parc où l'on se retire pour se reposer, d'où le mot *Plessis*.
3. *(Bourgogne)*. Les *plesses* sont formées par des branches vertes de haies vives.
Syn. Plessées.
4. *(Ile-de-France)*. Petit bois en taillis, au milieu des champs cultivés.
5. *(Blésois)*. Forêt entourée de murs.
Etym. Du latin plexus, plié.

PLESSIS n.m.
1. Clôture formée de branches entrelacées.
2. Parcelle entourée d'une haie de *plesses*.
3. Fragment de terre cultivée dans une lande.
4. Lieu de repos.
Syn. Parc, au XVème siècle.

PLEUCHE n.f.
(Brie). Petite pioche.
Etym. De pieuche; en langue d'oil.

PLEUREUR adj.
En. **weeping**
De. **Trauer-**
Es. **llorón**
It. **piangente**
Qualifie un arbre aux branches retombantes vers le sol.
Plusieurs espèces d'arbres possèdent des variétés de cette qualité (saule, bouleau, orme, peupliers, rosiers taillés en parasol, etc.).

PLEUROTE n.m.
Genre de champignons basidiomycètes (dont les spores sont contenues dans des cellules sporifères, ou *basides*).
Plusieurs espèces sont comestibles et cultivées. Ex. Le pleurote de l'olivier.

PLEURS (DE LA VIGNE) n.m.p.
1. Gouttes de sève qui jaillissent de la coupure des sarments de vigne, lors de la taille des ceps au printemps.
2. Par extension, toute sève qui s'écoule d'une plaie accidentelle causée à un arbre fruitier.

PLEYON n.m.
De. **Weidenband** (1)
Es. **vencejo** (1)
It. **legatura** (1)
1. Brin d'osier qui sert à attacher les sarments de vigne aux fils de fer et aux échalas.
2. Sarment taillé et ployé pour être fixé aux supports de la vigne.

PLIE n.m.
Position de chant donnée aux fromages de Roquefort pour qu'ils achèvent de se désécher.

PLINTSE n.f.
(Jura). Champ en jachère.

PLION n.m.
V. *Pleyon*.

PLOÏDIE n.f.
En. **ploid**
De. **Ploidie**
Es. **ploide**
It. **ploidia**
Nombre de chromosomes porteurs de gènes, contenus dans une cellule somatique d'une espèce donnée.
Ex. Une espèce diploïde comporte deux lots égaux de chromosomes, soit 2 fois 23 pour l'homme ; si l'espèce est polyploïde le nombre de ses chromosomes est un multiple supérieur de 2n, n étant le nombre de chromosomes de l'espèce.
Etym. Du grec haplous, simple.

PLOMB n.m.
It. **piombo, mal del piombo**
Maladie cryptogamique du pêcher et du prunier, causée par *Stereum Purpureum*, champignon parasite dont les toxines empoisonnent la plante.

PLOMBAGE n.m.
En. **rolling** (1)
De. **Stampfen** (1), **Plombieren**
Es. **emplomado** (1)
It. **piombatura** (1)
1. Opération qui consiste à tasser la terre à l'aide d'un rouleau plombeur, ou d'une lourde planche afin de réduire les intervalles entre les agrégats.
On favorise ainsi le contact de la terre humide avec les semences qui lèvent plus vite, et avec les racines des jeunes plantes.
C'est plomber un carreau de jardin, ou une planche de labour.
2. Fixation au tronc, ou aux branches des arbres fruitiers, des lamelles de plomb indiquant leur origine.

PLONGEON n.m.
1. Meules de gerbes de blé édifiées dans les champs, ou à l'abri d'un mur, en attendant le battage qui, jadis, avait lieu en hiver.
2. Tas de foin dans un pré avant son transport au fenil.
En occitan, le foin entassé est "plongé".

PLOT n.m.
Bille de bois sciée dans le sens de la longueur, en *plateaux* qui, posés les uns sur les autres, et séparés par des tasseaux pour faciliter le séchage, reconstituent le volume de la bille. *(R. Blais).*
Etym. Du latin plada, pièce de bois.

PLOU n.m.
1. *(Champagne).* Terrain stérile, *savart*.
2. *(Bretagne).* Division territoriale et administrative correspondant à une paroisse.
3. *(Berry).* Terrain défriché.

PLOUTAGE n.m.
Opération qui consiste à plouter une terre.

PLOUTER v.tr.
Ameublir une terre et la niveler avec une herse et un rouleau, ou tout autre instrument aratoire, conçu pour réaliser un tel travail.

PLOUTRER v.tr.
Rouler les champs de céréales avec un gros cylindre de bois, ou de métal, pour favoriser le tallage au printemps. *(vieilli).*

PLUIE n.f.
En. **rain**
De. **Regen**
Es. **lluvia**
It. **pioggia**
Gouttes d'eau tombant des nuages, où, par suite du refroidissement, la vapeur d'eau se condense.
La répartition des pluies au cours des saisons, et les variations de leur quantité selon les mois, ont une grande influence sur les cultures, l'élevage, le tapis végétal et l'habitat.
Au cours de leur trajet dans l'atmosphère, les gouttes de pluie se chargent parfois de gaz sulfureux, ou azotique, ce sont les pluies acides qui détruisent les arbres des forêts.
Etym. Du latin pluvia.

PLUMAGE n.m.
En. **plumage**
De. **Federschmuck, Federkleid**
Es. **plumaje**
It. **piumaggio**
Ensemble des plumes qui recouvrent le corps d'une volaille.

Tuyaux encadrés de barbes produits par l'épiderme de la bête ; ce sont des phanères qui, jadis, servaient dans les literies (édredon, traversin, etc.).
Etym. Du latin *pluma*.

PLUME n.f.
En. feather
De. Feder
Es. pluma
It. piuma
Tuyau rigide qui prend naissance dans l'épiderme d'un oiseau, d'une volaille, et qui se prolonge par une hampe portant de chaque côté des *barbes* et des *barbules*; utilisée en literie (duvet) et pour la parure (plumes d'autruche, de paon, de pintade, etc.).
Syn. Phanère.
Etym. Du latin *pluma*.

PLUMÉE n.f.
En. plucking (1)
De. Federmenge (1)
Es. plumazón (1)
It. spennatura (1)
1. Action de plumer des volailles.
2. Quantité de plumes recueillies au cours d'une plumée.

PLUMER v.tr.
En. to pluck
De. rupfen
Es. desplumar
It. spennare
Arracher les plumes d'un oiseau, d'une volaille.

PLURIACTIF adj.
Qualifie une personne qui a plusieurs activités, tel l'ouvrier-paysan qui associe au travail de l'usine l'exploitation de quelques lopins de terre.

PLURIANNUEL adj.
It. pluriannuale
Qualifie une plante qui vit plus de deux ans dans la parcelle qu'elle occupe.
C'est le cas du trèfle, de la luzerne.

PLURIPARE adj.
It. multipara
Se dit des femelles mammifères qui ont plusieurs petits à la fois (lapine, truie).
Etym. Du latin *plures*, plusieurs et *parere*, engendrer.

PLUS-VALUE n.f.
En. increase in value (1), surplus (2)
De. Mehrwert (1)
Es. plusvalía (1)
It. plusvalenza (1), plusvalore (2)
1. Augmentation de la valeur acquise par un terrain, une exploitation agricole, un produit par suite d'un événement indépendant du travail habituel.
2. Partie du prix de vente d'un produit qui peut être ajoutée à l'augmentation du capital sans affecter les dépenses indispensables.
3. Excédent des recettes d'une entreprise par rapport aux prévisions budgétaires.

PLUVIOMÉTRIE n.f.
En. pluviometry (1)
De. Niederschlagsmessung (1)
Es. pluviometría (1)
It. pluviometria (1)
1. Etude des précipitations atmosphériques, pluie, neige, grêle, selon les saisons et les mois.
2. Technique de leur mesure, à l'aide d'un *pluviomètre*, qui indique, en millimètres, la tranche d'eau qu'il recueille.
Les résultats s'inscrivent sur un pluviogramme.
Etym. Du latin *pluvia*, pluie, et du grec *metron*, mesure.

PLUVIÔSE n.m.
De. Pluviose (Regenmonat)
Es. pluvioso
It. piovoso
Cinquième mois de l'année d'après le calendrier républicain.
Il durait du 21 janvier au 20 février, époque pluvieuse de l'hiver, consacrée aux travaux à l'intérieur des fermes.
Etym. Du latin *pluviosus*, pluvieux.

P.N.R. sigle
V. *Parc naturel régional*.

P.O.A. sigle
Prime d'orientation agricole accordée à un exploitant pour qu'il puisse se conformer au plan d'organisation des sols (p.o.s.).

POCHE n.f.
Ecumoire en bois, ou en métal, perforée pour écrémer le lait dans les fruitières du Jura.

POCHET n.m.
1. Petit sac où les cochers mettent l'avoine destinée aux chevaux, lors des arrêts.
2. Petit creux pratiqué avec la main, ou avec un sarcloir, pour y placer quelques grains de semence.
V. *Poquet*.
3. Petit sac contenant des céréales à présenter comme échantillon au cours d'un marché.

POCHON n.m.
Récipient cylindrique en métal, muni d'une anse et placé sur un plateau à long manche. *Il sert à recueillir l'alcool à la sortie de l'alambic (fig.161).*

(Fig. 161). Pochon

PODÈRE n.m.
1. Propriété foncière.
2. Métairie d'un grand domaine.
3. Lot avec maison, attribués à une famille de paysans lors d'une réforme agraire.
Ceux qui en sont nantis ont du pouvoir, d'où son nom.
Etym. Du latin et de l'italien *podere*, pouvoir.

PODZOL n.m.
En. podzol
De. Podsol, Grauerde
Es. podzol
It. podzol
Sol lessivé, débarrassé de ses éléments organiques, de ses oxydes de fer et de ses sels solubles. *Réduit à des sables et à des limons infertiles, de teinte claire, il a l'aspect et la consistance des cendres.*
Etym. Du russe, cendre.

PODZOLISATION n.f.
En. podzolization
De. Ausbleichung, Podsolierung
Es. podzolización
It. podzollizzazione
Phénomène de pédogenèse qui réduit un sol en sables et limons infertiles par suite de la disparition par dissolution, ou lessivage, de ses éléments organiques, de ses oxydes de fer et de ses sels d'alumine et de silice.
Le sol prend la consistance et l'aspect de la cendre.
Etym. Du russe, *podzol*, cendre, poussière.

POÊLE n.f.
Partie la plus basse d'un étang, située près de la *bonde*, où l'eau se maintient pendant la vidange, et où se réfugie le poisson qu'il est alors facile de capturer.

POIDS n.m.
En. live weight (2)
De. Lebendgewicht, Schwere (2)
Es. peso
It. peso
Influence de la pesanteur sur un solide, un liquide ou un corps gazeux, à la surface de la terre. *Elle se mesure en unités déterminées et variables selon les pays.*
On distingue :
1. le poids spécifique d'un végétal en le comparant à celui d'un hectolitre de grains, de céréale, pour le blé ; il est d'environ 80 kilos ;
2. le poids vif est celui d'un animal vivant, y compris les phanères, et le contenu de l'appareil digestif ;
3. le poids mort est celui de la carcasse d'un animal dont on a retiré le cinquième quartier.
Etym. Du latin *pendere*, peser.

POIDS NET l.m.
En. net weight
De. Nettogewicht
Es. peso muerto
It. peso netto
Poids utilisable et consommable d'un animal quand il a été saigné et dépouillé de ses poils ou de ses plumes, et de ses viscères.

POIDS SPÉCIFIQUE l.m.
En. **specific weight**
De. **spezifisches Gewicht**
Es. **peso específico**
It. **peso specifico**
Poids d'un hectolitre de grains de céréale qui varie en fonction de la densité des grains et du volume qu'ils occupent dans la mesure de capacité.
Pour le blé, ce poids est d'environ 80 kilos.

POIDS VIF l.m.
En. **liveweight**
De. **Lebendgewicht**
Es. **peso en vivo**
It. **peso vivo**
Poids d'un animal vendu vivant.

POILS n.m.p.
En. **fur, coat** (1)
De. **Fell** (1)
Es. **pelo** (1)
It. **pelo**
1. Formations épidermiques, ou *phanères*, filiformes, sur la peau des animaux domestiques mammifères.
Par leur couleur, elles servent à les caractériser (cheval alezan, vache pie noire).
2. Partie terminale des racines des plantes.
Ce sont les poils absorbants.
Etym. Du latin pilus.

POILS ABSORBANTS l.m.
En. **root hair**
De. **Wurzelhaare**
Es. **pelo de raíz,**
   pelos absorbentes
It. **peli radicali**
Poils situés sur les fines radicelles des plantes et qui, sous l'infuence de l'aspiration osmotique, attirent les sels minéraux dissous dans le sol et les drainent vers les racines et les tiges où ils constituent la *sève brute*.

POIL (DERNIER) l.m.
(Saintonge). Regain.

POINÇON n.m.
(Ile de France). Fût d'un quart de tonneau, soit environ 220 litres.

POINTAGE n.m.
En. **scoring**
De. **Punktieren**
Es. **puntuación**
It. **punteggio**
Appréciation des qualités d'un animal domestique en mesurant diverses parties de son corps et en les comparant à un barème appelé *table de pointage. Selon les rapports établis, l'animal est de plus ou moins grande qualité* (P. Habault).

POINT DE FLÉTRISSEMENT l.m.
Moment où la perte d'humidité du sol entraîne la flétrissure des plantes qui, selon son degré, peut être soit définitive, soit temporaire si on alimente le sol en eau.

POINT DE ROSÉE l.m.
En. **dew point**
De. **Taupunkt**
Es. **punto de rocío**
It. **punto di rugiada**
Au cours du refroidissement nocturne, température à partir de laquelle la vapeur d'eau contenue dans l'air se dépose en fines gouttelettes sur les feuilles des plantes proches du sol.

POIRE n.f.
En. **pear**
De. **Birne**
Es. **pera**
It. **pera**
Fruit à pépins du poirier de forme oblongue, de saveur sucrée.
Les variétés de poires sont très nombreuses : poire-comice, passe-crassane, duchesse d'été, louise-bonne, beurrée Hardy, beurrée d'Anjou, etc.
Etym. Du latin pirum, pira, *poire.*

POIRÉ n.m.
En. **perry**
De. **Birnenmost, Birnenwein**
Es. **sidra de peras**
It. **sidro di pere**
Boisson fermentée obtenue à partir des poires.
Avec le cidre et la cervoise, il remplaçait autrefois le vin dans les pays dépourvus de vignes.

POIREAU n.f.
En. **leek**
De. **Porree, Lauch**
Es. **puerro**
It. **porro**
Plante de la famille des Liliacées *(Allium ampeloprasum, varporrum).*
Originaire de la Crimée, elle est cultivée dans les jardins ; sa tige, se terminant en bulbe blanc, a un léger goût d'ail. Elle sert de condiment et à la préparation de quelques plats.
Syn. Porreau.
Etym. Du latin porrum.

POIRE DE CURÉ l.f.
(Indre). Variété de poire sélectionnée par M. Leroy, curé de Villiers-en-Brenne.
De forme longue, c'est une excellente poire à cuire. Elle donne en abondance de bons produits sur sol argilosiliceux.

POIRÉE n.f.
En. **chard beet, white beet**
De. **Mangold**
Es. **acelga, bleda**
It. **bietola da coste**
Variété de bette commune *(Beta vulgaris).*
Sélectionnée en favorisant la pousse des feuilles et, notamment, la grosseur des pétioles, elle est consommée comme les cardons, d'où le nom de bette à cardes donné à ce légume.

POIRIER n.m.
En. **pear tree**
De. **Birnbaum**
Es. **peral**
It. **pero**
Arbre de la famille des Rosacées *(Pirus communis),* originaire de l'Europe centrale, ou de la Perse, et cultivé depuis l'époque des Palafittes.
Par sélection, ses espèces sont sans cesse plus nombreuses et donnent des fruits de plus en plus savoureux. Ses vergers s'appellent des poirières.

POIS n.m.
En. **pea**
De. **Erbse**
Es. **guisante**
It. **pisello**
Plante annuelle de la famille des Légumineuses papilionacées.
De Candolle en distinguait deux principales espèces :
1. Le pois des champs, ou pisaille (Pisum arvense), originaire de la Russie méridionale, cultivé depuis l'Antiquité comme fourrage et pour ses graines.
2. Le pois commun (Pisum sativum), qui proviendrait de l'Asie occidentale et serait cultivé depuis le Néolithique.
Le pois chiche, en latin cicer, aurait donné cézé en occitan, c'est-à-dire petit pois.
Etym. Du latin pisum, *pois.*

POIS CHICHE n.m.
En. **chick-pea**
De. **Kichererbse**
Es. **garbanzo**
It. **cece**
Plante annuelle de la famille des Légumineuses papilionacées *(Cicer arietum).*
Originaire de la Grèce, ou de l'Asie occidentale, elle est cultivée de l'Espagne à l'Inde, depuis les temps homériques, peut-être sous l'influence des migrations indoeuropéennes.

POIS DE SENTEUR l.m.
En. **sweet pea**
Es. **guisante de olor**
It. **pisello odoroso**
Plante herbacée à vrilles, de la famille des Papilionacées, cultivée pour ses fleurs parfumées.

POIS FOURRAGER l.m.
Issu du pois potager, il est consommé en vert à la fin de l'hiver, ou en grains au cours de l'été.

POIS PROTÉAGINEUX l.m.
Variété de pois cultivé pour ses graines riches en protéines et servant à l'alimentation animale.
La variété d'hiver est semée en automne et récoltée en juillet ; la variété de printemps est mûre en trois mois.

POISSON n.m.
En. **fish** (1)
De. **Fisch** (1)
Es. **pez** (1)
It. **pesce** (1)
1. Vertébré aquatique à sang froid, que l'on élève dans les étangs et dans les parcs, le long des rivages.
2. Ancienne mesure de capacité pour les liquides, valant un demi-setier, capacité très variable selon les régions (de 0,50 l à 2l).
Etym. Du latin *piscis*.

POITEVINES (Races) n.f.p.
Races locales de bovins, d'ovins, de caprins, d'équidés et de mulets.
Jadis fort réputées pour leur vigueur et leur sobriété, elles ont disparu, sauf les races de chèvres et de mulets ; les premières à cause des fromages dits chabichous, *fabriqués avec leur lait, les seconds à cause de leur emploi dans les forêts landaises ; mais les mulets du Poitou sont en grand déclin.*

POITRAIL n.m.
En. **breast, chest** (1)
De. **Brust** (1)
Es. **pecho** (1)
It. **petto** (1), **pettiera, pettorale** (2)
1. Partie du corps du cheval comprise entre les épaules et l'encolure.
2. Par extension, partie du harnais fixée sur le poitrail.
Etym. Du latin *pectorale*.

POIVRIER n.m.
En. **pepper plant**
De. **Pfefferstrauch**
Es. **pimentero**
It. **pepe (pianta)**
Arbrisseau de la famille des Piperacées *(Piper nigrum).*
Originaire de l'Insulinde, il est surtout cultivé dans les Indes Orientales. Sa tige flexible comme celle de la vigne, a besoin d'un tuteur pour s'élever. Son fruit, ou poivre, doit sa saveur très âcre à une huile concrète peu volatile. Le poivre blanc *est du poivre noir décortiqué. Le* poivre long *(Piper longum) a une saveur moins forte que le poivre noir. Le poivrier aurait été introduit à La Réunion vers 1770, par l'administrateur Poivre ; mais il ne s'agit entre l'administrateur et l'arbre que d'une coïncidence de nom.*
Etym. Du latin *piper* que l'on trouve dans *piperade*, mets assaisonné au poivre.

POIVRIÈRE n.f.
En. **pepper plantation**
De. **Pfefferfeld**
Es. **pimental**
It. **piantagione di pepe**
Verger planté de poivriers.

POIVRON n.m.
En. **paprika**
De. **Paprikaschote, Paprika**
Es. **pimiento, rojo**
It. **peperone**
Variété de piment, vert au début de sa formation, et rouge en mûrissant.

POLDER n.m.
En. **polder**
De. **Polder**
Es. **pólder**
It. **polder**
Procédé pour assécher et mettre en culture, une région marécageuse d'un littoral, ou les rives d'un cours d'eau.
La région à drainer est creusée de fossés et entourée d'une digue haute de plusieurs mètres. L'eau s'accumule dans les fossés et s'écoule par gravité vers la mer, ou vers les fleuves, si la pente est suffisante ; si elle est trop faible, on a recours à des pompes pour élever l'eau à une hauteur convenable. Des écluses permettent d'éviter l'inondation au moment des hautes mers, ou des crues des cours d'eau. En Hollande, le sommet de la digue comporte parfois un canal où des pompes, mues jadis par les moulins à vent, aujourd'hui par des moteurs, refoulent l'eau puisée dans les fossés. Par un déversoir, l'eau s'écoule de la digue vers la rivière ou vers la mer. Ainsi le niveau de la nappe dans le polder est tenu au-dessous du niveau du sol, et l'on peut se livrer à la culture, ou à l'élevage, sur la terre ainsi conquise. Dans le nord de la France on dit un poldre; *la pratique des polders est la* poldérisation.
Etym. Du hollandais ; de même origine, sans doute, que *pool* en anglais, et *palus*, marais, en latin.

POLICE SANITAIRE l.f.
Mesures et personnel destinés à prévenir, à limiter et à supprimer l'invasion et la propagation des épizooties, maladies contagieuses des animaux domestiques : rage, peste, charbon, clavelée, fièvre aphteuse, etc.
Elles doivent être déclarées au maire de la commune ; l'animal malade doit être isolé ou abattu et sa viande détruite.

POLIÉ n.m.
Dépression karstique à fond plat, et argilocalcaire favorable à la culture.
Etym. Du dialecte slave, champ, plaine cultivée ; le pluriel est *polia.*
Même origine que Pologne, pays plat.

POLISSAGE n.m.
En. **polishing**
De. **Glätten, Polieren**
Es. **pulimento, pulido**
It. **lucidatura**
Opération qui permet de donner à des grains de riz, ou de café, un aspect brillant par frottement sur des appareils munis de peau, ou de flanelle.
Pellicules et glumes sont éliminées.
Etym. Du latin *polire*, polir.

POLITIQUE AGRICOLE COMMUNE l.f.
En. **Common Agricultural Policy**
De. **Geimeinsame Agrarpolitik**
It. **Politica Agricola Comune**
Politique mise en application dans le fonctionnnement des marchés agricoles de la Communauté économique européenne (C.E.E.).
Elle a pour but d'accroître la productivité, d'améliorer le niveau de vie des agriculteurs, de leur assurer la stabilité des prix et la sécurité matérielle en uniformisant les charges et les revenus sur tout son territoire.

POLKA n.f.
(Anjou). Petite brouette servant à transporter de la terre, ou du fumier, dans les carrières réservées à la culture du champignon de couche.

POLLEN n.m.
En. **pollen**
De. **Blütenstaub**
Es. **polen**
It. **polline**
Matière pulvérulente formée par les cellules sexuelles mâles produites par les étamines des fleurs et destinées à féconder les ovules des pistils.
Elles sont recueillies par les abeilles pour faire le miel, et utilisées en médecine comme fortifiant.
Etym. Du latin *pollen*, poussière.

POLLINISATION n.f.
En. **pollination, pollinization**
De. **Bestäubung, Pollinisierung**
Es. **polinización**
It. **impollinazione**
Transport du pollen des étamines sur le pistil des fleurs, afin de féconder les ovules des futurs fruits.
Il s'effectue soit spontanément sous l'influence du vent, ou des insectes, soit artificiellement grâce à l'intervention des hommes, comme c'est le cas pour les palmiers-dattiers.
Etym. Du latin *pollen*, fleur de farine.

POLLINISER v.tr.
En. **to pollinate**
De. **bestäuben**
Es. **polinizar**
It. **impollinare**
Pratiquer artificiellement la pollinisation en favorisant le transport des pollens des anthères vers le pistil des fleurs femelles, d'où ils pénétrent par le style jusqu'aux ovules de l'ovaire.

POLLUTION n.f.
En. **pollution**
De. **Umweltverschmutzung**
Es. **polución**
It. **inquinamento, polluzione**
Action de salir, de contaminer un milieu déterminé et de le rendre malsain.
Elle peut être organique par décomposition de bêtes et de végétaux, ou chimique par des

engrais, des produits phytosanitaires, par des déchets industriels, nucléaires, etc. Actuellement les pluies, chargées d'acides d'origines industrielles, détruisent des massifs forestiers en Allemagne.
Etym. Du latin *pollutio*, profaner.

POLOFRAIS n.m.
Cépage à raisins noirs, cultivé en Savoie où on l'appelle aussi *Hybou noir*.

POLYCULTURE n.f.
En. **mixed farming**
De. **Mischkultur** (1)
Es. **policultivo**
It. **policoltura**
Système de culture qui associe successivement, ou d'une manière concomitante, plusieurs cultures, ou élevages, dans un même domaine, ou dans une même région.
1. C'était jadis la polyculture de subsistance, pratiquée faute de moyens de transport, afin d'avoir toujours des résultats satisfaisants, même si une culture faisait défaut.
2. C'est actuellement une polyculture de spéculation qui offre à la vente plusieurs produits inutiles à la consommation locale.
Etym. Du grec *polus*, plusieurs et du latin *cultura*, culture.

POLYÉLEVEUR n.m.
Es. **poliganadero**
It. **poliallevatore**
Agriculteur qui se livre à plusieurs élevages, d'ordinaire se complétant les uns les autres.
Ex. Vaches laitières et truies, volailles et lapins.

POLYGASTRIQUE adj.
Qualifie un animal qui a un estomac divisé en plusieurs poches.
Cas des ruminants qui ont quatre poches : le rumen, ou la panse, le bonnet ou le réseau, le feuillet et la caillettte.

POLYGÉNIQUE adj.
En. **polygenic**
De. **polygeni**
Es. **poligenético**
It. **poligenetico**
Se dit du caractère d'un sujet, plante ou animal, dont l'origine est due à plusieurs gènes.
A ne pas confondre avec un relief polygénique dû à plusieurs processus d'érosion.

POLYPHAGE adj.
En. **polyphagous**
De. **polyphag**
Es. **fitófago**
It. **polifago**
Se dit des animaux qui se nourrissent de divers végétaux : porc, rat, criquet, etc.
Etym. Du grec *polus*, nombreux et *phagein*, manger.

POLYPHOSPHATE n.m.
Es. **polifosfato**
It. **polifosfato**
Engrais composé de divers phosphates concentrés et solubles rapidement dans l'eau et dans le sol humide.

POLYPLOÏDE adj.
En. **polyploid**
De. **polyploid**
Es. **poliploide**
It. **poliploide**
Se dit d'une cellule ou d'un noyau qui a un nombre de chromosomes supérieur à 2 fois le nombre de génomes correspondant à l'espèce, soit n fois 30 pour le cheval.
Etym. Du grec *polus*, nombreux et *eidos*, aspect.

POLYPRODUCTION n.f.
Utilisation d'une exploitation agricole pour plusieurs produits de cultures et d'élevages.
C'est le mixed farming des Anglais.

POLYPTIQUE n.m.
Registre de cens à l'époque gallo-romaine, et comportant de nombreux feuillets repliés les uns sur les autres.
Au temps des premiers Carolingiens c'étaient des inventaires descriptifs des domaines appartenant à de grands propriétaires, à des églises ou à des abbayes. L'un des plus célèbres, celui d'Irminon, abbé de Saint Germain-des-Prés, qui vivait au temps de Charlemagne, a permis de mieux connaître la vie agricole dans le Bassin Parisien, au IXème siècle. Les parcelles composant les domaines de l'abbaye y sont indiquées avec le nom et la qualité des tenanciers. Par dérivation polyptique a donné pouillé au cours du Moyen-Age.
Etym. Du grec *poluptukhos*, nombreux plis.

POLYSOC n.m.
En. **gangplough**
De. **vielschariger Pflug**
Es. **polisurco**
It. **polivomere**
Charrue à plusieurs socs, coutres et versoirs, pour tracer plusieurs sillons à la fois.

POMAISON n.f.
It. **accestimento**
1. Formation, au cours de la croissance des choux et des laitues, d'une agglomération des feuilles en forme de pomme.
2. Moment de l'année où se produit cette évolution du légume.

POMATE n.f.
Hybride obtenu en fécondant l'ovule d'une fleur de tomate avec le pollen d'une fleur de pommier, opération réalisable, les deux plantes ayant des fruits à pépins.
Etym. De pomme et de tomate.

POMELO n.m.
Grape-fruit *(Citrus paradisi)*.
V. Pamplemousse *(Citrus grandis)*.
On dit aussi *pummelo*, dans ce dernier cas.

POMEROL n.m.
Commune de la Gironde, au nord de Libourne, réputée pour ses vins rouges.

POMICULTEUR n.m.
En. **fruit grower**
De. **Obstzüchter**
Es. **pomicultor**
It. **pomicoltore**
Arboriculteur qui se consacre à la production des fruits à pépins et, en particulier, des pommes.
Etym. Du latin *pomum*, fruit, et *cultor*, cultivateur.

POMMAGE n.m.
1. Pommeraie, verger de pommiers, en Bretagne.
2. Cru de cidre, ou production de cidre en Normandie.

POMMARD n.m.
Vin réputé des crus bourguignons.
Il tire son nom de la localité de la Côte d'Or où il est récolté et préparé ; ses clos s'étendent de la plaine jusqu'à mi-côte d'un versant exposé à l'Est.

POMMATE n.f.
V. Pomate.

POMME n.f.
En. **apple**
De. **Apfel**
Es. **manzana**
It. **mela**
Fruit à pépin du pommier, de forme ronde, de couleur et de saveur variables selon les très nombreuses espèces.
Parmi les plus estimées on peut citer : les Reinettes, la Calville, la Golden, etc. On distingue les pommes à couteau pour les desserts, et les pommes à cidre, aigrelettes, mais dont le suc fermenté constitue le cidre, boisson de l'Ouest de la France.
Etym. Du latin *pomum*, fruit.

POMMÉ n m.
1. Confiture de pommes bouillies dans le cidre.
2. *(Normandie).* Veillée au cours de laquelle on fabriquait du pommé.
C'était une occasion de réjouissance entre voisins.

POMME DE TERRE l.f.
En. **potato**
De. **Kartoffel**
Es. **patata**
It. **patata**
Plante annuelle de la famille des Solanacées *(Solanum tuberosum)*.
Originaire du Chili méridional, où elle était cultivée dès l'ère pré-colombienne, elle fut importée d'Amérique à la fin du XVIème siècle par les Espagnols. Elle avait été introduite en Irlande dès 1545. Parvenue en France par

l'Allemagne, elle en a gardé le nom local de cartoufle, *dérivé de Kartoffel, pomme de terre, en allemand. Sa consommation s'accrut sous Louis XVI, grâce à la propagande de Parmentier, ce qui lui valut parfois le nom de parmentière. Sans cesse améliorée depuis lors, on en compte des dizaines de variétés, la Bintje, étant, semble-t-il, la plus courante aujourd'hui.*

POMMELIÈRE n.f.
En. **apple orchard**
De. **Apfelbaumgarten**
Es. **manzanar, pomar**
It. **pometo**
Verger de pommiers.
On dit aussi une pommeraie, ou une pommière.

POMMER v.intr.
En. **to heart**
De. **Köpfe ansetzen**
Es. **repollarse, acogollarse**
It. **accestire**
Pour certains légumes, comme les choux et les laitues, former, avec leurs feuilles resserrées, une sorte de boule dure, semblable à une grosse pomme.

POMMETTE n.f.
En. **picker**
De. **Obstbrecher**
Es. **perilla**
It. **arnese per cogliere la frutta**
Instrument agricole qui sert à cueillir les fruits sur les arbres.

POMMIER n.m.
En. **apple tree**
De. **Apfelbaum**
Es. **manzano**
It. **pomo, melo.**
Arbre de la famille des Rosacées (*Pyrus malus*). *Originaire du sud de la Sibérie, il était cultivé dès l'époque des Palafittes. Ses variétés sont très nombreuses et permettent d'alimenter en toutes saisons les marchés de fruits. Toutefois, le pommier est surtout un arbre des pays à climat océanique, humide et frais.*

POMMIER D'ACAJOU l.m.
En. **cashew**
Es. **anacardo**
It. **anacardio**
Arbre de la famille des Térébinthacées, c'est l'Anacardier *(Anacardium occidentale).*
Originaire d'Amazonie, on le cultive dans les régions tropicales pour ses pédoncules en forme de poire. Son nom dérive de celui que lui donnent les Indiens du Brésil : acaju ou acajaiba.

POMOLOGIE n.f.
En. **pomology** (1)
De. **Pomologie, Obstkunde** (1)
Es. **pomología** (1)
It. **pomologia** (1)
1. Etude des pommiers, et, par extension, de tous les fruits à pépins.

2. Ouvrage consacré à cette science et écrit par un *pomologue*.
Etym. Du latin *pomum*, fruit et du grec *logos*, science.

POMONE n.f.
It. **Pomona** (1)
1. Déesse des fruits dans la mythologie grecque.
2. Ensemble des arbres fruitiers d'une région.
Ex.. La pomone normande.

POMPE n.f.
En. **pump**
De. **Gartenspritze, Pumpe**
Es. **bomba**
It. **pompa**
Machine qui sert à faire circuler les liquides : eau, vin, lait, etc.
Elle peut être aspirante ou foulante, ou réaliser les deux opérations à la fois ; utilisée pour drainage ou irrigation.
Etym. D'une onomatopée d'origine néerlandaise.

POMPOLÉON n.m.
Variété de *bigaradier*.

POMPONETTE n.f.
Variété de tastevin utilisé en Champagne.
Il se compose d'un verre en forme de flûte et d'un pied arrondi en forme d'anneau permettant de le tenir d'un doigt, quand on veut apprécier un vin. Son nom proviendrait de la marquise de Pompadour qui s'en servait pour déguster les crus locaux quand elle passait en Champagne.
(fig. 162) (P. Gindre, correspond).

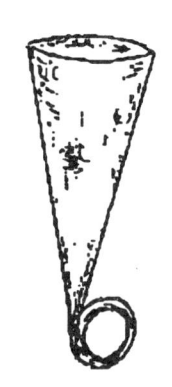

(Fig. 162). Pomponette

PONCTION DU RUMEN l.f.
Opération qui consiste à enfoncer un *trocart* dans le *rumen* d'un bovin atteint de météorisation.
Les gaz s'échappent par le tuyau du trocart, la bête dégonfle et guérit.
V. *Trocart.*

PONDAISON n.f.
En. **laying season** (2)
De. **Legezeit** (1)
Es. **postura** (1)
It. **il fare le uova** (1)
1. Action de pondre.
2. Période de la ponte.

PONDEUSE n.f. et adj.
En. **laying**
De. **Legehenne**
Es. **ponedora**
It. **gallina ovaiola**
1. n.f. Femelle d'une volaille qui donne des oeufs.
2. adj. Se dit d'une volaille qui pond : une *poule pondeuse*.

PONDOIR n.m.
En. **laying nest, nestbox** (1)
De. **Legenest, Brutanstalt** (1)
Es. **ponedero** (1)
It. **nido** (1)
1. Local où pondent les poules.
Syn. Poulailler.
2. Paillon d'osier, garni de foin, et dans lequel les poules déposent leurs oeufs. *(fig.163).*

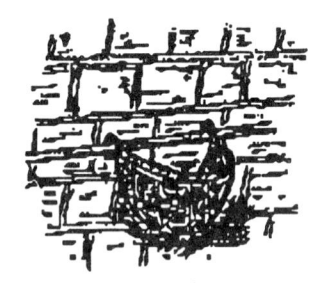

(Fig. 163). Pondoir

PONDRE v.tr.
En. **to lay**
De. **legen**
Es. **poner**
It. **deporre, fare le uova**
Chez les ovipares (poule, dinde, cane, pigeon, etc.) expulser l'oeuf issu de la fécondation d'un ovule de la femelle par un gamète du mâle.
Etym. Du latin *ponere*, déposer.

PONEY n.m.
En. **pony**
De. **Pony**
Es. **poney**
It **pony**
Cheval de petite taille, propre à la selle et capable de tenir une allure rapide.
Au fém. *ponette.*
Etym. De l'anglais, *pony.*

PONT DE GRANGE l.m.
Remblai en légère pente, à l'extérieur du fenil et permettant d'y accéder avec une charrette chargée de foin.
Syn. Montoir (fig. 132).

PONTE n.f.
En. **egg laying** (1)
De. **Eierlegen** (1)
Es. **postura** (1)
It. **deposizione delle uova** (1)
1. Action de pondre.
2. Quantité d'oeufs pondus par une poule en un temps limité, ou produit par un poulailler en un jour.
3. Période pendant laquelle pondent les volailles d'une basse-cour.
En Languedoc, poustaignade.
Etym. Du latin *ponere*, déposer.

PONTIS n.m.
Débris de paille après le dépiquage, ou le battage.

PONT L'ÉVÊQUE n.m.
Fromage à pâte molle, de forme carrée, fabriqué avec du lait de vache en Normandie, depuis le XVIIème siècle.

POOL VERT l.m.
Groupement d'Etats soumis à des ententes favorisant la production et les échanges de ressources tirées de la culture et de l'élevage.
V. C.E.E.
Etym. De l'anglais *pool*, dérivé du français *poule*, association de joueurs.

POPULAIE n.f.
Plantation de peupliers.
Etym. Du latin, *populus*, peuplier.

POPULATION n.f.
En. **population** (2)
De. **Population** (2)
Es. **población** (2)
It. **popolazione** (2)
1. Ensemble des personnes vivant dans des communes de moins de 2000 habitants.
Elles constituent une population rurale.
2. Ensemble des individus d'une même espèce vivant dans un espace délimité.
Ex. Une forêt de pins, une bande de canards.
3. Ensemble des membres d'un même genre, d'une même espèce pouvant se croiser et donner des métis.
Etym. Du latin *populus*, peuple.

POPULATION AGRICOLE l.f.
En. **rural population**
De. **Landbevölkerung, Bauernbevölkerung**
Es. **población agrícola**
It. **popolazione agricola**
Ensemble des individus se consacrant à la culture et à l'élevage pour en retirer alimentation et profits financiers.
C'est un sous-ensemble de la population rurale. Tandis qu'en 1900 ils représentaient 50% des actifs, ils ne sont plus maintenant que 10% et d'une moyenne d'âge élevée. La dénatalité et l'exode rural, liés aux conditions de vie si différentes de la campagne à la ville, en sont les principales causes.

POPULATION RURALE l.f.
En. **rural population**
De. **Landbevölkerung**
Es. **población rural**
It. **popolazione rurale**
Ensemble des individus, agriculteurs et non agriculteurs, vivant dans des commmunes de moins de 2000 habitants.

POPULICULTURE n.f.
It. **pioppicoltura**
Culture des peupliers.
Etym. Du latin *populus*, peuplier.

POQUET n.m.
Trou creusé dans le sol, et dans lequel on met quelques graines de maïs, de betterave, ou de légumineuses, avant de les recouvrir de terre.
Procédé archaïque qui ne se maintient que dans les jardins, et dans les pays peu évolués. Le trou, creusé avec une petite bêche, se dit aussi auget.
Etym. Terme picard, diminutif de poche.

PORC n.m.
En. **pig, swine, hog**
De. **Schwein**
Es. **puerco, cerdo**
It. **porco, maiale**
Mammifère ongulé de la famille des Suidés, que l'on élève et que l'on engraisse pour l'alimentation humaine.
On compte une trentaine d'espèces de porcs en France. Son élevage s'est industrialisé. Jadis le porc banal était un verrat appartenant au seigneur et donnant lieu à redevance quand on voulait qu'une truie ait des petits de ce mâle.
Etym. Du latin *porcus*.

PORCELET n.m.
En. **piglet**
De. **Ferkel**
Es. **cerdillo**
It. **porcellino**
Jeune porc, pas encore sevré.

PORCHÉE n.f.
Forêt soumise au droit de *panage*, ou de *porcage,* séjour des porcs d'une communauté.

PORCHER n.m.
En. **swine herd**
De. **Schweinehirt**
Es. **porquero**
It. **porcaio, porcaro**
Ouvrier agricole chargé de la garde et de l'entretien d'un troupeau de porcs.

PORCHÈRE n.f.
En. **piggery, pigsty** (1), **swineherd** (2)
De. **Schweinestall** (1)
Es. **porqueriza** (1)
It. **porcile** (1)
1. Parc ou étable à porcs.
Syn. Porcherie.
2. Femme chargée de garder et de nourrir des porcs.

PORCIL n.m.
(Dauphiné). Etable à porcs.

PORCINS n.m.p.
En. **swine**
De. **Schweine**
Es. **porcinos**
It. **suini**
Mammifères artiodactyles (les pattes ont quatre doigts), de la familles des Suidés, dont les uns sont restés sauvages (sangliers) et les autres, domestiqués, se répartissent en plusieurs races : de Craon, du Béarn, du Périgord, du Yorkshire, de la Large White, etc.

PORCIN adj.
It. **porcino, suino**
Qui a trait au porc.

PORPRÉTURE n.f.
(Normandie). Redevance payée pour avoir droit de clore ses champs.

PORQUE n.f.
Truie qui a été châtrée.

PORREAU n m.
En. **leek**
De. **Lauch**
Es. **puerro**
It. **porro**
Plante annuelle de la famille des Alliacées (*Allium porrum*).
Cultivée comme légume, elle sert à préparer les potages. Son nom actuel est poireau, *et le diminutif, peu usité, est* porrette.

PORT n.m.
De. **Aussehen** (1), **Wachstum** (2)
Es. **aspecto** (1)
It. **portamento** (1)
1. Manière dont un cheval tient la tête.
2. Forme distinctive d'une plante, particulièrement d'un arbre.
Etym. Du latin *portus*.

PORTAYER v.tr.
Estivage des troupeaux sur les hauts pâturages situés prés des cols, appelés *ports*, dans les Pyrénées centrales.
Cet estivage s'appelait aussi portayage.

PORTEAU n.m
(Poitou). Avancée du toit devant la porte de la grange, pour servir d'abri aux charrettes chargées de récoltes.

PORTE-BRANCARD n.m.
It. **portastanghe**
Partie du harnais qui supporte les brancards.

PORTE-BOUTEILLE n.m.
En. **bottle-stand**
De. **Flaschengestell**
Es. **botellero**
It. **portabottiglie**
Casier pour ranger les bouteilles dans une cave, ou pour les transporter.

PORTE-CHARRETIÈRE n.f.
It. porta carraia
Large porte, à double battants, qui permettait à une charrette, chargée de paille ou de foin, de pénétrer dans la cour, ou dans la grange d'une ferme.

PORTÉE n.f.
En. litter, offspring (1)
De. Wurf (1)
Es. camada (1)
It. figliata, nidiata (1)
1. Nombre de petits qu'une femelle de mammifère met bas en une seule fois.
2. Durée de la gestation.
V. Mise-bas.

PORTE-EAUX n.m.
(Dauphiné). Prise d'eau dans le canal principal d'une zone irriguée.

PORTE-FEIGNANT n.m.
Sorte de siège placé à l'avant de la roue gauche d'une charrette, et où s'asseyait le roulier pour se reposer des longues étapes du char.

PORTE-GRAINES n.m.
Plante sélectionnée pour donner des graines de qualité qui serviront de semence.

PORTE-GREFFE n.m.
En. rootstock
De. Unterlage (beim Pfropfen), Stock
Es. patrón de injerto
It. portainnesto, soggetto
Plante sur laquelle est fixé un greffon.
Elle est choisie pour sa vigueur, mais ses fruits sont de médiocre valeur, tandis que celle qui fournit le greffon, et qui doit être de la même famille, est appréciée pour la qualité de ses fleurs, ou de ses fruits. En viticulture, sarment de cépage américain, qui a pris vigoureusement racine, et sur lequel on fixe le greffon.
Syn. Sujet.

PORTE-RESPECT n.m.
Parcelle de terre enclavée, appartenant à un exploitant agricole qui n'en possède pas d'autres aux alentours.
Elle l'oblige à respecter des servitudes de passage, ou bien elle lui donne le droit d'imposer des détours à ses voisins.

PORTE-TERRIERS n.m.p.
Tenanciers de tenures domaniales pour lesquelles ils devaient, non pas un cens à verser comme les *censaux*, mais plutôt un grand nombre de jours de travail sur la réserve du seigneur.

PORTE-SEAUX n.m.
Chariot à deux roues et à brancards de fer pour transporter les bidons de lait, de la prairie où se fait la traite, jusqu'à la ferme de l'éleveur.

PORTEUR n.m.
En. carrier
De. beschnittene Weinranke
Es. portador
It. ramo con pampini
Nom du sarment taillé à un ou deux yeux, et qui portera les pampres avec leurs raisins.
Syn. Courson.

PORTO n.m.
Vin muté produit par des vignobles étagés sur les versants de la vallée du Douro, en amont de la ville de Porto, dont il a pris le nom.

PORTOIR n.m.
(Anjou). Petite cuve où l'on verse la vendange recueillie dans les paniers et les hottes.

PORT-SALUT n.m.
Fromage à pâte ferme, jaunâtre qui a d'abord été fabriqué à l'abbaye de Port-Salut, à Entrammes, dans la Mayenne, puis dans diverses fromageries de France.

PORTUGAIS n.m.
Cépage à raisins noirs, originaire de la région de Porto, cultivé en Roussillon.
Il est très sensible à l'oïdium, ce qui l'exclut du Bordelais ; mais il est apprécié comme raisin de table.

P.O.S. sigle
Plan d'Occupation des Sols.
Réglement régissant, dans une région déterminée, les conditions générales de l'utilisation des sols : voies de circulation, parcelles cultivées, agglomérations, espaces verts - afin d'éviter la spéculation sur le prix des terrains et l'anarchie des implantations humaines, tout en favorisant, au contraire, les aménagements rationnels du territoire envisagé.

POSE n.f.
Unité de surface en Suisse romande.
C'est l'étendue de terre qu'un attelage normal peut labourer en un jour. La pose de Lausanne vaut 45 ares.

POSOLOGIE n.f.
En. posology
De. Dosierung, Verabreichung
Es. posología
It. posologia
Recherche des doses thérapeutiques de médicament à administrer à un animal selon son poids et son âge, et par période de vingt quatre heures.
Etym. Du grec *poson*, combien, et *logos*, science.

POSSIBILITÉ n.f.
En. allowable cut, feasibility
De. Möglichkeit
Es. posibilidad
It. possibilità
Qualité de ce qui est possible.
En sylviculture, ce sont les coupes à effectuer chaque année ; en surface, c'est la contenance, en pieds d'arbres, ou en volume, d'une certaine étendue.
Etym. Du latin *possibilis*.

POSSON n.m.
Nourriture préparée avec des *issues* pour les porcs.

POSTIER n.m.
1. Cheval chargé de traîner les diligences.
2. Percheron amélioré, utilisé comme cheval de trait et cheval de luxe.

POST-LEVÉE (TRAITEMENT DE) l.m.
It. postemergenza (trattamento di)
Traitement à appliquer à une plante après sa *levée*, c'est-à-dire après sa germination, soit pour la détruire si elle est nuisible, soit pour en favoriser la croissance si elle est utile.

POT n.m.
En. pot (1)
De. Topf (1)
Es. olla (1)
It. vaso (1)
1. Récipient destiné à contenir un liquide, (pot à lait).
2. (Auvergne). Mesure de capacité d'une contenance d'environ 15 litres.
3. Vase en terre cuite pour la culture et la vente des jeunes plants.
S'il a moins de 10 cm de diamètre, c'est un godet.
Etym. Du préceltique.

POTAGE n.m.
En. soup (3)
De. Suppe (3)
Es. sopa (3)
It. minestra (3)
1. Récipient où l'on fait cuire les aliments.
2. Pois et fèves servant à faire du potage (Sologne, XVème siècle).
3. Bouillon avec un produit alimentaire, viande, pâtes, ou légumes.
Etym. Dérivé de pot.

POTAGER n.m.
En. kitchen garden
De. Gemüsegarten
Es. huerta
It. orto
Jardin consacré à la culture des légumes destinés à la préparation des potages : fèves, choux, carottes, etc., appelées *plantes potagères*.

POTASSE n.f.
En. potash
De. Kali, Pottasche
Es. potasa
It. potassa
Engrais composé d'un protoxide de potassium mêlé à du carbonate et à du chlorate de potassium.

On l'obtient soit en faisant brûler des végétaux et en répandant leurs cendres, soit en extrayant du sous-sol d'Alsace ou de Thuringe, de la potasse naturelle et en l'épurant de son chlorure de sodium avant de la livrer aux agriculteurs ; elle est particulièrement utile aux plantes sarclées.
Etym. De l'allemand pott, pot et ashes, cendres (les cendres recueillies sous les pots, dans les foyers, cendres riches en potasse).

POTENTIEL GÉNÉTIQUE l.m.
En. genetic potential
De. genetisches Potential
Es. potencial genético
It. potenziale genetico
Capacité des gènes contenus dans les chromosomes d'un individu, animal ou plante, de donner à ses descendants les caractères physiologiques qui étaient les siens : dimension du corps, couleur des cheveux, des yeux, résistance aux maladies, vigueur intellectuelle, etc.

POTET n.m.
Trou fait en sol ameubli avec une bêche, un plantoir, ou avec la main, pour y glisser quelques graines de semence et le recouvrir de terre pour qu'elles germent.
Syn. Poquet.

POTIRAUMON n.m.
Plante annuelle de la famille des Cucurbitacées (Pepo muscatus).
Cultivée dans les pays chauds, elle produit une variété de courge qui peut peser jusqu'à 50 kg ; sa pulpe parfumée lui vaut son nom de potiron musqué.

POTIRON n.m.
En. pumpkin
De. Riesenkürbis
Es. calabaza
It. grossa zucca
Plante annuelle de la famille des Cucurbitacées (Cucurbita maxima).
Originaire du Soudan, elle est cultivée dans tous les continents pour ses fruits à pulpe comestible.

POT-TRAYEUR n m.
En. milker pail
De. Milcheimer
Es. cubo de ordeñadora
It. mungitrice
Elément de l'appareil pour la traite des vaches.
V. Traite.

POTTOCK n.m.
Race des poneys basques.

POU n.m.
En. louse
De. Laus
Es. piojo
It. pidocchio
Insecte sans aile *(anapoure)*, parasite des plantes et des animaux.
Ovipare, ses oeufs s'appellent des lentes. Selon ses variétés, il s'attaque aux mammifères et aux volailles, aux feuilles des choux et à l'écorce des arbres ; on s'en débarrasse avec des traitements à base de nicotine.
Etym. Du latin pediculus.

POUCE n.m.
En. inch
It. pollice
Ancienne mesure de longueur qui valait environ 2,7 cm, soit la douzième partie du *pied*, et la soixante-douzième partie de la *toise*.
On utilisait également le pouce carré et le pouce cube. Le pouce lorrain, de 12 lignes, mesurait environ deux centimètres et demi.
Etym. Du latin pollex, pouce.

POUDADOUIRE n.f.
Serpette à lame très fine pour tailler la vigne.
Syn. Poudette, ou poudot (Languedoc).
Etym. De l'occitan pouda, tailler.

POUDRAGE n.m.
En. dusting, powdering
De. Bestäuben
Es. empolvado, espolvoreado
It. impolveramento, polverizzazione
Opération qui consiste à projeter sur des plantes des produits en poudre, comme la fleur de soufre, afin de lutter contre les insectes nuisibles et les maladies cryptogamiques.
On dit aussi pulvérisation.
Etym. Du latin pulvis, poussière.

POUDRE DE LAIT l.f.
En. milk powder
De. Trockenmilch, Milchpulver
Es. leche en polvo
It. latte in polvere
Lait desséché, réduit en poudre, pour être conservé longtemps.

POUDRETTE n.f.
En. poudrette
De. Staubdünger, Dungpulver, Poudrette
Es. excremento seco pulverizado
It. sterco polverizzato
Engrais préparé avec des excréments humains désséchés et réduits en poudre, servant à fumer les jardins.

POUDREUSE n.f.
En. duster
De. Zerstäuber
Es. espolvoreadora
It. improveratore, impolveratrice
Instrument agricole servant à répandre sur les plantes des produits insecticides, ou anticryptogamiques, sous forme de poudre.

POUÉES n.f.p.
Petites buttes de terre sur lesquelles sont placés les plants de vigne. *Elles peuvent être séparées régulièrement les unes des autres, ou bien former un léger dos de terrain ; elles favorisent la croissance des racines.*

POUGE n.f.
Lande située au sommet d'une colline et traversée par un chemin.
Par extension, le chemin lui-même.
En Limousin, plusieurs hameaux portent ce nom, ou ses dérivés : poujade, pouyade (A.Perrier).
Etym. Du latin podium, petit monticule.

POUGNET n.m.
Cépage à raisins noirs, cultivé dans le Bas-Vivarais.

POUILLÉ n.m.
En. ecclesiastical register
De. Pfründenregister
Es. estado de los beneficios de una diócesis
It. registro dei benefici ecclesiastici
Inventaire des biens ecclésiastiques consignés dans un registre.
On réservait le nom de terrier aux inventaires des biens appartenant à des seigneurs laïcs ; mais les deux termes étaient interchangeables. Les pouillés constituent de précieux documents pour l'histoire et la géographie agraires du Moyen-Age et des Temps Modernes (G. Lepointe). Etym. Du latin polyptycum, registre à feuillets repliés.
Terme utilisé dès le IXème siècle.

POUILLEUSE adj.
(Champagne). Se dit d'une terre, d'une région stérile et pauvre.

POUILLY-FUISSÉ n.m.
Vin blanc réputé, récolté en Mâconnais, autour des communes de Pouilly, de Fuyssé, de Vergisson, etc. *Ne pas confondre avec le vin blanc de Pouilly-Fumé, récolté dans la Nièvre, autour de Pouilly-sur-Loire.*

POULAILLE n.f.
En. poultry
De. Geflügel
Es. volatería
It. pollame
Ensemble des volailles d'une basse-cour.

POULAILLER n.m.
En. henhouse
De. Hühnerstall
Es. gallinero
It. pollaio
Batiment où logent les poules.
Syn. Poulier.

POULAILLERIE n.f.
Es. pollería
Lieu de vente des volailles sur la place d'un marché.

POULAIN n.m.
En. foal, colt
De. Füllen, Fohlen
Es. potro
It. puledro
Petit de la jument. *Cheval avant l'âge adulte.*
Au fém. pouliche, *ou* pouline *(vieilli).*
Etym. Du latin pullus, petit d'un animal.

POULAITTE n.f.
En. poultry dung
De. Hühnermist
Es. gallinaza
It. sterco di pollame
Engrais composé avec les déjections des volailles et, en particulier, des poules.

POULARD (BLÉ) adj. et n.m.
Céréale de la famille des Graminées (*Triticum turgidum*).
Originaire de Syrie, cultivée dès l'Antiquité, c'est une plante annuelle rustique, appelée aussi gros blé, *ou* pétanielle.

POULARDE n.f.
En. poularde
De. Masthühnchen
Es. polla cebada
It. pollastra
Jeune poule que l'on a engraissée et dont on rendait autrefois la chair plus fine en la castrant (R. Blais).

POULE n.f.
En. hen
De. Henne, Huhn
Es. gallina
It. gallina
Femelle du coq.
Selon certains détails, on distingue la poule huppée, *la poule* polonaise, *la poule* pattue *à pattes garnies de plumes, la poule de soie au plumage soyeux, la poule naine, la poule frisée, la poule nègre, etc. Etym. Du latin* pulla, *de* pullus, *petit d'animal.*

POULE D'INDE l.f.
En. turkey hen
De. Truthenne, Pute
Es. pava
It. tacchina
Femelle du dindon.
Plus communément dinde.

POULENÉE n.f.
Déjections des poules et excréments des volailles.
Recueilli dans les poulaillers, engrais très actif à cause de sa richesse en azote et en phosphore. On dit aussi poulnée *et* pouline.
Syn. Poulaitte.

POULET n.m.
En. chicken
De. Hühnchen
Es. pollo
It. pollo
Jeune coq qui n'est pas encore adulte.
Une jeune poule est une poulette *et un dindonneau est parfois appelé* poulet d'Inde.

POULICHE n.f.
En. filly
De. Stutfohlen, Stutenfüllen
Es. potranca
It. puledra, cavallina
1. Féminin de poulain.
2. Jeune jument de moins de deux ans.

POULIÈRE n.f.
Petite ouverture ménagée dans la porte d'un poulailler pour permettre aux poules d'entrer et de sortir.

POULINAGE n.m.
En. foaling
De. Füllen werfen
Es. parto de la yegua
It. il figliare (detto di giumenta)
Action de mettre bas pour une jument.

POULINER v.tr.
En. to foal
De. fohlen, Füllen werfen
Es. parir la yegua
It. figliare (detto di giumenta)
Mettre bas pour une jument.

POULINIÈRE n.f.
En. brood mare
De. Zuchtstute
Es. yegua reproductora
It. fattrice
Jument destinée à la reproduction.

POULIOT n.m.
It. verricello
Treuil fixé à l'arrière d'une charrette et sur lequel on enroule la corde qui amarre solidement la charge de gerbes ou de foin.

POULSARD n.m.
Cépage à raisins noirs, cultivé dans le Jura, où il est appelé *Plant d'Arbois*.
Il donne des vins qui ont une teinte pelure d'oignon (P. Marres).

POULVÉ n.m.
(Cantal). Bois merrain de 83 cm de longueur, de 10 cm de largeur et d'épaisseur.

POUMUDE n.f.
(Périgord). Châtaigne jadis fort appréciée.

POUPÉE n.f.
1. Touffe de laine, de chanvre, ou de lin, fixée au bâton de la fileuse.
2. Greffe entourée d'une bande de toile blanche, ce qui lui donne l'aspect d'une poupée.

POUPEYER n.m.
(Bas-Maine). Celui qui peigne, à l'aide d'un séran, la filasse de lin ou de chanvre après avoir enlevé les chènevottes.
Syn. Filassier.

POURCADE n.f.
(Languedoc). Troupeau de porcs.

POURCEAU n.m.
En. hog, pig, swine
De. Schwein, Sau
Es. puerco, cerdo
It. maiale, porco
Porc ou cochon. (péjoratif).
Etym. Du latin porcellus, *diminutif de* porcus.

POURETTES n.f.p.
(Provence). Mûriers taillés bas afin de faciliter la cueillette des feuilles, appelées, elles aussi, par dérivation, *pourettes*, nourriture des vers à soie.

POURPIER n.m.
En. purslane
De. Portulak
Es. verdolaga
It. porcellana, portulaca
Plante annuelle de la famille des Portulacées (*Portulaca oleracea*).
Originaire de la Russie méridionale, elle est cueillie, depuis une très haute Antiquité, pour faire des salades. Etym. Du latin pullipes, *pied de poulet, qui a donné en occitan* pepoulo.

POURPRIS n.m.
Enclos réservé aux constructions d'une ferme isolée, ou d'un village.
Le pourpris était frappé d'un cens, mais non de la dîme, qui était prélevée sur les revenus des autres terres de la censive, ou du finage. Aussi était-il délimité avec soin. Selon les lieux, on l'appelait cazal, chazal, courtil ; *en Bourgogne c'était le* meix (P. de Saint-Jacques).
Etym. De l'ancien verbe pourprendre, *enfermer dans une enceinte.*

POURRAIN n.m.
(Poitou). Fumure composée de plantes que l'on fait pourrir dans les cours de ferme.

POURRIDIÉ n.f.
En. white rot, root rot
De. Wurzelschimmel
Es. mal blanco de las raíces
It. marciume
Maladie cryptogamique de la vigne, causée notamment par un champignon, *Rosselinia necatrix*. Les racines pourrissent et le sol est contaminé ; il faut le traiter au sulfure de carbone avant de replanter un autre pied de vigne. Le même mal attaque également les arbres fruitiers et s'apparente à la maladie de l'encre du châtaignier.

POURRINIER n.m.
(Vendée). Ouvrier agricole chargé de recueillir les excréments des troupeaux dans les prairies.

POURRITURE n.f.
En. grey mould, botrytis disease
De. Botrytisfäule, Fäulnis
Es. botritis, podredumbre
It. marciume
Maladie cryptogamique qui se développe sous forme de moisissure sur l'enveloppe des graines de raisins blancs.
C'est le Botrytis cinerea, *ou* pourriture noble, *que favorise l'humidité et la chaleur des journées d'automne ; aspirant l'eau de la pulpe, il entraîne la concentration du sucre. Sur les graines de raisins noirs se développe le même champignon provoquant la pourriture grise qui rend les grappes impropres à la vinification. Un autre champignon,*

Guignardia bidwelli, *détermine la* pourriture maculée *qui attaque les feuilles, puis les raisins qui se couvrent de pustules noires, ou macules.*

POUSSE n.f.
En. **growing** (1), **broken wind, heaves** (4), **sprout** (2)
De. **Wachsen** (1), **Trieb, Schössling** (2), **Dämpfigkeit** (4)
Es. **brote** (2), **retoño** (2)
It. **crescita** (1), **messa, getto** (2), **intorbidamento** (3), **bolsaggine** (4)
1. Action de croître.
2. Jeune tige d'une plante cultivée (pousse de vigne, de blé, etc.).
3. Maladie des vins, causée par un ferment qui les rend troubles et fades, avec dégagement de gaz carbonique qui pousse les bouchons ou les bondes.
4. Maladie du cheval, sorte d'emphysème, caractérisé par un essoufflement rapide.

POUSSET n.m.
(Provence). Variété de pastel donnant une teinte écarlate.

POUSSIER n.m.
It. **tritume di fieno**
Débris de fourrages secs recueillis sur le plancher des fenils et que l'on utilise pour réensemencer les prairies.

POUSSIN n.m.
En. **chick, chicken, peeper**
De. **Küken**
Es. **polluelo, pollito**
It. **pulcino**
Poulet récemment éclos.
Le commerce des *poussins d'un jour* est très actif, car recherchés pour l'élevage industriel.
Etym. Du latin *pullus* qui a donné *pullicimus*.

POUSSINIÈRE n.f.
En. **chicken coop** (1), **brooder house** (2)
De. **Kükenhaus** (1), **Brutapparat** (2)
Es. **pollera**
It. **stia per pulcini** (1), **incubatrice** (2)
1. Cage à compartiments où l'on élève les poussins pendant leurs premières semaines.
2. Couveuse artificielle, formée d'une étuve où l'on met à sécher les poussins qui viennent de naître.

POUSTAIGNADE n.f.
(Languedoc). Ponte.

POUTURE n.f.
(Centre). Produit destiné à la nourriture du bétail engraissé à l'étable.
Il s'agit surtout de farines.
Syn. Poture.

POUVOIR ABSORBANT l.m.
En. **absorbing power**
De. **Absorptionsvermögen**
Es. **poder absorbente**
It. **potere assorbente**
Pouvoir de rétention de la terre végétale à l'égard des sels minéraux et des matières nutritives contenus dans le sol.
Dissous dans les eaux d'infiltration ces sels et ces matières, aux anions chargés d'électricité négative, sont retenus par les cations chargés d'électricité positive des argiles et des acides humiques. C'est à ce phénomène qu'est due la valeur nutritive d'un sol, d'autant plus élevée que sels minéraux et humus sont plus abondants et mieux absorbés.

POUZIN n.m.
(Auvergne). Cépage cultivé en hautains dans la Varenne de Lezoux, donnant un vin léger et agréable.

POYPES n.m.p.
(Dombes, Bresse). Monticules de terre dressés dans les pays sans pierre, aux angles d'une parcelle, ou du territoire d'une communauté, pour en indiquer les limites, en tenant lieu de bornes.

PRAAGE n.m.
1. Droit médiéval de faire paître les troupeaux sur les prés d'une seigneurie.
2. Redevance versée par les tenanciers pour user de ce droit.
Etym. Du latin *pratum*, pré, et *agere*, conduire.

PRADAL n.m.
(Gascogne). Pré de médiocre qualité.

PRADASQUE n.f.
(Quercy). Prairie marécageuse, où poussent des herbes de mauvaise qualité, et des buissons parmi les pierres.

PRADE n.f.
(Rouergue). Grand pré, ou succession de prés jointifs.
Etym. Féminin de *prad*, pré, en occitan.

PRADELLE n.f.
1. Prairie naturelle.
2. Lieu où il y a beaucoup de prés.
Syn. Pradel.
3. Nom du domaine d'Olivier de Serres, à Villeneuve-de-Berg *(Ardèche)*, dit aussi le Pradel.

PRADET n.m.
Petit pré.

PRADIER n.m.
Ouvrier agricole chargé d'entretenir les prés d'un grand domaine, ou d'une communauté rurale, en taillant les haies, en les irrigant, en les épierrant, etc.
Au féminin, une pradière.

PRADIÈRE n.f.
1. *(Quercy)*. Vaste prairie.
2. Ouvrière chargée d'entretenir les prés.

PRAINTE n.f.
1. *(Ile de France)*. Redevance versée pour l'utilisation du pressoir banal dans les domaines seigneuriaux.
2. *(Centre)*. Équivalent de la dîme.

PRAIRIAL n.m.
Neuvième mois de l'année républicaine, du 20 mai au 16 juin, à l'époque où l'herbe des prairies est en pleine croissance.

PRAIRIE n.f.
En. **grassland, meadow** (1), **prairie** (2)
De. **Wiese** (1), **Prärie** (2)
Es. **pradera, prado** (1)
It. **prateria, prato** (1)
1. Parcelle cultivée en herbes, où dominent les graminées et les légumineuses, et qui est utilisée pour donner du foin, ou pour être pâturée par le bétail.
On distingue les prairies naturelles *dont la durée est indéfinie et qui sont composées de plantes très diverses ; les* prairies artificielles *ensemencées en une ou deux légumineuses (trèfle, lupin) et qui durent un ou deux ans ; et les* prairies temporaires *(sainfoin, luzerne) qui durent six ou sept ans. La prairie se distingue aussi du pré par sa plus grande étendue.*
2. *(Centre des Etats-Unis)*. Formation végétale continue, composée d'herbes et de rares arbustes.
Etym. Du latin *pratum*, pré.

PRAIRIE FLOTTANTE n.f.
(Limousin). Prairie que l'on peut irriguer et même couvrir complètement d'eau, à l'aide de rigoles situées dans la partie la plus élevée de la parcelle.

PRAISIE n.f.
(Centre-Ouest). Prairie sans clôture et soumise, après la coupe des foins, au libre parcours des troupeaux.

PRALIN n.m.
Boue semiliquide, composée de terre mélangée d'engrais et de fumier, pour pratiquer le pralinage.

PRALINAGE n.m.
En. **browning in dung**
De. **Beizen**
Es. **garapiñado**
It. **concimazione**
Procédé qui consiste à plonger les racines des jeunes plants dans du *pralin* avant de les mettre en terre.
On favorise ainsi la pousse de la plante (fig.164). On pratique la même opération avec

des graines de semence que l'on plonge dans un engrais à demi-liquide.
Etym. Dérivé de *praline*, bonbon obtenu par le cuisinier du maréchal du Plessis-Praslin (1598-1675) en plongeant des amandes dans du sucre fondu.

(Fig.164). Pralinage

PRATICULTEUR n.m.
En. **meadow farmer**
De. **Wiesenbauer**
Es. **praticultor**
It. **praticoltore**
Agriculteur ou agronome, spécialisé dans la *praticulture*, c'est-à-dire dans la culture des prairies.

PRATICULTURE n.f.
En. **meadow culture**
De. **Wiesenbau**
Es. **praticultura**
It. **pratocoltura**
Culture des prés.
Etym. Du latin *pratum*, pré et *cultura*, culture.

PRÉ n.m.
En. **meadow, grassland**
De. **Dauerwiese**
Es. **prado**
It. **prato**
Prairie de petite étendue, enclose et mise en défense pour y interdire l'entrée des troupeaux et le libre parcours.
On peut ainsi la faucher et récolter le foin et le regain. Etym. Du latin *pratum*, qui a donné *prat* en Languedoc.

PRÉABLE adj.
(Pays Nantais). Qualifie une terre de gaignerie, qui peut être mise en pré.

PRÉAGE n.m.
Redevance due en espèces, ou en nature, pour les prés, par le tenancier à son seigneur.

PRÉAU n.m.
En. **playground** (3)
De. **kleine Wiese** (1), **Schulhof** (3)
Es. **prado pequeño** (1), **prato cubierto** (3)
It. **praticello** (1), **cortile** (3)
1. Petit pré.
2. *(En vieux français).* Cour gazonnée.
3. Endroit couvert où jouent, par temps de pluie, les élèves d'une école.

PRÉBENDE n.f.
En. **prebend** (1)
De. **Präbende** (1), **Pfründe** (2)
Es. **prebenda** (1)
It. **prebenda** (1)
1. Fraction des revenus en nature d'un domaine carolingien affecté à l'entretien d'une communauté religieuse, d'une *chanoinie*.
2. Plus tard, au XIème siècle, revenu d'une terre, d'un fief, spécialement réservé à un chanoine appelé *prébendier*.
Ce revenu pouvait être détaché du canonicat au profit d'un laïc, seigneur ou roi. Supprimées en 1789, les prébendes furent remplacées par des appointements lors du Concordat de 1801, pour des chanoines encore appelés, à tort, prébendiers.
3. Par dérision, repas de 10h du matin, pris dans les champs.
Etym. Du latin *praebere*, fournir.

PRÉ-BOIS n.m.
Pâturage parsemé d'arbres isolés, ou de boqueteaux.
Il fournit à la fois l'arbre et l'herbe ; en outre, les arbres protègent le bétail du vent et du soleil. Fréquents dans le Haut-Jura, les prés-bois, s'ils sont surchargés de bétail, perdent leurs arbres et leurs pelouses sont ruinées par le ruissellement.

PRÉCAIRE n.f.
En. **precarium**
Es. **precaria**
It. **precaria**
Tenure prélevée sur la villa carolingienne et concédée pour cinq ans, puis à titre viager et même héréditaire, moyennant redevance, d'abord sur des biens ecclésiastiques, puis sur des biens seigneuriaux.
Celui qui désirait une précaire adressait une demande, ou precaria*, au maître de la villa, qui répondait par une* prestaria *ou lettre de concession, indiquant les obligations du futur tenancier. Parfois, un propriétaire d'alleu donnait sa terre à une abbaye, ou à un seigneur, quitte à la recevoir ensuite à titre de précaire, mais accrue de nouvelles parcelles ; c'était la* precaria remuneratoria *qui faisait suite à la* precaria oblata*, ou offerte (G. Lepointe).*
Etym. Du latin *praecarius*, obtenu par prière à titre temporaire.

PRÉCIPUT n.m.
En. **advantage**
Es. **mejora**
It. **antiparte**
Partie de la récolte prélevée jadis par le bailleur avant de partager ce qui restait avec le métayer.
Ce prélèvement, qui atteignait jusqu'au cinquième des grains, représentait l'indemnité due par le preneur pour l'utilisation du cheptel vif appartenant au bailleur.
Etym. Du latin *prae*, avant, et *capere*, prendre.

PRÉCLÔTURE n.f.
Groupe de parcelles qui dépendaient étroitement de la ferme, ou du manoir principal.

PRÉCOCE adj.
En. **early**
De. **frühreif**
Es. **temprano, precoz**
It. **precoce**
Qualifie des fruits mûrs au début de la saison où ils sont normalement bons à être récoltés.
Ils font preuve de précocité.

PRÉCOCITÉ n.f.
En. **early ripeness**
De. **Frühreife**
Es. **precocidad**
It. **precocità**
Aptitude naturelle ou acquise d'un organisme à développer rapidement ses tissus et ses fonctions. *Pour un végétal, c'est donner sa production avant la saison normale ; pour un animal, c'est sa croissance rapide en poids, en conformation et en capacité de travail et de reproduction.*
Etym. Du latin *praecox*, mûr avant le temps.

PRÉ CROULIER l.m.
(Aunis). Pré marécageux.

PRÉCULTURE n.f.
Précaution qui consiste à faire germer des pommes de terre avant de les planter, afin de s'assurer qu'elles ne sont pas atteintes d'une maladie à virus.

PRÉDATEUR adj.
Es. **depredador, de rapiña**
Qualifie un insecte qui se nourrit de ceux qu'il a capturés : la coccinelle qui dévore la cochenille.
Syn. *Déprédateur.*

PRÉDATEUR n.m.
Es. **predador, depredador**
Animal qui cause des dégâts en se nourrissant de récoltes, ou de proies qu'il a tuées.
Syn. *Déprédateur.*
Etym. Du latin *praeda*, proie.

PRÉ D'EMBOUCHE l.m.
En. **graze, grassland**
De. **fette Weide, Fettwiese**
Es. **herbaje**
It. **pascolo per l'ingrasso**
Pré consacré à l'élevage des bovins destinés à la boucherie, d'où son nom.
D'une superficie d'environ un hectare, de forme carrée, entouré de clôture, ensemencé en plantes de qualité, il doit comprendre un abreuvoir et un bouquet d'arbres où le bétail peut s'abriter du vent et du soleil.

PRÉDIAL adj.
Es. **predial**
It. **prediale**
Qualifiait jadis ce qui appartenait à un domaine, telle une *rente prédiale*.
Syn. *Rente foncière.*
Etym. Du latin *praedium*, héritage.

PRÉEMPTION (DROIT DE) l.m.
It. **prelazione (diritto di)**
Droit du fermier ou du métayer en place d'acquérir, au prix offert par tout autre acheteur, la ferme qu'il exploite.
Le même droit a été attribué aux S.A.F.E.R.

PRÉES n.f.p.
Prairies des vallées de la Charente et de ses affluents.
A cause de la rareté des bons pâturages sur les collines et les plateaux du voisinage, secs et voués aux cultures, elles sont restées jusqu'à nos jours soumises au libre parcours, après la récolte du foin en juin.

PRÉFANAGE n.m.
It. **avvizzimento parziale**
Fanage partiel, avec un aérateur, ou une préfaneuse, de l'herbe fauchée avant son ensilage, ou sa déshydratation.

PRÉFÉRENCE COMMUNAUTAIRE l.f.
Es. **preferencia comunitaria**
Convention passée entre les 12 Etats de la C.E.E., accordant à chacun d'eux, à qualité égale, notamment pour un produit agricole, le tarif douanier le plus bas, ou bien l'achat de préférence à tout autre Etat n'appartenant pas à la Communauté.

PRÉFLORAISON n.f.
En. **aestivation, estivation** (1)
Es. **prefloración** (1)
It. **preflorazione** (1)
1. Disposition des pétales dans le bouton avant son éclosion.
2. Etape de l'évolution d'un bouton de fleur au moment où il va s'épanouir.
Etym. De pré, avant, et de fleur.

PRÉFOLIATION n.f.
En. **vernation**
De. **Blattfaltung**
Es. **prefoliación**
It. **prefogliazione**
Agencement des feuilles dans le bourgeon avant qu'il ne s'ouvre.

PRÉ GAGNEAU l.m.
1. *(Val de Loire).* Pré enclos, soustrait à la vaine pâture.
2. Pré à l'herbe abondante, que l'on peut faucher deux fois par ans.
En Poitou on dit un pré guimeau.

PRÉ-GAZON n.m.
De. **künstliche Wiese**
Es. **césped inglés, prado artificial**
It. **prato artificiale**
Prairie obtenue avec les graines recueillies dans les fenils.

PRÉIR v.tr.
(Picardie). Transformer une terre labourable en pré.

PRÉLAIE n.f.
(Vendée). Prairie située près d'une rivière, peuplée de prêles.

PRÊLE n.f.
En. **horsetail**
De. **Schachtelhalm**
Es. **cola de caballo**
It. **equiseto**
Plante cryptogame, dite *queue de cheval*, fréquente dans les prés humides, appelés *prêlaies* en Vendée.
Très riche en silice, elle est utilisée en phytothérapie comme reminéralisant.
Etym. Du latin *asperella*, de *aspe*, rugueux.

PRÉMATURÉ adj.
En. **premature**
De. **frühzeitig, frühreif**
Es. **prematuro**
It. **prematuro**
Qui mûrit avant le temps habituel.
Syn. Précoce.
Etym. Du latin *praematuris*.

PRÉMICES n.f.p.
En. **first fruits, first animals**
De. **Erstlingsfrüchte**
Es. **primicias**
It. **primizie**
Coutume païenne et judaïque qui consistait à offrir à la Divinité les premiers nés des hommes et des animaux, et les premiers fruits de l'année.
Plus tard, supplément à la dîme qui consistait à offrir à l'Eglise les premiers fruits de la terre et les premiers produits de l'élevage (G. Lepointe).
Etym. Du latin *primitiae, primus*, premier.

PREMIER n.m.
Seigneur qui possédait à la fois la propriété éminente du sol et le droit de justice, et qui était donc partout, le premier personnage dans sa seigneurie.

PRÉMINOT n.m.
Epizootie qui fit de grands ravages dans les troupeaux de Bourgogne, au XIXème siècle.

PRENDRE v.tr.
En. **to take root** (2)
De. **anwurzeln** (2)
Es. **echar raíces** (2)
It. **attecchire** (2)
1. Pour une greffe, réussir.
2. Pour une jeune plante, s'enraciner dans le sol.

PRENEUR n.m.
En. **tenant farmer**
De. **Pächter**
Es. **arrendatario**
It. **affittuario, conduttore**
Celui qui prend à bail, à ferme, moyennant une redevance, une exploitation agricole que lui loue un *bailleur*.

PRÉOLIER n.m.
Ancien nom d'un jardinier, d'un maraîcher. *(Littré).*

PRÉS-AÉRIENS l.m.p.
Nom donné aux arbres dont le feuillage sert de fourrage vert pendant l'été : orme, érable, frêne, etc.

PRÉS DE BAS l.m.p.
Prés situés dans les bas-fonds, et, de ce fait, froids et marécageux.
Ils ne donnent que du mauvais foin composé de joncs, de prêles et de carex.

PRÉ-SALÉ n.m.
Mouton, ou agneau, élevé dans les prairies situées près de la mer et nourri d'herbe ayant recueilli le sel du vent et des embruns.
Cette alimentation rend la viande plus savoureuse.

PRESCRIPTION TRENTENAIRE l.f.
It. **prescrizione trentennale**
Coutume ou règlement qui fait se transformer en un droit de propriété une occupation ou une location qui dure depuis trente ans et qui n'a donné lieu à aucune manifestation ou réclamation de son ancien possesseur.
Cette prescription joue en particulier pour l'attribution d'une parcelle, ou pour certaines activités agricoles : passages, haies, arbres, murs mitoyens, etc.

PRÉSERET n.m.
Récipient où l'on met la présure pour faire cailler le lait.

PRESSAGE n.m.
En. **pressing**
De. **Pressen**
Es. **prensadura**
It. **torchiatura, spremitura**
Opération qui consiste à presser une récolte, soit pour en réduire le volume s'il s'agit de fourrage, soit pour en extraire le jus, s'il s'agit de fruits à pulpe.
V. Pressurage.

PRESSE n.f.
En. **baler** (1), **pressing machine**
De. **Ballenpresse** (1), **Strohpresse**
Es. **prensabalas** (1)
It. **pressa, strettoio, torchio** (1)
1. Machine agricole munie d'un système d'alimentation et de pression pour prélever le fourrage sur le pré fauché, ou la paille demeurée sur le sol après le passage de la moissonneuse-batteuse, et les pousser dans une loge où ils sont ficelés et rejetés sur le sol sous forme de balles rondes ou parallélipipédiques.
2. Table surmontée d'un plateau mobile que l'on abaisse pour presser le fromage.
Etym. Du latin *premere*, presser.

PRESSÉE n.f.
1. Quantité de raisins, de pommes, de poires ou d'olives placée en une fois dans le pressoir.
2. Quantité de moût obtenue en une seule opération effectuée dans un pressoir.

PRESSIN n.m.
Résidu des cossettes de betteraves à sucre après le pressurage. *C'est un excellent aliment pour le bétail.*

PRESSINAGE n.m.
Marais où poussent les osiers que l'on coupe pour fabriquer des liens destinés à attacher les gerbes de blé, en les pressant.

PRESSION DÉMOGRAPHIQUE l.f.
En. **demographic pressure**
De. **Bevölkerungsdruck**
Es. **presión demográfica**
It. **pressione demografica**
Nombre d'habitants au km^2 en fonction des ressources naturelles ou artificielles du lieu, ou des apports venus de l'extérieur.
Selon ce nombre et ces ressources, la pression est faible si les richesses disponibles sont élevées et les individus peu nombreux ; elle l'est également si les revenus sont peu élevés et la population peu nombreuse ; il s'ensuit un abandon du paysage aménagé et le retour de la friche. Au contraire la pression démographique est élevée si la densité humaine est élevée et les ressources faibles ; il s'ensuit une conquête du sol pour accroître cultures et élevage afin de répondre à la consommation, et le paysage rural est aménagé avec soin.

PRESSION OSMOTIQUE l.f.
En. **osmotic pressure**
De. **osmotischer Druck**
Es. **presión osmótica**
It. **pressione osmotica**
Pression qu'exerce à travers une membrane perméable une solution composée de deux ou de plusieurs corps dissous, le solvant le plus soluble peut seul traverser la membrane.
Ainsi à travers les tissus et les tubes des plantes la sève brute exerce une pression, accrue par l'appel provoqué par l'évaporation, ce qui lui permet d'atteindre les tiges et les feuilles ; dans certains cas, où les solvants sont très différents les uns des autres, la pression osmotique aboutit à la turgescence des tissus.

PRESSION DE SÉLECTION l.f.
Avantage acquis par une plante, ou un animal, par suite de sélection et par comparaison avec les individus de même espèce, mais non sélectionnés.

PRESSOIR n.m.
En. **winepress** (1)
De. **Kelter, Weinpresse** (1)
Es. **prensa** (1)
It. **torchio** (1)
1. Appareil qui sert à presser raisins, pommes, olives, etc., pour en extraire le jus. *Les premiers pressoirs consistaient en de lourdes pierres écrasant les fruits ; puis on mit les fruits dans un bâti circulaire et on les pressa avec un couvercle relié à un levier manoeuvré à bras. Le levier a été remplacé par une vis, le long de laquelle descend un écrou qui presse sur un plancher de poutres. La vis peut être horizontale ou verticale ; dans ce cas, les fruits sont poussés par une autre vis hélicoïdale. Le pressoir peut être à débit intermittent, ou à débit continu. La source d'énergie est fournie par un moteur électrique.*
2. Local où fonctionne l'appareil à presser.
Etym. Du latin *presserium*, pressoir.

PRESSURAGE n.m.
En. **pressing** (2)
De. **Auspressen, Keltern** (2)
Es. **prensado** (2)
It. **spremitura** (2)
1. Redevance versée pour avoir le droit de se servir du pressoir banal.
2. Opération qui consiste à presser des fruits pour en extraire du jus.
L'ouvrier qui en est chargé est un pressureur.
3. Ensemble des pressées exercées sur la vendange, soit avant la fermentation pour les vins blancs, soit après pour les vins rouges.
Dans ce dernier cas, c'est le marc *qui est pressé, le vin fermenté ayant été soutiré, et le jus obtenu est appelé* vin de presse.

PRESSURÉ adj.
Se dit d'un fruit qui a été passé au pressoir.

PRESSURÉE n.f.
De. **Auspressen**
Es. **prensado**
Quantité de jus obtenue par une opération de pressurage.

PRESSURER v.tr.
En. **to press**
De. **auspressen, keltern**
Es. **prensar**
It. **spremere**
Soumettre à l'action du pressoir un produit agricole formé de pulpe et de suc : raisin, poire, pomme, ou qui a été préparé par chauffage pour l'extraction de l'huile : noix, tournesol, arachide, etc.

PRESSUREUR n.m.
De. **Kelterer**
Es. **lagarero**
It. **torchiatore**
Ouvrier qui manoeuvre un pressoir, qui pressure en écrasant des fruits dans un pressoir.

PRESTATIONS n.f.p.
En. **prestations** (1)
De. **Leistungen** (1)
Es. **prestaciones** (2)
It. **prestazioni** (2)
1. Obligations en nature dues par les tenanciers à leur seigneur.
2. Travaux exécutés gratuitement sur les chemins vicinaux par les habitants d'une commune.
Au terme de la loi du 21 mai 1836, ces corvées consistaient en trois journées d'entretien et de réparation, effectuées sous la direction des cantonniers, avec pelles, pioches et charrettes tirées par des boeufs ou des chevaux. La guerre de 1914-1918 y a mis fin.
Etym. Du latin *praestatio*, action de s'acquitter.

PRESTATIONS FAMILIALES AGRICOLES l.f.p.
Aides financières accordées aux agriculteurs pour couvrir des frais élevés : allocations prénatales et post-natales, soins médicaux et chirurgicaux, allocations familiales pour les enfants, allocations logement.
Elles sont couvertes par des cotisations, des subventions et des prélèvements sur la vente des produits agricoles.

PRÉSURAGE n.m.
Opération qui consiste à faire cailler du lait en y incorporant de la présure, en vue de fabriquer du fromage.

PRÉSURE n.f.
En. **rennet**
De. **Lab, Labferment**
Es. **cuajo**
It. **presame, caglio**
Enzyme sécrétée par la *caillette* des jeunes veaux avant leur sevrage.
On l'obtient en faisant macérer dans de l'eau salée des morceaux de caillette, et l'on concentre la solution sous forme de liquide épais, ou de poudre soluble, que l'on incorpore au lait afin de précipiter la caséine. Le pouvoir coagulant de cet extrait se mesure en nombre de litres de lait que peut faire coaguler 1cm^3 de présure.
Etym. Du latin *prensus*, pris, (la présure faisant prendre le lait).

PRÊTES n.f.
Tiges d'osier refendues, assouplies dans l'eau, et servant à lier les deux extrémités d'une baguette de *feuillard* afin d'en faire un cercle de barrique.

PREUVES n.f.p.
Débris de pierre, de briques, d'os, de vase, de verre, ou de pièces de monnaie, placés sous une borne délimitant un champ, ou un finage, afin d'authentifier le jalon.

PRÉVENDIER n.m.
(Vendée). Mesure de capacité utilisée pour évaluer la quantité de céréales que le fermier doit verser à son propriétaire.
Etym. Du latin *praebenda*, ce qui devait être fourni.

PRÉVENTION n.f.
En. **preventive treatement**
De. **Vorbeugung, Vorgreifen, Prävention**
Es. **prevención**
It. **prevenzione**
Ensemble des mesures prises pour éviter l'apparition et l'aggravation d'un fléau naturel (gelée) ou d'une maladie (fièvre aphteuse, oïdium).
Etym. Du latin *praevenire*, prendre les devants.

PRÉ-VERGER n.m.
Pré planté d'arbres fruitiers de plein vent (pommiers, poiriers), et que l'on peut irriguer.

PRIME n.f.
En. **bonus, premium**
De. **Prämie**
Es. **prima**
It. **premio**
Subvention financière accordée à fonds perdus, mais pour obtenir un résultat bénéfique, telles les primes aux vieux agriculteurs qui cèdent leur exploitation à des jeunes.
Des primes sont accordées aux exploitants pour une culture à développer ; elles se combinent souvent avec d'autres aides de l'Etat afin de maintenir des cultures dans des régions peu favorisées (montagne, savart, etc.).
Etym. Du latin *primus*, premier.

PRIMER v.tr.
Effectuer un premier binage dans un champ cultivé en plantes sarclées : pommes de terre, tabac, etc.
Etym. Du latin *primus*, premier.

PRIMEURS n.f.p.
En. **early fruits and vegetables** (3)
De. **Frühgemüse** (3), **neue Weine** (2)
Es. **frutas tempranas** (3)
It. **primizie** (3)
1. Début de la saison des fruits ou des légumes.
2. Vin nouveau.
3. Produits du sol obtenus très tôt, avant la saison normale, soit sous un climat chaud, soit par une culture forcée en serre ou sous châssis.
Les primeurs sont produites par des primeuristes.
Etym. Du latin *primus*, premier.

PRIMOGÉNITURE n.f.
En. **primogeniture**
De. **Primogenitur**
Es. **primogenitura**
It. **primogenitura**
Priorité de l'aîné sur les cadets.
V. *Droit d'aînesse*.

PRINCENS n.m.
Cépage cultivé en Savoie, et issu d'un autre cépage, le *Persan*.

PRINSES n.f.p.
(Bas-Poitou). Métairies à parcelles jointives, créées par décision seigneuriale, du XVIème au XVIIIème siècle, à partir d'une structure agraire morcelée et laniérée.

PRINTANISATION n.f.
En. **vernalization**
De. **Vernalisation**
Es. **vernalización**
It. **vernalizzazione**
Procédé qui a pour but de hâter la germination des grains.
Il s'applique surtout aux blés d'hiver que l'on plonge dans des bains à 50 pour 100 de leur poids, puis on les soumet à des températures de 14 à 15°C jusqu'au moment où pointent les embryons. On les conserve ensuite dans des chambres froides jusqu'à l'époque des semailles. On peut ainsi semer des blés d'hiver en mars dans les régions du Midi de la France, où les blés de printemps mûriraient mal. Hâtés dans leur germination par le complexe humidité-lumière-chaleur, ils mûrissent en deux fois moins de temps que d'ordinaire. Le procédé a été mis au point par l'agronome russe Lyssenko.
Syn. Vernalisation.

PRINZES n.f.p.
(Bas-Poitou). Unités de répartition dans la distribution d'un territoire à défricher.
Chacune d'elles pouvait mesurer 20 à 30 ha de terre à mettre en valeur en 15 ou 20 ans, et comprenait, en outre, quelques ares pour les bâtiments, cour, jardin, verger, et pourpris. On créait ainsi des exploitations agricoles valables lors de la conquête, ou de la reconquête d'espaces incultes.
Syn. Prise.

PRISE n.f.
En. **intake of water** (5)
De. **Hydrant** (5)
Es. **toma de agua, presa** (5)
It. **presa d'acqua** (5)
1. Prairie conquise sur des marais ou sur des landes.
2. Parcelles acquises aux dépens de l'estran dans les régions à polder.
3. *(Marais Poitevin).* Aménagement du schorre pour le préserver de la marée, à l'aide de digue.
On peut ensuite le drainer et le cultiver.
4. Troncs d'arbres arrêtés par les sinuosités des berges quand on procédait au flottage des bois sur les rivières.
5. Ouvrage destiné à faire dériver l'eau d'un cours d'eau vers un canal d'irrigation.
Il peut être établi au fil de l'eau, ou bien comporter un barrage vers l'aval, c'est une prise d'eau *fixe ou mobile.*
Etym. Du latin *primus*, premier.

PRISE DE FORCE l.f.
En. **power take-off**
De. **Zapfwelle**
Es. **toma de fuerza**
It. **presa di forza**
Dispositif situé à l'arrière d'un tracteur et s'engageant manuellement, ou automatiquement, dans un anneau de l'outil à tracter.

PRISE DE MOUSSE l.f.
Procédé qui consiste à ajouter de la *liqueur de tirage* à du vin blanc d'une cuvée récente, avant de le mettre en bouteille et de le boucher, afin de provoquer une nouvelle fermentation et une forte pression de gaz.
C'est l'une des principales phases de la champagnisation.

PRISÉE n.f.
En. **valuation**
De. **Schätzung, Schätzwert**
Es. **estimación**
It. **stima di beni**
Estimation, lors de l'établissement d'un bail de fermage, de la valeur du bétail, des semences, des engrais et des plantes cultivées, des biens mobiliers et immobiliers de l'exploitation agricole affermée.
Cette estimation peut être effectuée par une personne assermentée, par un commissaire-priseur.

PRIX n.m.
En. **price**
De. **Agrarpreise**
Es. **precio agrícola**
It. **prezzo**
Expression en monnaie courante de la valeur économique d'une récolte, d'un animal domestique, d'une parcelle de terre, d'un travail ou d'un service. Dans le cadre de la C.E.E., les prix agricoles communautaires ont été établis selon les normes suivantes :
1. *Prix de seuil* : Prix au-dessous duquel les produits étrangers ne peuvent entrer dans les pays de la Communauté.
Syn. Prix plafond.
2. *Prix indicatif* : Prix fixé annuellement par les ministres de la C.E.E., prix qu'il est souhaitable de respecter dans les transactions intérieures.
3. *Prix de base* : pour la viande porcine selon le prix indicatif.
4. *Prix d'écluse* : Prix fixé trimestriellement pour la viande, les oeufs, et la volaille.
Tout prix inférieur est frappé d'une taxe au profit de la C.E.E.
5. *Prix d'intervention* : prix minimum garanti aux producteurs pour les céréales, les produits laitiers, les oléagineux, le tabac, le sucre.
6. *Prix de retrait* : Prix proposé aux producteurs pour les inciter à ne mettre qu'une partie de leurs produits sur le marchés afin d'éviter l'effondrement des cours.
7. *Prix d'objectif* : Prix que doit atteindre un produit sur le marché européen au cours de chaque campagne.
8. *Prix de référence* : prix correspondant au prix de seuil pour les fruits, les légumes, les poissons *(P. Habault).*
Etym. Du latin *precium*.

PRIX CONSTANT l.m.
En. **fair price, constant price**
Es. **precio exacto**
It. **prezzo costante**
Prix réel d'un produit agricole calculé en tenant compte de l'inflation, de la dépréciation monétaire dans le pays où il est mis en vente.
Ce prix réel est fixé à partir d'une année déterminée, dite année de base *(D. Flouzat).*

PRIX-FAITEUR l.m.
Ouvrier agricole du Bordelais.
En compensation du logement, du chauffage, d'un petit jardin, de deux barriques de vin, et d'une somme d'argent, il doit, avec l'aide des siens entretenir trois hectares de vigne. Il reçoit un supplément pour les traitements anticryptogamiques, les vendanges et les travaux de vinification.

PRIX PLANCHER l.m.
It. **prezzo minimo**
Prix qu'une denrée agricole peut atteindre, mais qu'elle ne doit pas dépasser sous peine de sanction pour son vendeur.

PRIX DE REVIENT l.m.
En. **cost of sales**
De. **Selbstkostenpreis**
Es. **precio de coste**
It. **prezzo di costo**
Ensemble des dépenses effectuées pour obtenir une récolte, un troupeau, une tête de bétail.

PROCESSIONNAIRES n.f.p.
En. **processionary moths**
De. **Prozessionsspinner**
Es. **procesionarias**
It. **processionarie**
Chenilles issues de papillons appelés *Bombyx du pin* et qui, très nombreuses, se déplacent en longues files, à la recherche de nourriture, de feuilles, ou pour tisser des nids, afin d'abriter leurs nymphes.

PRODUCTEUR DIRECT l.m.
De. **Erzeuger** (1)
Es. **productor** (1)
It. **produttore** (1)
1. Cépages américains importés vers 1880 pour remplacer les cépages français dévastés par le phylloxéra *(Rupestris, Riparia)*.
Ils donnèrent des vins à saveur foxée *et résistèrent mal au terrible puceron.*
2. Hybride obtenu par greffage, ou par semis, à partir des plants américains et donnant un vin correct, tout en résistant assez bien au phylloxéra (Baco, Seibel, noms de leurs créateurs).

PRODUCTIF adj.
En. **productive**
De. **ertragreich, fruchtbar**
Es. **productivo**
It. **produttivo**
Se dit, en agriculture, de ce qui produit beaucoup : terre productive, race productive, etc.

PRODUCTION AGRICOLE l.f.
En. **agricultural production**
De. **Agrarproduktion**
Es. **producción agrícola**
It. **produzione agricola**
Résultat de la culture et de l'élevage, dû à l'association du travail, du matériel, du capital, de la demande et des conditions naturelles.
Etym. Du latin *producere*, produire.

PRODUCTIQUE AGRICOLE l.f.
Transformation de l'ancienne agriculture, où l'intervention manuelle de l'homme restait nécessaire, en une agriculture nouvelle où s'accroîtra et dominera la machine automatique, avec des robots.

PRODUCTIVITÉ n.f.
En. **productivity**
De. **Ertragsfähigkeit**
Es. **productividad**
It. **produttività**
Rapport réduit à l'unité entre la production et divers paramètres : temps, capital, travail.
D'où plusieurs sortes de productivités dans le domaine agricole :
1. *Productivité élémentaire* selon le rendement à l'unité de surface cultivée, ou par tête d'animal élevé.
2. *Productivité par nature de culture* selon les cultures annuelles, vergers, vignes, surfaces en herbe.
3. *Productivité végétale totale* par unité de surface, ou productivité animale totale par troupeau.
4. *Productivité du travail,* ou rendement du travail, productivité brute totale par personne employée.
5. *Productivité du capital :* production totale brute divisée par l'unité de capital.

PRODUCTIVITÉ RÉELLE l.f.
En. **actual productivity**
De. **Ertrag, Reinertrag**
Es. **productividad real**
It. **produttività effettiva**
Valeur conventionnelle exprimée en points par hectare de terre et pour une culture donnée, selon le rendement brut et les conditions d'exploitation, et utilisée en cas de remembrement pour réaliser des équivalences d'échanges.

PRODUIT BRUT l.m.
En. **gross product**
De. **Bruttoertrag, Reinertrag**
Es. **producto bruto**
It. **prodotto lordo**
Valeur totale de la production d'une exploitation agricole calculée pour une année et comprenant les ventes, l'entretien familial, les dépenses d'amélioration des bâtiments, du matériel et les frais engagés hors de l'exploitation : voyages, impôts, dons, etc.

PRODUIT PHYTOPHARMACEUTIQUE l.m.
Es. **producto fitofarmacéutico**
It. **prodotto fitofarmaceutico**
Remède ou préparation d'origine souvent chimique, destinés à protéger les plantes cultivées contre les maladies et les prédateurs, et à améliorer leur rendement.

PROFIL CULTURAL l.m.
De. **Bodenprofil**
Es. **perfil del terreno**
It. **profilo del terreno**
Coupe faite dans la zone superficielle du sol, épaisse de 20 à 30 cm, ameublie et enrichie par les façons culturales et où pénètrent les racines des plantes annuelles.
Elle se divise en plusieurs couches selon le degré d'intervention agricole.

PROFIL PÉDOLOGIQUE n.m.
En. **soil profile**
De. **Bodenprofil**
It. **profilo pedologico**
Coupe d'un sol, de la surface à la roche-mère, montrant les divers horizons, chacun d'entre eux contrastant avec ceux qui l'encadrent par ses caractéristiques et son homogénéité.

PROFIT n.m.
En. **profit**
De. **Gewinn**
Es. **provecho**
It. **profitto**
Différence, au cours d'une période déterminée, entre la valeur de diverses productions d'une exploitation agricole et les dépenses engagées pour les obtenir.
Etym. Du latin *proficere*, progresser.

PROGESTÉRONE n.f.
En. **progesterone**
De. **Progesteron**
Es. **progesterona**
It. **progesterone**
Hormone sexuelle sécrétée par le corps jaune, ou corps progestatif, de l'ovaire chez les mammifères et qui est indispensable à la nidation et à la gestation du foetus.
Par injection artificielle elle déclenche les chaleurs chez les brebis et permet de régler la date des naissances.
Syn. Lutéine.
Etym. Du latin *pro*, avant, et *gestare*, porter.

PROGRAMME AGRICOLE l.m.
En. **working plan, agricultural plan** (1)
De. **Bewirtschaftungsplan** (1)
Es. **proyecto de explotación** (1)
It. **programma agricolo** (1)
1. Ensemble des objectifs agricoles à réaliser avec prévision de la date de leur échéance et des moyens pour les atteindre.
2. Instructions codifiées mises en structure logique, pour être confiées à un ordinateur qui les répercutera en temps voulu.

PROLACTINE n.f.
En. **prolactin**
De. **Prolaktin**
Es. **prolactina**
It. **prolattina**
Hormone sécrétée par l'hypophyse et qui favorise la fécondation, la gestation et le déclenchement de la lactation *(P. Habault)*.
Etym. Du latin *pro*, avant et *lac, lactis*, lait.

PROLIÈRE n.f.
Corde qui servait à attacher les chevaux au timon de la charrue.
Elle remplaçait le timousset.

PROLIFÉRATION n.f.
En. proliferation
De. Proliferation, Wucherung
Es. proliferación
It. proliferazione
Formation d'un bouton à fleur, ou à feuille, sur la partie d'une plante qui d'ordinaire n'en porte pas.
Etym. Du latin *proles*, lignée, et *ferre*, porter.

PROLIFICITÉ n.f.
It. prolificità
Dans un troupeau, nombre de naissances annuelles pour une population de 100 mères.

PROMOTION n.f.
En. promotion (1)
De. Beförderung (1)
Es. promoción (1)
It. promozione (1)
1. Action qui permet à un producteur agricole de s'élever dans les degrés de sa qualification, d'ouvrier à chef d'équipe, par exemple.
2. Accession à un degré supérieur de la hiérarchie sociale, de métayer à fermier, par exemple.
3. Accès à une connaissance plus élevée des sciences agronomiques.
4. Mise en application des moyens destinés à améliorer la vente d'un produit.
Etym. Du latin *promotio*.

PROMPT-BOURGEON l.m.
En. side shoot
De. Nebentrieb
Es. falso brote
It. gemma precoce
Bourgeon secondaire d'un rameau de vigne accolé à un bourgeon principal et qui peut se développer très tôt, sans passer l'hiver à l'état de vie ralentie (R. Blais).

PROPHYLAXIE n.f.
En. prophylaxis
De. Prophylaxe
Es. profilaxis
It. profilassi
Mesures prises pour éviter ou pour limiter les maladies infectieuses dans les étables et dans les troupeaux.
Etym. Du préfixe *pro*, pour, et du grec *phulassein*, garantir.

PROPOLIS n.m.
En. propolis, bee glue
De. Bienenwachs
Es. propóleos
It. propoli
Matière résineuse recueillie par les abeilles sur les bourgeons des aulnes, des peupliers, des saules, etc., afin de fixer les rayons de miel, de boucher les fissures et de vernisser les parois de leur ruche.
Etym. Terme grec.

PROPRES n.f.p.
1. Domaine héréditaire que possédait, sans lien de vassalité, un maître de la terre.
C'était donc un alleu.
2. Immeubles qui appartiennent par héritage à une personne déterminée.
Ce sont ses biens propres.
Etym. Du latin *proprius*, que l'on possède en toute propriété.

PROPRIÉTAIRE-ÉLEVEUR l.m.
1. Agriculteur qui pratique l'élevage sur les terres qui lui appartiennent.
2. Vigneron qui, propriétaire de sa vigne, laisse vieillir son vin dans les fûts, puis, le mettant en bouteilles, stocke celles-ci au-dessus de sa cave.
Il élève donc son vin ; mais en fait, élever un vin, c'est veiller à sa vinification et à son amélioration jusqu'au moment de la vente.

PROPRIÉTAIRE-EXPLOITANT l.m.
En. land owner
De. Eigentümer
Es. casero, propietario legítimo
It. proprietario coltivatore
Propriétaire d'une exploitation agricole qu'il exploite lui-même, avec l'aide des siens et d'ouvriers agricoles.

PROPRIÉTAIRE FORAIN l.m.
Possesseur de parcelles, ou de domaines, dans une région dont il n'est pas originaire.

PROPRIÉTÉ FONCIÈRE n.f.
En. land propriety
De. Grundbesitz
Es. bienes raíces
It. fondo
Ensemble des biens matériels, reposant sur la terre et appartenant à une communauté ou à un individu qui peuvent en disposer librement selon les lois : acheter, vendre, léguer, diviser, grouper, etc.
On peut distinguer la propriété foncière urbaine et la propriété foncière rurale, celle-ci comprenant des terrains incultes et des terrains cultivés, divisés en parcelles groupées ou dispersées autour des bâtiments servant d'abris, unies par des chemins ou des routes. Ces éléments de la propriété du sol peuvent être gérés et exploités par une communauté (Etat, monastère, frèresche, kolkhoze, etc.), ou par un individu qui a recours au faire-valoir direct ou indirect (fermage, métayage). Il s'agit alors d'un domaine qui peut être vaste (des milliers d'ha), moyen (20 à 30 ha), ou petit (des m²). Il peut être cohérent en un seul bloc, ou divisé en fermes et métairies, et même dispersé en parcelles éparses dans un finage. En règle générale, la propriété foncière correspond le plus souvent à un domaine. Actuellement, par suite de l'exode rural et de la mécanisation, les propriétés foncières ont tendance à s'agrandir par achat de propriétés abandonnées.
Etym. Du latin *proprietas*, ce qui appartient, et *fons, fundus*, ce qui est solide, la terre.

PROPRIÉTÉ FORAINE l.f.
Propriété foncière éloignée du principal centre du domaine.

PROT n.m.
(Saintonge). Jeune dindon.

PROTÉAGINEUX n.m.
Plantes cultivées, riches en protéines, groupant les peptides et les protéides.
Par hydrolyse, elles fournissent les acides aminés indispensables au règne animal ; ce sont, entre autres, les féculents et les oléagineux.

PROTECTION n.f.
En. protection
De. Naturschutz, Pflanzenschutz
Es. protección
It. protezione
Ensemble des mesures prises pour protéger les plantes cultivées, ou les sites dignes d'intérêt.
Ce sont, soit des lois appliquées par le Ministère de l'Environnement, soit des produits pour combattre les prédateurs, soit des moyens matériels (serres, tunnels, haies d'arbres) contre les intempéries.
Etym. Du latin *protectio*.

PROTECTION DES VÉGÉTAUX (SERVICE DE LA) l.f.
Service dépendant du Ministère de l'Agriculture et disposant, dans les régions, d'échelons formés par des *circonscriptions phytosanitaires*.
Il a pour but un contrôle intérieur et extérieur des conditions sanitaires qui prévalent dans le domaine des productions végétales ; il veille sur la fabication des produits phytosanitaires et il coordonne la lutte contre les ennemis des plantes cultivées.

PROTECTIONNISME n.m.
En. protectionism
De. Protektionismus
Es. proteccionismo
It. protezionismo
Fait de frapper de droits de douane élevés des produits étrangers qui font concurrence aux mêmes produits nationaux.
C'est également subventionner élevages ou cultures pour leur permettre de résister à cette concurrence, et même de se vendre en pays étrangers. Les conséquences de cette politique sont considérables et presque toujours défavorables aux Etats qui la pratiquent.

PROTÈGE-DOIGT l.m.
Gant de cuir qui protégeait les doigts de la main gauche du moissonneur qui maniait la faucille.
Syn. Doigtier.

PROTÈGE-LAME l.m.
Tige de bois flexible, creusée d'une rainure où l'on glisse le tranchant d'une faucille pour la transporter sans risque de se blesser.

PROTÉINE n.f.
En. **protein**
De. **Proteïn**
Es. **proteína**
It. **proteina**
Substance essentielle de la matière vivante, composée d'azote, de carbone, d'oxygène et d'hydrogène.
Sous l'influence des enzymes et des plastes, ces corps simples se combinent pour former les tissus des acides aminés, réserves indispensables aux organismes. Chez les végétaux, ce sont les amidons, les sucres, les huiles ; chez les animaux, ce sont les graisses, le beurre, l'albumine, produits que l'on consomme en tourteaux, en farine, en matières grasses et qui sont digérés, selon le cas, par les sucs secrétés dans l'estomac et l'intestin, ou bien par les fruits et les graines, les protéines animales provenant alors des protéines végétales.
Etym. Du dieu *Protée* qui changeait souvent de forme.

PROTOCOLE AGRICOLE l.m.
En. **agricultural protocol**
De. **Formelbuch**
Es. **protocolo agrícola**
It. **protocollo agricolo**
Suite d'instructions précises et détaillées indiquant la succession des opérations à réaliser pour obtenir de bons résultats en culture ou en élevage.
Etym. Du grec *protokollon*, qui est joint en premier.

PROULIÈRE n.f.
Corde qui servait à attacher les chevaux au timon de la charrue.

PROVENCE (CÔTES DE) l.m.p.
Planté en Grenache, Cinsault, Mourvèdre, Carignan, Clairette etc. ; il compte cinq vins d'A.O.C. : Palette, Cassis, Bandol, Bellet, et Côtes de Provence.
Etym. Du Rhône à Nice, le plus ancien vignoble français.

PROVENDE n.f.
En. **provender**
De. **Mischkorn**
Es. **pienso**
It. **mangime**
Aliment concentré de farine, de grains, de tourteaux, et de condiments, fourni à la fin des repas aux animaux à l'engrais, ou affaiblis.
Etym. Du latin *praebenda*, qui doit être fourni.

PROVENDIER n.m.
1. Mesure de grains valant à peu près trois boisseaux.
2. Coffre en bois où l'on mettait les grains pour la nourriture du bétail, c'est-à-dire la *provende*, et en particulier, l'avoine pour les chevaux.
3. Ouvrier agricole qui travaillait librement sur la réserve seigneuriale, le *mansus indominicatus*, à l'époque carolingienne, moyennant une rétribution en espèces, ou en nature, qui constituait sa provende.

PROVENTIF adj.
Qualifie un bourgeon qui, situé au collet d'un arbre fruitier, donnera un *rejet* et qui, situé sur le tronc, donnera un *gourmand*.

PROVÉREAU n.m.
Cépage à raisins noirs, cultivé de la vallée du Rhône au Jura.
Variété de *Gros Noir* s'accommodant de sols pauvres.

PROVIGNAGE n.m.
En. **layering**
De. **Absenken**
Es. **acodo, amugronamiento**
It. **propagginazione**
Marcottage obtenu à l'aide d'un provin.
On dit aussi provignement *(fig. 165)*.
Terme désuet.

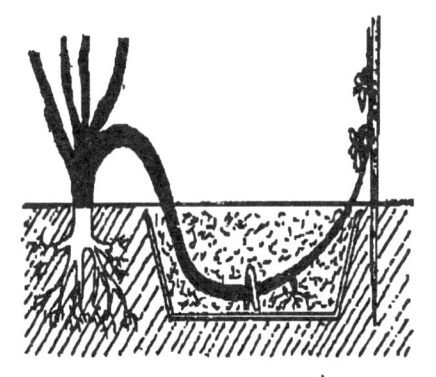

(Fig. 165). Provignage en panier

PROVIN n.m.
En. **layer** (1)
De. **Ableger, Absenker** (1)
Es. **provena, mugrón** (1)
It. **propaggine** (1)
1. Sarment de vigne que l'on courbe en terre, et que l'on sépare du pied-mère quand il a pris racine.
Il pouvait ainsi, jadis, servir à son tour de pied-mère, et composer une vigne en foule. Ce n'est plus possible avec le matériel moderne.
2. Petit fossé où l'on enterre le sarment.
Syn. Marcotte.
Etym. Du latin *propago*, provin.

PROVINES n.f.p.
Redevances dues par les métayers du Bourbonnais en compensation des volailles et des légumes qu'ils prélevaient sur la ferme pour leur consommation.
Elles consistaient en beurre, oeufs et poulets.
Elles sont tombées en désuétude.
Syn. Servines.

PRUD'HOMMES BANAUX l.m.p.
Agents désignés jadis par les communautés rurales pour assurer le respect des droits de ban.

PRUINE n.f.
En. **bloom**
Es. **pruina**
It. **pruina**
Sécrétion cireuse, brillante, pulvérulente qui recouvre, comme du givre, la peau des raisins, des prunes, ou des feuilles de chou.
Syn. Fleur.
Etym. Du latin *pruina*, givre.

PRUNAIE n.f.
Verger de pruniers.
Syn. Prunière, pruneraie, prunelaie.

PRUNE n.f.
En. **plum**
De. **Pflaume, Zwetsche**
Es. **ciruela**
It. **susina, prugna**
Fruit du prunier, à pulpe et à noyau, à peau lisse et de couleurs variées : violette, rose, jaune, etc., selon l'espèce.
Etym. Du latin *pruina*, givre.

PRUNEAU n.m.
En. **prune**
De. **Trockenpflaume, gedörrte Pflaume**
Es. **ciruela pasa**
It. **prugna secca**
Prune séchée au four pour assurer sa conservation.
C'est la prune robe-sergent, dite d'Agen, qui se prête le mieux à cette dessication.

PRUNELAT n.m.
Cépage à raisins noirs, à gros grains, de la forme d'une prune.
Variété de *Malbec* et de *Cinsaut*.

PRUNELLE n.f.
En. **sloe** (1), **prunelle** (2)
De. **Schlehe** (1)
Es. **endrina** (1)
It. **susina selvatica** (1)
1. Fruit du prunellier, baie violette à pulpe et à noyau.
2. Liqueur faite avec ce fruit.

PRUNELLIER n.m.
En. **blackthorn**
De. **Schlehenbaum**
Es. **endrino**
It. **susino selvatico**
Prunier sauvage, appelé également *épine noire*, à petits fruits sphériques bleu-noir, servant à faire des haies et employé comme porte-greffe de prunier.
Etym. Du latin *prinus spinosa*.

PRUNERAIE n.f.
Verger planté de pruniers.
Syn. Prunelaie.

PRUNIER n.m.
En. **plum tree**
De. **Pflaumenbaum**
Es. **ciruelo**
It. **susino**
Arbre de la famille des Rosacées, donnant des fruits à pulpe et à noyau.
On en distingue de nombreuses espèces, dont deux principales : le Prunier domestique (Prunus domestica), originaire d'Arménie, et le Prunier proprement dit (Prunus insititia) qui pousse à l'état sauvage dans les Balkans. Mais on peut leur ajouter les pruniers de Reine-Claude, de la quetsche de Lorraine, de la mirabelle, le prunier d'Agen, etc.

PRUNIÈRE n.f.
1. Verger de pruniers.
2. Local où l'on termine la préparation des pruneaux d'Agen.
Doté d'appareils coûteux, il est tenu par des associations de producteurs de prunes, analogues aux fruitières du Jura.

PRUNUS n.m.
En. **plum tree**
Es. **ciruelo**
It. **prunus**
Nom d'ensemble des arbres fruitiers de la famille des Rosacées, cultivés pour leur valeur ornementale, soit à cause de leur feuillage persistant et de leur abondante floraison, soit pour former des haies : cerisier-fleur, laurier-cerise, amandier, etc.

PSALLIOTE n.m.
It. **psaliota, agarico**
Champignon comestible de la famille des Agaricinées, à chapeau rond, sur lamelles libres et anneau autour du pied.
La variété la plus connue est le champignon de couche.

PSEUDO-LABOUR n.m.
Labour superficiel pratiqué avec un scarificateur.
On dit aussi un quasi-labour.

PSITTACOSE n.f.
It. **psittacosi**
Maladie due à une *rickettsie*, microbe filtrant, qui atteint les oiseaux, les volailles et même l'homme, et qui se manifeste par de la fièvre, des troubles pulmonaires.
Sans l'emploi d'antibiotiques, la mortalité serait élevée.
Etym. Du grec *psittakos*, perroquet.

PSYCHROMÈTRE n.m.
En. **psychrometer**
De. **Psychrometer, Luftfeuchtigkeitsmesser**
Es. **psicrómetro**
It. **psicrometro**
Appareil composé de deux thermomètres, dont l'un est maintenu humide par un tissu plongeant dans l'eau et enveloppant la cuvette, utilisé pour déterminer l'état hygrométrique de l'air.
L'évaporation qui s'y produit détermine un froid qui se traduit dans le tube par une baisse de la colonne d'alcool ou de mercure ; la différence entre les deux tubes permet, à l'aide de tables appropriées, de calculer le degré d'humidité de l'air, donnée utile pour les récoltes, les semis, le bétail, etc.
Etym. Du grec *psukhros*, froid, et *metron*, mesure.

PSYLLE n.m.
Insecte homoptère de la famille des Psyllidés.
Elle ressemble à une petite cigale et vit sur les poiriers qu'elle ravage, en suçant leur sève.
Etym. Du grec, *psulla*, puce.

PTÉRIDE n.f.
En. **Pteris**
Es. **ptérido**
It. **pteride**
Plante du genre des Polypodiacées, dont l'espèce la plus connue est la fougère aigle des sous-bois *(Pteris aquilina)*; la section de sa tige dessine vaguement une tête d'aigle.
On la recueille pour en retirer de la potasse, pour en faire de la litière, ou en garnir des matelas ; sa consommation provoque le ptéridisme des bovins par carence en vitamine B, d'où anémie et asthénie.
Etym. Du grec *pteron*, aile.

PUBESCENT adj.
En. **pubescent**
De. **behaart**
Es. **pubescente**
It. **pubescente**
Qui a des tiges et des feuilles couvertes de poils fins et courts.
Ex. Le chêne pubescent.
Etym. Du latin *pubescens*, poilu.

PUBESCENTAIE n.f.
Peuplement de chênes blancs, ou pubescents.

PUCERON n.m.
En. **aphis, plant louse**
De. **Blattlaus**
Es. **pulgón**
It. **afide**
Insecte homoptère vivant sur les plantes dont il suce les sucs.
Parmi les innombrables espèces de pucerons, on peut citer le phylloxéra qui vit sur les racines des vignes, et le puceron de la betterave (Aphis rumicis) de la famille des Aphidides. Parfois, ils volent en quantités prodigieuses et s'abattent sur les champs en causant des dégâts considérables. On les combat avec des poudres insecticides à base de poudre de pyrèthre.
Etym. Du latin *pulex*, pou.

PUCHEUX n.m.
En. **vessel** (2)
De. **Schöpfgefass** (2)
Es. **cazo con mango largo** (2)
It. **cucchiaione** (2)
1. Rameau de chêne utilisé par les charrons pour fabriquer les montants des charrettes.
2. Vase muni d'un long manche pour puiser des liquides dans des récipients profonds *(fig. 166)*.

(Fig. 166). Pucheux

PUEBLO n.m.
Agglomération rurale composant un village, centre administratif, commercial et religieux.
Etym. De l'espagnol.

PUISARD n.m.
En. **cesspool**
De. **Senkgrube**
Es. **sumidero**
It. **pozzetto, pozzo perdente**
Trou vertical plus ou moins profond, creusé dans un sol perméable, maçonné seulement au pourtour.
Les eaux de pluie et les eaux usées s'y engouffrent et disparaissent par infiltration.

PUITS n.m.
En. **well**
De. **Brunnen**
Es. **pozo**
It. **pozzo**
Trou profond creusé jusqu'aux nappes phréatiques pour alimenter en eau les plantes, le bétail et le personnel d'une ferme.
Ses parois sont consolidées par de la maçonnerie ou des douves en ciment qui dépassent la surface du sol et constituent la margelle ; il peut être couvert d'un treuil, ou d'une pompe, protégés par un toit.
Etym. Du latin *peteus*.

PUITS ARTÉSIEN l.m.
En. **artesian well**
De. **artesischer Brunnen**
Es. **pozo artesiano**
It. **pozzo artesiano**
Puits atteignant une *nappe phréatique* maintenue sous pression par une strate rocheuse imperméable.
Cette strate traversée, l'eau remonte à un niveau proche de son point d'alimentation.
De l'Artois où, dès le XIIème siècle, on avait creusé des puits d'où l'eau jaillissait à la surface du sol.

PUITS PERDU n.m.
En. **cesspool**
De. **Sickerbrunnen**
Es. **pozo negro**
It. **pozzo perdente**
Puits profond creusé à travers un sol imperméable jusqu'à un terrain perméable.
Ainsi l'eau qui stagnait sur de l'argile, s'écoule dans le sous-sol ; c'est un procédé essentiel de drainage. Syn. Puisard.

PULIGNY-MONTRACHET n.m.
Commune de la Côte d'Or qui donne, avec sa voisine Chassagne-Montrachet, des vins blancs universellement réputés, connus tout simplement sous le nom de *montrachet*.

PULLOROSE n.f.
En. **pullorum disease**
De. **Pullorumseuche**
Es. **pulorosis**
It. **pullorosi**
Maladie des gallinacés qui est due à une bactérie *(Bacterium pullorum)* et qui se manifeste par une diarrhée blanchâtre, à évolution rapide et fatale.
Elle atteint surtout les poussins à peine éclos. On la combat par la désinfection des couveuses et l'élimination des poules malades.
Etym. Du latin pullus, poulet, et ose, suffixe.

PULPE n.f.
En. **pulp** (1)
De. **Fleisch, Fruchtfleisch** (1)
Es. **pulpa** (1)
It. **polpa** (1)
1. Partie molle et charnue de certains fruits (prune), de certains légumes (tomate), de certaines racines (betterave).
Utilisées dans l'agroalimentaire, ces pulpes entrent dans l'alimentation des hommes et du bétail.
2. Déchet de fabrication du sucre de betterave.
Etym. Du latin pulpa.

PULPER v.tr.
En. **to pulp**
De. **Obst zerstampfen, Obst zerquetschen**
Es. **reducir a pulpa**
It. **ridurre in polpa**
Réduire des fruits en pulpe.

PULQUE n.m.
Eau-de-vie retirée d'une boisson fermentée, obtenue avec la sève de l'agave américain cultivé au Mexique.

PULSART n.m.
Cépage à raisins noirs, donnant un vin de longue durée et cultivé dans le Jura parfois comme raisins de table.

PULSATEUR n.m.
En. **pulsator**
De. **Pulsator**
Es. **pulsador**
It. **pulsatore**
Appareil qui, dans la machine à traire, assure les alternances de vide et de pression au niveau des manchons trayeurs.

PULVÉRAGE n.m.
(Provence et Dauphiné). Péage perçu par les seigneurs lors du passage des troupeaux transhumants, en compensation des inconvénients causés par la poussière qu'ils soulevaient.
Etym. Du latin pulvis, poussière

PULVÉRISATEUR n.m.
En. **sprayer**
De. **Spritzer, Zerstäuber**
Es. **pulverizador**
It. **polverizzatore**
Appareil servant à projeter, en de fines gouttelettes, sur le sol ou sur les plantes, un liquide quelconque, engrais ou insecticides, par l'intermédiaire d'un compresseur et d'une buse ou jet.
Autrefois il était porté à dos d'homme, et c'était parfois une sulfateuse*; actuellement il est monté sur roues et tiré par un tracteur; on dit aussi un* nébulisateur.
Etym. Du latin pulvis, poussière.

PULVÉRISATION n.f.
En. **spraying, pulverization**
De. **Spritzen, Besprühen**
Es. **pulverización**
It. **polverizzazione**
Procédé de projection en fines gouttelettes, sur les feuilles des plantes à traiter, de solutions diluées de sulfate ou de nitrate de cuivre, de produits insecticides ou d'hormones desherbantes, etc. *L'opération s'effectue à l'aide d'un* pulvérisateur.
Etym. Du latin pulvis, poussière.

PULVÉRISER v.tr.
En. **to pulverize** (2), **to spray** (1)
De. **pulverisieren** (1)
Es. **pulverizar, rociar** (1)
It. **polverizzare** (1)
1. Réduire en poudre, en poussière, une substance solide comme des graines en farine, du gros sel en sel fin, etc.
2. Transformer un liquide en fines gouttelettes. *Ex. Un insecticide, un produit anticryptogamique.*
Etym. Du latin pulvis, pulveris, poussière.

PULVÉRISEUR n.m.
En. **harrow**
De. **Egge**
Es. **pulverizador**
It. **polverizzatore**
Instrument agricole composé d'une série de disques fixés sur un axe et formant entre eux un angle variable afin de briser et de réduire en poussière, quand ils sont mis en mouvement, les mottes de terre après labour.
Etym. Du latin pulvis, poussière.

PUNA n.f.
Pâturage des hauts plateaux andins, vers 4200 m d'altitude, sous climat semiaride et froid.

PUPIONNER v.intr.
Produire des pousses latérales de blé appelées *pupions* en Bordelais.
Syn. Taller.

PUR adj.
En. **pure** (3)
De. **rein** (3)
Es. **puro** (3)
It. **puro** (3)
1. Se dit, en sylviculture, d'un bois, d'une forêt, composés d'une seule essence.
2. Qualifie un troupeau formé de bêtes de la même race.
3. Qualifie un vin auquel on n'a pas ajouté d'eau.
4. Se dit d'une population, d'une lignée dont les individus sont génétiquement identiques.
Etym. Du latin purus.

PURETÉ VARIÉTALE l.f.
En. **varietal purity**
De. **Saatgutreinheit**
Es. **pureza varietal**
It. **purezza della semente**
Pourcentage en nombre de semences correspondant à la variété choisie.
Pour les semences de base du blé il ne doit pas être inférieur à 99 900 et à 99 700 pour les semences de reproduction.
Syn. Pureté spécifique.

PURIN n.m.
En. **liquid manure**
De. **Jauche, Mistjauche**
Es. **abono, estiércol líquido**
It. **colaticcio**
Partie liquide du fumier qui, recueillie dans une fosse appelée *purot*, ou *purion*, puis répandue dans les prés avec une arroseuse, constitue un excellent engrais.
L'opération s'appelle purinage.
Etym. De purer, s'écouler (dialecte médiéval).

PURON n.f.
Lait écrémé, clarifié, réduit à l'état de *petit lait*.

PUROT n.m.
De. **Jauchegrube**
Es. **pocillo**
It. **pozzetto per liquame**
Fosse où l'on recueille les eaux qui s'écoulent des tas de fumier.

PUR-SANG n.m.
En. **thoroughbred horse**
De. **Vollblutpferd**
Es. **caballo de pura sangre, purasangre**
It. **purosangue**
Cheval issu d'un étalon et d'une jument de pure race anglaise, dont la généalogie figure dans un *studbook* et qui est destiné aux courses montées, ou attelées.

PUTET n.m.
(Normandie). Fosse à purin.
Syn. Putel.

PUTIER n.m.
Espèce de cerisier, ou de merisier *(Prunus padus)* portant des fruits en grappes.

PUTOIS n.m.
En. **polecat**
De. **Iltis**
Es. **turón**
It. **puzzola**
Petit mammifère carnassier qui se divise en plusieurs espèces : le furet *(Mustela furo)* pour la chasse, le vison *(Mustela lustreola)* pour sa fourrure, la belette *(Mustela nivalis)* qui cause, comme les autres putois, de grands ravages dans les poulaillers.
Des élevages de visons sont pratiqués en France (Sologne).
Etym. Du latin *putidus* et de l'ancien français *put*, puant.

PUTRÉFACTION n.f.
En. **putrefaction**
De. **Fäulnis**
Es. **putrefacción**
It. **putrefazione**
Décomposition des matières organiques, végétales ou animales, par des micro-organismes aboutissant à la formation de fumier, ou d'humus, et dégagement de gaz carbonique, de méthane, d'acide sulfurique, etc.
Etym. Du latin *putrefacere,* pourrir.

PUZZLE n.m.
Ensemble des parcelles d'un terrain, insérées les unes dans les autres, selon des contours compliqués.
C'est le contraire d'un terroir en lamelles de parquet.
Analogie avec le jeu d'enfant.
Etym. De l'anglais.

PYRACANTHA n.m.
En. **pyracantha**
It. **piracanta**
Arbuste de la famille des Rosacées *(Crataegus pyracantha)* à épines et à feuilles rouges.
Variété de *buisson ardent,* employé comme plante d'ornement.
Etym. Du grec *pur,* feu, et *akantha,* épine.

PYRALE n.f.
En. **pyralid**
De. **Zünsler**
Es. **piral**
It. **piralide**
Insecte de l'ordre des Lépidoptères *(Oenophtira pilleriana),* dont la chenille, se nourrissant de feuilles de vigne, peut causer de grands ravages dans les vignobles.

PYRAMIDE n.f.
It. **piramide**
Forme donnée par la taille à certains arbres fruitiers : poiriers, pommiers.

PYRÈTHRE n.m.
En. **pyrethrum**
De. **Bertram**
Es. **pelitre, piretro**
It. **piretro**
Plante vivace de la famille des Composées *(Pyrethrum partenium),* cultivée dans les jardins, c'est la grande camomille, ou matricaire officinale.
Le Pyrethrum cinerariae folium est produit au centre de l'Afrique ; ses capitules desséchées fournissent la poudre de pyrèthre, puissant insecticide.
Etym. Du grec *puretos,* fièvre.

Q

QUADRAGE n.m.
(Berry). Etendue de terrain qu'un ouvrier agricole pouvait labourer en un jour avec un attelage de quatre boeufs, ou de quatre chevaux.
Syn. Quadrugée.
Etym. Du latin *quadrum,* carré.

QUADRIENNAL adj.
En. **quadrennial**
Es. **cuatrienal**
It. **quadriennale**
Qualifie ce qui se pratique, ou se renouvelle, tous les quatre ans, notamment un assolement aux cultures réparties en quatre ans.

QUAIREUX n.m.
1. Place au centre du village, où aboutissent rues et ruelles.
2. Cour intérieure d'une ferme, avec basse-cour et aire.
C'est le caireux de Vendée, le querroy du Poitou, le carroi du Limousin.
Cet espace vide coïncidait parfois avec la roche en place ; certains font alors dériver le terme de l'indo-européen kair, qui a donné caire et cairn, rocher.
Etym. Du latin *quadrivium,* carrefour.

QUAIRTAGE n.m.
Droit perçu sur les grains, selon les anciennes coutumes du Nord de la France.
Etym. Dérivé de quart.

QUALIFICATION n.f.
En. **qualification**
De. **Qualifikation**
Es. **calificación**
It. **qualificazione**
Ensemble des conditions que doit remplir un animal domestique, ou une plante cultivée, pour être retenu par les agriculteurs.

QUALITÉ FRANCE l.f.
En. **French quality**
De. **Qualité France (Markenware aus Frankreich)**
Es. **calidad francesa**
It. **qualità francese**
Label octroyé aux productions agricoles par l'Association nationale pour la promotion et le contrôle de la qualité. *Il doit être homologué par le Ministère de l'Agriculture.*

QUANAT n.m.
Procédé d'irrigation dans les oasis de l'Iran, semblable à celui du Sahara marocain.
V. Foggara.

QUANTUM n.m.
1. Limite légale du prix d'un produit agricole garanti par l'Etat, il donne droit à une aide financière s'il n'est pas atteint. *Au-delà, le producteur est libre d'agir selon son intérêt.*
2. Quantité de produits que peut vendre, ou acheter, un agriculteur en application des règlements de la C.E.E.

QUARANTAIN adj. et n.m.
1. Variétés de pois et de haricots dont la croissance est très rapide, d'une quarantaine de jours, d'où le terme, qui est employé comme adjectif dans l'expression des haricots quarantains. *Un millet, cultivé en Italie, est également qualifié de quarantain.*
2. Pomme de terre de petite taille, mais savoureuse et précoce.
3. Variété de maïs à tige courte.

QUARANTAINE n.f.
En. **quarantine**
De. **Quarantäne**
Es. **cuarentena**
It. **quarantena**
Mise à l'écart, d'une durée variable (autrefois 40 jours), d'un bétail atteint d'épizootie grave. *Son isolement dans une zone déterminée a pour but d'éviter la propagation de la maladie.*

QUARRE n.f.
(Landes).
1. Entaille pratiquée le long de l'écorce d'un pin pour en recueillir la résine.
2. Mesure qui équivaut à 22 bottes de foin de 5 kg chacune.
Syn. Carre.

QUARRER v.tr.
Acheter, ou reprendre, des parcelles de terre pour composer un domaine plus vaste et d'un seul tenant, de figure géométrique assez simple, proche d'un carré.

QUARTAGER v.tr.
En. **to plough for the fourth time**
De. **Bestellen eines Feldes zum vierten Mal**
Es. **cuartar**
It. **arare per la quarta volta**
Donner un quatrième labour à un champ avant de l'ensemencer. *Etym.* Dérivé de quart.

QUARTAIRE n.m.
Récipient qui servait à mesurer les boissons et les graines, et qui valait un quart de setier, soit environ 156 l.
Etym. De quartus, quatrième.

QUARTAUT n.m.
Jadis petit fût, égal au quart d'un muid, de sorte que sa capacité variait selon les régions en fonction de celle du muid local.
Le quartaut d'Orléans valait 314 l, tandis que celui de Vouvray mesurait 125 l et celui de Bourgogne 57 l.
Etym. Dérivé de quart, par le terme quartel.

QUART EN RÉSERVE l.m.
Es. **bosque de reserva**
It. **quarto di riserva**
Section d'une forêt communale, d'une étendue égale à environ le quart de celle de la forêt entière.

Elle est soustraite aux coupes normales afin de croître en futaie et n'être abattue que pour satisfaire les dépenses exceptionnelles de la communauté (R. Blais).

QUARTE n.f.
1. Mesure de capacité pour les grains, équivalant à un boisseau.
2. Seau de bois pour recueillir la résine des pins contenue dans les pots fixés au bas des carres.
3. *(Anjou)*. Planche de labour édifiée en forme d'ados dans les terres humides.
4. Fente qui se produit dans le sabot d'un cheval ; c'est la séime de quarte, car elle se situe dans une partie du sabot qui porte le nom de quartier.
5. Banlieue comprenant quatre villages, ou quatre paroisses.
6. *(Normandie)*. Droit prélevé, jadis, sur la vente des boissons.
7. *(Suisse)*. Pré rectangulaire, très long.

QUARTE FEUILLE l.f.
Feuille qui appartient à la quatrième feuillaison de l'année.

QUARTELÉE n.f.
(Ile-de-France). Mesure agraire qui valait environ 27 ares 30 centiares.

QUARTÈRE n.f.
Mesure agraire qui valait 18 ares en Provence et 23 ares en d'autres régions.

QUARTERON n.m.
En. **quarter** (2)
De. **Viertel** (2)
Es. **cuarterón** (1)
It. **un quarto di cento** (2)
1. Ancienne mesure de poids à peine égale au quart d'une livre.
2. Le quart d'une centaine de choses : un quarteron de gerbes, de bottes d'asperges, soit 25 gerbes, 25 bottes, etc. *Etym. Du latin quartus.*

QUARTERONNAGE n.m.
Première opération effectuée pour préparer les douves d'un tonneau.
Elle consiste à diviser la pièce de bois en huit morceaux selon les rayons de la bille.
On procède ensuite au départage.

QUART-HOMMAGE n.m.
(Poitou). Avantage accordé à l'aîné d'une famille, lorsqu'un domaine aurait dû être divisé en plusieurs lots égaux par droit d'héritage.
C'était un moyen d'éviter le morcellement des exploitations agricoles.

QUARTIER n.m.
En. **quarter** (8,9)
Es. **cuarto** (3)
It. **quartiere** (5), **quarto** (9)
1. Bloc de maisons jointives dans un village lorrain. *Syn. Barriade.*
2. *(Bretagne)*. Mesure de capacité pour les grains.
3. Ensemble des parcelles dépendant d'un même réseau d'irrigation.
4. Parcelles de vigne, de bois, ou de prés englobées dans un ensemble agricole plus vaste.
5. Groupe de parcelles jointives, de même longueur, de même orientation. *Elles correspondent parfois à une seule parcelle primitive divisée par la suite en plusieurs parcelles en lanières ; mais elles portent toutes le même nom d'un ancien lieu-dit.*
6. Petites unités naturelles imposant une spécialisation agricole ; terrasse alluviale, cône de déjection, revers de coteau, etc.
7. Au Moyen Age, quart de manse.
8. Partie latérale du sabot d'un cheval.
9. Une des quatre parties de la carcasse d'un animal abattu, réparties en deux quartiers de devant et deux quartiers de derrière.
V. Cinquième quartier.

QUARTIER (CINQUIÈME) l.m.
Partie de la carcasse d'un animal abattu comprenant les abats (foie, poumons, viscères, etc.) et les issues industrialisables (cuir, poils, crins, cornes, etc.). *Les quatre premiers quartiers (viande et os) se divisent en deux quartiers avant et deux quartiers arrière (R.Blais).*

QUARTIER DE RÉGÉNÉRATION l.m.
Partie d'une forêt qui doit être exploitée rapidement pour que l'on puisse la laisser se reconstituer selon le plan d'aménagement.

QUARTIÈRE n.f.
(Roussillon). Ancienne mesure de capacité pour les grains.

QUARTIN n.m.
(Roussillon). Mesure de capacité pour les boissons, valant environ 25 litres.

QUARTIVE n.f.
(Vivarais). Droit de faire pacager le troupeau seigneurial, puis le troupeau communal, sur le quart de la superficie des prés accensés, après l'enlèvement du foin.

QUARTON n.m.
1. Ancienne mesure de capacité de 2,2 litres.
2. *(Guyenne)* Tiers d'un sac de blé, soit 33 litres.

QUAQUET n.m.
(Médoc). Petit râteau.
Etym. De l'occitan quasquer, briser des mottes de terre.

QUARTONNÉE n.f.
Ancienne mesure agraire valant environ 17 ares en Guyenne.
C'était sans doute la surface que l'on pouvait ensemencer avec un quarton de blé.

QUASILABOUR n.m.
It. **quasi-aratura**
Façon culturale brisant le sol sans le retourner, exécutée avec des instruments à disques ou à dents, entraînés par un tracteur.
Elle a pour but de détruire les mauvaises herbes, d'aérer la terre et de retarder l'évaporation. Syn. Dry-farming.

QUATRE-ÉPICES n.f.
It. **nigella**
Nom vulgaire de la nigelle cultivée.

QUATRE-SAISONS l.f.
Variété de fraises, de petite taille, très parfumées et mûrissant durant toute la belle saison.

QUATRIÈME n.m.
(Normandie). Droit levé par les agents royaux, appelés quatrimiers, sur la vente des boissons. *Syn. Quarte, cartelage.*

QUEBRACHO n.m.
Arbre de la famille des Apocynacées.
On distingue le quebracho blanc (Aspidosperma quebracoblanco) et le quebracho rouge (Schinopsis Lorenzii).
Ils poussent spontanément au Paraguay, le premier fournit un alcaloïde qui sert à combattre l'asthme, et tous deux ont une écorce riche en tannin pour la préparation des cuirs.

QUÉMAU n.m.
(Mâconnais). Moyettes de sarrasin.

QUENOLLE n.f.
(Flandre). Navet.
Ancien terme.

QUENOUILLE n.f.
De. **Rocken, Spinnrocken** (4)
Es. **rueca** (4)
It. **stocco** (2), **rocca** (4)
1. Taille d'un arbre de telle sorte que les branches les plus longues soient au milieu du tronc.
2. Tige de maïs.
3. Taille et disposition des sarments de vigne dans les vignobles alsaciens.
Les sarments à fruits sont courbés vers le bas, tandis que les sarments à bois sont dressés le long des échalas.
4. Long bâton au bout duquel on fixait la touffe de laine, de chanvre, ou de lin, que filaient les bergères en gardant les moutons.
Etym. Du latin colus et colucula.

Quenouille = A

QUENOUILLE (TOMBER EN) l.v.
Jadis, pour un domaine ou une seigneurie, avoir une femme comme héritière.

QUÉRABLE adj.
Se dit de ce que l'on pouvait, ou de ce que l'on devait aller quérir.
Ainsi, la dîme était quérable ; son bénéficiaire devait aller la chercher.

QUERCICOLE adj.
Qualifie ce qui a trait aux chênes, ou ce qui vit sur les chênes. Etym. Du latin *quercus*, chêne, et *colere*, habiter.

QUERCITRON n.m.
En. **black oak**
De. **Färbereiche**
Es. **quercitrón, encina de América**
It. **quercitrone**
Chêne originaire de l'Est des Etats-Unis.
On utilisait son écorce pour teindre en jaune les tissus de laine et de coton.
Etym. Du latin *Quercus tinctoria*.

QUERCU n.m.
(Saintonge). Terrain vague, inculte, près de la ferme.

QUERCY n.m.
Cépage à raisins noirs, appelé aussi Malbec et cultivé en Charente.

QUÉREUX n.m.
V. *Quaireux*.

QUERTIN n.m.
(Hainaut). Panier large et profond dans lequel on porte au marché fruits et légumes.

QUERZINES n.f.p.
Eaux qui refluent derrière les levées de la Loire, lors des crues, dans les affluents coulant parallèlement au fleuve.
Tel est le cas de la Cisse vers Vouvray.
Ces crues nuisent aux cultures.

QUESSOY n.m.
Espèce de poire, de bonne qualité, originaire du Quessoy, village des Côtes-du-Nord.
Elle est appelée également Roussette du Quessoy.

QUESTAL n.m. ou adj.
Qualifiait un serf qui ne pouvait disposer de sa personne et de sa tenure sans l'autorisation de son seigneur.
En retour, celui-ci ne pouvait le déposséder de son bien. Si le serf s'enfuyait, on partait à sa recherche, selon l'étymologie du terme questabilité, et on le réclamait au seigneur qui l'avait accueilli. Syn. Questable.
Etym. Du latin *quaestus*, cherché.

QUESTE n.f.
1. Primitivement, droit que le seigneur levait sur les serfs questables.
2. Impôt comtal, puis royal, synonyme de taille et de fouage, levé sur les vilains aussi bien que sur les serfs.
3. Aide féodale due au seigneur par ses vassaux.

QUETSCHE n.f.
En. **plum**
De. **Zwetsche, Pflaume**
Es. **ciruela damascena**
It. **grossa susina**
Fruit d'une variété de prunier, le quetschier, de la famille des Rosacées *(Prunus insititia)*; de forme oblongue, et de couleur violette dans la variété dite d'Allemagne, et jaune d'or dans celle de Létricourt. *La quetsche sert à fabriquer une eau-de-vie du même nom, ou quetsche-wasser.* Etym. De l'allemand *Zwetsche*.

QUEUE n.f.
En. **tail** (1)
De. **Schwanz** (1)
Es. **cola, rabo** (1)
It. **coda** (1)
1. Prolongement extérieur des os coccygiens chez les mammifères.
Garnie de poils plus ou moins longs, elle porte le nom de goupillon chez les bovidés, de queue de rat chez le cheval si elle est en partie épilée; par une opération elle peut être écourtée.
2. *(Bourgogne)*. Mesure de capacité d'environ 440 litres.
Utilisée en d'autres régions viticoles, elle est de 460 litres en Orléanais, de 420 litres à Saumur, de 624 litres à Cognac.
En Auvergne la demi-queue est de 292 litres.
3. Pierre siliceuse pour aiguiser les faux.
V. *Pipe, muid*.
Etym. Du latin *cauda*.

QUEUE DE PAON l.f.
Race de pigeons recherchée pour la conformation des plumes de la queue qu'ils relèvent comme celles d'un paon.

QUEUE DE RENARD l.f.
En. **meadow foxtail** (2)
De. **Fuchsschwanz, Blutweiderich** (2)
Es. **cola de zorra** (2)
It. **coda di volpe, varietà di amaranto** (2)
1. Grosse touffe de racines s'agglomérant dans les drains d'arrosage et parvenant parfois à les obstruer complètement. *Elles proviennent parfois des prêles, ou des laiches.*
2. Plante à fleurs d'un rouge pourpre.
V. *Prêle*.

QUEUE DE VERSOIR l.f.
Es. **extensión de la vertedera**
It. **appendice del versoio**
Pièce ajoutée à la partie supérieure d'un versoir pour prolonger son action sur la bande de terre soulevée et déversée par l'avancée de la charrue.

QUEUTI n.m.
(Jura). Jardin situé près d'une ferme.
Etym. Dérivé de *courtil*.

QUEVAISE n.f.
Mode de tenure féodale en Bretagne.
Le preneur devenait le serf du bailleur et lui devait une gerbe sur cinq ou six, à quoi s'ajoutaient les droits féodaux. La tenure était héréditaire ; on ne pouvait en expulser celui qui la cultivait, mais il ne devait pas la quitter, sinon le seigneur bailleur avait le droit de le faire rechercher pour le ramener sur ses terres. La tenure devait être en bon état, notamment en ce qui concernait les clôtures de haies. Elle ne pouvait être divisée, échangée, hypothéquée sans l'autorisation du seigneur.
Si le preneur cessait de la cultiver pendant un an et un jour, le seigneur la reprenait en vertu du droit de commise.
Enfin, si le tenancier laissait plusieurs enfants légitimes, le plus jeune des fils succédait seul à son père ; à défaut de fils, c'était la plus jeune des filles, selon une coutume qui était le contraire du droit d'aînesse.

QUEYRIE n.f.
(Midi de la France). Endroit rocailleux, parsemé de pierres.
De même origine que caire, cayrou, dérivé du pré-indo européen kar, rocher.

QUEYROU n.m.
1. *(Quercy)*. Tas de pierres édifié à l'extrémité d'un champ, à la suite de son épierrage.
2. Chaussée empierrée d'un étang.
Etym. Dérivé du pré-celtique *kar*, rocher.

QUIESCENCE n.f.
En. **quiescence**
Es. **quiescente**
It. **letargo**
Etat de vie ralentie chez les insectes arthropodes sous l'influence du milieu extérieur, froid, ou sec.
Ex. Demi-sommeil des abeilles, en hiver.
Etym. Du latin *quiescens*, qui se repose.

QUIGNON n.m.
Meulon de lin couvert de paille et laissé un certain temps dans le champ afin d'achever le mûrissement des graines.
Etym. Dérivé de *coin*.

QUILLADE NOIRE l.f.
Cépage à raisins noirs, à gros grains oblongs, donnant un vin liquoreux.
Il est également connu sous les noms de Malaga, Milhan, Ribeyrac, Sinsaon, etc.

QUILLARD n.m.
Cépage à raisins noirs, cultivé dans la région de Jurançon.

QUILLE n.f.
1. Partie d'un arbre restée debout, mais dont le sommet a été brisé par le vent.
V. *Chandelier*.
2. Maladie cryptogamique de la vigne.
Elle se manifeste par des taches rougeâtres sur les feuilles.

QUILLETTE n.f.
En. **cutting** (2)
De. **Weidensteckreis**
Es. **esqueje de mimbre** (1)
It. **talea di vinco** (1), **talea**
1. Tige d'osier que l'on fixe en terre pour qu'elle prenne racine et donne un autre pied.
2. Par extension, toute branche d'arbre que l'on plante pour la reproduction du pied d'origine.
C'est un clone.
Syn. Plançon.

QUINCY n.m.
Commune du département du Cher, au centre d'un vignoble réputé pour ses vins blancs secs.

QUINCONCE n.m.
En. **quincunx**
De. **Kreuzpflanzung, schachbrettförmige Pflanzung**
Es. **tresbolillo**
It. **quinconce**
Plantation d'arbres telle que les plants d'une rangée coincident avec les intervalles des rangées qui l'encadrent.
C'est la meilleure disposition pour donner à chaque arbre le plus d'espace possible, et pour permettre les labours dans trois ou quatre sens différents.
Etym. Du latin quincunx, monnaie romaine comportant des points disposés en quinconce.

QUINOA n.m.
Plante de la famille des Chénopodiacées *(Chenopodium quinoa).*
Originaire du Chili central, elle est cultivée sur les terres tempérées du Pérou, du Chili pour ses graines qui remplacent les céréales, et pour ses feuilles dont le goût rappelle celles de l'épinard.

QUINQUINA n.m.
En. **China bark, cinchona, Peruvian bark**
De. **Chinarinde, Chinarindenbaum**
Es. **quina**
It. **china, cincona**
Arbuste de la famille des Rubiacées *(Cinchona officinalis)*, originaire de l'Equateur.
Son nom scientifique provient de la comtesse espagnole del Chinchon, qui en aurait importé en 1639. Il fut vendu en poudre, comme fébrifuge, par ses principaux commerçants, les Jésuites, qui l'entourèrent longtemps d'un certain mystère.
Le secret de ses qualités ne fut révélé qu'en 1739, par la Condamine, et ce n'est qu'en 1820 qu'on isola la quinine, alcaloïde qui donne à l'écorce de quinquina sa valeur thérapeutique.
On cultive ses diverses espèces dans la plupart des régions tropicales.
Etym. Du quechua kina-kina, écorce des écorces.

QUINT (RACE DE) l.f.
Race ovine des Alpes françaises, appelée aussi race de Sahune, ou de Savournon.
De taille petite, sans cornes, à longues pattes, rustique et sobre, elle se prête très bien à la transhumance. Sa toison est blanche, mais peu épaisse;les brebis sont très fécondes et s'engraissent aisément.

QUINT et REQUINT l.m.
Droit de mutation versé à un suzerain lors de la vente d'un fief, ou d'une censive relevant de sa mouvance.
Le quint s'élevait au cinquième du prix de vente et le requint au cinquième du quint ; leur perception constituait le quintage.
Dans le Sud-Ouest, le quintage était également prélevé sur les ventes de sel.
Etym. Du latin quintus, cinquième.

QUINTA n.f.
(Portugais). Grand domaine des vignobles du Douro.

QUINTAINE (DROIT DE) n.f.
En Bourgogne, banvin.

QUINTAL n.m.
1. Poids de 100 livres.
Avant l'introduction du système décimal, c'était le petit quintal.
2. Poids de 100 kilos.
Actuellement, c'est le quintal métrique.
3. *(Vendée).* Javelles de sarrazin dressées en moyettes.

QUINTAU n.m.
1. Tas de gerbes amoncelées dans un champ pour en rendre plus faciles le compte et la charge.
2. Tas de fagots dans un bois.

QUINTÈRE n.f.
Terre pour laquelle, dans le pays de droit coutumier, le tenancier devait au maître éminent le cinquième du revenu.
Etym. Du latin quintus, cinquième.

QUINZAIN n.m.
Mesure vinaire valant un demi-muid et par conséquent de capacité variable selon les régions.
En Bourgogne, environ 140 litres.

QUIOUZIT n.m.
(Saintonge). Parcelle entourée de murettes, ou de haies.
Etym. Du latin clusum, clos, qui a donné clousis, petit clos.

QUIRITAIRE adj.
Se disait des domaines que seuls pouvaient acquérir les citoyens romains.

QUOQUELEUX n.m.
(Flandre). Eleveur de coqs de combat.

QUOT n.m.
Redevance versée par les tenanciers d'une paroisse pour la solde des messiers, chargés de veiller sur les récoltes, et tout particulièrement sur les vignes et les moissons.
Etym. Du latin quotus, combien.

QUOTA n.m.
Quantité de produits agricoles attribués par la C.E.E. à un pays, avec garantie d'un prix justifié selon les prévisions économiques et démographiques du moment.
Ainsi, pour la betterave à sucre, un quota est fixé par la C.E.E. à chaque Etat membre, quitte au gouvernement intéressé de répartir ce quota en plusieurs fractions, les unes selon le prix mondial, les autres selon ce prix réduit, ou augmenté, en tenant compte de diverses contingences nationales, notamment en attribuant à chaque exploitant un niveau personnel de production ; tant qu'il ne dépasse pas ce niveau un prix minimal lui est garanti ; au delà, il est responsable du prix de vente de ses surplus; tel est le cas pour la production du sucre de betterave ; si certains betteraviers dépassent les quotas qui leur sont attribués, ils en assument les gains ou les pertes.
Etym. Mot latin.

QUOUER n.m.
(Cérennes). Etui en bois, ou en fer, que le faucheur portait à la ceinture, et dans lequel il mettait la pierre à aiguiser sa faux.

R

RABALLE n.f.
(Saintonge). Sorte de pelle comprenant une planche et un manche, et avec laquelle on ramassait les grains sur l'aire après le battage.

Raballe

RABANE n.f.
1. *(Anjou)*. Charrue utilisée pour les petits labours.
2. Toile grossière en fibre de raphia.

RABASSAIRE n.m.
(Provence). Déformation de *ramassaïre*, chercheur de truffes, celui qui ramasse.
Syn. Caveur.

RABATTAGE n.m.
De. **Ausputzen** (1)
Es. **desmoche, poda** (1)
It. **scapezzamento** (1)
1. Opération qui consiste à couper un arbre près du sol, ou bien à la naissance des grosses branches, afin d'obtenir des rameaux nouveaux et plus jeunes.
2. Taille des haies à la cisaille, au croissant, ou à la scie.
3. Nettoyage du moule contenant sur ses parois des fragments de lait caillé que l'on rabat pour les incorporer au fromage en cours de fabrication.

RABATTEUSE n.f.
It. **aspo della mietitrebbiatrice**
Série de *lames* de bois, au devant de la moissonneuse-batteuse.
Animées d'un mouvement du haut vers le bas, elles courbent les tiges de blé à couper.

RABATTRE v.tr.
En. **to cut back**
De. **Bäumestutzen, ausputzen** (3)
Es. **podar**
It. **scapezzare** (3)
1. *Rabattre la terre* : rendre un labour très plat en écrasant les mottes avec un râteau, ou un rouleau.
2. *Rabattre les sillons*. Aplanir la crête des sillons à l'aide d'une herse.
3. *Rabattre un arbre fruitier* ; couper les gros rameaux pour provoquer la croissance de pousses nouvelles.
Etym. Du latin *battuere*, battre, frapper, pousser vers le bas, rabaisser.

RABETTE n.f.
(Dauphiné). Chou-rave, cultivé comme plante oléagineuse. *Syn. Ravetto, petite rave.*

RABIÈRE n.f.
Champ de raves.
Syn. Ravière.

RABIOLE n.f.
(Quercy). Chou-rave, issu de l'occitan *rabe* qui signifie rave.
Syn. Rabioule ; c'est le turnep des Anglais.

RABIQUE adj.
En. **rabic**
De. **Tollwut-, tollwütig**
Es. **rábico**
It. **rabbico, rabico**
Qui se rapporte à la rage, tels un virus, un vaccin rabiques. *Etym.* Du latin *rabies*, rage.

RABOT n.m.
En. **plane** (3)
De. **Hobel** (3)
Es. **cepillo** (3)
It. **pialla** (3)
1. *V. Raballe.*
2. Râteau pour écrêter les sillons et aplanir la surface d'une terre labourée.

3. Outil pour détruire les taupinières dans un pré. Pour ces deux derniers usages on précise la nature de l'instrument en distinguant le *rabot à raies* pour les sillons et le *rabot à pré* pour les taupinières.

RABOULIÈRE n.f.
De. **Kaninchenbau**
Es. **gazapera**
It. **tana di coniglio**
(Sologne). Trou par lequel un lapin entre dans son clapier.

RACAPTE (DROIT DE) l.m.
Droit de mutation payé par l'héritier d'un tenancier décédé.
Syn. Acapte.

RACCART n.m.
(Suisse romande). Petit grenier, d'ordinaire en bois, assez éloigné des maisons pour éviter les dangers d'incendie.
On y entrepose les grains et les fruits secs.

RACCOURCIR v.tr.
Tailler une branche d'arbre de l'an passé en lui laissant moins d'yeux que ne permettrait la force de l'arbre.

RACE n.f.
En. **race, breed**
De. **Rasse**
Es. **raza, casta**
It. **razza**
Ensemble d'animaux possédant les mêmes caractères spécifiques qu'ils tiennent de leurs ascendants et qu'ils transmettent à leurs descendants.
La race se distingue de la variété qui possède des caractères qui ne sont pas toujours transmissibles par hérédité, tandis qu'elle s'insère dans l'espèce qui contient plusieurs races et qui est dotée de caractères généraux et immuables depuis l'origine. En ce qui concerne les animaux domestiques, leurs caractères primitifs ont été sensiblement modifiés par l'homme (voir les chiens) ; mais ils ne sont pas toujours fixés héréditairement ; les modifications par sélection ou métissage peuvent s'atténuer d'une génération à l'autre et même disparaître ; cela dépend de la stabilité des gènes.
Etym. De l'italien razza.

RACES BOVINES l.f.p.
Es. **razas bovinas**
It. **razze bovine**
Races sélectionnées de bovins à des fins diverses.
Presque chaque région naturelle de l'Europe occidentale à la sienne déjà citée (bretonne, holstein, pie noire, limousine, etc.), ou que l'on citera (salers, tarentaise, etc.). On peut signaler ici quelques races pyrénéennes :
1. *La race de Carol, variété de la race gasconne, elle domine dans la vallée de Carol, en Roussillon et en Cerdagne ; de petite taille elle est adaptée à la vie en haute altitude ; bonne laitière.*
2. *La race gasconne ; elle domine du Lannemezan à l'Ariège ; de formes trapues, et de robe grise, elle a les muqueuses noires. Elle est appréciée comme bête de travail, mais c'est une médiocre laitière. Toutefois, elle est assez facile à engraisser.*
3. *La race lourdaise : elle domine dans les vallées du Lavedan, au coeur des Pyrénées centrales de l'Ouest ; de formes lourdes, à robe couleur de froment clair, elle est adaptée à la rude existence de la montagne.*
4. *La race des Pyrénées centrales, d'Aure et de Saint-Girons. D'allure élégante, haute sur pattes, c'est une race vive, adaptée aux déplacements, et aux longs séjours en haute altitude ; elle peut mettre bas pendant son séjour en estive sans qu'il en résulte d'accident. Bonne laitière, elle alimente les fromageries des basses vallées. En plaine, on l'utilise pour les labours et les charrois. Elle est également appréciée pour sa viande.*
5. *La race des Pyrénées occidentales : de tête courte, de muffle large et à cornes blanches en forme de lyre, elle est de grande taille. Sa robe est froment clair. C'est une race de travail, mais elle se prête à l'engraissement ; médiocre laitière, la vente des veaux est le principal profit de son élevage en montagne (H. Cavaillés).*

RACES CAPRINES l.f.p.
Es. **razas caprinas**
It. **razze caprine**
Moins nombreuses que les races bovines, elles sont néanmoins caractéristiques des pays où elles se sont créées : *race alpine* à pelage chamois, rustique et bonne laitière ; *race poitevine* à long poils noirs et blancs ; *race pyrénéenne* à robe marron, agile, rustique et prolifique. *Etym. Du latin capra, chèvre.*

RACES OVINES l.f.p.
Es. **razas ovinas**
It. **razze ovine**
Races de moutons parmi lesquelles on peut citer celles des Causses, des Pyrénées, de l'Ile-de-France ; la berrichonne du Cher, la bleue du Maine, la manenche du Pays basque, la mérinos, la southdown, la suffolk, etc.
Etym. Du latin ovis, brebis.

RACÈME n.f.
En. **raceme**
Es. **racimo**
It. **grappolo, racemo**
Nom scientifique de la grappe de raisin.
Etym. Du latin racemus, grappe.

RACEUR n.m.
En. **prepotent sire**
It. **razzatore**
Animal destiné à la reproduction et qui possède les qualités propres à maintenir très nets les caractères distinctifs de sa race.

RACHAT n.m.
Redevance due au suzerain par ses vassaux, en cas d'héritage, de mutation par mariage, ou de fief pris en bail. *Faute de paiement du rachat, le suzerain pouvait refuser de donner le fief relevant de sa mouvance. Le rachat s'élevait en général à une année de revenu du fief.*

RACHÉE n.f.
Base d'un tronc d'arbre coupé et sur laquelle poussent des rejets.

RACHIS n.m.
En. **rachis**
De. **Rückgrat**
Es. **raquis**
It. **rachide**
Axe central d'une plume, d'une fleur, d'un épi, d'une grappe.

RACINAGE n.m.
En. **roots**
De. **Wurzelwerk**
Es. **raíces alimenticias**
It. **radici commestibili**
Ensemble des racines alimentaires.

RACINAIRE n.m. et adj.
Es. **radicular** (2)
It. **apparato radicale** (1)
1. n.m. Ensemble des racines d'une plante.
2. adj. Ce qui a trait aux racines d'une plante.

RACINAL n.m.
1. Ensemble des racines alimentaires.
Syn. Racinage.
2. Piquets soutenant des treillis, ou des fils de fer, autour d'un jardin, ou d'une plate-bande de légumes.

RACINE n.f.
En. **root**
De. **Wurzel**
Es. **raíz**
It. **radice**
1. Partie de la plante qui pénètre et grandit dans la terre.
Elle assure la fixation du végétal dans le sol et, par des poils absorbants, lui fournit une alimentation hydrominérale. Certaines racines jouent un grand rôle dans la nourriture des hommes et des animaux : carottes, navets, betteraves, etc.
2. Au Moyen Age, ensemble des plantes alimentaires, "on vivait de racines", parfois très savoureuses, et abondantes.
Etym. Du latin radix, radius, racine.

RACINEAU n.m.
Petit tuteur fixé auprès des jeunes plantes.

RACINÉE adj.
Es. **arraigada**
It. **radicata**
Qualifie une plante récemment mise en terre et qui a pris racine.

RACINER v.tr.
En. **to take root**
De. **Wurzeln schlagen**
Es. **arraigar**
It. **mettere radice**
Emettre des racines ; se dit des boutures qui commencent à avoir des racines quand elles ont été mises en terre.

RACLAGE n.m.
En. scraping
De. Auslichten
Es. monda, limpia
It. diradamento
Eclaircissement d'un taillis que l'on coupera quinze ou vingt ans plus tard *(Littré)*.

RACLÉE n.f.
Opération de jardinage qui consiste à ameublir une mince couche de sol avec une houe.

RACLETTE n.f.
En. scraper
De. Kratzeisen
Es. raedera
It. raschino, raschietto
Petite bêche dont on se sert, après le passage de la décavaillonneuse, pour *déparer* les vignes, c'est-à-dire pour enlever la terre qui reste autour des ceps *(fig. 168)*.

(Fig. 168). Raclette

RACLOIRE n.f.
En. strickle
De. Abstreichholz
Es. rasero
It. rasiera
Planchette servant à faire tomber les grains débordant le haut d'une mesure.

RACLON n.m.
Terreau préparé avec des raclures provenant des chemins, des bordures de route, des prairies, et comprenant de la terre, de l'humus et des herbes avec leurs racines.

RACOUET n.m.
Vulpin, graminée des prés.

RACQUE n.m.
(Languedoc). Marc de raisin dont on se sert pour fabriquer du vert-de-gris, ou *verdet*, en passant par le stade du vinaigre.

RADICANT adj.
It. radicante
Qualifie les plantes dont la tige possède des racines supplémentaires, comme le fraisier.

RADICATION n.f.
De. Wurzelwerk (2), Verwurzelung (1)
Es. radicación
It. radicazione
1. Pousse des racines d'une plante.
2. Réseau des racines d'une plante.

RADICELLES n.f.p.
En. rootlet, rootling
De. Würzelchen
Es. raicillas
It. radichette
Les plus petites racines d'une plante.
Munies de poils absorbants, elles assurent l'alimentation du végétal en puisant dans le sol les éléments assimilables qui entrent dans la composition de la sève ascendante, ou sèvre brute.

RADICULE n.f.
En. radicle
De. Keimwurzel, Radicule
Es. radícula, rejo
It. radichetta
Petite excroissance dans la partie inférieure de l'embryon d'une plante supérieure.
Elle deviendra en germant la racine d'une nouvelle plante.

RADIS n.m.
En. radish
De. Rettich
Es. rábano
It. ravanello
Plante annuelle, ou bisannuelle, de la famille des Crucifères.
Originaire de la Chine du Nord, l'espèce cultivée (Raphanus sativus), est appréciée pour ses racines pivotantes, charnues et comestibles.
Selon la forme et la couleur de cette racine, on distingue :
1. Les petits radis ou radis roses, à bouts blancs, ronds ou pointus, allongés ou aplatis.
2. Les radis d'automne, plus gros que les précédents, et à racine plus longue.
3. Les radis d'hiver qui sont bisannuels ; semés en été, ils se mangent en hiver ou mûrissent à la fin du printemps.
4. Les gros radis noirs appelés raiforts.
5. Le radis fourrager (Raphanus sativus) pousse très vite et constitue un bon fourrage et un excellent engrais vert.
Etym. Du latin radice, racine.

RADON n.m.
(Normandie). Oeilleton d'artichaut dont on se sert pour faire un nouveau pied.

RAFFAUX adj.p.
Qualifie les arbres atteints par la gelée et qui restent chétifs et déjetés.

RAFFEUX n.m.
Cépage à raisins noirs dont les graines, rares et molles, s'écrasent facilement et donnent beaucoup de *rafle*.

RAFFINAGE n.m.
En. refining
De. Reinigung, Raffinieren
Es. refinación, refino
It. raffinatura, raffinazione
Opération qui consiste à enlever les impuretés d'un produit agroalimentaire, tel le sucre de betterave qui est épuré de ses mélasses.

RAFFINERIE n.f.
En. refinery
De. Zuckersiederei, Raffinerie
Es. refinería
It. raffineria
Etablissement où l'on pratique le raffinage et qui est dirigé par un *raffineur*.

RAFLE n.f.
En. stalk (1)
De. Beerenkamm
Es. escobajo
It. raspo, graspo (1), tutola (2)
1. Ensemble du pédoncule et des pédicelles qui soutiennent les graines de raisin, de groseille.
2. Axe de l'épi du maïs dépouillé de ses grains.
3. Maladie qui atteint les vaches et qui se manifeste par des éruptions de boutons ; appelée *feu* ou *échamboulure*, c'est le *cow-pox* qui vaccine contre la variole.
Etym. De l'allemand raffel qui a donné le verbe raffen, rafler.

RAFRAÎCHIR v.tr.
De. erfrischen
Es. refrescar
It. spuntare (2)
1. Donner à une terre, après un labour profond, une légère façon.
2. Couper l'extrémité des racines d'un plant afin de favoriser la multiplication des radicelles.
Dans les deux cas c'est un rafraîchissement.

RAGANAGE n.m.
(Maine). Elagage des branches inférieures des arbres dans une forêt.

RAGANE n.f.
1. Petit fossé creusé entre deux rangs de vigne, pour y déposer du fumier.
2. *(Charente)*. Rigole pour l'irrigation.
Syn. Rigane, ragone.

RAGE n.f.
En. rabies
De. Tollwut
Es. rabia
It. rabbia
Maladie virale atteignant l'homme et les animaux à sang chaud (chien, chat, bovins, renard, etc.).
Détruisant les centres nerveux du cerveau, elle provoque l'hydrophobie, des accès de fureur, la paralysie et la mort.
Depuis la découverte de Pasteur (1885) on la prévient par la vaccination antirabique. On la guérit par des bains de vapeur très chaude, des tisanes et des cataplasmes de diverses plantes (ulmaire, ou reine des prés, pilocarpe, ou jaborandi). On doit obligatoirement la déclarer.
Etym. Du latin rabies, rabere, être enragé.

RAGONDIN n.m.
Rongeur d'Amérique du sud.
Introduit en Europe, il s'est particulièrement multiplié dans le marais poitevin, milieu aquatique qui convient à son développement. Recherché pour sa fourrure, il est également pourchassé pour les dégâts qu'il commet dans les canalisations et les cultures.
Syn. Miocastor.

RAGOSSE n.f.
Ormeau, ou chêne étêté dans les haies du bocage normand.

RAGOTER v.tr.
Enlever les brindilles qui subsistent sur les bûches afin qu'elles soient placées dans un stère sans laisser de vide.

RAGRÉER v.tr.
En. **to clean** (1)
De. **abputzen** (1)
Es. **revocar** (1)
It. **ripulire** (1)
1. Débarrasser de ses brindilles une branche que l'on vient de scier sur l'arbre.
2. Aplanir avec une serpette la trace de la scie sur le tronc que l'on vient d'ébrancher.
Etym. De *re*, répétitif, et *agréer*.

RAGUIN n.m.
Agneau âgé d'un an.

RAI n.m.
Basses branches des sapins que l'on élague pour les brûler.

RAICHEUR v.tr.
(Normandie). Cueillir les fruits laissés sur les arbres après la récolte.
Syn. Glaner.

RAIDE n.m.
Maladie des jeunes agneaux, caractérisée par une difficulté à mouvoir les pattes postérieures.
Elle paraît due à un sevrage trop précoce, ou à des carences alimentaires.

RAIE OU RAYE n.f.
En. **furrow, ridge**
De. **Furche**
Es. **surco de arado**
It. **solco**
1. Sillon creusé par la charrue.
C'est l'intervalle entre la muraille, *ou bordure de la terre non labourée, et la bande de terre renversée vers la droite par le versoir de la charrue.*
2. Profond sillon tracé au bout du champ, perpendiculairement aux longs sillons de la parcelle labourée.
3. *(Vosges).* Rigole d'irrigation.
Etym. Du celte *ruga*, qui a donné *rega* en provençal.

RAIFORT n.m.
En. **horseradish**
De. **Rettich, Meerrettich**
Es. **rábano blanco**
It. **rafano, cren**
Plante de la famille des Crucifères *(Cochlearia armoracia)*, appelée à tort *cranson de Bretagne* à cause de la confusion *d'armoracia* avec *armorica*. On l'appelait autrefois Moutarde des capucins *ou* des Allemands ; on la désigne parfois sous l'expression de radis noir, *à cause de la couleur de sa peau. Originaire de l'Europe Orientale, elle est cultivée pour sa racine qui a une saveur rappelant celle de la moutarde.*
Etym. Du latin *radice*, racine, et de *fort*, soulignant son goût piquant.

RAIN n.m.
1. Talus couvert d'herbes et de buissons entre deux parcelles cultivées. Equivalent *rideau*.
2. *(Lorraine).* Lisière d'un bois.
Etym. D'origine germanique.

RAINS POIGNAUX l.m.p.
(Normandie). Perches placées autour des parcelles ensemencées pour en éloigner les oiseaux.

RAIPONCE n.f.
En. **rampion**
De. **Rapunzel**
Es. **rapónchigo**
It. **raperonzolo**
Plante de la famille des Campanulacées *(Campanula rapunculus)*.
Originaire de l'Europe tempérée et méridionale, elle est cultivée pour ses racines qui sont comestibles.
Etym. De l'ancien français *raiz*, racine.

RAIS n.m.
(Vosges). Branche de sapin, appréciée comme combustible.

RAISAINE n.f.
Cépage à raisins blancs, à gros grains, dorés, excellents comme raisins de table.
Cultivé en Languedoc où on l'appelle encore Duraisin.

RAISE n.f.
1. *(Vendée).* Etroite bande de terre non labourée entre deux champs en lanière.
2. *(Saintonge).* Sentier entre deux parcelles.
3. Rigole pour l'écoulement des eaux.
Syn. Raisse.

RAISIN n.m.
En. **grape**
De. **Weintraube**
Es. **uva**
It. **uva**
Fruit de la vigne composé de la rafle et des grains.
Etym. Du latin *racemus*, grappe de raisin.

RAISIN DE CUVE l.m.
It. **uva da vino**
Raisin qui sert à faire le vin.

RAISIN DE POCHE l.m.
Raisin produit par un cépage à raisins noirs et à gros grains très durs, que l'on peut porter dans la poche sans les écraser et qui se conservent durant l'hiver.

RAISIN SEC l.m.
En. **raisin**
De. **Rosine**
Es. **uva pasa, pasa**
It. **uva passa**
Raisin dont on a desséché, naturellement, ou artificiellement, les grains afin de les conserver pour la pâtisserie.

RAISIN DE MAÏS l.m.
(Bresse). Grappe d'épis de maïs suspendus sous un auvent pour qu'ils se dessèchent.

RAISIN DE TABLE l.m.
En. **grape**
De. **Traube**
Es. **uva de mesa**
It. **uva da tavola**
Raisin consommé comme fruit au dessert.

RAISINÉ n.m.
En. **raisiné**
De. **Traubenmus, Weinbeermus**
Es. **uvate, arrope**
It. **gelatina/marmellata di uva**
Confiture obtenue, soit en faisant bouillir des graines de raisin dans du vin doux, soit en faisant réduire de moitié, par ébullition, le moût de raisin.

RAJEUNISSEMENT n.m.
En. **disbudding**
De. **Verjüngungsschnitt, Stutzen**
Es. **rejuvenecimiento**
It. **ringiovanimento**
Opération qui consiste, lors de la taille d'hiver, à couper les branches infertiles, épuisées, afin de provoquer à leur base de nouveaux bourgeons. *Le plus vigoureux sera conservé pour donner des fleurs et des fruits (poirier, pommier, prunier, etc.).*

RAKE n.f.
Sorte de peigne à longues et fines dents auxquelles on fixe les feuilles de tabac blond avant de les introduire dans le four à sècher.

RAMADE n.f.
En. **flock of sheep** (3)
De. **Schafherde** (3)
Es. **rebaño**
It. **gregge di pecore**
1. *(Catalogne).* Chemin suivi par les moutons transhumants, équivalent des *cami ramaders* de Castille et des *drailles du Languedoc*.
2. Pâturage d'été dans les Pyrénées Orientales.
3. Troupeau de plusieurs centaines de moutons pratiquant la transhumance entre les Pyrénées et le Bassin Aquitain.
Etym. De l'espagnol *ramada*, issu peut-être de l'arabe *ramadan*.

RAMAGE n.m.
En. **floral design** (1)
Es. **ramaje** (1)
It. **ramaglia** (1)
1. Rameaux des arbres fourragers, coupés et effeuillés pour servir de nourriture au bétail.
2. *(Provence)*. Action de couper les rameaux des arbres fourragers.
Syn. Ebranchage.
3. Droit conféré par une servitude autorisant les petites gens à ramasser le menu bois dans les forêts.
Etym. Du latin *ramus*, rameau.

RAMAGER v.tr.
Couper les branches aux arbres des haies pour *ramer* les haricots et les petits pois.

RAMAS n.m.p.
1. *(Maurienne)*. Enclos qui servent sur les alpages à parquer les moutons transhumants durant la nuit.
2. Vols de châtaignes, de glands, de champignons dans les forêts ; c'est du *maraudage* forestier.

RAMASSAGE n.m.
En. **gathering**
De. **Sammeln**
Es. **acción de recoger, recogida**
It. **raccolta**
Action de ramasser.

RAMASSER v.tr.
En. **to gather**
De. **sammeln**
Es. **recoger**
It. **raccogliere**
Réunir ce qui est épars et en faire un tas :
Ex. ramasser des feuilles sèches.

RAMASSES n.f.p.
It. **slitte**
Traîneaux servant à descendre les récoltes, et en particulier le foin, sur les fortes pentes des régions montagneuses *(R.Dumont)*.

RAMASSETTE n.f.
It. **graticcio di falce**
Léger clayonnage dont était pourvue la faux des moissonneurs afin de grouper en javelles les tiges de blé coupées *(fig. 169)*.

(Fig. 169). Ramassette

RAMASSEUR n.m.
En. **pickup**
De. **Sammler**
Es. **recogedor**
It. **raccoglitore**
Machine agricole munie de peignes pivotants pour ramasser du foin, de la paille, ou d'autres fourrages, et les transporter vers la ferme.
Si elle est complétée par une presse, qui assure le ramassage en comprimant la récolte en balles ficelées, c'est alors une presse-ramasseuse. Si elle forme de grosses balles rondes, ficelées et laissées sur le champ, c'est une ramasseuse-enrouleuse. Il y a également des ramasseuses-chargeuses de betteraves, des ramasseuses-hacheuses-chargeuses qui découpent les racines avant de les transporter à la ferme.

RAMASSIS n.m.
Menues branches, ramilles, qui ne peuvent servir qu'à faire des *bourrées* et du feu.

RAMBOUR n.m.
Variété de grosses pommes, à peau verte et rouge.
Mûres dès le début du mois d'août, elles ne se conservent pas en hiver. Cultivées au début, près du village de Sainte-Anne dans la Somme, elles sont appelées également pommes Sainte-Anne.

RAME n.f.
En. **prop** (2)
De. **Zweig** (2)
It. **ramo, frasca** (2)
1. *(Languedoc)*. Feuilles de frêne que l'on fait sécher pour la nourriture des moutons en hiver.
2. *(Périgord)*. Branches dépouillées de leurs feuilles que l'on utilise pour soutenir les tiges des pois et des haricots.
3. *(Morvan)*. Résidu des bûches qui servent à fabriquer du charbon.
4. Droit de couper des branches d'arbre dans les bois seigneuriaux.
Etym. Du latin *ramus*, branche.

RAMEAU n.m.
En. **bough, branch** (2)
De. **Zweig, Ast** (2)
Es. **ramo** (2)
It. **ramo, ramoscello** (2)
1. Petite branche fructifère d'un arbre fruitier.
2. Grosse branche d'un arbre quelconque.
C'est le rameau à bois.
Etym. Du latin *ramulus*, diminutif de *ramus*, rameau.

RAMÉE n.f.
It. **frasche**
1. Branches entrelacées formant une voûte de verdure.
2. Branches coupées avec leurs feuilles vertes pour servir de nourriture au bétail en été, ou que l'on fait sécher pour l'alimentation hivernale.
3. *(Bourgogne)*. Planche de labour.
Etym. Du latin *ramus*, rameau.

RAMER v.tr.
En. **to prop**
De. **mit Stäben stützen**
Es. **encañar, rodrigar**
It. **infrascare, palare, impalare**
Planter des rames pour soutenir des plantes grimpantes : pois, haricots, etc.
Etym. Du latin *ramus*, rame, qui a donné *remare* et *reme*, d'où le verbe *ramer*.

RAMEURES n.f.p.
Petites branches où grimpent les vers à soie pour faire leurs cocons. *(vieilli)*.

RAMIE n.m.
En. **ramie**
De. **Ramie**
Es. **ramio**
It. **ramiè, ramia, ortica bianca**
Plante de la famille des Urticacées (*Boehmeria tenacissima* et *Urtica nivea*).
Originaire de l'Asie du Sud-Est, elle a été introduite en France vers le milieu du XIXème siècle et cultivée pour ses fibres plus tenaces que celles du chanvre.
Syn. Ramié, ramaï.

RAMIER n.m.
En. **woodpigeon** (3)
De. **Holztaube** (3)
Es. **zurita** (3), **paloma torcaz**
It. **colombo selvatico** (3)
1. *(Agenais)*. Plantation de saules ou de peupliers.
2. *(Jura)*. Amas de branches coupées et destinées à être mises en fagots.
3. Variété de pigeon sauvage.
4. *(Périgord)*. Plantation de fraisiers sous plastique en tunnel.

RAMIÈRE n.f.
En. **brushwood**
De. **Buschwerk**
Es. **tallar**
It. **ceduo**
(Provence). Formation arbustive composée de chênes, d'ormes, de saules, de buissons, poussant près des cours d'eau.
Taillis en bordure des rivières.
Etym. Du latin *ramus*, rameau.

RAMILLE n.f.
En. **twig**
De. **Reisigholz**
Es. **ramiza, támara**
It. **ramoscello**
1. Petite branche d'arbre.
2. Dernière pousse de l'année avec ses feuilles.

RAMILLON (DROIT DE) n.m.
Droit de couper des rameaux ayant poussé, au cours de l'année, dans les forêts seigneuriales.

RAMON n.m.
(Champagne). Balai fabriqué avec des rameaux d'arbre, et pour nettoyer les allées de jardin.
Etym. Du latin *ramus*, rameau.

RAMONET n.m.
(Languedoc). Ouvrier agricole.
Dans les grands vignobles il est doté d'un contrat de longue durée pour travailler une certaine étendue de vigne ; il est payé en nature et en espèces, et il possède ses propres vignes. C'est l'équivalent du prix-faiteur du Bordelais et du closier des Pays de la Loire ; il pratique le ramonétage.

RAMPANT adj.
En. **creeping**
De. **kriechend**
Es. **rastrero**
It. **strisciante**
Se dit d'un rameau, d'une tige, étendus sur le sol, et qui se garnissent de racines et de ramilles.

RAMPE D'ARROSAGE l.f.
En. **sprayline**
De. **Besprengungsrampe**
Es. **barra aspersora**
It. **annaffiatrice**
Tube percé de trous, ou équipé de gicleurs, monté sur pivot pour tourner sous la pression de l'eau qui lui est fournie par des tuyaux.
Ainsi, l'arrosage s'effectue par rotation selon un diamètre qui peut atteindre la centaine de mètres.

RAMPE DE TRICKLERS l.f.
Appareil d'arrosage composé d'une rampe pivotante et munie de *tricklers* qui déversent l'eau goutte à goutte.

RAMPIN n.m.
Pied de cheval défectueux, le bord supérieur du sabot avance au-dessus du bord inférieur.

RAMPON n.m.
En. **corn salad**
De. **Feldsalat**
Es. **apóndrigo**
It. **valerianella**
Mâche, ou doucette *(Valeraniella olitoria)*.

RAMURE n.f.
En. **branches, boughs, foliage**
De. **Astwerk**
Es. **ramaje**
It. **fronde**
Ensemble des rameaux et des branches d'un arbre.

RAN n.m.
(France de l'Est). Toiture d'une porcherie.

RANCE adj. et n.m.
En. **rancid** (1),
De. **ranzig** (1), **Ranzigkeit** (2,3)
Es. **rancio**
It. **rancido**
1. adj. Se dit des corps gras contenus dans les aliments et qui forment par oxydation des acides au goût âcre et à odeur forte.
Le terme est étendu aux boissons alcoolisées, notamment aux vins vieux, entre autres le rancio, vin de liqueur espagnol.
2. n.m. Goût et odeur de ce qui est rance.
Ex. Sentir le rance.
3. Pièce de bois sur laquelle on place des futailles dans les caves.
Syn. Tin.
Etym. Du latin rancidus, qui est âcre.

RANCH n.m.
En. **ranch**
De. **Ranch**
Es. **rancho**
It. **ranch**
Grande propriété de l'Amérique du Nord, consacrée à l'élevage des bovins et des chevaux.
On y pratique le ranching, élevage extensif exigeant peu de personnel et peu de soin.
Etym. Du français se ranger, et de l'espagnol rancho, cabane.

RANCHAGE n.m.
(Franche-Comté). Labour incomplet comprenant deux raies déversées sur une étroite bande de terre non labourée et correspondant à la largeur d'une raie.

RANCHER n.m.
(Périgord). Sorte de claie que l'on plaçait devant, derrière, ou sur les côtés, d'une charrette pour maintenir la récolte de foin, ou de paille.

RANCHEROS n.m.p.
(Mexique). Propriétaires de troupeaux élevés dans les *ranchs*.

RANCHO n.m.
Grande ferme d'élevage en Amérique du Sud, avec maison d'habitation, parc et *sitios* pour le personnel.
Syn. Ranch (en Amérique du Nord).

RANCIDITÉ n.f.
En. **rancidness**
De. **Ranzigkeit**
Es. **rancidez**
It. **rancidità, rancidezza**
Qualité ou défaut, selon la substance envisagée, de ce qui est *rance*.

RANCIO n.m.
Vin rouge sec, ou doux, obtenu avec les cépages carignan, alicante, ou grenache.
Vieilli, il prend une teinte pelure d'oignon et un goût spécial de rance, ce qui lui doit son nom. Muté, il atteint 18% d'alcool comme la plupart des vins liquoreux.
Etym. De l'espagnol rance.

RANCISSEMENT n.m.
En. **rancidity**
De. **Ranzigwerden, Verderben**
Es. **rancidez**
It. **rancidezza**
Altération des matières grasses par oxydation, fermentation et formation d'acides carboniques et butyriques communiquant un goût particulier de rance au beurre et à la graisse.

RANDAL n.m.
(Périgord). Haie sur talus planté d'aubépines, de prunelliers et, çà et là, de chênes et de hêtres.

RANDAU n.m.
Bordure de champ ; talus planté d'arbustes et retenant la terre d'un champ en pente. *Vrai nom du rideau picard et équivalent du randal gascon.*

RANG n.m.
(Franco-Canadien). Structure agraire canadienne.
Ensemble de fermes et d'exploitations agricoles situées en rang le long d'un chemin, ou d'un cours d'eau , tel le Saint-Laurent.
Le terrain à exploiter a été divisé en longues parcelles, depuis le bord du fleuve jusqu'au sommet des versants ; elles mesurent environ 40 arpents chacune, soit 20 ha.
L'habitation a été édifiée sur la rive du cours d'eau, ou auprès de la voie de passage, et les parcelles s'allongent à l'arrière jusqu'à la forêt, ou au sommet des collines.
Equivalent du "Waldhuffendorf" germanique.

RANG, RANGÉE n.m. et n.f.
En. **row, line**
De. **Reihe**
Es. **fila, hilera**
It. **fila, filare**
Suite de plantes, ou de bêtes, situées sur une même ligne.
Ex. Un rang de vigne.
Etym. Du francique hring, réunion.

RANGEN n.m.
Cépage du vignoble alsacien donnant des vins blancs de haute qualité.

RANZ DES VACHES l.m.
Mélodie que chantent et jouent sur leurs cornemuses les pâtres suisses en gardant leurs troupeaux.

RAPAILLE n.f.
(Lorraine).
Forêt exploitée sans ordre, la fûtaie faisant défaut, la taille étant en coupe libre, au gré des usagers *(G. Plaisance)*.
Etym. Même origine que ripaille.

RAPASSIER n.m.
Cueilleur de truffes en Languedoc.

RÂPE n.f.
De. **Traubenkamm** (1)
Es. **escobajo** (1)
It. **raspo** (1)
1. Résidu de la fermentation du vin ; composé des rafles, de la peau et des pépins des grains.
C'est le marc de raisin que l'on peut laisser macérer dans le moût pour donner du corps et de la verdeur au vin ; que l'on utilise pour faire de la "piquette" en lui ajoutant de l'eau ; que l'on distille pour obtenir de l'eau-de-vie de marc.

2. Instrument qui sert à déchiqueter les tubercules destinés au bétail, ou à fournir de la fécule.
3. *(Lorraine).* Terre inculte, broussailleuse.
Etym. Du germanique *raspeln,* rafler, gratter.

RÂPÉ n.m.
De. **Nachwein** (1)
Es. **aguapié** (1)
It. **vinello** (1)
1. Boisson obtenue en faisant macérer du marc de raisin dans de l'eau, c'est la *piquette.*
2. Grappe de raisin que l'on écrase dans un tonneau pour empêcher le vin de se gâter.
3. Qualifie un vin obtenu en intercalant, entre les couches de raisins frais dans un pressoir, du marc de raisin sec pour donner un goût particulier au vin après fermentation.
Ce vin est appelé verdillon.

RÂPER v.tr.
En. **to grate**
De. **raspeln**
Es. **rallar**
It. **grattugiare**
Mettre en petits morceaux avec une râpe.

RÂPERIE n.f.
En. **beet juice-factory**
De. **Raspelhaus**
Es. **taller donde se ralla la remolacha**
It. **luogo ove si tranciano le barbabietole**
Etablissement où l'on râpe les betteraves à sucre, le jus est envoyé à la sucrerie et le résidu sert à faire du tourteau, ou de la pâte à papier.

RAPETTE n.f.
(Savoie). Vin gris *suret,* donc de goût acide et amer.

RAPHIA n.m.
En. **raffia**
De. **Raphiabast**
Es. **rafia**
It. **rafia**
(Malgache). Arbre de la famille des Palmacées (*Raphia ruffia*).
Originaire de Madagascar, il est utilisé pour ses feuilles, longues parfois de 5 m et dont les fibres résistantes servent de liens pour attacher les rameaux des vignes, des arbres fruitiers.

RAPPROCHAGE n.m.
1. Opération qui consiste à tailler une haie pour la rendre moins épaisse.
2. Taille d'un arbre fruitier effectuée sur le bois des années antérieures, et non sur le bois de l'année, afin de rapprocher du tronc les nouvelles pousses, pour mieux les alimenter en sève.

RASCLET n.m.
Instrument dont se sert le résinier pour rafraîchir la carre quand celle-ci est devenue trop haute pour être encore allongée à coups de hapchot.
Etym. Dérivé de *rascler,* râcler.

RASE n.f.
1. Petite rigole destinée à irriguer les près dans le Massif Central.
2. Bande de terre inculte, entre deux parcelles, servant parfois de sentier.
3. Fosse entre deux rangs de vigne pour les drainer.

RASETTE n.f.
De. **Pflugmesser** (1), **Vorschär** (2)
Es. **cuchilla delantera** (1)
It. **avanvomere** (1)
1. Petit soc fixé en avant du coûtre.
Il fait tomber dans le fond du sillon la couche superficielle du sol (fig. 170).
2. *(Flandre).* Petite houe utilisée pour sarcler les plates-bandes d'un jardin.

(Fig. 170). Rasettes)

RASIÈRE n.f.
(Normandie). Mesure de capacité d'un demi-hectolitre, utilisée pour les pommes et les grains.

RASOUL n.m.
(Languedoc). Cadre de bois, chargé de pierres et pourvu de harnais pour un attelage.
Il est destiné à écraser les mottes d'un champ récemment labouré.

RASQUETTE n.f.
(Provence). Cuscute.

RASSADE n.f.
Petit sentier entourant une parcelle cultivée.

RASSISE adj.
Qualifie la terre d'un champ qui n'a pas été labouré depuis longtemps.
Syn. Rappayée (R. Blais).

RAT n.m.
En. **rat, mouse**
De. **Ratte**
Es. **rata**
It. **topo, ratto**
Genre de mammifère rongeur, très répandu sur tout le Globe.
On distingue le rat noir *très fréquent dans les campagnes et le* rat gris *ou* rat d'égout, *très féroce ; redoutables l'un et l'autre par leurs ravages dans les champs et par la transmission de la peste ; on les combat au phosphore et à la strychnine.*
Etym. De l'ancien haut allemand *rato.*

RAT DE CAVE n.m.
Sobriquet d'appliquant à un contrôleur de taxes prélévées sur les boissons alcoolisées. *Pour exercer son métier il peut inspecter les caves, d'où son surnom avec un sens péjoratif.*

RATAFIA n.m.
En. **ratafia**
De. **Ratafia**
Es. **ratafía**
It. **ratafià**
Liqueur obtenue en faisant macérer dans de l'alcool et du vin doux, des écorces d'orange, des amandes, de la vanille, etc.
Etym. Mot créole.

RÂTEAU n.m.
En. **rake**
De. **Harke, Rechen**
Es. **rastro, rastrillo**
It. **rastrello**
Outil agricole que l'on manoeuvre avec un manche pour briser les mottes de terre, pour rassembler les feuilles sèches des arbres, ou l'herbe des prés *(fig. 171).*
Pour l'herbe des prés, on dispose de râteaux-andaineurs-faneurs mécaniques qui, selon le cas, forment des andains, ou aèrent le foin ; pour les feuilles sèches on utilise des appareils à soufflerie.
Etym. Du latin *radere* râcler, qui a donné *rastellus.*

(Fig. 171). Râteaux

RÂTELAGE n.m.
En. **raking** (1)
De. **Harken**
Es. **rastrillaje**
It. **rastrellatura**
1. Action de râteler.
2. Résultat obtenu avec un râteau.
3. Droit des habitants d'une communauté seigneuriale de râteler les chaumes après la moisson, et de recueillir les feuilles mortes dans les bois en automne.

RÂTELÉE n.f.
En. **rakings**
Es. **rastrillada**
It: **rastrellata**
Quantité d'herbe, ou de feuilles, qu'un râteleur peut rassembler, soit d'un coup de râteau, soit au cours d'une journée.

RÂTELER v.tr.
En. **to rake**
De. **harken, rechen**
Es. **rastrillar**
It. **rastrellare**
1. Amasser de l'herbe coupée, ou des feuilles mortes, avec un râteau.
2. Ratisser les planches d'un jardin avec un râteau.

RÂTELEUR n.m.
En. **raker** (1)
De. **Rechen, Harke** (2)
Es. **rastrillador** (2)
It. **rastrellatore** (2)
1. Paysan qui râtelle le foin.
2. Instrument à nombreuses dents courbes pour ramasser rapidement l'herbe des prés quand elle est coupée. *Il peut comporter une faneuse, avec des fourches projetant le foin pour qu'il sèche rapidement.*

RÂTELIER n.m.
En. **hay rack** (1)
De. **Heuraufe** (1)
Es. **pesebre** (1)
It. **rastrelliera** (1), (2)
1. Support fixé au mur d'une écurie et composé de deux poutres horizontales, unies par des barres de bois minces et arrondies, et sur lesquelles on place le foin, ou la paille, destinés à l'alimentation des chevaux *(fig. 172)*.
2. Panneau où l'on suspend les outils agricoles.
3. Echancrures où l'on suspend les cadres des ruches.
Etym. Dérivé de râteau par analogie de forme.

Râtelier (172)

RATELLE n.f.
Maladie de la rate, chez le porc, confondue avec le charbon.
Etym. De rate.

RÂTELURES n.f.p.
En. **rakings**
Es. **rastrilladas**
Débris de paille ou de foin recueillis à l'aide d'un râteau sur le chaume moissonné, ou sur le pré fauché.
Etym. Du latin *radere, rastellus,* racler.

RATICIDE n.f.
En. **raticide**
De. **Rattenpulver**
Es. **raticida**
It. **topicida**
Produit chimique pour détruire les rats, les mulots, etc. *Syn. Rodenticide.*
Etym. Du latin *ratio,* compte.

RATION n.f.
En. **feed ration**
De. **Futterration**
Es. **ración alimenticia**
It. **razione alimentare**
Quantité de nourriture que l'on donne aux animaux domestiques en 24 heures.
On distingue la ration d'entretien *qui est suffisante pour maintenir l'animal en bon état, et la* ration de production *qui doit s'ajouter à la première pour faire face à la croissance, à un effort soutenu, ou à l'engraissement.*
Etym. De rat et du latin *caedere,* tuer.

RATISSAGE n.m.
En. **raking**
De. **Harken, Schürfen**
Es. **rastrillado**
It. **rastrellatura**
Opération qui consiste à enlever, à l'aide d'un râteau, ou d'un ratissoir, les mauvaises herbes d'un jardin, ou d'une planche de labour.
Elle consiste également à nettoyer et à aplanir les allées d'un parc, à les ratisser.

RATISSER v.tr.
De. **abschaben, schürfen**
Es. **rastrillar**
It. **rastrellare**
Couper les herbes d'une allée et l'aplanir à l'aide d'une *ratissoire.*
Etym. Du latin *radere,* raser.

RATISSOIR n.m.
Charrue comprenant un ou plusieurs socs, sans coûtre ni versoir, et coupant le sol parallèlement à son déplacement.
Pénible à tirer, il ne servait qu'à déchaumer ; il a été remplacé par l'extirpateur qui coupe le sol obliquement.

RATISSOIRE n.m.
De. **Schürfeisen, Schabeisen, Kratzeisen**
Es. **rastrillo**
It. **sarchio, sarchiello**
1. Râteau servant à ratisser *(fig. 173)*.
2. Instrument à lame tranchante pour couper les plantes entre le collet et la racine.

(Fig. 173). Ratissoire

RATISSURES n.f.p.
En. **rakings**
De. **Abschabsel**
Es. **rastrillada**
It. **sarchiatura**
Débris que l'on enlève en ratissant un carreau, ou une allée de jardin.

RAUBWIRTSCHAFT n.f.
Agriculture extensive, ne progressant et ne produisant qu'avec les pratiques du *brûlis.*
Etym. Mot allemand.

RAUDE n.f.
Lente mélopée que chantaient les laboureurs de Gâtine derrière leur attelage.

RAVA n.f.
Race ovine rustique, originaire du Morvan.

RAVAGEUR n.m.
En. **vermin**
De. **Schädling**
Es. **devastador**
It. **devastatore**
Animal causant des dégâts dans les récoltes en les détruisant, ou en les emportant dans son nid pour sa nourriture hivernale.
Etym. Du latin *rapire,* saisir.

RAVALE n.f.
De. **Walze, Egge**
Es. **desmoche** (2), **pala de nivelar** (1)
It. **ruspa** (1)
1. Outil agricole qui sert à ravaler un terrain, à l'aplanir *(fig. 174).*
2. Instrument pour couper les pampres des treilles, ou les branches d'un arbre fruitier, en ne leur laissant qu'un ou deux bourgeons, afin qu'ils reprennent vigueur.
Etym. De *avaler,* faire descendre.

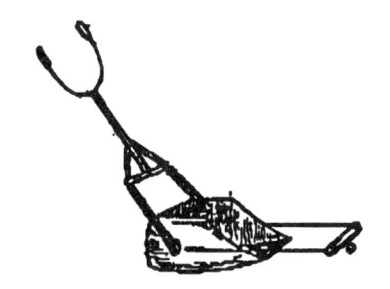

(Fig. 174). Ravale

RAVE n.f.
En. **rape, turnip**
De. **Rübe**
Es. **naba**
It. **rapa**
Plante de la famille des Crucifères *(Brassica napus, B. oleracea, B. rapa, B. campestris).*
Originaire de la Sibérie, ses nombreuses espèces (raves, navets, choux-raves, raiforts, rutabagas, turneps, etc.) sont cultivées pour leurs grosses racines qui servent à alimenter le bétail, et, jadis, les hommes.
Etym. Du latin *rapum, rapa,* qui a donné *raba,* rave et rêve (Nivernais).

RAVENELLE n.f.
En. **wild radish, wild rape**
De. **Goldlack**
Es. **rabanillo**
It. **rafano selvatico**
Plante sauvage annuelle, de la famille des Crucifères *(Raphanus raphanistrum)*, nuisible aux cultures par ses prélèvements d'engrais.
Syn. Radis sauvage, moutarde des champs.

RAVIÈRE n.f.
En. **turnip field**
De. **Rübenacker**
Es. **nabar**
It. **rapaio**
Parcelle consacrée à la culture des raves.
On dit aussi une ravaire, ou une rabinière.

RAY n.m.
(Vietnam). Champ temporaire obtenu par des brûlis.
La culture y est favorisée par les cendres provenant de la végétation forestière brûlée sur place.
Syn. Lougan, milpa.

RAYAGE n.m.
(Berry).
1. Sole.
2. Mode d'assolement.
3. Sillons, les *rayes*, tracés par la charrue.
Etym. Langue d'oïl.

RAYEUX n.m. et adj.
(Lorraine). Terrain défriché depuis longtemps.
Il est également qualifié de rayeux.
Etym. De raye, sillon.

RAY-GRASS n.m.
En. **perennial raygrass**
De. **Raigras, Weidelgras**
Es. **césped inglés, ballico**
It. **loglierella, raygrass**
Plante vivace de la famille des Graminées, utilisée pour faire des prairies temporaires, ou des gazons.
On distingue deux espèces : le ray-grass anglais (Lolium perenne) pour les pelouses, et le ray-grass d'Italie (Lolium italicum), aux feuilles trop dures pour les tapis de verdure (R. Blais).
Etym. De l'anglais ray, rayon et grass, herbe, l'herbe qui brille.

RAYON n.m.
En. **honeycomb** (3)
De. **Honigwaben** (3)
Es. **panal** (3)
It. **favo** (3)
1. Long tas de foin réunissant plusieurs andains pour préserver l'herbe de l'humidité de la nuit et faciliter la mise en meulons.
2. Léger sillon tracé avec un bâton le long d'un cordeau pour semer des graines, ou repiquer des plants bien alignés.
3. Gâteau de cire divisé en cellules sur les deux faces et dans lesquelles les abeilles déposent leur miel, ou le couvain.
Etym. Du latin radius, rayon.

RAYONNAGE n.m.
De. **Fachwerk**
Es. **trazado de surcos**
It. **solcatura**
Opération qui consiste à tracer des rayons à travers un potager, ou dans un champ, pour y semer des graines, ou y repiquer de jeunes plants.

RAYONNEUR n.m.
En. **furrow drill**
De. **Furchenzieher**
Es. **surcador**
It. **assolcatore, rigatone**
Petite charrue à plusieurs socs pour tracer des rayons, menus sillons destinés à recevoir des plants, ou des semences, en ligne.

RAZE n.f.
Résine du pin d'Alep.
Elle s'écrit aussi rase.

RAZES D'ÉCOULEMENT l.f.p.
(Auvergne). Canaux destinés à drainer, ou à irriguer des prairies.

RÉACAPTE n.f.
Redevance payée par les tenanciers quand le seigneur de la tenure mourait, se mariait, ou cédait ses droits suzerains.

RÉAGES n.m.p.
1. Ensemble de parcelles ouvertes, à longs côtés parallèles et de mêmes dimensions, parfois affectées d'un nom de lieu-dit.
Syn. Quartier, sole.
2. *(Normandie).* Champ sillonné par les *rayes*, ou *règes* de la charrue.
Syn. Rayage.
3. Sillons très longs des champs en lanières, dans les openfields.

REBARBE n.f.
Moisissure du fromage de Roquefort qui, recueillie, sert à fabriquer de petits fromages cylindriques pour la consommation locale.

RÉBARDEAUX n.m.p.
Plaques de bois couvrant une toiture.
Syn. Bardeaux.

REBARDER v.tr.
1. Prélever de la terre dans une planche de jardin pour l'entourer d'une petite digue destinée à retenir l'eau d'irrigation, ou de pluie.
2. Enlever un peu de terre entre les racines d'une plante que l'on veut repiquer.

RÈBE n.m.
(Périgord). Prélèvement d'un dixième des récoltes au profit du clergé avant 1789.
Il correspondait à la dîme, mais il se limitait d'ordinaire aux céréales. Il fut maintenu un certain temps après la Révolution par les propriétaires de métairies, mais à leur profit.

REBÈCHE n.f.
Troisième presse des raisins dans les caves des vignerons champenois.
Le vin ainsi obtenu ne sert qu'à la consommation locale.
Etym. Du préfixe re, répétition et bêche, presse.

REBELUN n.m.
Résidu des fromages de Roquefort obtenu après un premier grattage de la boule mise à mûrir dans les caves.
Syn. Rebarbe.

REBIÈRE n.f.
1. *(Quercy).* Vallée du Bas-Quercy.
2. Bordure en friche d'un terroir cultivé.
3. *(Limousin).* Bande de terre laissée en friche pour y faire paître les moutons.
Syn. Ribière.
Etym. De rive, bord d'un cours d'eau.

REBINAGE n.m.
1. Second binage donné aux plantes sarclées.
2. Troisième labour donné à une jachère.

REBLOCHON n.m.
Fromage de lait de vache à pâte molle, fabriqué en Savoie, d'un poids de 500 g environ.
Etym. De reblocher, traire une seconde fois.

REBOISEMENT n.m.
En. **reforestation** (1)
De. **Aufforsten** (1)
Es. **repoblación forestal** (1)
It. **rimboschimento, rimboscamento** (1)
1. Reconstitution d'un bois, d'une forêt.
2. Lieu reboisé.
Syn. Peuplement.

REBOISER v.tr.
En. **to reforest**
De. **aufforsten**
Es. **repoblar**
It. **rimboscare**
Reconstituer un bois, ou une forêt, soit en plantant de jeunes arbres, soit en pratiquant des ensemencements, soit en laissant pousser les rejetons des anciennes souches et en ne conservant ensuite que les meilleurs sujets.
Reboiser avec des conifères, c'est procéder à l'enrésinement.

REBORNER v.tr.
Borner de nouveau un terrain approprié en plaçant des bornes enterrées aux angles des parcelles.

REBOTTER v.tr.
Regreffer sur une branche latérale lorsqu'une première greffe en fente n'a pas réussi. *On enveloppe de raphia et de mastic le nouveau greffon.*
Etym. Du préfixe re, de nouveau, et de botter, entourer d'une botte.

REBOULE n.f.
(Vivarais). Grand repas qui réunit tous les voisins ayant apporté leur aide pour la moisson, pour les vendages d'été. *Il célèbre la fin des rudes travaux (P. Bozon).*

REBOURGEONNER v.tr.
1. Avoir de nouveaux bourgeons.
2. Tracer des rebourgeons, c'est-à-dire des sillons de plus en plus courts dans une parcelle qui a un côté oblique par rapport aux autres.

REBRAQUER v.tr.
(Picardie). Donner aux plantes sarclées un second binage.

REBULET n.m.
(Normandie). Mélange de son, de farine et de petit lait pour la nourriture des porcs et des veaux.

REBUTE n.m.
(Centre). Petit barrage le long d'un canal d'irrigation pour ralentir l'écoulement de l'eau et la faire refluer dans les canalisations secondaires.

REBY n.m.
Cépage à raisins noirs, donnant un vin médiocre *(Pays méditerranéens).*

RECASSER v.tr.
Donner un second labour à une parcelle que l'on veut mettre en culture. *On la casse de nouveau.*

RECASSIS n.m.
Chaume qui vient d'être labouré *(G. Plaisance et A. Cailleux).*

RECENSEMENT AGRICOLE l.f.
En. **agricultural census**
De. **landwirtschaftliche Inventur**
Es. **censo agrícola**
It. **censimento agricolo**
Opération à laquelle on procède tous les dix ans, sous le contrôle des Directions départementales de l'Agriculture (D.D.A.).
Elle consiste en dénombrements du milieu agricole : nombre et catégories des actifs, nombre et superficie moyenne des exploitations agricoles et leur évolution, matériel agricole, procédés et progrès techniques, surfaces utilisées et surfaces incultes, catégories et quantité des récoltes ; le troupeau en nombre, en catégories, en poids ; industries agricoles etc. Dans l'intervalle décennal, on procède à des sondages sur les milieux les plus évolutifs.

RECÉPAGE n.m.
De. **Abholzen, Tiefschneiden**
Es. **corta a ras de tierra**
It. **succisione** (1)
1. Opération qui consiste à couper les pieds de vigne près de terre afin de favoriser la pousse de rejets destinés à remplacer les anciens pieds, mal venus, ou détruits par les intempéries.
2. Taillis traité comme ci-dessus.
3. Abattage d'un arbre fruitier au collet afin de lui donner une forme nouvelle à l'aide de ses rejets, ou pour le greffer.
Etym. Dérivé de *cep*, pied de vigne.

RECÉPER v.tr.
En. **to cut back** (2)
De. **tiefschneiden, kurzschneiden**
Es. **desmochar, podar** (2)
It. **succidere** (2)
1. Couper la plus grande partie des branches d'un arbre fruitier pour ne laisser subsister que le tronc et quelques branches charpentières afin de donner une nouvelle forme à l'arbre.
2. Couper au ras du sol les jeunes tiges d'une cépée afin d'obtenir des rejets plus vigoureux.
3. Couper au ras du sol un cep de vigne mal venu afin d'avoir une tige plus belle.

RÉCEPTACLE n.m.
En. **receptacle**
De. **Fruchtboden**
Es. **receptáculo**
It. **ricettacolo**
Partie de la fleur où sont fixés les sépales, les pétales, les étamines, les carpelles.
A maturité, il prend des formes variées : fraise, fond d'artichaut, etc.
Etym. Du latin *recipere*, recevoir.

RECEVEUR n.m.
Agent seigneurial chargé de lever le cens et les rentes d'une seigneurie. *Il était parfois appelé fermier-receveur, ayant pris à ferme les redevances à prélever.*

RECH n.m.
(Roussillon). Canal qui coule entre deux lignes de clayonnages imperméables, ou entre deux levées de pierre et de gazon.
De loin en loin, des oeils, munis de vannes, alimentent les rigoles secondaires (agullas en catalan) ; la répartition de l'eau par ces oeils est réglée par jour et par heure selon des coutumes que font respecter les banniers, chargés également des menues réparations.

RECHARGER v.tr.
Apporter dans un champ de la terre nouvelle pour en accroître, ou en renouveler, la fertilité.

RECHAUF n.m.
Fumier de cheval employé dans les plates-bandes des jardins.
Par ses fermentations, il rechauffe la terre.
On l'écrit aussi réchaud.

RÉCHAUFFER v.tr.
Mettre du fumier frais sous une couche de terre pour y provoquer une légère élévation de température par fermentation, et favoriser ainsi la germination des plantes cultivées.

RÉCHAUFFEUR n.m.
En. **heater** (1)
De. **Vorwärmer, Erhitzer** (1)
Es. **recalentador** (1)
It. **riscaldatore** (1)
1. Appareil composé de tubes baignant dans une eau chaude et où l'on fait circuler le moût si la fermentation est trop lente, ou incomplète, à cause d'une température extérieure trop basse.
2. Appareil à cylindre vertical où l'on fait circuler le lait avant son passage dans l'écrémeuse.

RECHAUMER v.tr.
(Normandie). Semer consécutivement deux fois du blé, ou tout autre céréale, dans le même champ, sans respecter l'assolement.
Jadis, après trois labours consécutifs en octobre, on réensemençait le quart des chaumes de juillet, ce qui atténuait les inconvénients de la jachère.

RECHAUSSER v.tr.
En. **to fill up with earth**
De. **anhäufen**
Es. **recalzar**
It. **rincalzare**
Accumuler de la terre au pied d'une plante pour consolider sa tige et favoriser le développement de ses racines, notamment après une période de gel qui aurait soulevé le sol, le séparant des racines.

RECHAUSSEUSE n.f.
It. **rincalzatore**
Charrue spéciale employée pour rechausser le pied des arbres.

RECHERCHON n.m.
Dans le Jura, résidu du lait caillé recueilli dans la chaudière après avoir versé le fromage de gruyère dans son moule.
On l'ajoute dans la meule avant le pressage.

RÉCOLLEMENT n.m.
En. **inventory**
Es. **comprobación**
It. **processo di verifica**
Recensement des arbres de réserve qui ont dû être laissés sur pied par l'adjudicataire, au cours d'une coupe.

RECOLLER v.tr.
Remplacer les boutures de vigne qui n'ont pas pris dans une plantation récente.

RÉCOLTANT MANIPULANT l.m.
Agriculteur qui récolte et prépare ses produits pour la vente, tel le viticulteur champenois qui vinifie, met en bouteilles et vend son champagne.

RÉCOLTE n.f.
En. **harvest**
De. **Ernte**
Es. **cosecha**
It. **raccolto**
1. Produits du sol cultivé, recueillis et

transportés en un lieu où ils seront abrités en attendant leur utilisation.
2. Culture sur pied, avant qu'elle ne soit récoltée.
Ainsi on dira : "la récolte de blé s'annonce abondante". Dans certains pays d'Extrême-Orient, on distingue une récolte par le mois où elle a lieu ; par exemple "la récolte du cinquième mois" est celle du riz récolté précisément le cinquième mois de l'année.
Etym. Du latin *recolligere, ricogliere*, recueillir.

RÉCOLTER v.tr.
En. **to harvest, to gather**
De. **ernten, einsammeln**
Es. **cosechar**
It. **raccogliere**
Faire une récolte ; recueillir les fruits des champs et des arbres.

RÉCOLTEUSE n.f.
En. **maize picker**
De. **Maiserntemaschine**
Es. **recolectora**
It. **raccoglitrice**
Machine armée de couteaux et de dents, permettant la récolte mécanique de diverses productions agricoles : *récolteuse-dépanouilleuse* pour le maïs, *récolteuse-hacheuse-chargeuse* pour les fourrages verts, *récolteuse-décoleteuse-chargeuse* pour les betteraves à sucre, etc.

RÉCOLTE JACHÉRÉE l.f.p.
Récolte semée tardivement au printemps, tenue propre par des binages répétés, et recueillie avant les semailles d'automne.

RECOMMANDATION n.f.
De. **Empfehlung**
Es. **recomendación**
It. **raccomandazione**
Acte par lequel un homme faible se plaçait sous l'autorité et la protection d'un personnage puissant. *Il lui faisait don de ses biens, mais il en conservait l'usufruit moyennant une redevance. L'engagement était à vie et même passait aux héritiers sans limite de temps, s'il y avait une nouvelle investiture.*

RECONNAISSANCE n.f.
Déclaration inscrite sur un registre appelé *terrier*, et par laquelle on reconnaissait devoir à un seigneur un cens pour une terre que l'on tenait de lui.

RECONVERSION n.f.
En. **reconversion**
De. **Umstellung (der Landwirtschaft)**
Es. **readaptación de la agricultura,**
It. **riconversione**
Changement de culture ou d'élevage par suite d'une profonde modification de la main d'oeuvre et de la demande, parfois même il y a retour à un ancien système de culture, plus avantageux que celui qui résultait d'une lente évolution.
Etym. Du latin *re*, retour, et *conversio*, conversion.

RECOUCHÉE n.m.
Opération qui consiste à coucher dans le sol les provins d'une vigne pour la renouveler.

RECOUPAGE n.m.
Second labour donné aux terres qui ont été longtemps incultes, les sillons étant tracés perpendiculairement aux premiers.

RECOUPE n.f.
En. **aftermath** (1)
De. **Grummet, Abfall** (1)
Es. **renadío** (1)
It. **seconda falciatura del fieno** (1)
1. Seconde coupe d'une prairie naturelle, ou artificielle, pour obtenir du regain.
2. Dernier moût tiré par pression du marc que l'on a, au préalable, coupé et recoupé pour en faciliter l'extraction.
3. Son mêlé d'un peu de farine, pour la nourriture du bétail.
Syn. Repasse.

RECOUPER v.tr.
En. **to blend**
De. **verschneiden**
Es. **mezclar**
It. **tagliare**
Mélanger des vins de qualités différentes pour obtenir un produit de goût constant.

RECOUPETTE n.f.
En. **third flour**
De. **schwarzes Kleiemehl**
Es. **cabezuela de harina**
It. **secondo cruschello**
Dernière farine que l'on retire après deux tamisages du son.

RECOURS n.m.
En. **appeal** (2)
De. **Widerspruch (einlegen)** (2)
Es. **recurso** (2)
It. **ricorso** (2)
1. Rameau d'un cep de trois ans que l'on taille avec un seul oeil, afin de ne pas épuiser le jeune pied de vigne.
2. Moyens légaux pour obtenir réparation d'un préjudice.
Etym. Du latin *recursus,* retour en arrière.

RECOUSSE n.f.
Délit commis par le propriétaire d'un troupeau qui, dans le cas de *forpaisson,* repousse par la force les représentants de la police et de la justice.

RECOUVREMENT n.m.
En. **cover**
Es. **recobro**
It. **copertura**
Surface du sol occupé par une plante, par son ombre, ou par un ensemble de plantes.
Utile à connaître dans un verger, dans une prairie, pour la pousse de l'herbe et le pâturage pour la maturité des fruits.
Syn. Couvert.

RECRÛ n.m.
De. **Nachwuchs** (1)
Es. **renuevo, resalvo** (1)
1. Ce qui pousse dans un bois après une coupe sombre.
Syn. Accrue.
2. Pousse annuelle d'un taillis.
3. adj. Se dit de ce qui a poussé : herbe recrue.

RECRUE n.f.
De. **Nachwuchs, Zuwachs**
1. Gains des bois et des buissons aux dépens des champs.
2. *(Bourgogne).* Aménagement d'une parcelle cultivée, conquise sur un terrain inculte.

RECTIFICATION n.f.
En. **rectifying**
De. **Läuterung**
Es. **rectificación**
It. **rettifica**
Opération qui a pour but de séparer l'alcool des impuretés qu'il contient.
Ce sont les flegmes qui sont recueillies au cours de distillations successives dans des alambics munis de plateaux ou de récipients où se produisent des condensations successives pour ne recueillir en fin de parcours que de l'alcool à 60, 80 ou même 90%.
Etym. Du latin *rectificatio*.

RECULOIR n.m.
Lanière de cuir fixée au bas de la croupière dans le harnais du cheval, et enroulée autour des brancards pour permettre au cheval de faire reculer le char.
Syn. Reculement , croupière *(fig.59).*

RECURAGE n.m.
1. Nettoyage des pièces de la charrue.
2. Suppression de l'écrêt entre les deux premiers sillons *(L. Merle).*

RED DELICIOUS n.f.
It. **delicious, delizia**
Variété de pomme à peau rouge et de goût succulent.
Etym. De l'anglais, *rouge délicieuse.*

REDEVANCE n.f.
En. **rent**
De. **Grundzins, Standgeld**
Es. **renta, censo**
It. **canone**
Rente versée par un tenancier au propriétaire éminent de la terre, et dont il s'acquittait en nature, ou en espèces.

RED-GAUNTLET l.m.
Espèce de fraise, à grand rendement et remontante.

REDHIBITOIRE adj.
V. Vice redhibitoire.

REDONDAL n.m.
Variété de cépage analogue au Grenache.

REDONDE n.f.
Anneau en bois, en corde, ou en fer, qui servait à relier le timon de la charrette, ou de la charrue, au joug fixé sur la tête des boeufs.
Pour cela on faisait pénétrer la pointe du timon dans l'anneau, et on le retenait à l'aide d'une cheville enfoncée dans l'un des trous pratiqués dans la pointe de ce timon.
Etym. Du provençal redoun, rond.

REDOUX n.m.
Période de temps tiède et humide pendant l'hiver, sous l'avancée vers le Nord-Est de masses d'air tropicales, suivies par un retour d'air froid et sec d'origine polaire.
Type de temps désastreux pour les plantes cultivées qui avaient commencé à pousser.

REDRUGER v.tr.
(Anjou). Couper les bourgeons des pois, des fèves, de la vigne quand ils ont repoussé après le premier pincement des tiges principales.
Ces repousses s'appellent des redruges.

RÉENSEMENCEMENT n.m.
It. **risemina**
1. Action d'ensemencer de nouveau un champ.
2. Exploitation d'une forêt de manière qu'elle se reconstitue d'elle-même grâce aux graines des arbres épargnés.

RÉENSEMENCER v.tr.
It. **riseminare**
Ensemencer de nouveau un champ dont les jeunes pousses ont été détruites par les gelées.

REFEND n.m.
En. **espalier**
De. **Spalier**
Es. **espaldar**
It. **spalliera**
Espalier disposé perpendiculairement aux clôtures les plus longues d'un verger, ou d'un vignoble, afin de ménager un abri aux arbres fruitiers ou à la vigne.

REFENDIS n.m.
(Anjou). Labour superficiel sur un chaume.

REFENDRE v.tr.
(Berry). Labourer dans le même sens que précédemment, mais en faisant passer l'araire, ou la charrue, entre les précédents sillons.
C'est le contraire de recoupage.

REFENTE n.f.
Procédé de labour qui consiste à rejeter la terre vers l'intérieur de la planche.

REFLEURIR v.intr.
En. **to flower again**
De. **wieder blühen**
Es. **florecer de nuevo**
It. **rifiorire**
1. Fleurir de nouveau.
2. Remettre des fleurs dans un jardin, dans un parc.
C'est le refleurissement.

RÉFORME
Etat d'une bête de travail, ou de reproduction, quand on a cessé de l'utiliser.

RÉFORME AGRAIRE l.f.
En. **agrarian reform**
De. **Agrarreform**
Es. **reforma agraria**
It. **riforma agraria**
Ensemble de lois et de règlements modifiant les relations entre les possesseurs du sol et ceux qui l'exploitent, soit en changeant les conditions de fermage, soit en redistribuant la terre entre de nouveaux occupants.
C'est également procéder au remembrement des parcelles, au dessin de la structure agraire afin de favoriser une meilleure exploitation du sol, ou une répartition plus équitable des propriétés agricoles.
La réforme peut être totale, ou partielle, libre ou imposée.
Les lois agraires des Gracques dans l'Antiquité, la réforme des ejidos au Mexique depuis 1910, la création de fermes et de villages collectifs en U.R.S.S. et, depuis 1945, les divisions des latifundia en Amérique Latine, en Afrique et en Asie, comptent parmi les plus importantes réformes agraires de tous les temps.

RÉFORME FONCIÈRE l.f.
En. **land reform**
De. **Bodenreform**
It. **riforma fondiaria**
Changements opérés dans l'organisation d'une exploitation agricole, ou dans une région consacrée à l'agriculture, en vue d'une amélioration de leur mise en valeur portant sur l'habitat (maisons et bâtiments de culture), sur la viabilité et le parcellaire. *Ainsi le remembrement est une réforme foncière.*

REFOUIR v.tr.
En. **to dig again**
De. **umgraben**
Es. **ahondar de nuevo**
It. **rivangare**
Remuer la terre en profondeur avec une pioche, bêcher une vigne pour la seconde fois.
On dit aussi refourcher, regailler.
Etym. Du latin fodere, creuser en piquant.

REFOULAGE n.m.
(Bourgogne, Savoie). Second foulage du raisin pour obtenir un maximum de moût.

REFOURCHAGE n.m.
L'un des trois ou quatre labours auxquels étaient soumises les jachères dans l'Ouest de la France.
Il s'effectuait en juillet après les pluies du début de l'été.

RÉFRACTOMÈTRE n.m
En. **refractometer**
De. **Refraktometer, Refraktionsmesser**
Es. **refractómetro**
It. **rifrattometro**
Appareil pour mesurer la teneur en sucre d'un moût grâce à l'indice de réfraction de la lumière *(P. Habault).*
Etym. Du latin refractio, changement, et metron, mesure.

REFRÉTILLAGE n.m.
Ensemencement en blé d'une parcelle durant deux années consécutives.
Pratique défectueuse qui était interdite dans les anciens baux de fermage ou de métayage, car elle épuisait la terre en matière fertilisante et la seconde récolte était médiocre ; la jachère était préférable.

RÉFRIGÉRANT n.m.
En. **cooler**
De. **Kühlapparat**
Es. **refrigerante**
It. **refrigerante**
Appareil qui sert à abaisser la température du lait, ou du moût, afin de ralentir la fermentation, notamment dans les pays à été très chaud.
L'appareil se compose de tubes, ou de récipients, où l'on entretient un courant d'eau froide.

RÉFRIGÉRATION n.m.
En. **cooling, refrigeration**
De. **Kühlung**
Es. **refrigeración**
It. **refrigerazione**
Utilisation du froid pour la conservation des denrées agricoles, sans dépasser 0° C, dans les appareils utilisés.
Sinon c'est de la congélation.

REFROIDIS n.m.p.
(Centre Ouest). Culture effectuée sur la sole qui aurait dû être en jachère, d'où l'expression *faire des refroidis,* pour dire "supprimer la jachère."

REFROIDISSEUR n.m.
En. **milk cooler**
De. **Milchkühlvorrichtung**
Es. **refrigerante de leche**
It. **raffreddatore di latte**
Appareil qui maintient dans le lait une température assez basse pour éviter la fermentation des levures et la formation d'acide lactique.

REFROISSER v.tr.
(Ile-de-France). Cultiver une terre que l'on aurait dû laisser en jachère.
C'est y faire du refroidis.

REFUS n.m.
It. **scarto**
Touffe d'herbe dure, de mauvais goût, ou d'une odeur repoussante de bouse, et que le bétail refuse de consommer.
Etym. Du latin *recusare*, refuser.

REGADÍO n.m.
Syn. Vega, huerta.
Etym. Terme espagnol désignant une terre irriguée ; s'opposant au *secano*, terre sèche (Castille).

REGAGNON n.m.
Variété rustique de blé cultivé dans la vallée de la Durance.

REGAIN n.m.
En. **aftermath, aftergrowth**
De. **Grummet**
Es. **segundo corte, renadío**
It. **guaime, secondo taglio**
1. Seconde coupe des fourrages et des prairies, qui s'effectue à la fin de l'été et se dit parfois le *dernier poil.*
2. Seconde fructification de certains arbres, comme le figuier.
Etym. De l'ancien français, *gaïn,* gain, et du préfixe répétitif, *re*, second gain.

REGAINABLE adj.
Qualifie les prairies naturelles, ou artificielles, qui peuvent donner une seconde coupe, ou *regain.*
Etym. Du francique *gain*.

RÉGALEMENT n.m.
It. **livellamento, spianamento**
Opération qui consiste à rendre une parcelle parfaitement horizontale, en particulier pour y cultiver du riz.
Etym. De *régaler*, aplanir, rendre égal.

RÉGALER v.tr.
It. **livellare, spianare** (1)
1. Rendre une parcelle parfaitement plane et horizontale en comblant les creux et en écrêtant les bosses.
2. Récéper tous les arbres d'une coupe pour qu'ils aient la même taille.

RÉGANE n.f.
Rigole tracée à travers un champ pour favoriser l'écoulement de l'eau.
Syn. Ragane.

REGARD n.m.
It. **pozzetto d'ispezione**
Ouverture pratiquée dans les tuyaux d'irrigation, ou de drainage, afin de surveiller leur entretien.

REGARDEUR n.m.
(Normandie). Agent chargé de veiller, en période de *panage* et de *glandage,* à la protection des bois.

REGARNI n.m.
1. Endroit d'une forêt qui, après une coupe, ne comporte pas de repousse et qu'on ensemence et qu'on replante pour éviter un reboisement inégal.
2. Vide d'un verger, ou d'une planche de légumes que l'on plante, ou ensemence, afin d'éviter les vides.

RÉGATIER n.m.
V. *Regatiu.*

RÉGATIU n.m.
(Roussillon). Terre irriguée par opposition à l'*aspre*, non irriguée.

RÉGAYER v.tr.
Passer les filases de chanvre, ou de lin au *regayoir*, pour en enlever les chènevottes, ou *regayures*.

RÉGAYOIR n.m.
En. **hackle, hatchel**
De. **Hanfhechel**
Es. **carda, rastrillo**
It. **pettine, scardasso**
Grand peigne en bois, ou en fer, pour nettoyer de leurs chènevottes, ou *regayures*, les filases de chanvre, ou de lin.

REGAZONNEMENT n.m.
Opération qui consiste à remettre du gazon sur une pelouse.
C'est la regazonner.

RÈGE n.f.
1. Sillon profond où l'on sème des pommes de terre, et que l'on comble ensuite d'un léger coup de charrue, en déversant la terre sur les semences.
2. Raie tracée à la charrue pour servir de sentier dans les labours.
3. Rang de vigne.

RÉGÉNÉRATEUR DE PRAIRIE l.m.
En. **pasture regenerator**
De. **Wiesenritzer, Verticutieren**
Es. **regenerador de praderas**
It. **rigeneratore di prato**
Apppareil composé d'une herse lourde et rigide, munie de pointes tranchantes, et de griffes et utilisé pour détruire les mousses et griffer les prairies afin de les régénérer.

RÉGÉNÉRATION n.f.
En. **regeneration**
De. **Regeneration, Verjüngung**
Es. **regeneración**
It. **rigenerazione**
Reboisement, soit spontanément par les graines qui se dispersent dans les bois, soit artificiellement par semis, ou plantation, soit par les rejets, ou les drageons, après une coupe.

RÉGIE DES TABACS l.f.
Administration chargée de diriger, de surveiller et d'acheter la récolte de tabac.
Elle a également pour mission de préparer et de vendre le tabac que lui ont livré les planteurs.

RÉGIME n.m.
En. **cluster**
De. **Traube**
Es. **racimo**
It. **casco, grappolo, regime**
Fruits groupés, selon un certain ordre, le long d'un pédoncule, ou d'un rameau, telles les dattes, les bananes, etc.
Ce terme entre dans la composition de plusieurs expressions : régime agraire, régime foncier, régime forestier.
Etym. Du latin *regimen*, gouvernement.

RÉGIME AGRAIRE l.m.
Organisation sociale et exploitation technique des régions agricoles, d'où découlent diverses formes d'occupation des sols : bocage, openfield, etc.

RÉGIME FONCIER l.m.
Répartition de la propriété du sol et relations diverses entre ceux qui le possèdent et ceux qui l'exploitent.

RÉGIME FORESTIER l.m.
Dispositions législatives et techniques pour la mise en valeur, la conservation et l'exploitation des forêts domaniales et privées, sous contrôle de l'O.N.F.

RÉGINA n.f.
It. **Regina**
Cépage à raisins blancs, cultivé en Italie et au Liban, où il porte le nom de dattier de Beyrouth.
Il produit de très bons raisins de table, d'où son nom royal.

RÉGINGLARD n.m.
Petit vin aigrelet *(Flammarion)*.

RÉGION AGRICOLE l.f.
En. **agricultural region**
Es. **zona agrícola**
It. **regione agricola**
Région géographique caractérisée par une culture, par un élevage, ou par un système agricole, adapté à son sol, à son climat, à son relief, à sa population, à ses traditions rurales, ce qui permet de la délimiter et de la distinguer des régions agricoles voisines.
Ex. *Le vignoble languedocien.*
La France compte environ 600 régions agricoles ; une carte en a été dressée, avec commentaires par Georges Chabot (1945). Aimé Perpillou en a préparées ,pour chaque région agricole, à la Société de Géographie de Paris. Plus récemment (1984) Pierre Brunet en a présenté une à l'Académie d'Agriculture sur les mutations de ces régions.

RÉGION HERBAGÈRE l.f.
En. **grassland region**
De. **Grasland**
Es. **región de pastos**
It. **regione da pascolo**
Région qui, par son climat et son sol, se prête à la pousse des herbes des prés et des fourrages et qui est donc consacrée à l'élevage du bétail.
Ex. *Le pays d'Auge.*

RÉGISSEUR n.m.
En. **farm manager**
De. **Verwalter, Gutsverwalter**
Es. **mayordomo, administrador**
It. **amministratore**
Personne chargée d'administrer et d'exploiter un domaine au lieu et place du propriétaire.
Etym. Du latin *regere*, diriger.

REGISTRES PAROISSIAUX l.m.p.
Es. **registros parroquiales**
Registres où étaient consignés par les curés, depuis l'ordonnance de Villers-Cotterets (1539), et jusqu'à la Révolution, les naissances, les mariages et les décès.
Ils permettent de connaître la démographie, les épidémies, les famines, et, parfois, des détails sur le climat, les récoltes, etc. C'est une source de documentation sur la vie rurale sous l'Ancien Régime.

RÉGLISSE n.f.
En. **liquorice**
De. **Süssholz**
Es. **regaliz**
It. **regolizia, liquirizia**
Plante de la famille des Légumineuses (*Glycyrrhiza glabra*).
Sa racine, longue de un mètre, et de la grosseur du doigt, est utilisée en pharmacie. Bouillie, elle donne, après évaporation, un suc noir et épais ; sucré et roulé en spirale, il est très apprécié des enfants.
Etym. Du grec *glukos* et *rhiza*, racine douce, ce qui a donné en bas-latin *liquiritia*, puis *licorece*, réglisse.

REGRAT n.m.
En. **huckstering**
De. **Hökerkram, Trödelkram**
Es. **venta al menudeo**
It. **rivendita al minuto**
Procédé commercial qui consiste à vendre en seconde main, avec bénéfice, un produit acheté en gros.
C'est le bénéfice qui constitue le *regrat*.
Etym. De *gratter*.

REGRATTIER n.m.
En. **huckster**
De. **Höker, Trödler**
Es. **regatero**
It. **rigattiere, rivendugliolo**
Marchand qui pratique le *regrat*, qui vend au détail et en seconde main, avec bénéfice, de petites marchandises achetées en gros.
Dans un sens plus restreint, c'est un marchand de volailles. Sous l'Ancien Régime, c'était un vendeur de sel, et parfois, de grains et de charbon de bois.
Etym. Du germanique *kratton*, qui a donné en italien *grattare*, gratter, avec un *re* répétitif.

REGREFFER v.tr.
En. **to graft again**
De. **umpfropfen**
Es. **reinjertar**
It. **reinnestare**
Greffer un arbre pour la seconde fois, quand le premier greffon n'a pas pris.

REGROUPEMENTS CULTURAUX l.m.
Suppression des limites entre deux, ou plusieurs parcelles, pour obtenir une parcelle plus grande et consacrée à la même culture.
L'opération peut s'effectuer dans le cadre d'un domaine ou d'un finage.
Syn. Remembrement.

RÈGUE n.m.
Petit fossé tracé par la charrue dans la terre labourée.
Etym. Du provençal *rega*, rega, raie.

RÉGULATEUR n.m.
En. **flow rate controller** (2)
De. **Regulator, Regler**
Es. **regulador**
It. **regolatore**
1. Ensemble de chevilles et de trous à l'extrémité avant de l'age d'une charrue pour régler, en direction et en profondeur, le déplacement du soc, du coutre et du versoir.
2. Dispositif régularisant la vitesse d'un moteur, le volume d'un débit.
Etym. Du latin *regulatus*, réglé.

REIHENDORF n.f.
Village-rue, construit en ligne droite dans les régions colonisées par les paysans allemands, à l'est et au sud de l'Europe centrale.

REILLE n.f.
Pièce d'acier fixée à l'avant de l'araire et destinée à couper la terre.
Etym. De l'occitan *reillo*, soc de charrue.

REINE n.f.
En. **queen bee**
De. **Bienenkönigin**
Es. **reina**
It. **ape regina**
Unique femelle reproductrice d'un essaim, ou d'une ruche.
Etym. Du latin *regina*.

REINE-CLAUDE n.f.
En. **greengage**
De. **Edelpflaume, Reineclaude**
Es. **ciruela claudia**
It. **regina claudia**
Prune ronde, de peau rose et dorée, très sucrée, produite par une des meilleures espèces de pruniers, le *Pruenus domestica*.
Etym. Du nom de l'épouse de François 1er la reine Claude de France.

REINE DES VERGERS l.f.
Variété de pêche produite par des arbres en plein vent.

REINETTE ou RAINETTE n.f.
De. **Renette**
Es. **manzana reineta**
It. **mela renetta**
Variétés de pommes à couteau, à peau jaune tachetée de marron, comme celle des grenouilles appelées *rainettes*.
Parmi les espèces les plus estimées, on peut citer la Reinette du Canada, la Reinette de Caux, la Reinette Clochard, ou de Parthenay, très productive, la Reinette du Mans qui se conserve très bien, la Reinette grise de Saintonge, appelée également Reinette de Haute Bonté, tardive, elle se conserve jusqu'au printemps.

REIQUET n.m.
Gaule servant à faire tomber les fruits d'un arbre, en particulier les pommes dans un verger normand.

REJET n.m.
En. **shoot, sprout**
De. **Schössling** (2)
Es. **brote, retoño** (2)
It. **rigetto** (1), (2)
1. Essaim d'abeilles quittant la ruche.
2. Jeune pousse sur la souche d'un arbre coupé ; il a *rejeté*.
V. Cépée, drageon.
3. Terre rejetée en creusant un fossé.

REJETON n.m.
En. **sprout, shoot**
De. **Nachtrieb**
Es. **brote, retoño, renuevo**
It. **rimessiticcio, germoglio, virgulto**
1. Nouvelle pousse sur la souche d'un tronc coupé.

2. Jeune pousse issue de la racine d'une plante.
3. Bourgeon qui se développe à l'aisselle d'une feuille de tabac.
Etym. Dérivé de *rejet*.

REJETONNAGE n.m.
En. **shooting**
De. **Nachtrieb**
Es. **renuevo**
It. **rigermogliazione**
Nouvelle pousse de rejetons sur la tige d'une plante.

REJETONNER v.tr.
En. **to sucker**
De. **nachwachsen, spriessen**
Es. **retoñar**
It. **rigermogliare**
Pousser des rejetons.
Syn. Essarmenter.

RELAIS n.m.
Terrain abandonné par un cours d'eau, attribué aux riverains et mis en culture.
V. Lais.

RELAISSE n.f.
Terrain en bordure d'une rivière, ou du rivage soumis aux inondations, mais susceptible d'être mis en culture, notamment pour les terrains abandonnés par la mer.
Syn. Lais.

RELARGUIER n.m.
Pâturage situé sur le parcours des troupeaux transhumants, le long des *caraires*, routes de Provence, où les bêtes peuvent faire halte en allant de la plaine à la montagne, et vice-versa.
Ces arrêts portent le nom de relargages (Th. Sclafer).

RELASCOPE n.m.
En. **dendrometer**
De. **Dendrometer**
Es. **relascopio**
It. **dendrometro**
Appareil permettant de mesurer la hauteur et le volume des arbres.
Syn. Dendromètre.
Etym. De *re*, pour de nouveau, et de *scopein*, voir.

RELATION NUTRITIVE l.f.
Dans une ration alimentaire, rapport entre ce qui sert aux tissus (carbone, azote) et ce qui est utilisé comme source d'énergie (sucre, lipide).

RELEVAGE n.m.
(Nord de la France). Second labour donné au printemps dans les terres que l'on va ensemencer.
On les *relève*.

RELEVAGE (SYSTÈME DE) l.m.
En. **lift system**
De. **Zapfwellenkrafttheber**
Es. **elevador**
It. **sollevamento (sistema di)**
Appareil fixé à un outil attelé à un tracteur et permettant d'en modifier la hauteur selon le travail à effectuer : position, profondeur, résistance du sol à ameublir.
Il peut être manoeuvré hydrauliquement.

RELEVÉ PARCELLAIRE l.m.
Document fourni par le Service Départemental du Cadastre.
Il contient la liste des parcelles appartenant à un même propriétaire ; chaque parcelle comporte un numéro dans la section dont elle fait partie, le nom de son lieu-dit, sa surface, son utilisation et la qualité de son terroir.

RELEVOISON (DROIT DE) l.m.
Droit de mutation dû au seigneur lors de la transmission par succession, après décès, d'une censive.
Parfois ce droit n'était dû que pour les successions en ligne collatérale.
Il s'élevait, soit au revenu d'une année de la censive, soit au double du cens, d'où son nom de double cens.
On le désignait également par droit de relief, ou de relevaison (G. Lepointe).

RELIEF (DROIT DE) l.m.
Droit que le suzerain percevait sur ses terres données en fief à ses vassaux et à ses tenanciers, soit en cas de vente d'une censive, soit en cas de transmission par héritage en ligne collatérale.
Ce droit s'élevait en général à la valeur du revenu d'une année. On évitait le paiement d'un droit aussi onéreux en versant, chaque année, une rente au seigneur ; on était alors au régime du relief abonné.
V. Relevoison.

REMAISANCE n.f.
1. Bois qui restait d'une coupe lorsqu'on avait retiré le bois de corde et le bois de charpente.
2. Redevance payée au seigneur par les roturiers qui résidaient sur ses terres.
Etym. Du latin *remanere*, rester.

RÉMANENCE n.m.
Persistance dans le sol d'un produit chimique au-delà de sa période d'efficacité et entraînant, s'il est toxique (pesticide) des inconvénients quant à la pollution, s'il est fertilisant (superphosphate) des avantages quant au rendement *(R. Blais).*
Etym. Du latin *remanare*, persister.

RÉMANENTS n.m.p.
1. Ce qui reste des arbres que l'on a abattus après l'enlèvement des troncs et des branches.
2. Traces parfois nocives d'un pesticide après sa période d'activité.

REMBLAVER v.tr.
En. **to sow again**
De. **wieder besäen**
Es. **resembrar**
It. **riseminare**
Recommencer les semailles des céréales lorsque les premières n'ont pas réussi.

REMBLAVURE n.f.
1. Action de remblaver.
2. Terre qui a été ensemencée deux fois en blé.

REMEMBRANCE n.f.
(Ancien). V. Remembrement.
Etym. Du latin *re*, et *membrium*, membre.

REMEMBREMENT n.m.
En. **consolidation of holdings**
De. **Flurbereinigung, Rückgliederung**
Es. **concentración parcelaria**
It. **accorpamento**
Opération qui consiste à grouper de petites parcelles, appartenant parfois à plusieurs propriétaires, en parcelles plus grandes pour faciliter l'emploi du matériel moderne et réduire le déplacement des hommes et des troupeaux.
Il s'effectue soit dans le cadre d'une propriété, soit par des échanges à l'amiable, ou par location de lopins contigus par un seul fermier, soit par l'intervention des services publics, notamment du Génie Rural, qui procède à de minutieuses études sur la qualité des terrains et sur les voeux des agriculteurs intéressés.
Ceux-ci se voient attribuer des parcelles plus grandes, mais de superficie égale au total des anciennes plus petites.
On procède également à des remembrements de vignes et de forêts, mais ils sont plus difficiles à réaliser que ceux des parcelles cultivées, à cause de la diversité des produits et des limites mal définies.
De plus en plus nombreuses dans les régions d'openfield à habitat groupé, et à petites parcelles dispersées, les opérations de remembrement modifient sensiblement les structures agraires de la France de l'Est, du Nord et du Centre, favorisant les opérations culturales, la mécanisation, le drainage, ou l'irrigation.
Hors de France, le remembrement a été effectué rapidement par la collectivisation des terres en régime communiste ; il s'étend plus ou moins vite dans les pays méditerranéens et dans les pays du Tiers Monde.

REMEMBRER v.tr.
It. **accorpare**
Réunir en une, ou plusieurs grandes parcelles, de petites parcelles jointives, mais appartenant à des propriétaires différents qui font des échanges compensatoires.

REMIAGE n.m.
1. Opération qui consiste à épuiser plus complètement les marcs de pommes et de raisins par émiettage, macération dans l'eau et pressurage.
2. Boisson obtenue par cette opération.

REMISE n.f.
En. **cart shed, coach house** (1)
De. **Wagenschuppen** (1)
Es. **cochera** (1)
It. **rimessa** (1)
1. Dépendance d'une ferme où l'on abrite le matériel agricole.
2. Petit bois en plein champ pour la conservation du gibier.

REMONTAGE n.m.
De. **Nachblüte**
Es. **remontado**
It. **rimontaggio**
Opération qui consiste à soutirer du vin en cours de fermentation, et à le remettre dans la cuve par le haut afin qu'il traverse le moût et s'y enrichisse en tannin et en corps.

REMONTANT adj.
Qualifie les arbres fruitiers qui portent fruits plusieurs fois au cours de l'année.
Le même terme s'applique aux fraisiers, et, pour les fleurs, aux rosiers.

REMONTE n.f.
Es. **remonta**
1. Dépôt de chevaux destinés à remonter les régiments de cavalerie.
2. Saut que l'étalon donne à la jument après la première monte.

REMORQUE n.f.
En. **trailer**
De. **Anhänger, Schleppe**
Es. **remolque**
It. **rimorchio**
Véhicule monté sur roues pour le transport du bétail, ou des récoltes.
Il peut être équipé d'un appareil de hachage et de compression pour son chargement ; c'est alors une remorque-hacheuse-chargeuse.

REMOULAGE n.m.
En. **middlings**
De. **Grützenkleie**
Es. **moyuelo**
It. **tritello, cruschello**
Issue composée de son et d'un peu de farine, obtenue après un second passage de la farine au moulin, ou au tamisage.
Syn. Fleurage, repasse.

REMPLACEMENT n.m.
En. **replacing**
Es. **reemplazo**
It. **supplenza**
Procédé d'entraide entre exploitants agricoles, pour permettre, à l'un ou à l'autre d'entre eux, de prendre un congé.
Ils se chargent pendant son absence de l'entretien de ses cultures et de ses troupeaux.

REMPLAGE n.m.
1. Compensation accordée à un marchand de bois pour les vides laissés dans une forêt par les *fauldes*, fosses creusées pour la fabrication du charbon de bois.
2. *(Bourgogne)*. Quantité de vin que l'on ajoute dans un fût pour compenser celui qui s'est évaporé.
Syn. Ouillage.

REMPOTAGE n.m.
It. **rinvaso**
1. Opération qui consiste à mettre une plante dans un pot plus grand que le précédent.
2. Remplacement dans un pot de la terre épuisée par de la terre fertile.

REMUAGE n.m.
It. **rimestamento**
Opération qui consiste à remuer du blé pour éviter la moisissure, ou à transporter du vin d'une cave à l'autre.

REMUE n.f.
En. **transhumance**
De. **Almwanderung**
Es. **trashumancia** (1)
It. **transumanza** (1), **alpeggio** (2,3)
1. Mouvement du bétail montant à l'estive, ou à l'alpe, et en descendant.
2. Bâtiment où s'abritent le berger et son troupeau au cours de la transhumance.
3. Prairies et champs qui entourent ce bâtiment.
4. Parcelle cultivée, mais qui oblige à de longs déplacements à cause de son éloignement de la ferme, ou du village.
Etym. Dérivé de muer, *changer.*

RENAISSANCE n.f.
En sylviculture, semis d'arbres.

RENARD n.m.
En. **fox**
De. **Fuchs**
Es. **zorro** (5)
It. **volpe** (5)
Dans un canal d'irrigation :
1. Perte causée par une racine perforant le canal.
2. Touffe de racines empêchant l'écoulement de l'eau, à l'intérieur du canal.
3. Galerie de taupe déviant l'eau du canal.
4. Perte difficile à obturer.
5. Mammifère carnivore, destructeur de volailles.
6. Crochet pour haler les troncs d'arbre.

RENARDIER n.m.
En. **fox hunter**
De. **Fuchsjäger**
Es. **cazador de zorro**
It. **cacciatore di volpi**
Dans un vaste domaine, domestique chargé de détruire les renards.

RENCHAUSSER v.tr.
V. Butter.

RENCLÔTURES n.f.p.
Travaux et gains effectués dans les marais littoraux de Picardie aux dépens des *mollières* qui sont ainsi transformées en pâturages.

RENDAGE n.m.
(Vieilli). Revenu annuel d'une terre.

RENDEMENT n.m.
En. **produce, yield, output**
De. **Ertrag**
Es. **rendimiento**
It. **rendimento**
1. Quantité de produits récoltés par unité de surface, ou par hectare.
2. Rapport entre les avances en semences, en achats et le résultat obtenu.
Ex. Quintaux de blé produits avec un quintal de semence.
3. Pourcentage de viande commercialisable par rapport au poids total de l'animal abattu.
4. Travail que peut effectuer une machine, en un temps donné.

RENDRE v.int.
En. **to yield**
De. **erzeugen**
Es. **producir**
It. **rendere, fruttare**
Rapporter, produire.
Ex. Un blé qui rend beaucoup en culture, ou en farine.
Etym. Du latin reddere.

RENDZINE n.f.
En. **rendzina**
De. **Rendsina, Kalkschwarzerde**
Es. **rendzina**
It. **rendzina**
Sol dérivé d'un sous-sol calcaire, enrichi en argile par dissolution des carbonates de chaux.
Il comporte néanmoins des fragments de roche calcaire ; on distingue la rendzine noire *riche en humus, de la* rendzine rouge *riche en oxyde de fer.*
Peu épaisses, les rendzines retiennent peu l'eau et sont souvent couvertes d'une pelouse sèche.
Etym. Polonais.

RÊNES n.f.p.
En. **reins**
De. **Zügel**
Es. **riendas**
It. **redini**
Longues lanières de cuir destinées à guider, ou à retenir le cheval, en agissant sur le mors.
Etym. Du latin retinere, *retenir.*

RENETTE n.f.
It. **curasnetta**
Outil du maréchal-ferrant pour couper la corne du sabot des chevaux.
C'est *renetter*.

RENEUSE adj.
(Champagne). Qualifie une terre blanchâtre, froide, pierreuse.

RENFERMIS n.m.p.
(Bourgogne). Lopins de terre situés près des maisons, et portant parfois le nom de *gagnage*, ou *d'héritage*.

RENNE n.m.
En. **reindeer**
De. **Rentier**
Es. **rengífero, reno**
It. **renna**
Mammifère ruminant de la famille des Cervidés, à ramure irrégulière et aux andouillers aplatis.
On distingue le renne des toundras (Rangifer tarandus) qui vit en Europe et en Asie septentrionale, et qui a été domestiqué, et le caribou de l'Amérique du Nord (Rangifer caribou) qui vit à l'état sauvage.
Etym. *Dérivé du noroîs, reinn qui a donné en suédois ren, et en allemand Reen.*

RENNES (RACE DE) l.f.
Race de Gallinacés bretons à plumes blanches, rayées de bandes noires en écailles et, chez le coq, d'une crête très dentelée.
Volaille très appréciée, car rustique, et de chair délicate.

RENONCULE n.f.
En. **buttercup, ranunculus**
De. **Hahnenfuss, Butterblume**
Es. **ranúnculo**
It. **ranuncolo**
Plante annuelle, à belles fleurs jaunes, d'où son nom vulgaire de bouton d'or.
Recueillie comme narcotique, mais vénéneuse pour les bestiaux qui en consommeraient de grande quantité.
Etym. *Du latin renuncula, petite grenouille, l'une des plantes vivant dans l'eau, parmi les grenouilles.*

RENOUÉE n.f.
En. **knotgrass, hogweed**
De. **Knöterich**
Es. **centinodia**
It. **poligono, centinodia**
Plante de la famille des Polygonacées, à laquelle appartiennent le sarrasin, la persicaire, etc.
Cultivées comme fourrage, ou comme plantes orenementales, les renouées devraient leur nom aux nombreux noeuds de leurs tiges.

RÉNOVATION RURALE l.f.
En. **rural renovation**
De. **strukturelle Agrarreform**
Es. **renovación rural**
It. **rinnovo rurale**
Opération qui a pour but l'amélioration d'une zone agricole par de nouvelles structures agraires, par des cultures et des élevages mieux adaptés que par le passé à son sol, à son climat, à son organisation sociale, et a un matériel moderne.

RENTABILITÉ AGRICOLE l.f.
En. **agricultural profitability**
De. **Rentabilität, Ertragsfähigkeit**
Es. **rentabilidad agrícola**
It. **produttività agricola**
Rapport entre les ventes des produits de la ferme (récoltes, élevages) et les dépenses effectuées pour les mettre en valeur.
Ce rapport peut être positif et la ferme est rentable ; il peut être négatif, les ventes étant inférieures aux dépenses, et la ferme est en déficit. Le calcul des rentrées et des sorties d'argent, qui permettent d'apprécier cette rentabilité, est toujours très difficile.

RENTE n.f.
En. **rent**
De. **Grundrente**
Es. **renta de bienes raíces**
It. **rendita**
Redevance en espèces, ou en nature, qui doit être versée au propriétaire d'une parcelle, ou d'une exploitation agricole, affermées.
V. *Rente foncière.*
Etym. *Du latin reddita, choses rendues.*

RENTE A L'APPRÉCIÉ l.f.
Rente susceptible d'être payée en grains, ou en espèces, à des dates fixes et selon le prix des céréales à ces moments-là.

RENTE COLONGÈRE l.f.
(Alsace). Rente prélevée sur les colonges.
V. *Colonge.*

RENTE ENSAISINÉE l.f.
Rente qui était prélevée par le seigneur, propriétaire éminent, sur les terres roturières.
Les tenanciers soumis à ce droit avaient été ensaisinés, c'est-à-dire mis en possession du fief, ou de la tenure.

RENTE FÉODALE l.f.
Redevance due à titre temporaire ou définitif, pour une censive : terre, maison, domaine.
Elle était versée en espèces, ou en nature, selon la coutume. Elle était achetable selon un pourcentage variable d'après les traditions locales, sauf si elle était dite ancienne. On distinguait la rente simple, qui était l'intérêt d'un capital prêté, et le cens qui fut toujours désigné comme étant une rente annuelle, perpétuelle, foncière et directe. Les rentes sur les produits de la terre, ou droits de terrage, variaient du dixième jusqu'au quart des fruits des champs et des troupeaux ; par contre le cens s'évaluait en espèces : deniers, sols, livres, et perdait ainsi de sa lourdeur par suite de la dévaluation continue de la monnaie. Rentes et cens furent abolis durant la nuit du 4 août 1789, mais on ne cessa de les lever que peu à peu, de 1790 à 1793, et même, dans les pays de l'Est, ils subsistèrent jusqu'au premier tiers du XIXème siècle.

RENTE FONCIÈRE l.f.
Somme versée selon les conditions d'un bail passé entre le propriétaire du bien et le preneur, ou le bailleur, en vue d'un achat complet dans un temps indéterminé.
Le preneur disposait de l'exploitation en toute liberté, mais au lieu de payer en une seule fois la valeur du domaine, il s'acquittait par une rente annuelle, perpétuelle et irrachetable. Cette forme d'achats échelonnés prit en Poitou, durant la seconde moitié du XIXème siècle, une telle extension que les contrats de vente à capital versé en une seule fois devinrent peu nombreux. Contrairement aux rentes féodales, les rentes foncières ne furent pas abolies par les décrets pris par la Constituante à la suite de la nuit du 4 août, mais elles devinrent rachetables.

RENTE EN FRÉSANCE l.f.
Rente qui pouvait être payée en espèces ou en viande de porc.
V. *Frésange.*

RENTE A L'HÉRITAGE l.f.
Rente payée pour des terres du domaine royal.
Ces terres, qui étaient à l'origine des tenures rôturières accensées par un seigneur, avaient été au cours du temps incorporées au domaine de la couronne par absence d'héritier.

RENTE SÈCHE l.f.
Rente imposée par le tenancier d'une censive et non par le seigneur, propriétaire éminent de l'emphytéote.

RENTE TOLÉRABLE l.f.
Rente très ancienne, dont on ne connaissait pas l'origine, et que l'on pouvait racheter.

RENTE VOLANTE l.f.
Rente, ou fermage, fixé en blé, ou en argent, et variant selon le prix de l'hectolitre de blé.

RENTERRES n.f.p.
Redevances en nature versées par les tenanciers aux agents des seigneurs.
Elles pouvaient s'élever au tiers des produits de chaque censive (de Saint Jacob).
Etym. *De rentes et de terres.*

RENTIERS DE LA TERRE l.m.p.
Es. **renteros**
Personnes qui vivaient des redevances prélevées légalement, ou arbitrairement, ou selon les coutumes, sur les produits de la terre (XVIIème siècle).

RENTRÉE n.f.
En. **carting in**
De. **Einfahren**
Es. **acarreo, recolección**
It. **il mettere al riparo**
Action de mettre à l'abri des récoltes qui souffriraient des intempéries : foin, moisson, etc.
Etym. *Du latin intrare, entrer.*

REPAIRE n.m.
En. **den** (2)
De. **Schlupfwinkel** (1)
Es. **guarida** (2)
It. **tana** (2)
1. Refuge de bêtes sauvages.
2. Habitation, parfois fortifiée, où vivait avec sa famille, un petit noble campagnard.
Etym. *Du latin repatriare.*

REPAÎTRE v.tr.
En. **to feed** (1)
De. **füttern, abspeisen** (1)
Es. **pastar, alimentar** (1)
It. **pascere** (1)
1. Donner à manger à des troupeaux jusqu'à ce qu'ils n'aient plus faim.
2. Faire paître de nouveau du bétail dans le même pâturage.
Etym. Du *re*, répétitif, et de *paître*.

RÉPARE n.f.
Espace laissé entre un fossé et la parcelle voisine afin d'éviter l'éboulement de la bordure et, par suite, le comblement du fossé.

REPASSE n.f.
En. **middlings** (1)
Es. **harina gruesa** (1)
It. **cruschello** (1)
1. Farine grossière, mal séparée du son et qui sert à la nourriture du bétail.
2. Mélange des produits de tête et de queue au cours d'une distillation et que l'on repasse dans l'alambic pour avoir un alcool de qualité.

RÈPES n.f.p.
(Lorraine). Bois dégradés, boqueteaux de peu de valeur.
Syn. Rapes.

REPEUPLEMENT n.m.
En. **regeneration**
De. **Wiederbepflanzung**
Es. **repoblación**
It. **ripopolamento**
Opération qui consiste à planter des arbres dans un verger, dans un bois, dans une forêt, là où il y a des vides, des clairières, qu'il faut *repeupler*.

REPIOCHER v.tr.
Piocher de nouveau ; remuer avec une pioche le terreau enlevé d'un canal avant de le transporter dans les champs.
Il s'oxygène et s'améliore.

REPIQUAGE n.m.
En. **trasplanting**
De. **Umpflanzung, Pikieren**
Es. **trasplante**
It. **trapianto**
Prélèvement d'un plant dans un semis, ou dans une pépinière, pour le fixer, le *repiquer*, dans la parcelle où il doit rester jusqu'à sa récolte, ou définitivement.
Il s'effectue manuellement ou avec une repiqueuse.

REPIQUEUSE n.f.
En. **trasplanter** (2)
De. **Pflanzer** (1), **Pflanzmaschine** (2)
Es. **trasplantadora** (2)
It. **trapiantatrice** (2)
1. Personne chargée de repiquer des plants.
2. Machine servant à repiquer le tabac, le riz, les betteraves, etc.

REPLAIN n.m.
Partie plane et cultivée au sommet, ou sur le versant, d'une montagne, terrasse de culture.

REPLANT n.m.
Ancien plant qui est replantable ; plant qui sert à replanter, à faire une replantation.

REPLANTATION n.f.
En. **replantation**
De. **Wiederbepflanzung**
Es. **replantación**
It. **il ripiantare**
1. Opération qui consiste à planter de nouveau une jeune pousse.
2. Parcelle où l'on a replanté.

RÉPONDEUR n.m.
Es. **respondedor**
It. **risponditore**
Appareil muni d'un système d'informatique pour prévenir son utilisateur des modalités d'irrigation ou de traitements des maladies cryptogamiques.

RÉPONSE n.f.
En. **response** (2)
De. **Versuchsergebnis** (2)
Es. **respuesta** (2)
It. **risposta** (2)
1. Autour d'une coupe de bois, étendue de terrain où l'adjudicataire est responsable des délits qui pourraient être commis.
C'est la zone où il doit répondre *des dégâts éventuels.*
2. Résultats obtenus sur une parcelle où l'on s'est livré à un essai de culture, à une expérience de matériel, ou d'engrais.

REPOS n.m.
En. **rest** (1)
De. **Ruhe** (1)
Es. **descanso** (1)
It. **riposo** (1)
1. Etat, ou période, au cours desquels une plante ne pousse pas.
2. Terre en jachère.
Etym. Du latin *repositare*, reposer.

REPOSOIR n.m.
Endroit abrité, aux abords des chalets, où se repose le bétail durant son séjour sur les alpages.
Le sol, enrichi par les déjections, donne une herbe abondante.

REPOS VÉGÉTATIF l.m.
Es. **reposo vegetativo**
It. **quiescenza**
Arrêt de la croissance, chute des feuilles, mise en état d'hibernation des végétaux quand la température est trop basse pour permettre la montée de la sève brute.

REPOUPET n.m.
(Charente). Veau qui tête deux vaches successivement.
Jeune veau de quinze jours que l'on achète pour utiliser le lait de la vache dont on vient de vendre le veau âgé de trois mois.
Au féminin *repoupette*.

REPOUSSE n.f.
En. **new bud, new shoot**
De. **Ausschlagen**
Es. **rebrote, retoño**
It. **nuovo getto, succhione**
Nouvelle pousse d'un végétal (arbre ou herbe), après une première coupe.

RÉPRESSION DES FRAUDES l.f.
Dépistage et sanction des procédés destinés à accroître les bénéfices réalisés avec la vente des denrées agricoles en leur ajoutant de l'eau, des colorants, de l'alcool, etc.
Ce sont surtout les agents des régies financières qui sont chargés de réprimer ces fraudes.

REPRISE n.f.
De. **Anwurzeln**
It. **attecchimento** (1), (2), **ripresa** (4)
1. Plant qui reprend vie après son repiquage.
2. Greffon qui a repris sur son porte-greffe.
3. Sillon tracé par un laboureur en bordure de sa parcelle, mais en empiétant de quelques centimètres sur la parcelle du voisin.
4. Possibilité pour un propriétaire de reprendre le domaine qu'il a loué s'il veut l'exploiter directement, ou par l'intermédiaire d'un descendant.

REPRODUCTEUR n.m.
En. **breeder**
De. **Zuchttier**
Es. **reproductor**
It. **riproduttore**
Animal, mâle ou femelle, choisi pour obtenir une nouvelle génération.
Etym. Du latin *re*, retour, *pro*, en avant et *ducere*, conduire.

REPRODUCTION n.f.
En. **reproduction**
De. **Fortpflanzung**
Es. **reproducción**
It. **riproduzione**
Moyen par lequel une espèce animale, ou végétale, se perpétue, par fécondation, par semis, par greffe, etc.
Elle est sexuée lorsqu'elle résulte de la fusion d'une cellule spécialisée, ou gamète (ovule, spermatozoïde, pollen, etc.) avec une cellule d'un autre sexe, fusion qui donne l'oeuf, ou zygote, point de départ d'un nouvel individu ; elle est assexuée quand il y a multiplication sans intervention de gamètes, notamment chez les végétaux: boutures, greffe, marcotte, etc.
Etym. Du latin *reproductrix*.

RÉPULSIF n.m. et adj.
En. **repellent**
De. **repulsiv**
Es. **repulsivo**
It. **ripulsivo, repulsivo**
Produit qui, par son odeur ou sa nocivité, écarte des cultures et du bétail les animaux nuisibles.

REQUÉRABLE adj.
En. **demandable**
De. **einzufordern, einforderbar**
Es. **requerible**
It. **esigibile**
Se dit d'une rente ou d'une redevance que doit aller quérir le bénéficiaire.
Ex. Une dîme requérable.

REQUINT n.m.
Redevance féodale que l'on versait à son seigneur en plus du *quint*, quand on vendait un fief, ou une censive, de sa mouvance.
Le requint était environ le cinquième du quint.

RÉSEAU
En. **reticulum**
De. **Netzmagen**
Es. **redecilla**
It. **reticolo**
Une des quatre poches de l'estomac des ruminants. Situé entre le rumen (panse) et le feuillet, il reçoit les aliments qui ont été ruminés après leur séjour dans le rumen.
Ils subissent un début de digestion avant de passer dans le feuillet ; la muqueuse du réseau est divisée en lamelles, d'où son nom.
Etym. Du latin *retis*, réseau.

RÉSEAU n.m.
En. **network**
De. **Netz**
Es. **red**
It. **rete**
Ensemble des pistes, des chemins, des routes et des canaux sillonnant la campagne cultivée.
Etym. Du latin *retiolus*.

RÉSEAU EN DAMIER l.m.
It. **rete a scacchiera/ortogonale**
Dessin des chemins ruraux se coupant à angle droit.
Syn. Réseau orthogonal.

RÉSEAU EN ÉTOILE l.m.
Es. **red de estrella**
Dessin des chemins ruraux rayonnant autour d'un village.

RÉSEAU D'IRRIGATION l.m.
En. **irrigation system**
De. **Bewässerungsanlage**
Es. **red de riego**
It. **rete d'irrigazione**
Ensemble des canalisations assurant un apport d'eau dans une campagne où les récoltes souffrent de la sécheresse.

RÉSEAU DE DRAINAGE l.m.
En. **drainage system**
De. **Dränageanlage**
Es. **red de drenaje**
It. **rete di drenaggio**
Ensemble des canalisations évacuant les eaux d'un terrain trop humide.

R.E.S.E.D.A. (RÉSEAU DE DOCUMENTATION SOCIO-ÉCONOMIQUE EN AGRICULTURE) sigle
Association créée en 1974, sous le régime de la loi de 1901, pour réunir, utiliser et faire connaître la documentation relative à l'agriculture et aux activités économiques et sociales influant sur l'évolution agricole (P.Habault).

RÉSERVE n.f.
En. **reserve** (1)
De. **Reservefonds**
Es. **reserva**
It. **riserva**
1. Terre réservée à un usage particulier: chasse, pacage, bois, paysage digne d'intérêt.
2. Exploitation que le propriétaire d'un domaine divisé en métairies conserve pour le mettre en valeur lui-même avec l'aide de sa famille, ou d'un personnel salarié.
3. Domaine que le seigneur faisait exploiter par corvées.
C'était le mansus indominicatus.
4. Arbres restant sur pied lors d'une coupe.
C'est le cas pour le quart en réserve comprenant des arbres que l'on ne peut abattre que dans des cas exceptionnels.
V. Quart en réserve.
5. Substances organiques que les êtres vivants (plantes et animaux) accumulent dans leurs tissus afin de pourvoir à leur alimentation quand l'apport énergétique normal est insuffisant. *Ce sont surtout des graisses et des glucides : sucre de la betterave, amidon de la pomme de terre, etc.*
Etym. Du latin *reservare*, mettre à part.

RÉSERVE ARABLE l.f.
Usage communautaire qui consistait à tenir en réserve, en marge des terres cultivées, des parcelles de landes ou de bois que l'on mettait provisoirement en culture, à de longs intervalles, soit lorsque l'on craignait une disette, soit lorsqu'on les attribuait temporairement à de jeunes ménages dépourvus de terre.

RÉSERVE FONCIÈRE l.f.
Terrain acquis par une communauté (Etat, région, département, commune) soit pour l'urbaniser, soit pour le mettre à l'abri des déprédations, soit pour l'aménager en espace de loisirs.

RÉSERVE UTILISABLE l.f.
En. **utilizable reserve**
De. **Nutzwasserreserve**
Es. **reserva utilizable**
It. **riserva utilizzabile**
Quantité d'eau contenue dans un sol et utilisable par les racines ; elle dépend de la pluviosité, de la température, de la nature du sol et des plantes.
On en tient compte pour calculer le complément d'eau à fournir par l'irrigation ; elle correspond en gros à la capacité au champ, ou rétention naturelle, et à la quantité d'eau qui entraînerait le flétrissement des plantes cultivées, si elle était diminuée par évaporation.

RÉSERVOIR n.m.
En. **water tank**
De. **Wasserbehälter**
Es. **depósito de agua**
It. **serbatoio**
1. Dépression où l'on conserve de l'eau pour l'irrigation, ou l'abreuvage du bétail.
2. Récipient où l'on tient en réserve un liquide dont on n'a pas l'utilisation immédiate.
Etym. Du latin *reservare*, réserver.

RÉSIDENCE n.f.
En. **residence**
De. **Wohnsitz**
Es. **residencia**
It. **residenza**
Bâtiment d'habitation d'un propriétaire résidant dans une ferme bressane.
Maison rurale d'un citadin ; résidence secondaire, qui n'est occupée que temporairement par son propriétaire, ou son locataire, au moment de ses loisirs. Situées surtout à la campagne, les résidences secondaires sont indépendantes du milieu agricole ; elles créent parfois des obstacles à l'extension des exploitations agricoles, mais elles peuvent être sources de profit pour les commerçants et les agriculteurs des régions pauvres, mais pittoresques.
Etym. Du latin *residere*, séjourner.

RÉSIDUS INDUSTRIELS l.f.p.
En. **industrial waste**
De. **Rückstande**
Es. **residuos industriales**
It. **residui industriali**
Sous-produits des industries agro-alimentaires, contenant des éléments utilisables comme engrais (compost), ou comme aliment (tourteau, mélasse, etc.). *Selon leurs qualités et leurs débouchés, ces sous-produits sont torréfiés, desséchés ou mélangés.*

RÉSINAGE n.m.
It. **resinatura**
Extraction de la résine par des carres sur les troncs des pins maritimes, ou des pins d'Alep.

RÉSINE n.f.
En. **resin**
De. **Harz**
Es. **resina**
It. **resina**
Sève élaborée qui coule de l'entaille, ou carre, faite dans le bois d'un tronc de pin à l'aide d'un *hapchot. Par extension, ce sont divers produits extraits par incision de plantes riches en essences volatiles et odorantes (épicea, sapin, copalier, etc.).*
Etym. Du latin *resina*, résine.

RÉSINER v.tr.
En. **to tap**
De. **harzen**
Es. **resinar, extraer la resina**
It. **resinare**
Extraire la résine des pins.
Syn. Gemmer.

RÉSINEUX adj. et n.m.
En. **resinous** (2)
De. **harzig** (2)
Es. **resinoso** (2), **conifera** (1)
It. **resinoso** (2)
1. n.m. Arbre appartenant au sous embranchement des gymnospermes, produisant de la résine et ayant des feuilles en forme d'aiguilles persistantes, sauf celles du mélèze.
Syn. Conifère.
2. adj. Se dit de tout ce qui a les qualités de la résine.

RÉSINIER n.m.
En. **resin-tapper**
De. **Harzsammler**
Es. **resinero**
It. **raccoglitore di resina**
Ouvrier landais chargé de recueillir la résine des pins.

RÉSINIFÈRE adj.
En. **resiniferous**
De. **harzerzeugend**
Es. **resinífero**
It. **resinifero**
Qui produit de la résine, ou qui conduit la résine, tels les canaux résinifères dans le tronc des conifères.

RÉSISTANCE n.f.
En. **resistance** (1)
De. **Resistenz** (1)
Es. **resistencia** (1)
It. **resistenza** (1), (2)
1. Propriété acquise par un corps de subir l'action d'un autre corps sans en être affecté.
C'est le cas de certaines bactéries de ne pas disparaître sous l'effet d'un antibiotique.
Ainsi, des salmonelles, qui déterminent fièvre, troubles digestifs et la mort de l'animal atteint de salmonellose, résistent à l'action des antibiotiques à la suite des faibles doses qui ont été administrées à la bête pour favoriser sa croissance, mais qui ont réduit l'activité de ses anticorps.
2. Capacité d'une plante, ou d'un animal, à résister à un climat, à un parasite, à une maladie, à un pesticide.
Etym. Du latin *resistere*, se tenir ferme.

RÉSONNANCE MAGNÉTIQUE NUCLÉAIRE l.f.
V. R.M.N.

RESSE n.f.
(Bresse). Petite planche de labour, de quatre ou cinq sillons.

RESSEMER v.tr.
En. **to sow again**
De. **wieder besäen**
Es. **sembrar de nuevo**
It. **riseminare**
Semer de nouveau quand la première semence a été détruite par les intempéries, les oiseaux, ou les insectes.

RESSENCE n.f.
(Provence). Seconde mouture des céréales que se réservait le meunier pour son salaire.
Syn. Repasse.

RESSERRE n.f.
En. **store, storeroom**
De. **Rumpelkammer, Verschlag**
Es. **depósito**
It. **deposito**
Local où l'on abrite les outils, les récoltes, le bois.

RESSUIEMENT n.m.
It. **evaporazione**
Perte par évaporation d'une partie de l'humidité contenue dans des grains, ou dans une terre récemment labourée.

RESTANQUE n.f.
(Provence). Terrasse de culture.
Syn. Bancau, rive, faysse.

RESTAURATION DES SOLS l.f.
En. **soil improvement**
De. **Bodenverbesserung, Bodenaufarbeitung**
Es. **restauración de los suelos**
It. **rinnovo del terreno**
Mesures prises pour remettre en bon état des sols dégradés par les intempéries, les éboulements et l'abandon.
Les moyens mis en oeuvre varient d'importance, depuis la murette édifiée sur la pente par un ouvrier agricole, jusqu'aux grands travaux publics de consolidation, avec couvert végétal et cultures.

RESTITUTION n.f.
En. **refunding**
De. **Ausfuhrprämie**
Es. **restitución de exportación**
It. **indennizzo** (2)
1. Remise au propriétaire en quantité et en qualité d'une parcelle, ou d'un élevage, pris en bail.
2. Prime versée aux exportateurs de la C.E.E. hors de son territoire, si le prix mondial est inférieur au prix européen.
Etym. Du latin *restitutio*.

RESTOUBLAGE n.m.
(Gascogne). Labour qui succède à la moisson pour enfouir les tiges de céréales.
Syn. Déchaumage.
Etym. De l'occitan *restoul, rastoul*, chaume.

RESTOUBLE n.f.
(Périgord). Parcelle dont on a moissonné le blé.
Jadis elle était mise en jachère.
Syn. Retouble, rastouil.

RETADIS n.m.
(Limousin). Terre de médiocre qualité, que l'on ne peut ensemencer en seigle que tous les sept à huit ans.

RÉTAIL n.m.
(Vendée). Fraction d'exploitation agricole correspondant à une *gaignerie* d'un demi-boeuf.

RETAILLER v.tr.
Découper et briser le marc de pomme, ou de raisin, quand il est sorti du pressoir, à l'aide d'une bêche ou d'un émietteur, afin de le soumettre à une nouvelle pression pour en extraire un supplément de moût.

RETAL n.m.
(Périgord). Clause d'un contrat entre le propriétaire d'un domaine et son métayer en ce qui concerne le partage par moitié des bénéfices sur les boeufs.
Ce partage se fait, non entre le prix d'achat et le prix de vente de l'attelage, mais entre le prix de vente de cet attelage et le prix d'achat d'une nouvelle paire de boeufs.

RETAPAGE n.m.
Amélioration des vins défectueux à l'aide de produits chimiques.

RETEILLER v.tr.
Teiller le chanvre une seconde fois.

RÉTENTION n.f.
En. **retention**
De. **Retention, Wasserspeicherkapazität**
Es. **capacidad de retención**
It. **ritenzione**
Capacité d'un sol pour retenir une quantité minimum d'eau quand il est complètement ressuyé et que n'agit plus que l'attraction moléculaire.

RETENUE n.f.
Droit qu'avait le seigneur, selon les coutumes féodales, de reprendre la censive vendue par le censitaire, à condition de lui verser le prix de vente.
C'était le retrait seigneurial.

RETERÇAGE n.m.
1. Opération qui consistait à ajouter un labour au troisième labour de la jachère.
Il s'agissait donc du dernier des quatre labours successifs ayant pour but de préparer la jachère à une nouvelle récolte.
2. Résultat de cette quatrième façon culturale.

RETERCER v.tr.
1. Ajouter un quatrième labour aux trois labours successifs qu'exigeait un champ après une préiode de jachère.
2. Labourer une vigne une seconde fois pour détruire les herbes.

RETONDRE v.tr.
De. wieder scheren, wieder mähen
Es. esquilar de nuevo
It. ritosare
Tondre de nouveau une toison, ou un gazon.

RETORDRE v.tr.
En. to twist
De. zwirnen
Es. retorcer
It. ritorcere
Tordre, avec un *retordoir*, plusieurs fils de lin ou de chanvre, pour les rendre plus résistants.
C'est procéder au retordage.

RETOUBLE n.f.
(Charente). Parcelle de céréales quand elle a été moissonnée.
Selon les régions, on disait ratouble, reteule, rastoul, etc.

RETOUR n.m.
Seconde récolte, de même nature que la première, obtenue sur la même parcelle, sans jachère, ni rotation.
Elle est d'ordinaire d'un rendement plus faible que la première.

RETOUR À LA TERRE l.m.
En. back to the land movement
De. Rückwanderung auf das Land, "zurüch zur Natur"
Es. retorno al campo
It. ritorno alla terra
Migration des citadins de la ville vers les champs en vue de les cultiver.
Politique et philosophie qui ont pour but d'inciter les jeunes à quitter les professions urbaines pour se consacrer aux travaux des champs, à l'élevage ; très critiquées.

RETOURNE n.f.
Empiètement, au cours d'un labour, sur la parcelle d'un voisin.

RETOURNER v.tr.
En. to turn over (1)
De. umpflügen (2)
Es. alzar el rastrojo, volver (2)
It. vangare, smuovere (2)
Tourner en sens inverse.
Le terme entre dans quelques expressions relatives aux travaux agricoles.
1. *Retourner un pré*, c'est le labourer pour le mettre en culture.
2. *Retourner un chaume*, c'est également le labourer pour enfouir les pieds de céréales moissonnées.
3. Soulever le foin et l'inverser pour qu'il sèche.

RETRAIT n.m.
En. withdrawal
Es. retirada
It. retratto
Acte par lequel une personne prend à son compte un engagement signé par une autre.
Dans l'ancien droit féodal, on distinguait plusieurs sortes de retraits :
1. Le retrait féodal ou seigneurial qui permettait au suzerain de reprendre un fief vendu par un vassal en lui versant le prix de la vente.
2. Le retrait lignager qui permettait à un membre de la famille de se porter acquéreur d'un domaine vendu par un parent à un étranger mais en dédommageant celui-ci ; pour cela on disposait d'un délai d'un an, un mois et un jour, après l'acte de vente ; ce délai était porté à 30 ans si l'acheteur étranger n'avait pas demandé au vendeur un acte d'aliénation.
3. Le retrait censuel donnait au seigneur le droit de reprendre un bien de sa mouvance vendu sans son autorisation.
Ces divers retraits favorisaient le maintien des fiefs et des grands domaines, mais dévalorisaient les terres.
Etym. Du latin *trahere*, tirer en arrière.

RETRAIT n.m.
En. shrinkage
De. Austrocknen, Schrumpfen
Es. contracción
It. ritiro
Diminution de volume d'un sol au cours de sa dessication, ce qui entraîne des fissures et des ruptures de racines.
Etym. Du latin *retrahere*, retirer.

RETRAIT adj.
Qualifie un blé échaudé, qui n'a pas pu pleinement se développer.

RETRANCHAILLES n.f.p.
Labours de printemps qui retranchent la terre en jachère, durcie par les pluies d'hiver.
Ils la préparent pour les semailles de mars.

RETRANCHÉES n.f.p.
Labours d'été qui *tranchent* la terre, détruisant les mauvaises herbes et maintenant l'humidité du sol jusqu'aux semailles d'automne.

RETRANCHER v.tr.
(Berry). Labourer perpendiculairement au précédent labour.

RÉTROGRADATION n.f.
Transformation chimique dans le sol d'un engrais minéral soluble et assimilable en un minéral inassimilable et perdu pour la plante.
Dans un sol acide, un engrais à base de phosphate de chaux se transforme en phosphate de fer et d'alumine insoluble (P.Habault).

RETROUIX n.m.p.
Herbes qui poussent sur les estives pyrénéennes après le départ des troupeaux vers les vallées.

RETROUSSAGE n.m.
Quatrième façon culturale donnée à la vigne quelques jours avant les vendanges, afin de favoriser la mâturation des raisins.
Elle consiste à relever, à retrousser, les pampres.

RETROUSSE n.f.
Seconde pression donnée au pressoir à vin pour extraire un supplément de jus.

REUILLY n.m.
L'un des vignobles du Berry, autour de la ville de Reuilly.
Il est réputé pour ses vins rosés, légers, secs et fruités.

RÉUNION n.f.
Action de remembrer un domaine en lui ajoutant une partie des parcelles qui en avaient été détachées.

REVÊCHE adj.
En. harsh, acrid
De. sauer
Es. áspero
It. aspro
Se dit d'un vin âpre au goût.

REVENU AGRICOLE l.m.
En. farm income
De. landwirtschaftliches Einkommen
Es. renta agrícola
It. rendita agricola
Différence entre les dépenses d'une exploitation agricole et les recettes provenant de la vente de ses produits qui servent à l'entretien du personnel, du matériel et des bâtiments, et à la rémunération du travail et des capitaux engagés.

REVENU CADASTRAL l.m.
En. cadastral income
De. Katastereinkommen
Es. renta catastral
It. rendita catastale
Ce sont les 4/5èmes de la valeur théorique d'une parcelle calculée selon un barème établi par catégorie de parcelles classées en fonction de la nature de leur utilisation.
Pour couvrir les charges et les pertes, le fisc procède à un abattement de 20%.
Révisé tous les 6 ans, ce revenu est actualisé tous les 2 ans au moyen de coefficients forfaitaires.
Il sert de base à la taxe foncière sur les propriétés non bâties, aux cotisations de la Sécurité Sociale et aux versements pour les Chambres d'Agriculture.
Il permet aussi de déterminer le bénéfice forfaitaire qui sert à établir l'impôt sur le revenu des agriculteurs.

REVENUES n.f.p.
En. **sucker, (side-)shoot**
Es. **retoños**
It. **polloni, rimessiticci**
Premières pousses sur les souches des troncs d'arbre récemment abattus.

REVENURE n.f.
Seconde pousse d'une vigne quand la première a été détruite par la gelée.

REVERCHON n.m.
Variété de cerises, à gros fruits rouges, fermes et sucrés.

REVERSION n.f.
Retour au seigneur d'une tenure dont le tenancier était mort sans héritier (G. Lizerand).

REVIER n.m.
Cépage à raisins noirs, cultivé dans la vallée du Rhône.

REVIRAGE n.m.
Opération qui consiste à tourner et à retourner les fromages dans les caves de Roquefort.
On les vire et on les revire tout en leur enlevant la croûte qui s'était formée à leur surface.

REVIVRE n.m.
Seconde poussée de l'herbe dans les prairies fertiles, après la récolte de foin du mois de juin.
Elle peut être fauchée et séchée ; c'est le second poil, ou regain ; elle peut être consommée sur pied par du bétail qui est bon pour la vente avant l'hiver (R. Dion).

RÉVOLAT n.m.
Cépage à raisins noirs, cultivé dans le Dauphiné.

RÉVOLUTION AGRAIRE l.f.
En. **agrarian revolution**
Es. **revolución agraria**
It. **rivoluzione agraria**
Transformation rapide, et parfois brutale, de la structure du parcellaire, de la viabilité, de l'habitat et de la propriété du sol.
C'était le cas dans les pays socialistes de l'Est.
Etym. Du latin *revolvere*, retourner.

RÉVOLUTION AGRICOLE l.f.
En. **agricultural revolution**
Es. **revolución agrícola**
It. **rivoluzione agricola**
Transformation profonde, et presque toujours lente et pacifique, d'un système de culture et d'élevage.
Au cours des temps contemporains, on peut en distinguer deux :
1. La révolution des cultures fourragères au XVIIIème et au XIXème siècles par l'introduction des légumineuses (trèfle, luzerne, lupin, etc.) dans le cycle de l'assolement, enrichissant le sol en azote grâce aux nodosités de leurs racines, et accroissant les fumures à la faveur d'un élevage plus nombreux, ce qui permit de supprimer la jachère.
La S.A.U. en fut étendue d'un tiers et la crainte des disettes et des famines disparut.
2. La révolution de la mécanisation et de la motorisation associées aux progrès génétiques au cours du XXème siècle ; avec moins de main-d'oeuvre, et sur des parcelles plus vastes, les rendements des cultures et de l'élevage en ont été considérablement accrus ; structure agraire et structure sociale en sont sensiblement modifiées.

RÉVOLUTION AGRO-INDUSTRIELLE l.f.
Association de l'industrie et de l'agriculture ; à l'amont pour fournir aux agriculteurs le matériel et les produits favorables à leurs travaux, à l'aval pour traiter et valoriser les produits agricoles (conserves, raffinage, distillation, etc.) avant de les livrer à la consommation.

RÉVOLUTION FORESTIÈRE l.f.
Intervalle de temps compris entre deux coupes d'un même bois.
Il est de vingt à trente ans pour un taillis de châtaigniers, de 100 ans et plus pour une forêt de chênes.

RÉVOLUTION FOURRAGÈRE l.f.
Introduction de plantes fourragères et traitement des prairies comme terres cultivées, avec sélection des semences et labours tous les six ou sept ans.
C'est le ley farming des Anglais qui entraîne une profonde révolution dans les conditions de l'élevage devenu une occupation primordiale.

RÉVOLUTION VERTE l.f.
Abandon d'anciens procédés de culture et d'élevage, et introduction de nouvelles techniques bouleversant la vie des campagnes en remplaçant les céréales par des cultures fourragères et l'élevage.
Syn. Révolution fourragère ; valable surtout pour les pays en voie de développement.

RÈZE n.f.
(*Quercy*). Profond sillon séparant deux parcelles.

RHIZOBIUM n.m.
En. **Rhizobium**
De. **Knöllchenbakterie**
Es. **bacterias nodulares**
It. **rizobio**
Bactérie qui se développe en symbiose sur les racines des légumineuses où elle provoque des nodosités.
Elle a la propriété de fixer l'azote de l'air et de la synthétiser avec les minéraux de la sève brute pour en faire des albuminoïdes assimilables par les plantes.
Le sol est ainsi enrichi en azotates et sa fertilité en est accrue ; dès le XIIème siècle, en Flandre, on a appliqué cette particularité des légumineuses pour supprimer la jachère.
Etym. Du grec *rhiza*, racine, et *bios*, vie.

RHIZOCTONE n.m.
It. **marciume del colletto**
Champignon parasite dont une espèce (*Rhizoctonia violacea*) détruit avec son mycélium les parties souterraines des plantes (pomme de terre, carotte, betterave).
Les filaments enveloppent la racine, y provoquant des sclérotes, petits corps durs contenant des spores qui répandent la maladie.
Etym. Du grec *rhiza*, racine, et *khthon*, terre.

RHIZOCTONIE n.m.
Maladie cryptogamique qui se développe en parasite sur les racines et les rhizomes de certaines plantes.

RHIZOME n.m.
En. **rhizome**
De. **Rhizom, Wurzelstock**
Es. **rizoma**
It. **rizoma**
Tige souterraine vivace, émettant chaque année des racines et des tiges aériennes (iris, chiendent, topinambour).
Elle contient des réserves de nourriture pour la survie de la plante et sa descendance.
Etym. Du grec *rhiza*, racine.

RHODODENDRON n.m.
En. **rhododendron**
De. **Rhododendron**
Es. **rododendro**
It. **rododendro**
Arbrisseau de la famille des Ericacées, cultivé comme plante d'ornement à belles fleurs de diverses couleurs.
Etym. Du grec *rhodon*, rose et *dendron*, arbre.

RHUBARBE n.f.
En. **rhubarb**
De. **Rhabarber**
Es. **ruibarbo**
It. **rabarbaro**
1. Plante qui proviendrait des pays barbares, sans doute de Scythie.
De la famille des Polygonacées, on en cultive deux espèces : Rheum palmatum et Rheum compractum.
A longues et larges feuilles, leurs pétioles sont consommés cuits, en compote, ou en confiture.
2. Fromage formé avec les raclures du roquefort.
Etym. Du latin *rheu*, racine et *barbarum*, barbare.

RHUE n.f.
V. Sumac.

RHUM n.m.
En. **rum**
De. **Rum**
Es. **ron**
It. **rum**
Alcool obtenu par la distillation des mélasses de canne à sucre, dans des *rhumeries*.
Syn. Tafia.
Etym. Du latin *rumbullion,* qui excite au tumulte.

RHYNCHITE n.m.
En. **grape leaf folder, vine leaf folder/roller**
De. **Zigarrenwickler**
Es. **gorgojo**
It. **rinchite**
Charençon de la famille des Curculionidés. *Nuisible aux végétaux, en particulier, le* charençon du bouleau *(Rhynchites betuleti) s'attaque aux feuilles de vigne pour y pondre ses oeufs et les rouler en feuilles de cigare, d'où son nom vulgaire de* cigarier.
Une autre espèce pond ses oeufs dans les bourgeons des arbres fruitiers, et les coupe pour favoriser l'éclosion des larves ; c'est le rhynchite coupe-bourgeon *(R. Blais).*
Etym. Du grec *rugkhion*, petit, sec.

RIAGE n.m.
(Anjou). Ensemble des dimensions d'un champ.

RIBAGE n.m.
(Maine). Broyage du chanvre et du lin quand ils ont été rouis.

RIBE n.f.
1. Moulin qui servait à broyer le chanvre et le lin après rouissage.
2. Haie de buissons limitant un champ.
C'est la ribo *de l'occitan, et la* rive *en français.*

RIBEAUVILLEÉ n.m.
Chef-lieu d'arrondissement du Haut-Rhin, au centre d'un vignoble réputé pour ses vins blancs.

RIBERAL n.m.
Vallée alluviale irriguée du Roussillon.

RIBES n.f.
(Provence). Talus couvert de broussailles, ou murette de pierres sèches, destinés l'un et l'autre à soutenir les terrasses de culture sur un versant de colline, ou de montagne.

RIBES n.m.
Nom latin signifiant groseilles, et appliqué à l'ensemble des arbrisseaux à fruits acides, en grappes (groseilliers, cassissiers), de la famille des Saxifragacées.

RIBETTE n.f.
Groseillier à grappes rouges ou blanches.

RIBEYRENCS n.m.p.
(Bas Quercy). Habitants des vallées, ou rivières, dites *ribeyres* en occitan.

RIBIER n.m.
Cépage à raisins noirs, cultivé dans la vallée du Rhône.

RIBIÈRE n.f.
(Bassin Aquitain). Fond de vallée cultivée, avec ses talus, ses terrasses et sa zone inondable.

RIBOT n.m.
Pilon de la baratte à main.

RIBOULE n.f.
(Charente). Pilon en bois qui sert à écraser les raisins dans les comportes et les tines.

R.I.C.A. sigle
Réseau d'information comptable agricole créé en 1960.
Service dépendant de la C.E.E. et comprenant des échantillons des 3 millions d'exploitations agricoles européennes.
A partir de ces échantillons, on dresse des tableaux de l'évolution de ces exploitations selon plus de 200 critères sociaux et économiques; en France l'I.N.S.E.E. et l'I.N.R.A. recueillent les résultats de ces enquêtes.

RICAMBOLE n.m.
Terme appliqué au XVIIIème siècle, dans la région de Mantes, à du verjus, ou à du vin âpre.
Etym. De l'allemand *Rokenbolle*, ail sauvage, au goût piquant.

RICEYS n.m.
Fromage fabriqué avec du lait de vache dans la région des Riceys, en Basse Bourgogne. *De forme cylindrique, il est affiné dans des cendres.*

RICEYS (LES)
Chef-lieu de canton de l'Aube, au centre d'un vignoble qui produit d'excellents vins rouges de Basse Bourgogne.

RICHEBOURG n.m.
L'un des principaux crus des vins bourguignons de Vosne-Romanée, en Côte d'Or.

RICHELLE n.f.
Variété d'avoine hâtive, à paille très blanche, à grains blancs donnant une farine de qualité.
Originaire d'Orient, elle est cultivée dans les pays méditerranéens où elle est mûre avant les sécheresses d'été.

RICIN n.m.
En. **castor-oil plant** (1)
De. **Rizinus, Wunderbaum** (1)
Es. **ricino** (1)
It. **ricino** (1)
1. Acarien du genre *Ixode*, dont une espèce est plus connue sous le nom de *tique*.
2. Plante de la famille des Euphorbiacées *(Ricinus communis).*
Originaire d'Ethiopie, elle est cultivée pour ses graines dont on extrait une huile, utilisée naguère comme purgatif, puis pour les moteurs d'avion à cause de sa grande viscosité, et enfin dans l'industrie pour la fabrication d'un textile artificiel, le Rilsan.
Etym. Du latin *ricinus.*

RICKETTSIOSE n.f.
En. **rickettsiosis**
De. **Rickettsiose**
Es. **rickettsiosis**
It. **rickettsiosi**
Maladie déterminée par une *rickettsie*, parasite unicellulaire, très petit.
Elle atteint surtout les moutons, les chèvres, les porcs et les chiens, se manifestant par des conjonctivites très graves et des broncho-pneumonies ; elle est à l'origine de la psittacose des perroquets, et de la fièvre pourprée.
Chez l'homme, elle porte le nom de fièvre Q, abréviation de fièvre de Queensland, transmise par les tiques ; par ailleurs, il en existe de très nombreuses formes selon les diverses rickettsies
Etym. Du nom de *Ricketts*, biologiste, qui en découvrit la cause en 1909.

RIDEAU n.m.
En. **lynchet**
De. **Böschung**
Es. **ribazo**
It. **scarpa**
Talus naturel, ou artificiel, sur un versant de colline cultivée.
Fréquent en Picardie, sur les pentes crayeuses, c'est de cette région qu'est tiré le nom de cet élément de géomorphologie agraire.
En réalité il se prononce rindeau *et peut être rapproché du terme occitan* rondal *qui désigne des talus couverts de ronces.*
Ces talus, qui bordent, ou bordaient, des parcelles de culture, peuvent être observés en diverses régions de France et du Monde, en particulier en Espagne, où ils sont encore en voie de construction et où ils portent le nom de ribazos *; les planches de culture qu'ils soutiennent sont des* bancales *d'où le verbe* abancalar *qui signifie précisément "aménager en rideaux le versant d'une colline", en espagnol.*
Si l'on remarque que ces talus coïncident avec des pentes modelées dans des roches tendres, où manquent les pierres dures pour édifier des murettes, il est difficile de ne pas comparer les rideaux avec les murettes en pierres sèches des terrasses de culture des pays méditerranéens.
Leur but est le même, atténuer la pente, ralentir l'érosion et la disparition de la terre arable.
Ils sont donc l'oeuvre de l'homme, soit d'une manière spontanée, soit par décision délibérée.
Sans doute a-t-on utilisé des accidents topographiques naturels : rupture de pente, glissements de terrain, bancs rocheux, érosion latérale d'un cours d'eau. Mais le laboureur a régularisé ces accidents.
On peut admettre également qu'une bande de terre laissée inculte arrête l'érosion des sols et

contribue à l'édification d'un talus; un chemin de terre peut aboutir au même résultat du côté qui est orienté vers le haut.
Des labours répétés sont susceptibles également d'accroître les rideaux autant par le haut où ils accumulent la terre, que par le bas, où ils creusent le versant jusqu'à la roche en place ; mais ils ne paraissent pas suffisants pour créer le rideau ex-nihilo sur une pente naturelle ; sinon il y aurait des rideaux au bas de toutes les parcelles d'un versant, ce qui n'est pas le cas.
Aussi admettons-nous qu'ils sont le résultat d'une décision volontaire du laboureur utilisant les accidents du terrain pour édifier les talus à l'aide des instruments dont il disposait.
Pour aboutir à cette topographie anthropique il a fallu des conditions de sol, de relief, de climat, de végétation, de démographie, de technique et de conjoncture économique qui ne sont plus toujours réalisées actuellement en Europe Occidentale, mais qui persistent encore en Chine, en Amérique du Sud, en Afrique du Nord.
Selon les régions, les rideaux ont été désignés par des noms divers : royon, rive, croc, fraite, claux, rain, randal, etc.

RIDEAU D'ARBRES l.m.
Arbres plantés en ligne, et les uns près des autres, pour former un obstacle aux vents qui briseraient les plantes fragiles et déssécheraient le sol.
On emploie surtout le cyprès et le peuplier.

RIDELLE n.f.
En. **rack**
De. **Seitenwand, Bordwand**
Es. **adral**
It. **sponda di carro**
Montant en bois, plein ou à claire-voie, placé de chaque côté d'une charrette pour empêcher le chargement de glisser sur les roues.
Syn. Rivelles. V. Rancher.
Fig. 175 A et 175 B.
Etym. De l'allemand *reidel*, grosse perche.

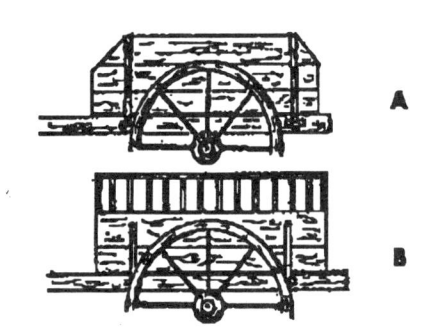

(Fig. 175 A et 175 B.)
Ridelles. A : pleine ; B : semi-pleine

RIDGE AND FURROW n.m.
Crêtes et creux modelés par la charrue dans une terre labourée.
Etym. Expression anglaise équivalent au mot français *sillon*.

RIED n.m.
(Alsace) Région marécageuse.
Etym. Mot germanique.

RIESLING n.m.
Cépage à raisins blancs du vignoble alsacien, introduit, paraît-il, au temps de Louis-le-Germanique (817-876).

RIESSES n.f.p.
Couloirs aménagés le long des pentes des montagnes jurassiennes pour y faire glisser les troncs d'arbres.

RIETTI n.m.
Variété de blé précoce à épis barbus, s'accommodant de terres médiocres.

RIGA n.f.
Corvée.
Etym. Du français médiéval.

RIGÉE n.f.
(Poitou). Pépinière de plants de vigne.

RIGOLAGE n.m.
1. Opération qui consiste à faire couler l'eau d'irrigation dans les rigoles.
2. Façon culturale au cours de laquelle on place les jeunes plants dans de petits sillons, appelés *rigoles*.
Syn. Ruellage.

RIGOLE n.f.
En. **furrow-drain, channel, ditch**
De. **Rinne**
Es. **zanja, reguera**
It. **canaletto**
1. Petit fossé creusé dans un champ, ou dans un pré, pour y faire couler l'eau d'irrigation.
2. Petite tranchée destinée à recevoir des plantations de buis, de laurier pour faire des haies.
Etym. Du celte *rica*, sillon et du latin *rigare*, arroser.

RIGOLE DE COLATURE l.f.
De. **Entwässerungsrinne**
Es. **acequia**
It. **colatore**
Rigole destinée à évacuer l'eau en excès dans une parcelle de pré.

RIGOLER v.tr.
En. **to trench**
De. **furchen, Gräben ziehen**
Es. **abrir regueras**
It. **scavare canaletti**
Creuser des rigoles à travers un pré, un verger, un jardin pour l'irriguer.

RIGOLET n.m.
(Vaucluse). Petite rigole d'irrigation.

RIGOLEUSE n.f.
En. **trench-plough**
De. **Rigolpflug**
Es. **laya**
It. **scavafossi, aratro assolcatore**
Petite charrue destinée à creuser des *rigoles* dans les prés pour leur irrigation.
Elle se compose de deux coutres et de deux versoirs, écartés selon la largeur de la rigole à creuser.

RIGUET n.m.
(Dauphiné). Seigle.

RIMOTTE n.f.
Bouillie de maïs, très appréciée jadis en Bassin Aquitain, seule région, avec la Bresse, où était cultivée cette céréale en France.

RINCE-BOUTEILLE n.m.
En. **bottle-rinser**
De. **Flaschenspülmaschine**
It. **lavabottiglie**
Appareil qui sert à rincer les bouteilles en y projetant un violent filet d'eau.

RINÇURE n.f.
En. **rinsings** (1)
De. **Spülwasser** (1)
Es. **enjuagadura** (1)
It. **risciacquatura** (1)
1. Eau qui a servi à rincer bouteilles et barriques.
2. Vin coupé de beaucoup d'eau *(Flammarion)*.

RINDAU n.m.
(Picardie). Rideau.

RINGDORF n.f.
(Germanique). Village dont les maisons sont disposées en cercle autour d'une place centrale.
Si elle est considérable, l'agglomération peut compter plusieurs anneaux de bâtiments le long de rues concentriques (A. Meynier).

RIOT n.m.
(Berry). Petit cours d'eau, sillon.
Etym. Du latin *rivus*, ruisseau.

RIOTTE n.f.
(Aquitaine). Lien en paille de seigle pour attacher les gerbes de blé quand on moissonnait à la main.

RIPARIA n.m.
Cépage d'origine américaine, servant de porte-greffe aux cépages français.

RIPICOLE n.m. , n.f.
Es. **ripícola**
It. **ripicolo**
1. Plante qui vit dans le sol humide, mais bien drainé, près des cours d'eau : aulnes, peupliers, saules *(P. Habault)*.
2. Animal qui vit près des rivières (loutre).
Etym. Du latin *ripa*, berge, et *colere*, habiter.

RIPISILVE n.f.
Forêt d'arbres *ripicoles* (bouleaux, aulnes, peupliers) poussant au bord des cours d'eau.
Etym. Du latin *ripa*, rive et *silva*, forêt.

RIQUEWIHR n.m.
Commune du Haut-Rhin, au centre d'un vignoble réputé pour ses vins blancs, dits *gentils*.

RITES AGRAIRES l.m.p.
Es. **ritos agrícolas**
Manifestations plus ou moins empreintes de magie, et qui ont pour but d'obtenir des puissances divines de bonnes récoltes, ou de les remercier des produits des champs et des étables.
Telles étaient les Rogations, processions champêtres se déroulant soit le 25 avril, fête de Saint Marc, l'un des quatre évangélistes;, soit durant les trois jours précédant l'Ascension ; au cours de leur passage le long des chemins, les fidèles chantaient des litanies et les prêtres bénissaient les cultures et les troupeaux.
On pourrait encore citer les gerbebaudes, les floralies, les bacchanales, les vinalias, etc.

RITTAGE n.m.
(Berry). Labour avec une *ritte*, charrue sans oreille, ou sans versoir, qui tenait lieu d'extirpateur.
C'était *ritter*.

RITTON n.m.
Soc très effilé, recourbé en forme de sabre, dont était munie la charrue sans versoir, appelée *ritte*.

RIVE n.f.
Talus couvert de broussailles.
Syn. Ribo, et riva dans le Midi Aquitain.

REVELLES n.f.p.
V. *Ridelles*.

RIVERAIN n.m.
De. **Anwohner, Anlieger** (2)
Es. **ribereño** (2)
It. **rivierasco, frontista** (2)
1. Traduction de *riberenc*, habitant des vallées, ou *rivières*, du Quercy et de l'Agenais.
2. Propriétaire d'une terre, ou d'un domaine, situés le long d'un chemin, d'un cours d'eau, d'une forêt, etc.

RIVESALTES n.m.
Variété de cépage à raisins noirs, cultivé dans le Roussillon, autour de Rivesaltes.
Il donne un vin muscat du même nom que la localité.

RIVIÈRE n.f.
En. **river**
De. **Fluss**
Es. **río**
It. **fiume**
1. Cours d'eau de moyen débit qui se jette dans un fleuve.
2. *(Bas Quercy).* Fond de vallée avec prairies et cultures.
Etym. Du latin *ripa*.

RIVOTAGE n.m.
Inclinaison à droite, ou à gauche, de l'axe de la charrue, par rapport à l'axe de la marche, afin de faire tracer à l'instrument un sillon plus ou moins large.
C'est *rivoter*.

RIZ n.m.
En. **rice**
De. **Reis**
Es. **arroz**
It. **riso**
Plante de la famille des Graminées (*Oriza sativa*).
Originaire de l'Asie des Moussons, où elle est cultivée depuis une très haute Antiquité, cette céréale compte de nombreuses variétés groupées en cinq ou six espèces.
Elle exige chaleur et humidité et, d'ordinaire, ne donne de bons résultats que si elle baigne dans l'eau durant sa croissance, quoiqu'il y ait des riz en montagne qui poussent sans irrigation, sur brûlis.
Cultivée sur le pourtour de la Méditerranée (Camargue), son pays d'élection reste cependant l'Extrême Orient où s'est créée une véritable civilisation du riz *grâce à sa valeur alimentaire : 100 kg. de farine de riz équivalent à 375 kg de pomme de terre ; de là de fortes densités humaines (1000 hab. au km^2) et des paysages (champs et maisons, élevage et rythme des travaux) où tout dépend de la culture du riz.*
Etym. Du latin *oriza*.

RIZERIE n.f.
De. **Reisschälbetrieb**
Es. **arrocería**
It. **risificio, riseria**
Etablissement où le riz paddy, ayant encore conservé les couches superficielles du péricarpe, est transformé en riz consommable, ou *riz blanchi*.

RIZICULTURE n.f.
En. **rice growing**
De. **Reisanbau**
Es. **cultivo del arroz**
It. **risicoltura**
Culture du riz dans une rizière, ou sur brûlis, par un riziculteur.

RIZIÈRE n.f.
En. **ricefield**
De. **Reisfeld**
Es. **arrozal**
It. **risaia**
Parcelle plantée en riz par des *riziculteurs*.
Pour donner de bons résultats, la rizière doit être parfaitement horizontale et être entourée de diguettes afin qu'on puisse la submerger au moment du repiquage des plants de riz ; ceux-ci ont germé et poussé préalablement dans un semis. Par la suite, la submersion est maintenue jusqu'à la floraison, puis lentement réduite pour favoriser la maturité et la moisson.
La durée totale, du semis à la moisson, est de 4 à 5 mois, de sorte que, dans de bonnes conditions de sol et de climat, on peut obtenir deux récoltes par an dans la même parcelle, à condition qu'elle puisse être artificiellement et copieusement irriguée avec l'eau des rivières ou des canaux, à l'aide d'appareils élevant le précieux liquide jusqu'au niveau de la rizière. Sinon, à une récolte irriguée succède une récolte sèche moins abondante. Certaines variétés de riz n'exigent pas de submersion, en particulier dans les montagnes d'Extrême-Orient où l'on ne peut recourir qu'à des rizières sèches, sauf si les versants sont aménagés en terrasses irriguées (Philippines).

RIZON n.m.
It. **risone** (2)
1. Variété de riz.
2. Riz non décortiqué.

RIZOT n.m.
Riz de médiocre qualité.

R.M.N. sigle
Résonnance magnétique nucléaire.
Procédé qui permet d'établir dans un vin le rapport entre l'hydrogène léger de l'eau pure et son isotope, l'hydrogène lourd ou *deutérium*, qui se forme en cours de fermentation ou de mélanges.
Ce rapport, comparé à ceux d'une banque de données, établie préalablement, permet de déceler l'origine, les qualités et, éventuellement, les fraudes (chaptalisation, mouillage) du vin analysé.

ROBE n.f.
En. **coat** (1), **skin** (2)
De. **Fell, Fellfarbe** (1)
Es. **pelo, capa, pelaje** (1)
It. **mantello, manto** (1), **buccia** (2)
1. Poils recouvrant le corps des mammifères.
2. Enveloppe de certain fruits, ou légumes : fèves, petits pois, oignons, etc.
3. Feuille de tabac dite *feuille de cape*, très fine, pour servir d'enveloppe aux cigares.
4. Couleur d'un vin.

ROBE n.f.
Conseil qui administrait sans appel les grands troupeaux de moutons transhumants de Provence qui pouvaient compter jusqu'à 30 000 têtes.
La robe se tenait au centre du troupeau en marche.

ROBER v.tr.
(Provence). Enlever la peau, la *robe* des racines de garance.

ROBE-SERGENT n.f.
(Agenais). Prune d'ente.
Ce nom provient sans doute de la couleur violette du fruit, semblable à celle des robes des sergents de justice, sous l'Ancien Régime.

ROBEUSE n.f.
It. **sigaraia**
Ouvrière, ou machine, qui enveloppe un cigare dans une *robe*, feuille de tabac fine et souple, dite *feuille de cape*.

ROBILLARD n.m.
Variété de plants de tabac susceptibles de fournir des feuilles fines et souples, dites *robes*, pour envelopper les cigares.

ROBIN n.m.
1. Cépage à raisins noirs, cultivé dans le Midi méditerranéen.
2. Taureau, ou bélier, pour la reproduction (XVIIème siècle).

ROBINE n.f.
1. Variété de poires d'été.
2. *(Bas Languedoc).* Canal d'irrigation.

ROBINERAIE n.f.
Parcelle plantée en *robiniers*, ou faux-acacias.

ROBINET n.m.
En. **tap**
De. **Hahn**
Es. **llave, grifo**
It. **rubinetto**
Petit appareil en bois ou en métal fabriqué dans une *robinetterie*, permettant d'ouvrir ou de fermer, en manoeuvrant une clé, un tonneau, ou un tuyau, pour laisser passer un liquide, un gaz, ou pour les retenir.
Etym. Du wallon *robin*, en forme de tête de mouton.

ROBINIER n.m.
En. **robinia**
De. **Robinie, Akazie**
Es. **robinia, falsa acacia**
It. **robinia**
Arbre de la famille des Légumineuses.
Son nom lui fut donné par Linné en 1778, en mémoire de Jean Robin, Directeur du Jardin des Plantes sous Louis XIII, qui l'avait introduit du Canada en France dès 1601, sous le nom d'acacia.
Sa principale espèce (Robinia pseudoacacia) croît dans les terrains siliceux; ses rameaux sont couverts d'épines et son tronc sert à fabriquer des échalas, des tonneaux, des charrettes, etc. ; car son bois est très résistant.

ROBOT AGRICOLE l.m.
Appareil muni de capteurs sensibles aux couleurs, aux odeurs et aux sons et qui les traduit automatiquement en mouvements appropriés : cueillette de fruits, traite de vaches, coupe de bois, etc.
Matériel mis en oeuvre, après étude et expérience, par le Centre National du Machinisme Agricole, du Génie Rural, des Eaux et des Forêts (C.E.M.A.G.R.E.F.), dans le cadre de la robotique agricole.
Etym. Du tchèque *robota*, travail.

ROBOTIQUE AGRICOLE l.f.
It. **robotica agricola**
Utilisation pour les travaux agricoles de matériels effectuant des tâches déterminées et modifiant automatiquement leurs mouvements selon les difficultés, grâce à des capteurs d'ondes électromagétiques, à des radiations photoélectriques, sous l'influence de dispositifs préalablement programmés.
La tonte des moutons, la cueillette des fruits, la taille de la vigne sont, ou seront, ainsi robotisées.
Etym. Du slave *robota,* travail.

ROCAILLE n.f.
En. **rock-work, rockery** (3)
De. **Muschelwerk** (2)
Es. **rocalla** (2)
It. **pietrame** (1), **pietraia** (2)
1. Amas de pierres enlevées d'un champ.
2. Terrain inculte couvert de débris de roches.
3. Parcelle de parc parsemée de blocs rocheux et de plantes à fleurs, ou d'herbes.

ROCAMBOLE n.f.
En. **rocambole**
De. **Rockenbolle**
Es. **chalote, rocambola**
It. **aglio di spagna**
Légume de la famille des Liliacées *(Allium schorodoprasum)* originaire de l'Europe Centrale.
Ses bulbes, d'une saveur légèrement alliacée, servent de condiment.
Etym. De l'allemand *Rockenbolle*, oignons en quenouille, les bulbilles de l'inflorescence de cette plante ayant la forme d'une quenouille.

ROCHE-MÈRE l.f.
De. **Mutterstein**
Es. **roca madre**
It. **roccia madre**
Roche située à la base d'un sol qu'elle alimente en se décomposant, sous l'influence de la pédogénèse.

ROCOUYER n.m.
En. **annatto tree**
De. **Orleanbaum**
Es. **bija**
It. **oriana**
Arbrisseau de la famille des Bixunées *(Bixa orellana).*
Cultivé en Guyane et aux Antilles pour ses graines, les rocous, dont on extrait une couleur rouge.
Les Indiens s'en servaient pour se teindre le corps ; on l'utilise pour colorer les produits alimentaires.

RODE n.f.
(Languedoc). Paire de chevaux attelés à un rouleau en pierre pour dépiquer les céréales sur l'aire.

RODENTICIDE n.m.
En. **rodenticide**
De. **Rattengift**
Es. **raticida**
It. **topicida**
Produit pour détruire les rongeurs (souris, rat, mulot, etc.).
Syn. Raticide.
Etym. De l'anglais *rodent*, rongeur, et du latin *caedere*, tuer.

RODÉO n.m.
En. **rodeo**
De. **Rodeo**
It. **rodeo**
Opération réalisée par les cow-boys, ou les gauchos, quand ils veulent marquer les veaux d'un troupeau en liberté.
Ils les encerclent pour les conduire dans des enceintes où il est facile de les capturer et de leur imposer la marque au fer chaud de leurs propriétaires.
Etym. Terme espagnol, signifiant entourage.

ROGATIONS n.f.p.
En. **Rogation Days**
De. **Bittwoche**
Es. **rogaciones**
It. **rogazioni**
Prières et processions publiques effectuées dans les campagnes, durant les trois jours qui précèdent l'Ascension.
Elles sont destinées à attirer la protection divine sur les récoltes et les troupeaux
Etym. Du latin *rogare*, demander.

ROGNAGE n.m.
En. **trimming**
De. **Lichten, Beschneiden**
Es. **cercenadura, recortadura**
It. **spampanatura**
Opération qui consiste à couper les extrémités des sarments de vigne pour faire refluer la sève vers les grappes *(P. Habault).*

ROGNE n.f.
En. **scabies, mange** (1)
De. **Räude** (1)
Es. **roña** (1)
It. **rogna** (1), **cuscuta** (2)
1. Maladie du bétail se manifestant par des croûtes jaunâtres sur la peau. *Syn. Gale.*
2. Cuscute.
Etym. Du latin *aranea*, araignée, puis éruption cutanée.

ROGNER v. tr.
En. **to prune, to thin**
De. **lichten, stutzen, beschneiden**
Es. **cercenar, escamondar**
It. **spampanare, diradare, spollonare**
Couper l'extrémité des branches, ou des tiges, d'une plante, vigne, arbre fruitier, ou légume, pour favoriser la formation des fruits.

ROGNEUSE n.f.
En. **tipping machine**
De. **Gipfelmachine**
Es **compodadora**
It. **spollonatrice**
Instrument tranchant à lames mobiles, actionnées par un moteur à essence et servant à tailler les haies et à rogner les trop longs sarments des vignes.
Etym. Du latin *rotundare*, rendre rond.

ROI DE VILLAGE l.m.
En. **mayor**
De. **Bauerrichter, Schüttemeister**
Es. **alcalde**
It. **sindaco**
Personnage nommé, ou élu, chargé de faire respecter, jadis, les coutumes agraires, les servitudes collectives d'un village, d'une collectivité rurale.
Synonyme de syndic, de maire (A.Meynier).

ROIE n.f.
1. Petit fossé creusé par le soc et le versoir de la charrue.
2. Limite d'un champ.
3. *(Champagne).* Sole.
Etym. Du latin *riga*, raie.

ROISE n.f.
(Maine). Section d'un ruisseau servant au *rouissage* des plantes textiles.

RÔLES DES TAILLES l.m.p.
Registres sur lesquels étaient inscrites les parcelles si la taille était *réelle*, ou bien les personnes si la taille était *personnelle*.
Cette imposition frappait exclusivement les terres et les gens de la classe roturière. Elle tirait son nom du procédé primitif qui consistait à indiquer qu'elle avait été versée en faisant une entaille sur un bâton approprié. Quoiqu'il en soit, les registres des tailles sont des documents précieux pour la connaissance du passé agraire de nos provinces.

ROLLE n.m.
Cépage à raisins blancs, cultivé dans la région de Nice.

ROLLOT n.m.
Fromage de forme ronde et à pâte molle, fabriqué en Picardie avec du lait de vache.

ROMAIN n.m.
Cépage à raisins blancs, cultivé dans la région de Nice.

ROMAINE n.f.
En. **cos-lettuce**
De. **römischer Kopfsalat**
Es. **lechuga romana**
It. **lattuga romana**
Variété de laitue à feuilles longues et fermes ; cultivée en été et en automne.
Syn. Chicon.

ROMANÉE n.m.
Vin rouge classé parmi les grands crus de Bourgogne.
On distingue le Romanée-Conti sur le domaine qui appartient aux Conti, et le Romanée-Saint-Vivant, sur le prieuré du même nom. On pourrait y ajouter le Vosne-Romanée, du même nom que la commune de la Côte d'Or où il est récolté

ROMARIN n.m.
En. **rosemary**
De. **Rosmarin**
Es. **romero**
It. **rosmarino**
Plante arbustive de la famille des Labiacées (*Rosmarinus officinalis*).
Elle est cultivée dans les jardins comme condiment à cause du parfum de ses feuilles ; de ses fleurs on extrait une essence estimée.
Etym. Du latin *ros marinus*, rosée marine.

ROMERET n.m.
Cépage à raisins blancs, cultivé jadis dans la région de Laon.

ROMPIDE n.f.
1. Premier labour d'une friche.
2. *(Saintonge).* Parcelle provenant d'une friche après la première façon culturale.
3. *(Haute-Provence).* Essart effectué par un membre d'une communauté dans des *terres gastes* indivises.
Il pouvait en disposer pendant deux ou trois ans, puis il devait le rendre à la communauté.
Etym. Du latin *rumpare*, briser.

ROMPIS n.m.
1. Arbres que le vent a brisés, ou qui ont perdu des rameaux au cours d'une tempête.
2. Prairie artificielle qui vient d'être défrichée par un labour.

ROMPRE v.tr.
(Centre). Défricher, mettre en culture, briser les mottes d'un labour.

ROMPUDE n.f.
(Languedoc). Parcelle de *herm* (voir ce mot) débroussaillée, incendiée, épierrée pour être livrée temporairement à la culture par les petites gens. *En Flandre, rompure.*
Etym. Du latin *rumpare*, rompre, briser.

RONCE n.f.
En. **bramble**
De. **Brombeerstrauch**
Es. **zarza**
It. **rovo**
Plante rampante, envahissante et épineuse, de la famille des Rosacées.
Elle comprend de très nombreuses espèces croissant dans les haies et en forêt.
L'espèce Rubus fructicosus produit des fruits, les mûres ou mûrons, dont on fait des confitures (R. Blais).
Etym. Du latin *rumex*, dard.

RONCE ARTIFICIELLE l.f.
Fil de fer double, tordu autour de pointes solidement maintenues, utilisé pour faire des clôtures.

RONCERAIE n.f.
En. **bramblebush**
De. **Brombeergestrüpp**
Es. **zarzal**
It. **roveto**
Parcelle envahie par les ronces.
Syn. Roncier.

RONCET n.m.
1. Cépage à raisins noirs du Midi méditerranéen.
2. Maladie de la vigne caractérisée par le dépérissement des feuilles et la coulure des grappes.
Elle paraît due à une insuffisante alimentation en sève par les racines.
Syn. Court-noué.

RONCIER n.m.
Petit massif de ronces dans un bois, ou dans une lande.
Il est dû au manque d'entretien de la parcelle où il a poussé.

ROND (MALADIE DU) l.f.
Maladie cryptogamique due à un polypore, *Ungulina annosa*.
Elle attaque particulièrement les conifères, provoque la pourriture du tronc et se propage en zones circulaires par le mycélium contenu dans les racines des arbres malades (R. Blais).

RONDIER n.m.
En. **sugar palm**
De. **Palmyrapalme**
Es. **palmera azucarera**
It. **borasso**
(Asie Orientale). Arbre de la famille des Palmacées (*Borassus flabellifer*).
Palmier à sucre et à vin de palme.
Syn. Rônier.

ROND DE SORCIÈRE l.f.
It. **anello delle streghe**
Couronne d'herbes vigoureuses et d'un vert foncé dans un gazon, ou dans une prairie aux plantes plus chétives.
C'est dû à la présence dans le sol de mycélium

se développant en cercle, et donnant parfois naissance à des champignons, dont la matière organique sert de fumure aux plantes, bien nourries.

RONDIN n.m.
En. **billet, log**
De. **Knüppelholz, Knüttel**
Es. **leño, rollizo**
It. **randello, tondello** (1)
1. Morceau de bois scié, mais non fendu, resté rond.
2. Tronc de sapin écorcé, pour servir de soutènement dans les mines.

RONDOT n.m.
(Jura). Pot à lait en métal, de forme ronde et peu profonde.
On y verse du lait pour en permettre l'écrémage.

RONGEUR n.m.
En. **rodent**
De. **Nagetier, Nager**
Es. **roedor**
It. **roditore**
Nom générique.
Animal de petite taille, au corps couvert de poils soyeux, aux mâchoires dépourvues de canines.
De l'ordre des mammifères, il compte de nombreuses espèces causant de graves ravages dans les cultures : lapins, lièvres, rats, souris, mulots, hamsters, etc. Certains sont recherchés pour leur fourrure (lapins), ou comme gibier (lièvres).
Etym. Du latin ruminare, ruminer.

RONIER n.m.
Variété de palmier, de la famille des Palmacées *(Borassus flabellifer).*
Sa sève fermentée donne le vin de palme et son bois inattaquable aux insectes sert à fabriquer divers instruments de long usage.

ROQUEFORT n.m.
(Aveyron). Fromage de lait de brebis fabriqué à Roquefort.
Jadis, il était préparé dans les fermes et les laiteries voisines des caves de Combalou à Roquefort, où il était affiné. Aujourd'hui, on le fabrique dans le Ségala du Rouergue, dans les Pyrénées Occidentales, en Corse, et on l'envoie mûrir dans les mêmes caves de Combalou.

ROQUET n.m.
Variété de pommiers cultivés en Normandie.

ROQUETTE n.f.
It. **ruchetta**
Plante annuelle de la famille des Crucifères, cultivée dans les jardins pour ses jeunes feuilles que l'on mange en salade.
Etym. Du latin ruca, chou.

ROQUILLE n.f.
En. **marmalade** (2)
It. **marmellata di buccia d'arancia** (2)
1. Mesure de capacité pour le vin qui valait le quart d'un setier, soit environ 0,2 l dans la région de Paris.
2. Confiture d'écorce d'orange.

RORAGE n.m.
(Bas Maine). Rouissage du chanvre en automne, sur un pré, avec la rosée du matin, et non dans l'eau d'un ruisseau.
On dit aussi rosage.
Etym. Du latin ros, rosis, rosée.

RORTES n.f.p.
(Pays Nantais). Brins d'osier qui servent à lier les légumes, ou les fagots de bois.

ROSAGE n.m.
V. Rorage.

ROSAT n.m.
(Lorraine). Variété de bruyère *(Carea sylvatica)*, à tige de couleur rose, qui sert à faire la litière du bétail quand elle est desséchée.

ROSE n.f.
En. **rose**
De. **Rose**
Es. **rosa**
It. **rosa**
Fleur odoriférante du rosier et de diverses autres plantes : *rose de Noël*, ou *rose d'hiver*, fleur de l'ellébore noir ; *rose trémière* ou *passe rose*, fleur de l'alcée ; *rose pione*, fleur des pivoines doubles ; *rose de Jéricho*, fleur de l'anastatique, ou *jérose*, petite crucifère qui a la propriété de revivre après avoir été séchée ; *rose d'Inde*, ou fleur du tagète connu sous le nom d'oeillet d'Inde, etc.
Etym. Du latin rosa, rose.

ROSÉ n.m.
En. **rosé (wine)**
De. **Rosé, Rosewein**
Es. **rosado**
It. **rosato**
Vin clair, ni rouge, ni blanc, couleur de rose.

ROSEAU n.m.
En. **reed**
De. **Schilfrohr**
Es. **caña común**
It. **canna**
Plante aquatique de la famille des Graminées.
Quelques unes de ses espèces jouent un certain rôle en agriculture, tel le roseau à quenouille (Arundo donax) dont on fait des haies sèches en Provence ; tel le roseau à balai (Phragmites communis) qui sert à fabriquer des balais de basse-cour. Le roseau des étangs, ou massette, sert à couvrir les toitures.
Syn. Rouche dans le Marais poitevin.
Etym. Du germanique Raus, roseau.

ROSÉE n.f.
En. **dew**
De. **Tau**
Es. **rocío**
It. **rugiada**
Condensation en fines gouttelettes, sur les feuilles des plantes, de la vapeur d'eau contenue dans l'air.
Elle se produit par nuit claire, quand la température des feuillages baisse plus vite que celle de l'air ambiant par suite de la déperdition des calories emmagasinées pendant le jour et perdues par rayonnement durant la nuit.
Cette condensation peut compenser en partie la sécheresse d'une période sans pluie. Si la température des feuilles descend au-dessous de zéro, la rosée se transforme en gelée blanche et l'augmentation de volume qui s'ensuit fait éclater les tissus des végétaux en croissance, ce qui peut causer de gros dégâts ; on les prévient par des abris et des fumées qui empêchent le gel.
Etym. Du latin ros, rosata,

ROSELIÈRE n.f.
En. **reedbed**
De. **Schilfgebüsch**
Es. **cañaveral**
It. **canneto**
Endroit où poussent des roseaux.

ROSERAIE n.f.
En. **rose-garden**
De. **Rosengarten**
Es. **rosaleda**
It. **roseto**
Parcelle plantée en rosiers.

ROSETTE n.f.
1. *Lambourde* des arbres fruitiers.
2. Craquelures qui se produisent dans le coeur des arbres.
3. Disposition des feuilles à la base des tiges des plantes bisannuelles que l'on vient de repiquer.
C'est le cas de la betterave quand se développent ses racines et que s'accumulent des réserves qui seront utilisées lors de la montaison et de la floraison.

ROSIER n.m.
En. **rose**
De. **Rosenstrauch**
Es. **rosal**
It. **rosaio**
Arbrisseau de la famille des Rosacées aux rameaux souvent épineux, aux fleurs réputées pour leur couleurs, leurs formes et leurs parfums.
Par sélection, croisement et métissage, on a obtenu d'innombrables variétés de cette plante qui est cultivée, non seulement pour son rôle ornemental, mais encore pour la production, notamment avec la rose de Damas, d'une huile volatile, ou essence de rose, très appréciée en parfumerie.
Etym. Du latin rosa.

ROSIÉRISTE n.m.
En. rose grower
De. Rosenzüchter
Es. cultivador de rosas
It. rosicoltore
Horticulteur spécialisé dans la culture des roses.

ROSNY n.m.
Arbre planté dans les villages, sur l'ordre de Sully, qui était aussi baron de Rosny-sur-Seine, près de Mantes (1600-1610).
Quelques-uns de ces arbres subsistent toujours.

ROSSARD n.m.
En. nag
De. schlechtes Pferd
Es. matalón
It. rozza
Mauvais cheval, sans force, sans vigueur.
Syn. Rosse.
Etym. De l'allemand *ross*, coursier.

ROSSINANTE n.f.
It. ronzinante (1)
1. Jument que montait Don Quichotte.
2. Médiocre cheval.

ROT n.m.
En. grape rot
De. Fäule, Moniliakrankheit
(Fruchtfäule, falscher Mehltau)
Es. podredumbre
It. marciume
Maladie cryptogamique provoquée par le mildiou, champignon de la famille des Poronosporacées.
On distingue le rot brun *qui dessèche les grains de raisin, le* rot gris *qui recouvre les grains de filaments grisâtres, et le* rot noir, *ou* black-rot, *qui forme des pustules noires sur les grains, c'est le plus dangereux de ces diverses variétés de mildiou.*
Etym. De l'anglais *rot*, pourriture.

ROTATION n.f.
En. crop rotation (1)
De. Wechselwirtschaft, Fruchtfolge (1)
Es. rotación (1)
It. rotazione (1)
1. Ordre dans lequel se succèdent les cultures dans un champ.
Il est saisonnier ou annuel.
C'est la rotation culturale, *à ne pas confondre avec* assolement.
2. Par extension, alternance d'une culture et d'une prairie temporaire dans une même parcelle.
C'est le ley farming *des Anglais et le* feldgraswirtschaft *des Allemands.*
3. La *rotation herbagère* consiste en une succession de fauches et de pâtures, selon les années, dans la même prairie.
4. En sylviculture, intervalle de temps entre deux éclaircies en futaie pleine, ou entre deux coupes en futaie jardinée.
Etym. Du latin *rotare*, tourner.

ROTAVATOR n.m.
It. supercoltivatore
Instrument agricole muni de roues dentées, et animées par un moteur d'un rapide mouvement rotatoire afin de briser la croûte qui se forme à la surface d'un labour après une forte pluie ou une longue sécheresse.

ROTE n.f.
Sentier permettant de suivre la bordure des champs et de franchir les haies par des *échaliers* dans les pays de bocage.
La rote de la messe ou rote messière, est un raccourci entre la ferme isolée et l'église du village ; surélevée, elle évite de se salir les chaussures (Elven, Bretagne).

ROTIN n.m.
En. rattan
De. spanisches Rohr
Es. caña de Indias, rota
It. canna d'India, rotang
Le rotin est importé en bottes de Singapour.
Etym. Du malais *rotan*, palmier qui produit le rotin, c'est-à-dire des tiges flexibles avec lesquelles on fait des dossiers et des fonds de chaises et de fauteuils, des cannes pour la promenade.

ROTIS n.m.
(Champagne). V. Rotisse.

ROTISSE n.f.
(Rouergue). Préparation d'une parcelle à mettre en culture, en arrachant la lande par plaques qui se dessèchent et que l'on fait brûler.
Leurs cendres servent à fertiliser le sol.
Etym. Du francique *rausjan*, rôtir.

ROTOLACTOR n.m.
Plateau animé d'un mouvement circulaire, où sont placées les vaches à traire afin qu'elles passent à tour de rôle devant les trayeuses.

ROTTLAND n.m.
(Germanique). Partie boisée d'un finage.

ROTURE n.m.
En. commoner's condition (4)
De. Bürgerstand, Bauernstand (4)
Es. estado plebeyo (4)
It. l'essere plebeo (4)
1. Lande défrichée et mise temporairement en culture, et, par extension, terre défrichée.
2. Terre à défricher et pour laquelle on devait une redevance à son seigneur.
3. L'ensemble des roturiers.
4. Etat d'une personne qui n'est pas noble.
Etym. Du latin *ruptura*, défrichement.

ROTURIER n.m.
En. commoner
De. Bürgerlicher, Bürger
Es. plebeyo
It. plebeo
1. n.m. Au Moyen Age, vilain franc que l'on distinguait du vilain serf.
Par la suite, jusqu'à la Révolution, tous ceux qui n'étaient pas nobles étaient roturiers.
2. adj. A qualifié ce qui n'était pas noble, notamment les terres, même lorsqu'elles appartenaient à un noble, si elles étaient soumises aux impôts pesant sur les biens roturiers : dîme, cens, taille, etc.
Etym. Du latin *ruptarius*, celui qui brise la terre.

ROUAGE n.m.
Droit seigneurial perçu sur les marchandises transportées, notamment sur le vin.
Syn. Roiage, rudage.

ROUAN n.m.
En. roan
De. Rotschimmel
Es. roano
It. roano
Couleur de la robe d'un cheval aux poils mêlés de gris, de bai et de blanc.

ROUANNE n.f.
De. Reisser, Ritzeisen
Es. gubia
It. sgorbia
1. Outil dont se servent les tonneliers pour façonner les douves de barrique.
2. Compas à pointes pour tracer des signes circulaires sur des pièces de bois *(R. Blais)*.

ROUBINE n.f.
(Provence). Canal secondaire d'irrigation.

ROUCHE n.f.
En. thatch
De. Rohrdach
It. canniccio
Roseaux qui servent à couvrir les toits des *bourrines*, ou chaumières, du Marais breton de Vendée.
Ils sont tressés avant d'être fixés sur la charpente.

ROUCHÈRE n.f.
(Bas Poitou). Terre marécageuse où poussent des roseaux, ou rouches.
Syn. Rouchard ou rouchis.

ROUE n.f.
(Berry).
1. Sentier séparant deux parcelles.
2. Sillon peu profond pour le drainage.
3. Raie de labour.

ROUENBEC n.m.
Cépage à raisins noirs, cultivé dans le Jura.

ROUÈRE n.f.
1. *(Haut-Poitou)*. Petit fossé creusé au pied d'un talus ou *rideau*, pour empêcher les plantes parasites de gagner sur le champ d'en bas.
Le fossé se réduit parfois à un sillon profond creusé au moment des labours pour couper les racines.
2. Canal de drainage dans le Marais Poitevin.
Moins profond et plus étroit que le fossé, ou brief, *la rouère délimite prés et champs, le long de la Sèvre Niortaise.*

ROUET n.m.
En. **spinning wheel**
De. **Spinnrad**
Es. **torno**
It. **arcolaio**
Instrument originaire de Chine, semble-t-il, composé d'une roue mue par une pédale.
Il servait à filer le chanvre et le lin.
Etym. Dérivé de roue.

ROUETTES n.f.p.
(Poitou). Branches flexibles d'osier, d'ormeau, de saule ou de châtaignier, servant à lier gerbes et fagots.

ROUGE n.m.
Es. **rojo**
It. **ruggine**
Maladie atteignant les plantes ou les animaux.
Le rouge du pêcher se manifeste par la teinte rougeâtre de son bois. Le rouge du sapin est dû à un champignon. Le rouge des chiens, des oiseaux, des vers à soie provient de maladies microbiennes.

ROUGE (PRENDRE LE) l.v.
Pour de jeunes dindons, développer leurs caroncules autour du bec.

ROUGE DE BORDEAUX l.m.
Variété de froment rustique à faible rendement, appelé aussi *Russien*.

ROUGE DE L'OUEST l.f.
Race bovine à robe marron-rouge.

ROUGEARD n.m.
It. **rossore**
Maladie du raisin, due à de fortes chaleurs qui empêchent les graines de se développer.
Elle est appelée aussi rougeaud à cause, sans doute, de la couleur des graines malades.

ROUGEASSE n.f.
Variété de cépage à raisins noirs.

ROUGEOLE n.f.
Maladie des céréales, due à un champignon qui donne aux grains une teinte rougeâtre.

ROUGEOT n.m.
Maladie cryptogamique de la vigne.
Les feuilles rougissent, et se dessèchent, particulièrement sur les coteaux exposés aux vents de l'Ouest.

ROUGERON n.m.
(Beauce). Terre argilocalcaire, de teinte rouge à cause de l'oxyde de fer qu'elle contient.

ROUGET n.m.
En. **swine erysipelas**
De. **Pockenkrankheit**
Es. **mal rojo, erisipela porcina** (1)
It. **erisipola, mal rossino** (1)
1. Maladie infectieuse du porc causée par un bacille dans le sang et qui se manifeste par des plaques rouges et douloureuses sur la peau.
La mort survient en quatre ou cinq jours. On la prévient par la vaccination.
2. Acarien qui se fixe sur le museau et autour des yeux du chien.
On le détruit par des lavages à base de sulfure de potassium.
3. *(Normandie).* Variété de pomme à peau rouge.

ROUGETTE n.f.
V. Rougeron.

ROUGISSURE n.f.
Maladie des fraisiers.
Leurs feuilles prennent une couleur rouge cuivre.

ROUILLE n.f.
En. **rust disease, mildew** (2)
De. **Rost, Getreidebrand** (2)
Es. **roya**
It. **ruggine**
1. Maladie des moutons.
C'est la *clavelée*.
2. Maladie de certains végétaux, en particulier des céréales, causée par un champignon de la famille des Uridinées.
Il se développe à l'intérieur des tiges et des feuilles, les perfore et entraîne leur dépérissement. Il se manifeste par des taches noires et rouges.
3. Maladie des feuilles et des sarments de la vigne, causée par un champignon (*Manginia ampellina*) et se traduisant par des taches brunes qui se creusent en chancre.
Etym. Du latin *rubigo*.

ROUILLES n.f.p.
Plaques grisâtres d'herbes pourries qui se découvrent au printemps à travers la neige fondante, sur les prairies des montagnes d'Auvergne.
Ce sont des fragments de prés qui n'ont pas été fauchés l'été précédent (L. Gachon).

ROUILLURE n.f.
En. **rustiness**
De. **Rost**
Es. **roya**
It. **ruggine**
Effet de la maladie de la *rouille* sur les feuilles des végétaux.

ROUINES n.f.p.
(Hautes Alpes). Pâturages dégradés par la surcharge pastorale et par le ravinement.
Etym. Dérivé de *ruine*.

ROUIR v.tr.
En. **to ret**
De. **rösten**
Es. **enriar**
It. **macerare**
Placer les tiges de lin, ou de chanvre, dans les *rouissoirs*, ou routoirs, pour permettre de séparer la filasse de la chènevotte.
Sous l'influence de l'eau et des microbes, la matière gommeuse, ou résineuse, qui unit les fibres, se décompose et on peut détacher ces fibres de la tige pour obtenir de la filasse.
Etym. Du francique *rotjan*, rouir, griller.

ROUISSAGE n.m.
En. **retting**
De. **Rösten**
Es. **enriamiento, enriado**
It. **macerazione**
Opération qui a pour but de dissocier les fibres des tiges des végétaux textiles (chanvre, lin) en décomposant les matières pectiques qui les unissent ; devenues libres, ces fibres sont soumises au *teillage* pour former de la *filasse*.
Le rouissage s'effectue soit sous l'eau, soit sur terre, sous l'eau il a lieu dans des rouissoirs, ou routoirs, réservoirs d'eau courante, ou d'eau dormante, avec fermentation ; des microorganismes décomposent la matière agglutinante. Sur terre les tiges sont étendues sur l'herbe des prés, exposées à l'air, au soleil, à la rosée et à la pluie ; des bacilles et des moisissures s'y développent et désagrègent les fibres qui sont desséchées, broyées et teillées.

ROUISSOIR n.m.
V. Routoir.

ROULAGE n.m.
En. **rolling** (1)
De. **Walzen** (1)
Es. **rodadura, rulado** (1)
It. **rullatura** (1)
1. Façon culturale qui consiste à écraser les mottes d'un champ pour en aplanir la surface, et pour favoriser le contact des semences et du sol afin d'obtenir une meilleure germination.
2. Fait de favoriser le *tallage* des céréales en passant un rouleau sur les jeunes tiges au printemps.

ROULAISONS n.f.p.
(Antilles). Opérations qui permettent de récolter la canne à sucre, d'en extraire le suc et de fabriquer le sucre.

ROULE n.m.
De. **Rolle** (2)
Es. **rollo** (2)
It. **troncone** (1)
1. Tronc d'arbre préparé pour être débité en planches.
2. Bille de bois cylindrique sur laquelle on fait rouler des masses lourdes.

ROULEAU n.m.
En. **field roller** (1)
De. **Ackerwalze** (1)
Es. **rodillo** (1)
It. **rullo** (1)
1. Instrument agricole en pierre, de forme tronconique pour dépiquer les céréales étendues sur l'aire.
Il était traîné par des boeufs ou des chevaux (fig. 176 /1 et 176 /2) ; son poids faisait jaillir les grains de l'épi.

2. Lourd cylindre en bois, en pierre, ou en fonte, tournant autour d'un axe et muni d'un timon pour le traîner.
Il sert à écraser les mottes, à aplanir un champ, à favoriser le tallage du blé.
Le rouleau-croskill se compose de disques indépendants, de diamètres différents et munis de dents en fonte pour arracher et écraser les mauvaises herbes, et briser les grosses mottes.
Syn. *Rouleau rayonneur.*

1 : Rouleau à battre le blé
2. Rouleau du Bassin aquitain

(Fig. 176 /1 et 176 /2)

ROULER v.tr.
En. **to roll**
De. **walzen**
Es. **rodar**
It. **rullare**
Passer un rouleau sur un champ, soit pour aplanir sa surface, soit pour enfoncer les semences dans le sol, soit pour étaler les pieds de céréales et favoriser leur tallage.

ROULEURS n.m.p.
Insectes variés qui s'attaquent aux feuilles de vigne et leur font prendre la forme d'un rouleau, tel le *rynchite* de la vigne.

ROULEUSE n.f.
It. **tortrice**
Chenille qui pique les feuilles des vignes et des arbres et leur fait prendre la forme d'un rouleau.

ROULURE n.f.
En. **cup-shake, ring-shake**
De. **Ringriss, Tangentialriss**
Es. **acebolladura**
It. **cipollatura**
Accident se produisant dans le tronc des arbres lors des hivers très froids.
Par suite de la dilatation de la sève gelée, les cernes s'écartent les uns des autres et forment comme des manchons autour du bois de coeur, l'arbre en est déprécié.
Syn. *Gélivure.*

ROUNDOUN n.f.
(Provence). Enorme sonnette que portent au cou les *menons (voir ce mot)* des troupeaux transhumants.

ROUSSANE n.f.
Variété de cépage à raisins blancs, appelé aussi *Roussette.*
Il est à la base des vignobles de l'Ermitage, dans la Drôme.

ROUSSAOU n.m.
Cépage à raisins noirs, cultivé en Provence.
Syn. *Bourboulenc.*

ROUSSARD n.m.
1. Variété de pigeon.
2. Faisan métis obtenu par le croisement du faisan doré et de la faisanne commune.

ROUSSE n.f.
(Normandie). Arbre qui a été ébranché pour que ses feuilles servent de fourrage vert en été.

ROUSSELET n.m.
It. **pera ruggine** (1)
1. Variété de poire à peau rougeâtre.
2. Cépage à raisins noirs, cultivé en Provence.

ROUSSET n.m.
Variété d'épeautre à épis barbus et de couleur rousse.
Signalée par O. de Serres.

ROUSSETTE n.f.
1. Variété de poire à peau rose, appelée aussi *Roussette d'Anjou.*
2. Cépage à raisins blancs, de table.

ROUSSIE n.f.
Fosse où l'on recueille le purin qui s'écoule du tas de fumier.

ROUSSIN n.m.
Cheval entier, bon pour tous les usages.
Jadis il servait comme cheval d'armes.
Par dérision, un roussin d'Arcadie est un âne.
Etym. De l'espagnol *rocin, rocinante,* cheval de Don Quichotte.

ROUTE n.f.
1. Terre défrichée, rompue.
2. *(Champagne).* Rang de vigne.
Etym. Du latin *rupta,* ouverte.

ROUTIN n.m.
Petit sentier rectiligne dans un bois que suit le gibier pourchassé et facile à tirer.

ROUTISSER v.tr.
(Cévennes). Labourer, défoncer, effectuer un travail pénible.

ROUTOIR n.m.
En. **rettery**
De. **Flachsröste**
Es. **alberca, poza**
It. **maceratoio**
Bassin à eau dormante, près d'un ruisseau.
Il est utilisé pour rouir le chanvre et le lin.
Dès que la plante est coupée, on y plonge ses tiges et on les y laisse plus ou moins longtemps, selon la qualité du textile, selon les eaux et la température.
Sous l'influence de l'eau, et de la flore microbienne la gomme, qui unit les fibres, se décompose et les fibres se détachent aisément de la chénevotte. Actuellement le rouissage s'effectue aussi sur des prairies et des éteules maintenues humides par aspersion, et même en cuve, avec renouvellement de l'eau, pour les lins de grande qualité.
Syn. *Rouissoir.*

ROUTURE n.f.
1. Bois, ou lande, qui ont été mis en culture grâce à des travaux qui ont brisé, rompu, la terre.
2. En provençal, *route* d'où dérive le nom de *roturier,* celui qui met en culture une *route,* une friche.
Etym. Du latin *ruptura,* friche mise en culture.

ROUVIEUX n.m.
It. **rogna, scabbia**
Maladie du cheval, due à un sarcopte, acarien qui creuse des galeries dans la peau. *Elle cause des démangeaisons et la perte des crins sur l'encolure.*

ROUVRAIE n.m.
En. **English oak plantation**
De. **Steineichenwald**
Es. **robledal**
It. **roveto**
Parcelle plantée en chênes rouvres *(Quercus pedunculata).*

ROUVRE n.m.
En. **English oak, robur**
De. **Steineiche**
Es. **encina, roble**
It. **rovere**
Chêne commun, à tronc épais, lourd et robuste.
Etym. Du latin *robur,* robuste.

ROUX adj.
Qualifie les vents printaniers qui roussissent les jeunes plantes au temps de la *lune rousse.*

ROYE n.f.
1. Sillon, raie, tracés par l'araire.
2. Sole, groupe de parcelles jointives soumises au même assolement.
Syn. *Raye, roie.*

ROYER v.tr.
1. Tracer des *royes,* petits fossés d'irrigation, ou de drainage.
2. Syn. *Rouir le lin, le chanvre.*
Etym. Du vieux français *roye,* raie.

ROYON n.m.
Talus créé par les labours.
Syn. *Rideau.*

ROYOTER v.tr.
Tracer des raies, ameublir la terre à la bêche.

ROZANE n.f.
Variété de pêche.

RUADE n.f.
En. **kick**
De. **Ausschlagen**
Es. **coz**
It. **scalciata**
Pour un cheval, un âne ou un mulet, action de lancer avec violence vers l'arrière les deux jambes de derrière.
Si c'est fréquent, l'animal est un rueur.
Etym. Du latin *ruere*, lancer brusquement.

RUAGE n.m.
(Bordelais). Passage qui permet d'accéder à un puits, à un immeuble.
Il est commun à une collectivité rurale.

RUBAT n.m.
(Languedoc). Rouleau en pierre, servant à dépiquer les céréales *(fig. 176)*.

RUCHE n.f.
En. **beehive**
De. **Bienenstock, Bienenkorb**
Es. **colmena**
It. **alveare, arnia** (1)
1. Abri où les abeilles vivent en colonie et accumulent du miel dans les rayons de cire *(fig. 177)*.
2. Tas de tuiles couvertes de chaux, où se fixe le naissain des huîtres.
Etym. Du gaulois *rusca*, écorce, car les ruches des Gaulois étaient des troncs d'arbre creux, réduits à l'écorce.

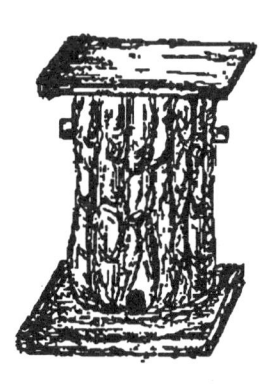

(Fig. 177). Ruche

RUCHE BOURDONNEUSE l.f.
En. **buzzing hive**
De. **Bienenkorb ohne Königin**
Es. **colonia de zánganos**
It. **alveare ronzante**
Colonie d'abeilles qui a perdu sa reine, par maladie ou par accident, et qui n'a plus que du couvain de mâles.
Elle ne peut plus donc se perpétuer ; les ouvrières inquiètes bourdonnent à l'intérieur de la ruche.

RUCHE ORPHELINE l.f.
En. **queenless hive**
Es. **colonia huérfana**
It. **alveare orfano**
Colonie d'abeilles qui a perdu sa reine, parfois par suite de l'intervention de l'apiculteur.
La colonie est appelée à disparaître si on ne lui redonne pas une reine.

RUCHÉE n.f.
En. **hive** (1)
De. **Bienenvolk** (1)
Es. **enjambre** (1)
It. **sciame** (1),
prodotto d'un alveare (2)
1. Abeilles d'une ruche.
2. Production annuelle d'une ruche.

RUCHER n.m.
En. **apiary**
De. **Bienenhaus**
Es. **colmenar**
It. **apiario**
Endroit où sont réunies les ruches d'un apiculteur.

RUCHEUR n.m.
Ouvrier agricole qui entasse le foin, ou les gerbes de blé en petits tas, semblables à des ruches.

RUCHOTTER v.tr.
(Flandre). Labourer un champ en déplaçant peu à peu la terre toujours dans le même sens, pour modifier l'emplacement de la parcelle en sept ou huit ans.

RUDÉRAL adj.
En. **ruderal**
De. **Ruderal-**
Es. **que crece entre los escombros**
It. **ruderale**
Qualifie une plante qui pousse sur les déchets de l'occupation humaine : ruines, détritus, etc.
Etym. Du latin *rudera*, décombres.

RUE n.f.
It. **ruta**
Plante vivace herbacée, de la famille des Rutacées.
On la cultive pour ses feuilles qui servent de condiment et pour ses tiges au suc utilisé comme insecticide et emménagogue.
Etym. Du latin *ruta*.

RUÉE n.f.
(Anjou). Tas de paille ou de litière, tirée des bois, que l'on fait pourrir dans les cours et que l'on ajoute au fumier.

RUELLAGE n.m.
1. Creusement d'un sillon assez profond pour évacuer l'eau dans un labour trop humide.
2. Ouverture d'une rigole entre deux rangées de ceps que l'on chausse avec la terre ainsi remuée.
Cette façon culturale est effectuée parfois deux fois par an, au printemps et en automne.
Syn. Rigolage.

RUELLE n.f.
V. Jableuse.

RUER v.tr.
En. **to fling out**
De. **ausschlagen**
Es. **cocear**
It. **scalciare**
Lancer avec violence, en arrière, les pieds de derrière d'un cheval, d'un âne, d'un mulet.
Ils sont rueurs.
Etym. Du latin *ruere*, lancer brusquement.

RUFFIAC n.m.
Cépage à raissins noirs, cultivé dans le Béarn.

RUINE n.f.
Pâturage de médiocre qualité, obtenu par déboisement, en bordure des grandes forêts, qui ainsi ont été *ruinées*.

RUISSON n.m.
(Vendée). Diminutif de ruisseau.
Petit fossé de drainage danss un terrain marécageux.

RUMEN n.m.
En. **rumen, paunch**
De. **Pansen**
Es. **panza**
It. **rumine**
Première poche de l'estomac des ruminants, appelée aussi *panse* ; très volumineuse, (les 8/10e du volume total de l'estomac), les végétaux absorbés y subissent une première digestion sous l'action de microbes avant de revenir dans la bouche où ils sont broyés.
Etym. Du latin *rumen*, gosier.

RUMEX n.m.
It. **romice**
Plante herbacée vivace, de la famille des Polygonacées, aux feuilles à goût acidulé, en particulier l' oseille des jardins (*Rumex acetosa*).

RUMINANT n.m.
En. **ruminant**
De. **Wiederkäuer**
Es. **rumiante**
It. **ruminante**
Mammifère qui s'alimente en ramenant de la panse à la bouche les aliments avalés une première fois, afin de les broyer et de les renvoyer dans le *bonnet*.
Ce sont les bovins, les ovins et les caprins, dépourvus d'incisives à la mâchoire supérieure et purement herbivores qui ruminent.

RUMINATION n.f.
En. **rumination**
De. **Wiederkäuen**
Es. **rumia, rumiadura**
It. **ruminazione**
Particularité de l'alimentation des ruminants, boeufs, chèvres, moutons.

Après avoir englouti herbes et racines dans le rumen, ils ramènent les aliments dans la bouche pour les broyer et les soumettre, après déglutition, aux sucs digestifs des poches de l'estomac : réseau, feuillet, caillette.
Etym. Du latin *ruminare*, ruminer.

RUMINER v.intr.
En. **to ruminate**
De. **wiederkäuen**
Es. **rumiar**
It. **ruminare**
Se livrer à la *rumination*.
Etym. Du latin *rumen*, estomac.

RUN-DALE n.m.
(Irlande). Tirage au sort des parcelles à mettre en culture par les habitants d'une communauté rurale.

RUNDORF n.m.
(Allemand). Village de plan circulaire.

RUN-RIG n.m.
Ancien système de la distribution périodique des terres dans les campagnes écossaises.
Il n'y avait pas de propriété privée, mais des lots communautaires qui étaient attribués, pour un temps limité à chaque famille du village. Cet antique système a disparu au début du XXème siècle.
En Irlande, c'était le run-dale.

RUOTTE n.f.
(Berry). Rigole creusée entre des rangées de pommes terre, ou de betteraves, pour faciliter l'irrigation, ou le drainage.

RUPESTRIS n.m.
Vigne sauvage importée d'Amérique pour servir de porte-greffe aux cépages français, trop sensibles au phylloxéra.

RUPT DU BÂTON (DROIT DE) l.m.
(Bourgogne). Droit pour le seigneur de faire, certains jours, pourchasser et tuer les volailles dans les rues des villages de sa seigneurie.

RURAL n.m.
Personne qui habite la campagne, même si elle ne se livre pas à l'agriculture.
Etym. Du latin *rus*, campagne.

RURAL adj.
En. **rural**
De. **rural**
Es. **campesino, rural**
It. **rurale**
Qualifie tout ce qui vit et appartient à la campagne, englobant à la fois ce qui est agricole et non agricole : population, activités, habitat, espace, etc.
Trois exemples :
1. Exode rural *: départ des populations rurales, notamment des agriculteurs, vers les villes, délaissant les professions rurales, pour des emplois urbains.*
2. Chemin rural *: chemin appartenant à un propriétaire, ou à un village, ce qui le distingue d'un chemin vicinal, qui unit entre elles des communes voisines.*
3. Code rural *: recueil de lois régissant les relations fondamentales des sociétés rurales, tels les baux ruraux, les coutumes rurales, etc.*
Etym. Du latin *rus*, campagne, et *rurales*, qui a trait à la campagne.

RURALIA n.f.
Créée en 1958 cette association a pour but la promotion des moyens techniques pour la protection des cultures et des animaux domestiques.
Elle publie dix fois par an une revue : Phytoma, sous le patronage du Ministère de l'Agriculture.

RURALISATION n.f.
1. Progrès du paysage rural aux dépens des bois et des landes, comme au Canada, où l'on dit : "faire de la terre" quand on aménage champs et prés.
2. Recul d'une ville, d'un paysage urbain au profit des prés, des champs et des fermes, ce qui se produit quand un front pionnier échoue, quand un gisement métallifère est épuisé.
Etym. Du latin *ruralis*, de la campagne.

RURALISME n.m.
Es. **ruralismo**
Doctrine élaborée par un philosophe ruraliste.
Elle souligne les avantages et les inconvénients, matériels et moraux, de la vie rurale.

RURALISTE n.m.
En. **ruralist**
De. **Spezialist für rurale Soziologie**
Es. **sociólogo rural**
It. **sociologo rurale**
Sociologue spécialisé en ce qui concerne les conditions de vie des populations rurales.

RURALITÉ n.f.
Caractère de tout ce qui a trait à la vie rurale, en particulier aux conditions matérielles et morales de l'existence des populations rurales.

RURAL NON FARMING l.f.
Expression anglaise s'appliquant dans la campagne à tout ce qui n'est pas consacré entièrement aux activités agricoles.

RURBAIN adj.
Qualifie un espace où la vie urbaine, avec ses rues, ses monuments et ses lotissements, gagne sur l'espace rural où se conservent encore des champs, des fermes et des villages.
C'est l'étape de la rurbanisation.

RURBANISATION n.f.
1. Ruralisation d'une région urbaine par suite de l'extension des jardins et des champs, et de la multiplication des résidences secondaires.
2. Urbanisation d'une région rurale par suite de l'extension des lotissements urbains, des immeubles et des rues aux dépens des villages et des terres cultivées.
Le second cas est plus fréquent que le premier.

RURICOLE adj.
Qualifie un animal qui vit à la campagne, et qui s'y développe normalement.
Etym. Du latin *rus*, campagne et *colere*, habiter.

RUSSE n.f.
It. **senape selvatica**
Plante herbacée, dite oseille sauvage *(Sinapis arvensis)* à fleurs violettes ; indicatrice des sols acides.

RUSSIEN n.m.
V. Rouge de Bordeaux.

RUSTAUD n.m. et adj.
En. **rustic (adj.), yokel (n)**
De. **bäuerlich (adj.), Bauernlümmel (n)**
Es. **rústico**
It. **zotico**
(Qualifie une personne) qui a les manières lourdes et grossières de certains paysans vivant dans des campagnes isolées.
Rustaude au féminin.
Etym. Du latin *rus*, campagne, qui a donné *ruste* et *rustre* en ancien français.

RUSTICITÉ n.f.
En. **hardiness**
De. **Bäuerlichkeit**
Es. **rusticidad**
It. **rusticità**
1. Aptitude d'une plante cultivée, ou d'un animal domestique, à s'accommoder de conditions médiocres d'abri et de nourriture.
2. Manière d'être spontanée, et parfois grossière, d'un habitant de la campagne.
Etym. Du latin *rusticita*, dérivé de *rus*, campagne.

RUSTIQUE adj.
En. **rustic**
De. **ländlich**
Es. **rústico**
It. **rustico (1)**
1. Qualifie ce qui vit à la campagne, qui en a les manières et les goûts.
Le terme s'applique aussi bien aux plantes et aux animaux qu'aux hommes, quand ils s'accommodent de conditions de vie peu confortables.
2. *(Landes).* Panier en osier ou en rotin, ovale ou rectangulaire, fermé par un couvercle à deux volets, et muni d'une anse pour le transporter.
Etym. Du latin *rusticus*.

RUSTRE n.m.
It. zotico, villano
Personne habitant la campagne et qui a un langage, des vêtements et des gestes grossiers.
Etym. Du latin *rus*, campagne, et *rusticus*, campagnard.

RUT n.m.
En. rut, oestrus
De. Brunst
Es. estro, celo
It. fregola, calore
Manifestation des chaleurs chez une femelle de mammifère. Période au cours de laquelle elle est fécondable.
Du latin *rugitus*, rugissement du cerf.

RUTABAGA n.m.
En. Swedish turnip, rutabaga
De. schwedischer Kohlrabi
Es. colinabo, nabo sueco
It. rutabaga, navone, ravizzone
Plante herbacée de la famille des Crucifères *(Brassica campestris)*.
Cette variété de rave est cultivée comme plante fourragère pour sa racine et ses feuilles.
Etym. Du suédois *rotabaggar*, navet, ou *chou de Suède*.

S

SAANEN (RACE DE) l.f.
(Suisse). Race de chèvres à poils blancs, originaire de la vallée de la Saanen (nom allemand de la Sarine) autour de Gessenay (nom romanche de la ville de Saanen).
Race rustique et bonne laitière.

SABLAGE n.m.
En. **sanding**
De. **Sandstreuen**
Es. **enarenamiento**
It. **insabbiamento**
Apport de sable dans une terre argileuse pour la rendre moins compacte, pour en réduire l'évapotranspiration et en accroître la fertilité.

SABLER v.tr.
En. **to sand**
De. **mit Sand bestreuen**
Es. **enarenar**
It. **spargere di sabbia**
Répandre du sable, sur une allée, sur un semis, sur une planche de jardin potager avec pour but de favoriser la perméabilité du sol, d'éviter la formation de boue, d'amender la terre végétale en accroissant son acidité si le sable est siliceux, ou bien en accroissant son alcalinité si le sable est calcaire.
Le terme entre dans l'expression "sabler le champagne" pour indiquer que l'on boit du champagne comme le moule en sable avale le métal en fusion.
Etym. Du latin *sabulum*, sable.

SABOT n.m.
En. **clog** (1)
De. **Holzschuh** (1)
Es. **zueco** (1), **patín** (2)
It. **zoccolo** (1)
1. Chaussure en bois, ou en caoutchouc, que l'on porte à la campagne par temps de pluie, ou de froid *(fig. 178)*.
2. Pièces de métal fixées aux extrémités d'une barre de coupe, glissant sur le sol et permettant de régler la hauteur de la coupe d'une faucheuse.
3. Extrémité cornée du pied d'un cheval, d'un âne ou d'un mulet *(fig. 178 c)*.

Etym. Du germanique *butta*, réduit, la syllabe *sa* proviendrait du croisement par apocope avec savate.

SABOTIER n.m.
En. **clog maker**
De. **Holzschuhmacher**
Es. **almadreñero**
It. **zoccolaio**
Fabricant et marchand de sabots dans une saboterie.

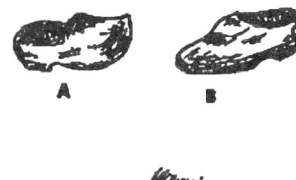

(Fig. 178). Sabots

SABRE n.m.
Outil agricole comprenant un manche et une lame tranchante, et dont on se sert pour tailler les haies (*fig. 179*).

(Fig. 179). Sabre

SAC n.m.
Résidu, ou marc, qui reste au fond du pressoir.
En souvenir sans doute des sacs qui servaient jadis de pressoir.
Etym. Du latin *saccus*, sac.

SACCHARIFÈRE adj.
En. **saccharine**
De. **zuckerhaltig**
Es. **sacarífero**
It. **saccarifero**
Qui contient du sucre : betterave à sucre, canne à sucre, sorgho sucré, érable à sucre.

SACCHARIFICATION n.f.
En. **saccharification**
De. **Verzuckerung**
Es. **saccarificación**
It. **saccarificazione**
Transformation en sucre de certaines substances, comme l'amidon des grains, la fécule de pomme de terre.
Elle s'effectue naturellement pendant la germination des graines et la maturation des fruits, ou bien industriellement par l'utilisatiion d'acides dilués et de diastases dissolvant les produits amylacés.
Etym. Du latin *saccharum*, sucre et *facere*, faire.

SACCHARIGÈNE adj.
En. **saccharogenic**
Es. **sacarígena**
Se dit d'une plante qui produit du sucre : betterave, canne à sucre, etc.
Etym. Du grec *sakkharon*, sucre.

SACCHARIMÈTRE n.m.
En. **saccharimeter**
De. **Saccharimeter**
Es. **sacarímetro**
It. **saccarimetro**
Appareil pour mesurer la quantité de sucre qu'un liquide contient en solution.
Il consiste en une lunette qui permet de mesurer la déviation d'un rayon lumineux traversant la solution à examiner.
Etym. Du grec *sakkharon*, sucre, et *metron*, mesure.

SACCHAROMYCES n.m.p.
En. **saccharomyces**
It. **saccaromicete**
Genre de champignon unicellulaire sans mycélium, qui se multiplie dans les jus sucrés où il provoque la fermentation.
C'est donc une levure qui donne l'alcool du vin et de la bière ; l'une de ses espèces cause le muguet sur la muqueuse buccale.
Etym. Du grec, *sakkharon*, sucre.

SACCHAROSE n.m.
En. **saccharose**
De. **Saccharose**
Es. **sacarosa**
It. **saccarosio**
Substance au goût sucré, avec des molécules composées de 12 atomes de carbone, de 22 atomes d'hydrogène et de 11 atomes d'oxygène. Par hydrolyse, elle se décompose en molécules de glucose et de fructose ; elle constitue le sucre de betterave, de canne et d'érable.
Etym. Du nom grec *sakkaros*, sucre.

SACCOL n.m.
(*Cévennes*). Coussinet que l'on pose sur la tête, ou sur les épaules, pour porter de lourds fardeaux.

SACY n.m.
Cépage à raisins blancs, très productif, cultivé en basse Bourgogne.

SADON n.m.
(*Bordelais*). Mesure agraire servant à évaluer l'étendue de vigne confiée à un ouvrier-vigneron, appelé prix-faiteur.
Elle a environ 900 m de long, mais sa largeur n'est pas prise en compte.

S.A.F. sigle
Société d'Agriculture de France.
Association fondée en 1887. Très protectionniste, elle a dominé la vie agricole pendant plus d'un demi-siècle.

S.A.F.E.R. sigle
Société d'Aménagement Foncier et d'Etablissement Rural, Organisme semipublic, créé en 1960 et chargé de récupérer et d'aménager, au mieux des intérêts locaux, les terrains abandonnés afin d'en composer des exploitations rentables, confiées à de jeunes agriculteurs évolués.
En réalité, les safers ne contrôlent qu'une faible partie des transactions foncières. En principe il y a une safer par région.

SAFLEUR n.m.
(*Gâtinais*). Ancien nom du safran.

SAFRAN n.m.
En. **saffron**
De. **Safran**
Es. **azafrán**
It. **zafferano**
Plante de la famille des Iridacées (*Crocus sativus*).
Originaire des péninsules méditerranéennes, où il est signalé dès 1050 au Mont Cassin, ses fleurs contiennent des stigmates jaune-orangé, leur décoction est utilisée en cuisine ; on en extrayait jadis une couleur jaune, aujourd'hui remplacée par les couleurs d'aniline. Ses rhizomes entrent dans la fabrication des produits pharmaceutiques stimulants, emménagogues, ou sédatifs. Longtemps cultivé dans le Gâtinais, et le Vaucluse, il ne se cultive plus qu'en Orient, par des safraniers, dans des safranières qui durent quatre ou cinq ans. Le safran, dit bâtard, est la fleur du carthame (Carthemus tinctorius) ; il était aussi utilisé par les teinturiers.
Etym. De l'arabopersan.

SAFRANIÈRE n.f.
En. **saffroland, safron-plantation**
De. **Safranpflanzung**
Es. **azafranal**
It. **campo di zafferano**
1. Parcelle cultivée en safran.
2. Local pour abriter la récolte de safran.

SAGARD n.m.
(*Vosges*). Ouvrier chargé, jadis, par l'adjudicataire d'une coupe de bois, de débiter les troncs en planches, ou en poutres.
Il vivait dans une hutte, près de la scierie.

SAGNE n.f.
(*Jura*). Tourbière où poussent les sphaignes.
Par extension, prairie marécageuse. Le terme comporte de nombreuses déformations locales.
Etym. Du latin *sanies*, sang corrompu, qui a donné sania en provençal et peut-être fagne.

SAGOU n.m.
En. **sago**
De. **Sago**
Es. **sagú**
It. **sagù**
Produit alimentaire obtenu avec la moelle des stipes de sagoutier, palmier qui croît dans les pays tropicaux.
Sa pulpe, riche en amidon, sert pour les potages.
Etym. Terme papou, signifiant pain.

SAGOUTIER n.m.
En. **sago palm**
De. **Sagobaum**
Es. **sagú**
It. **palma del sagù**
Palmier des régions tropicales, dit *arbre à pain*, car la moelle de son tronc fournit le *sagou* très apprécié comme produit alimentaire.

SAIGNÉE n.f.
En. **trench, ditch** (1)
De. **Abzug, Kanal** (1)
Es. **zanjillo** (2), **sangría** (3)
It. **canaletto** (1)
1. Rigole destinée à prélever de l'eau dans un ruisseau, ou dans une canalisation, pour irriguer une parcelle cultivée.
2. Rigole de drainage dans un terrain humide.
3. Coupe effectuée dans l'écorce d'un arbre pour en extraire de la résine, ou du latex.

SAIGNÉE n.f.
En. **bleeding**
De. **Aderlass**
Es. **sangría**
It. **salasso**
Opération chirurgicale qui consiste à ouvrir un vaisseau sanguin d'un animal domestique, soit pour lui éviter un "coup de sang", soit pour le sacrifier, notamment un porc quand il est gras.

SAILLIE n.f.
En. **covering, mating, serving**
De. **Beschälen, Bespringen**
Es. **monta, cubrición**
It. **monta, accoppiamento**
Accouplement entre mâle et femelle d'animaux domestiques.
Syn. Lutte, monte, saut.
Etym. Du latin salire, sauter.

SAINEGRAIN n.m.
Nom vulgaire du fenugrec.
Etym. De sain et de grain.

SAINFOIN n.m.
En. **sainfoin, sulla**
De. **Süssklee, Esparsette**
Es. **esparceta**
It. **sulla, lupinella**
Plante herbacée de la famille des Légumineuses.
De Candolle distinguait le sainfoin proprement dit, ou esparcette (Onobrychis sativa) et le sainfoin d'Espagne, ou sulla (Hedysarum coronarium) ; le premier est originaire de la Transcaucasie, le second des péninsules méditerranéennes.
Cultivé d'abord dans les jardins comme plante d'ornement à cause de ses fleurs et de son feuillage, il ne fut introduit dans les champs comme fourrage qu'à partir du XVème siècle, dans le Midi de la France. Autrefois, on prétendait que l'une de ses variétés faisait braire les ânes, d'où son nom latin onobrychis, du grec onos, âne, et bruchein, braire.
Etym. De l'adjectif sain, et du substantif foin, peut-être parce que ce fourrage ne causerait pas de désordres intestinaux chez les bêtes qui le consomment.

SAINFOINNIÈRE n.f.
Parcelle cultivée en sainfoin.

SAINT-ANTOINE n.m.
Cépage à raisins noirs, cultivé dans les Pyrénées Orientales.

SAINT-AUGUSTIN n.f.
Variété de poire.

SAINT-BENOÎT n.m.
Fromage de lait de vache, fabriqué dans le Val de Saint-Benoît, près d'Orléans.

SAINTE-CROIX-DU-MONT n.m.
Vin blanc liquoreux récolté sur les coteaux de la rive droite de la Garonne, autour de la localité de Sainte-Croix du Mont, face au vignoble de Sauternes, situé sur la rive gauche.

SAINT-EMILION n.m.
Cru réputé des vignobles du Bordelais, situé autour de la bourgade de Saint-Emilion, sur des coteaux où dominent les argiles dérivées des calcaires à astéries.
Il comprend surtout des vins rouges, corsés et limpides. Le Saint-Emilion est également un cépage à raisins blancs, cultivé en Charente pour obtenir le vin servant à la production du cognac (carte 1).

SAINT-ESTÈPHE n.m.
Cru réputé du vignoble médocain, autour de la localité de Saint-Estèphe, où dominent les cépages à raisins noirs.

SAINT-GALL n.f.
Variété de poire, très appréciée.

SAINT-JEANNET n.m.
Cépage à raisins blancs pour table.
C'est une variété du Gros Vert. Cultivé en treilles dans la région de Saint-Jeannet, près de Nice, ses grappes mûrissent tardivement, jusqu'à la fin de l'automne.

SAINT-MARCELLIN n.m.
Fromage à pâte molle, de forme cylindrique.
Il est fabriqué en Savoie, autour de Saint-Marcellin, avec du lait de vache et du lait de chèvre.

SAINTE-MARIE n.m.
Cépage à raisins blancs, cultivé en Savoie.

SAINTE-MAURE n.m.
Fromage de chèvre, de forme cylindrique, fabriqué surtout dans la région de Sainte-Maure en Touraine.

SAINT-NECTAIRE n.m.
Fromage fabriqué avec du lait de vache dans diverses régions d'Auvergne.
Il a la forme d'un cylindre plat couvert d'une croûte grise, moisie.

SAINT-PAUL n.m.
Cépage à raisins noirs, cultivé dans la région de Nice.
C'est une variété du cépage dit clairette.

SAINT-PAULIN n.m.
Fromage à pâte fine, à croûte lavée, fabriqué avec du lait de vache.
Il a une forme cylindrique aplatie de 20 cm de diamètre, comme le Port-Salut.

SAINT-PÉRAY n.m.
Vin blanc, réputé, que l'on peut champagniser.
Récolté dans l'Ardèche, autour de Saint-Péray, il appartient à l'ensemble des crus dits des Côtes-du-Rhône.

SAINT-POURÇAIN n.m.
Chef-lieu de canton de l'Allier, au centre d'un vignoble, à vins rouges et à vins blancs réputés.

SAINT-RABIER n.m.
Cépage à raisins noirs, cultivé dans la vallée du Rhône.
Syn. Mérille.

SAINTS DE GLACE n.m.p.
Journées d'avril et de mai où les gelées matinales sont particulièrement à craindre pour les jeunes récoltes.
Les Saints redoutés ces jours-là sont Saint Marc (25 avril) Saint Mamers (11 mai), Saint-Pancrace (12 mai), Saint-Gervais (13 mai) et Saint Yves (19 mai).

SAINTRE n.m.
(Savoie). Droit seigneurial permettant de fixer par des sillons les limites du pâturage que se réservait exclusivement le propriétaire éminent du sol.
Etym. Du verbe ceindre, entourer.

SAINT-SAMSON n.m.
Variété de poire.

SAINTEUR n.m.
Possesseur d'une tenure libre dans les pays rhénans au Moyen Age.

SAISIE-BRANDON n.f.
Bâton, ou brassée de paille, placé à l'entrée d'une parcelle pour indiquer qu'elle était *saisie* par son seigneur parce qu'il n'avait pas reçu le champart, le cens, ou les droits de lods et de vente.
Cette saisie se limitait aux fruits et aux racines. Le terme de brandon provenait de l'utilisation, dans certaines régions, de poignées de paille appelées précisément brandons, faisceaux de paille suspendus à des piquets fixés autour des parcelles en question. On disait également saisie de fruits pendants par racines, lorsque les plantes, donnant des fruits, poussaient leurs racines jusque dans la parcelle appartenant à un autre propriétaire ; celui-ci avait le droit de saisir au moins une partie de la récolte de son voisin.

SAISIE-GAGERIE n.f.
En. **garnishee order**
Es. **embargo provisional**
It. **sequestro cautelare**
Acte de procédure par lequel le propriétaire d'un domaine a le droit de saisir, ou de faire saisir, les meubles, le cheptel, ou les récoltes du fermier qui n'a pas versé son loyer, ou ses redevances en nature.
Les objets et les produits saisis constituent les gages de la créance non honorée, et peuvent être mis en vente par le preneur.

SAISINE (DROIT DE) l.m.
En. **seizure** (3)
De. **Erbschaftssteuer** (3)
Es. **toma de posesión** (3)
It. **immissione nel possesso** (3)
1. Droit versé au seigneur lors de la vente d'une tenure de son domaine éminent.

Si ce droit n'était pas acquitté le seigneur refusait de délivrer les lettres de vendition à l'acquéreur dont l'achat restait précaire et pouvait être annulé.
2. Droit de propriété sur un domaine, droit acquis et légitimé par la tradition.
3. Droit payé par les héritiers d'un bien roturier à son propriétaire éminent.
Ils pouvaient alors s'en saisir.

SAISON n.f.
En. **season** (1)
De. **Jahreszeit** (1)
Es. **estación, época** (1)
It. **stagione** (1)
1. Epoque de l'année où l'on se livre à une culture, à une récolte, ou à une façon culturale.
Ex. La saison des vendages, des semailles, etc.
2. Division d'un terroir composée de multiples parcelles consacrées toutes à la même rotation des cultures.
C'est une sole, ou saison.
Etym. Du latin satio, action de semer.

SAISONNER v.tr.
1. Appliquer un rythme d'assolement à un terroir.
2. Laisser la terre s'aérer entre deux labours.
3. Produire des fruits tous les ans, ou tous les deux ans.
Le poirier non taillé saisonne *tous les deux ans.*

SAISONNIER n.m.
En. **seasonal worker**
De. **Saisonarbeiter**
Es. **temporero**
It. **stagionale**
Ouvrier agricole que l'on employait au moment des grands travaux : moisson, vendange, récolte des betteraves, etc.

SAISONNIER adj.
En. **seasonal**
De. **Saison-**
Es. **estacional**
It. **stagionale**
Qualifie ce qui se manifeste selon les saisons : fruits saisonniers, travaux saisonniers, etc.

SAISSETTE n.f.
1. Variété de blé cultivée jadis en Provence.
2. Un des noms de la touzelle à barbes qui résistait bien aux températures élevées du Midi méditérranéen.

SAKIEH n.f.
It. **ruota egiziana**
(Egypte). Appareil à chaîne munie de godets plongeant dans l'eau d'un canal, ou d'un cours d'eau, mise en mouvement par un système d'engrenages et de leviers que font mouvoir des boeufs : l'eau recueillie dans les godets se déverse dans une canalisation.

SALADE n.f.
En. **salad**
De. **Salat**
Es. **ensalada**
It. **insalata**
Plante dont les feuilles, assaisonnées de sel, d'huile et de vinaigre, constituent un mets du même nom, qu'il soit fait de laitue, de chicorée, ou de céleri.
Par extension, on dit également une salade de fruits, même si elle est assaisonnée de sucre.
Etym. Du latin sal, sel.

SALAGE n.m.
En. **salting** (1)
De. **Einsalzen** (1)
Es. **saladura** (2)
It. **salatura** (1)
1. Opération consistant à répandre du sel sur le foin quand on l'entasse dans le fenil.
Elle permet de le conserver et le rend plus savoureux.
2. Opération qui consiste à enduire de sel la surface d'un fromage pour le préserver des moisissures.
3. Préparation des conserves de viande à l'aide du sel.
Syn. Salaison.
4. Jadis, impôt sur le sel, ou gabelle.
5. Action d'ajouter du sel au vin pour lui donner de l'éclat.

SALAIRE AGRICOLE n.m.
Rémunération en espèces ou en nature d'un travail effectué par un ouvrier dans une exploitation agricole.
Elle dépend de la durée et de la nature du travail, du niveau des salaires régionaux et nationaux (S.M.I.G.), et elle est parfois complétée par un lot de terre cultivé par le salarié à ses moments de loisir.
V. Sitiante, prix-faiteur.

SALAIRE DIFFÉRÉ n.m.
Avantage accordé au descendant direct d'un propriétaire décédé, si ce descendant, qui d'ordinaire est un fils du défunt, a contribué à l'entretien de l'exploitation pendant un certain temps, sans recevoir de salaire.
A l'ouverture de la succession, il peut exiger, en plus de sa part, une certaine somme représentant la juste rémunération de son travail passé (Loi du 5 août 1960).

SALAISON n.f.
En. **curing, salting** (1)
De. **Salzen, Einsalzen** (1)
Es. **salazón, saladura** (1)
It. **salatura** (1)
1. Action de saler des produits alimentaires, pour les conserver.
2. Viande imprégnée de sel.

SALANQUE n.f.
Terroir du Roussillon, récemment asséché, non loin du rivage.

Sa faible teneur en sel et la proximité de la nappe phréatique pour l'irrigation, le rendent favorable à la culture d'un vignoble de moyenne qualité et à la production des fruits et légumes.

SALARIÉ AGRICOLE n.m.
Ouvrier qui effectue des travaux agricoles chez un propriétaire de domaine, moyennant une rétribution en espèces et en nature.
On peut également considérer comme salarié agricole l'exploitant qui s'engage par contrat à fournir à un commerçant, ou à un industriel, une certaine quantité de produits à un prix fixé par le preneur.

SALCES n.m.
(Roussillon). Vin blanc de la commune de Salces.

SALÈGRE n.m.
(Nivernais). Bloc de sel suspendu dans les abris des pâturages, ou dans les crèches des étables, pour que les bovins puissent le lécher et améliorer leur nourriture.

SALER v.tr.
En. **to salt** (1)
De. **einpökeln, einsalzen** (1)
Es. **salar** (1)
It. **salare** (1)
1. Conserver un produit agricole en l'imprégnant de sel.
2. Donner au vin plus d'éclat en ajoutant du sel au moût, sans dépasser 0,4 g par litre.
Etym. Du latin sal, sel.

SALERNE n.m.
Cépage à raisins blancs, cultivé dans la région de Nice.
Il serait originaire de Salerne, ville située au sud-est de Naples.

SALERS n.m.
Race bovine originaire de Salers, localité du Cantal, composée de bêtes robustes à robe acajou, sombre et frisée, à longues cornes en lyre.
Elle était utilisée aussi bien pour les travaux des champs que pour la boucherie et la production des veaux.

SALICULTURE n.f.
En. **saltine exploitation**
De. **Salzgewinnung**
Es. **salicultura**
It. **sfruttamento delle saline**
Exploitation des marais salants.

SALIÈRE n.f.
En. **supraorbital fossa**
It. **conca**
Creux situé au-dessus de l'arcade sourcillère du cheval, et qui est d'autant plus accentué que la bête est plus vieille.

SALIGUE n.f.
Zone basse, humide, inondable, couverte de saules, d'aulnes, d'osiers et de peupliers, dans les vallées du Gave de Pau et de l'Adour.
Etym. Du latin *salix*, saule.

SALISSANTE n.f.
Plante cultivée que l'on ne peut ni biner, ni nettoyer, de sorte qu'elle laisse la parcelle, après sa récolte, envahie par des herbes inutiles, ou nuisibles, qui provoquent le *salissement* du champ.
C'était le cas des céréales, des légumineuses, mais l'emploi des herbicides a réduit les cultures salissantes.

SALISSEMENT n.m.
Invasion d'un champ ou d'une culture, par les mauvaises herbes, dites *salissantes (R. Blais).*

SALLE DE TRAITE n.f.
En. **milking shed** (2)
De. **Melkstand, Melksaal** (2)
Es. **patio de ordeñar** (2)
It. **sala di mungitura** (2)
1. Local où on loge le matériel nécessaire à la traite et à la conservation du lait.
2. Partie de l'étable où a lieu la traite.
Elle se compose parfois d'un plateau tournant sur lequel se trouvent les bêtes qui passent successivement devant les appareils de traite.

SALMÉE n.f.
Mesure de capacité pour les grains d'environ 2 hl, maximum de ce que pouvait transporter la bête.
C'était aussi la quantité de grains qui permettait d'ensemencer une étendue de terre de 70 ares environ.
Etym. De *chaoumo*, ânesse en dialecte occitan, et par extension, charge que peut porter cet animal.

SALMONELLOSE n.f.
En. **salmonellosis**
De. **Salmonellenvergiftung, Salmonellose**
Es. **salmonelosis**
It. **salmonellosi**
Maladie qui atteint les volailles, les porcs et les ovins et qui est causée par des bactéries du genre *salmonella*.
Elle se manifeste par des paratyphoïdes, de la colibacillose, etc., selon les diverses salmonelles.
Etym. De Salmon qui décrivit le mal en 1886.

SALOBRE n.m.
(Roussillon). Terrain asséché, à proximité du rivage, riche en sel marin.
Couvert d'une herbe maigre, il ne peut servir de pâturage. On a tenté d'y cultiver des plantes médicinales et, plus récemment, du riz qui s'accommode d'une certaine teneur en sel dans le sol.

SALMONICULTURE n.f.
Es. **salmonicultura**
Elevage de saumons et de truites.

SALOIR n.m.
En. **salting-tub**
De. **Pökelfass**
Es. **saladero**
It. **salatoio**
Grand récipient en bois, ou en grès, où l'on met, entre des couches de sel, les viandes à conserver.
Etym. Du latin *sal*.

SALOMON n.m.
La plus grande bouteille de champagne, de 24 litres.
Etym. Du plus grand roi d'Israël (Xème siècle avant notre ère).

SALON DE L'AGRICULTURE l.m.
Manifestation annuelle (mois de mars) réunissant les échantillons des productions de l'agriculture française à Paris, Porte de Versailles.

SALPÊTRE n.m.
En. **niter** (2), **Chile saltpeter**
De. **Chilesalpeter** (2)
Es. **nitrato de Chile** (2), **salitre**
It. **salnitro** (2)
1. Nitrate de potassium et de calcium, recueilli jadis sur les rochers, ou aux dépens des matières organiques azotées.
2. Nitrate de sodium extrait des dépôts du Chili septentrional.
Ils ont servi, les uns et les autres, après préparation chimique, comme engrais et comme amendement.
Etym. Du latin *sal-petrae*, sel de pierre.

SALSIFIS n.m.
En. **salsify**
De. **Schwarzwurzel, Bocksbart**
Es. **escorzonera, salsifí**
It. **scorzobianca, scorzonera**
Plante bisannuelle, de la famille des Composées.
Originaire de Grèce, on en distingue deux espèces : le salsifis blanc (Tragopogon porrifolius) et le salsifis noir, ou scorsonère (Scorzonera hispanica). Elles sont cultivées pour leurs racines comestibles, de saveur sucrée.
Etym. De l'italien *sassefrica*, frotteur de pierre, qui a donné *sercifi*, puis *salsifis*.

SALTUS n.m.
Pâturage dans une région boisée.
Terrains réservés au pâturage.
Souvent incultes ou boisés, ils sont situés aux extrémités des finages, sur des terres médiocres et montueuses, entre l'ager et la sylva, selon la trilogie latine.
Etym. Du latin *saltus*.

SALVAGNIN n;m.
Cépage à raisins noirs, introduit dans le Jura par Voltaire.

SALVINER n.m.
Cépage à raisins blancs, cultivé en Alsace.
Syn. Sylvaner.

SAMARE n.m.
En. **samara**
De. **Bergahornsamen**
Es. **sámara**
It. **samara**
Fruit composé d'une ou deux graines, d'un péricarpe en forme d'aile et que le vent peut transporter au loin.
Ex. Orme, érable, frêne.
Etym. Du latin *samara*, graine d'orme.

SAMOISEAU n.m.
Cépage à raisins noirs, cultivé jadis dans la région de Laon.

SAMOREAU n.m.
Cépage à raisins noirs, cultivé en Basse Bourgogne.

SANCERRE n.m.
Vignoble de vins blancs réputés, sur la rive gauche de la Loire, autour de la ville de Sancerre, chef-lieu de canton du Cher.

SANG n.m.
En. **blood**
De. **Vollblut**
Es. **sangre**
It. **sangue**
En hippologie, origines, caractéristiques extérieures et qualités d'un cheval de race plus ou moins noble.
Le cheval de sang pur (V. Pur-sang) a des formes élégantes, un poil fin, de l'intelligence et, comme cheval de selle et de course, il aborde franchement l'obstacle ; c'est le cas du cheval anglais et du cheval arabe. Par contre, le trois-quarts-de-sang, et le demi-sang, issus de croisements avec des races communes, peuvent avoir un comportement défectueux.
Etym. Du latin *sanguis*.

SANG DE RATE n.m.
V. Charbon bactéridien.

SANGLE n.f.
En. **girth**
De. **Gurt**
Es. **cincha**
It. **cinghia, cigna**
Large bande de cuir fixée aux deux côtés d'une selle, ou d'un bât, et qui passe sous le ventre d'une bête de somme ou de course.
Tenue serrée à l'aide d'un ardillon, elle maintient sur le dos de l'animal la selle ou le bât.
Etym. Du latin *cingula*, dérivé de *cingere*, ceindre.

SANGLÉ adj.
Qualifie un boeuf dont le ventre est rétréci vers la partie antérieure, ce qui gêne le développement de sa carcasse et son engraissement.

SANGSUE n.f.
Petit canal creusé dans les prés, ou les labours, pour en faciliter le drainage.

SANGUINE n.f.
Es. **sanguina**
It. **sanguinello**
Variété d'orange à pulpe rouge.

SANGUINELLE n.f.
Es. **cornejo**
V. Cornouiller.

SANGUISORBE n.f.
En. **great burnet**
De. **Wiesenknopf, Pimpinelle, Sanguisorba**
Es. **pimpinela mayor**
It. **sanguisorbo**
Plante herbacée de la famille des Rosacées.
L'espèce officinale est cultivée pour ses qualités astringentes et hémostatiques ; la petite sanguisorbe, appelée pimprenelle, sert à assaisonner la salade.

SANSAL n.m.
(Pays niçois). Intermédiaire entre les vignerons et les courtiers dans le commerce des vins.
Etym. De l'arabe *simsar* et de l'italien *sensale*, entremetteur.

SANS-PAREIL n.m.
Cépage à raisins noirs.
V. Grenache.

SANSUREAU n.m.
(Centre.) Petit canal creusé dans les prairies, ou les labours, pour favoriser le drainage, ou l'irrigation.

SANVE n.f.
En. **wild mustard, charlock**
De. **wilder Senf**
Es. **mostaza silvestre**
It. **senape selvatica**
Plante herbacée de la famille des Crucifères *(Sinapis arvensis)*, plus connue sous les noms de ravenelle, ou de moutarde des champs.
Elle envahit parfois les jeunes blés ; on la détruit en aspergeant les champs de solutions diluées de sulfate de cuivre, herbicide sélectif qui ne brûle pas les céréales ; c'est pratiquer, l'essanvage.

SAPAIE n.f.
Es. **abetal**
Forêt de sapins.
On dit plutôt une sapinière.

SAPE n.f.
En. **small-handled scythe**
Es. **zapa**
It. **falce fiamminga**
Faux de petites dimensions, utilisée jadis, dans le nord de la France, pour moissonner les blés.
Appelée également fauchon, elle était maniée par un sapeur et se composait d'une lame courbe fixée à un manche (fig. 180). Elle était complétée par un crochet adapté à un long manche tenu à la main gauche ; avec ce crochet le sapeur isolait une touffe de céréales et la coupait avec la sape tenue dans la main droite, puis habilement il déposait la touffe, ou javelle, à sa gauche (R. Blais).
Etym. Du latin *sapa*, hoyau.

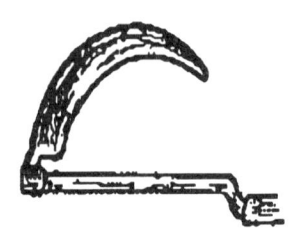

(Fig. 180). Sape

SAPER v.tr.
Moissonner avec une sape, ou fauchon.

SAPIN n.m.
En. **fir (tree)** (1)
De. **Tannenbaum** (1)
Es. **abeto** (1)
It. **abete** (1)
1. Arbre du genre des conifères, de 30 à 40 m de haut, aux feuilles persistantes, en forme d'aiguilles, produisant des fruits en forme de cônes.
Le groupe comprend une vingtaine d'espèces répandues dans le monde entier. Parmi les plus connues, le sapin des Vosges (Abies pectinata) pour les bois de charpente, et le sapin baumier pour le baume du Canada. De leur résine, on extrait la térébenthine et la poix blanche, ou poix de Bourgogne. Les jeunes sujets sont élevés et coupés comme sapins de Noël.
2. *(Lorraine).* Récipient où l'on met le raisin pour le porter à la cuve.
Etym. Du celte *sappus*, résine, et du latin *pinus*, pin, ce qui a donné *sappinus*, sapin.

SAPINE n.f.
(Bourgogne). Récipient en bois destiné à recueillir le raisin.

SAPINEAU n.m.
Petit sapin.
Dans le Morvan, on cultive des sapineaux pour les fêtes de Noël. Dans l'est de la France, on plaçait un sapineau sur la dernière charrette de foin ramenée à la grange, au moment des fenaisons.

SAPINETTE n.f.
En. **spruce**
De. **Fichte**
Es. **picea**
It. **abete del Canada**
Nom commun de plusieurs conifères (cèdre, épicéa) et en particulier des espèces du Canada, épinette bleue, épinette blanche *(Picea alba)* très appréciées comme arbres d'ornement.

SAPINIÈRE n.f.
En. **fir plantation**
De. **Tannenwald**
Es. **abetal**
It. **abetina, abetaia**
Forêt de sapins, en particulier de sapins blancs *(Abies pectina)*.
Souvent employé, à tort, pour désigner toutes les forêts plantées en conifères ; il se déforme en sapaie (Normandie), sabreg (Bretagne), sapinée (Auvergne), sapaye (Lorraine).

SAPONIFÈRE adj.
De. **seifenartig**
Es. **saponífero**
It. **saponifero**
Se dit des plantes dont la sève à la propriété de mousser comme du savon.
C'est le cas de la saponaire officinale cultivée pour ses fleurs odorantes et couleur lilas.

SAPOTILLIER n.m.
En. **sapodilla**
De. **Breiapfelbaum**
Es. **zapotillo**
It. **sapota**
Arbre fruitier de la famille des Sapotacées *(Sapota achras)*, originaire des Antilles.
Il a été introduit en Inde et dans les Mascareignes ; il donne un fruit délicieux et son écorce est fébrifuge, mais sa culture est délicate.
Etym. Du nahualt, *tzapolt*, sapotier et sapotillier.

SAPROPHYTE n.m.
En. **saprophyte**
De. **Saprophyte**
Es. **saprófito**
It. **saprofito**
Plante végétale qui se nourrit directement de matières organiques en décomposition, tel le champignon de couche sur du fumier de cheval.
C'est également un microbe qui vit dans un organisme animal sans causer de troubles ; s'il prolifère, il peut déclencher une maladie plus ou moins grave ; sinon il en reste au stade du saprophytisme.
Etym. Du grec *sapros*, putride, et *phuton*, plante.

S.A.R. sigle
Société d'Aménagement Régional.
Société d'économie mixte qui a pour but l'aménagement agricole d'une grande région à l'aide de grands travaux.

On en compte sept, dont la S.O.M.I.V.A.L. et la S.O.M.I.V.A.C. (V. Ces sigles.)

SARAGNET n.m.
Blé d'automne, cultivé jadis en Aquitaine, car il était mûr avant la sécheresse d'été qui sévit parfois dans cette région.

SARCLAGE n.m
En. hoeing
De. Jäten
Es. escarda, escardadura
It. sarchiatura
Façon culturale pour détruire les mauvaises herbes à l'aide d'un outil appelé *sarcloir*, manié par un ouvrier appelé *sarcleur*.
Ne pas la confondre avec le binage qui implique un travail superficiel du sol au pied des plantes cultivées ; actuellement ces deux opérations s'effectuent mécaniquement, avec une houe sarcleuse.
Etym. Du latin *sarculare*, sarcler.

SARCLE n.f.
(Périgord). Outil à main, composé d'une lame en fer avec une douille où est fixé un manche en bois.
Utilisé pour sarcler, pour remuer légèrement la surface de la terre cultivée.

SARCLÉES adj.p.
Se dit des plantes semées en ligne et qui nécessitent des sarclages et des binages pour aérer le sol et détruire les herbes nuisibles.
Aussi les appelle-t-on plantes nettoyantes.

SARCLER v.tr.
En. to weed
De. jäten
Es. escardar
It. sarchiare
Ameublir un terrain à l'aide d'un sarcloir, tout en le débarrassant des mauvaises herbes.
Etym. Du latin *saculare*, sarcler.

SARCLETTE n.m.
It. sarchiello
Outil de jardinier, appelé aussi *rasette*, qui sert à détruire les mauvaises herbes.

SARCLOIR n.m.
En. weeding-hoe, spud
De. Jätmaschine, Jäthacke
Es. escardillo, sacho
It. sarchio
Instrument agricole muni de petits socs fixés à un châssis en fer, et comportant un *palonnier* à l'avant et deux mancherons à l'arrière.
Tiré par un cheval, par un boeuf ou par un tracteur, il sert à ameublir le sol, à détruire les mauvaises herbes et à chausser les plantes cultivées.
Syn. Sarcleuse.

SARCLURES n.f.p.
Mauvaises herbes que l'on arrache en sarclant.

SARCOPTE n.m.
En. itch mite
De. Krätzmilbe
Es. sarcopto, arador
It. sarcopte
Genre d'acarien causant des *gales sarcoptiques*.

SARDE n.f.
Variété d'orge.

SARMENT n.m.
En. vine shoot
De. Rebenholz, Weinranke
Es. sarmiento
It. sarmento, tralcio
Rameau de vigne de l'année qui vient de s'écouler et que l'on coupe au moment de la taille.
Une vigne qui a beaucoup de sarments est dite sarmenteuse.
Etym. Du latin *sarmentum*, rameau de pied de vigne *aoûté*.

SARMENTER v.intr.
Ramasser les sarments qui proviennent de la taille de la vigne et les réunir en fagots.

SARMENTEUX adj.
En. sarmentous
De. rebenartig
Es. sarmentoso
It. sarmentoso
1. Qui a beaucoup de sarments.
2. Se dit d'un arbuste dont les branches sont ligneuses, grimpantes comme celles de la vigne.

SAROTHAMNAIE n.f.
Peuplement de *sarothamnes*, ou genêts à balais.

SARNUÉES n.f.p.
(Berry). Herbes rudes et piquantes ayant poussé sur une jachère prolongée.
Sur sous-sol calcaire, elles se dessèchent rapidement en été.

SARRASIN n.m.
En. buck-wheat
De. Buchweizen
Es. alforfón, sarraceno
It. grano saraceno
Plante de la famille des Polygonacées (*Polygonum fagopyrum*), genre des Renouées.
Par extension abusive, elle est classée parmi les céréales. Originaire de Mandchourie, elle n'a été cultivée en Europe qu'à partir du XVème siècle. On distingue deux autres espèces de sarrasin :
1. Le blé noir de Tartarie (Fagopyrum tataricum) originaire de la région du Baïkal et de médiocre valeur ; il n'a été cultivé en Europe qu'à partir du XVIIIème siècle, pour ses graines et comme fourrage vert.
2. Le sarrazin émarginé (Fagopyrum emarginatum) qui pousse à l'état sauvage en Chine ; il est cultivé au Népal et en Inde.
Etym. De l'arabe *chargiyn*, tribu d'Arabie dite des *sarceni*, dont les chrétiens d'Occident firent *sarrasins*, population à peau noire ; ils en étendirent le nom à la plante qui donnait des graines noires, ou *blé noir*.

SARRASINIÈRE n.f.
1. Parcelle où l'on cultive le sarrasin.
2. Local où l'on entrepose les graines de sarrasin.

SARRETTE n.f.
En. sawwort
De. Färberscharte
Es. serrátula
It. serratula
Plante vivace de la famille des Composées (*Serratula tinctoria*), cultivée jadis pour la couleur jaune extraite de ses feuilles.
On dit aussi une serratule.

SARRIETTE n.f.
En. savory
De. Pfefferkraut
Es. ajedrea
It. santoreggia
Plante herbacée de la famille des Labiacées, dont l'espèce, dite sarriette des jardins (*Satureia hortensis*), cultivée dans la région méditerranéenne, est réputée comme condiment.
En infusion, ses feuilles sont un digestif.

SART n.m.
(Bretagne). Varech, ou goémon.

SART n.m.
(Cantal). Terre défrichée par brûlis.
Etym. Du latin *sarritum*, sarcler, de *essart*.

SARTAGE n.m.
Défrichement d'une forêt pour la transformer en champs cultivés.
Pour cela on coupe les arbres, on brûle les branches et le sous-bois, et on sème du blé, ou du seigle. Après quelques années de culture on laisse le taillis se reconstituer. Ce procédé était encore appliqué récemment dans la Forêt Noire où il portait le nom de Reutberge.

SARTE n.f.
(Wallonnie). Tenure provenant d'un défrichement (Xème siècle).

SARTER v.tr.
En. to assart
De. ausroden
Es. rozar
It. debbiare
Couper les arbres d'un bois, brûler les branches et les plantes du sous-bois, afin de le livrer à la culture pendant quatre ou cinq ans, avant de laisser le taillis se reconstituer pendant une vingtaine d'années.
Syn. Essarter.

SARTEUR n.m.
Ouvrier qui pratique *l'essartage*.

SARTIAL n.m.
(Bretagne orientale). Terre récemment débarrassée de ses arbres pour être mise en culture.

SARTIÈRES n.f.p.
(Bas Médoc). Terrains conquis sur les marais à l'aide de digues et de canaux le long de la Gironde, et transformés en champs et en prairies.
Etym. Du latin *sarritum,* sarcler, de *essart.*

SARTOT n.m.
Petit cellier creusé dans les éboulis des vallées préalpines de Savoie.

SAS n.m.
En. **sieve**
De. **Sieb**
Es. **cedazo**
It. **setaccio, staccio**
Crible fabriqué en osier, ou en crin, et servant à tamiser les terres que l'on veut épierrer dans les jardins.
Etym. Du latin *seta,* soie de porc.

SASSAGE n.m.
En. **sifting**
De. **Mehlbeutel**
Es. **cernido**
It. **setacciatura, stacciatura**
Opération de meunerie consistant, grâce à un courant d'air parmi des tamis, à classer, selon leur poids, les particules de farine provenant du blutage.
V. *Sasse.*
Etym. Du latin *selaceum,* de *seta,* soie, les tamis étant tendus de soie.

SASSE n.f.
(Midi de la France).
1. Pelle en bois dont on se sert pour achever de remplir les sacs de blé afin qu'ils pèsent 80 kilos.
2. Tamis pour bluter la farine.

SASSENAGE n.m.
1. Fromage fabriqué avec du lait de vache, dans la région de Sassenage, près de Grenoble, variété de *bleu.*
2. Château construit par le marquis de Bérenger de 1662 à 1669.
Le Conseil international de la langue française (C.I.L.F.) en est le propriétaire depuis qu'il lui a été légué par la marquise Pierrette-Elisa de Bérenger, décédée le 15 mai 1971. Abritant une très belle collection de mobilier du XVIIIème siècle, le château accueille désormais colloques, séminaires, conférences. C'est un des fleurons de l'architecture dauphinoise.

SASSEUR n.m.
Instrument agricole utilisé pour cribler les céréales.

SATET n.m.
(Vallée d'Ossau). Traineau que l'on fait glisser sur les chemins afin de transporter le foin nécessaire pour l'hivernage.

SATIF adj.
It. **sativo**
Qualifie les graines que l'on sème, par opposition aux graines agrestes qui se sèment spontanément.
Etym. Du latin *satum,* supin de *serer,* semer.

S.A.U. sigle
Surface agricole utile.
Surface cultivée en labours, prairies, vergers, vignes, jardins.
Il faut en exclure landes et friches, routes et chemins, rochers et pentes trop fortes. Pour les bois, on peut discuter s'ils en font partie ou non, selon leur entretien et leur utilisation.

SAUDÉE n.f.
(Centre). Mesure agraire correspondant à l'étendue d'une parcelle frappée d'une redevance d'un sou par an.
Etym. Du latin *solidus,* solide, qualifiant une monnaie en métal, d'où ont dérivé *sol* et sou.

SAUGE n.f.
En. **sage**
De. **Salbei**
Es. **salvia**
It. **salvia**
Plante ornementale de la famille des Labiées.
La variété salvia officinalis est cultivée comme plante médicinale ; c'est un tonique du système nerveux. Sa fleur, selon la légende, servit d'abri à l'enfant Jésus.
Etym. Du latin *salvia,* celle qui sauve.

SAUGER n.m.
Poirier sauvage dont les feuilles rappellent celles de la sauge.
Ses fruits se mangent blets, comme les nèfles. On peut en faire du poiré. Originaire du Proche-Orient, il a été introduit en France, sans doute à l'époque des Croisades, et cultivé surtout dans l'Orléanais.

SAULAIE n.f.
En. **willow plantation**
De. **Weidengehölz**
Es. **saucedal**
It. **saliceto**
Parcelle plantée de saules.
On dit aussi une saulsaie.

SAULE n.m.
En. **willow**
De. **Weide**
Es. **sauce**
It. **salice, salce**
Arbre de la famille des Salicacées (*Salix alba*), appelé *peuplier blanc* à cause de son feuillage clair et de ses fleurs blanches.
Il croît dans les lieux humides et sert de bois de chauffage. La variété saule pleureur (Salix babilonica) est un bel arbre d'ornement.
Etym. Du germanique *salaha,* qui a donné *salix, saux* et *saule.*

SAUMADE n.f.
1. Charge d'environ 150 kilos que pouvait porter une ânesse.
2. Mesure de capacité pour les grains, d'environ 2 hl.
3. Surface de pré fauchée, s'étendant sur une soixantaine d'ares *(G.Plaisance)*.
Etym. De l'occitan *saoumé,* ânesse.

SAUMÉE n.f.
Mesure agraire d'environ 70 ares en Haute-Savoie.
C'était sans doute la surface que l'on ensemençait avec la quantité de grains que pouvait transporter une ânesse, ou saoumé, environ 2hl.

SAUMENSOIS n.m.
Cépage à raisins noirs, variété de *Pinot.*

SAUMETTE n.f.
Cadre de bois porté à dos d'homme ou de mulet, servant au transport du foin nécesaire pour l'hivernage dans les vallées pyrénéennes du Béarn.
Etym. Dérivé de *saoumé,* ânesse.

SAUMUR n.m.
Cru réputé du vignoble ligérien, récolté dans la région de Saumur.
Il donne un vin blanc sec, mousseux, fruité et léger.

SAUNIER n.m.
En. **salt maker** (1)
De. **Salzsieder** (1)
Es. **salinero** (1)
It. **salinaio** (1)
1. Ouvrier qui récolte le sel des marais salants de l'Atlantique et de la Méditerranée.
2. Marchand de sel.
3. Faux-saunier, contrebandier qui vendait du sel sans payer la gabelle sous l'Ancien Régime.
Etym. Du latin *salinarius.*

SAURIN n.m.
1. *(Berry)*. Terre argilocalcaire riche en fer et propre à la culture des céréales et de la vigne.
2. Variété d'olivier, cultivé en Provence.

SAUSSAIE n.f.
1. Parcelle plantée en saules.
2. Zone marécageuse délaissée par une rivière et conquise spontanément par des saules.
Etym. Du latin *salix,* saule, qui a donné *saliceta,* saussaie.

SAUT n.m.
Saillie chez les bovins.

SAUTE-BOUCHON n.m.
Nom donné au *champagne* durant le XVIIIème siècle, peu après la mise au point de sa fabrication.

SAUTELLE n.f.
En. vine shoot (2)
De. Absenker, Wurzelrebe (2)
Es. mugrón (2)
It. propaggine (2)
1. *(Languedoc)*. Marcottage effectué pour remplacer un pied de vigne disparu.
On courbe le sarment d'un pied voisin, on le couche en terre en laissant passer son extrêmité à la place du pied manquant et, quand il a pris racine, on le sépare de la souche-mère.
2. Sarment que l'on transplante avec sa racine.

SAUTEREAU n.m.
Sillon tracé en bordure des chemins et sur lequel sautent et cahotent les chars et les tombereaux.

SAUTERELLE n.f.
En. grasshopper, locust (1)
De. Heuschrecke (1)
Es. saltamontes, langosta (1)
It. cavalletta, locusta (1)
1. Générique de divers insectes orthoptères sauteurs, telle la grande sauterelle verte *(Tettigonia viridissima)* et la sauterelle chanteuse *(T. cantans)*.
Elles causent des dégâts aux cultures potagères, mais moins graves que ceux dûs aux criquets pèlerins, qu'il ne faut pas confondre avec les sauterelles communes.
2. Extrêmité du sarment utilisé pour le marcottage, et sortant de terre pour former le futur pied de vigne.
3. Elévateur à bande sans fin pour garnir les silos.
Etym. Du latin *saltare*, danser.

SAUTÉRIEAU n.m.
Insecte orthoptère, ailé et sauteur, qui se développe en formations grégaires aux limites des régions à saison sèche et à saison humide, et qui se propage en fonction des pluies et de la végétation.
C'est l'Oedaleus senegalensis qui cause de graves dégâts, par sa voracité, aux récoltes des régions comprises entre la forêt équatoriale et la zone désertique : Erythrée, Nigéria, etc. On le combat en déversant par avion des insecticides sur les terrains humides de ponte.
Etym. De *saut*, sauter.

SAUTERNES n.m.
Vin blanc liquoreux, très réputé à base de semillon récolté dans la région de Sauternes, sur la rive gauche de la Garonne, au sud des Graves de Bordeaux.
Le principal cru est celui de Château Yquem et de Château Guiraud. Le vignoble est limité à cinq communes : Barsac, Bommes, Fargues, Preignac et Sauternes.

SAUTOIR n.m.
Barrière en forme de croix de Saint-André qui empêche les bestiaux de passer dans les parcelles voisines, par les brèches des haies.
Mais les hommes peuvent la franchir d'un saut ; elle est surtout utilisée dans les pays de bocage. On dit aussi un sautouer en Vendée.

SAUVAGE adj.
En. wild
De. wild
Es. salvaje
It. selvaggio, selvatico
Qualifie un lieu inculte, inhabité, ou bien une plante qu'on ne cultive pas, un animal qui n'a pas été domestiqué.
Syn. Spontané.
Etym. Du latin *silvaticus*, *silva*, forêt.

SAUVAGEON n.m.
De. Wildling
Es. arbolillo silvestre, arborillo borde
It. pollone selvatico
Jeune plant né d'un noyau, ou d'un pépin d'arbre fruitier sauvage, mais qui peut servir comme porte-greffe.
Il communique sa vigueur au greffon prélevé sur un arbre de même famille, sans doute plus fragile, mais susceptible de donner des fruits de bonne qualité.

SAUVAGINE n.f.
Es. salvajina
It. piccoli mammiferi selvatici (2)
1. Jusqu'au XVIIème terre en friche, endroit broussailleux.
2. Aujourd'hui, terme réservé aux petites bêtes sauvages des champs et des bois : putois, belettes, blaireaux, etc.

SAUVAGNIN n.m.
Cépage à raisins blancs ou noirs, cultivé dans le Jura.
Une variété, dite savaguin, donne des raisins roses de table.

SAUVETÉ n.m.
De. Freistatt
It. borgata di rifugio
Agglomération pourvue d'un finage cultivable, créée dans les seigneuries écclésiastiques au cours du XIème siècle, afin de fixer les populations rurales et de mettre en valeur des domaines agricoles.

SAUVIGNON n.m.
Cépage à raisins blancs, très répandu dans la région de Sauternes, et de Monbazillac.
Il donne au vin blanc de l'arôme et de la finesse.

SAVANE n.f.
En. savannah (1)
De. Savanne, Grasebene (1)
Es. sabana (1)
It. savana (1)
1. Vaste étendue herbeuse des régions tropicales.

2. Forêt de conifères, parfois marécageuse, au Canada.
3. Prairie très étendue et qui peut être paturée.
Etym. De l'arawak, qui a donné *salvana* en espagnol.

SAVART n.m.
1. *(Champagne)*. Lande crayeuse dépourvue de sol, où ne poussent que des genévriers, des buissons et de rares graminées, avec parfois des traces d'anciennes cultures.
2. *(Ardennes)*. Terre inculte, à maigre végétation, qui sert de pâturage.
Actuellement, grâce aux engrais chimiques et aux tracteurs, les savarts ont été mis en culture et ne subsistent que dans les camps militaires.
Etym. Du latin *savarda*, terre inculte.

SAVEUR n.f.
En. savour
De. Geschmack
Es. sabor
It. sapore
Impression que certains fruits, ou certaines boissons, causent sur les cellules gustatives de la bouche.
Ex. La saveur d'un vin, d'une poire, etc.
Etym. Du latin *sapor*.

SAVOIE (Vignoble de) n.f.
Vignoble échelonné le long de la vallée du Rhône, et où l'on distingue les crus de Crépy, de Rousselle, de Seissel.

SAVOYAN n.m.
Cépage à raisins noirs, cultivé en Suisse et en Savoie.
Il est aussi appelé Mondeuse car il produit un vin âpre, mais sa vigueur permet de le cultiver en montagne.

SCABIEUSE n.f.
En. scabious
De. Grindkraut
Es. escabiosa
It. scabiosa
Plante herbacée vivace de la famille des Dispsacées.
Plusieurs espèces, cultivées dans les rocailles, étaient utilisées, jadis, contre la gale.
Etym. Du latin *Sarcoptes scabiei*, agent de la gale.

SCABOT n.m.
Troupeau de 500 à 2 000 têtes de moutons transhumants en Provence.
Quand les déplacements s'effectuaient à pied, en tête marchaient quelques vieux boucs, les menons portant d'énormes clochettes, les noundouns ; puis venaient les floquets, béliers auxquels on laissait sur le dos quelques touffes de poils, enfin suivait le reste du bétail (J. Blache).

SCAFERLATI n.m.
En. **cut tobacco**
De. **geschnittener Tabak**
Es. **tabaco de fumar, tabaco picado**
It. **tabacco trinciato**
Tabac à fumer, couper en fines lanières.
De qualité ordinaire, il est fumé à la pipe, ou en cigarettes roulées à la main.
Etym. De l'italien *scarpellati*, taillé au ciseau.

SCALPAGE n.m.
Opération qui consiste à couper le feuillage des betteraves à sucre, juste au-dessus du collet, avant de les extraire mécaniquement du sol.
Ce travail s'effectue à l'aide d'une scalpeuse, machine munie de lames circulaires, tournant horizontalement. On dit plutôt décolletage et décolleteuse.

SCARIFIAGE n.m.
En. **grubbing, scarifying**
Es. **escarificación**
It. **scarificazione**
Préparation d'un sol inculte au défrichement et au défonçage en y faisant passer un *scarificateur*.
Etym. Du latin *scarificare*, pratiquer des incisions.

SCARIFICATEUR n.m.
En. **weeder, grubber**
De. **schwerer Grubber**
Es. **escarificador**
It. **scarificatore**
Instrument agricole muni de dents d'acier robustes qui fendent la terre et l'ameublissent jusqu'à 10 cm de profondeur.
Il sert également à déchaumer après la moisson, surtout dans les régions où l'on pratique le dry farming.
V. Cultivateur, extirpateur.

SCARIFICATION n.f.
De. **Jahresschnitt**
Es. **escarificación**
It. **scarificazione**
Opération qui consiste à pratiquer une incision annulaire sur un sarment de vigne au moment de la veraison pour favoriser la formation des grains de raisins.
La même opération peut s'effectuer sur une branche d'arbre fruitier.
Etym. Du latin *scarificatio* incision.

SCARIFIER v.tr.
En. **to grub, to scarify** (2)
De. **hacken** (2)
Es. **escarificar** (2)
It. **scarificare** (2)
1. Procéder à un léger labour à l'aide d'un scarificateur.
2. Pratiquer une incision autour d'un sarment de vigne, ou d'une branche d'arbre fruitier afin de favoriser la formation des fruits.
Etym. Du latin *scarificare*, pratiquer des incisions.

SCAROLE n.f.
En. **endive, escarole**
De. **Endivie, Zichorie**
Es. **escarola**
It. **scarola**
Variété de chicorée que l'on appelle aussi escarole (*Cichorium endiva*), et que l'on met à blanchir dans du terreau, ou dans une cave pour la consommer en hiver, sous le nom d'endive, aux feuilles blanches et tendres.
Etym. Du latin *escarius*, bon à manger.

SCHEELISATION n.f.
Opération qui consiste à ajouter de la glycérine au vin pour lui donner du corps et du moelleux.
C'est une pratique frauduleuse.
Etym. De Scheele, chimiste suédois.

SCHLITTE n.f.
En. **wood-sledge**
De. **Schlitten**
Es. **trineo para el arrastre de maderas**
It. **slitta per il trasporto di legname**
Traîneau destiné à descendre les rondins coupés le long des versants des montagnes, en particulier dans les Vosges.
Les patins de la schlitte glissent sur des traverses fixées dans le sol, et un bûcheron, appelé schlitteur, placé à l'avant retient le traîneau pour ralentir la descente (fig. 181).
Procédé inutilisé de nos jours.
Etym. De l'allemand *Schlitten*, traîneau.

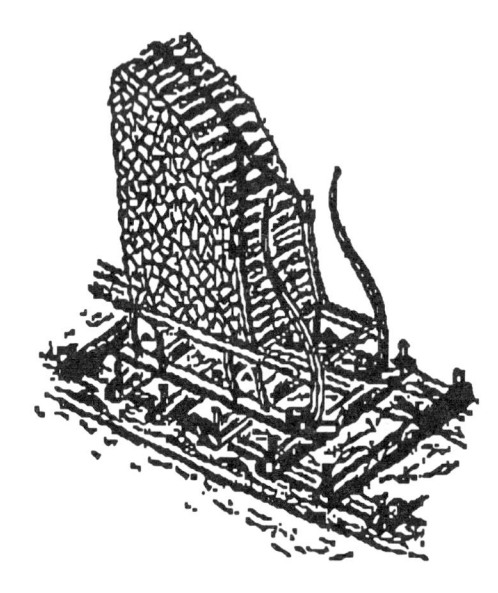

(Fig. 181). Schlitte

SCHWITZ n.f.
Race bovine à robe brune, originaire du canton suisse dont elle porte le nom.
Elle est réputée pour sa rusticité, son aptitude au travail et sa production laitière.

SCIACARALLO n.m.
Cépage cultivé en Corse et produisant soit des vins alcoolisés pour les coupages, soit des vins fins lorsqu'ils proviennent de vignobles en pente, bien exposés et de faible rendement.

SCIAGE n.m.
En. **sawing**
De. **Sägen, Zersägen**
Es. **aserradura**
It. **segatura**
Action de découper les troncs d'arbre en bûches, en poutres, en planches, à l'aide d'une scie à main ou d'une scie mécanique.
Etym. Du latin *secare*, couper.

SCIAPHILE adj.
En. **sciophilous**
It. **sciafilo, eliofobo**
Se dit des plantes qui se développent à l'ombre.
A ne pas confondre avec ombrophile.
Etym. Du grec *skia*, ombre, et *philos*, ami.

SCIE n.f.
En. **saw**
De. **Säge**
Es. **sierra**
It. **sega**
Instrument composé d'une lame aux dents pointues et coupantes, et d'un cadre de bois qui permet de la tendre et de lui imprimer un mouvement de va-et-vient dans les scies ordinaires.
Mais selon leurs formes et leurs usages, on distingue les scies à main, les scies circulaires mécaniques, les scies à ruban, les passe-partout, les scies de long pour scier bois ou pierre.
Etym. Du latin *secare*, couper.

SCIER v.tr.
En. **to saw** (1)
De. **durchsägen** (1)
Es. **aserrar** (1)
It. **segare** (1)
1. Couper des troncs d'arbres avec une scie.
2. Couper les blés avec une faucille dont la lame est munie de petites dents comme une scie.
En langue d'oc, on dit chéga, scier, pour moissonner.
Etym. Du latin *secare*, couper.

SCIERIE n.f.
En. **sawmill**
De. **Sägemühle**
Es. **serrería**
It. **segheria**
Usine où l'on pratique le sciage des bois bruts en grumes, en plateaux, en poutres, en planches, en lattes, etc.
Des scies circulaires, alternatives, ou à ruban, sont actionnées par une chute d'eau, ou par un moteur.
Etym. Du latin *secare*, couper.

SCIERIE VOLANTE n.f.
Scierie légèrement équipée, que l'on déplace de coupe en coupe, à l'aide de tracteur.

SCIEUR n.m.
En. **sawyer**
De. **Säger**
Es. **aserrador**
It. **segatore**
Ouvrier qui scie du bois, ou de la pierre.
On distingue le scieur de bois ordinaire qui coupe le bois de chauffage, du scieur de long qui débite sur un chevalet, à l'aide d'un compagnon et d'une scie de long, les troncs d'arbre en madriers.
Etym. Du latin *secare*, couper.

SCION n.m.
En. **scion** (3)
De. **Reis, Trieb** (3)
Es. **renuevo, pimpollo, retoño** (3)
It. **rimessa, pollone** (3)
1. Première pousse de l'année.
2. Première pousse d'un jeune arbre qui vient d'être greffé *(fig. 182)*.
3. Greffon comprenant un bourgeon et un fragment d'écorce et de liber.
4. Jeune branche qui n'a encore subi aucune intervention en rapport avec la forme que l'on donnera à l'arbre *(R. Blais)*.
Etym. Du francique *kith*, par l'allemand *kidi*, le suffixe *on* étant un diminutif.

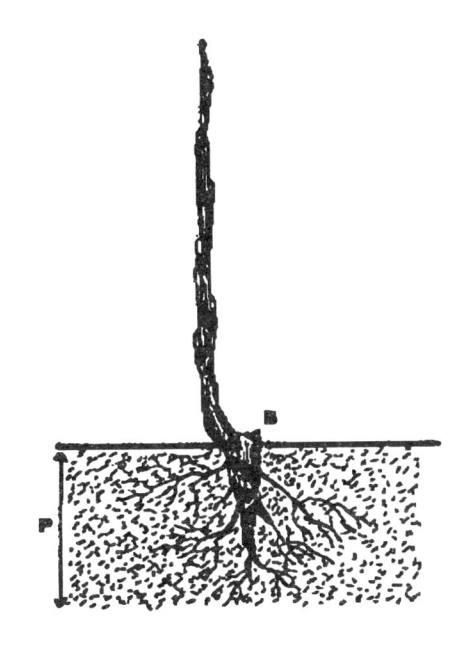

(Fig. 182). Scion

SCIRPE n.m.
En. **bulrush**
De. **Binse**
Es. **junco, rota**
It. **giunco, scirpo**
Plante des terrains marécageux, du genre des Cypéracées dont les longues tiges souples servent à tresser des paniers, ou à rempailler des chaises.
Elle est aussi appelée pour cela jonc des chaisiers.

SCOLYTE n.m.
It. **ipide**
Insecte coléoptère de 5 à 8 mm de long, de la famille des Scolytidés *(Ips sexdentatus)*.
Sa femelle creuse des galeries dans le tronc des arbres, y dépose ses oeufs, et les larves se nourrissent de bois jusqu'à leur nymphose. Elles causent de graves dégâts aux forêts.

SCORIE DE DÉPHOSPHORATION l.f.
En. **basic slag**
De. **Thomasmehl, Thomasphosphat**
Es. **escoria de desfosforación**
It. **scoria di defosforazione**
Engrais chimique obtenu par la pulvérisation des revêtements intérieurs des hauts-fourneaux où l'on fait fondre du minerai de fer contenant du phosphore.
La minette de Lorraine est particulièrement favorable à la production de ces scories à cause de sa teneur en phosphore, et de sa richesse en chaux (45 à 50 %).
Syn. Scories Thomas.
Etym. Du grec *skoria*.

SCORSONÈRE n.f.
En. **scorzonera**
De. **Skorzonera, Schwarzwurzel**
Es. **escorzonera**
Es. **scorzonera**
Plante bisannuelle de la famille des Composées chicoracées *(Scorzonera hispanica)*.
Appelée également salsifis noir ; elle se distingue du vrai salsifis, qui a une racine de couleur jaune clair, tandis qu'elle a une racine à peau noire. La scorsonère pousse à l'état sauvage de l'Espagne à la Sibérie occidentale. Cultivée comme légume, on consomme sa racine frite, ou en sauce.
V. Salsifis.
Etym. De l'italien *scorza*, écorce, et *nera*, noire.

SCOURGEON n.m.
V. Escourgeon.

SCRAPIE n.f.
En. **scrapie**
Maladie virale qui atteint depuis plus de trois siècles les troupeaux de moutons et qui vient de se propager aux vaches des élevages anglais.
Elle se manifeste par du prurit qui pousse l'animal à se gratter jusqu'à s'écorcher, puis, tandis que les membres antérieurs restent immobiles, les membres postérieurs entament un galop qui a fait donner à cette épidémie le nom vulgaire de "tremblante". Elle est due à une destruction progressive des neurones du cerveau. Fréquente chez les moutons, elle n'a été signalée en Angleterre que depuis 1986 chez les vaches. Son virus est une protéine de la classe des prions.
Etym. De l'anglais, *scrap*, débris, déchet d'usine.

S.D.A.U. sigle
Schéma directeur d'Aménagement et d'Urbanisme.
Plan élaboré autour des grandes agglomérations citadines afin de protéger, contre l'extension du bâti urbain, des espaces verts, des sites naturels et des zones de cultures maraîchères et fruitières.

SEAU n.m.
En. **pail, bucket**
De. **Eimer**
Es. **cubo**
It. **secchio**
Récipient pour transporter les liquides : vin, lait, etc. *(fig. 183)*.
Etym. Du latin *sitella*, seau, qui aurait donné *sitellas*, puis *seille* en langue d'oc.

(Fig. 183). Seau à traire

SÉBESTIER n.m.
En. **sebestan**
De. **Brustbeerbaum**
Es. **sebestén**
It. **cordia sebestena**
Arbre fruitier de la famille des Boraginées *(Cordia sebestena)*.
Originaire d'Egypte, on le cultivait autrefois pour ses fruits, les sébestes, variété de prunes dont on faisait des sirops laxatifs.

SECADO n.m.
(Agenais). Local abrité de la pluie, mais largement ouvert au soleil.
On y fait sécher les fruits et les légumes ; on dit aussi un secadou. C'est l'équivalent du clédier limousin.

SÉCAL n.m.
Cépage à raisins blancs, cultivé dans le vignoble de Jurançon.

SECANO n.m.
(Castille). Terre cultivée sans irrigation, par les procédés du *dry farming*.

SÉCATEUR n.m.
En. **pruning shears**
De. **Baumschere**
Es. **podadera**
It. **potatoio**
Instrument composé de deux branches réunies par un écrou à pivot et par un ressort de rappel, et qui sert à couper des tiges.

En serrant les deux branches on rapproche l'une de l'autre une lame ovale tranchante, et une mâchoire en forme de croissant et servant de point d'appui à la tige que l'on veut couper (fig. 184). Des sécateurs automatiques rendent la taille plus facile et plus rapide.
Etym. Du latin secare, *couper.*

(Fig. 184). Sécateur

SÉCATEUR-SERPE n.m.
Sécateur dont l'une des mâchoires se prolonge en forme de serpette.
Cet outil aurait été mis au point par les Gaulois.

SÉCHAGE n.m.
En. **drying**
De. **Trocknen**
Es. **desecamiento**
It. **essiccazione**
Opération qui consiste à prélever par évaporation, naturelle ou artificielle, une partie importante de l'eau contenue dans les tissus d'une plante cultivée (tabac, fourrage), ou d'une graine (maïs), ou d'un fruit (prune).

SÉCHAUX n.m. p.
Prairies à sous-sol perméable et que l'on ne peut irriguer.
On dit aussi des séchères.

SÈCHE n.f.
Maladie qui atteint les pins des Landes et qui se manifeste par une brusque flétrissure de l'arbre.
Elle paraît due à une rupture d'équilibre entre l'alimentation en eau par les racines et l'évaporation par les feuilles, la poussée osmotique n'étant plus susceptible de fournir assez de sève brute au moment des plus hautes températures des journées d'été.

SÉCHER v.tr.
En. **to dry**
De. **trocknen**
Es. **desecar**
It. **essiccare**
Faire disparaître l'eau d'un produit agricole (tabac, prunes, herbe, etc.).
On dit plutôt dessécher.

SÈCHERESSE n.f.
En. **dryness, drought**
De. **Trockenheit**
Es. **sequedad, sequía**
It. **siccità, secchezza**
Déficience du climat et du sol provoquée par le manque d'eau et nuisible aux plantes cultivées.

SÉCHERIE n.f.
En. **drying room**
De. **Trockenkammer, Trockenplatz, Darre**
Es. **secadero**
It. **essiccatoio**
Local aménagé pour la dessication des fruits, ou des résidus d'industrie agricole afin de les conserver pour l'alimentation.
Il est équipé d'appareils de séchage appelés siccateurs. Les produits obtenus sont plus légers, moins volumineux et se conservent plus longtemps (prunes, poires, pulpes, graines, lait en poudre, etc.).
Etym. Du latin siccus, *sec.*

SÉCHERIE n.m.
Installation destinée à dessécher les graines de conifères dans une forêt de résineux.

SÉCHERON n.m.
(France de l'Est.) Pré qui craint la sécheresse.
Jadis, il était mis en défens de mars à septembre afin de permettre au moins une coupe de foin.

SÉCHEUR n.m.
En. **drier**
De. **Trockenmaschine**
Es. **secador**
It. **essicatore, essiccatoio**
Appareil pour dessécher les produits agricoles.

SÉCHEUSE n.f.
Es. **secadora**
It. **essiccatore**
Caisse munie d'un réservoir d'eau chaude dans le fond, et recouvert d'une couche de sable.
Le haut comprend une cage fermée par un édredon ; les poussins y passent quelques heures après leur éclosion pour s'essuyer et se sécher.

SÉCHOIR n.m.
En. **drying room**
De. **Trockenplatz**
Es. **secadero, desecador**
It. **essiccatoio**
Abri, hangar destiné à la dessication des récoltes, en particulier du tabac.
Elément relativement récent de l'habitat rural dans les régions productrices de tabac (Bassin Aquitain), il comprend un soubassement en dur, de plan rectangulaire, des parois en planches, avec des volets mobiles pour l'aération, une toiture à double pente couverte de tuiles, et une large porte sous l'un des pignons pour permettre l'entrée des charrettes chargées de pieds de tabac. La récolte, suspendue en guirlandes, se dessèche lentement de septembre à décembre par aération naturelle et par chauffage artificiel ; elle est ensuite préparée pour la livraison, dans le séchoir si la température n'y est pas trop basse, ou bien dans un local voisin, chauffé. Ce genre de séchoir est de plus en plus désaffecté. La culture du tabac étant en déclin, il est remplacé par des appareils à ventilation à air chaud permettant de sécher le produit (tabac, houblon, foin, grains) rapidement.
Etym. Du latin siccus, *sec.*

SÉCHOIR FROMAGER l.m.
En. **drying chamber**
De. **Trockenplatz für Käse**
Es. **secadero para quesos**
It. **locale di essiccamento**
Local où s'effectuent le début de la maturation et le premier dessèchement des fromages à pâte molle et affinée, avant de les passer à la cave d'affinage.

SECONDAIRE adj.
En. **secondary**
De. **Sekundär-**
Es. **secundario**
It. **secondario**
Se dit d'une formation végétale qui succède à une précédente formation détruite par l'homme.
Etym. Du latin secundarius.

SECONDES HERBES n.f.p.
(Saintonge). Seconde pousse de l'herbe après la fauchaison des foins.
C'est le regain, ou second poil, ou surpoil, que l'on fauche en septembre.

SECOUEUR n.m.
It. **scuotitore**
1. Dans une moissonneuse-batteuse, organe animé d'un mouvement de va-et-vient rapide pour séparer le grain de la paille.
2. Dans une machine à vendanger, instrument agité d'un mouvement horizontal qui frappe et détache les grappes.

SECOUEUSE n.f.
It. **scuotitore, scuotitrice**
Machine munie de fléaux horizontaux, animés d'un mouvement rapide de va-et-vient et qui frappent doucement les branches de noyer, de cerisier ou de châtaignier, et en font tomber les fruits recueillis dans des bacs suspendus sur roues et mobiles.

SECOUIÈRE n.f.
(Lorraine). Passage pratiqué dans une forêt, soit par écobuage, soit au bouteur.

SECTEUR n.m.
En. **sector**
De. **Sektor**
Es. **sector**
It. **settore**
Ensemble des entreprises consacrées à une activité déterminée.
1. Secteur agroalimentaire groupant les productions agricoles traitées pour être conservées et consommées, depuis leur prélèvement jusqu'à leur vente en passant par la suite des opérations industrielles et commerciales nécessaires à leur utilisation.
2. Secteur paraagricole réunissant les activités situées de part et d'autre des activités purement agricoles, mais indispensables à ces activités :

machinisme et commerce agricole, soins sanitaires du bétail, fabrication d'engrais, etc.
3. Secteur primaire agricole : productions brutes du sol (récoltes, élévage, forêt, pêche).
4. Secteur secondaire agricole comprenant la transformation industrielle des produits de la terre.
5. Secteur tertiaire agricole, ensemble de services commerciaux et financiers indispensables aux activités agricoles (P. Habault).
Etym. Du latin *secare*, couper.

SECTION n.f.
1. Division d'un territoire communal, comprenant parfois plusieurs soles, ou plusieurs quartiers.
Elle est limitée par des obstacles naturels, ou par des chemins.
Elle est affectée d'une lettre majuscule qui figure sur les plans cadastraux, et, par ordre alphabétique, dans l'état des sections.
2. Groupe d'habitants d'une commune, vivant généralement dans un hameau et ayant la jouissance exclusive de certains biens : pâturages et forêts.
Cette communauté se trouve tout particulièrement en montagne ; elle n'a pas d'autonomie administrative ; ses biens sont gérés à son profit par la municipalité de la commune dont elle relève et où elle est représentée. Certaines communes ont plus de dix sections, comme Thones en Savoie.
3. Plaque d'acier triangulaire, à deux bords tranchants.
Animée par des rouages excentriques d'un mouvement de va-et-vient dans les doigts d'une barre de coupe de faucheuse, ou de moissonneuse, elle sectionne les herbes des prairies, ou les tiges des céréales.

SECTIONNAUX adj.p.
Qualifient les terrritoires appartenant à une collecitvité rurale corespondant à une section de commune, notamment aux habitants d'un hameau.
Ces épithètes permettent de les distinguer des territoires communaux qui appartiennent à l'ensemble des habitants d'une comumune.

SÉDENTAIRE n.m. et adj.
En. **sedentary** (adj.)
De. **sesshaft** (adj.)
Es. **sedentario**
It. **sedentario**
Individu qui vit au même endroit, à l'abri d'une construction en dur, par opposition au nomade qui se déplace sans cesse et vit sous une tente.
Le paysan est par excellence le type du sédentaire, ses travaux exigeant qu'il soit toujours présent au même endroit.
Etym. Du latin *sedere*, être assis.

SÉDENTARISATION n.f.
En. **sedentation**
De. **Sesshaftwerden**
It. **sedentarizzazione**
Passage de la vie nomade à la vie sédentaire.
Les nomades avec leurs troupeaux cessent leurs déplacements continus et abandonnent leurs tentes pour se livrer au travail des champs et habiter des maisons permanentes (gourbis) ; leur élévage décline et leurs cultures s'accroissent. Cette évolution, qui se produit surtout aux limites de la steppe et du désert, en Asie centrale et autour du Sahara, progresse grâce aux techniques nouvelles (captage de l'eau, dry farming, plantes xérophylles, etc.) elle est favorisée par les services publics, les sédentaires étant plus faciles à gouverner que les nomades. Des faits de sédentarisation se produisent parfois sans être précédés de nomadisme, sur les fronts pionniers des steppes de l'Australie, de la Pampa, de l'Ouest des Etats-Unis, où, autour de rares fermes (ranches), s'étendent de vastes pâturages et des parcs (corral) pour un élévage extensif. Mais si les progrès techniques et la politique pionnière ont favorisé la sédentarisation, une évolution du climat vers la sécheresse met en péril les sédentaires situés aux marges des déserts (Sahel, Gobi).

SÉDENTARITÉ n.f.
En. **sedentariness**
De. **Ssshaftigkeit**
Es. **estado sedentario**
It. **sedentarietà**
1. Etat d'une personne, d'une population, d'un animal, qui ne s'éloigne pas du lieu de leurs activités, ou de leur croissance.
2. Le fait de vivre toujours au même endroit.

SÉDIER n.m.
Ancien nom local des magnaneries.
Etym. Du latin *seta*, soie, par l'adjectif *setarius*, de soie.

SEDUM n.m.
En. **sedum**
It. **sedo**
Plante herbacée de la famille des Crassulacées (*Sedum fabaria*).
On en connaît plus de cent cinquante espèces. Certaines variétés sont culitvées dans les régions tempérées pour leur propriété diurétique, et leur efficacité dans le traitement de l'hydropisie.
Syn. Orpin.

SEGA v.tr.
En dialecte d'oc, couper les blés avec une faucille dont la lame était finement dentelée, comme celle d'une scie *(fig. 87)*.
Etym. Du latin *secare*, scier, qui a donné *segare* en italien et *segat* en provençal.

SÉGALA n.m.
Région favorable à la culture du seigle à cause de ses sols dérivés de roches acides, siliceuses ou argileuses.
Par restriction, ce terme désigne une région du Massif Central et, par extension, il s'applique à tout pays favorable au seigle plutôt qu'au blé, avec des sols qu'il faut améliorer avec des amendements calcaires.
Etym. Du latin *secale*, seigle.

SÉGALAIN n.m.
Habitant d'un ségala, d'un pays à seigle, par opposition à un *caussenard* qui vit dans un pays à froment, à sous-sol calcaire.

SÉGELIER n.m.
(Poitou). Parcelle cultivée en seigle.

SÉGÉTAL adj.
Qualifie les plantes qui poussent dans les blés.
Etym. Du latin *seges*, moissons.

SÉGORAGE n.m.
Redevance due au seigneur lors d'une coupe de bois dans son domaine éminent.
Elle s'élevait au cinquième denier du prix de la vente.

SÉGRAIRIE n.f.
En. **common wood**
De. **Gemeindewald**
Es. **bosque comunal**
It. **bosco di proprietà comune**
Forêt possédée en commun, par indivis, entre le roi et un particulier dit *ségrayer*.
Les maîtrises royales les administraient au même titre que les bois placés sous le régime de la gruerie ; c'étaient des bois segrais, exploités à part (R. Blais).
Etym. Du latin *secretum*, secret, mis à part.

SÉGRAIS n.m.
De. **abgesondertes Forstgebiet**
Es. **bosque aislado**
It. **porzione di bosco a sfruttamento separato**
Bois mis à part dans une forêt pour être exploité séparement.
Etym. Du latin *secretum*, mis à part.

SÉGRAYER v.tr.
Couper des bois que l'on a séparés d'une grande futaie.

SÉGRAYER n.m.
Propriétaire de *bois segrais*, possédés en indivision avec d'autres membres d'une communauté.

SÉGRÉAGE n.m.
1. Administration des bois ségrais.
2. Etendue occupée par ces bois.
Syn. Gruerie, ségorage.

SÉGUIA n.f.
Canalisation conduisant l'eau d'irrigation des sources, des puits, des bassins, ou des cours d'eau, jusqu'aux champs, aux jardins et vergers des oasis dans les régions sahariennes de peuplement berbère, et par extension, dans divers pays de climat aride ou semi aride.
Etym. Du berbère *sagiya*, canal d'irrigation.

SEIBEL. n.m.
Cépage hybride, mis au point par un Ardéchois d'Aubenas, Seibel, vers 1880, en pleine crise du phylloxéra.
Il ne donne que des vins médiocres.

SÉIER v.tr.
(Aquitaine). Moissonner à l'aide d'une faucille à lame découpée en fines dents de scie.
Etym. Du latin *secar* et *sega* en occitan.

SEIFI n.m.
Culture d'été, durant la crue du Nil.
Etym. De l'égyptien *sefi*, été.

SEIGLE n.m.
En. **rye**
De. **Roggen**
Es. **centeno**
It. **segale**
Céréale de la famille des Graminées *(Secale cereale).*
Originaire de la Russie centrale, elle n'a été cultivée qu'à la fin de la période préhistorique ; elle ne pénétra dans l'Empire romain qu'au début de notre ère. Elle pousse bien sur les terres siliceuses, sous les climats froids et humides. De la farine de ses graines on fait du pain. Elle est consommée en fourrage vert par le bétail. Sa paille, longue et souple, sert à faire des liens et à couvrir les toitures. On distingue au moins quatre variétés de seigle.
1. Le seigle d'hiver semé en octobre, récolté en juin.
2. Le seigle de mars semé au printemps, récolté au juillet.
3. Le seigle multicaule, ou de Saint-Jean ; semé fin juin, il donne du fourrage en automne et des grains l'été suivant.
4. Le seigle de Russie, à gros grains, mais de faible rendement. On donne parfois le nom de faux seigle au ray-grass.
Etym. Du latin *secale*, par le provençal *segale.*

SEIGLEUX adj.
(Beauvaisis). Qualifie le méteil, mélange de blé et de seigle.
Equivalent de *blé de méyage*, ou de mélange.

SEIGLIÈRE n.f.
(Maine). Parcelle cultivée en seigle.

SEIGNE n.f.
Prairie humide où les roseaux et les prêles gagnent sur les herbes de bonne qualité.
Synonyme de *sagne*, dont le diminutif est *seignotte.*

SEIGNEUR n.m.
En. **lord, landlord**
De. **Gutsherr**
Es. **señor**
It. **signore**
Propriétaire féodal d'un domaine divisé en réserve et en tenures libres ou serviles.
On distinguait :
1. Le seigneur suzerain duquel dépendait un fief, une terre seigneuriale en vassalité ;
2. Le seigneur foncier qui recevait les redevances des tenures en censives ;
3. Le seigneur haut justicier qui rendait la justice à ses divers degrés ;
4. Le seigneur banal qui percevait les redevances des banalités.
Le seigneur devait protection et justice à ses tenanciers et ceux-ci lui devaient aide et obéissance selon les règles compliquées du régime féodal.
Etym. Du latin *senior*, plus âgé.

SEIGNEURIE n.f.
En. **lordship, manor, seigniory**
De. **Lehensherrschaft, Herrschaft**
Es. **señorío**
It. **signoria**
Ensemble de bâtiments et de terres, de droits et de devoirs relevant d'un seigneur.
A l'origine, sans doute domaine d'un seul tenant mis en valeur par des esclaves sous la direction du maître de la terre. Mais par la suite, au Moyen Age, la seigneurie apparaît comme un inextricable amalgame de droits féodaux, administratifs, judiciaires, financiers et militaires, combinés avec des exploitations agricoles soumises à des obligations très diverses. En gros, on peut distinguer d'abord la réserve seigneuriale, ou mansus indominicatus, que le seigneur fait cultiver par des domestiques, et à l'aide de corvées auxquelles sont astreints les roturiers de la seigneurie. Celle-ci comprend ensuite des fiefs tenus par les vassaux du seigneur, lui devant l'aide aux quatre cas : guerre, rançon, mariage, décès, mais disposant de leurs terres et châteaux comme des suzerains : ils font partie de la classe noble et jouissent de privilèges fiscaux. Réserves mises à part, reste le domaine éminent du seigneur, soit la presque totalité de la seigneurie ; elle se divise en censives confiées à des serfs, ou à des vilains. En vertu d'un bail emphythéotique, dont le souvenir s'est évanoui, moyennant une légère rente, le cens, leurs exploitants en disposent entièrement et peuvent en être considérés comme de réels propriétaires Les serfs sont soumis à la résidence, au chevage, au formariage et à la mainmorte ; mais le seigneur ne peut les chasser ; à la longue, ils ne se distingueront plus des hommes libres. A tous le seigneur doit justice et protection ; il veille à l'administration de son domaine et, en particulier, il fait entretenir moulin, pressoir, four banals dont doivent se servir, moyennant redevances, tous les paysans de la seigneurie. Dans le même ordre d'idées, il fixe les assolements, les droits d'usage, la date des récoltes, en particulier le ban des vendanges ; en somme, il assure tous les droits et les devoirs d'un propriétaire foncier et d'un souverain. Ses agents lèvent les diverses impositions : cens, champart, banalités, et jugent à sa place si c'est nécessaire. Leur maître bat monnaie et entretient un certain nombre d'hommes d'armes que viennent grossir les contingents des vassaux. La seigneurie a été ainsi, par défaillance du pouvoir central, une étroite association de droits régaliens et d'un régime économique basé sur les ressources agricoles locales, auxquelles s'ajoutaient les produits de l'artisanat et un commerce plus ou moins étendu selon la situation géographique. Indispensable en période d'anarchie féodale, la seigneurie cessa de se justifier lorsque la paix royale fit régner l'ordre dans tout le royaume. La nuit du 4 août 1789 mit fin à cette organisation devenue désuète (G. Lepointe).

SEILLE n.f.
En. **pail, bucket**
De. **Holzeimer**
Es. **herrada**
It. **secchia**
Seau en bois, en métal, ou en toile pour transporter des liquides.
Du latin *situla*, seau, et *sitularius* porteur d'eau.

SEILLON n.m.
1. *(Jura).* Petit seau qui sert à transporter le lait (fig. 185).
2. *(Jura).* Déformation du mot *sillon.*
3. Récipient pour recueillir le vin qui s'égoutte de la cuve après soutirage.

(Fig. 185) Seillon

SÉIME n.f.
En. **sand crack**
De. **Hornspalte**
Es. **cuarto**
It. **setola**
Défectuosité du sabot d'un cheval qui se manifeste par une fissure perpendiculaire au bord du sabot.
Elle peut atteindre les parties vives et s'infecter ; une intervention chirurgicale s'impose, sinon on procède à des badigeonnages au goudron et à des sutures métalliques pour favoriser la cicatrisation (fig. 186).
Etym. Du latin *semiesus*, à moitié rongé.

(fig. 186). Séime

SEISSETTE n.f.
(Roussillon). Variété de blé tendre, hâtif, à épis barbus, cultivé dans les pays de climat méditerranéen.

S.E.I.T.A. sigle
Société d'Exploitation Industrielle des Tabacs et des Allumettes.
Etablissement public qui gère la récolte du tabac en France.
Elle dispose de bâtiments industriels pour la préparation des cigares et des cigarettes, et elle conserve le monopole de la vente du tabac et des allumettes à l'intérieur du pays, par l'intermédiaire des bureaux de tabac.
Elle ne possède plus, depuis l'application du Traité de Rome, le contrôle du marché du tabac avec les Etats du Marché Commun, par suite de la libération des échanges commerciaux. Ainsi a pris fin en partie, un monopole qui était total depuis 1674 ; aboli par la Révolution, il avait été rétabli par Napoléon 1er en 1811.

SEIX (RACE DE) l.f.
Race bovine des Pyrénées Centrales, du nom d'une commune de l'Ariége.

SÉLECTIF adj.
En. **selective**
De. **selektiv**
Es. **selectivo**
It. **selettivo**
Caractérise un produit qui permet de lutter contre un virus, ou un microbe, sans porter atteinte aux organes utiles de l'individu, animal ou végétal, et sans nuire aux végétaux voisins.
Etym. Du latin selectio.

SÉLECTION n.f.
En. **selection**
De. **Auswahl, Zuchtwahl**
Es. **selección**
It. **selezione**
Choix des types reproducteurs, animaux ou végétaux, afin d'obtenir de nouvelles espèces, bêtes domestiques ou plantes cultivées, de meilleur rendement que les antécédents.
Ce choix s'effectue en retenant, pour la future génération, des individus ayant les qualités recherchées et en éliminant ceux qui n'ont pas les caractères voulus. Les résultats ne sont parfois obtenus qu'après un cycle de nombreuses opérations sélectives et durant un temps très long.
Ex. La race des chevaux percherons obtenue au cours du XIXème siècle ; les blés à courtes tiges, inversables, récemment mis en valeur. La sélection est assexuée ou clonale lorsqu'on ne retient que les clones, c'est-à-dire les individus issus d'une même souche mère ; elle est créatrice si l'on ne retient que les individus présentant des qualités nouvelles ; elle est généalogique si l'on suit diverses descendances d'une même souche originelle ; elle est massale si l'on retient tous les individus présentant des avantages nouveaux ; elle est sanitaire si l'on écarte tout individu suspect d'atteintes virales dégénérescentes ; elle est ascendante ou descendante si l'on se base sur les qualités des ascendants ou des descendants ; enfin on peut ne tenir compte que des avantages des collatéraux, ou de la performance d'un individu (P. Habault).

SÉLECTIONNER v.tr.
En. **to select**
De. **auslesen, aussuchen**
Es. **seleccionar**
It. **selezionare**
Opérer une sélection, un tri, pour ne retenir que les meilleurs produits des cultures ou de l'élevage, en vue de leur utilisation ou de leur reproduction.

SÉLECTIONNEUR n.m.
En. **plant selector** (1)
De. **Pflanzenzüchter** (1)
Es. **fitogeneticisto** (1), **seleccionador**
It. **selezionatore** (1), (2)
1. Agriculteur choisi par une entreprise de sélection du bétail ou des plantes cultivées, pour élever du bétail sélectionné, ou obtenir des récoltes de qualité et de quantité choisies.
2. Agronome qui procède, par des moyens scientifiques, à des sélections de plantes ou d'animaux.
Etym. Du latin seligere, se mettre à part.

SÉLECTIVITÉ n.f.
En. **selectivity**
De. **Abstimmschärfe, Selektivität**
Es. **selectividad**
It. **selettività**
Qualité d'un produit agropharmaceutique qui, employé dans des conditions définies, n'atteint que des plantes ou des animaux nuisibles, épargnant les individus utiles.

SELLE n.f.
En. **saddle**
De. **Sattel**
Es. **silla**
It. **sella**
Sorte de siège sur le dos du cheval et maintenu par des sangles, afin de le monter plus aisément. *Etym. Du latin sella, siège*

SELLE (CHEVAL DE) l.m.
En. **saddle horse**
De. **Reitpferd**
Es. **caballo de silla**
It. **cavallo da sella**
Cheval issu du croisement d'un pur-sang anglais et d'une jument normande.
Endurant et énergique, il brille dans les concours hippiques.

SELLER (se) v.pr.
Pour une terre argileuse, avoir tendance à se tasser et à se durcir sous l'effet de la sécheresse.

SELLERIE n.f.
En. **saddlery** (2)
De. **Sattelkammer** (2)
Es. **guarnicionería** (1), **guarnés** (2)
It. **selleria** (2)
1. Fabrication et vente des selles.
2. Local où l'on range les selles, et les harnais.

SELLETTE n.f.
It. **traversa mobile per comando**
1. Partie de la charrue où le timon prend son point d'appui.
2. Façon culturale donnée à la vigne et consistant à relever la terre au centre des rangs de ceps, de sorte que ceux-ci occupent le fond des petits fossés ainsi creusés.
L'air et la lumière peuvent alors pénétrer jusqu'aux racines.

SELLIER n.m.
En. **saddler**
De. **Sattler**
Es. **guarnicionero**
It. **sellaio**
Artisan qui fabriquait les harnachements en cuir des bêtes de somme, de trait, et de course et notamment les selles des chevaux, dans un atelier appelé *sellerie*.
Etym. Du latin sella, selle.

SELVE n.f.
Jusqu'au XVIIème siècle, grande étendue de bois.
Il ne se conserve plus que dans la toponymie : Selve Haute, la Grande Selve, etc.
Etym. Du latin silva, forêt.

SEMAILLES n.f.p.
En. **sowing** (1)
De. **Saat, Aussaat**
Es. **sementera, siembra**
It. **semina, seminatura, seminagione**
1. Action de semer.
2. Grains que l'on sème.
3. Epoque où l'on sème.
L'action de semer peut s'effectuer à la volée, en jetant les grains de la main droite sur le sol labouré, c'est "le geste auguste du semeur" ; ou bien elle est réalisée par un semoir mécanique qui laisse tomber régulièrement les grains dans de petits sillons de 3 à 4 cm de profondeur et espacés d'environ 15 cm.
Etym. Du latin semen, semence, qui a donné l'adjectif seminali.

SEMAILLÉES n.f.p.
(Lorraine). Soles lorsque celles-ci sont ensemencées.

SEMAISON n.f.
En. **sowing-time, seed-time** (2)
De. **Saatzeit** (2)
Es. **siembra, sementera**
It. **semina** (1), **tempo di semina** (2)
1. Action de semer.
2. Saison où l'on sème.
Peu usité ; on préfère dire semailles.

SEMARDER v.tr.
(Bourgogne). Donner les premiers soins à la vigne, au printemps.

SEMÉE n.f.
Largeur du champ couvert par les grains que le semeur jetait à chaque lancée.

SEMÉ adj.
En. sowed
De. besät
Es. sembrado
It. seminato
Se dit de ce qui a été ensemencé.

SEMELLE DE LABOUR n.f.
En. plough pan, plough sole (1)
De. Pflugsohle (1)
Es. fondo de labor (1)
It. suola di terreno arato (1)
1. Surface de séparation entre la terre labourée et le sol sur lequel glisse la charrue.
2. Zone du sous-sol rendue imperméable par le tassement provenant du labour, de l'ordre d'un centimètre d'épaisseur.

SEMENCE n.f.
En. seed
De. Samen
Es. semilla, simiente
It. semente, semenza
1. Graine, noyau, rhizome, bulbe ou tubercule, que l'on met en terre pour les faire germer.
Pour abréger la période de germination on peut soumettre les semences au procédé de vernalisation, ou de printanisation.
Des établissements spécialisés se livrent à des expériences qui permettent d'obtenir, par le choix des pollens, des hybrides de très hauts rendements ; c'est le cas du maïs hybride obtenu par le croisement d'un maïs ordinaire et d'un maïs de lignée pure. Mais les graines du maïs hybride sont stériles de sorte qu'il faut renouveler les semences chaque année par l'intermédiaire de producteurs choisis.
2. Par extension, gamète mâle d'un animal.
Syn. Sperme.
Etym. Du latin sementia semence.

SEMENCEAU n.m.
En. beet seed (2)
De. Ableger (2)
It. seme di barbabietola, glomerulo (2)
1. Fragments de pomme de terre enfouis dans le sol pour donner une nouvelle plante.
2. Betterave replantée pour repousser et donner de la graine.
Etym. Du latin sementis, semence.

SEMENCIER n.m.
De. Samenspezialist (3)
Es. sembrador (3)
It. semenzaio (3)
1. Arbre de forêt choisi pour produire des graines.
2. Endroit où l'on produit des graines dans une *industrie semencière*.
3. Spécialiste de la génétique des plantes, cherchant à produire, par hydratation, ou codage des gènes, des milliers de nouvelles variétés de plantes cultivables, résistantes à la sécheresse, aux maladies virales, aux insectes, et de plus haut rendement.
Ainsi certaines variétés de riz, issues de douze croisements, résistent à une dizaine de maladies et, couvrant 10 millions d'hectares, ont doublé de rendement (de 1,2 tonne par ha), évitant ainsi les famines.
Etym. Du latin semen, gerbe.

SEMEN-CONTRA n.m.
En. lavender cotton
De. Heiligenkraut
Es. semencontra
It. santonico, seme santo
Nom commun de plusieurs capitules de composées, cultivées pour le principe actif des graines qu'elles contiennent, la santonine, puissant vermifuge.
Syn. Santoline.
Etym. Du latin semen, semence, et contra, contre (sous-entendu "contre les vers").

SÉMENTINES n.f.p.
It. sementive
Fêtes qui, chez les Romains, clôturaient les semailles, vers décembre ou janvier.
Etym. Du latin sementis, semailles.

SEMER v.tr.
En. to sow
De. säen, besäen, aussäen
Es. sembrar
It. seminare
Mettre des graines, des bulbes, des tubercules, ou des noyaux, en terre pour obtenir les récoltes, ou les arbres correspondant à ces semences. *Etym. Du latin semen, semence.*

SEMER HORS FIN l.v.
(Bourgogne). Semer sans respecter le rythme de l'assolement.
Interdit par la coutume ou par les baux.
Etym. De fin, synonyme de sole.

SEMEUR n.m.
En. sower (1), sowing machine (2)
De. Sämann, Säer (1), Sämaschine (2)
Es. sembrador (1)
It. seminatore (1), seminatrice (2)
1. Celui qui sème, qui répand des graines dans une terre préparée pour obtenir une récolte.
2. Machine à semer.
V. Semoir.

SEMIBOCAGE n.m.
Paysage agraire composé d'un openfield et d'un bocage.
L'openfield, aux champs ouverts et en lanières, se situe au-delà du meix qui entoure le village. Plus loin le bocage entoure de ses haies les prés à foin et regain, et enfin ce sont les bois et les pâtis communs (Jura) qui dominent.

SÉMILLON n.m.
Cépage à raisins blancs très riches en sucre : cultivé en Bordelais.
Il constitue les trois quarts du vignoble du Sauternais : l'autre quart étant du sauvignon doré.

SÉMINAIRE n.m.
It. semenzaio (1)
1. Pépinière.
2. Cage où l'on enferme les volailles pour les engraisser.
Terme désuet.

SÉMINATION n.f.
En. semination
De. natürliche Aussaat
Es. diseminación
It. disseminazione
Dispersion naturelle des graines.

SÉMIOLOGIE n.f.
En. semiology
De. Semiologie
Es. semiología
It. semiologia
Science qui permet de diagnostiquer une maladie, une carence dans l'aspect d'une plante, ou d'un animal, qui en est atteint.
Syn. Séméiologie.
Etym. Du grec semeion, signe, et logos, science.

SEMIS n.m.
En. seed-plot (1), sowing (4)
De. Säen (2), Saat (4)
Es. almáciga, semillero (2)
It. semenzaio (2)
1. Parcelle préparée pour recevoir des graines qui donneront des plantes à repiquer.
2. Dépôt en terre d'une semence, graine ou fruit, afin qu'elle germe et donne de jeunes plants.
3. Parcelle ainsi ensemencée.
4. Procédé d'ensemencement : semis en ligne, semis en poquets, semis à la volée.
Il s'effectue à la main, ou à l'aide d'un semoir.
5. Première phase de la régénération d'une futaie *(P. Habault).*
Etym. Du latin seminare, semer.

SEMIS EN PLACE l.m.
Semis dont les plants ne seront pas repiqués ailleurs, mais grandiront sur place et donneront une récolte.

SEMOIR n.m.
En. seeder, drill (2)
De. Sätuch (1), Drillmaschine (2)
Es. sembradora (2)
It. seminatrice (2)
1. Sac où l'on mettait les grains à semer et que le semeur portait en bandoulière.
2. Instrument agricole comprenant, sur deux roues et avec un train d'attelage, une caisse pleine de graines, des canalisations tournées vers le bas, et munies de socs qui tracent de petits sillons où tombent les graines, une à une, ou par petits groupes.
On distingue des semoirs à la volée, des semoirs en lignes, des semoirs monograines, des semoirs de précision.

SEMOULE n.f.
En. **semolina** (2)
De. **Griess** (2)
Es. **sémola** (2)
It. **semolino** (2)
1. Produit constitué, après broyage du blé tendre, de particules assez grosses et servant à fabriquer le *gruau*.
2. Produit obtenu par broyage du blé dur pour fabriquer des pâtes alimentaires, dans une *semoulerie*.
Etym. De l'italien *semola*.

SEMPER VIRENS adj.
En. **evergreen, perennial**
De. **immergrüner Baum**
Es. **perenne**
It. **sempreverde**
Qualifie un arbre qui garde son feuillage vert pendant l'hiver.
En fait, il renouvelle ses feuilles au cours de l'année, mais à l'intérieur des branches.
Ex. Les conifères.
Etym. Du latin *semper*, toujours, et *virens*, vert, toujours vert.

SENAILLÈRE n.f.
(Berry). Plancher d'étable.
On dit aussi senaille.

SÉNEÇON n.m.
En. **groundsel**
De. **Kreuzkraut**
Es. **hierba cana, auzón**
It. **senecio**
En France, plante herbacée de la famille des Composées, à fleurs jaunes, à tige molle, très appréciée pour la nourriture des lapins.
L'une de ses espèces, la cinéraire, est cultivée comme plante ornementale. En Afrique et en Amérique, certaines espèces sont des arbrisseaux et même des arbres, notamment sur les pentes du Kilimandjaro.
Etym. Du latin *senen, senetio*, vieillard, la plante ayant des fleurs jaunes à aigrettes blanches, comme les cheveux d'un vieillard.

SÉNEVÉ n.m.
En. **wild mustard**
De. **Ackersenf**
Es. **mostaza negra**
It. **senape nera**
Plante de la famille des Crucifères, dont le nom s'applique à diverses variétés de moutarde, notamment à la moutarde noire *(Sinapis arvensis)*, aux graines noires, utilisées en farine comme sinapismes.
Etym. Du latin *sinape, sanve, (V. Ce mot).*

SENNENHUTTE n.f.
(Allemand). Châlet d'élevage dans les Alpes.

SENTIER n.m.
En. **footpath**
De. **Fussweg, Pfad**
Es. **senda, sendero**
It. **sentiero, viottolo**
Petit chemin étroit, à travers champ, lande ou montagne.
Il ne peut servir qu'aux piétons, au bétail en file indienne, et aux véhicules de faible largeur (brouette). Il a été tracé volontairement, ou par le passage répété des bêtes et des gens. On disait aussi une sente au temps jadis.
Etym. Du latin *semitarius*, qui suit les petites rues.

SENTIER DE GRANDE RANDONNÉE n.m.
Itinéraire balisé de signes rouges et blancs, empruntant non seulement des sentiers, mais également des chemins et des routes, pour permettre à des touristes de parcourir des étapes de plusieurs dizaines, ou centaines de kilomètres, en passant auprès de sites pittoresques, ou de monuments archéologiques.
Des guides, avec cartes, signalent les points d'arrêt intéressants et les gîtes pour les repas et le repos.

SEP n.m.
En. **ploughshare**
De. **Pflugsohle**
Es. **dental**
It. **ceppo, dentale dell'aratro**
Pièce plate et longue de la charrue, ou de l'araire, en bois ou en fer, joignant le soc au versoir, ou aux oreilles, et ces diverses pièces à l'age.
Le sep glisse sur le fond du sillon quand avance la charrue (fig. 187).
Syn. Cep.
Etym. Du latin *cippus*, pièce.

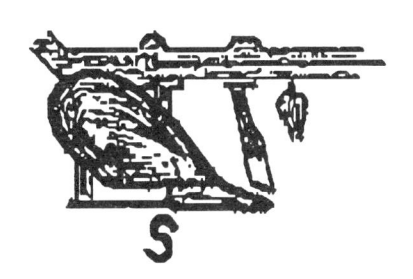

(Fig. 187). Sep

SÉPÉE n.f.
Groupe de tiges issues de la même souche d'arbre après une coupe.
V. Cépée.
Etym. Dérive de cep ou sep.

SEPTEMBRE n.m.
En. **September**
De. **September**
Es. **septiembre**
It. **settembre**
Septième mois de l'année julienne, neuvième mois de l'année grégorienne.
Au cours de ce mois on récolte les légumes secs, les pommes de terre, les betteraves et le tabac. On cueille les pommes, les poires et les pêches tardives ; c'est enfin le début des vendanges.

SEPT-EN-GUEULE n.f.
Petite poire à goût muscat.

SEPTERÉE n.f.
(Auvergne). Mesure agraire d'environ 60 ares.

SEPTIQUE adj.
En. **septic**
De. **Septisch**
Es. **séptico**
It. **settico**
Se dit d'une substance ou d'un organisme qui déterminent une infection, de la fièvre et la putréfaction.
Etym. Du grec *septikos, sépein*, pourrir.

SEPTMONCEL n.m.
Fromage de lait de vache, fabriqué dans le Jura, de forme cylindrique et à moisissures internes.
Variété de *bleu*.

SEPTORIOSE n.f.
Es. **septoriosis**
It. **septoriosi**
Maladie des plantes due à des champignons du genre *septoria*.
Elle se traduit par la fonte des semis, ou par des taches sombres sur les feuilles, ou les graines, ce qui entraîne leur destruction ; on la traite avec des fongicides. Le lin, le céleri, les céréales comptent parmi les plantes les plus touchées.

SÉQUELLE n.f.
En. **after-effects**
De. **Gefolge, Anhang**
It. **sequela**
1. Droit de poursuivre sur le territoire d'une autre seigneurie le tenancier qui ne s'était pas acquitté de ses cens et redevances.
Ce droit était encore en application au XVIIème siècle en Bourgogne.
2. Dîme qu'un abbé, ou un curé, prélevaient sur des terres situées hors de leur *dîmerie*, et où ils avaient le droit de suivre et de poursuivre le tenancier soumis à cette redevance en nature.
C'était le droit de suite.
Etym. Du latin *sequela*, suite.

SÉQUOIA n.m.
En. **sequoia**
De. **Sequoia**
Es. **secoya**
It. **sequoia**
Conifère de la famille des Taxodiasées, comportant deux espèces *Sequoia gigantea* et *S. sempervirens*.
Originaires de Californie ils sont remarquables par leur taille qui peut atteindre 120 mètres et par leur âge qui peut dépasser 2000 ans (R. Blais).

SÉRAC n.m.
Fromage savoyard fabriqué avec du lait écrémé.
Son nom a servi à désigner des blocs de glacier qui lui ressemblent par leur forme et leur couleur.

SÉRAN n.m.
En. **hackle, flax comb**
De. **Hechel**
Es. **rastrillo para el cañamo** (1)
It. **pettine, scapecchiatoio**
1. Appareil qui servait à peigner, à *sérancer*, le lin et le chanvre, ainsi que la paille de seigle quand elle devait servir à couvrir les toitures.
On disait aussi un sérançoir.
2. Chanvre de seconde qualité pour les cordages.

SÉRANCER v.tr.
En. **to hackle**
De. **hecheln**
Es. **rastrillar**
It. **pettinare, scapecchiare**
Diviser et peigner la filasse tirée des tiges de lin, ou de chanvre, après en avoir éliminé les chénevottes. *Etym.* De l'allemand *schrenzen*, diviser, partager.

SÉREH n.m.
Maladie de la canne à sucre, causée par un virus.

SÉRÈNE n.f.
1. *(Normandie).* Vase en terre cuite, d'une quinzaine de litres, destiné à recevoir du lait qui, au bout d'un temps de repos, se couvre de crème que l'on enlève pour faire du beurre.
2. *(Ardennes).* Baratte en forme de tonneau, tournant autour d'un axe horizontal *(fig. 188).*
Etym. Du latin *seria*, jarre.

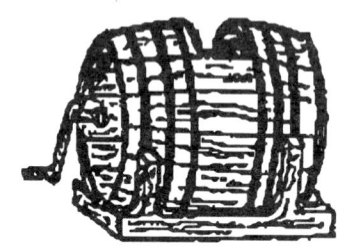

(Fig. 188). Sérène

SÉRENÉZE n.f.
Cépage à raisins noirs, cultivé dans d'Isère.

SERF n.m.
En. **bondman, serf**
De. **Leibeigener**
Es. **siervo**
It. **servo della gleba**
Au cours du haut Moyen Age, personne qui, attachée à une tenure servile, n'était libre ni ses biens, ni d'elle-même.
Elle ne pouvait témoigner en justice, ni figurer dans un duel judiciaire. Si elle déguerpissait, le seigneur pouvait la poursuivre sur les terres des autres seigneurs. Le serf ne pouvait épouser qu'une fille habitant le domaine seigneurial, sinon il devait payer un droit de formariage au seigneur qu'il privait de l'une de ses serves. Si la jeune fille n'était pas serve, elle le devenait par son mariage. Par contre, on ne pouvait priver les serfs de leur exploitation agricole ; ils étaient vendus avec elle, ce qui était une sécurité plutôt qu'une contrainte. En outre, les serfs avaient la personnalité religieuse, et partiellement civile ; leur famille était légitimée par la loi, ou par la coutume, ce qui les distinguait des esclaves antiques. Les serfs de corps étaient frappés de servitude personnelle qui se transmettait surtout par les femmes. Les serfs d'héritage ne l'étaient que pour la tenure qu'ils exploitaient et qui, seule, était réputée servile ; s'ils déguerpissaient ils redevenaient libres. Les hôtes et les coliberts constituaient diverses catégories de serfs. Les serfs étaient soit les descendants des colons du Bas-Empire, soit des individus ayant accepté de perdre leur liberté contre la certitude de ne pouvoir être chassés de la tenure que leur confiait le seigneur. Du IXème au XIème siècle, selon les régions, ils cessèrent d'être taillables et corvéables à merci. Ils ne payaient plus, en plus des cens et rentes, qu'une faible redevance, le chevage, signe de leur servitude. Par le droit de main-morte, les biens du serf devaient revenir, lors de son décès, à son seigneur. En fait, dès le XIème siècle, le seigneur ne retenait qu'une partie de la terre servile, et même la laissait en entier aux héritiers directs moyennant une certaine somme. Au XIIème, et surtout au XIIIème siècle, les serfs s'enrichirent, achetèrent leur affranchissement, ou troquèrent des tenures serviles contre des tenures libres. Ainsi le servage disparut presque complètement, avant la guerre de Cent Ans, dans la plutart des provinces françaises. Il se maintint cependant jusqu'à la Révolution, mais sous une forme très atténuée, sur quelques biens d'Eglise, notamment dans le Jura.
Etym. Du latin *servus*, esclave.

SERFOUETTE n.f.
En. **combined hoe and fork**
De. **Gartenhacke, Kreuzhacke**
Es. **binador, escardillo**
It. **sarchiello, zappetta, bidente**
Petit outil agricole composé d'un manche, et d'un fer à deux dents d'un côté et à lame tranchante de l'autre.
Il sert à biner les plantes d'un jardin (fig. 189).
Etym. Du latin *fodire*, creuser.

(Fig. 189). Serfouette

SERFOUIR v.tr.
En. **to loosen, to hoe**
De. **umhacken, aufhacken**
Es. **binar**
It. **sarchiare, zappettare**
Effectuer un binage à l'aide d'une serfouette.
Le mot devrait s'écrire cerfouir.
Etym. Du latin *circumfodere*, creuser autour.

SERFOUISSAGE n.m.
En. **hoeing**
De. **Behacken, Aufhacken**
Es. **bina**
It. **zappettatura**
Action de serfouir.
Légère culture qui a pour but d'ameublir la terre et de détruire les mauvaises herbes.

SERGENT n.m.
(Poitou). Chiffon, ou poignée de paille, fixé à un bâton planté dans un champ pour signaler que la parcelle, mise en culture, est exclue du libre parcours,.
C'est l'équivalent de brandon.

SERGENTERIE n.f.
Manse attribué par un seigneur à un *sergent* chargé de veiller à l'ordre dans le domaine allodial (IXème siècle).

SERGEON n.m.
Petite botte de chanvre mise à sécher après le rouissage.

SERGIER n.m.
En. **weaver**
De. **Sergeweber**
Es. **tejedor de sargas**
Artisan chargé de fabriquer des tissus de laine à trame serrée avec les fils que lui fournissaient les éleveurs de moutons.

SÉRICAIRE n.m.
Nom savant du ver à soie *(Sericaria mori).*

SÉRICICOLE adj.
En. **sericeous, silky**
De. **Seidenraupenzucht-, Seiden-**
Es. **sericícola**
It. **sericolo**
Qualifie ce qui concerne la soie et sa production.
Etym. Du latin *serious*, en soie et *colère*, cultiver.

SÉRICICULTURE n.f.
En. **sericulture**
De. **Seidenraupenzucht**
Es. **sericicultura**
It. **sericoltura**
Opérations qui ont pour but l'élevage des vers à soie et la production de la soie.
C'est l'oeuvre des sériciculteurs.
Elle est étroitement liée à la culture du mûrier dont les feuilles fraîches constituent la seule nourriture convenant au ver. Répartie dans une vingtaine de départements du Midi méditerranéen, encouragée par les physiocrates, la sériciculture a subi deux crises graves, celle de la pébrine conjurée grâce à Pasteur et celle de la concurrence des soies d'Extrême-Orient et des soies artificielles. L'exode rural a enfin entraîné sa disparition du sol français.

SÉRICIFÈRE adj.
Es. **sericífero**
Qui porte et qui fournit de la soie, telles les *glandes séricifères* des vers à soie.

SÉRICIGÈNE adj.
It. **sericigeno**
Qui produit de la soie, tels les bombyx dits séricigènes. *On dit aussi sérigène.*

SÉRICOLE adj.
Qui a trait à l'élevage des vers à soie.

SÉRIE n.f.
Section d'une grande forêt, traitée d'une manière autonome en ce qui concerne son entretien, sa durée, et l'époque de sa coupe.

SÉRIGÈNE adj.
Es. **serígeno**
Qui produit de la soie.
Etym. Du latin sericus, en soie, et genesis, produire.

SÉRINE NOIRE l.f.
Cépage à raisins noirs et à grappes peu serrées, cultivé sur les Côtes-du-Rhône.
Appelé également Corbelle, ou Corbel.

SERINGA n.m.
En. **syringa**
De. **Flieder**
Es. **jeringuilla**
It. **salindia**
Arbrisseau de la famille des Saxifragacées, utilisé dans les jardins pour ses fleurs blanches et parfumées.
Etym. Du latin syringa, seringue.

SERINGAGE n.m.
Opération qui consiste à arroser les arbres fruitiers d'un liquide insecticide à l'aide d'appareils dérivés de la *séringue*, de sorte que la solution tombe en fines goûtelettes sur les feuilles.
Syn. Bassinage.

SERINGAIS n.m.p.
Parcelles de la forêt amazonienne aménagées pour la récolte, par les *seringueiros*, du latex des *heveas*, afin d'obtenir du caoutchouc.

SÉRINGUEIRO n.m.
Ouvrier brésilien qui recueille le *latex* des heveas dans la forêt amazonienne et qui, primitivement, le coagulait avec un liquide acide (acide acétique, ou formique) qu'il projetait à l'aide d'une seringue, d'où son nom.
L'opération s'effectue aujourd'hui dans des bacs de coagulation.

SERINGUER v.tr.
En. **to squirt**
De. **einspritzen**
Es. **jeringar**
It. **spruzzare, irrorare**
Arroser à l'aide d'une seringue, ou d'une pompe, les feuilles des végétaux pour détruire les insectes, ou bien pour effectuer un arrosage léger.

SERMIAU n.m.
Serpe pour l'émondage des arbres fourragers.

SERPE n.f.
En. **billhook**
De. **Hippe**
Es. **hocino, podadera**
It. **roncola, ronca**
Outil agricole composé d'un manche très court et d'une lame en croissant avec laquelle on tranche d'un coup sec, les branches d'arbre *(fig. 190)*. Etym. Du latin *sarpere*, tailler, émonder.

(Fig. 190). Serpe

SERPEAU n.m.
(Vendée). Grosse serpe à deux tranchants opposés qui sert à tailler les pampres de vigne et les haies des chemins.

SERPENTEAU n.m.
Tige d'arbrisseau que l'on recoupe pour la fixer en terre afin qu'elle y prenne racine.
C'est une variété de marcottage.
Etym. Du latin serpere, ramper.

SERPETTE n.f.
De. **Gartenhippe**
Es. **podadera pequeña**
It. **roncolino**
Petite serpe à lame fine et recourbée vers le haut.
Jadis très employée pour tailler les branches des arbres fruitiers, elle est aujourd'hui remplacée par le sécateur. Elle sert cependant à parer les plaies causées aux gros rameaux par une mauvaise coupe à la scie (fig. 191).

(Fig. 191). Serpette

SERPOLET n.m.
En. **wild thyme**
De. **Quendel, wilder Thymian**
Es. **serpol**
It. **serpillo, pepolino, serpollino, timo**
Plante de la famille des Labiacées *(Thymus serpyllum)*, cultivée dans les jardins pour ses feuilles à odeur aromatique, utilisées comme condiment.
Elle est connue également sous le nom de thym bâtard.
Etym. Du latin serpullum.

SERPO SÉCATEUR n.m.
Sécateur dont l'un des *mors* forme, sur sa surface dorsale, une hachette pour tailler la vigne.

SERRADELLE n.f.
En. **serradella**
De. **Serradella**
Es. **serradella**
It. **serradella**
Plante de la famille des légumineuses *(Ornithopus sativus)*.
Connue aussi sous le nom de pied d'oiseau, elle est cultivée comme fourrage dans les péninsules méditerranéennes, car elle s'accommode de climats chauds et secs : mais elle pousse très bien en Belgique et en Angleterre.

SERRE n.f.
En. **hothouse, greenhouse**
De. **Treibhaus, Gewächshaus**
Es. **invernadero**
It. **serra**
Bâtiment destiné à "serrer", à mettre à l'abri les cultures hâtives, délicates, ou poussant hors saison.
Elles s'y développent dans un climat artificiel dû à la protection contre le vent, à la lumière diffusée à travers des cloisons transparentes et à une température élevée obtenue des rayons solaires et parfois par du chauffage dans un air humide.
Etym. Du latin sera, serrure.

SERRE-NEZ n.m.
En. **twitch**
De. **Nasenklemme**
Es. **acial**
It. **torcinaso**
Appareil composé d'une pince qui, introduite dans le nez d'un cheval, le fait tenir tranquille en lui causant une vive douleur s'il s'agite.
Syn. Tord-nez.

SERRES (Olivier de) n.pr.
Agronome français, né à Villeneuve-de-Berg dans l'Ardèche, en 1539.
Il fit de son domaine une ferme modèle, pratiquant un assolement méthodique, remplaçant la jachère par la culture des légumineuses, important la garance, le houblon, le maïs, le mûrier dans la vallée du Rhône. Protégé par Henri IV pour développer la sériciculture, il publia plusieurs ouvrages d'agronomie, en particulier le "théâtre d'agriculture et mesnage des champs". Il mourut en 1619 dans son domaine du Pradel, près de Villeneuve-de-Berg.

SERRET n.m.
Fromage blanc et tendre, que l'on fait fermenter dans le foin.
Il servait de nourriture aux ouvriers agricoles dans les plaines du bas Dauphiné.

SERRE-TUNNEL l.f.
En. **tunnel greenhouse**
De. **Gewächshaus, Treibhaus**
Es. **invernadero**
It. **serra-tunnel**
Abri composé d'une toile en plastique transparent, soutenue au-dessus des plantes à protéger par des arceaux en bois ou en métal, et utilisée pour les planches de fraisiers

SERRICULTURE n.f.
Culture sous serre.

SERRISTE n.m.
En. **nurseryman**
Es. **estufijero**
It. **coltivatore in serra**
Maraîcher, arboriculteur ou pépiniériste qui se livre à la culture sous serre, à la serriculture.

SERTE n.f.
(Poitou). Saillie d'une jument par un baudet.

SÉRUM n.m.
Es. **serum** (2), **whey** (1)
De. **Milchserum, Serum** (1)
Es. **suero lácteo** (1)
It. **siero** (1)
1. Liquide qui se sépare du lait en voie de coagulation par la présure.
C'est le petit lait. Riche en lactose et en sels minéraux, ce résidu de la fabrication du fromage, connu également sous le nom de lactosérum, est utilisé pour la nourriture des porcelets ; c'est un antiseptique pour l'intestin et un diurétique.
2. Partie liquide qui se sépare du sang après sa coagulation.
Elle est employée en injection comme préventif ou curatif contre les maladies du bétail (diphtérie, tétanos, méningite, gangrène, venin, peste, dysenterie, rouget, etc.) ; si elle provient d'animaux ayant été vaccinés contre ces maladies, les anticorps qu'elle contient réagissent avec succès contre les agents de ces affections. Faute de sérum naturel, l'Institut Pasteur et divers laboratoires préparent des sérums artificiels de même composition que celui du sang.
Etym. Du latin *serum*, petit lait.

SERVAGE n.m.
En. **serfdom, bondage**
De. **Leibeigenschaft**
Es. **servidumbre**
It. **servitù, servaggio**
Condition des serfs au Moyen Age.
Dérivé sans doute de l'esclavage antique et du colonat romain, le servage liait étroitement l'homme à la tenure qui lui était concédée, et au domaine de son seigneur. Il était astreint aux divers services roturiers, à des redevances et au chevage, symbole de son état de servitude. Il ne pouvait vendre, ni acheter de terre sans autorisation, ni se marier hors de la seigneurie, à moins d'acquitter des droits de formariage, ni laisser sa terre à ses héritiers, sauf à verser par ceux-ci des droits de main-morte. S'il quittait sa tenure, son seigneur avait le droit de le poursuivre sur les terres des autres seigneuries pour le ramener sur la sienne. En retour, les statuts du servage ne permettaient pas au seigneur de séparer l'homme de la terre qui le faisait vivre, et s'il la cédait à un autre seigneur, il cédait également le serf et sa famille, ce qui a laissé croire à des ventes d'êtres humains, alors qu'il s'agissait de les préserver de l'arbitraire des maîtres du sol. Peu à peu les contraintes du servage s'atténuèrent et elles disparurent presque complètement du IXème au XIème siècle, mais se maintinrent dans les biens de l'église jusqu'à la nuit du 4 août 1789 (Jura).

SERVAN n.m.
Cépage à raisins blancs, à gros grains, de saveur médiocre.
Connu également sous le nom de Bicane.

SERVANTINE n.f.
Variété de poire.

SERVE n.f.
Es. **sierva**
1. Femme d'un serf.
2. Pièce d'eau qui sert à abreuver le bétail (Limousin), à l'irrigation (Dauphiné), à l'élevage du poisson (Auvergne).

SERVICE n.m.
En. **service** (3)
De. **Dienst** (3)
Es. **servicio** (3)
It. **servizio** (3)
1. Bois de haute qualité, dit bois de service.
2. Saillie d'une jument par un étalon.
3. Obligation féodale sur le domaine réservé du seigneur.
Etym. Du latin *servire*, être esclave.

SERVICE AGRICOLE l.m.
Ensemble des attributions qui, dans un département, sont confiées à une D.D.A. (Direction départementale de l'Agriculture) : expériences, diffusion des connaissances et des règlements, projets et plans de culture et d'élevage, statistiques, enseignement agricole, protection phytosanitaire, etc.
Etym. Du latin *servicium*.

SERVICE AVERTISSEUR ou **D'AVERTISSEMENT** l.m.
En. **warning service**
De. **Warndienst**
Es. **servicio de vigilancia**
It. **servizio di consulenza**
Organisme établi par les pouvoirs publics, ou par des associations d'usagers, afin de prévenir les agriculteurs des dangers que peuvent courir leurs récoltes, ou leurs troupeaux : orages, gelées, maladies, etc.

SERVILE adj.
En. **servile**
De. **sklavisch**
Es. **servil**
It. **servile**
Qualifie ce qui a trait à la condition d'un serf.
Selon les coutumes féodales les oeuvres serviles ne pouvaient être imposées aux gens d'armes.

SERVINES n.f.p.
(Berry). Prairies marécageuses.

SERVITUDE n.f.
En. **bondage, servitude**
De. **Knechtschaft**
Es. **servidumbre**
It. **servaggio**
Etat d'esclavage, de servage.
Etym. Du latin *servitudo*, esclavage.

SERVITUDES n.f.p.
En. **servitudes** (1)
De. **Servituten** (1)
Es. **servidumbres** (1)
It. **servitù** (1)
1. Obligations et redevances pesant sur les terres, les chemins et les bâtiments d'un domaine, ou d'un finage.
2. Dépendances d'une ferme : étables, granges, hangar qui servent directement à l'exploitation d'un domaine.

SERVITUDE DE PASSAGE l.f.
Es. **servidumbre de paso**
It. **servitù di passaggio**
Obligation de laisser passer sur sa terre un voisin pour recueillir ses récoltes.

SERVITUDE D'ÉLAGAGE l.f.
Obligation de couper les branches de ses arbres si elles dépassent chez le voisin.

SERVITUDE D'ÉCHELAGE l.f.
Obligation de laisser son voisin poser son échelle chez soi pour construire ou réparer un mur mitoyen

SERVITUDE DE HALAGE l.f.
Obligation de laisser passer les *haleurs* sur un terrain bordant un cours d'eau navigable.

SÉSAME n.m.
En. **sesame**
De. **Sesamkraut**
Es. **sésamo**
It. **sesamo**
Plante annuelle de la famille des Pédaliacées *(Sesamum indicum).*
Originaire sans doute des îles de la Sonde, elle porte, à l'aisselle de chaque feuille, une fleur qui donne naissance à une capsule. Celle-ci contient des graines très riches en huile ; aussi le sésame a-t-il été cultivé dès une très haute antiquité. En Europe, sa culture n'est possible qu'en Grèce, à Malte, en Sicile et en Andalousie. L'huile de sésame, douce, inodore, est fort appréciée des Arabes.

SESSILE adj.
En. **sessile**
De. **ungestielt**
Es. **sésil**
It. **sessile**
Se dit d'une feuille sans pétiole, d'une fleur sans pédoncule, d'un fruit sans pédicelle.
Etym. Du latin *sessilis*, être assis.

SÉSTÉRAGE n.m.
Redevance que le seigneur d'un domaine levait sur toute vente de produits se mesurant avec un setier. *On disait aussi sesterage.*

SÉTERÉE n.f.
Mesure agraire valant environ 50 ares en Haute Provence, soit une surface que l'on pouvait ensemencer avec un setier de blé (127 litres en Berry).
Son étendue était très variable selon les régions.

SETIER n.m.
En. **measure of about 8 pints**
De. **Sester**
Es. **sextario**
It. **sestario**
Mesure de capacité valant dans la région parisienne, douze boisseaux.
Egale au douzième du muid, elle contenait environ 156 litres. Dans la région d'Issoudun, le setier contenait dix boisseaux de 12,7 litres chacun pour le blé, le méteil, l'orge et le seigle, et 16 boisseaux de 15,66 litres chacun pour l'avoine. C'était donc une mesure qui variait selon les régions et selon les produits. Le même terme s'appliquait aux mesures de liquides : le setier de Paris contenait 8 pintes de 48 pouces cubes chacune, soit 7,6 litres.
Etym. Du latin *sextarius*, sixième.

SÉTIFÈRE adj.
En. **sericeous**
De. **borstentragend**
Es. **setifero**
It. **setifero**
Qualifie tout ce qui produit de la soie, en particulier le *ver bombyx,* ou ver à soie.
Etym. Du latin *seta*, soie, et *ferre*, produire.

SEUIL n.m.
En. **threshold**
De. **Türschwelle**
Es. **umbral**
It. **soglia**
Dans l'évolution d'une situation, point à partir duquel, sous l'influence d'une tension physique ou humaine, se produit une profonde mutation d'un phénomène.
Tel est le cas, en géographie agraire, d'une région qui se trouve lentement surpeuplée jusqu'au moment où se produisent des disettes ou des famines, des désordres longtemps contenus qui bouleversent les bases sociales et économiques antérieures, et déterminent l'émigration.
Etym. Du latin *solium*, siège.

SEUIL DE RENTABILITÉ n.f.
Es. **umbral de rentabilidad**
It. **soglia di redditività**
Equilibre entre les recettes et les dépenses à partir duquel il se trouve rompu soit parce que les recettes ne s'élèvent pas suffisamment pour couvrir les dépenses, soit parce que les dépenses s'élèvent trop pour être couvertes par les recettes.

SEUIL DE TOLÉRANCE n.f.
Es. **umbral de tolerancia**
It. **soglia di tolleranza**
Limite orographique, climatique, botanique, démographique, etc., au dessous de laquelle un être vivant, plante ou animal, ne peut plus se développer normalement.
C'est, en particulier, la quantité d'un produit nocif, par exemple un pesticide, qui peut être admise dans un aliment sans entraîner de graves désordres biologiques pour l'animal consommateur.

SEULLON n.m.
(Centre). Ancienne mesure agraire de 4 pieds de large et de 120 pieds de long, le pied mesurant environ 32 centimètres.

SÈVE n.f.
En. **sap**
De. **Pflanzensaft**
Es. **savia**
It. **linfa, succhio** (2)
1. Qualité des vins qui ont à la fois un goût délicat, un arôme distingué et de la force.
2. Liquide nourricier qui circule dans les vaisseaux des plantes.
On distingue la sève brute de la sève élaborée.
Etym. Du latin *sapa*, vin cuit.

SÈVE BRUTE l.f.
Es. **savia bruta**
It. **linfa greggia**
Solution de sels minéraux (nitrates, phosphates, potasse, etc.) ; prélevés dans le sol par les poils absorbants des racines et s'élevant, sous l'influence de la pression osmotique, dans les vaisseaux libéroligneux des plantes herbacées et dans l'aubier des végétaux ligneux.
Elle atteint ainsi les feuillages où elle est soumise à la fonction chlorophylienne qui la transforme en sève élaborée.

SÈVE ÉLABORÉE l.f.
Es. **savia elaborada**
It. **linfa elaborata**
Solution des matières organiques provenant de la synthèse, dans les feuillages, et sous l'influence de la lumière et de la chlorophylle, du gaz carbonique et des minéraux de la sève brute.
La sève élaborée circule lentement dans les tubes criblés libéroligneux des plantes herbacées, ou dans le liber des végétaux ligneux, pour alimenter et accroître les divers tissus végétaux.

SÈVE D'AOUT l.f.
Seconde pousse des feuillages des vignes et des arbres fruitiers, au cours du mois d'août.
On dit parfois une seconde sève.

SÉVIGNÉ n.m.
Cépage à raisins noirs, cultivé en Basse Bourgogne.

SEVRAGE n.m.
Es. **destete**
It. **svezzamento**
Action de sevrer.

SEVRER v.tr.
En. **to wean** (1)
De. **abstillen** (1)
Es. **destetar** (1)
It. **svezzare** (1),
staccare dalla pianta madre (2)
1. Faire passer de jeunes animaux domestiques de l'alimentation lactée, naturelle ou artificielle, à une alimentation d'adultes.
2. Séparer, en les coupant de la plante mère, les marcottes qui ont pris racine.
3. Eloigner l'un de l'autre deux arbres fruitiers, greffés par approche de leurs troncs, lorsque le greffon est bien pris sur le sauvageon.
Etym. Du latin *separare*, séparer.

SEXAGE n.m.
En. **sexing**
De. **sortieren** (nach Geschlecht)
Es. **sexaje**
It. **sessaggio**
Détermination du sexe d'une volaille par des différences morphologiques, par les couleurs du plumage, par la présence ou l'absence d'ergots, de caroncules, ou par endoscopie dans le cloaque.

SEXE n.m.
En. **sex**
De. **Geschlecht**
Es. **sexo**
It. **sesso**
Fonction essentielle des organismes végétaux et animaux, caractérisée par la production d'une espèce de cellules, les *gamètes*, qui ont la propriété de fusionner avec d'autres cellules dites aussi *gamètes* douées les unes et les autres d'une sexualité différente, mâle ou femelle.
Leur fusion donne naissance à une graine, à un oeuf, à un foetus selon l'individu : plante, animal ovipare, ou vivipare.
Etym. Du latin *sexus*.

SEX-RATIO l.m.
Rapport dans une population donnée, entre les nombres des individus de chaque sexe.
En démographie rurale, c'est le fait que les jeunes agriculteurs trouvent difficilement une compagne pour les aider à diriger leur exploitation ; dans les régions de petites propriétés, nombreux sont ceux qui restent célibataires, les jeunes filles préférant un mari citadin, fonctionnaire, commerçant, ouvrier (J. Pitié).

SEXTÉRAGE n.m.
Redevance féodale versée au seigneur pour chaque setier de blé vendu sur le marché.
On disait aussi sextellage.

SEYOT n.m.
Scie pour couper les troncs d'arbre en rondins.

SEYSSEL n.m.
Nom de deux chefs-lieux de canton, situés de part et d'autre du Rhône, en Haute-Savoie et dans l'Ain, au centre d'un vignoble réputé pour ses vins blancs mousseux, dits *Roussette de Seyssel*.

SHERRY n.m.
(Andalousie). Vin blanc liquoreux provenant des vignobles de Xérès.

SHORTHORN l.f.
Race de bovins, originaire du Durham.
A cornes très courtes, d'où son nom, elle se prête à un engraissement rapide ; elle a contribué à améliorer plusieurs races locales françaises.

S.I.A.L. sigle
Salon International de l'Agriculture.
Manifestation française et européenne consacrée à l'agriculture, à ses techniques et à ses produits. *Depuis 1964, elle se déroule au début de mars dans le parc des expositions de la ville de Paris, Porte de Versailles.*

SIBÉRI n.m.
Variété de sarrasin *(Polygonum tataricum)*.
Originaire de Sibérie, il a été cultivé dans le Bocage Normand.

S.I.B.E.V. sigle
Société Interprofessionnelle du Bétail et de la Viande.
Etablissement chargé de veiller sur la qualité et la commercialisation des produits de l'élevage. *Créé en 1959, il y parvient par la constitution de stocks et par l'imposition de normes.*

S.I.C.A. sigle
Société d'Intérêt Collectif Agricole.
Association groupant des agriculteurs, des industriels et des commerçants pour créer et gérer en commun des équipements et des installations destinés à assurer des services dans l'intérêt des agriculteurs.

SICCATEUR n.m.
En. **tripod** (1)
De. **Heureuter** (1), **Reuter**
Es. **caballete** (1)
It. **essiccatore**
1. *(Pyrénées, Alpes)*. Ensemble de perches entrecroisées sur lesquelles on fait sécher le foin dans les régions humides
Syn. Perroquet.
2. Appareil utilisé dans les sécheries pour fabriquer du lait en poudre.
Le lait liquide, s'écoulant sur des cylindres chauffés à plus de 100 dégrés, perd de l'eau et devient une pellicule solide que l'on réduit en poudre fine.
Etym. Du latin siccare, faire sécher.

SIDÉRATION n.f.
De. **Gründüngung** (1)
Es. **sideración** (1)
It. **siderazione** (1)
1. Fumure par enfouissement dans le sol de fourrages verts, en particulier de légumineuses, appelées curieusement *plantes sidérales*, car elles ont la propriété de prélever dans l'espace, grâce au soleil, l'azote de l'air, et de le fixer sur leurs racines.
2. Etude de l'influence des astres sur les cultures et l'élevage.
En particulier les phases de la lune ont passé pour être bénéfiques, ou maléfiques, sur la poussée des plantations, ou la vitalité des poussins. Points de vue sujets à polémiques.
Etym. Du latin sidus, astre.

SIETTE n.f.
(Poitou).
1. Ensemble de parcelles jointives consacrées à la même culture, ou à la jachère.
2. Equivalent de la sole soumise, dans toutes ses parcelles, à la même rotation de cultures.

SIEURIE n.f.
Petite seigneurie sans droit de justice sur les terres dont elle était suzeraine.

SIGNALEMENT n.m.
Relevé écrit des caractéristiques d'un animal domestique selon un code fixé par la loi.
C'est le cas pour un cheval, pour un taureau sélectionné, pour un chien de race.

SIGOYER n.m.
Cépage à raisins noirs, dit aussi *Bouteillan*, cultivé en Languedoc et en Provence.

SILIQUE n.f.
En. **silique**
De. **Schote**
Es. **silicua**
It. **siliqua**
Fruit à deux valves, long ou court, des Crucifères, et qui lorsqu'il est sec s'ouvre brusquement, projetant ses graines.
Syn. Gousse, silicule, déhiscent.

SILLÉE n.f.
(Bourgogne). Profond sillon où l'on plante les jeunes pieds de vigne.

SILLON n.m.
En. **furrow** (1)
De. **Furche** (1)
Es. **surco** (1)
It. **solco** (1)
1. Longue rainure tracée par la charrue dans la terre arable, le coutre la tranchant verticalement, le soc la coupant horizontalement et le versoir la soulevant et la renversant à droite.
Pour les diverses parties du sillon voir raie, crête, jauge, semelle, muraille, bande, enrayure, dérayure.
2. Petit fossé ouvert à la bêche, ou à la charrue, pour semer, ou planter, en ligne droite.
3. Arête de terre formée par deux rayes de charrue déversées l'une vers l'autre.
4. Billon formé par quatre bandes de terre soulevées par le versoir et appliquées les unes contre les autres.
5. Anciennement mesure de surface agraire correspondant à une planche de labour, de dimensions déterminées, et ensemencée.
Etym. Dérivé peut-être du celte selj, amasser la terre, qui a donné silier, labourer en vieux français.

SILLON D'OR l.m.
Variété de blé de bon rendement et de grande valeur boulangère, à cause de sa richesse en gluten.

SILLONNEUR n.m.
En. **moulder, ridger**
De. **Furchenhacke, Radhacke**
Es. **surcador**
It. **assolcatore**
Variété de houe montée sur roue, avec un cadre, de petits socs, un train d'attelage et des mancherons, pour biner des plantes sarclées.
Syn. Sarcleuse.

SILO n.m.
En. **silo, elevator** (3)
De. **Futterbehälter, Getreidekeller** (3), **Silo**
Es. **silo** (3)
It. **silo** (3)
1. Fosse creusée dans le sol pour conserver des racines, ou du fourrage *(fig. 80)*.
2. Tour en métal où l'on accumule par le haut les fourrages verts que l'on retire par le bas, pour l'alimentation du bétail,.
3. Bâtiment à plusieurs compartiments de grandes dimensions, destinés à recueillir de grandes quantités de céréales et munis de mécanismes pour les ventiler et les livrer à des camions, à des wagons, et à des cargos qui les transporteront au loin.
Ces silos s'appellent en Amérique des elevators à cause du déplacement des grains vers le haut, par aspiration, ou par chaînes à godets.
Etym. Du grec siros, jarre à blé, qui a donné en lat. sirus, fosse où l'on conserve le blé, et silo en espagnol.

SILOTAGE n.m.
Es. **ensilado**
It. **insilamento, insilaggio**
Opération qui consiste à mettre en silo, pour les conserver, des fourrages, des betteraves, des fanes, etc.

SILVA n.f.
Forêt riche en bois, en produits de cueillette, en gibier et en pacage.
Ce mot s'écrit aussi sylva.

Etym. De la trilogie latine du paysage agraire méditerranéen, *ager, saltus, silva.*

SILVANER n.m.
Cépage vigoureux à raisins blancs, cultivé en Alsace où il donne son nom à un vin reputé.
On distingue le silvaner doré du silvaner blanc.

S.I.M.A. sigle
Salon International de la Machine Agricole.
Exposition de matériel tous les ans, au mois de mars, dans les bâtiments de la Porte de Versailles à Paris.

SIMMENTHAL n.m.
Race bovine d'origine suisse (Vallée de la Simmen).
De robe pie jaune, ou pie rouge, elle est rustique et bonne laitière.

SIMOREAU n.m.
Cépage à longs raisins à grains noirs, très productifs, mais mûrissant mal en Lorraine, où il était jadis cultivé.
Il comptait plusieurs variétés : Noir de Lorraine, Noir de Vaucluse, Noir de Pressac, etc.

SIMPLES n.m.
En. **simples**
De. **Heilpflanzen**
Es. **simples**
It. **semplici**
Plantes cueillies, ou cultivées, pour leurs vertus médicinales, et utilisées en infusion, en décoction, ou avec divers ingrédients. *Le fenouil contre la toux, le cerfeuil contre les hémorragies, la sarriette contre les maux d'estomac, etc.*
Etym. Du latin *simplex*, réduit à un seul élément.

SIMULATION n.f.
En. **simulation**
De. **Simulation**
Es. **simulación**
It. **simulazione**
Carte en noir, ou en couleur, obtenue par satellite et indiquant certaines données agricoles : répartition des parcelles cultivées, nature des cultures, des récoltes.
La simulation forestière permet de distinguer dans une forêt les espèces d'arbres, leur densité, leurs maladies. Ces possibilités sont dues à l'utilisation du procédé S.P.O.T. (V. Ce sigle)

SINEAU n.m.
(Champagne). Fenil situé au-dessus des bergeries, avec un plancher à claire-voie pour aérer le fourrage.

SIOURE n.m.
Un des noms du chêne-liège, d'après le botaniste forestier Mathieu.

SIPHON n.m.
En. **siphon**
De. **Siphon**
Es. **sifón**
It. **sifone**
Tube coudé, ouvert aux deux extrêmités, et permettant de prélever de l'eau dans un tuyau, dans une rigole, ou dans un ruisseau, pour irriguer une planche de légumes, sans pratiquer d'entaille dans le talus séparant planche et canalisation.
Etym. Du grec *siphon*.

SIRAH n.m.
Cépage à raisins noirs, appelé également *Damas noir*.

SIRAMUSE n.m.
Cépage à raisins noirs, cultivé dans la vallée du Rhône.

SIRANIE n.m.
Cépage à raisins noirs, cultivé dans la vallée du Rhône.
Appelé parfois Cirène de Romans.

SIROP D'ÉRABLE l.m.
En. **maple syrup**
De. **Ahornsirup**
Es. **jarabe de arce**
It. **sciroppo di acero**
Sirop obtenu par évaporation de la sève recueillie dans une entaille de 4 à 5 cm et à 1 m du sol, le long du tronc des érables du Canada. *La récolte a lieu au début du printemps : 40 litres de sève donnent environ 1 litre de sirop.*

SISAL n.m.
En. **sisal**
De. **Sisalagave**
Es. **agave, sisal**
It. **sisal**
Plante grasse de la famille des Amaryllidacées, *(Agave sisalana)*, dont les feuilles, longues et pointues, donnent une fibre grossière, utilisée pour la fabrication des cordages, des toiles d'emballage, etc.
Originaire de l'Amérique centrale, elle tire son nom de la ville de Sisal, en Yucatan ; elle est également cultivée au Brésil et en Afrique.

SITIANTE n.m.
Petit paysan brésilien qui a reçu en location, du grand propriétaire voisin, quelques lopins de terre pour assurer la nourriture de sa famille logée dans une maison rudimentaire.
Pour s'acquitter de son loyer, il effectue, au moment des grands travaux, des "journées" dans le domaine de son bailleur.
Etym. Dérivé du latin *situs*, casé, et du portugais *sitio*, endroit, site.

SITIO n.m.
1. *(Brésil).* Exploitation agricole de petite dimension, située et découpée dans un grand domaine pour être mise en valeur par un *sitiante*.

2. *(Etat de Sao Paulo).* Partie du lotissement d'un vaste territoire.
Le sitiante la met en valeur, soit avec une plantation de café, soit avec des cultures vivrières, ou de l'élevage ; il s'acquitte de son bail par une redevance, ou par le partage des récoltes.
3. *(l'Etat de Pernambouc).* En bordure d'un grand domaine consacré à la production de la canne à sucre, quelques lopins de terre autour d'une cabane où logent le sitiante et sa famille.
Celui-ci est un simple ouvrier agricole qui effectue de nombreuses journées de travail sur le domaine pour payer la location du sitio. Il consacre ses loisirs à cultiver, autour de sa cabane, des plantes vivrières pour assurer la subsistance des siens.

SITONE n.m.
Agent municipal qui était chargé, à Athènes, de se procurer du blé en temps de disette et d'en assurer la distribution.
Equivalent du commissaire romain chargé de l'annone.
Etym. Du grec *sitos*, blé.

SITOPHAGE adj.
Es. **sitófago**
Qualifie tout être vivant qui se nourrit de blé.
Etym. Du grec *sitos*, blé, et *phagein*, manger.

SITOTROQUES n.m.p.
It. **sitotroghe**
Papillons dont les chenilles, écloses sur les épis des céréales avant maturité, pénètrent dans les grains et s'en nourrissent, soit sur le champ, soit dans les greniers.
On les combat par des battages vigoureux, et des pulvérisations d'insecticides. Appelées également alucites, (Sitotroga céréalia) ; ces chenilles donnent du blé alucité, dangereux à consommer.

S.I.V.O.M. sigle
Syndicat Intercommunal à Vocations Multiples.
Association sous le régime de la loi de 1901, groupant plusieurs comunes, surtout rurales, pour réaliser en commun des travaux d'utilité publique : adduction d'eau, électrification, voierie, etc.

SIXENER v.intr.
Semer seulement tous les six ans la même céréale dans la même terre, afin de lui rendre sa fertilité par une jachère de cinq ans.

SMALL HOLDINGS l.m.p.
En. **small holdings**
De. **Kleinbesitz**
Es. **minifundio**
It. **piccolo fondo**
Petites exploitations créées en Grande Bretagne par les pouvoirs publics pour arrêter l'exode rural.

Mises à la disposition d'ouvriers en chômage, appélés small holders (petits propriétaires), elles ont permis, notamment dans le Lincolnshire, d'accroître la population rurale de 15 % selon les paroisses (début du XXème siècle).

SMARDER v.tr.
(Bourgogne). Piocher dans les vignes.
Etym. De marrer, bêcher avec une *marre*.

S.M.I. sigle
Surface Minimale d'Installation.
Surface d'une exploitation de polyculture sur laquelle un jeune ménage peut disposer d'un revenu minimum, et accéder par la suite, grâce à un effort d'agrandissement et de promotion, à une exploitation répondant aux possibilités et aux besoins de sa famille (loi de 1968).
Cette surface varie selon les régions, et en fonction de l'utilisation du sol, de la nature des cultures et des élevages. La moyenne nationale a été fixée à 22 ha (Arrêté du 23-02-1970).

S.N.E.A. sigle
Société Nationale d'Encouragement à l'Agriculture.
Constituée en 1880, elle a pour but la recherche des perfectionnements techniques, l'amélioration des espèces animales et végétales, la vulgarisation des nouveautés agricoles.
Ses filiales, dans les départements, mènent la lutte contre les maladies du bétail, les ennemis des cultures ; elles établissent des livres généalogiques (R. Faure), organisent des comices, des salons, distribuent des récompenses, des diplômes, etc.

S.N.E.T.A.P. sigle
Syndicat National de l'Enseigneur Technique Agricole.
Affilié à la fédération de l'Education Nationale (F.E.N.), il groupe la majorité du personnel de l'enseignement agricole public, relevant du Ministère de l'Agriculture.

S.O.C. sigle
Service Officiel de Contrôle et de Certification.
Chargé, dans le cadre du groupement national interprofessionnel des semenciers (G.N.I.S.) de contrôler, jusqu'au stade de la commercialisation, les semences et les plants fournis par les établissements producteurs ; il délivre des certificats relatifs à ses vérifications.

SOC n.m.
En. **(plough)share**
De. **Pflugschar**
Es. **reja**
It. **vomere**
Pièce de fer pointue, s'élargissant vers la partie postérieure et qui se fixe par des boulons au sep de la charrue.
Le soc pénètre dans la terre et ouvre le sillon, précédé par le coutre et suivi par le versoir (fig.37). Certains socs, appelés carrelets, peuvent être avancés dans une rainure du sep au fur et à mesure de leur usure.
Etym. Du gaulois *soccus*, museau.

SOCAGE n.m.
Obligation pour les possesseurs de certaines tenures d'effectuer des labours sur les terres du seigneur.
Etym. De soc.

SOCHET n.m.
Petite charrue sans roue, variété d'araire.
Etym. Diminutif de *soc*.

SOCIALISATION DES TERRES l.f.
En. **socialization**
De. **Sozialisierung (des Landes), Vergesellschaftung (des Landes)**
Es. **socialización**
It. **socializzazione delle terre**
Opération qui comprend la suppression de la propriété privée, sauf les bâtiments d'habitation et quelques lopins de jardin et de cultures vivrières ; la mise en commun du matériel et du bétail, les travaux effectués par le personnel valide selon un programme arrêté par un conseil élu et compte tenu des plans établis par les gouvernants, avec partage des produits d'autoconsommation et des bénéfices selon le nombre des journées de travail et des personnes vivant auprès du chef de famille.
V. Kolkhose et sovkhose.

SOCIÉTÉ n.f.
En. **society**
De. **Gesellschaft**
Es. **sociedad**
It. **società**
Association d'agriculteurs du type de celles qui ont été créées depuis un demi-siècle afin de protéger le monde de la terre et de promouvoir ses produits.
Parmi les principales on peut citer la Société des Agriculteurs de France 8, rue d'Athènes, Paris, la Société d'encouragement à l'Agriculture, la Société nationale d'Horticulture de France, 84, rue de Grenelle, Paris, la Société centrale d'aviculture de France, 34, rue de Lille, Paris 6e Ces sociétés peuvent être anonymes, les membres ne supportant les pertes que dans les limites de leurs apports ; elles sont dites civiles si elles ne comptent que des individus sans but commercial ; elles sont d'économie mixte si elles gèrent des capitaux privés et des fonds publics ; enfin elles sont dites d'intérêt collectif agricole.
V. S.I.C.A.

SOCIOLOGIE RURALE l.f.
En. **rural sociology**
De. **rurale Soziologie**
Es. **sociología rural**
It. **sociologia rurale**
Science des phénomènes sociaux qui se produisent dans une société rurale et qui sont dus à des influences réciproques entre les membres de cette société : acceptation ou refus collectifs d'une innovation agricole, création ou suppression d'une activité artisanale ou agricole, fréquentation ou absentéisme des réunions publiques, etc.

SOCQUE n.f.
En. **clog**
De. **Holzschuh**
Es. **chanclo**
It. **zoccolo**
Chaussure de bois, à bride en cuir, dans laquelle on glisse le pied préalablement revêtu d'un bas, d'une chaussette, on d'un chausson.
Protégeant de l'humidité et du froid, elle est très utile dans les cours de ferme en hiver.
Etym. Du latin *soccus*, sandale.

SOIE n.f.
En. **silk**
De. **Seide**
Es. **seda**
It. **seta**
Fil très fin, brillant et translucide, produit par le ver à soie, ou *bombyx*.
On l'obtient en dévidant le cocon qui enveloppe la chrysalide du ver, avant que celle-ci ne se transforme en papillon perçant le cocon ; le fil obtenu constitue la soie grège, avant toute préparation pour l'affiner.
Etym. Du latin *seta*, crin.

SOIE n.f.
En. **bristle** (1)
De. **Borste, Schweinsborste** (1)
Es. **cerda** (1)
It. **setola** (3)
1. Poil long et raide du porc et du sanglier.
2. Poil foliacé et piquant, prolongeant les glumes de certaines céréales (orge, blé barbu).
3. Maladie du porc se manifestant au cou par une ou deux fistules qui, en s'accroissant, entraînent la mort de l'animal.
On le guérit par cautérisation et suturage.

SOIE n.f.
(Bourgogne). Murette, haie, palissade clôturant les meix.

SOIERIE n.f.
En. **silk** (1)
De. **Seidenfabrik** (1)
Es. **sedería** (1)
It. **setificio , seteria** (1)
1. Fabrique de tissus de soie.
2. Tissu, étoffe de soie.

SOIGNEUR n.m.
(Médoc). Bouvier des vignobles médocains.

SOISSONS n.m.p.
Variété de haricots, très appréciés, sans doute sélectionnés d'abord dans la région de Soissons.

SOITURE n.f.
(Ile-de-France). Ancienne mesure agraire des prairies, correspondant à la surface qu'un homme pouvait faucher en un jour.

SOIXANTER v.tr.
Porter des graines de céréales à la température de soixante degrés afin de détruire certains insectes *(Littré)*.

SOJA n.m.
En. **soya bean, soybean**
De. **Sojapflanze**
Es. **soja**
It. **soia**
Plante herbacée de la famille des légumineuses.
On en cultive deux espèces :
1. *Le vrai soja (Soja hispida)* , fourrage vert et surtout producteur de graines oléagineuses, fournissant de l'huile et des tourteaux riches en protéines et acides aminés ; originaire de l'Insulinde, il est connu depuis une très haute Antiquité. Actuellement la Chine et les Etats-Unis en sont les principaux fournisseurs ; à l'état cru il est toxique.
2. *Le soja vert (Vigna radiata)* produit des graines non huileuses, consommées crues ou cuites, comme les petits pois ; son amidon est utilisé pour la fabrication des nouilles chinoises.
Etym. Terme d'origine manchoue.

SOKAIMO n.m.
Légume cultivé au Japon pour ses racines pulpeuses.

SOL n.m.
En. **ground, soil** (2), **earth**
De. **Erdboden, Boden** (2)
Es. **suelo** (2)
It. **suolo, terreno** (2)
1. Surface solide sur laquelle reposent meubles et immeubles.
2. En pédologie, terrain considéré selon ses qualités et ses défauts à l'égard des êtres vivants.
3. Au sens large, pays, contrée.
4. En occitan , aire à battre le blé.
5. Au point de vue agricole, partie superficielle des roches ameublies sous l'effet du climat, de la végétation et de l'activité animale, qui devient la *terre arable* par l'intervention agricole de l'homme.
*On peut y distinguer plusieurs couches superposées, ou horizons, ayant des qualités diverses selon les plantes qui s'y développent. La partie minérale comprend des éléments plus ou moins grossiers, depuis les argiles jusqu'aux graviers, en passant par les limons, les sablons et les sables ; c'est la granulométrie, ou texture du sol, qui règle la circulation plus ou moins rapide de l'eau et par conséquent de l'humidité.
Aux éléments minéraux plus ou moins solubles s'ajoutent les êtres vivants ; bactéries, insectes, larves, vers qui dégradent les matières végétales pour les tranformer en humus, qui enrichissent le sol en nitrates en fixant l'azote de l'air ; c'est le cas des bactéries qui vivent en symbiose sur les racines des légumineuses, les rhizobiums. Par les façons culturales, par les apports d'engrais et d'amendements, par la nature des plantes cultivées, par le repos de la jachère, l'agriculture accroît, maintient et améliore le sol arable, précieux et fragile capital, où les racines des plantes puisent les sucs minéraux de la sève brute.*
Etym. Du latin *solum*.

SOLAN
(Alpes du Nord). Partie supérieure d'une grange-écurie qui abrite le foin que l'on descend dans la grange, puis dans l'écurie, pour nourrir le bétail.

SOLANA n.f.
(Corse). Versant qui bénéficie de l'insolation la plus longue au cours de la journée et de l'année, et qui est parfois cultivé en vigne.
Syn. Adret.
Etym. De *sol*, soleil.

SOLANACÉES OU SOLANÉES n.f.p.
En. **Solanaceae**
De. **Nachtschattengewächse**
Es. **solanáceas**
It. **solanacee**
Importante famille de dicotylédones qui comprend en particulier la pomme de terre, l'aubergine, la tomate, le poivron, etc.

SOLARD n.m.
(Aquitaine). Boeuf qui a perdu son compagnon de travail.
Il est seul, dépareillé.

SOLATGE n.m.
Redevance payée par les tenures roturières.
Equivalent du mot cens ; il s'écrit parfois solaige.
Etym. Dérivé de *sol*.

SOLATIER n.m.
(Bas-Quercy). Ouvrier agricole recruté pour la moisson et le dépiquage dans un grand domaine.
Pour salaire, il recevait une partie de la récolte recueillie sur le sol, c'est-à-dire sur l'aire. En temps ordinaire, il vivait dans un hameau, cultivant quelques lopins de terre, sauf lorsqu'il était requis par le propriétaire dont il dépendait par contrat.
Etym. De *sol*, aire à battre le blé.

SOLE n.f.
En. **plot, break, field** (1)
De. **Zelge, Feld, Schlag** (1)
Es. **añojal** (1), **parcelo de cultivo**
It. **appezzamento** (1)
1. Ensemble de parcelles d'un finage, ou d'un domaine, groupées en quartiers et consacrées à la même culture, ou à la jachère, par des pratiques communautaires ou privées.
Syn. Saison.
2. Cépage charentais, connu sous le nom de *Folle Blanche*.
Etym. Du latin *solum*, sol, terre cultivée.

SOLEIL n.m.
En. **sunflower**
De. **Sonnenblume**
Es. **girasol**
It. **girasole**
Un des noms vulgaires de l'hélianthe, plante de la famille des Composées *(Hélianthus annuus)*, appelée aussi tournesol, ou *Grand Soleil*, parce que sa fleur, semblable à un astre à rayons d'or, s'oriente vers le soleil selon les diverses heures du jour.
Cette plante est cultivée pour ses graines qui donnent une huile très fine ; les Russes les croquent par gourmandise. Dans les Andes du Pérou, le tournesol atteint 10 m de haut et sa fleur mesure un mètre de diamètre.

SOLER n.m.
Cépage à raisins noirs, cultivé jadis dans la région de Laon.

SOLIER n.m.
(Nord-Ouest de la France). Grenier qui comporte parfois une soupente ayant servi de chambre à coucher.
Etym. Du latin *solum*, sol.

SOLIN n.m.
1. *(Normandie)*. Soubassement en pierres, en briques ou en galets, d'une habitation construite en torchis.
2. *(Morvan)*. Partie sèche et élevée d'un pré.

SOLOGNOTE n.f.
Race de moutons très rustiques, mais en grand déclin.

SOLONIS n.m.
Cépage américain qui a servi de porte-greffe dans les sols légèrement salés du Languedoc.

SOLSKIFTE n.m.
(Suède). Partage des terroirs de village en quartiers, et ceux-ci en parcelles de longueur et de largeur semblables.
Opération qui eut lieu au cours du Moyen Age, lors des défrichements de terres à mettre en valeur et à répartir entre les habitants de la communauté. Le nom provient de l'orientation des parcelles selon les quatre points cardinaux (M. Derruau).
Etym. Du suédois, dérivé de soleil.

SOLUTION NUTRITIVE l.f.
En. **nutrient solution**
De. **Nährlösung**
Es. **solución nutritiva**
It. **soluzione nutritiva**
Liquide où sont dilués les éléments nutritifs d'une plante cultivée : nitrate, phosphate, potasse, oligoéléments.
Elle est répandue sur le sol par des pulvérisateurs, ou bien contenue dans un bac où plongent les racines des cultures sans sol, c'est le procédé hydroponique.
Syn. Solution fertilisante.

SOMATIQUE adj.
En. **somatic**
De. **somatisch**
Es. **somático**
It. **somatico**
S'applique à toutes les cellules d'un corps vivant, sauf aux cellules sexuelles, les *gamètes*. Etym. Du grec *somatos*, corps.

SOMBRAGE n.m.
(Jura). Premier labour donné à une jachère ou à la vigne au début de la belle saison.

SOMBRER v.tr.
Effectuer un labour au début du printemps, dans les vignes et les jachères.
Etym. Du latin *sombrum*, premier labour.

SOMBRE n.m.
(Lorraine).
1. Sole laissée en jachère un an sur trois, et sur laquelle les troupeaux du village se livraient à la *vaine pâture*, selon la coutume du *libre-parcours*.
2. Premier labour donné, au printemps, à une vigne, ou à une terre en jachère, et qui n'a pour but que de détruire les mauvaises herbes et d'aérer le sol.
Le terme provient sans doute de la couleur foncée de la terre fraîchement labourée.

S.O.M.I.V.A.C. sigle
Société de Mise en Valeur de la Corse.
Société d'économie mixte qui a pour objet la mise en valeur de la Corse par la réalisation de grands travaux *(R. Faure).*

S.O.M.I.V.A.L. sigle
Société pour la Mise en Valeur de l'Auvergne et du Limousin.
Créée en 1950, cette société a surtout pour but le reboisement et l'entretien des forêts au centre de la France.

SOMMAGE n.m.
Corvée qui consistait en transport de récoltes, ou de marchandises, avec des bêtes de somme, pour le compte du seigneur.
Cela pouvait aussi s'écrire saumage.
Etym. Du latin *sagma*, fardeau et bât, devenu en occitan *saoumo*, bête de somme.

SOMMAGER v.tr.
Entourer une futaille de cercles appelés *sommiers*.

SOMMARDS n.m.p.
(Franche-Comté). Soles laissées en jachère un an sur trois.

SOMME n.f.
En. **burden** (1)
De. **Tracht, Last** (1)
Es. **carga** (1)
It. **soma, carico** (1)
1. Charge que peut porter un cheval, un âne, ou un mulet, appelés d'ailleurs *bêtes de somme*.
2. Chargement d'une charrette.
Etym. Du grec *sagma*, harnais, par le latin *sagma*, charge, devenu par la suite *salma* et *sauma*.

SOMME RURALE n.f.
Ouvrage de droit coutumier rédigé par Jean Boutillier, lieutenant du bailli de Tournai, mort en 1395.
Relatant surtout les coutumes du Nord de la France, cette somme a une portée générale et contient de précieuses indications sur les usages régissant les relations entre les habitants des communautés rurales (G. Lepointe).

SOMMELIER n.m.
En. **wine waiter** (1)
De. **Kellermeister** (1)
Es. **sumiller** (1)
It. **credenziere, dispensiere** (1), **sommelier** (2)
1. Valet qui avait le soin de la cave et de la vaisselle dans une seigneurie.
2. Actuellement, dans un restaurant, serveur chargé des vins.
Etym. Du latin *summularius*, officier chargé des vivres.

SOMMIER n.m.
1. Bête de somme, notamment quand il s'agit d'un cheval de charge.
2. Double cercle de barrique.
Il se compose en effet de deux cercles en bois, reliés ensemble et placés au jable des futailles.
Etym. Du latin *sagmarium*, sommier.

SOMMIÈRE n.f.
1. Large et longue trouée dans une forêt, destinée à fixer une limite et à arrêter la propagation des incendies.
Syn. *Laie.*
2. Bande de terrain où tournent les attelages à l'extrémité d'un labour.
Syn. *Tournière.*

SON n.m.
En. **bran**
De. **Kleie**
Es. **afrecho, salvado**
It. **crusca**
Résidu de la mouture et du blutage des céréales, surtout composé de débris du péricarpe, enveloppe des grains.

SONDAGE n.m.
En. **sounding**
De. **Sondieren**
Es. **sondeo**
It. **sondaggio**
Statistique établie sur un nombre d'individus représentatifs d'un ensemble et s'élevant à une quantité décimale : 1/1000 e, 1/10000 e, etc.
Etym. Du scandinave *sund*, détroit.

SONDE n.f.
En. **probe**
De. **Senkblei**
Es. **sonda**
It. **sonda**
Instrument qui sert à mesurer la quantité de liquide contenue dans un tonneau, ou, par prélèvement, la qualité d'une denrée alimentaire, la composition d'un sol.
Etym. De l'anglais *sund*.

SONNAILLES n.f.p.
En. **cattle bell**
De. **Viehschelle, Viehglöckchen**
Es. **cencerros**
It. **sonagliera**
Cloches et clochettes suspendues au cou des bêtes que l'on mène au pâturage.
Leur tintement permet de retrouver les brebis, ou les vaches, égarées.

SONNAILLER n.m.
(Brie). Mouton qui porte une clochette au cou et qui conduit le troupeau.

S.O.P.E.X.A. sigle
Société pour l'Expansion des Ventes des Produits Agricoles et alimentaires.
Organisation chargée de faire connaître à l'étranger les produits de l'agriculture française, par des foires, des expositions, des publications ; créée en 1961.

SOQUET n.m.
Droit perçu jadis sur la vente du vin dans les régions du Midi méditerranéen.

SOQUETTE n.f.
Variété de poire, dite aussi *poire d'Angleterre*.

SORBÉ adj.
Qualifie les graines de raisin dont la peau a subi un début de pourriture par excès de maturité, et qui a ainsi *absorbé* une partie des sucs de la pulpe.
Etym. Dérivé du mot *absorbé*.

SORBIER n.m.
En. **sorb**
De. **Eberesche, Spierlingsbaum**
Es. **serbal**
It. **sorbo**
Arbre de la famille des Rosacées.
Consommé dès le Néolithique, son fruit, sorbe ou corme, est âpre et astringent tant qu'il n'est pas blet. Son bois très dur est employé en ébénisterie.
Une espèce de sorbier, le Sorbier des Oiseleurs (Sorbus aucuparia) est parfois cultivé auprès des fermes, dans les régions montagneuses ; ses fruits rouges, demeurant longtemps sur l'arbre, sont recherchés par les oiseaux et par les oiseleurs. On peut aussi désigner sous le nom de sorbier, le cormier (Sorbus domestica) dont le fruit est apprécié quand il est blet (R. Blais).
Etym. Du latin *sorbus*.

SORGHO n.m.
En. **sorghum**
De. **Sorghumhirse**
Es. **sorgo, zahína**
It. **sorgo, saggina**
Plante herbacée annuelle de la famille des Graminées, atteignant jusqu'à 4 m de haut, appelé aussi *gros mil*.
Parmi ses nombreuses espèces on peut citer le sorgho sucré (Sorghum vulgare), utilisé pour son grain et comme fourrage, mais délaissé pour la production de sucre ; le sorgho à balai, qui donne du grain, du fourrage, de la paille. Connu sous divers noms, selon les pays (kafir, dourah, kaoliang), cette céréale est essentielle dans l'alimentation des populations africaines, indiennes et chinoises (R. Blais).
V. Mil.
Etym. Du latin *syricus*, de Syrie, qui a donné *sorgho* en italien.

SORIANE (RACE) l.f.
Es. **soriana (raza)**
(Pyrénées centrales de l'Ouest). Race ovine, originaire de Soria, en Espagne et qui a longtemps composé une partie des troupeaux dans les vallées des Nestes et des Gaves.

SORSTES n.m.p.
(Lorraine). Terres composant un manse.

SORTIE n.f.
(Champagne). Nombre de grappes par pied de vigne.

SOSSON n.m.
Paysan ne possédant qu'un cheval pour labourer ses terres.
Il doit s'associer à l'un de ses voisins au moment des grands labours (Vexin) ; équivalent de l'haricotier du Beauvaisis.
Etym. Dériverait de *association*.

SOUBATTAGE n.m.
Opération qui consiste à frapper la mamelle de la brebis avec le revers de la main, comme le fait l'agneau avec sa tête, pour favoriser la lactation et la traite *(R. Blais)*.

SOUBERGUES n.m.p.
Coteaux du Languedoc, à terrains argilocalcaires, propres à la culture de la vigne.

SOUCHE n.f.
En. **stump** (1)
De. **Baumstumpf** (1)
Es. **cepa, tocón** (1)
It. **ceppo** (1), (2), (3)
1. Partie inférieure du tronc d'un arbre qui reste dans le sol avec les racines quand on a abattu la partie utilisable de l'arbre.
2. Par analogie, pied de vigne.
3. Ensemble des animaux de mêmes caractéristiques raciales et situés par sélection à l'origine d'une famille continue.
4. Sélection de grands crus permettant de les identifier d'une année à l'autre.
Etym. Du gaulois *tsukka*.

SOUCHET n.m.
En. **earth almond** (2), **nut grass** (1)
De. **Zypergras** (2)
Es. **chufa** (2), **juncia** (1)
It. **cipero, papiro** (1), **mestolone** (3)
1. Plante herbacée de la famille des Cypéracées *(Cyperus esculentus)*, croissant dans les terrains humides.
Une de ses espèces les plus connues est le papyrus d'Egypte (Cyperus antiquorum).
2. Le souchet comestible, parfois cultivé dans le Midi de la France, produit des rhizomes appelés *amandes*, ou *glands de terre*, de saveur agréable.
3. Canard à tête verte, à bec long et aplati, de la famille des Anatidés *(Spatula clypeata)* et qui vit à l'état sauvage sur les côtes de France.

SOUCHETAGE n.m.
1. Visite effectuée dans une forêt, avant ou après une coupe, pour compter et vérifier les souches.
2. Désignation, par une marque, des arbres qui doivent être abattus.
On devrait dire martelage, la marque étant faite avec un marteau.

SOUCHETEUR n.m.
Es. **encargado de talas**
Ouvrier forestier chargé de procéder au *souchetage* avant une coupe.

SOUCHONS (DROIT DE) l.m.
Droit de ravaler les troncs des arbres abattus *(G. Lizerand)*.
Etym. Diminutif de souche.

SOUCI n.m.
En. **marigold**
De. **Dotterblume**
Es. **maravilla, caléndula**
It. **fiorrancio, calendola**
Plante herbacée annuelle de la famille des Composées, appréciée pour ses fleurs jaunes, dont on utilise le suc comme antiseptique.
Etym. Du latin *solsequia*, qui suit le soleil.

SOUCRILLON n.m.
(Lorraine). Variété d'orge d'hiver, utilisée en brasserie.
En Flandre, on dit soucrion.

SOUDURE n.f.
En. **bridge**
Es. **soldadura**
It. **saldatura**
Continuité dans la consommation de deux récoltes alimentaires consécutives, notamment entre la récolte de blé de l'année précédente et celle de l'année suivante.
Jadis, si les récoltes étaient abondantes, la soudure s'effectuait sans difficulté ; au contraire, si celle de l'année précédente était déficitaire, le prix des céréales s'élevait et les pauvres gens se nourrissaient mal ; c'était la disette et parfois la famine. Les progrès de la productivité et des moyens de transport ont supprimé de telles craintes dans les pays développés, mais elles sévissent toujours dans les pays du tiers monde.

SOUE n.f.
En. **pigsty, piggery**
De. **Schweinestall**
Es. **gorrinera, pocilga**
It. **porcile**
Etable à porc, comprenant une partie abritée et une petite cour avec une porte coupée dans le bas, afin d'y placer une auge où l'on verse la nourriture de l'animal.
Etym. Du grec et du latin *sus*, porc.

SOUER v.tr.
Donner la truie au mâle.

SOUFFLÉ adj.
En. **puffed up**
De. **aufgewühlt**
Es. **ahuecado**
It. **gonfio**
Se dit d'un sol, ou d'une terre, exagérément soulevé, morcelé et divisé par les travaux aratoires, ou par les galeries creusées par les taupes.
La macroporosité, trop élevée, laisse filtrer l'eau de pluie et la sécheresse sévit.

SOUFFLER v.intr.
Pour une taupe, creuser des galeries dans les prés.
Quand c'est excessif on dit que le sol est soufflé.
Etym. Du latin *sufflare*, souffler.

SOUFFLET n.m.
En. **manual sulphur bellows**
De. **Blasebalg**
Es. **sulfatadora**
It. **solforatrice, zolfatrice**
Appareil agricole destiné à projeter des insecticides en poudre, ou du soufre, sur des plantes cultivées afin de les protéger contre les insectes, ou les maladies cryptogamiques.
Les soufflets sont manoeuvrés soit à la main (fig. 192), soit portés avec un levier s'ils sont sur le dos, soit sur une machine tirée par un animal, ou par un tracteur. Les uns et les autres comprennent une chambre où l'air pénètre par des trous à soupape, et d'où il est projeté à l'extérieur avec le produit pulvérulent, sous l'effet d'une forte pression exercée sur la chambre.
On dit aussi un soufroir, une soufreuse.
Etym. Du latin *sufflare*, souffler.

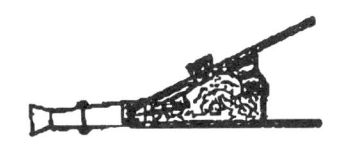

Soufflet à soufre (coupe)

SOUFFLON n.m.
Cocon de ver à soie si mince qu'il en est transparent et qu'il ressemble à un souffle.

SOUFRAGE n.m.
En. **sulphuring** (1)
De. **Schwefeln** (1)
Es. **azuframiento** (1), **azufrado**
It. **solforazione, solfatura, zolfatura, inzolfatura** (1)
1. Opération qui a pour but de répandre du soufre en poudre sur les feuilles et les fruits de la vigne afin de les préserver de l'oïdium.
2. Brûler du soufre dans un tonneau pour prévenir le développement du *Micoderma aceti* qui rendrait le vin acide *(P. Habault)*.
Etym. Du latin *sulfur*, soufre.

SOUFRE n.m.
En. **sulphur**
De. **Schwefel**
Es. **azufre**
It. **zolfo, solfo**
Corps simple, solide, de couleur jaune, obtenu par fusion et distillation à partir des minerais extraits du sol, ou par précipitation à partir du gaz sulfureux des raffineries de pétrole *(Lacq)*.
Porté à de hautes températures (444°C), il devient gazeux et, par refroidissement brusque il se précipite en poussière dite fleur de soufre. Fondu et solidifié sur une mèche de toile que l'on enflamme, il dégage du gaz sulfureux qui stérilise les futailles. Sous forme de fleur de soufre, répandu avec un soufflet sur les feuilles de vigne, il combat l'oïdium. Par sa combinaison avec le potassium (sulfate de potasse) c'est un engrais favorisant la synthèse des protéines chez les légumineuses.
Etym. Du latin *sulfur*.

SOUFRER v.tr.
En. **to sulphur** (2)
De. **schwefeln** (2)
Es. **azufrar** (2)
It. **zolfare** (2)
1. Introduire une mèche de soufre enflammée dans un tonneau afin de le stériliser avec des vapeurs de SO_2.
2. Répandre du soufre en poudre, de la *fleur de soufre*, sur les vignes et les arbres fruitiers, afin de combattre l'oïdium.

SOUFREUR n.m.
En. **sulfurator** (2)
De. **Schwefler** (2)
Es. **azufrador** (2)
It. **zolfatore** (2)
1. Ouvrier chargé de répandre du soufre en poudre sur les pampres de vigne.
2. Appareil pour projeter du soufre sur les feuilles de vigne.
On dit plutôt une soufreuse.

SOUHAITIE n.f.
(Normandie). Equipe de travail composée de jeunes hommes d'un village chargés d'exécuter en commun un travail au profit des divers membres de la communauté rurale.
Jadis, des coutumes locales régissaient ces entraides jusqu'à rendre héréditaire le droit d'en faire partie.

SOUILLE n.f.
Jeune taillis médiocre, à sous-bois peu épais, à cause des grands arbres de futaie qui l'étouffent *(G.Plaisance)*.

SOULAN n.m.
Versant exposé au soleil.
On dit aussi soulane ; en Aquitaine, c'est l'arajadé, le côté exposé au soleil.

SOULEILLAL n.m.
(Aquitaine). Versant de colline orienté vers le Sud et favorable à la vigne, aux arbres fruitiers, aux cultures précoces.

SOULEVEUSE n.f.
En. **beet puller**
De. **Rübenerntemaschine**
Es. **arrancadora de remolachas**
It. **cavatuberi**
Machine qui arrache et soulève les betteraves et les pommes de terre afin qu'elles soient faciles à ramasser à la main.

SOULEVER v.tr.
Donner un premier labour aux terres restées en jachère durant l'hiver, pour les aérer et les ameublir en les soulevant.

SOUMAINTRAIN n.m.
Variété de fromage fabriqué dans l'Yonne et dont la pâte rappelle celle du *Munster* vosgien.

SOUMARDAGE n.m.
Labour effectué dans les vignes.
Dans le Jura on dit sombrage.

SOUPE n.f.
1. Complément de nourriture que reçoivent les vaches dans les étables des jasseries du Forez quand on va les traire.
2. Fourrage vert, ou sec, trempé dans de l'eau et dont on se sert pour engraisser le bétail.

SOUPEAU n.m.
Dans les anciennes araires en bois, cheville qui fixait le soc à l'*oreille*, c'est-à-dire au versoir.

SOUPENTE n.f.
En. **loft, garret**
De. **Hängeboden, Hängeriemen**
Es. **camaranchón, sopanda**
It. **sottoscala**
Petite pièce située sous l'escalier de la cuisine, ou bien dans l'écurie, sous le toit de l'étable, et destinée à loger le domestique chargé de veiller sur le bétail pendant la nuit.

SOUPPE ET RESOUPPE (DROIT DE) l.m.
(Lorraine). Droit, pour les voisins d'une forêt, de scier et de prendre un demi-pied de chaque arbre abattu.

SOURCE n.f.
En. **spring**
De. **Quelle**
Es. **manantial**
It. **sorgente**
Eau d'une nappe souterraine jaillissant à la surface du sol et servant à abreuver les hommes et les animaux domestiques, et à irriguer les cultures.
Elle peut être captée dans des réservoirs et des canalisations ; si elle est munie de robinets sur socle et d'un bassin, c'est une fontaine.
Etym. Du latin *surgere*, jaillir.

SOURCE ARTÉSIENNE n.f.
En. **artesian spring**
De. **artesische Quelle**
Es. **fuente artesiana**
It. **sorgente artesiana**
Source dont l'eau jaillit du sol car elle est en communication par une fissure avec une nappe souterraine captive, exerçant une pression sur les strates imperméables qui l'encadrent.
Etym. Du nom d'un premier puits à l'eau jaillissante et qui fut creusé en Artois.

SOURIS n.f.
En. **mouse**
De. **Maus**
Es. **ratón**
It. **topo**
Petit mammifère du genre *Mus*, de la famille des Musidés.
Il aurait été apporté d'Orient pendant les Croisades.
Rongeur, il cause de graves dégâts dans les granges, les greniers; ses variétés, souris agraire et souris naine, ravagent les récoltes, notamment le Mus minutus ou mulot, qui s'attaquent au blé mûr.
Etym. Du latin *sorex*.

SOUS-ARBRISSEAU n.m.
En. **half-shrub**
De. **Halbstrauch**
Es. **subarbusto**
It. **suffrutice**
Plante qui, par la taille et les tissus, se situe entre l'herbe et l'arbrisseau, telles les pivoines, les azalées, l'épine-vinette, les hortensias, etc.

SOUS-BOIS n.m.
En. **underwood, undergrowth**
De. **Unterholz**
Es. **maleza, sotobosque**
It. **sottobosco**
Végétaux ligneux et herbeux qui croissent sous les arbres d'un bois, ou d'une forêt, et que l'on coupe pour favoriser la croissance des taillis et des fûtaies, et éviter la propagation des incendies utilisés comme litière.

SOUS-BOURGEON n.m.
Bourgeon secondaire qui se développe à côté d'un autre bourgeon de vigne, ou d'arbre fruitier.

SOUS-DÉVELOPPEMENT n.m.
En. **underdevelopment**
De. **Unterentwicklung**
Es. **subdesarrollo**
It. **sottosviluppo**
Etat des pays où l'agriculture est encore la principale source d'une richesse relative qui laisse dans la pauvreté la majeure partie de la population et des pays où les matières premières sont vendues à l'extérieur et non traitées sur place, et où le secteur tertiaire est trop nombreux et trop dispendieux.

SOUS-ÉTAGE n.m.
En. **understorey**
Dans une forêt, ensemble des arbres dominés par ceux du peuplement principal.

SOUS-FERME n.f.
En. **sublease**
De. **Unterpacht**
Es. **subarriendo**
It. **subaffitto**
Bail par lequel le fermier d'une exploitation rurale sous-loue à un autre fermier, appelé *sous-fermier*, tout ou partie de ses terres.

SOUS-FRUTESCENT adj.
En. **suffrutescent**
Es. **subfrutescente**
It. **suffruticoso**
S'applique à une plante vivace par la souche, et annuelle par la tige : asperge, sauge.
Etym. Du latin *frutex*, arbrisseau.

SOUS-OEIL n.m.
Bourgeon qui se développe sous le bourgeon principal, à l'aisselle des feuilles des arbres fruitiers, ou des pampres de vigne.

SOUS-PÂTURAGE n.m.
Pâturage insuffisamment occupé, qui pourrait nourrir un plus grand nombre de têtes de bétail.

SOUS-PEUPLEMENT n.m.
Population insuffisamment nombreuse pour mettre en valeur les richesses agricoles d'une région.

SOUS-PRODUIT n.m.
En. **by-product**
De. **Nebenprodukt, Nebenerzeugnis**
Es. **subproducto**
It. **sottoprodotto**
Déchet d'une fabrication principale (tourteau, marc de raisin, son, etc.).

SOUS-SOL n.m.
En. **subsoil**
De. **Untergrund, Unterboden**
Es. **subsuelo**
It. **sottosuolo**
Zone profonde d'une terre de culture, située à 30-40 cm de profondeur, et atteinte seulement par des instruments aratoires spéciaux: défonceuse, sous-soleuse.
Ce n'est pas toujours favorable à la fertilité du sol superficiel si des éléments mal aérés parviennent en surface, donnant de la terre amaire, ou amère, rude, âpre (R. Blais).

SOUS-SOLAGE n.m.
En. **subsoiling**
De. **Untergrundlockerung**
Es. **subsolado**
It. **ripuntatura**
Labour effectué en profondeur (plus de 35 cm) avec une *sous-soleuse* sans remonter en surface des éléments stériles du sous-sol.
Il a pour but de briser et d'aérer la terre arable et le sol profond afin de favoriser la pénétration des racines des arbres fruitiers ou des pieds de vigne que l'on veut planter.

SOUS-SOLEUSE n.f.
En. **subsoil plough**
It. **ripuntatore**
Charrue sans versoir, mais munie d'un soc ayant une forme plus ou moins effilée, pour pratiquer le *sous-solage*.

SOUS-TRAIT n.m.
Couche de paille étendue sur le sol de la grange afin de recevoir les gerbes de blé qui seront ainsi protégées de l'humidité.

SOUS-VENTRIÈRE n.f.
En. **belly-band**
De. **Bauchgurt**
Es. **cincha barriguera**
It. **sottopancia**
Partie du harnais placée sous le ventre du cheval, et fixée aux brancards afin d'empêcher la charrette de basculer en arrière.

SOUS-VERGE n.m.
De. **Handpferd**
Es. **caballo de derecha**
It. **cavallo sottomano**
Cheval monté et placé à droite du cheval porteur dans un attelage.

SOUT n.m.
(Limousin). Toiture d'une porcherie.
Etym. Du latin *sus*, cochon.

SOUTENU adj.
Qualifie un massif forestier sans la moindre clairière, ni discontinuité.

SOUTHDOWN (RACE DE) l.f.
Race de moutons originaire des collines méridionales de l'Angleterre, sélectionnée à la fin du XVIIIème siècle.
Elle se compose de bêtes à courtes pattes, à corps massif et trapu ; elle se prête bien à l'engraissement. Importée en France, elle a servi à améliorer les races rustiques de nos provinces.

SOUTIRAGE n.m.
En. **racking**
De. **Abziehen**
Es. **trasiego**
It. **travaso, travasamento**
Opération qui consiste à écouler le vin de la cuve après fermentation, ou bien à le transvaser afin de le purifier de sa lie.

SOUTRAGE n.m.
1. *(Pyrénées françaises).* Exploitation d'un sous-bois de fougères et de bruyères pour faire la litière du bétail.
2. Opération qui consiste à nettoyer les sous-bois des piñadas landaises afin d'éviter la propagation des incendies, de favoriser la pousse de l'herbe pour les moutons et de faciliter le passage des gemmeurs.

SOUTRE n.m.
1. *(Vendée).* Produit du soutrage.
2. Lit de fagots sur lequel on place le foin afin de le protéger de l'humidité.

SOUTRER v.intr.
1. Couper les plantes des sous-bois pour en faire de la litière.
2. Déposer sur le sol des fagots destinés à supporter une barge de foin. *Ainsi protégé de l'humidité, le fourrage sec ne moisit pas.*

SOVKHOZE n.m.
En. **sovkhoz**
De. **Sowchose**
Es. **sovjoz**
It. **sovkhoz**
Exploitation agricole de plusieurs milliers d'hectares, mise en valeur par des ouvriers salariés divisés en équipes spécialisées et dirigés par un conseil, ou *soviet*, qu'ils élisent.
Consacrés parfois à une seule culture, ou à un seul élevage, les sovkhozes sont destinés à effectuer des expériences agronomiques et à communiquer leurs résultats aux kolkhozes voisins. Par leur organisation, leur matériel et leur technique ce sont en quelque sorte de grandes fermes-pilotes en déclin.
Etym. Du russe *sovietskoie hoziaistvo*, exploitation soviétisée.

SOYAGE n.m.
(Beauvaisis). Moisson à la faucille.
Déformation du terme sciage, la faucille coupant comme une scie (fig. 87).

S.P.A. sigle
Société Protectrice des Animaux.
Association créée à la suite de la loi du 2 juillet 1850.
Due à l'initiative du général de Grammont elle a pour but la protection des animaux domestiques et autres ; sont punis d'amendes, ou même d'emprisonnement, ceux qui exercent abusivement de mauvais traitements envers le bétail des fermes.

SPAGNOL n.m.
Cépage à raisins blancs, cultivé près de Nice.

SPARTE n.m.
En. **esparto grass**
De. **Eparto**
Es. **esparto, atocha**
It. **sparto**
Plante vivace de la famille des Graminées.
On distingue le sparte proprement dit (Lygeum spartum), dont on fait des

cordages, et l'alfa (Stipa tenacissima) utilisé en sparterie, et pour la fabrication du papier.
Etym. Du grec *sparton*.

SPATHE n.f.
En. spathe
De. Blumenscheide
Es. espata
It. spata
Grande bractée enveloppant une inflorescence.
Ex. Les glumes de l'épi de maïs (R. Blais).
Etym. Du grec *spathé*, feuille de palmier.

SPÉCIALISATION AGRICOLE l.f.
En. agricultural specialisation
De. landwirtschaftliche Spezialisierung
Es. especialización agrícola
It. specializzazione agricola
Rapport entre la production agricole commercialisée et la production totale d'une ferme ou d'une région.
Il est très faible dans la polyculture de consommation familiale ; il est très élevé dans la monoculture d'une plante toute entière consacrée à la vente ; en règle générale on estime qu'une exploitation est spécialisée quand elle est consacrée pour les deux tiers à une même culture, et un territoire est spécialisé si la moitié de ses exploitations sont réservées à la même culture.

SPECTRE n.m.
Nombre d'individus, plantes ou animaux, que peut atteindre un produit, bénéfique ou maléfique : hormones, pesticide, etc.
Etym. Du latin *spectrum*.

SPERGULE n.f.
En. Spergula
De. Spörgel
Es. esparcilla
It. spergola
Plante annuelle de la famille des Caryophyllées *(Spergula arvensis)*.
Originaire du Midi de l'Europe, cultivée depuis l'Antiquité. Elle est très appréciée comme fourrage dans les pays où l'élevage bovin est développé, comme la Hollande, car sa consommation accroît la production du lait, ainsi que sa teneur en matière grasse ; en France c'est une mauvaise herbe adventice.

SPERMATOPHYTE n.m.
En. spermatophyte
De. Spermatophyt, Samenpflanze
Es. espermatofito
It. spermatofite
Plante à fleurs complètes comprenant des organes producteurs de pollen, ou étamines et des organes recéleurs d'ovules, les pistils.
C'est le cas des phanérogames.
Etym. Du grec *sperma*, semence et *phutos*, plante.

SPERMATOZOÏDE n.m.
En. spermatozoon
De. Spermatozoid
Es. espermatozoide
It. spermatozoo
Cellule mâle, ou gamète, qui fusionne avec l'ovule pour donner l'oeuf chez les oiseaux, le foetus chez les mammifères.
Etym. Du grec *sperma*, semence, *zoon*, animal, et *oidos*, forme.

SPIC n.m.
En. spike-lavender
De. Spiklavendel, Lavendel
Es. espliego
It. spigo
Espèce de lavande de la famille des Labiées *(Lavandula spica)*.
Cultivée dans le Midi méditerranéen, elle donne, par distillation, une essence huileuse, très parfumée, dite huile d'aspic, par corruption du terme spic, ses fleurs ayant la forme d'un épi.
Etym. Du latin *spica*, épi.

SPICULE n.m.
En. spikelet
De. Ährchen
Es. espícula
It. spighetta
Elément d'un épi comprenant le grain et son enveloppe.
Syn. Epillet.

SPIN n.m.
Cépage à raisins noirs, cultivé sur les bords du Lot.

SPIRAN NOIR l.m.
Cépage à raisins blancs de table, donnant des vins délicats.
Cultivé dans le Bas Languedoc il comprend des variétés à raisins noirs, roses et blancs.

S.P.N. sigle
Service de la Protection des Végétaux, organisme officiel dépendant du Ministère de l'Agriculture.
Il est chargé de l'état sanitaire des exportations et des importations de produits agricoles, de la lutte contre les ennemis des cultures, et d'homologuer les nouveaux produits phytosanitaires.

SPONGYLOSE n.f.
Maladie des caprins et des ovins, due à des vers parasites dans les intestins.

SPONTANÉ adj.
En. spontaneous
De. spontan
Es. espontáneo
It. spontaneo
Se dit d'une plante qui pousse spontanément sans culture, mais qui est à l'origine d'une plante cultivée, obtenue par sélection.
Syn. Sauvage.
Etym. Du latin *spons*, volonté.

SPORANGE n.m.
En. sporangium
De. Sporangium, Sporenbehälter
Es. esporangio
It. sporangio
Chez les cryptogames, petit sac contenant en grand nombre les spores qui se disperseront lors de la maturité.
Etym. Du grec *spora*, semence, *agos*, vase.

SPORE n.f.
En. spore
De. Spore
Es. espora
It. spora
Cellule reproductrice des algues, des fougères, des champignons et de divers protozoaires.
Chez la truffe, les spores se forment dans une sorte de petit sac, le sporange ; parfois en nombre illimité dans le même individu, elles contribuent à son extension sur de vastes espaces, emportées par le vent.
Etym. Du grec *spora*, semence.

SPORT n.m.
Mutation brusque sur une plante par l'apparition d'une fleur, d'un fruit qui ne correspond pas à la variété naturelle et qui provient d'un gène étranger. *Ex. Une rose blanche sur un rosier à fleurs rouges.*
Etym. De l'ancien français *desport*, jeu, distraction.

S.P.O.T. sigle
Satellite Probatoire d'Observation de la Terre.
Satellite mis sur orbite à 880-900 km de la Terre, muni d'appareils photographiques et prenant un cliché du même endroit tous les 4 ou 5 jours, avec une résolution (distance) de 10 m.
Convenablement traités ces clichés permettent de déterminer la nature du tapis végétal, la forme des parcelles, les sites d'habitat, l'évolution des récoltes, les invasions d'insectes et de maladies cryptogamiques, la prévision du temps et le bilan hydrique du sol. données très utiles à l'agriculture.

SPRINKLER n.m.
En. sprinkler
De. Berieseler, Regensprüher
Es. regador, rociadera
It. annaffiatore girevole
Petit arroseur rotatif fonctionnant sous pression, et projetant l'eau à une vingtaine de mètres.
Etym. De l'anglais *sprinkle*, gouttes de pluie.

SQUATTER n.m.
(Australie). Possesseur de troupeaux de moutons qu'il fait paître au delà des zones en culture, sur des terrains incultes et sans propriétaire.

S.R.A.F. sigle
Service Régional d'Aménagement Forestier.
Etablissement qui, dans le cadre régional, est chargé de la gestion et de la législation des

forêts privées ; en outre, il coordonne les diverses interventions de l'Etat et des pouvoirs locaux.

S.T.A. sigle
Surface Totale Agricole.
Elle comprend la S.A.U. (surface agricole utilisée), plus les bois, les pâtures, les plantations d'arbres.

STABLAT n.m.
Dans les Alpes, construction qui sert à abriter, lors de la mauvaise saison, les troupeaux, le foin et les bergers.
Etym. Du latin *stabulum*, étable.

STABULATION n.f.
En. **stalling, stall-feeding**
De. **Stallhaltung, Stallfütterung**
Es. **estabulación**
It. **stabulazione**
Elevage du bétail dans les étables.
La stabulation peut être permanente ou saisonnière, continue ou discontinue, libre ou à l'attache, nocturne ou diurne. Elle favorise l'engraissement. La stabulation libre comprend une étable ouverte, une aire de pacage et, éventuellement, une salle de traite. On applique le même terme à l'élevage des poissons dans un vivier.
Etym. Du latin *stabulum*, étable.

STALLE n.f.
En. **stall, box stall** (2)
De. **Verschlag** (2)
Es. **compartimiento** (2)
It. **posta** (2)
1. Espace compris entre la crèche et la rigole à purin et à fumier, dans une étable bien équipée.
2. Compartiment réservé à un cheval et limité par deux cloisons, appelées *bat-flancs* dans une écurie.
Etym. De l'allemand *stal*, place.

STANDARD n.m.
En. **norm, standard**
De. **Norm**
Es. **norma**
It. **norma, standard**
Ensemble des caractères d'une race d'animaux domestiques.
On distingue les caractères externes (couleur des poils, forme des pattes, du bec, etc.), des caractères dimensionnels (poids, taille), aptitude à la reproduction, à l'engraissement, comportement au dressage, à la défense, performances exceptionnelles (reproduction, course, rentabilité, etc.).
Etym. De l'anglais *standard*, étalon.

STARKING DELICIOUS l.f.
It. **delizia**
Variété de pomme rouge, à peau brillante, à chair croquante et sucrée, très parfumée, créée aux U.S.A. par le pépiniériste Stark.

STATION AGROMÉTÉOROLOGIQUE l.f.
En. **weather station**
De. **landwirtschaftliche Wetterwarte**
Es. **estación de vigilancia**
It. **stazione agrometeorologica**
Abri avec du matériel et du personnel chargé d'enregistrer les phénomènes météorologiques (température, pression baromètrique, vent, pluie, neige, gelées, etc.), de les prévoir et de les signaler aux agriculteurs d'une région déterminée, par les moyens les plus rapides possibles : télé, signal sonore, ordinateur, etc.

STATION AGRONOMIQUE l.f.
De. **Versuchsstation**
Es. **estación agronómica**
It. **stazione agronomica**
Etablissement rattaché à l'Institut National de la Recherche Agronomique (I.N.R.A.).
Créées par la loi du 18 mars 1946, ces stations sont placées sous l'autorité directe du Ministre de l'Agriculture, ou bien elles dépendent, d'un département, ou d'une ville, d'une entreprise privée.
Elles sont parfois spécialisées dans des recherches qui intéressent plus particulièrement une région agricole, ou une production déterminée. Elles procèdent aussi à des analyses de sols, à des emplois d'engrais, à des sélections de semences, de produits de l'élevage, à des essais de machines, à des recherches de pathologie végétale, etc.

STATION FRUITIÈRE l.f.
Etablissement chargé de la réception, du conditionnement, du stockage et de l'expédition des fruits.

STATION VERTE l.f.
Label qui est attribué aux localités qui offrent aux citadins le calme, le repos et les distractions de la campagne.
Un annuaire est tenu à jour par l'Association française de ces stations.

STATISTIQUE AGRICOLE l.f.
En. **agricultural statistics**
De. **Agrarstatistik**
Es. **estadística agrícola**
It. **statistica agricola**
Relevé de tout ce qui a trait à l'agriculture : productions, troupeaux, utilisation du sol, actifs agricoles, matériel, etc.
Etablies au niveau communal, ces statistiques ont lieu à peu près tous les dix ans. Entre temps, tous les ans, des sondages permettent de les tenir à jour. Sortis des presses de l'Imprimerie Nationale, ces documents permettent de suivre, depuis plus de deux siècles, l'évolution de l'agriculture française ; toutefois, ils doivent être consultés avec précaution, car malgré les soins des Directions départementales de l'Agriculture, les chiffres donnés ne sont pas toujours très exacts. Depuis le traité de Rome (1958), il y a concertation entre les pays du Marché Commun pour les statistiques agricoles.

STATON n.m.
Insecte *(Rhynchites bacchus, du genre Bictiscus betulae)*, qui pond ses oeufs dans les feuilles de vigne qu'il a roulées en cigares, d'où son nom vulgaire de *cigarier*.

STATUT DU FERMAGE l.m.
En. **farm lease act**
De. **Landpachtgesetz, Pachtgeldgesetz**
It. **statuto dell'affitto**
Ensemble de règlements établis en 1945 pour le fermage et le métayage.
Le métayage ayant pratiquement disparu, il ne s'applique plus qu'au fermage.
Plusieurs fois modifié, il a pour but d'assurer au fermier stabilité, sécurité et liberté dans la répartition de ses travaux.
La durée des baux est au minimum de 9 ans ; le montant du fermage est fixé par l'administration en fonction de l'étendue de l'exploitation et du prix moyen de quatre denrées-fermages.
Le droit de reprise par le propriétaire est limité, tandis que le fermier a priorité en cas de vente ; il peut obtenir, à son départ, une indemnité pour ses améliorations.
Frais d'entretien et investissements sont en grande partie à la charge du propriétaire.
Les conflits sont réglés devant un tribunal paritaire.

STÉCHAS n.f.
Espèce de lavande sauvage *(Lavandula Staechas)* à fleurs non odorantes, disposées en toupet au sommet des tiges.

STELLAGE n.m.
Droit perçu jadis par un *stellagier* sur chaque setier de céréales vendu sur les marchés de la France du Nord.

STÉRAGE n.m.
Es. **medición por estéreos**
It. **misurazione della legna**
Evaluation du volume d'un tas de rondins en stères, ou mètres cubes.

STERCORATION n.f.
1. Fumure des terres avec des excréments de diverses origines.
2. Par extension, fumures ainsi utilisées.
Etym. Du latin *stercus*, fumier.

STÈRE n.f.
En. **stere**
De. **Ster**
Es. **estero**
It. **stero**
Mesure de volume pour le bois en rondins, équivalente à un mètre cube.
Etym. Du grec *stereos*, solide, le produit à mesurer étant solide.

STÉRILE adj.
En. sterile, unfruitful
De. unfruchtbar, steril
Es. estéril
It. sterile
Qualifie un arbre qui ne porte pas de fruits, un animal qui ne peut avoir de petits, un terrain qui ne donne aucune récolte, tout ce qui est incapable de produire.
Etym. Du latin *sterilis*, stérile.

STÉRILISATION n.f.
En. sterilization (1,2)
De. Sterilisieren, Sterilisation (2)
Es. esterilización (2)
It. sterilizzazione (2)
1. Opération qui a pour but de rendre stérile une plante, ou un animal.
2. Traitement qui préserve les grains, ou le lait, des germes qui pourraient les corrompre.
Pour cela, on les soumet à de hautes températures, ou bien on leur incorpore un produit susceptible de détruire les microbes nuisibles.

STÉRILISER v.tr.
En. to sterilize (2)
De. sterilisieren (2)
Es. esterilizar (2)
It. sterilizzare, sterilire (2)
1. Rendre incapable de produire, d'avoir des petits, ou des fruits.
2. Supprimer dans un produit les germes nocifs.

STÉRILITÉ n.f.
En. sterility (3)
De. Sterilität (3)
Es. esterilidad (3)
It. sterilità (3)
1. Etat d'un sol qui ne contient pas d'éléments fertilisants.
2. Substance, ou milieu, exempt de tout germe de vie.
3. Impossibilité de se reproduire. *Chez la plante c'est l'absence de formation de graines ou de fruits fécondés, chez l'animal c'est l'absence du sperme chez le mâle, de l'ovule chez la femelle ; les causes en sont nombreuses : malformations congénitales, troubles fonctionnels, impuissance, consanguinité, etc.*

STICK AND DOG FARMING l.m.
Elevage au chien et au bâton.
Procédé d'élevage pratiqué par le propriétaire anglais d'un grand troupeau, qu'il laisse paître en plein air et qu'il garde à l'aide d'un chien et d'un bâton, sans autre investissement et sans se livrer à des cultures fourragères.

STIGMATE n.m.
En. stigma
De. Narbe
Es. estigma
It. stigma
Partie supérieure du pistil de la fleur femelle. *Légèrement humectée de sucs mielleux, elle retient les pollens des anthères de la fleur mâle, et, par le style, ceux-ci pénètrent jusqu'à l'ovaire où ils fécondent les ovules.*
Etym. Du grec *stigma*.

STIPE n.m.
De. Stengel, Strunk, Pfriemengras
Es. estípite
It. stipite
Partie axiale, droite et aérienne d'un palmier. *Elle correspond à la tige, ou au tronc, d'un arbre ordinaire ; elle est caractérisée par l'absence de rameaux et de branches secondaires, et se termine par un bouquet de grandes feuilles portant fleurs et fruits.*
Etym. Du latin *stipa*, tronc.

STOCK n.m.
En. stock
De. Warenvorrat
Es. existencias
It. riserva, scorte
Quantité de produits conservés par les organismes producteurs, ou utilisateurs.
V. Stockage.
Etym. De l'anglais *stock*, souche.

STOCKAGE n.m.
En. storage
De. Einlagern, Lagerung
Es. almacenamiento
It. stoccaggio
Opération qui consiste à mettre à l'abri les produits que l'on ne peut consommer, ou vendre, immédiatement et qui se détérioreraient s'ils n'étaient pas protégés: grains, légumes, viandes, etc.
C'est un procédé indispensable, mais qui doit être utilisé avec précaution afin d'éviter la rupture de stock en cas de demande accrue, ou l'accumulation de marchandises sans utilité. Un stock doit tourner sans à coups.

STOCKER v.tr.
En. to stock
De. horten
Es. almacenar
It. immagazzinare
Mettre un produit en stock.

STOLON n.m.
En. stolon, runner (1)
De. Wurzelsprosse (1), Ausläufer, Stolon
Es. estolón (1)
It. stolone (1)
1. Tige fine et longue qui pousse au collet de diverses plantes, notamment des fraisiers. *Elle est pourvue de bourgeons qui s'enracinent dans le sol et donnent de nouvelles plantes. C'est une sorte de marcottage spontané. Les stolons du fraisier sont parfois appelés des coulants, ou des filets.*
2. Ramification de la tige souterraine de la pomme de terre. *De croissance limitée, elle se termine par le tubercule.*
Etym. Du latin *stolo*, rejet, surgeon.

STOLONIFÈRE adj.
Qualifie les plantes qui portent des stolons.

STOMATE n.m.
En. stom
De. Stoma
Es. estoma
It. stoma
Orifice microscopique situé à la face inférieure des feuilles et qui, encadré de cellules à chlorophylle, sert aux échanges gazeux des plantes.
Etym. Du grec *stoma*, bouche.

STOMATITE n.f.
En. stomatitis
De. Mundschleimhautentzündung, Stomatitis
Es. estomatitis
It. stomatite
Inflammation des muqueuses de la bouche, empêchant l'animal de manger.
Elle est due à plusieurs causes : épines, engrais, bacilles, virus, mycose ou muguet, etc.
Etym. Du grec *stoma*, bouche.

STRASSENDORF n.m.
Agglomération rurale dont les maisons sont alignées le long d'une rue.
Etym. De l'allemand *strass*, rue et *dorf*, village.

STRATIFICATION n.f.
Es. estratificación
1. Opération qui consiste à placer des graines, ou des boutures, entre des couches de terre, ou de sable, formant des strates, pour les conserver en état de germer, ou de pousser.
2. Répartition en strates superposées des plantes d'une communauté végétale : tapis herbacé, arbustes, taillis, futaie selon les essences.

STRELAGE n.m.
Droit perçu jadis sur les opérations de mesurage des céréales et du vin.
On évaluait par setier, aussi disait-on droit de sesterage, et, par déformation de strelage, ou de stellage.

STRIP-CROPPING n.m.
Cultures en longues bandes parallèles aux courbes de niveau, et séparées par des bandes incultes, ou consacrées à une plante protectrice comme les fourrages.
On évite ainsi, sur les versants cultivés, l'érosion des sols par ruissellement et glissement, avec création d'un paysage à longues ondulations de teintes variées.
Etym. De l'anglais *strip*, bande, et *cropping*, récolte.

STRIURES n.f.p.
De. Streifen, Strieme
Es. estriado, estrías
It. striature
Petites altérations linéaires affectant les feuilles d'une plante atteinte d'une maladie virale.
Dans le cas des feuilles de céréales malades de virose, le terme est aussi employé pour désigner la maladie elle-même, par exemple la striure de l'orge.

STROMBLE n.m.
Instrument à long manche muni d'une raclette, ou d'un crochet, afin d'enlever les racines et les herbes qui s'enroulent autour du coutre et du soc, et gênent le labour.
Syn. Aiguillade (fig.4).

STRONGLES n.m.p.
It. strongili
Vers nématodes parasites qui se développent dans les poumons ou dans le tube digestif des bovins.
Issus de larves absorbées dans les prés, ils déterminent une maladie, appelée strongylose, qui se manifeste par un amaigrissement et un affaiblissement entraînant la mort de la bête.
On combat le mal avec des infusions de fougère mâle et de chénopode.

STRUCTURE AGRAIRE l.f.
En. agrarian structure
De. Agrarstruktur
Es. estructura agraria
It. struttura agraria
Agencement, dans un cadre naturel, de l'habitat, des chemins et des parcelles des exploitations agricoles d'un finage communal, créant ainsi un *paysage agraire*.
Selon les régions, on distingue en Europe une structure agraire d'openfield, une structure agraire de bocage, ou d'enclos, et des structures agraires des pays méditerranéens.
Chaque forme de structure agraire est non seulement le reflet du milieu physique, mais également celui d'un système agricole, d'une organisation sociale, de traditions et de mutations, ce qui en rend très complexe l'analyse quantitative et qualitative.
V. Openfield, bocage, enclos, hérupe.

STRUCTURE FONCIÈRE l.f.
De. Grundstruktur
Es. estructura de la explotación
It. struttura fondiaria
Dimensions et mise en valeur des exploitations agricoles.
Selon les dimensions on distingue les petites, les moyennes et les grandes exploitations, des microfondia aux latifundia.
Selon la mise en valeur on distingue le faire-valoir direct, ou à l'aide de salariés, le faire-valoir indirect (métayage, fermage, gérance) et le faire-valoir mixte.
Selon le parcellement on distingue les exploitations concentrées et les exploitations à parcelles dispersées.

STRUCTURE PARCELLAIRE l.f.
It. struttura parcellare
Dimensions et répartition des parcelles cultivées dans le cadre d'une exploitation agricole, ou d'un finage communal.

STUD-BOOK l.m.
En. stud-book
De. Stutbuch
Es. stud-book
It. stud-book
Registre où sont indiqués les ascendants d'un cheval de race, ainsi que ses caractéristiques.
La France a un stud-book ; celui de la Grande Bretagne a débuté en 1791.

STUFEN n.m.
Talus couvert d'herbes et séparant deux parcelles cultivées.
En Picardie, c'est un rideau.
Etym. Origine germanique.

STYLE n.m.
En. style (1)
De. Blumengriffel (1)
Es. estilo (1)
It. stilo (1)
1. Partie du pistil d'une fleur, comprise entre les stigmates et l'ovaire et par où pénètrent les filaments des pollens pour aller féconder l'ovaire qui deviendra une graine, ou un fruit.
2. Qualités d'un vin : finesse, légèreté, couleur, bouquet, brillance, etc.

S.U.A.D. sigle
Service d'Utilité Agricole de Développement. Créé en 1966, ce service, qui relève des chambres d'agriculture, a pour but de grouper et de coordonner, dans un cadre départemental, les entreprises favorables au progrès agricole, selon les directives des *conseillers agricoles*.

SUBER n.m.
Ecorce du chêne-liège et, par extension, d'un tissu ligneux contenant des cellules liégeuses.
Etym. Du latin suber, liège.

SUBÉRAIE n.f.
Bois de chênes-lièges.
On dit aussi une surède.

SUBÉREUX adj.
En. suberose
De. korkartig
Es. suberoso
It. suberoso
Se dit d'un tissu ligneux, d'une cellule végétale ayant la consistance du liège.
L'écorce de l'érable champêtre a des crêtes subéreuses (R. Blais).

SUBÉRICULTURE n.f.
It. sughericoltura
Sylviculture du chêne-liège.

SUBMERSION n.m.
En. flood, submersion
De. Überschwemmung
Es. sumersión
It. sommersione
Procédé d'irrigation qui consiste à recouvrir d'une mince nappe d'eau une parcelle à irriguer.
Moyen de combattre le phylloxera dans les vignes, et de favoriser la pousse du riz dans les rizières.

SUBSISTANCE (ÉCONOMIE DE) l.f.
En. food economy
De. Subsistenzwirtschaft
Es. subsistencia (economía de)
It. sussistenza (economia di)
S'applique à une économie agricole qui a pour but l'alimentation de la famille ou de la communauté.
Elle ne se maintient que dans des populations isolées et sauvages.

SUBSTANCE n.f.
En. nutriment
De. Nährstoff
Es. substancia nutritiva
It. sostanza
Toute matière qui contient un élément essentiel.
Ex. substance nutritive alimentant une plante ou un animal ; substance tannante contenant du tannin etc.
Etym. Du latin substancia.

SUBSTANCES DE CROISSANCE VÉGÉTALE l.f.p.
Hormones végétales agissant sur l'activité cellulaire des plantes.
Ce sont la cytokinine qui favorise la division cellulaire et l'étendue de la surface foliaire, les auxines qui stimulent l'élongation des tiges et les gibberellines pour la prolifération cellulaire, l'éveil des bourgeons et des fleurs ; leur utilisation sous diverses formes permet un enracinement rapide, une floraison précoce et retarde la chute des fruits et la pousse du gazon.

SUBVENTION AGRICOLE l.f.
En. agrarian subsidy
De. Agrarsubvention
Es. subvención agrícola
It. sovvenzione agricola
Moyen financier accordé, après enquête, par les pouvoirs publics à un exploitant agricole, ou à une communauté rurale pour leur permettre de couvrir des frais d'installation, des achats de matériel agricole, ou des expériences sur des cultures et des élevages nouveaux.

SUCCULENT adj.
En. **succulent**
De. **saftig**
Es. **suculento**
It. **succulento**
Qualifie les plantes dont la tige et les feuilles ont un parenchyme épais, absorbant beaucoup d'eau pendant la saison des pluies et transpirant peu, ce qui leur permet de résister à de longues périodes de sècheresse.
C'est le cas des agaves, des cactus, etc.
Etym. Du latin *succulentus*, riche en suc.

SUCEUR n.m.
Appareil agricole qui sert à aspirer les grains de céréales et à les refouler dans les élévateurs, ou les silos.

SUCRAGE n.m.
En. **sugaring**
De. **Zuckern**
Es. **azucaramiento, azucarado**
It. **zuccheraggio**
Opération qui consiste à ajouter du sucre au moût de raisin quand il va fermenter afin d'élever sa teneur en alcool.
Cette opération est effectuée par un sucreur. Elle est réglementée par la loi afin d'éviter la fraude. C'est une forme de chaptalisation.

SUCRATAGE n.m.
Traitement appliqué aux mélasses avec de la chaux afin d'en extraire le sucre cristallisable.

SUCRE n.m.
En. **sugar**
De. **Zucker**
Es. **azúcar**
It. **zucchero**
Substance cristallisable extraite du suc de certaines plantes, notamment de la canne à sucre dans les pays tropicaux, de la betterave à sucre dans les pays tempérés.
De saveur douce et agréable, elle se compose de carbone, d'hydrogène et d'oxygène selon la formule $(C_{12}H_2O)n$. Selon le vocabulaire actuel, c'est un glucide qui entre dans la structure des végétaux (cellulose) et comme réserve énergétique chez les animaux ; il entre aussi dans les combinaisons de divers acides organiques : tartrique, malique, lactique.
Etym. Du grec *sakkharon*.

SUCRERIE n.f.
En. **sugar-refinery**
De. **Zuckerfabrik**
Es. **azucarera**
It. **zuccherificio**
Etablissement consacré à la fabrication du sucre.

SUCREURS n.m.p.
Viticulteurs qui ajoutent du sucre et de l'eau à leur vendange pour obtenir davantage de vin.
Les sucreurs sont passibles de fortes amendes.

SUCRIER n.m.
En. **sugar manufacturer**
De. **Zuckerfabrikant**
Es. **azucarero**
It. **zuccheriere**
Fabricant de sucre et ouvrier d'une sucrerie.

SUCRIN n.m.
De. **Zuckermelone** (1)
Es. **melón azucarado** (1)
It. **zuccherino** (1)
1. Variété de melon qui a un goût sucré très prononcé.
2. Poire appelée *sucrin vert*, à peau verte et à pulpe juteuse et sucrée.

SUCRION n.m.
(Picardie). Orge d'hiver, ou escourgeon.

SUÈDE n.m.
En. **Swedish turnip**
De. **schwedische Kohlrübe**
It. **cavolo svedese**
Plante annuelle de la famille des Crucifères (*Brassica campestris, var. rutabaga*).
Appelée plutôt chou rutabaga, et originaire sans doute de Scandinavie, elle est cultivée en Angleterre depuis 1767, et en France depuis 1889, grâce à un agronome nommé Lasteyrie.

SUFFIN n.m.
Arbre de la famille des Conifères.
Pin à crochets des Alpes et des Pyrénées, ses graines s'insèrent dans leur cône par un pédicule en forme de crochet.
A cause de sa taille plus petite, il est moins apprécié que le pin sylvestre.

SUFFRAGES n.m.p.
Redevances en nature dues par le métayer, ou le fermier, au maître du domaine : volailles, oeufs, fruits, etc. et apportées par la fermière à la maison du maître en certaines occasions : nouvel an, baptême, mariage, etc.
En Berry les suffrages étaient parfois versés en espèces, en sus du fermage, ils sont interdits par le statut du fermage (1946).

SUFFRUTESCENT adj.
En. **suffrutescent**
Es. **subfrutescente**
It. **suffruticoso**
S'applique à une plante qui a les caractères d'un sous-arbrisseau, de petite taille et à tige ligneuse.
Ex. La verveine, le thé, le myrte sont des plantes suffrutescentes.

SUIDÉS n.m.p.
En. **swines**
Es. **suidos**
It. **suidi**
Famille de mammifères non ruminants, à nombre pair de doigts ongulés, à peau couverte de poils raides (*soies*), et à museau aplati (*groin*).
Elle comprend les porcs, les pécaris, les sangliers, les phacochères.
Etym. Du latin *sus*, porc.

SUIE n.f.
It. **fumaggine**
Carie des grains de céréales, ou de certaines plantes, causée par des cryptogames.
On dit aussi fumagine à cause de la couleur noire que prennent les végétaux malades.

SUILHE n.f.
(Provence). Fosse où l'on jetait les plantes ligneuses.
Foulées au pied durant l'hiver, dans les cours et les chemins, elles achevaient de s'y décomposer et donnaient du bon fumier, notamment si c'était des tiges de buis ; se disait également suyo.

SUINT n.m.
En. **suint**
De. **Wollfett**
Es. **grasa de lana**
It. **untume della lana grezza**
Matière grasse secrétée par les glandes sébacées et sudoripares de la peau des moutons.
Elle humecte leur laine, en particulier, celle des mérinos, et la maintient souple et imperméable.
Etym. Du latin *sudare*, suer.

SUISSE (PETIT) n.m.
Fromage blanc, double crème, à pâte molle.

SUITE (DROIT DE) l.f.
Droit pour un seigneur de poursuivre sur le territoire des seigneuries voisines, et de ramener dans sa seigneurie, un serf qui aurait déguerpi, c'est-à-dire, qui aurait quitté sa tenure, la laissant à l'abandon.

SUITÉE adj.
It. **seguita dalla prole**
Se dit d'une jument accompagnée de son poulain.

SUITÉE n.f.
Prix de location d'un pâturage, ou paiement pour l'hébergement d'un troupeau.
Etym. Du latin *sequita*, suivre.

SUITIERS n.m.p.
Paysans associés pour mettre en commun leurs attelages afin d'effectuer plus rapidement les travaux des champs au moment des moissons et des semailles.
C'est un dérivé de suivre, les attelages des suitiers étant disposés les uns à la suite des autres (XVIIIème siècle).
Syn. Consorts.

SUJET PORTE-GREFFE l.m.
En. **stock**
De. **Stock**
Es. **portainjerto, patrón**
It. **portainnesto**
Petit rameau, ou petit arbuste, sur lequel on insère le greffon.

SULFATAGE n.m.
En. **sulfitation**
De. **Schwefeln**
Es. **acción de sulfatar, sulfatado**
It. **ramatura**
Opération qui consiste à répandre sur les feuilles des plantes, et notamment sur les pampres de vigne, un liquide contenant en solution de la chaux, du sulfate de cuivre, ou tout produit susceptible de prévenir, ou d'enrayer la progression des maladies crytogamiques, ou de détruire les insectes nuisibles.
Le sulfatage s'effectue à l'aide d'une sulfateuse portée sur le dos du sulfateur, ou bien montée sur roues, et traînée par une bête de somme, ou par un tracteur. On sulfate également les grains de blé par immersion pour détruire les spores de la carie.
Etym. Du latin *sulfur*, soufre.

SULFATE n.m.
En. **sulphate**
De. **Sulfat**
Es. **sulfato**
It. **solfato**
Sel obtenu avec de l'acide sulfurique et un métal monovalent, tels le sulfate de sodium ou plâtre, les sulfates d'ammoniaque et de potassium qui servent d'engrais, les sulfates de cuivre et de fer qui sont des anticryptogamiques.
Ils étaient appelés autrefois vitriols car ils dérivaient de l'acide sulfurique, dite huile de vitriol.
Etym. Du latin *sulfur*, soufre.

SULFATE D'AMMONIAQUE l.m.
En. **ammonium sulfate**
De. **Ammoniumsulfat**
Es. **sulfato de amoníaco**
It. **solfato di ammonio**
Sel gris ou blanc, contenant 20% d'azote ammoniacal, très utilisé comme engrais en automne, ou au printemps, pour les céréales et les prairies, sur les cultures maraîchères et fruitières, surtout dans les terres à pH élévé.

SULFATE DE CUIVRE l.m.
En. **copper sulfate**
De. **Kupfersulfat**
Es. **sulfato de cobre**
It. **solfato di rame**
Sel de cuivre de couleur bleue, qui est un très puissant fongicide pour arrêter le mildiou, les tavelures, la cloque du pêcher et qui est utilisé en solution avec des *sulfateuses*.

SULFATE DE POTASSIUM l.m.
En. **potassium sulfate**
De. **Kaliumsulfat**
Es. **sulfato de potasio**
It. **solfato di potassio**
Engrais polyvalent qui convient à toutes les cultures, notamment la vigne, le tabac, les cultures maraîchères.

SULFITAGE n.m.
En. **sulfitation**
De. **Schwefeln**
Es. **sulfitado**
It. **solfitazione**
Procédé qui consiste à arrêter, ou à ralentir la fermentation d'un moût à l'aide de bisulfite de potassium, ou mieux d'anhydride sulfureux en l'injectant à l'aide d'un appareil appelé *sulfiteur*, ou sulfitomètre.
Procédé employé notamment pour obtenir des vins doux, ou mutés.
On utilise également cet anhydride pour désinfecter les tonneaux en faisant brûler à l'intérieur une mèche imprégnée de soufre.
Dans les deux cas les ferments nuisibles sont détruits.

SULFURAGE n.m.
En. **sulfuretting**
De. **Schwefeln, Schwefelung**
Es. **sulfuración**
It. **applicazione di solfuro di carbonio**
Opération qui consiste à injecter dans le sol, à l'aide d'un pal injecteur, du sulfure de carbone afin de détruire les insectes parasites de la vigne, des graines et des plantes légumières (vers blancs, courtillères, etc.).

SULFURE DE CARBONE l.m.
En. **carbon sulfur**
Es. **sulfuro de carbono**
It. **solfuro di carbonio**
Liquide incolore, volatil, à odeur forte et qui est un puissant insecticide, injecté dans le sol par un pal, ou une charrue sulfureuse.

SULFURER v.tr.
En. **to sulfur**
De. **schwefeln**
Es. **sulfurar**
It. **solfare**
Pratiquer le *sulfurage* en introduisant dans le sol du sulfure de carbone pour détruire les insectes et les larves nuisibles aux plantes, en particulier le phylloxéra et le doryphore.
L'insecticide est utilisé à l'aide de charrues spéciales, dites sulfureuses, ou de pals injecteurs, ou bien encore de capsules contenant le produit et enfouies à 15 à 20 cm de profondeur.

SULLA n.m.
En. **sulla, sulla clover**
De. **Süssklee**
Es. **sulla, esparceta**
It. **sulla**
Variété de sainfoin, plante de la famille des Légumineuses (*Hedysarum Coronarium*).
Originaire sans doute de l'Italie du Sud, elle est cultivée presque exclusivement dans les péninsules méditerranéennes, car elle résiste bien à la sécheresse d'été ; elle est également connue sous le nom de sainfoin d'Espagne.

SULLANIÈRE n.f.
Parcelle consacrée à la culture du *sulla*, ou sainfoin d'Espagne.

SULLYS n.m.p.
(Seine-et-Oise). Ormes, chênes ou tilleuls de très grande taille, plantés, croit-on, par ordre de Sully. On dit aussi des *rosnys*, car Sully était duc de Rosny-sur-Seine.

SUMAC n.m.
En. **sumac**
De. **Sumach**
Es. **zumaque**
It. **sommacco**
Arbuste de la famille des Anacardiacées (*Rhus coriaria*). *Originaire des pays méditerranéens, il est cultivé pour ses fruits utilisés comme condiments à la façon des câpres, et pour ses feuilles qui, sèches et réduites en poudre, servent à tanner les cuirs.*
En outre, plusieurs espèces de sumac sont ornementales (R. Blais).
Etym. De l'arabe *soummag*.

SUPERFICIE (DROIT DE) l.m.
1. Permission de bâtir accordée par le propriétaire d'un terrain à un tiers, celui-ci pouvant en disposer pour un long temps, ou à perpétuité, moyennant une redevance appelée en lat. *pensio*, c'est-à-dire, loyer.
Le superficiaire peut, à la longue, disposer pleinement de la construction et du fonds si le propriétaire néglige de percevoir la redevance, mais en aucun cas il n'a droit au tréfonds (voir ce mot).
2. En sylviculture valeur de la totalité du matériel ligneux superficiel d'une parcelle boisée, par opposition à la valeur du fonds comprenant le sol, les souches, etc.

SUPERPHOSPHATE n.m.
En. **superphosphate**
De. **Superphosphat**
Es. **superfosfato**
It. **perfosfato**
Engrais obtenu en traitant du phosphate monocalcique naturel par l'acide sulfurique.
Ainsi enrichi en phosphore il devient plus assimilable par les plantes ; il est en particulier très favorable à la production des grains de céréales.

SUPERQUATRE n.m.
Procédé de vinification qui consiste à mettre de la vendage foulée dans un moût déjà en fermentation, de sorte que le mélange, qui atteint 4 dégrés d'alcool, empêche la prolifération des levures sauvages qui gâteraient le vin *(P. Marres)*.

SUPPLANTER v.tr.
En. **to supplant**
De. **verdrängen**
Es. **suplantar**
It. **soppiantare**
1. Prendre la place de quelqu'un.
2. Remplacer une culture par une autre plus rentable.
Ex. Dans cette région la vigne a supplanté les céréales.
Etym. Du latin *supplantare*, faire un croc en jambe.

SUPPORT n.m.
En. prop (1)
De. Stütze, Gestell (1)
Es. soporte (1)
It. sostegno (1)
1. Objet qui maintient, qui soutient une plante trop flexible.
Ex. Echalas et pied de vigne.
2. Substance liquide, ou solide, qui contient la matière active d'un médicament, ou d'un traitement.
Etym. Du latin *supportare*.

SUR adj.
En. sour
De. sauer
Es. agrio
It. agro, aspro
Qualifie un produit alimentaire dont le goût est devenu aigrelet à cause de la fermentation trop avancée.
Etym. De l'allemand *sauer*, issu du francique *sur*, acide.

SURALIMENTATION n.f.
En. overfeeding
De. Überfütterung, Überernährung
Es. sobrealimentación
It. ipernutrizione, superalimentazione
Alimentation dépassant la quantité normale pour l'entretien d'un animal domestique.
Elle est appliquée aux bêtes que l'on veut engraisser (bovins, ovins, oies, et canards, chapons, etc.) ; elle est également utilisée pour les brebis pendant la période de l'accouplement.
On dit aussi suralimentage.

SURCENS n.m.
Droit seigneurial frappant une censive baillée en *arrière mouvance*, après accord du seigneur principal, à qui le tenancier devait toujours le cens, de sorte que la censive payait deux cens.

SUREAU n.m.
En. elder (tree)
De. Holunder
Es. saúco
It. sambuco
Arbuste de la famille des Caprifoliacées, comprenant plusieurs espèces, en particulier le sureau noir (*Sambucus nigra*) à écorce jaunâtre et squameuse, et le sureau hièble (*Sambucus ebulus*) à tige tendre et à odeur nauséabonde.
C'est un réactif des terres franches ; ses fleurs sont utilisées en infusion et en cataplasmes contre les rhumes.

SURÈDE n.f.
Endroit où poussent des sureaux.

SURELLE n.f.
En. sorrel
De. Sauerampfer, Sauerklee
Es. acedera
It. acetosa
(Berry). Nom vulgaire de l'oseille.

SUREN n.m.
Cépage à raisins blancs, cultivé sur le coteau de Surin, près de Vendôme.
Jadis il donnait un vin blanc apprécié d'Henri IV. On l'appelait vin de Suren, dont on a fait, à tort, vin de Suresne, localité de la banlieue parisienne.

SURET adj.
En. sourish (1)
De. säuerlich (1)
Es. agrillo (1)
It. aspretto (1), asprigno
1. Qualifie un vin devenu acide sous l'action des bactéries du vinaigre, le *mycoderma aceti*.
2. Se dit d'un fruit à maturité trop avancée et dont la pulpe se ramollit, brunit et prend un goût acide, dû à la fermentation.
Etym. Origine germanique.

SURETIÈRE n.f.
(Normandie). Pépinière de pommiers ensemencée avec des pommes *surètes*, impropres à faire du cidre.

SURFACE AGRICOLE UTILE l.f.
V. S.A.U.

S.M.I sigle
Surface Minimum d'Installation.
Surface d'exploitation qui doit correspondre à une norme de travail possible, et rémunératrice, pour une famille d'agriculteurs.
Elle varie selon les régions et la nature des cultures et de l'élevage. La moyenne nationale est fixée à 22 ha de polyculture.

SURFACE TERRIÈRE l.f.
En. basal area
Es. área basimétrica
It. superficie agraria
Surface totale des sections des arbres d'une forêt, mesurées à hauteur d'homme et sur une étendue d'un hectare.
Syn. Périmètre terrier.

SURFLEURIR v.intr.
Pour un arbre fruitier, avoir de nouveau des fleurs, au cours d'une même année.

SURGÉLATION n.f.
En. deep-freezing
De. Tiefkühlen
Es. congelación
It. surgelamento
Conservation des produits alimentaires dans une température égale ou inférieure à -18°C.
Leur eau est cristallisée, les germes nocifs sont détruits et les altérations physiques et chimiques sont stoppées.

SURGEON n.m.
En. sucker
De. Schössling, Wurzelreis
Es. retoño
It. pollone
Tige qui naît au collet d'une plante, et, ayant des racines, peut donner un nouveau sujet.
C'est le cas du framboisier.
Etym. Du latin *surgere*, s'élever.

SURGREFFAGE n.m.
De. Zwischenpfropfen, Überpfropfen
Es. injerto intermedio
It. sovrainnesto
Opération qui consiste à greffer, non sur un porte-greffe, mais sur un ancien greffon, susceptible, à cause de sa vigueur, de supporter cette nouvelle orientation de la plante, tout en améliorant ses produits.

SURIER n.m.
Un des noms du chêne-liège.
Etym. Du latin *suber*, liège.

SURIN n.m.
1. Jeune pommier.
2. Cépage à raisins noirs, qui doit son nom au lieu-dit, le *Surin*, près de Vendôme.
C'est une variété de Sauvignon.

SURIR v.intr.
En. to turn sour
De. sauer werden, säuern
Es. agriarse
It. inacidire
Devenir acide, ou aigre.
C'est le cas du vin mal conservé.

SURJOUG n.m.
Partie supérieure du joug, destinée à servir d'ornement.
Dans le Nord du Portugal, les surjougs sont parfois de véritables oeuvres d'art.

SURLE n.m.
(Landes). Entaille pratiquée dans l'écorce d'un pin maritime pour en extraire la résine.
Syn. Carre.

SURMATURATION n.f.
En. overripening
De. Überreifen
Es. sobresazón, sobremadurez
It. stramaturazione
Etat d'un fruit ayant dépassé la maturation.
C'est le cas de certains raisins que l'on cueille lorqu'ils sont atteints, sur les grains, par la pourriture noble causée par un cryptogame, le Bothritys cinerea. Dans les vignobles de Monbazillac et de Sauternes, cette moisissure superficielle, absorbant une partie du suc de la pulpe, détermine un enrichissement du moût en sucre, et après fermentation, en alcool.

SURMOÛT n.m.
En. new must
De. Vorlauf
Es. mostillo
It. presmone, mosto prima della pigiatura
Partie du moût tirée de la cuve avant le pressurage et la fermentation.

SURMULOT n.m.
En. brown rat
De. grosse Wanderratte
Es. rata de campo
It. ratto delle chiaviche, surmolotto
Gros rat gris (*Mus decumanus*) qui pullule dans les étables et cause de gros dégâts par sa voracité.
Etym. De sur et de mulot.

SURO n.m.
(Roussillon). Chêne-liège.

SURPÂTURAGE n.m.
En. overgrazing
De. Überweidung
Es. sobrepasto
It. sovrasfruttamento dei pascoli
Exploitation excessive des pâturages par des troupeaux trop nombreux pour la quantité d'herbe à brouter.
Ceci entraîne la multiplication des plantes médiocres et la dégradation des sols.

SURPÉCORATION n.f.
Proportion trop élevée de têtes de bétail pour la nourriture disponible, l'hiver dans les étables, l'été sur les pâturages.
Syn. Surpâturage.
Etym. Du latin pecus, bête, et pecoris, de la bête.

SURPEUPLEMENT AGRICOLE l.m.
En. overpopulation, agricultural overcrowding
De. Übervölkerung
Es. superpoblación
It. sovrappolazione agricola
Nombre trop élevé d'habitants dans une région agricole, aussi bien pour la quantité de produits à consommer que pour le travail à assurer.
Ce surpeuplement peut se produire :
1. par une forte natalité,
2. par une diminution de la production,
3. par une modernisation du matériel agricole exigeant moins de main-d'oeuvre.
4. par une nouvelle culture demandant moins de soins manuels,
5. par une dégradation des conditions naturelles de la culture, ou de l'élevage.

SURPLUS AGRICOLES n.f.p.
It. eccedenze agricole
Quantités de produits qui dépassent les possibilités de vente, de consommation et qui déterminent une baisse des cours et la diminution ou l'abandon des cultures ou des élevages qui en sont affectés.

SURPOIL n.m.
Herbe qui pousse dans les prés après la coupe des regains.
Jadis, ce surpoil appartenait aux communautés rurales, c'est-à-dire, que les troupeaux du village pouvaient y paître sans tenir compte des limites de propriété.

SURPRODUCTION AGRICOLE n.f.
En. agricultural overproduction
De. landwirtschaftliche Überproduktion
Es. superproducción agrícola
It. sovrapproduzione agricola
Excès de production des cultures et de l'élevage, dépassant la consommation et la vente.
Elle est due soit aux progrès des rendements du sol et des troupeaux grâce aux progrès agronomiques, soit à un déclin de la consommation de tel ou tel produit, par insuffisance des moyens d'achat des consommateurs, ou à cause des transports trop longs ou inadaptés. Il s'ensuit que des régions agricoles évoluées disposent de surplus qu'elles ne peuvent écouler, tandis que la disette sévit dans des contrées pauvres ou éloignées. Les pouvoirs publics tâchent d'y remédier en réduisant les surfaces cultivées, ou le nombre de têtes de bétail par exploitation, et en redistribuant d'autorité les surplus, ou même en les détruisant (cafés brésiliens).

SURRE n.m.
(Roussillon). Nom local du chêne-liège et de son gland.
Etym. Du latin suber, liège.

SURRÈDE n.f.
Plantation, ou bois, de chênes-lièges.

SURRIER n.m.
(Roussillon). Nom local du chêne-liège.

SURSAS n.m.
(Bretagne). Son mêlé d'un peu de farine, après un léger blutage.
Syn. Repasse, recoupe.

SURSEMER v.tr.
Ajouter des grains dans un champ déjà ensemencé, soit pour accroître la récolte, soit pour ajouter une seconde plante, par exemple une légumineuse à une céréale.

SURTAILLER v.tr.
1. Donner à la vigne une seconde taille après une gelée tardive.
2. Effectuer une dernière façon culturale avant les vendanges.

SUZERAIN n.m.
En. suzerain
De. Lehnsherr, Souverän
Es. señor feudal
It. signore di feudo
Seigneur qui avait confié en fief un, ou plusieurs domaines, à ses vassaux contre leur aide aux quatre cas (mariage, guerre, croisade, adoubement) avec serment de fidélité prêté au moment de l'investiture.
Etym. Dérivé de souverain.

SUZERAIN adj.
Se dit de tout ce qui a trait à la suzeraineté et à son exercice.

SUZERAINETÉ n.f.
En. suzerainty (1)
De. Lehnsherrlichkeit (1), Souveränität
Es. soberanía feudal (1)
It. sovranità (1)
1. Qualité et pouvoir du suzerain.
2. Territoire, domaines et juridiction sur lesquels s'étend le pouvoir d'un suzerain.

SYCOMORE n.m.
En. sycamore
De. Sykomore
Es. sicomoro
It. sicomoro
Arbre forestier de valeur, qui croît en basse montagne, mais il est souvent planté en plaine où il reprend par simple bouture piquée en terre humide (R. Blais).
On distingue le sycomore d'Egypte, ou figuier des pharaons (Ficus sycomorus) qui donne des fruits savoureux. Et le sycomore d'Europe qui est, en fait, l'érable blanc, ou faux platane (Acer pseudoplatanus), au bois blanc assez tendre.
Etym. Du grec sukon, figue, et moros, mûre.

SYLVA n.f.
Un des trois éléments de l'aménagement du sol.
Il correspond aux espaces réservés à la forêt, les deux autres étant l'ager livré à la culture et le saltus abandonné à la lande.
Etym. Du latin sylva, forêt.

SYLVAIN n.m.
It. silvano
Dans la mythologie romaine, dieu des forêts d'un rang très inférieur ; apparenté aux satyres.

SYLVANER n.m.
Cépage à raisins blancs, du vignoble alsacien.
Originaire d'Autriche, il a donné son nom à un vin réputé, le silvaner.

SYLVE n.f.
En. woods
De. Wald
Es. selva
It. selva
Grande forêt.
Les géographes l'appliquent à la forêt équatoriale.
Etym. Du latin sylva, forêt, terme poétique.

SYLVESTRE adj.
En. woodland
De. Wald-
Es. silvestre
It. silvestre
Qualifie ce qui a trait aux forêts.
En particulier on l'applique à un pin très répandu dans les montagnes de la zone tempérée ; c'est le pin sylvestre (Pinus sylvestris).

SYLVETUM n.m.
Réunion d'une série de plantes étrangères, séparées en lots pour constituer des peuplements indépendants les uns des autres du point de vue de la fécondation, et pouvant être ainsi étudiés comme s'ils étaient isolés.
Syn. Arboretum.

SYLVICOLE adj.
En. **silvicultural** (2)
De. **forstwirtschaftlich** (1), **Forst-**
Es. **silvícola** (1)
It. **silvicolo** (1)
1. Qui vit dans les forêts.
2. Qui a trait à la sylviculture.
Etym. Du latin *silva*, forêt et *colère*, habiter.

SYLVICULTEUR n.m.
En. **silviculturist**
De. **Förster**
Es. **silvicultor**
It. **silvicoltore**
Celui qui pratique la sylviculture.

SYLVICULTURE n.f.
En. **silviculture**
De. **Forstwirstchaft**
Es. **silvicultura**
It. **silvicoltura**
Culture des arbres des bois et des forêts.
Le terme d'arboriculture étant plutôt réservé à la culture des arbres fruitiers.
Etym. Du latin *sylva*, forêt, et *cultura*, culture.

SYLVINITE n.f.
En. **potash fertilizer**
De. **Sylvinit**
Es. **silvinita**
It. **silvinite**
Engrais obtenu à partir du chlorure de potassium et du chlorure de sodium extraits des mines de potasse d'Alsace, proches de Mulhouse.
La sylvinite utilisée provient d'un traitement diminuant la teneur en chlorure de sodium et, par conséquent, accroissant la teneur en chlorure de potassium (ClK).
Etym. Du latin *sylva*, forêt.

SYMBIOSE n.f.
En. **symbiosis**
De. **Symbiose**
Es. **simbiosis**
It. **simbiosi**
Etroite relation entre deux êtres vivants qui ne pourraient vivre l'un sans l'autre, tel le lichen, association d'une algue et d'un champignon, ou bien les bactéries des légumineuses qui fixent l'azote sur les racines, enrichissant à la fois la plante et le sol.
Etym. Du grec *sun*, avec, et *bios*, vie.

SYNDIC n.m.
En. **syndic**
De. **Syndikus**
Es. **síndico**
It. **sindaco**
Notable villageois chargé d'administrer et de représenter, sous l'Ancien Régime, une communauté rurale non encore pourvue d'une organisation municipale régulière.
Le syndic défendait les intérêts de son village et pouvait agir en justice pour le compte de ses administrés. On lui donnait parfois le titre de prévôt, ou de procureur.
Etym. Du grec *sundikos*, avocat.

SYNDICAT n.m.
Sous l'Ancien Régime, administration d'un village.
Dérivé du nom du magistrat chargé de gérer les intérêts de la communauté, le syndic.
Etym. Du grec *sun*, avec, et *diké*, procès ; en latin *syndicus*.

SYNDICAT AGRICOLE l.m.
En. **farmers' union**
De. **Bauernverband, Landwirtschaftsverband**
Es. **hermandad de labradores**
It. **sindacato agricolo**
Association de personnes exerçant la profession agricole, groupées pour défendre leurs intérêts et promouvoir leur fonction économique.
Autorisée depuis 1884, une telle association est régie par la loi du 1er juillet 1901 qui lui confère la personnalité civile.

SYNÉRÈSE n.f.
V. Egouttage.

SYNGAMOSE n.f.
It. **singamosi**
Affection parasitaire qui atteint les oiseaux d'élevage et les volailles, et qui se manifeste par l'étouffement et la mort.
Elle est causée par des vers nématodes qui se fixent et prolifèrent dans les voies respiratoires ; on la combat en désinfectant l'eau et les cages avec des produits à base d'acide salicylique.
Syn. Gape.
Etym. Du grec *sun*, avec, *gamos*, mariage et *ose*, maladie.

SYNTHÈSE ORGANIQUE n.f.
En. **organic synthesis**
De. **organische Synthese**
Es. **síntesis orgánica**
It. **sintesi organica**
Combinaison chimique qui aboutit, par l'union de ses éléments simples, à la reconstitution d'un corps composé organique.
Ainsi, par leurs racines et par leurs feuilles, les plantes réalisent, grâce à la synthèse des éléments simples de la sève brute, des combinaisons qui aboutissent à la formation de matières organiques de réserve : sucre, graisse, amidon, etc. En laboratoire et en usine, on parvient à des résultats semblables : corps gras, matières sucrées, colorants (indigo, alizarine, etc.).

SYRAH n.m.
Cépage à raisins noirs, cultivé sur les Côtes du Rhône, en particulier à l'Ermitage et à Côte-Rôtie.
Il donne des vins rouges, corsés, colorés, qui vieillissent bien.

SYRIAN n.m.
Cépage à raisins blancs, cultivé en serre dans les pays nordiques.

SYSTÈME AGRICOLE l.m.
Combinaison de productions et de méthodes de culture, conçue pour assurer à long terme des productions régulières.

SYSTÈME D'AGRICULTURE l.m.
En. **agricultural system**
De. **Bewirtschaftungssystem**
Es. **sistema de agricultura**
It. **sistema di agricoltura**
Combinaison plus ou moins rationnelle, selon les qualités de l'exploitant, de diverses cultures et de divers élevages d'après le climat, le sol, le relief, l'eau, les traditions familiales et sociales, les modes de vie, le matériel et l'habitat, en vue de faire face à la demande d'une autoconsommation locale, ou régionale, aux besoins des industries agroalimentaires plus ou moins développées, et d'un marché restreint, ou bien national et même mondial.
Soumis à toutes ces influences, les systèmes d'agriculture sont actuellement en rapide évolution, aussi bien dans le temps que dans l'espace ; dans l'ensemble ils passent de la polyculture de jadis à la monoculture des temps présents, mais avec des étapes dues à de multiples conditions locales et mondiales ; et même, le plus souvent, par souci d'équilibre et de sécurité, on les maintient dans une association de deux ou trois cultures, ou d'une combinaison culture et élevage.
Syn. Système de production agricole.
Etym. Du grec *sustêma*, assemblage.

SYSTÈME AGRO-INDUSTRIEL n.m.
Association de l'agriculture et de l'industrie pour une amélioration de leurs productions.
A l'amont, l'industrie fournit à l'agriculture des machines, des engrais, des concentrés et des semences, des plants et de jeunes bêtes sélectionnées ; à l'aval, l'agriculture livre à l'industrie les produits de ses champs et de ses étables. Unies parfois par contrats, agriculture et industrie évoluent vers des concentrations de plus en plus grandes, de la petite entreprise rurale jusqu'aux énormes firmes multinationales comme Unilever (R. Lebeau).

SYSTÈME COMMUNAUTAIRE l.m.
Organisation d'un finage communal avant la mécanisation de l'agriculture, il y a environ 50 ans.
Elle dominait dans les pays d'openfield où le territoire se divisait en trois parties : le village avec ses jardins et ses vergers, composant le meix, où chacun était libre chez soi ; l'openfield divisé en longues parcelles de culture réparties en trois ou six soles, et où les travaux étaient réglés selon des bans : ban des labours, ban des moissons auxquels tous les habitants devaient se soumettre, notamment pour laisser les champs moissonnés à la vaine pâture pour le troupeau communal ; et enfin les bois et les landes où chaque membre de la communauté pouvait prélever du bois mort et mener brouter son bétail. Cette triple répartition du finage était immuable, car il y avait interdépendance entre les trois lots, notamment pour assurer la vie des petites gens.

SYSTÈME DE CULTURE l.m.
En. **cropping system**
De. **Bodennutzungssystem**
Es. **sistema de cultivos**
It. **sistema colturale**
Combinaison d'éléments de production agricole, sur une surface de terrain traitée de manière homogène.
Il s'applique à des cultures diverses, pratiquées selon leur ordre de succession et selon des itinéraires techniques suivis pour chacune d'elles. A la suite de ces deux éléments, le système est caractérisé par sa capacité de production, son rendement énergétique et son influence sur la fertilité du sol (J Bonnamour).

SYSTÈME D'EXPLOITATION l.m.
En. **farming system**
De. **Bodennuzungssystem**
Es. **sistema de explotación**
It. **sistema di coltivazione**
Organisation de la mise en valeur d'une exploitation agricole.
On distingue :
1. *le faire-valoir direct:* organisé directement par le propriétaire seul, ou avec l'aide de salariés.
2. *le faire-valoir indirect :* organisé par l'intermédiaire d'un fermier, d'un métayer ou d'un régisseur.
3. *le faire-valoir collectif (kiboutz, kolkhoz, zadruga, ijido, etc.) :* organisé par une communauté d'ouvriers qui se partagent le travail et les produits (en déclin).

SYSTÈME D'EXPLOITATION DU SOL l.m.
Es. **sistema de explotación del suelo**
Mise en oeuvre des moyens dont dispose l'agriculteur pour l'exploitation de ses terres, depuis l'utilisation de la houe, de la culture extensive et du troupeau nomade jusqu'à l'entreprise agricole de plusieurs milliers d'hectares avec culture intensive du sol à l'aide du matériel moderne, des engrais, des semences et du bétail sélectionné, en passant par la moyenne exploitation agricole, traditionnelle ou modérément évoluée.

SYSTÈME DE PRODUCTION AGRICOLE l.m.
Es. **sistema de producción agrícola**
Association de la culture et de l'élevage pour obtenir de bons résultats grâce au capital foncier, aux procédés rationnels du travail, au matériel et au capital financier.

SYSTÈME RADICULAIRE l.m.
Es. **sistema radicular**
It. **apparato radicale**
Ensemble des racines d'une plante.
Il se divise en racines proprement dites, en radicelles plus fines, couvertes de poils absorbants se terminant par une coiffe radiculaire qui a la force de pénétrer dans la terre.
Syn. Système racinaire.

SYSTÉMIQUE adj.
En. **systemic** (1)
De. **systemisch** (1)
Es. **sistémico** (1)
It. **sistemico** (1)
1. Qualifie l'ensemble d'un système, d'un tout cohérent, aux données unies logiquement.
2. Se dit d'un médicament pénétrant à l'intérieur des tissus d'un végétal où il est véhiculé par la sève *(P. Habault)*.
Etym. De l'anglais *systemic*.

T

TABAC n.m.
En. **tobacco**
De. **Tabak**
Es. **tabaco**
It. **tabacco**
Plante herbacée annuelle de la famille des Solanées (Nicotania tabacum).
Originaire du Pérou où les Indiens fumaient déjà ses feuilles, elle fut introduite en France en 1560 par notre ambassadeur au Portugal, Jean Nicot, d'où son nom scientifique. Il en envoya de la poudre à Catherine de Médicis pour atténuer ses migraines, d'où le nom populaire d'herbe à la Reine. D'abord en culture libre, le tabac a été frappé de droits fiscaux sous Richelieu et sous Colbert et, en 1811, il devint un monopole d'Etat. Actuellement sa culture est placée sous le contrôle de la S.E.I.T.A. (Société d'Exploitation Industrielle du Tabac et des Allumettes). A cause des exigences de la plante en température et en sol, sa culture n'est autorisée que dans 46 départements ; 16 d'entre eux en produisent la majeur partie, la Dordogne étant au premier rang. Deux ou trois variétés dominent, ce sont les tabacs bruns en particulier le Paraguay, et les tabacs blonds, en particulier le Virginie. A cause de la finesse des graines, il faut recourir à des semis en mars ; les pieds sont plantés en juin par des planteuses mécaniques selon les distances fixées par des réglements. Sarclés, irrigués, écimés, ébourgeonnés plus ou moins mécaniquement, les pieds de tabacs bruns sont suspendus dans des séchoirs en planches dès le début de septembre ; en novembre et décembre, ils sont effeuillés ; réunis en manoques et en balles, ces feuilles sont livrées aux fonctionnaires de la Régie des Tabacs. Les tabacs blonds sont coupés à la machine, desséchés dans des fours et livrés en vrac, ce qui exige peu de main d'oeuvre. Tabacs bruns et tabacs blonds sont ensuite préparés en tabac à fumer (cigarettes, cigares) et en tabac à priser, ou à chiquer ; ces deux dernières préparations sont de plus en plus abandonnées. Le plaisir de fumer le tabac provient de l'absorption de nicotine, alcaloïde qui provoque une certaine excitation nerveuse, et surtout une détente physique, puis une habitude dangereuse pour les cordes vocales et les bronches ; il est cause de cancer du poumon.
Etym. Du haïtien *tsibatl*, traduit par *tabaco* en espagnol (P. Fenelon).

TABACOLE adj.
Qualifie ce qui a trait au tabac et à sa culture.
Etym. Du latin, *colere*, cultiver.

TABAC-TUE-MOUCHES l.m.
Tabac dont le patrimoine génétique a été modifié afin que ses feuilles produisent des subtances toxiques pour certains lépidoptères.
Cette découverte, réalisée à l'Université de Gand, permettrait de supprimer les pulvérisations d'insecticides.

TABACULTEUR n.m.
En. **tobacco grower**
De. **Tabakpflanzer**
Es. **cultivador de tabaco**
It. **tabacchicoltore**
Agriculteur se livrant à la culture du tabac.

TABARINAGE n.m.
Lit de bruyère que l'on dispose sous les vers à soie, dans une magnanerie, afin de protéger contre leurs déchets ceux qui sont placés au-dessous.

TABEL n.m.
(*Midi de la France*). Tas de gerbes dans les champs moissonnés.

TABLE n.m.
1. Claie disposée dans les magnaneries pour recevoir les vers à soie.
2. *(Région de Nice)*. Partie plate d'une terrasse de culture.

TABLE D'HÔTES l.f.
Pièce aménagée dans une maison rurale pour recevoir des touristes qui peuvent y prendre des repas gastronomiques, et y acheter des produits locaux d'alimentation.

TABLIER n.m.
Organe d'une moissonneuse-batteuse qui comprend une toile sans fin, soutenue et entraînée par un système de poulies et de liens pour transporter les épis jusqu'au batteur.

TACHAT n.m.
Cépage à raisins noirs, cultivé dans le centre de la France.
C'est le *Teinturier du Cher*, car il donne des vins très colorés en Berry.

TÂCHERON n.m.
En. **pieceworker, taskworker jobbing workman**
De. **Stückarbeiter**
Es. **jornalero**
It. **cottimista**
Ouvrier agricole chargé d'une tâche précise : fauchaison, moisson, et payé selon son rendement en meulons de foin, ou en gerbes de blé.
Etym. Du latin *taxare*.

TACON n.m.
Champignon parasite *(Sclerotium caracophilum)* qui causait jadis de graves dégâts dans les cultures de safran.

TACONNÉ adj.
1. Qualifie un raisin dont la peau est brûlée par place, sous l'effet d'un ensoleillement trop vif succédant à la pluie.
2. S'applique à une terre qui a été tassée par les pluies après un labour, et soumise ensuite à un soleil ardent.
On dit aussi qu'elle a été taquée (Champagne).

TACTISME n.m.
En. **tactisme** (1)
De. **Taxis** (1)
Es. **tactismo** (1)
It. **tactismo** (1)
1. Influence que jouent certaines formes d'énergie (lumière, chaleur, électricité, produits chimiques, etc.) sur le comportement d'un animal (migration, hivernage), ou d'une plante (tournesol, floraison, fécondation).
Dans le cas de la lumière, c'est le phototactisme ; *dans celui d'un liquide stimulant, c'est la* rhéotaxie.
2. Procédés de kinésithérapie pour remettre à sa place normale un organe en position défectueuse : hernie, foulure, etc.
Etym. Du grec *taktos*, arrangé.

TAFIA n.m.
En. **tafia**
De. **Zuckerbranntwein**
Es. **aguardiente de caña, tafia**
It. **aquavite di melassa**
Eau-de-vie obtenue par la distillation des mélasses et des résidus fermentés des sucreries de canne à sucre ; rhum de seconde qualité.

TAFFO n.m.
Engrais très riche, composé avec les fientes des volailles.

TAILLABLE adj.
En. **taxable**
De. **steuerpflichtig**
Es. **pechero**
It. **soggetto a taglia**
Qualifiait jadis les terres et les gens qui payaient la *taille*.

TAILLANDIER n.m.
En. **edge-tools maker**
De. **Kleinschmied**
Es **herrero de corte**
It. **fabbro specializzato nella lavorazione di utensili da taglio**
Artisan qui fabriquait des outils agricoles en métal, notamment les faux et les faucilles, les serpes et les haches à lame tranchante pour tailler. *Il travaillait dans une taillanderie.*
Etym. De *tailler*, couper.

TAILLE n.f.
En. **taille**
Es. **talla**
It. **taglia**
Impôt établi sur une terre roturière pour compenser les charges militaires dues par les terres nobles.
Au début des temps féodaux, elle était payée au seigneur par ses serfs, taillables à merci ; puis elle devint fixe, abonnée selon un contrat qui indiquait son taux et l'époque de sa perception. Accaparée par les agents du roi, de féodale elle devint royale. Dans les pays d'élection, elle était levée par les élus et, personnelle, elle frappait le roturier quelle que fut l'origine de ses revenus. Dans les pays d'Etat, elle était levée par les délégués de ces Etats et elle était réelle, c'est-à-dire qu'elle reposait sur les revenus des tenures, ou sur la nature des cultures, qu'elles appartinssent à des nobles ou à des roturiers. La taille négotiale était levée exceptionnellement au profit des communautés rurales pour faire face à une dépense imprévue. La taille prédiale, du latin praedium, *domaine, comme la taille réelle, portait, dans les pays d'Etat, sur la terre et non sur la personne. En 1776, la taille fut fixée sur un dénombrement précis des terres cultivées, et tarifée selon leurs revenus. Certains grands propriétaires furent taxés d'office par l'intendant, les collecteurs hésitant à le faire eux-mêmes. La taille fut supprimée par la Révolution.*
Etym. Du latin *tallatus*, taillé ; le payement de la taille étant attesté par une entaille sur deux planchettes parallèles.

TAILLE n.f.
En. **stature, height**
De. **Grösse**
Es. **estatura, alzada**
It. **statura**
Dimension d'un animal de la tête à la queue, ou du sol jusqu'au garrot.
Elle se mesure avec une toise, ou un mètre à ruban.

TAILLE n.f.
En. **pruning**
De. **Beschneiden, Behauen**
Es. **poda**
It. **taglio, potatura**
Opération qui consiste à tailler, à couper les branches d'un arbre fruitier, d'un pied de vigne, ou bien les herbes d'un gazon, les rayons d'une ruche, le moût d'une vendange.
1. *Taille d'un arbre fruitier* pour obtenir une fructification plus abondante et donner à la plante une forme plus harmonieuse en coupant les rameaux et les ramifications inutiles ou nuisibles (Fig. 193, 1 et 2).

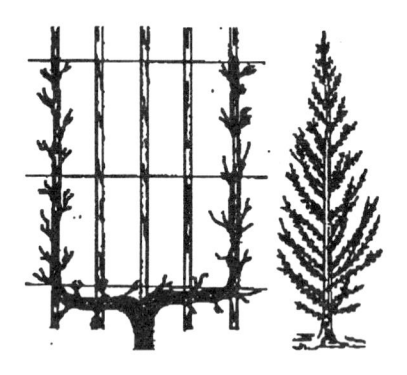

Taille. 1 : en U   2 : en quenouille

Elle se pratique en hiver pour supprimer les bois morts et les rameaux trop longs ; elle se pratique en été, et c'est la taille en vert, ou pincement, qui supprime fruits et feuillage trop abondants. La taille en crochet laisse sur chaque couronne deux rameaux, l'un taillé court, l'autre taillé long (R. Blais).
2. *Taille de la vigne* en supprimant les sarments de la saison précédente pour favoriser la poussée des jeunes sarments et l'amélioration des raisins en grosseur et en jus.
La taille courte laisse deux ou trois coursons par cep avec deux yeux chacun ; la taille longue comporte un courson de deux yeux et une vergue de six à huit yeux par cep (fig. 193, 1 et 2). A la longue la forme du cep peut être en cordon (Champagne), en espalier (Médoc), en gobelet (Languedoc), ou en hautains (Pyrénées).
3. *Taille du gazon* à l'aide d'une tondeuse à main ou à moteur, afin de conserver l'herbe courte et épaisse.
4. *Taille d'un rayon de ruche* pour prélèvement, à l'aide d'un couteau à lame recourbée, d'une partie du miel et de la cire.
5. *Taille du champagne* obtenue par une seconde pression au cours de la cuvaison.

La première pression a donné la cuvée et la troisième donne la rebêche ; seules la cuvée et la taille servent à préparer le champagne ; la rebêche n'est que du vin blanc ordinaire.
Etym. Du latin taliare, talia, couture, coupure.

TAILLE (FRONT DE) l.m.
Au Canada, ensemble des arbres formant la limite provisoire d'une futaie, ou d'un taillis, au cours d'une coupe totale.

TAILLE BLANCHE l.f.
Coupe d'un arbre au ras du sol.

TAILLE-BUISSON n.m.
Grande cisaille qui sert à tailler les haies et à couper les broussailles.

TAILLE-PRÉ n.m.
(Limousin). Outil agricole pour creuser et entretenir les rigoles d'irrigation dans les prés.

TAILLE EN VERT l.f.
Taille réalisée pendant la période de végétation.
V. Taille.

TAILLER v.tr.
En. **to trim, to clip**
De. **beschneiden, behauen**
Es. **podar**
It. **tagliare, potare**
Couper les branches d'un arbre, les sarments d'une vigne, les pousses d'une haie, les herbes d'un gazon afin de leur donner une certaine forme et favoriser leur croissance, ou leur fructification.
Etym. Du latin talea, couture.

TAILLEUSE DE HAIES l.f.
En. **hedge cutter/stimmer**
De. **Heckenschneider**
Es. **cortadora de setos**
It. **tagliasiepe**
Grande cisaille tenue à la main pour tailler les haies du bocage.
Syn. Taille-buisson.

TAILLEUX n.m.p.
(Vosges). Murettes, ou gros troncs d'arbres sur lesquels on fait glisser les billes de bois, le long des pentes.

TAILLIS n.m.
En. **copse, coppice**
De. **Unterholz, Niederwald, Buschholz**
Es. **tallar**
It. **bosco ceduo**
Bois de chênes, de châtaigniers, de charmes, de hêtres, etc., que l'on coupe tous les 20 ou 30 ans pour le chauffage et la fabrication du charbon.
Il ne comprend donc que des arbres de petit diamètre, issus des anciennes souches par des rejets, ou par des drageons. On distingue le taillis simple qui ne comporte pas de baliveaux, et que l'on coupe tous les 20 à 25 ans ; le taillis fureté où l'on ne coupe que les sujets ayant atteint une certaine taille ; le taillis composé, ou taillis sous futaie, qui se développe sous une futaie claire de baliveaux ; le taillis sarté qui comprend, après la coupe et le brûlis, des clairières cultivées.

TAILLON n.m.
En. **additional tax**
De. **Nachsteuer, Nebensteuer**
Es. **talla suplementaria**
It. **taglia aggiuntiva**
Supplément de taille qui s'ajouta proportionnellement à la taille normale en 1549, afin d'augmenter la solde des compagnies d'ordonnance.

TAIN L'HERMITAGE n.m.
Chef-lieu de canton de la Drôme, sur la rive gauche du Rhône, au centre d'un vignoble réputé.

TAISIBLE adj.
Qualifie ce que l'on tait et ce qui se règle tacitement, sans recourir à des voies légales.
Telle était la communauté taisible qui groupait les membres d'une même famille, associés pour les travaux et les paiements des redevances d'une tenure servile, mais qui évitait les droits de main-morte puisque la communauté était toujours représentée par des membres vivants.
Etym. Du latin tacere, se taire.

TALADRAP n.m.
(Alpes du Nord). Déformation de toile-drap.
Tissu fabriqué avec des fils de laine et de chanvre par les tisserands des campagnes.

TALARD n.m.
(Bretagne). Bande de terre à l'extrémité d'un champ.
Elle est labourée perpendiculairement aux principaux sillons.
C'est une tournière.

TALBOT n.m.
(Poitou). Morceau de bois suspendu au cou des bêtes au pâturage.
Il traîne sur le sol et les empêche de courir librement.

TALLAGE n.m.
De. **neuer Wurzeltrieb**
Es. **amacollamiento**
It. **taleaggio**
Multiplication des tiges que donne un seul pied de céréale.
C'est le cas en particulier du blé dont on favorise le tallage en couchant la première tige vers le sol à l'aide d'un rouleau ; ainsi se développe un réseau de racines très fourni d'où peuvent naître et grandir de nouvelles tiges.
Etym. Du grec thallos, rameau.

TALLARDIER n.m.
Cépage à raisins noirs, cultivé dans les Hautes Alpes.
Sa matutrité est incomplète, aussi donne-t-il un vin aigrelet. Il est également appelé Molard.

TALLE n.f.
En. **sucker, tiller** (1)
De. **Wurzelschössling** (1)
Es. **hijuelo, retoño, renuevo** (1)
It. **pollone, tallo** (1)
1. Tiges qui croissent à la base des Graminées et qui forment une touffe autour de la tige principale.
2. Chacune de ces tiges.
3. Rameau d'un pied de vigne poussant au-dessus des échalas et que l'on coupe.
4. *(Canada).* Peuplement forestier composé d'une seule espèce. *Ex. Une talle d'épiceas.*
Etym. Du grec thallos, rameau.

TALLEMENT n.m.
1. Action de taller.
2. Ensemble des modifications qui aboutissent aux talles d'une plante.
On dit aussi tallage.

TALLER v.tr.
En. **to tiller, to sucker**
De. **Wurzelschösslinge treiben, sich bestocken**
Es. **ahijar**
It. **tallire**
Donner naissance à une ou plusieurs talles, pousses, ou drageons.

TALOCHE n.f.
Planche fixée à un manche et avec laquelle on aplanit les meules de fumier de cheval pour la culture du champignon de couche.

TALON n.m.
1. Morceau de rameau conservé avec les boutures pour favoriser les reprises.
2. Partie arrière du sep d'une charrue.
Cette pièce, qui glisse sur le sol, est en général amovible ; son réglage est le talonnage.
V. Semelle de labour.

TALURE n.f.
Plaie, meurtrissure, causée surtout par la grêle sur l'écorce d'un arbre fruitier, ou sur la peau d'un fruit.

TALUS n.m.
En. **slope** (1)
De. **Böschung** (1)
Es. **talud** (1)
It. **scarpata, scarpa** (1)
1. Partie d'un *rideau* en pente plus forte que la pente naturelle du versant et qui, couvert d'herbes et d'arbustes, maintient la terre de la planche supérieure cultivée.
2. Murette enrobée de terre sous une haie du bocage.

TALUTER v.tr.
En. **to slope**
De. **abschrägen, abböschen**
Es. **ataludar**
It. **disporre a scarpa**
Edifier un talus pour retenir la terre le long d'une pente, et modeler ainsi une terrasse de culture.

TALVÈRES n.f.p.
(Bassin Aquitain). Bandes de terre aux extrémités d'un champ où tournent les attelages et les instruments agricoles.
Syn. Tournière, talvère.

TAMARET n.m.
Bande de terre comprise entre deux rangs de vigne. *Equivalent d'une jouaille, on dit aussi un tamarat en Agenais.*

TAMARIS n.m.
En. **tamarisk**
De. **Tamariske**
Es. **tamariz**
It. **tamarisco, tamerice**
Arbrisseau de la famille des Tamaricées.
L'une des espèces, Tamarix mannifera, produit une exsudation sucrée que l'on croit être la manne du desert des Hébreux ; une autre espèce sert à fixer les dunes ; enfin une troisième est cultivée comme plante ornementale pour ses feuilles et ses fleurs et sert à faire des haies.
Syn. Tamarin.
Etym. Du latin *tamariscus,* dérivé de l'arabe *tamar,* datte.

TAMIS n.m.
En. **sieve**
De. **Sieb**
Es. **tamiz**
It. **setaccio**
Instrument formé d'un treillis très fin, en métal ou en tissu, tendu dans une couronne de bois ou de fer.
Utilisé pour nettoyer les grains et leurs impuretés, ou pour débarrasser le vin des débris de raisin (fig. 194).
Etym. D'origine probablement celtique.

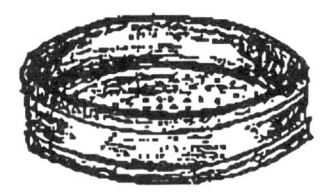

(Fig. 194). Tamis

TAMISAGE n.m.
En. **sieving** (1)
De. **Sieben** (1)
Es. **tamizado, cernido** (1)
It. **setacciatura** (1)
1. Action de tamiser.
2. Résultat de cette opération, effectuée par un tamiseur.

TAMISER v.tr.
En. **to sieve**
De. **sieben**
Es. **tamizar, cerner**
It. **setacciare**
Passer au tamis, pour les nettoyer ou les trier, des matières pulvérulentes, ou des liquides épais.
Opération réalisée par un tamiseur.

TAMISEUR n.m.
En. **siever** (1)
Es. **tamizador**
It. **setacciatore** (1)
1. Personne qui tamise.
2. Instrument pour tamiser.

TAN n.m.
En. **tanbark**
De. **Gerberlohe**
Es. **casca, corteza de la encina**
It. **tanno**
Ecorce séchée et pulvérisée de certains arbres : chêne, sumac, quebracho, etc., et que l'on répand sur les peaux *vertes* pour les transformer en cuir.
Elle contient une substance astringeante, appelée tanin, ou tannin, propre à tanner les peaux, à pratiquer le tannage.
Etym. Du celte *tann,* chêne.

TANCAS n.f.
Petites parcelles entourées de murettes, en Sardaigne *(M. Le Lannou).*

TANGÉRINE n.f.
En. **tangerine**
De. **Mandarine**
Es. **mandarina**
It. **tangerina**
Variété de mandarine obtenue au Maroc.
Etym. De la ville de Tanger.

TANGUE n.f.
En. **sea sand**
De. **Meersand, Meerschlamm**
Es. **cieno marino**
It. **sabbia fangosa**
Engrais d'origine marine, recueilli sur les rivages de Bretagne et de Normandie occidentale, à marée basse, dans les vasières assez riches en calcaire pour permettre de fertiliser les terres acides issues des roches cristallines.
La tangue est également désignée sous les noms de cendre de mer et de charrée blanche ; elle a l'aspect d'un sable fin grisâtre. Pour l'utiliser comme amendement il faut la laisser sous la pluie pour qu'elle se dessale.

TANGUIER v.tr.
Amender une terre avec de la tangue.

TANIN ou TANNIN n.m.
En. **tannin**
De. **Tannin**
Es. **tanino**
It. **tannino**
1. Substance contenue dans l'écorce du chêne, dans le bois du châtaignier, les noix de galle, les feuilles du sumac, etc.
Elle a la propriété de précipiter les albuminoïdes contenus dans les peaux des animaux et de les transformer en cuir en les rendant imputrescibles.
2. Substance analogue contenue dans les pépins, les rafles et les peaux des graines de raisins et donnant, surtout aux vins rouges, une certaine âpreté et du corps.
Etym. D'origine celte.

TANK À LAIT l.m.
Es. **tanque de leche**
Récipient en métal inoxydable, d'une capacité de plusieurs hectolitres, maintenu dans un endroit frais, pour recueillir le lait d'une traite.
Etym. De l'anglais *tank,* réservoir.

TANNAGE n.m.
En. **tannage**
De. **Lohen**
Es. **curtimiento**
It. **concia, conciatura**
1. Opération qui a pour but de rendre imputrescible la peau des mammifères.
Connue dès l'époque romaine, elle s'effectue surtout dans des cuves garnies de produits tannants : écorce de chêne, ou de châtaignier, moulue ; solutions de sulfate chromique, ou d'alun ; huiles etc.
2. Résultat de l'opération.

TANNANT adj.
Es. **curtiente**
It. **conciante, tannante**
Se dit d'un produit qui sert à tanner les peaux pour les transformer en cuir.

TANNAT n.m.
Cépage à raisins noirs, cultivé dans les Hautes Pyrénées.

TANNÉE n.f.
De. **ausgebeizte Gerberlohe**
Es. **casca**
It. **concia usata**
Tan qui a été épuisé par le tannage des peaux, et qui est utilisé comme engrais par les jardiniers pour faire des semis sur couche.

TANNER v.tr.
En. **to tan**
De. **lohen**
Es. **curtir**
It. **conciare**
Préparer des cuirs avec du tan, dans une *tannerie.*

TANNERIE n.f.
En. **tannery**
De. **Lohgerberei**
Es. **curtiduría, tenería**
It. **conceria**
1. Fabrication des cuirs.
2. Etablissement où l'on fabrique des cuirs.

TANNEUR n.m.
En. **tanner**
De. **Lohgerber**
Es. **curtidor**
It. **conciatore**
1. Ouvrier qui tanne les cuirs.
2. Marchand qui vend des cuirs.

TANNISAGE n.m.
Opération qui consiste à ajouter du tannin à des vins légers, à raison d'une dizaine de grammes par hectolitre, afin de leur donner de la force.

TANTE n.f.
Vache qui allaite le veau d'une autre vache.
Pratique courante en Limousin pour faire nourrir plusieurs veaux au cours d'une année par la même vache.

TAON n.m.
En. **gadfly, horsefly**
De. **Bremse**
Es. **tábano**
It. **tafano**
Genre de diptère qui perce la peau des boeufs et des chevaux pour se nourrir de leur sang. Vecteur de la tropanosomiase.
Etym. Du latin *tabanus*, taon.

TAPIOCA n.m.
En **tapioca**
De. **Tapioka**
Es. **tapioca**
It. **tapioca**
Fécule extraite du manioc traité par la chaleur, après avoir été écrasé et réduit en pâte.
Etym. Du *guarani*, tapioca.

TAPY n.m.
(Provence). Terre fine et compacte que l'on entasse dans les cadres et les coffrages des murs et des cloisons, après l'avoir moulée dans des corbeilles à coups de pilon, d'où son nom.
Syn. Torchis.

TAQUÉE adj.
Qualifie une terre qui a été *taconnée*, c'est-à-dire tassée par les pluies après un labour, et soumise ensuite à un soleil ardent.

TARARE n.m.
En. **cleaning machine, winnowing machine**
De. **Windsichter, Samenreiniger, Tarar**
Es. **aventadora, tarara**
It. **tararà**
Appareil cribleur à ventilateur, qui se compose d'une soufflerie à ventilateur animée d'un mouvement rotatif rapide et de cribles à mouvements de va-et-vient et qui sert à nettoyer et à trier les grains de céréales après le battage.
Les grains et les balles, soumis au vent et aux secousses du matériel, sont triés et nettoyés. Le terme dérive probablement de la ville de Tarare où furent fabriqués les premiers appareils de ce genre.

TARASCONNAISE n.f.
Race ovine des Pyrénées de l'Ariège autour de Tarascon..

TARATOUFLE n.f.
Nom vulgaire du topinambour dans quelques localités de France.
Etym. De l'allemand *Tartofel*, ou *Kartofel*, pomme de terre.

TARAVELLE n.f.
(Bordelais). Sorte de plantoir composé d'une pointe surmontée d'une poignée à deux montants entre lesquels l'ouvrier place le pied pour enfoncer l'instrument dans le sol. *Syn. Haque.*

TARBAIS (CHEVAL) n.m.
Variété de la race chevaline, obtenue dans la vallée de Tarbes par croisement de navarais et d'angloarabe. *De taille élégante, il est recruté pour la cavalerie légère.*

TARDIF adj.
En. **late, backward**
De. **spät reifend, Spät-**
Es. **tardío**
It. **tardivo**
Qualifie les fruits qui mûrissent tard, les fleurs qui s'épanouissent à l'arrière-saison, les petits animaux qui naissent après les autres, et les terrains humides et froids où les récoltes mûrissent tardivement.

TARDIVAL n.m.
(Quercy). Semailles de printemps, tardives par rapport à celles d'automne.

TARDILLON n.m.
En. **latest born**
De. **Spätling**
Es. **(animal) tardío**
It. **ultimo nato, cria**
Petite bête née après les autres, et qui reste de petite taille.
On dit aussi un tardon.

TARDIVITÉ n.f.
It. **tardività**
Contraire de précocité : fleur, fruit, croissance qui se manifestent avec retard sur leur période normale de production.

TARE n.f.
En. **tare** (1)
De. **Taragewicht, Leergewicht** (1)
Es. **tara** (1)
It. **tara** (1)
1. Poids du récipient contenant une denrée, et qui est à défalquer du poids total.
2. Différence entre le poids brut avant traitement et le poids net après traitement (distillation, sucre, minoterie).
Etym. De l'arabe *tahra*, caisse, récipient.

TARE n.f.
De. **Fehler, Makel** (2)
Es. **defecto** (2)
It. **tara** (1), **difetto** (2)
1. Défaut congénital ou acquis d'une bête ou d'une plante, et entraînant une faiblesse de l'organisme dans sa lutte cotre les maladies virales, ou microbiennes, faute d'anticorps appropriés.
2. Défaut, ou défectuosité des membres d'un animal à la suite d'un accident, ou d'un gros effort, dépréciant la bête pour le travail ou l'esthétique. *Etym.* De l'italien *tara*, dérivé de l'arabe *talora*, déchet.

TARÉ adj.
En. **unsound** (2)
De. **gebrechlich** (2)
Es. **defecto, tarado** (2)
It. **difettoso** (2)
1. Qualifie un arbre que les noeuds et les félures rendent impropre à la menuiserie.
2. Se dit d'un animal ayant un défaut.

TARENTAISE adj.
Qualifie une race de bovins, appelée aussi *tarine*, et dont le pays d'origine est la Savoie.
Sa robe est couleur froment et ses extrémités sont noires. Excellente laitière et robuste.

TARIÈRE n.f.
De. **Hohlbohrer** (3)
Es. **barrena, taladro** (3)
It. **trivella** (1), **succhiello** (3)
1. Instrument agricole, manuel ou mécanique, pour forer les trous où l'on plante les poteaux des barrières, ou les jeunes arbres.
2. Appareil pour prélever un échantillon de sol en vue d'une analyse.
3. Sonde pour extraire du tronc d'un arbre sur pied des "carottes" permettant de s'assurer de la qualité du bois, ou de compter son âge d'après les cernes annuels.

TARISSEMENT n.m
En. **drying up**
De. **Trockenstehen**
Es. **agotamiento**
It. **inaridimento**
Cessation de la fonction de lactation pour une vache, ou pour une brebis, qui allaite son petit.
Etym. Du germanique *tharrjan*.

TARO n.m.
Plante tropicale de la famille des Aracées *(Colocasia esculenta)*, et par extension, les alocasias, les xanthosomas, ou choux caraïbes, à tubercules comestibles.
Cultivées dans les tarodières ces plantes à cycle végétatif assez court (8 à 10 mois), donnent de 100 à 200 qx de produits à l'hectare.
En Polynésie le terme taro s'applique à toute racine alimentaire à base de fécule.

TARODIÈRE n.f.
Piece de terre consacrée à la culture du *taro* sous climat tropical humide.
Elle peut être située près du village, dans les jardins de case bien irrigués, ou bien dans un espace débroussaillé provisoirement. Les boutures sont enfouies dans des trous pratiqués au bâton à fouir, ou à la houe. Quand la récolte est terminée, la brousse, ou la forêt reprend ses droits. Les îles du Pacifique sont par excellence des régions de tarodières aménagées avec soin.

TAROUPE n.m.
(Bas Maine). Chanvre grossier.
Syn. Etoupe.

TARRIAU n.m.
Tarière qui sert à effectuer des sondages dans les sols à mettre en culture.

TARTAUFLE n.m.
L'un des noms vulgaires de la pomme de terre.
Il dérive comme tartufle, de Tartofel, nom germanique de ce tubercule.

TARTRAGE n.m.
En. **tartarization**
De. **Weinsteinzusatz**
It. **aggiunta di acido tartarico**
Addition de tartrate de calcium, ou d'acide tartrique, au moût de la vendange, pour activer la fermentation et acidifier le vin.

TARTRE n.m.
En. **tartar**
De. **Weinstein**
Es. **tártaro**
It. **tartaro**
Sel de calcium et de potassium qui se dépose au fond des tonneaux, et de tout récipient ayant contenu du vin.
On l'enlève par rinçage à l'eau chaude.

TAS n.m.
(Normandie). Lézard noir venimeux, caché dans les cailloux, il causerait la mort des vaches qui le mangeraient.

TAS D'ÉPIERREMENT l.m.
Pierres enlevées d'un champ et disposées en tas à l'extrémité de la parcelle, ou en bande le long d'un côté.
Syn. *Murger.*

TASQUE n.f.
Redevance levée en Haute-Provence par les seigneurs et les abbés, sur les bois, les essarts, et les troupeaux relevant de leur mouvance.
C'était l'équivalent du champart, ou de l'agrier.
Etym. Origine italienne.

TASSERIE n.f.
(Normandie). Abri où l'on entasse les gerbes de blé.
Se distingue du fenil où l'on met le foin.

TASSEUR n.m.
1. Instrument agricole pour tasser les terres.
2. Ensemble des pièces qui, dans les moissonneuses-lieuses forment les gerbes, et, dans les botteleuses, les bottes de paille, ou de foin, en les tassant.

TÂTE-VIN n.m.
En. **wine taster**
De. **Weinheber, Stechheber**
Es. **catavino** (1), **pipeta** (2)
It. **tastavino** (1), **pipetta** (2)
1. Petit récipient dans lequel on verse un peu de vin pour le goûter.
On dit aussi un tastevin, d'où l'on a tiré taste-vinage, cérémonie au cours de laquelle on apprécie les vins d'un cru (fig. 195).
2. Pipette servant à tirer du vin d'un tonneau par la bonde
Etym. Du latin *tangere*, toucher, évaluer.

(Fig. 195). Tate-vin

TATOUAGE n.m.
En. **tattoo**
De. **Tätowieren**
Es. **tatuaje**
It. **tatuaggio**
Marque faite sur un animal, ou sur une plante, pour permettre de les identifier.
Etym. Origine polynésienne.

TAUPE n.f.
En. **mole**
De. **Maulwurf**
Es. **topo**
It. **talpa**
Mammifère de la famille des Talpidés de 12 à 15 cm de long, à peau couverte de poils noirs et soyeux. Presque aveugle, à nez pointu et à pattes antérieures très puissantes avec lesquelles il creuse des galeries pour se nourrir de vers et de larves.
Il cause ainsi des dégâts dans les cultures en coupant les racines, en soulevant les jeunes plants et en accumulant la terre de ses galeries en tas de 15 à 20 cm de haut, les taupinières. On l'empoisonne à la taupicine, et on le chasse à l'aide de pièges tendus par les taupiers.
Etym. Du latin *talpa*, taupe.

TAUPE-GRILLON n.m.
En. **mole cricket**
Es. **grillo-topo, grillotalpa**
It. **grillotalpa**
Insecte nuisible, appelé aussi *taupette*.
V. *Courtilière.*

TAUPELS n.m.p.
Bandes de terre cultivées, larges de 6 à 7 mètres, et encadrées de rangs de vigne.
Ce sont les joualles *du Bassin Aquitain.*

TAUPICIDE n.m.
En. **molicide**
Es. **topócido**
It. **talpicido**
Préparation à base d'arsenic pour empoisonner les taupes.
Syn. *Taupicine.*
Etym. Du latin *talpa*, taupe, et *caedere*, tuer.

TAUPIER n.m.
En. **mole catcher**
De. **Maulwurfsfänger**
Es. **cazador de topos**
Personne dont le métier est de détruire les taupes en les capturant, ou en les empoisonnant.

TAUPIÈRE n.f.
En. **mole trap**
De. **Maulwurfsfalle**
Es. **trampa para coger topos**
It. **trappola per talpe**
Piège en fer pour capturer les taupes.
Muni d'un ressort, maintenu tendu par une languette de fer, on le place dans une galerie creusée par les taupes ; en passant l'animal pousse la languette, le ressort se détend et les mâchoires du piège se resserrent sur l'animal (fig.196).

(Fig. 196). Taupière

TAUPIN n.m.
En. **click beetle**
De. **Saatschnellkäfer, Schnellkäfer**
Es. **elátero del trigo**
It. **elaterio**
Insecte coléoptère, de la famille des Elatéridés.
Sa larve, appelée fil de fer, cause de graves dégâts aux cultures

TAUPINER v.tr.
Accumuler de la terre au pied d'un plant de vigne, en formant comme une taupinière *(Plaisance et A. Cailleux).*

TAUPINIÈRE n.f.
En. **molehill**
De. **Maulwurfshaufen**
Es. **topinera**
It. **talpaia**
Petit tas de terre de 10 à 20 cm de haut, et de 30 à 50 cm de diamètre, édifié par les taupes pour déblayer leurs galeries.
Très gênant dans les prés de fauche et dans les planches de légumes, on les détruit avec un étaupinoir.

TAURE n.f.
En. **cow, heifer** (1)
De. **Färse** (1)
Es. **ternera, becerra** (1)
It. **giovenca** (1)
1. Jeune vache qui n'a pas encore eu de veau.
2. Vache stérile.
V. *Génisse.*
Etym. Du latin *taura*.

TAUREAU n.m.
En. **bull**
De. **Stier**
Es. **toro**
It. **toro**
Mâle de l'espèce bovine.
Son entretien exige quelques précautions ; pour prévenir ses accès de fureur, on ne le sort de son étable que muni d'un anneau qui lui traverse les naseaux et auquel est attachée la corde que tient le bouvier. Jadis une seigneurie avait un taureau banal.
Etym. Du latin *taurus*.

TAURELIÈRE n.f.
(Normandie). Vache qui demande souvent le taureau.
On dit aussi une taurogne, *d'après Littré*.

TAURILLON n.m.
En. **bull-calf, bullock**
De. **junger Stier**
Es. **novillo, becerro**
It. **torello**
Jeune taureau de six mois environ.

TAUSSIN n.m.
It. **cerro**
Chêne dont le nom savant est *Quercus cerrus*, ou chêne chevelu, car les écailles de ses cupules se prolongent en forme de chevelure.
Il croît dans le nord-est du Bassin Parisien et dans le Jura. A ne pas confondre avec le chêne tauzin *qui pousse sous climat océanique*.

TAUX n.m.
En. **rate**
De. **Taxe, Prozentsatz**
Es. **tasa**
It. **tasso**
Fraction d'un produit calculée en espèces ou en nature, selon une convention ou un usage, afin de pouvoir en disposer, ou en connaître l'importance en vue de son utilisation.
Etym. Du latin *taxare*, taxer.

TAUX BUTYREUX l.m.
Es. **tasa butirosa**
Pourcentage de matière grasse contenue dans un litre de lait.

TAUX DE CROISSANCE l.m.
En. **growth rate**
De. **Wachstumsziffer, Wachstumsrate**
Es. **tasa de crecimiento**
It. **tasso di crescita, incremento**
1. Rapport entre les revenus d'une exploitation agricole d'une année à l'autre.
2. Rapport entre le volume d'un arbre et le volume de son accroissement annuel *(R. Blais)*.

TAUX D'EXTRACTION l.m.
Quantité de farine obtenue avec 100 kg de blé et qui est en moyenne de 70 kg *(P. Habault)*.

TAUX DE FÉCONDITÉ l.m.
En. **fertility rate**
De. **Fruchtbarkeitsziffer, Fruchtbarkeitsrate**
Es. **índice de fecundidad**
It. **tasso di fecondità**
Nombre de naissances pour cent mères d'un troupeau.

TAUX D'HUMIDITÉ l.m.
En. **humidity level**
De. **Feuchtigkeitsgrad, Feuchtigkeitsgehalt**
Es. **tasa de humedad**
It. **tasso di umidità**
Quantité d'eau contenue dans 100kg de fourrage, de bois, de terre, de grains, soit secs, soit avec l'eau de rétention.

TAUX DE MARQUE l.m.
Prix de vente d'une denrée, correspondant à son prix de revient, plus le bénéfice que l'on veut en retirer.

TAUX DE PROLIFICITÉ l.m.
En. **fertility rate**
De. **Fruchtbarkeitsziffer**
Es. **índice de fecundidad**
It. **tasso di prolificità**
Nombre de naissances par rapport au nombre de femelles, ou nombre de jeunes nés par femelle et par an.

TAUX DE REPRODUCTION l.m.
En. **reproduction rate**
De. **Fortpflanzungsziffer, -rate**
Es. **índice de reproducción**
It. **tasso di riproduzione**
Rapport entre le nombre des jeunes d'une même génération et le nombre des adultes de la génération précédente.

TAUX DE RENDEMENT l.m.
De. **Rentabilitätsziffer**
Es. **tasa de rendimiento**
It. **tasso di rendita**
Quantité ou nombre de produits obtenus avec un poids ou un nombre d'éléments utilisés.
Ex. Rendement en poids d'un kilo de blé ensemencé ; nombre de poussins obtenus avec 100 oeufs mis à couver.

TAUX DE SÉLECTION l.m.
Es. **tasa de selección**
It. **tasso di selezione**
Pourcentage des bêtes, ou des plantes, conservées pour une reproduction améliorée, par rapport au nombre total des populations examinées.

TAUZIAT n.m.
Parcelle plantée de chênes tauzins.
On dit aussi une tauzinière.

TAUZIN n.m.
Espèce de chêne dit aussi *tauze*, ou chêne noir *(Quercus toza)*.
Il pousse dans l'ouest de la France, sous climat humide.

TAUZINIÈRE n.f.
Peuplement de chênes tauzins.
V. Chêne.

TAVAILLONS n.m.p.
En. **shingles**
De. **Schindeln**
Es. **tablillas**
It. **scandole**
(Jura, Savoie). Minces lames de bois, d'ordinaire en sapin, découpées parfois en forme d'écailles et imbriquées comme des ardoises sur les toitures, ou sur les murs extérieurs d'une ferme.
On dit aussi tavillons.
Etym. Du latin *tabella*, petite planche.

TAVEL n.m.
Village du Gard, au centre d'un vignoble qui donne un vin peu coloré, mais léger et de bonne conservation.

TAVELAGE n.m.
En. **spotting, specking**
De. **Sprenkelung**
Es. **maca**
It. **ticchiolatura**
Maladie des fruits (pomme, poire) dont la peau est parsemée de tâches brunes et dures.
D'origine cryptogamique.
Etym. Du latin *tabella*, comportement.

TAVELÉ adj.
En. **speckled, spotted**
De. **gesprenkelt, fleckig**
Es. **manchado**
It. **ticchiolato, picchiettato**
Qualifie les fruits tachés, à la peau compartimentée de taches, dites *tavelures*.
Etym. Du latin *tabella*, inscription, dérivé en *tavèle*, doublure, en vieux français.

TAVELURES n.f.p.
En. **scab**
De. **Räude**
Es. **roña, maca**
It. **ticchiolature**
Taches marrons ou noires qui apparaissent sur la peau des poires et des pommes et qui entraînent la formation de gerçures.
Les feuilles et les branches peuvent être également attaquées par la tavelure qui est causée par un champignon, le Venturia inaequalis, *ou* pirina. *On combat cette maladie par des fongicides*.

TAVILLONNER v.tr.
Couvrir une toiture de tavaillons, ou tavillons.
Travail effectué par un tavillonneur.

TAVY n.m.
(Madagascar). Terrain défriché par le feu pour être mis temporairement en culture.
C'est l'équivalent du ray annamite.

TAXE n.f.
En. **tax** (1)
De. **Agrarzölle, Steuer** (1)
Es. **derechos sobre los productos agrícolas** (1)
It. **tassa** (1)
1. Prix d'une marchandise, d'une denrée agricole, fixé par voie de réglementation.
2. Somme perçue sur les propriétaires d'exploitations agricoles quand ils emploient de jeunes apprentis.
C'est une taxe d'apprentissage.
Etym. Du grec *tassein*, ranger, taxer.

TAXIE n.f.
En. **taxis**
De. **Taxis**
Es. **tropismo**
It. **tassia**
Comportement et orientation d'une plante ou d'un animal, sous l'influence d'un agent externe : lumière, eau, vent, etc..
Ex. Les fleurs de tournesol, les germes de pommes de terre dans les caves, etc. qui s'orientent vers la lumière.
Etym. Du grec *taxis*, arrangement.

TAXINOMIE OU TAXONOMIE n.f.
En. **taxonomy**
De. **Taxonomie**
Es. **taxonomía**
It. **tassonomia**
Science des lois de la classification des êtres vivants en variétés, espèces, genres, familles, ordres, classes et embranchements.
Elle s'applique particulièrement aux animaux domestiques et aux plantes cultivées, classés en taxons, ou unités taxonomiques. Ainsi l'embranchement se divise en classes, la classe en ordres, l'ordre en familles, la famille en genres, le genre en espèces, l'espèce en variétés et la variété en races.
Etym. Du grec *taxis*, arrangement, et *nomos*, loi.

TAYLOR n.m.
Cépage à raisins blancs.
Comme producteur direct il donne des vins blancs médiocres ; on l'utilise plutôt comme porte-greffe.

TAYON n.m.
(Boulonnais). Dans un bois, baliveau ayant trois fois l'âge du taillis dont il fait partie.
Etym. Du vieux français *tayon*, ancêtre.

TCHERNOZEM n.m.
En. **back ground, tchernozem**
De. **Schwarzerde, Tschernosem**
Es. **tierra negra**
It. **cernozem**
Terre noire, épaisse parfois de plusieurs mètres, composée de loess et d'humus homogénéisés, réputée pour sa fertilité.
C'est l'équivalent des terres noires d'Amérique du Nord.
Etym. Du russe *tchernozem*, terre noire.

TECHNICIEN AGRICOLE 1.m.
En. **agricultural technician**
De. **Agrartechniker**
Es. **técnico agrícola**
It. **tecnico agricolo**
Personne qui connaît les techniques agricoles et qui les pratique.
Dans le premier cas, enseignant qui initie les jeunes aux travaux des champs et à l'élevage du bétail ; dans le second cas, agriculteur évolué qui utilise les techniques récentes de l'agriculture. Le même spécialiste peut pratiquer ces deux activités.

TECHNIQUE AGRICOLE n.f.
En. **agricultural engineering**
De. **Agrartechnik**
Es. **ingeniería agrícola**
It. **tecnica agricola**
Matériel, procédés, méthodes, produits utilisés plus ou moins scientifiquement dans les divers types d'agriculture pour obtenir, des cultures et de l'élevage, les meilleurs résultats.

TECHNOLOGIE AGRICOLE 1.f.
En. **agricultural technology**
De. **Agrartechnologie**
Es. **tecnología agrícola**
It. **tecnologia agricola**
Ensemble des sciences relatives aux outils, aux procédés, aux méthodes et à l'utilisation des produits agricoles, notamment dans le domaine agro-industriel.
Etym. Du grec *teckne*, art, et *logos*, discours, science.

TECT n.m.
Etable à porcs.
On dit aussi un têt, peu usité.
Etym. Du lat. *tectum*, toit.

TEIGNE n.f.
En. **tineid** (1)
De. **Grind, Räude** (2), **Motte** (1)
Es. **palomilla** (1), **arestín** (2)
It. **tignola, tigna** (1)
1. Petit papillon nocturne de la famille des Tinéidés, et qui comprend de nombreuses espèces : la teigne des grains *qui cause de graves dommages aux céréales stockées en silo ;* la teigne de la betterave, du poireau, *qui attaque feuilles, fleurs et jeunes fruits ;* la teigne des maisons *qui détruit les tissus, appelée vulgairement* mite.
2. Champignon ascomycète des genres Microsporum et Trichophyton, déterminant des dermatoses contagieuses du cuir chevelu, dites mycoses cutanées, et affectant les animaux domestiques aussi bien que les hommes.
On les guérit avec des solutions à base d'iode (R. Blais).
Etym. Du latin *tinea*.

TEIL n.m.
(Bourgogne). Tilleul.
On dit aussi til, teilleau.

TEILLAGE n.m.
En. **scutching**
De. **Abbastung**
Es. **agramado**
It. **stigliatura**
Opération destinée à transformer en filasse les fibres du chanvre et du lin.
Elle consiste, après le rouissage et le broyage, à séparer les fibres des chènevottes. Elle s'effectue au moyen de machines perfectionnées, les teilleuses. On dit aussi tillage, écangage.
Etym. Du latin *tilia*, tilleul, écorce de tilleul et par extension, écorce de chanvre, ou de lin.

TEILLE n.f.
En. **harl**
De. **Hanfbast**
Es. **fibras del cañamo**
It. **fibra della canapa**
Ecorce des tiges de chanvre, de lin.
On dit aussi tille.

TEILLER v.tr.
En. **to brake**
De. **abbasten**
Es. **agramar**
It. **stigliare**
Enlever l'écorce du chanvre, du lin.
Cette opération est effectuée par un teilleur.

TEILLEUSE n.f.
En. **brake** (2)
De. **Hanfbrecher** (2), **Hanfbrechmaschine**
Es. **agramadora** (2)
It. **stigliatrice, stiglio** (2)
1. Personne chargée du teillage.
2. Machine servant à teiller le lin ou le chanvre.
Elle exécute à la fois le broyage, le teillage et le peignage de la filasse (Ch. Seltensperger).

TEINT n.m.
Cépage à raisins noirs cultivé jadis dans le Val de Loire pour colorer les vins blancs qui, prenant ainsi une couleur agréable, pouvaient être vendus avantageusement sur le marché parisien.
Ce cépage réclamait peu de soin ; on l'appelait également Teinturier et Gros Noir.

TEINTURIER n.m.
Cépage à raisins noirs et à vin grossier, de couleur presque noire, qui servait à donner une belle couleur au vin blanc de l'Orléanais, vendu aux Parisiens vers le XVIIème siècle (R. Dion).

TÈLE n.f.
(Pas de Calais). Vase plat où l'on dépose le lait.

TÉLÉDÉTECTION AGRICOLE l.f.
De. landwirtschaftliche Fernerkundung
Es. teledetección agrícola
It. telerilevamento

Réception à longue distance (plus de 500 km), par des enregistreurs très sensibles, des ondes électromagnétiques plus ou moins lumineuses émises à la surface de la Terre par les divers éléments de sa couverture, avec une résolution de la dizaine de mètres.

Convenablement traitées, ces données permettent de distinguer la végétation, la nature des sols, le bilan hydrique, les parcelles, l'état des cultures, l'habitat, les voies de communication ; bref, de dresser une carte en couleur très précise sur une largeur de la centaine de kilomètres et tout autour du Globe avec un intervalle de 4 à 5 jours entre chaque prise de vue ; résultats très utiles à l'agriculteur qui peut ainsi prévoir et organiser les travaux à exécuter dans un court laps de temps, ou bien se prémunir contre un danger : orage, gel, maladies cryptogamiques.

Etym. Du grec *télé*, loin et du latin *detectus*, découvert.

TÉLÉFÉRAGE n.m.
En. cable logging
De. Beförderung mit der Seilbahn
Es. saca con cable
It. trasporto per teleferica

Transport ou débardage des troncs d'arbres d'une coupe à l'aide d'un cable en téléférique.

TÉLÉGONIE n.f.
En. telegony
Es. telegonía
It. telegonia

Influence prétendu du premier mâle ayant fécondé une femelle, sur les portées ultérieures provenant d'un autre mâle.
Syn. Imprégnation.
Etym. Du grec *télé*, loin et *gonos*, semence.

TÉLÉGUIDAGE n.m.
En. remote control
De. Fernsteuerung
Es. dirección a distancia, teledirección
It. teleguida

Conduite à distance d'un instrument agricole à l'aide d'appareils électroniques.

TÉLÉINFORMATIQUE AGRICOLE l.f.
Procédé d'informatique permettant d'obtenir, par ordinateur, à de grandes distances, des informations utiles à la bonne marche des travaux, aux achats et aux ventes, aux investissements et aux techniques nouvelles.

TÉMOIN n.m.
En. control (2,3)
De. Kontrolltier (3)
Es. testigo
It. testimone, campione

1. Arbre que l'on ne doit pas abattre lors d'une coupe, afin de pouvoir apprécier la date des coupes antérieures.
2. Parcelle qui a reçu une semence ou un traitement, pour réaliser une expérience, ou effectuer une comparaison.
3. Animal qui n'a pas été traité dans un groupe soumis à une expérience, afin de servir de comparaison.
Etym. Du latin *testis*, témoin et *testimonium*, témoignage.

TEMPE n.f.
Petite hache dont se sert le marteleur landais pour marquer les pins qui doivent être coupés ou gemmés.

TEMPÉRATURES (SOMME DES) l.f.
Total des températures moyennes journalières durant une période déterminée pour qu'une plante accomplisse son cycle normal, soit de la graine semée à la graine récoltée si elle est annuelle, soit de la production des feuilles, des fleurs et des fruits jusqu'à leur chute, si elle est vivace (P.Habault).

TEMPÉRATURE RECTALE l.f.
En. rectal temperature
De. Rektaltemperatur
Es. temperatura rectal
It. temperatura rettale

Température prise dans le rectum de l'animal.
En dehors de toutes perturbations extérieures (température de l'air) et intérieures (effort physique, état maladif), sa moyenne doit être pour un cheval de 38°C, pour un boeuf de 38°5C, pour une truie de 39°5C, pour un chien de 39°C, pour un lapin de 39°5C, pour une poule de 41° à 42°C, pour un pigeon de 43°C (P. Habault).

TENANCE n.f.
1. Situation juridique et économique du possesseur d'une tenure.
2. Tenure qu'il occupait.
Un droit de tenance devait être versé au seigneur par le nouveau tenancier à chaque changement de propriétaire par héritage.

TENANCIER n.m.
En. tenant farmer
De. Zinsbauer, Pächter
Es. arrendatario
It. tenutario, fittavolo

Occupant d'une tenure à titre de roturier.
Un franc tenancier s'était acquitté une fois pour toutes des redevances dues par sa tenure. Acttuellement, le terme s'applique parfois au métayer, ou au fermier, d'une exploitation agricole dépendant d'un grand domaine (G. Lepointe).

TENANCIER FORAIN l.m.
(Droit féodal). Exploitant de tenures dépendant d'une seigneurie où il ne réside pas.
Syn. Horsain (Bourgogne).

TENANTS n.m.p.
V. Aboutissants.

TENAT n.m.
Espace à champs ouverts dans une région bocagère.
Equivalent du méjou breton.

TENDELET n.m.
Petite tente que l'on place au-dessus des plantes délicates pour les protéger du gel, ou du soleil.

TENDELIN n.m.
(Cévennes). Hotte en bois de sapin, ou de châtaignier pour transporter la vendange.

TENDILLE n.f.
Pièce de bois ou de fer qui, dans l'araire, permettait, grâce aux trous dont elle était percée, et à l'aide d'une cheville de bois ou de fer pour la fixer, de soulever plus ou moins le timon.
Par suite de l'angle ainsi obtenu avec le sep, le soc s'enfonçait plus ou moins dans la terre à labourer.

TENDRON n.m.
En. tender shoot
De. Spross, junger Sprössling
Es. tallo nuevo, retoño, botón
It. gemma, germóglio

Rejeton encore tendre d'un arbre, d'une endive, etc.

TENELLE n.f.
Variété d'orge à épi court, large et fourni, cultivée en Normandie.

TÈNEMENT n.m.
De. herrschaftlicher Meierhof (1)
Es. terrazgo (1)
It. tenuta/podere dipendente da un feudo (1)

1. Jadis, ensemble de parcelles formant un manse, ou un meix, appartenant à une seigneurie, et soumis à des dîmes sur les récoltes, à un cens sur la terre, et à diverses redevances en nature.
2. Actuellement, groupes de terres et de maisons formant un quartier dans un village.
Etym. Du latin *tenere*, tenir.

TÉNERON n.m.
Cépage à raisins noirs ou blancs, cultivé dans le Vaucluse.
Très vigoureux, il sert à faire des treilles et donne des raisins de table.

TENET n.m.
(Bretagne).
1. Parcelle découpée dans un défrichement et attribuée en toute propriété aux habitants d'une communauté rurale.
2. Parcelle de ce défrichement pourvue de chemins pour être cultivée librement par un individu.

TENEUR n.m.
En. **content, strength**
De. **Gehalt**
It. **tenore**
Quantité exprimée en degrés, ou en pourcentage, d'un corps dans un autre, par exemple, la teneur en alcool d'un vin, la teneur en eau d'un sol, etc.
Etym. Du latin *tenor*, sens, note essentielle.

TÉNIA n.m.
En. **taenia, tapeworm**
De. **Bandwurm**
Es. **tenia, solitaria**
It. **tenia**
Ver cestode, parasite de l'intestin chez l'homme, mais aussi chez le porc, chez le boeuf.
Il est à l'origine de maladies très graves, comme la cysticercose, ou ladrerie, causée par les larves du ténia ; elles se développent dans les tissus musculaires.
Etym. Du grec *tainia*, bandelette, ver solitaire.

TENSEMENT n.m.
Redevance due, en nature ou en espèces, par un vassal à un suzerain pour les terres reçues en fief.

TENSIOMÈTRE n.m.
En. **tensimeter**
De. **Tensimeter, Dampfdruckmesser**
Es. **tensiómetro**
It. **tensiometro**
Instrument qui mesure la tension de la vapeur d'eau dans l'air et l'humidité dans le sol et qui en conséquence permet de régler la conduite de l'irrigation et du goutte à goutte dans une parcelle cultivée.

TENTE n.f.
En. **tent**
De. **Zelt**
Es. **tienda**
It. **tenda**
Abri temporaire composé de toiles soutenues et maintenues par des piquets fixés au sol, habitat adapté au genre de vie des pasteurs nomades.
Etym. Du latin *tendere*, tendre.

TENTHRÈDE n.m.
En. **sawfly**
De. **Blattwespe**
Es. **tentredo**
It. **tentredine**
Insecte hyménoptère de la famille des Tenthrédinidés, dit *mouche à scie*.
Sa femelle pond ses oeufs dans les fleurs et ses larves se nourrissent de la pulpe des fruits qui succèdent aux fleurs: poires, pommes, prunes.

TENUE n.f.
De. **Bewirtschaftung** (3),
Bodenbeschaffenheit (4)
It. **sistema colturale** (3)
1. *(Berry).* Terrains contigus et de même nature : prés, vignes, labours ou bois.
2. *(Vendée).* Petite ferme ou jardin maraîcher.
3. Procédé utilisé pour cultiver un champ.
4. Qualité d'une terre.
Etym. Du latin *tenere*, tenir.

TENUE SOLIDAIRE n.f.
(Saintonge). Fragment de campagne sans haie, au milieu d'un bocage, et divisé en plusieurs parcelles ouvertes.
C'est un méjou. *Son nom lui vient de ce qu'il a dû appartenir à une* consortie.

TENURE n.f.
En. **tenure**
De. **Lehen**
Es. **feudo, arrendamiento**
It. **possedimento feudale**
Exploitation agricole, détachée du domaine seigneurial et cédée par bail emphytéotique à un tenancier contre certains services (corvées) et certaines redevances (cens, champart).
Le seigneur conservait son droit éminent de propriété, mais ne pouvait révoquer le bail que dans quelques cas très rares. On distinguait plusieurs sortes de tenures selon la qualité et les obligations du tenancier : tenure en francalleu, libre de toute obligation ; tenure en fief, de caractère noble exigeant seulement l'aide aux quatre cas (guerre, rançon, mariage, décès) ; tenure en censive roturière entraînant les diverses obligations du roturier (service et redevances) ; tenure servile qui imposait à celui qui la possédait les obligations pesant sur un serf (chevage, mainmorte, corvées, etc.) Ainsi le mot tenure englobait bien le terme de censive, mais le dépassait parfois juridiquement. Actuellement, le terme s'applique encore, par analogie, à un lopin de terre prêté à un ouvrier de latifundia (G. Lepointe).

TÉOSINTE n.f.
Plante fourragère de la famille des Graminées (*Euchlaena mexicana*), qui pousse à l'état sauvage en Amérique centrale où elle passe pour être l'ancêtre du maïs.
Sa culture s'étend au Mexique et au Guatémala, car ses graines ont une très grande valeur alimentaire et ses longues tiges servent de fourrage.

TÉOULIER n.m.
Cépage à raisins noirs, cultivé en Provence.

TERCEAU n.m.
Droit du seigneur de percevoir une certaine quantité de vin dans les caves et les celliers de ses tenanciers.
On disait aussi tierceau, le prélèvement s'élevant au tiers de la récolte.

TERCEIL n.m.
(Maine). Mélange de froment, d'orge et d'avoine.
Ce mélange était obtenu en semant de l'orge et de l'avoine de printemps sur un champ de blé d'hiver trop clairsemé. Le grain obtenu était du blé tiercelin.
Etym. Du latin *bladum terciorarum*, blé des trois tiers.

TERCER OU TERSER v.tr.
Donner une troisième façon à une terre ou un V. Tiercer.

TERCET n.m.
(Berry). Petite charrue dont on se servait pour donner aux vignes leur troisième façon culturale de l'année.
C'était également un tiercet.

TERCIN n.m.
Futaille d'une contenance d'un tiers de tonneau, soit près de 300 litres.
On disait aussi un tiercin.

TÉRÉBRATION n.f.
En. **boring**
De. **Anbohren**
Es. **perforación**
It. **perforazione, incisione**
Opération qui consiste à percer un arbre avec une tarière, notamment un pin maritime, pour en extraire de la résine, ou pour s'assurer de la qualité de son bois.
Etym. Du latin *terebrare*, percer.

TERME n.m.
En. **terminus** (3)
De. **Grenzstein** (3)
Es. **término** (3)
It. **confine, termine** (3)
1. En Auvergne, équivalent de *rideau*.
2. En Périgord, versant aride d'une colline calcaire.
3. Borne, pierre servant à indiquer la limite d'un champ, selon le nom même du dieu Terme, protecteur des limites agraires.
Etym. Du latin *terminus*, limite.

TERMER v.tr.
Indiquer le lieu et le jour où doit avoir lieu l'adjudication d'une vente de coupe dans une forêt.

TERMHIS n.m.
Plante de la famille des Légumineuses (*Lupinus termis*).
Semblable au lupin, et originaire de Haute-Egypte, elle est cultivée jusqu'en Crète, car c'est un fourrage et un engrais vert, très appréciés.

TERMITE n.f.
En. **termite, white ant**
De. **Termite**
Es. **comején, hormiga blanca**
It. **termite**
Insecte isoptère, de la famille des Termitidés, appelé vulgairement *fourmi blanche*.
Très vorace, il détruit les récoltes dans les granges, et surtout le bois sec où il creuse des galeries invisibles, mais si nombreuses qu'une charpente s'effondre sans qu'on puisse le prévoir. Comme les essaims d'abeilles, une colonie de termites comprend des ouvrières, des mâles ailés et une seule femelle. Si l'on parvient à la détruire la colonie disparaît.
Etym. Du latin *termes*, termite, ver rongeur.

TERNAGE n.m.
(Centre). L'un des noms locaux du lupin, sans doute parce qu'il entre comme troisième culture dans le rythme de l'assolement triennal.
On dit aussi tiernage.

TERRADE n.f.
(Auvergne). Engrais composé avec la boue des villes, des chemins et des cours.

TERRAGE n.m.
En. **warping** (2)
Es. **terraje, terrazgo** (2)
It. **terratico** (1)
1. Redevance féodale, synonyme d'agrier et de champart.
Elle se levait sur un champ moissonné à raison d'une gerbe pour dix, ou douze ; le tenancier qui y était soumis était un terragier.
2. Colmatage d'un terrain par des eaux d'irrigation, ou de cours d'eau.
3. Amélioration d'un champ par un épandage à sa surface d'amendements et d'engrais.
4. Accumulation de terre au pied d'une plante.
Par exemple, du sable au pied d'une vigne.
5. Profondeur des sillons d'un labour.
Elle est réglable sur le brabant par une vis de terrage.

TERRAGEAU adj.
Qualifiait un seigneur disposant du droit de terrage.

TERRAGEUR n.m.
Agent seigneurial chargé de lever le terrage.

TERRAGIER n.m.
Tenancier disposant d'une terre assujettie au droit de terrage.

TERRAILLER v.tr.
Répandre du terreau sur des prés pendant l'hiver.
On dit aussi terreauter.
Etym. Dérivé de *terrail*, terrain.

TERRAIN n.m.
En. **ground, land** (1)
De. **Grundstück, Erdboden, Ackerboden** (1)
Es. **tierra, terreno** (1)
It. **terreno** (1)
1. Sol cultivé, support des systèmes agricoles.
2. Zone utilisée pour l'agriculture en fonction de sa pente, de son orientation, de l'épaisseur de la terre arable, données qui ont une valeur agricole.
3. Espace choisi pour une expérience agronomique, pour une chasse.
4. Aptitude plus ou moins grande d'un animal ou d'une plante à contracter une maladie et à en subir les manifestations.
Etym. Du latin *terra, terrenus*, formé de terre.

TERRAIN DE PARCOURS l.m.
Ensemble de parcelles jointives, appartenant à des propriétaires différents, mais sur lesquelles les troupeaux peuvent aller et venir quand les récoltes sont enlevées.

TERRA ROSSA l.f.
De. **Roterde**
Es. **tierra roja**
It. **terra rossa**
Terres issues de la décomposition de calcaires riches en oxydes ferreux de couleur rouge.
Fréquentes dans les pays méditerranéens elles sont fertiles et résistent bien à la sécheresse, car elles retiennent l'eau des pluies et de l'irrigation ; les engrais y subsistent longtemps.
Etym. De l'italien.

TERRAS n.m.p.
1. Mottes de terre, synonyme de terreau, dans le Midi de la France.
2. Résine non épurée et mêlée de terre que l'on recueille au pied des pins maritimes des Landes.

TERRASSE DE CULTURE l.f.
De. **Terrassenbau**
Es. **terraza, bancal**
It. **terrazza**
Exhaussement et aplanissement du sol, avec accumulation de matériaux derrière une murette, sur le versant d'une colline.
On distingue ainsi la murette qui retient le sol meuble et la planche consacrée à la culture. Cet aménagement des pentes porte différents noms selon les régions : accol, bancal, coursiero, faïsse, rideau, etc. C'est un moyen de lutter contre l'érosion des sols, de retenir l'eau de pluie dans la terre et de faciliter les façon culturales sur des versants à forte pente. En progrès, lors des périodes de forte pression démographique et de matériel agricole primitif, les terrasses de culture sont presque partout abandonnées, sauf si elles sont consacrées à des vergers, ou à des vignobles. Elles se maintiennent au contraire en Extrême Orient, surtout pour la culture du riz.
V. Riz, rizière.
Syn. Rideau.

TERRASSER v.tr.
1. Fouir profondément la terre d'un champ ou d'une vigne.
2. Procéder à un transport de terre sur une parcelle pour l'améliorer.

TERRASSETTES n.f.p.
Sentiers subhorizontaux, tracés sur un versant de vallée couvert de prairies, et que suivent les faucheurs et le bétail qui va paître.
On distingue également ces sentiers par les expressions pieds de vache, *ou* pieds de mouton.

TERRASSON n.m.
(Périgord). Petite terrasse.

TERRA-VERTS n.m.p.
(Alpes du Sud). Îlots de cultures maraîchères sur des sols frais, dans des cuvettes et des basfonds, où l'eau est à faible profondeur.

TERRE n.f.
En. **ground, land** (1), **earth**
De. **Ackerboden, Grund, Erde** (1)
Es. **tierra** (1), **finca** (3)
It. **terra, terreno** (1), **podere, fondo** (2)
1. Ensemble des matériaux qui composent le sol : argile, sable, calcaire, humus et qui peuvent être ameublis par un instrument agricole.
2. Parcelle mise en culture et souvent désignée par un nom de lieu-dit.
Syn. Pièce de terre.
3. Domaine appartenant à un propriétaire, ou à une communauté.
4. *Faire de la terre* l.v.
(Québec). Défricher une partie de forêt pour la mettre en culture.
Etym. Du latin *terra*.

TERRE À BLÉ l.f.
Terre qui se prête particulièrement bien à la culture du blé, à cause de sa structure et de sa composition qui la rendent très fertile.

TERRE À FOULON l.f.
Terre argileuse qui sert à dégraisser les draps dans l'eau d'un moulin à foulon, où elle est mise en dispersion.

TERRE ALLODIALE l.f.
Terre possédée en *franc-alleu*, sans payer de cens et sans obligations féodales à l'égard d'un suzerain.

TERRE ANIMALE l.f.
Terre obtenue par la décomposition de substances animales mêlées à de la terre. *Très riche en azote et en phosphore et très fertile.*

TERRE ARABLE l.f.
Partie superficielle du sol, composée de sable, d'argile, de calcaire et d'humus.
Elle peut être labourée, cultivée et produire de bonnes récoltes.
Etym. Du latin *arare*, labourer.

TERRE ARBORÉE l.f.
Terre plantée d'arbres (noyers, chênes-verts) assez espacés pour permettre des façons culturales et des cultures annuelles.
Syn. Terre complantée.

TERRE AUMONÉE l.f.
(Droit féodal). Terre confiée à une institution religieuse pour que ses revenus servent d'aumônes.

TERRE BIEFFEUSE l.f.
Terre dérivée de l'argile à silex, appelée *bief* en Normandie.
Elle est lourde, imperméable, parsemée de silex, difficile à travailler, peu fertile.
Etym. De l'ancien allemand *bed*, lit.

TERRE CHAUDE l.f.
Terre dérivée de roches calcaires, absorbant facilement les calories des rayons solaires à cause de sa couleur claire.
Elle est favorable aux cultures qui exigent des températures élevées : blé, maïs.
En Charente, on l'oppose aux terres froides *du Limousin.*

TERRE COMMUNALE l.f.
Terre qui appartient à l'ensemble des habitants d'une commune et qui est gérée par le Conseil municipal.
C'est d'ordinaire une forêt, un pâturage ou un terrain inculte.

TERRE COMPLANTÉE l.f.
V. *Terre arborée.*

TERRE D'ARBUE l.f.
(Jura). Terre blanche argilocalcaire, dérivée d'une roche de couleur claire, comme le calcaire ou la marne.
Même sens, sans doute, que terre d'aubue *dans le Poitou ; assez pure, elle peut servir de fondant pour les minerais de fer calcaires.*

TERRE D'AUBUE l.f.
(Poitou). Terre blanche argilocalcaire, dérivée de la craie turonienne.
V. *Aubue.*
Etym. Du latin *alba,* blanc.

TERRE DE BRUYÈRE l.f.
Terre retirée des sous-bois de châtaigniers, composée en grande partie d'humus mal décomposé.
Elle sert à amender les terres argileuses.

TERRE DE FIN l.f.
(Lorraine). Terre incluse récemment dans le finage d'une communauté rurale.
Etym. Du latin *fines,* frontière, limite.

TERRE ÉCALÉE l.f.
Pièce de terre disjointe de l'ensemble d'une exploitation agricole afin de la confier à un fermier.
Etym. Du goth *skalja,* écale ; enveloppe coriace de certains fruits (noix) qu'il faut enlever pour les consommer.

TERRE EN PLEINE l.adj.f.
Se dit d'une culture faite en plein champ et sans abri.
Syn. De plein vent.

TERRE FORAINE l.f.
1. Terre composée d'un sol provenant de roches étrangères à la région.
2. Parcelle d'un domaine provenant d'un achat récent et qui n'est pas agglomérée à l'ensemble.
Etym. Du latin *foris,* dehors.

TERRE FORTE l.f.
Terre argileuse qui résiste aux instruments aratoires.

TERRE FRANCHE l.f.
Terre qui contient en proportions convenables les éléments nutritifs favorables à la croissance des plantes cultivées, et qui n'a ni sable, ni cailloux gênant les façons culturales.
Elle ne saurait tromper celui qui la travaille, elle est franche comme un Franc.

TERRE FROIDE l.f.
(Limousin, Morvan, Bas-Maine). Terre argileuse et siliceuse dérivée des roches cristallines, humide, et lente à se réchauffer au printemps car elle exige beaucoup de calories à cause de l'eau qu'elle contient en trop grande abondance.
Elle est favorable à l'herbe plutôt qu'aux céréales.

TERRE GASTE l.f.
1. Terre *gâtée* par sa composition issue de roches siliceuses, ou par sa situation en altitude et son orientation vers le Nord.
Au Moyen Age, son seigneur accordait à de jeunes ménages le droit d'y défricher temporairement une parcelle de culture.
2. En Haute Provence, pâturage commun, proche du village, où les troupeaux vont paître quand la neige a fondu, dès les premières journées de printemps, avant l'ouverture des pâturages de haute montagne.

TERRE GRASSE l.f.
Terre argileuse, qui reste longtemps humide après la saison froide, ou après une averse, et qui colle aux outils.

TERRE HERME l.f.
Terre inculte, non labourable, car d'accès difficile.
Etym. Du grec *Hermès,* Dieu mystérieux.

TERRE NOBLE l.f.
Vaste domaine ou petite tenure, concédée par un suzerain à un vassal qui ne devait l'aider qu'aux *quatre cas.*

TERRE NOIRE l.f.
V. *Tchernozem.*

TERRE ROTURIÈRE l.f.
Domaine, tenure ou parcelle dont le possesseur était astreint aux redevances féodales, en services (corvées), en espèces (cens), ou en nature (champart), même s'il était de famille noble.

TERRE ROUGE l.f.
V. *Terra rossa.*

TERRE SALIQUE l.f.
Partie du domaine seigneurial dont les filles ne pouvaient hériter si le seigneur laissait un fils, la coutume des Francs Saliens excluant les femmes de l'héritage patrimonial.
Etym. De *Saliens,* tribu franque.

TERRE SERVILE l.f.
Terre qui devait au seigneur, outre les redevances ordinaires, le paiement en espèces du *chevage,* du *for-mariage* et de la *mainmorte.*
Un noble pouvait tenir une terre servile, mais il devait en acquitter les obligations au suzerain comme s'il eut été un serf.

TERRE TÂCHABLE l.f.
Terre qui appartient à celui qui a tracé le premier sillon, qui a effectué la première *tâche* sur son sol.

TERRE TITRÉE l.f.
Terre qui octroyait à celui qui la possédait le titre de noblesse dont elle était affectée.

TERRE VAGUE l.f.
1. Territoire communal où chacun pouvait faire paître ses troupeaux.
2. Assez grande étendue dépourvue d'arbres, au sein d'une forêt.
Etym. Du latin *vagus,* indéterminé.

TERRE VAINE l.f.
1. Terre vide de culture où les troupeaux peuvent pâturer sans causer de dégâts.
2. *(Bas-Maine).* Parcelle de lande où l'on cultive l'ajonc tendre comme fourrage.
Etym. Du latin *vanus,* vide, vain.

TERRE VOLANTE l.f.
Parcelle appartenant parfois à un grand domaine, mais qui était mise en valeur par un artisan, ou par de pauvres gens qui, n'ayant pas d'attelage, et même de bâtiments, y effectuaient, entièrement à bras, les façons culturales.
Le défrichement des landes et les progrès du fermage ont contribué à faire disparaître ces pièces de terre qui n'étaient pas toujours confiées à la même personne, et qui s'ajoutaient d'une exploitation à l'autre, d'où leur épithète.

TERREAU n.m.
En. **vegetable mold, compost**
De. **Düngererde**
Es. **mantillo**
It. **terriccio**
Engrais constitué avec de la terre et des déchets provenant de substances animales ou végétales plus ou moins décomposées.
On distingue plusieurs terreaux : le terreau de feuilles composé de feuilles et de sable ; le terreau de bruyère contenant des racines, des feuilles et du sable ; le terreau de couche fabriqué avec du fumier de cheval, des débris végétaux et de la terre ; on humecte, et on brasse le tout, de temps à autre, afin d'obtenir une fumure légère et meuble, surtout pour les jardins et les pépinières.

TERREAUTER v.tr.
En. **to treat with mould**
De. **mit Düngererde bestreuen**
Es. **abonar con mantillo**
It. **concimare con terriccio**
Entourer une plante de terreau ; améliorer un champ, une pelouse, en leur incorporant du terreau, en pratiquant le *terreautage*.
On dit aussi terreauder.

TERREBOUC n.m
(Armagnac). Sol siliceux contenant des concrétions ferrugineuses de couleur sombre, semblables aux excréments des boucs.

TERREDOUX n.m.
(Armagnac). V. *Boulbène*.

TERRÉE n.f.
(Vendée).
1. Levée de terre obtenue par accumulation au cours du creusement de deux fossés parallèles et proches l'un de l'autre.
2. Parcelle en lanière, longue parfois de plusieurs centaines de mètres, large de 6 à 8 m et plus ou moins incurvée.
Entourée de fossés plantés de peupliers, d'aulnes et de saules, elle sert de site à des fermes, car elle émerge au-dessus des inondations dans les marais mouillés de Vendée ; elle provient probablement du creusement de fossés signalés ci-dessus et confère au paysage un aspect bocager ; elle porte le nom de terrier, *de* bossis, *de* jet *(A. Bouhier).*
3. Mesure agraire correspondant à une surface labourable en un jour avec des boeufs *(R.Tinthouin).*
4. Boue retirée des chemins, mêlée à du fumier et mise en tas ; elle sert d'engrais.

TERRÉE adj.f.
Se dit d'une plante autour de laquelle on a accumulé de la terre

TERREFORT n.m.
Terre dérivée d'un sol issu de roches-mères composées de carbonate de calcium et de silicate d'alumine : marnes, molasses, argiles siliceuses et calcaires.
D'abord, sol brun forestier tant qu'elle n'a pas été défrichée, elle est devenue maintenant, par la culture, une terre arable, sans doute difficile à travailler, mais fertile et retenant bien les engrais ; c'est la terre franche de l'Agenais s'opposant aux terres douces du Lannemezan.
Contraction de *terre forte*.

TERREMENT n.m.
En. **warping**
Es. **levantamiento de un terreno debido a los aluviones**
It. **colmata**
Charriage par les eaux de terres destinées à exhausser un champ trop bas, humide et soumis aux inondations.

TERRER v.tr.
En. **to earth up** (1)
De. **mit frischer Erde bedecken** (2)
Es. **echar tierra** (1)
It. **rincalzare** (1), **spargere terra** (2)
1. Entourer de terre le pied des plantes.
2. Répandre de la terre sur les semis, ou sur les prés.
3. Remonter, vers le haut d'une parcelle en pente, la terre qui a été entraînée vers le bas par le ruissellement, ou les façons culturales.

TERRET n.m.
Variété de raisin noir, cultivé pour le vin et la table en *Languedoc*.
Appelé également terret-bouschet

TERREBOURET n.m.
Cépage à raisins noirs, cultivé en *Languedoc*.

TERREUX adj.
En. **earthy**
De. **erdig**
Es. **terroso**
It. **terroso**
Qualifie tout ce qui a trait à la terre.
L'expression péjorative cul terreux *s'applique à un paysan ; une jeune paysanne, ayant comme dot un grand domaine, est dite* terreuse.

TERRIEN n.m.
En. **land owner** (2)
De. **Landbesitzer** (2)
Es. **terrateniente** (2)
It. **proprietario terriero** (2)
1. Habitant des terres, par rapport à un marin.
2. Possesseur de terres.
3. *(Bretagne)*. Trèfle de deuxième année quand il est fauché.
4. adj. qualifie ce qui est propre à la terre cultivée.
Ex. Un propriétaire terrien

TERRIER n.m.
En. **terrier** (1)
De. **Landregister** (1)
Es. **registro de propiedad** (1)
It. **registro delle terre** (1)
1. Registre contenant la description des censives, ou tenures, dépendant d'un seigneur, d'un abbé ou d'un roi.
On disait également papier terrier. *Il indiquait la structure des habitations et la nature de leur couverture, les dimensions et les limites des parcelles, les redevances et les services dus par les tenanciers au propriétaire éminent. La plupart des terriers datent des deux derniers siècles de la Monarchie absolue. Ce sont des esquisses de nos plans cadastraux quand ils comprennent un plan géométral (voir cette expression). On procédait à la révision des terriers tous les trente ou quarante ans, et les frais étaient à la charge des tenanciers.*
2. Agent chargé de lever les cens et les redevances reposant sur les terres.
3. Tas de terre et de pierres où vivent les lapins de garenne.

TERRIÈRE n.f.
Endroit où l'on extrait de la terre pour amender, ou pour remblayer, un champ.

TERRINE n.f.
Récipient contenant de la terre et des plants à repiquer.

TERRITOIRE AGRAIRE l.m.
En. **agrarian territory**
De. **Ackergebiet**
Es. **territorio agrario**
It. **territorio agrario**
Etendue de terre aménagée selon une certaine structure agraire (openfield, bocage) et selon un certain système d'utilisation agricole (céréales, vigne, élevage etc.).
Etym. Du latin territorium.

TERROIR n.m.
En. **land** (1)
De. **Ackerboden** (1)
Es. **terruño** (1)
It. **terreno** (1)
1. Etendue de terrain, de quelques ares à plusieurs centaines de kilomètres carrés, possédant des qualités homogènes qui la distinguent des terrains avoisinants.
Ainsi la Beauce est un terroir à céréales ; une zone particulièrement fertile est un bon terroir.
2. Jadis synonyme de territoire, mais jamais avec le sens de *finage*.
3. Espace cultivé selon un procédé particulier : irrigation, terrasses, etc, ce qui lui confère une certaine unité.
4. Ensemble de parcelles appartenant aux membres d'une collectivité rurale.
Elles sont diversifiées dans leur utilisation pour permettre à cette collectivité de subsister.
5. *Terroir en écheveau* : terroir composé de parcelles très longues et très étroites, de 200 à 300 m de long sur 10 à 15 m de large, courbes ou rectilignes, groupées en quartiers composant par leur réunion une *sole de culture*.
Sur les plans cadastraux, ce découpage évoque les fils d'un écheveau de laine, d'où l'expression usitée pour les désigner ; on dit également un terroir en lanières. Des exemples pourraient être puisés en Alsace, au Wurtemberg, au Liban ; la motoculture et le remembrement les font disparaître.
6. *Terroir en mosaïque* : terroir composé de

parcelles massives, ouvertes les unes sur les autres et, par conséquent, créatrices d'openfields.
7. *Terroir en puzzle* : terroir composé de parcelles aux formes massives et irrégulières, de dimensions très variables selon l'importance de l'exploitation rurale dont elles font partie.
Elles coïncident parfois avec des structures agraires de bocage, ou de grands domaines, aux champs groupés, mais aux habitations dispersées (Berry, Limousin).

TERSET n.m
(Bourgogne). Bêche à manche court, et à large tranchant, pour ameublir le sol des vignes sur les versants des collines.

TERSON n.m.
(Auvergne). Jeune boeuf de trois ans.

TERTRE n.m.
En. **hillock, mound** (1)
De. **Hügel, Anhöhe, Erdhügel** (1)
Es. **cerro, montículo** (1)
It. **poggio, monticello, collinetta** (1)
1. Colline assez élevée.
2. Monticule édifié par l'homme pour bâtir une ferme à l'abri des inondations *(Vallées garonnaises et ligériennes)*
Etym. De *terme*, versant d'une colline en langue d'oc ; mot issu du latin *terminus*, borne, limite, *le terme languedocien coïncidant souvent avec les limites d'un finage, ou d'un terroir.*

TERZIER n.m.
(Pays Niçois). Chemin permettant d'aller du village aux *bandites*, terrains communautaires dans la montagne.
Son utilisation peut-être réservée à plusieurs communautés.

TESCHEN (MALADIE DE) l.f.
Maladie d'origine virale qui atteint les centres nerveux de la möelle épinière du porc, et provoque des paralysies partielles ou totales *(R. Blais)*.
Peut-être de la ville de Teschen (Pologne).

TESSE n.f.
(Savoie). Meule de gerbes de blé sur les chaumes.

TEST n.m.
En. **test**
De. **Probe, Versuch**
Es. **prueba, test**
It. **test**
Epreuve à laquelle est soumis un animal pour déterminer ses qualités ou ses défauts.
Etym. De l'anglais *test*, épreuve.

TESTAGE n.m.
En. **progeny test**
De. **Versuch**
Es. **análisis de progenie**
It. **esame della progenie**
Opération, ou expérience, permettant de reconnaître les qualités ou les défauts d'un animal, ou d'une plante, par le comportement de leurs descendants, pris comme *testeurs*.

TESTEUR n.m
En. **control, tester**
It. **testimone**
Animal dont le génotype est bien connu et que l'on peut utiliser pour déterminer la combinaison qui donnera une lignée pure.

TÉTANIE n.m.
En. **grass tetany, grass staggers**
De. **Grastetanie, Starrkrampf**
Es. **tetania de la hierba**
It. **tetania**
Maladie du bétail, et notamment des vaches laitières mises au pâturage au printemps.
Elle se manifeste par des contractions de muscles des membres, et paraît due à l'injestion abondante d'herbes tendres, préalablement arrosées d'engrais azotés. On la traite par du calcium, du magnésium, et du gardénal.
Etym. Du grec *tetanos*, rigidité d'un membre.

TÉTANOS n.m.
En. **tetanus**
De. **Wundstarrkrampf, Tetanus**
Es. **tétanos**
It. **tetano**
Maladie causée par le bacille de Nicolaïe, bactérie anaérobie *(Clostridium tetani)*.
Le mal est caractérisé par une tétanie, raideurs musculaires de plus en plus violentes, et causant la mort dans 75 pour cent des cas. Elle atteint l'homme et certains animaux domestiques : bovins, ovins, caprins ; rare chez le porc et le chien ; les volailles y sont réfractaires ; on la prévient par la vaccination parfaitement efficace ; les applications de sérum n'assurent qu'un répit temporaire, une rémission en cas de morsure.
Etym. Du grec *teinein*, tendre.

TÊTARD n.m.
En. **pollard** (1)
De. **Kopfbaum, Kugelweide** (1)
Es. **árbol desmochado** (1)
It. **capitozza** (1)
1. Chêne, frêne, charme, ormeau que l'on étête tous les cinq ans en coupant leurs branches pour le feuillage qui sert de fourrage, et leurs rameaux pour faire du feu, de sorte qu'ils ont un tronc court, terminé vers le haut par une tête autour de laquelle poussent de nouveaux rameaux, pendant les cinq années suivantes.
2. Dans les forêts domaniales, arbre qui indique les limites d'une coupe.

TÊTE D'ASSOLEMENT l.m.
Culture qui succédait aux jachères.
C'était d'ordinaire les gros blés, ou céréales d'hiver (froment, seigle), car, sur un sol enrichi par le repos, leur rendement était élevé, condition essentielle pour éviter la disette ou la famine. Au cours du XIXème siècle les progrès agricoles ont permis de supprimer la jachère et la crainte de la faim, aussi a-t-on préféré comme tête d'assolement des plantes nettoyantes et enrichissantes : betteraves, légumineuses, qui font disparaître les mauvaises herbes et qui, par les engrais qu'elles exigent et la fixation de l'azote sur leurs racines, rendent à la terre sa fertilité. Dans ces conditions, on devrait dire plutôt que ces cultures sont des têtes de rotation.

TÊTE DE CUVÉE l.f.
It. **prodotto di testa**
Premier vin obtenu lors de l'écoulement d'une cuve, ou à la sortie du pressoir, avant les *tailles*, dans la fabrication du champagne.
On dit parfois simplement la cuvée *; c'est le vin de première qualité*

TÊTE DE VIN l.f.
(Bourgogne, Champagne). Vin tiré des premières cuvées d'une vendange de qualité.
Par analogie on dit également tête de blé *pour un blé de première qualité.*

TÊTE MORTE l.f.
Intervalle séparant la prise d'eau d'une dérivation et le premier canal d'irrigation.

TÊTEAU n.m
Extrémité de la maîtresse branche d'un arbre fruitier.

TÉTINE n.f.
En. **dug**
De. **Kuheuter**
Es. **teta, ubre**
It. **mammella**
Mamelle de la vache et de la truie.
Etym. De l'allemand *titta*.

TÉTON n.m.
Armature de ramures en pays de bocage, fournissant des feuillages pour le bétail en temps de sécheresse.

TÉTON DE VENUS l.f.
Variété de pêche à pulpe ferme et dont l'extrémité a la forme d'un bout de sein.

TÉTRAGONE n.f.
En. **tetragonia**
De. **neuseeländischer Spinat**
Es. **tetragonio**
It. **tetragonia**
Plante de la famille des Aizoacées *(Tetragonia expansa)*, originaire de *Nouvelle Zélande*, rapportée par Sir Joseph Banks, compagnon du capitaine Cook, cultivée pour ses feuilles qui rappellent par leur goût celles de l'épinard.
Elle résiste bien aux sécheresses estivales, aussi l'appelle-t-on épinard d'été.
Etym. Son nom provient de la forme de sa tige à section quadrangulaire.

TÉTRANYQUE n.m.
En. **Tetranychidae**
De. **Spinnmilbe**
Es. **tetraníquido**
It. **ragno rosso**
Acarien qui attaque les feuilles des plantes cultivées, les vide de leurs sucs à l'aide de ses chélicères.
Appelé vulgairement araignée rouge.

TEXEL n.m.
Race ovine de grande taille, sélectionnée dans l'île de *Texel (Pays-Bas)*.

TEXIER n.m.
Ancien nom des tisserands utilisant les fils de chanvre, de lin et de laine, et, également, ouvriers préparant les tissus avec ces fils.

TEXTILE n.m.
En. **textile**
De. **Textil**
Es. **textil**
It. **pianta tessile** (1)
1. Plante cultivée dont la tige donne des fibres propres à être filées : chanvre, lin, phormium, sisal.
2. Coton dont le fil est tiré de l'étoupe contenue dans la capsule de la graine du cotonnier.
3. Produit animal qui peut être filé : laine, soie.
4. Combinaison chimique qui aboutit à la fabrication de fils (soie artificielle ou rayonne).
Etym. Du latin *textilis*, tissé.

TEXTILE adj.
Es. **textil**
It. **tessile**
Se dit d'une plante ou d'une industrie fournissant des fils.

THALBURGER n.m.
Cépage à raisins blancs, cultivé en Alsace.

THALLE n.m.
En. **thallus**
De. **Thallus**
Es. **tallo**
It. **tallo**
Appareil végétatif des plantes non vasculaires, aux tissus dépourvus de vaisseaux : champignons, lichens, bactéries, algues.
Etym. Du grec *thallos*, jeune plante.

THALLOPHYTES n.f.p.
En. **Thallophyta**
De. **Thallophyten**
Es. **talófitas**
It. **Tallofite**
Plantes dépourvues de chlorophylle et d'organites pour stocker des éléments nutritifs (amidon, glucose) et qui ne peuvent se développer qu'aux dépens des plantes à feuillage vert.
C'est le cas des algues et des champignons.
Etym. Du grec *thallos*, rameau, et *phuton*, plante.

THAUME n.f.
(Bretagne). Petite faux à long manche pour couper les haies et les branches d'arbre.

THÉ n.m.
En. **tea**
De. **Teestrauch**
Es. **arbusto del té**
It. **pianta del tè**
Arbuste à feuillage toujours vert, à fleurs blanches légèrement rosées, de la famille des Théacées *(Thea sinensis)*.
Originaire du Yunnam, il est cultivé de l'Inde au Japon depuis plus de deux mille ans, sous le climat humide et chaud de l'Asie des Moussons. A l'état sauvage, il atteint jusqu'à 10 m de haut, mais fréquemment taillé, il ne dépasse pas 3 m et son feuillage en est rendu plus abondant.
Etym. Du malais *teh*.

THÉ n.m.
En. **tea**
De. **Tee**
Es. **té**
It. **tè, thè**
Jeunes feuilles des arbres à thé, riches en *théine*, base purique analogue à la caféine, léger excitant cérébral.
Coupées avec les ongles par les ouvrières, et séchées selon d'anciens procédés, elles constituent le thé de nos infusions ; exposées longuement au soleil et placées sur des plaques chaudes, elles donnent le thé noir *; desséchées à l'abri de la lumière, elles donnent le* thé vert.
Le thé du Paraguay est le maté *(V. Ce mot).*
La sauge est parfois appelée thé de France. *Le* thé de foin *est une décoction de foin bouilli que l'on donne à boire aux bêtes malades.*

THÉÂTRE DE L'AGRICULTURE et MESNAGE des CHAMPS
Titre de l'ouvrage que composa Olivier de Serres sur l'ordre d'Henri IV et qui fut publié en 1600.
Précieux document sur l'agriculture française dans le Bas Vivarais, *au début du XVIIème siècle, valable surtout par l'exposition précise des faits observés par l'auteur.*

THÉERIE n.f.
De. **Teehaus** (2)
Es. **tetería** (2)
It. **camera d'appassimento** (2)
1. Verger consacré à la culture du thé.
2. Local où l'on prépare les feuilles de thé.

THÉIER n.m. et adj.
1. Nom donné parfois à l'arbuste qui fournit le thé.
2. Amateur de thé.
3. Relatif au thé : *industries théières*.

THÉRAPEUTIQUE n.f.
En. **therapeutics**
De. **Heilkunde, Therapeutik**
Es. **terapéutica**
It. **terapeutica**
Branche de la médecine vétérinaire consacrée au traitement des bêtes malades *(P. Habault)*.
Etym. Du grec *therapeuein*, soigner.

THERMIDOR n.m.
En. **Thermidor (Hitzemonat)**
Es. **termidor**
It. **termidoro**
Onzième mois du calendrier républicain, du 19 Juillet au 18 Août ; période des plus grandes chaleurs de l'année, de la moisson et du dépiquage.
Etym. Du grec *thermé*, chaleur et *doron*, don.

THERMOPÉRIODE n.f.
En. **thermoperiod**
Es. **termoperíodo**
It. **termoperiodo**
Période au cours de laquelle une plante doit subir une température supérieure ou inférieure à celle d'un seuil déterminé pour maintenir et accroître son développement, sinon son *périodisme* est affecté.
Etym. Du grec *thermos*, chaud, et *periodos*, chemin autour.

THERMOPÉRIODISME n.m.
Influence des variations de la température sur la croissance des plantes et l'activité sexuelle des animaux à sang chaud, notamment dans

les régions où les contrastes thermiques saisonniers sont bien marqués.
Le printemps ranime les diverses activités fonctionnelles, l'automne déterminant un ralentissement, un demi-sommeil ; dans le cours d'une même journée, la différence de température entre le jour et la nuit entraîne une variation du métabolisme végétal et animal.

THERMOPHILE adj.
En. **thermophile**
De. **thermophil**
Es. **termófilo**
It. **termofilo**
Se dit d'une plante qui a besoin de chaleur pour croître, ou d'un animal adapté à un climat chaud.
Etym. Du grec *thermos*, chaud, et *philos*, ami.

THERMOTROPISME n.m.
En. **thermotropism**
Es. **termotropismo**
It. **termotropismo**
Influence de la chaleur sur le protoplasme et les tissus des plantes et, dans une certaine mesure, sur le métabolisme des animaux.
Au-dessous d'un seuil, +5°C pour les feuilles, le végétal entre en vie ralentie ; au-dessus il s'accroît de plus en plus vite jusqu'à un autre seuil où la chaleur trop élevée et l'évaporation lui sont nuisibles. Ces réactions se traduisent chez l'animal par une plus ou moins grande activité ; elles sont naturellement inversées d'un hémisphère à l'autre.
Etym. Du grec *thermos*, chaleur, et *tropos*, action de tourner.

THERMOTHÉRAPIE n.f.
En. **thermotherapy**
De. **Thermotherapie**
Es. **termoterapia**
It. **termoterapia**
Traitement des maladies par la chaleur ; des virus sont ainsi détruits par des températures de 37 à 40°C maintenues autour des plantes malades pendant deux ou trois semaines.

THÉROPHYTE n.m.
En. **therophyte**
Es. **teróf ito**
It. **terofita**
Plante annuelle.
Son cycle s'effectue, de la graine semée à la graine récoltée, en une saison, du printemps à l'automne, durant l'été (P. Habault).
Etym. Du grec *theros*, été, et *phuton*, plante.

THIAULER v.intr.
(Nivernais). Chanter un air appelé *tiaulement* pour rythmer la marche lente des boeufs.

THRIPS n.m.
En. **thrips**
Es. **trips**
It. **tripide**
Insecte orthoptère qui vit sur les feuilles des légumes, dévorant surtout celle des poireaux, des pois et aussi du tabac.

THUIE n.f.
(Béarn). Formation végétale secondaire composée de fougères, de bruyères et de graminées.
On la fauche tous les deux ou trois ans pour faire de la litière, du fumier et de l'engrais.
Syn. Touya.

THUYA n.m.
En. **thuja**
De. **Thuja**
Es. **tuya**
It. **tuia**
Arbrisseau du genre des Conifères, famille des Cupressinées, de haute taille (jusqu'à 50 m) et toujours vert, servant à faire des haies vives et donnant du bois d'ébénisterie.
Sa résine sert à fabriquer des vernis et l'on en extrait un vermifuge.
Etym. Du grec *thuia*.

THYM n.m.
En. **thyme**
De. **Thymian**
Es. **tomillo**
It. **timo**
Plante de la famille des Labiées (*Thymus vulgaris*) à tige dure et à feuilles odoriférantes, cultivée dans les jardins comme condiment.

THYMINE n.f.
En. **thymine**
It. **timina**
L'une des deux bases, avec la *purine*, composant l'ADN, indispensable à la croissance.
V. *A.D.N.*

THYRSE n.m.
En. **thyrse**
De. **Bacchusstab**
Es. **tirso**
It. **tirso**
Fleurs en grappes, comme celles du marronnier d'Inde, du lilas.
Etym. Du grec *thursos*, attribut de Dionysos.

TIBOURIN n.m.
Cépage à raisins noirs et à raisins blancs, cultivé dans le département du *Var*.

TIC n.m.
En. **twitching, tic**
De. **Krippensetzen, Tick**
Es. **tiro**
It. **ticchio**
Mouvement involontaire qui se répète à intervalles variables et qui est, pour le cheval, un vice rédhibitoire.

TIÈBBLE n.m.
(Berry). Endroit où se trouve situé un rucher.

TIERÇAGE n.m.
1. Assolement comportant une rotation répartie sur trois ans
2. Troisième façon culturale donnée à une vigne ou à un champ.
On dit aussi *tiercement*.
Etym. Dérivé de trois et de tiers.

TIERÇAIN n.m.
Barrique dont la contenance varie de 210 à 240 litres, à peu près le tiers d'un tonneau.
On dit aussi tiercerolle.

TIERCE n.f.
It. **terzeria**
Droit permettant au seigneur de prélever une partie des produits de la terre domaniale.
Elle pouvait s'élever au tiers de la récolte sur les terres récemment défrichées.

TIERCÉ adj.
It. **terzato**
Se dit d'un terrain ayant subi un troisième labour.

TIERCEMENT n.m.
It. **terza aratura del maggese** (1)
1. Action de *tiercer*, d'établir un assolement triennal.
2. Règlement qui accorde au bailleur le tiers des produits d'une exploitation en fermage.
3. Possibilité d'enchérir d'un tiers pendant un certain délai après la mise à prix d'adjudication d'une coupe de bois.

TIERCER v.tr.
It. **interzare** (2)
1. Etablir sur une parcelle, ou sur une sole, un assolement triennal, c'est-à-dire, un blé d'automne la première année, une céréale de printemps l'année suivante et une jachère la troisième année.
La jachère a été supprimée, remplacée par des légumineuses.
2. Donner une troisième façon culturale à la vigne en juillet-août, après le *sombrage* et le *binage*.
On dit aussi aussi tercer, *ou* rebiner.
Etym. Dérive de *tiers*.

TIERCEROLLE n.f.
(Roussillon). Barrique d'une contenance d'environ 225 litres, soit le tiers du tonneau de 675 litres.

TIERCEUR n.m.
It. terziario
Métayer qui devait verser les deux tiers de ses récoltes et de ses bénéfices au propriétaire de l'exploitation agricole qu'il mettait en valeur.

TIERÇON n.m.
Fût de 90 litres environ, appelé également *caque* en Champagne où le *demi-tierçon* est de 50 litres.
Le tierçon de Cognac atteint 550 litres.

TIÈRE n.f.
En. tethering
De. Tüdern
Es. pacedura a una estaca
It. pascolo fermo
Procédé de pacage usité en Normandie pour les prairies artificielles, où l'animal, attaché à un piquet, peut brouter une surface restreinte sans piétiner le reste du fourrage.
C'est le système de l' entierrage (R.Musset).
Etym. De l'anglais, *tether*, longe.

TIERRA n.f.
(*Mexique*). Zone de cultures.
On distingue, selon l'altitude trois zones :
*- la **Tierra caliente**, sous climat chaud et humide, à cultures tropicales (bananes, cacao, vanille, chicle, pour le chewing-gum),*
*- la **Tierra templada**, à climat tempéré, à cultures de café et de maïs, centre des civilisations précolombiennes, et*
*- la **Tierra fría**, étage supérieur des régions exploitées, presque entièrement consacré à l'élevage (J. Blache).*
Etym. De l'espagnol.

TIERSAGE n.m.
1. Rémunération des ouvriers temporaires dans les vignobles du Bordelais.
Elle s'élevait au tiers de la récolte d'où son nom ; elle s'écrit aussi tierçage.
2. Troisième labour donné à une jachère (*G. Lizerand*).

TIERS DENIER l.m.
Droit payé par les usagers d'une forêt communale au seigneur de la communauté.
Il s'élevait au tiers du produit des ventes, et pouvait être racheté par la cession en toute propriété, au seigneur, d'un tiers de la forêt.

TIERS ET DANGER l.m.
(*Normandie*). Droits de même nature que ceux de grurie, payés au roi par les possesseurs d'une forêt privée lors des coupes de bois.
Le Tiers représentait la tierce partie du prix de la vente, et le Danger la dixième partie, soit au total 43% (R. Blais).
V. Danger.
Etym. Dérivé de *tiers* et du latin *dominarium*, seigneurie, qui a donné *danger*.

TIERS-FRANC l.m.
(*Champagne, Bourgogne*). Forme de métayage qui consiste à confier, moyennant un tiers du produit, de petits lots de vigne à un vigneron qui complète ainsi les ressources de ses propres parcelles de ceps.

TIERS À MERCI l.m.
Redevance s'élevant au tiers du revenu, perçuau gré du seigneur sur les terres serviles.

TIGE n.f.
En. stem, trunk, stalk
De. Stengel, Stiel, Stamm
Es. tallo, tronco
It. gambo, stelo, fusto
Partie d'une plante qui supporte les branches, les feuilles et les fleurs.
On peut distinguer la tige des arbres, ou tronc, de celle des plantes herbacées, ou chaume. Selon la longueur du tronc d'un arbre fruitier, on le taille :
1. à haute tige quand il est libre de s'élever.
2. à demi-tige quand il ne dépasse pas 1,50 m.
3. à basse tige s'il est maintenu à faible hauteur.
Etym. Du latin *tibia*, flûte.

TIGHREM n.m
Maison commune, fortifiée, qui sert à entreposer les céréales dans les villages du Sud-marocain.
Etym. Mot berbère.

TIGNARD n.m.
(*Pays niçois*). Fromage fabriqué avec du lait de vache dans la région de Tignes.
Il est persillé comme le bleu d'Auvergne.

TILLAGE n.m.
En. scutching
De. Abbastung
Es. acción de agramar, agramadura
It. stigliatura
Broyage des tiges de lin et de chanvre avec un outil appelé *macque*.
Il s'effectue après le rouissage afin de séparer les fibres de la chènevotte.
Syn. Teillage.

TILLAIE n.f.
Verger de tilleuls cultivés pour leurs fleurs, ou bien bois peuplé de tilleuls.

TILLE n.f.
1. Fibre textile très résistante et imputrescible obtenue après rouissage, à partir de l'écorce du tilleul.
Réputée pour la confection des cordes de puits.

2. Par extension, fibre retirée de la tige du chanvre, appelée aussi *teille*.
3. Petite parcelle située près des bâtiments d'une ferme et consacrée à des cultures de légumes.
C'est un élément du meix, appelé également hâte, sillon (Bourgogne) (R.Blais).
Etym. Du latin *tilla*, tilleul.

TILLER v.tr.
En. to scutch
De. abbasten
Es. agramar
It. stigliare
Briser des tiges de chanvre, ou de lin, pour séparer la filasse des chènevotes.
On dit aussi teiller.

TILLEUL n.m.
En. linden (1)
De. Linde (1), Lindenbaum
Es. tilo (1)
It. tiglio (1)
1. Arbre de la famille des Tiliacées (*Tilia europea*).
Sélectionné en Hollande, son bois est utilisé dans la fabrication des crayons et des allumettes. Ses fleurs servent à faire des infusions calmantes et sudorifiques, appelées aussi tilleul ; ses feuilles séchées donnent une farine alimentaire.
2. Tilleul du Roussillon (*Tilia sylvestris*) arbre sauvage dont l'aubier en décoction fournit un médicament pour les maladies biliaires et urinaires (Pruvost-Beaurain).
3. *Tilleul argenté*, originaire de Hongrie, utilisé également pour ses fleurs, ses feuilles et son bois.
Etym. Du latin *tilla*.

TILLEUR n.m.
En. flax breaker
De. Hanfbrecher
Es. agramador
It. canapaio, scotola
Ouvrier qui tille le chanvre.
Le féminin tilleuse s'applique à une ouvrière, ou bien à une machine qui sert à tiller le lin et le chanvre. On dit aussi teilleur et teilleuse.

TILLOTE n.f.
(*Champagne*). Outil qui sert à broyer le chanvre, à le *tilloter*.

TIMBRE-POSTE (REBOISEMENT EN) l.m.
Reboisement limité à de petites parcelles séparées par des parcelles cultivées.
C'est défavorable aux travaux agricoles, ça ralentit la pousse des récoltes, multiplie les prédateurs, et empêche le remembrement sans apporter de bons rendements en bois.

TIMON n.m.
En. **beam, pole**
De. **Deichsel, Helmstock**
Es. **pértigo**
It. **timone**
Longue pièce de bois du train avant d'une charrette, ou d'une charrue, comportant, vers la pointe, des trous destinés à recevoir des chevilles pour la fixer au joug de l'attelage, ou au tracteur.
Etym. Du latin *temo*, flèche d'un char.

TIMONIER n.m.
En. **wheelhorse, wheeler**
De. **Deichselpferd**
Es. **timonel**
It. **cavallo da timone**
Cheval attelé à un timon.

TIMOUSSET n.m.
Extrémité avant d'un timon de charrue, longue de 1,20 m à 1,50 m.
Elle était articulée sur la partie fixée à l'age et favorisait ainsi les mouvements de l'attelage ; aussi l'araire à timon brisé était-elle préférée à l'araire à timon rigide.
Etym. Diminutif de timon.

TIN n.m.
En. **block, barrel-chock**
De. **Stapelblock**
Es. **picadero**
It. **puntello per botti**
Pièce de bois placée sur des poutres, ou des quartiers de pierre, dans une cave.
Elle est destinée à soutenir, à une certaine distance du sol, les barriques et les tonneaux. Pour obtenir ce résultat, il faut évidemment disposer de deux tins placés parallèlement, et distants l'un de l'autre de un mètre. Le mot s'écrit parfois tain.
Etym. Du latin *tignum*, poutre.

TINAGE n.m.
Travail que pouvaient effectuer, en une journée, un homme, deux boeufs, avec une charrette pour une corvée imposée par leur seigneur.

TINCTORIAL adj.
En. **tinctorial**
De. **Färber-**
Es. **tintóreo**
It. **tintorio**
Qualifie les plantes dont on retire des matières colorantes.
Etym. Du latin *tinctus*, teinture.

TINE n.f.
En. **butt**
De. **Traubenbottich**
Es. **tina, cuba**
It. **tino, botte per il trasporto dell'uva**
Petite cuve pour le transport de la vendange jusqu'au pressoir, ou de l'eau de la fontaine jusqu'à la ferme.
Etym. Du latin *tina*, vase à vin.

TINION n.m.
(Pays de Loire). L'un des noms vulgaires du chiendent.

TINTA n.m.
Cépage à raisins noirs, cultivé en Portugal.

TINTAMARRE n.m.
(Bourgogne). Bruit que faisaient les vignerons en frappant sur leur *marre* avec un caillou pour s'avertir mutuellement de la fin de leur journée de travail *(R. Dion.)*

TINTILLIO n.m.
Vin rouge récolté autour de Rota en Andalousie, avec un cépage appelé tinto.
C'est le grenache noir *d'Alicante.*

TIQUE n.f.
En. **mite, tick**
De. **Zecke, Milbe**
Es. **garrapata**
It. **zecca**
Acarien parasite des mammifères.
D'un centimètre de long, et globuleuse quand elle est repue, la tique se fixe à la peau des animaux domestiques et aspire leur sang, tout en leur transmettant des maladies infectieuses, comme la piroplasmose qui détruit les hématies.
On la fait tomber en l'aspergeant d'essence de térébenthine.
Etym. Du germanique *tick*, Acarien de la famille des Inoxidés.

TIQUEUR n.m.
En. **unsound**
De. **Krippenbeisser**
Es. **caballo que padece tiro**
It. **cavallo che ha un ticchio**
Animal domestique affecté d'un tic, vice rédhibitoire.

TIR n.m.
Terres du Maroc occidental, rouges ou noires et très fertiles.

TIRAGE (LIQUEUR DE) l.m.
Mélange de vins vieux de bonne qualité, additionnés de sucre de canne.
La solution ainsi préparée est versée dans le vin de cuvée, au cours de la préparation du champagne, afin de favoriser la reprise de la fermentation et la formation de mousse.

TIRANT n.m.
Plan incliné qui permet d'atteindre, avec une charrette chargée de foin, la porte ouverte d'un fenil situé sur une grange, dans une région montagneuse.
Syn. Montoir *(fig. 132) (D. Faucher).*

TIRE n.f.
1. Coupe de bois effectuée à la suite d'une précédente coupe, sans plan préalablement établi, d'où l'expression *à tire et aire.*
2. *(Québec).* Sirop épais de sucre d'érable.

TIRE-BONDE n.m.
En. **bung-borer**
De. **Spundzieher**
Es. **sacatapón**
It. **cocchiumatoio**
Appareil servant à retirer les bondes des tonneaux.

TIRE-BOUCHON n.m.
En. **corkscrew**
De. **Korkenzieher**
Es. **sacacorchos**
It. **cavatappi**
Outil muni d'une pointe en pas de vis et d'une poignée à mouvement circulaire pour extraire les bouchons des bouteilles.

TIRE-BOURRES n.f.p.
(Val de Loire). Pluies douces et tièdes du printemps.
Elles font éclater les bourgeons qui sortent de leur bourre hivernale

TIRE-FOND n.m.
En. **croze**
De. **Zugbohrer**
Es. **tirafondo**
It. **caprugginatoio**
Outil de tonnelier servant à faire entrer dans la rainure du jable *(fig.113)* la dernière douve d'un tonneau.

TIRÉ n.m.
En. **hunting ground**
Es. **monte de caza**
It. **bosco ceduo per la caccia**
Endroit d'une forêt aménagé pour la chasse au fusil, tels les *tirés de Rambouillet.*

TIRE-SÈVE n.m.
En. **sap-drawer**
De. **Saftzieher**
Es. **tirasavia**
It. **succhione**
Bourgeon conservé à l'extrémité d'une branche pour y attirer la sève élaborée et favoriser la feuillaison et la fructification.
Syn. Gourmand.

TIRETS n.m.p.
(Bordelais). Jeunes bourgeons de vigne.

TIRETOIR n.m.
Outil de tonnelier pour faire entrer de force les derniers cercles des barriques.
Il est également appelé traitoir, chien *et* tire à barrer.

TIREUSE n.f.
It. **imbottigliatrice**
Appareil servant à tirer le vin des tonneaux et à le mettre en bouteilles.

TIRHEMT n.m.
Maison-grenier, de vastes dimensions, parfois fortifiée, où l'on recueille les céréales d'une communauté rurale du Haut-Atlas marocain et autour de laquelle se groupent les maisons du village.
On dit aussi un arem, irghem *ou* agadir.

TISON n.m.
Bande de terre non labourée entre deux sillons tracés par un araire.
Pour la supprimer on trace deux raies en sens inverse.
Etym. Du latin *titio*, tison, brandon.

TISSERAND n.m.
En. **weaver**
De. **Weber**
Es. **tejedor**
It. **tessitore**
Artisan qui fabriquait des tissus avec des fils de lin, de chanvre, ou de laine, que lui apportaient les filandières du village.
Son atelier était une tissanderie.
Etym. Du latin *texere*, tisser.

TITRE n.m.
En. **strength** (3)
De. **Titel, Adelstitel** (1,2), **Titer, Gehalt** (3)
Es. **título** (1), **dosis** (3)
It. **titolo**
1. Acte écrit conférant à une personne le droit de disposer d'une maison, d'une propriété.
2. Appellation correspondant à la terre, ou au territoire, sur lequel le seigneur disposait de droits féodaux : comté, baronnie, etc.
3. Degré de concentration d'une substance active dans une solution inerte ou excipient.
Etym. Du latin, *titulus*, inscription.

TITYRE n.m.
1. Nom donné aux bergers par les poètes de l'Antiquité.
2. Bélier muni d'une clochette au cou et chargé de conduire le troupeau des moutons transhumants

TIZI n.m.
Nom vulgaire de l'éphippigère de la vigne, grande sauterelle qui vit sur les coteaux plantés en vigne dans le Languedoc.
Elle se nourrit de la pulpe des graines de raisin. On la détruit en lâchant dans les vignes des bandes de canards qui en sont très friands.

TOCANE n.f.
(Champagne).
1. Moût qui coule du pressoir avant qu'on ait pressé
2. Vin blanc léger d'Aï, en Champagne, qui se conserve longtemps.

TOCARD n.m.
En. **jade, hack**
De. **Aussenseiter**
It. **brocco**
Cheval de course qui n'est pas capable de gagner.
Etym. Du normand *toquart*, têtu.

TOILE n.f.
En. **linen** (1)
De. **Leinwand, Stoff** (1)
Es. **tela** (1)
It. **tela** (1), **muffa grigia** (3)
1. Dans les moissonneuses-batteuses, tissu qui reçoit les pailles et les élève vers la botteleuse.
2. Toile destinée à protéger du soleil les plantes délicates des jardins.
C'est la toile à ombrer.
3. Maladie cryptogamique des jeunes semis et des plantes de serre causée par le *Botrytis cinerea*.
Etym. Du latin *tela*, toile.

TOILE À OMBRER l.f.
Toile dont se servent les jardiniers pour donner de l'ombre aux plantes délicates.

TOILETTAGE n.m.
En. **grooming**
De. **Putzen**
Es. **arreglo de una bestia**
It. **pulizia degli animali**
Soins d'hygiène (bains, brossage, tonte, etc.) donnés aux animaux domestiques, chevaux, boeufs, moutons, etc.
Etym. Du latin *tela*, toile.

TOISE n.f.
En. **fathom**
De. **Klafter**
Es. **toesa**
It. **tesa**
Ancienne mesure de longueur qui valait à Paris 1m 949.
La toise-cube servait aussi à mesurer les volumes et la toise-traçoir *était un instrument de jardinier permettant de tracer plusieurs sillons parallèles à la fois.*
Etym. Du latin *tensa*, longueur du chemin.

TOISON n.f.
En. **fleece** (1)
De. **Schaffell, Wolle** (1)
Es. **vellón** (1)
It. **vello, tosone** (1)
1. Pelage laineux du mouton, composé d'une infinité de brins humectés de suint et emmêlés les uns dans les autres.
2. Par extension, robe recouvrant les corps des animaux à poils.
Etym. Du latin *tonsio*, action de tondre.

TOIT n.m.
En. **roof** (1)
De. **Dach** (1)
Es. **techo, tejado** (1)
It. **tetto** (1)
1. Couverture d'un bâtiment comprenant une charpente soutenant des tuiles, des ardoises, du chaume, etc.
2. Etable à porcs, à moutons, à volailles, etc.
Etym. Du latin *tectum*, toiture.

TOKAY n.m.
1. Cépage à raisins blancs du vignoble alsacien, originaire de la région de Tokay, ville de Hongrie. *Il donne un vin blanc très fruité.*
2. Vin blanc produit en Hongrie par divers cépages, entre autres par le Furmint, introduit en France par les plaines du Bas-Rhône

TOLÉRANCE n.f.
En. **tolerance**
De. **Toleranz**
Es. **tolerancia**
It. **tolleranza**
Capacité pour une plante cultivée de résister à l'attaque d'un insecte, d'une bactérie, d'un virus, ou d'une variation thermique sans perdre sa vigueur, ni son rendement.
Tels sont les cépages américains qui résistent au phylloxéra. Pour chaque attaque, existe dans une plante une résistance au-delà de laquelle elle dépérit, c'est son seuil de tolérance.
Etym. Du latin *tolerancia*.

TOLLE n.m.
(Jura). Sarment de vigne.

TOMADON n.m.
(Aquitaine). Aiguillon dont le bouvier se servait pour exciter ses boeufs.

TOMATE n.f.
En. **tomato**
De. **Tomatenpflanze**
Es. **tomate**
It. **pomodoro**
Plante de la famille des Solanacées (*Lycopersicum exculentum*).
Originaire du Pérou, elle s'était répandue à travers le continent américain durant l'ère précolombienne. Introduite en Espagne peu de temps après la découverte du Nouveau Monde, elle fit son apparition à Paris lors de la journée du 10 Août 1792, avec les Marseillais qui montrèrent comment on pouvait la consommer en salade, ou frite avec de l'ail. Sa culture intensive, dans la vallée de la Garonne, et dans les plaines du Midi méditerranéen, n'a vraiment débuté qu'avec le chemin de fer.
Etym. Du nahualt *tomat*.

TOMBEREAU n.m.
En. **tumbril, tipcart**
De. **Kippkarren, Kippwagen**
Es. **volquete**
It. **sbarello**
Petite charrette à deux roues, encadrée de ridelles pleines, et servant à transporter du fumier, des récoltes.
On la décharge en la faisant basculer autour de son essieu, après avoir enlevé à l'avant la cheville qui la maintenait au timon, et à l'arrière la planche de clôture, ou layon.
Le tombereau est conduit par un tombelin.

Tombereau

TOMBEROLLER v.tr.
1. Transporter des récoltes avec un tombereau.
2. Transporter de la terre avec une brouette, ou un tombereau, dans un champ, afin de l'aplanir en comblant les creux.

TOME n.f.
1. *(Dauphiné, Savoie).* Fromage blanc et tendre qui durcit et fermente en vieillissant.
2. *(Cantal).* Boule de lait caillé qui sert à fabriquer la fourme.

TONDAGE n.m.
En. **shearing, clipping**
De. **Scheren**
Es. **esquileo**
It. **tosatura**
Opération qui consiste à couper les poils d'un cheval afin d'améliorer l'hygiène de sa peau.
Elle facilite le pansage et redonnerait à la bête de l'appétit ; elle doit être pratiquée avec précaution afin d'éviter les refroidissements.
V. *Tonte.*

TONDAILLES n.f.p.
En. **sheepshearing** (1)
De. **Schafscheren** (1),
    Scherwolle, Schafschur (2)
Es. **esquileo** (2)
It. **tosatura** (1), **lana ricavata** (2)
1. Tonte des moutons.
2. Par extension, produit de la tonte et saison où elle a lieu.
3. Repas de fête qui accompagne la tonte, faite par des *tondeurs.*
En Berry, le terme s'applique aux bêtes à poils (chèvres, bovins, chiens). On dit parfois tondage, *ou* tondaison, *et pour les ovidés,* tonte.

TONDEUR n.m.
En. **shearer**
De. **Scherer**
Es. **esquilador**
It. **tosatore**
Ouvrier qui tond les moutons avec une tondeuse.

TONDEUSE n.f.
En. **lawn mower** (1),
    shearing machine (2)
De. **Rasenmäher** (1)
Es. **corta césped** (1)
It. **macchina tosatrice** (1)
1. Appareil à moteur à essence pour tondre les gazons.
2. Ciseau utilisé pour tondre les moutons, actionné par un moteur électrique.
3. Femme qui pratique la tonte, ou *tondage.*
4. *(Berry).* Ouvrière chargée de recueillir le miel des ruches.

TONDRE v.tr.
En. **to shear** (1), **to clip** (2)
De. **abscheren, abmähen** (1)
Es. **esquilar** (1)
It. **tosare** (1,2), **brucare** (3)
1. Couper ras les poils, ou la laine des animaux domestiques.
2. Tailler ras les tiges ou les herbes d'une haie, d'un pré ou d'un gazon.
3. Brouter l'herbe d'une prairie.
Etym. Du latin tondere.

TONKAY n.m.
Feuilles de thé de la dernière récolte, avant la mauvaise saison.
Elles sont de médiocre qualité, car celle-ci décroît du début à la fin de la cueillette.
Etym. Du chinois : thé du ruisseau.

TONLIEU n.m.
De. **Standgeld**
Es. **tasa**
It. **teloneo**
Taxe qui frappait les produits agricoles transportés par terre, ou par eau, et mis en vente sur un étal, dans les foires et marchés d'une seigneurie. *Etym. Du grec* telos, *impôt et* telonion, *douane.*

TONNE n.f.
En. **liquid manure tank** (2)
De. **Jauchefass, Fass** (2)
Es. **tonel de estiércol líquido** (2)
It. **grossa botte** (1)
1. Récipient en bois pour conserver le vin.
Il est semblable au tonneau, mais plus renflé en son milieu et de plus grande capacité.
2. Récipient pour transporter et répandre les engrais liquides.
3. *(Limagne).* Cabane construite dans les vignes.
4. Lin à filasse très fine.
La semence ayant été importée des pays baltes.
Etym. Du celte tonn, *peau, les premiers récipients étaient en cuir, en peau (outres).*

TONNEAU
En. **cask, tun, barrel**
De. **Tonne, Fass**
Es. **tonel, pipa**
It. **botte, barile**
Récipient en bois de forme ronde, composé de *douves* maintenues par des cercles de bois, ou de fer et dont les extrémités sont fermées par des planches dites *fonçailles*
Il est utilisé pour transporter les liquides ; sa capacité varie de 400 à 500 litres (fig.197) ; mais dans la région parisienne elle n'était que de 228 litres. Il aurait été fabriqué d'abord par les Gaulois ; Pline l'Ancien le signale vers 70 de notre ère.

(Fig. 197). Tonneau

TONNELET n.m.
En. **small cask**
De. **Fässchen**
Es. **tonelete, barrilete**
It. **bariletto, caratello**
Petit récipient pour mettre du vin, de l'eau-de-vie, et que l'on peut transporter sur le dos, ou en bandoulière.

TONNELIER n.m.
En. **cooper**
De. **Fassbinder**
Es. **tonelero**
It. **bottaio**
Artisan fabriquant des tonneaux.

TONNELLE n.f.
En. **bower** (1)
De. **Gartenlaube** (1)
Es. **cenador** (1)
It. **pergolato** (1)
1. Abri contre le soleil, aménagé avec des plantes à tiges flexibles : vigne, glycine, etc.
2. Meule de gerbes de blé.

TONNELLERIE n.f.
En. **cooperage** (2)
De. **Böttcherei** (2)
Es. **tonelería** (3)
It. **bottega del bottaio** (3),
    arte del bottaio (1)
1. Métier du tonnelier.
2. Atelier où l'on fabrique les tonneaux.
3. Bâtiment où l'on place les futailles et les réserves de vin.

TONNFORT n.m.
Appareil à détonateur destiné à effrayer les prédateurs des cultures (ramiers, étourneaux, etc).
Il se compose d'un canon détonateur, d'une

bouteille à gaz propane, d'un système d'alimentation piézo-électrique et d'une horloge qui règle la cadence des détonations.

TONQUE n.f
(Bretagne). Récipient en bois, ou en terre cuite, d'une contenance de 15 à 20 litres, pour transporter du lait, ou du cidre.

TONTE n.f.
En. **shearing** (1)
De. **Schafschur** (1)
Es. **esquileo** (1)
It. **tosatura** (1)
1. Travail qui consiste à couper le poil des animaux domestiques, et notamment la laine des brebis, soit à l'aide de ciseaux, soit avec des tondeuses mécaniques.
2. Produit de la tonte, et toison de laine.
3. Epoque de l'année où l'on procède à la tonte.
4. Action de couper les gazons, ou les haies.

TONTINE n.m.
De. **Strohhülle**
Paillon destiné à maintenir, autour des racines, la motte de terre arrachée avec la plante que l'on veut repiquer *(Larousse)*.

TONTINER v.tr.
Entourer de terre les racines d'une jeune plante que l'on veut transporter dans une *tontine*.

TONTURE n.f.
En. **clipping, shearing**
De. **Beschneiden**
Es. **escamonda**
It. **sfrondatura**
Feuilles, branches et brindilles coupées le long des haies et des bordures de jardin.

TOPE n.f.
En. **done**
De. **Topp**
Es. **topa**
It. **d'accordo !**
Tape de la main dans la main, entre vendeurs et acheteurs quand ils sont d'accord.

TOPIAIRE adj.
It. **topiario**
Vieilli. Se dit de l'art de tailler les arbres, les arbustes et les haies en leur donnant une forme géométrique, ou fantaisiste.
Mis en valeur par les Romains, il s'imposa dans les jardins à la française durant la Renaissance et jusqu'à nos jours, en particulier à Villandry, sur le Cher.
Etym. Du grec *topos*, lieu.

TOPINAMBOUR n.m.
En. **Jerusalem artichoke, topinambour**
De. **Topinambur**
Es. **tupinambo, aguaturma**
It. **topinambur**
Plante de la famille des Composées *(Hélianthus tuberosus)*.
Son nom provient sans doute de la tribu des Tupinambas, Indiens du Brésil, pays où la découvrirent les Portugais. En fait, elle est originaire du Canada et elle fut introduite en Europe au XVIIème siècle. Les topinambours poussent dans les sols les plus médiocres, leurs tiges atteignent 2 m de haut ; leurs rhizomes, qui servent à la nourriture du bétail, résistent bien à la gelée ; aussi ne les cueille-t-on qu'au fur et à mesure des besoins de la ferme, durant l'hiver. Enfin, leur pulpe, écrasée, fermentée et distillée, donne 10% d'alcool, utilisable dans les moteurs à explosion ; source d'énergie susceptible de pallier la carence des hydrocarbures.
Syn. Soleil, artichaut du Canada.

TOPONYMIE n.f.
En. **toponimy**
De. **Toponymie**
Es. **toponimia**
It. **toponomia, toponomastica**
1. Catalogue des noms de lieux.
2. Science des noms de lieux.
Précieuse étude pour la connaissance des campagnes, ces noms de terre, de maisons, de hameaux, de villages permettent de comprendre les paysages ruraux et d'en dévoiler l'évolution au cours des siècles.
Etym. Du grec *topos*, lieu, et *onuma*, nom.

TOPPE n.f.
(Bourgogne). Lande, ou friche.

TOQUE n.f.
(Pyrénées occidentales). Partie des *Montagnes Générales* attribuée, jadis, à un *vicq* béarnais *(H. Cavaillès)*.

TORAILLES n.f.p.
(Flandre). Local où l'on fait sécher les grains d'orge destinés à la fabrication de la bière.
On y pratique le toraillage, ou touraillage, l'une des opérations du maltage.
V. Touraille.

TORCHIS n.m.
En. **cob, loam, wattle and daub**
De. **Strohlehm**
Es. **adobe**
It. **impasto di argilla e paglia**
Mortier composé d'argile et de paille, ou de foin, *tordus* ensemble, et que l'on emploie pour construire les murs des maisons rurales dans les régions dépourvues de pierres à bâtir.
Ce mortier, assez fragile, est maintenu par des poutres formant le colombage, ou charpente des murs de la maison. On utilise aussi le torchis pour abriter les ruches, pour protéger des plantes fragiles, etc.
Etym. Du latin *torquere*, tordre.

TORDEUSE n.f.
En. **tortricid moth, leaf roller**
De. **Wicklerin, Raupe**
Es. **piral**
It. **tortrice**
(Bordelais). Chenille d'un insecte lépidoptère qui dépose ses oeufs dans les feuilles de vigne. Ecloses, les larves "tordent" les feuilles qui les abritent, les enveloppent d'une sorte de toile d'araignée et les font sécher.
Syn. Cochylis.

TORD-NEZ n.m.
It. **torcinaso**
Noeud coulant attaché à l'extrémité d'un bâton et que l'on passe autour des naseaux d'un cheval rétif pour le dompter.
On serre le noeud en le tordant jusqu'à ce que la bête se calme sous l'effet de la douleur. On dit aussi un torche-nez, un serre-nez.

TORDOIR n.m.
En. **oil mill** (3)
De. **Ölmühle** (3)
Es. **tortor, torcedero** (3)
It. **frantoio** (3)
1. Pressoir banal d'un village.
2. Redevance versée au seigneur lorsqu'on voulait presser la vendange.
3. Moulin à huile d'un village.
4. Bâton servant à tordre une corde destinée à maintenir une charge de foin, ou de gerbes, sur une charrette.
V. Tortoir.

TORRÉFACTION n.m.
En. **roasting**
De. **Brennen, Rösten**
Es. **torrefacción**
It. **torrefazione**
Procédé qui consiste à conserver certains produits agricoles (grains de café, de maïs, d'orge) en les soumettant pendant un assez long temps aux températures élevées d'un *grilloir*.
Les éléments nuisibles sont détruits et certains arômes sont mis en valeur par caramélisation.
Etym. Du latin *torere*, sécher.

TORRELAGE n.m.
(Lorraine). Droit levé par les seigneurs sur les lieux où l'on faisait sécher les grains d'orge destinés à la fabrication de la bière.

TORRÉFIER v.tr.
En. **to roast**
De. **rösten, brennen**
Es. **tostar, torrefactar**
It. **torrefare, tostare**
Soumettre à un feu ardent, en plein air, un produit agricole (café, cacao, tabac, etc.), afin de le purifier, de développer son arôme, de le dessécher pour assurer sa conservation.
C'est procéder à la torréfaction.
Etym. Du latin *torere,* sécher, et *facere,* faire.

TORTILLARD n.m.
It. **olmo campestre**
Ormeau des haies bocagères, au tronc déformé par les nodosités qui se forment aux points où l'on coupe les branches pour utiliser leurs feuilles comme fourrage.

TORTOIR n.m.
Bâton qui sert à tendre, en la tordant, la corde qui arrime le chargement d'une charrette de foin ou de gerbes.

TOSS n.m.
Chez les Sérères du Sénégal, sole laissée en jachère et entourée d'une haie d'épineux secs pour faciliter la garde du bétail.
Cette haie est supprimée quand on remet les parcelles en culture (P. Pelissier).

TOUAGE n.m.
Moyen de traction des appareils agricoles consistant en un tracteur se halant lui-même à l'aide d'un câble fixé aux extrémités du champ, et traînant derrière lui charrue, herse, sarcloir, etc.

TOUCHE n.f.
1. Bois peu étendu, composé d'arbres marmentaux, destinés seulement à l'ornement.
2. Bois réservé entre deux zones forestières défrichées *(G. Plaisance).*

TOUCHÉE n.f.
(Marais-Poitevin). Unité de tête pour le calcul des bêtes que l'on peut faire paître dans les prés communaux.
Il faut avoir droit à six touchées pour y introduire un cheval, trois pour un poulain, une pour un veau.

TOUCHEUR n.m.
En. **cattle driver**
De. **Ochsentreiber**
Es. **vaquero**
It. **vaccaio**
Personne chargée de conduire les boeufs à l'abattoir, en les touchant, en les stimulant, avec un bâton, ou un aiguillon.
Etym. Du latin *toccare,* frapper avec un bâton.

TOUFFE n.f.
En. **clump, tuft** (1)
De. **Büschel** (1)
Es. **espesura** (1)
It. **ciuffo** (1)
1. Arbres, herbes, ou fleurs formant une sorte de bouquet.
Etym. Du francique *top,* toupet.
2. Maladie des vers à soie causée en été par une grande chaleur trop soudaine.

TOUILLE n.f.
(Bassin Aquitain). Litière d'ajoncs, de bruyères et de fougères coupées sur les *tuyes.*

TOUILLY n.m.
(Beauvaisis). Mélange d'orge et de blé ; variété de méteil.

TOULOUSE (OIE DE) l.f.
Race d'oies très répandue dans le Sud-Ouest.
La variété à plumage gris, à bavette et à fanon, est la plus grosse, la plus appréciée pour son aptitude à l'engraissement et la qualité de son foie.

TOUNE n.
(Jura). Partie d'un champ qui se termine en oblique, et où les sillons sont de plus en plus courts *(G. Plaisance).*

TOUPIN n.m.
(Savoie). Fromage à pâte cuite, de forme cylindrique.

TOUR A FOIN l.f.
V. *Silo à fourrage.*

TOUR D'ARROSAGE l.m.
De. **Besprengungszeit**
Es. **turno de riego**
It. **turno d'irrigazione**
Temps pendant lequel un *irrigant* a le droit de recevoir de l'eau pour irriguer son champ.
Ce temps dépend du débit modulé des réseaux d'irrigation et des règlements de ce réseau.

TOUR D'EAU l.m.
Période pendant laquelle une parcelle, ou un exploitant agricole, reçoivent, durant un temps limité et un débit déterminé, l'eau qui leur est accordée par l'application des règlements d'un réseau d'irrigation.
Syn. Tour d'arrosage.

TOUR DE CHAMP l.m.
Bande de terre de un à deux mètres de large, entourant une pièce de terre.
Parfois inculte, parfois labourée dans le sens de la plus grande dimension (P.Flatrès).

TOUR DE VILLAGE l.m.
Ensemble des chemins, des haies et des murettes qui, en certaines localités de Lorraine, ou de Bretagne, entourent les maisons, les jardins et les vergers d'un village.
Aux carrefours, d'ordinaire au nombre de quatre, se dressent parfois des croix.

TOURACHE adj.
Qualifiait jadis une race de bovidés appelée aujourd'hui *race comtoise,* dans le Jura.

TOURAILLAGE n.m.
Opération qui a pour but, dans la préparation de l'orge pour la bière, d'arrêter par la dessication la germination des grains quand paraît suffisante la formation de la diastase saccharifiante.
Etym. De *tour,* étuve en forme de tour.

TOURAILLE n.f.
En. **malt** (2)
De. **Malzdarre** (2)
Es. **estufa de cervecero** (1)
It. **essiccatoio per orzo** (1)
1. Bâtiment en forme de tour, avec foyer et chambre chaude pour dessécher l'orge germée.
2. Grains d'orge préparés pour la fabrication de la bière.

TOURAILLON n.m.
En. **malt sprouts**
De. **Malzkehricht**
Es. **gérmenes de malta**
It. **germoglio d'orzo**
Radicelles d'orge germé, ou malté, qui se détachent du grain et qui sont employées pour la nourriture du bétail, ou comme engrais.

TOURBE n.f.
En. **peat, turf**
De. **Torf**
Es. **turba**
It. **torba**
Variété d'humus, légère et de teinte sombre, produite par la décomposition de végétaux dans un milieu imbibé d'eau.
Elle servait au chauffage quand elle était desséchée ; on l'utilise toujours pour amender, surtout en horticulture, des terres argileuses.
Etym. Le terme dérive du francique *turba.*

TOURBIÈRE n.f.
En. **peat bog**
De. **Torfmoor**
Es. **turbera**
It. **torbiera**
Zone basse où se maintient une nappe d'eau à faible profondeur, favorisant un début de carbonisation des matières végétales.
En période de sécheresse, la tourbière devient une minière d'où l'on extrait de la tourbe qui sert au chauffage et à amender les terres trop compactes.
Etym. Origine germanique.

TOURDE n.f.
Nom vulgaire du tournis des moutons.

TOURIE n.f.
En. **carboy**
De. **Korbflasche**
Es. **garrafa**
It. **damigiana**
Grosse bouteille de verre, ou de grès, arrondie et entourée d'une garniture d'osier pour amortir les chocs.
Syn. Bonbonne.

TOURIGA n.m.
(Portugal). Cépage à raisins noirs, cultivé dans la vallée du Douro.

TOURISME RURAL l.m.
En. **rural tourism** (1)
Es. **turismo rural** (1)
It. **agriturismo** (1)
1. Voyage d'agrément à travers la campagne.
2. Ensemble des moyens et des activités mises au service de ces voyages.
La croissance de la population urbaine, la hausse du niveau de vie, les progrès des moyens de transport et les lois sociales (congés payés) ont favorisé l'essor de ce tourisme. Dans les milieux ruraux, l'accueil s'est amélioré avec les gîtes ruraux, les tables d'hôtes, les auberges de jeunesse, etc. Sur le plan local, le tourisme rural est animé par des syndicats d'initiative ; sur le plan national il dépend d'une Direction générale du Ministère des Travaux publics. Par ses participants, par ses manifestations artistiques et récréatives et par ses apports financiers, il contribue à redonner vie aux campagnes françaises.
Etym. De l'anglais *turisme*, issu de l'ancien français *tour*.

TOURNAILLE n.f.
Bande de terre aux deux extrémités d'un champ, où tournent les attelages et les instruments agricoles, pour pouvoir creuser un nouveau sillon.
La tournaille est parfois surélevée de quelques décimètres par l'accumulation lente de la terre enlevée au soc de la charrue après chaque sillon (V. Ackerberge). Autrefois, la tournaille était travaillée à la main, ou bien labourée avec quelques sillons perpendiculaires aux précédents. On dit parfois touraille.
Syn. Chaintre.
Etym. Dérivé de *tourner*.

TOURNE n.f.
1. Altération du lait qui se décompose en caillé et petit lait, sous l'influence des ferments que favorise la chaleur humide de l'été.
2. Maladie des vins rouges trop faibles en alcool, sous l'influence d'une bactérie qui transforme l'acide tartrique en acide lactique et en gaz carbonique.
Le vin perd sa limpidité et prend un goût fade.
Etym. Du latin *tornare*, tourner.

TOURNÉ adj.
En. **turned** (2)
It. **andato a male** (2)
1. Qualifie un raisin qui approche de la maturité et tourne du vert au blanc, ou au noir.
2. S'applique à un lait qui s'est coagulé sans l'intervention de la présure, et s'est altéré par ses propres ferments.

TOURNE-MOTTE n.m.
Instrument agricole servant à briser les mottes.
Syn. Emottoir.

TOURNE-OREILLE n.m.
En. **turnplough**
De. **Wechselpflug**
Es. **arado de vertedera móvil**
It. **aratro voltaorecchio**
Charrue à versoir mobile, que l'on peut faire tourner au bout d'un champ pour déverser la terre toujours dans le même sens.
On dit une charrue-tourne-oreille.

TOURNE-SOC n.m.
It. **aratro brabantino**
Charrue destinée au labour à plat avec deux versoirs opposés par rapport à un axe qui tourne sur lui-même.
Elle déverse la terre toujours dans le même sens.
Syn. Brabant.

TOURNESOL n.m.
En. **sunflower, turnsole**
De. **Sonnenblume**
Es. **girasol**
It. **girasole**
Plante herbacée de la famille des Composées *(Helianthus annuus)*. Cultivée pour ses graines qui fournissent une huile de qualité.
Les résidus constituent le tourteau de tournesol, excellent aliment pour le bétail à cause de sa richesse en matières azotées. Cette plante doit son nom à l'héliotropisme de ses tiges et de ses fleurs, de sorte que ses panicules s'orientent vers le soleil selon les diverses heures du jour.
Etym. De l'italien *tornasole*.

TOURNE-SOUS-AGE l.m.
Charrue à deux socs et deux versoirs pouvant pivoter sur l'age et susceptible ainsi de labourer à plat, sillon contre sillon.
Ancêtre de la charrue-brabant.

TOURNEUR n.m.
Vétérinaire empirique qui va de village en village, et de ferme en ferme, pour châtrer les animaux, mâles ou femelles.

TOURNEUSE n.f.
Ouvrière qui dévide les cocons de soie.

TOURNIÈRE n.f.
En. **headland**
De. **Angerwende, Ackerwendung**
It. **capezzagna**
Extrémité du champ où tournent attelage, tracteur, herse et charrue au cours d'un labour, laissée en friche ou bien labourée en sillons perpendiculaires à ceux de la pièce de terre.
Syn. Fourrière, talvère, chaintre, tournaille.

TOURNIQUET HYDRAULIQUE l.m.
En. **turning sprinkle**
De. **hydraulisches Drehkreuz**
Es. **aspersor de brazos giratorios**
It. **irrigatore girevole/rotante**
Appareil d'arrosage, comprenant un bras rotatif, muni à ses extrémités de jets projetant l'eau en sens inverse, de sorte que le bras est animé, par la pression du liquide, d'un mouvement de rotation.

TOURNIS n.m.
En. **turn-sick, sturdy, gid**
De. **Drehkrankheit**
Es. **torneo, modorra**
It. **capogatto, cenurosi**
Trouble organique causé par l'introduction et le développement, dans le cerveau du mouton, d'une larve de *taenia coenurus*, d'où le nom savant de *cénurose*, donné à cette maladie (du grec *koinos*, commun et *oura*, queue).
L'animal, qui en est atteint, d'ordinaire un jeune mouton, a ingéré l'herbe où un chien avait déposé un germe de ténia ; il perd l'appétit, ne peut plus diriger ses pas, il tourne sur lui-même, comme en poursuivant sa queue ; il meurt au bout de quelques semaines.
Etym. Dérivé de *tourner*.

TOURTEAU n.m.
En. **oil cake**
De. **Ölkuchen**
Es. **torta de orujo**
It. **panello**
Résidu des graines et des fruits oléagineux après extraction de l'huile.
Il sert d'engrais ou de nourriture pour le bétail.
Syn. Tourte.
Etym. Du latin *torta*, pain rond.

TOUSELLE n.f.
En. **early-wheat**
De. **glatter Weizen**
Es. **trigo chamorro**
It. **tosello**
Variété de froment dont l'épi est dépourvu de barbes.
C'est le **Triticum hibernum** *cultivé pour sa précocité dans les pays méditerranéens, car il est mûr avant la grande sécheresse d'été.*

TOUSSAN n.m.
Cépage à raisins noirs, dit aussi *Tursan*, cultivé dans l'Agenais.

TOUTE-BONNE n.f.
(Anjou). Variété de poire, très savoureuse comme l'indique son nom.

TOUTE-ÉPICE n.f.
Nom vulgaire de la nigelle cultivée et du myrte piment *(Pimenta officinalis)*.

TOUYA n.m.
Lande de type atlantique composée, après déboisement, d'ajoncs, de fougères et de bruyères.
Abondante à l'ouest du Lannemezan, elle sert de pâturage après avoir été débarrassée de ses hautes herbes pour la litière (H. Cavaillès).
Etym. Origine basque, devenu *touye* en Béarnais.

TOUZELLE n.f.
V. Touselle.

TOWNSHIP n.m.
En. **township**
De. **Gemeinde**
Es. **municipio**
It. **suddivisione amministrativa, circoscrizione**
La plus petite unité administrative des Etats-Unis et du Canada, délimitée en 1785 dans les grandes plaines de l'Ouest pour cadastrer des terres incultes et désertes.
Elle se compose de 36 sections carrées de 1 mille de côté chacune ; chaque section est divisée en quatre lots d'un demi-mille de côté, soit d'une superficie de 164 acres, ou 64,6 ha, surface optimum pour une exploitation agricole confiée à un colon qui devait y bâtir sa ferme, y installer sa famille et la mettre en valeur. Routes et chemins suivent les limites des sections. En un point convenable, butte ou vallée, s'élèvent l'église, les bâtiments publics et commerciaux, autour d'une place publique. Depuis lors quelques remembrements ont eu lieu ; mais dans l'ensemble le paysage rural du Far West reste monotone, avec de vastes champs et des fermes isolées, aux murs de bois peints en rouge, derrière un rideau d'arbres, avec un hangar à matériel et un silo à grains (R. Lebeau).
Etym. Mot anglais.

TOXÉMIE n.f.
En. **toxemia**
De. **Vergiftung**
Es. **toxemia**
It. **tossiemia**
Maladie de la brebis en état de gestation, causée par l'accumulation de toxines dans le sang par suite du mauvais état des reins.
Elle se manifeste par la prostration suivie de la mort. On la traite par solutions riches en glucose et en calcium.
Etym. Du grec *toxikon*, poison, et *haima*, sang.

TOXINE n.f.
En. **toxin**
De. **Toxin, Giftstaff**
Es. **toxina**
It. **tossina**
Substance nocive secrétée par des microbes ou des bactéries.
Semblable aux diastases chez les plantes et les animaux, elle agit comme antigène dans les organismes, y causant des troubles divers et même la mort.
Etym. Du grec *toxon*, arc, allusion au poison pour les flèches lancées par les arcs.

TRAC n.m.
Abri très simple creusé en partie dans le sol, et couvert de poutres supportant des branchages et des mottes de gazon.
Etym. Nom local du *buron* dans les Monts Dore et le Cézallier.

TRAÇANTES adj.p.
It. **striscianti**
Qualifie les racines qui poussent près de la surface du sol, au lieu de s'enfoncer profondément.

TRAÇOIR n.m.
En. **drill maker**
De. **Vorreisser, Grabstichel**
Es. **punzón**
It. **marcasolco**
Outil de jardinier utilisé pour tracer de petits sillons.

TRACTEUR n.m.
En. **tractor**
De. **Traktor**
Es. **tractor**
It. **trattore, trattrice**
Véhicule automobile, équipé d'un moteur plus ou moins puissant, adhérant fortement au sol, par des chenilles, par des cornières, ou par des pneumatiques spéciaux.
Grâce à un système d'attelage, dit attelage trois points, le tractoriste peut traîner et relever une charrue, un instrument aratoire etc.
Sous l'influence de l'ergonomie, les tracteurs modernes, à quatre roues motrices, sont dotés d'une cabine en plastique transparent qui protège le conducteur des intempéries tout en lui permettant de voir la totalité de la parcelle qu'il laboure ; un tableau de bord lui indique sa vitesse, la profondeur, la résistance et l'humidité du sol, la pression de l'huile et des pneus, la température du radiateur, la consommation d'énergie, le réglage hydraulique des socs, en somme les opérations nécessaires pour labourer, semer, moissonner.
Etym. Du latin *trahere*, tirer.

TRACTEUR ENJAMBEUR l.m.
En. **stilt tractor**
De. **Stelzradschlepper**
Es. **tractor zancudo**
It. **trattrice a trampolo**
Tracteur suspendu sur de hautes roues, de sorte que son chassis peut passer au-dessus d'un rang de vigne, ou d'arbustes.

TRACTEUR FORESTIER l.m.
En. **forest tractor**
De. **Forstschlepper, Forsttraktor**
Es. **tractor forestal**
It. **trattore forestale**
Tracteur équipé pour les travaux en forêt, avec quatre roues motrices et directrices, et des appareils de levage et de tirage permettant de déplacer les tronc d'arbres jusqu'au point où débute le transport routier.

TRACTEUR TRICYCLE l.m.
En. **three wheel tractor**
De. **Dreiradschlepper, Dreiradtraktor**
Es. **tractor triciclo**
It. **trattrice a triciclo**
Tracteur agricole à trois roues, soit deux roues porteuses à l'arrière réunies par un essieu, une roue directrice à l'avant.

TRACTION n.f.
En. **traction, haulage**
De. **Ziehen, Zugkraft**
Es. **tracción**
It. **trazione**
Utilisation d'une source d'énergie pour déplacer un appareil mobile.
La première source d'énergie utilisée a été la force humaine, aux temps de l'Antiquité, du Moyen Age et même des Temps Modernes ; elle a été remplacée par la force animale pour tirer chars et charrues. A la fin du XIXème siècle, on a utilisé la force de la vapeur, puis celle des moteurs à explosion dans la traction mécanique du tracteur pour les labours, les récoltes, les transports, les pompages, etc. Et plus récemment encore c'est à l'énergie électrique que l'on a eu recours pour tirer des véhicules.
Etym. Du latin *trahere*, tirer.

TRACTORISTE n.m.
En. **tractorist**
De. **Traktorfahrer**
Es. **tractorista**
It. **trattorista**
Ouvrier spécialisé dans l'entretien et l'utilisation des tracteurs.

TRAEZ n.m.
Vase marine riche en coquilles brisées et que l'on utilise en Bretagne comme amendement calcaire dans les terres argileuses.

TRAIL n.m.
Piste de plusieurs centaines de mètres de large, où circulaient à la fin du XIXème siècle, les troupeaux de bétail dans l'ouest des Etats-Unis.

TRAIN n.m.
It. **treno** (1), (2), **andatura, passo** (3)
1. Partie antérieure, ou *train-avant,* d'un quadrupède.
2. Partie postérieure, ou *train-arrière,* d'un quadrupède.
3. Allure d'une bête de selle ou de trait.
On dit qu'elle va bon train.

TRAINAGE n.m.
Redevance versée par les laboureurs qui allaient travailler sur des terres situées en dehors de la seigneurie dont ils dépendaient.
Elle était parfois partagée entre les deux seigneurs (I. Guérin).

TRAINASSE n.f.
En. **knotgrass** (1)
De. **Knöterich** (1)
Es. **centinodia** (1)
It. **poligono, centinodia** (1)
1. Plante de la famille des Polygonacées, appelée aussi *Renouée des oiseaux*.
Herbe salissante, difficile à supprimer à cause de ses coulants qui traînent sur le sol et y prennent racines.
2. Mauvaise herbe de la famille des Graminées, du genre *Agrostis*.
Etym. Dérivé de traîner.

TRAINE n.f.
1. Herse sans dent que l'on traîne sur les labours pour aplanir les sillons.
2. *(Anjou).* Haie mal entretenue.
3. *(Berry).* Chemin le long des haies.

TRAÎNEAU n.m.
En. **sledge, sleigh** (2)
De. **Schlitten** (2)
Es. **trineo** (2)
It. **slitta** (2)
1. Cadre en bois de forme triangulaire sur lequel on fixait la charrue pour la conduire le long des chemins, sans l'user ni fatiguer l'attelage.
2. Caisse sans roue, montée sur patin, pour transporter les fourrages secs en hiver, dans les régions montagneuses.
3. Herse sans dent pour aplanir les terres fraîchement labourées.
On dit aussi un traînoir.

TRAIN DE CULTURE l.m.
Ensemble du matériel agricole d'une ferme, constituant le cheptel mort.
Il est variable selon l'importance de l'exploitation et les techniques du pays ; il s'y ajoutait jadis les attelages, source motrice essentielle avant l'utilisation du moteur : cheval et charrue dans les pays de grande culture, boeufs et araire dans les pays de petite culture (P. George).

TRAIRE v.tr.
En. **to milk**
De. **melken**
Es. **ordeñar**
It. **mungere**
Extraire à la main, ou aspirer mécaniquement, le lait contenu dans les mamelles des vaches, des brebis, des chèvres.
Etym. Du latin trahere, extraire.

TRAIT n.m.
En. **trace**
De. **Strang**
Es. **tiro, tirante**
It. **tiro**
Lanière de cuir, ou de corde, servant à attacher les *bêtes de trait* au chariot, ou à la charrue.
Etym. Du latin tractus, action de tirer.

TRAITANT n.m.
Agent seigneurial ou royal qui prenait à ferme la levée d'un impôt, entre autres celui de la taille (XVIIème siècle).

TRAITE n.f.
En. **milking** (1)
De. **Melken** (1)
Es. **ordeño** (1)
It. **mungitura** (1), **tratta** (1)
1. Action de traire une vache, une brebis, une chèvre, soit à la main, soit avec une trayeuse mécanique.
2. Trafic de marchandises, ou d'êtres humains.
Etym. Du latin trahere, extraire.

TRAITE n.f.
(Droit féodal de traite). Droit prélevé sur les produits passant d'une seigneurie à l'autre ; sorte de péage ou de droit de douane, ayant parfois pour but de prévenir la disette.

TRAITE (ÉCONOMIE DE) l.f.
Commerce basé sur le trafic des denrées coloniales, parfois sans intérêt pour les producteurs, mais enrichissant pour les pays colonisateurs.
Ex. Café, caoutchouc, etc.

TRAITE DES NOIRS l.f.
En. **slave trade**
De. **Sklavenhandel**
Es. **trata de negros**
It. **tratta dei negri**
Transfert, comme esclaves, des Noirs d'Afrique pour effectuer des travaux agricoles dans les plantations de l'Amérique tropicale.
Prônée par le cardinal de Las Casas comme mesure humanitaire à l'égard des Indiens, trop fragiles, sous le règne de Charles-Quint ; elle fut abolie par le Congrès de Vienne (1815).

TRAITÉ DE ROME l.m.
De. **Römischer Vertrag**
Es. **tratado de Roma**
It. **Trattato di Roma**
Traité signé à Rome le 25 mars 1957 et instituant la C.E.E.
Il intéresse l'agriculture qui doit faire partie de l'Economie générale des pays membres de cette C.E.E., en formant un marché commun unique, avec mise en place d'une union douanière et économique, avec uniformité des relations commerciales avec les pays tiers et assurance préférentielle pour les produits agricoles sur les marchés de la Communauté ; enfin uniformisation des prix et des mesures sociales.
V. C.E.E.

TRAITEMENT n.m.
En. **treatment** (2)
De. **Behandlung** (2)
Es. **tratamiento** (2)
It. **trattamento** (2)
1. Procédés par lesquels on améliore une plante, ou une race d'animaux domestiques, pour en obtenir de bons rendements.
La succession rationnelle de ces procédés constitue un protocole.
2. Série de soins apportés à un animal ou à une plante, pour prévenir ou pour guérir une maladie.
Dans le premier cas, il est préventif (vaccin), dans le second cas, il est curatif (sérum).
3. Mode d'exploitation d'une forêt en futaie, en taillis, etc.

TRAMÈZES n.f.
(Vivarais). Semailles d'avoine, ou d'orge, de printemps *(P. Bozon).*

TRAMINER n.m.
Cépage à raisins blancs.
Cultivé en Alsace, c'est le *Savagnin blanc*, ou le *Gamay blanc*, cultivé aussi en Bourgogne.

TRAMOIS n.m.
1. Sole consacrée aux céréales de printemps qui poussent et mûrissent en trois mois.

2. Cultures occupant les champs du mois de mars au mois de septembre, avant la période de jachère.
3. Mélange de froment, de seigle, d'avoine, et de vesce, semé en octobre et récolté en fin d'hiver pour être consommé comme fourrage vert.
4. Migration de troupeaux dans la vallée de Bozel *(Savoie)*.
Dans ce dernier cas, le terme dérive du latin transmutare, *changer de place. Il s'écrit également* traimois *et* trémois *(Ph. Arbos).*
Etym. Du latin *tramensis*, trois mois.

TRAMONTANER n.m.
Cépage à raisins blancs ou roses, cultivé en Alsace.
Il est parfois appelé chasselas rose.

TRANCE n.f.
Trèfle des prés, ou trèfle rouge *(Trifolium pratense)*, nom local, berrichon.
Il entre, avec le ray-grass, dans la composition des prairies artificielles.

TRANCHE n.f.
It. **porca** (2)
1. Sorte de pioche, ou de houe, à large côté tranchant.
2. Terre que la charrue soulève hors du sillon et qu'elle déverse sur le côté.
3. Espace séparant les coupes, dans un bois *(Littré)*.

TRANCHÉES n.f.p.
En. **drain ditch** (2)
De. **Drängräben** (2)
Es. **zanjas de drenaje** (2)
It. **cammini** (1), **fossi di drenaggio** (2), **coliche addominali** (3)
1. Larges ouvertures dans les forêts domaniales, telles que laies et chemins, destinés sutout à arrêter les incendies.
2. Canalisations pour le drainage, ou l'irrigation.
3. Douleurs intestinales des animaux domestiques, notamment du cheval.

TRANCHE-GAZON n.m.
De. **Rasenstecher** (2)
Es **cortadora de césped** (2)
It. **falciatrice, tosaerba** (2)
1. Charrue qui sert à soulever des plaques de gazon grâce à un coutre très tranchant, et à un soc large et coupant.
2. Sorte de tranchoir qui sert à couper les bordures de gazon, ou à les détacher en bandes de largeur uniforme.

TRANCHEUSE n.f.
En. **dredge**
De. **Grabenbagger**
Es. **zanjadora**
It. **scavatore, scavafossi**
Machine pour creuser d'étroits et profonds fossés où l'on dépose des tuyaux pour le drainage.
Syn. Draineuse.

TRANELLE n.f.
(Berry). Trèfle rampant.

TRANSAILLES n.f.p.
Semailles effectuées au printemps et que l'on récolte avant celles d'automne.
Il s'agit surtout de trèfle et de sainfoin consommés verts, dans le cours de l'été.

TRANSGÉNIQUE adj.
Se dit d'une plante, ou d'un animal, qui a reçu dans son embryon, ou dans son oeuf, des gènes d'origine étrangère, lesquels, assimilés *in utero*, en période de gestation pour les mammifères, d'incubation pour les ovipares, ou de maturité pour les graines, produisent une espèce nouvelle.
On obtient ainsi des plantes plus précoces, ou des animaux de plus grande taille.

TRANSHUMANCE n.f.
En. **transhumance**
De. **Wandertierhattung**
Es. **trashumancia**
It. **transumanza**
1. Déplacement périodique des troupeaux, de pâturage en pâturage.
2. Parcours effectué régulièrement vers un pâturage d'été élevé (transhumance estivale) et vers un pâturage d'hiver situé dans la plaine (transhumance hivernale).
Ce parcours se réalise à pied, en camion, ou par voie ferrée. C'est la transhumance montagnarde qu'il convient de distinguer de l'estivage (voir ce mot), et du nomadisme où toute la population se déplace avec les troupeaux ; dans la transhumance, comme dans l'estivage, seuls les bergers suivent le bétail. Très développée jadis autour de la Méditerranée, où voisinent si étroitement plaines et montagnes, la transhumance y est aujourd'hui en grand déclin ; elle se maintient en Asie antérieure, dans les Andes et les Rocheuses. Le même terme s'applique au transfert saisonnier des ruches, selon l'époque des floraisons régionales (J. Blache).
Etym. Du latin *trans*, au delà, et *humus*, terre ; aller au-delà de la terre d'origine.

TRANSHUMANCE INVERSE l.f.
Procédé d'élevage qui consiste, pour l'habitant des villages montagnards, à envoyer paître en hiver son bétail dans les plaines voisines, restées relativement vertes, et dépourvues de neige et de glace.
Dans le cas de la transhumance normale, ce sont les habitants des plaines qui envoient leurs troupeaux sur la montagne en été.

TRANSHUMER v.tr.
En. **to move to or from pasture**
De. **auf die Alm treiben**
Es. **trashumar**
It. **transumare, andare all'alpeggio**
Mener paître des troupeaux, surtout des moutons, sur les pâturages des montagnes en été, sur ceux des plaines en hiver.
On fait également transhumer les abeilles.
C'est, par extension, transplanter un arbre d'un verger dans un autre.
Etym. Du latin *trans*, au delà, et *humus*, terre.

TRANSPARENCE DE CRONCELS l.f.
Grosse pomme précoce, mûre en août.
D'un jaune brillant, juteuse et d'un goût agréable, c'est une variété rustique et productive.

TRANSPLANTATION n.f.
En. **transplantation** (1)
De. **Verpflanzung** (1)
Es. **trasplante** (1)
It. **trapianto** (1)
1. Opération qui consiste à arracher une plante et à la remettre en terre dans un autre lieu où elle continue à se développer.
On dit aussi un transplantement, *effectué par un transplanteur.*
2. Prélèvement d'un embryon d'une femelle *donneuse*, choisie pour ses qualités, et transfert de cet embryon chez une femelle *porteuse* qui assurera la gestation jusqu'à son terme.
Etym. Etymologiquement, action de planter au delà.

TRANSPLANTER v.tr.
En. **to transplant** (1)
De. **verpflanzen** (1)
Es. **trasplantar** (1)
It. **trapiantare** (1)
1. Ôter une plante d'un endroit pour la planter dans un autre, sans doute plus favorable.
2. Transporter un animal du milieu où il est né dans un milieu différent par le climat, l'altitude, les travaux.

TRANSPLANTOIR n.m.
En. **garden trowel** (1)
De. **Gartenspaten, Umpflanzer** (1)
Es. **trasplantador** (1)
It. **trapiantatoio** (1)
1. Outil utilisé pour transplanter.
2. Chariot muni d'une grue pour transporter d'un lieu dans un autre le bac qui contient une

plante fragile, tels les orangers des parcs du Bassin Parisien, mis à l'abri dans les *orangeries* durant l'hiver.

TRANSVASEMENT n.m.
En. **decantation** (1)
De. **Umfüllen** (1)
Es. **trasiego** (1)
It. **travasamento** (1), **travaso** (1), (2)
1. Opération qui consiste à faire passer un liquide, comme le vin, d'un récipient dans un autre.
2. Faire passer des abeilles d'une ruche dans une autre.

TRANTANEL n.m.
(Provence). Plante de la famille des Tyméléacées, *(Passerina tinctoria)*, cueillie autrefois pour en extraire une couleur jaune.

TRAPER v.tr.
(Val de Loire). Nouer et grossir pour les melons, après leur floraison.

TRAPPON n.m.
En. **hay trap** (1)
De. **Heuluke, Futterloch** (1)
Es. **trampilla** (1)
It. **botola** (1)
1. *(Alpes de Savoie)*. Petite trappe qui fait communiquer le fenil placé sous le toit, et l'étable où se trouve le bétail.
2. Volet qui sert à fermer une cave qui s'ouvre en contrebas de la cour *(J. Robert)*.

TRAQUENARD n.m.
En. **trap, deadfall** (2)
De. **Falle** (1)
Es. **trampa** (2)
It. **trapasso** (1), **trappola** (2)
1. Cheval dont la marche est défectueuse, tenant du trot et de l'amble.
C'est l' amble rompu ou *le trot décousu*, dû à la fatigue ou à des déformations des os de la jambe.
2. Piège contre les animaux nuisibles.

TRAUFFLE n.m
(Bourgogne). Trèfle rampant.

TRAVAIL n.m.
En. **work** (1)
De. **Arbeit** (1)
Es. **trabajo** (1)
It. **lavoro** (1), **travaglio** (2)
1. Activité à laquelle on soumet les animaux domestiques : chevaux, boeufs, mulets, etc.
2. Appareil dans lequel on attache un boeuf ou un cheval pour le ferrer, ou le panser.

TRAVELLE n.f
(Saintonge). Plantoir muni en son milieu d'une pédale et au sommet, d'une manette.

TRAVERSAILLE n.f.
Labour et culture effectués perpendiculairement aux lignes de plus grande pente.

TRAVERSAINE n.f.
Extrémité non cultivée d'un champ, réservée à la traversée des instruments agricoles.
Syn. Chaintre.

TRAVERSE n.f.
En. **shortcut**
De. **Abkürzung**
Es. **travesía**
It. **scorciatoia**
Chemin secondaire qui permet de raccourcir le trajet que l'on devrait accomplir par les chemins principaux.
Syn. Chemin de traverse.
Etym. Du latin *transversus*, tracé à travers champs.

TRAVERSIÈRE n.f.
1. Sillon tracé à travers un champ pour l'écoulement de l'eau.
2. Terrasse de culture sur les versants des Cévennes.
On dit aussi un traversin.
3. Fossé creusé dans une vigne pour la drainer.

TRAVIN n.m.
Piquette obtenue en jetant de l'eau sur le marc de raisin pressuré.
Elle servait à désaltérer les vignerons et les laboureurs (Auvergne). En Bourgogne, c'est le rapé (A. Babeau).

TRAYEUSE n.f.
En. **milking machine** (2)
De. **Melkmaschine** (2)
Es. **ordeñadora** (2)
It. **mungitrice** (1), (2)
1. Femme qui trait les vaches.
2. Machine à traire les vaches, les brebis ou les chèvres, composée d'une griffe à quatre gobelets trayeurs et d'un lactoduc conduisant le lait dans un récipient récepteur.
Une pompe crée un vide intermittent dans les trayons où se produit la succion entraînant la traite.

TRAYON n.m.
En. **dug, teat** (1)
De. **Zitze** (1)
Es. **teta, pezón** (1)
It. **capezzolo** (1)
1. Bout du pis d'une femelle laitière.
2. Petit cylindre en caoutchouc où l'on introduit le bout du pis d'une vache, d'une chèvre ou d'une brebis, pour pratiquer la traite.

TREBBIANO n.m.
Cépage à gros raisins blancs, cultivé en plein air dans la plaine du Pô (Trebbia).
Il est obtenu sous serre dans les pays nordiques (Grande Bretagne, Benelux). Ses grains sont consommés frais, ou conservés dans l'eau-de-vie.

TRÈFE n.m.
(Morvan). Pomme de terre.
En Flandre on dit une truffe.
Etym. Dérivé de truffe.

TRÉFFEUIL n.m.
Ancien nom du trèfle.
Etym. Du latin *trifolium*, feuille à trois folioles.

TRÉFFIÈRE n.f.
(Bourdonnais). Parcelle cultivée en pommes de terre.
Etym. Déformation de truffière, la pomme de terre étant parfois appelée truffe.

TRÈFLE n.m.
En. **clover, trefoil**
De. **Klee**
Es. **trébol**
It. **trifoglio**
Plante de la famille des Papilionacées, dont le type le plus cultivé est le trèfle violet *(Trifolium pratense)*.
Elle pousse à l'état sauvage de l'Europe à l'Asie. Elle n'est cultivée en Flandre que depuis le XVIème siècle. Les variétés de trèfle sont nombreuses : trèfle incarnat ou farouch (Trifolium incarnatum) cultivé en Sardaigne, il s'est introduit dans les Pyrénées au cours du XIXème siècle ; le trèfle blanc (Trifolium ripens), dit trèfle de Hollande, est également très répandu. Ce sont tous d'excellents fourrages et de bons engrais verts (R. Blais).
Etym. Du grec *triphullon*, feuille à trois folioles.

TRÉFLIÈRE n.f.
En. **clover field**
De. **Kleefeld**
Es. **trebolar, campo de tréboles**
It. **campo di trifoglio**
Parcelle cultivée en trèfle.

TRÉFONCIER adj. et n.m.
Qui est sous le fonds, sous la terre.
1. Se dit de tout ce qui a trait au *tréfonds*, c'est-à-dire au sous-sol.
Ex. Une rente tréfoncière.
2. Propriétaire du fonds et du tréfonds.

TRÉFONDS n.m.
En. **subsoil**
De. **Untergrund, Unterboden**
Es. **propiedad del subsuelo**
It. **sottosuolo**
Fonds situé sous le sol, en principe propriété de l'Etat à partir d'une profondeur variable selon les lieux.
Exception : à Saint-Etienne, les propriétaires des parcelles, situées sur des couches de houille, reçurent, longtemps, une indemnité pour chaque tonne de charbon extraite sous leur propriété ; c'était la taxe tréfoncière.

TRÉFOUEL n.m
(Normandie). Bûche de Noël due au seigneur du lieu, ou à l'abbé, dont dépendaient les censives.

TRÉFOUIRE v.tr.
(Poitou). Bêcher, fouir la terre avec une sarcleuse.

TREIGES n.f.p.
(Bourgogne). Passages et dessertes autour des bâtiments d'une ferme.

TREILLAGE n.m.
En. **trelliswork** (2)
De. **Spalier, Gitterwerk, Drahtgitter** (2)
Es. **emparrado** (2)
It. **graticolato** (2)
1. Echafaudage composé de perches et de lattes verticales, horizontales et obliques, constituant un cadre pour soutenir la vigne et autres plantes grimpantes.
C'est l'oeuvre d'un treillageur.
2. Clôture faite de lattes de châtaignier, reliées par des fils de fer pour clôturer un jardin.

TREILLARD n.m.
(Guyanne). Treille basse, sur un support en bois.

TREILLE n.f.
En. **vine-arbour** (2)
De. **Weinlaube** (1)
Es. **emparrado, pérgola** (2)
It. **vite a spalliera** (1), **pergola** (2)
1. Pieds de vigne qui s'élèvent sur un treillage, ou sur des arbres, pour former une tonnelle de verdure, soit pour favoriser la maturation du raisin dans les pays à climat océanique (Fontainebleau), soit pour les protéger de l'ardeur du soleil dans les pays à climat méditerranéen (Italie, Espagne).
2. Berceau de feuillages composé de plantes grimpantes (glycine).
3. *(Champagne).* Planches préparées pour la fabrication des barriques.
Etym. Du latin *trichila*, berceau de verdure.

TREILLIS n.m.
En. **trelliswork, wire netting** (1)
De. **Gitterwerk** (1)
Es. **enrejado** (1)
It. **graticolato metallico, traliccio** (1)
1. Clôture en fil de fer tressé en losanges.
2. *(Médoc).* Vin tiré du marc soumis au pressoir.

TRELLON n.m.
Rang de vigne avec échalas et fils de fer pour soutenir les pampres et les raisins (G. Plaisance).
Etym. Diminutif de treille.

TRELLIN n.m.
(Auvergne). Terre défrichée.
On disait aussi un treito *(G. Plaisance).*

TREIZAIN n.m.
Part de la dîme quand celle-ci s'élevait à la treizième partie des récoltes et des troupeaux.
C'était la treizième gerbe, le treizième agneau, etc.

TREIZEAU n.m.
Meule de treize gerbes, afin de faciliter le prélèvement du *treizain.*.
V. Douzeau.

TRÉMAINE n.f.
(Berry). Variété de trèfle.

TREMBLAIE n.f.
En. **aspen-grove**
De. **Espenwald, Espengehölz**
Es. **alameda**
It. **terreno piantato a tremula**
Parcelle plantée de trembles.
Bois de trembles.

TREMBLANTE n.f.
En. **trembles**
Es. **trembladera**
It. **tremola**
Maladie qui affecte particulièrement la race ovine, caractérisée par des frissons dans les muscles, par des tremblements des membres, accompagnée de prurit intense sur le dos, et à la longue la mort survient.
Elle paraît due à un virus qui détériore les centres nerveux de la moelle épinière.
V. Scrapie.

TREMBLE n.f.
En. **aspen, trembling poplar**
De. **Zitterpappel, Espe**
Es. **álamo temblón**
It. **tremula**
Arbre de la famille des Salicinées (*Populus tremula*).
Ses feuilles s'agitent, tremblent au moindre vent ; son écorce est fébrifuge ; son bois sert à faire du charbon pour la poudre de chasse.
Etym. Du latin *tremulus*, tremblant.

TRÉMIE n.f.
En. **hopper** (1)
De. **Mühltrichter** (1)
Es. **tolva** (1)
It. **tramoggia** (1)
1. Récipient en forme de pyramide tronquée et renversée, ouvert à sa base inférieure et muni d'un treillis assez serré.
Rempli de grains, il les tamise et les laisse tomber lentement, soit entre les meules d'un moulin, soit dans un sac, ou dans un réservoir.
2. Mangeoire dans laquelle on verse la nourriture destinée à la volaille.
Etym. Du latin *trimodia*, mesure de 3 muids.

TRÉMIÈRE adj. et n.f.
En. **hollyhock**
De. **Rosenmalve**
Es. **malva róesa, malvarrosa**
It. **altea, malvone, malvarosa**
Plante d'ornement, de la famille des Malvacées (*Althaea rosa*), aux belles fleurs le long de la tige, dite *passe-rose*.
Etym. Dérivé de rose d'outre-mer, ou *rose trémière*.

TRÉMOIRE n.f.
(Basse-Bourgogne). Mélange d'orge et d'avoine.

TRÉMOIS n.m.
1. Céréales semées en mars et récoltées environ trois mois plus tard.
2. Mélange de froment, de seigle, d'avoine et de vesce que l'on sème en automne pour les faire consommer au printemps comme fourrage vert.
3. Sole réservée aux semailles de mars qui succèdent aux *gros grains* de l'année précédente.
On dit aussi trémis, trémois, marsages, carêmes, *etc.*
Etym. Du latin *tremensis*, troisième mois.

TREMPAGE n.m.
It. **macerazione**
Opération qui consiste à plonger dans l'eau des graines de semence, afin de hâter leur germination.

TREND n.m.
(Auvergne, XVIIIème siècle). Redevance en nature dont les possesseurs de tenures libres s'acquittaient en céréales.
Sa valeur variait donc avec le prix des blés.

TRENNEL n.m.
Sorte de huche où l'on met les moules contenant la pâte à fromage de Roquefort.

TRENTAIN n.m.
(Bourgogne).
1. Troupeau de trente moutons.
2. Muid de vin de 30 *setiers* ; il se divise en deux quinzains, ou *feuillettes*.

TRENTENIER n.m.
(Alpes françaises). Troupeau de trente moutons.
On dit aussi un trentain.
Trente trenteniers, ou neuf cents bêtes, constituaient un paria *de brebis.*

TRÉSEAU n.m.
(Centre). Tas de gerbes de blé laissées sur le chaume jusqu'à ce qu'elles aient été dîmées, ou champartées, à raison de une pour treize.

TRESSALLIER n.m.
Variété de cépage à raisins noirs, cultivé dans l'Allier.

TRESSAULT n.m.
(Pays de Nantes et de Châteaubriant). Régime qui entraînait, pour une même parcelle, un changement d'exploitant chaque année, mais dont le propriétaire retirait néanmoins la moitié du profit.
Cette coutume subsiste pour des parcelles de prés médiocres ayant appartenu jadis à une communauté villageoise.

TRESSAUT n.m.
Ilôt de parcelles ouvertes à l'intérieur d'un bocage.
Syn. Mejou, gaignerie.

TRESSOT n.m.
Cépage à raisins blancs ou noirs, parfois blancs et noirs sur le même pied, d'où le nom de cépage *panaché*, cultivé en Basse Bourgogne où il est appelé *tressot de Coulanges*.

TREST n.m.
Groupe de parcelles cultivées et entourées d'une seule haie.
Elles constituent, au sein du bocage, un petit openfield.
C'est un méjou, *(Bretagne).*

TREITINAGE n.m.
Terrassement le long des pare-feux dans les Landes, afin d'empêcher la croissance des brandes qui favoriseraient la propagation des incendies.

TREUIL n.m.
En. **winch, windlass** (2)
De. **Wellbaum** (2), **Winde**
Es. **torno para la uva** (2)
It. **argano** (1), **torchio per l'uva** (2)
1. Appareil composé de poulies démultiplicatrices, de crochets et de cordes, maintenu par un point fixe.
Il sert à élever des fardeaux dans l'intérieur d'une ferme.
2. Machine pour extraire par pression le moût du raisin vendangé.
La pression est exercée par un plateau sur lequel pèse un large écrou, engagé dans une vis sans fin et manoeuvré par un long levier. En tournant autour de la vis, l'écrou transforme en pression verticale la poussée horizontale transmise par le levier.
Syn. Pressoir *(Périgord).*
3. Appareil double dont on s'est servi à la fin du XIXème siècle pour défoncer une pièce de terre avec une charrue tirée dans un sens, puis dans un sens contraire, par un câble relié aux rouleaux de deux machines à vapeur, amarées de part et d'autre du champ.
Etym. Du latin *tremensis*, troisième mois.

TREUILLÉE n.f.
(Saintonge). Quantité de raisins soumise en une fois à la pression d'un treuil.

TRÉVIN n.m.
Piquette obtenue en versant de l'eau sur la vendange, et en la laissant aigrir légèrement.

TRÉZAIN n.m.
Droit payé au seigneur lors de la vente d'une tenure en emphytéose.
Le montant en était de douze un, c'était donc le treizième du prix de la vente.
Il s'ajoutait au droit de lods *lors des successions. En usage au XIIIème siècle, il était tombé en désuétude au XVIème siècle, dans le Midi de la France.*

TRÉZEAU n.m.
Réunion de trois hommes battant du blé au fléau sur une aire, ou dans une grange.

TRI n.m.
V. Triage.

TRIAGE n.m.
En. **sorting** (1)
De. **Auslesen** (1)
Es. **selección** (1)
It. **cernita** (1)
1. Opération qui consiste à choisir les sujets les plus conformes à l'usage auquel on les destine (graines, plants, oeufs, jeunes animaux, etc.).
Selon le cas, le triage se fait à la main, ou mécaniquement.
2. Partie de forêt surveillée par un garde forestier.
Etym. Du latin *tria*, trois.

TRIAGE n.m.
Droit féodal.
1. Procédure seigneuriale qui consistait à restreindre la partie des communaux réservés à l'usage collectif, et à attribuer le surplus, qui s'élevait en général au tiers, à des tenanciers qui en disposaient à titre individuel.
Les seigneurs agissaient ainsi sans doute pour mieux aménager les communaux qui relevaient de la directe seigneuriale.
2. Opération qui consistait à trier les pâtures communes, pour en réserver une partie à une catégorie particulière du troupeau, par exemple aux bêtes de labour.
3. Redevance prélevée par les agents seigneuriaux sur les récoltes obtenues dans les défrichements du domaine éminent.
Elle pouvait s'élever au tiers du produit (Basse Auvergne).
4. Etendue de bois dans une forêt qu'un garde doit surveiller et que l'on réserve pour une coupe *(G. Lizerand).*

TRIAND n.m.
(Limousin). Bêche à trois dents.

TRIANELLE n.f.
(Centre). Trèfle des prés.

TRIAU n.m.
(Champagne). Mauvais terrain, *savart*.

TRIBART n.m.
En. **yoke, poke**
De. **Knüppel**
Es. **horca**
It. **randello**
Sorte de carcan composé de trois bâtons que l'on met au cou du bétail (porcs, chèvres, etc.) pour l'empêcher de traverser les haies.

TRIBLAGE (DROIT DE) l.m.
Redevance versée lors du triblage, ou criblage, des céréales.
Etym. De l'occitan *trible*, crible.

TRIBULUM n.m.
Traîneau équipé sur sa surface inférieure de silex encastrés en quinconce dans les poutres et les planches de l'appareil.
Tiré par des boeufs, ou des chevaux, sur les gerbes étalées sur l'aire, il sert à dépiquer les céréales dans la péninsule ibérique.
Etym. Du latin.

TRIBUNAL PARITAIRE DES BAUX RURAUX l.m.
Tribunal composé d'un président, de deux bailleurs et de deux preneurs.
Il statue sur les contestations qui surgissent entre bailleurs et preneurs, propriétaires, fermiers, métayers. Il procède d'abord à la conciliation, puis il rend son jugement dont on peut faire appel devant la cour d'appel régionale.

TRICHINOSE n.f.
En. trichinosis
De. Trichinenkrankheit, Trichinose
Es. triquinosis
It. trichinosi
Maladie du porc, causée par un parasite, la trichine *(Trichinella spirala).*
Elle est caractérisée par la présence dans les muscles de formes larvaires enkystées, que l'on dépiste à l'aide d'un trichinoscope.

TRICHOMONOSE n.f.
En. trichomoiasis
De. Trichomonadenseuche
Es. tricomonosis
It. tricomonosi
Maladie parasitaire due à la présence, dans le tube digestif, de protozoaires flagellés, dotés d'une membrane ondulante.
L'animal qui en est atteint, volaille, ovin, ou bovin, dépérit et meurt par suite de catarrhe intestinal.

TRICOT n.m.
Tiges de chou effeuillées.
Jadis on les faisait pourrir dans les chemins creux de Vendée pour servir ensuite de fumure dans les jardins.

TRIDENT n.m.
En. three-pronged fork
De. Dreizack
Es. azadón de tres dientes
It. tridente
Bêche à trois dents *(fig. 198).*
Etym. Du latin *tres* trois et *dens*, dent.

(Fig. 198). Trident

TRIER v.tr.
En. to sort, to pick out
De. auslesen
Es. seleccionar
It. scegliere
Choisir le meilleur, et rejeter le reste.
Ex. Trier des raisins, des pommes de terre, etc.
Etym. Origine obscure.

TRIES n.f.p.
Vendanges pratiquées en plusieurs fois, afin de couper les raisins qui sont mûrs et laisser les autres terminer leur maturité.
Parfois on attend même que la peau des grains soit légèrement couverte d'une moisissure causée par un champignon, le Bostrytis cinerea ; c'est la pourriture noble qui accroît la teneur en sucre du moût ; procédé pratiqué pour obtenir les vins blancs doux de Sauternes, Monbazillac, Vouvray, etc.

TRIEUR n.m.
En. seed grader
De. Sortiermaschine
Es. clasificadora, escogedora
It. svecciatoio, cernitore, separatore
Appareil mécanique qui sert à trier et à nettoyer les graines de semence.
Il se compose d'un cylindre légèrement incliné, percé d'une série de trous d'inégal diamètre et animé d'un mouvement de rotation autour de son axe.
Il y a également des trieurs de pommes de terre, d'oeufs, de fruits, etc. On dit aussi des trieurs-calibreurs, des tarares.

TRIFOLET n.m.
(Agenais). Trèfle des prés.

TRIGONELLE n.f.
It. trigonella, fieno greco
C'est l'un des noms du *fenugrec.*
Etym. Du grec *trigonia*, trois angles, la graine de la trigonelle ayant trois arêtes.

TRINCHIERA n.m.
Cépage à raisins noirs, cultivé dans la région niçoise.

TRINQUE n.f.
(Quercy). Houe comprenant une large lame à l'extrémité d'un manche ; elle sert au binage et au sarclage.

TRINQUEBASSON n.m.
(Vendée). Serpe fixée à un long manche et servant à tondre les haies *(fig. 199).*

(Fig. 199). Trinquebasson

TRINQUETTE n.f.
Terrasse de culture à flanc de coteau, retenue par un talus.
C'est un rideau *picard (J. Sion).*

TRIPLOÏDE n.m.
En. triploid
De. Triploid
Es. triploide
It. triploide
Etat du noyau d'une cellule végétale, ou animale, dont la garniture chromosomique ne comprend que trois génomes haploïdes, soit 23 chez l'homme *(Ph. l'Héritier).*
Etym. Du grec *triplous*, triple et *eidos*, aspect.

TRIPOUX n.m.p.
(Lorraine). Terrains communaux que l'on divisait en lots tous les dix ans, pour les répartir entre les habitants de la communauté, afin qu'ils en assurent l'entretien jusqu'à la prochaine répartition.

TRIQUEBALLE n.m.
En. sling cart
Es. carromato
It. carro a due ruote per il trasporto di tronchi
Moyen de transport pour les troncs d'arbre, composé de deux grandes roues réunies par un essieu s'incurvant à plus de un mètre du sol.
Il est muni d'une longue pièce de bois appelée mouton, servant de brancard à l'avant et de support à l'arrière pour les troncs que l'on attache sous elle, et qui ne sont séparés du sol que par un ou deux décimètres.
Le terme, qui s'écrit aussi trinqueballe, dériverait du néerlandais trukken, traîner, et ballen, fardeau.

Triqueballe

TRISOC n.m.
It. aratro a tre vomeri
Scarificateur à trois socs.

TRITICALE n.m.
En. triticale (2)
De. Spelz (1)
Es. escande, espelta (1)
It. ibrido di grano e segale (2)
1. Espèce de blé rustique *(Triticum spelta)* peu évolué, dont les glumes se séparent difficilement des grains.
Mais il s'accommode de sols pauvres et d'hivers longs et rudes.
Ses rendements peuvent atteindre 40 à 50 Q à l'hectare avec de bonnes fumures. Il sert à l'alimentation du bétail (voir épeautre).
2. Hybride issu du croisement d'un blé et d'un seigle (Pruvost-Beaurain).

TRITURATION (BOIS DE) l.m.
En. **trituration wood**
De. **Feinmahlung (Holz zur)**
Es. **trituración (leña de)**
It. **triturazione (legna di)**
Rondins, tiges, déchets réduits en petits copeaux pour la fabrication de panneaux et de pâte à papier.

TROCART n.m.
En. **trocar**
De. **Bauchstecher**
Es. **trocar**
It. **trequarti**
Poinçon à section triangulaire et creuse, pour percer la panse d'un bovin atteint de *météorisation*.
Les gaz s'échappent et l'animal dégonfle ; sinon il tombe, sa panse éclate et il meurt (fig. 200).
Etym. Du latin *tres*, trois, et *carre*, face.

(Fig. 200). Trocart

TROCHÉE n.f.
Es. **retoño**
It. **ceppaia**
Ensemble des tiges qui repoussent sur la souche d'un arbre coupé à la base du tronc.

TROCHET n.m.
En. **cluster**
De. **Büschel**
Es. **racimo**
It. **rappa**
Fleurs ou fruits qui poussent groupés en bouquets.
Etym. De *troche*, bijou à plusieurs gemmes.

TROÈNE n.m.
En. **privet**
De. **Hartriegel**
Es. **alheña**
It. **ligustro**
Arbrisseau de la famille des Oléacées, originaire de l'Europe du Nord.
De petite taille (2 à 3 m de haut), il est à feuilles persistantes et à fleurs blanches odoriférantes, groupées en panicules terminales.
Le troène commun (Ligustrum vulgare) pousse à la lisière des bois, car c'est une essence de lumière. Plante d'ornement, il sert à faire des haies.
Etym. Du francique *trugil*, qui a donné *troil* et *troène*.

TROGLODYTE adj. et n.m.
En. **troglodyte** (1)
De. **Höhlenbewohner** (1)
Es. **troglodita** (1)
It. **troglodita** (1)
1. Habitant des grottes aménagées en Poitou et en Touraine.
2. Qualifie ce qui a trait à ces grottes habitées.
Etym. Du grec *troglé*, trou et *dunein*, entrer.

TROGNE n.m.
Arbre taillé en têtard.

TROGNON n.m.
En. **core, stump**
De. **Kerngehäuse**
Es. **troncho**
It. **torsolo**
Ce qui reste d'un légume ou d'un fruit quand on a retiré la partie comestible.
Etym. Du français *tronc*, *trogne*.

TROISIÈME CLOCHER (DROIT DE) l.m.
Droit qu'avaient les possesseurs de troupeaux d'une communauté de faire paître sur les pâturages d'une communauté voisine.
De là ils apercevaient le clocher d'un troisième village.

TROIS-SIX n.m.
En. **proof spirit**
De. **85-prozentiger Branntwein**
Es. **alcohol a 85°**
It. **alcool concentrato (85° ca.)**
1. A l'origine eau-de-vie obtenue en ajoutant à trois volumes d'une eau-de-vie titrant 85% Gay-Lussac, un égal volume d'eau pure.
On obtenait une eau-de-vie à 6 volumes titrant 50% Gay-Lussac à 15° centigrades.
2. Actuellement, eau-de-vie qui sert à muter les vins liquoreux.

TROLLE n.f.
Claie composée de planches et de tiges d'arbustes, entrelacées autour de pieux pour servir d'abri, pour *troller* un abri à porcs.

TRONC n.m.
En. **trunk**
De. **Stamm**
Es. **tronco**
It. **tronco**
Principale tige d'un arbre depuis le collet jusqu'à la naissance des gros rameaux.
Il se compose de bois dur et sombre à l'intérieur, de l'aubier plus tendre et plus clair au pourtour, et de l'écorce plus ou moins souple et rigide selon les espèces.
Syn. *Fût*.
Etym. Du latin *truncus*.

TRONCE n.f.
1. Grosse pièce de bois de 3 à 4 m de long.
2. Tronc d'arbre posé à plat pour faire rouler les billes de bois dans une coupe, on dit aussi une *tronche*.

TRONCHÉE n.f.
(Jura). Arbre têtard que l'on ébranche tous les cinq ou six ans pour donner le feuillage au bétail et utiliser les branches comme bois de feu.

TRONCHET n.m.
En. **pillow-block**
De. **Hauklotz**
Es. **tajo**
It. **ceppo da bottaio**
Gros billot de bois sur trois pieds servant d'appui aux tonneliers.

TRONÇONNER v.tr.
En. **to cut up, to saw up**
De. **zerhacken**
Es. **hacer trozos, trozar**
It. **tagliare a pezzi**
Couper un tronc d'arbre en tronçons, ou *billots*, plus longs que larges.
Pratiquer le *tronçonnement*.

TRONÇONNEUSE n.f.
En. **motor saw**
De. **Motorsäge**
Es. **tronzador**
It. **tranciatrice**
Scie portative, munie d'un moteur à essence imprimant un mouvement rotatif à une lame, armée de dents coupantes, pour débiter les troncs d'arbre en buches.

TROPISME n.m.
En. **tropism**
De. **Tropismus**
Es. **tropismo**
It. **tropismo**
Réaction d'une plante, ou d'un animal, sous l'influence d'un agent physique, chimique ou pathologique.
Ex. Le tournesol qui oriente ses fleurs selon la position du soleil ; les abeilles qu'endort le froid de l'hiver ; le tissu nerveux du cerveau destabilisé par le virus rabique ; l'ovulation favorisée chez les mammifères, et la ponte chez les ovipares, par le soleil printanier, etc.
Etym. Du grec *tropein*, tourner.

TROQUE n.f.
Privilège de recevoir en franchise 100 kg de sel au temps de la gabelle.
Il était accordé aux habitants du littoral breton, du Morbihan à la baie de Bourgneuf et il fut supprimé par la Révolution.

TROT n.m.
En. **trot**
De. **Trab**
Es. **trote**
It. **trotto**
Allure du cheval entre le pas et le galop, les deux pattes en diagonale frappant le sol, tandis que les deux autres se soulèvent, sa vitesse est de 4 à 7 m par seconde, soit 20 km à l'heure.
Etym. De l'ancien allemand *trotton*.

TROTTEUR n.m.
It. **trottatore**
Cheval sélectionné pour les courses attelées et élevé sous la surveillance des haras nationaux.

TROUBLE n.m.
(Berry). Trident à bords tranchants qui servait à trancher les chardons.

TROUÉE n.f.
En. **opening, gap, breach**
De. **Durchbruch**
Es. **abertura**
It. **passaggio**
Ouverture naturelle, ou artificielle, pratiquée dans une haie, ou dans une forêt, pour favoriser la circulation.

TROUILLE n.f.
(Quercy). Marc de raisin après l'écoulement du moût, ou bien tourteau de noix, ou de colza, après l'extraction de l'huile.
Etym. De l'occitan *trouiller*, écraser, et presser.

TROUPEAU
En. **herd, flock** (2)
De. **Herde** (2), **Schafherde**
Es. **manada, rebaño** (2)
It. **gregge, mandria, branco, armento** (2)
1. Animaux domestiques (bovins, équins, porcins, caprins) appartenant à une ferme.
2. Groupe d'animaux domestiques appartenant à plusieurs fermes, à tout un village et placés sous la surveillance d'un berger, ou d'une bergère, s'il s'agit de moutons, d'un pâtre, ou d'un gardien, s'il s'agit de bovins, d'une gardeuse s'il s'agit de volaille.
Jadis, le droit de troupeau à part permettait aux seigneurs de faire garder leur bétail séparement du troupeau collectif de la communauté villageoise. L'utilisation de pâturages communs, et l'usage de la vaine pâture, exigeaient en effet la réunion, en un seul groupe, des bovins et des ovins d'un village, sous la garde d'un berger communal ; c'est de cette contrainte qu'était dispensé le maître éminent du finage (Lorraine).
Etym. Du francique *throp*, troupe.

TROUSSEAU n.m.
Cépage à raisins noirs, cultivé dans le Jura, appelé également *trisseau, verrot, paillé*, etc.

TROUSSE-PIED n.m.
En. **leg-strap**
De. **Fussfessel**
Es. **traba para los caballos**
It. **fasciapiede**
Lien en cuir avec lequel on attache le pâturon d'un membre antérieur d'un cheval à l'avant-bras afin de l'empêcher de se déplacer.

TROUSSE-QUEUE n.m.
En. **crupper**
De. **Schwanzriemen**
Es. **baticola**
It. **fasciacoda**
Partie du harnais d'un cheval que l'on fait passer sous la base de la queue.

TROUSSER v.tr.
Relever les branches d'arbre, ou les sarments de vigne, lorsqu'ils croissent trop bas.
On les attache autour d'un tronc, ou d'un piquet.
Etym. Du latin *thyrsus*, tige.

TROUSSES n.m.
(Savoie). Longues bottes de foin entourées d'un filet en corde.
Placées sur des traîneaux faits de simples branches, elles sont descendues en hiver sur des sortes de schlittes, depuis les fenils de la haute montagne jusqu'aux granges des vallées.

TROYEN n.m.
Cépage à raisins noirs, cultivé en Franche-Comté.

TRUÉFLAGE n.m.
(Berry). Pratique culturale qui consistait à couper les herbes et le blé, dès que celui-ci était levé, avec une faucille en forme d'as de trèfle, d'où le nom de *truèfle* donné à cet outil.
Le blé tallait et poussait plus vite que l'herbe qui disparaissait étouffée.

TRUFFE n.f.
En. **truffle**
De. **Trüffel**
Es. **trufa**
It. **tartufo**
Champignon souterrain qui se développe sur un mycélium poussant sur les racines de certains arbres, notamment sur celles du *chêne truffier*.
C'est vers Noël que les truffes sont bonnes à cueillir à l'aide d'un chien, ou d'une truie, à l'odorat très fin. Si la truffe pousse spontanément dans les bois, elle donne néanmoins de meilleurs résultats dans les truffières, grâce aux procédés de la trufficulture qui consiste à planter des noisetiers, plus productifs que les chênes, à introduire dans leurs racines des spores de truffe qui donnent des mycorhizes vivant en symbiose avec les jeunes arbres.
En automne, on les transplante dans un sol calcaire. Trois ou quatre ans plus tard, des truffes peuvent se développer au début de l'hiver, sur les racines des noisetiers. Par ailleurs, des trufficulteurs ont obtenu récemment une truffe artificielle avec un mélange de protéines, de glucose, de soja et de farine de riz ; la pâte ainsi préparée est coupée en petits lots qui, placés sous terre, germeraient et prendraient l'aspect et le parfum des truffes naturelles ; ce fut un échec.
Etym. Du latin *tuber*, tubercule.

TRUFFETIÈRE n.f.
Parcelle cultivée en pommes de terre, appelées *truffes* dans le Midi méditerranéen.

TRUFFICULTEUR n.m.
De. **Trüffelzüchter**
Es. **truficultor**
It. **tartuficoltore**
Personne qui cultive les truffes, qui pratique la *trufficulture*.
Syn. Trufficole.

TRUFFIER adj.
De. **Trüffel-** (2)
It. **tartufigena (di quercia)** (1), **da tartufi** (2), **tartufigeno** (3)
1. Se dit d'un chêne favorable à la production des truffes.
2. Qualifie une truie ou un chien dressés pour la recherche des truffes.
3. S'applique à un terrain propice aux truffes.

TRUFFIÈRE n.f.
De. **Trüffelboden**
Es. **trufera**
It. **tartufaia**
Parcelle de bois consacrée à la production des truffes, ou *trufficulture*.
Cela consiste à planter de petits chênes truffiers dont les racines ont été mycorhizées, c'est-à-dire, enrobées du mycélium de la truffe. Si le sous-bois est bien nettoyé, des truffes se formeront peut-être à une vingtaine de centimètres de profondeur.

TRUFINE n.f.
Arôme spécial des truffes.
On essaie actuellement d'en réaliser artificiellement la synthèse.

TRUIE n.f.
En. **sow** (1)
De. **Sau** (1)
Es. **marrana, cerda** (1)
It. **troia** (1)
1. *(Vexin)*. Femelle du verrat.
Etym. Probablement du grec *truzein*, grogner.
2. Bande de terre inculte entre deux champs.
3. Instrument pour le chaulage du seigle.

TRULLIS n.m.p.
Maisons à toit conique en pierres sèches, sur les plateaux calcaires des Pouilles, en Italie méridionale.
Syn. Gariotte.

TRUISSE n.f.
(Vendée). Bouquet d'arbres têtards.

TRYPANOSOME n.m.
Es. **tripanosoma**
It. **tripanosoma**
Protozoaire, animal cellulaire à appendice moteur filiforme (flagelle), parasite du sang de certains insectes *(mouche tsé-tsé ou glossina palpalis)* qui le transmettent à l'homme et aux animaux.
Il se manifeste par la trypanosomiase ou maladie du sommeil.
Etym. Du grec *trypanon*, tige, tarière, et *soma*, corps.

TRYPANOSOMIASE n.f.
Es. **tripanosomiasis**
It. **tripanosomiasi**
Maladie du sommeil, due à un parasite du sang du genre *trypanosome*, transmise par des insectes piqueurs.
Elle se manifeste par une somnolence in-interrompue.

TSÉ-TSÉ n.f.
En. **tsetse**
De. **Tsetsefliege**
Es. **tsetsé**
It. **tsé-tsé**
Terme africain désignant la mouche du genre *Glossina palpalis*, vecteur de trypanosomes, parasites du sang causant la *trypanosomiase*, ou *maladie du sommeil* chez les hommes et les animaux.

TUAILLES n.f.p.
Fête familiale à l'occasion du sacrifice du cochon, ou des grosses volailles : oies, canards, dindes.
Les voisins y sont invités.

TUBE CRIBLÉ l.m.
Vaisseau situé dans le liber d'un arbre, formé de cellules longues et perforées s'étendant sur toute la longueur de la plante et où circule la sève élaborée.

TUBERCULE n.m.
En. **tuber**
De. **Knolle**
Es. **tubérculo**
It. **tubero**
Renflement souterrain qui se forme sur les racines de certaines plantes dites *tubéreuses* : pomme de terre, topinambour, manioc, etc.
Ce sont des substances de réserve.
Etym. Du latin *tuber*, tumeur, qui a donné *tuberculum*, petite tumeur.

TUBERCULINE n.f.
En. **tuberculin**
De. **Tuberkulin**
Es. **tuberculina**
It. **tubercolina**
Culture de bacilles tuberculeux dans une solution de glycérine.
Injectée à une bête supposée tuberculeuse, elle détermine une réaction allergique si la bête est malade.

TUBERCULINISATION n.f.
En. **tuberculin test**
De. **Tuberkulininjektion**
Es. **tuberculinación**
It. **tubercolizzazione**
Opération qui consiste à injecter de la tuberculine dans les veines d'un animal pour savoir s'il est, ou non, atteint de tuberculose.
S'il est malade, un oedème fiévreux se produit autour de la piqure dans les 30 heures qui suivent.

TUBERCULOSE n.f.
En. **tuberculosis**
De. **Tuberkulose**
Es. **tuberculosis**
It. **tubercolosi**
Maladie contagieuse, due au bacille de Koch *(Mycobactérium tuberculosis).*
Commune aux hommes et aux animaux, elle se localise en divers points du corps (poumon, articulations, méninges) et se manifeste par une fièvre, puis par des tubercules qui se vident en secrétant du pus ; la disparition de l'organe atteint détermine l'impotence, ou la mort.

TUBÉREUSE n.f.
En. **tuberose**
De. **Tuberose**
Es. **tuberosa**
It. **tuberosa**
Plante ornementale de la famille des Amaryllidacées, et cultivée pour ses fleurs et son parfum.

TUBÉREUX adj.
En. **tuberous**
De. **knollig**
Es. **tuberoso**
It. **tuberoso**
Se dit d'une plante pourvue de tubercules : pomme de terre, dahlia, etc.
Etym. Du latin *tuber*, tubercule.

TUBÉRISATION n.f.
En. **tuberisation**
De. **Knotenbildung**
Es. **tuberización**
It. **tuberizzazione**
Transformation en tubercules, ou en bulbes, des racines de certains végétaux (dahlias, pommes de terre).
Elle paraît due, dans un sol riche en matières solubles assimilables, à une défense de la plante contre le froid de l'hiver, ou à une réaction contre une attaque bactérienne, ou bien à la formation de réserves pour une future plante.
Etym. Du latin *tuber*, tubercule.

TUCHINS n.m.p.
Brigands réfugiés dans les bois.
Ils en sortaient pour piller et massacrer (XIIIème et XIVème siècle). Le terme dériverait du latin tosca, boqueteau.

TUERIES n.m.p.
(Vieilli). Abattoirs.

TUEUR n.m.
En. **killer, slaughterman**
De. **Schlachter**
Es. **matador**
It. **macellatore**
Ouvrier chargé, dans les abattois, d'abattre les animaux de boucherie.

TUE-VENT n.m.
Abri dressé contre le vent pour protéger les plantes fragiles.

TUEZ n.m.
(Jura). Fourneau central qui servait à chauffer l'ensemble du logement pendant l'hiver.
C'est l'équivalent du fucone corse.

TUIE n.f.
V. Tuyé.

TUILE n.f.
En. **tile** (1)
De. **Dachziegel** (1), **Ziegel** (2)
Es. **teja** (1), **zapata** (2)
It. **tegola** (1), **suola** (2)
1. Plaque d'argile mélangée de sable, durcie au feu et servant à couvrir les toitures.
De formes diverses, les tuiles sont plutôt plates dans le nord de la France, où elles ont remplacé le chaume ; elles sont en demi-cy-

lindre dans le Sud, où elles sont appelées tuiles canal, *ou* tuiles romaines *selon leur origine historique. Elles sont fabriquées dans les* tuileries *par des* tuiliers.
2. Plaque métallique nervurée fixée à la chenille d'un tracteur pour accroître l'adhérence, au sol.
Etym. Du latin *tegula,* dérivé de *tegere,* couvrir.

TULARÉMIE n.f.
It. **tularemia**
Affection bactérienne due à une pasteurella (*Pasteurella tularensis*).
Décelée en France vers 1946, elle atteint les lièvres et les lapins et se transmet à l'homme par les piqûres d'insectes ; maladie professionnelle des gardes-forestiers. On la guérit par la streptomycine.
Etym. De *tulare,* comté de Californie où la maladie fut reconnue pour la première fois en 1912.

TULIPE n.f.
En. **tulip**
De. **Tulpe**
Es. **tulipán**
It. **tulipano**
1. Plante à bulbes de la famille des Liliacées.
Originaire du Proche-Orient, elle fut introduite en France à la fin du XVIème siècle. Très en honneur en Hollande, surtout dans la région de Haarlem, elle a donné naissance à de nombreuses variétés ornementales. On la multiplie par caieux plantés à l'automne, ou au printemps, pour fleurir en mai-juin.
2. Fleur du tulipier.
Etym. Du turc *tolipend,* turban.

TULIPIER n.m.
En. **tulip tree** (1)
De. **Tulpenbaum** (1)
Es. **tulipero** (1)
It. **tulipifera, liriodendro** (1)
1. Arbre de la famille des *Magnoliacées* (*Liriodendron tulipiferum*).
Originaire des Alleghanys et importé en France, il pousse bien dans l'ouest et le sud du pays.
Il est apprécié pour ses fleurs et pour son bois à coeur jaune, utilisé en ébénisterie.
2. Horticulteur cultivant des tulipes.

TUMEUR n.f.
En. **tumour**
De. **Geschwulst, Tumor**
Es. **tumor**
It. **tumore**
Excroissance pathologique chez les plantes et les animaux, formée par des tissus anormaux dus à des cellules anarchiques contenant des oncogènes.
Etym. Du latin *tumor.*

TUNAGE n.m.
It. **arginatura mediante graticci e ghiaia**
Clayonnage destiné à protéger un terrain contre le ruissellement, et composé de fascines maintenues par des piquets et chargées de gros galets.
C'est un procédé de lutte contre l'érosion des sols cultivés.

TUNNEL n.m.
En. **tunnel**
De. **Tunnel**
Es. **túnel**
It. **tunnel**
Abri en plastique, de forme demi-cylindrique, fixé par des arceaux et constituant une serre pour les plantes fragiles, dont il favorise la croissance et la maturité.

TURAULT n.m.
(*Vendée*). Sentier situé sur une légère butte, entre deux champs, et sur lequel on circule sans causer de dégât aux cultures.

TURCIE n.f.
Digue destinée à contenir les eaux d'un fleuve en crue, en particulier le long de la Loire, dans le Val d'Anjou.
Les riverains y ont fixé leurs maisons ; leurs champs en contre-bas sont protégés des inondations.
Syn. Levée.
Etym. Du celte.

TURCKHEIM n.m.
Commune du Haut Rhin, au pied des collines sous-vosgiennes ; centre d'un vignoble aux vins blancs réputés.

TUREAU n.m.
(*Lorraine*). Butte de terre destinée à fixer, en les précisant, les limites des paroisses, ou des terrains de parcours.

TURELÉE n.f.
(*Nivernais*). Talus entre deux parcelles de pré, ou de labour, situées sur une pente.
Syn. De rideau picard.

TURGESCENCE n.f.
En. **turgescence, turgidity**
De. **Anschwellung**
Es. **turgencia**
It. **turgescenza, turgore**
Etat d'une cellule, ou d'un organe, fortement alimenté en eau, en sève ou en sang, de telle sorte que le liquide exerce une pression sur les parois cellulaires.
Etym. Du latin *turgescere,* s'enfler.

TURGENT n.m.
Variété de blé rustique semblable à l'épautre, mais moins riche en farine, originaire du Moyen-Orient.

TURION n.m.
En. **turion**
De. **Wurzelknospe**
Es. **turión**
It. **turione**
Bourgeon souterrain naissant de la souche d'une plante vivace comme l'asperge.
Il perce la terre pour capter la lumière et porter fleurs et fruits ; on le consomme dès qu'il apparaît à la surface du sol ; c'est l'asperge des maraîchers.
Etym. Du latin *turio,* bourgeon.

TURNEP n.m.
En. **turnip cabbage**
De. **grosse Steckrübe**
Es. **nabo, colinabo**
It. **cavolo rapa**
Plante de la famille des Crucifères (*Brassica campestris*).
Originaire de l'Europe Centrale, elle est cultivée comme plante fourragère pour sa racine de forme cylindrique.
Etym. Du latin *turn,* tourner, fait au tour, et *napus,* navet.

TURQUE n.f.
(*Berry*). Brebis de plus d'un an et qui n'a pas encore eu de petit.

TURQUET n.m.
En. **maize**
De. **Mais**
Es. **maíz**
It. **granoturco**
Maïs, appelé parfois *blé de Turquie,* ou *Turquie,* mais à tort.
V. Maïs.

TURQUOIS n.m.
(*Normandie*). Moulin à vent ainsi appelé à cause de ses origines, ayant été importé d'Orient à l'époque des Croisades.
Etym. De turc.

TURSAN n.m.
Cépage à raisins noirs, cultivé en Agenais.

TUTEUR n.m.
En. **stake, prop**
De. **Stütze, Baumstütze**
Es. **rodrigón, tutor**
It. **tutore**
Piquet enfoncé dans le sol, auprès d'une jeune plante, pour la soutenir contre son propre poids et contre le vent, tout au moins pendant les premiers temps de sa croissance.
La plante est attachée au tuteur par des ligatures souples autour de bourrelets de paille, afin de ne pas blesser l'écorce.
Etym. Du latin *tueri,* protéger.

TUTEURAGE n.m.
En. staking
De. Stützen
Es. rodrigazón
It. impalatura
Opération qui consiste à munir une jeune plante d'un tuteur.
Etym. Du latin *tutor*.

TUTEURER v.tr.
En. to stake
De. stützen
Es. rodrigar
It. impalare
Placer un tuteur auprès d'une plante pour la soutenir.
C'est pratiquer le tuteurage.

TUYE n.f.
Lande de fougères, d'ajoncs, de bruyères et de graminées, dans le sud-ouest du Bassin Aquitain et des Pyrénées.
On l'utilise pour le pacage et la litière ; on dit aussi une tuie, *ou un* touya.

TUYÈRE n.f.
Meule de plantes des *tuyes*, fauchées et desséchées.

TUZELLE n.f.
Ancienne variété de blé, cultivé jadis en Provence.

TYPE D'AGRICULTURE l.m.
En. type of agriculture
De. Bewirtschaftungsform
Es. tipo de agricultura
It. tipo di agricoltura
Système incluant toutes les formes de culture et d'élevage, et leurs combinaisons.
Il s'applique à la petite exploitation agricole comme aux vastes ensembles régionaux et mondiaux. C'est donc une notion complexe comprenant aussi bien les divers aspects statiques de l'agriculture à un moment donné, qu'une notion dynamique évoquant les évolutions et les mutations. Dans ces conditions, on peut distinguer l'agriculture industrielle ou familiale et l'agriculture de groupe, ou collective, l'agriculture de subsistance et l'agriculture spéculative, commerciale, de marché, l'agriculture itinérante, l'agriculture nomade, et l'agriculture de banlieue, etc. (V. Ces divers types).

TYPES DE CULTURE l.m.
Es. tipos de cultivo
It. tipi colturali
Ensemble des procédés techniques et choix des semences et des plantes utilisés séparément, ou en combinaisons, pour obtenir du sol, dans un paysage aménagé, des produits choisis et tirés de la terre arable.
Ex. Culture vivrière, ou culture industrielle, culture céréalière, maraîchère ou horticulture, culture arbustive ou arboriculture, culture de plein champ ou culture de case, culture industrielle ou d'ornement, culture inondée ou irriguée.
V. Ces diverses expressions.

TYPE D'ÉLEVAGE l.m.
It. tipo di allevamento
1. Ensemble des procédés d'un élevage déterminé : nomadisme, transhumance, stabulation, plein air, mixte, intensif, extensif, embouche, etc.
2. Intégration de l'élevage à la vie sociale : élevage familial, sentimental, tribal.
3. Recherche et utilisation des produits de l'élevage : naisseur, engraisseur, laitier, spéculateur, source d'énergie.
4. Nature de l'élevage : bovin, ovin, caprin, équin, aviculture, apiculture, etc. *(V. Ces termes).*

TYPHOSE n.f.
En. fowl typhoid
De. Geflügeltyphus
Es. tifosis aviar
It. tifosi (aviaria)
Maladie caractérisée par une forte fièvre et un état de prostration.
Elle frappe surtout les volailles d'où son nom de typhose aviaire.
Elle est due à une bactérie (Bacterium gallinarum) ; elle est mortelle à 80 % ; on la combat avec un autovaccin prélevé sur le sujet malade.
Etym. Du grec *tuphos*, stupeur.

TYPOLOGIE AGRICOLE l.f.
En. agricultural typology
De. landwirtschaftliche Typologie
Es. tipología agraria
It. tipologia agricola
Procédé caractérisant par des termes et des signes appropriés, les divers types de cultures, d'élevages, de structures agraires et foncières, de revenus et de rentabilité du sol (M. Kostrowicki).
Etym. Du grec *tupos*, caractère, et *logos*, discours, science.

U

UBAC n.m.
En. **shady side of a mountain**
De. **Schattenseite**
Es. **umbría**
It. **versante a bacio**
Versant à l'ombre, orienté au nord, couvert généralement de forêts dans les Alpes françaises.
On dit aussi l'envers. Equivalent de l'inverso et de l'opaco en Italie, du Schwarzboden en Allemagne.
Syn. Avers, ombrée, revers.
Etym. Du latin *ad opacum*, à l'ombre.

UBIQUISTE n.m. et adj.
En. **ubiquist**
De. **Ubiquist**
Es. **ubicuo**
It. **ibiquista**
Plante ou animal qui s'adapte à différents milieux.
Etym. Du latin *ubique*, partout.

UCHE n.f.
(Morvan). Parcelle de terre fertile située près de la ferme. *Parfois entourée de murettes ou de haies, elle est consacrée à des cultures délicates.*
Etym. Déformation de *ouche*.

U.F. sigle
V. Unité fourragère.

U.G.B. sigle
"Unité de Gros Bétail".
Unité fourragère exigée par une vache laitière de 600 kg, pendant un an, pour produire 3000 l de lait à 40 g de matière grasse par litre et en donnant un veau.
Une brebis de 60 kg donnant deux agneaux, représente 14% de l'U.G.B. (P. Habault).

U.G.E.A. sigle
Union des Groupements pour l'Exploitation Agricole.
Créée en 1961, cette union est un centre de rencontres pour les agriculteurs qui souhaitent travailler en groupe, notamment dans les G.A.E.C., les C.U.M.A. et les diverses coopératives agricoles.

UGNI n.m.
Cépage à raisins blancs, proche du Maccabéo du Roussillon, du Roussan de Nice et du Trebbiano de Toscane.
L'Ugni noir est une variété d'Aramon.

UHAIZES n.f.p.
(Morvan). Terrains communaux situés près des villages.
Etym. Déformation de *aisance*.

U.H.T. sigle
Ultra Haute Température.
Procédé consistant à injecter dans du lait de la vapeur à très haute température (150°C) pendant un temps très court, puis à le refroidir brusquement et à le mettre à l'abri de l'air, pour le stériliser.
V. Upérisation.

ULÉ n.m.
Arbre à caoutchouc *(Castilloa elastica).*
Il croît en Amérique centrale et à l'ouest de l'Amérique du Sud jusqu'au Pérou.

ULEX n.m.
En. **furze, gorse**
De. **Stechginster**
Es. **aliaga, aulaga**
It. **ginestrone**
Ajonc de l'Europe occidentale, de la famille des Légumineuses, aux nombreuses espèces, tel le genêt épineux.

ULIGINEUX adj.
En. **uliginous** (2)
De. **sumpfig** (1), **Sumpf-** (2)
Es. **uliginoso** (2)
It. **uliginoso**
1. Se dit d'un terrain très humide.
2. Qualifie une plante qui aime l'humidité.
Syn. Uliginaire.
Etym. Du latin *uligo*, humidité.

ULLUQUE n.f.
Plante de la famille des Chénopodiacées (*Ullucus tuberosus*). Cultivée au Pérou pour ses petits tubercules, on a tenté de l'introduire en Europe comme la pomme de terre ; mais en vain. Elle est également connue sous les noms de malloco et de ulluco.

ULMAIRE n.f.
En. **meadowsweet**
De. **Geissbart**
Es. **ulmaria, reina de los prados**
It. **ulmaria, spirea**
Plante de la famille des Rosacées (*Spirea ulmaria*).
Appelée vulgairement reine des prés, *peu appréciée du bétail, elle constitue des* refus *dans les prairies, mais elle est utilisée en phytothérapie contre les rhumatismes et même, jadis, contre la rage.*

ULMEAU n.m.
En. **elm**
De. **Ulme**
Es. **olmo**
It. **olmo**
Orme commun.
Etym. Du latin *ulmus*, orme.

ULMIQUE adj.
En. **ulmic**
Es. **úlmico**
It. **umico**
Se dit d'un acide qui se forme lors de la décomposition des matières organiques.
Il s'agit particulièrement des acides humiques et fulviques.
V. Humus.

UMELAYE n.f.
En vieux français, *houblonnière*.
Etym. Du latin *humulus*, houblon.

U.N.C.E.I.A. sigle
Union Nationale des Coopératives d'Elevage et d'Insémination Artificielle de l'espèce bovine.
Créée en 1945 à La Loupe (Eure et Loir), elle a son siège à Laigle (Orne) et groupe 96 centres s'étendant à la totalité du territoire français.

U.N.E.A.P. sigle
Union Nationale de l'Enseignement Agricole Privé.
Société, ou syndicat, qui groupe les directeurs et les directrices des établissements de l'enseignement agricole privé, surtout catholique, soit environ 400 établissements pour 40 000 élèves.

U.N.I.T.A.B. sigle
Union Internationale des Planteurs de Tabac.
Elle a pour but de promouvoir et de coordonner les recherches relatives aux nouvelles variétés de la plante et de faire régner l'harmonie commerciale entre les divers pays producteurs.

UNIPARE adj.
Es. **uníparo**
It. **uniparo**
Se dit d'une espèce animale dont la femelle n'a qu'un seul petit par portée, telle la chèvre, la brebis, etc.
Syn. Univoltin
Etym. Du latin *unus*, un seul, et *parere*, enfanter.

UNISEXUÉ adj.
En. **unisexual**
De. **eingeschlechtig**
Es. **unisexual**
It. **unisessuale, diclino**
Se dit des fleurs qui n'ont que des étamines (mâles), ou qu'un seul pistil (femelles).
Ces fleurs peuvent être réunies sur la même plante, dite monoïque *(chêne, noyer), ou groupées sur des plantes distinctes (saule, chanvre) dites* dioïques.
Etym. Du latin *unus*, un, et *sexus*, sexe.

UNITÉS CADASTRALES n.f.p.
It. **unità catastali**
Divisions des finages communaux, réparties par les soins du Service des contributions directes, en trois catégories hiérarchisées.
1. Les *parcelles cadastrales*, surfaces de terrain appartenant à un seul propriétaire et ne comportant pas de divisions internes, mais pouvant comporter plusieurs parcelles de culture.
2. Les *lieux-dits*, ensembles de parcelles cadastrales groupées et dotées de noms et de limites fixées par la tradition.
3. Les *sections*, formées de plusieurs lieux-dits et pourvues de limites très nettes. chemins, cours d'eau, crêtes de montagne, etc.

UNITÉ FOURRAGÈRE (U.F.) l.f.
En. **fodder unit**
De. **Futtereinheit**
Es. **unidad forrajera**
It. **unità foraggera**
(*U.F.*). Energie fournie par un kilogramme d'orge consommé, ou par tout autre produit de même valeur énergétique.

UNITÉ PARCELLAIRE D'ARROSAGE l.f.
Surface que peut arroser convenablement une canalisation de débit déterminé, sur un sol de perméabilité connue.

UNITÉ DE PRODUCTION l.f.
De. **Ertragseinheit**
Es. **unidad de rendimiento, unidad de producción**
It. **unità di produzione**
Unité choisie pour évaluer et comparer les productions d'une exploitation agricole.
Pour les productions végétales, l'unité le plus souvent retenue est l'hectare ; pour le bétail, c'est un animal par troupeau homogène, soit une femelle reproductrice avec ses compléments (lait, veau), soit un mâle reproducteur et ses descendants de tous âges (P. Habault).

UNITÉ DE TRACTION l.f.
Es. **unidad de tracción**
Force que développe à la barre de traction un tracteur de 7 C.V.
C'est celle d'un cheval de trait vers l'âge de cinq ans. Un bœuf peut développer 0,7 unité de traction et une vache 0,4 au maximum.

UNITÉ DE TRAVAIL AGRICOLE l.f.
(*U.T.A.*). Travail fourni par un homme de force moyenne pendant 300 jours, ou 2400 heures de travail par an.
Procédé utilisé pour chiffrer la place tenue par un agriculteur dans un espace cultivé.
Syn. U.T.H. Unité de travail-homme.

UNITÉ DE TRAVAIL-HOMME l.f.
Es. **unidad de trabajo/hombre**
It. **unità di lavoro-uomo**
Mesure qui permet de calculer la surface d'une exploitation agricole en fonction de l'étendue cultivable que peut assurer un agriculteur.
Elle est fonction de la région naturelle, de la culture ou de l'élevage, du type d'exploitation, des investissements possibles ; de l'âge et des qualités du travailleur, entre dix-huit et soixante ans. Elle correspond en moyenne au travail que peut fournir un adulte en 300 jours de 8 heures.

UNITIGE adj.
It. **unicaule**
Se dit des arbres dont la souche tend à n'avoir qu'une seule tige sans bifurcation, tels la plupart des conifères.
Syn.Unicaule, du lat. unus et caulis, tige.

UNIVOLTAIN adj.
It. **univoltino**
Se dit d'un insecte, en particulier du ver à soie, qui n'a qu'une seule génération par an.
Etym. Du latin *unus*, et *volvere*, évoluer.

UNIVOLTIN adj.
V. Univoltain.

U.O.F. sigle
Union Ovine de France. Association groupant les organismes régionaux qui ont pour but l'amélioration et l'utilisation des races ovines.

UPÉRISATION n.f.
En. **ultrapasteurization**
De. **Uperisation**
Es. **uperización**
It. **uperizzazione**
Pasteurisation du lait par injection de vapeur surchauffée (150°C).
Les germes sont détruits et le lait peut se conserver longtemps s'il est mis immédiatement à l'abri de l'air (Pruvost-Beaurain).

U.P.R.A. sigle
Union nationale de sélection et de promotion de race.
Organisme créé le 28 décembre 1966 pour grouper institutions et chercheurs consacrés à l'amélioration d'une race déterminée, en rassemblant les informations, et en les appréciant objectivement, en qualifiant les reproducteurs, en définissant le modèle des races à réaliser et en délivrant des certificats pour les reproducteurs à commercialiser *(P. Habault).*
Valable pour les plantes comme pour les animaux.

URBAIRE n.m.
Papier terrier sous l'Ancien Régime.
V. Terrier.

URBEC n.m.
It. **sigaraio della vite**
Insecte coléoptère *(Bystiscus betulae)*, appelé *rhynchite*, nuisible à la vigne dont il roule les feuilles en forme de cigare pour y déposer ses oeufs, ce qui lui vaut l'appellation de *cigarier*.
On dit aussi un urebère pour désigner cette espèce de charançon.

UREDO n.m.
Champignon parasite, dont une espèce, *l'Uredo rouille,* donne aux céréales la maladie dite de la *rouille*.

URÉE n.f.
En. **urea**
De. **Urea, Harnstoff**
Es. **urea**
It. **urea**
Substance organique à base d'azote et de carbone, synthétisée naturellement par le foie, véhiculée par le sang, filtrée par les reins et éliminée dans l'urine, ou produite industriellement pour constituer un engrais, connu sous le nom de *carbamide* et contenant environ 46% d'azote.
Etym. Du grec, *ouron*, urine.

URÉE n.f.
(Picardie). Talus couvert d'herbes et de buissons, séparant deux parcelles cultivées.
V. Rideau.

USAGES n.m.p.
De. **Sitten, Bräuche**
It. **usi e consuetudini**
1. Droits de certains particuliers, ou de certaines communautés, de mener paître du bétail dans des paturages communautaires, ou de recueillir du bois mort et de pratiquer le glandage dans des forêts communales ou domaniales.
2. Réglements écrits ou oraux, d'application traditionnelle, codifiés par les Chambres d'agriculture, et s'étendant à un territoire plus ou moins grand en vue d'une utilisation rationnelle des droits de propriété.
Aussi les appelle-t-on usages locaux, pratiques constantes et reconnues.
Espace vide entre la rue et la façade des maisons dans un village lorrain, large trottoir où l'on entassait la paille et le fumier et où l'on garait le matériel agricole.
On le retrouve dans les villages du Jura souabe où il tient lieu de cour et de basse-cour. Il tend à devenir un parterre d'agrément.
Syn. Barge, aisance.
Etym. Du latin *usus*, usages.

USOIR n.m.
Espace vide entre la rue et la façade des maisons dans un village lorrain, large trottoir où l'on entassait la paille et le fumier, et où l'on garait le matériel agricole.
On le retrouve dans les villages du Jura souabe où il tient bien de cour et de basse-cour. Il tend à devenir un parterre d'agrément.
Syn. Barge, aisance.

USUFRUIT n.m.
En. **usufruct** (3)
De. **Niessbrauch, Nutzniessung** (3)
Es. **usufructo** (3)
It. **usufrutto** (3)
1. Droit de jouir des choses dont on n'est pas propriétaire, en vertu de dispositions légales ou contractuelles, à charge d'en conserver la substance (art 578 et sq. du Code civil) *(R. Blais).*
2. Revenu d'un capital quel qu'il soit.
3. Appropriation des bénéfices et des produits d'une exploitation agricole dont on n'est pas le propriétaire, mais à condition de la conserver dans l'état où elle a été confiée, et de remplir les conditions du contrat.
Etym. Du latin *usus*, usage, et *fructus*, fruit.

U.T.A. sigle
V. Unité de Travail Agricole.

U.T.H. sigle
V. Unité de Travail Homme.

UTILISATION DU SOL l.f.
En. **use of land** (1)
De. **Bodennutzung** (1)
Es. **aprovechamiento del suelo** (1)
It. **utilizzazione del suolo** (1)
1. Principaux traits du paysage rural, parcelles, habitat, voies de communication, aménagement des eaux.
2. Utilisation des parcelles, labours et plantes cultivées, prairies et pâturages, forêts et landes.

UTILISATION HERBAGÈRE RYTHMÉE l.f.
1. Dans une parcelle, succession de périodes de fauche et de périodes de pâture.
2. Dans une exploitation agricole consacrée à l'élevage, aménagement de parcelles de fauche, de pacage et de cultures fourragères, de telle sorte qu'il y ait toujours le moyen de pâturer, de récolter des fourrages verts, ou de faire consommer du foin, le tout selon le rythme des saisons.

UTSA n.m.
(Auvergne). Reclos de terre fertile situe près de la ferme.
Nom latin du raisin.
Equivalent de l'ouche, dont il est une déformation, car on prononce outsa.

UVA n.m.
1. Fruit ayant la forme d'un grain de raisin.
2. Cépage italien (Uva de San Pietro, Uva gentille nera, etc.).
3. *(Auvergne).* Enclos de terre fertile situé près de la ferme.
Etym. Nom latin de raisin.

UVAIRE adj.
En. **grape-shaped**
De. **traubenförmig**
Es. **uvaria**
It. **a forma di grappolo**
Se dit de ce qui est en forme de grappe de raisin.

UVAL adj.
En. **grape-**
De. **Trauben-**
Es. **uval**
It. **relativo all'uva**
Se dit de ce qui a trait au raisin.
Ainsi les stations uvales offrent aux amateurs des cures de raisin.

UVEIRAS n.f.
(Minho portugais).
Vigne cultivée en hautains, sur les arbres.

UVIFÈRE adj.
It. **uvifero**
Qualifie ce qui produit des raisins.

V

VABRE n.f.
(Midi de la France). Prairie humide et marécageuse, sur terre argileuse.
Etym. Du celtique, *vabr*, marais, que l'on retrouve dans *vère* et *woêvre*.

VACANT n.m.
1. *(Midi de la France)*. Terre inculte, improductive, vide de récolte.
2. Prairie communale, située sur une hauteur et utilisée par les troupeaux des villages voisins.
Etym. Du latin *vacuus*, vide.

VACCIN n.m.
En. **vaccine**
De. **Impfstoff, Vakzine**
Es. **vacuna**
It. **vaccino**
Culture contenant des microbes, des parasites, des toxines ou des virus, dont la virulence est atténuée et que l'on inocule à un animal domestique afin de lui conférer une immunité spécifique, de durée variable, en provoquant la formation d'anticorps qui permettront d'éviter ou de combattre le mal envisagé.
Le premier vaccin contre la variole fut recueilli dans les pustules des vaches atteintes de la vaccine, par l'Anglais Jenner vers 1776. Par la suite, le terme s'est étendu à toutes les substances préparées en laboratoire et inoculées au bétail ou à l'homme, soit pour prévenir la maladie (fièvre aphteuse, diphtérie), soit pour guérir la maladie en cours (vaccinothérapie). On utilise parfois les germes de la bête malade selon le procédé de l'autovaccination.
Etym. Du latin *vaccinus*, de la vache.

VACCINATION n.f.
En. **vaccination**
De. **Impfung, Vakzinierung**
Es. **vacunación**
It. **vaccinazione**
Inoculation, par voie orale ou veineuse dans le corps d'une bête, d'un vaccin correspondant à la maladie à éviter.
Cette opération détermine dans l'organisme de l'animal une réaction productrice d'anticorps qui, le cas échéant, permettront de résister au mal.
Ex. Vaccination antiaphteuse.

VACCINE n.f
En. **cowpox, horsepox**
De. **Kuhpocken**
Es. **vacuna**
It. **vaiolo, vaccino, vaiolo equino**
Maladie virale qui atteint la vache et le cheval, et qui est caractérisée par des pustules et un état fébrile.
L'animal qui en est atteint est immunisé contre la variole ; c'est en inoculant cette maladie bénigne à l'homme que Jenner, vers 1776, pratiqua les premières vaccinations contre ce que l'on appelait alors la petite vérole.
Etym. Du latin *vaccinus*, de la vache.

VACCINIUM n.m.
En. **bilberry, whortleberry**
De. **Heidelbeere**
Es. **arándano**
It. **mirtillo**
Nom latin des myrtilles et des airelles, de la famille des Ericacées, récoltées dans les Vosges et au Québec.
V. Airelle.
Etym. Mot latin.

VACHAGE n.m.
(Limousin). Redevance due par les tenanciers à leur seigneur pour les troupeaux de vaches qu'ils élevaient.

VACHE n.f
En. **cow** (1)
De. **Kuh**
Es. **vaca**
It. **mucca, vacca** (1)
1. Femelle des bovins.
2. Cadre en bois servant au battage des grains.
Etym. Du latin *vacca*, vache.

VACHELIN n.m.
(Jura). Fromage de gruyère.

VACHER n.m.
En. **cowherd, cowboy**
De. **Kuhhirt**
Es. **vaquero**
It. **vaccaro**
Ouvrier qui a le soin des vaches.

VACHER adj.
Es. **vaquero**
Se dit de ce qui a trait aux vaches.
Ex. Une foire vachère.

VACHERIE n.f.
En. **byre, cowhouse** (3)
De. **Sennerei, Kuhstall** (3)
Es. **vaquería** (3)
It. **vaccheria** (3)
1. *(Cantal)*. Troupeau de 20 à 30 vaches, de race salers le plus souvent, susceptibles de donner chaque jour la quantité de lait nécessaire pour la fabrication d'une *fourme* de 30 à 40 kilos.
2. Ensemble du troupeau bovin d'une ferme auvergnate.
3. Etable destinée à abriter des vaches.
4. Pâturage où vont paître les vaches et endroit où a lieu la traite.

VACHERIN n.m.
1. *(Savoie)*. Fromage à pâte molle.
2. *(Jura comtois)*. Fromage de gruyère.

VACHETTE n.f.
Es. **vaquilla** (1), **vaqueta** (2)
It. **vacchetta** (2)
1. Petite vache.
2. Cuir d'une petite vache.

VACIVE n.f.
1. Ensemble des agneaux d'une bergerie.
Syn. *Vassive.*
2. Brebis âgée de un à deux ans.
Syn. *Antenaise.*

VACIVEAU n.m.
(Berry). Agneau de un à deux ans.

VACIVIER n.m.
(Berry). Berger conduisant une vacive d'agneaux.

VA-DEVANT n.m.
1. *(Poitou)*. Maître-valet dans une grande ferme.
2. *(Berry)*. Vin obtenu avant le ban des vendanges.
On disait aussi avant-vin ; il était destiné à assurer la soudure entre deux récoltes.

VAGUAGE n.m.
Action de remuer le moût dans la cuve avec une *vague*.

VAGUE n.f.
Râteau pour brasser le moût dans les cuves, et le malt dans les brasseries.

VAGUER v.intr.
En. **to wander**
De. **umherirren, streunen**
Es. **vagar**
It. **vagare**
Errer à l'aventure.
Etym. Du latin *vagari*.

VAGUER v.tr.
Brasser le moût de la bière dans la cuve à l'aide d'un fourchet appelé *vague*.

VAGUES n.f.p.
Es. **baldíos** (2)
1. Zones de pâturage en bordure des forêts.
2. Terrains vides de culture, champs en friche, où errent les troupeaux.
Etym. Du latin *vagus*, errant.

VAIL n.m.
(Auvergne). Parc autour du buron pour enfermer le bétail la nuit, ou pour la traite.

VAINE adj.
Es. **vaine** (1)
1. Se dit d'une graine qui ne peut germer.
2. Qualifie une terre ou une pâture, ouverte à tous les troupeaux car elle est vide de récolte.
Etym. Du latin *vanus*, vide.

VAINE PÂTURE l.f.
En. **common pasture**
De. **Weiderecht**
Es. **pasto comunal, pastos libres**
It. **compascolo**
Droit de faire paître les troupeaux d'une communauté rurale sur un ensemble de parcelles privées en culture ou en prairie, après l'enlèvement de la récolte ou du premier foin, c'est-à-dire quand les parcelles sont vides.
D'où l'expression parfois employée de vide-pâture. La vaine pâture a subsisté presque jusqu'à nos jours dans les pays d'openfield soumis aux contraintes agraires (Lorraine, Beauce, Picardie, etc.). On en trouvait encore récemment des traces en Saintonge, dans les prées de la vallée charentaise. Elle entraînait la suppression d'obstacles entre les parcelles, donc un paysage d'openfield, et permettait d'associer étroitement culture et élevage. L'évolution technique et économique depuis le début du siècle a déterminé la suppression de la vaine pâture.

VAISSE n.f.
(Rouergue). Noisetier.

VAISSEAU n.m.
Es. **barrica, tonel, barril** (1), **vaso** (2)
It. **vaso** (2)
1. Récipient pour le vin (barrique, tonneau, etc.) et, par extension, pour les autres boissons.
2. Canal pour l'alimentation de la sève dans les plantes vasculaires.

VAISSELLE VINAIRE l.f.
V.Vinaire.

VALADÉE n.f.
(Bordelais). Petite tranchée entre deux rangs de vigne pour y déposer les engrais.
Etym. Du latin *vallum*, qui a donné en occitan *valat*, fossé qui sert à drainer.

VALAIS n.m.
Cépage à raisins noirs, cultivé dans le Jura.
Egalement appelé Troussais, Taquet, Mourlans.

VAL DE LOIRE (VIGNOBLES DU) l.m.p.
Série de vignobles réputés qui se succèdent le long du Val : Sancerre, Pouilly, Orléans, Contres, Montlouis, Bourgueil, Chinon, Saumur, Layon, Savennière, Serrant, Muscadet, etc. (carte N° 6).

VALENÇAY n.m.
(Indre). Fromage de chèvre, en forme de pyramide tronquée, fabriqué autour de Valençay.

VALÉRIANE n.f.
En. **valerian, allheal**
De. **Baldrian**
Es. **valeriana**
It. **valeriana**
Plante herbacée vivace, de la famille des Valérianacées.
L'une de ses espèces, (Valeriana officinalis) recherchée par les chats à cause de son odeur, d'où son nom d' herbe aux chats, est cultivée pour ses rhizomes qui contiennent une essence antispasmodique (R. Blais).
Etym. Du latin *valere*, bien se porter.

VALET n.m.
En. **man-servant, farmhand**
De. **Ackerknecht**
Es. **gañán, mozo de labranza**
It. **valletto, garzone, domestico**
1. Au XIIème siècle, jeune page d'origine noble.
2. Au XVIIème siècle, domestique de petite condition. Au XIXème siècle, paysan employé dans une ferme (valet de ferme), préposé à l'entretien des chevaux (valet d'écurie), ou bien au labourage (valet de charrue), parfois à titre saisonnier (valet de louage ou d'été), parfois à titre permanent.
Etym. Du celte *vasso*, qui a donné *vassal* et *vasselitus*, ce dernier terme évoluant vers valet.

VALETAGE n.m.
1. Ensemble des valets d'une ferme.
2. Service assuré par un valet.
3. Forme d'exploitation d'un domaine rural par le propriétaire à l'aide de valets.

VALEUR n.f.
En. value
De. Wert
Es. valor
It. valore
Ce que vaut un animal, une plante, une récolte, une exploitation agricole, etc.
Etym. Du latin *valor*.

VALEUR AGRICOLE l.f.
It. valore agricolo
Qualité d'une ferme, d'une terre, d'une région, d'après son rendement chiffré en poids, en volume, en espèces pour un produit déterminé.

VALEUR BOULANGÈRE l.f.
De. Backfähigkeit
Es. valor panificable
It. valore di panificazione
Rendement, en quantité et en qualité, de farine pour un blé déterminé en grains et en poids.

VALEUR CULTURALE l.f.
V. *Valeur agricole*.

VALEUR CULTURALE D'UNE SEMENCE l.f.
Pourcentage de graines semées et ayant germé.

VALEUR D'AVENIR l.f.
Ce que représente, en un temps déterminé, un arbre de forêt, un peuplement forestier, ou un domaine agricole d'après les données évolutives du moment.

VALEUR FONCIÈRE l.f.
En. land value
De. Grundwert
Es. valor de la tierra
It. valore fondiario
Ce que coûte un fonds, c'est-à-dire une terre, une exploitation agricole, un terroir, en fonction de sa qualité et de son sol, de son mode d'exploitation et de sa situation dans le cadre économique et social.
Valeur exprimée en monnaie du pays.

VALEUR FOURRAGÈRE l.f.
En. feeding value
De. Futterwert
Es. valor forrajero
It. valore foraggero
Exprimée en kilogrammes d'orge, valeur d'une ration de fourrage ou de grains, préparée pour la nourriture quotidienne d'un animal domestique.

VALEUR MARCHANDE l.f.
En. market value
De. Marktwert
Es. valor corriente, valor comercial
It. valore commerciale
Prix d'une denrée agricole, d'une tête de bétail, d'une ferme, d'une exploitation agricole, selon ce que l'on peut faire et selon le bénéfice que l'on espère en retirer.
Etym. Du latin *valor*.

VALEUR MEUNIÈRE l.f.
V. *Valeur boulangère*.

VALEUR SEMENCIÈRE l.f.
Pour une semence, pourcentage des graines germées par rapport aux graines semées.

VALIÈRE n.f.
(Poitou). Brebis qui vient d'être engraissée pour la vente.

VALLÉE n.f.
Communauté de paroisses ou de *vicqs* dans une vallée pyrénéenne Lavedan, Aspe, Ossau.
Elle assurait en particulier l'exploitation des pâturages d'estive de l'une de ces vallées.

VALLICULTURE n.f.
It. vallicoltura
Elevage de poissons des eaux saumâtres (bars daurades, muges) dans les lagunes du delta du Pô et, par extension, pisciculture pratiquée dans les étangs côtiers aménagés.
La pêche a lieu dans les chenaux qui font communiquer les étangs avec la mer, notamment quand se produisent les migrations piscicoles vers la haute mer.
Etym. De l'italien *valli*, vallées, lagunes, et du latin *coltore*, cultiver.

VALLONNEMENT n.m.
It. avvallamento
Ondulation créée artificiellement dans les jardins paysagers et dans les parcs pour mettre en valeur certains aspects des plantations.

VALTELINER n.m.
(Alpes italiennes). Cépage à raisins noirs, cultivé en Allemagne et en Hongrie, originaire de la Valteline, bon pour la cuve et pour la table.

VALTERIE n.f.
(Orléanais). Assemblée où se pratique la louée des valets de ferme.
Syn. *Valetterie*.

VALVE n.f.
En. valve
De. Fruchtklappe
Es. valva, ventalla
It. valva
Chacun des deux côtés d'une gousse d'un fruit déhiscent.
Ils se séparent quand les graines sont mûres.
Etym. Du latin *valva*, battant de porte.

VAN n.m.
En. winnowing-fan, winnowing basket
De. Getreideschwinge
Es. harnero, criba
It. ventilabro
Panier en bois, ou en osier, dans lequel on mettait le grain recueilli sur l'aire après le battage pour le débarrasser de la poussière et des balles, en le criblant et en le jetant en l'air quand soufflait le vent *(fig. 201)*.
Etym. Du latin *vannus*, van.

VAN n.m.
It. van
Voiture aménagée pour le transport des chevaux de course.

VANILLE n.f.
En. vanilla
De. Vanille
Es. vainilla
It. vainiglia, vaniglia
Fruit du vanillier, liane de la famille des Orchidées.
C'est une gousse de 15 à 20 centimètres de long, de la grosseur du petit doigt et que l'on conserve grâce à une préparation minutieuse. On en distingue deux variétés principales, celle du Mexique, la plus estimée, et celle de Bourbon, ou de la Réunion (Vanilla fragans). Elles servent, l'une et l'autre, à parfumer les entremets.

VANILLERIE n.f.
En. vanillery
De. Vanillepflanzung
Es. plantación de vainilla
It. campo di vainiglia
Parcelle plantée en vanilliers.
On dit aussi une vanillière.

VANILLIER n.m.
En. vanilla
De. Vanillepflanze
Es. vainilla
It. vainiglia
Liane de la famille des Orchidées, originaire du Mexique.
Elle pousse sous climat chaud et humide. De sa tige partent des racines adventices qui s'accrochent aux supports, piquets ou arbustes. Cultivée pour ses fruits, appelés vanilles, *ils doivent leur parfum à un aldéhyde, la vanilline. Pour les préparer on les plonge dans de l'eau presque bouillante, puis on les laisse sécher pendant quelques jours avant de les mettre en boîte où ils brunissent, se couvrent de sucre et dégagent leur parfum ; ils servent en cuisine et en parfumerie. On distingue deux espèces de vanilliers, la plus appréciée est celle de la Réunion (Vanilla fragans) ; celle du Mexique (Vanilla pompona) a des fruits plus petits appelés* vanillons.
Etym. De l'espagnol *vainilla*, diminutif de *vaina*, gaine.

VANILLON n.m.
Vanille de qualité inférieure, produite par un vanillier appelé *Vanilla pompona*, ou *rosa*, par les Espagnols.

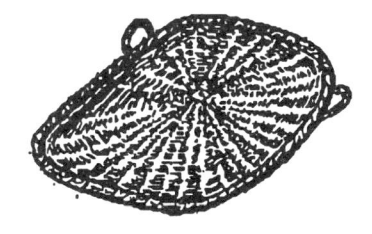

(Fig. 201). Van

VANNAGE n.m.
En. **winnowing**
De. **Schwingen**
Es. **aecho, criba**
It. **spulatura**
Action de séparer avec un van les graines de céréale de leurs balles, ou glumelles.
Jadis on se servait soit d'un van, soit d'un crible, soit d'une pelle, ou d'un vannoir, ou tarare. Actuellement le vannage s'effectue à l'intérieur de la moissonneuse-batteuse.

VANNE n.m.
En. **sluice, water gate** (1)
De. **Schleusentor** (1)
Es. **compuerta** (1)
It. **cateratta, saracinesca** (1)
1. Porte coulissante qui se lève, ou s'abaisse, pour ouvrir, ou fermer, le passage des eaux dans les canaux des régions irriguées.
On distingue la vanne plongeante qui laisse passer l'eau par dessus et la vanne de décharge qui la laisse passer par dessous.
2. Résidu du vannage des céréales.
Etym. Du celtique *venna*.

VANNER v.tr.
En. **to winnow**
De. **schwingen**
Es. **cribar** (1)
It. **spulare** (1)
1. Nettoyer les grains de céréales, ou de légumineuses, à l'aide d'un van.
2. Munir de vannes les étangs.

VANNERIE n.f.
En. **basketry** (1)
De. **Korbmacherei** (1)
Es. **cestería** (1)
It. **arte del panieraio** (1)
1. Fabrication d'objets avec des tiges refendues d'osier et de rotin.
2. Ensemble des objets ainsi fabriqués.
Jadis la vannerie a joué un grand rôle dans les travaux agricoles, transport et manutention des grains, des fruits, des légumes, etc. Les vannoirs mécaniques et les emballages en bois, en carton, en plastique l'ont remplacée.
Etym. Du latin *vannus*, van.

VANNETTE n.f.
En. **winnowing basket**
De. **Futterschwinge**
Es. **harnero zaranda**
It. **piccolo ventilabro**
Petit van plat et rond, à petit rebord, pour vanner les céréales avant de les donner à la volaille, et l'avoine avant de la faire manger aux chevaux.

VANNEUR n.m.
En. **winnower**
De. **Getreideschwinger**
Es. **aechador**
It. **spulatore**
1. Ouvrier qui vanne, qui sépare les grains de la vannure avec un van, ou vannoir.
2. Machine avec laquelle on vanne.

VANNIER n.m.
En. **basket maker**
De. **Korbmacher**
Es. **cestero**
It. **panieraio**
Artisan rural fabriquant des objets en osier, ou en rotin, en particuliers des *vans*, pour vanner les grains.

VANNURE n.m.
En. **husks, chaff**
De. **Spreu**
Es. **granzas, ahechaduras**
It. **pula**
Poussières et débris qui proviennent du vannage des céréales.
On dit aussi vannée.

VANTAUX n.m.p.
En. **leaves of door**
De. **Türflügel**
Es. **hojas, batientes**
It. **battenti, imposte**
Battants en bois pleins d'une porte d'entrée dans une masure rurale d'autrefois.
Parfois, les vantaux, coupés en deux et placés l'un au-dessus de l'autre, étaient indépendants de manière à pouvoir ouvrir celui du haut laisser pénétrer l'air et la lumière dans la cuisine, tandis que celui du bas, maintenu fermé, empêchait la volaille d'entrer dans les pièces d'habitation (fig. 104).C'était un hec.

VANTILER v.tr.
Dresser, en travers d'un canal, un barrage avec des planches et des madriers, afin de retenir l'eau d'un étang pour irriguer une ou plusieurs parcelles.
Etym. De vantail.

V.A.O.C. sigle
Es. **vino de denominación de origen controlada**
Vin d'appellation d'origine contrôlée.
Vin d'un vignoble bien délimité, de cépages choisis, d'un rendement limité par hectare, d'une vinification soignée et d'un degré d'alcool minimal, le tout sous le contrôle de l'Institut national des appellations d'origine (I.N.A.O.).

VAQUEIRO n.m.
Gardien de troupeaux de bovins, dans le Sertao brésilien.
Vêtu de cuir, à cheval, le vaqueiro est l'équivalent du cow-boy *et du* gaucho.
Etym. Du latin *vacca*, vache.

VAQUIER n.m.
(Auvergne). Vacher *(ancien)*.

VARECH n.m.
En. **kelp, varec, seaweed**
De. **Tang, Seegrass**
Es. **varec**
It. **varecchi**
Algue marine de la famille des Fucacées, rejetée sur le rivage par les tempêtes.
On la recueille en Bretagne comme engrais, car elle est très riche en potasse et en matières organiques.

VAREIGNE n.f.
(Touraine). Jardin maraîcher.
Etym. De varenne.

VARENNE n.f.
En. **wasteland** (1)
De. **Wildland, Jagdbezirk** (1)
Es. **baldío** (1)
It. **landa** (1)
1. Territoire pauvre, plus ou moins boisé, réservé jadis aux chasses royales dans les pays de la Loire.
2. Sols légers, siliceux, des vallées ligériennes.
Faciles à travailler et susceptibles d'être amendés, ils sont réputés maintenant comme les meilleures terres arables de la région (P. Massé).
Etym. Du germanique *wahren*, garder, qui a donné *garenne* et *varenne*.

VARIATIONS n.f.p.
En. **variations**
De. **Variationen**
Es. **variaciones**
It. **variazioni**
Modifications qui se produisent dans la taille, les formes, la couleur de la robe, les aptitudes d'un animal domestique et qui sont indépendantes des caractéristiques normales de la race.
Elles peuvent provenir de la nourriture, du sol, du climat, d'une mutation imprévisible, d'un nouveau gène. C'est en utilisant ces variations, selon des procédés zootechniques appropriés, que l'on a pu créer dans une race des variétés nouvelles répondant le mieux aux conditions de l'élevage domestique. Si elles sont brusques, ce sont des mutations ; *si elles sont lentes, c'est une évolution ou une somation.*

VARIÉTÉ n.f.
En. **variety**
De. **Varietät**
Es. **variedad**
It. **varietà**
Groupe de plantes ou d'animaux qui appartiennent à la même espèce, mais s'en distinguent par un caractère particulier (précocité, abondance, couleur des poils, etc.).
Par sélection, hybridation ou croisement, et en agissant sur les gènes, éleveurs et cultivateurs obtiennent de nouvelles variétés de plantes cultivées et d'animaux domestiques.
V. Variation.

VARIOLE n.f.
En. **smallpox**
De. **Pocken**
Es. **viruela**
It. **vaiolo, chiavello**
Maladie contagieuse due à un virus filtrant, se manifestant chez les animaux domestiques

(mouton, chèvre, porc) par l'apparition de pustules après une période fébrile.
On la prévient par vaccination. Chez les ovins, la clavelée est une espèce de variole.
Etym. Du latin *varius*, tacheté.

VARIOLE OVINE l.f.
En. **sheep pox**
De. **Schafpocken**
Es. **viruela ovina**
It. **chiavello, vaiolo ovino**
Variole des moutons.

VARLENTIN n.m.
Cépage à raisins blancs, cultivé dans la région niçoise.

VAROQUE n.f.
(Normandie). Longue corde de chanvre attachée au timon du char, passant par dessus le foin ou les gerbes, et s'enroulant à l'arrière sur un tourniquet, afin de maintenir le chargement.

VARPIÉ n.m.
Plaque de métal, fixée sur l'oreille de la charrue et destinée à accroître la surface du versoir rejetant vers la droite la terre du sillon.

VARROASE n.f.
Maladie des abeilles causée par un parasite acarien, le varroa *(Varroa jacobsoni).*
Venu des pays de l'Est, il s'est propagé en Allemagne, en Grèce, en Afrique du Nord et jusqu'en Amérique du Sud. De la dimension du millimètre, cet acarien pond ses oeufs dans les alvéoles où naissent les larves et les nymphes ; devenu adulte, il se fixe par ses quatre paires de griffes à l'abdomen de sa victime et se nourrit de l'"hémolymphe, le sang de l'abeille. Celle-ci s'atrophie, cesse de produire du miel et meurt. Un produit acaricide, mis au point par l' I.N.R.A., s'applique en aérosol et paraît très efficace. Son succès favoriserait la production du miel et la reproduction de milliers d'espèces végétales par suite de la pollinisation qui dépend surtout des abeilles et autres hyménoptères, attaqués également par le varroa.

VARRON n.m.
En. **cattle grub**
De. **Dasselfliegenlarve**
Es. **larva de estro**
It. **larva d'estro**
Larve de mouche *(Hypoderma bovis)* qui se développe dans le tube digestif des bovins et en sort à travers les tissus pour se fixer sous la peau qu'elle finit par percer.
La bête maigrit et son cuir est dévalorisé par les trous, appelés également des varrons. C'est de l'"hypodermose.

VARRON (Terentius)
It. **Varrone**
Polygraphe et agronome romain (-126 à -27 avant J.-C.) dont il reste un *De re rustica.*
D'un savoir encyclopédique, il contribua à la restauration de l'agriculture italienne à la fin des Guerres Civiles.

VASE n.m.
En. **vase, vessel**
De. **Vase, Gefäss**
Es. **vaso, florero**
It. **vaso**
Récipient pour des liquides et pour des cultures florales.
Etym. Du latin *vas.*

VASE n.m.
1. *(Lyonnais).* Mesure de capacité de 76 litres.
2. Taille d'un arbre fruitier dont les branches sont maintenues pendant un certain temps par un cercle, afin de conserver à l'arbre une forme circulaire comparable à celle d'un vase.

VASE n.f.
En. **mud**
De. **Schlamm**
Es. **cieno, limo**
It. **melma**
Boue desséchée, composée de terre et de débris organiques, utilisée comme engrais.
Etym. Du hollandais *wase.*

VASÉE n.f.
1. Récolte gâtée par la vase d'une inondation.
2. Terre couverte de dépôts par une crue.

VASSAL n.m.
En. **vassal**
De. **Vasall**
Es. **vasallo**
It. **vassallo**
Dans la société féodale, homme qui recevait de son suzerain un domaine plus ou moins vaste, un *fief*, qu'il devait administrer et protéger et, en échange duquel, il était tenu d'apporter aide et conseil à son supérieur.
Le vassal se distinguait du roturier et du vilain en ce sens qu'il ne se livrait qu'au métier des armes, et non aux travaux des champs, et qu'il ne versait pas de redevances en espèces ou en nature.
Etym. Du latin *vassalus*, terme d'origine celte.

VASSIVE n.f.
1. *(Berry).* Brebis âgée de vingt à trente mois.
2. Pâturage sur un sol volcanique réservé aux génisses.
Syn.Vacive.
3. Ensemble des agneaux d'une bergerie.

VASSIVEAUX n.m.p.
Agneaux nés au printemps de l'année qui précède celle où on les livre à la boucherie.
Ils ont donc entre 12 et 24 mois.

VASTÉRIA n.f.
(Nice). Terrain mis en culture temporaire dans les montagnes à vaches des pays niçois.

VASTES n.f.p.
(Centre.) Espaces incultes et vagues où paissent les troupeaux.
Etym. Déformation de *gastes*, terres gâtées.

VASTIÈRE n.f.
(Provence). Terrain communal servant à la pâture, amélioré par la fumure des troupeaux.

VAUDE n.f.
Plante tinctoriale de la famille des Résédacées.
Elle était cultivée pour la teinte jaune brillante qu'elle donnait aux tissus mordancés (Littré).
Etym. Déformation de *gaude.*

VAUDRE n.f.
(Normandie). Plante tinctoriale de la famille des Crucifères que l'on cultivait jadis pour la teinture bleue extraite de ses feuilles.
Etym. Déformation de *guède.*

VAUPLATE n.f.
(Normandie). Grand fût en bois très épais pour conserver le cidre.

VAURE n.f.
Lande, broussailles, sur sol imperméable, humide.
Etym. D'origine celtique comme Woëvre en Lorraine.

VAVASSEUR n.m.
(Normandie). Tenancier d'une vavassorerie.

VAVASSORERIE n.f.
En. **vavasory**
De. **Afterlehensgut**
Es. **valvasoria**
It. **valvassoria**
(Normandie). Fief tenu par le vassal d'un vassal, donc par un *vavassal* ou *vavasseur.*
La vavassorerie était vilaine si le vassal devait service et rente, elle était noble si le vassal ne devait que l'aide aux quatre cas.
Syn.Vavassourie.

VAYSSETTE n.f.
Parcelle où sont plantés et où poussent des noisetiers.
Etym. Du pré-latin *vaysse*, noisetier.

VAYSSIÈRE n.f.
1. Bois où poussent des noisetiers.
2. Lieu abandonné à des ronces et à des vignes sauvages.

V.C.C.
Vin de Consommation Courante.
Les meilleurs sont dits vins de pays.

V.C.C.S.
Vin de Consommation Courante Sélectionné.

V.D.Q.S.
Vin délimité de qualité supérieure.
Vin ayant une qualité déterminée, après analyse et dégustation sous le contrôle du syndicat responsable de l'appellation et de l'étendue de son territoire.

VEAU n.m.
En. **calf**
De. **Kalb**
Es. **ternero, becerro**
It. **vitello**
Petit de la vache.
Etym. Du latin vitellus.

VEAU BLANC l.m.
Veau à viande blanche, car il a été élevé dans l'obscurité et nourri avec du lait et des oeufs.

VEAU BROUTIER l.m.
Veau qui a commencé à se nourrir d'herbe.
Syn. Broutard.

VEAU DE LAIT l.m.
Veau qui n'a encore bu que du lait.

VEAU DE LYON l.m.
Veau de race limousine ou charolaise, âgé de 12 à14 mois et pesant, poids vif, de 350 à 450 kg.

VEAU DE REPASSE l.m.
Veau d'une dizaine de jours, vendu à un éleveur qui le nourrit à l'aide d'une ou de plusieurs vaches laitières dont on a sevré les petits.

VEAU DE SAINT-ETIENNE l.m.
Veau de race limousine, âgé de 9 à 10 mois, et pesant, poids vif, entre 300 et 400 kg.

VEAU SOUS LA MÈRE l.m.
Veau élevé uniquement avec le lait de sa mère qu'il tête matin et soir.

VECTEUR n.m.
En. **vector**
De. **Überträger**
Es. **vector**
It. **vettore**
Organisme, ou hôte, qui transmet à un végétal ou à un animal, sains, un germe pathogène prélevé sur un individu malade.
Ainsi, la mouche tsé-tsé transmet aux bovins et aux hommes par ses piqûres la maladie du sommeil ; des pucerons transportent des virus qui gâtent les pommes de terre, etc.
Etym. Du latin vector, celui qui porte.

VÉDELET n.m.
(Cantal). Pâtre qui garde spécialement les veaux.

VEGA n.f.
(Espagne du sud). Plaine intensément cultivée grâce à l'irrigation rendue possible par la proximité d'un cours d'eau.
Ne pas confondre avec huerta.

VÉGÉTAL n.m.
En. **plant, vegetable**
De. **Pflanze**
Es. **planta, vegetal**
It. **vegetale**
Plante quelconque douée de vie, qui s'accroît et se reproduit, mais qui est privée de sensibilité, de volonté et, en général de mouvement.
Elle peut être utile et entrer dans la catégorie des plantes cultivées et utilisées par l'homme, ou bien être nuisible et nécessiter des moyens de prévention et de destruction.
Etym. Du latin vegetare, prendre vie.

VÉGÉTAL adj.
En. **vegetable**
De. **Pflanzen-, pflanzlich**
Es. **vegetal**
It. **vegetale**
Se dit de tout ce qui a trait aux plantes et, en particulier aux plantes cultivées.
De là un grand nombre de dérivés. végétable, végétation, végétatif, végéter, végétant, etc.

VÉGÉTATIF adj.
En. **vegetative**
De. **vegetativ**
Es. **vegetativo**
It. **vegetativo**
Qualifie ce qui a trait à la naissance et à la croissance d'un être vivant, à l'exclusion de ce qui provient d'une reproduction sexuée.
Ainsi la multiplication végétative est obtenue par bouture, greffe et non par semence.

VÉGÉTATION n.f.
En. **vegetation**
De. **Vegetation**
Es. **vegetación**
It. **vegetazione**
1. Ensemble des plantes qui caractérisent un paysage.
2. Développement progressif d'une plante vivace.
3. Période de l'année où germent et poussent les plantes.
Etym. Du latin vegerere, faire pousser.

VEILLÉE n.f.
En. **evening**
De. **Wache**
Es. **velada**
It. **veglia**
Temps qui s'écoule entre l'heure du dîner du soir et le coucher.
Jadis, dans les campagnes, c'était l'heure où parents et amis du voisinage se réunissaient chez l'un d'entre eux et, autour du foyer, devisaient, écoutaient les récits des vieilles gens ; on se livrait à de menus travaux: filage de la laine ou du chanvre, énoisage, égrenage du maïs ; ces réunions se tenaient en hiver quand les nuits sont longues.
Etym. Du latin vigilare, veiller.

VEILLOIR n.m.
(Maine). Petit tas de foin qu'on laisse sur la prairie, soit directement sur le sol, soit sur un séchoir (fil de fer ou perroquet) afin qu'il finisse de sécher.
Syn.Veillote, villotte.

VEILLON n.m.
(Bretagne). Trèfle de deuxième année que l'on fait pâturer.

VEILLOTTES n.f.p.
(Normandie). Petits tas de foin, ou larges andains, rassemblés le soir quand le foin n'est pas encore complètement sec.

VÊLAGE n.m.
En. **calving**
De. **Kalben**
Es. **parición, parto de la vaca**
It. **figliatura**
Parturition, naissance d'un veau.
Dans l'espèce bovine, quand elle est difficile, on utilise un forceps, appelé vêleuse.
Syn.Vêlement.
Etym. Du latin vitulus, veau.

VELANI n.m.
Espèce de chêne qui produit des glands très gros, dans une cupule semblable à une noisette.
D'où son nom dérivé d'avellanède, noix d'Avella, ville d'Italie qui a donné son nom à une noisette ; son écorce contient un riche tannin.

VELDEN n.m.
(Flandre). Ensemble de parcelles ouvertes les unes sur les autres, et entourées d'un fossé ou d'une haie.
Equivalent du méjou breton.
Etym. Du hollandais veld, champ.

VÊLE n.f.
En. **heifer, calf**
De. **Kuhkalb, weibliches Kalb**
Es. **ternera**
It. **vitellina**
(Normandie). Veau femelle.
Syn.Velle.

VÊLER v.intr.
En. **to calve**
De. **kalben**
Es. **parir la vaca**
It. **figliare (detto di bovino)**
Mettre bas, dans l'espèce bovine.

VÊLEUSE n.f.
Sorte de forceps utilisé lors d'un vêlage difficile, pour extraire de force le veau nouveau-né.

VÉLOT n.m.
It. **vitello nato morto**
Petit veau, ou veau mort-né, dont le cuir sert à fabriquer du vélin.

VELTE n.f.
1. Ancienne mesure de capacité de 8 pintes ou de 48 pouces cubes, soit 7,5 l.
2. Règle en fer, ou en bois, graduée pour mesurer le contenu des fûtailles.
Au XVIème siècle, elle était appelée parfois verge, *et son utilisateur était un* vergeur, *plutôt qu'un* velteur *(G. Lizerand).*

VÉNAIRIE n.f.
Tenure de vilain ou de serf, établie dans une forêt.
Etym. Même origine que vênerie, du latin *venari*, chasser en forêt *(G. Lizerand).*

VENDANGE n.f.
En. **grape harvester** (1), **vintage** (1,3)
De. **Weinlese** (1)
Es. **vendimia** (1,3)
It. **vendemmia** (1)
1. Récolte des raisins pour faire du vin.
2. Les raisins récoltés et transportés à la cuve.
3. Saison où l'on récolte les raisins.
4. Extraction du miel des ruches.
Ce dernier sens a vieilli.
Etym. Du latin *vindemia*, vendange.

VENDANGER v.tr.
En. **to vintage**
De. **Wein lesen, Wein ernten**
Es. **vendimiar**
It. **vendemmiare**
Récolter les raisins pour en faire du vin.
Ne peut s'employer quand on cueille des raisins de table.

VENDANGEROT n.m.
(Bourgogne). Panier d'osier pour recueillir les raisins.

VENDANGEUR n.m.
En. **vintager**
De. **Weinleser, Winzer**
Es. **vendimiador**
It. **vendemmiatore**
Personne qui coupe les raisins mûrs pour en faire du vin.

VENDANGEUSE n.f.
En. **vintager**
De **Weinleserin, Winzerin**
Es. **vendimiadora**
It. **vendemmiatrice**
Femme qui coupe les raisins mûrs pour en faire du vin.

VENDANGEUSE n.f.
Machine agricole pour vendanger.
Construite comme un enjambeur, *et munie de batteurs et de tambours, elle recueille 90% des raisins dans une vigne préparée pour son emploi.*

VENDANGEOIR n.m.
En. **grape basket** (1)
De. **Winzerkorb, Erntekorb** (1), **Weinkeller, Gärkeller** (2)
Es. **cuévano** (1)
It. **gerla di vendemmiatore** (1)
1. Panier ou hotte pour transporter des raisins.
2. Cellier où l'on traite la vendange.

VENDÉENNES (RACES) l.f.p.
Races de bovins et d'ovins rappelant par leurs caractéristiques les races parthenaises et se localisant entre la Loire et la Charente.

VENDÉMIAIRE n.m.
En. **vendémiaire**
De. **Vendemiaire (Weinmonat)**
Es. **vendimiario**
It. **vendemmiaio**
Premier mois de l'année selon le calendrier républicain.
Il commençait à l'équinoxe d'automne (22 septembre) et durait jusqu'au 22 octobre. Il coïncidait avec la principale période des vendanges.
Etym. Du latin *vindemia*, vendange.

VENTAGE n.m.
V. Vannage.

VENTAISON n.f.
Maladie causée aux grains de blé par des vents trop violents *(Littré).*

VENTE n.f.
En. **sale** (1)
De. **Verkauf** (1)
Es. **venta** (1)
It. **vendita** (1)
1. Transfert, moyennant finances, d'un produit ou d'un animal, de son propriétaire à une autre personne, du vendeur à l'acheteur, notamment quand il s'agit de la cession d'une partie de forêt.
2. Coupe de bois délimitée dans une forêt.
3. Parcelle de forêt déboisée à la suite d'une vente.
Syn. Coupe.
Etym. Du latin *vendita*.

VENTÉ adj.
Qualifie un arbre dont le vent a retardé, ou modifié la croissance.
On dit qu'il est faux-vente.

VENTE SUR PIED l.f.
Vente d'une récolte, d'un taillis, d'une futaie, en fin de croissance, après estimation du prix global calculé par un expert et accepté par les parties.

VENTE À L'UNITÉ DE PRODUITS l.f.
Vente selon les prix unitaires fixés à l'avance, le prix global étant calculé à la fin des livraisons.

VENTE D'HERBE PAR CONTRAT l.f.
Vente de l'herbe d'un pâturage dont l'acheteur, qui en a la jouissance, ne peut s'y livrer à un travail d'exploitation agricole.

VENTE AU CADRAN l.f.
Vente par lots de produits, fruits ou légumes, chaque lot étant proposé à un prix élevé qui est baissé peu à peu sur un cadran jusqu'à ce que l'acheteur le juge assez bas pour l'accepter.

VENTER v.tr.
Remuer le blé avec une pelle pour l'aérer, pour éviter qu'il ne s'échauffe et pour détruire les parasites, blattes et charançons.
Actuellement, cette opération s'effectue mécaniquement dans les silos à céréales.

VENTEROLLE n.f.
Droit que l'acheteur d'une censive devait verser au seigneur. *(Littré).*

VENTES (DROITS DE LODS ET) l.m.p.
Droits de mutation des censives ou des tenures roturières, versés au seigneur éminent de la terre, en cas de vente ou de donation.
Ils s'élevaient en moyenne au dixième du prix. Ces droits portaient d'autres noms selon les régions : droits et honneurs, plaids, souffertes, etc.

VENTIER n.m.
1. Bûcheron chargé de marquer les arbres qui doivent être abattus à la suite de la vente de la coupe.
2. Acheteur d'une coupe de bois.

VENTILATEUR n.m.
En. **blower, fan, ventilator**
De. **Ventilator**
Es. **ventilador**
It. **ventilatore**
Instrument agricole destiné, soit à nettoyer les grains (tarare), soit à soufrer les vignes (soufreuse ou soufflet).

VENTILATION n.f.
Opération qui consistait à recenser les parcelles d'un domaine pour connaître les fiefs dont elles étaient mouvantes.
On pouvait ainsi déterminer celles qui étaient nobles et celles qui étaient roturières (L. Merle).

VENTIS n.m
En. **windfallen trees**
De. **Windbruch**
Es. **árboles derribados por el viento**
It. **alberi abbattuti dal vento**
Arbres abattus par le vent, soit naturellement, soit après que leur souche ait été déchaussée pour favoriser leur chute.
C'est alors un faux-ventis.

VENTÔSE n.m.
De. **Ventose (Windmonat)**
Es. **ventoso**
It. **ventoso**
Sixième mois du calendrier républicain, du 21 février au 20 mars, période de l'année où soufflent fréquemment les vents violents d'équinoxe.
Etym. Du latin *ventosus*, venteux.

VENTOUSE n.f.
Grosse branche laissée à un arbre fruitier en espalier quand il est trop vigoureux et trop riche en feuillage.
Elle absorbe la sève élaborée pour ses fleurs et ses fruits, appauvrissant les autres branches en suc nourricier.

VENTRIÈRE n.f.
En. **bellyband**
De. **Bauchgurt**
Es. **ventrera, barriguera**
It. **sottopancia, straccale**
Large courroie de cuir du harnais d'un cheval, fixée aux brancards, passant sous le ventre de la bête afin d'empêcher la charrette de basculer en arrière, grâce au poids du cheval.
On dit plutôt sous-ventrière.

VENTURE n.f.
V.*Vannure*.

VENTURIEZ n.m.
Cépage à raisins blancs, cultivé dans la région de Nice.

VER n.m.
En. **worm**
De. **Wurm**
Es. **gusano**
It. **verme**
Animal invertébré, au corps allongé, mou et contractile.
Plusieurs espèces intéressent l'agriculture.
a. Le ver de terre *ou* lombric, *qui ameublit le sol par ses galeries.*
b. Le ver solitaire, *ou* ténia, *qui atteint surtout les ovins et les affaiblit.*
c. Le ver plat *ou* douve, *qui s'introduit dans les organes des animaux domestiques.*
d. La trichine, *nématode qui pénètre dans le corps par la voie intestinale et dont les embryons forment des kistes dans les tissus.*
Le nom est donné à tort à des larves d'insecte, tels le ver blanc, *larve du hanneton, le* ver gris, *larve des noctuelles, le* ver à soie, *larve du bombyx, le* ver fil-de-fer, *larve de l'agriote, le* ver à viande, *larve de mouche ou asticot.*
Etym. Du latin vermis, *ver.*

VER À SOIE l.m.
En. **silkworm**
De. **Seidenraupe, Seidenwurm**
Es. **gusano de seda**
It. **baco da seta**
Chenille du bombyx du mûrier.
Après plusieurs mues, elle sécrète un suc avec lequel elle file son cocon ; elle s'y enferme et se transforme en chrysalide qui donnera naissance à un nouveau papillon. C'est avant l'éclosion de ce papillon qu'il convient d'utiliser le cocon en dévidant les 350 à 400 m de fil qui le composent. En Provence, le ver à soie est appelé magnan.

VER BLANC l.m.
En. **white grub**
De. **Engerling**
Es. **larva de abejorro**
It. **larva di maggiolino**
Larve du hanneton.
Elle cause des dégâts dans les jeunes plantations de légumes et de tabac, attirée par l'humidité de la terre arrosée pour favoriser la pousse des racines et des tiges.

VER-COQUIN n.m.
Es. **cenuro** (2)
It. **tignola della vite** (1), **cenuro** (2)
1. Chenille du lépidoptère appelé *cochylis* ou *teigne de la vigne (Conchylis ambiguella)*.
Sa larve, connue sous le nom de ver rouge *ou* ver du raisin, *est très nuisible à la vigne dont elle dévore les feuilles.*
2. Coenure, ou *larve du ténia*, ver qui provoque le tournis du mouton en s'attaquant aux cellules du cerveau.

VER GRIS l.m.
It. **larva della nottua**
Larve de la noctuelle, papillon de nuit.
Elle cause de graves dégâts dans les potagers.

VÉRAISON n.f.
En. **ripening**
De. **Reifen**
Es. **envero**
It. **invaiatura**
Maturation des fruits, notamment du raisin, dont les graines passent du vert au noir ou au doré et dont l'acidité diminue, remplacée par du glucose.
Etym. Du latin ver, *printemps*.

VERCHÈRE n.f.
1. Enclos situé près des maisons.
Abondamment fumé, il était au Moyen Age consacré à des vergers d'où son nom, ou à des cultures délicates.
2. Parcelle de choix dans un héritage.
3. *(Berry, Lorraine)*. Terrain en jachère, dans certaines régions de France.

VERDAGE n.m.
De. **Gründüngung**
Es. **abono vegetal**
It. **sovescio**
(Berry). Plante enfouie dans le sol au moment de sa floraison pour servir d'engrais vert (trèfle, lupin).

VERDAGON n.m.
(Ile de France). Vin âpre et acide provenant d'un raisin vert.
Terme usité en 1726, année de vin médiocre.

VERDAILLE n.f.
(Provence). Cépage à raisins noirs.

VERDAL n.m.
Cépage à raisins de table, aux grains blancs verdâtres.
Cultivé en Provence, variété de Merlot.

VERDALE n.f.
Es. **verdal**
(Provence). Variété d'olive de teinte très verte.

VERDEA n.f.
Vin blanc récolté en Italie, près de Florence.
Il conserve un goût un peu âpre et vert.

VERDELET adj.
En. **tart, slightly acid**
De. **säuerlich**
Es. **acedo, ácido, agrio**
It. **aspretto, asprigno**
Se dit d'un vin un peu acide, provenant de raisins qui n'ont pas atteint leur pleine maturité.

VERDELIER n.m.
(Anjou). Nom vulgaire de l'osier.

VERDERIE n.f.
1. Juridiction chargée de faire appliquer les règlements dans une certaine étendue de forêt.
2. Etendue de bois soumise à la garde et à la justice des *verdiers*.

VERDERONS n.m.p.
Secondes pousses mal venues des céréales, lorsque les premières ont été gelées ou dévorées par les mulots.

VERDESSE n.f.
Cépage à raisins blancs, cultivé dans l'Isère.
Appelé aussi Verdaisse musquée *ou* Etraire blanche.

VERDET n.m.
En. **verdigris** (3)
Es. **cardenillo, verdete** (3)
It. **verderame** (3)
1. Cépage à raisins blancs, cultivé en Agenais.
2. Maladie du maïs causée par un champignon de couleur verdâtre.
Il rend la farine nocive pour l'homme et le bétail.
3. Acétate de cuivre utilisé pour combattre le mildiou.

VERDEUR n.f.
En. **tartness, acidity**
Es. **agrura**
It. **immaturità**
1. Défaut d'un vin ou d'un fruit ayant conservé un goût âpre et acide, faute de maturité.
C'est aussi la force d'un vin par comparaison avec celle d'un homme.

VERDIAUX n.m.p.
1. Buissons d'osier sur les berges de la Loire.
2. Lieux-dits dans les îles de la Loire et de l'Allier.

VERDIER n.m.
En. **verderer**
De. **Förster**
Es. **jefe de guardias forestales**
It. **guardia forestale**
Officier des Eaux et Forêts, chargé d'administrer une verderie, à l'aide des gardes d'une forêt éloignée des *maîtrises (Lepointe)*.

VERDILLON n.m.
(Orléanais). V. *Piquette*.

VERDIN n.m.
Cépage à raisins blancs, cultivé dans le Haut-Poitou.
Le Gros Verdin *est un cépage à raisins noirs cultivé dans l'Orléanais.*

VERDIOT n.m.
Coq mal chaponné, à chair de médiocre qualité.

VERDISSEMENT n.m.
It. **inverdimento**
Maladie des cidres fabriqués avec des pommes peu acides.
Elle est due à la transformation des sels ferreux en sels ferriques décomposés par les acides tartrique et citrique, tout en prenant une couleur verte.

VERDONDAINE n.f.
Instrument utilisé par les tonneliers pour creuser le *jable* des douves.
Syn. Jabloir (fig. 202).

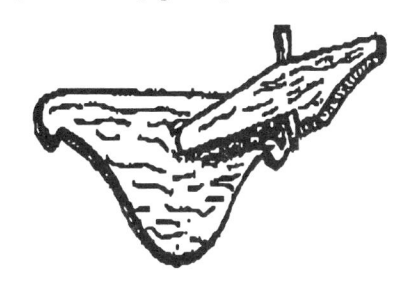

(Fig. 202). Verdondaine

VERDOT n.m.
Cépage à raisins noirs, cultivé dans les palus du Bordelais.
Appelé également Carmelin, Plant des palus.
Il donne le vin de Palus supportant bien les voyages en mer.

VERDURE n.f.
En. **greenery** (1)
De. **Grün** (1)
Es. **verdura** (1), **hortalizas** (2)
It. **verdura** (1)
1. Fourrages consommés verts.
2. Plantes potagères.

VERDURIER n.m.
It. **ortolano**
Marchand de légumes verts.

VERGE n.f.
En. **rod** (1)
De. **Gerte, Rute** (1)
Es. **vara** (1), (2), **verga** (4)
It. **verga** (1)
1. Partie du fléau qui servait à battre le blé.
*C'était un bâton long de 1 m 50 environ, et qui, par un mouvement de rotation autour de l'extrémité du manche, venait frapper les épis pour en faire sortir les grains (fig. 91).
On disait aussi une* batte.
2. Unité de mesure agraire valant le quart d'un arpent.
3. Bâton gradué servant à mesurer la capacité d'un tonneau.
4. Organe mâle de la copulation chez les mammifères.
Etym. Du latin virga, bâton pour battre.

VERGEAGE n.m.
1. Mesure des dimensions d'un tonneau à l'aide d'une verge.
2. Mesure de la surface d'une parcelle à l'aide d'une unité de surface agraire appelée *verge,* et valant un quart d'arpent, soit 0,1276 ha.

VERGÉE n.f.
Ancienne mesure agraire valant 40 perches, soit à Paris, 40 fois 484 pieds carrés, soit 40 carrés de 7 m 25 de côté, très variable selon les régions.

VERGELÉE n.f.
(Oise). Variété de poire cultivée dans la région de Saint-Leu-d'Essérent.

VERGER n.m.
En. **orchard**
De. **Obstgarten**
Es. **vergel**
It. **frutteto** (1)
1. Parcelle plantée d'arbres fruitiers en haute tige, disposés en quinconce.
2. Plantation d'arbres forestiers sélectionnés dont on recueille les graines pour des semis.
C'est un verger à graines, *constitué de sujets provenant de semences choisies.*
Etym. Du latin viridis, vert, et viridarium, lieu planté d'arbres.

VERGER CIDRICOLE l.m.
Verger de pommes à cidre.

VERGNASSE n.f.
(Centre). Prairie de médiocre qualité, où poussent des *vergnes* ou aulnes.

VERGNE n.m.
En. **alder**
De. **Erle**
Es. **aliso**
It. **ontano, alno**
Arbre du genre des Bétulacées.
C'est l'aulne.
On retrouve ce terme dans de nombreux noms de lieu comme Verneuil. On dit aussi verne *pour désigner l'aulne, arbre du genre des Bétulacées et des lieux humides.*
Etym. Origine celte

VERGUE n.f.
Sarment de 5 à 6 yeux, ou bourgeons, destiné à produire des raisins.

VÉRINE n.f.
Tabac d'excellente qualité, cultivé en Amérique tropicale, et qui est à l'origine de la variété française, dite *Paraguay.*
Etym. De Varinas, ville du Vénézuéla autour de laquelle cette variété de tabac a d'abord été cultivée et sélectionnée.

VERJUS n.m.
En. **verjuice** (1)
De. **unreife Traube**
Es. **agraz**
It. **agresto**
1. Suc acide tiré du raisin encore vert.
Il sert à relever le goût de certains mets, tel le poisson.
2. Raisin cueilli encore vert.
3. Variété de raisin à très gros grains et dont le jus sert à atténuer la fadeur des sauces.
Syn. Egret.

VERMENTINO n.m.
Cépage à raisins noirs, cultivé à Madère et en Corse.
Variété de Malvoisie.

VERMICIDE n.m.
En. **vermicide**
De. **Wurmmittel, Vermizid**
Es. **vermicida**
It. **vermicida**
Préparation chimique qui tue les vers.

VERMIFUGE n.m.
En. **vermifuge**
De. **Wurmmittel**
Es. **vermifugo**
It. **vermifugo**
Produit pour chasser ou détruire les vers intestinaux (ténia, oxyure).
Pour les petits animaux, on utilise le semen contra *et la* santonine ; *pour les grands, on a recours au* calomel, *à l'essence de térébenthine.*
Etym. Du latin vermis, ver, et fugare, chasser

VERMIGLIO n.m.
Cépage à raisins noirs, cultivé en Piémont.

VERMINEUSES (MALADIES) l.f.p.
En. **verminous diseases**
De. **Wurmkrankheiten**
Es. **enfermedad verminosas**
It. **malattie provocate da vermi**
Maladies dues à la présence de vers dans les divers organes du corps des animaux, notamment dans l'intestin avec les *ténias* que l'on combat avec des vermifuges à base de *semen contra*.

VERMINIÈRE n.f.
Fosse où l'on entasse des débris de viande, d'os et de plantes, afin d'y favoriser le pullulement de vers destinés à la nourriture des volailles.

VERNAL adj.
En. vernal
De. Frühlings-
Es. vernal
It. primaverile
Qui a trait au printemps.
Ex. Une floraison vernale.
Etym. Du latin *ver*, printemps.

VERNALISATION n.f.
En. vernalization (1)
De. Vernalisation, Jarowisation (1)
Es. vernalización (1)
It. vernalizzazione (1)
1. Opération qui consiste à soumettre les graines d'une plante à l'action du froid pour les rendre aptes à une croissance et à une floraison rapides.
Ainsi, du blé d'automne vernalisé peut être semé au printemps et mûrir au début de l'été.
V. Printanisation.
2. Action mal connue du froid de l'hiver sur le rythme de croissance des plantes dans les régions tempérées.
Elle arrête la circulation de la sève faute de chaleur, et la fonction chlorophyllienne faute de soleil.
Etym. Du latin *vernum*, printemps.

VERNAY n.m.
Cépage à raisins noirs, cultivé dans l'Isère.

VERNET n.m.
1. Endroit où poussent des *vergnes* (aulnes).
2. Terre humide et marécageuse.
On dit aussi un vernois, *ou une* vernière, *dérivés de vergne, nom celte de l'aulne.*

VÉRONIQUE n.f.
En. speedwell
De. Ehrenpreis
Es. verónica
It. veronica
Plante herbacée, ou arbustive, de la famille des Scrofulariacées.
Les espèces herbacées sont nuisibles dans les céréales. Certaines espèces sont cultivées comme plantes d'ornement et pour leurs qualités thérapeutiques ; leurs fleurs bleues, en forme de grappes, servent à faire des infusions toniques (Veronica officinalis) ; appelées aussi thé d'Europe.

VÉROT
Cépage à grains panachés, noirs et blancs, ou tout blancs, cultivé en Basse Bourgogne, où il est appelé aussi *Tressot*.

VERRAISON n.f.
V. Veraison.

VERRAT n.m.
En. boar
De. Eber
Es. verraco, cerdo, marrano
It. verro
Porc mâle élevé pour la reproduction, dès l'âge de 10 mois et pendant cinq ans.
Etym. Du latin *verres*, porc.

VERRINE n.f.
En. bell-glass
De. Glaskasten
Es. campana de vidrio
It. coperchio di vetro
Variété de cloche pour jardinier, composée de plaques de verre réunies par des lamelles de plomb, comme les vitraux des églises.
On dit aussi verrière.

VERROT n.m.
1. Ver blanc, ou larve du hanneton, qui dévore les racines des jeunes plantes.
2. Courtilière.

VERSABLE adj.
Qualifie une plante cultivée dont la tige se couche sur le sol, sous la poussée du vent, ou bien à cause de la faible résistance de ses tissus.
Elle ne peut ensuite se relever, ce qui nuit à la maturité de ses graines. C'était le défaut des blés à longue tige que l'on a délaissés pour des blés à tige plus courte et plus dure.

VERSADI n.m.
(Auvergne). Marcottage de la vigne.

VERSAGE n.m.
En. first plough
De. Umgraben, erstes Umpflügen
Es. primera labor
It. prima aratura
Premier labour donné à une parcelle après une période de jachère.
Il s'agit de renverser la terre avec le versoir d'une charrue.

VERSAINE n.f.
1. *(Lorraine)*. Sole en jachère, où l'on cultivait cependant des trèfles et des plantes sarclées.
Syn. Jachère pâturée.
2. Terre labourée à longs sillons pour être ensemencée.
3. Longs sillons d'une parcelle en lanières.
4. *(Saintonge)*. Sillons que l'on comble avec la terre du décavaillonnage entre les rangs de vigne.
5. Prairie abandonnée au bétail avant d'être fauchée (G. Plaisance et A. Cailleux).
Etym. Deverser.

VERSAIRE n.f.
(Centre). Sole en jachère.

VERSANNE n.f.
1. Jachère au cours de la troisième année de l'assolement.
2. *(Champagne)*. Jachère quelconque.
On dit aussi versenne.

VERSE n.f.
En. lodging
De. Niederschlag
Es. caída de las mieses, encamado
It. allettamento
Etat des tiges de céréales couchées par le vent et la pluie, accident qui nuit à la maturation des grains et qui est dû, outre les influences météorologiques, à des tiges trop longues, à des semis trop serrés et à des tissus peu résistants par manque de silice.
Par sélection on a obtenu des céréales à tiges courtes et dures, inversables.
Etym. Du latin *versare*, retourner.

VERSER v. intr.
En. to overturn (3)
De. sich legen (1), kippen (3)
Es. encamar (1), volcar (3)
It. allettare (1), arare (2), ribaltare (3)
1. Pour les céréales, se coucher à terre, à cause du vent et de la pluie.
2. Labourer un champ
3. Pour un char, une voiture, se renverser.
Etym. Du latin *versare*.

VERSOIR n.m.
En. mouldboard, moldboard
Es. vertedera, orejera
It. versoio, orecchio
Partie de la charrue qui renverse vers la droite la tranche de terre découpée par le coutre et le soc
Appelée aussi oreille, *en raison de sa forme contournée (Littré).*

VERT n.m.
Nom de divers cépages : Vert chenu, Vert rouge, etc.

VERT (METTRE UNE BÊTE AU) l.v.
Faire manger de l'herbe verte à une bête.

VERT (SE METTRE AU) l.v.
Aller à la campagne.

VERT adj.
En. unripe (1)
De. grün, unreif (1)
Es. verde (1)
It. immaturo (1)
1. Qualifie les fruits, les grains et les légumes qui ne sont pas encore mûrs : raisins verts, pois verts, légumes verts.
2. Se dit des fourrages consommés avant qu'ils ne soient secs.
3. Se dit d'un vin acide qui n'a pas encore vieilli, ou qui reste astringent faute de maturité du raisin.
4. Se dit du bois coupé, qui contient encore de la sève et qui brûle mal.
5. Se dit d'une espèce de chêne à feuilles persistantes, *Quercus ilex*, qui pousse sur sol calcaire dans le Midi méditerranéen.
C'est le chêne vert.
6. Se dit du café non encore torréfié.
Etym. Du latin *viridis*.

VERTICILLE n.m.
En. verticil
De. Kranz
Es. verticilo
It. verticillo
Ensemble des feuilles, des fleurs, des bourgeons insérés en collerette au même

niveau autour d'une tige, comme les rayons d'une roue.
Autour d'une fleur, le calice, la corolle, les étamines forment un verticille.
Etym. Du latin *verticilum*.

VERTICILLIOSE n.f.
En. **potato wilt**
De. **Welkekrankheit**
Es. **traqueoverticiliosis**
It. **tracheoverticillosi**
Maladie cryptogamique, causée par le champignon *Verticillium alboatrum*, qui atteint diverses plantes cultivées, notamment la pomme de terre dont les feuilles jaunissent et se dessèchent, au niveau du verticille.

VERTOU n.pr.
Chef-lieu de canton de la Loire Atlantique, réputé pour ses vins blancs.

VERTS DE BETTERAVE l.m.p.
Es. **hojas de remolacha**
Feuilles de betteraves recueillies après le décolletage.

VERTUGADIN n.m.
En. **lawns at different levels**
De. **Wulst**
Es. **vertugado, césped en explanada**
It. **piano erboso ad anfiteatro**
Ensemble de pelouses disposées en amphithéâtre autour d'une cour ou d'une pièce d'eau.

VERTUMNE n.pr.
Dieu des vergers et des jardins, dieu de l'automne, saison où les récoltes sont mûres.
Epoux de Pomone, déesse des fruits dans la mythologie étrusque.

VERTUS n.pr.
Chef-lieu de canton de la Marne.
Ses vins de la côte d'Avize sont parmi les plus réputés de Champagne.

VÉRUE n.f.
It. **tignola**
Ver qui attaque les grains de raisin après la floraison.

VERVEINE n.f.
En. **vervain**
De. **Eisenkraut**
Es. **verbena**
It. **verbena**
Plante de la famille des Verbénacées dont une espèce, originaire du Chili, la verveine officinale, *Lippia citriodora*, sert à préparer des infusions parfumées, sédatives et digestives, et des liqueurs très appréciées.
Etym. Du latin *verbenaca*, verveine.

VERVEUX n.m.
Panier en osier de forme cônique, que l'on attachait au dos des bêtes de somme, à leurs vertèbres, pour transporter fruits et légumes. C'était une variété de bât (fig. 203).
Etym. Du latin *vertibula*, vertèbre.

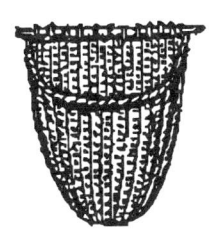

(Fig. 203). Verveux

VERZENAY n.pr.
Commune du département de la Marne.
Située sur les pentes de la Montagne de Reims, au centre des vignobles de Champagne les plus réputés.

VERZY n.pr.
Chef-lieu de canton du département de la Marne.
Situé sur les versants de la Montagne de Reims, au centre de l'un des vignobles les plus réputés de Champagne.

VESCE n.f.
En. **vetch**
De. **Wicke**
Es. **arveja, vicia**
It. **veccia**
Plante de la famille des Papilionacées (*Vicia sativa*), originaire de l'Inde.
Sans doute broutée à l'état sauvage par les herbivores depuis des millénaires et cultivée dès l'époque de Caton l'Ancien, c'est un excellent fourrage vert quand on la coupe en pleine floraison, ou un très bon fourrage sec si on la rentre après la maturité des gousses, ses graines étant très nutritives.
Etym. Du latin *vicia*, vesce.

VESCERON n.m.
1. Petite vesce, ou vesce à épis (*Ervum hirsutum*).
2. Gesse cultivée.

VÉSIAU n.f.
Groupement fermé des habitants d'une vallée pyrénéenne (Ossau, Aspe, etc.)
Pour en faire partie, il fallait être né sur le territoire de la communauté et y posséder un bien-fonds. Pour y être admis, un étranger devait obtenir le consentement des vésius. Ceux-ci imposaient parfois aux nouveaux habitants un stage et le paiement d'une indemnité avant de leur accorder la qualité de vezi (voisin). Au sein même de la vésiau, l'exploitation des pâturages et des forêts était réservée à un nombre restreint de personnes (H. Cavaillès).
Etym. De *voisin*.

VESOU n.m.
En. **cane-juice**
De. **Zuckerrohrsaft**
Es. **guarapo**
It. **sugo della canna da zucchero**
Jus de canne à sucre obtenu avec des moulins primitifs par écrasement et pression des tiges.

VESPIAIRE n.m.
Défricheur de terres incultes *(vieilli)*.

VESSANE n.f.
(Provence). Terrasse de culture sur un versant.

VESSERON n.m.
(Berry). Gesse cultivée.

VESSIÈRE n.f.
Champ de vesces.
On dit aussi vesseau en Périgord. Ne pas confondre avec vayssière.

VEST n.m.
Partie de la cérémonie où avait lieu l'investiture d'un fief ou d'une censive.
Elle faisait suite au devest. A ce moment là, le seigneur investissait le nouveau vassal, ou le nouveau censitaire, par le geste symbolique de la festuca ; il lui jetait un fêtu de paille, ou une motte de terre, pour montrer qu'il se dessaisissait du fief, ou de la censive, au profit du nouvel investi. Venaient ensuite la prestation de foi, l'hommage, ou la reconnaissance de rente, selon la qualité de l'investi, noble dans le premier cas, roturier dans le second.

VESTIR v.tr.
Mettre un vassal en possession d'une terre, à titre de fief, ou de censive.
Etym. Du latin *vestis*, vêtement, d'où dérivent *vestir* et *investir*.

VÊTE n.f.
Fermeture des pâturages d'estive des Pyrénées de l'Ouest.
Elle a lieu dès les premières neiges, fin septembre, ou début octobre. Le pâturage fermé est dit en vêtat, ou bédat.
Etym. Du latin *vetare*, interdire.

VÊTER v.tr.
(Pyrénées occidentales). Mettre en défens les pâturages et les forêts.

VÉTÉRINAIRE n.m.
En. **veterinary**
De. **Tierarzt**
Es. **veterinario**
It. **veterinario**
Personne qui pratique la médecine des bêtes.
Etym. Du latin *veterinarius*, dérivé de *veterina*, pluriel neutre, relatif aux bêtes de somme et de trait.

VÉTÉRINAIRE adj.
Relatif à l'art de soigner les maladies des animaux, telle la médecine vétérinaire.

VÉTIVER n.m.
En. **vetiver**
De. **Vetiver**
Es. **espicanardo, vetiver**
It. **vetiveria**
Plante de la famille des Graminées *(Andropogon muricatus)*, originaire de l'Inde.
Elle est cultivée pour le parfum que l'on extrait de ses racines et qui fait fuir les mites.
Etym. Du tamoul *vettiveru*.

VEULE adj.
It. **leggero**
Se dit d'une terre légère, très meuble, où les racines des plantes ne se fixent pas avec solidité.

VÈVRE n.f.
Région humide, pauvre, boisée.
Etym. De l'indoeuropéen *vabr*, marécage, que l'on retrouve dans *Woëvre* et dans *Vouvray*.

VÉYETTE n.f.
(Vendée). Sentier pour piéton sur la bordure d'un champ, avec des *échaliers* pour franchir les haies.

VÉZIS n.m.p.
Dans les vallées pyrénéennes, voisins qui concluaient des ententes entre eux pour régler les droits de pacage sur les estives.
Etym. De l'occitan, *voisins*.

VIALA n.m.
Cépage américain, hybride de *Riparia* et de *Labrusca* qui a servi de porte-greffe.
Son nom vient de Viala Pierre, éminent agronome français (1859-1936), qui se consacra à la reconstitution du vignoble français après la crise du phylloxéra.

VIALET n.m.
(Centre). Sentier à travers champs.
On dit aussi violet, voiet, pour chemin étroit.
Etym. Du latin *via*, chemin.

VIANDE n.f.
En. **meat**
De. **Fleisch**
Es. **carne**
It. **carne**
Nourriture tirée des muscles des animaux à sang chaud (boeuf, mouton, chèvre, porc, lapin, volaille).
N'est pas considérée comme viande la chair des poissons et des mollusques. La viande proprement dite est le résultat de l'assimilation par l'animal des matières azotées provenant des végétaux. Elle constitue un anneau essentiel dans la chaîne qui unit l'homme aux éléments biologiques du monde terrestre. On distingue la viande blanche (veau, lapin, volaille) de la viande rouge (boeuf, mouton, cheval. La viande noire provient du gibier (lièvre, perdreau, sanglier). L'utilisation d'hormones dans la nourriture du bétail a accru considérablement la production de viande. La viande desséchée constitue un excellent engrais azoté, et, réduite en farine, elle sert à l'alimentation des porcs et des veaux.
Etym. Du latin *vivenda*, ce dont on peut vivre.

VIBRIOSE n.f.
En. **vibriosis**
Es. **vibriosis**
It. **vibriosi**
Maladie contagieuse, due à une bactérie *(Vibrio foetus)* qui se manifeste par des avortements chez la vache et la brebis.
Etym. De vibrer.

VIBROCULTEUR n.m.
1. Appareil agricole doté de dents métalliques souples et animées, quand elles sont tractées, d'un mouvement vibratoire qui ameublit la terre et en extirpe les mauvaises herbes.
Syn. Canadienne.
2. Instrument à commande électrique et qui, par les vibrations qu'il produit dans un système de tamis, permet de nettoyer et de trier les grains de céréales et de fourrages.
Syn. Vannoir.
Etym. Du latin *vibrare*, vibrer, et *colere*, cultiver.

VICANE n.m.
Cépage à raisins blancs et à gros grains, cultivé en Saintonge.

VICARIANCE n.f.
En. **vicariousness** (1)
Es. **vicariancia**
It. **vicarianza**
1. Suppléance d'un organe défectueux par un autre organe sain.
Par exemple, le rein compensant le foie déficient.
2. Remplacement d'une espèce de plante par une autre plante de même valeur quand la première n'est plus cultivable à cause du climat, du matériel ou du marché.
Par exemple, la vigne est remplacée par le pommier en Normandie. Ainsi, d'un hémisphère à l'autre, sous un même climat, des espèces différentes, mais de mêmes exigences, créent des formations végétales vicariantes.
Etym. Du latin *vicarius*, lieutenant.

VICE RÉDHIBITOIRE l.m.
De. **Gewährskrankheit**
Es. **vicio redhibitorio**
It. **vizio redibitorio**
Vice caché d'un animal domestique.
Non signalé au moment de la vente, il en entraîne l'annulation et la restitution de l'animal au vendeur, avec parfois, une amende au profit de l'acheteur. Parmi les vices rédhibitoires, on peut signaler l'emphysème chronique, le tic chronique, le cornage chronique pour le cheval, l'âne, le mulet, la ladrerie pour le porc.
Etym. Du latin *redhibitum*, avoir de retour.

VICINAL adj.
En. **by-road, parish road**
Es. **vecinal**
It. **vicinale**
Se dit d'un chemin qui joint deux villages voisins.
On dit parfois des chemins voisinaux.
Etym. Du latin *vicinus*, voisin.

VICINI n.m.p.
A l'époque carolingienne, groupe de propriétaires fonciers, proches les uns des autres, et aptes à hériter de l'un des leurs s'il mourait sans héritier.
Ce droit remontait sans doute aux premiers temps de l'organisation des communautés germaniques.
Etym. Du latin *vicini*, les voisins.

VICOMTÉ n.m.
En. **viscounty**
Es. **vizcondado**
It. **viscontea**
Terre qui conférait à celui qui la recevait et la possédait le titre de vicomte, titre supérieur à celui de baron et inférieur à celui de comte.
Etym. De *vice* et de *comté*.

VICQ n.m.
Dans le domaine de la villa, écart, hameau voisin du village.
Ce terme s'est maintenu dans le nom de nombreux lieux-dits, et en particulier dans les vallées pyrénéennes du Béarn.
Etym. De *vicinus*, voisin.

VIDANGE n.f.
En. **emptying** (1)
De. **Räumung** (1), **Ausleerung**
Es. **abono** (3)
It. **spurgo** (1)
1. Opération qui consiste à vider un étang pour le mettre en culture.
2. Action de retirer d'une forêt les arbres abattus.
3. Engrais composé des immondices d'une fosse d'aisance.
Etym. Du latin *vacuus*, qui est vide.

VIDANGE (EN) l.adj.
Se dit d'un tonneau en cours de vidage.

VIDE-MAIN n.m.
Droit pour un seigneur d'obliger un étranger, acquéreur d'une terre de sa seigneurie, à s'en dessaisir au profit de l'un de ses vassaux.

VIDURE n.f.
Cépage à raisins noirs, cultivé dans la région bordelaise.
*Equivalent du Cabernet sauvignon. Peut-être tire-t-il son nom des **Bituriges vivisci**, peuplade celte de la même région.*

VIE COMMUNAUTAIRE l.f.
En. **community life**
De. **Gemeinschaftsleben**
Es. **vida comunal**
It. **vita comunitaria**
Manière de vivre des habitants d'un village ou d'une région.
Ils exploitent en commun une partie, ou la totalité, de leur finage. ils s'entraident pour effectuer les travaux des champs, ou la garde des troupeaux. ils vendent ou ils achètent des produits en se groupant en coopérative et ils participent en commun à l'administration de la commune, aux fêtes et aux cérémonies de leur association. Cette union est plus ou moins développée selon le degré de civilisation des populations concernées.

VIE PASTORALE l.f.
En. **pastoral life**
De. **Hirtenleben**
Es. **vida pastoril**
It. **vita pastorale**
Ensemble des occupations d'un gardien de troupeau, se déplaçant selon les saisons des pâturages de montagne à ceux des plaines, ou des régions sèches aux régions humides.
Il se distingue du nomade en ce sens que son troupeau et lui-même ont des attaches dans un village de sédentaires.

VIÉDASE n.f.
(Provence). Aubergine.
En occitan, il signifie pied d'âne *et c'est un juron.*

VIEH n.m.
Terme germanique signifiant *bête, bétail* et qui a donné *fief.*

VIEILLE ÉCORCE l.f.
Arbre qui compte au moins cinq révolutions de coupe.
Une révolution étant l'intervalle qui sépare deux générations d'un taillis, soit vingt à trente ans.
Pour une futaie, c'est cent cinquante à deux cents ans.

VIEILLE FORCE l.f.
Humus ou fumier non décomposé après la récolte et qui constitue un reste de fertilité, de *force,* pour la culture suivante.

VIEILLISSEMENT n.m.
En. **ageing**
De. **Altwerden, Altern**
Es. **maduración**
It. **invecchiamento**
Condition qui permet de donner de la qualité à un vin en le conservant plusieurs années dans un fût, ou en bouteilles.
Deux phénomènes se produisent : formation du bouquet par l'action des acides sur l'alcool et dégagement d'éthers ; modification de la couleur qui prend une teinte dorée par suite de l'oxydation des éléments colorés du vin.

VIEILLOTTE n.f.
Petite meule de blé composée de 8 à 10 gerbes, inclinées les unes vers les autres, et formant un cône sur lequel on étale deux javelles.
La pluie glisse sur cette couverture sans atteindre les épis du milieu ; quelques heures de soleil suffisent à sécher le tout (Pays de Caux). Ce procédé, imposé par la fréquente humidité des étés, aurait été mis au point par un paysan de Gerville (Normandie) en 1769, et généralisé à la suite des pluies torrentielles de l'été 1816. (J. Sion).

VIELLE adj.
Qualifiait jadis le *boeuf gras* que l'on promenait dans les villes au son des vielles.

VIE RALENTIE l.f.
Etat d'une plante, ou d'un élément de plante, qui cesse de se développer sans cesser de rester vivante et de pouvoir passer de nouveau à la vie active.
Ex. Les graines, les tubercules, etc.

VIE RURALE l.f.
En. **rural life**
De. **Landleben**
Es. **vida campesina, vida rural**
It. **vita rurale**
Manière de vivre à la campagne, soit en se livrant aux travaux agricoles, soit en exerçant un autre métier, soit en menant une existence oisive, mais loin des bruits, de l'atmosphère et des contraintes de la vie citadine, mais, également, loin des avantages matériels et moraux de la vie urbaine.

VIETTE n.f
(Champagne). Bout de sarment de l'année précédente, laissé après la taille pour porter des raisins.
Syn. Vergue.

VIGEONNER v.tr.
Arracher les pommes de terre avec les mains, dans les sols sablonneux de la côte vendéenne.

VIGNAGE n.m.
1. Droit prélevé par le seigneur sur la vente du bétail, dans les foires de son domaine.
2. Léger repas, abondamment arrosé de vin, après la conclusion d'un marché de bétail.
On dit aussi vinage.

VIGNE n.f.
En. **vine** (1)
De. **Weinrebe, Weingarten** (1)
Es. **vid** (1), **viña, viñedo** (2)
It. **vite** (1), **vigna**
1. Arbrisseau de la famille des Ampélidacées et du genre Vitis, à longues tiges souples, appelées *sarments.*
A l'état sauvage, il rampe dans les sous-bois et, grâce à des vrilles, s'élève jusqu'au sommet des arbres. Seule l'espèce **Vitis vinifera** *donne des fruits en grappes, les raisins, formés de baies à la pulpe sucrée, susceptible de se transformer en vin et en alcool. Ses nombreuses variétés, les cépages, ont été obtenus par greffe, bouturage, mutation, sélection, etc. Plante des climats à étés chauds et secs, elle serait originaire de la Transcaucasie. Quatre mille ans avant notre ère, elle était cultivée par les Egyptiens qui connaissaient les procédés de vinification. Elle s'étendit au pourtour de la Méditerranée et les Grecs l'introduisirent en Gaule par le port de Marseille au VIème siècle avant J.-C. De là, ses plantations progressèrent vers l'ouest jusqu'au seuil de Naurouze, et vers le nord par la vallée du Rhône, à proximité de Lyon. Les Gaulois, puis les Romains, l'introduisirent en Bourgogne et en Bordelais. A partir du XIème siècle, les moines et les seigneurs créèrent des vignobles jusque dans les pays rhénans et même en Angleterre. Vers 1850, ces vignobles atteignirent en France leur plus grande étendue. Détruits par le phylloxéra de 1860 à 1880, ils furent partiellement reconstitués grâce à des espèces sauvages importées d'Amérique et utilisées comme porte-greffes des plants français. Actuellement, ils se répartissent en trois catégories : les vignobles de masse (Languedoc), les vignobles de cru et les vignobles de polyculture. En Italie et dans l'Ariège, la vigne est cultivée en* hautains, arbres *ou* échalas, *où elle grimpe, protégée du froid et de l'humidité ; ailleurs, répartie en rangées, taillée selon des procédés traditionnels, elle se prête de plus en plus à la mécanisation, même pour la vendange. Certains cépages (Chasselas) ont été sélectionnés pour donner des raisins de table.*
2. Parcelle consacrée à la culture de la vigne et qui a, dans ce sens, moins d'étendue qu'un vignoble.
Etym. Du latin *vinea*, vigne, vignoble.

VIGNEAU n.m.
1. Ajonc d'Europe *(Ulex europeus)* quand il est cultivé comme fourrage.
2. Butte le long de laquelle on dispose des treilles pour ombrager les allées qui l'escaladent.

VIGNE FRANCAISE l.f.
Vigne issue d'un pied de cépage français, sans avoir été greffée sur une souche d'origine américaine.
Ses produits sont de grande qualité, mais elle est sensible aux attaques du phylloxéra.
Syn. Plant français.

VIGNE FRANCHE l.f.
1. Vigne qui ne comprend que des cépages français qui n'ont pas été greffés sur des cépages américains résistant au phylloxera.
2. Jadis, vigne qui appartenait en toute propriété à des abbayes.
Elle était exempte de cens.

VIGNE-MÈRE n.f.
En. **stock plant**
De. **Mutterweinrebe**
Es. **viña madre**
It. **vigna portainnesto**
Vigne destinée à la production de porte-greffes : labrusca, riparia, rupestris.

VIGNERON n.m.
En. **winegrower**
De. **Winzer, Weinbauer**
Es. **viñador**
It. **vignaiolo**
Personne qui cultive une vigne et prépare le vin qu'il retire de ses raisins.
Etym. Du latin vinum, vin.

VIGNERONNAGE n.m.
1. *(Vallée du Rhône)*. Ensemble des terres, bâtiments, matériel fournis par le propriétaire au métayer, au fermier, ou à l'ouvrier qui travaille ses vignes.
2. Contrat entre le propriétaire d'un vignoble et le vigneron qui l'exploite.

VIGNERONNE n.f.
It. **aratro per vigneti**
1. Charrue pour les labours dans les vignes.
2. Femme qui cultive la vigne.

VIGNIER n.m.
Gardien des vignes. *(Vieilli)*.

VIGNOBLE n.m.
En. **vineyard**
De. **Weinland, Weinfeld**
Es. **viñedo, viña**
It. **vigneto, vigna**
1. Parcelle plantée en vigne de grande renommée, tel le vignoble du Clos Vougeot.
2. Région réputée pour ses vins, tel le vignoble bourguignon.
Etym. Du latin vineobulum, qui produit du vin.

VIGNOBLE DE CRU l.m.
Vignoble composé de cépages sélectionnés et traités pour produire du vin de haute qualité, tel le vignoble du Médoc né des relations politiques et d'un prestige séculaire, dès le XIIème siècle.

VIGNOBLE DE MASSE l.m.
Vignoble qui produit du vin en grande quantité, et de qualité moyenne, tel le vignoble du Bas-Languedoc, et cela grâce aux moyens de transport modernes et à la consommation populaire du vin.

VIGNOIR n.m.
(France du Nord). Vignoble. *(Terme médiéval)*.

VIGNOLAGE n.m.
(Beaujolais). Contrat passé entre le propriétaire d'une vigne et l'ouvrier qui la travaille. *On dit aussi* vignonage.

VIGNOLLES n.f.p.
(Bourgogne). Sarments de vigne, coupés, desséchés et mis en fagots pour être brûlés.

VIGNONERIES n.f.p.
Petites parcelles de vignoble du Val de Loire, détenues par de petits propriétaires, ou incorporées par location à des exploitations agricoles très vastes *(R. Dion)*.

VIGNOT n.m.
Lande aride, parfois plantée en pins.
Peut-être est-ce une ancienne vigne abandonnée.

VIGUERIE n.f.
En. **bailiff land, provost land**
De. **Landvogtei**
Es. **veguería**
It. **vicaria**
1. Manse attribué par un seigneur à un *viguier* chargé de veiller sur les intérêts de l'ensemble du domaine éminent (VIIIème-IXème siècles).
2. Territoire soumis à la juridiction du viguier, ou *voyer* qui, dans le Midi de la France, était l'équivalent du *prévôt* chargé, dans les pays du Nord, de rendre la justice au nom du seigneur.
Etym. Du latin vicarius, remplaçant.

VILAIN n.m.
En. **villain, villein**
De. **Bürger, freier Bauer**
Es. **villano**
It. **contadino, villano**
Roturier possesseur d'une censive.
Il appartenait à une catégorie d'hommes libres à la différence des serfs. Sans doute ces hommes étaient-ils astreints aux corvées, banalités, rentes, tailles et autres redevances et services de la seigneurie ; mais ils pouvaient quitter leur tenure sans être poursuivis, et le seigneur leur devait la justice, soit directement, soit par l'intermédiaire de son prévôt. Dès le XVIème siècle, "vilain" était devenu un terme de mépris.
Etym. Du latin villanus, habitant d'une villa.

VILAINAGE n.m.
En. **villeinage** (1)
De. **Bürgerstand** (3), **Zinsgut** (4)
Es. **villanaje**
It. **feudo dato a censo** (1)
1. Situation d'une terre tenue en censive par un vilain.
2. Exploitation d'une tenure par un roturier vilain.
3. Condition juridique d'un serf affranchi.
4. Habitation et exploitation agricole d'un vilain.
5. Rentes qu'un roturier devait verser au seigneur.
Syn. Vilenage, villainage.

VILLA n.f.
En. **villa**
De. **Villa, Landhaus**
Es. **villa, quinta**
It. **villa**
1. A l'époque gallo-romaine, bâtiments d'une ferme où l'on distinguait les bâtiments d'exploitation ou *villa rustica*, et les bâtiments de résidence, ou *villa urbana*. *De telles constructions pouvaient s'étendre sur plusieurs centaines de mètres. Elles ont été signalées surtout en Picardie par photos aériennes.*
2. Depuis le Haut Moyen Age, grand domaine de plusieurs centaines d'hectares, réparti en réserve seigneuriale, ou *mansus indominicatus*, et en manses serviles, lidiles, ou libres.
Le premier était exploité directement par le seigneur, maître de la terre, à l'aide de domestiques et de corvéables. Les seconds, concédés à des familles de serfs, d'affranchis et de libres, ou vilains, étaient soumis à des redevances en espèces et en nature, et à des travaux sur le territoire de la réserve. Les surfaces des manses et de la réserve étaient très variables d'une région à l'autre, de 1 à 2 ha, ou de 25 à 30, pour les manses, d'une centaine d'hectares pour la réserve, de sorte que la villa tout entière pouvait atteindre 1000 ha et plus. Un grand nombre d'entre elles, devenues paroisses, sont à l'origine de nos communes.
Etym. Du latin villa, domaine rural.

VILLAGE n.m.
En. **village**
De. **Dorf**
Es. **pueblo, aldea**
It. **villaggio, paese**
Groupement de plusieurs fermes jointives ou séparées par de courtes distances.
Ce terme, qui désigne aussi bien les hameaux que les chef-lieux de commune, pourrait être réservé, pour plus de précision, dans le cadre d'une commune, à l'agglomération comprenant l'église, l'école et la mairie ; les agglomérations sans rôle administratif seraient des hameaux. Le terme bourg, *qui désignait jadis une agglomération fortifiée, a subsisté après la disparition des murailles et s'est étendu à des villages qui n'avaient jamais été fortifiés.*

VILLAGE À CHAMPS ASSOLÉS l.m.
De. **Gewanndorf**
It. **villaggio dai campi avvicendati**
(Lorraine). Village composé de maisons agricoles, parfois jointives, bordées d'usoirs le long d'une ou de plusieurs rues.
L'agglomération est entourée de jardins et de vergers au delà desquels s'étendent les parcelles cultivées et groupées en trois ou quatre soles.

VILLAGE AGGLOMÉRÉ l.m.
De. **Haufendorf**
Es. **aldea apiñada**
It. **villaggio compatto**
(Causses). Village qui groupe, à quelques mètres les unes des autres, les maisons des paysans. *Aux alentours, la campagne est vide d'habitations.*

VILLAGE-CENTRE n.m.
En. **model village**
De. **Musterdorf**
Es. **pueblo modelo**
It. **villaggio modello**
Agglomération qui se crée dans les régions agricoles dépourvues d'anciens villages et mises en valeur par des procédés modernes.
Ces centres ruraux groupent les services et les commerces indispensables à la vie des agriculteurs vivant dans des fermes rares et éloignées des grandes villes (plaines du Canada, des Etats-Unis, de l'U.R.S.S.). Des concentrations analogues se produisent au profit d'un bourg, lorsque plusieurs communes rurales dépeuplées, n'ayant plus d'écoles ni de commerces, se groupent en une seule unité administrative.

VILLAGE DE BONIFICATION l.m.
En. **colonisation village**
It. **villaggio di bonifica**
(Marais Pontins). Agglomération rurale récemment édifiée au centre d'un finage bonifié, soit par drainage, soit par essartage.

VILLAGE DE MONTAGNE l.m.
En. **mountain village**
De. **Bergdorf, Gebirgsdorf**
Es. **aldea de montaña**
It. **villaggio montano**
Village adapté à un haut et vigoureux relief, autour de ruelles en pente, parfois en escalier.
Les maisons ont des premiers étages qui sont des rez-de-chaussée sur le côté opposé, les toitures sont en forte pente pour laisser glisser la neige ; des murs épais, autour d'une vaste cheminée, permettent de maintenir une température convenable en hiver, encore accrue par la chaleur de l'étable à bovins communiquant avec la cuisine, le tout adapté aux travaux agricoles et aux rigueurs de la mauvaise saison.

VILLAGE DISSOCIÉ l.m.
(Slovaquie). Village composé de groupes de maisons séparés par des espaces de quarante à cinquante mètres, chaque groupe pouvant avoir des fonctions différentes : agricoles, commerciales, administratives, etc.

VILLAGE EN DAMIER l.m.
(Bassin Aquitain). Village aux maisons réparties le long des rues se coupant à angle droit, à partir d'une place centrale bordée de *cornières*.
Parfois entouré de remparts, il s'ouvre vers l'extérieur par quatre portes.
Syn. **Bastide**.

VILLAGE EN ÉTOILE l.m.
Village dont les maisons se répartissent le long des rues rayonnant autour d'une place centrale et se prolongeant vers la campagne, bordées de fermes de plus en plus espacées.

VILLAGE INTRA-CRUCES l.m.
Village dont le *meix*, délimité par des croix de carrefour, était exempt de redevances, de dîmes et de contraintes collectives.
Les villageois disposaient donc librement et en franchise des clos et des jardins compris entre leurs maisons et les chemins jalonnés de petits calvaires.

VILLAGE LINÉAIRE l.m.
De. **Reihendorf, Strassendorf**
Es. **aldea lineal**
It. **villaggio a schiera**
(Hongrie). Village aux maisons construites d'un seul côté d'une route et se succédant sur près d'un kilomètre de long.
A l'arrière s'étendent des jardins, puis des champs en lanières, les Hufen. *C'est le cas du village de rang canadien.*

VILLAGE NÉBULEUSE l.m.
(Pays de Caux). Village à fermes indépendantes au centre de prairies plantées de pommiers, mais assez proches les unes des autres et réparties en désordre le long des rues.

VILLAGE NUCLÉAIRE l.m.
De. **Haufendorf**
Es. **pueblo nuclear**
It. **villaggio nucleo**
Village aux maisons groupées les unes auprès des autres, sans ordre apparent, au centre d'un finage dépourvu de constructions.
S'il y a plusieurs groupes séparés par des espaces d'une centaine de mètres, le village est polynucléaire.
Etym. Du latin *nucleus*, noyau.

VILLAGE ROND l.m.
En. **round village**
De. **Runddorf**
It. **villaggio rotondo**
Village construit autour d'une place centrale, d'où part une seule rue.
Edifié dans un but défensif, ses maisons du pourtour, à petites ouvertures, forment rempart.
Cf. L. Josserand, Villages du Razès.

VILLAGE-RUE n.m.
De. **Strassendorf**
Es. **aldea caminera**
It. **villaggio a nastro**
(Europe centrale). Village aux maisons proches les unes des autres et encadrant une rue principale sur plusieurs centaines de mètres.

VILLARS DE LANS (RACE DE) l.f.
Race bovine des Préalpes du Nord.
Robuste et rustique, c'est une race de bêtes de labour vigoureuses et assez bonnes laitières ; elles engraissent très vite si on les suralimente, aussi ont-elles étendu leur expansion jusqu'au Diois.

VILLEFRANCHE n.f.
Agglomération rurale créée aux XIIème et XIIIème siècles, comme les bastides, pour fixer des paysans errants et les protéger, tout en leur permettant de mettre en valeur agricole le territoire environnant.

VILLENAGE n.m.
V. **Vilainage**.

VILLOTTES n.f.p.
Gerbes de blé dressées les unes contre les autres et couvertes d'une brassée de paille ou de foin pour être protégées de la pluie.
Equivalent en Normandie de moyettes.

VILMORIN 23 et 24 l.m
Variété de blé de bon rendement et de grande valeur boulangère.

VIME
(Bordelais). Tige d'osier pour attacher les sarments.
Etym. Du latin *vimen*, osier.

VIMÈRE n.f.
1. Dégats causés dans un bois par un ouragan.
2. Cataclysme naturel : inondation, grêle, tempête, etc.
3. Oseraie, l'osier se disant *vime* en langue d'oc.
Syn. Vimière, vimaire.
Etym. Du latin *vis*, force, et *major*, majeure.

VIN n.m.
En. **wine**
De. **Wein**
Es. **vino**
It. **vino**
Boisson alcoolisée résultant de la fermentation du jus frais du raisin.
Les vins rouges *proviennent des raisins noirs, les* vins blancs *des raisins blancs, ou bien du moût des raisins noirs fermentés sans leur enveloppe. Les* vins rosés *sont obtenus avec un mélange de raisins blancs et de raisins noirs, ou par mélange de vin blanc et de vin rouge. Le vin de goutte ou de mère-goutte, provient d'un simple égouttage de la vendange, après foulage, ou avec un pressurage très léger ; le vin de paille ou vin paillé titrant 15% d'alcool est obtenu avec des raisins surmaturés sur des lits de paille, dans un air sec ; les* vins doux *sont le résultat de l'arrêt de la fermentation dans un moût de raisins blancs à l'aide de produits sulfureux ; les* vins mutés *ont été enrichis en alcool ; le* vin gris *est obtenu à partir de raisins noirs de bonne qualité et bien mûrs ; ils sont pressés et leur moût est versé dans des tonneaux où a lieu la fermentation ; après collage et soufrage pour le stabiliser ; ce vin a une couleur gris perle ; les meilleurs vins gris proviennent de l'Orléanais. Le* vin de sable *est produit dans le Marensin, pays des Landes de Gascogne ; issu des pieds de vigne plantés dans le sable qui a porté des pins, il est clair, sec et léger, et aurait, dit-on, un parfum de résine ; le* vin champagnisé *et le* vin mousseux *ont été préparés avec des sucres, des ferments et des liqueurs favorisant la production de gaz carbonique et son dégagement quand on débouche une bouteille ; le* vin sec *est obtenu par une fermentation prolongée qui supprime*

le sucre et maintient le tartre et l'alcool ; un vin bourru *est incomplète-ment fermenté, il reste trouble et mousseux ;* un vin crémant *est rendu légèrement pétillant par addition de gaz carbonique ;* le vin de messe *doit être de purs raisins blancs, cueillis tôt le matin, et sans addition de sucre et d'alcool (R. Dion). Le vin de fruit est obtenu avec des dattes, des figues selon les mêmes procédés que les vins de raisin ;* le vin de riz *est obtenu avec des grains cuits additionnés de levure.* Le vin de palme *provient de la sève fermentée de certaines variétés de palmiers.*
Etym. Du grec archaïque *voinos*, vin.

VIN DE CHAUDIÈRE l.m.
Vin que l'on chauffe dans un alambic pour en extraire de l'eau-de-vie, cognac ou armagnac *(P. Habault).*

VIN DÉLIMITÉ DE QUALITÉ SUPÉRIEURE l.m.
V. V.D.Q.S.

VIN EFFERVESCENT l.m.
Vin blanc ou rosé qui contient en solution du gaz carbonique.
Sous pression de 3 kg par cm² à 20°, c'est du mousseux *ou du* champagne. *Si la pression est inférieure, c'est du* vin pétillant *(P. Habault).*
Syn. Vin crémant.

VIN DE LIQUEUR l.m.
Vin doux provenant de cépages choisis (Grenache, Muscat, Malvoisie), et qui a été muté en cours de fermentation avec 5 à 10% d'alcool à 90°C pour atteindre un titre alcoométrique de 18 à 20% (Banyuls, Xérès, Porto).

VIN DE PAYS l.m.
Es. **vino del país**
Vin de table ordinaire, mais provenant d'une aire géographique délimitée et soumise à des règles d'encépagement et de vinification bien déterminées.

VIN MÉDECIN l. m.
Vin utilisé, à cause de ses qualités, pour la préparation de certains produits pharmaceutiques, destinés surtout à combattre l'asthénie : vin muscat, vin de liqueur, vin de Roussillon, etc.
Syn. Vin médicamenteux, ou œnolé.

VINS POUR LA MER l.m.p.
Vins destinés aux pays du Nord et aux Antilles.
C'étaient les meilleurs produits des vignobles de Vouvray et de Saumur ; les vins les moins bons, ou vins de Paris, *étant acheminés sur la capitale par le commerce orléanais.*

VINADE n.f.
1. Obligation de transporter le vin du seigneur, chaque manse devant fournir des attelages et des hommes en nombre suffisant pour effectuer ectte corvée.
2. Droit perçu sur la vente des vins dans une ville fortifiée, destiné à l'entretien des remparts.

VINAGE n.m.
En. **fortifying (of wine)** (3)
De. **Panschen, Alkoholzusatz** (3)
Es. **encabezado** (3)
It. **alcolizzazione** (3)
1. Léger repas arrosé de vin, offert par le vendeur à l'acheteur de son bétail.
2. Droit levé par le seigneur sur les vins récoltés, ou vendus, dans son domaine.
3. Opération qui consiste à ajouter de l'alcool au vin, soit pour préparer des *mistelles* pour l'exportation, soit pour fabriquer des vins de liqueur, soit pour remonter le degré des vins ordinaires, ou *mouillés*.
Cette dernière opération est frauduleuse.

VINAIGRE n.m.
En. **vinegar**
De. **Essig, Weinessig**
Es. **vinagre**
It. **aceto**
Vin aigre utilisé comme condiment dans la préparation de plusieurs plats.
Il provient d'une fermentation qui transforme l'alcool en acide acétique par oxydation sous l'influence d'un microorganisme appelé Mycoderma aceti, *ou* Aceto-bacter. *Il se prépare dans les* vinaigreries *avec du vin, du cidre, du poiré, de l'alcool.*

VINAIGRERIE n.f.
En. **vinegar factory**
De. **Essigfabrik**
Es. **fábrica de vinagre**
It. **acetificio** (1), **produzione e commercio d'aceto** (2)
1. Local où l'on fabrique du vinaigre.
2. Industrie et commerce du vinaigre.

VINAIRE adj.
En. **wine-**
De. **Wein-**
Es. **vínico, vinario**
It. **vinario**
Qualifie les récipients destinés à contenir du vin et qui constituent la *vaisselle vinaire*.
Etym. Du latin *vinarius*, qui a trait au vin.

VINALIES n.f.p.
Fêtes du vin que l'on célébrait deux fois par an dans l'Antiquité romaine.
Au printemps, en l'honneur de Vénus, quand la vigne commençait à pousser : c'étaient les vinalia priora *(23 avril) ; et à la fin de l'été sous l'invocation de Jupiter, quand on commençait les vendanges : c'étaient les* vinalia rustica *(19 août).*
Etym. Du latin *vinalia*, du vin.

VINASSE n.f.
En. **washy wine** (1), **vinasse** (2)
De. **sehr leichter Wein, Most** (1)
Es. **vinazo, vino peleón** (1)
It. **vinello** (1), **vinaccia** (2)
1. Vin de goût fade à cause d'une faible teneur en alcool.
2. Résidu de la distillation de l'alcool des moûts de raisin, de betterave, de canne, utilisé comme engrais.

VINÉE n.f.
En. **vintage** (2)
De. **Weinernte** (1)
Es. **cosecha de vino** (1)
It. **raccolta vinaria** (1)
1. Récolte de vin.
2. Préparation du vin.
3. Cellier où l'on prépare le vin.
4. Sarment taillé long pour produire beaucoup de raisins.
5. Association de personnes soucieuses de faire valoir les qualités d'un cru.
Ex. La Vinée de Bergerac.

VINELLE n.f.
Piquette ; vin de médiocre qualité.
On dit aussi vinette, *qui, en occitan, signifie aussi* oseille.

VINER v.tr.
En. **to add alcohol**
De. **Weingeist zusetzen, Alkohol zusetzen**
Es. **encabezar**
It. **alcolizzare, rinforzare il vino**
Ajouter de l'alcool au vin pour arrêter sa fermentation, et lui permettre de voyager sans nuire à sa qualité.

VINERIE n.f.
Local ou l'on fait fermenter la vendange pour obtenir le vin.
Peu usité.

VINETIER adj.
Qualifiait un chemin utilisé pour transporter le vin vers les foires, et les pays acheteurs.

VINETTE n.f.
En. **garden sorrel** (1)
De. **Sauerampfer** (1)
Es. **acederilla, acedera** (1)
It. **acetosella** (1)
1. *(Périgord).* Oseille.
2. Elément de la composition du nom français de *Berberis vulgaris*, l'épine-vinette.
3. Piquette, vin léger de médiocre qualité.

VINEUX adj.
En. **vinous, full-bodied** (1)
De. **weinreich, weinartig** (1)
Es. **vinoso** (1)
It. **generoso, gagliardo** (1), **vinoso** (2)
1. Se dit d'un vin qui a beaucoup d'alcool.
2. Se dit d'une boisson qui a le goût de vin.

3. Se dit d'un pays qui produit beaucoup de vin.
4. Sarment très long destiné à donner beaucoup de raisins.

VINGNEUR n.m.
Gardien de vignes. *On dit aussi* vignier.

VINGTAIN n.m.
Redevance en vertu de laquelle le seigneur prélevait le vingtième de la récolte.

VINGTAINE n.f.
Es. **veintena**
Période d'une vingtaine de jours, du 20 avril au 10 mai, souvent marquée par des gelées tardives, préjudiciables aux cultures.

VINICOLE adj.
En. **wine-growing**
De. **Weinbau-**
Es. **vinícola**
It. **vinicolo**
Relatif à la culture de la vigne et à la production du vin.
Etym. Du latin *vinum*, et *colere*, cultiver.

VINICULTURE n.f.
En. **viticulture**
De. **Weinbau**
Es. **vinicultura**
It. **vinicoltura**
Activité agricole liée à la production du vin.
Syn.Viticulture.

VINIER n.m.
(Gatinais, XIIIème siècle). Marchand de vin qui devait effectuer une partie de ses achats dans le cellier seigneurial, avant de s'adresser à d'autres producteurs.

VINIFÈRE adj.
En. **viniferous**
Es. **vinífero**
It. **vinifero**
Qualifie tout ce qui produit du vin, en particulier une vigne ou un cépage abondants en raisins.

VINIFICATEUR n.m.
It. **vinificatore** (3)
1. Appareil qui sert à préparer le vin.
2. Produit qui permet d'améliorer le vin.
3. Ouvrier chargé de surveiller la préparation du vin.

VINIFICATION n.f.
En. **vinification**
De. **Weinbereitung**
Es. **vinificación**
It. **vinificazione**
1. Ensemble des procédés mis en oeuvre pour faire le vin, le conserver et l'améliorer.
2. Fermentation qui transforme en alcool le sucre du moût.

VINIQUE adj.
Es. **vínico**
Se dit de ce qui a trait au vin.

VINOUSE n.f.
(Bourgogne). Branche à raisins d'un pied de vigne.
Le terme est parfois employé comme adjectif.
Syn. Aste, vergue.

VIOLA n.f.
Variété très appréciée de pomme de terre, à peau violette et à chair jaune.

VIOLETTE n.f.
En. **violet**
De. **Veilchen**
Es. **violeta**
It. **violetta**
Plante herbacée vivace, de la famille des Violacées, dont la fleur unicolore est très appréciée pour son parfum, notamment dans la variété *violette odorante* cultivée autour de Toulouse.
En infusion, ses fleurs séchées ont des qualités expectorantes et ses racines sont employées comme purgatif.
Etym. Du latin *viola*.

VIONNIER n.m.
Cépage à raisins blancs, cultivé dans la vallée du Rhône, en particulier dans les vignobles de Côte Rotie.
Syn.Viognier ; on dit aussi le viognier doré.

VIRAGE n.m.
Façon culturale qui consiste à accumuler, à *virer*, de la terre au pied des vignes.
C'est le chaussage qui se pratique en mai.

VIRDIDI n.m.
Cépage à raisins blancs, cultivé sur les flancs de l'Etna.

VIRÉE n.f.
1. *(Saintonge).* Rangée de ceps.
2. Division d'une coupe de bois en bandes longues et étroites, attribuées, chacune d"elles, à une équipe de forestiers pour l'opération du *martelage* et de l'*abattage*. (R. Blais.)

VIREMOTTER v.tr.
1. Briser les mottes d'un champ.
2. Recouvrir les graines de semence d'une mince couche de terre.

VIRGILIEN adj.
It. **virgiliano**
Qualifie un paysage champêtre d'une grande douceur de lignes et de couleurs.
Etym. Du poète latin Virgile.

VIRGINIE n.m.
It. **Virginia**
Tabac blond, de qualité, originaire de Virginie.
Sa culture se répand en France, à cause de la facilité des soins à lui donner.

VIRGOULEUSE n.f.
(Limousin). Variété de poire à pulpe fondante et sucrée, cultivée dans la région de Villegoureix.
D'où son nom, par altération.

VIRGRAIN n.m.
(Beauce). Débris de paille et d'épis mêlés aux grains après le dépiquage.

VIROSE n.f.
En. **virus disease, virosis**
De. **Viruskrankheit**
Es. **virosis**
It. **virosi**
Maladie épidémique des animaux et des végétaux, causée par divers virus et se manifestant par l'affaiblissement et la mort.
Ex. Mosaïque du tabac, rage du chien.

VIRULENCE n.f.
En. **virulence**
De. **Virulenz**
Es. **virulencia**
It. **virulenza**
Propagation plus ou moins rapide et vigoureuse d'une maladie virale, selon la force du virus et la résistance des anticorps de l'organisme attaqué.
Etym. Du latin *virulentia*.

VIRUS n.m.
En. **virus**
De. **Virus**
Es. **virus**
It. **virus**
Organisme filtrant dont les chromosomes sont constitués par un acide nucléique, et qui est dépourvu de tout métabolisme interne.
Il ne prend vie qu'en pénétrant dans une cellule vivante dont il emprunte la fonction enzymatique pour se développer et créer des désordres spécifiques : rage, varicelle, mosaïque ; mais également, il peut se nourrir de bactéries nocives et rétablir le bon état d'un organisme végétal et animal ; la virologie distingue les diverses variétés de virus, parasites bons ou mauvais.

VISAN n.m.
Cépage à raisins blancs, cultivé en Saintonge.

VISCOSITÉ n.f.
En. **viscosity**
De. **Viskosität**
Es. **viscosidad**
It. **viscosità**
Propriété d'un corps liquide d'adhérer partiellement à une surface.
Celle du lait dépend des matières grasses qu'il contient en suspension ; elle se mesure avec un viscosimètre.
Etym. Du latin *viscum*, glu.

VISON n.m.
En. **mink**
De. **Nerzfell**
Es. **visón**
It. **visone**
Espèce de putois que l'on élève pour sa fourrure, notamment le *Mustela lutreola* d'Amérique du Nord.
Des visons sauvages vivent encore dans les Pays de la Loire.

VISONNIÈRE n.f.
Ferme d'élevage du vison.

VITAGE n.m.
Ce qui ressemble à un pied de vigne.
Etym. Du latin *vitis*, vigne.

VITAMINE n.f.
En. **vitamin**
De. **Vitamin**
Es. **vitamina**
It. **vitamina**
Substance, ou composé, dont l'individu, animal ou homme, ne peut faire la synthèse, mais dont la dose très faible est indispensable à la croissance et à l'équilibre de l'être vivant.
Les principales vitamines sont distinguées les unes des autres par les lettres majuscules de l'alphabet et proviennent : pour la vitamine A des légumes et du lait, pour la vitamine B de pollens, pour la vitamine C du citron, pour la vitamine D des bananes, pour les vitamines E et F des huiles végétales, etc. C'est donc par l'intermédiaire des plantes que les êtres à sang chaud assimilent les vitamines.
Etym. Du latin *vita*, vie et de *aminé*, d'Amon, temple du dieu égyptien, source de vie.

VITELOTTE n.f.
Pomme de terre, de forme cylindrique, à pulpe blanche et farineuse, précoce et d'excellente qualité.

VITICOLE adj.
En. **viticultural**
De. **Weinbau-**
Es. **vitícola**
It. **viticolo**
Relatif à la culture de la vigne, en particulier à une région où la culture de la vigne est florissante.
Etym. Du latin *vitis*, et *colere*, cultiver.

VITICOLITE n.f.
Pourcentage de la surface consacrée à la vigne dans une circonscription administrative.

VITICULTEUR n.m.
En. **vinegrower, viticulturist**
De. **Winzer, Weinbauer**
Es. **viticultor, viñador**
It. **viticoltore**
Celui qui se livre à la culture de la vigne.

VITICULTURE n.f.
En. **wine growing, viticulture**
De. **Weinbau**
Es. **viticultura**
It. **viticoltura**
Art difficile et délicat de planter et d'entretenir la vigne.
Il remonte à la plus haute antiquité (légende de Noé dans la Bible) et actuellement, il est pratiqué dans toutes les régions où le permet le climat, soit pour produire du raisin de cave, soit pour produire du raisin de table. Les boutures, dites barbats *en occitan, sont mises en place dans le sol préalablement labouré en profondeur. Elles sont disposées en rangées plus espacées que jadis à cause de la motoculture. Pour soutenir les jeunes pousses et, plus tard, sarments et pampres, on plante des échalas et on tend des fils de fer. Au bout de quatre à cinq ans, les ceps commencent à porter des raisins. Entre temps, et par la suite, les façons culturales et les soins sont multiples : labours, taille, épamprage, sulfatage, soufrage, protection contre grêle et gelées, vendanges, etc.*

VITIFÈRE adj.
En. **wine-producing**
Es. **vitífero**
It. **vitifero**
Qualifie un terrain, ou une région, qui se prête bien à la vigne.

VITIVINICOLE adj.
En. **wine-**
De. **Weinbau-, Wein-**
Es. **vitivinícola**
It. **vitivinicolo**
Qui a trait à la fois à la viticulture et à l'oenologie.
En particulier, se dit des règlements du Marché commun européen en ce qui concerne la production du vin (R. Blais).

VITRAILLE n.f.
Cépage abondant et apprécié en Bordelais, variété de Merlot.

VITRIOL n.m.
En. **blue vitriol**
De. **Kupferblauvitriol**
Es. **vitriolo**
It. **vetriolo (azzurro)**
Nom commun à divers sulfates, notamment au vitriol bleu ou vitriol de Chypre, sulfate de cuivre qui entre dans la composition des produits anticryptogamiques contre le mildiou et l'oïdium de la vigne.
Etym. Du latin *vitrum*, verre, de l'aspect vitreux des cristaux de vitriol.

VITULAIRE adj.
It. **vitulino**
Se dit d'une fièvre qui atteint les vaches qui viennent de mettre bas.
Deux ou trois jours après la parturition, la bête s'affaisse, tombe dans le coma et meurt le cinquième jour ; les causes en seraient une nourriture trop abondante, le manque de calcium et une vie trop sédentaire.
Etym. Du latin *vitulus*, veau.

VIVACE adj.
En. **hardy, perennial**
De. **ausdauernd, lebenskräftig**
Es. **vivaz**
It. **perenne, vivace**
Qualifie les plantes qui durent plusieurs années (luzerne, sainfoin) et les arbres fruitiers qui portent fruit pendant plusieurs lustres.
Etym. Du latin *vivax*, qui vit longtemps.

VIVIER n.m.
En. **fish preserve, fish pond**
De. **Fischteich**
Es. **vivero**
It. **vivaio**
Bassin où l'on conserve vivant du poisson en renouvelant sans cesse l'eau par divers moyens : sources, canalisations, caisses perforées.

VIVIPARE adj.
En. **viviparous**
De. **vivipar**
Es. **vivíparo**
It. **viviparo**
1. Se dit des animaux, et notamment des mammifères, qui mettent au monde leurs petits tout formés, après les avoir développés aux dépens des sucs alimentaires de la mère dans l'utérus, depuis la formation de l'embryon jusqu'à la naissance.
C'est le phénomène de la viviparité, *ou du* viviparisme.
2. Se dit d'un végétal qui se reproduit par ses bulbilles, tel l'ail.
Etym. Du latin *vivere*, être vivant, et *partus*, accouchement.

VIVRIÈRE adj.
De. **Nahrungs-, Nähr-**
Es. **alimenticia**
It. **alimentare**
Qualifie une culture qui fournit des denrées favorables à l'alimentation, à la vie des hommes, notamment dans le cadre de l'autoconsommation.

VOANDZOU n.m.
En. **earth pea**
De. **Erderbse**
Es. **guisante de tierra**
It. **voandzeia**
Plante de la famille des Légumineuses, *Voandza subterranea*, originaire de l'Afrique orientale.
Elle est cultivée surtout à Madagascar ; c'est le pois de terre, *rustique et riche en matières azotées ; de grande valeur alimentaire, ses gousses, comme celles de l'arachide, s'enfoncent dans le sol pour y murir.*

VOCATION CULTURALE l.f.
It. **vocazione colturale**
Aptitude d'un terrain, ou d'une région, à produire telle récolte, ou à favoriser tel élevage, compte tenu des conditions naturelles techniques et commerciales.

VODKA n.f.
Eau-de-vie de grains fermentés.
Etym. Origine russe.

VOICHIVE n.f.
(Ardennes). Partie de la grange où l'on conserve les graines.

VOID n.m.
Fromage de la région de Void, en Lorraine.

VOIDE n.f.
V. Guède.
On dit aussi vouède.

VOIE BÉTAILLÈRE l.f.
Route, ou large chemin, suivi par les troupeaux que les marchands de bestiaux, les *toucheurs*, conduisaient aux foires, ou à l'abattoir.

VOILE n.m.
De. **Schleier**
Es. **velo**
It. **velo di floretta**
Pellicule blanche qui se forme à la surface du vin ayant cessé de fermenter.
Elle est composée de levures et peut être enlevée par décantation.
Etym. Du latin velum.

VOÏNA DEGA l.f.
Zone située entre 1800 et 2400 mètres en Abyssinie.
Pays sain et cultivé sur les plateaux et sur les versants montagneux. C'est le plus peuplé de l'Afrique orientale. On y a introduit la culture de la vigne (d'où son nom), ce qui est exceptionnel sous ce climat tropical, même de montagne, mais c'est pour se procurer du vin de messe, dans une région où l'on pratique le culte chrétien monophysite (J. Blache).
Etym. Du grec voinos, *vin.*

VOISINAGE n.m.
En. **neighbourhood**
De. **Nachbarschaft**
Es. **vecindad**
It. **vicinato**
Ensemble des personnes proches les unes des autres à la campagne et qui sont appelées à s'entraider dans les travaux des champs.

VOITURE n.f.
En. **carriage, conveyance**
De. **Wagen, Fuhrwerk**
Es. **carro**
It. **vettura**
Véhicule sur roues servant à transporter les produits des champs à la ferme et de la ferme à la ville.

VOLAILLE n.f.
En. **poultry**
De. **Geflügel**
Es. **volatería, aves de corral**
It. **pollame**
Ensemble des oiseaux de basse-cour : poules, canards, oies, dindons, pintades, etc.
Par restriction, l'un de ces oiseaux, en particulier une poule (P. Habault).
Etym. Du latin volatilla, *volatile en général.*

VOLAILLER n.m.
En. **poulterer** (2)
De. **Geflügelhändler** (2)
Es. **gallinero** (1), (2)
It. **pollaio** (1), **pollivendolo** (2)
1. Bâtiment où l'on élève la volaille.
2. Marchand de volaille.

VOLAN n.m.
1. En Suisse romande, petite faux courbe.
2. Faucille à large lame qui servait à moissonner à la main.
Utilisée en Ile-de-France aussi bien qu'en Aquitaine, où l'on prononçait voulan.

VOLATILE n.m.
En. **winged creature**
De. **Geflügel**
Es. **volátil**
It. **volatile**
Oiseau domestique capable de voler : pigeon, pintade.

VOL DU CHAPON l.m.
Etendue de terre entourant le manoir principal et attribuée, par préciput, à l'aîné dans une succession noble.
Elle n'était pas, en principe, très étendue puisque ses dimensions ne devaient pas dépasser la longueur du vol d'un chapon. Or chacun sait que les chapons ne volent pas très loin (G. Lepointe).

VOLÉE (SEMER À LA) l.v.
Es. **voleo (sembrar al)**
It. **spaglio (seminare a)**
Autrefois, lorsque les semailles étaient effectuées régulièrement à la main, c'était pour le semeur le fait de jeter, d'un geste circulaire, à chaque pas du pied droit, une poignée de grains puisés dans le sac qu'il portait en bandoulière.
Le semoir mécanique a supprimé ce travail poétisé par Victor Hugo dans l'Ode au Semeur.

VOLET n.m.
Pigeonnier à une seule ouverture, fermée avec une planche de bois.
Jadis, en avaient l'usage ceux qui, n'ayant pas assez de terres, ne pouvaient posséder un colombier.
Syn. Fuye.

VOLETTE n.f.
1. Petite claie où l'on plaçait la laine pour l'éplucher à la main.
2. Claie en osier pour faire égoutter les fromages.
3. Cordelettes suspendues autour du harnais du cheval pour éloigner les mouches.

VOLIÈRE n.f.
En. **aviary** (1)
De. **Vogelhaus** (1)
Es. **pajarera** (1)
It. **voliera, uccelliera** (1)
1. Construction où l'on abrite et nourrit de la volaille ou des oiseaux.
2. Bouquet d'arbres conservés autour d'une coupe pour protéger le sol et les jeunes pousses contre le vent, l'incendie et la dent des troupeaux.

VOLINS n.m.p.
Fragments de troncs d'arbres qui gisent sur le sol après un ouragan.
La partie du tronc restée debout est un chandelier.
Syn. Rompis.

VOLNAY n.m.
Cru de la Côte de Beaune, autour de Volnay, commune de la Côte d'Or.
Ses vins rouges et blancs figurent au premier rang des bourgognes.

VOLTINISME n.m.
It. **voltinismo**
Nombre de naissances annuelles pour une même espèce animale.
L'espèce est univoltine, bivoltine, multivoltine, selon les cas : les bovins sont univoltins, les porcs sont multivoltins.
Etym. De l'italien volta, *fois.*

VOLUBILE adj.
En. **voluble**
De. **Kletter-, Schling-**
Es. **voluble**
It. **volubile**
Qualifie une plante dont la tige flexible, munie de vrilles ou non, s'élève en spirale autour d'un tuteur.

VOLUBILIS n.m.
En. **convolvulus**
De. **Schlingpflanze**
Es. **correhuela**
It. **vilucchio, convolvolo**
Plante de la famille des Convolvulacées (*Ipomoea purpurea*).
Cultivée dans les jardins pour ses fleurs en corolles de diverses couleurs, et pour ses tiges qui s'enroulent autour des supports et forment, avec leur feuillage, des rideaux de verdure.
Etym. Du latin volubilis.

VONTAC n.m.
Arbre fruitier de Madagascar dont les fruits, semblables à ceux du cognassier, ont une saveur douce.

VORACE adj
Qualifie les plantes cultivées qui exigent beaucoup d'engrais.
Etym. Du latin vorare, *manger avidement.*

VORALM n.m.
(Suisse alémanique). Abri rustique et pâturage qui l'entoure, sur les montagnes.
Equivalent du mayen *et de la* montagnette.

VOSGIENNE (RACE) l.f.
Race bovine de l'est de la France, à robe baie, robuste, et valable pour le travail et la boucherie, issue des races hollandaise et montbéliarde.

VOSNE ROMANÉE l.m.
Commune de la Côte d'Or, réputée pour ses vignobles qui produisent les premiers crus de Bourgogne.
On en distingue trois principaux : le Richebourg, le Romanée Saint-Vivant et le Romanée-Conti.

VOUGE n.f.
En. **billhook**
De. **langgestielte Hippe**
Es. **guja, podadera**
It. **roncola, ronca**
Serpe en forme de croissant, fixée à un long manche et servant à émonder les arbres et les haies *(fig. 204)*.
Etym. Du celte *vidu*, bois, et *bi*, couper, qui a donné en latin *vidubium*.

(Fig. 204). Vouges

VOUGEOT (CLOS) l.m.
Vignoble réputé de la Bourgogne, produisant un vin rouge très renommé, que l'on récolte à Vougeot, hameau de la commune de Nuits-Saint-Georges en Côte d'Or.
La tête de cuvée du Clos-Vougeot est de qualité exceptionnelle.

VOUTE n.f.
(Auxerrois). Cuve.

VOUVRAY n.pr.
Commune d'Indre-et-Loire qui a donné son nom à un vin blanc, léger, limpide, de bonne conservation et facile à traiter en mousseux.
Etym. Du celte *voivre*, terrain humide.

VOYAGEUR (PIGEON) n.m.
En. **homing pigeon, carrier pigeon**
De. **Brieftaube**
Es. **paloma mensajera**
It. **viaggiatore (colombo o piccione)**
Variété de pigeon appréciée pour son sens de l'orientation, qui lui permet de regagner son colombier même s'il est situé à plusieurs centaines de km.
Appelé à rendre de grands services pour la transmission de messages secrets, son élevage est réglementé ; sa capture, sa destruction sont punies par la loi.

VOYETTE n.f.
Petite voie.
Sentier parallèle à la route, longeant la haie, en pays de bocage.

VRAC (EN) l.adj.
It. **rinfusa (alla), sfuso**
Se dit notamment d'un procédé qui consiste à engranger foin et paille sans les botteler.

VREZON n.m.
Charrue primitive, jadis utilisée en Poitou.

VRILLE n.f.
En. **tendril**
De. **Ranke**
Es. **zarcillo, tijereta**
It. **viticcio**
Organe filiforme de certaines plantes, grimpantes ou volubiles, souvent ramifié.
Il s'enroule par son extrémité autour d'un support, et pouvant se contracter comme un ressort en spirale, il fournit à la plante un point d'appui lui permettant de croître et de s'élever normalement. Certaines vrilles sont d'origine foliaire (pois) ; d'autres, comme celles de la vigne, peuvent être regardées comme des sarments modifiés, voire des pédoncules d'inflorescences avortées (R. Blais).

VRILLETTE n.f.
En. **death-watch**
De. **Klopfkäfer**
Es. **carcoma**
It. **tarlo del legno**
Insecte coléoptère xylophage dont la larve creuse des galeries dans le bois, le rendant fragile, tout en rejetant des déchets, ou vermoulures, qui dénoncent sa présence.

V.S.O.P. sigle anglais
Very Special Old Pale.
Vieille eau-de-vie de qualité très supérieure.
S'applique à un cognac.

VUASNE n.f.
(Suisse romande). Terre labourée et ensemencée en céréales.
On dit aussi une vaigne, une vagne.

VULGARISATION n.f.
En. **popularization, vulgarisation**
De. **allgemeine Verbreitung**
Es. **vulgarización**
It. **volgarizzazione**
Ensemble de procédés, publics ou privés, qui diffusent les connaissances scientifiques, techniques, commerciales, favorables à la profession agricole.
Syn. Développement agricole.
Etym. Du latin *vulgaris*, qui appartient à tout le monde.

VULPIN n.m.
En. **foxtail grass**
De. **Fuchsschwanzkraut, Wiesenfuchsschwanz**
Es. **carricera, cola de zorra**
It. **alopecuro, coda di volpe**
Plante vivace, de la famille des Graminées, appelée vulgairement *queue de renard*, à glumes velues, et poussant de préférence dans les lieux humides.
C'est un excellent fourrage et un engrais vert.
Etym. Du latin *vulpinus*, relatif au renard.

W X Y Z

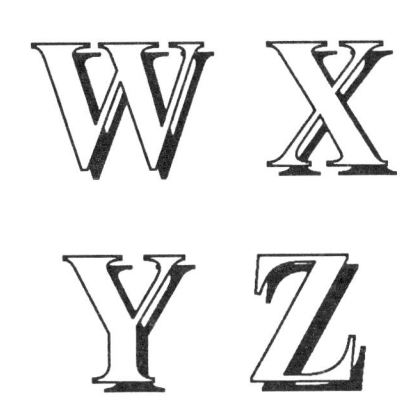

W
Symbole d'une unité de puissance.
Symbole indiquant, à l'alvéographe, la pression exercée dans la pâte de pain par le gaz carbonique du levain.
Cette pression varie selon la qualité boulangère de la farine et son W se mesure de 20 à 500, de la mauvaise qualité (de 20 à 130) jusqu'à la très bonne qualité des blés de force (au-dessus de 250).

WAAGNERIE n.f.
(Flandre). Façon culturale destinée à améliorer le sol.
Etym. De l'ancien français. Même origine que *gagnerie*.

WACHIE n.f.
(Ancien français). Terre en jachère.

WAGAGE n.m.
(Flandre). Limon de rivière utilisé comme engrais.

WAGUAINERIE n.f.
(Ancien français). Terre labourée.

WAIGNABLE adj.
(Boulonnais). Se dit d'une terre fertile, facile à labourer.

WAIRES n.f.p.
(Alsace). Perches en tiges de chêne dépouillées de leur écorce pour soutenir la vigne ou le houblon.

WALDHUFENDORF n.m.
Village établi par une communauté dans une clairière, le long d'un chemin.
Chaque maison est située près du chemin, à l'extrémité d'une longue parcelle, la Waldhufenflur qui constitue l'essentiel de l'exploitation agricole découpée aux dépens de la forêt. De tels villages-rues se retrouvent au Japon, au Québec (le rang *canadien).*
Etym. De l'allemand *Wald*, forêt, *Hufen*, enclos et *Dorf*, village.

WARESCAIS n.m.
(Flandre). Terrain vague, servant de pâture publique.

WARMBOLD (MÉTHODE DE) l.f.
Procédé de pacage dans les prairies divisées en parcelles séparées par des clôtures électriques mobiles, que l'on déplace quand l'herbe d'une parcelle est consommée.
Syn. Pâturage tournant (P. Habault).

WARRANT n.m.
En. **warrant**
De. **Warenschein**
Es. **warrant, recido de depósito, regguardo de depósito**
It. **warrant**
Titre représentant la valeur d'une récolte mise en dépôt, dans un local spécial, ou bien du bétail logé dans une étable indépendante, titre que le propriétaire peut donner à un prêteur en garantie d'un emprunt qui est ainsi gagé.
Etym. De l'ancien français *warant*, qui a donné *garant*.

WARRANTER v.tr.
Donner en gage, en garantie d'une dette, un titre appelé *warrant* et représentant tout ou partie de la valeur d'une récolte, ou d'un troupeau.
On peut ainsi warranter le prix du blé déposé dans un silo coopératif.

WARRAT n.m.
Fourrage composé de pois et de vesce.
Etym. Du flamand.

WARROT n.m.
Mélange de pois, de fèves, de féveroles, de vesce, de trèfle, de sainfoin et d'avoine, semé en novembre pour servir au printemps de fourrage vert.

WASTE n.m.
Lande inculte, sans arbre et d'aspect désolé.
Etym. De l'anglais.

WATERGANG n.m.
Canal qui borde un polder en Hollande, en Belgique et en France du Nord.
Etym. Du néerlandais *water*, eau, et *gang*, voie.

WATERIE n.f.
Semence composée de fèves et de pois, destinée à servir de fourrage vert.
Etym. Du flamand.

WATERINGUE n.f.
En. **drain system** (2)
De. **Entwässerung** (2)
Es. **avenamiento, drenaje** (2)
It. **drenaggio** (2)
1. Groupement de propriétaires assurant à frais communs l'entretien des canaux destinés à irriguer, ou à drainer, les terres situées le long du littoral, du Pas-de-Calais à la Frise.
2. Ensemble des travaux effectués pour maintenir les nappes d'eau au-dessous du niveau du sol dans les terres basses du littoral flamand et des deltas de la Hollande.
On dit aussi watrinche.
Etym. Du néerlandais *water*, eau, et *ingen*, association.

WAYN n.m.
Sole consacrée aux céréales d'hiver.
Etym. Du dialecte lorrain germanique.

WECHSELWEIDE n.f.
Paysage où alternent les champs et les prés.
Etym. Du germanique.

WECHSELWIRTSCHAFT n.f.
Paysage agraire composé de champs entourés de prairies afin de permettre cultures et pâturages en alternance.
C'est le ley farming britannique.
Etym. Allemand.

WEIDGANG n.m.
Pâturage.
Etym. Dialecte alsacien.

WEILER n.m.
Agglomération composée de quelques maisons.
Equivalent du hameau français.
Etym. Germanique.

WHEAT BELT l.m.
Domaine de la culture du blé, situé à l'ouest des Grands Lacs et en Californie où règne un climat aux étés chauds, favorable aux céréales.
Etym. De l'anglais *wheat*, blé et *belt*, ceinture, zone du blé.

WHISKY n.m.
Es. **güisqui**
Alcool obtenu en faisant distiller les moûts provenant de céréales saccharifiées et fermentées, notammant avec le malt d'orge.
Etym. Ecossais.

WIEGENMOOR n.m.
Prairie tourbeuse.
Etym. Germanique.

WILD-LAND l.m.
Partie du terroir où alternent les cultures et les landes.
Etym. De l'allemand *wild*, sauvage, et *land*, terre.

WILLIAMS n.f.
Variété de poires d'excellente qualité.

WITLOOF n.m.
Chicorée cultivée dans le nord de la France.
Pourvue d'une grosse racine et de feuilles longues et étroites elle fournit, par étiolement sous une couche de terre, un légume d'hiver tout blanc ; ses feuilles, enroulées en cornet, lui donnent l'aspect d'une endive. Si ses feuilles sont longues et étroites, c'est la barbe de capucin.
Etym. Du flamand, signifiant *feuille blanche*.

WOODLAND n.m.
Paysage agraire en partie cultivé, en partie boisé.
C'est presque l'équivalent des Bois de Saintonge et du Bocage de l'Ouest.
Etym. En anglais, pays des bois.

XANTHOPHYLLE n.f.
En. **xanthophyll**
De. **Xantophyll**
Es. **xantófila**
It. **xantofilla**
Pigment qui colore en jaune les feuilles, les fleurs et les fruits des plantes et qui est masqué par la chlorophylle verte en période de végétation.
Il réapparait en automne sur les feuilles sèches et sur les fruits à pleine maturité.
Etym. Du grec *xanthos*, jaune, et *phullon*, feuille.

XARD n.m.
V. Essart.

XÉNIE n.f.
It. **xenia**
Fécondation de la fleur d'une plante par le pollen d'une plante d'une autre espèce.
Etym. Du grec *xénos*, étranger.

XÉRÈS n.m.
En. **Jerez**
De. **Jerezwein, Sherry**
Es. **vino de Jerez, Jerez**
It. **Xeres**
Vin blanc récolté dans la région de Xérès en Espagne.
On distingue le sherry, *sec et alcoolisé, le* manzanilla, *plus léger, et le* pajarde *analogue au* malvoisie. *Comme beaucoup de vins blancs liquoreux, il est fait avec des raisins très mûrs, coupés et exposés au soleil pendant deux ou trois jours, et égrappés avant de passer au fouloir.*

XÉROPHILE adj.
En. **xerophyle**
De. **xerophil**
Es. **xerófilo**
It. **xerofilo**
Qualifie les plantes qui supportent bien la sécheresse, tels l'olivier, l'agave, le caroubier.
Etym. Du grec *xéros*, sec, et *philos*, ami.

XÉROPHYTE n.m.
En. **xerophyte**
De. **Xerophyt**
Es. **xerófita**
It. **xerofito**
Plante adaptée à la sécheresse.
On peut en distinguer trois variétés :
1. Celles qui sont munies de très longues racines et de feuilles peu abondantes, réduites, et à épaisse cutine ; elles puisent l'eau à de grandes profondeurs et en évaporent de faibles quantités (chêne kermès).
2. Celles qui passent la saison sèche sous forme de graines (retem, graminées du Sahara).
3. Celles qui sont dotées de feuilles épaisses où se conservent de grandes quantités d'eau ; ce sont les plantes grasses ou succulentes (agave).
Etym. Du grec *xéros*, sec, dur, et *phuton*, plante.

XYLÈME n.m.
En. **xylem**
De. **Xylem**
Es. **xilema**
It. **xilema**
Partie intérieure d'un tronc d'arbre qui assure la circulation de la sève montante, ou sève brute.

XYLOCARPE adj.
Es. **xilocarpo**
Qualifie les fruits dont la pulpe devient ligneuse.
Etym. Du grec *xulon*, bois, et *karpos*, fruit.

XYLOCULTURE n.f.
Es. xilocultura
Culture du bois, et plus particulièrement, celle du coton *(Littré)*.
Etym. Du grec *xulon*, bois.

XYLOLOGIE n.f.
En. xylology
Es. xilología
It. silologia
Science du bois en tant que matériau et évolution historique de son utilisation.
Etym. Du grec *xulon*, bois, et *logos*, science.

XYLOPHAGE n.m.
En. xylophagous
De. Holzkäfer
Es. xilófago
It. silofago, xilofago
Insecte qui se nourrit du tissu ligneux des plantes et en particulier du bois des bâtiments en y creusant des galeries et en fragilisant les charpentes (termites, vrillettes, etc).
Etym. Du grec *xulon*, bois et *phagein*, manger.

XYLOPHAGE adj.
En. xylophagous
Es. xilófago
It. xilofago
Se dit d'un insecte qui se nourrit des tissus ligneux des plantes et du bois des charpentes et des bâtiments.

XYLOSE n.f.
En. xylose
De. Xylose, Holzzucker
Es. xilosa
It. xilosio
Sucre contenant cinq atomes de carbone et obtenu en faisant agir des acides sur du maïs, sur la sève du bois.
D'où son nom vulgaire de sucre de bois.
Etym. Du grec, *xulon*, bois.

YAK n.m.
En. yak
De. Yak, Jak
Es. yak, yac
It. yak
Bovidé des montagnes d'Asie centrale, résistant aux grands froids grâce à son épaisse toison aux poils soyeux, blancs ou noirs.
Animal domestique quand il est castré ; le yak mâle est appelé drong *et le yak femelle* drimo.
De haute taille (1 m 80 au garrot), son encornure mesure 1 m. Il est apprécié pour son lait, sa viande et comme bête de somme.
Etym. Du tibétain, signifiant *boeuf grognant*.

YAÏLA n.f.
(Turquie et Kurdistan).
1. Pâturage d'été.
2. Résidence d'été pour les citadins.

YAM n.m.
Tubercule semblable à la pomme de terre, cultivé en Nouvelle-Guinée.

YAMAMAÏ n.m.
Ver à soie japonais.

YEARLING n.m.
Poulain issu de pur sang et âgé d'un an *(R. Blais). Etym.* De l'anglais, *year*, an, et *ling*, tard, âgé de.

YÈBLE n.m.
V. Hièble.

YEOMEN n.m.p.
Paysans anglais qui, du XVIème au XVIIIème siècle, vécurent libres, sans payer de redevances seigneuriales.

YERBA n.f.
Es. hierba
Générique de nombreuses plantes de l'Amérique du Sud : *yerba maté* ou *maté*, *yerba buena* ou *menthe*, etc.
Etym. De l'espagnol.

YEUSE n.f.
En. evergreen oak, ilex, holly-oak, holm oak
De. Steineiche
Es. encina, carrasca, coscoja
It. leccio, ilice
Chêne vert *(Quercus ilex)* qui forme des *yeusaies* sur les calcaires des pays méditerranéens.
Etym. Du latin *ilex*, qui a donné *euze* en provençal.

YEUX n.m.p.
Pluriel de oeil.
1. Bourgeons des sarments de vigne et, par extension, de la plupart des arbres fruitiers.
2. Trous des fromages à pâte cuite.
V. Oeil.

YLANG-YLANG n.m.
En. ilang-ilang
De. Ylang-Ylang Boum
Es. ilang ilang
It. ylang-ylang
Arbre de la famille des Annonacées *(Cananga odorata)*, cultivé de l'Asie des moussons aux Mascareignes pour son essence très appréciée comme parfum et appelée *essence de Macassar*, extraite par distillation de ses fleurs.

YLIA n.f.
(Asie mineure). Terre noire et poreuse, provenant de la décomposition des laves, réputée pour sa fertilité.

YOGHOURT n.m.
En. yogurt
De. Joghurt
Es. yogur
It. yogurt
Fromage frais préparé avec du lait de vache, ou de brebis, auquel on incorpore des ferments lactiques acidifiants *(Thermobacterium bulgaricum)*. Mis dans une étuve tiède pendant quelques heures, le lait se caille et prend une saveur très appréciée. On dit aussi yaourt.
Etym. Du bulgare *jaurt*.

YOUSK n.m.
Lot de terre attribué à une communauté villageoise, ou *tanitza*, pour être exploité en commun, selon les coutumes des tribus cosaques.
Etym. Du russe.

YPRÉAUX n.m.p.
En. white poplar (2)
De. Silberpappel
Es. álamo blanco (2)
It. pioppo bianco (2)
Nom commun à trois sortes d'arbres nombreux dans la région d'Ypres, le plus caractéristique étant le peuplier blanc.
1. Aulne, arbuste à large feuilles, de la famille des Bétulacées, fréquent dans les terrains humides.
Syn. Verne.
Etym. Du latin *alnus*.
2. Peuplier blanc.
Grand arbre de la famille des Salicacées, à écorce blanche, à feuilles arrondies qui se développe bien dans les endroits humides.
Syn. Peuplier de Hollande, ypréau.
Etym. Du latin *populus alba*.
3. Saule marsault. Arbre de la famille des Salicacées *(Salix caprea)*, commun dans les endroits humides à écorce riche en tannin et ayant des tiges servant comme échalas.
Etym. Du latin *salix*, saule et *mas, maris*, mâle.

YUCCA n.m.
En. yucca (1)
De. Yukka (1)
Es. yuca (1)
It. yucca (1)
1. Plante grasse ornementale à longues feuilles pointues et à hampe florale de couleur blanche, de la famille des Liliacées.
2. Manioc, de la famille des Euphorbiacées.
Etym. Origine caraïbe.

YUGADA n.f.
Ancienne mesure de surface agraire usitée en Espagne et valant approximativement 14,2 ha.

ZABRE n.m.
En. caraboid beetle, zabrus
De. Rückenkäfer, Laufkäfer
Es. zabro
It. zabro
Insecte coléoptère de la famille des Carabidés *(Zabrus tenebrides)*.
Il cause de grands dégâts dans les champs de céréales.

Z.A.D. sigle
Zone d'Aménagement Différé.
Terres agricoles situées dans une zone qui sera un jour à urbaniser et qui, déclarées d'utilité publique, sont acquises par un organisme officiel afin d'éviter les spéculations, et de constituer des réserves foncières à utiliser en temps voulu.

ZADRUGA n.f.
Communauté rurale des Balkans composée d'une ou de plusieurs familles, associées pour exploiter ensemble un vaste domaine, ou *bastina*.
Elle disposait soit d'un bâtiment aux nombreuses pièces, soit de maisons séparées. L'ensemble était géré par un chef de famille. Equivalent du terme français fréresche. *Le nom de zadruga a été repris pour désigner les coopératives agricoles en Yougoslavie après la seconde guerre mondiale.*
Etym. Serbo-croate.

ZAIN n.m.
Es. **zaino**
It. **zaino**
Cheval qui n'a pas un seul poil blanc dans sa robe, sans tache.
Etym. De l'italien *zaino*.

ZAMÉE n.f.
Pomme de pin dont les écailles s'écartent par dessication avant de tomber par terre.
Les graines, privées de support, sont emportées par le vent.

ZAMIA n.f.
Arbre de la famille des Cycadacées, classe des Gymnospermes, originaire de l'Afrique australe.
Il croît dans les régions chaudes de l'Afrique et de l'Amérique ; l'une de ses espèces est dite pain des Cafres, car il donne un fruit à pulpe amylacée, nutritive (R. Blais).
On dit aussi zamier.

ZAPFNER n.m.
Cépage à raisins noirs des vignobles de Tokay, en Hongrie, appelé également *Furmint*.

ZÉA n.f.
Nom générique de diverses espèces de maïs, de la famille des Graminées.

ZÉBRANE n.m.
Métis d'un zèbre et d'une ânesse.

ZÉBU n.m.
En. **zebu**
De. **Zebu**
Es. **cebú**
It. **zebú**
Ruminant de la famille des Bovidés qui porte sur le garrot une bosse charnue.
*On distingue plusieurs zébus sauvages ; une seule espèce a été domestiquée (*Bos indicus*). Elle s'est répandue dans les régions tropicales. Croisée avec une espèce sauvage, elle donne le gayal, utilisé dans le nord-est de l'Inde. Etym. Origine indienne, terme signalé pour la première fois par Buffon qui l'avait emprunté à des montreurs d'animaux étranges.*

ZÉEN
Espèce de chêne d'Afrique du Nord, à feuilles coriaces, à bois très dur qui sert dans la construction et donne un excellent charbon.
Il ressemble au chêne rouvre.

ZÉINE n.f.
En. **zein**
Es. **ceína**
Gluten contenu dans la farine de maïs.

ZÉOPHAGES n.m.p.
Populations qui se nourrissent d'épeautre et de maïs.
Etym. Du grec *zéa*, épeautre, et *phagein*, manger.

ZÉRO DE DÉVELOPPEMENT l.m.
It. **sviluppo zero**
Seuil de température au-dessous duquel les animaux, dont la température interne est variable, cessent de se développer.
Il y a en effet une relation entre la vitesse de développement et la température ambiante.
Ex. Les poissons, les abeilles.

ZÉRO DE GERMINATION l.m.
Température au-dessous de laquelle une graine ne peut germer.
Elle se situe en général autour de 10°C, tandis que le zéro de végétation est en moyenne de 5°C.

ZÉRO-PÂTURAGE n.m.
En. **zero-grazing**
Procédé d'élevage sans pacage ni pâturage.
Le bétail est nourri en aliments préparés industriellement (fourrages secs, farines, etc.) ; il est logé dans des étables où la mécanisation remplace le travail de l'éleveur. Des fourrages verts doivent cependant être ajoutés à cette nourriture artificielle.

ZÉRO DE VÉGÉTATION l.m.
Seuil de température au-dessous duquel une plante donnée ne pousse pas, en moyenne + 5°C.

ZESTE n.m.
En. **zest** (2)
De. **Scheidemembran** (1)
Es. **bizna** (1)
It. **anima, scorza** (1)
1. Membrane rigide qui sépare à l'intérieur des noix les quatre lobes du cerneau.
2. Ecorce colorée des agrumes.
Etym. Du francique *zest*.

ZÉVAIE n.f.
(Morvan). Haie.

ZIGZAG (HERSE EN) l.f.
Es. **zigzag (grada en)**
It. **zigzag (erpice a)**
Herse formée de cadres articulés mobiles, dans le sens vertical, unis parfois par des chaînes et attachés à une traverse commune reliée au tracteur ou à l'attelage
Sa souplesse lui permet de s'adapter aux ondulations du terrain, tout en brisant les mottes avec ses dents pointues.

ZIZANIE n.f.
En. **Zizania**
De. **Unkraut**
Es. **cizaña**
It. **zizania**
Genre de graminées oryzées, du genre riz.
*L'une des espèces (*Zizania aquatica*), ou riz du Canada, est cueillie par les Indiens de l'Amérique du Nord pour leur nourriture.*
Etym. Du grec *zizanion*, mauvaise herbe.

ZONAGE n.m.
It. **azzonamento, zonizzazione**
Répartition d'un territoire d'après les différentes utilisations du sol.
Cette répartition, selon les plans d'occupation des sols (P.O.S.) et selon un équilibre à conserver entre les espaces boisés et cultivés, constitue le zonage agricole, menacé par l'exode rural qui détermine l'extension des bois et des landes aux dépens des labours. Il s'effectue également en fonction des décisions prises à la suite des créations de zones d'aménagement concerté (Z.A.C.), de zones d'aménagement différé (Z.A.D.), ou de zones d'environnement protégé (Z.E.P.).
Etym. Du grec *zoné*, ceinture.

ZONE GÉLIVE l.f.
It. **zona geliva**
Zone qui, par suite de son orientation et de son relief, est sujette à des gelées hâtives en automne, ou tardives au printemps et, par conséquent, ne se prête pas aux cultures délicates, ni à l'habitat.

ZONE DE LIBRE ÉCHANGE l.f.
Es. **zona de libre cambio**
It. **zona di libero scambio**
Ensemble de pays ayant supprimé entre eux les droits de douane pour tout ou partie des marchandises produites sur leur territoire.
Selon le cas, cette mesure est favorable ou défavorable aux produits agricoles de l'un de ces pays ; le cas échéant, des mesures financières compensatoires sont prises en plein accord avec les parties. V. M.C.M.

ZONE TÉMOIN l.f.
En. **witness zone**
De. **Versuchsgebiet**
Es. **zona modelo**
It. **zona pilota**
Surface agricole, en général de dimensions assez réduites (quelques hectares, une commune, un canton), et où l'on met en oeuvre des techniques nouvelles pour la culture et l'élevage.
Si les résultats sont bons, les agriculteurs les adoptent ; s'ils sont médiocres, on abandonne l'expérience.

ZOOCÉCIDIE n.f.
En. **zoocecidium**
Es. **zoocecidia**
It. **zoocecidia**
Prolifération de cellules anarchiques dans un végétal sous l'influence d'un insecte, d'un choc ou d'un virus. *Les noix de galle du chêne en sont un exemple.*

ZOOGÉNIE n.f.
Es. **zoogenia**
Section de la zoologie relative à la croissance des animaux domestiques.
Etym. Du grec *zoon*, et *gennan*, engendrer.

ZOOGÉOGRAPHIE n.f.
En. **zoogeography**
Es. **zoogeografía**
It. **zoogeografia**
Etude scientifique de la répartition des espèces animales actuelles à la surface du globe.

ZOOLÂTRE n.m.
En. **zoolatry**
De. **Tieranbeter**
Es. **zoólatra**
It. **zoolatra**
Membre d'une religion ou d'une secte qui adore les animaux ou leurs représentations.

ZOOLOGIE n.f.
En. **zoology**
De. **Zoologie**
Es. **zoología**
It. **zoologia**
Science naturelle qui a pour objet l'étude des animaux.
Son but est la description biologique, la classification, la génétique, l'évolution, la sélection et la thérapeutique, notamment celle du bétail agricole. Elle s'étend également aux parasites et aux commensaux des troupeaux dans la mesure où ils peuvent être utiles ou nuisibles à l'élevage et aux récoltes.
Etym Du grec *zoon*, animal, et *logos*, science.

ZOOMORPHIE n.f.
Es. **zoomorfia**
Etude des formes extérieures des animaux.

ZOONOSE n.f.
En. **zoonosis**
De. **Zoonose**
Es. **zoonosis**
It. **zoonosi**
Epidémie, infection qui se transmet de l'animal à l'homme, et vice-versa.
Il en existe une centaine, dues à des bactéries, des virus, des parasites, des mycoses, etc. Elles se transmettent par des insectes, des arthropodes, des arachnides. Ex. Charbon, rage, tuberculose.
Etym. Du grec *zoon*, animal et *nosena*, maladie.

ZOOTECHNIE n.f.
En. **zootechny**
De. **Zootechnik**
Es. **zootecnia**
It. **zootecnia**
Etude des techniques consistant à sélectionner les animaux domestiques, à les adapter aux travaux agricoles ou à l'alimentation, aux loisirs de leurs maîtres, à les nourrir rationnellement et à les guérir s'ils sont malades.
La zootechnie est pratiquée par des vétérinaires zootechniciens.
Etym. Du grec *zoon*, animal, et *tekhné*, métier.

ZOOTHÉRAPIE n.f.
En. **zootherapy**
Es. **zooterapia**
Traitement des maladies des animaux par un vétérinaire.
Etym. Du grec *zoon*, animal, et *therapeuein*, soigner.

Z.R.R. sigle
Zone de Rénovation Rurale.
Groupe de départements où la réorganisation des structures agraires fait l'objet d'un plan et doit aboutir à une amélioration des activités agricoles.
Ex. La S.O.M.I.V.A.L.

Z.S.A.R. sigle
Zone Spéciale d'Action Rurale.
Créées en 1967, ces zones doivent être améliorées en réseaux routiers, en équipements industriels, en écoles professionnelles, etc. Elles peuvent englober des zones de protection des paysages lorsque ces paysages ont une valeur touristique.

ZUCHETTE n.f.
En. **cucumber**
De. **Gurke**
Es. **cohombro**
It. **varietà di cetriolo**
Espèce de concombre.
Etym. De l'italien *zucchetta*, courgette.

ZYGOTE n.m.
En. **zygote**
De. **Zygote**
Es. **cigote, cigoto**
It. **zygote**
Union d'un gamète mâle et d'un gamète femelle donnant l'*ovocyte* qui se développe pour donner le *foetus* chez les vivipares et l'*oeuf* chez les ovipares.
Etym. Du grec *zugon*, ce qui joint.

ZYMASE n.f.
En. **zymase**
De. **Zymase**
Es. **zimasa**
It. **zimasi**
Enzyme extraite de la levure de bière et qui provoque la fermentation alcoolique en dédoublant le glucose en gaz carbonique et alcool.
Etym. Du grec *zumé*, ferment.

ZYMOGÈNE adj.
En. **zymogenic**
Es. **zimógeno, cimógeno**
It. **zimogena**
Se dit des cellules glandulaires qui donnent des ferments.
Etym. Du grec *zumé*, ferment, et *géné*, naissance.

ZYMOLOGIE n.f.
En. **zymology**
De. **Gärungslehre, Zymologie**
Es. **zimología, cimología**
It. **zimologia**
Science des ferments et de la fermentation.
Etym. Du grec *zumé*, ferment.

ZYMOSIMÈTRE n.m.
En. **zymoscope**
De. **Gärungsmesser, Zymosimeter**
Es. **zimosímetro, cimosímetro**
It. **zimosimetro**
Appareil pour mesurer la qualité d'un levain, sa force fermentescible.
Etym. Du grec *zumé*, ferment, et *metron*, mesure.

INDEX ANGLAIS-FRANÇAIS

Aaron's rod	BOUILLON-BLANC	agricultural association	ASSOCIATION AGRICOLE
abaca	ABACA	agricultural census	RECENSEMENT AGRICOLE
abandonment (of property)	DÉGUERPISSEMENT	agricultural economics	ÉCONOMIE AGRICOLE
abattoir	ABATTOIR	agricultural electronics	ÉLECTRONIQUE AGRICOLE
ability	APTITUDE	agricultural engineering	TECHNIQUE AGRICOLE
abomasum	CAILLETTE	agricultural ergonomics	ERGONOMIE AGRICOLE
abomasum	ABOMASSUM	agricultural history	HISTOIRE RURALE
abomasus	ABOMASSUM	agricultural implements	MATÉRIEL AGRICOLE
aboriginal	ABORIGÈNE adj.	agricultural investment	INVESTISSEMENT AGRICOLE
aborigine	ABORIGÈNE n.m.	agricultural law	DROIT RURAL
abort (to)	AVORTER	agricultural law	LOI AGRAIRE
absenteeism	ABSENTÉISME	agricultural lease	COLONAGE
absorbent	ABSORBANT	agricultural machinery	MACHINISME AGRICOLE
absorbing power	POUVOIR ABSORBANT	agricultural Malthusianism	MALTHUSIANISME AGRICOLE
absorption	ABSORPTION	agricultural mechanisation	MÉCANISATION AGRICOLE
absorption	IMBIBITION	agricultural meeting	COMICE AGRICOLE
abuttals	ABOUTISSANTS	agricultural overproduction	SURPRODUCTION AGRICOLE
acacia	ACACIA	agricultural plan	PROGRAMME AGRICOLE
acariasis	ACARIOSE	agricultural planning	AMÉNAGEMENT AGRICOLE
acaricide	ACARIFUGE	agricultural population	DENSITÉ AGRICOLE
Acaridae	ACARIENS	agricultural production	PRODUCTION AGRICOLE
acaulous	ACAULE	agricultural profitability	RENTABILITÉ AGRICOLE
accession	ACCESSION	agricultural protocol	PROTOCOLE AGRICOLE
acclimatization	ACCLIMATATION	agricultural region	RÉGION AGRICOLE
acclimatize (to)	ACCLIMATER	agricultural revolution	RÉVOLUTION AGRICOLE
accretion	ACCOULINS	agricultural show	CONCOURS AGRICOLE
accretion	ATTERRISSEMENT	agricultural specialisation	SPÉCIALISATION AGRICOLE
accretion	ACCRUE	agricultural statistics	STATISTIQUE AGRICOLE
acetification	ACÉTIFICATION	agricultural subsidy	SUBVENTION AGRICOLE
achene	AKÈNE	agricultural surplus	EXCÉDENTS AGRICOLES
acid	ACIDE	agricultural system	SYSTÈME D'AGRICULTURE
acidity	ACIDITÉ	agricultural teaching	ENSEIGNEMENT AGRICOLE
acidity	VERDEUR	agricultural technician	TECHNICIEN AGRICOLE
aconite	ACONIT	agricultural technology	TECHNOLOGIE AGRICOLE
acorn	GLAND	agricultural typology	TYPOLOGIE AGRICOLE
acre	ACRE	agriculture	AGRICULTURE
acrid	REVÊCHE	agrobiology	AGROBIOLOGIE
Acrididae	ACRIDIENS	agroclimatology	AGROCLIMATOLOGIE
actinidia	ACTINIDIA	agrogeology	AGROGÉOLOGIE
actinomycosis	ACTINOMYCOSE	agroindustry	AGRO-INDUSTRIE
actinothermal index	INDICE ACTINOMÉTRIQUE	agrological map	CARTE AGROLOGIQUE
active matter	MATIÈRE ACTIVE	agrology	AGROLOGIE
actual productivity	PRODUCTIVITÉ RÉELLE	agrometeorology	AGROMÉTÉOROLOGIE
add alcohol (to)	VINER	agrometeorology	MÉTÉOROLOGIE AGRICOLE
additional tax	TAILLON	agronomic	AGRONOMIQUE
adenine	ADÉNINE	agronomical maps	CARTES AGRONOMIQUES
adenitis	ADÉNITE	agronomist	INGÉNIEUR AGRONOME
adhesiveness	ADHÉSIVITÉ	agronomist	AGRONOME
administer (to)	GOUVERNER	agronomy	AGRONOMIE
advantage	PRÉCIPUT	agropharmacy	AGROPHARMACIE
adventitious	ADVENTICE adj.	agrostology	AGROSTOLOGIE
adze	HERMINETTE	aid	AIDE
aerometer	AÉROMÈTRE	air-sac disease	MYCOPLASMOSE
aerosol	AÉROSOL	akene	AKÈNE
aestivation	PRÉFLORAISON	albumen	ALBUMEN
afforest (to)	BOISER	alcohol	ALCOOL
afforestation	BOISEMENT	alcohol content	DEGRÉ ALCOOLIQUE
afforestation	AFFORESTATION	alcohol meter	ALCOOMÈTRE
after-effects	SÉQUELLE	alcoholometer	PÈSE-VIN
aftergrowth	REGAIN	alder	VERGNE
aftermath	REGAIN	alder	AULNE
aftermath	RECOUPE	alder buckthorn	BOURDAINE
agalactia	AGALACTIE	alder plantation	AULNAIE
agalaxia	AGALACTIE	alembic	ALAMBIC
age-ring	CERNE	aleurone	ALEURONE
ageing	VIEILLISSEMENT	alevin	ALEVIN
agrarian	AGRAIRE	alfalfa	LUZERNE
agrarian	AGRARIEN	alga	ALGUE
agrarian analysis	ANALYSE AGRAIRE	alien	ADVENTICE adj.
agrarian geography	GÉOGRAPHIE AGRAIRE	alimentary standard	NORME ALIMENTAIRE
agrarian geomorphology	GÉOMORPHOLOGIE AGRAIRE	alkanet	ORCANETTE
agrarian morphology	MORPHOLOGIE AGRAIRE	allheal	VALÉRIANE
agrarian reform	RÉFORME AGRAIRE	allotment	ALLOTISSEMENT
agrarian revolution	RÉVOLUTION AGRAIRE	allotment	PARCELLEMENT
agrarian structure	STRUCTURE AGRAIRE	allotriophagy	PICA
agrarian territory	TERRITOIRE AGRAIRE	allowable cut	POSSIBILITÉ
agrestic	AGRESTE	alluvium	ALLUVIONS
agribusiness	BIO-INDUSTRIE	almond	AMANDE
agricultural	AGRICOLE	almond-tree	AMANDIER
agricultural	ARATOIRE	aloe	ALOÈS
Agricultural Academy	ACADÉMIE D'AGRICULTURE	alopecia	PELADE
agricultural adviser	CONSEILLER AGRICOLE	alp	ALPE
agricultural apprenticeship	APPRENTISSAGE AGRICOLE	alp	MONTAGNE

alpaca	ALPACA	artificial insemination	INSÉMINATION ARTIFICIELLE
alpine	ALPIN	ascariasis	ASCARIDIOSE
alpine farmer	ALPAGISTE	ascarid	ASCARIDE
alpine herdsman	ARMAILLIS	ash-plantation	FRÊNAIE
alpine herdsman's cottage	BURON	ash-tree	FRÊNE
alpine pasture	ALPAGE	asinaire	ASINAIRE
Alsace wines	ALSACE (VINS D')	asinine	ASINE
alternation	ALTERNANCE	asparagus	ASPERGE
alternative	ALTERNATIVE	asparagus tongs	COUPE-ASPERGE
altica	ALTISE	aspen	TREMBLE
alveolus	ALVÉOLE	aspen-grove	TREMBLAIE
amarelle	GRIOTTE	ass	ÂNE
amble	AMBLE	ass	BAUDET
american aloe	AGAVE	ass's foal	ÂNON
ammonia	AMMONIAQUE	assart (to)	ESSARTER
ammonium sulfate	SULFATE D'AMMONIAQUE	assart (to)	SARTER
amortization	AMORTISSEMENT	assartment	ESSARTAGE
ampelography	AMPÉLOGRAPHIE	assessment basis	ASSIETTE
androgynous	BISSEXUEL	assimilation	ASSIMILATION
anemophily	ANÉMOPHILIE	atomizer	ATOMISEUR
angelica	ANGÉLIQUE	atomizing	NÉBULISATION
angora	ANGORA	aubergine	AUBERGINE
angoumois grain moth	ALUCITE	August	AOÛT
Anjou wines	ANJOU (VINS D')	Aujeszky's disease	AUJESZKY (MALADIE D')
annatto tree	ROCOUYER	autarchy	AUTARCIE
annex	APPARTENANCE	automatisation	AUTOMATISATION
annual	ANNUEL	autotrophic	AUTOTROPHE
anoxia	ANOXIE	aviary	VOLIÈRE
anthracnose	ANTHRACNOSE	avicultural	AVICOLE
anthropic	ANTHROPIQUE	avocado	AVOCATIER
anti-hail	PARAGRÊLE	avulsion	AVULSION
anticlinal valley	COMBE	awn	BARBE
anticryptogamic	ANTICRYPTOGAMIQUE	awner	ÉBARBEUR
apanage	APANAGE	awner	ÉBARBEUSE
aphid	PUCERON	awning	AUVENT
aphtous fever	APHTEUSE (FIÈVRE)	axe	HACHE
apiarian	APICOLE	axe	COGNÉE
apiary	RUCHER	Bacchanalia	BACCHANALES
apogamy	APOGAMIE	back to the land movement	RETOUR À LA TERRE
apoplexy	APOPLEXIE	back-fief	ARRIÈRE-FIEF
appeal	RECOURS	backsaw	ÉGOHINE
apple	POMME	backward	TARDIF
apple orchard	POMMELIÈRE	bacteria	BACTÉRIE
apple tree	POMMIER	bacterial disease	BACTÉRIOSE
apple-blosson weevil	ANTHONOME	bactericide	BACTÉRICIDE
apricot	ABRICOT	badger	BLAIREAU
apricot-tree	ABRICOTIER	badian	BADIANE
April	AVRIL	bagasse	BAGASSE
aptitude	APTITUDE	bail	BAT-FLANC
aquatic plants	HYDROPHYTES	bailiff land	VIGUERIE
aquiculture	AQUICULTURE	bait	APPÂT
aquifer	NAPPE PHRÉATIQUE	bakery	BOULANGERIE
Arab	BARBE	bakery	FOURNIL
Arabian horse	BARBE	balance-sheet	BILAN
arable	CULTIVABLE	bale collector	GROUPEUR DE BALLES
arable	LABOURABLE	baler	PRESSE
arable	ARABLE	balsam	BAUME
arboreal	ARBORICOLE	balsam	IMPATIENS
arborescent	ARBORESCENT	bamboo-tree	BAMBOU
arboriculture	ARBORICULTURE	banalities	BANALITÉS
arboriculturist	ARBORICULTEUR	banana	BANANIER
are	ARE	banana plantation	BANANERAIE
areca palm	ARÉQUIER	band	ACCOLURE
areometer	ARÉOMÈTRE	barbed wire	BARBELÉ
argan tree	ARGANIER	barberry	BERBERIS
armful	BRASSÉE	bare ownership	NUE-PROPRIÉTÉ
armillaria	ARMILLAIRE	baring machine	DÉCHAUSSEUSE
armpit	AISSELLE	bark	ÉCORCE
arnica	ARNICA	barker	ÉCORÇOIR
aroma	ARÔME	barking	DÉMASCLAGE
aroma	BOUQUET	barking	ÉCORÇAGE
aromatic	AROMATIQUE	barley	ORGE
aromatic plant	PLANTE AROMATIQUE	barley	PAUMELLE
arpent	ARPENT	barley beer	CERVOISE
arrangement of a house	AÎTRES	barn	GRANGE
arrow-root	ARROW-ROOT	barn	FENIL
artemisia	ARMOISE	barnman	GRANGER
artesian spring	SOURCE ARTÉSIENNE	barony	BARONNIE
artesian well	PUITS ARTÉSIEN	barrel	BARIL
artichoke	ARTICHAUT	barrel	FÛT
artichoke field	ARTICHAUTIÈRE	barrel	TONNEAU
artificial	ARTIFICIEL	barrel	BARRIQUE
artificial incubation	ACCOUVAGE	barrel (to)	ENTONNER

INDEX ANGLAIS-FRANÇAIS

barrel head	FONÇAILLES	billet	BILLE
barrel manufacture	BARILLAGE	billet	RONDIN
barrel-chock	TIN	billet	BÛCHE
barren	BRÉHAIGNE	billhook	SERPE
barrier	BARRIÈRE	billhook	VOUGE
barrow	BARD	billy goat	BOUC
basal area	SURFACE TERRIÈRE	bind (to)	LIER
basic slag	SCORIE DE DÉPHOSPHORATION	binder	HART
basil	BASILIC	binder	LIEUR
basin of submersion	BASSIN DE SUBMERSION	binder	LIEUSE
basket	BASTE	binding	LIAGE
basket	COUFFIN	binding	GERBAGE
basket	BENNE	bindweed	LISERON
basket	HOTTE	biocenose	BIOCÉNOSE
basket	MANNE	biocenosis	BIOCÉNOSE
basket	PANIER	bioclimatology	BIOCLIMATOLOGIE
basket maker	VANNIER	biology	BIOLOGIE
basketful	HOTTÉE	biomass	BIOMASSE
basketry	VANNERIE	biotechnology	BIOTECHNOLOGIE
bast	FILASSE	biotope	BIOTOPE
bast	LIBER	birch plantation	BOULAIE
bastard	BÂTARD	birch-rod	FOUET
batata	PATATE	birch-tree	BOULEAU
battery	ÉLEVEUSE	bird	OISEAU
battery (in)	BATTERIE (EN) l.adj.	bird's-foot trefoil	LOTIER
bay	ALEZAN	bird-	AVIAIRE
bay	BAI	bird-	AVICOLE
bay tree	LAURIER	birthright	AÎNESSE (DROIT D')
beach-grass	GOURBET	birthright	DROIT D'AÎNESSE
beam	TIMON	bit	MORS
beam	FLÈCHE	bite	PIQÛRE
beam	HAIE	bitter apple	COLOQUINTE
(plough) beam	AGE	bitter orange-tree	BIGARADIER
bean	HARICOT	bitter vetch	OROBE
bean caper	FABAGELLE	black measles	ESCA
bear fruit (to)	FRUCTIFIER	black medic	LUPULINE
beard	BARBE	black oak	QUERCITRON
beasts of burden	BÊTES DE SOMME	black-currant	CASSIS
beastings	AMOUILLE	black-currant bush	CASSISSIER
beat (to)	GAULER	black-currant bush	CASSIS
beating	GAULAGE	black-rot	BLACK-ROT
Beaune wines	BEAUNE (VINS DE)	blackberry	MÛRE
bed	PLANCHE D'ARROSAGE	blacksmith	FORGERON
bed of rushes	JONCHAIE	blackthorn	PRUNELLIER
bedding	LABOUR EN BILLONS	bladder-senna	BAGUENAUDIER
bedstraw	GLOUTERON	blaze (to)	MARQUER
bee colony	COLONIE	bleating	BÉGUETEMENT
bee glue	PROPOLIS	bleeding	SAIGNÉE
beech	HÊTRE	blend	MÉLANGE
beech forest	HÊTRAIE	blend (to)	RECOUPER
beech grove	HÊTRAIE	blending	COUPAGE
beech-nut	FAINE	bletting	BLETTISSEMENT
beech-tree	FAYARD	blight	CHARBON
beehive	HAUSSE DE RUCHE	blight	BRÛLURE
beehive	RUCHE	blighted	NIELLÉ
beekeeping	APICULTURE	blinkers	OEILLÈRES
beer	BIÈRE	bloat	MÉTÉORISATION
beet	BETTE	block	TIN
beet growers	BETTERAVIERS	blood	SANG
beet juice factory	RÂPERIE	bloom	PRUINE
beet puller	SOULEVEUSE	blossom (to)	FLEURIR
beet seed	SEMENCEAU	blossoming	FLORAISON
beetle	MAILLOCHE	blower	VENTILATEUR
beetroot	BETTERAVE	blue vitriol	VITRIOL
begonia	BÉGONIA	blue-moulded	PERSILLÉ
bell-glass	VERRINE	blueberry	AIRELLE
belladonna	BELLADONE	blueberry	BLEUET
bellyband	SOUS-VENTRIÈRE	bluebottle	BLEUET
bellyband	VENTRIÈRE	blunt (to)	ÉMOUSSER
benchterrace	BANQUETTE	boar	VERRAT
benefice	BÉNÉFICE	board	BORD
berberis	BERBERIS	boiler	CHAUDIÈRE
bergamot	BERGAMOTE	boletus	BOLET
bergamot-tree	BERGAMOTIER	bolt (to)	BLUTER
berry	BAIE	bolting	BLUTAGE
bestride (to)	ENFOURCHER	bolting-machine	BLUTOIR
better (to)	ABONNIR	bond	LIEN
bezoar	BEZOARD	bondage	SERVITUDE
biannual	BIENNAL adj.	bondage	SERVAGE
biennial	BISANNUEL adj.	bondman	SERF
bigarreau cherry	BIGARREAU	bone black	NOIR ANIMAL
bilberry	MYRTILLE	bonsai	BONSAI
bilberry	VACCINIUM	bonus	PRIME

611

borage	BOURRACHE	brie	BRIE
Bordeaux bottle	BORDELAISE	brim	MARGELLE
Bordeaux mixture	BOUILLIE CUPRIQUE	bring down (to)	CHABLER
Bordeaux wines	BORDEAUX (VINS DE)	bristle	SOIE
border	BORDURE	broad bean	FÈVE
border (to)	BORNER	brocoli	BROCOLI
border level	BOURRELET	broken boughs	BRISÉES
border on (to)	JOUXTER	broken grains	BRISURES
borer	PERCE	broken wind	POUSSE
boring	TÉRÉBRATION	broken wind	COURBATURE
borough	BOURG	brood	COUVAIN
botrytis disease	POURRITURE	brood	NICHÉE
bottle	BOUTEILLE	brood (to)	COUVER
bottle (to)	EMBOUTEILLER	brood (to)	INCUBER
bottle-rinser	RINCE-BOUTEILLE	brood (to)	ACCOUVER
bottle-stand	PORTE-BOUTEILLE	brooder	ACCOUVEUR
bough	RAMEAU	brooder house	POUSSINIÈRE
boughs	BRANCHAGE	brooding time	COUVAISON
boughs	RAMURE	broodmare	POULINIÈRE
boundary	BORD	broody hen	COUVEUSE
boundary stone	BORNE	broom	GENÊT
bourette	BOURRETTE	broom rape	OROBANCHE
bourgade	BOURGADE	broomfield	GENÊTIÈRE
bovine	BOVIDÉ	browband	FRONTEAU
bovine	BOVINS	brown rat	SURMULOT
bovine mastitis	MAMMITE	brown rot	MONILIOSE
bower	BERCEAU	brown scale	LÉCANIE
bower	TONNELLE	browning	BRUNISSURE
bowl	JATTE	brucellosis	BRUCELLOSE
box stall	BOX	brucellosis	BANG (MALADIE DE)
box stall	STALLE	bruise (to)	COTIR
box-tree	BUIS	bruised barley	BRAI
boxcart	DIABLE	Brumaire	BRUMAIRE
brabant plough	BRABANT	brush	BROUSSE
brace	JAMBETTE	brush hook	CROISSANT D'ÉLAGAGE
brace	PAIRE	brush killer	DÉBROUSSAILLANT
bracken	FOUGÈRE	brushwood	GAULIS
brake	BREUIL	brushwood	PERCHIS
brake	MACQUE	brushwood	RAMIÈRE
brake	TEILLEUSE	brushwoods	BROUSSAILLES
brake	BROIE	bucket	BAQUET
brake	HALLIER	bucket	SEAU
brake (to)	MACQUER	bucket	BAILLE
brake (to)	TEILLER	bucket	SEILLE
brake (to)	ÉCANGUER	bucket wheel	NORIA
braker	BROYEUSE	buckthorn	ALATERNE
bramble	RONCE	buckthorn	NERPRUN
bramblebush	RONCERAIE	buckwheat	SARRASIN
bran	SON	buckwheat eczema	FAGOPIRISME
branch	BRANCHE	bucolic	BUCOLIQUE
branch	RAMEAU	bud	BOURGEON
branches	BRANCHAGE	bud	BOUTON
branches	RAMURE	bud	GEMME
branchy	BRANCHU	bud (to)	BOUTONNER
branding	MARQUAGE	bud (to)	ÉCUSSONNER
brandy	BRANDEVIN	bud (to)	BOURGEONNER
brandy	EAU-DE-VIE	budding	BOURGEONNEMENT
bray (to)	BRAIRE	buffalo	BUFFLE
breach	TROUÉE	bulb	BULBE
bread	PAIN	bulk	LEST
bread-making	BOULANGERIE	bull	TAUREAU
bread-making	PANIFICATION	bull-branding	FERRADE
breadfruit tree	ARBRE À PAIN	bull-calf	TAURILLON
breadfruit tree	JAQUIER	bulldozer	BOUTEUR
break	SOLE	bullock	BOEUF
break clods (to)	ÉMOTTER	bullock	TAURILLON
break in (to)	DOMPTER	bullock	BOUVART
breaking in	DRESSAGE	bullock	BOUVILLON
breast	POITRAIL	bulrush	SCIRPE
breast collar	BRICOLE	bump	BOSSE
breast height	HAUTEUR D'HOMME	bunch of trees/of flowers	BOUQUET
breeching	AVALOIRE	bundle	BOTTE
breed	RACE	bundle of tobacco leaves	BALLE DE TABAC
breeder	ÉLEVEUR	bundling	BOTTELAGE
breeder	REPRODUCTEUR	bung	BONDON
breeding cage	NICHOIR	bung	BONDE
brew (to)	BRASSER	bung-borer	TIRE-BONDE
brewer	BRASSEUR	bunghole	BONDE
brewery	BRASSERIE	bunt	CARIE
brewing	BRASSAGE	burden	SOMME
bridge	SOUDURE	burden	CHARGE
bridle	BRIDE	burdens	CHARGES
bridle (to)	BRIDER	Burgundy wines	BOURGOGNE (VINS DE)

INDEX ANGLAIS-FRANÇAIS

burn-beat (to)	ÉCOBUER	caprine	CAPRIN
burner	BRÛLEUR	car rut	ORNIÈRE
burnet	PIMPRENELLE	caraboid beetle	ZABRE
burning	BRÛLEMENT	caraway	CARVI
burning	ÉCOBUAGE	carbon sulfur	SULFURE DE CARBONE
burning	BRÛLIS	carbonization	CARBONISATION
burnt land	BRÛLIS	carboy	BONBONNE
bush	ARBUSTE	carboy	TOURIE
bush	BROUSSE	carcass	CARCASSE
bushel	BOISSEAU	cardamom	CARDAMOME
bushes	BUISSON	cardful	PEIGNÉE
butcher	BOUCHER	carding	CARDAGE
butcher	ABATTEUR	cardingbrush	CARDE
butcher's shop	BOUCHERIE	cardoon	CARDON
butt	TINE	carlina	CARLINE
butter	BEURRE	carline thistle	CARLINE
butter churner	MALAXEUR	carnation	OEILLET
butter dealer	BEURRIER	carob	CAROUBIER
butter dish	BEURRIER	carotene	CAROTÈNE
butter-dairy	BEURRERIE	carpenter	CHARPENTIER
buttercup	RENONCULE	carriage	VOITURE
buttermilk	BABEURRE	carriage	CHARROI
buttermilk drainage	DÉLAITAGE	carrier	PORTEUR
butyrometer	BUTYROMÈTRE	carrier	CHARGE
buzzing hive	RUCHE BOURDONNEUSE	carrier	CHARRETIER
by-product	SOUS-PRODUIT	carrier pigeon	VOYAGEUR (PIGEON)
by-road	VICINAL	carrot	CAROTTE
byre	VACHERIE	cart	CHARRETTE
C.A.P.	P.A.C.	cart shed	REMISE
cabbage	CHOU	carter	CHARRETIER
cabbage palm	PALMISTE	carthamus	CARTHAME
cable logging	TÉLÉFÉRAGE	carthusian house	CHARTREUSE
cableway	CÂBLAGE	carting in	RENTRÉE
cacao bean	CABOSSE	cartwright	CHARRON
cacao butter	BEURRE DE CACAO	caryopsis	CARYOPSE
cacao plantation	CACAOYÈRE	casein	CASÉINE
cacao-tree	CACAOYER ou CACAOTIER	cashew	ANACARDIER
cadastral income	REVENU CADASTRAL	cashew	POMMIER D'ACAJOU
cadastre	CADASTRE	cask	FÛT
cage	CAGE	cask	FUTAILLE
calabash	CALEBASSE	cask	TONNEAU
calabash	CALEBASSIER	cask wood	MERRAIN
calabash	CALEBASSE	cassava	MANIOC
calabash (bottle)	GOURDE	cassave	CASSAVE
calamity	CALAMITÉ AGRICOLE	cassia	CASSE
calcareous (adj.)	CALCAIRE	castellany	CHÂTELLÉNIE
calcination	CALCINATION	castor-oil plant	RICIN
calcium ammonium nitrate	AMMONITRATE	castrate (to)	CHÂTRER
calf	VEAU	castration	BISTOURNAGE
calf	VÊLE	castration	CASTRATION
callosity	CAL	casual labourer	MANOUVRIER
callus	CAL	catabolism	CATABOLISME
calvados	CALVADOS	catch crop	CULTURE DÉROBÉE
calve (to)	VÊLER	caterpillar	CHENILLE
calving	VÊLAGE	caterpillars cut	ÉCHENILLOIR
calycle	CALICULE	catkin	CHÂTON
calyculus	CALICULE	Cato	CATON
calyx	CALICE	cattle	BÊTE
cambium	CAMBIUM	cattle	BOVINS
camel	CHAMEAU	cattle	CHEPTEL
camellia	CAMELIA	cattle	BÉTAIL
camembert	CAMEMBERT	cattle bell	CLARINE
camomile	CAMOMILLE	cattle bell	SONNAILLES
camphor tree	CAMPHRIER	cattle driver	TOUCHEUR
can	ESTAGNON	cattle egret	GARDE-BOEUF
canal	NAVILLE	cattle grub	VARRON
canal	CANAL	cattle-trailer	BÉTAILLÈRE
canalization	CANALISATION	cattleman	BOUVIER
cancer	CHANCRE	cauldron	CHAUDRON
cancerous	CHANCREUX	cause (something) to degenerate (to)	ABÂTARDIR
candle (to)	MIRER	causeway	CHAUSSÉE
candling	MIRAGE	cedar	CÈDRE
cane-juice	VESOU	celery	ACHE
cannery	CONSERVERIE	celery	CELERI
canteen-keeper	BRANDEVINIER	cell	CELLULE
caper	CÂPRIER	cellar (to)	ENCAVER
capital	CAPITAL	cellarer	CELLÉRIER
capitation	CAPITATION	cellaring	AVALAGE
capitulary	CAPITULAIRE	cellarman	CAVISTE
capon	CHAPON	cellarman	MAÎTRE DE CHAI
caponization	CHAPONNAGE	cellulose	CELLULOSE
capping	OPERCULE	censored man	CENSITAIRE
caprification	CAPRIFICATION	census	DÉNOMBREMENT

INDEX ANGLAIS-FRANÇAIS

centaury	CENTAURÉE	cinnamon tree	CANNELIER
centiare	CENTIARE	cistern	CITERNE
centrifugal machine	CENTRIFUGEUSE	citriculture	AGRUMICULTURE
centrifugation	CENTRIFUGATION	citron	CITRON
centuriation	CENTURIATION	citron tree	CÉDRATIER
cepe	CÈPE	citrus fruits	AGRUMES
cereals	CÉRÉALES	citrus plantation/orchard	AGRUMERAIE
cesspool	PUITS PERDU	clarification	COLLAGE
cesspool	PUISARD	clarifying	COLLAGE
chaff	VANNURE	clary	ORVALE
chaff	BALLES	claw	GRIFFE
chain	CHAÎNE D'ARPENTEUR	clawpiece	GRIFFE À LAIT
chainpump	MANÈGE	clay	GLAISE
chalet	CHALET	clayey	ARGILEUX
chalk	CRAIE	clean (to)	RAGRÉER
chamber of agriculture	CHAMBRE D'AGRICULTURE	clean out (to)	ÉCURER
Champagne	CHAMPAGNE (VINS DE)	cleaner	NETTOYEUR
change of colour	CASSE	cleaning crop	CULTURE NETTOYANTE
channel	RIGOLE	cleaning machine	TARARE
channel	NOUE	cleansing	ASSAINISSEMENT
charcoal	CHARBON DE BOIS	clear (a field) of stones (to)	ÉPIERRER
chard beet	POIRÉE	clear (ground) of thistles (to)	ÉCHARDONNER
charlock	MOUTARDE	clear (to)	DÉFRICHER
charlock	SANVE	clear (to)	DÉBROUSSAILLER
charter	CARTULAIRE	clear the stubble from (to)	CHAUMER
charter	CHARTE	clear-cutting	COUPE À BLANC-ÉTOC ou
charter book	CHARTRIER		COUPE À BLANC-ESTOC
chasselas	CHASSELAS	clearance	CLARIFICATION
chateau wine	CHÂTEAU	clearance certificate	CONGÉ
cheese	FROMAGE	cleared land	ESSART
cheese	PÂTE	clearing	DÉBOURBAGE
cheese maker	FROMAGER	clearing	CLAIRIÈRE
cheese tray	ÉCLISSE	clearing of caterpillars	ÉCHENILLAGE
cheese vat	CASERET	clearing of stone	ÉPIERRAGE
chernozem	TCHERNOZEM	clearing of the ground	ESSARTAGE
cherry	CERISE	cleaver grass	GAILLET
cherry orchard	CERISAIE	cleft	FENTE
cherry tree	CERISIER	clementine	CLÉMENTINE
cherry-laurel	LAURIER-CERISE	click beetle	TAUPIN
chervil	CERFEUIL	climatic index	INDICE CLIMATIQUE
chest	POITRAIL	climatization	CLIMATISATION
chester cheese	CHESTER	climax	CLIMAX
chestnut	CHÂTAIGNE	climbing	GRIMPANT
chestnut	MARRON	clip (to)	TONDRE
chestnut forest	CHÂTAIGNERAIE	clip (to)	TAILLER
chestnut horse	ALEZAN	clipping	ÉBARBAGE
chestnut shell	BOGUE	clipping	TONTURE
chestnut tree	CHÂTAIGNIER	clipping	TONDAGE
chestnut tree	MARRONNIER	clipping of the wings	ÉJOINTAGE
chick	POUSSIN	clod	MOTTE
chick-pea	POIS CHICHE	clod breaker	BRISE-MOTTE
chicken	POUSSIN	clod smasher	ÉMOTTOIR
chicken	POULET	clog	GALOCHE
chicken coop	POUSSINIÈRE	clog	SOCQUE
chicle	CHICLE	clog	SABOT
chicory	CHICORÉE	clog maker	SABOTIER
chief of shepherds	BAILLE	cloistering	CLAUSTRATION
chief town	CHEF-LIEU	clone	CLONE
chile saltpeter	SALPÊTRE	cloning	CLONAGE
chimaera	CHIMÈRE	clove	CLOU DE GIROFLE
China bark	QUINQUINA	clove	CAÏEU
chinchilla	CHINCHILLA	clove tree	GIROFLIER
Chinese anise	BADIANIER	cloven hoof	FOURCHU
chip-axe	DOLOIRE	cloven-footed	FISSIPÈDE
chive	CIBOULETTE	clover	LUPINELLE
chlorophyl	CHLOROPHYLLE	clover	TRÈFLE
chloroplast	CHLOROPLASTE	clover dodder	CUSCUTE
chlorosis	CHLOROSE	clover field	TRÉFLIÈRE
chlorosis	COTTIS	clump	TOUFFE
chopper	HACHOIR	clump of bushes	MASSIF
chopping knife	HACHOIR	clump of trees	MASSIF
chopping of stalks	HACHAGE	cluster	TROCHET
chromosome	CHROMOSOME	cluster	GRAPPE
chrysalis	CHRYSALIDE	cluster	RÉGIME
chrysanthemum	CHRYSANTHÈME	cluster pine	PINASTRE
churn	BARATTE	coach house	REMISE
churn	BUTYRIFICATEUR	coachbuilder	CARROSSIER
churning	BARATTAGE	coagulation	COAGULATION
cider	CIDRE	coagulation	CAILLAGE
cinchona	QUINQUINA	coal merchant	CHARBONNIER
cineraria	CINÉRAIRE	coaltar	COALTAR
cinnamon	CINNAMOME	coat	PELAGE
cinnamon	CANNELLE	coat	ROBE

614

INDEX ANGLAIS-FRANÇAIS

coat	POILS	compost	TERREAU
cob	TORCHIS	composting	COMPOSTAGE
coca	COCA, COCAYER	computer	ORDINATEUR
coccid	COCCIDIE	concentrated	CONCENTRÉ
coccidiosis	COCCIDIOSE	cone	CÔNE
coccinella	COCCINELLE	confirmation	CONFIRMATION
cochineal	COCHENILLE	conifer	CONIFÈRES
cock	COQ	consanguinity	PARENTÉ
cockchafer	HANNETON	consolidation of holdings	REMEMBREMENT
cockerel	COQUELET	consortium	CONSORTIE
cocklebur	LAMPOURDE	constable	CONNÉTABLE
cockoo flower	CARDAMINE	constant price	PRIX CONSTANT
cockroach	BLATTE	consumable	FONGIBLE
cockroach	CAFARD	contagion	CONTAGION
cockroach	CANCRELAT	contagion	CONTAGE
cocksfoot	DACTYLE	contagious ecthyma	ECTHYMA CONTAGIEUX
coco plum tree	ICAQUIER	container	COMPORTE
cocoa bean	CABOSSE	container	CONTENEUR
cocoa butter	BEURRE DE CACAO	contamination	CONTAMINATION
coconut	COCO	content	TENEUR
coconut butter	BEURRE DE COCO	contour ploughing	LABOUR EN COURBES DE NIVEAU
coconut palm	COCOTIER	contract	CONTRAT
coconut palm plantation	COCOTERAIE	contract	FORFAIT
cocoon	COCON	contract	ACCENSE
codling moth	CARPOCAPSE	control	LUTTE
coenurosis	COENUROSE	control	TÉMOIN
coffee	CAFÉ	control	TESTEUR
coffee plantation	CAFETERIA	conventional ploughing	LABOUR EN PLANCHE
coffee tree	CAFÉIER	conversion	CONVERSION
cognac	COGNAC	conveyance	VOITURE
cold	FRIGORIFIQUE adj.	convolvulus	VOLUBILIS
cold room	FRIGORIFIQUE	cooler	RÉFRIGÉRANT
cold storage	FROID	cooling	RÉFRIGÉRATION
cold storage	CHAMBRE FROIDE	cooper	BOISSELIER
cold store	FRIGORIFIQUE	cooper	TONNELIER
coleopter	COLÉOPTÈRE	cooper's adze	DOLOIRE
coli	COLIBACILLE	cooperage	TONNELLERIE
colibacillosis	COLIBACILLOSE	cooperation	COOPÉRATION
colibacillus	COLIBACILLE	copal tree	COPALIER
collar	COLLET	coparcenary	INDIVISION
collar	COLLIER	copper sulfate	SULFATE DE CUIVRE
collectivisation	COLLECTIVISATION	coppice	TAILLIS
collector	DÉCIMATEUR	coppice	BOCAGE
collector of tax	COLLECTEUR DE TAILLE	copra	COPRAH
colocynth	COLOQUINTE	copse	TAILLIS
colon	COLON	core	TROGNON
colonisation village	VILLAGE DE BONIFICATION	cork	LIÈGE
colonization	COLONISATION AGRICOLE	cork	BOUCHON
colorado beetle	DORYPHORE	corkage	BOUCHAGE
colorant	COLORANT	corkscrew	TIRE-BOUCHON
colostrum	COLOSTRUM	corm	BULBE
colostrum	AMOUILLE	corn	BLÉ
colouring	COLORANT	corn (to)	GRENER
colt	POULAIN	corn cob	PANOUILLE
colza	COLZA	corn cockle	GERZEAU
comb	PEIGNE	corn cockle	NIELLE
combe	COMBE	corn dealer	BLATIER
combine harvester	COMBINE	corn field	EMBLAVAISON
combine harvester	MOISSONNEUSE-BATTEUSE	corn poppy	COQUELICOT
combined hoe and fork	SERFOUETTE	corn salad	RAMPON
combined-drill	COMBINED-DRILL	corn salad	MACERON
combing	PEIGNAGE	corn salad	MÂCHE
commendam	COMMENDE	corn salad	DOUCETTE
common	BANAL	corn-picker	BEC CUEILLEUR
Common Agricultural Policy	POLITIQUE AGRICOLE COMMUNE	cornel tree	CORNOUILLER
common burdock	BARDANE	cornerstone	BORNE
common land	COMMUNAL	cornflower	CENTAURÉE
common land	COMMUNAUX	cornloft	GRENIER
Common Market	MARCHÉ COMMUN	corossol	COROSSOL
common ownership	MITOYENNETÉ	cos-lettuce	ROMAINE
common pasture	VAINE PÂTURE	cost of sales	PRIX DE REVIENT
common pasture	PARCOURS (LIBRE)	cotton	COTON
common vine-grub	COUPE-BOURGEON	cotton plant	COTONNIER
common wood	SÉGRAIRIE	cotton plantation	COTONNERIE
commoner	ROTURIER	cotyledon	COTYLÉDON
commoner's condition	ROTURE	couch-grass	CHIENDENT
communal	BANAL	coulter	COUTRE
community	COMMUNAUTÉ	country	CAMPAGNE
community life	VIE COMMUNAUTAIRE	country	PAYS
commuter	MIGRANT QUOTIDIEN	country planning	AMÉNAGEMENT RURAL
comose	BARBU	countryhouse	MANOIR
compactness of soil	COMPACITÉ	countryman	CAMPAGNARD
compost	COMPOST	coupling	COPULATION

INDEX ANGLAIS-FRANÇAIS

courgette	COURGETTE	curing	SALAISON
course	BIEF	curl	CLOQUE
court	COUR	curl	ENROULEMENT
cover	OPERCULE	curly	MADRÉ
cover	BÂCHE	currant bush	GROSEILLIER
cover	RECOUVREMENT	curry-comb	ÉTRILLE
covering	COUVERT	custom	COUTUMES
covering	SAILLIE	customary	COUTUMIER
covering	MONTE	cut up (to)	TRONÇONNER
covering of mare	ÉTALONNAGE	cut back (to)	RECÉPER
cow	VACHE	cut back (to)	RABATTRE
cow	TAURE	cut tobacco	SCAFERLATI
cow droppings	BOUSATS	cut up (to)	DÉBITER
cow dungs	BOUSES	cutter	HACHOIR
cow keeper	NOURRISSEUR	cutter bar	BARRE DE COUPE
cow pea	DOLIC ou DOLIQUE	cutting	COUPE
cowboy	VACHER	cutting	BOUTURE
cowboy	COW-BOY	cutting	OEILLETON
cowherd	BOUVIER	cutting	QUILLETTE
cowherd	VACHER	cutting	ÉCLAT
cowhouse	VACHERIE	cutting height	HAUTEUR DE COUPE
cowpox	VACCINE n.f	cutting up	DÉBITAGE
cowpox	COW-POX	cyanamide	CYANAMIDE
cowshed	BOUVERIE	cycle	CYCLE
cowshed cleaner	NETTOYEUR D'ÉTABLE	cypress	CYPRÈS
crack	CRACK	cypress grove	CYPRIÈRE
crack	FENTE	cyprinid culture	CYPRINICULTURE
cram (to)	GAVER	cyst	KYSTE
crammer	GAVEUSE	cysticercosis	CYSTICERCOSE
cramming	GAVAGE	cysticercosis	LADRERIE
cranberry	CANNEBERGE	cysticercus	CYSTICERQUE
crayfish	ÉCREVISSE	cytisus	CYTISE
cream	CRÈME	cytisus	CUSTILLE
cream (to)	ÉCRÉMER	dahlia	DAHLIA
creamer	ÉCRÉMEUSE	dairy	FRUITIÈRE
creamery	CRÈMERIE	dairy	FROMAGERIE
creeping	RAMPANT	dairy	MARCAIRERIE
cress	PASSE-RAGE	dairy	LAITERIE
cress	LÉPIDIER	dairy	LAITIER
crest	CHAPEAU	dairy cow	LAITIÈRE
crested dogstail	CRÉTELLE	dairy farming	ÉLEVAGE LAITIER
Cretan dittany	DICTAME	dairy industry	LAITERIE
cricket	CRIQUET	dairy products	LAITAGES
crimson clover	FAROUCHE	dairyman	LAITIER
croft	COURTIL	daisy	MARGUERITE
crook	HOULETTE	dam	DIGUE
crop	JABOT	dam	BARRAGE
crop (to)	COURTAUDER	dame's violet	JULIENNE
crop rotation	ASSOLEMENT	damming	ENDIGUEMENT
crop rotation	ROTATION	dandelion	DENT-DE-LION
cropping system	SYSTÈME DE CULTURE	dandelion	PISSENLIT
crossbreeding	MÉTISSAGE	darnel	IVRAIE
crotch	ENFOURCHURE	date	DATTE
crown	HOUPPIER	date palm	PALMIER-DATTIER
crown	CIME	date palm	DATTIER
croze	TIRE-FOND	day labourer	MANOUVRIER
croze	JABLE	day labourer	JOURNALIER
Cruciferae	CRUCIFÈRES	day's wage	JOURNÉE
crupper	BACUL	daywork	HOMMÉE
crupper	CROUPIÈRE	dead furrow	DÉRAYURE
crupper	CULERON	dead season	MORTE-SAISON
crupper	TROUSSE-QUEUE	dead wool	MORINE
crupper	FLAQUIÈRE	deadfall	TRAQUENARD
crush	CONCASSER	death-watch	VRILLETTE
crusher	BROYEUR	deathwatch	MINEUSE
crusher	CONCASSEUR	decalcification	DÉCALCIFICATION
crusher	DÉTRITOIR	decant (to)	COULER
cryptogam	CRYPTOGAME	decantation	TRANSVASEMENT
cryptogamic	CRYPTOGAMIQUE	December	DÉCEMBRE
cubic content	CUBAGE	deciduous	CADUC
cucumber	CONCOMBRE	deciduous	CADUCIFOLIÉ
cucumber	ZUCHETTE	decorticate (to)	DÉCORTIQUER
Cucurbitaceae	CUCURBITACÉES	(duck) decoy	CANARDIÈRE
cultivable	CULTIVABLE	deep freezing	CONGÉLATION
cultivate (to)	CULTIVER	deep-freezing	SURGÉLATION
cultivate (to)	EXPLOITER	deficiency	CARENCE
cultivation	CULTURE	defoliant	DÉFOLIANT
culvert	BONDE	defoliation	DÉFEUILLAGE
cup-shake	ROULURE	defoliation	DÉFOLIATION
cupbearer	ÉCHANSON	deforest (to)	DÉBOISER
curd	CAILLÉ	deforestation	DÉBOISEMENT
curd	CAILLEBOTTE	deforestation	DÉFORESTATION
curdling	CAILLAGE	degeneration disease	DÉGÉNÉRESCENCE

INDEX ANGLAIS-FRANÇAIS

degerm (to)	DÉGERMER
dehiscent	DEHISCENT
dehorning	DÉCORNAGE
dehorning	ÉCORNAGE
dehydration	DÉSHYDRATATION
dehydrator	DÉSHYDRATEUSE
delivery	LIVRAISON
delivery (of animals)	MISE-BAS
demandable	REQUÉRABLE
demijohn	DAME-JEANNE
demographic pressure	PRESSION DÉMOGRAPHIQUE
den	REPAIRE
dendrochronology	DENDROCHRONOLOGIE
dendrology	DENDROLOGIE
dendrometer	DENDROMÈTRE
dendrometer	RELASCOPE
dendrometry	DENDROMÉTRIE
density	COMPACITÉ
depopulation	DÉPEUPLEMENT
depredation	DÉPRÉDATION
depredator	DÉPRÉDATEUR
dequeen (to)	ORPHELINER
dermatosis	DERMATOSE
desalinization	DESSALAGE
desiccation	DESSICCATION
design	ETRES
development of an exploitation	FAIRE-VALOIR
dew	ROSÉE
dew	AIGUAIL
dew point	POINT DE ROSÉE
dewlap	FANON
diaspore	DIASPORE
diastase	DIASTASE
dibble	PLANTOIR
Dicotyledoneae	DICOTYLÉDONE
dig (to)	FOUIR
dig (to)	BÊCHER
dig again (to)	REFOUIR
dig up (to)	DÉTERRER
dig up (with a pick) (to)	PIOCHER
digging	BÊCHAGE
digging up	DÉTERRAGE
digging up	DÉFONÇAGE
digitalis	DIGITALE
dike	DIGUE
dill	ANETH
dioecious	DIOÏQUE
diploid	DIPLOIDE
disavowal right	DÉSAVEU (DROIT DE)
disbud (to)	ÉBORGNER
disbud (to)	ÉBOURGEONNER
disbudding	ÉBORGNAGE
disbudding	ÉBOURGEONNAGE
disbudding	RAJEUNISSEMENT
disbudding tool	ÉBOURGEONNOIR
disc	DISQUE
discharge/outflow/return water	COLATURE
discoloration	DÉCOLORATION
disease	MAL
disinfection	DÉSINFECTION
disk	DISQUE
distillation	DISTILLATION
distillery	DISTILLERIE
distillery	BRÛLERIE
distress	GAGERIE
district	CANTON
ditch	FOSSÉ
ditch	RIGOLE
ditch	SAIGNÉE
ditch cleaner	CUREUSE
ditch cleaning	CURAGE
diverter	PARTITEUR
dividing into parcels	PARCELLISATION
DNA	ADN
doe	HASE
dog	CHIEN
dog daisy	MATRICAIRE
dogstail	CRÉTELLE
doline	DOLINE
domestic	DOMESTIQUÉ
domestic animal	ANIMAL DOMESTIQUE
domestication	DOMESTICATION
dominance	DOMINANCE
done	TOPE
donkey	ÂNE
donkey	BAUDET
donkey	BOURRICOT
donkey	BOURRIN
donkey boy	ÂNIER
dormancy	DORMANCE
dormant	DORMANT
dose	DOSE
dosser	HOTTE
dough tray	HUCHE
dourine	DOURINE
dove	COLOMBE
dove-cot	PIGEONNIER
dove-cot	COLOMBIER
dove-cot	FUYE
downpour	GIBOULÉE
doyenne	DOYENNÉ
draff	DRÊCHE
dragging	DRAGAGE
drain	NOUE
drain (to)	DRAINER
drain ditch	TRANCHÉES
drain pipe	DRAIN
drain system	WATERINGUE
drainage	DRAINAGE
drainage canal/channel	CANAL DE DRAINAGE
drainage canal/channel	CANAL D'ASSÈCHEMENT
drainage channel	CANAL DE DÉRIVATION
drainage ditch	COLLECTEUR DE DRAINAGE
drainage ditch	ÉMISSAIRE
drainage system	RÉSEAU DE DRAINAGE
draining	ASSÈCHEMENT
draining	DRAINAGE
draining	DESSÈCHEMENT
draught animals	BÉTAIL ARATOIRE
draught animals	BÊTES DE TRAIT
drawer	EXTRACTEUR
dredge	DRAINEUSE
dredge	TRANCHEUSE
dregs	LIE
drench (to)	ABREUVER
drier	SÉCHEUR
drill	PERÇOIR
drill	PERCE
drill	SEMOIR
drill maker	TRAÇOIR
drive	LANÇAGE
drive (to)	MENER
dromedary	DROMADAIRE
drone	FAUX-BOURDON
drop by drop	GOUTTE À GOUTTE
droppings	FIENTE
drosophila	DROSOPHILE
drought	SÉCHERESSE
drover	BOUVIER
drupe	DRUPE
dry (to)	SÉCHER
dry farming	CULTURE SÈCHE
dry rot	FUSARIOSE
dry-farming	ARIDOCULTURE
dry-farming	DRY FARMING
drying	SÉCHAGE
drying	DESSICCATION
drying chamber	SÉCHOIR FROMAGER
drying room	SÉCHOIR
drying room	SÉCHERIE
drying shed	HÂLOIR
drying up	DESSÈCHEMENT
drying up	TARISSEMENT
dryness	SÉCHERESSE
duck	CANARD
duck	CANE
duckling	CANETON
dug	TÉTINE
dug	TRAYON
dune	DUNE
dung	FIENTE
dung	FUMIER
dung (to)	FUMER
dung cleaner	ÉVACUATEUR DE FUMIER
dung pit	FOSSE À FUMIER
dung yard	FUMIÈRE

INDEX ANGLAIS-FRANÇAIS

duramen	BOIS DE COEUR	enclosing wall	MUR
duster	POUDREUSE	enclosure	CLOS
dusting	POUDRAGE	enclosure	ENCLOS
Dutch	HOLLANDAISE	enclosure	ENCLOSURE
Dutch cheese	HOLLANDE	endemic	ENDÉMIQUE
dwarf	NAIN	endemic disease	ENDÉMIE
dwarf elder	HIÈBLE	endive	ENDIVE
dwarfness	NANISME	endive	ESCAROLE
dwellers	HÔTES	endive	SCAROLE
dwelling	HABITATION	endophyte	ENDOPHYTE
dwelling	HABITATION	enfeoff (to)	INFÉODER
dwelling	HÉBERGEMENT	enfeoff (to)	FIEFFER
dye	COLORANT	enfeoffment	INFÉODATION
dye plants	PLANTES TINCTORIALES	English oak	ROUVRE
dyer's broom	GENÊT	English oak plantation	ROUVRAIE
dyer's furze	GENESTROLLE	enrich (to)	AMENDER
dyer's genista	GENESTROLLE	enrichment	AMENDEMENT
dyer's greenweed	GENESTROLLE	ensilage	ENSILAGE ou ENSILOTAGE
dyer's rocket	GAUDE	entailed property	MAJORAT
E.E.C. European Economic Community	C.E.E.	enterotoxemia	ENTÉROTOXÉMIE
ear	PANOUILLE	entomology	ENTOMOLOGIE
ear	ÉPI	enumeration	DÉNOMBREMENT
ear (to)	ÉPIER	enzootic disease	ENZOOTIE
earing	ÉPIAISON	epigeous	ÉPIGÉ
early	PRÉCOCE	epiphytes	ÉPIPHYTES
early	HÂTIF	epithelium	ÉPITHÉLIUM
early fruit	HÂTIVEAU	epizootic disease	ÉPIZOOTIE
early fruits and vegetables	PRIMEURS	equidae	EQUIDÉS
early ripeness	PRÉCOCITÉ	equine	CHEVALIN
early vegetable	HÂTIVEAU	equine	HIPPIQUE
early-wheat	TOUSELLE	equipment	ÉQUIPAGE
earth	TERRE	eradication	ÉRADICATION
earth	SOL	ergot	ERGOT
earth (to)	CHAUSSER	ergotism	ERGOTISME
earth almond	SOUCHET	erinose	ÉRINOSE
earth pea	VOANDZOU	ers	ERS
earth up (to)	BUTTER	ervil	ERS
earth up (to)	TERRER	erythema	ÉRYTHÈME
earthing	CHAUSSAGE	esca	ESCA
earthing up	BUTTAGE	escarole	SCAROLE
earthworm	LOMBRIC	escheat	DROIT DE DESHÉRENCE
earthworm killer	LOMBRICIDE	escheat	AUBARDE
earthy	TERREUX	espalier	ESPALIER
eatable	COMESTIBLE	espalier	REFEND
eave	AVANT-TOIT	esparto grass	ALFA
eaves	DALLE	esparto grass	SPARTE
ebony (tree)	ÉBÉNIER	essartment	ESSARTAGE
ebony tree	PLAQUEMINIER	estate	FONDS
ecclesiastical register	POUILLÉ	estate	DOMAINE
eclogues	BUCOLIQUES	estate	BIEN
ecology	ÉCOLOGIE	estivation	PRÉFLORAISON
ecosystem	ÉCOSYSTÈME	etiolation	ÉTIOLEMENT
edaphology	ÉDAPHOLOGIE	eucalyptus	EUCALYPTUS
edge	BORDURE	eutrophisation	EUTROPHISATION
edge	LISIÈRE	evaporator	ÉVAPORATEUR
edge	ORÉE	evapotranspiration	ÉVAPOTRANSPIRATION
edge-tool maker	TAILLANDIER	evening	VEILLÉE
edible meat offals	ABATS	evergreen	PERSISTANT
edible mushroom	MOUSSERON	evergreen	SEMPER VIRENS
eelpond	ANGUILLIÈRE	evergreen oak	YEUSE
eelworm	ANGUILLULE	eviction	ÉVICTION
egg	OEUF	evisceration	ÉVISCÉRATION
egg laying	PONTE	ewe	BREBIS
egg merchant	COQUETIER	excavator	PELLETEUSE
eggplant	AUBERGINE	excretions	DÉJECTIONS ANIMALES
einkorn	ENGRAIN	exfoliation	EXFOLIATION
elder (tree)	SUREAU	exogamy	EXOGAMIE
elephant	ÉLÉPHANT	exploitability	EXPLOITABILITÉ
elephant keeper	CORNAC	exploitable	EXPLOITABLE
elevator	ÉLÉVATEUR	expropriation	EXPROPRIATION
elevator	SILO	extensive	EXTENSIVE
ell	AUNE	extensive agriculture	AGRICULTURE EXTENSIVE
elm	ULMEAU	extensive cultivation	CULTURE EXTENSIVE
elm (tree)	ORME ou ORMEAU	extraction rate	EXTRACTION (TAUX D')
elm sapling	ORMILLE	face	CHANFREIN
elmgrove	ORMAIE	fading	FLÉTRISSAGE
emancipation	AFFRANCHISSEMENT	faggot	FAGOT
embryo	EMBRYON	faggot (to)	FAGOTER
embryo	PLANTULE	fagopyrism	FAGOPIRISME
emmer (wheat)	AMIDONNIER	fair	FOIRE
emptying	VIDANGE	fair price	PRIX CONSTANT
enclave	ENCLAVE	fairground	FOIRAIL
enclosing	PARCAGE	fall	PENTE

INDEX ANGLAIS-FRANÇAIS

fall of the leaves	EFFEUILLAISON	fence (to)	ENCLORE
falling of blossoms	DÉFLEURAISON ou DÉFLORAISON	fennel	FENOUIL
fallow	GUÉRET	fenugreek	FENUGREC
fallow land	FRICHE	feoff	FIEF
fallow land	JACHÈRE	feoffment	FÉAGE
family	MAISONNÉE	ferment	FERMENT
fan	VENTILATEUR	ferment (to)	CUVER
farcy	FARCIN	ferment (to)	BOUILLIR
farcy	MORVE	fermentation	FERMENTATION
farm	BORDE	fermentation	CUVAGE
farm accounting	COMPTABILITÉ AGRICOLE	fern	FOUGÈRE
farm building	BÂTIMENT	fernbrake	FOUGERAIE
farm butter	BEURRE FERMIER	fernpatch	FOUGERAIE
farm house	FERME	fertile	FERTILE
farm income	REVENU AGRICOLE	fertility	FERTILITÉ
farm labourer	OUVRIER AGRICOLE	fertility rate	TAUX DE FÉCONDITÉ
farm laws/code	CODE RURAL	fertility rate	TAUX DE PROLIFICITÉ
farm lease	BAIL À FERME	fertilization	FÉCONDATION
farm lease act	STATUT DU FERMAGE	fertilization	FERTILISATION
farm manager	RÉGISSEUR	fertilizer	FERTILISANT
farm servant	DOMESTIQUE	fertilizer	ENGRAIS
farm tenancy	BAIL À FERME	fertilizer attachment	ENFOUISSEUR
farm worker	OUVRIER AGRICOLE	fertilizing substances	MATIÈRES FERTILISANTES
farm-mistress	FERMIÈRE	fescue grass	FÉTUQUE
farm-produce	AGROALIMENTAIRE	fetlock	FANON
farmer	EXPLOITANT AGRICOLE	fetlock	BOULET
farmer	MÉGER	feudal lord	FEUDATAIRE
farmer	AGRICULTEUR	feudal property	PARIAGE
farmer	CULTIVATEUR	feudal system	FÉODALITÉ
farmer distiller	BOUILLEUR DE CRU	feudality	FÉODALITÉ
farmers' union	SYNDICAT AGRICOLE	fibre	FIBRE
farmers' cooperative	COOPÉRATIVE AGRICOLE	fief	FIEF
farmhand	VALET	field	CHAMP
farmhouse	MAISON RURALE	field	PELOUSE
farming	AGRICULTURE	field	SOLE
farming (tenant)	FERMAGE	field bean	FÈVEROLE
farming system	SYSTÈME D'EXPLOITATION	field bean	FAVEROLE
farming year	CALENDRIER AGRICOLE	field heap spreader	ÉPARPILLEUR
farmstead	EXPLOITATION AGRICOLE	field mouse	MULOT
farmstead	DOMAINE	field mouse	CAMPAGNOL
farmyard	COUR	field poppy	COQUELICOT
farmyard	BASSE-COUR	field roller	ROULEAU
farmyard type house	MAISON DISSOCIÉE	field woodrush	LUZULE
farrier	MARÉCHAL-FERRANT	field-guard	GARDE-CHAMPÊTRE
farrier	FERREUR	field-keeper	GARDE-CHAMPÊTRE
fascine	FASCINE	fig	FIGUE
fastigiate(d)	FASTIGIÉ	fig tree	FIGUIER
fat	GRAS	fig tree orchard	FIGUERAIE
fat	MATIÈRE GRASSE	fill (to)	OUILLER
fat	GRAISSE	fill up with earth (to)	RECHAUSSER
fat (content)	BUTYREUX (TAUX)	filling	OUILLAGE
fat meat	GRAS	filly	POULICHE
fathom	TOISE	fine grass	GAZON
fattening	ENGRAISSAGE	fingerling	ALEVIN
faunus	FAUNE	fir (tree)	SAPIN
feasibility	POSSIBILITÉ	fir plantation	PINIÈRE
feather	PLUME	fir plantation	SAPINIÈRE
February	FÉVRIER	fire lane	GARDE-FEU
fecundating	FÉCONDATION	fire lane	COUPE-FEU
feed	MANGEAILLE	fire lane	PARE-FEU
feed	RATION	firebreak	PARE-FEU
feed (to)	REPAÎTRE	firebreak	GARDE-FEU
feed alley	PASSAGE D'AFFOURRAGEMENT	firewood	BILLETTE
feed/fill with grain (to)	ENGRÉNER	first animals	PRÉMICES
feeding	NOURRISSAGE	first fruits	PRÉMICES
feeding	NOURRISSEMENT	first furrow	ENRAYURE
feeding	AFFOURRAGEMENT	first plough	VERSAGE
feeding	ALLAITEMENT	fish	POISSON
feeding	AFFENAGE	fish pond	VIVIER
feeding passage	PASSAGE D'AFFOURRAGEMENT	fish preserve	VIVIER
feeding value	VALEUR FOURRAGÈRE	fishery	PÊCHERIE
feeler	PALPEUR	fishing	PÊCHE
felling	ABATTAGE	fissiped	FISSIPÈDE
felling	ABATTURE	fissure	FENTE
felling	COUPE	flail	FLÉAU
felling axe	MERLIN À LAME	flat	ÉVENTÉ
female	FEMELLE	flat hamper	BENNE
female	FEMELLE adj.	flavour	BOUQUET
fen	MARÉCAGE	flaw	GERÇURE
fen	MARAIS	flax	LIN
fence	CLÔTURE	flax breaker	TILLEUR
fence	BARRIÈRE	flax field	LINIÈRE
fence	PALISSADE	flaxcomb	SÉRAN

INDEX ANGLAIS-FRANÇAIS

flea beetle	ALTISE
fleece	TOISON
flesh-coloured	INCARNAT
fleshy	CHARNU
fling out (to)	RUER
floating (of wood)	FLOTTAGE
flock	BERGERIE
flock	TROUPEAU
flock of sheep	OUAILLES
flock of sheep	RAMADE
flock-book	FLOCK-BOOK
flood	INONDATION
flood	SUBMERSION
flooding	IRRIGATION
flora	FLORE
floral	FLORAL
floral design	RAMAGE
floriculture	FLORICULTURE
floriferous	FLORIFÈRE
florist	FLEURISTE
floristic	FLORISTIQUE
floss silk	FILOSELLE
flour	FARINE
flour industry	MEUNERIE
flow	BIEF
flow limiter	LIMITEUR DE DÉBIT
flow rate controller	RÉGULATEUR
flower	FLEUR
flower (to)	FLEURIR
flower again (to)	REFLEURIR
flower bed	PLATE-BANDE
flower growing	FLORICULTURE
flower-bed	PARTERRE
flowering	EFFLORAISON
flowering	FLORAISON
fly	MOUCHE
fly net	ÉMOUCHETTE
flytrap	GOBE-MOUCHE
foal	POULAIN
foal (to)	POULINER
foaling	POULINAGE
fodder	MANGEAILLE
fodder	FOURRAGE
fodder (to)	AFFENER
fodder (to)	AFFOURRAGER
fodder steamer	CUISEUR
fodder unit	UNITÉ FOURRAGÈRE (U.F.)
foddering	AFFOURRAGEMENT
fogging	NÉBULISATION
folding	PARCAGE
foliage	RAMURE
foliage	COUVERT
foliage	FEUILLAGE
foliage	FEUILLÉE
foliage	FRONDAISON
foliation	FRONDAISON
foliation	FOLIATION
foliation	FEUILLAISON
follicle	FOLLICULE
fonio	FONIO
Food and Agriculture Organisation	ORGANISATION POUR L'ALIMENTATION ET L'AGRICULTURE
food chain	CHAINE ALIMENTAIRE
food economy	SUBSISTANCE (ÉCONOMIE DE)
food gathering	CUEILLETTE
food industries	INDUSTRIES AGROALIMENTAIRES
foot	PATTE
foot and mouth disease	APHTEUSE (FIÈVRE)
foot rot	PIÉTIN
foot rot	FOURCHET
footbath	PEDILUVE
footpath	SENTIER
footstalk	PIED
forage	FOURRAGE
forage (to)	FOURRAGER
forage crimper	ÉCLATEUR
forage plant	PLANTE FOURRAGÈRE
forage waggon	FOURRAGÈRE
forager	FOURRAGEUR
force (to)	HÂTER
forced crop	CULTURE FORCÉE
forced labour	CORVÉE
forcing	FORÇAGE
forcing house	FORCERIE
fore-quarters	AVANT-MAIN
forecarriage	AVANT-TRAIN
foreign	FORAIN
foreigner	AUBAIN
foreleg	AVANT-MAIN
foreleg	AVANT-TRAIN
forest	FORÊT
forest	BOIS
forest house	MAISON FORESTIÈRE
forest judge	GRUYER
forest land	GARDERIE
forest ranger	GARDE-FORESTIER
forest ranger	FORESTIER
forest right	AFFOUAGE
forest tractor	TRACTEUR FORESTIER
forest warden	GARDE-FORESTIER
forest warden	GARDE-BOIS
forester	GARDE-FORESTIER
forester	FORESTIER
forestry	GARDERIE
forestry	FORESTERIE
fork	ENFOURCHURE
fork	FOURCHET
forklift truck	LÈVE-PALETTE
formulary	FORMULAIRE
forsythia	FORSYTHIA
fortified city	BASTIDE
fortifying (of wine)	VINAGE
foulbrood	LOQUE
founder	FOURBURE
foundered	FORTRAIT
fountain	FONTAINE
fourth/true stomach	CAILLETTE
fowl	OISEAU
fowl cholera	CHOLÉRA
fowl thyphoid	TYPHOSE
fox	RENARD
fox hunter	RENARDIER
foxed	PIQUÉ
foxtail grass	VULPIN
fragmentation	MORCELLEMENT
fragrance	PARFUM
frame	CADRE
frame	CHÂSSIS
fraud	FRAUDE
free	FRANC
freeboard	FRANC-BORD
freehold	FRANC-FIEF
freehold	FRANC-ALLEU
freehold	ALLEU
freehold	CONDAMINE
freeholder	FRANC TENANCIER
freeing	MANUMISSION
freeland	ALLODIALITÉ
freezer	CONGÉLATEUR
French peasant	JACQUES
French quality	QUALITÉ FRANCE
fresh skin	PEAU VERTE
Frisian (races)	FRISONNES (RACES)
frost	GELÉE
frost crack	GÉLIVURES
frost-nip	BRÛLURE
fructiferous	FRUCTIFÈRE
fructification	FRUCTIFICATION
fructify (to)	FRUCTIFIER
fructose	FRUCTOSE
fruit	FRUIT
fruit bearing shoot	COURSONNE
fruit bearing shoot	COURSON
fruit culture	FRUCTICULTURE
fruit grader	CALIBREUSE
fruit grower	POMICULTEUR
fruit growing	FRUCTICULTURE
fruit juice	JUS DE FRUITS
fruit shoot	LAMBOURDE
fruit spur	LAMBOURDE
fruit store	FRUITIER
fruit store	FRUITIÈRE
fruit store	FRUITERIE
fruit tree	ARBRE FRUITIER
fruit-bearing	FRUITIER adj.
fruited	FRUITÉ

INDEX ANGLAIS-FRANÇAIS

fruitful	FERTILE	geothermal	GÉOTHERMIQUE
fruitful	FRUCTIFÈRE	geothermic	GÉOTHERMIQUE
fruithedge	HAIE FRUITIÈRE	geotropism	GÉOTROPISME
fruity	FRUITÉ	geranium	GÉRANIUM
fry	NOURRAIN	germ	GERME
full-bodied	CORSÉ	germ	PLANTULE
full-bodied	VINEUX	germ plasm	PATRIMOINE GÉNÉTIQUE
full-bodied (wine)	CORPS	germinal	GERMINAL
fumigation	FUMIGATION	germinate (to)	GERMER
fumigator	FUMIGATEUR	germination	GERMINATION
fumitory	FUMETERRE	germination power	FACULTÉ GERMINATIVE
fungicide	FONGICIDE	germinative	GERMINATIF
fungicide	ANTICRYPTOGAMIQUE	gestation	GESTATION
fungus	CHAMPIGNON	gherkin	CORNICHON
funnel	ENTONNOIR	giant	GÉANTE
fur	PELAGE	gid	TOURNIS
fur	POILS	ginger	GINGEMBRE
fur	FOURRURE	girdle (to)	BAGUER
furrow	SILLON	girdling	BAGUAGE
furrow	RAIE OU RAYE	girth	SANGLE
furrow drill	RAYONNEUR	gizzard	GÉSIER
furrow-drain	RIGOLE	glade	CLAIRIÈRE
furze	AJONC	gladiolus	GLAIEUL
furze	ULEX	glanders	MORVE
furze field	JANNIÈRE	glean (to	GRAPPILLER
gadfly	TAON	glean (to)	GLANER
gag	PAS-D'ÂNE	gleaning	GLANAGE
gaggle (to)	CACARDER	gleaning	GLANE
gait	ALLURE	gleanings	GLANURE
galactology	GALACTOLOGIE	glebe	GLÈBE
galactometer	GALACTOMÈTRE	glowworm	CICINDÈLE
gall	CÉCIDIE	glucometer	GLUCOMÈTRE
gall (nut)	GALLE	glucose	GLUCOSE
gall midge	CÉCIDOMYIE	glumes	GLUMES
Galliformes	GALLIFORMES	gluten	GLUTEN
gallinaceous	GALLINACÉ	gnarl	LOUPE
gallop	GALOP	gnat	COUSIN
game	GIBIER	goad	AIGUILLON
gamekeeper	GARDE-CHASSE	goat-like	CAPRIN
gamete	GAMÈTE	goatherd	CHEVRIER
gander	JARS	goatish	HIRCIN
gangplough	POLYSOC	goatskin bottle	OUTRE
gangrene	GANGRÈNE	gold of pleasure	CAMELINE
gantry	CHANTIER	golden delicious	GOLDEN DELICIOUS
gap	TROUÉE	gommosis	GOMMOSE
garden	JARDIN	gonad	GONADE
garden (to)	JARDINER	goose	OIE
garden center	JARDINERIE	goose grass	GRATERON
garden sorrel	OSEILLE	gooseberry bush	GROSEILLIER
garden sorrel	VINETTE	goosefoot	ANSÉRINE
garden trowel	DÉPLANTOIR	gore	HACHE
garden trowel	TRANSPLANTOIR	Gorgonzola	GORGONZOLA
gardener	JARDINIER	gorse	AJONC
gardening	JARDINAGE	gorse	ULEX
garlic	AIL	gosling	OISON
garnishee order	SAISIE-GAGERIE	gourd	CALEBASSE
garret	SOUPENTE	gourd	PÂTISSON
garrigue	GARRIGUE	gourd	GOURDE
gate (of waterwheel)	LANCIÈRE	gourd	COURGE
gather (to)	CUEILLIR	gourmet	GOURMET
gather (to)	RAMASSER	graft	GREFFE
gather (to)	RÉCOLTER	graft	ENTE
gathering	COLLECTE	graft	GREFFON
gathering	RAMASSAGE	graft (to)	ENTER
gathering	LEVÉE	graft (to)	GREFFER
gauge	JAUGE	graft again (to)	REGREFFER
gelding	HONGRE	grafter	GREFFEUR
gemmule	GEMMULE	grafting	GREFFAGE
gene	GÈNE	grafting	PLACAGE
genealogical	GÉNÉALOGIQUE	grafting tool	GREFFOIR
generation	GÉNÉRATION	grafting tool	ÉCUSSONNOIR
genetic code	CODE GÉNÉTIQUE	grain	GRAIN
genetic engineering	GÉNIE GÉNÉTIQUE	grain	FIL DU BOIS
genetic potential	POTENTIEL GÉNÉTIQUE	grain farmer	CÉRÉALICULTEUR
geneticist	GÉNÉTICIEN	grain weevil	CALANDRE
genetics	GÉNÉTIQUE	grain weevil	CHARANÇON
genipap	GÉNIPAYER	Graminaceae	GRAMINÉES
genista	GENÊT	Graminaeae	GRAMINÉES
genoese	GÉNOISE	granary	GRENIER
genom	GÉNOME	granule	GRANULÉ
gentian	GENTIANE	grape	RAISIN DE TABLE
geonomy	GÉONOMIE	grape	RAISIN
Georgics	GÉORGIQUES	grape basket	VENDANGEOIR

INDEX ANGLAIS-FRANÇAIS

grape harvest	VENDANGE	guava	GOYAVIER
grape harvesting machine	MACHINE À VENDANGER	guinea fowl	PINTADE
grape leaf folder	CIGARIER	guinea pig	COBAYE
grape leaf folder	RHYNCHITE	gum	GOMME
grape mildew	BLANC	gum tree	GOMMIER
grape rot	ROT	gumming	GOMMOSE
grape-	UVAL	gush	JET
grape-shaped	UVAIRE	Gymnospermae	GYMNOSPERMES
grapefruit	GRAPE-FRUIT	gypsum	PLÂTRE
grapefruit tree	PAMPLEMOUSSIER	habitation	HABITATION
graphometer	GRAPHOMÈTRE	hack	TOCARD
grass	HERBE	hackle	SÉRAN
grass market	HERBERIE	hackle	AFFINOIR
grass staggers	TÉTANIE	hackle	RÉGAYOIR
grass tetany	TÉTANIE	hackle (to)	PEIGNER
grasshopper	SAUTERELLE	hackle (to)	SÉRANCER
grassland	HERBAGE	hail	GRÊLE
grassland	PRÉ D'EMBOUCHE	hail control gun	CANON
grassland	PRAIRIE	hailstone	GRÊLON
grassland	PRÉ	half-bred	MÉTIS
grassland farmer	HERBAGER	half-bred horse	DEMI-SANG
grassland region	RÉGION HERBAGÈRE	half-shrub	SOUS-ARBRISSEAU
grassy	HERBEUX	half-timbering	COLOMBAGE
grate (to)	RÂPER	halophilic	HALOPHILE
gratiola	GRATIOLE	halophyte	HALOPHYTE
gravelly	GRAVELEUX	halter	LICOU
graze	PRÉ D'EMBOUCHE	halter	LONGE
graze (to)	BROUTER	ham	JAMBON
graze (to)	PACAGER	hamlet	HAMEAU
graze (to)	PAÎTRE	hammer keeper	GARDE-MARTEAU
graze (to)	PÂTURER	hamper	MANNE
grazing	BROUTAGE	hamper	BANNE
grazing	MISE À L'HERBE	hamster	HAMSTER
grazing	DÉPAISSANCE	hand	MANOQUE
grease	GRAISSE	handbarrow	BAYART
greasing	HUILAGE	handbarrow	CIVIÈRE
great burnet	SANGUISORBE	handcart	CHARRETON
green	PLACITRE	handcart	HAQUET
Green Europe	EUROPE VERTE	handicraft	ARTISANAT RURAL
green manure	ENGRAIS VERT	handsaw	ÉGOHINE
green village	ANGERDORF	handtruck	DIABLE
green walnut	CERNEAU	haploid	HAPLOÏDE
greenery	VERDURE	hard cherry	BIGARREAU
greengage	REINE-CLAUDE	hard work	LABEUR
greenhouse	SERRE	hardiness	RUSTICITÉ
greens	HORTOLAGE	hardpan	ALIOS
gregarious	GRÉGAIRE	hardy	VIVACE
grey mould	POURRITURE	hare	LIÈVRE
grinding	MOUTURE	haricot bean	FASÉOLE
groats	GRUAU D'AVOINE	haricot bean	FAYOT
(oat) groats	GRUAU	harl	TEILLE
groom	PALEFRENIER	harness	HARNAIS
groom (to)	PANSER	harness	HARNACHEMENT
grooming	PANSAGE	harness	ATTELAGE
grooming	TOILETTAGE	harness (to)	ATTELER
gross product	PRODUIT BRUT	harness (to)	HARNACHER
ground	TERRAIN	harnessing	HARNACHEMENT
ground	TERRE	harrow	EXTIRPATEUR
ground	SOL	harrow	HERSE
ground beetle	CARABE DORÉ	harrow	PULVÉRISEUR
ground water table	NAPPE AQUIFÈRE	harrow (to)	BINER
groundnut	ARACHIDE	harrowing	HERSAGE
groundnut	CACAHOUÈTE	harsh	REVÊCHE
groundsel	SÉNEÇON	harvest	MOISSON
groundwater	PHRÉATIQUE (NAPPE)	harvest	RÉCOLTE
grove	BOSQUET	harvest (to)	MOISSONNER
grove	BOCAGE	harvest (to)	RÉCOLTER
grove	BOQUETEAU	harvester	MOISSONNEUSE-BATTEUSE
grove	BOIS	harvester	MOISSONNEUR
growing	CROÎT	harvester	CUEILLEUSE
growing	POUSSE	harvesting	MOISSONNAGE
growth	CROISSANCE	hatchel	RÉGAYOIR
growth check	CONTRÔLE	hatcher	ÉCLOSOIR
growth rate	TAUX DE CROISSANCE	hatchery	COUVOIR
grub	MORDETTE	hatchet	COGNÉE
grub	LARVE	hatchet	HACHEREAU
grub (to)	SCARIFIER	hatching	ÉCLOSION
grubber	CROSKILL	haulage	TRACTION
grubber	SCARIFICATEUR	hauling	DÉBARDAGE
grubbing	SCARIFIAGE	haulm	FANES
Gruyère cheese	GRUYÈRE	haulm cutter	EFFANEUSE
guanaco	GUANACO	Havana	HAVANE
guano	GUANO	Havana	HAVANE

INDEX ANGLAIS-FRANÇAIS

hawkweed	ÉPERVIÈRE	herbaceous	HERBACÉE
hawthorn	AUBÉPINE	herbalist	HERBORISTE
hay	FOIN	herbalist's shop	HERBORISTERIE
hay cart	FOURRAGÈRE	herbarium	HERBIER
hay drying	FANAGE	herbicide	HERBICIDE
hay harvest	FENAISON	herbivorous	HERBIVORE
hay rack	RÂTELIER	herborizator	HERBORISATEUR
hay stack	MEULE	herborize (to)	HERBORISER
hay trap	TRAPPON	herd	TROUPEAU
haycock	MEULON	herd (to)	MENER
hayfork	FOURCHE	herd book	HERD-BOOK
hayloft	FENIL	herdsman	PASTEUR
haymaking	FENAISON	herdsman	GARDEUR
hayrake	FAUCHET	herdsman	PÂTRE
hayrick	MOYETTE	heredity	HÉRÉDITÉ
haystack	BARGE	heritable lease	EMPHYTÉOSE
haystack	MOYETTE	hermaphrodite	HERMAPHRODITE
hazel	COUDRIER	hermaphroditism	HERMAPHRODISME
hazel	NOISETIER	herpes	HERPÈS
hazel grouse	GÉLINOTTE	heterosis	HÉTÉROSIS
hazel hen	GÉLINOTTE	heterosome	HÉTÉROSOME
hazel orchard	COUDRAIE	heterotrophic	HÉTÉROTROPHE
hazel orchard	NOISERAIE	hevea	HÉVÉA
hazelnut	NOISETTE	hibernate (to)	HIBERNACULER
head	PIÈCE	hibernate (to)	HIBERNER
head (to)	ÉTÊTER	hibernation	HIBERNATION
headed cabbage	CABUS	hiding	ENFOUISSAGE
heading	ÉTÊTAGE	hiemal	HIÉMAL
headland	TOURNIÈRE	high forest	FUTAIE
headland	CHEVIÈRE	high moor	FAGNE
heart (to)	POMMER	hiller	BUTTEUR
heart cherry	GUIGNE	hillock	TERTRE
hearth-tax	FOUAGE	hillside	COTEAU
heartwood	BOIS DE COEUR	hind carriage	ARRIÈRE-TRAIN
heartwood	COEUR	hindquarters	ARRIÈRE-MAIN
heat	CHALEUR	hindquarters	ARRIÈRE-TRAIN
heat stroke	COUP DE CHALEUR	hindquarters	CROUPE
heater	RÉCHAUFFEUR	hinny	BARDOT
heath	LANDE	hippology	HIPPOLOGIE
heath	BRUYÈRE	hircine	HIRCIN
heather	BRANDE	hire	LOUAGE
heather	BRUYÈRE	histogenesis	HISTOGENÈSE
heaves	POUSSE	hitch up tail by tail (to)	ACCOUER
heaves	COURBATURE	hive	RUCHÉE
heavy	LOURDE	hoarfrost	GELÉE BLANCHE
heavy clustered	GRAPPU	hobble	ENTRAVE
hectare	HECTARE	hoe	BÊCHOIR
hectolitre	HECTOLITRE	hoe	BINET
hedge	HAIE	hoe	HOUE
hedge (to)	ENCLORE	hoe	BINETTE
hedge cutter/trimmer	TAILLEUSE DE HAIES	hoe (to)	HOUER
hedgehog	HÉRISSON	hoe (to)	SERFOUIR
heifer	TAURE	hoe (to)	BINER
heifer	GÉNISSE	hoeing	SERFOUISSAGE
heifer	VÊLE	hoeing	HOUAGE
height	TAILLE	hoeing	SARCLAGE
helianthus	HÉLIANTHE	hoeing	BINAGE
helicide	HÉLICIDE	hoer	BINEUR
heliograph	HÉLIOGRAPHE	hog	ANTENAIS
heliophilous	HÉLIOPHILE	hog	POURCEAU
heliosis	INSOLATION	hog	COCHON
heliotrope	HÉLIOTROPE	hog	PORC
heliotrope	HÉLIOTROPE	hogshead	MUID
heliotropism	HÉLIOTROPISME	hogweed	RENOUÉE
helminthes	HELMINTHE	holding	BIEN
helminthiasis	HELMINTHIASE	hollow	FONDRIÈRE
help	AIDE	holly	HOUX
hemp	CHANVRE	holly-oak	YEUSE
hemp kiln	HÂLOIR	hollyhock	TRÉMIÈRE
hemp-field	CHÈNEVIÈRE	hollyhock	ALTHEA
hemp-man	CHANVRIER	hollyhock	PASSE-ROSE
hempseed	CHÈNEVIS	holm oak	YEUSE
hempstalk	CHÈNEVOTTE	home	HABITATION
hempstem	CHÈNEVOTTE	home consumption	AUTOCONSOMMATION
hen	GÉLINE	homeotherm	HOMÉOTHERME
hen	POULE	homing pigeon	VOYAGEUR (PIGEON)
henbane	JUSQUIAME	homologation	HOMOLOGATION
henhouse	GÉLINIER	honey	MIEL
henhouse	POULAILLER	honeybee	ABEILLE
henna plant	HENNÉ	honeycomb	RAYON
henroost	JUCHOIR	honeydew	MIELLAT
henroost	PERCHOIR	honeydew	MIELLÉE
herb woman	HERBIÈRE	honeyed	MIELLEUX

INDEX ANGLAIS-FRANÇAIS

honeymaking	MELLIFICATION	identification	IDENTIFICATION
honeysuckle	CHÈVREFEUILLE	ilang-ilang	YLANG-YLANG
hook	CROC	ilex	YEUSE
hoop	CERCLE	immaturity	IMMATURITÉ
hop	HOUBLON	immersion in dung	PRALINAGE
hop clover	MINETTE	immunity	IMMUNITÉ
hop pole	PERCHE	immunology	IMMUNOLOGIE
hop trefoil	MINETTE	implant (to)	IMPLANTER
hopper	TRÉMIE	implantation	IMPLANTATION
hoptrefoil	LUPULINE	implement	OUTIL
horizon	HORIZON	improvement	BONIFICATION
hormone	HORMONE	in mortmain	MORTAILLABLES
horn	CORNE	inalienable	MORTAILLABLES
hornbeam	CHARME	inbreeding	CONSANGUINITÉ
hornet	FRELON	inch	POUCE
horns	ENCORNURE	incision	INCISION
horse	CHEVAL	incisor	INCISIVE
horse box	BOX	incorporation	INCORPORATION
horse dealer	MAQUIGNON	increase in value	PLUS-VALUE
horsedealing	MAQUIGNONNAGE	incubate (to)	INCUBER
horsefly	TAON	incubation	INCUBATION
horsehair	CRINS	incubation room	CHAMBRE D'INCUBATION
horsepox	VACCINE n.f	incubator	COUVEUSE
horseradish	RAIFORT	incubator	INCUBATEUR
horseshoe	FER À CHEVAL	indehiscent	INDÉHISCENT
horsetail	PRÊLE	index	INDEX
horticultural	HORTICOLE	index	INDICE
horticulture	CULTURE MARAÎCHÈRE	indexing	INDEXAGE
horticulture	HORTICULTURE	indian fig tree	FIGUIER DE BARBARIE
horticulture	MARAÎCHAGE	indigo	INDIGO
horticulturist	MARAÎCHER	indigo plant	INDIGOTIER
hoseman	IRRIGANT	indigo plantation	INDIGOTERIE
host insect	HÔTE	industrial (agriculture)	INDUSTRIELLE (AGRICULTURE)
host plant	HÔTE	industrial (plants)	INDUSTRIELLES (PLANTES)
hotbed	COUCHE	industrial nitrates	NITRATES INDUSTRIELS
hothouse	SERRE	industrial plants	PLANTES INDUSTRIELLES
house (to)	ÉTABLER	industrial waste	RÉSIDUS INDUSTRIELS
household	FEU	ineradicable	INDÉRACINABLE
household	MAISONNÉE	inermous	INERME
household rubbish	GADOUE	infection	INFECTION
housework	MÉNAGE	infestation	INFESTATION
huckster	REGRATTIER	inflorescence	INFLORESCENCE
huckstering	REGRAT	infrastructure	INFRASTRUCTURE
hull	ÉCALURE	infructescence	INFRUTESCENCE
hull	COSSE	inheritance	HÉRITAGE
humble-bee	BOURDON	inhibition	INHIBITION
humic	HUMIQUE	inhibitor	INHIBITEUR
humidity	HUMIDITÉ	inoculation	INOCULATION
humidity rate	TAUX D'HUMIDITÉ	insect	INSECTE
humification	HUMIFICATION	insecticide	INSECTICIDE
humin	HUMINE	insectifuge	INSECTIFUGE
humus	HUMUS	insectivorous	INSECTIVORE
hunting	CHASSE	insectivorous	INSECTIVORE
hunting ground	TIRÉ	inseminator	INSÉMINATEUR
huntsman	PIQUEUR	intake of water	PRISE
hurdle	CLAIE	intendant	INTENDANT
husbandland	COLONAT	intensive	INTENSIF
husk	BROU	intensive agriculture	AGRICULTURE INTENSIVE
husk	ÉCALE	intensive cultivation	CULTURE INTENSIVE, ou CONTINUE
husk (to)	DÉCORTIQUER	interbreeding	CROISEMENT
husker	DÉPANOUILLEUSE	intercalary	INTERCALAIRE
husker	ÉPANOUILLEUSE	International Wine Office	OFFICE INTERNATIONAL DES VINS
husks	VANNURE	internode	ENTRENOEUD
husks	BALLES	introgression	INTROGRESSION
hut	HUTTE	inundation	INONDATION
hut	CASE	invasion	INVASION
hut	CABANE	inventory	INVENTAIRE
hyacinth	JACINTHE	inventory	RÉCOLLEMENT
hybrid	HYBRIDE	inversion	INVERSION
hybridism	HYBRIDISME	invest (to)	INVESTIR
hybridization	CROISEMENT	investiture	INVESTITURE
hybridization	HYBRIDATION	ionization	IONISATION
hydrangea	HORTENSIA	iris	IRIS
hydraulics	HYDRAULIQUE	Irish strawberry	ARBOUSIER
hydrocultivation	HYDROCULTURE	iron wire	FIL DE FER
hydrogeology	HYDROGÉOLOGIE	irrigate (to)	IRRIGUER
hydrophilous	HYDROPHILE	irrigation	IRRIGATION
hydroponic	HYDROPONIQUE	irrigation canal/channel	CANAL D'IRRIGATION
hygrophila	HYGROPHILE	irrigation system	RÉSEAU D'IRRIGATION
hygrophilous	HYGROPHILE	irrigator	IRRIGATEUR
hypodermosis	HYPODERMOSE	isolation distance	ISOLEMENT (DISTANCE D')
hyssop	HYSOPE	itch mite	SARCOPTE
iceberg lettuce	BATAVIA	itinerant	ITINÉRANTE

ivy	LIERRE	lactose	LACTOSE
jacquerie	JACQUERIE	ladle	ÉCOPE
jade	HARIDELLE	lady's smock	CARDAMINE
jade	TOCARD	lady's thumb	PERSICAIRE
jam	CONFITURES	laevulose	FRUCTOSE
January	JANVIER	lagoon	LAGUNE
Japanese artichoke	CROSNE	lagooning	LAGUNAGE
Japanese medlar	BIBASSIER	lamb	AGNEAU
jar	JARRE	lamb (to)	AGNELER
jasmine	JASMIN	lamb's lettuce	DOUCETTE
jaundice	JAUNISSE	lambing	AGNELAGE
jaw	MORS	lameness	BOITERIE
Jerez	XÉRÈS	lamina	LIMBE
Jerusalem artichoke	TOPINAMBOUR	laminitis	FOURBURE
jet	JET	land	PLANCHE
jockey	JOCKEY	land	PAYS
joint possession	INDIVISION	land	FONDS
joint worker-management control	AUTOGESTION	land	TERRAIN
jollification	FRAIRIE	land	TERRE
Judas tree	ARBRE DE JUDÉE	land	FONCIER
jug	BROC	land	TERROIR
juice	JUS	land clearing	DÉFRICHAGE ou DÉFRICHEMENT
jujube tree	JUJUBIER	land improvement	AMÉLIORATION FONCIÈRE
July	JUILLET	land owner	PROPRIÉTAIRE-EXPLOITANT
June	JUIN	land owner	TERRIEN
juniper	GENIÈVRE	land propriety	PROPRIÉTÉ FONCIÈRE
juniper fruit	GENIÈVRE	land reform	RÉFORME FONCIÈRE
juniper tree	GENÉVRIER	land tenure	MODE DE TENURE
jute	JUTE	land value	VALEUR FONCIÈRE
kainite	KAÏNITE	landbook	PLAN TERRIER
kaki	KAKI	landlord	LATIFUNDIAIRE
kapok tree	KAPOK	landlord	SEIGNEUR
karacul	KARACUL	landlord	MAÎTRE
keeper	GARDEUR	landscape	PAYSAGE
kefir	KÉFIR	landscape gardener	JARDINISTE
kelp	VARECH	landscape gardener	PAYSAGISTE
kemp	JARRE	landside	CONTRESEP
kenaf	KÉNAFF	lane	ALLÉE
kennel	CHENIL	lane	CHEMIN
keratin	KÉRATINE	larch	MÉLÈZE
keratosis of pig	CRASSE	larch forest	MÉLEZIN
kermes oak	KERMÈS	large basket	BANNE
key money	PAS-DE-PORTE	large cask	FOUDRE
kibbutz	KIBBOUTZ	large cask	PIPE
kick	RUADE	large-scale cultivation	CULTURE (GRANDE)
kid	CABRI	larva	LARVE
kid (to)	CHEVRÉTER	late	TARDIF
kidney bean	FLAGEOLET	late season	ARRIÈRE-SAISON
kidney-bean	FAYOT	latency	LATENCE
killer	TUEUR	latent	LATENT
kinship	PARENTÉ	latest born	TARDILLON
kitchen garden	JARDIN	latex	LATEX
kitchen garden	POTAGER	lathyrism	LATHYRISME
kitchen garden	OUCHE	lathyrus	LATHYRUS
kitchen herbs	FINES HERBES	latifundium	LATIFUNDIUM
kiwi	KIWI	laurel	LAURIER
knacker	ÉQUARRISSEUR	lavender	LAVANDE
kneading	MALAXAGE	lavender cotton	SEMEN-CONTRA
kneading trough	MAIE	lawn	BOULINGRIN
kneading trough	ARCHE	lawn	PELOUSE
kneading trough	PÉTRIN	lawn mower	TONDEUSE
knee-cap (of butter)	GENOUILLÈRE	lawns at different levels	VERTUGADIN
knock-kneed	PANARD	lay (to)	PONDRE
knot	BROUSSIN	lay in swaths (to)	JAVELER
knot	NOEUD	layer	MARCOTTE
knotgrass	TRAINASSE	layer	PROVIN
knotgrass	RENOUÉE	layering	PROVIGNAGE
kola nut	KOLA (NOIX DE)	layering	MARCOTTAGE
kolkhoz	KOLKHOZE	laying	PONDEUSE
kummel	CUMIN	laying in swaths	JAVELAGE
labiate	LABIÉE	laying nest	PONDOIR
labour	LABEUR	laying season	PONDAISON
labour	MAIN D'OEUVRE	layout	ETRES
laceration	LACÉRATION	leaf	FEUILLE
lactation	LACTATION	leaf (to)	FEUILLIR
lacteous	LACTÉ	leaf bud	OEIL
lactescent	LACTESCENT	leaf roller	TORDEUSE
lactic (acid)	LACTIQUE (ACIDE)	leaf sheath	GAINE
lactic leaven	LEVAIN	leafing	FEUILLAISON
lactiferous	LACTIFÈRE	leakage	COULAGE
lactiferous	LATICIFÈRE	lease	BAIL
lactometer	LACTOMÈTRE	lease (to)	AMODIER
lactometer	PÈSE-LAIT	leasing	AMODIATION

leasing	AFFERMAGE	llama	LAMA
leather	CUIR	loader	CHARGEUR
leather dealer	PEAUSSIER	loam	GLAISE
leather worker	PEAUSSIER	loam	TORCHIS
leave (to)	FEUILLIR	loam	LEHM
leaves of door	VANTAUX	local road	CHEMIN VICINAL
leek	POIREAU	locus	LOCUS
leek	PORREAU	locust	CRIQUET
lees	LIE	locust	SAUTERELLE
leg-strap	TROUSSE-PIED	locust tree	ACACIA
Leguminosae	LÉGUMINEUSES	lodging	VERSE
lemon	CITRON	loess	LOESS
lemon (tree)	CITRONNIER	loft	SOUPENTE
lemon (tree)	LIMONIER	log	BILLE
lemon balm	CITRONNELLE	log	RONDIN
lentil	LENTILLE	log	BILLOT
lentiscus	LENTISQUE	log	BÛCHE
leporide	LÉPORIDE	log	GRUME
lessor	AMODIATEUR	log slip	GLISSOIR
lessor	BAILLEUR	logging	EXPLOITATION FORESTIÈRE
lethal	LÉTAL	longevity	LONGÉVITÉ
lettuce	LAITUE	loosen (to)	AMEUBLIR
leucosis	LEUCOSE	loosen (to)	SERFOUIR
leveller	NIVELEUSE	lop (to)	ÉBRANCHER
levelling	ARASEMENT	lop (to)	ÉLAGUER
levelling	NIVELAGE	lopping	ÉBRANCHAGE
levelling	NIVELLEMENT	lopping shears	ÉBRANCHOIR
ley-farming	CHAMBRUNS	loquat	BIBASSIER
ley-farming	LEY-FARMING	lord	SEIGNEUR
liana	LIANE	lordship	SEIGNEURIE
lichen	LICHEN	louse	ALTISE
liege	LIGE	louse	POU
lift system	RELEVAGE (SYSTÈME DE)	low tree	BASSE-TIGE
lifting arm	BRAS DE RELEVAGE	low wall	MURETTE
light	LÉGER	lower alp	MONTAGNETTE
light	MEUBLE adj.	lowing	MEUGLEMENT
light cart	CARRIOLE	lowland	BAS-PAYS
ligneous	LIGNEUX	lucerne	LUZERNE
lignification	LIGNIFICATION	lucerne field	LUZERNIÈRE
lignin	LIGNINE	lupine	LUPIN
lilac	LILAS	lure	LEURRE
lily	LIS	lye-ashes	CHARRÉE
lily of the valley	MUGUET	lynchet	RIDEAU
lime	CHAUX	lyophilization	LYOPHILISATION
lime	LIME	lysimeter	LYSIMÈTRE
lime (to)	CHAULER	maceration	MACÉRATION
lime burner	CHAUFOURNIER	machete	MACHETTE
limekiln	CHAUFOUR	madder	GARANCE
limestone (n.)	CALCAIRE	madder field	GARANCIÈRE
liming	CHAULAGE	madeira	MADÈRE
linden	TILLEUL	magnolia	LAURIER-TULIPIER
line	LIGNE	magnolia	MAGNOLIA
line	RANG, RANGÉE	mahaleb cherry	MAHALEB
lineage	LIGNÉE	mahout	CORNAC
lineage	LIGNAGE	maize	MAÏS
lineage	PARENTÉ	maize	TURQUET
linen	TOILE	maize cob	PANOUILLE
lint	LINTS	maize picker	RÉCOLTEUSE
liquid manure	PURIN	maize porridge	GAUDE
liquid manure pit	FOSSE À PURIN	malabar nightshade	BASELLE
liquid manure tank	TONNE	malady	MAL
liquidambar	LIQUIDAMBAR	malaga	MALAGA
liquorice	RÉGLISSE	malanders	MALANDRE
lister	BUTTOIR	Malay apple	JAMBOSIER
lithiasis	LITHIASE	male goat	BOUC
litre	LITRE	malic (acid)	MALIQUE (ACIDE)
litter	LITIÈRE	mallow	MAUVE
litter	PORTÉE	malt	MALT
little basket	BANNETTE	malt	TOURAILLE
little bundle of tobacco leaves	BALLOTIN	malt (to)	MALTER
little claw	ONGLON	malt sprouts	TOURAILLON
little faggot	FAGOTIN	malt sugar	MALTOSE
little farm	FERMETTE	Malta fever	MALTE (FIÈVRE DE)
little goat	BICOT	maltase	MALTASE
little pig	GORET	malthouse	MALTERIE
little swarm	ABEILLON	malting	MALTAGE
live weight	POIDS	maltose	MALTOSE
liver rot	CACHEXIE AQUEUSE	mammalians	MAMMIFÈRES
livestock	BÉTAIL	man-servant	VALET
livestock	CHEPTEL	manage (to)	GOUVERNER
livestock feeding	ALIMENTATION DU BÉTAIL	manchineel	MANCENILLIER
livestock vehicle	BÉTAILLÈRE	mandarin tree	MANDARINIER
liveweight	POIDS VIF	mandragora	MANDRAGORE

INDEX ANGLAIS-FRANÇAIS

mane	CRINIÈRE	mead	HYDROMEL
mange	ROGNE	meadow	PRAIRIE
manger	CRÈCHE	meadow	PRÉ
mango	MANGUIER	meadow culture	PRATICULTURE
mangosteen	MANGOUSTANIER	meadow farmer	PRATICULTEUR
Manila hemp	MANILLE	meadow foxtail	QUEUE DE RENARD
Manila hemp	ABACA	meadow grass	PÂTURIN
manioc	MANIOC	meadow saffron	COLCHIQUE
manna	MANNE	meadowsweet	ULMAIRE
manna ash	ORNE	meal	FARINE
manor	SEIGNEURIE	measles	LADRERIE
manor	MANOIR	measly	LADRE adj.
manpower	MAIN D'OEUVRE	measure of about 8 pints	SETIER
manual sulphur bellows	SOUFFLET	measurement	MENSURATION
manumission	MANUMISSION	meat	VIANDE
manure	FUMIER	mechanized farming	MOTOCULTURE
manure	ENGRAIS	medicinal plants	MÉDICINALES (PLANTES)
manure (to)	FUMER	medicinal plants	PLANTES MÉDICINALES
manure cutter	ÉMIETTEUR DE FUMIER	medlar	NÉFLIER
manure gaz	GAZ DE FUMIER	medlar orchard	NESFLIÈRE
manure spreader	ÉPANDEUR	Médoc	MÉDOC
manure spreader	DISTRIBUTEUR	megass	BAGASSE
manuring	ÉPANDAGE	meiosis	MÉIOSE
manuring	FUMAGE	melanism	MÉLANOSE
manuring	FUMAISON	melissa	MÉLISSE
manuring	FUMURE	melliferous	MELLIFÈRE
manuring formula	FORMULE DE FUMURE	melliferous plants	PLANTES MELLIFÈRES
maple	ÉRABLE	mellowing	AOÛTAGE
maple syrup	SIROP D'ÉRABLE	melon	MELON
maple tree wood	ÉRABLIÈRE	melon bed	MELONNIÈRE
maraud (to)	MARAUDER	menhir	MENHIR
marauding	MARAUDAGE	mercury	MERCURIALE
marc	MARC	merino (sheep)	MÉRINOS
marcescent	MARCESCENT	meristem	MÉRISTÈME
March	MARS	mesh	MAILLE
mare	JUMENT	messuage	MANSE
maremma	MAREMME	metabolic diseases	MÉTABOLIQUES (MALADIES)
marguerite	MARGUERITE	metabolism	MÉTABOLISME
marigold	SOUCI	metabolites	MÉTABOLITES
marjoram	MARJOLAINE	metaphosphate	MÉTAPHOSPHATE
mark out (to)	BORNER	métayage	MÉTAYAGE
mark out (to)	JALONNER	métayer	MÉTAYER
mark out (to)	ABORNER	methylic	MÉTHYLIQUE
marker	MARQUEUR	metrology	MÉTROLOGIE
market	MARCHÉ	microbe	MICROBE
market price list	MERCURIALE	microbiology	MICROBIOLOGIE
market town	BOURGADE	microbism	MICROBISME
market value	VALEUR MARCHANDE	microclimate	MICROCLIMAT
marking	MARQUAGE	middlings	REPASSE
marking hammer	MARTEAU	middlings	REMOULAGE
marking out	BORNAGE	midge	COUSIN
marking out	ABORNEMENT	migrant	MIGRANT
marl	MARNE	migratory locust	LOCUSTE
marl (to)	MARNER	mildew	MILDIOU
marl pit	MARNIÈRE	mildew	ROUILLE
marling	MARNAGE	mildew (to)	MOISIR
marmalade	CONFITURES	milfoil	MILLEFEUILLE
marmalade	ROQUILLE	milk	LAIT
marsh bent grass	AGROSTIS	milk (to)	TRAIRE
marshland	MARÉCAGE	milk (to)	DÉLAITER
marshland	NOUE	milk can	BIDON
marshland	MARAIS	milk control	CONTRÔLE LAITIER
marshmallow	GUIMAUVE	milk cooler	REFROIDISSEUR
martingale	MARTINGALE	milk fever	FIÈVRE VITULAIRE
mash	PÂTÉE	milk powder	POUDRE DE LAIT
mash tub	BRASSIN	milk thistle	LAITERON
maslin	MÉTEIL	milker pail	POT-TRAYEUR
master	MAÎTRE	milking	MULSION
master of wolfhounds	LOUVETIER	milking	TRAITE
mastership	MAÎTRISE	milking machine	MACHINE À TRAIRE
mastic	MASTIC	milking machine	TRAYEUSE
mastic tree	LENTISQUE	milking shed	SALLE DE TRAITE
maté	MATÉ	milkman	LAITIER
mating	SAILLIE	milky	LAITEUX
mating	ACCOUPLEMENT	mill	MOULIN
mating	APPAREILLAGE	(flour-) mill	MINOTERIE
matting up	EMPAILLAGE	mill (to)	MOUDRE
mattock	HOYAU	miller	MINOTIER
mattock	PIC	miller	MEUNIER
mattock	PIOCHE	millet	MILLET
May	MAI	millet	MIL
maybush	AUBÉPINE	milling	MOULINAGE
mayor	ROI DE VILLAGE	millstone	MEULE

INDEX ANGLAIS-FRANÇAIS

mimosa	MIMOSA
mineral manure	FUMURE MINÉRALE
minimum law	MINIMUM (LOI DU)
ministry of Agriculture	MINISTÈRE DE L'AGRICULTURE
mink	VISON
minot	MINOT
mint	MENTHE
mirabelle plum	MIRABELLE
mistelle	MISTELLE
mistletoe	GUI
mite	TIQUE
mite	MITE
mitosis	MITOSE
mixed farming	MULTICULTURE
mixed farming	POLYCULTURE
mixer	MALAXEUR
mixing machine	MÉLANGEUSE
mixture	MÉLANGE
moat	DOUVE
model village	VILLAGE-CENTRE
modern rural house	MAISON RURALE MODERNE
module	MODULE
mohair	MOHAIR
moist	MOUILLÉ
moisten (to)	HUMIDIFIER
moisture	HUMIDITÉ
molassed	MÉLASSÉ
molasses	MÉLASSE
moldboard	VERSOIR
mole	TAUPE
mole catcher	TAUPIER
mole cricket	COURTILIÈRE
mole cricket	TAUPE-GRILLON
mole killer	TAUPICIDE
mole trap	TAUPIÈRE
molehill	TAUPINIÈRE
mollusc killer	MOLLUSCIDE
monastery	CHARTREUSE
monastery	MONASTÈRE
monecious	MONOÏQUE
Monocotyledoneae	MONOCOTYLÉDONE
monocotyledonous	MONOCOTYLÉDONE adj.
monoculture	MONOCULTURE
monoecious	MONOÏQUE
moor	LANDE
moor grass	MOLINIE
mor	MOR
morello	GRIOTTE
mortmain	MORTAILLE
mortmain	MAINMORTABLE
mortmain (right of)	MAINMORTE (DROIT DE)
mosaic disease	MOSAÏQUE
moth	NOCTUELLE
mother of vinegar	MÈRE
motor mower	MOTOFAUCHEUSE
motor saw	TRONÇONNEUSE
motor-driven pump	MOTOPOMPE
motorhoe	MOTOBINEUR
motorization	MOTORISATION
mould	FLEUR
mould	MOISISSURE
mould	MOISI
mouldboard	VERSOIR
moulder	SILLONNEUR
moult (to)	MUER
moulting	MUE
mound	TERTRE
mount	MONTURE
mountain pasture	ALPE
mountain pasture	MONTAGNE
mountain pasture	ALPAGE
mountain village	VILLAGE DE MONTAGNE
mounting	MONTE
mounting block	MONTOIR
mouse	SOURIS
mouse	RAT
move to or from pasture (to)	TRANSHUMER
mow (to)	FAUCARDER
mow (to)	FAUCHER
mower	FAUCHEUR
mower	FAUCHEUSE
mower knife	LAME DE COUPE
mowing	FAUCHAGE
mowing	FAUCHE
mowing machine	FAUCHEUSE
mowing on banks	FAUCARDAGE
mowing time	FAUCHAISON
mud	BOUE
mud	VASE
mugwort	ARMOISE
mulberry	MÛRE
mulberry plantation	MÛRAIE
mulberry tree	MÛRIER
mulch	PAILLIS
mulch (to)	PAILLER
mulching	MULCHING
mulching	PAILLAGE
mule	MULET
mule	MULE
mule track (n.)	MULETIER
muleteer	MULASSIER
muleteer	MULETIER
mull	MULL
multiparous	MULTIPARE
mummy	MOMIE
muscadel	MUSCADELLE
muscadet	MUSCADET
muscat	MUSCAT
mushroom	CHAMPIGNON
mushroom growing	MYCICULTURE
mussel culture	MYTILICULTURE
must	MOÛT
must sugar	MANNITE
must waste	COULAGE
mustard	MOUTARDE
mustmeter	PÈSE-MOÛT
musty	ÉVENTÉ
mutage	MUTAGE
mutagen	MUTAGÈNE
mutant	MUTANT
mutation	MUTATION
mutual aid	ENTRAIDE
muzzle	MUSELIÈRE
muzzle	MUFLE
mycelium	BLANC DE CHAMPIGNON
mycelium	MYCELIUM
mycology	MYCOLOGIE
mycoplasmosis	MYCOPLASMOSE
mycosis	MALADIE CRYPTOGAMIQUE
mycosis	MYCOSE
myrtle	MYRTE
myxomatosis	MYXOMATOSE
nag	HARIDELLE
nag	BIDET
nag	ROSSARD
nailing	CLOUAGE
narcissus	NARCISSE
nard	NARD
nasal discharge	JETAGE
nasturtium	CAPUCINE
national park	PARC NATIONAL
natural nitrates	NITRATES NATURELS
natural park (of a region)	PARC NATUREL RÉGIONAL
natural pruning	ÉLAGAGE NATUREL
naturalization	NATURALISATION
naturalized	NATURALISÉ
nebulization	BRUMISATION
neck and withers	ENCOLURE
necrosis	NÉCROSE
nectar	NECTAR
nectarine	BRUGNON
nectarine	NECTARINE
nectary	NECTAIRE
needle	AIGUILLE
neigh	HENNISSEMENT
neighbourhood	VOISINAGE
nematocide	NÉMATICIDE
nematoda	ANGUILLULE
nematodes	NÉMATODES
neolithic	NÉOLITHIQUE
nest	NID
nest egg	NICHET
nestbox	PONDOIR
nesting	NIDIFICATION
net weight	POIDS NET
nettle	ORTIE

INDEX ANGLAIS-FRANÇAIS

nettle rash	ÉCHAUBOULURE
nettle tree	MICOCOULIER
network	RÉSEAU
neuter	NEUTRE
neutralization	NEUTRALISATION
new bud	REPOUSSE
new must	SURMOÛT
new shoot	REPOUSSE
newly-tilled land	NOVALE
nicotine	NICOTINE
nicotinism	NICOTINISME
nigella	NIGELLE
nightshade	MORELLE
nip (caused by frost)	BROUISSURE
nipping off	PINÇAGE
nipple	MAMMAIRE
niter	SALPÊTRE
nitrate	AZOTATE
nitrate	NITRATE
nitric	NITRIQUE
nitrification	NITRIFICATION
nitrobacteria	NITROBACTÉRIE
nitrogen	AZOTE
nitrophosphate	NITROPHOSPHATE
nitrosation	NITROSATION
noctua	AGROTIS
nodosity	NODOSITÉ
nodules	NODULES
nogging	HOURDIS
nomad	NOMADE
nomadisme	NOMADISME
nopal	NOPAL
noria	NORIA
norm	STANDARD
northern wind	HÂLE
nose bag	MUSETTE-MANGEOIRE
nose ring	ANNEAU NASAL
noseband	MUSEROLLE
nosema disease	NOSÉMOSE
nostril	NASEAU
November	NOVEMBRE
nozzle	BUSE
nucellus	NUCELLE
nucleus	NOYAU
nursery	PÉPINIÈRE
nurseryman	SERRISTE
nut grass	SOUCHET
nut oil	NOUGAT
nutcracker	CASSE-NOIX
nutmeg	MUSCADE
nutmeg tree	MUSCADIER
nutrient solution	SOLUTION NUTRITIVE
nutriment	NUTRIMENT
nutriment	SUBSTANCE
nutrition	NUTRITION
nutritious	NUTRITIF
nymphosis	NYMPHOSE
oak	CHÊNE
oak wood	CHÊNAIE
oasis	OASIS
oasis dweller	OASIEN
oat	AVOINE
oblation	OBLATION
obligation	CONTRAINTE
obsolete	OBSOLÈTE
October	OCTOBRE
oenography	OENOGRAPHIE
oenological	OENOLOGIQUE
oenologist	OENOLOGUE
oenology	OENOLOGIE
oenometry	OENOMÉTRIE
oenophile	OENOPHILE
oenophilist	OENOPHILE
oestrogen	OESTROGÈNE
oestrum	OESTRUS
oestrus	OESTRE
oestrus	OESTRUS
oestrus	RUT
offal	ISSUES
offering	OBLATION
offices	COMMUNS
offspring	PORTÉE
oidium	OÏDIUM
oil	HUILE
oil-	OLÉICOLE
oil cake	TOURTEAU
oil mill	TORDOIR
oil mill	HUILERIE
oil palm	PALMIER À HUILE
oiling	HUILAGE
okra	GOMBO
old hare	BOUQUIN
Oleaceae	OLÉAGINEUX
oleaginous	OLÉAGINEUX adj.
oleaginous plants	PLANTES OLÉAGINEUSES
oleander	LAURIER-ROSE
oleander	OLÉANDRE
oleic	OLÉIQUE
oleiculture	OLÉICULTURE
oleiferous	OLÉIFÈRE
olein	OLÉINE
oligoelements	OLIGOÉLÉMENTS
olive	OLIVE
olive-	OLÉICOLE
olive grove	OLIVAIE
olive grove	OLIVERAIE
olive grower	OLÉICULTEUR
olive harvest	OLIVAISON
olive oil factory	OLIVERIE
olive tree	OLIVIER
omasum	FEUILLET
omasum	OMASUM
onion	OIGNON
onion bed	OIGNONIÈRE
ontogenesis	ONTOGÉNÈSE
oocyte	OVOCYTE
oogenesis	OVOGÉNÈSE
oology	OOLOGIE
oospherous	OOSPHÈRE
open	OUVERT
open-air	PLEIN-AIR
openfield	CHAMP OUVERT
openfield	OPENFIELD
opening	TROUÉE
opening	PERTUIS
opium	OPIUM
opium poppy	OEILLETTE
orach	ARROCHE
orange	ORANGE
orange (tree)	ORANGER
orange grove	ORANGERAIE
orangery	ORANGERIE
orchard	FRUITIER
orchard	VERGER
orchard	OUCHE
orchard grass	DACTYLE
orchid	ORCHIDÉE
Orchidaceae	ORCHIDÉE
oregano	ORIGAN
organic	ORGANIQUE
organic manure	FUMURE ORGANIQUE
organic matter	MATIÈRES ORGANIQUES
organic synthesis	SYNTHÈSE ORGANIQUE
organogenetic	ORGANOGÈNE
organogeny	ORGANOGÉNIE
ornamental plants	PLANTES ORNEMENTALES
ornithology	ORNITHOLOGIE
orphan	ORPHELINE
orpine	ORPIN
osier	OSIER
osiery	OSERAIE
osmosis	OSMOSE
osmotic pressure	PRESSION OSMOTIQUE
ostreiculture	OSTRÉICULTURE
outbuilding	APPARTENANCE
outbuilding	ANNEXE
outbuildings	DÉPENDANCES
outhouse	ANNEXE
outhouses	DÉPENDANCES
outline	CONTOUR
output	RENDEMENT
outskirts	BANLIEUE
ovary	OVAIRE
oven	FOUR
oven drying	ÉTUVAGE
ovenman	FOURNIER

overfeeding	SURALIMENTATION	pasteurellosis	PASTEURELLOSE
overflow	DÉVERSOIR	pasteurization	PASTEURISATION
overgrazing	SURPÂTURAGE	pasteurize (to)	PASTEURISER
overpopulation	SURPEUPLEMENT AGRICOLE	pasteurized butter	BEURRE PASTEURISÉ
overripe	BLET	pasteurizer	PASTEURISEUR
overripening	SURMATURATION	pastoral	PASTORAL
overturn (to)	VERSER	pastoral life	VIE PASTORALE
ovicide	OVICIDE	pasturage	PACAGE
ovine	OVINS	pasture	PÂTURAGE
ovines	OVIDÉS	pasture	PÂTURE
oviparous	OVIPARE	pasture	GAGNAGE
ovulation	OVULATION	pasture	PÂTIS
ovum	OVULE	pasture (to)	PÂTURER
ox	BOEUF	pasture regenerator	RÉGÉNÉRATEUR DE PRAIRIE
oxalis	OXALIDE	pasturing	PACAGE
oxcart	BASTERNE	patch	PARCELLE
oxidize (to)	MADÉRISER (SE)	patch	LOPIN DE TERRE
oxidizing (of wine)	MADÉRISATION	path	CHEMIN
oxyuris	OXYURE	pathogenic	PATHOGÈNE
oyster	HUÎTRE	pathology	PATHOLOGIE
oyster culture	OSTRÉICULTURE	patience dock	PATIENCE
pachydermia	PACHYDERMIE	patrimony	PATRIMOINE
pack (to)	CONDITIONNER	paunch	RUMEN
packing	CONDITIONNEMENT	paunch	HERBIER
packing house	CONSERVERIE	paunch	PANSE
packman	FORAIN	paw	PATTE
packsaddle	BÂT	pea	POIS
paddock	ENCLOS	pea harvester	MOISSONNEUSE-ANDAINEUSE
paddock	PARC	pea swather	MOISSONNEUSE-ANDAINEUSE
paddy rice	PADDY	peach	PÊCHE
pail	SEAU	peach	PÊCHER
pail	SEILLE	peach	ALBERGE
painting	BADIGEONNAGE	peacock	PAON
pair (to)	APPARIER	peanut	CACAHOUÈTE
pairing off	APPAREILLAGE	pear	POIRE
palfrey	HAQUENÉE	pear	POIRIER
paling	BARRIÈRE	peasant	MANANT
palisade	PALISSADE	peasant	CULTIVATEUR
palm	PALME	peasant	PAYSAN
palm plantation	PALMERAIE	peasant revolt	JACQUERIE
palmette	PALMETTE	peasantry	PAYSANNAT
palmiped	PALMIPÈDE	peasantry	PAYSANNERIE
palynology	PALYNOLOGIE	peat	TOURBE
panic grass	PANIC	peat bog	TOURBIÈRE
panicle	PANICULE	peat moor	FAGNE
panmixia	PANMIXIE	peat spade	LOUCHET
pannage	GLANDAGE	pebbly	CAILLOUTEUX
pannage	PANAGE	peck	PICOTIN
pansy	PENSÉE	peddler	FORAIN
papaw	PAPAYER	pedicel	PÉDICELLE
papaya	PAPAYER	pedigree	PÉDIGREE
Papilionaceae	PAPILIONACÉE	pedigree (flockbook, herdbook, studbook)	LIVRE GÉNÉALOGIQUE
paprika	PAPRIKA	pedogenesis	PÉDOGÉNÈSE
paprika	POIVRON	pedology	PÉDOLOGIE
paradise apple tree	PARADIS	peduncle	PÉDONCULE
paralysis	PARALYSIE	peel	PELURE
parasite	PARASITE	peel (to)	PELER
parasitology	PARASITOLOGIE	peeper	POUSSIN
parcel	PARCELLE	peerage	PAIRIE
parcel (to)	PARCELLER	pellicle	PELLICULE
parcel book	PARCELLAIRE	pen (to)	PARQUER
parcel borders	LIMITES DES PARCELLES	penicillium	PÉNICILLIUM
parcelling	PARCELLEMENT	penthouse	APPENTIS
parcelling out	MORCELLEMENT	peony	PIVOINE
parenchyma	PARENCHYME	pepper plant	POIVRIER
parish	FINAGE	pepper plantation	POIVRIÈRE
parish	PAROISSE	perennial	PÉRENNE
parish road	VICINAL	perennial	VIVACE
Parmesan cheese	PARMESAN	perennial	SEMPER VIRENS
parsley	PERSIL	perennial	PERSISTANT
parsnip	PANAIS	perennial ryegrass	RAY-GRASS
parthenogenesis	PARTHÉNOGÉNÈSE	performance	PERFORMANCE
parturient	PARTURIENTE	perfume	PARFUM
parturition	PART	pergola	PERGOLA
parturition	PARTURITION	perimeter	PÉRIMÈTRE
pass	LAISSEZ-PASSER	permeability	PERMÉABILITÉ
passiflora	PASSIFLORE	permit	PASSAVANT
passing right	PASSAGE	perosis	PÉROSE
passionflower	PASSIFLORE	perpetual lease	BAIL EMPHYTÉOTIQUE
paste	PÂTE	perry	POIRÉ
pastel	PASTEL	Persicaria	PERSICAIRE
pastel	GUÈDE	persimmon	KAKI
pastern	PÂTURON ou PATURON	persimmon	PLAQUEMINIER

INDEX ANGLAIS-FRANÇAIS

perturbation	PERTURBATION	pinewood	PINERAIE
Peruvian bark	QUINQUINA	pinewood	PIGNADA
pesticide	PESTICIDE	pint	CHOPINE
pests	NUISIBLES	pint	PINTE
phanerogamous	PHANEROGAMES	pioneer	PIONNIER
pheasant	FAISAN	pip	PÉPIE
pheasant breeder	FAISANDIER	pip	PÉPIN
phenology	PHÉNOLOGIE	piquette	PIQUETTE
phenophase	PHÉNOPHASE	piroplasmosis	PIROPLASMOSE
phenotype	PHÉNOTYPE	piscicultural	PISCICOLE
phlegm	FLEGME	pisciculture	PISCICULTURE
phloem	LIBER	pisciculturist	PISCICULTEUR
phormium	PHORMIUM	pisé	PISÉ
phosphates	PHOSPHATES	pistachio	PISTACHE
phosphorite	PHOSPHORITE	pistil	PISTIL
photoperiod	PHOTOPÉRIODE	pitch	BRAI
photoperiodism	PHOTOPÉRIODISME	pitch pine	PITCHPIN
photosynthesis	PHOTOSYNTHÈSE	pitchfork	FOURCHE
phototropism	PHOTOTROPISME	pitchfork	FOUINE
phylloxera	PHYLLOXERA	placenta	PLACENTA
physiocracy	PHYSIOCRATIE	plague	PESTE
physiocrates	PHYSIOCRATES	plain	PLAINE
physiological disease	MALADIE PHYSIOLOGIQUE	plan	PLAN
physiopathology	PHYSIOPATHOLOGIE	plane	RABOT
phytogeography	PHYTOGÉOGRAPHIE	plane (tree)	PLATANE
phytohormone	PHYTOHORMONE	plane grove	PLATANAIE
phytology	PHYTOLOGIE	planification	PLANIFICATION
phytopathogenic	PHYTOPATHOGÈNE	plant	PLANTE
phytopathology	PHYTOPATHOLOGIE	plant	VÉGÉTAL
phytopharmacy	PHYTOPHARMACIE	plant (to)	PLANTER
phytosanitary	PHYTOSANITAIRE	plant a vineyard (to)	ENCÉPAGER
phytosanitary control	CONTRÔLE PHYTOSANITAIRE	plant breeding	PHYTOTECHNIE
phytosociology	PHYTOSOCIOLOGIE	plant conifers (to)	ENRÉSINER
phytotherapy	PHYTIATRIE	plant louse	PUCERON
phytotherapy	PHYTOTHÉRAPIE	plant selector	SÉLECTIONNEUR
pica	PICA	plantation	PLANTAGE
pick	PIC	plantation	PLANTATION
pick	PIOCHE	planter	PLANTEUSE
pick (to)	CUEILLIR	planter	PLANTEUR
pick out (to)	TRIER	planting	PLANTAGE
pick-up	RAMASSEUR	planting	COMPLANT
pickaxe	PIOCHE	planting	PLANTATION
picker	POMMETTE	planting stick	PLANTOIR
picker	CUEILLEUSE	planting time	PÉRIODE
picket	PIQUET	plaster	PLÂTRE
pickman	PIOCHEUR	plaster (to)	PLÂTRER
pieceworker	TÂCHERON	plastering	PLÂTRAGE
pierid	PIÉRIDE	playground	PRÉAU
pig	POURCEAU	ploid	PLOÏDIE
pig	COCHON	plot	PARCELLE
pig	PORC	plot	PIÈCE DE TERRE
pigeon	PIGEON	plot	SOLE
pigeon dung	COLOMBINE	plot (of land)	LOT
pigeon fancier	COLOMBOPHILE	plough	CHARRUE
pigeon house	PIGEONNIER	plough (to)	LABOURER
pigeon house	COLOMBIER	plough (to)	ARER
pigeonhole	BOULIN	plough for the fourth time (to)	QUARTAGER
piggery	PORCHÈRE	plough pan	SEMELLE DE LABOUR
piggery	SOUE	plough sole	SEMELLE DE LABOUR
piglet	PORCELET	plough up (to)	JACHÉRER
piglet	GORET	ploughing	LABOUR
pigment	PIGMENT	ploughing	CHARRUAGE
pigsty	PORCHÈRE	ploughing	FAÇONS CULTURALES
pigsty	SOUE	ploughing	LABOURAGE
pigsty	BAUGE	ploughman	LABOUREUR
pillow-block	TRONCHET	ploughshare	SEP
pilot farm	PILOTE	pluck	FRESSURE
pimento	PIMENT	pluck (to)	DÉPLUMER
pimpernel	PIMPRENELLE	pluck (to)	PLUMER
pinaster	PINASTRE	plucking	PLUMÉE
pinch out (to)	ÉPAMPRER	plug	BONDON
pinching off	ÉVRILLAGE	plum	PRUNE
pinching out	PINÇAGE	plum	QUETSCHE
pinching out	ÉPAMPRAGE	plum tree	PRUNIER
pine nut	PIGNON	plum tree	PRUNUS
pine resin	GEMME	plumage	PLUMAGE
pine tree	PIN	pluviometric deficit	DÉFICIT PLUVIOMÉTRIQUE
pineapple	ANANAS	pluviometry	PLUVIOMÉTRIE
pinecone	PIGNE	poaching	BRACONNAGE
pineland	PINÈDE	pod	GOUSSE
pinetum	PINERAIE	pod	COSSE
pinetum	PINATELLE	podzol	PODZOL
pinewood	PINIÈRE	podzolization	PODZOLISATION

poke	TRIBART	processionary moths	PROCESSIONNAIRES
polder	POLDER	proclamation	BAN
pole	TIMON	produce	RENDEMENT
pole	FLÈCHE	productive	PRODUCTIF
pole (for beating down fruit)	GAULE	productivity	PRODUCTIVITÉ
poleaxe	MERLIN	profit	PROFIT
polecat	PUTOIS	progeny test	TESTAGE
polishing	GLAÇAGE	progesterone	PROGESTÉRONE
polishing	POLISSAGE	prolactin	PROLACTINE
poll tax	CAPITATION	proliferation	PROLIFÉRATION
pollard	TÊTARD	promotion	PROMOTION
pollard (to)	ÉTÊTER	proof spirit	TROIS-SIX
pollen	POLLEN	prop	TUTEUR
pollinate (to)	POLLINISER	prop	SUPPORT
pollination	POLLINISATION	prop	RAME
pollination	FÉCONDATION	prop (to)	ÉCHALASSER
polling	ÉTÊTAGE	prop (to)	RAMER
pollinization	POLLINISATION	propagate by cutting (to)	BOUTURER
pollution	POLLUTION	propagation by cutting	BOUTURAGE
polyedrosis	GRASSERIE	property	DOMAINE
polygenic	POLYGÉNIQUE	property	DOMANIER
polyphagous	POLYPHAGE	prophylaxis	PROPHYLAXIE
polyploid	POLYPLOÏDE	propolis	PROPOLIS
pomegranate	GRENADIER	protection	PROTECTION
pomology	POMOLOGIE	protectionism	PROTECTIONNISME
pond	ÉTANG	protein	PROTÉINE
pond	MARE	provender	PROVENDE
pony	PONEY	provost land	VIGUERIE
pony	BIDET	prune	PRUNEAU
pool	ÉTANG	prune (to)	ÉMONDER
pool	MARE	prune (to)	ÉLAGUER
poplar	PEUPLIER	prune (to)	ROGNER
poplar plantation	PEUPLERAIE	prunelle	PRUNELLE
poppy	PAVOT	pruner	ÉMONDEUR
popularization	VULGARISATION	pruning	ÉMONDAGE
population	PEUPLEMENT	pruning	TAILLE
population	POPULATION	pruning hook	CROISSANT D'ÉLAGAGE
population density	DENSITÉ DE PEUPLEMENT	pruning hook	ÉMONDOIR
posology	POSOLOGIE	pruning shears	SÉCATEUR
pot	POT	psychrometer	PSYCHROMÈTRE
pot (to)	EMPOTER	Pteris	PTÉRIDE
potash	POTASSE	pubescent	PUBESCENT
potash fertilizer	SILVINITE	puffed up	SOUFFLÉ
potassium chloride	CHLORURE DE POTASSIUM	pulling	ARRACHAGE
potassium sulfate	SULFATE DE POTASSIUM	pullorum disease	PULLOROSE
potato	POMME DE TERRE	pulp	PULPE
potato crinkle	FRISOLÉE	pulp (to)	PULPER
potato digger	ARRACHEUSE	pulpy	CHARNU
potato wart	GALLE VERRUQUEUSE	pulsator	PULSATEUR
potato wilt	VERTICILLIOSE	pulverization	PULVÉRISATION
poudrette	POUDRETTE	pulverize (to)	PULVÉRISER
poularde	POULARDE	pulverizer	BROYEUR
poulterer	VOLAILLER	pump	POMPE
poultry	POULAILLE	pumpkin	COURGE
poultry	VOLAILLE	pumpkin	CITROUILLE
poultry breeding	AVICULTURE	pumpkin	POTIRON
poultry dung	POULAITTE	pupa	CHRYSALIDE
poultryboy	BASSE-COURRIER	pure	PUR
poultryman	AVICULTEUR	purslane	POURPIER
pounding	PILONNAGE	put a packsaddle on (to)	BÂTER
powder-post beetle	BOSTRYCHE	put in a greenhouse (to)	ENSERRER
powdering	POUDRAGE	put in the oven (to)	ENFOURNER
power take-off	PRISE DE FORCE	putrefaction	PUTRÉFACTION
prairie	PRAIRIE	pyracantha	PYRACANTHA
prebend	PRÉBENDE	pyralid	PYRALE
precarium	PRÉCAIRE	pyrethrum	PYRÈTHRE
pregnant	PLEINE	quadrennial	QUADRIENNAL
premature	PRÉMATURÉ adj.	quaking grass	AMOURETTE
premium	PRIME	qualification	QUALIFICATION
prepotent sire	RACEUR	quarantine	QUARANTAINE
preservatives	CONSERVATEURS	quarry	CARRIÈRE
press (to)	PRESSURER	quarter	QUARTIER
pressing	FOULAGE	quarter	QUARTERON
pressing	PRESSAGE	queen bee	REINE
pressing	PRESSURAGE	queenless hive	RUCHE ORPHELINE
prestations	PRESTATIONS	quickset hedge	BOUCHURE
preventive treatment	PRÉVENTION	quiescence	QUIESCENCE
price	PRIX	quince	COING
prickly pear	FIGUIER DE BARBARIE	quince	COGNASSIER
primogeniture	PRIMOGÉNITURE	quince marmalade	COTIGNAC
privet	TROÈNE	quincunx	QUINCONCE
probe	SONDE	quit-rent	CENS
processing	FAÇONNAGE DU BOIS	quota	CONTINGENTEMENT

quota restrictions	CONTINGENTEMENT	reindeer	RENNE
rabbit	LAPIN	reins	RÊNES
rabbit breeder	CUNICULTEUR	remote control	TÉLÉGUIDAGE
rabbit breeding	CUNICULTURE	remove side shoots (to)	ESSARMENTER
rabbit hutch	LAPINIÈRE	rendzina	RENDZINE
rabbit hutch	CLAPIER	rennet	PRÉSURE
rabic	RABIQUE	rennet (to)	EMPRÉSURER
rabies	RAGE	rent	RENTE
race	RACE	rent	LOYER
racecourse	CHAMP DE COURSE	rent	REDEVANCE
raceme	GRAPPE	rent (of a farm)	FERMAGE
raceme	RACÈME	rent (to)	AFFERMER
rachis	RACHIS	rent (to)	ARRENTER
rack	ÉCHELETTE	repellent	RÉPULSIF
rack	RIDELLE	replacing	REMPLACEMENT
rack off (to)	DÉCUVER	replantation	REPLANTATION
racking off	DÉCUVAGE	reproduction	REPRODUCTION
racking off	SOUTIRAGE	reproduction rate	TAUX DE REPRODUCTION
radicle	RADICULE	reserve	RÉSERVE
radish	RADIS	residence	HABITATION
raffia	RAPHIA	residence	RÉSIDENCE
rain	OMBROPHILE	resin	RÉSINE
rain	PLUIE	resin tapper	RÉSINIER
rainy season	HIVERNAGE	resiniferous	RÉSINIFÈRE
raisin	RAISIN SEC	resinous	RÉSINEUX
raisiné	RAISINÉ	resistance	RÉSISTANCE
rake	RÂTEAU	response	RÉPONSE
rake (to)	RÂTELER	rest	REPOS
raker	RÂTELEUR	restharrow	BUGRANE
raking	RATISSAGE	ret (to)	ROUIR
raking	RÂTELAGE	retention	RÉTENTION
rakings	RÂTELURES	reticulum	BONNET
rakings	RATELÉE	reticulum	RÉSEAU
rakings	RATISSURES	rettery	ROUTOIR
ram	BÉLIER	retting	ROUISSAGE
ram (to)	DAMER	revenue/income (of an abbot)	MENSE
ramie	RAMIE	reversible ploughing	LABOUR À PLAT
rampion	RAIPONCE	Rhizobium	RHIZOBIUM
ranch	RANCH	rhizome	RHIZOME
rancid	RANCE	rhododendron	RHODODENDRON
rancidity	RANCISSEMENT	rhubarb	RHUBARBE
rancidness	RANCIDITÉ	rice	RIZ
ranunculus	RENONCULE	rice growing	RIZICULTURE
rape	COLZA	ricefield	RIZIÈRE
rape	RAVE	rickettsiosis	RICKETTSIOSE
rape	NAVETTE	ride	LAYE
raspberry	FRAMBOISE	ride	LAYON
raspberry	FRAMBOISIER	ride	LAIE
raspberry field	FRAMBOISIÈRE	ride (to)	CHEVAUCHER
rat	RAT	ridge	BILLON
rat extermination	DÉRATISATION	ridge	RAIE OU RAYE
ratafia	RATAFIA	ridge	ADOS
rate	TAUX	ridge	FAÎTAGE
raticide	RATICIDE	ridge tile	FAÎTIÈRE
rattan	ROTIN	ridger	BILLONNEUSE
raw	GRÈGE	ridger	SILLONNEUR
raw material	MATIÈRE PREMIÈRE	ridging	LABOUR EN BILLONS
real estate	IMMEUBLES	ridging	BILLONNAGE
real estate	BIENS-FONDS	ring (to)	BOUCLER
reaper	MOISSONNEUSE-BATTEUSE	ring-shake	ROULURE
rearing	PESADE	ringdove	PALOMBE
receptacle	RÉCEPTACLE	rinsings	RINÇURE
reconversion	RECONVERSION	ripe	MÛR
rectal temperature	TEMPÉRATURE RECTALE	ripen (to)	MATURER
rectifying	RECTIFICATION	ripen (to)	MÛRIR
red currant	GADELLE	ripeness	MATURITÉ
red currant	GROSEILLE	ripening	AFFINAGE
reed	ROSEAU	ripening	MÛRISSAGE
reedbed	ROSELIÈRE	ripening	MATURATION
refinery	RAFFINERIE	ripening	VÉRAISON
refining	RAFFINAGE	river	RIVIÈRE
reforest (to)	REBOISER	river	FENDEUR
reforestation	REBOISEMENT	roadmender	CANTONNIER
reforestation	AFFORESTATION	roan	ROUAN
refractometer	RÉFRACTOMÈTRE	roast (to)	TORRÉFIER
refrigerating	FRIGORIFIQUE adj.	roasting	TORRÉFACTION
refrigeration	RÉFRIGÉRATION	roasting plant	BRÛLERIE
refunding	RESTITUTION	robinia	ROBINIER
regeneration	RÉGÉNÉRATION	robur	ROUVRE
regeneration	REPEUPLEMENT	rocambole	ROCAMBOLE
regeneration cutting	COUPE DE RÉGÉNÉRATION	rock-work	ROCAILLE
register	MATRICE CADASTRALE	rockery	ROCAILLE
registration of property (in the cadastre)	CADASTRATION	rod	PIGE

INDEX ANGLAIS-FRANÇAIS

rod	VERGE	saccharometer	PÈSE-MOÛT
rodent	RONGEUR	saccharomyces	SACCHAROMICES
rodenticide	RODENTICIDE	saccharose	SACCHAROSE
rodeo	RODEO	sack (to)	ENSACHER
Rogation Days	ROGATIONS	saddle	SELLE
roll (to)	ROULER	saddle (to)	ENSELLER
roller mill	APLATISSEUR	saddle horse	SELLE (CHEVAL DE)
rolling	ROULAGE	saddler	SELLIER
roof	TOIT	saddler	BOURRELIER
rooster	COQ	saddlery	SELLERIE
root	RACINE	safflower	CARTHAME
root cutter	COUPE-RACINE	saffron	SAFRAN
root hair	POILS ABSORBANTS	saffron plantation	SAFRANIÈRE
root rot	POURRIDIÉ	sage	SAUGE
rootlet	RADICELLES	sago	SAGOU
rootling	RADICELLES	sago palm	SAGOUTIER
roots	RACINAGE	sainfoin	ESPARCETTE
rootstock	PORTE-GREFFE	sainfoin	SAINFOIN
rose	ROSE	Saint John's bread	CAROUBIER
rose	ROSIER	salad	SALADE
rosé (wine)	ROSÉ	sale	VENTE
rose garden	ROSERAIE	sale rights	LODS ET VENTES (DROITS DE)
rose grower	ROSIÉRISTE	saline exploitation	SALICULTURE
rosemary	ROMARIN	salmonellosis	SALMONELLOSE
rotary hoe	HOUE ROTATIVE	salsify	SALSIFIS
rotary tiller	HÉRISSON	salt (to)	SALER
rotate crops (to)	ASSOLER	salt maker	SAUNIER
Rototiller	HÉRISSON	salter	PALUDIER
rotten	COUVI	salting	SALAGE
round village	VILLAGE ROND	salting	SALAISON
row	RANG, RANGÉE	salting-tub	SALOIR
row plants	PLANTES SARCLÉES	samara	SAMARE
royal jelly	GELÉE ROYALE	sample	ÉCHANTILLON
rubber	CAOUTCHOUC	sand	ARÈNE
ruderal	RUDÉRAL	sand (to)	SABLER
rum	RHUM	sand crack	SEIME
rumen	HERBIER	sand hill	DUNE
rumen	PANSE	sanding	SABLAGE
rumen	RUMEN	sap	SÈVE
ruminant	RUMINANT	sap-drawer	TIRE-SÈVE
ruminate (to)	RUMINER	sapling	PLANÇON
rumination	MÉRYCISME	sapodilla	SAPOTILLIER
rumination	RUMINATION	saprophyte	SAPROPHYTE
rump	CROUPE	sapwood	AUBIER
runaway negro slave	MARRON	sarmentous	SARMENTEUX
runner	COULANT	savannah	SAVANE
runner	STOLON	savory	SARRIETTE
rural	RURAL	savour	SAVEUR
rural	CHAMPÊTRE	saw	SCIE
rural crafts	ARTISANAT RURAL	saw (to)	SCIER
rural depopulation	DÉPOPULATION RURALE	saw up (to)	TRONÇONNER
rural economics	ÉCONOMIE RURALE	sawbuck	CHEVALET
rural engineering	GÉNIE RURAL	sawfly	MOUCHE À SCIE
rural exodus	EXODE AGRICOLE	sawfly	TENTHRÈDE
rural exodus	EXODE RURAL	sawhorse	CHEVALET
rural geography	GÉOGRAPHIE RURALE	sawing	SCIAGE
rural house	MAISON RURALE	sawmill	SCIERIE
rural housing	HABITAT RURAL	sawwort	SARRETTE
rural industry	INDUSTRIE RURALE	sawyer	SCIEUR
rural landscape	PAYSAGE RURAL	scab	TAVELURES
rural legislation	LÉGISLATION RURALE	scab	GALE
rural life	VIE RURALE	scabies	ROGNE
rural population	POPULATION RURALE	scabious	SCABIEUSE
rural population	POPULATION AGRICOLE	scald	ÉCHAUDURE
rural settlement	AGGLOMÉRATION AGRICOLE	scald (to)	ÉCHAUDER
rural sociology	SOCIOLOGIE RURALE	scalding	ÉCHAUDAGE
rural tourism	TOURISME RURAL	scale bug	LÉCANIUM
ruralist	RURALISTE	scale insect	LÉCANIUM
rush	JONC	scape	HAMPE
rust disease	ROUILLE	scarecrow	ÉPOUVANTAIL
rustic	RUSTIQUE	scarifier	ÉCROÛTEUSE
rustic	CAMPAGNARD	scarify (to)	SCARIFIER
rustic	AGRESTE	scarifying	SCARIFIAGE
rustic	RUSTAUD	scatter (to)	DISSÉMINER
rustiness	ROUILLURE	scion	SCION
rut	RUT	sciophilous	SCIAPHILE
rutabaga	RUTABAGA	scoring	POINTAGE
rye	SEIGLE	scorzonera	SCORSONÈRE
rye straw	GLUI	scouring	DÉROCHEMENT
saccharification	SACCHARIFICATION	scraper	RACLETTE
saccharimeter	SACCHARIMÈTRE	scrapie	SCRAPIE
saccharine	SACCHARIFÈRE	scraping	RACLAGE
saccharogenic	SACCHARIGÈNE	scrip	PANETIÈRE

scrub	MAQUIS
scrub clearing machine	DÉBROUSSAILLEUSE
scurf	GALE
scutch (to)	TILLER
scutching	TILLAGE
scutching	TEILLAGE
scythe	FAUCARD
scythe	FAUX
sea sand	TANGUE
season	SAISON
seasonal	SAISONNIER
seasonal labour	MAIN D'OEUVRE SAISONNIÈRE
seasonal labourer	AOÛTERON
seasonal migrations	MIGRATIONS SAISONNIÈRES
seasonal unemployment	CHÔMAGE SAISONNIER
seasonal worker	SAISONNIER
seasonings	CONDIMENTS
seaweed	ALGUE
seaweed	VARECH
sebestan	SÉBESTIER
secondary	SECONDAIRE
sector	SECTEUR
sedentariness	SÉDENTARITÉ
sedentary	SÉDENTAIRE
sedentation	SÉDENTARISATION
sedge	LAICHE
sedum	SEDUM
seed	SEMENCE
seed	GRAINE
seed (to)	MONTER
seed (to)	GRENER
seed (to)	ÉPÉPINER
seed density	DENSITÉ DE SEMIS
seed grader	TRIEUR
seed-plot	SEMIS
seed-time	SEMAISON
seed-trade	GRAINETERIE
seedbed	GERMOIR
seeder	SEMOIR
seeding	GRENAISON
seedling	FRANC
seedling	PLANT
seedsman	MULTIPLICATEUR DE SEMENCES
seedsman	GRAINETIER
seigniory	SEIGNEURIE
seizure	SAISINE (DROIT DE)
select (to)	SÉLECTIONNER
selection	SÉLECTION
selective	SÉLECTIF
selectivity	SÉLECTIVITÉ
self-fertilization	AUTOFÉCONDATION
self-fertilized	AUTOGAME
self-sufficiency	AUTOSUBSISTANCE
semi-detached houses	BARRE
semiliquid manure	LISIER
semination	SÉMINATION
semiology	SÉMIOLOGIE
semolina	SEMOULE
senna	CASSE
sensor	CAPTEUR
September	SEPTEMBRE
septic	SEPTIQUE
sequoia	SEQUOIA
serf	SERF
serfdom	SERVAGE
sericeous	SÉTIFÈRE
sericeous	SÉRICOLE
sericiculture	SÉRICICULTURE
serradella	PIED D'OISEAU
serradella	SERRADELLE
serum	SÉRUM
service	LUTTE
service	SERVICE
service tree	ALISIER
service tree	CORMIER
servile	SERVILE
serving	SAILLIE
serving	MONTE
servitude	SERVITUDE
servitudes	SERVITUDES
sesame	SÉSAME
sessile	SESSILE
set fruit (to)	NOUER
setting	NOUAISON
setting	NOUURE
setting up	INSTALLATION
settlement	DVOR
settler	COLON
settling	COLONISATION AGRICOLE
sewage field	CHAMP D'ÉPANDAGE
sex	SEXE
sexing	SEXAGE
sexual dimorphism	DIMORPHISME SEXUEL
sexual multiplication	MULTIPLICATION SEXUÉE
shadbush	AMÉLANCHIER
shadoof	CHADOUF
shady side of a mountain	UBAC
shady walk	COUVERT
shaft	BRANCARDS
shaft	LIMONIÈRE
shake down (to)	CHABLER
shallot	ÉCHALOTE
(plough) share	SOC
sharecropper	MÉTAYER
sharecropping	MÉTAYAGE
shaving	COPEAU
she-ass	ÂNESSE
she-goat	BIQUE
she-goat	CHÈVRE
she-lamb	AGNELLE
sheaf	GERBE
shear (to)	TONDRE
shearer	TONDEUR
shearing	TONTURE
shearing	TONDAGE
shearing	TONTE
shearing machine	TONDEUSE
shears	CISAILLE
shears	FORCES
sheaving	GERBAGE
shed	LOGETTE
shed	HANGAR
shed	CABANON
sheep	BREBIS
sheep	OVINS
sheep	MOUTON
sheep pox	CLAVELÉE
sheep pox	VARIOLE OVINE
sheep rot	CACHEXIE AQUEUSE
sheep-bell	BÉLIÈRE
sheepdogs	BERGERS (CHIENS DE)
sheepfold	BERGERIE
sheepfold	BERCAIL
sheepfold	JASSERIE
sheepfold	JAS
sheepman	MOUTONNIER
sheepshearing	TONDAILLES
shell	ÉCALE
shell	COQUE
shell (to)	DÉCORTIQUER
shell (to)	ÉCALER
shell (to)	ÉCOSSER
shell (to)	ÉGRENER
sheller	ÉGRENOIR
sheller	ÉGRETIER
shelling	ÉGRENAGE
shelter	ABRI
shelter	CHAPERON
shelterbelt	BRISE-VENT
shelterbelt	COUPE-VENT
shepherd	PASTEUR
shepherd	BERGER
shepherd	PÂTRE
shepherd boy	PASTOUREAU
shepherd's pipe	PIPEAU
shield graft	OCULATION
shingle	BARDEAU
shingles	TAVAILLONS
shive	ANAS
shoeing	FERRAGE
shoeingsmith	MARÉCHAL-FERRANT
shoeingsmith	FERREUR
shoot	BRIN
shoot	REJET
shoot	REJETON
shoot	BION

INDEX ANGLAIS-FRANÇAIS

shoot	BRINDILLE	slope	TALUS
(side-) shoot	REVENUES	slope	COTEAU
shooting	MONTAISON	slope (to)	TALUTER
shooting	REJETONNAGE	slug	LIMACE
shooting box	BASTIDE	sluice	VANNE
shortcut	TRAVERSE	slurry	LISIER
shot hole	MALADIE CRIBLÉE	small cask	TONNELET
shovel	PELLE	small countryhouse	MESNIL
shrewmouse	MUSARAIGNE	small dwelling	CASE
shrinkage	RETRAIT	small farm	CLOSERIE
shrub	ARBUSTE	small garden	JARDINET
shrub	ARBRISSEAU	small holdings	SMALL HOLDINGS
shrubbery	FRUTICÉE	small livestock	PETIT BÉTAIL
shy	OMBRAGEUX	small livestock	MENU BÉTAIL
sickle	FAUCILLE	small pick	PIOCHON
side canal/channel	CANAL DE DÉRIVATION	small sickle	FAUCILLON
side shoot	ENTRECOEUR	small spade	BÊCHETON
side shoot	PROMPT-BOURGEON	small swath	JAVELINE
sieve	CRIBLE	small-handled scythe	SAPE
sieve	TAMIS	smallpox	VARIOLE
sieve	SAS	smoker	ENFUMOIR
sieve (to)	TAMISER	smoking out	ENFUMAGE
sieve tissue	LIBER	smut	CHARBON
siever	TAMISEUR	snag	ONGLET
sieving	TAMISAGE	snail	ESCARGOT
sifting	CRIBLAGE	snailery	HÉLICICULTURE
sifting	SASSAGE	snout	GROIN
siftings	CRIBLURE	snuffles	JETAGE
silique	SILIQUE	socialization	SOCIALISATION DES TERRES
silk	SOIE	society	SOCIÉTÉ
silk mill	SOIERIE	soft white cheese	JONCHÉE
silkgrower	MAGNANIER	soil	SOL
silkworm	VER À SOIE	soil acidity	ACIDIFICATION DU SOL
silkworm	MAGNAN	soil analysis	ANALYSE DU SOL
silkworm	BOMBYX DU MÛRIER	soil conservation	CONSERVATION DES SOLS
silky	SÉRICOLE	soil fertilizer/injector	PAL
silo	SILO	soil improvement	RESTAURATION DES SOLS
silo filler	ENSILEUR	soil profile	PROFIL PÉDOLOGIQUE
silo unloader	DÉSILEUSE	Solanaceae	SOLANACÉES OU SOLANÉES
silt	LIMON	somatic	SOMATIQUE
silvicultural	SYLVICOLE	sooty mold	FUMAGINE
silviculture	SYLVICULTURE	sorb	SORBIER
silviculturist	SYLVICULTEUR	sorb apple	ALISE
simples	SIMPLES	sorghum	SORGHO
simulation	SIMULATION	sorghum	MIL
sink	DOLINE	sorrel	SURELLE
siphon	SIPHON	sort (to)	TRIER
sire	GÉNITEUR	sorting	TRIAGE
sisal	HÉNEQUEN	sounding	SONDAGE
sisal	SISAL	soup	POTAGE
sizing	CALIBRAGE	sour	SUR adj.
skim (to)	ÉCRÉMER	sour	PIQUÉ
skin	ROBE	sour cherry	GRIOTTE
skin	PEAU	souring	ACIDIFICATION
skin	PELURE	sourish	GINGUET
skin trade	PEAUSSERIE	sourish	SURET
skirret	CHERVIS	sourness	ACIDITÉ
skirting	LISIÈRE	soursop	COROSSOL
skittish	OMBRAGEUX	soursop	ANONE
skutch (to)	ÉCANGUER	sovkhoz	SOVKHOZE
slack season	MORTE-SAISON	sow	LAIE
slate	ARDOISE	sow	TRUIE
slates	LOSES	sow (to)	DISSÉMINER
slatted floor	CAILLEBOTIS	sow (to)	ENSEMENCER
slaughter (to)	ABATTRE	sow (to)	SEMER
slaughterhouse	ABATTOIR	sow again (to)	RESSEMER
slaughtering	ABATTAGE	sow again (to)	REMBLAVER
slaughterman	TUEUR	sow thistle	LAITERON
slaughterman	ABATTEUR	sowed	SEMÉ
slave	ESCLAVE	sower	SEMEUR
slave trade	TRAITE DES NOIRS	sowing	SEMIS
sledge	TRAÎNEAU	sowing	SEMAILLES
sleeping place	DORMOIR	sowing machine	SEMEUR
sleigh	TRAÎNEAU	sowing-time	SEMAISON
slightly acid	VERDELET	soya bean	SOJA
sling cart	TRIQUEBALLE	soybean	SOJA
slip	BOUTURE	spacing	ESPACEMENT
slip	OEILLETON	spade	BÊCHE
slip	ÉCLAT	spadeful	PELLETÉE
slip (to)	OEILLETONNER	sparkling	MOUSSEUX
slipping	LANÇAGE	spat	NAISSAIN
sloe	PRUNELLE	spathe	SPATHE
slope	PENTE	spawning	FRAI

INDEX ANGLAIS-FRANÇAIS

species	ESPÈCE	stallion	ÉTALON
species	ESSENCE	stamen	ÉTAMINE
specific weight	POIDS SPÉCIFIQUE	stamp (to)	PIAFFER
specking	TAVELAGE	standard	STANDARD
speckled	TAVELÉ	standard	NORME
speedwell	VÉRONIQUE	standardization	NORMALISATION
spelt	ÉPEAUTRE	star anise	ANIS ÉTOILÉ
spergula	SPERGULE	star anise	BADIANIER
spermatophyte	SPERMATOPHYTE	starch	AMIDON
spermatozoon	SPERMATOZOÏDE	starch	FÉCULE
spices	CONDIMENTS	starch mill	FÉCULERIE
spices	ÉPICES	starch mill	AMIDONNERIE
spike	ÉPI	starchiness	FÉCULENCE
spike-lavender	SPIC	starchy	FÉCULENT
spikelet	ÉPILLET	stature	TAILLE
spikelet	SPICULE	statute labour	CORVÉE
spikenard	NARD	stave wood	MERRAIN
spillway	DÉVERSOIR	steer	BOUVEAU
spinach	ÉPINARD	steer	BOUVET
spindle	FUSEAU	stem	HAMPE
spindle tree	FUSAIN	stem	TIGE
spinner	FILANDIÈRE	stem	PIED
spinner	FILEUSE	stemmer	ÉGRAPPOIR
spinner	MOULINEUR	stere	STÈRE
spinney	BOQUETEAU	sterile	STÉRILE
spinning wheel	ROUET	sterility	STÉRILITÉ
spirits	ESPRIT	sterilization	STÉRILISATION
spontaneous	SPONTANÉ	sterilize (to)	STÉRILISER
sporangium	SPORANGE	stigma	STIGMATE
spore	SPORE	stilt	MANCHERONS
spotted	TAVELÉ	stilt	MANCHE
spotting	TAVELAGE	stilt tractor	TRACTEUR ENJAMBEUR
sprag anchor	BÊCHE D'ANCRAGE	sting	PIQÛRE
spray	ATOMISEUR	sting	AIGUILLON
spray (to)	PULVÉRISER	stinger	DARD
sprayer	NÉBULISATEUR	stinking smut	CARIE
sprayer	PULVÉRISATEUR	stirrup	ÉTRIER
spraying	BASSINAGE	stock	STOCK
spraying	PULVÉRISATION	stock	SUJET PORTE-GREFFE
sprayline	RAMPE D'ARROSAGE	stock (to)	STOCKER
sprig	BRINDILLE	stock farming	ÉLEVAGE
spring	FONTAINE	stock plant	VIGNE-MÈRE
spring	SOURCE	stock plant	PIED MÈRE
sprinkle (to)	PARSEMER	stockbreeder	NAISSEUR
sprinkler	SPRINKLER	stolon	STOLON
sprinkler	ARROSEUR	stoma	STOMATE
sprinkler irrigation	IRRORATION	stomach	ESTOMAC
sprinkler irrigation	ASPERSION	stomatitis	STOMATITE
sprinkling	ASPERSION	stone	NOYAU
sprout	BOULURE	stone (to)	MONDER
sprout	REJET	stone (to)	ÉPÉPINER
sprout	REJETON	stone fruit	DRUPE
sprout	POUSSE	stone marten	FOUINE
sprout (to)	GERMER	stone pit	CARRIÈRE
sprout (to)	BOURGEONNER	storage	STOCKAGE
spruce	ÉPICÉA	store	RESSERRE
spruce	SAPINETTE	store up (to)	ENGRANGER
spruce	ÉPINETTE	storeroom	CELLIER
spud	SARCLOIR	storeroom	RESSERRE
squash (plant)	GOURDE	storey	ÉTAGE
squireen	HOBEREAU	strainer	PASSE-LAIT
squirt (to)	SERINGUER	strangles	GOURME
St-John's-wort	MILLE-PERTUIS	straw	PAILLE
stable	ÉTABLE	straw	FEURRE
stable	ÉCURIE	straw binder	BOTTELEUSE
stable (to)	ÉTABLER	straw cutter	HACHE-PAILLE
stableboy	LAD	straw cutter	HACHE-FOURRAGE
stack	GERBIER	strawberry	FRAISIER
staddle	BALIVEAU	strawberry	FRAISE
staddle	LAIS	strawberry field	FRAISIÈRE
staddling	BALIVAGE	strawberry grower	FRAISICULTEUR
stake	PALIS	strawberry tree	ARBOUSIER
stake	PIQUET	strawmat	PAILLASSON
stake	TUTEUR	strawstack	PAILLER
stake (to)	TUTEURER	strength	TENEUR
staking	TUTEURAGE	strength	TITRE
staking	PIQUAGE	strew (to)	PARSEMER
stalk	RAFLE	strickle	RACLOIRE
stalk	TIGE	string	CORDEAU
stalking (of grapes)	ÉGRAPPAGE	string	FICELLE
stall	STALLE	stringbean	MANGE-TOUT
stall-feeding	STABULATION	strip	PLANCHE D'ARROSAGE
stalling	STABULATION	strip-cropping	CULTURE EN BANDES ALTERNANTES

INDEX ANGLAIS-FRANÇAIS

stripping (of tobacco)	MANOCAGE	sweet cherry	MERISIER
stub up (to)	ESSOUCHER	sweet corn	MAÏS DOUX
stubble	ÉTEULE	sweet pea	POIS DE SENTEUR
stubble field	CHAUME	sweet potato	PATATE
stubble plough	DÉCHAUMEUSE	sweet vernal grass	FLOUVE
stubble ploughing	DÉCHAUMAGE	swine	POURCEAU
stud	HARAS	swine	PORC
stud-book	STUD-BOOK	swine	PORCINS
stump	TROGNON	swine erysipelas	ROUGET
stump	CHICOT	swineherd	PORCHÈRE
stump	SOUCHE	swineherd	PORCHER
sturdy	TOURNIS	swines	SUIDÉS
style	STYLE	swivel/swing plough	ARAIRE
suberose	SUBÉREUX	sycamore	SYCOMORE
sublease	SOUS-FERME	symbiosis	SYMBIOSE
submersion	SUBMERSION	syndic	SYNDIC
subsoil	TRÉFONDS	syringa	SERINGA
subsoil	SOUS-SOL	systemic	SYSTÉMIQUE
subsoil plough	SOUS-SOLEUSE	tactisme	TACTISME
subsoiling	SOUS-SOLAGE	taenia	TÉNIA
successful bidder	ADJUDICATAIRE	tafia	TAFFIA
succulent	SUCCULENT	tail	QUEUE
succulent (plants)	GRASSES (PLANTES)	tailings	OTONS
sucker	REVENUES	taille	TAILLE
sucker	SURGEON	take root (to)	RACINER
sucker	GOURMAND	take root (to)	PRENDRE
sucker	TALLE	taking root	ENRACINEMENT
sucker (to)	REJETONNER	tamarisk	TAMARIS
sucker (to)	TALLER	tame (to)	DOMPTER
suckers	DRAGEONS	tame (to)	APPRIVOISER
suckling	ALLAITEMENT	tan (to)	TANNER
suffrutescent	SOUS-FRUTESCENT	tanbark	TAN
suffrutescent	SUFFRUTESCENT	tangerine	TANGÉRINE
sugar	SUCRE	tannage	TANNAGE
sugar beet chips	COSSETTES	tanner	TANNEUR
sugar beet lifter	ARRACHEUSE	tannery	TANNERIE
sugar cane	CANNE À SUCRE	tannin	TANIN ou TANNIN
sugar manufacturer	SUCRIER	tap	ROBINET
sugar palm	RONDIER	tap (to)	RÉSINER
sugar-refinery	SUCRERIE	taper	DÉFILEMENT
sugaring	CHAPTALISATION	tapeworm	TÉNIA
sugaring	SUCRAGE	tapioca	TAPIOCA
suint	SUINT	tapping	GEMMAGE
sulfitation	SULFITAGE	taproot	PIVOT
sulfur (to)	SULFURER	tar	BRAI
sulfurator	SOUFREUR	tare	TARE
sulfuretting	SULFURAGE	tarragon	ESTRAGON
sulla	SAINFOIN	tart	VERDELET
sulla	SULLA	tartar	TARTRE
sulla clover	SULLA	tartarization	TARTRAGE
sulphate	SULFATE	tartness	VERDEUR
sulphitation	SULFATAGE	taskworker	TÂCHERON
sulphur	SOUFRE	taster	GOÛTEUR
sulphur (to)	SOUFRER	tattoo	TATOUAGE
sulphuring	SOUFRAGE	tax	TAXE
sumac	SUMAC	taxable	TAILLABLE
summering	ESTIVAGE	taxis	TAXIE
sunflower	SOLEIL	taxonomy	TAXINOMIE OU TAXONOMIE
sunflower	TOURNESOL	tea	THÉ
sunny side	ADRET	tea	THÉ
sunstroke	INSOLATION	team	ATTELAGE
superfine flour	AFFLEURAGE	tears	LARMES
superphosphate	SUPERPHOSPHATE	teasel	CARDÈRE
supplant (to)	SUPPLANTER	teaser	BOUTE-EN-TRAIN
supraorbital fossa	SALIÈRE	teat	TRAYON
surplus	PLUS-VALUE	teat cup	GOBELET TRAYEUR
(land) surveying	ARPENTAGE	teat cup liner	MANCHON-TRAYEUR
(land) surveying	AGRIMÉTRIE	ted (to)	FANER
(land) surveyor	AGRIMENSEUR	tedder	FANEUSE
(land) surveyor	ARPENTEUR	tedding	FANAGE
suzerain	SUZERAIN	teg	ANTENAIS
suzerainty	SUZERAINETÉ	telegony	TÉLÉGONIE
swamp	PALUD	tenancy	FERMAGE
swan	CYGNE	tenant	BORDIER
swarm	ESSAIM	tenant farm	MÉTAIRIE
swarming	ESSAIMAGE	tenant farmer	PRENEUR
swath	JAVELLE	tenant farmer	TENANCIER
swath	ANDAIN	tenant farmer	FERMIER
swath lifter	AÉRATEUR D'ANDAINS	tender shoot	TENDRON
swather	PLANCHE À ANDAINS	tender shoot	BROUT
Swedish turnip	RUTABAGA	tendril	VRILLE
Swedish turnip	SUÈDE	tensimeter	TENSIOMÈTRE
sweet cherry	MERISE	tent	TENTE

INDEX ANGLAIS-FRANÇAIS

tenure	MOUVANCE	to decant	DÉCANTER
tenure	TENURE	tobacco	PÉTUN
terminus	TERME	tobacco	TABAC
termite	TERMITE	tobacco grower	TABACULTEUR
terrier	TERRIER	tolerance	ACCOUTUMANCE
test	TEST	tolerance	TOLÉRANCE
test	ESSAI	toll	PÉAGE
tester	TESTEUR	tomato	TOMATE
tetanus	TÉTANOS	tool	OUTIL
tether (to)	PÂTURER AU PIQUET.	top	CIME
tethering	PÂTURAGE AU TIÈRE	top	COURONNE
tethering	TIÈRE	top (to)	ÉTÊTER
tetragonia	TÉTRAGONE	top (to)	ÉHOUPPER
Tetranychidae	TÉTRANYQUE	topinambour	TOPINAMBOUR
textile	TEXTILE	toponimy	TOPONYMIE
textile plants	PLANTES TEXTILES	topping	DÉCOLLETAGE
Thallophyta	THALLOPHYTES	topping	ÉTÊTAGE
thallus	THALLE	topping	ÉCIMAGE
thatch	FEURRE	tortricid moth	TORDEUSE
thatch	ROUCHE	tow	FILASSE
thatched cottage	CHAUMIÈRE	tow	ÉTOUPE
therapeutics	THÉRAPEUTIQUE	town	COMMUNE
Thermidor	THERMIDOR	township	TOWNSHIP
thermoperiod	THERMOPÉRIODE	toxemia	TOXÉMIE
thermophile	THERMOPHILE	toxin	TOXINE
thermotherapy	THERMOTHÉRAPIE	trace	TRAIT
thermotropism	THERMOTROPISME	track	PISTE
therophyte	THÉROPHYTE	track	CHEMIN
thicket	HALLIER	traction	TRACTION
thin	GINGUET	tractor	MOTOTRACTEUR
thin (to)	ROGNER	tractor	TRACTEUR
thin out the leaves (to)	EFFEUILLER	tractor drawbar	BARRE D'ATTELAGE
thinning	COUPE D'ÉCLAIRCIE	tractorist	TRACTORISTE
thinning	DÉMARIAGE	trailer	REMORQUE
thinning	ÉCLAIRCIE	training farm	FERME-ÉCOLE
thinning	ÉCLAIRCISSAGE	transhumance	TRANSHUMANCE
thinning out	COUPE SOMBRE	transhumance	REMUE
third flour	RECOUPETTE	transplant (to)	DÉPIQUER
thistle	CHARDON	transplant (to)	TRANSPLANTER
thorn	ÉPINE	transplant (to)	DÉPOTER
thoroughbred horse	PUR-SANG	transplantation	DÉPLANTATION
thread	FIL	transplantation	TRANSPLANTATION
three wheel tractor	TRACTEUR TRICYCLE	transplanter	REPIQUEUSE
three-pronged fork	TRIDENT	transplanting	REPIQUAGE
thresh (to)	BATTRE	trap	PIÈGE
thresh (to)	DÉPIQUER	trap	TRAQUENARD
thresher	BATTEUR	trapping	PIÉGEAGE
threshing	BATTAGE	treacle	MÉLASSE
threshing	DÉPIQUAGE	treading	FOULAGE
threshing floor	AIRE	treat with mould (to)	TERREAUTER
threshing machine	BATTEUSE	treatment	TRAITEMENT
threshold	SEUIL	treatment with phosphates	PHOSPHATAGE
thrips	THRIPS	tree	ARBRE
thrush	MUGUET	tree form	FORME ARBUSTIVE
thuja	THUYA	tree marking	MARTELAGE
thyme	THYM	tree-covered walk	CHARMILLE
thymine	THYMINE	tree-felling ban	DÉFENS, ou DÉFENDS (MISE EN)
thyrse	THYRSE	trefoil	TRÈFLE
tic	TIC	trefoil coloured	INCARNAT
tick	TIQUE	trelliswork	TREILLIS
tick	IXODE	trelliswork	TREILLAGE
tie	LIEN	trembles	TREMBLANTE
tie (to)	PALISSER	trembling poplar	TREMBLE
tie up (to)	ACCOLER	trench	SAIGNÉE
tile	TUILE	trench	DOUVE
till (to)	LABOURER	trench (to)	DÉFONCER
tillable	LABOURABLE	trench (to)	FOSSOYER
tillable	ARABLE	trench (to)	RIGOLER
tiller	TALLE	trench plough	DÉFONCEUSE
tiller (to)	TALLER	trench-plough	RIGOLEUSE
tilling	FAÇONS CULTURALES	tribute	HOMMAGE
tilling	LABOURAGE	trichinosis	TRICHINOSE
timber	MARMENTEAUX (BOIS)	trichomoniasis	TRICHOMONOSE
timber	BOIS	trim (to)	ÉBRANCHER
timber	DURAMEN	trim (to)	TAILLER
time bargain	MARCHÉ À TERME	trimming	HABILLAGE
timothy	FLÉOLE	trimming	ROGNAGE
tinctorial	TINCTORIAL	triploid	TRIPLOÏDE
tineid	TEIGNE	tripod	SICCATEUR
ting	PAILLASSON	tripod	PERROQUET
tipcart	TOMBEREAU	triticale	TRITICALE
tipping machine	ROGNEUSE	trocar	TROCART
tithe	DÎME	troglodyte	TROGLODYTE

INDEX ANGLAIS-FRANÇAIS

trolley	DIABLE	unearth (to)	DÉCHAUSSER
trolley	FARDIER	unearthing	DÉBUTTAGE
tropism	TROPISME	unfruitful	STÉRILE
trot	TROT	unfruitful	INFERTILE
trough	AUGE	Ungulata	ONGULÉS
trough	MANGEOIRE	unharness (to)	DÉTELER
trough	ABREUVOIR	unisexual	UNISEXUÉ
trough	CUVIER	unit house	MAISON-BLOC
truffle	TRUFFE	unloader	DÉCHARGEUR
trunk	TIGE	unproductive	IMPRODUCTIF
trunk	TRONC	unripe	VERT
trusser	BOTTELEUSE	unripeness	IMMATURITÉ
trussing	BOTTELAGE	unsaddle (to)	DÉBÂTER
tsetse	TSÉ-TSÉ	unsound	TIQUEUR
tub	BAILLE	unsound	TARÉ
tuber	TUBERCULE	unstocker (to)	DESSOUCHER
tuberculin	TUBERCULINE	untillable	INCULTIVABLE
tuberculin test	TUBERCULINISATION	uproot (to)	DÉRACINER
tuberculosis	TUBERCULOSE	uprooting	ARRACHAGE
tuberisation	TUBÉRISATION	urbanization	BANLIEUSARDISATION
tuberose	TUBÉREUSE	urea	URÉE
tuberous	TUBÉREUX	use of land	UTILISATION DU SOL
tuft	TOUFFE	usufruct	USUFRUIT
tulip	TULIPE	utilizable reserve	RÉSERVE UTILISABLE
tulip tree	TULIPIER	vaccination	VACCINATION
tumbril	TOMBEREAU	vaccine	VACCIN
tumour	TUMEUR	valerian	VALÉRIANE
tun	TONNEAU	valuation	PRISÉE
tun	CUVE	value	VALEUR
tunnel	TUNNEL	valve	VALVE
tunnel-greenhouse	SERRE-TUNNEL	vane	PALE
turban squash	GIRAUMON	vanilla	VANILLE
turf	TOURBE	vanilla	VANILLIER
turf (to)	ENGAZONNER	vanillery	VANILLERIE
turf (to)	ENHERBER	varec	VARECH
turgescence	TURGESCENCE	variations	VARIATIONS
turgidity	TURGESCENCE	variegated	PANACHÉ
turion	TURION	variegation	PANACHURES
turkey hen	DINDE	varietal purity	PURETÉ VARIÉTALE
turkey hen	POULE D'INDE	variety	VARIÉTÉ
turkey-cock	DINDON	vase	VASE
turkey-house	DINDONNERIE	vassal	VASSAL
turn over (to)	RETOURNER	vat	CUVE
turn over (to)	MOUVER	vavasory	VAVASSORERIE
turn sour (to)	SURIR	vector	VECTEUR
turn-sick	TOURNIS	vegetable	VÉGÉTAL
turned	TOURNÉ	vegetable	VÉGÉTAL adj.
turning acid	ACESCENCE	vegetable	LÉGUME
turning sprinkle	TOURNIQUET HYDRAULIQUE	vegetable	LÉGUMIER
turnip	RAVE	vegetable mold	TERREAU
turnip	NAVET	vegetables	HORTOLAGE
turnip cabbage	TURNEP	vegetables	PLANTES POTAGÈRES
turnip field	NAVIÈRE	vegetation	VÉGÉTATION
turnip field	RAVIÈRE	vegetative	VÉGÉTATIF
turnplough	TOURNE-OREILLE	vegetative reproduction	MULTIPLICATION VÉGÉTATIVE
turnsole	TOURNESOL	Vendémiaire	VENDÉMIAIRE
twig	BRINDILLE	ventilator	VENTILATEUR
twig	RAMILLE	verbena	GATTILLIER
twins	JUMEAUX	verbena	AGNUS-CASTUS
twist (to)	RETORDRE	verderer	VERDIER
twitch	MOUCHETTE	verdigris	VERDET
twitch	SERRE-NEZ	verjuice	VERJUS
twitching	TIC	vermicide	VERMICIDE
tying	PALISSAGE	vermifuge	VERMIFUGE
tying	LIGATURE	vermin	NUISIBLES
tying up	ACCOLAGE	vermin	RAVAGEUR
type of agriculture	TYPE D'AGRICULTURE	verminous diseases	VERMINEUSES (MALADIES)
ubiquist	UBIQUISTE	vernal	VERNAL
udder	PIS	vernalization	PRINTANISATION
udder	MAMELLE	vernalization	VERNALISATION
uliginous	ULIGINEUX	vernation	PRÉFOLIATION
ulmic	ULMIQUE	verticil	VERTICILLE
ultrapasteurization	UPÉRISATION	vervain	VERVEINE
Umbelliferae	OMBELLIFÈRES	vessel	VASE
unbung (to)	DÉBONDER	vessel	PUCHEUX
uncultivated	INCULTE	vetch	GESSE
uncultivation	INCULTURE	vetch	JAROUSSE
underdevelopment	SOUS-DÉVELOPPEMENT	vetch	VESCE
undergrowth	SOUS-BOIS	veterinary	VÉTÉRINAIRE
understorey	SOUS-ÉTAGE	veterinary medicine	MÉDECINE VÉTÉRINAIRE
underwood	SOUS-BOIS	vetiver	VÉTIVER
underwood	MORT-BOIS	vibriosis	VIBRIOSE
unearth (to)	DÉTERRER	vicariousness	VICARIANCE

INDEX ANGLAIS-FRANÇAIS

villa	VILLA	watermelon	PASTÈQUE
village	VILLAGE	waterwillow	OSIER
village property	BIEN COMMUNAL	wattle	CLAYONNAGE
villeinage	VILAINAGE	wattle	CARONCULE
vinasse	VINASSE	wattle and daub	TORCHIS
vine	CÉPAGE	wax	CIRE
vine	VIGNE	wean (to)	SEVRER
vine branch	PAMPRE	weather station	STATION AGROMÉTÉOROLOGIQUE
vine leaf folder/roller	CIGARIER	weaver	SERGIER
vine leaf folder/roller	RHYNCHITE	weaver	TISSERAND
vine moth	EUDÉMIS	weed	PLANTE ADVENTICE
vine moth	COCHYLIS	weed (to)	DÉSHERBER
vine prop	ÉCHALAS	weed (to)	SARCLER
vine shoot	SARMENT	weed killer	DÉSHERBANT
vine shoot	SAUTELLE	weeder	ÉCHARDONNOIR
vine-arbour	TREILLE	weeder	BINETTE
vinegar	VINAIGRE	weeder	SCARIFICATEUR
vinegar factory	VINAIGRERIE	weeding	DÉSHERBAGE
vineprop	PAISSEAU	weeding machine	DÉSHERBEUR
vinestock	CEP	weeding-hoe	SARCLOIR
vineyard	VIGNOBLE	weeping	PLEUREUR
viniferous	VINIFÈRE	well	PUITS
vinification	VINIFICATION	western grape rootworm	ÉCRIVAIN
vinous	VINEUX	wet patch	MOUILLÈRE
vintage	MILLÉSIME	wheat	BLÉ
vintage	VENDANGE	wheat	FROMENT
vintage	VINÉE	wheat field	FROMENTIÈRE
vintage (to)	VENDANGER	wheaten	FRUMENTAIRE
vintage wine	CRU	wheel (to)	BROUETTER
vintager	VENDANGEUSE	wheelbarrow	BROUETTE
vintager	VENDANGEUR	wheeler	TIMONIER
violet	VIOLETTE	wheelhorse	TIMONIER
virosis	VIROSE	wheezing	CORNAGE
virulence	VIRULENCE	whetstone	PIERRE À AIGUISER
virus	VIRUS	whey	SÉRUM
virus disease	VIROSE	whey	LACTOSÉRUM
viscosity	VISCOSITÉ	whey	PETIT-LAIT
viscounty	VICOMTÉ	whey (to)	DÉLAITER
vitamin	VITAMINE	whey drainage	ÉGOUTTAGE
viticultural	VITICOLE	whey drainer	COULOIRE
viticulture	VITICULTURE	whiffletree	PALONNIER
viticulture	VINICULTURE	whinny	HENNISSEMENT
viticulturist	VITICULTEUR	whip	FOUET
viviparous	VIVIPARE	white ant	TERMITE
voluble	VOLUBILE	white beet	POIRÉE
volume felled	ABATTIS	white cedar	CÈDRE BLANC
vulgarization	VULGARISATION	white frost	GELÉE BLANCHE
waggon	CHAR	white grub	VER BLANC
waggon	CHARIOT	white melilot	MELILOT
wall	MURAILLE	white poplar	PEUPLIER BLANC
walnut	NOIX	white poplar	YPRÉAUX
walnut	NOYER	white rot	POURRIDIÉ
walnut	NOYER	white sweet clover	MELILOT
wander (to)	VAGUER	white wine	BLANC
wandering	DIVAGATION	whitening	BLANCHIMENT
warehouse	ENTREPÔT	whitlow grass	LÉPIDIER
warning	AVERTISSEUR	whorl	COURONNE
warning service	SERVICE AVERTISSEUR	whortleberry	VACCINIUM
warpage	COLMATAGE	wicker covering	CLISSE
warping	TERREMENT	wicker tray	CLAYON
warping	TERRAGE	wicker tray	CAGEROTTE
warrant	WARRANT	wild	SAUVAGE
warren	LAPINIÈRE	wild arum	GOUET
warren	GARENNE	wild camomile	MATRICAIRE
washing	LESSIVAGE	wild mustard	SÉNEVÉ
washy wine	VINASSE	wild mustard	SANVE
wasp	GUÊPE	wild oat	FOLLE AVOINE
waste	INCULTE	wild radish	RAVENELLE
wasteland	VARENNE	wild rape	RAVENELLE
water (to)	ARROSER	wild rose	ÉGLANTIER
water (to)	ABREUVER	wild thyme	SERPOLET
water bed	PHRÉATIQUE (NAPPE)	wild wine	LAMBRUSQUE
water gate	VANNE	wilderness	DÉSERT
water gate	PALE	wildfire	FEU BACTÉRIEN
water requirements	BESOIN EN EAU	willow	SAULE
water tank	RÉSERVOIR	willow plantation	SAULAIE
water-bearing stratum	NAPPE PHRÉATIQUE	wilt (to)	FLÉTRIR
water-cress	CRESSON	winch	TREUIL
water-cress pond	CRESSONNIÈRE	wind engine	AÉROMOTEUR
watering	ABREUVAGE	wind-mill	ÉOLIENNE
watering	ARROSAGE	wind-sucking	CORNAGE
watering	MOUILLAGE	windbreak	COUPE-VENT
watering pot	ARROSOIR	windbreak	ABRI-VENT

INDEX ANGLAIS-FRANÇAIS

windbreak	ABAT-VENT	wood-sledge	SCHLITTE
windbreak	BRISE-VENT	woodcutter	BÛCHERON
windfallen trees	VENTIS	woodland	SYLVESTRE
windgall	MOLETTE	woodman	BÛCHERON
windlass	TREUIL	woodpigeon	PALOMBE
windmill	MOULIN À VENT	woodpigeon	RAMIER
windrow	ANDAIN	woods	SYLVE
windrower	ANDAINEUSE	woodshed	BÛCHER
windrowing	ANDAINAGE	woody	BOCAGER
wine	VIN	wool	LAINE
wine cellar	CAVE	wool merchant	LAINIER
wine cellar	CELLIER	wool worker	LAINIER
wine cellar	CUVERIE	work	TRAVAIL
wine cooperative	CAVE COOPÉRATIVE	work (to)	OUVRER
wine funnel	CHANTEPLEURE	worker	BUTINEUSE
wine growing	VITICULTURE	worker	OUVRIÈRE
wine store	CHAI	worker	OUVRIER
wine taster	TÂTE-VIN	working	MALAXAGE
wine tasting	DÉGUSTATION	working plan	PROGRAMME AGRICOLE
wine waiter	SOMMELIER	workshop	ATELIER
wine-	OENOLOGIQUE	worm	VER
wine-	VINAIRE	wormwood	ABSINTHE
wine-	VITIVINICOLE	wrack	GOÉMON
wine-growing	VINICOLE	wrapper	CAPE
wine-producing	VITIFÈRE	xanthophyll	XANTHOPHYLLE
winegrower	VIGNERON	xerophyle	XÉROPHILE
winegrower	VITICULTEUR	xerophyte	XÉROPHYTE
winepress	FOULOIR	xylem	XYLÈME
winepress	PRESSOIR	xylology	XYLOLOGIE
wing	AILE	xylophagous	XYLOPHAGE
winged creature	VOLATILE	xylophagous	XYLOPHAGE adj.
winnow (to)	VANNER	xylose	XYLOSE
winnower	VANNEUR	yak	YAK
winnowing	VANNAGE	yam	IGNAME
winnowing basket	VAN	yeast	LEVURE
winnowing basket	VANNETTE	yeast addition	LEVURAGE
winnowing machine	TARARE	yellow bedstraw	GAILLET
winnowing-fan	VAN	yellowing	JAUNISSEMENT
winter (to)	HIVERNER	yellowweed	GAUDE
winter barley	ESCOURGEON	yew (tree)	IF
wintering	HIVERNAGE	yield	RENDEMENT
wintering	HIBERNATION	yield (to)	RENDRE
wintry	HIVERNAL	yield test	ESSAI DE RENDEMENT
wire netting	TREILLIS	yogurt	YOGHOURT
wire netting	GRILLAGE	yoke	PAIRE
wireworm	AGRIOTE	yoke	JOUG
wisp	ACCOLURE	yoke	TRIBART
wisp	PAILLON	yokel	RUSTAUD
wisp down (to)	BOUCHONNER	young pheasant	FAISANDEAU n.m
wistaria	GLYCINE	yucca	YUCCA
withdrawal	RETRAIT	zebu	ZÉBU
withering	FANAISON	zein	ZÉINE
withering	FLÉTRISSAGE	zero-grazing	ZÉRO-PÂTURAGE
withers	GARROT	zest	ZESTE
without leaf bud	BORGNE	Zizania	ZIZANIE
witloof	ENDIVE	zoocecidium	ZOOCÉCIDIE
witloof chicory	ENDIVE	zoogeography	ZOOGÉOGRAPHIE
witness zone	ZONE TÉMOIN	zoolatry	ZOOLÂTRE
woad	PASTEL	zoology	ZOOLOGIE
woad	ISATIS	zoonosis	ZOONOSE
woad	GUÈDE	zootechny	ZOOTECHNIE
wood	FORÊT	zootherapy	ZOOTHÉRAPIE
wood	BOIS	zygote	ZYGOTE
wood	BOIS	zymase	ZYMASE
wood	DURAMEN	zymogenic	ZYMOGÈNE
wood ashes	CENDRES	zymology	ZYMOLOGIE
wood borer	BUPRESTE	zymoscope	ZYMOSIMÈTRE
wood tar	GOUDRON		

INDEX ALLEMAND-FRANÇAIS

Aalteich	ANGUILLIÈRE	Absenker	MARCOTTE
Abaca	ABACA	Absenker	SAUTELLE
abbasten	TEILLER	Absenker	PROVIN
abbasten	TILLER	Absentismus	ABSENTÉISME
Abbastung	TEILLAGE	Absinth	ABSINTHE
Abbastung	TILLAGE	Absorption	ABSORPTION
Abbeeren	ÉGRAPPAGE	Absorptionsvermögen	POUVOIR ABSORBANT
Abbeizen	DÉROCHEMENT	abspannen	DÉTELER
Abblätterung	EXFOLIATION	abspeisen	REPAÎTRE
Abblühen	DÉFLEURAISON ou DÉFLORAISON	Abstand	ESPACEMENT
abböschen	TALUTER	abstechen	ABORNER
Abdecken	ÉQUARRISSAGE	abstecken (mit Pfählen)	JALONNER
Abdecker	ÉQUARRISSEUR	Absteckpfahl	PIQUET
Abfall	CRIBLURE	abstillen	SEVRER
Abfall	RECOUPE	Abstimmschärfe	SÉLECTIVITÉ
Abfalldünger	GADOUE	abstoppeln	CHAUMER
Abfälle	ANAS	Abstossen der Hörner	ÉCORNAGE
Abfälle	ISSUES	Abstreichholz	RACLOIR
Abfallen (des Laubes)	DÉFEUILLAGE	abstumpfen	ÉMOUSSER
abfallend	CADUC	Abstumpfung	ÉMOUSSAGE
Abfallholz	ÉMONDES	Abtröpfeln	ÉGOUTTAGE
abfressen	PÂTURER	Abziehen	DÉCUVAGE
abfüllen (in Fässer)	ENTONNER	abziehen	DÉCUVER
abfüllen (in Flaschen)	EMBOUTEILLER	Abziehen	SOUTIRAGE
abgefüllene Blätter	FANES	Abzug	SAIGNÉE
abgetrieben	FORTRAIT	Achäne	AKÈNE
Abgleichen	ARASEMENT	Acker	CHAMP
Abgrasen	BROUTAGE	Acker-	ARVICOLE
abgrasen	BROUTER	Ackeranalyse	ANALYSE AGRAIRE
abgrenzen	ABORNER	Ackerbau	AGRICULTURE
abgrenzen	BORNER	Ackerbau	CULTURE
Abgrenzung	BORNAGE	Ackerbau (extensiver)	CULTURE EXTENSIVE
Abhang	PENTE	Ackerbau (intensiver)	CULTURE INTENSIVE ou CONTINUE
Abhang	COTEAU	Ackerberg	CHEVIÈRE
Abholzen	RECÉPAGE	Ackerboden	TERRAIN
Abholzen	DÉBOISEMENT	Ackerboden	TERRE
abholzen	DÉBOISER	Ackerboden	TERROIR
Abholzung	DÉFORESTATION	Ackergebiet	TERRITOIRE AGRAIRE
Abholzung	EXPLOITATION FORESTIÈRE	Ackerknecht	VALET
abklären	DÉCANTER	Ackerknecht	LAD
Abklärung	CLARIFICATION	Ackermann	CULTIVATEUR
Abklärungsschaum	ÉCUME DE DÉFÉCATION	Ackerschleife	NIVELEUSE
Abkneifen	PINÇAGE	Ackersenf	SÉNEVÉ
Abköpfen	ÉCIMAGE	Ackersmann	LABOUREUR
Abkürzung	TRAVERSE	Ackervieh	BÉTAIL ARATOIRE
Ablauben	EFFEUILLAISON	Ackerwalze	BRISE-MOTTE
ablauben	EFFEUILLER	Ackerwalze	ROULEAU
Ableger	PROVIN	Ackerwendung	TOURNIÈRE
Ableger	BOUTURE	Adelstitel	TITRE
Ableger	SEMENCEAU	Adenin	ADENINE
Ableitung	DÉRIVATION	Aderlass	SAIGNÉE
Ableitungskanal	ÉMISSAIRE	Adhäsionsfähigkeit	ADHÉSIVITÉ
Ableugnungrecht	DÉSAVEU (DROIT DE)	Aerometer	AÉROMÈTRE
Ablieferung	LIVRAISON	Afterlehen	ARRIÈRE-FIEF
abmähen	TONDRE	Afterlehensgut	VAVASSORERIE
Abmarkung	BORNAGE	Agave	AGAVE
Abnahme	DÉFILEMENT	Agrarbiologie	AGROBIOLOGIE
abputzen	RAGRÉER	Agrarelektronik	ÉLECTRONIQUE AGRICOLE
abrahmen	ÉCRÉMER	Agrargeographie	GÉOGRAPHIE AGRAIRE
Abraupen	ÉCHENILLAGE	Agrargeomorphologie	GÉOMORPHOLOGIE AGRAIRE
abreiben	BOUCHONNER	Agrargeschichte	HISTOIRE RURALE
Abrichten	DRESSAGE	Agrarindustrie	AGRO-INDUSTRIE
Abrinden	ÉCORÇAGE	Agraringenieur	INGÉNIEUR AGRONOME
Abrinden	DÉMASCLAGE	Agrarinvestition	INVESTISSEMENT AGRICOLE
absahnen	ÉCRÉMER	agrarisch	AGRAIRE
absatteln	DÉBÂTER	Agrarkreditbank	CRÉDIT AGRICOLE MUTUEL
abschaben	RATISSER	Agrarmeteorologie	MÉTÉOROLOGIE AGRICOLE
Abschabsel	RATISSURE	Agrarmorphologie	MORPHOLOGIE AGRAIRE
abschälen	PELER	Agrarpreise	PRIX
abschälen	DÉCORTIQUER	Agrarproduktion	PRODUCTION AGRICOLE
abscheren	TONDRE	Agrarrecht	DROIT RURAL
Abschlachten	ABATTAGE	Agrarreform	RÉFORME AGRAIRE
Abschlagen	ABATTURE	Agrarreform (strukturelle)	RÉNOVATION RURALE
Abschlagen	GAULAGE	Agrarstatistik	STATISTIQUE AGRICOLE
abschlagen	GAULER	Agrarstruktur	STRUCTURE AGRAIRE
abschlagen	ABATTRE	Agrarsubvention	SUBVENTION AGRICOLE
abschrägen	TALUTER	Agrartechnik	TECHNIQUE AGRICOLE
Abschreibung	AMORTISSEMENT	Agrartechniker	TECHNICIEN AGRICOLE
Abschwarten	PIÉGEAGE	Agrartechnologie	TECHNOLOGIE AGRICOLE
Abschwenden	ÉCOBUAGE	Agrarwirtschaft	ÉCONOMIE AGRICOLE
abschwenden	ÉCOBUER	Agrarwirtschaft	ÉCONOMIE RURALE
Absenken	PROVIGNAGE	Agrarzölle	TAXE
Absenken	MARCOTTAGE	Agrometeorologie	AGROMÉTÉOROLOGIE

INDEX ALLEMAND-FRANÇAIS

Agronom	AGRONOME
Agronomie	AGRONOMIE .
agronomisch	AGRONOMIQUE
agronomische Karten	CARTES AGRONOMIQUES
Agrotis	AGROTIS
Agrumen	AGRUMES
Ahorn	ÉRABLE
Ahornsirup	SIROP D'ÉRABLE
Ahornwald	ÉRABLIÈRE
Ährchen	ÉPILLET
Ährchen	SPICULE
Ähre	ÉPI
Ähren (kleine)	OTONS
Ähren lesen	GLANER
Ährenbildung	ÉPIAISON
Ährenbüschel	GLANE
Ährenlese	GLANURE
Ährenlesen	GLANAGE
Akazie	ACACIA
Akazie	ROBINIER
Akklimatisation	ACCLIMATATION
akklimatisieren	ACCLIMATER
akklimatisiert	NATURALISÉ
Akkordpreis	FORFAIT
Aktinomykose	ACTINOMYCOSE
Albinismus	ALBINISME
Aleuron	ALEURONE
Alge	ALGUE
Alkanna	ORCANETTE
Alkohol	ALCOOL
Alkoholgehalt	DEGRÉ ALCOOLIQUE
Alkoholometer	ALCOOMÈTRE
Alkoholzusatz	VINAGE
Allee	ALLÉE
Alm	ALPE
Alm	ALPAGE
Almbauer	ALPAGISTE
Almer	ALPAGISTE
Almwanderung	REMUE
Aloe	ALOÈS
Alopezia	PELADE
Alp	ALPE
Alpaka	ALPACA
Alpen	MONTAGNE
Alpen-	ALPIN
Alpenklee (roter)	FAROUCHE
Alraun	MANDRAGORE
Altern	VIEILLISSEMENT
altes Gemäuer	MASURE
Altwerden	VIEILLISSEMENT
Amberbaum	LIQUIDAMBAR
Amelioration	BONIFICATION
Ammoniak	AMMONIAQUE
Ammoniumsulfat	SULFATE D'AMMONIAQUE
Ammosalpeter	AMMONITRATE
Ampelographie	AMPÉLOGRAPHIE
Ampfer	PATIENCE
Ananas	ANANAS
anbinden	PALISSER
Anbohren	TÉRÉBRATION
Anchusa	ORCANETTE
anfeuchten	HUMIDIFIER
Anger	PLACITRE
Angerwende	TOURNIÈRE
Angleichung	ASSIMILATION
Angora	ANGORA
Angorawolle	MOHAIR
Anhang	SÉQUELLE
Anhänger	REMORQUE
Anhäufen	CHAUSSAGE
anhäufen	RECHAUSSER
Anhäufen	BUTTAGE
Anhöhe	TERTRE
Anispflanze	ANIS ÉTOILÉ
Anjou (weine)	ANJOU (VINS D')
Ankergeld	BÊCHE D'ANCRAGE
Ankerspaten	BÊCHE D'ANCRAGE
Anlage	CONTRESEP
Anlieger	RIVERAIN
Anpassung	ACCOMODAT
anpfählen	ACCOLER
Anpfählen	ACCOLAGE
anschirren	HARNACHER
Anschirren	HARNACHEMENT
anschirren (hintereinander)	ACCOUER
Anschneiden	GEMMAGE
Anschwellung	TURGESCENCE
Anschwemmung	ALLUVION
Ansetzen	NOUURE
ansetzen	NOUER
Ansiedlung	COLONISATION AGRICOLE
anspannen	ATTELER
Ansteckung	CONTAGION
Ansteckung	INFECTION
Ansteckung	CONTAMINATION
Ansteckungsstoff	CONTAGE
Anstich	PERCE
anstossen	JOUXTER
Anstreichen	BADIGEONNAGE
Anthraknose	ANTHRACNOSE
anthropogen	ANTHROPIQUE
Anwohner	RIVERAIN
Anwurzeln	REPRISE
anwurzeln	PRENDRE
Anzapfen	GEMMAGE
Anzeige	INDEXAGE
Apanage	APANAGE
Apfel	POMME
Apfelbaum	POMMIER
Apfelbaumgarten	POMMELIÈRE
Apfelblütenstecher	ANTHONOME
Apfelsäure	MALIQUE (ACIDE)
Apfelsine	ORANGE
Apfelsinenbaum	ORANGER
Apfelsinenpflanzung	ORANGERAIE
Apfelwein	CIDRE
Apfelwickler	CARPOCAPSE
Apogamie	APOGAMIE
Apoplexie (der Rebe)	APOPLEXIE
Apoplexie der Rebe	ESCA
Aprikose	ABRICOT
Aprikosenbaum	ABRICOTIER
April	AVRIL
Aquakultur	AQUICULTURE
Ar	ARE
Araber	BARBE
Aräometer	ARÉOMÈTRE
Arbeit	TRAVAIL
arbeiten	OUVRER
Arbeiter	OUVRIER
Arbeitsbiene	OUVRIÈRE
Arbeitsbiene	BUTINEUSE
Arbeitskräfte	MAIN D'OEUVRE
Arbeitslosigkeit (saisonale)	CHÔMAGE SAISONNIER
Arbeitstag	JOURNÉE
Arbeitsvertrag	CONTRAT DE TRAVAIL
Archiv	CARTULAIRE
Arealzersplitterung	MORCELLEMENT
Arekapalme	ARÉQUIER
Arena	ARÈNE
Arganbaum	ARGANIER
arid	ARIDE
Arnika	ARNICA
Aroma	ARÔME
aromatisch	AROMATIQUE
Aronstab	GOUET
Art	ESPÈCE
artesischer Brunnen	PUITS ARTÉSIEN
Artischocke	ARTICHAUT
Artischocke (spanische)	CARDON
Artischockenfeld	ARTICHAUTIÈRE
asaisonal	CONTRESAISON
Asche (ausgelaugte)	CHARRÉE
Aschenpflanze	CINÉRAIRE
Assimilation	ASSIMILATION
Ast	BRANCHE
Ast	RAMEAU
Astwerk	BRANCHAGE
Astwerk	RAMURE
Aubergine	AUBERGINE
Aufbäumen	PESADE
Aufblähung	MÉTÉORISATION
Aufblühen	ÉCLOSION
aufforsten	REBOISER
Aufforsten	REBOISEMENT
Aufforstung	AFFORESTATION

INDEX ALLEMAND-FRANÇAIS

Aufgeben	DÉGUERPISSEMENT	Aussaat	SEMAILLES
aufgerichtet	FASTIGIÉ	Aussaat (natürliche)	SÉMINATION
aufgewühlt	SOUFFLÉ	Aussaatfläche	EMBLAVAISON
aufgraben	FOUIR	aussäien	DISSÉMINER
Aufhacken	SERFOUISSAGE	aussäien	ENSEMENCER
aufhacken	SERFOUIR	aussäien	SEMER
Aufhäufeln	BUTTAGE	Aussatz	LADRERIE
aufhäufeln	CHAUSSER	Aussätziger	LADRE
Auflage	CHARGES	Ausscheidungen	DÉJECTIONS ANIMALES
auflockern	MOUVER	Ausschlagen	REPOUSSE
auflockern	AMEUBLIR	Ausschlagen	RUADE
Auflockern	DÉBUTTAGE	ausschlagen	RUER
Auflockern	DÉCHAUSSAGE	Ausschlämmen	DÉBOURBAGE
Aufsaugung	ABSORPTION	Ausschneiden der Augen (Obstbäume)	ÉBORGNAGE
Aufschichten	GERBAGE	Ausschwärmen	ESSAIMAGE
aufschütten	ENGRÉNER	Aussehen	PORT
Aufspeichern	ENSILAGE ou ENSILOTAGE	Aussenseiter	TOCARD
aufspringend	DÉHISCENT	ausstocken	ESSOUCHER
aufspünden	DÉBONDER	Ausstreuen	ÉPANDAGE
Aufsteigen	MONTE	aussuchen	SÉLECTIONNER
Auftritt	MONTOIR	Auster	HUITRE
Aufzählung	DÉNOMBREMENT	Austernzucht	OSTRÉICULTURE
aufzäumen	BRIDER	austreiben	BOURGEONNER
Aufzug	ÉLÉVATEUR	Austrocknen	RETRAIT
Auge	OEIL	Austrocknen	DÉSHYDRATATION
August	AOÛT	Austrocknung	ASSÈCHEMENT
Aujezkysche Krankheit	AUJESZKY (MALADIE D')	Austrocknung	DESSICCATION
Ausarten	DÉGÉNÉRESCENCE	Austrocknung	DESSÈCHEMENT
Ausartung	DÉGÉNÉRESCENCE	Auswahl	SÉLECTION
Ausästen	ÉBRANCHAGE	Auswanderer	MIGRANT
ausästen	ÉBRANCHER	auswärtig	FORAIN
ausbeuten	EXPLOITER	Ausweiden	ÉVISCÉRATION
Ausbleichung	PODZOLISATION	Auswuchs	LOUPE
ausbrechen	ÉBOURGEONNER	Auswurf	DÉJECTIONS ANIMALES
ausbrühen	ÉCHAUDER	Autarkie	AUTARCIE
Ausbrüten (künstliches)	ACCOUVAGE	Automation	AUTOMATISATION
Ausbrütung	INCUBATION	Autotroph	AUTOTROPHE
ausdauernd	VIVACE	autotroph	AUTOTROPHE
Ausdünnen	DÉMARIAGE	Auxin	PHYTOHORMONE
Ausfuhrprämie	RESTITUTION	Avena fatua	FOLLE AVOINE
ausgeizen	ESSARMENTER	Avocadobaum	AVOCATIER
Ausgleichen	NIVELLEMENT	Axt	HACHE
ausgraben	DÉTERRER	Axt (kleine)	HACHEREAU
Ausgrabung	DÉTERRAGE	Azarolbaum	AZEROLIER
Ausholzung	ÉCLAIRCISSAGE	Bacchanal	BACCHANALES
Auskeltern	FOULAGE	Bacchusfest	BACCHANALES
auskörnen	ÉGRENER	Bacchusstab	THYRSE
Auskörnen	ÉGRENAGE	Bache	LAIE
Auskriechen	ÉCLOSION	Backen	MOKS
Ausladen	CÂBLAGE	Bäcker	FOURNIER
Ausladen	DÉBARDAGE	Bäckerei	BOULANGERIE
Ausländer	AUBAIN	Backfähigkeit	VALEUR BOULANGÈRE
Auslaufen	AVALAGE	Backfähigkeit	FORCE BOULANGÈRE
Auslaufen	COULAGE	Backofen	FOUR
Ausläufer	STOLON	Backofenbesitzer	FOURNIER
Auslaugen	LESSIVAGE	Backtrog	HUCHE
Ausleerung	VIDANGE	Backtrog	MAIE
Auslesen	TRIAGE	Backtrog	ARCHE
auslesen	TRIER	Backtrog	PÉTRIN
auslesen	SÉLECTIONNER	Bagasse	BAGASSE
auslichten	ÉLAGUER	Baggern	DRAGAGE
Auslichten	RACLAGE	Bahnwärter	CANTONNIER
Auslichten	ÉCLAIRCISSAGE	Bahre	BARD
Ausmessen	CALIBRAGE	Bähung	ÉTUVAGE
Ausmessung	CALIBRAGE	Bakterie	BACTÉRIE
Ausmessung	CUBAGE	Bakteriose	BACTÉRIOSE
ausplündern	MARAUDER	Bakterium	BACTÉRIE
Auspressen	PRESSURÉE	Bakterizid	BACTÉRICIDE
Auspressen	PRESSURER	Baldrian	VALÉRIANE
auspressen	PRESSURAGE	Ballast	LEST
Ausputzen	ÉMONDAGE	Ballen (kleiner)	BALLOTIN
ausputzen	ÉMONDER	Ballenpresse	PRESSE
ausputzen	RABATTRE	Ballensammler	GROUPEUR DE BALLES
Ausputzen	RABATTAGE	Balsam	BAUME
ausranken	ESSARMENTER	Balsamine	IMPATIENS
Ausräumer	CUREUSE	Bambus	BAMBOU
Ausreissen	ARRACHAGE	banal	BANAL
ausroden	ESSARTER	Bananenbaum	BANANIER
ausroden	DESSOUCHER	Bananenplantage	BANANERAIE
ausroden	SARTER	Band	LIEN
Ausrodung	DESSOUCHAGE	Band	CERCLE
Ausrottung	ÉRADICATION	bändigen	APPRIVOISER
Ausrüstung	ÉQUIPAGE	Bandwurm	TÉNIA

INDEX ALLEMAND-FRANÇAIS

Bannmeile	BANLIEUE	Bediensteter	DOMESTIQUE
Bärme	LEVAIN	Beere	BAIE
Baronie	BARONNIE	Beerenkamm	RAFLE
Barymetrik	BARYMÉTRIE	Beetpflügen	LABOUR EN PLANCHE
Basilikum	BASILIC	Befall	INFESTATION
Bast	LIBER	befestigen (an einer Palisade)	PALISSAGE
Bast	FILASSE	Befeuchten	BRUMISATION
Bastard	HYBRIDE	Beförderung	PROMOTION
Bastard-	BÂTARD	Beförderung (mit der Seilbahn)	TÉLÉFÉRAGE
Bastardente	MULARD	Befreiung	AFFRANCHISSEMENT
Bastardhase	LÉPORIDE	Befruchter	INSÉMINATEUR
bastardieren	ABÂTARDIR	Befruchtung	FÉCONDATION
Bastardierung	HYBRIDATION	Begattung	COPULATION
Batate	PATATE	begiessen	ARROSER
Batterie	ÉLEVEUSE	Begonie	BÉGONIA
Bauchgurt	SOUS-VENTRIÈRE	begrenzen	BORNER
Bauchgurt	VENTRIÈRE	behaart	PUBESCENT
Bauchstecher	TROCART	Behacken	SERFOUISSAGE
Bauer	CULTIVATEUR	Behandlung	TRAITEMENT
Bauer	MANANT	Behauen	TAILLE
Bauer	PAYSAN	behauen	TAILLER
Bauer (freier)	VILAIN	Beherbergung	HÉBERGEMENT
bäuerlich	RUSTAUD	Beichen	JAMBETTE
Bäuerlichkeit	RUSTICITÉ	Beifuss	ARMOISE
Bauernaufstand	JACQUERIE	Beil	HACHE
Bauernbevölkerung	POPULATION AGRICOLE	Beil	COGNÉE
Bauernbutter	BEURRE FERMIER	Beizen	PRALINAGE
Bauernhof	DOMAINE	Bekanntmachung	BAN
Bauernhof	FERME	bekleiden	INVESTIR
Bauernhof	BORDE	Belaubung	FEUILLAISON
Bauernhof (kleiner)	BORDAGE	belegen (mit Rasen)	ENGAZONNER
Bauernhof (kleiner)	FERMETTE	belehnen	INFÉODER
Bauernlümmel	RUSTAUD	belehnen	INVESTIR
Bauernpartei-	AGRARIEN	Belehnung	INFÉODATION
Bauernschaft	PAYSANNAT	Belehnung	INVESTITURE
Bauernstand	PAYSANNERIE	Belladonna	BELLADONE
Bauernstand	ROTURE	Bepflanzen	PEUPLEMENT
Bauerntum	PAYSANNAT	bepflanzen (eines Weinberges)	ENCÉPAGER
Bauerntum	PAYSANNERIE	Bepflanzung	PEUPLEMENT
Bauernverband	SYNDICAT AGRICOLE	Berberitze	BERBÉRIS
Bauernverband	ASSOCIATION AGRICOLE	Beregnung	ASPERSION
Bauerrichter	ROI DE VILLAGE	Bergahornsamen	SAMARE
Baum	ARBRE	Bergamotte	BERGAMOTE
Baum (immergrüner)	SEMPER VIRENS	Bergamottenbaum	BERGAMOTIER
Baum-	ARBORICOLE	Bergdorf	VILLAGE DE MONTAGNE
Baum-	ARBORÉ	Berglein	MONTAGNETTE
Baumart	ESSENCE	Berieseler	SPRINKLER
baumartig	ARBORESCENT	Berieselung	IRRIGATION
Bäumen	PESADE	beringen	BOUCLER
Baumform	FORME ARBUSTIVE	Bertram	PYRÈTHRE
Baumgang	ALLÉE	besäen	ENSEMENCER
Baumkopf	DARD	besäen	SEMER
Baumkunde	DENDROLOGIE	besäen (mit Gras)	ENHERBER
Baummesser	DENDROMÈTRE	besät	SEMÉ
Baummessung	DENDROMÉTRIE	Beschälen	SAILLIE
Baumputzer	ÉMONDOIR	Beschälen	MONTE
Baumputzer	ÉMONDEUR	Beschäler	ÉTALON
Baumsäge	ÉGOÏNE	Beschälung	ÉTALONNAGE
Baumschere	SÉCATEUR	Beschlagen	FERRAGE
Baumschule	PÉPINIÈRE	Beschlagnahme	GAGERIE
Baumstamm	PIED	Beschlagschmied	FERREUR
Baumsterben (der Kirsche)	APOPLEXIE	Beschlagschmied	MARÉCHAL-FERRANT
Baumstock	PIED	Beschneiden	ÉBARDAGE
Baumstumpf	ÉCOT	beschneiden	ÉLAGUER
Baumstumpf	SOUCHE	Beschneiden	TONTURE
Baumstütze	TUTEUR	beschneiden	TAILLER
Baumwachs	EMPLÂTRE	Beschneiden	ROGNAGE
Baumwollanbau	COTONNERIE	beschneiden	ROGNER
Baumwolle	COTON	beschneiden	ABOUTER
Baumwollstaude	COTONNIER	Beschneiden	TAILLE
Baumzucht	ARBORICULTURE	Beschneiden (der Flügel)	ÉJOINTAGE
Baumzüchter	ARBORICULTEUR	Besenkiefer	PITCHPIN
Bauplan	PLAN	Besenried	MOLINIE
Beaune (Weine aus)	BEAUNE (VINS DE)	Besiedlung	PEUPLEMENT
bebauen	CULTIVER	besprengen	ARROSER
Bebauung	CULTURE	Besprengen	BASSINAGE
bebrüten	INCUBER	Besprengung	ASPERSION
bebrüten	ACCOUVER	Besprengung	IRRIGATION
Bebrüten (künstliches)	ACCOUVAGE	Besprengungsrampe	RAMPE D'ARROSAGE
bebrütet	COUVI	Besprengungszeit	TOUR D'ARROSAGE
bedecken (mit frischer Erde)	TERRER	Bespringen	SAILLIE
bedecken (mit Stroh)	PAILLER	Besprühen	NÉBULISATION
Bedecken (mit Stroh)	PAILLAGE	Besprühen	PULVÉRISATION

INDEX ALLEMAND-FRANÇAIS

Bestätigung (gerichtliche)	HOMOLOGATION
bestäuben	POLLINISER
Bestäuben	POUDRAGE
Bestäubung	POLLINISATION
Bestäubung	FÉCONDATION
besteigen (rittlings)	ENFOURCHER
bestellbar	LABOURABLE
bestellbar	ARABLE adj
bestellen	LABOURER
Bestellen (eines Feldes zum vierten Mal)	QUARTAGER
Bestellung	LABOURAGE
Bestellung	LABOUR
bestocken (sich)	TALLER
bestreuen	PARSEMER
bestreuen (mit Sand)	SABLER
bestreuen (mit Düngererde)	TERREAUTER
Betasten	MANIEMENT
Betriebsanalyse	ANALYSE AGRAIRE
Betrug	FRAUDE
Betrügerei	MAQUIGNONNAGE
Bett	BILLON
Beute	BOSSE
beuteln	BLUTER
Beuteln	BLUTAGE
Bevölkerungsdichte	PEUPLEMENT
Bevölkerungsdruck	PRESSION DÉMOGRAPHIQUE
bewalden	BOISER
Bewaldung	BOISEMENT
bewässern	IRRIGUER
Bewässerung	ARROSAGE
Bewässerung	IRRIGATION
Bewässerungsanlage	RÉSEAU D'IRRIGATION
Bewässerungskanal	CANAL D'IRRIGATION
Bewässerungskanal	NAVILLE
Bewässerungspumpe	IRRIGATEUR
bewirtschaften	EXPLOITER
Bewirtschaftung	TENUE
Bewirtschaftungsform	TYPE D'AGRICULTURE
Bewirtschaftungsplan	PROGRAMME AGRICOLE
Bewirtschaftungssystem	SYSTÈME D'AGRICULTURE
Bezirk	CANTON
Bezoar	BÉZOARD
Biberbaum	MAGNOLIA
Biegung	ARCURE
Biene	ABEILLE
Bienenhaus	RUCHER
Bienenkolonie	COLONIE
Bienenkönigin	REINE
Bienenkorb	RUCHE
Bienenkorb (ohne Königin)	RUCHE BOURDONNEUSE
Bienenkrankheit	LOQUE
Bienenpfeife	ENFUMOIR
Bienenschwarm	ESSAIM
Bienenschwarm (kleiner)	ABEILLON
Bienenstock	RUCHE
Bienenvolk	RUCHÉE
Bienenvolk	COLONIE
Bienenwachs	PROPOLIS
Bienenzelle	ALVÉOLE
Bienenzucht	APICULTURE
Bienenzucht -	APICOLE
Bier	BIÈRE
Bierbrauer	BRASSEUR
Bierhefe	LEVURE
Biertreber	DRÊCHE
Bilanz	BILAN
Bilsenkraut	JUSQUIAME
Binde	LIEN
Bindemaschine	BOTTELEUSE
Binden	BOTTELAGE
Binden	LIGATURE
Binden	LIAGE
binden	LIER
Bindfaden	FICELLE
Bingelkraut	MERCURIALE
Binse	JONC
Binse	SCIRPE
Binsengebüsch	JONCHAIE
Binsenkörbchen	ÉCLISSE
Biokenose	BIOCÉNOSE
Bioklimatologie	BIOCLIMATOLOGIE
Biologie	BIOLOGIE
Biomasse	BIOMASSE
Biotechnologie	BIOTECHNOLOGIE
Biotop	BIOTOPE
Birke	BOULEAU
Birkenwäldchen	BOULAIE
Birkhuhn	GÉLINOTTE
Birnbaum	POIRIER
Birne	POIRE
Birnengespinstblattwespe	LYDE
Birnenmost	POIRÉ
Birnenwein	POIRÉ
bisexuell	BISSEXUEL
Bittergurke	COLOQUINTE
Bittwoche	ROGATIONS
Blasebalg	SOUFFLET
Blasenstrauch	BAGUENAUDIER
Blässe	FANURE
Blatt	FEUILLE
Blatt	LIMBE
Blätterdach	COUVERT
Blättermagen	FEUILLET
Blättermagen	OMASUM
Blätterstand	FOLIATION
Blattfaltung	PRÉFOLIATION
Blatthacke	BINETTE
Blattknospe	OEIL
Blattlaus	PUCERON
Blattlauskäfer	COCCINELLE
Blattrollkrankheit	ENROULEMENT
Blattscheide	GAINE
Blattstielwinkel	AISSELLE
Blattwespe	MOUCHE À SCIE
Blattwespe	TENTHRÈDE
Blaubeere	MYRTILLE
Blaubeere	BLEUET
Blechkanne	ESTAGNON
Bleichen	BLANCHIMENT
Bleichsucht	CHLOROSE
Blockhaus	MAISON-BLOC
Blockwagen	FARDIER
blosslegen	DÉCHAUSSER
Blosslegen	DÉCHAUSSAGE
blühen	FLEURIR
Blühen	FLORAISON
Blühen	EFFLORAISON
Blume	FLEUR
Blumen-	FLORAL
Blumenesche	ORNE
Blumengärtner	FLEURISTE
Blumengeschäft	FLEURISTE
Blumengriffel	STYLE
Blumenhändler	FLEURISTE
Blumenkelch	CALICE ..
Blumenscheide	SPATHE
Blumenstiel	PÉDONCULE
Blumenstielchen	PÉDICELLE
Blumenzucht	FLORICULTURE
Blüte	EFFLORAISON
Blüten treiben	ABOUTIR
Blütenfall	COULURE
Blütenstaub	POLLEN
blütentragend	FLORIFÈRE
Blutklee	FAROUCHE
Blutweiderich	QUEUE DE RENARD
Bock	BOUC
bockartig	HIRCIN
Bocksbart	SALSIFIS
Boden	SOL
Bodenanalyse	ANALYSE DU SOL
Bodenaufarbeitung	RESTAURATION DES SOLS
Bodenbeschaffenheit	TENUE
Bodenbewirtschaftung (extensive)	AGRICULTURE EXTENSIVE
Bodenbewirtschaftung (intensive)	AGRICULTURE INTENSIVE
Bodenbildung	PÉDOGÉNÈSE
Bodenbretter	FONÇAILLES
Bodendichte	COMPACITÉ
Bodengraphologie	ÉDAPHOLOGIE
Bodenkarte	CARTE AGROLOGIQUE
Bodennutzung	UTILISATION DU SOL
Bodennutzungssystem	SYSTÈME DE CULTURE
Bodennutzungssystem	SYSTÈME D'EXPLOITATION
Bodenprofil	PROFIL CULTURAL
Bodenprofil	PROFIL PÉDOLOGIQUE
Bodenreform	RÉFORME FONCIÈRE

INDEX ALLEMAND-FRANÇAIS

Bodensatz	FÉCULE
Bodenschutz	CONSERVATION DES SOLS
Bodenverbesserung	BONIFICATION
Bodenverbesserung	RESTAURATION DES SOLS
Bodenverbesserung	AMENDEMENT
Bogenlaube	BERCEAU
Bohne	FASÉOLE
Bohne	HARICOT
Bohne	FÈVE
Bohne	FAYOT
Bohnenbaum	CYTISE
Bohrer	PERCE
Bolet	BOLET
Bonsai	BONSAI
Bordeaux (Weine aus)	BORDEAUX (VINS DE)
Bordeauxweinflasche	BORDELAISE
Bordwand	RIDELLE
Borretsch	BOURRACHE
Börse	LOUÉE
Borste	SOIE
borstentragend	SÉTIFÈRE
Böschung	ADOS
Böschung	RIDEAU
Böschung	TALUS
Botanisierer	HERBORISATEUR
Botrytisfäule	POURRITURE
Böttcher	BOISSELIER
Böttcherei	TONNELLERIE
Böttcherhobel	DOLOIRE
Bottich	CUVE
Bouretteseide	BOURRETTE
Brabantpflug	BRABANT
Brache	ABOUVRI
Brachefeld	JACHÈRE
brachen	JACHÉRER
Brachfeld	FRICHE
Brachfeld	GUÉRET
Brachland	ABOUVRI
Brachland	JACHÈRE
Branche	BRANCHE
Brand	GANGRÈNE
Brandblase	CLOQUE
Brandfleck	BRANDE
brandig	NIELLÉ
Brandmarken	MARQUAGE
Brandmarken	FERRADE
Brandrodung	ÉCOBUAGE
Brandschneise	COUPE-FEU
Brandschneise	PARE-FEU
Branntwein	EAU-DE-VIE
Branntwein	BRANDEVIN
Branntwein (85-prozentiger)	TROIS-SIX
Branntweinbrenner	BRANDEVINIER
Branntweinbrenner	BOUILLEUR DE CRU
Bräuche	USAGES
Bräuche	COUTUMES
Brauen	BRASSAGE
brauen	BRASSER
Brauer	BRASSEUR
Brauerei	BRASSERIE
Braukessel	BRASSIN
Bräunung	BRUNISSURE
Braunwerden	MADÉRISATION
brechen	ÉCANGUER
Brecher	BROYEUR
Breiapfelbaum	SAPOTILLIER
breiig	CHARNU
Bremse	OESTRE
Bremse	TAON
Brennen	TORRÉFACTION
brennen	BOUILLIR
brennen	TORRÉFIER
Brennerei	DISTILLERIE
Brennerei	BRÛLERIE
Brennfleckenkrankheit	NIELLE
Brennfleckenkrankheit	ANTHRACNOSE
Brennkolben	ALAMBIC
Brennmeister	CUISEUR
Brett	PLANCHE
Brie	BRIE
Brieftaube	VOYAGEUR (PIGEON)
Brokkoli	BROCOLI
Brombeergestrüpp	RONCERAIE
Brombeerstrauch	RONCE
Brot	PAIN
Brotbaum	JAQUIER
Brotbaum	ARBRE À PAIN
Brotbereitung	PANIFICATION
Brotfruchtbaum	ARBRE À PAIN
Brotsack	PANETIÈRE
Bruch	MARÉCAGE
Bruchkörner	BRISURES
Brühl	BREUIL
Brüllen	MEUGLEMENT
Brumaire (Nebelmonat)	BRUMAIRE
Brunnen	PUITS
Brunnen	FONTAINE
Brunnenkranz	MARGELLE
Brunnenkresse	CRESSON
Brunst	RUT
Brunst	CHALEUR
Brunst	OESTRUS
Brunstzeit	CHALEUR
Brust	MAMELLE
Brust	POITRAIL
Brust-	MAMMAIRE
Brustbeerbaum	JUJUBIER
Brustbeerbaum	SÉBESTIER
Brustwarzenentzündung	MAMMITE
Brut	COUVAIN
Brutanstalt	COUVOIR
Brutanstalt	PONDOIR
Brutapparat	POUSSINIÈRE
brüten	COUVER
Brüten	INCUBATION
Bruthenne	COUVEUSE
Brutkäfig	COUVEUSE
Brutkammer	CHAMBRE D'INCUBATION
Brutkasten (Seidenraupen)	MAGNANERIE
Brutmaschine	INCUBATEUR
Brutmaschine	COUVEUSE
Bruttoertrag	PRODUIT BRUT
Brutwabe	COUVAIN
Brutzeit	COUVAISON
Buche	FAYARD
Buche	HÊTRE
Buchecker	FAINE
Buchenhain	HÊTRAIE
Buchenwald	HÊTRAIE
Buchführung (landwirtschaftliche)	COMPTABILITÉ AGRICOLE
Buchsbaum	BUIS
Buchweizen	SARRASIN
Buckel	BOSSE
Büffel	BUFFLE
Bukett	BOUQUET
bukolisch	BUCOLIQUE
Bulldozer	BOUTEUR
Bullenring	ANNEAU NASAL
Bündel	BOTTE
bündeln	FAGOTER
Bundsäge	ABATTEUSE
bunte Färbung	PANACHURES
buntgestreift	PANACHÉ
Bürde	CHARGE
Burgbann	CHÂTELLENIE
Bürger	VILAIN
Bürger	ROTURIER
Bürgerlicher	ROTURIER
Bürgerstand	ROTURE
Bürgerstand	VILAINAGE
Burgunder (Weine)	BOURGOGNE (VINS DE)
Burgvogtei	CHÂTELLENIE
bürsten	PEIGNER
Busch	BUISSON
Büschel	TROCHET
Büschel	TOUFFE
Buschholz	TAILLIS
Buschmesser	MACHETTE
Buschwerk	RAMIÈRE
Buschwerk	FRUTICÉE
Bütte	BAILLE
Butter	BEURRE
Butter (pasteurisierte)	BEURRE PASTEURISÉ
Butterbirne	DOYENNE
Butterblume	RENONCULE
Butterdose	BEURRIER

INDEX ALLEMAND-FRANÇAIS

Butterfass	BARATTE
Butterhändler	BEURRIER
Butterkammer	BEURRERIE
Butterknetapparat	MALAXEUR
Buttermaschine	BUTYRIFICATEUR
Buttermilch	BABEURRE
Buttern	BARATTAGE
Butyrometer	BUTYROMÈTRE
Calvados	CALVADOS
Camembert	CAMEMBERT
Carlina	CARLINE
Cassia	CASSE
Cato	CATON
Ceres	CÉRÈS
Chalet	CHALET
Champagner	CHAMPAGNE (VINS DE)
Chesterkäse	CHESTER
Chicorée	ENDIVE
Chicorée	CHICORÉE
Chilesalpeter	SALPÊTRE
Chinarinde	QUINQUINA
Chinarindenbaum	QUINQUINA
Chinchilla	CHINCHILLA
Chlorophyll	CHLOROPHYLLE
Chloroplast	CHLOROPLASTE
Chlorose	CHLOROSE
Chlorose	COTTIS
Chromosom	CHROMOSOME
Chrysantheme	CHRYSANTHÈME
Computer	ORDINATEUR
Cowboy	COW-BOY
Crack	CRACK
Dach	TOIT
Dachs	BLAIREAU
Dachsbeil	HERMINETTE
Dachstuhl	FAITAGE
Dachziegel	TUILE
Dahlie	DAHLIA
Damm	DIGUE
Dampfdruckmesser	TENSIOMÈTRE
Dämpfung	ÉTUVAGE
Darmkrankheit	BROUT
Darre	SÉCHERIE
Dasselbefall	HYPODERMOSE
Dasselfliegenlarve	VARRON
Dassellarvenkrankheit	HYPODERMOSE
Dattel	DATTE
Dattelpalme	DATTIER
Dattelpalme	PALMIER-DATTIER
Dattelpflaumenbaum	PLAQUEMINIER
Daubenholz	MERRAIN
Dauerwiese	PRÉ
Deckblatt	CAPE
Decke	ACCOT
Deckel	OPERCULE
Decken	MONTE
Deich (kleiner)	BOURRELET
Deichsel	TIMON
Deichselpferd	TIMONIER
Demeter	DÉMÉTER
Demijohn	DAME-JEANNE
den Ackerbau betreffend	AGRAIRE
Dendrochronologie	DENDROCHRONOLOGIE
Dendrologie	DENDROLOGIE
Dendrometer	DENDROMÈTRE
Dendrometer	RELASCOPE
Dermatose	DERMATOSE
Desinfektion	ASSAINISSEMENT
Desinfektion	DÉSINFECTION
Destillation	DISTILLATION
Destillieren	DISTILLATION
destillieren	BOUILLIR
Dezember	DÉCEMBRE
Diaspore	DIASPORE
Diastase	DIASTASE
Dichte	COMPACITÉ
Dickhäutigkeit	PACHYDERMIE
Dickicht	HALLIER
Dickmilch	CAILLÉ
Dickmilch	CAILLEBOTTE
Dienst	SERVICE
Dienstbote	DOMESTIQUE
Dikotyledone	DICOTYLÉDONE
Dille	ANETH
Dimorphismus (geschlechtlicher)	DIMORPHISME SEXUEL
Dinkel	ÉPEAUTRE
diploid	DIPLOÏDE
Distel	CHARDON
Distelhacke	ÉCHARDONNOIR
distelnstechen	ÉCHARDONNER
DNA	A.D.N. sigle
DNS	A.D.N. sigle
Doldengewächse	OMBELLIFÈRES
Doline	DOLINE
Dominanz	DOMINANCE
doppelgeschlechtig	BISSEXUEL
Dorf	VILLAGE
Dorf	AGGLOMÉRATION AGRICOLE
Dorfbewohner	MANANT
Dörfchen	HAMEAU
Dorfgemeinde	COMMUNE
Dornbusch	ÉPINE
dornenlos	INERME
Dornstrauch	ÉPINE
Dosierung	POSOLOGIE
Dosis	DOSE
Dotterblume	SOUCI
Dourine	DOURINE
Drahtgitter	GRILLAGE
Drahtgitter	TREILLAGE
Drahtwurm	AGRIOTE
Drainage	DRAINAGE
Dränageanlage	RÉSEAU DE DRAINAGE
dränen	DRAINER
Drängräben	TRANCHÉES
dränieren	DRAINER
Dränrohr	DRAIN
Drehkrankheit	COENUROSE
Drehkrankheit	TOURNIS
Drehkreuz (hydraulisches)	TOURNIQUET HYDRAULIQUE
Dreibockreuter	PERROQUET
Dreiradschlepper	TRACTEUR TRICYCLE
Dreiradtraktor	TRACTEUR TRICYCLE
Dreizack	TRIDENT
Dreschen	BATTAGE
dreschen	BATTRE
Dreschen	DÉPIQUAGE
dreschen	DÉPIQUER
Drescher	BATTEUR
Dreschflegel	FLÉAU
Dreschmaschine	BATTEUSE
Dreschmaschine	ÉGRENOIR
Dreschtenne	AIRE
Drillmaschine	SEMOIR
Drohne	FAUX-BOURDON
Dromedar	DROMADAIRE
Drosophila	DROSOPHILE
Druckstellen verursachen	COTIR
Druse	GOURME
Drüsenentzündung	ADÉNITE
Duft	PARFUM
Düne	DUNE
Düngelanze	PAL
düngen	AMENDER
düngen	FUMER
Düngen	FUMURE
Düngen	COMPOSTAGE
Düngen	FUMAGE
Düngen der Felder	FUMAISON
Dünger	ENGRAIS
Düngerde	HUMUS
Düngerde	MULL
Düngererde	TERREAU
Düngerstreuer	DISTRIBUTEUR
Düngerstreuer	ÉPARPILLEUR
Düngerverscharrer	ENFOUISSEUR
Dunggrube	FOSSE À FUMIER
Dungpulver	POUDRETTE
Düngung	AMENDEMENT
Düngung	FUMURE
Düngung (organische)	FUMURE ORGANIQUE
Durchbruch	TROUÉE
Durchfahrtsverbot	DÉFENS, ou DÉFENDS (MISE EN)
Durchfeuchtung	IMBIBITION
Durchgangsrecht	PASSAGE
Durchlässigkeit	PERMÉABILITÉ

durchsägen	SCIER	Einsetzung	INVESTITURE
Durchschlag	COULOIRE	einspritzen	SERINGUER
Durchseihen	COLATURE	Einstreu	LITIÈRE
durchseihen	COULER	einteilen (in Schläge)	ASSOLER
Durchtränkung	IMBIBITION	eintopfen	EMPOTER
dürr	ARIDE	Eintragen	ENREGISTREMENT
E.W.G.	C.E.E.	eintrichtern	ENTONNER
Ebene	PLAINE	Einwägen	NIVELLEMENT
Ebenholzbaum	ÉBÉNIER	Einweichung	MACÉRATION
Ebenpflügen	LABOUR À PLAT	Einwuchs	PASSAGE A LA FUTAIE
Eber	VERRAT	Einwurzelung	ENRACINEMENT
Eberesche	SORBIER	einzäunen	ENCLORE
Eberwurz	CARLINE	Einziehung	COMMISE
Eckbaum	CORNIER	einzufordern	REQUÉRABLE
Edelpflaume	REINE-CLAUDE	Eisbergsalat	BATAVIA
Efeu	LIERRE	Eisendraht	FIL DE FER
Egge	HERSE	Eisenhut	ACONIT
Egge	PULVÉRISEUR	Eisenkraut	VERVEINE
Egge	RAVALE	Eiskluft	GÉLIVURES
Eggen	HERSAGE	eisklüftig	GÉLIF
Eggen	FAÇONS CULTURALES	Eiweiss	ALBUMEN
Ehrenpreis	VÉRONIQUE	Eizelle	OVULE
Ei	OEUF	Eizelle	OVOCYTE
Eibe	IF	Elefant	ÉLÉPHANT
Eibisch	ALTHEA	Elefantenführer	CORNAC
Eibisch	GUIMAUVE	Elle	AUNE
Eiche	CHÊNE	Elsässer (Weine)	ALSACE (VINS D')
Eichel	GLAND	Elsbeerbaum	ALISIER
Eichellese	GLANDAGE	Elsbeerbaum	AMÉLANCHIER
Eichelmast	PANAGE	Elsbeere	ALISE
Eichelmast	PAISSON	Embryo	EMBRYON
Eichenwald	CHÊNAIE	Empfehlung	RECOMMANDATION
Eichmass	JAUGE	Endemie	ENDÉMIE
Eier prüfen	MIRER	endemisch	ENDÉMIQUE
Eierlegen	PONTE	Endivie	ESCAROLE
eierlegend	OVIPARE	Endivie	SCAROLE
Eierprüfen	MIRAGE	Endogamie	ENDOGAMIE
Eierprüfer	OVOSCOPE	Engelwurz	ANGÉLIQUE
Eierschale	COQUE	Engerling	VER BLANC
Eierstock	OVAIRE	Enklave	ENCLAVE
Eigenbrenner	BOUILLEUR DE CRU	Entdeckeln (der Waben)	DÉSOPERCULATION
Eigentum (rechtliches)	NUE-PROPRIÉTÉ	Ente	CANARD
Eigentümer	PROPRIÉTAIRE-EXPLOITANT	Ente (weibliche)	CANE
Eigenverbrauch	AUTOCONSOMMATION	Enteignung	EXPROPRIATION
Eimer	SEAU	Entenfang	CANARDIÈRE
Einarbeiten (von Dünger)	INCORPORATION	Entenküken	CANETON
einäugig	BORGNE	Enterotoxämie	ENTÉROTOXÉMIE
Eindeichung	ENDIGUEMENT	Entfärbung	DÉCOLORATION
einfahren	ENGRANGER	Entfernen (der Wurzelhaare)	ÉBARBAGE
Einfahren	RENTRÉE	Entfernen (von Steinen)	ÉPIERRAGE
Einfassung	BORDURE	entfernen (von Steinen)	ÉPIERRER
einforderbar	REQUÉRABLE adj	entgeizen	ÉBOURGEONNER
einfrieden	ENCLORE	Entgeizen	ÉPAMPRAGE
Einfriedigung	ENCLOS	entgeizen	ÉPAMPRER
Einfriedigung	CLÔTURE	Entgeizer	ÉBOURGEONNEUR
Eingeborener	ABORIGÈNE	Entgeizwerkzeug	ÉBOURGEONNOIR
eingeschlechtig	UNISEXUÉ	Entgranner	ÉBARBEUSE
Eingeweidewurm	HELMINTHE	Entgranner	ÉBARBEUR
einhäusig	MONOÏQUE	enthülsen	ÉCOSSER
einheimisch	ABORIGÈNE	Entkalkung	DÉCALCIFICATION
Einimpfung	INOCULATION	entkeimen	DÉGERMER
einkalken	CHAULER	entkernen	ÉPÉPINER
Einkalken	CHAULAGE	entkernen	MONDER
einkeimblättrig	MONOCOTYLÉDONE	entkletten	ÉCHARDONNER
einkeimblättrige Pflanzen	MONOCOTYLÉDONE	entknospen	ÉBOURGEONNER
einkellern	ENCAVER	Entknospen	EBOURGEONNAGE
Einkommen (landwirtschaftliches)	REVENU AGRICOLE	Entkörner	ÉGRETIER
Einkorn	ENGRAIN	Entkrauter	DÉSHERBEUR
Einlagern	STOCKAGE	Entlader	DÉCHARGEUR
Einölen	HUILAGE	Entlaubung	DÉFOLIATION
Einpferchen	PARCAGE	Entlaubungsmittel	DÉFOLIANT
einpflanzen	IMPLANTER	Entliesen	DÉPANOUILLAGE
einpökeln	SALER	Entliescher	DÉPANNOUILLEUSE
einrichten	AMÉNAGER	Entliescher	ÉPANOUILLEUSE
Einrichtung	INSTALLATION	Entlüfter	AÉRATEUR D'ANDAINS
einsacken	ENSACHER	Entnahmefräse	DÉSILEUSE
einsalzen	SALER	Entomologie	ENTOMOLOGIE
Einsalzen	SALAGE	Entranken	ÉVRILLAGE
Einsalzen	SALAISON	Entrattung	DÉRATISATION
einsammeln	RÉCOLTER	Entroller	DÉROULEUR
Einsammeln	LEVÉE	Entsalzung	DESSALAGE
Einschliessung	CLAUSTRATION	entsteinen	ÉPÉPINER
Einschnitt	INCISION	Entvölkerung	DÉPEUPLEMENT

INDEX ALLEMAND-FRANÇAIS

Entvölkerung (ländlicher Gegenden)	DÉPOPULATION RURALE
entwalden	DÉBOISER
Entwaldung	DÉFORESTATION
Entwaldung	DÉBOISEMENT
Entwässerung	WATERINGUE
Entwässerungskanal	CANAL DE DRAINAGE
Entwässerungsrinne	RIGOLE DE COLATURE
Entwässerungsrohr	DRAIN
Entwässerungsschlitz	CHANTEPLEURE
entwurzeln	DÉRACINER
Enzian	GENTIANE
Enzootie	ENZOOTIE
Epiphyten	ÉPIPHYTES
Epithel	ÉPITHÉLIUM
Epizootie	ÉPIZOOTIE
Eppich	ACHE
Equipage	ÉQUIPAGE
Erbe	PATRIMOINE
Erblichkeit	HÉRÉDITÉ
Erbmasse	PATRIMOINE GÉNÉTIQUE
Erbpacht	COLONAGE
Erbpacht	EMPHYTÉOSE
Erbpacht	ACCENSE
Erbpachtgut	COLONAT
Erbpachtvertrag	BAIL EMPHYTÉOTIQUE
Erbschaft	HÉRITAGE
Erbschaftssteuer	SAISINE (DROIT DE)
Erbse	POIS
Erbsenkäfer	BRUCHE
Erbteil	APANAGE
Erbteil	PATRIMOINE
Erdbeerbeet	FRAISIÈRE
Erdbeere	FRAISE
Erdbeerpflanze	ARBOUSIER
Erdbeerstaude	FRAISIER
Erdbeerzüchter	FRAISICULTEUR
Erdboden	SOL
Erdboden	TERRAIN
Erde	TERRE
Erde (aufgeschüttete)	JECTISSES
Erderbse	VOANDZOU
Erdfloh	ALTISE
Erdhaue	HOYAU
Erdhügel	TERTRE
erdig	TERREUX
Erdnuss	CACAHOUÈTE
Erdnussbaum	ARACHIDE
Erdrauch	FUMETERRE
Erdraupe	AGROTIS
Erdscholle	GLÈBE
Erdscholle	MOTTE
Erdschollenbrecher	BRISE-MOTTE
Erdwall	BANQUETTE
Erfrieren	BRÛLURE
erfrischen	RAFRAÎCHIR
Ergonomie (landwirtschaftliche)	ERGONOMIE AGRICOLE
Ergotismus	ERGOTISME
Erhitzer	RÉCHAUFFEUR
Erhöhung	COLMATAGE
Erle	VERGNE
Erle	AULNE
Erlenhain	AULNAIE
Erlenwald	AULNAIE
ernährend	NUTRITIF
Ernährung	NOURRISSEMENT
Ernährung	NUTRITION
Erneuerungsschlag	COUPE DE RÉNOVATION
Ernte	RÉCOLTE
Ernte	MOISSON
Erntekorb	VENDANGEOIR
Erntemonat	AOÛT
Ernten	CUEILLETTE
ernten	MOISSONNER
ernten	RÉCOLTER
ernten	CUEILLIR
Ernten	MOISSONNAGE
ernten (Wein°)	VENDANGER
Erntetagelöhner	AOÛTERON
Erstgeburtsrecht	AÎNESSE (DROIT D')
Erstgeburtsrecht	DROIT D'AÎNESSE
Erstlingsfrüchte	PRÉMICES
Ertrag	RENDEMENT
Ertrag	PRODUCTIVITÉ RÉELLE
ertragreich	PRODUCTIF
Ertragseinheit	UNITÉ DE PRODUCTION
Ertragsfähigkeit	PRODUCTIVITÉ
Ertragsfähigkeit	RENTABILITÉ AGRICOLE
Erve	ERS
Erve	OROBE
Erweichung	MALAXAGE
Erythem	ÉRYTHÈME
erzeugen	RENDRE int.
Erzeuger	GÉNITEUR
Erzeuger	PRODUCTEUR DIRECT
Esche	ORNE
Esche	FRÊNE
Eschenwald	FRÊNAIE
Eschenwurz	DICTAME
Esel	ÂNE
Esel	BAUDET
Esel	BOURRIN
Esel-	ASINAIRE
Eselchen	BOURRICOT
Eselfüllen	ÂNON
Eselin	ÂNESSE
Esels-	ASINAIRE
Eseltreiber	ANIER
Esparsette	ESPARCETTE
Esparsette	SAINFOIN
Esparto	SPARTE
Espartogras	ALFA
Espe	TREMBLE
Espengehölz	TREMBLAIE
Espenwald	TREMBLAIE
essbar	COMESTIBLE
Essig	VINAIGRE
Essigbildung	ACÉTIFICATION
Essigfabrik	VINAIGRERIE
Essigmutter	MÈRE
Essigstich	ACESCENCE
Essigstich	PIQÛRE
Estragon	ESTRAGON
Etiolieren	ÉTIOLEMENT
Eukalyptusbaum	EUCALYPTUS
Eulecanium	LÉCANIUM
Europäische Wirtschaftsgemeinschaft	COMMUNAUTÉ ÉCONOMIQUE EUROPÉENNE
Euter	PIS
Eutrophisation	EUTROPHISATION
Exogamie	EXOGAMIE
Experiment	ESSAI
extensiv	EXTENSIVE
Extraktionsrate	EXTRACTION (TAUX D')
Fachwerk	COLOMBAGE
Fachwerk	RAYONNAGE
Faden	FIL
Fadenwurm	ANGUILLULE
Fadenwürmer	NÉMATODES
Fagopyrismus	FAGOPIRISME
Fähigkeit	APTITUDE
Fahrdamm	CHAUSSÉE
Fahren	CHARROI
Fährte	PISTE
Fällaxt	COGNÉE
Falle	PIÈGE
Falle	TRAQUENARD
fällen	ABATTRE
Fällverbot	DÉFENS, ou DÉFENDS (MISE EN)
Familie	FEU
Färber-	TINCTORIAL
Färbereiche	QUERCITRON
Färberginster	GENESTROLLE
Färberpflanzen	PLANTES TINCTORIALES
Färberscharte	SARRETTE
Färberwaid	GUÈDE
Färberwaid	ISATIS
Farberwaid	PASTEL
Farbstift	PASTEL
Farbstoff	MARQUEUR
Farbstoff	COLORANT
Farnkraut	FOUGÈRE
Farnkrautfeld	FOUGERAIE
Färse	GÉNISSE
Färse	TAURE
Fasan	FAISAN
Fasanenzüchter	FAISANDIER

INDEX ALLEMAND-FRANÇAIS

Faschine	FASCINE	fettfüttern	GAVER
Faser	FIL	Fettgehalt	BUTYREUX (TAUX)
Fass	BARIL	Fettpflanze	ORPIN
Fass	FÛT	Fettpflanzen	GRASSES (PLANTES)
Fass	BARRIQUE	Fettpflanzen	PLANTES (GRAS)
Fass	TONNEAU	Fettstoff	MATIÈRE GRASSE
Fass	TONNE	Fettwiese	PRÉ D'EMBOUCHE
Fass	MUID	feucht	MOUILLÉ
Fass (grosses)	PIPE	Feucht-	OMBROPHILE
Fassbinder	TONNELIER	Feuchtigkeit	HUMIDITÉ
Fässchen	TONNELET	Feuchtigkeitsgehalt	TAUX D'HUMIDITÉ
Fassherstellung	BARILLAGE	Feuchtigkeitsgrad	TAUX D'HUMIDITÉ
Fassreifen	CERCLE	Feuerbrand	FEU BACTÉRIEN
Fasziolose	CACHEXIE AQUEUSE	Feuerschutzstreifen	ESSARTAGE
Faulbaum	BOURDAINE	Fiber	FIBRE
Faulbrut	LOQUE	Fichte	SAPINETTE
Fäule	CARIE	Fichte	ÉPINETTE
Fäule	ROT	Fichtenharz	GEMME
Fäulnis	POURRITURE	Fichtenwald	PIGNADA
Fäulnis	PUTRÉFACTION	Fichtenwald	PINIÈRE
Faun	FAUNE	Fichtenwald	PINÈDE
Februar	FÉVRIER	Filzkraut	CUSCUTE
Feder	PLUME	Fingerhut	DIGITALE
Federkleid	PLUMAGE	Fingerhut	ONGLET
Federmenge	PLUMÉE	Firstziegel	FAÎTIÈRE
Federschmuck	PLUMAGE	Fisch	POISSON
Fehler	TARE	Fischbrut	ALEVIN
Fehlernährung	MALADIE PHYSIOLOGIQUE	Fischbrut	NOURRAIN
Feige	FIGUE	Fischen	PÊCHE
Feigenbaum	FIGUIER	Fischerei	PÊCHERIE
Feigengarten	FIGUERAIE	Fischteich	VIVIER
Feigenkaktus	FIGUIER DE BARBARIE	Fischzucht	PISCICULTURE
Feigenpflanzung	FIGUERAIE	Fischzucht-	PISCICOLE
Feinhechel	AFFINOIR	Fischzüchter	PISCICULTEUR
Feinmahlung (Holz zur)	TRITURATION (BOIS DE)	Flachs	FILASSE
Feinschmecker	GOURMET	Flachs	LIN
Feld	CHAMP	Flachsbreche	BROIE
Feld	SOLE	Flachsfeld	LINIÈRE
Feld (offenes)	OPENFIELD	Flachsröste	ROUTOIR
Feld-	ARVICOLE	Fladenverteilen	ÉBOUSAGE
Feldarbeit	LABEUR	Flasche	BOUTEILLE
Feldarbeit	LABOUR	Flaschengestell	PORTE-BOUTEILLE
Feldbohne	FAVEROLE	Flaschenkürbis	GOURDE
Feldflasche	BIDON	Flaschenkürbis	CALEBASSE
Feldgeschütz	PIÈCE DE TERRE	Flaschenspülmaschine	RINCE-BOUTEILLE
Feldgraswirtschaft	LEY-FARMING	Flechte	HERPÈS
Feldheuschrecken	ACRIDIENS	Flechte	LICHEN
Feldhüter	MESSIER	Flechtwerk	CLAYONNAGE
Feldhüter	GARDE-CHAMPÊTRE	fleckig	TAVELÉ
Feldkultur	CULTURE DE PLEINE TERRE	Fleisch	VIANDE
Feldmark	FINAGE	Fleisch	PULPE
Feldmaus	CAMPAGNOL	Fleisch (fettes)	GRAS
Feldmaus	MULOT	Fleischauswuchs	CARONCULE
Feldmesser	AGRIMENSEUR	Fleischer	BOUCHER
Feldmesser	ARPENTEUR	Fleischerei	BOUCHERIE
Feldmessung	ARPENTAGE	fleischig	CHARNU
Feldsalat	DOUCETTE	Flieder	SERINGA
Feldsalat	RAMPON	Flieder	LILAS
Feldsalat	MÂCHE	fliederfarben	LILAS
Feldstein	BORNE	Fliege	MOUCHE MINEUSE
Feldstück	PIÈCE DE TERRE	Fliege	MOUCHE
Feldweg	CHEMIN	Fliegen abwehren	ÉMOUCHER
Feldweg	CHEMIN VICINAL	Fliegenfalle	GOBE-MOUCHE
Fell	PELAGE	Fliegennetz	ÉMOUCHETTE
Fell	ROBE	Flohkraut	PERSICAIRE
Fell	CUIR	Flora	FLORE
Fell	POILS	Floreal (Blütenmonat)	FLORÉAL
Fellfarbe	ROBE	Floreszens	INFLORESCENCE
Felsenbirne	AMÉLANCHIER	Florettseide	FILOSELLE
Fenchel	FENOUIL	Floristik	FLORISTIQUE
Ferien auf dem Bauernhof	CAMPING À LA FERME	floristische Geobotanik	FLORISTIQUE
Ferkel	PORCELET	Flossholz	FLOTTAGE
Ferment	FERMENT	Flugbiene	BUTINEUSE
Fernerkundung (landwirtschaftliche)	TÉLÉDÉTECTION AGRICOLE	Flügel	AILE
Fernsteuerung	TÉLÉGUIDAGE	Flughafer	FOLLE AVOINE
Fessel	BOULET	Flur	GUÉRET
Fessel	PÂTURON ou PATURONn.	Flurbereinigung	REMEMBREMENT
Fesselgeschwür	JAVART	Flurgesetzbuch	CODE RURAL
Feststampfen	DAMAGE	Flurkarte	PLAN TERRIER
feststampfen	DAMER	Flurmark	FINAGE
Festung	BASTIDE	Flurschütz.	GARDE-CHAMPÊTRE
fett	GRAS	Flurstück	PARCELLE
Fett	GRAISSE	Fluss	RIVIÈRE

INDEX ALLEMAND-FRANÇAIS

Flussablagerung	ALLUVION	Fruktidor (Fruchtmonat)	FRUCTIDOR
Flussfischerei	PÊCHE	Fuchs	RENARD
Flussschlamm	ACCOULINS	Fuchs	ALEZAN
fohlen	POULINER	Fuchsjäger	RENARDIER
Fohlen	POULAIN	Fuchsrot	ALEZAN
Formelbuch	PROTOCOLE AGRICOLE	Fuchsschwanz	QUEUE DE RENARD
Formular	FORMULAIRE	Fuchsschwanzkraut	VULPIN
Forst-	SYLVICOLE	Fuderfass	FOUDRE
Förster	SYLVICULTEUR	Fühler	PALPEUR
Förster	VERDIER	Fuhrmann	CHARRETIER
Förster	GARDE-FORESTIER	Fuhrwerk	VOITURE
Förster	GARDE-BOIS	Füllen	POULAIN
Förster	FORESTIER	Füllen werfen	POULINER
Forstgebiet (abgesondertes)	SÉGRAIS	Füllen werfen	POULINAGE
Forstmeister	GRUYER	fungibel	FONGIBLE
Forstschlepper	TRACTEUR FORESTIER	fungizid	ANTICRYPTOGAMIQUE
Forsttraktor	TRACTEUR FORESTIER	Fungizid	FONGICIDE
Forstwirtschaft	SYLVICULTURE	Furagierer	FOURRAGEUR
Forstwirtschaft	FORESTERIE	Furche	RAIE ou RAYE
forstwirtschaftlich	SYLVICOLE	Furche	SILLON
Forstwissenschaft	FORESTERIE	furchen	RIGOLER
Fortpflanzung	REPRODUCTION	Furchen	BILLONNAGE
Fortpflanzung (ungeschlechtliche)	APOGAMIE	Furchenhacke	SILLONNEUR
Fortpflanzungsrate	TAUX DE REPRODUCTION	Furchenzieher	BILLONNEUSE
Fortpflanzungsziffer	TAUX DE REPRODUCTION	Furchenzieher	RAYONNEUR
Fortschaffen	DÉBARDAGE	Fusariose	FUSARIOSE
Franke	FRANC	Fussbad	PÉDILUVE
Franzapfel	API	Fussfäule	PIÉTIN
französischer Bauer	JACQUES	Fussfessel	TROUSSE-PIED
frei	FRANC	Fussgalle	MOLETTE
Freier	FRANC	Fussweg	SENTIER
freies Feld	CHAMP OUVERT	Futter	MANGEAILLE
Freigerinne	LANCIÈRE	Futter	PÂTÉE
Freigut	ALLEU	Futter	FOURRAGE
Freigut	FRANC-ALLEU	Futterbehälter	SILO
Freigut	CONDAMINE	Futterbiene	BUTINEUSE
Freilandanbau	CULTURE DE PLEINE TERRE	Futtereinheit	UNITÉ FOURRAGÈRE (U.F.)
Freilassung	AFFRANCHISSEMENT	Futtererbse	JAROUSSE
Freilassung	MANUMISSION	Futtergang	PASSAGE D'AFFOURRAGEMENT
Freilehen	ALLODIALITÉ	Futtergras	HERBAGE
Freilehen	FRANC-FIEF	Futterklee	LUPINELLE
Freistatt	SAUVETÉ	Futterkrippe	MANGEOIRE
Fremder	AUBAIN	Futterloch	AFFENOIR
Fressbeutel	MUSETTE-MANGEOIRE	Futterloch	ABAT-FOIN
friesische (Rassen)	FRISONNES (RACES)	füttern	AFFENER
Frimaire (Reifmonat)	FRIMAIRE	füttern	AFFOURRAGER
Frondienst	CORVÉE	füttern	REPAÎTRE
Frost	GELÉE	Futterpflanze	PLANTE FOURRAGÈRE
Frostschaden	BROUISSURE	Futterration	RATION
Frucht	FRUIT	Futterrecht	PASSAGE
Fruchtansatz	OVAIRE	Futterschwinge	VANNETTE
fruchtbar	PRODUCTIF	Futterstroh	FEURRE
fruchtbar	FERTILE	Futtertrog	AUGE
Fruchtbarkeit	FERTILITÉ	Fütterung	AFFENAGE
Fruchtbarkeitsrate	TAUX DE FÉCONDITÉ	Futterwagen	FOURRAGÈRE
Fruchtbarkeitsziffer	TAUX DE PROLIFICITÉ	Futterwert	VALEUR FOURRAGÈRE
Fruchtbarkeitsziffer	TAUX DE FÉCONDITÉ	Gabeldeichsel	LIMONIÈRE
Fruchtbarmachung	FERTILISATION	gabelförmig	FOURCHU
Fruchtbildung	FRUCTIFICATION	Gabelmechanik	LÈVE-PALETTE
Fruchtboden	RÉCEPTACLE	Gabelpferd	LIMONIER
fruchtbringend	FRUCTIFÈRE	Gabelung	ENFOURCHURE
Früchte tragen	FRUCTIFIER	Galaktologie	GALACTOLOGIE
Fruchtfäule	MONILIOSE	Galaktometer	GALACTOMÈTRE
Fruchtfäule	ROT	Gallapfel	GALLE
Fruchtfleisch	PULPE	Galle	CÉCIDIE
Fruchtfolge	ROTATION	Gallmücke	CÉCIDOMYIE
Fruchthülle	BROU	Galopp	GALOP
fruchtig	FRUITÉ	Gamet	GAMÈTE
Fruchtklappe	VALVE	Gangart	ALLURE
Fruchtknoten	GERME	Gangrän	GANGRÈNE
Fruchtsaft	JUS DE FRUITS	Gans	OIE
Fruchtstand	INFRUTESCENCE	Gänschen	OISON
Fructose	FRUCTOSE	Gänseblümchen	MARGUERITE
Frühgemüse	PRIMEURS	Gänsedistel	LAITERON
Frühgerste	ESCOURGEON	Gänsefuss	ANSÉRINE
Frühlings-	VERNAL	Gänserich	JARS
Frühobst	HÂTIVEAU	Garbe	GERBE
frühreif	PRÉCOCE	Garben binden	ENGERBER
frühreif	HÂTIF	Garbenbinden	GERBAGE
frühreif	PRÉMATURÉ	Garbenbinder	LIEUSE
Frühreife	PRÉCOCITÉ	Garbenbinder	LIEUR
frühzeitig	HÂTIF	Garbenförderer	GERBEUR
frühzeitig	PRÉMATURÉ	Garbenhaufen	GERBIER

Garbenschober	MOYETTE	Geleise	ORNIÈRE
gären	CUVER	Gelenk	ENTRENOEUD
garen	BOUILLIR	gelüftet	ÉVENTÉ
Gärenlassen	CUVAGE	gemasert	MADRÉ
Gärkeller	VENDANGEOIR	Gemeinde	TOWNSHIP
Gärtchen	COURTIL	Gemeindegut	BIEN COMMUNAL
Gärtchen	JARDINET	Gemeindeland	COMMUNAUX
Garten	JARDIN	Gemeindewald	SÉGRAIRIE
Gartenanlage	PARTERRE	Gemeindeweide	COMMUNAUX
Gartenbau	HORTICULTURE	Gemeindeweide	COMMUNAL
Gartenbau	JARDINAGE	gemeinnützig	BANAL
Gartenbau betreiben	JARDINER	Gemeinsame Agrarpolitik	POLITIQUE AGRICOLE COMMUNE
Gartenbau-	HORTICOLE	Gemeinsamer Markt	MARCHÉ COMMUN
Gartenbauarchiteckt	PAYSAGISTE	Gemeinschaft	COMMUNAUTÉ
Gartenbeet	PARTERRE	Gemeinschaftsleben	VIE COMMUNAUTAIRE
Gartenbeet (schmales)	PLATE-BANDE	Gemenge	MÉTEIL
Gartencenter	JARDINERIE	Gemüse	LÉGUME
Gartenhacke	SERFOUETTE	Gemüse	HORTOLAGE
Gartenhippe	SERPETTE	Gemüse-	MARAÎCHER
Gartenkultur	JARDINAGE	Gemüse-	LÉGUMIER
Gartenkürbis	GIRAUMON	Gemüsebau	CULTURE MARAÎCHÈRE
Gartenlager	JARDINERIE	Gemüsebau	MARAICHAGE
Gartenlaube	TONNELLE	Gemüsegarten	POTAGER
Gartenspaten	TRANSPLANTOIR	Gemüsegarten	JARDIN
Gartenspritze	POMPE	Gemüsegärtner	LÉGUMISTE
Gartenzeichner	JARDINISTE	Gemüsegärtner	MARAICHER
Gärtner	JARDINIER	Gemüsekorb	COUFFIN
Gärung	CUVAGE	Gemüsepflanzen	PLANTES POTAGÈRES
Gärung	FERMENTATION	Gemüseschrank	CASIER
Gärungslehre	ZYMOLOGIE	Gen	GÈNE
Gärungsmesser	ZYMOSIMÈTRE	Genealogie	PÉDIGREE
Gasbrenner	BRÛLEUR	genealogisch	GÉNÉALOGIQUE
Gattung	ESPÈCE	Generation	GÉNÉRATION
Gaul	BIDET	Genetik	GÉNÉTIQUE
gebährend	PARTURIENTE	Genetiker	GÉNÉTICIEN
Gebären (Tiere)	MISE-BAS .f	genetischer Kode	CODE GÉNÉTIQUE
gebären (Ziege)	CHEVRÉTER	Genom	GÉNOME
Gebäude	BÂTIMENT	Genosse	CONSORT
Gebäude	IMMEUBLES	Genossenschaftskeller	CAVE COOPÉRATIVE
Gebirgsdorf	VILLAGE DE MONTAGNE	Gentechnik	GÉNIE GÉNÉTIQUE
Gebiss	MORS	Gentechnologie	GÉNIE GÉNÉTIQUE
gebrechlich	TARÉ	Geobotanik	PHYTOGÉOGRAPHIE
Geburt	PART	Geonomie	GÉONOMIE
Geburt	PARTURITION	Georgica	GÉORGIQUES
Gebüsch	MAQUIS	geothermisch	GÉOTHERMIQUE
Gefäss	FUTAILLE	Geotropismus	GÉOTROPISME
Gefäss	VASE	Geranium	GÉRANIUM
Geflügel	POULAILLE	Gerberlohe	TAN
Geflügel	VOLAILLE	Gerberlohe (ausgebeizte)	TANNÉE
Geflügel	VOLATILE	Gericht	FORS
Geflügel	OISEAU	Gerinnen	CAILLAGE
Geflügel-	AVIAIRE	gerinnen	EMPRÉSURER
Geflügelcholera	CHOLÉRA	Gerinnung	COAGULATION
Geflügelcholera	PASTEURELLOSE	Germinal (Keimmonat)	GERMINAL
Geflügelhändler	COQUETIER	Gerste	ORGE
Geflügelhändler	VOLAILLER	Gerste	PAUMELLE
Geflügelhof	BASSE-COUR	Gerstenbier	CERVOISE
Geflügeltyphus	TYPHOSE	Gerte	VERGE
Geflügelzucht	AVICULTURE	Gesamt-Wasserverbrauch durch Transpiration und Bodenverdunstung	
Gefolge	SÉQUELLE		ÉVAPOTRANSPIRATION
Gefrier-	FRIGORIFIQUE	Geschick	APTITUDE
Gefrierapparat	CONGÉLATEUR	Geschirr	HARNAIS
Gefrieren	CONGÉLATION	Geschlecht	SEXE
Gefrierkammer	CHAMBRE FROIDE	Geschlechtszelle	GAMÈTE
Gefriertrocknung	LYOPHILISATION	Geschlinge	FRESSURE
gegenseitige Hilfe	ENTRAIDE	Geschmack	SAVEUR
Gehalt	TENEUR	Geschwulst	TUMEUR
Gehalt	TITRE	Geschwür	FOURCHET
Gehege	CLOS	Geschwürbildung	ECTHYMA CONTAGIEUX
Gehölz	BOCAGE	Gesellschaft	SOCIÉTÉ
Gehölz	MASSIF	Gespann	ATTELAGE
Gehörn	ENCORNURE	Gespinst	COCON
Gehörn	CORNAGE	gesprenkelt	TAVELÉ
Geissbart	ULMAIRE	Gestell	SUPPORT
Geissblatt	CHÈVREFEUILLE	Gestrüpp	BROUSSAILLES
Geiztrieb	GOURMAND	Gestrüpp	FRUTICÉE
Gelage	FRAIRIE	Gestrüppsäuberung	DÉBROUSSAILLANT
Gelbklee	MINETTE	Gestüt	HARAS
Gelbklee	LUPULINE	Gesundungsfrucht	CULTURE NETTOYANTE
Gelbsucht	JAUNISSE	Getreide	CÉRÉALES
Gelbwerden	JAUNISSEMENT	Getreide-	CÉRÉALIER
Geldsammlung	COLLECTE	Getreide-	FRUMENTAIRE
Gelée royale	GELÉE ROYALE	Getreidebauer	CÉRÉALICULTEUR

INDEX ALLEMAND-FRANÇAIS

Getreidebrand	CHARBON
Getreidebrand	NIELLE
Getreidebrand	ROUILLE
Getreideernte	MOISSON
Getreidehandel	GRAINS (COMMERCE DES)
Getreidehändler	BLATIER
Getreidekeller	SILO
Getreidemotte	ALUCITE
Getreideschwinge	VAN
Getreideschwinger	VANNEUR
Getreidesilo	ÉLÉVATEUR
Gewächshaus	SERRE-TUNNEL
Gewächshaus	SERRE
Gewächshaus	BÂCHE
Gewährskrankheit	VICE RÉDHIBITOIRE
Gewann	PARCELLE
Gewanndorf	VILLAGE À CHAMPS ASSOLÉS
Gewinn	COMMISE
Gewinn	PROFIT
Gewöhnung	ACCOUTUMANCE
Gewöhnung (an das Klima)	ACCLIMATATION
Gewürz	CONDIMENTS
Gewürze	FINES HERBES .
Gewürze	ÉPICES
Gewürznelke	CLOU DE GIROFLE
Gewürznelkenbaum	GIROFLIER
Gewürzstoffe	CONDIMENTS
gezähmt	DOMESTIQUÉ
Giesskanne	ARROSOIR
Giftstoff	TOXINE
Ginster	GENÊT
Ginsterplatz	GENÊTIÈRE
Gipfel	CIME
Gipfelmaschine	ROGNEUSE
Gips	PLÂTRE
Gipsarbeit	PLÂTRAGE
Gipsen	PLÂTRAGE
gipsen	PLÂTRER
Gitterwerk	TREILLAGE
Gitterwerk	TREILLIS
Gladiole	GLAIEUL
Glasieren	GLAÇAGE
Glaskasten	VERRINE
Glätten	POLISSAGE
Glöckchen	CLARINE
Gluten	GLUTEN
Glyzine	GLYCINE
Gnadenkraut	GRATIOLE
Golden delicious	GOLDEN DELICIOUS
Goldlack	RAVENELLE
Goldregen	CYTISE
Goldregen	CUSTILLE
Gombo	GOMBO
Gonade	GONADE
Göpelwerk	MANÈGE
Gorgonzola	GORGONZOLA
Graben	FOSSÉ
Gräben ziehen	RIGOLER
Grabenbagger	TRANCHEUSE
Grabenreinigung	CURAGE
Grabstichel	TRAÇOIR
Gracht	FOSSÉ
Granatbaum	GRENADIER
Granne	BARBE
Grapefruit	GRAPE-FRUIT
Gras	HERBE
Grasährchen	ÉPILLET
grasartig	HERBACÉE
Grasebene	SAVANE
Grasen	DÉPAISSANCE
Gräser	GRAMINÉES
Grasland	RÉGION HERBAGÈRE
Grasland	PÂTURAGE
Grasplatz	PELOUSE
grasreich	HERBEUX
Grasschuppen	HERBIER
Grastetanie	TÉTANIE
Grauerde	PODZOL
Graupelschauer	GIBOULÉE
Grenze	LISIÈRE
Grenzgemeinschaft	MITOYENNETÉ
Grenzstein	BORNE
Grenzstein	TERME
Grenzsteinsetzung	ABORNEMENT
gressen	PÂTURER
Griess	SEMOULE
Grind	TEIGNE
Grindkraut	SCABIEUSE
Grösse	TAILLE
Grossgrundbesitz	LATIFUNDIUM
Grossgrundbesitzer	LATIFUNDIAIRE
Grossmühle	MINOTERIE
Grubber	BINEUR
Grubber	EXTIRPATEUR
Grubber (schwerer)	SCARIFICATEUR
Grummet	RECOUPE
Grummet	REGAIN
Grün	VERDURE
grün	VERT
Grund	TERRE
Grund	FONCIER
Grund	FONDS
Grundbesitz	PROPRIÉTÉ FONCIÈRE
Grunddüngung	FUMURE DE FOND
Grundmauer	EMPATTEMENT
Grundrente	RENTE
Grundsteuerregister	PARCELLAIRE
Grundstoff	MATIÈRE PREMIÈRE
Grundstruktur	STRUCTURE FONCIÈRE
Grundstück	PARCELLE
Grundstück	FONDS
Grundstück	TERRAIN
Grundstück	BIENS-FONDS
Grundstücke	IMMEUBLES
Gründung	COLONISATION AGRICOLE
Gründüngung	ENGRAIS VERT
Gründüngung	VERDAGE
Gründüngung	SIDÉRATION
Grundwasser	NAPPE AQUIFÈRE
Grundwasserspiegel	PHRÉATIQUE (NAPPE)
Grundwasserspiegel	NAPPE PHRÉATIQUE
Grundwert	VALEUR FONCIÈRE
Grundzins	CENS
Grundzins	REDEVANCE
grüne Erbse	MANGE-TOUT
grünfleckig	PERSILLÉ
Grünland (feuchtes)	MOUILLÈRE
Grützehafer	GRUAU D'AVOINE
Grützenkleie	REMOULAGE
Gruyère	GRUYÈRE
Guajavenbaum	GOYAVIER
Guano	GUANO
Gummi	CAOUTCHOUC
Gummibaum	GOMMIER
Gummiharz	GOMME
Gummikrankheit	GOMMOSE
Gurke	CONCOMBRE
Gurke	ZUCHETTE
Gurkenkraut	BOURRACHE
Gurt	SANGLE
Gut	DOMAINE
Gutedeltraube	CHASSELAS
Güterteilung	PARCELLEMENT
Gutsherr	SEIGNEUR
Gutsverwalter	RÉGISSEUR
Haar (hartes)	JARRE
Haarausfall	PELADE
Haarwechsel	MUE
Habichtskraut	ÉPERVIÈRE
Hacke	BÊCHOIR
Hacke	HOUE
Hacke	PIOCHE
Hacke	PIC
Hacke (kleine)	PIOCHON
Hacke (kleine)	HOULETTE
Hacken	HOUAGE
hacken	HOUER
hacken	SCARIFIER
Hacken	BINAGE
hacken	BINER
Hackfrüchte	PLANTES SARCLÉES
Hackmaschine	PIOCHEUR
Hackmesser	HACHOIR
Häckselmaschine	HACHE-PAILLE
Häckselmaschine	HACHOIR
Häckselmaschine	HACHE-FOURRAGE

INDEX ALLEMAND-FRANÇAIS

Hafer	AVOINE
Hafergrütze	GRUAU
Hagel	GRÊLE
Hagelableiter	PARAGRÊLE
Hagelkorn	GRÊLON
Hagelrakete	FUSÉE PARAGRÊLE
Hagelzucker	GRANULÉ
Hahn	COQ
Hahn	ROBINET
Hahnenfuss	RENONCULE
Hain	BOSQUET
Haken	CROC
Hakenpflug	ARAIRE
Halbblut (Pferd)	DEMI-SANG
Halbpacht	MÉTAYAGE
Halbpächter	MÉTAYER
Halbstamm	DEMI-TIGE
Halbstrauch	SOUS-ARBRISSEAU
Halfter	LICOU
Halfterriemen	LONGE
Halophyt	HALOPHYTE
Halsband	COLLIER
Halseisen	CARCAN
Halsglocke	BÉLIÈRE
Halskette	CARCAN
Halslänge	ENCOLURE
Hammer	MARTEAU
Hammer (schwerer)	MERLIN
Hammerwärter	GARDE-MARTEAU
Hamster	HAMSTER
Handarbeiter	MANOUVRIER
Handhacke	BINETTE
Handkarre	CHARRETON
Handpferd	SOUS-VERGE
Handwerk	ARTISANAT RURAL
Handzuber	BAQUET
Hanf	FILASSE
Hanf	CHANVRE
Hanf (indischer)	JUTE
Hanf brechen	MACQUER
Hanfacker	CHÈNEVIÈRE
Hanfbast	TEILLE
Hanfbreche	MACQUE
Hanfbrecher	TILLEUR
Hanfbrecher	TEILLEUSE
Hanfbrechmaschine	TEILLEUSE
Hanfdarre	HÂLOIR
Hanffeld	CHÈNEVIÈRE
Hanfhechel	RÉGAYOIR
Hanfsamen	CHÈNEVIS
Hanfstengel	CHÈNEVOTTE
Hanfverkäufer	CHANVRIER
Hängeboden	SOUPENTE
Hängeriemen	SOUPENTE
haploid	HAPLOÏDE
Harke	RÂTEAU
Harke	RÂTELEUR
Harken	RÂTELAGE
harken	RÂTELER
Harken	RATISSAGE
Harnstoff	URÉE
Hartflügler	COLÉOPTÈRE
Hartriegel	TROÈNE
Harz	RÉSINE
harzen	RÉSINER
harzerzeugend	RÉSINIFÈRE
harzig	RÉSINEUX adj
Harzsammler	RÉSINIER
Hase	LIÈVRE
Hase	BOUQUIN
Haselgebüsch	COUDRAIE
Haselnuss	NOISETTE
Haselnussstrauch	NOISETIER
Haselstrauch	COUDRIER
Häsin	HASE n
Haue	HOUE
häufeln	BUTTER
Häufelpflug	BUTTOIR
Haufendorf	VILLAGE AGGLOMÉRÉ
Haufendorf	VILLAGE NUCLÉAIRE
Hauhechel	BUGRANE
Hauklotz	TRONCHET
Hauptentwässerungsgraben	COLLECTEUR DE DRAINAGE
Hauptort	CHEF-LIEU
Haus	MESNIL
Haus (abgelegenes)	ÉCART
Haus-	DOMESTIQUÉ
Hausanbauten	ANNEXE
Hausbewohner	MAISONNÉE
Haushaltung	MÉNAGE
Hausmarder	FOUINE
Haustier	ANIMAL DOMESTIQUE
Hauswirt	HÔTE
Hauszins	LOYER
Haut	CUIR
Haut	PEAU
Hautbräune	ÉCHAUDURE
Häutchen	PELLICULE
Havanna-	HAVANE
Havannazigarre	HAVANE
Hebelarm	BRAS DE RELEVAGE
Hechel	SÉRAN
hecheln	SÉRANCER
Hecke	BOUCHURE
Hecke	HAIE
Heckenschere	CISAILLE
Heckenschneider	TAILLEUSE DE HAIE
Hefe	LEVURE
heftig	INTENSIF
Heide	LANDE
Heide	BRANDE
Heide	GARRIGUE
Heide	PÂTIS
Heidekraut	BRUYÈRE
Heidelbeere	AIRELLE
Heidelbeere	VACCINIUM
Heidelbeere	MYRTILLE
Heidelbeere	BLEUET
Heiligenkraut	SEMEN-CONTRA
Heilkunde	THÉRAPEUTIQUE
Heilpflanzen	PLANTES MÉDICINALES
Heilpflanzen	SIMPLES
Heilpflanzen	MÉDICINALES (PLANTES)
Heim	FEU
Heimfallsrecht	DROIT DE DESHÉRENCE
Heimfallsrecht	AUBARDE
heimisch	ABORIGÈNE
Hektar	HECTARE
Hektoliter	HECTOLITRE
Heliograph	HÉLIOGRAPHE
heliophil	HÉLIOPHILE
heliotrop	HÉLIOTROPE
Heliotrop	HÉLIOTROPE
Helmbohne	DOLIC ou DOLIQUE
Helminth	HELMINTHE
Helminthiase	HELMINTHIASE
Helmstock	TIMON
Hemmsubstanz	INHIBITEUR
Hemmung	INHIBITION
Hemmvorrichtung	ENRAYURE
Hengst	ÉTALON
Hennastrauch	HENNÉ
Henne	POULE
Hennequen	HENEQUEN
herb	GINGUET
Herbizid	HERBICIDE
Herbizid	DESHERBANT
Herbstzeitlose	COLCHIQUE (D'AUTOMNE)
Herdbuch	FLOCK-BOOK
Herdbuch	HERD-BOOK
Herde	BERGERIE
Herde	TROUPEAU
Herden-	GRÉGAIRE
Herdentrieb-	GRÉGAIRE
Herdsteuer	FOUAGE
Hermaphrodismus	HERMAPHRODISME
hermaphroditisch	HERMAPHRODITE
Herrenhaus	MANOIR
Herrschaft	SEIGNEURIE
Herunterreissen	LACÉRATION
Herz	COEUR
Herzkirsche	GUIGNE
Herzkirsche	BIGARREAU
Herzkirsche	GUIGNE
Herzkirschenbaum	BIGARREAUTIER
Herzpfirsich	ALBERGE

656

INDEX ALLEMAND-FRANÇAIS

Heterosis	HÉTÉROSIS	Höker	REGRATTIER
Heterosom	HÉTÉROSOM	Hökerkram	REGRAT
heterotroph	HÉTÉROTROPHE	Holländer	HOLLANDE
Heu	FOIN	Holländer	HOLLANDAISE
Heu (griechisches)	FENUGREC	Holunder	SUREAU
Heubereitung	FENAISON	Holz	BOIS
Heuboden	FENIL	Holz (mit Rinde)	GRUME
Heubündel	BOTTE	holzartig	LIGNEUX
heuen	FANER	Holzasche	CENDRES
Heuernte	FENAISON	Holzaxt	MERLIN À LAME
Heuernte	FAUCHAISON	Holzbearbeitung	FAÇONNAGE DU BOIS
Heuerntezeit	FANAISON	Holzbildung	LIGNINE
Heugabel	FOURCHE	Holzbildung	LIGNIFICATION
Heugabel	BIDENT	Holzblock	BILLE
Heuhaufen	MOYETTE	Holzbohrer	BOSTRYCHE
Heuluke	ABAT-FOIN	Holzdraht	FIL DU BOIS
Heuluke	TRAPPON	Holzeimer	SEILLE
Heumachen	FANAGE	Holzfällen	ABATTAGE
Heumacherin	FANEUSE	Holzfällen	ABATTAGE
Heumiete	BARGE	Holzfäller	BÛCHERON
Heuraufe	RÂTELIER	Holzfäller	ABATTEUR
Heurechen	FAUCHET	Holzfaser	FIBRE
Heureuter	SICCATEUR	Holzfaser	CELLULOSE
Heuscheuer	PAILLER	Holzgerechtigkeite	AFFOUAGE
Heuschober	BARGE	Holzhacker	FENDEUR
Heuschober	MEULE	Holzharke	FAUCHET
Heuschober (kleiner)	MEULON	holzig	LIGNEUX
Heuschrecke	SAUTERELLE	holzig	BARBU
Heuschrecke	LOCUSTE	Holzkäfer	XYLOPHAGE
Heuschuppen	HERBIER	Holzkohle	CHARBON DE BOIS
Heustadel	PAILLER	Holznagel	AIGUILLE
Heuwagen	FOURRAGÈRE	Holzrutsche	GLISSOIR
Heuwenden	FANER	Holzrutschen	GLISSAGE
Heuwender	EFFANEUSE	Holzscheit	BILLETTE
Heuwender	FANEUSE	Holzschlag	COUPE
Hilfe	AIDE	Holzschlegel (grosser)	MAILLOCHE
Himbeere	FRAMBOISE	Holzschuh	SOCQUE
Himbeerstrauch	FRAMBOISIER	Holzschuh	SABOT
Himbeerstrauch	FRAMBOISIÈRE	Holzschuhmacher	SABOTIER
Hinken	BOITERIE	Holzschuppen	BÛCHER
Hinterhand	ARRIÈRE-MAIN	Holzsplitter	CHICOT
Hinterräder	ARRIÈRE-TRAIN	Holzsplitter	ÉCLAT
Hinterteil	ARRIÈRE-MAIN	Holztaube	BISET
Hinterteil	CROUPE	Holztaube	RAMIER
Hippe	ÉBRANCHOIR	Holzteer	GOUDRON
Hippe	FAUCILLON	Holzungsrecht	AFFOUAGE
Hippe	SERPE	Holzverschlag	BÛCHER
Hippe	CROISSANT D'ÉLAGAGE	Holzwarenfabrikant	BOISSELIER
Hippe (langgestielte)	VOUGE	Holzweg	LAIE
Hippodrom	CHAMP DE COURSE	Holzweg	LAYE
Hirngespinst	CHIMÈRE	Holzzucker	XYLOSE
Hirse	MIL	homöotherm	HOMÉOTHERME
Hirse	MILLET	Honig	MIEL
Hirt	PASTEUR	Honigbereitung	MELLIFICATION
Hirt	PÂTRE	Honiggefäss	NECTAIRE
Hirtenflöte	PIPEAU	Honigpflanzen	PLANTES MELLIFÈRES
Hirtenführer	BAILE	honigsammeln	BUTINER
Hirtengedichte	BUCOLIQUES	honigsüss	MIELLEUX
Hirtenleben	VIE PASTORALE	Honigtau	MIELLAT
Hirtenpakt	PACTE PASTORAL	honigtragend	MELLIFÈRE
Hirtenstab	HOULETTE	Honigwaben	RAYON
Histogenese	HISTOGENÈSE	Honigwasser	HYDROMEL
Hitzblatter	ÉCHAUBOULURE	Hopfen	HOUBLON
Hitzschlag	COUP DE CHALEUR	Hopfenklee	LUPULINE
Hobel	RABOT	Hopfenluzerne	MINETTE
Hobereau	HOBEREAU	Horizont	HORIZON
Hochalm	MONTAGNE	Hormon	HORMONE
hochbinden	ACCOLER	Horn	CORNE
Hochbinden	ACCOLAGE	Hörnchen	CORNICHON
Hochfurche	BILLON	Hornisse	FRELON
Hochmoor	FAGNE	Hornspalte	SEIME
hochrosenrot	INCARNAT	Hornsubstanz	KÉRATINE
hochrot	INCARNAT	Horntiere	BOVIDÉ
Hochstamm	ARBRE DE PLEIN VENT	Hornvieh	BOVIDÉ
Hochwald	FUTAIE	Hornvieh	AUMAILLES
Hof	COUR	horten	STOCKER
Hof	COUR	Hortensie	HORTENSIA
Hof (kleiner)	MAS	Hufeisen	FER À CHEVAL
Hofhaus	MAISON DISSOCIÉE	Hufschmied	FERREUR
Hohlbohrer	TARIÈRE	Hufschmied	MARÉCHAL-FERRANT
Höhlenbewohner	TROGLODYTE	Huftiere	ONGULÉS
Hohlspatel	DÉPLANTOIR	Hügel	TERTRE
Höhlung	FONDRIÈRE	Hügel	COTEAU

657

INDEX ALLEMAND-FRANÇAIS

Hügelsee	LAC COLLINAIRE	Ionisation	IONISATION
Huhn	POULE	Isolierung (sabstand)	ISOLEMENT (DISTANCE D')
Huhn	GÉLINE	Jagd	CHASSE
Hühnchen	POULET	Jagdaufseher	GARDE-CHASSE
hühnerartig	GALLINACÉ	Jagdbezirk	VARENNE
Hühnerhalter	BASSE-COURRIER	Jägermeister	LOUVETIER
Hühnerhof	BASSE-COUR	Jägersteig	LAYON
Hühnermist	POULAITTE	Jahresring	CERNE
Hühnermist	FIENTE	Jahresschnitt	SCARIFICATION
Hühnerstall	GÉLINIER	Jahreszahl	MILLÉSIME
Hühnerstall	POULAILLER	Jahreszeit	SAISON
Hühnerstange	PERCHOIR	Jahrgang	MILLÉSIME
Hühnersteige	JUCHOIR	jährlich	ANNUEL
Hühnervögel	GALLIFORMES	Jährling	ANTENAIS
Huldigung	HOMMAGE	Jahrmarkt	FOIRE
Hülse	GOUSSE	Jak	YAK
Hülse	COSSE	Jambusenbaum	JAMBOSIER
Hülsenfrüchte	LÉGUMINEUSES	Jamswurzel	IGNAME
Hummel	BOURDON	Januar	JANVIER
Humus	HUMUS	Jarowisation	VERNALISATION
Humus	MULL	Jasmin	JASMIN
Humus-	HUMIQUE	jäten	DÉSHERBER
Humusbildung	HUMIFICATION	Jäten	CROCHETAGE
Hund	CHIEN	Jäten	DÉSHERBAGE
Hundehütte	CHENIL	Jäten	SARCLAGE
Hundsrose	ÉGLANTIER	jäten	SARCLER
Hürde	PARC	Jäthacke	SARCLOIR
Hüttchen	CABANON	Jätmaschine	SARCLOIR
Hütte	HUTTE	Jauche	PURIN
Hütte	CABANE	Jauchefass	TONNE
Hütte	CASE	Jauchegrube	FOSSE À PURIN
Hütte (kleine)	LOGETTE	Jauchegrube	PUROT
Hyazinthe	JACINTHE	Jerezwein	XÉRÈS
Hybride	HYBRIDE	Joch	JOUG
Hybridisierung	HYBRIDATION	Joch (Mass)	PAIRE
Hybridismus	HYBRIDISME	Jockei	JOCKEY
Hydrant	PRISE	Joghurt	YOGHOURT
Hydraulik	HYDRAULIQUE	Johannisbeere	GROSEILLE
Hydrogeologie	HYDROGÉOLOGIE	Johannisbeere (rote)	GADELLE
Hydrokultur	HYDROCULTURE	Johannisbeere (schwarze)	CASSIS
hydrophil	HYDROPHILE	Johannisbeerstrauch	GROSEILLIER
hygrophil	HYGROPHILE	Johannisbeerstrauch	CASSISSIER
iahen	BRAIRE	Johannisbeerstrauch	CASSIS
Identifikation	IDENTIFICATION	Johannisbrotbaum	CAROUBIER
Identifizierung	IDENTIFICATION	Johanniskraut	MILLE-PERTUIS
Ikakopflaumenbaum	ICAQUIER	Jonisierung	IONISATION
Iltis	PUTOIS	Judasbaum	ARBRE DE JUDÉE
Imker-	APICOLE	Juli	JUILLET
Imme	ABEILLE	junge Kuh	GÉNISSE
immergrün	PERSISTANT	junge Muscheln	NAISSAIN
Immobilien	IMMEUBLES	junger Ochse	BOUVILLON
Immunität	IMMUNITÉ	junger Fasan	FAISANDEAU
Immunologie	IMMUNOLOGIE	junger Hahn	COQUELET
Impfstoff	VACCIN	junger Hirt	PASTOUREAU
Impfung	VACCINATION	junger Ochse	BOUVEAU
Implantation	IMPLANTATION	junger Ochse	BOUVET
implantieren	IMPLANTER	junger Stier	TAURILLON
Index	INDEX	junger Stier	BOUVART
Index	INDICE	Juni	JUIN
Index (klimatischer)	INDICE CLIMATIQUE	Juniperus	GENÉVRIER
Indexierung	INDEXAGE	Jute	JUTE
Indigo	INDIGO	Kaffee	CAFÉ
Indigopflanze	INDIGOTIER	Kaffeebaum	CAFÉIER
Indigopflanzung	INDIGOTERIE	Kaffeepflanzung	CAFETERIA
Indigostrauch	INDIGOTIER	Kaffeeplantage	CAFETERIA
Infektion	INFECTION	Käfig	CAGE
Infrastruktur	INFRASTRUCTURE	Kahlschlag	BLANC-ESTOC ou BLANC ETOC
Ingwer	GINGEMBRE	Kahlschlag	COUPE À BLANC-ETOC
Inkohlung	CARBONISATION	Kainit	KAÏNITE
Innereien	ABATS.	Kakaobaum	CACAOYER ou CACAOTIER
Inokulation	INOCULATION	Kakaobohne	CABOSSE
Insekt	INSECTE	Kakaobutter	BEURRE DE CACAO
Insekten fressend	INSECTIVORE	Kakaopflanzung	CACAOYÈRE
Insektenfresser	INSECTIVORE	Kakaoplantage	CACAOYÈRE
Insektenmittel	INSECTIFUGE	Kalb	VEAU
Insektizid	INSECTICIDE	Kalb (weibliches)	VÊLE
Installation	INSTALLATION	Kalben	VÊLAGE
intensiv	INTENSIF	kalben	VÊLER
Internationales Weinamt	OFFICE INTERNATIONAL DES VINS	Kalebassenbaum	CALEBASSIER
Inventar	INVENTAIRE	Kali	POTASSE
Inventur (landwirtschaftliche)	RECENSEMENT AGRICOLE	Kaliumchlorid	CHLORURE DE POTASSIUM
Inversion	INVERSION	Kaliumsulfat	SULFATE DE POTASSIUM
Inzucht	CONSANGUINITÉ	Kalk	CHAUX

INDEX ALLEMAND-FRANÇAIS

Kalkammonsalpeter	AMMONITRATE	Kastanienwald	CHÂTAIGNERAIE
Kalkbrenner	CHAUFOURNIER	Kastration	BISTOURNAGE
kalkhaltig	CALCIFÈRE	Kastration	CASTRATION
Kalkofen	CHAUFOUR	kastrieren	CHÂTRER
Kalkschwarzerde	RENDZINE	Kastrieren (eines Hahnes)	CHAPONNAGE
Kalkstein	CALCAIRE	Kastrierung	CASTRATION
Kallus	CAL	Katabolismus	CATABOLISME
Kälte	FROID	Kataster	CADASTRE
Kälteraum	FRIGORIFIQUE	Kataster	MATRICE CADASTRALE
Kalzination	CALCINATION	Katastereinkommen	REVENU CADASTRAL
Kambium	CAMBIUM	Katastrierung	CADASTRATION
Kamel	CHAMEAU	Kätzchen	CHÂTON
Kameldorn	ACACIA	Kaufmann (herumziehender)	FORAIN
Kamelie	CAMÉLIA	Kautschuk	CAOUTCHOUC
Kamelziege	ALPACA	Kautschukbaum	HÉVÉA
Kamille	CAMOMILLE	Kautschukmilch	LATEX
Kamille	MATRICAIRE	Kefir	KÉFIR
Kamm	PEIGNE	Keim	GERME
Kämmen	PEIGNAGE	Keim-	GERMINAL
Kammgras	CRÉTELLE	Keimblatt	COTYLÉDON
Kampf	LUTTE	Keimdichte	DENSITÉ DE SEMIS
Kampferbaum	CAMPHRIER	keimen	GERMER
Kanal	CANAL	Keimen	GERMINATION
Kanal	SAIGNÉE	keimfähig	GERMINATIF
Kanalisation	CANALISATION	Keimfähigkeit	FACULTÉ GERMINATIVE
Kaninchen	LAPIN	Keimling	PLANTULE
Kaninchenbau	RABOULIÈRE	Keimwurzel	RADICULE
Kaninchengehege	LAPINIÈRE	Kelch	CALICE
Kaninchengehege	GARENNE	Kelchspelzen	GLUMES
Kaninchenstall	CLAPIER	Kellermeister	MAÎTRE DE CHAI
Kaninchenzucht	CUNICULTURE	Kellermeister	CELLÉRIER
Kaninchenzüchter	CUNICULTEUR	Kellermeister	SOMMELIER
Kanne	BROC	Kellermeister	CAVISTE
Kapaun	CHAPON	Kelter	FOULOIR
Kapaunen	CHAPONNAGE	Kelter	PRESSOIR
Kapernstrauch	CÂPRIER	Kelterei	FOULERIE
Kapernstrauchbefruchtung	CAPRIFICATION	Kelterei	FOULERIE
Kapital	CAPITAL	Kelterer	PRESSUREUR
Kapitularien	CAPITULAIRE	keltern	PRESSURER
Kapokbaum	KAPOK	Keltern	PRESSURAGE
kappen	ÉHOUPPER	Kennaf	KÉNAFF
Kapphahn	CHAPON	Keratin	KÉRATINE
Kapuzine	CAPUCINE	Kerbel	CERFEUIL
Karakul	KARACUL	Kermes	KERMÈS
Kardamom	CARDAMOME	Kern	PÉPIN
Karde	CARDE	Kern	NOYAU
Karden	CARDAGE	Kern (einer Samenanlage)	NUCELLE
Kardendistel	CARDÈRE	Kerngehäuse	TROGNON
Kardieren	CARDAGE	Kernholz	BOIS DE COEUR
Kardone	CARDON	Kernholz	DURAMEN
Karotin	CAROTÈNE	Kernholz	COEUR
karren	BROUETTER	Kessel	CHAUDIÈRE
Karren	CHARRETTE	Keuchen	CORNAGE
Kärrner	CHARRETIER	Khakifrucht	KAKI
Karst	HOYAU	Kibbuz	KIBBOUTZ
Kartause	CHARTREUSE	Kichererbse	POIS CHICHE
Kartoffel	POMME DE TERRE	Kiefer	PIN
Kartoffelerntemaschine	ARRACHEUSE	Kieferklemme	PAS-D'ÂNE
Kartoffelfäule	FRISOLÉE	Kieferngehölz	PINATELLE
Kartoffelhäufler	BUTTEUR	Kiefernpflanzung	PINATELLE
Kartoffelkäfer	DORYPHORE	Kiefernpflanzung	PINERAIE
Karyopse	CARYOPSE	Kiefernzapfen	PIGNE
Käse	FROMAGE	Kienapfel	PIGNE
Käse aus Holland	HOLLANDE	Kiepe	HOTTE
Käsefabrik	FRUTTIÈRE	kieselreich	CAILLOUTEUX
Käseform	CASERET	kieshaltig	GRAVELEUX
Käsehürde	CAGEROTTE	Kimme	JABLE
Käsehürde	CLAYON	kippen	VERSER
Käsehütte	MARCAIRERIE	Kippkarren	TOMBEREAU
Käsehütte	FROMAGERIE	Kippwagen	TOMBEREAU
Kasein	CASÉINE	Kippwagen	HAQUET
Käsemacher	FROMAGER	Kirschbaum	CERISIER
Käsemagen	ABOMASSUM	Kirsche	CERISE
Käserei	FROMAGERIE	Kirschgarten	CERISAIE
Käserei	FRUTTIÈRE	Kirschlorbeer	LAURIER-CERISE
Käsestoff	CASÉINE	Kiwi	KIWI
Käseteig	PÂTE	Klafter	TOISE
Kassavestrauch	MANIOC	Klärbecken	LAGUNE
Kassawa	CASSAVE	Klären	COLLAGE
Kastanie	CHÂTAIGNE	Klärung	COLLAGE
Kastanienbaum	CHÂTAIGNIER	Klatschrose	COQUELICOT
Kastanienbaum	MARRONNIER	Klauenseuche	FOURCHET
Kastanienschale	BOGUE	Klebekraut	GRATERON

INDEX ALLEMAND-FRANÇAIS

Klee	TRÈFLE	Kokosnuss	COCO
Klee	LUPINELLE	Kokosnussbaum	COCOTIER
Kleefeld	TRÉFLIÈRE	Kokospalme	COCOTIER
Kleefutter	FENASSE	Kokospalmenpflanzung	COCOTERAIE
Kleekrankheit	FAGOPIRISME	Kokzidie	COCCIDIE
Kleie	SON	Kokzidie	COCCIDIE
Kleie	ISSUES	Kokzidienruhr	COCCIDIOSE
Kleiemehl (schwarzes)	RECOUPETTE	Kolanuss	KOLA (NOIX DE)
Kleinbesitz	SMALL HOLDINGS	Kolchose	KOLKHOZE
Kleinschmied	TAILLANDIER	Kolibakterie	COLIBACILLE
Kleinvieh	MENU BÉTAIL	Kollektivierung	COLLECTIVISATION
Kleinvieh	PETIT BÉTAIL	Koloquinte	COLOQUINTE
Klementine	CLÉMENTINE	Kolostrum	COLOSTRUM
Klemmbügel	COUTRIÈRE	Kompost	COMPOST
Klepper	HARIDELLE	Kompostieren	COMPOSTAGE
Klepper	BIDET	Konfitüren	CONFITURES
Klette	BARDANE	Königskerze	BOUILLON-BLANC
Klette	GLOUTERON	Königskraut	BASILIC
Kletter-	VOLUBILE	Konnetabel	CONNÉTABLE
Kletterpflanze	GRIMPANT	Konserve	CONSERVE
Klimaanlage	CONDITIONNEUR	Konservenfabrik	CONSERVERIE
Klimatisierung	CLIMATISATION	Konservierungsstoffe	CONSERVATEURS
Klimax	CLIMAX	Konsortium	CONSORTIE
Klinge	LAME DE COUPE	Kontingentierung	CONTINGENTEMENT
Klon	CLONE	Kontrolle	CONTRÔLE
Klonen	CLONAGE	Kontrolltier	TÉMOIN
Klopfkäfer	VRILLETTE	Konvertierung	CONVERSION
Klopfkäfer	MINEUSE	Kooperation	COOPÉRATION
Kloster	MONASTÈRE	Kopalbaum	COPALIER
Klotz	BILLE	Kopfbaum	TÊTARD
Klotz	BÛCHE	Köpfe ansetzen	POMMER
Knallkanone	CANON EFFAROUCHEUR	Köpfen	ÉTÊTAGE
Knäuelgras	DACTYLE	köpfen	ÉTÊTER
Knechtschaft	SERVITUDE	Kopfkohl	CABUS
Kneifmal	PINÇON	Kopfsalat	LAITUE
Knieleder	GENOUILLÈRE	Kopfsalat (römischer)	ROMAINE
Kniestück	GENOUILLÈRE	Kopfsteuer	CAPITATION
Knoblauch	AIL	Koppelwirtschaft	ASSOLEMENT
Knochenfrass	CARIE	Kopra	COPRAH
Knochengerüst	CARCASSE	Korb	BASTE
Knochenkohle	NOIR ANIMAL	Korb	MANNE
Knöllchenbakterie	RHIZOBIUM	Korb	PANIER
Knolle	CAÏEU	Korb (grosser)	BANNE
Knolle	TUBERCULE	Korb (kleiner)	BANNETTE
Knolle	GRIFFE	Korbflasche	BONBONNE
Knollenziest	CROSNE	Korbflasche	TOURIE
knollig	TUBÉREUX	Korbgeflecht	CLISSE
Knopf	BOUTON	Korbmacher	VANNIER
Knorren	BROUSSIN	Korbmacherei	VANNERIE
Knorren	LOUPE	Korbweide	OSIER
Knöspchen	GEMMULE	Kordel	FICELLE
Knospe	BOURGEON	Koriander	CORIANDRE
Knospe	GEMME	Kork	LIÈGE
Knospe	BOUTON	Kork	BOUCHON
knospen	BOUTONNER	korkartig	SUBÉREUX
Knospen bilden	ABOUTIR	Korkenzieher	TIRE-BOUCHON
Knospen treiben	BOUTONNER	Korkpfropfen	BOUCHON
Knospenschneider	COUPE-BOURGEON	Korn	GRAIN
Knospentrieb	BOURGEONNEMENT	Korn	BLÉ
Knötchen	NODULES	Korn	FROMENT
Knoten	NOEUD	Kornak	CORNAC
Knotenbildung	TUBÉRISATION	Kornblume	CENTAURÉE
Knöterich	RENOUÉE	Kornblume	BLEUET
Knöterich	TRAINASSE	Kornboden	GRENIER
Knotigkeit	NODOSITÉ	Kornelkirschbaum	CORNOUILLER
Knüpfen	NOUAISON	Körner bilden	GRENER
Knüppel	BILLOT	Körner tragen	GRENER
Knüppel	TRIBART	Körnerbildung	GRENAISON
Knüppelholz	RONDIN	Kornfeld	EMBLAVAISON
knüppeln	CHABLER	Kornhändler	GRAINETIER
Knüttel	RONDIN	Kornkäfer	CHARANÇON
kochen	BOUILLIR	Kornrade	GERZEAU
Kochkessel	CHAUDRON	Kornwurm	CHARANÇON
Köder	LEURRE	Kornwurm	CALANDRE
Kognak	COGNAC	Körper (des Weins)	CORPS
Kohl	CHOU	Koschenille	COCHENILLE
Köhler	CHARBONNIER	Kot	GADOUE
Kohlrabi (schwedischer)	RUTABAGA	Kot	BOUE
Kohlrübe (schwedische)	SUÈDE	Kot	FIENTE
Koka	COCA, COCAYER	Köte	BOULET
Kokabaum	COCA, COCAYER	Kotyledon	COTYLÉDON
Kokon	COCON	Kraftmehl	AMIDON
Kokosbutter	BEURRE DE COCO	Kralle	PATTE

Krankheit	MAL	Kümmel	CUMIN
krankheitserregend	PATHOGÈNE	Kummet	COLLIER
Kranz	VERTICILLE	Kündigung	CONGÉ
Kranz	COURONNE	Kunstdünger	FERTILISANT
Kränzen	BAGUAGE	Kunstdünger	MATIÈRES FERTILISANTES
kränzen	BAGUER	Kunstdüngerstreuer	DISTRIBUTEUR
Krapp	GARANCE	Kunsthandwerk	ARTISANAT RURAL
Krappfeld	GARANCIÈRE	künstlich	ARTIFICIEL
Krätze	CÉCIDIE	künstliche Befruchtung	INSÉMINATION ARTIFICIELLE
Krätze	GALE	künstliche Besamung	INSÉMINATION ARTIFICIELLE
Kratzeisen	RACLETTE	künstliche Insemination	INSÉMINATION ARTIFICIELLE
Kratzeisen	RATISSOIRE	Kupferblauvitriol	VITRIOL
Krätzmilbe	SARCOPTE	Kupfersulfat	SULFATE DE CUIVRE
Kräuselkrankheit	CLOQUE	Kuppelstange	BARRE D'ATTELAGE
Kraut	HERBE	Kürbis	CITROUILLE
krautartig	HERBACÉE	Kürbis	COURGE
Kräuterfrau	HERBIÈRE	Kürbisflasche	CALEBASSE
Kräuterfresser	HERBIVORE	Kürbisgewächse	CUCURBITACÉES
Kräuterhändler	HERBORISTE	Kürbispflanzen	CUCURBITACÉES
Kräuterhandlung	HERBORISTERIE	kurzschneiden	RECÉPER
Krautmarkt	HERBERIE	Kutschpferd	CARROSSIER
Krebs	CHANCRE	Lab	PRÉSURE
Krebs	ÉCREVISSE	Labferment	PRÉSURE
krebsartig	CHANCREUX	Labkraut	GRATERON
Krebszucht	ASTACICULTURE	Labkraut	GAILLET
Kreide	CRAIE	Labmagen	CAILLETTE
Kreis	CANTON	Labmagen	ABOMASSUM
krempeln	PEIGNER	Lagerung	STOCKAGE
Krempeln	PEIGNAGE	Lagune	LAGUNE
Kresse	CRESSON	Lahmen	BOITERIE
Kresse	PASSE-RAGE	Lähmung	PARALYSIE
Kressenbeet	CRESSONNIÈRE	Laich	FRAI
Kreuzblütler	CRUCIFÈRES	Laktometer	LACTOMÈTRE
Kreuzen	CROISEMENT	Laktose	LACTOSE
Kreuzhacke	SERFOUETTE	Lama	LAMA
Kreuzkraut	SÉNEÇON	Lamm	AGNEAU
Kreuzpflanzung	QUINCONCE	Lamm	AGNELLE
Kreuzung	MÉTISSAGE	Lammen	AGNELAGE
kriechend	RAMPANT	lammen	AGNELER
Krippe	CRÈCHE	Land	CAMPAGNE
Krippenbeisser	TIQUEUR	Land	PAYS
Krippensetzen	TIC	Landarbeiter	OUVRIER AGRICOLE
Krone	COURONNE	Landbau	ÉCONOMIE RURALE
Kropf	JABOT	Landbaumaschinenwesen	MACHINISME AGRICOLE
Kropf der Vögel	GÉSIER	Landbesitzer	TERRIEN
Krückhaue	BÉQUILLE	Landbevölkerung	POPULATION RURALE
Krug	BIDON	Landbevölkerung	POPULATION AGRICOLE
Kruppe	CROUPE	Landesplanung	AMÉNAGEMENT RURAL
Kryptogame	CRYPTOGAME	Landflucht	EXODE RURAL
kryptogamisch	CRYPTOGAMIQUE	Landflucht	EXODE AGRICOLE
Kübel	BAQUET	Landgesetzgebung	LÉGISLATION RURALE
Kubierung	CUBAGE	Landgut	DOMAINE
Küchenkräuter	FINES HERBES	Landgut	BIEN
Küchenschabe	BLATTE	Landgut	MANSE
Kufe	CUVE	Landhaus	MAISON RURALE
Küferdechsel	HACHEREAU	Landhaus	BASTIDE
Kugelweide	TÊTARD	Landhaus	VILLA
Kuh	VACHE	Landhschen	MAZET
Kuheuter	TÉTINE	Landleben	VIE RURALE
Kuhfladen	BOUSATS	ländlich	RUSTIQUE
Kuhfladen	BOUSES	ländlich	AGRESTE
Kuhhirt	VACHER	ländlich	CHAMPÊTRE
Kuhkalb	VÊLE	ländliche Industrie	INDUSTRIE RURALE
Kühl-	FRIGORIFIQUE	ländliche Siedlung	HABITAT RURAL
Kühlanlage	FRIGORIFIQUE	Landmann	CAMPAGNARD
Kühlapparat	RÉFRIGÉRANT	Landpachtgesetz	STATUT DU FERMAGE
Kühlkammer	CHAMBRE FROIDE	Landrecht	DROIT RURAL
Kühlung	RÉFRIGÉRATION	Landregister	TERRIER
Kuhmist	BOUSATS	Landschaft	PAYSAGE
Kuhmist	BOUSES	Landschaftsgärtner	PAYSAGISTE
Kuhpocken	VACCINE	Landseite	CONTRESEP
Kuhreiher	GARDE-BOEUF	Landsparkasse	CAISSE RURALE
Kuhstall	VACHERIE	Landstrasse	CHEMIN VICINAL
Küken	POUSSIN	Landstrich	PAYS
Kükenhaus	POUSSINIÈRE	Landvermesser	AGRIMENSEUR
Kukuruz	MAÏS	Landvermesser	ARPENTEUR
Kultivator	BINEUR	Landvogtei	VIGUERIE
kultivierbar	CULTIVABLE	Landwein	CRU
kultivierbar	EXPLOITABLE	Landwirt	CULTIVATEUR
kultivieren	CULTIVER	Landwirt	AGRICULTEUR
kultivieren	DÉBROUSSAILLER	Landwirt	EXPLOITANT AGRICOLE
kultivieren	DÉFRICHER	Landwirtschaft	ÉCONOMIE AGRICOLE
Kulturlandschaft	PAYSAGE RURAL	Landwirtschaft	AGRICULTURE

INDEX ALLEMAND-FRANÇAIS

Landwirtschaft (industrielle)	INDUSTRIELLE (AGRICULTURE)
Landwirtschaft (extensive)	AGRICULTURE EXTENSIVE
Landwirtschaft (intensive)	AGRICULTURE INTENSIVE
landwirtschafte Produkte betreffend-	AGROALIMENTAIRE
landwirtschaftlich	AGRICOLE
landwirtschaftliche Genossenschaft	COOPÉRATIVE AGRICOLE
landwirtschaftliche Kooperative	COOPERATIVE AGRICOLE
Landwirtschaftsberater	CONSEILLER AGRICOLE
Landwirtschaftsbetrieb	EXPLOITATION AGRICOLE
Landwirtschaftsbetrieb	MAISON RURALE MODERNE
Landwirtschaftsfachhochschule	ACADÉMIE D'AGRICULTURE
Landwirtschaftsgesetz	LOI AGRAIRE
Landwirtschaftskalender	CALENDRIER AGRICOLE
Landwirtschaftskammer	CHAMBRE D'AGRICULTURE
Landwirtschaftskunde	AGROLOGIE
Landwirtschaftskunde	AGRONOMIE
Landwirtschaftslehre	APPRENTISSAGE AGRICOLE
Landwirtschaftsministerium	MINISTÈRE DE L'AGRICULTURE
Landwirtschaftsverband	SYNDICAT AGRICOLE
Langlebigkeit	LONGÉVITÉ
Lärche	MÉLÈZE
Lärchenwald	MÉLÉZIN
Larve	LARVE
Lassholz	BALIVEAU
Lassreis	LAIS
Last	CHARGES
Last	CHARGE
Last	SOMME
Lasttiere	BÊTES DE SOMME
latent	LATENT
Latenz	LATENCE
Latex	LATEX
Lathyrismus	LATHYRISME
Lathyrus	LATHYRUS
Latierbaum	BAT-FLANC
Latte	LATTE
Lattenrost	CAILLEBOTIS
Lattenwerk	HOURDIS
Lattich	LAITUE
Laub	FEUILLAGE
Laub	FRONDAISON
Laub (welkes)	FANES
Laubbaum	CADUCIFOLIÉ
Laubsammeln	FEUILLÉE
Laubwerk	FRONDAISON
Lauch	PORREAU n
Lauch	POIREAU
Laufkäfer (goldener)	CARABE DORE
Laugenfass	CUVIER
Laus	ALTISE
Laus	POU
Läuterung	RECTIFICATION
Lavendel	LAVANDE
Lavendel	SPIC
Lebendgewicht	POIDS
Lebendgewicht	POIDS VIF
lebenskräftig	VIVACE
Lebensmittelindustrie	INDUSTRIES AGROALIMENTAIRES
Leberegel (grosser)	DOUVE
Leberegelkrankheit	CACHEXIE AQUEUSE
Leberfäule	CACHEXIE AQUEUSE
Leder	CUIR
Lederhandel	PEAUSSERIE
Lederhändler	PEAUSSIER
Lederhersteller	PEAUSSIER
Lederherstellung	PEAUSSERIE
Leergewicht	TARE
Legebatterie (in einer)	BATTERIE (EN) .
Legehenne	PONDEUSE et
legen	PONDRE
legen (sich)	VERSER
Legenest	PONDOIR
Legezeit	PONDAISON
Lehen	FIEF
Lehen	MOUVANCE
Lehen	TENURE
lehenspflichtig	LIGE
Lehm	LEHM
Lehnesmann	FEUDATAIRE
Lehns-	FIEFFAL
Lehnsgut	BÉNÉFICE
Lehnsherr	SUZERAIN
Lehnsherrlichkeit	SUZERAINETÉ
Lehnsherrschaft	SEIGNEURIE
Lehnspflicht	HOMMAGE
Lehnspflicht	FÉODALITÉ
Lehnsvertrag	FÉAGE
Lehnswesen	FÉODALITÉ
Leibeigene	MORTAILLABLES
Leibeigener	SERF
Leibeigenschaft	MORTAILLE
Leibeigenschaft	SERVAGE
leicht	LÉGER
Leichtigkeit	AISANCE
Leimen	ENCOLLAGE
Lein	LIN
Leindotter	CAMELINE
Leine	LONGE
Leinwand	TOILE
Leistung	PERFORMANCE
Leistungen	PRESTATIONS
Leistungsschau	CONCOURS AGRICOLE
Leitvogel	COUPE-VENT
letal	LÉTAL
Leukämie	LEUCOSE
Liane	LIANE
Lichten	ROGNAGE
lichten	ROGNER
Lichten	COUPE SOMBRE
Lichtung	CLAIRIÈRE
Lichtung	ÉCLAIRCIE
Lichtungshieb	COUPE SOMBRE
Lieferung	LIVRAISON
Liegenschaften	BIENS-FONDS
Lieschgras	FLÉOLE
Lieschgras	LAICHE
Lilablau	LILAS
Lilie	LIS
Limonenbaum	LIMONIER
Linde	TILLEUL
Lindenbaum	TILLEUL
Linie	LIGNE
Linse	LENTILLE
Lippenblütler	LABIÉE
Liter	LITRE
Lithiasis	LITHIASE
Loch	FLACHE
Loch	PERTUIS
locker	MEUBLE
Lockmittel	APPÂT
Lockspeise	APPÂT
Lockvogel	CHANTERELLE
Löffelbagger	PELLETEUR
Lohen	TANNAGE
lohen	TANNER
Lohgerber	TANNEUR
Lohgerberei	TANNERIE
Lorbeerbaum	LAURIER
Los	LOT
losmachen	DÉCOLLER
Löss	LOESS
Löwenzahn	DENT-DE-LION
Löwenzahn	PISSENLIT
Luftfeuchtigkeitsmesser	PSYCHROMÈTRE .
Luftmesser	AÉROMÈTRE
Lupine	LUPIN
Lustwäldchen	BOSQUET
Luzerne	LUZERNE
Luzernenfeld	LUZERNIÈRE
Lysimeter	LYSIMÈTRE
Madenwurm	OXYURE
Maderawein	MADÈRE
Magen	ESTOMAC
Magnolie	LAURIER-TULIPIER
Magnolie	MAGNOLIA
Mahalebkirschbaum	MAHALEB
Mähbalken	BARRE DE COUPE .f
Mähdrescher	COMBINE
Mähdrescher	MOISSONNEUSE-BATTEUSE
Mähen	FAUCHAGE
mähen	FAUCHER
Mähen	FAUCHAISON
Mäher	FAUCHEUR
Mäher	MOISSONNEUR
mahlen	MOUDRE
Mahlen	MOULINAGE

INDEX ALLEMAND-FRANÇAIS

Mahlen	MOUTURE
Mahlstein	MEULE
Mähmaschine	COMBINE
Mähmaschine	FAUCHEUSE
Mähne	CRINIÈRE
Mähzeit	FAUCHAISON
Mai	MAI
Maiblumen	BOUQUET DE MAI
Maiglöckchen	MUGUET
Maikäfer	HANNETON
Maikäferlarve	MORDETTE
Mais	MAÏS
Mais	TURQUET
Maisbrei	GAUDE
Maiserntemaschine	RÉCOLTEUSE
Maiskolben	PANOUILLE
Maiskolbenentferner	DÉPANOUILLEUSE
Majoran	MARJOLAINE
Majoran (wilder)	ORIGAN
Majoratsgut	MAJORAT
Makel	TARE
Malaga	MALAGA
Maltase	MALTASE
Malthusianismus	MALTHUSIANISME AGRICOLE
Maltose	MALTOSE
Malve	MAUVE
Malz	MALT
Malzdarre	TOURAILLE
malzen	MALTAGE
Mälzerei	MALTERIE
Malzkehricht	TOURAILLON
Malzkeller	GERMOIR
Malzmehl	BRAI
Malzschrot	DRÊCHE
Malzzucker	MALTOSE
Management (landwirtschaftliches)	AMÉNAGEMENT AGRICOLE
Mandarine	TANGÉRINE
Mandarinenbaum	MANDARINIER
Mandel	AMANDE
Mandelbaum	AMANDIER
Mangel	CARENCE
Mangelkrankheit	MALADIE PHYSIOLOGIQUE
Mangobaum	MANGUIER
Mangold	POIRÉE
Mangostanbaum	MANGOUSTANIER
Manilafaser	ABACA
Manilahanf	MANILLE
Maniok	MANIOC
Manna	MANNE
Mannazucker	MANNITE
Mannshöhe	HAUTEUR D'HOMME
Manzanillabaum	MANCENILLIER
Maremmen	MAREMME
Margerite	MARGUERITE
Markieren	MARQUAGE
markieren	MARQUER
Markt	MARCHÉ
Marktflecken	BOURG
Marktflecken (kleiner)	BOURGADE
Marktplatz	FOIRAIL
Marktwert	VALEUR MARCHANDE
Marone	MARRON
Marschland	ENDIGUEMENT
Martingal	MARTINGALE
März	MARS
Masche	MAILLE
Mästen	ENGRAISSAGE
mästen	GAVER
Mästerei	ÉLEVAGE ENGRAISSEUR
Mastfutter	ENGRAIS
Masthuhn	GÉLINOTTE
Masthühnchen	POULARDE
Mastitis	MAMMITE
Mastix	MASTIC
Mastixbaum	LENTISQUE
Matebaum	MATÉ
Matetee	MATÉ
Mauer	MURAILLE
Mauer	MUR
Mauer (kleine)	MURETTE
Mauke	MALANDRE
Maul- und Klauenseuche	APHTEUSE (FIEVRE).
Maul- und Klauenseuche	FIÈVRE APHTEUSE
Maulbeerbaum	MÛRIER
Maulbeere	MÛRE
Maulbeerpflanzung	MÛRAIE
Maulbeerspinner	BOMBYX DU MÛRIER
Maulesel	BARDOT
Mauleselin	MULE
Maulkorb	MUSELIÈRE
Maultier	MULET
Maultier-	MULETIER
Maultiere betreffend	MULETIER
Maultiertreiber	MULETIER
Maultiertreiber	MULASSIER
Maulwurf	TAUPE
Maulwurfsfalle	TAUPIÈRE
Maulwurfsfänger	TAUPIER
Maulwurfsgrille	COURTILIÈRE
Maulwurfshaufen	TAUPINIÈRE
Maus	SOURIS
Mauser	MUE
mausern	MUER
Maut	PÉAGE
Mechanisierung	MÉCANISATION AGRICOLE
Meckern	BÉGUÈTEMENT
Médocwein	MÉDOC
Meergras	ALGUE
Meerrettich	RAIFORT
Meersand	TANGUE
Meerschlamm	TANGUE
Meerschweinchen	COBAYE
Mehl	FARINE
Mehl	FLEUR
Mehl (ergiebiges)	AFFLEURAGE
Mehlbeutel	SASSAGE
Mehlfabrik	MINOTERIE
Mehlfabrikant	MINOTIER
Mehlsieb	BLUTOIR
Mehltau	MILDIOU
Mehltau	OIDIUM
Mehltau (falscher)	ROT
Mehltrog	HUCHE
mehrgebährend	MULTIPARE
Mehrwert	PLUS-VALUE
Meier	MÉTAYER
Meierei	BORDERIE
Meierei (kleine)	CLOSERIE
Meierhof	MÉTAIRIE
Meierhof (herrschaftlicher)	TÈNEMENT
Meiose	MÉIOSE
Meisseln	CISELAGE
Meister	MAÎTRE
Meisterschaft	MAÎTRISE
Meisterwürde	MAÎTRISE
Melanosis	MÉLANOSE
Melasse	MÉLASSE
Melasse-	MÉLASSÉ
Melde	ARROCHE
Melder	AVERTISSEUR
Melisse	MÉLISSE
melken	DÉLAITER
Melken	MULSION
melken	TRAIRE
Melken	DÉLAITAGE
Melken	TRAITE
Melkkuh	LAITIÈRE
Melkmaschine	MACHINE À TRAIRE
Melkmaschine	TRAYEUSE
Melkmuff	MANCHON-TRAYEUR
Melksaal	SALLE DE TRAITE
Melkstand	SALLE DE TRAITE
Melone	MELON
Melonenbaum	PAPAYER
Melonenbeet	MELONNIÈRE
Melonenkürbis	PÂTISSON
Mendelsche Gesetze	MENDEL (LOIS DE)
Mengenregler	LIMITEUR DE DÉBIT
Mengkorn	MÉTEIL
Menhir	MENHIR
Mergel	MARNE
Mergeldüngung	MARNAGE
Mergelgrube	MARNIÈRE
mergeln	MARNER
Merinoschaf	MÉRINOS
Meristem	MÉRISTÈME

Messchnur	CORDEAU	Mistgas	GAZ DE FUMIER
Messe	FOIRE	Misthaufen	FUMIÈRE
Messerbalken	BARRE DE COUPE	Mistjauche	PURIN
Messeregge	EXTIRPATEUR	Mistjauche	LISIER
Messfühler	CAPTEUR	Miststreuer	ÉPANDEUR
Messidor (Erntemonat)	MESSIDOR	Mistzetter	ÉPARPILLEUR
Messkette	CHAÎNE D'ARPENTEUR	Mitose	MITOSE
Messlatte	MIRE	Mittelfurche	DÉRAYURE
Mestize	MÉTIS	Mixomatose	MYXOMATOSE
Metabolismus	MÉTABOLISME	Model	MODULE
Metaboliten	MÉTABOLITES	Moderhinke	PIÉTIN
Metaphosphat	MÉTAPHOSPHATE	Modul	MODULE
Methyl-	MÉTHYLIQUE	Möglichkeit	POSSIBILITÉ
Metrologie	MÉTROLOGIE	Mohair	MOHAIR
Metze	PICOTIN	Mohn	PAVOT
Metzger	BOUCHER	Mohnsaft	OPIUM
Miesmuschelzucht	MYTILICULTURE	Möhre	CAROTTE
Miete	LOUAGE	Mohrrübe	CAROTTE
Miete	LOYER	Molke	PETIT-LAIT
Mietzins	LOYER	Molkerei	LAITERIE
Mikrobe	MICROBE	Molluskizid	MOLLUSCICIDE
Mikrobiologie	MICROBIOLOGIE	Moniliakrankheit	MONILIOSE
Mikroklima	MICROCLIMAT	Moniliakrankheit	ROT
Milbe	TIQUE	Monokultur	MONOCULTURE
Milben	ACARIENS	Moor	MARÉCAGE
Milbenseuche	ACARIOSE	Moosbeere	CANNEBERGE
Milbenvertilgungsmittel	ACARIFUGE	Morast	MARAIS
Milch	LAIT	Morast	LIMON
Milch (saure)	CAILLÉ	Morgen	ARPENT
Milch(säure)	LACTIQUE (ACIDE)	Mosaikkrankheit	MARBRURE
Milch-	LAITIER	Mosaikkrankheit	MOSAÏQUE
Milch-	LACTIFÈRE	Most	MOÛT
milchartig	LACTÉ	Most	VINASSE
Milchbildung	LACTATION	Mostmesser	GLUCOMÈTRE
Milcheimer	POT-TRAYEUR	Mostwaage	PÈSE-MOÛT
milchfarben	LAITEUX	Mostwaage	GLUCOMÈTRE
Milchfett	MATIÈRE GRASSE	Motokultur	MOTOCULTURE
Milchfieber	FIÈVRE VITULAIRE	Motorhackmaschine	MOTOBINEUR
Milchgeschäft	CRÈMERIE	Motorisierung	MOTORISATION
milchhaltig	LACTIFÈRE	Motormäher	MOTOFAUCHEUSE
Milchhändler	LAITIER	Motorpflug	MOTOCULTEUR
milchig	LACTESCENT	Motorsäge	TRONÇONNEUSE
milchig	LAITEUX	Motorschlepper	MOTOTRACTEUR
Milchkanne	BIDON	Motorspritze	MOTOPOMPE
Milchkeller	LAITERIE	Motte	TEIGNE
Milchkuh	LAITIÈRE	Motte	MITE
Milchkühlvorrichtung	REFROIDISSEUR	Motte	CAFARD
Milchmann	LAITIER	Motte	CANCRELAT
Milchmesser	PÈSE-LAIT	moussierend	MOUSSEUX
Milchprüfung	CONTRÔLE LAITIER	Mücke	COUSIN
Milchpulver	POUDRE DE LAIT	Muffel	MUFLE
Milchsammler	GRIFFE À LAIT	Mühle	MOULIN
Milchschleuder	ÉCRÉMEUSE	Mühle	BROYEUSE
Milchserum	LACTOSERUM	Mühlenindustrie	MEUNERIE
Milchserum	SÉRUM	Mühlgerinne	BIEF
Milchsieb	PASSE-LAIT	Mühlstein	MEULE
Milchspeisen	LAITAGES .	Mühltrichter	TRÉMIE
Milchspiegel	ÉCUSSON	mulchen	PAILLER
Milchwaage	PÈSE-LAIT	Mulchen	PAILLAGE
Milchwirtschaft	ÉLEVAGE LAITIER	Mulchen	MULCHING
Milchzucker	LACTOSE	Mulde	JATTE
Milzbrand	CHARBON	Mulde	MAIE
Mimose	MIMOSA	Müller	MINOTIER
Mineraldüngung	FUMURE MINÉRALE	Müller	MEUNIER
Minimumgesetz	MINIMUM (LOI DU)	Müllerhandwerk	MEUNERIE
Minze	MENTHE	multipaar	MULTIPARE
Mirabelle	MIRABELLE	Mumie	MOMIE
Mischdünger	COMPOST	Mundschenk	ÉCHANSON
Mischer	MÉLANGEUSE	Mundschleimhautentzündung	STOMATITE
Mischkorn	PROVENDE	Muscadet	MUSCADET
Mischkultur	MULTICULTURE	Muschelerde	FALUNS
Mischkultur	POLYCULTURE	Muschelsaatbank	BOUCHOT
Mischling	MÉTIS	Muschelwerk	ROCAILLE
Mischung	MÉLANGE	Muskatellerbirne	MUSCADELLE
Miselium	MYCÉLIUM	Muskatellerwein	MUSCAT
Mispelbaum	NÉFLIER	Muskatnuss	MUSCADE
Mispelbaum (japanischer)	BIBASSIER	Muskatnussbaum	MUSCADIER
Mispelbaumgarten	NESFLIÈRE	Muster	ÉCHANTILLON
Mist	FUMIER	Musterdorf	VILLAGE-CENTRE
Mistbeet	COUCHE	mutagen	MUTAGÈNE
Mistbeetfenster	CHÂSSIS	Mutant	MUTANT
Mistel	GUI	Mutation	MUTATION
Mistelle	MISTELLE	mutieren	MUTER

Mutterkorn	ERGOT	Nessel	ORTIE
Mutterkraut	MATRICAIRE	Nesselbaum	MICOCOULIER
Mutterkuchen	PLACENTA	Nest	NID
Mutterrebe	PIED MÈRE	Nestbau	NIDIFICATION
Mutterrebe	VIGNE-MÈRE	Nestei	NICHET
Mutterstein	ROCHE-MÈRE	Nettogewicht	POIDS NET
Mykologie	MYCOLOGIE	Netz	RÉSEAU
Mykose	MYCOSE	Netzmagen	BONNET
Myrte	MYRTE	Netzmagen	RÉSEAU
Nachbarschaft	VOISINAGE	Neubruch	NOVALE
Nachblüte	REMONTAGE	Neuland	ACCRUE
Nachfüllen	OUILLAGE	neutral	NEUTRE
nachfüllen	OUILLER	Neutralisierung	NEUTRALISATION
Nachkommenschaft	LIGNÉE	Niederkunft	PARTURITION
Nachkommenschaft	LIGNAGE	Niederschlag	VERSE
Nachlese halten	GRAPPILLER	Niederschlagsdefizit	DÉFICIT PLUVIOMÉTRIQUE
Nachsteuer	TAILLON	Niederschlagsmessung	PLUVIOMÉTRIE
Nachtfalter	CHEIMATOBIE	Niederstamm	BASSE-TIGE
Nachtfalter	NOCTUELLE	Niederwald	TAILLIS
Nachtlager	NUITÉE	Niessbrauch	USUFRUIT
Nachtlager	GITE	Nikotin	NICOTINE
Nachtrieb	REJETONNAGE	Nikotinvergiftung	NICOTINISME
Nachtrieb	REJETON	Niststatte	NID
Nachtschattengewächs	MORELLE	Nitrat	AZOTATE
Nachtschattengewächse	SOLANACÉES ou SOLANÉES	Nitrat (industrielles)	NITRATES INDUSTRIELS
Nachtviole	JULIENNE	Nitrat (natürliches)	NITRATES NATURELS
nachwachsen	REJETONNER	Nitratdünger	NITRATE
Nachwein	RÂPÉ	Nitrifizierung	NITRIFICATION
Nachwuchs	RECRUE	Nitrobakterie	NITROBACTÉRIE
Nachwuchs	CROÎT	Nitrophosphat	NITROPHOSPHATE
Nachwuchs	RECRÛ	Nivellierung	NIVELLEMENT
nacktsamige Pflanzen	GYMNOSPERMES	Nivellierung	NIVELAGE
Nacktschnecke	LIMACE	Nivose (Schneemonat)	NIVÔSE
Nadelbaum	CONIFÈRE	Nomade	NOMADE
Nadelbäume pflanzen	ENRÉSINER	Nomadenleben	NOMADISME
Nagel (kleiner)	ONGLON	Nomadisieren	NOMADISME
Nageln	CLOUAGE	Nopal	NOPAL
Nager	RONGEUR	Nordwind	HÂLE
Nagetier	RONGEUR	Norm	NORME
Nähr-	VIVRIÈRE	Norm	STANDARD
nahrhaft	NUTRITIF	Normierung	NORMALISATION
Nährlösung	SOLUTION NUTRITIVE	Nosemaseuche	NOSÉMOSE
Nährstoff	NUTRIMENT	November	NOVEMBRE
Nährstoff	SUBSTANCE	Nudeln	GAVAGE
Nahrungs-	VIVRIÈRE	Nudelvorrichtung	GAVEUSE
Nahrungskette	CHAÎNE ALIMENTAIRE	Nukleus	NOYAU
Nahrungsmittelnorm	NORME ALIMENTAIRE	Nussbaum	NOYER
Napf	JATTE	Nussbaumgarten	NOISERAIE
Narbe	STIGMATE	Nussknacker	CASSE-NOIX
Narde	NARD	Nüster	NASEAU
Narzisse	NARCISSE	Nüsterklemme	MOUCHETTE
Nasenklemme	SERRE-NEZ	Nutzbarkeit	EXPLOITABILITÉ
Nasenriemen	MUSEROLLE	Nutzbarmachung	FAIRE-VALOIR
Nasenring	ANNEAU NASAL	Nutzniessung	USUFRUIT
Nässe	HUMIDITÉ	Nutzpflanzenkunde	PHYTOLOGIE
Naturalisierung	NATURALISATION	Nutzungsart	MODE DE TENURE
Naturpark	PARC NATUREL RÉGIONAL	Nutzwasserreserve	RÉSERVE UTILISABLE
Naturreis	PADDY	Oase	OASIS
Naturschutz	PROTECTION	Oasenbewohner	OASIEN
Naturschutzgebiet	PARC NATIONAL	Obdach	ABRI
Naturschutzpark	PARC NATIONAL	Oberaufseher	INTENDANT
Nebel (künstlicher)	AÉROSOL	oberirdisch	ÉPIGÉ
Nebenast (kleiner)	COURSONNE	Oberkellermeister	BOUTEILLER
Nebenast (kleiner)	COURSON	obsolet	OBSOLÈTE
Nebenerzeugnis	SOUS-PRODUIT	Obst	FRUIT
Nebengebäude	APPARTENANCE	Obstbau	FRUCTICULTURE
Nebengebäude	COMMUNS	Obstbaum	ARBRE FRUITIER
Nebengebäude	DÉPENDANCES	Obstbaum	FRUITIER
Nebenkelch	CALICULE	Obstbrecher	POMMETTE
Nebenprodukt	SOUS-PRODUIT	Obstgarten	OUCHE
Nebensteuer	TAILLON	Obstgarten	VERGER
Nebentrieb	ENTRECOEUR	Obstgarten	FRUITIER
Nebentrieb	PROMPT-BOURGEON	Obsthof	MASURE
Negersklave (entlaufener)	MARRON	Obstkorb	CUEILLOIR
Nekrose	NÉCROSE	Obstkunde	POMOLOGIE
Nektar	NECTAR	Obstpflückmaschine	CUEILLEUSE
Nektarine	BRUGNON	Obstsortierer	CALIBREUSE
Nektarine	NECTARINE	obsttragend	FRUITIER
Nelke	OEILLET	Obstzüchter	POMICULTEUR
Nematizid	NÉMATICIDE	Ochse	BOEUF
Nematoden	NÉMATODES	Ochsengespann	PAIRE
Neolithikum	NÉOLITHIQUE	Ochsenhirt	BOUVIER
Nerzfell	VISON	Ochsenknecht	BOUVIER

INDEX ALLEMAND-FRANÇAIS

Ochsenstall	BOUVERIE
Ochsentreiber	BOUVIER
Ochsentreiber	ARMAILLIS
Ochsentreiber	TOUCHEUR
Ochsenwagen	BASTERNE
Ochsenwurzel	ORCANETTE
Ofen	FOUR
offen	OUVERT
Öffnung	PERTUIS
Oidium	OIDIUM
Ökologie	ÉCOLOGIE
Ökosystem	ÉCOSYSTÈME
Oktober	OCTOBRE
okulieren	ÉCUSSONNER
Okulieren	OCULATION
Okuliermesser	ÉCUSSONNOIR
Okulierrinde	ÉCUSSON
Öl	HUILE
Öl-	OLÉIQUE
Öl-	OLÉIFÈRE
Ölbau-	OLÉICOLE
Ölbaum	OLIVIER
Ölbaumpflanzung	OLIVAIE
Ölbaumpflanzung	OLIVERAIE
Ölbaumpflanzung	OLÉICULTURE
Ölbaumzüchter	OLÉICULTEUR
Oleander	LAURIER-ROSE
Oleander	OLÉANDRE
Olein	OLÉINE
Olein-	OLÉIQUE
Ölfabrik	HUILERIE
ölhaltig	OLÉAGINEUX
Ölhandel	HUILERIE
Olive	OLIVE
Olivenanbau	OLÉICULTURE
Olivenbaum	OLIVIER
Olivenernte	OLIVAISON
Olivenerntezeit	OLIVAISON
Olivenhain	OLIVERAIE
Olivenölfabrik	OLIVERIE
Olivenpresse	DÉTRITOIR
Olivenzüchter	OLÉICULTEUR
Ölkuchen	NOUGAT
Ölkuchen	TOURTEAU
Ölmühle	HUILERIE
Ölmühle	TORDOIR
Ölpalme	PALMIER À HUILE
Ölpflanzen	OLÉAGINEUX
Ölpflanzen	PLANTES OLÉAGINEUSES
Önografie	OENOGRAPHIE
Önologie	OENOLOGIE
önologisch	OENOLOGIQUE
Ontogenese	ONTOGÉNÈSE
Oologie	OOLOGIE
Oosphäre	OOSPHÈRE
Opferung	OBLATION
Opium	OPIUM
Orangenhain	ORANGERAIE
Orangerie	ORANGERIE
Orchidee	ORCHIDÉE
Ordenspfründe	COMMANDERIE
Oreganum	ORIGAN
organbildend	ORGANOGÈNE
Organbildung	ORGANOGÉNIE
Organisation für Erähnung und Landwirtschaft	
organisch	ORGANIQUE
organische Stoffe	MATIÈRES ORGANIQUES
Orleanbaum	ROCOUYER
Ornithologie	ORNITHOLOGIE
Ort (schattiger)	COUVERT
Ortscheit	PALONNIER
Ortstein	ALIOS
Osmose	OSMOSE
osmotischer Druck	PRESSION OSMOTIQUE
Östrogen	OESTROGÈNE
Östrus	OESTRUS
Ovarium	OVAIRE
Ovizid	OVICIDE
Ovulation	OVULATION
Ovum	OVULE
paaren	APPARIER
Paarung	ACCOUPLEMENT
Pacht	ARRENTEMENT
Pacht	AFFERMAGE
Pachteintreiber	ACCENSEUR
pachten	AFFERMER
pachten	AMODIER
Pächter	AMODIATEUR
Pächter	FERMIER
Pächter	MÉGER
Pächter	PRENEUR
Pächter	MÉTAYER
Pächter	TENANCIER
Pächter	BORDIER
Pächter	GRANGER
Pächter	ACCENSEUR
Pächterin	FERMIÈRE
Pachtgeld	FERMAGE
Pachtgeld	AFFERMAGE
Pachtgeldgesetz	STATUT DU FERMAGE
Pachthof	FERME
Pachthof	BORDERIE
Pachtvertrag	BAIL
Pachtvertrag	BAIL À FERME
Pairschaft	PAIRIE
Palme	PALME
Palmette	PALMETTE
Palmgarten	PALMERAIE
Palmyrapalme	RONDIER
Palynologie	PALYNOLOGIE
Pampelmuse	GRAPE-FRUIT
Pampelmusenbaum	PAMPLEMOUSSIER
Panmixie	PANMIXIE
Panschen	VINAGE
Pansen	HERBIER
Pansen	RUMEN
Pansen	PANSE
Papayabaum	PAPAYER
Pappel	PEUPLIER
Pappelwald	PEUPLERAIE
Paprika	PAPRIKA
Paprika	POIVRON
Paprikaschote	POIVRON
Paradies	PARADIS
Parasit	HÔTE
Parasit	PARASITE
Parasitologie	PARASITOLOGIE
Parenchym	PARENCHYME
Parmesankäse	PARMESAN
Parthenogenese	PARTHÉNOGÉNÈSE
Parzelle	PARCELLE
Parzelle	LOPIN DE TERRE
Parzellgrenzen	LIMITES DES PARCELLES
Parzellierung	PARCELLEMENT
Parzellierung	PARCELLISATION
Passgang	AMBLE
Passierschein	LAISSEZ-PASSER
Passierschein	PASSAVANT
Passionsblume	PASSIFLORE
Pasteurisieren	PASTEURISATION
pasteurisieren	PASTEURISER
Pasteurisierer	PASTEURISEUR
Pastinake	PANAIS
pastoral	PASTORAL
pathogen	PATHOGÈNE
Pathologie	PATHOLOGIE
Pathophysiologie	PHYSIOPATHOLOGIE
Pech	BRAI
Pedologie	PÉDOLOGIE
Peerschaft	PAIRIE
Peitsche	FOUET
Pelz	FOURRURE
Pendler	MIGRANT QUOTIDIEN
Pensee	PENSÉE
perennierend	PÉRENNE
Pergola	PERGOLA
Perimeter	PÉRIMÈTRE
Periode	PÉRIODE
Perlhuhn	PINTADE
Perlhühnerzucht	MÉLÉAGRICULTURE
Permeabilität	PERMÉABILITÉ
persistent	PERSISTANT
Perturbation	PERTURBATION
Pest	PESTE
Pestizid	PESTICIDE
Petersilie	PERSIL

INDEX ALLEMAND-FRANÇAIS

Petersilie (grosse)	MACERON	pflügen	LABOURER
Pfad	SENTIER	Pflügen	LABOURAGE
Pfahl	ÉCHALAS	Pflügen	FAÇONS CULTURALES
Pfahl	PAISSEAU	Pflugmesser	RASETTE
Pfahl	PALIS	Pflugschar	SOC
Pfahlwerk	PALISSADE	Pflugsohle	SEP
Pfahlwurzel	PIVOT	Pflugsohle	SEMELLE DE LABOUR
Pfändung	GAGERIE	Pflugsterz	MANCHE
Pfarrgemeinde	PAROISSE	Pflugsterze (kleine)	MANCHERONS
Pfau	PAON	Pfote	PATTE
Pfefferfeld	POIVRIÈRE	Pfriemengras	STIPE
Pfeffergurke	CORNICHON	Pfropfen	GREFFE
Pfefferkraut	SARRIETTE	pfropfen	ENTER
Pfefferstrauch	POIVRIER	Pfropfen	GREFFAGE
Pfeil	FLÈCHE	pfropfen	GREFFER
Pfeilkresse	LÉPIDIER	Pfropfen	PLACAGE
Pfeilkresse	PASSE-RAGE	Pfropfen	BONDE
Pfeilwurz	ARROW-ROOT	Pfropfmesser	ENTOIR
Pferch	PARC	Pfropfmesser	GREFFOIR
pferchen	PARQUER	Pfropfreis	ENTE
Pferchgeld	PARCAGE	Pfropfreis	GREFFON
Pferd	CHEVAL	Pfründe	COMMENDE
Pferd (schlechtes)	ROSSARD	Pfründe	BÉNÉFICE
Pferde-	HIPPIQUE	Pfründe	PRÉBENDE
Pferde-	CHEVALIN	Pfründenregister	POUILLÉ
Pferdebox	BOX	Pfuhl	MARE
Pferdefuss	ÉQUIDÉS	Pfütze	MARE
Pferdegespann	ATTELAGE	ph-Wert des Bodens	ACIDIFICATION DU SOL
Pferdehaar	CRINS	Phanerogamen	PHANÉROGAMES
Pferdehändler	MAQUIGNON	Phänologie	PHÉNOLOGIE
Pferdeknecht	LAD	Phänophase	PHÉNOPHASE
Pferdekunde	HIPPOLOGIE	Phänotyp	PHÉNOTYPE
Pferdestall	ÉCURIE	Phlegma	FLEGME
Pferdezucht	HIPPOTECHNIE	Phosphatdüngung	PHOSPHATAGE
Pfingstrose	PIVOINE	Phosphate	PHOSPHATES
Pfirsich	ALBERGE	Phosphorit	PHOSPHORITE
Pfirsich	PÊCHE	Photoperiode	PHOTOPÉRIODE
Pfirsichbaum	PÊCHER	Photosynthese	PHOTOSYNTHÈSE
Pflanze	PLANTE	Phototropismus	HÉLIOTROPISME
Pflanze	VÉGÉTAL	Physiokraten	PHYSIOCRATES
Pflanze (aromatische)	PLANTE AROMATIQUE	Physiokratismus	PHYSIOCRATIE
pflanzen	PLANTER	Phytogeographie	PHYTOGÉOGRAPHIE
Pflanzen	PLANTATION	phytopathogen	PHYTOPATHOGÈNE
Pflanzen-	VÉGÉTAL	Phytopathologie	PHYTOPATHOLOGIE
Pflanzendichte	DENSITÉ DE PEUPLEMENT	Phytopharmazie	PHYTOPHARMACIE
Pflanzenfresser	HERBIVORE	Phytosoziologie	PHYTOSOCIOLOGIE
Pflanzensaft	SÈVE	Phytotherapie	PHYTOTHÉRAPIE
Pflanzensammler	HERBORISATEUR	Picke	PIC
Pflanzenschutz	PROTECTION	Pigment	PIGMENT
Pflanzenschutz-	PHYTOSANITAIRE	Pikieren	REPIQUAGE
Pflanzenschutzkontrolle	CONTRÔLE PHYTOSANITAIRE	Pilz	CHAMPIGNON
Pflanzensoziologie	PHYTOSOCIOLOGIE	Pilz	MOUSSERON
Pflanzenwuchsstoff	PHYTOHORMONE	Pilzkrankheit	MALADIE CRYPTOGAMIQUE
Pflanzenzucht	PHYTOTECHNIE	Pilzkultur	MYCICULTURE
Pflanzenzüchter	SÉLECTIONNEUR	Piment	PIMENT
Pflanzer	REPIQUEUSE	Pimpernell	PIMPRENELLE
Pflanzer	PLANTEUR	Pimpinelle	PIMPRENELLE
Pflanzholz	PLANTOIR	Pimpinelle	SANGUISORBE
pflanzlich	VÉGÉTAL	Pinienkern	PIGNON et
Pflanzmaschine	PLANTEUSE	Pinte	PINTE
Pflanzmaschine	REPIQUEUSE	Pinte	CHOPINE
Pflanzreis	PLANT	Pinzieren	PINÇAGE
Pflanzstock	PLANTOIR	Pionnier	PIONNIER
Pflanzung	PLANTAGE	Pips	PÉPIE
Pflanzung	HABITATION	Piroplasmose	PIROPLASMOSE
Pflanzung	PLANTATION	Pistazie	PISTACHE
Pflanzung (schachbrettförmige)	QUINCONCE	Plage	INVASION
Pflaume	PRUNE	Planiergerät	NIVELEUSE
Pflaume	QUETSCHE	Planung	PLANIFICATION
Pflaume (gedörrte)	PRUNEAU	Platane	PLATANE
Pflaumenbaum	PRUNIER	Platterbse	GESSE
pflücken	CUEILLIR	Platterbsenkrankheit	LATHYRISME
Pflug	ARAIRE	Platzregen	GIBOULÉE
Pflug	CHARRUE	Plazenta	PLACENTA
Pflug (vielschariger)	POLYSOC	Ploidie	PLOÏDIE
Pflugbalken	AGE	Plombieren	PLOMBAGE
pflügbar	ARABLE adj	Plugbaum	FLÈCHE
Pflugbaum	HAIE	Plünderer	DÉPRÉDATEUR
Pflugbaum	AGE	Plündern	MARAUDAGE
Pflugeisen	COUTRE	Plünderung	DÉPRÉDATION
pflügen	ARER	Pluviometrie	PLUVIOMÉTRIE
Pflügen	LABOUR	Pluviose (Regenmonat)	PLUVIÔSE
Pflügen	LABEUR	Pocken	VARIOLE

INDEX ALLEMAND-FRANÇAIS

Pockenkrankheit	ROUGET	Rand	LISIÈRE
Pockenkrankheit (der Rebe)	ÉRINOSE	Randstein	MARGELLE
Podsol	PODZOL	Randstein	BORNE
Podsolierung	PODZOLISATION	Ranke	VRILLE
Pökelfass	SALOIR	Ranke	LONG BOIS
Polder	POLDER	ranzig	RANCE et
Polieren	POLISSAGE	Ranzigkeit	RANCE et
Polinisierung	POLLINISATION	Ranzigkeit	RANCIDITÉ
Polsterbank	BANQUETTE	Ranzigwerden	RANCISSEMENT
polygen	POLYGÉNIQUE	Raphiabast	RAPHIA
polyphag	POLYPHAGE	Raps	COLZA
polyploid	POLYPLOÏDE	Raps	NAVETTE
Pomeranzenbaum	BIGARADIER	Rapsweissling	PIÉRIDE
Pomologie	POMOLOGIE	Rapunzel	MÂCHE
Pony	PONEY	Rapunzel	RAIPONCE
Population	POPULATION	Rasen	BOULINGRIN
Porree	POIREAU	Rasen	PELOUSE
Portulak	POURPIER	Rasen	GAZON
Porzellanei	LEURRE	Rasen abstechen	DÉGAZONNER
Potential (genetisches)	POTENTIEL GÉNÉTIQUE	Rasenmäher	TONDEUSE
Potentialwasser	ÉVAPOTRANSPIRATION	Rasenplatz	BOULINGRIN
Pottasche	POTASSE	Rasenplatz	PELOUSE
Präbende	PRÉBENDE	Rasensprenger	JUTEUR
Prämie	PRIME	Rasenstecher	TRANCHE-GAZON
Prärie	PRAIRIE	Raspel	ÉGRAPPOIR
Prävention	PRÉVENTION	Raspelhaus	RÂPERIE
Pressen	PRESSAGE	raspeln	RÂPER
Primogenitur	PRIMOGÉNITURE	Rasse	RACE
Probe	ÉCHANTILLON	Ratafia	RATAFIA
Probe	TEST	Ratte	RAT
Produktionsmittel (landwirtschaftliche)	MATÉRIEL AGRICOLE	Rattengift	RODENTICIDE
Progesteron	PROGESTÉRONE	Rattenpulver	RATICIDE
Prolaktin	PROLACTINE	Rattenvertilgung	DÉRATISATION
Proliferation	PROLIFÉRATION	Räucherer	FUMIGATEUR
Prophylaxe	PROPHYLAXIE	Rauchergras	FLOUVE
Protein	PROTÉINE	Räuchern	ENFUMAGE
Protektionismus	PROTECTIONNISME	Räuchern	FUMIGATION
Prozentsatz	TAUX	Räuchern	FUMAGE
Prozessionsspinner	PROCESSIONNAIRES	Räucherung	FUMIGATION
Pseudowut	AUJESZKY (MALADIE D')	Räude	TAVELURES
Psychrometer	PSYCHROMÈTRE	Räude	TEIGNE
Pullorumseuche	PULLOROSE	Räude	ROGNE
Pulsator	PULSATEUR	Räumung	VIDANGE
pulverisieren	PULVÉRISER	Raupe	CARPOCAPSE
Pumpe	POMPE	Raupe	TORDEUSE
Pumpenschwengel	CHADOUF	Raupe	CHENILLE
Punktieren	POINTAGE	Raupenschere	ÉCHENILLOIR
Puppe	CHRYSALIDE	Raupenvertilgung	ÉCHENILLAGE
Pute	DINDE	Raygrass	IVRAIE
Pute	POULE D'INDE	Rebenart	CÉPAGE
Puter	DINDON	rebenartig	SARMENTEUX
Putzen	TOILETTAGE	Rebenfallkäfer	ÉCRIVAIN
Putzen	PANSAGE	Rebenholz	SARMENT
Putzfäden	ÉTOUPE	Rebenmehltau	BLANC
Qualifikation	QUALIFICATION	Rebenpflanzung	COMPLANT
Qualitätsmarke	LABEL	Rebensaft	JUS
Qualité France (= Markenware aus Frankreich)	QUALITÉ FRANCE	Reblaus	PHYLLOXÉRA
Quarantäne	QUARANTAINE	Rebsortenkunde	AMPÉLOGRAPHIE
Queckengras	CHIENDENT	Rebzapfen	COURSON
Quelle	FONTAINE	Rechen	RÂTEAU
Quelle	SOURCE	rechen	RÂTELER
Quelle (artesische)	SOURCE ARTÉSIENNE	Rechen	RÂTELEUR
Quendel	SERPOLET	Rechtsgemeinschaft	PARIAGE
Quetschmühle	APLATISSEUR	Refraktionsmesser	RÉFRACTOMÈTRE
Quitte	COING	Refraktometer	RÉFRACTOMÈTRE
Quittenbaum	COGNASSIER	Regen	PLUIE
Quittenbrot	COTIGNAC	Regen-	OMBROPHILE
Radabweiser	BOUTE-ROUE	Regeneration	RÉGÉNÉRATION
Radhacke	SILLONNEUR	Regengrube	BAISSIÈRE
Radicula	RADICULE	Regenkanone	CANON
radioaktive Markiersubstanz	MARQUEUR	Regensprüher	SPRINKLER
Raffinerie	RAFFINERIE	Regensprüher	CANON
Raffinieren	RAFFINAGE	Regensprüher	ARROSEUR
Rahm	CRÈME	Regenwurm	LOMBRIC
Rahmen	CHÂSSIS	Regenwurmvertilgungsmittel	LOMBRICIDE
Rahmen	CADRE	regieren	GOUVERNER
Rahmkäse	JONCHÉE	Regler	RÉGULATEUR
Raigras	RAY-GRASS	Regulator	RÉGULATEUR
Ramie	RAMIE	Reiber	BROYEUR
rammen	DAMER	Reibmaschine	BROYEUSE
Rammler	BOUQUIN	Reibmaschine	GYROBROYEUR
Ranch	RANCH	Reif	GELÉE
Rand	BORD	Reif	GELÉE BLANCHE

INDEX ALLEMAND-FRANÇAIS

reif	MÛR	Roden	DÉFRICHAGE ou DÉFRICHEMENT
Reife	MATURITÉ	Rodeo	RODÉO
Reifen	MÛRISSAGE	Rodung	DÉBOISEMENT
Reifen	VÉRAISON	Rodung	ESSARTAGE
Reifen	MATURATION	Roggen	SEIGLE
reifen	MÛRIR	Roggenstroh (grobes)	GLUI
Reifen	AOÛTAGE	roh	GRÈGE
Reifholz	FEUILLARDS	Rohbaumwolle	LINTS
Reifwerden	AOÛTAGE	Rohfell	PEAU VERTE
Reihe	RANG, RANGÉE et	Rohhaut	PEAU VERTE
Reihendorf	VILLAGE LINÉAIRE	Rohhumus	MOR
rein	PUR	Rohr (spanisches)	ROTIN
Reineclaude	REINE-CLAUDE	Rohrdach	ROUCHE
Reinertrag	PRODUIT BRUT	Röhre	BUSE
Reinertrag	PRODUCTIVITÉ RÉELLE	Rohrleger	DRAINEUSE
Reinhefezusatz	LEVURAGE	Rohstoff	MATIÈRE PREMIÈRE
Reiniger	NETTOYEUR	Rolle	ROULE
Reinigung	AFFINAGE	Rollwagen	HAQUET
Reinigung	RAFFINAGE	Römischer Vertrag	TRAITÉ DE ROME
Reis	RIZ	Rosé	ROSÉ
Reis	SCION	Rose	ROSE
Reisanbau	RIZICULTURE	Rosengarten	ROSERAIE
reisend	ITINÉRANTE	Rosenmalve	TRÉMIÈRE et
Reiser	GAULIS	Rosenstrauch	ROSIER
Reisfeld	RIZIÈRE	Rosenzüchter	ROSIÉRISTE
Reisigbündel	FAGOT	Roséwein	ROSÉ
Reisigbündel (kleines)	FAGOTIN	Rosine	RAISIN SEC
Reisigholz	RAMILLE	Rosmarin	ROMARIN
Reisschälbetrieb	RIZERIE	Rosskamm	ÉTRILLE
Reisser	ROUANNE	Rosstäuscher	MAQUIGNON
reiten	CHEVAUCHER	Rosstäuscherei	MAQUIGNONNAGE
Reitpferd	SELLE (Cheval de)	Rost	ROUILLURE
Reitpferd	MONTURE	Rost	ROUILLE
Rektaltemperatur	TEMPÉRATURE RECTALE	Rösten	TORRÉFACTION
Rendsina	RENDZINE	rösten	ROUIR
Renette	REINETTE ou RAINETTE	Rösten	ROUISSAGE
Rennbahn	CHAMP DE COURSE	rösten	TORRÉFIER
Rennreiter	JOCKEY	Rösterei	BRÛLERIE
Rentabilität	RENTABILITÉ AGRICOLE	Rotationshacke	HOUE ROTATIVE
Rentabilitätsprobe	ESSAI DE RENDEMENT	rotbraun	BAI
Rentabilitätsziffer	TAUX DE RENDEMENT	Roterde	TERRA ROSSA
Rentier	RENNE	Rotschimmel	ROUAN
repulsiv	RÉPULSIF	Rotz	MORVE
Reservefonds	RÉSERVE	Rübe	RAVE
Resistenz	RÉSISTANCE	Rübe	BETTERAVE
Retention	RÉTENTION	Rübe (weisse)	NAVET
Rettich	RADIS	Rübenacker	RAVIÈRE
Rettich	RAIFORT	Rübenbauern	BETTERAVIERS p
Reuter	SICCATEUR	Rübenerntemaschine	SOULEVEUSE
Reutland	ESSART	Rübenfeld	NAVIÈRE
Rhabarber	RHUBARBE	Rübenköpfen	DÉCOLLETAGE
Rhizom	RHIZOME	Rübenschnitzel	COSSETTES
Rhododendron	RHODODENDRON	Rübenschnitzelmaschine	COUPE-RACINE
Ribbler	ÉGRETIER	Ruchgras	FLOUVE
Rickettsiose	RICKETTSIOSE	Rückenkorb	HOTTE
Riedgras	LAICHE	Rückenwolle	MÈRE-LAINE
Rieselfeld	CHAMP D'ÉPANDAGE	Rückgliederung	REMEMBREMENT
Riesenkürbis	POTIRON	Rückgrat	RACHIS
Riesin	GÉANTE	Rückstände	RÉSIDUS INDUSTRIELS
Rigolpflug	RIGOLEUSE	Rückwanderung auf das Land	RETOUR À LA TERRE
Rind	BOEUF	Ruderal-	RUDÉRAL
Rind	BOVINS	Ruhe	REPOS
Rinde	ÉCORCE	Ruheplatz (schattiger)	DORMOIR
Rindenabschaber	ÉMOUSSOIR	Rum	RHUM
Rinder	BOVINS	Rumpelkammer	RESSERRE
Ringeltaube	PALOMBE	Runddorf	VILLAGE ROND
Ringkampf	LUTTE	Runkelrübe	BETTERAVE
Ringriss	ROULURE	rupfen	DÉPLUMER
Rinne	RIGOLE	rupfen	PLUMER
Rinne	DALLE	rural	RURAL
Rispe	PANICULE	Russtau	FUMAGINE
Rispengras	PÂTURIN	rustikal	AGRESTE
Rispengras	FÉTUQUE	rustikal	CAMPAGNARD
Riss	GERÇURE	Rute	VERGE
Ritterburg	MANOIR	Saat	SEMIS
Rittersporn	PIED D'OISEAU	Saat	SEMAILLES
Ritzeisen	ROUANNE	Saatdichte	DENSITÉ DE SEMIS
Rizinus	RICIN	Saatgutanerkennung	CERTIFICATION DES SEMENCES
Robinie	ROBINIER	Saatgutsreinheit	PURETÉ VARIÉTALE
Rocken	QUENOUILLE	Saatgutvermehrer	MULTIPLICATEUR DE SEMENCES
Rockenbolle	ROCAMBOLE	Saatschnellkäfer	TAUPIN
Rodemaschine	DÉBROUSSAILLEUSE	Saatzeit	SEMAISON
roden	ÉCOBUER	Saccharimeter	SACCHARIMÈTRE

INDEX ALLEMAND-FRANÇAIS

Saccharose	SACCHAROSE
Sachlieferung	LIVRAISON
säen	SEMER
Säen	SEMIS
Säer	SEMEUR
Saflor	CARTHAME
Safran	CARTHAME
Safran	SAFRAN
Safranpflanzung	SAFRANIÈRE
Saft	JUS
saftig	SUCCULENT
Saftzieher	TIRE-SÈVE
Säge	SCIE
Sägemühle	SCIERIE
Sägen	SCIAGE
Säger	SCIEUR
Sago	SAGOU
Sagobaum	SAGOUTIER
Sahne	CRÈME
Saison-	SAISONNIER
Saisonarbeiter	MAIN D'OEUVRE SAISONNIÈRE
Saisonarbeiter	SAISONNIER
Saisonarbeiter	BRICOLIER
Saisonwanderungen	MIGRATIONS SAISONNIÈRES
Salat	SALADE
Salbei	ORVALE
Salbei	SAUGE
Salinenarbeiter	PALUDIER
Salmonellenvergiftung	SALMONELLOSE
Salmonellose	SALMONELLOSE
Salpeter-	NITRIQUE
Salzen	SALAISON
Salzgewinnung	SALICULTURE
Salzpflanze	HALOPHYTE
Salzsieder	SAUNIER
Sämann	SEMEUR
Sämaschine	SEMEUR
Same	GRAINE
Samen	SEMENCE
Samenhändler	GRAINETIER
Samenhandlung	GRAINETERIE
Samenpflanze	SPERMATOPHYTE
Samenreiniger	TARARE
Samenspezialist	SEMENCIER
Sammeldrän	COLLECTEUR DE DRAINAGE
Sammeln	RAMASSAGE
sammeln	RAMASSER
sammeln (Pflanzen)	HERBORISER
Sammler	RAMASSEUR
Sand	ARÈNE
Sandkäfer	CICINDÈLE
Sandrohr	GOURBET
Sandstreuen	SABLAGE
Sanguisorba	SANGUISORBE
Saprophyte	SAPROPHYTE
Satte	JATTE
Sattel	SELLE
Sattelbäume	BRANCARDS
Sattelkammer	SELLERIE
satteln	ENSELLER
satteln (mit einem Packsattel)	BÂTER
Sattelzeug	HARNAIS
Sattler	BOURRELIER
Sattler	SELLIER
Sätuch	SEMOIR
Sau	POURCEAU
Sau	TRUIE
Saubohne	FÈVE
Saubohne (kleine)	FÈVEROLE
sauer	REVÊCHE
sauer	SUR
sauer	PIQUÉ
sauer weden	SURIR
Sauerampfer	OSEILLE
Sauerampfer	OXALIDE
Sauerampfer	SURELLE
Sauerampfer	VINETTE
Sauerapfel	COROSSOL
Sauerapfel	ANONE
Sauerdorn	BERBÉRIS
Sauerkirsche	GRIOTTE
Sauerklee	OSEILLE
Sauerklee	OXALIDE
Sauerklee	SURELLE
säuerlich	VERDELET
säuerlich	SURET
säuern	SURIR
Sauerteig	LEVAIN
Sauerwerden	ACÉTIFICATION
Säugen	LACTATION
Säugen	ALLAITEMENT
Säugetiere	MAMMIFÈRES
Säugling	NOURRISSON
Saumsattel	BÂT
Säure	ACIDE
Säure	ACIDITÉ
Säurebildung	ACIDIFICATION
Säuregehalt des Bodens	ACIDIFICATION DU SOL
Säuregrad	ACIDITÉ
Savanne	SAVANE
Schabe	BLATTE
Schabe	CAFARD
Schabe	CANCRELAT
Schabeisen	RATISSOIRE
Schachtel	CARCASSE
Schachtelhalm	PRÊLE
Schaden	COULAGE
Schädling	RAVAGEUR
Schädlinge	NUISIBLES
Schädlingsbekämpfungsmittel	PESTICIDE
Schaf	BREBIS
Schaf	MOUTON
Schaf-	OVINS
Schafbock	BÉLIER
Schäfer	BERGER
Schäfergedichte	BUCOLIQUES
Schäferhunde	BERGERS (CHIENS DE)
Schaffell	TOISON
Schafgarbe	MILLEFEUILLE
Schafhalter	MOUTONNIER
Schafherde	TROUPEAU
Schafherde	RAMADE
Schafherde	OUAILLES
Schafkamel	LAMA
Schafpocken	CLAVELÉE
Schafpocken	VARIOLE OVINE
Schafräude	CHARBON
Schafscheren	TONDAILLES
Schafschur	TONDAILLES
Schafschur	TONTE
Schafstall	BERCAIL
Schafstall	BERGERIE
Schafstall	JAS
Schaft	HAMPE
Schale	ÉCORCE
Schale	ÉCALURE
Schale	PELURE
Schale	ÉCALE
schälen	ÉCALER
schälen	DÉCORTIQUER
Schalenbräune	ÉCHAUDURE
Schalfrucht	CARYOPSE
Schälmaschine	DÉCORTIQUEUSE
Schalmei	PIPEAU
Schalotte	ÉCHALOTE
Scharpie	LINTS
Schattenmorelle	GRIOTTE
Schattenseite	UBAC
Schätzung	PRISÉE
Schätzwert	PRISÉE
Schaufel	PELLE
Schaufel	PELLE-BÊCHE
Schaufelbagger	PELLETEUR
Schaum-	MOUSSEUX
Schausteller	FORAIN
Scheffel	BOISSEAU
Scheibenegge	ÉCROÛTEUSE
Scheidemembran	ZESTE
Schenkel	CUISSE
Scheren	TONDAGE
Scherer	TONDEUR
Scherwolle	TONDAILLES
scheu	OMBRAGEUX
scheuern	ÉCURER
Scheuklappen	OEILLÈRES
Scheuleder	OEILLÈRES

INDEX ALLEMAND-FRANÇAIS

Scheune	GRANGE
Scheune	HANGAR
Schichtmaschine	GERBEUR
schieben (in den Ofen)	ENFOURNER
Schieferstein	ARDOISE
schiessen (in Ähren)	ÉPIER
Schiessen (in Samen)	MONTÉE EN GRAINE
schiessen (in Samen)	MONTER
Schiffsteer	BRAI
Schildlaus	KERMÈS
Schildlausbefall	LÉCANIE
Schilfgebüsch	ROSELIÈRE
Schilfrohr	ROSEAU
Schimäre	CHIMÈRE
Schimmel	MOISISSURE
schimmelig	MOISI
schimmelig machen	MOISIR
Schindel	BARDEAU
Schindeln	TRAVAILLONS
Schinder	ÉQUARRISSEUR
Schindmähre	HARIDELLE
Schindmähre	BOURRIN
Schinken	JAMBON
Schippe	PELLE-BÊCHE n
Schippe	BÊCHE
Schippe (kleine)	BÊCHETON
Schirmdach	APPENTIS
schlachten	ABATTRE
Schlachter	TUEUR
Schlachter	ABATTEUR
Schlachthaus	ABATTOIR
Schlachthof	BOUCHERIE
Schlaf	DORMANCE
schlafend	DORMANT
Schlafmohn	OEILLETTE
Schlag	SOLE
Schlagbaum	BARRIÈRE n.
Schlamm	VASE
Schlamm	BOUE
Schlamm	LIMON
Schlammloch	FONDRIÈRE
Schlehe	PRUNELLE
Schlehenbaum	PRUNELLIER
Schleier	VOILE
Schleppen	REMORQUE
Schleuder	EXTRACTEUR
Schleusentor	VANNE
Schling-	VOLUBILE
Schlingpflanze	GRIMPANT
Schlingpflanze	VOLUBILIS
Schlitten	SCHLITTE
Schlitten	TRAÎNEAU
Schlosshof (grosser)	COUR
Schlucht	COMBE
Schlupfbrüter	ÉCLOSOIR
Schlupfwinkel	REPAIRE
Schmarotzer	PARASITE
Schmarotzerpilz	ENDOPHYTE
Schmetterlingsblume	PAPILIONACÉE
Schmied	FORGERON
Schmutzkrankheit	CRASSE
schnattern	CACARDER
Schnauze	MUFLE
Schnecke	LIMACE
Schnecke	ESCARGOT
Schneckengift	MOLLUSCICIDE
Schneckengift	HÉLICIDE
Schneckenklee	LUZERNE
Schneckenzucht	HÉLICICULTURE
Schneidehöhe	HAUTEUR DE COUPE
Schneidemesser	DOLOIRE
Schneidezahn	INCISIVE
Schneise	LAYON
Schnellkäfer	TAUPIN
Schnitter	MOISSONNEUR
Schnittlauch	CIBOULETTE
Schnittmangold	BETTE
Schnurbaum	CORDON
Scholle	GLÈBE
schollenbrechen	ÉMOTTER
Schollenbrecher	CROSKILL
Schollenbrecher	ÉMOTTEUSE
Schollenschlegel	ÉMOTTOIR
Schonung	DÉFENS, ou DÉFENDS (MISE EN)
Schöpfgefäss	PUCHEUX
Schöpfrad	NORIA
Schössling	POUSSE
Schössling	REJET
Schössling	BRINDILLE
Schössling	SURGEON
Schössling	BRIN
Schössling	JET
Schössling	BOULURE
Schössling	BION
Schösslingsbusch	CÉPÉE
Schote	GOUSSE
Schote	SILIQUE
Schote	COSSE
Schotenklee	LOTIER
Schraffierung	HACHAGE
Schreiber	ÉCRIVAIN
schreien	BRAIRE t.
Schrotmühle	CONCASSEUR
Schrotschusskrankheit	MALADIE CRIBLÉE
Schrumpfen	RETRAIT
Schrunde	GERÇURE
Schubkarre	BROUETTE
Schulhof	PRÉAU
Schuppen	HANGAR
Schürfeisen	RATISSOIRE
schürfen	RATISSER
Schürfen	RATISSAGE
Schüttemeister	ROI DE VILLAGE
Schutz	ABRI
Schutzbrett	PALE
Schutzdach	CHAPERON
Schutzgitter	ARMURE
Schwaden	ANDAIN
Schwaden	JAVELLE
Schwaden	ANDAINAGE
schwadenlegen	JAVELER
Schwadenlegen	JAVELAGE
Schwadenmacher	JAVELEUR
Schwadenmähmaschine	MOISSONNEUSE-ANDAINEUSE
Schwadenrechen	ANDAINEUSE
Schwadleger	JAVELEUSE
Schwadstock	BÂTON À ANDAINS
Schwan	CYGNE
Schwanz	QUEUE
Schwanzriemen	BACUL
Schwanzriemen	CROUPIÈRE
Schwanzriemen	TROUSSE-QUEUE
Schwanzriemen	FLAQUIÈRE
Schwarm	ESSAIM
Schwarmbildung	ESSAIMAGE
Schwarte	DOSSE
Schwärzen	NOIRCISSURE ou NOIRCISSEMENT
Schwarzerde	TCHERNOZEM
Schwarzfäule	BLACK-ROT
Schwarzkümmel	NIGELLE
Schwarzwurzel	SALSIFIS
Schwarzwurzel	SCORSONÈRE
Schwefel	SOUFRE
schwefeln	SULFURER
Schwefeln	SULFATAGE
Schwefeln	SULFITAGE
Schwefeln	SOUFRAGE
schwefeln	SOUFRER
Schwefeln	SULFURAGE
Schwefelsäure	BOUILLIE CUPRIQUE
Schwefelung	SULFURAGE
Schwefelung	MUTAGE
Schwefler	SOUFREUR
Schweifriemen	CULERON
Schwein	COCHON
Schwein	PORC
Schwein	POURCEAU
Schweinchen	GORET
Schweine	PORCINS
Schweinehirt	PORCHER
Schweineschnauze	GROIN
Schweinestall	SOUE
Schweinestall	PORCHER n.
Schweinestall	BAUGE
Schweinsborste	SOIE
Schwemmland	ATTERRISSEMENT

671

INDEX ALLEMAND-FRANÇAIS

schwer	LOURDE	Sieb	TAMIS
schwer	CORSÉ	Sieb	SAS
Schwere	POIDS	sieben	BLUTER
Schwertlilie	IRIS	Sieben	BLUTAGE
Schwertlilie	GLAIEUL	Sieben	CRIBLAGE
Schwiele	CAL	sieben	TAMISER
Schwimmvogel	PALMIPÈDE	Sieben	TAMISAGE
Schwingel	FÉTUQUE	Siedler	COLON
schwingen	ÉCANGUER	Siedlung (ländliche)	AGGLOMÉRATION AGRICOLE
Schwingen	VANNAGE	Siele	BRICOLE
schwingen	VANNER	Silagefräse	DÉSILEUSE
See (kleiner)	LAC COLLINAIRE	Silberpappel	YPRÉAUX
Seegras	GOÉMON	Siliermaschine	ENSILEUSE
Seegras	VARECH	Silo	SILO
Seide	SOIE	Silohäcksler	ENSILEUSE
Seiden-	SÉRICICOLE	Simulation	SIMULATION
Seidenfabrik	SOIERIE	Siphon	SIPHON
Seidenraupe	VER À SOIE	Sisalagave	AGAVE
Seidenraupenkammer	MAGNANERIE	Sisalagave	SISAL
Seidenraupenzucht	MAGNANERIE	Sisalagave	HENEQUEN
Seidenraupenzucht	SÉRICICULTURE	Sitten	COUTUMES
Seidenraupenzucht-	SÉRICICOLE	Sitten	USAGES
Seidenspinner	BOMBYX	Sklave	ESCLAVE
Seidenwurm	VER À SOIE	Sklavenhandel	TRAITE DES NOIRS
Seidenwurm	MAGNAN	sklavisch	SERVILE
Seidenwurmkrankheit	GRASSERIE	Skorzonera	SCORSONÈRE
Seidenzüchter	MAGNANIER	Sojapflanze	SOJA
Seidenzwirner	MOULINEUR	somatisch	SOMATIQUE
seifenartig	SAPONIFÈRE	Sömmerung	ESTIVAGE
Seihtrichter	CHANTEPLEURE	Sommerwurz	OROBANCHE
Seitenkanal	ÉTIER	Sonde	CAPTEUR
Seitentrieb	GOURMAND	Sondieren	SONDAGE
Seitenwand	RIDELLE	Sonnenblume	SOLEIL
Sektor	SECTEUR	Sonnenblume	HÉLIANTHE
Sekundär-	SECONDAIRE	Sonnenblume	TOURNESOL
Selbstauflader	AUTOCHARGEUSE	Sonnenseite	ADRET
selbstbefruchtend	AUTOGAME	Sonnenstich	INSOLATION
Selbstbefruchtung	AUTOFÉCONDATION	Sorghumhirse	SORGHO
Selbstkostenpreis	PRIX DE REVIENT	Sortieren (nach Geschlecht)	SEXAGE
Selbstreinigung (von Gewässern)	LAGUNAGE	Sortiermaschine	TRIEUR
Selbstversorgung	AUTOSUBSISTANCE	Souverän	SUZERAIN
Selbstverwaltung	AUTARCIE	Souveränität	SUZERAINETÉ
Selbstverwaltung	AUTOGESTION	Sowchose	SOVKHOZE
selektiv	SÉLECTIF	Sozialisierung (des Landes)	SOCIALISATION DES TERRES
Selektivität	SÉLECTIVITÉ	Soziologie (rurale)	SOCIOLOGIE RURALE
Sellerie	ACHE	Spalier	ESPALIER
Sellerie	CÉLERI	Spalier	TREILLAGE
Semiologie	SÉMIOLOGIE	Spalier	REFEND
Senf	MOUTARDE	Spalte	FENTE
Senf (wilder)	SANVE	Spaltpilz	MICROBE
Senfkorn	MOUTARDE	Span	COPEAU
Senkblei	SONDE	Spanferkel	GORET
Senkgrube	PUISARD	Spannkette	ENTRAVE
Senkwaage	ARÉOMÈTRE	Spargel	ASPERGE
Sennerei	VACHERIE	Spargelbohne	DOLIC ou DOLIQUE
Sennhütte	BURON	Spargelpflanzung	ASPERGIÈRE
Sennhütte	JASSERIE	Spargelstecher	COUPE-ASPERGE
Sennhütte	CHALET	Spät-	TARDIF
Sense	FAUX	Spaten	LOUCHET
Sense (mit langem Stiel)	FAUCHARD	Spaten	BÊCHE
September	SEPTEMBRE	Spätherbst	ARRIÈRE-SAISON
septisch	SEPTIQUE	Spätling	TARDILLON
Sequoia	SÉQUOIA	spätreifend	TARDIF
Sergeweber	SERGIER	Spätsommer	ARRIÈRE-SAISON
Serradella	SERRADELLE	Speicher	GRENIER
Serum	SÉRUM	Speise	CRÈME
Servituten	SERVITUDES	Spelz	ÉPEAUTRE
Sesamkraut	SÉSAME	Spelz	TRITICALE
sesshaft	SÉDENTAIRE	Spermatophyt	SPERMATOPHYTE
Sesshaftigkeit	SÉDENTARITÉ	Spermatozoid	SPERMATOZOÏDE
Sesshaftwerden	SÉDENTARISATION	Sperrung	BARRAGE
Sester	SETIER	Spezialisierung (landwirtschaftliche)	SPÉCIALISATION AGRICOLE
Setzen (von Stecklingen)	BOUTURAGE	Spezialist für rurale Soziologie	RURALISTE
Setzling	NOURRAIN	spezifisches Gewicht	POIDS SPÉCIFIQUE
Setzling	PLANT	Spicken	LARDAGE
Sherry	XÉRÈS	Spierlingsbaum	SORBIER
Shetlandpony	BIDET	Spierlingsbaum	CORMIER
Sichel	CROISSANT D'ÉLAGAGE	Spiklavendel	SPIC
Sichel	FAUCILLE	Spinat	ÉPINARD
Sickerbrunnen	PUITS PERDU	Spinat (neuseeländischer)	TÉTRAGONE
Sickergrube	BASSIN DE SUBMERSION	Spindel	FUSEAU
Sieb	COULOIRE	Spindelbaum	FUSAIN
Sieb	CRIBLE	Spinnerin	FILANDIÈRE

INDEX ALLEMAND-FRANÇAIS

Spinnerin	FILEUSE	Staubdünger	POUDRETTE
Spinnmilbe	TÉTRANYQUE	Staubfaden	ÉTAMINE
Spinnrad	ROUET	Staude	ARBRISSEAU
Spinnrocken	QUENOUILLE	Stauwehr	BARRAGE
Spitzfuss	ÉQUIDÉS	Stauwerk	BARRAGE
Spitzhacke	PIOCHE	Stecheisen	MANETTE
Spitzklette (gemeine)	LAMPOURDE	Stechen	PIQUAGE
Spitzmaus	MUSARAIGNE	Stechginster	AJONC
Splintholz	AUBIER	Stechginster	ULEX
Splitter	ÉCLAT	Stechginsterfeld	JANNIÈRE
spontan	SPONTANÉ	Stechheber	TÂTE-VIN
Sporangium	SPORANGE	Stechkarre	DIABLE
Spore	SPORE	Stechmücke	COUSIN
Sporenbehälter	SPORANGE	Stechpalme	HOUX
Sporenpflanze	CRYPTOGAME	Steckling	OEILLETON
Spörgel	SPERGULE	Stecklinge setzen	BOUTURER
Spray	NÉBULISATEUR	Stecklinge setzen	OEILLETONNER
Sprengdüse	BUSE	Steckreis	OEILLETON
Sprenkelung	TAVELAGE	Steckreis	BOUTURE
Spreu	VANNURE	Steckreis	PLANÇON
Spreuen	BALLES	Steckrübe (grosse)	TURNEP
spriessen	REJETONNER	Steigbügel	ÉTRIER
spriessen	BOURGEONNER	Steigen	MONTÉE
Spritzen	PULVÉRISATION	Stein	NOYAU
Spritzer	PULVÉRISATEUR	Steinbruch	CARRIÈRE
Spross	TENDRON	Steineiche	YEUSE
Spross	BRIN	Steineiche	ROUVRE
Spross	BROUT	Steineichenwald	ROUVRAIE
Sprössling (junger)	TENDRON	Steinfrucht	DRUPE
Sprung	GERÇURE	Steinfrüchtigkeit	LITHIASE
Sprung	FENTE	Steinklee	MÉLILOT
Sprung	LUTTE	Steinkohlenteer	COALTAR
Spülwasser	RINÇURE	Steinmarder	FOUINE
Spulwurm	ASCARIDE	Steinpilz	BOLET
Spund	BONDON	Steinpilz	CÈPE
Spundbohrer	PERÇOIR	Stelle	LOCUS
Spundloch	BONDE	Stellmacher	CHARRON
Spundzieher	TIRE-BONDE	Stelzradschlepper	TRACTEUR ENJAMBEUR
Spurenelemente	OLIGOÉLÉMENTS	Stempel	PISTIL
Stachel	AIGUILLON	Stengel	TIGE
Stachel	DARD	Stengel	STIPE
Stachelanone	COROSSOL	Stengelknicker	ÉCLATEUR
Stachelanone	ANONE	Stengelquetscher	ÉCLATEUR
Stachelbeere	GROSEILLE	Steppe	GARRIGUE
Stachelbeerstrauch	GROSEILLIER	Steppe	BROUSSE
Stacheldraht	BARBELÉ	Ster	STÈRE
Stachelwalze	HÉRISSON	Sterblingswolle	MORINE
Stadtgemeinde	COMMUNE	steril	STÉRILE
Staffelei	CHEVALET	Sterilisation	STÉRILISATION
Stalldünger	FUMIER	Sterilisieren	STÉRILISATION
Stalldungräumer	ÉVACUATEUR DE FUMIER	sterilisieren	STÉRILISER
Stallfütterung	STABULATION	Sterilität	STÉRILITÉ
Stallhaltung	STABULATION	Sternanis	BADIANE
Stallknecht	PALEFRENIER	Sterz	MANCHE
Stallmistzerreisser	ÉMIETTEUR DE FUMIER	Steuer	TAXE
Stallreiniger	NETTOYEUR D'ÉTABLE	Steuereintreiber	COLLECTEUR DE TAILLE
Stamm	TRONC	Steuerfreiheit	IMMUNITÉ
Stamm	TIGE	steuern	GOUVERNER
Stammbaum	PÉDIGRÉE	steuerpflichtig	TAILLABLE
stampfen	PIAFFER	Stichkanal	ÉTIER
Stampfen	PILONNAGE	Stickstoff	AZOTE
Stampfen	PLOMBAGE	Stiel	TIGE
Stampferde	PISÉ	Stiel	HAMPE
Standbaum	BAT-FLANC	Stier	TAUREAU
Standgeld	REDEVANCE	Stillen	ALLAITEMENT
Standgeld	TONLIEU	Stirnpanzer	CHANFREIN
Stange	PERCHE	Stirnriemen	FRONTEAU
Stange (lange)	GAULE	Stock	PORTE-GREFFE
Stangenwald	PERCHIS	Stock	SUJET PORTE-GREFFE
Stangenzaun	PERCHIS	Stockrose	PASSE-ROSE
Stapelblock	TIN	Stockwerk	ÉTAGE
Stapellauf	LANÇAGE	Stoff	TOILE
stark	INTENSIF	Stoffwechselstörungen	MÉTABOLIQUES (MALADIES)
stark	CORSÉ	Stolon	STOLON
Stärke	AMIDON	Stoma	STOMATE
Stärkefabrik	AMIDONNERIE	Stomatitis	STOMATITE.
Stärkegehalt	FÉCULENCE	Stoppel	ÉTEULE
Stärkemehl	FÉCULE	Stoppelfeld	CHAUME
Stärkemehlfabrik	FÉCULERIE	Stoppeln stürzen	CHAUMER
stärkemehlhaltig	FÉCULENT	Stoppeln stürzen	RETOURNER
Stärkezucker	GLUCOSE	Stoppelpflug	DÉCHAUMEUSE
Starrkrampf	TÉTANIE	Stoppelstürzen	DÉCHAUMAGE
Stätte	LOCUS	Storchschnabel	GÉRANIUM

INDEX ALLEMAND-FRANÇAIS

Stosshacke	BINETTE	Symbiose	SYMBIOSE
Strahl	JET	Syndikus	SYNDIC
Strahlenmessungsindex	INDICE ACTINOMÉTRIQUE	Synthese (organische)	SYNTHÈSE ORGANIQUE
Strahlenpilzkrankheit	ACTINOMYCOSE	systemisch	SYSTÉMIQUE
Strandkiefer	PINASTRE	Tabak	PÉTUN
Strang	TRAIT	Tabak	TABAC
Strassendorf	VILLAGE LINÉAIRE	Tabak (geschnittener)	SCAFERLATI
Strassendorf	VILLAGE-RUE	Tabakblätterbündel	MANOQUE
Strassenwärter	CANTONNIER	Tabaklager	ENTREPÔT
Strauch	ARBUSTE	Tabakpflanzer	TABACULTEUR
Strauch	ARBRISSEAU	Tabakpflücken	MANOCAGE
Strauch	BUISSON	Tagelohn	JOURNÉE
Strauchholz	BASSE-TIGE	Tagelöhner	BRICOLIER
Strauss	BOUQUET	Tagelöhner	JOURNALIER
Straussgras	AGROSTIS	Tagewerk	JOURNÉE
Streifen	STRIURES	Tagewerk	HOMMÉE
Streifenkultur	CULTURE EN BANDES ALTERNANTES	Talfahrt	AVALAGE
Streu	LITIÈRE	Tamariske	TAMARIS
streunen	VAGUER	Tang	GOÉMON
Streunen	DIVAGATION	Tang	VARECH
Striegel	ÉTRILLE	Tangentialriss	ROULURE
Striegeln	PANSAGE	Tannenbaum	SAPIN
striegeln	PANSER	Tannenwald	SAPINIÈRE
Strieme	STRIURES	Tannenzapfen	CÔNE
Stroh	PAILLE	Tannin	TANIN ou TANNIN
Strohband	ACCOLURE	Tapioka	TAPIOCA
Strohbinder	BOTTELEUSE	Taragewicht	TARE
Strohbinder	LIEUR	Tarar	TARARE
Strohfackel	BRANDON	Tätowieren	TATOUAGE
Strohhülle	TONTINE	Tau	ROSÉE
Strohhülle	PAILLON	Taube	PIGEON
Strohhülse	PAILLIS	Taube	COLOMBE
Strohhütte	CHAUMIÈRE	Taubenfreund	COLOMBOPHILE
Strohlehm	TORCHIS	Taubenhaus	PIGEONNIER
Strohmatte	PAILLASSON n	Taubenhaus	COLOMBIER
Strohmist	FUMIER	Taubenloch	BOULIN
Strohpresse	PRESSE	Taubenmist	FIENTE
Strohwisch	PAILLIS	Taubenmist	COLOMBINE
Strohwisch	BOUQUET	Taubenschlag	PIGEONNIER
Strunk	STIPE	Taubenschlag	COLOMBIER
Stück Land	LOPIN DE TERRE	Taubenschlag (kleiner)	FUYE
Stückarbeiter	TÂCHERON	Taubenzüchter	COLOMBOPHILE
Stücklader	CHARGEUR	Taufliege	DROSOPHILE
Stumpf	CHICOT	Taumellolch	IVRAIE
Stutbuch	STUD BOOK	Taupunkt	POINT DE ROSÉE
Stute	JUMENT	Taxe	TAUX
Stutenfüllen	POULICHE	Taxi	TAXIE
Stutfohlen	POULICHE	Taxis	TACTISME
Stützbalken	LAMBOURDE	Taxonomie	TAXINOMIE OU TAXONOMIE
Stütze	TUTEUR	Tee	THÉ
Stütze	SUPPORT	Teehaus	THÉERIE
stutzen	ÉBRANCHER	Teer	GOUDRON
stutzen	ROGNER	Teestrauch	THÉ
stutzen	MONDER	Teich	ÉTANG
Stutzen	ÉBRANCHAGE	teilen (in Stücke)	PARCELLER
Stutzen	RAJEUNISSEMENT	Teilpachtgut	MÉTAIRIE
Stützen	TUTEURAGE	Tenne	AIRE
stützen	TUTEURER	Tensimeter	TENSIOMÈTRE
stutzen (eines Baumes)	RABATTRE	Terminhandelmarkt	MARCHÉ À TERME
stützen (mit Stäben)	RAMER	Termite	TERMITE
Stutzen (von Schwanz und Ohren)	COURTAUDER	Terrassenbau	TERRASSE DE CULTURE .f
Subsistenzwirtschaft	SUBSISTANCE (Économie de)	Terrassenkultur	CULTURE SUR TERRASSE
Sukhulenten	GRASSES (PLANTES)	Testgebiet	PILOTE
Sukkulenten	PLANTES (GRAS)	Tetanus	TÉTANOS
Sulfat	SULFATE	Textil	TEXTILE
Sumach	SUMAC	Textilpflanzen	PLANTES TEXTILES
Sumpf	MARÉCAGE	Thallophyten	THALLOPHYTES
Sumpf	MARAIS	Thallus	THALLE
Sumpf	PALUD	Therapeutik	THÉRAPEUTIQUE
Sumpf-	ULIGINEUX	Thermidor (Hitzemonat)	THERMIDOR
Sumpfgrund	NOUE	thermophil	THERMOPHILE
sumpfig	ULIGINEUX	Thermotherapie	THERMOTHÉRAPIE
Sumpfkiefer	PITCHPIN	Thomasmehl	SCORIE DE DÉPHOSPHORATION
Sumpfpflanze	HYGROPHILE	Thomasphosphat	SCORIE DE DÉPHOSPHORATION
Superphosphat	SUPERPHOSPHATE	Thuja	THUIA
Suppe	POTAGE	Thymian	THYM
Süssholz	RÉGLISSE	Thymian (wilder)	SERPOLET
Süsskartoffel	PATATE	Tick	TIC
Süssklee	LUPINELLE	Tiefkühlen	CONGÉLATION
Süssklee	SULLA	Tiefkühlen	SURGÉLATION
Süssklee	SAINFOIN	Tiefkulturpflug	DÉFONCEUSE
Sykomore	SYCOMORE	Tiefland	BAS-PAYS
Sylvinit	SYLVINITE	tiefpflügen	DÉFONCER

INDEX ALLEMAND-FRANÇAIS

Tiefpflügen	DÉFONÇAGE
Tiefschneiden	RÉCÉPAGE
tiefschneiden	RECÉPER
Tier	BÊTE
Tieranbeter	ZOOLÂTRE
Tierarzt	VÉTÉRINAIRE n.
Tierhygiene	HYGIÈNE VÉTÉRINAIRE
Tilgung	AMORTISSEMENT
Titel	TITRE
Titer	TITRE
tödlich	LÉTAL
Toleranz	TOLÉRANCE
Tollkirsche	BELLADONE
Tollwut	RAGE
Tollwut-	RABIQUE
tollwütig	RABIQUE
Tomatenpflanze	TOMATE
tonartig	ARGILEUX
Tonerde	GLAISE
tönern	ARGILEUX
Tonne	TONNEAU
Topf	POT
Topinambur	TOPINAMBOUR
Toponymie	TOPONYMIE
Topp	TOPE
Torf	TOURBE
Torfmoor	TOURBIÈRE
Toxin	TOXIN
Trab	TROT
Tracht	SOMME
trächtig	PLEINE
Trächtigkeit	GESTATION
Tragbahre	BAYART
Tragbahre	CIVIÈRE
Tragekorb	GABION
Tragezeit	GESTATION
Tragriemen	BRICOLE
Traktor	TRACTEUR
Traktorfahrer	TRACTORISTE
Tränen	LARMES
Tränke	ABREUVOIR
Tränken	ABREUVAGE
tränken	ABREUVER
Traube	RAISIN DE TABLE
Traube	RÉGIME
Traube	GRAPPE
Traube (unreife)	VERJUS
Trauben-	UVAL
Traubenbottich	COMPORTE
Traubenbottich	TINE
Traubenerntemaschine	MACHINE À VENDANGER
traubenförmig	UVAIRE
Traubenkamm	RÂPE
Traubenmost	MOÛT
traubenreich	GRAPPU
Traubenwickler	EUDÉMIS
Traubenwickler	COCHYLIS
Traubenzucker	GLUCOSE
Trauer-	PLEUREUR adj
Treber	MARC
Treiben	FORÇAGE
treiben	MENER
treiben	HÂTER t.
treiben (auf die Alm)	TRANSHUMER
Treibhaus	SERRE-TUNNEL
Treibhaus	SERRE
Treibhaus	FORCERIE
Treibhauskultur	CULTURE FORCÉE
trennen (butter von der Molke)	DÉLAITER
Trennung (Butter von der Molke)	DÉLAITAGE
Trester	MARC
Tresterwein	PIQUETTE
Trichinenkrankheit	TRICHINOSE
Trichinose	TRICHINOSE
Trichomonadenseuche	TRICHOMONOSE
Trichter	ENTONNOIR
Trieb	POUSSE
Trieb	JET
Trieb	BROUT
Trieb	LONG BOIS
Trieb	SCION
Triftrecht	PARCOURS (LIBRE)
Triploid	TRIPLOÏDE
trocken	ARID
Trockenfäule des Weins	BLACK-ROT
Trockenfeldbau	DRY FARMING
Trockengestell	FANOIR
Trockenheit	SÉCHERESSE
Trockenheitsindex	INDICE D'ARIDITÉ
Trockenkammer	SÉCHERIE
Trockenlegen	DESSÈCHEMENT
Trockenlegung	ASSÈCHEMENT
Trockenmaschine	SÉCHEUR
Trockenmilch	POUDRE DE LAIT
Trockenpflaume	PRUNEAU
Trockenplatz	SÉCHERIE
Trockenplatz	SÉCHOIR
Trockenplatz für Käse	SÉCHOIR FROMAGER
Trockenstehen	TARISSEMENT
Trockenwirtschaft	ARIDOCULTURE
Trockenzuckerung	CHAPTALISATION
Trocknen	DESSICCATION
Trocknen	SÉCHAGE
trocknen	SÉCHER
Trocknen	DÉSHYDRATATION
Trocknungsanlage	DÉSHYDRATEUSE
Trödelkram	REGRAT
Trödler	REGRATTIER
Trog	AUGE
Tropfinfusion	GOUTTE À GOUTTE
Tropismus	TROPISME
Trüffel	TRUFFE
Trüffelboden	TRUFFIÈRE
Trüffelzüchter	TRUFFICULTEUR
Truthahn	DINDON
Truthahngehege	DINDONNERIE
Truthahnzucht	DINDONNERIE
Truthenne	DINDE
Truthenne	POULE D'INDE
Tschernosem	TCHERNOZEM
Tsetsefliege	TSÉ-TSÉ
Tuberkulin	TUBERCULINE
Tuberkulininjektion	TUBERCULINISATION
Tuberkulose	TUBERCULOSE
Tuberose	TUBÉREUSE
Tüdern	PÂTURAGE AU TIÈRE
Tüdern	TIÈRE
tüdern	PÂTURER AU PIQUET
Tulpe	TULIPE
Tulpenbaum	TULIPIER
Tumor	TUMEUR
Tunnel	TUNNEL
Türflügel	VANTAUX
Türschwelle	SEUIL
Typologie (landwirtschaftliche)	TYPOLOGIE AGRICOLE
Überdachung	APPENTIS
Überernährung	SURALIMENTATION
Überfütterung	SURALIMENTATION
Übernahmesumme	PAS-DE-PORTE
Überpfropfen	SURGREFFAGE
Überproduktion (landwirtschaftliche)	SURPRODUCTION AGRICOLE
überreif	BLET
Überreife	BLETTISSEMENT
Überreifen	SURMATURATION
Überschuh	GALOCHE
Überschüsse (landwirtschaftliche)	EXCÉDENTS AGRICOLES
Überschwemmung	INONDATION
Überschwemmung	SUBMERSION
Übersommern	ESTIVAGE
Überträger	VECTEUR
Übervölkerung	SURPEUPLEMENT AGRICOLE
Überweidung	SURPÂTURAGE
überwintern	HIVERNER
Überwinterung	HIVERNAGE
Überwuchern	ACCRUE
Ubiquist	UBIQUISTE
Ulme	ORME ou ORMEAU
Ulme	ULMEAU
Ulmenpflanzung	ORMILLE
Ulmenwäldchen	ORMAIE
Umbruchpflug	DÉFONCEUSE
Umfüllen	TRANSVASEMENT
umgraben	BÊCHER
Umgraben	BÊCHAGE
umgraben	REFOUIR
umgraben	FOUIR

INDEX ALLEMAND-FRANÇAIS

Allemand	Français
Umgraben	VERSAGE
umhacken	PIOCHER
umhacken	SERFOUIR
umherirren	VAGUER
Umherziehen	DIVAGATION
Umkehrung	INVERSION
umpflanzen	DÉPOTER
Umpflanzer	TRANSPLANTOIR
Umpflanzung	REPIQUAGE
Umpflügen	DÉCHAUMAGE
umpflügen	RETOURNER
Umpflügen	CHARRUAGE
Umpflügen (erstes)	VERSAGE
umpfropfen	REGREFFER
Umriss	CONTOUR
Umstellung (der Landwirtschaft)	RECONVERSION
Umweltverschmutzung	POLLUTION
Umwickeln (mit Stroh)	EMPAILLAGE
Umzäunung	ENCLOSURE
unausreissbar	INDÉRACINABLE
unbebaubar	INCULTIVABLE adj
unbebaut	INCULTE
unbestellbar	INCULTIVABLE .
unbestellt	INCULTE
unergiebig	IMPRODUCTIF
unfruchtbar	INFERTILE
unfruchtbar	STÉRILE
unfruchtbar	IMPRODUCTIF
unfruchtbar	BRÉHAIGNE
ungehörnt	INERME
ungenutzt	INCULTE
ungestielt	ACAULE
ungestielt	SESSILE
Unkraut	ZIZANIE
Unkraut	PLANTE ADVENTICE
Unkraut vertilgen	DÉSHERBER
Unkrautkunde	MALHERBOLOGIE
unkrautstechen	ÉCHARDONNER
Unkrautstecher	ÉCHARDONNOIR
Unkrautvertilgung	DÉSHERBAGE
Unkrautvertilgungsmittel	HERBICIDE
Unkrautvertilgungsmittel	DESHERBANT
unkultivierbar	INDÉFRICHABLE
unreif	VERT
Unreife	IMMATURITÉ
Unterbinden	LIGATURE
Unterboden	TRÉFONDS
Unterboden	SOUS-SOL
Unterentwicklung	SOUS-DÉVELOPPEMENT
Untergrund	TRÉFONDS
Untergrund	SOUS-SOL
Untergrundlockerung	SOUS-SOLAGE
Untergrundpflug	FOUILLEUR ou FOUILLEUSE ou
Unterholz	SOUS-BOIS
Unterholz	TAILLIS
Unterlage (beim Pfropfen)	PORTE-GREFFE
Unterlage (beim Pfropfen)	SUJET PORTE-GREFFE
Unterpacht	SOUS-FERME
Unterpflanzung	CULTURE INTERCALAIRE
Unterwassermähen	FAUCARDAGE
unterwassermähen	FAUCARDER
Unterwassersense	FAUCARD
Uperisation	UPÉRISATION
Urbanisation	BANLIEUSARDISATION
urbar machen	DÉFRICHER
Urbarmachung	DÉFRICHAGE ou DÉFRICHEMENT
Urea	URÉE
Ureinwohner	ABORIGÈNE
Urkundenbuch	CARTULAIRE
Urlaubsschein	CONGÉ
Ursprungbezeichnung	APPELLATION D'ORIGINE
Ursprungszeichen	LABEL
Vakzine	VACCIN
Vakzinierung	VACCINATION
Vanille	VANILLE
Vanillepflanze	VANILLIER
Vanillepflanzung	VANILLERIE
Variationen	VARIATIONS
Varietät	VARIÉTÉ
Vasall	VASSAL
Vase	VASE
Vegetation	VÉGÉTATION
Vegetationsstufe	ÉTAGE DE VÉGÉTATION
Vegetationszone	ÉTAGE DE VÉGÉTATION
vegetativ	VÉGÉTATIF
Veilchen	VIOLETTE
Vendemiaire (Weinmonat)	VENDÉMIAIRE
Ventilator	VENTILATEUR
Ventose (Windmonat)	VENTÔSE
Verabreichung	POSOLOGIE
verarbeiten	OUVRER
verbessern	ABONNIR
verbrannte Erde	BRÛLIS
Verbreitung (allgemeine)	VULGARISATION
Verbrennen	BRÛLEMENT
verbrühen	ÉCHAUDER
Verderben	RANCISSEMENT
Verdorren	BRÛLURE
verdrängen	SUPPLANTER
Verdunstungsapparat	ÉVAPORATEUR
Verein (landwirtschaftlicher)	COMICE AGRICOLE
Vereinzeln	COUPE D'ÉCLAIRCIE
Vereinzelung	ÉCLAIRCISSAGE
Vergeilen	ÉTIOLEMENT
Vergesellschaftung (des Landes)	SOCIALISATION DES TERRES
Vergraben	ENFOUISSAGE
Verholzung	LIGNIFICATION
Verjüngung	RÉGÉNÉRATION
Verjüngungshieb	COUPE DE RÉGÉNÉRATION
Verjüngungsschnitt	RAJEUNISSEMENT
Verkalben	BRUCELLOSE
verkalben	AVORTER
Verkalben	BANG (MALADIE DE)
Verkauf	VENTE
Verkaufsgebühren	LODS ET VENTES (DROITS DE)
Verkohlung	CARBONISATION
Verkorken	BOUCHAGE
Verkümmern	MILLERANDAGE
Verkümmern	ÉTIOLEMENT
Vermehrung	CROIT
Vermehrung (geschlechtliche)	MULTIPLICATION SEXUÉE
Vermehrung (ungeschlechtliche)	MULTIPLICATION VÉGÉTATIVE
Vermessung	MENSURATION
Vermieter	BAILLEUR
Vermizid	VERMICIDE
Vernalisation	PRINTANISATION
Vernalisation	VERNALISATION
verpachten	ARRENTER
verpachten	AFFERMER
verpachten	AMODIER
Verpächter	BAILLEUR
Verpachtung	MÉTAYAGE
Verpachtung	AFFERMAGE
Verpachtung	AMODIATION
Verpachtung	BAIL À FERME
verpacken	CONDITIONNER
Verpackung	CONDITIONNEMENT
verpfählen	ÉCHALASSER
Verpfählung	PIQUAGE
verpflanzen	DÉPIQUER
verpflanzen	TRANSPLANTER
Verpflanzung	DÉPLANTATION
Verpflanzung	TRANSPLANTATION
Versauern	ACÉTIFICATION
Verschlag	RESSERRE
Verschlag	STALLE
Verschlagenheit	FOURBURE
Verschliessung	BOUCHAGE
verschneiden	RECOUPER
Verschneiden	COUPAGE
Versengen	ÉCHAUDAGE
Verstädterung	BANLIEUSARDISATION
Versuch	TEST
Versuch	TESTAGE
Versuch	ESSAI
Versuchsergelonis	RÉPONSE
Versuchsfarm	PILOTE
Versuchsgebiet	ZONE TÉMOIN
Verteiler	PARTITEUR
Verticutierer	RÉGÉNÉRATEUR DE PRAIRIE
Vertrag	CONTRAT
Vertrocknen (der Blüten)	COULURE
verwaisen	ORPHELINER
verwaist	ORPHELINE
Verwalter	RÉGISSEUR
Verwandtschaft	PARENTÉ

Verwelken	FANAISON	Wacholderbeere	GENIÈVRE
Verwelken	FLÉTRISSAGE	Wachs	CIRE
Verwertbarkeit	EXPLOITABILITÉ	Wachsen	POUSSE
Verwurzelung	RADICATION	Wachstum	CROISSANCE
Verwüstung	INFESTATION	Wachstum	PORT
Verzeichnis	INVENTAIRE	Wachstumsrate	TAUX DE CROISSANCE
Verziehen	DÉMARIAGE	Wachstumsziffer	TAUX DE CROISSANCE
Verzuckerung	SACCHARIFICATION	Wagen	CHAR
Veterinärmedizin	MÉDECINE VÉTÉRINAIRE	Wagen	CHARIOT
Vetiver	VETIVER	Wagen	VOITURE
Vieh	BÊTE	Wagen (leichter zweirädriger)	CARRIOLE
Vieh	BÉTAIL	Wagenbauer	CARROSSIER
Viehbestand	CHEPTEL	Wagenkorb	BANNE
Viehfutter	FOURRAGE	Wagenplane	BÂCHE
Viehfutter	PÂTURE	Wagenschuppen	REMISE
Viehfutterkonzentrat	CONCENTRÉ	Wagner	CARROSSIER
Viehfütterung	AFFOURRAGEMENT	Wald	BOIS
Viehfütterung	ALIMENTATION DU BÉTAIL	Wald	SYLVE
Viehglöckchen	SONNAILLES	Wald	FORÊT
Viehhaltung	ÉLEVAGE	Wald (grosser)	MASSIF
Viehhüter	GARDEUR	Wald-	SYLVESTRE
Viehkrippe	MANGEOIRE	Waldbeere	BLEUET
Viehmäster	HERBAGER	Waldbezirk	GARDERIE
Viehmästerei	NOURRICERIE	Wäldchen	BOCAGE
Viehpacht	BAIL À CHEPTEL	Wäldchen	BOQUETEAU
Viehschelle	SONNAILLES	Waldesrand	ORÉE
Viehstall	ÉTABLE	Waldgott	FAUNE
Viehtränke	ABREUVOIR	Waldhaus	MAISON FORESTIÈRE
Viehtransportanhänger	BÉTAILLÈRE	Waldhirse	PANIC
Viehtrift	DRAILLES	Waldhüter	GARDE-FORESTIER
Viehweide	PAISSON	waldreich	BOCAGER
Viehweide	GAGNAGE	Walken	FOULAGE
Viehweide	PÂTIS	Walkstock	FOULOIR
Viehzucht	NOURRISSAGE	Wallach	HONGRE
Viehzucht	ÉLEVAGE	Walnuss	NOIX
Viehzüchter	ÉLEVEUR	Walnussbaum	NOYER
Viertel	QUARTERON	Walnussbaum	NOYER
Villa	VILLA	Walze	RAVALE
Virulenz	VIRULENCE	walzen	ROULER
Virus	VIRUS	Walzen	ROULAGE
Viruskrankheit	VIROSE	Wamme	FANON
visieren	BORNOYER	Wand	MUR
Viskosität	VISCOSITÉ	Wanderheuschrecke	CRIQUET
Vitamin	VITAMINE	Wanderratte (grosse)	SURMULOT
Vitamin B4	ADÉNINE	Wandertierhaltung	TRANSHUMANCE
vivipar	VIVIPARE	Wanst	PANSE
Vizegrafschaft	VICOMTÉ	Warenschein	WARRANT
Vogel	OISEAU	Warenvorrat	STOCK
Vogel-	AVIAIRE	Warnanlage	AVERTISSEUR
Vogelbauer	CAGE	Warndienst	SERVICE AVERTISSEUR
Vogelbeerbaum	CORMIER	Waschfass	CUVIER
Vogelhaus	CAGE	Wasserabfluss	DÉVERSOIR
Vogelhaus	VOLIÈRE	Wasserablass	DÉVERSOIR
Vogelhecke	NICHOIR	Wasserbedarf	BESOIN EN EAU
Vogelkirschbaum	MERISIER	Wasserbehälter	RÉSERVOIR
Vogelkirsche	MERISE	Wassergraben	NOUE
Vogelkunde	ORNITHOLOGIE	Wassergraben	DOUVE
Vogelmist	GUANO	Wasserkanal	BIEF
Vogelmist	COLOMBINE	Wasserkanne	BROC
Vogelscheuche	ÉPOUVANTAIL	Wasserlache	FLACHE
Vogelstange	PERCHOIR	Wassermelone	PASTÈQUE
Vogelzucht	AVICULTURE	Wasserpflanzen	HYDROPHYTES
Vogelzüchter	AVICULTEUR	Wasserschaufel	ÉCOPE
Vollblut	SANG	Wasserspeicherkapazität	RÉTENTION
Vollblutpferd	PUR SANG	Wasserzusatz	MOUILLAGE
Voralm	MONTAGNETTE	Wau	GAUDE
Vorbeugung	PRÉVENTION	Wau	GAUDE
Vordach	AVANT-TOIT	Weber	TISSERAND
Vordergestell	AVANT-TRAIN	Weberkante	CHARDON
Vorderhand	AVANT-MAIN	Wechselpflug	TOURNE-OREILLE
Vorderkopf	CHANFREIN	Wechselwirtschaft	ROTATION
Vorderteil	AVANT-MAIN	Wechselwirtschaft	ALTERNANCE
Vordruck	FORMULAIRE	Weg	CHEMIN
Vorgreifen	PRÉVENTION	Wegedorn	NERPRUN
Vorlauf	MÈRE-GOUTTE	Wegedorn	ALATERNE
Vorlauf	SURMOÛT	Weibchen	FEMELLE
Vorrecht	FORS	weiblich	FEMELLE
Vorreisser	TRAÇOIR	Weide	PÂTURE
Vorschär	RASETTE	Weide	SAULE
Vorwärmer	RÉCHAUFFEUR	Weide (fette)	EMBOUCHE
Wabe	ALVÉOLE	Weide (fette)	PRÉ D'EMBOUCHE
Wache	VEILLÉE	Weidegang	MISE À L'HERBE
Wacholderbaum	GENÉVRIER	Weideland	PÂTURAGE

INDEX ALLEMAND-FRANÇAIS

Weidelgras	RAY-GRASS
weiden	PÂTURER
weiden	BROUTER
weiden	PACAGER
Weiden	DÉPAISSANCE
weiden	PAÎTRE
Weidenband	ACCOLURE
Weidenband	HART
Weidenband	PLAYON
Weidenband	PLEYON
Weidengebüsch	OSERAIE
Weidengehölz	SAULAIE
Weidenkorb	CLAIE
Weidensteckreis	QUILLETTE
Weideplatz	HERBAGE
Weideplatz	PACAGE
Weiderecht	PARCOURS (LIBRE)
Weiderecht	VAINE PÂTURE
Weideverbot	DÉFENS, ou DÉFENDS (MISE EN)
Weiher	ÉTANG
Weiler	HAMEAU
Wein	VIN
Wein (heimatlicher)	CRU
Wein (saurer)	GINGLARD
Wein (sehr leichter)	VINASSE
Wein-	VINAIRE
Wein-	VITIVINICOLE
Weinanalyse	OENOMÉTRIE
weinartig	VINEUX
Weinbau	VINICULTURE
Weinbau	VITICULTURE
Weinbau-	OENOLOGIQUE
Weinbau-	VITICOLE
Weinbau-	VITIVINICOLE
Weinbau-	VINICOLE
Weinbauer	VIGNERON
Weinbauer	VITICULTEUR
Weinbaukunde	OENOLOGIE
Weinbeermus	RAISINÉ
Weinbereitung	VINIFICATION
Weinberghacke	FOSSOIR
Weinbergpflug	DÉCHAUSSEUSE
Weinbrand	COGNAC
Weine (neue)	PRIMEURS
Weinernte	VINÉE
Weinessig	VINAIGRE
Weinfass	FÛT
Weinfeld	VIGNOBLE
Weingarten	VIGNE
Weingeist	ESPRIT
Weinheber	TÂTE-VIN
Weinhefe	LIE
Weinkeller	CAVE
Weinkeller	CELLIER
Weinkeller	VENDANGEOIR
Weinkeller	CUVERIE
Weinkenner	GOURMET
Weinkoster	GOÛTEUR
Weinkoster	PIQUEUR
Weinlager	CHAI
Weinlagermeister	MAÎTRE DE CHAI
Weinland	VIGNOBLE
Weinlaube	TREILLE
Weinlese	VENDANGE
weinlesen	VENDANGER
Weinleser	VENDANGEUR
Weinleserin	VENDANGEUSE
weinliebend	OENOPHILE
Weinpfahl	ÉCHALAS
Weinpfahl	PAISSEAU
Weinpresse	PRESSOIR
Weinprobe	DÉGUSTATION
Weinprüfer	PIQUEUR
Weinranke	SARMENT
Weinranke	PAMPRE
Weinranke (beschnittene)	PORTEUR
Weinrebe	CEP
Weinrebe	VIGNE
weinreich	VINEUX
Weinschädling	COCHYLIS
Weinschlauch	OUTRE
Weinstein	TARTRE
Weinsteinzusatz	TARTRAGE
Weinsteuer	JALAGE
Weinstock	CÉPAGE
Weinstock (wilder)	LAMBRUSQUE
Weintraube	GRAPPE
Weintraube	RAISIN
Weintreber	MARC
Weintrinker-	OENOPHILE
Weinwaage	PÈSE-VIN
Weissbuche	CHARME
Weissbuchenallee	CHARMILLE
Weissbuchenhain	CHARMILLE
Weissdorn	AUBÉPINE
Weisspappel	PEUPLIER BLANC
Weisstanne	ÉPICÉA
Weisswein	BLANC
Weizen	BLÉ
Weizen	FROMENT
Weizen (glatter)	TOUSELLE
Weizen (türkischer)	MAÏS
Weizeneule	NOCTUELLE
Weizenfeld	FROMENTIÈRE
Weizenmehl (feinstes)	MINOT
Welkekrankheit (der Kartoffel)	VERTICILLIOSE
welken	FLÉTRIR
welkend	MARCESCENT
Wellbaum	TREUIL
Werdetau	AIGUAIL
werfen (Ziege)	CHEVRÉTER
Werg	ÉTOUPE
Werkstätte	ATELIER
Werkzeug	OUTIL
Wermut	ABSINTHE
Wert	VALEUR
Wespe	GUÊPE
Wetterdach	ABRI-VENT
Wetterdach	AUVENT
Wetterkluft	GÉLIVURES
Wetterwarte (landwirtschaftliche)	STATION AGROMÉTÉOROLOGIQUE
Wetzstein	PIERRE À AIGUISER
Wicke	VESCE
Wicklerin	TORDEUSE
Widder	BÉLIER
Widerrist	GARROT
Widerruf	DÉSAVEU (DROIT DE)
Widerspruch (einlegen)	RECOURS
wieder besäen	REMBLAVER
wieder besäen	RESSEMER
wieder blühen	REFLEURIR
wieder mähen	RETONDRE
wieder scheren	RETONDRE
Wiederbepflanzung	REPEUPLEMENT
Wiederbepflanzung	REPLANTATION
Wiederkäuen	MÉRYCISME
Wiederkäuen	RUMINATION
wiederkäuen	RUMINER
Wiederkäuer	RUMINANT
Wiehern	HENNISSEMENT
Wiese	PRAIRIE
Wiese (kleine)	PRÉAU
Wiese (künstliche)	PRÉ-GAZON
Wiesenbau	PRATICULTURE
Wiesenbauer	PRATICULTEUR
Wiesenfuchsschwanz	VULPIN
Wiesenknopf	SANGUISORBE
Wiesenkümmel	CARVI
Wiesenritzer	RÉGÉNÉRATEUR DE PRAIRIE
Wiesenschaumkraut	CARDAMINE
wild	SAUVAGE
Wild	GIBIER
Wildbahn	LAIE
Wildbret	GIBIER
Wilddieberei	BRACONNAGE
Wilderei	BRACONNAGE
Wildhüter	GARDE-CHASSE
Wildland	VARENNE
Wildling	SAUVAGEON
Wildmeister	GARDE-CHASSE
Wildnis	BROUSSE
Wildpark	GARENNE
wildwachsend	ADVENTICE
Windbefruchtung	ANÉMOPHILIE
Windbruch	VENTIS
Winde	TREUIL

INDEX ALLEMAND-FRANÇAIS

Winde	LISERON	Xantophyll	XANTHOPHYLLE
Windkraftmaschine	ÉOLIENNE	xerophil	XÉROPHILE
Windmotor	ÉOLIENNE	Xerophyt	XÉROPHYTE
Windmotor	AÉROMOTEUR	Xylem	XYLÈME
Windmühle	MOULIN À VENT	Xylose	XYLOSE
Windrad	ÉOLIENNE	Yak	YAK
Windschirm	ABRI-VENT	Yamswurzel	IGNAME
Windschirm	BRISE-VENT	Ylang-Ylang-Baum	YLANG-YLANG
Windschirm	ABAT-VENT	Ysop	HYSOPE
Windschutz	ABRI-VENT	Yukka	YUCCA
Windschutz	ABAT-VENT	zähmen	APPRIVOISER
Windsichter	TARARE	zähmen	DOMPTER
Winkelmesser	GRAPHOMÈTRE	Zähmung	DOMESTICATION
Winter-	HIÉMAL	Zapfwelle	PRISE DE FORCE
winterlich	HIÉMAL	Zapfwellenkraftheber	RELEVAGE (SYSTÈME DE)
winterlich	HIVERNAL	Zaun	CLÔTURE
Winterschlaf	HIBERNATION	Zebu	ZÉBU
Winterschlaf halten	HIBERNACULER	Zecke	IXODE
Winterschlaf halten	HIBERNER	Zecke	TIQUE
Winterzeit	HIVERNAGE	Zeder	CÈDRE
Winzer	VENDANGEUR	Zeder (weisse)	CÈDRE BLANC
Winzer	VIGNERON	Zedratbaum	CÉDRATIER
Winzer	VITICULTEUR	Zehnte	DÎME
Winzerin	VENDANGEUSE	Zelge	SOLE
Winzerkorb	VENDAGOIR	Zelle	CELLULE
Wipfel	CIME	Zellulose	CELLULOSE
Wipfel	HOUPPIER	Zelt	TENTE
Wirtschaftsgebäude	AITRES	Zelter	HAQUENÉE
Wirtspflanze	HÔTE	Zentiar	CENTIARE
Wirtstier	HÔTE	Zentrifuge	CENTRIFUGEUSE
Wohlgeruch	ARÔME	Zentrifugierung	CENTRIFUGATION
Wohlgeruch	BOUQUET	Zerhacken	HACHAGE
Wohlgeruch	PARFUM	zerhacken	TRONÇONNER
Wohnen	HABITATION	zerkleinern (Schollen)	ÉMOTTER
Wohnsitz	RÉSIDENCE	zerquetschen (Obst)	PULPER
Wohnung	HABITATION	Zerreisstrommel	ÉMIETTEUR DE FUMIER
Wohnung	HABITATION	Zersägen	SCIAGE
Wolfsbohne	LUPIN	Zersägen	DÉBITAGE
Wolfsjäger	LOUVETIER	zersägen	DÉBITER
Wollarbeiter	LAINIER	zerstampfen	CONCASSER
Wolle	TOISON	zerstampfen (Obst)	PULPER
Wolle	LAINE	Zerstäuben	NÉBULISATION
Wolle (schlechte)	COAILLE	Zerstäuber	NÉBULISATEUR
Wollfett	SUINT	Zerstäuber	PULVÉRISATEUR
Wollhaar	LINTS	Zerstäuber	POUDREUSE
Wollmispel	BIBASSIER	Zerstäuber	ATOMISEUR
Wucherung	PROLIFÉRATION	Zeugung	GÉNÉRATION
Wulst	VERTUGADIN	Zichorie	SCAROLE
Wunderbaum	RICIN	Zichorie	CHICORÉE
Wundstarrkrampf	TÉTANOS	Zicklein	BICOT
Wurf	PORTÉE	Zicklein	CABRI
Wurfscheibe	DISQUE	Ziege	BIQUE
Wurfspiess (kleiner)	JAVELINE	Ziege	CHÈVRE
Wurm	VER	Ziegel	TUILE
Wurmkrankheit	HELMINTHIASE	Ziegen-	CAPRIN
Wurmkrankheiten	VERMINEUSES (MALADIES)	Ziegenbock	BOUC
Wurmmittel	VERMICIDE	Ziegenhirt	CHEVRIER
Wurmmittel	VERMIFUGE	Ziehen	TRACTION
Wurzel	RACINE	Zierbaüme (hohe)	MARMENTEAUX (BOIS)
Wurzelausläufer	COULANT	Zierpflanzen	PLANTES ORNEMENTALES
Würzelchen	RADICELLES	Zigarrenmacher	CIGARIER
Wurzelhaare	POILS ABSORBANTS	Zigarrenwickler	RHYNCHITE
Wurzelhals	COLLET	Zigarrenwickler	CIGARIER
Wurzelknospe	TURION	Zimmermann	CHARPENTIER
Wurzeln schlagen	RACINER	Zimt	CANNELLE
Wurzelrebe	SAUTELLE	Zimtbaum	CINNAMOME
Wurzelreis	SURGEON	Zimtbaum	CANNELIER
Wurzelschimmel	POURRIDIÉ	Zinnamom	CINNAMOME
Wurzelschneider	COUPE-RACINE	Zinsbauer	TENANCIER
Wurzelschössling	ACCRU	Zinsbauer	CENSITAIRE
Wurzelschössling	TALLE	Zinsbuch	CENSIER
Wurzelschösslinge	DRAGEONS	Zinsener	CENSITAIRE
Wurzelschösslinge treiben	TALLER	Zinsgut	CENSIVE
Wurzelspross	BOULURE	Zinsgut	VILAINAGE
Wurzelsprosse	STOLON	Zisterne	CITERNE
Wurzelstock	RHIZOME	Zisternenfilter	CITERNEAU.
Wurzeltrieb (neuer)	TALLAGE	Zitronatzitronenbaum	CÉDRATIER
Wurzelwerk	RADICATION	Zitrone	CITRON
Wurzelwerk	RACINAGE	Zitronenbaum	CITRONNIER
würzig	AROMATIQUE	Zitronenkraut	CITRONNELLE
Wüste	DÉSERT	Zitronenlikör	CITRONNELLE
Wüstenei	DÉSERT	Zitrusfruchtanbau	AGRUMICULTURE
x-beinig	PANARD	Zitrusfrüchte	AGRUMES

INDEX ALLEMAND-FRANÇAIS

Zittergras	AMOURETTE	Zurichten	HABILLAGE
Zitterpappel	TREMBLE	Zurichten	DÉBITAGE
Zitze	MAMELLE	zurichten	DÉBITER
Zitze	TRAYON	Zurück zur Natur	RETOUR À LA TERRE
Zitzenbecher	GOBELET TRAYEUR	Zusammenjochen	APPAREILLAGE
Zoll	PÉAGE	zusetzen (von Alkohol)	VINER
Zoologie	ZOOLOGIE	zusetzen (von Weingeist)	VINER
Zoonose	ZOONOSE	Zuwachs	RECRUE
Zootechnik	ZOOTECHNIE	Zuwachs	CROÎT
zubereiten	MATURER	Zuwachs in höhere Klassen	PASSAGE A LA FUTAIE
Zucchini	COURGETTE	Zwang	CONTRAINTE
Zucht	ÉLEVAGE	Zwangsräumung	ÉVICTION
Zuchtbuch	LIVRE GÉNÉALOGIQUE	Zweig	RAMEAU
Züchter	NAISSEUR	Zweig	BRANCHE
Züchter	NOURRISSEUR	Zweig	RAME
Zuchtesel	BAUDET	Zweige (abgehauene)	BRISÉES
Zuchtstute	POULINIÈRE	zweihäusig	DIOÏQUE
Zuchttier	REPRODUCTEUR	Zwerg-	NAIN
Zuchtwahl	SÉLECTION	Zwergholunder	HIÈBLE
Zucker	SUCRE	Zwergpalme	PALMISTE
Zuckerbäckerei	CONFISERIE	Zwergwuchs	NANISME
Zuckerbranntwein	TAFIA	Zwetsche	PRUNE
Zuckererbse	MANGE-TOUT	Zwetsche	QUETSCHE
Zuckerfabrik	SUCRERIE	Zwiebel	BULBE
Zuckerfabrikant	SUCRIER	Zwiebel	OIGNON
zuckerhaltig	SACCHARIFÈRE	Zwiebel (kleine)	CIBOULE
Zuckerhonig	MIEL DE SUCRE	Zwiebelbeet	OIGNONIÈRE
Zuckermelone	SUCRIN	Zwiebrachen	BINAGE
Zuckern	SUCRAGE	zwiebrachen	BINER
Zuckerrohr	CANNE À SUCRE	Zwillinge	JUMEAUX
Zuckerrohrsaft	VESOU	zwirnen	RETORDRE
Zuckerrohschneidemaschine	COUPEUSE-ÉCIMEUSE-ANDAINEUSE	Zwischenfruchtbau	CULTURE DÉROBÉE
Zuckersiederei	RAFFINERIE	zwischenpflücken	ENTRECUEILLIR
Zuckerwurzel	CHERVIS	Zwischenpfropfen	SURGREFFAGE
Zufluchtstätte	ABRI	Zwischenraum	ESPACEMENT
Zugang	ACCESSION	Zwittrigkeit	HERMAPHRODISME
Zugbohrer	TIRE-FOND	Zyanamid	CYANAMIDE
Zügel	BRIDE	Zygote	ZYGOTE
Zügel	RÊNES	Zyklus	CYCLE
Zugkraft	TRACTION	Zymase	ZYMASE
Zugtiere	BÊTES DE TRAIT	Zymologie	ZYMOLOGIE
Zünsler	PYRALE	Zymosimeter	ZYMOSIMÈTRE
zureiten	ACHEMINER	Zypergras	SOUCHET
Zürgelbaum (südlicher)	MICOCOULIER	Zypresse	CYPRÈS

INDEX ESPAGNOL-FRANÇAIS

a pleno aire	PLEIN-AIR	accesión	ACCESSION
a ras de tierra	BLANC-ESTOC ou BLANC-ÉTOC	acción de agramar	TILLAGE
		acción de poner un dique	ENDIGUEMENT
abacá	ABACA	acción de recoger	RAMASSAGE
abedul	BOULEAU	acción de sulfatar	SULFATAGE
abedular	BOULAIE	acebo	HOUX
abeja	ABEILLE	acebolladura	ROULURE
abeja	AVETTE	acedera	OSEILLE
abejón	FRELON	acedera	SURELLE
abejón	FAUX-BOURDON	acedera	VINETTE
abejorro	HANNETON	acederilla	VINETTE
abejorro	BOURDON	acedo	VERDELET adj.
abertura	PERTUIS	aceitar	HUILAGE
abertura	TROUÉE	aceite	HUILE
abertura encima del pesebre	ABAT-FOIN	aceituna	OLIVE
abetal	SAPAIE	acelga	BETTE
abetal	SAPINIÈRE	acelga	POIRÉE
abeto	ABIÈS	acémilas	BÊTES DE SOMME
abeto	SAPIN	acequia	BÉAL
abeto del Norte	ÉPICÉA	acequia	NAVILLE
abierto	OUVERT adj.	acequia	RIGOLE DE COLATURE
abolladura	CLOQUE	acequia	CANAL
abomaso	CAILLETTE	acequia	CANAL D'IRRIGATION
abonado de conservación	FUMURE D'ENTRETIEN	acequia de avenamiento	ÉMISSAIRE
abonado de enderezamiento	FUMURE DE REDRESSEMENT	acerolo	AZEROLIER
abonado de fondo	FUMURE DE FOND	acescencia	ACESCENCE
abonado de restitución	FUMURE DE RESTITUTION	acetificación	ACÉTIFICATION
abonado mineral	FUMURE MINÉRALE	acial	SERRE-NEZ
abonado orgánico	FUMURE ORGANIQUE	aciano	BLEUET
abonado superficial	FUMURE DE SURFACE	acidez	ACIDITÉ
abonar	AMENDER	acidez del terreno	ACIDIFICATION DU SOL
abonar	ABONNIR	acidificación	ACIDIFICATION
abonar con compost	COMPOSTER	ácido	VERDELET adj.
abonar con mantillo	TERREAUTER	ácido	ACIDE
abono	PURIN	aclarar	EFFEUILLER
abono	ENGRAIS	aclareo	DÉMARIAGE
abono	AMENDEMENT	aclareo	ÉCLAIRCIE
abono	VIDANGE	aclareo	ÉCLAIRCISSAGE
abono	FUMAGE	aclareo del racimo	CISELAGE
abono	FUMURE	aclimatación	ACCLIMATATION
abono compuesto	COMPOST	aclimatado	NATURALISÉ adj.
abono con marga	MARNAGE	aclimatar	ACCLIMATER
abono semilíquido	LISIER	acodadura	MARCOTTAGE
abono vegetal	VERDAGE	acodo	MARCOTTE
abono verde	ENGRAIS VERT	acodo	PROVIGNAGE
aborigen	ABORIGÈNE adj.	acodo	COUCHURE
aborigen	ABORIGÈNE	acogollarse	POMMER
abortar	AVORTER	acollado	BUTTAGE
abotonar	BOUTONNER	acollar	BUTTER
abotonar	ABOUTIR	acomodación	ACCOMODAT
abresurcos	BILLONNEUSE	acondicionador	CONDITIONNEUR
abrevadero	ABREUVOIR	acondicionador de forraje	ÉCLATEUR
abrevamiento	ABREUVAGE	acondicionar	CONDITIONNER
abrevar	ABREUVER	acondicionar	AMÉNAGER
abrigaño	ABRI-VENT	acónito	ACONIT
abrigaño	ABAT-VENT	acoplamiento	ACCOUPLEMENT
abrigaño	BRISE-VENT	acoplamiento	MONTE
abrigo	BRISE-VENT	acordonado	ANDAINAGE
abrigo	ABRI	acorralar	PARQUER
abrigo	CHAPERON	acre	ACRE
abrigo	COUVERT	acrecimiento	ACCRUE
abril	AVRIL	acrídidos	ACRIDIENS
abrir regueras	RIGOLER	actinidia	ACTINIDIA
absentismo	ABSENTÉISME	actinomicosis	ACTINOMYCOSE
absorbente	ABSORBANT adj.	activación	FORÇAGE
absorción	ABSORPTION	acuacultura	AQUICULTURE
acaballadero	HARAS	acuicultura	AQUICULTURE
acaballonado	BILLONNAGE	achicador	ÉCOPE
acaballonador	BILLONNEUSE	achicoria	CHICORÉE À GROSSES RACINES
acaballonamiento	BILLONNAGE	achicoria	CHICORÉE
acaballonar	ADOSSER	adehalas	FAISANCES
acacia	ACACIA	adelfa	LAURIER-ROSE
Academia de Agricultura	ACADÉMIE D'AGRICULTURE	adelfa	OLÉANDRE
acáridos	ACARIENS	adenina	ADÉNINE
acarífugo	ACARIFUGE	adenitis	ADÉNITE
acariosis	ACARIOSE	adhesividad	ADHÉSIVITÉ
ácaro del queso	MITE	adición de agua	MOUILLAGE
ácaros	ACARIENS	aditamento de levadura	LEVURAGE
acarrear	BROUETTER	adjudicatario	ADJUDICATAIRE
acarreo	RENTRÉE	administrador	RÉGISSEUR
acarreo	CHARROI	adobe	BOUSILLAGE
acarreo de madera	DÉBOSQUAGE	adobe	PISÉ
acaule	ACAULE adj.	adobe	TORCHIS

adormidera	OEILLETTE	agroalimentario	AGROALIMENTAIRE adj.
adormidera	PAVOT	agrobiología	AGROBIOLOGIE
adral	RIDELLE	agroclimatología	AGROCLIMATOLOGIE
adral	AIDEAU	agrofarmacia	AGROPHARMACIE
adrales	HAUSSIÈRES	agrogeología	AGROGÉOLOGIE
adúcar	BOURRETTE	agrografía	AGROGRAPHIE
adventicio	ADVENTICE adj.	agroindustria	AGRO-INDUSTRIE
adventicio	ADVENTIF adj.	agrología	AGROLOGIE
advertencia agrícola	AVERTISSEMENT AGRICOLE	agromática	AGROMATIQUE
aerómetro	AÉROMÈTRE	agrometeorología	AGROMÉTÉOROLOGIE
aeromotor	AÉROMOTEUR	agronometría	AGRONOMÉTRIE
aerosolución	AÉROSOL	agronomía	AGRONOMIE
aerotransportador	AÉROENGRANGEUR	agronómico	AGRONOMIQUE adj.
afinación	AFFINAGE	agrónomo	AGRONOME
afrecho	SON	agropiro	CHIENDENT
aftosa (fiebre)	APHTEUSE (FIÈVRE) adj.	agroquímica	AGROCHIMIE
agalactia	AGALACTIE	agrosistema	AGROSYSTÈME
agalla	GALLE	agrostis	AGROSTIS
agavanzo	ÉGLANTIER	agrostología	AGROSTOLOGIE
agave	SISAL	agrotécnica	AGROTECHNIQUE
agave	AGAVE	agroturismo	AGROTOURISME
agavillador	LIEUR	agrupación	GROUPEMENT
agavillador	JAVELEUR	agrupador de pacas	GROUPEUR DE BALLES
agavilladora	BOTTELEUSE	agrura	VERDEUR
agavilladora	JAVELEUSE	aguacate	AVOCATIER
agavilladora	LIEUSE	aguacero	GIBOULÉE
agavillamiento	BOTTELAGE	aguado	MOUILLAGE
agavillamiento	JAVELAGE	aguado	MOUILLÉ adj.
agavillar	ENGERBER	aguamiel	HYDROMEL
agavillar	JAVELER	aguapié	PIQUETTE
agavillar	LIER	aguapié	RAPÉ
agostar	AOÛTER	aguardiente	EAU-DE-VIE
agostero	AOÛTERON	aguardiente	ESPRIT
agosto	AOÛT	aguardiente de caña	TAFIA
agotamiento	TARISSEMENT	aguardiente de vino	BRANDEVIN
agracejo	BERBÉRIS	aguaturma	TOPINAMBOUR
agramadera	BRIOIR	aguijada	DÉBOUCHOIR
agramadera	BROIE	aguijón	AIGUILLON
agramadera	MACQUE	aguijón	DARD
agramado	TEILLAGE	aguja	AIGUILLETTE
agramado	TILLAGE	aguja	AIGUILLE
agramador	TILLEUR	agujeta (de vaca)	AIGUILLETTE
agramador	CHANVRIER	ahechador	VANNEUR
agramadora	TEILLEUSE	ahechadura	CRIBLURE
agramar	BRIER	ahechaduras	VANNURE
agramar	ÉCANGUER	ahijar	TALLER
agramar	TEILLER	ahilamiento	ÉTIOLEMENT
agramar	TILLER	ahondar de nuevo	REFOUIR
agramar	MACQUER	ahornagamiento	BROUISSURE
agramiza	BARGUILLES	ahorquillado	FOURCHU adj.
agramiza	ANAS	ahuecado	SOUFFLÉ adj.
agramiza	CHÈNEVOTTE	ahumado	ENFUMAGE
agrario	AGRAIRE adj.	ahumado	FUMAGE
agrario	AGRARIEN adj.	ahumador	ENFUMOIR
agraz	VERJUS	aire	ALLURE
agreste	AGRESTE adj.	aireadora de andanas	AÉRATEUR D'ANDAINS
agriarse	SURIR	ajamiento	FLÉTRISSAGE
agrícola	AGRICOLE adj.	ajar	FLÉTRIR
agricultor	AGRICULTEUR adj.	ajedrea	SARRIETTE
agricultor	EXPLOITANT AGRICOLE	ajenjo	ABSINTHE
agricultor	AGRICULTEUR	ajete	CAÏEU
agricultura	AGRICULTURE	ajo	AIL
agricultura a tiempo parcial	AGRICULTURE À TEMPS PARTIEL	ajos	AULX
agricultura bajo contrato	AGRICULTURE SOUS CONTRAT	ala	AILE
agricultura biológica	AGRICULTURE BIOLOGIQUE	alacrán cebollero	COURTILIÈRE
agricultura colectiva	AGRICULTURE COLLECTIVE	aladierna	ALATERNE
agricultura de mercado	AGRICULTURE DE MARCHÉ	aladierna	NERPRUN
agricultura de subsistencia	AGRICULTURE DE SUBSISTANCE	alambique	ALAMBIC
agricultura de subsistencia	AGRICULTURE VIVRIÈRE	alambrada	GRILLAGE
agricultura extensiva	AGRICULTURE EXTENSIVE	alambre	FIL DE FER
agricultura familiar	AGRICULTURE FAMILIALE	alambre arpado	BARBELÉ
agricultura intensiva	AGRICULTURE INTENSIVE	alambre de espino	BARBELÉ
agricultura itinerante	AGRICULTURE ITINÉRANTE	alameda	ALLÉE
agricultura nómada	AGRICULTURE NOMADE	alameda	PEUPLERAIE
agrillo	SURET adj.	alameda	TREMBLAIE
agrimensor	AGRIMENSEUR	alameda	CHARMILLE
agrimensor	ARPENTEUR	álamo	PEUPLIER
agrimensura	ARPENTAGE	álamo blanco	PEUPLIER BLANC
agrimetría	AGRIMÉTRIE	álamo blanco	YPRÉAUX
agrio	VERDELET adj.	álamo temblón	TREMBLE
agrio	SUR adj.	alazán	ALEZAN
agrios	AGRUMES	alazor	CARTHAME
agro	AGER	albahaca	BASILIC

INDEX ESPAGNOL-FRANÇAIS

albarda	BÂT	almecino	MICOCOULIER
albardilla de carga	ÉCHELETTE	almendra	AMANDE
albaricoque	ABRICOT	almendro	AMANDIER
albaricoquero	ABRICOTIER	almez	MICOCOULIER
alberca	ROUTOIR	almiar	BARGE
albérchigo	ALBERGE	almiar	GERBIER
albergue	HÉBERGEMENT	almiar	MEULE
albergue	GÎTE	almiar pequeño	MOYETTE
albillo	CHASSELAS	almidón	AMIDON
albinismo	ALBINISME	almidonero	AMIDONNIER
albufera	ÉTANG	almocafre	HOYAU
albumen	ALBUMEN	almocafre	GUIGNETTE
albura	AUBIER	almocafre	HOULETTE
alcacel	ESCOURGEON	almohaza	ÉTRILLE
alcachofa	ARTICHAUT	almorta	GESSE
alcachofal	ARTICHAUTIÈRE	alodialidad	ALLODIALITÉ
alcachofar	ARTICHAUTIÈRE	alodio	ALLEU
alcalde	ROI DE VILLAGE	alodio	ALLODE
alcanforero	CAMPHRIER	alodio	FRANC-ALLEU
alcaparra	CÂPRIER	alodio	CONDAMINE
alcaparral	CÂPRIÈRE	aloe	ALOÈS
alcaravea	CARVI	alopecia	PELADE
alcohol	ALCOOL	alotriofagia	PICA
alcohol a 85°	TROIS-SIX	alpaca	ALPACA
alcoholímetro	ALCOOMÈTRE	alpaca	PACO
alcoholímetro	PÈSE-VIN	alpino	ALPIN adj.
alcolla	BONBONNE	alquería	FERME
alcornoque	ALCORNOQUE	alquería	MÉTAIRIE
alcorque	CUVETTE	alquería	BORDERIE
aldea	BOURGADE	alquería	CLOSERIE
aldea	VILLAGE	alquiera	BORDAGE
aldea	HAMEAU	alquiler	LOUAGE
aldea apiñada	VILLAGE AGGLOMÉRÉ	alquiler	LOYER
aldea caminera	VILLAGE-RUE	alquitrán	GOUDRON
aldea de montaña	VILLAGE DE MONTAGNE	alquitrán de hulla	COALTAR
aldea lineal	VILLAGE LINÉAIRE	Alsacia (vinos de)	ALSACE (VINS D')
alerce	MÉLÈZE	altea	ALTHEA
alero	AVANT-TOIT	alternación	ALTERNANCE
aleurona	ALEURONE	alternar los cosechas	ASSOLER
alevín	ALEVIN	alternativa de cosecha	ASSOLEMENT
alfalfa	LUZERNE	alternativo	ALTERNATIVE adj.
alfalfa	MINETTE	altramuz	LUPIN
alfalfal	LUZERNIÈRE	altura de corta	HAUTEUR DE COUPE
alfarje	OLIVERIE	alucita	ALUCITE
alforfón	SARRASIN	aluviones	ALLUVIONS
alforfón	BUCAILLE	alveolo, alvéolo	ALVÉOLE
alforfón	BEAUCUIT	alza de colmena	HAUSSE DE RUCHE
alforjón	BEAUCUIT	alzada	TAILLE
alga	ALGUE	alzar el rastrojo	RETOURNER
algarroba	OROBE	allaga	AJONC
algarrobo	CAROUBIER	amacollamiento	TALLAGE
algo agrio	GINGUET adj.	amaestrar	ACHEMINER
algodón	COTON	amansar	APPRIVOISER
algodón	COTONNIER	amapola	COQUELICOT
algodonal	COTONNERIE	amapola	PENCHET
alheña	HENNÉ	amarilleo	JAUNISSEMENT
alheña	TROÈNE	amarillez	JAUNISSE
alhucema	LAVANDE	amarra	MARTINGALE
aliaga	ULEX	amasado	MALAXAGE
alimentación	NOURRISSEMENT	amasador	MALAXEUR
alimentación del ganado	ALIMENTATION DU BÉTAIL	ambladura	AMBLE
alimentar	REPAÎTRE	ambulacro	AMBULACRE
alimenticia	VIVRIÈRE adj.	amelga	PLANCHE
alimonadura	JAUNISSE	amento	CHATON
alinear	BORNOYER	amojonamiento	ABORNEMENT
alisar	AULNAIE	amojonamiento	BORNAGE
aliseda	AULNAIE	amojonar	ABORNER
aliso	ALISE	amojonar	BORNER
aliso	ALISIER	amoníaco cálcico	AMMONITRATE
aliso	AULNE	amoniaco, amoníaco	AMMONIAQUE
aliso	VERGNE	amor de hortelano	GAILLET
almacén	ENTREPÔT	amor de hortelano	GRATERON
almacén	HAUSSE DE RUCHE	amortización	AMORTISSEMENT
almacén	HANGAR	ampelófago	AMPÉLOPHAGE adj.
almacén de granos	GRAINETERIE	ampelografía	AMPÉLOGRAPHIE
almacenamiento	STOCKAGE	ampelología	AMPÉLOLOGIE
almacenar	STOCKER	ampelopsis	AMPÉLOPSIS
almáciga	SEMIS	amugronamiento	PROVIGNAGE
almáciga	PÉPINIÈRE	ana	AUNE
almáciga	MASTIC	anabolismo	ANABOLISME
almadreñero	SABOTIER	anabolizante	ANABOLISANT
almazara	HUILERIE	anacardo	ANACARDIER
almazara	OLIVERAIE	anacardo	POMMIER D'ACAJOU

INDEX ESPAGNOL-FRANÇAIS

ánade	CANARD
análisis de explotaciones	ANALYSE AGRAIRE
análisis de progenie	TESTAGE
análisis del suelo	ANALYSE DU SOL
ananás	ANANAS
andana	ANDAIN
anejo	ANNEXE
anemofilia	ANÉMOPHILIE
angarillas	BARD
angarillas	BAYART
angélica	ANGÉLIQUE
anglonormando	ANGLONORMAND adj.
angora	ANGORA adj.
anguillula	ANGUILLULE
anilla nasal para toros	ANNEAU NASAL
anillado	BOUCLAGE
anillar	ANNELER
anillar	BOUCLER
anillo	CERNE
animal	BÊTE
animal doméstico	ANIMAL DOMESTIQUE
animales de carga	BÊTES DE SOMME
animales de tiro	BÊTES DE TRAIT
anís estrellado	ANIS ÉTOILÉ
Anjou (vinos de)	ANJOU (VINS D')
anona	ANNONE
anoxia	ANOXIE
ánsar	JARS
ansarón	OISON
anserina	ANSÉRINE
anteojeras	OEILLÈRES
antiguo tributo	AFFEURAGE
antiparasitario	ANTIPARASITAIRE
antónomo del manzano	ANTHONOME
antracnosis	ANTHRACNOSE
anual, anuo	ANNUEL adj.
anuario de agricultura	ANNUAIRE DE L'AGRICULTURE
añadir	EMPRÉSURER
añagaza	LEURRE
añil	INDIGO
añil	INDIGOTIER
añilería	INDIGOTERIE
año agrícola	CALENDRIER AGRICOLE
año de la cosecha	MILLÉSIME
añojal	SOLE
añublo	GERZEAU
apacentar	MISE À L'HERBE
apacentar	PACAGER
apacentar a la estaca	PÂTURER AU PIQUET
aparcería	COLONAGE
aparcería	MÉTAYAGE
aparcería de ganados	CHEPTEL
aparcería pecuaria	BAIL À CHEPTEL l.m
aparcero	CHEPTELIER
aparcero	MÉTAYER
aparcero	GRANGER
apareamiento	ACCOUPLEMENT
aparear	APPARIER
aparejamiento	APPAREILLAGE
aparejar	HARNACHER
aparte	ÉCART
apeadero	MONTOIR
apero de labranza	INSTRUMENT ARATOIRE
api	API
apícola	APICOLE adj.
apicultura	APICULTURE
apimpollarse	ABOUTIR
apio	CÉLERI
apio caballar	MACERON
apio silvestre	ACHE
apisonar	DAMER
apogamia	APOGAMIE
apóndrigo	RAMPON
apoplejía	APOPLEXIE
apoplejía parasitaria	ESCA
aporcado	CHAUSSAGE
aporcado	BUTTAGE
aporcador	BUTTEUR
aporcador	BUTTOIR
aporcadura	CHAUSSAGE
aporcadura	BUTTAGE
aporcar	BUTTER
aporcar	CHAUSSER
aprecios	MANIEMENT
aprendizaje agrícola	APPRENTISSAGE AGRICOLE
aprisco	BERCAIL
aprisco	JASSERIE
aprisco	BERGERIE
aprisco	JAS
aprisco	PARC
aprovechamiento	FAIRE-VALOIR
aprovechamiento del suelo	UTILISATION DU SOL
aptitud	APTITUDE
aquenio	AKÈNE
arable	ARABLE adj
arable	LABOURABLE adj.
arac	ARAK
arada	CHARRUAGE
arado	CHARRUE
arado aporcador	BUTTOIR
arado brabant, arado brabante	BRABANT
arado de desfonde	DÉFONCEUSE
arado de vertedera móvil	TOURNE-OREILLE
arado de viñador	DÉCHAUSSEUSE
arado del rastrojo	DÉCHAUMAGE
arado en caballones	LABOUR EN BILLONS
arado rastrojero	DÉCHAUMEUSE
arado sin avantrén	ARAIRE
arado sin orejeras	FOUILLEUR ou FOUILLEUSE
arado sin soporte	ARAIRE
arador	LABOUREUR
arador	SARCOPTE
arándano	AIRELLE
arándano	VACCINIUM
arándano	MYRTILLE
arándano americano	CANNEBERGE
arañuela	NIGELLE
arañuelo	EUDÉMIS
arar	ARER intr
arar	LABOURER
aratorio	ARATOIRE adj.
árbol	ARBRE
árbol de Judas	ARBRE DE JUDÉE
árbol de media forma	DEMI-TIGE
árbol de mojón	CORNIER
árbol de tronco bajo	BASSE-TIGE
árbol del amor	ARBRE DE JUDÉE
árbol del pan	ARBRE À PAIN
árbol del pan	JAQUIER
árbol desmochado	TÊTARD
árbol frutal	ARBRE FRUITIER
árbol frutal en espaldar	PALMETTE
árbol genealógico	LIVRE GÉNÉALOGIQUE
árbol ornamental	ARBRE D'ORNEMENT
árbol señero	ARBRE DE LAYE
arbolado	ARBORÉ adj.
arboleda reservada	MARMENTEAUX (BOIS)
árboles derribados por el viento	VENTIS
árboles frutales en hilera	HAIE FRUITIÈRE
arbolillo borde	SAUVAGEON
arbolillo silvestre	SAUVAGEON
arbolito	ARBRISSEAU
arborescente	ARBORESCENT adj.
arborícola	ARBORICOLE adj.
arboricultor	ARBORICULTEUR
arboricultura	ARBORICULTURE
arborizar	ARBORISER
arbusto	ARBUSTE
arbusto del té	THÉ
arce	ÉRABLE
arcear	ÉRABLIÈRE
arcilloso	ARGILEUX adj.
área	ARE
área basimétrica	SURFACE TERRIÈRE
areca	ARÉQUIER
arena	ARÈNE
areómetro	ARÉOMÈTRE
arestín	TEIGNE
argán	ARGANIER
aricar	CHERFOUIR
árido	ARIDE adj.
aridocultura	ARIDOCULTURE
arista	CHÈNEVOTTE
arista	BARBE
armar una trampa	PIÉGEAGE
armón	AVANT-TRAIN

INDEX ESPAGNOL-FRANÇAIS

armoricana	ARMORICAINE adj.	asientos (del vino)	BAISSIÈRE
armuelle	ARROCHE	asimilación	ASSIMILATION
arneses	HARNAIS	asna	ÂNESSE
arneses	HARNACHEMENT	asnal	ASINAIRE adj.
árnica	ARNICA	asnal	ASINE adj.
aro	GOUET	asno	ÂNE
aroma	ARÔME	asociación agrícola	ASSOCIATION AGRICOLE
aroma	BOUQUET	aspecto	PORT
aromático	AROMATIQUE adj.	áspero	REVÊCHE adj.
arpende	ARPENT	aspersión	ASPERSION
arqueado de ramas	ARCURE	aspersión	IRRORATION
arqueo	ARCURE	aspersión	ARROSAGE
arraclán	BOURDAINE	aspersor de brazos giratorios	TOURNIQUET HYDRAULIQUE
arraigada	RACINÉE adj.	astacicultor	ASTACICULTEUR
arraigamiento	ENRACINEMENT	ataharre	CULERON
arraigar	RACINER	atajo	CHEMIN DE TRAVERSE
arrancadora	ARRACHEUSE	ataludar	TALUTER
arrancadora de remolachas	SOULEVEUSE	atar las vides	ACCOLER
arrancamiento de las rocas	DÉROCHEMENT	atestadura	OUILLAGE
arrancar	DÉCOLLER	atestar	OUILLER
arrayán	MYRTE	atmósfera controlada	ATMOSPHÈRE CONTROLÉE
arrear	HARNACHER	atocha	SPARTE
arreglar	AMÉNAGER	atomizador	ATOMISEUR
arreglo de una bestia	TOILETTAGE	atravesar con la horca	ENFOURCHER
arrendador	AMODIATEUR	atresnalar	AMEULONNER
arrendador	BAILLEUR	atronaduras	CADRANURES
arrendamiento	AFFERMAGE	Aujeszky (enfermedad de)	AUJESZKY (MALADIE D')
arrendamiento	AMODIATION	aulaga	ULEX
arrendamiento	BAIL À FERME	aulaga	JANNIÈRE
arrendamiento	BAIL	autarquía	AUTARCIE
arrendamiento	ARRENTEMENT	autocargadora	AUTOCHARGEUSE
arrendamiento	TENURE	autoconsumación	AUTOCONSOMMATION
arrendamiento rústico	FERMAGE	autofecundación	AUTOFÉCONDATION
arrendar	AFFERMER	autogamo	AUTOGAME adj.
arrendar	AMODIER	autogestión	AUTOGESTION
arrendar	ARRENTER	automatización	AUTOMATISATION
arrendataria	FERMIÈRE	autonomía	AUTARCIE
arrendatario	AMODIATAIRE	autosubsistencia	AUTOSUBSISTANCE
arrendatario	FERMIER	autótrofo	AUTOTROPHE adj.
arrendatario	MÉGER	auzón	SÉNBÇON
arrendatario	PRENEUR	avantrén	AVANT-TRAIN
arrendatario	TENANCIER	ave	OISEAU
arreos	HARNAIS	avellana	NOISETTE
arreos	HARNACHEMENT	avellanal	NOISERAIE
arriate	BORDURE	avellaneda	NOISERAIE
arriate	PLANCHE	avellaneda	COUDRAIE
arriate	PLATE-BANDE	avellaneda	NOISETTERIE
arriendo	BAIL	avellano	AVELINIER
arriendo	ARRENTEMENT	avellano	COUDRIER
arriero	MULETIER	avellano	NOISETIER
arriero (de burros)	ÂNIER	avena	AVOINE
arrocería	RIZERIE	avena loca	FOLLE AVOINE
arrodrigonar	ÉCHALASSER	avenadora	DRAINEUSE
arrope	RAISINÉ	avenamiento	WATERINGUE
arroz	RIZ	avenamiento	DRAINAGE
arroz con cáscara	PADDY	aventadora	TARARE
arrozal	RIZIÈRE	aves de corral	VOLAILLE
arruruz	ARROW-ROOT	avícola	AVIAIRE adj.
artemisa vulgar	ARMOISE	avícola	AVICOLE adj.
artesa	HUCHE	avicultor	AVICULTEUR
artesa	ARCHE	avicultura	AVICULTURE
artesa	PÉTRIN	avisador	AVERTISSEUR
artesa	MAIE	avispa	GUÊPE
artesanía rural	ARTISANAT RURAL	avulsión	AVULSION
artificial	ARTIFICIEL adj.	axila	AISSELLE
artiga	ÉCOBUAGE	ayuda	AIDE
artiga	BRÛLIS	ayuda familiar	AIDE FAMILIAL
artiga	BRÛLADOU	ayuda mutua	ENTRAIDE
artigar	ESSOUCHER	azada	ÉMOTTOIR
artigar	ÉCOBUER	azada	FOSSOIR
arveja	VESCE	azada	HOUE
arveja	BARBOTE	azada	CROC
arveja cultivada con centeno	DRAGÉE	azada rotativa	HOUE ROTATIVE
arvense	ARVICOLE adj.	azadilla	BECHOT
arvícola	ARVICOLE adj.	azadilla	BECHETON
asadura	FRESSURE	azadilla	BINETTE
ascáride	ASCARIDE	azadilla	BÉQUILLE
ascaridosis	ASCARIDIOSE	azadón	BECHOIR
aserrador	SCIEUR	azadón de tres dientes	TRIDENT
aserradura	SCIAGE	azadonar	HOUER
aserrar	SCIER	azafrán	SAFRAN
asesor agrícola	CONSEILLER AGRICOLE	azafranal	SAFRANIÈRE
asiento	EMPATTEMENT	azúcar	SUCRE

INDEX ESPAGNOL-FRANÇAIS

azucarado	CHAPTALISATION	bastardo	BÂTARD adj.
azucarado	SUCRAGE	bastardo	MÉTIS
azucaramiento	SUCRAGE	basterna	BASTERNE
azucarera	SUCRERIE	bastidor	CHÂSSIS
azucarero	SUCRIER	basto	BÂT
azucena	LIS	basura	GADOUE
azuela	HERMINETTE	batata	PATATE
azufaifo	JUJUBIER	batería de cría	BATTERIE (EN) l.adj.
azufrado	SOUFRAGE	baticola	TROUSSE-QUEUE
azufrador	SOUFREUR	baticola	CULERON
azuframiento	SOUFRAGE	baticola	BACUL
azufrar	SOUFRER	batido de la manteca	BARATTAGE
azufre	SOUFRE	batidora	MALAXEUR
azul (queso azul)	BLEU	batientes	VANTAUX
babosa	LIMACE	baya	BAIE
Bacanales	BACCHANALES	bayo	BAI adj.
bacteria	BACTÉRIE	Beaune (vinos de)	BEAUNE (VINS DE)
bacterias nodulares	RHIZOBIUM	becerra	TAURE
bactericida	BACTÉRICIDE	becerro	TAURILLON
bacteriosis	BACTÉRIOSE	becerro	VEAU
bacteriosis del árbol frutal	FEU BACTÉRIEN	begonia	BÉGONIA
bache	FONDRIÈRE	bejuco	LIANE
badián	BADIANIER	beleño	JUSQUIAME
badiana	BADIANE	belladona	BELLADONE
bagazo	BAGASSE	bellota	GLAND
bajada del vino a la bodega	AVALAGE	bellotera	GLANDAGE
bala de tabaco	BALLE DE TABAC	bellotera	GLANDÉE
bálago	GLUI	beneficio	BÉNÉFICE
balance	BILAN	bérbero	BERBÉRIS
balancín	PALONNIER	berenjena	AUBERGINE
balde	BAILLE	bergamota	BERGAMOTE
balde	BAILLE	bergamoto	BERGAMOTIER
baldío	ABOUVRI	berrizal	CRESSONNIÈRE
baldío	FRICHE	berro	CRESSON
baldío	VARENNE	bestia	BÊTE
baldíos	VAGUES	bestias de carga	BÊTES DE SOMME
balsamina	IMPATIENS	betarraga	BETTERAVE
bálsamo	BAUME	bezoar	BÉZOARD
ballico	RAY-GRASS	bidente	BIDENT
ballueca	FOLLE AVOINE	bidón	ESTAGNON
bambú	BAMBOU	bieldo	FOURCHE-FIÈRE
banano	BANANIER	bienal	BIENNAL adj.
banasta	BANASTE	bienes	BIEN
banasta	BASQUET	bienes comunales	BIEN COMMUNAL
banasta	HOTTE	bienes de familia	BIEN DE FAMILLE
bancal	BASSIN DE SUBMERSION	bienes raíces	BIENS-FONDS
bancal	TERRASSE DE CULTURE	bienes raíces	PROPRIÉTÉ FONCIÈRE
banco	BANC	bienes raíces	FONCIER
banco de semillas	BANQUE DE SEMENCES	bija	ROCOUYER
banco de simientes	BANQUE DE SEMENCES	bina	BINAGE
banco de trabajo	BANQUE DE TRAVAIL	bina	CROCHETAGE
bando	BAN	bina	SERFOUISSAGE
Bang (enfermedad de)	BANG (MALADIE DE)	binador	BINET
barba	BARBE	binador	BECHETON
barbechar	JACHÉRER	binador	SERFOUETTE
barbecho	JACHÈRE	binador, binadora	BINEUR
barbecho	AVERRIE	binadora	BINETTE
barbecho	GUÉRET	binar	BINER
bardana	LAMPOURDE	binar	SERFOUIR
bardana	BARDANE	biocenosis	BIOCÉNOSE
bardana	GLOUTERON	bioclimatología	BIOCLIMATOLOGIE
baronía	BARONNIE	bioindustria	BIO-INDUSTRIE
barra aspersora	RAMPE D'ARROSAGE	biología	BIOLOGIE
barra de corte	BARRE DE COUPE	biomasa	BIOMASSE
barra de enganche	BARRE D'ATTELAGE	biotecnología	BIOTECHNOLOGIE
barrena	TARIÈRE	biótopo	BIOTOPE
barrenillo	BOSTRYCHE	bisanuo, bisanual	BISANNUEL adj.
barrera	BARRIÈRE	bisexual	BISSEXUEL adj.
barrera	BARRAGE	bisulfitado	BISULFITAGE
barrica	BARRIQUE	bitoque	GUILLE
barrica	VAISSEAU	bizna	ZESTE
barriguera	VENTRIÈRE	black-rot	BLACK-ROT
barril	BARIL	blandón	BRANDON
barril	FÛT	blanqueo	BLANCHIMENT
barril	VAISSEAU	blata	BLATTE
barril	BRASSIN	bleda	POIRÉE
barrilería	BARILLAGE	boca	MORS
barrilete	TONNELET	bocado	MORS
barro	LIMON	bocel	BOURRELET
barro	LEHM	bodega	CAVE
barros	ÉCHAUBOULURE	bodega	CELLIER
base de pétalo	ONGLET	bodega	CHAI
bastardear	ABÂTARDIR	bodega	CUVERIE

INDEX ESPAGNOL-FRANÇAIS

bodega cooperativa	CAVE COOPÉRATIVE	brote	POUSSE
bodeguero	MAÎTRE DE CHAI	brotes	BROUTES
bodeguero	CAVISTE	broza	BROUSSAILLES
boj	BUIS	brucelosis	BRUCELLOSE
bojedal	BUISSAIE	brucelosis	BANG (MALADIE DE)
boleto	BOLET	brucelosis	MALTE (FIÈVRE DE)
bomba	POMPE	brugo	BRUCHE
bomba de motor	MOTOPOMPE	brumario	BRUMAIRE
bómbice	BOMBYX DU MÛRIER	bucólicas	BUCOLIQUES
bómbice	BOMBYX	bucólico	BUCOLIQUE adj.
bombona	BONBONNE	buche	JABOT
bonetero	FUSAIN	buey	BOEUF
boniato	PATATE	bueyes (razas de)	BOEUFS (RACES DE)
bonificación	BONIFICATION	búfalo	BUFFLE
bonsai	BONSAI	bulbo	BULBE
boñigas	BOUSATS	buldozer	BOUTEUR
boñigas	BOUSES	bupresto	BUPRESTE
borde	BORD	burdégano	BARDOT
bordelesa	BORDELAISE adj	Burdeos (vinos de)	BORDEAUX (VINS DE)
bordelesa	BORDELAISE	burgo	BOURG
Borgoña (vinos de)	BOURGOGNE (VINS DE)	burra	ÂNESSE
borra de algodón	LINTS	burro	ÂNE
borraja	BOURRACHE	butirificación	BUTYRIFICATION
borrego	ANTENAIS	butirificador	BUTYRIFICATEUR
borrico	BOURRICOT	butirómetro	BUTYROMÈTRE
borriquillo	ÂNON	butirosos (índice de)	BUTYREUX (TAUX)
boscaje	BOCAGE	cabalgadura	MONTURE
boscoso	BOCAGER adj.	cabalgar	CHEVAUCHER
bosque	BOIS	caballar	CHEVALIN adj.
bosque	FORÊT	caballeriza	ÉCURIE
bosque aislado	SÉGRAIS	caballete	CHEVALET
bosque comunal	SÉGRAIRIE	caballete	SICCATEUR
bosque de alerces	MÉLÉZIN	caballete	PERROQUET
bosque de árboles jóvenes	PERCHIS	caballo	CHEVAL
bosque de reserva	QUART EN RÉSERVE	caballo árabe	BARBE
bosque vigilado	GARDERIE	caballo castrado	HONGRE
bosquecillo	BOCAGE	caballo de bolea	BRICOLIER
bosquecillo	BOUQUET	caballo de derecha	SOUS-VERGE
bosquete	BOQUETEAU	caballo de pura sangre	PUR-SANG
bosquete	BOSQUET	caballo de silla	SELLE (CHEVAL DE)
bóstrico	BOSTRYCHE	caballo de varas	BRICOLIER
botana	BONDON	caballo que padece tiro	TIQUEUR
botella	BOUTEILLE	caballón	ADOS
botella bordelesa	BORDELAISE	caballón	BILLON
botellero	BOUTEILLER	cabaña	CABANE
botellero	PORTE-BOUTEILLE	cabaña	BURON
botón	OEIL	cabaña	HUTTE
botón	TENDRON	cabaña	CHEPTEL
botón	BOURGEON	cabaña alpina	CHALET
botritis	POURRITURE	cabañuela	CABANON
bóvido	BOVIDÉ	cabestro	LICOU
bovinos	BOVINS	cabeza	CHAPEAU
boyera	BOUVERIE	cabeza de distrito	CHEF-LIEU
boyera	ÉTABLE	cabeza de partido	CHEF-LIEU
boyeriza	BOUVERIE	cabezada	CHEVIÈRE
boyero	BOUVIER	cabezal de recogida	BEC CUEILLEUR
boyezuelo	BOUVILLON	cabezuela de harina	RECOUPETTE
bozal	MUSELIÈRE	cabra	BIQUE
bracero	BRASSIER	cabria	CHÈVRE
bracero	OUVRIER AGRICOLE	cabra	CHÈVRE
bracero	MANOUVRIER	cabrera	BISQUIÈRE
bramante	FICELLE	cabreriza	CHÈVRERIE
bramido	MEUGLEMENT	cabrero	CHEVRIER
brazada	BRASSÉE	cabrito	CABRI
brazado	BRASSÉE	cabrón	BOUC
brea	GOUDRON	cabruno	HIRCIN adj.
brea	BRAI	cacahual	CACAOYÈRE
brécol	BROCOLI	cacahuete	CACAHOUÈTE
brecolera	BROCOLI	cacahuete	ARACHIDE
bretonas (razas)	BRETONNES (RACES)	cacao (árbol)	CACAOYER ou CACAOTIER
brezal	BRANDE	cacaotal	CACAOYÈRE
brezo	BRUYÈRE	cadarzo	BOURRETTE
brida	BRIDE	cadena alimentaria	CHAÎNE ALIMENTAIRE
Brie (queso de)	BRIE	cadena de agrimensor	CHAÎNE D'ARPENTEUR
brocal	MARGELLE	caducifolio	CADUCIFOLIÉ adj.
bróculi	BROCOLI	caduco	CADUC adj.
brotar	BOURGEONNER	café	CAFÉ
brotar	GERMER	cafetal	CAFETERIA
brote	BOURGEON	cafeto	CAFÉIER
brote	REJET	cagajón	CROTTIN
brote	REJETON	caída de las mieses	VERSE
brote	BOURGEONNEMENT	caja	BASQUET
brote	BROUT	caja rural	CAISSE RURALE

INDEX ESPAGNOL-FRANÇAIS

cal	CHAUX
calabacín	COURGETTE
calabacino	GOURDE
calabaza	CITROUILLE
calabaza	COURGE
calabaza	GIRAUMON
calabaza	PÂTISSON
calabaza	POTIRON
calabaza	CALEBASSE
calabaza	CALEBASSE
calabaza seca	GOURDE
calamidad	CALAMITÉ AGRICOLE
calcáreo	CALCAIRE adj.
cálcico	CALCIQUE adj.
calcífero	CALCIFÈRE adj.
calcímetro	CALCIMÈTRE
calcinación	CALCINATION
caldera	CHAUDIÈRE
caldera	CUISEUR
caldero	CHAUDRON
calendario agrícola	CALENDRIER AGRICOLE
caléndula	SOUCI
calera	CHAUFOUR
calero	CHAUFOURNIER
calibración	CALIBRAGE
calibrado	CALIBRAGE
calibradora	CALIBREUSE
calículo	CALICULE
calidad de dominante	DOMINANCE
calidad francesa	QUALITÉ FRANCE
calificación	QUALIFICATION
cáliz	CALICE
calizo	CALCAIRE adj.
calostro	AMOUILLE
calostro	COLOSTRUM
calva	CLAIRIÈRE
calvados	CALVADOS
calvero	CLAIRIÈRE
calzada	CHAUSSÉE
calle	ALLÉE
callo	CAL
callosidad	CAL
cama	FLÈCHE
cama	HAIE
cama de paja	LITIÈRE
cama del arado	AGE
camada	PORTÉE
cámara agrícola	CHAMBRE D'AGRICULTURE
cámara de incubación	CHAMBRE D'INCUBATION
cámara frigorífica	CHAMBRE FROIDE
camaranchón	SOUPENTE
camba	ANDAIN
cambio	CAMBIUM
camelia	CAMÉLIA
camelina	CAMELINE
camello	CHAMEAU
camellón	CAVAILLON
camembert	CAMEMBERT
camino	CHEMIN
camino de servidumbre	CHEMIN DE SERVITUDE
camino muerto	CHEMIN MORT
camino vecinal	CHEMIN VICINAL
camomila	CAMOMILLE
campana de vidrio	VERRINE
campanilla	CAMPANELLE
campaña	CAMPAGNE
campaña	CHAMPAGNE
campañol	CAMPAGNOL
campesino	RURAL adj.
campesino	CAMPAGNARD
campesino	PAYSAN
campesino sublevado	JACQUES
campestre	CHAMPÊTRE adj.
campiña	CAMPAGNE
campo	PAYS
campo	CHAMP
campo abierto	CHAMP OUVERT
campo abierto	OPENFIELD
campo de moreras	MÛRAIE
campo de nabos	NAVIÈRE
campo de trébol	TRÉFLIÈRE
campo experimental	CHAMP D'EXPÉRIENCE
campo franco	CHAMP FRANC
campo raso	OPENFIELD
campos	CHAMPAGNE
canadiense, arado canadiense	CANADIENNE
canal	CANAL
canal	CARCASSE
canal de derivación	CANAL DE DÉRIVATION
canal de desagüe	CANAL D'ÉCOULEMENT
canal de desagüe	ÉMISSAIRE
canal de desagüe	COLLECTEUR DE DRAINAGE
canal de desecación	CANAL D'ASSÈCHEMENT
canal de drenaje	CANAL DE DRAINAGE
canal de riego	CANAL D'IRRIGATION
canal de salida	ÉTIER
canalización	CANALISATION
canalizo	BÉAL
canalón	DALLE
canasta	MANNE
canasta	BENNE
cancro	CHANCRE
candelabro	CANDÉLABRE
candelaria de los jardines	ÉPERVIÈRE
candelilla	CHATON
canela	CANNELLE
canelo	CANNELIER
cangrejo	ÉCREVISSE
canilla	CANNELLE
cansado	FORTRAIT adj.
cansancio	COURBATURE
cántara para la leche	BIDON
cantera	CARRIÈRE
cantimplora	CHANTEPLEURE
cantinero	BRANDEVINIER
cantón	CANTON
caña	CANON
caña común	ROSEAU
caña de azúcar	CANNE À SUCRE
caña de Indias	ROTIN
cañada	COMBE
cañada	DRAILLE
cañado	CHEMIN VERT
cañamar	CANNEBIÈRE
cañamar	CHÈNEVIÈRE
cañamero	CHANVRIER
cañamiel	CANNAMELLE
cáñamo	CHANVRE
cáñamo de Gambo	KÉNAFF
cañamón	CHÈNEVIS
cañaveral	ROSELIÈRE
cañizo	CLAIE
cañón	CANON
cañuela	FÉTUQUE
capa	CAPE
capa	ROBE
capa de paja	PAILLIS
capa freática	NAPPE PHRÉATIQUE
capa impermeable	ALIOS
capacidad de retención	RÉTENTION
capitación	CAPITATION
capital	CAPITAL
capitular	CAPITULAIRE
capoc	KAPOK
capón	CHAPON
caponización	CHAPONNAGE
caprificación	CAPRIFICATION
caprihigadura	CAPRIFICATION
caprino	CAPRIN adj.
captor	CAPTEUR
capuchina	CAPUCINE
capullo	COCON
caquexia acuosa	CACHEXIE AQUEUSE
caqui	KAKI
caqui	PLAQUEMINIER
cárabo dorado	CARABE DORÉ
caracol	ESCARGOT
características	INDEXAGE
caracul	KARACUL
caramillo	PIPEAU
carbón	CHARBON
carbón vegetal	CHARBON DE BOIS
carbonero	CHARBONNIER
carbonización	CARBONISATION
carbunco	CHARBON
carcoma	VRILLETTE

INDEX ESPAGNOL-FRANÇAIS

carcoma	MINEUSE	caserío	HAMEAU
carda	CARDAGE	casero	PROPRIÉTAIRE-EXPLOITANT
carda	RÉGAYOIR	casia	CASSE
carda	CARDE	casilla	CASIER
carda	PEIGNE	casilla de reposo	LOGETTE
cardada	PEIGNÉE	casta	LIGNÉE
cardadura	PEIGNAGE	casta	RACE
cardamina de los prados	CARDAMINE	casta autofecundada	LIGNÉE AUTOFÉCONDÉE
cardamomo	CARDAMOME	castaña	CHÂTAIGNE
cardar la lana	ÉCHARDONNER	castaña	MARRON
cardencha	CARDÈRE	castañal	CHÂTAIGNERAIE
cardenillo	VERDET	castañar	CHÂTAIGNERAIE
cardo	CARDON	castañar	AFFORÊT
cardo	CHARDON	castaño	CHÂTAIGNIER
carencia	CARENCE	castaño	MARRONNIER
carga	SOMME	castellanía	CHÂTELLÉNIE
carga	CHARGE	castración	BISTOURNAGE
cargador	CHARGEUR	castración	CASTRATION
cargadora de gavillas	GERBEUR	castrar	CHÂTRER
cargas	CHARGES	catabolismo	CATABOLISME
caries	CARIE	catador	GOURMET
cariópside	CARYOPSE	catador	GOÛTEUR
carlina	CARLINE	catador	PIQUEUR
carne	VIANDE	catálogo de semillas	CATALOGUE DES SEMENCES
carne de membrillo	COTIGNAC	catastrar	CADASTRATION
carnero	MOUTON	catastro	CADASTRE
carnicería	BOUCHERIE	catavino	TÂTE-VIN
carnicero	BOUCHER	catavino	CHANTEFLEUR
carnicol	ONGLON	Catón	CATON L'ANCIEN
carniza	ABATS.	caucho	CAOUTCHOUC
caroteno	CAROTÈNE	cava	HOUAGE
carpe	CHARME	cava	BÊCHAGE
carpintero	CHARPENTIER	cavadiza	JECTISSES adj.
carpocapsa	CARPOCAPSE	cavador	FOSSOYER
carrasca	YEUSE	cavador	PIOCHEUR
carrascal	GARRIGUE	cavadura	BÊCHAGE
carreta	CHARRETIN	cavar	HOUER
carreta	CHARRETTE	cavar	PIOCHER
carretela	CARRIOLE	cavar	FOUIR
carretero	CHARRETIER	cavar	BÊCHER
carretero	CHARRON	cavazón	BÊCHAGE
carretilla	GERBEUR	cayado	HOULETTE
carretilla	BROUETTE	caza	CHASSE
carretilla	CHARRETON	caza	GIBIER
carretillada	BROUETTÉE	caza en vedado	BRACONNAGE
carretón	DIABLE	caza furtiva	BRACONNAGE
carricera	VULPIN	cazabe	CASSAVE
carril	ORNIÈRE	cazador de lobos	LOUVETIER
carrizo	LAÎCHE	cazador de topos	TAUPIER
carro	CHAR	cazador de zorro	RENARDIER
carro	CHARIOT	cazo con mango largo	PUCHEUX
carro	VOITURE	ceba	ENGRAISSAGE
carro fuerte	FARDIER	ceba	GAVAGE
carro para el forraje	FOURRAGÈRE	cebada	ORGE
carrocero	CARROSSIER	cebada de invierno	ESCOURGEON
carromato	HAQUET	cebada perlada	GRUAU D'AVOINE
carromato	TRIQUEBALLE	cebadera	MUSETTE-MANGEOIRE
carta	CHARTE	cebadora	GAVEUSE
cártamo	CARTHAME	cebadura	GAVAGE
cartuja	CHARTREUSE	cebar	GAVER
cartulario	CARTULAIRE	cebo	APPÂT
cartulario	CHARTRIER	cebo	PÂTÉE
carúncula	CARONCULE	cebolla	OGNON
casa	MAISONNÉE	cebolla	OIGNON
casa	MAISON-BLOC	cebollar	OIGNONIÈRE
casa	MESNIL	cebolleta	CIBOULETTE
casa de patio	MAISON DISSOCIÉE	cebolleta	OIGNONET
casa forestal	MAISON FORESTIÈRE	cebollino	CIBOULE
casa rural	MAISON RURALE	cebú	ZÉBU
casa rural moderna	MAISON RURALE MODERNE	cecidia	CÉCIDIE
casa solariega	MANOIR	cecidio	GALLE
casal	CASAL	cecidómido	CÉCIDOMYIE
casca	TANNÉE	cedacillo	AMOURETTE
casca	TAN	cedazo	SAS
cascabel	CAMPANELLE	cedro	CÈDRE
cascabillos	BALLES	C.E.E. Comunidad Económica Europea	C.E.E.sigle
cascanueces	CASSE-NOIX	ceína	ZÉINE
cáscara	BROU	celemín	BOISSEAU
cáscara	ÉCALURE	celeminada	BOISSELÉE
cáscara	ÉCALE	celo	RUT
cascarilla	ÉCALURE	celo	CHALEUR
cascarón	COQUE	celo	OESTRUS
caseína	CASÉINE	célula	CELLULE

celulosa	CELLULOSE	césped	PELOUSE
cenador	BERCEAU	césped	GAZON
cenador	TONNELLE	césped en explanada	VERTUGADIN
cencerro	BÉLIÈRE	césped inglés	RAY-GRASS
cencerros	SONNAILLES	césped inglés	PRÉ-GAZON
ceniza de la vid	BLANC	cesta	PANIER
ceniza de madera	CENDRES	cestería	VANNERIE
censatario	CENSITAIRE	cestero	VANNIER
censo	CENS	cestino	BANNETTE
censo	CENSIVE	cianamida	CYANAMIDE
censo	DÉNOMBREMENT	cicindela	CICINDÈLE
censo	REDEVANCE	ciclamor	ARBRE DE JUDÉE
censo	ACCENSE	ciclo	CYCLE
censo agrícola	RECENSEMENT AGRICOLE	ciclo del carbono	CYCLE DU CARBONE
censualista	CENSIER	cidro	CÉDRATIER
centaurea	CENTAURÉE	cidronela	CITRONNELLE
centeno	SEIGLE	ciénaga	MARÉCAGE
centiárea	CENTIARE	ciencia forestal	FORESTERIE
centinodia	RENOUÉE	cieno	VASE
centinodia	TRAINASSE	cieno	LIMON
centrifugación	CENTRIFUGATION	cieno marino	TANGUE
centrifugadora	CENTRIFUGEUSE	cigarrero	CIGARIER
cenuro	VER-COQUIN	cigoñal	CHADOUF
cenurosis	COENUROSE	cigote, cigoto	ZYGOTE
cepa	CEP	cilantro	CORIANDRE
cepa	SOUCHE	cilindro desgranador	BATTEUR
cepillado	BOUCHONNAGE	cillerero	CELLÉRIER
cepillar un caballo	BOUCHONNER	cima	CIME
cepillo	RABOT	cima	CHAPEAU
cepillo	BOUCHON	cima	HOUPPIER
cera	CIRE	cimarrón	MARRON
cerafolio	CERFEUIL	cimógeno	ZYMOGÈNE adj.
cerca	CLÔTURE	cimología	ZYMOLOGIE
cerca	MUR	cimosímetro	ZYMOSIMÈTRE
cercado	BARRIÈRE	cinamomo	CINNAMOME
cercado	CLÔTURE	cincha	SANGLE
cercado	ENCLOS	cincha barriguera	SOUS-VENTRIÈRE
cercar	ENCLORE	cineraria	CINÉRAIRE
cercenadura	ROGNAGE	cínife	CYNIPS
cercenar	ROGNER	ciprés	CYPRÈS
cerco	CERNE	cipresal	CYPRIÈRE
cerda	SOIE	ciprinicultura	CYPRINICULTURE
cerda	TRUIE	ciruela	PRUNE
cerdillo	PORCELET	ciruela amarilla	MIRABELLE
cerdo	COCHON	ciruela claudia	REINE-CLAUDE
cerdo	PORC	ciruela damascena	QUETSCHE
cerdo	POURCEAU	ciruela pasa	PRUNEAU
cerdo	VERRAT	ciruelo	PRUNIER
cereales	CÉRÉALES	ciruelo	PRUNUS
cerealista	CÉRÉALICULTEUR	ciruelo	MAHALEB
cerealista	CÉRÉALIER adj.	cisne	CYGNE
cerealista	CÉRÉALISTE	cisterna	CITERNE
cereceda	CERISAIE	cisticerco	CYSTICERQUE
Ceres	CÉRÈS	cisticercosis	CYSTICERCOSE
cereza	CERISE	cisticercosis muscular	LADRERIE
cereza del aliso	ALISE	cítiso	CYTISE
cereza garrafal	BIGARREAU	cítiso	CUSTILLE
cereza gordal	BIGARREAU	cítricos	AGRUMES
cereza silvestre	MERISE	citricultura	AGRUMICULTURE
cerezal	CERISAIE	cizalla	CISAILLE
cerezo	CERISIER	cizaña	IVRAIE
cerezo garrafal	BIGARREAUTIER	cizaña	ZIZANIE
cerezo silvestre	MERISIER	clarificación	CLARIFICATION
cernada	CHARRÉE	clarificación	COLLAGE
cernedero	BLUTERIE	clasificadora	TRIEUR
cernedor	BLUTERIE	clavadura	CLOUAGE
cernedor	BLUTOIR	clavel	OEILLET
cerneja	FANON	clavero	GIROFLIER
cerner	BLUTER	clavo de olor	CLOU DE GIROFLE
cerner	TAMISER	clementina	CLÉMENTINE
cernidillo	BRUMAILLE	climatización	CLIMATISATION
cernido	SASSAGE	clímax	CLIMAX
cernido	BLUTAGE	clon	CLONE
cernido	CRIBLAGE	clonación	CLONAGE
cernido	TAMISAGE	clorofila	CHLOROPHYLLE
cerraja	LAITERON	cloroplasto	CHLOROPLASTE
cerramiento	ENCLOSURE	clorosis	CHLOROSE
cerrillo	FLOUVE	clorosis	COTTIS
cerro	TERTRE	cloruro de potasio	CHLORURE DE POTASSIUM
certificación de semillas	CERTIFICATION DES SEMENCES	clueca	COUVEUSE
cervecería	BRASSERIE	coagulación	COAGULATION
cervecero	BRASSEUR	cobayo	COBAYE
cerveza	BIÈRE	cobertizo	HANGAR

INDEX ESPAGNOL-FRANÇAIS

cobertizo	APPENTIS	comerciante en granos	GRAINETIER
cobertura	COUVERTURE	comestible	COMESTIBLE adj.
cobertura	PAILLAGE	comestibles	COMESTIBLES
cobertura del suelo	MULCHING	comicio de labradores	COMICE AGRICOLE
cobija	FAÎTIÈRE	comida	MANGEAILLE
coca	COCA, COCAYER	comino	CUMIN
coccidio	COCCIDIE	comiso	COMMISE
coccidiosis	COCCIDIOSE	comodidad	AISANCE
coccidiosis	GROS VENTRE	compacidad	COMPACITÉ
cocear	RUER	compartimiento	STALLE
coco	COCO	compodadora	ROGNEUSE
cocotal	COCOTERAIE	compost	COMPOST
cocotero	COCOTIER	comprobación	RÉCOLLEMENT
cochera	REMISE	compuerta	VANNE
cochero	COCHER	compuerta de molino	PALE
cochilis	COCHYLIS	compuerta principal	LANCIÈRE
cochinilla	COCHENILLE	común	COMMUN
codeso	CYTISE	comuna popular	COMMUNE POPULAIRE
codeso	CUSTILLE	comunal	BANAL adj.
código genético	CODE GÉNÉTIQUE	comunales	COMMUNAUX
codoñate	COTIGNAC	comunidad	COMMUNAUTÉ
cofia	COIFFE RADICULAIRE	con sabor de fruta	FRUITÉ adj.
cogedero	CUEILLOIR	concentración parcelaria	REMEMBREMENT
coger	CUEILLIR	concentrado	CONCENTRÉ
cohete granífugo	FUSÉE PARAGRÊLE	concurso agrícola	CONCOURS AGRICOLE
cohobar	COHOBER	condestable	CONNÉTABLE
cohombro	ZUCHETTE	condimentos	CONDIMENTS
cohombro	CONCOMBRE	condominio	PARIAGE
cojera	BOITERIE	conducto	BUSE
col	CHOU	conejera	LAPINIÈRE
cola	QUEUE	conejera	CLAPIER
cola (nuez de)	KOLA (NOIX DE)	conejillo de Indias	COBAYE
cola de caballo	PRÊLE	conejo	LAPIN
cola de zorra	VULPIN	conejo macho	BOUQUIN
cola de zorra	CRÉTELLE	confirmación	CONFIRMATION
cola de zorra	QUEUE DE RENARD	confitería	CONFISERIE
colada	LESSIVAGE	confituras	CONFITURES
colador	COULOIRE	conformación	CONFORMATION
colador	PASSE-LAIT	congelación	CONGÉLATION
coladura	COLATURE	congelación	SURGÉLATION
colar	COULER	congelador	CONGÉLATEUR
colecta	COLLECTE	conífera	CONIFÈRE
colectivización	COLLECTIVISATION	conífera	RÉSINEUX
colector	COLLECTEUR DE DRAINAGE	cono	CÔNE
colector	COLLECTEUR DE TAILLE	consanguinidad	CONSANGUINITÉ
colector	GRIFFE À LAIT	conserva	CONSERVE
coleóptero	COLÉOPTÈRE	conserva	CONFISERIE
cólera aviar	CHOLÉRA	conservación del suelo	CONSERVATION DES SOLS
cólera aviar	PASTEURELLOSE	conservantes	CONSERVATEURS
colgadizo	APPENTIS	conservería	CONSERVERIE
colibacilo	COLIBACILLE	consorcio	CONSORTIE
colibacilosis	COLIBACILLOSE	consorte	CONSORT
colina	COTEAU	construcción agrícola	BÂTIMENT
colinabo	RUTABAGA	contabilidad agrícola	COMPTABILITÉ AGRICOLE
colinabo	TURNEP	contagio	CONTAGE
colmatación	COLMATAGE	contagio	CONTAGION
colmena	RUCHE	contaminación	CONTAMINATION
colmenar	APIER	contenido de un cuévano	HOTTÉE
colmenar	RUCHER	contorno	CONTOUR
colombicultura	COLOMBICULTURE	contrabando	FRAUDE
colombófilo	COLOMBOPHILE	contracción	RETRAIT
colonato	COLONAT	contrafuego	CONTREFEU
colonia de abejas	COLONIE	contrato	CONTRAT
colonia de zánganos	RUCHE BOURDONNEUSE	contrato de trabajo	CONTRAT DE TRAVAIL
colonia huérfana	RUCHE ORPHELINE	contrato enfitéutico	BAIL EMPHYTÉOTIQUE
colonización agrícola	COLONISATION AGRICOLE	control de la leche	CONTRÔLE LAITIER
colono	COLON	control fitosanitario	CONTRÔLE PHYTOSANITAIRE
colono libre	FRANC TENANCIER	conversión	CONVERSION
coloquíntida	COLOQUINTE	coñac	COGNAC
colorante	COLORANT	cooperación	COOPÉRATION
cólquico	COLCHIQUE	cooperativa agrícola	COOPÉRATIVE AGRICOLE
colúmbidos	COLOMBIDÉS	cooperativa vinícola	CAVE COOPÉRATIVE
columbino	COLOMBIN adj.	copa	CIME
Columela	COLUMELLE n.pr.	copal	COPALIER
colza	COLZA	copero	ÉCHANSON
collado	COTEAU	copra	COPRAH
collera	COLLIER	cópula	COPULATION
comalia	CLAVELÉE	corazón	COEUR
combo	CHANTIER	corazoncillo	MILLE-PERTUIS
comedero	MANGEOIRE	corcho	LIÈGE
comedero	AUGE	corcho	BOUCHON
comején	TERMITE	cordel	CORDEAU
comerciante de semillas	MULTIPLICATEUR DE SEMENCES	cordera	AGNELLE

INDEX ESPAGNOL-FRANÇAIS

corderilla	AGNELLE	cribado	CRIBLAGE
corderillo	AGNEAU	cribar	VANNER
cordero	AGNEAU	crines	CRINS
cordón	CORDON	crines	CRINIÈRE
corinto	CORINTHE	criptógama	CRYPTOGAME
cornac	CORNAC	criptogámico	CRYPTOGAMIQUE adj.
cornaca	CORNAC	crisálida	CHRYSALIDE
cornejo	SANGUINELLE	crisantemo	CHRYSANTHÈME
cornejo amarillo	CORNOUILLER	cromosoma	CHROMOSOME
cornezuelo del centeno	ERGOT	crosne del Japón	CROSNE
corojo	COROSSOL	cruce	MÉTISSAGE
corona	COURONNE	crucíferas	CRUCIFÈRES
corral	ÉTABLE	cruda	GRÈGE adj.
corral	COUR	cruz	GARROT
corral	BASSE-COUR	cruzamiento	CROISEMENT
corralero	BASSE-COURRIER	cuadra	ÉCURIE
correhuela	VOLUBILIS	cuadro	CARREAU
corrimiento	COULURE	cuadro de césped	BOULINGRIN
corta	ABATTAGE	cuajada	CAILLÉ
corta	COUPE	cuajado	NOUAISON
corta a ras de suelo	COUPE À BLANC-ÉTOC ou COUPE À BLANC-ESTOC	cuajado	NOUURE
		cuajadura	CAILLAGE
corta a ras de tierra	RECÉPAGE	cuajaleche	GAILLET
corta de abrigo	COUPE D'ABRI	cuajamiento	CAILLAGE
corta de aclareo	COUPE D'ÉCLAIRCIE	cuajar	CAILLETTE
corta de aclareo	COUPE SOMBRE	cuajar	ABOMASSUM
corta de árboles	ABATTIS	cuajar	NOUER
corta de regeneración	COUPE DE RÉGÉNÉRATION	cuajar	EMPRÉSURER
corta de renovación	COUPE DE RÉNOVATION	cuajo	PRÉSURE
corta regulada	COUPE RÉGLÉE	cuarentena	QUARANTAINE
cortacésped	TONDEUSE	cuartar	QUARTAGER
cortadora de césped	TRANCHE-GAZON	cuarterón	QUARTERON
cortadora de heno	COUPE-FOIN	cuartilla	PÂTURON ou PATURON
cortadora de setos	TAILLEUSE DE HAIES	cuartillo	CHOPINE
cortadora rotativa	GYROBROYEUR	cuarto	QUARTIER
cortadora-desmochadora-hileradora	COUPEUSE-ÉCIMEUSE-ANDAINEUSE	cuarto	SEIME
cortaespárragos	COUPE-ASPERGE	cuarto delantero	AVANT-MAIN
cortaforrajes	HACHE-PAILLE	cuarto trasero	ARRIÈRE-MAIN
cortafuego	COUPE-FEU	cuatrienal	QUADRIENNAL adj.
cortafuego	GARDE-FEU	cuba	CUVE
cortafuego	PARE-FEU	cuba	TINE
cortaorillas	COUPE-BORDURE	cuba	FOUDRE
cortarraíces	COUPE-RACINE	cuba	CUVÉE
corteza	ÉCORCE	cubeta	CUVEAU
corteza de la encina	TAN	cubeta	BAQUET
cortijo	MÉTAIRIE	cubicación	CUBAGE
cortijo	BORDAGE	cubícolo	BOX
cortón	COURTILIÈRE	cubierta	ÉTALONNAGE
coscoja	YEUSE	cubierto	COUVERT adj.
cosecha	CUEILLETTE	cubo	SEAU
cosecha	RÉCOLTE	cubo	BAILLE
cosecha	ARRACHAGE	cubo de ordeñadora	POT-TRAYEUR
cosecha	MOISSON	cubrición	SAILLIE
cosecha	LEVÉE	cubrición	MONTE
cosecha de la aceituna	OLIVAISON	cubrir de paja	PAILLER
cosecha de vino	VINÉE	cucaracha	CAFARD
cosechadora	CUEILLEUSE	cucaracha	CANCRELAT
cosechar	RÉCOLTER	cucaracha	BLATTE
cosechar	CUEILLIR	cucúrbita	CALEBASSE
cosechero destilador	BOUILLEUR DE CRU	cucurbitáceas	CUCURBITACÉES
costanera	CONTRESEP	cuchilla	COUTRE
costero	DOSSE	cuchilla delantera	RASETTE
costumbre	COUTUMES	cuello	COLLET
cotiledón	COTYLÉDON	cuello	ENCOLURE
cotoneaster	COTONÉASTER	cuenco	JATTE
coz	RUADE	cuerda de mimbre	HART
crecero	CROÎT	cuerno	CORNE
crecimiento	CROISSANCE	cuero	CUIR
crédito agrícola	CRÉDIT AGRICOLE MUTUEL	cuerpo	CORPS
cresa	COUVAIN	cuesco	NOYAU
creta	CRAIE	cuévano	BANNE
cría de caracoles	HÉLICICULTURE	cuévano	HOTTE
cría de ganado	NOURRISSAGE	cuévano	BENNE
cría de ganado	ÉLEVAGE	cuévano	VENDANGEOIR
cría de melagras	MÉLÉAGRICULTURE	cultivable	CULTIVABLE adj.
cría del cangrejo	ASTACICULTURE	cultivador	CULTIVATEUR
criadero de gusanos de seda	MAGNANERIE	cultivador de fresas	FRAISICULTEUR
criador de ganado	ÉLEVEUR	cultivador de rosas	ROSIÉRISTE
criador de gusanos de seda	MAGNANIER	cultivador de tabaco	TABACULTEUR
criadora	ÉLEVEUSE	cultivador rotativo	HOUE ROTATIVE
criba	CRIBLE	cultivar	CULTIVER
criba	CRIBLAGE	cultivo	CULTURE
criba	VAN	cultivo biológico	CULTURE BIOLOGIQUE

INDEX ESPAGNOL-FRANÇAIS

cultivo de hortalizas	CULTURE MARAÎCHÈRE
cultivo de secano	DRY FARMING
cultivo del arroz	RIZICULTURE
cultivo del mimbre	OSIÉRICULTURE
cultivo en terrazas	CULTURE SUR TERRASSE
cultivo extensivo	CULTURE EXTENSIVE
cultivo forzado	CULTURE FORCÉE
cultivo hidropónico	CULTURE HYDROPONIQUE
cultivo intensivo	CULTURE INTENSIVE, ou CONTINUE
cultivo intermedio	CULTURE DÉROBÉE
cultivo y cría in vitro	CULTURE et ÉLEVAGE IN VITRO
cultivos al aire libre	CULTURES DE PLEIN TERRE, ou DE PLEIN VENT
cultivos industriales	CULTURES INDUSTRIELLES
cunicultor	CUNICULTEUR
cunicultura	CUNICULTURE
curar	PANSER
curiana	CAFARD
curiana	CANCRELAT
curiana	BLATTE
curtidor	TANNEUR
curtiduría	TANNERIE
curtiente	TANNANT adj.
curtimiento	TANNAGE
curtir	TANNER
cuscuta	CUSCUTE
chabola	CABANE
chalanería	MAQUIGNONNAGE
chalote	ROCAMBOLE
chalote	ÉCHALOTE
chamicera	BRÛLIS
chamizo	CHAUMIÈRE
champanización	CHAMPAGNISATION
champaña, champán	CHAMPAGNE (VINS DE)
champiñón	CHAMPIGNON
chanclo	SOCQUE
chancroso	CHANCREUX adj.
charca	FLACHE
charca	MARE
chayotera	CHAYOTTE
Chester (queso de)	CHESTER
cheviot	CHEVIOT
chicle	CHICLE
chícharo	MANGE-TOUT
chilla	BARDEAU
chinchilla	CHINCHILLA
chirivía	CHERVIS
chirivía	PANAIS
chivo	CABRI
chivo	BICOT
chorro	JET
choza	MAZET
choza	HUTTE
choza	CHAUMIÈRE
choza	CASE
choza de pastor	BURON
chufa	SOUCHET
chupón	MANCHON-TRAYEUR
chupón	GOURMAND
dáctilo	DACTYLE
dalia	DAHLIA
damajuana	BONBONNE
damajuana	DAME-JEANNE
dar forraje	AFFOURRAGER
dar forraje a las bestias	AFFENER
dardo	LAMBOURDE
dátil	DATTE
datilera	DATTIER
de cuerpo	CORSÉ adj.
de rapiña	PRÉDATEUR adj.
debilitamiento	ÉTIOLEMENT
decantar	DÉCANTER
defecto	TARÉ adj.
defecto	TARE
déficit pluviométrico	DÉFICIT PLUVIOMÉTRIQUE
defloración	DÉFLEURAISON ou DÉFLORAISON
defoliación	DÉFOLIATION
defoliante	DÉFOLIANT
deforestación	DÉFORESTATION
degeneración	DÉGÉNÉRESCENCE
degustación	DÉGUSTATION
dehesa	PÂTIS
dehesa	EMBOUCHE
dehesa	PÂTURE
dehesa	PÂTURAGE
dehesa a la estaca	PÂTURAGE AU TIÈRE
dehiscente	DÉHISCENT adj.
dejación de un fondo	DÉGUERPISSEMENT
dejar baldío	AFFRICHER
dendrocronología	DENDROCHRONOLOGIE
dendrología	DENDROLOGIE
dendrometría	DENDROMÉTRIE
dendrómetro	DENDROMÈTRE
denominación de origen	APPELLATION D'ORIGINE
D.O.C.	A.O.C. sigle.
densidad agrícola	DENSITÉ AGRICOLE
densidad de aspersión	DENSITÉ D'ASPERSION
densidad de población	DENSITÉ DE PEUPLEMENT
densidad de siembra	DENSITÉ DE SEMIS
dental	SEP
dependencia	ANNEXE
dependencia	HACHE
dependencia de un feudo	MOUVANCE
dependencias	COMMUNS
dependencias	DÉPENDANCES
depósito	ENTREPÔT
depósito	RESSERRE
depósito de agua	RÉSERVOIR
depósitos aluviales	ALLUVIONS
depredación	DÉPRÉDATION
depredador	DÉPRÉDATEUR
depredador	PRÉDATEUR adj.
depredador	PRÉDATEUR
derecho de corta	AFFOUAGE
derecho de desherencia	DROIT DE DESHÉRENCE
derecho de montanera	PANAGE
derecho de primogenitura	DROIT D'AÎNESSE
derecho feudal	BANALITÉS
derecho rural	DROIT RURAL
derechos sobre los productos agrícolas	TAXE
derivación	DÉRIVATION
dermatosis	DERMATOSE
derribador	ABATTEUR
derroche	COULAGE
desaguadero	DRAIN
desaguadero	BONDE
desaguadero	DÉVERSOIR
desaguado	ASSÈCHEMENT
desaguado	DESSÈCHEMENT
desagüe	COLATURE
desaladura	DESSALAGE
desalbardar	DÉBÂTER
desarraigar	DÉRACINER
desarraigo	ARRACHAGE
desarrollo de los botones	BOURGEONNEMENT
desbarbador	ÉBARBEUR
desbarbadora	ÉBARBEUSE
desbarbadura	ÉBARBAGE
desbastadora	BECHE À ÉCORCER
desbroce	ESSARTAGE
desbroce	BRÛLEMENT
desbrozadora	DÉBROUSSAILLEUSE
desbrozar	DÉBROUSSAILLER
desbrozar	ESSARTER
descalce	DÉCHAUSSAGE
descalce	DÉBUTTAGE
descalcificación	DÉCALCIFICATION
descanso	REPOS
descargador	DÉCHARGEUR
descascarar	ÉCALER
descendencia	LIGNÉE
descepar	DESSOUCHER
descepar	ESSOUCHER
descocador	ÉCHENILLOIR
descocamiento	ÉCHENILLAGE
descoloramiento	DÉCOLORATION
descopar	ÉTÊTER
descope	ÉCIMAGE
descope	ÉTÊTAGE
descorche	ÉCORÇAGE
descorne	DÉCORNAGE
descortezado	DÉMASCLAGE
descortezador	ÉCORÇOIR .m.
descortezadora	DÉCORTIQUEUSE
descortezadora	ÉCROÛTEUSE
descortezadora	BECHE À ÉCORCER

INDEX ESPAGNOL-FRANÇAIS

descortezamiento	ÉCORÇAGE	desplantador	DÉPLANTOIR
descortezar	DÉCORTIQUER	desplumar	DÉPLUMER
descuajar	ESSOUCHER	desplumar	PLUMER
descuartizador	ÉQUARRISSEUR	despoblación	DÉPEUPLEMENT
descuartizamiento	ÉQUARRISSAGE	despoblación rural	DÉPOPULATION RURALE
descuerne	ÉCORNAGE	despojos	ABATS.
desecación	ASSÈCHEMENT	despojos	ISSUES
desecación	DESSICCATION	despuntadura	ÉPOINTAGE
desecación	DESSÈCHEMENT	despuntamiento	PINÇAGE
desecación	ÉGOUTTAGE	desquejar	BOUTURER
desecador	SÉCHOIR	desqueje	BOUTURAGE
desecamiento	SÉCHAGE	desramar	ÉLAGUER
desecar	SÉCHER	desratización	DÉRATISATION
desecar	DRAINER	desruralización	DÉRURALISATION
desempedramiento	ÉPIERRAGE	destajo	FORFAIT
desempedrar	ÉPIERRER	destapar	DÉBONDER
desenalbardar	DÉBÂTER	destazador	ÉQUARRISSEUR
desenganchar	DÉTELER	desterrona	ÉMOTTEUSE
desenrollador	DÉROULEUR	desterronadora	CASSE-MOTTE
desensiladora	DÉSILEUSE	desterronar	ÉMOTTER
desentierro	DÉTERRAGE	destetar	SEVRER
desertización	DÉSERTIFICATION	destete	SEVRAGE
desfollonar	ÉPAMPRER	destilación	DISTILLATION
desfondadora	DÉFONCEUSE	destilar	BOUILLIR
desfondar	DÉFONCER	destilatorio	DISTILLERIE
desfonde	DÉFONÇAGE	destilería	BRÛLERIE
desgerminar	DÉGERMER	destral	COGNÉE
desgranador	ÉGRETIER	desuerado	ÉGOUTTAGE
desgranadora	ÉGRAPPOIR	desuero	DÉLAITAGE
desgranadora	ÉGRENOIR	desvahadora	EFFANEUSE
desgranamiento	ÉGRENAGE	desvainar	ÉCOSSER
desgranar	ÉGRENER	desyemadera	ÉBOURGEONNOIR
desgranar	ÉCOSSER	desyemado	ÉBOURGEONNAGE
desgrane	ÉGRAPPAGE	desyemador	ÉBOURGEONNEUR
desgrane	ÉGRENAGE	desyemadura	ÉBORGNAGE
desherbadora	DÉSHERBEUR	desyemar	ÉBOURGEONNER
desherbar	DÉGAZONNER	deszarcillado	ÉVRILLAGE
desherbar	DÉSHERBER	detener la fermentación	MUTER
deshidratación	DÉSHYDRATATION	detienebuey	BUGRANE
deshidratadora	DÉSHYDRATEUSE	detonador	CANON EFFAROUCHEUR
deshierbo	DÉSHERBAGE	devastador	RAVAGEUR
deshojado	DÉFEUILLAGE	deyecciones animales	DÉJECTIONS ANIMALES
deshojado de mazorcas	DÉPANOUILLAGE	diaspora	DIASPORE
deshojadora de maíz	DÉPANOUILLEUSE	diastasa	DIASTASE
deshojadora de maíz	ÉPANOUILLEUSE	diciembre	DÉCEMBRE
deshojar	EFFEUILLER	dicotiledóneo	DICOTYLÉDONE
deshoje	EFFEUILLAISON	díctamo	DICTAME
desierto	DÉSERT	diente de león	DENT-DE-LION
desinfección	DÉSINFECTION	diente de león	PISSENLIT
desinfección	ASSAINISSEMENT	diezmero	DÉCIMATEUR
deslindar	ABORNER	diezmo	DÎME
deslindar	BORNER	digital	DIGITALE
deslinde	ABORNEMENT	dignidad	PAIRIE
deslinde	BORNAGE	diminución	COULAGE
desmenuzadora	BRISE-TOURTEAU	dioico	DIOÏQUE adj.
desmenuzadora de estiércol	ÉMIETTEUR DE FUMIER	diploide	DIPLOÏDE adj.
desmochar	ÉTÊTER	dique	DIGUE
desmochar	ÉHOUPPER	dirección a distancia	TÉLÉGUIDAGE
desmochar	RECÉPER	disco	DISQUE
desmoche	ÉCIMAGE	diseminación	SÉMINATION
desmoche	RAVALE	disponer	AMÉNAGER
desmoche	RABATTAGE	disposición de una casa	ÊTRES
desmoche	PINÇAGE	distancia de aislamiento	ISOLEMENT (DISTANCE D')
desmoche	DÉCOLLETAGE	distensión	CLAQUAGE
desmontar	DÉBOISER	distribución de una casa	AÎTRES
desmontar	DÉFRICHER tr	distribución del forraje al ganado	AFFOURRAGEMENT
desmonte	DÉFRICHAGE ou DÉFRICHEMENT	distribuidor	DISTRIBUTEUR
desmonte	DÉBOISEMENT	divagación	DIVAGATION
desnatadora	ÉCRÉMEUSE	división de una cuadra	BOX
desnatar	ÉCRÉMER	división en parcelas	PARCELLISATION
desnitrificación	DÉNITRIFICATION	doladera	DOLOIRE
desoperculator	DÉSOPERCULATEUR	dólico	DOLIC ou DOLIQUE
desorejar	COURTAUDER	dolina	DOLINE
desorugador	ÉCHENILLOIR	domado	DOMESTIQUÉ adj.
desove	FRAI	domar	DOMPTER
despampanamiento	ÉPAMPRAGE	domesticación	DOMESTICATION
despampanar	ESSARMENTER	domesticación	DRESSAGE
despampanar	ÉPAMPRER	domesticado	DOMESTIQUÉ adj.
despeadura	FOURBURE	domesticar	APPRIVOISER
despeadura	PIÉTIN	doméstico	DOMESTIQUE
despido	CONGÉ	dominancia	DOMINANCE
despimpollar	ESSARMENTER	dominio	DOMAINE
desplantación	DÉPLANTATION	dorífora	DORYPHORE

INDEX ESPAGNOL-FRANÇAIS

dormición	DORMANCE	encalar	CHAULER
dormidero	DORMOIR	encamado	VERSE
dosis	DOSE	encamar	VERSER
dosis	TITRE	encaminar	ACHEMINER
dragado	DRAGAGE	encañado	CLAYONNAGE
drenaje	DRAINAGE	encañado	ABAT-VENT
drenaje	WATERINGUE	encañadora	DRAINEUSE
drenar	DRAINER	encañar	RAMER
dromedario	DROMADAIRE	encañar	CLAYONNER
drosófila	DROSOPHILE	encargado de talas	SOUCHETEUR
drupa	DRUPE	encarnado	INCARNAT adj.
duela	DOUVE	encatrado	DRAIN
duna	DUNE	encella	CAGEROTTE
duramen	COEUR	encella	CASERET
duramen	DURAMEN	encella	CLAYON
duraznillo	PERSICAIRE	encella	ÉCLISSE
durina	DOURINE	encella	CLISSE
ébano	ÉBÉNIER	encepar	ENCÉPAGER
ecología	ÉCOLOGIE	encerrar	ENSERRER
economía agrícola	ÉCONOMIE AGRICOLE	encerrar	PARQUER
economía rural	ÉCONOMIE RURALE	encespedado	GAZONNAGE
ecosistema	ÉCOSYSTÈME	encespedar	ENGAZONNER
ecrema	ECTHYMA CONTAGIEUX	encespedar	GAZONNER
ectomatitis ulcerosa	ECTHYMA CONTAGIEUX	encierro	CLAUSTRATION
echador	JUTEUR	encina	YEUSE
echaduras	ISSUES	encina	ROUVRE
echar pienso	AFFOURRAGER	encina	CHÊNE
echar raíces	PRENDRE	encina de América	QUERCITRON
echar tierra	TERRER	encinar	CHÊNAIE
edafología	ÉDAPHOLOGIE	enclave	ENCLAVE
edificio	BÂTIMENT	encolado	COLLAGE
elaboración de compost	COMPOSTAGE	encolado	ENCOLLAGE
elaboración de la madera	FAÇONNAGE DU BOIS	encomienda	COMMANDERIE
elátero del trigo	TAUPIN	encomienda	COMMENDE
electrónico agrícola	ÉLECTRONIQUE AGRICOLE	encornadura	ENCORNURE
elefante	ÉLÉPHANT	endemia	ENDÉMIE
elevador	ÉLÉVATEUR	endibia	CHICORÉE SAUVAGE
elevador	RELEVAGE (SYSTÈME DE)	endibia	ENDIVE
eliminación de las espatas	DÉPANOUILLAGE	endofito	ENDOPHYTE
eliminación de musgos con la grada	ÉMOUSSAGE	endogamia	ENDOGAMIE
eliminar el musgo	ÉMOUSSER	endrina	PRUNELLE
embalaje	CONDITIONNEMENT	endrino	PRUNELLIER
embalar	CONDITIONNER	enebral	GENÉVRIÈRE
embarazada	PLEINE adj.	enebrina	GENIÈVRE
embargo	GAGERIE	enebro	GENÉVRIER
embargo provisional	SAISIE-GAGERIE	enebro	GENIÈVRE
embarrilado	ENFÛTAGE	eneldo	ANETH
embarrilar	ENTONNER	enero	JANVIER
embodegar	ENCAVER	enfardadora	BOTTELEUSE
embojar	CABANER	enfermedad ascárida	ASCARIDIOSE
embolado	BOULAGE	enfermedad criptogámica	MALADIE CRYPTOGAMIQUE
embotellar	EMBOUTEILLER	enfermedad de cribado	MALADIE CRIBLÉE
embridar	BRIDER	enfermedad de las abejas	LOQUE
embrión	EMBRYON	enfermedad de las patatas	FRISOLÉE
embudo	ENTONNOIR	enfermedad del metabolismo	MÉTABOLIQUES (MALADIES)
emigraciones estacionales	MIGRATIONS SAISONNIÈRES	enfermedad del mosaico	MOSAÏQUE
emigrante	MIGRANT	enfermedad fisiológica	MALADIE PHYSIOLOGIQUE
empajado	PAILLAGE	enfermedad verminosas	VERMINEUSES (MALADIES)
empajamiento	APAILLAGE	enfermedades profesionales agrícolas	MALADIES PROFESSIONNELLES AGRICOLES
empajamiento	EMPAILLAGE		
empajar	PAILLER	enfeudación	INFÉODATION
empalizada	PALISSADE	enfeudado	FIEFFAL adj.
empalizada	PALIS	enfeudar	FIEFFER
empalizamiento	PALISSAGE	enfeudar	INFÉODER
emparrado	HALLATRE	enfiteusis	EMPHYTÉOSE
emparrado	TREILLAGE	enganchar	ATTELER
emparrado	TREILLE	engaño	FARDAGE
empenachado	PANACHÉ adj.	engavillado	GERBAGE
emplasto	EMPLÂTRE	engomado	ENCOLLAGE
emplomado	PLOMBAGE	engordadero	NOURRICERIE
empolvado	POUDRAGE	engorde	ENGRAISSAGE
empollar	COUVER	engranar	ENGRÉNER
empradizamiento	MISE EN HERBE	enhornar	ENFOURNER
enalbardar	BÂTER	enjabelgadura	BADIGEONNAGE
enanismo	NANISME	enjambrazón	ESSAIMAGE
enano	NAIN adj.	enjambre	ESSAIM
enarbolo	ARBORÉ adj.	enjambre	RUCHÉE
enarenamiento	SABLAGE	enjaretado	CAILLEBOTIS
enarenar	SABLER	enjuagadura	RINÇURE
encabezado	VINAGE	enlucimiento	BADIGEONNAGE
encabezar	VINER	enmargado	MARNAGE
encabritamiento	PESADE	enmohecer	MOISIR
encaladura	CHAULAGE	enmohecido	MOISI adj.

ennegrecimiento	NOIRCISSURE ou NOIRCISSEMENT	escanciador	ÉCHANSON
enobarómetro	OENOBAROMÈTRE	escanda	ENGRAIN
enófilo	OENOPHILE adj.	escanda	ÉPEAUTRE
enografía	OENOGRAPHIE	escanda	TRITICALE
enología	OENOLOGIE	escarabajo	BUPRESTE
enológico	OENOLOGIQUE adj.	escarabajuelo	ALTISE
enólogo	OENOLOGUE	escaramujo	ÉGLANTIER
enometría	OENOMÉTRIE	escarcha	GELÉE BLANCHE
enoscopio	OENOSCOPE	escarda	SARCLAGE
enotecnia	OENOTECHNIE	escardadora	DÉSHERBEUR
enoxidasa	OENOXYDASE	escardadura	DÉSHERBAGE
enramada	FEUILLÉE	escardadura	SARCLAGE
enrase	ARASEMENT	escardar	DÉSHERBER
enredadera	LISERON	escardar	ÉCHARDONNER
enrejado	CAILLEBOTIS	escardar	SARCLER
enrejado	TREILLIS	escardillo	GUIGNETTE
enriado	ROUISSAGE	escardillo	BÉCHOT
enriamiento	ROUISSAGE	escardillo	SERFOUETTE
enriar	ROUIR	escardillo	BINETTE
ensacar	ENSACHER	escardillo	ÉCHARDONNOIR
ensalada	SALADE	escardillo	BÉQUILLE
ensayo	ESSAI	escardillo	SARCLOIR
ensayo de rendimiento	ESSAI DE RENDEMENT	escarificación	SCARIFIAGE
enseñanza agrícola	ENSEIGNEMENT AGRICOLE	escarificación	SCARIFICATION
ensilado	ENSILAGE ou ENSILOTAGE	escarificador	SCARIFICATEUR
ensilado	SILOTAGE	escarificar	SCARIFIER
ensiladora	ENSILEUR	escarola	CHICORÉE SCAROLE
ensillar	ENSELLER	escarola	ESCAROLE
entarquinamiento	COLMATAGE	escarola	SCAROLE
enterotoxemia	ENTÉROTOXÉMIE	esclavo	ESCLAVE
enterrador de estiércol	ENFOUISSEUR	escobajo	RAFLE
enterramiento	ENFOUISSAGE	escobajo	RÂPE
entomología	ENTOMOLOGIE	escogedora	TRIEUR
entonelado	ENFÛTAGE	escoria de desfosforación	SCORIE DE DÉPHOSPHORATION
entonelar	ENTONNER	escorzonera	SCORSONÈRE
entrada del forraje	AFFENOIR	escorzonera	SALSIFIS
entramado	COLOMBAGE	escribano de la vid	ÉCRIVAIN
entrecoger	ENTRECUEILLIR	escudete	ÉCUSSON
entrega	LIVRAISON	escuezno	CERNEAU
entresaca	ÉCLAIRCISSAGE	escurriduras	BAQUETURES
entreverada	PERSILLÉ adj.	espacio	ESPACEMENT
entrojar	ENGRANGER	espadar	MACQUER
enumeración	DÉNOMBREMENT	espaldar	REFEND
envero	VÉRAISON	espaldera	ESPALIER
enyerbar	ENHERBER	espantadizo	OMBRAGEUX adj.
enyesado	PLÂTRAGE	espantalobos	BAGUENAUDIER
enyesar	PLÂTRER	espantapájaros	ÉPOUVANTAIL
enzootia	ENZOOTIE	esparceta	ESPARCETTE
eolia	ÉOLIENNE	esparceta	CHAPRE
epifito	ÉPIPHYTES	esparceta	LUPINELLE
epigeo	ÉPIGÉ adj.	esparceta	SAINFOIN
epitelio	ÉPITHÉLIUM	esparceta	SULLA
epizootia	ÉPIZOOTIE	esparcidora de estiércol	ÉPANDEUR
época	SAISON	esparcidora de estiércol	ÉPARPILLEUR
época de menos trabajo	MORTE-SAISON	esparcilla	SPERGULE
época de plantación	PÉRIODE	esparcimiento de las deyecciones	ÉBOUSAGE
équidos	ÉQUIDÉS	esparragal	ASPERGIÈRE
equino	CHEVALIN adj.	espárrago	ASPERGE
equinos	ÉQUIDÉS	esparto	ALFA
era	AIRE	esparto	SPARTE
ergonomía agrícola	ERGONOMIE AGRICOLE	espata	SPATHE
ergotismo	ERGOTISME	especialización agrícola	SPÉCIALISATION AGRICOLE
erial	ABOUVRI	especias	ÉPICES
erinosis	ÉRINOSE	especie	ESPÈCE
erisipela porcina	ROUGET	especie	ESSENCE
eritema	ÉRYTHÈME	espejismo	MIRAGE
erizo	HÉRISSON	espelta	ÉPEAUTRE
erizo	BOGUE	espelta	TRITICALE
erradicación	ÉRADICATION	espermatofito	SPERMATOPHYTE
escabiosa	SCABIEUSE	espermatozoide	SPERMATOZOÏDE
escaldado	ÉCHAUDAGE	espesura	TOUFFE
escaldadura	ÉCHAUDURE	espicanardo	VÉTIVER
escaldadura	ÉCHAUDAGE	espícula	SPICULE
escaldar	ÉCHAUDER	espiga	ÉPI
escamonda	TONTURE	espigar	ÉPIER
escamonda	ÉBRANCHAGE	espigar	GLANER
escamonda	ÉMONDAGE	espigueo	GLANAGE
escamondador	ÉMONDEUR	espiguilla	ÉPILLET
escamondaduras	ÉMONDES	espina	ÉPINE
escamondar	ROGNER	espinaca	ÉPINARD
escamondar	ÉBRANCHER	espineta caponera	ÉPINETTE
escamondar	ÉMONDER	espino blanco	AUBÉPINE
escamondar	ÉLAGUER	espita	CHANTEPLEURE

INDEX ESPAGNOL-FRANÇAIS

espliego	ASPIC
espliego	SPIC
espliego	LAVANDE
espolvoreado	POUDRAGE
espolvoreadora	POUDREUSE
espontáneo	SPONTANÉ adj.
espora	SPORE
esporangio	SPORANGE
espuerta	GABION
espumoso	MOUSSEUX adj.
esqueje	BOUTURE
esqueje de mimbre	QUILLETTE
esquila	CLARINE
esquila	BÉLIÈRE
esquilador	TONDEUR
esquilar	TONDRE
esquilar de nuevo	RETONDRE
esquileo	TONDAGE
esquileo	TONTE
esquileo	TONDAILLES
establo	ÉTABLE
establo de incubación	COUVOIR
establo de los pavos	DINDONNERIE
estabulación	STABULATION
estaca	BOUTURE
estaca	PLANÇON
estaca	ÉCHALAS
estaca	PIQUET
estaca	PALIS
estación de las lluvias	HIVERNAGE
estación de vigilancia	STATION AGROMÉTÉOROLOGIQUE
estación	SAISON
estacional	SAISONNIER adj.
estadística agrícola	STATISTIQUE AGRICOLE
estado de los beneficios de una diócesis	POUILLÉ
estado de vegetación	ÉTAGE DE VÉGÉTATION
estado latente	LATENCE
estado plebeyo	ROTURE
estado sedentario	SÉDENTARITÉ
estambre	ÉTAMINE
estanque	ÉTANG
estanque	BASSIN DE SUBMERSION
estatura	TAILLE
estercoladura	ÉPANDAGE
estercoladura	FUMAISON
estercoladura	FUMURE
estercoladura	FUMAGE
estercolar	FUMER
estercolero	FUMIÈRE
estéril	STÉRILE adj.
estéril	BRÉHAIGNE adj.
esterilidad	INFERTILE adj.
esterilidad	STÉRILITÉ
esterilización	STÉRILISATION
esterilizar	STÉRILISER
estero	STÈRE
estiba	GERBAGE
estiércol	GADOUE
estiércol	FUMIER
estiércol	FIENTE
estiércol	ENGRAIS
estiércol líquido	PURIN
estigma	STIGMATE
estilo	STYLE
estimación	PRISÉE
estípite	STIPE
estolón	COULANT
estolón	STOLON
estoma	STOMATE
estómago	ESTOMAC
estomatitis	STOMATITE
estopa	ÉTOUPE
estopa	FILASSE
estragón	ESTRAGON
estratificación	STRATIFICATION
estrato	ÉTAGE
estrato de estiércol	COUCHE
estriado	STRIURES
estrías	STRIURES
estribo	ÉTRIER
estro	RUT
estro	OESTRUS
estrógeno	OESTROGÈNE adj.
estructura agraria	STRUCTURE AGRAIRE
estructura de la explotación	STRUCTURE FONCIÈRE
estrujadora	FOULOIR
estudio de las flores	FLORISTIQUE
estufa caliente	FORCERIE
estufa de cervecero	TOURAILLE
estufijero	SERRISTE
etiqueta	LABEL
eucalipto	EUCALYPTUS
Europa verde	EUROPE VERTE
eutrofización	EUTROPHISATION
evacuador de estiércol	NETTOYEUR D'ÉTABLE
evacuador de estiércol	ÉVACUATEUR DE FUMIER
evaporador	ÉVAPORATEUR
evapotranspiración	ÉVAPOTRANSPIRATION
evicción	ÉVICTION
excavadora	PIOCHEUR
excavadora	PELLETEUSE
excavar	FOUIR
excedentes agrícolas	EXCÉDENTS AGRICOLES
excelente harina	MINOT
excrementos	DÉJECTIONS ANIMALES
excremento seco pulverizado	POUDRETTE
exfoliación	EXFOLIATION
existencias	STOCK
éxodo agrícola	EXODE AGRICOLE
éxodo rural	EXODE RURAL
exogamia	EXOGAMIE
explotabilidad	EXPLOITABILITÉ
explotación agrícola	EXPLOITATION AGRICOLE
explotación forestal	EXPLOITATION FORESTIÈRE
explotador agrícola	EXPLOITANT AGRICOLE
explotar la tierra	EXPLOITER
expropiación	EXPROPRIATION
extensión de la vertedera	QUEUE DE VERSOIR
extensivo	EXTENSIVE adj.
extenuado	FORTRAIT adj.
extirpador	EXTIRPATEUR
extractor	EXTRACTEUR
extraer la resina	RÉSINER
extranjero	AUBAIN
fábrica de almidón	AMIDONNERIE
fábrica de cerveza	BRASSERIE
fábrica de fécula	FÉCULERIE
fábrica de harina	MINOTERIE
fábrica de malta	MALTERIE
fábrica de vinagre	VINAIGRERIE
fabricante de celemines	BOISSELIER
fabricante del almidón	AMIDONNIER
fabricar cerveza	BRASSER
fabuco	FAINE
fagopirismo	FAGOPIRISME
faisán	FAISAN
faisana	FAISANE
faisanero	FAISANDIER
fajina	FASCINE
falerno	FALERNE
falsa acacia	ROBINIER
falso brote	ENTRECOEUR
falso brote	PROMPT-BOURGEON
falta de cultivo	INCULTURE
falta de granazón de la uva	MILLERANDAGE
familia	MAISONNÉE
fanerógamas	PHANÉROGAMES adj.
fango	BOUE
fastigiado	FASTIGIÉ adj.
fauno	FAUNE
favorito	CRACK
febrero	FÉVRIER
fécula	FÉCULE
feculencia	FÉCULENCE
feculento	FÉCULENT adj.
fecundación	FÉCONDATION
fenofase	PHÉNOPHASE
fenogreco	FENUGREC
fenología	PHÉNOLOGIE
fenotipo	PHÉNOTYPE
feraz	FERTILE adj.
feria	FOIRE
ferial	FOIRAIL
feriante	FORAIN
fermentación	FERMENTATION
fermentador	FERMENTEUR

INDEX ESPAGNOL-FRANÇAIS

fermentar	BOUILLIR	formulario	FORMULAIRE
fermento	FERMENT	forraje	FOURRAGE
fermento láctico	LEVAIN	forraje	AFFENAGE
ferormonas	PHÉROMONES	forrajeador	FOURRAGEUR
fértil	FERTILE adj.	forrajear	FOURRAGER
fertilidad	FERTILITÉ	forrajera	FANEUSE
fertilización	FERTILISATION	forzar	HÂTER
fertilizante	FERTILISANT	fosa de estiércol	FOSSE À FUMIER
fertilizante	ENGRAIS	fosfatado	PHOSPHATAGE
feudalismo	FÉODALITÉ	fosfatos	PHOSPHATES
feudatario	FEUDATAIRE	fosforita	PHOSPHORITE
feudo	FÉAGE	foso	DOUVE
feudo	FIEF	fotoperíodo	PHOTOPÉRIODE
feudo	TENURE	fotosíntesis	PHOTOSYNTHÈSE
feudo	HOMMAGE	fototropismo	PHOTOTROPISME
feudo alodial	FRANC-FIEF	frambuesa	FRAMBOISE
fibra	LEST	frambueso	FRAMBOISIER
fibra leñosa	FIBRE	franco	FRANC adj.
fibras del cañamo	TEILLE	franquicia	FRANCHISE
fiebre aftosa	FIÈVRE APHTEUSE	fraude	FARDAGE
fiebre láctica	FIÈVRE VITULAIRE	fraude	FRAUDE
fieles	OUAILLES	freática (capa)	PHRÉATIQUE (NAPPE)
fiesta patronal	FRAIRIE	fresa	FRAISE
fijación a un rodrigón	ACCOLAGE	fresal	FRAISIÈRE
fila	RANG, RANGÉE	fresal	ARRAGA
filadiz	FILOSELLE	fresera	FRAISIER
filoseda	FILOSELLE	fresneda	FRÊNAIE
filoxera	PHYLLOXÉRA	fresno	FRÊNE
final del otoño	ARRIÈRE-SAISON	fresno del maná	ORNE
finas hierbas	FINES HERBES	freza	FRÈZE
finca	FERME	freza	FRAI
finca	IMMEUBLES	frigorífico	FRIGORIFIQUE adj.
finca	DOMAINE	frigorífico	FRIGORIFIQUE
finca	TERRE	fríjol	FASÉOLE
finca en aparcería	MÉTAIRIE	frijol	FLAGEOLET
fisiocracia	PHYSIOCRATIE	Frimario	FRIMAIRE
fisiocratas	PHYSIOCRATES	frío	FROID
fisiopatología	PHYSIOPATHOLOGIE	frisonas (razas)	FRISONNES (RACES)
fitiatría	PHYTIATRIE	frondosidad	FRONDAISON
fitófago	POLYPHAGE adj.	fructidor	FRUCTIDOR
fitofarmacia	PHYTOPHARMACIE	fructífero	FRUCTIFÈRE adj.
fitogeneticisto	SÉLECTIONNEUR	fructificación	FRUCTIFICATION
fitogeografía	PHYTOGÉOGRAPHIE	fructificar	FRUCTIFIER
fitohormona	PHYTOHORMONE	fructosa	FRUCTOSE
fitología	PHYTOLOGIE	frumentario	FRUMENTAIRE adj.
fitopatógeno	PHYTOPATHOGÈNE adj.	frutal	FRUTTIER
fitopatología	PHYTOPATHOLOGIE	frutal	FRUTTIER adj.
fitosanitario	PHYTOSANITAIRE adj.	frutas tempranas	PRIMEURS
fitosociología	PHYTOSOCIOLOGIE	frutería	FRUITERIE
fitotecnia	PHYTOTECHNIE	frutería	FRUITIÈRE
fitoterapia	PHYTOTHÉRAPIE	fruticultura	FRUCTICULTURE
fleje	CERCLE	fruto	FRUIT
flema	FLEGME	fuco	GOÉMON
fleo	FLÉOLE	fuente	FONTAINE
flor	FLEUR	fuente artesiana	SOURCE ARTÉSIENNE
flora	FLORE	fuera de la época	CONTRESAISON (EN) l.adv.
floración	FLORAISON	fueros	FORS
floral	FLORAL adj.	fuerte	LOURDE adj.f.
floreal	FLORÉAL	fumagina	FUMAGINE
florear	ENTRECUEILLIR	fumaria	FUMETERRE
florear	FLEURIR	fumigación	FUMIGATION
florecer	FLEURIR	fumigador	FUMIGATEUR
florecer de nuevo	REFLEURIR	funda de mimbres	CLISSE
florero	VASE	fundo	FONDS
florescencia	FLORAISON	fungible	FONGIBLE adj.
floricultor	FLEURISTE	fungicida	ANTICRYPTOGAMIQUE adj.
floricultura	FLORICULTURE	fungicida	FONGICIDE
florífero	FLORIFÈRE adj.	fusariosis	FUSARIOSE
flotación	FLOTTAGE	gabarro	JAVART
fogaje	FOUAGE	gachas	GRUAU
fogaje	AFFOUAGE	gachas de maíz	GAUDE
foliación	FEUILLAISON	galactología	GALACTOLOGIE
foliación	FOLIATION	galactómetro	GALACTOMÈTRE
folículo	FOLLICULE	galactómetro	PÈSE-LAIT
follaje	FEUILLAGE	galactómetro	LACTOMÈTRE
fondo de labor	SEMELLE DE LABOUR	galápago	CRAPAUD
foráneo	FORAIN adj.	galgana	JAROUSSE
forma arbustiva	FORME ARBUSTIVE	galio	GAILLET
formación de arbustos	FRUTICÉE	galio	GRATERON
formación de la espiga	ÉPIAISON	galocha	GALOCHE
formación del catastro por centuriones	CENTURIATION	galope	GALOP
formación del terreno	PÉDOGÉNÈSE	gallina	POULE
fórmula del fertilizante	FORMULE DE FUMURE	gallina ponedora	GÉLINE

INDEX ESPAGNOL-FRANÇAIS

gallináceas	GALLIFORMES	germinal	GERMINAL
gallináceo	GALLINACÉ adj.	germinar	GERMER
gallinaza	POULAITTE	germinativo	GERMINATIF adj.
gallinero	GÉLINIER	gestación	GESTATION
gallinero	POULAILLER	gestante	PLEINE adj.
gallinero	VOLAILLER	gigante	GÉANTE
gallito	COQUELET	gimnospermas	GYMNOSPERMES
gallo	COQ	ginebra	GENIÈVRE
gambota	JAMBETTE	girasol	GIRASOL
gamella	AUGE	girasol	HÉLIANTHE
gamellón	AUGE	girasol	SOLEIL
gameto	GAMÈTE	girasol	TOURNESOL
gamonitos	DRAGEONS	gladiolo	GLAÏEUL
ganadería	GANADERIA	glaseado	GLAÇAGE
ganadería	ÉLEVAGE	glasto	GUÈDE
ganadería de carne	ÉLEVAGE ENGRAISSEUR	gleba	GLÈBE
ganadería extensiva	ÉLEVAGE EXTENSIF	glicina	GLYCINE
ganadería industrial	ÉLEVAGE INDUSTRIEL	glosopeda	FIÈVRE APHTEUSE
ganadería intensiva	ÉLEVAGE INTENSIF	glucómetro	GLUCOMÈTRE
ganadería lechera	ÉLEVAGE LAITIER	glucómetro	PÈSE-MOÛT
ganadería transhumante	ÉLEVAGE NOMADE	glucosa	GLUCOSE
ganadero	ÉLEVEUR	glumas	GLUMES
ganadero	NOURRISSEUR	gluten	GLUTEN
ganado	BÉTAIL	gobernar	GOUVERNER
ganado agrícola	BÉTAIL ARATOIRE	golden	GOLDEN DELICIOUS
ganado mayor	BÊTES ROUGES	goma	GOMME
ganado mayor	AUMAILLES	goma	CAOUTCHOUC
ganado menor	BÊTES ROUSSES	gomero	GOMMIER
ganado menor	MENU BÉTAIL	gomosis	GOMMOSE
ganado menor	PETIT BÉTAIL	gónada	GONADE
ganado vacuno	AUMAILLES	gordo	GRAS
ganga	GÉLINOTTE	gordolobo	BOUILLON-BLANC
gangrena	GANGRÈNE	gorgojo	RHYNCHITE
ganso	JARS	gorgojo	BOTTE
ganso	OIE	gorgojo del guisante	BRUCHE
gañán	VALET	gorgojo del trigo	CALANDRE
garabato	CROC	gorgojo del trigo	CHARANÇON
garañón	BAUDET	gorgonzola	GORGONZOLA
garapiñado	PRALINAGE	gorrinera	SOUE
garbanzo	POIS CHICHE	gorrino	GORET
garduña	FOUINE	gota a gota	GOUTTE À GOUTTE
garfio	CROC	gotera	GOUTTIÈRE
garrafa	TOURIE	graciola	GRATIOLE
garrapata	IXODE	grada	ÉMOTTEUSE
garrapata	TIQUE	grada	HERSE
gas de estiércol	GAZ DE FUMIER	gradeo	HERSAGE
gastrónomo	GOURMET	grado alcohólico	DEGRÉ ALCOOLIQUE
gatuña	BUGRANE	grafómetro	GRAPHOMÈTRE
gavilla	FAGOT	grajo	GRAILLE
gavilla	GERBE	grama de olor	FLOUVE
gavilla	JAVELLE	grama	CHIENDENT
gavilla	BOTTE	gramíneas, gramináceas	GRAMINÉES
gavilla pequeña	JAVELINE	gran cultivo	CULTURE (GRANDE)
gavillero	LIEUR	granada	MILLE-GRAINES
gazapera	RABOULIÈRE	granado	GRENADIER
gemelos	JUMEAUX	granar	MONTER
gémula	GEMMULE	granar	GRENER
gen	GÈNE	granazón	MONTÉE EN GRAINE
genciana	GENTIANE	granazón	GRAINAISON
genealogía	PÉDIGREE	granazón	GRENAISON
genealógico	GÉNÉALOGIQUE adj.	granazón	ÉPIAISON
generación	GÉNÉRATION	granero	GRENIER
genética	GÉNÉTIQUE	granero	GRANGE
genetista	GÉNÉTICIEN	granizo	GRÊLE
genitor	GÉNITEUR	granizo	GRÊLON
genoma	GÉNOME	granizo	CLOQUE
genovesa	GÉNOISE	granja	BÂTIMENT
geografía agraria	GÉOGRAPHIE AGRAIRE	granja	DOMAINE
geografía rural	GÉOGRAPHIE RURALE	granja	FERME
geomorfología agraria	GÉOMORPHOLOGIE AGRAIRE	granja	BORDE
geonomía	GÉONOMIE	granja del Estado	FERME D'ÉTAT
geoponía	GÉOPONIE	granja modelo	FERME-ÉCOLE
geopónicos	GÉOPONIQUES	granja piloto	PILOTE
Geórgicas	GÉORGIQUES	granjero	BORDIER
geotérmico	GÉOTHERMIQUE adj.	grano	GRAIN
geotropismo	GÉOTROPISME	grano	GRAINE
geranio	GÉRANIUM	granos (comercio de los)	GRAINS (COMMERCE DES)
Gerber (método de)	GERBER (MÉTHODE DE)	granos rotos	BRISURES
germen	GERME	granulado	GRANULÉ
gérmenes de malta	TOURAILLON	gránulo	GRANULÉ
germinación	GERMINATION	granza	GARANCE
germinadora	GERMOIR	granzal	GARANCIÈRE
germinal	GERMINAL adj.	granzas	VANNURE

699

granzas	OTONS	haba panosa	FAVEROLE
grapa	MALANDRE	habano	HAVANE adj.
grasa	GRAISSE	habano	HAVANE
grasa de lana	SUINT	habichuela	FAYOT
grasas (plantas)	GRASSES (PLANTES)	habichuela	HARICOT
graso	GRAS adj.	habichuela verdosa	FLAGEOLET
gravidez	GRAVIDITÉ	habitante de un oasis	OASIEN
graznar	CACARDER	hábitat rural	HABITAT RURAL
greda	GLAISE	habituación	ACCOUTUMANCE
gregario	GRÉGAIRE adj.	hacanea	HAQUENÉE
grieta	GÉLIVURES	hacecillo	FAGOTIN
grieta	GERÇURE	hacer incisiones anulares	BAGUER
grifo	ROBINET	hacer trozos	TRONÇONNER
grillo real	COURTILIÈRE	hacienda	DOMAINE
grillo-topo	TAUPE-GRILLON	hacienda	HABITATION
grillotalpa	TAUPE-GRILLON	hacina	GERBIER
griñón	BRUGNON	hacina	MOYETTE
grosella	GADELLE	hacinador	FAGOTIER
grosella	GROSEILLE	hacinar	FAGOTER
grosella negra	CASSIS	hacha	HACHE
grosellero	GROSEILLIER	hacha	MERLIN À LAME
grosellero negro	CASSIS	hacha	COGNÉE
grosellero negro	CASSISSIER	hacho	HACHEREAU
gruero	GRUYER	hachón	BRANDON
grupa	CROUPE	hachuela	HACHEREAU
grupera	BACUL	halófilo	HALOPHILE adj.
grupera	CROUPIÈRE	halófito	HALOPHYTE
grupera	FLAQUIÈRE	hámster	HAMSTER
guadaña	FAUX	haploide	HAPLOÏDE adj.
guadaña de mango largo	FAUCARD	harina	FARINE
guadañado de hierbas acuáticas	FAUCARDAGE	harina de avena	GRUAU D'AVOINE
guadañar	FAUCARDER	harina de flor	AFFLEURAGE
gualda	GAUDE	harina gruesa	REPASSE
gualdrapear	BÊCHEVETER	harinero	FARINIER
guanaco	GUANACO	harinero	MINOTIER
guano	GUANO	harinoso	FARINEUX adj.
guarapo	VESOU	harnero	VAN
guarda de campo	GARDE-CHAMPÊTRE	harnero zaranda	VANNETTE
guarda de caza	GARDE-CHASSE	haya	FAYARD
guarda forestal	GARDE-FORESTIER	haya	HÊTRE
guarda forestal	FORESTIER	hayal	HÊTRAIE
guarda martillo	GARDE-MARTEAU	hayedo	HÊTRAIE
guardabosque	GARDE-FORESTIER	hayuco	FAINE
guardabosque	GARDE-BOIS	haz	BOTTE
guardabosque	FORESTIER	haz de leña	FAGOT
guardacantón	BOUTE-ROUE	haz pequeño	FAGOTIN
guardacantón	CHASSE-ROUE	haza	LOPIN DE TERRE
guardador	GARDEUR	haza	PIÈCE DE TERRE
guardarruedas	BOUTE-ROUE	heces	BAISSIÈRE
guardarruedas	CHASSE-ROUE	hectárea	HECTARE
guarida	REPAIRE	hectolitro	HECTOLITRE
guarnés	SELLERIE	helada	GELÉE
guarnicionería	SELLERIE	helada real	GELÉE ROYALE
guarnicionero	SELLIER	helechal	FOUGERAIE
guarnicionero	BOURRELIER	helecho	FOUGÈRE
guayabo	GOYAVIER	helicicultor	HÉLICULTEUR
gubia	ROUANNE	helícida	HÉLICIDE adj.
guija	GESSE	helícida	MOLLUSCIDE
guijarroso	CAILLOUTEUX adj.	heliófila	HÉLIOPHILE adj.
guijoso	GRAVELEUX adj.	heliógrafo	HÉLIOGRAPHE
guinda	GUIGNE	heliotropio, heliotrópico	HÉLIOTROPE adj.
guinda garrafal	GRIOTTE	heliotropismo	HÉLIOTROPISME
guindo	HEAUMIER	heliotropo	HÉLIOTROPE
güira	CALEBASSIER	helmintiasis	HELMINTHIASE
guisante	POIS	helminto	HELMINTHE
guisante de olor	POIS DE SENTEUR	hembra	FEMELLE
guisante de tierra	VOANDZOU	hembra	FEMELLE adj.
guisante mollar	MANGE-TOUT	hendedor	FENDEUR
güisqui	WHISKY	hendedura	FENTE
guita	FICELLE	henequén	HÉNÉQUEN
guja	VOUGE	henificación	FENAISON
gusano	AGRIOTE	henificación	FANAGE
gusano	VER	henificadora	FANEUSE
gusano arador	AGROTIS	henificar	FANER
gusano blanco	MORDETTE	henil	FENIL
gusano de seda	BOMBYX DU MÛRIER	heno	FOIN
gusano de seda	BOMBYX	herbácea	HERBACÉE adj.
gusano de seda	MAGNAN	herbajar	HERBAGER
gusano de seda	VER À SOIE	herbaje	PRÉ D'EMBOUCHE
gustoso	GOUTTEUX adj.	herbajeo	HERBAGEMENT
haba	FÈVE	herbajero	HERBAGER
haba menor	FÉVEROLE	herbario	HERBIER
haba panosa	FÉVEROLE	herbario	HERBIER

herbazal	HERBAGE	hípico	HIPPIQUE adj.
herbazal	GAGNAGE	hipodermosis	HYPODERMOSE
herbero	HERBIER	hipódromo	CHAMP DE COURSE
herbicida	DÉSHERBANT	hipología	HIPPOLOGIE
herbicida	HERBICIDE	hipotecnia	HIPPOTECHNIE
herbicida contra leñosas	DÉBROUSSAILLANT	hircino	HIRCIN adj.
herbívoro	HERBIVORE	hisopo	HYSOPE
herbolario	HERBORISTERIE	histogénesis	HISTOGENÈSE
herbolario	HERBORISTE	histomonosis	HISTOMONOSE
herborista	HERBORISTE	historia agraria	HISTOIRE RURALE
herboristería	HERBORISTERIE	hito	BORNE
herborizador	HERBORISATEUR	hocico	GROIN
herborizar	HERBORISER	hocino	DÉPLANTOIR
herboso	HERBEUX adj.	hocino	FAUCHARD
heredad	FONDS	hocino	SERPE
heredad exenta de tributo	FRANC-ALLEU	hocino	GOUAIS, ou GOUET
herencia	APANAGE	hogar	FEU
herencia	HÉRÉDITÉ	hogar familiar	MÉNAGE
herencia	HÉRITAGE	hoguera	BÛCHER
hermafrodita	HERMAPHRODITE adj.	hoja	FEUILLE
hermafrodita	BISSEXUEL adj.	hojarasca	FANES
hermafroditismo	HERMAPHRODISME	hojas	VANTAUX
hermandad de labradores	SYNDICAT AGRICOLE	hojas de remolacha	VERTS DE BETTERAVE
herpes	HERPÈS	hojas secas	FANES
herrada	BAQUET	holandesa	HOLLANDAISE
herrada	SEILLE	homenaje	HOMMAGE
herradero	FERRADE	homeotermo	HOMÉOTHERME adj.
herrador	FERREUR	homologación	HOMOLOGATION
herrador	MARÉCHAL-FERRANT	honcejo	FAUCHARD
herradura	FER À CHEVAL	hongo	CHAMPIGNON
herraje	FERRAGE	horca	BECHARD
herramienta	OUTIL	horca	TRIBART
herrero	FORGERON	horca	FOURCHE
herrero de corte	TAILLANDIER	horca	CARCAN
heterosis	HÉTÉROSIS	horca pajera	FOURCHE-FIÈRE
heterosoma	HÉTÉROSOME	horcadura	ENFOURCHURE
heterótrofo	HÉTÉROTROPHE adj.	horcate	ATTELLE
hevea	HÉVÉA	horizonte	HORIZON
heveacultura	HÉVÉACULTURE	hormiga blanca	TERMITE
hez	LIE	hormona	HORMONE
hez	ÉCUME DE DÉFÉCATION	hormona del crecimiento	HORMONE DE CROISSANCE
hibernación	HIBERNATION	hornero	FOURNIER
hibernación	HIVERNATION	hornilla	BOULIN
hibernacular	HIBERNACULER	horno	FOUR
hibernar	HIBERNER	horquilla para paletas	LÈVE-PALETTE
hibridación	HYBRIDATION	hórreo	GRANGE
hibridación	CROISEMENT	hortaliza	LÉGUME
hibridismo	HYBRIDISME	hortaliza	HORTOLAGE
híbrido	HYBRIDE	hortalizas	VERDURE
hidráulica	HYDRAULIQUE	hortalizas	PLANTES POTAGÈRES
hidrocultivo	HYDROCULTURE	hortelano	LÉGUMISTE
hidrófilo	HYDROPHILE adj.	hortelano	MARAÎCHER
hidrófitos	HYDROPHYTES	hortelano	JARDINER
hidrogeología	HYDROGÉOLOGIE	hortensia	HORTENSIA
hidromiel	HYDROMEL	hortícola	HORTICOLE adj.
hidropónico	HYDROPONIQUE adj.	horticultor	MARAÎCHER
hiedra	LIERRE	horticultura	HORTICULTURE
hiemal	HIÉMAL adj.	horticultura	JARDINAGE
hierba	YERBA	hoyo	FONDRIÈRE
hierba	HERBE	hoz	FAUCILLE
hierba cana	SÉNEÇON	huélfago	CORNAGE
hierba mate	MATÉ	huellas	BRISÉES
hierba mora	MORELLE	huérfana	ORPHELINE adj.
hierba pastel	PASTEL	huero	COUVI adj.
hierbabuena	MENTHE	huerta	POTAGER
higiene veterinaria	HYGIÈNE VÉTÉRINAIRE	huerto	COURTIL
higo	FIGUE	huerto	HOUSCHE
higrófilo	HYGROPHILE adj.	huerto	JARDIN
higrófilo	HYGROPHILE	huerto	OUCHE
higuera	FIGUIER	huerto de frambuesos	FRAMBOISIÈRE
higuera chumba	FIGUIER DE BARBARIE	hueso	NOYAU
higueral	FIGUERAIE	huésped	HÔTE
hijuelo	TALLE	huevero	COQUETIER
hiladora	FILEUSE	huevo	OEUF
hilandera	FILANDIÈRE	humedad	HUMIDITÉ
hilandera	FILEUSE	humedecer	HUMIDIFIER
hilaza	FILASSE	húmico	HUMEUX adj.
hilera	RANG, RANGÉE	húmico	HUMIQUE adj.
hileradora	ANDAINEUSE	humidificar	HUMIDIFIER
hilo	FIL	humífero	HUMIFÈRE adj.
hilo de la madera	FIL DU BOIS	humificación	HUMIFICATION
hiniesta	GENÊT	humus	HUMUS
hinojo	FENOUIL	huso	FUSEAU

INDEX ESPAGNOL-FRANÇAIS

icaco	ICAQUIER
identificación	IDENTIFICATION
ilang ilang	YLANG-YLANG
imbibición	IMBIBITION
implantación	IMPLANTATION
implantar	IMPLANTER
improductivo	IMPRODUCTIF adj.
impuesto sobre el vino	JALAGE
incisión	INCISION
incisión anular	BAGUAGE
incisivo	INCISIVE
incitador	BOUTE-EN-TRAIN
incorporación	INCORPORATION
incubación	COUVAISON
incubación	INCUBATION
incubación artificial	ACCOUVAGE
incubador	ACCOUVEUR
incubadora	COUVEUSE
incubadora	INCUBATEUR
incubadora para nacimientos	ÉCLOSOIR
incubar	ACCOUVER
incubar	INCUBER
incubar	COUVER
incultivable	INCULTIVABLE adj.
incultivable	INDÉFRICHABLE adj.
inculto	INCULTE adj.
indehiscente	INDÉHISCENT adj.
indesarraigable	INDÉRACINABLE adj.
índice	INDEX
índice	INDICE
índice actinométrico	INDICE ACTINOMÉTRIQUE
índice climático	INDICE CLIMATIQUE
índice de aridez	INDICE D'ARIDITÉ
índice de fecundidad	TAUX DE FÉCONDITÉ
índice de fecundidad	TAUX DE PROLIFICITÉ
índice de reproducción	TAUX DE REPRODUCTION
índigo	INDIGO
índigo	INDIGOTIER
indivisión	INDIVISION
industria alimenticia	INDUSTRIES AGROALIMENTAIRES
industrias agroalimentarias	INDUSTRIES AGROALIMENTAIRES
industria rural	INDUSTRIE RURALE
industrial (agricultura)	INDUSTRIELLE (AGRICULTURE)
industriales (plantas)	INDUSTRIELLES (PLANTES)
industrias agrícolas	INDUSTRIES AGRICOLES
inerme	INERME adj.
infección	INFECTION
infecundo	INFÉCOND adj.
infestación	INFESTATION
inflorescencia	INFLORESCENCE
infosura	FOURBURE
infraestructura	INFRASTRUCTURE
infrutescencia	INFRUTESCENCE
ingeniería agrícola	GÉNIE RURAL
ingeniería agrícola	TECHNIQUE AGRICOLE
ingeniero agrónomo	INGÉNIEUR AGRONOME
inglès (pura sangre)	ANGLAIS (PUR-SANG)
inhibición	INHIBITION
inhibidor	INHIBITEUR
injertador	GREFFEUR
injertar	ENTER tr
injertar	GREFFER
injertar en escudete	ÉCUSSONNER
injerto	CROSSETTE
injerto	ENTE
injerto	GREFFAGE
injerto	GREFFE
injerto	GREFFON
injerto	PLACAGE
injerto intermedio	SURGREFFAGE
inmadurez	IMMATURITÉ
inmueble	IMMEUBLES
inmunidad	IMMUNITÉ
inmunología	IMMUNOLOGIE
inoculación	INOCULATION
insecticida	INSECTICIDE
insectífugo	INSECTIFUGE
insectívoro	INSECTIVORE adj.
insectívoro	INSECTIVORE
insecto	INSECTE
inseminación artificial	INSÉMINATION ARTIFICIELLE
inseminador	INSÉMINATEUR
insolación	COUP DE CHALEUR
insolación	INSOLATION
inspección de la leche	CONTRÔLE LAITIER
instalación	INSTALLATION
instructor agrícola	INSTITUTEUR AGRICOLE
intendente	INTENDANT
intensivo	INTENSIF adj.
intercalar	INTERCALAIRE adj.
internodio	ENTRENOEUD
interpolinización	INTERPOLLINISATION
introgresión	INTROGRESSION
inundación	INONDATION
invasión	INVASION
inventario	INVENTAIRE
invernada	HIVERNAGE
invernadero	SERRE
invernadero	SERRE-TUNNEL
invernadero de naranjos	ORANGERIE
invernal	HIVERNAL adj.
invernar	HIVERNER
inversión	INVERSION
inversión agrícola	INVESTISSEMENT AGRICOLE
investidura	INVESTITURE
investir	INVESTIR
inyector de abono	PAL
ionización	IONISATION
irrigación	IRRIGATION
irrigador	IRRIGATEUR
irrigar	IRRIGUER
isatis	ISATIS
isba	ISBA
itinerante	ITINÉRANTE adj.
jabalina	LAIE
jable	JABLE
jaca	BIDET
jacinto	JACINTHE
jadear	AHANER
jalea real	GELÉE ROYALE
jalonar	JALONNER
jamelgo	BOURRIN
jamón	JAMBON
jarabe de arce	SIROP D'ÉRABLE
jardincillo	JARDINET
jardinería	JARDINERIE
jardinero	JARDINIER
jardinista	JARDINISTE
jarro	BROC
jazmín	JASMIN
jefe	CHEF
jefe de guardias forestales	VERDIER
jefe de loberos	LOUVETIER
jengibre	GINGEMBRE
Jerez	XÉRÈS
jeringar	SERINGUER
jeringuilla	SERINGA
jeta	GROIN
jipijapa	MANILLE
jockey	JOCKEY
jornada	JOURNÉE
jornal	JOURNÉE
jornalero	OUVRIER AGRICOLE
jornalero	JOURNALIER
jornalero	TÂCHERON
jornalero	MANOUVRIER
judía	FASÉOLE
judía	FAYOT
judía	HARICOT
juego delantero	AVANT-TRAIN
jugo	JUS
juliana	JULIENNE
julio	JUILLET
júmel	JUMEL
juncal	JONCHAIE
juncia	SOUCHET
junco	JONC
junco	SCIRPE
junio	JUIN
kainita	KAÏNITE
kéfir	KÉFIR
kiwi	KIWI
kola (nuez de)	KOLA (NOIX DE)
koljoz	KOLKHOZE
labiada	LABIÉE
labor	LABOUR

INDEX ESPAGNOL-FRANÇAIS

labor	LABEUR	lechuga romana	ROMAINE
labor común	LABOUR EN PLANCHE	legislación rural	LÉGISLATION RURALE
labor plana	LABOUR À PLAT	legumbre	LÉGUME
labrado	CHAMP	leguminosas	LÉGUMINEUSES
labrador	AGRICULTEUR	leguminoso	LÉGUMIER adj.
labrador	LABOUREUR	lehm	LEHM
labrador	CULTIVATEUR	lenteja	LENTILLE
labradores	PAYSANNAT	lentisco	LENTISQUE
labradores	PAYSANNERIE	leñador	BÛCHERON
labrantío	LABOURABLE adj.	leñera	BÛCHER
labranza	LABOUR	leño	BÛCHE
labranza	LABOURAGE	leño	RONDIN
labrar	LABOURER	leño	BILLETTE
labrar	OUVRER	leñoso	LIGNEUX adj.
labrusca	LAMBRUSQUE	lepidio	LÉPIDIER
laceración	LACÉRATION	lepidio	PASSE-RAGE
lactancia	ALLAITEMENT	lepórido	LÉPORIDE
lactancia	LACTATION	letal	LÉTAL adj.
lácteo	LACTÉ adj.	leucosis	LEUCOSE
lactescente	LACTESCENT adj.	levadura	LEVURE
lacticinios	LAITAGES l.	levadura láctica	LEVAIN
láctico (ácido)	LACTIQUE (ACIDE)	levantamiento de campesinos	JACQUERIE
lactífero	LACTIFÈRE adj.	levantamiento de un terreno debido a los aluviones	TERREMENT
lactodensímetro	LACTOMÈTRE	ley agraria	LOI AGRAIRE
lactómetro	LACTOMÈTRE	leyes agrarias	CODE RURAL
lactosa	LACTOSE	liana	LIANE
ladera	COTEAU	libar	BUTINER
ladilla	PAUMELLE	líber	LIBER
lagar	FOULERIE	liberación	AFFRANCHISSEMENT
lagarero	PRESSUREUR	liberación	AFFRANCHISSEMENT
lágrimas	LARMES	libre	FRANC
laguna	LAGUNE	libre tránsito	PARCOURS (LIBRE)
lagunosa	LAGUNAGE	libro	FEUILLET
lampazo	BARDANE	licor de expedición	LIQUEUR DE TIRAGE
lampazo	GLOUTERON	liebre	LIÈVRE
lana	LAINE	liebre hembra	HASE
lana churra	COAILLE	liebre macho	BOUQUIN
lana churra	JARRE	ligadura	LIEN
lana de primera calidad	MÈRE-LAINE	ligadura	LIGATURE
landa	LANDE	ligadura	LIAGE
lanero	LAINIER	ligero	LÉGER adj.
langosta	CRIQUET	ligio	LIGE adj.
langosta	SAUTERELLE	lignificación	LIGNIFICATION
langosta	LOCUSTE	lignina	LIGNINE
lanza	HAYE	lila	LILAS adj.
lanza	FLÈCHE	lima	LIME
lanzamiento	LANÇAGE	limaco	LIMACE
larva	LARVE	limero	LIMONIER
larva de abejorro	VER BLANC	limbo	LIMBE
larva de estro	VARRON	limitador de irrigación	LIMITEUR DE DÉBIT
lata	LOSES	limitar	BORNER
lata	ESTAGNON	límite	CONTOUR
lata	LATTE	límites de las parcelas	LIMITES DES PARCELLES
latente	DORMANT adj.	limo	BOUE
latente	LATENT adj.	limo	VASE
látex	LATEX	limo	LIMON
laticífero	LATICIFÈRE adj.	limón	CITRON
latifundio	LATIFUNDIUM	limonada	CITRONNADE
latifundista	LATIFUNDIAIRE	limonera	LIMONIÈRE
látigo	FOUET	limonero	CITRONNIER
latiguillo	COULANT	limonero	LIMONIER
latirismo	LATHYRISME	limpia	RACLAGE
laudemio	LODS ET VENTES (DROITS DE)	limpiabarros	PAILLASSON
laurel	LAURIER	limpiador	NETTOYEUR
lauroceraso	LAURIER-CERISE	limpiar	ÉCURER
lavanda	LAVANDE	limpiazanjas	CUREUSE
laya	PELLE-BÊCHE	limpieza de un animal	PANSAGE
laya	RIGOLEUSE	limpieza de zanjas	CURAGE
laya	LOUCHET	linaje	LIGNAGE
laya	BÊCHE	linajero	LIGNAGER adj.
layar	BÊCHER	linar	LINIÈRE
lebrillo	JALE	lindar con	JOUXTER
lecanino de los frutales	LÉCANIE	linde	LISIÈRE
leche	LAIT	lindero	BORD
leche en polvo	POUDRE DE LAIT	lindero	ORÉE
lechera	CRÉMIÈRE	lindero	LISIÈRE
lechería	CRÉMERIE	línea	LIGNE
lechería	LAITERIE	lino	LIN
lechero	LAITIER	liofilización	LYOPHILISATION
lechón	LAITON	liquen	LICHEN
lechoso	LAITEUX adj.	lirio	IRIS
lechuga	LAITUE	lisímetro	LYSIMÈTRE
lechuga romana	CHICON	litiasis	LITHIASE

INDEX ESPAGNOL-FRANÇAIS

litro	LITRE	maltasa	MALTASE
lixiviación	LESSIVAGE	malteado	MALTAGE
loess	LOESS	maltear	MALTER
lombardo	LAMBOURDE	maltosa	MALTOSE
lombricida	LOMBRICIDE	maltusianismo agrícola	MALTHUSIANISME AGRICOLE
lombriz	LOMBRIC	malva	MAUVE
lombriz	OXYURE	malva rósea	TRÉMIÈRE adj.
lona	BÂCHE	malva rósea	PASSE-ROSE
longevidad	LONGÉVITÉ	malvarrosa	TRÉMIÈRE adj.
lote	LOT	malvarrosa	PASSE-ROSE
loto	LOTIER	malvavisco	GUIMAUVE
lucha	LUTTE	mama	MAMELLE
lugar	BOURGADE	mamario	MAMMAIRE adj.
lugar	LOCUS	mamíferos	MAMMIFÈRES
lugar apartado	ÉCART	mamitis	MAMMITE
lupino	LUPIN	mamporrero	GARDE-ÉTALON
lupulina	LUPULINE	maná	MANNE
lupulina	MINETTE	manada	TROUPEAU
lúpulo	HOUBLON	manantial	SOURCE
luzula campestre	LUZULE	mancera	MANCHE
llama	LAMA	manceras	MANCHERONS
llano	PLAINE	manchado	TAVELÉ adj.
llave	ROBINET	manchas	PANACHURES
llevar a pastar	MENER	mandarina	TANGÉRINE
llorón	PLEUREUR adj.	mandarino	MANDARINIER
llovizna	BRUMAILLE	mandioca	MANIOC
lluvia	PLUIE	mandrágora	MANDRAGORE
maca	TAVELURES	manecilla	MANETTE
maca	TAVELAGE	manejo	MANIEMENT
maceración	MACÉRATION	mango	MANGUIER
maceración de la casca	CUVAGE	mangostán	MANGOUSTANIER
macerar	CUVER	maní	ARACHIDE
macizo	MASSIF	maniero	AUBARDE
macolla	CÉPÉE	manita	MANNITE
machacado	PILONNAGE	mano de obra	MAIN D'OEUVRE
machete	MACHETTE	mano de obra temporera	MAIN D'OEUVRE SAISONNIÈRE
machorra	BRÉHAIGNE adj.	manojo	BOTTE
machote	MAILLOCHE	manojo	MANOQUE
machucadura	COTISSURE	manos muertas	MAINMORTE (DROIT DE)
machucar	COTIR	manos muertas	MORTAILLE
madera	BOIS	manso	MANSE
madera blanca	BOIS BLANC	manteca	BEURRE
madera comunal	BOIS COMMUNAL	manteca de cacao	BEURRE DE CACAO
madera de corazón	BOIS DE COEUR	manteca de coco	BEURRE DE COCO
madera de pino	BOIS BLANC	mantenimiento	MAINTENANCE
madera de raja	FENTE (BOIS DE)	mantequera	BARATTE
madera en rollo	GRUME	mantequera	BEURRIÈRE
maderización	MADÉRISATION	mantequera	BEURRIER
maderizar(se)	MADÉRISER (SE)	mantequería	BEURRERIE
madre del vinagre	MÈRE	mantequero	BEURRIER adj.
madreselva	CHÈVREFEUILLE	mantequero	BEURRIER
madroño	ARBOUSIER	mantequilla	BEURRE
maduración	MÛRISSAGE	mantequilla de central lechera	BEURRE LAITIER
maduración	VIEILLISSEMENT	mantequilla de vaquería	BEURRE FERMIER
maduración	AFFINAGE	mantequilla pasteurizada	BEURRE PASTEURISÉ
maduración	MATURATION	mantillo	TERREAU
madurar	MÛRIR	mantillo ácido	MOR
madurez	MATURITÉ	mantillo suave	MULL
madurez excesiva	BLETTISSEMENT	manumisión	MANUMISSION
maduro	MÛR adj.	manzana	POMME
maestría	MAÎTRISE	manzana reineta	REINETTE ou RAINETTE
magnolia	MAGNOLIA	manzanar	POMMELIÈRE
magnolio	LAURIER-TULIPIER	manzanilla	CAMOMILLE
mahaleb	MAHALEB	manzanillo	MANCENILLIER
maíz	MAÏS	manzano	POMMIER
maíz	TURQUET	mapa agrológico	CARTE AGROLOGIQUE
majada	PARC	mapas agronómicos	CARTES AGRONOMIQUES
majada	BERGERIE	maquila	FARINAGE
majoral	BAILLE	máquina para ordeñar	MACHINE À TRAIRE
majuelo	AUBÉPINE	maquinaria agrícola	MACHINES AGRICOLES
mal	MAL	maquinismo agrícola	MACHINISME AGRICOLE
mal blanco de las raíces	POURRIDIÉ	maravilla	SOUCI
mal rojo	ROUGET	marca	LABEL
mala estación	MORTE-SAISON	marcado	MARQUANT
málaga	MALAGA	marcado	MARQUAGE
maleza	BROUSSAILLES	marcador	MARQUEUR
maleza	SOUS-BOIS	marcar	MARQUER
maleza	BRANDE	marcescente	MARCESCENT adj.
maleza	BROUSSE	marco	CADRE
malherbología	MALHERBOLOGIE	marchante	FORAIN
málico (ácido)	MALIQUE (ACIDE)	marchante de ovejas	MOUTONNIER
malta	MALT	marchitar	FLÉTRIR
malta (fiebre de)	MALTE (FIÈVRE DE)	marchitez	FANURE

INDEX ESPAGNOL-FRANÇAIS

marchitez	FLÉTRISSAGE	mercado	MARCHÉ
marga	MARNE	Mercado Común	MARCHÉ COMMUN
margal	FALUNS	mercurial	MERCURIALE
margal	MARNIÈRE	merino	MÉRINOS
margar	MARNER	meristema	MÉRISTÈME
margarita	MARGUERITE	merodear	MARAUDER
mariquita	COCCINELLE	merodeo	MARAUDAGE
marisma	MAREMME	mesa	MENSE
marjal	MOUILLÈRE	meseguero	MESSIER
marmella	FANON	Mesidor	MESSIDOR
marqueo	MARQUAGE	mestizaje	MÉTISSAGE
marrana	TRUIE	mestizo	MÉTIS
marrano	VERRAT	metabolismo	MÉTABOLISME
martillo marcador	MARTEAU	metabolitos	MÉTABOLITES
marzo	MARS	metafosfato	MÉTAPHOSPHATE
masa	PÂTE	meteorismo	MÉTÉORISATION
masada	MAS	meteorización	MÉTÉORISATION
masía	MAS	meteorología agrícola	MÉTÉOROLOGIE AGRICOLE
mastuerzo	CARDAMINE	metílico	MÉTHYLIQUE adj.
matadero	ABATTOIR	metrología	MÉTROLOGIE
matador	TUEUR	mezcla	BRASSAGE
matalón	ROSSARD	mezcla	MÉLANGE
matalón	HARIDELLE	mezcla	COUPAGE
matanza	ABATTAGE	mezclador	MÉLANGEUSE
matar	ABATTRE	mezclar	RECOUPER
materia activa	MATIÈRE ACTIVE	micelio	BLANC DE CHAMPIGNON
materia grasa	MATIÈRE GRASSE	micelio	MYCÉLIUM
materia prima	MATIÈRE PREMIÈRE	micicultura	MYCICULTURE
material agrícola	MATÉRIEL AGRICOLE	micología	MYCOLOGIE
materias fertilizantes	MATIÈRES FERTILISANTES	micoplasmosis	MYCOPLASMOSE
materias orgánicas	MATIÈRES ORGANIQUES	micosis	MYCOSE
matorral	BRANDE	micosis	NUILLE
matorral	MAQUIS	microbio	MICROBE
matorral	BROSSE	microbiología	MICROBIOLOGIE
matricaria	MATRICAIRE	microbismo	MICROBISME
mayal	FLÉAU	microclima	MICROCLIMAT
mayo	MAI	miel	MIEL
mayoral	MAJORAL	miel de azúcar	MIEL DE SUCRE
mayoral	MAJOURAL	miel unifloral	MIEL UNIFLORAL
mayorazgo	AINESSE (DROIT D')	mielato	MIELLAT
mayorazgo	MAJORAT	mielga	LUZERNE
mayordomo	RÉGISSEUR	mijo	MIL
maza de jifero	MERLIN	mijo	MILLET
mazorca	PANOUILLE	milamores	MÂCHE
mazorca	CABOSSE	mildiu, mildeu	MILDIOU
mecanización agrícola	MÉCANISATION AGRICOLE	milenrama	MILLEFEUILLE
mechado	LARDAGE	mimbral	OSERAIE
mechero	BRÛLEUR	mimbre	OSIER
media sangre	DEMI-SANG	mimosa	MIMOSA
medianería	MITOYENNETÉ	minadora	MINEUSE
medicinales (plantas)	MÉDICINALES (PLANTES)	minifundio	MINIFUNDIUM
medición por estéreos	STÉRAGE	minifundio	SMALL HOLDINGS
medida	PIGE	mínimum (ley del)	MINIMUM (LOI DU)
medio biótico	MILIEU BIOTIQUE	ministerio de Agricultura	MINISTÈRE DE L'AGRICULTURE
meiosis	MÉIOSE	mira	MIRE
mejillonera	BOUCHOT	miraguano	KAPOK
mejora	PRÉCIPUT	mirar al trasluz	MIRER
mejora agrícola	AMÉLIORATION AGRICOLE	mirística	MUSCADIER
mejora agrícola	AMÉLIORATION FONCIÈRE	mirtillo	MYRTILLE
mejora del suelo	AMENDEMENT	mirto	MYRTE
mejorana	MARJOLAINE	mistela	MISTELLE
mejorar	AMENDER	mitilicultura	MYTILICULTURE
melanosis	MÉLANOSE	mitosis	MITOSE
melaza	MÉLASSE	mixomatosis	MYXOMATOSE
melaza	MIELLAT	modo de explotación	MODE DE TENURE
melgar	LUZERNIÈRE	modo de feudo	MODE DE TENURE
melífera	MELLIFÈRE adj.	modorra	TOURNIS
melificación	MELLIFICATION	modorro	BLET adj.
meliloto	MÉLILOT	modos de labor	FAÇONS CULTURALES
melisa	MÉLISSE	módulo	MODULE
melisa	CITRONNELLE	mohair	MOHAIR
melocotonero	PÊCHER	moho	MOISISSURE
melón	MELON	moho de la fruta	MONILIOSE
melón azucarado	SUCRIN	mojado	MOUILLÉ adj.
melonar	MELONNIÈRE	mojardón	MOUSSERON
meloso	MIELLEUX adj.	mojón	BORNE
membrillero	COGNASSIER	moler	MOUDRE
membrillo	COING	molienda	MOUTURE
membrillo	COGNASSE	molienda	MOULINAGE
Mendel (leyes de)	MENDEL (LOIS DE)	molinería	MEUNERIE
menhir	MENHIR	molinero	MEUNIER
mensuración	MENSURATION	molinia azul	MOLINIE
menta	MENTHE	molino	MOULIN

INDEX ESPAGNOL-FRANÇAIS

molino de aceite	OLIVERAIE	mugrón	SAUTELLE
molino de aceite	DÉTRITOIR	mugrón	PROVIN
molturación	MOUTURE	muguete	MUGUET
moluscocido	MOLLUSCIDE	mula	MULE
molleja	GÉSIER	mulero	MULETIER
momia	MOMIE	mulero	MULASSIER
monasterio	MONASTÈRE	muletero	MULETIER adj.
monda	ÉPLUCHAGE	muletero	MULETIER
monda	RACLAGE	mulo	BARDOT
mondar	MONDER	mulo	MULET
mondar	ÉCURER	multicultivo	MULTICULTURE
mondar	ÉLAGUER	multípara	MULTIPARE adj.
monocotiledónea	MONOCOTYLÉDONE	multiplicación sexual	MULTIPLICATION SEXUÉE
monocotiledóneo	MONOCOTYLÉDONE adj.	multplicación vegetativa	MULTIPLICATION VÉGÉTATIVE
monocultivo	MONOCULTURE	mullir la tierra	AMEUBLIR
monoico	MONOÏQUE adj.	municipio	COMMUNE
monta	LUTTE	municipio	TOWNSHIP
monta	SAILLIE	murete	MURETTE
montadero	MONTOIR	muro	MUR
montanera	GLANDÉE	musaraña	MUSARAIGNE
montar	CHEVAUCHER	muserola	MUSEROLLE
montar a caballo	ENFOURCHER	muslo	CUISSE
monte alto	FUTAIE	mutación	MUTATION
monte bajo	HALLIER	mutagénico	MUTAGÈNE adj.
monte bajo	MAQUIS	mutante	MUTANT
monte bajo	MORT-BOIS	naba	RAVE
monte de caza	TIRÉ	nabar	RAVIÈRE
montículo	TERTRE	nabina	NAVETTE
montón de paja	MEULON	nabo	NAVET
moquillo	JETAGE	nabo	PIVOT
mora	MÛRE	nabo	TURNEP
morera	MÛRIER	nabo sueco	RUTABAGA
moreral	MÛRAIE	Nabucodonosor	NABUCHODONOSOR
morfología agraria	MORPHOLOGIE AGRAIRE	nacero	NAISSEUR
morral	MUSETTE-MANGEOIRE	naranja	ORANGE
morralla	ALEVIN	naranjal	ORANGERAIE
morralla	NOURRAIN	naranjo	ORANGER
morriña	CLAVELÉE	narciso	NARCISSE
morro	MUFLE	nardo	NARD
morsana	FABAGELLE	nariz	NASEAU
mortero	GRUGEOIR	narria	FARDIER
morueco	BÉLIER	nata	CRÈME
mosca	MOUCHE	naturalización	NATURALISATION
mosca del peral	LYDE	nava	NAUVE
mosca del tomatera	MOUCHE MINEUSE	navaja de injertar	ÉCUSSONNOIR
moscardón	OESTRE	navaja de injertar	GREFFOIR
moscareta	GARDE-CHARRUE	nebulización	BRUMISATION
moscatel	MUSCAT	nebulización	NÉBULISATION
mosquear	ÉMOUCHER	nebulizador	NÉBULISATEUR
mosquero	ÉMOUCHETTE	necesidad de agua	BESOIN EN EAU
mosquero	GOBE-MOUCHE	necrosis	NÉCROSE
mosquito	COUSIN	néctar	NECTAR
mostaza	MOUTARDE	nectarina	BRUGNON
mostaza negra	SÉNEVÉ	nectarina	NECTARINE
mostaza silvestre	SANVE	nectario	NECTAIRE
mostillo	SURMOÛT	negro animal	NOIR ANIMAL
mosto	MOÛT	neguilla	NIELLE
motobinador	MOTOBINEUR	neguilla	GERZEAU
motobomba	MOTOPOMPE	nematelmintos	NÉMATHELMINTHES
motocultivadora	MOTOCULTEUR	nematocida, nematicida	NÉMATICIDE
motocultivo	MOTOCULTURE	nematodos	NÉMATODES
motocultor	MOTOCULTEUR	neolítico	NÉOLITHIQUE
motorización	MOTORISATION	neutralización	NEUTRALISATION
motosegadora	MOTOFAUCHEUSE	neutro	NEUTRE adj.
mototractor	MOTOTRACTEUR	nicotina	NICOTINE
movilismo	MOBILISME	nicotinismo	NICOTINISME
moyo	MUID	nidada	NICHÉE
moyuelo	BISAILLE	nidal	NICHET
moyuelo	REMOULAGE	nidal	NICHOIR
mozo de cuadra	LAD	nidificación	NIDIFICATION
mozo de labranza	VALET	nido	NID
muda	MUE	ninfosis	NYMPHOSE
mudar	MUER	níspero	AMÉLANCHIER
mueble	MEUBLE adj.	níspero	NÉFLIER
muela	GESSE	níspero japonés	BIBASSIER
muela	MEULE	nitratación	NITROSATION
muérdago	GUI	nitrato	AZOTATE
muermo	GOURME	nitrato	NITRATE
muermo	MORVE	nitrato de amonio	AMMONITRATE
muermo	JETAGE	nitrato de Chile	SALPÊTRE
muermo crónico	FARCIN	nitratos naturales	NITRATES NATURELS
muestra	ÉCHANTILLON	nítrico	NITRIQUE adj.
mugido	MEUGLEMENT	nitrificación	NITRIFICATION

INDEX ESPAGNOL-FRANÇAIS

nitrobacteria	AZOTOBACTER	ollar	NASEAU
nitrobacteria	NITROBACTÉRIE	omaso	OMASUM
nitrofosfato	NITROPHOSPHATE	ontogenia	ONTOGENÈSE
nitrógeno	AZOTE	oología	OOLOGIE
nitrosación	NITROSATION	oosfera	OOSPHÈRE
nivel hidrostático	NAPPE AQUIFÈRE	operación a plazo	MARCHÉ À TERME
nivelación	NIVELAGE	opérculo	OPERCULE
nivelación	NIVELLEMENT	opio	OPIUM
niveladora	NIVELEUSE	oquedal	FUTAIE
nivoso	NIVÔSE	orcaneta	ORCANETTE
nocivos	NUISIBLES	ordenación agrícola	AMÉNAGEMENT AGRICOLE
noctua	NOCTUELLE	ordenación rural	AMÉNAGEMENT RURAL
noche	NUITÉE	ordenador	ORDINATEUR
nódulos	NODULES	ordeñadora	MACHINE À TRAIRE
nogal	NOYER	ordeñadora	TRAYEUSE
nogal	NOYER	ordeñar	TRAIRE
nómada	NOMADE	ordeño	MULSION
nomadismo	NOMADISME	ordeño	TRAITE
nomadismo agrícola	NOMADISME AGRICOLE	orégano	ORIGAN
nopal	NOPAL	orejera	VERSOIR
noria	NORIA	orfanizar	ORPHELINER
noria	MANÈGE	orgánico	ORGANIQUE adj.
norma	NORME	Organización para la Alimentación y la Agricultura	ORGANISATION POUR L'ALIMENTATION ET L'AGRICULTURE
norma	STANDARD	organogenia	ORGANOGÉNIE
norma alimenticia	NORME ALIMENTAIRE	organógeno	ORGANOGÈNE adj.
normalización	NORMALISATION	ornitología	ORNITHOLOGIE
normandas (razas)	NORMANDES (RACES)	orobanca	OROBANCHE
nosemiosis, nosemiasis	NOSÉMOSE	orquídea	ORCHIDÉE
noviembre	NOVEMBRE	ortiga	ORTIE
novilla	GÉNISSE	oruga	CHENILLE
novillo	BOUVART	orujo	GRIGNON
novillo	BOUVEAU	orujo	MARC
novillo	TAURILLON	orujo de cerveza	DRÈCHE
nucela	NUCELLE	orvalle	ORVALE
núcleo de población rural	AGGLOMÉRATION AGRICOLE	ósmosis	OSMOSE
nuda propiedad	NUE-PROPRIÉTÉ	ostra	HUITRE
nudo	LOUPE	ostra nueva	NAISSAIN
nudo	NŒUD	ostricultura	OSTRÉICULTURE
nudosidad	NODOSITÉ	ovario	OVAIRE
nuez	NOIX	oveja	BREBIS
nuez moscada	MUSCADE	ovejas	OUAILLES
nutrición	NUTRITION	overo	AUBÈRE adj.
nutriente	NUTRIMENT	ovicida	OVICIDE
nutritivo	NUTRITIF adj.	óvidos	OVIDÉS p
ñame	IGNAME	ovil	BERGERIE
oasis	OASIS	ovino	MOUTON
oblación	OBLATION	ovinos	OVINS adj.
obligación	CONTRAINTE	ovíparo	OVIPARE adj.
obrada	HOMMÉE	ovocito	OVOCYTE
obrada	OEUVRE	ovogénesis	OVOGÉNÈSE
obrera	OUVRIÈRE	ovoscopio	MIRE-OEUF
obrero	OUVRIER	ovoscopio	OVOSCOPE
obrero torcedor	MOULINEUR	ovulación	OVULATION
obsoleto	OBSOLÈTE adj.	óvulo	OVULE
oca	OIE	oxálida	OXALIDE
ocozol	LIQUIDAMBAR	oxidasa	OXYDASE
octubre	OCTOBRE	oxiuro	OXYURE
oculación	OCULATION	pacedura a una estaca	TIÈRE
odre	OUTRE	pacer	PÂTURER
Oficina Internacional del Vino	OFFICE INTERNATIONAL DES VINS	pacer	BROUTER
oídio	OÏDIUM	pacer	PAÎTRE
oídio	BLANC	pacto de pastoreo	PACTE PASTORAL
oleaginoso	OLÉAGINEUX adj.	país	PAYS
oleaginosos	OLÉAGINEUX	paisaje	PAYSAGE
oleico	OLÉIQUE adj.	paisaje rural	PAYSAGE RURAL
oleícola	OLÉICOLE adj.	paisajista	PAYSAGISTE
oleicultor	OLÉICULTEUR	paja	PAILLE
oleicultura	OLÉICULTURE	paja de Manila	MANILLE
oleífero	OLÉIFÈRE adj.	paja larga	FEURRE
oleína	OLÉINE	pajar	PAILLER
oleracea	OLÉRACÉE	pajarera	VOLIÈRE
oligoelementos	OLIGOÉLÉMENTS	pájaro	OISEAU
oliva	OLIVE	pajote	PAILLIS
olivar	OLIVAIE	pala	BATTE
olivo	OLIVIER	pala	LOUCHET
olivo manzanillo	MANCENILLIER	pala	PELLE
olmeda	ORMAIE	pala de jardinero	BÊCHE
olmeda, olmedo	ALOUMÈRE	pala de nivelar	RAVALE
olmeda, olmedo	HOURMIÈRE	palafrenero	PALEFRENIER
olmo	ORME ou ORMEAU	palanca	MANETTE
olmo	ULMEAU	palanca elevadora	BRAS DE RELEVAGE
olmo pequeño	ORMILLE	paletada	PELLETÉE
olla	POT		

paleto	CAMPAGNARD adj.	parto de la oveja	AGNELAGE
palinología	PALYNOLOGIE	parto de la vaca	VÊLAGE
palma	PALMA	parto de la yegua	POULINAGE
palma	PALME	parturienta	PARTURIENTE
palma datilera	PALMIER-DATTIER	pasa	RAISIN SEC
palma real	PALMISTE	pasado	BLETTISSEMENT
palmera	PALMIER-DATTIER	pasado	BLET adj.
palmera azucarera	RONDIER	pase	PASSAVANT
palmera de aceite	PALMIER À HUILE	pasillo de alimentación	PASSAGE D'AFFOURRAGEMENT
palmípedo	PALMIPÈDE	pasionaria	PASSIFLORE
palmito	PALMISTE	paso de servicio	PASSAGE D'AFFOURRAGEMENT
palmito	CHOU PALMISTE	pasta de queso	PÂTE
palmito	PALMERAIE	pastar	REPAITRE
paloma	PIGEON	pastar	PAITRE
paloma	COLOMBE	pasteurización	PASTEURISATION
paloma mensajera	VOYAGEUR (PIGEON)	pasteurizador	PASTEURISEUR
paloma torcaz	BISET	pasteurizar	PASTEURISER
paloma torcaz	PALOMBE	pastinaca	PANAIS
paloma torcaz	RAMIER	pastizal	EMBOUCHE
palomar	COLOMBIER	pastizal	HERBAGE
palomar	PIGEONNIER	pastizal	PÂTURAGE
palomilla	TEIGNE	pasto	PAISSON
palomilla	ALUCITE	pasto	DÉPAISSANCE
palomina	COLOMBINE	pasto	PÂTURE
palpador	PALPEUR	pasto	PÂTURAGE
pámpano	PAMPRE	pasto	PACAGE
pan	PAIN	pasto	BROUTAGE
pan de harina de flor	GRUAU	pasto	PÂTIS
panadería	BOULANGERIE	pasto comunal	COMMUNAL
panal	RAYON	pasto comunal	VAINE PÂTURE
panícula	PANICULE	pasto de alta montaña	MONTAGNE
panificable	PANIFIABLE adj.	pasto en la montaña	ALPE
panificación	PANIFICATION	pastor	BERGER
panizo	PANIC	pastor	PASTEUR
panmixia, panmixis	PANMIXIE	pastor	PÂTRE
panocha	PANOUILLE	pastor (perros de)	BERGERS (CHIENS DE)
panoja	PANOUILLE	pastoral	PASTORAL adj.
pantano	LAC COLLINAIRE	pastorcillo	PASTOUREAU
pantano	MARAIS	pastorear	PÂTURER
pantano	PALUD	pastorear	PACAGER
pantano	MARÉCAGE	pastoreo alpino	ALPAGE
pantano en lugar elevado	FAGNE	pastos de media montaña	MONTAGNETTE
panza	PANSE	pastos de montaña	ALPAGE
panza	RUMEN	pastos libres	VAINE PÂTURE
panza	HERBIER	pata	CANE
papayo	PAPAYER	pata	PATTE
papilionácea	PAPILIONACÉE	pata delantera	AVANT-MAIN
paprika	PAPRIKA	patata	POMME DE TERRE
paquidermia	PACHYDERMIE	patín	SABOT
paragranizo	PARAGRÊLE ou adj.	patio	COUR
paraíso	PARADIS	patio	COUR
parálisis	PARALYSIE	patio cubierto	PRÉAU
parásito	PARASITE	patio de ordeñar	SALLE DE TRAITE
parasitología	PARASITOLOGIE	patizambo	PANARD adj.
paravientos	BRISE-VENT	pato	CANARD
parcela	PARCELLE	pato cruzado	MULARD
parcela	CASIER	patógeno	PATHOGÈNE adj.
parcela	LOPIN DE TERRE	patología	PATHOLOGIE
parcelación	PARCELLEMENT	patrimonial	DOMANIER adj.
parcelación	MORCELLEMENT	patrimonio	PATRIMOINE
parcelar	PARCELLER	patrimonio genético	PATRIMOINE GÉNÉTIQUE
parcelario	PARCELLAIRE	patrón	SUJET PORTE-GREFFE
parcelo de cultivo	SOLE	patrón de injerto	PORTE-GREFFE
pared	MUR	pava	DINDE
parénquima	PARENCHYME	pava	POULE D'INDE
parentesco	PARENTÉ	pavía	PAVIE
parhilera	FAITAGE	pavo real	PAON
parición	VÊLAGE	peaje	PÉAGE
parihuelas	CIVIÈRE	pecoreadora	BUTINEUSE
parir la oveja	AGNELER	pecuario	PÉCUAIRE adj.
parir la vaca	VÊLER	pechero	TAILLABLE adj.
parir la yegua	POULINER	pecho	POITRAIL
paro estacional	CHÔMAGE SAISONNIER	pedigrí	PÉDIGREE
parque nacional	PARC NATIONAL	pediluvio	PÉDILUVE
parque natural	PARC NATUREL RÉGIONAL	pedogénesis	PÉDOGÉNÈSE
parroquia	PAROISSE	pedología	PÉDOLOGIE
partenogénesis	PARTHÉNOGÉNÈSE	pedregoso	CAILLOUTEUX adj.
parterre	PARTERRE	pedunculillo	PÉDICELLE
partición	MORCELLEMENT	pedúnculo	PÉDONCULE
partidor	PARTITEUR	pelaje	PELAGE
parto	PART	pelaje	ROBE
parto	PARTURITION	pelar	ÉCALER
parto	MISE-BAS	pelar	PELER

INDEX ESPAGNOL-FRANÇAIS

película	PELLICULE	picado	PIQUÉ adj.
pelitre	PYRÈTHRE	picador	HACHOIR
pelo	ROBE	picadora de forraje	HACHE-FOURRAGE
pelo	PELAGE	picadura	HACHAGE
pelo	POILS	picadura	PIQÛRE
pelo de angora	MOHAIR	picea	ÉPICÉA
pelo de cabra	MOHAIR	picea	SAPINETTE
pelo de raíz	POILS ABSORBANTS	pico	PIC
pelos absorbentes	POILS ABSORBANTS	pico	PIOCHE
pellejería	PEAUSSERIE	picotín	PICOTIN
pellejero	PEAUSSIER	pie	PIED
pellejo	PELLICULE	pie madre	PIED MÈRE
pellizco	PINÇON	piedra de afilar	PIERRE À AIGUISER
penco	HARIDELLE	piedra de amolar	PIERRE À AIGUISER
penco	BOURRIN	piel	PELURE
pendiente	PENTE	piel	PEAU
penicillium	PÉNICILLIUM	piel	FOURRURE
pensamiento	PENSÉE	piel fresca	PEAU VERTE
peón	MANOUVRIER	pienso	MANGEAILLE
peón caminero	CANTONNIER	pienso	PROVENDE
peonaje	PÉONAGE	pienso	PICOTIN
peonía	PIVOINE	piéride	PIÉRIDE
pepinillo	CORNICHON	pigmento	PIGMENT
pepino	CONCOMBRE	pila	AUGE
pepita	PÉPIE	pilorriza	COIFFE RADICULAIRE
pepita	PÉPIN	pimental	POIVRIÈRE
pequeña granja	FERMETTE	pimentero	POIVRIER
pequeño dique	BOURRELET	pimentón húngaro	PAPRIKA
pequeño enjambre	ABEILLON	pimiento	POIVRON
pequeño palomar	FUYE	pimiento	PIMENT
pera	POIRE	pimpinela	PIMPRENELLE
pera mosqueruela	MUSCADELLE	pimpinela mayor	SANGUISORBE
peral	POIRIER	pimpollo	SCION
percha	PERCHOIR	pinar	PIGNADA
percha	JUCHOIR	pinar	PINATELLE
percherón	BOULEUX adj.	pinar	PINERAIE
percherón	PERCHERON	pinar	PINIÈRE
perejil	PERSIL	pinar	PINÈDE
perenne	PÉRENNE adj.	pinastro	PINASTRE
perenne	PERSISTANT adj.	pineda	PINÈDE
perfil del terreno	PROFIL CULTURAL	pino	PIN
perforación	TÉRÉBRATION	pino de Virginia	PITCHPIN
perfume	PARFUM	pino piñonero	PINIER
perfume	BOUQUET	pinta	PINTE
pérgola	TREILLE	pintada	PINTADE
pérgola	PERGOLA	piña	PIGNE
pérgola	BERCEAU	piña	ANANAS
perifollo	CERFEUIL	piña	CÔNE
perilla	POMMETTE	piñón	PIGNON adj.
perímetro	PÉRIMÈTRE	piojo	POU
período de incubación	LATENCE	pipa	FÛT
permeabilidad	PERMÉABILITÉ	pipa	PÉPIN
permiso de circulación	LAISSEZ-PASSER	pipa	PIPE
perosis	PÉROSE	pipa	FUTAILLE
perrera	CHENIL	pipa	TONNEAU
perro	CHIEN	pipeta	TÂTE-VIN
persicaria	PERSICAIRE	pipirigallo	CHAPRE
pertenencia	APPARTENANCE	pipirigallo	LUPINELLE
pértiga	PERCHE	piquera	BONDE
pértigo	TIMON	piqueta	PIOCHON
perturbación	PERTURBATION	piral	PYRALE
pesca	PÊCHE	piral	TORDEUSE
pescuño	COUTRIÈRE	piretro	PYRÈTHRE
pesebre	MANGEOIRE	piroplasmosis	PIROPLASMOSE
pesebre	CRÈCHE	pirriaque	GROS VIN
pesebre	RÂTELIER	pisa	FOULAGE
peso específico	POIDS SPÉCIFIQUE	pisadora	FOULOIR
peso muerto	POIDS NET	piscícola	PISCICOLE adj.
peso vivo	POIDS VIF	piscicultor	PISCICULTEUR
peso	POIDS	piscicultura	PISCICULTURE
pesquería	PÊCHERIE	piso	ÉTAGE
peste	PESTE	pista	PISTE
pesticida	PESTICIDE	pistacho	PISTACHE
petral	BRICOLE	pistilo	PISTIL
pez	POISSON	pita	AGAVE
pezón	TRAYON	pizarra	ARDOISE
piafar	PIAFFER	placenta	PLACENTA
pica	PICA	planificación	PLANIFICATION
picabuey	GARDE-BOEUF	planificación agrícola	AMÉNAGEMENT AGRICOLE
picadero	TIN	planificación rural	AMÉNAGEMENT RURAL
picadero	CHAMP DE COURSE	plano	PLAN
picado	HACHAGE	planta	PLANTE
picado	ÉVENTÉ adj.	planta	VÉGÉTAL

INDEX ESPAGNOL-FRANÇAIS

planta	PLANT	policultivo	POLYCULTURE
planta adventicia	PLANTE ADVENTICE	poliedrosis	GRASSERIE
planta aromática	PLANTE AROMATIQUE	polifosfato	POLYPHOSPHATE
planta forrajera	PLANTE FOURRAGÈRE	poliganadero	POLYÉLEVEUR
perenne	SEMPER VIRENS adj.	poligenético	POLYGÉNIQUE adj.
plantación	PLANTAGE	polinización	POLLINISATION
plantación	COMPLANT	polinizar	POLLINISER
plantación	PLANTATION	poliploide	POLYPLOÏDE adj.
plantación de árboles	BOISEMENT	polisurco	POLYSOC
plantación de vainilla	VANILLERIE	polución	POLLUTION
plantador	PLANTOIR	polla cebada	POULARDE
plantador	PLANTEUR	pollera	CAGE
plantadora	PLANTEUSE	pollera	POUSSINIÈRE
plantar	COMPLANTER	pollería	POULAILLERIE
plantar	PLANTER	pollino	BOURRICOT
plantas acuáticas	HYDROPHYTES	pollito	POUSSIN
plantas de escarda	PLANTES SARCLÉES	pollo	POULET
plantas industriales	PLANTES INDUSTRIELLES	pollo de faisán	FAISANDEAU
plantas insecticidas	PLANTES INSECTICIDES	polluelo	POUSSIN
plantas medicinales	PLANTES MÉDICINALES	pomar	POMMELIÈRE
plantas melíferas	PLANTES MELLIFÈRES	pomelo	GRAPE-FRUIT
plantas oleaginosas	PLANTES OLÉAGINEUSES	pomelo	PAMPLEMOUSSIER
plantas ornamentales	PLANTES ORNEMENTALES	pomicultor	POMICULTEUR
plantas textiles	PLANTES TEXTILES	pomología	POMOLOGIE
plantas tintóreas	PLANTES TINCTORIALES	ponedero	PONDOIR
plantío	PLANTATION	ponedor	NID
plantío	PLANTIS	ponedora	GÉLINE
plantón	BRIN	ponedora	PONDEUSE adj.
plantón	PLANT	poner	PONDRE
plántula	PLANTULE	poner en espaldera	PALISSER
platabanda	PLATE-BANDE	poner en un tiesto	EMPOTER
platanal	BANANERAIE	ponerar	MANOCAGE
platanar	BANANERAIE	poney	PONEY
platanera	BANANERAIE	porcinos	PORCINS
plátano	BANANIER	porgueriza	BAUGE
plátano	PLATANE	porquera	BAUGE
plaza	PLACITRE	porqueriza	PORCHÈRE
plebeyo	ROTURIER	porquero	PORCHER
ploide	PLOÏDIE	portador	PORTEUR
pluma	PLUME	portainjerto	SUJET PORTE-GREFFE
plumaje	PLUMAGE	portante	AMBLE
plumazón	PLUMÉE	posesiones	BIEN
plusvalía	PLUS-VALUE	posibilidad	POSSIBILITÉ
pluviometría	PLUVIOMÉTRIE	posología	POSOLOGIE
pluvioso	PLUVIÔSE	postura	PONDAISON
poa	PÂTURIN	postura	PONTE
población	POPULATION	potasa	POTASSE
población	PEUPLEMENT	potencial genético	POTENTIEL GÉNÉTIQUE
población agrícola	POPULATION AGRICOLE	potranca	POULICHE
población rural	POPULATION RURALE	potro	POULAIN
poblar de árboles	BOISER	potro	ANTENAIS
pocila	BAUGE	poza	ROUTOIR
pocilga	SOUE	pozo	PUITS
pocillo	PUROT	pozo artesiano	PUITS ARTÉSIEN
poda	ÉBRANCHAGE	pozo negro	PUITS PERDU
poda	TAILLE	pradera	PRAIRIE
poda	RABATTAGE	prado	PACAGE
poda de árboles	ÉMONDAGE	prado	PRAIRIE
poda natural	ÉLAGAGE NATUREL	prado	PRÉ
podadera	VOUGE	prado artificial	PRÉ-GAZON
podadera	SERPE	prado encharcado	MOUILLÈRE
podadera	CROISSANT D'ÉLAGAGE	prado pantanoso	NOUE
podadera	ÉBRANCHOIR	prado pequeño	PRÉAU
podadera	ÉMONDOIR	praticultor	PRATICULTEUR
podadera	SÉCATEUR	praticultura	PRATICULTURE
podadera pequeña	SERPETTE	prebenda	PRÉBENDE
podador	ÉMONDEUR	precaria	PRÉCAIRE
podar	ÉBRANCHER	precio agrícola	PRIX
podar	TAILLER	precio de coste	PRIX DE REVIENT
podar	ÉLAGUER	precio exacto	PRIX CONSTANT
podar	RECÉPER	precocidad	PRÉCOCITÉ
podar	RABATTRE	precoz	PRÉCOCE adj.
podar un árbol	ÉMONDER	predador	PRÉDATEUR
poder absorbente	POUVOIR ABSORBANT	predial	PRÉDIAL adj.
poder germinativo	FACULTÉ GERMINATIVE	preferencia comunitaria	PRÉFÉRENCE COMMUNAUTAIRE
podredumbre	POURRITURE	prefloración	PRÉFLORAISON
podredumbre	ROT	prefoliación	PRÉFOLIATION
podzol	PODZOL	pregón	BAN
podzolización	PODZOLISATION	prematuro	PRÉMATURÉ adj.
poesía pastoril	BUCOLIQUES	prensa	PRESSOIR
poíno	CHANTIER	prensabalas	PRESSE
pólder	POLDER	prensado	PRESSURÉE
polen	POLLEN	prensado	PRESSURAGE

INDEX ESPAGNOL-FRANÇAIS

prensadura	PRESSAGE
prensar	PRESSURER
preñada	PLEINE adj.
presa	BARRAGE
presa	PRISE
presión demográfica	PRESSION DÉMOGRAPHIQUE
presión osmótica	PRESSION OSMOTIQUE
prestaciones	PRESTATIONS
prevención	PRÉVENTION
prima	PRIME
primera labor	VERSAGE
primicias	PRÉMICES
primogenitura	PRIMOGÉNITURE
primogenitura (derecho de)	AÎNESSE (DROIT D')
privilegios	FORS
procesionarias	PROCESSIONNAIRES
producción agrícola	PRODUCTION AGRICOLE
producir	RENDRE int.
productividad	PRODUCTIVITÉ
productividad real	PRODUCTIVITÉ RÉELLE
productivo	PRODUCTIF adj.
producto bruto	PRODUIT BRUT
producto fitofarmacéutico	PRODUIT PHYTOPHARMACEUTIQUE
productor	PRODUCTEUR DIRECT
productos de casquería	ABATS ROUGES
productos lácteos	LAITAGES l.
profilaxis	PROPHYLAXIE
progesterona	PROGESTÉRONE
prolactina	PROLACTINE
proliferación	PROLIFÉRATION
promoción	PROMOTION
propiedad del municipio	BIEN COMMUNAL
propiedad del subsuelo	TRÉFONDS
propietario	MAÎTRE
propietario legítimo	PROPRIÉTAIRE-EXPLOITANT l.m
propóleos	PROPOLIS
protección	PROTECTION
proteccionismo	PROTECTIONNISME
proteína	PROTÉINE
protocolo agrícola	PROTOCOLE AGRICOLE
provecho	PROFIT
provena	PROVIN
proyecto	PLAN
proyecto de explotación	PROGRAMME AGRICOLE
prueba	ESSAI
prueba	TEST
pruina	PRUINE
psicrómetro	PSYCHROMÈTRE
ptérido	PTÉRIDE
pubescente	PUBESCENT adj.
pueblo	BOURGADE
pueblo	BOURG
pueblo	VILLAGE
pueblo modelo	VILLAGE-CENTRE
pueblo nuclear	VILLAGE NUCLÉAIRE
puerco	PORC
puerco	POURCEAU
puerro	POIREAU
puerro	PORREAU n m.
puesto	CANARDIÈRE
pulgón	PUCERON
pulido	POLISSAGE
pulimento	POLISSAGE
pulorosis	PULLOROSE
pulpa	PULPE
pulposo	CHARNU adj.
pulsador	PULSATEUR
pulverización	PULVÉRISATION
pulverizador	PULVÉRISATEUR
pulverizador	PULVÉRISEUR
pulverizar	PULVÉRISER
punto de rocío	POINT DE ROSÉE
puntuación	POINTAGE
punzón	TRAÇOIR
purasangre	PUR-SANG
pureza varietal	PURETÉ VARIÉTALE
puro	PUR adj.
putrefacción	PUTRÉFACTION
que crece entre los escombros	RUDÉRAL adj.
que no puede encamarse	INVERSABLE adj.
que se agrieta con el hielo	GÉLIF adj.
queimatobia	CHEIMATOBIE
quemador	BRÛLEUR
quemadura	BRÛLURE
queratina	KÉRATINE
queratosis del cerdo	CRASSE
quercitrón	QUERCITRON
quermes	KERMÈS
quesería	FROMAGERIE
quesería	MARCAIRERIE
quesería cooperativa	FRUITIÈRE
quesero	FROMAGER
quesito fresco	JONCHÉE
queso	FROMAGE
queso de bola	HOLLANDE
queso de Holanda	HOLLANDE
queso de Gruyère	GRUYÈRE
queso parmesano	PARMESAN
queso un poco salado	DEMI-SEL
quiebra del color	CASSE
quiescente	QUIESCENCE
quimera	CHIMÈRE
quina	QUINQUINA
quinta	BASTIDE
quinta	VILLA
quiste	KYSTE
quitar el suero	DÉLAITER
quitar la hierba	DÉSHERBER
quitar los renuevos inútiles	OEILLETONNER
rabanillo	RAVENELLE
rábano	RADIS
rábano blanco	RAIFORT
rabia	RAGE
rábico	RABIQUE adj.
rabo	QUEUE
racimar	GRAPPILLER
racimeo	HALLEBOTAGE
racimo	GRAPPE
racimo	RACÈME
racimo	TROCHET
racimo	RÉGIME
racimoso	GRAPPU adj.
racimudo	GRAPPU adj.
ración alimenticia	RATION
radicación	RADICATION
radícula	RADICULE
raedera	RACLETTE
rafia	RAPHIA
raíces alimenticias	RACINAGE
raicillas	RADICELLES
raíz	RACINE
raíz	GRIFFE
rallar	RÂPER
rama	DARD
rama , ramo	BRANCHE
rama rota	ÉCOT
ramaje	BRANCHAGE
ramaje	RAMURE
ramaje	RAMAGE
ramas cortadas	ÉMONDES
ramilla	BRINDILLE
ramillete de mayo	BOUQUET DE MAI
ramio	RAMIE
ramita	BRINDILLE
ramiza	RAMILLE
ramo	RAMEAU
ramo de frutos	COURSON
ramo de frutos	COURSONNE
ramonear	BROUTER
ramonear	ABROUTIR
ramoneo	ABROUTISSEMENT
ramoneo	BROUTAGE
ramoso	BRANCHU adj.
rancidez	RANCIDITÉ
rancidez	RANCISSEMENT
rancio	RANCE adj.
rancho	RANCH
ranilla	FOURCHET
ranúnculo	RENONCULE
rapónchigo	RAIPONCE
raquis	RACHIS
rascadera	ÉTRILLE
rascador	ÉGRENOIR
rasero	RACLOIRE
raspa	BARBE
raspador	ÉMOUSSOIR

INDEX ESPAGNOL-FRANÇAIS

raspar	GRATTER
rastra	HERSE
rastrero	RAMPANT adj.
rastrillada	RÂTELÉE
rastrillada	RATISSURES
rastrilladas	RÂTELURES
rastrillado	RATISSAGE
rastrillador	RÂTELEUR
rastrillaje	RÂTELAGE
rastrillaje	HERSAGE
rastrillar	PEIGNER
rastrillar	RÂTELER
rastrillar	RATISSER
rastrillar	SÉRANCER
rastrillo	RÉGAYOIR
rastrillo	RATISSOIRE
rastrillo	RÂTEAU
rastrillo de segador	FAUCHET
rastrillo para el cañamo	SÉRAN
rastro	RÂTEAU
rastrojadora	DÉCHAUMEUSE
rastrojar	CHAUMER
rastrojo	GAGNAGE
rastrojo	ÉTEULE
rastrojo	CHAUME
rata	RAT
rata de campo	SURMULOT
ratafía	RATAFIA
raticida	RATICIDE
raticida	RODENTICIDE
ratón	SOURIS
ratón campesino	MULOT
ratón de campo	CAMPAGNOL
raza	RACE
razas bovinas	RACES BOVINES
razas caprinas	RACES CAPRINES
razas ovinas	RACES OVINES
readaptación de la agricultura	RECONVERSION
reatar	ACCOUER
rebaje	HABILLAGE
rebaño	RAMADE
rebaño	TROUPEAU
rebaño	OUAILLES
reblandecimiento	PIÉTIN
rebrote	REPOUSSE
rebusca	HALLEBOTAGE
rebusca	GLANE
rebusca	GLANURE
rebusca	GLANAGE
rebuscar	GRAPPILLER
rebuscar	GLANER
rebuznar	BRAIRE t
recalentador	RÉCHAUFFEUR
recalzar	RECHAUSSER
recaudador de impuestos	FERMIER GÉNÉRAl
recental	NOURRISSON
receptáculo	RÉCEPTACLE
recibo de depósito	WARRANT
reclamo	CHANTERELLE
recobro	RECOUVREMENT
recogedor	RAMASSEUR
recoger	RAMASSER
recogida	RAMASSAGE
recogida	ABATTURE
recolección	RENTRÉE
recolección	ABATTURE
recolección	ARRACHAGE
recolectora	RÉCOLTEUSE
recomendación	RECOMMANDATION
recortadura	ROGNAGE
recovero	COQUETIER
rectificación	RECTIFICATION
recurso	RECOURS
red	RÉSEAU
red de drenaje	RÉSEAU DE DRAINAGE
red de estrella	RÉSEAU EN ÉTOILE
red de riego	RÉSEAU D'IRRIGATION
redecilla	BONNET
redecilla	RÉSEAU
redil	BERGERIE
redileo	PARCAGE
reducir a pulpa	PULPER
reemplazo	REMPLACEMENT
refinación	RAFFINAGE
refinería	RAFFINERIE
refino	RAFFINAGE
reforma agraria	RÉFORME AGRAIRE
refractómetro	RÉFRACTOMÈTRE
refrescar	RAFRAICHIR
refrigeración	RÉFRIGÉRATION
refrigerante	RÉFRIGÉRANT
refrigerante de leche	REFROIDISSEUR
refugio	COUVERT
regadera	ARROSOIR
regadío	ARROSAGE
regador	ARROSEUR
regador	SPRINKLER
regaliz	RÉGLISSE
regante	IRRIGANT
regar	ARROSER
regar	IRRIGUER
regatero	REGRATTIER
regeneración	RÉGÉNÉRATION
regenerador de praderas	RÉGÉNÉRATEUR DE PRAIRIE
región de pastos	RÉGION HERBAGÈRE
registro	ENREGISTREMENT
registro catastral	MATRICE CADASTRALE
registro de propiedad	TERRIER
registro de tierras	PLAN TERRIER
registro genealógico	LIVRE GÉNÉALOGIQUE
registro pecuario	FLOCK-BOOK
registro pecuario	HERD-BOOK
reguera	RIGOLE
regulador	RÉGULATEUR
reina	REINE
reina de los prados	ULMAIRE
reinjertar	REGREFFER
reja	SOC
rejo	RADICULE
rejuvenecimiento	RAJEUNISSEMENT
relascopio	RELASCOPE
relieno de cascajo	HOURDIS
relieve	BOSSE
relincho	HENNISSEMENT
relleno	OUILLAGE
remolacha	BETTERAVE
remolachero	BETTERAVIER adj.
remolacheros	BETTERAVIERS
remolque	REMORQUE
remonta	REMONTE
remontado	REMONTAGE
remover la tierra	MOUVER
renadío	REGAIN
renadío	RECOUPE
rendimiento	RENDEMENT
rendzina	RENDZINE
rengífero	RENNE
reno	RENNE
renovación rural	RÉNOVATION RURALE
renta	REDEVANCE
renta agrícola	REVENU AGRICOLE
renta catastral	REVENU CADASTRAL
renta eclesiástica	MENSE
renta de bienes raíces	RENTE
rentabilidad agrícola	RENTABILITÉ AGRICOLE
renteros	RENTIERS DE LA TERRE
renuevo	OEILLETON
renuevo	SCION
renuevo	REJETONNAGE
renuevo	CÉPÉE
renuevo	TALLE
renuevo	ACCRU
renuevo	RECRÛ
renuevo	BION
renuevo	REJETON
repartición de un terreno	ALLOTISSEMENT
repartidora de abonos	DISTRIBUTEUR
reparto	CONTINGENTEMENT
replantación	REPLANTATION
repoblación	REPEUPLEMENT
repoblación	BOISEMENT
repoblación	PEUPLEMENT
repoblación forestal	AFFORESTATION
repoblación forestal	REBOISEMENT
repoblar	BOISER
repoblar	REBOISER

712

INDEX ESPAGNOL-FRANÇAIS

repoblar con coníferas	ENRÉSINER	roble	ROUVRE
repollarse	POMMER	roble	CHÊNE
repollo	CABUS	robledal	CHÊNAIE
reposo vegetativo	REPOS VÉGÉTATIF	robledal	ROUVRAIE
reproducción	REPRODUCTION	roca madre	ROCHE-MÈRE
reproducción por estacas	BOUTURAGE	rocalla	ROCAILLE
reproducir por esquejes	BOUTURER	rocambola	ROCAMBOLE
reproductor	REPRODUCTEUR	rociadera	SPRINKLER
repulsivo	RÉPULSIF adj.	rociado	BASSINAGE
requerible	REQUÉRABLE adj.	rociar	PULVÉRISER
requesón	CAILLEBOTTE	rocín	CARCAN
resalvia	BALIVAGE	rocío	AIGUAIL
resalvo	RECRÛ	rocío	ROSÉE
resalvo	BALIVEAU	rodadura	ROULAGE
resalvo	LAIS	rodal	LOPIN DE TERRE
resbaladero	GLISSOIR	rodar	ROULER
resbalón	GLISSAGE	rodete	ACCOT
resembrar	REMBLAVER	rodillera	GENOUILLÈRE
reserva	RÉSERVE	rodillo	ROULEAU
reserva utilizable	RÉSERVE UTILISABLE	rodillo croskill	BRISE-MOTTE
residencia	RÉSIDENCE	rodillo croskill	CROSKILL
residuo	ÉCUME DE DÉFÉCATION	rododendro	RHODODENDRON
residuos de cervecería	DRÈCHE	rodrigar	ÉCHALASSER
residuos industriales	RÉSIDUS INDUSTRIELS	rodrigar	ACCOLER
resina	RÉSINE	rodrigar	RAMER
resina de pino	GEMME	rodrigar	TUTEURER
resinación	GEMMAGE	rodrigazón	TUTEURAGE
resinar	RÉSINER	rodrigón	PAISSEAU
resinero	RÉSINIER	rodrigón	ÉCHALAS
resinífero	RÉSINIFÈRE adj.	rodrigón	TUTEUR
resinoso	RÉSINEUX adj.	roedor	RONGEUR
resistencia	RÉSISTANCE	rogaciones	ROGATIONS
respondedor	RÉPONDEUR	rojo	ROUGE
respuesta	RÉPONSE	rollizo	RONDIN
restauración de los suelos	RESTAURATION DES SOLS	rollo	BILLE
restitución de exportación	RESTITUTION	rollo	ROULE
resultado	PERFORMANCE	romaza	PATIENCE
retama	GENESTROLLE	romero	ROMARIN
retama	GENÊT	rompesacos	GOURBET
retama de olor	GAUDE	ron	RHUM
retamal	GENÊTIÈRE	ronzal	LONGE
retamar	GENÊTIÈRE	roña	TAVELURES
retamal, retamar	GÉNISTIÈRE	roña	ROGNE
retirada	RETRAIT	roña	GALE
retoñar	REJETONNER	rosa	ROSE
retoño	POUSSE	rosado	ROSÉ
retoño	REJET	rosal	ROSIER
retoño	REJETON	rosaleda	ROSERAIE
retoño	TALLE	rota	ROTIN
retoño	REPOUSSE	rota	SCIRPE
retoño	BOULURE	rotación	ASSOLEMENT
retoño	SURGEON	rotación	LEY-FARMING
retoño	TROCHÉE	rotación	ROTATION
retoño	ÉCLAT	rotar	ASSOLER
retoño	BION	roturación	DÉFRICHAGE ou DÉFRICHEMENT
retoño	TENDRON	roturar	DÉFRICHER
retoño	OEILLETON	roya	ROUILLE
retoño	SCION	roya	ROUILLURE
retoños	REVENUES	roza	ÉCOBUAGE
retorcer	RETORDRE	roza	ESSART
retorno al campo	RETOUR À LA TERRE	roza	BRÛLEMENT
retractación	DÉSAVEU (DROIT DE)	roza	ARRACHIS
retranca	AVALOIRE	rozamiento	ESSARTAGE
retrofeudo	ARRIÈRE-FIEF	rozar	ÉCOBUER
revocar	RAGRÉER	rozar	ESSARTER
revolución agraria	RÉVOLUTION AGRAIRE	rozar	SARTER
revolución agrícola	RÉVOLUTION AGRICOLE	rozón	FAUCILLON
ribazo	RIDEAU	rubia	GARANCE
ribereño	RIVERAIN	rubia de aquitania (raza)	BLONDE D'AQUITAINE (RACE)
ricino	RICIN	rubial	GARANCIÈRE
rickettsiosis	RICKETTSIOSE	rueca	QUENOUILLE
riego	IRRIGATION	rueda	MEULE
riego	ARROSAGE	ruibarbo	RHUBARBE
riego ligero	BASSINAGE	rulado	ROULAGE
riendas	RÊNES	rumia	RUMINATION
río	RIVIÈRE	rumiadura	RUMINATION
ripia	BARDEAU	rumiante	RUMINANT
ripícola	RIPICOLE adj.	rumiar	RUMINER
ritos agrícolas	RITES AGRAIRES	rural	RURAL adj.
rizoma	RHIZOME	ruralismo	RURALISME
roano	ROUAN	rusticidad	RUSTICITÉ
robinia	ACACIA	rústico	AGRESTE adj.
robinia	ROBINIER	rústico	CAMPAGNARD

INDEX ESPAGNOL-FRANÇAIS

rústico	RUSTAUD adj.	secundario	SECONDAIRE adj.
rústico	RUSTIQUE adj.	seda	SOIE
rústico	CAMPAGNARD adj	sedadera	AFFINOIR
sabana	SAVANE	sedentario	SÉDENTAIRE adj.
sabor	SAVEUR	sedería	SOIERIE
saca con cable	CÂBLAGE	segador	FAUCHEUR
saca con cable	TÉLÉFÉRAGE	segador	MOISSONNEUR
sacacorchos	TIRE-BOUCHON	segadora	FAUCHEUSE
sacarífero	SACCHARIFÈRE adj.	segadora hileradora de guisantes	MOISSONNEUSE-ANDAINEUSE
sacarificación	SACCHARIFICATION	segadora-trilladora	COMBINE
sacarígena	SACCHARIGÈNE adj.	segadora-trilladora	MOISSONNEUSE-BATTEUSE
sacarímetro	SACCHARIMÈTRE	segar	FAUCHER
sacarosa	SACCHAROSE	segar	MOISSONNER
sacatapón	TIRE-BONDE	segundo corte	REGAIN
sacho	SARCLOIR	segundo vasallo	ARRIÈRE-VASSAL
saetín	BIEF	selección	TRIAGE
sagú	SAGOU	selección	SÉLECTION
sagú	SAGOUTIER	seleccionador	SÉLECTIONNEUR
saladero	SALOIR	seleccionar	SÉLECTIONNER
saladura	SALAISON	seleccionar	TRIER
saladura	SALAGE	selectividad	SÉLECTIVITÉ
salar	SALER	selectivo	SÉLECTIF adj.
salazón	SALAISON	selva	SYLVE
salicultura	SALICULTURE	sembrado	SEMÉ adj.
salida del huevo	ÉCLOSION	sembrado	EMBLAVAISON
salinero	PALUDIER	sembrado	BLATIÈRE
salinero	SAUNIER	sembrador	SEMEUR
salitre	SALPÊTRE	sembrador	SEMENCIER
salmonelosis	SALMONELLOSE	sembradora	SEMOIR
salmonicultura	SALMONICULTURE	sembradora-abonadora	COMBINED-DRILL
salpicado de manchas verdes	PERSILLÉ adj.	sembrar	ENSEMENCER
salsifí	SALSIFIS	sembrar	PARSEMER
saltamontes	CRIQUET	sembrar	SEMER
saltamontes	SAUTERELLE	sembrar de hierba	ENHERBER
saltaojos	PIVOINE	sembrar de nuevo	RESSEMER
salto	ÉTALONNAGE	semencontra	SEMEN-CONTRA
salvado	SON	semental	ÉTALON
salvaje	SAUVAGE adj.	sementera	SEMAILLES
salvajina	SAUVAGINE	sementera	SEMAISON
salvia	SAUGE	semilla	GRAINE
sámara	SAMARE	semilla	SEMENCE
sandía	PASTÈQUE	semillero	SEMIS
saneamiento	ASSAINISSEMENT	semiología	SÉMIOLOGIE
sangradura	GEMMAGE	sémola	GRUAU
sangre	SANG	sémola	SEMOULE
sangría	SAIGNÉE	senda	SENTIER
sangría	SAIGNÉE	sendero	SENTIER
sanguina	SANGUINE	sendero	LAYON
saponífero	SAPONIFÈRE adj.	señalamiento de árboles	MARTELAGE
saprófito	SAPROPHYTE	señalar	MARQUER
sarcopto	SARCOPTE	señor	SEIGNEUR
sarmentoso	SARMENTEUX adj.	señor feudal	SUZERAIN
sarmiento	LONG BOIS	señorío	SEIGNEURIE
sarmiento	SARMENT	séptico	SEPTIQUE adj.
sarna	GALE	septiembre	SEPTEMBRE
sarna de la patata	GALE	septoriosis	SEPTORIOSE
sarna negra	GALLE VERRUQUEUSE	sequedad	SÉCHERESSE
sarna verrugosa	GALLE VERRUQUEUSE	sequía	SÉCHERESSE
sarraceno	SARRASIN	sera	COUFFIN
sauce	SAULE	serbal	CORMIER
saucedal	SAULAIE	serbal	SORBIER
saúco	SUREAU	sericícola	SÉRICICOLE adj.
sauzgatillo	GATTILIER	sericicultura	SÉRICICULTURE
sauzgatillo	AGNUS-CASTUS	sericífero	SÉRICIFÈRE adj.
savia	SÈVE	serígeno	SÉRIGÈNE adj.
savia bruta	SÈVE BRUTE	serón	COUFFIN
savia elaborada	SÈVE ÉLABORÉE	serón	BASTE
sazón	AOÛTAGE	serpol	SERPOLET
scald	ÉCHAUDURE	serradella	PIED D'OISEAU
sebestén	SÉBESTIER	serradella	SERRADELLE
secadero	SÉCHERIE	serrado	DÉBITAGE
secadero	SÉCHOIR	serrar	DÉBITER
secadero	HÂLOIR	serrátula	SARRETTE
secadero de cáñamo	HÂLOIR	serrería	SCIERIE
secadero para quesos	SÉCHOIR FROMAGER	serrucho	ÉGOÏNE
secado	ÉTUVAGE	servicio	SERVICE
secado del heno	FANAGE	servicio de vigilancia	SERVICE AVERTISSEUR
secador	SÉCHEUR	servidumbre	SERVAGE
secadora	FANOIR	servidumbre	SERVITUDE
secadora	SÉCHEUSE	servidumbre de paso	SERVITUDE DE PASSAGE
secadora de hierba	FANEUSE	servidumbre de paso	PASSAGE
secoya	SÉQUOIA	servidumbres	SERVITUDES
sector	SECTEUR	servil	SERVILE adj.

INDEX ESPAGNOL-FRANÇAIS

sésamo	SÉSAME	subarriendo	SOUS-FERME
sésil	SESSILE adj.	subdesarrollo	SOUS-DÉVELOPPEMENT
seta	CÈPE	suberoso	SUBÉREUX adj.
setífero	SÉTIFÈRE adj.	subfrutescente	SOUS-FRUTESCENT adj.
seto	ÉCHALIER	subfrutescente	SUFFRUTESCENT adj.
seto	HAIE	subida	MONTÉE
seto vivo	BOUCHURE	subida	MONTAISON
sexaje	SEXAGE	subproducto	SOUS-PRODUIT
sexo	SEXE	subsistencia (economía de)	SUBSISTANCE (Économie de)
sextario	SETIER	subsolado	SOUS-SOLAGE
sicomoro	SYCOMORE	substancia nutritiva	SUBSTANCE
sideración	SIDÉRATION	subsuelo	SOUS-SOL
sidra	CIDRE	subvención agrícola	SUBVENTION AGRICOLE
sidra de peras	POIRÉ	suculento	SUCCULENT adj.
siega	FAUCHAGE	suelo	SOL
siega	MOISSONNAGE	suero	PETIT-LAIT
siega	FAUCHAISON	suero de leche	BABEURRE
siega	FAUCHE	suero lácteo	LACTOSÉRUM
siega	MOISSON	suero lácteo	SÉRUM
siega del heno	FENAISON	suidos	SUIDÉS
siega del heno	FANAISON	sujeto a caer en manos muertas	MAINMORTABLE adj.
siembra	SEMAILLES	sulfatado	SULFATAGE
siembra	EMBLAVAISON	sulfatadora	SOUFFLET
siembra	SEMAISON	sulfato	SULFATE
sierra	LAME DE COUPE	sulfato de amoníaco	SULFATE D'AMMONIAQUE
sierra	SCIE	sulfato de cobre	BOUILLIE CUPRIQUE
sierva	SERVE	sulfato de cobre	SULFATE DE CUIVRE
siervo	SERF	sulfato de potasio	SULFATE DE POTASSIUM
sifón	SIPHON	sulfitado	SULFITAGE
silicua	SILIQUE	sulfuración	SULFURAGE
silo	SILO	sulfurar	SULFURER
silo	GRAINERIE	sulfuro de carbono	SULFURE DE CARBONE
silvestre	SYLVESTRE adj.	sulla	SULLA
silvícola	SYLVICOLE adj.	sumersión	SUBMERSION
silvicultor	SYLVICULTEUR	sumidero	PUISARD
silvicultura	SYLVICULTURE	sumiller	SOMMELIER
silvinita	SYLVINITE	superfosfato	SUPERPHOSPHATE
silla	SELLE	superpoblación	SURPEUPLEMENT AGRICOLE
simbiosis	SYMBIOSE	superproducción agrícola	SURPRODUCTION AGRICOLE
simiente	SEMENCE	suplantar	SUPPLANTER
simples	SIMPLES	surcador	SILLONNEUR
simulación	SIMULATION	surcador	RAYONNEUR
sin dejar resaluos	BLANC-ESTOC ou BLANC-ÉTOC	surco	AREYE
		surco	SILLON
síndico	SYNDIC	surco	DÉRAYURE
síntesis orgánica	SYNTHÈSE ORGANIQUE	surco	MURAILLE
sisal	SISAL	surco de arado	RAIE OU RAYE
sistema de agricultura	SYSTÈME D'AGRICULTURE	surco de cabecera	ENRAYURE
sistema de cultivos	SYSTÈME DE CULTURE	sustancia de crecimiento	PHYTOHORMONE
sistema de explotación	SYSTÈME D'EXPLOITATION	tabaco	PÉTUN
sistema de explotación del suelo	SYSTÈME D'EXPLOITATION DU SOL	tabaco	TABAC
sistema de producción agrícola	SYSTÈME DE PRODUCTION AGRICOLE	tabaco de fumar	SCAFERLATI
sistema radicular	SYSTÈME RADICULAIRE	tabaco picado	SCAFERLATI
sistémico	SYSTÉMIQUE adj.	tábano	TAON
sitófago	SITOPHAGE adj.	tabla de riego	PLANCHE D'ARROSAGE
soberanía feudal	SUZERAINETÉ	tabla de roble para duelas	MERRAIN
sobradillo	AUVENT	tabla de separación	BAT-FLANC
sobrealimentación	SURALIMENTATION	tablas del fondo de un tonel	FONÇAILLES
sobremadurez	SURMATURATION	tablero desviador exterior	PLANCHE À ANDAINS
sobrepasto	SURPÂTURAGE	tablillas	TAVAILLONS
sobresazón	SURMATURATION	tactismo	TACTISME
socialización	SOCIALISATION DES TERRES	tafia	TAFIA
sociedad	SOCIÉTÉ	tagarote	HOBEREAU
sociología rural	SOCIOLOGIE RURALE	tajo	TRONCHET
sociólogo rural	RURALISTE	tajo	HACHOIR
soja	SOJA	tala	ABATTIS
solana	ADRET	tala	ABATTAGE
solanáceas	SOLANACÉES OU SOLANÉES	talabartero	BOURRELIER
soldadura	SOUDURE	talador	ABATTEUR
solitaria	TÉNIA	taladro	PERÇOIR
solución nutritiva	SOLUTION NUTRITIVE	taladro	TARIÈRE
somático	SOMATIQUE adj.	taladro	PERCE
sonda	SONDE	talófitas	THALLOPHYTES
sondeo	SONDAGE	talud	TALUS
sopa	POTAGE	talla	TAILLE
sopanda	SOUPENTE	talla suplementaria	TAILLON
soporte	SUPPORT	tallar	RAMIÈRE
sorgo	SORGHO	tallar	TAILLIS
soriana (raza)	SORIANE (Race)	tallar	BREUIL
sotobosque	SOUS-BOIS	taller	ATELIER
sovjoz	SOVKHOZE	taller donde se ralla la remolacha	RÂPERIE
stud-book	STUD-BOOK	tallo	THALLE
subarbusto	SOUS-ARBRISSEAU	tallo	TIGE

INDEX ESPAGNOL-FRANÇAIS

tallo nuevo	TENDRON	terreno	TERRAIN
támara	RAMILLE	terreno libre	FRANC-BORD
tamariz	TAMARIS	terreno no cultivado	FRICHE
tamiz	TAMIS	terreno nuevo	NOVALE
tamizado	BLUTAGE	terrero	ACCOULINS
tamizado	TAMISAGE	terrero	ATTERRISSEMENT
tamizador	TAMISEUR	territorio	ENCLAVE
tamizar	BLUTER	territorio agrario	TERRITOIRE AGRAIRE
tamizar	TAMISER	terrón	MOTTE
tanino	TANIN ou TANNIN	terroso	TERREUX adj.
tanque de leche	TANK À LAIT	terruño	TERROIR
tanteo	MANIEMENT	terruño	CRU
tapadura	BOUCHAGE	test	TEST
tapioca	TAPIOCA	testera	CHANFREIN
tapón	BOUCHON	testigo	TÉMOIN
tapón	BONDON	testuz	CHANFREIN
tapón de paja	PAILLON	teta	TRAYON
taponamiento	BOUCHAGE	teta	MAMELLE
tara	TARE	teta	TÉTINE
tarado	TARÉ adj.	teta	PIS
tarara	TARARE	tetania de la hierba	TÉTANIE
tardío	TARDIF adj.	tétanos	TÉTANOS
tardío (animal)	TARDILLON	tetería	THÉERIE
tártaro	TARTRE	tetragonio	TÉTRAGONE
tarugo	BILLETTE	tetraníquido	TÉTRANYQUE
tasa	TAUX	textil	TEXTILE adj.
tasa	TONLIEU	textil	TEXTILE
tasa butirosa	TAUX BUTYREUX	tienda	TENTE
tasa de crecimiento	TAUX DE CROISSANCE	tierra	TERRE
tasa de extracción	EXTRACTION (TAUX D')	tierra	TERRAIN
tasa de humedad	TAUX D'HUMIDITÉ	tierra negra	TCHERNOZEM
tasa de rendimiento	TAUX DE RENDEMENT	tierra roja	TERRA ROSSA
tasa de selección	TAUX DE SÉLECTION	tierras bajas	BAS-PAYS
tatuaje	TATOUAGE	tierras lindantes	ABOUTISSANTS
taxonomía	TAXINOMIE OU TAXONOMIE	tifosis aviar	TYPHOSE
té	THÉ	tijera	CHEVALET
técnico agrícola	TECHNICIEN AGRICOLE	tijereta	VRILLE
tecnología agrícola	TECHNOLOGIE AGRICOLE	tilo	TILLEUL
techo	TOIT	timonel	TIMONIER
teja	TUILE	tina	TINE
tejado	TOIT	tintóreo	TINCTORIAL adj.
tejedor	TISSERAND	tipo de agricultura	TYPE D'AGRICULTURE
tejedor de sargas	SERGIER	tipología agraria	TYPOLOGIE AGRICOLE
tejo	IF	tipos de cultivo	TYPES DE CULTURE
tejón	BLAIREAU	tirafondo	TIRE-FOND
tela	TOILE	tirante	TRAIT
teledetección agrícola	TÉLÉDÉTECTION AGRICOLE	tirasavia	TIRE-SÈVE
teledirección	TÉLÉGUIDAGE	tiro	TIC
telefio	ORPIN	tiro	TRAIT
telegonía	TÉLÉGONIE	tiro	ATTELAGE
tembladera	AMOURETTE	tiro	ATTELÉE
temperatura rectal	TEMPÉRATURE RECTALE	tirso	THYRSE
temporero	MIGRANT QUOTIDIEN	título	TITRE
temporero	SAISONNIER	título de par	PAIRIE
temprano	PRÉCOCE adj.	tizón	CARIE
temprano	HÂTIF adj.	tizón del trigo	BOUDRIÈRE
tenacidad del terreno	COMPACITÉ	tizón del trigo	BROUSSURE
tenería	TANNERIE	tocón	CÉPÉE
tenia	TÉNIA	tocón	CHICOT
tensiómetro	TENSIOMÈTRE	tocón	SOUCHE
tentemozo	BECHE D'ANCRAGE	toesa	TOISE
tentredo	MOUCHE À SCIE	tojal	AJONNIÈRE
tentredo	TENTHRÈDE	tojo	AJONC
terapéutica	THÉRAPEUTIQUE	toldo	BÂCHE
termidor	THERMIDOR	tolerancia	TOLÉRANCE
término	TERME	tolva	TRÉMIE
término municipal	FINAGE	toma de agua	PRISE
termófilo	THERMOPHILE adj.	toma de fuerza	PRISE DE FORCE
termoperíodo	THERMOPÉRIODE	toma de posesión	INVESTITURE
termoterapia	THERMOTHÉRAPIE	toma de posesión	SAISINE (DROIT DE)
termotropismo	THERMOTROPISME	tomate	TOMATE
ternera	GÉNISSE	tomillar	GARRIGUE
ternera	TAURE	tomillo	THYM
ternera	VÊLE	tomiza	ACCOLURE
ternero	VEAU	tonel	VAISSEAU
terófito	THÉROPHYTE	tonel	FÛT
terraje	TERRAGE	tonel	FUTAILLE
terrateniente	TERRIEN	tonel	TONNEAU
terraza	TERRASSE DE CULTURE	tonel de estiércol líquido	TONNE
terraza	BANQUETTE	tonel grande	FOUDRE
terrazgo	TERRAGE	tonelería	TONNELLERIE
terrazgo	TÈNEMENT	tonelero	TONNELIER
terrazguero libre	FRANC TENANCIER	tonelete	TONNELET

INDEX ESPAGNOL-FRANÇAIS

topa	TOPE	trilla	DÉPIQUAGE
topinera	TAUPINIÈRE	trilla	BATTAISON
topo	TAUPE	trillador	BATTEUR
topócido	TAUPICIDE	trilladora	BATTEUSE
toponimia	TOPONYMIE	trillar	BATTRE
torcedero	TORDOIR	trineo	TRAÎNEAU
torcedura	MOULINAGE	trineo para el arrastre de maderas	SCHLITTE
torneo	TOURNIS	trinitaria	PENSÉE
torno	ROUET	tripanosoma	TRYPANOSOME
torno para la uva	TREUIL	tripanosomiasis	TRYPANOSOMIASE
toro	TAUREAU	triploide	TRIPLOÏDE
toronjil	CITRONNELLE	trips	THRIPS
toronjil	MÉLISSE	triquinosis	TRICHINOSE
toronjo	BIGARADIER	triquinosis	LADRERIE
torrefacción	TORRÉFACTION	triquinoso	LADRE
torrefactar	TORRÉFIER	trituración (leña de)	TRITURATION (BOIS DE)
torta de orujo	TOURTEAU	trituradora	BRISE-TOURTEAU
tortor	TORDOIR	trituradora	BROYEUSE
tostadero	BRÛLERIE	trituradora	BROYEUR
tostar	TORRÉFIER	trituradora	FOULOIR
toxemia	TOXÉMIE	trituradora	CONCASSEUR
toxina	TOXINE	trituradora de granos	APLATISSEUR
traba	ABOT	trituradora-agramadora	BROYEUSE-TEILLEUSE
traba	CONTENTION	trituradora de sarmientos	BROYEUSE DE SARMENTS
traba	ENTRAVE	triturar	CONCASSER
traba para los caballos	TROUSSE-PIED	trocar	TROCART
trabajo	LABEUR	trocha	LAIE
trabajo	TRAVAIL	troglodita	TROGLODYTE adj.
trabajo obligatorio	CORVÉE	troje	GRANGE
tracción	TRACTION	tronco	TIGE
tractor	TRACTEUR	tronco	TRONC
tractor forestal	TRACTEUR FORESTIER	troncho	TROGNON
tractor triciclo	TRACTEUR TRICYCLE	tronzador	TRONÇONNEUSE
tractor zancudo	TRACTEUR ENJAMBEUR	tropismo	TAXIE
tractorista	TRACTORISTE	tropismo	TROPISME
tramo	PARCELLE	trote	TROT
trampa	PIÈGE	trozar	TRONÇONNER
trampa	TRAQUENARD	trufa	TRUFFE
trampa para coger topos	TAUPIÈRE	trufera	TRUFFIÈRE
trampilla	TRAPPON	truficultor	TRUFFICULTEUR
trangallo	BILLOT	tsetsé	TSÉ-TSÉ
tranquillón	MÉTEIL	tuberculina	TUBERCULINE
transporte	DÉBARDAGE	tuberculinación	TUBERCULINISATION
traqueoverticiliosis	VERTICILLIOSE	tubérculo	TUBERCULE
trasera	ARRIÈRE-TRAIN	tuberculosis	TUBERCULOSE
trashumancia	TRANSHUMANCE	tuberización	TUBÉRISATION
trashumancia	REMUE	tuberosa	TUBÉREUSE
trashumar	TRANSHUMER	tuberoso	TUBÉREUX adj.
trasiego	DÉBOURBAGE	tubo	BUSE
trasiego	DÉCUVAGE	tulipán	TULIPE
trasiego	SOUTIRAGE	tulipero	TULIPIER
trasiego	TRANSVASEMENT	tumor	TUMEUR
traspaso	PAS-DE-PORTE	túnel	TUNNEL
trasplantador	TRANSPLANTOIR	tupinambo	TOPINAMBOUR
trasplantadora	REPIQUEUSE	turba	TOURBE
trasplantar	TRANSPLANTER	turbera	TOURBIÈRE
trasplantar	DÉPOTER	turgencia	TURGESCENCE
trasplante	DÉPLANTATION	turión	TURION
trasplante	REPIQUAGE	turismo rural	TOURISME RURAL
trasplante	TRANSPLANTATION	turno de riego	TOUR D'ARROSAGE
trata de negros	TRAITE DES NOIRS	turón	PUTOIS
tratado de Roma	TRAITÉ DE ROME	tutor	TUTEUR
tratamiento	TRAITEMENT	tuya	THUYA
tratante de caballos	MAQUIGNON	ubicuo	UBIQUISTE adj.
tratante en granos	BLATIER	ubre	TÉTINE
travesía	TRAVERSE	ubre	PIS
trazado de surcos	RAYONNAGE	uliginoso	ULIGINEUX adj.
trazado de un campo	PIQUAGE	ulmaria	ULMAIRE
trazar el surco divisorio	DÉRAYER	úlmico	ULMIQUE adj.
trébol	TRÈFLE	umbelíferas	OMBELLIFÈRES
trébol encarnado	FAROUCHE	umbral	SEUIL
trebolar	TRÉFLIÈRE	umbral de rentabilidad	SEUIL DE RENTABILITÉ
trembladera	TREMBLANTE	umbral de tolerancia	SEUIL DE TOLÉRANCE
trepador	GRIMPANT adj.	umbría	AVERS
tresbolillo	QUINCONCE	umbría	UBAC
tricomonosis	TRICHOMONOSE	uncir	ATTELER
trigal	FROMENTIÈRE	uncir	ENJUGUER
trigal	BLATIÈRE	ungulados	ONGULÉS
trigo	BLÉ	unidad de población	DVOR
trigo candeal	FROMENT	unidad de rendimiento	UNITÉ DE PRODUCTION
trigo chamorro	TOUSELLE	unidad de producción	UNITÉ DE PRODUCTION
trigo sarraceno	BUCAILLE	unidad de trabajo/hombre	UNITÉ DE TRAVAIL-HOMME
trilla	BATTAGE	unidad de tracción	UNITÉ DE TRACTION

INDEX ESPAGNOL-FRANÇAIS

unidad forrajera	UNITÉ FOURRAGÈRE (U.F.)	vellón	TOISON
uníparo	UNIPARE adj.	vellosilla	ÉPERVIÈRE
unisexual	UNISEXUÉ adj.	vencejo	ACCOLURE
uña	ONGLET	vencejo	PLEYON
uperización	UPÉRISATION	vencejo	PLAYON
urbanización	BANLIEUSARDISATION	vendimia	VENDANGE
urea	URÉE	vendimiador	VENDANGEUR
usufructo	USUFRUIT	vendimiadora	VENDANGEUSE
útil	OUTIL	vendimiadora	MACHINE À VENDANGER
uva	RAISIN	vendimiar	VENDANGER
uva de mesa	RAISIN DE TABLE	vendimiario	VENDÉMIAIRE
uva pasa	RAISIN SEC	venencia	CHANTEFLEUR
uval	UVAL adj.	venta	VENTE
uvaria	UVAIRE adj.	venta al menudeo	REGRAT
uvate	RAISINÉ	ventalla	VALVE
vaca	VACHE	ventilador	AÉRATEUR
vacada	BOUYERADE	ventilador	VENTILATEUR
vaca lechera	LAITIÈRE	ventoso	VENTÔSE
vaciadero	BONDE	ventrera	VENTRIÈRE
vaciamiento	ÉVISCÉRATION	veranada	ESTIVAGE
vacuna	COW-POX	verbena	VERVEINE
vacuna	VACCIN	verde	VERT adj.
vacuna	VACCINE	verdete	VERDET
vacunación	VACCINATION	verdolaga	POURPIER
vagar	VAGUER	verdura	LÉGUME
vaina	ÉCALE	verdura	VERDURE
vaina	GOUSSE	vereda	LAIE
vaina	COSSE	vereda	LAYE
vaina	GAINE	verga	VERGE
vaina de la pezonera	GOBELET TRAYEUR	vergel	VERGER
vainilla	VANILLE	vergel de nísperos	NESFLIÈRE
vainilla	VANILLIER	verificación	CONTRÔLE
valeriana	VALÉRIANE	vermicida	VERMICIDE
valor	VALEUR	vermífugo	VERMIFUGE
valor comercial	VALEUR MARCHANDE	vernal	VERNAL adj.
valor corriente	VALEUR MARCHANDE	vernalización	PRINTANISATION
valor de la tierra	VALEUR FONCIÈRE	vernalización	VERNALISATION
valor forrajero	VALEUR FOURRAGÈRE	verónica	VÉRONIQUE
valor panificable	VALEUR BOULANGÈRE	verraco	VERRAT
valva	VALVE	verruga	BROUSSIN
valvasoria	VAVASSORERIE	vertedera	VERSOIR
vallado	ENCLOS	vertedero	DÉVERSOIR
vallado	ÉCHALIER	verticilo	VERTICILLE
vallar	ENCLORE	vertugado	VERTUGADIN
vano	VAINE adj	veteado	MADRÉ adj.
vaquería	VACHERIE	veterinaria	MÉDECINE VÉTÉRINAIRE
vaquero	COW-BOY	veterinario	VÉTÉRINAIRE
vaquero	TOUCHEUR	vetiver	VÉTIVER
vaquero	VACHER adj.	vibriosis	VIBRIOSE
vaquero	VACHER	vicariancia	VICARIANCE
vaqueta	VACHETTE	vicia	VESCE
vaquilla	VACHETTE	vicio redhibitorio	VICE RÉDHIBITOIRE
vara	AUNE	vid	VIGNE
vara	PLANÇON	vida campesina	VIE RURALE
vara	GAULE	vida comunal	VIE COMMUNAUTAIRE
vara	VERGE	vida pastoril	VIE PASTORALE
varas	BRANCARDS	vida rural	VIE RURALE
varas de castaño	FEUILLARDS	vidueño	CÉPAGE
vardasca	GAULIS	viduño	CÉPAGE
vareado	GAULAGE	viento del norte	HÂLE
varear	CHABLER	villa	VILLA
varear	GAULER	villanaje	VILAINAGE
varec	VARECH	villano	MANANT
vareo	GAULAGE	villano	VILLAIN
variaciones	VARIATIONS	vinagre	VINAIGRE
variedad	VARIÉTÉ	vinario	VINAIRE adj.
varilla de andanas	BÂTON À ANDAINS	vinazo	VINASSE
varilla graduada	JAUGE	vínico	VINIQUE adj.
vasallo	VASSAL	vínico	VINAIRE adj.
vaso	VASE	vinícola	VINICOLE adj.
vaso	VAISSEAU	vinicultura	VINICULTURE
vecinal	VICINAL adj.	vinífero	VINIFÈRE adj.
vecindad	VOISINAGE	vinificación	VINIFICATION
vector	VECTEUR	vinillo áspero	GINGLARD
vegetación	VÉGÉTATION	vino	VIN
vegetal	VÉGÉTAL	vino de Jerez	XÉRÈS
vegetal	VÉGÉTAL adj.	vino de lágrima	MÈRE-GOUTTE
vegetativo	VÉGÉTATIF adj.	vino de Madera	MADÈRE
veguería	VIGUERIE	vino de Medoc	MÉDOC
vehículo para ganado	BÉTAILLÈRE	vino del país	VIN DE PAYS
veintena	VINGTAINE	vino de denominación de origen controlada	V.A.O.C.sigle
velada	VEILLÉE	vino peleón	GROS VIN
velo	VOILE	vinoso	VINEUX adj.

INDEX ESPAGNOL-FRANÇAIS

vino peleón	VINASSE	yema	OEIL
viña	VIGNE	yerba	HERBE
viña	VIGNOBLE	yermo	ABOUVRI
viña madre	VIGNE-MÈRE	yero	ERS
viñador	VIGNERON	yeso	PLÂTRE
viñador	VITICULTEUR	yezgo	HIÈBLE
viñedo	CRU	yogur	YOGHOURT
viñedo	VIGNE	yuca	MANIOC
viñedo	VIGNOBLE	yuca	YUCCA
violeta	VIOLETTE	yugo	JOUG
virosis	VIROSE	yunta	PAIRE
viruela	VARIOLE	yunta	ATTELÉE
viruela ovina	VARIOLE OVINE	yunta	ATTELAGE
virulencia	VIRULENCE	yute	JUTE
virus	VIRUS	zabro	ZABRE
viruta	COPEAU	zahína	SORGHO
viscosidad	VISCOSITÉ	zaino	ZAIN
visón	VISON	zanahoria	CAROTTE
vitamina	VITAMINE	zángano	FAUX-BOURDON
vitícola	VITICOLE adj.	zanja	RIGOLE
viticultor	VITICULTEUR	zanja	FOSSÉ
viticultura	VITICULTURE	zanja de estiércol	FOSSE À PURIN
vitífero	VITIFÈRE adj.	zanja para renuevos	JAUGE
vitivinícola	VITIVINICOLE adj.	zanjas de drenaje	TRANCHÉES
vitriolo	VITRIOL	zanjadora	TRANCHEUSE
vivar	GARENNE	zanjillo	SAIGNÉE
vivaz	VIVACE adj.	zapa	SAPE
vivero	PÉPINIÈRE	zapapico	PIOCHE
vivero	VIVIER	zapata	TUILE
vivero	BOUCHOT	zapotillo	SAPOTILLIER
vivero de anguilas	ANGUILLIÈRE	zarcillo	VRILLE
vivíparo	VIVIPARE adj.	zarza	RONCE
vizcondado	VICOMTÉ	zarzal	RONCERAIE
volatería	POULAILLE	zarzal	BUISSON
volatería	VOLAILLE	zarzo	CLAIE
volátil	VOLATILE	zigzag (grada en)	ZIGZAG (HERSE EN)
volcar	VERSER	zimasa	ZYMASE
voleo (sembrar al)	VOLÉE (SEMER À LA)	zimógeno	ZYMOGÈNE adj.
volquete	TOMBEREAU	zimología	ZYMOLOGIE
voluble	VOLUBILE adj.	zimosímetro	ZYMOSIMÈTRE
volver	RETOURNER	zona agrícola	ESPACE AGRICOLE
vulgarización	VULGARISATION	zona agrícola	RÉGION AGRICOLE
warrant	WARRANT	zona de libre cambio	ZONE DE LIBRE ÉCHANGE
whisky	WHISKY	zona modelo	ZONE TÉMOIN
xantófila	XANTHOPHYLLE	zona piloto	PILOTE
xerófilo	XÉROPHILE adj.	zona rural	ESPACE RURAL
xerófita	XÉROPHYTE	zoocecidia	ZOOCÉCIDIE
xilema	XYLÈME	zoogenia	ZOOGÉNIE
xilocarpo	XYLOCARPE adj.	zoogeografía	ZOOGÉOGRAPHIE
xilocultura	XYLOCULTURE	zoólatra	ZOOLÂTRE
xilófago	XYLOPHAGE adj.	zoología	ZOOLOGIE
xilófago	XYLOPHAGE	zoomorfia	ZOOMORPHIE
xilología	XYLOLOGIE	zoonosis	ZOONOSE
xilosa	XYLOSE	zootecnia	ZOOTECHNIE
yak, yac	YAK	zooterapia	ZOOTHÉRAPIE
yambo	JAMBOSIER	zorro	RENARD
yaro	GOUET	zueco	SABOT
yedra	LIERRE	zumaque	SUMAC
yegua	JUMENT	zumo	JUS
yegua reproductora	POULINIÈRE	zumo de fruta	JUS DE FRUITS
yema	BOURGEON	zumo dulce	MIELLAT
yema	BOUTON	zurita	RAMIER
yema	GEMME	zurrón	PANETIÈRE

INDEX ITALIEN-FRANÇAIS

abaca	ABACA	aceto	VINAIGRE
a dimora	PLEINE-TERRE	acetosa	SURELLE
a forma di grappolo	UVAIRE	acetosa	OSEILLE
a pieno vento	PLEIN-VENT	acetosella	VINETTE
a rapida fruttificazione	GAILLARD	achenio	AKÈNE
agronometria	AGRONOMÉTRIE	acheronzia	ACHÉRONTIA
abbacchiatura	GAULAGE	achillea	MILLEFEUILLE
abbattere	ABATTRE	acidificazione	ACIDIFICATION
abbattifieno	ABAT-FOIN	acidità	ACIDITÉ
abbattifieno	AFFENOIR	acidità del suolo	ACIDIFICATION DU SOL
abbattimento	ABATTAGE	acido	ACIDE
abbattimento	ABATTURE	acido	PIQUÉ
abbattitore	ABATTEUR	acinellatura	MILLERANDAGE
abbattuta d'alberi	ABATTIS	aconito	ACONIT
abbeveramento	ABREUVAGE	acquacoltura	AQUICULTURE
abbeverare	ABREUVER	acquavitario	BRANDEVINIER
abbeveratoio	ABREUVOIR	acquavite	EAU-DE-VIE
abboccare	OUILLER	acquavite di melassa	TAFIA
abboccatura	OUILLAGE	acquavite di vinaccia	MARC
abbonire	ABONNIR	acquavite di vino	BRANDEVIN
abbruciare	ÉCOBUER	acquazzone	GIBOULÉE
abburattamento	BLUTAGE	acque di scolo	COLATURE
abburattare	BLUTER	acquerugiola	BRUMAILLE
abelmosco	GOMBO	acquicoltura	AQUICULTURE
abetaia	SAPINIÈRE	acridoidei	ACRIDIENS
abete	ABIÈS	acro	ACRE
abete	SAPIN	actinidia	ACTINIDIA
abete	ÉPICÉA	actinomicosi	ACTINOMYCOSE
abete del Canada	SAPINETTE	addetto agli animali da cortile	BASSE-COURRIER
abetina	SAPINIÈRE	addetto alla scacchiatura	ÉBOURGEONNEUR
abigeato	ABIGEAT	addomesticamento	DOMESTICATION
abitante di un'oasi	OASIEN	addomesticare	APPRIVOISER
abitazione	HABITATION	addomesticato	DOMESTIQUÉ
ablaqueazione	ABLAQUÉATION	adenina	ADÉNINE
abomaso	ABOMASSUM	adenite	ADÉNITE
abomaso	CAILLETTE	adesività	ADHÉSIVITÉ
aborigeno	ABORIGÈNE	adiacenze	AISANCE
abortire	AVORTER	adulterazione	FARDAGE
acacia	ACACIA	aeratore	AÉRATEUR
acacia gommifera	GOMMIER	aeratore di andane	AÉRATEUR D'ANDAINS
acaridi	ACARIENS	aeratore di andane	AÉROFANEUR
acarifugo	ACARIFUGE	aerometro	AÉROMÈTRE
acariosi	ACARIOSE	aeromotore	AÉROMOTEUR
acaro	MITE	aeromotore	ÉOLIENNE
acaule	ACAULE	aerosoluzione	AÉROSOL
Accademia d'Agricoltura	ACADÉMIE D'AGRICULTURE	affastellare	FAGOTER
accagliatura	CAILLAGE	affetto da panicatura	LADRE
accapponatura	CHAPONNAGE	affienare	AFFENER
accartocciamento	ENROULEMENT	affienare	AFFOURRAGER
accatastamento	CADASTRATION	affienatura	AFFOURRAGEMENT
accecamento	ÉBORGNAGE	affienatura	AFFENAGE
accecare	ÉBORGNER	affinatoio	AFFINOIR
accecare	ÉPINCER	affittare	AFFERMER
accessione	ACCESSION	affitto	AFFERMAGE
accestimento	POMAISON	affitto	AMODIATION
accestire	POMMER	affitto	LOYER
accetta	HACHEREAU	affitto	LOUAGE
accetta	HACHE	affitto di fondo rustico	FERMAGE
acchiappamosche	GOBE-MOUCHE	affittuario	PRENEUR
acclimatare	ACCLIMATER	affrancamento	AFFRANCHISSEMENT
acclimatato	NATURALISÉ	affrancazione	AFFRANCHISSEMENT
acclimatazione	ACCLIMATATION	affumicamento	FUMAGE
acclimatazione	NATURALISATION	affumicatore	ENFUMOIR
accodare	ACCOUER	affumicatura	ENFUMAGE
accoppiamento	ACCOUPLEMENT	afide	PUCERON
accoppiamento	APPAREILLAGE	aftosa (febbre)	APHTEUSE
accoppiamento	SAILLIE	agalassia	AGALACTIE
accoppiare	APPARIER	agarico	PSALLIOTE
accorpamento	REMEMBREMENT	agave da sisal	AGAVE
accorpare	REMEMBRER	aggiogare	ENJUGUER
accovonare	ENGERBER	aggiogare	ATTELER
accovonare	JAVELER	aggiudicatario	ADJUDICATAIRE
accovonatore	LIEUR	aggiungere caglio	EMPRÉSURER
accovonatore	JAVELEUR	aggiunta di acido tartarico	TARTRAGE
accovonatrice	JAVELEUSE	aggiunta di lievito	LEVURAGE
accrescimento del bestiame	CROÎT	agguagliamento	ARASEMENT
acereta	ÉRABLIÈRE	aglio	AIL
acereto	ÉRABLIÈRE	aglio di spagna	ROCAMBOLE
acero	ÉRABLE	agnella	AGNELLE
acescenza	ACESCENCE	agnellatura	AGNELAGE
acescenza	PIQÛRE	agnèllo	AGNEAU
acetificazione	ACÉTIFICATION	agnocasto	AGNUS-CASTUS
acetificio	VINAIGRERIE	agnocasto	GATTILIER

INDEX ITALIEN-FRANÇAIS

ago	AIGUILLE	alcolometro	ALCOOMÈTRE
agostamento	AOÛTAGE	alfa	ALFA
agosto	AOÛT	alga	ALGUE
agrário	AGRAIRE	alga	GOÉMON
agrario	AGRARIEN	alidore	BRÛLURE
agreste	AGRESTE	alimentare	VIVRIÈRE
agreste	CAMPAGNARD	alimentatore di trebbiatrice	ENGRENEUSE
agresto	VERJUS	alimentazione del bestiame	ALIMENTATION DU BÉTAIL
agretto	NASITOR	all'aperto	PLEIN-AIR
agricolo	AGRICOLE	allattamento	ALLAITEMENT
agricoltore	AGRICULTEUR	allegagione	NOUURE
agricoltura	AGRICULTURE	allegamento	NOUURE
agricoltura biologica	AGRICULTURE BIOLOGIQUE	allegamento	NOUAISON
agrifoglio	HOUX	allegare	NOUER
agrimensore	AGRIMENSEUR	allettamento	VERSE
agrimensore	ARPENTEUR	allettare	VERSER
agrimensura	AGRIMÉTRIE	allevamento	NOURRISSAGE
agrimensura	ARPENTAGE	allevamento	ÉLEVAGE
agriote	AGRIOTE	allevamento da ingrasso	ÉLEVAGE ENGRAISSEUR
agriotta	AGRIOTE	allevamento di chiocciole	HÉLICICULTURE
agriotta	GRIOTTE	allevamento di faraone e tacchini	MÉLÉAGRICULTURE
agriturismo	AGROTOURISME	allevamento di gamberi	ASTACICULTURE
agriturismo	CAMPING À LA FERME	allevamento in batteria	CLAUSTRATION
agriturismo	TOURISME RURAL	allevamento intensivo	ÉLEVAGE INTENSIF
agro	SUR adj.	allevatore	ÉLEVEUR
agroalimentare	AGROALIMENTAIRE	allevatore	NOURRISSEUR
agrobiologia	AGROBIOLOGIE	allevatore di bachi da seta	MAGNANIER
agrochimica	AGROCHIMIE	allevatore di fagiani	FAISANDIER
agroclimatologia	AGROCLIMATOLOGIE	allevatore di pulcini	ACCOUVEUR
agrofarmacia	AGROPHARMACIE	allodialità	ALLODIALITÉ
agroindustria	AGRO-INDUSTRIE	allodio	ALLEU
agrología	AGROLOGIE	allodio	FRANC-ALLEU
agromatica	AGROMATIQUE	allodio	CONDAMINE
agronomia	AGRONOMIE	allogamo	ALLOGAME
agronomico	AGRONOMIQUE	alloggio	HÉBERGEMENT
agronomo	AGRONOME	alloro	LAURIER
agrostologia	AGROSTOLOGIE	alluvioni	ALLUVIONS
agrostide	AGROSTIS	alno	AULNE
agrotide	AGROTIS	alno	VERGNE
agrumeto	AGRUMERAIE	aloe	ALOÈS
agrumi	AGRUMES	alofilo	HALOPHILE
agrumicoltura	AGRUMICULTURE	alofita	HALOPHYTE
aia	AIRE	alopecia	PELADE
aiuola	CARRÉ	alopecuro	VULPIN
aiuola	PLATE-BANDE	alpaca	ALPACA
aiuola	PLANCHE	alpe	ALPE
aiuto	AIDE	alpe	MONTAGNE
aiuto reciproco	ENTRAIDE	alpeggiare	ALPAGER
aiuola	PARTERRE	alpeggio	ALPAGE
ala	AILE	alpeggio	ESTIVAGE
alambicco	ALAMBIC	alpeggio	REMUE
alaterno	ALATERNE	alpicoltura	ALPICULTURE
alberato	ARBORÉ	alpino	ALPIN
alberello	ARBRISSEAU	Alsazia (vini di)	ALSACE (VINS DE)
alberi abbattuti dal vento	VENTIS	altea	ALTHEA
albero	ARBRE	altea	TRÉMIÈRE
albero a pieno vento	ARBRE DE PLEIN VENT	altea	GUIMAUVE
albero che dà buoni frutti	FRANC	alterato dall'aria	ÉVENTÉ
albero d'angelo	CORNIER	alternanza	ALTERNATIVE
albero da frutta	ARBRE FRUITIER	alternanza	ALTERNANCE
albero da crescita	BALIVEAU	alternariosi	ALTERNARIOSE
albero del caucciù	HÉVÉA	alternativo	ALTERNATIVE
albero del pane	ARBRE À PAIN	altezza d'uomo	HAUTEUR D'HOMME
albero del pane	JAQUIER	altezza di taglio	HAUTEUR DE COUPE
albero della noce moscata	MUSCADIER	altica della vite	ALTISE
albero della vita	CÈDRE BLANC	alucita	ALUCITE
albero di Giuda	ARBRE DE JUDÉE	alveare	RUCHE
albero non innestato	FRANC	alveare	RUCHE
albero novello	LAIS	alveare orfano	RUCHE ORPHELINE
albero ornamentale	ARBRE D'ORNEMENT	alveare ronzante	RUCHE BOURDONNEUSE
albicocca	ABRICOT	alveolo	ALVÉOLE
albicocco	ABRICOTIER	alzaia	CHEMIN DE HALAGE
albinismo	ALBINISME	alzata	LEVÉE
albume	ALBUMEN	amarena	GRIOTTE
alburno	AUBIER	ambio	AMBLE
alcanna spuria	KENNA	amento	CHÂTON
alchechengi	PHYSALIS	amido	AMIDON
alcolimetro	PÈSE-ALCOOL	ammaccare (frutta)	COTIR
alcolizzare	VINER	ammaccatura	COTISSURE
alcolizzazione	VINAGE	ammaestramento	DRESSAGE
alcolometro	PÈSE-ALCOOL	ammannare	ENJAVELER
alcool	ALCOOL	ammannare	JAVELER
alcool concentrato	TROIS-SIX	ammezzimento	BLETTISSEMENT

INDEX ITALIEN-FRANÇAIS

amministratore	RÉGISSEUR	apiario	RUCHER
ammoniaca	AMMONIAQUE	apicoltura	APICULTURE
ammortamento	AMORTISSEMENT	apicoltura con arnie a favo mobile	MOBILISME
ammostamento	BRASSAGE	apistico	ABEILLER adj.
ammuffire	MOISIR	apistico	APICOLE
ampelofago	AMPÉLOPHAGE	aploide	HAPLOÏDE
ampelografia	AMPÉLOGRAPHIE	apogamia	APOGAMIE
ampelologia	AMPÉLOLOGIE	apoplessia	APOPLEXIE
ampelopsis	AMPÉLOPSIS	appaiamento	APPAREILLAGE
anabolismo	ANABOLISME	appaiare	APPARIER
anabolizzante	ANABOLISANT	appaltatore	ADJUDICATAIRE
anacardio	POMMIER D'ACAJOU	appannaggio	APANAGE
anacardio	ANACARDIER	apparato radicale	SYSTÈME RADICULAIRE
analisi agraria	ANALYSE AGRAIRE	apparato radicale	RACINAIRE
analisi del suolo	ANALYSE DU SOL	apparato radicale	ENRACINEMENT
analisi fattoriale	ESSAI FACTORIEL	appassimento	FANAISON
ananas	ANANAS	appassire	FLÉTRIR
ananasso	ANANAS	appena munto (di latte)	BOURRU
anatra	CANARD	appendice del versoio	QUEUE DE VERSOIR
anatra bastarda	MULARD	appertizzazione	APPERTISATION
anatra femmina	CANE	appezzamento	PARCELLE
anatroccolo	CANETON	appezzamento	PIÈCE DE TERRE
andana	ANDAIN	appezzamento	SOLE
andanatore	ANDAINEUSE	appio	ACHE
andanatura	ANDAINAGE	applicazione di solfuro di carbonio	SULFURAGE
andare all'alpeggio	TRANSHUMER	appodiazione	FÉAGE
andato a male	TOURNÉ	apprendistato	APPRENTISSAGE AGRICOLE
andatura	ALLURE	approssimazione (innesto per)	APPROCHE (GREFFE PAR)
andatura	TRAIN	apribocca	PAS-D'ÂNE
anellatura	BAGUAGE	aprile	AVRIL
anellazione	BAGUAGE	ara	ARE
anello annuale	CERNE	arabile	ARABLE adj.
anello delle streghe	CERCLE DE FÉE	arabile	LABOURABLE
anello delle streghe	ROND DE SORCIÈRE	arachide	CACAHOUÈTE
anello per toro	ANNEAU NASAL	arachide	ARACHIDE
anemofilo	ANÉMOPHILIE	aranceto	ORANGERAIE
aneto	ANETH	arancia	ORANGE
angelica	ANGÉLIQUE	aranciera	ORANGERAIE
angora	ANGORA	aranciera	ORANGERIE
anguillaia	ANGUILLIÈRE	arancio	ORANGER
anguillula	ANGUILLULE	aràncio amaro	BIGARADIER
anguillula del grano	NIELLE	arare	ARER
anguria	PASTÈQUE	arare	LABOURER
anice stellato	ANIS ÉTOILÉ	arare	VERSER intr.
anice stellato	BADIANIER	arare per la quarta volta	QUARTAGER
Anjou (vini di)	ANJOU (VINS DE)	aratore	LABOUREUR
anima	ZESTE	aratorio	ARATOIRE
animale domestico	ANIMAL DOMESTIQUE	aratro	CHARRUE
annacquamento	MOUILLAGE	aratro stoppiatore	DÉCHAUMEUSE
annacquato	MOUILLÉ	aratro a solco profondo	FOUILLEUR ou FOUILLEUSE
annaffiamento	ARROSAGE	aratro a tre vomeri	TRISOC
annaffiamento a pioggia	BASSINAGE	aratro assolcatore	RIGOLEUSE
annaffiare	ARROSER	aratro brabantino	BRABANT
annaffiatoio	ARROSOIR	aratro brabantino	TOURNE-SOC
annaffiatoio	ARROSEUR	aratro da scasso	DÉFONCEUSE
annaffiatore	ARROSEUR	aratro da scasso	EFFONDREUR
annaffiatore girevole	SPRINKLER	aratro da vigna	DÉCHAUSSEUSE
annaffiatrice	RAMPE D'ARROSAGE	aratro per rialzo	BILLONNEUSE
annata	MILLÉSIME	aratro per vigneti	VIGNERONNE
annerimento	NOIRCISSURE ou NOIRCISSEMENT	aratro scavallatore	DÉCAVAILLONNEUSE
annessi	AITRES	aratro senza sostegno	ARAIRE
annessi	DÉPENDANCES	aratro voltaorecchio	TOURNE-OREILLE
annessi	ANNEXE	aratura	CHARRUAGE
annona	ANNONE	aratura	LABOUR
annuale	ANNUEL	aratura	LABOURAGE
annuario agricolo	ANNUAIRE DE L'AGRICULTURE	aratura a ciglioni	BILLONNAGE
anona	ANONE	aratura a girapoggio	LABOUR EN COURBES DE NIVEAU
anona	COROSSOL	aratura a porche	LABOUR EN BILLONS
anossia	ANOXIE	aratura comune	LABOUR EN PLANCHE
anticrittogamico	ANTICRYPTOGAMIQUE	aratura impari	LABOUR À PLAT
antigrandine	GRÉLIFUGE	aratura leggera	DÉCHAUMAGE
antigrandine	PARAGRÊLE	aratura profonda	DÉFONÇAGE
antillide	ANTHYLLIDE	arborato	ARBORÉ
antiparassitario	ANTIPARASITAIRE	arborescente	ARBORESCENT
antiparte	PRÉCIPUT	arboricolo	ARBORICOLE
antoniana	JULIENNE	arboricoltore	ARBORICULTEUR
antonomo del melo	ANTHONOME	arboricoltura	ARBORICULTURE
antracnosi	ANTHRACNOSE	arboscello	ARBRISSEAU
antropico	ANTHROPIQUE	arbusto	ARBUSTE
ape	ABEILLE	arca	ARCHE
ape regina	REINE	architetto di giardini/del paesaggio	PAYSAGISTE
aperto	OUVERT	archivio	CHARTRIER
apertura	PERTUIS	arcolaio	ROUET

ardesia	ARDOISE	assaggiatore	GOÛTEUR
area	AIRE	asse	LATTE
arèca	ARÉQUIER	asse-andana	PLANCHE À ANDAINS
arena	ARÈNE	assenteismo	ABSENTÉISME
areometro	ARÉOMÈTRE	assenzio	ABSINTHE
argania	ARGANIER	assicella	BARDEAU
argano	TREUIL	assicelle	AISSEAUX
argilla	GLAISE	assimilazione	ASSIMILATION
argilloso	ARGILEUX	associazione agricola	ASSOCIATION AGRICOLE
arginatura	ENDIGUEMENT	assolcatore	SILLONNEUR
arginatura mediante graticci e ghiaia	TUNAGE	assolcatore	RAYONNEUR
argine	DIGUE	assolcatura	BILONNAGE
argine	CHAUSSÉE	assorbente	ABSORBANT
argine	LEVÉE	assorbimento	ABSORPTION
arginello	BOURRELET	assuefazione	ACCOUTUMANCE
arido	ARIDE	asta	PIGE
aridocoltura	DRY FARMING	asta	BARRE D'ATTELAGE
aridocultura	ARIDOCULTURE	asta andatrice	BÂTON À ANDAINS
ariete	BÉLIER	asta graduata	JAUGE
arista	BARBE	asta-andana	BÂTON À ANDAINS
armadietto per il pane	PANETIÈRE	astacicoltura	ASTACICULTURE
armatura	ARMURE	astaco	ÉCREVISSE
armentario	ARMENTAIRE	astuccio della cote	COFFIN n. m.
armento	TROUPEAU	atmosfera controllata	ATMOSPHÈRE CONTROLÉE
armillaria	ARMILLAIRE	atomizzatore	ATOMISEUR
arnese	OUTIL	atreplice	ARROCHE
arnese per cogliere la frutta	POMMETTE	attaccamani	GRATERON
arnese per seccare il fieno	FANOIR	attaccare	ATTELER
arnia	RUCHE	attacco	ATTELAGE
arnica	ARNICA	attecchimento	REPRISE
aro	GOUET	attecchire	PRENDRE
aroma	ARÔME	attinenze	DÉPENDANCES
aroma	BOUQUET	attinomicosi	ACTINOMYCOSE
aromatico	AROMATIQUE	attitudine	APTITUDE
arpento	ARPENT	atto del figliare	PARTURITION
arrestabue	BUGRANE	attrezzatura agricola	MATÉRIEL AGRICOLE
arrestare la fermentazione	MUTER	attrezzo	OUTIL
arresto della fermentazione del mosto	MUTAGE	auna	AUNE
arrowroot	ARROW-ROOT	autarchia	AUTARCIE
arte del bottaio	TONNELLERIE	autoclave	ÉTUVAGE
arte del panieraio	VANNERIE	autoconsumo	AUTOCONSOMMATION
artemisia	ARMOISE	autofecondazione	AUTOFÉCONDATION
artificiale	ARTIFICIEL	autogamo	AUTOGAME
artigianato rurale	ARTISANAT RURAL	autogestione	AUTOGESTION
artocarpo	ARBRE À PAIN	automatizzazione	AUTOMATISATION
artocarpo	JAQUIER	automazione	AUTOMATISATION
arundo della sabbia	GOURBET	autosufficienza	AUTOSUBSISTANCE
arvali	ARVALES	autotrofo	AUTOTROPHE
arvense	ARVICOLE	autunno avanzato	ARRIÈRE-SAISON
arvicola	CAMPAGNOL	auxine	AUXINES
arvicola	MULOT	avana	HAVANE
ascaride	ASCARIDE	avana	HAVANE
ascaridiasi	ASCARIDIOSE	avannotto	ALEVIN
ascaridiosi	ASCARIDIOSE	avannotto	NOURRAIN
ascella	AISSELLE	avantreno	AVANT-TRAIN
ascia	HACHE	avanvomere	AVANT-SOC
ascia	COGNÉE	avanvomere	RASETTE
ascia del bottaio	DOLOIRE	avellana	NOISETTE
asina	ÂNESSE	avellano	AVELINIER
asinaio	ÂNIER	avellano	NOISETIER
asinello	ANON	avena	AVOINE
asinello	BOURRICOT	avena altissima	FROMENTAL
asinino	ASINE	avena selvatica	FOLLE AVOINE
asinino	ASINAIRE	aviario	AVIAIRE
asino	ÂNE	avicolo	AVICOLE
asino	BAUDET	avicoltore	AVICULTEUR
asparageto	ASPERGIÈRE	avicoltura	AVICULTURE
asparagicoltore	ASPARAGICULTEUR	avocado (pianta)	AVOCATIER
asparagicoltura	ASPARAGICULTURE	avulsione	AVULSION
asparago	ASPERGE	avvallamento	VALLONNEMENT
asperella	GRATERON	avvertimento agricolo	AVERTISSEMENT AGRICOLE
aspersione	ASPERSION	avvinare	AVINER
aspo della mietitrebbiatrice	RABATTEUSE	avvizzimento	FLÉTRISSAGE
asportatore di letame	ÉVACUATEUR DE FUMIER	avvizzimento parziale	PRÉFANAGE
asportatore di letame	NETTOYEUR D'ÉTABLE	avvizzire	FLÉTRIR
aspretto	VERDELET	azienda pilota	PILOTE
aspretto	GINGUET	azienda agricola	EXPLOITATION AGRICOLE
aspretto	SURET	azotato	AZOTE
asprigno	VERDELET	azotobatterio	AZOTOBACTER
asprigno	SURET	azzonamento	ZONAGE
asprigno	GINGUET	bacca	BAIE
aspro	REVÊCHE	Baccanali	BACCHANALES
aspro	SUR adj.	baccello	COSSE

INDEX ITALIEN-FRANÇAIS

baccello	GOUSSE	Beaune (vini di)	BEAUNE (VINS DE)
bacchiare	GAULER	becco	BOUC
bacchiare	CHABLER	becco spannocchiatore	BEC CUEILLEUR
bàcchio	GAULE	begliuomini	IMPATIENTS
bachicoltura	MAGNANERIE	begónia	BÉGONIA
bachicoltrice	MAGNANARELLE	belato	BÉGUÈTEMENT
bacino di sommersione	BASSIN DE SUBMERSION	belladonna	BELLADONE
baco da seta	VER À SOIE	bene immobile	BIENS-FONDS
baco da seta	MAGNAN	beneficio	BÉNÉFICE
baco da seta	BOMBYX DU MÛRIER	benefizio	BÉNÉFICE
badile	PELLE	beni comunali	COMMUNAUX
bagassa	BAGASSE	berberio	BERBÉRIS
bagnato	MOUILLEUX	berceau	BERCEAU
bagolaro	MICOCOULIER	bergamotto (pianta)	BERGAMOTIER
baia	BAILLE	bergamotto	BERGAMOTE
baio	BAI	bersò	BERCEAU
balla di foglie di tabacco	BALLE DE TABAC	bestia	BÊTE
balsa	PATTE	bestiame	BÉTAIL
balsamina	IMPATIENTS	bestiame minuto	MENU BÉTAIL
balsamo	BAUME	bestiame piccolo	PETIT BÉTAIL
bambù	BAMBOU	bestie con corna	AUMAILLES
bananeto	BANANERAIE	bestie da soma	BÊTES DE SOMME
banano	BANANIER	bestie da tiro	BÉTAIL ARATOIRE
banchina erbosa	BANQUETTE	bestie da tiro	BÊTES DE TRAIT
bancone	CHEVALET	betulla	BOULEAU
bando	BAN	biadaiolo	BLATIER
bannalità	BANALITÉS	biancospino	AUBÉPINE
barbabietola	BETTERAVE	bica	BARGE
barbatella	ÉCLAT	bica	GERBIER
barbatella	OEILLETON	bidente	BIDENT
barbetta	FANON	bidente	SERFOUETTE
barca	BARGE	bidetto	BIDET
bardana	BARDANE	bidone	BIDON
bardare	HARNACHER	biennale	BIENNAL
bardare	ENHARNACHER	biennale	BISANNUEL
bardatura	HARNACHEMENT	bieta	BETTE
bardatura	HARNAIS	bieticoltori	BETTERAVIERS
bardotto	BARDOT	bietola	BETTE
bardotto	MULET	bietola da coste	POIRÉE
barella	CIVIÈRE	biffare	JALONNER
barella	BAYART	biforcatura	ENFOURCHURE
barella (per trasporto)	BARD	biforcuto	FOURCHU
barile	BARIL	bigattiera	MAGNANERIE
barile	FÛT	bigatto	MAGNAN
barile	TONNEAU	bigoncia	COMPORTE
bariletto	TONNELET	bilanciere	CARCAN
barimetria	BARYMÉTRIE	bilancino	PALONNIER
barlaccio	COUVI	bilàncio	BILAN
baronia	BARONNIE	biocenosi	BIOCÉNOSE
barra di attacco	BARRE D'ATTELAGE	bioclimatologia	BIOCLIMATOLOGIE
barra falciante/di tagliato	BARRE DE COUPE	bioindustria	BIOINDUSTRIE
barriera	BARRIÈRE	biologia	BIOLOGIE
barrocciaio	HAQUETIER	biomassa	BIOMASSE
barrocciaio	CHARRETIER	biotecnologia	BIOTECHNOLOGIE
barroccio	HAQUET	biotopo	BIOTOPE
barroccio	CHARRETTE	birra	BIÈRE
basella	BASELLE	birraio	BRASSEUR
basìlico	BASILIC	birreria	BRASSERIE
basofilo	BASIPHILE	bisessuale	BISSEXUEL
bassa	BAS-PAYS	bismalva	GUIMAUVE
bassa stagione	MORTE-SAISON	bivoltinismo	BIVOLTINISME
bassacorte	BASSE-COUR	bivoltino	BIVOLTIN
bassopiano	BAS-PAYS	black-rot	BLACK-ROT
bastardo	BÂTARD	blatta	BLATTE
basterna	BASTERNE	blatta	CAFARD
bastia	BASTIDE	blatta	CANCRELAT
bastida	BASTIDE	bocage	BOCAGE
bastita	BASTIDE	boccio	BOUTON
basto	BÂT	bocciolo	BOUTON
batata	PATATE	boleto	BOLET
batavia	BATAVIA	bolsaggine	POUSSE
battenti	VANTAUX	bolla di trasporto	PASSAVANT
battere	BATTRE	bollire	BOUILLIR
batteria (in)	BATTERIE (EN)	bolsaggine	COURBATURE
battericida	BACTÉRICIDE	bolsaggine	CORNAGE
batterio	BACTÉRIE	bolsaggine	CORNARD
batteriosi	BACTÉRIOSE	bolso	CORNARD
battifianco	BAT-FLANC	bombice	BOMBYX
battipalo	ENFONCE-ÉCHALAS	bombice	BOMBYX DU MÛRIER
battitore	BATTEUR	bonaga	BUGRANE
battitura	BATTAISON	bonifica	BONIFICATION
battitura	DÉPIQUAGE	bonifica	ASSAINISSEMENT
battola	BATTE	bonificamento	BONIFICATION
		bonificare	ABONNIR

INDEX ITALIEN-FRANÇAIS

bonsai	BONSAI	bruciacchiatura	BROUISSURE
borasso	RONDIER	bruciamento	BRÛLEMENT
bordatura	BORDAGE	bruciamoccoli	BINET
Bordeaux (vini di)	BORDEAUX (VINS DE)	bruciatore	BRÛLEUR
bordo	LISIÈRE	bruciatura	BRÛLURE
bordo	BORD	bruco	CHENILLE
bordo frontale del versoio	ESTOMAC	brumaio	BRUMAIRE
bordura	BORDURE	brunitura	BRUNISSURE
borgata	BOURGADE	brusone	ÉCHAUDURE
borgata di rifugio	SAUVETÉ	buca	FOSSE
borgo	BOURG	buccia	PELURE
Borgogna (vini di)	BOURGOGNE (VINS DE)	buccia	ROBE
borra	BOURRAT	buccia	PEAU
borragine	BOURRACHE	bucoliche	BUCOLIQUES
borrana	BOURRACHE	bucolico	BUCOLIQUE
boscaiolo	BÛCHERON	bue	BOEUF
boschetto	BOQUETEAU	bufalo	BUFFLE
boschetto	BOSQUET	bulbicoltura	BULBICULTURE
boschetto	BOCAGE	bulbillo	BULBILLE
boschetto	MASSIF	bulbillo	CAÏEU
boschetto	BOUQUET	bulbo	BULBE
boschivo	BOCAGER	bulldozer	BOUTEUR
bosco	BOIS	buoncristiana	BON-CHRÉTIEN
bosco ceduo	TAILLIS	buongustaio	GOURMET
bosco ceduo per la caccia	TIRÉ	buona luigia	LOUISE-BONNE
bosco di alberi ad alto fusto	MARMENTEAUX (BOIS)	buonuscita	PAS-DE-PORTE
bosco di proprietà comune	SÉGRAIRIE	buprèste	BUPRESTE
bosco giovane	PERCHIS	buratto	BLUTOIR
bosso	BUIS	bure	HAIE
bossolo	BUIS	bure	FLÈCHE
bostrico	BOSTRYCHE	burraio	BEURRIER
botola	TRAPPON	burriera	BEURRIER
botrite	BOTRYTIS	burrificazione	BUTYRIFICATION
bottaio	TONNELIER	burrificio	BEURRERIE
botte	FÛT	burro	BEURRE
botte	TONNEAU	burro campagnolo	BEURRE FERMIER
botte	BARRIQUE	burro di cacao	BEURRE DE CACAO
botte	FUTAILLE	burro di cocco	BEURRE DE COCO
botte per il trasporto dell'uva	TINE	burro di latteria	BEURRE LAITIER
bottega	ATELIER	burro nero	BEURRE NOIR
bottega del bottaio	TONNELLERIE	burro pastorizzato	BEURRE PASTEURISÉ
bottiglia	BOUTEILLE	butirrificatore	BUTYRIFICATEUR
bottigliere	BOUTEILLER	butirrometro	BUTYROMÈTRE
bottinare	BUTINER	butirroso (tasso)	BUTYREUX (TAUX)
bottinatrice	BUTINEUSE	cacao (pianta)	CACAOYER ou CACAOTIER
bottino	LISIER	caccia	CHASSE
bouquet	BOUQUET	cacciatore di volpi	RENARDIER
bovaro	ARMAILLIS	cachessia acquosa	CACHEXIE AQUEUSE
bovaro	BOUVIER	cachi	KAKI
bove	BOEUF	cachi (pianta)	PLAQUEMINIER
bovide	BOVIDÉ	caciaia	FROMAGERIE
bovile	BOUVERIE	caciaia	FRUITIÈRE
bovina	BOUSES	cacio	FROMAGE
bovini	BOVINÉS	caducifoglia	CADUCIFOLIÉ
bovini	BOVINS	caduco	CADUC
box	BOX	caduta delle foglie	EFFEUILLAISON
bozzolo	COCON	caffè	CAFÉ
bracciante	BRASSIER	cagliata	CAILLÉ
bracciante	OUVRIER AGRICOLE	cagliata	CAILLEBOTTE
bracciante	MANOUVRIER	caglio	GAILLET
bracciante stagionale	AOÛTERON	caglio	PRÉSURE
bracciata	BRASSÉE	calabassa	CALEBASSE
braccio di sollevamento	BRAS DE RELEVAGE	calabrone	FRELON
bracconaggio	BRACONNAGE	calabrone	BOURDON
branco	TROUPEAU	calamità	CALAMITÉ AGRICOLE
branco di pecore	OUAILLES	calandra	CALANDRE
brie	BRIE	calandra	COUPE-BOURGEON
briglia	BRIDE	calandra del grano	BOTTE
brillatura	GLACAGE	calastra	CHANTIER
brina	GELÉE BLANCHE	calcara	CHAUFOUR
brindillo	BRINDILLE	calcare	CALCAIRE
briza	AMOURETTE	calcareo	CALCAIRE
brocca	BROC	calce	CHAUX
brocco	TOCARD	calcico	CALCIQUE
broccolo	BROCOLI	calcicolo	CALCICOLE
brolo	BREUIL	calcifero	CALCIFÈRE
bronza	CLARINE	calcifugo	CALCIFUGE
brousse	BROUSSE	calcimetro	CALCIMÈTRE
brucare	BROUTER	calcinare	CHAUDER
brucare	TONDRE	calcinare	CHAULER
brucatura	BROUTAGE	calcinatura	CHAULAGE
brucellosi	BRUCELLOSE	calcinazione	CALCINATION
brucellosi	BANG (MALADIE DE)	calcinazione	CHAULAGE

INDEX ITALIEN-FRANÇAIS

caldaia	CHAUDIÈRE	cannella (pianta)	CANNELIER
caldaia	CUISEUR	cannella	CHANTEPLEURE
caldaina	CHAUDRON	cannella	CANNELLE
calderone	CUISEUR	canneto	ROSELIÈRE
calendario agricolo	CALENDRIER AGRICOLE	canniccio	ROUCHE
calendario bioclimático	CALENDRIER BIOCLIMATIQUE	canniccio	CLAIE n.f.
calendola	SOUCI	canniccio	ÉCLISSE
calibratrice	CALIBREUSE	cannone antigrandine	CANON
calibratura	CALIBRAGE	cannuccia	GOURBET
calice	CALICE	canone	REDEVANCE
calicetto	CALICULE	canone	CANON
caliptra	COIFFE RADICULAIRE	canone enfiteutico	BAIL EMPHYTÉOTIQUE
callo	CAL	cantiere	CHANTIER
callosità	CAL	cantimplora	CHANTEPLEURE
calocchio	PAISSEAU	cantina	CHAI
calore	CHALEUR	cantina	CAVE
calore	RUT	cantina	CELLIER
caloscia	GALOCHE	cantina sociale	CAVE COOPÉRATIVE
calvados	CALVADOS	cantiniere	CAVISTE
camambert	CAMAMBERT	cantone	CANTON
cambio	CAMBIUM	cantoniere	CANTONNIER
camelia	CAMÉLIA	capacità germinativa	FACULTÉ GERMINATIVE
camelina	CAMELINE	capanna	HUTTE
camera d'appassimento	THÉERIE	capanna	BURON
camera di agricoltura	CHAMBRE D'AGRICULTURE	capanna	CABANE
camera di incubazione	CHAMBRE D'INCUBATION	capanna	CASE
camera fredda	CHAMBRE FROIDE	capanno	CABANON
cammello	CHAMEAU	capezzagna	TOURNIÈRE
cammini	TRANCHÉES	capannone	HANGAR
camomilla	CAMOMILLE	capezzolo	TRAYON
campagna	CAMPAGNE	capitale	CAPITAL
campagnolo	CAMPAGNARD	capitazione	CAPITATION
campagnolo	CAMPAGNARD	capitolare	CAPITULAIRE
campana di vetro	CLOCHE	capitozza	TÊTARD
campanaccio	BÉLIÈRE	capo di bestiame	PIÈCE
campanaccio	CLARINE	capo di pastori	BAILLE
campestre	CHAMPÊTRE	capo equipaggio per la caccia al lupo	LOUVETIER
campi aperti	OPENFIELD	capo pastore di un gregge	MAJORAL
campione	ÉCHANTILLON	capoc	KAPOK
campione	TÉMOIN	capogatto	TOURNIS
campo	CHAMP	capoluogo	CHEF-LIEU
campo di zafferano	SAFRANIÈRE	cappero	CÂPRIER
campo di erba medica	LUZERNIÈRE	cappone	CHAPON
campo di frumento	FROMENTIÈRE	cappuccina	CAPUCINE
campo di lamponi	FRAMBOISIÈRE	cappuccio	CABUS
campo di trifoglio	TRÉFLIÈRE	capra	BIQUE
campo di vainiglia	VANILLERIE	capra	CHÈVRE
campo incendiato	BRÛLIS	capra	CHÈVRE
campo recintato	CLOS	capraio	CHEVRIER
canale	CANAL	caprareccia	CHÈVRERIE
canale	NAVILLE	capretto	BICOT
canale	BIEF	capretto	CABRI
canale	FOSSÉ	caprificazione	CAPRIFICATION
canale di bonifica	CANAL D'ASSÈCHEMENT	caprifoglio	CHÈVREFEUILLE
canale di drenaggio	CANAL DE DRAINAGE	caprino	CAPRIN
canale di irrigazione	CANAL D'IRRIGATION	capro	BOUC
canale di scolo	CANAL DE DÉRIVATION	caprugginatoio	TIRE-FOND
canaletto	RIGOLE	capruggine	JABLE
canaletto	SAIGNÉE	captatore	CAPTEUR
canalizzazione	CANALISATION	carabo dorato	CARABE DORÉ
canapa	CHANVRE	caratello	TONNELET
canapa di Manila	ABACA	caratello	BARRIQUE
canapa di Manila	MANILLE	carbonaio	CHARBONNIER
canapaia	CHÈNEVIÈRE	carbonchio	CHARBON
canapaio	TILLEUR	carbone	CHARBON
canapaio	CHANVRIER	carbone di legna	CHARBON DE BOIS
canapuccia	CHÈNEVIS	carbonizzazione	CARBONISATION
canapule	ANAS	carcassa	CARCASSE
canapule	CHÈNEVOTTE	carciofaia	ARTICHAUTIÈRE
canceroso	CHANCREUX	carciofo	ARTICHAUT
cancrena	GANGRÈNE	cardamina	CARDAMINE
cancro	CHANCRE	cardamomo	CARDAMOME
cancro	NECTRIE	cardatura	CARDAGE
cancro del castagno	ENDOTHIA	cardo	CARDON
cane	CHIEN	cardo	CHARDON
canestro	COUFFIN	cardo	CARDE
canestro	CUEILLOIR	cardo dei lanaioli	CARDÈRE
canevaio	MAÎTRE DE CHAI	carduccio	BION
canforo	CAMPHRIER	carenza	CARENCE
canile	CHENIL	carenza pluviometrica	DÉFICIT PLUVIOMÉTRIQUE
canna	ROSEAU	caricafieno	CHARGE-FOIN
canna d'India	ROTIN	caricatore	CHARGEUR
canna da zucchero	CANNE À SUCRE	caricatore semovente	AUTOCHARGEUSE

INDEX ITALIEN-FRANÇAIS

carice	LAICHE	catena di agrimensore	CHAINE D'ARPENTEUR
carico	CHARGE	cateratta	VANNE
carico	SOMME	cateratta principale	LANCIÈRE
carie	CARIE	Catone	CATON L'ANCIEN
carie	CHARBOUILLE	catrame	GOUDRON
cariosside	CARYOPSE	catrame di carbone	COALTAR
carlina	CARLINE	cattura con trappole	PIÉGEAGE
carne	VIANDE	caucciù	CAOUTCHOUC
carota	CAROTTE	cava	CARRIÈRE
carotene	CAROTÈNE	cava di marna	MARNIÈRE
carpentiere	CHARPENTIER	cavalcare	CHEVAUCHER
carpine	CHARME	cavalcatura	MONTURE
carpineto	CHARMAIE	cavalletta	CRIQUET
carpocapsa	CARPOCAPSE	cavalletta	SAUTERELLE
carradore	CHARRON	cavalletto	CHEVALET
carraio	CHARRETIER adj.	cavalletto per seccare l'erba	PERROQUET
carreggiata	CHAUSSÉE	cavallina	POULICHE
carreggiata	ORNIÈRE	cavallo	CHEVAL
carreggio	CHARROI	cavallo arabo	BARBE
carretta	BAYART	cavallo castrato	HONGRE
carretta	CARRIOLE	cavallo che ha un ticchio	TIQUEUR
carretta	CHARRETTE	cavallo da lato	BRICOLIER
carretta per il foraggio	FOURRAGÈRE	cavallo da sella	SELLE (Cheval de)
carrettiere	CHARRETIER	cavallo da timone	TIMONIER
carrettino	CHARRETON	cavallo di scarto	BOURRIN
carriola	BROUETTE	cavallo sottomano	SOUS-VERGE
carriola	DIABLE	cavatappi	TIRE-BOUCHON
carriolare	BROUETTER	cavatuberi	SOULEVEUSE
carro	CHAR	cavezza	LICOU
carro	CHARIOT	cavezza	LONGE
carro a due ruote per il trasporto di tronchi	TRIQUEBALLE	cavia	COBAYE
carro per il trasporto di carichi pesanti	FARDIER	cavolaia	PIÉRIDE
carrozziere	CARROSSIER	cavolo	CHOU
carrubo (pianta)	CAROUBIER	cavolo di mare	CRAMBE
carta	CHARTE	cavolo palmizio	CHOU PALMISTE
carta agrologica	CARTE AGROLOGIQUE	cavolo rapa	TURNEP
cartamo	CARTHAME	cavolo svedese	SUÈDE
carte agrarie	CARTES AGRONOMIQUES	C.E.E. Comunità Economica Europea	C.E.E.
cartulario	CARTULAIRE	cece	POIS CHICHE
caruncola	CARONCULE	cecidio	CÉCIDIE
carvi	CARVI	cecidomia	CÉCIDOMYIE
casa a corte	MAISON DISSOCIÉE	cecubo	CÉCUBE
casa con tetto di paglia	CHAUMIÈRE	cedrina	CITRONNELLE
casa forestale	MAISON FORESTIÈRE	cedro (pianta)	CÉDRATIER
casa rurale	MAISON RURALE	cedro (pianta)	CÈDRE
casa rurale moderna	MAISON RURALE MODERNE	ceduo	RAMIÈRE
casa unitaria	MAISON-BLOC	cella di maturazione	MÛRISSERIE
cascami di cotone	LINTS	cellaio	CAVE
cascina	LAITERIE	cellerario	CELLÉRIER
cascina	FERME	celliere	CELLIER
cascinale	FERME	cellula	CELLULE
casco	RÉGIME	cellulosa	CELLULOSE
cascola	COULURE	ceneraccio	CHARRÉE
case a schiera	BARRE	ceneri	CENDRES
caseario	FROMAGER	censimento	DÉNOMBREMENT
caseificio	FROMAGERIE	censimento agricolo	RECENSEMENT AGRICOLE
caseificio	FRUITIÈRE	censo	CENS
caseina	CASÉINE	censo	ACCENSE
casetta di campagna	MESNIL	censo personale	CENS PERSONNEL
cassa rurale	CAISSE RURALE	censo reale	CENS RÉEL
cassava	CASSAVE	censuario	CENSITAIRE
casse	CASSE	censuario	CENSIER
cassia	CASSE	centaurea	CENTAURÉE
castagna	CHÂTAIGNE	centiara	CENTIARE
castagna	MARRON	centinodia	RENOUÉE
castagnai	CHÂTAIGNIEURS	centinodia	TRAINASSE
castagneto	CHÂTAIGNERAIE	centopelle	FEUILLET
castagno	CHÂTAIGNIER	centrifuga	CENTRIFUGEUSE
castagno	MARRONNIER	centrifugazione	CENTRIFUGATION
castagno d'India	MARRONNIER	centro rurale	AGGLOMÉRATION AGRICOLE
castellania	CHÂTELLÉNIE	centro/località rurale	LOCALITÉ RURALE
castello	CHÂTEAU	centuriazione	CENTURIATION
castrare	CHÂTRER	cenuro	VER-COQUIN
castrato	MOUTON	cenurosi	TOURNIS
castratura	BISTOURNAGE	cenurosi	COENUROSE
castrazione	BISTOURNAGE	ceppaia	CÉPÉE
castrazione	CASTRATION	ceppaia	TROCHÉE
castrone	HONGRE	ceppatello	CÈPE
catabolismo	CATABOLISME	ceppo	BILLOT
catastare	ENCADASTRER	ceppo	CEP
catasto	CADASTRE	ceppo	BILLETTE
catasto	PLAN TERRIER	ceppo	BÛCHE
catena alimentare	CHAINE ALIMENTAIRE	ceppo	SEP

INDEX ITALIEN-FRANÇAIS

ceppo	CHICOT
ceppo	SOUCHE
ceppo da bottaio	TRONCHET
cera	CIRE
cerchiata	BROC
cerchio	CERNE
cerchio	CERCLE
cercinare	BAGUER
cercinatura	BAGUAGE
cercine	ACCOT
cereali	CÉRÉALES
cerealicolo	CÉRÉALIER
cerealicoltore	CÉRÉALICULTEUR
Cerere	CÉRÈS
cerfoglio	CERFEUIL
cernita	TRIAGE
cernitore	TRIEUR
cernozem	TCHERNOZEM
cerro	TAUSSIN
certificazione delle sementi	CERTIFICATION DES SEMENCES
cervogia	CERVOISE
cesoia	FORCES
cesoia	CISAILLE
cespuglio	BUISSON
cespuglio	MASSIF
cesta	COUFFIN
cestino	BANNETTE
cesto	PANIER
cestone	BANNE
cetriolino	CORNICHON
cetriolo	CONCOMBRE
Champagne	CHAMPAGNE (VINS DE)
che fertilizza	FERTILISANT
che isterilisce/esaurisce (il terreno)	ÉPUISANTE
che vive due anni	BISANNUEL
cheimatobia	CHEIMATOBIE
chemiurgia	CHIMIURGIE
cheratina	KÉRATINE
chermes	KERMÈS
chi ingrassa il bestiame	HERBAGER
chiarella maggiore	ORVALE
chiaretto	PAILLET
chiarificazione	CLARIFICATION
chiarificazione	COLLAGE
chiassaiola	PIERRÉE
chiavello	CLAVELÉE
chiavello	VARIOLE
chiavello	VARIOLE OVINE
chicco di grandine	GRÊLON
chimera	CHIMÈRE
china	QUINQUINA
chinea	HAQUENÉE
chioccia	COUVEUSE
chiocciola	ESCARGOT
chiodo di garofano	CLOU DE GIROFLE l. m.
chioma	HOUPPIER
chiovardo	JAVART
chiuso	PARC
chiusura con tappo	BOUCHAGE
cianamide	CYANAMIDE
cicerbita	LAITERON
cicerchia	JAROUSSE
cicindela	CICINDELE
ciclo	CYCLE
ciclo del carbonio	CYCLE DU CARBONE
cicoria	CHICORÉE
ciglio	BOURRELET
cigna	SANGLE
cigno	CYGNE
ciliegeto	CERISAIE
ciliegia	CERISE
ciliegia	BIGARREAU
ciliegia selvatica	GUIGNE
ciliegia selvatica	MERISE
ciliegio	CERISIER
ciliegio canino	MAHALEB
ciliegio selvatico	MERISIER
cima	CIME
cima	CYMETTE
cima	CHAPEAU
cimare	ÉHOUPPER
cimare	ÉTÊTER
cimatura	PINÇAGE
cimatura	ÉTÊTAGE
cimatura	ÉCIMAGE
cimurro	MORVE
cincillà	CHINCHILLA
cincona	QUINQUINA
cineraria	CINÉRAIRE
cingere	ENCLORE
cinghia	SANGLE
cinghiale femmina	LAIE
cingolo	CHENILLE
cinipe	CYNIPS
cinnamomo	CINNAMOME
ciocco	BILLETTE
ciocco	BÛCHE
cipero	SOUCHET
cipolla	BULBE
cipolla	OIGNON
cipolla d'inverno	CIBOULETTE
cipollaio	OIGNONIÈRE
cipollatura	ROULURE
cipolletta	CIBOULETTE
cippo di confine	BORNE
cipresseto	CYPRIÈRE
cipresso	CYPRÈS
ciprinicoltura	CYPRINICULTURE
circoscrizione	TOWNSHIP
circoscrizione comunale	FINAGE
cisterna	CITERNE
cisti	KYSTE
cisticerco	CYSTICERQUE
cisticercosi	CYSTICERCOSE
cisticercosi	LADRERIE
citiso	CYTISE
citiso	CUSTILLE
ciuffo	TOUFFE
cladosporiosi	NUILLE
classe contadina	PAYSANNAT
clementina	CLÉMENTINE
climatizzare	CONDITIONNER
climatizzazione	CLIMATISATION
climatologia agraria	AGROCLIMATOLOGIE
climax	CLIMAX
clonazione	CLONAGE
clone	CLONE
clorofilla	CHLOROPHYLLE
cloroplasto	CHLOROPLASTE
clorosi	CHLOROSE
clorosi	COTTIS
cloruro di potassio	CHLORURE DE POTASSIUM
coagulazione	COAGULATION
coca	COCA, COCAYER
cocchiumatoio	TIRE-BONDE
cocchiume	BONDE
coccide	COCCIDE
coccidiosi	COCCIDIOSE
coccinella	COCCINELLE
cocciniglia	KERMÈS
cocciniglia	COCHENILLE
cocco	COCO
coccola del ginepro	GENIÈVRE
cocilide	COCHYLIS
cocomero	PASTÈQUE
coda	QUEUE
coda di volpe	VULPIN
coda di volpe	QUEUE DE RENARD
codice genetico	CODE GÉNÉTIQUE
codolina	PHLEUM
coetaneo	ÉQUIENNE
cogliere	CUEILLIR
cognac	COGNAC
cola (noce di)	KOLA (NOIX DE)
colaticcio	LISIER
colaticcio	PURIN
colatoio	COULOIRE
colatore	RIGOLE DE COLATURE
colatura	COULURE
colchico	COLCHIQUE
colcos	KOLKHOZE
coleottero	COLÉOPTÈRE
colera dei polli	CHOLÉRA
coliche addominali	TRANCHÉES
colibacillo	COLIBACILLE
colibacillosi	COLIBACILLOSE

INDEX ITALIEN-FRANÇAIS

colino	PASSE-LAIT	composta	COMPOST
collare	COLLIER	comproprietà di un elemento divisorio	MITOYENNETÉ
collare	CARCAN	computer	ORDINATEUR
collatura	COLLAGE	comunale	BANAL
colletta	COLLECTE	comune	COMMUNE
collettivizzazione	COLLECTIVISATION	comunità	COMMUNAUTÉ
colletto	COLLET	conca	SALIÈRE
collettore	COLLECTEUR DE DRAINAGE	concentrato	CONCENTRÉ
collettore	COLLECTEUR DE TAILLE	conceria	TANNERIE
collettore	GRIFFE À LAIT	concia	PEAUSSERIE
collinetta	COTEAU	concia	TANNAGE
collinetta	TERTRE	concia usata	TANNÉE
colloquintide	COLOQUINTE	conciante	TANNANT
colloverde	COLVERT	conciare	TANNER
colmareccio	FAÎTAGE	conciatore	TANNEUR
colmata	TERREMENT	conciatore	PEAUSSIER
colmata	COLMATAGE	conciatura	TANNAGE
colmatura	COLMATAGE	concimaia	FOSSE À FUMIER
colmatura delle botti	OUILLAGE	concimaia	FUMIÈRE
colomba	COLOMBE	concimare	FUMER
colombaccio	PALOMBE	concimare con terriccio	TERREAUTER
colombaia	COLOMBIER	concimazione	FUMAGE
colombaia	PIGEONNIER	concimazione	FUMAISON
colombiformi	COLOMBIDÉS	concimazione	PRALINAGE
colombina	COLOMBINE	concimazione	FUMURE
colombino	COLOMBIN	concimazione	ENGRAISSAGE
colombo	PIGEON	concimazione con composta	COMPOSTAGE
colombo selvatico	BISET	concimazione mediante limo	LIMONAGE
colombo selvatico	RAMIER	concimazione profonda/di fondo	FUMURE DE FOND
colombofilo	COLOMBOPHILE	concimazione superficiale	FUMURE DE SURFACE
colonato	COLONAT	concime	FUMURE
colonia	COLONAGE	concime	FUMIER
colonia d'api	COLONIE	concime	ENGRAIS
colonico	COLONIQUE	concime acido	MOR
colonizzazione agricola	COLONISATION AGRICOLE	concime minerale	FUMURE MINÉRALE
colono	COLON	concime organico	FUMURE ORGANIQUE
colorante	COLORANT	concime verde	FUMURE VERTE
colostra	AMOUILLE	concorso agricolo	CONCOURS AGRICOLE
colostro	AMOUILLE	condimento	CONDIMENTS
colostro	COLOSTRUM	condizionamento	CLIMATISATION
colpo di calore	COUP DE CHALEUR	condizionamento	CONDITIONNEMENT
coltivabile	CULTIVABLE	condizionatrice	CONDITIONNEUR
coltivabile	EXPLOITABLE	conduttore	PRENEUR
coltivabilità	EXPLOITABILITÉ	conestabile	CONNÉTABLE
coltivare	CULTIVER	conferma	CONFIRMATION
coltivare	EXPLOITER	confettureria	CONFISERIE
coltivare a rotazione	ASSOLER	confezionamento	CONDITIONNEMENT
coltivare il giardino	JARDINER	confezionare	CONDITIONNER
coltivatore	EXPLOITANT AGRICOLE	confine	TERME
coltivatore	CULTIVATEUR	confine	BORNE
coltivatore di fragole	FRAISICULTEUR	confini	LIMITES DES PARCELLES
coltivatore in serra	SERRISTE	confisca di feudo	COMMISE
coltivazione	CULTURE	congelatore	CONGÉLATEUR
coltro	COUTRE	congelazione	CONGÉLATION
coltura	CULTURE	conicultore	CUNICULTEUR
coltura arborea	CULTURE ARBUSTIVE	conicultura	CUNICULTURE
coltura del vimine	OSIÉRICULTURE	conifera	CONIFÈRE
coltura idroponica	CULTURE HYDROPONIQUE	coniglicoltore	CUNICULTEUR
coltura intensiva	CULTURE INTENSIVE	coniglicoltura	CUNICULTURE
coltura intercalare/secondaria	CULTURE INTERCALAIRE	conigliera	LAPINIÈRE
coltura miglioratrice	CULTURE AMÉLIORANTE	conigliera	CLAPIER
coltura orticola	CULTURE MARAÎCHÈRE	coniglio	LAPIN
coltura preparatrice	CULTURE NETTOYANTE	consanguineità	CONSANGUINITÉ
colture alimentari	CULTURES VIVRIÈRES	consegna	LIVRAISON
columbiformi	COLOMBIDÉS	conserva	CONSERVE
Columella	COLUMELLE	conservanti	CONSERVATEURS
colutea	BAGUENAUDIER	conservatoria	CONSERVATION DES HYPOTHÈQUES
colza	COLZA	conservazione del terreno	CONSERVATION DES SOLS
comba	COMBE	consorteria	CONSORTIE
comizio agricolo	COMICE AGRICOLE	consortile	CONSORT
commenda	COMMANDERIE	consuetudine	ACCOUTUMANCE
commenda	COMMENDE	consuetudini	COUTUMES
commerciante di granaglie	GRAINETIER	consulente agricolo	CONSEILLER AGRICOLE
commerciante di sementi	MULTIPLICATEUR DE SEMENCES	consulente di gestione	CONSEILLER DE GESTION
commerciante in cavalli	MAQUIGNON	contabilità agricola	COMPTABILITÉ AGRICOLE
commercio delle pelli	PEAUSSERIE	contadino	VILAIN
commestibile	COMESTIBLE	contadino	PAYSAN
comparto	BOX	contado	BANLIEUE
compascolo	COMPASCUITÉ	contagio	CONTAGION
compascolo	VAINE PÂTURE	contaminazione	CONTAMINATION
compascolo	PARCOURS (LIBRE)	contenuto di un tino	CUVÉE
compattezza	COMPACITÉ	contenuto di una gerla	HOTTÉE
complesso assorbente	COMPLEXE ABSORBANT	contingentamento	CONTINGENTEMENT

contorno	CONTOUR	cova artificiale	ACCOUVAGE
contratto	CONTRAT	covare	COUVER
contratto a termine	MARCHÉ À TERME	covare	INCUBER
contratto agrario	COLONAGE	covata delle api	COUVAIN
contratto d'affitto	BAIL	covetta dei prati	CRÉTELLE
contratto d'affitto di fondo rustico	FERME	covo	BAUGE
contratto di allevamento	CONTRAT D'ÉLEVAGE	covone	GERBE
contratto di fornitura	CONTRAT DE FOURNITURE	covone	MEULE
contratto di lavoro	CONTRAT DE TRAVAIL	cowboy	COWBOY
contratto in precario	CONTRAT DE PRÉCAIRE	crambe	CRAMBE
controbattitore	CONTREBATTEUR	credenziere	SOMMELIER
controdentale	CONTRESEP	credito agricolo	CRÉDIT AGRICOLE MUTUEL
controfuoco	CONTREFEU	cren	RAIFORT
controllo	CONTRÔLE	crescenza	CROISSANCE
controllo del latte	CONTRÔLE LAITIER	crescenza	MONTAISON
controllo di prestazione	CONTRÔLE DE PERFORMANCE	crescione	CRESSON
controllo fitosanitario	CONTRÔLE PHYTOSANITAIRE	crescione	PASSE-RAGE
controsolco	ADOS	crescione inglese/degli orti	NASITOR
controviale	CONTRE-ALLÉE	crescita	CROISSANCE
conversione	CONVERSION	crescita	POUSSE
convolvolo	LISERON	crespigno	LAITERON
convolvolo	VOLUBILIS	crespino	BERBÉRIS
coobare	COHOBER	crespino	ÉPINE-VINETTE
cooperativa agricola	COOPÉRATIVE AGRICOLE	creta	GLAISE
cooperazione	COOPÉRATION	creta	CRAIE
copale	COPALIER	cria	TARDILLON
coperchio di vetro	VERRINE	criceto	HAMSTER
coperto	COUVERT	crine	CRINS
copertone	BÂCHE	criniera	CRINIÈRE
copertura	RECOUVREMENT	crisalide	CHRYSALIDE
coppia di buoi	PAIRE	crisantemo	CHRYSANTHÈME
coppiere	ÉCHANSON	crittogama	CRYPTOGAME
coppiere	BOUTEILLER	crittogamico	CRYPTOGAMIQUE
copra	COPRAH	crivellatura	CRIBLAGE
copulazione	COPULATION	crivello	CRIBLE
coratella	FRESSURE	crocifere	CRUCIFÈRES
corbezzolo	ARBOUSIER	cromosoma	CHROMOSOME
cordia sebestena	SÉBESTIER	crusca	SON
cordicella	CORDEAU	cruschello	REMOULAGE
cordicella	FICELLE	cruschello	REPASSE
cordone	CORDON	cruschello	ISSUES
coriandolo	CORIANDRE	cubatura	CUBAGE
coridalo	CAPNODE	cucchiaia a bilanciere	ÉCOPE
corilo	COUDRIER	cucchiaione	PUCHEUX
corinto	CORINTHE	cucurbitacee	CUCURBITACÉES
cornac	CORNAC	cuffia radicale	COIFFE RADICULAIRE
cornatura	ENCORNURE	cultivar	CULTIVAR
cornatura	CORNAGE	cumino	CUMIN
corneggio	CORNAGE	cumino dei prati	CARVI
corniolo	CORNOUILLER	cuoio	CUIR
corno	CORNE	cuore	COEUR
corona	COURONNE	cuore del legno	BOIS DE COEUR
corona degli alberi	HOUPPIER	curasnetta	RENETTE
coronatura	COURONNEMENT	curato	CURÉ
corpo	CORPS	curvatura dei rami	ARCURE
corpo di aratro	CORPS DE CHARRUE	cuscuta	CUSCUTE
corpo principale	CORPS DE LOGIS	cuscuta	ROGNE
corposo	CORSÉ	d'accordo !	TOPE
correggiato	FLÉAU	da tartufi	TRUFFIER adj.
corrente	BARDEAU	dactylis	DACTYLE
corsia di alimentazione	PASSAGE D'AFFOURRAGEMENT	dalia	DAHLIA
corte	COUR	damigella	NIGELLE
corteccia	ÉCORCE	damigiana	BONBONNE
cortile	COUR	damigiana	DAME-JEANNE
cortile	BASSE-COUR	damigiana	TOURIE
cortile	PRÉAU	dardo	DARD
corvé	CORVÉE	dare in affitto	AFFERMER
coscia	CUISSE	dare in affitto	AMODIER
coscia di donna	CUISSE-MADAME	dare in vitalizio	ARRENTER
costi globali	CHARGES GLOBALES	dattero	DATTE
costipamento	DAMAGE	debbiare	ÉCOBUER
costipare	DAMER	debbiare	SARTER
costruzione a intelaiatura lignea tamponata	COLOMBAGE	debbiatura	ÉCOBUAGE
costruzione dei barili	BARILLAGE	debbio	ÉCOBUAGE
costumi	COUTUMES	debbio	BRÛLIS
cotiledone	COTYLÉDON	decalcificazione	DÉCALCIFICATION
cotognata	COTIGNAC	decana	DOYENNÉ
cotone	COTON	decantare	DÉCANTER
cotone (pianta)	COTONNIER	decespugliare	DÉBROUSSAILLER
cotonicoltura	COTONNERIE	decespugliatrice	DÉBROUSSAILLEUSE
cotonificio	COTONNERIE	decima	DÎME
cottimista	TÂCHERON	decimatore	DÉCIMATEUR
cova	COUVAISON	decornare	DÉCORNER

decornazione	DÉCORNAGE	dilavante	DÉFERTILISANT
decorticare	DÉCORTIQUER	dimorfismo sessuale	DIMORPHISME SEXUEL
decorticatrice	DÉCORTIQUEUSE	dioico	DIOÏQUE
decuscutare	DÉCUSCUTER	dipendenza di un feudo	MOUVANCE
defecazione	DÉBOURBAGE	diploide	DIPLOÏDE
defogliatrice	EFFEUILLEUSE	diradamento	DÉMARIAGE
defogliazione	DÉFANAGE	diradamento	RACLAGE
defoliante	DÉFANANT	diradamento	ÉCLAIRCIE
defoliante	DÉFOLIANT	diradamento	ÉCLAIRCISSAGE
defoliazione	DÉFANAGE	diradare	ROGNER
defoliazione	DÉFOLIATION	diramare	ÉMONDER
deforestazione	DÉBOISEMENT	diramare	ÉLAGUER
degenerazione	DÉGÉNÉRESCENCE	diritto di albergheria	GÎTE
degustazione	DÉGUSTATION	diritto di passaggio/di transito	PASSAGE
deiezioni animali	DÉJECTIONS ANIMALES	diritto di primogenitura	DROIT D'AÎNESSE
deiscènte	DÉHISCENT	diritto rurale	DROIT RURAL
del feudatario	BANAL	disboscare	DÉBOISER
del feudo	FIEFFAL	discendenza	LIGNÉE
delicious	RED DELICIOUS	discendenza autofecondata	LIGNÉE AUTOFÉCONDÉE
delimitare	ABORNER	disco	DISQUE
delimitare	BORNER	disdetta	CONGÉ
delimitazione dei confini	BORNAGE	disegnatore di giardini	JARDINISTE
delimitazione di campo	ABORNEMENT	diserbante	DÉSHERBANT
delizia	RED DELICIOUS	diserbare	DÉSHERBER
delizia	STARKING DELICIOUS	diserbatrice	DÉSHERBEUR
demaniale	DOMANIAL	diserbo	DÉSHERBAGE
demaniale	DOMANIER	disidratatore	DÉSHYDRATEUSE
demaschiatura	DÉMASCLAGE	disidratazione	DÉSHYDRATATION
Demetra	DÉMÉTER	disinfestazione dai bruchi	ÉCHENILLAGE
dendrocronologia	DENDROCHRONOLOGIE	disinfezione	DÉSINFECTION
dendrologia	DENDROLOGIE	disintegratore	HÉRISSON
dendrometria	DENDROMÉTRIE	disoccupazione stagionale	CHÔMAGE SAISONNIER
dendrometro	DENDROMÈTRE	disolare	DESSOLER
dendrometro	RELASCOPE	disoperculatore	DÉSOPERCULATEUR
denitrificazione	DÉNITRIFICATION	dispensiere	CELLÉRIER
denocciolare	ÉNOYAUTER	dispensiere	SOMMELIER
denominazione d'origine controllata	APPELLATION D'ORIGINE	disporre a scarpa	TALUTER
densità agricola	DENSITÉ AGRICOLE	disposizione	IMPLANTATION
densità di popolazione	DENSITÉ DE PEUPLEMENT	dissalamento	DESSALAGE
densità di semina	DENSITÉ DE SEMIS	disseccazione	DESSÈCHEMENT
dentale dell'aratro	SEP	disseccazione	DESSICATION
dente di leone	DENT-DE-LION	disseminazione	SÉMINATION
dente di leone	PISSENLIT	dissodamento	DÉFRICHAGE ou DÉFRICHEMENT
depicciolare	ÉQUEUTER	dissodamento con estirpazione di	
depolpare	DÉPULPER	ceppi e radici	ESSARTAGE
depolpatore	ÉPULPEUR	dissodare	DÉFRICHER
deporre	PONDRE	dissodare	AMEUBLIR
deposito	RESSERRE	dissodare estirpando ceppi e radici	ESSARTER
deposito	ENTREPÔT	dissodatore	DÉFRICHEUSE
deposizione delle uova	PONTE	dissotterrare	DÉTERRER
deposizione delle uova di pesce	FRAI	distanza	ESPACEMENT
depredatore	DÉPRÉDATEUR	distillatore in proprio	BOUILLEUR DE CRU
depredazione	DÉPRÉDATION	distillazione	DISTILLATION
derattizzazione	DÉRATISATION	distilleria	DISTILLERIE
derelizione	DÉGUERPISSEMENT	distilleria d'acquavite	BRÛLERIE
derivazione	DÉRIVATION	distilleria di ginepro	GENIÈVRERIE
dermatosi	DERMATOSE	distoma	DOUVE
desalinazione	DESSALAGE	distomatosi	DISTOMATOSE
desertificazione	DÉSERTIFICATION	distomatosi	FASCIOLOSE
desèrto	DÉSERT	distributore di mangime	DISTRIBUTEUR
desolfare	DÉSULFITER	dittamo	DICTAME
detonatore	CANON EFFAROUCHEUR	divagazione	DIVAGATION
devastatore	RAVAGEUR	divieto di taglio o di pascolo	DÉFENS ou DÉFENDS (MISE EN)
devoluzione per mancanza di erede maschio	AUBARDE	divisione in parcelle	PARCELLISATION
di fattoria	FERMIER adj.	DNA	ADN
di ortaggi	LÉGUMIER adj.	D.O.C.	A.O.C.
diagnosi fogliare	DIAGNOSTIQUE FOLIAIRE	denominazione di origine controllata	APPELLATION D'ORIGINE CONTROLÉE
diasporo	DIASPORE	doccia	BIEF
diastasi	DIASTASE	doghe del fondo di una botte	FONÇAILLES
diboscamento	DÉBOISEMENT	doglio	DOLIUM
diboscamento	DÉFORESTATION	dolabra	DOLABRE
dicembre	DÉCEMBRE	dolcetto	DOUCET
diclino	UNISEXUÉ	dolico	DOLIC ou DOLIQUE
dicotiledone	DICOTYLÉDONE	dolina	DOLINE
difendibile	DÉFENSABLE	domare	DOMPTER
difetto	TARE	domestico	VALET
difettoso	TARÉ	domestico	DOMESTIQUE
diffusione degli erbai	MISE EN HERBE	dominanza	DOMINANCE
diga	BARRAGE	doppia greppia	DOUBLIER
diga	DIGUE	dorifora	DORYPHORE
dighetta	BOURRELET	dormiente	DORMANT
digitale	DIGITALE	dormienza	DORMANCE
dilavamento	LESSIVAGE	dose	DOSE

INDEX ITALIEN-FRANÇAIS

italien	français
dose letale	DOSE LÉTALE
dragaggio	DRAGAGE
dragoncello	ESTRAGON
drenaggio	DRAINAGE
drenaggio	DESSÈCHEMENT
drenaggio	WATERINGUE
drenaggio a fogna	DRAINAGE-TAUPE
drenare	DRAINER
dreno	DRAIN
dromedario	DROMADAIRE
drosofila	DROSOPHILE
drupa	DRUPE
duna	DUNE
duracina	BIGARREAU
duram	BOIS DE COEUR
durame	DURAMEN
durame	BOIS DE COEUR
duramificazione	DURAMINISATION
durina	DOURINE
durona	BIGARREAU
ebano	ÉBÉNIER
ebbio	HIÈBLE
eccedenze agricole	SURPLUS AGRICOLES
eccedenze agricole	EXCÉDENTS AGRICOLES
ecologia	ÉCOLOGIE
economia agricola	ÉCONOMIE AGRICOLE
economia rurale	ÉCONOMIE RURALE
ecosistema	ÉCOSYSTÈME
ectima contagioso	ECTHYMA CONTAGIEUX
edafico	ÉDAPHIQUE
edafologia	ÉDAPHOLOGIE
edera	LIERRE
edificio	BÂTIMENT
edifizio	BÂTIMENT
elaide	ÉLAEIS
elaterio	TAUPIN
elefante	ÉLÉPHANT
elementi catalitici	ÉLÉMENTS CATALYPTIQUES
elettronica agricola	ÉLECTRONIQUE AGRICOLE
eleusina	ÉLEUSINE
elevatore per covoni	GERBEUR
elianto	HÉLIANTHE
elicicoltura	HÉLICICULTURE
elicida	HÉLICIDE
eliminare il latticello	DÉLAITER
eliminazione del latticello	DÉLAITAGE
eliminazione della borraccina	ÉMOUSSAGE
elimo	ÉLYME
eliofilo	HÉLIOPHILE
eliofobo	SCIAPHILE
eliografo	HÉLIOGRAPHE
eliotropico	HÉLIOTROPE
eliotropio	HÉLIOTROPE
eliotropismo	HÉLIOTROPISME
elminti	HELMINTHE
elmintiasi	HELMINTHIASE
embrice	FAÎTIÈRE
embrione	EMBRYON
embrione	PLANTULE
emendamento (del suolo)	AMENDEMENT
emendare	AMENDER
emissario	EMISSAIRE
enantico	OENANTHIQUE
enclave	ENCLAVE
endemia	ENDÉMIE
endemico	ENDÉMIQUE
endofita	ENDOPHYTE
endogamia	ENDOGAMIE
enfiteusi	EMPHYTÉOSE
enina	OENINE
enocianina	OENINE
enofilo	OENOPHILE
enoforo	OENOPHORE
enografia	OENOGRAPHIE
enologia	OENOLOGIE
enologico	OENOLOGIQUE
enologo	OENOLOGUE
enometria	OENOMÉTRIE
enometro	PÈSE-VIN
enotecnica	OENOTECHNIE
Ente internazionale del vino	OFFICE INTERNATIONAL DES VINS
entomologia	ENTOMOLOGIE
enzoozia	ENZOOTIE
epifiti	ÉPIPHYTES
epigeo	ÉPIGÉ
epitelio	ÉPITHÉLIUM
epizoozia	ÉPIZOOTIE
equidi	ÉQUIDÉS
equini	ÉQUIDÉS
equino	CHEVALIN
equino	ÉQUIN
equipaggiamento	ÉQUIPAGE
equiseto	PRÊLE
erba	HERBE
erba brusca	OSEILLE
erba cipollina	CIBOULE
erba di San Giovanni	MILLE-PERTUIS
erba dolcetta	MÂCHE
erba mazzolina	DACTYLE
erba medica	LUZERNE
erba medica	MEDICAGO
erba mora	MORELLE
erba pazienza	PATIENCE
erbacea	HERBACÉE
erbaio	DRAGÉE
erbario	HERBIER
erbe aromatiche	FINES HERBES
erbetta	GAZON
erbicida	DÉSHERBANT
erbicida	HERBICIDE
erbivoro	HERBIVORE
erborinato	PERSILLÉ
erborista	HERBORISTE
erboristeria	HERBORISTERIE
erborizzare	HERBORISER
erborizzatore	HERBORISATEUR
erboso	HERBEUX
eredità	HÉRITAGE
ereditarietà	HÉRÉDITÉ
ergonomia agricola	ERGONOMIE AGRICOLE
ergotismo	ERGOTISME
erica	BRUYÈRE
erinosi	ÉRINOSE
erisipola	ROUGET
eritema	ÉRYTHÈME
ermafroditismo	HERMAPHRODISME
ermafrodito	HERMAPHRODITE
erpete	HERPÈS
erpicatura	HERSAGE
erpice	HERSE
erpice	BRISE-MOTTE
erpice demuschiante	ÉMOUSSOIR
erubescente	ÉRUBESCENT
ervo	ERS
esame della progenie	TESTAGE
esattore delle decime	DÉCIMATEUR
esca	APPÂT
escatico	GLANDAGE
eseguire la pacciamatura	PAILLER
esfoliazione	EXFOLIATION
esigibile	REQUÉRABLE
esodo agricolo	EXODE AGRICOLE
esodo rurale	EXODE RURAL
esogamia	EXOGAMIE
esperimento	ESSAI
espropriazione	EXPROPRIATION
esproprio	EXPROPRIATION
esproprio	EMPRISE
essenza	ESSENCE
essere contiguo	JOUXTER
essiccazione	DESSÈCHEMENT
essiccare	SÉCHER
essiccatoio	SÉCHEUR
essiccatoio	SÉCHOIR
essiccatoio	SÉCHERIE
essiccatoio per canapa o per formaggi molli	HÂLOIR
essiccatoio per orzo	TOURAILLE
essiccatore	SÉCHEUR
essiccatore	SÉCHEUSE
essiccatore	SICCATEUR
essiccazione	SÉCHAGE
estensivo	EXTENSIVE
estirpare	DESSOUCHER
estirpare i ceppi	ESSOUCHER
estirpatore	ARRACHEUSE
estirpatore	EXTIRPATEUR

estirpatore di cardi	ÉCHARDONNOIR	far scendere il lagname a valle	LANÇAGE
estirpatrice	ARRACHEUSE	faraona	PINTADE
estirpazione	DESSOUCHAGE	farcino	FARCIN
estivazione	ESTIVAGE	fare le uova	PONDRE
estratto secco	EXTRAIT SEC	fare uscire un gregge dal recinto	DÉPARQUER
estrattore	EXTRACTEUR	farina	FARINE
estrazione (tasso di)	EXTRACTION (TAUX D')	farro	ENGRAIN
estro	OESTRE	farro	ÉPEAUTRE
estro	OESTRUS	fasciacoda	TROUSSE-QUEUE
estrogeno	OESTROGÈNE	fasciapiede	TROUSSE-PIED
etanolo	ÉTHANOL	fasciatura	LIGATURE
eterosi	HÉTÉROSIS	fasciazione	FASCIATION
eterosoma	HÉTÉROSOME	fascina	FASCINE
eterotrofo	HÉTÉROTROPHE	fascina	FAGOT
ettaro	HECTARE	fascinare	FAGOTER
ettolitro	HECTOLITRE	fascinotto	FAGOTIN
eucalipto	EUCALYPTUS	fascio di grossi rami	FALOURDE
eugenia	GIROFLIER	fasciola	DOUVE
eumolpo	EUMOLPE	fasciolosi	FASCIOLOSE
Europa verde	EUROPE VERTE	fastelli	BOTTELAGE
eutrofizzazione	EUTROPHISATION	fastello	JAVELLE
evaporatore	ÉVAPORATEUR	fastello	FAGOT
evaporazione	RESSUIEMENT	fastigiato	FASTIGIÉ
evapotraspirazione	ÉVAPOTRANSPIRATION	fattora	FERMIÈRE
eviscerazione	ÉVISCÉRATION	fattore	FERMIER
evizione	ÉVICTION	fattoressa	FERMIÈRE
eziolamento	ÉTIOLEMENT	fattoria	FERME
fabbisogno idrico	BESOIN EN EAU	fattoria scuola	FERME-ÉCOLE
fabbrica d'amido	AMIDONNERIE	fattoria tipica della Provenza	MAS
fabbrica d'olio d'oliva	OLIVERIE	fattrice	POULINIÈRE
fabbrica di fecola	FÉCULERIE	fauno	FAUNE
fabbricante di utensili in legno	BOISSELIER	fava	FÈVE
fabbricare la birra	BRASSER	fava da foraggio	FÉVEROLE
fabbro	FORGERON	favaggine	FABAGELLE
fabbro specializzato nella lavorazione di utensili da taglio	TAILLANDRIER	faveto	FAVIÈRE
faccende di casa	MÉNAGE	faveto	FÉVIÈRE
faggeta	HÊTRAIE	favetta	FÉVEROLE
faggina	FAINE	favino	FAVEROLE
faggio	FAYARD	favo	RAYON
faggio	HÊTRE	febbraio	FÉVRIER
faggiola	FAINE	febbre aftosa	FIÈVRE APHTEUSE
fagiana	FAISANE	febbre maltese	MALTE (FIÈVRE DE)
fagiano	FAISAN	febbre puerperale	FIÈVRE VITULAIRE
fagianotto	FAISANDEAU	feccia	LIE
fagiolino	FLAGEOLET	fecola	FÉCULE
fagiolo	HARICOT	fecondazione	FÉCONDATION
fagiolo secco	FAYOT	fecondità (tasso di)	FÉCONDITÉ (TAUX DE)
fagiolo selvatico	FASÉOLE	feculento	FÉCULENT
fagopirismo	FAGOPIRISME	feculenza	FÉCULENCE
fagotto	COTRET	felce	FOUGÈRE
faina	FOUINE	felloderma	PHELLODERME
falce	FAUX	fellogeno	PHELLOGÈNE
falce a manico lungo	FAUCARD	femmina	FEMELLE
falce armata	FAUCHON	femmina	FEMELLE
falce fiamminga	SAPE	femmina della lepre/del coniglio	HASE
falce messoria	FAUCILLE	fenditoio per vimine	FENDOIR D'OSIER
falcetto	FAUCILLON	fenofase	PHÉNOPHASE
falce-schiacciatrice	FAUCHEUSE CONDITIONNEUSE	fenologia	PHÉNOLOGIE
falce-schiattra	FAUCHEUSE-ESSOREUSE	fenotipo	PHÉNOTYPE
falce-svetta-andanatrice	COUPEUSE-ÉCIMEUSE-ANDAINEUSE	fermentare	CUVER
falciare	FAUCHER	fermentare	BOUILLIR
falciare le piante acquatiche con l'apposita falce	FAUCARDER	fermentatore	FERMENTEUR
		fermentazione	ÉCHAUFFURE
falciatore	FAUCHEUR	fermentazione	FERMENTATION
falciatrice	FAUCHEUSE	fermentazione con vinacce	CUVAGE
falciatrice	TRANCHE-GAZON	fermento	FERMENT
falciatura	FAUCHAGE	feromoni	PHÉROMONES
falciatura	FAUCHE	ferormoni	PHÉROMONES
falciatura delle piante in acque adibite alla piscicoltura	FAUCARDAGE	ferrana	DRAGÉE
		ferratore	FERREUR
falciola	FAUCILLE	ferratura	FERRAGE
falda acquifera	NAPPE AQUIFÈRE	ferro da cavallo	FER À CHEVAL
falda freatica	NAPPE PHRÉATIQUE	fertile	FERTILE
falerno	FALERNE	fertilità	FERTILITÉ
falsa gemma	ENTRECOEUR	fertilizzante	FERTILISANT
fanciullaccia	NIGELLE	fertilizzazione	FERTILISATION
fanerogame	PHANEROGAMES	fessura	FENTE
fango	BOUE	festa patronale	FRAIRIE
fango	LIMON	feste florali	FLORALIES
fantino	JOCKEY	festuca	FÉTUQUE
far la muta	MUER	fettucce	COSSETTES
far razzia di frutta/ortaggi/pollame	MARAUDER	feudalesimo	FÉODALITÉ
		feudalità	FÉODALITÉ

INDEX ITALIEN-FRANÇAIS

feudatario	FEUDATAIRE	fittavolo	TENANCIER
feudo	FIEF	fittone	PIVOT
feudo	FÉAGE	fiume	RIVIÈRE
feudo dato a censo	VILAINAGE	flaccidezza	FLACHERIE
feudo franco	FRANC-FIEF	flemma	FLEGME
feudo in comune	PARIAGE	fleo	PHLEUM
fiaccola di pàglia	BRANDON	fleo	FLÉOLE
fibra	FIBRE	floema	PHLOÊME
fibra della canapa	TEILLE	flora	FLORE
ficheto	FIGUERAIE	florale	FLORAL
fico	FIGUE	floricoltore	FLEURISTE
fico (pianta)	FIGUIER	floricoltura	FLORICULTURE
fico d'India	FIGUIER DE BARBARIE	floristica	FLORISTIQUE
fienagione	FANAGE	flosculo	FLORULE
fienagione	FENAISON	fluitazione	FLOTTAGE
fienarola	PÂTURIN	focatico	FOUAGE
fienile	FENIL	focolare	FEU
fienile	GRANGE	foglia	FEUILLE
fieno	FOIN	fogliame	FEUILLAGE
fieno greco	FENUGREC	fogliare	FEUILLIR
fieno greco	TRIGONELLE	fogliazione	FEUILLAISON
fiera	FOIRE	fogliazione	FOLIATION
figliare (detto di bovino)	VÊLER	foglie secche	FANES
figliare (detto di capra)	CHEVRÉTER	foglietta	FEUILLETTE
figliare (detto di giumenta)	POULINER	foglietto	FEUILLET
figliare (detto di pecora)	AGNELER	fognare	DRAINER
figliare (detto di suino)	COCHONNER	foiba	DOLINE
figliata	PORTÉE	follatore	FOULOIR
figliatura	VÊLAGE	follatura	FOULONNAGE
fil di ferro	FIL DE FER	follatura	FOULAGE
fila	RANG, RANGÉE	follicolo	FOLLICULE
filaccia	FILASSE	fondiario	FONCIER
filandaia	FILANDIÈRE	fondo	CHAMP
filante	GRAISSE	fondo	PROPRIÉTÉ FONCIÈRE
filare	RANG, RANGÉE	fondo	BIENS-FONDS
filaticcio di seta	FILOSELLE	fondo	FONDS
filatrice	FILEUSE	fondo	TERRE
filatrice	FILANDIÈRE	fondo comunale	COMMUNAL
fillosserica (resistenza)	PHYLLOXÉRIQUE (RÉSISTANCE)	fonio	FONIO
filo	FIL	fontana	FONTAINE
filo morto	MORFIL	fonte	FONTAINE
filo spinato	BARBELÉ	foraggiamento	AFFOURRAGEMENT
filossera	PHYLLOXÉRA	foraggiare	AFFOURRAGER
filtro della cisterna	CITERNEAU	foraggiare	FOURRAGER
filtro di paglia	PAILLON	foraggiere	FOURRAGEUR
fimicolo	FIMICOLE	foraggiero	FOURRAGER
finocchio	FENOUIL	foraggio	FOURRAGE
fior di farina	AFFLEURAGE	foràggio di trifoglio	FENASSE
fior di maggio	BOUQUET DE MAI	foraneo	FORAIN
fioraio	FLEURISTE	forca	FOURCHE
fiordaliso	BLEUET	forca meccanica	LÈVE-PALETTE
fiore	FLEUR	forcata	FOURCHÉE
fiore di zolfo	FLEUR DE SOUFRE	forcella	FOURCHON
fioretta	FLEUR	forcone	FOURCHE
fiorifero	FLORIFÈRE	forcone	FOUINE
fiorile	FLORÉAL	forcuto	FOURCHU
fiorire	FLEURIR	foresta	FORÊT
fiorista	FLEURISTE	forestiero	AUBAIN
fioritura	EFFLORAISON	forma arbustiva	FORME ARBUSTIVE
fioritura	FLORAISON	formaggiaio	FROMAGER
fiorrancio	SOUCI	formaggio	FROMAGE
fiscella	CASERET	formaggio olandese	HOLLANDE
fiscella	CAGEROTTE	formazione delle ballette	MANOCAGE
fiscella	FISSELLE	formio	PHORMIUM
fiscella	FAISSELLE	formula di concimazione	FORMULE DE FUMURE
fisiocrati	PHYSIOCRATES	formulario	FORMULAIRE
fisiocrazia	PHYSIOCRATIE	fornace da calce	CHAUFOUR
fisiopatologia	PHYSIOPATHOLOGIE	fornaciaio	CHAUFOURNIER
fissipede	FISSIPÈDE	fornaio	FOURNIER
fitofarmacia	PHYTOPHARMACIE	forno	FOUR
fitogeografia	PHYTOGÉOGRAPHIE	forno	FOURNIL
fitoiatria	PHYTIATRIE	foro boario	FOIRAIL
fitologia	PHYTOLOGIE	forsythia	FORSYTHIA
fitopatogeno	PHYTOPATHOGÈNE	forzare	HÂTER
fitopatologia	PHYTOPATHOLOGIE	forzatura	FORÇAGE
fitormone	PHYTOHORMONE	fosfataggio	PHOSPHATAGE
fitosanitario	PHYTOSANITAIRE	fosfati	PHOSPHATES
fitosociologia	PHYTOSOCIOLOGIE	fosforite	PHOSPHORITE
fitotecnia	PHYTOTECHNIE	fossa	FOSSE
fitoterapia	PHYTOTHÉRAPIE	fossato	DOUVE
fitotrone	PHYTOTRON	fossato	FOSSÉ
fittavolo	FERMIER	fossi di drenaggio	TRANCHÉES
fittavolo	AMODIATEUR	fosso	FONDRIÈRE

INDEX ITALIEN-FRANÇAIS

fotoperiodismo	PHOTOPÉRIODISME
fotoperiodo	PHOTOPÉRIODE
fotosintesi	PHOTOSYNTHÈSE
fototropismo	PHOTOTROPISME
fragola (pianta)	FRAISIER
fragola	FRAISE
fragolaia	FRAISIÈRE
franchigia	FRANCHISE
franco	FRANC
frangibiade	APLATISSEUR
frangivento	ABAT-VENT
frangivento	ABRI-VENT
frangivento	BRISE-VENT
frangizolle	ÉMOTTEUSE
frangizolle	ÉMOTTOIR
frangola	BOURDAINE
frantoio	CONCASSEUR
frantoio	DÉTRITOIR
frantoio	BROYEUR
frantoio	HUILERIE
frantoio	TORDOIR
frantoio per panelli	BRISE-TOURTEAU
frantumare	CONCASSER
frasca	RAME
frascato	FEUILLÉE
frasche	RAMÉE
frassinella	DICTAME
frassineto	FRÊNAIE
frassino	FRÊNE
frattaglia	FRESSURE
frattaglie	ABATS.
frazionamento	MORCELLEMENT
frazionamento di una proprietà	PARCELLEMENT
frazionare una proprietà	PARCELLER
frazione	HAMEAU
frazione	ÉCART
freatica (falda)	PHRÉATIQUE (NAPPE)
freddo	FROID
freddo intenso	GELÉE
fregio provenzale	GÉNOISE
fregola	RUT
friabile	MEUBLE
frigorifero	FRIGORIFIQUE
frigorifico	FRIGORIFIQUE adj.
frimaio	FRIMAIRE
frisone (razze)	FRISONNES (RACES)
frode	FRAUDE
frogia	NASEAU
fronda	FRONDAISON
fronde	RAMURE
frontale	FRONTEAU
frontale	CHANFREIN
frontino	FRONTEAU
frontino	CHANFREIN
frontista	RIVERAIN
frullone	BLUTOIR
frumentario	FRUMENTAIRE
frumentario	FRUMENTAL
frumentario	FRUMENTAIRE
frumentazione	FRUMENTATION
frumento	FROMENT
frumento	BLÉ
frusta	FOUET
frutta	FRUIT
fruttaiolo	FRUITIER
fruttare	RENDRE
fruttato	FRUITÉ
frutteto	OUCHE
frutteto	VERGER
frutticolo	FRUITIER
frutticoltura	FRUCTICULTURE
fruttidoro	FRUCTIDOR
fruttifero	FRUCTIFÈRE
fruttificare	FRUCTIFIER
fruttificazione	FRUCTIFICATION
frutto	FRUIT
frutto del cacao	CABOSSE
fruttosio	FRUCTOSE
fuco	FAUX-BOURDON
fuco	GOÉMON
fueri	FORS
fuggiasco	MARRON
fumaggine	SUIE
fumaggine	FUMAGINE
fumaria	FUMETERRE
fumigatore	FUMIGATEUR
fumigazione	FUMIGATION
fungaia	CHAMPIGNONNIÈRE
funghicoltore	CHAMPIGNONNISTE
funghicoltura	MYCICULTURE
fungibile	FONGIBLE
fungicida	FONGICIDE
fungicoltura	MYCICULTURE
fungo	CHAMPIGNON
funicella	FICELLE
fuoco batterico	FEU BACTERIEN
fuori stagione	CONTRESAISON
furto di frutti	MARAUDAGE
fusaggine	FUSAIN
fusariosi	FUSARIOSE
fuso	FUSEAU
fustaia	FUTAIE
fusto	FUTAILLE
fusto	TIGE
gabbia	CAGE
gabbia per la cova	NICHOIR
gabbietta (per tappi di spumante)	MUSELET
gabbione	GABION
gagliardo	CORSÉ
gagliardo	VINEUX
galattologia	GALACTOLOGIE
galattometro	GALACTOMÈTRE
galattometro	LACTOMÈTRE
galattometro	PÈSE-LAIT
galla	CÉCIDIE
galla	GALLE
galletto	COQUELET
galliformi	GALLIFORMES
gallina	GÉLINE
gallina	POULE
gallina ovaiola	PONDEUSE
gallinacei	GALLIFORMES
gallinaceo	GALLINACÉ
gallo	COQ
galoppo	GALOP
gambero	ÉCREVISSE
gambo	TIGE
gamete	GAMÈTE
garanza	GARANCE
garenna	GARENNE
gariga	GARRIGUE
garofano	OEILLET
garrese	GARROT
garriga	GARRIGUE
garzone	VALET
garzone di scuderia	LAD
gas di fermentazione	GAZ DE FUMIER
gas di letame	GAZ DE FUMIER
gattice	PEUPLIER BLANC
gattina	GATTINE
gattino	CHÂTON
gelata	GELÉE
gelatina/marmellata di uva	RAISINÉ
gelivo	GÉLIF
gelseto	MÛRAIE
gelso	MÛRIER
gelsomino	JASMIN
gemelli	JUMEAUX
gemma	GEMME
gemma	GEMME
gemma	BOURGEON
gemma	TENDRON
gemma	OEIL
gemma precoce	PROMPT-BOURGEON
gemmazione	BOURGEONNEMENT
gemmifero	GEMMIFÈRE
gemmula	GEMMULE
gemmula	OOSPHÈRE
gene	GÈNE
genealogia	PÉDIGREE
genealogico	GÉNÉALOGIQUE
generazione	GÉNÉRATION
generoso	VINEUX
geneticA	GÉNÉTIQUE
genetista	GÉNÉTICIEN
genipa	GÉNIPAYER

gennaio	JANVIER	girasole	SOLEIL
genoma	GÉNOME	girasole	TOURNESOL
genziana	GENTIANE	giudice in forestale	GRUYER
geografia agraria	GÉOGRAPHIE AGRAIRE	giuggiolo	JUJUBIER
geografia rurale	GÉOGRAPHIE RURALE	giugno	JUIN
geologia applicata all'agricoltura	AGROGÉOLOGIE	giumenta	JUMENT
geomorfologia agraria	GÉOMORPHOLOGIE AGRAIRE	giuncaia	JANNIÈRE
geonomia	GÉONOMIE	giuncaia	JONCHAIE
geoponici	GÉOPONIQUES	giuncata	JONCHÉE
Georgiche	GÉORGIQUES	giunco	JONC
geotermico	GÉOTHERMIQUE	giunco	SCIRPE
geotropismo	GÉOTROPISME	giusquiamo	JUSQUIAME
geranio	GÉRANIUM	gladiolo	GLAIEUL
gerla di vendemmiatore	VENDANGEOIR	glasto comune	PASTEL
gerla	HOTTE	gleba	GLÈBE
germe	GERME	glicine	GLYCINE
germinale	GERMINAL	glomerulo	SEMENCEAU
germinale	GERMINAL	glucometro	GLUCOMÈTRE
germinare	GERMER	glucometro	MUSTIMÈTRE
germinare	BOUTONNER	glucosio	GLUCOSE
germinativo	GERMINATIF	gluma	GLUMES
germinatoio	GERMOIR	glumetta	GLUMES
germinazione	GERMINATION	glutine	GLUTEN
germogliare	GERMER	gobba	BOSSE
germogliare	BOURGEONNER	golpato	NIELLÉ
germogliare	BOUTONNER	golpe del grano	CARIE
germogliazione	BOURGEONNEMENT	golpe del grano	CHARBOUILLE
germoglio	BOURGEON	gombo	GOMBO
germoglio	TENDRON	gomma	GOMME
germóglio	BION	gomma	CAOUTCHOUC
germoglio	REJETON	gommosi	GOMMOSE
germoglio	BROUT	gommosi parassitaria	CRIBLURE
germoglio d'orzo	TOURAILLON	gonade	GONADE
gessare	PLÂTRER	gonfio	SOUFFLÉ
gessatura	PLÂTRAGE	gora	BIEF
gesso	PLÂTRE	gorello	BUSE
gestazione	GESTATION	Gorgonzola	GORGONZOLA
gestire	GOUVERNER	gozzo	JABOT
gettaione	GERZEAU	gradazione alcolica	DEGRÉ ALCOOLIQUE
getto	POUSSE	gradone	PLANCHE
getto	JET	grafiosi	GRAPHIOSE
gheriglio fresco	CERNEAU	grafometro	GRAPHOMÈTRE
ghiaioso	GRAVELEUX	gramigna	CHIENDENT
ghianda	GLAND	graminacee	GRAMINÉES
ghiandatico	GLANDAGE	gramola	BROIE
ghiera	MARGELLE	gramola	MACQUE
giacinto	JACINTHE	gramolare	ÉCANGUER
giaggiolo	IRIS	gramolare	MACQUER
giallume	FLAVESCENCE	gramolatura	MACQUAGE
giallume	GRASSERIE	granaio	GRANGE
giallume	JAUNISSE	granaio	GRENIER
giara	JARRE	grande botte	FOUDRE
giardinaria	JARDINERIE	grandine	GRÊLE
giardinetto	JARDINET	granire	GRENER
giardiniere	JARDINIER	granitura	GRENAISON
giardino	JARDIN	grano	BLÉ
gigante	GÉANTE	grano	GRAIN
gigaro	GOUET	grano duro	AMIDONNIER
giglio	LIS	grano rotto	BRISURES
gimnosperme	GYMNOSPERMES	grano saraceno	SARRASIN
gineprella	GENÉVRETTE	granoturco	TURQUET
ginepreto	GENÉVRIÈRE	granoturco	MAÏS
ginepro	GENÉVRIER	granturco	MAÏS
ginestra	GENÊT	granulo	GRANULÉ
ginestrella	GENESTROLLE	grappa	BRANDEVIN
ginestreto	GENÊTIÈRE	grappolo	RÉGIME
ginestrina	LOTIER	gràppolo	GRAPPE
ginestrone	AJONC	grappolo	RACÈME
ginestrone	LANDIER	graspo	RAFLE
ginestrone	ULEX	grasse (piante)	GRASSES (PLANTES)
ginocchiera	GENOUILLÈRE	grasso	GRAS
giogaia	FANON	grasso	MATIÈRE GRASSE
giogo	JOUG	grasso	GRAS
giornaliero	JOURNALIER	grassume	GRAISSE
giornata	JOURNÉE	graticciata	CLAYONNAGE
giornata lavorativa di un aratore	HOMMÉE	graticcio	CAILLEBOTIS
giostra di mungitura	MANÈGE DE TRAITE	graticcio	CLAYON
giovane bue	BOUVART	graticcio	CLAIE
giovane pianta	PLANÇON	graticcio di falce	RAMASSETTE
giovenca	GÉNISSE	graticolato	TREILLAGE
giovenca	TAURE	graticolato metallico	TREILLIS
giovenco	BOUVET	grattugiare	RÂPER
giovenco	BOUVEAU	gravida	PLEINE

INDEX ITALIEN-FRANÇAIS

gravina	PIOCHE	il figliare (detto di giumenta)	POULINAGE
graziola	GRATIOLE	il mettere al riparo	RENTRÉE
gregario	GRÉGAIRE	il ripiantare	REPLANTATION
gregge	TROUPEAU	ilice	YEUSE
gregge di pecore	RAMADE	ilobio	HYLOBE
greggio	GRÈGE	imbasamento	EMPATTEMENT
greppia	MANGEOIRE	imbastardire	ABÂTARDIR
grillotalpa	COURTILIÈRE	imbastardito	BÂTARD
grillotalpa	TAUPE-GRILLON	imbastare	EMBÂTER
gronda	AVANT-TOIT	imbastare	BÂTER
grondaia	DALLE	imbiancamento	BLANCHIMENT
groppa	CROUPE	imbiancatura	BADIGEONNAGE
groppiera	BACUL	imbibizione	IMBIBITION
groppiera	CROUPIÈRE	imboschimento	BOISEMENT
groppiera	FLAQUIÈRE	imboschire	BOISER
grossa botte	TONNE	imbottare	ENTONNER
grossa susina	QUETSCHE	imbottavino	CHANTEPLEURE
grossa zucca	POTIRON	imbottigliare	EMBOUTEILLER
grosso ventre	GROS VENTRE	imbottigliatrice	TIREUSE
groviera	GRUYÈRE	imbraca	AVALOIRE
gruccia	BÉQUILLE	imbrigliare	BRIDER
grugno	GROIN	imbuto	ENTONNOIR
grugno	MUFLE	immagazzinare	STOCKER
guado	PASTEL	immaturità	IMMATURITÉ
guado	GAUDE	immaturità	VERDEUR
guado	GUÈDE	immaturo	VERT
guado	ISATIS	immissione nel possesso	ENSAISINEMENT
guaiava	GOYAVIER	immissione nel possesso	SAISINE (DROIT DE)
guaime	REGAIN	immobili	IMMEUBLES
guaina	GAINE	immunità	IMMUNITÉ
gualchiera	FOULERIE	immunologia	IMMUNOLOGIE
guanaco	GUANACO	impaccatura	MANOCAGE
guano	GUANO	impagliare	PAILLER
guardaboschi	GARDE-BOIS	impagliatura	EMPAILLAGE
guardabuoi	GARDE-BOEUF	impagliatura	CLISSE
guardabuoi	PIQUE-BOEUF	impagliatura	PAILLAGE
guardacaccia	GARDE-CHASSE	impalare	TUTEURER
guardia campestre	GARDE-CHAMPÊTRE	impalare	RAMER
guardia forestale	GARDE-FORESTIER	impalatura	TUTEURAGE
guardia forestale	VERDIER	impallinatura	CRIBLURE
guardia forestale	FORESTIER	impallinatura	MALADIE CRIBLÉE
guardiacaccia	GARDE-CHASSE	impastatrice	MALAXEUR
guardiano	GARDEUR	impastatura	MALAXAGE
guardiano di messi	MESSIER	impasto di argilla e paglia	TORCHIS
guazza	AIGUAIL	impasto di argilla e paglia	BAUGE
guglia	AIGUILLE	impiallacciatura	PLACAGE
guidare	MENER	impiantare	IMPLANTER
guscio	GOUSSE	impianto (sesto di)	ISOLEMENT (DISTANCE D')
guscio	ÉCALE	impiastro	EMPLÂTRE
guscio	COQUE	impiotare	ENGAZONNER
habitat rurale	HABITAT RURAL	imploveratore	POUDREUSE
herpes	HERPÈS	impollinare	POLLINISER
henequén	HENEQUEN	impollinazione	POLLINISATION
henné	HENNÉ	impolveramento	POUDRAGE
hevea	HÉVÉA	impolveratrice	POUDREUSE
humus	MULL	imponibile	ASSIETTE
humus	HUMUS	importi compensativi monetari	MONTANTS COMPENSATOIRES MONÉTAIRES (M.C.M.)
iambosa	JAMBOSIER		
ibernare	HIBERNACULER	imposta sul vino	JALAGE
ibernare	HIBERNER	imposte	VANTAUX
ibernazione	HIBERNATION	impresa forestale	EXPLOITATION FORESTIÈRE
ibernia	HIBERNIE	improduttivo	IMPRODUCTIF
ibiquista	UBIQUISTE	in via di maturazione	MÛRISSANT
ibisco	KÉNAFF	inacidire	SURIR
ibridazione	HYBRIDATION	inanellare	BOUCLER
ibridismo	HYBRIDISME	inarabile	INDÉFRICHABLE
ibrido	HYBRIDE	inaridimento	TARISSEMENT
ibrido di grano e segale	TRITICALE	incamminare	ACHEMINER
identificazione	IDENTIFICATION	incarnato	INCARNAT
idraulica	HYDRAULIQUE	inchiodatura	CLOUAGE
idrocoltura	HYDROCULTURE	inchiodatura	ENCLOUURE
idrofilo	HYDROPHILE	incisione	INCISION
idrofite	HYDROPHYTES	incisione	TÉRÉBRATION
idrogeologia	HYDROGÉOLOGIE	incisivo	INCISIVE
idromele	HYDROMEL	incollatura	ENCOLLAGE
idroponico	HYDROPONIQUE	incollatura	ENCOLURE
iemale	HIÉMAL	incoltezza	INCULTURE
ieracia	ÉPERVIÈRE	incoltivabile	INCULTIVABLE
igiene veterinaria	HYGIÈNE VÉTÉRINAIRE	incolto	INCULTE
igname	IGNAME	incorporazione	INCORPORATION
igrofila	HYGROPHILE	incremento	TAUX DE CROISSANCE
igrofilo	HYGROPHILE adj.	incremento	ACCRUE
il fare le uova	PONDAISON	incrocio	CROISEMENT

INDEX ITALIEN-FRANÇAIS

incrocio	MÉTISSAGE	insabbiamento	SABLAGE
incrocio vegetale	CROISEMENT VÉGÉTAL	insaccamento	ENSACHEMENT
incubare	INCUBER	insaccare	ENSACHER
incubatrice	COUVEUSE	insaccatrice-pesatrice	PESEUSE-ENSACHEUSE
incubatrice	COUVOIR	insalata	SALADE
incubatrice	INCUBATEUR	insediamento	IMPLANTATION
incubatrice	ÉCLOSOIR	insegnamento agricolo	ENSEIGNEMENT AGRICOLE
incubatrice	POUSSINIÈRE	inselvatichire	ASSAUVAGIR
incubazione	INCUBATION	inseminatore	INSÉMINATEUR
incudinetta	ENCLUMETTE	inseminazione artificiale	INSÉMINATION ARTIFICIELLE
indaco	INDIGO	insetti/animali/uccelli nocivi	NUISIBLES
indeiscente	INDÉHISCENT	insetticida	INSECTICIDE
indennizzo	RESTITUTION	insettifugo	INSECTIFUGE
indice	INDEX	insettivoro	INSECTIVORE
indice	INDICE	insettivoro	INSECTIVORE
indice	INDEXAGE	insetto	INSECTE
indice attinometrico	INDICE ACTINOMÉTRIQUE	insieme degli abitanti di una stessa casa	MAISONNÉE
indice climatico	INDICE CLIMATIQUE	insilaggio	SILOTAGE
indice di aridità	INDICE D'ARIDITÉ	insilamento	ENSILAGE ou ENSILOTAGE
indice di consumo	INDICE DE CONSOMMATION	insilamento	SILOTAGE
indigofera	INDIGOTIER	insilatrice	ENSILEUR
indivia	ENDIVE	insolazione	INSOLATION
indivisione	INDIVISION	installazione	INSTALLATION
industria agroalimentare	INDUSTRIES AGROALIMENTAIRES	intaccatura	FLACHE
industria conserviera	CONSERVERIE	intendente	INTENDANT
industria molitoria	MEUNERIE	intensivo	INTENSIF
industria molitoria	MINOTERIE	intercalare	INTERCALAIRE
industria rurale	INDUSTRIE RURALE	intercludere	ENCLAVER
industriale (agricoltura)	INDUSTRIELLE (AGRICULTURE)	interimpollinazione	INTERPOLLINISATION
industriali (piante)	INDUSTRIELLES (PLANTES)	internodo	ENTRENOEUD
inerbire	ENHERBER	interrimento	ATTERRISSEMENT
inerme	INERME	interzare	TIERCER
inerte	INERTE	intorbidamento	POUSSE
inestirpabile	INDÉRACINABLE	introgressione	INTROGRESSION
infertile	INFERTILE	invacchimento	GRASSERIE
infestante	ADVENTICE	invaiatura	VÉRAISON
infestazione	INFESTATION	invasione	INVASION
infeudamento	INFÉODATION	invecchiamento	VIEILLISSEMENT
infeudare	INFÉODER	inventario	INVENTAIRE
infeudarsi	INFÉODER (S')	inverdimento	VERDISSEMENT
infeudazione	INFÉODATION	invernale	HIVERNAL
infezione	INFECTION	inversione	INVERSION
infiorare	FLEURIR	investimento agricolo	INVESTISSEMENT AGRICOLE
infiorescenza	INFLORESCENCE	investire	INVESTIR
inforcare	ENFOURCHER	investire di un feudo	FIEFFER
informatica agraria	INFORMATIQUE AGRICOLE	investitura	INVESTITURE
infornare	ENFOURNER	inzolfatura	SOUFRAGE
infrascare	RAMER	ionizzazione	IONISATION
infrastruttura	INFRASTRUCTURE	ipericon	MILLE-PERTUIS
infruttescenza	INFRUTESCENCE	ipernutrizione	SURALIMENTATION
ingegnere agrario	INGÉNIEUR AGRONOME	iperparassita	HYPERPARASITE
ingegneria genetica	GÉNIE GÉNÉTIQUE	ipide	SCOLYTE
ingegneria rurale	GÉNIE RURAL	ipodermosi	HYPODERMOSE
ingiallimento	JAUNISSEMENT	ipogeo	HYPOGÉ
ingluvie	JABOT	ippico	HIPPIQUE
ingolla	CUEILLOIR	ippocastano	MARRONNIER
ingozzamento	GAVAGE	ippodromo	CHAMP DE COURSE
ingozzare	GAVER	ippologia	HIPPOLOGIE
ingozzatrice	GAVEUSE	ippotecnica	HIPPOTECHNIE
ingrassamento	ENGRAISSAGE	ircino	HIRCIN
ingrassare	ENGRÉNER	iride	IRIS
ingrasso	ENGRAIS	iris	IRIS
ingrasso	EMBOUCHE	irrigare	IRRIGUER
ingrasso del pollame	EMPÂTEMENT	irrigatore	ARROSEUR
ingrasso/concime verde	ENGRAIS VERT	irrigatore	CANON
inibitore	INHIBITEUR	irrigatore	JUTEUR
inibizione	INHIBITION	irrigatore	IRRIGATEUR
innestare	ENTER tr	irrigatore girevole/rotante	TOURNIQUET HYDRAULIQUE
innestare	GREFFER	irrigazione	IRRIGATION
innestare a occhio	ÉCUSSONNER	irrigazione a goccia/a sgocciolamento	GOUTTE À GOUTTE
innestare a occhio	OCULER	irrorare	SERINGUER
innestatoio	ÉCUSSONNOIR	irrorazione	IRRORATION
innestatoio	ENTOIR	irudinicoltore	HIRUDINICULTEUR
innestatoio	GREFFOIR	isabella	ISABELLE
innestatore	GREFFEUR	isatis	GUÈDE
innestatura	GREFFAGE	isatis	ISATIS
innesto	GREFFE	isolato	ÎLOT
innesto	GREFFON	issopo	HYSOPE
innesto a occhio	OCULATION	istogenesi	HISTOGENÈSE
innesto a occhio	PLACAGE	istruttore rurale	INSTITUTEUR AGRICOLE
inoculazione	INOCULATION	iugero	JUGÈRE
inondazione	INONDATION	iuta	JUTE
inquinamento	POLLUTION	jenneriano	JENNÉRIEN

INDEX ITALIEN-FRANÇAIS

jockey	JOCKEY	lattiero	LAITIER
kainite	KAÏNITE	lattifero	LACTIFÈRE
kaki	KAKI	lattiginoso	LAITEUX
kapok	KAPOK	lattodotto	PIPE-LAIT
karakul	KARACUL	lattometro	PÈSE-LAIT
karite	KARITÉ	lattosio	LACTOSE
kibbutz	KIBBOUTZ	lattuga	LAITUE
kiwi	KIWI	lattuga crespa	BATAVIA
kolchos	KOLKHOZE	lattuga romana	CHICON
kulak	KOULAK	lattuga romana	ROMAINE
l'accovonare	GERBAGE	laudemio	LODS ET VENTES (DROITS DE)
l'ammannare	JAVELAGE	lauro	LAURIER
l'essere feccioso	FÉCULENCE	lauroceraso	LAURIER-CERISE
l'essere plebeo	ROTURE	lavabottiglie	RINCE-BOUTEILLE
l'imbiadare	EMBLAVAISON	lavanda	LAVANDE
l'insieme dei contadini	PAYSANNERIE	lavorare	OUVRER
Labiate	LABIÉE	lavorazione del legname	FAÇONNAGE DU BOIS
lablab	LABLAB	lavoro	TRAVAIL
laboratorio	ATELIER	lavoro faticoso	LABEUR
lacrime	LARMES	le diverse parti di una casa	ETRES
lago collinare	LAC COLLINAIRE	lecanio	LÉCANIUM
laguna	LAGUNE	lecanio	LÉCANIE
lagunaggio	LAGUNAGE	leccio	YEUSE
lama	LAMA	legaccio	MAILLETON
lambrusca	LAMBRUSQUE	legame	LIEN
lambrusco	LAMBRUSQUE	legare	LIER
lamburda	LAMBOURDE	legare con vinchi	ACCOLER
lamina	LIMBE	legatore	NOUEUR
lampone	FRAMBOISE	legatrice	BOTTELEUSE
lampone (pianta)	FRAMBOISIER	legatrice	LIEUSE
lana	LAINE	legatura	PLEYON
lana della coda	COAILLE	legatura	PLAYON
lana migliore del dorso	MÈRE-LAINE	legatura	LIAGE
lana morticina	MORINE	legatura con vinchi	ACCOLAGE
lana ricavata	TONDAILLES	legatura in fasci	BOTTELAGE
lanaiolo	LAINIER	legge agraria	LOI AGRAIRE
lancetta	AIGUILLE	leggero	LÉGER
lancia d'irrigazione	LANCE D'ARROSAGE	leggero	VEULE
landa	LANDE	leggero e gradevole (vino)	COULANT
landa	BRANDE	leggi agrarie	CODE RURAL
landa	VARENNE	legislazione rurale	LÉGISLATION RURALE
laniere	LAINIER	legna da carbonella	CHARBONNETTE
laniero	LAINIER	legna da fuoco	FEU (BOIS DE)
lanugine	BOURRAT	legna de segare in assi	FENTE (BOIS DE)
lappa	BARDANE	legna di sottobosco	MORT-BOIS
lappola	GLOUTERON	legnaia	BÛCHER
lappola	LAMPOURDE	legname	BOIS
lardatura	LARDAGE	legname con corteccia	GRUME
larice	MÉLÈZE	legname di quercia per doghe	MERRAIN
larice americano	ÉPINETTE	legnatico	AFFOUAGE
lariceto	MÉLÉZIN	legno	BOIS
larva	LARVE	legnoso	LIGNEUX
larva d'estro	VARRON	legume	LÉGUME
larva della nottua	VER GRIS	legumiera	LÉGUMIER
larva di maggiolino	MORDETTE	leguminose	LÉGUMINEUSES
larva di maggiolino	VER BLANC	lehm	LEHM
lasciapassare	LAISSEZ-PASSER	lembo	LIMBE
lastre	LOSES	lente	LENTILLE
latente	LATENT	lenticchia	LENTILLE
latenza	LATENCE	lenticella	LENTICELLE
latice	LATEX	lentischio	LENTISQUE
laticifero	LATICIFÈRE	lepidio	LÉPIDIER
latifoglie	FEUILLUS	lepidio	PASSE-RAGE
latifundista	LATIFUNDIAIRE	leporide	LÉPORIDE
latifondo	LATIFUNDIUM	lepre	LIÈVRE
latirismo	LATHYRISME	lepre o coniglio maschio	BOUQUIN
latiro	LATHYRUS	letale	LÉTAL
latta per olio/benzina	ESTAGNON	letame	FUMIER
lattaio	LAITIER	letame	GADOUE
lattazione	LACTATION	letargo	QUIESCENCE
latte	LAIT	letargo invernale	HIBERNATION
latte cagliato	MATON	lettiera	LITIÈRE
latte in polvere	POUDRE DE LAIT	lettime	LITIÈRE
latteo	LACTÉ	leucosi	LEUCOSE
latteo	LAITEUX	liana	LIANE
latteria	LAITERIE	liberare dal basto	DÉBÂTER
latteria	CRÈMERIE	libero	FRANC
lattescente	LACTESCENT	libro	LIBER
lattice	LATEX	libro genealogico	LIVRE GÉNÉALOGIQUE
latticello	PETIT-LAIT	libro genealogico dei bovini	HERD-BOOK
latticello	BABEURRE	licenza	CONGÉ
latticini	LAITAGES l.	lichene	LICHEN
lattico (acido)	LACTIQUE (ACIDE)	lievito	LEVURE

INDEX ITALIEN-FRANÇAIS

lievito	LEVAIN
ligio	LIGE
lignaggio	LIGNAGER
ligneo	LIGNEUX
lignificazione	LIGNIFICATION
lignina	LIGNINE
ligustro	TROÈNE
lilla	LILAS
limaccia	LIMACE
limetta	LIME
limitare	ORÉE
limitatore di portata	LIMITEUR DE DÉBIT
limiti	LIMITES DES PARCELLES
limo	LIMON
limone	CITRON
limone (pianta)	LIMONIER
limone (pianta)	CITRONNIER
limonina	CITRONNELLE
linea	LIGNE
lineto	LINIÈRE
linfa	SÈVE
linfa elaborata	SÈVE ÉLABORÉE
linfa greggia	SÈVE BRUTE
lino	LIN
lino della Nuova Zelanda	PHORMIUM
liofilizzazione	LYOPHILISATION
liquidambar	LIQUIDAMBAR
liquirizia	RÉGLISSE
liquore di rifermentazione	LIQUEUR DE TIRAGE
liriodendro	TULIPIER
lisimetro	LYSIMÈTRE
litiasi	LITHIASE
litro	LITRE
livellamento	NIVELLEMENT
livellamento	RÉGALEMENT
livellare	RÉGALER
livellario libero	FRANC TENANCIER
livellatora	NIVELEUSE
livellazione	NIVELAGE
locale di essiccamento	SÉCHOIR FROMAGER
locali di servizio	COMMUNS
località	LIEUDIT
locatore	BAILLEUR
locazione	LOUAGE
locazione	BAIL À FERME
locus	LOCUS
locusta	SAUTERELLE
locusta	LOCUSTE
loess	LOESS
loglierella	RAY-GRASS
loglio	IVRAIE
logoro	LEURRE
lolle	BALLES
lombricida	LOMBRICIDE
lombrico	LOMBRIC
longevità	LONGÉVITÉ
loppe	BALLES
loto del Giappone	KAKI
lotta	LUTTE
lottizzazione	ALLOTISSEMENT
lotto	LOT
lucidatura	POLISSAGE
lucidatura	HUILAGE
luglio	JUILLET
lumaca	ESCARGOT
lumaca	LIMACE
lumachella	FALUNS
lunetta	LUNETTE
luogo destinato al bestiame da ingrasso	NOURRICERIE
luogo di riposo per il bestiame	DORMOIR
luogo ove si tranciano le barbabietole	RÂPERIE
lupinella	ESPARCETTE
lupinella	LUPINELLE
lupinella	SAINFOIN
lupino	LUPIN
lupino	LOUVET
lupinosi	LUPINOSE
luppolina	LUPULINE
luppolina	MINETTE
luppolo	HOUBLON
luzula	LUZULE
macchia	MASSIF
macchia	MAQUIS
macchia	HALLIER
macchina per dissodare	ÉCROÛTEUSE
macchina per drenaggio	MACHINE À DRAINER
macchina per drenaggio con dispositivo posatubi	DRAINEUSE
macchina per far seccare il fieno	FANEUSE
macchina tosatrice	TONDEUSE
macchinario agricolo	MACHINISME AGRICOLE
macellaio	BOUCHER
macellatore	TUEUR
macellazione	ABATTAGE
macelleria	BOUCHERIE
macerare	ROUIR
maceratoio	ROUTOIR
macerazione	ROUISSAGE
macerazione	TREMPAGE
macerazione	MACÉRATION
macerone	MACÉRON
machete	MACHETTE
macilenza	GATTINE
macilenza	LUISETTE
macinare	CONCASSER
macinare	MOUDRE
macinatura	MOULINAGE
macinatura	MOUTURE
maciulla	BROIE
maciulla	MACQUE
maciullare	MACQUER
maciullatura	MACQUAGE
maculato	MOUCHETÉ
Madera	MADÈRE
maderizzazione	MADÉRISATION
madia	ARCHE
madia	HUCHE
madia	PÉTRIN
madia	MAIE
madre dell'aceto	MÈRE
magazzino	ENTREPÔT
maggesare	JACHÉRER
maggese	JACHÈRE
maggese	GUÉRET
maggio	MAI
maggiolino	HANNETON
maggiorana	MARJOLAINE
maggiorasco	MAJORAT
maglia	MAILLE
magnolia	LAURIER-TULIPIER
magnolia	MAGNOLIA
magro	MAIGRE
maiale	COCHON
maiale	PORC
maiale, porco	POURCEAU
maialino	GORET
mais	MAÏS
mais dolce	MAÏS DOUX
mais zuccherino	MAÏS DOUX
mal del piede	PIÉTIN
mal del piombo	PLOMB
mal dell'ala	MAL D'AILE
mal dell'inchiostro	ENCRE (MALADIE DE L')
mal della bolla	CLOQUE
mal di maggio	MAL DE MAI
mal rossino	ROUGET
Malaga	MALAGA
malandra	MALANDRE
malassatrice	MALAXEUR
malassazione	MALAXAGE
malattia batterica	BACTÉRIOSE
malattia crittogamica	MALADIE CRYPTOGAMIQUE
malattia delle patate	FRISOLLÉE
malattia fisiologica	MALADIE PHYSIOLOGIQUE
malattie metaboliche	MÉTABOLIQUES (MALADIES)
malattie provocate da vermi	VERMINEUSES (MALADIES)
male	MAL
malerba	CHIENDENT
malerbologia	MALHERBOLOGIE
malga	ALPE
malga	BURON
malga	CHALET
malico (acido)	MALIQUE (ACIDE)
mallo	BROU
maltaggio	MALTAGE
maltasi	MALTASE

INDEX ITALIEN-FRANÇAIS

malteria	MALTERIE
maltina	MALTINE
malto	MALT
maltosio	MALTOSE
maltusianismo	MALTHUSIANISME AGRICOLE
malva	MAUVE
malvarosa	TRÉMIÈRE
malvarosa	PASSE-ROSE
Malvasia	MALVOISIE
malvone	TRÉMIÈRE
Mamertino	MAMERTIN
mammario	MAMMAIRE
mammella	MAMELLE
mammella	PIS
mammella	TÉTINE
mammiferi	MAMMIFÈRES
manarese	FAUCHARD
mancinella	MANCENILLIER
mancino	PANARD
mandarancio	CLÉMENTINE
mandarino (pianta)	MANDARINIER
mandorla	AMANDE
mandorleto	AMANDAIE
mandorlo	AMANDIER
mandragora	MANDRAGORE
mandria	TROUPEAU
mandriano	PASTEUR
maneggiamento	MANIEMENT
maneggio	MANIEMENT
maneggio	MANÈGE
manente	MANANT
mangiatoia	CRÈCHE
mangiatoia	MANGEOIRE
mangiatutto	MANGE-TOUT
mangime	MANGEAILLE
mangime	PROVENDE
mango (pianta)	MANGUIER
mangostano	MANGOUSTANIER
manicotto dell'elemento mungitore	MANCHON-TRAYEUR
maniero	MANOIR
manioca	MANIOC
manipolazione genetica	MANIPULATION GÉNÉTIQUE
maniscalco	MARÉCHAL-FERRANT
maniscalco	FERREUR
manna	MANNE
mannite	MANNITE
manodopera	MAIN D'OEUVRE
manodopera stagionale	MAIN D'OEUVRE SAISONNIÈRE
manomissione	MANUMISSION
manomorta	MAINMORTE (DROIT DE)
manomorta	MORTAILLE
manomortabili	MORTAILLABLES
manovale	MANOUVRIER
manso	MANSE
mantello	ROBE
manto	ROBE
manutenzione	MAINTENANCE
manza	GÉNISSE
manzo	BOUVART
manzo	BOUVEAU
manzo	BOUVILLON
maranta	ARROW-ROOT
marasca	MARASQUE
marasca	MERISE
marasco	MERISIER
marcare	MARQUER
marcasolco	TRAÇOIR
marcatore	MARQUEUR
marcatura	MARQUAGE
marcescente	MARCESCENT
marchiatore	MARTEAU
marchiatura	INDEXAGE
marchiatura	MARQUAGE
marchiatura	MARTELAGE
marchiatura del bestiame	FERRADE
marchio	LABEL
marcita	MARCITE
marcita	NOUE
marciume	PIED NOIR
marciume	POURRIDIÉ
marciume	POURRITURE
marciume	ROT
marciume a circoli	MONILIOSE
marciume del colletto	RHIZOCTONE
marcorella	MERCURIALE
maremma	MARÉCAGE
maremma	MAREMME
marezzato (legno)	MADRÉ
margherita	MARGUERITE
margine	LISIÈRE
margotta	MARCOTTE
margotta di vite	COUCHURE
margottamento	MARCOTTAGE
marmellata di buccia d'arancia	ROQUILLE
marmellata di frutta	CONFITURE
marmorizzatura	MARBRURE
marmotta	MARMOTTIER
marna	MARNE
marnare	MARNER
marnatura	MARNAGE
marra	MARRE
marra	HOUE
marra	HOYAU
marra	BECHOIR
marra per vigneto	FOSSOIR
marrone	MARRON
martello	MARTEAU
martingala	MARTINGALE
marza	GREFFE
marza	GREFFON
marza	ENTE
marzo	MARS
maschio dell'oca	JARS
massello	BOIS DE COEUR
masseria	BORDE
masseria	FERME
Massico	MASSIQUE
mastelletto	BAILLE
mastello	BAQUET
mastice	MASTIC
mastite	MAMMITE
mate	MATÉ
materia attiva	MATIÈRE ACTIVE
materia prima	MATIÈRE PREMIÈRE
materia secca	MATIÈRE SÈCHE
materie fertilizzanti	MATIÈRES FERTILISANTES
materie organiche	MATIÈRES ORGANIQUES
matricaria	MATRICAIRE
matricina	BALIVEAU
matricina	ESTALON ou ETALON
matricina	ÉTALON
matricinatura	BALIVAGE
mattatoio	ABATTOIR
maturare	MATURER
maturare	MÛRIR
maturazione	MÛRISSAGE
maturazione	AOÛTAGE
maturazione	MATURATION
maturità	MATURITÉ
maturo	MÛR
mazza	MAILLOCHE
mazzacavallo	CHADOUF
mazzapicchio	MERLIN
mazzettone	GERZEAU
mazzo	BOTTE
mazzo	BOUQUET
meccanizzazione agricola	MÉCANISATION AGRICOLE
medicina veterinaria	MÉDECINE VÉTÉRINAIRE
medicinali (piante)	MÉDICINALES (PLANTES)
Medoc	MÉDOC
meiosi	MÉIOSE
mela	POMME
mela appiola	API
mela cotogna	COING
mela renetta	REINETTE ou RAINETTE
melampiro	MÉLAMPYRE
melanosi	MÉLANOSE
melanzana	AUBERGINE
melario	HAUSSE DE RUCHE
melassa	MÉLASSE
melassato	MÉLASSÉ
melata	MIELLAT
melata	MIELLÉE
melato	MIELLEUX
meliloto	MÉLILOT
melissa	MÉLISSE

INDEX ITALIEN-FRANÇAIS

mellifero	MELLIFÈRE	mira	MIRE
mellificazione	MELLIFICATION	mirabella	MIRABELLE
melma	VASE	miristica	MUSCADIER
melo cotogno	COGNASSIER	mirtillo	AIRELLE
melo	POMMIER	mirtillo	CANNEBERGE
melograno	GRENADIER	mirtillo	MYRTILLE
melonaio	MELONNIÈRE	mirtillo	VACCINIUM
melone	MELON	mirto	MYRTE
menhir	MENHIR	miscela	MÉLANGE
mensa	MENSE	miscela cuprocalcica	BOUILLIE CUPRIQUE
menta	MENTHE	miscela di grano e segale	MÉTEIL
mercato	MARCHÉ	miscelatore	MÉLANGEUSE
Mercato Comune	MARCHÉ COMMUN	mistello	MISTELLE
mercato delle erbe	HERBERIE	misto	PANACHÉ
mercuriale	MERCURIALE	misurazione	MENSURATION
mericismo	MÉRYCISME	misurazione della legna	STÉRAGE
merino	MÉRINOS	misurazione in are	ARÉAGE
meristema	MÉRISTÈME	mitilicoltura	MYTILICULTURE
messa	POUSSE	mitosi	MITOSE
messe	MOISSON	mixomatosi	MYXOMATOSE
messidoro	MESSIDOR	mobilizzare	AMEUBLIR
mestolone	SOUCHET	modo di gestione	MODE DE TENURE
metabolismo	MÉTABOLISME	modulo	MODULE
metaboliti	MÉTABOLITES	moggio	BOISSEAU
metafosfato	MÉTAPHOSPHATE	moggio	MUID
meteorismo	MÉTÉORISATION	mohair	MOHAIR
meteorologia agricola	MÉTÉOROLOGIE AGRICOLE	mola	MEULE
meteorologia agraria	AGROMÉTÉOROLOGIE	molenda	MOUTURE
meticciamento	MÉTISATION	molinia	MOLINIE
meticciamento	MÉTISSAGE	molitorio	MEUNIER
meticcio	MÉTIS	molletta	MOLETTE
metilico	MÉTHYLIQUE	mollusco giovane	NAISSAIN
metrologia	MÉTROLOGIE	molluscocida	MOLLUSCIDE
mettere il basto	BÂTER	moltiplicazione per talea	BOUTURAGE
metter radice	RACINER	moltiplicazione sessuale	MULTIPLICATION SEXUÉE
mettere a catasto	ENCADASTRER	moltiplicazione vegetativa	MULTIPLICATION VÉGÉTATIVE
mettere al pascolo	MISE À L'HERBE	monastero	MONASTÈRE
mettere in cantina	ENCAVER	mondare dalle stoppie	CHAUMER
mettere in serra	ENSERRER	mondatura	CISELAGE
mettere in vaso	EMPOTER	mondatura dei campi dalle stoppie	CHAUMAGE
mettere nel parco	PARQUER	mondiglia	CRIBLURE
mettere nella stalla	ÉTABLER	moniliosi	MONILIOSE
mezza mina	MINOT	monocoltura	MONOCULTURE
mezzadria	MÉTAYAGE	monocotiledoni	MONOCOTYLÉDONE
mezzadro	BORDIER	monocotiledone	MONOCOTYLÉDONE
mezzadro	MÉGER	monoico	MONOÏQUE
mezzadro	MÉTAYER	monovomere	MONOSOC
mezzadro	GRANGER	monta	LUTTE
mezzeria	MÉTAYAGE	monta	SAILLIE
mezzeria	MÉTAIRIE	monta	ÉTALONNAGE
mezzo	BLET	monta	MONTÉE
mezzosangue	DEMI-SANG	monta	MONTE
micelio	BLANC DE CHAMPIGNON	montatoio	MONTOIR
micelio	MYCÉLIUM	monticazione	ESTIVAGE
micologia	MYCOLOGIE	monticello	TERTRE
micoplasmosi	MYCOPLASMOSE	montone	MOUTON
micorriza	MYCORHIZE	montone	BÉLIER
micosi	MYCOSE	mora	MÛRE
microbio	MICROBE	mordacchia	MORAILLES
microbiologia	MICROBIOLOGIE	mordacchia	MOUCHETTE
microbismo	MICROBISME	morella	MORELLE
microbo	MICROBE	morfologia agraria	MORPHOLOGIE AGRAIRE
microclima	MICROCLIMAT	moria	MORINE
miele	MIEL	morso	MORS
miele vergine	MIEL DE GOUTTE	morva	FARCIN
mietere	MOISSONNER	morva	MORVE
mietiandanatrice	MOISSONNEUSE-ANDAINEUSE	mosaico	MOSAÏQUE
mietitore	MOISSONNEUR	mosca	MOUCHE
mietitrebbiatrice	COMBINE	mosca della frutta	LYDE
mietitrebbiatrice	MOISSONNEUSE-BATTEUSE	mosca minatrice	MOUCHE MINEUSE
mietitrice	MOISSONNEUSE-BATTEUSE	moscardina	MUSCARDINE
mietitura	MOISSON	moscardino	MUSCARDIN
mietitura	MOISSONNAGE	moscatello	MOSCATEL
miglio	MIL	moscato	MUSCAT
miglio	MILLET	mostimetro	MUSTIMÈTRE
migliorare	ABONNIR	mostimetro	PÈSE-MOÛT
migratore	MIGRANT	mosto	MOÛT
millefoglio	MILLEFEUILLE	mosto muto	MISTELLE
millesimo	MILLÉSIME	mosto prima della pigiatura	SURMOÛT
mimosa	MIMOSA	motoaratrice	MOTOCULTEUR
minestra	POTAGE	motocoltivatore	MOTOTRACTEUR
minimum (legge di)	MINIMUM (LOI DU)	motocoltura	MOTOCULTURE
ministero dell'Agricoltura	MINISTÈRE DE L'AGRICULTURE	motofalciatrice	MOTOFAUCHEUSE

INDEX ITALIEN-FRANÇAIS

motopompa	MOTOPOMPE
motore eolico	ÉOLIENNE
motorizzazione	MOTORISATION
mototrebbiatrice	MOTOBATTEUSE
motozappatrice	MOTOBINEUR
mozzare le orecchie e la coda	COURTAUDER
mucca	VACHE
mucchio di fieno	MOYETTE
muda (per gli uccelli)	MUE
muffa	MOISISSURE
muffa grigia	TOILE
muffolo	MUFLE
muggito	MEUGLEMENT
mughetto	AMOURETTE
mughetto	MUGUET
mugic	MOUJIK
mugnaio	MINOTIER
mugnaio	MEUNIER
mula	MULE
mulattiera	MULETIER adj.
mulattiere	MULETIER
mulattiere	MULASSIER
mulattiero	MULASSIER adj.
mulino	MOULIN
mulino	MINOTERIE
mulino a vento	MOULIN-À-VENT
mulo	MULET
multicoltura	MULTICULTURE
multipara	PLURIPARE
multipara	MULTIPARE
multivomere	MULTISOCS
mummia	MOMIE
mungere	TRAIRE
mungitrice	TRAYEUSE
mungitrice meccanica	MACHINE À TRAIRE
mungitura	MULSION
mungitura	TRAITE
municipio	COMMUNE
munire di finimenti	ENHARNACHER
muovere con la forca	FOURCHER
muovere la terra	MOUVER
muratura grossolana	HOURDIS
muretto	MURETTE
muro	MUR
muro	MURAILLE
muro di sostegno	ÉPAULEMENT
muscadet	MUSCADET
musello	MUFLE
museruola	MUFLIÈRE
museruola	MUSELIÈRE
museruola	MUSEROLLE
musetta	MUSETTE-MANGEOIRE
muso	MUFLE
muta	MUE
mutageno	MUTAGÈNE
mutante	MUTANT
mutare	MUER
mutazione	MUTATION
mutua assistenza	ENTRAIDE
nanismo	NANISME
nano	NAIN
Napea	NAPÉE
narciso	NARCISSE
nardo	NARD
narice	NASEAU
nasello	NASIÈRE
nasiera	NASIÈRE
nasturzio	CAPUCINE
naviglio	NAVILLE
navone	NAVET
navone	RUTABAGA
nebbia	NÈBLE
nebulizzatore	ATOMISEUR
nebulizzatore	NÉBULISATEUR
nebulizzazione	BRUMISATION
nebulizzazione	NÉBULISATION
necrosi	NÉCROSE
nectria	NECTRIA
negoziante all'ingrosso di farine	MINOTIER
negozio di granaglie	GRAINETERIE
nematocida	NÉMATICIDE
nematodi	NÉMATODES
neolitico	NÉOLITHIQUE
nero	FUMAGINE
nero animale	NOIR ANIMAL
nespolo	NÉFLIER
nespolo comune	AMÉLANCHIER
nespolo del Giappone	BIBASSIER
nettafossi	CUREUSE
nettare	NECTAR
nettare	ÉCURER
nettario	NECTAIRE
neutralizzazione	NEUTRALISATION
neutro	NEUTRE
nevoso	NIVÔSE
nicotina	NICOTINE
nicotinismo	NICOTINISME
nidiandolo	NICHET
nidiata	PORTÉE
nidiata	NICHÉE
nidificazione	NIDIFICATION
nido	NID
nido	PONDOIR
nido di colombaia	BOULIN
niello	NIELLE
nigella	QUATRE-ÉPICES
nigella	NIGELLE
ninfosi	NYMPHOSE
nitrati industriali	NITRATES INDUSTRIELS
nitrati naturali	NITRATES NATURELS
nitrato	AZOTATE
nitrato	NITRATE
nitrato di ammonio	AMMONITRATE
nitrico	NITRIQUE
nitrificazione	NITRIFICATION
nitrito	HENNISSEMENT
nitrobatterio	NITROBACTÉRIE
nitrofosfato	NITROPHOSPHATE
nitrosazione	NITROSATION
nocchio	BROUSSIN
nocciola	NOISETTE
noccioleto	COUDRAIE
noccioleto	NOISERAIE
nocciolina americana	CACAHOUÈTE
nocciolo	NOISETIER
nocciolo	COUDRIER
nocciolo	NOYAU
noce	NOIX
noce (pianta)	NOYER
noce	NOYER
noce moscata	MUSCADE
nocella	NUCELLE
nocifero	NUCIFÈRE
nodello	BOULET
nodo	NOEUD
nodosità	LOUPE
nodosità	NODOSITÉ
noduli	NODULES
nomade	ITINÉRANTE
nomade	NOMADE
nomadismo	NOMADISME
nopale	NOPAL
noria	NORIA
noria	MANÈGE
norma	NORME
norma	STANDARD
norma alimentare	NORME ALIMENTAIRE
normalizzazione	NORMALISATION
nosematosi	PÉBRINE
nosemiasi	NOSÉMOSE
nottua	NOCTUELLE
novale	NOVALE
novembre	NOVEMBRE
nucleo	NOYAU
nucleo abitativo	DVOR
nucula	NUCULE
nuda proprietà	NUE-PROPRIÉTÉ
nuovo (di vino bianco)	BOURRU
nuovo getto	REPOUSSE
nutrimento	NUTRIMENT
nutrimento	NOURRISSEMENT
nutritivo	NUTRITIF
nutrizione	NUTRITION
oasi	OASIS
oblazione	OBLATION
obsolescenza	OBSOLESCENCE

INDEX ITALIEN-FRANÇAIS

obsoleto	OBSOLÈTE	ortaggio	HORTOLAGE
oca	OIE	ortensia	HORTENSIA
occhio	ÉCUSSON	ortica	ORTIE
occhio	OEIL	ortica bianca	RAMIE
oidio	OÏDIUM	orticaria	ÉCHAUBOULURE
oleacee	OLÉAGINEUX	orticolo	HORTICOLE
olandese	HOLLANDAISE	orticolo	MARAÎCHER
oleaginoso	OLÉAGINEUX	orticoltore	MARAÎCHER
oleandro	LAURIER-ROSE	orticoltura	HORTICULTURE
oleandro	OLÉANDRE	orticoltura	MARAÎCHAGE
oleastro	OLÉASTRE	orticoltura	CULTURE MARAÎCHÈRE
oleico	OLÉIQUE	orto	POTAGER
oleicolo	OLÉICOLE	orto	OUCHE
oleicoltore	OLÉICULTEUR	orto	JARDIN
oleicoltura	OLÉICULTURE	ortolano	MARAÎCHER
oleifero	OLÉIFÈRE	ortolano	LÉGUMISTE
oleificio	HUILERIE	ortolano	VERDURIER
oleina	OLÉINE	orzo	ORGE
oleoso	OLÉAGINEUX	orzo precoce	ESCOURGEON
oligoelementi	OLIGOÉLÉMENTS	orzola	PAUMELLE
olio	HUILE	osmosi	OSMOSE
oliva	OLIVE	ospite	HÔTE
olivastro	OLÉASTRE	ossalide	OXALIDE
oliveto	OLIVAIE	ossidasi	OXYDASE
olivicolo	OLÉICOLE	ossiuro	OXYURE
olivicoltore	OLÉICULTEUR	ostrica	HUÎTRE
olivicoltura	OLÉICULTURE	ostricoltura	OSTRÉICULTURE
olivo	OLIVIER	otre	OUTRE
olmaia	ORMAIE	ottobre	OCTOBRE
olmeto	ORMAIE	ovaia	OVAIRE
olmo	ORME ou ORMEAU	ovaio	COQUETIER
olmo	ULMEAU	ovaiolo	COQUETIER
olmo campestre	TORTILLARD	ovario	OVAIRE
omaggio	HOMMAGE	ovicida	OVICIDE
omaso	FEUILLET	ovidi	OVIDÉS
omaso	OMASUM	ovile	JASSERIE
ombreggiato	COUVERT	ovile	BERCAIL
ombrellifere	OMBELLIFÈRES	ovile	JAS
ombrofilo	OMBROPHILE	ovile	BERGERIE
ombroso	OMBRAGEUX	ovini	OVINS
ombroso	COUVERT	ovino	ANTENAIS
omeotermo	HOMÉOTHERME	oviparo	OVIPARE
omologazione	HOMOLOGATION	ovocita	OVOCYTE
oneri	CHARGES	ovogenesi	OVOGÉNÈSE
ononide	BUGRANE	ovogonio	OVOGONIE
ononide	ARRÊTE-BOEUF	ovoscopio	OVOSCOPE
ontaneto	AULNAIE	ovulazione	OVULATION
ontano	AULNE	ovulo	OVULE
ontano	VERGNE	P.A.C.	P.A.C. sigle
ontogenesi	ONTOGÉNÈSE	pacchetto di foglie di tabacco	MANOQUE
oocita	OVOCYTE	pacciamatura	PAILLAGE
oogonio	OVOGONIE	pacciamatura	MULCHING
oologia	OOLOGIE	pachidermia	PACHYDERMIE
oosfera	OOSPHÈRE	padrone	MAÎTRE
operaia	OUVRIÈRE	padrone di cantina	MAÎTRE DE CHAI
operaio	OUVRIER	paesaggio	PAYSAGE
opercolo	OPERCULE	paesaggio rurale	PAYSAGE RURAL
oppio	OPIUM	paese	PAYS
orcanetto	ORCANETTE	paese	VILLAGE
orchidea	ORCHIDÉE	paglia	PAILLE
orcio	JARRE	paglia	FEURRE
orecchio	VERSOIR	paglia	CHAUME
orfana	ORPHELINE	paglia di segale	GLUI
orfanizzare	ORPHELINER	pagliaio	PAILLER
organico	ORGANIQUE	pala	PELLE
organite	ORGANITE	pala-vanga	PELLE-BÊCHE
Organizzazione per l'Alimentazione e l'Agricoltura		palafreniere	PALEFRENIER
ORGANISATION POUR L'ALIMENTATION ET L'AGRICULTURE		palare	RAMER
organogenesi	ORGANOGÉNIE	palare	ÉCHALASSER
organogeno	ORGANOGÈNE	palata	PELLETÉE
oriana	ROCOUYER	paleo	FLOUVE
origano	ORIGAN	paletto	PIQUET
orizzonte	HORIZON	palinologia	PALYNOLOGIE
orlo	BORD	palizzamento	PALISSAGE
orlo anteriore del ferro di bove	PINÇON	palizzare	PALISSER
ormone	HORMONE	palizzata	PALISSADE
ornello	ORNE	palma	PALME
orniello	ORNE	palma del sagù	SAGOUTIER
ornitologia	ORNITHOLOGIE	palma da cocco	COCOTIER
orobanche	OROBANCHE	palma da datteri	PALMIER-DATTIER
orobus	OROBE	palma da olio	PALMIER À HUILE
ortaggi	PLANTES POTAGÈRES	palma dattilifera	DATTIER
ortaggio	LÉGUME	palmeto	PALMERAIE

INDEX ITALIEN-FRANÇAIS

palmetta	PALMETTE	pascolo	HERBAGE
palmipede	PALMIPÈDE	pascolo	PÂTURE
palmisti	PALMISTE	pascolo	PÂTIS
palo	PIQUET	pascolo	PACAGE
palo da vite	ÉCHALAS	pascolo	PÂTURAGE
palo iniettore	PAL	pascolo acquitrinoso	NOUE
palude	MARAIS	pascolo alla catena	PÂTURAGE AU TIÈRE
palude	MARÉCAGE	pascolo alpino	MONTAGNE
palude	PALUD	pascolo alpino	CHALET
palude torbosa	FAGNE	pascolo dei suini nei boschi	PANAGE
pampano	PAMPRE	pascolo fermo	TIÈRE
pampino	PAMPRE	pascolo per l'ingrasso	PRÉ D'EMBOUCHE
pancione	HERBIER	pascolo temporaneo in rotazione	LEY-FARMING
pancione	PANSE	passaggio	TROUÉE
panconcello	LATTE	passiflora	PASSIFLORE
pane	PAIN	passino	PASSE-LAIT
pane	MOTTE	passo	TRAIN
panello	NOUGAT	pasta	PÂTE
panello	TOURTEAU	pasteurellosi	PASTEURELLOSE
panicatura	LADRERIE	pastinaca	PANAIS
panico	PANIC	pastoia	ENTRAVE
panieraio	VANNIER	pastoia	PÂTURON ou PATURON
paniere	PANIER	pastone	PÂTÉE
paniere	MANNE	pastorale	PASTORAL
panière da vendemmiatore	BENNE	pastorale	PÂTURON ou PATURON
panificabile	PANIFIABLE	pastore	BERGER
panificazione	PANIFICATION	pastore	PÂTRE
panificazione	BOULANGERIE	pastore	PASTEUR
panificio	BOULANGERIE	pastore (cani da)	BERGERS (CHIENS DE)
panmissi	PANMIXIE	pastorello	PASTOUREAU
panmissia	PANMIXIE	pastorizzare	PASTEURISER
panna	CRÈME	pastorizzatore	PASTEURISEUR
pannocchia	PANOUILLE	pastorizzazione	PASTEURISATION
pannocchia	PANICULE	pastura	PÂTURE
pantano	FONDRIÈRE	pastura delle ghiande	PAISSON
pantano	MARAIS	pasturamento	DÉPAISSANCE
pantano	MARÉCAGE	pasturare	PÂTURER
papaia (pianta)	PAPAYER	patata	POMME DE TERRE
papavero	PAVOT	patata americana	PATATE
papavero	COQUELICOT	patata dolce	PATATE
papavero coltivato	OEILLETTE	patogeno	PATHOGÈNE
papero	OISON	patologia	PATHOLOGIE
papilionacee	PAPILIONACÉE	patrimonio	PATRIMOINE
papiro	SOUCHET	patrimonio genetico	PATRIMOINE GÉNÉTIQUE
pappa reale	GELÉE ROYALE	patto pastorale	PACTE PASTORAL
paprica	PAPRIKA	pavone	PAON
paracarro	BORNE	pebrina	PÉBRINE
paradiso	PARADIS	pece	BRAI
parafuoco	GARDE-FEU	pecora	BREBIS
paralisi	PARALYSIE	pecoraio	MOUTONNIER
paraocchi	OEILLÈRES	pecoresco	MOUTONNIER adj.
parassita	PARASITE	pecorile	BERCAIL
parassitologia	PARASITOLOGIE	pedaggio	PÉAGE
paratoia	PALE	pedicello	PÉDICELLE
parcella	PARCELLE	pedigree	PÉDIGREE
parcellario	PARCELLAIRE	pediluvio	PÉDILUVE
parco	PARC	pedogenesi	PÉDOGÉNÈSE
parco naturale regionale	PARC NATUREL RÉGIONAL	pedologia	PÉDOLOGIE
parco nazionale	PARC NATIONAL	peduncolo	PÉDONCULE
parenchima	PARENCHYME	peduncolo	PÉDICELLE
parentela	PARENTÉ	pelame	PELAGE
paria	PAIRIE	pelare	PELER
parmigiano	PARMESAN	peli radicali	POILS ABSORBANTS
parrocchia	PAROISSE	pellaio	PEAUSSIER
parrocchiani	OUAILLES	pelle	PEAU
parte anteriore	AVANT-TRAIN	pelle fresca/verde	PEAU VERTE
parte del correggiato	BATTE	pelliccia	FOURRURE
partenocarpia	PARTHÉNOCARPIE	pellicola	ÉCALURE
partenogenesi	PARTHÉNOGÉNÈSE	pellicola	PELLICULE
parterre	PARTERRE	pelo	POILS
partitore	PARTITEUR	pelo ruvido e rigido	JARRE
parto	PART	pendente	PENDANT
parto	PARTURITION	pendenza	PENTE
parto (di animali)	MISE-BAS	pendolare	MIGRANT QUOTIDIEN
partoriente	PARTURIENTE	pendolarismo	MIGRATIONS SAISONNIÈRES
pascere	REPAITRE	penicillio	PÉNICILLIUM
pascolare	BROUTER	peonia	PIVOINE
pascolare	PACAGER	pepe (pianta)	POIVRIER
pascolare	PÂTURER	peperone	POIVRON
pascolare	PAÎTRE	peperone	PIMENT
pascolare alla corda	PÂTURER AU PIQUET	pepolino	SERPOLET
pascolativo	PÂTURABLE	pera	POIRE
pascolo	GAGNAGE	pera d'estate	OIGNONET

pera moscatella	MUSCADELLE	piantagione di cacao	CACAOYÈRE
pera ruggine	ROUSSELET	piantagione di caffè	CAFETERIA
perdita	COULAGE	piantagione di crescione	CRESSONNIÈRE
perenne	PÉRENNE	piantagione di felci	FOUGERAIE
perenne	VIVACE	piantagione di nespoli	NESFLIÈRE
perforazione	TÉRÉBRATION	piantagione di palme da cocco	COCOTERAIE
perforazione	FORAGE	piantagione di pepe	POIVRIÈRE
perfosfato	SUPERPHOSPHATE	piantagione di rape	NAVIÈRE
pergola	TREILLE	piantare	PLANTER
pergola	PERGOLA	piantare conifere	ENRÉSINER
pergola di carpini	CHARMILLE	piantare dei vitigni	ENCÉPAGER
pergolato	TONNELLE	piantatoio	PLANTOIR
pergolato a cupola	BERCEAU	piantatore	PLANTEUR
perimetro	PÉRIMÈTRE	piantatrice	PLANTEUSE
periodo	PÉRIODE	piantatura	PLANTAGE
perlato	PERLÉ	piante disinfestanti	PLANTES NETTOYANTES
permeabilità	PERMÉABILITÉ	piante industriali	PLANTES INDUSTRIELLES
pernottamento	NUITÉE	piante infestanti	ADVENTICES
pero	POIRIER	piante infestanti	PLANTES ADVENTICES
peronospora	MILDIOU	piante insetticide	PLANTES INSECTICIDES
peronospora della vite	BLANC	piante mellifere	PLANTES MELLIFÈRES
perosi	PÉROSE	piante officinali	PLANTES MÉDICINALES
persicaria	PERSICAIRE	piante oleaginose	PLANTES OLÉAGINEUSES
persistente (foglia)	PERSISTANT	piante ornamentali	PLANTES ORNEMENTALES
pertica	PERCHE	piante saccarifere	PLANTES SACCHARIFÈRES
pertinenza	APPARTENANCE	piante sarchiate	PLANTES SARCLÉES
perturbazione	PERTURBATION	piante tessili	PLANTES TEXTILES
pesamosto	PÈSE-MOÛT	piante tintorie	PLANTES TINCTORIALES
pesante	LOURDE	pianticella	PLANT
pesca	PÊCHE	piantina	PLANT
pesca duracina	ALBERGE	piantone	PLANÇON
pesca noce	BRUGNON	piantone	BOUTURE
pesca noce	NECTARINE	piantumazione	PLANTAGE
pesce	POISSON	pianura	PLAINE
peschiera	PÊCHERIE	piattola	BLATTE
pescicoltura	PISCICULTURE	piattola	CAFARD
pesco	PÊCHER	piattola	CANCRELAT
peso	POIDS	pica	PICA
peso netto	POIDS NET	picacismo	PICA
peso specifico	POIDS SPÉCIFIQUE	picchettamento	BORNAGE
peso vivo	POIDS VIF	picchettare	JALONNER
pestatura	PILONNAGE	picchettare	BORNOYER
peste	PESTE	picchettatura	PIQUETAGE
peste dell'ape	LOQUE	picchettatura	PIQUAGE
pesticida	PESTICIDE	picchettazione	BORNAGE
pettiera	POITRAIL	picchetto	PIQUET
pettinare	PEIGNER	picchiettato	TAVELÉ
pettinare	SÉRANCER	piccionaia	PIGEONNIER
pettinatura	PEIGNAGE	piccione	PIGEON
pettine	AFFINOIR	piccola ascia ricurva	HERMINETTE
pettine	SÉRAN	piccola balla di foglie di tabacco	BALLOTIN
pettine	RÉGAYOIR	piccola capanna	LOGETTE
pettine	PEIGNE	piccola colombaia	FUYE
petto	POITRAIL	piccola coltura (regione di)	PETITE CULTURE (PAYS DE)
pettorale	BRICOLE	piccola doga	DOUELLE
pettorale	POITRAIL	piccola fascina	COTRET
pevera	CHANTEPLEURE	piccola fattoria	CLOSERIE
pezzo di legname	BILLE	piccola masseria	FERMETTE
pialla	RABOT	piccola masseria	BORDERIE
piana	PLAINE	piccoli mammiferi selvatici	SAUVAGINE
piangente	PLEUREUR	piccolo covone	MEULON
pianificazione	PLANIFICATION	piccolo fastello	JAVELINE
piano	ÉTAGE	piccolo fondo	SMALL HOLDINGS
piano agricolo	AMÉNAGEMENT AGRICOLE	piccolo mastello	BAILLE
piano di vegetazione	ÉTAGE DE VÉGÉTATION	piccolo pezzo di terra	LOPIN DE TERRE
piano erboso ad anfiteatro	VERTUGADIN	piccolo sciame	ABEILLON
Piano Mansholt	PLAN MANSHOLT	piccolo ventilabro	VANNETTE
pianta	PLANTE	piccone	PIC
pianta	PLAN	picea	ÉPICÉA
pianta alimentare	PLANTE ALIMENTAIRE	picea	PESSE
pianta aromatica	PLANTE AROMATIQUE	pidocchio	POU
pianta catastale	PLAN CADASTRAL	piè di tino	PIED DE CUVE
pianta con zolla/con piota	PLANT EN MOTTE	piede	PIED
pianta del caffè	CAFÉIER	pieno campo	PLEIN-CHAMP
pianta del tè	THÉ	pieride	PIÉRIDE
pianta forraggera	PLANTE FOURRAGÈRE	pietra per affilare	PIERRE À AIGUISER
pianta oleaginosa	OLÉOPROTÉAGINEUX	pietraia	ROCAILLE
pianta tessile	TEXTILE	pietrame	ROCAILLE
piantaggine	PLANTAIN	pigiatore	FOULOIR
piantagione	PLANTATION	pigiatura	FOULAGE
piantagione	COMPLANT	pigliamosche	GOBE-MOUCHE
piantagione d'ulivi	OLIVERAIE	pigmento	PIGMENT
piantagione di betulle	BOULAIE	pigna	PIGNE

INDEX ITALIEN-FRANÇAIS

pigna	PIGNON	poliploide	POLYPLOÏDE
pigna	CÔNE	Politica Agricola Comune	POLITIQUE AGRICOLE COMMUNE
pignoramento preventivo	GAGERIE	polivomere	POLYSOC
pileoriza	COIFFE RADICULAIRE	pollaio	BASSE-COUR
pillare	DAMER	pollaio	POULAILLER
pimpinella	PIMPRENELLE	pollaio	GÉLINIER
pinastro	PINASTRE	pollaio	VOLAILLER
pineta	PIGNADA	pollaio di tacchini	DINDONNERIE
pineta	PINATELLE	pollaiolo	GÉLINIER
pineta	PINERAIE	pollame	POULAILLE
pineta	PINIÈRE	pollame	VOLAILLE
pineta	PINÈDE	pollastra	POULARDE
pino	PIN	pollastra ingrassata	GÉLINOTTE
pino marittimo	PINASTRE	pollice	POUCE
pinta	PINTE	pollicoltura	AVICULTURE
pinta	CHOPINE	pollina	FIENTE
pioggia	PLUIE	polline	POLLEN
piombatura	PLOMBAGE	pollivendolo	COQUETIER
piombo	PLOMB	pollivendolo	VOLAILLER
pioniere	PIONNIER	pollo	POULET
pioppaia	PEUPLERAIE	pollone	BION
pioppeto	PEUPLERAIE	pollone	SURGEON
pioppicoltura	POPULICULTURE	pollone	ACCRU
pioppo	PEUPLIER	pollone selvatico	SAUVAGEON
pioppo bianco	PEUPLIER BLANC	pollone	TALLE
pioppo bianco	YPRÉAUX	pollone	BROUT
pioppo nero	LIARDIER	pollone	SCION
piotare	ENGAZONNER	polloni	DRAGEONS
piovasco	GIBOULÉE	polloni	REVENUES
piovoso	PLUVIÔSE	polluzione	POLLUTION
pipa	PIPE	polpa	PULPE
pipetta	TÂTE-VIN	polposo	CHARNU
pipita	PÉPIE	poltiglia bordolese	BOUILLIE CUPRIQUE
piracanta	PYRACANTHA	polverizzare	PULVÉRISER
piralide	PYRALE	polverizzatore	PULVÉRISATEUR
piramide	PYRAMIDE	polverizzatore	PULVÉRISEUR
piretro	PYRÈTHRE	polverizzazione	POUDRAGE
piroplasmosi	PIROPLASMOSE	polverizzazione	PULVÉRISATION
piscialletto	PISSENLIT	pometo	POMMELIÈRE
piscicolo	PISCICOLE	pomicoltore	POMICULTEUR
piscicoltore	PISCICULTEUR	pomo	POMMIER
pisello	POIS	pomodoro	TOMATE
pisello odoroso	POIS DE SENTEUR	pomologia	POMOLOGIE
pista	PISTE	Pomona	POMONE
pistacchio	PISTACHE	pompa	POMPE
pistillo	PISTIL	pompelmo	GRAPE-FRUIT
pitch-pine	PITCHPIN	pompelmo (pianta)	PAMPLEMOUSSIER
piuma	PLUME	pony	PONEY
piumaggio	PLUMAGE	popolamento	PEUPLEMENT
placenta	PLACENTA	popolazione	POPULATION
planimetria	PLAN	popolazione agricola	POPULATION AGRICOLE
plasmopara viticola	BLANC	popolazione rurale	POPULATION RURALE
plataneto	PLATANAIE	poponaia	MELONNIÈRE
platano	PLATANE	popone	MELON
plebeo	ROTURIER	porca	ADOS
ploidia	PLOÏDIE	porca	PLANCHE D'ARROSAGE
pluriannuale	PLURIANNUEL	porca	TRANCHE
pluripara	MULTIPARE	porca	BILLON
plusvalenza	PLUS-VALUE	porcaio	PORCHER
plusvalore	PLUS-VALUE	porcaro	PORCHER
pluviometria	PLUVIOMÉTRIE	porcellana	POURPIER
podere	DOMAINE	porcellino	PORCELET
poa	PÂTURIN	porcellino	GORET
podere	FONDS n.m	porcellino d'India	COBAYE
podere	MÉTAIRIE	porcile	BAUGE
podere	BIEN	porcile	SOUE
podere	TERRE	porcile	PORCHÈRE
podere a mezzadria	BORDE	porcino	BOLET
podere dipendente da un feudo	TÈNEMENT	porcino	CÈPE
podoflemmatite	FOURBURE	porcino	PORCIN adj.
podzol	PODZOL	porco	POURCEAU
podzollizzazione	PODZOLISATION	porco	PORC
poggio	COTEAU	porro	POIREAU
poggio	TERTRE	porro	PORREAU n m.
polder	POLDER	porta carraia	PORTE-CHARRETIÈRE
polenta	GAUDE	portabottiglie	PORTE-BOUTEILLE
poliallevatore	POLYÉLEVEUR	portainnesto	SUJET PORTE-GREFFE
policoltura	POLYCULTURE	portainnesto	PORTE-GREFFE
polifago	POLYPHAGE	portainnesto	PIED MÈRE
polifosfato	POLYPHOSPHATE	portamento	PORT
poligenetico	POLYGÉNIQUE	portare al pascolo	MENER
poligono	RENOUÉE	portastanghe	PORTE-BRANCARD
poligono	TRAINASSE	portulaca	POURPIER

INDEX ITALIEN-FRANÇAIS

porzione di bosco a sfruttamento separato	SÉGRAIS
posata	PESADE
posatoio	PERCHOIR
posatoio	JUCHOIR
posologia	POSOLOGIE
possedimento feudale	TENURE
possibilità	POSSIBILITÉ
posta	STALLE
postemergenza (trattamento di)	POST-LEVÉE (TRAITEMENT DE)
postiglione	JOCKEY
potare	TAILLER
potassa	POTASSE
potatoio	ÉMONDOIR
potatoio	SÉCATEUR
potatoio	ÉBRANCHOIR
potatore	ÉMONDEUR
potatura	TAILLE
potatura ad alberello	BASSE-TIGE
potatura di formazione	HABILLAGE
potentilla anserina	ANSERINE
potenziale genetico	POTENTIEL GÉNÉTIQUE
potere assorbente	POUVOIR ABSORBANT
pozza	MARE
pozzanghera	FLACHE
pozzetto	PUISARD
pozzetto d'ispezione	REGARD
pozzetto per liquame	PUROT
pozzo	PUITS
pozzo artesiano	PUITS ARTÉSIEN
pozzo per liquame	FOSSE À PURIN
pozzo perdente	PUISARD
pozzo perdente	PUITS PERDU
prateria	PRAIRIE
praticello	PRÉAU
pratiche colturali	FAÇONS CULTURALES
praticoltore	PRATICULTEUR
prato	PRÉ
prato	PELOUSE
prato	PRAIRIE
prato artificiale	PRÉ-GAZON
prato/pascolo di media montagna	MONTAGNETTE
pratocoltura	PRATICULTURE
prebenda	PRÉBENDE
precaria	PRÉCAIRE
precoce	PRÉCOCE
precoce	HÂTIF
precocità	PRÉCOCITÉ
prediale	PRÉDIAL
preflorazione	PRÉFLORAISON
prefogliazione	PRÉFOLIATION
pregna	PLEINE
prelazione (diritto di)	PRÉEMPTION (DROIT DE)
prematuro	PRÉMATURÉ
premio	PRIME
presa d'acqua	PRISE
presa di forza	PRISE DE FORCE
presame	PRÉSURE
prescrizione trentennale	PRESCRIPTION TRENTENAIRE
presmone	SURMOÛT
pressa	PRESSE
pressione demografica	PRESSION DÉMOGRAPHIQUE
pressione osmotica	PRESSION OSMOTIQUE
prestazioni	PERFORMANCE
prestazioni	PRESTATIONS
prevenzione	PRÉVENTION
prezzemolo	PERSIL
prezzo	PRIX
prezzo costante	PRIX CONSTANT
prezzo di costo	PRIX DE REVIENT
prezzo forfettario	FORFAIT
prezzo minimo	PRIX PLANCHER
prima aratura	VERSAGE
primaticcio	HÂTIF
primaverile	VERNAL
primizia	HÂTIVEAU
primizie	PRÉMICES
primizie	PRIMEURS
primo solco	ENRAYURE
primogenitura	PRIMOGÉNITURE
primogenitura (diritto di)	AÎNESSE (DROIT D')
privo di occhio	BORGNE
processionarie	PROCESSIONNAIRES
processo di verifica	RÉCOLLEMENT
prodotto d'un alveare	RUCHÉE
prodotto di testa	TÊTE DE CUVÉE
prodotto fitofarmaceutico	PRODUIT PHYTOPHARMACEUTIQUE
prodotto lordo	PRODUIT BRUT
producente humus	HUMIGÈNE
produrre foglie	FEUILLIR
produttività	PRODUCTIVITÉ
produttività agricola	RENTABILITÉ AGRICOLE
produttività effettiva	PRODUCTIVITÉ RÉELLE
produttivo	PRODUCTIF
produttore	PRODUCTEUR DIRECT
produzione agricola	PRODUCTION AGRICOLE
produzione e commercio di aceto	VINAIGRERIE
profenda	PICOTIN
profilassi	PROPHYLAXIE
profilo del terreno	PROFIL CULTURAL
profilo pedologico	PROFIL PÉDOLOGIQUE
profitto	PROFIT
profumo	BOUQUET
profumo	PARFUM
progenie	LIGNÉE
progesterone	PROGESTÉRONE
progetto	PLAN
programma agricolo	PROGRAMME AGRICOLE
prolattina	PROLACTINE
proliferazione	PROLIFÉRATION
prolificità	PROLIFICITÉ
promozione	PROMOTION
propagare per talea	BOUTURER
propagginare	OEILLETONNER
propagginazione	PROVIGNAGE
propagginazione	OEILLETONNAGE
propaggine	MARCOTTE
propaggine	PROVIN
propaggine	SAUTELLE
propoli	PROPOLIS
proprietà	BIEN
proprietà comunale	BIEN COMMUNAL
proprietà fondiaria	DOMAINE
proprietario coltivatore	PROPRIÉTAIRE-EXPLOITANT
proprietario terriero	TERRIEN
prosa	PLANCHE D'ARROSAGE
prosciugamento	ASSÈCHEMENT
prosciutto	JAMBON
proteggere con rami spinosi	ÉPINER
proteina	PROTÉINE
protezione	PROTECTION
protezionismo	PROTECTIONNISME
protocollo agricolo	PROTOCOLE AGRICOLE
prova	ESSAI
prova di produttività	ESSAI DE RENDEMENT
prugna	PRUNE
prugna secca	PRUNEAU
prugno icaco	ICAQUIER
prugnolo	MOUSSERON
pruina	PRUINE
prunus	PRUNUS
psaliota	PSALLIOTE
psicrometro	PSYCHROMÈTRE
psittacosi	PSITTACOSE
pteride	PTÉRIDE
pubescente	PUBESCENT
pula	VANNURE
pulcinaio	ÉCLOSOIR
pulcinaio	ÉLEVEUSE
pulcino	POUSSIN
pule	BALLES
puledra	POULICHE
puledro	POULAIN
puledro	NOURRISSON
pulire	ÉCURER
pulitrice	NETTOYEUR
pulitura	CURAGE
pulizia degli animali	TOILETTAGE
pullorosi	PULLOROSE
pulsatore	PULSATEUR
pungiglione	DARD
pungiglione	AIGUILLON
pungolo	AIGUILLON
punteggio	POINTAGE
puntello per botti	TIN
punteruolo	BOTTE
punteruolo	CALANDRE

punteruolo	CHARANÇON	ramo con pampini	PORTEUR
punteruolo	COUPE-BOURGEON	ramo tagliato corto	COURSONNE
punto	PIQUÉ	ramoscello	BRINDILLE
punto di rugiada	POINT DE ROSÉE	ramoscello	RAMILLE
puntone di amarraggio	BÊCHE D'ANCRAGE	ramoscello	RAMEAU
puntura	PIQURE	ramoso	BRANCHU
purezza della semente	PURETÉ VARIÉTALE	rampicante	GRIMPANT
puro	PUR	rampino	GRAPPIN
purosangue	PUR-SANG	rampollo	ACCRU
putrefazione	PUTRÉFACTION	ranch	RANCH
puzzola	PUTOIS	rancidezza	RANCISSEMENT
quadriennale	QUADRIENNAL	rancidezza	RANCIDITÉ
qualificazione	QUALIFICATION	rancidità	RANCIDITÉ
qualità francese	QUALITÉ FRANCE	rancido	RANCE
quarantena	QUARANTAINE	randello	TRIBART
quartiere	QUARTIER	randello	RONDIN
quarto	QUARTIER	ranuncolo	RENONCULE
quarto di riserva	QUART EN RÉSERVE	rapa	RAVE
quasi-aratura	QUASILABOUR	rapa	NAVET
querceto	CHÊNAIE	rapaia	PIÉRIDE
quercia	CHÊNE	rapaio	RAVIÈRE
quercitrone	QUERCITRON	raperonzolo	RAIPONCE
quiescenza	REPOS VÉGÉTATIF	rappa	TROCHET
quinconce	QUINCONCE	raschietto	RACLETTE
rabarbaro	RHUBARBE	raschino	RACLETTE
rabbia	RAGE	rasiera	RACLOIRE
rabbico	RABIQUE	raspo	RAFLE
rabico	RABIQUE	raspo	RÂPE
raccogliere	RAMASSER	rastrellare	RÂTELER
raccogliere	RÉCOLTER	rastrellare	RATISSER
raccoglitore	RAMASSEUR	rastrellata	RÂTELÉE
raccoglitore di olive	OLIVEUR	rastrellatore	RÂTELEUR
raccoglitore di resina	RÉSINIER	rastrellatura	RATISSAGE
raccoglitrice	CUEILLEUSE	rastrellatura	RÂTELAGE
raccoglitrice	RÉCOLTEUSE	rastrelliera	RÂTELIER
raccoglitrice di erbe	HERBIÈRE	rastrello	RÂTEAU
raccolta	LEVÉE	rastrello	FAUCHET
raccolta	CUEILLETTE	ratafià	RATAFIA
raccolta	RAMASSAGE	ratto	RAT
raccolta delle olive	OLIVAISON	ratto delle chiaviche	SURMULOT
raccolta di norme consuetudinarie	COUTUMIER	ravanello	RADIS
raccolta vinaria	VINÉE	ravizzone	NAVETTE
raccolto	RÉCOLTE	ravizzone	RUTABAGA
raccomandazione	RECOMMANDATION	raygrass	RAY-GRASS
racemo	RACÈME	razione alimentare	RATION
rachide	RACHIS	razza	RACE
racimolare	GRAPPILLER	razzatore	RACEUR
radicamento	ENRACINEMENT	razze bovine	RACES BOVINES
radicante	RADICANT	razze caprine	RACES CAPRINES
radicata	RACINÉE	razze ovine	RACES OVINES
radicazione	RADICATION	razzia	MARAUDAGE
radice	RACINE	razzo antigrandine	FUSÉE PARAGRÊLE
radichetta	RADICULE	rebbio	FOURCHON
radichette	RADICELLES	recintare	ENCLORE
radici commestibili	RACINAGE	recinto	ENCLOS
radura	CLAIRIÈRE	recinto	CLÔTURE
rafano	RAIFORT	recinzione	CLÔTURE
rafano selvatico	RAVENELLE	recinzione	ENCLOSURE
raffinatura	RAFFINAGE	redini	RÊNES
raffinazione	RAFFINAGE	refrigerante	RÉFRIGÉRANT
raffineria	RAFFINERIE	refrigerazione	RÉFRIGÉRATION
raffreddatore di latte	REFROIDISSEUR	regamo	ORIGAN
rafia	RAPHIA	regime	RÉGIME
raggruppaballe	GROUPEUR DE BALLES	regina	RÉGINA
ragliare	BRAIRE.	regina claudia	REINE-CLAUDE
ragna, spelaia	BOURRETTE	regione agricola	RÉGION AGRICOLE
ragno rosso	TÉTRANYQUE	regione da pascolo	RÉGION HERBAGÈRE
ramaglia	RAMAGE	regione viticola rinomata	CRU
ramaglia	BRANCHAGE	registrazione	ENREGISTREMENT
ramatura	SULFATAGE	registrazione	INDEXAGE
ramatura	BRANCHAGE	registro dei benefici ecclesiastici	POUILLÉ
rametto	BRINDILLE	registro delle terre	PLAN TERRIER
rami di castagno per fare cerchi di botte	FEUILLARDS	registro delle terre	TERRIER
rami potati	ÉMONDES	registro di montoni	FLOCK-BOOK
rami spezzati	BRISÉES	regolatore	RÉGULATEUR
ramia	RAMIE	regolizia	RÉGLISSE
ramiè	RAMIE	reinnestare	REGREFFER
ramno	ALATERNE	relativo all'uva	UVAL
ramno	NERPRUN	rendere	RENDRE
ramno	BOURDAINE	rendimento	RENDEMENT
ramo	BRANCHE	rendita	RENTE
ramo	RAME	rendita agricola	REVENU AGRICOLE
ramo	RAMEAU	rendita catastale	REVENU CADASTRAL

INDEX ITALIEN-FRANÇAIS

rendita vitalizia	ARRENTEMENT	rincalzatore	BINETTE
rendzina	RENDZINE	rincalzatore	BINEUR
renna	RENNE	rincalzatore	BUTTEUR
repulsivo	RÉPULSIF	rincalzatura	BUTTAGE
resa	PERFORMANCE	rincalzatura	CHAUSSAGE
residenza	HABITATION	rinchite	RHYNCHITE
residenza	RÉSIDENCE	rinchite	CIGARIER
residui di malto	DRÊCHE	rinciafieno	COUPE-FOIN
residui di spiga	OTONS	rinforzare il vino	VINER
residui industriali	RÉSIDUS INDUSTRIELS	rinfusa (alla)	VRAC (EN)
residui,	MARC	ringiovanimento	RAJEUNISSEMENT
resina	RÉSINE	rinnovo del terreno	RESTAURATION DES SOLS
resina di pino	BRAI	rinnovo rurale	RÉNOVATION RURALE
resinare	RÉSINER	rinvaso	REMPOTAGE
resinatura	RÉSINAGE	riparo	ABRI
resinazione	GEMMAGE	riparo contro il vento	BRISE-VENT
resinifero	RÉSINIFÈRE	ripiano	PLANCHE
resinoso	RÉSINEUX	ripicolo	RIPICOLE
resistente all'allettamento	INVERSABLE	ripopolamento	REPEUPLEMENT
resistenza	RÉSISTANCE	riporre nel granaio	ENGRANGER
resta	BARBE	riposo	REPOS
restabue	ARRÊTE-BOEUF	ripresa	REPRISE
rete	RÉSEAU	riproduttore	GÉNITEUR
rete a scacchiera/ortogonale	RÉSEAU EN DAMIER	riproduttore	REPRODUCTEUR
rete d'irrigazione	RÉSEAU D'IRRIGATION	riproduzione	REPRODUCTION
rete di drenaggio	RÉSEAU DE DRAINAGE	ripulire	ÉMONDER
reticolato	GRILLAGE	ripulire	RAGRÉER
reticolo	BONNET	ripulitura	ÉMONDAGE
reticolo	RÉSEAU	ripulsivo	RÉPULSIF
retratto	RETRAIT	ripuntatore	SOUS-SOLEUSE
retrofeudo	ARRIÈRE-FIEF	ripuntatura	SOUS-SOLAGE
retrotreno	ARRIÈRE-TRAIN	risaia	RIZIÈRE
rettifica	RECTIFICATION	risanamento	ASSAINISSEMENT
ribaltare	VERSER intr.	riscaldamento	ÉCHAUDAGE
ribes	GROSEILLE	riscaldatore	RÉCHAUFFEUR
ribes (pianta)	GROSEILLIER	risciacquatura	RINÇURE
ribes nero	CASSIS	risemina	RÉENSEMENCEMENT
ribes nero (pianta)	CASSISSIER	riseminare	RÉENSEMENCER
ribes rosso	GADELLE	riseminare	REMBLAVER
riccio	HÉRISSON	riseminare	RESSEMER
riccio	BOGUE	riseria	RIZERIE
ricco di grappoli	GRAPPU	riserva	RÉSERVE
ricco di humus	HUMIFÈRE	riserva	STOCK
ricettacolo	RÉCEPTACLE	riserva	ÉTALON
ricino	RICIN	riserva utilizzabile	RÉSERVE UTILISABLE
rickettsiosi	RICKETTSIOSE	risicoltura	RIZICULTURE
riconversione	RECONVERSION	risificio	RIZERIE
ricoprirsi di peluria	COTONNER	riso	RIZ
ricorso	RECOURS	riso con loppa	PADDY
ricovero	ABRI	risone	RIZON
ridurre in polpa	PULPER	risponditore	RÉPONDEUR
riempire di grano	ENGRÉNER	risposta	RÉPONSE
rifiorire	REFLEURIR	ritenzione	RÉTENTION
rifondimento	FOURBURE	ritiro	RETRAIT
riforma agraria	RÉFORME AGRAIRE	ritorcere	RETORDRE
riforma fondiaria	RÉFORME FONCIÈRE	ritorno alla terra	RETOUR À LA TERRE
rifrattometro	RÉFRACTOMÈTRE	ritorta	HART
rigatone	RAYONNEUR	ritorta	ACCOLURE
rigattiere	REGRATTIER	ritortola	ACCOLURE
rigeneratore di prato	RÉGÉNÉRATEUR DE PRAIRIE	ritosare	RETONDRE
rigenerazione	RÉGÉNÉRATION	ritrattazione	DÉSAVEU (DROIT DE)
rigermogliare	REJETONNER	riunione per l'ingaggio dei braccianti	LOUÉE
rigermogliazione	REJETONNAGE	rivangare	REFOUIR
rigetto	REJET	rivendita al minuto	REGRAT
rimboscamento	REBOISEMENT	rivendugliolo	REGRATTIER
rimboscare	REBOISER	rivierasco	RIVERAIN
rimboschimento	AFFORESTATION	rivolta contadina	JACQUERIE
rimboschimento	REBOISEMENT	rivoluzione agraria	RÉVOLUTION AGRAIRE
rimessa	REMISE	rivoluzione agricola	RÉVOLUTION AGRICOLE
rimessa	SCION	rizobio	RHIZOBIUM
rimessiticci	REVENUES	rizoma	PATTE
rimessiticcio	BOULURE	rizoma	RHIZOME
rimessiticcio	REJETON	roano	ROUAN
rimestamento	REMUAGE	robbia	GARANCE
rimondatore	ÉMONDEUR	robbiaia	GARANCIÈRE
rimontaggio	REMONTAGE	robinia	ACACIA
rimorchio	REMORQUE	robinia	ROBINIER
rincalzamento	BUTTAGE	robotica agricola	ROBOTIQUE AGRICOLE
rincalzare	BUTTER	rocca	QUENOUILLE
rincalzare	CHAUSSER	roccia madre	ROCHE-MÈRE
rincalzare	RECHAUSSER	rodeo	RODÉO
rincalzare	TERRER	roditore	RONGEUR
rincalzatore	RECHAUSSEUSE	rododendro	RHODODENDRON

751

rogazioni	ROGATIONS	saccaromicete	SACCHAROMYCES
rogna	ROUVIEUX	saccarosio	SACCHAROSE
rogna	GALE	saccheggio	PILLAGE
rogna	ROGNE	saggina	SORGHO
rogna della patata	GALE	sagù	SAGOU
rogna nera o verrucosa	GALLE VERRUQUEUSE	sala di mungitura	SALLE DE TRAITE
romice	RUMEX	salare	SALER
romice	PATIENCE	salasso	SAIGNÉE
ronca	SERPE	salatoio	SALOIR
ronca	ÉBRANCHOIR	salatura	SALAGE
ronca	VOUGE	salatura	SALAISON
ronchetto per scacchiare	ÉBOURGEONNOIR	salce	SAULE
roncola	FAUCILLE	saldatura	SOUDURE
roncola	SERPE	sale in pietra	PIERRE À LÉCHER
roncola	VOUGE	salice	SAULE
roncola	ÉBRANCHOIR	saliceto	SAULAIE
roncola a doppio taglio	FAUCHARD	salinaio	PALUDIER
roncola per disinfestare le piante	ÉCHENILLOIR	salinaio	SAUNIER
roncoletta	GUIGNETTE	salindia	SERINGA
roncolino	SERPETTE	salmonellosi	SALMONELLOSE
ronzinante	ROSSINANTE	salnitro	SALPÊTRE
ronzino	BOURRIN	salvia	SAUGE
ronzino	CARNE	samara	SAMARE
ronzino	HARIDELLE	sambuco	SUREAU
rosa	ROSE	sangue	SANG
rosa canina	ÉGLANTIER	sanguinello	SANGUINE
rosa selvatica	ÉGLANTIER	sanguisorbo	SANGUISORBE
rosaio	ROSIER	santonico	SEMEN-CONTRA
rosato	ROSÉ	santoreggia	SARRIETTE
roseto	ROSERAIE	saponifero	SAPONIFÈRE
rosicoltore	ROSIÉRISTE	sapore	SAVEUR
rosmarino	ROMARIN	sapota	SAPOTILLIER
rosolaccio	COQUELICOT	saprofito	SAPROPHYTE
rosso	INCARNAT	saracco	ÉGOHINE
rossore	ROUGEARD	saracinesca	VANNE
rotang	ROTIN	saracinesca	PALE
rotazione	ALTERNANCE	saracinesca	BONDE
rotazione	ROTATION	sarchiare	SERFOUIR
rotazione delle colture	ASSOLEMENT	sarchiare	BINER
rottura delle stoppie	DÉCHAUMAGE	sarchiare	SARCLER
rovere	ROUVRE	sarchiatura	RATISSURES
roveto	RONCERAIE	sarchiatura	SARCLAGE
roveto	ROUVRAIE	sarchiatura	BINAGE
roveto	BROUSSAILLES	sarchiello	SARCLETTE
rovi	BROUSSAILLES	sarchiello	SERFOUETTE
rovo	RONCE	sarchiello	RATISSOIRE
rozza	HARIDELLE	sarchio	SARCLOIR
rozza	ROSSARD	sarchio	RATISSOIRE
rubinetto	ROBINET	sarcopte	SARCOPTE
ruchetta	ROQUETTE	sarmento	SARMENT
ruderale	RUDÉRAL	sarmento per la produzione di uva	LONG BOIS
ruggine	ROUGE	sarmentoso	SARMENTEUX
ruggine	ROUILLE	sassoso	CAILLOUTEUX
ruggine	ROUILLURE	sativo	SATIF
rugiada	ROSÉE	sauro	ALEZAN
rugiada	AIGUAIL	savana	SAVANE
rullare	ROULER	sbarbatore	ÉBARBEUR
rullatura	ROULAGE	sbarbatore	ÉBARBEUSE
rullo	ROULEAU	sbarbatura	ÉBARBAGE
rullo frangizolle	BRISE-MOTTE	sbardare	DÉBÂTER
rullo frangizolle	CROSKILL	sbarello	TOMBEREAU
rum	RHUM	sbollentare	ÉCHAUDER
ruminante	RUMINANT	sbollentatura	ÉCHAUDAGE
ruminare	RUMINER	sbrancamento	ÉBRANCHAGE
ruminazione	RUMINATION	sbrancare	ÉBRANCHER
rumine	RUMEN	sbucciare	PELER
rumine	HERBIER	sbucciare	ÉCOSSER
rumine	PANSE	scabbia	ROUVIEUX
ruolo catastale	MATRICE CADASTRALE	scabbia	GALE
ruota egiziana	SAKIEH	scabiosa	SCABIEUSE
rurale	RURAL	scacchiare	ÉBOURGEONNER
ruspa	BOUTEUR	scacchiare	MONDER
ruspa	RAVALE	scacchiatura	ÉBOURGEONNAGE
rusticità	RUSTICITÉ	scacciamosche	ÉMOUCHETTE
rustico	CAMPAGNARD	scacciare le mosche	ÉMOUCHER
rustico	RUSTIQUE	scaffale	CASIER
ruta	RUE	scalciare	RUER
rutabaga	RUTABAGA	scalciata	RUADE
sabbia	ARÈNE	scalogno	ÉCHALOTE
sabbia fangosa	TANGUE	scalpitare	PIAFFER
saccarifero	SACCHARIFÈRE	scalzare	DÉCHAUSSER
saccarificazione	SACCHARIFICATION	scalzatura	DÉBUTTAGE
saccarimetro	SACCHARIMÈTRE	scalzatura	DÉCHAUSSAGE

INDEX ITALIEN-FRANÇAIS

scandola	BARDEAU	scorza	ÉCORCE
scandole	TAVAILLONS	scorzobianca	SALSIFIS
scandole	ESSANDOLES	scorzonera	SALSIFIS
scansaruote	CHASSE-ROUE	scorzonera	SCORSONÈRE
scansaruote	BORNE	scoticare	DÉGAZONNER
scansaruote	BOUTE-ROUE	scotola	TILLEUR
scapecchiare	SÉRANCER	scremare	ÉCRÉMER
scapecchiatoio	SÉRAN	scrematrice	ÉCRÉMEUSE
scapezzamento	RABATTAGE	screpolatura	GERSURE
scapezzare	RABATTRE	screpolature da gelo	GÉLIVURES
scarafaggio	BLATTE	screziato	PANACHÉ
scarafaggio	CAFARD	screziatura	PANACHURES
scarafaggio	CANCRELAT	screziatura del legno	MAILLURE
scardasso	RÉGAYOIR	scrivano delle viti	ÉCRIVAIN
scaricatore	DÉCHARGEUR	scuderia	ÉCURIE
scaricatore di fondo	DÉVERSOIR	scudo	ÉCUSSON
scaricatore per silo	DÉSILEUSE	scuotitore	SECOUEUR
scarificare	SCARIFIER	scuotitore	SECOUEUSE
scarificatore	SCARIFICATEUR	scuotitrice	SECOUEUSE
scarificazione	SCARIFIAGE	scure	HACHE
scarificazione	SCARIFICATION	scure	COGNÉE
scarola	ESCAROLE	scure da legna	MERLIN À LAME
scarola	SCAROLE	secchezza	SÈCHERESSE
scarpa	RIDEAU	secchia	SEILLE
scarpa	TALUS	secchio	SEAU
scarpata	TALUS	secchio di mungitrice	POT-TRAYEUR
scarti	CRIBLURE	seconda falciatura del fieno	RECOUPE
scarti della macellazione	ISSUES	seconda fioritura	ARRIÈRE-FLEUR
scarto	REFUS	secondamento	DÉLIVRANCE
scartocciatrice	ÉPANOUILLEUSE	secondario	SECONDAIRE
scassare	DÉFONCER	secondo cruschello	RECOUPETTE
scassare	EFFONDRER	secondo taglio	REGAIN
scasso	DÉFONÇAGE	sedano	CÉLERI
scasso	CROCHETAGE	sedentarietà	SÉDENTARITÉ
scavafossi	RIGOLEUSE	sedentario	SÉDENTAIRE
scavafossi	TRANCHEUSE	sedentarizzazione	SÉDENTARISATION
scavare	FOSSOYER	sedo	ORPIN
scavare	FOUIR	sedo	SEDUM
scavare canaletti	RIGOLER	sega	SCIE
scavatore	TRANCHEUSE	segale	SEIGLE
scegliere	TRIER	segare	SCIER
scegliere i frutti	ENTRECUEILLIR	segare a pezzi	DÉBITER
schiacciaforaggi	ÉCLATEUR	segatore	SCIEUR
schiaccianoci	CASSE-NOIX	segatura	SCIAGE
schiamazzare	CACARDER	segheria	SCIERIE
schiavina	CLAVELÉE	segnalatore	AVERTISSEUR
schiavo	ESCLAVE	seguita dalla prole	SUITÉE
schiudimento	ÉCLOSION	selettività	SÉLECTIVITÉ
schiuma di zucchero di barbabietola	ÉCUME DE DÉFÉCATION	selettivo	SÉLECTIF
sciafilo	SCIAPHILE	selezionare	SÉLECTIONNER
sciamatura	ESSAIMAGE	selezionatore	SÉLECTIONNEUR
sciame	ESSAIM	selezione	SÉLECTION
sciame	RUCHÉE	sella	SELLE
sciavero	DOSSE	sellaio	BOURRELIER
scienza dell'agricoltura	AGROLOGIE	sellaio	SELLIER
scienza della foresta	FORESTERIE	sellare	ENSELLER
sciroppo di acero	SIROP D'ÉRABLE	selleria	SELLERIE
scirpo	SCIRPE	selva	FORÊT
scivolo	GLISSOIR	selva	SYLVE
sclarea	ORVALE	selvaggina	GIBIER
scodella	JATTE	selvaggio	SAUVAGE
scolaformaggio	CASERET	selvatico	SAUVAGE
scolatura	BAQUETURES	seme	GRAINE
scollare	DÉCOLLER	seme	PÉPIN
scollettatrice-estirpatrice	DÉCOLLETEUSE-ARRACHEUSE	seme di barbabietola	SEMENCEAU
scollettatura	DÉCOLLETAGE	seme santo	SEMEN-CONTRA
scolo nasale	JETAGE	semente	SEMENCE
scolorimento	DÉCOLORATION	sementire	MONTER
scopa	CALLUNE	sementive	SÉMENTINES
scopazzo	BALAI DE SORCIÈRE	semenza	SEMENCE
scopeto	BRANDE	semenza	GRAINE
scorciatoia	TRAVERSE	semenzaio	SÉMINAIRE
scoria di defosforazione	SCORIE DE DÉPHOSPHORATION	semenzaio	SEMIS
scornatura	ÉCORNAGE	semenzaio	SEMENCIER
scorte	STOCK	semenzire	MONTER
scorte morte	CHEPTEL	semina	SEMAILLES
scorte vive	CHEPTEL	semina	SEMAISON
scortecciamento	ÉCORÇAGE	semina-spandiconcime	COMBINED-DRILL
scortecciare	DÉCORTIQUER	seminagione	SEMAILLES
scortecciato	PELARD	seminare	ENSEMENCER
scortecciatoio	BÊCHE À ÉCORCER	seminare	SEMER
scortecciatoio	ÉCORÇOIR	seminare a spaglio	DISSÉMINER
scorza	ZESTE	seminato	SEMÉ

INDEX ITALIEN-FRANÇAIS

seminatore	SEMEUR	sfrondatura	TONTURE
seminatrice	SEMEUR	sfrondatura naturale	ÉLAGAGE NATUREL
seminatrice	SEMOIR	sfruttamento	FAIRE-VALOIR
seminatura	SEMAILLES	sfruttamento delle saline	SALICULTURE
semiologia	SÉMIOLOGIE	sfruttamento forestale	EXPLOITATION FORESTIÈRE
semola di avena	GRUAU D'AVOINE	sfuso	VRAC (EN)
semolino	SEMOULE	sgorbia	COUPE-ASPERGE
semplici	SIMPLES	sgorbia	GOUGE
sempreverde	SEMPER VIRENS	sgorbia	ROUANNE
senape	MOUTARDE	sgranare	ÉGRENER
senape nera	SÉNEVÉ	sgranare	ÉCOSSER
senape selvatica	RUSSE	sgranatoio	ÉGRETIER
senape selvatica	SANVE	sgranatoio	ÉGRENOIR
senecio	SÉNEÇON	sgranatrice	ÉGRENOIR
sensale	MAQUIGNON	sgranatura	ÉGRENAGE
senseria	MAQUIGNONNAGE	sgranellatura	ÉGRAPPAGE
sentiero	SENTIER	sgrappolatoio	ÉGRAPPOIR
sentiero	LAYE	sgrondatura	ÉGOUTTAGE
sentiero	LAYON	sgusciare	ÉCALER
senza eredi	MORTAILLABLES	siccità	SÉCHERESSE
separatore	TRIEUR	sicomoro	SYCOMORE
septoriosi	SEPTORIOSE	siderazione	SIDÉRATION
sequela	SÉQUELLE	sidro	CIDRE
sequestro cautelare	SAISIE-GAGERIE	sidro di pere	POIRÉ
sequoia	SÉQUOIA	siepe	HAIE
serbatoio	RÉSERVOIR	siepe di piccoli olmi	ORMILLE
sericigeno	SÉRICIGÈNE	siepe fruttifera	HAIE FRUITIÈRE
sericolo	SÉRICICOLE	siepe viva	BOUCHURE
sericoltura	SÉRICICULTURE	siero	SÉRUM
serpillo	SERPOLET	siero del latte	BABEURRE
serpollino	SERPOLET	siero latteo	LACTOSÉRUM
serra	SERRE	sifone	SIPHON
serra di forzatura	FORCERIE	sigaraia	ROBEUSE
serra-tunnel	SERRE-TUNNEL	sigaraio	APLÉTEUR
serradella	PIED D'OISEAU	sigaraio	CIGARIER
serradella	SERRADELLE	sigaraio della vite	URBEC
serratula	SARRETTE	signore	SEIGNEUR
servaggio	SERVAGE	signore di feudo	SUZERAIN
servaggio	SERVITUDE	signoria	SEIGNEURIE
servile	SERVILE	signorotto di campagna	HOBEREAU
servitù	SERVAGE	siliqua	SILIQUE
servitù	SERVITUDES	silo	SILO
servitù di passaggio	SERVITUDE DE PASSAGE	silofago	XYLOPHAGE
servizio	SERVICE	silologia	XYLOLOGIE
servizio di consulenza	SERVICE AVERTISSEUR	silvano	SYLVAIN
servo della gleba	SERF	silvestre	SYLVESTRE
sesamo	SÉSAME	silvicolo	SYLVICOLE
sessaggio	SEXAGE	silvicoltore	SYLVICULTEUR
sessile	SESSILE	silvicoltura	SYLVICULTURE
sesso	SEXE	silvinite	SYLVINITE
sestario	SESTIER	simbiosi	SYMBIOSE
sesto d'impianto	DISTANCE D'ISOLEMENT	simulazione	SIMULATION
seta	SOIE	sindacato agricolo	SYNDICAT AGRICOLE
setacciare	TAMISER	sindaco	ROI DE VILLAGE
setacciatore	TAMISEUR	sindaco	SYNDIC
setacciatura	SASSAGE	singamosi	SYNGAMOSE
setacciatura	TAMISAGE	sintesi	ASSIMILATION
setaccio	TAMIS	sintesi organica	SYNTHÈSE ORGANIQUE
setaccio	SAS	sisal	SISAL
seteria	SOIERIE	sisaro	CHERVIS
setifero	SÉTIFÈRE	sistema colturale	SYSTÈME DE CULTURE
setificio	SOIERIE	sistema colturale	TENUE
setola	SÉIME	sistema di agricoltura	SYSTÈME D'AGRICULTURE
setola	SOIE	sistema di coltivazione	SYSTÈME D'EXPLOITATION
settembre	SEPTEMBRE	sistemare/controllare lo sviluppo	AMÉNAGER
settico	SEPTIQUE	sistemico	SYSTÉMIQUE
settore	SECTEUR	sitotroghe	SITOTROQUES
sfalcio	FAUCHÉE	slitta	TRAINEAU
sfalcio	FAUCHE	slitta per il trasporto di legname	SCHLITTE
sfalcio	FAUCHAISON	slitte	RAMASSES
sferratura	DÉFERRAGE	sminuzzaletame	ÉMIETTEUR DE FUMIER
sfibrare	DÉFIBRER	sminuzzatura	LACÉRATION
sfrido	FREINTE	smuovere	RETOURNER
sfioratore	DÉVERSOIR	smusso	CHANFREIN
sfioritura	DÉFLEURAISON ou DÉFLORAISON	soccidario	CHEPTÉLIER
sfogliare	EFFEUILLER	soccio	CHEPTEL
sfogliatrice	DÉROULEUR	socializzazione delle terre	SOCIALISATION DES TERRES
sfogliatrice per granoturco	DÉPANOUILLEUSE	società	SOCIÉTÉ
sfogliatura	DÉFEUILLAGE	sociologia rurale	SOCIOLOGIE RURALE
sfoltimento	ÉCLAIRCIE	sociologo rurale	RURALISTE
sfrondamento	ÉMONDAGE	soffione	PISSENLIT
sfrondare	DÉBROUSSAILLER	soggetto	PORTE-GREFFE
sfrondare	ÉLAGUER	soggetto	PIED MÈRE

soggetto a manomorta	MAINMORTABLE	spandimento	ÉPANDAGE
soggetto a taglia	TAILLABLE	spanditore	ENFOUISSEUR
soglia	SEUIL	spanditore	ÉPANDEUR
soglia di redditività	SEUIL DE RENTABILITÉ	spanditrice	ENFOUISSEUR
soglia di tolleranza	SEUIL DE TOLÉRANCE	spanditrice	ÉPANDEUR
soia	SOJA	spanditrice di concime	DISTRIBUTEUR
solanacee	SOLANACÉES OU SOLANÉES	spannocchiatura	DÉPANOUILLAGE
solcatura	RAYONNAGE	spargere	PARSEMER
solco	ORNIÈRE	spargere di sabbia	SABLER
solco	RAIE OU RAYE	spargere terra	TERRER
solco	SILLON	spargimento	ÉPANDAGE
solco divisorio	DÉRAYURE	spargipaglia	ÉPARPILLEUR
solfare	SULFURER	sparto	ALFA
solfato	SULFATE	sparto	SPARTE
solfato di ammonio	SULFATE D'AMMONIAQUE	sparto pungente	OYAT
solfato di potassio	SULFATE DE POTASSIUM	spata	SPATHE
solfato di rame	SULFATE DE CUIVRE	spauracchio	ÉPOUVANTAIL
solfatura	SOUFRAGE	spavenio	ÉPARVIN
solfitazione	BISULFITAGE	spaventapasseri	ÉPOUVANTAIL
solfitazione	SULFITAGE	specializzazione agricola	SPÉCIALISATION AGRICOLE
solfo	SOUFRE	specie	ESPÈCE
solforatrice	SOUFFLET	specie di falce	CROISSANT D'ÉLAGAGE
solforazione	SOUFRAGE	spelaia	BOURRETTE
solforazione delle botti	MÉCHAGE	spelta	ENGRAIN
solfuro di carbonio	SULFURE DE CARBONE	spelta	ÉPEAUTRE
sollevamento (sistema di)	RELEVAGE (SYSTÈME DE)	spennare	DÉPLUMER
sollevamento	DÉTERRAGE	spennare	PLUMER
sollevatore	ÉLÉVATEUR	spennatura	PLUMÉE
soluzione nutritiva	SOLUTION NUTRITIVE	sperare le uova	MIRER
soma	SOMME	speratura	MIRAGE
somarello	BOURRICOT	sperauovo	MIRE-OEUF
somaro	ÂNE	spergola	SPERGULE
somatico	SOMATIQUE	spermatofite	SPERMATOPHYTE
sommacco	SUMAC	spermatozoo	SPERMATOZOÏDE
sommelier	SOMMELIER	sperone di ancoraggio	BÊCHE D'ANCRAGE
sommersione	SUBMERSION	sperpero	COULAGE
sonagliera	SONNAILLES	spezie	ÉPICES
sonda	SONDE	spezzettamento	MORCELLEMENT
sondaggio	SONDAGE	spianamento	RÉGALEMENT
sondaggio	FORAGE	spianare	RÉGALER
soppiantare	SUPPLANTER	spiazzo erboso	BOULINGRIN
soprannome del contadino francese	JACQUES	spiazzo per mercato	PLACITRE
sorba	ALISE	spietrare	ÉPIERRER
sorbo	CORMIER	spietratore	ÉPIERREUR
sorbo	SORBIER	spietratura	DÉROCHEMENT
sorbo	ALISIER	spietratura	ÉPIERRAGE
sorgente	SOURCE	spiga	ÉPI
sorgente artesiana	SOURCE ARTÉSIENNE	spiga di granturco	PANOUILLE
sorgo	SORGHO	spigare	ÉPIER
sorta di erpice	EXTIRPATEUR	spigatura	ÉPIAISON
sostanza	SUBSTANCE	spighetta	ÉPILLET
sostegno	SUPPORT	spighetta	SPICULE
sotterramento	ENFOUISSAGE	spigo	SPIC
sottobosco	SOUS-BOIS	spigolare	GLANER
sottocoda	CULERON	spigolatura	GLANAGE
sottopancia	SOUS-VENTRIÈRE	spigolatura	GLANE
sottopancia	VENTRIÈRE	spigolatura	GLANURE
sottoprodotto	SOUS-PRODUIT	spillo	GIBELET
sottoscala	SOUPENTE	spina	ÉPINE
sottosuolo	SOUS-SOL	spinacio	ÉPINARD
sottosuolo	TRÉFONDS	spino	ÉPINE
sottosviluppo	SOUS-DÉVELOPPEMENT	spirea	ULMAIRE
sovescio	VERDAGE	spirito	ESPRIT
sovkhoz	SOVKHOZE	spogliare dei sarmenti	ESSARMENTER
sovrainnesto	SURGREFFAGE	spollonare	ROGNER
sovranità	SUZERAINETÉ	spollonatrice	ROGNEUSE
sovrappopolazione agricola	SURPEUPLEMENT AGRICOLE	sponda di carro	ÉCHELETTE
sovrapproduzione agricola	SURPRODUCTION AGRICOLE	sponda di carro	RIDELLE
sovrasfruttamento dei pascoli	SURPÂTURAGE	spontaneo	SPONTANÉ
sovvenzione agricola	SUBVENTION AGRICOLE	spopolamento	DÉPEUPLEMENT
spaccalegna	FENDEUR	spopolamento rurale	DÉPOPULATION RURALE
spacco dell'innesto	ENTURE	spora	SPORE
spaglio (seminare a)	VOLÉE (SEMER À LA)	sporangio	SPORANGE
spago	FICELLE	spossato	FORTRAIT
spalatrice	PELLETEUSE	spremere	PRESSURER
spalliera	ESPALIER	spremitura	PRESSAGE
spalliera	REFEND	spremitura	PRESSURAGE
spampanare	ROGNER	sprone	ERGOT
spampanare	ÉPAMPRER	spruzzare	SERINGUER
spampanatura	ROGNAGE	spulare	VANNER
spampanatura	ÉPAMPRAGE	spulatore	VANNEUR
spandiconcime	DISTRIBUTEUR	spulatura	VANNAGE
spandiletame	ÉPARPILLEUR	spumante	MOUSSEUX

INDEX ITALIEN-FRANÇAIS

spuntare	ÉTÊTER	stilo	STYLE
spuntare	RAFRAÎCHIR	stima di beni	PRISÉE
spuntatura	ÉPOINTAGE	stipite	STIPE
spunto	PIQURE	stirpe	LIGNÉE
spurgo	CURAGE	stoccaggio	STOCKAGE
spurgo	VIDANGE	stocco	QUENOUILLE
squadratura	ÉQUARRISSAGE	stolone	COULANT
squartatore	ÉQUARRISSEUR	stolone	STOLON
squartatura	ÉQUARRISSAGE	stoma	STOMATE
sradicamento	ÉRADICATION	stomaco	ESTOMAC
sradicamento	ARRACHAGE	stomatite	STOMATITE
sradicare	DÉRACINER	stoppa	ÉTOUPE
stabbiatura	PARCAGE	stoppia	ÉTEULE
stabulazione	STABULATION	stoppia	CHAUME
staccare dalla pianta madre	SEVRER	storia agraria	HISTOIRE RURALE
staccare i cavalli	DÉTELER	straccale	VENTRIÈRE
stacciatura	SASSAGE	strada vicinale	CHEMIN VICINAL
staccio	SAS	stradino	CANTONNIER
stachys tuberina	CROSNE	stramaturazione	SURMATURATION
staffa	COUTRIÈRE	stramazzo	DÉVERSOIR
staffa	ÉTRIER	strame	LITIÈRE
staffale	APPUIE-PIED	stranguglione	GOURME
staffale	HAUSSE-PIED	strato di concime	COUCHE
stagionale	SAISONNIER	strato di strame	PAILLIS
stagionale	SAISONNIER adj.	stretta	ÉCHAUDAGE
stagionatura	AFFINAGE	strettoio	PRESSE
stagione	SAISON	striature	STRIURES
stagione morta	MORTE-SAISON	striglia	ÉTRILLE
stagno	ÉTANG	strigliare	PANSER
stagno	MARE	strigliatura	PANSAGE
stagno per anatre	CANARDIÈRE	strisciante	RAMPANT
staiata	BOISSELÉE	striscianti	TRAÇANTES
staio	BOISSEAU	strobilo	CÔNE
stalla	ÉTABLE	strofinare	BOUCHONNER
stalla	BOUVERIE	strongili	STRONGLES
stallaggio	ÉTABLAGE	strumento	OUTIL
stallare	ÉTABLER	strumento aratorio	INSTRUMENT ARATOIRE
stallo	BOX	strumento per sturare	DÉBOUCHOIR
stallone	ÉTALON	struttura agraria	STRUCTURE AGRAIRE
stame	ÉTAMINE	struttura fondiaria	STRUCTURE FONCIÈRE
standard	STANDARD	struttura parcellare	STRUCTURE PARCELLAIRE
stanga	LIMONIÈRE	stud-book	STUD-BOOK
stanga	FLÈCHE	stufatura	ÉTOUFFAGE
stanga	BRANCARDS	stuoia	PAILLASSON
stanga	JAMBETTE	subaffitto	SOUS-FERME
stanga	BARRE D'ATTELAGE	suberoso	SUBÉREUX
statistica agricola	STATISTIQUE AGRICOLE	succhiello	GIBELET
statura	TAILLE	succhiello	PERÇOIR
statuto dell'affitto	STATUT DU FERMAGE	succhiello	TARIÈRE
stazione agrometeorologica	STATION AGROMÉTÉOROLOGIQUE	succhio	SÈVE
stazione di monta equina	HARAS	succhione	REPOUSSE
stecca	PALIS	succhione	TIRE-SÈVE
steccato	PERCHIS	succhione	GOURMAND
steccato	PALIS	succidere	RECÉPER
stegola	MANCHE	succisione	RECÉPAGE
stegola	AGE	succo	JUS
stegola	MANCHERONS	succo di frutta	JUS DE FRUITS
stelo	FLÈCHE	succulento	SUCCULENT
stelo	TIGE	suddivisione amministrativa	TOWNSHIP
stelo	HAMPE	suffrutice	SOUS-ARBRISSEAU
sterco bovino	BOUSATS	suffruticoso	SOUS-FRUTESCENT
sterco bovino	BOUSES	suffruticoso	SUFFRUTESCENT
sterco di pollame	POULATTE	sughericoltura	SUBÉRICULTURE
sterco polverizzato	POUDRETTE	sughero	LIÈGE
sterile	STÉRILE	sugo	JUS
sterile	BRÉHAIGNE	sugo della canna da zucchero	VESOU
sterilire	STÉRILISER	suidi	SUIDÉS
sterilità	STÉRILITÉ	suini	PORCINS
sterilizzare	STÉRILISER	suino	PORCIN adj.
sterilizzazione	STÉRILISATION	sulla	SULLA
stero	STÈRE	sulla	SAINFOIN
sterpaia	BROUSSE	suola	TUILE
sterpeto	FRUTICÉE	suola di terreno arato	SEMELLE DE LABOUR
sterramento	DÉTERRAGE	suola laterale	CONTRESEP
stia	MUE	suolo	SOL
stia per pulcini	POUSSINIÈRE	superalimentazione	SURALIMENTATION
stigliare	TEILLER	supercoltivatore	ROTAVATOR
stigliare	TILLER	superficie agraria	SURFACE TERRIÈRE
stigliatrice	TEILLEUSE	supplenza	REMPLACEMENT
stigliatura	TEILLAGE	surgelamento	SURGÉLATION
stigliatura	TILLAGE	surmolotto	SURMULOT
stiglio	TEILLEUSE	susina	PRUNE
stigma	STIGMATE	susina selvatica	PRUNELLE

INDEX ITALIEN-FRANÇAIS

susino	PRUNIER
susino selvatico	PRUNELLIER
sussistenza (economia di)	SUBSISTANCE (Économie de)
svasatura	DÉFILEMENT
svecciatoio	TRIEUR
svellere i cardi	ÉCHARDONNER
svernare	HIVERNER
svernamento	HIVERNAGE
svettare	ÉTÊTER
svettatura	ÉTÊTAGE
svettatura	ÉCIMAGE
svezzamento	SEVRAGE
svezzare	SEVRER
sviluppo zero	ZÉRO DE DÉVELOPPEMENT
sviluppo rurale	AMÉNAGEMENT RURAL
svinare	DÉCUVER
svinatura	DÉCUVAGE
tabacchicoltore	TABACULTEUR
tabacco	PÉTUN
tabacco	TABAC
tabacco trinciato	SCAFERLATI
tacchetto	BUTTOIR
tacchina	DINDE
tacchina	POULE D'INDE
tacchino	DINDON
tactismo	TACTISME
tafano	TAON
taglia	TAILLE
taglia aggiuntiva	TAILLON
taglia-marze	BROYEUSE DE SARMENTS
tagliabordo	COUPE-BORDURE
tagliafuoco	COUPE-FEU
tagliafuoco	PARE-FEU
taglialegna	BÛCHERON
tagliare	RECOUPER
tagliare	TAILLER
tagliare a pezzi	TRONÇONNER
tagliasiepe	TAILLEUSE DE HAIES
tagliata/abbattuta d'alberi	ABATTIS
tagliavento	COUPE-VENT
tagliente	LAME DE COUPE
tagliere	HACHOIR
taglio	ABATTAGE
taglio	TAILLE
taglio	COUPAGE
taglio	COUPE
taglio dei viticci	ÉVRILLAGE
taglio del legno	DÉBITAGE
taglio di diradamento/di dirado	COUPE D'ÉCLAIRCIE
taglio di rigenerazione	COUPE DE RÉGÉNÉRATION
taglio di rinnovazione	COUPE DE RÉNOVATION
taglio di semina	COUPE SOMBRE
taglio per riparare/proteggere	COUPE D'ABRI
taglio periodico	COUPE RÉGLÉE
taglio rasente a terra	BLANC-ESTOC ou BLANC-ÉTOC
taglio raso	COUPE À BLANC-ÉTOC ou COUPE À BLANC-ESTOC
talea	OEILLETON
talea	QUILLETTE
talea	BOUTURE
talea di vinco	QUILLETTE
talea di vite	MAILLETON
taleaggio	TALLAGE
tallire	TALLER
tallo	THALLE
tallo	TALLE
tallofite	THALLOPHYTES
talpa	TAUPE
talpaia	TAUPINIÈRE
talpicido	TAUPICIDE
tamarisco	TAMARIS
tamerice	TAMARIS
tana	REPAIRE
tana di coniglio	RABOULIÈRE
tangerina	TANGÉRINE
tannante	TANNANT
tannino	TANIN ou TANNIN
tanno	TAN
tapioca	TAPIOCA
tappeto erboso	PELOUSE
tappo	BOUCHON
tara	TARE
tara	TARE
tararà	TARARE
tarassaco	DENT-DE-LION
tarassaco	PISSENLIT
tardività	TARDIVITÉ
tardivo	TARDIF
targone	ESTRAGON
tarlo	MINEUSE
tarlo del legno	VRILLETTE
tarma	MITE
tarpare le ali	ÉJOINTAGE
tartaro	TARTRE
tartufaia	TRUFFIÈRE
tartuficoltore	TRUFFICULTEUR
tartufigena (di quercia)	TRUFFIER adj.
tartufigeno	TRUFFIER adj.
tartufo	TRUFFE
tascapane	PANETIÈRE
tassa	TAXE
tassa sulle vendite in taverna	AFFEURAGE
tassia	TAXIE
tasso	BLAIREAU
tasso	IF
tasso	TAUX
tasso di crescita	TAUX DE CROISSANCE
tasso di fecondità	TAUX DE FÉCONDITÉ
tasso di prolificità	TAUX DE PROLIFICITÉ
tasso di rendita	TAUX DE RENDEMENT
tasso di riproduzione	TAUX DE REPRODUCTION
tasso di selezione	TAUX DE SÉLECTION
tasso di umidità	TAUX D'HUMIDITÉ
tasso-barbasso	BOUILLON-BLANC
tassonomia	TAXINOMIE OU TAXONOMIE
tastatore	PALPEUR
tastavino	TÂTE-VIN
tatuaggio	TATOUAGE
tavole	FENTE (BOIS DE)
tè	THÉ
tecnica agricola	TECHNIQUE AGRICOLE
tecnico agricolo	TECHNICIEN AGRICOLE
tecnologia agricola	TECHNOLOGIE AGRICOLE
tegola	TUILE
tela	TOILE
telaio	CADRE
telaio vetrato	CHÂSSIS
telegonia	TÉLÉGONIE
teleguida	TÉLÉGUIDAGE
telerilevamento	TÉLÉDÉTECTION AGRICOLE
telone	BÂCHE
teloneo	TONLIEU
temperatura rettale	TEMPÉRATURE RECTALE
tempo della falciatura	FAUCHAISON
tempo di semina	SEMAISON
tenda	TENTE
tenia	TÉNIA
tenore	TENEUR
tensiometro	TENSIOMÈTRE
tentredine	MOUCHE À SCIE
tentredine	TENTHRÈDE
tenuta	DOMAINE
tenuta	TÈNEMENT
tenutario	TENANCIER
terapeutica	THÉRAPEUTIQUE
termidoro	THERMIDOR
termine	BORNE
termine	TERME
termite	TERMITE
termofilo	THERMOPHILE
termoperiodo	THERMOPÉRIODE
termoterapia	THERMOTHÉRAPIE
termotropismo	THERMOTROPISME
terofita	THÉROPHYTE
terra	TERRE
terra censuaria	CENSIVE
terra rossa	TERRA ROSSA
terratico	TERRAGE
terrazza	TERRASSE DE CULTURE
terreni confinanti di un fondo	ABOUTISSANTS
terre smosse	JECTISSES
terreno	SOL
terreno	TERRE
terreno	TERRAIN
terreno	TERROIR

terreno alluvionale	ACCOULINS	topinambur	TOPINAMBOUR
terreno di decantazione	CHAMP D'ÉPANDAGE	topo	SOURIS
terreno dissodato	ESSART	topo	RAT
terreno franco di coltivazione	FRANC-BORD	topo campagnolo	CAMPAGNOL
terreno incolto	FRICHE	topo campagnolo	MULOT
terreno intercluso	ENCLAVE	toponomastica	TOPONYMIE
terreno lavorato in una giornata	HOMMÉE	toponomia	TOPONYMIE
terreno piantato a indigofere	INDIGOTERIE	toporagno	MUSARAIGNE
terreno piantato a tremula	TREMBLAIE	toppo	CHICOT
terreno umido	MOUILLÈRE	torba	TOURBE
terricciato	COMPOST	torbiera	TOURBIÈRE
terriccio	TERREAU	torbiera	FAGNE
terriccio magro	HERBUE	torchiatore	PRESSUREUR
terriccio vegetale	MULL	torchiatura	PRESSAGE
territorio agrario	TERRITOIRE AGRAIRE	torchio	PRESSE
terroso	TERREUX	torchio	PRESSOIR
terza aratura del maggese	TIERCEMENT	torchio per l'uva	TREUIL
terzato	TIERCÉ	torchio per olive	MAILLOTIN
terzeria	TIERCE	torcinaso	SERRE-NEZ
terziario	TIERCEUR	torcinaso	TORD-NEZ
tesa	TOISE	torcitore	MOULINEUR
tessile	TEXTILE adj.	torcitura	MOULINAGE
tessitore	TISSERAND	torello.	TAURILLON
test	TEST	tornello	CUVETTE
testata	CHEVIÈRE	toro	TAUREAU
testiera del cavallo	CHANFREIN	torrefare	TORRÉFIER
testimone	TESTEUR	torrefazione	TORRÉFACTION
testimone	TÉMOIN	torrefazione di caffè	BRÛLERIE
tetania	TÉTANIE	torsolo	TROGNON
tetano	TÉTANOS	tortrice	ROULEUSE
tetragonia	TÉTRAGONE	tortrice	TORDEUSE
tetto	TOIT	tosaerba	TRANCHE-GAZON
tetto di paglia	CHAUME	tosare	TONDRE
tettoia	CHAPERON	tosatore	TONDEUR
tettoia	HANGAR	tosatura	TONDAGE
tettoia	AUVENT	tosatura	TONDAILLES
tettoia (addossata a un muro)	APPENTIS	tosatura	TONTE
thè	THÉ	tosello	TOUSELLE
ticchio	TIC	tosone	TOISON
ticchiolato	TAVELÉ	tossiemia	TOXÉMIE
ticchiolatura	TAVELAGE	tossina	TOXINE
ticchiolature	TAVELURES	tostare	TORRÉFIER
tifosi (aviaria)	TYPHOSE	tracheoverticillosi	VERTICILLIOSE
tiglio	TEILLE	traino	AUBIN
tiglio	TILLEUL	tralcio	SARMENT
tigna	TEIGNE	tralcio tagliato corto	COURSON
tignola	MITE	traliccio	TREILLIS
tignola	ÉUDEMIS	tramoggia	TRÉMIE
tignola	VÉRUE	tranciatrice	TRONÇONNEUSE
tignola	TEIGNE	transumanza	TRANSHUMANCE
tignola dell'uva	COCHYLIS	transumanza	REMUE
tignola della vite	VER-COQUIN	transumare	TRANSHUMER
timina	THYMINE	trapasso	TRAQUENARD
timo	SERPOLET	trapelo	BRICOLIER
timo	THYM	trapiantare	TRANSPLANTER
timone	TIMON	trapiantatoio	DÉPLANTOIR
tinaia	CUVERIE	trapiantatoio	TRANSPLANTOIR
tinaia	CUVIER	trapiantatrice	REPIQUEUSE
tino	CUVE	trapianto	DÉPLANTATION
tino	TINE	trapianto	TRANSPLANTATION
tino per birra	BRASSIN	trapianto	REPIQUAGE
tinozza	BAILLE	trappola	PIÈGE
tinozza	JALE	trappola	TRAQUENARD
tintorio	TINCTORIAL	trappola per talpe	TAUPIÈRE
tipi colturali	TYPES DE CULTURE	trasportatore a ventilatore per fieno	AÉROENGRANGEUR
tipo di agricoltura	TYPE D'AGRICULTURE	trasporto a valle dei tronchi	GLISSAGE
tipo di allevamento	TYPE D'ÉLEVAGE	trasporto dei tronchi mediante cavi	CÂBLAGE
tipologia agricola	TYPOLOGIE AGRICOLE	trasporto del legname	DÉBARDAGE
tiro	ATTELAGE	trasporto fuori dal bosco	DÉBOSQUAGE
tiro	TRAIT	trasporto per teleferica	TÉLÉFÉRAGE
tirocinio agricolo	APPRENTISSAGE AGRICOLE	tratta	TRAITE
tirso	THYRSE	tratta dei negri	TRAITE DES NOIRS
titolo	TITRE	trattamento	TRAITEMENT
togliere i semi	ÉPÉPINER	trattamento in stufa	ÉTUVAGE
togliere la borraccina	ÉMOUSSER	Trattato di Roma	TRAITÉ DE ROME
togliere le barbatelle	OEILLETONNER	trattore	TRACTEUR
togliere lo zaffo	DÉBONDER	trattore forestale	TRACTEUR FORESTIER
tolleranza	TOLÉRANCE	trattorista	TRACTORISTE
tonchio	BRUCHE	trattrice	TRACTEUR
tondello	RONDIN	trattrice a trampolo	TRACTEUR ENJAMBEUR
topiario	TOPIAIRE	trattrice a triciclo	TRACTEUR TRICYCLE
topicida	RATICIDE	tratturo	DRAILLE
topicida	RODENTICIDE	travaglio	TRAVAIL

travasamento	SOUTIRAGE	uccello da richiamo	CHANTERELLE
travasamento	TRANSVASEMENT	ugello	BUSE
travasare	COULER	uliginoso	ULIGINEUX
travasare	DÉPOTER	uliveto	OLIVERAIE
travaso	SOUTIRAGE	uliveto	OLIVAIE
travaso	TRANSVASEMENT	ulivo	OLIVIER
trave di colmo	FAÎTAGE	ulmaria	ULMAIRE
traversa mobile per comando	SELLETTE	ultimo nato	TARDILLON
trazione	TRACTION	umico	HUMIQUE
trebbiare	BATTRE	umico	ULMIQUE
trebbiatore	BATTEUR	umidificare	HUMIDIFIER
trebbiatrice	BATTEUSE	umidità	HUMIDITÉ
trebbiatura	DÉPIQUAGE	umido	MOUILLÉ
trebbiatura	BATTAGE	umifero	HUMIFÈRE
tremola	TREMBLANTE	umifero	HUMEUX
tremolina	AMOURETTE	umificazione	HUMIFICATION
tremula	TREMBLE	umina	HUMINE
treno	TRAIN	umo	HUMUS
treno anteriore del cavallo	AVANT-MAIN	un quarto di cento	QUARTERON
treno posteriore del cavallo	ARRIÈRE-MAIN	unghia	ONGLET
trequarti	TROCART	ungulati	ONGULÉS
trespolo	PERCHOIR	unicaule	UNITIGE
trichinosi	TRICHINOSE	uniparo	UNIPARE
tricomonosi	TRICHOMONOSE	unisessuale	UNISEXUÉ
tridente	TRIDENT	unità catastali	UNITÉS CADASTRALES
trifoglio	TRÈFLE	unità di lavoro-uomo	UNITÉ DE TRAVAIL-HOMME
trifoglio incarnato	FAROUCHE	unità di produzione	UNITÉ DE PRODUCTION
trigonella	TRIGONELLE	unità foraggera	ÉQUIVALENT FOURRAGER
trinciaforaggi	HACHE-FOURRAGE	unità foraggera	UNITÉ FOURRAGÈRE (U.F.)
trinciapaglia	HACHE-PAILLE	unità mungitrice	GOBELET TRAYEUR
trinciaradici	COUPE-RACINE	univoltino	UNIVOLTAIN
trinciasteli	EFFANEUSE	untume della lana grezza	SUINT
trinciatuberi	COUPE-RACINE	uovo	OEUF
trinciatura	HACHAGE	uperizzazione	UPÉRISATION
tripanosoma	TRYPANOSOME	urbanizzazione	BANLIEUSARDISATION
tripanosomiasi	TRYPANOSOMIASE	urea	URÉE
tripide	THRIPS	usanze	COUTUMES
triploide	TRIPLOÏDE	usi e consuetudini	USAGES
tritapanelli	BRISE-TOURTEAU	usufrutto	USUFRUIT
tritello	REMOULAGE	utensile	OUTIL
tritume di fieno	POUSSIER	utente di un impianto di irrigazione	IRRIGANT
trituratore	BROYEUR	utilizzazione del suolo	UTILISATION DU SOL
trituratrice	BROYEUSE	uva	RAISIN
trituratrice rotativa	GYROBROYEUR	uva bianca da tavola	CHASSELAS
triturazione (legna di)	TRITURATION (BOIS DE)	uva da tavola	RAISIN DE TABLE
trivella	TARIÈRE	uva da vino	RAISIN DE CUVE
troglodita	TROGLODYTE	uva passa	RAISIN SEC
trogolo	AUGE	uvifero	UVIFÈRE
troia	TRUIE	vacca	VACHE
tronco	TRONC	vacca da latte	LAITIÈRE
tronco/ramo potato male	ÉCOT	vaccaio	TOUCHEUR
troncone	ROULE	vaccaro	VACHER
tropismo	TROPISME	vaccheria	VACHERIE
trottatore	TROTTEUR	vacchetta	VACHETTE
trotto	TROT	vaccinazione	VACCINATION
truciolo	COPEAU	vaccino	VACCIN
tse-tse	TSÉ-TSÉ	vaccino	VACCINE
tubercolina	TUBERCULINE	vagare	VAGUER
tubercolizzazione	TUBERCULINISATION	vainiglia	VANILLIER
tubercolosi	TUBERCULOSE	vainiglia	VANILLE
tuberizzazione	TUBÉRISATION	vaiolatura	MALADIE CRIBLÉE
tubero	TUBERCULE	vaiolo	VARIOLE
tuberosa	TUBÉREUSE	vaiolo ovino	VARIOLE OVINE
tuberoso	TUBÉREUX	vaiolo	VACCINE
tubo per drenaggio	DRAIN	vaiolo equino	VACCINE
tuia	THUYA	vaiolo ovino	CLAVELÉE
tularemia	TULARÉMIE	valeriana	VALÉRIANE
tuia occidentale	CÈDRE BLANC	valerianella	MÂCHE
tulipano	TULIPE	valerianella	RAMPON
tulipifera	TULIPIER	valletto	VALET
tumore	TUMEUR	vallicoltura	VALLICULTURE
tunnel	TUNNEL	valore	VALEUR
turgescenza	TURGESCENCE	valore agricolo	VALEUR AGRICOLE
turgore	TURGESCENCE	valore commerciale	VALEUR MARCHANDE
turione	TURION	valore di panificazione	VALEUR BOULANGÈRE
turno d'irrigazione	TOUR D'ARROSAGE	valore fondiario	VALEUR FONCIÈRE
tutolo	RAFLE	valore foraggero	VALEUR FOURRAGÈRE
tutore	ÉCHALAS	valva	VALVE
tutore	TUTEUR	valvassore	ARRIÈRE-VASSAL
ubero	AUBÈRE	valvassoria	VAVASSORERIE
uccellaio	OISELIER	van	VAN
uccelliera	VOLIÈRE	vanga	BÊCHE
uccello	OISEAU	vanga per estrarre la torba	LOUCHET

INDEX ITALIEN-FRANÇAIS

vangare	BÊCHER
vangare	RETOURNER
vangatura	BÊCHAGE
vanghetta	BÊCHETON
vanghetto	HOULETTE
vaniglia	VANILLE
varecchi	VARECH
variazioni	VARIATIONS
varietà	VARIÉTÉ
varietà di amaranto	QUEUE DE RENARD
varietà di cetriolo	ZUCHETTE
varrone	VARRON
vaso	VASE
vaso	POT
vaso	VAISSEAU
vaso (potatura a)	GOBELET (TAILLE EN)
vassallo	VASSAL
veccia	VESCE
veccia	DENT DE BREBIS
veccione	GESSE
veccione	JAROUSSE
vegetale	VÉGÉTAL
vegetale	VÉGÉTAL adj.
vegetativo	VÉGÉTATIF
vegetazione	VÉGÉTATION
veglia	VEILLÉE
veicolo di contagio	CONTAGE
veicolo per bestiame	BÉTAILLÈRE
vello	TOISON
velo di fioretta	VOILE
venato di grasso	PERSILLÉ
vendemmia	VENDANGE
vendemmiaio	VENDÉMIAIRE
vendemmiare	VENDANGER
vendemmiatore	VENDANGEUR
vendemmiatrice	MACHINE À VENDANGER
vendemmiatrice	VENDANGEUSE
vendita	VENTE
venditore ambulante	FORAIN
ventilabro	VAN
ventilatore	VENTILATEUR
vento del nord	HÂLE
ventoso	VENTÔSE
ventriglio	GÉSIER
vera	MARGELLE
verbena	VERVEINE
verderame	VERDET
verdura	LÉGUME
verdura	VERDURE
verga	VERGE
verme	VER
vermicida	VERMICIDE
vermifugo	VERMIFUGE
vernalizzazione	PRINTANISATION
vernalizzazione	VERNALISATION
vernino	HIÉMAL
veronica	VÉRONIQUE
verricello	POULIOT
verro	VERRAT
versante a bacio	UBAC
versante/costone soleggiato	ADRET
verso del legno	FIL DU BOIS
versoio	VERSOIR
verticillo	VERTICILLE
vescicaria	BAGUENAUDIER
vespa	GUÊPE
veterinario	VÉTÉRINAIRE
vetiveria	VÉTIVER
vetriolo (azzurro)	VITRIOL
vettore	VECTEUR
vettura	VOITURE
viaggiatore (colombo o piccione)	VOYAGEUR (PIGEON)
viale	ALLÉE
vibriosi	VIBRIOSE
vicaria	VIGUERIE
vicarianza	VICARIANCE
vicinale	VICINAL
vicinato	VOISINAGE
vigna	VIGNOBLE
vigna	VIGNE
vignaiolo	VIGNERON
vigneto	VIGNOBLE
vigneto	CLOS
villa	VILLA
villaggio	VILLAGE
villaggio rotondo	VILLAGE ROND
villaggio a nastro	VILLAGE-RUE
villaggio a schiera	VILLAGE LINÉAIRE
villaggio compatto	VILLAGE AGGLOMÉRÉ
villaggio dai campi avvicendati	VILLAGE À CHAMPS ASSOLÉS
villaggio di bonifica	VILLAGE DE BONIFICATION
villaggio modello	VILLAGE-CENTRE
villaggio montano	VILLAGE DE MONTAGNE
villaggio nucleo	VILLAGE NUCLÉAIRE
villano	VILAIN
villano	RUSTRE
villetta	BASTIDE
villetta isolata	CHARTREUSE
vilucchio	VOLUBILIS
vimine	OSIER
vinaccia	MARC
vinaccia	VINASSE
vinacciera	PINARDIER
vinacciolo	PÉPIN
vinario	VINAIRE
vincastro	HOULETTE
vincheto	OSERAIE
vinco	OSIER
vincolo	LIEN
vincolo	CONTRAINTE
vinello	PIQUETTE
vinello	RAPÉ
vinello	VINASSE
vinetto asprigno	GINGLARD
vinicolo	OENICOLE
vinicolo	VINICOLE
vinicoltura	VINICULTURE
vinifero	VINIFÈRE
vinificatore	VINIFICATEUR
vinificazione	VINIFICATION
vino	VIN
vino fiore	MÈRE-GOUTTE
vino locale	CHÂTEAU
vinoso	VINEUX
viola del pensiero	PENSÉE
viola matronale	JULIENNE
violetta	VIOLETTE
viottola	LAIE
viottolo	SENTIER
viottolo	LAYE
viottolo/stradina di campagna	CHEMIN
virgiliano	VIRGILIEN
Virginia	VIRGINIE
virgulto	REJETON
virosi	VIROSE
virulenza	VIRULENCE
virus	VIRUS
vischio	GUI
visciola	AGRIOTE
visciola	GRIOTTE
visciolo	MERISIER
viscontea	VICOMTÉ
viscosità	VISCOSITÉ
visone	VISON
vita comunitaria	VIE COMMUNAUTAIRE
vita pastorale	VIE PASTORALE
vita rurale	VIE RURALE
vitamina	VITAMINE
vite	VIGNE
vite a spalliera	TREILLE
vite americana	AMPÉLOPSIS
vitella	GÉNISSE
vitellina	VÊLE
vitello	VEAU
vitello	NOURRISSON
vitello nato morto	VÊLOT
viticcio	VRILLE
viticolo	VITICOLE
viticoltore	VITICULTEUR
viticoltura	VITICULTURE
vitifero	VITIFÈRE
vitigno	CÉPAGE
vitigno bianco	BLANC
vitivinicolo	VITIVINICOLE
vitulino	VITULAIRE
vivace	VIVACE

INDEX ITALIEN-FRANÇAIS

vivaio	VIVIER	zappettina	PIOCHON
vivaio	PÉPINIÈRE	zappone	HOYAU
vivaio di anguille	ANGUILLIÈRE	zavorra di fibra	LEST
viviparo	VIVIPARE	zebù	ZÉBU
vizio redibitorio	VICE RÉDHIBITOIRE	zecca	IXODE
vizzo	BLET	zecca	TIQUE
voandzeia	VOANDZOU	zenzero	GINGEMBRE
vocazione colturale	VOCATION CULTURALE	zigote	ZYGOTE
volatile	VOLATILE	zigzag (erpice a)	ZIGZAG (HERSE EN)
volgarizzazione	VULGARISATION	zimasi	ZYMASE
voliera	VOLIÈRE	zimogeno	ZYMOGÈNE
volpe	RENARD	zimologia	ZYMOLOGIE
voltafieno	FANEUSE	zimosimetro	ZYMOSIMÈTRE
voltare l'erba falciata	FANER	zipolo	BONDE
voltinismo	VOLTINISME	zipolo	BONDON
volubile	VOLUBILE	zizania	ZIZANIE
vomere	SOC	zoccolaio	SABOTIER
vulneraria	ANTHYLLIDE	zoccolo	ONGLON
vvigna portainnesto	VIGNE-MÈRE	zoccolo	SOCQUE
warrant	WARRANT	zoccolo	SABOT
xantofilla	XANTHOPHYLLE	zoccolo con tomaia di cuoio	GALOCHE
xenia	XÉNIE	zolfare	SOUFRER
Xeres	XÉRÈS	zolfatore	SOUFREUR
xerofilo	XÉROPHILE	zolfatrice	SOUFFLET
xerofito	XÉROPHYTE	zolfatura	SOUFRAGE
xilema	XYLÈME	zolfo	SOUFRE
xilofago	XYLOPHAGE	zolla	MOTTE
xilosio	XYLOSE	zona boschiva sorvegliata	GARDERIE
yak	YAK	zona di libero scambio	ZONE DE LIBRE ÉCHANGE
ylang-ylang	YLANG-YLANG	zona geliva	ZONE GÉLIVE
yogurt	YOGHOURT	zona pilota	ZONE TÉMOIN
yucca	YUCCA	zonizzazione	ZONAGE
zabro	ZABRE	zoocecidia	ZOOCÉCIDIE
zafferano	SAFRAN	zoogeografia	ZOOGÉOGRAPHIE
zafferano bastardo	CARTHAME	zoolatra	ZOOLÂTRE
zaffo	BONDE	zoologia	ZOOLOGIE
zaffo del cocchiume	BONDON	zoonosi	ZOONOSE
zaino	ZAIN	zootecnia	ZOOTECHNIE
zampa	PATTE	zootecnico	PÉCUAIRE
zampa	GRIFFE	zoppaggine	BOITERIE
zampare	PIAFFER	zoppia	BOITERIE
zangola	BUTYRIFICATEUR	zoppina	PIÉTIN
zangola	BARATTE	zotico	RUSTAUD
zangolatura	BARATTAGE	zotico	RUSTRE
zanzara	COUSIN	zucca	CITROUILLE
zappa	HOUE	zucca	COURGE
zappa a due o più denti	CROC	zucca	PÂTISSON
zappa rotativa	HOUE ROTATIVE	zucca a turbante	GIRAUMON
zappa	PIOCHE	zucca africana	CALEBASSE
zappare	HOUER	zucca da farina/da vino/da fiasco	GOURDE
zappare	PIOCHER	zuccheraggio	CHAPTALISATION
zappare	BINER	zuccheraggio	SUCRAGE
zappatore	PIOCHEUR	zuccheriere	SUCRIER
zappatrice	PIOCHEUR	zuccherificio	SUCRERIE
zappatura	HOUAGE	zuccherino	SUCRIN
zappetta	SERFOUETTE	zucchero	SUCRE
zappetta	BINETTE	zucchero di malto	MALTOSE
zappettare	SERFOUIR	zucchina	COURGETTE
zappettatura	SERFOUISSAGE	zufolo	PIPEAU

INRA EDITIONS

Histoire des pédologues et de la science des sols
J. BOULAINE

La science des sols ou pédologie est une science relativement jeune. Cet ouvrage de synthèse, le premier sur ce thème qui soit aussi riche et documenté, illustré de plus de 600 biographies de savants du monde entier, intéressera tant les historiens des sciences que les agronomes.
1989, 297 p., 110 F

INRA Editions - Rte de St-Cyr - F-78026 Versailles Cedex

INRA EDITIONS

Guide des analyses courantes en pédologie
D. BAIZE

Bien choisir ses analyses et maîtriser les modes d'expression des résultats, les interpréter et bien les présenter, telle est l'ambition de cet ouvrage. Conçu comme un guide pratique, il sera utile aux pédologues, forestiers, agronomes, techniciens agricoles, qu'ils soient spécialistes, enseignants ou étudiants.
1988, 172 p., 100 F

INRA Editions - Rte de St-Cyr - F-78026 Versailles Cedex

INRA EDITIONS

Fertilité et systèmes de production
M. SEBILLOTTE, ed.

Quelles sont les composantes de la fertilité ? Comment les mesurer, juger de leurs répercussions sur la production ? Cet ouvrage analyse les réponses des agriculteurs face à la diversité des situations et tente d'apporter des moyens de diagnostic nouveaux et d'élaborer une méthodologie d'étude de la fertilité.
1989, 369 p., 215 F

INRA Editions - Rte de St-Cyr - F-78026 Versailles Cedex

INRA EDITIONS

Comprendre un paysage : guide pratique de recherche
Bernadette LIZET, F. de RAVIGNAN

Ouvrage à caractère pédagogique, proposant une méthode de lecture du paysage agraire : prendre des repères pour une découverte visuelle systématique puis compléter par une enquête. L'analyse du paysage rural d'une commune de Haute-Savoie apporte un exemple détaillé d'interprétation.
1987, 147 p., 115 F

INRA Editions - Rte de St-Cyr - F-78026 Versailles Cedex

ILLUSTRATIONS*

Les dessins illustrant le texte ont été empruntés à :

1) **Larousse du XX° siècle en six volumes** (L.20) : 1, 5, 9, 10, 11, 13, 14, 15, 16, 24, 25, 26, 28, 31, 32, 33, 34, 35, 37, 40, 41, 42, 43, 44, 46, 47, 49, 50, 52, 53, 56, 57, 59, 61, 62, 63, 65, 66, 68, 69, 75, 77, 78, 79, 80, 81, 84, 85, 86, 87, 88, 91, 92, 93, 94, 95, 96, 98, 99, 100, 101, 103, 104, 105, 106, 107, 108, 109, 110, 113, 116, 117, 118, 119, 120, 125, 126, 128, 129, 133, 135, 136, 137, 138, 140, 142, 143, 144, 145, 147, 148, 150, 151, 152, 153, 154, 155, 156, 159, 161, 163, 166, 169, 170, 171, 172, 177, 181, 183, 187, 188, 189, 190, 191, 192, 194, 195, 196, 197, 198, 199, 200, 201, 202, 203.

2) **Pierre Gindre**, cartographe à l'Institut de Géographie de Tours : 2, 4, 7, 12, 17, 18, 19, 20, 21, 22, 27, 29, 30, 38, 39, 45, 54, 55, 58, 60, 64, 67, 70, 71, 72, 73, 74, 76, 82, 83, 89, 90, 97, 111, 114, 115, 121, 122, 123, 124, 127, 130, 131, 132, 134, 139, 141, 146, 149, 157, 158, 160, 162, 167, 168, 173, 174, 175, 176, 178, 179, 180, 184, 185, 204.

3) **Dict.encycl. Quillet:** 3,102.

4) **Haudricourt** (A.G.) et Madame **Jean Brunhes Delamarre**. L'homme et la charrue à travers le monde: 6, 8, 36.

5) **Besnier** (R) et **Cuènot** (G). La Terre; édit Flammarion: 23, 51, 164, 165, 182, 193.

Les cartes de vignobles, de 1 à 6, proviennent de la planche 45 de l'Atlas de France. Comité National de Géographie. C.N.R.S. Paris. 1960, planche établie par et Louis Papy.

* Dessinées par P. GINDRE, Aide-Collaborateur à l'Institut de Géographie de Tours.

Fig. 1. — Abat-vent ou abri-vent (L. 20)[1].

Fig. 2. — Ados.

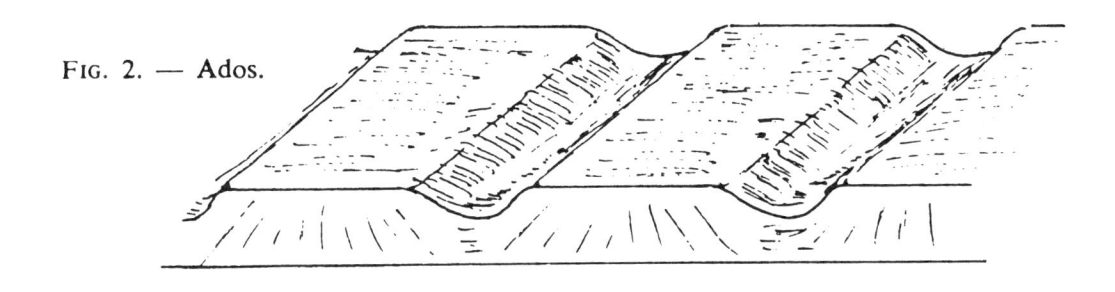

Fig. 3. — Aérateur (*D. E. Quillet*).

Fig. 4. — Aiguillade.

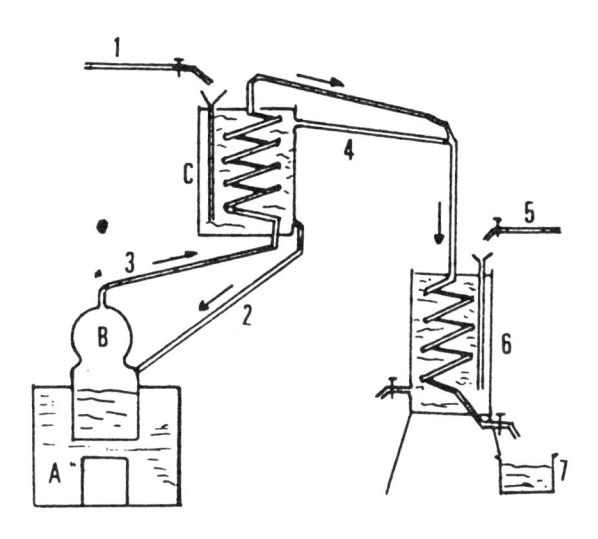

Fig. 5. — Alambic (L. 20). A. Chaudière ou cucurbite. B. Chapiteau. C. Chauffe-vin. 1. Arrivée du vin froid. 2. Arrivée du vin chaud. 3. Vapeurs alcooliques. 4. Vapeurs alcooliques du chauffe-vin. 5. Eau 6. Eau réfrigérante. 7. Alcool flegme, à rectifier.

Fig. 6. — Ambranloire, ou embranloir (*Haudricourt et M*^{me} *Jean-Brunhes Delamarre* 134, p. 393).

Fig. 7. — Appentis.

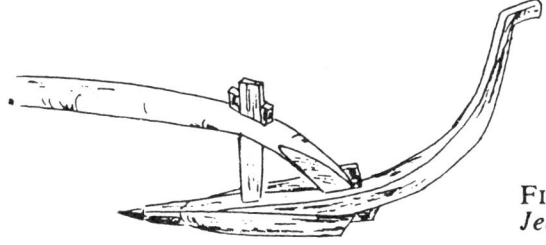

Fig. 8. — Araire (*Haudricourt et M*^{me} *Jean-Brunhes Delamarre*, 134, p. 14).

1. (L. 20), lire : (*Larousse du* XXe *siècle*, en six volumes).

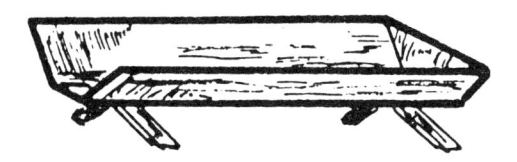

Fig. 9. — Arche ou maie (L. 20).

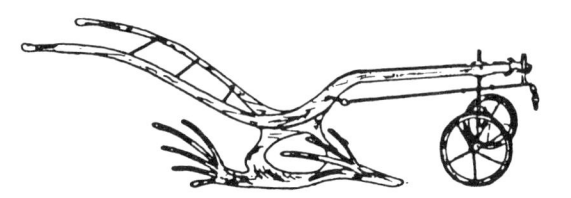

Fig. 10. — Arracheuse ou arrachoir (L. 20).

Fig. 11. — Auvent (L. 20).

Fig. 12. — Bagueur.

Fig. 14. — Bard, bayard (L. 20).

Fig. 13. — Baratte (L. 20).

Fig. 15. — Bardeaux (L. 20).

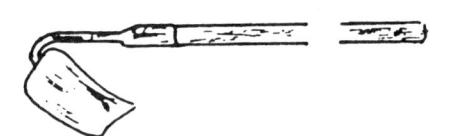

Fig. 16. — Barrasquite (L. 20).

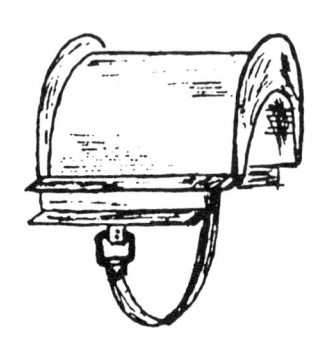

Fig. 17. — Bât.

Fig. 18. Batte (*P. Gindre*).

Fig. 19. — Bécat.

Fig. 20. — Bêche.

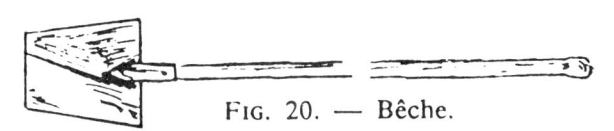

Fig. 22. — Binette.

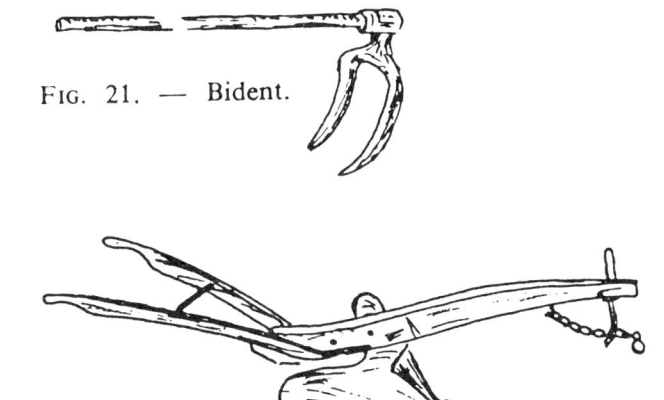

Fig. 21. — Bident.

Fig. 24. — Buttoir (L. 20).

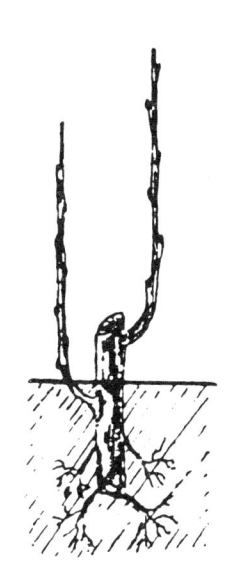

Fig. 23. — Bouturage (*Besnier et Cuénot* La Terre. FLAMMARION).

Fig. 25. — Calebasse (L. 20).

Fig. 26. — Canne (L. 20).

Fig. 27. — Canon d'arrosage.

Fig. 28. — Carriole (L. 20).

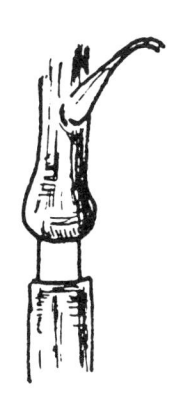

Fig. 30. — Cernage.

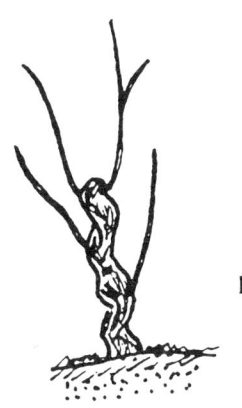

Fig. 29. — Cep.

Fig. 31. — Chadouf (L. 20).

Fig. 32. — Chalet (L. 20).

Fig. 33. — Chambrière de charrette = A. (L. 20).

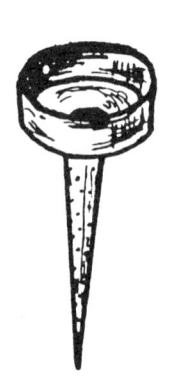

Fig. 34. — Chantepleure (L. 20).

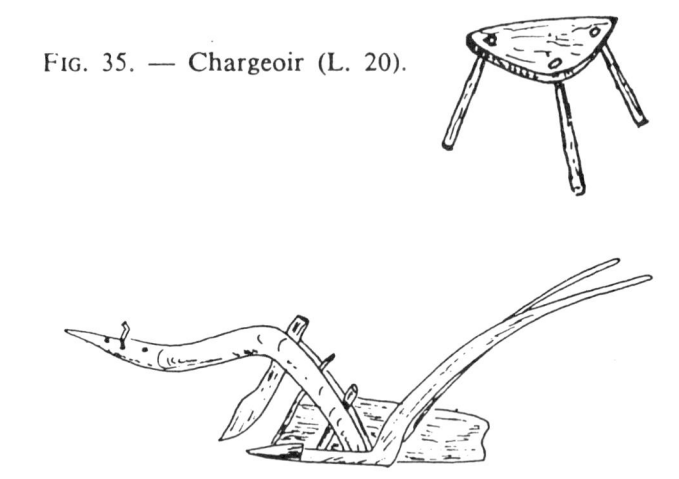

Fig. 35. — Chargeoir (L. 20).

Fig. 36. — Charrue (*Haudricourt et Mme Jean-Brunhes Delamarre*, 134).

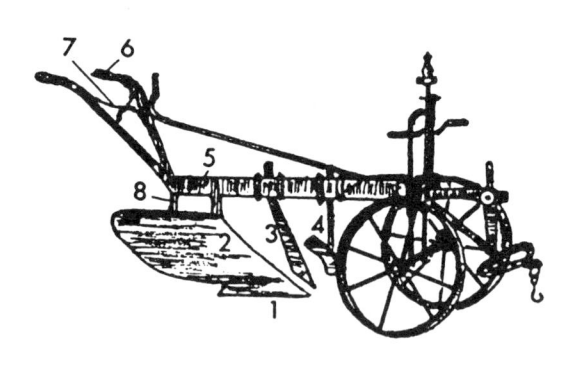

Fig. 37. — Charrue à avant-train : 1. soc; 2. versoir; 3. coutre; 4. rasette; 5. age; 6. mancherons; 7. entretoises; 8. étançon.

Fig. 38. — Chevalet.

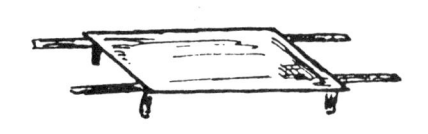

Fig. 39. — Civière.

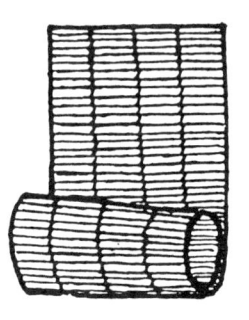

Fig. 40. — Claie de serre (L. 20).

Fig. 41. — Clarine (L. 20).

Fig. 42. — Clayon (L. 20).

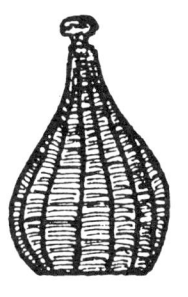

Fig. 43. — Clisse à bouteille (L. 20).

Fig. 44. — Cloche (L. 20).

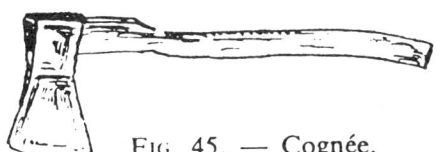

Fig. 45. — Cognée.

Fig. 46. — Comporte (L. 20).

Fig. 47. — Concasseur (L. 20).

Fig. 48. — Cornadis = C.

Fig. 49. — Couloire (L. 20).

Fig. 50. — Coupe-foin (L. 20).

Fig. 51. — Courson (R. Besnier et G. Cuénot, La Terre, Flammarion, p. 98).

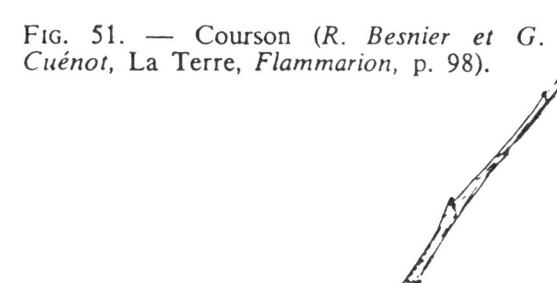

Fig. 52. — Coutre (L. 20).

Fig. 53. — Crèche (L. 20).

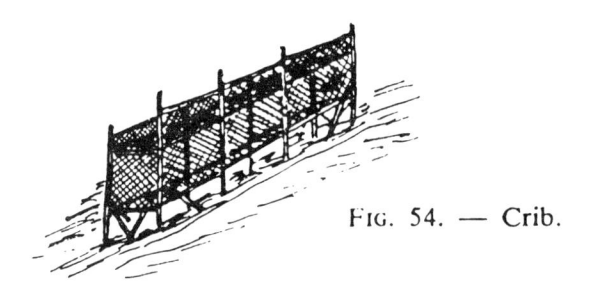

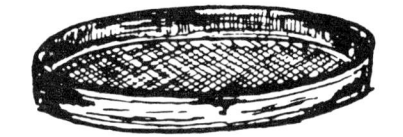

Fig. 54. — Crib.

Fig. 55. — Crible.

Fig. 56. — Cric-tenseur; tendeur (L. 20).

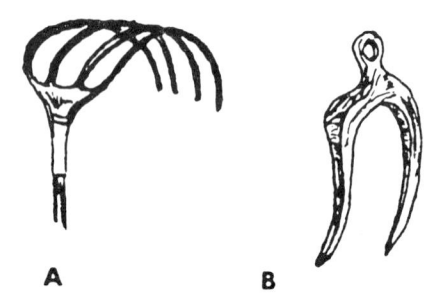

Fig. 57. — Crocs : A, à fumier; B, à pommes de terre (L. 20).

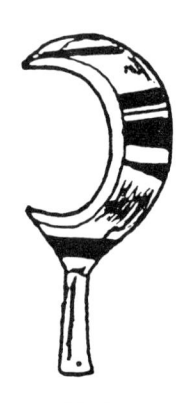

Fig. 58. — Croissant d'élagage.

Fig. 59. — Croupière (L. 20).

Fig. 60. — Curette.

Fig. 61. — Cuve (L. 20).

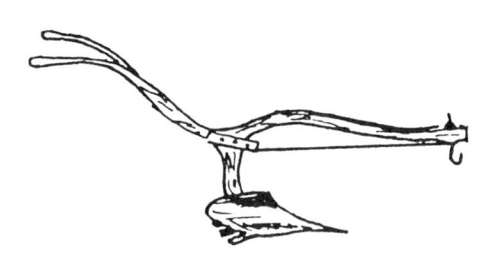

Fig. 62. — Déchausseuse (L. 20).

Fig. 63. — A : Dentale (L. 20).

Fig. 64. — Déplantoir.

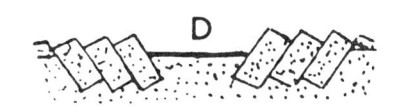

Fig. 65. — Dérayure (L. 20) = D.

Fig. 66. — Désoperculateur (L. 20).

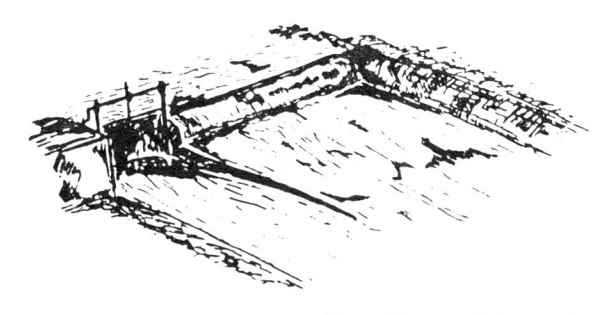

Fig. 67. — Déversoir.

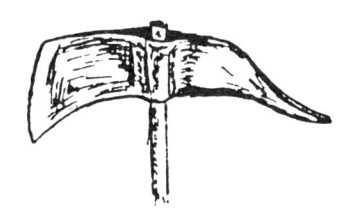

Fig. 68. — Dolabre (L. 20).

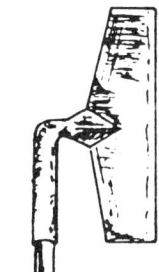

Fig. 69. — Doloire de tonnelier (L. 20).

Fig. 70. — Dondine (*P. Gindre*).

Fig. 73. — Écobue.

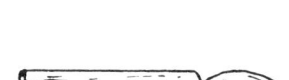

Fig. 74. — Écouche.

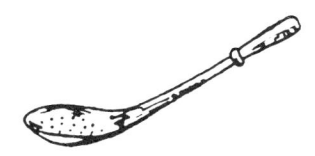

Fig. 75. — Écrémoir (L. 20).

Fig. 72. — Échenilloir.

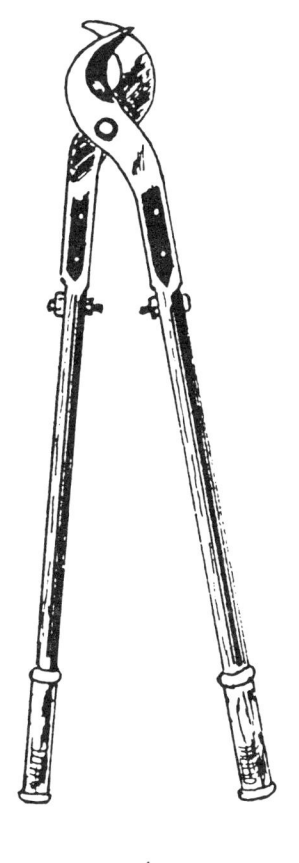

Fig. 71. — Ébranchoir

Fig. 76. — Écusson (greffe).

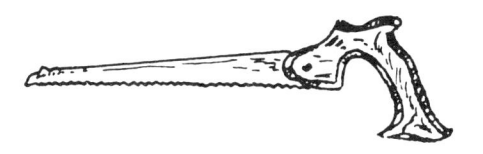

Fig. 77. — Égohine (L. 20).

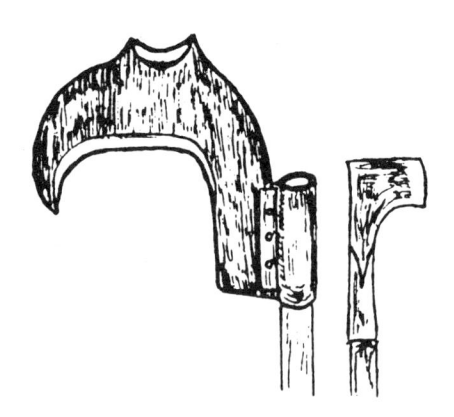

FIG. 78. — Émondoirs (L. 20).

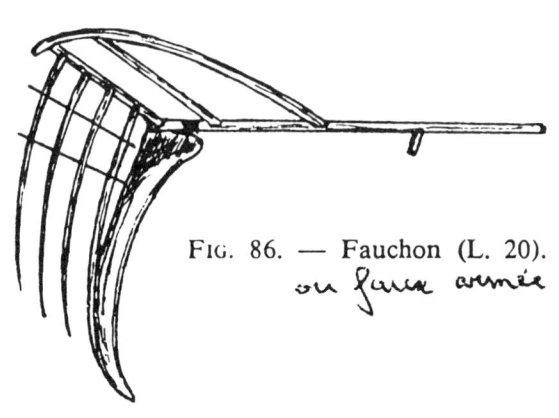

FIG. 79. — Émoussoirs (L. 20).

FIG. 80. — Ensilage en silo (L. 20).

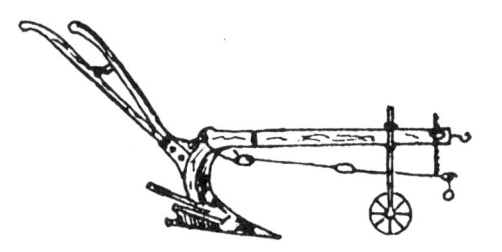

FIG. 81. — Érant (L. 20).

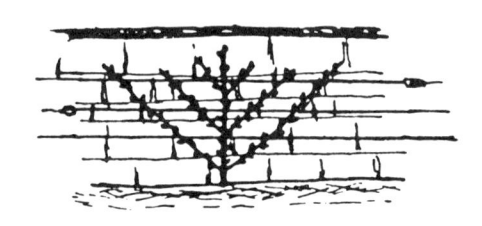

FIG. 82. — Espalier.

FIG. 83. — Étrèpe.

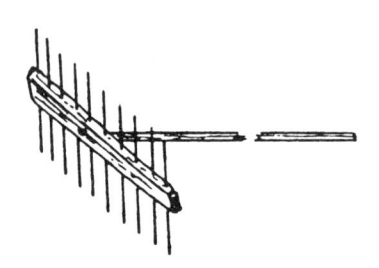

FIG. 84. — Étrille (L. 20).

FIG. 85. — Fauchet (L. 20).

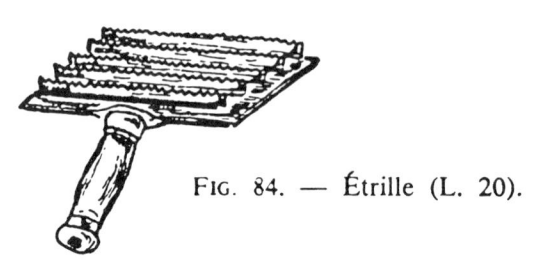

FIG. 86. — Fauchon (L. 20).
ou faux armée

FIG. 87. — Faucille (L. 20).

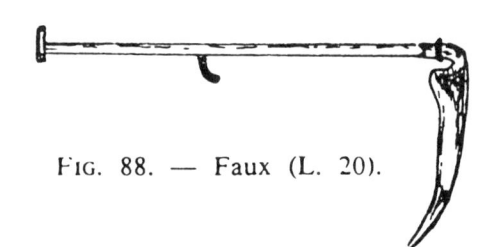

FIG. 88. — Faux (L. 20).

FIG. 89. — Fécine.

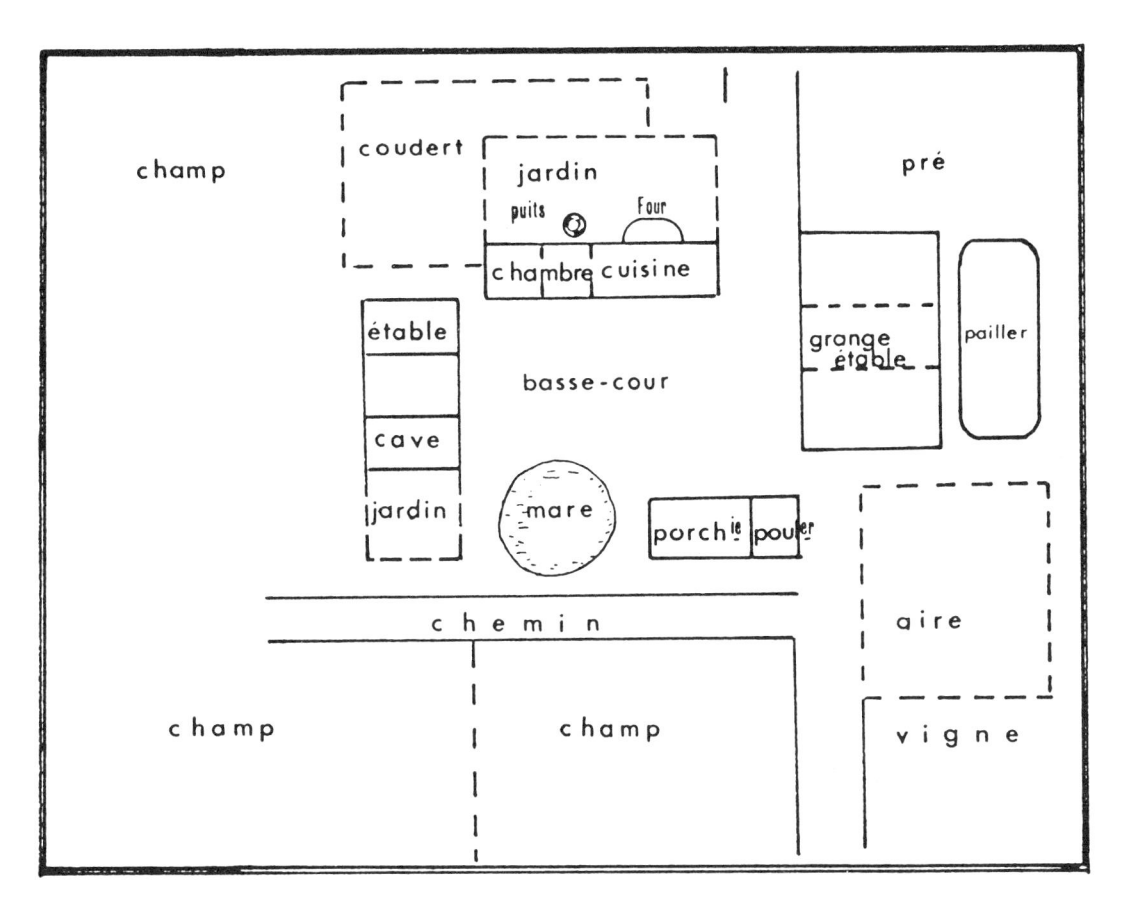

FIG. 90. — Ferme (Plan de).

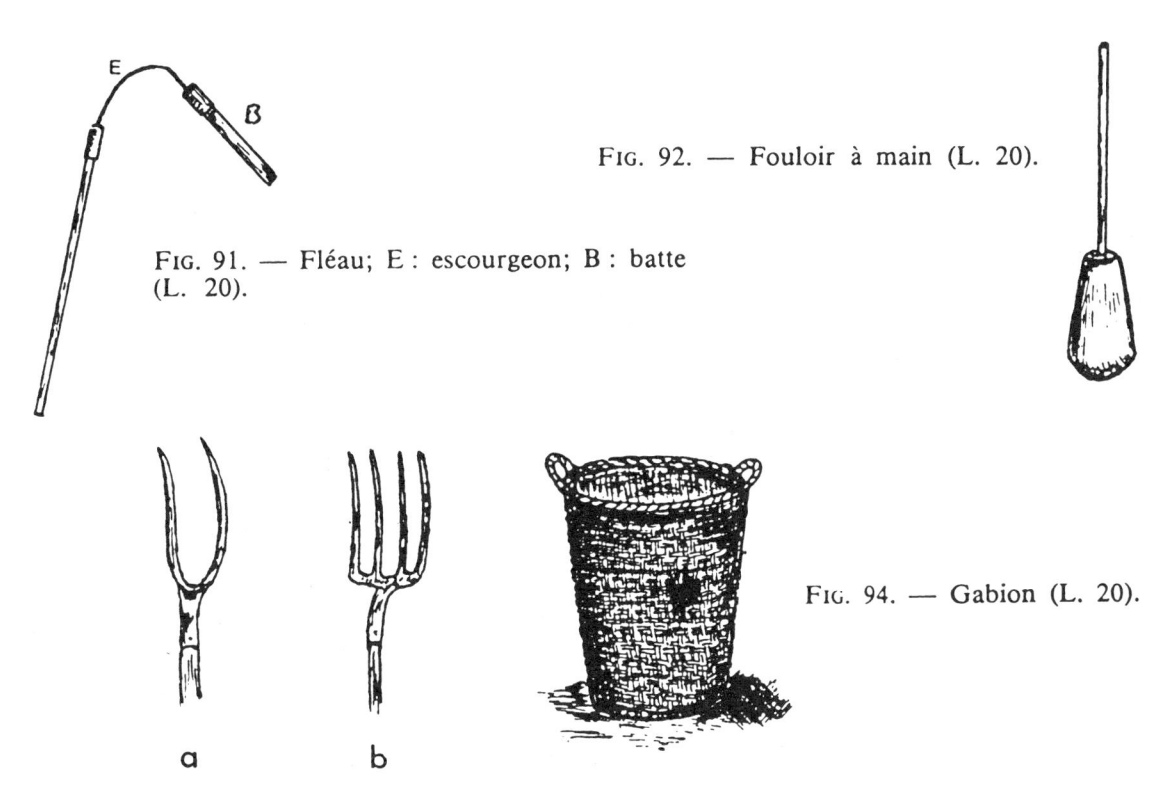

FIG. 91. — Fléau; E : escourgeon; B : batte (L. 20).

FIG. 92. — Fouloir à main (L. 20).

FIG. 93. — Fourches; a : à foin; b : à fumier (L. 20).

FIG. 94. — Gabion (L. 20).

FIG. 95. — Galle (Noix de) (L. 20).

FIG. 97. — Gidelle (*P. Gindre*).

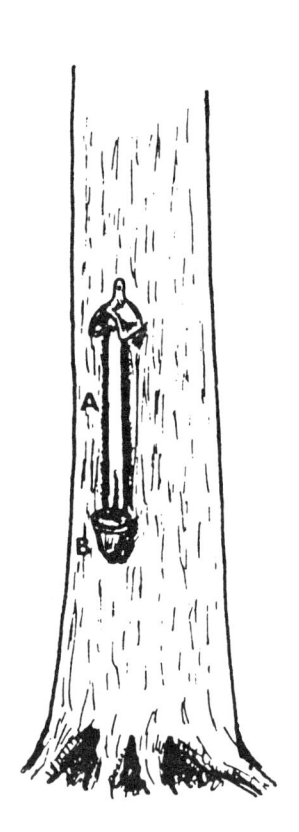

Fig. 98. — Gland (L. 20).

Fig. 99. — Gouet (L. 20).

Fig. 100. — Goûte-vin (L. 20).

Fig. 101. — Goujat ou Goyard. (L. 20).

Fig. 96. — Gemmage; A : carre; B : crot (*Larousse Universel en 2 vol.*).

Fig. 102. — Griffe (*D.E. Quillet*).

Fig. 103. — Havet (L. 20).

Fig. 105. — Herminette (L. 20).

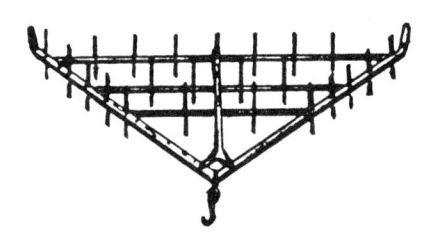

Fig. 106. — Herse (L. 20).

Fig. 104. — Hec (L. 20).

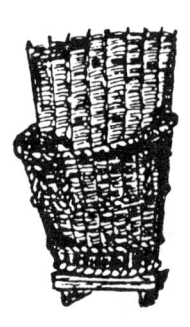

Fig. 108. — Houe carrée (L. 20).

Fig. 107. — Hotte en osier (L. 20).

Fig. 109. — Houlette (L. 20).

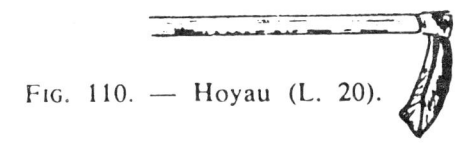

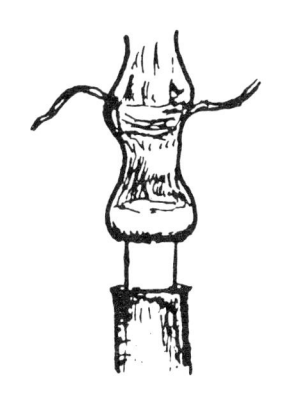

Fig. 110. — Hoyau (L. 20).

Fig. 111. — Incision pour baguage (*P. Gindre*).

Fig. 112. — Irrigation; 1 : rigole de distribution; 2 : rigole versante (*P. Gindre*).

Fig. 114. — Joug.

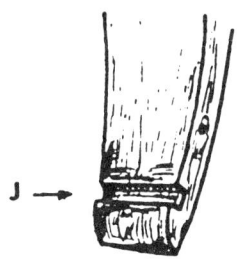

Fig. 113. — Jable (L. 20).

Fig. 115. — Layon.

Fig. 116. — Licou (L. 20).

Fig. 117. — Limonière simple (brancards) (L. 20).

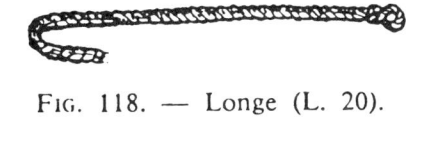

Fig. 118. — Longe (L. 20).

Fig. 119. — Longe; J : jets; T : double touret; L : longe (L. 20).

Fig. 120. — Louchet (L. 20).

Fig. 121. — Macque.

Fig. 122. — Maie.

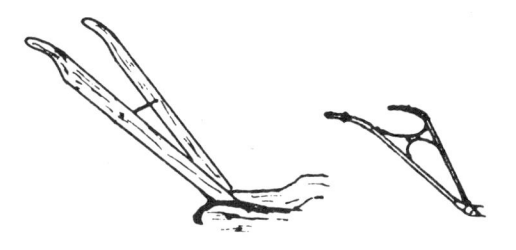

Fig. 123. — Mancherons.

Fig. 124. — Manette (*P. Gindre*).

Fig. 125. — Mangeoire (L. 20).

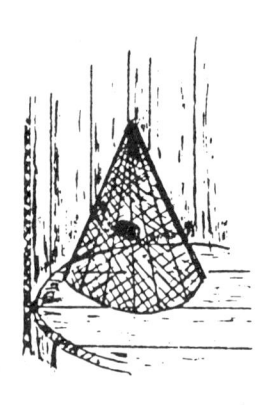

Fig. 126. — Marc de cuve (L. 20).

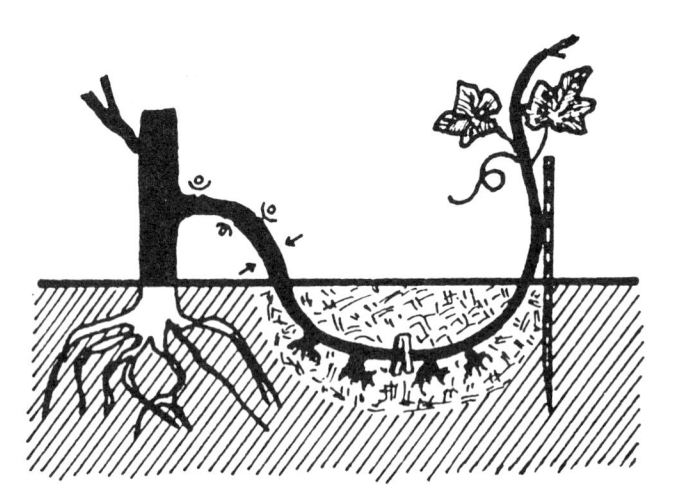

Fig. 127. — Marcottage.

Fig. 128. — Marotte ou bastringue (L. 20).

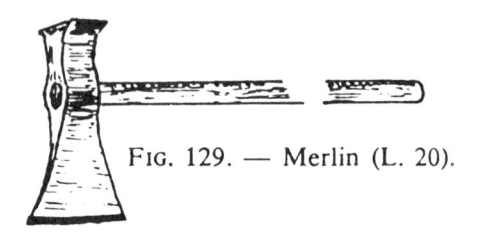

Fig. 129. — Merlin (L. 20).

Fig. 131. — Moette (*P. Gindre*).

Fig. 130. — Meule de céréales (*P. Gindre*).

Fig. 132. — Montoirs.

Fig. 133. — Morailles (L. 20).

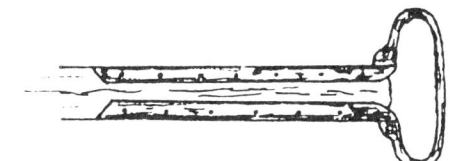

Fig. — 134. — Mouflette.

Fig. 135. — Moyette normande (L. 20).

Fig. 136. — Mue (L. 20).

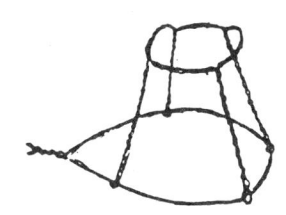

Fig. 138. — Muselet (L. 20).

Fig. 137. — Muflière (L. 20).

Fig. 139. — Nasière (*P. Gindre*).

Fig. 140. — Nichoir (L. 20).

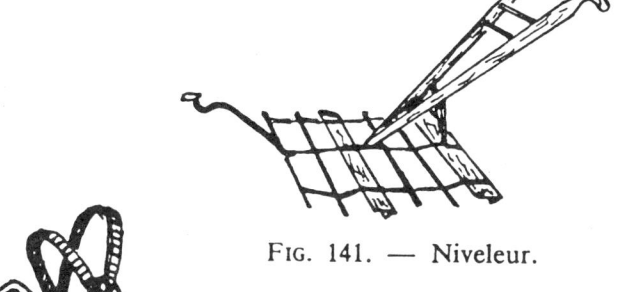

Fig. 141. — Niveleur.

Fig. 143. — Œillères (L. 20).

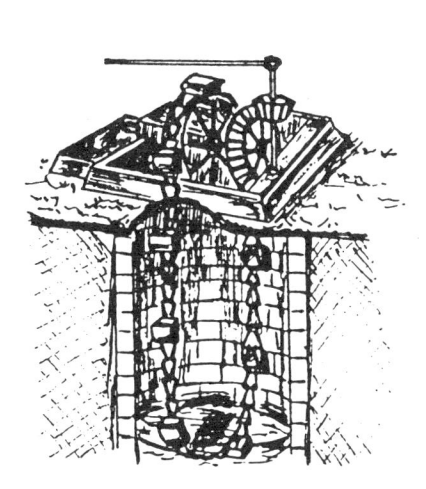

Fig. 142. — Noria (L. 20).

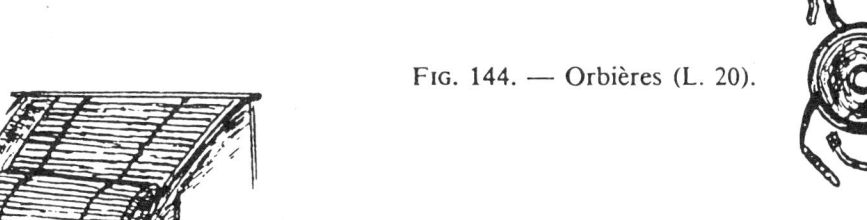

Fig. 144. — Orbières (L. 20).

Fig. 145. — Paillasson de serre (L. 20).

Fig. 146. — Paillon de bouteille (*P. Gindre*).

Fig. 147. — Palanche (L. 20).

Fig. 148. — Pale d'étang (P) (L. 20).

Fig. 149. — Palissade de pieux (*P. Gindre*).

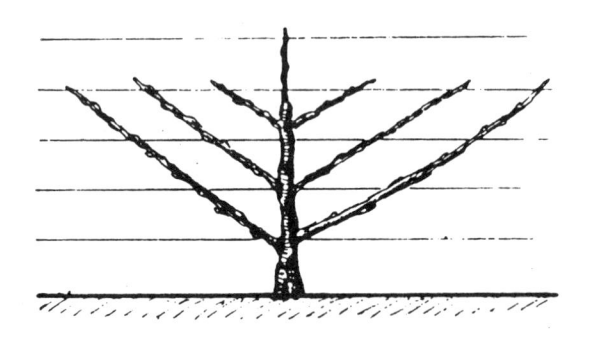

Fig. 150. — Palmette simple (L. 20).

Fig. 151. — Palonnier (L. 20).

Fig. 152. — Pantènne (L. 20).

Fig. 153. — Paroir de tonnelier (L. 20).

Fig. 156. — Picotin (L. 20).

Fig. 155. — Pelle versoir (L. 20).

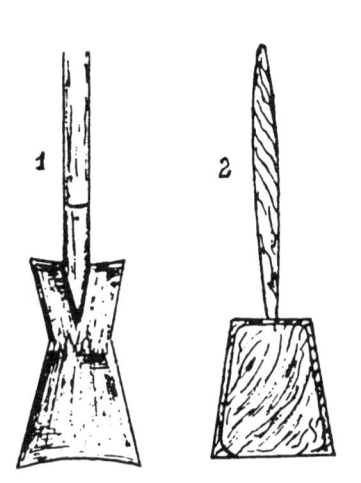

Fig. 154. — Pelle. 1 : de jardinier; 2 : d'écurie (L. 20).

Fig. 157. — Pince-sève.

Fig. 158. — Pioche.

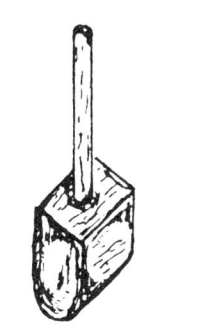

Fig. 159. — Pison (L. 20).

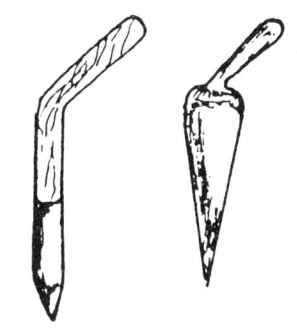

Fig. 160. — Plantoirs (*P. Gindre*).

Fig. 161. — Pochon (L. 20).

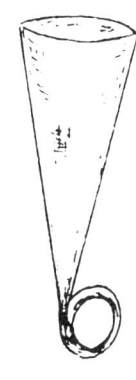

Fig. 162. — Pomponnette (*P. Gindre*).

Fig. 163. — Pondoir (L. 20).

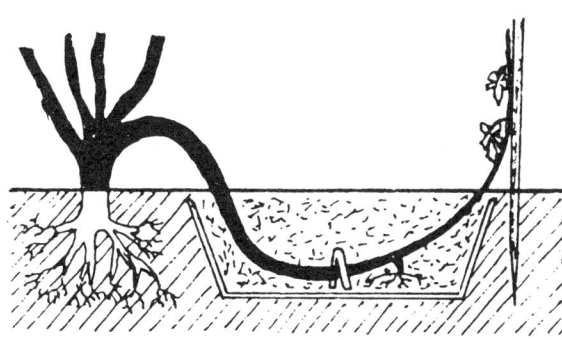

Fig. 165. — Provignage en panier (*Besnier et Cuénot*).

Fig. 164. — Pralinage (*Besnier et Cuénot*, Des fruits toute l'année, *dessin de R. Langevin*).

Fig. 166. — Pucheux (L. 20).

Fig. 167. — Raballe.

Fig. 168. — Raclette.

Fig. 169. — Ramassette (L. 20).

Fig. 171. — Râteaux (L. 20).

Fig. 173. — Ratissoire.

Fig. 172. — Râtelier (L. 20).

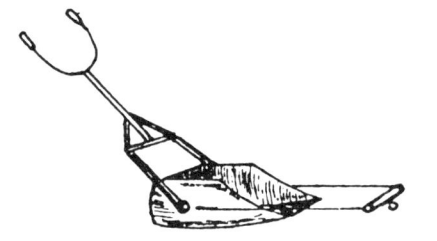

Fig. 174. — Ravale.

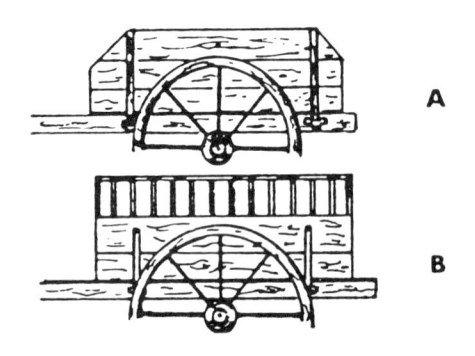

Fig. 175. — Ridelles. A : pleine ; B : semi-pleine.

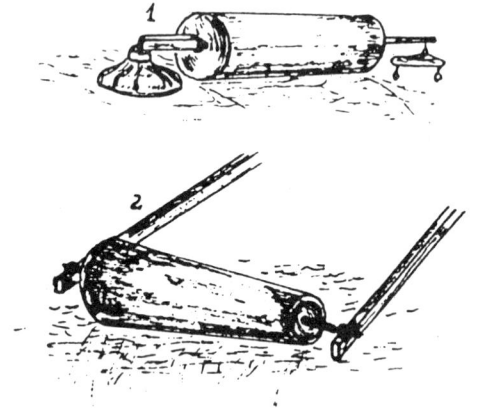

Fig. 176. — 1 : Rouleau à battre le blé ; 2 : Rouleau du Bassin aquitain.

Fig. 177. — Ruche (L. 20).

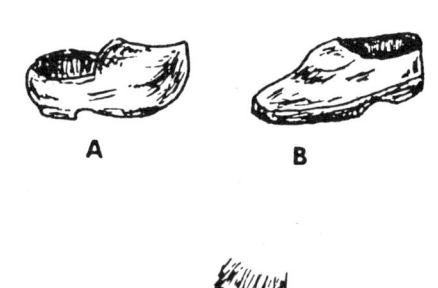

Fig. 178. — Sabots. A : en bois ; B : en caoutchouc ; c : de cheval.

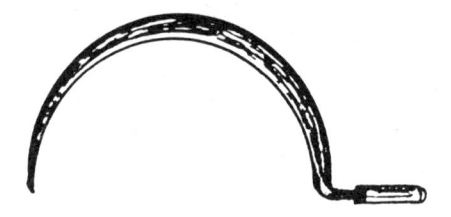

Fig. 179. — Sabre (*P. Gindre*).

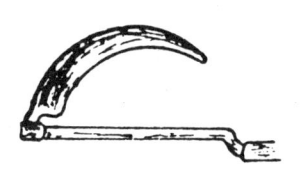

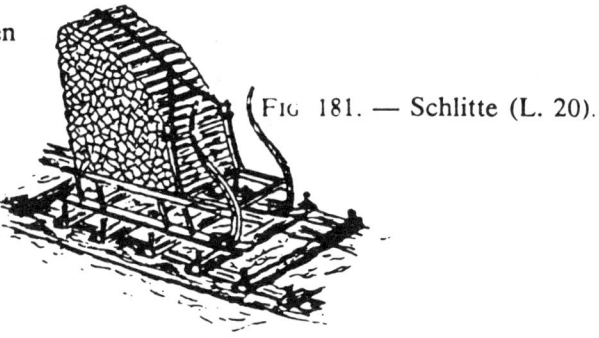

Fig. 180. — Sape.

Fig. 181. — Schlitte (L. 20).

Fig. 183. — Seau à traire (L. 20).

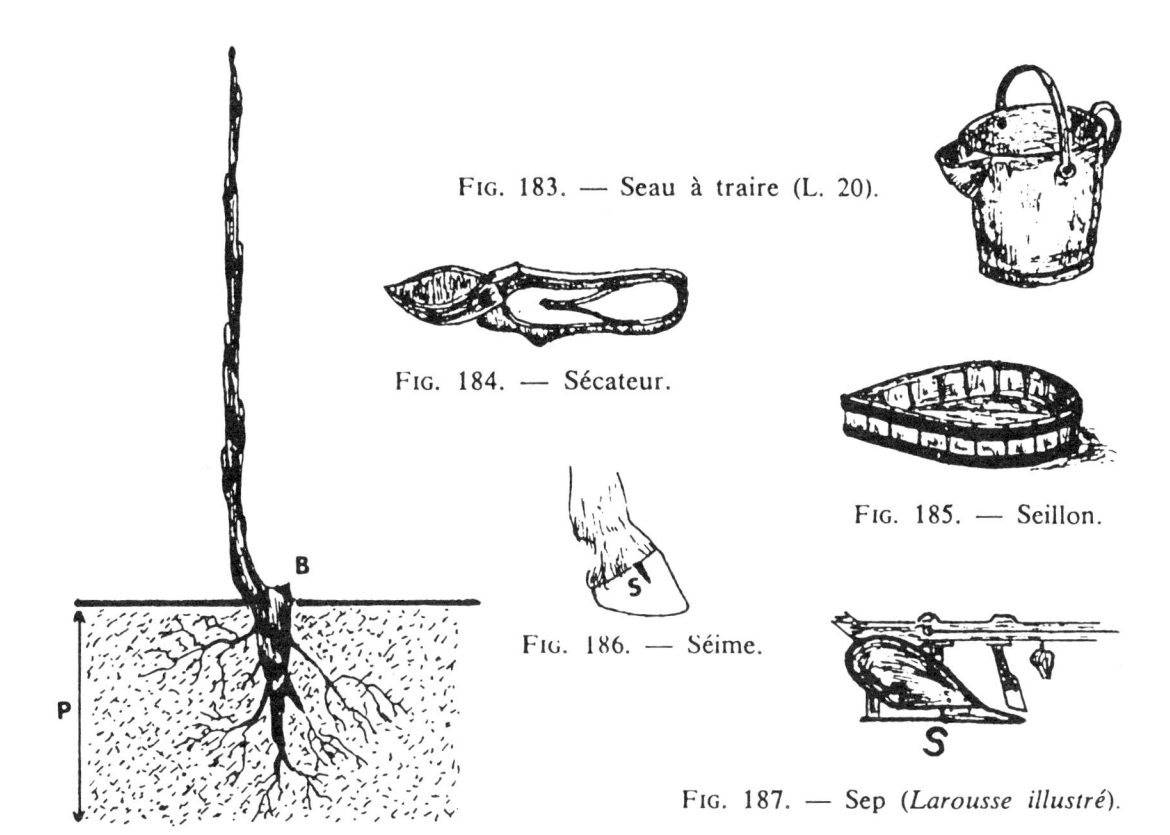

Fig. 184. — Sécateur.

Fig. 185. — Seillon.

Fig. 186. — Séime.

Fig. 187. — Sep (*Larousse illustré*).

Fig. 182. — Scion : P : porte-greffe; B : bourrelet de greffe (*Besnier et Cuénot*).

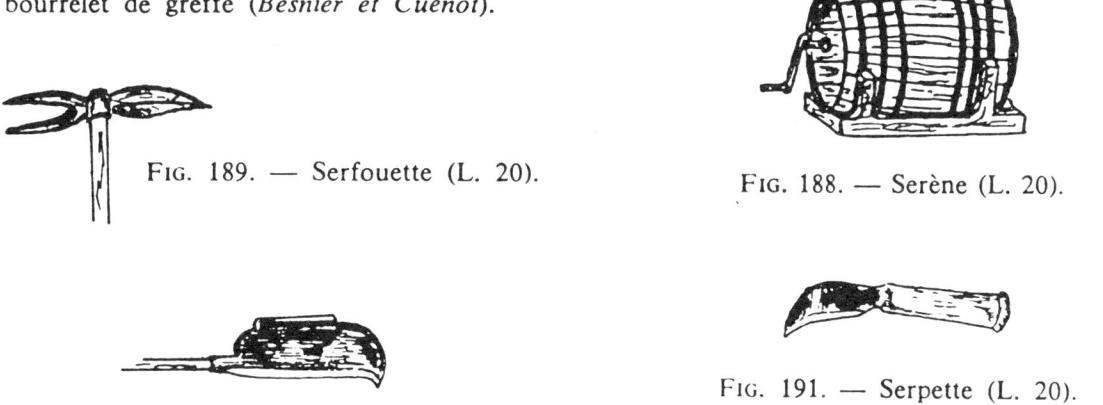

Fig. 189. — Serfouette (L. 20).

Fig. 188. — Serène (L. 20).

Fig. 190. — Serpe (L. 20).

Fig. 191. — Serpette (L. 20).

Fig. 192. — Soufflet à soufrer (coupe) (L. 20).

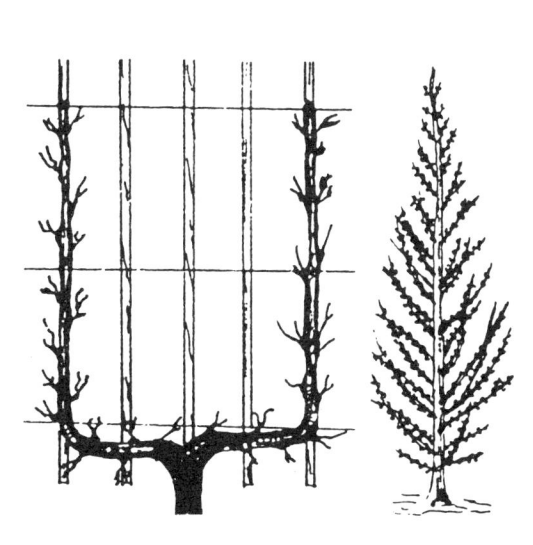

Fig. 193. — Taille. 1 : en U (*Besnier et Cuénot*); 2. en quenouille (L. 20).

Fig. 194. — Tamis (L. 20).

Fig. 195. — Tâte-vin (L. 20).

Fig. 196. — Taupière (L. 20).

Fig. 197. — Tonneau (L. 20).

Fig. 198. — Trident (L. 20).

Fig. 199. — Trinquebasson (L. 20).

Fig. 200. — Trocart (L. 20).

Fig. 201. — Van (L. 20).

Fig. 202. — Verdondaine (L. 20).

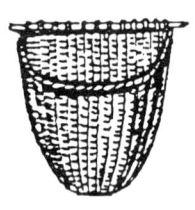

Fig. 203. — Verveux (L. 20).

Fig. 204. — Vouges. 1 : (L. 20); 2 : (*P. Gindre*).

DICTIONNAIRE DES INDUSTRIES

36000 définitions
index anglais-français

conseil international de la langue française

— 24 x 32 cm, 1100 p.

En vente au Conseil international de la langue française
1200 FF.

CARTES VIGNOBLES

Carte N°1   Vignobles d'Alsace

Carte N°2   Vignobles du Bordelais

Carte N°3   Vignobles de Bourgogne

Carte N°4   Vignobles de Champagne

Carte N°5   Vignobles du Midi

Carte N°6   Vignobles des Pays de Loire

Echelle 1/1 000 000

5 MIDI

Légende commune à toutes les cartes régionales de détail

· 30 ha plantés de vigne
· 100 ha
■ 1000 ha

| Cru de vin blanc | Limoux | Cru de vin rouge | Lézignan |

Échelle 1:1 000 000

AUBE
Echelle 1:1 000 000
Légende voir carte "MIDI"

6 LOIRE
Echelle 1:1 000 000
Légende voir carte "MIDI"

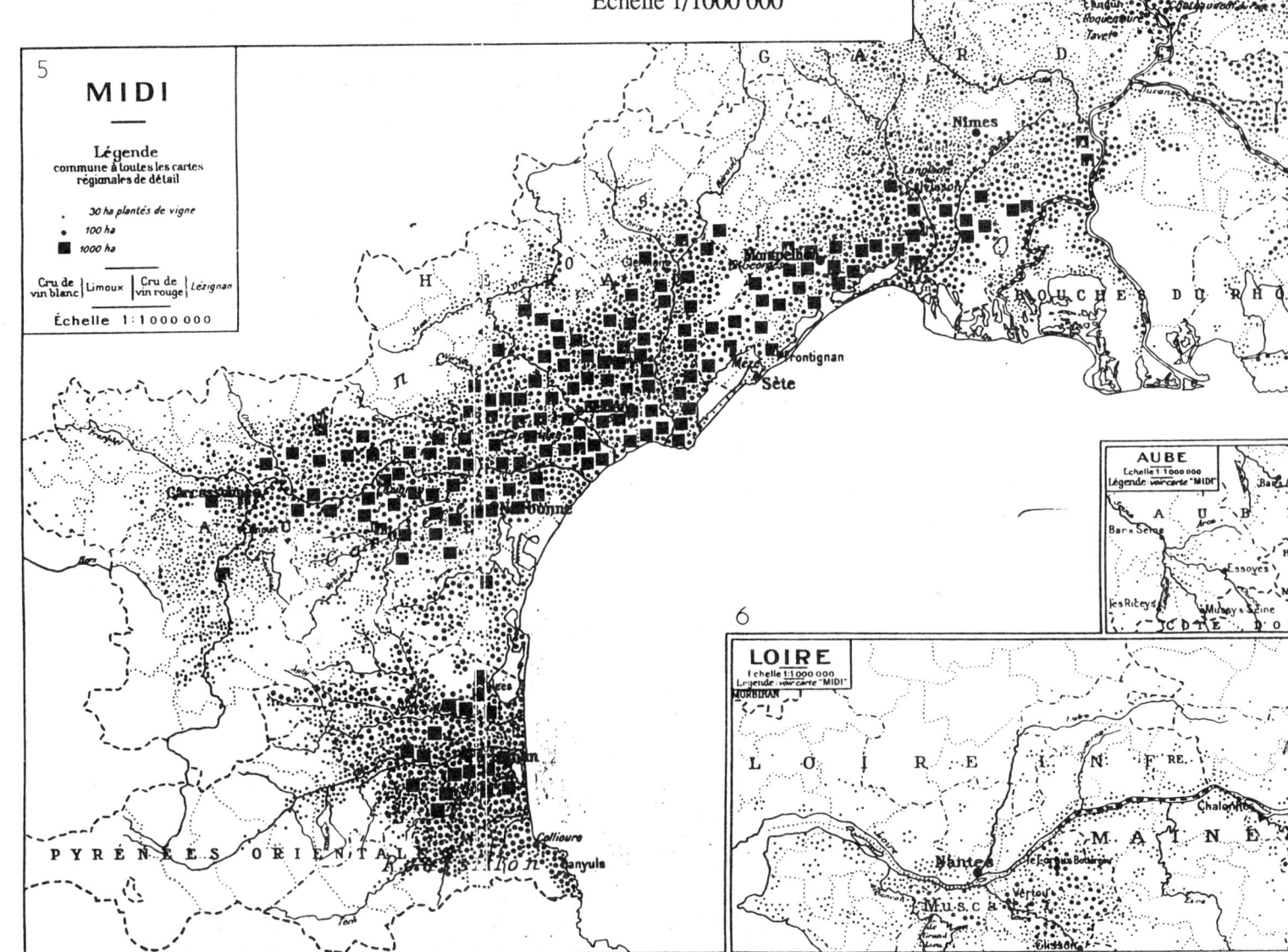

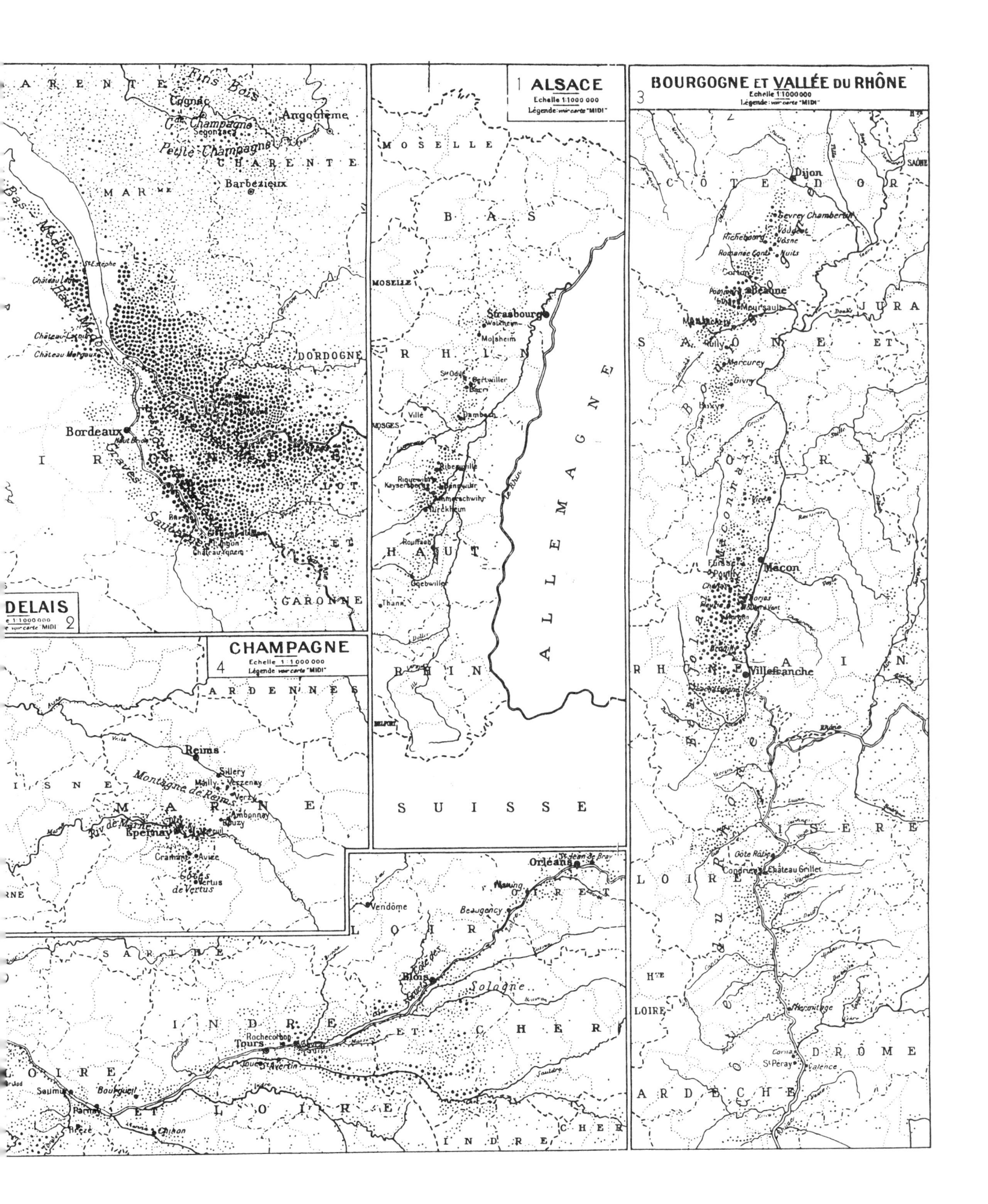

1 ALSACE
Echelle 1:1 000 000
Légende: voir carte "MIDI"

3 BOURGOGNE ET VALLÉE DU RHÔNE
Echelle 1:1 000 000
Légende: voir carte "MIDI"

2 BORDELAIS
Echelle 1:1 000 000
Légende: voir carte "MIDI"

4 CHAMPAGNE
Echelle 1:1 000 000
Légende: voir carte "MIDI"

LA MAISON DE L'EUROPE

CLUNY

Edifiée sur des structures dont les plus anciennes remontent aux dernières années du XVIème ou aux toutes premières années du XVIIème siècle, la **Maison de l'Europe** comporte deux bâtiments remaniés au XVIIIème et XIXème siècles et réunis par un patio couvert.

Cet ensemble de 700m^2 bâtis, comportant 14 salles principales réparties en locaux d'enseignement, laboratoire de langue, galerie d'exposition, salles de réunion, salons, bibliothèque et cafèteria, commande un jardin en terrasse d'où l'on jouit d'une vue splendide sur le clocher de l'Eau bénite, la tour de l'Horloge, la tour des Fromages et le clocher de l'Eglise Notre Dame.

Restaurée, cette propriété, du fait de sa position stratégique au coeur de l'Europe des Douze, de son accessibilité par le TGV, l'artère autoroutière A6 Paris-Marseille et le grand axe lotharingien de circulation, de sa position dans la Bourgogne romane et viticole, du prestige spirituel, architectural et historique de la plus illustre des abbayes bénédictines d'Europe, est destinée à devenir un lieu privilégié de rencontres européennes dans les domaines de la langue et de la culture.

Au moment où les Douze pays d'Europe qui pratiquent neuf langues officielles dans les communautés (français, anglais, allemand, espagnol, néerlandais portugais, italien, danois et grec) s'apprêtent à créer un marché unique où la plupart des obstacles à la circulation vont disparaître, il serait paradoxal que seul subsiste l'obstacle à la communication constitué par la barrière linguistique.

La **Maison de l'Europe** se propose de contribuer à lever cet obstacle en créant un centre d'études du français *par méthodes audiovisuelles accélérées* et d'apprentissage des autres langues européennes qui fonctionnera effectivement à partir de l'été 1991.

La proximité de l'Ecole Nationale Supérieure des Arts et Métiers de Cluny, de l'active communauté économique et industrielle de l'agglomération maconnaise, du centre spirituel de Taizé, à la jonction de trois petits pays qui allient la douceur de la vallée de la Saône, les côteaux des vignobles du maconnais et le moutonnement de prairies et de forêts dominées par les clochers des églises romanes, font de Cluny un lieu de qualité de vie et de réflexion comme il n'en existe plus beaucoup dans l'Europe contemporaine.

De même que le prestigieux cadre abbatial du XVIIIème abrite désormais une grande école, de même les bâtiments et les jardins de la Fondation postuniversitaire interculturelle se veulent une "fonderie" d'esprits européens.

Demain, c'est aux Polonais, Tchécoslovaques, Roumains, Bulgares, Hongrois, Allemands de l'Est et Yougoslaves que la Maison de l'Europe doit s'ouvrir.

Dans l'énorme effort d'adaptation que devront faire les uns aux autres des Européens qui pratiqueront entre eux au moins quatorze langues différentes, il y aura fort à faire pour assurer la compréhension linguistique psychologique.

La **Maison de l'Europe** de Cluny est un des outils que les francophones mettent à la disposition de tous, car on imagine mal que le dialogue européen soit refermé sur lui-même. Les mondes méditerranéen, africain, américain et asiatique sont à nos portes et l'Europe se doit d'aménager sans retard un dialogue constructif avec les autres composantes de la civilisation mondiale...

S'il est permis, non pas de rêver, mais de projeter sur le papier nos ambitions, disons qu'à l'horizon de nos préoccupations figure la création d'une université Cluny-Macon au sein de laquelle coopéreraient le public et le privé et dont les trois dimensions seraient l'Europe, la Méditerranée et la francophonie.

Fondation postuniversitaire interculturelle

Correspondance : 142 bis, rue de Grenelle 75007 Paris
tél : 47 05 07 93 - Fax : 45 55 41 16

BIBLIOGRAPHIE

A - Dictionnaires, Lexiques, Encyclopédies.

BLAIS (R.) et coll. Dictionnaire d'agriculture ; index anglais et espagnol. 1 Vol. La Maison Rustique. Paris, 1977, avec la collaboration du Conseil International de la Langue Française.

BLOCH (O.) et WARTBURG (W). Dictionnaire étymologique de la langue française. P.U.F. Paris, 1960.

CLÉMENT (J.M.) et coll. Larousse agricole, Larousse. Paris, 1982.

ENCYCLOPEDIE FRANÇAISE (L'). Tome XIII. Industrie, Agriculture. Paris, Larousse. 1962.

FAURE (R.). Dictionnaire de l'Agriculture. Centre de Documentation et d'Informationb rurale. Paris, XIIIe, 4e édition. 1984.

FLATRÈS (P.). Lexique agraire. Comité National de Géographie. Commission rurale. 19 pages ronéotées. Paris, 1965.

GEORGE (P.) et coll. Dictionnaire de la Géographie. P.U.F. Paris, 1970.

HABAULT (P.). Lexique de termes agricoles et horticoles. J. B. Baillière. Paris, 1983.

HAENSCH (G.) et HABERKAMP (G.). Dictionnaire agricole en quatre langues (All. Angl. Fr. Esp.). La Maison Rustique. Paris, 1959.

JOLY (H.). Petit vocabulaire-memento de l'olivier. C.I.L.F. Paris, 1978.

LACHIVER (M.). Notes dactylographiées. Hardricourt. 1970.

LAROUSSE. Dictionnaire universel en 2 vol. Paris, 1922.

LAROUSSE. Grand Larousse encyclopédique en 10 vol. Paris, 1960.

Lexique de la Commission de Géographie agraire du Comité National français de Géographie. Paris, 1972.

LITTRÉ (E.). Dictionnaire de la langue française en 4 vol. Le Club français du livre. Paris, 1956.

PLAISANCE (G.). Les formations végétales et paysages ruraux. Lexique et guide bibliographique. Gauthier-Villars. Paris, 1959.

PLAISANCE (G.). Dictionnaire des forêts. Paris, 1973.

PLAISANCE (G.) et CAILLEUX (A.). Dictionnaire des sols. La Maison Rustique. Paris, 1958.

PRUVOST - BEAURAIN (J.-M.) et Coll. Dictionnaire usuel illustré. Flammarion. Paris, 1983.

QUENCEZ (G.). Vocabularium Geographicum. Presses Académiques Européennes. Bruxelles, 1968.

ROBERT (P.). Dictionnaire alphabétique et analogue de la langue française en 6 vol. Soc. du nouveau Littré. Paris, 1960.

SELTENSPERGER (CH.). Dictionnaire d'agriculture et de viticulture. 1 vol. J. B. Baillière et Fils. Paris, 1911.

TRÉVOUX. Dictionnaire universel, français et latin. Paris, 1771.

VOIONMAA (N.) et PARÉ (S.). Thesaurus de Géographie rurale. 1 Pl. Service de documentation et de cartographie géographiques. C.N.R.S. Paris, 1971.

B - Revues, colloques et mélanges.

Actes du colloque international de géographique agraire (2-7 Sep.57). Publ. de la Faculté des Lettres de Nancy, 1959 et Annales de l'Est, N° 21 et 17.

L'Agriculteur de la Dordogne, hebdomadaire d'informations agricoles et rurales. Périgueux.

Bull. de l'I.N.R.A.P. Institut National de Recherches et d'Applications pédagogiques N° 57. Octobre 1983.

Cahiers du C.I.E.R.A. Centre Interdisciplinaire d'Etudes Rurales Appliquées. Lyon, 1970 et sq.

Cahiers du C.I.E.R.A. sept. 1982, Hommage à René Lebeau.

Cahiers de Fontenay. La géographie rurale en France. 1980-1984, N° 35.

Chambres d'Agriculture - Revue de l'A.P.P.C.A., 11 bis, rue Scribe. Paris, 9e.

Cinquantième anniversaire du Laboratoire de Géographie de Rennes (1902 - 1952). Vol. Jubilaire.

Colloque de Géographie agraire, organisé en l'honneur des vingt-cinq années d'enseignement de M. le professeur Meynier à la Faculté des Lettres de Rennes. Nov. 1963, C.N.R.S.

Essais de Géographie. XVIIIe congrès international de Géographie - Moscou, 1956.

Etudes rurales. Collège de France. Paris, 1961 et sq.

Géographie humaine. (Dr. P. DEFFONTAINES). Paris - Gallimard.

Géographie de la Pléiade. Gallimard, 1950.

GEORGE (P.) et coll. Colloque de Géographie rurale. Saint-Cloud, 1957.

Maison Rustique et Journal d'agriculture pratique. XIXe siècle. Paris, rue Jocob.

Mélanges ARBOS (PH.). 2 Vol. Clermont-Ferrand, 1953.

Mélanges BÉNÉVENT. Louis-Jean. Gap. 1954.

Mélanges DUSSARD. Liège, 1980.

Mélanges Jean DESPOIS. Maghreb et Sahara. Numéro spécial d'Acta Géographica. Société de Géographie de Paris, 1973.

Mélanges D. FAUCHER. 2 tomes. Privat. Toulouse, 1948.

Mélanges P. FÉNELON. Norois, N° 95 ter. Poitiers, 1977.

Mélanges P. GOUROU. Etudes de Géographie tropicale.

Mélanges R. LEBEAU. Cahiers du C.I.E.R.A. (Centre Interdisciplinaire d'Etudes Rurales Appliquées). Lyon.

Mélanges J. MIEGE. Lab. d'analyse spaciale Raoul Blanchard. Université de Nice, 1982.

Mélanges L. PAPY. Vol. M.S.H.A. Bordeaux, 1973.

Mélanges L. SERMET. Toulouse-Le Mirail, 1980.

Mélanges G. VIERS. Université de Toulouse, 2 vol. 1975.

Revue du Palais de la découverte N° 130. L'homme, la forêt et le bois. Juil. 1985.

Revue Française de l'Agriculture, 46, rue de Lille. Paris 7e.

RUSTICA, hebdo. B. P. 38, 91410 Dourdan.

Sciences et Avenir, N° spécial hors série - N° 52.

Symposium de Géographie historique de Nancy. 21 - 25 août 1984. P. U. de Nancy.

Symposium sur l'habitat et les paysages ruraux d'Europe. Dussart (P.) Liège, 1969 - 1971.

C- Généralités.

AURICOSTE (A.) : Friches, parcours et activités d'élevage. INRA. 1985.

BADOUIN (R.). Economie rurale. Coll. U. A. Colin, 1972.

BAULIG (H.). La perche et le sillon. Mélanges E. Hoepffner, 1949, pp. 139 - 149.

BEAUMONT (M.). Le blé. Que sais-je ? N° 103. Paris, P.U.F.

BENOIT (F.). Histoire de l'outillage rural et artisanal. Didier, 1947.

BLACHE (J.). L'homme et la montagne. Coll. Géographie humaine. Gallimard. 1953.

BLACHE (J.). Pages géographiques. Edit. Ophrys. Gap. 1963.

BLAIS (R.) et coll. La campagne. P.U.F. Paris, 1939.

BLOCH (A.). L'enseignement supérieur agricole et agro-alimentaire. Paris, A. Colin, 1982.

BONNAMOUR (J.). Géographie rurale : méthodes et perspectives. Paris, Masson, 1973. 168p.

BIBLIOGRAPHIE

BONNAMOUR (J.) et coll. Etude géographique des exploitations agricoles. Laboratoire associé de Géographie humaine de l'Institut de Géographie de Paris. Rapport N° 1, avril 1972.

BONNAMOUR (J.). Les structures agraires. Paris. C.D.U. 1968.

BONNAMOUR (J.) et coll. Paysages agraires et sociétés. Coll. Images économiques du Monde, SEDES, 1984.

BOULAINE (S.). L'agrologie. P.U.F. Coll. Que sais-je ? N° 1412. 1971.

BRUNHÈS (J.). La Géographie humaine, 3 vol. 4e édition. Ed. Granger, 1934.

BRUNHES-DELAMARRE (M.J.). La vie agricole et pastorale dans le Monde. Edit. Cuélet, Paris, 1985.

CANDOLLE (A. de). Origine des plantes cultivées. 3e édit. Alcan. Paris, 1886.

CHOLLEY (A.). Problèmes de structure agraire et d'économie rurale. Ann. de Géog. LV, avril - juin 1946, pp. 81 - 101.

COYAUD (L-M.). L'urbanisation des campagnes. C.R.U. 1973.

DEFFONTAINES (P.). L'homme et la forêt. Coll. Géographie humaine. Gallimard, 1933.

DEFFONTAINES (P.). L'homme et sa maison. Coll. Géographie humaine. Gallimard. 1972.

DEFFONTAINES (J.P.). Activités agricoles, espace, parcelles et paysages. INRA, N° 29. 1982.

DEMANGEON (A.). Problèmes de géographie humaine. A. Colin, 1952.

DERRUAU (M.). Précis de Géographie humaine. A. Colin, 1979.

DUBLEY STAMP (L.). Man and the Land. Collins. London, 1955.

ESTIENNE (P.). Géographie agraire. Documents E.D.S.C.O. N° 72, 1967.

FAUCHER (D.). Géographie agraire. Types de cultures. Paris, Médicis, 1949.

FAUCHER (D.). Le paysan et la machine. Paris, Editions de Minuit. 1954.

FAUCHER (D.). La vie rurale vue par un géographe. Toulouse. Institut de géographie 1962.

GADILLE (R.). Les politiques agraires. P.U.F., 1972

GASPARIN (Comte de). Cours d'Agriculture. Paris, La Maison Rustique, s.d. . 5 vol.

GEORGE (P.). Géographie agricole du Monde. Que sais-je ? N° 212. P.U.F. 1956.

GEORGE (P.). La campagne. P.U.F. 1956.

GEORGE (P.). Précis de géographie rurale. P.U.F. 1963.

GILBANK (G.). Introduction à la géographie générale de l'agriculture, Masson. Coll. Géographie. Paris, 1974.

GOTTMANN (J.). Essai sur l'aménagement de l'espace habité. Paris. Mouton, 1966.

GUYOT (A.L.). Origine des plantes cultivées. Que sais-je ? N° 79, P.U.F.

HARLAN (J.R.). Les plantes cultivées et l'homme. Traduction Belliard (J.) et Fraleigh (B.). P.U.F. et C.I.L.F., Paris. 1987. 416 p.

IMBERDIS (F.). Le problème des champs courbes. Ann. Econ. Soc. et Civil, 1951, pp. 77 et sq.

JEAN-HAUDRICOURT (A.G.) et Mme BRUNHES-DELAMARRE. L'homme et la charrue à travers la Monde. Coll. Géographie humaine. Paris. Gallimard, 1955.

JUILLARD (E.). La géographie agraire, in la Géographie française au milieu du XXe siècle. Edit. Baillère, 1957.

JUILLARD (E.), MEYNIER (A.), PLANHOL (X. de), et SAUTTER (G.). Structures agraires et paysages ruraux. Ann. de l'Est. N° 17. Nancy, 1957.

KOSTROWICK (J.). The typology of World Agriculture. A preliminary Theme. T.P. de l'Université de Paris I, 1972.

LAUNAY (R.), DEBROISE (G.), et BEAUFRERE (J.P.). L'entreprise agricole. Coll. U. A. Colin. 1967.

LEBEAU (R.). Les grands types de structures agraires dans le monde (capital). Masson. Paris, 1986.

LE COZ (J.). Les réformes agraires. P.U.F. Coll. Magellan, 1974.

LIENAU (C.), et UHLIG (H.). Flur und Flurformen. Terminologie agraire. Vol. 1, Giessen, 1978.

LIENAU (C.), et UHLIG (H.). L'habitat rural. Terminologie agraire. Vol. II, Giessen, 1972.

LIVET (R.). Typologie des espaces ruraux. Commission de géographie rurale du C.N.G. s.d. Ronéot.

LIVET (R.). L'avenir des régions agriocles. Edit. ouvrière. 1966.

MASPETIOL (R.). L'ordre éternel des champs. Ed. de Médicis, Paris, 1945.

MANDRAS (H.). La fin des paysans. Coll. U. A. Colin, Paris, 1970.

MEYNIER (A.). Les paysages agraires. Coll. A. Colin, Paris, 1958.

MICHEL (J.P.). Le tourisme rural. Géographica polonica, 1974.

PERRIN (A.). La civilisation de la vigne. Paris, 1938.

NGUYEN VAN CHI-BONNARDEL (R.). Paysages agraires et sociétés rurales. Dossiers 6 et 7 des Images Economiques du Monde. Paris S.E.D.E.S. 1984.

PITIE (J.). L'exode rural. Que sais-je ? N° 1717, P.U.F. 1979.

RISLER (E.). : Geographie agricole. Cours d'agriculture comparée. Berger-Levraut. 1931.

SORRE (M.). Les fondements de la Géographie humaine. 4 vol. Paris, A. Colin, 1943 - 1952.

THEVENIN (R.). Origine des animaux domestiques. Que sais-je ? N° 271, P.U.F. 1947.

TRASSARD (J.L.). Inventaire des outils à main dans une ferme. Actes du Colloque de Poitiers, 1981. Travaux du centre de géographie humaine et sociale de Poitiers.

UHLIG (H.). Terminologie géographique du paysage agraire. Enquête de la Commission Internationale de Geographie agraire. Giessen, Université, 1970.

VEYRET (P.). Géographie de l'élevage. Coll. Géographie humaine. Paris, Gallimard, 1951.

VIDAL DE LA BLACHE (P.). Principes de Géographie humaine. Paris. A. Colin, 1951.

D- Histoire agraire de la France.

BABEAU (A.). La vie rurale de l'ancienne France. Paris, 1885.

BÉZARD (Y.). La vie rurale dans le sud de la région parisienne, de 1450 à 1560. Paris, 1929.

BLAIS, (R.). Contribution à l'histoire des arpenteurs des forêts du Roi. Hommes et terres du Nord. 1980.

BLAIS (R.). L'ordonnance de Colbert sur les Eaux et Forêts (1669). Paris, s.d. 50 p.

BLAIS (R.). La Capitainerie royale des chasses de Montceaux en l a province de Brie. Soc. litt. et hist. de la Brie. Tome 34. 1977. 18 p.

BLOCH (M.). Les paysages agraires, essai de mise au point. Ann. d'hist. écono. et soc. N° 39, mai 1936, P. 250 et sq.

BLOCH (M.). La société féodale. La formation des liens de dépendance. Coll. L'évolution de l'humanité. A. Michel. Paris, 1939.

BLOCH (M.). Les caractères originaux de l'histoire rurale française. 2e édition, 2 Vol. A. Colin. Paris, 1962.

BLOCH (M.). Seigneurie anglaise et manoir anglais. Préface G. DUBY. Cahier des Annales. 2e édit. A Colin, 1967.

BOUGEÂTRE (E.). La vie rurale dans le Mantois et le Vexin au XIXe siècle. Meulan, 1971.

BOUTRUCHE (R.). La crise d'une société : seigneurs et paysans du Bordelais pendant la guerre de Cent Ans. Paris. Les belles lettres. 1947.

BOUTRUCHE (R.). Seigneurie et féodalité. Paris, 1966 - 1970.

BRAUDEL (F.). : L'identité de la France. Espace et histoire. Arthaud, Flammarion. 1966.

BRUNHES-DELAMARE (M.J.). L'attelage au joug en France, du XIIe siècle à nos jours. Brno, 1969.

BRUNHES-DELAMRE (M.J.). La vie agricole et pastorale dans le Monde. Ed. Cuénot. Paris, 1986.

CAVAILLÉ (A.). Cent cinquante ans de vie rurale à Saint-Projet. (Tarn-et-Gne). Rev. Géog. Pyr. et du S. O. T. XXI, 1950, fasc. 2 - 3, pp. 127 - 159.

BIBLIOGRAPHIE

DAUZAT (A.). Le village et le paysan de France. Gallimard. 1941.

DAUZAT (A.). La vie rurale en France des origines à nos jours. Que sais-je ? N° 242, P.U.F. 1946.

DEBIEN (G.). En Haut Poitou, défricheurs au travail, XVe -XVIIIe siècles. Paris, A. Colin, 1952.

DELATOUCHE (R.) et GRAND (R.). L'agriculture au Moyen Age. Paris, E. de Boccard, 2e édition, 1975.

DELÉAGE (A.). La vie rurale en Bourgogne jusqu'au début du XIe siècle. Mâcon. Protat, 1941.

DEVÈZE (M.). La vie de la forêt française au XVIe siècle. Paris S.E.V.P.E.N. Les hommes et la terre, tome VI, Paris, 1961.

DION (R.). Essai sur la formation du paysage rural fraçais. Tours. Arrault. 1934.

DION (R.). Histoire de la vigne et du vin en France, des origines au XIXe siècle. Paris, 1959.

DUBY (G.). L'économie rurale et la vie des campagnards dans l'Occident médiéval. (IXe - XVe) Paris, 1962.

DUBY (G.), WALLON (A.) et Coll. Histoire de la France rurale, 4 Vol. Editions du Seuil. Paris, 1975 - 1977.

DUVAL (P.M.). La vie quotidienne de la Gaule pendant la paix romaine. Hachette. Paris, 1980.

FAYOLLE (G.). La vie quotidienne en Périgord au temps de Jacquou le Croquant. Paris. Hachette, 1978, 315 P.

FOURQUIN (G.). Seigneurie et féodalité au Moyen Age. Paris, 1970.

FUSTEL de COULANGES (P.). L'alleu et le domaine rural pendant l'époque mérovingienne. Paris, 1889.

GACHON (L.). La vie rurale en France (histoire). Que sais-je ? N° 242, P.U.F. 1967.

GACHON (L.). L'Auvergne et le Velay ; la vie populaire d'hier et d'avant-hier. Paris, 1975.

GAUBERT (P.). La vie quotidienne des paysans français au XVIIe siècle. Paris, Hachette, 1982.

GRAND (R.) et DELATOUCHE (R.). L'agriculture au Moyen Age, Paris, E. de Boccard, 2ème édition, 1975.

GRENIER (A.). Aux origines de l'économie rurale. Ann. d'hist. écon. et soc. 1930, II, P. 26

GUÉRIN (J.). La vie rurale en Sologne aux XIVe et XVe siècles. Paris, S.P.V.P.E.N. 1960.

HIGOUNET (Ch.) et coll. Le Bas Limousin, histoire et économie. Tulle, 1966.

HIGOUNET (Ch.) et coll. Recherches sur l'histoire de l'occupation du sol du Périgord. C.N.R.S. Paris, 1978.

IMBART DE LA TOUR. Les paroisses rurales de l'ancienne France, du IVe au XIe siècle. Nogent-le-Rotrou, 1898.

JEAN-BRUNHES DELAMARE (M.). Le berger dans la France des villages. C.N.R.S. 1970.

JULLIAN (C.). Histoire de la Gaule. 8 Vol. Paris, Hachette. 1907 - 1928.

JULLIAN (C.). L'analyse des terroirs ruraux. Rev. Et. anc. XXVIII, 1926, pp. 130 - 151.

LIZERAND (G.). Le régime rural de l'ancienne France. Paris, P.U.F. 1942.

MERLE (L.). La métaire et l'évolution agraire de la Gâtine poitevine, de la fin du Moyen Age à la Révolution. Paris, S.E.V.P.E.N. 1958.

PERRIN (Ch-E.). La seigneurie rurale en France et en Allemagne du début du IXe siècle à la fin du XIIe siècle. Thèse. Paris.

PERRIN (Ch-E.). La vie rurale en France et en Allemagne du début du IXe siècle à la fin du XIIe siècle. 3 Vol. C.D.U. 1952 - 1955.

PITTE (J.R.). Histoire du paysage français. 2 Vol. Tallandier. Paris, 1983.

PLANHOL (X. de). Le paysage rural gallo-romain. Géographica Polonica, 1978.

POMPONI (F.). La vie rurale du XVIIe au XIXe siècle. La roue à livres. Châtillon-sur-Saône, 1934.

RAMBAUD (A.). Histoire de la civilisation française. A. Colin, 2 Vol. 1938.

RICHE (P.). La vie quotidienne dans l'Empire carolingien. Hachette, 1979.

ROUPNEL (G.). Histoire de la campagne française. Grasset. Paris, 1932.

SAINT-JACOB (P. de). Les paysans de la Bourgogne du Nord au dernier siècle de l'ancien Régime. Thèse. Paris. Les Belles Lettres, 1960.

SCLAFER (Th.). Cultures en Haute Provence. Déboisement et pâturages au Moyen Age. S.E.V.P.E.N. Paris, 1949.

SÉE (H.). Les classes rurales et le régime domanial en France au Moyen Age. . A. Colin, 1902.

SÉE (H.). Histoire économique de la France. 2 Vol. Paris, A. Colin, 1939 - 1942.

SERRE (O. de). Théâtre d'Agriculture et Mesnage des champs. Paris, 1804, Edit. Société d'Agriculture du département de la Seine.

TENANT DE LA TOUR (R.). L'homme et la terre de Charlemagne à Saint-Louis.. Desclée, 1942.

E- La France : Généralités.

La Géographie rurale en France - 1980-1984. Cahiers de Fontenay-aux-Roses. N° 35.

BALESTE (M.). L'économie française. Masson, 1982.

BONNAMOUR (J.) et coll. Atlas de la France rurale. Paris. La documentation française, 1984.

BONNAMOUR (J.) et GILLETTE (Ch.). Les types d'agricultures en France. C.N.R.S. 1970.

BONNEMAIRE (J.), CAVAILHES (J.), RAICHON (C.). : Evolution de la productivité de l'élevage bovin en france. INRA. 1987.

BRUNET (P.). L'évolution récente des paysages ruraux français. Geogr. Polonica, 1974.

BRUNET (P.). Cartes des mutations de l'espace rural français. 1950 - 1984. (I.G.N. 1984).

BRUNHES-DELAMARE (J.M.). Le berger dans la France des villages. Paris. C.N.R.S. 1970.

CALMES (R.), DELAMARRE (A.), DURANT-DASTES (F.), GRAS (J.) et PEYON (J-P.). L'espace rural français. Paris, Masson. Coll. Géographie, 1978.

CASTELLA; (P.). Atlas de la France rurale. I.G.N. et Documentation française.

CHAPUIS (R.) et BROSSARD (G.). Les ruraux français. Masson. 1986.

CHOLLEY (A.). Problèmes de structure agraire et d'économie rurale. Ann. de Géog. LV, avril - juin 1946, pp. 81 - 101.

CHOMBART DE LAUWE (J.). L'aventure agricole de la France de 1945 à nos jours. P.U.F. 1979.

CHRISTOFLOUR (R.). Maisons et villages de France. Paris. R. Laffont, 1945.

CLOZIER (R.). Limites de champs et structures agraires. Bull. Ass. Géogr. français 1944, pp. 159 - 162.

CRIBIER (F.). Les résidences secondaires des citadins dans les campagnes françaises. Mém. Doc. C.N.R.S. 1969.

DAUZAT (A.). Le village et le paysan de France. Gallimard. Paris, 1941.

DEFFONTAINES (P.) et Mme JEAN-BRUNHES-DELAMARRE. Atlas aérien de la France. 5 Vol. Gallimard. Paris, 1955 - 1964.

DEMANGEON (A.). Types de peuplement rural en France. A. de G. 1938.

DOCUMENTATION FRANÇAISE (La.). Terres et villages de France. Paris. Quai Voltaire.

DUMONT (R.). Voyages en France d'un agronome. Nouvelle Edition. Paris. Médicis, 1956.

DUMONT (R.). Nouveaux voyages dans les campagnes françaises. Le Seuil, 1977.

DUPLEIX (J.). Atlas de la France rurale. Paris, 1968.

FEL (A.). L'agriculture française en mouvement. Ann. de Géog. N° 512, 1984.

GACHON (L.). La vie rurale en France. Que sais-je ? N° 242, P.U.F. 1967.

GAUTIER (M.). Chemins et véhicules de nos campagnes. Presses universitaires de Bretagne, Saint-Brieux, 1971.

GILETTE 5C). Dix ans d'agriculture française. L'inf. géog. N°1, 1985.

GUELLEC (A.). L'assiette rurale des départements français. Actes du Colloque de Poitiers. 1981. Travaux du Centre de Géographie humaine et sociale. Poitiers , 1982.

HERBIN et PEBEREAU. Le cadastre français. Paris. Lefèvre, 1953.

KAYSER (B.). Le changement social dans les campagnes françaises. Géodoc, N°17, Toulouse. 1980.

KLATZMANN (J.). L'agriculture française. Paris, Edit. du Seuil, 1978.

LE ROY (P.). L'avenir de l'agriculture française. Que sais-je? N°1468 P.U.F. 1986.

LIVET (R.). Les nouveaux visages de l'agriculture française. les Editions ouvrières, 1980.

MARRES : (P.). La vigne et le vin en France. Coll. A. Colin. N° 263. Paris, 1950.

MEYNIER (A.). La commune rurale française. Ann. de Géog. 1945, pp. 161 - 179.

MEYNIER (A.). Signification et évolution du bocage. Cahiers de l'Information Géog. N° 2, 1952.

MEYNIER (A.). Structures agraires et paysages ruraux, un quart de siècle de recherches françaises.

PERPILLOU (A.). Essai d'établissement d'une carte de l'utilisation du sol et des paysages ruraux en France. Mélanges Arbos, Clermont-Ferrand, 1953.

PINCHEMEL (Ph.). Géographie de la France. 2 vol. Paris. A. Colin, 1975.

PITIÉ (J.). L'exode rural. Bibliographie annotée. France et D.O.M. Centre de Géographie humaine et sociale de Poitiers. N° 4, 1980 (capital).

PITIÉ (Jean). L'homme et son espace. L'exode rural en France du XVIe siècle à nos jours. Edit. du C.N.R.S. Paris, 1987.

REY (V.) et CALMÈS (R.). L'agriculture française. La Doc. photog. N°6084, 1986.

SOLLE (H.). es paysages agraires et les sociétés rurales en France. Dossiers des Images Economiques du Monde. S.E.D.E.S. 1984, pp. 298 - 363.

SOURDILLAS (J-M.). Géographie agricole de la France. Que sais-je ? N° 420, P.U.F., 1964.

VINCENT (A.). Toponymie de la France. Bruxelles, 1937.

YVARD (J-C.). Structures agraires sur rideaux. Université de Bordeaux, 1982.

F- La France régionale.

<u>Collections géographiques</u>.

Collection R. BRUNET. Découvrir la France. Larousse. 1970 et sq.

Collection D. FAUCHER. La France, géographie, tourisme. 2 vol. Paris, Larousse, 1951.

Collection E. GRANGER. La France. Edit. Rieder. 1930 et sq.

Collection E. MEYNIER. La France. P.U.F. 1950 et sq.

Collection R. NISTRI et P. GEORGE. La France de Demain. P.U.F. 1960 et sq.

Collection L. PAPY. Portrait de la France moderne. (Atlas et Géographie) 16 vol. Flammarion, 1970 et sq.

Collection A. Colin. Paris, 1925 et sq.

Documents E.D.S.C.O. Les régions de France. Chambéry.

II- Etudes d'ensemble.

CHABOT (G.). Géographie régionale de la France. Paris, Masson. 3e édition, 1975.

DEMANGEON (A.). France économique et humaine. T. VI. 2ème partie. Géographie Universelle. Paris. A. Colin, 1948.

ESTIENNE (P.). La France. Coll. Géographie des Etats. Dr M. DERRUAU. 4 Vol. Paris. Masson, 1978.

LE LANNOU (M.). Les régions géographiques de la France. 2 vol. 4e édition. Paris. S.E.D.E.S. 1974.

PINCHEMEL (Ph.). Géographie de la France. 2 vol. 3e édition. Paris. A. Colin, 1981.

VIDAL DE LA BLACHE (P.). Tableau de la Géographie de la France. Histoire Lavisse. T. I. Paris, Hachette, 1911.

III- La France du Nord.

BAUBEAU (M.). Un coin de Poitou : le Mellois. Poitiers, 1936.

BLACHE (J.). La structure parcellaire du terroir lorrain et le problème de l'habitat rural. Le pays lorrain, 1937, pp. 76 - 101.

BIBLIOGRAPHIE

BONNAMOUR (J.). Le Morvan, la terre et les hommes. Thèse. Paris. P.U.F. 1966.

BOUHIER (A.). Gaigneries et terroirs de hameaux dans le sud-ouest vendéen. Norois. N° 16. oct. déc. 1957.

BOUHIER (A.) et HUMEAU (J.B.). L'évolution des systèmes d'utilisation agricole du sol en Poitou-Charentes au cours des trente dernières années (1955 - 1985). Centre de Géographie Humaine et Sociale de l'Université de Poitiers. N° 14. 1987.

BRAQUE (R.). La forêt et ses problèmes dans le sud du Bassin Parisien. Thèse, 3 vol. 1982, Université de Lille.

BRULEY (E.). Géographie des Pays de la Loire. Coll. E. GRANGER. Paris, Edit. Rieder, 1937.

BRUNET (P.). Structure agraire et économie rurale des plateaux tertiaires, entre la Seine et l'Oise. Thèse. Caen. Caron et Cie, 1960.

CABOURET (M.). Essai de délimitation des grands espaces ruraux en Lorraine. Commission de géographie rurale du C.N.G. Roneot. s.d.

CHAPUIS (R.). La haute Loue, étude de géographie humaine. Les Belles Lettres. Paris, 1968.

CHAPUIS (R.). Géographie sociologique des campagnes du Doubs. Thèse. Juin 1979.

CHARRAUD (A.M.). Bocage et plaine dans l'ouest de la France. Ann. de Géog. L VII, 1949, pp. 113 - 125.

DAVEAU (S.). Les régions frontalières de la montagne jurassienne. Thèse. Revue de Géographie de Lyon, 1959.

DION (R.). Le Val de Loire. Etude de Géographie régionale. Thèse. Tours, Arrault, 1934.

DIVILLE (W.) et GUILCHER (A.). Bretagne et Normandie. Coll. MEYNIER. Paris. P.U.F. 1951.

DUFOUR (J.). Agriculture et agriculteurs dans les campagnes mancelles. Thèse. 1984.

FÉNELON (P.). La structure défensive du village lorrain. Actes de la Section de Géographie du C.T.H.S. Congrès de Dijon, 1959.

FÉNELON (P.). Les pays de la Loire. Coll.Papy. Flammarion, Paris, 1978.

FREMONT (A.). L'élevage en Normandie. Thèse. 2 vol. Caen, 1967.

GADILLE (R.). Le vignoble de la Côte Bourguignonne. Thèse. Dijon, 1967.

GAUTIER (M.). La Bretagne centrale. Thèse. La Roche-sur-Yon, 1947.

GAUTIER (M.). La Vendée, Bas-Poitou. La Roche-sur-Yon, 1949.

GAY (F.P.). La Champagne du Berry. Thèse. Bourges. Tardy, 1967.

GILLARDOT (P.). La Grande Sologne, étude de Géographie humaine. Thèse. Université d'Orléans, 1980.

GOTTMANN (J.). Documents pour servir à l'étude de la structure agraire dans la moitié occidentale de la France. Paris, Centre d'Etudes économiques, 1964.

JUILLARD (E.). La vie rurale dans la plaine de Basse Alsace. Thèse, Publ. de la Faculté des Lettres de Strasbourg, 1953.

LE LANNOU (M.). Géographie de la Bretagne, 2 vol. Rennes. Plihon, 1950 - 1952.

LE LANNOU (M.). La Bretagne et les Bretons. Coll. Que sais-je ? N° 420. P.U.F. 1964.

LEVEEL (P.). Géographie humaine de la Touraine, Coll. Provinciales, Paris. Horizons de France, 1948.

MACÉ (R.). La Mayenne, département rural de l'Ouest. Laval. Editions C.E.A.S. 1982.

MEYNIER (A.). La genèse du paysage rural breton. Norois, 1966.

MILLET (E.). Les pays marnais. Reims, 1964.

MOREAU (J.P.). la vie rurale dans le Sud-Est du Bassin Parisien. Thèse. Paris. les Lettres, 1958.

MUSSET (R.). Le Bas Maine. Thèse. Paris. A. Colin, 1917.

MUSSET (R.). La Bretagne. Coll. A. Colin. Paris, 1937.

MUSSET (R.). La Normandie. Coll. A. Colin. Paris, 1960.

NICOD (J.). Problèmes de structure agraire en Lorraine. Ann. de Géog. N° 322, LX, 1951, pp. 337 - 348.

PELTRE (J.). Recherches métrologiques sur les finages lorrains. Thèse. H. Champion. Paris, 1975.

PHLIPPONNEAU (M.). La vie rurale de la banlieue parisienne. Thèse. A. Colin, 1956.

PITIÉ (J.). Exode rural et migrations intérieures en France. l'exemple de la Vienne et du Poitou-Charentes. Thèse. Norois. Poitiers, 1971.

POIRIER (L.). Bocage et plaine dans le sud de l'Anjou. Ann. de Géog. 1934, pp. 22 - 37.

RENARD (J.). Les évolutions contemporaines de la vie rurale dans la région nantaise. Thèse. le Cercle d'Or. Les Sables d'Olonne, 1975.

RENARD (J.). Les espaces ruraux de la région nantaise. Statistiques et développement des pays de Loire. N° spécial. Mai 1976, pp. 7 - 17.

SAVOURET (J.). La structure rurale et l'habitat rural dans les hautes Vosges. Publ. Soc. Géog. de Lille, 1949, pp. 5 - 61.

SION (J.). Les paysans de la Normandie orientale. Thèse. A. Colin. Paris, 1908.

SOLLE (H.). Un pays rural dans l'orbite de Paris, le Gâtinais. Thèse. Paris, 1976.

TRICART (J.). Remarques de structures agraires en basse Bourgogne. Bull. Ass. Géog. français, 1948, pp. 127 - 140.

TULIPPE (O.). L'habitat rural en Seine-et-Oise. Thèse. Paris. A. Colin, 1934.

VANDAMME (P.). L'agriculture dans le Nord et le Pas-de-Calais. Paris. C.E.R.E.S. 1958.

IV- La France du Midi et T.O.M.

ARQUE (P.). Géographie des Pyrenées françaises. Coll. E. Granger. Editions Reider., 1935.

ARQUE (P.). Géographie du Midi Aquitain. Coll. E. Granger. Reider. Paris, 1939.

ARBOS (Ph.). La vie pastorale dans les Alpes françaises. Etude de Géographie humaine. Thèse. Paris. A. Colin, 1922.

ARBOS (Ph.). L'Auvergne. Coll. A. Colin. Paris, 1922.

BARRÈRE (P.), HEISCHE (R.) et LERAT (S.). La région du Sud-Ouest. Coll. La France de demain. P.U.F. 1962.

BERNARD (M.Cl.) et CARRIÈRE (P.). Atlas de la Viticulture et Société rurale en Languedoc-Roussillon. Université - Montpellier, 1985.

BLANCHARD (R.). Les Alpes occidentales, 12 vol. Arthaud. Grenoble, 1938-1959.

BONNAUD (P.). Terres et Langages, peuples et régions dans le Massif Central. Thèse. U.E.R. de Géographie. Clermont-Ferrand, 1982.

BOUET (G.). L'évolution récente de la vie rurale en Limousin. Thèse. Paris. H. Champion, 1979.

BOZON (P.). La vie rurale en Vivarais. Thèse. Clermont-Ferrand, 1961.

BRUNET (R.). Les campagnes toulousaines. Etude géographique. Thèse. Publication de la Faculté des Lettres de Toulouse, 1965.

CARRERE (P.) et DUGRAND (R.). La région méditerranéenne. Coll. La France de demain. P.U.F. 1960.

CAVAILLES (H.). La vie pastorale et agricole dans les Pyrénées des Gaves, de l'Adour et des Nestes. Thèse. A. Colin. Paris, 1931.

CHEVALIER (M.). La vie humaine dans les Pyrénées ariégeoises. Thèse. Paris. Genin, 1956.

CHOLLEY (A.). Les Préalpes de Savoie et leur avant-pays. Thèse. Paris, 1925.

CLOZIER (R.). L'habitat rural dans le département du Lot. Congrès intern. de Géographie. Paris, 1936, T. III, pp. 134 -149.

CLOZIER (R.). Le Quercy. Coll. Les Beaux Pays. Grenoble. Arthaud, 1953.

DAVEAU (S.). Les régions frontalières de la montagne jurassienne. Thèse. 1 vol. Lyon, 1959.

DEBUSSCHE (M.), LE COZ (J.). et coll. Les garrigues du Montpelliérain. C.N.R.S. Montpellier, 1985

DEFFONTAINES (P.). Les hommes et leurs travaux dans les pays de la Moyenne Garonne. Thèse. Lille. S.I.L.I.C. 1932.

DEFOS DU RAU (J.). L'Ile de la Réunion, étude de géographie humaine. Thèse. Bordeaux, 1960.

DERRUAU (M.). La Grande Limagne, auvergnate et bourbonnaise. Thèse. Clermont-Ferrand. Delaunay, 1948.

DUGRAND (R.). Villes et campagnes en Bas Languedoc. Thèse. Montpellier, 1963.

DURAND (A.). La vie rurale dans les massifs volcaniques des Dores, du Cézallier, du Cantal et de l'Aubrac. Thèse. Aurillac, 1946.

FEL (A.). Hautes terres du Massif Central. Thèse. Clermont-Ferrand, 1962.

BIBLIOGRAPHIE

FÉNELON (P.). Essai sur les structures du Périgord. Thèse complémentaire, dactyl. Paris, 1949.

FÉNELON (P.). Le Périgord enchanté. Coll. les Beaux Pays. Grenoble. Arthaud, 1960.

FÉNELON (P.). Le Périgord. Coll. Pays du Sud-Ouest. Privat, Toulouse, 1982.

GACHON (L.). les Limagnes du Sud et leurs bordures montagneuses. Thèse. Tours. Arrault, 1949.

GALTIER (G.). Le vignoble du Languedoc méditerranéen et du Roussillon. Thèse. Montpellier, 1961.

GAUSSEN (H.). Géographie botanique et agricole des Pyrénées orientales. Paris. Lechevalier, 1934.

GEORGE (P.). La région du Bas-Rhône. Thèse. Paris, 1935.

JORRE (G.). Le Terrefort toulousain et lauragais. Thèse, Privat. Toulouse, 1971.

KAYSER (B.). Campagnes et villes de la Côte d'Azur. Thèse. Monaco. Editions du Rocher, 1958.

LASSERRE (G.). La Guadeloupe. Thèse. 2 vol. Bordeaux, 1961.

LEBEAU (R.). La vie rurale dans les montagnes du Jura méridional. Thèse. Lyon, 1955.

LEFÈBVRE (Th.). Les modes de vie dans les Pyrénées atlantiques orientales. Thèse. Paris. A. Colin, 1933.

LERAT (S.). Les Pays de l'Adour. Structure agraire et économie agricole. Thèse. Bordeaux, 1963.

LEROY-LADURIE (A.). Les paysans du Languedoc. Paris, 1969.

LIVET (R.). Habitat rural et structures agraires en basse Provence. Thèse. Publ. Université de Paris, 1961.

MARRES (P.). Les Grands Causses. Thèse. Arrault. Tours, 1935.

MAZALEYRAT (J.). La vie rurale sur le plateau de Millevaches. Paris. P.U.F. 1960.

MERGOIL (G.). Le Rouergue. Coll. Pays du Sud-Ouest. Privat. Toulouse, 1982.

MEYNIER (A.). Ségalas, Lévezou, Châtaigneraie. Thèse. Aurillac, 1931.

MEYNIER (A.). Géographie du Massif Central. Coll. E. Granger. Edit. Rieder. Paris, 1935.

MIEGE (J.). La vie rurale du Sillon alpin. Thèse. Paris, 1961.

PAPY (L.). Les Landes de Gascogne et la Côte d'Argent. Coll. Pays du Sud-Ouest. Privat. Toulouse. 2e édition, 1981.

PAPY (L.). La côte atlantique de la Loire à la Gironde. T. II. L'homme et la mer. Thèse. Bordeaux. Delmas, 1941.

PAPY (L.). Aunis et Saintonge. Coll. Les Beaux Pays. Grenoble. Arthaud, 1961.

PERPILLOU (A.). Le Limousin. Thèse et cartographie du paysage limousin. Chartres, 1940.

PERRIER (A.). Quelques noms du vocabulaire de géographie agraire du Limousin. Rev. Géog. des Pyr. et du S.O. N° 3. 1962.

PIJASSOU (R.). Un grand vignoble de qualité : le Médoc. Thèse. 2 vol. Tallandier. Paris, 1980.

PRIGENT (E.) et PAPY (L.). Paysages et gens des Landes. Chabas, Hossegor, 1935.

REFFAY (A.). La vie pastorale dans le massif du Chablais. Thèse. Rouen, 1960.

ROBERT (J.). La maison rurale permanente dans les Alpes françaises du Nord. Thèse. Grenoble. Allier, 1939.

ROUDIÉ (Ph.) Le vignoble bordelais. Coll. Pays du Sud-Ouest. Privat édit. Toulouse, 1973.

TAILLEFER (Fr.) et coll. Les Pyrénées de la montagne à l'homme. Toulouse, 1974.

TAILLEFER (Fr.). Sur les paysages ruraux du Sud-Ouest. Rev. Géog. des Pyrénées et du Sud-Ouest, T. XXI, pp. 96 - 126. 1950.

VEYRET (P.). Les pays de la Moyenne Durance alpestre. Thèse. Grenoble. Arthaud, 1944.

VIERS (G.). Le Pays Basque. Coll. Pays du Sud-Ouest. Privat. Toulouse, 1975.

BIBLIOGRAPHIE

G - Pays étrangers.

BALABANIAN (O.). Les exploitations et les problèmes de l'agriculture en Estramadure et dans le haut Alemtejo. Thèse. 2 Vol. 1980.

BARBAZA (Y.). Le paysage humain de la Costa Brava. Thèse, Paris, 1966.

BEAUJEU-GARNIER (J.) et coll. Paysages agraires et sociétés rurales. Images économiques du Monde. SEDES. Dossiers 6 et 7.

BESANCON (J.). L'homme et le Nil. Coll. Géog. humaine. Paris. Gallimard, 1957.

BIAYS (P.). Paysages agraires et types d'habitat rural au Canada. Dossier des Images économiques du Monde. S.E.D.E.S. 1984.

BIAYS (P.). Les images de l'oekoumène dans l'est du Canada. Travaux et documents du Centre d'Etudes Nordiques N° 2. 1964.

BIROT (P.) et DRESCH (J.). La Méditerranée et le Moyen Orient. Coll. Orbis. 2 vol. Paris. P.U.F. 1953.

BLANC (A.). La Croatie occidentale, étude de géographie humaine. Thèse. Paris, 1957.

BOUHIER (A.). La Galice, un vieux complexe agraire. 2 vol. Thèse. La Roche-sur-Yon, 1980.

BRUNET (R.). et coll. Exemples des sociétés rurales européennes en transformation. Caen, 1971.

CABOURET (M.). Les paysages agraires de l'Europe du Nord. Dossiers des Images économiques du Monde. Paysages agraires et sociétés. S.E.D.E.S. Paris, 1984.

CAPOT-REY (R.). Paysages et habitats ruraux des steppes et des déserts. Géographie de la Pléiade. Paris. Gallimard, 1950.

CAPOT-REY (R.). L'Afrique Blanche, T. II. Le Salara. P.U.F. 1953.

CHABOT (G.). L'Europe du Nord et du Nord-Ouest. Coll. Orbis. Paris. P.U.F. 1952.

DEFFONTAINES (P.). L'homme et l'hiver au Canada. Coll. Géog. Humaine. Paris. Gallimard, 1957.

DEFOS DU RAU (J.). L'île de la Réunion. Thèse. 2 vol. Bordeaux, 1959.

DEFOS DU RAU (J.) et PÉLISSIER (P.). Paysages ruraux des pays tropicaux Géographie de la Pléiade. Paris. Gallimard, 1950.

DELVERT (J.). Le paysan cambodgien. Thèse. Paris. Mouton et Cie, 1961.

DELVERT (J.). L'Indonésie. C.D.U. 1967.

DERRUAU (M.) Le Japon. Paris. Coll. Magellan. P.U.F. 1972.

DERRUAU (M.). Paysages et habitats ruraux des pays tempérés. Géographie générale. Encyclopédie de la Pléiade, 1966.

DESPLANQUES (H.). Campagnes ombriennes, contribution à l'étude des paysages ruraux en Italie centrale. Thèse. Paris. A. Colin, 1969.

DESPOIS (J.). L'Afrique du Nord. P.U.F. 1964.

DESPOIS (J.) et RAYNAL (R.). Géographie de l'Afrique du Nord-Ouest. Payot, 1967.

DOREL (G.). L'entreprise capitaliste et ses stratégies : la grande agriculture aux Etats-Unis. Paris, 1983.

DRAIN (M.). Les campagnes de la région de Séville. Thèse. 2 vol. Paris. Champion, 1977.

DUMONT (R.). L'économie agricole dans le Monde. Paris, 1954.

DUMONT (R.). Les leçons de l'agriculture américaine. Paris. Flammarion, 1949.

DUMONT (R.). Révolution dans les campagnes chinoises. Paris, 1957.

FLATRES (P.). Géographie rurale de quatre contrées celtiques : Irlande, Galles, Cornwall et Man. Thèse. Rennes. J. Plihon, 1957.

GEORGE (P.) et TRICART (J.). L'Europe centrale. Coll. Orbis. P.U.F. 1954.

GEORGE (P.). L'U.R.S.S. Coll. Orbis. P.U.F. 1962.

GOUROU (P.). Les paysans du delta tonkinois. Thèse. Paris, 1938.

GOUROU (P.). Les pays tropicaux. P.U.F. 1966.

GOUROU (P.). La terre et l'homme en Extrême-Orient. Paris. A. Colin, 1972.

BIBLIOGRAPHIE

GUILCHER (A.) et BEAUJEU-GARNIER (J.). L'Europe du Nord et du Nord-Ouest. Coll. Orbis. P.U.F. 1958.

HUETZ DE LEMPS (A.). Vignobles et vins du Nord-Ouest de l'Espagne. Thèse. 2 vol. Bordeaux, 1967.

JORRE (G.). L'U.R.S.S. La terre et les hommes. S.E.F.T. Paris, 1946.

KAYSER (B.). Economies et sociétés rurales dans les régions tropicales. Paris, S.E.D.E.S. 1969.

LASSERRE (G.). La Guadeloupe. Thèse. 2 vol. Union française d'impression. Bordeaux, 1961.

LEBEAU (R.). Les grands types de structures agraires dans le Monde (capital). Paris. Masson, 1986.

LE LANNOU (M.). Pâtres et paysans de la Sardaigne. Thèse. Arrault et Cie. Tours, 1941.

MAUREL (M-C.). Société et espace rural en Russie d'Europe. Thgèse, 1978. Université de Lille. Paris. Anthropos, 1980.

MAUREL (M-C.). Trames agraires et sociétés agraires rurales en Union Soviétique. Dossier des Images Economiques du Monde. S.E.D.E.S. Paris, 1984.

MIGNON (Chr.). Campagnes et paysans de l'Andalousie méditerranéenne. Clermont-Ferrand, 1981.

MOINDROT (G.). Villes et campagnes britanniques. A. Colin. Coll. U. 1967.

MONBEIG (P.). Pionniers et planteurs de Sao Paulo. Thèse. Paris. A. Colin, 1952.

MONTAGNE (R.). Villages et kasbas berbères. Paris, 1930.

MYKOLENKO (L.) et CALMES (R.). L'Europe agricole. Edit. Ellipses. Paris, 1985.

NGUYEN VAN CHI-BONNARDEL (R.). Paysages agraires et sociétés rurales. Dossiers 6 et 7. Images économiques du Monde. S.E.D.E.S. 1984.

PARAIN (Ch.). La Méditerranée, les hommes et leurs travaux. Paris, 1936.

PELISSIER (P.). Les paysans Sérères. Cahiers d'Outre-Mer, 1953, pp. 106 - 127.

PELISSIER (P.). Les paysans du Sénégal. Thèse. Saint-Yrieix, 1966.

PLANHOL (X. de). De la plaine pamphylienne aux lacs pisidiens, nomadisme et vie paysanne. Thèse. Paris, 1958.

REITEL (F.). Le Monde germanique. Dossiers des Images économiques du Monde. S.E.D.E.S. 1984, pp. 207 - 253.

REY (V.). La Roumanie, essai d'analyse régionale. Paris. S.E.D.E.S. 1975.

RIBEYRO (O.). Paysages ruraux en Portugal, et en Afrique nord-occidentale. C.R. Congrès de Lisbonne. t. III. 1949.

SAUTTER (G.). Les structures agraires en Afrique tropicale. Paris. C.D.U. 1968.

SCHRODER-LEMBKE (G.). Studien zur Agrargeschichte. Stuttgart. G. Fischer, Verlag, 1978. c.r. de BEUTLER (C.). Etudes rurales. 1981.

STAMP (L.D.). The land of Britain, its use and misuse. Londres. Longmans, 1950.

TULIPPE (O.). Introduction à l'étude des paysages ruraux de la Belgique. Bull. Soc. Belge d'études géog. XII, 1942, pp. 3 - 26.

UHLIG (H.). Geplante und spontane Neusiedlung in Südostasien. Saarbrücken, 1979.

UHLIG (H.). Old hamlets with infield and outfield systems in western and central Europe. Geografisca Annaler. vol.43 . 1961, pp. 285 - 312.

UHLIG (H.). Spontaneousq and planned settlement in Southeast Asia. Giessener geographische Schritten, vol.58. - Hamburg, 1984.

VEYRET (P. et G.). Les Alpes, au coeur de l'Europe. Paris. Flammarion, 1967.

Suppléments bibliographiques (1960 -1990)

Atlas de France. Comité National de Géographie. 1960 et CNRS.

BLYTHE (R.) Mémoires d'un village anglais. Coll. Terre humaine. Plon, 1972.

BONNEMOUR (J.) Structures agraires. Cours du C.D.U. Paris, 1970.

BOUET (G.) L'élevage en Limousin, Thèse. Etudes rurales, Limoges, 1972.

BRUNET (R.) La France, Coll. Découvrir la France, 45 vol., 1972.

BIBLIOGRAPHIE

CAPOS-REY (R.) Paysages et habitats ruraux des steppes et des déserts. Géographie de la Pléiade. Gallimard, 1966.

CASSOU-MOUNAT (M.) La vie humaine sur le littoral des Landes de Gascogne. Thèse. Paris, Champion, 1977.

CAVAILLÈS (H.) La transhumance pyrénéenne. Paris. A. Colin. 1930.

CHARBONNEAU (B.) Tristes campagnes. Paris, Denoël, 1973.

COCULA-VAILLIÈRES (A.M.) Les gens de dordogne au XVIIIème siècle, Thèse, Paris Taillandiers, 1981.

DEFOS DU RAU (J.) et PELISSIER (P.) Paysages ruraux des pays tropicaux. La Pléiade. Gallimard, 1966.

DERRUAU (M.) Paysages et habitats ruraux des pays tempérés. La Pléiade, Gallimard, 1966.

DUPLEIX (J.). Atlas de la France rurale, A. Colin, 1968.

ENJALBERT (H.). Histoire de la vigne et du vin. Paris, Bordas, 1975.

ESTIENNE (P.) Géographie agraire (Documents EDSCO), Chambéry, 1967.

FÉNELON (P.) Le Périgord. Coll. Pays du sud-Ouest. Privat, 1980.

GILLARDOT (P.) La Grande sSologne. Thèse, Paris, 1975.

GRAVIER (J.P.) Paris et le désert français. Flammarion, 1972.

HIGOUNET (Ch.) Histoire de l'Aquitaine. Privat. Toulouse, 1971.

L'Encyclopédie française, T XIII, industrie, agriculture. Larousse, 1962.

La banque des mots, Revue de terminologie française, CILF.

Le Français moderne, Revue du Conseil international de la langue française.

Le Grand Larousse en 5 volumes, 1988.

Les mille visages de la campagne française. Sélection Reader's Digest, 1086.

MAURY (R.) La vie rurale en touraine, Thèse, 4 vol. dact., Tours, 1990.

Mélanges André JOURNAUX. Université de Caen, 1984.

Mélanges BEAUJEU-GARNIER. Institut de Géographie. Paris, 1982.

Mélanges BOUHIER. Centre de géographie humaine. Poitiers, 1988.

Mélanges ESTIENNE. Etudes géographiques. Clermont Ferrand, 1987.

Mélanges Max DERRIAU. Faculté des Lettres. Clermont Ferrand, 1986.

Mélanges MEYNIER. Paris, PUF, 1972.

MERGIL (G.) Le Rouergue. Coll. Pays du Sud-Ouest. Privat, 1982.

NOUGIER (L.R.) Géographie humaine de la Préhistoire. Gallimard, 1959.

PAPY (L.) (sous la direction de) Atlas et géographie de la France moderne, 14 vol., Flammarion, 1980-1992.

PIJASSON (R.) Géographie humaine du Périgord. Guide de la M.A.I.F., 1980.

PITIÉ (J.) L'exode rural, bibliographie annotée et commentée. Centre de géographie humaine de Poitiers. 1982.

Recensement général de l'Agriculture, 1990. D.D.A. des Chambres d'Agriculture.

SAUTER (G.) Les structures agraires en Afrique tropicale. C.D.U. Paris, 1970.

SOUMAGNE (J.) et PAPY (C.) L'île de Ré. Imp. Nationale, 1979.

VIERS (G.) Le Pays Basque. Coll. pays du sud-Ouest, Privat, 1986.

OUVRAGES D'AGRONOMIE EDITES PAR LE CILF.

Maladies Tropicales du Bétail

Conservation des Produits d'Origines Animale en Pays Chauds

Géologie, Géomorphologie et Hydrologie des Terrains Salés

Le Potager Tropical (2ème éd.)

Riziculture Pratique (2 Tomes)

Développement en Zones Arides :

- Vol.1 Problèmes des régions arides-Modélisation de l'agriculture pluviale
- vol.2 L'élevage en pays Sahélien
- vol.3 Politiques d'hydraulique pastorale
- vol.4 Problème de santé en milieu Sahélien
- vol.5 Recherche et développement en agriculture
- vol.6 Politiques d'aménagement hydro-agricole.

Multiplication des Semences Vivrières Tropicales

Enquêtes en Milieu Rural Sahélien

L'exploitation Agricole Familiale en Afrique Soudano-Sahélienne

Guide de l'Agent du Développement Rural

Les Sols Irrigables

La Transformation du Manioc

Les Plantes Cultivées et l'Homme

Arrêter le Désert

Résistance des Plantes aux Maladies

Agriculture Tropicale en Milieu Paysan Africain

Les Produits Forestiers dans l'Economie Africaine

Langue Française et Agriculture Tropicale

Dictionnaire d'Agriculture Français-Espagnol

Dictionnaire d'Agriculture Français-Arabe

Dictionnaire d'Histoire et Géographie agraire

Les Bases de la Science des Sols

EDITIONS CILF. 21, rue du Cardinal Lemoine 75005 Paris

TABLE DES MATIÈRES

	PAGES
Avant-propos, par Hubert JOLY, Secrétaire Général du C.I.L.F.	3
Introduction, par Paul FENELON	5
Abréviations	6
Lettre A	7
Lettre B	51
Lettre C	93
Lettre D	171
Lettre E	193
Lettre F	227
Lettre G	259
Lettre H	283
Lettre I	301
Lettre J	311
Lettre K	319
Lettre L	323
Lettre M	341
Lettre N	385
Lettre O	395
Lettre P	407
Lettre Q	465
Lettre R	469
Lettre S	503
Lettre T	543
Lettre U	579
Lettre V	583
Lettres WXYZ	603
Index Anglais-Français	609
Index Allemand-Français	643
Index Espagnol-Français	681
Index Italien-Français	721
Illustrations	763
Cartes	784
Bibliographie	787

APPRENDRE LE FRANÇAIS

au coeur de la Bourgogne
à la
Maison de l'Europe
CLUNY

Laboratoire de langue
Groupes pédagogiques de 18 étudiants
Magnétoscopes
Documents authentiques

Enseignement intensif de 5 heures par jour

Logement en chambres à 2, 3 ou 4 étudiants
- soit à Cluny-Séjour
- soit à l'Ecole Nationale Supérieure des Arts et Métiers
- soit en famille

Programme culturel comportant
- Visite de l'abbaye de Cluny
- L'architecture civile romane à Cluny
- La vigne dans une cave coopérative du Mâconnais
- La Saône, couloir européen
- Les églises romanes du Mâconnais
- Le centre oecuménique de Taizé.

Distractions : Piscine, cheval, tennis.

TARIF comportant enseignement, logement et nourriture :

Une semaine	:	2 800 FF soit 25 heures d'enseignement
Deux semaines	:	5 200 FF soit 50 heures d'enseignement
Trois semaines	:	8 000 FF soit 75 heures d'enseignement

Pour tous renseignements, s'adresser à :
Fondation postuniversitaire interculturelle
142 bis, rue de Grenelle 75007 Paris
tél : 47050793 - 45512292 - Fax : 45554116

conseil international de la langue française
DICTIONNAIRE DES INDUSTRIES
Conseil international de la langue française
DICTIONNAIRE DE L'OCÉAN
dictionnaire forestier multilingue
DICTIONNAIRE COMMERCIAL
DICTIONNAIRE DE LA PHOTOGRAPHIE
DICTIONNAIRE ENCYCLOPÉDIQUE D'AGROMÉTÉOROLOGIE
DICTIONNAIRE ENCYCLOPEDIQUE D'AGROMETEOROLOGIE
METEO FRANCE

dictionnaire forestier multilingue

DICTIONNAIRE DES INDUSTRIES

36000 définitions
index anglais-français

conseil international de la langue française

Dictionnaire de la Photographie

index anglais et allemand

conseil international de la langue française

DICTIONNAIRE ENCYCLOPEDIQUE D'AGROMETEOROLOGIE

DICTIONNAIRE DE L'OCÉAN

Index
anglais-français
allemand-français
espagnol-français

CONSEIL INTERNATIONAL DE LA LANGUE FRANÇAISE

TERMINOLOGIE

Dictionnaires et Vocabulaires

VOCABULAIRE DE LA RADIODIFFUSION
La singularité des langages professionnels est une des caractéristiques de notre temps de technologies spécialisées. Ceux qui abordent le métier de la radio peuvent s'y sentir étrangers même s'ils parlent notre langue, tant la terminologie en est particulière. Cet ouvrage n'a d'autre souci que d'être pratique. Il est le reflet d'un vocabulaire en grande partie technique, parfois aussi imagé, familier, pour ne pas dire argotique.
    format 15 X 21 - 112 pages
1972 - CILF .... 60 F

VOCABULAIRE DE LA CHASSE ET DE LA VÉNERIE
Préfacé par Maurice Genevoix de l'Académie française, ce petit ouvrage, illustré par Sylvie Milhé-Gros et rédigé par d'éminents spécialistes, sera apprécié par tous les chasseurs à qui il donnera le sens exact d'expressions que, trop souvent, seuls les initiés comprennent.
    format 15 X 21 - 88 pages - ISBN 2-85319-006-4
1974 - CILF .... 37 F

VOCABULAIRE DE LA PUBLICITÉ
Le vocabulaire de la publicité est en mutation continuelle par suite de l'importance croissante de cette technique dans notre société. Pour illustrer avec plus de précisions certains termes, nous avons inclus dans cet ouvrage quelques photos prises dans divers lieux publics. Il s'agit donc d'un livre attrayant destiné aux techniciens comme au grand public.
    format 15 X 21 - 113 pages - ISBN 2-85319-056-0
1976 - CILF/ACCT .... 52 F

VOCABULAIRE DE L'ENVIRONNEMENT (français-anglais-allemand)
Situé à un carrefour de sciences, ce vocabulaire permettra au spécialiste d'avoir recours à des définitions précises, au lecteur non technicien de mieux comprendre les préoccupations des chercheurs et de saisir les divers aspects des sciences de l'environnement.
    format 15 X 21 - 200 pages - ISBN 2-85319-025-0
1976 - CILF .... 60 F

DICTIONNAIRE FORESTIER MULTILINGUE
(français-anglais-allemand-espagnol)

par André Métro

Cet ouvrage présente les définitions et les traductions en allemand, anglais, espagnol, de 7750 termes les plus couramment utilisés dans les sciences, les techniques et la pratique relatives aux arbres forestiers et aux produits qu'on en tire.
Ce document est destiné principalement aux praticiens de la profession et intéressera également les étudiants, enseignants et chercheurs ainsi que tous ceux qui veulent mieux s'informer de la place que l'arbre et la forêt peuvent jouer dans l'amélioration de leur genre de vie.
    format 21 X 29,7 - 434 pages - ISBN 2-85319-018-8
1976 - CILF .... 700 F

VOCABULAIRE DES RELATIONS CULTURELLES INTERNATIONALES
par Albert Salon

L'auteur rassemble et définit les termes et locutions les plus fréquemment employés et les plus caractéristiques des nombreux domaines couverts par les relations internationales et donne une idée de l'important développement qui s'est effectué dans les relations culturelles, scientifiques et de coopération technique entre les nations. Ce vocabulaire français est complété par des tableaux de correspondance, avec un classement alphabétique dans chacune des trois langues, des entrées françaises et des termes allemands et anglais recueillis par l'auteur.
    format 15 X 21 - 197 pages - ISBN 2-85608-005-7
1977 - CILF .... 80 F

VOCABULAIRE DE L'HYDROLOGIE ET DE LA MÉTÉOROLOGIE
Cet ouvrage, rédigé par un petit groupe de spécialistes connaissant bien les problèmes des pays du Tiers Monde, a été volontairement présenté sous forme claire, brève et précise. Destiné avant tout aux hommes de terrain, aux formateurs et aux étudiants, il leur donnera sous un format de maniement commode un outil de travail adapté aux types de problèmes qu'ils rencontrent.
    format 15 X 21 - 246 pages - ISBN 2-85319-048-X
1978 - La Maison du dictionnaire - CILF .... 80 F

VOCABULAIRE DE L'ADMINISTRATION
Rédigé par un groupe de spécialistes de l'administration, cet ouvrage présente au lecteur environ 1200 expressions et termes du langage de l'Administration. Il fait apparaître les nuances d'emploi d'une même expression dans les quatre grands systèmes administratifs représentés dans le monde francophone : le belge, le canadien, le français, le suisse. Un ouvrage utile qui met à la portée de tous une langue dont la technicité rebute parfois les non-initiés.
    format 15 X 21 - 204 pages - ISBN 2-85319-050-1
1978 - CILF/ACCT .... 80 F

VOCABULAIRE D'ÉCOLOGIE (français-anglais)
Etabli à partir d'un dépouillement d'ouvrages scientifiques sélectionnés par les chercheurs du Centre d'Études Phytosociologiques et Écologiques Louis Emberger de Montpellier (CNRS), ce vocabulaire permet de comparer quelque 2000 définitions de termes d'écologie et de mieux discerner l'évolution des concepts dans le temps et au travers des différentes écoles. Ce caractère confère à l'ouvrage une valeur didactique qui en fait un outil précieux d'enseignement et de recherche. Dans cette seconde édition, une bibliographie des sources exploitées est ajoutée en fin d'ouvrage.
    format 15 X 21 - 276 pages - ISBN 2-85319-063-3
1979 - 2e éd. revue et augmentée
CILF/ACCT .... 80 F

VOCABULAIRE DE LA RADIOGRAPHIE (français-anglais-allemand)
Ce vocabulaire de Radiographie intéresse toute personne travaillant directement ou indirectement avec les rayonnements ionisants, dans le secteur médical ou industriel, ainsi que les conférenciers et les traducteurs.
Cet ouvrage est complété par : une liste des unités les plus usitées, un tableau des sigles ou symboles, un index en allemand et un index en anglais, chaque terme étant suivi d'un numéro correspondant à celui du mot français défini dans le lexique.
    format 15 X 21 - 106 pages - ISBN 2-85319-059-5
1979 - CILF .... 85 F

VOCABULAIRE DE LA GÉOMORPHOLOGIE (français-anglais-allemand)

Discipline scientifique en constante évolution, la géomorphologie s'intègre dans un ensemble très vaste concernant toutes les techniques de l'environnement. Le groupe de spécialistes qui a conçu cet ouvrage a retenu, non seulement les termes très spécifiques de la géomorphologie, mais également des mots du langage courant, et a proposé des termes régionaux ou étrangers lorsque les équivalents français n'existaient pas ou étaient peu employés. Deux index : allemand et anglais complètent ce travail.
format 15 X 21 - 235 pages - ISBN 2-85319-064-1
1979 - CILF.. 110 F

VOCABULAIRE DE LA TOPOGRAPHIE

Ce vocabulaire d'une grande clarté, rédigé dans un souci d'efficacité, traite environ 650 termes ou expressions. Il devrait pouvoir rendre des services considérables non seulement dans les pays d'expression française les plus développés mais surtout dans l'ensemble des pays du Tiers-Monde qui s'ouvrent au développement technique.
format 15 X 21 - 100 pages - ISBN 2-85319-071-4
1980 - CILF.. 80 F

VOCABULAIRE DE LA MICROGRAPHIE (français-anglais-allemand)

Le microfilm et la microfiche prennent une place de plus en plus grande dans de nombreux domaines. Ce vocabulaire présente les termes les plus utilisés par les usagers : archivistes, bibliothécaires, documentalistes, laboratoires, fabricants de matériel pour la micrographie ou de surfaces sensibles photographiques. Près de 1000 entrées, suivies de leurs équivalents en allemand et en anglais, y sont définies. Une liste des unités les plus usitées, un tableau des sigles et symboles, et deux index, allemand et anglais, sont présentés en fin d'ouvrage.
format 15 X 21 - 230 pages - ISBN 2-85319-076-5
1980 - CILF.. 120 F

VOCABULAIRE D'ASTRONOMIE (français-anglais-allemand-néerlandais)

Ce vocabulaire a été rédigé par un groupe d'astronomes francophones, consultant régulièrement le plus large éventail de spécialistes des divers domaines de l'astronomie. Avant publication, il a été, en outre, l'objet d'une enquête auprès des membres francophones de l'Union astronomique internationale (Belgique, Canada, France, Suisse). Cet ouvrage, rédigé de manière simple et concise, qui comporte plus d'un millier d'entrées : définitions et équivalents en langues étrangères (allemand, anglais), constitue un document pratique pour tous ceux qui, amateurs, étudiants, chercheurs... s'intéressent à l'astronomie. Quatre index allemand, anglais, italien et néerlandais complètent cet ouvrage.
format 15 X 21 - 320 pages - ISBN 2-85319-074-9
1980 - CILF.. 120 F

DICTIONNAIRE DE TERMES NOUVEAUX DES SCIENCES ET DES TECHNIQUES. français-anglais-allemand

Cet ouvrage original a été établi à partir des 66 premiers cahiers de la Clé des Mots, sous la direction linguistique de Mme G. Quémada. Il comporte cinq parties : une partie de présentation, un répertoire alphabétique, un répertoire thématique, un répertoire des formants morpho-sémantiques, un index cumulatif des traductions : allemand, anglais, espagnol. Nouveau dans sa conception, il propose le traitement à plusieurs niveaux d'une néologie attestée au cours des quinze dernières années. Pour répondre aux besoins des usagers de la langue, des traducteurs et des néologues, il s'efforce de témoigner de l'usage créatif scientifico-technique.   format 16 X 24 - 628 pages - ISBN 2-85319-111-7
1983 - CILF/ACCT.. 460 F

DICTIONNAIRE DE LA PLONGÉE SOUS-MARINE
(français-anglais-allemand-espagnol-italien)

par Jean-Pierre Didier

Cet ouvrage français, anglais, allemand, espagnol, italien, ne se contente pas de présenter en cinq langues les seuls termes de la plongée. Il est en fait un dictionnaire de traduction plus général puisqu'il comporte, outre la terminologie de la plongée, le vocabulaire utilisé dans la recherche, dans les entreprises et dans le sport à l'occasion de la plongée. Il constitue, de ce fait, un dictionnaire de référence qui permet au traducteur ou au lecteur d'éviter des recherches fastidieuses dans les autres dictionnaires.
format 21 X 24 - 262 pages - ISBN 2-85319-138-9

1985 - CILF .... 240 F

DICTIONNAIRE DE SPATIOLOGIE

Rédigé en collaboration avec le Centre National d'Études Spatiales et les principaux organismes publics et privés spécialisés dans la construction et le lancement des fusées, l'ouvrage regroupe les termes scientifiques et techniques les plus récents. Le premier tome comporte les définitions et le second les quatre index des traductions en anglais, allemand, espagnol et russe.

Tome 1 - Termes et définitions
format 15 X 21 - 364 pages - ISBN 2-85319-147-8

1985 - CILF/CNES .... 300 F

1991 - CILF/CNES (3ème édition, à paraître) .... 300 F

Tome 2 - Traductions : anglais, allemand, espagnol, russe
format 15 X 21 - 556 pages - ISBN 2-85319-169-9

1986 - CILF/CNES .... 320 F

DICTIONNAIRE COMMERCIAL (français-anglais)

Académie des sciences commerciales

Cet ouvrage regroupe 7000 termes définis avec leurs équivalents anglais, couvrant tous les domaines de l'activité commerciale ainsi que ceux, connexes, de l'économie générale et de l'économie d'entreprise. Un index anglais-français complète cet ouvrage.
format 16,5 X 24,5 - 812 pages - relié - ISBN 2-85319-185-0

1987 - CILF/EME .... 350 F

DICTIONNAIRE DE L'AÉRONAUTIQUE ET DE L'ESPACE

par Henri Goursau

Tome 1 - anglais-français

Cet ouvrage est un dictionnaire de traduction. Comportant 25 000 entrées en français, traduites en langue anglaise, cet outil est l'auxiliaire obligatoire non seulement du traducteur mais aussi de l'ingénieur qui doit passer d'une langue à l'autre quotidiennement. Le développement des techniques aéronautiques et spatiales rend de plus en plus nécessaire la possession d'outils de base de ce type.
format 11,5 X 17,5 - 743 pages - ISBN 2-904105-00-X

1984 .... 350 F

Tome 2 - français-anglais
format 11,5 X 17,5 - 743 pages - ISBN 2-904105-01-8

1986 .... 350 F

VOCABULAIRE TECHNIQUE DU TABAC (français-anglais-allemand)
Ce vocabulaire a été établi par des spécialistes appartenant à l'ensemble des secteurs concernés : culture, traitement, chimie, fabrication, commerce. De multiples clefs de renvoi permettent d'utiliser efficacement l'ensemble du vocabulaire qui comporte également deux index : anglais et allemand.
Cet ouvrage constitue donc un outil de travail précieux pour tous ceux qui ont affaire au tabac.
   format 15 X 21 - 320 pages - ISBN 2-85319-107-9
1982 - CILF .... 100 F

RÉGIONALISMES QUÉBÉCOIS USUELS
par R. Dubuc et J.-C. Boulanger
Parmi les richesses du vocabulaire québécois, les auteurs de l'ouvrage se sont attachés à isoler les régionalismes usuels dont la connaissance est utile pour «décrypter» la littérature québécoise mais aussi pour s'exprimer en employant un langage qui, débarrassé des anglicismes qu'il charriait, bénéficie de la caution de l'Office de la langue française.
   format 15 X 21 - 238 pages - ISBN 2-85319-113-3
1983 - CILF .... 90 F

DICTIONNAIRE DES SECOURS D'URGENCE EN CAS DE CATASTROPHE
français-anglais
Préfacé par Haroun Tazieff, ce dictionnaire traite les différentes façons de prévenir, minimiser, porter secours et reconstruire en cas de catastrophes naturelles ou technologiques. Il offre la terminologie d'une discipline neuve en train de se constituer : celle des opérations de secours d'urgence et des diverses espèces de désastres dont les menaces croissent rapidement dans le monde moderne.
Il comporte 4 parties : un dictionnaire proprement dit ; un lexique des mesures utilisées internationalement ; une liste des organismes et associations humanitaires et de leurs sigles ou abréviations ; un index regroupant les traductions en anglais de tous les termes traités. Cet ouvrage doit être particulièrement utile aux traducteurs, mais également à tous ceux qui cherchent à développer une coopération internationale en matière de secours.
   format 15 X 21 - 236 pages - ISBN 2-85319-128-1
1984 - CILF .... 85 F

DICTIONNAIRE D'AGRICULTURE FRANÇAIS-ARABE-anglais
Le présent dictionnaire, fruit du travail collectif d'une cinquantaine d'experts du monde arabe et du monde francophone, est la première tentative de normalisation internationale d'un vocabulaire technique et scientifique entre la langue arabe et la langue française. Fondé sur des choix scientifiques et linguistiques à la fois, dont certains pourront être contestés par les tenants du traditionnalisme, il fait déboucher la langue arabe dans les techniques de pointe de l'agriculture et marque une étape importante dans l'adoption d'une terminologie franco-arabe d'un secteur vital pour les deux communautés.
   format 16 X 24 - 606 pages - ISBN 2-85319-133-8
1984 - CILF/ACCT .... 240 F

DICTIONNAIRE DES INDUSTRIES (français-anglais)

Premier ouvrage de ce type au monde, comportant 36 000 définitions de termes techniques accompagnés de leurs sources et de traductions en langue anglaise, traitant plus de 80 domaines de l'industrie, classés au sein d'une organisation thématique à cinq niveaux, le dictionnaire des industries offre sous un encombrement réduit une documentation terminologique puisée aux sources faisant autorité : AFNOR, CEA, IFP, CEI, CILF, etc. Un index anglais-français complète cet ouvrage.

format 24,5 X 32,5 - 1100 pages - ISBN 2-85319-158-3

1986 - CILF .... 1200 F

DICTIONNAIRE DES INDUSTRIES (français-espagnol, espagnol-français)

Ayant pour objet de faciliter les relations techniques avec le monde hispanophone, cet ouvrage présente un double index français-espagnol et espagnol-français des 36000 entrées du dictionnaire des industries publié avec définitions dans 92 secteurs industriels. Il ouvre donc le dictionnaire des industries à une communauté linguistique de plus de 300 millions de personnes et d'acteurs de la vie économique.

format 24 X 32 - 516 pages - ISBN 84-404-6980-2

1990 - CILF .... 900 F

DICTIONNAIRE DES INDUSTRIES (français-portugais, portugais-français)

Ayant pour objet de faciliter les relations techniques avec le monde lusophone, cet ouvrage présente un double index français-portugais et portugais-français des 36000 entrées du dictionnaire des industries publié avec définitions dans 92 secteurs industriels. Il ouvre donc le dictionnaire des industries à une communauté linguistique de plus de 150 millions de personnes et d'acteurs de la vie économique.

format 24 X 32

1991 - CILF .... 900 F

DICTIONNAIRE DE L'AUTOMOBILE (français-anglais)

Publié pour le CILF par les Éditions techniques de l'automobile et de l'industrie, ce dictionnaire présente environ 2000 termes techniques de la construction et de l'histoire de l'automobile. Des planches et des éclatés permettent au non-technicien de percevoir les positions respectives des différents organes mécaniques, électriques ou électroniques. Un index anglais/américain-français complète cet ouvrage.

format 16 X 24,5 - 144 pages - ISBN 2-7268-8026-6

1986 - ETAI/CILF .... 200 F

DICTIONNAIRE PRATIQUE FRANÇAIS-ARABE

par Zaki Coussa

Rédigé à l'intention des débutants, ce vocabulaire regroupe 3000 mots et expressions les plus courants destinés à la pratique quotidienne de la langue arabe. Sous un format pratique de poche, il est de loin le moins cher des ouvrages de cette catégorie publiés en France.

format 13,5 X 19 - 362 pages - ISBN 2-85319-134-6

1985 - CILF .... 48 F

DICTIONNAIRE PRATIQUE ARABE-FRANÇAIS

par Zaki Coussa

Symétrique du dictionnaire français-arabe, le dictionnaire arabe-français a bénéficié de l'expérience acquise lors de la rédaction de son devancier et il s'est enrichi jusqu'à présenter 5000 expressions.

format 13,5 X 19 - 440 pages - ISBN 2-85319-135-4

1986 - CILF .... 60 F

Achevé d'imprimer par

PARA GRAPHIC

31240 L'UNION (Toulouse)
Tél. (16) 61.74.27.67
Dépôt légal : Juin 1991